Tipke / Lang · Steuerrecht

Steuerrecht

Ein systematischer Grundriß

von

Prof. Dr. Klaus Tipke
Universitätsprofessor (em.)
in Köln

Prof. Dr. Joachim Lang
Direktor des Instituts für Steuerrecht
der Universität zu Köln

13. völlig überarbeitete Auflage

Verlag Dr. Otto Schmidt KG · Köln

Mitarbeiter der 13. Auflage

Richter am FG Dr. Heinz-Jürgen *Pezzer* (§ 11: Körperschaftsteuer); Richter am FG Dr. Michael *Balke* (§ 12: Bewertungsgesetzabhängige Steuerarten [ohne Gewerbesteuer]); Rechtsanwalt, Steuerberater und Wirtschaftsprüfer Dr. Manfred *Orth* (§ 12 D II: Gewerbesteuer); Prof. Dr. Wolfram *Reiß* (§ 13: Umsatzsteuer; § 14: Spezielle Verkehrsteuern); Dipl.-Kfm. Heinrich *Montag,* Abteilungsdirektor der VEBA AG (§§ 16, 17: Besteuerung und Unternehmensform).

1. Auflage 1973	2. Auflage 1974	3. Auflage 1975
4. Auflage 1977	5. Auflage 1978	6. Auflage 1978
7. Auflage 1979	8. Auflage 1981	9. Auflage 1983
10. Auflage 1985	11. Auflage 1987	12. Auflage 1989
	13. Auflage 1991	

CIP-Titelaufnahme der Deutschen Bibliothek

Tipke, Klaus:
Steuerrecht: ein systematischer Grundriss / von Klaus Tipke; Joachim Lang. – 13., völlig überarb. Aufl. – Köln: O. Schmidt, 1991
ISBN 3-504-20046-4 brosch.
ISBN 3-504-20045-6 geb.
NE: Lang, Joachim:

© 1991 by Verlag Dr. Otto Schmidt KG, Köln
Das Werk einschließlich aller seiner Teile ist urheberrechtlich geschützt. Jede Verwertung, die nicht ausdrücklich vom Urheberrechtsgesetz zugelassen ist, bedarf der vorherigen Zustimmung des Verlags. Das gilt insbesondere für Vervielfältigungen, Bearbeitungen, Übersetzungen, Mikroverfilmungen und die Einspeicherung und Verarbeitung in elektronischen Systemen.
Satz und Druck: J. P. Bachem GmbH & Co. KG, Köln
Printed in Germany

„Es ist ein grundsätzliches Gebot der Steuergerechtigkeit, daß die Besteuerung nach der wirtschaftlichen Leistungsfähigkeit ausgerichtet wird."

Bundesverfassungsgericht v. 22. 2. 1984 1 BvL 10/80
BVerfGE 66, 214, 223.

Vorwort zur 13. Auflage

Die in den beiden letzten Jahren weiter gewachsene Nachfrage bestätigt das Bedürfnis nach einem Buch, das eine systematische Gesamtübersicht über das Steuerrecht bieten will. Auch gegenüber den Lesern in den neuen Bundesländern fühlten sich die Autoren verpflichtet, an dem im Vorwort zur 12. Auflage beschriebenen Konzept des Buches in der 13. Auflage festzuhalten.

Die Dynamik des Steuerrechts zwang erneut zu einer umfassenden Überarbeitung des Buches, die kaum eine Seite unberührt ließ. Dem ungebrochenen Trend in Gesetzgebung, Rechtsprechung und Literatur, Spezialitäten zu Lasten der Gesamtzusammenhänge auszubauen, mußte eine entsprechend strenge Auswahl des darzustellenden Stoffs entgegengesetzt werden. Die Ziele der Steuerreform 1990, „ein gerechteres und einfacheres Steuersystem" (BT-Drucks. 11/2157, 116) zu schaffen, verloren in der jüngsten Gesetzgebung erneut ihren Einfluß. Der Steuergesetzgeber wandte sich nämlich wieder ganz der Verteilung von Vergünstigungen und Privilegien zu, wie schon die Titel der Gesetze (Vereinsförderungsgesetz, Wohnungsbauförderungsgesetz, Kultur- und Stiftungsförderungsgesetz) signalisieren. Die Diskussion um ein ostdeutsches „Niedrigsteuergebiet" sowie die steuerpolitischen Pläne und Beschlüsse für die erste gesamtdeutsche Legislaturperiode vermitteln den Eindruck, daß die Einheit Deutschlands nicht dazu stimuliert hat, die Einsichtigkeit und Verständlichkeit des Steuerrechts zu erhöhen. Auch die lernbereiten Bürger, Berater, Beamten und Richter in den neuen Bundesländern werden sich eher darauf einzustellen haben, daß der Weg in die Uneinsichtigkeit und Unverständlichkeit des Steuerrechts infolge der Fülle von Sonder- und Ausnahmevorschriften und ungleicher Verteilung der Steuerlasten noch nicht den Höhepunkt erreicht hat.

Daher haben wir unser Anliegen, das Steuerrecht gleichwohl möglichst einsichtig und verständlich darzustellen, ernster denn je genommen. *Klaus Tipke* hat die systemtragenden Prinzipien (S. 25 ff.) grundlegend neu dargestellt und dabei die steuerrechtlich relevanten Inhalte der im Grundgesetz verankerten Prinzipien an dem zentralen Bezugspunkt der Rechtsstaatlichkeit ausgerichtet. Die Bürger in den neuen Bundesländern werden es vielleicht besonders gut nachvollziehen können, was es bedeutet, wenn ein Steuerstaat zugleich Rechts- und Gerechtigkeitsstaat zu sein hat.

Das Verständnis des Steuerrechts und seiner Prinzipien setzt voraus, daß der Leser jeweils auch mit den Grundströmungen der Rechtsentwicklung vertraut gemacht wird. So bestand Anlaß, die Themen der sog. Öko-Steuern (S. 179 f.) und der europäischen Steuerharmonisierung (S. 187 f.) in eigenen Abschnitten aufzugreifen. Den Bericht über die Vereinheitlichung des deutschen Steuerrechts im vereinigten Deutschland (S. 184 ff.) haben wir mit dem leider nicht selbstverständlichen Anliegen verknüpft, die Einheit der Rechtsordnung und ein einheitlich geltendes Steuerrecht herzustellen.

Die Beschlüsse des Bundesverfassungsgerichts zur verfassungsrechtlichen Gewährleistung des Familienexistenzminimums im Steuer- und Kindergeldrecht haben das in diesem Buch seit langem vertretene Familien-Nettoprinzip bestätigt, so daß die Einarbeitung der Beschlüsse leicht fiel (s. S. 209 ff.). Um der Rechtsprechung weitere rechtsdogmatische Hilfe anzubieten, sind die Aussagen zum Grundfreibetrag präzisiert worden. Diese Hilfe hat das Niedersächsische Finanzgericht in einem Vorlagebeschluß zum Grundfreibetrag bereits angenommen. Auch an vielen anderen Stellen waren Grundsatzentscheidungen der Rechtsprechung zu verarbeiten. Sie regten dazu an, das Prinzipielle zu vertiefen und vom Singulären abzuschichten.

Wolfram Reiß, der inzwischen auf den Lehrstuhl für Finanz- und Steuerrecht der Technischen Hochschule Darmstadt berufen worden ist, hat die Darstellung des Umsatzsteuerrechts nochmals überarbeitet und dabei besonderes Gewicht auf die europäische Vereinheitlichung des Umsatzsteuerrechts gelegt. Es bleibt zu hoffen, daß die internationale Charakterisierung der Umsatzsteuer als einer allgemeinen Verbrauchsteuer schließlich auch von der Rechtsprechung des Bundesfinanzhofs angenommen wird. Mit der Vollendung des europäischen Binnenmarktes ist es nicht zu vereinbaren, daß ein nationaler oberster Gerichtshof die Charakterisierung einer europaeinheitlichen Steuer im Widerspruch zur Rechtsprechung des Europäischen Gerichtshofs judiziert.

Ich danke meinem Lehrer *Klaus Tipke,* daß er sich aus der Arbeit an diesem Buch noch nicht zurückgezogen hat, und danke den der Kölner Schule verbundenen Autoren *Michael Balke, Heinrich Montag, Manfred Orth, Heinz-Jürgen Pezzer* und *Wolfram Reiß* für die präzise und pünktliche Bearbeitung ihres Anteils an diesem Buch. Auch danke ich meinen Assistenten *Wolfgang Lingemann, Jörg Nickel, Roman Seer, Wolfram Starke* und den studentischen Hilfskräften im Institut für Steuerrecht, daß sie mit ihrem großen Engagement zu dem Gelingen der 13. Auflage beigetragen haben.

Köln, im März 1991   Joachim Lang

Vorwort zur 12. Auflage

Als ich 1973 die erste Auflage dieses Grundrisses vorlegte, war ich mir nicht sicher, ob es je eine zweite Auflage geben würde. Wenn mir damals jemand gesagt hätte, bis 1989 würden 12 große Auflagen erscheinen, hätte ich gewiß erheblich an seinem Realitätssinn gezweifelt.

Das Buch hat Eigenarten, von denen man – jedenfalls 1973 – nicht sicher sein konnte, ob sie angenommen werden würden. Der bloße Steuertechniker, der über das unkritische Subsumieren einzelner Fälle und Verfahrensförmeleien nicht hinaus will, kommt nicht auf seine Kosten. Ohnehin lassen sich die technischen Details des Steuerrechts weder auf 500 noch auf 800 Seiten darstellen. Im übrigen gibt es technische Darstellungen, die durchaus ihren eigenen Wert haben, zur Genüge. Praktiker sind in der Regel daran gewöhnt, mit Spezialkommentaren zu arbeiten, weniger mit systematischen Büchern. Das ist verständlich. In der Tat kann eine systematische Gesamtübersicht über das Steuerrecht die Kommentare nicht ersetzen. Das systematische Buch ist ein aliud. Das Buch konnte auch nicht mit dem Zuspruch derer rechnen, die Orientierung an Prinzipien und teleologische Auslegung für Rechtspolitik oder für Ideologie halten und den Subsumtionsautomaten als idealen Steuerrechtler ansehen. Im juristischen Universitätsbereich mußte allein die Tatsache, daß das Steuerrecht bloß ein Wahlfach zusammen mit anderen Fächern ist, bloß ein Wahlfachteil mit anderen Worten, dem Erfolg des Buches Grenzen setzen.

Und doch, das Buch muß in eine Lücke hineingeraten sein; anders wäre sein bisheriger Erfolg nicht zu erklären. Die Eigenart des Buches besteht im folgenden: Es bemüht sich,

Vorwort zur 12. Auflage

das Steuerrecht als Ganzes zu erfassen und aufzufassen, das Steuerrecht als eine Einheit zu sehen und zu verstehen, seine Prinzipien aufzudecken und sich an ihnen zu orientieren. Das Buch enthält zur Erhellung systematischer Mängel auch Ausführungen de lege ferenda. Aber primär ist es ein dogmatisches Werk. Dogmatik arbeitet systemimmanent, nicht systemtranszendent. Aber Dogmatik besteht eben auch nicht bloß aus einer Summe streng wörtlich zu nehmender Normen, sondern in der Erfassung und dem systematischen Inbeziehungsetzen des gesamten Normengefüges. Will Steuerrechtswissenschaft eine rationale Disziplin sein, so muß sie dogmatisch-systematisch wirken und eine systemadäquate Terminologie entwickeln. Steuerrechtswissenschaft muß rechtliche Unordnung kritisieren und versuchen, eine systematische Ordnung aufzuzeigen, und zwar eine Wertordnung. Sonst ist die blendendste Rhetorik, ist auch der größte Zitatenwald wertlos.

Steuerrechtswissenschaft darf es nicht hinnehmen, daß der Inhalt der Steuergesetze kurzfristig nur an der nächsten Wahl orientiert wird. Politischer Opportunismus braucht rechtliche Gegengewichte, soll das Recht nicht ethisch verkrüppeln.

Das Buch beläßt es nicht bei generellen, abstrakten Ausführungen, es geht auch auf das Besondere ein. Aber es kann und will den Spezialisten nicht ersetzen, sondern auch zeigen: Spezialisierung, die die speziellen Teile nicht als eingebunden in das Ganze sieht, die Sekundärregeln des Spezialgebiets nicht als Folgeregeln von übergreifenden Primärregeln versteht, kann rechtlich borniert sein. Mancher Spezialist sieht kein Bedürfnis, sich um Regeln zu kümmern, die über sein Spezialgebiet hinausgreifen, vorausgesetzt er interessiert sich überhaupt für Regeln. Der Spezialist für Bilanzsteuerrecht mag das Maßgeblichkeitsprinzip als das Fundamentalprinzip des Steuerrechts ansehen. Der Spezialist für Versicherungsrecht mag diese Materie a priori für gerecht halten und die Frage gar nicht erst aufkommen lassen, inwieweit sich Versicherungsrecht mit dem Leistungsfähigkeitsprinzip vereinbaren lasse.

Das Buch kann auf 800 Seiten nur begrenzt Stoff anhäufen. Aber maximale Stoffanhäufung ist auch nicht das Anliegen des Buches. Bloße Stoffanhäufung kann dazu führen, daß viel gelernt werden muß, nicht selten aber wenig begriffen wird. Viel lernen und wenig verstehen ist aber das Gegenteil eines akademischen Lehr- und Lernideals.

Seit Mai 1988 bin ich von Lehr- und Prüfungsverpflichtungen in der Universität befreit. Ermöglicht worden ist mir das durch den *Stifterverband für die Deutsche Wissenschaft,* dem ich auch an dieser Stelle aufrichtig danke. Um möglichst viel Kraft für meine Forschungsarbeit freisetzen zu können, hat mein Lehrstuhlnachfolger *Joachim Lang* die Gesamtverantwortung für das Buch übernommen. Eine solche Gesamtverantwortung ist unentbehrlich, soll ein Buch aus einem Guß entstehen.

Ich bin zuversichtlich, daß *Joachim Lang* das systematisch-dogmatische Konzept der bisherigen elf Auflagen erfolgreich weiterführen und vertiefen wird. Seine Einführung in die einzelnen Steuerarten (S. 154 ff.) zeigt die rechtliche Gesamtschau des Steuersystems auf. Steuern sind danach keine beziehungslosen Singularitäten. Steuern wirken in ihrer Vielheit zusammen. Sie belasten die Bürger und die Unternehmen punktuell ganz unterschiedlich; teils lassen sie Belastungslücken, teils belasten sie mehrfach. Die Systematisierung im Dienste einer rechtsethisch fundierten Fortentwicklung des Steuerrechts muß nach den Zwecken und Belastungswirkungen der Steuern fragen (S. 159 f.), um Inkonsistenzen aufzeigen zu können. Einkommen, Vermögen und Konsum sind die Maßgrößen steuerlicher Leistungsfähigkeit (S. 160 f.). Es geht darum, die steuerliche Belastungsfähigkeit von Einkommen, Vermögen und Konsum zu eruieren. Das am Markt erwirtschaftete, realisierte Einkommen ist ein besonders geeigneter und zugleich praktikabler Indikator steuerlicher Leistungsfähigkeit. Hingegen bewirkt die Besteuerung des ruhenden Vermögens einschließlich der nicht realisierten Wertzuwächse häufig Übermaßbesteuerung. Die Unwägbarkeiten der Bewertung erzeugen zudem ungleichmäßige Besteuerung (S. 162). Da die Besteuerung der Einkommen und Vermögen mit vielen Mängeln behaftet ist, muß die Besteuerung des Konsums verstärkt in das Blickfeld der Verteilungsgerechtigkeit gerückt werden (S. 164). Gegliedert nach der Teilhabe des Staates am erwirtschafteten Vermögenszuwachs, am Vermögensbestand und am Konsum stellt *Joachim Lang* erstmals eine Gesamtklassifikation der Steuerarten vor (S. 165 ff., insb. Schaubild S. 175); dieser Gesamtklassifikation folgt eine rechtspolitische Bewertung und Rechtfertigung von Steuerarten (S. 176 ff.). Die Einführung schließt mit kritischen Anmerkungen zum Steuerreformgesetz 1990 und einem Überblick über die einzelnen Maßnahmen (S. 188 ff.). In die Darstellung der Einkommensteuer (S. 192 ff.) hat *Joachim Lang* die Erkenntnisse seiner Habilitationsschrift „Die Bemessungsgrundlage der Einkommensteuer" eingearbeitet. Berücksichtigt worden sind auch die Beschlüsse des 57. Deutschen Juristentages in Mainz im September letzten Jahres. Diese Beschlüsse ließen sich nahtlos einfügen und zitieren, denn sie bestätigen die in diesem Buch vertretenen Grundpositionen. Der Konsens über das richtige Einkommensteuerrecht ist unter Juristen weiter gediehen als es die Bonner Reformpolitik zur Zeit erkennen läßt.

Das Generelle läßt sich ohne Kenntnis der speziellen Details – auch wenn diese nicht sämtlich ausgebreitet werden – nicht zuverlässig darstellen. Auch zur 12. Auflage haben daher wiederum bewährte Mitarbeiter beigetragen, die voll hinter dem Gesamtkonzept des Buchs stehen. *Heinz-Jürgen Pezzer* und *Heinrich Montag* waren einmal wissenschaftliche Mitarbeiter des damals von mir geleiteten Instituts für Steuerrecht der Universität zu Köln, *Michael Balke* ist es gegenwärtig noch. *Heinz-Jürgen Pezzer* hat inzwischen einige Jahre Erfahrungen als wissenschaftlicher Mitarbeiter des Bundesverfassungsgerichts gesammelt und ist gegenwärtig Finanzrichter. Durch seine Dissertation „Die verdeckte Gewinnausschüttung im Körperschaftsteuerrecht", Köln 1986, hat er sich einmal mehr als Körperschaftsteuerexperte ausgezeichnet. *Heinrich Montag* theoretisiert nicht nur über das so praxisrelevante Thema „Besteuerung und Unternehmensform". Als Abteilungsdirektor der Abteilung Konzern- und Außensteuerrecht der VEBA AG ist er auch praktisch mit den Querschnittfragen der Steuerplanung befaßt.

Was die Umsatzsteuer betrifft, so verdeutlicht die Gesamtklassifikation (S. 171 f.) noch einmal, daß die Umsatzsteuer nach ihrem Zweck und ihrer Belastungswirkung allgemeine Verbrauchsteuer ist. Genau so sieht es auch *Wolfram Reiß*, der die Abschnitte „Umsatzsteuer" und „spezielle Verkehrsteuern" überarbeitet hat. Gegen die international vorherrschende Bewertung der Umsatzsteuer als Verbrauchsteuer stemmt sich allerdings nach wie vor der V. Senat des Bundesfinanzhofs. In einer Festschrift führt *Werner F. Ebke* aus: „...the value added tax is a consumption tax ...The question as to whether Germany's VAT is a consumption tax... is not merely of academic interest...". *Ebke* möchte die Begriffe des Umsatzsteuergesetzes auch als functional terms verstanden wissen, „the meaning of which becomes clearer if the term is viewed in light of the purposes of the VAT statute". Die Abneigung von Bundesfinanzrichtern, die Verbrauchsteueridee zu akzeptieren, erklärt *Ebke* so: „Because of their undeniable wordkload, German judges very often have no choice but to approach the law as technicians. As a result, German tax law has evolved into an analysis of choice. In this process, many tax court judges in Germany seem to have lost sight of the theoretical foundations upon which the law of taxation generally, and the VAT law in particular, rest. The reluctance of most German courts, including the Bundesfinanzhof, to treat the value-added tax as a consumption tax supports this

Vorwort zur 12. Auflage

proposition" (Festschrift für O.L. Walter, New York 1988, S. 215, 216, 225, 227). Diese Feststellung trifft für viele Richter bei aller Arbeitsüberlastung gewiß nicht zu. Gerade Richter haben auch theoretisch exzellente Kommentare vorgelegt. Wie unter Juristen überhaupt, so gibt es aber auch unter Richtern solche, die das Subsumieren unter Begriffe als das Juristische schlechthin ansehen und die Berücksichtigung dessen, was *Ebke* „theoretical foundations, function or purpose of the law" nennt, für Ideologie halten.

Ich möchte die Gelegenheit benutzen, mich bei den *Steuerrechtsstudenten* sowohl der Kölner rechtswissenschaftlichen als auch der wirtschaftswissenschaftlichen Fakultät zu bedanken. Sie waren in den letzten 20 Jahren – ganz anders als man sich das außerhalb der Universität nicht ohne Grund vorstellen mag – nicht nur ein ideales, lern- und leistungsbereites Auditorium; sie haben mich, vor allem in Übungen und Seminaren, auch fortwährend zu Anstrengungen stimuliert, einen systematisch zur Verwilderung tendierenden Stoff gleichwohl möglichst nicht sinnentstellt und möglichst anschaulich vorzutragen. Studenten haben mich durch kritische Fragen auch dazu gebracht, manches deutlicher zu sehen.

Allen Mitarbeitern des Instituts für Steuerrecht ist für ihr Engagement bei der Vorbereitung der 12. Auflage zu danken. Die teilweise Neugliederung des Lehrbuches und der relativ hohe Anteil neu gefaßter Texte erforderten intensive Mitarbeit auch bei der Überprüfung des Textes, der redaktionellen Abstimmung und der Anfertigung des Stichwortverzeichnisses. *Michael Balke, Judith Dickopf* und *Günter Pferdmenges* haben Wochenenden geopfert und Nachtarbeit geleistet, um das Erscheinen des Buches zu Beginn des Sommersemesters 1989 zu gewährleisten.

Köln, im März 1989 *Klaus Tipke*

Inhaltsübersicht

	Seite
Vorwort zur 13. Auflage	VII
Vorwort zur 12. Auflage	VIII
Abkürzungsverzeichnis	XL

Erstes Kapitel: Grundlagen der Steuerrechtsordnung

§ 1	Einführung	1
§ 2	System des Steuerrechts	15
§ 3	Systemtragende Prinzipien des Steuerrechts	25
§ 4	Finanzverfassungsrechtliche Grundlagen der Steuerrechtsordnung	62
§ 5	Rechtsanwendung im Steuerrecht	80

Zweites Kapitel: Das Steuerrechtsverhältnis

§ 6	Grundbegriffe des Steuerrechtsverhältnisses	120
§ 7	Allgemeines Steuerschuldrecht	124

Drittes Kapitel: Die einzelnen Steuerarten

§ 8	Einführung	146
§ 9	Einkommensteuer	190
§ 10	Kirchensteuer	400
§ 11	Körperschaftsteuer	404
§ 12	Bewertungsgesetzabhängige Steuerarten	450
	A. Bewertung nach dem Bewertungsgesetz	450
	B. Vermögensteuer	467
	C. Erbschaft- und Schenkungsteuer	474
	D. Realsteuern (§ 3 II AO)	494
	I. Grundsteuer	494
	II. Gewerbesteuer	499
§ 13	Umsatzsteuer	524
§ 14	Spezielle Verkehrsteuern	583
§ 15	Spezielle Verbrauch- und Aufwandsteuern	606

Inhaltsübersicht

Seite

Viertes Kapitel: Besteuerung der Unternehmensform

§ 16 Grundsätzliche Unterschiede in der Besteuerung von Personenunternehmen und Kapitalgesellschaften 612
§ 17 Besteuerung zusammengesetzter Unternehmensformen 632

Fünftes Kapitel: Steuervergünstigungen

§ 18 Steuervergünstigungen als Sozialzwecknormen 643
§ 19 Wirtschaftslenkende Steuervergünstigungen 644
§ 20 Gemeinnützigkeits- und Spendenabzugsrecht 661

Sechstes Kapitel: Steuerverfahrensrecht

§ 21 Handeln im Steuerrechtsverhältnis 668
§ 22 Durchführung der Besteuerung 684
§ 23 Erhebungsverfahren und Vollstreckung 721
§ 24 Rechtsschutz in Steuersachen 729

Siebentes Kapitel: Steuerstraf- und Steuerordnungswidrigkeitenrecht

§ 25 Allgemeines Steuerstraf- und Ordnungswidrigkeitenrecht 766
§ 26 Die einzelnen Steuerstraftaten 775
§ 27 Die einzelnen Steuerordnungswidrigkeiten 783
§ 28 Steuerstraf- und Steuerordnungswidrigkeitsverfahren 787
Anhang: Wesentliche Rechte und Pflichten von Behörde und Betroffenen . 793

Stichwortverzeichnis 795

Inhaltsverzeichnis

	Seite
Vorwort zur 13. Auflage	VII
Vorwort zur 12. Auflage	VIII
Abkürzungsverzeichnis	XL

Erstes Kapitel: Grundlagen der Steuerrechtsordnung

§ 1 Einführung

1. Über die Bedeutung der Steuern und des Steuerrechts	1
2. Der Standort der Steuerrechtswissenschaft	2
2.1 Die Steuerrechtswissenschaft als Disziplin der Steuerwissenschaften	2
2.11 Steuerrechtswissenschaft	2
2.12 Finanzwissenschaftliche Steuerlehre	3
2.13 Betriebswirtschaftliche Steuerlehre	3
2.2 Das Steuerrecht innerhalb der Rechtsordnung	4
2.21 Steuerrecht als öffentliches Recht	4
2.22 Steuerrecht und Zivilrecht	6
2.23 Steuerrecht und „Einheit der Rechtsordnung"	9
3. Steuerrechtliche Bibliographie	10
3.1 Verkündungs- und Amtsblätter	10
3.2 Nichtamtliche Sammlungen von Gesetzen und Verwaltungsvorschriften	10
3.3 Sammlungen von Gerichtsentscheidungen	10
3.4 Zeitschriften und Loseblatt-Periodika	11
3.5 Jahrbücher	12
3.6 Festschriften u. ä.	12
3.7 Nachschlagewerke	12
3.8 Bibliographien, Dissertationsnachweise und Gesetzesnachweise	13
3.9 Steuerrechtsdatenbanken	13
3.10 Gesamtdarstellungen des allgemeinen und besonderen Steuerrechts	13
3.11 Zusatz: Über steuerwissenschaftliche Bibliotheken	14
3.12 Studienführer	14

§ 2 System des Steuerrechts

1. Das äußere System	15
2. Das innere oder inhaltliche System	17
2.1 Die Prinzipien als Träger des inneren Systems	17

2.2	Die steuergesetzlichen Normgruppen im System		19
	2.21 Drei Normgruppen		19
	a) Fiskalzwecknormen		20
	b) Sozialzwecknormen		20
	c) Vereinfachungszwecknormen		21
	2.22 Relevanz der richtigen Einordnung		22
3. Die Effizienz des Systemgedankens			23

§ 3 Systemtragende Prinzipien des Steuerrechts

A. Einführung 25

B. Rechtsstaatliche Prinzipien des Steuerrechts 25

1. Formale und materiale Rechtsstaatlichkeit			25
2. Prinzipien formaler Rechtsstaatlichkeit			27
	2.1	Rechtsstaatlichkeit durch Gesetzmäßigkeit der Besteuerung	27
		2.11 Wurzeln, Bedeutung	27
		2.12 Rechtsgrundlagen	28
		2.13 Inhalt und Grenzen	30
		2.14 Insbesondere: Pflicht der Behörde zur Durchführung des Gesetzes; Verbot der Steuervereinbarung	31
	2.2	Rechtssicherheit durch Gesetzesbestimmtheit	33
	2.3	Rechtssicherheit in Fällen der Rückwirkung, Änderung oder Aufhebung von Gesetzen	34
		2.31 Rechtssicherheit durch prinzipielles Verbot rückwirkender Gesetze	34
		2.32 Rechtssicherheit bei Aufhebung oder Änderung von Gesetzen	36
		2.33 Rechtssicherheit und rückwirkende Gesetzesanwendung	37
	2.4	Rechtssicherheit durch Lückenausfüllungs- oder Analogieverbot?	39
	2.5	Rechtssicherheit durch Schutz des Vertrauens in behördliches Verhalten	42
	2.6	Rechtsstaatlichkeit durch formales Übermaßverbot	43
	2.7	Exkurs: Rechtsstaatlichkeit und Steuergeheimnis	43
3. Prinzipien materialer Rechtsstaatlichkeit			46
	3.1	Die Prämisse: Rechtfertigung der Steuern	46
	3.2	Materiale Rechtsstaatlichkeit durch Steuergerechtigkeit	47
		3.21 Über Notwendigkeit und Bedeutung gerechter Verteilung der Steuerlast	47
		3.22 Gerechtigkeit durch systemtragende Prinzipien	48
	3.3	Gerechtigkeit durch Gleichbehandlung	49
		3.31 Unsichere Praxis des Bundesverfassungsgerichts	49
		3.32 Stellungnahme	50
		3.321 Allgemeines	50
		3.322 Zu Sonderproblemen	52
	3.4	Gleichheitssatz und Besteuerung von Ehe und Familie	53

Inhaltsverzeichnis

Seite

3.5 Sozial gerechte Besteuerung	55
3.6 Verfassungsrechtliche Grenzen der Besteuerung	56

C. Das Leistungsfähigkeitsprinzip als Fundamentalprinzip gerechter Besteuerung ... 57

1. Inhalt, Rechtsgrundlagen ... 57
2. Notwendigkeit und Möglichkeit der Konkretisierung ... 59
3. Exkurs: Bedürfnis-, Verdienstprinzip ... 60
4. Ideal und Realität steuerlicher Rechtsstaatlichkeit ... 60

§ 4 Finanzverfassungsrechtliche Grundlagen der Steuerrechtsordnung

A. Der Steuerbegriff; Abgrenzung von anderen Abgaben ... 62

1. Steuern ... 62
   - 1.1 Die Legaldefinition ... 62
   - 1.2 Verfassungsrechtlicher Inhalt und Bedeutung des Steuerbegriffs ... 62
   - 1.3 Die einzelnen Merkmale des Steuerbegriffs in § 3 I AO ... 64
2. Gebühren ... 65
3. Beiträge ... 66
4. Sonderabgaben ... 66

B. Steuerhoheit ... 67

1. Allgemeines ... 67
   - 1.1 Idealtypische Möglichkeiten, das Gesamtsteueraufkommen im Bundesstaat zu verteilen ... 69
   - 1.2 Mischsysteme in der Praxis ... 69
   - 1.3 Finanzausgleich ... 70
2. Die Steuerhoheit nach der Finanzverfassung des Grundgesetzes ... 70
   - 2.1 Einleitung ... 70
   - 2.2 Die Steuergesetzgebungshoheit (Art. 105 GG) ... 72
   - 2.3 Die Steuerertragshoheit (Art. 106, 107 GG) ... 75
   - 2.4 Die Steuerverwaltungshoheit (Art. 108 GG) ... 78

§ 5 Rechtsanwendung im Steuerrecht

A. Rechtsnormen des Steuerrechts ... 80

1. Förmliche Gesetze ... 80
2. Rechtsverordnungen ... 81

Inhaltsverzeichnis

	Seite
3. Autonome Satzungen	83
4. Gewohnheitsrecht	84
5. Doppelbesteuerungsabkommen	84
6. Supranationales Recht	84
7. Keine Rechtsnormen	85
7.1 Verwaltungsvorschriften	85
7.2 Entscheidungen der Steuergerichte	88

B. Rechtsanwendung; Methoden der Gesetzesauslegung 89

1. Einführung 89
2. Auslegungsmethoden im einzelnen 92
3. Wirtschaftliche Betrachtungsweise (wirtschaftliche Auslegung) 101
4. Gesetzeslücken und ihre Ausfüllung; rechtsfreier Raum 103
5. Einfluß des Rechtsgefühls 106

C. Steuergesetzliche Vorschriften zur wirtschaftlichen Betrachtungsweise 107

1. Wirtschaftliche Betrachtungsweise bei Divergenz zwischen wirtschaftlichem Verhalten und juristischem Zustand (§ 41 AO) 108
   1.1 Unwirksame (nichtige) Rechtsgeschäfte 108
   1.2 Ergänzende Ableitungen 109
2. Wirtschaftliche Betrachtungsweise bei gesetzwidrigem oder sittenwidrigem Verhalten 110
3. Wirtschaftliche Betrachtungsweise bei Wahl einer unangemessenen, vom Steuergesetzgeber bei der Formulierung des Gesetzestatbestands nicht erfaßten Rechtsgestaltung (§ 42 AO) 111
   3.1 Allgemeine Erklärung 111
   3.2 Tatbestand 113
   3.3 Rechtsfolge 115
4. Wirtschaftliche Zurechnung statt Maßgeblichkeit der zivilrechtlichen Berechtigung (§ 39 AO) 115

D. Ermessensausübung (§ 5 AO) 117

Zweites Kapitel: Das Steuerrechtsverhältnis

§ 6 Grundbegriffe des Steuerrechtsverhältnisses

1. Inhalt des Steuerrechtsverhältnisses 120
   1.1 Gesetzliches Rechtsverhältnis des öffentlichen Rechts 120
   1.2 Formeller und materieller Inhalt des Steuerrechtsverhältnisses 120

	Seite
2. Beteiligte des Steuerrechtsverhältnisses	121
3. Die Steuerrechtsfähigkeit	122

§ 7 Allgemeines Steuerschuldrecht

1. Inhalt des Steuerschuldverhältnisses	124
2. Entstehung	124
3. Gläubiger- und Schuldnerwechsel, Verpfändung, Pfändung	125
3.1 Vorgänge kraft Gesetzes	125
3.2 Vorgänge kraft Rechtsgeschäfts, Pfändung	125
4. Erlöschen	126
5. Zum Steuerschuldverhältnis im engeren Sinne	126
5.1 Beteiligte	126
5.2 Zur Entstehung	127
5.3 Der Steuertatbestand im weiteren Sinne	130
5.31 Das Steuersubjekt	131
5.32 Das Steuerobjekt	131
5.33 Die Zurechnung	133
5.34 Die abstrakten Merkmale des inländischen Steuerschuldverhältnisses	133
5.35 Die Steuerbemessungsgrundlage	134
5.36 Der Steuersatz	134
5.37 Die Steuervergünstigungen	135
5.4 Konkurrenz der Steuertatbestände oder Steueransprüche	137
6. Die Gesamtschuldnerschaft	138
7. Der Haftungsanspruch	139
7.1 Allgemeines	139
7.2 Haftungstatbestände	140
7.3 Haftungsumfang	142
7.4 Akzessorietät der Haftung	142
7.5 Legalitätsprinzip oder Opportunitätsprinzip	142
7.6 Subsidiarität der Haftung	143
8. Der Steuervergütungsanspruch	143
9. Der Steuererstattungsanspruch	144

Drittes Kapitel: Die einzelnen Steuerarten

§ 8 Einführung

A. Steuerarten und Steueraufkommen	146
B. Steuertypologie	147

Inhaltsverzeichnis

Seite

C. Systematisierung der Steuerarten 150

1. Problemstellung 150
2. Die Maßgrößen steuerlicher Leistungsfähigkeit: „Einkommen", „Vermögen" und „Konsum" 152
3. Klassifikation der bestehenden Steuern 158
   - 3.1 Steuern auf das Einkommen und Vermögen 158
     - 3.11 Steuern auf das Markteinkommen 158
     - 3.12 Die Erbschaft- und Schenkungsteuer 161
     - 3.13 Besteuerung des Vermögensbestandes durch Substanz-Ertragsteuern 163
   - 3.2 Steuern auf die Verwendung von Einkommen und Vermögen 163
     - 3.21 Die Umsatzsteuer als allgemeine Verkehrsteuer und Verbrauchsteuer 163
     - 3.22 Spezielle Verkehrsteuern 164
     - 3.23 Spezielle Verbrauch- und Aufwandsteuern 165
     - 3.24 Zölle und Abschöpfungen 166

D. Rechtspolitische Bewertung und Rechtfertigung von Steuerarten 168

1. Eigenschaften von Steuerarten in einem Vielsteuersystem 168
2. Steuern auf das Einkommen 169
3. Steuern auf den Vermögensbestand 172
4. Steuern auf die Verwendung von Einkommen und Vermögen 174
   - 4.1 Besteuerung des Einkommens oder des Konsums? 174
   - 4.2 Die Umsatzsteuer als Kompensationssteuer zur Einkommensteuer . 176
   - 4.3 Zur Rechtfertigung der speziellen Verkehrsteuern 177
   - 4.4 Zur Rechtfertigung der speziellen Verbrauch- und Aufwandsteuern 178
   - 4.5 Steuern zum Schutze der Umwelt (sog. Öko-Steuern) 179

E. Zur aktuellen Entwicklung des besonderen Steuerschuldrechts 181

1. Das Steuerreformgesetz 1990 und Folgegesetze zur Steuerreform 1990 .. 181
2. Vereinheitlichung des Steuerrechts im vereinigten Deutschland 184
3. Steuerharmonisierung in der Europäischen Gemeinschaft 187

§ 9 Einkommensteuer

A. Allgemeine Charakterisierung 191

B. Steuerpflicht 193

1. Natürliche Personen als Steuersubjekte 193
2. Internationale Abgrenzung der Steuerpflicht durch die unbeschränkte und beschränkte Steuerpflicht 194

C. Objekt und Bemessungsgrundlage der Einkommensteuer 196

1. Grundelemente des § 2 EStG 196
   1.1 Bedeutung des § 2 EStG für den Einkommensteuertatbestand 196
   1.2 Disponibles Einkommen als Maßstab objektiver und subjektiver Leistungsfähigkeit 197
   1.3 Periodizität der Einkommensteuer und Jahressteuerprinzip (§ 2 VII EStG) 198
   1.4 Periodischer Entstehungszeitpunkt der Einkommensteuer 199
2. Das Einkommensteuerobjekt: Summe der Einkünfte (§ 2 I–III EStG) .. 199
   2.1 Zur rechtlichen Bestimmung des Steuerguts „Einkommen" 199
       2.11 Das Einkommen als zentraler Begriff des öffentlichen Schuldrechts 199
       2.12 Reinvermögenszugangs-, Quellen- und Markteinkommenstheorie 200
       2.13 Pragmatische Legaldefinition des Einkommens durch den Einkünftekatalog 202
   2.2 Bestimmung der Einkünfte nach dem objektiven Nettoprinzip 203
   2.3 Ermittlung der Einkünfte nach dem Nominalwertprinzip 203
   2.4 Zeitliche Zuordnung der Einkünfte 205
   2.5 Verluste 205
       2.51 Verlustausgleich und Verlustabzug (Verlustrücktrag/-vortrag) 205
       2.52 Beschränkungen des Verlustausgleichs und Verlustabzugs ... 207
3. Die Bemessungsgrundlage der Einkommensteuer: Das zu versteuernde Einkommen i. S. d. § 2 V EStG 208
   3.1 Private Abzüge i. S. d. § 2 IV, V EStG 208
       3.11 Berücksichtigung unvermeidbarer Privataufwendungen nach dem privaten oder subjektiven Nettoprinzip 209
       3.12 Berücksichtigung eines Existenzminimums 212
       3.13 Berücksichtigung von Unterhaltsverpflichtungen 214
   3.2 Tatbestandstechnischer Aufbau des zu versteuernden Einkommens 216

D. Bestimmung steuerpflichtiger Einkünfte 217

1. Einführung 217
2. Steuerbare Einkünfte 217
3. Steuerfreie Einkünfte 221
   3.1 Objektive Befreiungen 221
   3.2 Freibeträge/Freigrenzen 224

E. Die persönliche Zurechnung von Einkünften 226

1. Allgemeine Zurechnungsregeln 226
2. Konkretisierung der Zurechnungsregeln bei einzelnen Einkunftsarten .. 227
3. Zurechnung von Einkünften unter Familienangehörigen 230
4. Zurechnung von Einkünften im Erbfall 232

Inhaltsverzeichnis

	Seite
F. Ermittlung der Einkünfte	232
I. Unterschiedliche Ermittlung der Einkünfte	233
1. Einführung	233
2. Der Dualismus der Einkünfteermittlung	233
II. System der Einkünfteermittlung	236
1. Typen der Einkünfteermittlung	236
1.1 Ermittlung der Einkünfte durch Bilanzierung	236
1.2 Überschußrechnungen nach dem Zufluß- und dem Abflußprinzip (§§ 4 III, 8 ff., 11 EStG)	237
1.3 Ergänzende Ermittlung von Veräußerungseinkünften (§§ 16, 17, 23 EStG)	238
1.4 Einheitswertabhängige Erfolgsrechnungen	241
1.5 Personelle Zuordnung der Gewinnermittlungsarten	242
1.6 Schätzung	243
2. Grundbegriffe der Einkünfteermittlung	243
2.1 Das terminologische System der Erwerbsbezüge und Erwerbsaufwendungen	243
2.11 Die Abgrenzung der Erwerbssphäre zur Privatsphäre	244
2.12 Die persönliche Zuordnung von Erwerbsbezügen und Erwerbsaufwendungen	248
2.13 Die zeitliche Zuordnung von Erwerbsbezügen und Erwerbsaufwendungen	249
2.14 Zusammenfassung	250
2.2 Abgrenzung der Betriebsausgaben/Werbungskosten zu den Privatausgaben	251
2.21 Inhaltsgleiche Interpretation des Betriebsausgaben- und des Werbungskostenbegriffs nach dem Veranlassungsprinzip	252
2.22 Gemischt veranlaßte Aufwendungen	257
2.221 Bedeutung des § 12 EStG	258
2.222 Zur Bestimmung wesentlicher Veranlassung durch Erwerbshandlungen und/oder Privathandlungen	259
2.223 Aufteilung von Aufwendungen nach dem Angemessenheitsprinzip	261
2.3 Praktisch besonders bedeutsame Erwerbsaufwendungen	263
2.4 Nichtabziehbare Erwerbsaufwendungen	270
2.41 Allgemeine Regeln	270
2.42 Besondere Regeln für verdeckt privat mitveranlaßte Erwerbsaufwendungen	272
2.43 Besondere Regeln zum Schutz der Gesamtrechtsordnung	273
2.5 Pauschalierung von Erwerbsaufwendungen	274

Inhaltsverzeichnis

	Seite
III. Betriebsvermögensvergleich nach §§ 4 I, 5 I EStG	276

1. Einführung 277
2. Prinzipielle Maßgeblichkeit der Handelsbilanz 279
3. Grundsätze ordnungsmäßiger Buchführung und Bilanzierung 281
4. Einzelgrundsätze ordnungsmäßiger Buchführung und Bilanzierung 282
5. Grenzen der Maßgeblichkeit handelsrechtlicher Bilanzierungsregeln für das Steuerrecht 285
6. Umkehrung der Maßgeblichkeit der Handelsbilanz für die Steuerbilanz (§ 5 I 2 EStG) 286
7. Einzelheiten des Betriebsvermögensvergleichs 288
   - 7.1 Bilanz 288
   - 7.2 Wirtschaftsgüter des Betriebsvermögens 289
     - 7.21 Wirtschaftsgüter und andere Bilanzposten 289
     - 7.22 Betriebsvermögen 295
     - 7.23 Entnahmen und Einlagen 298
     - 7.24 Bewertung von Wirtschaftsgütern, von Einlagen und Entnahmen 299
     - 7.25 Abschreibungen und Zuschreibungen 304
8. Gewinn- und Verlustrealisierung 307
   - 8.1 Prinzipien der Gewinn- und Verlustrealisierung 308
   - 8.2 Gewinnrealisierung bei entgeltlicher Leistung 310
   - 8.3 Aufschub der Besteuerung stiller Reserven 311
   - 8.4 Übergang stiller Reserven auf andere Steuerrechtssubjekte 314
   - 8.5 Ausnahmsweiser Zugriff auf stille Reserven als ultima ratio 316
9. Bilanzberichtigung, Bilanzänderung 319

IV. Vereinfachte Gewinnermittlung nach § 4 III EStG 320

V. Ermittlung der Überschußeinkünfte (§§ 8–9a EStG) 324

G. Die einzelnen Einkunftsarten 328

I. Einführung in das Einkunftsartenrecht 328

II. Gewinneinkünfte (§ 2 II Nr. 1 EStG) 329

1. Einkünfte aus Land- und Forstwirtschaft (§§ 2 I Nr. 1, 13–14a EStG) .. 329
   - 1.1 Abgrenzung der Einkünfte aus Land- und Forstwirtschaft 330
   - 1.2 Einheitswertabhängige Gewinnermittlung für nicht buchführungspflichtige Land- und Forstwirte (§ 13a EStG) 331
2. Einkünfte aus Gewerbebetrieb (§§ 2 I Nr. 2, 15–16 EStG) 333
   - 2.1 Allgemeine Begriffsbestimmung 333
   - 2.2 Überblick über die Arten der gewerblichen Einkünfte 334
3. Einkünfte aus selbständiger Arbeit (§§ 2 I Nr. 3, 18 EStG) 335

	Seite
4. Einkünfte von Mitunternehmern (§§ 15 I 1 Nr. 2, III; 15a; 13 V; 18 V EStG)	337
4.1 Einführung	337
4.2 Zum Begriff des Mitunternehmers	338
4.3 Arten der Mitunternehmerschaft	340
4.4 Bestandteile der Mitunternehmereinkünfte	345
4.41 Gewinnanteil	345
4.42 Sondervergütungen	345
4.5 Einzelheiten zur bilanziellen Ermittlung von Mitunternehmereinkünften	347
4.6 Zusammenfassung der ertragsteuerlichen Folgen	352

III. Überschußeinkünfte (§ 2 II Nr. 2 EStG) 352

1. Einkünfte aus nichtselbständiger Arbeit (§§ 2 I Nr. 4, 19, 19a EStG)	352
2. Einkünfte aus Privatvermögen	355
2.1 Quelleneinkünfte aus Privatvermögen	355
2.11 Einkünfte aus der Überlassung von Vermögen zur Nutzung (§§ 20, 21 EStG)	355
2.111 Einkünfte aus Kapitalvermögen (§§ 2 I Nr. 5, 20 EStG)	356
2.112 Einkünfte aus Vermietung und Verpachtung (§§ 2 I Nr. 6, 21 EStG)	357
2.12 Sonstige Quelleneinkünfte (§ 22 Nrn. 1, 1a, 3, 4 EStG)	360
2.121 Überblick	360
2.122 Wiederkehrende Bezüge (§ 22 Nrn. 1, 1a EStG)	360
2.123 Abgeordnetenbezüge (§ 22 Nr. 4 EStG)	366
2.124 Einkünfte aus – nicht nachhaltigen – Leistungen (§ 22 Nr. 3 EStG)	367
2.2 Einkünfte aus der Veräußerung von Privatvermögen	367
2.21 Einkünfte aus der Veräußerung wesentlicher Beteiligungen an Kapitalgesellschaften (§ 17 EStG)	367
2.22 Einkünfte aus Spekulationsgeschäften (§§ 22 Nr. 2, 23 EStG)	368
2.23 Zur gleichmäßigen Besteuerung betrieblicher und privater Veräußerungseinkünfte	369
3. Unterschiedliche Besteuerung der Alterseinkünfte	370

IV. Gemeinsame Vorschriften zu allen Einkunftsarten 373

V. Konkurrenzen mehrerer Einkunftsarten 374

H. Private Abzüge 375

1. Allgemeine Charakterisierung der privaten Abzüge	375
2. Abzugsfähigkeit sog. Sonderausgaben (§§ 10, 10b, 10c EStG)	376
3. Außergewöhnliche Belastungen (§§ 33, 33a, 33b, 33c EStG)	379

Inhaltsverzeichnis

	Seite
4. Berücksichtigung von Unterhaltsverpflichtungen	382
5. Allgemeine Regeln für private Abzüge	389
5.1 Abzugszeitpunkt	389
5.2 Persönliche Abzugsberechtigung	389
5.3 Erstattung privater Aufwendungen	390

J. Einkommensteuertarif 390

1. Der linear-progressive Normaltarif 391
2. Ausnahmen vom Normaltarif 393
   - 2.1 Steuersatzermäßigungen 393
   - 2.2 Steuerbetragsermäßigungen bei Auslandseinkünften 394
   - 2.3 Steuerbetragsermäßigung bei Erbschaftsteuerbelastung 394
   - 2.4 Andere Steuerbetragsermäßigungen 395
3. Zur Ehegattenbesteuerung 395

K. Zum Verfahren 398

§ 10 Kirchensteuer

§ 11 Körperschaftsteuer

A. Allgemeine Charakterisierung 404

B. Steuersubjekte 410

C. Steuerobjekt 416

I. Einkommen als Steuerobjekt, zu versteuerndes Einkommen als Bemessungsgrundlage 416

II. Befreiungen 416

III. Ermittlung des Einkommens 417

1. Allgemeines 417
   - 1.1 Ermittlung des Bilanzgewinns 417
   - 1.2 Spezielle körperschaftsteuerrechtliche Vorschriften zur Einkommensermittlung 421
2. Verdeckte Gewinnausschüttungen 422
   - 2.1 Rechtfertigung der Erfassung verdeckter Gewinnausschüttungen durch die Körperschaftsteuer 423
   - 2.2 Voraussetzungen der verdeckten Gewinnausschüttung 424
   - 2.3 Rechtsfolgen der verdeckten Gewinnausschüttung 427
3. Besondere Vorschriften über den Abzug von Ausgaben 428

	Seite
4. Besondere Fälle der Gewinnrealisierung und ihres Aufschubs	430
4.1 Liquidation	430
4.2 Verlegung der Geschäftsleitung ins Ausland	430
4.3 Ausscheiden aus der Steuerpflicht durch subjektive Steuerbefreiung	431
4.4 Umwandlung und Verschmelzung	431
4.41 Handelsrechtliche Grundlagen	432
4.42 Steuerliche Folgen der Umwandlung und Verschmelzung	433
4.421 Vermögensübertragung auf eine Personengesellschaft oder eine natürliche Person (§§ 3–13 UmwStG)	433
4.422 Vermögensübertragung auf eine andere Körperschaft	434

D. Zurechnung: Organschaft 434

E. Tarif 437

F. Anrechnungsverfahren 438

  I. Einführung 438

  II. Subjektiver und objektiver Anwendungsbereich der Anrechnung 439

  III. Herstellung der Ausschüttungsbelastung bei der Körperschaft .. 439

    1. Änderung der Körperschaftsteuer je nach Vorbelastung des ausgeschütteten Gewinns 439

    2. Statistische Erfassung aller noch nicht ausgeschütteten Gewinne: das verwendbare Eigenkapital 440

    3. Reihenfolge der Verwendung der einzelnen Eigenkapitalteile 443

    4. Sondervorschriften 445

    5. Verdeckte Gewinnausschüttungen im Anrechnungsverfahren 446

  IV. Anrechnung der Ausschüttungsbelastung auf die Steuerschuld des Anteilseigners 447

  V. Verfahrensvorschriften 449

§ 12 Bewertungsgesetzabhängige Steuerarten

A. Bewertung nach dem Bewertungsgesetz 450

1. Einführung 450
2. Zum Begriff „Bewerten" 451
3. Bewertung als Tatfrage und Rechtsproblem 452
4. Grundprinzipien des Bewertungsgesetzes 452
5. Einheitsbewertung, Privat- und Betriebsgrundstücke, Betriebsvermögen, sonstiges Vermögen, Gesamtvermögen 455

Inhaltsverzeichnis

	Seite
5.1 Allgemeines	455
5.2 Bewertung des land- und forstwirtschaftlichen Vermögens	456
5.3 Bewertung des Grundvermögens	457
5.4 Bewertung des Betriebsvermögens	459
5.5 Bewertung des sonstigen Vermögens	463
5.6 Gesamtvermögen	464
6. Stand und Kritik an der Einheitsbewertung des Grundbesitzes	464
7. Bewertungs-Besonderheiten für das Beitrittsgebiet	466

B. Vermögensteuer ... 467

1. Einführung ... 467
2. Steuersubjekte ... 469
3. Steuerobjekt, Befreiungen, Bemessungsgrundlage ... 470
4. Vermögensteuerliche Zusammenveranlagung ... 471
5. Steuersatz, Verfahren, Berechnungsbeispiel ... 473
6. Zur Nacherklärung von Kapitalvermögen ... 473
7. Sondervorschrift für das Beitrittsgebiet ... 474

C. Erbschaft- und Schenkungsteuer ... 474

1. Einführung ... 475
2. Steuerobjekt ... 477
    - 2.1 Erwerb von Todes wegen ... 478
    - 2.2 Schenkungen unter Lebenden ... 479
    - 2.3 Zweckzuwendungen ... 481
    - 2.4 Vermögen einer Stiftung, eines Vereins ... 482
    - 2.5 Befreiungen ... 483
3. Steuersubjekte ... 485
4. Inländische Steuergewalt ... 486
5. Steuerbemessungsgrundlage, Stichtag ... 486
    - 5.1 Allgemeines ... 486
    - 5.2 Grundbesitz-Einheitswerte und Erbschaftsteuer ... 488
6. Tarif ... 490
7. Zum Verfahren ... 492
8. Billigkeitsregelungen ... 493
9. Zur Nacherklärung von Kapitaleinkünften und -vermögen ... 494
10. Sondervorschriften für das Beitrittsgebiet ... 494

D. Realsteuern (§ 3 II AO) ... 494

I. Grundsteuer ... 494

1. Einführung ... 495
2. Steuerobjekt, Befreiungen ... 496

		Seite
3. Steuersubjekte		497
4. Periodizität		497
5. Bemessungsgrundlage, Hebesatz		497
6. Zum Verfahren		498
7. Sondervorschriften für das Beitrittsgebiet		498

II. Gewerbesteuer ... 499

1. Einführung ... 499
2. Steuerobjekt ... 500
   - 2.1 Stehender Gewerbebetrieb ... 501
   - 2.2 Reisegewerbebetrieb ... 504
   - 2.3 Mehrheit von Gewerbebetrieben ... 504
   - 2.4 Beginn und Ende der Besteuerung ... 505
3. Steuersubjekte ... 506
4. Bemessungsfaktoren, Bemessungsgrundlage ... 507
   - 4.1 Bemessungsfaktoren ... 507
      - 4.11 Gewerbeertrag ... 507
      - 4.12 Gewerbekapital ... 514
   - 4.2 Bemessungsgrundlage: Einheitlicher Steuermeßbetrag ... 515
5. Periodizität ... 516
6. Zerlegung des einheitlichen Steuermeßbetrages ... 517
7. Hebesatz-Anwendung ... 518
8. Gewerbesteuerreformbestrebungen ... 518
9. Vereinheitlichung des Gewerbesteuerrechts im vereinigten Deutschland ... 520
   - 9.1 Entwicklung bis zum 30. 6. 1990 ... 520
   - 9.2 Entwicklung vom 1. 7. bis 31. 12. 1990 ... 522
   - 9.3 Entwicklung seit dem 1. 1. 1991 ... 523

§ 13 Umsatzsteuer

A. Beeinflussung des nationalen Umsatzsteuerrechts durch Gemeinschaftsrecht ... 524

B. Charakterisierung der Umsatzsteuer ... 527

1. Die Umsatzsteuer als Verbrauchsteuer ... 527
2. Die Umsatzsteuer als Mehrwertsteuer mit Vorsteuerabzug ... 530

C. Steuerobjekt ... 533

1. Entgeltliche Leistungen von Unternehmern im Inland (§ 1 I Nr. 1 UStG) ... 533
   - 1.1 Leistungen (Lieferungen und sonstige Leistungen) ... 533
      - 1.11 Lieferungen ... 536
         - 1.111 Begriff, Grundformen ... 536

Inhaltsverzeichnis

	Seite
1.112 Sonderregeln	537
1.113 Rücklieferung und Rückgabe	538
1.12 Sonstige Leistungen	538
1.13 Regeln für gemischte Leistungen	539
1.14 Sonderbestimmungen über den Leistungsgegenstand kraft wirtschaftlicher Betrachtungsweise	540
1.2 Entgeltliche Leistung, Leistungsaustausch, Tausch	541
1.21 Grundsätzliches zum Leistungsaustausch	541
1.22 Tauschumsätze	543
1.23 Sachzuwendungen an Arbeitnehmer	543
1.24 Einzelfälle zum Leistungsaustausch	544
1.241 Erbschaft/Erbauseinandersetzung/vorweggenommene Erbfolge	545
1.242 Schadensersatz und Vertragsstrafe	545
1.243 Mitgliedsbeiträge an Vereine	546
1.244 Gesellschafterbeiträge	547
1.245 Zuschüsse	548
1.3 Leistungen von Unternehmern im Rahmen des Unternehmens	548
1.4 Ort der Leistung, insbesondere Leistung im Inland oder Ausland	549
1.41 Inland/Ausland	549
1.42 Ort der Lieferung	550
1.43 Ort der sonstigen Leistung	551
2. Eigenverbrauch im Inland	551
2.1 Entnahmeeigenverbrauch	552
2.2 Sonstige Leistungen im Rahmen des Unternehmens, die Zwecken außerhalb des Unternehmens dienen (§ 1 I Nr. 2b UStG)	554
2.3 Nichtabziehbare Aufwendungen	554
2.4 Ort des Eigenverbrauches	555
3. Gesellschafterverbrauch (§ 1 I Nr. 3 UStG)	555
4. Einfuhr in das Zollgebiet (§ 1 I Nr. 4 UStG)	556
5. Objektive Steuerbefreiungen	557
5.1 Begünstigter der Befreiungen	557
5.2 Grundstücksüberlassungen	558
5.3 Heilberufliche, soziale und kulturelle Leistungen	558
5.4 Umsätze des Geld- und Kreditverkehrs	559
5.5 Befreiungen wegen Konkurrenz zu besonderen Verkehrsteuern	559
5.6 Ausschluß des Vorsteuerabzuges und Option	560
5.7 Befreiung nach § 4 Nr. 28 UStG	560
5.8 Ausfuhrumsätze	560
D. Steuersubjekte	561
1. Unternehmer als Steuersubjekte	561
1.1 Nachhaltige Tätigkeit zur Erzielung von Einnahmen	563
1.2 Selbständige Tätigkeit	564
1.3 Unternehmenseinheit; keine Unternehmereinheit	564
2. Ausnahmen: Nichtunternehmer als Steuersubjekte	565

Inhaltsverzeichnis

	Seite
E. Bemessungsgrundlagen (§ 10 UStG)	565
1. Entgelt beim Leistungsaustausch	565
2. Tauschgeschäfte	565
3. Geschäftsveräußerung	566
4. Eigenverbrauch und unentgeltliche Leistungen an Arbeitnehmer	567
5. Mindestbemessungsgrundlage	567
6. Umsatzsteuer und Bemessungsgrundlage	568
7. Änderung der Bemessungsgrundlage	568
8. Differenz(Margen)besteuerung	569
F. Steuersätze	570
G. Vorsteuerabzug	571
1. Grundsatz des Vorsteuerabzugs	571
1.1 Vorsteuerabzug für Unternehmer	571
1.2 Leistung von einem anderen Unternehmer	572
1.3 Leistung/Einfuhr für das Unternehmen	572
1.4 Rechnung mit offenem Steuerausweis	574
1.5 Vorsteuerabzug aus der Mindestbemessungsgrundlage	575
2. Ausschluß des Vorsteuerabzugs für Unternehmer	576
2.1 Ausschluß des Vorsteuerabzugs bei steuerfreien Umsätzen	576
2.2 Teilweiser Ausschluß vom Vorsteuerabzug (Mischfälle)	578
3. Berichtigung des Vorsteuerabzugs (§ 15a UStG)	578
4. Vorsteuerabzug bei Verzicht auf die Steuerbefreiung	579
H. Zum Verfahren	580
J. Sonderregelungen	581
1. Kleinunternehmer (§ 19 UStG)	581
2. Besteuerung der Land- und Forstwirte	582
3. Berlin, Beitrittsgebiet	582

§ 14 Spezielle Verkehrsteuern

A. Grunderwerbsteuer	583
1. Steuerobjekt	584
1.1 Steuerbare Erwerbsvorgänge	584
1.11 Eigentumserwerb und schuldrechtlicher Vertrag	585

Inhaltsverzeichnis

	Seite
1.111 Kaufverträge und andere schuldrechtliche Verträge (§ 1 I Nr. 1 GrEStG)	585
1.112 Die Auflassung (§ 1 I Nr. 2 GrEStG)	587
1.113 Der Eigentumserwerb (§ 1 I Nr. 3 GrEStG)	588
1.114 Das Meistgebot (§ 1 I Nr. 4 GrEStG)	588
1.115 Abtretung von Übereignungsansprüchen und Rechten aus Kaufangeboten	589
1.12 Übergang der Verwertungsbefugnis	589
1.13 Anteilsvereinigung	590
1.2 Grundstück	591
1.3 Befreiungen	591
2. Steuersubjekte	592
3. Bemessungsgrundlage und Steuersatz	593
3.1 Bemessungsgrundlage	593
3.2 Steuersatz	594

B. Kapitalverkehrsteuern 594

1. Einführung 594
2. Gesellschaftsteuer 595
   2.1 Steuerobjekt 596
   2.2 Steuersubjekt 598
   2.3 Steuerbemessungsgrundlage und Steuersatz 598
3. Börsenumsatzsteuer 599

C. Wechselsteuer 599

D. Versicherungsteuer 599

E. Feuerschutzsteuer 600

F. Rennwett- und Lotteriesteuer 601

G. Kraftfahrzeugsteuer 602

H. Spielbankabgabe 604

§ 15 Spezielle Verbrauch- und Aufwandsteuern

1. Überblick 606
2. Steuerobjekte 606
3. Steuersubjekt 610
4. Steuerbemessungsgrundlage 610
5. Verfahren 610
6. Konkurrenz zur Umsatzsteuer 610

Inhaltsverzeichnis

Viertes Kapitel: Besteuerung und Unternehmensform

§ 16 Grundsätzliche Unterschiede in der Besteuerung von Personenunternehmen und Kapitalgesellschaften

A. Einführung 612

B. Unterschiede in der laufenden Besteuerung von Personenunternehmen und Kapitalgesellschaften 614
  1. Besteuerungsunterschiede bei einzelnen Steuerarten 614
    1.1 Vermögensteuer 614
    1.2 Gewerbekapitalsteuer 615
    1.3 Einkommen-/Kirchen-/Körperschaftsteuer 615
    1.4 Gewerbeertragsteuer 617
  2. Zusammenfassende Darstellung der Besteuerungsunterschiede 617
    2.1 Notwendigkeit 617
    2.2 Ermittlung der Gesamtbelastung mit Hilfe der Teilsteuerrechnung .. 618

C. Unterschiede in der Besteuerung von Sondervorgängen 623
  1. Gründung 623
    1.1 Gesellschaftsteuer 623
    1.2 Grunderwerbsteuer 623
    1.3 Einkommen-/Kirchen-/Körperschaftsteuer 623
    1.4 Gewerbesteuer 624
  2. Umwandlung 624
    2.1 Gesellschaftsteuer 624
    2.2 Einkommen-/Kirchen-/Körperschaftsteuer 624
    2.3 Gewerbeertragsteuer 625
  3. Anteilsveräußerung 625
    3.1 Einkommen-/Kirchen-/Körperschaftsteuer 625
    3.2 Gewerbeertragsteuer 626
  4. Erbfall und Schenkung 626
    4.1 Einkommen-/Kirchen-/Körperschaftsteuer 626
    4.2 Gewerbeertragsteuer 627
    4.3 Erbschaft- und Schenkungsteuer 627
  5. Liquidation 627
    5.1 Einkommen-/Kirchen-/Körperschaftsteuer 627
    5.2 Gewerbesteuer 628

D. Reform der Unternehmensbesteuerung 628

Inhaltsverzeichnis

§ 17 Besteuerung zusammengesetzter Unternehmensformen

A. GmbH & Co. KG 632
1. Gesellschaftsteuer 632
2. Einkommen-/Kirchen-/Körperschaftsteuer 633
3. Vermögensteuer 634
4. Gewerbesteuer 634

B. Betriebsaufspaltung 634
1. Einkommen-/Kirchen-/Körperschaftsteuer 635
2. Gewerbesteuer 637
3. Vermögensteuer 638

C. GmbH (AG) & Stille Gesellschaft 638
1. Gesellschaftsteuer 639
2. Grunderwerbsteuer 639
3. Vermögensteuer 639
4. Einkommen-/Kirchen-/Körperschaftsteuer 640
5. Gewerbesteuer 642

Fünftes Kapitel: Steuervergünstigungen

§ 18 Steuervergünstigungen als Sozialzwecknormen

§ 19 Wirtschaftslenkende Steuervergünstigungen

1. Allgemeines 644
2. Vergünstigungs-/Förderungsziele 645
3. Vergünstigungs- und Förderungstechniken 647
   3.1 Steuerliche Entlastung durch Steuervergünstigungen ... 647
   3.2 Zulagen und Prämien, die mit Steuereinnahmen verrechnet werden .. 650
   3.3 Steuerunabhängige, von der Finanzverwaltung gewährte Transferzahlungen oder Finanzhilfen 651
4. Zu einzelnen investitionsfördernden Steuervergünstigungen und Förderungsgesetzen 651
   4.1 Aufschub der Gewinnrealisierung bei Reinvestition (§§ 6b, 6c EStG) 651
   4.2 Investitionszulagengesetz (InvZulG) 652
   4.3 Auslandsinvestitionsgesetz (AuslInvG) 652

Inhaltsverzeichnis

	Seite
4.4 Investitionsförderung im Beitrittsgebiet	653
4.5 Berlinförderungsgesetz (BerlinFG)	654
4.6 Wohnungsbauförderung durch §§ 7b, 10e, 34f EStG	654

5. Prüfung von Steuervergünstigungen und Förderungsgesetzen auf ihre Rechtfertigung ... 656
   5.1 Allgemeine Rechtfertigung ... 656
   5.2 Verfassungsrechtliche Rechtfertigung ... 657
   5.3 Vereinbarkeit mit Europarecht ... 660

§ 20 Gemeinnützigkeits- und Spendenabzugsrecht

1. Gemeinnützigkeitsrecht ... 661
2. Spendenabzugsrecht ... 662
   2.1 Spenden für gemeinnützige Zwecke ... 662
   2.2 Spenden zur Förderung des demokratischen Staatswesens (früher: Förderung „staatspolitischer Zwecke") ... 665
   2.3 Spenden an politische Parteien ... 665
   2.4 Spenden und Vertrauensschutz ... 666

Sechstes Kapitel: Steuerverfahrensrecht

§ 21 Handeln im Steuerrechtsverhältnis

1. Handeln der Finanzbehörden (Steuerverwaltungsbehörden) ... 668
   1.1 Die Hierarchie der Finanzbehörden ... 668
   1.2 Behördenzuständigkeit zum Handeln ... 668
      1.21 Sachliche Zuständigkeit ... 668
      1.22 Örtliche Zuständigkeit ... 669
   1.3 Handeln durch Amtsträger ... 669
   1.4 Handeln durch Steuerverwaltungsakt ... 670
      1.41 Der Steuerverwaltungsakt und sein Zustandekommen ... 670
         1.411 Begriff ... 670
         1.412 Typologie der Verwaltungsakte ... 671
         1.413 Nebenbestimmungen ... 672
         1.414 Bestimmtheit und Form ... 673
         1.415 Begründung ... 674
         1.416 Inhaltsadressat und Bekanntgabe ... 674
         1.417 Wirksamwerden des Erklärten ... 676
      1.42 Rechtswidrigkeit des Steuerverwaltungsakts ... 676
      1.43 Korrektur von Steuerverwaltungsakten ... 677
2. Handeln der Steuerpflichtigen ... 677

	Seite
2.1 Handlungsfähigkeit, Handeln für Handlungsunfähige (gesetzliche Vertretung)	677
2.2 Bevollmächtigung (gewillkürte Vertretung)	679
3. Handlungsfristen	681
4. Handeln der Beteiligten nach Treu und Glauben	681

§ 22 Durchführung der Besteuerung

1. Einführung	684
2. Allgemeine Verfahrensvorschriften, Besteuerungsgrundsätze	685
3. Mitwirkungspflichten	687
3.1 Mitwirkung bei Erfassung der Steuerpflichtigen	687
3.2 Beweisbeschaffungs- und Beweissicherungspflichten	687
3.21 Buchführungs- und Aufzeichnungspflichten	687
3.22 Abgabe von Steuererklärungen	688
3.221 Kreis der Verpflichteten	688
3.222 Form, Inhalt, Frist	688
3.23 Verspätungszuschlag	689
3.24 Berichtigung unrichtiger Steuererklärungen	689
3.3 Beweisbedürftigkeit, Beweismittel	690
3.4 Mitwirkungsverweigerungsrechte	691
3.5 Regeln der Beweiswürdigung, Schätzung, Beweisverwertungsverbote, Beweislast	693
3.51 Beweiswürdigung	693
3.52 Schätzung	695
3.53 Beweisverwertungsverbote	695
3.54 Beweislastregeln in Fällen der Beweislosigkeit	696
3.6 Recht auf Gehör	697
4. Besondere Verfahren der Sachaufklärung	697
4.1 Außenprüfung	697
4.2 Steuerfahndung	702
4.3 Steueraufsicht	703
5. Amtshilfe, Kontrollmitteilungen	703
6. Gesonderte Feststellung von Besteuerungsgrundlagen und Steuermeßbeträgen; Steuerfestsetzung	703
6.1 Einführung: Grundlagen- und Folgebescheide	703
6.2 Gesonderte Feststellung von Besteuerungsgrundlagen	704
6.3 Festsetzung von Steuermeßbeträgen	706
6.4 Steuerfestsetzung	707
6.41 Allgemeines	707
6.42 Festsetzung unter Vorbehalt der Nachprüfung	708
6.43 Vorläufige Steuerfestsetzung, Aussetzung	709
6.44 Abweichende Festsetzung aus Billigkeitsgründen	709

Inhaltsverzeichnis

	Seite
6.45 Form und Inhalt der Steuerbescheide	710
6.46 Festsetzungsverjährung, Feststellungsverjährung	710

7. Sondervorschriften für einzelne Verfahren 711
   7.1 Haftungsverfahren (§ 191 AO) 711
   7.2 Vergütungsverfahren 711
   7.3 Erstattungsverfahren 712
   7.4 Verfahren über Nebenleistungen 712
8. Kostenfreiheit 712
9. Korrektur von Steuerverwaltungsakten 712
   9.1 Allgemeines 712
   9.2 Korrekturterminologie 713
   9.3 Allgemeine Korrekturvorschriften 714
   9.4 Die allgemeinen Regeln der §§ 130, 131 AO 715
   9.5 Die Sonderregeln für Steuerbescheide und andere Bescheide (§§ 172 ff. AO) 717

§ 23 Erhebungsverfahren und Vollstreckung

1. Titel 721
2. Fälligkeit 721
   2.1 Grundsätzliches 721
   2.2 Hinausschieben der Fälligkeit 721
      2.21 Stundung (§ 222 AO) 721
      2.22 Zahlungsaufschub (§ 223 AO) 722
      2.23 Aussetzung der Vollziehung im Rechtsbehelfsverfahren (§ 361 AO, § 69 FGO) 722
3. Erlöschen fälliger Ansprüche 722
   3.1 Zahlung (§§ 224, 225 AO) 722
   3.2 Aufrechnung (§ 226 AO) 723
   3.3 Billigkeitserlaß; Erstattung aus Billigkeitsgründen (§ 227 AO) 724
   3.4 Zahlungsverjährung 726
4. Verzinsung, Säumniszuschlag bei verspäteter Zahlung 727
   4.1 Verzinsung 727
   4.2 Säumniszuschlag 727
5. Vollstreckung 727
   5.1 Vollstreckung wegen Geldforderungen 727
   5.2 Vollstreckung wegen anderer Leistungen als Geldforderungen (Zwangsmittel) 728

§ 24 Rechtsschutz in Steuersachen

1. Die Rechtsschutzaufgabe, Überblick über das Rechtsschutzsystem 729
2. Außergerichtliches Vorverfahren 731

Inhaltsverzeichnis

	Seite
2.1 Filterwirkung als Zweck	731
2.2 Einspruch oder Beschwerde	732
2.3 Zulässigkeitsvoraussetzungen, Art des Rechtsbehelfs	733
2.4 Aussetzung der Vollziehung; einstweilige Anordnung	735
2.5 Entscheidende Behörde und ihr Verfahren	735
2.6 Kostenfreiheit	736
2.7 Zu den Ausnahmen vom Vorverfahren	736
3. Klage	738
3.1 Zulässigkeit der Klage, Klagetypen	738
3.11 Erfolgloses Vorverfahren	738
3.12 Zulässigkeit des Finanzrechtsweges	738
3.13 Richtiger Klagetyp	739
3.131 Anfechtungsklage	740
3.132 Leistungsklagen	741
3.133 Feststellungsklagen	742
3.14 Klagebefugnis	742
3.15 Fähigkeit zur Vornahme von Verfahrenshandlungen (Prozeßfähigkeit) – § 58 FGO	745
3.16 Vollmacht (§ 62 FGO)	746
3.17 Kein Klageverzicht (§ 50 FGO)	746
3.18 Wahrung der Klagefrist (§ 47 FGO)	746
3.19 Richtiger Klagegegner (sog. Passivlegitimation), s. § 63 FGO	747
3.20 Wahrung der Klageform (§§ 64, 65 FGO)	748
3.21 Richtiger Adressat der Klage (§§ 64 I; 47 II, III FGO)	749
3.2 Wirkungen der Klage	750
3.3 Vorläufiger Rechtsschutz	750
3.31 Aussetzung der Vollziehung	751
3.32 Einstweilige Anordnung	752
3.4 Klageverfahren	753
3.5 Sachaufklärung	753
3.51 Grenzen der Sachaufklärung	753
3.52 Sachaufklärung durch Schriftsatzaustausch	754
3.53 Sachaufklärung durch Beweisaufnahme; Beweiswürdigung und Beweislast	754
3.54 Recht der Beteiligten auf Gehör	756
3.55 Besondere Obliegenheiten des Prozeßbevollmächtigten	756
3.56 Zur Entscheidung des Gerichts	757
3.6 Rechtsmittel	758
3.61 Revision	758
3.611 Zweck der Revision	758
3.612 Statthaftigkeit der Revision (§§ 115–117 FGO)	758
3.613 Revisionsgründe (§ 118 FGO)	759
3.614 Revisionsverfahren	760
3.615 Übermaß unzulässiger Revisionen	760
3.616 Entscheidung des Bundesfinanzhofs	761
3.62 Gerichtsbeschwerde	762

Inhaltsverzeichnis

	Seite
3.7 Kosten des Gerichtsverfahrens	762
3.8 Rechtskraft	763
4. Zum Rechtsschutz in Verfassungssachen	764
5. Zum Rechtsschutz in Europasachen	765

Siebentes Kapitel: Steuerstraf- und Steuerordnungswidrigkeitenrecht

§ 25 Allgemeines Steuerstraf- und Ordnungswidrigkeitenrecht

1. Einleitung	766
2. Allgemeine Rechtsgrundlagen	768

§ 26 Die einzelnen Steuerstraftaten

1. Steuerhinterziehung (§ 370 AO)	775
1.1 Zentraldelikt	775
1.2 Verkürzen von Steuern	775
1.3 Erlangen nicht gerechtfertigter Steuervorteile	778
1.4 Verkürzung von EG- oder EFTA-Eingangsabgaben	778
1.5 Vorsatz	778
1.6 Versuch	778
1.7 Strafe; Strafbefreiung durch Selbstanzeige	779
Exkurs: Zinssteuer-Amnestiegesetz	780
2. Bannbruch (§ 372 AO)	781
3. Gewerbsmäßiger, gewaltsamer und bandenmäßiger Schmuggel (§ 373 AO)	782
4. Steuerhehlerei (§ 374 AO)	782

§ 27 Die einzelnen Steuerordnungswidrigkeiten

1. Leichtfertige Steuerverkürzung (§ 378 AO)	783
2. Steuergefährdungen (§§ 379–382 AO)	784
2.1 Allgemeine Steuergefährdung (§ 379 AO)	784
2.2 Gefährdung von Abzugsteuern (§ 380 AO)	785
2.3 Gefährdung von Verbrauchsteuern (§ 381 AO)	785
2.4 Gefährdung von Eingangsabgaben (§ 382 AO)	786
3. Unzulässiger Erwerb von Steuererstattungs- und Vergütungsansprüchen (§ 383 AO)	786

Inhaltsverzeichnis

§ 28 Steuerstraf- und Steuerordnungswidrigkeitsverfahren

1. Zum Steuerstrafverfahren 787
   1.1 Zuständigkeit zur Strafverfolgung 787
   1.2 Einleitung des Strafverfahrens 787
   1.3 Aufgaben und Befugnisse der Strafverfolgungsbehörde 788
   1.4 Mögliche Ergebnisse des Ermittlungsverfahrens 790
   1.5 Das Strafbefehlsverfahren im besonderen 790
2. Zum Steuerordnungswidrigkeitsverfahren 791
   2.1 Zuständigkeit zur Verfolgung 791
   2.2 Einleitung des Verfahrens 791
   2.3 Aufgaben und Befugnisse der Verfolgungsbehörde 792
   2.4 Mögliche Ergebnisse des Ermittlungsverfahrens 792

Anhang: Wesentliche Rechte und Pflichten von Behörde und Betroffenen 793

Stichwortverzeichnis 795

Abkürzungsverzeichnis

a.A. (A.A.)	andere(r) Ansicht
a.a.O.	am angegebenen Ort
AB	Ausführungsbestimmung(en)
abl.	ablehnend
ABl.EG	Amtsblatt der Europäischen Gemeinschaften
Abs.	Absatz
Abschn.	Abschnitt
abw.	abweichend
a.E.	am Ende
a.F.	alte(r) Fassung
AfA	Absetzung für Abnutzung
AFG	Arbeitsförderungsgesetz
AfK	Archiv für Kommunalwissenschaften (Zeitschrift)
AG	Aktiengesellschaft; auch „Die Aktiengesellschaft" (Zeitschrift); mit Ortsbezeichnung: Amtsgericht
AktG	Aktiengesetz
allg.	allgemein
Alt.	Alternative
amtl.	amtlich(e)
Anm.	Anmerkung
AO	Abgabenordnung
AöR	Archiv für öffentliches Recht (Zeitschrift)
Art.	Artikel
ASA	Archiv für Schweizerisches Abgaberecht (Zeitschrift)
AStG	Außensteuergesetz
Aufl.	Auflage
AufwAG	Gesetz über einen Ausgleich für Folgen der Aufwertung der Deutschen Mark auf dem Gebiet der Landwirtschaft (Aufwertungsausgleichsgesetz) v. 23. 12. 1969
ausf.	ausführlich
AuslInvG	Auslandsinvestitionsgesetz
AWD, AWD BB	Außenwirtschaftsdienst des Betriebs-Beraters (Zeitschrift)
AWG	Außenwirtschaftsgesetz
AZO	Allgemeine Zollordnung
B	Der Betrieb (Zeitschrift)
Bad.Württ.	Baden-Württemberg
BAföG	Bundesausbildungs-Förderungsgesetz
BAG	Bundesarbeitsgericht
BayVBl.	Bayerische Verwaltungsblätter (Zeitschrift)
BayVerfGH	Bayerischer Verfassungsgerichtshof
BB	Betriebs-Berater (Zeitschrift)
BBauG	Bundesbaugesetz
BBG	Bundesbeamtengesetz
BBK	Buchführung, Bilanz, Kostenrechnung, Zeitschrift für das gesamte Rechnungswesen
Bd., Bde.	Band, Bände
BdF	Bundesminister der Finanzen
BergPG	Bergmannsprämiengesetz
BerlinFG	Berlinförderungsgesetz
bes.	besonders
bestr.	bestritten

Abkürzungsverzeichnis

betr.	betrifft, betreffend
BewÄndG	Bewertungsänderungsgesetz
BewDV	Bewertungs-Durchführungsverordnung
BewG	Bewertungsgesetz
BewRGr	Richtlinien für die Bewertung des Grundvermögens
BewRL	Bewertungs-Richtlinien für das land- und forstwirtschaftl. Vermögen
BFH	Bundesfinanzhof
BFHE	Sammlung der Entscheidungen des Bundesfinanzhofs
BFH-EntlG	Gesetz zur Entlastung des BFH v. 8. 7. 1975, BGBl. I 1861
BFH/NV	Sammlung amtlich nicht veröffentlichter Entscheidungen des Bundesfinanzhofs
BFuP	Betriebswirtschaftliche Forschung und Praxis (Zeitschrift)
BGB	Bürgerliches Gesetzbuch
BGBl.	Bundesgesetzblatt
BGE	Entscheidungen des schweizerischen Bundesgerichts
BGHSt	Amtliche Sammlung von Entscheidungen des Bundesgerichtshofs in Strafsachen
BGHZ	Amtliche Sammlung von Entscheidungen des Bundesgerichtshofs in Zivilsachen
BierStG	Biersteuergesetz
BKGG	Bundeskindergeldgesetz
BlStSozArbR	Blätter für Steuerrecht, Sozialversicherung und Arbeitsrecht (Zeitschrift)
BMF	Bundesminister(ium) der Finanzen
BMWi.	Bundesminister(ium) für Wirtschaft
BMWF	Bundesminister(ium) für Wirtschaft und Finanzen
Bp	Betriebsprüfung
BpO	Betriebsprüfungsordnung
BR	Bundesrat
BRD	Bundesrepublik Deutschland
BR-Drucks.	Bundesrat-Drucksache
BranntwMonG	Branntweinmonopolgesetz
BranntwStÄndG	Branntweinsteueränderungsgesetz
BRRG	Beamtenrechtsrahmengesetz
BSG	Bundessozialgericht
BSHG	Bundessozialhilfegesetz
BSP	Bruttosozialprodukt
BStBl.	Bundessteuerblatt
BT	Bundestag
BT-Drucks.	Bundestag-Drucksache
BVerfG	Bundesverfassungsgericht
BVerfGE	Amtliche Sammlung von Entscheidungen des Bundesverfassungsgerichts
BVerfGG	Bundesverfassungsgerichtsgesetz vom 12. 3. 1951 i.d. Neufassung vom 12. 12. 1985, BGBl. I 2230
BVerwG	Bundesverwaltungsgericht
BVerwGE	Amtliche Sammlung von Entscheidungen des Bundesverwaltungsgerichts
CGI	Code général des impôts
CIR	Code des impôts sur les revenus
DATEV	Datenverarbeitungsorganisation des steuerberatenden Berufs in der Bundesrepublik Deutschland e. G., Nürnberg
DB	Durchführungsbestimmung(en)
DBA	Doppelbesteuerungsabkommen
DDR	Deutsche Demokratische Republik
ders.	derselbe
dgl.	dergleichen

Abkürzungsverzeichnis

DGStZ	Deutsche Gemeindesteuer-Zeitung (Zeitschrift)
d.h.	das heißt
d.i.	das ist
dies.	dieselbe
Dig.	Digesten
DIHT	Deutscher Industrie- und Handelstag
Diss.	Dissertation
DJT	Deutscher Juristentag
DNotZ	Deutsche Notar-Zeitschrift
DÖV	Die Öffentliche Verwaltung (Zeitschrift)
DR	Deutsches Recht (Zeitschrift)
Drucks.	Drucksache
DStB	Der Steuerbeamte (Zeitschrift)
DStBl.	Deutsches Steuerblatt (Zeitschrift)
DStG	Deutsche Steuergewerkschaft
DStJG Bd. 1	Tipke (Hrsg.), Übertragung von Einkunftsquellen im Steuerrecht, 2., unveränderte Aufl., Köln 1979
DStJG Bd. 2	Kruse (Hrsg.), Die Grundprobleme der Personengesellschaft im Steuerrecht, Köln 1979
DStJG Bd. 3	Söhn (Hrsg.), Die Abgrenzung der Betriebs- oder Berufssphäre von der Privatsphäre im Einkommensteuerrecht, Köln 1980
DStJG Bd. 4	Ruppe (Hrsg.), Gewinnrealisierung im Steuerrecht, Köln 1981
DStJG Bd. 5	Tipke (Hrsg.), Grenzen der Rechtsfortbildung durch Rechtsprechung und Verwaltungsvorschriften im Steuerrecht, Köln 1982
DStJG Bd. 6	Kohlmann (Hrsg.), Strafverfolgung und Strafverteidigung im Steuerstrafrecht, Köln 1983
DStJG Bd. 7	Raupach (Hrsg.), Werte und Wertermittlung im Steuerrecht, Köln 1984
DStJG Bd. 8	Vogel (Hrsg.), Grundfragen des Internationalen Steuerrechts, Köln 1985
DStJG Bd. 9	Stolterfoht (Hrsg.), Grundfragen des Lohnsteuerrechts, Köln 1986
DStJG Bd. 10	Schulze-Osterloh (Hrsg.), Rechtsnachfolge im Steuerrecht, Köln 1987
DStJG Bd. 11	Kruse (Hrsg.), Zölle, Verbrauchsteuern, europäisches Marktordnungsrecht, Köln 1988
DStJG Bd. 12	Friauf (Hrsg.), Steuerrecht und Verfassungsrecht, Köln 1989
DStJG Bd. 13	Woerner (Hrsg.), Umsatzsteuer in nationaler und europäischer Sicht, Köln 1990
DStR	Deutsches Steuerrecht (Zeitschrift)
DStRu	Deutsche Steuer-Rundschau, bis 1961 (Zeitschrift)
DStZ	Deutsche Steuer-Zeitung (seit 1980)
DStZA und B	Deutsche Steuer-Zeitung Ausgabe A (bis 1979) und B (bis 1979)
DStZ/E	Deutsche Steuer-Zeitung/Eildienst (seit 1980)
dtv	Deutscher Taschenbuch-Verlag
d.V.	der Verfasser
DV (DVO)	Durchführungsverordnung
DVBl.	Deutsches Verwaltungsblatt (Zeitschrift)
DVR	Deutsche Verkehrsteuer-Rundschau (Zeitschrift)
EAO 1974	Regierungsentwurf einer Abgabenordnung von 1974
Ed.	Editor (Herausgeber)
EDV	Elektronische Datenverarbeitung
E-EStG	Entwurf eines Einkommensteuergesetzes
EFG	Entscheidungen der Finanzgerichte
EFTA	Europäische Freihandelsassoziation
e.G.	eingetragene Genossenschaft
EG	Europäische Gemeinschaft
EGAO	Einführungsgesetz zur AO
EGBGB	Einführungsgesetz zum Bürgerlichen Gesetzbuch
EGHGB	Einführungsgesetz zum Handelsgesetzbuch

Abkürzungsverzeichnis

Einf.	Einführung
Einl.	Einleitung
entspr.	entsprechend
EntwLStG	Gesetz über steuerliche Maßnahmen zur Förderung von privaten Kapitalanlagen in Entwicklungsländern
ErbStDV	Erbschaftsteuer-Durchführungsverordnung
ErbStG	Erbschaft- und Schenkungsteuergesetz
ErbStRG	Erbschaft- und Schenkungsteuerreformgesetz
ESA	European Space Agency
EStDV	Einkommensteuer-Durchführungsverordnung
EStG	Einkommensteuergesetz
EStR	Einkommensteuer-Richtlinien
EuGH	Europäischer Gerichtshof
EuR	Europarecht (Zeitschrift)
EuStZ	Europäische Steuerzeitung
e. V.	eingetragener Verein
evtl.	eventuell
EVwVfG	Musterentwurf eines Verwaltungsverfahrensgesetzes
EWG	Europäische Wirtschaftsgemeinschaft
EWGV	EWG-Vertrag
f., ff.	folgend, fortfolgend
FA	Finanzamt
FAZ	Frankfurter Allgemeine Zeitung
FamRZ	Zeitschrift für das gesamte Familienrecht
FeuerschStG	Feuerschutzsteuergesetz
FG	Finanzgericht
FGEntlG	Gesetz zur Entlastung der Gerichte in der Verwaltungs- und Finanzgerichtsbarkeit v. 31. 3. 1978, BGBl. I 446
FGO	Finanzgerichtsordnung
Fifo	First in - first out
FinArch.	Finanzarchiv (Zeitschrift)
FinMin.	Finanzministerium
Fn.	Fußnote
FR	Finanz-Rundschau (bis 1990); Finanz-Rundschau für Einkommensteuer, mit Körperschaftsteuer und Gewerbesteuer (seit 1991) (Zeitschrift)
FS	Festschrift
FuSt	Finanzen und Steuern
FVG	Gesetz über die Finanzverwaltung
GDL	Gesetz über die Ermittlung des Gewinns aus Land- und Forstwirtschaft nach Durchschnittssätzen
GemVO	Gemeinnützigkeitsverordnung
GenG	Genossenschaftsgesetz
GewArch.	Gewerbearchiv (Zeitschrift)
GewStDV	Gewerbesteuer-Durchführungsverordnung
GewStG	Gewerbesteuergesetz
GewStR	Gewerbesteuer-Richtlinien
GFRG	Gemeindefinanzreformgesetz
GG	Grundgesetz
ggf.	gegebenenfalls
GKG	Gerichtskostengesetz
gl. A.	gleicher Ansicht
GmbH	Gesellschaft mit beschränkter Haftung
GmbHG	Gesetz betreffend die GmbH
GmbHR	GmbH-Rundschau (Zeitschrift)
GNOFÄ	Grundsätze zur Neuorganisation der Finanzämter und zur Neuordnung des Besteuerungsverfahrens

Abkürzungsverzeichnis

GrEStDV	Grunderwerbsteuer-Durchführungsverordnung
GrEStG	Grunderwerbsteuergesetz
GrS	Großer Senat
GrStG	Grundsteuergesetz
GS	Gesetzessammlung
GuV	Gewinn und Verlust
GVBl.	Gesetz- und Verordnungsblatt
GVG	Gerichtsverfassungsgesetz
Halbs.	Halbsatz
HdBI	Handbuch der Bauherrengemeinschaften und geschlossenen Immobilienfonds
HdU	Handbuch der Unternehmensbesteuerung
HdWW	Handbuch der Wirtschaftswissenschaften
Hess.	Hessen
HFA	Hauptfachausschuß
HFA des IdW	Hauptfachausschuß des Instituts der Wirtschaftsprüfer
HFR	Höchstrichterliche Finanzrechtsprechung
HGB	Handelsgesetzbuch
HHR	Herrmann/Heuer/Raupach, Komm. zum EStG/KStG (Loseblatt)
HHSp.	Hübschmann/Hepp/Spitaler, Komm. zur AO (Loseblatt)
Hifo	Highest in - first out
h.L.	herrschende Lehre
h.M.	herrschende Meinung
Hrsg., hrsg.	Herausgeber, herausgegeben
Hs.	Halbsatz
HStR, I	J. Isensee/P. Kirchhof (Hrsg.), Handbuch des Staatsrechts der Bundesrepublik Deutschland, Band I, Grundlagen von Staat und Verfassung, Heidelberg 1987
HStR, II	J. Isensee/P. Kirchhof (Hrsg.), Handbuch des Staatsrechts der Bundesrepublik Deutschland, Band II, Demokratische Willensbildung – Die Staatsorgane des Bundes, Heidelberg 1987
HStR, III	J. Isensee/P. Kirchhof (Hrsg.), Handbuch des Staatsrechts der Bundesrepublik Deutschland, Band III, Das Handeln des Staates, Heidelberg 1988
HStR, IV	J. Isensee/P. Kirchhof (Hrsg.), Handbuch des Staatsrechts der Bundesrepublik Deutschland, Band IV, Finanzverfassung – Bundesstaatliche Ordnung, Heidelberg 1990
HStR, VI	J. Isensee/P. Kirchhof (Hrsg.), Handbuch des Staatsrechts der Bundesrepublik Deutschland, Band VI, Freiheitsrechte, Heidelberg 1989
HStruktG	Gesetz zur Verbesserung der Haushaltsstruktur (Haushaltsstrukturgesetz)
HWB	Handwörterbuch der Betriebswirtschaftslehre
HWStR	Handwörterbuch des Steuerrechts
i.d.F.	in der Fassung
i.d.R.	in der Regel
i.d.S.	in dem (diesem) Sinne
IdW	Institut der Wirtschaftsprüfer
i.e.S.	im engeren Sinne
IFA	International Fiscal Association
IFA-Bulletin	Bulletin for International Fiscal Documentation, Amsterdam
Inf.	Die Information über Steuer und Wirtschaft (Zeitschrift)
Inst.FuSt	Institut „Finanzen und Steuern"
insb.	insbesondere
InvZulG	Investitionszulagengesetz
I.R.C.	Internal Revenue Code
i.S.	im Sinne

Abkürzungsverzeichnis

i.S.d.	im Sinne des/der
i.V.	in Verbindung
i.V.m.	in Verbindung mit
IWB	Internationale Wirtschafts-Briefe
i.w.S.	im weiteren Sinne
JA	Juristische Arbeitsblätter
Jb.	Jahrbuch
JbFSt.	Jahrbuch der Fachanwälte für Steuerrecht
JfB	Journal für Betriebswirtschaft
Jg.	Jahrgang
JGG	Jugendgerichtsgesetz
Jhdt.	Jahrhundert
JöR	Jahrbuch des öffentlichen Rechts der Gegenwart
Jura	Juristische Ausbildung (Zeitschrift)
JuS	Juristische Schulung (Zeitschrift)
JW	Juristische Wochenschrift (Zeitschrift)
JZ	Juristenzeitung
KAG	Kommunalabgabengesetz
KapErhG	Gesetz über die Kapitalerhöhung aus Gesellschaftsmitteln und über die Verschmelzung von Gesellschaften mit beschränkter Haftung
KapErhStG	Gesetz über steuerrechtliche Maßnahmen bei Erhöhung des Nennkapitals aus Gesellschaftsmitteln
KartStV	Kartellsteuer-Verordnung
Kfz.	Kraftfahrzeug
KG	Kommanditgesellschaft
KGaA	Kommanditgesellschaft auf Aktien
KO	Konkursordnung
KÖSDI	Kölner Steuerdialog (Zeitschrift)
Komm.	Kommentar
KraftStG	Kraftfahrzeugsteuergesetz
krit.	kritisch
KS	Kirchhof/Söhn, EStG-Komm. (Loseblatt)
KSt	Körperschaftsteuer
KStDV	Körperschaftsteuer-Durchführungsverordnung
KStG	Körperschaftsteuergesetz
KStZ	Kommunale Steuer-Zeitschrift
KVStDV	Kapitalverkehrsteuer-Durchführungsverordnung
KVStG	Kapitalverkehrsteuergesetz
LAF	Lastenausgleichsfonds
LAG	Lastenausgleichsgesetz
LeuchtmStG	Leuchtmittelsteuergesetz
li.Sp.	linke Spalte
Lifo	Last in - first out
LStDV	Lohnsteuer-Durchführungsverordnung
lt.	laut
m.a.W.	mit anderen Worten
MDR	Monatsschrift für Deutsches Recht (Zeitschrift)
MinöStG	Mineralölsteuergesetz
m.R.	mit Recht
m.w.N.	mit weiteren Nachweisen
NB	Neue Betriebswirtschaft
n.F.	neue(r) Fassung
N.F.	Neue Folge
NJW	Neue Juristische Wochenschrift (Zeitschrift)
NSt	Neues Steuerrecht von A–Z

Abkürzungsverzeichnis

NV	Nicht-Veranlagung
NW	Nordrhein-Westfalen
NWB	Neue Wirtschafts-Briefe
o.ä.	oder ähnlich(es)
OECD	Organization for Economic Cooperation and Development
österr. EStG (öEStG)	österreichisches Einkommensteuergesetz
ÖStZ	Österreichische Steuerzeitung
öVwGH	Österreichischer Verwaltungsgerichtshof
OFD(en)	Oberfinanzdirektion(en)
OFH	Oberster Finanzgerichtshof
OHG	Offene Handelsgesellschaft
o.J.	ohne Jahresangabe
OLG	Oberlandesgericht
OR-Geschäfte	Geschäfte ohne Rechnung
OVG	Oberverwaltungsgericht
OVGE	Entscheidungen der Oberverwaltungsgerichte
OVGSt	Entscheidung des preuß. OVG in Staatssteuersachen
OWiG	Ordnungswidrigkeitengesetz
Pkw	Personenkraftwagen
Preuß. (pr.)	preußisch
PrStbK	Praxis der steuerbegünstigten Kapitalanlagen
PrVBl.	Preußisches Verwaltungsblatt
RAO	Reichsabgabenordnung
Rnr./Rnrn.	Randnummer/Randnummern
RechtsVO	Rechtsverordnung
RennwLottG	Rennwett- und Lotteriegesetz
re.Sp.	rechte Spalte
RFH	Reichsfinanzhof
RFHE	Sammlung der Entscheidungen des Reichsfinanzhofs
RGBl.	Reichsgesetzblatt
RGSt.	Amtliche Sammlung von Entscheidungen des Reichsgerichts in Strafsachen
RGZ	Amtliche Sammlung von Entscheidungen des Reichsgerichts in Zivilsachen
RIW/AWD	Recht der Internationalen Wirtschaft / Außenwirtschaftsdienst (Zeitschrift)
RLA	Rundschau für den Lastenausgleich
RStBl.	Reichssteuerblatt
RS	Rechtssammlung
Rspr.	Rechtsprechung
RT	Reichstag
s.	siehe
S.	Seite/Satz
SalzStG	Salzsteuergesetz
sc.	scilicet (nämlich)
SchaumweinStG	Schaumweinsteuergesetz
sec.	section
SGB	Sozialgesetzbuch
SGb	Sozialgerichtsbarkeit (Zeitschrift)
SGG	Sozialgerichtsgesetz
Slg.	Sammlung von Entscheidungen des RFH und des BFH
sog.	sogenannt
Sp.	Spalte
SparPG	Spar-Prämiengesetz
St	Steuer
StabG	Stabilitätsgesetz (Stabilisierungsgesetz)

Abkürzungsverzeichnis

StädteBFG	Städtebauförderungsgesetz
StÄndG	Steueränderungsgesetz
StAnpG	Steueranpassungsgesetz
StB	Der Steuerberater (Zeitschrift)
StBerG	Steuerberatungsgesetz
Stbg.	Die Steuerberatung (Zeitschrift)
StbJb.	Steuerberater-Jahrbuch
StbKongrRep.	Steuerberaterkongreß-Report (seit 1977)
StBp.	Die steuerliche Betriebsprüfung (Zeitschrift)
StEd.	Steuer-Eildienst (Zeitschrift)
StEK	Steuererlasse in Karteiform (Hrsg.: Felix/Carlé)
StGB	Strafgesetzbuch
StKongrRep.	Steuerkongreß-Report (bis 1976)
StPO	Strafprozeßordnung
str.	strittig
StrbEG	vgl. ZStAmnG
StrGüVerkStG	Straßengüterverkehrsteuergesetz
StRK	Steuerrechtskartei
StSäumG	Steuersäumnisgesetz
StStud	Steuer und Studium (Zeitschrift)
StuW	Steuer und Wirtschaft (Zeitschrift)
StVj	Steuerliche Vierteljahresschrift (Zeitschrift)
StWa	Steuer-Warte (Zeitschrift)
Tz.	Textziffer
u.	und
u.a.	und andere, unter anderem
u.a.m.	und andere(s) mehr
u.ä.	und ähnliche(s)
u.E.	unseres Erachtens
UmwG	Umwandlungsgesetz
UmwStG	Umwandlungssteuergesetz
UR	Umsatzsteuer-Rundschau (Zitierweise seit 1984) (Zeitschrift)
USt	Umsatzsteuer
UStÄndG	Umsatzsteueränderungsgesetz
UStDV	Umsatzsteuer-Durchführungsverordnung
UStG	Umsatzsteuergesetz
UStKongrBericht	Umsatzsteuerkongreß-Bericht
UStR	Umsatzsteuer-Rundschau (Zitierweise bis 1983) (Zeitschrift)
UStRi	Umsatzsteuer-Richtlinien
UTB	Uni-Taschenbücher
v.	von, vom
VAG	Versicherungsaufsichtsgesetz
VAT	Value added tax
VermBG	Vermögensbildungsgesetz
VersR	Versicherungsrecht, Juristische Rundschau für die Individualversicherung
VersStG	Versicherungsteuergesetz
VerwArch.	Verwaltungsarchiv (Zeitschrift)
Vfg.	Verfügung
VG	Vorteilhafte Geldanlagen, hrsg. von Bihr/Jahrmarkt/Knapp
VGFGEntlG	Gesetz zur Entlastung der Gerichte in der Verwaltungs- und Finanzgerichtsbarkeit v. 31. 3. 1978, BGBl. I 446
VGH	Verwaltungsgerichtshof
vgl.	vergleiche
v.H.	vom Hundert
VJSchrStFR	Vierteljahresschrift für Steuer- und Finanzrecht (Zeitschrift)

Abkürzungsverzeichnis

VO	Verordnung
VOL	Verordnung über die Aufstellung von Durchschnittssätzen für die Ermittlung des Gewinns aus Land- und Forstwirtschaft
Vol.	Volume
Vorb.	Vorbemerkung
VSF	Vorschriftensammlung Bundesfinanzverwaltung
VStDV	Vermögensteuer-Durchführungsverordnung
VStG	Vermögensteuergesetz
VStR	Vermögensteuer-Richtlinien
v.T.	vom Tausend
VVDStRL	Veröffentlichungen der Vereinigung der Deutschen Staatsrechtslehrer
VwGO	Verwaltungsgerichtsordnung
VwVfG	Verwaltungsverfahrensgesetz
VwZG	Verwaltungszustellungsgesetz
WEG	Gesetz über das Wohnungseigentum und das Dauerwohnrecht (Wohnungseigentumsgesetz)
WeinG	Weingesetz
Wj.	Wirtschaftsjahr
wistra	Zeitschrift für Wirtschaft, Steuer, Strafrecht
WM	Wertpapier-Mitteilungen (Zeitschrift)
WoBauG	Wohnungsbaugesetz
WoPG	Wohnungsbauprämiengesetz
WPg	Die Wirtschaftsprüfung (Zeitschrift)
WRV	Weimarer Reichsverfassung
WStDV	Wechselsteuer-Durchführungsverordnung
WStG	Wechselsteuergesetz
z.B.	zum Beispiel
ZDF	Zweites Deutsches Fernsehen
ZevKR	Zeitschrift für evangelisches Kirchenrecht
ZfB	Zeitschrift für Betriebswirtschaft
ZfbF	Schmalenbachs Zeitschrift für betriebswirtschaftliche Forschung
ZfgK	Zeitschrift für das gesamte Kreditwesen
ZfhF	Zeitschrift für handelswissenschaftliche Forschung
ZfZ	Zeitschrift für Zölle und Verbrauchsteuern
ZG	Zollgesetz
ZGR	Zeitschrift für Unternehmens- und Gesellschaftsrecht
ZHR	Zeitschrift für das gesamte Handels- und Wirtschaftsrecht
ZKF	Zeitschrift für Kommunalfinanzen
ZonenRFG	Zonenrandförderungsgesetz
ZPO	Zivilprozeßordnung
ZPr.	Die Zollpraxis (Zeitschrift)
ZRP	Zeitschrift für Rechtspolitik
ZStW	Zeitschrift für die gesamte Staatswissenschaft
ZStAmnG	Zinssteueramnestiegesetz – Gesetz über die strafbefreiende Erklärung von Einkünften aus Kapitalvermögen und von Kapitalvermögen, Art. 17 des Steuerreformgesetzes vom 25. 7. 1988, BGBl. I 1093
ZuckStG	Zuckersteuergesetz
zutr.	zutreffend
z.Z.	zur Zeit

Erstes Kapitel: Grundlagen der Steuerrechtsordnung

§ 1 Einführung

1. Über die Bedeutung der Steuern und des Steuerrechts

„Die Steuerhoheit ist gegenwärtig die eigentliche, wesensprägende Erscheinungsform obrigkeitlicher Staatsgewalt."[1] Die Steuerpflicht ist in einem privatwirtschaftlich organisierten Staat eine Grundpflicht aller finanziell leistungsfähigen Staatsbürger. Der Bürger tritt bereits mit seiner Geburt in ein Dauer-Steuerrechtsverhältnis zum Staat ein, das sich, sobald das Erwerbsleben beginnt, zu sukzessiven Schuldverhältnissen verdichtet.

Der soziale Rechtsstaat, der nicht nur die rechtliche Ordnung garantieren, sondern auch eine soziale Ordnung gestalten will durch Fürsorge, Vorsorge und Umverteilung, ist zur Erfüllung seiner Aufgaben darauf angewiesen, seinen Bürgern einen erheblichen Anteil des von ihnen erwirtschafteten Sozialprodukts[2] zu nehmen. Das geschieht im wesentlichen durch die Besteuerung, einen zwangsweisen Wertetransfer, durch den Teile des Wirtschaftsergebnisses von den Privatwirtschaften (Privatpersonen, private Unternehmen)[3] auf die steuerberechtigten Körperschaften transferiert werden. „Der Staat des Grundgesetzes ist Steuerstaat."[4] Steuerstaat und Leistungsstaat sind komplementäre Erscheinungen. Je weniger ein Staat sich primär auf die Selbsthilfe seiner Bürger verläßt, je mehr er zum extremen, sich sogar um die Freizeit seiner Bürger sorgenden Sozialstaat wird, desto mehr muß er durch Steuern nehmen. Er kann nur geben, was er vorher genommen hat.

Das Steuerrecht beeinflußt jede wirtschaftliche Betätigung; die Steuerbelastung beschneidet insb. die Möglichkeit der Staatsbürger zu investieren, zu konsumieren und zu sparen. Das Steuerrecht knüpft seine unterschiedlichen Belastungen direkt oder indirekt an zivilrechtliche Gestaltungen. Dadurch wirkt es auf diese Gestaltungen zurück, indem es die Vertragsparteien zu einer möglichst steuergünstigen Vertragsplanung veranlaßt.

Ein Steuerrecht, das einer großen Gruppe von Bürgern bis zu mehr als die Hälfte des erwirtschafteten Einkommens durch Steuern nimmt, muß in besonderem Maße auf Steuergerechtigkeit bedacht sein. Sonst ist die Besteuerung kein Steuerrecht, sondern bloß Steuerwesen, genauer: Steuerunwesen. Ein wesentlicher Aspekt der Gerechtigkeit ist in der Gegenwart daher der der Steuergerechtigkeit.

Während die klassisch-liberale Finanzpolitik lediglich fiskalische Steuerzwecke verfolgte, werden die Steuergesetze der Gegenwart weitgehend auch zur wirtschafts-, sozial- und kulturpolitischen Lenkung eingesetzt[5].

---

1 *Isensee*, Steuerstaat als Staatsform, in: FS für H. P. Ipsen, Tübingen 1977, 426.
2 S. 146, Fn. 4.
3 Aus Gründen der Wettbewerbsneutralität werden die gewerblichen Betriebe von Körperschaften des öffentlichen Rechts prinzipiell den privaten Gewerbebetrieben gleichbehandelt.
4 *Isensee* (Fn. 1), 409; *P. Kirchhof,* Jura 83, 505 ff.; s. allerdings auch *F. Kirchhof,* Die Verwaltung (Zeitschrift) 88, 137 ff.
5 Vgl. dazu S. 643 ff. Dazu Darstellung von *Ruppe,* in: HHR, Einf. ESt Anm. 53, mit umfassenden Nachweisen vor Anm. 53.

§ 1 Einführung

Wegen der ungewöhnlichen Relevanz der Besteuerung für das Staatswesen, die Volkswirtschaft, die Einzelwirtschaften und für jeden Bürger ist die wissenschaftliche Auseinandersetzung mit dem Phänomen „Steuern" eine ebenso dringliche wie wichtige Aufgabe; das gilt auch für die *rechtliche* Komponente, mit der sich das Steuerrecht zu befassen hat.

2. Der Standort der Steuerrechtswissenschaft

2.1 Die Steuerrechtswissenschaft als Disziplin der Steuerwissenschaften

Mit dem Phänomen „Steuern" befaßt sich nicht nur die „Steuerrechtswissenschaft"; auch ökonomische Wissenschaften, nämlich die „Finanzwissenschaftliche Steuerlehre" und die „Betriebswirtschaftliche Steuerlehre", haben die „Steuern" zum Gegenstand. Diese drei Wissenszweige der Steuerwissenschaften müssen kooperieren und sich komplementieren[6].

2.11 Die **Steuerrechtswissenschaft** befaßt sich mit der rechtlichen Ordnung der Besteuerung. Sie versteht die Besteuerung als Rechtsvorgang. Zum Aufgabengebiet der Steuerrechtswissenschaft gehören: die Prüfung der Steuergesetze auf ihre *Verfassungsmäßigkeit,* insb. auf Grundrechtsverstöße (Art. 1, 2, 3, 6, 12, 14, 20 GG)[7], und Verstöße gegen die bundesstaatliche Kompetenzordnung (Art. 105–108 GG)[8]; die Prüfung der Steuergesetze auf ihre Vereinbarkeit mit dem *Europarecht*[9]; die Prüfung von *Rechtsverordnungen* des Steuerrechts auf ihre Wirksamkeit (s. Art. 80 GG)[10] und von *Verwaltungsvorschriften* auf ihre Vereinbarkeit mit dem Gesetz[11]; die *Dogmatisierung* oder *Systematisierung* des geltenden Steuerrechts[12]; die Entwicklung der juristischen *Methodenlehre* und ihre Anwendung auf die Steuergesetze[13]; die steuerrechtliche *Vertrags- und Gestaltungsplanung* im Rahmen des rechtlich Zulässigen; die Entwicklung und Verbesserung einer dem Steuerrecht adäquaten *Gesetzessprache;* die Abschichtung der *Sozialzwecknormen* (Lenkungsnormen) von den *Fiskalzwecknormen*[14]; die *Abstimmung* des Steuerrechts *auf andere Teilrechtsordnungen*[15] und die Abstimmung der einzelnen Steuergesetze aufeinander; die internationale *Steuerrechtsvergleichung;* die Entwicklung des *internationalen Steuerrechts;* die Erforschung der *Steuerrechtsgeschichte*[16]; die Kritik des geltenden Steuerrechts und die Entwicklung einer *Steuergerechtigkeitslehre* sowie einer darauf aufbauenden *Steuerrechtspolitik*[17]. Wegen des engen Zusam-

---

6 Dazu *Popitz,* Finanzrecht und Finanzwissenschaft, in: Festgabe für v. Schanz, Bd. I, Tübingen 1928, 39 ff.; *E. Höhn/A. Meier,* Steuerrechtswissenschaft und finanzwissenschaftliche Steuerlehre, in: FS für Keller, Bern u. Stuttgart 1971, 123 ff.
7 Dazu S. 25 ff.
8 Dazu S. 67 ff., insb. S. 72 ff.
9 Dazu S. 84 f.
10 Dazu S. 81 ff.
11 Dazu S. 85 ff.
12 Dazu S. 15 ff.
13 Dazu S. 89 ff.
14 Dazu S. 19 ff.
15 Dazu S. 4 ff.
16 Dazu S. 3 Fn. 18.
17 Dazu S. 50 f., 60 f.

menhangs mit dem Steuerrecht befaßt die Steuerrechtswissenschaft sich auch mit dem Recht der *Steuerberatung* und mit dem *Steuerstrafrecht*[18].

2.12 Die **Finanzwissenschaftliche Steuerlehre**[19] hat die Finanzierung des öffentlichen Finanzbedarfs durch Steuern zum Gegenstand. Sie befaßt sich mit

a) der volkswirtschaftlich optimalen Verteilung der Steuerlast, den makroökonomischen Wirkungen der Steuer, insb. den Auswirkungen der Besteuerung auf Produktion, Konsum, Preisgestaltung, Wettbewerb, Konjunktur, Wachstum, Beschäftigung, Kapitalbildung, Sparen und Investieren, ferner mit den Möglichkeiten und Effekten der Steuerüberwälzung;

b) der Kunst der Besteuerung oder Steuertechnik (Finanzsoziologie, Finanzpsychologie); Stichworte: Einfachheit, Bequemlichkeit, Leichtigkeit, Wirtschaftlichkeit, Wohlfeilheit, Merklichkeit und Unmerklichkeit der Besteuerung, Steuermoral, Steuerwiderstand;

c) der Besteuerungsmoral oder Steuergerechtigkeit[20] (insoweit hat die Finanzwissenschaft zugleich auch juristischen Boden beackert) und der Steuermoral.

2.13 Die **Betriebswirtschaftliche Steuerlehre**[21], eine Teildisziplin der allgemeinen Betriebswirtschaftslehre, ist, richtig verstanden, nicht identisch mit einem Steuerrecht der Betriebe; sie ist eine spezielle Theorie der Unternehmenspolitik. Ihre eigent-

---

18 Die Steuer*rechts*geschichte ist in diesem Grundriß ausgeklammert. – Hingewiesen wird auf *A. Wagner*, Finanzwissenschaft[3], 3. Teil, 1. Buch: Steuergeschichte vom Altertum bis zur Gegenwart, Leipzig 1910 (Nachdruck Glashütten/Taunus 1973); *Wilke*, Die Entwicklung der Theorie des staatlichen Steuersystems in der deutschen Finanzwissenschaft des 19. Jhdts., Diss. Greifswald 1921, abgedruckt auch in FinArch. Bd. 1 (1921), 1 ff.; *Merzbacher*, Das Wesen der Steuer und die historischen Ansätze des deutschen Steuerrechts, in: FS für Paulick, Köln 1973, 255 f.; *Jeretzky*, System und Entwicklung des materiellen Steuerrechts in der wissenschaftlichen Literatur des Kameralismus v. 1680–1840, Berlin 1978; *Walz*, Steuergerechtigkeit und Rechtsanwendung, Heidelberg/Hamburg 1980, Erster Teil; *Webber/Wildavsky*, A History of Taxation and Expenditure in the Western World, New York 1986; *A. und J. Pausch*, Kleine Weltgeschichte der Steuerzahler, Köln 1988. Eine ausführliche Ideengeschichte der Besteuerung der Zeit von 1600 bis 1936 enthält *F. K. Mann*, Steuerpolitische Ideale, Stuttgart/New York 1978.

19 Literatur: *Haller*, Die Steuern[3], Tübingen 1981; Handbuch der Finanzwissenschaft[3], 4 Bde, Tübingen 1977 ff.; *Hedtkamp*, Lehrbuch der Finanzwissenschaft[2], Neuwied 1977; *Kolms*, Finanzwissenschaft, Berlin/New York, Bd. II[4] 1974; Bd. III[3] 1976; *R. und P. Musgrave*, Public Finance in Theory and Practice[5], New York u. a. 1989; *R. Musgrave/P. Musgrave/L. Kullmer*, Die öffentlichen Finanzen in Theorie und Praxis, Bde. 1[5], 2[4], Tübingen 1990/88; *R. Musgrave*, Finanztheorie[2], Tübingen 1969; *Recktenwald*, Finanztheorie, Berlin 1969; *Schmölders/Hansmeyer*, Allgemeine Steuerlehre[5], Berlin 1980; *Weddigen*, Allgemeine Finanzwissenschaft[4], Berlin 1964; *Wittmann*, Einführung in die Finanzwissenschaft, Teile I–IV[2], Stuttgart 1975–1977; *J. Buchanan/M. Flowers*, The Public Finances[6], Homewood, Ill. 1987.

20 Signifikant *Neumark*, Grundsätze gerechter und ökonomisch rationaler Steuerpolitik, Tübingen 1970.

21 Literatur: *Federmann*, Betriebswirtschaftliche Steuerlehre als angewandte Wissenschaftsdisziplin, Schriftenreihe ZfB Bd. 7, Wiesbaden 1977; *Pohmer*, Grundlagen der betriebswirtschaftlichen Steuerlehre, Berlin 1958; *G. Rose*, Stichwort „Steuerlehre, betriebswirtschaftliche", Handwörterbuch der Betriebswirtschaft[4], Stuttgart 1976, 3760 ff.; *ders.*, Die Betriebswirtschaftliche Steuerlehre als Steuerberatungswissenschaft, StbKongrRep. 1977, 192 ff.; *Wöhe*, Betriebswirtschaftliche Steuerlehre, München, Bd. I/1[6] 1988; Bd. I/2[6] 1986; Bd. II/1[5] 1990; Bd. II/2[3] 1982; *Wöhe/Bieg*, Grundzüge der Betriebswirtschaftlichen Steuerlehre[2], München 1984; *Siegel*, Steuerwirkungen und Steuerpolitik in der Unternehmung, Würzburg/Wien 1982; *Dziadkowski*, Die Entwicklung der Betriebswirtschaftlichen Steuerlehre von einer ‚Steuerbetriebslehre' zu einer unternehmenstheoretisch orientierten Steuerwissenschaft, B 83, 2045 ff.; *Schneeloch*, Besteuerung und betriebliche Steuerpolitik,

liche Aufgabe besteht darin, die Besteuerung als betrieblichen Einflußfaktor zu untersuchen, die mikroökonomischen Auswirkungen auf das inner- und zwischenbetriebliche Geschehen zu erforschen, insb. auf Betriebsformen und Betriebsverbindungen, auf Betriebsgrößen, auf Gründung und Beendigung des Betriebs, auf Finanzierung und Ausschüttung, Investition, Produktion, Standort, Absatz und Wettbewerb. Dabei nimmt die Betriebswirtschaftliche Steuerlehre die bestehenden Rechtsnormen, Verwaltungsvorschriften und Gerichtsurteile als Daten hin; die eigenständige Interpretation überläßt sie dem Steuerrecht. Um, im Rahmen des rechtlich Zulässigen, „Gewinnmaximierung durch Steuerminimierung" zu erreichen, versucht die Betriebswirtschaftliche Steuerlehre, die steuerlichen Folgen verschiedener Gestaltungsmöglichkeiten zu quantifizieren und zu vergleichen und Grundlagen für eine betriebliche Steuerplanung zu entwickeln[22]. Als Steuerminimierungslehre gedeiht die Betriebswirtschaftliche Steuerlehre am besten bei wortgetreuer Gesetzesanwendung. Auslegung nach dem Gesetzeszweck, Lückenausfüllung, Umgehungsbekämpfung und Anwendung ethischer Prinzipien wirken störend[23, 24]. Im Rahmen des Rechnungswesens befaßt sich die Betriebswirtschaftliche Steuerlehre mit „Bilanztechnik" und „Steuerbilanzpolitik". Freilich bleibt auch die Gestaltungsberatung Rechtsberatung[25], da sie sich an den geltenden Rechtsnormen zu orientieren hat.

2.2 Das Steuerrecht innerhalb der Rechtsordnung[26]

2.21 Steuerrecht als öffentliches Recht

Das Steuerrecht – die Gesamtheit der Rechtsnormen, die Steuern betreffen – ist *öffentliches* Recht. Seine Rechtsnormen dienen überwiegend dem Interesse der Allgemeinheit, nicht dem Individualinteresse. Das Steuerrecht begründet und regelt Rechtsbeziehungen zwischen den steuerberechtigten Körperschaften des öffentlichen Rechts (Bund, Länder, Gemeinden, kirchensteuerberechtigte Kirchen) und Privaten, nicht Rechtsbeziehungen zwischen Privaten. Die Steuerverwaltungsbehörden sind mit Hoheitsgewalt ausgestattet.

In einem weiteren Sinne gehört zum Steuerrecht auch das Recht der Steuerberatung. Das Steuerstrafrecht ist Strafrecht, nicht Steuerrecht.

Bd. 1: Besteuerung, München 1986; *G. Rose,* Betriebswirtschaftliche Steuerlehre, Wiesbaden 1986.

22 Vor allem *G. Rose* hat eine Theorie des Belastungsvergleichs entwickelt (*G. Rose,* Die Steuerbelastung der Unternehmung, Grundzüge der Teilsteuerrechnung, Wiesbaden 1973); s. auch *ders.,* Betriebswirtschaftliche Steuerlehre, Wiesbaden 1986, 31 ff. Weitere Literatur: *F. W. Wagner/Dirrigl,* Die Steuerplanung der Unternehmung, Stuttgart/New York 1980; *Siegel,* Steuerwirkungen und Steuerpolitik in der Unternehmung, Würzburg/Wien 1982; *G. Rose,* Der Bundesfinanzhof und die betriebswirtschaftliche Steuerplanung, in: FS für v. Wallis, Bonn 1985, 275 m.w.N. In Distanz zu den Steuerplanungslehrern hält sich *D. Schneider,* Betriebswirtschaftliche Steuerlehre als Steuerplanungslehre oder ökonomische Analyse des Rechts, in: FS für Scherpf, Wiesbaden 1983, 21 ff.

23 Überhaupt betrachtet die Mehrheit der Fachvertreter die Betriebswirtschaftliche Steuerlehre als „wertfrei" (dazu *Wöhe,* in: FS für Scherpf, Wiesbaden 1983, 5 ff.).

24 Vgl. auch S. 342 f.

25 *Tipke,* JbFSt. 1970/71, 114 ff.; abw. *G. Rose,* StbJb. 1969/70, 31 ff.

26 Dazu *Tipke,* Das Steuerrecht in der Rechtsordnung, JZ 75, 558 ff.

Das Steuerrecht ist ein Teil des *Finanzrechts*. Das Finanzrecht umfaßt das Abgabenrecht, das Haushaltsrecht und das öffentliche Vermögens- und Schuldenrecht[27]. Das *Abgabenrecht* besteht aus dem Steuerrecht und dem Recht der Gebühren und Beiträge. Nach einer anderen Einteilung ist das Steuerrecht wie das Sozialrecht und das Subventionsrecht *öffentliches Schuldrecht*.

Charakteristisch für das Steuerrecht ist: Das Steuerrecht hat es mit der Verwirklichung von Gerechtigkeit in einem besonders wichtigen Bereich zu tun[28]. Es ist gekennzeichnet durch umfassende Herrschaft der Norm (mit der Normenhierarchie Verfassung, förmliches Gesetz, RechtsVO, Unterscheidung RechtsVO – Verwaltungsvorschrift), überragende Bedeutung des Gleichheitssatzes (Gleichmäßigkeit der Besteuerung) und der Rechtssicherheit, Hoheitsverwaltung (d. h. Handeln durch Verwaltungsakte, nicht durch Verträge; evtl. Anwendung von Zwangsmitteln), Dominanz reiner Rechtsanwendung (mit „wirtschaftlicher Betrachtungsweise"), wenig Ermessensbetätigung (aber „Schätzung"). Die belastenden Verwaltungsakte überwiegen im Steuerrecht bei weitem die begünstigenden Verwaltungsakte[29]. Im Rechtsunterricht eignet sich das Steuerrecht in besonderem Maße dazu, den Gerechtigkeitssinn und die Anwendung des Gleichheitssatzes zu schulen. Das Steuerrecht ist wertbezogen; es ist mehr als Wortphilologie plus Bilanztechnik. *A. Hensel* hat zutreffend festgestellt: „Durch kein Gebiet des öffentlichen Rechts kann das typisch rechtsstaatliche Denken so geschult werden wie gerade durch das Finanz- und Steuerrecht; kein Gebiet ist aber andererseits geeigneter, die Grenzen jedweder Rechtsstaatlichkeit zur Geltung zu bringen als etwa diese Materie."[30] Das Steuerrecht hat es mit wirtschaftsrechtlichen Begriffen – wie Einkommen, Gewinn, Umsatz, Vermögen – zu tun, die zwar auch in anderen Rechtsgebieten vorkommen, dort aber nicht wirklich vermittelt zu werden pflegen, zumal sie dort nicht die gleiche zentrale Rolle spielen[31]. Bezeichnend ist für das Steuerrecht, daß seine Zusammenhänge rechenhafte, daß seine Rechtsfolgen zahlenmäßige sind.

Das Besteuerungs*verfahren* ist ein *Massen*verfahren. Die Finanzverwaltung erläßt viele Millionen Verwaltungsakte pro Jahr.

Wenn die Steuergesetze auch mit den Mitteln des *Verwaltungsrechts* durchgeführt werden, so bildet das Steuerrecht doch innerhalb des öffentlichen Rechts ein **eigenständiges rechtliches Subsystem,** das (weitgehend) auf dem Fundamentalprinzip der Besteuerung nach der Leistungsfähigkeit basiert. Dieses Fundamentalprinzip verklammert das Steuerrecht zu einer eigenständigen, systematisch-teleologischen Einheit mit einer spezifischen, systemadäquaten Terminologie und damit zu einem **selbständigen Rechtszweig**[32]. Begriffe wie Einkommen, Gewinn, Umsatz, Wirtschaftsgut spielen in weiten Teilen des übrigen Verwaltungsrechts keine Rolle. Die Probleme des Subsystems „Steuerrecht" sind mit den Mitteln des allgemeinen Ver-

---

27 Dazu *Strickrodt*, Finanzrecht, Berlin 1975.
28 Vgl. S. 1, 25 ff.
29 Über die spezifischen Mängel des Steuerrechts s. S. 60 f.
30 VJSchrStFR Bd. 2 (1928), 1, 8.
31 Dazu *Tipke*, Das Einkommen als zentraler Begriff des öffentlichen Schuldrechts, JuS 85, 345 ff.
32 Dazu *Tipke*, JZ 75, 558 ff.; ferner *Walz*, Steuergerechtigkeit und Rechtsanwendung, Heidelberg/Hamburg 1980; *K. Vogel*, DStZA 77, 11.

§ 1 Einführung

waltungsrechts nicht bewältigt worden und auch nicht zu bewältigen. Die Lehrbücher des Verwaltungsrechts behandeln das Steuerrecht denn auch nicht[33].

Für das Steuerrecht existiert eine eigene Gerichtsbarkeit (Finanzgerichtsbarkeit), für die Beratung gibt es einen besonderen Berufsstand, den der Steuerberater. Juristen, die in die Steuerverwaltung eintreten wollen, erhalten eine Sonderausbildung, da das Steuerrecht mit der Universitätsausbildung im öffentlichen Recht und im Zivilrecht nicht zu bewältigen ist.

In einem besonderen Verhältnis steht das Steuerrecht zum *Sozialrecht* und zum (öffentlichen) *Wirtschaftsrecht*. Das Sozialrecht kann Bürgern finanziell nur gewähren, was anderen Bürgern vorher mit Mitteln des Steuerrechts genommen worden ist. Die besonderen Beziehungen zum Sozial- und Wirtschaftsrecht ergeben sich aber auch daraus, daß auch durch in Steuergesetze eingebettete Normen Sozialgestaltung und Wirtschaftslenkung betrieben werden. Die störenden Unabgestimmtheiten, die daraus erwachsen sind, haben bisher nicht beseitigt werden können.

So kann von zwei Personen die Person mit dem höheren Leistungseinkommen bei Berücksichtigung aller Sozialleistungen und Subventionen (wie Kindergeld, Wohngeld, Ausbildungsförderung, Sozialhilfe) doch das geringere Nettoeinkommen haben, sicher eine Pervertierung des Leistungsprinzips. Das Konglomerat von Steuerbelastungen und -entlastungen, offenen und verdeckten Sozialleistungen, Subventionen und sonstigen Transfers ist unüberschaubar geworden. Zugleich werden unterschiedliche Maßstäbe oder Prinzipien angewendet[34]. So legt das Sozialrecht für nicht berufstätige Sozialhilfeempfänger ein wesentlich höheres Existenzminimum zugrunde als das Steuerrecht für berufstätige Steuerpflichtige. Das Sozialhilferecht kennt keine Selbstbeteiligung, hingegen mutet § 33 EStG dem Steuerpflichtigen eine „zumutbare (Eigen-)Belastung" zu[35].

Enge Bezüge bestehen auch zwischen Steuerrecht und *Europarecht*. Das gilt insb. für das Zoll- und Verbrauchsteuerrecht.

2.22 Steuerrecht und Zivilrecht

Literatur: *Ball,* Steuerrecht und Privatrecht, Theorie des selbständigen Steuerrechtssystems, Mannheim u. a. 1924; *Liebisch,* Steuerrecht und Privatrecht, Köln 1933; *Tipke,* Steuerrecht und bürgerliches Recht, JuS 70, 149; *Ruppe,* Möglichkeiten und Grenzen der Übertragung von Einkunftsquellen..., DStJG Bd. 1[2] (1978/79), 10ff.; *Walz,* Steuergerechtigkeit und Rechtsanwendung, Heidelberg/Hamburg 1980, insb. 208ff., 211ff.; *Walz,* Die steuerrechtliche Herausforderung des Zivilrechts, ZHR Bd. 147 (1983), 281ff.; *P. Locher,* Grenzen der Rechtsfindung im Steuerrecht, Bern 1983, 152ff.; *Crezelius,* Steuerrechtliche Rechtsanwendung und allgemeine Rechtsordnung, Herne/Berlin 1983, 178ff.; dazu die kritische Rezension von *Schulze-Osterloh,* StuW 86, 74ff.; *ders.,* Zivilrecht und Steuerrecht, AcP Bd. 190 (1990), 139ff.; *List,* Privatrecht und Steuerrecht, in: FS für Döllerer, Düsseldorf 1988, 369ff.; *Ruppe,* in: HHR, Einf. ESt Anm. 457.

Obwohl Steuerrecht öffentliches Recht ist, bestehen enge Beziehungen auch zum Zivilrecht. Das Zivilrecht hält den organisatorischen Rahmen und die rechtlichen Instrumente für den Rechtsverkehr bereit, das Steuerrecht knüpft an die wirtschaftlichen Ergebnisse des Rechtsverkehrs an.

---

33 Das gesamte öffentliche Schuldrecht spielt in ihnen keine wesentliche Rolle (dazu *Tipke,* JuS 85, 345ff.).

34 Dazu *Kausemann,* Möglichkeiten einer Integration von Steuer- und Transfersystem, Thun/Frankfurt a. M. 1983; *Mitschke,* Steuer- und Transferordnung aus einem Guß, Baden-Baden 1985.

35 Dazu *Kirchhof,* JZ 82, 305ff.; *Ruppe* (Hrsg.), Sozialpolitik und Umverteilung, Wien o. J., insb. 207ff. Grundlegend zur Beziehung Steuerrecht–Sozialrecht *Birk,* Das Leistungsfähigkeitsprinzip als Maßstab der Steuernormen, Köln 1983, insb. 102ff.

Steuerrecht innerhalb der Rechtsordnung

Die Steuergesetze wollen Sachverhalte erfassen, die eine besondere wirtschaftliche Leistungsfähigkeit ausdrücken. Sie knüpfen daher durchweg an *wirtschaftliche* Vorgänge oder Zustände an, wie Einkommen, Vermögen, Bereicherung, Verbrauch, Aufwand. Im Gesetzestatbestand wird der wirtschaftliche Vorgang jedoch häufig nicht unmittelbar bezeichnet; vielmehr geht der Gesetzgeber oft vom wirtschaftlichen Vorgang bloß als Prämisse aus, erhebt er zu Tatbestandsmerkmalen aber Tatbestände oder Begriffe des Zivilrechts, umschreibt er den als steuerwürdig angesehenen wirtschaftlichen Tatbestand in seiner typischen zivilrechtlichen Gestaltung, weil sich i.d.R. des Zivilrechts bedient, wer wirtschaftlich etwas bewirken oder erhalten will, zumal bestimmte zivilrechtliche Gestaltungen bestimmte wirtschaftliche Vorgänge oder Zustände auslösen, sich in ihnen wirtschaftlich bewertbare Potenzen oder Belastungen verkörpern.

So knüpft das Steuerrecht insb. an: an Tatbestände des Schuld- und Sachenrechts (wie Vermietung/Verpachtung, Rente, Nießbrauch), des Familienrechts (wie Unterhaltsrecht, eheliches Güterrecht), des Erbrechts, des Handels- und Gesellschaftsrechts, des Wertpapierrechts, des Urheberrechts, des Versicherungsrechts, des Arbeitsrechts, des Rechts der Altersvorsorge, des Bankrechts. Renten- und Nießbrauchsrecht spielen im Steuerrecht offenbar eine größere Rolle als im Zivilrecht selbst. Die (Rechts-)Verkehrsteuergesetze knüpfen prinzipiell unmittelbar an Rechtsverhältnisse, Rechtsgeschäfte und Begriffe des Zivilrechts an. Auch Vorfragen des Konkursrechts spielen im Steuerrecht eine Rolle.

Aber auch soweit die Steuergesetze nicht zivilrechtliche, sondern spezifisch steuerrechtliche Begriffe verwenden (Eigenbegriffe; auch als steuerrechtliche Wirtschaftsbegriffe bezeichnet: z. B. Einkommen, Lieferung, Wirtschaftsgut), ist es für den Rechtsanwender oft unerläßlich, auf das Zivilrecht zu rekurrieren.

Einkommen pflegt der Steuerpflichtige dadurch zu erzielen, daß er sich zivilrechtlicher Gestaltungsmöglichkeiten bedient. Zivilrechtliche Gestaltungen werden bewußt eingesetzt, um Einkommen auf andere Personen zu verlagern, so insb. die Beteiligung an Gesellschaften und der Nießbrauch (s. S. 229 f., 343 f.).

Wer umsatzsteuerrechtlich als Steuerschuldner an wen (an einen Unternehmer oder Nichtunternehmer; an den Angehörigen eines bestimmten Berufs) wo (im Inland oder Ausland) welche (u. U. steuerfreie) Leistung erbracht hat, läßt sich meist nur beantworten aufgrund des zivilrechtlichen Vertrages, der der Leistung zugrunde liegt.

Die Steuerbelastung der Unternehmen ist nicht rechtsformneutral. Der Steuergesetzgeber folgt der zivilrechtlichen Einteilung der Gesellschaften insofern, als er Kapitalgesellschaften einer besonderen Steuer, der Körperschaftsteuer, unterwirft. Das Körperschaftsteuergesetz zieht die Konsequenzen aus der wirtschaftlichen Selbständigkeit der juristischen Personen und sorgt dafür, daß auch deren nicht ausgeschüttete Gewinne steuerlich erfaßt werden. Daraus entstehen ungleiche Belastungen der Unternehmen – je nach Unternehmensform (s. S. 612 ff.).

Gleichwohl ist es *irreführend,* das Zivilrecht als Mutterrecht des Steuerrechts zu bezeichnen oder von einem Primat des Zivilrechts über das Steuerrecht zu sprechen. Weder besteht eine Rangpriorität, ein Vorrang der Wertungen des Zivilrechts vor denen des Steuerrechts, noch existiert eine terminologische Abhängigkeit des Steuerrechts vom Zivilrecht. Das Steuerrecht ist auch kein Annexrecht des Handels- oder Gesellschaftsrechts; es ist – wie das übrige einfache Recht – dem Verfassungsrecht untergeordnet, dem **Zivilrecht** aber **nebengeordnet.** Es darf und muß sich entsprechend seinen spezifischen Aufgaben und Bedürfnissen – im Rahmen der grundgesetzlichen Bindungen – autonom seine Teleologie, seine Tatbestände und seine Termino-

§ 1 Einführung

logie schaffen, nämlich eine Terminologie, die der Besteuerung nach der wirtschaftlichen Leistungsfähigkeit entspricht[36].

Hingegen ist es *nicht richtig,* daß das Steuerrecht nicht eigenständig werten dürfe, sondern der Teleologie des Zivilrechts folgen, möglichst zivilrechtliche Begriffe verwenden und diese wie das Zivilrecht verstehen müsse, die Zivilrechtsfähigkeit anzuerkennen habe, die Steuerbilanz nicht von der Handelsbilanz abweichen dürfe.

BVerfGE 13, 331, 340 hat freilich entschieden: Wo das Steuerrecht nicht nur an die gegebenen Lebensverhältnisse, sondern prinzipiell an Rechtsnormen des bürgerlichen Rechts anknüpfe, müßten Abweichungen von diesem Prinzip, von der „selbst statuierten Sachgesetzlichkeit", von überzeugenden Gründen getragen sein; andernfalls sei der Gleichheitssatz verletzt. – Die Anknüpfung an bürgerliches Recht (hier i.w.S. als Zivilrecht zu verstehen) als Selbstzweck ist indessen kein Prinzip des Steuerrechts, welches Steuergesetz es auch sei: Das Steuerrecht benutzt die Anknüpfung an bürgerlich-rechtliche Tatbestände immer nur als Hilfsmittel zur Erfassung wirtschaftlicher Sachverhalte; das gilt auch für die Verkehrsteuergesetze. Vgl. dazu auch die Abschwächung in BVerfGE 24, 112, 117 f.; ferner BVerfGE 18, 224, 232 f.; 26, 327, 334 ff.

Die hier vertretene Auffassung von der Autonomie des Steuerrechts hat sich weitgehend durchgesetzt, sie ist jedoch nicht unbestritten.

So hat *Crezelius* (a.a.O.) ihr nachdrücklich widersprochen: Das Steuerrecht habe keinen eigenen Rechtswert, keine eigene Teleologie, es sei Annexrecht des Zivilrechts. Es knüpfe unmittelbar oder mittelbar an das Zivilrecht an, erfasse zivilrechtliche Gestaltungen, nicht wirtschaftliche Sachverhalte. Diese Rechtslage werde durch Art. 2 I GG abgesichert; er schütze die Privatautonomie der „liberalen Privatrechtsgesellschaft" auch gegenüber dem Steuerrecht. Daher gelte der Primat der zivilrechtlichen Gestaltungsfreiheit vor der Gleichmäßigkeit der Besteuerung. Die Auffassung vom Steuerrecht als heteronomem Annexrecht des Zivilrechts pflegt, so auch bei *Crezelius,* einherzugehen mit der Aufwertung der Privatautonomie zu einem auch im Steuerrecht zu beachtenden Grundrecht, mit der Abwertung des Gleichheitssatzes (Art. 3 GG), mit der Negation oder Abwertung des Leistungsfähigkeitsprinzips als des Fundamentalprinzips eines autonomen Steuerrechts (s. S. 57 ff.) sowie der Verdrängung der steuerteleologischen wirtschaftlichen Betrachtungsweise und der Steuerumgehung (§ 42 AO). mit der Suggestion, daß das Zivilrecht, anders als das Steuerrecht, Rechtssicherheit gewährleiste durch freie zivilrechtliche Gestaltungen und zivilrechtliche Interpretation. Diese Auffassung begünstigt, gewollt oder ungewollt, die auf formale zivilrechtliche Gestaltung angewiesene sog. Steuersparbranche, die für das Steuerrecht nur die „Weisheit" bereithält, daß die Dummen die Steuern zu zahlen hätten.

Es ist indessen kaum damit zu rechnen, daß die zivilrechtlichen Annexionsversuche wieder Boden gewinnen[37]. Das Steuerrecht hat seine eigenen Wertmaßstäbe (S. 25 ff.). Daß es zivilrechtliche Gestaltungen grundsätzlich nicht um ihrer selbst willen, um der zivilrechtlichen Form willen, erfassen will, ergibt sich nicht nur aus §§ 39 II, 41, 42 AO, sondern auch aus einer Vielzahl von Vorschriften des besonderen Steuerrechts[38]. Daß es allerdings auch (noch) Fälle gibt, in denen dem Zivilrecht entnommene Begriffe zivilrechtlich zu verstehen sind, ist einzuräumen (S. 101 ff.). Der Gleichheitssatz verlangt im Steuerrecht grundsätzlich gleiche Besteue-

---

36 *Friedr. Klein,* FinArch. N. F. Bd. 14 (1953/54), 6; s. auch *Walz* (Fn. 32), insb. 211 ff.
37 Neuere Literaturmeinungen *Kirchhof,* JbFSt. 1979/80, 254 ff.; *ders.,* StuW 83, 177 f.; *Walz* (Fn. 32), 208 ff., 211 ff.; *ders.,* ZHR Bd. 147 (1983), 284 ff.; *P. Locher,* Grenzen der Rechtsfindung im Steuerrecht, Bern 1983, 152 ff., 177 ff., 180 ff.; *Danzer,* Die Steuerumgehung, Köln 1981, 115 ff., 132, 137; *Wank,* Die juristische Begriffsbildung, München 1985, 114 ff.; *Schulze-Osterloh,* StuW 86, 74 ff.
38 ‚Einkommen', ‚Gewinn' und ‚Vermögen' sind entweder keine zivilrechtlichen Begriffe oder sie sind nicht zivilrechtlich zu verstehen. ‚Umsatz' und ‚Lieferung' sind keine zivilrechtlichen Begriffe. Das Umsatzsteuerrecht dokumentiert auch durch § 3 V, X UStG, daß es die wirtschaftliche Betrachtungsweise will; das gleiche gilt z. B. für das Grunderwerbsteuerrecht, s. § 1 II GrEStG 1983.

rung gleicher wirtschaftlicher Sachverhalte, nicht gleiche Belastung gleicher Formalrechtsgestaltungen. Art. 3 I GG wird auch nicht durch Art. 2 I GG verdrängt. Die Besteuerung ist ein durch Verfassung und Gesetze zugelassener Eingriff in die Entfaltungsfreiheit i. S. des Art. 2 I GG; Art. 3 I GG gebietet, daß dieser Eingriff alle gleich trifft.

Neben dem Einfluß des Zivilrechts auf das Steuerrecht läßt sich umgekehrt auch ein Einfluß des Steuerrechts auf das Zivilrecht registrieren[39]. Zum Abbau der Spannungen Zivilrecht-Steuerrecht hat auch beigetragen, daß die wirtschaftliche Betrachtungsweise auch in das Zivilrecht eingedrungen ist.

Während die steuerrechtliche Literatur auch die zivilrechtlichen Vorfragen zu berücksichtigen pflegt, geht die zivilrechtliche Literatur im allgemeinen nicht auf Querverbindungen zum Steuerrecht ein. Das hängt wohl damit zusammen, daß steuerrechtliche Kenntnisse nicht zum Prüfungswissen des deutschen Volljuristen zu gehören pflegen.

2.23 Steuerrecht und „Einheit der Rechtsordnung"

Das Steuerrecht ist (wie das Zivilrecht auch) ein Teil der Gesamtrechtsordnung. Die Gesamtrechtsordnung darf keine Wertungswidersprüche enthalten, d. h.: wenn der Gesetzgeber sich in einem Teil der Rechtsordnung für eine bestimmte Gerechtigkeits-Grundwertung entscheidet, dann muß er diese Wertung auch in anderen Teilen der Rechtsordnung durchhalten. Das Steuerrecht darf solche Grundwertungen nicht durchkreuzen oder unterlaufen. Insofern ist es nicht autonom. Man spricht schlagwortartig von der „Einheit der Rechtsordnung"[40]. Daß das Steuerrecht ebenso wie die anderen Rechtsgebiete an die Grundrechte gebunden ist, ergibt sich aus Art. 1 III; 20 III GG.

Beispiele für Wertungswidersprüche:
Besteht ein Ausfuhrverbot, so darf das Steuerrecht bei Zuwiderhandlung gegen das Verbot keine Steuervergünstigung oder Ausfuhrprämie gewähren.

Ein Verhalten, das eine Straftat oder Ordnungswidrigkeit darstellt, dürfen Steuergesetze nicht durch eine Steuervergünstigung prämieren oder subventionieren.

Geldstrafen und Geldbußen dürfen nicht als Betriebsausgaben/Werbungskosten die Einkommensteuer mindern; §§ 4 V Nr. 8, 12 Nr. 4 EStG tragen der Idee der Einheit der Rechtsordnung Rechnung.

Das Scheidungsrecht will durch den Versorgungsausgleich sicherstellen, daß die Scheidung nicht an wirtschaftlichen Gründen scheitert. Das Steuerrecht erschwert die Scheidung jedoch, weil es – anders als während der Ehe durch das Splitting – die nach der Scheidung bestehenden Unterhaltslasten nur partiell zum Abzug von der Bemessungsgrundlage zuläßt (§ 10 I Nr. 1 EStG) und dadurch geschiedene Eheleute durch Steuersonderbelastung über die Leistungsfähigkeit hinaus diskriminiert.

Wählen Eheleute die Gütertrennung, so darf das Vermögensteuerrecht sie nicht durch Zusammenveranlagung zwingen, sich gegenseitig Art und Höhe des Vermögens zu offenbaren.

---

39 Dazu *Meincke*, JuS 76, 693 ff.; *ders.*, AcP Bd. 190 (1990), 358 (insb. zum Finanzierungsleasing); *K. Barth*, Die Steuern als gestaltende Faktoren im deutschen Gesellschaftsrecht, in: FS für K. Duden, München 1977, 37 ff.; *Walz*, ZHR Bd. 147 (1983), 281 ff.; betr. Einfluß des Steuerrechts speziell auf das Gesellschaftsrecht *Kübler*, Gesellschaftsrecht[3], Heidelberg 1990, 272 ff.; *Groh*, BB 84, 304 ff.; *Raupach*, in: Raupach/Tipke/Uelner, Niedergang oder Neuordnung des deutschen Einkommensteuerrechts I, Köln 1985, 121 ff.; *H. P. Westermann*, Das Gesellschaftsrecht zwischen bürgerlichem Recht, Steuerrecht und Bilanzrecht, in: FS für R. Goerdeler, Düsseldorf 1987, 699 ff; *Schulze-Osterloh*, Zivilrecht und Steuerrecht, AcP Bd. 190 (1990), 139 ff.

40 *Walz* spricht statt von „Einheit der Rechtsordnung" vom „Grundsatz der Einheit des ordre public" (StuW 84, 170, 173); s. auch *ders.*, Steuergerechtigkeit (Fn. 32), 199.

Vorschriften, die Wertungswidersprüche auslösen, sind nicht nichtig, es sei denn, sie werden wegen Verfassungswidrigkeit (etwa wegen ungleicher Wirkung von Strafen) für nichtig erklärt. Auslegung, Analogie und teleologische Reduktion haben jedoch im Rahmen des Zulässigen zur Überwindung von Wertungswidersprüchen beizutragen.

Die Berufung auf die „Einheit der Rechtsordnung" rechtfertigt es nicht, das Steuerrecht zum Annexrecht des Zivilrechts zu erklären (s. oben 2.22, S. 6)[41].

3. Steuerrechtliche Bibliographie[42]

3.1 Verkündungs- und Amtsblätter

Aus der Zeit *vor 1945:* Reichsgesetzblatt; Reichssteuerblatt; Reichszollblatt; Amtsblatt der Reichsfinanzverwaltung.

Aus der Zeit von *1945 bis 1948:* Gesetzblatt der Verwaltung des Vereinigten Wirtschaftsgebietes; Gesetz- und Verordnungsblatt des Zweizonen-Wirtschaftsrates; Gesetz- und Verordnungsblatt des Wirtschaftsrates des Vereinigten Wirtschaftsgebietes.

Aus der Zeit *nach 1948:* Bundesgesetzblatt; Bundessteuerblatt (seit 1951); Bundeszollblatt; Ministerialblatt des Bundesministeriums der Finanzen (seit 1950); Ministerialblätter der Finanzminister der Länder.

3.2 Nichtamtliche Sammlungen von Gesetzen und Verwaltungsvorschriften

Steuergesetze I und II, (Beck'sche) Textsammlungen mit Verweisungen und Sachverzeichnis, Loseblatt, München; Steuerrichtlinien, (Beck'sche) Textsammlung der Verwaltungsvorschriften des Bundes zum Steuerrecht mit Verweisungen und Sachverzeichnis, Loseblatt, München; NWB-Handausgabe „Deutsche Steuergesetze"[10], Herne/Berlin 1990; Die Steuergesetze[24], Loseblatt, E. Schmidt, Berlin/Bielefeld/München 1986 ff.; dtv/Beck-Texte zu den wichtigsten Steuergesetzen; Internationale Abkommen zur Vermeidung der Doppelbesteuerung, hrsg. vom Bundesministerium der Finanzen, Loseblatt, Bonn; Steuererlasse in Karteiform, Nachschlagewerk der Erlasse und Verfügungen der Finanzverwaltung, Loseblatt, zusammengestellt von Felix/Carlé, Köln.

3.3 Sammlungen von Gerichtsentscheidungen

Entscheidungen des Preuß. Oberverwaltungsgerichts in Staatssteuersachen, von 1893–1920, 18 Bände; Sammlung der Entscheidungen und Gutachten des Reichsfinanzhofs, hrsg. vom Reichsfinanzhof, von 1920–1944, 53 Bände[43]; Sammlung der Entscheidungen und Gutachten des Reichsfinanzhofs und des Obersten Finanzgerichtshofs, hrsg. vom Bundesfinanzhof, Bd. 54, Bonn 1952; Sammlung der Entscheidungen und Gutachten des Bundesfinanzhofs, hrsg. von den Mitgliedern des Bundes-

---

41 So auch P. *Kirchhof,* StuW 83, 182, insb. dort Fn. 54.
42 Weitere Angaben bei *Felix,* Stbg. 79, 87; FR 80, 474.
43 Dazu *Eckstein/Gegerle,* Alphabetische Schlagwort-Sammlung zur Rechtsprechung des RFH 1928–1941.

finanzhofs, Bde. 55 ff., Bonn, seit 1952[44]; Reichssteuerblatt, hrsg. vom Reichsfinanzministerium; Bundessteuerblatt, Teil II (bis 1967 Teil III), hrsg. vom Bundesminister der Finanzen, Bonn, seit 1951[44]; Bundeszollblatt, hrsg. vom Bundesminister der Finanzen, Bonn, seit 1950; Entscheidungen internationaler Steuerfälle, Loseblatt, von 1969–1972 Heidelberg, seit 1973 Amsterdam; Höchstrichterliche Finanzrechtsprechung, Entscheidungen des Bundesfinanzhofs, des Bundesverfassungsgerichts, anderer oberster Bundesgerichtshöfe, des Europäischen Gerichtshofs, Bonn, seit 1960; Internationale Steuerrechtsprechung (die Entscheidungen des RFH und des BFH zum Recht der deutschen Doppelbesteuerungsabkommen), hrsg. von Weber-Fas, Köln/Berlin/Bonn/München 1970; Steuerrechtsprechung in Karteiform, Höchstrichterliche Entscheidungen in Steuersachen, Loseblatt, Köln; Verfassungsrechtsprechung zum Steuerrecht, hrsg. von Weber-Fas, Frankfurt/M., 4 Bände von 1971–1982; Sammlung amtlich nicht veröffentlichter Entscheidungen des Bundesfinanzhofs (BFH/NV), Freiburg, seit 1986[44]; Entscheidungen der Finanzgerichte, hrsg. unter Mitwirkung der Richter der Finanzgerichte, Bonn, seit 1953.

3.4 Zeitschriften und Loseblatt-Periodika

Die Aktiengesellschaft (AG); Der Betrieb (B); Betriebs-Berater (BB); Buchführung, Bilanz, Kostenrechnung, Zeitschrift für das gesamte Rechnungswesen (BBK); Betriebswirtschaftliche Forschung und Praxis (BFuP); Die Steuer-Gewerkschaft (DSTG); Deutsches Steuerrecht (DStR); Deutsche Steuer-Zeitung (DStZ), bis 1979 als Ausgabe A bezeichnet; European Taxation; Finanzarchiv (FinArch.); Finanz-Rundschau für Einkommensteuer mit Körperschaftsteuer und Gewerbesteuer (FR); GmbH-Rundschau (GmbHR); Die Information über Steuer und Wirtschaft (Inf.); Intertax, bis 1972 als Europäische Steuerzeitung (EuStZ) bezeichnet; Internationale Wirtschafts-Briefe (IWB); Kommunale Steuerzeitschrift (KStZ); Neue Juristische Wochenschrift (NJW); Neues Steuerrecht von A–Z (NSt); Neue Wirtschafts-Briefe (NWB); Recht der internationalen Wirtschaft (RIW), vor 1975: Außenwirtschaftsdienst des Betriebs-Beraters (AWD); Rundschau für den Lastenausgleich (RLA); Der Steuerberater (StB); Die Steuerberatung (Stbg); Die steuerliche Betriebsprüfung (StBp); Steuereildienst (StE), von 1980–1989 als Deutsche Steuer-Zeitung Eildienst, vor 1980 als Deutsche Steuer-Zeitung Ausgabe B bezeichnet; Der Steuerzahler; Steuer und Studium (StStud); Steuer und Wirtschaft, Zeitschrift für die gesamten Steuerwissenschaften (StuW)[45]; Steuerliche Vierteljahresschrift (StVj, seit 1989); Steuer-Warte (StWa); Umsatzsteuer-Rundschau (UR, UStR); Umsatzsteuer- und Verkehrsteuerrecht (UVR), vor 1989: Deutsche Verkehrsteuer-Rundschau (DVR); Vierteljahresschrift für Steuer- und Finanzrecht (1927–1933); Zeitschrift für Wirtschaft, Steuer, Strafrecht (wistra); Die Wirtschaftsprüfung (WPg); Zeitschrift für Betriebswirtschaft (ZfB); Schmalenbachs Zeitschrift für betriebswirtschaftliche Forschung

---

44 In der BFH-Sammlung werden nicht alle Entscheidungen veröffentlicht. Entscheidungen, die nur den Einzelfall betreffen, nach Auffassung des Gerichts *keine grundsätzliche Bedeutung* haben, bleiben unveröffentlicht. – In BStBl. Teil II werden nur Entscheidungen veröffentlicht, die das Bundesfinanzministerium für veröffentlichungswert hält. – Seit 1986 geben mehrere BFH-Richter eine Sammlung aller nicht amtlich veröffentlichten (also nicht grundsätzlichen) BFH-Entscheidungen heraus. Diese Veröffentlichung ist für die Fachwelt wohl mehr eine Plage denn eine Wohltat.

45 Dazu *H. W. Kruse* und *F.-W. Henning,* 50 Jahrgänge „Steuer und Wirtschaft", StuW 73, 273, 288.

(ZfbF); Zeitschrift für Zölle und Verbrauchsteuern (ZfZ); Zeitschrift für Kommunalfinanzen (ZKF), vor 1981: Deutsche Gemeindesteuer-Zeitung (DGStZ); Die Zollpraxis (ZPr).

Die „Quintessenz des Steuerrechts" berichtet in Kurzform über den Inhalt von Zeitschriftenaufsätzen.

3.5 Jahrbücher

Jahrbuch der Fachanwälte für Steuerrecht (seit 1967/68); Steuerberater-Jahrbuch (seit 1949); Steuerkongreß-Report (von 1963 bis 1976); Steuerberaterkongreß-Report (seit 1977); Dokumentation der Jahrestagungen der Deutschen Steuerjuristischen Gesellschaft, hrsg. von Mitgliedern der Gesellschaft; Deutscher Steuerberatertag, Protokoll.

3.6 Festschriften u. ä.

Steuerwirtschaftliche Probleme der Gegenwart, Festgabe für *H. Grossmann,* Berlin/Wien 1932; Von der Steuer in der Demokratie, Festschrift für *E. Blumenstein,* Zürich 1946; Beiträge zum Steuerrecht nach der Währungsumstellung, Festschrift für *W. Aprath,* Köln 1949; Probleme des Finanz- und Steuerrechts, Festschrift für *O. Bühler,* Köln 1954; Gegenwartsfragen des Steuerrechts, Festschrift für *A. Spitaler,* Köln 1958; Vom Rechtsschutz im Steuerrecht, hrsg. von Felix, Düsseldorf 1960; Die Auslegung der Steuergesetze in Wissenschaft und Praxis, Gedenkschrift für *A. Spitaler,* Köln 1965; Zur Besteuerung der Unternehmung, Festschrift für *P. Scherpf,* Berlin 1968; 50 Jahre Deutsche Finanzgerichtsbarkeit, Festschrift des *Bundesfinanzhofs,* Bonn/München 1968; Steuerlast und Unternehmungspolitik, Festschrift für *K. Barth,* Stuttgart 1971; Verfassung, Verwaltung, Finanzen, Festschrift für *G. Wacke,* Köln 1972; Festschrift für *H. Paulick,* Köln 1973; Bilanzfragen, Festschrift für *U. Leffson,* Düsseldorf 1976; Gedächtnisschrift für *Friedr. Klein,* München 1977; Festschrift für *W. Flume* Bd. II, Köln 1978; Unternehmung und Steuer, Festschrift für *P. Scherpf,* Wiesbaden 1983; Der Bundesfinanzhof und seine Rechtsprechung. Grundfragen - Grundlagen, Festschrift für *H. v. Wallis,* Bonn 1985; Beiträge zum Zivil-, Steuer- und Unternehmensrecht, Festschrift für *H. Meilicke,* Berlin u. a. 1985; Gesellschaften und Gesellschafter im Steuerrecht, Festschrift zum 10jährigen Bestehen der Fachhochschule für Finanzen NW in Nordkirchen, Bonn 1986; Handelsrecht und Steuerrecht, Festschrift für *G. Döllerer,* Düsseldorf 1988; Aktuelle Themen im U.S.-Deutschen Steuer- und Handelsrecht, Festschrift für *O. L. Walter,* Osnabrück 1988; Herausforderungen - Steuerberatung im Spannungsfeld der Teilrechtsordnungen, Festgabe für *G. Felix,* Köln 1989; Besteuerung und Unternehmenspolitik, Festschrift für *G. Wöhe,* München 1989; Steuern im Rechtsstaat, Festschrift für *G. Stoll,* Wien 1990; Steuerrecht im Rechtsstaat, Festschrift für *F. Cagianut,* Bern/Stuttgart 1990.

3.7 Nachschlagewerke

Handwörterbuch des Steuerrechts[2], 2 Bde, hrsg. von Strickrodt/Wöhe/Flämig/Felix/Sebiger, München und Bonn 1981; Lexikon der deutschen und internationalen Besteuerung[2], hrsg. von Wacker, München 1982. Ein Nachschlagewerk praktischer Steuerfälle mit Lösungen enthält die Deutsche Steuer-Praxis, hrsg. vom Deutschen wissenschaftlichen Steuerinstitut der Steuerberater und Steuerbevollmächtigten e. V., Köln (Loseblatt).

3.8 Bibliographien, Dissertationsnachweise und Gesetzesnachweise

Jahrbuch des Steuerrechts, hrsg. von Koppe, 1920–1932; Aktuelle Bibliographie zum Deutschen Steuerrecht, 1930–1945 (bearbeitet von Felix und Heinemann), Frankfurt a. M. 1957; Steuerfundhefte, seit 1953 (in der Reihe der NJW-Fundhefte), hrsg. von Ziemer/Kalbhenn/Felix, München; Karlsruher Juristische Bibliographie, seit 1965, München und Frankfurt; Bibliographie zur Unternehmensbesteuerung, Deutschsprachige Monographien aus den Jahren 1920–1980 von R. Federmann, Berlin 1983.

Dissertationen zum Steuerrecht werden in den NJW-Fundheften Steuerrecht (s. oben) nachgewiesen, ferner in der Zeitschrift „Steuer und Wirtschaft" (s. bisher StuW 76, 174; 77, 83, 369; 78, 183, 387; 79, 189; 80, 79, 355; 81, 184; 82, 195; 83, 283; 85, 89; 87, 79, 285; 88, 193; 89, 198).

Die geltenden *Bundesgesetze* sind im Fundstellennachweis A zum Bundesgesetzblatt nachgewiesen.

3.9 Steuerrechtsdatenbanken

Die elektronische Steuerrechtsdatenbank *LEXinform* ist eine Dokumentationseinrichtung der DATEV, Datenverarbeitungsorganisation des steuerberatenden Berufs in der Bundesrepublik Deutschland e. G. in Nürnberg. Sie ermöglicht Angehörigen der rechts- und steuerberatenden Berufe (soweit sie DATEV-Mitglieder sind) den selektiven Zugriff auf die gespeicherten Informationsquellen: Rechtsprechung des BFH und (seit 1972) der FG; ausgewählte Entscheidungen des RFH; steuerrechtlich erhebliche Entscheidungen der obersten Bundesgerichte und des EuGH; Verwaltungsvorschriften; steuerrechtliche Aufsätze und Kurzbeiträge aus ca. 30 Fachzeitschriften (seit 1974).

Gerichtsentscheidungen und Verwaltungsvorschriften sind mit vollem Text gespeichert, Aufsätze als zusammenfassende Inhaltsangaben. Zum Studium umfangreicher Quellentexte steht daneben eine ständig aktualisierte mikroverfilmte Sammlung des eingespeicherten Materials zur Verfügung.

Die Datenbank kann über das öffentliche Telefonnetz angerufen werden und übermittelt nach Eingang der Suchanfrage einschlägiges Material direkt an eine mit Bildschirm und/oder Druckwerk ausgerüstete Datenstation. Ein Dialog ist i. d. R. innerhalb weniger Minuten abgeschlossen.

Bei der noch in der Entwicklung befindlichen Rechtsdatenbank *JURIS* waren Anfang 1991 gespeichert: 28 800 BFH-Entscheidungen, 19 067 FG-Entscheidungen und 48 930 Dokumente der Steuerfachliteratur sowie 16 406 Verwaltungsvorschriften. An JURIS angeschlossen sind: Der Bundesfinanzhof, die Mehrzahl der Finanzgerichte, das Bundesfinanzministerium, mehrere Landesfinanzministerien und OFDen, Universitätsbibliotheken.

3.10 Gesamtdarstellungen des allgemeinen und besonderen Steuerrechts

a) **Allgemeines Steuerrecht:** Lehrbücher/Grundrisse von *A. Hensel,* Steuerrecht, Berlin [1] 1924, [2] 1927, [3] 1933; *O. Bühler,* Lehrbuch des Steuerrechts I, Berlin 1927;

§ 1 Einführung

O. Bühler/G. Strickrodt, Steuerrecht I, Wiesbaden 1959/60; *H. W. Kruse,* Steuerrecht, I. Allg. Teil [3], München 1973; *O.-G. Lippross,* Allgemeines Steuerrecht[2], Münster 1989; *D. Birk,* Steuerrecht I: Allgemeines Steuerrecht, München 1988; *H.-W. Arndt,* Grundzüge des Allgemeinen Steuerrechts, München 1988.

Wie die Jahresangaben zeigen, sind die zuerst genannten Bücher, gemessen am geltenden Recht, zum Teil mehr oder minder veraltet. Ihren systematischen Wert haben sie dadurch nicht eingebüßt.

Kommentare zur Abgabenordnung von *Enno Becker*[7], Berlin 1930, mit Ergänzungsband, Berlin 1931 (ein historisches Dokument); *Hübschmann/Hepp/Spitaler* – bearbeitet von *Söhn,* v. *Wallis, Boeker, Fischer, Hellwig, List, Offerhaus, Schick, Schwarz, Spanner, Trzaskalik* und das Steuerstraf- und Ordnungswidrigkeitenrecht von *Engelhardt, Hübner, Rüping* [9], Köln (Loseblatt); *Kühn/Kutter/Hofmann*[16], Stuttgart 1990; *Tipke/Kruse* [13], Köln (Loseblatt); *Klein/Orlopp*[4], München 1989; *Koch* u. a.[3], Köln u. a. 1986.

b) **Besonderes Steuerrecht:** Lehrbücher/Grundrisse:

Die *Entwicklung* auch des besonderen Steuerrechts ergibt sich aus *G. Strutz,* Grundlehren des Steuerrechts, Berlin 1922; *K. Ball,* Einführung in das Steuerrecht, Mannheim/Berlin/Leipzig 1925; *H. Mirbt,* Grundriß des deutschen und preuß. Steuerrechts, Leipzig und Erlangen 1926; *K. Friedrichs,* Grundzüge des Steuerrechts, Berlin 1925; *G. Jahn,* Grundriß des Steuerrechts, München 1931; *O. Bühler,* Steuerrecht II, Einzel-Steuerrecht[1], Berlin 1938;[2], Wiesbaden 1953;[3], Wiesbaden 1958.

Aktuell: *Tipke/Lang,* Steuerrecht[13], Köln 1991; *Knobbe-Keuk,* Bilanz- und Unternehmenssteuerrecht [7], Köln 1989.

Auch Juristen zu empfehlen sind die für Zwecke der Betriebswirtschaftlichen Steuerlehre verfaßten Lernbücher von *G. Rose,* Betrieb und Steuer, 1. Buch, Die Ertragsteuern [11], Wiesbaden 1989, 2. Buch, Die Verkehrsteuern [9], Wiesbaden 1989, 3. Buch, Die Substanzsteuern [7], Wiesbaden 1988.

3.11 Zusatz: Über steuerwissenschaftliche Bibliotheken

Die steuerwissenschaftlichen Institute und Seminare der Universitäten unterhalten z. T. eigene steuerwissenschaftliche Bibliotheken, z. T. ist die steuerwissenschaftliche Literatur umfassenderen Bibliotheken integriert.

Die größte steuerwissenschaftliche (insb. steuerrechtliche) Bibliothek dürfte die des Bundesfinanzhofs mit einem Bestand von ca. 130 000 Bänden und 265 Periodika sein (Stand 1990). Eine gute Bibliothek ist auch in der nordrhein-westfälischen Fachhochschule für Finanzen aufgebaut worden: 1990 ca. 41 000 Bände, 125 Periodika. Bibliotheksetatvergleich 1983: BFH: 360 000 DM; nordrhein-westfälische Fachhochschule für Finanzen: ca. 120 000 DM; Institut für Steuerrecht der Universität zu Köln: 20 000 DM.

Während Finanzministerien und OFDen umfängliche Bibliotheken zu unterhalten pflegen, sind die Finanzämter meist dürftig ausgestattet.

Charakteristisch für das schnellebige Steuerrecht ist das Loseblattwerk. Die Bibliothek des Bundesfinanzhofs führte 1990 ca. 2 400 Loseblattwerke.

3.12 Studienführer

Über die Möglichkeiten der akademischen und nichtakademischen Aus- und Fortbildung in den steuerlichen Berufen informieren *Balke/Hasselmann/Säckel/Klos,* Studienführer Steuerrecht, Herne/Berlin 1988.

§ 2 System des Steuerrechts

1. Das äußere System

Das äußere System des Rechts betrifft die Art der formalen Stoffanordnung, die technische Gliederung und Ordnung des Stoffes, die möglichst übersichtlich und eingängig sein soll[1]. Für die Rechtserkenntnis läßt sich aus dem äußeren System nur insoweit etwas gewinnen, als es dem inneren, inhaltlichen System (dazu S. 17 ff.) entspricht.

Folgendes Beispiel mag den Unterschied inneres-äußeres System veranschaulichen: Bücher lassen sich nach ihrem Inhalt, aber auch nach dem Alphabet der Autorennamen oder nach der Größe ordnen oder systematisieren. Die Ordnung nach Alphabet oder Größe ist keine innere (materiale, inhaltliche, sachliche), sondern eine äußere (formale, technische) Ordnung.

Das äußere System von Gesetzen sollte möglichst dem inneren System folgen, da sich sonst leicht Mißverständnisse über das innere System einstellen, zwar Übersicht, aber keine Einsicht vermittelt wird.

Beispiel: §§ 6b; 10e EStG gehören zum äußeren System der Einkommensermittlungsvorschriften, aber zum inneren (inhaltlichen) System der wirtschaftslenkenden Normen (s. dazu S. 651 f., 654 ff.).

Zum äußeren System des Steuerrechts ist zu bemerken:

*Steuer*gesetzgebungs*hoheit,* Steuerertragshoheit und Steuerverwaltungshoheit (sog. Staatssteuerrecht oder Steuerstaatsrecht) sind in Art. 105 ff. GG geregelt.

Es gibt kein einheitliches Steuergesetzbuch.

Den besonderen Steuergesetzen ist als **allgemeiner Teil die Abgabenordnung** vorangestellt. Sie „zieht" diejenigen Materien „vor die Klammer", die für alle oder doch für mehrere Steuern gemeinsam gelten. Sie soll die Einzelsteuergesetze entlasten, ständige Wiederholungen vermeiden. Sie enthält materielles und formelles Recht: neben allgemeinen Definitionen vor allem das allgemeine Steuerschuldrecht, das Steuerverfahrensrecht und das Steuerstrafrecht.

Die Reichsabgabenordnung, Vorläuferin der geltenden Abgabenordnung, stammt aus dem Jahre 1919. Den Entwurf hatte *Enno Becker* (früher Zivil- und Verwaltungsrichter in Oldenburg, später Senatspräsident am RFH) in etwa einem halben Jahr (November 1918 bis Sommer 1919) erarbeitet, ohne sich auf ein wissenschaftliches Fundament stützen zu können[2]. Durch zahlreiche Novellen war die 1931 noch einmal neugefaßte Reichsabgabenordnung inzwischen geändert worden; einige Teile waren in Nebengesetze, insb. in das Steueranpassungsgesetz von 1934 und das Finanzverwaltungsgesetz von 1951, ausgelagert worden. Das *Steueranpassungsgesetz* sollte das Steuerrecht nationalsozialistischen Rechtsgrundsätzen unterwerfen; tatsächlich enthielt es aber überwiegend der Reichsabgabenordnung entnommene ideologiefreie Vorschriften.

Da die Reichsabgabenordnung zahlreiche systematische und terminologische Mängel aufwies, die zum Teil aus der Hast der Entwurfsarbeit zu erklären waren[3], ersuchte der Bundestag die

---
1 Dazu *Heck,* Begriffsbildung und Interessenjurisprudenz, Tübingen 1932, 61 ff.
2 Dazu *Cordes,* Untersuchungen über Grundlagen und Entstehung der Reichsabgabenordnung vom 23. 12. 1919, Diss. Köln 1971.
3 Dazu *Tipke,* Reformbedürftiges allgemeines Abgabenrecht, StbJb. 1968/69, 69 ff.; ders., 50 Jahre Reichsabgabenordnung, AöR Bd. 94 (1969), 224 ff., 235 ff.

§ 2 System des Steuerrechts

Bundesregierung 1963, das allgemeine Steuerrecht zu reformieren, dabei Systematik und Terminologie zu verbessern und die Abgabenordnung als Mantelgesetz wiederherzustellen. Der Regierungsentwurf einer Abgabenordnung 1974 – EAO 1974[4] –, vom sechsten Bundestag nicht mehr verabschiedet, ist im siebenten Bundestag neu eingebracht worden[5]. Die reformierte Abgabenordnung ist als AO 1977 am 1. 1. 1977 in Kraft getreten[6]. Sie hat zugleich eine weitgehende Anpassung der Verfahrensvorschriften an das Verwaltungsverfahrensgesetz gebracht.

Die Abgabenordnung (1977) gilt nicht für alle Steuern, sondern nach § 1 I AO nur für solche Steuern (einschließlich Steuervergütungen), die durch *Bundesrecht* (Art. 105 GG) oder Recht der Europäischen Gemeinschaften geregelt werden, soweit sie durch *Bundesfinanzbehörden oder Landesfinanzbehörden verwaltet* (Art. 108 GG) werden (dazu S. 70 ff., 78 f.).

Für *Realsteuern* (§ 3 II) gilt die Abgabenordnung nach § 1 I insoweit, wie sie durch Landesfinanzbehörden (Finanzämter) verwaltet werden; diese Verwaltung erstreckt sich auf das Verfahren zur Festsetzung und evtl. zur Zerlegung des Steuermeßbetrages (§§ 22 I; 184 III; 185 AO). Außer in den Stadtstaaten obliegt die Festsetzung, Erhebung und Beitreibung dieser Steuern den steuerberechtigten Gemeinden (s. Art. 108 IV 2 GG); insoweit regelt § 1 II AO den Anwendungsbereich der Abgabenordnung.

Für die von den Gemeinden verwalteten *kommunalen* Steuern (insb. Vergnügungssteuer, Hundesteuer, Getränkesteuer, Jagdsteuer, Schankerlaubnissteuer, Fremdenverkehrsteuer) gilt die Abgabenordnung nur, soweit in den Landesgesetzen über die kommunalen Steuern die Abgabenordnung für anwendbar erklärt worden ist. Zu beachten sind insb. die *Kommunalabgabengesetze*[7].

Der sprachlich mißglückte § 1 III AO will ausdrücken, daß für die Verwaltung der steuerlichen *Nebenleistungen* (§ 3 III AO) nicht ein anderes Gesetz gilt, sondern auch die Abgabenordnung (insb. auch §§ 130, 131 AO).

Die Abgabenordnung wird oft als *Steuergrundgesetz* bezeichnet, dies *zu Unrecht.* Die tragenden Prinzipien des Steuerrechts, seine Grundnormen, ergeben sich zum Teil

---

4 BT-Drucks. VI/1982; BR-Drucks. 23/71; dazu *Tipke,* Systematisierung des allgemeinen Steuerrechts, StuW 71, 95 ff.
5 BT-Drucks. 7/1979; BR-Drucks. 726/75.
6 Kritisch zur AO 1977 *Tipke,* StKongrRep. 1976, 121 ff.
7 Baden-Württemberg: KAG vom 15. 2. 1982, GVBl. 57 (dazu Kommentare von *Kübler/Fröhner,* Stuttgart, Loseblatt; *Katz/Dois* [2], Stuttgart, Loseblatt); Bayern: KAG vom 4. 2. 1977, BayRS 2024 – 1 – I (dazu Kommentare von *Donhauser/Hürholz/Schwinghammer,* München, Loseblatt; *Schieder/Happ/Moezer,* Köln, Loseblatt; *Heichele,* Das Bayerische Kommunalabgabenrecht, Diss. Würzburg 1976); Hessen: KAG vom 17. 3. 1970, GVBl. 225 (dazu Kommentar von *Ermel* [2], Köln u. a. 1978); Niedersachsen: KAG vom 8. 2. 1973, GVBl. 41 (dazu *Hatopp,* Nds. Kommunalabgabengesetz, Loseblatt, Wiesbaden seit 1976); Nordrhein-Westfalen: KAG vom 21. 10. 1969, GVBl. 712 (dazu Kommentare von *Bauernfeind/Zimmermann* [2], Köln u. a. 1979; *Loening/Schmitz,* Stuttgart u. a. 1970); Rheinland-Pfalz: KAG vom 5. 5. 1986, GVBl. 103 (dazu Kommentare von *Rumetsch* [4], Wiesbaden, Loseblatt; *Bogner/Steenbock,* Köln, Loseblatt; Saarland: KAG vom 15. 6. 1985, Amtsblatt 729; Schleswig-Holstein: KAG vom 17. 3. 1978, GVBl. 71 (dazu Kommentare von *H. Thiem,* Köln u. a. seit 1971, und *Bitterberg/Gosch* [2], Wiesbaden 1981); länderübergreifender Kommentar: *Driehaus* (Hrsg.), Herne/Berlin 1989. In den früher preußischen Gebieten gilt, soweit hier keine Länder-KAG erlassen worden sind, noch das preußische Gesetz vom 14. 7. 1893, GS 152 (dazu Kommentar von *Surén,* Berlin 1957, Nachdruck der Ausgabe 1950). – Vgl. auch *O. Kinzl,* Gemeindesteuerrecht unter Berücksichtigung der AO '77, Köln 1979; *H. Thiem,* Allgemeines kommunales Abgabenrecht, Köln 1981; *Engelhardt,* Das Kommunale Abgabenrecht und die Anwendung allgemeinen Steuerverfahrensrechts, Diss. Würzburg 1982; *David,* Die kommunalen Steuern in der Rechtsprechung des Bundesverwaltungsgerichts, StVj. 90, 164 ff.

Inneres System

aus dem Grundgesetz, zum Teil sind sie den besonderen Steuergesetzen immanent. Das Recht der Abgabenordnung hat weithin technischen Charakter. Vorschriften wie § 85 AO sind Ausnahmen. Die Abgabenordnung kann daher auch nicht die Rolle spielen, die dem allgemeinen Teil des Verwaltungsrechts zukommt.

Ein allgemeines Steuergesetz, das für mehrere Steuern gilt, ist auch das **Bewertungsgesetz**. Es regelt insb. die Einheitsbewertung und beeinflußt dadurch alle einheitswertabhängigen Steuern[8].

Die **einzelnen Steuern** sind nicht in einem einheitlichen Gesetz geregelt[9]. Vielmehr besteht **für fast jede Steuer ein besonderes Gesetz**. Die Einzelgesetze sind nicht nach einheitlichen Gesichtspunkten gegliedert. Dadurch wird das Spezialistenwesen gefördert, die Rechtszersplitterung begünstigt und die „Einheit" der Steuerrechtsordnung beeinträchtigt oder gar zerstört.

Nur wenn Anzahl und Umfang der Gesetze möglichst gering gehalten werden, dabei der Inhalt systematisiert wird, wird der Stoff eine widerspruchslose Sinneinheit, wird er übersichtlich und beherrschbar. Mit der Vielzahl der Gesetze nimmt die Unübersichtlichkeit der Rechtsordnung zu. Eine große, unübersichtliche Vorschriftenmenge kann nicht voll zur Kenntnis genommen, verstanden und angewendet werden. Ein unsystematisches Steuerrecht kann nur von einer unverhältnismäßig großen Anzahl von Beamten, Steuerberatern und Richtern einigermaßen bewältigt werden, es kann in seinen Einzelbereichen von spezialisierten Prüfern beherrscht werden, nicht aber von Prüflingen, denen man die Gesamtstoffmasse abverlangt[10]. Das Ideal wäre *ein* die Einheit der Rechtsordnung herstellendes Steuergesetzbuch mit einem allgemeinen und einem besonderen Teil.

2. Das innere oder inhaltliche System

Literatur: *Canaris,* Systemdenken und Systembegriff in der Jurisprudenz, Schriften zur Rechtstheorie, Heft 14, Berlin 1969 (insb. 12, 16 ff., 46 ff., 107, 112 f., 114, 121, 125 ff.); *Larenz,* Methodenlehre der Rechtswissenschaft [5], Berlin u. a. 1983, 420 ff., 456 ff.; speziell zum Steuerrecht *Tipke,* Steuerrecht – Chaos, Konglomerat oder System?, StuW 71, 2 ff.; *ders.,* Steuerrechtswissenschaft und Steuersystem, in: FS für Wacke, Köln 1972, 211 ff.; *Bayer,* Das System des Steuerrechts, BB 75, 569; *Mösbauer,* Das Steuerrecht – Auf der Suche nach dem System, DStR 75, 679; *Scheipermeier,* Verfassungsorientiertes System des Steuerrechts, Diss. Münster 1977.

2.1 Die Prinzipien als Träger des inneren Systems

Gerechtes Recht entsteht durch ein System sachgerechter Prinzipien (dazu näher unten S. 18 f.), auch als inneres System bezeichnet. Das innere System betrifft die innere (inhaltliche; materiale; teleologische) Ordnung des Stoffes. Man nennt einen Rechtsstoff in diesem Sinne systematisch, wenn er aufgrund sachgerechter Prinzipien so *geordnet* ist, daß die Gesamtregelung eine geschlossene *Einheit* ist, frei von Lücken, Überschneidungen oder Widersprüchen.

Das Gerippe, das dafür sorgt, daß die Gesamtheit des Rechtsstoffes geordnet zusammengehalten wird, sind die *Prinzipien, Grundsätze, Wertungen*[11] oder *Regeln,* die einem

---

8 Vgl. dazu S. 451.
9 Beispiele für umfassende Kodifizierungen sind der US-amerikanische Internal Revenue Code und der französische Code Général des Impôts.
10 In diesem Sinne auch *R. Herzog,* Stbg. 89, 3 ff.
11 Die Identifizierung von Prinzip und Wertung ist insofern nicht ganz korrekt, als es auch technische (nicht wertende) Prinzipien gibt (s. unten). – Die Terminologie ist im übrigen nicht einheitlich. Statt von Prinzipien, Grundsätzen, Wertungen oder Regeln spricht man

§ 2 System des Steuerrechts

oder mehreren Gesetzen zugrunde liegen. Sie *sind die für Einheit und Ordnung sorgenden Träger des inneren oder inhaltlichen Systems, die Träger der als inneres System bezeichneten rechtsethischen Wertordnung.*

Dieses innere System als Werteträger darf nicht verwechselt werden mit einem bloß formallogischen oder begrifflichen System, das die Wertungsbezüge ausklammert und zur Begriffsjurisprudenz (s. S. 92 f.) führt.

Innerhalb der Systempyramide gibt es vor- und nachrangige Prinzipien. An der Spitze rangiert *ein* (monistisches System) Fundamentalprinzip oder rangieren *mehrere* (pluralistisches System) Fundamentalprinzipien (Primär- oder Grundwertungen). Solche Fundamentalprinzipien sind z. B. das Prinzip der Besteuerung nach der Leistungsfähigkeit und das Sozialstaatsprinzip. Auf der nächst tieferen Ebene finden sich durchweg konkretisierende Subprinzipien (Sekundär- oder Einzelwertungen, auch als Träger von Subsystemen). Subprinzipien oder Gesetzestatbestände können auch auf einer Kombination von (vorrangigen) Prinzipien basieren. Für die Realisierung der Prinzipien sollen die Gesetzestatbestände mit ihren Begriffen sorgen und auf diese Weise die Wertordnung durch Normativierung realisieren. Fehlt es an Prinzipien oder Regeln, an einem prinzipiellen Konzept, werden immer wieder Einzelfälle übersehen. Die Gesetze bleiben mehr oder minder „stückwerkhaft", „lückenhaft".

Beispiel: Fundamentalprinzip der Einkommensteuer ist das Prinzip der Besteuerung nach der Leistungsfähigkeit. Subprinzipien des Leistungsfähigkeitsprinzips sind insb. das Prinzip der Individualbesteuerung, das Markteinkommensprinzip, das Prinzip der Gleichwertigkeit der Einkunftsarten, das Realisationsprinzip, das objektive und das subjektive Nettoprinzip. Diese Subprinzipien sind mehr oder minder perfekt, mehr oder minder lückenhaft in Gesetzestext umgesetzt worden.

Es lassen sich unterscheiden:

a) **Normierte** und **normkonzipierende** (normsinnkonzipierende, normsinnkonstituierende, normdirigierende, norminspirierende) **Prinzipien.**

– Normierte Prinzipien sind unmittelbar in einem Rechtssatz niedergelegt. Sie finden sich vor allem im Grundgesetz (z. B. Sozialstaatsprinzip, Gleichheitssatz [besser: Gleichheits*grund*satz], Rechtssicherheitsprinzip), in allgemeinen Gesetzen, im allgemeinen Teil eines Gesetzes.

– Bloß normkonzipierende Prinzipien liegen den gesetzlichen Regelungen als sinnstiftende Wertung, Regel, Motivation, Leitidee oder Zweckgedanke zugrunde (ohne normiert, positiviert zu sein). Das Gesetz selbst nennt die normkonzipierenden Prinzipien nicht ausdrücklich, es ist aber Inkarnation oder Ausfluß solcher Prinzipien. Die normkonzipierenden Prinzipien sind nicht selbst Normen, sie wirken durch die Normen, werden durch diese – das Prinzip konkretisierend – in das Normative umgesetzt (Beispiele: Rechtsstaatsprinzip, Prinzip der Rechtssicherheit, Leistungsfähigkeitsprinzip, Markteinkommensprinzip, Nettoprinzip, Grundsatz von Treu und Glauben, Bilanzierungsprinzipien)[12].

Es ist oft nicht leicht, das normkonzipierende Prinzip sicher aufzudecken (vgl. dazu S. 97 ff.). Im allgemeinen geschieht das durch *Induktion* (Schluß von einer Mehrzahl von Gesetzesvorschriften auf das diesen zugrunde liegende gemeinsame Prinzip). Leider ist es nicht üblich, den

---

auch von Leitideen, Leitgedanken oder Leitmaßstäben, von Motivationen, Sachgesetzlichkeiten, Ziel- oder Zweckvorstellungen, Gesetzesplan, Gesetzesteleologie, teleologischer Systematik, rationes legis. Im amerikanischen Recht spricht man von conceptual basis, conceptual structure, principles, guiding rules, rationale.

12 Dazu BVerfGE 2, 380, 403: zum Rechtsstaatsprinzip.

Steuergesetzen eine programmatische Präambel voranzustellen[13]. Im Zweifel kann davon ausgegangen werden, daß der Gesetzgeber neu erlassene Vorschriften in das bestehende Gesetz oder in die bestehende Rechtsordnung widerspruchsfrei einbetten will. Die steuerjuristischen Kommentare sind oft unergiebig. Sie zeichnen überwiegend nur die äußere Entwicklung eines Gesetzes auf (vor allem die Änderungsdaten), nicht aber die Motive des Gesetzgebers. Positivisten halten normkonzipierende Prinzipien für irrelevant, weil sie nicht ausdrücklich, nicht expressis verbis positiviert sind.

b) **Konstruktive** (z. B. Leistungsfähigkeitsprinzip, Sozialstaatsprinzip) und **prohibitive Prinzipien** (insb. die Grundrechtsschranken der Art. 2 I, 6, 12, 14 GG).

c) **Wertende** und **technische** (ökonomische) **Prinzipien**, oder mit anderen Worten: Prinzipien der Gerechtigkeit (z. B. Leistungsfähigkeitsprinzip) und Prinzipien der Zweckmäßigkeit[14]. Die Vereinfachungsvorschriften etwa sind durch Zweckmäßigkeit motiviert, häufig durch das ökonomische Prinzip, das man auch als Prinzip der Verwaltungsrationalität und -praktikabilität bezeichnen kann (s. dazu S. 21, 52 f.). Vereinfachungsvorschriften können allerdings auch die Gleichmäßigkeit der Besteuerung positiv beeinflußen; Vorschriften, die wegen ihrer Kompliziertheit praktisch nicht richtig angewendet werden, beeinträchtigen die Gleichmäßigkeit der Besteuerung. Prinzipien bloßer Zweckmäßigkeit sind auch das Stichtagsprinzip und das Jahresabschnitts- oder Annuitätsprinzip (s. dazu etwa S. 455).

Technische Prinzipien haben nicht die gleiche Wertigkeit wie das (ethische) Leistungsfähigkeitsprinzip (s. S. 52). Der Gesetzgeber muß insoweit gleichmäßig zurückstecken, wie die totale Durchführung des Leistungsfähigkeitsprinzips verwaltungstechnisch unmöglich oder mit unverhältnismäßigem Verwaltungsaufwand verbunden wäre.

2.2 Die steuergesetzlichen Normgruppen im System

Literatur: *K. Vogel,* Die Abschichtung von Rechtsfolgen im Steuerrecht, StuW 77, 97 ff.; *D. Birk,* Das Leistungsfähigkeitsprinzip als Maßstab der Steuernormen, Köln 1983, 67 ff., 153 ff., 194 ff., 232 ff.; *Mc Daniel/Surrey,* International Aspects of Tax Expenditures: A Comparative Study, Deventer/ Frankfurt u. a. 1985; *Ruppe,* in: HHR, Einf. ESt Anm. 52–57, 65–69.

2.21 Drei Normgruppen

Bei der Aufdeckung der den Steuergesetzen zugrunde liegenden (normkonzipierenden) Prinzipien ist zunächst zu berücksichtigen, daß die in den Steuergesetzen enthaltenen Normen verschieden grundmotiviert, Ausfluß verschiedener Prinzipien sind. Das System ist also nicht monistisch, sondern pluralistisch oder multifunktional.

Zu unterscheiden sind Fiskalzwecknormen, Sozialzwecknormen und Vereinfachungszwecknormen. Mit *einem* Steuergesetz oder *einer* Norm kann allerdings auch ein Doppel- oder Mehrfachzweck verfolgt werden.

Nur aus didaktischen Gründen werden die Vereinfachungszwecknormen hier als besondere (dritte) Gruppe genannt. Sie bleiben trotz ihres Vereinfachungszwecks auch Fiskal- oder Sozialzwecknormen.

---

13 Dazu *Höger,* Die Bedeutung von Zweckbestimmungen in der Gesetzgebung der Bundesrepublik Deutschland, Berlin 1976.
14 Zu den technischen Prinzipien der Finanzwissenschaft s. S. 3 oben.

§ 2 System des Steuerrechts

a) Fiskalzwecknormen

Die meisten Normen der Steuergesetze sind Fiskalzwecknormen (Finanz- oder Ertragszwecknormen, fiskalische oder fiskalisch motivierte Normen). Sie dienen dazu, den notwendigen Finanzbedarf der öffentlichen Haushalte zu decken (Primärfunktion). Sie treffen konkrete Steuerwürdigkeitsentscheidungen nach Kriterien austeilender (besser: zuteilender) Gerechtigkeit, wobei selbstredend die Grundrechte zu berücksichtigen sind. Die Fiskalzwecknormen orientieren sich überwiegend am Leistungsfähigkeitsprinzip oder sollten dies tun (s. S. 57 ff.). Auch Fiskalzwecknormen haben wirtschaftliche und soziale Auswirkungen (Nebenwirkungen); aber sie verfolgen primär keinen solchen Zweck. Die wirtschaftlichen und sozialen Auswirkungen von Fiskalzwecknormen sind Folge, nicht Zweck dieser Normen. So haben z. B. die Fiskalzwecknormen des Einkommen- und Umsatzsteuerrechts *nicht* den *Zweck,* die wirtschaftliche Tätigkeit, die Investition, das Sparen, das Konsumieren zu behindern.

Eine verfassungswidrige Fiskalzwecknorm kann nicht als Sozialzwecknorm (s. b) aufrechterhalten werden; dies schon deshalb nicht, weil Lenkung oder Invention immer etwas Bezwecktes, Finales ist. Der Beamte/Richter hat keine Lenkungsfunktion.

b) Sozialzwecknormen

Die Steuergesetze sind nicht unerheblich durchsetzt mit Sozialzwecknormen (i. w. S.[15]). Das sind lenkende (regulative, dirigistische, interventionistische, instrumentalistische) Normen, die sozialpolitisch (insb. wohlstandskorrigierend oder redistributiv), wirtschaftspolitisch, kulturpolitisch, gesundheitspolitisch, berufspolitisch etc., nicht fiskalisch motiviert sind. Sie treffen keine Steuerwürdigkeitsentscheidungen. Sie können Steuerentlastungen durch Steuervergünstigungen (s. S. 135 f.), aber auch zusätzliche Steuerbelastungen (z. B. § 9 I 3 Nr. 4 EStG; Verlustausgleichs- und -abzugsbeschränkungen) oder Sondersteuern schaffen. Wer sich „sozial erwünscht" verhält, wird steuerlich entlastet, wer sich „sozial unerwünscht" verhält, wird steuerlich sonderbelastet. Da es nicht nur Sozialzwecksteuern (wie Alkoholsteuern, Tabaksteuer, Hundesteuer), sondern viele in Steuergesetze eingestreute Einzel-Sozialzwecknormen gibt, machen die Sozialzwecknormen das Steuerrecht unübersichtlich und schwer verständlich, zumal sie nicht nach dem Normzweck zusammengefaßt und geordnet, sondern dort plaziert sind, wohin sie bloß technisch gehören (Beispiele: §§ 10 b, 10 e EStG). Die Sozialzwecknormen können sich an den verschiedensten Prinzipien der Gerechtigkeit oder der Zweckmäßigkeit orientieren, z. B. am Bedürfnisprinzip oder am Verdienstprinzip (s. S. 60).

Die wichtigsten Sozialzwecknormen sind
- lenkende Normen (regulative, dirigistische oder interventionistische Normen),
- Umverteilungsnormen (wohlstandskorrigierende oder redistributive Normen).

Materiell gehören die Sozialzwecknormen nicht zum Steuerrecht, sondern zum Wirtschaftsrecht (s. S. 643), Sozialrecht oder anderen Bereichen.

Soweit mit Hilfe von Normen, die Steuerentlastungen oder zusätzliche Steuerbelastungen schaffen, Wirtschaftslenkung betrieben, auf Produktion, Distribution, Preisgestaltung, Konsum etc. eingewirkt werden soll, handelt es sich um wirtschaftsrechtliche Normen, die lediglich steuergesetzlich eingekleidet sind, sich der Technik der Steuergesetze bedienen. Da es für die

---

15 „Sozial" meint hier nicht bloß die Unterstützung einkommensloser oder einkommensschwacher Gruppen, sondern soviel wie: zum Nutzen der Allgemeinheit oder der Gesellschaft, im öffentlichen Interesse, das Zusammenleben der Bürger fördernd.

rechtliche Qualifizierung *nicht auf technische Äußerlichkeiten* ankommen kann, ergibt sich die grundgesetzliche Kompetenz zum Erlaß solcher Normen nicht aus der Steuerkompetenz der Art. 105 ff. GG, sondern aus Art. 74 Nr. 11 GG[16]. Die entlastenden Normen (auch als Verschonungssubventionsnormen bezeichnet) sind – wie andere Subventionen (Transferzahlungen) auch – nach den üblichen wirtschaftsrechtlichen (subventionsrechtlichen) Maßstäben zu beurteilen. Aus § 33 II FGO kann man schließen, daß gleichwohl der Finanzrechtsweg gegeben sein soll[17].

Die steuerentlastenden Maßnahmen der Steuergesetze und die Transferzahlungen sind bisher nicht aufeinander abgestimmt worden (dazu S. 6).

Die Sozialzwecksteuern (z. B. Branntweinsteuer, Tabaksteuer, Hundesteuer) haben im allgemeinen neben dem Sozialzweck – sekundär – auch einen Fiskalzweck.

Steuerentlastende Sozialzwecknormen bewirken Steuervergünstigungen (s. S. 135 f.); sie werden auch als Steuersubventionen oder Steuervorteile bezeichnet. Von Steuersubventionen i. e. S. lassen sich Steuerprämien unterscheiden.

Ist eine steuerentlastende Sozialzwecknorm nicht gerechtfertigt, so liegt eine *Privilegierung* (und damit ein Steuergeschenk), ist eine steuer(sonder-)belastende Sozialzwecknorm nicht gerechtfertigt, so liegt eine *Diskriminierung* vor. Noch nicht ausdiskutiert ist, ob ungültige Sozialzwecknormen als Fiskalzwecknormen aufrechterhalten werden können, wenn sie objektiv dem Leistungsfähigkeitsprinzip entsprechen[18].

c) Vereinfachungszwecknormen

Sie sollen aus technisch-ökonomischen Gründen die Steuerrechtsanwendung erleichtern, vereinfachen, praktikabler oder ökonomischer gestalten; sie sollen Überkompliziertheit und Undurchführbarkeit des Gesetzes vermeiden, etwa durch Typisierungen, Pauschalierungen, gewisse Freibeträge, Freigrenzen. Zur Wertigkeit s. S. 52 f.

Zu a–c: Die Erkenntnis der Notwendigkeit der Unterscheidung der aufgeführten Normgruppen beginnt sich allmählich durchzusetzen, allerdings noch kaum in der Rechtsprechung. Die Terminologie ist jedoch nicht einheitlich. *Vogel*[19] unterscheidet zwischen Lastenausteilungs- und Lenkungsnormen, *Ruppe*[20] zwischen Normen mit Ertragsfunktion und Normen mit Lenkungsfunktion. Weitere Differenzierungen hat die österreichische Steuerreformkommission vorgenommen[21].

Die Erkenntnis, daß zu unterscheiden sei zwischen (dem Fiskalzweck dienenden, an der Gerechtigkeit zu orientierenden) revenue provisions with fairness and equality function, (dem Sozialzweck dienenden) policy provisions with regulatory or redistributive function und (dem Vereinfachungszweck dienenden) simplification provisions with efficiency and simplicity function breitet sich offenbar nach und nach auch weltweit aus[22].

---

16 Zutreffend *Bayer*, StuW 72, 149 ff.; s. auch *K. Vogel*, StuW 77, 99 re. Sp.
17 Vgl. auch S. 63 f., 74 f.
18 Dazu *K. Vogel*, StuW 77, 97 ff.; *Birk*, Das Leistungsfähigkeitsprinzip als Maßstab der Steuernormen. *Birk* unterscheidet auch nach Norm*wirkungen* (s. auch *Birk*, Steuerrecht I, München 1988, § 7 Rn. 18 ff., § 11 Rn. 17 f.).
19 StuW 77, 97 ff.
20 Verhandlungen des 8. österr. Juristentages, 1982, Bd. I, 1. Teil A.
21 *Helige* (Hrsg.), Dokumentation zur Steuerreformkommission II (1980–1983), Wien 1983, 192 ff. (Arbeitsausschußvorsitzender: *Ruppe*).
22 Dazu *McDaniel/Surrey*, International Aspects of Tax Expenditures: A Comparative Study, Deventer/Frankfurt u. a. 1985.

§ 2 System des Steuerrechts

2.22 Relevanz der richtigen Einordnung

Die Einordnung der Normen in die richtige Gruppe (s. 2.21, S. 19) ist relevant[23]

- für die Prüfung der *verfassungsrechtlichen Kompetenz* (insb. Art. 105 ff. oder Art. 74 Nr. 11 GG);
- für die Beurteilung der Frage, ob eine *Steuervergünstigung* vorliegt. Fiskalzwecknormen, die das Leistungsfähigkeitsprinzip ausführen, enthalten keine Steuervergünstigung, auch dann nicht, wenn Ausgaben zum Abzug von der Bemessungsgrundlage zugelassen werden, die die Leistungsfähigkeit mindern; die *Beweislast* für die tatsächlichen Voraussetzungen von Steuervergünstigungen hat, wer die Vergünstigung geltend macht;
- für die *Rechtsanwendung:* die teleologische Auslegung oder Auslegung aufgrund von Prinzipien setzt die Kenntnis des Normzwecks voraus (s. S. 93 ff.);
- für die Bewertung der einzelnen Norm unter dem Gesichtspunkt der individuell *gerechten* Verteilung von Lasten und Vorteilen, insb. unter dem Aspekt des *Gleichheitssatzes* (s. S. 25, 47 ff., 659 f.); für Fiskalzwecknormen gelten andere Prinzipien der Sachgerechtigkeit als für Sozialzwecknormen (s. S. 52, 57 ff., 60, 95 ff., 657 ff.); wer etwa *Sonder*abschreibungsvorschriften unzutreffend den Fiskalzwecknormen zuordnet, vermag nicht einzusehen, daß der Abschreibungsvorteil nicht mit der Höhe des Einkommens wachsen darf;
- für die Grenzen der *Maßgeblichkeit der Handelsbilanz* für die Steuerbilanz (§ 141 I 2 AO; § 5 I EStG). Die Maßgeblichkeit gilt nicht für Sozialzwecknormen, soweit nicht ausdrücklich etwas anderes angeordnet ist;
- für die Beurteilung von *Steuerbefreiungen* und *Steuerfreibeträgen*. Sie können sein: Fiskalzweck-, Sozialzweck- oder Vereinfachungszweckbefreiungen oder -freibeträge[24];
- evtl. in *Zurechnungsfragen;* so ist es verfehlt, etwa Zusammenveranlagungsgrundsätze (§§ 26, 26 b EStG) auf Subventionsnormen anzuwenden;
- für die Anwendung der *§§ 30, 40*[25] *AO;* diese Vorschriften gelten nur für Fiskalzwecknormen (s. S. 45, 111 f.), ob *§ 41 I AO* auf Steuervergünstigungen angewendet werden kann, ist zweifelhaft;
- für die *subjektive Zurechnung* und die *Rechtsnachfolge* (Tod, Verschmelzung etc.). Zu berücksichtigen ist der Sozial- oder Vergünstigungszweck. Davon hängt auch ab, ob die Personengesellschaft oder ihre Gesellschafter begünstigt werden sollen;
- für die Erkenntnis *wirtschaftlicher Effekte* (diese Effekte soll insb. der Subventionsbericht darstellen);
- für *Sozialgesetze, die an den Einkommensbegriff* des Einkommensteuergesetzes *anknüpfen*[26].

Die Einordnung in die richtige Normengruppe ist in Grenzfällen schwierig[27].

In der Rechtsanwendungspraxis werden Fiskalzwecknormen, Sozialzwecknormen und Vereinfachungszwecknormen oft nicht auseinandergehalten. So wird einerseits etwa der Sozialzweck der Hundesteuer übersehen; so wird etwa § 10e EStG für eine Fiskalzwecknorm gehalten. Andererseits wird z. B. nicht gesehen, daß der Verlustrücktrag keine interventionistische, wirtschaftsfördernde Steuervergünstigung ist, sondern, wie der Verlustvortrag, eine am Prinzip der steuerlichen Leistungsfähigkeit orientierte Maßnahme, die das technische Kalenderjahrprinzip aus Gerechtigkeitsgründen überwindet. Sozialzwecknormen werden in der Praxis zu Unrecht teleologisch oft nicht anders behandelt als Fiskalzwecknormen[28]. Zugleich verschüttet der

---

23 Dazu auch *Ruppe,* in: HHR, Einf. ESt Anm. 55.
24 Dieser Unterscheidung folgen auch *v. Beckerath,* in: KS, EStG, § 3, und *Traxel,* Die Freibeträge des Einkommensteuergesetzes, Frankfurt a. M./Bern/New York 1986.
25 A. A. BFH BStBl. 90, 251, 252.
26 Z.B. Bundessozialhilfegesetz, BAföG. Knüpfen solche Gesetze an den Einkommensbegriff des Einkommensteuergesetzes an, so müssen aus dem Begriff die Sozialzwecknormen ausgeklammert werden (dazu *Brandis,* FR 83, 371).
27 Dazu *K. Vogel,* StuW 77, 97 ff.; *Birk,* Das Leistungsfähigkeitsprinzip als Maßstab der Steuernormen, Köln 1983; Österr. Steuerreformkommission (Fn. 21).
28 Dazu Rezension von *Tipke,* StuW 76, 162.

Gesetzgeber die Trennungslinien immer mehr (Beispiel: nur partielle Besteuerung der privaten Renten und der Einkünfte nichtbuchführender Landwirte, die sich subventionsgleich auswirkt). Läßt sich die Zuordnung zur richtigen Normgruppe aufgrund des Zweckes nicht ohne weiteres vornehmen, ist von der Normwirkung auf den Normzweck zu schließen.

3. Die Effizienz des Systemgedankens

Ein systematisiertes Steuerrecht ist keine Frage bloßer juristischer Ästhetik oder Kosmetik. Es hat gegenüber einem nichtsystematisierten Steuerrecht auch nicht nur den Vorteil größerer Stimmigkeit, Übersichtlichkeit, Klarheit, Durchsichtigkeit, Verständlichkeit, Praktikabilität, Lehr- und Lernbarkeit, Prüfbarkeit und Übersetzbarkeit[29]; fehlt das innere System, die rechtsethische Prinzipienordnung, so ist das Steuerrecht auch keine **Gerechtigkeitsordnung** (s. S. 47 ff.). Wegen der Relevanz der richtigen systematischen Zuordnung von Normgruppen s. oben 2.22, S. 22 f.

Systematisches Denken, eine systematische Konzeption, ist daher unentbehrliche Voraussetzung für eine gute *Steuergesetzgebung*.

Darüber hinaus ist die **Methode der Rechtsanwendung** systemabhängig. Insbesondere verhilft das innere System mit seinen Prinzipien dazu,

a) die teleologischen *Orientierungsmaßstäbe zu gewinnen,* die *für* die *Gesetzesauslegung* erforderlich sind; denn das innere System ist eine teleologische Prinzipienordnung. Im Wege (und in den Grenzen; Grenze: möglicher Wortsinn!) der Auslegung ist der im System und seinen Prinzipien wurzelnde Wert- oder Zweckgedanke zur Geltung zu bringen. Auslegung als Ermittlung des Sinns einer Norm ist die Ermittlung des wertungsmäßigen Gehalts oder des technischen Zwecks der Norm. Erst bei Berücksichtigung der Grund- und Einzelwertungen oder Zwecke erschließt sich der teleologische Gehalt von Rechtsvorschriften. Eine Auslegung, die das innere System nicht berücksichtigt, entartet leicht zum freischwebenden methodischen Vagabundieren (Gefühlsjurisprudenz, im Steuerrecht oft unter dem Deckmantel sog. „wirtschaftlicher Betrachtungsweise"), oder sie erweist sich als blinde Begriffsjurisprudenz[30]; damit ist nichts gegen die „wirtschaftliche Betrachtungsweise" bei der Auslegung gesagt. Richtig verstanden ist diese wirtschaftliche Betrachtungsweise nichts weiter als der Reflex des Prinzips der Besteuerung nach der wirtschaftlichen Leistungsfähigkeit und damit teleologische Auslegung;

b) die *Gesetzeslücken aufzudecken und auszufüllen.* Sie kommen dadurch zustande, daß der Gesetzgeber von bestimmten Prinzipien oder Wertungen ausgeht, das Prinzip aber bei der Umsetzung in gesetzliche Tatbestände nicht konsequent zu Ende führt. Das Prinzip ist dann tatbestandlich (normativ) nicht voll abgedeckt; es ist inkonsequent oder lückenhaft ausgeführt. Dadurch werden die wertungsmäßige Einheit und die Folgerichtigkeit der Rechtsordnung gestört, man spricht von einem Systembruch. Die Gesetzeslücke läßt sich mit Hilfe des (zu Ende geführten) Prinzips ausfüllen[31]; dies nennt man auch analoge Anwendung des Gesetzes;

---

29 Ausführlicher *Tipke,* Gerechte Steuern, Geordnete Besteuerung, Bonn 1984, 12 f.; *ders.,* in: Raupach/Tipke/Uelner, Niedergang oder Neuordnung des deutschen Einkommensteuerrechts?, Münsteraner Symposion Bd. I, Köln 1985, 134 ff.; *ders.,* StuW 86, 162 ff. und StuW 88, 268 f.
30 Einzelheiten S. 92 ff.
31 Einzelheiten S. 39 ff., 103 ff. Über verschiedene Lückenarten S. 103 ff.

§ 2 System des Steuerrechts

c) die *Verstöße gegen den Gleichheitssatz* (Art. 3 I GG) *aufzudecken*. Dadurch erweist sich der Systemgedanke als eine dynamische Kraft. Der Gleichheitssatz verlangt eine folgerichtige, durchgängige Anwendung der gesetzgeberischen Wertungen. Eine unterschiedliche Wertung gleicher Sachverhalte verletzt den Gleichheitssatz. Allerdings ist ein Systembruch (Verstoß gegen den Gleichheitssatz) gerechtfertigt, wenn sachliche Gründe für eine Wertungsdifferenzierung vorliegen (insbesondere in Fällen von wertungsmäßig atypisch liegenden Tatbeständen)[32];

d) *das Ermessen* entsprechend § 5 AO *auszuüben*.

---

[32] Einzelheiten S. 49 f.

§ 3 Systemtragende Prinzipien des Steuerrechts

A. Einführung

Die Prinzipien als Träger des inneren Systems des Steuerrechts (s. § 2, 2.1, S. 17 ff.) sind
- zum einen: die rechtsstaatlichen Prinzipien des Grundgesetzes;
- zum anderen: die steuerrechtsspezifischen Prinzipien und Subprinzipien.

Da das *Leistungsfähigkeitsprinzip* als fundamentales steuerspezifisches Prinzip von den rechtsstaatlichen Prinzipien des Grundgesetzes (Art. 1; 3; 6; 12; 14 GG) mit fundiert wird, werden hier zunächst die rechtsstaatlichen Prinzipien des Grundgesetzes (§ 3, B, s. u.) erörtert; danach wird das Leistungsfähigkeitsprinzip (§ 3, C, S. 57 ff.) behandelt.

Zu unterscheiden sind die Verfassungsprinzipien der formalen und der materialen Rechtsstaatlichkeit. Die materiale Rechtsstaatlichkeit verlangt eine *gerechte* Verteilung der Gesamtsteuerlast auf die Bürger (s. unten B 3, S. 46 ff.). Da die Prinzipien formaler Rechtsstaatlichkeit sich historisch vor den Prinzipien materialer Rechtsstaatlichkeit entwickelt haben, werden sie hier zuerst behandelt. Über ihre Wertigkeit im Verhältnis zu den Prinzipien materialer Rechtsstaatlichkeit ist damit nichts ausgesagt.

B. Rechtsstaatliche Prinzipien des Steuerrechts

Literatur: Allgemeine: *K. Stern*, Das Staatsrecht der Bundesrepublik Deutschland, Bd. I[2], München 1983, § 20; *Schmidt-Assmann*, Der Rechtsstaat, in: Handbuch des Staatsrechts, Bd. I, hrsg. von Isensee/Kirchhof, Heidelberg 1987, § 24.
Besondere: *G. Wacke*, Verfassungsrecht und Steuerrecht, StbJb. 1966/67, 75, insb. 97; *K. Vogel*, Verfassungsrecht und Steuerrecht, JbFSt. 1970/71, 49; *Benda/Kreutzer*, Verfassungsrechtliche Grenzen der Besteuerung, DStZA 73, 49; *P. Kirchhof*, Besteuerungsgewalt und Grundgesetz, Frankfurt/Main 1973; *K. Vogel*, Steuerrecht und soziale Gestaltung, DStZA 75, 409; *Friauf*, Steuerrecht und Verfassungsrecht, DStZA 75, 359; *ders.*, Unser Steuerrecht als Rechtsstaat, StbJb. 1977/78, 38; *P. Kirchhof*, Verfassungsrecht und öffentliches Einnahmesystem, in: Hansmeyer (Hrsg.), Staatsfinanzierung im Wandel, Berlin 1983, 33; *Benda*, Die Wahrung verfassungsrechtlicher Grundsätze im Steuerrecht, DStZ 84, 159; *Herzog*, Leitlinien und Entwicklungstendenzen des Bundesverfassungsgerichts in Steuerfragen, StbJb. 1985/86, 27; *Loritz*, Das Grundgesetz und die Grenzen der Besteuerung, NJW 86, 1; *Schuppert*, Verfassungsrechtliche Prüfungsmaßstäbe bei der verfassungsgerichtlichen Überprüfung von Steuergesetzen. – Ein Beitrag zu den verfassungsrechtlichen Bindungen des Steuerrechts, in: FS für Zeidler, Bd. 1, Berlin/New York 1987, 691; *Friauf*, Verfassungsrechtliche Anforderungen an die Gesetzgebung über die Steuern vom Einkommen und vom Ertrag, DStJG Bd. 12 (1989), 3; *K. Vogel*, Der Verlust des Rechtsgedankens im Steuerrecht als Herausforderung an das Verfassungsrecht, DStJG Bd. 12 (1989), 123.

1. Formale und materiale Rechtsstaatlichkeit

Auch die Steuergesetzgebung und die Durchführung der Steuergesetze sind rechtsstaatlich gebunden (Art. 1 III; 20 III GG). Das Steuerrecht ist keine offene Flanke der Rechtsstaatlichkeit.

§ 3 Systemtragende Prinzipien des Steuerrechts

Die wesentliche rechtsstaatliche Sicherung der Besteuerung sah man im vorigen Jahrhundert in der Gesetzmäßigkeit der Besteuerung. Jeder aufgrund Gesetzes vorgenommene Eingriff galt als rechtsstaatlich, verfassungsmäßig. Exekutive und Judikative waren gebunden, die Legislative jedoch nicht. Die Gesetze wurden von den Gerichten nicht auf ihre inhaltliche Verfassungsmäßigkeit kontrolliert. An dieser Rechtslage änderte sich unter der Weimarer Verfassung nichts. Der Weimarer Staat war ein formaler, sich des wertenden Inhalts enthaltender Rechtsstaat. Verlangt wurden die Festlegung von Kompetenzen, Gewaltenteilung, Gesetzmäßigkeit der Verwaltung, gerichtlicher Rechtsschutz mit bestimmten Verfahrensgarantien. Konkretisierungen wie Gesetzesbestimmtheit und Verbot der Rückwirkung von Gesetzen konnten hinzukommen.

Das Grundgesetz der BR Deutschland hat die formalen Elemente des Rechtsstaats übernommen, jedoch aufgrund der negativen Erfahrungen mit der Weimarer Verfassung wesentliche materiale Elemente hinzugefügt. Der Rechtsstaat des Grundgesetzes ist zwar auch Gesetzesstaat; er ist aber nicht der Staat beliebigen Gesetzesrechts. Auch die parlamentarische Mehrheit ist an die Grundrechte gebunden (Art. 1 III GG). Damit ist der wertungsfreie Gesetzespositivismus überholt. Das Diktum des Gesetzgebers darf kein beliebiges Diktat sein[1].

Vom „Rechtsstaat" ist ausdrücklich nur in Art. 28 I 1 GG die Rede. Sein Inhalt wird dort vorausgesetzt. Das Rechtsstaatsprinzip ist ein normkonzipierendes, grundrechtskonzipierendes Prinzip. Schon in BVerfGE 2, 307, 403 befand das Bundesverfassungsgericht, „daß das Verfassungsrecht nicht nur aus den einzelnen Sätzen der geschriebenen Verfassung besteht, sondern auch aus gewissen, sie verbindenden, innerlich zusammenhaltenden allgemeinen Grundsätzen und Leitideen, die der Verfassungsgesetzgeber, weil sie das verfassungsmäßige Gesamtbild geprägt haben, von dem er ausgegangen ist, nicht in einem besonderen Rechtssatz konkretisiert hat. Zu diesen Leitideen ... gehört das Rechtsstaatsprinzip; das ergibt sich aus der Zusammenschau der Bestimmungen des Art. 20 Abs. 3 GG über die Bindung der Einzelgewalten und der Art. 1 Abs. 3, 19 Abs. 4, 28 Abs. 1 Satz 1 GG sowie aus der Gesamtkonzeption des Grundgesetzes."[2]

Auf der Grundlage der Verfassungsrechtsprechung und -literatur werden im folgenden behandelt:

(1) **Die Prinzipien und Subprinzipien der formalen Rechtsstaatlichkeit**

Da das Prinzip der Gesetzmäßigkeit auch vom Demokratieprinzip mitgetragen wird, ergibt sich folgende Übersicht der Prinzipien und Subprinzipien des formalen Rechtsstaatsprinzips und des Demokratieprinzips:

---

1 Damit ist die Auffassung der Steuerrechtspositivisten, Steuergerechtigkeit könne nur formell, könne nur durch Verfahren bestimmt werden *(H. W. Kruse,* DStJG Bd. 5 [1982], 71, 73; *J. Brinkmann,* Tatbestandsmäßigkeit der Besteuerung und formeller Gesetzesbegriff, Köln 1982, 92–96, 102, 108 ff.) nicht vereinbar. Es trifft auch nicht zu, daß es unmöglich wäre, im Steuerrecht Prinzipien sachgerechter Steuerlastverteilung aufzufinden. Man vergleiche nur das Stichwortverzeichnis zu diesem Lehrbuch und wird feststellen, von wie vielen Prinzipien/Subprinzipien das Steuerrecht fundiert wird.
2 S. auch BVerfGE 25, 269, 290; 35, 41, 47.

Gesetzmäßigkeit der Besteuerung

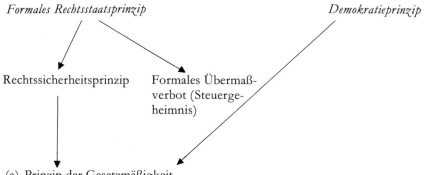

(a) Prinzip der Gesetzmäßigkeit
(b) Prinzip der Gesetzesbestimmtheit
(c) Rückwirkungsverbot
(d) Lückenausfüllungs- und Analogieverbot
(e) Schutz des Vertrauens in behördliches Verhalten

(2) **Prinzipien der materialen Rechtsstaatlichkeit**

Bei aller Notwendigkeit, auch die formalen Rechtsstaatsprinzipien nicht zu vernachlässigen, ist die Verwirklichung materialer Rechtsstaatlichkeit oder Gerechtigkeit die wichtigste Aufgabe und Verpflichtung des materialen Rechtsstaats. Das Bundesverfassungsgericht entnimmt das Gebot der Steuergerechtigkeit aus Art. 3 GG[3].

2. Prinzipien formaler Rechtsstaatlichkeit

2.1 Rechtsstaatlichkeit durch Gesetzmäßigkeit der Besteuerung

Literatur: *G. Wacke,* Gesetzmäßige und gleichmäßige Besteuerung, StuW 47, 22; *H. W. Kruse,* Gesetzmäßige Verwaltung, tatbestandsmäßige Besteuerung, in: G. Felix (Hrsg.), Vom Rechtsschutz im Steuerrecht, Düsseldorf 1960, 93; *Papier,* Die finanzrechtlichen Gesetzesvorbehalte und das grundgesetzliche Demokratieprinzip, Berlin 1973; *J. Brinkmann,* Tatbestandsmäßigkeit der Besteuerung und formeller Gesetzesbegriff, Köln 1982; *H. Hahn,* Die Grundsätze der Gesetzmäßigkeit und der Tatbestandsmäßigkeit der Besteuerung in rechtsvergleichender Sicht, Berlin 1984; *L. Widmer,* Das Legalitätsprinzip im Abgaberecht, Zürich 1988; *Birk,* Gleichheit und Gesetzmäßigkeit der Besteuerung, StuW 89, 212.

2.11 Wurzeln, Bedeutung

Gesetzmäßigkeit der Besteuerung bedeutet zweierlei:

(1) Die Auferlegung von Steuerlasten ist dem Gesetz vorbehalten; sie ist nur zulässig, sofern und soweit sie durch Gesetz angeordnet ist (sog. Vorbehalt des Gesetzes). Die Festsetzung einer Steuer setzt voraus, daß ein gesetzlicher Tatbestand erfüllt ist, an den das Gesetz als Rechtsfolge eine Steuer knüpft (Tatbestandsmäßigkeit der Besteuerung). Aber auch die Rechtsfolge muß sich aus dem Gesetz ergeben.

(2) Rechtsverordnungen und Verwaltungsakte dürfen nicht gegen das Gesetz verstoßen (sog. Vorrang des Gesetzes).

---

3 S. S. 49 f.

§ 3 Systemtragende Prinzipien des Steuerrechts

Steuerpflichtige, Steuerbeamte und Steuerrichter sind der Herrschaft eines abschließenden Normensystems unterworfen.

Entwicklungsgeschichtlicher Vorläufer des Prinzips „Keine Steuer ohne Gesetz" („nullum tributum sine lege") war die ständische Steuerbewilligung[4]. Nachdem zur Zeit des Absolutismus das Steuerbewilligungsrecht der Stände praktisch aufgehoben war, war es zur Zeit der konstitutionellen Monarchie der Volksvertretung vorbehalten, Steuergegenstand und Steuersatz durch Gesetz zu beschließen[5].

Wie der allgemeine Gesetzesvorbehalt für Eingriffe in Freiheit und Eigentum[6] hat auch der steuerrechtliche Gesetzesvorbehalt *zwei Wurzeln:* eine demokratische und eine auf Rechtssicherheit zielende. Das Volk soll, repräsentiert durch die Volksvertretung, selbst bestimmen können, mit welchen Steuern es sich belasten will („nullum tributum sine repraesentatione"; „no taxation without representation"). Daß die Volksvertretungen der Gegenwart nicht mehr darauf aus sind, das Volk mit möglichst niedrigen Steuern zu belasten, ist allgemein bekannt. Dabei pflegen sich sozialistische Parteien durch besondere Bedenkenlosigkeit auszuzeichnen.

Das Bundesverfassungsgericht[7] hat festgestellt: „Das Steuerrecht lebt aus dem Diktum des Gesetzgebers." Dieses Diktum darf unter der Herrschaft des Grundgesetzes jedoch kein beliebiges Diktat sein.

Durch *Gewohnheitsrecht* können Steueransprüche *nicht* begründet oder verschärft werden (s. S. 84).

2.12 Rechtsgrundlagen

Zahlreiche Verfassungen anderer Staaten enthalten den Grundsatz der Gesetzmäßigkeit der Besteuerung expressis verbis.[8] Demgegenüber kennt das Grundgesetz der BR Deutschland keinen speziellen Steuergesetzesvorbehalt. Der Gesetzesvorbehalt wird aber abgeleitet aus:

(1) **Art. 2 I GG:** Die ökonomische Handlungsfreiheit als Ausfluß der freien Entfaltung der Persönlichkeit (BVerfGE 6, 32, 36, sog. Elfes-Urteil) darf nur eingeschränkt werden aufgrund der – durch verfassungsmäßige Gesetze verkörperten – verfassungsmäßigen Ordnung. Zur Handlungsfreiheit „gehört auch das Grundrecht des Bürgers, nur aufgrund solcher Rechtsvorschriften zur Steuer herangezogen zu werden, die materiell und formell der Verfassung gemäß sind und deshalb zur verfassungsmäßigen Ordnung gehören."[9] Da die Besteuerung die ökonomische Freiheit – die Freiheit zu investieren, zu konsumieren, zu sparen

---

4 Dazu *Friauf,* Der Staatshaushaltsplan im Spannungsfeld zwischen Parlament und Regierung, Bad Homburg v.d.H./Berlin/Zürich 1968, 21 ff., 28 ff.; *Jesch,* Gesetz und Verwaltung[2], Tübingen 1968, 104 ff.; *Papier,* Die finanzrechtlichen Gesetzesvorbehalte und das grundgesetzliche Demokratieprinzip, Berlin 1973, 19 ff.; *Brinkmann* (Fn. 1), 28 ff.
5 *Brinkmann* (Fn. 1), 53 ff.
6 *F. Ossenbühl,* in: HStR III, § 62 Rn. 33.
7 BVerfGE 13, 318, 328 im Anschluß an Bühler/*Strickrodt,* Steuerrecht I, 2. Hb.[3], 658.
8 So die Verfassungen von *Belgien* (Art. 110), *Dänemark* (§ 43), *Finnland* (§ 61), *Frankreich* (Art. 34 i. V. mit Art. 14 der Déclaration des droits von 1789), *Island* (Art. 77), *Italien* (Art. 23), *Luxemburg* (Art. 99 I), *Niederlande* (Art. 104), *Österreich* (Art. 18), *Paraguay* (Art. 57), *Portugal* (Art. 8 Nr. 16; Art. 2 § 1), *Spanien* (Art. 133 I, III), *Türkei* (Art. 61 II).
9 BVerfGE 9, 3, 11; s. auch BVerfGE 19, 206, 215 ff., 225; 19, 226, 241 f.; 19, 243, 247; 19, 248, 251; 19, 268, 273; 31, 314, 333 f.

– einschränkt, ist die Besteuerung außerhalb des Gesetzes (extra legem) oder gegen das Gesetz (contra legem) verfassungswidrig und daher unzulässig.

Ein *verfassungswidriger* Verstoß gegen den Grundsatz der Gesetzmäßigkeit der Besteuerung liegt nicht vor, wenn ein vorhandenes Gesetz von der Behörde oder vom Gericht unzutreffend ausgelegt wird. Das Bundesverfassungsgericht hält sich nicht für zuständig in Fragen der Auslegung einfacher Gesetze; es versteht sich nicht als Superrevisionsinstanz (BVerfGE 7, 198, 207; ständige Rechtsprechung).

(2) **Art. 20 III GG:** Danach sind die vollziehende Gewalt und die Rechtsprechung an Gesetz und Recht gebunden. In dieser Vorschrift drückt sich zugleich die Gewaltenteilung aus.

Gesetz und Recht sind in einem demokratischen Rechtsstaat keine Antinomien. Art. 20 III GG spielt mit der Formel „Gesetz und Recht" auf gesetzliches Unrecht an, wie es insbesondere in Diktaturen vorkommt. Er will Bindung an die Wertordnung des Grundgesetzes (s. Art. 1 III GG)[10]. Daß auch der parlamentarische Gesetzgeber das „Recht" verletzen, „gesetzliches Unrecht" beschließen kann, zeigen § 30a AO und das Zinssteuer-Amnestiegesetz.[11]

Art. 20 III GG wird für den Gerichtsbereich ergänzt durch Art. 92 und Art. 97 I GG. Dem Richter obliegt nicht die Rechtsetzung, sondern die Rechtsprechung (Art. 92 GG); er ist dem Gesetz unterworfen (Art. 97 I GG).

Das Gesetzmäßigkeitsprinzip wird verletzt, wenn Beamte oder Richter das Gesetz *korrigieren*, weil sie es subjektiv für ungerecht oder sonst für verfehlt halten. Die Fundamentalprinzipien der Gerechtigkeit sind in den Grundrechten des Grundgesetzes verkörpert. Sieht das Finanzgericht Grundrechte als verletzt an, so hat es die Entscheidung des Bundesverfassungsgerichts einzuholen (Art. 100 I GG).

(3) **Ergänzung aus Art. 14 I 2, III 2 GG:** Nach Art. 14 I 2 GG werden Inhalt und Schranken des Eigentums und des Erbrechts durch die Gesetze bestimmt; nach Art. 14 III 2 GG darf eine Enteignung nur durch Gesetz oder aufgrund eines Gesetzes erfolgen, das Art und Ausmaß der Entschädigung regelt. Da die Besteuerung jedenfalls insofern ein schwererer Eingriff ist als die Enteignung, als sie ohne Entschädigung durchgeführt wird, ist die verfassungsmäßige Bindung an das Gesetz auch im Verhältnis zu Art. 14 III GG konsequent[12].

(4) **Ausdruck im einfachen Gesetz:** Der Grundsatz der Gesetzmäßigkeit der Besteuerung kommt aber *auch im einfachen Gesetz* zum Ausdruck, und zwar in § 3 I AO und in § 38 AO. Nach § 3 I AO sind Steuern Geldleistungen, die allen auferlegt werden, bei denen der *Tatbestand* zutrifft, an den das Gesetz die Leistungspflicht knüpft. Die Besteuerung ist so sehr mit der Vorstellung der Gesetzesabhängigkeit verbunden, daß die Gesetzmäßigkeit zum Begriffsbestandteil des Steuerbegriffs gemacht worden ist. Diese Begriffsauffüllung ist heute überflüssig[13]. Nach § 38 AO entsteht der Steueranspruch und entstehen andere Ansprüche aus dem Steuerschuldverhältnis durch Verwirklichung des *Tatbestands,* an den das *Gesetz* die Leistungspflicht knüpft. Die Steuerschuld ist obligatio ex lege.

---

10 Zur Formel „Gesetz und Recht" K. *Stern,* Das Staatsrecht der BR Deutschland, Bd. I[2], München 1984, § 20 IV 4, 633, 635; *Badura,* Staatsrecht, München 1986, D Rnrn. 53 ff.
11 Dazu *Tipke/*Kruse, AO[13], zu § 30a AO.
12 S. auch *H. W. Kruse,* Gesetzmäßige Verwaltung, tatbestandsmäßige Besteuerung, in: G. Felix (Hrsg.), Vom Rechtsschutz im Steuerrecht, Düsseldorf 1960, 93, 113; kritisch *Papier* (Fn. 4), 55 f.
13 K. *Vogel/Walter,* Bonner Kommentar zum GG, Heidelberg (Loseblatt), Art. 105 Rn. 130, 131 (Zweitbearbeitung).

2.13 Inhalt und Grenzen

Gesetzmäßigkeit der Besteuerung in der Form des Gesetzesvorbehalts heißt: Exekutive und Judikative dürfen keine Steuern erfinden. Jede Steuer braucht eine gesetzliche Grundlage. Allerdings ist auch nicht bekannt geworden, daß Exekutive oder Judikative sich ein Steuererfindungsrecht angemaßt hätten[14].

Die Gesetzmäßigkeit der Besteuerung verlangt, daß sowohl der *Tatbestand* als auch die *Rechtsfolge* im Gesetz niedergelegt sein müssen. Der in der steuerrechtlichen Literatur noch oft gebrauchte Begriff der *Tatbestandsmäßigkeit der Besteuerung* greift daher zu kurz. Er dürfte dem Tatbestandsmäßigkeits-Begriff des Strafrechts nachgebildet sein. Während im Strafrecht aber weite Strafrahmen zugelassen werden (s. z. B. § 370 I 1 AO: „Mit Freiheitsstrafe bis zu 5 Jahren oder mit Geldstrafe wird bestraft, wer . . ."), dürfen Steuerbeamte und Steuerrichter die Steuer nicht nach ihrem Ermessen festsetzen; die Steuer muß sich auch der Höhe nach aus dem Gesetz ergeben. Ausnahmen bedürfen gesetzlicher Ermächtigung.

Mit dem Begriff der Tatbestandsmäßigkeit der Besteuerung wird aber auch noch ein anderer Sinn verbunden: Steuersubjekt, Steuerobjekt, Steuerbemessungsgrundlage und Steuersatz sollen sich aus einem *formellen* Gesetz – nicht aus irgendeinem Rechtssatz – ergeben müssen[15]. Das läuft auf einen Parlamentsvorbehalt hinaus. § 4 AO, wonach Gesetz jede Rechtsnorm ist, gilt insoweit also nicht. Dieser Auffassung ist im Ergebnis beizupflichten. Das Ergebnis folgt heute aber aus Art. 80 I GG, der auch für das Steuerrecht gilt[16]. Nach Art. 80 I GG sind Ermächtigungen des (formellen) Gesetzgebers an den Verordnungsgeber nur zulässig, wenn die Ermächtigung nach Inhalt, Zweck und Ausmaß hinreichend bestimmt ist. Das ist sie aber nur, wenn sie das Steuersubjekt, das Steuerobjekt, die Steuerbemessungsgrundlage und den Steuersatz festlegt.

Der Grundsatz der Gesetzmäßigkeit der Besteuerung erstreckt sich auch auf *Steuerbefreiungen, Steuerermäßigungen* und *sonstige Steuervergünstigungen*[17]. Folglich dürfen weder Behörden noch Gerichte die Steuerschuld ohne gesetzliche Grundlage (begünstigend) herabsetzen. Dagegen wird vor allem im Lohnsteuerrecht verstoßen[18]. Parlamentsjournalisten erhalten aus durchsichtigen Gründen aufgrund einer Verwaltungsvorschrift contra legem einen Freibetrag[19]. Die begünstigenden Verwaltungsvorschriften werden nicht etwa den Parlamentariern verheimlicht, sondern sie ergehen – unter Ausschluß öffentlicher Beratung – mit deren Wissen und/oder Willen[20]. Ein rechtsstaatliches Kraut ist gegen diese Methode nicht gewachsen. Die Begünstig-

---

14 Ein Sonderfall ist die Erhebung der Spielbankabgabe (dazu S. 604 f.).
15 *Jesch*, Gesetz und Verwaltung[2], Tübingen 1968, 107 f.; *H. W. Kruse* (Fn. 12), 93 ff.; *ders.*, Steuerrecht, I[3], München 1973, § 5 II b ß; *G. Wacke*, Staatsrechtliche Prüfung der Zusatzsteuer, 1957, 49 f.; *Brinkmann* (Fn. 1), 12 ff.; *K. Stern* (Fn. 10), § 20 IV 4 b ß, 637; weitere Nachweise bei *Papier* (Fn. 4), § 2.
16 So auch *K. Vogel/Walter* (Fn. 13), Art. 105 Rn. 33; kritisch zur herrschenden Meinung auch *Papier* (Fn. 4), § 7.
17 *Papier* (Fn. 4); *Doralt/Ruppe*, Grundriß des österreichischen Steuerrechts II[2], Wien 1988, 149.
18 Dazu *Offerhaus*, DStJG Bd. 9 (1986), 117; *ders.*, B 85, 565; *Temminghoff*, Lohnsteuerpflichtige Zuwendungen an Arbeitnehmer, Diss. Bochum, Köln 1989.
19 Dazu *Raupach/Tipke/Uelner*, Niedergang oder Neuordnung des deutschen Einkommensteuerrechts?, Köln 1985, 152, 214 f.
20 S. auch *Brandenberg*, FR 88, 543 zum Zonenrand-Erlaß.

ten klagen nicht, sie sind auch nicht beschwert. Nichtbegünstigte in gleicher Situation werden als nicht beschwert angesehen ("keine Gleichheit im Unrecht!"). Hier haben wir es tatsächlich mit einer offenen Flanke des Rechtsstaats zu tun.

Steueransprüche können auch nicht auf *Gewohnheitsrecht* gestützt werden. Selbst wenn man das nicht aus dem Gesetzesvorbehalt ableiten wollte, mindestens Art. 105 GG läßt nicht zu, Steuerrecht auf Gewohnheitsrecht zu gründen[21].

Der Verzicht auf Steuern aus *Billigkeits*gründen oder aus Gründen steuertechnischer *Vereinfachung* bedarf ebenfalls der gesetzlichen Ermächtigung. Solche Ermächtigungen enthalten die §§ 163, 227; 156 AO.

Räumt das Gesetz dem Steuerpflichtigen kein *Wahlrecht* ein, so dürfen auch Verwaltungsvorschriften, dürfen auch Beamte oder Richter kein solches Wahlrecht gewähren.

Der Grundsatz der Gesetzmäßigkeit der Besteuerung steht einer Gesetzesauslegung selbstredend nicht im Wege. Er verträgt aber *keine Gesetzeserweiterung* oder *Gesetzeskorrektur,* keine Entscheidung extra oder contra legem. Umstritten ist, ob eine Ausfüllung von Lücken im Gesetz durch Analogie zulässig ist[22].

2.14 Insbesondere: Pflicht der Behörde zur Durchführung des Gesetzes; Verbot der Steuervereinbarung

Literatur: *Maaßen,* Regelungen mit dem Finanzamt, Köln 1959; *Schick,* Vergleiche und sonstige Vereinbarungen zwischen Staat und Bürger im Steuerrecht, München 1967; *Knepper,* Der Vergleich im Steuerrecht, BB 86, 168; *J. Martens,* Vergleichsvertrag im Steuerrecht?, StuW 86, 97; *Sontheimer,* Der verwaltungsrechtliche Vertrag im Steuerrecht, Köln 1987; *K. Vogel,* Vergleich und Gesetzmäßigkeit der Verwaltung im Steuerrecht, in: FS für *Döllerer,* Düsseldorf 1988, 677.

Aus der Gesetzmäßigkeit der Besteuerung ergibt sich nicht bloß ein *Verbot,* sondern auch ein *Gebot:* „Der Gesetzesvollzug steht nicht zur Disposition der Verwaltung. Vielmehr besteht eine Ausführungspflicht. Die Verwaltung muß alles tun, um den Willen des Gesetzgebers in die Wirklichkeit umzusetzen."[23] Die Steuerbehörden sind danach nicht nur berechtigt, sondern auch verpflichtet, die gesetzlich geschuldeten Steuern festzusetzen und zu erheben, soweit keine Ausnahmeermächtigungen bestehen. Das Gesetz ist nicht nur Schranke, sondern auch Antrieb des Verwaltungshandelns[24]. § 85 Satz 1 AO schreibt dementsprechend vor: „Die Finanzbehörden *haben* die Steuern nach Maßgabe der Gesetze ... festzusetzen und zu erheben."[25] Unzulässig „ist nicht nur die Besteuerung außerhalb des Gesetzes, sondern auch die Nichtbesteuerung trotz gesetzlicher Anordnung". Gesetzmäßigkeit und Gleichheit fordern nicht nur eine einheitliche Geltung der Norm, sondern auch die Gewißheit, daß die Norm

---

21 So im Ergebnis auch *Paulick,* Lehrbuch des allgemeinen Steuerrechts[3], Köln 1977, Rnrn. 244 ff. Offen lassend BFH GrS BStBl. 84, 751, 764.
22 Dazu unten S. 39 ff.
23 *F. Ossenbühl,* in: HStR III, § 62 Rn. 4.
24 *Bühler,* Lehrbuch des Steuerrechts, I. Bd., Berlin 1927, 70 f.; *Paulick* (Fn. 21), Rn. 170; *H. W. Kruse,* Steuerrecht (Fn. 15), § 5 II b; *Isensee,* in: FS für Flume, Bd. II, Köln 1978, 133; *H. Hahn,* Die Grundsätze der Gesetzmäßigkeit der Besteuerung und der Tatbestandsmäßigkeit der Besteuerung in rechtsvergleichender Sicht, Berlin 1984, 69 ff.; *Birk,* Steuerrecht I, Allg. Steuerrecht, München 1988, § 14 Rn. 84; *ders.,* StuW 89, 212, 213.
25 Dazu näher *H. W. Kruse,* Steuerrecht (Fn. 15), § 27 III 1; *Birk,* Steuerrecht (Fn. 24), § 14 Rn. 84; ausführlich *Tipke/*Kruse, AO[13], zu § 85.

§ 3 Systemtragende Prinzipien des Steuerrechts

von allen Betroffenen befolgt wird. Der Staat, der die Verbindlichkeit einer Steuernorm festlegt, muß auch die Normbefolgung garantieren[26].

Schulden mehrere Personen die Steuerschuld als *Gesamtschuldner* (s. § 44 AO), so kann die Finanzbehörde nach ihrem Ermessen wählen, welchen der Gesamtschuldner sie in Anspruch nehmen will; sie muß aber einen der Gesamtschuldner heranziehen[27].

Nach herrschender, aber nicht unangefochtener Meinung sind *Steuervereinbarungen* (Steuerverträge, Steuervergleiche) *unzulässig;* sie sind nichtig[28].

Den öffentlich-rechtlichen Vertrag (§§ 54–62 VwVfG), insbesondere den Vergleichsvertrag (§ 55 VwVfG), kennt die Abgabenordnung nicht[29]; der aus dem Verwaltungsverfahrensgesetz unreflektiert übernommene § 78 Nr. 3 AO läuft im Steuerrecht leer. Die Abgabenordnung will offenbar kein gesetzwidriges Paktieren, illegales oder präterlegales Kooperieren oder Kolludieren mit dem Bürger, sondern eben gleichmäßige Behandlung nach dem Gesetz.

Ebenso stellen *Doralt/Ruppe* zum österreichischen Steuerrecht fest: „Aus dem Gesetzmäßigkeitsprinzip folgt die grundsätzliche Unzulässigkeit von sog. *Steuervereinbarungen*. Die Festsetzung der Steuer muß dem Gesetz entsprechen, Abmachungen zwischen Steuergläubiger und Steuerschuldner über den Inhalt der Steuerschuld sind ohne Bedeutung. Ebensowenig ist es zulässig, Schwierigkeiten bei der Sachverhaltsermittlung durch einvernehmliche Sachverhaltsannahmen statt durch gründliche Sachaufklärung unter Ausschöpfung aller (zumutbaren) Möglichkeiten der Beweisaufnahme zu lösen."[30] Allerdings ermächtigen die österreichischen Steuergesetze an verschiedenen Stellen ausdrücklich zum Abschluß von Vereinbarungen. Derartige Vereinbarungen werden als öffentlich-rechtliche Verträge angesehen[31].

Finanzämter und Steuerpflichtige in der BR Deutschland lösen indessen aus Gründen der Arbeitsüberlastung Zweifel über den Sachverhalt, evtl. auch über komplizierte Rechtslagen, nicht selten – statt durch gründliche Sachaufklärung und nach Beweisregeln – durch Vereinbarungen. Das geschieht vor allem in Schlußbesprechungen im Anschluß an Außenprüfungen[32]. Der Bundesfinanzhof (BFH BStBl. 85, 354, 358) hat dazu entschieden, nur die Vereinbarung über Rechtsfragen sei unzulässig, über schwierig zu ermittelnde tatsächliche Umstände dürften die Beteiligten sich verständigen, soweit dies nicht zu offensichtlich unzutreffenden Ergebnissen führe. Eine Rechtsgrundlage für diese Entscheidung ist indessen nicht ersichtlich[33].

Auch im Strafprozeß scheint sich mehr und mehr die Übung zu verbreiten, zur Vermeidung umfänglicher Sachaufklärung eine Vereinbarung oder „Verständigung" über das Strafmaß herbeizuführen. Die Kritik spricht von Urteilspoker und Urteilskungelei. Strafrechtler befürchten eine Erosion des Rechtsbewußtseins und des Rechtsstaates[34].

---

26 *Birk,* StuW 89, 212, 213 ff.
27 *Tipke/Kruse,* AO[13], § 44 Tz. 13.
28 BVerwGE 8, 329, 332; 48, 166, 169; BVerwG BStBl. I 63, 794; DVBl. 64, 122; BStBl. 75, 679, 682; DVBl. 84, 192, 193; OVG Lüneburg OVGE 6, 297; OVG Rheinland-Pfalz KStZ 70, 96; OVG Koblenz NVwZ 86, 68; *Papier* (Fn. 4), 163 f.; *Birk,* Steuerrecht (Fn. 24), § 10 Rn. 5, § 14 Rn. 55.
29 Dazu ausführlich *J. Martens,* StuW 86, 97.
30 *Doralt/Ruppe.* Grundriß des österreichischen Steuerrechts II[2], Wien 1988, 149.
31 *Doralt/Ruppe* (Fn. 30), 149.
32 Dazu *Streck,* Die Außenprüfung, Köln 1986, Rnrn. 497 ff.
33 So auch *J. Martens,* StuW 86, 97 ff.
34 S. *Krüger,* Verantwortung und Selbstbewußtsein bei der Verständigung im Strafverfahren – zur Stellungnahme des Deutschen Richterbundes, DRiZ 89, 150.

Sontheimer[35] will Vergleiche im Steuerrecht zulassen aus Gründen der Rechtssicherheit und des Rechtsfriedens. Die Rechtssicherheit wird aber besser durch das Gesetz gewährleistet als durch eine gesetzwidrige Vereinbarung. Die Werte, die hinter dem Gesetzesvorbehalt stehen, können nicht kurzerhand durch Berufung auf den Rechtsfrieden weggewischt werden. *K. Vogel*[36] will auch Vergleiche über *Auslegungsdivergenzen* „im Rahmen vertretbarer Auslegung" zulassen. Die Behörde soll „auf dem Wege gegenseitigen Nachgebens im Interesse des Rechtsfriedens eine vertretbare Rechtsauffassung des Steuerpflichtigen" übernehmen dürfen, „auch ohne daß sie von seiner Rechtsauffassung überzeugt worden ist" (a. a. O. S. 688 f.). Ein Vergleich liegt jedoch nicht vor, wenn die Behörde sich nach anfänglicher Auslegungsdivergenz schließlich der ebenfalls vertretbaren Auslegung des Steuerpflichtigen anschließt. Der Steuerpflichtige gibt hier nicht nach. Indessen sollte eine Behörde wegen einer zwar zweifelhaften, jedoch mit guten Gründen vertretbaren Rechtsposition des Steuerpflichtigen (nicht alles, was vertreten wird, ist vertretbar, auch dann nicht, wenn es gedruckt ist) nicht das Gericht bemühen, es sei denn, es bestünde eine Bindung an eine Verwaltungsvorschrift. Ein Rechtsvergleich ist das u. E. nicht.

2.2 Rechtssicherheit durch Gesetzesbestimmtheit

Literatur: *Papier*, Der Bestimmtheitsgrundsatz, DStJG Bd. 12 (1989), 61 ff.

(1) Der Grundsatz der Gesetzmäßigkeit der Besteuerung wird ergänzt durch den Grundsatz der Gesetzesbestimmtheit der Besteuerung. Auch das Prinzip der Rechtssicherheit, das ein Ausfluß des Rechtsstaatsprinzips ist, verlangt Gesetzesbestimmtheit[37]. Schließlich kann die Gewaltenteilung berührt sein; je unbestimmter nämlich ein Gesetz ist, desto mehr Spielraum eröffnet es der Exekutive und der Judikative.

Das Bestimmtheitserfordernis gilt sowohl für den Tatbestand als auch für die Rechtsfolge[38].

Ermessensentscheidungen müssen durch die Ermessensermächtigung soweit vorbestimmt sein, daß eine Ermessensausübung i. S. des § 5 AO möglich ist[39]. Das trifft nicht zu, wenn nicht herausgefunden werden kann, was der Zweck der Ermächtigung ist. Daran krankt z. B. § 122 I 3 AO[40].

(2) Die Rechtsprechung des *Bundesverfassungsgerichts*[41] hält keine klare Linie. Zum Steuerrecht hat es entschieden: Der Grundsatz der Tatbestandsmäßigkeit als Ausdruck des Rechtsstaatsprinzips verlange, daß steuerbegründende Tatbestände so bestimmt sein müssen, daß der Steuerpflichtige die auf ihn entfallende Steuerlast vorausberechnen kann[42]. Nach dieser Formel müßten viele Vorschriften des Steuerrechts verfassungswidrig sein. Das Verfassungsgericht hat jedoch in anderen Entscheidungen[43] Einschränkungen gemacht und tatsächlich noch in keinem Fall eine Norm des

---

35 *Sontheimer*, Der verwaltungsrechtliche Vertrag im Steuerrecht, Köln 1987, 114 ff., 173 ff.
36 *K. Vogel*, in: FS für Döllerer, Düsseldorf 1988, 685 ff.
37 *G. Wacke*, StbJb. 1966/67, 104; *K. Stern* (Fn. 10), § 20 IV 4 b ß, 805 f.; *Doralt/Ruppe* (Fn. 30), 150; *L. Widmer*, Das Legalitätsprinzip im Abgaberecht, Zürich 1988, 20.
38 Zustimmend *Papier*, DStJG Bd. 12 (1989), 63.
39 *Tipke/Kruse*, AO[13], § 122 Tz. 21.
40 S. 118.
41 BVerfGE 1, 14, 45; 21, 73, 79; 25, 216, 227; 35, 348, 359; 38, 69, 82; 45, 400, 420; 49, 168, 181; 56, 1, 12; 59, 104, 114; 60, 135, 155; 62, 162, 183.
42 BVerfGE 19, 253, 267; 34, 348, 365; 49, 343, 362.
43 BVerfGE 3, 225, 243 f.; 11, 126, 130; 21, 209, 215; 31, 255, 264.

Steuerrechts wegen zu großer Unbestimmtheit für verfassungswidrig erklärt. Auch sehr unbestimmte Klauseln hat es sämtlich gebilligt.[44]

Papier[45] bewertet die Situation so: „Verfassungsrecht und Wirklichkeit klaffen selten so stark auseinander wie beim Bestimmtheitsgrundsatz allgemein und bei seiner Anwendung auf das Steuerrecht im besonderen. Seine Unangefochtenheit und ‚verbale Glorifizierung' in Rechtsprechung und Literatur stehen in einem auffälligen Mißverhältnis zur tatsächlichen Beachtung in der Gesetzgebung und zur faktischen Durchsetzung seitens der Judikatur." – Durch einzelne Standards sind freilich auch zu hohe Erwartungen geweckt worden. Ein Steuerrecht, das es sogar dem Laien ermöglicht, seine Steuerlast „vorauszuberechnen", ist nicht „machbar", gibt es auch nirgends in der Welt. Ein mehr oder minder hohes Abstraktionsniveau ist unvermeidbar. Auch auf Generalklauseln und unbestimmte Rechtsbegriffe kann nicht gänzlich verzichtet werden. Allerdings sind Gesetzesvorschriften wegen extremer Unbestimmtheit u. E. verfassungswidrig, wenn sie schlechterdings nicht anwendbar, nicht befolgbar, nicht justitiabel sind.

2.3 Rechtssicherheit in Fällen der Rückwirkung, Änderung oder Aufhebung von Gesetzen

2.31 Rechtssicherheit durch prinzipielles Verbot rückwirkender Gesetze

Literatur: *Friauf,* Gesetzesankündigung und rückwirkende Gesetzgebung im Steuer- und Wirtschaftsrecht, BB 72, 669; *Selmer,* Rückwirkung von Gesetzen, Verwaltungsanweisungen und Rechtsprechung, StKongrRep. 1974, 83; *K. Vogel/Walter,* Bonner Kommentar zum Grundgesetz, Art. 105, Lfg. Februar 1971, Rn. 136; *H. Hahn,* Zur Rückwirkung im Steuerrecht, Inst.FuSt, Bonn 1987; *K. Vogel,* Rechtssicherheit und Rückwirkung zwischen Vernunftrecht und Verfassungsrecht, JZ 87, 833, 837 ff.; *H. Vogel,* Zur Zurückwirkung von Regelungen in Abkommen zur Vermeidung der Doppelbesteuerung, in: FS für O. L. Walter, Osnabrück 1988, 81.

Das Grundgesetz enthält nicht expressis verbis ein Rückwirkungsverbot für Steuergesetze. Art. 103 II GG bezieht sich nur auf das Strafrecht und ist nicht entsprechend auf das Steuerrecht anwendbar[46].

Nicht ganz fern liegt die Auffassung, die Steuerpflichtigen sollten – ohne Rücksicht auf die Steuergesetze – das wirtschaftlich Vernünftige tun und dann die an das wirtschaftliche Ergebnis geknüpften Steuern zahlen. Solange das Steuerrecht aber nicht rechtsform- und wettbewerbsneutral ist, zahlreiche Verstöße gegen den Gleichheitssatz enthält, Wahlrechte einräumt und ein bestimmtes Verhalten voraussetzende Vergünstigungen gewährt, muß den Steuerpflichtigen zugebilligt werden, daß sie sich möglichst steuergünstig einrichten. Dazu müssen sie aber im Zeitpunkt der steuerrelevanten Sachverhaltsgestaltung die sich an den Sachverhalt knüpfenden steuerrechtlichen Folgen kennen. Auch für die Preisgestaltung ist das von Bedeutung. Daher ist

---

44 BVerfGE 13, 153, 161 („wenn die Darlehnsgewährung eine durch die Sachlage gebotene Kapitalzuführung ersetzt"); 21, 1, 3 („außergewöhnliche Belastung"); 26, 1, 10 („Zinsen für Schulden, die ... der nicht nur vorübergehenden Verstärkung des Betriebskapitals dienen"); 48, 210, 222 f. („wenn es aus volkswirtschaftlichen Gründen zweckmäßig ist"; a. A. BFHE 85, 399, 406; 99, 378, 376).
45 DStJG Bd. 12 (1989), 61.
46 *Kimminich,* JZ 62, 518 f.; *Pieroth,* Rückwirkung und Übergangsrecht, Berlin 1981, 131; *Kunig,* Das Rechtsstaatsprinzip, Tübingen 1986, 417 f.; s. auch BVerfGE 7, 89, 95.

ein Steuerrückwirkungs- oder Steuerrückanknüpfungsverbot (Verbot retroaktiver Steuergesetze; Erfordernis der lex praevia) gerechtfertigt[47].

Das Bundesverfassungsgericht leitet – auch für das Steuerrecht – aus dem Rechtssicherheitsprinzip als Subprinzip des Rechtsstaatsprinzips differenzierende Regeln zur Beurteilung *rückwirkender belastender* Gesetze (i. S. des § 4 AO: Gesetze, Verordnungen, Satzungen) ab[48].

Eine Rechtsnorm *wirkt zurück*, wenn der Beginn ihrer Anwendung auf einen Zeitpunkt festgelegt wird, der vor dem Beschluß des Gesetzes liegt[49]. *Belastend* sind auch Gesetze, die eine Vergünstigung einschränken oder aufheben[50]. Nicht belastend sind Gesetze, die lediglich eine schon bisher praktizierte Rechtsüberzeugung festschreiben[51].

Das Bundesverfassungsgericht unterscheidet zwischen echter (retroaktiver) und unechter (retrospektiver) Rückwirkung[52] und knüpft an die echte Rückwirkung den höheren Vertrauensschutz. In der neueren Terminologie des II. Senats des Bundesverfassungsgerichts wird unterschieden zwischen „Rückbewirkung" (statt echter Rückwirkung) und „tatbestandlicher Rückanknüpfung" (statt unechter Rückwirkung)[53]. Die Terminologien des Bundesverfassungsgerichts sind nicht eben anschaulich. Sie machen die Problematik auch dadurch nicht wesentlich einsichtiger, daß es heißt: Rückwirkung liegt vor, wenn das Gesetz nachträglich ändernd in bereits abgewickelte, der Vergangenheit angehörende Sachverhalte eingreift; unechte Rückwirkung liegt vor, wenn nur auf gegenwärtige, noch nicht abgeschlossene Sachverhalte für die Zukunft eingewirkt und dadurch Rechtspositionen beeinträchtigt werden[54]. Was diese Unterscheidung zwischen echter Rückwirkung (oder Rückbewirkung) und unechter Rückwirkung (oder tatbestandlicher Rückanknüpfung) bedeutet, wird erst klar, wenn man weiß, was das Bundesverfassungsgericht konkret-steuerrechtlich daraus gemacht hat: Da der Anspruch auf periodische Steuern am Ende des Kalenderjahres entsteht, auf das sich der Anspruch bezieht, nimmt das Verfassungsgericht unechte Rückwirkung an, wenn das Gesetz noch vor Jahresende mit Wirkung auf den Jahresanfang beschlossen wird. Echte Rückwirkung soll hingegen vorliegen, wenn das Gesetz rückwirkend auf das Vorjahr erst im folgenden Jahr beschlossen wird[55].

Beispiel: Die Einkommensteuer 01 entsteht am Ende des Jahres 01. Obwohl die Sachverhalte, die zu Einkünften führen, während des ganzen Jahres verwirklicht werden, soll es zulässig sein, z. B. noch am 31. 12. 01 den Einkommensteuertarif 01 zu verschärfen. Darin sieht das Bundesverfassungsgericht eine bloß unechte Rückwirkung oder tatbestandliche Rückanknüpfung. Würde der Gesetzgeber hingegen am 2. 1. 02 beschließen, den Steuersatz für 01 zu erhöhen, so läge eine echte Rückwirkung vor. – Unter Vertrauensschutzaspekten sind die Fälle jedoch wesentlich gleich.

---

47 Ausführlicher dazu *Tipke,* in: FS für G. Rose, Köln 1991, 135 ff.
48 BVerfGE 43, 242, 286; 63, 343, 356 f.; 67, 1, 14 f.
49 BVerfGE 37, 363, 397 f.; 43, 291; 392; 63, 343, 353; 67, 1, 15; 72, 241, 261.
50 BVerfGE 30, 367, 386; 38, 61, 83; s. auch BVerfGE 50, 177, 193; 68, 193, 222.
51 BFH BStBl. 86, 518 f.; 86, 811, 812 f.; 86, 845, 847.
52 BVerfGE 11, 139, 145 f.; 14, 288, 297; 18, 135, 144; 22, 241, 248; 25, 142, 154; 36, 73, 82; 51, 356, 362; 57, 361, 391; 68, 287, 306; 69, 272, 309; 72, 175, 196.
53 BVerfGE 72, 200, 249 ff.; 72, 302, 321 ff.; 76, 256, 345 ff.
54 BVerfGE 11, 139, 145 f. und ständig; 69, 272, 309; 72, 175, 196; 72, 200, 253.
55 BVerfGE 11, 139, 145 f.; 13, 261, 272 ff.; 13, 274, 278; 13, 279, 282, 283; 14, 76, 104; 18, 135, 143; 27, 375, 386; 38, 61, 83; 72, 200, 253.

§ 3 Systemtragende Prinzipien des Steuerrechts

(Gedachtes) Beispiel: A veräußert seinen Gewerbebetrieb im ganzen am 30. 1. 01. Nach dem am 30. 1. 01 geltenden Recht wird auf Gewinne aus Betriebsveräußerungen (§ 16 I Nr. 1 EStG) der halbe Steuersatz angewendet (§ 34 II Nr. 1 EStG). Am 15. 4. 01 beschließt der Bundestag, auch auf Betriebsveräußerungen den vollen Steuersatz anzuwenden. Das neue Gesetz tritt am 1. 1. 01 in Kraft. – Auch hier läge, folgte man dem Bundesverfassungsgericht, eine unechte Rückwirkung oder tatbestandliche Rückanknüpfung vor. Auch hier ist das BVerfG-Ergebnis unter dem Vertrauensschutzaspekt unbefriedigend.

Die Unterscheidung des Bundesverfassungsgerichts für periodische Steuern ist verfehlt; sie ist mit Recht immer wieder kritisiert worden.[56] Auch der Bundesfinanzhof[57] folgt ihr nicht. Das Bundesverfassungsgericht vermengt den – am Jahresende entstehenden – gesetzlichen Steuerschuldtatbestand[58] mit der Sachverhaltsentstehung. Die steuerrechtsrelevante Sachverhaltsgestaltung und -entstehung – an sie muß Vertrauensschutz anknüpfen – vollzieht sich während des ganzen Jahres und nicht etwa erst am Ende des Jahres. Da es in Fällen, in denen ein Gesetz während des Jahres beschlossen wird, nicht praktikabel ist, die Sachverhaltskette in Sachverhalte vor und nach dem Gesetzesbeschluß zu zerlegen, ist es angemessen zu verlangen: Periodische Steuern müssen aufgrund derjenigen Gesetze erhoben werden, die am Beginn des Steuerjahres bestehen.

Echte Rückwirkung läßt das Bundesverfassungsgericht ausnahmsweise zu, und zwar (alternativ) dann, wenn die Betroffenen mit der Rückwirkung rechnen mußten, wenn der entstehende Schaden unerheblich ist, wenn das geltende Recht verworren war, wenn durch das rückwirkende Gesetz eine nichtige Vorschrift ersetzt wurde, oder wenn zwingende Gründe des Gemeinwohls es erforderlich machten.[59] Die unechte Rückwirkung hingegen wird grundsätzlich zugelassen, jedoch wird die Bedeutung des rückwirkend beschlossenen gesetzgeberischen Anliegens mit dem Gewicht des Vertrauens der vom Gesetz betroffenen „abgewogen"[60]. Auch die zugelassenen Durchbrechungen sind immer wieder kritisiert worden[61]. *K. Stern* nennt die Rechtsprechung des Bundesverfassungsgerichts „diffizil, beinahe sogar diffus". Diese Rechtsprechung sei selbst nicht mehr berechenbar und vorhersehbar und schaffe das Gegenteil von Rechtssicherheit[62].

U. E. ist es gerechtfertigt, rückwirkende Steuergesetze – rückwirkend jedenfalls bis zum Beginn des Steuerjahres – dann zuzulassen und den Vertrauensschutz der Steuerpflichtigen zu opfern, wenn ein erst während des Steuerjahres aufgekommenes, nicht vorhersehbares Bedürfnis nach zusätzlichen Steuermitteln die Rückwirkung im Interesse des Gemeinwohls zwingend erforderlich macht.

2.32 Rechtssicherheit bei Aufhebung oder Änderung von Gesetzen

Literatur: *Pieroth*, Rückwirkung und Übergangsrecht, Berlin 1981; *Aschke*, Übergangsregelungen als verfassungsrechtliches Problem, Frankfurt/M. u. a. 1987; *Friauf*, Steuerrechtsän-

---

56 Nachweise bei *Bauer*, JuS 84, 244 Fn. 56 ff.; *Friauf*, StbJb. 1986/87, 286 f.; *H. Hahn*, Inst. FuSt Nr. 269 von Juli 87, 38 ff.; 53 ff.; 71 ff.; *K. Vogel*, JZ 88, 833, 838 ff.
57 BFH BStBl. 83, 259, 265.
58 § 38 AO i. V. mit §§ 36 I, 37 I 2, 38 II 2, 44 I 2 EStG; § 48 KStG; § 5 II VStG; §§ 18, 21 GewStG; § 13 UStG.
59 BVerfGE 13, 206, 213; 13, 261, 272 f.; 18, 429, 439; 19, 187, 196 f.; 24, 75, 101; 27, 167, 173 f.; 30, 367, 387 f.; 390 f.; 37, 363, 397 f.; 45, 142, 174; 48, 1, 20; 50, 173, 193 f.; 72, 200, 258 f., 260.
60 BVerfGE 39, 128, 144 f.; 50, 386, 395; 51, 356, 363; 70, 69, 84 f.; 71, 255, 273; 74, 129, 155.
61 Nachweise bei *Bauer*, JuS 84, 244 ff.
62 *K. Stern* (Fn. 10), § 20 IV 4 f und f y, 833–836.

derungen und Altinvestitionen, StbJb. 1986/87, 279; *Walz,* Verbotene Rückwirkungen, gebotene Übergangsregelung . . ., in: Finsinger/Simon (Hrsg.), Recht und Risiko, München 1988, 254.

Die Rechtssicherheit kann aber nicht nur durch rückwirkende Gesetze beeinträchtigt werden. Sie kann auch betroffen sein, wenn ein Gesetz, in dessen Fortbestand die Adressaten vertraut haben, – für die Zukunft – aufgehoben oder eingeschränkt wird. Das gilt zumal für Steuervergünstigungen.

Das Bundesverfassungsgericht hat dazu ständig entschieden, ein schutzwürdiges Vertrauen könne grundsätzlich nicht anerkannt werden[63]. Der Bürger dürfe nicht darauf vertrauen, daß Steuervergünstigungen immer und uneingeschränkt auch für die Zukunft aufrechterhalten würden. Die Verfassung bewahre nicht vor jeder Enttäuschung[64], allerdings müßten – wie bei der unechten Rückwirkung oder tatbestandlichen Rückanknüpfung – das Wohl der Allgemeinheit und das Vertrauensschutzinteresse der Betroffenen gegeneinander abgewogen werden[65]. Regelmäßig hat das Bundesverfassungsgericht wirtschafts- und sozialpolitische Bedürfnisse sowie Erfordernisse der öffentlichen Finanzwirtschaft höher bewertet als Einzelinteressen[66]. Den Abbau von Steuervergünstigungen hat das Bundesverfassungsgericht selbst dann zugelassen, wenn schwebende Verträge davon betroffen waren[67]. Bei unzumutbaren Härten könne, so das Gericht, eine Übergangsregelung angebracht sein[68].

Zu dieser Problematik existiert auch allgemeine[69] und besondere – das Steuerrecht betreffende[70] – Literatur. Eine gründliche, umfassende Untersuchung zum Steuerrecht steht jedoch noch aus. *Friauf*[71] wendet sich gegen die Abwägung des betroffenen Einzelinteresses gegen das Gemeinwohl. „Das Beharrungsinteresse der betroffenen ‚Altinvestoren' – so *Friauf* – ist nicht gegen das Reforminteresse des Gesetzgebers als solches abzuwägen, sondern lediglich gegen seine Entscheidung, die Reform auch für Altfälle übergangslos durchzusetzen."[72]

2.33 Rechtssicherheit und rückwirkende Gesetzesanwendung

Literatur: *Selmer,* Rückwirkung von Gesetzen, Verwaltungsanweisungen und Rechtsprechung, StKongrRep. 1974, 82, 107; *H. W. Arndt,* Probleme rückwirkender Rechtsprechungsänderung, Frankfurt/M. 1974 (zum Steuerrecht 53–95); *Rüberg,* Vertrauensschutz gegenüber rückwirkender Rechtsprechungsänderung, Diss. Köln 1977, Hamburg 1977 (zum Steuerrecht 218–266); *Bischoff,* Das Problem der Rückwirkung bei einer Änderung der Rechtsprechung, eine rechtstheoretische Untersuchung für den Bereich der Finanzgerichtsbarkeit, Diss. Münster 1980.

---

63 BVerfGE 13, 31, 45f.; 14, 76, 104; 28, 66, 88; 30, 367, 387; 38, 61, 83; 48, 403, 416f.; 68, 193, 222.
64 BVerfGE 14, 288, 299; 18, 135, 144; 22, 241, 252; 48, 403, 416f.; 50, 386, 396; 63, 312, 330f.
65 BVerfGE 21, 173, 184; 24, 220, 230f.; 30, 367, 387ff.; 48, 403, 416; 50, 386, 394f.
66 BVerfGE 18, 135, 144.
67 BVerfGE 48, 403, 415; 50, 386, 394f.; 72, 176, 196ff.
68 BVerfGE 21, 173, 183; 24, 220, 230; 36, 281, 293.
69 *Kloepfer,* DÖV 78, 225; *Götz,* in: BVerfG-Festgabe, Bd. II 1976, 421ff., 442f.; *Pieroth,* Rückwirkung und Übergangsrecht, Berlin 1981; *Aschke,* Übergangsregelungen als verfassungsrechtliches Problem, Frankfurt/M. u. a. 1987.
70 *Schmidt-Bleibtreu,* BB 78, 1254; *Giemulla,* DStZ 81, 252; *Friauf,* StbJb. 1986/87, 279; *Walz,* Verbotene Rückwirkungen, gebotene Übergangsregelung . . . bei Steuerrechtsänderungen, in: Finsinger/Simon (Hrsg.), Recht und Risiko, München 1988, 254.
71 StbJb. 1986/87, 279, 288ff.
72 Anders *Walz* (Fn. 70). Die Einzelheiten des ausführlichen, gedankenreichen Beitrages müssen dort nachgelesen werden.

§ 3 Systemtragende Prinzipien des Steuerrechts

Die Rechtsanwendung in Steuersachen durch Verwaltungsbeamte und Angehörige steuerberatender Berufe pflegt sich an Verwaltungsvorschriften und an der Rechtsprechung zu orientieren. Obwohl Verwaltungsvorschriften rechtlich nur an die Behörden gerichtet sind und Urteile Rechtskraft nur gegenüber den Prozeßbeteiligten erlangen, bilden *Verwaltungsvorschriften und Urteile faktisch doch eine Vertrauensbasis* für die Steuerpflichtigen und ihre Berater. Diese pflegen sich an ihnen zu orientieren. Das gilt vor allem für BFH-Urteile. Erst aus den das Gesetz auslegenden Verwaltungsvorschriften und Urteilen ergibt sich die „*Rechtslage*".

Verwaltungsvorschriften pflegen sich im allgemeinen keine Rückwirkung beizulegen. Es kommt aber vor, daß Steuerrichtlinien für ein bestimmtes Jahr erst am Ende des Jahres bekanntgegeben werden. Soweit sie Verschärfungen enthalten, berührt das den Vertrauensschutz der Steuerpflichtigen. Da das Rückwirkungsverbot nicht gesetzgebungsspezifisch geprägt ist, sondern grundsätzlich allgemein vor Entwertung von Dispositionen durch rückwirkende Hoheitsakte jeder Art schützt, müssen für die Rückwirkung von Verwaltungsvorschriften die gleichen Regeln gelten wie für die Rückwirkung von Gesetzen. § 176 II AO bezieht sich nur auf die *Korrektur* von Steuerbescheiden und greift damit zu kurz. *Selmer* vertritt die Auffassung, Vertrauensschutz sei nicht zu gewähren, wenn eine rückwirkende Verwaltungsvorschrift eine Verwaltungsvorschrift ersetze, die eindeutig rechtswidrig war[73]. Abgesehen davon indessen, daß die Meinungen darüber, was „eindeutig gesetzwidrig" ist, oft auseinandergehen, gewichten §§ 130 II, 176 II AO offenbar zugunsten des Vertrauensschutzes auch in Fällen rechtswidriger Hoheitsakte.

Die *Rechtsprechung des Bundesfinanzhofs* spricht sich für die rechtliche Rückwirkung auch rechtsverschärfender *Urteile* aus, da Urteile kein neues Recht schaffen und Wirkung nur gegenüber den Verfahrensbeteiligten haben[74]. Im übrigen würde, so der Bundesfinanzhof, ein Rückwirkungsverbot für Urteile eine Erstarrung der Rechtsprechung auslösen, Rechtsfortbildung partiell unterbinden[75]. Auch § 176 I Nr. 3 AO gehe von der Rückwirkung der verschärfenden Rechtsprechung aus[76]. Allerdings sei es Sache der obersten Verwaltungsbehörden, aufgrund der §§ 163, 227 AO nach ihrem Ermessen oder ohne Ermessensspielraum durch Übergangsregelungen unbillige Auswirkungen rückwirkender, verschärfender Rechtsprechung zu vermeiden[77].

Die *Literatur* folgt dieser Auffassung indessen ganz überwiegend[78] nicht. Einer Erstarrung der Rechtsprechung will sie – zum Teil in Anlehnung an die US-amerikanische Praxis des prospective overruling[79] – dadurch vorbeugen, daß die Gerichte – es geht vor allem um den Bundesfi-

---

73 *Selmer,* StKongrRep. 1974, 112 ff.
74 BFH BStBl. 64, 342 f.; 65, 545, 547; s. auch BFH BStBl. 79, 455 f.
75 BFH BStBl. 65, 545, 547; GrS BStBl. 84, 751, 757.
76 BFH BStBl. 79, 455 f.
77 BFH BStBl. 64, 342 f.; 64, 602, 609; 67, 700, 705; 67, 760, 761; 79, 455, 457; GrS BStBl. 84, 751, 757. S. auch BVerfGE 18, 224, 240 f. einerseits und BVerfGE 59, 128, 164; 74, 155, 160 andererseits.
78 Außer der am Kopf angegebenen Literatur *Knittel,* Zum Problem der Rückwirkung bei einer Änderung der Rechtsprechung, Bielefeld 1965; *Grunsky,* Grenzen der Rückwirkung bei einer Änderung der Rechtsprechung, Karlsruhe 1970; *Wipprecht,* Die Änderung der Rechtsprechung mit Wirkung nur für künftige Fälle, Diss. Köln 1973; *Söhn,* FR 71, 222, 224; *Robbers,* JZ 88, 481; *K. Vogel,* JZ 88, 833 ff.
79 *Knittel,* (Fn. 78); *Bischoff,* Das Problem der Rückwirkung bei einer Änderung der Rechtsprechung, eine rechtstheoretische Untersuchung für den Bereich der Finanzgerichtsbarkeit, Diss. Münster, 1980, 202 ff.; *Friauf,* DStJG Bd. 5 (1982), 59.

nanzhof – im konkreten, anhängigen Fall die Rechtsprechung nicht verschärfen, die Verschärfung aber für die Zukunft ankündigen und so die alte Vertrauensgrundlage beseitigen und eine neue schaffen. Der Literatur ist zuzustimmen. Der Hinweis des Bundesfinanzhofs, das Gericht schaffe kein neues Recht und spreche Recht nur für die Parteien, ist formal-juristisch richtig, trifft aber nicht den Vertrauensschutzaspekt. Faktisch ändert der Bundesfinanzhof durch seine Änderungs-Rechtsprechung die Rechtslage und damit die Vertrauensbasis. § 176 I Nr. 3 AO kann – als Vorschrift einfachen Rechts – die *verfassungs*rechtliche Frage, ob Urteile zurückwirken dürfen, nicht beeinflussen. Die US-amerikanischem Vorbild folgende ex nunc-Technik sehen die deutschen Prozeßordnungen zwar nicht expressis verbis vor, auch Prozeßrecht läßt sich aber rechtsstaatlich fortbilden.

2.4 Rechtssicherheit durch Lückenausfüllungs- oder Analogieverbot?

Literatur: *Flume,* Richterrecht im Steuerrecht, StbJb. 1964/65, 55, 68 ff.; *Papier,* Die finanzrechtlichen Gesetzesvorbehalte und das grundgesetzliche Demokratieprinzip, Berlin 1973, § 8; *Walz,* Steuergerechtigkeit und Rechtsanwendung, Heidelberg/Hamburg 1980, 142 ff.; *Tipke,* Rechtssetzung durch Steuergerichte und Steuerverwaltungsbehörden?, StuW 81, 189 ff.; *Crezelius,* Verkappte Analogien in der Finanzrechtsprechung, StuW 81, 117 ff.; *Tanzer,* Das „Analogieverbot" im Steuerrecht, StuW 81, 201 ff.; *Tipke* (Hrsg.), Grenzen der Rechtsfortbildung durch Rechtsprechung und Verwaltungsvorschriften im Steuerrecht, DStJG Bd. 5 (1982), mit Beiträgen von *Tipke, Woerner, Friauf, Kruse, Felix, Pelka, Stolterfoht; Crezelius,* Steuerrechtliche Rechtsanwendung und allgemeine Rechtsordnung, Herne/Berlin 1983, § 9; *P. Locher,* Grenzen der Rechtsfindung im Steuerrecht, Bern 1983, 76 ff.; *Offerhaus,* Zur Analogie im Steuerrecht, BB 84, 993 ff.; *Pflugfelder,* Das Analogieverbot im Steuerrecht, StStud 84, 290 ff.; *Hegelau,* Analogie im Steuerrecht, Inst.FuSt Brief 243, Bonn 1985; *Kruse,* Über Rechtsgefühl, Rechtsfortbildung und Richterrecht im Steuerrecht, BB 85, 1077 ff.; *Tipke,* Über teleologische Auslegung, Lückenfeststellung und Lückenausfüllung, in: FS für v. Wallis, Bonn 1985, 133, 142 ff.; *Flume,* Steuerrechtsprechung und Steuerrecht, StbJb. 1985/86, 277, 290 ff.; *Gern,* Analogie im Verwaltungsrecht, DÖV 85, 558 ff.; *Völkel,* Zum Ausfüllen von Gesetzeslücken im Steuerrecht – Eine Stellungnahme für die Praxis, DStZ 89, 235 ff.

a) Unbestritten ist: Steuerbeamte und Steuerrichter haben das Gesetz auf den Einzelfall anzuwenden; sie dürfen es nicht extra legem oder contra legem erweitern; sie dürfen und müssen es aber durch Auslegung oder wertende Zuordnung konkretisieren. Dieser „Ausbau", nicht „Anbau", des Gesetzes ist auch im Steuerrecht zulässig und geboten.

Bestritten ist aber, ob unbewußte oder bewußte *Gesetzeslücken* – praeter legem – durch analoge Rechtsanwendung (argumentum a simile) geschlossen werden dürfen. Unbewußte Gesetzeslücken bestehen in planwidrigen, mit dem Gesetzeszweck nicht zu vereinbarenden Unvollständigkeiten des Gesetzestextes: Der Gesetzgeber hat einen bestimmten Plan gehabt, einen bestimmten Gesetzeszweck realisieren wollen; es ist ihm dies aber nicht gelungen. Das Gesetz oder einzelne Gesetzesvorschriften sind, gemessen am zugrundeliegenden systematischen Plan oder Zweck, unbewußt lückenhaft geblieben; der verfolgte Zweck ist durch den Gesetzes*text* nicht oder nicht voll abgedeckt. Es handelt sich um eine Panne bei der Umsetzung des Plans oder Zwecks in gesetzliche Tatbestände, sei es, daß der Gesetzgeber nicht alle Sachverhalte bedacht hat, sei es, daß er sie nicht bedenken konnte, weil sie zur Zeit des Gesetzesbeschlusses noch nicht vorkamen, sei es, daß es ihm sprachlich nicht gelungen ist, seinen Plan umzusetzen. *Bewußte* Gesetzeslücken entstehen, wenn der Gesetzgeber bewußt keine Regelung trifft, insbesondere weil er die Materie nicht für gesetzesreif hält und die Rechtsfolgenbestimmung einstweilen Rechtsprechung und Lehre überlassen möchte. Der Gesetzgeber hat z. B. in der Abgabenordnung 1977 Zusage und Steuer-

§ 3 Systemtragende Prinzipien des Steuerrechts

klausel bewußt nicht geregelt, sondern diese Rechtsinstitute der Rechtsprechung und Lehre weiterhin überlassen wollen[80].

Gesetzeslücken lassen sich ausfüllen durch *Analogie*. Sie besteht darin, daß das Prinzip, das dem Gesetz oder das einer Rechtsvorschrift oder mehreren Rechtsvorschriften zugrunde liegt, über das mögliche Wortverständnis der Gesetzesbegriffe hinaus[81] in der vom Gesetzeswortlaut eingeschlagenen Richtung angewendet wird.

b) Die Rechtsprechung des *Reichsfinanzhofs* war eher analogiefreundlich[82], sie ging nicht selten über die Grenzen des möglichen Gesetzeswortsinns und sogar über die vom Gesetzeszweck gezogenen Grenzen hinweg, ohne das methodisch zu reflektieren. Nicht selten wurde die „wirtschaftliche Betrachtungsweise" bemüht. Auch in der Rechtsprechung des *Bundesfinanzhofs* lassen sich solche Fälle noch nachweisen[83]. Expressis verbis hat die Rechtsprechung des Bundesfinanzhofs sich aber ganz überwiegend zum Analogieverbot bekannt[84]. Klar für die Zulässigkeit der Analogie hat sich nur BFH BStBl. 84, 221, 224 (IV. Senat) ausgesprochen. BFH BStBl. 68, 650 hat die „zweischneidige Analogie" zugelassen. Die „zweischneidige Analogie" betrifft Normen, die sich je nach Einzelfall günstig oder ungünstig auswirken können.

Die Rechtsprechung des *Bundesverfassungsgerichts* hat bisher keine Klarheit geschaffen. Nach BVerfGE 7, 89, 95 gilt Art. 103 II GG nur für das Strafrecht, nicht für das Steuerrecht. BVerfGE 13, 318, 328 ist vage. BVerfGE 69, 188, 203 – die Entscheidung billigt die BFH-Rechtsprechung zur Betriebsaufspaltung – knüpft an BVerfGE 34, 269 an; diese Entscheidung (zum Zivilrecht) billigt sogar freie Rechtsfindung jenseits von Analogie[85].

c) Die Annahme, daß Analogie zu Lasten des Bürgers unzulässig sei, entsprach *formal*-rechtsstaatlichem Denken.[86] Dieses Denken ist nach dem 2. Weltkrieg im Staatsrecht und im Verwaltungsrecht – man lese die Ausführungen über Rechtsstaatsprinzip, Gewaltenteilung, Gesetzesvorbehalt, Rechtssicherheitsprinzip, Rechtsfortbildung, Richterrecht – nicht fortgesetzt worden. Auch Arbeits- und Sozialrecht wissen offenbar nichts von einem Analogieverbot. Nur im Steuerrecht hat sich trotz des Übergangs zum *materialen* Rechtsstaat die positivistische Tradition fortgesetzt, nicht zuletzt durch die Annahme eines Verbots steuerverschärfender Analogie. Zur Begründung werden angeführt: das Rechtsstaatsprinzip, das Prinzip der Gesetz- und Tatbestandsmäßigkeit, das Prinzip der Rechtssicherheit, das Prinzip der Tatbestandsbestimmtheit oder Normenklarheit, das Prinzip der Voraussehbarkeit[87].

Darüber hinausgehend hat *Flume*[88] die Analogie*fähigkeit* des Steuerrechts mit der Begründung verneint, die „radikale Positivität des Steuerrechts", der Umstand, daß Steuertatbestände an sich willkürlich seien, lasse Analogie nicht zu. Dem haben sich *Kruse*[89] und Schüler

---

80 BT-Drucks. VI/1982, 95.
81 Dazu S. 103 ff.
82 S. schon RFHE 4, 243, 252; 6, 292, 298 f.
83 *Crezelius*, Steuerrechtliche Rechtsanwendung und allgemeine Rechtsordnung, Herne/Berlin 1983, 162 ff.
84 S. etwa BFH BStBl. 69, 736 f.; 76, 246, 248; 77, 524 f.; 78, 628, 630; 84, 315, 316 f.
85 S. auch die Stellungnahme des Präsidenten des BVerfG *R. Herzog*, StbJb. 1985/86, 43 (Analogieverbot im Steuerrecht „mehr als zweifelhaft").
86 *Anschütz*, VerwArch. Bd. 14 (1906), 315, 329 f.; *Hensel*, in: Bonner Festgabe für Zitelmann, 1923, 217, 246; *Bühler*, Lehrbuch des Steuerrechts I, 1927, 52 f.
87 *Bühler/Strickrodt*, Steuerrecht I, 1. Hb.[3], 1959, 218; *R. Thiel*, StbJb. 1963/64, 181 und FR 76, 53; *K. Vogel/Walter*, Bonner Kommentar zum GG (Loseblatt), Art. 105 Rn. 135; *Papier*, Die finanzrechtlichen Gesetzesvorbehalte und das grundgesetzliche Demokratieprinzip, Berlin 1973, 171 ff.; *Friauf*, StbJb. 1977/78, 58 ff.
88 StbJb. 1964/65, 55, 68 ff.; 1967/68, 63, 65 ff., 76 ff.; 1985/86, 277, 279 ff., 290 ff.
89 Steuerrecht I[3], München 1972, § 8 III 2.

Kruses[90] angeschlossen. Die Auffassung von der Analogieunfähigkeit des Steuerrechts hat sich jedoch nicht durchgesetzt.

1982 hat sich die *Deutsche Steuerjuristische Gesellschaft* mit dem Thema befaßt, jedoch Konsens unter den Referenten und Diskutanten nicht erreicht[91]. Die Lehrbuchliteratur bejaht kein absolutes Analogieverbot mehr[92].

Auch im Ausland sind die Auffassungen gespalten[93].

d) Es ist **evident, daß es auch im Steuerrecht analogiefähige Prinzipien gibt**[94]. Die Frage nach Zulässigkeit oder Unzulässigkeit der Analogie ist eine Verfassungsfrage, keine Frage der Gesetzesanwendungsmethode.

Der Grundgedanke des Art. 103 II GG paßt nicht zum Steuerrecht[95].

Der Gesetzesvorbehalt, mit dem das Analogieverbot oft in Verbindung gebracht wird, hat zwei Wurzeln, eine demokratische und eine auf Rechtssicherheit zielende. Die Lückenausfüllung durch Analogie *entspricht dem Demokratieprinzip,* nämlich dem lückenhaft oder sprachlich unvollkommen zum Ausdruck gekommenen Willen des demokratischen Gesetzgebers. Der lückenausfüllende Rechtsanwender bestreitet dem Gesetzgeber nicht seine Kompetenz, verdrängt ihn nicht unter Verstoß gegen das Gewaltenteilungsprinzip, tritt nicht in Konkurrenz zu ihm, sondern handelt „nachbessernd" i. S. der Intention des Gesetzgebers. Die Vervollkommnung des unvollkommenen Gesetzes zu einem prinzipiell-stimmigen Konzept gehört zum Auftrag eines denkenden Gehorsam übenden Rechtsanwenders. Die Zulässigkeit der Schließung bewußter Lücken könnte nicht erklärt werden, wenn das Demokratieprinzip der Lückenausfüllung schlechthin im Wege stünde[96].

In Anbetracht der demokratischen Wurzel des steuerlichen Gesetzesvorbehalts müßte das Analogieverbot konsequenterweise auch auf steuerentlastende, steuerbegünstigende Tatbestände erstreckt werden. Daß das überwiegend abgelehnt wird, zeigt, daß es – wie schon in den Tagen des ständischen Steuerbewilligungsrechts – noch immer hauptsächlich um die möglichst niedrige Steuer geht[97]. Die Unterscheidung zwischen unzulässiger steuerverschärfender Analogie und zulässiger steuerentlastender Analogie stößt auch deshalb auf Schwierigkeiten, weil nicht wenige Rechtssätze je nach Einzelfall belastend oder begünstigend, zweischneidig wirken können.

Bei der Frage „Analogieverbot oder nicht?" geht es in Wahrheit um den *Konflikt zwischen formaler und materialer Rechtsstaatlichkeit. Die Analogie dient dem Gleichheitssatz* durch konsequentes Weiterdenken von Prinzipien, die dem Gesetz unterliegen; sie dient damit der Steuergerechtigkeit. Das Analogieverbot wird überwiegend aus dem

---

90 *Brinkmann,* Tatbestandsmäßigkeit der Besteuerung und formeller Gesetzesbegriff, Köln 1982, 95 ff., 102, 106, 109 ff., 120 ff.; *Danzer,* Die Steuerumgehung, Köln 1981, 59 ff., 76 ff.
91 DStJG Bd. 5 (1982), Resümee S. 405 ff.
92 *Birk,* Steuerrecht I, Allg. Teil, München 1988, § 11 Rnrn. 29–31; *hier* S. 42.
93 *S. Tanzer,* StuW 81, 201, 216 ff. und *Doralt/Ruppe,* Grundriß des österreichischen Steuerrechts II[2], Wien 1988, 168; *P. Locher,* Grenzen der Rechtsfindung im Steuerrecht, Bern 1983, 115 ff., 135 ff. und *E. Höhn,* StuW 84, 255 ff. (Schweiz); *Weisflog,* StuW 82, 136 ff. (Großbritannien); *Walz,* StuW 82, 1 ff. (USA); *Gonzalez-Garcia,* StuW 83, 164 ff. (Italien, Spanien, Südamerika).
94 Dazu S. 50 f., 57 ff.
95 *Tipke,* StuW 81, 192; s. auch *Herzog,* StbJb. 1985/86, 43 f.
96 *Offerhaus* BB 84, 993, 996 allerdings verneint konsequent auch die Zulässigkeit der Schließung bewußter Lücken.
97 Allerdings ließe sich daran denken, nur die *Lenkungsnormen* (Sozialzwecknormen) vom Analogieverbot auszunehmen.

Prinzip der Rechtssicherheit abgeleitet. Die Rechtssicherheit soll es gebieten, daß es mit der an den Grenzen des möglichen Wortsinns endenden Auslegung[98] sein Bewenden hat. Die jenseits der Auslegung beginnende Analogie soll unzulässig sein. Damit wird an der Barriere des möglichen Wortsinns ein Denk- oder Konsequenzverbot errichtet.

Der Widerstreit zwischen Prinzipien formaler und materialer Rechtsstaatlichkeit ist u. E. – zumal wegen des – in diesem Zusammenhang – geringen Gewichts des Rechtssicherheitsarguments – zugunsten der materialen Rechtsstaatlichkeit (und damit der Analogie) zu entscheiden. Weder Steuerpflichtige noch ihre Berater verlassen sich allein auf den Wortlaut von Gesetzestexten. Abgesehen davon, daß die große Mehrheit der Steuerpflichtigen keinen Gesetzestext besitzt: Der Inhalt des Rechts läßt sich nicht allein aus dem Gesetzestext oder gar aus isolierten Textstellen ablesen. Die Vorschriften des Gesetzes sind in ihren Beziehungen und Abhängigkeiten als Ganzes und unter Beachtung des Gesetzeszweckes zu verstehen. Das gilt nicht nur für Generalklauseln, unbestimmte Rechtsbegriffe und Typusbegriffe. Wie ein Gesetz zu verstehen ist, ergibt sich maßgeblich aus Verwaltungsvorschriften und aus der Rechtsprechung, eventuell auch aus der Literatur. Die Anwendungsgrenze des möglichen Wortsinns schafft ohnehin nur bedingt Rechtssicherheit, da es innerhalb der Wortsinngrenze i. d. R. auch mehrere Sinn- und Auslegungsvarianten gibt. Analogie ist keine freie Rechtsfindung, sondern eine ebenso stringente teleologische Methode wie die Auslegung. Wenn der Steuergesetzgeber die wesentlichen[99] Merkmale des Steuertatbestandes (Steuersubjekt, Steuerobjekt, Steuerbemessungsgrundlage, Steuersatz) vorgibt, so ist die Konkretisierung durch das dogmatische Aufeinanderabstimmen der einzelnen Vorschriften durch Auslegung und Ausfüllung sicher erkennbarer Lücken keine Neuschöpfung oder Erweiterung des Steuertatbestandes.

Liegt in der Anwendung von Analogie eine *Verschärfung* der Rechtslage, so müssen die Regeln über das *Rückwirkungsverbot* entsprechend beachtet werden. Gegen Analogieentscheidungen ex nunc bestehen u. E. keine Bedenken.

Wer meint, daß das Prinzip der Gesetz- und Tatbestandsmäßigkeit oder das Prinzip der Tatbestands*bestimmtheit* oder Normen*klarheit* die Analogie ausschließe, dürfte auch die Analogie zugunsten der Steuerpflichtigen nicht zulassen.

2.5 Rechtssicherheit durch Schutz des Vertrauens in behördliches Verhalten

Geschützt wird das Vertrauen in *Zusagen*[100]. Der Vertrauensschutz kann auch zur *Verwirkung* von Ansprüchen des Staates führen[100a].

Im Steuerverfahrensrecht wirkt sich das Vertrauensprinzip dahin aus, daß wirksam gewordene Verwaltungsakte nur noch unter besonderen Voraussetzungen zum Nachteil des Bürgers aufgehoben oder geändert werden dürfen[101].

Verwaltungsvorschriften darf die Finanzverwaltung aus Gründen der Rechtssicherheit und des Vertrauensschutzes nicht rückwirkend verschärfen[101a].

---

98 Dazu S. 94 ff.
99 Dazu S. 130 ff.
100 Dazu S. 682 f.
100a Dazu S. 683.
101 Dazu S. 712 ff.
101a Dazu S. 37 f.

2.6 Rechtsstaatlichkeit durch formales Übermaßverbot

Das Gesetz oder die Verwaltung (im Rahmen ihres Ermessens) darf *verfahrens*rechtlich nichts anordnen, was übermäßig ist. Übermäßig ist,

a) was zur Erreichung des Zweckes *nicht erforderlich* (nicht notwendig) ist. Ungeeignete, zweckuntaugliche Mittel sind niemals erforderlich;

b) was *unverhältnismäßig* ist, weil es für den Betroffenen oder für Dritte Nachteile auslöst, die außer Verhältnis zu den bezweckten Vorteilen stehen.

Das Bundesverfassungsgericht hat das Verbot übermäßiger Eingriffe aus Art. 2 I GG und dem Rechtsstaatsprinzip abgeleitet[102]. Es wäre in der Tat ein Widerspruch, einerseits die Entfaltungsfreiheit zum leitenden Verfassungsprinzip (Art. 2 I GG) zu erheben, andererseits aber nicht erforderliche oder unverhältnismäßige Beschränkungen dieser Freiheit als rechtmäßig gelten zu lassen.

Beispiele: Außenprüfung ist unzulässig, wenn feststeht, daß die Steuerbescheide nicht mehr geändert werden dürfen; Einheitswertbescheide sind unzulässig, wenn sie für die Besteuerung irrelevant sind (§ 19 IV BewG).

2.7 Exkurs: Rechtsstaatlichkeit und Steuergeheimnis

Literatur: *Koch/Wolter,* Das Steuergeheimnis, Köln 1958; *K. E. Schmidt,* Die Reichweite des Steuergeheimnisses, Diss. Köln 1964; *Pfäffle,* Die unbefugte Offenbarung im Sinne des § 22 AO zu besteuerungsrechtlichen Zwecken, Diss. Würzburg 1967; *Kruse,* Um das Steuergeheimnis, StuW 68, 265; *Geisler,* Das Steuergeheimnis im Widerstreit mit anderen Rechtsgütern, Diss. Heidelberg 1968; *Jedelhauser,* Steuerrechtliche Anzeige und Steuergeheimnis, Diss. Würzburg 1969; *Höppner,* Steuergeheimnis, Gesetzmäßigkeit der Besteuerung und Legalitätsprinzip, StuW 69, 193; *ders.,* Zur verfassungsrechtlichen Gewährleistung des Steuergeheimnisses, DVBl. 69, 723; *Geisler,* Das Steuergeheimnis im ausländischen Recht, insbesondere in den übrigen Mitgliedstaaten der EWG, AWD BB 70, 67; *A. Mennel,* Das Steuergeheimnis im internationalen Vergleich, Die schweizerische AG 70, 1; *Holzapfel,* Steuergeheimnis, Verfassung und Offenbarungsbefugnis, Diss. München 1972; *R. Scholz,* Parlamentarischer Untersuchungsausschuß und Steuergeheimnis, AöR Bd. 105 (1980), 564; *M. Weber,* Berufsgeheimnis im Steuerrecht und Steuergeheimnis, Zürich 1982; *Benda,* Steuergeheimnis: Kann der Bürger noch darauf vertrauen?, StbKongrRep. 1984, 119 ff.; *Friauf,* Das Steuergeheimnis aus verfassungsrechtlicher Sicht, JbFSt. 1984/85, 95 ff.; *Stern,* Die Kompetenz der Untersuchungsausschüsse nach Art. 44 GG im Verhältnis zur Exekutive unter besonderer Berücksichtigung des Steuergeheimnisses, AöR Bd. 109 (1984), 199; *Eilers,* Das Steuergeheimnis als Grenze des internationalen Auskunftsverkehrs, Köln 1987; Kommentare zu § 30 AO.

Inhalt des Steuergeheimnisses:

Nach § 30 AO dürfen *Amtsträger* (Begriff: § 7 AO) von Behörden (nicht nur von Steuerbehörden), für den öffentlichen Dienst besonders Verpflichtete, Sachverständige und Kirchenbedienstete (s. § 30 III AO) nicht offenbaren oder verwerten:

1. *Verhältnisse* (weit auszulegen, sie müssen nicht unmittelbar steuerlich relevant sein) eines anderen[103], die ihnen

a) in einem Verwaltungsverfahren oder in einem gerichtlichen Verfahren in Steuersachen,

---

102 Nachweise der Rechtsprechung des BVerfG bei *Leibholz/Rinck/Hesselberger,* Grundgesetz[6], § 20 Rn. 27. S. auch *K. Stern,* Das Staatsrecht der BR Deutschland, Bd. I[2], München 1984, § 20 IV 7, 861 ff.

103 *Andere* sind die, die im konkreten Fall nicht Amtsträger sind: nicht bloß Steuerpflichtige, sondern auch andere Personen, z. B. sog. V-Leute (insoweit aber § 30 V AO).

§ 3 Systemtragende Prinzipien des Steuerrechts

b) in einem Strafverfahren wegen einer Steuerstraftat oder in einem Bußgeldverfahren wegen einer Steuerordnungswidrigkeit,

c) aus einem anderen Anlaß durch Mitteilung einer Finanzbehörde oder durch die gesetzlich vorgeschriebene Vorlage eines Steuerbescheides oder durch eine Bescheinigung über die bei der Besteuerung getroffenen Feststellungen

bekanntgeworden sind, oder

2. ein fremdes Betriebs- oder Geschäftsgeheimnis, das ihnen in einem der obengenannten Verfahren bekanntgeworden ist.

Ferner dürfen sie durch das Steuergeheimnis geschützte Daten im automatisierten Verfahren nicht unbefugt abrufen (§ 30 II Nr. 3 AO).

Offenbarung liegt nicht vor, wenn das Mitgeteilte bereits bekannt war.

Die *Offenbarung ist ausnahmsweise zulässig* (§ 30 IV AO):

– zur Durchführung eines Besteuerungsverfahrens (s. auch § 31 I AO), eines Steuerprozesses eines Steuerstraf- oder Steuerordnungswidrigkeitenverfahrens (§ 30 IV Nr. 1 AO); in Betracht kommen insb. Amtshilfe und Kontrollmitteilungen.

– soweit ein Gesetz es zuläßt (§ 30 IV Nr. 2 AO); die Offenbarung ist gesetzlich insb. zulässig, wenn Ämter für Ausbildungsförderung, Arbeitsämter, Behörden der inneren Verwaltung, Bundesanstalt für Arbeit, Träger der Sozialhilfe, Träger der Sozialversicherung und Versorgungsämter Daten über Einkommen und Vermögen zur Festsetzung von Versorgungsleistungen benötigen[104]. Die Abgabenordnung regelt zwei wichtige Fälle gesetzlich zugelassener Offenbarung: Die Mitteilung von Besteuerungsgrundlagen an Körperschaften des öffentlichen Rechts als Abgabenbasis (§ 31 AO) und Mitteilungen zur Bekämpfung der illegalen Beschäftigung (§ 31 a AO). Wegen der Einzelheiten sind die Kommentare zu § 30 AO zu Rate zu ziehen. Die Gesetze, die vom Steuergeheimnis dispensieren, ergeben einen seitenlangen Katalog.

– soweit der Betroffene zustimmt (§ 30 IV Nr. 3 AO);

– zur Durchführung eines (nichtsteuerlichen) Strafverfahrens unter einschränkenden Voraussetzungen (§ 30 IV Nr. 4 AO);

– soweit für sie ein zwingendes öffentliches Interesse besteht (Einzelheiten § 30 IV Nr. 5 AO); zwingendes öffentliches Interesse besteht insb. an der Verfolgung von Verbrechen, bestimmten schweren Vergehen und bestimmten Wirtschaftsstraftaten; eigens zur Bekämpfung der Schwarzarbeit ist § 31 a AO erlassen worden. Ob ein zwingendes öffentliches Interesse auch besteht, wenn parlamentarische Untersuchungsausschüsse behauptete Mißstände in der Steuerverwaltung aufklären möchten, war umstritten[105]. BVerfGE 67, 100 ff. hat § 30 IV Nr. 5 c AO verfassungskonform so aufgefaßt, daß er auch den Fall des Aktenvorlageverfahrens des parlamentarischen Untersuchungsausschusses erfaßt, mit dem das Parlament in der Öffentlichkeit verbreiteten, möglicherweise die Steuermoral nachhaltig erschütternden Zweifeln an der Vertrauenswürdigkeit der Finanzverwaltung nachgeht. Von § 30 IV Nr. 5 c AO ist im übrigen bisher kaum Gebrauch gemacht worden, da die obersten Finanzbehörden äußerst zurückhaltend sind. Möglicherweise drängt BVerfGE 67, 100 ff. die zugrundeliegenden „Datenschutzängste" künftig etwas zurück und läßt die Auswirkungen auf die Steuermoral gebührend ins Blickfeld kommen.

Wenn jemand der Finanzbehörde vorsätzlich falsche Angaben über die steuerlichen Verhältnisse eines anderen macht (im Volksmund: ihn „denunziert"), darf die Finanzverwaltung die falschen Angaben den Strafverfolgungsbehörden (Polizei, Staatsanwaltschaft) mitteilen, damit ein Verfahren wegen falscher Verdächtigung (§ 164 StGB) durchgeführt werden kann; das will § 30 V AO besagen.

---

104 Nachweise bei *Tipke/Kruse,* AO[13], § 30 Tz. 47.

105 Einerseits *R. Scholz,* AöR Bd. 105 (1980), 564 ff. und *Seibert,* NJW 84, 1001 ff. (Offenbarung an Untersuchungsausschüsse zulässig), andererseits *K. Stern,* AöR Bd. 109 (1984), 199 ff. (Offenbarung unzulässig). Die Untersuchungen zeigen einmal mehr, welchen Spielraum der Begriff „zwingendes öffentliches Interesse" und die Grundrechte subjektiven Wertungen lassen.

Die vorsätzliche Verletzung des Steuergeheimnisses ist *strafbar* nach § 355 StGB; sie ist auch Amtspflichtverletzung i. S. des § 839 BGB.

Das Steuergeheimnis ist ursprünglich aus *fiskalischen Gründen* eingeführt worden. Der Steuerpflichtige hat im Steuerrecht weitgehende Mitwirkungs- und Offenbarungspflichten. Er muß selbst solches Einkommen und Vermögen offenbaren, das er aufgrund von strafbaren Handlungen, Ordnungswidrigkeiten oder gegen die guten Sitten verstoßendes Verhalten erworben hat (§ 40 AO). Damit er sich den Finanzbehörden wirklich ehrlich offenbart, wird ihm weitgehend zugestanden, daß die Finanzbehörden ihr Wissen nicht anderen Behörden oder Personen mitteilen[106]. Der Steuerpflichtige soll insb. keinen Grund haben, aus Furcht vor Weiterungen (Strafen, außersteuerlichen Vermögensnachteilen usw.) steuerrechtlich relevante Verhältnisse zu verschweigen. Ob die fiskalische, von Ressortegoismus nicht freie Rechnung aufgeht, ist sehr zweifelhaft. Kriminelle, auch Wirtschaftskriminelle, lassen sich durch §§ 40 und 30 AO im allgemeinen nicht beeindrucken. Ohnehin irritieren die zahlreichen Durchbrechungen des Steuergeheimnisses (§ 30 IV AO).

Dem Steuergeheimnis wird heutzutage aber vor allem ein *rechtsstaatliches* Fundament unterlegt: Das Rechtsstaatsprinzip soll verlangen, daß behördliche Eingriffe meßbar, die Folgen für den Betroffenen absehbar sind. Das wären sie nicht, wenn das den Finanzbehörden Offenbarte für beliebige Zwecke verwertet werden dürfte.

Ein weitgehendes Steuergeheimnis paßt zu der Auffassung, aus Art. 2 I i. V. mit Art. 1 I GG ergebe sich ein „Grundrecht auf informationelle Selbstbestimmung". Die Bürger müßten danach wissen, „wer was wann und bei welcher Gelegenheit über sie weiß"; grundsätzlich dürfe das „Recht auf informationelle Selbstbestimmung" nur, „im überwiegenden Allgemeininteresse" eingeschränkt werden (so BVerfGE 65, 1, 44 zum Volkszählungsgesetz 1983). Anknüpfend an die Volkszählungsentscheidung hat BVerfGE 67, 100, 139 f., 142 ff. befunden: Es gebe zwar kein Grundrecht auf Steuergeheimnis. Die Geheimhaltung steuerlicher Angaben und Verhältnisse könne aber durch grundrechtliche Verbürgungen (Art. 2 I i. V. mit Art. 1 I und Art. 14 GG) geboten sein.

Andere, sich ebenfalls für Rechtsstaaten haltende Länder kennen allerdings kein Steuergeheimnis. Sie meinen, eine gesetzmäßige, gleichmäßige Besteuerung lasse sich nicht erreichen, wenn man die Höhe der Steuer weitgehend der Selbstbestimmung des Steuerpflichtigen überlasse. Die Mehrzahl der Steuerpflichtigen kooperiere nur, wenn sie wisse, daß die Finanzbehörden effektive Kontrollmöglichkeiten haben. Dazu gehöre, daß sie sich des Wissens auch anderer Behörden bedienen dürfen, statt gegen andere Behörden abgeschottet zu werden. Wenn der Staat vor lauter Individualgeheimnissen und Verweigerungsrechten nicht mehr ermitteln und durchsetzen könne, was Recht ist, habe er die Qualität eines Rechtsstaats in Wahrheit verloren. In einigen Ländern – wie *Schweden[107], Norwegen* – veröffentlichen die Gemeinden jährlich die Angaben der Steuerpflichtigen über ihr Einkommen und Vermögen in *Ligningsboka,* oder sie ermöglichen allen Bürgern die Einsicht in diese Daten und setzen auf diese Weise an die Stelle naiven Vertrauens in steuerrechtliche Selbstbestimmung die Kontrolle durch die Öffentlichkeit – im „überwiegenden Allgemeininteresse", zur Kontrolle des individuellen Egoismus, zur Überwindung des „Eigennutz geht vor Gemeinnutz". In etlichen Kantonen der Schweiz werden die Steuerregister öffentlich ausgelegt oder veröffentlicht[108]. In einigen Ländern werden die Namen von Steuerhinterziehern veröffentlicht.

---

106 Dazu *F. Reinhardt,* DStZ 37, 989 (996).
107 Nach der schwedischen Druckfreiheitsverordnung vom 5. 4. 1949 darf jeder Bürger grundsätzlich jede behördliche Akte einsehen (2. Kap.).
108 Dazu *M. Weber,* Berufsgeheimnis im Steuerrecht und Steuergeheimnis, Zürich 1982, 196.

Die Bekanntgabe der Steuerleistung durch Steuerlisten war in den zwanziger Jahren eine Forderung der Sozialdemokratie[109]. Im Bundestag ist 1951 ein Antrag, Steuerlisten offenzulegen, gescheitert[110]. Die Gegner der Steuerlisten befürchten: gesellschaftliche und wirtschaftliche Nachteile der Betroffenen infolge Neid und Mißgunst, Gehässigkeit, Schadenfreude und Denunziation, auch Stimulation der Kapitalflucht. In Anbetracht des gegenwärtigen (publizierten) deutschen Datenschützer-Zeitgeistes[111] haben Steuerlisten hierzulande auch heutzutage keine Chance.

Das deutsche Steuergeheimnis greift u. E. insofern zu weit, als es (allgemeine) Straftäter auch dann schützt, wenn die Finanzbehörde die Straftat (etwa Betrug, Untreue, Urkundenfälschung, Bestechung) ohne Mitwirkung des Betroffenen aufgeklärt hat, so daß das strafrechtliche Verbot, Selbstbelastungen zu erzwingen, nicht tangiert wird. Wenn es *kein Subventionsgeheimnis* gibt, ist nicht einzusehen, warum das Steuergeheimnis auf (subventionelle) Steuervergünstigungen erstreckt wird.

3. Prinzipien materialer Rechtsstaatlichkeit

3.1 Die Prämisse: Rechtfertigung der Steuern

Der Frage nach der gerechten Verteilung der Gesamtsteuerlast vorgelagert ist die Frage nach der Rechtfertigung von Steuern überhaupt. Im einzelnen lassen sich unterscheiden:

(1) *Die Steuerrechtfertigungstheorie*

(a) Die *allgemeine* Steuerrechtfertigungstheorie. Sie betrifft die Frage nach der Rechtfertigung von Steuern überhaupt.

(b) Die *besondere* Steuerrechtfertigungstheorie. Sie betrifft die Frage, ob einzelne Steuern – z. B. Einkommensteuer, Vermögensteuer, Umsatzsteuer – gerechtfertigt sind.

(2) *Die Steuerbemessungstheorie*. Sie befaßt sich mit der Frage der gerechten Steuerlastverteilung durch angemessene Steuerbemessungsgrundlagen.

Im allgemeinen geht man davon aus, daß Steuern gerechtfertigt sind, weil auch der Staat gerechtfertigt ist[112]. Der Staat, der nicht selbst wirtschaftet, der Staat der freien Marktwirtschaft zumal, ist auf Steuern notwendigerweise angewiesen. Er muß Steuerstaat[113] sein, um seine Aufgaben erfüllen zu können. Art. 105–108 GG gehen offenbar stillschweigend davon aus, daß Bund und Länder, aber auch die Gemeinden Steuern erheben dürfen[114].

Da Steuern gerechtfertigt sind, pflegt nicht überdies nach der Rechtfertigung der einzelnen Steuer gefragt zu werden, wenn ihre Bemessungsgrundlage geeignet ist,

---

109 Reichstags-Drucks. III/3390; IV/568; V/1234.
110 Stenographische Berichte der I. Wahlperiode, 63. und 145. Sitzung.
111 Dazu *Benda,* DStZ 84, 163 u. DStR 84, 351 u. StbKongrRep. 1984, 119 f. (Steuergeheimnis als „Recht auf informationelle Selbstbestimmung").
112 *H. Peters,* Lehrbuch der Verwaltung, Berlin 1949, 333; *K. Stern,* Das Staatsrecht der BR Deutschland Bd. II, München 1980, 46 I 2b y, 1092 oben; *D. Birk,* Steuerrecht I, Allg. Teil, München 1988, § 1 Rn. 2.
113 S. S. 1 Fn. 1.
114 S. auch BVerfGE 67, 100, 143. – Weitergehende Überlegungen bei *K. Vogel,* Der Staat 86, 481; *ders.,* in: HStR I, § 27 Rn. 64 ff.

zur gerechten Steuerlastverteilung beizutragen[115]. Einer besonderen Rechtfertigung bedürfen aber die Unternehmenssteuern.

3.2 Materiale Rechtsstaatlichkeit durch Steuergerechtigkeit

3.21 Über Notwendigkeit und Bedeutung gerechter Verteilung der Steuerlast

Literatur: Allgemeine: *Kriele,* Kriterien der Gerechtigkeit, Berlin 1963; *Perelman,* Über die Gerechtigkeit, München 1967; *Engisch,* Auf der Suche nach Gerechtigkeit, München 1971; *Höffe,* Politische Gerechtigkeit, Frankfurt/M. 1987; *Rawls,* Eine Theorie der Gerechtigkeit[4], Frankfurt/M. 1988.

Besondere: Juristische: *K. Vogel,* Steuergerechtigkeit und soziale Gestaltung, DStZA 75, 409; *Walz,* Steuergerechtigkeit und Rechtsanwendung, Heidelberg/Hamburg 1980; *Tipke,* Steuergerechtigkeit in Theorie und Praxis, Köln 1981 (s. auch StuW 80, 281); *ders.,* Gerechte Steuern, Geordnete Besteuerung, Festvortrag auf dem 10. Steuer-Gewerkschaftstag in Hannover am 3. 5. 1983, Bonn 1984; *ders.,* Über „richtiges Steuerrecht", StuW 88, 262 ff.

Ökonomische: *F. Neumark,* Grundsätze gerechter und ökonomisch rationaler Steuerpolitik, Tübingen 1970; *G. Rose,* Überlegungen zur Steuergerechtigkeit aus betriebswirtschaftlicher Sicht, StuW 85, 330 ff.; *K. Walzer,* Steuergerechtigkeit, Berlin 1987; *Elschen,* Steuerliche Gerechtigkeit – Unzulässiger oder unzulänglicher Forschungsgegenstand der Steuerwissenschaften?, StuW 88, 1 ff.

Staatsphilosophische: *K. H. Ossenbühl,* Die gerechte Steuerlast, Heidelberg/Löwen 1972.

Die *gerechte* Verteilung der Gesamtsteuerlast auf die einzelnen Bürger ist ein Imperativ der Ethik. Die Gerechtigkeitsfrage stellt sich immer dann, wenn eine Mehrzahl von Menschen darauf angewiesen ist, die Lasten und Ansprüche, die mit dem Zusammenleben in einer Gemeinschaft verbunden sind, zu verteilen. Daher müssen Steuerpolitik und Sozialpolitik Gerechtigkeitspolitik sein. Die Besteuerung wäre ein Vorgang ohne ethische Dignität, wäre fiskalische Willkür oder fiskalischer Nihilismus, wenn Steuern in beliebiger Weise erhoben werden dürften, wenn in Steuersachen ein *beliebiges* Diktum, die Diktatur des Gesetzgebers legitim wäre.

Steuergerechtigkeit ist in einem Rechtsstaat der oberste Wert der Gemeinschaft der Steuerpflichtigen. Der Rechtsstaat muß den ethischen Imperativ gerechter Steuerlastverteilung in die Rechtswirklichkeit umsetzen. Steuerstrafen und -geldbußen sind nur dann gerecht, wenn sie an die Verletzung eines gerechten Steuerrechts anknüpfen.

Die *Geschichte* des Streits um Steuergerechtigkeit zeigt hinreichend, daß es ein Natur-Steuerrecht offenbar nicht gibt. Steuergerechtigkeit ist nichts Absolutes, Definitives. Sie ist abhängig von Zeit und Ort und unterliegt einem evolutionären Prozeß.

Der Feudalstaat beruhte auf der Ungleichheit der sozialen Gruppen. Der Adel zahlte mit dem Blut, der Klerus mit Gebeten, und die Bürger zahlten mit Geld. Die Bürger wurden lange von Adel und Geistlichkeit nach Prinzipien des praktischen Fiskalismus, nicht nach Rechtsprinzipien geschröpft. So kam es zu zahlreichen Spezialakzisen, die noch heute in etlichen Verbrauchsteuern fortleben.

Die englische *Magna Charta Libertatum* von 1215, die *Petition of Rights* von 1628, die *Bauernkriege* in Deutschland, der amerikanische *Unabhängigkeitskrieg,* die *Erklärung der Menschen- und Bürgerrechte* von 1789 waren auch Meilensteine im Kampf gegen steuerliche Ausbeutung und für mehr Steuergerechtigkeit.

---

115 A.A. *P. Kirchhof,* Gutachten F zum 57. Deutschen Juristentag in Mainz 1988, München 1988, 12 ff.; wie hier *Wendt,* DÖV 88, 710; *Uelner,* Sitzungsbericht N zum 57. Deutschen Juristentag in Mainz 1988, München 1988, 11 f.; *Isensee,* ebenda 36 f.; *Tipke,* ebenda 79 f.

§ 3 Systemtragende Prinzipien des Steuerrechts

In der Zeit der *Ertragsteuern* verloren die Spezialakzisen an Bedeutung. Die Ertragsteuern wurden als Gegenleistung für Staatsleistungen zum Schutze der Person und des Vermögens des Bürgers aufgefaßt (Äquivalenzprinzip), auch mit einer Versicherungsprämie verglichen. Das Äquivalenzprinzip schloß Berücksichtigung der subjektiven Leistungsfähigkeit und Steuerprogression aus.

Erst gegen Ende des 19. Jahrhunderts konnte sich die sowohl die objektive als auch die subjektive Leistungsfähigkeit berücksichtigende *Einkommensteuer* durchsetzen. Die moderne *Umsatzsteuer* will ebenfalls Leistungsfähigkeit messen[116]. Grundsteuer und Gewerbesteuer sowie zahlreiche Verbrauchsteuern leben als historische Relikte fort[117].

Die Steuergerechtigkeit spielt auch im politischen Streit, zumal in Wahlkämpfen, eine erhebliche Rolle. Dabei pflegen jedoch Polemik und Agitation im Vordergrund zu stehen.

Die Steuerrechtswissenschaft, die sich erst nach dem 1. Weltkrieg entwickelt hat, hat sich in der Zeit der Weimarer Republik noch kaum mit Steuergerechtigkeitsfragen befaßt. Man beschränkte sich auf die Erörterung von Fragen formaler Rechtsstaatlichkeit. Die Steuergerechtigkeitsdiskussion blieb den Finanzwissenschaftlern überlassen. Das hat sich seit den 70er Jahren spürbar geändert[118], wohl auch deshalb, weil die Grundrechte des Grundgesetzes über das positive Recht der Steuergesetze hinausweisen.

3.22 Gerechtigkeit durch systemtragende Prinzipien

Gerechtes Recht setzt *Prinzipien* (oder – hier inhaltsgleich verstanden – Regeln) voraus. Solche Prinzipien werden auch zur gerechten Verteilung von Lasten benötigt. Das Prinzip schafft ein einheitliches Maß. Prinzipienlosigkeit – regelloser Fiskalismus oder Opportunismus, Beliebigkeit – ist Willkür und damit das Gegenteil von Gerechtigkeit. Auch Messen mit zweierlei oder mehrerlei Maß bei gleichen Verhältnissen ist ungerecht. Das Prinzip sorgt für Generalisation, Konsequenz, gleichmäßige Behandlung; es vermeidet Lücken[119].

*Fundamental*prinzipien (Grundregeln) und aus ihnen abgeleitete Subprinzipien (Konklusivprinzipien, Unterregeln) – u. U. verschiedener Ordnung – bilden ein Prinzipien-*System*.

Prinzipienhaftigkeit ist aber nur *eine* Bedingung für Gerechtigkeit; sie schafft nur formale Gerechtigkeit. Materiale oder inhaltliche Gerechtigkeit verlangt die Orientierung nicht an irgendwelchen, sondern an *sachgerechten* Prinzipien.

Was sachgerecht ist, hängt nicht zuletzt vom Regelungszweck ab. Daher ist zu unterscheiden zwischen Steuer-, Straf-, Lohn- und Preis-, Sozialversicherungs-, Subventionsgerechtigkeit etc. Nicht sachgerecht ist, was unter Berücksichtigung des Regelungszwecks von der Sache her indiskutabel, unvertretbar, nicht plausibel ist. Für die Sachgerechtigkeit eines Prinzips spricht es, wenn es in der Gesellschaft allgemein anerkannt ist, sozusagen eine einschlägige Gerechtigkeitskonvention besteht. Zur Bestätigung der Sachgerechtigkeit kann auch ein internationaler Rechtsvergleich hilfreich sein. Wer über Sachgerechtigkeit zu urteilen hat, muß vom Sachzweck und von der Sache etwas verstehen. Er muß auch die Folgen bedenken: Sachgerechtigkeit muß Rechtsfrieden schaffen, muß auch berücksichtigen, daß „Sollen" „Können" voraus-

---

116 Dazu S. 528.
117 Dazu S. 157.
118 S. die Literaturangaben zu Beginn des Abschnitts (S. 47).
119 Das ist eine in der allgemeinen Philosophie, der Rechtsphilosophie und Rechtstheorie wohl allgemein akzeptierte Meinung (s. etwa *Perelman,* Über die Gerechtigkeit, München 1967, 58 f., 64; s. auch 55, 57; *Henkel,* Einführung in die Rechtsphilosophie, München 1977, 401 f., 404; *Larenz,* Richtiges Recht, München 1979, 127 f.).

setzt. In Zweifelsfällen kann es sich empfehlen zu prüfen, was die Umkehrung des Prinzips ergibt.

Der *Gesetzgeber* hat bei der Suche nach dem Sachgerechten einen *Beurteilungs- oder Wertungsspielraum*. Was diskutabel, vertretbar, plausibel ist, kann nicht als sachungerecht abgetan werden. Hat der Gesetzgeber sich einmal für ein bestimmtes Fundamentalprinzip entschieden, so muß er es grundsätzlich – in vertretbarer Weise – konsequent in geeignete Subprinzipien und entsprechende Normen umsetzen.

Sachgerechte Prinzipien sorgen für Ordnung, Übersicht und Einsicht; sie schaffen eine *Rechts*ordnung; sie verhindern Lücken und Widersprüche, Stück- und Flickwerk, freies Belieben, freie Entfaltung des Gruppenlobbyismus; sie fördern die Lehr- und Lernbarkeit des Rechts und halten den juristischen Problemhaushalt in Grenzen.

Gerechtigkeit wird hauptsächlich verbürgt durch *Gleichbehandlung* (s. Art. 3 GG). Das Grundgesetz hat noch eine besondere Komponente hinzugefügt, die *soziale* Gerechtigkeit des Sozialstaatsprinzips (s. Art. 20 I, 28 I GG). Der Konkretisierungsvorgang verläuft so: Gerechtigkeit → Gerechtigkeit durch Gleichbehandlung → soziale Gerechtigkeit → gleichmäßige, sozialgerechte Besteuerung nach einem sachangemessenen Maßstab.

3.3 Gerechtigkeit durch Gleichbehandlung

Literatur: *Leibholz,* Die Gleichheit vor dem Gesetz[2], München/Berlin 1959; *Robbers,* Der Gleichheitssatz, DÖV 88, 749; Kommentare zu Art. 3 GG.

Franz Klein, Gleichheitssatz und Steuerrecht, Köln 1966; *Tipke,* Anwendung des Gleichheitssatzes im Steuerrecht – Methode oder irrationale Spekulation?, BB 73, 157; *P. Kirchhof,* Steuergleichheit, StuW 84, 297; *H.-W. Arndt,* Gleichheit im Steuerrecht, NVwZ 88, 787; *Birk,* Gleichheit und Gesetzmäßigkeit der Besteuerung, StuW 89, 212; *Kruse,* Über die Gleichmäßigkeit der Besteuerung, StuW 90, 332 ff.

3.31 Unsichere Praxis des Bundesverfassungsgerichts

Art. 3 I GG bestimmt: „Alle Menschen sind vor dem Gesetz gleich."

Das Bundesverfassungsgericht hat Gleichheitssatzverletzungen im Steuerrecht nur ganz selten angenommen. Wie das Bundesverfassungsgericht in einem Einzelfall entscheiden wird, läßt sich kaum prognostizieren.

Der Gleichheitssatz enthalte, so das Verfassungsgericht, die allgemeine Weisung, bei steter Orientierung am Gerechtigkeitsgedanken Gleiches gleich, Ungleiches aber entsprechend seiner Eigenart verschieden zu behandeln[120]. Entscheidend sei, ob für eine am Gerechtigkeitsgedanken orientierte Betrachtungsweise die tatsächlichen Ungleichheiten in dem jeweils in Betracht kommenden Zusammenhang so bedeutsam seien, daß sie beachtet werden müßten[121]. Mehr und mehr hatte das Bundesverfassungsgericht es aufgegeben, die Behandlung von Normadressaten-Gruppen zu vergleichen, sich vielmehr darauf beschränkt zu prüfen, ob es für die angegriffene Norm irgendeinen sachlich vertretbaren, einleuchtenden Grund gebe. Nur wenn sich ein solcher Grund schlechterdings nicht finden lasse, so das Verfassungsgericht, sei die Norm willkürlich und verletze den Gleichheitssatz. Nur in einzelnen Entscheidungen wurde auf das Rechtssystem als Vergleichsmaßstab zurückgegriffen. Angeführt vom II. Senat wird seit einigen Jahren aber eine neue Formel verwendet: Danach ist der Gleichheitssatz vor allem dann verletzt, „wenn der Staat eine Gruppe von Normadressaten *im Vergleich* zu anderen Normadressaten anders behandelt, obwohl zwischen beiden Gruppen keine Unterschiede von solcher Art

---
120 BVerfGE 3, 58, 135; s. ferner BVerfGE 38, 18, 46; 37, 104, 113; 38, 241, 257; 42, 64, 72; 45, 376, 387; 49, 280, 283; 54, 11, 26.
121 BVerfGE 1, 264, 276; 9, 124, 130, 146; 14, 150, 238; 19, 119, 124f.; 21, 73, 84; 36, 187, 190; 37, 38, 46; 45, 376, 387; 52, 256, 263; 54, 11, 26.

und solchem Gewicht bestehen, daß sie die Ungleichheit rechtfertigen könnten"[122]. Immer wieder erwähnt das Gericht auch den weiten Gestaltungsspielraum, den der Gesetzgeber habe. Das Verfassungsgericht dürfe seine Auffassung von Gerechtigkeit nicht an die Stelle der Auffassung des Gesetzgebers von Gerechtigkeit setzen[123]. Der Steuergesetzgeber habe ein weites Ermessen, er dürfe sich von finanzpolitischen, volkswirtschaftlichen, sozialpolitischen und steuertechnischen Erwägungen leiten lassen[124].

Als Vergleichsmaßstab hat das Bundesverfassungsgericht in einer Reihe von Entscheidungen zum Einkommensteuerrecht das Prinzip der Besteuerung nach der wirtschaftlichen Leistungsfähigkeit herangezogen[125].

3.32 Stellungnahme

3.321 Allgemeines

Gleichheit ist, dadurch unterscheidet sie sich von der Identität, immer relativ. Der Satz, daß Gleiches gleich zu behandeln ist, meint nicht Identisches, sondern relativ Gleiches. Es ist zu fragen: in bezug auf was Subjekte/Objekte gleich sein müssen[126]. Die Gemeinsamkeiten oder Unterschiede müssen relevant sein. Ob sie das sind, hängt vom richtigen Vergleichsmaßstab *(tertium comparationis)* ab. Der Gleichheitssatz ist insofern ein Blankett, als er diesen Maßstab selbst nicht liefert.

Da der Gleichheitssatz ein Ausfluß der Gerechtigkeit ist, Gerechtigkeit aber durch sachgerechte Prinzipien verwirklicht wird (s. S. 48 f.), ergibt sich folgerichtig auch für den Gleichheitssatz: Gleichbehandlung *setzt* Prinzipien *voraus,* die – das verlangt die materiale Gleichheit – sachgerecht sein müssen; sie müssen überdies *konsequent* verwirklicht werden[127]. Ohne ein Prinzip fehlt der Anwendung des Gleichheitssatzes der Maßstab. Ein prinzipienlos agierender Gesetzgeber darf dem Verdikt der Verfassung aber nicht entgehen. Prinzipienlosigkeit ist Mißbrauch der gesetzgeberischen Gestaltungsmacht oder Willkür und damit ein Grundverstoß gegen den Gleichheitssatz und die Gerechtigkeit.

Der Bezug des Bundesverfassungsgerichts auf *„Sachgerechtigkeit"* oder *„Sachgemäßheit"/„*Sachwidrigkeit" ist nicht verfehlt, wenn er nicht bloß der isolierten Sachlichkeitsprüfung der angegriffenen Norm dient, sondern auf das sachgerechte Prinzip als Vergleichsmaßstab zielt. Auch der Bezug auf die *„Systemgerechtigkeit"* ist der richtige Weg, denn das System wird konstituiert durch (sachgerechte) Prinzipien.

Da Sachgerechtigkeit, da das sachgerechte Prinzip sach-bezogen oder sachgebietsbezogen ist, ist eine allgemeine Antwort auf die Frage nach dem richtigen Vergleichsmaßstab nicht möglich. Die Antwort setzt die prinzipielle Kenntnis des *jeweiligen* Sachgebiets voraus. Das erschwert die Arbeit des Bundesverfassungsgerichts, das mit Gleichheitssatzfragen der verschiedensten Rechtsgebiete konfrontiert wird, auch sol-

---

122 BVerfGE 55, 72, 88; 60, 123, 133 f.; 65, 104, 112 f.; 67, 231, 236; 70, 236, 239 f.; 71, 146, 154 f.; 72, 141, 150; 74, 9, 24; 74, 203, 217.

123 BVerfGE 3, 162, 182; 50, 57, 77; 57, 107, 115; 58, 68, 79; 64, 158, 168 f.; 65, 141, 148; 71, 39, 53, 58; 71, 255, 271.

124 BVerfGE 6, 70, 81; 13, 181, 203; 49, 343, 360; 50, 386, 392; 65, 325, 354.

125 BVerfGE 61, 319, 343; 66, 214, 222 f.; 67, 290, 297; 68, 143, 152 f.; 72, 200, 260; 74, 182, 200; BStBl. 90, 483, 486.

126 *Hesse,* AöR Bd. 77 (1951/52), 167, 215 f.; v. Mangoldt/Klein/*Starck,* Das Bonner Grundgesetz[3], Bd. 1, München 1985, Art. 3 Rnrn. 12–16, 33 ff.

127 *P. Kirchhof,* StuW 84, 297, 301; *Isensee,* Sitzungsbericht N zum 57. Deutschen Juristentag in Mainz 1988, München 1988, 32, 38; *K. Vogel,* DStJG Bd. 12 (1989), 138.

chen, die von der Wissenschaft systematisch-prinzipiell wenig durchgearbeitet worden sind.

Bei der Bestimmung des sachgerechten Prinzips und bei der Konkretisierung des Prinzips durch Subprinzipien und Einzelnormen hat der Gesetzgeber Spielraum. Ist seine Wertung von der Sache her vertretbar, diskutabel, so liegt ein Verstoß gegen den Gleichheitssatz nicht vor. Es ist richtig, daß das Verfassungsgericht seine Auffassung von Gerechtigkeit und Gleichheit nicht an die Stelle einer vertretbaren, diskutablen Auffassung des Gesetzgebers von Gerechtigkeit und Gleichheit setzen darf. Nur darf man dem Gesetzgeber nicht unterstellen, daß alle seine Beschlüsse auf Gerechtigkeitserwägungen beruhten; nur zu oft liegt ihnen bloß wahltaktisches Kalkül zugrunde oder das Bestreben, Löcher im Haushalt „irgendwie" zu stopfen.

Im Gleichheitssatz wurzelt der Gedanke der Generalität der Gerechtigkeitsidee. Der Gleichheitssatz verlangt daher *wertungsmäßige Konsequenz,* Zuendedenken des Prinzips als des Vergleichsmaßstabs[128]. Inkonsequenz ist Messen mit zweierlei Maß, ist Systembruch und verletzt den Gleichheitssatz. Das schützt vor dem Abgleiten in das politisch Opportune oder Emotionale. Innerhalb eines gewissen Spielraums können allerdings mehrere Lösungen wertungskonsequent sein. Die *Durchbrechung des Prinzips,* der Systembruch, bedarf der Rechtfertigung durch ein anderes sachgerechtes Prinzip. Außerdem muß die Durchbrechung von ihrem Zweck her erforderlich, sie muß geeignet und verhältnismäßig sein. Daß Normen den Finanzbedarf des Staates decken sollen, rechtfertigt keine Durchbrechung des Gleichheitssatzes. Der Fiskalzweck heiligt nicht beliebige Mittel. Der Fiskalzweck kann und muß gerade mit Mitteln des Gleichheitssatzes erfüllt werden.

Das System des Steuerrechts wird wesentlich fundiert vom *Prinzip der Besteuerung nach der Leistungsfähigkeit und seinen Subprinzipien* (dazu näher S. 57 ff.).
Diese Prinzipien bilden im Bereich der Fiskalzwecknormen (s. S. 20) den Vergleichsmaßstab. Der Gleichheitssatz wird erfüllt durch (konsequente) *gleichmäßige Besteuerung nach der Leistungsfähigkeit.* Steuerpflichtige, die gleich leistungsfähig sind, müssen gleich hohe Steuern zahlen (horizontale Gleichheit). Steuerpflichtige, die unterschiedlich leistungsfähig sind, müssen entsprechend ihrer Leistungsfähigkeit unterschiedlich hohe Steuern zahlen. Da das Leistungsfähigkeitsprinzip relativ unbestimmt ist, hat der Gesetzgeber bei der Ausführung des Leistungsfähigkeitsprinzips durch Subprinzipien im Rahmen des Vertretbaren Spielraum. Bei der Entscheidung der Frage, wie die Steuerhöhe bei unterschiedlicher Leistungsfähigkeit zu differenzieren ist (vertikale Gleichheit), ist der Gesetzgeber weitgehend frei; er kann sich für einen proportionalen oder für einen progressiven Tarif entscheiden. Da Gleichheitssatzprobleme im Steuerrecht danach nur unter Heranziehung des Leistungsfähigkeitsprinzips und seiner Subprinzipien gelöst werden können, sind die Ausführungen zum Leistungsfähigkeitsprinzip heranzuziehen. Wegen des Vergleichsmaßstabs für Sozialzwecknormen s. unten 3.322.

---

[128] *P. Kirchhof,* StuW 84, 297, 301; *Isensee,* Sitzungsbericht N zum 57. Deutschen Juristentag in Mainz 1988, München 1988, 38; *K. Vogel,* DStJG Bd. 12 (1989), 138.

§ 3 Systemtragende Prinzipien des Steuerrechts

3.322 Zu Sonderproblemen

a) **Sozialzwecknormen** (Lenkungsnormen)[129] führen dazu, daß Steuerpflichtige weniger oder mehr Steuern schulden als sie schulden würden, wenn diese Sozialzwecknormen nicht existierten. Jedoch ist darin keine Verletzung des Gleichheitssatzes (des Grundsatzes gleichmäßiger Besteuerung) zu erblicken. Sachlich (inhaltlich) haben die Sozialzwecknormen mit den steuerrechtlichen Fiskalzwecknormen nichts zu tun[130]. Die *Steuervergünstigungen*[131], die einen wesentlichen Teil der Sozialzwecknormen ausmachen, enthalten Subventionen (durch Steuerverzicht, Verschonungssubventionen) oder Prämien; sie sind nicht anders zu behandeln als offene oder Transfer-Subventionen oder -Prämien. Die Steuervergünstigungen werden daher auch in den Subventionsbericht aufgenommen. Die Steuervergünstigungen sind nach einem ihnen sachlich angemessenen Maßstab zu gewähren, insbesondere nach dem *Bedürfnis- oder Verdienstprinzip* (s. S. 60). Steuervergünstigungen, die die Bemessungsgrundlage der Einkommensteuer verkürzen, bewirken infolge des Degressionseffekts (als Kehrseite der Progression), daß *der Vergünstigungseffekt mit wachsendem Einkommen steigt*. Solche Vergünstigungen werden also nicht nur nicht nach dem Bedürfnis- oder Verdienstprinzip gewährt; sie beruhen überhaupt *nicht* auf einem *sachgerechten* Prinzip und verletzen den materiellen Gleichheitssatz[132].

Das *Bundesverfassungsgericht* hat bisher nicht zwischen Finanzzwecknormen und Sozialzwecknormen (Lenkungsnormen) unterschieden, aber in der Durchbrechung des Leistungsfähigkeitsprinzips durch Lenkungsnormen eine Rechtfertigung ungleichmäßiger Besteuerung gesehen. Es hat es durchweg auch unterlassen, die Lenkungsnormen darauf zu prüfen, ob sie einem Gemeinwohlzweck dienen und gemessen an diesem Zweck erforderlich, geeignet und verhältnismäßig sind, und ob sie dem Gleichheitssatz genügen[133].

b) **Vereinfachungszwecknormen**

Auch eine von sachgerechten Prinzipien geprägte Rechtsordnung muß praktikabel sein. Insbesondere eine Massenfall-Verwaltung wie die Steuerverwaltung kommt ohne Vereinfachungszwecknormen nicht aus. Solche Normen sollen das „Massengeschäft" der Besteuerung ermöglichen oder erleichtern; sie sollen Überkompliziertheit und Undurchführbarkeit der Gesetze oder unverhältnismäßigen Verwaltungsaufwand verhindern *(Praktikabilitätsprinzip)*. Da Gesetze, die nicht praktikabel sind, nicht gleichmäßig durchgeführt werden können, dienen Vereinfachungszweckvorschriften letztlich auch dem Gleichheitssatz. Das Praktikabilitätsprinzip hat – als primäres Zweckmäßigkeitsprinzip – allerdings nicht die gleiche Wertigkeit wie ethische Prinzipien. Der Gewinn an Praktikabilität darf nicht durch einen beträchtlichen Verlust an Einzelfallgerechtigkeit erkauft werden. Zur Entlastung der Steuerverwaltung arbeitet der Gesetzgeber mit Typisierungen, Pauschalierungen (= Typisierung rechnerischer Grundlagen), Durchschnittssätzen, Vereinfachungsbefreiungen, Freibeträgen und Freigrenzen. Alle diese Schematisierungen müssen auf eine Durchschnittsnormalität hin konzipiert sein.

Insbesondere aufgrund von Steuerfällen hat sich auch das *Bundesverfassungsgericht* mit Zulässigkeit und Grenzen von Vereinfachungszwecknormen befaßt. Es hat entschieden: Für solche

---

129 Dazu S. 20 f.
130 *Ruppe,* in: HHR, Einf. ESt Anm. 57.
131 Dazu S. 135 f.
132 *Handzik,* Wohneigentumsförderung nach § 10e EStG, Köln 1990, 33 Fn. 145; s. auch *Ruppe,* in: HHR, Einf. ESt Anm. 57 a.E.; s. auch S. 657 ff.
133 Dazu S. 43.

Normen muß ein Bedürfnis bestehen; sie müssen zur Vereinfachung geeignet sein und dürfen die Gleichmäßigkeit nicht unverhältnismäßig verletzen. Gewisse ungleiche Auswirkungen sind hinzunehmen[134]. Treten in Einzelfällen unbillige Härten auf, so kann ein Billigkeitserlaß (§ 227 AO) in Betracht kommen[135].

c) **Gleichmäßige Besteuerung und Steuerföderalismus:** Sowenig der Gleichheitssatz dadurch verletzt werden kann, daß ausländische Staaten höhere oder niedrigere Steuern erheben als der Inlandsstaat, sowenig kann er durch unterschiedliche Steuerlasten in den *Ländern* und *Gemeinden* – als *verschiedenen* Steuerberechtigten – verletzt werden. Die unterschiedlichen Lasten haben ihre Ursache insoweit in der Gesetzgebungsautonomie der Länder und der Hebesatzautonomie der Gemeinden. Die steuerliche Gesetzesgleichheit endet also an der Grenze der zuständigen Gebietskörperschaften[136].

Da die Steuergesetzgebungskompetenz indessen ganz überwiegend beim Bund liegt (s. S. 72 ff.), sind die Steuerpflichtigen weitgehend gegen von Land zu Land ungleichmäßige Steuerbelastung und den sich daraus für den wirtschaftlichen Wettbewerb und die Einheit der Lebensverhältnisse ergebenden nachteiligen Folgen geschützt. Eine Hauptausnahme bilden die unterschiedlichen Realsteuerhebesätze.

d) **Gleichmäßige Gesetzesanwendung durch Verwaltungsbehörden:** Auch die Verwaltungsbehörden sind an den Gleichheitssatz gebunden (s. Art. 1 III; 20 III GG), d. h. sie müssen die Gesetze nicht nur anwenden, sie müssen sie auch gleichmäßig anwenden (s. auch § 85 AO). Diesem Zweck dienen Verwaltungsvorschriften. Die überlastete Praxis wird dem Gebot gleichmäßiger Gesetzesanwendung jedoch nicht durchgehend gerecht. Die – zumal in Anbetracht der Kompliziertheit der Gesetze – überlasteten und überforderten Finanzbehörden orientieren sich bei der Intensität der Kontrolle der Steuerpflichtigen zu einseitig am ökonomischen Prinzip. Die Skala reicht von intensiver Ermittlung bis zum Ersatz jeder Kontrolle durch (angebliches) Vertrauen. § 30 a AO behindert sogar bewußt die Gleichmäßigkeit der Gesetzesanwendung[137].

Steuervereinbarungen (extra oder contra legem) verletzen nicht nur das Prinzip der Gesetzmäßigkeit (s. S. 27 ff.), sondern auch den Gleichheitssatz.

3.4 Gleichheitssatz und Besteuerung von Ehe und Familie

Literatur: *K. Vogel,* Zwangsläufige Aufwendungen – besonders Unterhaltsaufwendungen – müssen realitätsgerecht abziehbar sein, StuW 84, 197; *Zeidler,* Verfassungsrechtliche Fragen zur Besteuerung von Familien- und Alterseinkommen, StuW 85, 1; *Böckenförde,* Steuergerechtigkeit und Familienlastenausgleich, StuW 86, 335; *P. Kirchhof,* Ehe und Familie im staatlichen und kirchlichen Steuerrecht, in: Essener Gespräche zum Thema Staat und Kirche, Heft 21, Münster 1986, 117; *Pezzer,* Verfassungsrechtliche Perspektiven der Familienbesteuerung, in: FS für Zeidler, Berlin/New York 1987, 757; *Franz Klein,* Ehe und Familie im Steuerrecht als verfassungsrechtliches Problem, in: FS für Zeidler, Berlin/New York 1987, 773.

Nach Art. 6 I GG stehen *Ehe und Familie* unter dem besonderen Schutz des Staates. Daraus wird abgeleitet: Der Staat darf Steuerpflichtige nicht deshalb benachteiligen,

---

134 BVerfGE 13, 290, 341; 21, 12, 27; 63, 119, 128; 65, 325, 354; 71, 146, 157; 75, 108, 162.
135 BVerfGE 16, 147, 177; 21, 54, 71; 27, 375, 385; 38, 61, 95.
136 BVerfGE 10, 354, 371; 12, 319, 324; 17, 319, 331; 21, 54, 68 (Gemeindesatzung betreffend); 27, 175, 179; 32, 347, 360; 51, 43, 59; v. Mangoldt/Klein/*Starck* (Fn. 126), Art. 3 Rn. 165.
137 Dazu *Tipke*/Kruse, AO[13], zu § 30 a.

§ 3 Systemtragende Prinzipien des Steuerrechts

weil sie verheiratet sind; er darf Ehen allenfalls fördern. Insoweit enthält Art. 6 GG – ebenso wie Art. 3 III GG – eine Konkretisierung des Art. 3 I GG. Die bis 1957 durchgeführte *Kumulierung der Ehegatteneinkünfte* war danach *verfassungswidrig;* sie führte in Anbetracht des progressiven Einkommensteuertarifs dazu, daß Eheleute steuerlich höher belastet wurden als zwei Alleinstehende mit dem gleichen Gesamteinkommen. Zugleich lag darin eine Begünstigung der nichtehelichen Lebensgemeinschaften[138]. Der Gesetzgeber der BR Deutschland entschied sich daher für das Ehegattensplitting, d. h.: Das Gesamteinkommen der Ehegatten wird diesen je zur Hälfte zugerechnet. Das ist das Ergebnis der Technik der §§ 26 b, 32 a V EStG[139].

Das *Ehegattensplitting ist verfassungsmäßig*[140]. Das heißt aber nicht, daß nicht auch eine Individualbesteuerung der Eheleute (wie sie z. B. die skandinavischen Staaten, Österreich und Australien kennen) verfassungsrechtlich vertretbar wäre.

Nichteheliche Lebensgemeinschaften können den Ehen *nicht* gleichgestellt werden, weil sich – jedenfalls ohne Eindringen in die Intimsphäre – nicht mit verhältnismäßigen Mitteln verifizieren läßt, ob, inwieweit und innerhalb welcher Zeit Partner einer nichtehelichen Lebensgemeinschaft wirtschaftlich eine Erwerbs- und Verbrauchsgemeinschaft bilden. Anspruch auf Zugewinn- und Versorgungsausgleich haben die Partner einer nichtehelichen Lebensgemeinschaft, anders als die im gesetzlichen Güterstand lebenden Eheleute[141], ohnedies nicht.

Eltern und Kinder (auch Alleinerziehende und Kinder) bilden eine *Familie* und werden durch Art. 6 I GG ebenfalls geschützt. Daher dürfen wegen der nachteiligen Progressionswirkung für Einkommensteuerzwecke auch die Einkommen von Eltern und Kindern nicht kumuliert werden[142].

Zulässig ist hingegen die *Zusammenveranlagung* (Kumulation der Vermögen) von Eheleuten sowie von Eltern und Kindern *zur Vermögensteuer* (§ 14 VStG), denn sie wirkt wegen des proportionalen Vermögensteuersatzes regelmäßig nicht nachteilig[143].

Art. 6 I GG schützt zwar Ehe und *Familie;* daraus ergibt sich aber nicht, daß das Ehegattensplitting auch auf Alleinstehende mit Kindern ausgedehnt werden dürfte und müßte; Kinder stehen wirtschaftlich nicht Eheleuten gleich[144].

Es ist mit Art. 6 I GG vereinbar, daß bei Ehegatten die zusammengerechneten *Sonderausgaben* nur insoweit berücksichtigt werden, als sie den doppelten Sonderausgaben-Pauschbetrag übersteigen[145].

Tatsächlich durchgeführte *Verträge zwischen Ehegatten oder zwischen Eltern und Kindern* sind – auch steuerrechtlich – grundsätzlich wie Verträge zwischen Fremden zu behandeln. Das führt zu Steuersparmöglichkeiten[146]. An den Nachweis der Vertragsdurchführung dürfen jedoch forcierte Anforderungen gestellt werden. Zwischen Familienangehörigen vereinbarte Entgelte dürfen auf ihre Angemessenheit geprüft werden (s. S. 230ff.). Auf „verdeckte" Unterhaltsverträge zwischen Eltern und Kindern ist § 12 Nr. 2 EStG anzuwenden. Es ist unzulässig, bei der Beurteilung der personellen Verflechtung zwischen Besitz- und Betriebsunternehmen (s. S. 636 f.) für die Annahme

---

138 BVerfGE 6, 55, 67; 9, 20, 34 f.
139 Dazu S. 395 f., 397 f.
140 Dazu S. 397.
141 S. 396.
142 BVerfGE 18, 97, 106.
143 BFH, BStBl. 64, 598, 599; 68, 332, 334.
144 BVerfGE 61, 319, 345, 348.
145 BVerfGE 32, 260ff.
146 Dazu S. 230ff.

einer Betriebsaufspaltung davon auszugehen, daß Ehegatten gleichgerichtete Interessen verfolgen[147].

Auch sonst hat das Bundesverfassungsgericht alle steuergesetzlichen Vorschriften aufgehoben, die an die Ehe irgendwelche benachteiligenden Besonderheiten knüpften[148].

Art. 6 I GG garantiert auch gegenüber der Steuergewalt das familiäre Existenzminimum, den Abzug von unvermeidbaren Unterhaltslasten von der Bemessungsgrundlage[149].

3.5 Sozial gerechte Besteuerung

Literatur: *K. Stern,* Das Staatsrecht der BR Deutschland, Bd. I[2], Köln 1984, § 21: Das sozialstaatliche Prinzip; *Zacher,* Das soziale Staatsziel, in: Isensee/P. Kirchhof (Hrsg.), Handbuch des Staatsrechts I, Heidelberg 1987, § 25; Grundgesetz-Kommentare zu Art. 20 I, 28 I 1 GG; *Kisker,* Die Erbschaftsteuer als Mittel der Vermögensredistribution, Berlin 1964; *Moebus,* Die verfassungsrechtliche Begründung der progressiven Einkommensteuer und ihre systemgerechte Durchführung, Diss. Frankfurt/M. 1974.

Aus Art. 20 I, 28 I 1 GG ergibt sich, daß die BR Deutschland (auch) ein Sozialstaat ist. Zu den Aufgaben des Sozialstaats gehören insb.: die Sicherung eines menschenwürdigen *Existenzminimums* sowie der Ausgleich sozialer Differenzen. Da die BR Deutschland auch ein *freiheitlicher* Rechtsstaat ist, kann das Sozialstaatsprinzip allerdings nur auf den Abbau sozialer Ungleichheiten zielen, nicht auf absolute soziale Gleichheit.

Das Steuerrecht trägt zum Abbau des sozialen Gefälles bei durch die Umsetzung des Leistungsfähigkeitsprinzips (s. S. 57 ff.), durch eine progressive Einkommensteuer sowie durch die Vermögensteuer und die Erbschaftsteuer. Durch diese Mittel werden mit zunehmender Leistungsfähigkeit progressiv mehr Mittel entzogen, zugleich zusätzliche Mittel für eine Umverteilung bereitgestellt.

Der progressive Tarif folgt nicht bereits zwingend aus dem Leistungsfähigkeitsprinzip. Auch eine proportionale Steuer wird dem Leistungsfähigkeitsprinzip gerecht. Das Sozialstaatsprinzip, die soziale Komponente der Steuergerechtigkeit, *läßt es aber zu,* das Leistungsfähigkeitsprinzip durch einen progressiven Tarif zu konkretisieren[150].

Die Verfassungen von *Italien* (Art. 53), *Spanien* (Art. 31 I) und *Portugal* (Art. 106 I, 107 I, III) schreiben ausdrücklich vor, daß die Steuerbelastung progressiv zu gestalten sei. S. auch die Landesverfassung von *Hessen* (Art. 47).

Nur theoretisch verschafft das Sozialstaatsprinzip dem Steuergesetzgeber Belastungsspielraum bis hin zur Grenze der unzulässigen Konfiskation (s. S. 56 f.). Tatsächliche Vorgegebenheiten hindern aber selbst von Sozialisten majorisierte Parlamente daran, beliebig hohe Steuersätze zu beschließen. Die Mentalität der Steuerbürger läßt keine extrem hohe Belastung zu. Theoretisch hohe Belastungen können praktisch zu geringeren Steuereinnahmen führen, nämlich infolge Leistungsreduktion, unwirtschaftlichen Kostenmachens, vermehrter Steuervermeidung, Steuerumgehung und Steuerhinterziehung.

---

147 BVerfGE 69, 185, 188.
148 BVerfGE 16, 203 ff.; 26, 321 ff.; 29, 104 ff.
149 Dazu S. 209 ff., 382 ff.
150 Abw. BVerfGE 8, 51, 68 f.; *K. Vogel,* DStZ 75, 411 (Gleichheitssatz verlangt progressiven Tarif); auf das Sozialstaatsprinzip rekurrieren v. Mangoldt/Klein/*Starck* (Fn. 126), Art. 3 Rn. 83; *Kirchhof,* in: KS, EStG, § 2 Rdn. A 602.

Aus dem Sozialstaatsprinzip läßt sich *nicht* ableiten, daß die Einkommensteuer-Durchschnittsbelastung für höhere Einkommen über 50 % der Bemessungsgrundlage liegen müsse und daß eine niedrigere Belastung ein „*Steuergeschenk*" sei.

Dem Menschenbild des Grundgesetzes würde es nicht entsprechen, wenn der Staat durch die Besteuerung auch das *Existenzminimum* erfassen und hernach einen Ausgleich durch Sozialhilfe schaffen würde. Was der Bürger erwirtschaftet, steht primär ihm zu; der Staat hat nur das Recht, sich davon einen das existentiell Notwendige nicht berührenden Anteil zu nehmen.

Das Sozialstaatsprinzip kann Sonderbelastungen bei sozial unerwünschtem Verhalten und Sonderentlastungen bei sozial erwünschtem Verhalten rechtfertigen. Solche Sonderbelastungen sind z. B. die Tabaksteuer und die Alkoholsteuer. Eine sozialstaatlich gerechtfertigte Sonderentlastungsmöglichkeit ist der Abzug gemeinnütziger Spenden von der Bemessungsgrundlage (§ 10 b EStG).

3.6 Verfassungsrechtliche Grenzen der Besteuerung

Literatur: *Rüfner,* Die Eigentumsgarantie als Grenze der Besteuerung, DVBl. 70, 881; *E. Schaeuble,* Die erdrosselnde Wirkung einer Steuer, in: FS für K. Barth, Stuttgart 1971, 209; *Friauf,* Substanzeingriff durch Steuer-Kumulation und Eigentumsgarantie, StuW 77, 59; *Birk,* Besteuerung und Eigentumsgarantie, StuW 80, 361; *Friauf,* Eigentumsgarantie und Steuerrecht, DÖV 80, 480; *Wendt,* Besteuerung und Eigentum, NJW 80, 2111; *P. Kirchhof/v. Arnim,* Besteuerung und Eigentum, VVDStRL Heft 39 (1981), 210, 286.

a) Die Besteuerung muß dem Bürger soviel belassen, daß er ein menschenwürdiges Leben führen kann; das ergibt sich aus Art. 1 I GG (s. dazu schon S. 55); m. a. W.: das **Existenzminimum** ist vor Besteuerung geschützt.

b) *Nicht geschützt* vor Besteuerung ist die **materielle Privatsphäre**. Der Steuereingriff ist ein Vorgang in der Sozialsphäre. Der Steuerpflichtige darf auch steuerrechtlich sog. „private" Einkunftsarten und steuerrechtlich sog. „privates" Vermögen nicht zu Lasten anderer Steuerpflichtiger verstecken. Die sog. „privaten" Einkünfte und das sog. „Privatvermögen" i. S. des Steuerrechts (Gegensatz: Unternehmenseinkünfte, Betriebsvermögen) haben nichts mit einer unantastbaren innersten Sphäre oder Intimsphäre ohne Sozialbezug zu tun. Nur diese Sphäre will das Grundgesetz als Ausfluß der Menschenwürde (s. Art. 1 I GG) schützen.

c) Verfassungsrechtliche Grenzen werden der Besteuerung jedoch durch die **Garantie der Berufsfreiheit** (Art. 12 GG) und die **Garantie des Eigentums und des Erbrechts** gezogen. Diese Vorschriften lassen eine *konfiskatorische Besteuerung nicht* zu. Art. 12 I GG schützt die Erwerbsbetätigung, Art. 14 GG das Erworbene. Greift die öffentliche Gewalt in die Freiheit der Erwerbsbetätigung ein, so ist der Schutzbereich des Art. 12 I GG betroffen, begrenzt sie mehr die Innehabung und Verwendung vorhandener Vermögensgüter, so ist der Schutzbereich des Art. 14 GG berührt.

Das Verbot konfiskatorischer Besteuerung ist nicht so sehr dem Wortlaut als vielmehr dem Geist der Art. 2 I; 12; 14 GG zu entnehmen. Die Steuern dürfen nicht so hoch sein, daß vernünftig wirtschaftende Bürger in Anbetracht der generellen Wirkung der Steuern gezwungen sind, ihren Beruf aufzugeben; die Steuern dürfen auch keine enteignungsgleiche Wirkung haben. In einem freiheitlichen Staat (s. Art. 2 I GG) darf auch die Besteuerung die Grundlagen der freiheitlichen Eigentums- und Wirtschaftsordnung nicht zerstören. Der freiheitliche Steuerstaat muß an den Einkünften und Vermögen seiner Bürger partizipieren; konfisziert er jedoch, höhlt er die private Wirtschafts- und Eigentumsordnung durch Steuerbelastungen von expropriationsgleicher Wirkung aus (wie es in den Ostblockstaaten nach dem II. Weltkrieg praktiziert worden ist), so hebt er sich unzulässigerweise selbst auf.

Eine weit über 1000 Seiten umfassende staatsrechtliche Literatur hat versucht, die Problematik durch mehr oder weniger „schulmäßige Interpretation", insb. des Art. 14 GG, in den Griff zu bekommen. Das konnte aber nicht gelingen, weil Art. 14 GG ganz offenbar auf die Besteuerung nicht zugeschnitten ist; Besteuerung gegen Entschädigung ist Nonsens. Aus dem Gesamtbild einer freiheitlichen Verfassung (die freie Entfaltung der Persönlichkeit, Berufs- und Gewerbefreiheit, Eigentum und Erbrecht sichern will) ergibt sich aber, daß eine solche Verfassung auch der Steuergewalt nicht erlauben will, Berufsfreiheit, Eigentum und Erbrecht auszuhöhlen. Da das in Staaten mit freiheitlich-demokratischer Grundordnung tatsächlich nicht geschieht, ist die Frage, ob die Besteuerung enteignend wirken dürfte, in den meisten Rechtsstaaten auch gar kein Thema; der Versuch, sie positivistisch-interpretatorisch zu lösen, ist nicht bloß verfehlt; sie ist – zumal in Anbetracht des bestehenden Zustandes der deutschen Wirtschafts- und Eigentumsordnung – auch eine bloß akademische Trockenübung. Es hat denn auch kein Autor ein Steuergesetz nennen können, das konfiskatorisch wirkt. Nicht einmal bei Kumulation mehrerer Steuern trifft das zu. Und die Verfassungsrechtsprechung hat Art. 12, 14 GG auch noch in keinem Fall zum Anlaß genommen, ein Steuergesetz aufzuheben. (Dasselbe gilt für Österreich und die Schweiz.) Auch die Erbschaftsteuersätze sind vom Bundesverfassungsgericht nicht beanstandet worden.

C. Das Leistungsfähigkeitsprinzip als Fundamentalprinzip gerechter Besteuerung

Literatur: *Bredt,* Die Besteuerung nach der Leistungsfähigkeit, Leipzig 1912; *Birk,* Das Leistungsfähigkeitsprinzip als Maßstab der Steuernormen, Köln 1983 (mit umfassendem Nachweis auch der finanzwissenschaftlichen Literatur bis 1983); *P. Kirchhof,* Der verfassungsrechtliche Auftrag zur Besteuerung nach der Leistungsfähigkeit, StuW 85, 319; *ders.,* Die Besteuerung nach der Leistungsfähigkeit, ein verfassungsrechtliches Problem im Steueralltag, StbKongr-Rep. 1988, 29; *Söhn,* Verfassungsrechtliche Aspekte der Besteuerung nach der subjektiven Leistungsfähigkeit im Einkommensteuerrecht: Zum persönlichen Existenzminimum, FinArch. N.F. Bd. 46 (1988), 154; *Jüptner,* Leistungsfähigkeit und Veranlassung, Heidelberg 1989; *Costede,* Zur dogmatischen Leistungsfähigkeit des Leistungsfähigkeitsprinzips, in: Festgabe für Felix, Köln 1989, 17; *K. Vogel,* Der Verlust des Rechtsgedankens im Steuerrecht als Herausforderung an das Verfassungsrecht, DStJG Bd. 12 (1989), 123, 141: Zur Dogmatik des Leistungsfähigkeitsprinzips.

1. Inhalt, Rechtsgrundlagen

Dem Leistungsfähigkeitsprinzip (ability to pay principle) gemäß ist die individuelle Steuerbelastung nach der Fähigkeit des einzelnen zu bemessen, Steuerleistungen erbringen zu können.

Soweit Finanzwissenschaftler an die Fähigkeit anknüpfen, private Bedürfnisse befriedigen zu können, ist einzuwenden: Diese Formel berücksichtigt nicht, daß wegen des Schutzes des Existenzminimums die existentiell notwendige Bedürfnisbefriedigung gerade auszuklammern ist. Im übrigen paßt die Formel nicht auf Unternehmenssteuern, die an die Leistungsfähigkeit anknüpfen.

Das weitgehend aus der Diskussion verschwundene *Äquivalenzprinzip* (benefit principle) erinnert abweichend vom Leistungsfähigkeitsprinzip an das do ut des – Prinzip der Marktwirtschaft. Die Steuer wird als Preis aufgefaßt für die vom Staat oder den Gemeinden erbrachten Leistungen. Dabei wird bald auf den Vorteil, Wert oder Nutzen abgestellt, den die Leistung des Gemeinwesens hat, bald auf die Kosten, die dem Gemeinwesen vom Einzelnen (Individualäquivalenz) verursacht werden.

§ 3 Systemtragende Prinzipien des Steuerrechts

Das *Kopfsteuerprinzip* verlangt von jedem Steuerpflichtigen (ob arm, ob reich) die gleiche Steuer. Sie fragt auch nicht nach dem Wert eines Äquivalents.

Abweichend von Art. 134 WRV sieht das Grundgesetz der BR Deutschland keinen *ausdrücklichen* Maßstab für die individuelle Steuerlastverteilung vor. Das Bundesverfassungsgericht und mehrere Autoren sehen im Leistungsfähigkeitsprinzip den (einzig) sachgerechten Vergleichsmaßstab für die Anwendung des Gleichheitssatzes. Abgesehen davon wird das Leistungsfähigkeitsprinzip aber auch durch Grundrechte mit fundiert. Die Besteuerung der Nicht-Leistungsfähigen, der steuerliche Eingriff in deren Existenzminimum würde die Menschenwürde (Art. 1 I GG) verletzen. Oder anders gewendet: Art. 1 I GG verlangt, daß das Steuerrecht das Existenzminimum respektiert. Das Sozialstaatsprinzip (Art. 20 I, 28 I 1 GG) wirkt auf die inhaltliche Gestaltung des Leistungsfähigkeitsprinzips insofern ein, als es einen progressiven Tarif mindestens zuläßt. Das Leistungsfähigkeitsprinzip ist auch insofern ein verfassungskonformes Prinzip, als es verhütet, daß Art. 12, 14 GG verletzt werden (s. S. 56f.). Art. 12, 14 GG lassen eine konfiskatorische Steuer nicht zu. Eine Steuer, die sich an der Leistungsfähigkeit orientiert, ist nicht konfiskatorisch. Ein dem Geist der Berufsfreiheit (Art. 12 GG) gerecht werdendes Leistungsfähigkeitsprinzip ist inhaltlich so auszugestalten, daß alle Einkunftsarten gleich behandelt werden. Es wird auch die Auffassung vertreten, das Leistungsfähigkeitsprinzip sei durch Art. 105, 106 GG vorgegeben[1].

Die Auffassung, der Gesetzgeber dürfe das Fundamentalprinzip *frei wählen* (besser: dürfe zwischen mehreren sachgerechten Prinzipien frei wählen), ist nicht grundsätzlich falsch: Es gibt jedoch *außer dem Leistungsfähigkeitsprinzip kein anderes sachgerechtes* und zugleich der Verfassung durchgehend gerecht werdendes *Prinzip*. Wer anderer Ansicht ist, mag es benennen und die Sachgerechtigkeit sowie die Verfassungskonformität begründen.

Für die Sachgerechtigkeit des Leistungsfähigkeitsprinzips spricht auch seine Akzeptanz durch das allgemeine Rechtsbewußtsein, und zwar weit über die Landesgrenzen hinaus. Anders als das Äquivalenzprinzip und das Kopfsteuerprinzip ist das Leistungsfähigkeitsprinzip ein *weltweit als sachgerecht anerkanntes* Fundamentalprinzip der Besteuerung. Ability to pay principle, taxable capacity principle, draagkrachtbeginsel, principe de capacité contributive, principio della capacità contributiva, principio de capacidad contributiva fundieren das Steuerrecht in allen entwickelten Staaten der Welt. In mehreren Verfassungen ist es ausdrücklich verankert (z. B. Verfassungen von Frankreich, Griechenland, Italien, Spanien, Türkei).

Das Leistungsfähigkeitsprinzip enthält überdies eine *Klugheitsregel:* In der Rücksicht auf die, die nicht leistungsfähig sind, liegt praktische, den Rechtsfrieden fördernde Vernunft. Wie die englische Revolte gegen die Kopfsteuer (community charge) zeigt, wird eine Kopfsteuer hingegen von der Allgemeinheit nicht akzeptiert. Die Besteuerung nach der Leistungsfähigkeit ist zudem ein Fortschritt gegenüber prinzipienlosem Dezisionismus oder Fiskalismus, willkürlicher Anknüpfung oder politischem Opportunismus.

Hingegen sind weder das *Äquivalenzprinzip* noch das *Kopfsteuerprinzip* (s. S. 57f.) verfassungskonform. Sie nehmen keine Rücksicht auf das durch Art. 1 I GG gewährleistete Existenzminimum und werden auch dem Sozialstaatsprinzip (Art. 20 I, 28 I 1 GG) nicht gerecht.

Der Steuerbegriff des § 3 I AO schaltet die „individuelle Äquivalenz" aus dem Steuerbegriff aus („Steuern sind Geldleistungen, die nicht eine Gegenleistung für eine besondere Leistung darstellen"). Im übrigen ist die Ermittlung der „individuellen Äquivalenz" weithin unmöglich (Beispiel: Wie bewertet man die Leistungen (den Nutzen) der Polizei, der Bundeswehr? Und wie rechnet man solche Leistungen dem Einzelnen zu?).

---

1 *Kirchhof*, in: KS, § 2 Rdnrn A 68ff., 150f.; *K. Vogel*, DStJG Bd. 12 (1989), 123, 142f.

Sofern eine Leistung des Gemeinwesens allerdings eine individuell zurechenbare Sonderleistung darstellt, auf die der Bürger nicht angewiesen ist, ist es nicht nur vertretbar, sondern auch geboten, als Äquivalent Gebühren zu erheben. Das ist auch angezeigt, wenn einzelne Bürger oder Gruppen von Bürgern durch sozial inadäquates Verhalten vermeidbare Aufwendungen des Staates oder der Gemeinde verursachen, mit denen andere Bürger nichts zu tun haben. Diese anderen, sich sozial erwünscht verhaltenden Bürger sollten folglich solche Aufwendungen auch nicht mittragen müssen. So wäre es z. B. sachgerecht, die Veranstalter von Fußball- oder Eishockeyspielen für diejenigen Kosten (einschließlich der Kosten der Polizei) aufkommen zu lassen, die durch das Zuschauerverhalten verursacht werden.

Auch die *Kopfsteuer* ist weder mit dem Schutz des Existenzminimums noch mit dem Sozialstaatsprinzip vereinbar.

2. Notwendigkeit und Möglichkeit der Konkretisierung

Wie jedes abstrakte Prinzip (s. z. B. Rechtsstaatsprinzip, Rechtssicherheitsprinzip, Prinzip von Treu und Glauben) ist auch das Leistungsfähigkeitsprinzip *unbestimmt,* es ist *aber nicht unbestimmbar.* Gesetzgeber und Gerichte müssen es konkretisieren. Die Wissenschaft muß sie dabei unterstützen.

Es ist allgemein anerkannt, daß das *Einkommen* eine geeignete Bemessungsgrundlage steuerlicher Leistungsfähigkeit ist[2]. Im Einkommensteuerrecht ist die Konkretisierungsarbeit, zumal die der Steuerrechtswissenschaft, am weitesten fortgeschritten[3]. Das Leistungsfähigkeitsprinzip ist durch Subprinzipien (Prinzip der Individualbesteuerung, Markteinkommensprinzip, Prinzip der Gleichwertigkeit der Einkunftsarten[4], Realisationsprinzip, objektives Nettoprinzip, Veranlassungsprinzip, subjektives Nettoprinzip) konkretisiert worden. Auch wenn man berücksichtigt, daß der Gesetzgeber Spielraum hat: Durchaus nicht alle Vorschriften des Einkommensteuergesetzes liegen oder liegen noch im Rahmen dessen, was unter dem Aspekt steuerlicher Leistungsfähigkeit noch vertretbar, noch diskutabel ist.

Auch im *Vermögen* drückt sich Leistungsfähigkeit aus. Die Erhebung einer *Vermögensteuer neben* der progressiven Einkommensteuer ist aber schwer zu rechtfertigen.

Erbe/Beschenkter werden durch die *Erbschaft/Schenkung* bereichert und dadurch steuerlich leistungsfähiger[5].

Die moderne *Umsatzsteuer* ist (nicht technisch, aber von ihrem Zweck her) eine Verbrauchsteuer, die ebenfalls Leistungsfähigkeit messen will: Belastet werden sollen die Aufwendungen des Verbrauchers; in ihnen drückt sich Leistungsfähigkeit aus. Verbrauchsteuerprinzip und Vorsteuerabzugsprinzip sind im Umsatzsteuerrecht Subprinzipien des Leistungsfähigkeitsprinzips. Um den Schutz des Existenzminimums müßte das Umsatzsteuerrecht sich mehr bemühen.

Die Erhebung etlicher *besonderer Verbrauchsteuern* neben der Umsatzsteuer als allgemeiner Verbrauchsteuer ist nicht gerechtfertigt. Die Aufwendungen für Zucker, Salz, Kaffee, Tee und Leuchtmittel (Lampen) sind bereits mit Umsatzsteuer belastet.

---

2 Dazu S. 191.
3 *J. Lang,* Die Bemessungsgrundlage der Einkommensteuer, Köln 1981/88; *ders.,* Reformentwurf zu Grundvorschriften des Einkommensteuergesetzes, Köln 1985; *P. Kirchhof,* Gutachten F zum 57. Deutschen Juristentag in Mainz 1988, München 1988; Sitzungsbericht N zum 57. Deutschen Juristentag in Mainz 1988, München 1988.
4 Die ungleichmäßige Behandlung der Einkunftsarten ist nicht Art. 12 GG-konform.
5 S. auch *Meincke/Michel,* ErbStG[8], München 1987, Einf. Rnrn. 1, 2.

Eine besondere (zusätzliche, gesteigerte) Leistungsfähigkeit drückt sich in ihnen nicht aus.

Körperschaftsteuer und *Gewerbesteuer* sind *Unternehmenssteuern*. In dem Gewinn („Einkommen") der Körperschaft drückt sich steuerliche Leistungsfähigkeit aus. Aufgrund des Körperschaftsteuergesetzes 1977 (mit Anrechnungsverfahren) soll indessen auf längere Sicht Leistungsfähigkeit der Körperschaft gar nicht mehr erfaßt werden. Die Körperschaftsteuer ist nur eine Art Vorsteuer auf die Einkommensteuer. Die Gewerbesteuer wird traditionell mit dem Äquivalenzprinzip in Verbindung gebracht. Tatsächlich wird sie aber weder dem Prinzip der Gruppenäquivalenz noch dem der Individualäquivalenz gerecht. Sie ist ein systematischer Mischmasch. Da die Gegenleistungen der öffentlichen Hand sich ohnehin nicht quantifizieren lassen, sollten Körperschaft- und Gewerbesteuer in einer an die Leistungsfähigkeit anknüpfenden Unternehmenssteuer aufgehen. Aus Gründen der Wettbewerbsneutralität müßte die Unternehmenssteuer mit einem proportionalen Steuersatz arbeiten. Die steuerrechtliche Anknüpfung an die *Rechtsform* der Unternehmen und die unterschiedliche Belastung der Unternehmen je nach Rechtsform (Einzelunternehmen und Personengesellschaften einerseits, Kapitalgesellschaften andererseits) ist mit dem Leistungsfähigkeitsprinzip *nicht* vereinbar.

3. Exkurs: Bedürfnis-, Verdienstprinzip

Zur sachgerechten Verwirklichung der Zwecke, die mit Sozialzwecknormen (Lenkungsnormen), insb. mit steuergesetzlichen Subventionen oder Prämien verfolgt werden, kommt als sachgerechte Bemessungsgrundlage nicht das Leistungsfähigkeitsprinzip, sondern insb. das *Bedürfnisprinzip* oder das *Verdienstprinzip* in Betracht. Wirtschaftliches Bedürfnis ist negative wirtschaftliche Leistungsfähigkeit. Das Verdienstprinzip belohnt besondere Verdienste im Interesse des Gemeinwohls, etwa Erfindungen oder gemeinnütziges Spenden. Steuergesetzliche Subventionen so zu bemessen, daß der Subventionsvorteil mit zunehmendem Einkommen steigt, ist eine Perversion der Sachgerechtigkeit.

4. Ideal und Realität steuerlicher Rechtsstaatlichkeit

Literatur: *K. Vogel,* Der Verlust des Rechtsgedankens im Steuerrecht als Herausforderung an das Verfassungsrecht, DStJG Bd. 12 (1989), 123 ff.; *K. Tipke,* Über Steuergesetzgebung und Verfassungsgerichtsbarkeit, StuW 90, 308.

Der Grundsatz der Gesetzmäßigkeit wird im Steuerrecht durchweg beachtet (s. S. 27 ff.). Rückwirkende Gesetze sind selten. Die Steuergesetze sind aber weithin nicht so klar und bestimmt, wie sie den Umständen nach sein könnten (dazu S. 33 f.).

Der durch sachgerechte Prinzipien und Subprinzipien verkörperte „Rechtsgedanke" (dessen Verlust *K. Vogel* beklagt hat[6]) ist dem Steuerrecht nicht gänzlich abhanden gekommen. Den großen Steuergesetzen (insb. EStG, UStG) unterliegen noch (tradierte) Prinzipien und Subprinzipien; diese sind aber vor allem im Einkommensteuerrecht zunehmend durchlöchert worden. Steuerpolitiker, die Lobby und der Finanzausschuß des Bundestages lassen sich offenbar durchweg von wahltaktischem Kalkül leiten, nicht von den Maßstäben der Sachgerechtigkeit und der Konsequenz. Auch

---

6 DStJG Bd. 12 (1989), 123 ff.

die Arbeit der Steuerabteilung des Bundesministeriums der Finanzen läßt Wünsche offen. Kasuistische Flickerei und Verhinderung von Steuerausfällen spielen auch dort eine wesentliche Rolle, wo das Ministerium im politischen Windschatten Beiträge zur Stabilisierung eines Systems sachgerechter Besteuerung leisten könnte. Unter den Folgen der unsystematischen, unnötig komplizierten Gesetzgebung leidet die Gesetzesanwendung. Die mangelhaften Gesetze können nicht mehr gleichmäßig angewendet werden[7].

Daß das wahltaktische Kalkül aufgrund rechtswissenschaftlicher Kritik aus der Gesetzgebung verschwinden könnte, ist nicht anzunehmen, weil es dem politischen System immanent ist. Nur das Bundesverfassungsgericht könnte den Gesetzgeber auf die Bahn sachgerechter Gesetzgebung zurückführen. Dazu hat es – im Rückblick – bisher zu wenig getan. Es gibt keine Verfassungsgerichtsentscheidung, die eine Verletzung von Grundsätzen formaler Rechtsstaatlichkeit bejaht hätte. Während im Bereich materialer Rechtsstaatlichkeit das Bundesverfassungsgericht den Art. 6 GG durchgehend wirksam durchgesetzt hat, hat es u. E. den allgemeinen Gleichheitssatz (Art. 3 I GG) fast „außer Wirkung gesetzt". So kann der Gesetzgeber aufgrund der Rechtsprechung des Bundesverfassungsgerichts weiterhin die Einkunftsarten des Einkommensteuergesetzes ungleich behandeln[8], die Geldentwertung außer Betracht lassen[9], nur den Grundbesitz irreal niedrig bewerten, je nach Rechtsform ungleiche Unternehmenssteuern erheben[10], neben der Umsatzsteuer zusätzliche Verbrauchsteuern auf beliebige Waren legen[11]. Auch zwischen Fiskalzweck- und Lenkungsnormen hat das Bundesverfassungsgericht bisher nicht differenziert.

Die bisherige Art des judicial self-restraint sollte aufgegeben werden. Würde das Bundesverfassungsgericht den Gleichheitssatz methodisch berechenbar anwenden, so würde dem Gesetzgeber nicht der nötige Spielraum genommen. Der Gesetzgeber kann die Fundamentalprinzipien des Steuerrechts innerhalb des Vertretbaren, Diskutablen frei bestimmen. Er hat Spielraum auch bei der Ausführung der Fundamentalprinzipien durch Subprinzipien und Einzelnormen. Die wertungsmäßige Konsequenz muß sich auch insoweit nur im Rahmen des Vertretbaren, Diskutablen bewegen. Die Gesetzgebung ist aber zur Ordnung zu rufen, wenn sie den Rechtsgedanken, den Gedanken wertungsmäßiger Konsequenz zumal, völlig ausklammert.

Der Steuerrechtswissenschaft ist es aufgegeben, das Bundesverfassungsgericht durch die Entwicklung einer Prinzipienlehre zu unterstützen, die auch die Grenzen des Vertretbaren, Diskutablen aufzeigen sollte. Im Einkommen- und Umsatzsteuerrecht hat sie darin vor allem im letzten Jahrzehnt u. E. große Fortschritte gemacht[12].

---

7 S. S. 53.
8 Dazu S. 328 f.
9 Dazu S. 203 ff.
10 Dazu S. 612 ff.
11 Dazu S. 610 f.
12 Zu allem ausführlich K. *Tipke*, StuW 90, 308 mit umfassenden Nachweisen.

§ 4 Finanzverfassungsrechtliche Grundlagen der Steuerrechtsordnung

A. Der Steuerbegriff; Abgrenzung von anderen Abgaben

Literatur: *G. Wacke,* Das Finanzwesen der Bundesrepublik, Tübingen 1950; *K.-H. Friauf,* Verfassungsrechtliche Grenzen der Wirtschaftslenkung und Sozialgestaltung durch Steuergesetze, Tübingen 1966; *K. Vogel/H. Walter,* Bonner Kommentar zum Grundgesetz, Heidelberg (Loseblatt), Art. 105 Rn. 23 ff. (1971); *P. Selmer,* Steuerinterventionismus und Verfassungsrecht, Frankfurt/M. 1972; *W. Knies,* Steuerzweck und Steuerbegriff, München 1976; *K. Stern,* Das Staatsrecht der Bundesrepublik Deutschland, II, München 1980, § 46 I 3, 4, 1094 ff.; *D. Birk,* Steuerzweck und Steuerbegriff, StStud. 86, 162; *P. Kirchhof,* Staatliche Einnahmen, in: Isensee/Kirchhof (Hrsg.), Handbuch des Staatsrechts, Bd. IV, Heidelberg 1990, § 88 (nicht mehr ausgewertet).

1. Steuern

1.1 Die Legaldefinition

§ 3 I 1 AO enthält folgende Legaldefinition des Steuerbegriffs:

Steuern sind Geldleistungen, die nicht eine Gegenleistung für eine besondere Leistung darstellen und von einem öffentlich-rechtlichen Gemeinwesen zur Erzielung von Einnahmen allen auferlegt werden, bei denen der Tatbestand zutrifft, an den das Gesetz die Leistungspflicht knüpft; die Erzielung von Einnahmen kann Nebenzweck sein.

1.2 Verfassungsrechtlicher Inhalt und Bedeutung des Steuerbegriffs

§ 3 I 1 1. Halbsatz AO stimmt inhaltlich mit § 1 der Reichsabgabenordnung 1919 (s. S. 15) überein. Das BVerfG[1] vertritt in st. Rspr. die Auffassung, daß der Verfassungsgeber den einfach-gesetzlichen Steuerbegriff des § 1 RAO 1919 in die Finanzverfassung übernommen habe (sog. Rezeptionsargument)[2]. Der historische Steuerbegriff bringt indessen nicht hinreichend zum Ausdruck, daß Steuern auch wirtschaftslenkenden Charakter haben können. Insoweit bedarf der historische Steuerbegriff der Ergänzung. Der verfassungsrechtliche Steuerbegriff hat auch der Notwendigkeit Rechnung zu tragen, „daß die Steuer in der modernen Industriegesellschaft zwangsläufig auch zum zentralen Lenkungsinstrument aktiver staatlicher Wirtschafts- und Gesellschaftspolitik geworden ist"[3]. Der Gesetzgeber der AO 1977 (s. S. 16) hat dem Lenkungscharakter der Steuer durch Anfügung des § 3 I 1 2. Halbsatz AO Rechnung getragen.

---

1 BVerfGE 3, 407, 435; 4, 7, 13 f.; 7, 244, 251 f.; 8, 274, 317; 10, 372, 380 f.; 29, 402, 408 f.; 36, 66, 70; 38, 61, 79 f.; 42, 223, 228; 49, 343, 353; 55, 274, 299; 65, 325, 344 (Zweitwohnungssteuer); 67, 256, 282 (Investitionshilfeabgabe).

2 Dazu *D. Birk,* Steuerrecht I, Allgemeines Steuerrecht, München 1988, 26 ff.; *W. Knies,* Steuerzweck und Steuerbegriff, München 1976.

3 So BVerfGE 67, 256, 282 (Investitionshilfeabgabe). Zum wirtschaftslenkenden Charakter von Steuern BVerfGE 3, 407, 436; 6, 55, 81; 7, 244, 251; 13, 331, 345 f.; 16, 147, 161; 19, 101, 114; 19, 119, 125; 30, 250, 264; *K.-H. Friauf,* Verfassungsrechtliche Grenzen der Wirtschaftslenkung und Sozialgestaltung durch Steuergesetze, 1966; *P. Selmer,* Steuerinterventionismus und Verfassungsrecht, 1972; *W. Knies* (Fn. 2); *K. Vogel,* JbFSt. 1968/69, 225; *K. Vogel/*

Die praktische Bedeutung des § 3 I 1 2. Halbsatz AO ist gering. Der Fiskalzweck „Erzielung von Einnahmen" wird nur in sehr seltenen Fällen zugunsten von Lenkungszwecken zum „Nebenzweck" degradiert. Das klassische Beispiel ist die Werkfernverkehrsteuer[4]. Verbrauchsteuern zum Schutze der Umwelt[5] und der Gesundheit (Tabaksteuer, Alkoholsteuern)[6] und Schutzzölle[7] (Gegensatz: Finanzzölle) können als Lenkungsteuern qualifiziert werden.

In aller Regel dienen aber Steuern dem *fiskalischen Hauptzweck* „Erzielung von Einnahmen". Allerdings sind die Steuertatbestände solcher Fiskalzwecksteuern mehr oder weniger stark mit Sozialzwecknormen durchsetzt, die nicht eine Besteuerung nach der Leistungsfähigkeit realisieren wollen, sondern Lenkungsfunktion haben (s. S. 20 ff., 644 ff.).

Die neuere verfassungsrechtliche Literatur wehrt sich nicht mehr gegen den allgemeinen interventionistischen Trend, sondern versucht, durch historische Auslegung nachzuweisen, daß das Begriffsmerkmal „zur Erzielung von Einnahmen" den Steuerbegriff nur von Strafen und Ungehorsamsfolgen etc. habe abgrenzen sollen[8]; ferner versucht sie, unmittelbar aus dem Grundgesetz einen Steuerbegriff herauszudestillieren, der zwar nicht gänzlich auf den Finanzzweck verzichtet, aber auch andere Zwecke, jedenfalls als Nebenzwecke, verträgt[9].

Der Fiskalzweck „Erzielung von Einnahmen" darf aber nicht gänzlich wegfallen. Der Steuerbegriff ist nicht erfüllt, wenn die Abgabe lediglich dem Zweck dienen soll, den Betroffenen wirtschaftlich zu „erdrosseln" oder die Steuerquelle sonst zum Versiegen zu bringen[10]. Das Verbot der Erdrosselungsabgabe ergibt sich insb. aus den Art. 12 I, 14 GG (s. S. 56 f.). Der Steuerbegriff wird in der Literatur auch dann als nicht erfüllt angesehen, wenn lediglich interventionistische Zwecke verfolgt werden und die Einnahme allenfalls ein „wenn auch nicht unwillkommenes Abfallprodukt der Lenkungsmaßnahme" ist[11]. Die völlige Verneinung eines fiskalischen Nebenzwecks ist indessen schwierig. Das Bundesverfassungsgericht neigt dazu, den fiskalischen Nebenzweck zu bejahen. Gesetze, die bloß wirtschaftslenkende Belastungen als „Steuern" etikettieren, sind in Wahrheit nicht Steuergesetze, sondern Wirtschaftsgesetze. Wirtschaftsgesetzliche Belastungen sind insb. Sonderabgaben (s. S. 66 f.).

Ein Beispiel für eine reine Lenkung „steuer" *ohne* fiskalischen Nebenzweck lieferte ursprünglich auch der *Schutzzoll*. Seine klassische Funktion bestand nämlich darin, die inländische Wirtschaft gegen ausländische Konkurrenz abzuschirmen. Dieser Zweck war am besten erreicht, wenn das Aufkommen null war. Heutzutage hingegen dienen Schutzzölle grundsätzlich nicht mehr der Warenstrom*erdrosselung*, sondern der Warenstrom*regulierung*. Dies ergibt sich aus den Prinzipien einer liberalen Weltwirtschaftsordnung, die im GATT (General Agreement on Tariffs and Trade) ihren Niederschlag finden. Es gelten die Grundsätze des nichtdiskriminierenden Markt-

---

H. Walter, Bonner Kommentar zum GG, Art. 105 Rn. 47 ff. (1971); *C. Starck,* in: FS für G. Wacke, Köln 1972, 193 ff.; *H. G. Ruppe,* Das Abgabenrecht als Lenkungsinstrument..., in: Verhandlungen des 8. österr. Juristentages in Graz (1982), Bd. I, 1. Teil A, Wien 1982.

4 BVerfGE 16, 147. Exemplarisch auch die Investitionshilfe der gewerblichen Wirtschaft (BGBl. I 52, 7; BVerfGE 4, 7) und der Konjunkturzuschlag (BGBl. I 70, 1125; BVerfGE 29, 402, 409).
5 Vgl. *D. Dickertmann,* Maßnahmen für den Umweltschutz im Rahmen des bestehenden Steuersystems, Schriften des Vereins für Socialpolitik N. F. Bd. 176/I, Berlin 1988, 91 ff.
6 S. dazu S. 179.
7 Zum Schutzzollzweck *W. Knies* (Fn. 2), 8 ff.
8 Dazu *W. Knies* (Fn. 2), 61 ff.
9 *K. Vogel/H. Walter* (Fn. 3); *P. Selmer* (Fn. 3), 101 ff.; *C. Starck* (Fn. 3), 197 ff.
10 S. schon pr. OVG PrVBl. 38, 116.
11 Nachweise in Tipke/*Kruse,* AO [13], § 3 Tz. 9.

§ 4 Finanzverfassungsrechtliche Grundlagen

zuganges und der Verhältnismäßigkeit[12]. Das bedeutet, daß Zölle und Abschöpfungen einem fiskalischen Nebenzweck dienen, so daß § 3 I 2 AO lediglich deklaratorische Bedeutung hat.

Der verfassungsrechtliche Steuerbegriff hat hauptsächlich *kompetenzielle* Bedeutung: Er bestimmt die sich aus den Art. 105 ff. GG ergebenden Gesetzgebungs-, Ertrags- und Verwaltungshoheiten (s. S. 67 ff.) und grenzt sie gegenüber den Kompetenzen für Gebühren, Beiträge und Sonderabgaben ab (s. S. 65 ff.). Im übrigen kann der Steuerbegriff überall dort verfassungsrechtlich relevant werden, wo der verfassungsrechtliche Inhalt steuerbegriffsabhängiger Institutionen zu eruieren ist (Beispiel: Geltung des Steuergeheimnisses gegenüber Parlamentarischen Untersuchungsausschüssen[13]).

Im einfachgesetzlichen Bereich hat der Steuerbegriff vor allem Bedeutung für den Anwendungsbereich der Abgabenordnung (§ 1 AO), die Aufgaben der Finanzverwaltung nach dem Gesetz über die Finanzverwaltung (s. S. 668 f.) und die Art des Rechtsschutzes (Einspruch/Beschwerde nach den §§ 347 ff. AO sowie Finanzrechtsweg nach § 33 FGO).

1.3 Die einzelnen Merkmale des Steuerbegriffs in § 3 I AO

§ 3 I AO bestimmt folgende Merkmale des Steuerbegriffs:

(1) Die Steuer ist eine **Geld**leistung; nicht erfaßt werden also Naturalleistungen, Hand- und Spanndienste, Wehrdienst, Feuerwehrdienst, Melde-, Anzeige- und andere Mitwirkungspflichten, Schöffenpflicht etc.

Da Naturalleistungen, wie Hand- und Spanndienste, Wehrdienst, Feuerwehrdienst, sich nach Zweck und Wirkung *wirtschaftlich* nicht von Steuern unterscheiden, verlangt die ausgleichende Gerechtigkeit jedoch, daß solche Naturalleistungen entweder auf die Steuerschuld angerechnet oder alle diejenigen, die keine Naturalleistungen erbringen, mit einer Ausgleichsteuer belegt werden. Das geschieht indessen durchweg nicht. Eine Ausgleichsabgabe ist allerdings die Feuerwehrabgabe.

(2) Die Steuer dient der **allgemeinen Deckung** des öffentlichen Finanzbedarfs, der Erfüllung öffentlicher Aufgaben. Sie ist **keine Gegenleistung für eine besondere Leistung** einer öffentlich-rechtlichen Körperschaft; sie ist nicht auf individuelle Äquivalenz angelegt; dadurch unterscheidet sie sich von der Gebühr (s. unter 2) und vom Beitrag (s. unter 3), den sog. Kausalabgaben.

Da die Steuer keine Kausalabgabe ist, die Bürger die Wohltaten der öffentlichen Hand auch erhalten, wenn sie die geschuldete Steuer hinterziehen, geben nicht wenige dem Anreiz zur Steuerhinterziehung nach; sie werden zu „Trittbrettfahrern" („freeridern").

(3) Die Geldschuld muß **von einem öffentlich-rechtlichen Gemeinwesen** (Bund, Land, Gemeinde, Kirche) – hoheitlich – **auferlegt** sein; folglich scheiden vertragliche und freiwillige Zahlungen sowie Zahlungen an andere Institutionen aus.

(4) Die Geldschuld muß – mindestens nebenzwecklich – **zur Erzielung von Einnahmen** auferlegt sein, zur Deckung des Finanzbedarfs. Folglich werden nicht erfaßt: Geldstrafen, Bußgelder, Zwangsgelder, Säumnis- und Verspätungszuschläge, Zinsen, Kosten; solche in Steuergesetzen vorgesehenen Geldschulden werden aber

---

[12] Vgl. *E.-U. Petersmann*, Verfassungsrechtliche Grundprobleme bei der rechtlichen Regelung der Instrumente der Handelspolitik, DStJG Bd. 11 (1988), 5, 9 ff.
[13] BVerfGE 67, 100, 143. S. oben S. 44.

zum Teil als Ansprüche aus dem Steuerschuldverhältnis (§ 37 I i. V. mit § 3 III AO) den Steuern gleichbehandelt (vgl. etwa §§ 222, 226, 227, 228 AO).

Die Einnahmen müssen **endgültig** erzielt werden, dürfen nicht zur Rückzahlung vorgesehen sein. Daher war die sog. **Zwangsanleihe** nach dem Haushaltsbegleitgesetz 1983 *keine* Steuer[14].

(5) Die Geldschuld muß **allen** auferlegt sein, bei denen der **Tatbestand** zutrifft, an den das Gesetz die Leistungspflicht knüpft. Dieser Passus zielt auf Gleichmäßigkeit (Allgemeinheit) und Tatbestandsmäßigkeit (Gesetzmäßigkeit) der Besteuerung. Er ist jedoch mißglückt[15]; eine Steuer hört nicht deshalb auf, begrifflich Steuer zu sein, weil sie Gleichmäßigkeit und Tatbestandsmäßigkeit verletzt. Gleichmäßigkeit (Allgemeinheit) und Tatbestandsmäßigkeit sind durch das Grundgesetz garantiert. Der Steuerbegriff eignet sich für eine solche Garantie nicht.

2. Gebühren

Literatur: *Schröter*, Der Rechtsbegriff der Gebühr, VJSchrStFR 1931, 718 ff.; *Lambert*, Die Grundzüge eines modernen Rechts der gemeindlichen Gebühren und Beiträge, Diss. Köln 1967; *Hansmeyer/Fürst*, Die Gebühren, Stuttgart u. a. 1968 (finanzwissenschaftlich); *Kreft*, Die begriffliche Abgrenzung von Steuer und Gebühr, Diss. Göttingen 1968; *Uffhausen*, Die Benutzungsgebühr, Diss. Göttingen 1970; *M. Klöpfer*, Die lenkende Gebühr, AöR Bd. 97 (1972), 232 ff.; *D. Wilke*, Gebührenrecht und Grundgesetz, München 1973; *R. Wendt*, Die Gebühr als Lenkungsmittel, Hamburg 1974; *G. Clausen*, Das gebührenrechtliche Kostendeckungsprinzip, Frankfurt/M. 1978; *Pietzcker*, Abgrenzungsprobleme zwischen Benutzungsgebühr, Verleihungsgebühr, Sonderabgabe und Steuer – Das Beispiel „Wasserpfennig" –, DVBl. 87, 774 ff.; *K. Vogel*, Vorteil und Verantwortlichkeit. Der doppelte Gebührenbegriff des Grundgesetzes, in: FS für W. Geiger, Tübingen 1989, 518 ff.

Von der Steuer unterscheidet sich die Gebühr durch die kausale Verknüpfung mit einer Leistung oder Gewährung. Die Verknüpfung kann gelockert sein; ist sie gelöst, so handelt es sich um eine Steuer.

Gebühren sind nämlich Geldleistungen, die zur Finanzbedarfsdeckung hoheitlich auferlegt werden, und zwar *als Gegenleistung*

a) *für* eine besondere Leistung der Verwaltung. Als besondere Leistungen kommen in Betracht:

   aa) Amtshandlungen, z. B. Erteilung von Bescheinigungen, Genehmigungen, Erlaubnissen, Bauabnahmen;

   bb) sonstige Tätigkeiten;

b) *für* die Inanspruchnahme von öffentlichen Einrichtungen oder Anlagen, etwa von Krankenhäusern, Büchereien, Parks, Häfen, Fernsprechanlagen, Schlachthöfen.

---

14 BVerfGE 67, 256, 281 ff.
15 Er geht offenbar auf *O. Mayer* zurück, der formulierte: „Es gehört zum Wesen der Steuer, daß ihre Auflage geschieht nach einem allgemeinen Maßstabe. Andernfalls wäre sie keine Steuer mehr, sondern Brandschatzung" (Deutsches Verwaltungsrecht I [3], München/Leipzig 1924, Nachdruck Berlin 1961, 316); s. allerdings auch schon *A. Wagner,* Finanzwissenschaft [3], 1. Teil, Leipzig und Heidelberg 1883, 499 f.

Je nachdem, ob die Gebühr eine Leistung der Verwaltung abgilt oder eine Benutzung öffentlicher Einrichtungen oder Anlagen, spricht man von Verwaltungs- oder Nutzungsgebühr.

Eine Legaldefinition der Gebühr findet sich in den Kommunalabgabengesetzen; s. z. B. § 4 II KAG Nordrhein-Westfalen.

Während früher das Kostendeckungsprinzip das Gebührenrecht beherrschte, hat das Sozialstaatsprinzip inzwischen auch in das Gebührenrecht Eingang gefunden. Es gibt auch nach Leistungsfähigkeit abgestufte und lenkende (interventionistische) Gebühren. Wenn die Vermischung von Fiskal- und Sozialzwecken bei Steuern zulässig ist (s. S. 63, 644), ist sie auch bei Gebühren zulässig.

3. Beiträge

Literatur: *Lambert,* Die Grundzüge eines modernen Rechts der gemeindlichen Gebühren und Beiträge, Diss. Köln 1967; *Eyben,* Die Abgabenform des Beitrags und ihre praktischen Schwerpunkte, Diss. Göttingen 1969.

Beiträge sind hoheitlich zur Finanzbedarfsdeckung auferlegte Aufwendungsersatzleistungen

a) *für* die Herstellung, Anschaffung oder Erweiterung öffentlicher Einrichtungen und Anlagen;

b) *für* die Verbesserung von Straßen, Wegen und Plätzen, nicht für deren laufende Unterhaltung und Instandsetzung.

Eine Legaldefinition des Beitrags findet sich in den Kommunalabgabengesetzen; s. z. B. § 8 II KAG Nordrhein-Westfalen.

Der Aufwendungsersatz wird erhoben, *weil* (kausale Verknüpfung!) eine konkrete Gegenleistung, ein konkreter wirtschaftlicher Vorteil, in Anspruch genommen werden *kann,* die *Möglichkeit* hierzu geboten wird.

4. Sonderabgaben

Literatur: *Friauf,* Öffentliche Sonderlasten und Gleichheit der Steuerbürger, in: FS für Jahrreiß, Köln u. a. 1974, 45 ff.; *Selmer,* Die parafiskalischen Abgaben..., DStZA 75, 396 ff.; s. auch GewArch. 81, 41 ff.; *Eberlein,* Die Ausgleichsabgabe, Diss. Mainz 1975; *Friauf,* Zur Zulässigkeit von außersteuerlichen Sonderabgaben, in: FS für Haubrichs, Bad Wörishofen 1977, 103 ff.; *W. Richter,* Zur Verfassungsmäßigkeit von Sonderabgaben, Baden-Baden 1977; *Schemmel,* Quasi-Steuern, hrsg. vom Karl-Bräuer-Institut des Bundes der Steuerzahler, Heft 46, Wiesbaden 1980; *Auer,* Sonderabgaben, Bern/Stuttgart 1980; *Caesar,* „Pfennigabgaben" (eine finanzwissenschaftliche Analyse), FinArch. N. F. Bd. 38 (1980), 385 ff.; *Friauf,* Zur Zulässigkeit von Sonderabgaben, JA 81, 261 ff.; *Isensee,* Nichtsteuerliche Abgaben – ein weißer Fleck in der Finanzverfassung, in: Hansmeyer (Hrsg.), Staatsfinanzierung im Wandel, Berlin 1983, 435 ff.; *H.-W. Arndt,* Steuern, Sonderabgaben und Zwangsanleihen, Köln 1983; *Henseler,* Begriffsmerkmale und Legitimation von Sonderabgaben, Baden-Baden 1984; *Loritz,* Das GG und die Grenzen der Besteuerung, NJW 86, 1, 2 ff.; *Meßschmidt,* Sonderabgaben und Bundesverwaltungsgericht, DVBl. 87, 925 ff.; *F. Kirchhof,* Vom Steuerstaat zum Abgabenstaat?, Die Verwaltung 88, 137, 143 f.; Tipke/*Kruse,* AO [13], § 3 Tz. 23 a.

Sonderabgaben sind Abgaben, die nicht zur Finanzierung des allgemeinen Staatsbedarfs von der Allgemeinheit der Steuerbürger, sondern zur Finanzierung *besonderer* Aufgaben von bestimmten *Gruppen* von Bürgern erhoben werden. Oft fließen sie nicht in den öffentlichen Haushalt, sondern in Sonderfonds. Sie sind Instrumente des wirtschaftslenkenden, sozialgestaltenden Staates und nicht am Leistungsfähigkeitsprinzip orientiert (Beispiele: Ausgleichsabgaben bestimmter Wirtschaftszweige, Abgaben der Arbeitgeber zu den Familienausgleichskassen, Filmabgabe). Jedoch werden zu den Sonderabgaben auch Ersatzgelder gerechnet, die dazu dienen, die Freistellung von einer öffentlich-rechtlichen Dienstpflicht abzugelten (Beispiel: Feuerwehrabgabe). Die Sonderabgaben sind keine Steuern i. S. der Art. 105 ff. GG, da sie nicht in die Staatskasse fließen. Die Kompetenz des Bundes ergibt sich aus Art. 73 ff. GG[16]. Dürfte diese Kompetenz allerdings uneingeschränkt genutzt werden, so könnten Art. 105 ff. GG ausgehöhlt, zugleich könnte die Gleichmäßigkeit der Abgabenbelastung gestört werden. BVerfGE 55, 274 ff. hat daher die Zulässigkeit von Sonderabgaben abhängig gemacht von einer „spezifischen Beziehung zwischen dem Kreis der Abgabepflichtigen und dem mit der Abgabenerhebung verfolgten Zweck". Die mit der Abgabe belastete (homogene) Gruppe müsse „dem mit der Abgabenerhebung verfolgten Zweck evident näherstehen als jede andere Gruppe oder die Allgemeinheit der Steuerzahler". Aus der Sachnähe der Abgabepflichtigen zum Abgabenzweck müsse sich eine besondere Gruppenverantwortung für die Erfüllung der mit der Sonderabgabe zu finanzierenden Aufgabe ergeben. Diese Aufgabe müsse ganz überwiegend in die Sachverantwortung der belasteten Gruppe, nicht in die staatliche Gesamtverantwortung fallen. Andernfalls würde es sich um eine öffentliche Angelegenheit handeln, deren Lasten nur die Allgemeinheit treffen und die deshalb im wesentlichen nur mit Steuermitteln finanziert werden darf. Die Problematik der Sonderabgaben wird das Bundesverfassungsgericht voraussichtlich auch weiterhin beschäftigen: Was gehört zur Gesamtverantwortung des Staates, was zu besonderer Gruppenverantwortung, wann kann man von „evidentem Näherstehen" sprechen? Sonderabgaben werden *zu Unrecht grundsätzlich kritisiert;* sie entlasten nämlich die Allgemeinheit der Steuerzahler von der Finanzierung von Lasten, die nur von einzelnen Gruppen verursacht werden oder deren Aufkommen nur einzelnen Gruppen zugute kommt. Allerdings ließe sich die Finanzierung oft auch durch Gebühren oder Beiträge sicherstellen. M. a. W.: Die Finanzierung durch Kausalabgaben kann gerechter sein als die Finanzierung von allem und jedem durch Steuern.

Beispiel: Die Polizei wird von der Allgemeinheit der Steuerzahler finanziert. Zu jedem großen Fußballspiel müssen ganze Hundertschaften von Polizei mit Hundestaffeln eingesetzt werden. Solche Einsätze zu finanzieren, sollte Sache der Zuschauer sein, nicht Sache der Allgemeinheit. Die Zuschauer stehen den polizeiwidrigen Aktionen auf Fußballplätzen evident näher als andere Bürger.

B. Steuerhoheit

1. Allgemeines

Literatur: *Speck,* Die finanzrechtlichen Beziehungen zwischen Reich und Staaten, Breslau 1908; *Hensel,* Der Finanzausgleich im Bundesstaat in seiner staatsrechtlichen Bedeutung, Berlin 1922; *Markull,* Kommentar zum Gesetz über den Finanzausgleich i. d. F. vom 23. 6. 23, Berlin 1923; *Bolze,* Die finanziellen Wechselbeziehungen im deutschen Bundesstaat, Diss. Köln 1926; *Popitz,* Der Finanzausgleich, Berlin 1930; *Jakoby,* Der Finanzausgleich, Diss. Kiel 1930; *Popitz,* Der künftige Finanzausgleich zwischen Reich, Ländern und Gemeinden, Berlin 1932; *Jessen,* Der

---

16 BVerfGE 4, 7, 13; 8, 274, 317; 13, 167ff., 171; 18, 315f., 328f.; 29, 402, 408ff.; 37, 1, 16. – Weitere Beispiele: BVerfGE 11, 105, 115ff.; 55, 274ff., 297; s. auch BVerfG BStBl. 84, 858, 865.

§ 4 Finanzverfassungsrechtliche Grundlagen

deutsche Finanzausgleich in Theorie und Praxis, Berlin 1932; *Möllerfrerich,* Wandlungen im Reichsfinanzausgleich, Diss. rer. pol. Köln 1938; *Gerloff,* Die Finanzgewalt im Bundesstaat, Frankfurt/M. 1948; *Töteberg,* Die Theorie des Finanzausgleichs, Diss. Bonn 1955; *Bickel,* Der Finanzausgleich, in: Handbuch der Finanzwissenschaft, Bd. 2[2], Tübingen 1956, 730 ff.; *H. Müller,* Zur Problematik des Finanzausgleichs zwischen Oberstaat und Gliedstaaten im Bundesstaat, AöR Bd. 83 (1958), 25 ff.; Finanzverwaltung und Finanzausgleich in der Weimarer Republik, Inst.FuSt Heft 42, Bonn 1956; *Neukamm,* Der vertikale bundesstaatliche Finanzausgleich seit 1871 im Widerstreit von Verfassungsrecht und Wirklichkeit, Diss. Tübingen 1966; *Patzig,* Von der Francksteinschen Klausel zum Großen Steuerverbund, DVBl. 71, 16 ff.; *Laufer,* Föderatives System und Finanzordnung, in: FS für K. Loewenstein, Tübingen 1971, 279 ff.; *Dafflon,* Federal Finance in Theory and Practice. With special Reference to Switzerland, Bern/Stuttgart 1977; *G. Break,* Financing Government in a Federal System, Brookings, Washington D. C. 1980; *Pagenkopf,* Der Finanzausgleich im Bundesstaat, Stuttgart u. a. 1981.

Die Steuerhoheit ist eine besondere Erscheinung der Staatshoheit. Sie hat eine räumliche und eine sachliche Seite.

Die räumliche Steuerhoheit hat es mit folgenden Fragen zu tun:

(1) Inwieweit dürfen ausländische Einkünfte und ausländisches Vermögen von inländischen Staatsangehörigen oder von im Inland Ansässigen besteuert werden?

(2) Inwieweit dürfen ausländische Staatsangehörige und im Ausland Ansässige mit inländischen Einkünften und inländischem Vermögen besteuert werden?

Nach nahezu einhelliger Meinung im Völkerrecht darf jeder Staat grundsätzlich frei bestimmen, ob und inwieweit Ausländer innerhalb seines Gebiets und Staatsangehörige außerhalb seines Gebiets zur Steuer herangezogen werden sollen. Die überwiegende Staatenpraxis, Rechtsprechung und Literatur halten die Besteuerung ausländischer Einkünfte und Vermögenswerte von inländischen Staatsangehörigen und inlandsansässigen Fremden für zulässig[1]. Im übrigen setzt die Gebietshoheit der Besteuerung insoweit Grenzen, als Steueransprüche im Ausland nicht *durchgesetzt* werden können, es sei denn, daß besondere Abkommen gewisse Möglichkeiten eröffnen. Abgesehen davon versucht das internationale Steuerrecht, die internationale Doppelbesteuerung zu vermeiden. Dazu S. 137 f.

Sachlich besteht die Steuerhoheit aus Steuergesetzgebungshoheit, Steuerertragshoheit und Steuerverwaltungshoheit.

Die sachliche Steuerhoheit muß in einem *Bundesstaat*[2] zwischen *Gesamtstaat* (Zentralstaat) und *Gliedstaaten* aufgeteilt werden. Sowohl der Gesamtstaat als auch die Glied-

---

1 Dazu *Hensel,* Steuerrecht [3], Berlin 1933, 17; *Spitaler,* Das Doppelbesteuerungsproblem [2] (Nachdruck), Köln 1967, 161; *K. Vogel,* Der räumliche Anwendungsbereich der Verwaltungsrechtsnorm, Frankfurt/M. 1965, 101 ff.; *Kruse,* Steuerrecht I, Allgemeiner Teil [3], München 1973, § 5 III; *K. Friedrich,* Gibt es eine völkerrechtliche Grenze für die Höhe der Besteuerung?, Diss. Köln 1972 (versucht den Nachweis eines völkerrechtlichen Verbots der „konfiskatorischen" Ausländerbesteuerung); *Großfeld,* Basisgesellschaften im Internationalen Steuerrecht, Tübingen 1974, 171 ff.; *Escher,* Die Methoden zur Ausschaltung der Doppelbesteuerung, Bern und Stuttgart 1974, 21 ff., 25 ff.; *Heuchemer,* Das Doppelbesteuerungsproblem in völkerrechtlicher Sicht, Diss. Augsburg 1974; *K. Vogel,* StuW 82, 111, 112; *Weber-Fas,* Staatsverträge im Internationalen Steuerrecht, Tübingen 1982, 32 ff.; *K. Vogel,* DBA-Kommentar[2], München 1990, Einl. Rnrn. 8 ff.; kritisch *ders.,* DStJG Bd. 8 (1985), 3, 17 ff.

2 Von der Verfassung des Gesamtstaates geformte staatsrechtliche Verbindung von Staaten in der Weise, daß die Teilnehmer Staaten bleiben oder sind (Gliedstaaten), aber auch der organisierte Staatenverband selbst (Gesamtstaat) die Qualität eines Staates besitzt (*K. Stern,* Das Staatsrecht der Bundesrepublik Deutschland, I [2], München 1984, § 19, 635 ff.).

staaten benötigen zur Erfüllung ihrer Aufgaben Steuermittel. Entsprechendes gilt für die Gemeinden. Die Gesamtheit der Regelungen, die die finanziellen Beziehungen zwischen diesen verschiedenen Finanzwirtschaften, die Verteilung oder Aufteilung des Steueraufkommens, zum Inhalt haben, bezeichnet man herkömmlich als *Finanzausgleich*.

Statt von Finanzausgleich spricht man indessen besser von (föderaler) „Steuerverteilung" oder „Steueraufteilung"; der Begriff „Ausgleich" sollte dem Ausgleich im eigentlichen Sinne des Wortes (s. unten 1.3) vorbehalten bleiben.

Gesamtstaat, Gliedstaaten und Kommunen dürfen einander gegenseitig besteuern[3].

1.1 Theoretisch gibt es mehrere **idealtypische Möglichkeiten, das Gesamtsteueraufkommen im Bundesstaat** auf die einzelnen Gebietskörperschaften als Finanzwirtschaften **zu verteilen:**

1.11 Das Gesamtverbundsystem: Die Steuerhoheit liegt beim Gesamtstaat; er teilt den anderen Körperschaften die benötigten Mittel (auch als Bedarfszuweisungen bezeichnet) zu.

Vor- und Nachteile: Die Besteuerung erfolgt zentral und einheitlich, sie ist relativ billig. Wirksame Beeinflussung der Wirtschaftspolitik durch Besteuerung wird erleichtert. Jedoch ergeben sich ständig Auseinandersetzungen um den Verteilungsschlüssel, zumal wenn sich die Aufgaben der Körperschaften nach Art und Umfang ändern.

1.12 Das Überweisungssystem: Die Steuerhoheit liegt allein bei den Gliedstaaten; der Gesamtstaat erhält Steuerüberweisungen (Matrikularbeiträge).

Vor- und Nachteile: Dem Gesamtstaat fehlt jede Steuerautonomie: Er ist Kostgänger der Gliedstaaten und muß ständig um angemessene Überweisungen kämpfen. Im Verhältnis der Gliedstaaten zueinander können sich die zu 1.13 erwähnten Nachteile ergeben.

1.13 Das Konkurrenz- oder Parallelsystem: Jede Körperschaft hat Steuerautonomie für *alle* Steuergüter, kann nach Belieben Steuern erheben.

Vor- und Nachteile: Die Gliedstaaten und Gemeinden sind gänzlich autonom; es kommt aber zu Überlagerungen oder Überlappungen der Steuern, zu einem Gefälle der Steuerbelastungen (Steueroasen und Steuersteppen) und der öffentlichen Leistungen; m. a. W.: es gibt steuerschwache und steuerstarke Länder und Gemeinden; die Einheit der Lebensverhältnisse geht verloren; es kommt wegen ungleichmäßiger Steuerbelastung zur Steuerflucht. Aus der Unabgestimmtheit der Besteuerung kann sich durch Kumulation der gleichen Steuerart Überbesteuerung ergeben. Eine einheitliche Beeinflussung der Wirtschaftspolitik durch die Besteuerung ist nicht möglich.

1.2 In der Praxis der Bundesstaaten herrschen **Mischsysteme** vor. Das Gesamtverbundsystem und das Überweisungssystem sind einem Bundesstaat nicht adäquat. Sowohl der Gesamtstaat als auch der Gliedstaat benötigen einerseits zu ihrer Eigenstaatlichkeit auch ein bestimmtes Maß von Steuerautonomie; andererseits kann ein Bundesstaat sich die mit dem Konkurrenz- oder Parallelsystem verbundenen Nachteile nicht leisten. Häufig sind folgende Mischsysteme:

1.21 Das Zuschlagsystem: Die Gliedstaaten oder Gemeinden erheben keine eigenen Steuern, erheben aber Zuschläge zu den Steuern des Gesamtstaates (bzw. der Gliedstaaten); dabei können sie das Recht haben, die Höhe des Zuschlags (in Grenzen) selbst zu bestimmen.

---

3 Dazu *Müller-Werth,* Entwicklung und Grundgedanken der Gegenseitigkeitsbesteuerung – besonders ihre Bedeutung im Bundesstaat und ihre Verfassungsmäßigkeit nach dem Grundgesetz, Diss. Marburg 1969.

1.22 **Das Trennsystem:** Die *vorhandenen* Steuern werden getrennt und den einzelnen Körperschaften (Bund, Ländern, Gemeinden) zugeteilt. – Die Auseinandersetzung pflegt dann darum zu gehen, welche Körperschaften welche Steuern bekommen sollen.

1.23 **Das Trennsystem mit Einzelverbund:** Die kleinen Steuern werden den einzelnen Körperschaften zugewiesen, die großen Steuern werden nach Quoten verteilt.

Die bundesstaatlichen Finanzverfassungen der USA, der Schweiz, Österreichs und Kanadas sind abgedruckt in BT-Drucks. V/2861, 74 ff.

1.3 Finanzausgleich: Insb. das Trennsystem pflegt ein **Steuergefälle** zwischen den verschiedenen Gliedstaaten oder Kommunen auszulösen. Zum Ausgleich oder zur Milderung dieses Gefälles kommen in Betracht:

1.31 der **horizontale** Finanzausgleich zwischen Körperschaften gleicher Ebene (Gliedstaaten oder Gemeinden);

1.32 der **vertikale** Finanzausgleich zwischen Körperschaften verschiedener Ebenen (Gesamtstaat und Gliedstaaten; Gesamtstaat oder Gliedstaaten und Gemeinden).

2. Die Steuerhoheit nach der Finanzverfassung des Grundgesetzes

Literatur: *Höpker-Aschoff,* Das Finanz- und Steuersystem des Bonner Grundgesetzes, AöR Bd. 75 (1949), 306 ff.; *Wacke,* Das Finanzwesen der Bundesrepublik, Tübingen 1950; *Füsslein,* Entstehungsgeschichte der Artikel des Grundgesetzes, JöR N.F. Bd. 1 (1951), 748 ff.; *Friedr. Klein,* Von der föderativen zur stärker unitarischen Gestaltung des Finanzwesens in der Bundesrepublik Deutschland, in: FS für Giese, Frankfurt/M. 1953, 61 ff.; *Maunz,* Die Finanzverfassung im Rahmen der Staatsverfassung, VVDStRL Heft 14 (1956), 37 ff.; *Götz,* Grundprobleme des Finanzausgleichs in der Bundesrepublik, Diss. Frankfurt/M. 1957; *Piduch,* Finanzverfassung und Steuerreformen, Köln 1964; *Millinger,* Bundesstaatliche Finanzverfassung, Diss. Würzburg 1968; *Neubert,* Die Neuverteilung der Steuern auf die Gebietskörperschaften in der Bundesrepublik Deutschland, Diss. Tübingen 1968; *Ulsenheimer,* Untersuchungen zum Begriff „Finanzverfassung", Diss. Bonn 1967, Stuttgart 1969; *Franz Klein,* Die Zuständigkeiten in der Steuergesetzgebung und der Steuerverwaltung nach der Finanzreform, BB 69, 1321 ff.; *H. J. Fischer,* Parlamentarischer Rat und Finanzverfassung, Diss. Kiel 1970; *K. Vogel,* Finanzverfassung und politisches Ermessen, Karlsruhe 1972; *P. Kirchhof,* Besteuerungsgewalt und Grundgesetz, 1973; *Friauf,* Die Finanzverfassung in der Rechtsprechung des Bundesverfassungsgerichts, in: Bundesverfassungsgericht und Grundgesetz, Festgabe aus Anlaß des 25jährigen Bestehens des Bundesverfassungsgerichts Bd. II, 1976, 300 ff.; *Pagenkopf,* Der Finanzausgleich im Bundesstaat, Stuttgart u. a. 1981, 144 ff.; *H.-P. Schneider,* Möglichkeiten und Grenzen von Steuerreformen aus verfassungsrechtlicher Sicht, in: Hansmeyer (Hrsg.), Staatsfinanzierung im Wandel, Berlin 1983, 111 ff.; *Friauf,* Der bundesstaatliche Finanzausgleich, JA 84, 618 ff.; *Birk,* Grundzüge der Finanzverfassung der Bundesrepublik Deutschland (Art. 104a–115 GG), StStud. 87, 290 ff., 328 ff.; *K. Vogel,* Grundzüge des Finanzrechts des Grundgesetzes, in: Isensee/Kirchhof (Hrsg.), Handbuch des Staatsrechts, Bd. IV, Heidelberg 1990, § 87 (nicht mehr ausgewertet).

Kommentare zum Grundgesetz (zu Art. 105 bis 108 GG), insb. *K. Vogel* u. a., Bonner Kommentar, Heidelberg (Loseblatt), zu Art. 105 ff. (Zweitbearbeitung); *Fischer-Menshausen,* in: I. von Münch (Hrsg.), GG-Kommentar, zu Art. 105 ff.; ausführlich auch *K. Stern,* Das Staatsrecht der Bundesrepublik Deutschland, II, München 1980, §§ 46–48, 1087 ff.

2.1 Einleitung

Die Regelung der Steuerhoheit im Verhältnis Gesamtstaat – Gliedstaaten ist bezeichnend dafür, ob die föderativen oder die unitarischen Kräfte überwiegen. Das Tauziehen um die Aufteilung des Steueraufkommens war und ist – auch in Deutschland – ein Spiegelbild des Einsatzes für mehr Dezentralisation oder mehr Zentralisation[4].

Das **Grundgesetz** verteilt in **Art. 105 bis 108**[5] nach einem *Mischsystem* die Kompetenzen zur Steuergesetzgebung, zur Vereinnahmung des Steueraufkommens oder Steuerertrags und zur Steuerverwaltung auf Bund, Länder und Gemeinden. Soweit es dazu einzelne Steuerarten oder Steuern aufzählt, meint es diese Steuerarten und Steuern im traditionellen Sinne.

Wacke hat die Auffassung begründet, daß der Abschnitt „Finanzwesen" des Grundgesetzes das Steuersystem und die einzelnen Steuern in den Verfassungsrang erhebe. Grundlegende, das Steuersystem oder einzelne Steuern umgestaltende Reformen seien Verfassungsreformen[6]. U. E. will das Grundgesetz, dessen Verfasser nicht über ein ideales Steuersystem reflektiert haben, lediglich Kompetenzen verteilen, nicht aber ein bestimmtes Steuersystem festschreiben und mit verfassungsrechtlichen Weihen versehen. Art. 105, 106 GG enthalten keine Bestandsgarantie des herkömmlichen Steuersystems. Steuerreformen haben lediglich die Grundrechte, insb. Art. 3, 6, 14 GG, zu beachten. Der Verteilung durch Art. 106 GG ist der Bestand an aktuellen Steuern und Steuerarten vorgegeben. Würde das Steuersystem in der Weise geändert, daß die Gesamtmasse nicht mehr verteilerisch durch Art. 106 GG erfaßt wäre, oder würden bisher von Art. 106 GG erfaßte Steuern aufgehoben, so müßte freilich selbstredend auch die (sekundäre) Verteilung entsprechend der neuen Grundlage geändert werden. Im übrigen muß der Verfassungsgeber bei einer Änderung des Steuersystems darauf Bedacht nehmen, daß die Aufkommensverteilung den von Bund, Ländern und Gemeinden zu erfüllenden Aufgaben Rechnung trägt. Insoweit können Steuerreformen eine Änderung insb. des Art. 106 GG notwendig machen[7].

Die Kompetenzen der Art. 105 ff. GG erstrecken sich nur auf *Steuern*. Der Steuerbegriff begrenzt die Steuerhoheit. Nach der Rechtsprechung des Bundesverfassungsgerichts ist der Steuerbegriff des Grundgesetzes identisch mit dem des § 3 I AO (bis 1977 § 1 I RAO)[8]. Kritiker haben allerdings auch versucht, aus dem Grundgesetz selbst einen an § 3 I AO angelehnten Steuerbegriff zu gewinnen[9]. *K. Vogel/Walter*[10]:

„Steuern i. S. der Art. 105 ff. GG sind (einmalige oder laufende) Geldleistungen zur Deckung des öffentlichen Finanzbedarfs des Bundes, der Länder, der Gemeinden und der öffentlich-rechtlichen Religionsgesellschaften, die den Leistungspflichtigen hoheitlich auferlegt sind und für die die Leistungspflichtigen keine andere Gegenleistung erhalten als die, daß der Ertrag zur Erfüllung der öffentlichen Aufgaben bereitsteht."

---

4 Dazu S. 70 unter 1.23.
5 Die zur Zeit geltende Fassung der Art. 105 bis 108 GG beruht auf dem Finanzreformgesetz (21. Gesetz zur Änderung des Grundgesetzes) v. 12. 5. 1969, BGBl. I 69, 359. Die Reform basiert auf dem Gutachten über die Finanzreform in der Bundesrepublik Deutschland der Kommission für die Finanzreform (sog. Troeger-Kommission) von 1966, Stuttgart/Köln/Berlin/Mainz 1966.
6 *Wacke,* Das Finanzwesen der Bundesrepublik, Tübingen 1950, 62 ff.; s. auch *ders.,* StbJb. 1966/67, 75, 86 ff.; weniger weitgehend *K. Vogel,* in: Handbuch des Staatsrechts, Bd. IV, 1990, § 87 RNr. 32 m.w.N.
7 In diesem Sinne auch *Sasse,* AöR Bd. 85 (1960), 423 ff.; *Fischer-Menshausen,* in: v. Münch (Hrsg.), Grundgesetz-Komm.[2], 1983, Art. 105 RNrn. 16, 17; *R. Wendt,* in: Handbuch des Staatsrechts, Bd. IV, 1990, § 204 RNrn. 28–30.
8 BVerfGE 3, 407, 435; 4, 7, 13 f.; 7, 244, 251 f.; 8, 274, 317; 10, 372, 380; 29, 402, 408; 36, 66, 70; 38, 61, 79 f.; 42, 223, 228; 49, 343, 353; 55, 274, 299; BVerwGE 15, 149; s. auch *Birk,* StStud. 86, 162. – Zu § 3 I AO s. S. 64.
9 *K. Vogel/Walter,* Bonner Kommentar zum GG, Art. 105 (Zweitbearbeitung 1971) Rnrn. 24 ff., 53 ff.; *Starck,* Überlegungen zum verfassungsrechtlichen Steuerbegriff, in: FS für Wacke, Köln 1972, 193 ff., 202 f.; s. auch *Knies,* Steuerzweck und Steuerbegriff, München 1976, 39 ff.
10 *K. Vogel/Walter* (Fn. 9), Art. 105 (Zweitbearbeitung 1971) Rn. 53.

2.2 Die Steuergesetzgebungshoheit (Art. 105 GG)

2.21 Der **Bund** hat nach Art. 105 I GG die **ausschließliche** Gesetzgebung (dazu Art. 71 GG) über

a) *Zölle;* das sind Steuern (§ 3 I 2 AO), die nach Maßgabe des Zolltarifs an die Warenbewegung über die Grenze vom Ausland in das Inland (= Einfuhr) geknüpft werden[11];

b) *Finanzmonopole;* ein Finanzmonopol ist das Exklusivrecht des Staates, zur Erzielung von Einnahmen bestimmte Waren herzustellen oder zu vertreiben. Es gibt zur Zeit noch ein Finanzmonopol, nämlich das *Branntweinmonopol* (Gesetz vom 8. 4. 1922, RGBl. I 22, 335, 405, zuletzt geändert durch Verordnung vom 9. 12. 1988, BGBl. I 88, 2231[12, 13]). Das *Zündwarenmonopol* ist durch Gesetz vom 27. 8. 1982, BGBl. I 82, 1241, abgeschafft worden.

Branntwein unterliegt einer besonderen Verbrauchsteuer (s. S. 607, 608, 609).

2.22 Der **Bund** hat nach Art. 105 II GG die **konkurrierende** Gesetzgebung (dazu Art. 72 GG) über **alle übrigen Steuern,** vorausgesetzt, daß

a) ihm das Aufkommen dieser Steuern ganz oder zum Teil zusteht (dazu Art. 106, 107 GG) *oder*

b) die Voraussetzungen des Art. 72 II GG vorliegen; tatsächlich ergeben sich aus dieser Vorschrift keine wirklichen Schranken;

c) es sich nicht um örtliche Verbrauch- und Aufwandsteuern (Art. 105 II a GG) handelt (s. 2.23);

d) es sich nicht um die Kirchensteuer handelt; aus Art. 140 GG i. V. mit Art. 137 VI Weimarer Reichsverfassung ergibt sich, daß die öffentlich-rechtlichen Religionsgesellschaften ihr Besteuerungsrecht „nach Maßgabe der *landes*rechtlichen Bestimmungen" ausüben[14].

Im Bereich der konkurrierenden Gesetzgebung haben die Länder die Befugnis zur Gesetzgebung, solange und soweit der Bund von seinem Gesetzgebungsrecht keinen Gebrauch macht (Art. 72 I GG). Macht der Bund von seiner Befugnis Gebrauch, so tritt für die Länder eine Sperrwirkung ein für solche Steuern, die *den* Steuern *gleichartig* sind, die der Bund im Wege der konkurrierenden Gesetzgebung geregelt hat. Ne bis in idem! Die Frage, ob Steuern gleichartig sind oder nicht, kann nur unter Berücksichtigung des *Zwecks* des Gleichartigkeitsverbots beantwortet werden. Mit dem *Gleichartigkeitsverbot* wird zweierlei *bezweckt:*

– Es soll verhindert werden, daß die einem Steuerberechtigten zugewiesenen Steuerquellen von einem anderen Steuerberechtigten gleichfalls ausgeschöpft werden. Konkret: Die Länder sollen die dem Bund zugewiesenen Steuerquellen nicht ausschöpfen.

– Es soll der Steuerbürger vor Mehrfachbelastung, vor übermäßiger, unkoordinierter Besteuerung und damit zugleich vor ungleichmäßiger Belastung durch mehrere Steuerberechtigte geschützt werden. Solcher Schutz ist nicht neu. Er wurde bereits durch das Doppelsteuergesetz vom 22. 3. 1909, RGBl. 1909, 329, 332, das Landessteuergesetz vom 30. 3. 1920, RGBl. 20, 402 (dazu RFHE 7, 266 f.; 9, 123, 127) und § 2 Finanzausgleichsgesetz vom 23. 6. 1923 (dazu RFHE 13, 28, 30 f.) gewährt; s. jetzt Art. 106 III 4 Nr. 2 GG.

Über den *Inhalt* des Gleichartigkeitsverbots s. S. 137.

Das *Steuererfindungsrecht* des Bundes ist im Rahmen der konkurrierenden Gesetzgebung nicht auf die Steuern i. S. des Art. 106 GG beschränkt (sofern die Voraussetzun-

---

11 BVerfGE 8, 260, 269 f.; BFH BStBl. 70, 246, 250.
12 Dazu BVerfGE 14, 105.
13 Die Finanzmonopole können nicht an Art. 12 I GG gemessen werden; Art. 105 I GG ist lex specialis zu Art. 12 I i. V. mit Art. 19 II GG (*Maunz*/Dürig/Herzog/Scholz, Komm. zum GG, Art. 105 Rn. 38).
14 Dazu BFH BStBl. 69, 419.

gen des Art. 72 II GG vorliegen, was in aller Regel zutrifft)[15]. Evtl. muß Art. 106 GG bei Einführung neuer Steuern ergänzt werden.

2.23 Die **Länder** haben

a) nach Art. 105 II GG die Befugnis zur **konkurrierenden** Gesetzgebung, solange und soweit der Bund von seinem Gesetzgebungsrecht keinen Gebrauch gemacht hat (Art. 72 I GG). Entsprechendes gilt, wenn der Bund im Bereich der konkurrierenden Gesetzgebung ein Gesetz aufhebt; dadurch gibt er der Landesgesetzgebung den Weg frei;

b) nach Art. 105 II a GG die **ausschließliche** Befugnis zur Gesetzgebung über die **örtlichen Verbrauch- und Aufwandsteuern;** diese Befugnis erstreckt sich jedoch nur auf solche Steuern, die bundesgesetzlich geregelten Steuern **nicht gleichartig** sind.

Zum Begriff der Verbrauch- und Aufwandsteuern s. S. 165f., 606ff. Zur Gleichartigkeit s. S. 137f.

Örtlichkeitsmerkmal und Gleichartigkeitsverbot dürfen nicht miteinander vermengt werden (BVerfGE 40, 56, 61; 58, 230, 239). Örtlichkeit bedeutet nicht schon Ungleichartigkeit. Auch örtliche Steuern können daher bundesgesetzlich geregelten Steuern gleichartig sein. Beim Steuerbürger lösen örtliche Steuern keine anderen Wirkungen aus als überörtliche. Von der Modalität des Ortes hängt in bezug auf die steuerliche Leistungsfähigkeit nichts ab. Unter dem Aspekt, daß durch das Gleichartigkeitsverbot (auch) eine unkoordinierte Übermaßbelastung des Steuerbürgers vermieden werden soll (s. dazu unten unter 2.22), ist das Gleichartigkeitsverbot auch für örtliche Steuern nötig; auch örtliche und überörtliche Steuern können in ihrer Kumulation den Steuerbürger unabgestimmt-übermäßig und ungleichmäßig belasten. Danach wären *Vergnügungssteuer*[16] und *Getränkesteuer* sowie eine (z. Z. nicht existierende) *Einwohnersteuer*[17] der *Umsatzsteuer gleichartig*. Das BVerfG (BVerfGE 40, 52; 40, 56; 42, 38; 44, 216; 65, 325) ist dieser Auffassung indessen nicht gefolgt. Es hat gemeint, der vom Verfassungsgesetzgeber verfolgte spezifische Zweck des Art. 105 II a GG verlange es, den Gleichartigkeitsbegriff des Art. 105 II a GG enger zu verstehen als den des Art. 105 II GG. Wie der Gleichartigkeitsbegriff des Art. 105 II a GG abzugrenzen sei, hat das BVerfG indessen offengelassen. Jedenfalls würden – so das BVerfG – die herkömmlichen örtlichen Verbrauch- und Aufwandsteuern durch ihn nicht tangiert. Vom BVerwG[18] ist auch die *Zweitwohnungsteuer* akzeptiert worden. Tatsächlich ist sie als Einkommensverwendungsteuer indes der Umsatzsteuer gleichartig, jedenfalls soweit Mieter die Wohnung innehaben[19]. BVerfGE 65, 325 hat die Gleichartigkeit der Zweitwohnungsteuer mit der Einkommensteuer und der Grundsteuer verneint, die Gleichartigkeit mit der Umsatzsteuer aber gar nicht erst geprüft; jedoch hat es die Zweitwohnungsteuer wegen Verstoßes gegen den Gleichheitssatz für verfassungswidrig erklärt[20]. BVerfGE 69, 174 hat die Hamburger Getränkesteuer als traditionelle Getränkesteuer auch insoweit für verfassungsmäßig erklärt, als sie die Lieferung von Bier zum Verzehr an Ort und Stelle erfaßt. Schließlich hat eine Kammer des BVerfG BStBl. 89, 867 die *Jagdsteuer* verfassungsrechtlich akzeptiert.

---

15 S. dazu die Literatur in Fn. 6, 7.
16 So im Ergebnis auch K. *Vogel,* StuW 71, 314f. und *Starck,* Verfassungsmäßigkeit der Vergnügungsteuer, München 1973 (dazu *Tipke,* StuW 75, 82f.); a. A. BVerwG KStZ 74, 189, 191; s. auch Vorlagebeschlüsse VGH Bad.-Württ. KStZ 72, 74; Hess. VGH DGStZ 74, 5.
17 A. A. *Haury,* StuW 79, 55f.
18 BVerwGE 58, 230; BVerwG DVBl. 80, 56; DÖV 80, 44; NJW 80, 796, 799; KStZ 79, 232.
19 Dazu ausführlich *Tehler,* B 87, 2487ff.; s. auch hier S. 137.
20 Verfassungswidrigkeit auch bejahend *v. Arnim,* StuW 82, 53ff.; kritisch zur Entscheidungsbegründung m. R. *Jüptner,* FR 84, 356ff. Die Zweitwohnungsteuer wird das BVerfG voraussichtlich in einigen Jahren erneut beschäftigen (s. auch *Kamphausen/Strauß,* DStR 84, 484), dann u.E. auch einen Vergleich mit der Umsatzsteuer erforderlich machen.

2.24 Die **Gemeinden** haben nach der abschließenden Regelung des Art. 105 GG kein eigenes Recht zur Steuergesetzgebung, *kein eigenes Steuererfindungsrecht;* sie dürfen lediglich die **Hebesätze für die Realsteuern** (im Rahmen der Realsteuergesetze) **festsetzen** (Art. 106 VI 2 GG). Aus Art. 28 II GG läßt sich kein Steuererfindungsrecht der Gemeinden ableiten[21].

In Landesverfassungen und Kommunalabgabengesetzen der Länder wird den Gemeinden indessen vielfach das Recht auf Erschließung eigener Steuerquellen eingeräumt. Das geschieht aber immer unter dem Vorbehalt anderweitiger Landes- oder Bundesgesetzgebung und ist regelmäßig von Genehmigungen durch Landesbehörden abhängig. Da das gemeindliche Steuererfindungsrecht auch unter dem Vorbehalt des Art. 105 II, II a GG steht (s. auch Art. 31 GG), können die Länder den Gemeinden keine Befugnisse übertragen, die sie selbst nicht haben.

Allgemein wird angenommen, daß die Länder ihr Steuererfindungsrecht für die örtlichen Verbrauch- und Aufwandsteuern (Art. 105 II a GG) jedenfalls den Gemeinden delegieren können[22].

Das geschieht z. B. in den Kommunalabgabengesetzen (dazu S. 16 Fn. 7), so in § 3 I KAG Nordrhein-Westfalen. Die Gemeinden erlassen Steuersatzungen, die der Genehmigung der Aufsichtsbehörden bedürfen (s. § 2 II KAG Nordrhein-Westfalen); als Richtschnur dienen den Aufsichtsbehörden Mustersatzungen (Mustersteuerordnungen), sie sind keine Rechtsnormen, können aber von den Genehmigungsbehörden durchgesetzt werden. Die Steuersatzungen können keine Steuern festsetzen, für die die Länder kein Steuererfindungsrecht haben; folglich kann dieses auch nicht übertragen werden.

Weitere Literatur: *Wixforth,* Die gemeindliche Finanzhoheit und ihre Grenzen, Siegburg 1964; *H. Meyer,* Die Finanzverfassung der Gemeinden, Stuttgart 1969; Gutachten zum Gemeindesteuersystem und zur Gemeindesteuerreform in der Bundesrepublik Deutschland, erstattet vom *Wissenschaftlichen Beirat beim BFM,* Bonn 1968; *Friedr. Klein,* Die verfassungsrechtliche Gewährleistung der gemeindlichen Finanzhoheit im Spiegel der Rechtsprechung, FinArch. Bd. 27 (1968), 271 ff.; *Elsner/Schüler,* Das Gemeindefinanzreformgesetz, Hannover 1970; *J. W. Schmidt,* Gemeindefinanzreformgesetz (Kommentar), Köln 1970; *G. Fock,* Die Gemeindefinanzreform, Notwendigkeit, Ziele und Auswirkungen der gesetzlichen Maßnahmen der Jahre 1969/70, Diss. Göttingen 1972; *Pagenkopf,* Kommunalsteuersystem und Grundgesetz, in: Gedächtnisschrift für Friedr. Klein, München 1977, 355 ff.; *Püttner* (Hrsg.), Handbuch der kommunalen Wissenschaft und Praxis, Bd. 6: Kommunale Finanzen[2], Berlin u. a. 1985.

2.25 *Zusammenfassend* läßt sich feststellen, daß – im Interesse der Einheit der Wirtschaftsordnung (und der Lebensverhältnisse sowie der Einheit der Gesetzesanwendung) – *die Kompetenz des Bundes gänzlich dominiert.* Bundesgesetze über Steuern, deren Aufkommen den Ländern oder Gemeinden ganz oder zum Teil zufließt (dazu Art. 106 II GG), bedürfen allerdings der Zustimmung des Bundesrates (Art. 105 III GG).

Die Kompetenz der Art. 105 ff. GG erfaßt nicht Wirtschaftslenkungsgesetze, ja entgegen h. M. nicht einmal wirtschaftslenkende Einzelvorschriften in Steuergesetzen; die richtige Kompetenznorm für solche wirtschaftsrechtlichen Vorschriften ist insb. Art. 74 Nr. 11 GG[23].

---

21 Dazu *W. Jakob,* Das Steuererfindungsrecht der Gemeinden und die kommunale Selbstverwaltung, Diss. München 1966; *W. Schnorr,* Das Hebesatzrecht der Gemeinden, Diss. Münster 1972; zur Verkoppelung und Begrenzung der Realsteuerhebesätze, Inst. FuSt Heft 107, Bonn 1974. – BVerfGE 26, 172, 181 ff.: Art. 106 VI GG verleiht den Gemeinden kein Verfassungsrecht auf das bei Einführung des Art. 106 VI GG bestehende Realsteueraufkommen (die Realsteuergesetze dürfen also geändert werden). Auch Art. 28 II GG gewährt dem bestehenden „Gemeindesteuersystem" keinen Verfassungsrang.
22 *Stern,* Staatsrecht der Bundesrepublik Deutschland, II, § 46 III 1, 1123 ff.
23 Dazu S. 22, 64. Wie hier *Bayer,* StuW 72, 149, 155; a. A. BVerfGE 16, 147, 161 f.

Wird gegen die Kompetenzordnung des Art. 105 GG verstoßen, indem Bund, Länder oder Gemeinden zu Unrecht eine Kompetenz in Anspruch nehmen oder aufgrund Art. 105 GG eine nichtfiskalische Abgabe auferlegen, so ist der Steuerpflichtige, der aus einem solchen Gesetz in Anspruch genommen wird, in seinem Recht auf Handlungsfreiheit (Art. 2 I GG) verletzt; er kann Klage und Verfassungsbeschwerde erheben, dies allerdings mit Erfolg nur dann, wenn sich die Kompetenz nicht aus einer anderen Vorschrift ergibt, etwa aus Art. 74 Nr. 11 GG. Allein wegen falscher Etikettierung ist ein Gesetz nicht verfassungswidrig.

2.3 Die Steuerertragshoheit (Art. 106, 107 GG)

2.31 Art. 106 GG verteilt das Steueraufkommen nach Steuerarten. Er definiert nicht die einzelnen Steuerarten, sondern übernimmt die überkommenen, traditionellen Begriffsinhalte des Steuerrechts. Auch das Bundesverfassungsgericht geht davon aus, daß die sich in den Einzelsteuergesetzen widerspiegelnden Begriffe dem Art. 106 GG zugrunde liegen[24].

2.32 Die Erträge (das Aufkommen) aus folgenden Abgaben (Bundesabgaben, Bundesertragsabgaben) stehen dem **Bund** zu (Art. 106 I GG):

(1) Finanzmonopole (s. 2.21 b);

(2) Zölle (s. 2.21 a);

(3) Verbrauchsteuern[25], die nicht den Ländern (so die Biersteuer), Bund und Ländern (so die Umsatzsteuer) oder den Gemeinden zustehen: nämlich Zuckersteuer, Salzsteuer, Branntweinsteuer, Schaumweinsteuer, Tabaksteuer, Kaffeesteuer, Teesteuer, Leuchtmittelsteuer, Mineralölsteuer[26]. Nach *Birk/Förster* sind reine Produktionssteuern, wie die Besteuerung der Alkoholarten Propanol-1 und Propanol-2 keine Verbrauchsteuern i. S. des Art. 106 I Nr. 2 GG; § 103 b I 1 BranntwMonG ist danach verfassungswidrig. Steuern, die nicht die Einkommensverwendung, sondern den Vermögensbestand belasten, sind ebenfalls keine Verbrauchsteuern i. S. des Art. 106 I Nr. 2 GG. Danach ist die sog. Endverbraucher-Nachsteuer der Art. 1 II, 2 II Minöl-BranntwStÄndG 1981 verfassungswidrig[27].

(4) Straßengüterverkehrsteuer[28];

(5) Kapitalverkehrsteuern (Gesellschaftsteuer, Börsenumsatzsteuer), Versicherungsteuer[29];

(6) einmalige Vermögensabgaben und zur Durchführung des Lastenausgleichs erhobene Ausgleichsabgaben; Gesetz über den Lastenausgleich vom 14. 8. 1952, BGBl. I 52, 446, i. d. F. vom 1. 10. 1969, BGBl. I 69, 1909, zuletzt geändert durch Gesetz 1986 vom 18. 12. 1989, BGBl. I 89, 2261;

(7) Abgaben im Rahmen der Europäischen Gemeinschaften, sog. Abschöpfungen.

(8) Außerdem erhält der Bund einen Anteil an der Gewerbesteuer, sog. *Gewerbesteuerumlage* (Art. 106 VI 4, 5 GG; dazu unten 2.37, zu [2]).

2.33 Die Erträge aus folgenden Steuern (Landessteuern, Landesertragsteuern) stehen den **Ländern** zu (Art. 106 II GG):

(1) Vermögensteuer[30]

---

24 BVerfGE 7, 244, 251 f.; 14, 76, 91; 16, 306, 317; 26, 302, 309; BStBl. 84, 858.
25 Genau müßte es heißen: Verbrauch- und Aufwandsteuern (wie in Art. 105 II a GG).
26 Vgl. dazu S. 606 ff.
27 *Birk/Förster,* B 85, Beilage Nr. 17 zu Heft 30.
28 Inzwischen ausgelaufen.
29 Vgl. dazu S. 594 ff., 599.
30 Vgl. dazu S. 467 ff.

§ 4 Finanzverfassungsrechtliche Grundlagen

(2) Erbschaftsteuer[31]

(3) Kraftfahrzeugsteuer[32]

(4) Verkehrsteuern, soweit sie nicht dem Bund (so die ausgelaufene Straßengüterverkehrsteuer) oder Bund und Ländern gemeinsam (so die Umsatzsteuer) zustehen: Grunderwerbsteuer, Feuerschutzsteuer, Rennwett- und Lotteriesteuer[33];

die Umsatzsteuer wird zweimal ausgeschaltet, zum einen durch Art. 106 I Nr. 2 GG als Verbrauchsteuer, zum anderen durch Art. 106 II Nr. 4 GG als Verkehrsteuer (dazu S. 163 f.);

(5) Biersteuer[34]

(6) Spielbankabgabe[35].

Das Aufkommen dieser Steuern steht den einzelnen Ländern insoweit zu, als die Steuern von den Finanzbehörden in ihrem Gebiet (endgültig) vereinnahmt werden, sog. örtliches Aufkommen (Art. 107 I 1 GG).

2.34 Außerdem erhalten die Länder einen Anteil an der Gewerbesteuer, sog. *Gewerbesteuerumlage* (Art. 106 VI 4, 5 GG; dazu unten 2.37 zu [2]).

2.35 **Gemeinschaftsteuern**, d. h. solche, deren Aufkommen Bund und Ländern gemeinsam zusteht, sind (Art. 106 III GG):

(1) **Einkommensteuer, Körperschaftsteuer**[36], soweit das Aufkommen aus der Einkommensteuer nicht den Gemeinden zugewiesen ist (s. 2.37). Am Aufkommen der Einkommensteuer und der Körperschaftsteuer sind der Bund und die Länder je zur Hälfte beteiligt (Art. 106 III 2 GG); s. aber auch 2.37.

Der Länderanteil am Aufkommen der Einkommensteuer und der Körperschaftsteuer steht den einzelnen Ländern insoweit zu, als die Steuern von den Finanzbehörden in ihrem Gebiet vereinnahmt werden (Art. 107 I 1 GG; s. auch §§ 19, 20 AO). Durch Bundesgesetz, das der Zustimmung des Bundesrates bedarf, sind für die Körperschaftsteuer und die Lohnsteuer nähere Bestimmungen über die Abgrenzung sowie über Art und Umfang der Zerlegung des örtlichen Aufkommens zu treffen (Art. 107 I 2 GG). Das ist geschehen durch Zerlegungsgesetz i. d. F. vom 25. 2. 1971, BGBl. I 71, 145 mit Änderung vom 31. 8. 1990, BGBl. I 90, 889, 967.

(2) **Umsatzsteuer**[37]: Die Anteile von Bund und Ländern werden durch Bundesgesetz festgesetzt, das der Zustimmung des Bundesrates bedarf. Das Grundgesetz bestimmt in Art. 106 III 3, 4 GG Richtmaße für die Umsatzsteuerverteilung. Die Anteile sind neu festzusetzen, wenn sich das Verhältnis zwischen Einnahmen und Ausgaben des Bundes und der Länder wesentlich anders entwickelt (Art. 106 IV 1 GG). Für 1986 bis 1989 haben Bund und Länder den Bundesanteil auf 65 v. H., den Länderanteil auf 35 v. H. festgesetzt[38].

Der Länderanteil am Umsatzsteueraufkommen steht den einzelnen Ländern nach Maßgabe ihrer Einwohnerzahl zu; für einen Teil, höchstens für ein Viertel des Länderanteils, können Ergänzungsanteile für die Länder vorgesehen werden, deren Aufkommen aus Einkommensteuer und Körperschaftsteuer je Einwohner unter dem Länderdurchschnitt liegt (Art. 107 I letzter Satz GG; s. zu 2.36).

Für die Aufteilung der Umsatzsteuer auf die *neuen Länder (auf dem Gebiet der ehemaligen DDR)* gelten Übergangsvorschriften (s. Art. 7 II Nr. 1, III des *Einigungsvertrages* i. V. mit Gesetz vom 23. 9. 1990, BStBl. I 90, 654, 657).

---

31 Vgl. dazu S. 474 ff.
32 Vgl. dazu S. 602 ff.
33 Vgl. dazu S. 583 ff., 601 f.
34 Vgl. dazu S. 607.
35 Vgl. dazu S. 664 f.
36 Vgl. dazu S. 190 ff., 404 ff.
37 Vgl. dazu S. 524 ff.
38 § 1 Finanzausgleichsgesetz i.d.F. vom 28. 1. 1988, BGBl. I 88, 94, geändert durch Einigungsvertrag vom 31. 8. 1990, BGBl. I 90, 889, 966.

Steuerertragshoheit

2.36 Zusätzlicher Finanzausgleich:[39] Zum Ausgleich des Steuergefälles zwischen steuerstarken und steuerschwachen Ländern sind zusätzlich vorgesehen:

(1) *Horizontaler* Finanzausgleich
   a) durch Umsatzsteuer-Ergänzungsanteile (Art. 107 I letzter Satz GG);
   b) durch zusätzliche Ausgleichsleistungen zwischen den Ländern (Art. 107 II 1, 2 GG).

(2) *Vertikaler* Finanzausgleich durch Ergänzungszuweisungen des Bundes (Art. 107 II 3 GG). Nachdem das Bundesverfassungsgericht (BVerfGE 72, 330, NJW 86, 2629; dazu *Patzig*, DÖV 86, 1037) den zweiten Abschnitt des zu Art. 107 GG ergangenen Finanzausgleichsgesetzes vom 28. 8. 1969, BGBl. I 69, 1432, für verfassungswidrig erklärt hatte, hat der Gesetzgeber das Finanzausgleichsgesetz durch Gesetz vom 28. 1. 1988, BGBl. I 88, 94, neu gefaßt. Das Gesetz regelt insb. die Verteilung des Länderanteils an der Umsatzsteuer unter den Ländern (§ 2), den Finanzausgleich unter den Ländern (§§ 4–11, 12–16) und die Ergänzungszuweisungen des Bundes (§ 11 a).

Über weitere *Finanzhilfen* im Rahmen der Bund-Länder-Beziehungen unterrichtet der Finanzbericht 1990, 103 ff.

Für die *neuen Länder (auf dem Gebiet der ehemaligen DDR)* gelten Übergangsregelungen (s. Art. 7 III des *Einigungsvertrages* i. V. mit Gesetz vom 23. 9. 1990, BStBl. I 90, 654, 657).

2.37 Die Gemeinden erhalten[40]:

(1) einen Anteil am Aufkommen der *Einkommensteuer,* der von den Ländern an ihre Gemeinden auf der Grundlage der Einkommensteuerleistungen ihrer Einwohner zu entrichten ist (Art. 106 V GG i. V. mit §§ 1–5, 7 Gemeindefinanzreformgesetz i. d. F. vom 28. 1. 1985, BGBl. I 85, 201, zuletzt geändert durch Einigungsvertrag vom 31. 8. 1990, BGBl. I 90, 889, 967). – Das Gemeindefinanzreformgesetz sieht vor:

Die Gemeinden erhalten 15 v. H. des Aufkommens an Lohnsteuer und veranlagter Einkommensteuer (§ 1). Der sich ergebende Betrag von 15 v. H. des Gesamtaufkommens wird nach einem Schlüssel auf die Gemeinden verteilt; die Schlüsselzahl ergibt sich aus dem Anteil der Gemeinden an der Summe der durch die Bundesstatistiken über die veranlagte Einkommensteuer und die Lohnsteuer ermittelten Einkommensteuerbeträge, die auf die zu versteuernden Einkommensbeträge bis 32 000 DM jährlich, bei Zusammenveranlagung 64 000 DM jährlich, entfallen (§ 3 I)[41, 42].

(2) das Aufkommen der *Realsteuern* (Art. 106 VI 1 GG), d. h. der Gewerbesteuer und der Grundsteuer (s. § 3 II AO)[43]. Bund und Länder werden jedoch durch Gesetz an dem Gewerbesteueraufkommen beteiligt, sog. Gewerbesteuerumlage (Art. 106 VI 4, 5 GG). Die Umlage steht den Ländern insoweit zu, als die Gewerbesteuer in dem Gebiet des einzelnen Landes vereinnahmt wird (§ 3 Finanzausgleichsge-

---

39 Dazu *Pagenkopf*, Der Finanzausgleich im Bundesstaat, Stuttgart u. a. 1981; *Kirchhof*, Der Verfassungsauftrag zum Länderfinanzausgleich ..., Köln 1982; *Selmer/Brodersen*, Finanzverfassungsrechtliche Grundfragen des horizontalen Finanzausgleichs, Hamburg 1984; *Schuppert/F. Dahrendorf*, Verfassungsrechtliche und finanzwissenschaftliche Aspekte des Länderfinanzausgleichs, Baden-Baden 1985.
40 Vgl. dazu auch die Literaturangaben auf S. 16 Fn. 7; S. 74 f.
41 Die Höchstbeträge beliefen sich von 1970–1971 auf 8 000/16 000 DM, von 1972–1979 auf 16 000/32 000 DM, von 1979–1984 auf 25 000/50 000 DM und seit 1985 auf 32 000/64 000 DM (s. § 3 Gemeindefinanzreformgesetz). – Letzte VO über die Ermittlung der Schlüsselzahlen: VO vom 7. 12. 1987, BGBl. I 87, 2520.
42 Dazu *J. W. Schmidt*, Gemeindefinanzreformgesetz – GFRG – (Kommentar), Köln 1970; *Elsner/Schüler*, Das Gemeindefinanzreformgesetz, Hannover 1970.
43 Dazu Fn. 21.

setz vom 28. 1. 1988, BGBl. I 88, 94). Die Höhe der Umlage ergibt sich aus § 6 Gemeindefinanzreformgesetz i. d. F. vom 28. 1. 1985, BGBl. I 85, 201, zuletzt geändert durch Einigungsvertrag vom 31. 8. 1990, BGBl. I 90, 889, 967. Sie wird dadurch ermittelt, daß das Istaufkommen der Gewerbesteuer im Kalenderjahr durch den von der Gemeinde festgesetzten Hebesatz geteilt und mit 52 v. H. vervielfältigt wird.

Beispiel: Gemeinde B setzt für 1988 einen Hebesatz von 322 v. H. fest. Ihr Gewerbesteueraufkommen 1988 beträgt 4 906 666 DM. Die Gewerbesteuerumlage beträgt

$$\frac{4\,906\,666 \text{ DM}}{322 \text{ v. H.}} \times 52 \text{ v. H.} = 792\,380 \text{ DM}.$$

Das sind 24,8 v. H. des Istaufkommens[44].

(3) das Aufkommen der *örtlichen Verbrauch- und Aufwandsteuern* (s. dazu S. 81 f. unter 2.23) nach Maßgabe der Landesgesetzgebung (s. Art. 106 VI 1 GG);

(4) vom *Länderanteil* am Gesamtaufkommen der *Gemeinschaftsteuern* (s. dazu unter 2.35) einen von der Landesgesetzgebung zu bestimmenden Hundertsatz (Art. 106 VII 1 GG);

(5) einen *Anteil* am Aufkommen der *Landessteuern* (s. 2.33), soweit es die Landesgesetzgebung vorsieht (Art. 106 VII 2 GG)[45].

Die Verfassungen der Länder verpflichten die Landesgesetzgeber zu einem kommunalen Finanzausgleich, der die Finanzkraftunterschiede der Gemeinden abmildern soll[46].

Für die Beteiligung der Gemeinden in den *neuen Ländern (auf dem Gebiet der ehemaligen DDR)* gelten Übergangsregelungen (s. Art. 7 II Nrn. 2, 3 des *Einigungsvertrages* i. V. mit Gesetz vom 23. 9. 1990, BStBl. I 90, 654, 657).

2.4 Die Steuerverwaltungshoheit (Art. 108 GG)

Literatur: *Leidel,* Die Begründung der Reichsfinanzverwaltung, Diss. Köln, Bonn 1964; Von der Reichsschatzkammer zum Bundesfinanzministerium, hrsg. vom Bundesministerium der Finanzen (Bearbeiter *A. Pausch*), Köln 1969; *Schweigert,* Die Finanzverwaltung Westdeutschlands in der Zeit vom Ende des 2. Weltkriegs bis zu ihrer Neuordnung durch das Grundgesetz, Diss. Köln 1969; Fünfzig Jahre deutsche Steuerfachverwaltung, hrsg. vom Bund

---

44 Dazu Fn. 21.

45 Eine Delegation der Ertragsberechtigung an andere juristische Personen des öffentlichen Rechts ist über die im Grundgesetz ausdrücklich zugelassenen Fälle (besonders Art. 106 VII 2 GG) hinaus spätestens seit Ergänzung des Art. 106 a. F. GG durch Gesetz vom 24. 12. 1956, BGBl. I 56, 1077 nicht mehr zulässig (s. auch bei Abtretung) – so *K. Vogel/Walter,* Bonner Kommentar zum GG, Art. 105 (Zweitbearbeitung 1971) Rn. 39.

46 Dazu *Renfert,* Rechtsprobleme des Finanz- und Lastenausgleichs und ihre Bedeutung für die Gemeinden, Diss. Köln 1960; *Kinkel,* Die Lehre von Popitz für die Gestaltung des gemeindlichen Finanzausgleichs und ihr Verhältnis zum gegenwärtigen Rechtszustand in der Bundesrepublik, Diss. Köln 1964; *Pikullik,* Das System des kommunalen Finanzausgleichs in der Bundesrepublik Deutschland, Diss. Marburg 1966; *K.-H. Jäger,* Kommunale Aufgabenstellung und staatliche Finanztransfers an die Gemeinden, Diss. Frankfurt 1968; *v. Mutius/Hennecke,* Verfassungsrechtliche Anforderungen an die Durchführung des kommunalen Finanzausgleichs – dargestellt am Beispiel Nordrhein-Westfalens, AfK 85, 261 ff.; *W. Hoppe* (Hrsg.), Reform des kommunalen Finanzausgleichs, Köln 1985; *Münstermann,* Kommunaler Finanzausgleich in den Bundesländern – Aktuelle Entwicklungstendenzen und Verteilungsprobleme, ZKF 88, 74 ff., 102 ff.

Steuerverwaltungshoheit

Deutscher Steuerbeamter (Bearbeiter *A. Pausch*), Düsseldorf 1970; *Franz Klein,* Das Bundesministerium der Finanzen[3], Bonn 1970; *Weyhausen,* Steuerverwaltung und bundesstaatliche Verfassungsordnung, Köln 1982 (Diss.); *Klos,* Die Organisation der Finanzverwaltung, StStud. 88, 36 ff.; Bundesministerium der Finanzen (Hrsg.), 40 Jahre Verantwortung für die Finanzen des Bundes, München 1989.

Die Steuern werden entweder von Bundesfinanzbehörden oder von Landesfinanzbehörden im Auftrage des Bundes oder von Landesfinanzbehörden verwaltet (Verwaltung = Gesetzesvollzug). Über Bundes- und Landesfinanzbehörden s. § 6 AO und §§ 1, 2 FVG.

Es werden verwaltet:

von *Bundes*finanzbehörden: Zölle, bundesgesetzliche Verbrauchsteuern (einschließlich Einfuhrumsatzsteuer und Biersteuer), Abgaben im Rahmen der EG (s. Art. 108 I GG);

von *Landes*finanzbehörden *im Auftrage des Bundes:* Steuern, die ganz oder zum Teil dem Bund zufließen: Straßengüterverkehrsteuer, Kapitalverkehrsteuer, Versicherungsteuer, Wechselsteuer, Lastenausgleichsabgaben, Einkommensteuer, Körperschaftsteuer, Umsatzsteuer (s. Art. 108 III GG);

von *Landes*finanzbehörden: Vermögensteuer, Erbschaftsteuer, Kraftfahrzeugsteuer, Grunderwerbsteuer, Feuerschutzsteuer, Rennwett- und Lotteriesteuer, Spielbankabgabe, Gewerbesteuer, Grundsteuer, örtliche Verbrauch- und Aufwandsteuern (s. Art. 108 II 1 GG).

Durch Gesetz kann ein Zusammenwirken von Bund und Ländern vorgesehen werden (Art. 108 IV GG).

Die Verwaltung von Steuern, die den Gemeinden zufließen, kann von den Ländern ganz oder zum Teil – durch nachkonstitutionelles Landesgesetz[47] – den *Gemeinden* übertragen werden (Art. 108 IV 2 GG). Das ist (außer in den Stadtstaaten) geschehen hinsichtlich der Realsteuerfestsetzung (= Anwendung der Realsteuerhebesätze auf die Realsteuermeßbescheide) und der Verwaltung der kommunalen (sog. örtlichen) Verbrauch- und Aufwandsteuern, wie Vergnügungssteuer, Hundesteuer, Getränkesteuer.

Das Ausführungsgesetz zu Art. 108 GG ist das *Finanzverwaltungsgesetz* i. d. F. des Finanzanpassungsgesetzes vom 30. 8. 1971, BGBl. I 71, 1426, zuletzt geändert durch Gesetz v. 25. 9. 1990, BGBl. I 90, 2106. Es sieht vor

– als Bundesfinanzbehörden: Bundesfinanzministerium, Bundesamt für Finanzen, Oberfinanzdirektionen, Hauptzollämter, Zollfahndungsämter (§ 1 FVG);

– als Landesfinanzbehörden: Landesfinanzministerien, Oberfinanzdirektionen, Finanzämter (§ 2 FVG). Näheres S. 668 f.

---

47 BVerwG BStBl. 84, 236.

§ 5 Rechtsanwendung im Steuerrecht

A. Rechtsnormen des Steuerrechts

Literatur: *Tipke/Kruse,* AO [13], zu § 4 AO; *List,* Die Rechtsquellen des modernen Steuerrechts, StKongrRep. 1975, 139 ff.; *Kirchhof,* Stichwort „Rechtsquelle", in: HWStR [2], München/Bonn 1981; *Achterberg,* Allgemeines Verwaltungsrecht[2], Heidelberg 1986, § 15, 213 ff.; *Ossenbühl,* Die Rechtsquellen des Verwaltungsrechts, in: Erichsen/Martens (Hrsg.), Allg. Verwaltungsrecht [8], Berlin/New York 1988, 71 ff.; *Ruppe,* in: HHR, Einf. ESt Anm. 600–612.

Steuerrechtliche Rechtsanwendung setzt Gesetze i. S. von Rechtsnormen voraus (S. 30 f.). Nach § 4 AO ist Gesetz „jede Rechtsnorm". *Normen* sind Regeln, Vorschriften oder Maßstäbe; sie können rechtsverbindlich sein oder nicht. *Rechts*normen sind für von ihnen betroffene Bürger rechtsverbindlich. Rechtsnormen – auch als Rechtssätze oder Rechtsquellen bezeichnet – sind – genau definiert – abstrakte und generelle (d. h. für eine unbestimmte Vielzahl von Fällen geltende) Anordnungen, die in einem bestimmten örtlichen Bereich zu einer bestimmten Zeit *für die Betroffenen verbindlich* sind und von einer staatlichen Autorität garantiert werden. Für den Bereich des Steuerrechts sind solche Rechtsnormen: förmliche Gesetze, Rechtsverordnungen, autonome Satzungen, Doppelbesteuerungsabkommen und supranationale Normen. Nicht rechtsverbindlich sind die moralischen oder ethischen Normen.

Dem Rang nach steht die *Verfassung* mit ihren Grundnormen als „geistiger Überbau" über den einfachen Gesetzen, die einfachen Gesetze stehen über den Rechtsverordnungen und den Satzungen (sog. Stufenbau der Rechtsordnung).

Bundesrecht bricht Landesrecht (Art. 31, 105 II GG; s. aber auch Art. 105 II a GG). Konkurrieren Gesetze gleichen Ranges, so gelten folgende ungeschriebene Regeln: Jüngere Gesetzesvorschriften gehen älteren vor; speziellere Gesetzesvorschriften gehen generelleren vor (s. auch § 2 AO); generellere jüngere Gesetzesvorschriften gehen spezielleren älteren vor. Läßt sich ein Widerspruch mit diesen Regeln nicht lösen, heben sich die sich widersprechenden Vorschriften gegenseitig auf; es entsteht dann eine ausfüllungsbedürftige Lücke im Gesetz.

1. Förmliche Gesetze

Literatur: *K. Stern,* Das Staatsrecht der Bundesrepublik Deutschland, II, München 1980, § 37, 557 ff.

Förmliche oder formelle Gesetze sind Rechtsnormen, die in einem förmlichen Gesetzgebungsverfahren zustande kommen, ordnungsmäßig ausgefertigt und in den dafür vorgeschriebenen amtlichen Blättern verkündet werden (für Bundesgesetze s. Art. 76–78, 82, 105 III GG).

Dem Rang nach ist zwischen Verfassungsgesetzen und einfachen Gesetzen, der Gesetzgebungshoheit nach ist zwischen Bundes- und Landesgesetzen (dazu Art. 105 GG betr. Steuergesetzgebungshoheit) zu unterscheiden.

Verfassungsgesetz ist das **Grundgesetz** vom 23. 5. 1949. Es enthält die rechtliche Grundordnung. Die Grundrechte enthalten Grundwertungen, sie begründen eine Wertordnung. Das Grundgesetz hat Vorrang vor einfachen Gesetzen: Die Grundrechte binden Gesetzgebung, vollziehende Gewalt und Rechtsprechung als unmittelbar geltendes Recht (Art. 1 III GG; s. auch Art. 20 III GG). Bei Verletzung der Besteuerungskompetenzen nach Art. 105 GG ist das Grundrecht des Art. 2 I GG verletzt. Nur ein Gericht, nicht eine Verwaltungsbehörde[1], darf ein einfaches Gesetz auf seine Verfassungsmäßigkeit prüfen. Das Gericht kann die Verfassungsmäßigkeit allerdings nur bejahen, aber nicht selbst verneinen. Hält ein *Gericht* (gleich welcher Instanz, also FG, BFH) ein (nachkonstitutionelles) Gesetz, auf dessen Gültigkeit es bei der Entscheidung ankommt, für verfassungswidrig, so hat es das Verfahren auszusetzen und die Entscheidung des Verfassungsgerichts einzuholen (Art. 100 I GG). Verwaltungsbehörden haben diese Möglichkeit nicht; theoretisch können sie allerdings ein Normenkontrollverfahren der Regierung (Art. 93 I Nr. 2 GG) auslösen. Der Steuerpflichtige kann mit der Behauptung, durch die öffentliche Gewalt in einem seiner Grundrechte oder in einem seiner in Art. 20 IV, 33, 38, 101, 103, 104 GG enthaltenen Rechte verletzt zu sein, Verfassungsbeschwerde beim BVerfG erheben (Art. 93 I Nr. 4a GG; §§ 13 Nr. 8a, 90 I BVerfGG); grundsätzlich muß vorher der Rechtsweg ausgeschöpft worden sein (§ 90 II BVerfGG); zum Verfahren s. §§ 90 ff. BVerfGG.

Über Inkrafttreten und Außerkrafttreten von Gesetzen Tipke/*Kruse*, AO [13], § 4 Tz. 6 ff., 11 ff. Rechtsgrundlage zum Inkrafttreten: Art. 82 GG.

Zum Problem der *Rückwirkung* von Steuergesetzen s. S. 34 ff.

2. Rechtsverordnungen

Literatur: *Friedr. Klein*, Grenzen gesetzlicher Ermächtigungen zum Erlaß steuerlicher Rechtsverordnungen, Inst. FuSt Heft 10, Bonn 1951; *B. Wolff*, Die Ermächtigung zum Erlaß von Rechtsverordnungen nach dem GG, AöR Bd. 78 (1953), 194 ff.; *Wacke*, Staatsrechtliche Prüfung der Zusatzsteuer, Köln 1957; *Link*, Die Bestimmtheit der Rechtsetzungsermächtigungen in der Steuergesetzgebung der Bundesrepublik Deutschland, Diss. Heidelberg 1967; *Henneka*, Gesetzliche Ermächtigungen zum Erlaß von RechtsVOen in der Rechtsprechung des Bundesverfassungsgerichts, in: FS des Bundesfinanzhofs, Bonn/München 1968, 70 ff.; *Papier*, Die finanzrechtlichen Gesetzesvorbehalte und das grundgesetzliche Demokratieprinzip, Berlin 1973; *Wilke*, Bundesverfassungsgericht und Rechtsverordnungen, AöR Bd. 98 (1973), 196 ff.; Tipke/*Kruse*, AO [13], § 4 Tz. 20 ff.; *K. Stern*, Das Staatsrecht der Bundesrepublik Deutschland, II, München 1980, § 38, 646 ff.

Rechtsverordnungen sind Rechtsnormen, die nicht in einem förmlichen Gesetzgebungsverfahren zustande kommen, sondern von der Exekutive (im Steuerrecht: Bundesregierung, Bundesfinanzminister) erlassen werden. Die meisten Rechtsverordnungen über Steuern bedürfen der Zustimmung des Bundesrates (s. Art. 80 II i. V. mit Art. 105 III, 108 GG).

Im Steuerrecht wurde und wird die Auffassung vertreten, die *wesentlichen* Merkmale des Steuertatbestandes (Steuerobjekt, Steuersubjekt, Steuerbemessungsgrundlage, Steuersatz) müßten sich aus einem formellen Gesetz ergeben[2].

---

1 S. aber *Felix*, BB 88, 1500, 1502 m.w.N.
2 *O. Mayer*, Deutsches Verwaltungsrecht [1]1895, Bd. I, 388 ff.; [3]1924 (Nachdruck Berlin 1961), Bd. I, 315 ff.; *Jesch*, Gesetz und Verwaltung[2], Tübingen 1968, 107 f.; *Kruse*, Gesetzmäßige Verwaltung, tatbestandsmäßige Besteuerung, in: Felix (Hrsg.), Vom Rechtsschutz im Steuerrecht, Düsseldorf 1960, 93, 109 ff.; *Wacke*, Staatsrechtliche Prüfung der Zusatzsteuer, Köln 1957, 49 f. – mit einem Überblick auch über ausländische Rechtsordnungen; *E. Höhn*, Steuerrecht, Ein Grundriß des schweizerischen Steuerrechts[6], Bern und Stuttgart 1988, 82 ff.; *Papier*, Die finanzrechtlichen Gesetzesvorbehalte und das grundgesetzliche Demokratieprinzip, Berlin 1973, 67 ff., 117 ff.; *Brinkmann*, Tatbestandsmäßigkeit der Besteuerung und formeller Gesetzesbegriff, Köln 1982. S. jetzt auch die Wesentlichkeitstheorie des Bundesverfassungsgerichts (etwa BVerfGE 49, 89, 126 f.; 57, 295, 320 f., nicht das Steuerrecht betreffend).

§ 5 Rechtsanwendung im Steuerrecht

Die Notverordnungen des Reichspräsidenten aufgrund Art. 48 II Weimarer Reichsverfassung in der Wirtschaftskrise von 1930 liefen der Auffassung, daß der Steuertatbestand im wesentlichen durch das (formelle) Gesetz selbst fixiert werden müsse, indessen gründlich zuwider. Durch Notverordnung vom 1. 12. 1930, RGBl. I 30, 517, 545 wurde die Ermächtigung des § 12 RAO eingeführt, wonach der Reichsminister der Finanzen Rechtsverordnungen und Verwaltungsvorschriften auch zur *Ergänzung* der Gesetze erlassen konnte.

In Reaktion auf die Mißstände der Notverordnungszeit der Weimarer Republik und die Abschaffung des parlamentarischen Gesetzgebers durch den nationalsozialistischen Staat (sog. Ermächtigungsgesetz) wurde Art. 80 I GG geschaffen und dadurch allgemein ein Rechtszustand eingeführt, wie er für das Steuerrecht – traditionell oder gar gewohnheitsrechtlich – schon früher gegolten hatte[3], sieht man von der Zwischenphase der Notverordnungszeit und des Dritten Reiches ab. Dem Art. 80 I 2 GG würde es nämlich nicht entsprechen, wenn der Gesetzgeber es dem Verordnungsgeber überlassen würde, Steuersubjekt, Steuerobjekt, Steuerbemessungsgrundlage und/oder Steuersatz zu bestimmen.

Art. 80 I GG macht die Wirksamkeit von Rechtsverordnungen von *folgenden Voraussetzungen* abhängig:

a) Es muß eine gesetzliche *Ermächtigung* vorliegen (Art. 80 I 1 GG), evtl. auch eine Unterermächtigung (Art. 80 I 4 GG). Beispiele für Ermächtigungen: § 156 I AO; § 51 EStG; § 53 KStG.

b) Die Ermächtigung muß nach Inhalt, Zweck und Ausmaß *hinreichend bestimmt* sein (Art. 80 I 2 GG). Art. 80 GG durchbricht zwar das Prinzip der Gewaltenteilung, zieht der Durchbrechung aber Grenzen:

„Das Parlament soll sich seiner Verantwortung als gesetzgebende Körperschaft nicht dadurch entschlagen können, daß es einen Teil der Gesetzgebungsmacht der Regierung überträgt, ohne genau die Grenzen dieser übertragenen Kompetenzen bedacht und bestimmt zu haben. Die Regierung soll nicht, gestützt auf unbestimmte Ermächtigungen zum Erlaß von Verordnungen, an die Stelle des Parlaments treten" (BVerfGE 1, 14, 60).

„Art. 80 GG soll den Gesetzgeber zwingen, die für die Ordnung eines Lebensbereichs entscheidenden Vorschriften selbst zu setzen" (BVerfGE 7, 282, 301). Die Ermächtigung muß so bestimmt sein, „daß schon aus ihr und nicht erst aus der auf sie gestützten Verordnung erkennbar und vorhersehbar sein muß, was von dem Bürger gefordert werden kann" (BVerfGE 7, 282, 302; 10, 251, 258; 14, 174, 185; s. auch BVerfGE 19, 354, 362; 49, 89, 126 f.). – Das heißt für das Steuerrecht im Ergebnis, daß – als Tatbestandsgerippe – Steuersubjekt, Steuerobjekt, Steuerbemessungsgrundlage und Steuersatz im förmlichen Gesetz festgelegt sein müssen[3]. Hingegen soll ermöglicht werden, das Gesetz von fachspezifischen, insb. technischen Details zu entlasten oder Begriffe zu konkretisieren, zu spezifizieren, zu differenzieren oder zu detaillieren (= das Gesetz durchzuführen). Unzulässig sind hingegen gesetzesvertretende und gesetzesändernde oder gesetzesergänzende Rechtsverordnungen (unstr.).

Der *Inhalt* der Ermächtigung betrifft das durch die Rechtsverordnung zu regelnde Sachgebiet, die zu regelnde Materie (BVerfGE 7, 265, 274). Der *Zweck* meint das Ziel (die Tendenz), das (die) der Verordnungsgeber zu verfolgen hat (BVerfGE 5, 56, 76). Das *Ausmaß* der Ermächtigung bestimmt die Grenzen, die der Verordnungsgeber bei seiner inhaltlichen Regelung beachten muß (BVerfGE 5, 56, 76). Es genügt, wenn Inhalt, Zweck und Ausmaß durch Auslegung dem Gesetz im ganzen zu entnehmen sind (BVerfGE 8, 274, 307; 10, 20, 51; 20, 296, 304). Die Ermächtigung ist zu unbestimmt, wenn nicht mehr vorausgesehen werden kann, mit welcher Tendenz von ihr Gebrauch gemacht werden, welchen Inhalt die Rechtsverordnung haben könnte. Beispiele aus dem Steuerrecht, in denen diese Voraussetzungen nicht gegeben waren: BVerfGE 23, 62 ff. und BFH BStBl. 74, 205.

---

3 Vgl. Fn. 2.

c) Die Verordnung muß ihre Rechtsgrundlage (Ermächtigungsgrundlage) angeben (Art. 80 I 3 GG).

d) Die Verordnung muß ordnungsmäßig verkündet sein, im Bundesgesetzblatt (Art. 82 I 2 GG) oder im Bundesanzeiger (Gesetz vom 30. 1. 1950, BGBl. I 50, 23); Veröffentlichung im Bundessteuerblatt genügt nicht.

Bei Verstößen gegen die in a)–d) aufgeführten Voraussetzungen sind Rechtsverordnungen unwirksam[4]. Die Gerichte haben die Verordnungen selbst auf ihre Gültigkeit zu prüfen und evtl. als unwirksam zu behandeln, ohne das Verfassungsgericht anrufen zu müssen.

Rechtsverordnungen sind die insb. zu den größeren Steuergesetzen ergangenen Durchführungsverordnungen, wie EStDV, LStDV, KStDV, BewDV, GewStDV, UStDV, ErbStDV, KVStDV. Die meisten Ermächtigungen zu Rechtsverordnungen sind am Schluß eines Gesetzes zusammengefaßt, z. B. § 51 EStG, § 53 KStG, § 35c GewStG.

Der Wegfall einer Ermächtigung berührt die aufgrund der weggefallenen Ermächtigung ergangenen Verordnungen nicht; die Verordnungen überdauern ihre Ermächtigung.

Nicht wenige gesetzliche Ermächtigungen empfehlen sich zur kritischen Überprüfung an Art. 80 GG. Geht es um Rechtsverordnungen, so sollte in kritischen Fällen stets geprüft werden, ob die Verordnung auf einer hinreichenden gesetzlichen Ermächtigung beruht und ob sie die Grenzen der Ermächtigung einhält. Die Kommentare zu Steuergesetzen sind insoweit durchgehend zu enthaltsam.

Über sog. (auf § 13 RAO beruhende) *Milderungsanordnungen* s. 1.–6. Auflage, zuletzt S. 78, und Tipke/*Kruse*, AO [13], § 4 Tz. 29 ff.

3. Autonome Satzungen

Literatur: Tipke/*Kruse*, AO [13], § 4 Tz. 28.

Autonome Satzungen sind Rechtsnormen, die von einer dem Staat inkorporierten juristischen Person des öffentlichen Rechts im Rahmen ihrer Autonomie erlassen werden.

Für das Steuerrecht relevant ist die Autonomie der *Gemeinden* (s. Art. 28 II GG und Gemeindeordnungen). Die Gemeindeautonomie enthält allerdings nicht die Befugnis zur Auferlegung von Steuern. Diese Befugnis ergibt sich auch nicht unmittelbar aus Art. 28 II GG (bestr.). Es bedarf dazu vielmehr einer besonderen gesetzlichen, hinreichend bestimmten Ermächtigung. Da solche Ermächtigungen durch Art. 105, 106 VI 2 GG begrenzt sind, verbleibt den Gemeinden über die Festsetzung der Realsteuerhebesätze (s. Art. 106 VI 2 GG) hinaus kein Spielraum[5]. Allerdings wird angenommen, daß die Länder ihr begrenztes Steuererfindungsrecht (s. Art. 105 II a GG) auf die Gemeinden übertragen könnten. Nähere Bestimmungen über kommunale Steuersatzungen enthalten die Kommunalabgabengesetze[6]. Die Kommunalabgabengesetze sehen eine Genehmigung der Steuersatzungen durch die Aufsichtsbehörde vor.

Die Mustersatzungen oder Mustersteuerordnungen sind keine Rechtsnormen; sie dienen den Genehmigungsbehörden lediglich als Richtlinien für die Genehmigung von Steuersatzungen[7].

---

4 S. etwa BFH BStBl. 74, 205.
5 Vgl. S. 74 f. – Zur gemeindlichen Satzungsbefugnis: *Bleckmann*, DVBl. 87, 1085; *Starck*, Verfassungsmäßigkeit der Vergnügungsteuer?, München 1973, 39 ff.; *Papier*, Die finanzrechtlichen Gesetzesvorbehalte..., Berlin 1973, 137 ff.; s. auch *K. Stern*, Das Staatsrecht der Bundesrepublik Deutschland, II, München 1980, § 46 III, 1123 ff.
6 Für Nordrhein-Westfalen vgl. § 2 KAG vom 21. 10. 1969.
7 Dazu *Schink*, Mustersatzungen, ZG 86, 33 ff.

4. Gewohnheitsrecht

Literatur: *Kruse,* Über Gewohnheitsrecht, StuW 59, 209 ff.; *ders.,* Über Kirchensteuer und Gewohnheitsrecht, StuW 61, 57 ff.; *Höhn,* Gewohnheitsrecht im Verwaltungsrecht, Bern 1960; Tipke/Kruse, AO [13], § 4 Tz. 39; *Paulick,* Lehrbuch des allgemeinen Steuerrechts[3], Köln u. a. 1977, Rnrn. 244 ff.; *H. O. Freitag,* Gewohnheitsrecht und Rechtssystem. Eine rechtstheoretische und verfassungsrechtliche Untersuchung zum Gewohnheitsrecht, insb. in der Eingriffsverwaltung, Berlin 1976.

Gewohnheitsrecht besteht aus ungeschriebenen Rechtsnormen, die sich durch langandauernde Übung (meist veranlaßt durch eine langjährige ständige Rechtsprechung) gebildet haben und von dem allgemeinen Rechtsbewußtsein bestätigt worden sind. Die Übung muß solange bestanden haben, daß sich die allgemeine Rechtsüberzeugung gebildet hat, die Übung sei Rechtens. Vorausgesetzt wird ferner die *Formulierbarkeit* der Übung als Rechtssatz.

Die Frage, ob und inwieweit Steuerrecht auf Gewohnheitsrecht beruhen kann, ist *umstritten.* Während *Paulick,* a. a. O., die Möglichkeit von Gewohnheitsrecht sowohl für Steuerbelastungen als auch für Steuervergünstigungen ablehnt, verneint *Kruse,* a. a. O., lediglich die Möglichkeit sog. steuerschaffenden Gewohnheitsrechts[8]. Offenlassend BFH GrS BStBl. 84, 751, 764.

U. E. bindet Art. 105 GG die *Steuer*gesetzgebung an das parlamentarische Gesetz. Daher ist Steuergewohnheitsrecht nicht mit Art. 105 GG vereinbar[9]. Im Steuerrecht könnte sich Gewohnheitsrecht überhaupt nur auf der Basis von Richterrecht bilden. Auch wenn man dies für zulässig hält, müßte man es an dessen Grenzen (s. S. 28) binden.

Kein Gewohnheitsrecht (und keine Rechtsnorm) ist die *Verkehrssitte.* Das gilt auch für die im Geschäftsverkehr unter Kaufleuten gebräuchliche Verkehrssitte, den *Handelsbrauch* (§ 346 HGB).

5. Doppelbesteuerungsabkommen

Literatur: *K. Vogel,* Doppelbesteuerungsabkommen, Kommentar[2], München 1990.

Doppelbesteuerungsabkommen sind (vom Bundespräsidenten abzuschließende, s. Art. 59 I GG) völkerrechtliche Verträge mit anderen Staaten über die Vermeidung der Doppelbesteuerung. Sie gehören nicht zu den allgemeinen Regeln des Völkerrechts i. S. des Art. 25 GG. Sie erhalten innerstaatliche Rechtsnormqualität erst durch Zustimmung des innerstaatlichen Gesetzgebers (Art. 59 II GG); sie gehen als Spezialnormen den anderen Steuergesetzen vor (wie § 2 AO klarstellt). Über Auslegung von Doppelbesteuerungsabkommen *K. Vogel,* StuW 82, 111 ff., 286 ff.; *ders.,* DBA-Kommentar[2], Einl. Rnrn. 58 ff.

6. Supranationales Recht

Literatur: *H. P. Ipsen,* Europäisches Gemeinschaftsrecht, Tübingen 1972, 446 ff.; *B. Schlüter,* Die innerstaatliche Rechtsstellung der internationalen Organisationen, 1972; *Seidl-Hohenveldern,* Das Recht der Internationalen Organisationen einschl. der Supranationalen Gemeinschaften [4], Köln u. a. 1984; *Bahlmann,* Zum Einfluß des europäischen Rechts auf das nationale Steuerrecht, EuR 85, 43 ff.; *J. Lang,* Stichwort „Supranationales Steuerrecht", in: HWStR[2], München/Bonn 1981; *Grabitz,* Das Verhältnis des Europarechts zum nationalen

---

8 Vgl. auch RFHE 33, 57; BFHE 68, 462, 465; 82, 8, 12; 94, 186, 189; 135, 538, 540 (bejahend zu Abschn. 35 EStR).
9 Gl. A. *H. O. Freitag,* a. a. O.; s. auch *Kirchhof,* Stichworte „Gewohnheitsrecht" und „Rechtsquelle", in: HWStR[2], München/Bonn 1981.

Recht, DStJG Bd. 11 (1988), 33 ff.; *Birkenfeld,* Deutsches Umsatzsteuerrecht und Umsatzsteuerrecht der EG, UR 89, 329, 333 ff.

Als supranational bezeichnet man Rechtsnormen, die von supranationalen Organisationen kraft ihrer eigenen Rechtsetzungsbefugnis erlassen werden und die zu ihrer Wirksamkeit keiner nationalstaatlichen Zustimmung mehr bedürfen (Art. 59 II 1 GG gilt hier nicht). Die Rechtsetzungsbefugnis ist diesen Organisationen durch völkerrechtlichen Vertrag übertragen worden. Zu solcher Übertragung ermächtigt Art. 24 I GG.

Relevant sind für das Steuerrecht die Verordnungen und Richtlinien der *Europäischen Gemeinschaften* (s. dazu Art. 189 EWG-Vertrag).

Verordnungen wenden sich, wie nationalstaatliche Gesetze, an jedermann und sind im gesamten Gemeinschaftsbereich unmittelbar geltendes Recht. *Richtlinien* hingegen richten sich lediglich an die Mitgliedstaaten. Sie schreiben diesen bestimmte Harmonisierungsmaßnahmen vor, nicht aber die (technischen) Mittel ihrer Verwirklichung. Die Richtlinien müssen also durch nationalstaatliche Akte durchgeführt werden. Jedoch hat der EuGH[10] entschieden: Würden Richtlinien vom Mitgliedstaat nicht (fristgerecht) in nationales Recht umgesetzt, so könnten die Bürger sich unmittelbar auf die Richtlinien berufen, Art. 189 EWG-Vertrag stehe nicht entgegen[11]. Diesem Standpunkt hatte der BFH (BFHE 143, 383) sich widersetzt. Inzwischen hat das BVerfG (BVerfGE 75, 223), das BFH-Urteil aber aufgehoben und bestätigt, daß der EuGH das Gemeinschaftsrecht in der geschehenen Weise fortentwickeln dürfe.

Das supranationale Recht geht dem nationalen Recht vor. Ob das allerdings auch gegenüber den Verfassungen, etwa dem Grundgesetz, gilt, war umstritten[12]. Inzwischen hat das BVerfG (BVerfGE 73, 339) entschieden, Gemeinschaftsrecht sei nicht auf seine Vereinbarkeit mit den Grundrechten des Grundgesetzes zu überprüfen, *solange* der EuGH solche Grundsätze beachte.

7. Keine Rechtsnormen

7.1 Verwaltungsvorschriften

Literatur: *Jaenke,* Verwaltungsvorschriften im Steuerrecht – Die Bedeutung der Richtlinien, Diss. Köln, Düsseldorf 1959; *Kampe,* Verwaltungsvorschriften und Steuerprozeß, Stuttgart 1965; *Ossenbühl,* Verwaltungsvorschriften und Grundgesetz, Bad Homburg/Berlin/Zürich 1968; *Hoepffner,* Gesetzesverdrängung durch Verwaltungshandeln im Steuerrecht, Diss. Würzburg 1970; *K. Vogel/Wachenhausen,* Bonner Kommentar zum Grundgesetz, Art. 108 (Zweitbearbeitung 1971) Rnrn. 172 ff.; *Jaehnike,* Die Bindung der Finanzgerichte an Verwaltungsvorschriften, StuW 79, 293 ff.; *Tipke/Kruse,* AO [13], § 4 Tz. 32 ff.; *J. Martens,* Verwaltungsvorschriften zur Beschränkung der Sachverhaltsermittlung, Köln 1980; Beiträge von *J. Martens, Pelka, Schulze-Osterloh, Stoltefoht, Kohlmann, Trzaskalik, Möllinger,* in: Tipke (Hrsg.), Grenzen der Rechtsfortbildung ... durch Verwaltungsvorschriften im Steuerrecht, DStJG Bd. 5 (1982), 165 ff.; *Leisner,* Verwaltungsvorschriften als „Nebengesetze" im Steuerrecht?, Köln 1982.

Verwaltungsvorschriften (Verwaltungsanordnungen, Verwaltungsverordnungen) können einen Einzelfall betreffen, aber auch eine Vielzahl von Fällen. Auch wenn sie,

---

10 BB 82, 480 f.; B 82, 411; UStR 82, 70; RIW 82, 186.
11 Dazu *Bleckmann,* Die Richtlinie im Europäischen Gemeinschaftsrecht ..., Handwörterbuch unbestimmter Rechtsbegriffe im Bilanzrecht des HGB, Köln 1986, 11.
12 Dazu *Ritterspach,* in: FS für G. Müller, Tübingen 1970, 301; *Rupp,* NJW 70, 353; *Benda/ E. Klein,* DVBl. 74, 389; *Riegel,* NJW 74, 1585; *Scheuner,* AöR Bd. 100 (1975), 30; *Börner,* NJW 76, 2041; BVerfGE 37, 271; 52, 187, 199. Weitere Nachweise bei *K. Stern,* Staatsrecht, I [2], München 1984, § 15 II 9, 535 ff.

§ 5 Rechtsanwendung im Steuerrecht

wie häufig, eine Vielzahl von Fällen betreffen, sind sie keine Rechtsnormen. Sie sind nicht für die Staatsbürger (s. S. 80), sondern *nur für die Verwaltungsbehörden verbindlich.* Soweit Verwaltungsvorschriften als Rechtsnormen oder Rechtssätze bezeichnet werden, weil sie nicht außerhalb der Rechtsordnung stehen, sondern Teil der Rechtsordnung sind und angewiesene Behörden rechtlich binden (*Ossenbühl, Jaehnike*), bedeutet dies nur eine terminologische Abweichung. Eine Bindung der Staatsbürger (und der Gerichte) an Verwaltungsvorschriften wird daraus nicht hergeleitet.

Verwaltungsvorschriften werden von übergeordneten Behörden (oder Vorgesetzten) kraft ihrer Organisations- und Geschäftsleitungsgewalt erlassen.

Nach Art. 108 VII GG kann die *Bundesregierung* allgemeine Verwaltungsvorschriften erlassen, und zwar mit Zustimmung des Bundesrats auch, soweit die Verwaltung von Bundessteuerrecht den Landesfinanzbehörden oder Gemeinden obliegt. Die Kompetenz der Bundesfinanzverwaltung für ihren eigenen Bereich ist selbstverständlich; jedoch wird durch Art. 108 VII GG eine (von der Zustimmung des Bundesrats abhängige) Kompetenz auch für den Bereich der Verwaltung von Bundessteuern durch Länder und Gemeinden begründet, und zwar mit Vorrang vor Verwaltungsvorschriften der Länder. Auf Art. 108 VII GG beruhen die Richtlinien zu den großen Steuergesetzen. Aufgrund Art. 108 III 2 i. V. mit Art. 85 III, IV GG kann auch das Bundesministerium der Finanzen Verwaltungsvorschriften erlassen[13].

Die Finanzverwaltung ist *nicht ermächtigt,* Verwaltungsvorschriften zu erlassen,

- die die Aufklärungstätigkeit der Finanzbehörden in einer Weise einschränken, die die Gleichmäßigkeit der Besteuerung und damit den Gleichheitssatz (Art. 3 GG) verletzt[14]; Praktikabilitätsgesichtspunkte dürfen in Grenzen berücksichtigt werden[15]. Durch Verwaltungsvorschriften festgesetzte Pauschbeträge sind rechtswidrig, wenn durch sie eine offensichtlich unzutreffende Besteuerung bewirkt wird[16];
- durch die außerhalb des Gesetzes (autonom) Wirtschafts- und Sozialpolitik betrieben wird.

Im Sprachgebrauch der Praxis erläßt die Bundesregierung Richtlinien und offenbaren sich die Ministerien in Erlassen und Schreiben[17], die OFDen erlassen Verfügungen.

Inhaltlich lassen sich unterscheiden:

a) *Organisationsvorschriften;* sie betreffen die innere Organisation oder den Geschäftsgang von Behörden;

b) *Gesetzesanwendungsvorschriften,* und zwar norminterpretierende Anordnungen, Ermessensanordnungen und Anordnungen zur Sachverhaltsermittlung (Schätzungsrichtlinien, Bewertungsrichtlinien, Typisierungs- und Vereinfachungsvorschriften):

aa) allgemeine, z. B. Einkommensteuer-Richtlinien, allgemeine Erlasse und Verfügungen; sie behandeln problematische Gesetzesanwendungsfragen von allgemeiner Bedeutung;

bb) Erlasse und Verfügungen im Einzelfall.

---

13 Dazu ausführlich *K. Vogel/Wachenhausen,* Bonner Kommentar zum Grundgesetz, Art. 108 (Zweitbearbeitung 1971) Rnr. 183.
14 Dazu *J. Martens,* Verwaltungsvorschriften zur Beschränkung der Sachverhaltsermittlung, Köln 1980.
15 Vgl. S. 19, 21, 52 f.
16 S. BFH BStBl. 82, 302.
17 Dazu kritisch *Schöck,* Innerstaatliche Kooperation beim Vollzug von Steuergesetzen, StuW 77, 22 ff.

Verwaltungsvorschriften

Die Gesetzesanwendungsvorschriften enthalten die Verwaltungsauffassung über gesetztes Recht, sie setzen nicht selbst Recht.

Finanzministerien und OFDen pflegen jährlich etwa 2000 Verwaltungsvorschriften zu erlassen. Insgesamt existieren etwa 40 000 solcher Verwaltungsvorschriften.

Die Vielzahl der Verwaltungsvorschriften wird oft aus bürokratischer Reglementiersucht und als Aktivitätsdemonstration der Oberbehörden erklärt. Jedoch dürfen folgende Wirkungen der Verwaltungsvorschriften nicht übersehen werden:

- Verwaltungsvorschriften engen die Freiheit des Beamten zur Individualentscheidung wohl ein, sie tragen aber wesentlich zur *Gleichmäßigkeit der Besteuerung* bei. Solche Einengung kann sich in *Ermessens*fällen allerdings verbieten. Ermessensspielräume dienen gerade dazu, die Berücksichtigung der Umstände des *Einzel*falles zu ermöglichen. Der auf den Einzelfall abgestellten Ermessensermächtigung des Gesetzes laufen ermessensregulierende abstrakte Verwaltungsvorschriften oft zuwider;
- Verwaltungsvorschriften haben *Entlastungswirkung* für Verwaltungsbeamte und Steuerberater. Sie kommentieren das Gesetz unter Berücksichtigung von BFH-Urteilen oder enthalten Tabellen oder Pauschbeträge und ermöglichen es auf diese Weise, das „Veranlagungsgeschäft" (die Finanzverwaltung erläßt etwa 120 Mio. Verwaltungsakte pro Jahr) zu beschleunigen. Zugleich nehmen sie den mit der juristischen Gesetzesanwendungsmethode nicht vertrauten Gesetzesanwendern die Schwierigkeiten der Anwendungsarbeit ab. Das mag erklären, warum das Gros der Steuerberater sich an den Steuerrichtlinien wie an Rechtsnormen orientiert. Auch in der Steuerberaterprüfung wird Richtlinienwissen verlangt[18];
- Verwaltungsvorschriften erhöhen die *Rechtssicherheit*. Das Verhalten der Verwaltungsbehörden wird voraussehbar.

Dem Juristen mag an den Verwaltungsvorschriften ihr vergleichsweise dekretierender, apodiktischer Stil nicht gefallen. Er mag auch besorgen, daß die Grundtendenz von Verwaltungsvorschriften fiskalisch sei.

Verwaltungsvorschriften *binden grundsätzlich nur die nachgeordneten Behörden und Bediensteten* kraft ihrer Gehorsamspflicht (s. insb. § 55 BBG; § 37 BRRG).

Verwaltungsvorschriften *binden grundsätzlich nicht die Steuerpflichtigen und die Gerichte*. Sie begründen insb. keine Rechte und Pflichten für die Steuerpflichtigen. S. allerdings § 176 II AO.

Norminterpretierende Vorschriften der Verwaltung haben für das Gericht prinzipiell kein größeres Gewicht als Äußerungen in der Literatur. Das Gericht darf eine Verwaltungsvorschrift auch dann nicht anwenden, wenn sie für den Steuerpflichtigen günstiger ist als der Standpunkt des Gerichts. Eine dadurch entstehende Verletzung des Gleichheitssatzes gegenüber dem Betroffenen kann die Verwaltung bis zur gebotenen Aufhebung der Verwaltungsvorschrift durch eine Billigkeitsmaßnahme nach § 227 AO ausgleichen (s. S. 724 ff.).

Besondere Probleme ergeben sich bei *Bewertungsrichtlinien* und *Typisierungs*vorschriften (AfA-Tabellen, Richtsätzen, Pauschbeträgen). An sie sind die Gerichte zwar auch nicht gebunden. Da richterliche Erfahrung i. d. R. auch nicht ausreicht, solche Richtlinien zu „widerlegen", setzt die Abweichung von ihnen aufwendige Sachverständigenarbeit voraus. Die Gerichte wenden solche Richtlinien jedenfalls insoweit

---

18 Das von einem Steuerberater-Institut herausgegebene Veranlagungshandbuch enthält neben den Gesetzen nur Verwaltungsvorschriften. Auch das Buch von *Grass/Litfin*, Die Prüfung der steuerberatenden Berufe [14], Ludwigshafen 1990, ist einseitig an den Steuerrichtlinien orientiert.

an, als ihnen die Größen vertretbar erscheinen und nicht offensichtlich unzutreffend sind[19].

Ermessensanordnungen betreffen einen Bereich, in dem die Verwaltung einen gewissen Spielraum hat, in den das Gericht nur beschränkt eindringen darf (§ 102 FGO). Legt sich die Verwaltung durch Ermessensanordnung – zulässigerweise – fest, so bindet sie sich selbst dahin, daß sie ihre Anordnung allgemein anwenden muß; andernfalls verletzt sie den Gleichheitssatz des Art. 3 I GG (*sog. Selbstbindung der Verwaltung*[20]). Über den Gleichheitssatz können und müssen auch die Gerichte fehlerfreie Ermessensanordnungen beachten. Eine ermessens*fehlerhafte*[21] Ermessensausübung löst keine Selbstbindung aus (keine Gleichheit im Unrecht![22]).

7.2 Entscheidungen der Steuergerichte

Dadurch, daß viele Urteile, insb. solche des Bundesfinanzhofs, „grundsätzliche Bedeutung" (s. § 115 II Nr. 1 FGO) haben und die Finanzverwaltung die wichtigsten BFH-Urteile in die Richtlinien aufnimmt, erhalten diese große Breitenwirkung. Auch die Wissenschaft beachtet die Urteile nicht bloß als Fallmaterial, sondern als Präjudizien[23]. Die Urteile der Steuergerichte erzeugen jedoch – vom Sonderfall des § 176 I AO abgesehen – keine allgemeine rechtliche Bindung (s. § 110 FGO)[24]. Das bedeutet indessen nicht, daß es im Belieben der Finanzverwaltung stünde, BFH-Urteile über den Einzelfall hinaus zu beachten oder nicht.

Gelegentlich erläßt die Finanzverwaltung sog. Nichtanwendungsverfügungen. Mit der Zulässigkeit solcher Verfügungen haben sich insb. *Franz Klein* und *W. Jakob/R. Jüptner* befaßt. Sie widersprechen einer Entweder-Oder-Lösung und kommen zu folgenden Ergebnissen: Franz Klein: Eine ständige Rechtsprechung sei Recht i. S. des Art. 20 III GG und binde die Verwaltung. Sich widersprechende Entscheidungen verschiedener oberster Bundesgerichte oder verschiedener BFH-Senate sowie offensichtliche Fehlentscheidungen brauche die Finanzverwaltung aber nicht zu beachten[25]. W. Jakob/R. Jüptner: Nichtanwendungsverfügungen seien zulässig, wenn die Finanzverwaltung sich die Überzeugung erarbeite, über einen rechtlich zumindest ebenso vertretbaren und in einem Zweitverfahren ebenso ‚chancenreichen' Lösungsvorschlag zu verfügen wie das Ersturteil. Die Nichtanwendungsverfügung müsse entsprechend begründet werden, in Steuerbescheiden müsse auf die Abweichung von dem nicht angewendeten BFH-Urteil hingewiesen werden[26].

---

19 Dazu *Jaehnike*, StuW 79, 293, 300 ff.; *Tipke/Kruse*, AO [13], § 4 Tz. 37; *J. Martens*, DStJG Bd. 5 (1982), 165, 193 ff.; *Seeger*, BB 84, 51 ff.; BFH BStBl. 82, 302; 82, 500; 86, 200; 88, 780.
20 Dazu *Erichsen/Martens* (Hrsg.), Allgemeines Verwaltungsrecht [8], Berlin/New York 1988, 97 f.; 211 f.; BFHE 81, 666. Vgl. auch S. 119.
21 Dazu S. 118 f.
22 Dazu mit Nachweisen v. Mangoldt/Klein/*Starck*, GG[3], Art. 3 Rn. 184; *Erichsen/Martens* (Fn. 20), 212; FG Hamb. EFG 85, 508.
23 Dazu *H. Weller*, Die Bedeutung der Präjudizien im Verständnis der deutschen Rechtswissenschaft, Berlin 1979.
24 Dazu *Bydlinski*, Hauptpositionen zum Richterrecht, JZ 85, 149 ff.; s. aber auch *Kruse*, BB 85, 1078 ff.
25 *Franz Klein*, BFH-Rechtsprechung – Anwendung und Berücksichtigung durch die Finanzverwaltung, DStZ 84, 55 ff.; s. auch Protokoll Deutscher Steuerberatertag 1983, Bonn 1984, 219 ff.
26 *W. Jakob/R. Jüptner*, Zur Problematik sog. Nichtanwendungsverfügungen im Steuerrecht, StuW 84, 148 ff., mit umfassendem Literaturnachweis. Dazu auch *Bettermann*, Bindung der Verwaltung an die höchstrichterliche Rechtsprechung?, in: FS für H. Meilicke, Berlin u. a. 1985, 1 ff.; *Buhs*, Die allgemeine Bindung der Finanzverwaltung an die Rechtsprechung des Bundesfinanzhofs, Diss. Kiel 1986; *A. Krüger*, Die Bindung der Verwaltung an die höchst-

Die Gerichte sind an die Gesetze gebunden (Art. 20 III; 97 I GG); nicht aber ist der Gesetzgeber an Gerichtsentscheidungen gebunden. Hält der Gesetzgeber eine bestimmte Rechtsprechung für „unerwünscht" oder „unbillig", so darf er der Rechtsprechung durch Gesetzesänderung den Boden entziehen.

Die Rechtsprechung des Bundesfinanzhofs sollte nicht erstarren; jedoch ist im Interesse der Rechtssicherheit eine gewisse Kontinuität wünschenswert.

1988 hat der Bundesfinanzhof in 24 Fällen seine Rechtsprechung geändert.

B. Rechtsanwendung; Methoden der Gesetzesauslegung

Allgemeine Literatur: *Fikentscher,* Methoden des Rechts, Bd. IV, Tübingen 1977; *Coing,* in: Staudinger, BGB [12], Berlin 1980, Einleitung VI, VII (betr. Auslegung, Richterrecht); *Koch/Rüßmann,* Juristische Begründungslehre, München 1982; *Bydlinski,* Juristische Methodenlehre und Rechtsbegriff, Wien/New York 1982; *Engisch,* Einführung in das juristische Denken [8], Stuttgart u. a. 1983; *Larenz,* Methodenlehre der Rechtswissenschaft [5], Berlin/Heidelberg/New York 1983; *Jescheck,* Lehrbuch des Strafrechts, Allg. Teil [4], Berlin 1988, § 17; *F. Müller,* Juristische Methodik [3], Berlin 1989.

Steuerrechtliche Literatur: *Hensel,* Gesetz und Gesetzesanwendung im Steuerrecht, VJSchrStFR 1931, 115 ff.; *Hartz,* Die Auslegung von Steuergesetzen, Herne 1956; *R. Thiel,* Gedanken zur Methode der steuerlichen Rechtsfindung, StbJb. 1963/64, 161 ff.; Beiträge zur Auslegung, in: Spitaler-Gedächtnisschrift „Die Auslegung der Steuergesetze in Wissenschaft und Praxis", hrsg. von Thoma und Niemann, Köln 1965; *Gassner,* Interpretation und Anwendung der Steuergesetze, Wien 1972; *Papier,* Die finanzrechtlichen Gesetzesvorbehalte und das grundgesetzliche Demokratieprinzip, Berlin 1973, 171 ff.; *Beisse,* Wirtschaftliche Betrachtungsweise im Steuerrecht nach Wegfall des § 1 StAnpG, Inf. 77, 433 ff.; *W. Maaßen,* Privatrechtsbegriffe in den Tatbeständen des Steuerrechts, Berlin 1977; *P. Fischer,* Steuergesetz und richterliche Wertung, StuW 79, 347 ff.; *Walz,* Steuergerechtigkeit und Rechtsanwendung, Heidelberg/Hamburg 1980, insb. 211 ff.; *Beisse,* Stichwort „Auslegung", in: HWStR[2], München/Bonn 1981; Tipke (Hrsg.), Grenzen der Rechtsfortbildung durch Rechtsprechung und Verwaltungsvorschriften im Steuerrecht, DStJG Bd. 5 (1982) mit Beiträgen von *Tipke, Woerner, Friauf, H. W. Kruse, Felix, J. Martens, Pelka* u. a.; *K. Vogel,* Doppelbesteuerungsabkommen und ihre Auslegung, StuW 82, 111 ff., 286 ff. und DBA-Kommentar[2], München 1990, Einl. Rnrn. 58 ff.; *P. Locher,* Grenzen der Rechtsfindung im Steuerrecht, Bern 1983; *Hartmann/Walter,* Auslegung und Anwendung von Steuergesetzen, Berlin 1984; *Tipke,* Über teleologische Auslegung, Lückenfeststellung und Lückenausfüllung im Steuerrecht, in: FS für v. Wallis, Bonn 1985, 133 ff.; *Kruse,* Über Rechtsgefühl, Rechtsfortbildung und Richterrecht im Steuerrecht, BB 85, 1077 ff.; *Felix,* Die Auslegung der Steuergesetze aus dem Blickwinkel der Steuerberatung, Stbg. 88, 15 ff.; Tipke/*Kruse,* AO [13], § 4 Tz. 70 ff.; *Ruppe,* in: HHR, Einf. ESt Anm. 630 ff.

1. Einführung

Da das Recht erst durch seine Anwendung auf den Einzelfall konkretisiert wird, können Gesetzmäßigkeit der Besteuerung (s. S. 27 ff.), Rechtssicherheit, insb. Gesetzesbestimmtheit (s. S. 33 f.), und Gleichmäßigkeit der Besteuerung (s. S. 49 ff.) sich nur dann voll entfalten, wenn die Rechtsanwendung, insb. die Gesetzesauslegung

---

richterliche Rechtsprechung, Diss. München 1987; *Crezelius,* Rechtsprechungsüberholende Gesetzgebung und gesetzesüberholende Rechtsprechung, in: Festgabe für G. Felix, Köln 1989, 37 ff.

sich einer disziplinierten Methode bedient und nicht in den gesetzesfreien Raum (s. S. 103 ff.) eindringt.

Je weniger sich Beamte und Richter bei der Gesetzesauslegung exakt an die methodischen Regeln halten, je mehr sie unkontrolliert bloß ihrem *eigenen* „Rechtsgefühl", ihrer subjektiven „Überzeugung" oder „Werthaltung" folgen, mit bloß rhetorischen oder bildhaften Wendungen operieren oder sonst unpräzise, undiszipliniert oder emotional subsumieren oder deduzieren, desto stärker leiden insb. die Rechtssicherheit (auch die Steuerplanungssicherheit) und evtl. die Gleichmäßigkeit der Besteuerung, empfinden die Beteiligten das Entscheidungsergebnis als „Glückssache", muß auch jede Entscheidungsprognose „Glückssache" bleiben. Der sich modern gebende Hinweis, der Richter (für Beamte müßte das wohl erst recht angenommen werden) folge in Wirklichkeit nicht einer Methode, sondern nur seinem „Vorverständnis", trifft nicht generell zu. Im übrigen ist es gerade der Zweck der Methode, unkontrollierte „Vorverständnis"-Ergebnisse, irrationale oder emotionale Resultate zu verhindern.

Freilich ist die Methode der Gesetzesauslegung nicht im Gesetz festgelegt. Die Methode ist der Lehre und im Einzelfall der Rechtsprechung überlassen. Die „Methodenlehre" ist sich nicht einig darüber, ob bei der Auslegung der subjektive Wille des Gesetz*gebers* oder der objektive Zweck des Gesetzes zu berücksichtigen ist (s. S. 96f.). Allgemein wird gelehrt, daß die Auslegung vom Gesetzeswortlaut auszugehen habe (grammatische Auslegung), aber von der Entstehungsgeschichte des Gesetzes (historisch-genetische Methode), von der Stellung der auszulegenden Vorschrift im Gesetz (systematische Methode) und vom Zweck der auszulegenden Vorschrift (teleologische Methode) mitbestimmt werde, daß eine Reihenfolge dieser Methoden jedoch nicht aufgestellt werden könne. Folglich pflegt der Gesetzesanwender, um ein aus seiner Sicht befriedigendes Ergebnis zu erreichen, bald die Entstehungsgeschichte, bald die Gesetzessystematik, bald den Gesetzeszweck in den Vordergrund zu schieben. Über die Grenzen der Auslegung (S. 95) und über die Frage, ob bei lückenhaftem Gesetz Analogie zulässig ist (S. 39 ff.), bestehen ebenfalls Meinungsverschiedenheiten. Selbstredend haben auch nicht alle Richter oder Spruchkörper die gleichen methodischen Auffassungen. Wenn Wissenschaftler ihnen dies ankreiden, so ist das unfair, da Wissenschaftler selbst auch unterschiedliche Methoden lehren. Die Senate des Bundesfinanzhofs stützen sich übrigens besonders oft auf die Methodenlehre von *K. Larenz* (ebenso die Senate des Bundessozialgerichts).

Die Rechtsanwendung (Gesetzesanwendung) besteht darin, daß geprüft wird, ob ein konkreter Lebenssachverhalt unter den abstrakten Gesetzestatbestand des Rechtssatzes (der Rechtsnorm) paßt, von ihm (ihr) erfaßt wird, in seinen Geltungsbereich fällt, unter ihn subsumiert oder ihm zugeordnet werden kann. Während des Subsumtionsversuchs „wandert der Blick hin und her"[1] zwischen der möglicherweise anwendbaren Rechtsnorm und dem Sachverhalt. Der Steuerplaner muß dem Gesetz gedachte Sachverhalte zuordnen.

Die (Voll-)Norm besteht aus dem Tatbestand und der Rechtsfolgeanordnung. Der Tatbestand enthält in der Regel mehrere Begriffe. Jeder Begriff ist eine *Zweck*schöpfung insofern, als er den Tatbestand aufbauen und die Grundwertung, die diesem Tatbestand zugrunde liegt, verwirklichen soll. In diesem Sinne ist jeder Begriff teleologisch eingebunden und folglich teleologisch (final, tendenziös, intentional) zu verstehen.

Gelingt die Subsumtion, paßt der Sachverhalt unter den abstrakten Gesetzestatbestand, so ergibt sich die in dieser Norm angeordnete Rechtsfolge.

Logisch stellt sich die Rechtsanwendung als eine Anwendung der syllogistischen Schlußfigur des (seit der Scholastik) so genannten modus barbara dar[2].

---

1 *Engisch,* Logische Studien zur Gesetzesanwendung [3], Heidelberg 1963, 15.
2 Näheres bei *Larenz,* Methodenlehre [5], Berlin/Heidelberg/New York 1983, 260ff.

	modus barbara	
Obersatz (Prämisse)	Für T gilt R	
Untersatz	S ist T	(= Subsumtion)
Schlußfolgerung (Konklusion)	Für S gilt R[3]	

Dieser Syllogismus gibt den Vorgang der Rechtsfolgebestimmung in vereinfachter Weise wieder. Oft handelt es sich nämlich nicht um eine Subsumtion im eigentlichen Sinne, sondern um ein wertendes In-Beziehung-Setzen, um eine **wertende Zuordnung,** um Qualifikation. Das gilt vor allem für die Zuordnung zu **Wertbegriffen** (wertausfüllungsbedürftigen oder normativen Begriffen), zumal in Generalklauseln und unbestimmten Gesetzesbegriffen (wie Ordnungsmäßigkeit der Buchführung; Gemeinnützigkeit; zwingendes öffentliches Interesse; berechtigtes Interesse; Billigkeit; Zumutbarkeit; Vertrauenswürdigkeit; Angemessenheit; wichtiger Grund; Treu und Glauben; schwerwiegender Fehler; grobes Verschulden; verständige Würdigung; volkswirtschaftlich wertvoll). Es ist eine wesentliche Aufgabe der Rechtsprechung, solche unbestimmten, vagen Begriffe unter Orientierung am Gesetzeszweck durch Fallgruppenbildung und Fallvergleich allmählich anzureichern und auf diese Weise zu konkretisieren[4].

Wertende Zuordnung verlangen aber auch die sog. **Typusbegriffe.** Typusbegriffe haben noch nicht die Stufe eines abstrakten (klassifikatorischen) Begriffs erreicht. Im Gegensatz zum abstrakten Begriff ist der Typus offen. Die ihn repräsentierenden Merkmale brauchen im Einzelfall nicht sämtlich vorzuliegen. Der Typus ist nicht im strengen Sinne definiert. Von den Merkmalen, die insgesamt als typisch, als für den Typus charakteristisch angesehen werden, kann im Einzelfall das eine oder andere fehlen oder von minderer Bedeutung sein, ohne daß damit die Zugehörigkeit zum Typus in Frage gestellt zu sein braucht. Ein abstrakter Begriff wird definiert durch die erschöpfende Aufzählung seiner unabdingbaren Merkmale. Unter diese Merkmale wird subsumiert. Dem Typus wird die Einzelerscheinung nicht subsumiert, sondern zugeordnet, und zwar dadurch, daß sie als ihm mehr oder weniger entsprechend erkannt wird. Die Abstufbarkeit ist ein wesentliches Merkmal des Typus. Im Gegensatz zur Begriffsabgrenzung sind die Grenzen der Typen fließend; es gibt Übergangsformen. Entscheidend ist das Gesamtbild. Bei den abstrakten Begriffen stellt sich die Subsumtionsfrage so, daß es nur ein Ja oder Nein gibt. Im Bereich der Typen haben wir es hingegen mit verschwommenen Grenzen und fließenden Übergängen zu tun; daher gibt es eine Zugehörigkeit „bis zu einem gewissen Grade". Was die Merkmale des Typus ausmacht, kann durch repräsentative Beispiele exemplifiziert oder umschrieben werden, die dann als repräsentativer Typus den Maßstab, das Muster oder Modell angeben, an dem der Vergleich oder die Ähnlichkeitsprüfung zu orientieren ist[5]. Vielfach geht das typologische Denken dem abstrakt-begrifflichen Denken voraus; es ist eine Vorstufe. Überall da, wo es in besonderem Maße um Rechtssicherheit und Berechenbarkeit geht, sollte der Gesetzgeber den offenen Typus baldmöglichst durch einen abstrakten Begriff ersetzen[6]. Typus-„Begriffe" sind z. B. die Begriffe „Unternehmer"; „Mitunternehmer" (S. 338 f.); „Selbständigkeit"/„Unselbständigkeit" (S. 333, 353); „Vermögensverwaltung". Auch der Begriff „Gewerbebetrieb" gehörte ursprünglich hierher; er hat jedoch nach vorangegangener Ausformung durch die Rechtsprechung in § 15 II EStG die Stufe eines abstrakten

---

3 T = Gesetzestatbestand; R = Rechtsfolge; S = Sachverhalt.
4 Dazu *Tipke,* Auslegung unbestimmter Rechtsbegriffe, in: Leffson/Rückle/Großfeld (Hrsg.), Handwörterbuch unbestimmter Rechtsbegriffe im Bilanzrecht des HGB, Köln 1986, 1 ff.
5 Vgl. etwa § 18 I Nr. 1 EStG.
6 Zum Typus *Larenz* (Fn. 2), 443 ff.; *Engisch,* Die Idee der Konkretisierung [2], Heidelberg 1968, 237 ff., 242 ff.; *Bydlinski,* Juristische Methodenlehre und Rechtsbegriff, Wien/New York 1982, 543 ff.; *Leenen,* Typus und Rechtsfindung, Berlin 1971; *Isensee,* Die typisierende Verwaltung, Berlin 1976, 68 ff.; speziell zum Steuerrecht *K. Vogel,* StuW 71, 308, 313 ff.; *Salditt,* StuW 71, 191, 193; *Streck,* FR 73, 297, 300 f.; *Walz,* Steuergerechtigkeit und Rechtsanwendung, Heidelberg/Hamburg 1980, 181 ff.

Begriffs erreicht[7]. Wenn das Einkommensteuergesetz verlangt, daß etwas „ähnlich" (§§ 13 I Nr. 4, 17 I 2, 18 I Nr. 1 Satz 2), „gleichartig" (§ 19 II Nr. 1) oder „vergleichbar" (§ 22 Nr. 4) sei, so verlangt es den Vergleich mit einem Typus.

Kompliziert wird die Rechtsanwendung im Steuerrecht u. a. durch ein *verwickeltes Rechtssatzgefüge*[8]. Kaum ein Lebenssachverhalt wird durch eine einzige Norm geregelt. Meist muß eine Vielzahl von Normen herangezogen werden: Normen, die das Steuerobjekt, das Steuersubjekt, die Steuerbemessungsgrundlage und den Steuersatz betreffen; Grundnormen mit Ergänzungsnormen; Gegen- oder Ausnahmenormen[9]; rechtshemmende, rechtshindernde, rechtsvernichtende, erläuternde Normen (Definitionsnormen) und verweisende Normen; steuerbegründende, steuererhöhende und steuermindernde Normen oder Normelemente. Zuweilen sind Rechtsfolgeanordnungen zugleich Tatbestand für andere Rechtsfolgen (Beispiel: die nach der Einkommensteuerschuld zu bemessende Kirchensteuer). Die steuerrechtliche Rechtsanwendung ist daher im ganzen wesentlich komplizierter als etwa die strafrechtliche.

Gleichwohl kann auch im Steuerrecht die Sachaufklärung im Einzelfall erheblich schwieriger sein als die Subsumtion.

In der *Rechtsliteratur* (in Kommentaren, Lehrbüchern, Aufsätzen) werden Auslegungsvorschläge gemacht. Solche Vorschläge greifen die Gerichte nicht selten auf, um sie im Einzelfall zu verwenden (und evtl. zu zitieren)[10]. Durch das Zitat zeigt der Rechtsanwender, daß er keine singuläre, subjektive Meinung vertritt, sondern sich in der Gesellschaft anderer Autoritäten befindet. Der Jurist zitiert, um, wenn schon nicht die Objektivität, so doch die Intersubjektivität seines Standpunkts darzutun. Auch der Einzelfall trägt zum Verständnis des Gesetzes bei; er ist ein Testfall für die Bewährung von Auslegungsvorschlägen. Da der Gesetzgeber nicht alle Fälle im voraus bedenken kann, erweist sich am Einzelfall die Norm nicht selten als zu eng oder zu weit. Wer mit kontroversen Auslegungsvorschlägen konfrontiert wird, gerät in Verlegenheit, wenn er selbst keine Kenntnisse über die Gesetzesanwendungsmethode hat.

2. Auslegungsmethoden im einzelnen

Die Subsumtion unter den Gesetzestatbestand setzt dessen Auslegung voraus.

Die **Begriffsjurisprudenz** des 19. Jahrhunderts (Puchta, Windscheid, der jüngere Ihering) war zum einen um präzise, exakte Rechtsanwendung bemüht, um Begriffslogik und Ausschaltung begrifflicher Widersprüche und Unmöglichkeiten; sie leitete Ergebnisse „begriffsnotwendig" ab und rechnete mit Gesetzesbegriffen wie mit Zahlen; aus formalen Begriffen glaubte sie Rechts*erkenntnisse* konstruieren oder deduzieren zu können. Richtiges Operieren mit den Begriffen – ohne Rücksicht auf Telos und Kontext – sollte genügen, um zur *richtigen* Entscheidung zu kommen. Das führte zu formaler, lebensfremder Paragraphenschusterei.

Mit dem älteren Ihering setzte die Überwindung des „juristischen Begriffshimmels" der Begriffsjurisprudenz ein. Ihering warf die Frage nach dem Zweck im Recht auf. Es entwickelte sich die **Interessenjurisprudenz** (Heck, Rümelin, Stoll, Müller-Erzbach). Die Interessenjurisprudenz geht davon aus, daß die Rechtsordnung aus Geboten besteht und daß es Zweck dieser Gebote ist, das Leben zu gestalten. Die Forderungen des Lebens seien die Interessen (materielle und ideelle). Diese Interessen wollten die Gesetze durchsetzen oder schützen. – Die

---

7 Dazu S. 333f.
8 S. auch S. 19ff., 130ff. und *K. Vogel*, StuW 77, 97.
9 Dazu S. 130.
10 Dazu *Drosdeck,* Die herrschende Meinung – Autorität als Rechtsquelle, Berlin 1989.

Interessenjurisprudenz hat sich inzwischen zur **Wertungsjurisprudenz** weiterentwickelt. Der Ausdruck „Wertungsjurisprudenz" berücksichtigt besser, daß es nicht nur um materielle Interessen geht, sondern auch um ideelle und soziale.

Eine Überreaktion auf die Begriffsjurisprudenz war die **Freirechtsbewegung** (Ehrlich, H. Kantorowicz, E. Fuchs, Isay). Sie hat (wie die Interessenjurisprudenz) die Begriffsjurisprudenz, den Buchstabenkult, den Begriffsgötzendienst, die Wortklauberei und Begriffshaarspalterei mit Recht bekämpft. Die Freirechtsbewegung ist jedoch weit über das Ziel hinausgeschossen. Da das Wissen um Recht und Billigkeit aus dem Rechtsgefühl kommen sollte, entzog sich die Rechtsfindung oder Rechtsgestaltung dieser Schule jeglicher Methode und damit der rationalen Nachprüfung. Rechtsanwendung sollte ars boni et aequi sein. Die Grenzen zur Rechtspolitik wurden überschritten. Juristische Legitimation verlangt aber Rationalität der Begründung. Die Lehren der Freirechtsbewegung, die statt „Richterkönigtum" Kadijustiz, statt möglichst rationaler Rechtsfindung rechtlichen Irrationalismus, Voluntarismus, Subjektivismus und Dezisionismus beschert haben, statt den Geist des Gesetzes jeweils der Herren Rechtsanwender eigenen Geist, sind gewiß nicht zu vereinbaren mit Gesetzmäßigkeit, Tatbestandsmäßigkeit und Tatbestandsbestimmtheit der Besteuerung, mit dem Rückwirkungsverbot und dem Gesetzeserweiterungsverbot. Was würden diese Ausflüsse der Rechtssicherheit nützen, wenn die Rechtsanwender sich als Freirechtler betätigen dürften? § 227 AO wäre übrigens überflüssig, wenn die Rechtsanwendung schlechthin nur ars boni et aequi wäre. Die Tatbestandsbestimmtheit darf nicht durch freirechtliche Auslegungsextravaganzen ausgehöhlt werden[11].

Enno Becker, der Schöpfer der Reichsabgabenordnung von 1919, wollte eine Entscheidung im Methodenstreit treffen, und zwar gegen die Begriffsjurisprudenz für eine „teleologische Wirklichkeitsjurisprudenz". Er schuf daher den § 4 RAO 1919, den Vorläufer des § 1 II StAnpG, eine Vorschrift, die von der allgemeinen juristischen Methodenlehre allerdings kaum beachtet worden ist. Nach § 1 II StAnpG waren bei der Auslegung „die Volksanschauung, der Zweck und die wirtschaftliche Bedeutung der Steuergesetze und die Entwicklung der Verhältnisse zu berücksichtigen". Die Volksanschauung war in § 4 AO 1919 noch nicht erwähnt.

Enno Becker sah in § 4 AO 1919 „einen Sieg Iherings gegen seine wissenschaftlichen Gegner"[12]. Er wollte mit ihr aus der Steuerrechtsanwendung Begriffshaarspalterei und Buchstabenkult, Paragraphenschusterei, Konstruktionalismus und Formalismus, Auslegung „mit dem toten Gesetzgeber" verbannen. Seitdem die Begriffsjurisprudenz als methodische Theorie auf allen Rechtsgebieten überwunden war, lief § 1 II StAnpG leer. Die Abgabenordnung 1977 hat Auslegungsregeln daher als entbehrlich nicht mehr aufgenommen (s. BT-Drucks. 7/4292, 15 zu § 4).

Ziel der Gesetzesauslegung ist es, den *Sinn der Gesetzesworte* zu ermitteln und klarzustellen. Die Auslegung darf nicht am buchstäblichen Sinn einzelner Ausdrücke haften, darf nie isolierte Wortphilologie sein, sondern muß den wirklichen Sinn des Rechtssatzes erforschen. Das geschieht vom *Gesetzeszweck* her. Gesetze sind nämlich Zweckschöpfungen, sind Mittel zum Zweck. Der Gesetzgeber will mit seinen Worten sagen, was er bezweckt. Daher muß die Auslegung sich am *Gesetzeszweck* orientieren, muß teleologisch ausgelegt werden. Durch teleologische Auslegung wird das teleologische (oder innere) System des Rechts stabilisiert, durch bloße Wortphilologie wird das teleologische System leicht verfehlt und destabilisiert.

---

11 Näheres zur Begriffsjurisprudenz, Interessenjurisprudenz und Freirechtsschule bei *Larenz* (Fn. 2), 11 ff.; *Ph. Heck,* Das Problem der Rechtsgewinnung; Gesetzesauslegung und Interessenjurisprudenz; Begriffsbildung und Interessenjurisprudenz, Bd. 2 der Studien und Texte zur Theorie und Methodologie des Rechts, redigiert von Dubischar, Bad Homburg v. d. H./Berlin/Zürich 1968 (insb. 52 ff.); *Wieacker,* Privatrechtsgeschichte der Neuzeit [2], Göttingen 1967, 430 ff., 574 ff.; *Fikentscher,* Methoden des Rechts, Bd. III, 87 ff., 361 ff.
12 *Becker,* Komm. zur RAO [7], § 4 Anm. 1a a. E.

§ 5 Rechtsanwendung im Steuerrecht

Folglich ist es *nicht richtig*, grammatische, historische/genetische und systematische Auslegung *neben* die teleologische Auslegung zu setzen. Eine grammatische, historische/genetische, systematische Auslegung ohne Rückgriff auf den Gesetzeszweck ist verfehlt. Grammatik, Genesis und Systematik sind nur *Mittel* zur Feststellung des Gesetzeszwecks[13].

Allgemein wird gelehrt (auch von *Larenz,* a. a. O., 305 f.), der Interpret habe sich *zuerst mit dem Wortsinn* zu befassen (grammatische, philologische, sprachliche oder textliche Interpretation). Auch der Bundesfinanzhof pflegt so zu verfahren, und nicht selten hat er nach der Feststellung, der Wortlaut sei klar und eindeutig, die Auslegung abgebrochen. Indessen sind, von Zahlbegriffen abgesehen, alle Begriffe mehr oder weniger mehr- oder vieldeutig; Worte sind symbolisch, bildhaft, metaphorisch, nur annähernde Beschreibungen; sie haben regelmäßig einen gewissen Bedeutungsspielraum mit mehreren Bedeutungsvarianten und sind daher grundsätzlich interpretationsbedürftig (*Larenz,* a. a. O., 196, 207, 298, 300, 328). Selbst Legaldefinitionen oder authentische Interpretationen (s. z. B. §§ 3 I–III, 4, 6 ff. AO; §§ 13 ff. EStG) sind unbestimmt. Aber auch wenn der Interpret ausnahmsweise zu dem Ergebnis kommt, das Gesetz sei grammatisch-philologisch eindeutig und klar, kann er den Auslegungsvorgang nicht beenden. Die Gesetzessprache hat nämlich eine spezifische Übermittlungsfunktion; sie soll dazu dienen, den Zweck der Norm zu verwirklichen. Jeder Begriff symbolisiert den Gesetzeszweck, kann daher nur vom Zweck der Norm her verstanden werden. Jeder Begriff intendiert die Verwirklichung des Gesetzeszwecks, ist insofern *teleologisch,* tendenziös, final, intentional. Da die Begriffe ihre inhaltliche Bestimmtheit nur vom Gesetzeszweck her erhalten können, kein Rechtssatz um seiner selbst willen erlassen wird, ist eine Auslegung, die nicht nach dem Zweck des Gesetzes fragt, sondern „begriffsnotwendig" etwas für richtig hält, immer unvollkommen. Daher empfiehlt es sich, zur Ermittlung des Sinns der Gesetzesworte damit zu beginnen, den Zweck des Gesetzes zu eruieren. Ohne Rücksicht auf den Gesetzeszweck mit dem Wortlaut zu beginnen, ist umständlich und verleitet leicht dazu, die Auslegung mit dem (unzutreffenden) Hinweis, der Wortlaut sei eindeutig und klar, vorzeitig abzubrechen. Ob der Wortlaut eindeutig ist, ist selbst eine Frage der Auslegung; sie kann ohne Berücksichtigung des Gesetzeszwecks nicht beurteilt werden. Gleich nach dem Gesetzeszweck zu fragen, bringt hingegen den größten Informationsgewinn.

Beispiele: Begriff „Arbeitslohn": Umfaßt er auch Tantiemen, Gratifikationen, Pensionen? – Begriff „Betrieb" (§ 4 I EStG): Umfaßt er jeden Einzelbetrieb oder die Gesamtheit der Betriebe einer Einkunftsart oder die Gesamtheit der Betriebe aller Gewinn-Einkunftsarten? (s. S. 317) – Begriff „Betriebsaufgabe" (§ 16 III EStG): Ist er ein Vehikel, stille Reserven zu erfassen? Setzt er eine Handlung voraus? Worin müßte sie bestehen? – Begriff „Teilbetrieb" (§ 16 I Nr. 1 EStG): eine teleologisch freischwebende Auslegung ist ziellos und der Auslegungsstreit endlos[14]. – Begriff „Wirtschaftsgut": Setzt er Verkehrsfähigkeit voraus oder genügt Einzelbewertbarkeit?[15]

Abweichend von der hier betonten Orientierung am Gesetzeszweck bevorzugen etliche Richter des Bundesfinanzhofs das *linguistische* Element besonders; ihnen genügt es, den Fall „auf den Begriff zu bringen"; dazu werten sie die in der Gerichtsbibliothek vorhandenen *Wörterbücher der deutschen Sprache* sorgfältig aus[16]. Daß die Gesetzesvorbereiter diese Wörterbücher auch heranziehen, ist indessen kaum anzunehmen.

---

13 So auch *Coing,* in: Staudinger, BGB [12], Einl. Tz. 195: „Es gilt der *Primat der teleologischen Methode.* Hilfsmittel . . . sind aber die übrigen Methoden: die sprachlich-grammatische, die logisch-systematische, die historisch-genetische . . ."
14 Dazu *L. Schmidt,* EStG[9], § 16 Anm. 14 ff. m. w. N.
15 Dazu *Ramcke,* Die Einheitlichkeit des Wirtschaftsgut-Begriffes als überflüssiges, dem jeweiligen Normzweck nicht entsprechendes Postulat, DStR 88, 476 ff.
16 Dazu Glosse: Da mihi lexikon, dabo tibi ius! FR 87, 247. S. auch *Uelner,* DStR 77, 119, 123 („M. E. ist es eine bedenkliche Entwicklung der BFH-Rechtsprechung gewesen, die reine Wortinterpretation der Steuergesetze in den Vordergrund treten zu lassen . . . Das Aufspüren von Lücken im Wortlaut . . . ist . . . nur eine Frage von Zeit und Geld".); *Walz,* StuW 84, 170 („Der Buchstabe tötet . . ."); *J. Lang,* StuW 89, 201, 206.

Ausgelegt werden kann allerdings nur ein *Text*. Von ihm darf Auslegung sich nicht gänzlich lösen; Auslegung ist Rechtsanwendung secundum legem. Löst die Rechtsanwendung sich vom Text, so wird sie zur Gesetzes- oder Rechtsfortbildung (s. S. 39 ff., 103 ff.). Der Wortlaut steckt die äußersten Grenzen vertretbarer Sinn- oder Auslegungsmöglichkeiten ab. Der *mögliche* (im Sinne von: noch mögliche) oder *äußerste Wortsinn*, d. h. derjenige Sinn, der nach dem Sprachgebrauch eben noch mit einem mehr- oder vieldeutigen Ausdruck verbunden werden kann, bildet die *Grenze der Auslegung*[17]. Dem Einwand, es gäbe keine Wortsinngrenze, ist entgegenzuhalten: Wörter sind keine willkürlichen Lautungen, sondern Mittel der Sprachkonvention; zwar enthalten fast alle Wörter Bedeutungsvarianten und -nuancen; könnte aber jedem Wort ein beliebiger Sinn beigelegt werden, hätte ein Wort keine Sinngrenzen, so wäre Verständigung gar nicht möglich. Die Wortsinngrenzen ergeben sich aus den Konventionen der Sprachgemeinschaft. Was diese nicht mehr versteht, liegt jenseits der Grenzen des möglichen Wortsinns. Die Grenzen der sprachlichen (oder fachsprachlichen) Konvention darf der Rechtsanwender nicht überschreiten[18]. Daher ist es z. B. gewiß nicht zulässig, den Begriff „Arbeitgeber" als „Arbeitnehmer", den Begriff „eigenes Kraftfahrzeug" als „eigenes und fremdes" Kraftfahrzeug zu interpretieren.

Vom Gesetzeszweck hängt der Gesetzessinn (innerhalb des möglichen Wortsinns) ab. Je unbestimmter die Begriffe sind, desto wichtiger ist die Orientierung am Gesetzeszweck.

Im Steuerrecht ist es besonders wichtig, zwischen *Fiskalzwecknormen, Sozialzwecknormen* und *Vereinfachungsnormen* zu unterscheiden (s. S. 19 ff.). Freilich hat die Auslegung sich nicht am Fiskalzweck, am Zweck des Steuerrechts, Einnahmen zu erzielen, auszurichten, sondern an dem Zweck der Fiskalzwecknormen, die Gesamtsteuerlast nach einem bestimmten Maßstab auf die einzelnen Steuerpflichtigen zu verteilen[19]. In Betracht kommt als Maßstab für den Fiskalzwecknormenkomplex insb. das *Leistungsfähigkeitsprinzip* mit seinen Subprinzipien, speziell für die Umsatzsteuer das *Verbrauchsteuerprinzip*.[20]

Anders wird auch im Strafrecht nicht verfahren. Auch die Auslegung von Straftatbeständen fragt nicht nach dem Strafzweck, sondern nach dem geschützten Rechtsgut, so wie bei der Auslegung von Fiskalzwecknormen nach dem insb. die Leistungsfähigkeit erfassen wollenden *Steuergut* (s. S. 131 ff.) zu fragen ist. Auch die Auslegung des § 903 BGB fragt nicht nach dem

---

17 So auch BVerfGE 1, 299, 312; 10, 234, 244; 11, 126, 129 ff.; BFH BStBl. 65, 82; 65, 261 f.; 68, 216; 69, 550, 552; 69, 736; 70, 119, 120; 70, 597, 598; 70, 600 f.; 71, 187 f.; 71, 509 f.; 72, 455, 457; 74, 295, 296 f.; 74, 572, 576; 80, 97, 98; BFHE 91, 511; BGHSt 4, 144, 148; *Larenz* (Fn. 2), 307 f., 318, 326, 329 f., 375 f.; *Engisch*, Einführung in das juristische Denken [8], Stuttgart u. a. 1983, 82, 150, 153; *F. Müller*, Juristische Methodik [3], Berlin 1989, 102 f., 182 ff.; *Wackernagel*, in: Festgabe für Ruck, Basel 1952, 229, 232 ff.; *ders.*, in: FS für E. Blumenstein, Zürich 1946, 13, 15; *Canaris*, Die Feststellung von Lücken im Gesetz [2], Berlin 1983, 20 ff.; *Gassner*, Interpretation und Anwendung der Steuergesetze, Wien 1972, 13; *Beisse*, Stichwort „Auslegung", in: HWStR [2], München/Bonn 1981; *ders.*, DStR 76, 176 und Inf. 77, 435; *Sigloch*, JbFSt. 1971/72, 224 ff.; *Woerner*, BB 72, 603; *Flume*, StbJb. 1973/74, 56; *Kruse*, BB 85, 1077; weitere Nachweise in DStJG Bd. 5 (1982), 27, 31, 35, 39 ff., 60, 139, 145, 278; *Bydlinsky* (Fn. 6), 467 ff.; a. A. *Salditt*, StuW 74, 61; *Danzer*, Die Steuerumgehung, Köln 1981, 83 ff., 95; *Kirchhof*, JbFSt. 1979/80, 257 f., 291: Auslegung am Gesetzeszweck werde durch die Wortsinngrenze nicht eingeschränkt. Es komme ohne Rücksicht auf den Wortsinn allein auf den Normsinn an.
18 Dazu näher *Walz*, StRK-Anm. EntwHStG 1968 § 1 R. 2 S. 4–7.
19 Dazu *K. Vogel*, DStZA 77, 8 ff.
20 Dazu S. 165 f., 524 ff.; *Reiß*, DStJG Bd. 13 (1990), 3, 26 ff.

Zweck des Zivilrechts[21]. Auch im Steuerrecht kann i. d. R. nach dem Zweck der einzelnen Norm gefragt werden: Was wird damit bezweckt, daß originäre immaterielle Wirtschaftsgüter nicht aktiviert werden dürfen (s. § 5 II EStG), daß Entnahmen mit dem Teilwert zu bewerten sind (s. § 6 I Nr. 4 EStG), daß unangemessene Ausgaben nicht als Betriebsausgaben abgesetzt werden dürfen (s. § 4 V Nr. 7 EStG)? Zu welchem Zweck wird der Verlustausgleich gewährt, usf.

Sozialzwecknormen sind nach ihrem Sozialzweck, Lenkungsnormen insbesondere nach ihrem Lenkungszweck auszulegen.

Die im Steuerrecht oft hervorgehobene Auslegung nach wirtschaftlicher Betrachtungsweise ist, richtig verstanden, nichts weiter als am wirtschaftlichen Gesetzeszweck orientierte oder – mit anderen Worten – auf Erfassung wirtschaftlicher Leistungsfähigkeit gerichtete Auslegung (s. S. 101 ff.). Kodifizierte Beispiele: § 3 V UStG (Gehaltslieferung); § 3 X UStG (Umtauschmüllerei).

Da dem Zivilrecht, dem Steuerrecht und anderen Zweigen des öffentlichen Rechts ein je eigenes System mit je unterschiedlichen Teleologien zugrunde liegt, kann die teleologische Auslegung desselben (in allen diesen Rechtszweigen verwendeten) Begriffs zu unterschiedlichen Ergebnissen führen; derselbe Begriff kann einen verschiedenen Sinn und Inhalt haben.

Umstritten ist, ob es darauf ankommt, was der *Gesetzgeber* im Zeitpunkt der Verabschiedung des Gesetzes mit diesem bezweckte *(subjektive Theorie)*, oder ob es auch einen davon unabhängigen objektiven Zweck des *Gesetzes* zu berücksichtigen gilt *(objektive Theorie)*. Was unter dem objektiven Zweck des Gesetzes zu verstehen ist, ist freilich recht unklar. Durchweg wird mit rhetorischen, romantischen oder mystisch anmutenden Bildern mehr verdunkelt als erklärt[22].

Bezeichnend *Binding*[23]: „Das Gesetz denkt und will, was der vernünftig auslegende Volksgeist aus ihm entnimmt." Mit seinem Erlaß löse sich das Gesetz von seinem Urheber, der ganze Unterbau von Absichten und Wünschen verschwinde. „Und das ganze Gesetz ruht von nun an auf sich, gehalten durch die eigene Kraft und Schwere, erfüllt von eigenem Sinn, oft klüger, oft weniger klug als sein Schöpfer, oft reicher, oft ärmer als dessen Gedanken, oft glücklicher im Ausdruck, als dieser zu vermuten wagte . . ."

Welche Theorie ist vorzuziehen, die objektive oder die subjektive?

Das Bundesverfassungsgericht hat zuerst in BVerfGE 1, 299, 312 (s. auch 10, 234, 244; 11, 126, 129 ff.) geäußert, es komme auf den in der Gesetzesvorschrift zum Ausdruck kommenden *objektivierten Willen des Gesetzgebers* an, der aus der Entstehungsgeschichte zu entnehmenden subjektiven Vorstellung der am Gesetzgebungsverfahren Beteiligten komme hingegen keine entscheidende Bedeutung zu. Dieser Passus wird von allen Gerichten häufig zitiert. Weder das Bundesverfassungsgericht[24] selbst noch die anderen Gerichte halten sich aber durchgehend an ihn. Er ist auch mehrdeutig, kann auch bloß besagen: Der bloß intern gebliebene Wille des *Gesetzgebers* darf nicht berücksichtigt werden; relevant ist nur der im Gesetzeswortlaut irgendwie objektivierte Wille. Jedenfalls messen Bundesverfassungsgericht und andere Gerichte der Entstehungsgeschichte nicht selten entscheidende Bedeutung bei.

Die subjektive Theorie entspricht besser dem *Demokratieprinzip;* die objektive Theorie stellt den Gesetzesanwender freier, ermöglicht es ihm, sich vom subjektiven Willen des demokratischen Gesetzgebers zugunsten objektiver Kriterien zu lösen. Die objektive Theorie vermag allerdings den Anforderungen der Gerechtigkeit und *Gleichheit* unmittelbar besser zu entspre-

---

21 So auch *Danzer* (Fn. 17), 33 f.
22 Kritisch *C. Schmitt,* Gesetz und Urteil [2], München 1969, 31 ff.; *Chr. Starck,* VVDStRL Heft 34 (1976), 72; *Koch/Rüßmann,* Juristische Begründungslehre, München 1982, 176 ff.
23 Handbuch des Strafrechts, Bd. 1, 1885, 457.
24 Dazu *Sachs,* DVBl. 84, 73 ff.

chen. Doch auch die subjektive Theorie nötigt nicht zu wertblinden Lösungen. Läßt sich mit der subjektiven Methode ein gerechtes, dem Gleichheitssatz entsprechendes Ergebnis nicht erreichen, so hat der Richter die Sache dem Bundesverfassungsgericht vorzulegen. Das Bundesverfassungsgericht ist der Hüter der in den Grundrechten des Grundgesetzes verkörperten Gerechtigkeits- oder Wertordnung. Die objektive Methode ist in Gefahr, die Prärogative des Bundesverfassungsgerichts zu unterlaufen. Läßt sich der Wille des Gesetzgebers, der von ihm verfolgte Gesetzeszweck nicht feststellen, so neigt die objektive Theorie dazu, für vernünftig gehaltene Zwecke zu substituieren; die subjektive Methode wird sich in solchem Fall mehr auf den Wortlaut des Gesetzes zurückziehen und evtl. das Bundesverfassungsgericht bemühen müssen. Den Anforderungen an die *Rechtssicherheit* vermögen beide Theorien nur mit Einbußen zu genügen. Diese Einbußen ergeben sich bei der subjektiven Theorie daraus, daß der Wille des Gesetzgebers oft nicht klar ist und nur umständlich (zumal aufgrund der Entstehungsgeschichte) festgestellt werden kann; jedoch lassen sich die Einbußen begrenzen, wenn man vom Gesetzgeber oder von der Regierung eine klare Gesetzesbegründung verlangt und den Gesetzesanwender zum Zwecke der Aufklärung des Willens des Gesetzgebers, des vom Gesetzgeber verfolgten Zwecks, nicht zum Rechtshistoriker macht, sondern ihm im Zweifel erlaubt, sich auf den Wortlaut zurückzuziehen. Die Rechtssicherheitseinbuße der objektiven Theorie ist eher größer. Die Richtmaße für die objektive Methode sind doch recht nebelhaft und luftig. Zumal die Orientierung an der Natur der Sache oder die „Gleichbewertung des Gleichsinnigen" läßt sich auch einsetzen für die eine (verdeckte) subjektive Wertung des Gesetzanwenders. Der Einwand, es gebe gar keinen Willen des demokratischen Gesetzgebers, da der Gesetzgeber aus vielen Personen bestehe, ist nicht stichhaltig. Maßgeblich ist der Wille der Mehrheit. Wer nicht widerspricht, unterwirft sich damit der evtl. durch Ausschußberichte modifizierten Regierungsbegründung des Gesetzentwurfs.

U. E. ist keine der beiden Theorien ausschließlich anzuwenden. Soweit feststellbar, kommt es auf das an, was der Gesetzgeber mit dem Gesetz bezweckt hat. Zeit- und gesellschaftsbedingt wertende Begriffe (etwa Ordnungsmäßigkeit, Unbilligkeit, sittliche Verpflichtung, öffentliches Interesse, Kunstwerk, Luxusgut) sind hingegen zeitgemäß, d. h. nach den Wertvorstellungen der Gegenwart zu beurteilen. Gerade von einem demokratischen Gesetzgeber sind solche wertenden Begriffe nicht als absolut und zeitlos gedacht.

Mit einer Gesetzesnorm können auch mehrere Zwecke verfolgt werden, auch ein Hauptzweck und ein Nebenzweck.

Das vom Gesetzgeber Bezweckte, der teleologische Orientierungsmaßstab, liegt durchweg nicht offen. Es gibt verschiedene *Methoden* (Hilfsmittel, Möglichkeiten) *zu eruieren, was mit dem Gesetz bezweckt ist,* um auf diese Weise den Sinn der Gesetzesworte klarzustellen (Auslegungsziel). Diese Möglichkeiten sind gleichwertig. Sie müssen, wie die Beweismittel im Prozeß, *alle* berücksichtigt und gewürdigt werden. Daraus folgt, daß es eine bestimmte *Reihenfolge* der Auslegungsmethoden oder -hilfsmittel zur Zweckermittlung *nicht* geben kann (s. allerdings S. 99).

Die einzelnen Methoden sind:

(1) **Die historische Methode:** Sie sucht den vom Gesetzgeber verfolgten Zweck (hier kurz: Gesetzeszweck) aus seiner *Entstehungsgeschichte* (daher auch als genetische Methode bezeichnet), insb. aus den *Gesetzesmaterialien* zu ergründen: aus Vorarbeiten und Entwürfen oder aus sonstigen Quellen, aus denen sich die Motivation ergibt, aus der amtlichen Begründung des Regierungsentwurfs (§ 37 I 1 der Gemeinsamen Geschäftsordnung der Bundesministerien)[25], aus der Stellungnahme des Bundesrates und der Gegenäußerung der Bundesregierung, aus Parlamentsausschuß-Beratungs-

---

25 Dazu *Korn,* Über den Wert von Gesetzesbegründungen..., in: Festgabe für G. Felix, Köln 1989, 165 ff.

protokollen und -Berichten, aus Protokollen über Plenarsitzungen. Aufschlußreich sein können auch Zeitpunkt und Umstände der Gesetzesinitiative, ferner die Entwicklungsgeschichte einer Vorschrift (auch in früheren Gesetzen). Juristische Kommentare, die nur Änderungsdaten und Änderungswortlaute, nicht aber Änderungsmotive mitteilen, geben nichts her.

Der Gesetzgeber würde den Gesetzesanwendern die Arbeit sehr erleichtern, wenn er nicht nur das Gesetz selbst veröffentlichen, sondern mit ihm auch eine dem Gesetzesverständnis dienende Begründung liefern würde[26]. Die Regierungsbegründung gibt für sich keine Gewähr dafür, daß sie zur Gesetzesbegründung geworden ist. Solange es aber keine amtliche Gesetzesbegründung gibt, darf der Gesetzesanwender davon ausgehen, daß der Gesetzgeber sich die Begründung des Regierungsentwurfs oder des Entwurfs anderer Gesetzesinitiatoren zueigen gemacht hat, es sei denn, aus späteren Materialien (insb. dem Bericht des Finanzausschusses) ergäbe sich etwas anderes.

Dem Gesetzesanwender ist zwar zuzumuten, sich mit der amtlichen Begründung des Regierungsentwurfs sowie der Stellungnahme des Bundesrats und der Äußerung des Finanzausschusses zu befassen. Ihm ist u. E. aber nicht zuzumuten, sich (zur Entscheidung eines Einzelfalls oft tagelang) mit der Entwicklung einer Vorschrift (eventuell seit ihrer Entstehung im vorigen Jahrhundert) wie ein Rechtshistoriker sowie mit den verstreuten Äußerungen einzelner Referenten, Regierungsmitglieder, Ausschußmitglieder, Bundestagsabgeordneter und Bundesratsmitglieder zu befassen. Ein solches Verfahren ist nicht nur unökonomisch, die Einzelstimmen sind auch irrelevant[27].

Läßt sich dem Gesetz kein Zweck, kein Prinzip entnehmen (oder wird er/es ihm nicht entnommen), so stellen sich leicht Entscheidungen ein, die keinen vernünftigen Sinn haben, Nonsens-Entscheidungen[28].

(2) **Die systematische Methode:** Sie versucht, Erkenntnisse über den Gesetzeszweck aus dem äußeren System oder Kontext zu gewinnen, aus der Stellung des Rechtssatzes in der Rechtsordnung, im Gesetz, im Gesetzesabschnitt, im Paragraphenzusammenhang. Auch aus der Überschrift über Gesetzen, Gesetzesabschnitten oder Gesetzesvorschriften können sich Fingerzeige ergeben.

Die Ableitung des Gesetzeszwecks aus (äußerem) System und Kontext entnimmt diesen Zweck zu Recht nicht bloß dem Wortlaut einer isolierten Vorschrift. Die bloßen Gesetzesworte der einzelnen Vorschrift spiegeln, zumal in Gesetzen mit unvollkommener, unausgereifter Terminologie, das System mit seinen Prinzipien oft nur bruchstückhaft oder lückenhaft wider. Die Vervollkommnung des unvollkommenen Textes zu einem regelhaften, stimmigen Konzept liegt im Auftrage einer „denkenden Gehorsam" übenden Rechtsanwendung. Der Gesetzeszweck kann auch induktiv mehreren Gesetzesvorschriften entnommen werden. Dem wohlverstandenen Auftrag des Gesetzesanwenders würde es nicht entsprechen, wenn dieser das Gesetz als willkürliches Nebeneinander isolierter Vorschriften begreifen würde. Wenn es dem Gesetzgeber nicht gelingt, das Gesetz zusammenzustimmen, darf der Gesetzesanwender es stimmig interpretieren. Er darf Zusammenhänge aufdecken und Querverbindungen herstellen. Im Zweifel darf er davon ausgehen, daß der Gesetzgeber keine Wertungswidersprüche hat auslösen, sondern insb. neu erlassene Vorschriften in das bestehende Gesetz oder in die Rechtsordnung widerspruchsfrei hat einfügen wollen. Zur systematischen Auslegung gehört es auch, Zweckkollisionen und Zweckkonkurrenzen aufzulösen.

---

26 Dazu *Höger,* Die Bedeutung von Zweckbestimmungen in der Gesetzgebung der Bundesrepublik Deutschland, Berlin 1976. – In EG-VOen wird der Zweck oft in Präambeln festgehalten.
27 Eine gewisse Orientierung geben die Gesetzgebungsberichte („Aus der Arbeit des Steuergesetzgebers") in „Steuer und Wirtschaft".
28 Dazu die Beispiele in: FS für v. Wallis, Bonn 1985, 136 ff.

Aus dem *äußeren* Gesetzesaufbau kann allerdings nur mit Vorsicht auf das innere System mit seinen Prinzipien und Zwecken geschlossen werden. Beispiele für verfehlte systematische Stellung: §§ 3 IV, 5, 33, 34, 158 – 160 AO; §§ 13a, 15 IV EStG.

(3) **Hilfsmethoden:** Führen historische und systematische Auslegung nicht weiter, so kommen zunächst bestimmte Hilfsmethoden in Betracht:

Ergeben sich mehrere Auslegungsmöglichkeiten, so gebührt derjenigen der Vorzug, die mit dem Grundgesetz vereinbar ist oder dem Grundgesetz am besten entspricht; es kann nämlich davon ausgegangen werden, daß der Gesetzgeber im Zweifel etwas bezweckt hat, was im Sinne des Grundgesetzes ist (sog. *verfassungskonforme Auslegung*). Schon deshalb, weil Systemkonformität und Gleichheitssatz des Grundgesetzes eng miteinander zusammenhängen, Systembrüche Gleichheitssatzverletzungen indizieren (S. 23, 49 ff.), kann man dem Gesetzgeber im Zweifel auch unterstellen, daß er nur solche Vorschriften erlassen wollte, die sich harmonisch in das System einfügen *(systemkonforme Auslegung)*. Geht die grundgesetzkonforme Lösung jedoch über den möglichen Wortsinn und damit über die Grenzen der Auslegung hinaus, so scheidet verfassungskonforme Auslegung aus[29]; es kommt allenfalls verfassungskonforme Analogie in Betracht. Ist die Teleologie des Gesetzes eindeutig, so darf sie nicht unter Berufung auf die Verfassung verändert werden.

Im Umsatzsteuerrecht ist im Zweifel *richtlinienkonform* auszulegen, da grundsätzlich anzunehmen ist, daß der nationale Gesetzgeber sich an die Richtlinien der Europäischen Gemeinschaft hat halten wollen. Für das Handelsbilanzrecht gilt das gleiche.

Erscheint nur eine Auslegung vernünftig, führen hingegen die anderen möglichen Auslegungen zu törichten Ergebnissen, so ist das vernünftige Ergebnis vorzuziehen *(argumentum ad absurdum)*. Zur Gesetzesvernunft gehört auch seine *Praktikabilität*[30].

Zulässig ist, wenn sich nichts Gegenteiliges ergibt, auch der Schluß: Was der Gesetzgeber für weniger bedeutsame Fälle eindeutig anordnet, wird er erst recht für gewichtigere Fälle wollen *(argumentum a minore ad maius)*.

(4) Führen auch diese Hilfserwägungen zur Ermittlung des Gesetzeszwecks und damit zur Sinnermittlung nicht weiter, so bleibt nur die Orientierung am **Wortlaut** selbst. Dabei kommt es zunächst darauf an, den Sprachgebrauch herauszufinden, den fachsprachlichen oder umgangssprachlichen – je nachdem, aus welchem Bereich der Begriff stammt. Falls nichts anderes festzustellen ist, kann davon ausgegangen werden, daß in der Gesetzessprache bereits bekannte Begriffe den Sinn haben sollen, der ihnen auch früher beigemessen worden ist. Die Berufung auf die Verkehrsauffassung (Verkehrsanschauung) darf, da letztes Mittel, nicht dazu führen, daß die Berücksichtigung des Gesetzeszwecks unterbleibt; anders, wenn der Gesetzgeber ausnahmsweise

---

29 Dazu BVerfGE 2, 266, 282; 2, 336, 340 f.; 2, 380, 398 f.; 8, 28, 34; 8, 38, 41; 9, 194, 200; 10, 59, 80; 18, 97, 111; 19, 248, 253; 20, 162, 218; 21, 292, 305; 25, 296, 305; 38, 41, 49; 67, 70, 88; 75, 201, 217 ff.; BFH BStBl. 87, 625; 87, 670. *Prümm,* Verfassung und Methodik, Berlin 1977; *Campiche,* Die verfassungskonforme Auslegung, Zürich 1978; *Zippelius,* Verfassungskonforme Auslegung von Gesetzen, in: Bundesverfassungsgericht und Grundgesetz, Festgabe zum 25jährigen Bestehen des Bundesverfassungsgerichts, Bd. 2, Tübingen 1976, 108 ff.; v. Mangoldt/Klein/*Starck,* GG [3], München 1985, Art. 1 Rnrn. 205 ff.; *Bettermann,* Die verfassungskonforme Auslegung, Heidelberg 1986. Speziell zum Steuerrecht *Birk,* StuW 90, 300 ff. (nicht mehr ausgewertet).
30 Dazu *Walz,* Steuergerechtigkeit und Rechtsanwendung, Heidelberg/Hamburg 1980, 173 ff.; *H. W. Arndt,* Praktikabilität und Effizienz, Köln 1983, 24, 117 ff., 150; s. auch BVerfGE 21, 209 ff., 217 f.

selbst die Verkehrsauffassung für maßgeblich erklärt hat. Nur zu oft ist die Berufung auf die meist gar nicht feststellbare Verkehrsauffassung bloß ein funktionsloses Schlagwort.

Die *Verkehrsauffassung* ist die Volksanschauung eines begrenzten Kreises, etwa des Handels (man spricht hier auch von Handelsbrauch) oder des Handwerks. Die Berufung auf die Verkehrsauffassung setzt voraus, daß diese vorher tatsächlich festgestellt worden ist; erforderlich sind Repräsentativerhebungen. Richter pflegen – unter Berufung auf ihre Lebenserfahrung – die Verkehrsauffassung manchmal zu behaupten, auch wenn auf der Hand liegt, daß es sich um einen Verkehrsbereich außerhalb ihres Erfahrungshorizonts handelt.

Erst wenn ein Fach-Sprachgebrauch nicht festzustellen ist, kommt zu allerletzt eine **grammatisch-philologische**, eine litterale Sinngebung in Betracht, der Rückzug auf das Wörterbuch. Bleiben danach noch Zweifel, so gehen sie zu Lasten des Fiskus. *Ausnahmevorschriften* sind nicht anders auszulegen als andere Vorschriften auch. Daß sie stets eng auszulegen seien, ist unzutreffend.

(5) **Auslegungsergebnis:** Schöpft die Auslegung die Wortsinngrenzen voll aus, so spricht man von extensiver Auslegung, entscheidet sie sich für eine enge Sinnvariante, so spricht man von restriktiver Auslegung.

Zur Methode der Praxis: Man hat die freirechtliche Methode gern als die Standesideologie der Rechtspraktiker bezeichnet. In der Tat haben freirechtliche Allüren in der Zeit vor 1945 eine Rolle gespielt. Auch heute ist von einem Ergebnis her orientierter, gefühlsmäßiger Pragmatismus in der ständig überlasteten Finanzverwaltung nicht ganz abhanden gekommen[31]. In der Steuerrechtsprechung finden sich heute aber eher mehr Zeugnisse für rechtspositivistische, begriffsjuristische Begründungen[32]. Es gibt keine Anzeichen dafür, daß die *Gerichte* der Finanzgerichtsbarkeit nicht wirklich unabhängig entscheiden. Wer ihnen generell „Kassenjustiz" vorwirft oder sie als „Lobby der Finanzämter" bezeichnet, urteilt gewiß nicht objektiv.

Insbesondere in spektakulären Fällen von großer fiskalischer oder politischer Tragweite kommt es auch vor, daß sich in den Entscheidungen der Finanzverwaltung Erwartungen der politischen Führungsspitze niederschlagen, wobei die rechtliche Begründung zumindest strapaziert erscheint. Rechts-(Partei-)politik und Rechtsanwendung werden dabei vermengt[33]. Beispiele für die offenbar erfolgreiche Einmischung von Parteien und Verbänden in die Steuerrechtsanwendung sind die Parteispendenaffäre, der Bankenerlaß und die einkommensteuerrechtliche Behandlung der Arbeitnehmerrabatte.

Nicht selten wird in der Eile der *Besteuerungs*praxis bei nicht ganz eindeutigem Gesetz in *dubio pro fisco* entschieden. Die Beamten dürfen sich aber nicht vorschnell auf eine fiskalisch günstige Position zurückziehen, rechtliche Zweifel profiskalisch liquidieren und sich damit beruhigen,

---

31 *Flume*, B 68, 1866, Sonderdruck zu Nr. 43/44, hat gemeint: „Die Gedanken der Freirechtsschule haben in keinem Bereich der Rechtsprechung so gewirkt wie in dem der Steuerrechtsprechung." Flumes Feststellung gilt allenfalls für den Reichsfinanzhof. Das Bundesarbeitsgericht geht durchweg freier mit dem Gesetz um als der Bundesfinanzhof.

32 Vgl. *Tipke*, StuW 75, 158; s. auch die Rezension des Beschlusses des Großen Senats BFH BStBl. 84, 160 durch *Walz*, StuW 84, 170; ferner *Tipke*, in: FS für v. Wallis, Bonn 1985, 133, 136 ff.

33 Politische Einflußnahmen, die den Beamten zumuten, die Grenzen der Auslegung zu überschreiten, sind scharf zu mißbilligen. Es ist ein besonders verwerflicher Vorgesetztenakt, Untergebene dazu anzuhalten oder auch nur dazu zu verführen, das Gesetz gegenüber politisch einflußreichen Personen aus Opportunität nicht anzuwenden, oder ihnen zu suggerieren, die Parteien stünden über Verfassung und Gesetz. Der Rechtsstaat (auch der Rechtsstaat sozialer Prägung) muß sich klar von der Diktatur abheben, in der solche Einflußnahmen gang und gäbe waren (dazu auch *Rüthers*, Die unbegrenzte Auslegung, Zum Wandel der Privatrechtsordnung im Nationalsozialismus, Frankfurt/M. 1973; ferner *Knobbe-Keuk*, Die Finanzminister höchstpersönlich und das Legalitätsprinzip, BB 81, 565 ff.; *Tipke*/Kruse, AO [13], § 85 Tz. 10).

daß es eine Finanzgerichtsbarkeit gibt (von der sich übrigens wegen der unzumutbar langen Prozeßdauer nicht wenige Steuerpflichtige abgeschreckt fühlen). Die in-dubio-pro-fisco-Regel ist keine legitime Auslegungsregel, sondern unzulässige Kapitulation vor Auslegungsschwierigkeiten durch Meistbegünstigung des Fiskus. Vor allem ist schikanöse oder auf mangelndem Mut zur Verantwortung beruhende Verweisung auf den Rechtsweg zu mißbilligen.

K. *Vogel*[34] meint, die Finanzbehörde dürfe „auf dem Wege gegenseitigen Nachgebens im Interesse des Rechtsfriedens eine vertretbare Rechtsauffassung des Steuerpflichtigen" übernehmen, „auch ohne daß sie von seiner Rechtsauffassung überzeugt worden ist". In der Tat sollte eine Behörde wegen einer zwar nicht unzweifelhaften, aber doch mit guten Gründen vertretbaren Rechtsauffassung des Steuerpflichtigen nicht das Gericht bemühen, es sei denn, es bestünde eine Bindung an Verwaltungsvorschriften. Von einem Rechts*vergleich* würden wir gleichwohl nicht sprechen. Worin besteht das Nachgeben des Steuerpflichtigen?

3. Wirtschaftliche Betrachtungsweise (wirtschaftliche Auslegung)

Literatur: *Groh,* Die wirtschaftliche Betrachtungsweise im rechtlichen Sinne, StuW 89, 227 ff.; *Moxter,* Zur wirtschaftlichen Betrachtungsweise im Bilanzrecht, StuW 89, 232 ff.

a) Soweit die Steuergesetze wirtschaftliche Vorgänge oder Zustände erfassen wollen, ist diesem Vorhaben durch teleologische Auslegung Rechnung zu tragen[35].

Ihre eigentliche Bedeutung hat diese „wirtschaftliche Betrachtungsweise" dort, wo Steuergesetze Begriffe verwenden, die dem Zivilrecht entnommen sind. Die wirtschaftliche Betrachtungsweise anwenden, heißt hier: prüfen, ob dem Gesetzesausdruck, der synonym ist mit einem Begriff des Zivilrechts, nicht ein vom Zivilrecht abweichender wirtschaftlicher Sinn beizumessen ist. Der wirtschaftlichen Betrachtungsweise des deutschen Rechtskreises (Bundesrepublik Deutschland, Österreich[36], Schweiz[36]) entspricht die Regel *substance over form* des amerikanischen Steuerrechts.

Bei Inkrafttreten der Reichsabgabenordnung legte die Rechtsprechung durchweg die im Steuerrecht verwendeten zivilrechtlichen Begriffe so aus wie das Zivilrecht[37]. Dem wollte § 4 RAO 1919, später § 1 II StAnpG („wirtschaftliche Bedeutung berücksichtigen"), entgegenwirken. Durch die ersatzlose Aufhebung des § 1 II StAnpG hat sich nichts geändert, da die Auslegung nach „wirtschaftlicher Betrachtungsweise" eine spezifisch teleologische Auslegung ist.

Die Auffassungen über die Tragweite des Gebots wirtschaftlicher Auslegung der Steuergesetze gehen auseinander, haben vor allem im Laufe der Zeit gewechselt.

Version a: Die wirtschaftliche Betrachtungsweise sei ein „allgemeines Korrektiv" (*E. Becker,* StuW 32, 481, 542 f.); sie diene der allgemeinen Transformation, der Umsetzung der zivilrechtlichen Begriffe ins spezifisch Steuerrechtliche, d. h. ins Wirtschaftliche, vollständiger: ins für eine Besteuerung nach der wirtschaftlichen Leistungsfähigkeit Geeignete. Der zivilrechtliche Begriff gebe für das Steuerrecht nur den Begriffskern ab, um ihn herum befinde sich ein Begriffsfeld, das alle Sachverhalte

---

34 FS für Döllerer, Düsseldorf 1988, 677, 688.
35 Dazu allgemein *Beisse,* Inf. 77, 433 ff. u. StuW 81, 1 ff.; *Grimm,* DStZA 78, 283; *Döllerer,* JFfSt. 1986/87, 37. – Für das Zivilrecht gilt insoweit nichts anderes; dazu *Rittner,* Die sog. wirtschaftliche Betrachtungsweise in der Rechtsprechung des Bundesgerichtshofs, Karlsruhe 1975.
36 Zu *Österreich* s. *W. Doralt/Ruppe,* Grundriß des österr. Steuerrechts, II [2], Wien 1988, 169 ff.; zur *Schweiz* s. *E. Höhn,* Steuerrecht, Ein Grundriß des schweizerischen Steuerrechts [6], Bern/Stuttgart 1988, 98 ff.; *P. Locher,* Grenzen der Rechtsfindung im Steuerrecht, Bern 1983, 182 ff.
37 Dazu *Merk,* in: Festgabe der jur. Fakultäten zum 50jährigen Bestehen des Reichsgerichts, Bd. IV, Berlin/Leipzig 1929, 73 ff., 84 ff., 95 ff.

erfasse, die dem Kernsachverhalt wirtschaftlich gleichgelagert seien. Werde z. B. in einem Steuergesetz der Begriff „Vermietung" verwendet, so sei das nur die schlaglichtartige Bezeichnung für eine wirtschaftliche Interessenlage, wie sie insb. bei einem Mietverhältnis anzutreffen sei. Die Verwendung zivilrechtlicher Begriffe im Steuerrecht sei ein Notbehelf, die zivilrechtliche Tatbestandsumschreibung sei nur ein Hilfsmittel, den Typus einer wirtschaftlichen Veranstaltung oder eines wirtschaftlichen Zustands zu umschreiben[38]. Soweit Verträge zu prüfen seien, komme es nicht auf deren äußere Aufmachung an, sondern auf den wirtschaftlichen Gehalt (gesetzliche Beispiele: § 3 V, X UStG).

Konsequent ist diese Auffassung freilich nie angewandt worden.

Z. B. sind die familienrechtlichen Statusverhältnisse nie angetastet worden. So ist die Onkelehe auch steuerrechtlich nie der bürgerlichen Ehe gleichgestellt worden; es ist nie eine Erbschaft im wirtschaftlichen Sinne angenommen worden; die Selbständigkeit der juristischen Person ist prinzipiell immer geachtet worden (Trennung zwischen Kapitalgesellschaft und Gesellschaftern; sog. Trennungsprinzip[39]). Die Einmann-GmbH wird nicht als wirtschaftliches Einzelunternehmen behandelt.

Version b: Soweit die Steuergesetze sich der Begriffssprache des Zivilrechts bedienen, seien die Begriffsinhalte gleich. Geboten sei daher eine zivilrechtskonforme Auslegung. Die wirtschaftliche Betrachtungsweise scheide gerade insoweit aus. Mitunter wird hinzugefügt: Das Steuerrecht sei Folgerecht des Zivilrechts. Schlagwort: Primat des Zivilrechts.

Etwa ab Mitte der fünfziger Jahre machte sich in der Rechtsprechung des BFH die Tendenz bemerkbar, im Interesse der „Einheit der Rechtsordnung" und der Rechtssicherheit zivilrechtliche Begriffe im zivilrechtlichen Sinne aufzufassen und die spezifische Teleologie der Steuergesetze zu vernachlässigen. Seit längerem hat der Strom aber wieder zu kehren begonnen[40].

Version c: Wirtschaftliche Betrachtungsweise als wirtschaftliche Auslegung enthalte ein Gebot zu teleologischer Auslegung. Es sei von Fall zu Fall durch Auslegung zu ermitteln, welchen Inhalt ein Zivilrechtsbegriff im Rahmen eines Steuergesetzes habe. Eine Abweichung vom Zivilrecht komme in Betracht, wenn das dem erkennbaren Zweck des Rechtssatzes entspreche[41].

b) *Eigene Auffassung:* Die Version, daß die dem Zivilrecht entnommenen Begriffe (oft sind es Rechtsgeschäftstypen wie: Miete/Pacht, Rente, Nießbrauch) stets wie im Zivilrecht zu verstehen seien (Version b), ist abzulehnen. Die unreflektierte Berufung

---

38 Vertreter dieser Version insb. *K. Ball,* Steuerrecht und Privatrecht, Theorie des selbständigen Steuerrechtssystems, Mannheim/Berlin/Leipzig 1924; *E. Becker,* Reichsabgabenordnung [7], Berlin 1930, §4, und *ders.,* Zur wirtschaftlichen Einstellung der Rechtsprechung des Reichsfinanzhofs, in: FS zum 10jährigen Bestehen des Steuer-Instituts an der Handels-Hochschule Leipzig, Berlin/Wien 1931, 24 ff.; *ders.,* StuW 32, 481; 34, 299; 35, 705; 39, 745; viele Urteile des RFH.
39 Kritisch dazu *Boles/Walz,* GmbHR 86, 435 ff.
40 Vertreter der Version b in der Lehre ist gegenwärtig *Crezelius,* Steuerrechtliche Rechtsanwendung und allgemeine Rechtsordnung, Herne/Berlin 1983. Vertreter der Version c ist gegenwärtig *Papier,* Die finanzrechtlichen Gesetzesvorbehalte..., Berlin 1973, 185 ff.; *W. Doralt/Ruppe* (Fn. 36), 169 ff.; *E. Höhn* (Fn. 36), 100 f.; *P. Locher* (Fn. 36), 177 ff.; *Walz* (Fn. 30), 211 ff. Mehr oder weniger den Versionen b oder c haben in der Vergangenheit zugeneigt: *Boethke,* StuW 28, 1203 ff.; *A. Hensel,* StuW 25, 1963 ff.; *ders.,* Steuerrecht [3], Berlin 1933, 52 ff.; *ders.,* in: Festgabe für Zitelmann, München/Leipzig 1923, 240 ff.; *Geiler,* StuW 27, 497 ff., insb. 514 ff.; *Liebisch,* Steuerrecht und Privatrecht, Köln 1933; *Lion,* VJSchrStFR Bd. 1 (1927), 132 ff.
41 S. Fn. 35.

auf Schlagworte wie „Einheit der Rechtsordnung" und „Primat des Zivilrechts" schadet mehr als sie nützt. Es gibt keine teleologische Prävalenz des Zivilrechts; das Steuerrecht hat seine eigene Teleologie, sein eigenes inneres System. Wie bereits ausgeführt, hängt die Richtigkeit der Auslegung vom *Normzweck* ab. Jeder Begriff ist nur verständlich aus seiner Rolle, der Verwirklichung eines bestimmten Normzwecks zu dienen. Das gilt auch für das Bilanzrecht[42]. Auch gleichlautende Begriffe sind innerhalb der Rechtsordnung variant, relativ; sie sind je nach der zu ordnenden Materie unterschiedlich (teleologisch) ausgerichtet, von der jeweiligen spezifischen Regelungsaufgabe geprägt. Folglich müssen auch die dem Zivilrecht entnommenen Begriffe aus dem *steuer*rechtlichen Bedeutungszusammenhang heraus, aus dem Zweck, der Funktion des jeweiligen Steuergesetzes und seiner Normen heraus verstanden werden. Erst dadurch gelangt man zum spezifischen Inhalt. Es ist freilich nicht notwendig, zivilrechtliche Begriffe abweichend vom Zivilrecht zu verstehen, wenn sie adäquater Ausdruck der wirtschaftlichen Gestaltung sind. Ein spezifisch steuerrechtlicher Zweck, der eine abweichende Interpretation rechtfertigen würde, läßt sich nicht immer nachweisen. So ist der Begriff „Ehe" auch im Steuerrecht nicht als bloß wirtschaftliche Lebensgemeinschaft zu verstehen. Die Version a schafft die Gefahr, an die Stelle exakter teleologischer Auslegung eine das Gesetz sprengende, freischwebende, sich auf das Wirtschaftliche berufende Gefühlsjurisprudenz zu setzen. Der Version c ist daher im wesentlichen zuzustimmen[43].

Wichtig ist in allen Fällen zunächst, daß der Sachverhalt zivilrechtlich qualifiziert wird. Die rechtsgeschäftlichen Erklärungen sind nach zivilrechtlichen Grundsätzen (§§ 133, 157 BGB) auszulegen.

Auch Steuerrechtlern sollte nicht entgehen, daß das Zivilrecht heute nicht mehr ohne weiteres die begriffliche Qualifikation der Parteien hinnimmt. Auch im Zivilrecht wird die Rechtsfolge heute so bestimmt, daß sie den einverständlich gewollten wirtschaftlichen Zielen und Interessen der Parteien entspricht. Vgl. im übrigen S. 109 f.

Zu den Aufgaben der Steuerrechtswissenschaft gehört es, die zivilrechtliche Terminologie des Steuerrechts möglichst durch eine der Besteuerung nach der wirtschaftlichen Leistungsfähigkeit adäquate Terminologie zu ersetzen, z. B.: Lieferung; Wirtschaftsgut; Einkünfte aus Gebrauchs- oder Nutzungsüberlassung (statt Einkünfte aus Vermietung/Verpachtung); Einkünfte aus Vermögen (statt Einkünfte aus der Beteiligung als stiller Gesellschafter und Einkünfte aus Vermietung/Verpachtung).

4. Gesetzeslücken und ihre Ausfüllung; rechtsfreier Raum[44]

Von der Auslegung ist die jenseits des möglichen Wortverständnisses beginnende Ausfüllung von – unbewußten oder bewußten – Gesetzeslücken durch Gesetzesergänzung (Rechtsfindung, Rechtsfortbildung[45], Rechtsschöpfung) zu unterscheiden.

Unbewußte Gesetzeslücken bestehen in *planwidrigen,* mit dem Gesetzeszweck nicht zu vereinbarenden Unvollständigkeiten des Gesetzes: Der Gesetzgeber hat einen bestimmten Plan gehabt, einen bestimmten Gesetzeszweck realisieren wollen; es ist ihm dies aber nicht gelungen; das Gesetz oder einzelne Gesetzesvorschriften sind, gemes-

---

42 Dazu *Moxter,* StuW 89, 232 ff.
43 So wohl auch *Ruppe,* in: HHR, Einf. ESt Anm. 457.
44 Dazu *Larenz* (Fn. 2), 354 ff.; *Canaris,* Die Feststellung von Lücken im Gesetz [2], Berlin 1983; *Tipke,* Über teleologische Auslegung, Lückenfeststellung und Lückenausfüllung im Steuerrecht, in: FS für v. Wallis, Bonn 1985, 133 ff.
45 § 11 IV FGO spricht von Rechtsfortbildung.

sen am zugrunde liegenden Plan oder Zweck, lückenhaft geblieben, der verfolgte Zweck ist tatbestandlich nicht oder nicht voll abgedeckt. Es handelt sich um eine Panne bei der Umsetzung des Plans oder Zwecks in gesetzliche Tatbestände, sei es, daß der Gesetzgeber nicht alle Lebenssachverhalte bedacht hat, sei es, daß er sie nicht bedenken konnte, weil sie im Zeitpunkt der Gesetzesbeschließung noch nicht vorkamen. Die auf diese Weise entstandenen Lücken sind Lücken praeter legem[46]. Die Lücken praeter legem dürfen vom Rechtsanwender nicht freischwebend, autonom, subjektiv, ausgefüllt werden. Maßstäblich für die Lückenausfüllung ist vielmehr das (normkonzipierende) Prinzip (die Wertung), das (die) im Wege der *Analogie* zur Geltung gebracht wird. Die Analogie besteht darin, daß das Prinzip, das dem Gesetz oder einem oder mehreren Rechtssätzen zugrunde liegt, über das mögliche Wortverständnis des Gesetzes hinaus in der vom Gesetz eingeschlagenen Richtung weitergeführt oder zu Ende geführt wird. Analogie ist danach in jedem Fall teleologische oder am Prinzip orientierte Rechtsanwendung, die im Wortlaut (im möglichen Wortsinn oder Wortverständnis) des Gesetzes keine Stütze mehr findet. Die Analogie bewirkt, daß an Sachverhalte, die vom gleichen Prinzip erfaßt werden, die gleichen Rechtsfolgen geknüpft werden[47]. Sie dient damit der Erfüllung des Gleichheitssatzes (argumentum a simile oder pari). Gesetzliche Fiktionen sind oft gesetzlich angeordnete Analogien.

Unterschieden wird zwischen Rechtsanalogie und Gesetzesanalogie. Die *Rechtsanalogie* bedient sich eines Prinzips, das einer Mehrheit von Rechtssätzen gemeinsam zugrunde liegt[48]. Die *Gesetzesanalogie* wendet auf einen vom möglichen Wortverständnis nicht mehr erfaßten Fall ein Prinzip an, das einem einzelnen Rechtssatz zugrunde liegt, der einen ähnlichen Fall erfaßt[49]. *Canaris* spricht von teleologischer *Extension* statt von Analogie, wenn es nur darum geht, den Gesetzeszweck einer einzelnen Norm auf Fälle anzuwenden, die vom möglichen Wortsinn nicht mehr erfaßt werden. Aber auch in diesem Fall wird die (auf den Wortsinn begrenzte) Norm analog angewendet[50].

In manchen Fällen trifft der Gesetzgeber *bewußt* keine Regelung, insb. weil er die Materie nicht für gesetzesreif hält und die Rechtsfolgenbestimmung einstweilen Rechtsprechung und Lehre überlassen will. Es liegt dann eine *bewußte* Lücke vor.

Beispiel: Der Gesetzgeber hat in der Abgabenordnung die allgemeine *Zusage* und die *Steuerklausel* bewußt nicht geregelt; es liegt eine bewußte Gesetzeslücke vor (BT-Drucks. VI/1982, 95).

Von einer *verdeckten Gesetzeslücke* spricht man, wenn ein Sachverhalt vom Gesetzeswortlaut erfaßt wird, wenn der Gesetzeswortlaut über den Gesetzeszweck aber in einer Weise hinausgreift, daß eine zweckgerechte Einengung den möglichen Wortsinn sprengen würde. Statt restriktiver Auslegung kommt dann *teleologische Reduktion*

---

46 Von den hier behandelten Lücken praeter legem werden die *Lücken intra legem* unterschieden; darunter versteht man Lücken innerhalb des Gesetzes, die dadurch entstehen, daß das Gesetz Generalklauseln und unbestimmte Rechtsbegriffe (insb. wertende Begriffe) verwendet oder es sonst an Regelungsdichte fehlt (s. S. 105).
47 Vgl. auch S. 23, 39 ff., 49 ff.; dazu BFH BStBl. 74, 295, 297; 84, 221, 223 f.
48 Liegt dieses Prinzip nicht offen zutage, so muß es nicht selten erst im Wege der Induktion sichtbar gemacht werden ($S_1, S_2, S_3, S_4 = P$ [Prinzip]; alle S sind P, oder $S_1 = P; S_2 = P$; etc.; alle S sind P).
49 Beispiel: Anders als § 16 I Nr. 1 EStG erwähnt § 16 III EStG nicht den Teilbetrieb. Es liegt eine Gesetzeslücke vor. Entsprechend § 16 I Nr. 1 EStG ist auch § 16 III EStG auf den Teilbetrieb anzuwenden.
50 *Canaris* (Fn. 44), 90.

Lückenausfüllung

in Betracht *(Larenz,* a. a. O., 375 ff.). Die (durch die Reduktion entstehende) Lücke muß u. U. ebenfalls durch Analogie geschlossen werden.

Beispiel: Auf die allgemeine Zusage eines bestimmten Steuerbescheids läßt sich der Wortlaut des § 130 II AO ohne weiteres anwenden, da die Zusage begünstigender Verwaltungsakt ist. Da aber die allgemeine Zusage in der Abgabenordnung nicht geregelt ist, kann auch § 130 AO die allgemeine Zusage nicht erfassen wollen. Es liegt eine verdeckte Lücke vor. Der Wortlaut des § 130 AO ist entsprechend zu reduzieren. Die Lücke ist durch analoge Anwendung der §§ 206, 207 AO zu schließen. – S. auch den Fall BFHE 117, 195, 197.

Übersicht 1

Auslegung	*Lückenausfüllung*
(innerhalb des möglichen Wortsinns)	(außerhalb des möglichen Wortsinns)
ausdehnende oder extensive	durch Analogie
einengende oder restriktive	durch Reduktion und Analogie

Je nachdem, ob sich an den anzuwendenden Tatbestand eine belastende oder eine begünstigende Rechtsfolge knüpft, kann die Analogie die Belastung verschärfen oder die Begünstigung erweitern; die teleologische Reduktion kann die Belastung vermindern oder die Begünstigung einschränken und dadurch belastend wirken.

Bevor eine Lücke ausgefüllt werden kann, muß festgestellt werden, daß sie existiert. Die Lücke darf nicht bloß behauptet oder für möglich gehalten werden. Zur Feststellung einer Lücke sind zu berücksichtigen: der Gesetzeszweck (hat der Gesetzgeber etwas über den möglichen Wortsinn Hinausgehendes bezweckt?), im einzelnen die Entstehungsgeschichte, systematische Gesichtspunkte sowie die auf S. 99 f. (für die Auslegung) genannten Hilfsgesichtspunkte[51].

Bei erheblichem Zweifel ist davon auszugehen, daß nicht eine Lücke, sondern rechtsfreier Raum vorliegt. Das ist der Raum, der vom Gesetzgeber bewußt und planvoll (jedenfalls nicht planwidrig) nicht erfaßt wird, in dem folglich nach dem Willen und Konzept des Gesetzgebers kein das Steuerrecht regelnder Rechtssatz besteht. Nicht erfaßt ist ein Raum (Sachverhaltsgebiet), wenn in ihm keine Steuerrecht regelnden Rechtsnormen existieren und der Gesetzgeber die Regelung auch nicht bewußt Lehre und Rechtsprechung überlassen wollte. Der steuerrechtsfreie Raum beginnt z. B. jenseits der steuerbaren Tatbestände.

Er beginnt z. B. jenseits der sieben Einkunftsarten des Einkommensteuergesetzes; steuerrechtsfreier Raum besteht auch im Recht der besonderen Verbrauch- und Aufwandsteuern: Wer etwa kein Bier trinkt, sondern Wein, befindet sich im (verbrauch-)steuerrechtsfreien Raum (dazu *Tipke,* BB 73, 158 ff.). Wer statt eines Hundes eine Katze hält, vermeidet die Hundesteuer.

Von rechtsfreiem Raum kann man *nicht* sprechen, wo ein Tatbestand im Umriß (mit seinen wesentlichen Elementen) vorhanden ist, aber wegen fehlender Regelungsdichte im Detail der Ausführung durch Dogmatik und Rechtsprechung bedarf (Beispiele: Zurechnung von Einkünften; Details der Gewinnermittlung und Gewinnrealisierung).

---

51 Dazu *Tipke,* in: FS für v. Wallis, Bonn 1985, 133, 139 ff.

§ 5 Rechtsanwendung im Steuerrecht

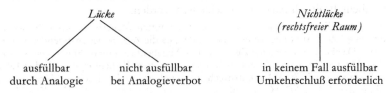

Übersicht 3

Gesetzeslücke	Rechtsfreier Raum
Planwidrige Nichterfassung	Planmäßige bzw. nicht planwidrige Nichterfassung
Antwort fehlt im Gesetz	Gesetz gibt negative Antwort
Ausfüllung durch Gesetzesfortbildung (praeter legem) ist zulässig	Eindringen wäre unzulässige Rechtsschöpfung, wäre contra legem Unähnlichkeitsschluß (argumentum e contrario) geboten
Fehler bei der tatbestandlichen Verfestigung des gesetzgeberischen Plans, Konzepts oder Zweckgedankens	Vielleicht rechtspolitischer Fehler oder Gleichheitsverstoß

Rechtsfreie Räume sind für den Gesetzesanwender tabu. Auch wenn diese Räume, was vorkommt, auf einen rechtspolitischen Fehler zurückzuführen sind, als unvernünftig, unbefriedigend oder als Verletzung des Rechtsgefühls empfunden werden oder gar gegen die Grundrechte verstoßen: Das Eindringen von Finanzbeamten und -richtern in diesen Raum ist unzulässig, es wäre unzulässige Rechtsschöpfung contra legem. In Betracht kommt in solchen Fällen nicht der Analogieschluß, sondern der Umkehrschluß (argumentum e contrario)[52]. Bei Verstößen nachkonstitutioneller Gesetze gegen Grundrechte haben Gerichte der Finanzgerichtsbarkeit das Bundesverfassungsgericht anzurufen (s. S. 764 f.).

Larenz, a.a.O., 397 ff. will unter bestimmten Voraussetzungen die Rechtsfortbildung über den Plan des Gesetzgebers *hinaus* zulassen, nämlich mit Rücksicht auf die Bedürfnisse des Rechtsverkehrs, mit Rücksicht auf die Natur der Sache und mit Rücksicht auf ein rechtsethisches Prinzip. Im Steuerrecht kommt eine über den Plan des Steuergesetzgebers hinausgehende Rechtsfortbildung nur in Betracht, wenn die „Einheit der Gesamtrechtsordnung" dies verlangt (dazu S. 9 f.).

5. Einfluß des Rechtsgefühls

Sobald der Rechtsanwender mit einem Fall konfrontiert wird, wird er – noch bevor er Gesetzesvorschriften heranzieht – oft spontan ein erstes Gefühl dafür haben, wie der Fall gerecht zu entscheiden ist, mindestens aber dafür, ob eine Lösung ungerecht ist. Dieses subjektive, oft bloß emotionale Rechts- oder Unrechtsgefühl muß er jedoch am Gesetz bewähren, indem er die einschlägigen Vorschriften und die oben beschriebene Methode der Gesetzesanwendung befolgt.

---

52 Jedes T ist R; kein Non-T ist R.

Indessen pflegt der Gesetzesanwender wiederum bei dem methodisch gefundenen Ergebnis oft nicht stehen zu bleiben, wenn dieses Ergebnis für sein Rechtsgefühl unbefriedigend ist. Freilich hängt das vom Methodenideal des Rechtsanwenders ab. Wer meint, dem Steuerrecht lägen keinerlei Wertungen zugrunde, das Steuerrecht sei „völlig wertfrei", „völlig wertneutral", es habe keine Teleologie, das Leistungsfähigkeitsprinzip zumal sei metajuristische Ideologie, wird sich bevorzugt am Wortlaut orientieren; das Ergebnis seiner Gesetzesanwendung wird ihn „kalt lassen". Er wird nicht dazu neigen, Lücken im Gesetz zu entdecken, zumal dann nicht, wenn sich mit seinem Positivismus die Neigung paart, die Qualität der Gesetzgebung gehörig zu überschätzen. Die Mehrheit der Rechtsanwender pflegt das Rechtsgefühl jedoch nicht auszuschalten. Wenn bei der Auslegung nicht selten bald dieses (z. B. Entstehungsgeschichte), bald jenes Auslegungsmittel (z. B. System, Kontext) in den Vordergrund geschoben wird, wenn die Lückenfrage aufgeworfen wird, so erklärt sich das häufig aus dem Bemühen, das Entscheidungsergebnis mit dem Rechtsgefühl zu harmonisieren. Dabei geht es dem professionellen Rechtsanwender nicht um ein subjektives Rechtsgefühl, sondern um *inter*subjektives Werten. Auch die Berufung auf eine ständige Rechtsprechung, auf Literaturmeinungen oder gar die herrschende Meinung dient dazu, dies darzutun.

Das Gefühl, jede Entscheidung müsse möglichst die Staatskasse begünstigen, spielt heute kaum noch eine Rolle. Nur wer meint, im Konflikt Steuerpflichtiger – Fiskus gehe es essentiell um das Gewichten dieser Beziehung (nicht um Steuergerechtigkeit unter den Steuerpflichtigen), wird überhaupt vor der Frage stehen: in dubio pro fisco („Kassenjustiz") oder in dubio pro libertate. Wer hingegen davon überzeugt ist, daß es essentiell um die gleiche Belastung von Steuerpflichtigen in gleichen wirtschaftlichen Verhältnissen geht, d. h. aber um die Beziehung zu anderen Steuerpflichtigen, wird der gleichmäßigen Besteuerung i. d. R. erhebliche Bedeutung beimessen, damit vor allem das Verhältnis der Steuerpflichtigen untereinander in Betracht ziehen, aber weder Kassen- noch Klassenjustiz treiben. Gesellschaftspolitische Parteinahme, politischer Aktivismus in schwarzer oder roter Robe, ist den Richtern der Finanzgerichtsbarkeit schwerlich vorzuwerfen.

C. Steuergesetzliche Vorschriften zur wirtschaftlichen Betrachtungsweise

Vorbemerkung: Unter wirtschaftlicher Betrachtungsweise wird nicht selten (auch) die Berücksichtigung des wirtschaftlichen Zwecks bei der Auslegung von Steuergesetzen (S. 101 ff.) verstanden. Die Bezeichnung der wirtschaftlichen Auslegung als wirtschaftliche Betrachtungsweise verdunkelt indessen nur, daß es sich um einen normalen teleologischen Vorgang handelt. Die wirtschaftliche Betrachtungsweise des Steuerrechts ist kein Gegensatz oder aliud zu einer rechtlichen Betrachtungsweise; sie ist die spezifisch steuer*rechtliche,* steuerrechtsteleologische, konkret: der Erfassung wirtschaftlicher Leistungsfähigkeit dienende Betrachtungsweise.

Die wirtschaftliche Betrachtungsweise wirkt der steuersparenden Zivilrechtsgestaltung entgegen. Ius civile scriptum est vigilantibus gilt nicht für das Steuerrecht. Die wirtschaftliche Betrachtungsweise dient der gleichmäßigen Erfassung wirtschaftlicher Leistungsfähigkeit und damit dem Gleichheitssatz[1].

---
1 In diesem Sinne auch *Herzog,* StbJb. 1985/86, 27, 44 f.

§ 5 Rechtsanwendung im Steuerrecht

1. Wirtschaftliche Betrachtungsweise bei Divergenz zwischen wirtschaftlichem Verhalten und juristischem Zustand (§ 41 AO)[2]

Läßt sich auch meist zwischen Form und Inhalt, zwischen äußerer Hülle und wahrem Gehalt von Rechtsgeschäften nicht unterscheiden, so gibt es doch unwirksame (nichtige) und hinfällige Rechtsgeschäfte, die nicht durchgeführt werden. An sie kann das Steuerrecht, das wirtschaftliche Vorgänge oder Zustände erfassen will, nicht anknüpfen; insoweit muß es das wirtschaftliche „Ist" zur Basis nehmen. Die wirtschaftliche Betrachtungsweise ist der Reflex der Anknüpfung der Besteuerung an die wirtschaftliche Leistungsfähigkeit.

1.1 Unwirksame (nichtige) Rechtsgeschäfte lösen gleichwohl steuerliche Folgen aus, soweit und solange die Beteiligten das *wirtschaftliche* Ergebnis des unwirksamen Rechtsgeschäfts, trotz der Unwirksamkeit, eintreten und bestehen lassen (§ 41 I AO), das Rechtsgeschäft also durchführen und dadurch die wirtschaftliche Leistungsfähigkeit beeinflussen[3].

Beispiel: Durchführung von Rechtsgeschäften, die wegen Verstoßes gegen ein gesetzliches Verbot (§ 134 BGB) oder wegen Verstoßes gegen die guten Sitten (§ 138 I BGB) nichtig sind.

(Nicht ausdrücklich genannte[4]) Prämisse des § 41 I AO ist, daß mit Hilfe des Rechtsgeschäfts ein wirtschaftlicher Vorgang oder Zustand erfaßt werden soll.

Eine nichtige, gleichwohl durchgeführte Ehe rechtfertigt danach keine Zusammenveranlagung, wenn das Gesetz die Ehe im bürgerlichen Sinne meint.

Die Rechtsprechung des BFH wendet § 41 I AO nicht an, wenn es um formungültige Verträge zwischen Familienangehörigen geht[5]. Richtig ist: Auch wenn Familienangehörige tatsächlich eine Leistungen gewähren oder austauschen, kann diesen Leistungen tatsächlich eine causa zugrunde liegen, die der durch den (unwirksamen) Vertrag vorgespiegelten nicht entspricht. Die wahre causa ist bei Familienangehörigen und einander sonst nahestehenden Personen sorgfältig zu prüfen. Beispiel: Auch wenn ein Kind die in einem formungültigen Gesellschafts- oder Arbeitsvertrag vorgesehenen Beträge wirklich erhält, muß die wahre causa dieser Zahlungen keine gesellschafts- oder arbeitsrechtliche sein.

Ist ein Rechtsgeschäft nicht von vornherein unwirksam, sondern *wird es erst nachträglich unwirksam*, etwa durch Anfechtung, Wandlung, Minderung, Wegfall der Geschäftsgrundlage oder andere Rechtsgeschäfte mit dinglicher Rückwirkung (schuldrechtliche Vertragsaufhebung wird nicht erfaßt), so gilt ebenfalls das wirtschaftliche „Ist" (§ 41 I 1 AO: „... oder *wird* es unwirksam"). Im Steuerrecht spricht man auch von Rückgängigmachung des Geschäftsvorfalls. – Die Einzelsteuergesetze regeln einige Sonderfälle[6,7]. Das verfahrensrechtliche Pendant zu § 41 I 1 AO ist § 175 I 1 Nr. 2 AO (dazu s. S. 719 f.).

---

2 Literaturhinweis bei *Ruppe*, in: HHR, Einf. ESt vor Anm. 458.
3 Beispiel: BFH BStBl. 74, 340.
4 § 41 I 2 AO schränkt den Geltungsbereich allerdings durch Verweisung auf andere Regelungen ein („Dies gilt nicht, soweit sich aus den Steuergesetzen etwas anderes ergibt.").
5 Dazu ausführliche Kritik von Tipke/*Kruse*, AO [13], § 41 Tz. 14; *Kruse*, JbFSt. 1977/78, 82 ff.; s. auch *Görlich*, Die steuerrechtliche Behandlung von Vertragsgestaltungen zwischen Angehörigen, Berlin 1979, 120 ff.; *Wassermeyer*, StuW 79, 215; *Ruppe*, in: HHR, Einf. ESt Anm. 459.
6 Vgl. § 16 UStG 1967; § 16 GrEStG; § 9 VersStG; § 11 WechsStG.
7 *Potthast*, Die Rückgängigmachung von Rechtsgeschäften und ihre steuerlichen Wirkungen, Münster/Köln 1952; *Beker*, Hinfällige Rechtsgeschäfte im Steuerrecht, München 1969.

Da *Scheingeschäfte* und *Scheinhandlungen* keinen wirtschaftlichen oder tatsächlichen Effekt auslösen, Scheingeschäfte nicht durchgeführt werden, sind sie steuerrechtlich unerheblich (§ 41 II AO). Wird durch ein Scheingeschäft ein anderes Rechtsgeschäft verdeckt, so ist das verdeckte Rechtsgeschäft für die Besteuerung maßgebend (§ 41 II 2 AO). Das entspricht freilich auch dem bürgerlichen Recht (§ 117 II BGB); auch das bürgerliche Recht will es eben nicht mit bloßen Hüllen zu tun haben.

Ein Scheingeschäft liegt nur vor, wenn es den Parteien am ernsthaften Geschäftswillen fehlt, wenn sie die *Rechts*folgen, die das Geschäft gewöhnlich auslöst, nicht wollen. Ein Scheingeschäft liegt nicht vor, „wenn die Beteiligten den Eintritt der Rechtsfolge wollen, nur nicht den regelmäßig damit verbundenen wirtschaftlichen oder sonstigen tatsächlichen Erfolg" (*Larenz*, Allg. Teil des Bürgerlichen Rechts [7], München 1989, 366). Ein Rechtsgeschäft ist nicht deshalb ein Scheingeschäft, weil eine atypische Rechtsform gewählt worden ist. Formungültige Rechtsgeschäfte sind nicht stets Scheingeschäfte. Formmangel ist allenfalls Indiz für Schein. Von den Rechtsfolgen, auf die das Scheingeschäft abstellt, sind die tatsächlichen oder *wirtschaftlichen* Folgen, ist die *tatsächliche Durchführung* des Geschäfts zu unterscheiden. Auf sie kommt es im Steuerrecht hauptsächlich an (s. S. 110). Daß die Schein*handlung* für unerheblich erklärt wird, ist daher für das Steuerrecht wichtiger, als daß das Scheingeschäft für unerheblich erklärt wird. Die Anknüpfung an das Scheingeschäft trifft, genau genommen, nicht die steuerrechtliche Sachlage; denn im Steuerrecht geht es nicht um den Gegensatz zwischen scheinbarem und ernsthaftem Geschäfts*willen,* sondern um den Gegensatz zwischen vorgespiegeltem und tatsächlichem *wirtschaftlichen* Ergebnis[8].

Scheinhandlungen sind Handlungen, die einen bestimmten tatsächlichen Erfolg nur vortäuschen. Das Vortäuschen kann eine bestimmte Person oder die Art, die Zeit oder den Ort der Handlung betreffen.

§ 41 I AO und § 41 II AO ließen sich wie folgt zusammenfassen: Fallen Rechtsgeschäft und wirtschaftliche Durchführung auseinander, so kommt es auf das wirtschaftlich Durchgeführte an. Das entspricht dem angloamerikanischen substance over form.

1.2 Ergänzende Ableitungen

§§ 39 II Nr. 1, 41, 42 AO enthalten *lücken*hafte Ausführungen des Prinzips, daß es unter dem Aspekt der Besteuerung nach der wirtschaftlichen Leistungsfähigkeit auf die Erfassung des wirtschaftlichen oder des sonstigen tatsächlichen Verhaltens ankommt. Denkt man dieses lückenhaft ausgeführte Prinzip weiter, so ergibt sich:

(1) Ist ein Rechtsgeschäft zwar *wirksam,* wird es aber *nicht tatsächlich durchgeführt,* so ist es steuerrechtlich irrelevant (so auch die Rechtsprechung).

Dieser Ausfluß des Prinzips, daß es auf das wirtschaftliche „Ist" ankommt, ist im Gesetz nicht artikuliert; § 41 AO ist insoweit lückenhaft. – Soweit die Verkehrsteuergesetze an obligatorische Rechtsgeschäfte anknüpfen, wird das Prinzip auch nicht angewendet; § 16 GrEStG bestimmt eine Ausnahme. – Der Rechtssatz, daß es auf die wirtschaftliche oder sonstige tatsächliche Durchführung ankommt und daß tatsächlich nicht Durchgeführtes irrelevant ist, ist für das Steuerrecht wichtiger als der Rechtssatz, daß Scheingeschäfte unbeachtlich sind (§ 41 II AO); dies deshalb, weil es im Steuerrecht regelmäßig nicht auf die *Rechts*folgen eines Rechtsgeschäfts, sondern auf dessen *tatsächliche* Folgen ankommt. Entfaltet werden müssen daher vor allem die Möglichkeiten des Satzes, daß Schein*handlungen* unbeachtlich sind (s. oben).

(2) Da es auf das wirtschaftliche „Ist" ankommt, ist die Rückdatierung von Verträgen (= Einsetzen eines falschen Datums) und die Rückbeziehung von Verträgen (= Inkraftsetzen mit Rückwirkung) steuerrechtlich irrelevant. Es fehlt in der Zeit der Rückdatierung/Rückbeziehung an wirtschaftlicher Durchführung.

---

8 Vgl. auch *Walz,* Steuergerechtigkeit und Rechtsanwendung, Heidelberg/Hamburg 1980, 228 ff., 247.

Bei Rückdatierung eines Arbeitsvertrages liegt rechtlich Nichtigkeit wegen anfänglicher objektiver Unmöglichkeit der Leistung vor (§ 306 BGB); folglich ist § 41 I AO anwendbar (s. auch S. 129).

Aus der Rechtsprechung: Keine rückwirkende Inkraftsetzung von Arbeitsverträgen (BFH BStBl. 59, 172 f.) oder speziell von Gehaltsvereinbarungen (BFH BStBl. 56, 17); keine rückwirkende Inkraftsetzung von Gesellschaftsverträgen (BFH BStBl. 60, 157 f.; 61, 94 f.; 73, 389); keine rückwirkende Pachtzinserhöhung (BFH BStBl. 60, 513); keine rückwirkende Änderung der Gewinnverteilung (BFH BStBl. 80, 723).

(3) Für die *Bestimmung des Inhalts* des Rechtsgeschäfts ist maßgeblich, *wie* die Beteiligten das Rechtsgeschäft *tatsächlich durchführen*.

Ständige Rechtsprechung: RFHE 1, 1; BFH BStBl. 61, 133; 63, 239; 67, 175 (betr. Vergleich); a. A. FG Düsseldorf EFG 70, 227; auch dieser Grundgedanke hätte durch § 41 AO erfaßt werden sollen.

2. Wirtschaftliche Betrachtungsweise bei gesetzwidrigem oder sittenwidrigem Verhalten

Für die Besteuerung ist es unerheblich, ob ein Verhalten, das den Tatbestand eines Steuergesetzes ganz oder zum Teil erfüllt, gegen ein gesetzliches Gebot oder Verbot oder gegen die guten Sitten verstößt (§ 40 AO)[9].

Damit soll nicht zum Ausdruck gebracht werden, daß das Steuerrecht wertfrei sei. Das Steuerrecht ist nicht wertfrei, sonst wäre es kein Recht[10]. § 40 AO will dem Steuerpflichtigen den Einwand abschneiden, der Vorgang dürfe nicht besteuert werden, weil der Staat sonst Verbotenes oder Anstößiges legalisiere. Wegen des Steuergeheimnisses (§ 30) dürfen die Finanzämter im allgemeinen nicht dafür sorgen, daß das durch gesetzwidriges oder sittenwidriges Verhalten Erworbene zurückgegeben wird. Durch die Anknüpfung an das wirtschaftliche „Ist" auch in Fällen gesetzwidriger oder sittenwidriger Handlungsweise soll erreicht werden, daß illegales oder unanständiges Verhalten vor legalem, anständigem Verhalten nicht begünstigt wird. Ein Wertungswiderspruch zum Zivil- oder Strafrecht ist darin nicht zu erblicken. § 40 AO unterstützt die Rechtsordnung. Das Steuerrecht würde das Unrecht, den Verstoß gegen die guten Sitten begünstigen und ermutigen, wenn illegal oder sittenwidrig erzieltes Einkommen oder Vermögen unbesteuert bliebe.

Freilich ist es sehr unwahrscheinlich, daß Banditen, Mafiosi, Wirtschaftskriminelle, Zuhälter etc. sich *von sich aus* dem § 40 AO entsprechend verhalten. Sie pflegen sowohl gegen allgemeines Strafrecht als auch gegen Steuerrecht und Steuerstrafrecht zu verstoßen, durchgehend an der Gesellschaft zu schmarotzen.

Zum Verstoß gegen gesetzliches Verbot s. § 134 BGB, zum Verstoß gegen die guten Sitten s. § 138 BGB.

Beispiele: Biersteuerpflicht trotz verbotenen Wasserzusatzes; Umsatzsteuerpflicht auch bei Lieferung gestohlener Ware; Einkommensteuerpflicht auch bei unerlaubter Steuerberatung oder sonstiger Rechtsberatung, bei Verstoß gegen Mietpreisrecht, bei Verstoß gegen das Gesetz über Wettbewerbsbeschränkungen oder gegen das Gesetz über unlauteren Wettbewerb, bei Marktordnungsverstößen oder Unterlassen der Anzeige gewerblicher Tätigkeit, bei Verstoß gegen Wirtschaftsstrafgesetze, bei erpreßten Einnahmen, bei Einnahmen aus gewerblicher Unzucht (BFHE GrS 80, 73; 108, 103).

---

9 Dazu *R. Claßen*, Besteuerung des Unrechts, Diss. Bonn 1981; *Ruppe*, Korruption und Steuerrecht, in: Korruption und Kontrolle, Graz 1981, 593 ff., *ders.*, Unerlaubte Provisionen, Zuwendungen und Vorteile in steuerrechtlicher Sicht, in: Krejci/Ruppe/Schick, Unerlaubte Provisionen, Wien 1982, 87 ff.; Tipke/*Kruse*, AO[13], § 40; *Ruppe*, in: HHR, Einf. ESt Anm. 464.

10 Dazu *Walz* (Fn. 8), 202 ff.

Das „Verhalten", von dem § 40 AO spricht, kann zu Einnahmen und Ausgaben, zu positiven Wirtschaftsgütern oder Schulden führen. Ausgaben und Schulden, die mit dem illegalen oder sittenwidrigen Verhalten zusammenhängen, dürfen von der Bemessungsgrundlage abgezogen werden. § 40 AO ist nicht einseitig. Rückzahlungs- oder Herausgabeverpflichtungen können nur bei wirtschaftlicher Belastung berücksichtigt werden.

Allerdings sind bei Zahlungen ohne Rechnung und bei Schmiergeldzahlungen § 160 AO und § 4 V Nr. 1 EStG zu beachten.

Die neutrale deutsche Lösung ist nicht zwingend. Es wäre z. B. zulässig, die Einnahmen zu erfassen, Ausgaben, die gegen die Gesetze der Marktwirtschaftsordnung oder sonst gegen die Rechtsordnung verstoßen, aber vom Abzug auszuschließen. So kennt das U.S.-amerikanische Steuerrecht in § 162 e–g I. R. C. public policy deduction exceptions[11].

§§ 4 V Nr. 8; 9 V; 12 Nr. 4 EStG verbieten nur den Abzug von Geldbußen und Strafen.

§ 40 AO ist insoweit teleologisch zu reduzieren, als es um *Steuervergünstigungen* geht. Aufgrund illegalen oder sittenwidrigen Verhaltens kann niemand Steuervergünstigungen beanspruchen. Steuervergünstigungen wollen Gemeinwohlverhalten fördern oder prämieren, nicht asoziales, sittenwidriges oder gar strafbares Verhalten[12].

3. Wirtschaftliche Betrachtungsweise bei Wahl einer unangemessenen, vom Steuergesetzgeber bei der Formulierung des Gesetzestatbestands nicht erfaßten Rechtsgestaltung (§ 42 AO)

Literatur: *Hensel,* Zur Dogmatik des Begriffs „Steuerumgehung", in: Bonner Festgabe für Zitelmann, München/Leipzig 1923, 217 ff.; *Böhmer,* Erfüllung und Umgehung des Steuertatbestands, Diss. Köln, Düsseldorf 1958; *Paulick,* Steuereinsparung und Steuerumgehung, StbJb. 1963/64, 371 ff.; *Tipke,* An den Grenzen der Steuerberatung: Steuervermeidung, Steuerumgehung, Steuerhinterziehung, StbJb. 1972/73, 510 ff.; *Höhn,* Steuereinsparung und Steuerumgehung, Steuer-Revue 74, 141 ff.; *Tipke*/Kruse, AO [13], zu § 42 AO; *Kruse,* Steuerumgehung zwischen Steuervermeidung und Steuerhinterziehung, StbJb. 1978/79, 443 ff.; *Danzer,* Die Steuerumgehung, Köln 1981; *P. Kirchhof,* Steuerumgehung und Auslegungsmethoden, StuW 83, 173 ff.; *K. Vogel,* Steuerumgehung nach innerstaatlichem Recht und Abkommensrecht, StuW 85, 369 ff.; *Ruppe,* in: HHR, Einf. ESt Anm. 465–467; zum österreichischen Recht: *Gassner,* ÖStZ 81, 262 ff.

§ 42 AO bestimmt: „Durch Mißbrauch von Gestaltungsmöglichkeiten des Rechts kann das Steuergesetz nicht umgangen werden."

3.1 Allgemeine Erklärung

Die Umgehung von Steuergesetzen durch Mißbrauch rechtlicher Gestaltungsmöglichkeiten ist ein Unterfall der Gesetzesumgehung. Die Gesetzesumgehung besteht darin, daß jemand sich so verhält, daß das Gesetz (in Anbetracht der Begrenzung der Auslegung durch den möglichen Wortsinn[13]) nicht anwendbar ist, obwohl sein Verhalten dem Zweck des Gesetzes entspricht oder widerspricht. Die Gesetzesumgehung läßt sich auch durch analoge Anwendung des Gesetzes bekämpfen. Hält man

---

11 Dazu *Kroll,* StuW 84, 260 ff.
12 S. auch *J. Lang,* JbFSt. 1983/84, 195, 207, 209; *ders.,* StuW 84, 15, 20; a. A. BFH BStBl. 90, 251 m. w. N. zur Gegenmeinung.
13 Vgl. S. 42, 93 f., 103, 104.

das auch im Steuerrecht für zulässig (s. S. 39 ff.), so erweist sich § 42 AO als deklaratorisch[14]. Immerhin enthält er für Fälle typischer Steuergesetzesumgehung (nämlich der Umgehung mit Hilfe des Zivilrechts) eine besondere Technik zur Verhinderung der Umgehung. Mit anderen Worten: § 42 AO trägt der Tatsache Rechnung, daß *nach gegenwärtig herrschender Meinung* die Auslegung am möglichen Wortsinn endet und ein Verbot steuerbelastender Analogie besteht. Dadurch eröffnen sich Möglichkeiten zur Gesetzesumgehung durch Lückenausnutzung, die § 42 AO für eine besondere Fallgruppe (Mißbrauch von Rechtsgestaltungsmöglichkeiten) unterbindet. § 42 AO bezweckt nicht, die Methodenlehre der Rechtsanwendung in ihrer Entwicklung zu behindern. Einer Verhinderung der Gesetzesumgehung durch eine über den möglichen Wortsinn hinausgreifende Rechtsanwendung steht § 42 AO nicht entgegen. Die relativ seltene Anwendung des § 42 AO durch die Rechtsprechung erklärt sich daraus, daß die Rechtsprechung häufig zu unreflektierter „unbegrenzter" Auslegung oder zu verkappter Analogie greift und auf diese Weise Gesetzeslücken schließt und Umgehungen verhindert. Auslegung über den möglichen Wortsinn hinaus und Analogie lassen § 42 AO leerlaufen, machen ihn überflüssig[15].

Z. B. bekämpfen Dänemark, Japan, Portugal und die USA die Steuerumgehung, ohne daß eine Vorschrift nach Art des § 42 AO besteht. Dem deutschen § 42 AO ähnliche Vorschriften existieren in Israel, Schweden und Finnland[16].

Der Sonderfall der Gesetzesumgehung, den der Gesetzgeber durch die Generalklausel des § 42 AO bekämpft, erklärt sich aus der Technik der Steuergesetze, unmittelbar oder mittelbar an Gestaltungsmöglichkeiten (Rechtsverhältnisse, Rechtsgeschäfte) vor allem des Zivilrechts anzuknüpfen, als Prämisse aber „wirtschaftliche Vorgänge oder Verhältnisse" im Auge zu haben. Viele steuerliche Gesetzestatbestände versuchen, die als steuerwürdig angesehenen wirtschaftlichen Sachverhalte in ihrer typischen zivilrechtlichen Gestaltung zu umschreiben. Sie errichten den „Schlagbaum des Steuertatbestandes" an dem zivilrechtlichen Normalwege, auf dem der Verkehr ein bestimmtes wirtschaftliches Ziel zu erreichen strebt. Dadurch entstehen Gesetzeslücken. Es ist nämlich nicht selten möglich, in Anbetracht der Privatautonomie (Freiheit der Typenwahl, Typenfreiheit, Vertragsfreiheit) den nämlichen wirtschaftlichen Effekt, den das Gesetz eigentlich erfassen will, zivilrechtlich auf verschiedene Weise zu erreichen, insb. auch durch atypische, unangemessene Rechtsgestaltungen. Je strikter sich die steuerrechtliche Auslegung an das zivilrechtliche Verständnis von zivilrechtlichen Begriffen und Rechtsgeschäften hält, desto größer ist der Anwendungsraum des § 42 AO. Je mehr solche Begriffe und Rechtsgeschäfte autonom-steuerrechtlich verstanden werden, desto mehr wird das Ziel des § 42 AO bereits durch steuerrechtliche Auslegung erreicht.

Das Steuerrecht respektiert grundsätzlich die gewählte zivilrechtliche Gestaltung. Jedoch setzt es der Manipulation, der freien zivilrechtlichen Kombination eine Schranke: Es erkennt nur solche Gestaltungen an, die ein *angemessenes* Mittel für den bezweckten und erreichten wirtschaftlichen Effekt sind. Wer den wirtschaftlichen Effekt herbeiführt, den das Gesetz erfassen will, sich aber einer zivilrechtlichen Gestaltung bedient, die vom Wortsinn des Gesetzes nicht mehr erreicht wird, weil die Gestaltung unangemessen (atypisch) ist, wird steuerrechtlich so behandelt, als habe er die angemessene, vom Gesetz erfaßte Gestaltung gewählt. Maßgeblich ist hier also der wirtschaftliche Effekt; insofern kann man von einer wirtschaftlichen Betrachtungsweise sprechen. Trotz der eigenartigen Technik des § 42 AO (Rekurrieren auf

---

14 In diesem Sinne auch *Danzer,* Die Steuerumgehung, Köln 1981, der allerdings (wie *Canaris,* Die Feststellung von Lücken im Gesetz [2], Berlin 1983) von Extension statt von Analogie spricht, wenn zwar der Normsinn, aber nicht der Wortsinn erfüllt ist.
15 Dazu näher *Tipke*/Kruse, AO [13], § 42 Tz. 2–4, 9, 24.
16 Dazu *Tipke*/Kruse, AO [13], § 42 Tz. 23.

die angemessene rechtliche Gestaltung) liegt ein Unterfall der Analogie vor[17]. Es geht im Grunde darum, daß auch andere als die im Gesetz genannten oder erfaßten rechtlichen Gestaltungen erfaßt werden, wenn diese unangemessen sind.

Prämisse des § 42 AO ist, daß ein wirtschaftlicher Tatbestand (der erfaßt werden soll) über den normierten, zivilrechtlich formulierten Tatbestand hinausschießt. Gibt es gar kein überschießendes wirtschaftliches Prinzip, so liegt keine Gesetzeslücke vor. § 42 AO ist daher unanwendbar, denn er dient unter den in ihm genannten Voraussetzungen der Lückenausfüllung (s. daher unten 3.2 b); er erlaubt nicht das Eindringen in den gesetzesfreien Raum.

Den effektivsten Beitrag zur Vermeidung von Gesetzesumgehungen würde der Steuergesetzgeber leisten, wenn er die zivilrechtliche Terminologie möglichst vermeiden würde.

Der Generalklausel des § 42 AO gehen *Spezialklauseln* zur Bekämpfung der Steuerumgehung vor: etwa § 7 b I 4 EStG; § 1 I Nrn. 5–7, II, III GrEStG; §§ 3 I Nrn. 2 ff.; 7 I Nrn. 2 ff. ErbStG; § 25 UmwStG; § 4 KVStG; Bestimmungen des Außensteuergesetzes.

§ 42 AO ist verfassungsmäßig. Er dient der Gleichmäßigkeit der Besteuerung. Er ist auch hinreichend bestimmt, wenn er als Mittel der – an Zweck oder Prinzip des Gesetzes orientierten – Lückenausfüllung angesehen wird.

§ 42 AO ist nur auf *Fiskalzwecknormen,* nicht auf Sozialzwecknormen zugeschnitten. Wer eine Steuervergünstigung (s. S. 135 f.) *erschleicht,* erhält sie mit den allgemeinen methodischen Mitteln abgesprochen.

3.2 Tatbestand

a) Das Steuergesetz muß – direkt oder indirekt – anknüpfen an Gestaltungsmöglichkeiten (Rechtsvorgänge, Rechtsverhältnisse) des (außersteuerlichen) Rechts, insb. des Zivilrechts.

Eine direkte Anknüpfung liegt vor, wenn das Gesetz unmittelbar die Begriffe des Zivilrechts oder sonstigen Rechts verwendet. In den Fällen indirekter Anknüpfung verwendet es einen spezifisch steuerrechtlichen Begriff, etwa den der Lieferung (§§ 1 I Nr. 1, 3 I UStG); der steuerrechtliche Begriff wird aber regelmäßig ausgefüllt durch zivilrechtliche Rechtsgeschäfte, etwa durch Erfüllungsgeschäfte aufgrund bestimmter zivilrechtlicher Verträge. Eine Umgehung kommt hier erst in Betracht, wenn der Steuerpflichtige eine zivilrechtliche Gestaltung wählt, die dem steuerrechtlichen Begriff, etwa dem der Lieferung, nicht mehr unterfällt, wohl aber dem Gesetzeszweck.

b) Das Steuergesetz muß die bezeichneten oder erfaßten Rechtsvorgänge (Rechtsverhältnisse) nicht als solche meinen, sondern – als *Prämisse* – die mit ihnen verknüpften *wirtschaftlichen Vorgänge oder Verhältnisse.*

Wenn Steuergesetze den Begriff „Ehe" verwenden und damit exakt die „bürgerliche Ehe" meinen, nicht aber die wirtschaftliche Lebensgemeinschaft der Eheleute, so scheidet eine Umgehung der „Ehe" durch andere rechtliche Gestaltungen von vornherein aus. – Es ist freilich eine andere Frage, ob es ideal ist, wenn das Steuerrecht die Anknüpfung an das bürgerliche Recht und nicht die damit verbundene wirtschaftliche Veranstaltung intendiert.

c) Die vom Gesetzgeber *gemeinten wirtschaftlichen Vorgänge* und Verhältnisse müssen durch die vom Gesetz bezeichneten oder erfaßten Rechtsvorgänge (Rechtsverhältnisse) *nicht voll erfaßt* sein.

d) Der Steuerpflichtige muß sich als Umgehungsmittel mißbräuchlicher *Gestaltungsmöglichkeiten des Rechts* (des Nicht-Steuerrechts, insb. des Zivilrechts) bedienen. Nicht das wirtschaftliche oder tatsächliche Verhalten, sondern die *rechtliche* Gestaltung ist auf ihre Angemessenheit zu beurteilen. Wer nicht arbeitet und daher weder

---

[17] Zu dieser Technik ausführlich *Tipke,* StbJb. 1972/73, 510 ff., 516 ff.; *Tipke*/Kruse, AO [13], § 42 Tz. 5–7.

Einkommen noch Umsatz erzielt, wird nicht erfaßt. Wer sein gesamtes Einkommen verbraucht, kann auch nicht zur Vermögensteuer herangezogen werden. Ohnehin fallen diese Fälle in den steuerrechtsfreien Raum.

Rechtliche Gestaltungen sind nicht nur Rechtsgeschäfte, sondern auch (rechtsgeschäftliche) Handlungen, die einen rechtlichen Erfolg herbeiführen, etwa die Wohnsitzverlegung.

Die Rechtsgestaltung muß wirksam sein, sie darf insb. kein Scheingeschäft sein, sonst greift schon § 41 AO ein.

Die Tatsache, daß Scheingeschäfte steuerrechtlich nichts bewirken, begründet keine Vermutung für ein Umgehungsgeschäft gegen ein Scheingeschäft. Scheingeschäfte werden mit dem Ziel abgeschlossen, die Steuerbehörde möge sie nicht entdecken. Solange Scheingeschäfte und Umgehungsgeschäfte von der Behörde nicht entdeckt sind, erfüllen sie ihren Zweck. Ist ein Umgehungsgeschäft entdeckt, so bewirkt es ebensowenig wie ein Scheingeschäft.

e) Die Rechtsgestaltung muß *mißbräuchlich* sein.

Bevor Mißbräuchlichkeit geprüft wird, sollte jeweils untersucht werden, ob das zivilrechtliche Geschäft nicht „umzudeuten" ist. U. U. kann schon eine solche „Umdeutung" die Anwendung des Steuergesetzes ermöglichen.

Was unter einem *Mißbrauch* zu verstehen ist, läßt sich aus § 42 Satz 2 AO rückschließen: Mißbräuchlich ist eine zivilrechtliche Gestaltung, die den wirtschaftlichen Vorgängen (oder Zuständen) gegenüber unangemessen ist. Unangemessen ist eine zivilrechtliche Gestaltung, die verständige Parteien zur Erreichung des erstrebten wirtschaftlichen Ziels unter den gegebenen Umständen nicht gewählt haben würden. Damit sind die Parteien nicht auf ein Schema festgelegt. Unangemessen sind in jedem Fall abwegige Kniffe und Schliche. Angemessene Rechtsgestaltungen pflegen das Ziel auf einem mehr oder minder geraden Weg zu verfolgen; sie pflegen einfach, zweckmäßig und übersichtlich zu sein. Unangemessene Rechtsgestaltungen benutzen nicht selten Umwege; sie sind oft umständlich, kompliziert, schwerfällig, unökonomisch, gekünstelt, unnatürlich, undurchsichtig, widersinnig, wenig effektiv oder gar überflüssig. In der englischsprachigen Literatur findet man Ausdrücke wie: artificial, unusual, unnatural, not commensurate, economicly meaningless, complicated, complex[18]. Komplexe wirtschaftliche Vorgänge oder Zustände können allerdings auch eine komplizierte rechtliche Gestaltung erfordern.

Der BFH (insb. der 2. Senat) hat wiederholt entschieden, maßgeblich sei, daß durch einen ungewöhnlichen Weg ein steuerlicher Erfolg erreicht werden solle, der bei sinnvoller, Zweck und Ziel der Rechtsordnung (!) berücksichtigender Auslegung (!) vom Gesetz mißbilligt werde[19]. Möglicherweise soll dieser Satz ausdrücken, daß das Verfahren nach § 42 AO (§ 6 StAnpG) ein Analogie-Verfahren ist, bei dem es eben darauf ankommt, den Gesetzesgedanken im Rahmen des Gesetzeszwecks weiterzudenken. Analogie ist aber eben nicht Auslegung, und auf den Zweck der Gesamtrechtsordnung anstatt auf den Zweck des einzelnen Rechtssatzes oder von Rechtssätzen kann es nicht ankommen.

Eine rechtliche Gestaltung ist nicht allein deshalb unangemessen, weil sie aus steuerlichen Gründen gewählt worden ist. Das wirtschaftliche oder sonstige Motiv für die Wahl der Rechtsgestaltung ist unerheblich; es kommt allein auf die Unangemessenheit

---

18 Dazu *Boidman*, International Tax Avoidance, IFA-Bulletin 81, 435 ff.; Cahiers de droit fiscal international Vol. LXVIIIa: Tax avoidance/Tax evasion, Deventer 1982; *Tipke*/Kruse, AO [13], § 42 Tz. 23; s. auch *K. Vogel*, StuW 85, 369 f.

19 BFH BStBl. 58, 97, 99; 64, 667, 669; 65, 697 f.; 66, 148, 150; 66, 509 f.; 70, 675; 71, 721 f.; 72, 322, 324; 74, 521; 77, 261, 262 f.; 77, 263 f.; 77, 754, 756; 77, 843 f.; 79, 77; 80, 28; 80, 247 f.

der Rechtsgestaltung gegenüber den erstrebten und erreichten wirtschaftlichen Vorgängen oder Zuständen an. Sein wirtschaftliches Verhalten kann der Steuerpflichtige im Rahmen der Wirtschaftsordnung frei wählen und gestalten; das Steuerrecht schränkt diese wirtschaftliche Freiheit nicht ein, es respektiert sie und knüpft an sie an. Die Erfahrung lehrt allerdings, daß rechtliche Gestaltungen, die lediglich aus steuerrechtlichen Gründen gewählt werden, nicht selten keinen „wirtschaftlichen Vorgang" bewirken; sie sind daher von vornherein unangemessen; Angemessenheit setzt stets einen wirtschaftlichen Vorgang voraus, auf den sich die Angemessenheit bezieht. Fehlt jeglicher wirtschaftliche Vorgang, so ist allerdings auch § 41 II AO zu prüfen.

Von mehreren angemessenen rechtlichen Gestaltungen darf der Steuerpflichtige die günstigste wählen.

Unangemessen sein kann eine Gesamtgestaltung, etwa die Gründung einer bestimmten Gesellschaft, die Wahl einer bestimmten Gesellschaftsform; unangemessen sein kann auch eine Einzelgestaltung im Rahmen einer Gesamtgestaltung.

Das Mißbrauchen ist eine *finale Handlung*[20]. Die unangemessene Rechtsgestaltung muß gewählt worden sein, um das Steuergesetz zu umgehen. Der Steuerpflichtige muß *mit Umgehungsabsicht* gehandelt haben, er muß sozusagen bösgläubig sein, dolos oder fraudulös gehandelt haben. Wer sich nicht bewußt ist, daß er den Normsinn, nicht aber den Wortsinn erfüllt, umgeht das Gesetz nicht.

Das drücken auch die englischen Begriffe *abuse* oder *misuse,* und der französische Begriff *abus* (de droit) aus. Der Steuergesetzumgeher handelt *in fraudem legis*. Gestaltungs*miß*brauch ist nicht bloß Gestaltungsfehlgebrauch.

§ 42 AO setzt voraus, daß durch die Umgehung ein steuergesetzlicher Vorteil entsteht.

§ 42 AO führt nicht zur Besteuerung eines fiktiven oder fingierten Sachverhalts, sondern zur Besteuerung des wahren, wirtschaftlichen Sachverhalts. Das ist nur aus der Sicht des vom Zivilrecht her denkenden Formalisten eine Fiktion.

3.3 Rechtsfolge

§ 42 Satz 2 AO verhindert den Umgehungserfolg dadurch, daß er bestimmt, der Steueranspruch entstehe so, wie er bei einer den wirtschaftlichen Vorgängen (oder Verhältnissen) angemessenen rechtlichen Gestaltung entstanden wäre. Die nicht gewählte, aber angemessene Rechtsgestaltung wird der Besteuerung zugrunde gelegt. Die Beweislast dafür, daß § 42 AO erfüllt ist, hat die Behörde.

Die Steuerumgehung ist für sich *nicht strafbar*. Steuerhinterziehung kommt *aber* in Betracht, wenn der Steuerpflichtige den Sachverhalt, den das Finanzamt braucht, um § 42 AO anwenden zu können, verschleiert oder verheimlicht (sog. unehrliche Steuerumgehung)[21].

4. Wirtschaftliche Zurechnung statt Maßgeblichkeit der zivilrechtlichen Berechtigung (§ 39 AO)

Literatur: *Ahlbäumer,* Treuhandverhältnisse im Steuerrecht, Berlin 1935; *O. Schmidt,* Das Treuhandeigentum, Diss. Heidelberg 1940; *Seeliger,* Der Begriff des wirtschaftlichen Eigentums im Steuerrecht, Diss. Göttingen, Stuttgart 1962; *Gädeke,* Die Behandlung der Sicherungs-

---

20 A. A. *Danzer* (Fn. 14), 101 ff.
21 Dazu *Tipke,* StbJb. 1972/73, 510, 520 ff.

§ 5 Rechtsanwendung im Steuerrecht

übereignung im Steuerrecht, Diss. Heidelberg 1972; *Werndl,* Wirtschaftliches Eigentum, Köln 1983; *Bordewin,* Leasing im Steuerrecht[3], Wiesbaden 1989; Kommentare zu § 39 AO.

Während es im privaten Recht vor allem um den privaten Rechtsfrieden geht, u. a. um die Bestimmung der Rechte von Eigentümern und Forderungsinhabern und den Schutz solcher Titel, kommt es im Steuerrecht auf die (wirtschaftliche) Zurechnung von Gegenständen (Wirtschaftsgütern, wirtschaftlichen Potenzen) zum *Vermögen* des Steuerpflichtigen an; denn im Steuerrecht geht es darum, die Indikatoren *wirtschaftlicher* Leistungsfähigkeit zu finden. In Anbetracht dieser unterschiedlichen Teleologie ist das Schlagwort von der „Einheit der Rechtsordnung" hier fehl am Platze.

Nach § 39 I AO sind Wirtschaftsgüter zwar grundsätzlich dem Eigentümer zuzurechnen. § 39 II Nr. 1 Satz 1 AO durchbricht diese Rechtsregel aber: Übt ein anderer als der Eigentümer die tatsächliche Herrschaft über ein Wirtschaftsgut in der Weise aus, daß er den Eigentümer im Regelfall für die gewöhnliche Nutzungsdauer von der Einwirkung auf das Wirtschaftsgut ausschließen kann, so ist ihm das Wirtschaftsgut zuzurechnen[22].

Von erheblicher praktischer Bedeutung ist die Zurechnung von Wirtschaftsgütern in den Fällen des Leasing[23]. Nießbrauchern[24], Mietern und Pächtern sind die ihnen überlassenen Wirtschaftsgüter regelmäßig nicht zuzurechnen, wohl aber dem mit einem Eigentumsvorbehalt des Veräußerers Erwerbenden.

Bei *Treuhandverhältnissen*[25] – kennzeichnend für sie ist eine die Innenbindung überschießende Zuständigkeit nach außen – sind die Wirtschaftsgüter dem Treugeber, beim *Sicherungseigentum* (Unterart der Treuhand) sind sie dem Sicherungsgeber (wirtschaftlich ist der Sicherungsgeber „Eigentümer", der Sicherungsnehmer Pfandgläubiger) und beim Eigenbesitz (§ 872 BGB) sind sie dem Eigenbesitzer zuzurechnen (§ 39 II Nr. 1 Satz 2 AO).

Wirtschaftsgüter, die mehreren zur *gesamten Hand* zustehen, werden den Beteiligten anteilig zugerechnet, soweit eine getrennte Zurechnung für die Besteuerung erforderlich ist (§ 39 II Nr. 2 AO).

Bei der Gesamthand ist eine Mehrheit von Personen Träger eines diesen Personen **gemeinschaftlich** zustehenden Vermögens. § 39 II Nr. 2 AO löst, soweit steuerrechtlich erforderlich (Hauptbeispiel: Vermögensteuer; vermögensteuerrechtlich ist nicht die Gesamthand, sondern sind die Gesamthänder Steuersubjekte), für Steuerzwecke die Gesamthand gedanklich auf: die gemeinschaftliche Berechtigung am ganzen Vermögen oder am Vermögensgegenstand wird rechnerisch aufgeteilt in Bruchteile[26]. Die Frage, wie im einzelnen aufzuteilen ist, beantwortet sich nach den Einzelsteuergesetzen oder nach den gesetzlichen und vertraglichen Regelungen des jeweiligen Gesamthandverhältnisses.

---

22 Im Anschluß an *Seeliger,* Der Begriff des wirtschaftlichen Eigentums im Steuerrecht, Stuttgart 1962.
23 Dazu Inst.FuSt, Leasing, Heft 74, Bonn 1964, und Heft 99, Bonn 1971; *Havermann,* Leasing, Eine betriebswirtschaftliche, handels- und steuerrechtliche Untersuchung, Düsseldorf 1965; *Herber,* Leasing, Zur zivilrechtlichen und steuerrechtlichen Problematik im Deutschen Recht, Diss. Zürich 1971; *Stoll,* Leasing [2], Köln 1977; *Runge/Bremser/Zöller,* Leasing, Betriebswirtschaftliche, handels- und steuerrechtliche Grundlagen, Heidelberg 1978; *Richter,* Leasing im Steuerrecht [8], Köln 1987; BFH BStBl. 70, 264.
24 Dazu *Fendt,* Der Nießbrauch in betriebswirtschaftlicher und steuerrechtlicher Sicht, Diss. Würzburg 1966, 84ff.; *Meilicke,* StbJb. 1972/73, 375ff.
25 Dazu *Kirsten/Matheja,* Treuhand und Treuhänder im Steuerrecht [2], Herne/Berlin 1978; *Eden,* Treuhandschaft an Unternehmen und Unternehmensanteilen, Bielefeld 1981.
26 Dazu *H. W. Kruse,* JbFSt. 1983/84, 237ff.

§ 39 AO betrifft die Zurechnung von Wirtschaftsgütern, nicht die Zurechnung von Einkünften (s. dazu S. 227).

D. Ermessensausübung (§ 5 AO)

Literatur: *H. H. Lohmann,* Die Zweckmäßigkeit der Ermessensausübung als verwaltungsrechtliches Rechtsprinzip, Berlin 1972; *Sethy,* Ermessen und unbestimmte Rechtsbegriffe, 1973; *Soell,* Das Ermessen der Eingriffsverwaltung, Heidelberg 1973; *H.-J. Koch,* Unbestimmte Rechtsbegriffe und Ermessensermächtigungen im Verwaltungsrecht, Frankfurt/M. 1979; *Künstler,* Die Ermessensentscheidungen im materiellen Steuerrecht, Diss. Göttingen 1961; *Stoll,* Ermessen im Steuerrecht, Verhandlungen des 4. Österr. Juristentages, Wien 1970; *Hoepffner,* Gesetzesverdrängung durch Verwaltungshandeln im Steuerrecht, Diss. Würzburg 1971; *Achterberg,* Allgemeines Verwaltungsrecht[2], Heidelberg 1986, § 18 III, 282f.; Tipke/*Kruse,* AO[13], zu § 5.

Das Ermessen verschafft den Finanzbehörden eine gewisse Elastizität.

Die eigentlichen Steuertatbestände[1] enthalten grundsätzlich keine Ermessensermächtigungen. Tatbestand i. e. S. und Rechtsfolge werden – sieht man von Pauschalierungen ab – durchweg vom Gesetzgeber mehr oder weniger genau bestimmt. Auch die Rechtsfolgen sind (anders als im Strafrecht) grundsätzlich nicht dem Ermessen überlassen. Im übrigen ist dem Steuerrecht die Einräumung von Ermessen aber nicht unbekannt. Es *kann* z. B. eine Steuer gestundet (§ 222 AO) oder erlassen (§ 227 AO) werden. Es *kann* ein Verspätungszuschlag festgesetzt werden (§ 152 AO). Es *können* Zwangsmittel angewendet werden (§ 328 I 1 AO). Auch im Verfahrensrecht spielt das Ermessen eine erhebliche Rolle (s. S. 690f.). Nicht geklärt sind die Ermessensgrenzen bei der Auswahl von Unternehmen für die Außenprüfung[2]. Der Gesetzgeber pflegt Ermessen durch Vokabeln wie: die Finanzbehörde „kann", „darf", „ist berechtigt", „ist befugt" einzuräumen. Das „soll" (s. etwa § 361 II 2 AO) verstärkt die Ermessensbindung. „Soll" drückt aus: in der Regel, d. h. außer in atypischen Fällen besteht ein Anspruch des Bürgers.

Von der Ermessensermächtigung ist der *unbestimmte Rechtsbegriff* zu unterscheiden. Der Begriff ist insofern irreführend, als alle Rechtsbegriffe mehr oder minder unbestimmt sind. Ganz gleich, wie groß der Grad der Unbestimmtheit ist: in der Unbestimmtheit liegt keine Ermessensermächtigung; der unbestimmte Begriff muß durch Auslegung präzisiert werden[3].

Mitunter *koppelt* das Gesetz einen „unbestimmten Rechtsbegriff" mit einer Ermessensermächtigung. Im Falle des § 227 AO hat BFH BStBl. 62, 290 angenommen, daß das Ermessen („kann") durch den unbestimmten Rechtsbegriff „unbillig" nicht eingeschränkt werde; die Unbilligkeit sei lediglich Ermessensrichtmaß. Diese Auffassung ist im Ergebnis vom Gemeinsamen Senat der obersten Gerichtshöfe des Bundes bestätigt worden (BFHE 105, 101; BFH BStBl. 72, 603; BVerwGE 39, 355).

Ermessen wird i. d. R. nicht auf der Tatbestandsseite, sondern auf der Rechtsfolgenseite einer Rechtsnorm eingeräumt. Die Rechtsfolge wird in das Ermessen der Behörde gestellt.

---
1 Vgl. S. 130ff.
2 Dazu *Tipke*/Kruse, AO[13], § 193 Tz. 8.
3 Dazu *Tipke,* Auslegung unbestimmter Rechtsbegriffe, in: Leffson/Rückle/Großfeld (Hrsg.), Handwörterbuch unbestimmter Rechtsbegriffe im Bilanzrecht des HGB, Köln 1986, 1 ff.

§ 5 Rechtsanwendung im Steuerrecht

Beispiel: Gegen denjenigen, der seiner Verpflichtung zur Abgabe einer Steuererklärung nicht oder nicht fristgemäß nachkommt, *kann* ein Verspätungszuschlag festgesetzt werden ... Der Verspätungszuschlag darf 10 v. H. der festgesetzten Steuer ... nicht übersteigen ... (§ 152 AO). — Tatbestand / Rechtsfolge

Durch die Ermessensermächtigung wird der Behörde ein Entscheidungsspielraum (Ermessensspielraum) eingeräumt.

Beispiel: Die Behörde *kann* trotz Verspätung davon absehen, einen Zuschlag festzusetzen; die Behörde *kann* bei Verspätung aber auch einen Zuschlag festsetzen (Entschließungsermessen).

Die Behörde kann einen Verspätungszuschlag z. B. von 1 v. H., 5 v. H. *oder* 10 v. H. der Steuer festsetzen (Auswahlermessen).

Die Einräumung von Ermessen durchbricht das Gewaltenteilungsprinzip insofern, als innerhalb des Ermessensspielraums die Verwaltung aus der strikten Bindung an das Gesetz entlassen und zu autonomer Bestimmung der Rechtsfolge befugt ist. Im Rahmen der Ermessensermächtigung trifft die Behörde keine nur fremdbestimmte, sondern eine in Grenzen selbstbestimmte (autonome) Entscheidung. Der Gesetzgeber kann Ermessen einräumen, wenn er sich nicht in der Lage sieht, abstrakt eine bestimmte Rechtsfolge anzuordnen, die den besonderen Gegebenheiten der Einzelfälle gerecht wird, wenn er vielmehr glaubt, daß eine dem jeweiligen Einzelfall adäquate Entscheidung nur von beruflich vorgebildeten Beamten unter Berücksichtigung aller Umstände des Einzelfalles getroffen werden könne. Gemessen an diesem Prinzip[4] ist im Steuerrecht allerdings ein Übermaß an Ermessenseinräumung festzustellen[5].

Fehlt es an dem für die Ermessensermächtigung vorausgesetzten Tatbestand (Beispiel: verspätete Abgabe der Steuererklärung), so liegt eine normale Rechtsverletzung vor (der Verspätungszuschlag ist rechtswidrig); mit dem Ermessen hat diese Verletzung nichts zu tun.

Eine Rechtsverletzung liegt auch vor, wenn der Behörde ein Ermessen eingeräumt ist, sie bei ihrer Entscheidung aber davon ausgeht, kein Ermessen ausüben zu dürfen.

Die Ermessensentscheidung ist *keine Entscheidung nach Belieben*. Ermessen heißt auch nicht: Freiheit der Zweckwahl. Die Finanzbehörde muß ihr Ermessen entsprechend dem *Zweck der Ermessensermächtigung* des Gesetzgebers ausüben und die *gesetzlichen Grenzen des Ermessens* einhalten (§ 5 AO). Das setzt voraus, daß der Ermessenszweck feststellbar ist; andernfalls ist die Ermächtigung unwirksam (analog Art. 80 I GG).

Beispiele: Zweck des *Verspätungszuschlages* ist es, den Steuerpflichtigen zur rechtzeitigen Abgabe der Steuererklärung anzuhalten (s. § 152 II 2 AO). Zweck der *Stundung* ist es, erhebliche Härten für den Schuldner möglichst zu vermeiden (s. § 222 AO). Zweck des *Billigkeitserlasses* ist es, die Einziehung einer Steuer zu vermeiden, wenn dies nach Lage des Falles unbillig wäre (s. § 227 I AO). Zweck der *Zwangsmittel* ist es, Mitwirkungsverpflichtungen (die keine Geldleistungsverpflichtungen sind), die der Verpflichtete nicht erfüllt hat, zu erzwingen (s. § 328 AO, auch §§ 330, 335 AO: „nicht erfüllt", „erfüllt"). Aus § 122 I 3 AO über Bekanntgabe an den Bevollmächtigten läßt sich kein Zweck entnehmen; die Ermächtigung ist daher unwirksam.

Will die Behörde dem Zweck der Ermächtigung entsprechen, so muß sie im konkreten Einzelfall diejenige Rechtsfolgen-Alternative wählen, die am besten geeignet ist, den Zweck der Ermessensvorschrift zu verwirklichen. Aus der Zweckbindung ergibt sich, daß nach sachlichen Kriterien entschieden werden muß, daß die Ermessenser-

---

4 Ausfluß des Rechtsstaatsprinzips und der Gewaltenteilung.
5 Beispiele dafür sind die §§ 222, 227 AO.

mächtigung aber keinen Spielraum läßt für Laune und Willkür, für Sympathie und Antipathie oder gar für Schikanen.

Daraus ergeben sich zwei Arten von Ermessensfehlern oder Fehlern bei der Ermessensausübung:

a) **Ermessensfehlgebrauch** (auch gebräuchlich, aber ungenau: Ermessensmißbrauch) = Gebrauch des Ermessens in einer Weise, die dem Zweck der Ermächtigung nicht entspricht; daher auch Fehlmotivation oder Widerzwecklichkeit.

Beispiele: Einem Steuerpflichtigen wird die Steuer erlassen, weil er mit einem einflußreichen Bundestagsabgeordneten befreundet ist, der auf den Erlaß drängt; Billigkeitserlaß wird abgelehnt, weil Steuerpflichtiger vorbestraft ist oder der DKP angehört. – Diese Entscheidungen sind im Bereich des Steuerrechts sachfremd. Sie müssen am Prinzip der (Einzelfall-)Leistungsfähigkeit orientiert werden.

b) **Ermessensüberschreitung** = Überschreitung der gesetzlichen Grenzen des Ermessens = Wahl einer Rechtsfolge, die nicht zu den im Gesetz zugelassenen Rechtsfolgen gehört.

Beispiel: Im Falle des § 152 AO steht es im Ermessen der Behörde, entweder keinen Verspätungszuschlag festzusetzen oder einen Verspätungszuschlag festzusetzen, und zwar einen Verspätungszuschlag bis zu 10 v. H. – Ermessensüberschreitung liegt vor, wenn die Behörde einen Verspätungszuschlag von 15 v. H. festsetzt. Ermessensüberschreitung ist auch gegeben, wenn die 5 000 DM-Grenze des § 329 AO überschritten („überstiegen") wird.

Der Beamte, der Ermessen ausübt, muß seine Ermessensentscheidung – ebenso wie der Gesetzgeber – auch an den Grundrechten, insb. am Gleichheitssatz[6], am Sozialstaatsprinzip[7] und am Übermaßverbot[8], orientieren (s. Art. 1 III GG); andernfalls liegt Ermessensfehlgebrauch vor. Die Ermessensausübung regelnden Verwaltungsvorschriften erzeugen über den Gleichheitssatz eine *Selbstbindung* der Verwaltungsbehörden[9]. Allerdings kann Gleichheit im Unrecht nach h. M. nicht verlangt werden[10].

Die Steuerpflichtigen haben einen Anspruch darauf, daß die Behörde ein ihr zustehendes Ermessen auch tatsächlich ausübt und daß sie es fehlerfrei ausübt. Übt die Behörde das ihr eingeräumte Ermessen nicht aus oder schöpft sie den Ermessensspielraum nicht aus, so spricht man von Ermessens*unter*schreitung; sie macht den Verwaltungsakt rechtswidrig.

Der Verwaltungsakt ist auch rechtswidrig, wenn die Ermessensausübung sich in rechtserheblicher Weise auf einen Sachverhalt gründet, der nicht zutrifft.

Die Finanzgerichte dürfen im Rechtsbehelfsverfahren nicht an die Stelle des Ermessens der Behörde ihr eigenes Ermessen setzen; sie dürfen die behördliche Ermessensentscheidung *nur* auf Ermessensfehler (Ermessensüberschreitung, Ermessensfehlgebrauch) nachprüfen[11].

---

6 Dazu S. 49 ff.
7 Dazu S. 55 ff.
8 Dazu S. 56 f.
9 Dazu S. 80; *Pietzcker,* NJW 81, 2087.
10 Nachweise S. 88 Fn. 22.
11 § 102 FGO.

Zweites Kapitel: Das Steuerrechtsverhältnis

§ 6 Grundbegriffe des Steuerrechtsverhältnisses

1. Inhalt des Steuerrechtsverhältnisses

1.1 Gesetzliches Rechtsverhältnis des öffentlichen Rechts

Das Steuerrechtsverhältnis ist ein *gesetzliches Rechts*verhältnis des *öffentlichen* Rechts. Daraus ergibt sich, daß sich im Steuerrechtsverhältnis die Grundrechte als Abwehrrechte des Bürgers gegen den Staat und als grundgesetzliche Gerechtigkeitsprinzipien (s. S. 25 ff.) entfalten. Von besonderer Bedeutung ist der rechtsstaatliche Auftrag der Finanzverwaltung, daß die Steuern nach Maßgabe der *Gesetze gleichmäßig* festzusetzen und zu erheben sind (§ 85 Satz 1 AO). § 85 Satz 2 AO hebt zu Recht hervor, daß die Finanzverwaltung ihren Auftrag *nicht einseitig fiskalisch* wahrnehmen darf. Nach § 85 Satz 2 AO haben nämlich die Finanzbehörden auch sicherzustellen, daß Steuern *nicht zu Unrecht erhoben* oder Steuererstattungen und Steuervergütungen *nicht zu Unrecht versagt* werden.

Das Steuerrechtsverhältnis ist der *Inbegriff der Rechte und Pflichten,* die die Beteiligten dieses Rechtsverhältnisses haben. Die Rechte und Pflichten müssen durch Gesetz begründet sein. Bei näherer Betrachtung besteht das Steuerrechtsverhältnis aus einer *Vielzahl* von gesetzlichen Rechtsverhältnissen des öffentlichen Rechts. Als Steuerpflichtiger tritt der Bürger bereits mit der Geburt in ein Dauerrechtsverhältnis ein, aus dem er sich erst durch seinen Tod zu lösen vermag (Beispiel: Einkommensteuerschuldverhältnis). Dieses Dauerrechtsverhältnis pflegt sich zu permanent-sukzessiven Schuldverhältnissen zu verdichten, bei dem einen gleich von Beginn seiner menschlichen Existenz an (Beispiel: Dem Säugling werden zur Geburt Wertpapiere geschenkt, deren Erträge zu versteuern sind), bei dem anderen mit Eintritt in das Erwerbsleben. Die Einkommensteuer-, Vermögensteuer-, Erbschaft-/Schenkungsteuer- u. a. Steuerschuldverhältnisse pflegen durch *Leistungsbescheide* konkretisiert zu werden.

§§ 37–77 AO regeln im Anschluß an Vorschriften über die *Rechtsfähigkeit* (§ 33 AO) und *Handlungsfähigkeit* (§§ 34–36 AO) den *allgemeinen Teil des Steuerschuldrechts.* Das *besondere Steuerschuldrecht* ist in den Steuerartengesetzen (Einkommensteuergesetz, Vermögensteuergesetz etc.) geregelt.

1.2 Formeller und materieller Inhalt des Steuerrechtsverhältnisses

Das Steuerrechtsverhältnis besteht aus einem *formellen* Teil, dem *Verfahrenspflichtverhältnis,* und aus einem *materiellen* Teil, dem *Steuerschuldverhältnis.* Schuldet der Steuerpflichtige verschiedene Steuern (Einkommensteuer, Vermögensteuer, Grundsteuer etc.), so bestehen *mehrere Steuerschuldverhältnisse. Jeder Anspruch aus dem Steuerschuldverhältnis ist im übrigen geeignet,* ein im Hinblick auf den Leistungsbescheid und das Rechtsbehelfsverfahren abgrenzbares Verfahrenspflichtverhältnis zu begründen.

a) Das **Steuerschuldverhältnis** umgrenzt § 37 AO (s. unten S. 124). § 37 AO enthält eine abschließende Aufzählung der *Geldleistungs*ansprüche, die bei der Geltendmachung des Steueranspruchs in Betracht kommen. Das ist der Steueranspruch selbst, sodann der sichernde Haftungsanspruch, die Ansprüche auf steuerliche Nebenleistungen[1], der Steuervergütungsanspruch (s. S. 143f.) und der Erstattungsanspruch (s. S. 144f.).

b) Außer dem Steuerschuldverhältnis regelt die AO das **Verfahrenspflichtverhältnis**. Das Verfahrenspflichtverhältnis beinhaltet die Pflichten und auch Rechte (z. B. Auskunftsverweigerungsrecht, Recht auf Gehör), die der Durchsetzung von Ansprüchen aus dem Steuerschuldverhältnis dienen. Dazu gehören insb. die Pflichten und Rechte, die der Sachaufklärung dienen. Sie sind geregelt in den §§ 90ff., 134ff., 140ff., 200, 208 I, 211 AO (s. S. 687ff.).

Die verfahrensrechtlichen Pflichten zu einem Tun, Dulden oder Unterlassen, auch als Finanzpflichten oder Hilfspflichten bezeichnet, können sich unmittelbar aus dem Gesetz ergeben, aber auch aufgrund eines gesetzlich fundierten Verwaltungsakts. Ein solcher Verwaltungsakt wurde früher als *Finanzbefehl* bezeichnet.

2. Beteiligte des Steuerrechtsverhältnisses

Beteiligt am Steuerrechtsverhältnis[2] sind der *Steuerberechtigte* (Bund, Länder, Gemeinden, steuerberechtigte Kirchen) als Ertrags- oder Verwaltungsberechtigter (= Inhaber der Ertragshoheit oder der Verwaltungshoheit) und der *Steuerpflichtige*.

Steuerpflichtig ist die Privatperson (private rechtsfähige und nichtrechtsfähige Vereinigungen eingeschlossen, s. unten 3), die im Steuerrechtsverhältnis Träger von Rechten und Pflichten ist. Sie ist m. a. W. steuerrechtsfähig (s. unten 3). Die Rechte und Pflichten können schuldrechtlicher oder verfahrensrechtlicher Natur sein. Die umständlichere, aber konkretere Definition des § 33 I AO lautet:

„*Steuerpflichtiger ist, wer* eine Steuer schuldet, für eine Steuer haftet, eine Steuer für Rechnung eines Dritten einzubehalten und abzuführen hat[3], wer eine Steuererklärung abzugeben, Sicherheit zu leisten, Bücher und Aufzeichnungen zu führen oder andere ihm durch die Steuergesetze auferlegte *Verpflichtungen zu erfüllen hat.*"

Die Privatpersonen haben im Steuerrechtsverhältnis indessen nicht nur Pflichten, sondern auch *Rechte;* da die Pflichten jedoch gänzlich überwiegen (weswegen nicht selten verkürzt vom Steuerpflichtverhältnis statt vom Steuerrechtsverhältnis gesprochen wird), ist die Bezeichnung Steuerpflichtiger signifikant. Steuerbürger ist eine der Gesetzessprache nicht bekannte Bezeichnung für Steuerpflichtiger.

§ 33 II AO stellt klar, daß Steuerpflichtiger nicht ist, wer in *fremder* Steuersache bei der Sachaufklärung mitzuwirken hat (sog. Dritter oder *andere* Person).

Die *Finanzwissenschaft* pflegt die Steuerpflichtigen als *Zensiten* zu bezeichnen.

Der Begriff „Steuerpflichtiger" ist umfassend. Er bezieht sich auf sämtliche Rechte und Pflichten.

Begrifflich lassen sich differenzieren:

(1) *Steuerschuldner:* Wer Steuerschuldner (§ 43 AO) ist, ist auch Steuerpflichtiger (§ 33 I AO); wer Steuerpflichtiger ist, muß aber nicht Steuerschuldner sein. Der Begriff des Steuerpflichtigen ist der weitere: der Begriff Steuerschuldner meint nur den Träger

---
1 Dazu unten S. 124.
2 Nicht zu verwechseln mit der *verfahrens*rechtlichen Beteiligung (§ 78 AO).
3 Betrifft Lohnsteuer, Kapitalertragsteuer, Versicherungsteuer.

vermögensrechtlicher Rechte und Pflichten; Steuerpflichtiger ist auch, wer Träger nicht-vermögensrechtlicher Rechte und Pflichten ist.

Die Steuergesetze sprechen nicht selten auch dann vom Steuerpflichtigen, wenn sie den Steuerschuldner meinen.

(2) *Steuerentrichtungspflichtiger:* Er hat die Steuer einzubehalten und abzuführen (zu entrichten, § 43 Satz 2 AO). Der Steuerentrichtungspflichtige ist Steuerpflichtiger im Sinne des § 33 I AO. Er schuldet die Steuer aber nicht; er handelt als Dritter *für Rechnung* des Steuerschuldners: Arbeitgeber hinsichtlich Lohnsteuer[4]; Schuldner von Kapitalerträgen hinsichtlich Kapitalertragsteuer; Versicherer hinsichtlich Versicherungsteuer. Die Steuerentrichtungspflicht ist nicht verfassungswidrig[5].

(3) *Steuerträger* (kein Ausdruck des Gesetzes): Er trägt die Steuer *wirtschaftlich*. Wird die Steuer vom Steuerschuldner auf einen anderen überwälzt, so sind Steuerschuldner und Steuerträger nicht identisch; so regelmäßig bei der Umsatzsteuer (Mehrwertsteuer) und den Verbrauchsteuern, auch als indirekte Steuern bezeichnet. Steuerschuldner ist der Unternehmer, indirekt trifft die Steuer aber den Verbraucher. Der Steuerträger ist kein Steuerpflichtiger im Sinne des § 33 I AO.

(4) *Haftungsschuldner:* Er haftet für eine *fremde* Schuld aus dem Steuerschuldverhältnis (s. S. 139 ff.).

3. Die Steuerrechtsfähigkeit[6]

Wer als – natürliche oder juristische – Privatperson (im Gegensatz zur steuerberechtigten Körperschaft) Träger von Rechten und Pflichten im Steuerrechtsverhältnis (Steuerschuldverhältnis oder Steuerpflichtverhältnis) sein *kann,* ist steuerrechtsfähig, ist Steuerpflichtiger, Steuerrechtssubjekt, Steuersubjekt, Steuerrechtsperson oder Steuerperson. Alle diese Begriffe bezeichnen dasselbe. Die Abgabenordnung verwendet die Begriffe „steuerrechtsfähig" oder „Steuerrechtsfähigkeit" nicht. Da im Steuerrechtsverhältnis die Pflichten gänzlich überwiegen, spricht sie vom „Steuerpflichtigen" (§ 33 AO). Aber der Steuerpflichtige ist steuerrechtsfähig.

Rechtsfähigkeit ist nichts allgemein Vorgegebenes, sondern ein technisches Instrument, das der Teleologie des jeweiligen Rechtszweiges adäquat sein sollte. Die steuerliche Rechtsfähigkeit deckt sich denn auch nicht mit der bürgerlich-rechtlichen (s. § 1 BGB). Die Steuerrechtsfähigkeit ist eine von der BGB-Rechtsfähigkeit unabhängige Sonder-Rechtsfähigkeit[7]. Die bei der Einheit der Rechtsordnung ansetzende Kritik daran ist verfehlt; sie berücksichtigt nicht genügend die spezifischen Bedürfnisse des

---

4 Vgl. auch S. 398 f.; ferner § 43 Satz 2 AO. Literatur: *Rinner,* Die Lohnsteuer, Theorie und Technik beim Steuerabzug vom Arbeitslohn, Berlin 1929; *Riepen,* Die Rechtsstellung des Arbeitgebers im Lohnsteuerabzugsverfahren, Köln 1966; *Mösch,* Über die Erhebung der Lohnsteuer durch den Arbeitgeber, Diss. Erlangen-Nürnberg 1968. Über Einwirkungen des Lohnsteuerrechts auf das Arbeitsverhältnis, *Stolterfoht,* DStJG Bd. 9 (1986), 175 ff.
5 BFH BStBl. 1963, 468; BVerfGE 22, 380; s. aber auch *Trzaskalik,* DStJG Bd. 12 (1989), 157 ff.
6 Der im Steuerrecht mitunter verwendete Begriff „Steuerfähigkeit" ist nicht präzise und signifikant; er sollte aber auch deshalb nicht verwendet werden, weil er bereits von der Finanzwissenschaft okkupiert ist; diese versteht darunter die steuerliche Leistungsfähigkeit.
7 Literatur: *Liebisch,* Steuerrecht und Privatrecht. Ein Beitrag zur Förderung der Rechtseinheit, Köln 1933; *Faller,* Die Rechtsfähigkeit im Steuerrecht, Diss. Würzburg 1939; *Dornfeld,* Die Steuerfähigkeit der Unternehmung, Diss. rer. pol. Köln 1966.

Steuerrechts. Steuerperson kann jedes Subjekt sein, das sich dazu eignet, *steuergesetzliche* Rechte und Pflichten zu übernehmen. Im Steuer(schuld-)recht geht es darum, solche Gebilde zu Steuerrechtssubjekten zu deklarieren, in denen sich wirtschaftliche Leistungsfähigkeit verkörpert (Beispiele: EStG, KStG) oder über die technisch wirtschaftliche Leistungsfähigkeit erfaßt werden kann (Beispiele: UStG, besondere Verbrauchsteuergesetze).

Im Steuerrecht sind die steuerrechtsfähigen Subjekte nicht allgemein bestimmt, ihr Kreis ist je nach Einzelsteuergesetz (Steuerart) verschieden. Je nach Einzelsteuergesetz können auch (bürgerlich-rechtlich) nichtrechtsfähige Personenvereinigungen und Vermögensmassen steuerrechtsfähig sein (s. etwa § 34 AO; § 1 I Nr. 5 KStG; § 2 I UStG).

Beispiele: Steuerrechtsfähig sind z. B. bei der

Einkommensteuer: Natürliche Personen (§ 1 EStG);

Körperschaftsteuer: Insb. juristische Personen, auch nichtrechtsfähige Vereine, Anstalten, Stiftungen und andere Zweckvermögen (§ 1 KStG);

Vermögensteuer: Wie Einkommensteuer *und* Körperschaftsteuer (§ 1 VStG);

Umsatzsteuer: Unternehmer, gleich in welcher Rechtsform das Unternehmen betrieben wird, z. B. auch BGB-Gesellschaften und Personengesellschaften des Handelsrechts (s. § 13 II UStG).

Der Steuergesetzgeber scheut sich noch, *die besondere steuerrechtliche* Rechtsfähigkeit mit dem Begriff „Rechtsfähigkeit" zu bezeichnen. Die an verschiedenen Stellen der Steuergesetze verwendeten Begriffe „rechtsfähig" oder „nichtrechtsfähig" oder „juristische Person" (z. B. §§ 1 I Nr. 5; 3 I KStG; 3 Nr. 9 GewStG; 1 I Nr. 2 e VStG; 2 II Nr. 2 UStG) meinen die Rechtsfähigkeit im Sinne des bürgerlichen Rechts. – Die Begriffe „steuerrechtsfähig", „Steuerrechtsperson" oder „juristische Person des Steuerrechts" erscheinen nirgends in den geltenden Steuergesetzen.

Aus Gründen prinzipieller Wettbewerbsneutralität des Steuerrechts sind die gewerblichen Betriebe von Körperschaften des öffentlichen Rechts zu steuerrechtsfähigen Personen erhoben und den privaten Gewerbebetrieben gleichgestellt worden[8].

Bei natürlichen Personen beginnt die Steuerrechtsfähigkeit mit der Geburt; sie endet mit dem Tode. Wegen *Verschollenheit* s. die Todestagsfiktion des § 49 AO. Durch § 49 AO sollen Berichtigungen von Steuerbescheiden und Steuererstattungen vermieden werden.

Wird die Gründung und Existenz einer an sich steuerrechtsfähigen Gesellschaft aufgrund §§ 41, 42 AO nicht anerkannt, so wird auf die Gesellschafter *durchgegriffen*[9].

Wie im bürgerlichen Recht, so ist auch im Steuerrecht zwischen Rechtsfähigkeit und Geschäftsfähigkeit (Handlungsfähigkeit)[10] zu unterscheiden.

Bei *Gesamtrechtsnachfolge* gehen die Rechte und Pflichten aus dem Steuer*rechts*verhältnis auf den Rechtsnachfolger über. § 45 I AO, der sich nur auf das Steuer*schuld*verhältnis bezieht (s. dazu S. 120f.), ist zu eng. In ihm kommt aber ein analogiefähiges Prinzip zum Ausdruck; s. auch § 153 I 2 AO[11].

---

8 Vgl. S. 413 f.
9 Dazu *Raupach,* Der Durchgriff im Steuerrecht, München 1968; *H.-J. von Beckerath,* Der Durchgriff im deutschen Außensteuerrecht, Berlin 1978.
10 Vgl. dazu S. 677 f.
11 Dazu *Kruse,* Die Ansprüche aus dem Steuerschuldverhältnis bei Gesamt- und Einzelrechtsnachfolge, DStJG Bd. 10 (1987), 1 ff.

§ 7 Allgemeines Steuerschuldrecht

Literatur: *Schranil*, Besteuerungsrecht und Steueranspruch, Leipzig/Wien 1925; *W. Merk*, Steuerschuldrecht, Tübingen 1926; *Mirbt*, Beiträge zur Lehre vom Steuerschuldverhältnis, FinArch. Bd. 44 (1927), 1 ff.; *Stoll*, Das Steuerschuldverhältnis, Wien 1972.

1. Inhalt des Steuerschuldverhältnisses

Wie bereits oben (S. 120 f.) ausgeführt, umgrenzt § 37 AO abschließend den Inhalt des Steuerschuldverhältnisses. Danach umfaßt das einzelne Steuerschuldverhältnis folgende „Ansprüche aus dem Steuerschuldverhältnis" (so die Überschrift zu § 37 AO):

(1) Steueranspruch = steuerschuldverhältnisbegründender Hauptanspruch (§ 37 I AO);
(2) Haftungsanspruch (§§ 37 I, 69 ff., 191 AO, s. S. 139 f.);
(3) Steuervergütungsanspruch (§ 37 I AO, s. S. 143 f.);
(4) Erstattungsanspruch (§ 37 I, II AO, s. S. 144 f.);
(5) Ansprüche auf steuerliche Nebenleistungen (§ 37 I AO), das sind nach § 3 III AO Ansprüche auf Verspätungszuschläge (§ 152 AO, s. S. 689), Zinsen (§§ 233–237 AO, s. S. 727), Säumniszuschläge (§ 240 AO, s. S. 727), Zwangsgelder (§ 329 AO, s. S. 728) und Kosten (§§ 178, 337–345 AO). § 3 IV AO bestimmt den Gläubiger der Nebenleistungen; die Vorschrift ist falsch lokalisiert.

Der Begriff „Ansprüche aus dem Steuerschuldverhältnis" wird z. B. verwendet in den §§ 38, 47, 218, 220, 222, 226, 227, 228 AO. Jedes Steuerschuldverhältnis wird konkretisiert und abgegrenzt durch den einzelnen Anspruch mit bestimmten Beteiligten (Gläubiger/Schuldner). Verschiedene Steuern begründen verschiedene Schuldverhältnisse; bei periodischen Steuern wird für jedes Jahr ein neues Schuldverhältnis begründet.

2. Entstehung

Die Ansprüche aus dem Steuerschuldverhältnis entstehen, sobald der *Tatbestand* verwirklicht ist, an den das *Gesetz* die Leistungspflicht knüpft (§ 38 AO); über die Rechtswirkungen der Anspruchsentstehung s. S. 128; über die Entstehung des Steueranspruchs s. S. 127 ff.

Das Steuerschuldverhältnis ist ein *gesetzliches* Rechtsverhältnis (obligatio ex lege). Es entsteht kraft Gesetzes; das Gesetz ersetzt das private Willensmoment, die Parteivereinbarung.

Über die Entstehung des *Haftungsanspruchs* s. S. 139; über die Entstehung des *Erstattungsanspruchs* s. S. 145.

Ermessensabhängige Ansprüche (auf Verspätungszuschlag, Zwangsgeld und Kosten nach § 178 I AO) entstehen erst mit der (positiven) Ausübung des Ermessens und der Bekanntgabe der Entscheidung.

§ 38 AO ist lückenhaft; er erfaßt Ermessensentscheidungen nicht. Bei Ermessensentscheidungen wird die Leistungspflicht nicht allein an das Gesetz geknüpft, nicht allein durch das Gesetz, sondern erst durch die Ermessensentscheidung ausgelöst.

3. Gläubiger- und Schuldnerwechsel, Verpfändung, Pfändung

3.1 Vorgänge kraft Gesetzes

Literatur: *Felix,* Die Nachfolge des Unternehmers, StbKongrRep. 1977, 333 ff.; Schulze-Osterloh (Hrsg.), Rechtsnachfolge im Steuerrecht, DStJG Bd. 10 (1987) mit Beiträgen von *Kruse, Meincke, Ruppe, Heinicke, Groh, Pöllath, Brenner, Brezing; Reiß,* Rechtsnachfolge im Umsatzsteuerrecht, StVj 89, 103 ff.; *Gassner,* Die Bedeutung der Rechtsnachfolge im Steuerrecht, in: FS für G. Stoll, Wien 1990, 317 ff.

Bei Gesamtrechtsnachfolge (= Übergang des gesamten Vermögens kraft Gesetzes, insb. durch Erbfolge, Verschmelzung oder Umwandlung von Gesellschaften) gehen die Forderungen und Schulden aus dem Steuerschuldverhältnis auf den Rechtsnachfolger über. Im Falle der Erbfolge gilt dies jedoch nicht für Zwangsgelder (§ 45 I 2 AO)[1].

Erben haben für auf sie übergegangene, aus dem Nachlaß zu erfüllende Schulden des Erblassers (aus dem Steuerschuldverhältnis) nach den Vorschriften des bürgerlichen Rechts über die Haftung der Erben für Nachlaßverbindlichkeiten (§§ 1967 ff., 2058 ff. BGB) einzustehen, d. h. Haftungsbeschränkung auf den Nachlaß ist möglich. Vorschriften, durch die eine steuerrechtliche Haftung der Erben begründet wird, bleiben unberührt (§ 45 II 2 AO[2]; s. etwa die Fälle §§ 69, 71 AO).

Grundsätzlich gehen die Forderungen und Schulden aus dem Steuerschuldverhältnis *nicht* über bei *Einzel*rechtsnachfolge.

Eine Ausnahme gilt für die Sachhaftung nach § 76 AO. Eine andere Ausnahme: Bedingte Verbrauchsteuerschulden gehen jeweils auf den berechtigten Erwerber über, wenn die Waren vom Steuerschuldner vor Eintritt der Bedingung im Rahmen der vorgesehenen Zweckbestimmung an ihn weitergegeben werden (§ 50 II AO)[3].

3.2 Vorgänge kraft Rechtsgeschäfts, Pfändung

Privatpersonen können nach § 46 I AO bestimmte Ansprüche, nämlich Ansprüche auf Erstattung von Steuern, von Haftungsbeträgen und von steuerlichen Nebenleistungen (§ 37 II AO) sowie Ansprüche auf Steuervergütungen *abtreten* (§ 398 BGB), *verpfänden* (§ 1273 BGB) und *pfänden* (§§ 829, 835 ZPO).

Die Abtretung wird erst wirksam, wenn der Gläubiger sie formgerecht der Finanzbehörde anzeigt (s. § 46 II, III AO; s. auch § 46 V AO).

Der geschäftsmäßige Erwerb von Erstattungs- und Vergütungsansprüchen zum Zwecke der Verwertung auf eigene Rechnung ist grundsätzlich unzulässig (§ 46 IV AO).

Zur Pfändung s. auch § 46 VI, VII AO.

Leistungen aus dem Steuerschuldverhältnis gegenüber der Finanzbehörde können *auch durch Dritte* bewirkt werden (§ 48 I AO). Dritte können sich *vertraglich* verpflichten, für solche Leistungen einzustehen (§ 48 II AO), etwa um ein eigenes Recht oder den Besitz an Gegenständen nicht zu verlieren. In Betracht kommen kumulative (nicht privative) Schuldübernahme, Schuldversprechen, Garantievertrag, Bürgschaft[4].

Durch (kumulative) Schuldübernahme eines Dritten wird der gesetzliche Steuerschuldner nicht frei.

---

1 Dazu *Kruse,* Die Ansprüche aus dem Steuerschuldverhältnis bei Gesamt- und Einzelrechtsnachfolge, DStJG Bd. 10 (1987), 1 ff.
2 Dazu *Haake,* § 8 I, II StAnpG und § 120 I 1 RAO, Diss. Berlin 1969.
3 Dazu *M. Peters,* Zur bedingten Steuerschuld, ZfZ 71, 33 ff.
4 Zur Bürgschaft *Friedrich,* StuW 79, 259 ff.

§ 7 Allgemeines Steuerschuldrecht

Wer sich vertraglich verpflichtet hat (§ 48 II AO), kann nur nach den Vorschriften des bürgerlichen Rechts in Anspruch genommen werden (§ 192 AO). Bei Nichterfüllung muß die Finanzbehörde vor dem Zivilgericht klagen.
Erfüllt der Dritte in Ausübung eines Ablösungsrechts die Schuld, so geht der Anspruch als privatrechtlicher auf ihn über (s. §§ 268 III 1; 774 I 1; 1143 I 1; 1150; 1225 Satz 1; 1249 Satz 2 BGB)[5].

4. Erlöschen

Ansprüche aus dem Steuerschuldverhältnis (§ 37 I AO) erlöschen nach § 47 AO insb. durch Zahlung (§§ 224, 225 AO), Aufrechnung (§ 226 AO), Erlaß (§§ 163, 227 AO) und Verjährung (§§ 169–171; 228–232 AO), ferner durch Eintritt der Bedingung bei auflösend bedingten Ansprüchen (§ 50 AO)[6].

§ 47 AO regelt das Erlöschen nicht abschließend. Ein weiterer Erlöschensgrund ist die Rückgängigmachung von steuerlich relevanten Rechtsgeschäften mit dinglicher Wirkung[7].

§ 47 AO ist insofern zu weit, als für Verspätungszuschläge, Säumniszuschläge (sie werden nicht festgesetzt) und Zwangsgeld keine Festsetzungsverjährungsfrist existiert. Erlöschen durch Festsetzungsverjährung kommt insoweit nicht in Betracht. Insoweit muß § 47 AO teleologisch reduziert werden. Für Zinsen sieht § 239 I AO Festsetzungsverjährung vor.

Leistungen aus dem Steuerschuldverhältnis gegenüber der Finanzbehörde können auch dadurch erlöschen, daß sie durch *Dritte* bewirkt werden (§ 48 I AO). Dritte können sich *vertraglich* verpflichten, für solche Leistungen einzustehen (§ 48 II AO).

Im Falle der *Verwirkung* des Anspruchs (s. S. 683) erlischt dieser zwar nicht; er kann aber nicht mehr geltend gemacht werden.

5. Zum Steuerschuldverhältnis im engeren Sinne

Das Steuerschuldverhältnis i. w. S., das alle Ansprüche aus dem Steuerschuldverhältnis umfaßt (§ 37 I AO), ist zu unterscheiden von dem Schuldverhältnis i. e. S., das nur den Steueranspruch – als Kehrseite der Steuerschuld – beinhaltet.

5.1 Beteiligte

Beteiligte des Steuerschuldverhältnisses i. e. S. sind der Steuergläubiger (Steuerberechtigter) und der Steuerschuldner.

(1) **Steuergläubiger** ist diejenige Körperschaft, der die Steuer oder ein Anteil daran zusteht.

Das *Grundgesetz* bedient sich in Art. 106, 107 keiner schuldrechtlichen Terminologie. Es spricht – uneinheitlich – von „Aufkommen *zustehen*" (Art. 106 I Nr. 2), „gemeinsam *zusteht,* soweit es nicht den Gemeinden *zugewiesen* wird" (Art. 106 III 1), von „Anteilen", mit denen Bund und Länder „am Aufkommen" beteiligt werden (Art. 106 III, IV). Die Gemeinden „erhalten einen Anteil" am Aufkommen der Einkommensteuer (Art. 106 V); vom Länderanteil am Gemeinschaftsteueraufkommen „fließt" ihnen ein Teil „zu" (Art. 106 VII).

Bei den *Gemeinschaftsteuern* handelt es sich um eine mehrseitige Berechtigung, um eine Art Mehrheit auf der Gläubigerseite, um eine *Gläubigergemeinschaft* (Gemeinschaftsgläubigerschaft Bund/Länder). Hingegen sind Bund und Länder wegen der Gemeinschaftsteuern nicht Gesamtgläubiger; es können nicht sowohl der Bund als auch das beteiligte Land die ganze Steuer-

---
5 Dazu *Stolterfoht,* JZ 75, 658 ff.
6 Spielt im Verbrauchsteuerrecht eine Rolle (s. § 50 AO).
7 Dazu S. 128 f.

schuld fordern, sie können auch keinen Anteil an der Einzelforderung geltend machen, sondern nur gemeinsam das Ganze durch die nämliche Steuerbehörde verlangen. Ein anderer Weg ist wegen der einheitlichen Steuerverwaltung auch praktisch nicht denkbar. Bund und Länder als Gläubigergemeinschaft sind nicht identisch mit Bund und Ländern als Einzelgläubigern.

Zweifelhaft ist, ob auch die *Gemeinden* zu den Gemeinschaftsgläubigern der Gemeinschaftsteuern gehören. Daß sich der Anteil der einzelnen Gemeinden erst aus dem Länderanteil ergibt (Art. 106 VII GG), spricht gegen die Gläubigerschaft der Gemeinden und für bloße Finanzzuweisungen.

(2) **Steuerschuldner** ist, wer durch Einzelsteuergesetz dazu bestimmt wird (s. auch § 43 Satz 1 AO). Prinzipiell wird in den Steuergesetzen zum Steuerschuldner bestimmt, wer den Tatbestand verwirklicht, an den das Gesetz die Leistungspflicht knüpft (s. auch § 38 AO). Jedoch gibt es Ausnahmen[8]. Dadurch wird es notwendig, den Steuerschuldner wie folgt zu bestimmen: „Steuerschuldner ist das Rechtssubjekt[9] eines Steuergesetzes (Steuersubjekt), dem das Steuerobjekt (Steuergegenstand) dieses Gesetzes kraft gesetzlicher Anordnung zugerechnet wird." Idealiter sollte es ein Träger steuerlicher Leistungsfähigkeit (dazu S. 57 ff.) sein.

Kein Steuerschuldner ist, wer die Steuer für Rechnung des Steuerschuldners einzubehalten und an das Finanzamt abzuführen (zu entrichten) hat; er ist Entrichtungspflichtiger (s. § 33 I AO).

Entrichtungspflichtig sind der Arbeitgeber für die Lohnsteuer (§ 38 III EStG), der Schuldner der Kapitalerträge für die Kapitalertragsteuer (§ 44 V 1 EStG), der Versicherer für die Versicherungsteuer (§ 7 I VersStG).

5.2 Zur Entstehung

(1) Die Steuerschuld entsteht, sobald der **Tatbestand verwirklicht** ist, an den *das Gesetz* die Leistungspflicht knüpft (s. oben 2, S. 124 f.).

Der Entstehungszeitpunkt wird i. d. R. durch die Einzelsteuergesetze konkretisiert (s. §§ 36 I, 37 I 2, 38 II 2, 44 I 2 EStG; § 48 KStG; § 5 II VStG; §§ 18, 21 GewStG; § 9 II GrStG; § 9 I ErbStG; § 13 UStG).

Die Höhe der Steuerschuld kann nicht nur durch die Gestaltung des realen Lebenssachverhalts, sondern auch durch Rechtsgestaltung, insb. durch Anträge oder Ausübung von Wahlrechten[10], etwa bei Aufstellung der Bilanz, beeinflußt werden[11]. Auf den Willen, einen bestimmten Lebenssachverhalt zu gestalten, kommt es grundsätzlich nicht an; auch der Irrtum über steuerliche Folgen ist grundsätzlich unbeachtlich (s. aber unten unter [5]).

(2) Daß die Steuerschuld **kraft Gesetzes** entsteht, bedeutet auch, daß sie *nicht kraft Verwaltungsakts oder kraft Vertrages* entsteht. Dadurch wird sichergestellt, daß für die Entstehungsfolgen (s. unten [3]) der gleiche Stichtag für alle Steuerpflichtigen maßgeblich ist und der ganz unterschiedliche Zeitpunkt der Steuerfestsetzung keine Rolle spielt.

---

8 Vgl. etwa § 10 I KVStG; Steuerschuldner ist danach die Kapitalgesellschaft, den Steuertatbestand verwirklicht aber der Gesellschafter (s. § 2 KVStG).
9 Vgl. in den Darstellungen des besonderen Steuerschuldrechts jeweils unter „Steuersubjekt".
10 Z. B. §§ 10 IV; 10a; 26 I, II; 33; 33a; 34 I 1, 3; 46 II Nr. 8; 46a EStG.
11 Dazu *W. Klemp*, Öffentlich-rechtliche Willenserklärungen Privater im Steuerrecht, Diss. Köln 1971.

§ 7 Allgemeines Steuerschuldrecht

Der Steuerbescheid, durch den die Steuer festgesetzt wird, ist deklaratorisch (rechtsfeststellend)[12], soweit er lediglich dem Gesetz entsprechend die Steuerschuld konkretisiert. Er wirkt allerdings konstitutiv (rechtserzeugend – aufgrund der Wirkungen der Bestandskraft), soweit die festgesetzte Steuer über die gesetzliche Steuerschuld hinausgeht.

(3) **Rechtswirkungen** der Anspruchsentstehung sind:

(a) *Gehaftet* wird prinzipiell nur für entstandene Steueransprüche (Akzessorietät der Haftung). Ausnahme: § 76 II AO; danach Haftung mit Beginn der Herstellung statt mit Entfernung aus dem Betrieb (= Anspruchsentstehung).

(b) Die *Festsetzungsfrist* beginnt grundsätzlich mit Ablauf des Kalenderjahres, in dem der Anspruch entstanden ist (§ 170 I AO).

(c) Der Anspruch, gegen den *aufgerechnet* wird, muß entstanden sein (§ 226 I AO i. V. mit § 387 BGB).

(d) Nur entstandene Steuerschulden *gehen* auf den *Gesamtrechtsnachfolger über* (§ 45 I AO).

(e) *Dinglicher Arrest* ist ab Anspruchsentstehung zulässig, nicht erst ab Fälligkeit (§ 324 I AO).

(f) Nur der entstandene Steueranspruch fällt in die *Konkursmasse* (§ 1 I KO); s. auch § 49 I Ziff. 1 KO.

(g) Soweit keine Sondervorschriften bestehen, wird die Steuerschuld mit der Entstehung *fällig* (§ 220 II AO).

(h) Entstehung der Steuerschuld beeinflußt die *bilanzielle* Behandlung.

(4) Die Steuerschuld entsteht **unabhängig von der Fälligkeit** (zur Fälligkeit s. § 220 AO).

(5) Die Steuerschuld entsteht durch Tatbestandserfüllung grundsätzlich **unabänderlich**. Ein realer Lebenssachverhalt (tatsächliches Geschehen) läßt sich nach seiner Verwirklichung ohnehin nicht mehr rückwirkend ändern.

Tatsächliche Vorgänge sind z. B. Beförderung, Einfuhr, Inverkehrbringen.

Von der Unabänderlichkeit gibt es jedoch *Ausnahmen:*

(a) Die Steuergesetze *knüpfen* nicht nur unmittelbar an reale Lebenssachverhalte an, sondern häufig auch *an Rechtsgeschäfte, Verwaltungsakte oder Rechtsverhältnisse des privaten oder öffentlichen Rechts*. Solche Vorgänge jedoch lassen sich mit rückwirkender Kraft aufheben oder ändern, etwa durch Verwaltungsakt oder Gesetz, durch Wandlung, Minderung, Anfechtung, Wegfall der Geschäftsgrundlage, Gerichtsentscheidung. Soweit es sich um Fälle dinglicher Rückwirkung oder um ex tunc-Beseitigung von Rechtsgeschäften handelt, greift § 41 I AO („wird es unwirksam") i. V. mit § 175 I 1 Nr. 2 AO ein. Die Rückwirkung wird berücksichtigt. Sie wird jedoch nicht berücksichtigt, wenn es sich um eine Einwirkung nur

---

12 Diese Frage war früher in der Steuerrechtswissenschaft umstritten; dazu *H. Bürger,* Die Entstehung der Steuerschuld, FinArch. Bd. 45 (1928), 1 ff.

Steuerschuldverhältnis im engeren Sinne

durch schuldrechtliche Verträge handelt, denen rückwirkende Kraft beigelegt wird[13].

Von der „Rückgängigmachung" durch schuldrechtlichen Vertrag ist die bloße Rückdatierung des Vertrages (= Einsetzen eines falschen Datums) und die Rückbeziehung des Vertrages (= Inkraftsetzen mit Rückwirkung) zu unterscheiden. In diesen Fällen entspricht die formelle Behandlung nicht der wirtschaftlichen Durchführung; auf die wirtschaftliche Durchführung kommt es aber an (dazu S. 110ff.). Bei Rückdatierung eines Arbeitsvertrages liegt anfängliche objektive Unmöglichkeit der Leistung vor, die zur Nichtigkeit nach § 306 BGB führt, folglich zur steuerlichen Nichtberücksichtigung nach § 41 I AO. – Stornieren ist Aufheben einer Fehlbuchung durch Gegenbuchung (erforderlich, da Durchstreichen und Radieren unzulässig); es betrifft nur den Buchungsvorgang, nicht den rechtlichen oder wirtschaftlichen Vorgang, der der Buchung zugrunde liegt.

Ausnahme von § 41 I AO: § 41 I AO ist nicht anzuwenden, „soweit sich aus den Steuergesetzen etwas anderes ergibt" (§ 41 2 AO). Die h. M. nimmt unter Bezug auf § 41 I 2 AO an, daß § 41 I 1, 2. Alt. AO („wird es unwirksam") keinen Einfluß hat auf die Einkünfteermittlung durch Ertrag/Einnahmen oder Aufwand/Ausgaben.

(b) Sonderfälle der Berücksichtigung rückgängig gemachter Rechtsgeschäfte regeln §§ 29 ErbStG, 17 UStG, 16 GrEStG, 9 VersStG, 11 WechselStG.

(c) Eine durch §§ 163, 227 AO nicht fundierte Billigkeitsrechtsprechung ließ „Rückgängigmachung von Geschäftsvorfällen" mit steuerlicher Wirkung ausnahmsweise zu, wenn

– die Beteiligten sich über die steuerliche Auswirkung geirrt haben,

– „Steuerschiebung" nicht in Betracht kommt und

– der Vorgang sich nicht bereits anderweitig steuerlich ausgewirkt hat[14].

BFH BStBl. 83, 736; 85, 55 hat diese Rechtsprechung aufgegeben.

(6) Ob sog. **Steuerklauseln** geeignet sind, die Steuerschuld rückwirkend zu beeinflussen, ist umstritten[15]. U. E. sind Steuerklauseln unechte auflösende Bedingungen, die einem bürgerlich-rechtlichen Vertrag hinzugefügt werden; die Gültigkeit des Vertrags wird davon abhängig gemacht, daß die steuerlichen Folgen, von denen die Parteien ausgehen, – gemessen an der Steuerfestsetzung des Finanzamts – zutreffen. Treffen sie nicht zu, folgt das Finanzamt der Rechtsauffassung des Steuerpflichtigen nicht, so ist der Vertrag von vornherein unwirksam. Wird er nicht durchgeführt, so ergeben sich aus ihm keine steuerlichen Folgen (arg. § 41 I AO). Der Bescheid ist

---

13 Dazu *Beker*, Die Einwirkung der Rückgängigmachung von Rechtsgeschäften auf Steueransprüche, Diss. Würzburg 1965, wesentlicher Inhalt veröffentlicht unter dem Titel „Hinfällige Rechtsgeschäfte im Steuerrecht", München 1969; *Herrmann/Heuer/Raupach*, § 4 EStG Anm. 34ff.

14 Nachweise bei *Herrmann/Heuer/Raupach*, § 4 EStG Anm. 34f.

15 Vgl. die Nachweise bei *Tipke*, NJW 68, 865ff.; *Flume*, B 70, 77 und Sonderheft zum 18. Deutschen Notartag; *Paulick*, in: FS für K. Barth, 1971, 347ff.; *Wiebe*, Steuerklausel und Satzungsklausel, Diss. Münster 1972; *E. Hellmuth*, Die Zulässigkeit und die Wirkungen von Steuerklauseln und Satzungsklauseln, Diss. Münster 1972; *Herrmann/Heuer/Raupach*, § 4 EStG Anm. 34 j–t; *Flick*, StKongrRep. 1974, 429ff.; *Tipke/Kruse*, AO [13], § 41 Tz. 21 ff.; *Meyer-Arndt*, JbFSt. 1979/80, 297 ff.; *Lagemann*, Die Steuerklausel, Diss. Gießen 1979; Inst. FuSt Brief 105; *Kottke*, Inf. 82, 224ff.; *Zenthöfer*, DStZ 87, 185 ff., 217 ff.; *Schieber*, DStR 89, Beilage zu Heft 21.

dann analog § 175 I 1 Nr. 2 AO zu korrigieren. Klärung durch die höchstrichterliche Rechtsprechung steht noch aus[16].

5.3 Der Steuertatbestand im weiteren Sinne

Literatur: *Hensel,* Steuerrecht [3], Berlin 1933, 56 ff.; *Wilh. Merk,* Steuerschuldrecht, Tübingen 1926, §§ 4, 8; *Geyler,* Steuerliche Mehrfachbelastungen und ihre normative Abwehr, Leipzig 1931, 34 ff.; *ders.,* in: FS zum 10jährigen Bestehen des Steuerinstituts an der Handels-Hochschule Leipzig, Berlin/Wien 1931, 62 ff.; *J. Lang,* Systematisierung der Steuervergünstigungen. Ein Beitrag zur Lehre vom Steuertatbestand, Berlin 1974; *H. Hahn,* Die Grundsätze der Gesetzmäßigkeit der Besteuerung und der Tatbestandsmäßigkeit der Besteuerung in rechtsvergleichender Sicht, Berlin 1984; *H.-W. Bayer,* Der Stufenbau des Steuertatbestandes, FR 85, 337 ff.; *Ruppe,* in: HHR, Einf. ESt Anm. 631 ff.

Der Steuertatbestand i. w. S., die steuererzeugende Rechtsgrundlage, ist der Inbegriff der in den materiellen Steuerrechtsnormen enthaltenen Tatbestandsmerkmale, die die Steuerschuld auslösen.

Die Steuertatbestände sind durchweg überaus kompliziert (s. S. 92) und pflegen sich aus zahlreichen positiven (steuerbegründenden, steuererhöhenden) und negativen (steuermindernden) Elementen zusammenzusetzen. Während der strafrechtliche Tatbestand sich meist in einem oder wenigen Paragraphen ausdrücken läßt, benötigt das Steuerrecht für einen Tatbestand durchweg ein ganzes Gesetz (Beispiele: Einkommensteuergesetz, Umsatzsteuergesetz).

Alle Gesetze sind von zahlreichen *Ausnahmebestimmungen* durchsetzt.

Folgende Ausnahmebestimmungen sind zu unterscheiden:

a) *formelle* oder *technische:* Sie betreffen Fälle, in denen der Wortlaut des Grund- oder Regeltatbestandes, gemessen am Steuerwürdigkeitsprinzip, das der Gesetzgeber gesetzlich realisieren möchte, zu weit ist, so daß weitere Vorschriften erforderlich sind, die den Grundtatbestand auf das Prinzip reduzieren (sog. „Ausgrenzungs"-Befreiungen);

b) *scheinbare:* Sie ordnen nichts an, was vom Grundtatbestand differiert oder ihm gar zuwiderläuft. Vielmehr detaillieren, präzisieren, differenzieren oder deklarieren sie den prinzipiellen Grundtatbestand (der meist eine Steuerwürdigkeitsentscheidung enthält), ohne dessen Rahmen zu sprengen;

c) *echte* oder *inhaltliche:* Sie weichen inhaltlich von der Regelvorschrift des Grundtatbestandes und dem darin statuierten Prinzip ab oder laufen ihm gar zuwider. Häufig handelt es sich um Interventionsnormen oder um Vereinfachungsnormen.

Werden die Merkmale des gesetzlichen Steuertatbestands bewußt nicht erfüllt, so werden sie vermieden; man spricht von *Steuervermeidung,* sie ist legal. Eine systematisch betriebene Steuervermeidung oder Steuerverminderung verlangt Steuerplanung. Von der Steuervermeidung ist die *Steuerumgehung* (§ 42 AO) zu unterscheiden; die Umgehung wird so behandelt, als sei das Gesetz nicht umgangen worden (s. S. 111 ff.). Werden die Merkmale des Steuertatbestands zwar erfüllt, der Finanzbehörde aber vorsätzlich verschwiegen oder leichtfertig vorenthalten, so liegt *Steuerhinterziehung* oder leichtfertige Steuerverkürzung (§§ 370, 378 AO, dazu S. 775 ff., 783 ff.) vor. Sie ist illegal.

Steuerflucht ist kein präziser Begriff. Steuerflucht besteht in einem Verhalten, das bewirkt, daß das Steuerfluchtland den Zugriff auf das Steuergut verliert, das Steuer*zu*fluchtland (i. d. R. ein Niedrigsteuerland) ihn erhält. Steuerflucht kann Steuervermeidung, Steuerumgehung oder Steuerhinterziehung sein.

---

16 BFH BStBl. 62, 112 hat keine Klärung gebracht; das Urteil verwechselt bedingte Steuerschuld und bedingtes Rechtsgeschäft des bürgerlichen Rechts; im Ergebnis zustimmend aber *Sauer,* StuW 75, 19 ff.

Steuerobjekt

Die Abgabenordnung definiert allgemeine, in mehreren Steuergesetzen wiederkehrende Begriffe, die den Steuertatbestand i. w. S. mitkonstituieren: *Wohnsitz* (§ 8 AO), *gewöhnlicher Aufenthalt* (§ 9 AO)[17], *Geschäftsleitung* (§ 10 AO), *Sitz* (§ 11 AO), *Betriebstätte* (§ 12 AO)[18], *ständiger Vertreter* (§ 13 AO), *wirtschaftlicher Geschäftsbetrieb* (§ 14 AO)[19].

Der Tatbestand läßt sich differenzieren in:

5.31 Das Steuersubjekt

Steuersubjekt (hier im Sinne von Steuerschuldner) ist das Rechtssubjekt eines Steuergesetzes, dem ein Steuerobjekt und die damit verbundene Steuerschuld zugerechnet wird[20]. Frage: Wer ist Steuerschuldner?

Als Steuersubjekte kommen – theoretisch – in Betracht: Einzelpersonen, Haushalte (nicht nach deutschem Recht), Personengesellschaften, Kapitalgesellschaften, Genossenschaften[21], nicht rechtsfähige Personenvereinigungen, Unternehmen beliebiger Rechtsform, überhaupt alle Gebilde, die etwas erwirtschaften und/oder über Wirtschaftsgüter verfügen, die m. a. W. wirtschaftlich leistungsfähig sind.

Werden aus der allgemeinen Bestimmung des Kreises der Steuerschuldner bestimmte Steuerschuldner eliminiert, so daß ihnen das Steuerobjekt nicht zugerechnet wird und folglich die angeordnete Rechtsfolge für sie (ausnahmsweise) nicht eintritt, so spricht man von *subjektiver oder persönlicher Steuerbefreiung*.

Beispiele: § 5 KStG; § 3 VStG; § 3 GewStG.

Genaugenommen gehört auch die Bestimmung des Steuergläubigers zum Steuertatbestand i. w. S., denn ohne Gläubiger kann es keinen Anspruch und keine Schuld geben. Wer *Steuergläubiger* (Steuerberechtigter oder Inhaber der Ertragshoheit) ist, ist jedoch nicht in den Einzelsteuergesetzen geregelt, sondern in der Verfassung (Art. 106, 107 GG; Art. 140 GG i. V. mit Art. 137 VI WRV). § 1 I GrStG; § 1 GewStG sind lediglich deklaratorisch.

5.32 Das Steuerobjekt

Das Steuerobjekt (= Steuergegenstand = Steuertatbestand oder Entstehungstatbestand im engeren Sinne = Anknüpfungstatbestand = (be-)steuerbarer Tatbestand) ist der Inbegriff der sachlichen Voraussetzungen der Entstehung der Steuerschuld. Frage: Was ist (be-)steuerbar[22]?

Der Begriff „Steuergegenstand" wird verwendet in den Überschriften zu § 2 GrStG; § 2 GewStG; §§ 2, 17 KVStG; § 1 KraftStG; § 1 FeuerschutzStG.

Die Besteuerung knüpft an an dem Gesetzgeber geeignet erscheinende wirtschaftliche Vorgänge oder Zustände[23], etwa daran, daß jemand Einkommen erzielt hat. Erzieltes Einkommen ist der steuerwirtschaftliche oder besteuerungswürdige Tatbestand, auch als *Steuergut* oder *Besteuerungsgut* bezeichnet. Der Gesetzgeber beschreibt durch den Steuertatbestand im engeren Sinne, in welcher Weise er das Steu-

---

17 Dazu *Siep,* Der gewöhnliche Aufenthalt im deutschen internationalen Privatrecht, Diss. Köln 1981; *Deppe,* StuW 82, 332 ff.
18 Dazu *Kolck,* Der Betriebstättenbegriff im nationalen und internationalen Steuerrecht, Diss. Münster 1974.
19 Zu diesen Begriffen im übrigen die Kommentare zur Abgabenordnung.
20 Vgl. auch S. 133.
21 Dazu *Kirchhof,* Die Eigenständigkeit der Genossenschaft als Steuerrechtssubjekt, Tübingen 1980.
22 Der im Steuerrecht verwendete (verkürzte) Ausdruck „steuerbar" ist mißverständlich.
23 Dazu S. 101 ff., 107 ff.

§ 7 Allgemeines Steuerschuldrecht

ergut erfassen will. Dadurch wird das (wirtschaftliche) Steuergut zum (rechtlichen) Steuerobjekt oder Steuergegenstand.

Steuerobjekte sind *nicht Handlungen* (Tätigkeiten) des Steuerpflichtigen[24], sondern ökonomische Daten, in denen sich Leistungsfähigkeit ausdrückt, insb. Einkommen und Vermögen. Niemand wird wegen irgendwelcher Handlungen besteuert, sondern wegen ihm zuzurechnender wirtschaftlicher Verhältnisse oder Zustände, die freilich auf Handlungen des Steuerpflichtigen beruhen können, nicht müssen. Gäbe es im Steuerrecht ein „Handlungsprinzip", so müßte es im übrigen konsequent zu Ende gedacht werden können. Das ist aber nicht möglich. Es gibt viele unbesteuerte Handlungen. Es gibt auch steuerbare Einkünfte und steuerbare Vermögen, die nicht auf Handlungen des Beziehers oder Inhabers beruhen. So beruhen Renten- oder Unterhaltseinkünfte nicht auf Handlungen des Einkommensteuerpflichtigen. Dem Vermögensteuerpflichtigen wird auch geschenktes oder geerbtes Vermögen zugerechnet. Die Vermögensteuer erfaßt das Vermögen eben nicht, weil es durch Handlungen erwirtschaftet worden ist, sondern weil sich im Vermögen eines Steuerpflichtigen Leistungsfähigkeit ausdrückt. Richtig ist allerdings, daß die Frage, wer durch seine Handlungen etwas erwirtschaftet hat, eine Rolle spielt bei der Zurechnung erwirtschafteter Einkünfte. Richtig ist auch, daß die strafbare Handlung dogmatisch im Mittelpunkt des Strafrechts steht. Deswegen die „steuerbare Handlung" dogmatisch in den Mittelpunkt des Steuerrechts zu stellen, ist aber verfehlt. Steuerpflichtige werden nicht wegen ihrer Handlungen besteuert, sondern wegen der wirtschaftlichen und steuerlichen Leistungsfähigkeit, über die sie, aus welchem Grunde auch immer, verfügen[25].

Das Steuerobjekt erfaßt nicht selten, etwa aus technischen Gründen, das Steuergut nicht zur Gänze. So bleibt das auf sieben Einkunftsarten (§ 2 I EStG) begrenzte Steuerobjekt „Einkommen" hinter dem Steuergut „Einkommen" zurück. Steuerobjekt und Steuergut können aus technischen Gründen auch ganz auseinanderfallen[26]. So ist Steuergut der Umsatzsteuer der Verbrauch oder Aufwand durch Nichtunternehmer. Steuerobjekt ist aber der Umsatz der Unternehmer[27]. – Juristen neigen dazu, die steuertechnische Anknüpfung für das Wesentliche zu halten oder sie mit dem steuerwirtschaftlichen Tatbestand oder Steuergut zu identifizieren oder zu vermengen.

Der Gesetzgeber muß solche Steuergüter erfassen, die wirkliche Indikatoren der steuerlichen Leistungsfähigkeit (dazu S. 57 ff.) sind, und zwar muß er sie im Interesse einer gleichmäßigen Besteuerung möglichst voll erfassen.

Zum Steuerobjekt gehören auch Bestimmungen, die bei periodischen Steuern das Steuergut *zeitlich* abgrenzen.

Das *quantifizierte* Steuerobjekt ist die *Steuerbemessungsgrundlage* (s. unten S. 134). Quantifizierte Berechnungsgrundlagen von *Teilen* des Steuerobjekts bezeichnet man auch als *Besteuerungsgrundlagen* (Beispiele: Einkünfte bei der Einkommensteuer, aber auch Einnahmen, Werbungskosten, Sonderausgaben; Gewerbeertrag und Gewerbekapital bei der Gewerbesteuer).

Die Terminologie ist jedoch nicht gesichert. Auch die Steuerbemessungsgrundlage (s. unten S. 134) wird nicht selten als Besteuerungsgrundlage bezeichnet. Die Abgabenordnung (§§ 157 II, 162 I, 163 I) verwendet den Begriff nicht einheitlich. Die Definition des § 199 I AO paßt nur für die Außenprüfung. Statt von „Besteuerungsgrundlage" wird in der Literatur auch von „Steuermerkmal" oder „Steuerfaktor" gesprochen.

Werden aus dem Grundtatbestand i. e. S. besondere Tatbestände eliminiert, so daß die angeordnete Rechtsfolge für einen Teil des Steuerobjekts (ausnahmsweise) nicht eintritt, so spricht man von *objektiver oder sachlicher Steuerbefreiung*.

---

24 So aber *Bayer,* FR 85, 337 ff.; BB 88, 1 ff., 141 ff., 213 ff.
25 Wie hier *Kirchhof,* in: KS, EStG, § 2 Rdn. A 366.
26 Dazu *Haaser,* Die wirtschaftliche und juristische Bedeutung der Lehre vom Steuertatbestand, Diss. Freiburg 1937.
27 Dazu S. 533 ff.

Beispiele: §§ 3 ff. EStG; §§ 4 ff. UStG; §§ 7, 22 KVStG; § 6 WStG; § 18 RennwLottG; § 4 VersStG; § 3 KraftStG; § 9 ZuckStG; § 7 SalzStG; § 7 BierStG; § 8 SchaumwStG; § 8 LeuchtmStG.

Eine Steuerbefreiung kann aus Gründen fehlender steuerlicher Leistungsfähigkeit ausgesprochen sein, sie kann aber auch Vereinfachungsbefreiung oder Sozialzweckbefreiung (s. S. 20 f.) sein; über die der Wirtschaftslenkung dienende Befreiung: *Bayer*, StuW 72, 149.

Eine Befreiung eigener Art, die in mehreren Steuergesetzen wiederkehrt, ist die *Befreiung wegen* ausschließlicher und unmittelbarer Verfolgung *gemeinnütziger, mildtätiger oder kirchlicher Zwecke* durch Körperschaften (z. B. § 5 I Nr. 9 KStG; § 3 I Nr. 12 VStG; § 3 Nr. 6 GewStG; § 3 I Nr. 3 b GrStG; § 4 Nr. 18 UStG; § 7 I Nr. 1 KVStG).

5.33 Die Zurechnung

Durch sie wird festgelegt, welchem Steuerschuldner das Steuerobjekt zuzurechnen (zuzuordnen) ist. Durchweg ergibt sich die Zurechnung aus dem oder in Zusammenhang mit der Bestimmung des Steuerschuldners selbst; die Bestimmung des Steuerschuldners wiederum orientiert sich i. d. R. am Steuerobjekt.

Das Einkommensteuergesetz schreibt inhaltlich vor: Natürliche Personen haben das von ihnen erzielte Einkommen zu versteuern. Die Zurechnung wird hier durch das Wort „bezogene" hergestellt. Der Einkommensbezieher ist Steuerschuldner, ihm wird das Einkommen zugerechnet. Bei Einkommensverlagerungen kann sich die Zurechnung komplizieren (s. S. 226 ff.).

Zahlreich sind die Spezialnormen, die die Zurechnung für Teile des Steuerobjekts[28] oder für eine bestimmte Steuerperiode[29] bestimmen.

Allgemeine Zurechnungsnormen sind § 39 AO und bestimmte Vorschriften des Bewertungsgesetzes[30].

5.34 Die abstrakten Merkmale des inländischen Steuerschuldverhältnisses

Sie bestimmen die Grenzen der Zugehörigkeit zur inländischen Steuergewalt. Allgemein wird unterschieden zwischen unbeschränkter Steuerpflicht, die an Wohnsitz, gewöhnlichen Aufenthalt[31], Sitz oder Geschäftsleitung anknüpft (persönliche Zugehörigkeit)[32] und in einer Zurechnung des vollen Steuerobjekts besteht, gleich, ob es inlands- oder auslandsradiziert ist, und der beschränkten Steuerpflicht, die nur das inlandsradizierte Steuerobjekt erfaßt (wirtschaftliche Zugehörigkeit)[33].

Das *Außensteuergesetz* v. 8. 9. 1972, BGBl. I 72, 1713, hat die beschränkte Steuerpflicht bei Wegzug in Steueroasenländer erweitert und eine Durchgriffsmöglichkeit bei Beteiligung an ausländischen Basisgesellschaften geschaffen.

Fragen: Wer ist im Inland steuerpflichtig? Was ist im Inland (be-)steuerbar?

Merkmale der beschränkten und unbeschränkten Steuerpflicht sind genaugenommen unselbständige Teile der Steuersubjekt- bzw. Steuerobjektbeschreibung. Abgehoben worden sind sie hier aus Gründen der besseren Übersicht. Das Objekt der beschränkten Steuerpflicht gehört

---

28 Etwa §§ 22 Nr. 1 Satz 2, 24 EStG; § 14 KStG; § 7 AStG. – §§ 26–28 EStG enthalten, sieht man durch die Technik hindurch, subjektive Zurechnungsnormen.
29 Etwa § 11 EStG.
30 §§ 26; 34 III–VII; 70 II; 94 I 1; 95 I; 102; 119; 121 II BewG.
31 Dazu *Deppe*, StuW 82, 332 ff.
32 Vgl. z. B. § 1 EStG; § 1 KStG; § 1 VStG. – Für die erwähnten Anknüpfungen enthalten §§ 8 ff. AO Legaldefinitionen.
33 Vgl. z. B. §§ 1 IV, 49 ff. EStG; § 2 KStG; § 2 VStG; dazu §§ 8–11 AO.

zum Steuerobjekt, was der gegenwärtige Aufbau der Steuergesetze nicht zu berücksichtigen pflegt.

Das Nebeneinander von unbeschränkter und beschränkter Steuerpflicht führt zu internationaler *Doppelbesteuerung*. Beispiel: A hat seinen Wohnsitz in der Schweiz, er hat aber Erträge auch aus in der Bundesrepublik belegenem Grundeigentum. Mit den Grundeigentum-Erträgen ist er in der Schweiz unbeschränkt, in der Bundesrepublik beschränkt steuerpflichtig. Die Doppelbesteuerung wird durch völkerrechtliche Abkommen vermieden (s. S. 137f.). – Wegen unterschiedlicher nationaler Anknüpfungen kommen auch Kollisionen zwischen unbeschränkter und unbeschränkter sowie zwischen beschränkter und beschränkter Steuerpflicht vor.

5.35 Die Steuerbemessungsgrundlage

Die Steuerbemessungsgrundlage bilden diejenigen Normen, die das Steuerobjekt als Ganzes quantifizieren. Der numerische Charakter der Steuer setzt voraus, daß das, was zu besteuern ist, in einer Zahl ausgedrückt wird. Das geschieht durch die Steuerbemessungsgrundlage (Besteuerungsgrundlage, Steuermaßstab, maßgeblicher Wert). Die Steuergesetze verwenden unterschiedliche Begriffe. Mehrere Steuergesetze sehen überhaupt von der Verwendung eines besonderen Begriffs für die Quantifizierung des Steuertatbestands ab.

Der Begriff „Besteuerungsgrundlage" für Steuerbemessungsgrundlage sollte vermieden werden; er ist mehrdeutig (s. auch S. 132) und wird auch in der Abgabenordnung nicht einheitlich gebraucht (§§ 157 II; 162 I; 163 I; 199 I AO).

Der Ausdruck „Steuermaßstab" ist ebenfalls unscharf, er verleitet zur Verwechslung mit „Steuersatz".

Unterscheiden lassen sich Steuerbemessungsgrundlagen, die an den Wert des Merkmals eines Steuerobjekts anknüpfen (Wert, Entgelt, Gegenleistung), und technische Bemessungsgrundlagen (Stückzahl, Menge, Gewicht, Hohlmaß, Flächenmaß).

Frage: Was ist Steuerbemessungsgrundlage?

Eine Besonderheit: Um den Gemeinden die Festsetzung der Realsteuern zu ermöglichen, bilden die Finanzämter aufgrund der Realsteuer-Besteuerungsgrundlagen (Gewerbeertrag, Gewerbekapital) mit Hilfe der Steuermeßzahl den Steuermeßbetrag[34].

Die Bemessungsgrundlage setzt sich aus Faktoren zusammen, die die Grundlage erhöhen oder mindern.

Steuer*vergünstigungen* (s. S. 135 f.) können an die Steuerbemessungsgrundlage anknüpfen, indem sie die Steuerbemessungsgrundlage reduzieren.

Soweit die Steuerbemessungsgrundlage das Steuerobjekt nicht voll erfaßt (mangelnde Bemessungsgrundlagenwahrheit), wird auch die Steuersatz- oder Tarifwahrheit verletzt, denn der Steuersatz oder -tarif (s. 5.36) baut auf der Bemessungsgrundlage auf.

5.36 Der Steuersatz

Das ist diejenige Größe, aus der sich der Steuerbetrag in bezug auf die Steuerbemessungsgrundlage ergibt. Er ist die funktionelle Beziehung zwischen Steuerbemessungsgrundlage und Steuerbetrag.

Der Steuersatz ist entweder – meist bei technischen Steuereinheiten – ein fester Geldbetrag, bezogen auf eine bestimmte Größe der Bemessungsgrundlage, oder – bei der Mehrheit der Steuern – ein vom Hundert- bzw. Tausendsatz. Die Steuergesetze bezeichnen eine Mehrheit

---

34 Dazu S. 497f., 515f.

Steuervergünstigungen

von Steuersätzen als *Steuertarif*. So die Überschriften zu Abschnitt IV EStG, III KStG. Die Bezeichnung ist allerdings nicht konsequent durchgeführt (vgl. § 10 VStG; § 19 ErbStG).

Der Tarif kann sein *proportional* (Durchschnittssteuersatz gleichbleibend), *progressiv* (Durchschnittssteuersatz steigt mit wachsender Bemessungsgrundlage) oder *regressiv* (Durchschnittssteuersatz fällt mit wachsender Bemessungsgrundlage). Diese Tariftypen können auch kombiniert werden.

Die aktuellen Steuern sind unterschiedlich angelegt. Die Einkommensteuer ist progressiv[35], die Vermögensteuer proportional, die Erbschaftsteuer progressiv (sie nimmt aber auch Rücksicht auf den Verwandtschaftsgrad), die Verbrauchsteuern wirken regressiv.

Der Steuersatz oder Steuertarif ist in besonderem Maße abhängig von axiomatischen Gerechtigkeitsvorstellungen[36]. Er muß die folgenden Vor-Gegebenheiten berücksichtigen: Wirtschaftslage und soziale Verhältnisse, Haushaltsnotwendigkeiten. Ein progressiver Tarif, der den Leistungswillen in einer Weise schwächt, daß an die Nicht- oder Weniger-Leistungsfähigen statt mehr weniger umverteilt werden kann, ist verfehlt.

Der Gesetzgeber bevorzugt einen Einheitstarif für alle Sozialgruppen; er neigt aber zu einer Manipulierung der Bemessungsgrundlage zugunsten einzelner Gruppen. Ein gerechter Tarif setzt aber eine unmanipulierte Bemessungsgrundlage voraus.

Die tarifären Steuervergünstigungen (s. S. 135 f.) heißen *Steuerermäßigungen*. Zu unterscheiden sind *Steuersatz*ermäßigungen, die für besondere Fälle einen milderen Steuersatz vorsehen[37], und *Steuerbetrags*ermäßigungen, die bestimmte Kürzungen der Steuerschuld zulassen[38].

5.37 Die Steuervergünstigungen[39]

Die Steuervergünstigungen gehören zu den *Sozialzwecknormen* (s. S. 20 f.). Der Begriff „Steuervergünstigung" oder (im Sprachgebrauch der Steuersparbranche und der Politiker) „Steuervorteil" wird irreführend oft als Sammel- oder Oberbegriff für alle die Steuerbemessungsgrundlage und/oder die Steuerschuld mindernden Normen mit Ausnahmecharakter (Steuerbefreiungen[40], Steuerermäßigungen, Steuererleichterungen, Bewertungsfreiheiten[41], Sonderabschreibungen, Freibeträge[42] und Freigrenzen[38], sonstige Abzüge von der Bemessungsgrundlage) verwendet.

Tatsächlich ist es nicht gerechtfertigt, Abzüge, die die Bemessungsgrundlage wegen *verminderter Leistungsfähigkeit* mindern (wie Betriebsausgaben/Werbungskosten, Sonderausgaben, persönliche Freibeträge), als Vergünstigungen zu bezeichnen. Auch die Einordnung der Steuervergütungen (s. S. 143 f.) als Vergünstigungen durch § 178 II

---

35 Einzelheiten S. 191, 390 ff.
36 Vgl. dazu S. 55 f., 191, 391; ferner *Pollak*, Steuertarife, in: Handbuch der Finanzwissenschaft, Bd. II [3], Tübingen 1980, 239 ff.
37 Z. B. §§ 34, 34 b EStG; § 23 II KStG; § 12 II UStG.
38 Z. B. §§ 34 c, 35 EStG; § 26 KStG.
39 Dazu *J. Lang*, Systematisierung der Steuervergünstigungen, Berlin 1974.
40 Es gibt allerdings Ausgrenzungsbefreiungen; sie schränken den Steuertatbestand – aus formulierungstechnischen Gründen – nur *scheinbar* ein (dazu oben S. 130).
41 Etwa §§ 45 II; 102; 111; 114 II; 115 II, III; 116 BewG; § 6 II EStG.
42 Der *Freibetrag* bleibt bei der Besteuerung unberücksichtigt (Beispiele: §§ 3 Nrn. 15, 51; 13 III; 16 IV; 17 III EStG). Wird auch der unterhalb der Grenze liegende Betrag steuerlich erfaßt, wenn die Grenze überschritten wird, so handelt es sich um eine *Freigrenze* (Beispiele: § 110 I Nrn. 6 c, 8, 9, 11, 12 BewG). – Dazu auch *Knief*, Steuerfreibeträge als Instrumente der Finanzpolitik, Köln/Opladen 1968.

§ 7 Allgemeines Steuerschuldrecht

Nr. 3a AO erscheint verfehlt. Der *Begriff „Steuervergünstigung"* sollte auf solche Vorschriften beschränkt werden, die den Steuerpflichtigen in Durchbrechung des steuerartbegründenden Prinzips, insb. in Durchbrechung des Leistungsfähigkeitsprinzips bevorzugen wollen und bevorzugen[43]. Unerheblich für die Qualifizierung als Vergünstigung ist die angewendete Technik; unerheblich ist auch, wie hoch die Zahl der Begünstigten ist. Setzt etwa der Deutsche Gewerkschaftsbund für alle Arbeitnehmer einen durch das Leistungsfähigkeitsprinzip nicht gerechtfertigten Freibetrag durch, so ist trotz der hohen Zahl der Begünstigten eine Vergünstigung gegeben. Geschieht die Vergünstigung *ohne zureichende Rechtfertigung,* so handelt es sich um ein *Privileg* oder Steuergeschenk. Nicht gerechtfertigt sind Steuervergünstigungen, die einer Gruppe von Steuerpflichtigen nur um der Vorteile dieser Gruppe willen gewährt werden, nicht aber (mittelbar) aus Gemeinwohlgründen[44]. Was nicht (be-)steuerbar ist, kann verdeckte Begünstigung oder Privilegierung sein.

Danach sind insb. die aus sozialen, wirtschaftlichen oder aus anderen Gemeinwohlgründen gewährten Steuervorteile Steuervergünstigungen. Insb. werden auch die aus Gründen der Gemeinnützigkeit gewährten Steuervorteile (§§ 51 ff. AO) mit Recht als Steuervergünstigungen bezeichnet[45].

Allerdings ist die Bezeichnung „*Steuer*vergünstigungen" insofern irreführend, als diese Vergünstigungen mit der *Besteuerung* nach der Leistungsfähigkeit *nichts* zu tun haben. Durch sie wird keine Steuerwürdigkeitsentscheidung getroffen, sondern ein sozialer oder wirtschaftlicher Lenkungszweck, kein Besteuerungszweck verfolgt. Da die in die Steuergesetze eingestreuten Lenkungsvorschriften *innerlich* nichts mit der Besteuerung zu tun haben, können sie auch nicht an Prinzipien der *Steuer*gerechtigkeit gemessen werden (s. daher das Sonderkapitel S. 643 ff.). Daher ist es vom Ansatz her falsch, davon zu sprechen, daß diese Lenkungsvergünstigungen die Steuergerechtigkeit störten. Von Steuervergünstigungen zu sprechen, ist nur deshalb gerechtfertigt, weil es sich um Vergünstigungen handelt, die in *Steuer*gesetze eingestreut sind. Da sie mangels Offenlegung im Haushaltsplan nach Tendenz und Effekt für die Öffentlichkeit und selbst für viele Parlamentarier nicht klar erkennbar, der Erfolgskontrolle im Rahmen der jährlichen Haushaltsberatungen entzogen sind, nennt man diese Vergünstigungen auch verschleierte, verdeckte, unsichtbare oder indirekte Subventionen[46].

Steuervergünstigungen werden häufig im Rahmen des Steuerbescheids gewährt und nicht quantifiziert. Sie können, wenn das Gesetz es anordnet, aber auch aufgrund eines selbständigen Verwaltungsakts (s. § 348 I Nr. 3 AO) gewährt werden.

Das Pendant zu den Steuervergünstigungen sind die *Steuerbenachteiligungen;* das sind steuerbelastende Ausnahmevorschriften, sie wirken wie Prohibitivabgaben[47]. Ungerechtfertigte Steuerbenachteiligungen sind *Steuerdiskriminierungen.*

---

[43] Eine Steuervergünstigung liegt auch nicht vor, wenn aus einem (gemessen am Leistungsfähigkeitsprinzip) zu umfassenden Tatbestand – sozusagen in einem weiteren Arbeitsgang – etwas wieder aus dem Tatbestand ausgegrenzt wird. Die Frage, ob eine Steuervergünstigung vorliegt, darf nicht nach der Tatbestandstechnik beurteilt werden.
[44] *Tipke,* StuW 80, 286, 288.
[45] BFH BStBl. 76, 133 bezeichnet §§ 6 II, 6b, 7e, 10a, 10d, 34b EStG; §§ 76, 82d EStDV als Vergünstigungen.
[46] Dazu *Bayer,* StuW 72, 149 ff.
[47] Beispiele: §§ 4 V Nr. 6; 9 I Nr. 4 EStG.

5.4 Konkurrenz der Steuertatbestände oder Steueransprüche

Wird ein Steuer*subjekt* im gleichen Zeitraum mit demselben Steuer*objekt* mehrfach zu einer gleichen oder gleichartigen Steuer herangezogen, so liegt nach herrschender Lehre Doppelbesteuerung (Mehrfachbesteuerung) vor.

Die Doppelbesteuerung ist mit der strafrechtlichen Idealkonkurrenz vergleichbar. Dementsprechend ist Doppelbesteuerung die mehrfache Erfassung ein und desselben Steuergutes durch die Steuerobjekte verschiedener Steuergesetze oder durch das Steuerobjekt eines Gesetzes[48].

Die herrschende Lehre spricht von Doppelbesteuerung nur bei Schuldneridentität. Sie spricht von Doppelbelastung, wenn ein und dasselbe wirtschaftliche Substrat belastet wird, ohne daß die Schuldner identisch sind.

Die Krux der Untersuchungen über die Frage, ob eine Doppelbesteuerung (mit mehreren gleichartigen) Steuern vorliegt, hat bisher darin bestanden, daß unter Vernachlässigung des Vergleichszwecks bloße Steuertechniken hauptsächlich ins Auge gefaßt, die Steuerwirkungen aber vernachlässigt oder nur sekundär berücksichtigt wurden (etwa weil Juristen irrtümlich annahmen, sonst die Grenze zur Finanzwissenschaft zu überschreiten). Auf formaljuristische oder tatbestandstechnische Übereinstimmungen (auf die Steuerobjekte) kann es aber nicht ankommen. Da die Belastungswirkungen sich aus dem *Steuergut* ergeben, sind die *Steuergüter zu vergleichen*. Sie verkörpern den besteuerungswürdigen, eine bestimmte Steuerkraft repräsentierenden Sachverhalt, die Quelle der Leistungsfähigkeit. Geprüft werden muß, ob die Steuer die gleiche Quelle steuerlicher Leistungsfähigkeit (erzieltes oder verwendetes Einkommen, Vermögen, Bereicherung durch Erbschaft/Schenkung) „anzapft" und ob sie die gleiche Wirkung auf Konsum, Investition, Sparen hat.

Beispiele für Belastung durch mehrere Steuergesetze: Mehrfachbesteuerung des Verbrauchs oder Aufwandes mit Umsatzsteuer und speziellen Verbrauchsteuern; Doppelbelastung des Kfz-Aufwands durch Kraftfahrzeugsteuer und Mineralölsteuer. Beispiel für Belastung durch ein Steuergesetz: Vermögensteuer-Doppelbelastung des Vermögens zum einen bei der Kapitalgesellschaft, zum anderen bei den Anteilseignern.

Die Mehrfacherfassung führt zur Mehrfachbelastung des nämlichen *Steuergutes*. Auf die Identität des Steuerschuldners und der Steuerperiode kommt es nicht an. Damit entfällt die übliche Unterscheidung zwischen Doppel*besteuerung* und Doppel*belastung*.

Danach sind auch Vergnügungssteuer und Getränkesteuer der Umsatzsteuer gleichartig. Sie alle belasten als Verbrauch- und Aufwandsteuern die Einkommensverwendung. Dagegen spricht nicht, daß Vergnügungs- und Getränkesteuer einen *besonderen* Aufwand besteuern, weil auch schon das Umsatzsteuergesetz die Art des Aufwands durch verschiedene Steuersätze berücksichtigt; eine Zusatzbelastung über 14 v. H. Umsatzsteuer hinaus darf von den Ländern nicht eingeführt werden. Auch Sondereinkommensteuern dürften nicht mit der Begründung eingeführt werden, erfaßt werde durch die Sondersteuer ein besonderes, qualifiziertes (etwa müheloses) Einkommen. Die Entscheidung, welches Einkommen wie hoch belastet werden soll, ist bereits durch das Bundeseinkommensteuergesetz getroffen worden (s. aber zur abweichenden Praxis S. 73).

Steuern, mit denen wesentlich auch ein sozialpolitischer Zweck i. w. S. verfolgt wird (etwa Hundesteuer, Alkoholsteuern, Tabaksteuer), die insb. gar nicht an das Leistungsfähigkeitsprinzip anknüpfen, sind mit Leistungsfähigkeitssteuern *nicht* gleichartig.

Die Doppelbesteuerung kann demselben Steuergläubiger, sie kann auch verschiedenen Steuergläubigern zugute kommen (Bund, Ländern, Gemeinden; verschiedenen

---

48 *J. Lang* (Fn. 39), 36 ff.

§ 7 Allgemeines Steuerschuldrecht

Völkerrechtssubjekten), sog. mehrberechtigte Doppelbesteuerung. Ist ein anderes Völkerrechtssubjekt beteiligt, so spricht man von internationaler Doppelbesteuerung.

Im nationalen Bereich wird eine mehrfachberechtigte Doppelbesteuerung durch Art. 105 II, II a GG vermieden (s. S. 73 ff.). Beispiele für die Vermeidung einer einfachberechtigten Doppelbelastung sind § 4 Nrn. 8, 9 UStG; §§ 10 I Nrn. 4; 35 EStG; § 3 Nr. 2 GrEStG; § 22 Nr. 2 KVStG.

Ausführlich über das Verhältnis der Einkommensteuer zur Körperschaftsteuer, Gewerbesteuer, Kirchensteuer, Erbschaftsteuer, Umsatzsteuer, Vermögensteuer *Ruppe,* in: HHR, Einf. ESt Anm. 400–434.

Die Beseitigung der internationalen Doppelbesteuerung soll nicht völkerrechtlich geboten sein, jedoch veranlassen Gründe der Opportunität (internationale Kooperation, Liberalisierung des Personen-, Dienstleistungs- und Kapitalverkehrs) viele Staaten, die Doppelbesteuerung zu vermeiden. Allerdings hat man sich bisher nicht auf ein übergeordnetes, die Doppelbesteuerung inhibierendes Prinzip einigen können, etwa auf das Prinzip der Steuerpflicht aus der wirtschaftlichen Zugehörigkeit zu einem Staat, aus der Integration in dessen Wirtschaft. Die Vermeidung der Doppelbesteuerung geschieht hauptsächlich durch spezielle Doppelbesteuerungsabkommen (genauer: Anti-Doppelbesteuerungsabkommen). Vermieden wird die Doppelbesteuerung durch Aufteilung des Besteuerungsguts oder durch die Anrechnung der konkurrierenden Steuer[49].

6. Die Gesamtschuldnerschaft

Literatur: *Bregger,* Die Solidarität im Steuerrecht, Diss. Bern 1948; *Lauter,* Gesamtschuld im Steuerrecht, Diss. Köln 1966; *Preißer,* Die Gesamtschuld im Steuerrecht nach der AO 1977, Diss. Passau, München 1985.

Der Sicherung des Steuereingangs dient auch die Gesamtschuldnerschaft. § 44 AO erklärt zu Gesamtschuldnern:

a) Personen, die nebeneinander dieselbe Steuer schulden oder für dieselbe Steuer haften (auch ein Schuldner *und* ein Haftender sind Gesamtschuldner, was sich aus dem Gesetz nicht klar ergibt).

Beispiele: § 20 I ErbStG (Schenker und Beschenkter); § 13 Nrn. 1, 2 GrEStG (Veräußerer und Erwerber); § 25 KVStG (die Vertragsteile); § 10 III GrStG (mehrere Grundstückseigentümer).

b) Personen, die zu einer Steuer zusammen zu veranlagen sind. Dazu §§ 26 ff. EStG; § 14 VStG.

Soweit nichts anderes bestimmt ist, schuldet jeder Gesamtschuldner die gesamte Leistung (§ 44 I 2 AO). S. aber auch § 219 AO betr. Haftung.

Mit Rücksicht auf Art. 6 GG ist eine Beschränkung der Vollstreckung in den Fällen der Zusammenveranlagung von Eheleuten durch Aufteilung in Teilschulden vorgesehen (§§ 268–280 AO).

§§ 268 ff. AO sind nicht folgerichtig. Das Ehegattensplitting wird damit begründet, daß jedem Ehegatten wirtschaftlich die Hälfte der Ehegatteneinkünfte zustünde (s. S. 396). Dann kann aber für die Vollstreckung nichts anderes gelten.

Erfüllung, Aufrechnung und Sicherheitsleistung durch einen Gesamtschuldner wirken auch für die übrigen Schuldner; andere Tatsachen – wie Erlaß, Verjährung[50],

---

49 Dazu *K. Vogel,* DBA-Kommentar[2], München 1990, Einl. Rn. 16.
50 S. aber § 191 V AO.

Stundung, Verwirkung, Niederschlagung – wirken nur in persona (§ 44 II AO). Ein Gesamtschuldner kann nicht mit der Forderung eines anderen Gesamtschuldners aufrechnen. Säumniszuschläge entstehen nur gegenüber säumigen Gesamtschuldnern[51]. Das gleiche gilt für Zinsen.

7. Der Haftungsanspruch

Literatur: *Piper,* Steuerschuld und Haftung, Diss. Münster 1964; *Kopecky,* Die Haftung im österreichischen Steuerrecht, Wien 1971; *R. Hess,* Schuld und Haftung im Abgabenrecht, Diss. Köln 1972; *Goutier,* Die Haftung im Steuerrecht, Herne/Berlin 1978; *Fichtelmann,* Haftung für Steuerschulden, Köln 1979; *Guth/Ling,* Steuerrechtliche Haftung, Stuttgart 1982.

7.1 Allgemeines

Das Schulden besteht in einem „Leistenmüssen". Wer leisten muß, haftet, d. h. er muß einstehen für die Erfüllung der *eigenen* Schuld und sich für den Fall, daß er nicht leistet, den Zugriff des Gläubigers auf den Haftungsgegenstand – prinzipiell das gesamte Vermögen – gefallen lassen (Eigenhaftung). Naturalobligationen kennt das Steuerrecht nicht. Es gilt: Wer schuldet, haftet; keine Steuerschuld ohne Haftung.

Steuergesetze pflegen die Erfüllung der Steuerschuld (und evtl. auch anderer Ansprüche aus dem Steuerschuldverhältnis) *zusätzlich* dadurch zu sichern, daß sie Haftungs- (haftungsbegründende) Tatbestände schaffen, Dritte für die Steuerschuld haften lassen (Fremdhaftung).

Die Steuergesetze lassen denjenigen, der den Haftungstatbestand erfüllt, für eine *fremde* Steuerschuld einstehen und gewähren dem Steuergläubiger den Zugriff auf Vermögensgegenstände des Haftenden oder Haftungsschuldners (Fremdhaftung). Solche Haftungstatbestände finden sich in §§ 69–76 AO, aber auch in Einzelsteuergesetzen.

Das Haftungsrecht regelt,

(1) wer wegen welcher Handlungen oder Zustände für die Erfüllung welcher Schulden (Haftungstatbestand) haften soll (s. 7.2);
(2) womit gehaftet werden soll: unbeschränkte, beschränkte Haftung, Sachhaftung (s. 7.3);
(3) in welchem Umfang die Haftung akzessorisch sein soll (s. 7.4);
(4) ob für die Inanspruchnahme von Haftungsschuldnern das Legalitäts- oder das Opportunitätsprinzip gelten soll (s. 7.5);
(5) ob primär oder subsidiär gehaftet werden soll (s. 7.6).

Der *Haftungsanspruch entsteht,* sobald der Tatbestand verwirklicht ist, an den das Gesetz die Haftung knüpft (§ 38 AO i. V. mit § 37 I AO), jedoch entsteht der Haftungsanspruch nicht vor Entstehung des Hauptanspruchs, für den gehaftet wird; insoweit ist der Haftungsanspruch akzessorisch. Über Akzessorietät des Haftungsanspruchs s. im übrigen unten zu 7.4. S. auch den Sonderfall § 76 II AO. Hauptschuldner (für dessen Schuld gehaftet wird) und Haftungsschuldner sind *Gesamtschuldner* (§ 44 AO). Zu unterscheiden sind von der Entstehung des Haftungsanspruchs *Erlaß des Haftungsbescheides* nach § 191 AO (nicht an die Voraussetzungen des § 219 Satz 1 AO geknüpft) und *Inanspruchnahme aufgrund des Haftungsbescheides* (als Titel) nach § 219 AO (s. dazu S. 711).

---

51 Vgl. dazu aber § 240 IV AO.

Jede Prüfung von *Haftungsfällen* muß folgende *Paragraphenkette* berücksichtigen: §§ 69 ff.; 44; 191; 219 AO. Ist die Hauptschuld erloschen, so sind §§ 44 II; 191 V AO besonders zu beachten.

7.2 Haftungstatbestände

7.21 Die Haftungstatbestände knüpfen zum einen daran an, daß **Dritte** – zumal durch **Pflichtverletzungen** – Ursachen dafür setzen, daß die *Möglichkeit* der Realisierung des Anspruchs sich verschlechtert, der **Anspruch gefährdet** wird. Insb. wer Ursachen dafür setzt, daß Steuern verkürzt werden, oder wer gar Mittäter oder Teilnehmer der Steuerhinterziehung ist, gefährdet den Anspruch; denn es ist fraglich, ob sich der Anspruch bei Aufdeckung der Tat noch realisieren läßt.

7.211 *Gesetzliche Vertreter,* Geschäftsführer[52] (evtl. Vereinsmitglieder oder Gesellschafter), Vermögensverwalter und als Verfügungsberechtigte Auftretende haften nach § 69 AO i. V. mit §§ 34, 35 AO insoweit, als Ansprüche aus dem Steuerschuldverhältnis (§ 37 AO) *infolge* vorsätzlicher oder grob fahrlässiger Verletzung der ihnen auferlegten Pflichten nicht oder nicht rechtzeitig festgesetzt oder erfüllt werden oder soweit infolgedessen Steuervergütungen oder Steuererstattungen ohne rechtlichen Grund gezahlt werden. Über die Pflichten des genannten Personenkreises s. §§ 34, 35 AO.

Nach BFH BStBl. 80, 375 gilt § 69 Satz 1 AO auch für Verspätungszuschläge; kein Umkehrschluß aus § 69 Satz 2 AO, da Satz 2 kein Verschulden voraussetzt.

7.212 § 71 AO begründet eine Haftung des *Steuerhinterziehers,* des Steuerhehlers oder des Teilnehmers an einer solchen Tat für die verkürzten Steuern und die zu Unrecht gewährten Steuervorteile sowie für die Zinsen nach § 235 AO[53].

7.213 § 72 AO begründet eine Haftung dessen, der vorsätzlich oder fahrlässig nach *Verletzung der Kontenwahrheit* Guthaben, Wertsachen oder Stahlkammerinhalt herausgibt (Zuwiderhandlung nach § 154 III AO), und zwar insoweit, als durch die Handlung die Verwirklichung von Steueransprüchen beeinträchtigt wird.

7.214 Haftungstatbestände außerhalb der AO: *Steuerentrichtungspflichtige* haften für die einzubehaltenden und abzuführenden Steuern (§ 42d EStG betr. Arbeitgeber[54]; §§ 44 V 1; 45a VI EStG betr. Schuldner der Kapitalerträge; § 7 I 2 VersStG betr. Versicherer; § 50a V 4, 5 EStG betr. Schuldner der Aufsichtsratsvergütung). Hat der Erbschaftsteuerschuldner die Erbschaft vor Entrichtung der Erbschaftsteuer einem anderen unentgeltlich zugewendet, so haftet dieser andere für die Erbschaftsteuer (§ 20 V ErbStG).

7.22 **Haftung Vertretener:** Ein anderer Gedanke liegt dem § 70 I AO zugrunde. Er läßt diejenigen haften, deren steuerliche Rechte und Pflichten durch solche Dritte (s. §§ 34, 35 AO) wahrgenommen werden, die sich der Steuerhinterziehung schuldig machen, und zwar für die durch die Tat verkürzten Steuern und die zu Unrecht gewährten Steuervorteile. Die Vorschrift

---

52 Zur Haftung des GmbH-Geschäftsführers *Wilcke,* StVj 90, 146.
53 Über Haftungsrisiken des *Steuer*beraters bei Beteiligung an der Steuerhinterziehung des Mandanten s. *Streck/Mack,* Stbg. 89, 300.
54 Dazu *Offerhaus,* BB 82, 793; *v. Bornhaupt,* BB 82, 1539; *Schick,* BB 83, 1041 ff.; *Hahn,* Zur Problematik der Haftung der Arbeitgeber für die Lohnsteuer, Inst. FuSt Brief 241, Bonn 1985; *Gast-de Haan,* Lohnsteuerschuld und Arbeitgeberhaftung, DStJG Bd. 9 (1986), 141 ff.

wirkt sich *nur im Bereich der Zölle und Verbrauchsteuern* aus, da in anderen Fällen der Vertretene bereits Schuldner und damit Eigenhafter ist.

7.23 Eine letzte Gruppe von Haftungsvorschriften knüpft daran an, daß die **Haftungssubstanz,** auf die normalerweise zurückgegriffen werden kann (und mit deren Hilfe die Umsätze und Erträge meist erzielt werden), sich **in fremder Hand** befindet (befunden hat).

7.231 Nach § 73 AO haftet eine *Organgesellschaft* für solche *Steuern des Organträgers,* für welche die Organschaft zwischen ihnen steuerlich von Bedeutung ist (also nicht nur für die Beträge, die auf die Organgesellschaft entfallen). In Betracht kommen: Körperschaftsteuer, Umsatzsteuer und Gewerbesteuer.

S. dazu § 14 KStG; § 2 II Nr. 2 UStG; § 2 II 2 GewStG.

7.232 Nach § 74 AO haftet eine an einem *Unternehmen* wesentlich (= zu mehr als einem Viertel am Grund- oder Stammkapital oder am Vermögen des Unternehmens – s. § 74 II AO) *beteiligte Person* mit den ihr als Eigentümerin gehörenden, dem Unternehmen dienenden (etwa Umsätze und Erträge auslösenden) Gegenständen für die in der Zeit der wesentlichen Beteiligung entstandenen betrieblichen Steuern (Umsatzsteuer, Gewerbesteuer, Verbrauchsteuern).

7.233 Nach § 75 AO haftet, wer ein *Unternehmen* oder einen in der Gliederung des Unternehmens *gesondert geführten Betrieb im ganzen übereignet* erhält (gilt nicht für Erwerbe aus Konkurs- oder Vergleichsmasse oder für Erwerbe im Vollstreckungsverfahren, s. § 75 II AO), und zwar für betriebliche Steuern (Umsatzsteuer, Gewerbesteuer, Verbrauchsteuern) und für Steuerabzugsbeträge (Lohnsteuer, Kapitalertragsteuer), vorausgesetzt, daß die Steuerschuld seit dem Beginn des letzten vor der Übereignung liegenden Kalenderjahres entstanden ist und bis zum Ablauf von einem Jahr (beginnend mit der Anmeldung des Betriebes durch den Erwerber) festgesetzt (§ 155 AO) oder angemeldet (§§ 167, 168 AO) wird. Die Haftung beschränkt sich auf den Bestand des übernommenen Vermögens[55].

Nach wohl einhelliger Ansicht muß ein lebendes, fortführbares Unternehmen übereignet werden. Diese Einschränkung ist teleologisch nicht gerechtfertigt.

7.234 Die *Haftung für Steuerschulden nach Zivilrecht* besteht weiterhin. Die §§ 113, 120 AO 1931 (aus denen sich das ausdrücklich ergab) sind zwar in die Abgabenordnung 1977 nicht übernommen worden. Daraus ist aber nicht zu schließen, daß die zivilrechtliche Haftung künftig steuerrechtlich unbeachtlich sei. Daß der Gesetzgeber die Haftung gewollt hat, ergibt sich aus § 191 IV AO 1977 (s. auch Begründung BT-Drucks. VI/1982, 159, zu § 172).

Fälle zivilrechtlicher Haftung: §§ 31, 42, 53, 54 BGB i. V. mit §§ 419, 421, 427, 2382 BGB; §§ 25, 27, 28, 128, 161, 171 ff. HGB; §§ 41, 62, 93, 116, 117, 278 AktG; §§ 9, 11, 21 III, 24 GmbHG; § 34 GenG.

Erben haften für die aus dem Nachlaß zu entrichtenden Schulden aus dem Steuerschuldverhältnis nach den Vorschriften des bürgerlichen Rechts über die Haftung des Erben für Nachlaßverbindlichkeiten (§ 45 II AO).

---

55 Dazu *H. Speer,* Die Haftung des Erwerbers eines Unternehmens für die Steuerschulden des früheren Unternehmers, Diss. Erlangen 1938; *K.-F. Dietz,* Die Abgrenzung der Begriffe ‚Teilbetrieb' und ‚ein in der Gliederung eines Unternehmens gesondert geführter Betrieb' im Steuerrecht, Frankfurt/M. 1980.

§ 7 Allgemeines Steuerschuldrecht

7.235 Mit *Waren, die einer Verbrauchsteuer oder einem Zoll unterliegen,* wird – ohne Rücksicht darauf, wem sie gehören – für die darauf ruhenden Verbrauchsteuern und den Zoll gehaftet (§ 76 AO).

Dazu *Zschucke,* Zollschuld und Warenhaftung, Leipzig 1909.

7.236 Vgl. auch noch die außerhalb der Abgabenordnung geregelten Haftungsfälle § 55 UStDV; § 7 II VersStG; § 12 GrStG; § 20 V, VI ErbStG.

7.3 Haftungsumfang

Wenn nicht ausdrücklich etwas anderes angeordnet ist, richtet sich der Umfang der Haftung nach dem Umfang der Steuerschuld. Für diese Steuerschuld wird in der Regel unbeschränkt, d. h. mit dem ganzen Vermögen, gehaftet[56]. Jedoch bestehen auch Haftungsbeschränkungen. Der wesentlich Beteiligte (§ 74 AO) haftet nur mit den eingebrachten Gegenständen. Nach § 75 AO haftet der Betriebsübernehmer nur mit dem Bestand des übernommenen Vermögens. Die Sachhaftung des § 76 AO erstreckt sich nur auf die Waren, auf denen die Steuer ruht.

§§ 69[57], 72 AO erstrecken die Haftung auf alle Ansprüche aus dem Steuerschuldverhältnis (§ 37 AO); §§ 73 Satz 2; 74 I 3; 75 I 3 AO erfassen neben den Steuern nur Ansprüche auf Erstattung von Steuervergütungen.

§ 76 AO ist antiquiert gefaßt. Waren (Sachen) können nicht steuerpflichtig sein oder sonst Pflichten haben. Es gibt auch keinen Leistungsanspruch gegen Sachen. Nur Personen können Pflichten haben und Schuldner sein.

7.4 Akzessorietät der Haftung

Der Haftungsanspruch ist insofern akzessorisch, als er nur entstehen kann, wenn (mindestens gleichzeitig) der Anspruch aus dem Steuerschuldverhältnis, für den gehaftet werden soll, entstanden ist. Die Entstehung des Haftungsanspruchs setzt die Verwirklichung des Schuldtatbestands und des Haftungstatbestands (s. oben 7.1 a. E.) voraus (Ausnahme: § 76 II AO).

Die Auswirkungen des Erlöschens eines Anspruchs aus dem Steuerschuldverhältnis auf den Haftungsanspruch ergeben sich aus der *Gesamtschuldner*qualität des Haftenden (s. § 44 I AO[58]), und zwar aus § 44 II AO. Vgl. im übrigen aber auch § 191 V AO (dazu S. 711).

Nach § 44 II 1, 2 AO bringen Erfüllung (Zahlung) und Aufrechnung der Hauptschuld auch die Haftungsschuld zum Erlöschen; Verjährung und Billigkeitserlaß (= „andere Tatsachen") bringen sie nicht zum Erlöschen, jedoch können Verjährung und Billigkeitserlaß nach § 191 V AO dazu führen, daß ein Haftungsbescheid nicht mehr ergehen darf.

7.5 Legalitätsprinzip oder Opportunitätsprinzip

Das „kann" in § 191 I 1 AO will u. E. nur dem Umstand Rechnung tragen, daß Steuerschuldner und Haftender Gesamtschuldner (§ 44 I AO) sind und die Finanzbehörde nach ihrem Ermessen entscheiden kann, welchen Gesamtschuldner sie in Anspruch nehmen will (Auswahlermessen). Es will hingegen nicht besagen, daß die

---
[56] Die Sachhaftung besteht in dem Recht, sich aus einer Sache zu befriedigen.
[57] Dazu BFH BStBl. 80, 375.
[58] Dazu S. 138 f.

Finanzbehörde, wenn beim Schuldner „nichts zu holen ist", auch darauf verzichten könne, den Haftenden in Anspruch zu nehmen. Das widerspräche dem Zweck der Haftungsvorschriften und dem Legalitätsprinzip[59].

7.6 Subsidiarität der Haftung

Nach § 219 Satz 1 AO darf ein Haftungsschuldner, wenn nichts anderes bestimmt ist, aufgrund eines Haftungsbescheides nur in Anspruch genommen werden, soweit die Vollstreckung in das bewegliche Vermögen des Steuerschuldners ohne Erfolg geblieben oder anzunehmen ist, daß die Vollstreckung aussichtslos sein würde. Wichtige Ausnahmen ergeben sich aus § 219 Satz 2 AO.

8. Der Steuervergütungsanspruch

Eine Steuervergütung liegt dann vor, wenn das Gesetz eine *rechtmäßig*[60] gezahlte Steuer an eine Person zurückgewährt, die *nicht der Steuerschuldner* ist. Grundsätzlich kommen folgende zwei Fälle in Betracht:

a) **Beseitigung der Steuerbelastung bei Überwälzung:** Steuerschuldner pflegen indirekte Steuern im Preis auf die Empfänger von Waren zu überwälzen (s. S. 147). Nun gibt es Fälle, in denen Anlaß besteht, die überwälzte Steuer zurückzugewähren. Der wichtigste Fall dieser Art von Steuervergütung ist der (prinzipiell durch Verrechnung mit der Umsatzsteuerschuld gewährte) *Vorsteuerabzug* (s. S. 571 ff.). Entsprechend der Intention des Umsatzsteuergesetzes, den Endverbraucher zu belasten, soll der vorsteuerabzugsberechtigte Unternehmer mit Umsatzsteuer *nicht belastet,* also *kein Steuerträger* bzw. *kein Steuerdestinatar* sein. Mithin ist auf den Steuervergütungsgläubiger die Steuer zwar überwälzt worden. Die Steuervergütung beseitigt jedoch hier die Steuerbelastung, die durch Überwälzung entstanden ist.

Weitere wichtige Fälle sind die *Verbrauchsteuervergütungen,* die bei Ausfuhr der verbrauchsteuerbelasteten Waren dem exportierenden Händler gewährt werden, auf den die Verbrauchsteuer überwälzt worden ist (vgl. z. B. § 133 Branntweinverwertungsordnung; § 7 Kaffee- und Teesteuergesetz; § 11 Mineralölsteuergesetz; Salzsteuervergütungsordnung).

b) **Beseitigung der Steuerbelastung bei Mehrfachbesteuerung:** Eine Steuervergütung gewährt das Gesetz auch dann, wenn es eine Mehrfachbesteuerung beseitigen will. So hat die Körperschaftsteuerreform die Vergütung anrechenbarer Körperschaftsteuer eingeführt (s. S. 438 ff.). Nicht die Kapitalgesellschaft als Schuldnerin der Körperschaftsteuer, sondern der Anteilseigner ist Gläubiger der Steuervergütung.

---

59 Vgl. S. 31 ff.
60 Im Unterschied zum Erstattungsanspruch.

Schema zum Steuervergütungsanspruch bei Überwälzung

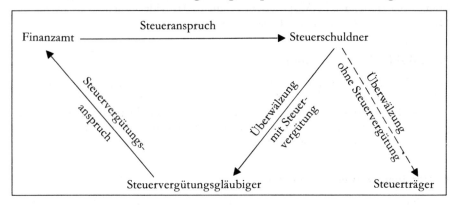

Die AO setzt den Begriff der Steuervergütung voraus (s. etwa §§ 1 I; 37; 43; 46; 155 AO). Da der Steuervergütungsanspruch Anspruch aus dem Steuerschuldverhältnis ist (§ 37 I AO), gelten die für solche Ansprüche bestehenden Regeln.

9. Der Steuererstattungsanspruch[61]

Ist eine *Steuer*, eine *Steuervergütung*, ein *Haftungsbetrag* oder eine *steuerliche Nebenleistung* ohne rechtlichen Grund *gezahlt* oder *zurückgezahlt* worden, so entsteht für den, *auf* (gemeint ist: für) *dessen Rechnung* gezahlt worden ist (das ist i. d. R. der, dessen – vermeintliche – Schuld getilgt werden sollte),

> ein Erstattungsanspruch
>
> gegen den Leistungsempfänger (§ 37 II AO).

§ 37 II AO erfaßt folgende Fälle:

(1) Zahlung einer Steuer durch den Steuerpflichtigen oder Entrichtungspflichtigen;
(2) Rückzahlung einer Steuer durch das Finanzamt;
(3) Zahlung einer Steuervergütung durch das Finanzamt;
(4) Rückzahlung einer Steuervergütung durch den Vergütungsgläubiger;
(5) Zahlung eines Haftungsbetrages durch einen Haftenden;
(6) Rückzahlung eines Haftungsbetrages durch das Finanzamt;
(7) Zahlung einer steuerlichen Nebenleistung (s. S. 124) durch den Leistungspflichtigen;
(8) Rückzahlung einer steuerlichen Nebenleistung (s. S. 124) durch das Finanzamt.

jeweils ohne rechtlichen Grund

Zahlung ohne rechtlichen Grund liegt nach h. M. vor, wenn mehr gezahlt worden ist, als nach dem Verwaltungsakt, der die Leistung festsetzt, geschuldet wird. Ist der Verwaltungsakt nichtig, ist ohne rechtlichen Grund gezahlt worden; ist der Verwaltungsakt sonst rechtswidrig, aber nicht aufgehoben oder geändert worden, so ist das aufgrund dieses Verwaltungsakts Gezahlte nicht ohne rechtlichen Grund gezahlt

---

61 Dazu *Drenseck*, Das Erstattungsrecht der AO 1977, Köln 1977 (beruht auf Bochumer Diss.).

worden[62]. Nur wenn die Leistung ausnahmsweise unmittelbar auf dem Gesetz basiert, ein Verwaltungsakt zur Festsetzung der Leistung nicht vorgesehen ist, ist das „ohne rechtlichen Grund" unmittelbar am Gesetz zu messen.

Der Erstattungsanspruch entsteht, wenn – gemessen am zugrunde liegenden (nicht nichtigen) Verwaltungsakt – zuviel gezahlt wird oder wenn der Anspruch durch Änderung des Verwaltungsakts herabgesetzt wird. Nur wenn zur Festsetzung der Leistung kein Verwaltungsakt vorgesehen ist, entsteht der Erstattungsanspruch, wenn mehr gezahlt wird, als das Gesetz vorsieht[63].

---

62 Hingegen sind Tipke/*Kruse,* AO [13], § 37 Tz. 11, 12, und *Drenseck* (Fn. 61), 64 sowie *Hein,* DStR 90, 301, der Auffassung: Ohne rechtlichen Grund sei gezahlt, wenn auf die Leistung nach Steuerschuldrecht kein Anspruch bestanden habe oder dieser später weggefallen sei. Mit dieser Zahlung über das Gesetz hinaus entstehe der Erstattungsanspruch; er werde aber erst fällig, wenn der Verwaltungsakt geändert worden sei. BFH BStBl. 90, 523, 524 m. w. N. hat die Frage offengelassen.
63 S. Fn. 62.

Drittes Kapitel: Die einzelnen Steuerarten

§ 8 Einführung

A. Steuerarten und Steueraufkommen[1]

Im Jahre 1989 betrug das Steueraufkommen 549,5 Mrd. DM. Diese Höhe des Steueraufkommens zwingt zu einem *Vielsteuersystem*. Die Idee einer *Alleinsteuer*[2] ist in einem Steuerstaat wie der Bundesrepublik nicht realisierbar. Die Steuerlasten sind bequemer zu tragen, wenn sie auf viele Steuergüter verteilt werden. Der Anteil der Steuern am Bruttosozialprodukt (sog. *Steuerquote*[3]) betrug 1989 23,6 Prozent[4]. Das Steueraufkommen 1989 verteilt sich auf die einzelnen Steuerarten wie folgt:

Einkommensteuer	231 279	Kfz-Steuer	9 167	Erbschaft- und	
Umsatzsteuer	131 479	Grundsteuer	8 490	Schenkungsteuer	2 082
Gewerbesteuer	36 706	Vermögensteuer	5 775	Kaffeesteuer	1 793
Körperschaftsteuer	34 181	Versicherungsteuer	4 190	Lotteriesteuer	1 765
Mineralölsteuer	32 965	Branntweinabgaben	3 920	Biersteuer	1 260
Tabaksteuer	15 509	Grunderwerbsteuer	3 606	Sonstige Steuern	11 333
Kirchensteuer	14 000			(inkl. Zölle: 6 795)	

---

1 Zu den Daten des Steueraufkommens einschließlich dem internationalen Vergleich der Steuerquoten siehe die jährlich vom BMF herausgegebenen Finanzberichte. Aktuelle Auskünfte, besonders zu unbekannten Steuerarten, gibt die vom BMF in der Reihe „Bürger-Informationen" herausgegebene Schrift „Unsere Steuern von A–Z".

2 Die Idee der Alleinsteuer geht davon aus, daß jede Steuer von den Erträgen der Volkswirtschaft abgeschöpft werden muß. Demnach sollte die Steuer nur an das Steuergut anknüpfen, das mit den Erträgen der Volkswirtschaft am besten identifiziert werden kann. Als ein solches galt im 17. Jahrhundert der „produit net" des Grund und Bodens (so in Frankreich der physiokratische „impôt unique", dazu *F. K. Mann*, Steuerpolitische Ideale, Jena 1937 [Neudruck: 1978], 190 ff.) und im 19. Jahrhundert das Vermögen bzw. der Vermögenszuwachs. Dazu *Wilke*, Die Entwicklung der Theorie der staatlichen Steuersystems in der deutschen Finanzwissenschaft des 19. Jahrhunderts, Diss. Greifswald 1921, 18 ff.; *Auerswald*, Beiträge zur Lehre von der einzigen Steuer, Greifswald 1922. Im 20. Jahrhundert wird die Idee der Alleinsteuer vor allem im Zusammenhang mit der persönlichen Ausgabensteuer diskutiert, basierend auf der Annahme, daß sich die Produktivität einer Volkswirtschaft letztlich im individuellen Konsum niederschlägt (s. S. 175, 183).

3 Die Steuerquote ist Teil der sog. *Staatsquote*, des prozentualen Anteils der Steuern und Sozialversicherungsbeiträge am Bruttosozialprodukt, d. i. der Wert aller während einer Periode von der Volkswirtschaft produzierten Güter (Waren und Dienstleistungen) abzüglich der Güter, die als Vorleistungen bei der Produktion verbraucht wurden. Es schließt die aus dem Ausland bezogenen Einkommen ein. Hingegen enthält es nicht die in das Ausland fließenden Einkommen.

4 Dazu *H. Schmidt*, Entwicklung der Staatsquote und der Abgabenquote, ZKF 90, 29 ff. Im internationalen Vergleich liegt die Steuerquote der BRD im Mittelfeld. So betrugen 1987 die Steuerquoten in Dänemark 52,9, in Schweden 43,2, in Großbritannien 30,5, in Frankreich 24,2, in Italien 22,9, in den USA/der Schweiz 20,8 und in Japan 20,4 Prozent. Entwicklung der Steuerquote in der BRD: 1957: 22,1; 1962: 24,0; 1970: 22,8; 1977: 25,0; 1987: 23,2; 1990: 22,5 (Schätzung).

B. Steuertypologie

Literatur: *W. Gerloff/F. Meisel* (Hrsg.), Handbuch der Finanzwissenschaft, 2. Bd., Tübingen 1927; *F. Neumark,* Steuern, I: Grundlagen, in: HdWW, Bd. 7, Stuttgart 1977, 295 ff.; *F. Neumark* (Hrsg.), Handbuch der Finanzwissenschaft, Bd. II[3], Tübingen 1980; *R. A. Musgrave/P. B. Musgrave/L. Kullmer,* Die öffentlichen Finanzen in Theorie und Praxis, Bd. 2[3], Tübingen 1985, 1 ff. (*R. A. Musgrave/P. B. Musgrave,* Public Finance in Theory and Practice[3], New York 1980, 229 ff.).

Der Steuerpluralismus eines „Vielsteuersystems" verlangt nach einer Gliederung, nach Steuertypologie oder Steuerklassifikation. Realiter besteht ein historisch gewachsenes Steuerkonglomerat. Daher sind die einzelnen Steuerarten nicht systematisch in ihren Anknüpfungen und Belastungswirkungen aufeinander abgestimmt. Auch die Finanzverfassung impliziert keine systematische Ordnung der Steuerarten.

Im wesentlichen werden folgende Unterscheidungen getroffen:

a) *Direkte und indirekte Steuern:* Bei direkten Steuern sind Steuerschuldner und Steuerträger identisch. Indirekte Steuern werden vom Steuerschuldner auf einen anderen, den Steuerträger, überwälzt; Steuerschuldner und Steuerträger sind also verschiedene Personen oder Subjekte. Im allgemeinen gilt, daß Steuern auf das Einkommen und Vermögen direkte Steuern sind, also nicht überwälzt werden, während Steuern auf die Verwendung von Einkommen und Vermögen (Umsatzsteuer, Verbrauch- und Verkehrsteuern) im Preis der umsatz-, verbrauch-, verkehrsteuerbelasteten Ware überwälzt werden. So enthält z. B. der Benzinpreis die überwälzte Umsatzsteuer und Mineralölsteuer. Allerdings kann je nach Marktlage jede Steuer „überwälzt" werden. Beispiele: Überwälzung der Grundsteuer auf den Mieter, Nettolohnvereinbarung des Arbeitnehmers.

b) *Personal- und Realsteuern:* Personal- oder Subjektsteuern sind auf die Person zugeschnitten; sie berücksichtigen die persönlichen Verhältnisse (wie Familienstand, Anzahl der Kinder, Alter, Krankheit). Beispiele: Einkommensteuer, Vermögensteuer der natürlichen Personen. Real- oder Objektsteuern belasten Steuergüter losgelöst von den persönlichen Verhältnissen der Berechtigten. Der Gesetzgeber verwendet den Begriff der Realsteuern nur für zwei Gemeindesteuern, die Grundsteuer und die Gewerbesteuer (§ 3 II AO).

Die Unterscheidung zwischen Personal- und Realsteuern ist für eine Systematisierung der Steuerarten nur begrenzt tauglich, da selbst Subjektsteuern wie die Einkommensteuer in bestimmten Fällen objektsteuerartigen Charakter annehmen können. Beispiel: Beschränkte Einkommensteuerpflicht.

c) *Ertrag- und Substanzsteuern:* Ertragsteuern knüpfen an Einkünfte an. Der Begriff „Ertragsteuer" rekurriert auf den historischen Begriff des Reinertrages, zu verstehen als Gewinn[5]. Die betriebswirtschaftliche Steuerlehre[6] hat diesen historischen Inhalt des Ertragsteuerbegriffs übernommen und bezeichnet Steuern, die an den erwirtschafteten Gewinn eines Betriebes anknüpfen, als Ertragsteuern, so die Einkommen-

---

5 Vgl. *K. Bräuer,* Ertragsteuern, in: Handbuch der Finanzwissenschaft, 2. Bd., Tübingen 1927, 3.

6 *G. Rose,* Betrieb und Steuer, Grundlagen der Betriebswirtschaftlichen Steuerlehre, 1. Buch: Die Ertragsteuern[11], Wiesbaden 1989; *F. W. Wagner,* Besteuerung, in: J. Baetge u. a., Kompendium der Betriebswirtschaftslehre, Bd. 2, München 1984, 414 ff.

steuer, die Kirchensteuer als Annex zur Einkommensteuer, die Körperschaftsteuer und die Gewerbeertragsteuer.

Während sich die ältere finanzwissenschaftliche Literatur[7] im wesentlichen darauf beschränkte, den Gegensatz der Ertragsteuer zur Einkommensteuer als einer Steuer auf mehrere Einkunftsarten herauszustellen, differenziert die betriebswirtschaftliche Steuerlehre zwischen *Ertragsteuern und Substanzsteuern,* um die Belastungswirkungen der Steuern zu verdeutlichen[8]. Gemeinsam ist den Substanzsteuerarten die Anknüpfung an Roh- oder Reinvermögensgrößen; diese Anknüpfung kann Steuern zur Folge haben, die nicht aus den Vermögenserträgen entrichtet werden können. In diesem Falle schöpft die Steuerlast Vermögenssubstanz ab. Substanzsteuern i. S. d. betriebswirtschaftlichen Steuertheorie sind die Vermögensteuer, die Grundsteuer, die Gewerbekapitalsteuer, die Erbschaft- und Schenkungsteuer.

d) *Generelle und spezielle Steuern:* Generelle Steuern erfassen das Gesamteinkommen, das Gesamtvermögen, den Gesamtumsatz. Spezielle Steuern erfassen nur Teile des Einkommens (z. B. Gewerbeertragsteuer), des Vermögens (z. B. Grundsteuer) oder einzelne Verkehrsvorgänge (z. B. spezielle Verkehrsteuern). Verbrauch- und Aufwandsteuern belasten speziellen Konsum (z. B. das Rauchen, Biertrinken, Halten eines Hundes).

Häufig konkurriert eine generelle Steuer mit speziellen Steuern. Es gilt aber nicht der Satz „tributum specialis derogat tributi generali". Vielmehr belastet die spezielle Steuer das Steuergut i. d. R. zusätzlich zur Steuerbelastung durch die allgemeine Steuer. Beispiele: Belastung des Benzinverbrauchs durch Mineralölsteuer und Umsatzsteuer; Belastung des Rauchens durch Tabaksteuer und Umsatzsteuer. In Einzelfällen hat der Gesetzgeber indessen Doppelbelastungen beseitigt (vgl. z. B. § 4 Nrn. 9, 10 UStG). Steuersystematisch ist zu bedenken, daß Sonderbelastungen durch spezielle Steuern besonderer Rechtfertigung durch zusätzliche Leistungsfähigkeit oder durch Sozialzwecke bedürfen.

e) *Gleichartige und nicht gleichartige Steuern:* Steuern sind gleichartig, wenn sie aus der gleichen Quelle steuerlicher Leistungsfähigkeit stammen und die gleiche wirtschaftliche Wirkung haben. Auf unterschiedliche Steuertechniken kommt es nicht an; zu vergleichen sind die Steuergüter. Die Unterscheidung zwischen gleichartigen und nicht gleichartigen Steuern hat vor allem Bedeutung für die Frage, ob die Länder gemäß Art. 105 II a GG die Gesetzgebungskompetenz für eine örtliche Verbrauch- oder Aufwandsteuer haben (s. oben S. 73).

f) *Periodische* Steuern (z. B. Einkommensteuer, Umsatzsteuer) und *nichtperiodische* Steuern (z. B. Erbschaftsteuer, Grunderwerbsteuer).

g) *Proportionale* und *progressive* Steuern, je nachdem, ob der Steuersatz proportional oder progressiv ist.

---

7 Z. B. *K. Bräuer* (Fn. 5).
8 *G. Rose,* Die Steuerbelastung der Unternehmung, Grundzüge der Teilsteuerrechnung, Wiesbaden 1973; *ders.,* Betrieb und Steuer, 3. Buch: Die Substanzsteuern[7], Wiesbaden 1988; *ders.,* Betriebswirtschaftliche Steuerlehre, Eine Einführung für Fortgeschrittene, Wiesbaden 1986, 38 ff.; *F. W. Wagner/H. Dirrigl,* Die Steuerplanung der Unternehmung, Stuttgart/New York 1980; *Andreas A. Georgi,* Steuern in der Investitionsplanung, Eine Analyse der Entscheidungsrelevanz von Ertrag- und Substanzsteuern, Hamburg 1986.

Steuertypologie

h) *Verwaltungstechnische Unterscheidungen:*

aa) Die Organisation der Finanzverwaltung unterscheidet die Besitz- und Verkehrsteuerverwaltung einerseits sowie die Zoll- und Verbrauchsteuerverwaltung andererseits (Beispiel: § 8 II 1 FVG). Im verwaltungsorganisatorischen Sinne sind *Besitzsteuern* die Steuern vom Einkommen, vom Ertrag, vom Vermögen sowie die Erbschaft- und Schenkungsteuer, *Verkehrsteuern* die Umsatzsteuer sowie die speziellen Verkehrsteuern. Nach dieser verwaltungsorganisatorischen Terminologie differenzieren steuerschuldrechtliche (z. B. § 169 II AO) und verfahrensrechtliche (z. B. § 172 I AO) Vorschriften.

bb) Zu unterscheiden sind die Steuerart und die *Erhebungsform*. Insb. sind die Lohnsteuer und die Kapitalertragsteuer keine eigenen Steuerarten, sondern lediglich Erhebungsformen der Einkommensteuer. Statistisch werden das Lohnsteuer- und das Kapitalertragsteueraufkommen gesondert von dem Aufkommen aus der veranlagten Einkommensteuer ausgewiesen. Das Lohnsteueraufkommen dominiert das übrige Einkommensteueraufkommen. Schon von daher wird verständlich, daß die Besteuerung des Arbeitnehmers in einem Massenverfahren abgewickelt werden muß. Die Finanzverwaltung berücksichtigt die Zwänge der Arbeitnehmerbesteuerung durch organisatorische Absonderung der Lohnsteuerverwaltung. Dadurch entsteht ein unter dem Aspekt der Steuergleichheit bedenkliches Sonder-Einkommensteuerrecht für Arbeitnehmer[9].

Die Formen der Steuererhebung schöpfen häufig an der Quelle wirtschaftlicher Leistungsfähigkeit, so die Lohnsteuer in Gestalt eines Abzuges vom Arbeitslohn, den der Arbeitgeber einzubehalten und an das Finanzamt abzuführen hat (vgl. §§ 38 ff. EStG). Eine solche Form der Steuererhebung bezeichnet man als *Quellensteuer*. Auch die Kapitalertragsteuer (vgl. §§ 43 ff. EStG) ist eine Quellensteuer.

cc) Die Unterscheidung zwischen *Veranlagungs- und Fälligkeitssteuern* ist steuerstrafrechtlich relevant (s. S. 776 f.).

i) Die jährlich vom Bundesfinanzministerium herausgegebenen *Finanzberichte* unterscheiden

– *Steuern auf das Einkommen und Vermögen,* unterteilt in *Steuern vom Einkommen* (Einkommensteuer, Körperschaftsteuer, Ergänzungsabgaben zur ESt und KSt), *Steuern vom Vermögensbesitz* (Vermögensteuer, Grundsteuer, Feuerschutzsteuer, Vermögensabgabe, Hypothekengewinnabgabe, Kreditgewinnabgabe) und in *Steuern vom Gewerbebetrieb* (Gewerbesteuer, Lohnsummensteuer);

– *Steuern auf den Vermögensverkehr* (Erbschaft- und Schenkungsteuer, Grunderwerbsteuer, Wechselsteuer, Kapitalverkehrsteuern);

– *Steuern auf die Einkommensverwendung,* unterteilt in *Steuern vom Umsatz* (Umsatzsteuer, Versicherungsteuer), *Kraftfahrzeugsteuer, Mineralölsteuer, Zölle* sowie in sonstige *Steuern vom Verbrauch und Aufwand* (u. a. Tabaksteuer, Branntweinabgaben).

---

9 Dazu *J. Lang,* Die Einkünfte des Arbeitnehmers, Steuerrechtssystematische Grundlegung, DStJG Bd. 9 (1986), 16 ff.

C. Systematisierung der Steuerarten

Literatur: *K. Tipke,* Steuerrechtswissenschaft und System, in: FS für G. Wacke, Köln 1972, 215 ff.; *ders.,* Steuerrecht – Chaos, Konglomerat oder System?, StuW 71, 2; *ders.,* Steuergerechtigkeit in Theorie und Praxis, Vom politischen Schlagwort zum Rechtsbegriff und zur praktischen Anwendung, Köln 1981; *H. Haller,* Die Steuern, Grundlinien eines rationalen Systems öffentlicher Abgaben[3], Tübingen 1981; *G. Rose,* Betrieb und Steuer, Grundlagen zur Betriebswirtschaftlichen Steuerlehre, 1. Buch: Die Ertragsteuern[11], Wiesbaden 1989, 2. Buch: Die Verkehrsteuern[9], Wiesbaden 1989, 3. Buch: Die Substanzsteuern[7], Wiesbaden 1988; *P. Kirchhof,* Besteuerung und Eigentum, VVDStRL Bd. 39 (1981), 243 ff.; *ders.,* Steuern, III: Grundzüge des Steuerrechts, in: HdWW, Bd. 7, Stuttgart 1977, 324 ff.; *D. Birk,* Steuerrecht I, Allgemeines Steuerrecht, München 1988, 40 ff.; *D. Brümmerhoff,* Finanzwissenschaft[5], München 1990, 219 ff.; *N. Andel,* Finanzwissenschaft[2], Tübingen 1990, 264 ff.; *Ruppe,* in: HHR, Einf. ESt Anm. 1 ff., sowie die Literatur zu B.

1. Problemstellung

Die real existierenden Steuern sind nicht in einem wissenschaftlichen System entwickelt worden. Jedoch lassen sich Steuern, die an die Leistungsfähigkeit anknüpfen, bis in biblische Zeiten zurückverfolgen[10]. Das schließt es aber nicht aus, daß Steuern bis in die Neuzeit einen Finanzbedarf abdeckten, den der Herrscher mehr oder weniger willkürlich bestimmte, was entsprechenden Steuerprotest auslöste[11]. Dem ausgebeuteten, machtlosen Untertanen wurde nicht erklärt, warum welche Steuern in welcher Höhe zu entrichten waren.

Die ethisch fundierten Steuertheorien kamen im Mittelalter und dann besonders mit der Umwälzung des staatsphilosophischen Denkens im 17. Jahrhundert auf[12]. *Thomas Hobbes, Hugo Grotius* und *Samuel von Pufendorf* entwickelten die Steuer als den Preis des Friedens und des Schutzes, den der Staat dem Bürger zu gewährleisten hatte. Im Zuge der weiteren geistesgeschichtlichen Entwicklung wurden die einzelnen Steuerarten zunehmend auf ihren Gerechtigkeitswert überprüft. Das in der Erklärung der Menschen- und Bürgerrechte von 1789 formulierte Leistungsfähigkeitsprinzip (s. S. 57) setzte sich durch und verhalf den direkten Steuern, die an den persönlichen Vermö-

---

10 Vgl. *C. Seidl,* Die Renaissance des Opfergleichheitsprinzips der Besteuerung, StuW 88, 93; *A. Pausch/J. Pausch,* Steuern in der Bibel, Köln 1986.
11 Exemplarisch *J. P. Meincke,* Steuerprotest in der Antike, in: FS für H. Hübner, Berlin/New York 1984, 159.
12 So forderte bereits der Scholastiker *Thomas von Aquin* in seiner 1266–1273 entstandenen *Summa theologica* (I–II), daß Steuergesetze im Rahmen der verliehenen Gewalt erlassen werden und die Besteuerung am Gemeinwohl auszurichten und nach der steuerlichen Leistungsfähigkeit des Pflichtigen zu bemessen sind. Die Erhebung ungerechter Steuern wird als Raub angesehen, ihre Hinterziehung gilt nicht als Sünde. Zur Steuerrechtfertigungslehre der Scholastik vgl. *M. Wachenhausen,* Staatsausgabe und öffentliches Interesse in den Steuerrechtfertigungslehren des naturrechtlichen Rationalismus, Berlin 1972, 68 ff.; *Weber,* Die Geschichte der Steuerwissenschaften an der Universität Köln bis 1945, Köln 1988, 50 ff. Zur geistesgeschichtlichen Entwicklung insb. *F. K. Mann,* Steuerpolitische Ideale, Vergleichende Studien zur Geschichte der ökonomischen und politischen Ideen und ihres Wirkens in der öffentlichen Meinung 1600–1935, Jena 1937(Neudruck: 1978), 103 ff.; *K. Tipke,* Steuergerechtigkeit in Theorie und Praxis, Köln 1981, 31 ff.; *K. Vogel,* Rechtfertigung der Steuern: Eine vergessene Vorfrage, Der Staat 86, 482, 486 ff.; *J. Jenetzky,* System und Entwicklung des materiellen Steuerrechts in der wissenschaftlichen Literatur des Kameralismus von 1680–1840, dargestellt anhand der gedruckten zeitgenössischen Quellen, Berlin 1978; *H. Kolms,* Steuern, II: Geschichte, in: HdWW, Bd. 7, Stuttgart 1977, 310 ff.

gensverhältnissen der Bürger anknüpften, gegenüber den indirekten Steuern zum Durchbruch. Besonders die Entstehung und das Vordringen der Einkommensteuer ist eng mit dem geistesgeschichtlichen Siegeszug des Leistungsfähigkeitsprinzips verknüpft.

Eine Systematisierung der Steuerarten muß berücksichtigen, daß die einzelnen Steuerarten in verschiedenen Epochen mit unterschiedlicher geistesgeschichtlicher Prägung entstanden sind. Daraus ergeben sich zwangsläufig unterschiedliche rechtssystematische Qualitäten der Steuerarten, ergeben sich Mehrfachbelastungen, Besteuerungslücken, Widersprüche und Ungereimtheiten der Steuerrechtsordnung. Jede Steuer ist das Produkt politischer Auseinandersetzung. Eine Vielzahl ökonomischer Interessen hat die Steuergesetzgebung auszutarieren. So wäre es verfehlt, eine Steuerart auf bestimmte Merkmale verabsolutieren zu wollen. Wie bereits erwähnt (oben S. 147), können auch direkte Steuern überwälzt werden, hat die Einkommensteuer bezüglich der beschränkten Einkommensteuerpflicht keinen *reinen* Subjektsteuercharakter. Die Einkommensteuer ist betriebswirtschaftlich betrachtet Substanzsteuer, wenn sie infolge des Nominalwertprinzips Scheingewinne besteuert (s. S. 203 ff., 284).

Die Finanzwissenschaft hat sich bisher ausführlich mit den oben (S. 147 ff.) angeführten Klassifikationsmerkmalen sowie der Struktur und Wirkungsweise einzelner Steuerarten beschäftigt. Eine umfassende Gesamtklassifikation der Steuerarten hat sie indessen nicht geleistet und wohl auch im Hinblick auf das Steuerkonglomerat bewußt nicht leisten wollen[13]. Die betriebswirtschaftliche Steuerlehre hat sich relativ frei von ethischen Erwägungen[14] darauf konzentriert, die Belastungswirkungen der Steuern auf den Betrieb besonders auch im *Zusammenwirken* der einzelnen Steuerarten zu eruieren[15] (s. S. 618 ff.).

Hingegen ist die Aufgabe der Steuerrechtswissenschaft vornehmlich eine *rechtsethische*[16]. Es geht darum, die *Wertordnung des Grundgesetzes* in der Steuerrechtsordnung zu substantiieren. Die systemtragenden Prinzipien des Steuerrechts sind hauptsächlich grundgesetzliche Gerechtigkeitsprinzipien (s. S. 48 ff.). Bei der Systematisierung der Steuerarten stellen sich folgende drei Grundfragen:

– Es ist zunächst danach zu fragen, *welchem Zweck* die Steuer dient. Dient sie einem Fiskalzweck, so ergibt sich daraus die verfassungsrechtliche Anforderung, daß die

---

13 *F. Neumark,* Steuern, I: Grundlagen, in: HdWW, Bd. 7, Stuttgart 1977, 298, weist auf dieses Defizit hin. Vgl. auch *H. Haller,* Rationale Steuersysteme und Bestimmungsgründe empirischer Steuerverfassungen, in: Handbuch der Finanzwissenschaft, Bd. II[3], Tübingen 1980, 173.
14 Vgl. *G. Rose,* Überlegungen zur Steuergerechtigkeit aus betriebswirtschaftlicher Sicht, StuW 85, 330, 331 ff.; *R. Elschen,* Steuerliche Gerechtigkeit – Unzulässiger oder unzulänglicher Forschungsgegenstand der Steuerwissenschaften?, StuW 88, 1; *G. Wöhe,* Die Aufgaben der Betriebswirtschaftlichen Steuerlehre und das Postulat der Wertfreiheit, in: FS für P. Scherpf, Wiesbaden 1983, 5; *ders.,* Betriebswirtschaftliche Steuerlehre I/1[6], München 1988, 47 ff. Indessen argumentiert *G. Wöhe* bei der Klassifikation der einzelnen Steuerarten auch in erheblichem Umfange normativ, z. B. aus dem Leistungsfähigkeitsprinzip.
15 Vgl. z. B. *G. Rose,* Die Steuerbelastung der Unternehmung, Grundzüge der Teilsteuerrechnung, Wiesbaden 1973; *ders.,* Betriebswirtschaftliche Steuerlehre, Eine Einführung für Fortgeschrittene, Wiesbaden 1986, 31 ff.; *F. W. Wagner/H. Dirrigl,* Die Steuerplanung der Unternehmung, Stuttgart/New York 1980; *T. Siegel,* Steuerwirkungen und Steuerpolitik in der Unternehmung, Würzburg/Wien 1982.
16 *K. Tipke,* Steuergerechtigkeit in Theorie und Praxis, Köln 1981.

§ 8 Steuerarten; Einführung

Steuer am Leistungsfähigkeitsprinzip zu orientieren ist (s. S. 20f., 57ff.). Steuern, die nur damit begründet werden können, daß sie dem Staat Einnahmen verschaffen, stehen nicht auf dem geistesgeschichtlichen Boden der Neuzeit. Dient die Steuer einem *Sozialzweck* (s. S. 20f.), insb. der Wirtschaftslenkung, so hat die Steuer dem Gemeinwohl zu dienen (s. S. 656ff.).

— Nach Klärung des Gesetzeszwecks ist danach zu fragen, *welches Steuergut* die Steuer belastet. Dabei sind zwischen der *technischen Anknüpfung* im Steuertatbestand (s. S. 130ff.) und (im Falle der hier systematisierten Fiskalzwecksteuern) der *Maßgröße steuerlicher Leistungsfähigkeit* zu unterscheiden. Im Idealfall definiert das Gesetz mit dem Steuerobjekt bzw. der Bemessungsgrundlage zugleich die Maßgröße(n) steuerlicher Leistungsfähigkeit. Besonders aber bei den indirekten Steuern fallen technische Anknüpfung und die belastete Maßgröße steuerlicher Leistungsfähigkeit auseinander: So knüpft z.B. die Umsatzsteuer technisch an Verkehrsakte an; sie belastet jedoch den „Konsum" (s. S. 155f., 528f.).

— Schließlich ist danach zu fragen, *welche Belastungswirkungen* die Steuer hat[17]. Die Belastungswirkungen substantiieren die rechtssystematische Qualität der Steuer. Im Idealfall ist der Steuertatbestand so formuliert, daß der Zweck der Steuer mit der konkreten Belastung harmoniert. Die Belastungswirkung kann nicht allein juristisch-normativ ermittelt werden. Hier ist interdisziplinäre Zusammenarbeit der Steuerwissenschaften erforderlich. Wenn seitens der Rechtswissenschaft behauptet wird, es gäbe keine Sachlogik der Besteuerung, so findet diese These ihre Stütze in dem *gegenwärtigen* Zustand. Wohl aber benötigt eine freiheitlich organisierte Wirtschaftsordnung *ökonomisch sachgerechte Besteuerungsregeln,* ebenso wie ein Gebäude nur dann vor Einsturz sicher ist, wenn es nach den Regeln der Baukunst errichtet wird. Und ebenso wie die Regeln der Baukunst die Sachlogik des Baurechts bestimmen, sollten ökonomisch sachgerechte Regeln das Steuerrecht beherrschen. Diese zu ermitteln sollte alle Steuerwissenschaften herausfordern. Rechtswissenschaftlich ist die Systematisierung der Steuerarten nicht nur de lege lata zu bewältigen; vielmehr fällt sie zwangsläufig auch in den Bereich einer konkret praktizierten Gesetzgebungsjurisprudenz.

2. Die Maßgrößen steuerlicher Leistungsfähigkeit: „Einkommen", „Vermögen" und „Konsum"

Steuern sollen die Vermögensverhältnisse des Bürgers, die seine Leistungsfähigkeit ausweisen, belasten. Als Maßgrößen oder Indikatoren steuerlicher Leistungsfähigkeit kommen in Betracht das „Einkommen", das „Vermögen" und der „Konsum"[18]. „Einkommen", „Vermögen" und „Konsum" bilden die *drei Hauptabschnitte der Vermögenssphäre,* in die Steuern eingreifen; das Vielsteuersystem greift vielgestaltig in alle drei Hauptabschnitte ein (s. Schaubild, S. 167).

---

17 Während sich Finanzwissenschaft (vgl. *H. Schneider/H. H. Nachtkamp,* Steuern, V: Wirkungslehre, in: HdWW, Bd. 7, Stuttgart 1977, 356 ff.) und betriebswirtschaftliche Steuerlehre (vgl. Fn. 15) mit den quantitativen Auswirkungen der Besteuerung befassen, bemüht sich die Jurisprudenz um eine normative Wirkungslehre. Grundlegend *D. Birk,* Das Leistungsfähigkeitsprinzip als Maßstab der Steuernormen, Köln 1983.
18 Vgl. *J. Mitschke,* Über die Eignung von Einkommen, Konsum und Vermögen als Bemessungsgrundlagen der direkten Besteuerung, Eine meßtechnische Analyse, Berlin 1976.

a) *Einkommen:* Um die Vermögenssphäre vollständig zu erfassen, muß zunächst der Einkommensbegriff weit gefaßt werden. Die finanzwissenschaftliche Theorie, die dieses leistet, ist die Reinvermögenszugangstheorie[19]. Nach dieser Theorie sind alle Vermögensbereicherungen, gleichgültig, ob sie erwirtschaftet, zugewendet worden oder durch Wertsteigerungen entstanden sind, Einkommen.

Zunächst ist Einkommen Vermögen und Vermögen ist gespeichertes Einkommen. Der finanzwissenschaftlich, betriebswirtschaftlich und verfassungsrechtlich relevante Unterschied der Leistungsfähigkeitsindikatoren „Einkommen" und „Vermögen" besteht aber darin, daß „Einkommen" als eine *dynamische Stromgröße* aufzufassen ist, deren steuerliche Belastung den Bürger *nicht entreichert.* Vielmehr *verringert* die Besteuerung lediglich die *Bereicherung.*

b) *Vermögen:* Demgegenüber bezieht sich der Leistungsfähigkeitsindikator „Vermögen" auf den *Bestand* des Vermögens. Die Besteuerung des Vermögens bewirkt *Entreicherung.* Der Steuerwirkungsunterschied zwischen Verminderung der Bereicherung und Entreicherung ist steuerwissenschaftlich von fundamentaler Bedeutung. Er bedeutet im wesentlichen folgendes:

aa) Der Steuereingriff darf nicht unverhältnismäßig sein, er muß das Eigentum möglichst schonen, wirtschaftlich maßvoll sein. Unverhältnismäßige Eingriffe sind nicht rechtsstaatlich; sie verletzen auch die durch Art. 14 I GG gewährleistete Eigentümerfreiheit (s. S. 56f.). In einer freiheitlich verfaßten Wirtschaftsordnung gehört die steuerliche Teilhabe des Staates am Erfolg privatnützigen Wirtschaftens zum notwendigen Inhalt einer privatnützigen Eigentumsordnung[20].

Die Verminderung der Bereicherung schont das Eigentum mehr als die Entreicherung. Mithin gewährleistet die Besteuerung der Einkommen eine wirtschaftlich maßvollere Besteuerung als die Besteuerung der Vermögen. Das bedeutet, daß die Einkommensbesteuerung der Vermögensbesteuerung verfassungsrechtlich vorzuziehen ist. Man wird jedoch dem Staat den Steuereingriff in die Vermögenssubstanz nicht absolut verbieten können. Besonders in Kriegs- und Notzeiten kann der Finanzbedarf des Staates so drastisch ansteigen, daß die Teilhabe des Staates am Vermögensbestand erforderlich i. S. d. Übermaßverbots (s. S. 43) wird. In Zeiten wirtschaftlicher Prosperität, in denen Einkommen reichlich erwirtschaftet werden, ist indessen die Teilhabe des Staates am Vermögensbestand grundsätzlich nicht erforderlich, um den eigenen Finanzbedarf zu decken.

bb) Ein besonders wichtiger Grenzstein zwischen Besteuerung des Einkommens und Besteuerung des Vermögens ist das Realisationsprinzip. Es hat nicht nur Bedeutung für die Ertragsteuerbilanz (s. S. 283, 307 ff.). Es bestimmt vielmehr ganz allge-

---

19 *R. M. Haig,* The Concept of Income, in: The Federal Income Tax, New York 1921, 7: „Income is the money value of the net accretion of one's economic power between two points of time"; *H. C. Simons,* Personal Income Taxation, Chicago 1938; *G. v. Schanz,* Der Einkommensbegriff und die Einkommensteuergesetze, FinArch. 13. Jg. (1896), 1; *J. Hackmann,* Die Bestimmung des steuerrechtlichen Einkommensbegriffs aus finanzwissenschaftlicher Sicht, in: K.-H. Hansmeyer (Hrsg.), Staatsfinanzierung im Wandel, Berlin 1983, 661 ff. (m. w. Nachw.). Kritisch gegen die Reinvermögenszugangstheorie *D. Schneider,* Allgemeine Betriebswirtschaftslehre[3], München/Wien 1988, 421 ff.; *J. Lang,* Die Bemessungsgrundlage der Einkommensteuer, Köln 1981/88, 24 ff., 30 ff., 45 ff.

20 *P. Kirchhof,* Empfiehlt es sich, das Einkommensteuerrecht zur Beseitigung von Ungleichbehandlungen und zur Vereinfachung neu zu ordnen?, Gutachten F zum 57. Deutschen Juristentag, München 1988, 15.

§ 8 Steuerarten; Einführung

mein den fundamentalen Unterschied zwischen der Besteuerung der realisierten, am Markt bestätigten Einkommen und der Besteuerung der nicht realisierten Wertzuwächse. Die Vertreter der Reinvermögenszugangstheorie verkennen, daß die Besteuerung nicht realisierter Einkommen den Vermögensbestand angreift, oder sie spielen den Substanzeingriffseffekt herunter. Dieser läßt sich kurz wie folgt umreißen:

Einkommen, das am Markt erwirtschaftet wird, birgt ein hohes Maß an *Liquidität*. Wer Gehalt oder Zinsen bezieht, Wirtschaftsgüter verkauft, verfügt über die Geldmittel, um die Steuer auf die Bereicherung bezahlen zu können. Wer hingegen Erbschaftsteuer entrichten muß, weil er ein Grundstück geerbt hat, oder wer Einkommensteuer entrichten muß, weil er seinen Betrieb aus Alters- oder Krankheitsgründen aufgeben mußte (vgl. § 16 III EStG), der muß auf Geldmittel zurückgreifen, die der besteuerte Vorgang *nicht* hergibt. Dadurch können dem Steuerpflichtigen *zusätzlich zur Steuerlast weitere Vermögensnachteile* entstehen. Nötigt die Wertzuwachsbesteuerung den Steuerpflichtigen zu Verkäufen, so können ungünstige Marktchancen Vermögenseinbußen bewirken. Hingegen geschieht der planmäßige Verkauf von Wirtschaftsgütern und die damit verknüpfte Gewinnrealisierung zu Bedingungen, die der Veräußerer akzeptiert. Im Falle einer Beleihung von Wirtschaftsgütern entstehen zusätzlich zur Besteuerung Kreditkosten. Solche Zusatzbelastungen des Steuerpflichtigen sind grundsätzlich verdächtig, das Übermaßverbot zu verletzen[21]. Die Einkommensteuerrechtsprechung reagiert aber seit jeher mit Judiz auf solche Phänomene unverhältnismäßiger Steuereingriffe infolge Anknüpfung an unrealisierte Wertsteigerungen bzw. an ungeplante Vermögenszuwächse, indem sie den Aufschub der Besteuerung von stillen Reserven gestattet (s. S. 311 ff.).

cc) Im weiteren kann die *Bewertung des ruhenden, nicht in Geld bestehenden Vermögens* nicht nur unverhältnismäßige, sondern auch ungleichmäßige Besteuerung bewirken. Die Unsicherheit und Fehlerhaftigkeit einer amtlichen Bewertung kann nicht durch ein perfektionistisch verfaßtes Bewertungsgesetz eliminiert werden (s. S. 464 ff.). Wenn schon Grundstückseigentümer und Unternehmer häufig falsche Vorstellungen über den Wert ihres Vermögens haben, so fehlt dem Beamten erst recht die Befähigung, *wirklich alle Umstände eines Werts ermitteln und zutreffend berücksichtigen zu können*. Dies ist z. T. auch unmöglich, weil die wertbestimmende Übereinstimmung von Angebot und Nachfrage von Zufälligkeiten abhängt. So hängt z. B. der erzielbare Preis für ein Einfamilienhaus maßgeblich davon ab, ob im Zeitpunkt des Angebots ein potentieller Erwerber ähnliche oder gleiche Wohnbedürfnisse wie der Anbietende hat. Fazit: Bewertung vor der Realisation eines Werts auf dem Markt ist stets ein Stück Spekulation[22]. Daher belasten bewertungsabhängige Steuern Nicht-Geldvermögen meist entweder zu niedrig oder zu hoch; Geldvermögen und Nicht-Geldvermögen werden ungleich besteuert.

Die Mängel einer bewertungsabhängigen Besteuerung gelten insb. für die sog. *Wertzuwachssteuer*[23]. Sie erfaßt den nicht realisierten Wertzuwachs. In der Bundesrepublik

---

21 Vgl. dazu *J. Lang* (Fn. 19), 154 ff.
22 Überzeugend dazu *R. Hofmann,* Die Bewertung des Vermögens, DStJG Bd. 12 (1989), 145 ff.
23 Dazu *Kumpmann,* Wertzuwachssteuer, Tübingen 1907; *Müthling,* Wertzuwachssteuerrecht[4], Berlin 1943; *Tuntke,* Die Behandlung der Bodenwertsteigerungen im englischen

gibt es z. Z. keine solche Wertzuwachssteuer und auch zu Recht keine Pläne, sie einzuführen. Die internationale steuerpolitische Diskussion tendiert immer mehr in die Richtung einer cash-flow-Besteuerung, die u. a. auch geeignet ist, die Liquiditätsproblematik optimal zu lösen[24].

Nach alledem ist festzustellen, daß Steuern, die an das Einkommen i. S. d. Reinvermögenszugangstheorie anknüpfen, auch den Vermögensbestand belasten können. Umgekehrt sollen Steuern, die wie die Vermögensteuer an das Vermögen anknüpfen, den Vermögensertrag belasten (s. S. 467). Daher empfiehlt es sich, die Steuern auf das Einkommen und Vermögen in einer Hauptgruppe zusammenzufassen[25].

c) *Konsum:* Den Steuern auf das Einkommen und Vermögen stehen die Steuern auf die *Verwendung* von Einkommen und Vermögen gegenüber. Das Einkommen erhöht den Vermögensbestand. Dieser Vermögensbestand wird entweder für die Güterumschichtung *(Investition)* oder für den Güterverbrauch *(Konsum)* verwendet. Die Investition vermindert den Vermögensbestand nicht. So bewertet das Bilanzrecht die Herstellung oder Anschaffung von Wirtschaftsgütern als einen erfolgsneutralen Vorgang. Mithin lassen sich die eingangs erwähnten drei Hauptabschnitte der Vermögenssphäre wie folgt kennzeichnen:

– Dynamische Stromgröße „*Einkommen*" (i. S. d. Reinvermögenszugangstheorie);
– statische Bestandsgröße „*Vermögen*" (Konsum- und Investitionsfonds);
– dynamische Stromgröße „*Konsum*" (Güterverbrauch).

Recht, Diss. Köln 1969; *Sachse,* B 71, 1179; *v. Schalburg,* BB 71, 695; *Zink/Liedschulte,* StuW 71, 45; *K.-H. Peters,* Die Bodenreform, Hamburg 1971; *Ostendorf,* Einführung in die Bodenwertzuwachssteuer, FR 71, 137; *Troll,* Grund und Boden, Politik und Steuer, Heidelberg 1972; *Friauf,* Steuergesetzgebung als Instrument der Bodenordnung (Bodenwertzuwachssteuer), DVBl. 72, 652; *Zink,* Die Probleme einer Wertzuwachsbesteuerung, StuW 73, 150; *v. Nell-Breuning,* Handbuch der Finanzwissenschaft, Bd. 2[2], Tübingen 1956, 557 ff. (s. auch a. a. O., 521 ff.); *Friedr. Klein,* Bodenwertzuwachssteuer und Art. 14 GG, DÖV 73, 433; *Liedschulte/Zink,* Die Erfassung von Wertzuwächsen im Rahmen der Einkommens- und Ertragsbesteuerung, Opladen 1973; *Ruck,* Die Problematik der Besteuerung des Bodenwertzuwachses, BB 73, 1037; *v. Arnim/Borell/Schelle,* Zur Reform der Bodenbesteuerung, Heft 27 der Schriftenreihe des Bundes der Steuerzahler, Wiesbaden 1974; *Figel,* Die Problematik einer Bodenwertzuwachssteuer in steuerrechtlicher und verfassungsrechtlicher Sicht, Diss. Würzburg 1975; *Paulick,* Zur verfassungsrechtlichen Problematik einer Bodenwertzuwachssteuer, in: Gedächtnisschrift für F. Klein, München 1977, 384 ff.; *Leutner,* Wirtschafts- und finanzpolitische Probleme einer Bodenwertzuwachsbesteuerung, Göttingen 1977.

24 Vgl. *H.-W. Sinn,* Kapitaleinkommensbesteuerung, Tübingen 1985, 125 ff.; *J. Sigloch,* Abschreibungsfreiheit und Zinsbesteuerung, in: D. Schneider, Kapitalmarkt und Finanzierung, Berlin 1987, 169 ff.; *D. Schneider,* Reform der Unternehmensbesteuerung durch „Eckwerte" oder durch Cash-flow-Besteuerung?, BB 87, 693; *ders.,* Wachstumsneutrale Unternehmensbesteuerung bei Wettbewerb und als Principal-Agent-Problem, ZfbF 87, 431; *Wagner,* Die zeitliche Erfassung steuerlicher Leistungsfähigkeit, in: Hax/Kern/Schröder, Zeitaspekte in betriebswirtschaftlicher Theorie und Praxis, Stuttgart 1988, 261; *Feldhoff,* StuW 89, 57.

25 In Anlehnung an die oben (S. 149) wiedergegebene Gliederung des Finanzberichts.

§ 8 Steuerarten; Einführung

Einwirkung der Steuern auf die Vermögenssphäre

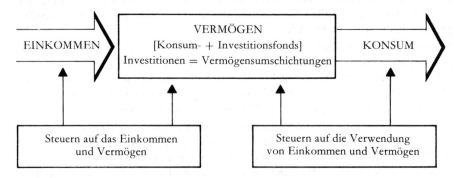

aa) Die dynamische Stromgröße „Konsum" ist zunächst unter dem Aspekt zu betrachten, daß die steuerliche Leistungsfähigkeit erst jenseits des Existenzminimums beginnt und daß das sozialkulturelle Existenzminimum des Steuerpflichtigen und seiner Familie verfassungsrechtlich gewährleistet ist (s. S. 55, 58, 212).

Steuern auf den „Konsum" belasten nicht notwendig das Existenzminimum. Es kommt vielmehr auf die *Art der Anknüpfung* an. Wird die Steuer als eine *direkte* Steuer ausgestaltet, so handelt es sich um eine sog. *Ausgabensteuer* oder *konsumbasierte Einkommensteuer*[26]. Diese Steuer will allein den Güterverbrauch belasten und das investierte Einkommen von Steuerbelastung ganz freistellen. Ebenso ermöglicht es die direkte Ausgabensteuer, den existentiell notwendigen Güterverbrauch steuerfrei zu stellen. Die völlige Steuerentlastung der investierten Einkommen ist aber unter dem Aspekt der Verteilungsgerechtigkeit nicht zu rechtfertigen; außerdem läßt sich die Bemessung des Konsums besonders im Bereich der Arbeitnehmerbesteuerung kaum durchführen[27], so daß die Konsumsteuer kaum Chancen haben dürfte, eingeführt zu werden.

bb) Richtig ist aber die Erkenntnis, daß die Besteuerung der Einkommen und Vermögen mit so vielen Mängeln behaftet ist, daß die Besteuerung des Konsums verstärkt in das Blickfeld der Verteilungsgerechtigkeit gerückt werden muß (s. unten S. 174 ff.).

Zunächst ist festzustellen, daß auch der Güterverbrauch steuerliche Leistungsfähigkeit indiziert. Steuern auf die Verwendung von Einkommen und Vermögen können also grundsätzlich in ein System der Besteuerung nach der Leistungsfähigkeit einge-

---

26 Vgl. *R. Peffekoven,* Persönliche allgemeine Ausgabensteuer, in: Handbuch der Finanzwissenschaft, II[3], Tübingen 1980, 418; *ders.,* FinArch. N. F. Bd. 37 (1979), 148 ff.; *J. Mitschke,* Steuer- und Transferordnung aus einem Guß, Entwurf einer Neugestaltung der direkten Steuern und Sozialtransfers in der BRD, Baden-Baden 1985; *W. E. Weisflog,* StuW 83, 337; *J. Lang,* Reformentwurf zu Grundvorschriften des EStG, Köln 1985, 12 ff. (m. w. Nachw. insb. der ausländischen Literatur).

27 Dazu *J. Lang,* Die einfache und gerechte Einkommensteuer, Köln 1987, 17 ff. (m. w. Nachw.).

bettet werden[28]. Zu den Aufwandsteuern hat das BVerfG[29] festgestellt, daß sie „Steuern auf die in der Einkommensverwendung für den persönlichen Lebensbedarf zum Ausdruck kommende wirtschaftliche Leistungsfähigkeit" sind.

Problematisch unter Leistungsfähigkeitsaspekten ist indessen die *indirekte* Besteuerung des Konsums und die *willkürlich-fiskalische Auswahl* eines bestimmten Konsums. Die indirekte Besteuerung des Konsums durch die Umsatzsteuer und insb. die Zucker- und Salzsteuer greift in das verfassungsrechtlich gewährleistete Existenzminimum ein; die Sozialhilfe muß hier ausgleichen. Jedoch kann auch eine direkte Besteuerung des Konsums in das Existenzminimum eingreifen. So sind z. B. die Hundesteuer[30] und die Kraftfahrzeugsteuer, die 1906 als Luxusaufwandsteuer eingeführt worden ist (s. S. 602), direkte Konsumsteuern, die im Falle eines Blindenhundes bzw. im Falle des von einem Handelsvertreter benötigten Kraftfahrzeuges den existentiell notwendigen Lebensbedarf tangieren.

Neben der universalen Belastung durch die Umsatzsteuer wird der Konsum durch ein Konglomerat spezieller Verkehr- und Verbrauchsteuern sowie durch Zölle sonderbelastet. Die Ursachen für diese Sonderbelastung sind historischer Art: Steuern, die an spezielle Güter und Verkehrsakte anknüpfen, sind alte Steuern. Ihre Technik reicht in die Anfänge der Steuergeschichte zurück, wie etwa der biblische „Zehnte" belegt[31]. Nach dem Grundsatz „alte Steuern sind gute Steuern" hat man sie, einmal eingeführt, nicht wieder abgeschafft. Daß der Verfassungsgeber das historisch überlieferte Steuerkonglomerat akzeptiert hat, ergibt sich aus den Art. 105 ff. GG[32]. Dadurch wird verständlich, daß Verfassungsrechtler die Geltung des Leistungsfähigkeitsprinzips als Maßstab der Steuergleichheit im Bereich der indirekten Besteuerung des Konsums verneinen[33]. Die Negation des Leistungsfähigkeitsprinzips hilft indessen nicht weiter. Sie weist nur auf Konflikte hin, die vorzeitliche Institutionen auslösen können, wenn sie in ein neuzeitliches Staatswesen transportiert werden. Die Steuergleichheit gebietet grundsätzlich die Rechtfertigung von Sonderbelastungen (dazu unten S. 178f.).

cc) Schließlich ist zu beachten, daß Steuern auf den „Konsum" nicht nur die Verwendung von Einkommen belasten. Wer über seine Verhältnisse lebt, der bezahlt Konsumsteuern mit Krediten. Im Falle einer endgültigen Zahlungsunfähigkeit werden die Konsumsteuern auch nicht mit künftigen Einkommen bezahlt. Daher empfiehlt

---

28 *K. Tipke,* Steuerrechtswissenschaft und System, in: FS für Wacke, Köln 1972, 222ff. A. A. *P. Kirchhof,* Der verfassungsrechtliche Auftrag zur Besteuerung nach der finanziellen Leistungsfähigkeit, StuW 85, 319, 324.
29 BVerfGE 16, 64, 74; 49, 343, 354; 65, 325, 346, im Anschluß an *G. Schmölders,* Das Verbrauch- und Aufwandsteuersystem, in: Handbuch der Finanzwissenschaft, Bd. II[2], Tübingen 1956, 635ff.
30 Vgl. hierzu *T. Eigenthaler,* Grundprobleme des Hundesteuerrechts, KStZ 87, 61 ff.; BFH BStBl. 88, 73 (Erhöhung der Hamburgischen Hundesteuer um 100 Prozent nicht verfassungswidrig/Grundsatzentscheidung zur Verfassungsmäßigkeit von Aufwandsteuern).
31 3. Mose 27, 30: „Alle Zehnten im Lande, beides vom Samen des Landes und von den Früchten der Bäume, sind des Herrn und sollen dem Herrn heilig sein." Lesenswert die von *U. Schultz* herausgegebene „Kulturgeschichte der Steuer": Mit dem Zehnten fing es an, München 1986.
32 *K. Vogel/Walter,* Bonner Kommentar zum Grundgesetz, Art. 106 (Zweitbearbeitung 1972) Rz. 159ff.; *K. Vogel,* Der Verlust des Rechtsgedankens im Steuerrecht als Herausforderung an das Verfassungsrecht, DStJG Bd. 12 (1989), 123.
33 *P. Kirchhof* (Fn. 28).

§ 8 Steuerarten; Einführung

es sich, die Steuern auf den „Konsum" in der Hauptgruppe „Steuern auf die Verwendung (den Gebrauch oder Verbrauch) von Einkommen und (u. U. fremdfinanzierten) Vermögen" zusammenzufassen[34].

3. Klassifikation der bestehenden Steuern

Nach den vorstehenden Ausführungen lassen sich die in der Bundesrepublik bestehenden Steuern in folgende zwei Hauptgruppen[35] einteilen:

– *Steuern auf das Einkommen und Vermögen:* Einkommensteuer, Körperschaftsteuer, Kirchensteuer, Ergänzungsabgabe zur Einkommen- und Körperschaftsteuer (Art. 106 I Nr. 6 GG); Erbschaft- und Schenkungsteuer, Realsteuern i. S. d. § 3 II AO (Grundsteuer und Gewerbesteuer), Vermögensteuer;

– *Steuern auf die Verwendung von Einkommen und Vermögen:* Umsatzsteuer; spezielle Verkehrsteuern: Grunderwerbsteuer, Kapitalverkehrsteuern (Gesellschaftsteuer, Börsenumsatzsteuer), Wechselsteuer, Versicherungsteuer, Feuerschutzsteuer, Rennwett- und Lotteriesteuer, Kraftfahrzeugsteuer, Spielbankabgabe; spezielle Verbrauch- und Aufwandsteuern: Verbrauchsteuern i. S. d. Art. 106 I Nr. 2 GG (Zucker-, Salz-, Branntwein-, Schaumwein-, Tabak-, Kaffee-, Tee-, Leuchtmittel-, Mineralölsteuer), Biersteuer (Art. 106 II Nr. 5 GG), örtliche Verbrauch- und Aufwandsteuern (Art. 105 II a GG), z. B. Hundesteuer, Vergnügungsteuer, Getränkesteuer; Zölle und Abschöpfungen (§ 3 I 2 AO), einschließlich Abgaben im Rahmen der Europäischen Gemeinschaften (Art. 106 I Nr. 7 GG).

3.1 Steuern auf das Einkommen und Vermögen

3.11 Steuern auf das Markteinkommen

a) Universelle Erfassung der Markteinkommen durch die Einkommensteuer und Körperschaftsteuer

aa) *Anknüpfung an das Markteinkommen:* Die Einkommensteuer knüpft nicht an den Reinvermögenszugang an. Der Gesetzgeber des EStG 1925 hat die von *v. Schanz* entwickelte Theorie[36] zugunsten eines pragmatischen, aus einem enumerativen Katalog von zunächst acht (EStG 1925), sodann sieben (ab EStG 1934) Einkunftsarten bestehenden Einkommensbegriffs verworfen[37]. Gemeinsames Merkmal dieser Einkunftsarten ist, „daß die ihnen zugrunde liegenden Tätigkeiten oder Vermögensnutzungen auf eine größere Zahl von Jahren gesehen der Erzielung positiver Einkünfte

---

34 Vgl. hierzu BVerfG vom 6. 12. 1983 betr. Zweitwohnungsteuer, BVerfGE 65, 325, 347: „Das Merkmal der Einkommensverwendung ist nicht auf die Verwendung von Einkommen im steuerrechtlichen oder finanzwissenschaftlichen Sinn zu beschränken, sondern umfaßt die Verwendung jeglicher finanzieller Mittel ... Am Zweck der Aufwandsteuern, anläßlich der Vermögens- und Einkommensverwendung mittelbar die wirtschaftliche Leistungsfähigkeit der Konsumenten zu erfassen, ändert sich dadurch nichts ..."
35 Der von *K. Tipke,* Steuerrechtswissenschaft und System, in: FS für Wacke, Köln 1972, 215 ff., entwickelte Dualismus der Steuern auf das Einkommen/auf die Einkommensverwendung wird also um die Komponente „Vermögen" erweitert. *P. Kirchhof,* VVDStRL Bd. 39 (1981), 226 ff., und ihm folgend *D. Birk,* Steuerrecht I, Allgemeines Steuerrecht, München 1988, 43 ff., unterscheiden drei Gruppen: Steuern auf hinzuerworbenes Eigentum, auf das Innehaben von Eigentum und auf den Eigentumsgebrauch.
36 Vgl. Fn. 19.
37 Dazu *J. Lang,* Die Bemessungsgrundlage der Einkommensteuer, Köln 1981/88, 39 ff.

oder Überschüsse dienen". Diese Formulierung des Großen Senats[38] beruht auf ständiger höchstrichterlicher Rechtsprechung seit dem Grundsatzurteil des RFH vom 14. 3. 1929 (RStBl. 29, 329). Damit hat die Judikatur das Steuerobjekt der Einkommensteuer „Summe der Einkünfte" (§ 2 I–III EStG) in die Richtung des sog. *Markteinkommens* konkretisiert (s. S. 201 f.)[39]. Die u. a. von dem Nationalökonomen *W. Roscher*[40] vertretene Markteinkommenstheorie ist zwar längst nicht so berühmt geworden wie die „Quellentheorie" und die „Reinvermögenszugangstheorie" (s. S. 200 f.). Sie hat sich aber in der Praxis durchgesetzt, ohne namentlich beansprucht worden zu sein. Makroökonomisch wird das Wesen der Einkommensteuer dadurch bestimmt, daß der Staat sich am erwirtschafteten Vermögenszuwachs, dem Bruttosozialprodukt beteiligt[41].

Die Anknüpfung an das Markteinkommen ist durch folgende Vorzüge und Nachteile gekennzeichnet:

– Das Markteinkommen erfaßt nur die durch Beteiligung am wirtschaftlichen Verkehr mit Gewinn- bzw. Überschußabsicht erwirtschaftete Vermögensmehrung. Gegenüber der Reinvermögenszugangstheorie ist damit der Indikator steuerlicher Leistungsfähigkeit enger und damit *unvollständig* definiert. Nicht erfaßt sind insb. Zuwendungen und Wertschöpfungen in der Privatsphäre (Beispiele: Bau eines Hauses feierabends; Wert der Hausfrauenarbeit)[42].

– Der Markteinkommensbegriff ist aber ein *praktikabler* Begriff, weil sich Marktvorgänge relativ gut erfassen lassen. Hingegen lassen sich Wertschöpfungen in der Privatsphäre, etwa der erwähnte Wert der Hausfrauenarbeit, praktisch nicht erfassen. Wenn es schon schwierig ist, die Steuergleichheit in den Bereichen „marktoffenbaren Erwerbens"[43], z. B. in den Bereichen der Zinsbesteuerung und der Schattenwirtschafts-Einkünfte herzustellen, so erscheint dies in der privaten Wertschöpfungssphäre faktisch unmöglich.

– Der Markteinkommensbegriff impliziert das bereits oben (S. 153 f.) erwähnte Realisationsprinzip. Er erfaßt grundsätzlich nur die realisierten, am Markt bestätigten Einkommen. Das realisierte Einkommen ist ein sichererer Indikator steuerlicher Leistungsfähigkeit als der nicht realisierte Wertzuwachs. Das Realisationsprinzip verhütet grundsätzlich Eingriffe in den Vermögensbestand. Allerdings kommt das Einkommensteuerrecht nicht ganz ohne die Erfassung von Wertzuwächsen aus, z. B. in den Fällen der Entnahme und der Betriebsaufgabe.

P. Kirchhof[44] leitet den Markteinkommensbegriff verfassungsrechtlich ab. Dadurch stellt er für die Rechtfertigung der Einkommensteuer einen imponierenden Ansatz her, befrachtet jedoch zugleich den Markteinkommensbegriff mit einer Verbindlichkeit und einem Inhalt, den weder die Verfassung noch das Steuerrecht hergeben kann. U. E. handelt es sich um einen einfachgesetzlichen Strukturbegriff des Einkommen-

---

38 BFH BStBl. 84, 766.
39 Auch dem vom Pr. OVG zum Pr. Gewerbesteuergesetz vom 24. 5. 1891 entwickelten Gewerbebetriebsbegriff (jetzt § 15 II 1 EStG) liegt die Markteinkommenstheorie zugrunde. Dazu *J. Lang* (Fn. 37), 235 ff.
40 System der Volkswirtschaft, Bd. 1: Grundlagen der Nationalökonomie[17], 1883, § 144.
41 Vgl. *J. Popitz*, zit. unten S. 174, Fn. 100; *P. Kirchhof* (Fn. 20), 17 (m. w. Nachw.).
42 Vgl. *J. Lang* (Fn. 37), 251 ff.; *P. Kirchhof* (Fn. 20), 26/27.
43 *P. Kirchhof* (Fn. 20), 29.
44 A.a.O. (Fn. 20), 20 ff.

steuerobjekts „Summe der Einkünfte", der nicht zwingend aus der Sozialbindung des Eigentums (Art. 14 II GG) abgeleitet[45] werden kann. Bereits die Notwendigkeit, daß auch *illegale* Einkünfte erfaßt werden müssen, um sie nicht steuerlich gegenüber den legalen Einkünften zu privilegieren (s. S. 110f.), ist schwerlich mit der Sozialbindungsthese zu vereinbaren. Im übrigen erweist sich die Markteinkommenstheorie im Bereich der Einkommens*verwendung* als untauglich. Der Transfer steuerlicher Leistungsfähigkeit wird nur sachgerecht berücksichtigt, wenn Unterhaltsleistungen abzugsfähig und Unterhaltsbezüge zu versteuern sind (s. S. 382 ff.). Das Merkmal des Erwirtschaftens ist hier fehl am Platze. Auch dürfen (nicht erwirtschaftete) Sozialbezüge wie Sozialhilfe, Kindergeld, Wohngeld etc. bei der Festlegung des steuerfreien Existenzminimums nicht unbeachtet bleiben. Jedoch sind u. E. staatliche Sozialleistungen nicht voll, sondern nur in der Höhe steuerlich zu berücksichtigen, in der das Existenzminimum steuerfrei gelassen wird[46]. Schließlich fällt die Erbschaft- und Schenkungsteuer aus dem Kirchhof'schen Rechtfertigungsansatz heraus[47].

Die *Körperschaftsteuer* knüpft über § 8 I KStG an das Markteinkommen an[48]. Infolge der Anknüpfung an das Markteinkommen sind die Einkommensteuer und die Körperschaftsteuer im wesentlichen *Steuern auf den erwirtschafteten und realisierten Vermögenszuwachs*. Gleichwohl sind auch bei der Einkommensteuer und Körperschaftsteuer Substanzsteuermerkmale festzustellen, so bei der Besteuerung von Entnahmen und Betriebsaufgabegewinnen (s. oben S. 155). Im weiteren kann das Nominalwertprinzip Scheingewinnbesteuerung und Eingriffe in den Vermögensbestand bewirken (s. S. 203 ff., 283 f.).

bb) *Dualismus Einkommensteuer/Körperschaftsteuer:* Die Einkommensteuer erfaßt die Einkommen *natürlicher* Personen, die Körperschaftsteuer die Einkommen *juristischer* Personen (insb. Kapitalgesellschaften) und anderer Körperschaften, Personenvereinigungen und Vermögensmassen i. S. d. § 1 KStG. Das Körperschaftsteuerrecht basiert darauf, daß juristische Personen als solche (unabhängig von ihren Mitgliedern) im Wirtschaftsverkehr auftreten und Gewinne erzielen, die sich vom Einkommen der Teilhaber unterscheiden. Das Körperschaftsteuerrecht knüpft prinzipiell an die juristische und wirtschaftliche Selbständigkeit der juristischen Personen und sonstigen Körperschaften an und erfaßt auf diese Weise deren nicht ausgeschütteten Gewinn. Damit verwirklicht der Dualismus Einkommensteuer/Körperschaftsteuer die *universelle Besteuerung aller Markteinkommen*[49]. Dies gebietet die Wettbewerbsgleichheit besonders bei Körperschaftsteuersubjekten, die Einkommen nicht für bestimmte natürliche Personen erwirtschaften, d. s. insb. Betriebe gewerblicher Art von juristischen Personen des öffentlichen Rechts, Vereine, Anstalten und Stiftungen.

Bei Körperschaftsteuersubjekten wie insb. Kapitalgesellschaften, die Einkommen für einkommen-/körperschaftsteuerpflichtige Anteilseigner erwirtschaften, tritt grund-

---

45 Vgl. *P. Kirchhof* (Fn. 20), 19, 20.
46 Vgl. *J. Lang,* Reformentwurf zu Grundvorschriften des EStG, Köln 1985, 71, 98/99; *J. Giloy,* Zur Besteuerung von Staatsleistungen, FR 82, 129; *Gaddum,* Steuerreform: Einfach und gerecht!, Stuttgart 1986, 32. A. A. *P. Kirchhof* (Fn. 20), 25.
47 Vgl. *P. Kirchhof* (Fn. 20), 14 (oben), 24.
48 Dazu insb. das Vereinsurteil des BFH BStBl. 88, 75, sowie *H.-J. Pezzer,* Die verdeckte Gewinnausschüttung im Körperschaftsteuerrecht, Köln 1986, 49 ff.
49 BVerfGE 13, 331, 352: Die KSt. sei „die notwendige Konsequenz aus der Verselbständigung der juristischen Person, deren nichtausgeschüttete Gewinne sonst überhaupt steuerfrei bleiben würden..." Siehe auch BT-Drucks. 7/1470, 323, 326.

sätzlich *Doppelbesteuerung* ein. Zu ihrer Vermeidung hat der Gesetzgeber 1977 das „Anrechnungsverfahren" eingeführt (s. S. 438 ff.). Da der Dualismus Einkommensteuer/Körperschaftsteuer an bestimmte *Rechtsformen* anknüpft (s. S. 410 ff.), bewirkt er eine *rechtsformabhängige* Besteuerung, die eine ungleiche Belastung wirtschaftlich gleichgelagerter Sachverhalte bewirken kann (s. S. 612 ff.).

b) Annexsteuern zur Einkommensteuer und Körperschaftsteuer

Die Markteinkommen von Einkommen- und Körperschaftsteuersubjekten werden zusätzlich durch die sog. Annexsteuern belastet. Annexsteuern sind Steuern, die nach der Einkommensteuer- bzw. Körperschaftsteuerschuld bemessen werden, so die *Kirchensteuer* (s. S. 400 ff.)[50], die 1968 bis 1976 erhobene *Ergänzungsabgabe* i. S. d. Art. 106 I Nr. 6 GG[51] und der 1973 und 1974 erhobene *Stabilitätszuschlag*[52].

c) Zusatzbelastung der gewerblichen Gewinne durch die Gewerbeertragsteuer

Die Gewerbesteuer soll nach dem Äquivalenzprinzip dem Zweck dienen, durch Gewerbebetriebe verursachte Infrastrukturlasten der Gemeinden zu finanzieren (s. S. 499). Sie knüpft an zwei völlig verschiedene Maßgrößen steuerlicher Leistungsfähigkeit an, erstens an den *Gewinn* i. S. d. EStG/KStG (§ 7 GewStG) und zweitens an das *Gewerbekapital* (§ 12 I GewStG: Einheitswert des gewerblichen Betriebs i. S. d. Bewertungsgesetzes).

Die Ausrichtung der Gewerbesteuer am Äquivalenzprinzip hat zur Folge, daß die Gewerbesteuer auch steuerlich nicht leistungsfähige Unternehmen belastet. Durch Hinzurechnungen (§ 8 GewStG) wird die Maßgröße des erwirtschafteten Gewinns verfälscht, indem Aufwand negiert wird. Das Ergebnis ist eine *Gewerbeertragsteuer mit erheblichem Substanzsteuereffekt*. Die Anknüpfung an das Gewerbekapital bekräftigt den Charakter der Gewerbesteuer als einer *Substanz-Ertragsteuer,* die in den Vermögensbestand eingreift (s. unten S. 163).

3.12 Die Erbschaft- und Schenkungsteuer

Nach der Reinvermögenszugangstheorie sind Erbschaften und Schenkungen Einkommen. Daher ist die Erbschaft- und Schenkungsteuer eine Steuer auf das Einkommen[53], nämlich im Gegensatz zu den Steuern auf das erwirtschaftete Einkommen eine Steuer auf das *zugewendete* Einkommen. Ein Fundamentalprinzip der Erbschaft- und Schenkungsteuer ist das *Bereicherungsprinzip* (§ 10 ErbStG, s. S. 479, 487 f.). Der Qualifikation der Erbschaft- und Schenkungsteuer als Steuer auf das Einkommen

---

50 § 51a EStG gilt nicht für die Kirchensteuer, weil die Gesetzgebungskompetenz für die Kirchensteuer den Ländern zusteht (Art. 137 VI Weimarer Verfassung i. V. m. Art. 140 GG). Die Regelung des § 51a EStG ist jedoch in die einzelnen Landeskirchensteuergesetze übernommen worden. Fundstellen: *Blümich,* EStG, § 51a Rz. 22.
51 Ergänzungsabgabegesetz vom 21. 12. 1967, BGBl. I 67, 1254. Dazu *G. Strickrodt,* Ergänzungsabgabe, in: HWStR, 1. Bd.[2], München 1981, 427 ff.
52 Stabilitätszuschlagsgesetz (Art. 4 des StÄndG vom 26. 6. 1973, BGBl. I 73, 676). Dazu *G. Strickrodt,* Stabilitätszuschlag, (Fn. 51), 2. Bd.[2], 1249/1250.
53 Dazu *G. v. Schanz,* Erbschaftsteuer, in: HWB Staatsw., Bd. III, Jena 1926; *Oberhauser,* Erbschaft- und Schenkungsteuern, in: Handbuch der Finanzwissenschaft, Bd. II[3], Tübingen 1980, 487, 491 ff.; *Meincke/Michel,* ErbStG[8], München 1987, Einf. Rn. 2; *Tipke* (Fn. 35), 217.

entspricht die *technische* Anknüpfung an den Erbanfall beim *einzelnen* Erben (sog. *Erbanfallsteuer,* s. S. 478).

Eine Erbschaftsteuer kann *technisch* aber auch an den *Nachlaß* anknüpfen, und zwar unabhängig davon, wieviele Erben daran teilhaben und in welchem verwandtschaftlichen Verhältnis sie zum Erblasser standen (sog. *Nachlaßsteuer,* s. S. 478). In diesem Falle wäre die Erbschaftsteuer aus der Sicht des Erblassers zu klassifizieren. Sie wäre Steuer auf die Verwendung von bereits versteuerten Einkommen des Erblassers.

Indessen wird auch die geltende Erbschaft- und Schenkungsteuer nicht allein aus dem Blickwinkel der Reinvermögenszugangstheorie und der Bereicherung beurteilt. Dieser Blickwinkel erweist sich für die *ökonomische* und *juristische* Beurteilung der Erbschaft- und Schenkungsteuer als zu eng. Der Staat beteiligt sich mit der Erbschaft- und Schenkungsteuer nicht am Bruttosozialprodukt, sondern an dem bereits produzierten Vermögen. Mithin schöpft die Erbschaft- und Schenkungsteuer von einem Vermögensbestand ab, und zwar mit dem geschilderten Substanzsteuereffekt[54], daß dem Steuerpflichtigen zusätzlich zur Steuerlast weitere Vermögensnachteile infolge Illiquidität oder Fehlbewertung des Vermögens entstehen können (s. oben S. 153 f.). Diesen Umstand berücksichtigt z. B. § 28 I ErbStG, der eine Stundung der Erbschaftsteuer vorsieht, soweit dies zur Erhaltung eines Betriebs notwendig ist. Die Betriebswirtschaftslehre beurteilt die Erbschaft- und Schenkungsteuer aus der Sicht des Betriebes als Substanzsteuer[55].

Der Finanzbericht klassifiziert die Erbschaft- und Schenkungsteuer als eine Steuer auf den *Vermögensverkehr* (s. oben S. 149). BFH BStBl. 83, 179, 180, zählt sie zu den *Verkehrsteuern*.[56] Der Gesetzgeber bestätigt diese Betrachtungsweise, indem er eine Grunderwerbsteuerbefreiung für den Grundstückserwerb von Todes wegen und für Grundstücksschenkungen unter Lebenden im Sinne des Erbschaft- und Schenkungsteuergesetzes gewährt (§ 3 Nr. 2 GrEStG)[57].

U. E. kann die Vielzahl der Klassifikationsmöglichkeiten nur dann auf einen gemeinsamen Nenner gebracht werden, wenn die Erbschaft- und Schenkungsteuer weder einseitig aus der Sicht des Zuwendenden noch einseitig aus der Sicht des Zuwendungsempfängers qualifiziert und damit auch nicht von der technischen Anknüpfung abhängig gemacht wird. Steuersystematisch gesehen liegt bei Zuwendungen (z. B. auch bei Unterhaltsleistungen, s. S. 382 ff.) ein *Transfer steuerlicher Leistungsfähigkeit* vor. Der Bereicherung des Zuwendungsempfängers entspricht die Entreicherung des Zuwendenden. Demnach ist die Maßgröße steuerlicher Leistungsfähigkeit, die durch die Erbschaft- und Schenkungsteuer belastet wird, ein transferierter *Vermögensbestand*. Nach Auffassung des BVerfG[58] will der Gesetzgeber „den wirtschaftlichen Vorgang des Substanzübergangs besteuern".

Mithin ist die Erbschaft- und Schenkungsteuer zwischen den Steuern auf das Einkommen und den Steuern auf das Vermögen anzusiedeln. Sie erfaßt den *Vermögenstransfer*[59], auf den sich insb. die Erbrechtsgarantie in Art. 14 I GG bezieht. Der Staat nimmt den Vermögenstransfer zum Anlaß, den Vermögensbestand *umzuverteilen*. Die Erbschaft- und Schenkungsteuer hat also hauptsächlich Umverteilungsfunktion

---

54 *Oberhauser* (Fn. 53), 488: „Steuersystematisch kann die Erbschaftsteuer als eine Vermögenssubstanzsteuer angesehen werden, da sie einen Teil des Vermögensüberganges ... abschöpft und im allgemeinen aus der Vermögenssubstanz getragen werden muß."
55 *G. Rose,* Die Substanzsteuern[7], Wiesbaden 1988, 17 ff., 153 ff.
56 A. A. BFH BStBl. 73, 329, 349; 84, 27, 28.
57 Zu dem Verhältnis ErbSt/GrESt BVerfGE 67, 70; *Meincke/Michel* (Fn. 53), Einf. Rn. 4.
58 BVerfGE 67, 86.
59 Zum Transfersteuergedanken *Timm,* FinArch. Bd. 42 (1984), 571 ff.

Systematisierung der Steuerarten

(dazu näher S. 476 f.). Bei einem Steueraufkommen von nur knapp über 2 Mrd. DM (s. oben S. 146) wird die Umverteilung allerdings zurückhaltend ausgeübt, was dem internationalen Trend entspricht[60]. Mit dem Ableben der Generation, die die Wirtschaft der Bundesrepublik aufgebaut hat, dürfte sich aber die Teilhabe des Staates am transferierten Vermögensbestand durch die Erbschaft- und Schenkungsteuer in den nächsten Jahren beträchtlich vergrößern.

3.13 Besteuerung des Vermögensbestandes durch Substanz-Ertragsteuern

Der Vermögensbestand wird laufend belastet durch die Vermögensteuer, die Gewerbekapitalsteuer als der Teil der Gewerbesteuer, der aus dem Gewerbekapital abgeleitet wird (s. oben S. 161), und die Grundsteuer. Diese Steuerarten knüpfen *technisch* an den Vermögensbestand an. Sie sind auch nach ihrer *Belastungswirkung* Steuern auf das Vermögen. Sie bewirken also Entreicherung mit den oben (S. 153) geschilderten Substanzsteuereffekten.

Nach ihrem *Zweck* sind sie jedoch Steuern auf das Einkommen, und zwar *Ertragsteuern* (zu diesem Begriff S. 147 f.), die nach der Vorstellung des Gesetzgebers aus *Vermögenseinkünften* entrichtet werden *sollen*. Da diese Vermögensertragsteuern Einkünfte aber nicht voraussetzen, werden sie im Gegensatz zu den *Ist-Ertragsteuern* (d. s. die Steuern auf das Markteinkommen) als *Soll-Ertragsteuern* bezeichnet. Mithin belasten sie die *potentielle Ertragskraft* (Soll-Ertragskraft) bestimmter Vermögenssubstanzen. Da sie nach ihrer technischen Anknüpfung und (was für die Klassifikation unter Leistungsfähigkeitsaspekten ausschlaggebend ist) nach ihrer Belastungswirkung Steuern auf das *Vermögen* sind, werden sie als *Substanz-Ertragsteuern* bezeichnet.

Durch die Substanz-Ertragsteuern wird das Vermögen wie folgt belastet:
- Durch eine *allgemeine* Steuer, die Vermögensteuer, wird die Soll-Ertragskraft des *gesamten* Vermögens (i. S. des § 4 VStG) belastet.
- Durch *besondere* Steuern, die Gewerbesteuer und die Grundsteuer, werden die Soll-Ertragskraft des Gewerbekapitals (i. S. des § 12 GewStG) und des Grundbesitzes (§ 2 GrStG: Betriebe der Land- und Forstwirtschaft sowie Grundstücke i. S. des Bewertungsgesetzes) belastet.

Die Substanz-Ertragsteuern rekurrieren wesentlich auf die Bewertung nach dem Bewertungsgesetz. Daher können sie aus didaktischen Gründen auch als *bewertungsgesetzabhängige* Steuern bezeichnet werden. Sie werden deshalb im Anschluß an die Darstellung der Bewertung nach dem Bewertungsgesetz (S. 450 ff.) abgehandelt. Die Erbschaft- und Schenkungsteuer (S. 474 ff.) wird als ebenfalls bewertungsgesetzabhängige (§ 12 ErbStG) Steuer hinter der Vermögensteuer (S. 467 ff.) dargestellt, weil sie den Vermögensbestand zusätzlich zur periodischen Abschöpfung durch die Vermögensteuer aperiodisch abschöpft. Im Hinblick auf den Realsteuerbegriff in § 3 II AO werden Grundsteuer (S. 494 ff.) und Gewerbesteuer (S. 499 ff.) in einem Abschnitt zusammengefaßt, wobei aus didaktischen Gründen darauf verzichtet wird, die Gewerbeertragsteuer aus der Darstellung der Gewerbesteuer herauszulösen.

3.2 Steuern auf die Verwendung von Einkommen und Vermögen

3.21 Die Umsatzsteuer als allgemeine Verkehrsteuer und Verbrauchsteuer

Die Klassifikation der Umsatzsteuer ist umstritten. Die Rechtsprechung des BFH beurteilt sie als *Verkehrsteuer*. Der Europäische Gerichtshof und das steuerwissen-

---

[60] Zum schwindenden Gewicht des Erbschaftsteueraufkommens *Timm* (Fn. 59), 574 ff.

schaftliche Schrifttum qualifizieren sie als *Verbrauchsteuer* (s. S. 528 ff.). Bei diesem Meinungsunterschied ist zunächst zu beachten, daß sich der Verkehrsteuerbegriff auf die *technische Anknüpfung* der Steuer bezieht. Die Art der technischen Anknüpfung besagt jedoch für sich genommen wenig. Entscheidend ist, ob aus der technischen Anknüpfung gefolgert werden kann, *welches Steuergut* belastet sein soll.

Wie schon oben (S. 152) festgestellt, fallen bei den indirekten Steuern technische Anknüpfung und belastete Maßgrößen steuerlicher Leistungsfähigkeit auseinander. Folglich ist die Umsatzsteuer

— nach ihrer *technischen Anknüpfung* an entgeltliche Leistungen des Unternehmers (§ 1 I Nr. 1 UStG) eine *allgemeine* Verkehrsteuer im Gegensatz zu den speziellen Verkehrsteuern (s. unten), was sich z. B. in den Umsatzsteuerbefreiungen des § 4 Nrn. 9, 10 UStG niederschlägt, und

— nach ihrem *Zweck* und nach ihrer *Belastungswirkung* eine *allgemeine Verbrauchsteuer* (s. S. 527 ff.) im Gegensatz zu den speziellen Verbrauch- und Aufwandsteuern (s. S. 165 f.), was sich insb. in der Kumulation der Steuerbelastung niederschlägt (Beispiel: Steuerbelastung des Benzins durch Mineralölsteuer und Umsatzsteuer, wobei die Mineralölsteuer die Bemessungsgrundlage der Umsatzsteuer noch erhöht).

Steuergesetze sind nach ihrem Zweck auszulegen (s. S. 93 ff.). Dementsprechend ist der Umsatzsteuertatbestand nach dem Zweck der Verbrauchsbelastung auszulegen. Die alleinige Interpretation des Umsatzsteuertatbestandes nach der Art der technischen Anknüpfung schneidet die teleologische Gesetzesauslegung ab. Dies ist der Kern der Kritik an der Rechtsprechung des BFH (s. S. 527 ff.).

3.22 Spezielle Verkehrsteuern

Literatur: *Rose,* Die Verkehrsteuern[9], Wiesbaden 1989; *Bischoff/Heinz/Kopp,* Verkehrsteuern[2], Achim 1986; *Schulze zur Wiesche,* Lehrbuch der Erbschaftsteuer und der Verkehrsteuern[2], Herne/Berlin 1982; *R. Fecht,* Steuern auf Kapital- und Zahlungsverkehr, in: Handbuch der Finanzwissenschaft, Bd. II[3], Tübingen 1980, 888 ff.

a) Von der Umsatzsteuer mit ihrem technischen Charakter einer allgemeinen Verkehrsteuer unterscheidet man die besonderen oder speziellen Verkehrsteuern. Sie sind älter als die Umsatzsteuer, bei Einführung der Umsatzsteuer aber nicht außer Kraft gesetzt worden.

Spezielle Verkehrsteuern sind nach der gebräuchlichen Terminologie

aa) die *Rechts*verkehrsteuern: Sie knüpfen an Vorgänge des Rechtsverkehrs an, an vertragliche oder gesetzliche Beziehungen, aufgrund welcher Personen Lieferungen oder sonstige Leistungen oder Rechtsansprüche erhalten.
Rechtsverkehrsteuern sind: Grunderwerbsteuer, Kapitalverkehrsteuern (Gesellschaftsteuer, Börsenumsatzsteuer), Versicherungsteuer, Feuerschutzsteuer, Rennwett- und Lotteriesteuer, Wechselsteuer;

bb) die *Real*verkehrsteuern: Sie knüpfen an einen Akt des technischen Verkehrs (Transport) an.
Realverkehrsteuern sind: Straßengüterverkehrsteuer (inzwischen aufgehoben), Kraftfahrzeugsteuer.

Rechts- und Realverkehrsteuern von der technischen Anknüpfung her zu einer Gruppe zusammenzufassen, ist in Wirklichkeit absurd.

Art. 106 I Nr. 3, II Nr. 3 GG n. F. heben die Straßengüterverkehrsteuer und die Kraftfahrzeugsteuer denn auch von den anderen Verkehrsteuern ab.

cc) *Spielbankabgabe:* Sie knüpft an das Betreiben einer Spielbank an und gilt – viel zu pauschal – sämtliche Steuern der Spielbanken ab (s. S. 605). Ihre Klassifikation als Verkehrsteuer resultiert aus der technischen Anknüpfung an den Spielumsatz.

Art. 106 II Nr. 6 GG nennt die Spielbankabgabe besonders neben den Verkehrsteuern (Art. 106 II Nr. 4 GG).

b) Verkehrsteuern haben die *Wirkung* von Verbrauch- und Aufwandsteuern. Sie belasten die *Verwendung von Einkommen und Vermögen.* Insofern beseitigen die oben (s. S. 164) erwähnten Umsatzsteuerbefreiungen in § 4 Nrn. 9, 10 UStG nicht nur eine Verkehrsteuer-, sondern auch eine Verbrauchsteuerkonkurrenz. Eine Vorschrift, die eine Doppelbelastung mit mehreren speziellen Verkehrsteuern verhindern oder mildern will, ist § 22 Nr. 2 KVStG.

Die Verwandtschaft zwischen Verkehrsteuern und Verbrauch-/Aufwandsteuern wird besonders deutlich bei der Kraftfahrzeugsteuer und der Mineralölsteuer. Beide Steuern sind dem Äquivalenzgedanken, daß sie das Straßennetz zu finanzieren haben, verhaftet. Beide Steuern sind 1985 unter derselben umweltpolitischen Zielsetzung geändert worden[61].

Die Kraftfahrzeugsteuer wirkt wie die Hundesteuer. Das Halten eines Kraftfahrzeuges ist Konsum wie das Halten eines Hundes. Die Kraftfahrzeugsteuer ist demnach direkte Aufwandsteuer wie die Hundesteuer.

Die Spielbankabgabe ist eine Konsumsteuer sui generis. Sie belastet den Spielkonsum als indirekte Steuer ohne Überwälzungseffekt. Die Spielbedingungen und insb. die Gewinnchancen werden nämlich durch die Besteuerung nicht verändert. Dadurch ist sie für den Spieler völlig unmerklich (s. unten S. 168).

3.23 Spezielle Verbrauch- und Aufwandsteuern

Die ältesten Steuern sind die warenbelastenden Steuern. Mit solchen Steuern wurde die Konsumsteueridee zuerst verknüpft. Daher umfaßt der u. a. auch in der Finanzverfassung verwendete historische Begriff der Verbrauch- und Aufwandsteuern (Art. 105 II a; 106 I Nr. 2, VI; 108 I GG) vornehmlich solche Steuern, die den Gebrauch oder Verbrauch von Wirtschaftsgütern belasten.

a) *Verbrauchsteuern* sind im wesentlichen Warensteuern[62]. Besteuert wird der Verbrauch bestimmter Waren. Die bundesgesetzlich geregelten Verbrauchsteuern belasten zehn Verbrauchsgüter: Zucker, Salz, Bier, Branntwein, Schaumwein, Tabakwaren, Kaffee, Tee, Leuchtmittel und Mineralöl (s. S. 606ff.). Technisch setzen diese Verbrauchsteuern nicht direkt beim Verbraucher, sondern *indirekt* beim Hersteller oder Importeur an (s. S. 606f.).

---

61 Dazu *D. Dickertmann,* Maßnahmen für den Umweltschutz im Rahmen des bestehenden Steuersystems, in: K. Schmidt (Hrsg.), Öffentliche Finanzen und Umweltpolitik I, Berlin 1988, 91, 122ff., 129 ff.
62 *R. Voß,* Strukturelemente der Verbrauchsteuern, DStJG Bd. 11 (1988), 262.

§ 8 Steuerarten; Einführung

Die hervorstechendste Eigenschaft der Verbrauchsteuer ist ihre Beliebigkeit[63]. Die besteuerten Güter sind technisch genau umschrieben. Dieser technische Inhalt steht im Vordergrund der Rechtsanwendung. Läßt sich ein Produkt nicht unter den Wortlaut des Gesetzes subsumieren, so ist es nicht steuerbar. Die wortlaut- und fachwörterbuchorientierte Abgrenzung des Steuerobjekts ist die Konsequenz der beliebigen Auswahl von Steuergütern.

b) *Aufwandsteuern* sind Steuern, die an den Gebrauch von Wirtschaftsgütern und Dienstleistungen anknüpfen und dadurch die in diesem Gebrauch zum Ausdruck kommende wirtschaftliche Leistungsfähigkeit belasten[64]. Aufwandsteuern sind vor allem kommunale Steuern, so z. B. die Hundesteuer, die Jagdsteuer, die Vergnügungsteuer, die Fremdenverkehrsteuern und die Zweitwohnungsteuer[65]. Während Verbrauchsteuern durchweg indirekte Steuern sind, können Aufwandsteuern direkte (z. B. Hundesteuer) oder indirekte (z. B. Vergnügungsteuer) Steuern sein.

3.24 Zölle und Abschöpfungen

Literatur: *Bail/Schädel/Hutter,* Zollrecht der BRD und der Europäischen Gemeinschaften, Einfuhrumsatzsteuerrecht, Marktordnungsrecht (Loseblatt), Bonn; *Schwarz/Wockenfoth,* Zollrecht mit Einfuhrumsatzsteuerrecht, EWG-Zollrecht und EWG-Marktordnungsrecht[2] (Loseblatt), Köln u. a.; *H. W. Kruse* (Hrsg.), Zölle, Verbrauchsteuern, europäisches Marktordnungsrecht, DStJG Bd. 11 (1988).

Zölle sind Steuern (§ 3 I 2 AO), die nach Maßgabe des Zolltarifs (§ 21 I 2 Zollgesetz) von der Warenbewegung über die Zollgrenze erhoben werden[66]. Zu unterscheiden sind *Finanzzölle* mit fiskalischer Zielsetzung und *Schutzzölle* mit wirtschaftspolitischer Zielsetzung.

Abschöpfungen sind ebenfalls Steuern i. S. des § 3 I 2 AO. Sie regulieren die Differenz zwischen Weltmarktpreis von landwirtschaftlichen Waren und Preis innerhalb der EWG. Ist der Weltmarktpreis niedriger (was die Regel ist), so wird die Differenz bei der Einfuhr als Abschöpfung erhoben und bei der Ausfuhr dem Exporteur erstattet. Ist der Weltmarktpreis ausnahmsweise höher, so wird die Differenz bei der Einfuhr erstattet und bei der Ausfuhr als Abschöpfung erhoben. Rechtsgrundlagen sind das Abschöpfungserhebungsgesetz vom 25. 7. 1962 (BGBl. I 62, 453), Verordnungen der EWG und Festsetzungsverordnungen der EWG-Kommission.

Zölle und Abschöpfungen sind Sozialzwecksteuern, bei denen die Einnahmeerzielung zumindest ein Nebenzweck ist. § 3 I 2 AO dient also lediglich der Klarstellung[67].

---

63 *R. Voß* (Fn. 62), 281: „Beliebig ist das Besteuerungsgut. Jede Ware, jedes Gut, jeder Zustand kann einer Verbrauchsteuer unterworfen werden, ohne daß die Natur dieser Steuerart sich ändern würde."
64 Vgl. BVerfGE 65, 345f.; *G. Schmölders,* in: Handbuch der Finanzwissenschaft, Bd. II[2], Tübingen 1956, 635, 639ff.
65 Zur Zweitwohnungsteuer BVerfGE (Fn. 64).
66 BVerfGE 8, 260, 269; BFH BStBl. 70, 246, 250. Zum formellen und materiellen Zollbegriff *M. Lux,* DStJG Bd. 11 (1988), 162ff.
67 *M. Lux* (Fn. 66), 163. A. A. *W. Dänzer-Vanotti,* DStJG Bd. 11 (1988), 77: „Die ausschließlich wirtschaftspolitische Zielsetzung der Zollerhebung ist ein Grundsatz, der das Zollrecht prägt und ausschlaggebend für seine Konzipierung und Auslegung ist. Daran ändert nichts, daß die Zölle – gewissermaßen als Reflex – eine wichtige Einnahmequelle der Gemeinschaft sind: nach dem EG-Haushalt 1987 rd. 17,5 Mrd. DM . . ." Bei diesem Aufkommen fällt es schwer, den fiskalischen Nebenzweck wegzudenken.

Systematisierung der Steuerarten

Man wird dem liberalen Konzept des GATT nämlich ein Verbot von Erdrosselungsmaßnahmen entnehmen können, so daß der Schutzzweck von Zöllen und Abschöpfungen die systemtragenden Prinzipien des Steuerrechts nicht ganz außer Kraft setzt[68].

Da Abschöpfungen und Zölle den Konsum (innerhalb oder außerhalb der EWG) verteuern, sind sie nach ihrer Wirkung Steuern auf die Verwendung von Einkommen und Vermögen[69].

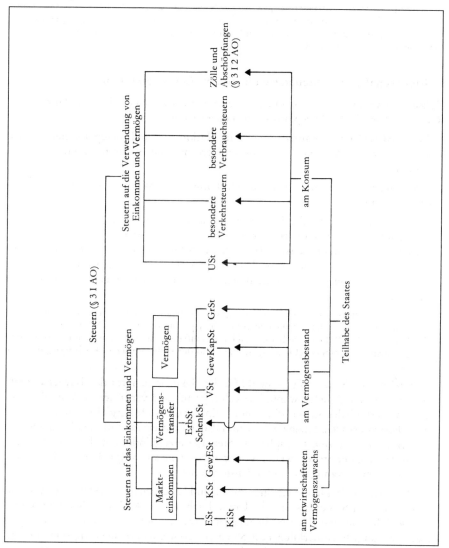

---

[68] Folgerichtig *W. Dänzer-Vanotti* (Fn. 67): „Da das Zollrecht keine Fiskalzwecknorm enthält, spielen in ihm manche systemtragenden Prinzipien des Steuerrechts keine Rolle. Das gilt insbesondere für bestimmte steuerspezifische Gerechtigkeitsprinzipien wie das Leistungsfähigkeitsprinzip."

[69] Vgl. Finanzbericht 1989, 84; a. A. *W. Dänzer-Vanotti* (Fn. 67).

D. Rechtspolitische Bewertung und Rechtfertigung von Steuerarten

Literatur: *K. Vogel*, Rechtfertigung der Steuern: Eine vergessene Vorfrage, Zugleich zur „heimlichen Steuerrevolte" und zum Dreieck Staat/Wirtschaft/Gesellschaft, Der Staat 86, 482; *Raupach/Tipke/Uelner*, Niedergang oder Neuordnung des deutschen Einkommensteuerrechts?, Köln 1985; *K. Tipke*, Einkommensteuer-Fundamentalreform, Notwendigkeit und Möglichkeiten, Zum Vorbild des amerikanischen Reformverfahrens, StuW 86, 150; *ders.*, Über Steuervereinfachung und Staatsverdrossenheit, Deutscher Steuerberatertag 1987, 63; *P. Kirchhof*, Empfiehlt es sich, das Einkommensteuerrecht zur Beseitigung von Ungleichbehandlungen und zur Vereinfachung neu zu ordnen?, Gutachten F zum 57. Deutschen Juristentag, München 1988, sowie die Literatur zu B und C.

1. Eigenschaften von Steuerarten in einem Vielsteuersystem

Es lassen sich folgende vier Grundanforderungen an die ökonomische und juristische Rationalität sowie die Akzeptanz einer Steuerart stellen:

– *Gerechtigkeit:* Erste Voraussetzung für die Rationalität und Akzeptanz einer Steuer ist ihre Gerechtigkeit. Die wesentlichen Gerechtigkeitsmaßstäbe ergeben sich aus dem Grundgesetz (s. S. 25 ff.).

– *Ergiebigkeit:* Eine Steuer dient der Deckung des Finanzbedarfs. Also sollte sie ergiebig sein.

– *Unmerklichkeit:* Unmerklich ist eine Steuer, wenn ihre Belastung vom Bürger nicht oder kaum bemerkt wird. Bei direkten Steuern gewährleistet ein sehr niedriger Steuersatz die Unmerklichkeit. Bei indirekten Steuern wird die Steuerlast überwälzt und im Preis versteckt, so daß der Belastete sie nicht als Steuer „bemerkt". Daher sind indirekte Steuern im allgemeinen – auch bei höheren Steuersätzen – unmerklich.

Eine ideale Unmerklichkeitssteuer ist die Spielbankabgabe. Die Beteiligung des Staates an den Spielumsätzen der Bank ähnelt einer Geschäftspartnerbeziehung. Der Bürger finanziert den Staat „spielend". Die Spielbankabgabe exemplifiziert aber auch das Spannungsverhältnis zwischen der Unmerklichkeitseigenschaft und der rechtsethischen Rechtfertigung von Steuern.

– *Praktikabilität:* Steuern sind sowohl für den Staat als auch für den Bürger vorteilhaft, wenn sie möglichst wenig Verwaltungsaufwand verursachen. Vor allem die Kompliziertheit des Steuertatbestandes mindert die Netto-Ergiebigkeit, indem der Staat besonders viele Finanzbeamte und Richter einsetzen muß, um den Steueranspruch durchzusetzen. Komplizierte Steuergesetze mindern auch die Gerechtigkeitsqualität einer Steuer, weil nur der gut Beratene alle Möglichkeiten des Gesetzes ausschöpfen kann (sog. Dummensteuereffekt).

Gerechtigkeit und Ergiebigkeit einer Steuer sind Eigenschaften, welche die *materielle* Rationalität einer Steuer bestimmen. Unmerklichkeit und Praktikabilität bestimmen die *formelle* Rationalität. Unmerklichkeit und Praktikabilität stehen in einem engen Zusammenhang. Je unmerklicher die Steuer, desto weniger Steuerwiderstand löst sie aus. Merkliche Steuern sind grundsätzlich verwaltungsaufwendig und privilegienanfällig, weil der Bürger versucht, sich der Steuerlast zu entziehen.

Es gibt keine Steuerart, welche die Anforderungen materieller und formeller Rationalität optimal erfüllen würde, so daß der Steuerstaat mit einer *Alleinsteuer*[70] nicht auskommt, sondern ein Vielsteuersystem benötigt. Das Vielsteuersystem kann und sollte nämlich so gestaltet sein, daß die unterschiedlich strukturierten Steuern sich in ihren Eigenschaften optimal ergänzen. Auf diese Weise können (anders als durch eine Alleinsteuer) die Anforderungen der Gerechtigkeit, Ergiebigkeit, Unmerklichkeit und Praktikabilität jeweils mit einem Teil der Steuerarten optimal verwirklicht werden.

Schema der Steuerartenbewertung

materielle Rationalität der Steuer	{	Gerechtigkeit	Unmerklichkeit	}	formelle Rationalität der Steuer
		Ergiebigkeit	Praktikabilität		

2. Steuern auf das Einkommen

a) Als die Steuer, welche die Anforderungen der *Gerechtigkeit,* konkretisiert durch das Leistungsfähigkeitsprinzip (s. S. 57 ff.), und der *Ergiebigkeit* am besten erfüllt, gilt die Einkommensteuer. Deshalb wird sie auch als „Königin" der Steuern bezeichnet[71].

Ihre Herkunft verdankt die Einkommensteuer nicht der Gerechtigkeit, sondern der Ergiebigkeit. An der Wiege der Einkommensteuer stand der Krieg Großbritanniens gegen Napoleon. Die erste, von *William Pitt* geforderte und 1799 in Kraft getretene Steuer auf das Gesamteinkommen[72] war eine englische *Kriegsteuer*[73]. Sie wurde die Steuer, die Napoleon schlug[74]. Auch die Anfänge der Einkommensbesteuerung auf deutschem Boden waren von der Finanznot durch Krieg geprägt. *Karl Freiherr vom Stein* propagierte 1806 als Kriegsteuer eine progressive Steuer auf das Gesamteinkommen mit Selbstdeklaration; er erkannte sie als die „gleichförmigste und einträglichste Abgabe"[75]. Unter seinem Einfluß wurde sie 1808 in Preußen, Litauen und Königsberg eingeführt[76]. Dem Finanzzweck der ersten deutschen Einkommensteuern war bereits das ethische Verteilungsprinzip beigegeben. Das Postulat einer gleichmäßigen Besteuerung nach der Leistungsfähigkeit hatte die französische Revolution in der Erklärung der Menschen- und Bürgerrechte von 1789 (s. S. 47) manifestiert und verbreitet.

Die bisherige Geschichte der (modernen) Einkommensteuer[77] läßt sich in zwei Hauptepochen aufteilen. Bis zum preußischen EStG 1891 mit einem noch sehr bescheidenen progressiven

---

70 S. oben S. 146 (dort Fn. 2).
71 *J. Popitz,* Einkommensteuer, in: Handwörterbuch der Staatswissenschaften, 3. Bd.[4], Jena 1926, 400; *A. Raupach,* in: Raupach/Tipke/Uelner, Niedergang oder Neuordnung des deutschen Einkommensteuerrechts?, Köln 1985, 18, und in Bezug auf die Ergiebigkeit *A. Uelner,* a.a.O., 183.
72 *W. Pitt* forderte 1798: „A general tax shall be imposed upon all the leading branches of income."
73 Die Einkommensteuer der Schweiz hieß bis 1982 „Wehrsteuer". Sie wurde nach Ausbruch des Zweiten Weltkrieges eingeführt.
74 Vgl. *B. Großfeld,* Die Einkommensteuer, Geschichtliche Grundlage und rechtsvergleichender Ansatz, Tübingen 1981, 8.
75 Zitiert nach *B. Großfeld* (Fn. 74), 31 (m.w.Nachw.).
76 Vgl. *B. Großfeld* (Fn. 74), 29 ff.; *C.-H. Heuer,* Karl Freiherr vom Stein als Wegbereiter des deutschen Einkommensteuerrechts, Heidelberg 1988; *A. Pausch,* Von der Einkommensteuer zur Deklarationsberatung, FR 79, 441.
77 Dazu *B. Fuisting,* Die geschichtliche Entwicklung des Preußischen Steuersystems und systematische Darstellung der Einkommensteuer[2], 1894; *K. Dieterici,* Zur Geschichte der Steuerreform in Preußen von 1810–1820, 1875; *J. Popitz* (Fn. 71); *G. Strutz,* Kommentar zum

§ 8 Steuerarten; Einführung

Steuertarif von 0,674 Prozent[78] setzte sich die Einkommensteuer ideologisch und rechtlich durch. Während der zweiten Epoche bis zum Steuerreformgesetz 1990 vom 25. 7. 1988[79] wuchs die Einkommensteuer mit dem Erstarken des Sozialstaats[80] zu einem das gesamte Wirtschaftsleben beherrschenden Giganten heran, allerdings ohne sich rechtssystematisch entsprechend zu konsolidieren.

Deshalb wird heutzutage der „Niedergang des Einkommensteuerrechts" beklagt[81]. Die Ergiebigkeit der Einkommensteuer ist die offene Flanke ihrer Gerechtigkeit: Steuervermeidungskunst, die nicht nur dem dummen oder denkfaulen Steuerzahler, sondern auch dem Lohnsteuerzahler, dem unattraktiven Steuermandanten unzugänglich ist, übermäßiger Verwaltungs- und Beratungsaufwand, die Flut der Steuerprozesse, Steuerflucht- und Steuerhinterziehungssyndrome, Defizite des Rechtsbewußtseins, zivilrechtlich unzweckmäßige Vertragsgestaltungen, kapitalfehlleitende Steuerminimierungsstrategien, überkomplizierte Steuervermeidungsvorschriften, Schattenwirtschaft und das Absinken der volkswirtschaftlich wichtigen Leistungsbereitschaft, (höheres) Einkommen zu erzielen, kennzeichnen die überhöhte Steuerbelastung des Einkommens. Somit ist die dritte geschichtliche Epoche der Einkommensteuer angebrochen: Ideologisch vorbereitet durch Steuerverweigerungsbewegungen in Frankreich, Dänemark und den USA[82] setzt nunmehr nach der sog. amerikanischen Steuerrevolution[83] weltweit eine Tarifsenkungsgesetzgebung ein.

Die deutsche „Tarifrevolution" (s. S. 391 f.) durch das Steuerreformgesetz 1990 folgte dem internationalen Trend.

b) In engem Zusammenhang mit dem Gerechtigkeitsverlust bei der Besteuerung von Einkommen wird die Frage diskutiert, ob und gegebenenfalls inwieweit Steuern *Umverteilungsfunktion* haben dürfen, und es wird darüber reflektiert, ob die Höhe der Besteuerung verfassungsrechtlichen Grenzen unterworfen ist[84]. Dazu ist folgendes festzustellen:

aa) Zunächst wird man den Umverteilungszweck der Steuer nicht schlechthin leugnen können. Der Staat erhebt Steuern nicht nur für den eigenen Organisations-

---

EStG 1925, Einleitung, III.: Abriß der Geschichte der Einkommensteuer, 55 ff.; *H. Teschemacher,* Die Einkommensteuer und die Revolution in Preußen, Tübingen 1912; *Edwin R. A. Seligman,* The Income Tax[2], New York 1914 (Neudruck 1970); *F. K. Mann,* Steuerpolitische Ideale, Jena 1937 (Neudruck 1978); *F. Neumark,* Theorie und Praxis der modernen Einkommensbesteuerung, Bern 1947; *Ruppe,* in: HHR, Einf. ESt; *W. R. Walz,* Steuergerechtigkeit und Rechtsanwendung, Heidelberg/Hamburg 1980, 17 ff.

78 Die Steuerlast erhöhte sich jedoch durch die sehr unterschiedlichen Kommunalzuschläge. I.d.R. lag die Spitzenbelastung bei 10 Prozent, in einzelnen Gemeinden bei 12 Prozent. Dazu *J. Popitz* (Fn. 71), 439 ff.
79 BGBl. I 88, 1093; BStBl. I 88, 224.
80 Die *Bismarck*'schen Sozialversicherungsgesetze traten in den achtziger Jahren des 19. Jahrhunderts, also nahezu zeitgleich mit der ersten progressiven deutschen Einkommensteuer des preußischen EStG 1891 in Kraft.
81 Dazu eindrucksvoll *A. Raupach,* Niedergang des deutschen Einkommensteuerrechts, Möglichkeiten der Neubesinnung (Fn. 71), 15 ff.
82 Dazu *K. Vogel,* Rechtfertigung der Steuern, Der Staat 86, 483; *ders.,* Verfassungsgrenzen für Steuern und Staatsausgaben?, in: FS für Maunz, München 1981, 415 ff.; *C. Folkers,* Begrenzungen von Steuern und Staatsausgaben in den USA, Baden-Baden 1983.
83 Dazu *Tipke,* Einkommensteuer-Fundamentalreform, StuW 86, 150; *J. Lang,* Die einfache und gerechte Einkommensteuer, Köln 1987, 2 ff. (m.w.N.).
84 Dazu grundlegend *K. Vogel* (Fn. 82); *ders.,* Der Finanz- und Steuerstaat, in: Isensee/Kirchhof (Hrsg.), HStR I, 1151, 1183 ff.; *ders.,* Das ungeschriebene Finanzrecht des Grundgesetzes, in: Gedächtnisschrift für W. Martens, Berlin/New York 1987, 273 ff.; *H. H. von Arnim,* Besteuerung und Eigentum, VVDStRL Bd. 39 (1981), 286 ff. Im weiteren *K.-G. Loritz,* Das Grundgesetz und die Grenzen der Besteuerung, NJW 86, 1 ff.; *H. Draschka,* Steuergesetzgebende Staatsgewalt und Grundrechtsschutz des Eigentums, Heidelberg 1982.

und Schutzbedarf. Sein Finanzbedarf erstreckt sich auch auf die sog. Transferleistungen. Jede Auszahlung an den Bürger und seine Privatinstitutionen ist Teil eines *staatlichen Umverteilungsaktes*. Dies ist ein Faktum, keine Frage der definitorischen Bewertung.

bb) Wenn man nunmehr das Faktum der Umverteilung kritisch betrachtet, so sind folgende drei Aspekte auseinanderzuhalten:

– Die historische Herkunft der Einkommensteuer als Kriegssteuer belegt, daß es einen *unabweisbaren, außergewöhnlichen Finanzbedarf* des Staates gibt, der hohe, tief in die Vermögenssphäre eingreifende Steuern rechtfertigt. Der Rechtfertigungsgrund für die Höhe von Steuerlasten sind außergewöhnliche Ereignisse wie etwa Krieg oder Katastrophen, bei denen der staatliche Finanzbedarf das Überleben der staatlichen Gemeinschaft sichern soll.

– Das Wertesystem des Sozialstaats, in dessen Mittelpunkt die Menschenwürde steht, verpflichtet zur Beseitigung von Armut. Für einen reichen Industriestaat wie die Bundesrepublik gibt es keine Exkulpation, wenn in seinen Grenzen Armut existiert. Bei der Verwirklichung des Sozialstaats haben die Steuern notwendig Umverteilungsfunktion.

– Von der *sozialstaatlich notwendigen* Umverteilung ist die *überflüssige* Umverteilung infolge Subventionswildwuchses zu unterscheiden. Die überflüssige Umverteilung kennzeichnet sowohl die Krise des Sozial- und Wohlfahrtsstaats als auch die Krise des Steuerstaats.

Die Ausuferung des Steuer- und Sozialstaats zwingt dazu, die Rechtfertigung von Steuern neu zu thematisieren[85]. Die Senkung der Steuerlasten und der Subventionsabbau sind historisch notwendige Sanierungsmaßnahmen. Das Redistributionspostulat als Teil sozialer Gerechtigkeit hat viel von seinem alten Glanz eingebüßt. Die Umverteilung geschieht in der Hauptsache nicht mehr zwischen Reich und Arm, zwischen wirtschaftlich Leistungsfähigen und wirtschaftlich Bedürftigen, sondern vielmehr zwischen den Angehörigen einer breiten, sozial abgesicherten Mittelschicht. Den bedeutendsten Teil der Steuerlasten tragen die Lohnsteuerzahler. Für die Bevölkerungsgruppe der Arbeitnehmer haben die Politiker aber auch in erster Linie das sog. Netz der sozialen Sicherheit geknüpft.

Hier setzt die steuerwissenschaftliche Kritik an: Wo zum Zwecke wahltaktischer Profilierung mit Verwaltungsaufwand dorthin gegeben wird, wo es vorher mit Verwaltungsaufwand genommen worden ist, wo „der Staatsapparat leerläuft, wo Funktionäre sich vorzugsweise selber versorgen, wo Aufgaben wahrgenommen werden, die eine private Wirtschaft billiger (vielleicht sogar gerechter) bewältigen würde"[86], wo Steuermittel verschwendet werden[87], da können und müssen die Steuerlasten zurückgenommen werden. Subventionen und Steuervergünstigungen müssen nach

---

85 Grundlegend *K. Vogel* (Fn. 84).
86 *K. Vogel,* Der Finanz- und Steuerstaat (Fn. 84), 1180.
87 Dazu *K. Tipke,* Steuergerechtigkeit in Theorie und Praxis, Köln 1981, 171 ff.; *H. H. von Arnim* (Fn. 84), 311 ff.; *ders.,* Begrenzung öffentlicher Ausgaben durch Verfassungsrecht, DVBl. 85, 1286 ff.

dem Übermaßverbot[88] gekürzt bzw. beseitigt werden[89]. Dem Nehmen des Staates nach dem Leistungsfähigkeitsprinzip (s. S. 57 ff.) hat das Geben des Staates nach dem Bedürfnisprinzip und dem Verdienstprinzip (s. S. 60) zu entsprechen. Die Beseitigung von Armut ist etwas anderes als die Umverteilung von Wohlstand, den die Fleißigen verdient haben. Insofern entspricht eine umverteilende Steuer „nicht dem Prinzip freiheitlichen Erwerbens, das Einkommensunterschiede als Erfolg individueller Freiheitsbetätigung anerkennt"[90].

3. Steuern auf den Vermögensbestand

a) Die Besteuerung des Vermögens rechtfertigt das BVerfG[91] allgemein mit der zählebigen finanzwissenschaftlichen Differenzierung zwischen „fundiertem" Vermögenseinkommen und „unfundiertem" Arbeitseinkommen. Es sei verfassungsrechtlich nicht zu beanstanden, „wenn das in der Regel weitgehend ‚leistungslos' aus dem Vermögen fließende Einkommen durch die Einkommen- und Vermögensteuer stärker besteuert wird als das Einkommen, das aus der Verwendung der Arbeitskraft fließt." Die Klischees der leicht und sicher verdienten Vermögenseinkünfte und der unsicheren, schwer verdienten Arbeitseinkünfte haben sich überlebt. Arbeitnehmer genießen ein hohes Maß an sozialer Sicherheit. Sport-, Film- und Fernsehstars erwirtschaften mitunter in sehr kurzer Zeit horrend hohe „Arbeitseinkünfte". Schließlich ist der moderne Industriestaat auf den produktiven Einsatz von (risikobehaftetem) Kapital angewiesen; diesem Kapitalbedarf wirkt die Substanz-Ertragbesteuerung (s. S. 163) entgegen.

b) Daher erfahren die Substanz-Ertragsteuern (Vermögensteuer, Gewerbekapitalsteuer, Grundsteuer) wegen ihrer unternehmensschädlichen Auswirkungen zu Recht heftige wirtschaftswissenschaftliche Kritik[92]. Im wesentlichen werden folgende Einwände erhoben:

aa) Steuern, die an eine Soll-Ertragskraft anknüpfen (s. S. 163), begünstigen prinzipiell den wirtschaftlich Tüchtigen, den Untüchtigen bringen sie hingegen leicht zum wirtschaftlichen Exitus. Solange die Volkswirtschaft prosperiert, mag man die ertragsunabhängige Besteuerung als Instrument für die Auslese überlebenstüchtiger Betriebe rechtfertigen können. Indessen negiert der Soll-Ertragsteuergedanke, daß

---

88 Dazu *J. Lang* (Fn. 83), 32 ff.; *ders.*, StuW 87, 248 ff.; *K. Vogel*, Begrenzung von Subventionen durch ihren Zweck, in: FS für Ipsen, Tübingen 1977, 539, 543 f.
89 Dazu auch *K. Tipke*, StuW 88, 272 ff. (m.w.Nachw.). Umfassend *V. Stern/G. Werner*, Subventionsabbau, Notwendigkeit und Möglichkeiten, Karl-Bräuer-Institut des Bundes der Steuerzahler e. V., Wiesbaden 1987.
90 *P. Kirchhof*, Gutachten F zum 57. Deutschen Juristentag, München 1988, 22. Vgl. auch *P. Kirchhof*, StuW 85, 325.
91 BVerfGE 43, 1, 7.
92 *K. Barth*, Wird das deutsche Vielsteuersystem in seiner heutigen Gestalt den Anforderungen an eine tragbare Unternehmensbelastung gerecht?, DStR 76, 299; *R. Curtius-Hartung*, Die Substanzsteuerbelastung, StbJb. 1987/88, 9; *G. Rose*, Ärgernis Substanzbesteuerung, FR 75, 77; *ders.*, FR 76, 389; *ders.*, FR 77, 537; *H. Vogel*, Die Überlastung der Unternehmen durch ertragsunabhängige Steuern – zur Notwendigkeit einer Reform, in: FS für H. Meilikke, Berlin/Heidelberg/New York/Tokyo 1985, 124 ff.; *K. Schelle*, Vermögensteuer, Ein Störfaktor im Steuersystem, Karl-Bräuer-Institut, Wiesbaden 1990; *Fischer*, B 89, 389.

auch wirtschaftlich gesunde Unternehmen in Rezessionszeiten und in Phasen der Umstrukturierung (insb. bei der Erschließung neuer Märkte) gewinnlos sein können und zudem alle Liquidität benötigen, um im Wettbewerb bestehen zu können. Deshalb besteht das eigentliche Ärgernis der ertragsunabhängigen Besteuerung von Vermögen darin, daß diese Besteuerung besonders in den kritischen Phasen unternehmerischer Tätigkeit in die Vermögenssubstanz eingreift und dadurch existenzbedrohlich werden kann. Insofern kann der durch Substanzbesteuerung verursachte einzel- und volkswirtschaftliche Schaden weit größer werden als das Substanz-Ertragsteueraufkommen.

bb) Die ertragsunabhängige Besteuerung wirkt *investitionshemmend*[93]. Sie ist mitverantwortlich für die *niedrige Eigenkapitalquote deutscher Unternehmen*. Die aktuell noch gut entwickelte internationale Wettbewerbsfähigkeit deutscher Unternehmen verdeckt den Umstand, daß der Steuerstaat die Finanzkraft deutscher Unternehmen ausgehöhlt hat.

cc) Schließlich belastet die ertragsunabhängige Besteuerung die Kapitalgesellschaft stärker als das Personenunternehmen[94]. Um die Substanz-Ertragsteuern (VSt, GewKapSt, GrSt) entrichten zu können, muß ein Personenunternehmen 1,88 Prozent des steuerlich anzusetzenden Betriebsvermögens erwirtschaften, eine Kapitalgesellschaft 3,45 Prozent[95]. Damit konterkariert das Steuerrecht den ökonomischen und zivilrechtlichen Zweck einer „Kapital"gesellschaft.

c) Verfassungsrechtlich wird das Substanzsteuerproblem eher zu vorsichtig beurteilt[96]. Das BVerfG[97] hat die Verfassungsbeschwerde einer AG, die die Vermögensteuer wegen der substanzsteuerlichen Gesamtbelastung nicht aus Gewinnen entrichten konnte, nicht zur Entscheidung angenommen, da Art. 14 GG nicht verletzt sei, und auf die Möglichkeit eines Billigkeitserlasses verwiesen[98].

K. H. Friauf[99] rügte zu Recht, daß der „bequeme Hinweis" auf die Billigkeitsmaßnahme unter keinen Umständen dazu dienen dürfe, den Gesetzgeber aus der Verpflichtung zu entlassen, durch Ausgestaltung der gesetzlichen Tatbestände den grundrechtlichen Anforderungen Rechnung zu tragen. In der Tat erscheint es verfehlt, die Verfassungsmäßigkeit der gesetzlich entstandenen Steuerschuld mit einer Maßnahme retten zu wollen, die von einer behördlichen Entscheidung abhängig ist. Dieser Lösungsansatz akzeptiert, daß zunächst einmal eine verfassungswidrige Steuerschuld entsteht. Der Gesetzgeber sollte Höchstbelastungsgrenzen einfüh-

---

93 Vgl. *B. Gutting,* Der Einfluß der Gemeindesteuern auf die Finanzierungs- und die Investitionsentscheidungen von Unternehmen, FinArch. Bd. 45 (1987), 25; *Andreas A. Georgi,* Steuern in der Investitionsplanung, Eine Analyse der Entscheidungsrelevanz von Ertrag- und Substanzsteuern, Hamburg 1986.
94 Dazu insb. *G. Rose* und *R. Curtius-Hartung* (Fn. 92).
95 *R. Curtius-Hartung* (Fn. 92), 16, 20.
96 Vgl. etwa m.w.Nachw. *P. Kirchhof,* VVDStRL Bd. 39 (1981), 273 („Die Besteuerung eines ertraglosen und eines mit Verlust arbeitenden Eigentums ist nicht schlechthin verfassungswidrig").
97 NJW 76, 101.
98 Dazu *K. H. Friauf,* Substanzeingriff durch Steuer-Kumulation und Eigentumsgarantie, StuW 77, 59; *P. Kirchhof,* Die Verpflichtung zum Steuererlaß in Härtefällen, Deutscher Steuerberatertag 1980, 81, 91 ff. (die Billigkeit als ergänzendes Tatbestandsmerkmal).
99 A.a.O. (Fn. 98).

ren. So darf die Gesamtbelastung der Einkommensteuer und der Vermögensteuer in Schweden grundsätzlich 85 Prozent, in Norwegen 80 Prozent des zu versteuernden Einkommens nicht übersteigen. De lege lata beruht der Grundsteuererlaß wegen wesentlicher Ertragsminderung nach § 33 GrStG auf einem *allgemeinen Rechtsgrundsatz, der für alle Substanzsteuern gilt.*

4. Steuern auf die Verwendung von Einkommen und Vermögen

4.1 Besteuerung des Einkommens oder des Konsums?

a) Traditionell wird direkten Steuern auf das Einkommen eine wesentlich höhere Gerechtigkeitsqualität zugewiesen als den indirekten Steuern auf den Konsum. Steuern auf das Einkommen besteuern grundsätzlich denjenigen, dessen objektive und subjektive Leistungsfähigkeit sie zum Maßstabe genommen haben[100]. Hingegen belasten indirekte Steuern auf den Konsum die ärmere Bevölkerung mehr als die reiche, kinderreiche Familien mehr als Junggesellen. Sie wirken regressiv, d. h. sie belasten die Gruppen mit niedrigem Einkommen relativ stärker, weil diese einen höheren Anteil ihres Einkommens verbrauchen und damit, gemessen an ihrem Einkommen, in höherem Maße mit Verbrauchsteuern belastet sind. Das trifft Familien am härtesten, für die Einkommen identisch ist mit konsumiertem Einkommen. Die regressive Wirkung der Verbrauchsteuern hat die Linke schon früh veranlaßt, die allgemeine Einkommensteuer zu präferieren und die Verbrauchsteuern als unsozial zu bekämpfen[101].

b) Heute ist ein Meinungswandel bei der steuersystematischen und politischen Bewertung der Konsumbesteuerung zu beobachten.

Ende des 19. Jahrhunderts ging es darum, den Steuern auf das Einkommen und Vermögen überhaupt erst einen angemessenen Platz im Steueraufkommen zu verschaffen. Die Entwicklung der Steueraufkommen im 20. Jahrhundert ist jedoch in allen Industriestaaten, die über eine effiziente Steuerverwaltung verfügen, von einem Übergewicht der Steuern auf das Einkommen und Vermögen über die Steuern auf die Verwendung von Einkommen und Vermögen geprägt. Dadurch ist Ende des 20. Jahrhunderts die Gerechtigkeitsqualität der progressiven Einkommensteuer an manchen Stellen brüchig geworden. Besonders der Steuerwiderstand gegen die Tarifprogression und die mit ihr verknüpften Gestaltungsanreize und -zwänge haben die Erkenntnis reifen lassen, daß die Besteuerung der Einkommen i. S. d. Reinvermögenszugangstheorie und der Vermögen keineswegs die Gerechtigkeit und Wohlfahrt verbürgt, von denen die Sozialisten Ende des 19. Jahrhunderts träumten. Heute plädieren auch Sozialdemokraten für eine stärkere Konsumorientierung des Steuersystems.

---

[100] *J. Popitz* (Fn. 71), 402, hebt hervor, daß die Einkommensteuer „die Steuerpflichtigen endgültig nach Maßgabe ihrer Leistungsfähigkeit trifft, daß die Steuerpflichtigen sich also nicht durch Überwälzung von der sorgfältig nach ihrem Anteil am Sozialprodukt berechneten Steuer wieder befreien können..."

[101] Dazu *K. Frantz,* Die sociale Steuerreform als die conditio sine qua non, wenn der socialen Revolution vorgebeugt werden soll, Mainz 1881, Neudruck Aalen 1972; *Ferdinand Lassalle,* Die indirekte Steuer und die Lage der arbeitenden Klassen, Berlin 1912. – Wegen dieser Schrift wurde Lassalle 1863 strafgerichtlich verfolgt. Bekannt geworden ist seine Verteidigungsrede vor dem Königlichen Kammergericht zu Berlin gegen die Anklage, „die besitzlosen Klassen zum Haß und zur Verachtung gegen die Besitzenden öffentlich angereizt zu haben". – Zu dieser Verteidigungsrede s. die kritische Würdigung von *F. Neumark,* Lassalles Steuerstreitschrift, 1863–1963, FinArch. Bd. 23 (1963/64), 66 ff.

Der internationale Kongreß „Konsumorientierte Neuordnung des Steuersystems"[102], der 1989 in Heidelberg stattfand[103], repräsentiert das weltweite Umdenken. Ausgangspunkt ist die immer mehr Anhänger findende Überzeugung, daß sich die Produktivität einer Volkswirtschaft letztlich im individuellen Konsum niederschlägt und daß folglich Steuerlasten nach allen Überwälzungen vom Konsumenten zu tragen sind. Die Konsequenz dieser Auffassung ist die bereits oben (S. 156) erwähnte *Ausgabensteuer,* wie sie wegweisend von *Fisher* und *Kaldor* konzipiert wurde[104]. Mit dem Konzept der Ausgabensteuer wurde zugleich die Idee der Alleinsteuer (s. S. 146 Fn. 2) erneuert.

Die Idee der Ausgabensteuer als Alleinsteuer erscheint gegenwärtig wohl als utopische Extremposition. Indessen läßt es sich nicht mehr von der Hand weisen, daß die *unterschiedslose Besteuerung der investierten und konsumierten Einkommen,* wie sie durch die Reinvermögenszugangstheorie vorgegeben ist, marktwirtschaftlich falsch ist, weil sie das Sparen und Investieren zu stark hemmt und überdies den Staat dazu anreizt, durch punktuelle Investitionsförderungsmaßnahmen den Markt fehlzulenken. Die internationale Absenkung der Körperschaftsteuersätze führt bereits im Ergebnis dazu, daß die thesaurierten Einkommen niedrig proportional und die für den Privatkonsum verfügbaren Einkommen progressiv besteuert werden. Dadurch entsteht im Interesse der Steuergleichheit und der Steuerneutralität das Bedürfnis, *alle investierten (gesparten/ thesaurierten) Einkommen einheitlich proportional* zu besteuern und den progressiven Tarif für die Einkommen vorzubehalten, die für den Privatkonsum verfügbar sind, zumal die Rechtfertigung des progressiven Tarifs ohnehin an den privaten Konsumfonds anknüpft und die progressive Besteuerung für das investierte Einkommen unangemessen ist[105]. Die hohe Steuerbelastung der investierten Einkommen in Japan und der BRD belegt nur, daß die Wirtschaft stark genug ist, ein falsches Steuersystem verkraften zu können. Die ostdeutsche Wirtschaft ist dazu nicht in der Lage, so daß die niedrige proportionale Besteuerung *aller* investierten Einkommen in Ostdeutschland richtig wäre (s. S. 186 f.).

Eine stärkere Konsumorientierung des Steuersystems ist nicht nur marktwirtschaftlich, sondern auch *sozialethisch* geboten. Besonders die Bürger reicher Industriestaaten konsumieren zuviel auf Kosten der Umwelt, der Länder der Dritten Welt und der nächsten Generationen. Dem rüden, zerstörerischen Umgang mit der Umwelt und der Rohstoffplünderung muß Einhalt geboten werden. Die neuen gesellschaftlichen Verantwortlichkeiten[106] sind auch für die Besteuerung relevant[107].

Indessen sollte man das Kind nicht mit dem Bade ausschütten. Die einseitige Ausrichtung der Besteuerung am Konsum würde wieder die alten Gerechtigkeitsdefizite und sozialen Spannungslagen erzeugen, welche die direkte Besteuerung der Einkommen und Vermögen beseitigt hat. Im Prinzip geht es darum, die Vorzüge eines Vielsteuersystems zu wahren. Dabei müssen bezüglich der Verwendung von Einkommen und Vermögen folgende drei Konsumtypen auseinandergehalten werden:

---

102 Tagungsband: *M. Rose* (Ed.), Heidelberg Congress on Taxing Consumption, Berlin/ Heidelberg/New York/London/Paris/Tokyo/Hongkong 1990, with Contributions by *H. J. Aaron, C. L. Ballard, R. Boadway, G. Brennan, J. M. Buchanan, B. Genser, J. Kay, G. Krause-Junk, J. Lang, C. E. McLure, D. C. Mueller, P. B. Musgrave, R. A. Musgrave, M. Rose, C. Seidl, P. B. Sorensen, R. E. Wagner, G. R. Zodrow.* Siehe auch *M. Rose,* Argumente zu einer „konsumorientierten Neuordnung des Steuersystems", StuW 89, 191.
103 Programm siehe StuW 89, 95/96. Bericht: *M. Rose,* StuW 90, 88 ff.
104 *I. Fisher/H. Fisher,* Constructive Income Taxation, A Proposal for Reform, New York/ London 1942; *N. Kaldor,* An Expenditure Tax, London 1955.
105 Dazu näher *J. Lang,* StuW 90, 107; *ders.,* Taxing Consumption from a Legislative Point of View, in: M. Rose (Fn. 102), p. 273–332; *ders.,* International Harmonization of Enterprise Taxation, in: Keio University (Ed.), The anticipated Legal Problems and the Role of the Science of Jurisprudence in the 21st Century, Tokyo 1991.
106 Überzeugend *H. Jonas,* Das Prinzip Verantwortung, Versuch einer Ethik für die technologische Zivilisation, Frankfurt 1979.
107 Dazu näher *J. Lang* (Fn. 105).

- Der existentiell notwendige Lebensbedarf des Steuerpflichtigen und seiner Familie muß für den steuerlichen Zugriff tabu sein (s. S. 55). Das gilt für die Einkommensteuer (s. S. 210, 212 ff.) wie für indirekte Konsumsteuern. Art. 19 II der Kantonsverfassung von Zürich (von 1917) verbietet es, Steuern auf den Konsum unentbehrlicher Lebensmittel zu legen. § 14 UStG 1919 sah eine Steuervergütung für Bezieher niedriger Einkommen vor[108]. Die Ausgleichsfunktion der Sozialhilfe dürfte nicht mehr ausreiche, wenn die Konsumbesteuerung ausgebaut wird. Es müßten Konsumsteuervergütungen für öffentliche und private Wohlfahrtseinrichtungen eingeführt werden, die sozial Bedürftige beliefern. Die Einführung der Erdgassteuer aktiviert einen solchen Reformbedarf.
- Steuerlich belastungsfähig ist also nur der Konsum, der über dem Existenzminimum liegt. Die Vertreter einer konsumorientierten Besteuerung haben vornehmlich die Belastung des gehobenen Lebensbedarfs im Auge[109].
- Steuerlich sonderbelastungswürdig ist der sozial- und umweltschädliche Konsum. Nach diesen Kriterien lassen sich insb. spezielle Verbrauchsteuern rechtfertigen.

4.2 Die Umsatzsteuer als Kompensationssteuer zur Einkommensteuer

Die Umsatzsteuer ist die allgemeine Konsumsteuer. Der Vergleich ihrer Eigenschaften mit denen der Einkommensteuer ergibt folgendes[110]:

a) Die Einkommensteuer berücksichtigt die persönlichen Verhältnisse und schmiegt sich dadurch besser an die individuelle Leistungsfähigkeit an. Die Umsatzsteuer tut das nicht oder durch ermäßigte Steuersätze nur sehr bedingt. Bei beiden Steuerarten besteht indessen der Reformbedarf, die Steuerfreiheit des Existenzminimums zu verwirklichen. Gleichwohl hat die Einkommensteuer prinzipiell eine *höhere Gerechtigkeitsqualität* als die Umsatzsteuer.

b) Einkommensteuer und Umsatzsteuer sind die gegenwärtig mit Abstand ergiebigsten Steuerarten; sie stellen daher die beiden tragenden Säulen des Steueraufkommens dar.

c) Die Ergiebigkeit der Einkommensteuer ist jedoch teuer erkauft. Sie ist mit starken Gerechtigkeitsverlusten verknüpft (s. oben S. 170) und beeinträchtigt die formelle Rationalität (Unmerklichkeit, Praktikabilität) der Steuer sehr. Die Einkommensteuer ist besonders merklich. Sie kommt nicht ohne Eindringen in die persönlichen Verhältnisse aus; das und die Progression fordern zum Steuerwiderstand heraus. Steuerhinterziehungen werden ohne Unrechtsbewußtsein begangen, was der Gesetzgeber im Bereich der Zinsbesteuerung sogar sanktioniert hat (s. S. 182, 356 f.).

Die Umsatzsteuer ist unmerklich. Persönliche Verhältnisse sind weitgehend irrelevant. Die Steuerschuldner (Unternehmer) überwälzen die Umsatzsteuer; Steuerträger haben keine Hinterziehungsmöglichkeiten. Allerdings kommt Steuerhinterziehung auch im Umsatzsteuerbereich vor. Die sog. Schatten- oder Untergrundwirtschaft hinterzieht auch die Umsatzsteuer. Konkurrenzgründe verführen auch die legale

---

108 Dazu K. *Tipke,* Die Umsatzsteuer im Steuersystem, UStR 72, 2.
109 So z.B. D. *Schneider,* Gewinnermittlung und steuerliche Gerechtigkeit, ZfbF 71, 352, 360: „Wer sich eine hohe Bedürfnisbefriedigung leistet, soll entsprechend seiner persönlichen Bedürfnisbefriedigung zur Finanzierung öffentlicher Bedürfnisse beitragen. Dieser Leitsatz zur Steuerbemessung scheint ethisch fundiert zu sein und so eine gute Grundlage für eine ‚gerechte' Besteuerung zu bieten."
110 Dazu grundlegend K. *Tipke,* Steuerrechtswissenschaft und Steuersystem, in: FS für G. Wacke, Köln 1972, 211, 228 (m.w.Nachw.).

Wirtschaft zur Steuerhinterziehung, soweit sie für den privaten Bereich tätig wird und der Leistungsempfänger keine Rechnung benötigt.

d) Die Einkommensteuer bereitet erhebliche, die Umsatzsteuer geringere Ermittlungsschwierigkeiten. Die Einkommensteuer strapaziert von allen Steuern in höchstem Maße die Institutionen des Rechtsschutzes. Auf der Seite des Steuerpflichtigen verschlingt die Einkommensteuer den umfänglichsten Buchführungs-, Verwaltungs- und Beratungsaufwand. Demnach ist die Einkommensteuer eine *unpraktikable*, die Umsatzsteuer eine relativ praktikable Steuer.

Die Umsatzsteuer ist demnach besonders gut geeignet, die einkommensteuerlichen *Defizite formeller Rationalität* auszugleichen. Sie ist daher *unverzichtbare Kompensationssteuer zur Einkommensteuer*. U. E. ergibt der Vergleich der Einkommensteuer und der Umsatzsteuer sogar, daß die Umsatzsteuer wegen ihrer hohen Ergiebigkeit und gleichwohl hohen formellen Rationalität in der Gesamtbewertung gegenwärtig besser abschneidet als die Einkommensteuer; deren Gerechtigkeitsqualität kann u. E. aus den oben genannten Gründen nicht so hoch angesetzt werden, daß sie die Defizite formeller Rationalität auszugleichen vermag. Die Einkommensteuer ist also in ihrem gegenwärtigen Zustand – insb. mit Blick auf die *Bemessungsgrundlage* (s. unten S. 182) – als „Königin der Steuern" entthront.

4.3 Zur Rechtfertigung der speziellen Verkehrsteuern

Es gibt zahlreiche Theorien zur Rechtfertigung der speziellen Verkehrsteuern[111]. Dabei wird besonders die Unmerklichkeit der Steuererhebung hervorgehoben. Die formelle Rationalität der Steuer kann jedoch nicht die materielle Rationalität ersetzen. Nach Auffassung des BFH[112] haben die speziellen Verkehrsteuern keinen tieferen Sinn als den, dem Staate Geld zu bringen. Die materielle Rationalität der speziellen Verkehrsteuern soll sich also in ihrer Ergiebigkeit erschöpfen. Spezielle Verkehrsteuern brauchen mithin nach Auffassung des BFH nicht gerecht zu sein.

Nicht die materielle, sondern die formelle Rationalität der Verkehrsteuern betrifft der Rechtfertigungsversuch von *Mirre*[113], der die Verkehrsteuern wie folgt erklärt und gerechtfertigt hat:

---

111 *Friedr. Klein* führt in einer Zusammenstellung der verschiedenen Auffassungen zwölf verschiedene Rechtfertigungsversuche auf (Handbuch der Finanzwissenschaft, Bd. 2[2], Tübingen 1956, 601, 608 ff.). Dazu auch *Schnädter*, Sind Verkehrsteuern nur eine Unterart der Verbrauchsteuern?, DVR 84, 66.
112 BStBl. 73, 94, 96.
113 *Mirre*, Allgemeine Steuer-Rundschau 22, 296; *ders.*, in: Handbuch der Finanzwissenschaft, Bd. 2, Tübingen 1927, 274, 280; *ders.*, Handkommentar der Reichssteuergesetze, VII: Das Kapitalverkehrsteuergesetz vom 8. April 1922, Stuttgart 1927, § 1 Anm. 1.
Wie Mirre *F. Reinhardt*, Die Verkehrsteuern, Berlin 1937, 4; *Boruttau/Schadeck*, Grundriß der Kapitalverkehrsteuer[2], Stuttgart 1964, 57 f.; *Gambke/Flick*, Versicherungsteuergesetz[4], Köln/Berlin/Bonn/München 1966, § 1 Anm. 1 a. Hingegen haben entgegen Mirre auch die Verkehrsteuern mit der steuerlichen Leistungsfähigkeit verknüpft: *Huntgeburth*, Die Beurteilung der Verkehrsteuern im deutschen Steuersystem, Diss. rer. pol. Köln 1928; *L. Kessler*, Über das Wesen der Verkehrsbesteuerung, Jena 1929, 83 ff., 102–111; *F. Klein*, in: Handbuch der Finanzwissenschaft, Bd. 2[2], Köln 1956, 601, 611 ff.; *K. Vogel*, StuW 71, 308, 310 f.; *Tipke*, in: FS für G. Wacke, Köln 1972, 211, 222 ff.; *Tipke*, UStR 72, 2; *Schaumburg*, StuW 73, 15 ff.; *Söhn*, StuW 75, 1 ff.

§ 8 Steuerarten; Einführung

Der Abschluß von Rechtsgeschäften bringe den Parteien regelmäßig Vorteile, die es ermöglichten, die Rechtsgeschäfte mit einer Steuer zu belasten, ohne daß dadurch der Abschluß unmöglich gemacht werde. Dabei bewerte der Kaufinteressent den Gegenstand regelmäßig höher als der Verkaufsinteressent. Die Bewertungsdifferenz könne die *Staatskasse* für sich *ausnutzen.*
Diese sog. *Bewertungsdifferenztheorie* von *Mirre* ist sicher schon im Tatsächlichen in ihrer Allgemeinheit nicht stichhaltig. Sie vermag im übrigen nur zu erklären, daß Verkehrsteuern im generellen ihre eigene Quelle nicht verstopfen, den Tatbestand, an den sie anknüpfen, im allgemeinen nicht inhibieren, daß also durch Anknüpfung an Rechtsverkehrsakte für den Fiskus „etwas zu holen" sei. Diese Tatsache vermag aber nicht nur nicht zu begründen, daß Verkehrsteuern, zumal im Sinne des Leistungsfähigkeitsprinzips, gerechtfertigt sein; sie schafft nicht einmal das moralische Minimum, das man von einer Steuererhebung als *Rechtsakt* verlangen muß. Die Theorie verdunkelt auch, daß besteuert werden sollte, wer eine Leistung empfängt, wer insb. ein Grundstück, eine Aktie oder ein anderes Wertpapier erwirbt, wer sich versichert oder wer in der Lotterie spielt, kurzum, wer etwas aufwendet.

Bei Steuerreformen muß also bedacht werden, daß die Gerechtigkeitsqualität spezieller Verkehrsteuern im allgemeinen nicht nachzuweisen ist. So sind die Börsenumsatzsteuer mit Wirkung zum 1. 1. 1991 (s. S. 599) und die Gesellschaftsteuer mit Wirkung zum 1. 1. 1992 (s. S. 595) zu Recht abgeschafft worden. Naheliegend ist auch die Integration spezieller Verkehrsteuern in das Umsatzsteuersystem (vgl. § 4 Nrn. 8 e, f; 9; 10 UStG). Zu rechtfertigen ist aber z. B. die Kraftfahrzeugsteuer: Sie ist direkte Aufwandsteuer und Kompensationssteuer zur Mineralölsteuer und kann daher in einem umweltschützenden Sonderbelastungssystem gerechtfertigt werden.

4.4 Zur Rechtfertigung der speziellen Verbrauch- und Aufwandsteuern

a) Spezielle Verbrauch- und Aufwandsteuern belasten den Leistungsfähigkeitsindikator „Konsum". Jedoch verstößt es gegen eine *gleichmäßige* Besteuerung nach der Leistungsfähigkeit, beliebige (s. S. 166 Fn. 63) Waren willkürlich außer mit der Umsatzsteuer mit einer weiteren speziellen Verbrauchsteuer zu belasten oder beliebigen Aufwand zu besteuern. Spezielle Verbrauchsteuern sind ergiebig, unmerklich und verursachen geringen Verwaltungsaufwand[114], weil sie von wenigen Steuerschuldnern erhoben werden, die zudem nicht Steuerträger sind[115]. Diese positiven Eigenschaften substituieren jedoch nicht das Erfordernis der Gerechtigkeit. Daß die besonderen Verbrauchsteuern Finanzzwecken genügen, vermag sie für sich vor dem Gleichheitssatz nicht zu rechtfertigen (s. S. 609)[116]. Die Ungerechtigkeit willkürlicher Auswahl von Steuergütern ist die *Achilles*ferse der speziellen Verbrauch- und Aufwandsteuern.

Die Rechtsprechung will die *Hektor*rolle nicht übernehmen und befolgt den Grundsatz richterlicher Zurückhaltung gegenüber dem historischen Gesetzgeber. Sie akzeptiert die historisch überlieferte Auswahl der Steuergüter (s. oben S. 157) und praktiziert die produkttechnische Subsumtion (s. oben S. 166) und Rechtfertigung[117]. Sie akzeptiert, daß ein kleiner Teil der Lebensmittel, darunter lebensnotwendige

---

114 Dazu *R. Voß,* Strukturelemente der Verbrauchsteuern, DStJG Bd. 11 (1988), 261, 278 f. (Fiskalische Gesichtspunkte als tragendes Element der Verbrauchsteuern).
115 Zum Überwälzungseffekt als Essentiale der Verbrauchsteuer vgl. *F. Ossenbühl/U. di Fabio,* StuW 88, 349, 353 f. A. A. *A. Beermann,* Zur Charakterisierung der Verbrauchsteuern, DStJG Bd. 11 (1988), 283, 284 (kein notwendiges Merkmal der Verbrauchsteuern).
116 Dazu *K. Tipke,* BB 73, 157 ff.
117 BFHE 105, 554 f.; 135, 105, haben in den entschiedenen Fällen die Selektion von Waren für Verbrauchsteuerzwecke u. a. mit der unterschiedlichen *chemischen* Zusammensetzung rechtfertigen wollen. Im Steuerrecht geht es aber nicht um Chemie, sondern um Leistungs-

Güter wie Zucker und Salz, der Genußmittel, der Verbrauch- und Gebrauchsgegenstände besteuert wird, der Rest hingegen nicht (s. S. 606 ff.). Gleichheitssatzorientierte Fragen nach dem *Warum* würden das Verbrauch- und Aufwandsteuerkonglomerat zum Einstürzen bringen. Dies will die Judikatur offensichtlich nicht verantworten[118].

b) Indessen lassen sich spezielle Verbrauchsteuern als *Sozialzweck*steuern (s. oben S. 20 f.) rechtfertigen. Z. B. sind Alkohol und Tabak entbehrliche, gesundheits- und sozialschädliche (z. B. passives Rauchen, Belastung des Gesundheitswesens) Genußmittel. Ihre negativen Wirkungen zeigen sich insb. bei übermäßigem Genuß. Daher darf der Staat ihren Konsum durch *Sonderbelastung* einschränken. Der Finanzzweck der Tabaksteuer und der Alkoholsteuern wäre dann bloß Nebenzweck, der gesundheitspolitische Zweck Hauptzweck. Die gesundheitspolitische Zielsetzung wird indessen hinter den Fiskalzweck gesetzt[119].

In der Tat ist es zunächst Aufgabe des Gesetzgebers, ein konsistentes *Sonderbelastungssystem* zu entwickeln, das die Steuergüter folgerichtig nach den Sozialzweckprinzipien auswählt. Jede Art von Alkohol und jede Art von Genußmittel, das nicht unter den Arzneimittelbegriff fällt, müßten sonderbelastet werden.

4.5 Steuern zum Schutze der Umwelt (sog. Öko-Steuern)

Literatur: *G. Nagel,* Standards versus Steuern in der Umweltpolitik, Ein Vergleich unter Werturteilen, Berlin 1980; *D. Teufel,* Öko-Steuern als marktwirtschaftliches Instrument im Umweltschutz, Vorschläge zu einer ökologischen Steuerreform, ZRP 88, 373; *K. Schmidt* (Hrsg.), Öffentliche Finanzen und Umweltpolitik I und II, Berlin 1988 und 1989; *J. Jenetzky,* Abgaben als Instrument ökologischer Zielsetzungen, in: FS für FHF Baden-Württemberg, Stuttgart 1989, 111; *Karl-Bräuer-Institut des Bundes der Steuerzahler,* Sonderabgaben für den Umweltschutz?, Sieben Vorschläge auf dem Prüfstand, Wiesbaden 1990; *D. Gosch,* Juristische Beurteilung von Öko-Steuern, StuW 90, 201; *S. F. Franke,* Ökonomische und politische Beurteilung von Öko-Steuern, StuW 90, 217; *S. Wilhelm,* Ökosteuern, Ein Bericht über Vorschläge und Absichten der Parteien, BB 90, 751.

Sonderbelastungswürdig ist insb. der umweltschädliche Konsum. So haben die immer klarer zutage tretenden Gefahren, die der Menschheit aus der Verschmutzung der Umwelt erwachsen, in vielen Ländern, besonders in den EG-Mitgliedstaaten, heftige Debatten um die Einführung von Abgaben zum Schutze der Umwelt entfacht. Der Ausgangspunkt ist das ökologische Marktversagen, das ohne staatliche Ordnungspolitik nicht bewältigt werden kann. So besteht unbeschadet ideologisch unterschiedlicher Akzentuierungen Einigkeit darüber, daß der Staat der Marktwirtschaft einen ökologischen Ordnungsrahmen vorzugeben hat.

Streitig ist, auf welche Weise die erforderlichen Umweltstandards am effizientesten zu verwirklichen sind; durch Instrumente, die dem Bürger keinen ökonomischen Handlungsspielraum einräumen, wie Gebote, Auflagen, Verbote einschließlich straf- und haftungsrechtlicher Konsequenzen, oder durch Instrumente, mit denen umweltschonendes Verhalten auf freiwilliger Basis erreicht werden soll, wie öffentliche Appelle,

---

fähigkeit; die chemische Zusammensetzung ist *kein sachgerechter* (s. S. 50 ff.) Gesichtspunkt. Vgl. auch *Birk/Förster,* B 85, Beil. 17.
118 Vgl. die Beiträge von *R. Voß* (Fn. 114) und *A. Beermann* (Fn. 115).
119 Vgl. *R. Voß* (Fn. 114), 278 f., 280.

Werbekampagnen im Fernsehen, Absprachen zwischen Staat und Industrie sowie steuergesetzliche Maßnahmen.

Die Angemessenheit und Wirksamkeit der Instrumente hängt wesentlich davon ab, wie weit der Ist-Zustand vom Soll-Zustand entfernt ist. Gebote, Auflagen und Verbote dienen im wesentlichen dem Zweck, den gegenwärtig erreichten Stand der Technik zu sichern. Demgegenüber sind Instrumente, die dem Bürger den ökonomischen Handlungsspielraum belassen, geeigneter, den Stand der Technik zu verbessern, denn sie stimulieren die Kreativität des Menschen. Umweltbewußtsein wird auch besser durch freiwillige Einsichten und Überzeugungen als durch staatlichen Zwang vermittelt.

Öko-Steuern hat der britische Nationalökonom *Arthur Cecil Pigou*[120] bereits vor 70 Jahren gerechtfertigt. Er plädierte dafür, daß Kosten, die der *Gemeinschaft* durch individuelle Güternutzung und -verbrauch entstehen und die deshalb für das Individuum *externe* Kosten sind, mittels Besteuerung *internalisiert*, d. h. zu *internen Kosten des Individuums* gemacht werden. Tragender Grundsatz dieser Besteuerung ist das *Verursacherprinzip,* das jedoch nicht genau gehandhabt werden kann, da sich die tatsächlichen gegenwärtigen und zukünftigen Folgekosten umweltschädlichen Verhaltens kaum quantifizieren, geschweige denn individuell zurechnen lassen. Im Prinzip verdeutlicht die Öko-Steuer dem Konsumenten auf marktwirtschaftliche Weise die soziale Dimension der von ihm verursachten Kosten, ohne sie in vollem Umfange dem Konsumenten zuzuweisen.

Die gegenwärtige Steuerpolitik führt bereits *bestehende* Steuern ökologischen Rechtfertigungen zu[121]. So wird insb. die Mineralölsteuer zunehmend als Steuer zum Schutz der Umwelt gerechtfertigt[122]. Die Kraftfahrzeugsteuerbefreiung schadstoffarmer Pkw dient ebenfalls dem Umweltschutz[123]. Die Einführung *neuer* Öko-Steuern wird durch die Formenstrenge der Finanzverfassung begrenzt[124]. So scheiterte z. B. der Vorschlag einer kommunalen Getränkeverpackungssteuer an Einwänden aus Art. 105 II a GG[125].

Indessen sind *lokal* oder *regional* begrenzte steuergesetzliche Maßnahmen als Instrumente des Umweltschutzes relativ ineffizient, weil sie nur punktuell zu umweltfreundlichem Verhalten anreizen. Zudem ist es nicht zu rechtfertigen, wenn externe Kosten nur einem Teil der Konsumenten aufgebürdet werden. Die Aufgabe des Umweltschutzes kann nicht örtlich begrenzt werden, denn sie erstreckt sich letztlich auf den gesamten Lebensraum der Menschheit. Schließlich beeinträchtigt die lokale oder regionale Sonderbelastung von Unternehmen deren Wettbewerbsfähigkeit. Aus diesen Gründen erscheint es sachgerecht, die Internalisierung externer Kosten auf europäischer Ebene, also im Rahmen der *EG-Steuerharmonisierung* zu verwirklichen (s. auch S. 187 ff.).

---

120 The Economics of Welfare, London 1920.
121 Dazu ausf. *D. Dickertmann*, Maßnahmen für den Umweltschutz im Rahmen des bestehenden Steuersystems, Eine Bestandsaufnahme, in: K. Schmidt (Hrsg.), Öffentliche Finanzen und Umweltpolitik I, Berlin 1988, 91.
122 Vgl. *D. Dickertmann* (Fn. 121), 122 ff.
123 Siehe zuletzt das Gesetz zur Verbesserung der steuerlichen Förderung schadstoffarmer Personenkraftwagen vom 22. 12. 1989, BGBl. I 89, 2436.
124 Dazu *D. Gosch*, StuW 90, 206 ff.
125 Dazu *Werner/Zacharias*, B 84, 1283; *Osterloh/Brodersen*, JuS 86, 53; *J. Förster*, Die Verbrauchsteuern, Heidelberg 1989, 115 f.; *Benkmann/Gaulke*, ZKF 90, 98 ff. (m.w.N.).

E. Zur aktuellen Entwicklung des besonderen Steuerschuldrechts

1. Das Steuerreformgesetz 1990 und Folgegesetze zur Steuerreform 1990

Materialien zum Steuerreformgesetz 1990 vom 25. 7. 1988[126]: Gesetzentwurf der Fraktionen der CDU/CSU und FDP, BT-Drucks. 11/2157; Gesetzentwurf der Bundesregierung mit Stellungnahme des Bundesrats, BT-Drucks. 11/2226; Gegenäußerung der Bundesregierung zur Stellungnahme des Bundesrats, BT-Drucks. 11/2299; Erste Beschlußempfehlung des Finanzausschusses, BT-Drucks. 11/2529; Erster Bericht des Finanzausschusses, BT-Drucks. 11/2536.
Literatur: *J. Wagner,* Das Steuerreformgesetz 1990, Gesetzestexte/Begründungen/Zeitliche Übersicht/Tabelle, Düsseldorf 1988; *G. Frotscher,* Steuerreform, Kurzkommentar, Freiburg 1988; *Plückebaum/Wendt/Ehmcke,* Steuerreform 1990, Achim 1989; Presse- und Informationsamt der Bundesregierung, Steuerreform 1986, 1988, 1990, Steuerentlastung – Steuergerechtigkeit – Beschäftigungsimpulse, Aktuelle Beiträge zur Wirtschafts- und Finanzpolitik, Nr. 20/1989; Bulletin Nr. 46 vom 13. 4. 1988; *D. Dziadkowski/H.-O. Kleinbielen,* Zur geplanten Entlastung der gewerblichen Personenunternehmen im Ertragsteuerbereich – Ein Steuerbelastungsvergleich 1986/1990, DStZ 88, 107; *S. Friebe,* Steuerreform 1990, DStZ 88, 4; *ders.,* Finanzielle Auswirkungen der Steuerreform, B 88, 1031; *H.-G. Horlemann,* Die Steuerreform 1986/1988/1990, insb. ihr Finanzierungsteil, DStZ 88, 226; *J. Lang,* Steuerreform 1989/1990 – Mehr Steuergerechtigkeit?, Stbg. 88, 216; *R. Maaß,* Steuerreformgesetz 1990 und Steuergerechtigkeit, NJW 89, 256; *D. Pauka,* Das Steuerreformgesetz 1990 – Überblick über die Abweichungen gegenüber dem Gesetzentwurf der Bundesregierung, B 88, 1416; *D. Roland,* Die geplanten steuerrechtlichen Änderungen zur Finanzierung der Steuerreform – ein Überblick, FR 87, 541; *G. Zeller,* Das Steuerreformgesetz 1990, DStZ 88, 443; *K. Korn,* Über den Wert von Gesetzesbegründungen am Beispiel des Steuerreformgesetzes 1990, in: FS für G. Felix, Köln 1989, 165; *W. Maier,* Steuerreform in Theorie und Praxis, in: FS für FHF Baden-Württemberg, Stuttgart 1989, 1; *K. F. Wendt,* Streitfragen zur Steuerreform, StbJb. 1988/89, 37; *C.-A. Andreae/ C. Keuschnigg,* Einkommensteuerreform in Österreich und der BRD, StVj 89, 236; *K. Tipke,* Lehren aus der Steuerreform 1990, StuW 89, 291; *G. Rose,* Kritik der Steuerreform 1990 aus betriebswirtschaftlicher Sicht, StuW 89, 311; *J. Sigloch,* Verzerrende Wirkungen von Bemessungsgrundlagen und Tarif auf Unternehmensentscheidungen nach der Steuerreform 1990, StuW 90, 229.

a) Wie bereits oben (S. 170) ausgeführt, folgte die Steuerreform 1990 dem internationalen – besonders von der sog. amerikanischen Steuerrevolution (s. S. 170 Fn. 83) angestoßenen – Trend, die Tarife der Steuern auf das Einkommen zu senken. Damit sollte insb. auch der Anteil der direkten Steuern (s. oben S. 174) am Steueraufkommen zurückgeführt werden[127]. Kernstück des Steuerreformgesetzes 1990 war die Senkung und grundlegende Umgestaltung des Einkommensteuertarifs in einen linear-progressiven Tarif (s. S. 390 ff.). Diese Tarifreform verschlang den Hauptteil der Steuersenkungen[128]. Außerdem wurde der allgemeine Körperschaftsteuersatz von 56 v. H. auf 50 v. H., der ermäßigte Körperschaftsteuersatz (z. B. für Stiftungen und Sparkassen) von 50 v. H. auf 46 v. H. gesenkt. Die gesenkten Tarife der ESt/KSt gelten seit dem 1. 1. 1990.

---

126 BGBl. I 88, 1093; BStBl. I 88, 224. Neufassung des EStG 1990: BGBl. I 90, 1989; BStBl. I 90, 453.
127 Vgl. Finanzbericht 1989, 91 ff.
128 34 Mrd. DM; davon kostete allein die Beseitigung des sog. Mittelstandsbauchs 20,7 Mrd. DM. Vgl. BT-Drucks. 11/2157, 125; *S. Friebe,* B 88, 1031.

§ 8 Steuerarten; Einführung

Die Reform des Einkommensteuertarifs[129] wird zu Recht uneingeschränkt positiv beurteilt. Sie hat sogar epochale Bedeutung und verdient den Namen einer Tarif-Jahrhundertreform.

Hingegen blieben die Ziele der Steuerreform 1990, „ein gerechteres und einfacheres Steuersystem" (BT-Drucks. 11/2157, 116) zu schaffen, Utopie. Das international faszinierende Konzept „Reduce tax rates, reduce complexity, increase fairness"[130] ließ sich nicht durchsetzen. Die Tarifsenkung war nicht begleitet von Vereinfachung und Verbreiterung der Bemessungsgrundlagen, wie sie eine gleichmäßige und *dadurch* niedrigere Besteuerung nach der Leistungsfähigkeit erfordert. Bei dem Abbau von Steuervergünstigungen leistete das StRefG 1990 zwar mehr „als in der Vergangenheit und auch mehr, als allgemein erwartet worden war"[131]. Es führte insb. mutige Einschnitte in Besitzstände durch, wobei der politisch sensible Arbeitnehmerbereich nicht ausgespart wurde. Von einer *Fundamentalreform der Einkommensteuer-Bemessungsgrundlage,* die u. E. schon aus *verfassungsrechtlichen Gründen absolute Priorität vor einer Tarifreform* hätte haben müssen[132], ist jedoch das StRefG 1990 weit entfernt geblieben. Im Gegenteil: Steuerprivilegien sind durch das StRefG 1990 nicht abgebaut, sondern sogar neu eingeführt worden. Der berüchtigte Steuerdschungel wird noch weiter zuwachsen. Viele Paragraphen sind weiter angefettet, Text und Regelungsinhalte weiter verkompliziert worden, ebenso das Steuerverfahren.

Die Gründe für das Scheitern der Vereinfachungs- und Gerechtigkeitsreform liegen nicht im Verantwortungsbereich des Bundesfinanzministers und seiner Beamten. Qui asinum non potest, stratum caedit! Ein erschreckend rücksichtsloses Einfordern und Verteidigen von Sonderinteressen und Besitzständen (sogar unter maßgeblicher Beteiligung mächtiger Ministerpräsidenten) verhinderte die grundlegende Rechtsreform, verstanden als eine durchgreifende Steuervereinfachung und gleichmäßige, lückenlose Besteuerung aller Einkommen. Das Amnestiegesetz (s. S. 780 f.), das nicht nur Straffreiheit gewährt, sondern darüber hinaus auch noch die Beute dem Täter beläßt und damit den ehrlichen Steuerzahler in unerträglicher Weise diskriminiert, ist Ausdruck gestörten Rechtsbewußtseins, das die Formel „Gesetz und Recht" (Art. 20 III GG) in der deutschen Geschichte erneut problematisiert. Das Amnestiegesetz beugt nämlich das Recht. Es demotiviert die Finanzbeamten, ihren rechtsstaatlichen Auftrag zu erfüllen. Steuerjuristen sollten die Herausforderung erkennen, die mit dem Verlust des Rechtsgedankens im Steuerrecht verknüpft ist[133].

---

129 Zur Reform des Körperschaftsteuertarifs s. S. 437.
130 Vgl. das wegweisende Reformpapier des amerikanischen Präsidenten *R. Reagan* vom Mai 1985, abgedruckt in StuW 85, 264 ff.
131 So der *Wiss. Beirat* beim BMF, BMF-Dokumentation vom 11. 1. 1988.
132 *K. Tipke,* Einkommensteuer-Fundamentalreform, StuW 86, 150; *J. Lang,* Reformentwurf zu Grundvorschriften des EStG, Köln 1985; *Tipke/Lang,* Zur Reform der Familienbesteuerung, StuW 84, 127.
133 Dazu *K. Vogel,* Der Verlust des Rechtsgedankens im Steuerrecht als Herausforderung an das Verfassungsrecht, DStJG Bd. 12 (1989), 123; *K. Tipke,* Über „richtiges Steuerrecht", StuW 88, 262 (m. w. Nachw. bes. der Äußerungen von *W. Flume*); *D. Birk,* Gleichheit und Gesetzmäßigkeit der Besteuerung, Zum Stellenwert zweier Grundprinzipien in der Steuerreform 1990, StuW 89, 212; *J. Lang,* Verantwortung der Rechtswissenschaft für das Steuerrecht, StuW 89, 201, sowie *ders.,* Verfassungsrechtliche Gewährleistung des Familienexistenzminimums im Steuer- und Kindergeldrecht, StuW 90, 331, 333.

Fazit: Die Tarifreform ist eine „Jahrhundertreform", ansonsten ist das StRefG 1990 „nichts anderes als ein besonders umfangreiches Steueränderungsgesetz"[134], dessen Begleitumstände dokumentieren, daß die Zeit für die jüngst auch vom Deutschen Juristentag[135] geforderte *Rechts*reform noch längst nicht reif ist.

b) *Folgegesetze zur Steuerreform 1990*

Nach dem Kraftakt des StRefG 1990 war der Steuergesetzgeber nicht etwa erschöpft. Vielmehr folgten auf das StRefG 1990 eine dichte Reihe von Steueränderungsgesetzen, die allein das EStG bis zur Bekanntmachung des EStG 1990 (s. S. 181 Fn. 126) nicht weniger als fünfzehnmal änderten. Die Steuergesetzgebung nach dem StRefG 1990 ist geprägt durch den *Rückfall in die Steuervergünstigungspolitik,* die dem Ziel der Steuerreform 1990, Steuervergünstigungen abzubauen, diametral entgegenwirkt.

Die wichtigsten Änderungsgesetze[136] sind das Gesetz zur steuerlichen Begünstigung von Zuwendungen an unabhängige Wählervereinigungen vom 25. 7. 1988 (BGBl. I 88, 1185; BStBl. I 88, 397)[137], das Gesetz vom 22. 12. 1988 (BGBl. I 88, 2615; BStBl. I 89, 40), das u. a. die Parteispendengrenze bei 60 000 DM (Zusammenveranlagung: 120 000 DM) festlegt (s. S. 665), das Gesetz zur Änderung des Steuerreformgesetzes 1990 sowie zur Förderung des Mietwohnungsbaus und von Arbeitsplätzen in Privathaushalten vom 30. 6. 1989, BGBl. I 89, 1267; BStBl. I 89, 251 (Maßnahmen u. a.: Abschaffung der mit StRefG 1990 eingeführten sog. kleinen Kapitalertragsteuer, s. S. 399; Wiederherstellung der Steuerermäßigung nach § 34 EStG für außerordentliche Einkünfte bis 30 Mio. DM, s. S. 393 f.; Anhebung der degressiven AfA-Sätze für Mietwohngebäude und Einführung eines Sonderausgabenabzuges für die Beschäftigung von Haushaltshilfen nach § 10 I Nr. 8 EStG, s. S 379), das Vereinsförderungsgesetz vom 18. 12. 1989 (s. S. 662) sowie das Wohnungsbauförderungsgesetz (sog. Restantengesetz) vom 22. 12. 1989 (BGBl. I 89, 2408; BStBl. I 89, 505).

Die sog. kleine Kapitalertragsteuer bewirkte massive Kapitalflucht (vor allem nach Luxemburg) und verteuerte damit auch die staatliche Kreditaufnahme, so daß sie zum 1. 7. 1989 aufgehoben wurde (BStBl. I 89, 252 f.). Die kurze Lebensdauer der sog. kleinen Kapitalertragsteuer (1. 1. 1990 – 30. 6. 1990) dokumentiert den gegenwärtigen politischen Stellenwert des Reformziels „Steuergerechtigkeit". Der Steuerbürger wird darin bestärkt, Zinsen nicht zu versteuern[138]. Diese weitere Erosion des Rechtsbewußtseins im Bereich der Zinsbesteuerung[139] verdichtet die Verfassungswidrigkeit des durch § 30a AO gewährleisteten Zinssteuerschutzes und macht es rechtsstaatlich

---

134 *G. Frotscher,* Steuerreform 1990, 15.
135 Der 57. Deutsche Juristentag, Sitzungsbericht N, München 1988, 211, faßte folgenden Beschluß: „Die Steuerreform 1990 bringt bei der Einkommensteuer, insbesondere mit dem linear-progressiven Tarif, einen Fortschritt gegenüber dem bisherigen Zustand. Die Aufgabe aber, das Einkommensteuerrecht um der Lastengleichheit und der Einfachheit der Besteuerung willen neu zu ordnen, besteht auch nach der Steuerreform 1990 fort. Bei der Neuordnung ist den Entwicklungen in der Europäischen Gemeinschaft Rechnung zu tragen".
136 Vgl. die Berichte von *B. Beichelt,* StuW 89, 185; 90, 88; *M. Wachenhausen,* StuW 90, 77.
137 Nach BVerfG vom 21. 6. 1988, BStBl. 89, 67, ist der völlige Ausschluß der kommunalen Wählervereinigungen von den §§ 10b; 34g EStG mit dem GG nicht zu vereinbaren (s. auch S. 665 f.).
138 Dazu der Briefwechsel zwischen *M. Streck/T. Rainer* und *F. Voss,* StuW 89, 280; *E. von Hippel,* Besteuerung von Zinseinkünften: Verfassungswidriges Verhalten des Gesetzgebers?, BB 90, 1951.
139 Dazu insb. *K. Tipke,* StuW 89, 299.

erforderlich, den Steueranspruch durch geeignete Kontrollmaßnahmen durchzusetzen[140].

2. Vereinheitlichung des Steuerrechts im vereinigten Deutschland

Materialien: *Staatsverträge:* Vertrag über die Schaffung einer Währungs-, Wirtschafts- und Sozialunion zwischen der BRD und der DDR vom 18. 5. 1990, Gesetz vom 25. 6. 1990, BGBl. II 90, 518; Vertrag zwischen der BRD und der DDR über die Herstellung der Einheit Deutschlands – Einigungsvertrag – vom 31. 8. 1990, Gesetz vom 23. 9. 1990, BGBl. II 90, 885; Erläuterungen der Bundesregierung zu den Anlagen des Einigungsvertrages, BT-Drucks. 11/7817 vom 10. 9. 1990; *DDR-Steuergesetze:* IdW, Steuerrecht BRD/DDR im Vergleich, Eine vergleichende, erläuternde Darstellung der wichtigsten Steuergesetze, Düsseldorf 1990; NWB, DDR-Steuergesetze, Textausgabe für den westdeutschen Investor mit Durchführungsbestimmungen, Stand: 16. 3. 1990, Herne/Berlin 1990.

Literatur: *P. Eisold,* Die Finanzverwaltung auf dem Gebiet der heutigen DDR nach dem II. Weltkrieg, DStZ 90, 367; *ders.,* „Steuerbeamte" in der DDR – woher nehmen?, DStZ 90, 328; *E. Flick-Pistorius,* DDR-Einkünfte und -Vermögen in der bundesrepublikanischen Besteuerung, DStR 90, 196; *W. Fuest/R. Kroker,* Steuerreform in der DDR: Erster Schritt zur Angleichung der Steuersysteme, StuW 90, 274; *H.-G. Horlemann,* Steuerfragen auf dem Weg zur Steuerunion mit der DDR, DStR-Beiheft vom 17. 8. 1990 zu Heft 15/16; *T. Kaligin,* Steuerliche Auswirkungen von Investitionen in der DDR, DStZ 90, 315; *J. Krause/M. Schulz,* Überlegungen zu einer Steuerreform in der DDR, DStR 90, 155; *dies.,* Zum Steueränderungsgesetz der DDR vom 6. 3. 1990, DStR 90, 239; *H. W. Kruse,* Über Pflichtabführungen und Steuern der DDR, StuW 85, 356; *I. Müssener,* Das Abgabensystem der DDR, IWB Fach 5 DDR Gruppe 2, 47ff.; *ders.,* Steuersystem der DDR für Marktwirtschaft untauglich, Die Steuer-Gewerkschaft 90, 28ff., 49ff.; *E. Polaschewski,* Besteuerung in der DDR – Stand und Perspektiven, StVj 90, 254; *P.-H. Schieber,* Probleme bei der Besteuerung von DDR-Aktivitäten, StbJb. 1988/89, 353ff.; *M. Schulz,* Überblick über das Steuersystem der DDR, DStR 90, 91; *ders.,* Grundfragen des Aufbaus und der Aufgaben der Finanzverwaltung in der DDR, DStR 90, 306; *M. Stremmel/W. Wedderkopf,* EG-Regionalpolitik und Deutsche Einheit, ZRP 90, 369.

a) *Zum Inhalt und Vollzug der Staatsverträge vom 18. 5. 1990 und vom 31. 8. 1990*

Mit dem Staatsvertrag über die Schaffung einer Währungs-, Wirtschafts- und Sozialunion vom 18. 5. 1990 sind in der Anlage IV auch die Rechtsgrundlagen für die *Steuerunion* vereinbart worden. Bereits zum 1. 7. 1990 übernahm die DDR das Umsatzsteuerrecht (s. S. 582), das Recht der speziellen Verbrauchsteuern, das Versicherungsteuerrecht einschließlich Feuerschutzsteuer, das Wechselsteuerrecht (obgleich die Wechselsteuer zum Jahresende 1991 abgeschafft wird[141]) und das Steuerverfahrensrecht mit dem Ergebnis, daß die DDR-AO weitgehend mit der westdeutschen AO übereinstimmte. Da die DDR über keine eigenständige Finanzgerichtsbarkeit verfügte, regelte der Neunte Teil der DDR-AO das gerichtliche Rechtsbehelfsverfahren durch Übernahme der meisten FGO-Vorschriften (weitere Einzelheiten zum Rechtsschutz in der früheren DDR s. S. 731). Zudem übernahm die DDR zum 1. 7. 1990 das Zollgesetz und führte gemäß der Anlage IV, Abschnitt III, 5 b, ein zeitlich auf das 2. Halbjahr 1990 begrenztes Lohnsteuerabzugsverfahren mit Abgeltungscharakter ein. Schließlich wurden gemäß Anlage IV, Abschnitt III, 5 a, in das EStG der DDR die bundesrepublikanischen Gewinnermittlungsvorschriften eingefügt.

---

[140] Beschluß des DJT (Fn. 135), 213: „Zur Durchsetzung des Steueranspruchs auf private Zinseinkünfte sind Kontrollmitteilungen für alle Kapitaleinkünfte zu ermöglichen."

[141] Es sollte 1991 kein „Wechselsteuerparadies" in Ostdeutschland entstehen (vgl. *Wachenhausen,* StuW 90, 269).

Bedeutung für die steuerliche Gewinnermittlung und Bewertung hat das Gesetz über die Eröffnungsbilanz in Deutscher Mark und die Kapitalneufestsetzung *(D-Markbilanzgesetz* – DMBilG)[142]. Das DMBilG (BStBl. I 90, 692 ff.) ist noch als Gesetz der DDR mit Rückwirkung auf den 1. 7. 1990 beschlossen und sodann als fortgeltendes DDR-Recht durch den Einigungsvertrag (Anlage II, B, Kapital III, Sachgebiet D, Abschnitt I) in Kraft gesetzt worden. Nach § 1 DMBilG haben alle Unternehmen einschließlich der Staatsbetriebe eine DM-Eröffnungsbilanz mit erläuterndem Anhang auf den 1. 7. 1990 aufzustellen. Der Gesetzgeber konnte zwar die Erfahrungen mit früheren Währungsumstellungen berücksichtigen, so die Neuordnung des Rechnungswesens im Jahre 1923 nach Einführung der Rentenmark, im Jahre 1948 nach Einführung der DM und im Jahre 1959 nach Eingliederung des Saarlandes in die BRD. Diese Erfahrungen sind indessen nur begrenzt verwertbar, weil die bisherige Rechnungslegung der Staatsbetriebe planwirtschaftlich organisiert war. Die Einzelabschlüsse waren Teil der volkswirtschaftlichen Gesamtrechnung[143]. Daher fehlt bereits ein umstellungsfähiger Kontenrahmen. Die Frist, Eröffnungsbilanz und Anhang bis Ende Oktober 1990 (kleine Unternehmen bis Ende 1990) aufzustellen (§ 4 I DMBilG), dürfte viele der ehemals staatlichen Unternehmen überfordern.

Nach Artikel 8 des Einigungsvertrages trat am 3. 10. 1990 (Beitritt gemäß Art. 23 GG; 1 Einigungsvertrag) im Gebiet der ehemaligen DDR (vgl. Art. 3 Einigungsvertrag) das Bundesrecht in Kraft, soweit durch den Einigungsvertrag nichts anderes bestimmt ist. Steuerrechtliche Sonderregelungen enthält insb. Anlage I, B, Kapitel IV (Geschäftsbereich des BMF), Sachgebiet B (Haushalts- und Finanzwesen), Abschnitt II. Danach gilt in Übereinstimmung mit der Anlage IV des Staatsvertrages über die Schaffung einer Währungs-, Wirtschafts- und Sozialunion das Bundesrecht der Steuern auf das Einkommen und Vermögen (s. S. 158 ff.) im wesentlichen erst seit dem *1. 1. 1991.* Insb. wird mit dem Einigungsvertrag in dem Gebiet der ehemaligen DDR wieder die Kirchensteuer eingeführt; dazu enthält der Einigungsvertrag ein den Länder-Kirchensteuergesetzen entsprechendes „Gesetz zur Regelung des Kirchensteuerwesens" (BStBl. I 90, 717 ff.). Demgegenüber galt das Recht der Steuern auf die Verwendung von Einkommen und Vermögen (s. S. 163 ff.) im wesentlichen bereits ab *1. 7. 1990* als bundeskonformes DDR-Recht, so das Umsatzsteuerrecht, das Recht der speziellen Verbrauchsteuern und der o. g. speziellen Verkehrsteuern. Das Recht der übrigen speziellen Verkehrsteuern gilt ab dem 1. 1. 1991, so insb. das Grunderwerb- und das Kraftfahrzeugsteuerrecht. Im Einigungsvertrag sind schließlich auch zahlreiche Überleitungsvorschriften und DDR-bedingte Modifikationen des Bundesrechts niedergelegt.

b) Der Einigungsprozeß vollzog sich bisher in folgenden *Phasen der Rechtsvereinheitlichung:*

aa) Mit der Öffnung der Grenzen am 9. 11. 1989 verdichteten sich die ökonomischen Beziehungen zwischen beiden Teilen Deutschlands, so daß das Steuerrecht zu den Rechtsgebieten gehört, die vom Einigungsprozeß zuallererst stark beeinflußt wurden, so vor allem das Umsatzsteuerrecht (s. S. 582), im Bereich des Einkommensteu-

---

142 Dazu *W. Strobel,* BB 90, 1709; *v. Wysocki/Glaubig/Rammert/Wenzler,* B 90, 945; *Borgmann/Sachse,* BB 90, Beil. 35 zu Heft 28, 18; *Förschle/Kropp,* BB 90, Beil. 35 zu Heft 28, 26; *Biener/Bister/Czerwenka,* Die Rechnungslegung nach dem D-Markbilanzgesetz 1990, München 1990; *Scherrer,* D-Mark-Eröffnungsbilanz, Köln 1991.
143 Vgl. Begr. des DMBilG, BT-Drucks. 11/7817, 65 f.

errechts die Doppelbesteuerung von Einkünften (s. S. 195) und außergewöhnlichen Belastungen (s. S. 382), das Gemeinnützigkeits- und Spendenabzugsrecht (s. S. 661 ff.) sowie die Besteuerung von Aktivitäten bundesdeutscher Unternehmen in der DDR[144]. Dieser ersten Phase der Rechtsvereinheitlichung lag zwar die Existenz zweier Steuerrechtsordnungen zugrunde. Indessen wurden die anstehenden Rechtsfragen bereits in enger Kooperation der Finanzverwaltungen und mit der Überzeugung gelöst, daß in einem vereinigten Deutschland das bundesdeutsche Steuerrecht gelten wird. Das DDR-Steuerrecht wies zwar insofern Gemeinsamkeiten mit dem bundesdeutschen Steuerrecht auf, als es an die Steuergesetze des Deutschen Reiches anknüpfte. Während der sozialistischen Herrschaft wurde es jedoch klassenkämpferisch verformt, so daß es für die soziale Marktwirtschaft untauglich war. Vor allem genügte es nicht den verfassungsrechtlichen Gewährleistungen von Gleichheit und Freiheit. Besonders die Einkommensteuer war eine nach gesellschaftlichen Klassen differenzierte Schedulensteuer, deren Steuersätze den Zweck verfolgten, gesellschaftlich unerwünschte Einkommenserzielung zu unterbinden[145].

bb) Aufgrund des Staatsvertrages vom 18. 5. 1990 wurde das DDR-Steuerrecht ab *1. 7. 1990* in den Bereichen des Steuerverfahrens und der Steuern auf die Verwendung von Einkommen und Vermögen wesentlich dem bundesdeutschen Recht angepaßt. Bei den Steuern auf das Einkommen und Vermögen herrschte im 2. Halbjahr 1990 ein interimistischer Rechtszustand, der nur im Bereich der Gewinnermittlung dem bundesdeutschen Recht angepaßt war. Zum Zwecke gleicher Belastung der Arbeitnehmer wurde auch ein dem Bundesrecht angenäherter Lohnsteuerabzug eingeführt.

cc) Seit dem *1. 1. 1991* gilt das gesamte bundesdeutsche Steuerrecht im Gebiet der ehemaligen DDR mit den Überleitungsbestimmungen des Einigungsvertrages. Als nach Anlage II des Einigungsvertrages fortgeltendes Recht der DDR gilt das DMBilG und das „Gesetz zur Regelung des Kirchensteuerwesens" (BStBl. I 90, 717 ff.).

Die Einheit Deutschlands gebietet grundsätzlich die Einheit der Rechtsordnung und ein einheitlich geltendes Steuerrecht. Dieses Postulat läßt sich indessen nicht in bezug auf die Besteuerung der *ostdeutschen Unternehmen* verwirklichen, die nicht stark genug sind, um eine im internationalen Vergleich sehr hohe, insb. auch ertragsunabhängige Besteuerung verkraften zu können. Der Gesetzgeber suchte die Lösung in den üblichen Maßnahmen der Investitionsförderung (s. S. 653). Die Aufgabe, die deutsche Einheit der Lebensverhältnisse herzustellen, fordert eigentlich zu mehr heraus. Punktuelle Maßnahmen der Investitionsförderung haben sich als der falsche Weg erwiesen, weil sie das *einzelwirtschaftliche* Investitionskalkül verzerren und dadurch Fehlinvestitionen Vorschub leisten. Ein optimales Investitionsklima entsteht erst dann, wenn alle investierten Einkommen gleichmäßig niedrig und rechtsformneutral besteuert werden[146]. Daher sollte der Prozeß der deutschen Einheit die Reform der Unternehmensbesteuerung (s. S. 628 ff.) nicht hinausschieben. Die Situation der ostdeutschen Unternehmen liefert einen zwingenden Grund, die *Strukturmängel der deutschen Unternehmensbesteuerung zu beseitigen und die Besteuerung der investierten Einkommen auf*

---

144 Dazu *Kaligin,* DStZ 90, 315; *Schieber,* StbJb. 1988/89, 353; *Polaschewski,* StVj 90, 254; *Schmidt/Wegen,* GmbHR 90, 153, sowie die Hinweise in StStud 90, 363.
145 Dazu *Fuest/Kroker,* StuW 90, 274; *J. Krause/M. Schulz,* DStR 90, 155; *Polaschewski* (Fn. 144); *M. Schulz,* DStR 90, 91.
146 Dazu grundsätzlich m.w.N. *J. Lang,* StuW 90, 107.

einem niedrigen Niveau anzusetzen. Ein sog. Niedrigsteuergebiet der einstigen DDR ist indessen wegen der nicht überschaubaren Steueroaseneffekte abzulehnen. Vielmehr sollten sich die Steuerpolitiker angesichts der Aufgabe, die Gleichheit der wirtschaftlichen Verhältnisse in Deutschland baldmöglichst herzustellen, herausgefordert fühlen, für das gesamte Gebiet der Bundesrepublik ein Steuersystem zu verwirklichen, das der marktwirtschaftlichen Effizienz nicht zuwiderläuft. An die erste Stelle sollte die Abschaffung der ertragsunabhängigen Steuern gesetzt werden, dies auch aus verfassungsrechtlichen Gründen, weil Vermögensteuer und Gewerbekapitalsteuer bei vielen ostdeutschen Unternehmen erdrosselnd wirken dürften.

3. Steuerharmonisierung in der Europäischen Gemeinschaft

Literatur: *H.-W. Arndt,* EG-Abgabenrecht und nationales Verfassungsrecht, B 89, 896; *ders.,* Die Anpassung von Mehrwertsteuer und Verbrauchsteuern, in: E. Dichtl (Hrsg.), Schritte zum Europäischen Binnenmarkt, München 1990, 63; *F. Klein,* Die nationale Besteuerung als Faktor des internationalen Wettbewerbs, StuW 90, 390; *H.-J. Krebs,* Die Harmonisierung der direkten Steuern für Unternehmen in der EG, BB 90, 1945; *J. Lang,* Reform der Unternehmensbesteuerung auf dem Weg zum europäischen Binnenmarkt, StuW 90, 107; *S. Mann,* Ansätze und Stand der Bestrebungen zur Harmonisierung der direkten und indirekten Steuern in der EG, B 90, 1735; *H. H. Nachtkamp,* Die Harmonisierung von Einkommen- und Unternehmensbesteuerung, in: E. Dichtl (Hrsg.), a. a. O., 83; *W. Ritter,* Steuerharmonisierung als Voraussetzung eines EG-Binnenmarktes, BB 89, 77; *H. G. Ruppe,* Österreich und das EG-Steuerrecht, Wien 1988; *L. Schemmel,* Steuerharmonisierung in der Europäischen Gemeinschaft, Karl-Bräuer-Institut, Wiesbaden 1989; *U. Schrömbges,* EG-Binnenmarkt und Steuerharmonisierung, B 89, 2558; *ders.,* Auf dem Weg zur Beseitigung der Steuerschranken in der EG?, ZfZ 90, 98 ff., 130 ff.; *F.-C. Zeitler/R. Jüptner,* Europäische Steuerharmonisierung und direkte Steuern, Erste Vorüberlegungen zum Vorentwurf eines Vorschlages der EG-Kommission für eine Richtlinie über die Harmonisierung der Gewinnermittlungsvorschriften, BB-Beilage 17/88.

Die Reform des EG-Vertrages vom 25. 3. 1957 durch die am 1. 7. 1987 in Kraft getretene Einheitliche Europäische Schlußakte[147] führte mit Art. 8 a des EG-Vertrages die Verpflichtung zur *Verwirklichung des europäischen Binnenmarktes bis zum 31. 12. 1992* ein. Art. 8 a des EG-Vertrages lautet: „Die Gemeinschaft trifft die erforderlichen Maßnahmen, um bis zum 31. 12. 1992 ... den Binnenmarkt schrittweise zu verwirklichen. Der Binnenmarkt umfaßt einen Raum ohne Binnengrenzen, in dem der freie Verkehr von Waren, Personen, Dienstleistungen und Kapital gemäß den Bestimmungen dieses Vertrages gewährleistet ist."

Mit der Vollendung des europäischen Binnenmarktes sollen auch die *Steuergrenzen* wegfallen. Dabei sind nach Art. 99 des EG-Vertrages nur die *Umsatzsteuer* und die *speziellen Verbrauchsteuern* zu harmonisieren[148]. Am weitesten fortgeschritten ist die Harmonisierung des Umsatzsteuerrechts (s. S. 525 ff.). Im wesentlichen steht nur noch die Annäherung der Mehrwertsteuersätze aus[149]. Von den speziellen Verbrauch-

---

147 Gesetz zur Einheitlichen Europäischen Akte vom 28. 2. 1986, BGBl. II 86, 1102.
148 Nach Art. 99 EG-Vertrag sind zu erlassen „Rechtsvorschriften über die Umsatzsteuern, die Verbrauchsabgaben und sonstigen indirekten Steuern, soweit diese Harmonisierung für die Errichtung und das Funktionieren des Binnenmarkts innerhalb der in Art. 8 a vorgesehenen Frist notwendig ist."
149 Nach den Vorschlägen der Kommission soll der Regelsatz zwischen 14 und 20 Prozent und der ermäßigte Steuersatz zwischen 4 und 9 Prozent liegen (BT-Drucks. 11/1325, 2). Dazu *U. Schrömbges,* ZfZ 90, 133/B 89, 2563 f.

steuern sollen nur die Alkohol-, Tabak- und Mineralölsteuern beibehalten und sodann deren Steuersätze angenähert werden[150].

Umstritten ist die EG-einheitliche Einführung von *Öko-Steuern*[151]: Es besteht zwar weitgehend Einigkeit darüber, daß Öko-Steuern aus wettbewerbsrechtlichen Gründen nur EG-einheitlich eingeführt werden sollten. Indessen erweisen sich konkrete Vorschläge von EG-Experten immer wieder als nicht konsensfähig. Auch die Konferenz der EG-Umweltminister in Rom im September 1990 ergab keinen greifbaren Fortschritt.

Das Ziel des europäischen Binnenmarktes, die Freiheit des Wirtschaftsverkehrs europaweit ohne Behinderung durch Landesgrenzen zu gewährleisten, tangiert nicht nur die indirekten Konsumsteuern, sondern betrifft gravierend auch die *Steuern auf das Einkommen und Vermögen*, besonders die *Ertragsbesteuerung der Unternehmen* und (als Folge der Liberalisierung des Kapitalmarkts) die *Besteuerung der Zinsen*. Im EG-Vertrag ist die Harmonisierung der direkten Steuern im Gegensatz zur Harmonisierung der indirekten Steuern (Art. 95ff. EG-Vertrag) nicht ausdrücklich vereinbart. Indessen läßt sich ein Gebot der Harmonisierung direkter Steuern aus Art. 100; 101 EG-Vertrag ableiten[152]. Tatsächlich hat die EG-Kommission etliche Entwürfe für Richtlinien auf dem Gebiete der Unternehmensbesteuerung[153] ausgearbeitet und im Frühjahr 1989 einen Vorschlag für eine europäische Quellensteuer auf Zinsen[154] vorgelegt. Diese Initiativen blieben bisher fruchtlos und umstritten, so daß die EG-Kommission gegenwärtig dazu neigt, eine umfassende Harmonisierung der Ertragsbesteuerung mit Rücksicht auf die unterschiedlichen sozialpolitischen Vorstellungen in den EG-Mitgliedstaaten nicht anzustreben[155].

Diese Argumentation geht insofern fehl, als eine internationale Standardisierung der Unternehmensbesteuerung vom sozialpolitisch gestalteten Steuerrecht ohne weiteres abgeschichtet werden könnte. Die Harmonisierung der Körperschaftsteuersysteme mit einheitlichen Bemessungsgrundlagen (besonders wichtig: einheitlichen Gewinnermittlungsvorschriften[156]!) und einheitlich niedrigen Proportionalsteuersätzen[157] könnte den Weg zu einer EG-einheitlichen Besteuerung der Unternehmensgewinne eröffnen, während die Sozialpolitik in den einzelnen EG-Mitgliedstaaten durch die

---

150 Dazu m.w.Nachw. *L. Schemmel,* Steuerharmonisierung in der EG, Wiesbaden 1989, 65ff.; *U. Schrömbges,* ZfZ 90, 134ff.
151 Dazu *D. Gosch,* StuW 90, 212f.; *U. Schrömbges,* ZfZ 90, 135f/B 89, 2566.
152 Zutr. *Zeitler/Jüptner,* BB-Beilage 17/88; *L. Schemmel* (Fn. 150), 148ff. A. A. *S. Mann,* B 89, 1735; *U. Schrömbges,* B 89, 2558/2559.
153 Dazu *H.-J. Krebs,* Die Harmonisierung der direkten Steuern für Unternehmen in der EG, BB 90, 1945; *L. Schemmel* (Fn. 150), 142ff.
154 Vorschlag für eine Richtlinie des Rates über ein gemeinsames System einer Quellensteuer auf Zinsen, BR-Drucks. 114/89. Dieser Vorschlag ist gescheitert. Dazu *L. Schemmel* (Fn. 150), 147; *U. Schrömbges,* B 89, 2560.
155 Vgl. die dem Rat und Europäischen Parlament im April 1990 zugeleiteten neuen Leitlinien zur Unternehmensbesteuerung, BR-Drucks. 360/90. Dazu *H.-J. Krebs* (Fn. 153), 1949ff.
156 Dazu *J. Anders,* BB 89, 1384; *K.-D. Haase,* B 89, 1205; *N. Herzig,* in: FS für H. Vornbaum, Wiesbaden 1989, 197; *R. Kreile,* B-Beilage Nr. 18/88; *Pach-Hanssenheimb,* B 89, 1581; *Zeitler/Jüptner* (Fn. 152).
157 Im aktuellen Steuersenkungswettbewerb (bis 1991) wurden die Körperschaftsteuersätze in den meisten europäischen Ländern auf 30 bis 40 Prozent herabgesenkt. Dieser Trend legt auch im Interesse der Vereinfachung des Anrechnungsverfahrens eine Vereinheitlichung der deutschen Körperschaftsteuersätze für einbehaltene und ausgeschüttete Gewinne in Höhe von 36 Prozent nahe.

(in der Tat nicht harmonisierungsfähige) progressive Einkommensteuer berücksichtigt werden könnte. Dabei müßte allerdings die niedrige Proportionalbesteuerung für alle Unternehmensformen offen sein, entweder durch KSt-Option oder durch Erweiterung der KSt zu einer Betriebsteuer[158].

Gegenwärtig werden in Europa die Gewinne der Personenunternehmen unterschiedlich progressiv und die der Kapitalgesellschaften unterschiedlich proportional besteuert. Neben den Unterschieden progressiver und proportionaler Besteuerung gibt es unterschiedliche Substanz- und Gemeindesteuern. Gewinne und Vermögen werden unterschiedlich ermittelt und unterschiedlich subventiv verfälscht. Dieser Zustand stört das Freiheitskonzept des europäischen Binnenmarkts empfindlich. Die wettbewerbsverzerrenden Steuerbelastungsgrenzen verlaufen nicht nur zwischen Ländern, sondern eben auch zwischen subventionierten Regionen, Gemeindegebieten und schließlich zwischen den Unternehmensformen, so daß die steuerliche Belastung mehr denn je von Form und Standort des Unternehmens abhängt.

---

158 Dazu *B. Knobbe-Keuk*, Bilanz- und Unternehmenssteuerrecht[7], Köln 1989, 5 ff., sowie *J. Lang*, StuW 90, 107: Erweiterung der Körperschaftsteuer zu einer Steuer auf alle investierten/gesparten Einkommen.

§ 9 Einkommensteuer

Rechtsgrundlagen: Einkommensteuergesetz; Einkommensteuer-Durchführungsverordnung; Lohnsteuer-Durchführungsverordnung. Nebenverordnungen sind im Text genannt. Die Einkommensteuer-Richtlinien sind Verwaltungsvorschriften zum Einkommensteuergesetz.

Literatur: Kommentare: *Herrmann/Heuer/Raupach,* Kommentar zur Einkommensteuer und Körperschaftsteuer[19], Köln (Loseblatt); *Blümich,* EStG/KStG/GewStG[13], München (Loseblatt); *Littmann/Bitz/Meincke,* Das Einkommensteuerrecht[15], Stuttgart (Loseblatt); *L. Schmidt,* Einkommensteuergesetz[9], München 1990; *Kirchhof/Söhn,* Einkommensteuergesetz, Köln (Loseblatt); *Doralt,* Österreichisches Einkommensteuergesetz, Teil I (§§ 1–14), Wien 1990.

Historische Lehrbücher und Monographien: *E. Becker,* Die Grundlagen der Einkommensteuer, München/Berlin 1940, Nachdruck Herne/Berlin 1982; *Neumark,* Theorie und Praxis der modernen Einkommensbesteuerung, Bern 1947 (finanzwissenschaftlich); *Leif Mutén,* Zur Entwicklung der Einkommensteuer nach dem ersten Weltkrieg, Amsterdam 1967; *B. Großfeld,* Die Einkommensteuer, Geschichtliche Grundlage und rechtsvergleichender Ansatz, Tübingen 1981; *Metzger/Weingarten,* Einkommensteuer und Einkommensteuerverwaltung in Deutschland, Ein historischer und verwaltungswissenschaftlicher Überblick, Opladen 1989.

Aktuelle Hand-/Lehr- und Lernbücher: *N. Andel,* Einkommensteuer, in: Handbuch der Finanzwissenschaft, Bd. II[3], Tübingen 1980, 331; *G. Rose,* Betrieb und Steuer, Erstes Buch: Die Ertragsteuern[11], Wiesbaden 1989; *Plückebaum/Wendt/Ehmcke,* Einkommensteuer[16], Achim 1990; *Knobbe-Keuk,* Bilanz- und Unternehmenssteuerrecht[7], Köln 1989; *W. Jakob,* Steuern vom Einkommen I (Grundlagen der Einkommensteuer, Überschußeinkünfte), Stuttgart u. a. 1980; *H. Schulz,* Grundlagen und System der Einkommensbesteuerung[3/4], Herne/Berlin 1982/86 (2 Ausgaben); *Biergans,* Einkommensteuer und Steuerbilanz[4], München 1988; *Tiedtke,* Einkommensteuer- und Bilanzsteuerrecht, Berlin/New York 1983; *Zenthöfer/Schulze zur Wiesche,* Einkommensteuer, Stuttgart 1988; *Beckermann/Kussmann/Martin/Rick,* Lehrbuch der Einkommensteuer[6], Herne/Berlin 1989; *Schmidt-Liebig/Bilsdorfer,* Einkommensteuerrecht, Prüfe Dein Wissen, Heft 25, München 1990.

Literatur zur Lohnsteuer: Loseblatt-Kommentare von *Horowski/Altehoefer; Hartz/Meeßen/Wolf; Oeftering/Görbing; J. N. Stolterfoht,* Lohnsteuer und Lohnsteuerabführungspflicht, Baden-Baden 1975; *ders.* (Hrsg.), Grundfragen des Lohnsteuerrechts, DStJG Bd. 9 (1986); *Ranft/Lange,* Lohnsteuer[10], Achim 1990; *H. Hessler,* Lohnsteuer, Ein Lehr- und Lernbuch, München/Wien 1990.

Reformliteratur: Denkschrift zur Verbesserung der Einkommensbesteuerung 1957, herausgegeben von *Troeger,* Stuttgart 1958; Untersuchungen zum Einkommensteuerrecht mit besonderer Berücksichtigung textkritischer, rechtssystematischer und verfassungsrechtlicher Gesichtspunkte, Bericht der Einkommensteuer-Kommission (sog. *Durchforstungskommission*), Schriftenreihe des BdF, Heft 7, Bonn 1964; Gutachten zur Reform der direkten Steuern, erstattet vom *Wissenschaftlichen Beirat* beim BdF, Schriftenreihe des BdF, Heft 9, Bonn 1967; Gutachten der Steuerreformkommission 1971, Schriftenreihe des BdF, Heft 17, Bonn 1971; *Müssener,* Der Stand der Reformdiskussion um die Einkommensbesteuerung, Diss. rer. pol. Bonn 1972; *Raupach/Tipke/Uelner,* Niedergang oder Neuordnung des deutschen Einkommensteuerrechts?, Köln 1985; *J. Lang,* Reformentwurf zu Grundvorschriften des Einkommensteuergesetzes, Köln 1985; *ders.,* Die einfache und gerechte Einkommensteuer, Köln 1987; *Karl-Bräuer-Institut des Bundes der Steuerzahler,* Steuervereinfachung, Wiesbaden, 1986 (bearbeitet von *Borell/Schemmel*); *ders.,* Subventionsabbau, Notwendigkeit und Möglichkeiten, Wiesbaden 1987 (bearbeitet von *Stern/Werner*); *57. Deutscher Juristentag,* Empfiehlt es sich, das Einkommensteuerrecht zur Beseitigung von Ungleichbehandlungen und zur Vereinfachung neu zu ordnen?: Gutachten von *P. Kirchhof,* München 1988; Sitzungsbericht, München 1989; *Birk,* JZ 88, 820; *Meincke,* B 88, 1869; *Tipke,* NJW 88, 2090; *Söhn,* ZRP 88, 344; *Wendt,* DÖV 88, 710; *Mellinghoff,* StVj 89, 130.

A. Allgemeine Charakterisierung

a) Von allen Steuerarten hat die Einkommensteuer die höchste Gerechtigkeitsqualität (s. oben S. 169). Sie ist prinzipiell am besten geeignet, nicht nur die objektive, sondern auch die subjektive Leistungsfähigkeit des Steuerpflichtigen zu berücksichtigen (s. unten S. 197f.). Der hohe Gerechtigkeitswert in Gestalt einer gleichmäßigen Besteuerung nach der Leistungsfähigkeit wird allerdings nur erreicht, wenn ausnahmslos *alle* natürlichen Personen (Universalitätsprinzip) ihr *gesamtes* disponibles Einkommen versteuern müssen (Totalitätsprinzip)[1] *und* der Staat auch (z. B. im Bereich der Besteuerung von Zinsen) für die Verwirklichung des Universalitäts- und des Totalitätsprinzips sorgt.

Theoretisch ist die deutsche Einkommensteuer am Universalitäts- und am Totalitätsprinzip ausgerichtet. Es gibt keine (z. B. den in den § 5 KStG, § 3 VStG vergleichbaren) *persönlichen* Steuerbefreiungen von der Einkommensteuer, wie sie Fürsten, Monarchen und Diktatoren (z. B. Hitler) gewährt worden sind (s. S. 47f.). Im internationalen Vergleich[2] gehört die deutsche Einkommensteuer zur Gruppe der „global income taxes" (Steuern auf das *Gesamt*einkommen). Diese Steuern sind dadurch gekennzeichnet, daß sie *synthetisch* die *Gesamtheit* der Einkünfte (Summe der Einkünfte i. S. d. § 2 I-III EStG) in einer *einheitlichen* Bemessungsgrundlage (§ 2 V EStG) berücksichtigen; diese einheitliche Bemessungsgrundlage bildet die Ausgangsgröße für einen *einheitlich* belastenden Einkommensteuertarif.

Im Gegensatz zur *synthetischen Gesamteinkommensteuer* steht die *analytische Schedulensteuer*. Sie erfaßt die zu versteuernden Einkünfte nach Art ihrer Einkunftsquellen (gewerbliche Einkünfte, Grundbesitz-, Arbeitseinkünfte etc.) auf mehreren Listen (schedules); die so aufgeteilten Einkünfte werden unterschiedlich besteuert, indem die Schedulensteuer die Einkünfte jeder Liste einem gesonderten Einkommensteuertarif unterwirft. Wegen der daraus resultierenden ungleichmäßigen Steuerbelastung gelten „schedular income taxes" als rückständig. Die Gesamteinkommensteuer mit einem einheitlichen Steuertarif hat sich in den westlichen Industriestaaten allgemein durchgesetzt, während die Schedulenbesteuerung in Lateinamerika und in den Entwicklungsländern noch weit verbreitet ist.

Realiter verknüpft jedoch das geltende Einkommensteuerrecht mit den einzelnen Einkunftsarten soviele unterschiedliche Bemessungsfaktoren und begünstigende/ belastende Sondervorschriften (s. S. 328f.), daß die deutsche Einkommensteuer ins Schedulenhafte zurückfällt, wenngleich der Einheitstarif noch besteht.

b) *Politisches* Kernstück der Einkommensteuer ist der *progressive Steuertarif*. Die Bemessungsgrundlage „Einkommen" ist rechtsdogmatisch bestimmbar, der Tarif hingegen hauptsächlich Ausdruck einer bestimmten Gesellschaftspolitik (s. S. 391). Die Progression der Einkommensteuer bewirkt eine gewisse Umverteilung der Einkommen.

---

1 Zur gleichmäßigen Erfassung des Markteinkommens nach dem Universalitätsprinzip und dem Totalitätsprinzip *J. Lang,* Die Bemessungsgrundlage der Einkommensteuer, Köln 1981/ 88, 167 ff.
2 Dazu *N. Andel,* Einkommensteuer, in: Handbuch der Finanzwissenschaft, Bd. II[3], Tübingen 1980, 331, 333/334; *A. Mennel,* Steuerrecht und Steuersysteme im internationalen Vergleich, StuW 73, 1, 5f.; *O. Oldman/R. Bird,* The Transition to a Global Income Tax: A Comparative Analysis, IFA-Bulletin 77, 439; *Sylvain R.F. Plasschaert,* First Principles about Schedular and Global Frames of Income Taxation, IFA-Bulletin 76, 99.

c) Die Einkommensteuer ist die *ergiebigste* Steuer (s. oben S. 146). Ihre Ergiebigkeit ist jedoch die offene Flanke ihrer Gerechtigkeit (s. oben S. 170 ff.). Als die *merklichste* Steuer provoziert sie erheblichen Steuerwiderstand. Sie ist die *verwaltungsaufwendigste* Steuer. Das Einkommensteuerrecht ist *zu kompliziert* und von zu vielen Sozialzwecknormen (s. S. 20 f., 643) durchsetzt.

d) Die Einkommensteuer ist *konjunkturreagibel* (sog. built-in-flexibility), vorausgesetzt, daß Vorauszahlungen alsbald geleistet werden. Je nach Konjunkturlage kann durch zu variierende Steuersätze antizyklisch gesteuert werden. Da die Einkommensteuer prinzipiell eine *Ist*-Ertragsteuer ist, paßt sie sich gut an die tatsächlichen wirtschaftlichen Verhältnisse an; eine gute Ausschöpfung ist möglich, „Erdrosselung" ist nicht zu befürchten.

e) Die charakteristische Grundsubstanz der deutschen Einkommensteuer geht zurück auf das preußische EStG vom 24. 6. 1891[3]. Seitdem gab es drei grundlegende Neuordnungen: (1.) das Reichseinkommensteuergesetz vom 29. 3. 1920 (RGBl. 20, 359), dessen Einkommensbegriff nach dem Konzept der Reinvermögenszugangstheorie verfaßt war und mit dem der Einkommensteuertarif drastisch auf 10–60 Prozent angehoben wurde, weil dem Reich nach dem Ersten Weltkrieg gewaltige Kriegsschulden aufgebürdet worden waren, (2.) das EStG vom 10. 8. 1925 (RGBl. I 25, 189), mit dem der heute geltende, sowohl in der Quellen- als auch in der Reinvermögenszugangstheorie wurzelnde Einkommensbegriff (s. unten S. 200 ff.) eingeführt wurde, und (3.) das EStG vom 16. 10. 1934 (RGBl. I 34, 1005), das die Gesetzesstruktur des geltenden EStG begründete. Bis heute gab es keine Einkommensteuerreform mehr, die man den Neuordnungen des Einkommensteuerrechts durch das EStG 1920, EStG 1925, EStG 1934 oder gar der Einführung der preußischen Einkommensteuer des Jahres 1891 unter der Federführung des Finanzministers *Johannes von Miquel*[4] gleichsetzen könnte. Die Tarifreform 1990 war eine politische Reform, keine Rechtsreform i. S. einer Gerechtigkeits- und Vereinfachungsreform (s. oben S. 181 ff.).

Zur Eruierung der Entstehungsgeschichte[5] empfiehlt es sich, auf die *Gesetzesmaterialien* und die *Kommentare* zum Preuß. Einkommensteuergesetz von 1891 und zu den Reichseinkommensteuergesetzen 1920, 1925 und 1934 zurückzugreifen.

Zum Preuß. Gesetz von *1891:* Komm. von *Fuisting,* Berlin 1892; *Fuisting/Strutz*[8], Berlin 1915.

---

3 Gesetz-Sammlung für die Königlichen Preußischen Staaten 1891, Nr. 19 (Nr. 9463), 175. Dazu *A. Wagner,* Die Reform der direkten Staatsbesteuerung in Preußen im Jahre 1891, FinArch. Bd. 2 (1891), 71; *B. Großfeld,* Die Einkommensteuer, Tübingen 1981, 44 ff.; *D. Pohmer/G. Jurke,* Zu Geschichte und Bedeutung des Leistungsfähigkeitsprinzips unter besonderer Berücksichtigung der Beiträge im Finanzarchiv und der Entwicklung der deutschen Einkommensbesteuerung, FinArch. Bd. 42 (1984), 445 (m. w. N.).

4 Vgl. *A. Pausch,* Johannes von Miquel, Sein Leben und Werk, Stuttgart 1964. Im April 1889 hatte *Miquel* sein Reformprogramm einer progressiven Einkommensteuer u. a. damit begründet, daß das Ziel einer gleichmäßigeren Lastenverteilung vom ganzen Volk begrüßt werde: „Diese günstige Stimmung liegt vor allem in unserem deutschen Gerechtigkeitsgefühl. Man beschwert sich nicht so sehr über hohe Steuern, wenn man sie nur gerecht findet, wohl aber, wenn sie ungleich sind" (*A. Pausch,* 33). Welch ein Unterschied zur gegenwärtigen Reformstimmung: Man beschwert sich dann nicht über Steuern, wenn sie den eigenen Geldbeutel nicht treffen.

5 Zur Entstehungsgeschichte der Einkommensteuer bis zum pr. EStG 1891 s. oben S. 169 f. (mit Nachw. in Fn. 71 ff., 77).

Zum Gesetz von *1920:* Amtl. Begründung in: Verfassungsgebende Deutsche Nationalversammlung 1920, Drucks. 1624; Komm. von *Strutz*[2], Berlin 1920/22.

Zum Gesetz von *1925:* Amtl. Begründung in Reichstag-Drucks. III Nr. 795 (1924/25); Komm. von *E. Becker,* Stuttgart 1933; *Blümich/Schachian,* Berlin 1925; *Pißel/Koppe,* Berlin/Wien 1932; *Strutz,* Berlin 1927.

Zum Gesetz von *1934:* Amtl. Begründung in RStBl. 35, 33 ff.; Komm. von *Blümich*[2], Berlin 1937; *Vangerow,* Stuttgart 1936.

B. Steuerpflicht

1. Natürliche Personen als Steuersubjekte

Steuersubjekt und Schuldnerin der Einkommensteuer (s. S. 131, 133) ist nach § 1 EStG die *natürliche Person.* Das System gerechter Lastenausteilung bezieht sich letztlich auf den Menschen, auf den finanziell leistungsfähigen *Staatsbürger.* Schon von daher lebt die Gerechtigkeit des Steuerstaates wesentlich von der Gerechtigkeit der Einkommensteuer, wird die Gerechtigkeit des Steuerstaates am empfindlichsten durch Einkommensteuer-Ungerechtigkeiten gestört. Das Einkommensteuerschuldverhältnis beginnt mit der *Geburt* und endet mit dem *Tode* (§ 1 EStG)[1]. *Geschäftsfähigkeit, Staatsangehörigkeit* und *Wohnsitz/gewöhnlicher Aufenthalt* sind für das *Bestehen* des Einkommensteuerschuldverhältnisses irrelevant. Wohnsitz/gewöhnlicher Aufenthalt und Staatsangehörigkeit (§ 1 II EStG) sind lediglich Kriterien für die *Art* der Einkommensteuerpflicht (unbeschränkte/beschränkte Einkommensteuerpflicht).

Auch *zusammenzuveranlagende Ehegatten* sind je für sich Steuersubjekt[2]. § 26 b EStG ist insofern irreführend formuliert[3].

Kapitalgesellschaften, Erwerbs- und Wirtschaftsgenossenschaften und sonstige *Körperschaften* sind Subjekte der Körperschaftsteuer (s. § 1 KStG). Das gilt auch für die Einmann-GmbH. Kapitalgesellschaften sind allerdings insofern auch Einkommensteuersubjekte, als sie Lohnsteuer (eine Art der Einkommensteuer) einzubehalten und abzuführen haben (s. § 42 d EStG).

Personengesellschaften (z. B. OHG, KG, BGB-Gesellschaft oder Gemeinschaft) sind weder Einkommensteuer- noch Körperschaftsteuerschuldner. Die von ihnen erzielten Gewinne werden den Gesellschaftern (Gemeinschaftern) zugerechnet und bei diesen einkommensteuerlich oder körperschaftsteuerlich erfaßt (§ 15 I 1 Nr. 2 EStG; dazu S. 337 ff.). Technisch geschieht das im Verfahren der gesonderten und einheitlichen Gewinnfeststellung (§§ 179, 180 AO; dazu S. 703 ff.). Das Einkommensteuerrecht negiert die Personengesellschaft aber nicht. Soweit ein Gewerbebetrieb von einer Personengesellschaft betrieben wird, hat die Gesellschaft durch ihre Vertreter zu erfüllende Gewinnermittlungspflichten und andere Mitwirkungspflichten. Personengesellschaften haben auch Lohnsteuer einzubehalten und abzuführen (s. § 42 d EStG). Sonderabschreibungen und Bewertungsfreiheiten, die nicht an persönliche Eigenschaften von Steuerpflichtigen anknüpfen, stehen der Gesellschaft zu. Insoweit ist also auch die Personengesellschaft Einkommensteuersubjekt. Näheres S. 337 ff., 347 ff.

---

1 Den Todestag bei Verschollenheit regelt § 49 AO.
2 Dazu ausf. *J. Lang,* Die Bemessungsgrundlage der Einkommensteuer, Köln 1981/88, 620 ff., 624 f. (m. w. N.).
3 Vgl. *J. Lang* (Fn. 2), 624 f.; *Schmidt/Seeger,* EStG[9], § 26 b Anm. 2: Der den Bereich der Einkünfteerzielung und -ermittlung betreffende *Grundsatz der Individualbesteuerung* werde durch § 26 b EStG nicht berührt.

Den natürlichen Personen wird das von ihnen *erzielte* Einkommen *zugerechnet* (dazu S. 226 ff.). Da jedes Steuersubjekt seine eigene Leistungsfähigkeit hat, ist es unzulässig, das einem bestimmten Steuersubjekt zuzurechnende Einkommen durch Vertrag auf ein anderes Subjekt zu übertragen. Der Verhinderung solcher Verschiebungen („Schiebungen") dient die *Angemessenheitsprüfung* (S. 262 f., 343 f.). Man spricht auch vom Prinzip der *individuellen* Leistungsfähigkeitsbesteuerung, dem *Subjektprinzip* oder Individualprinzip.

Auch die Einkommen von Erblasser und Erbe dürfen nicht vermengt werden. Erblasser und Erbe sind je für sich Steuersubjekt (s. §§ 1 I, 25 EStG) mit je eigener Leistungsfähigkeit. Hat der Erblasser in der Bemessungsperiode vor seinem Tode einen Verlust erlitten, so darf der Erbe diesen Verlust nicht verwerten (s. S. 207). Auf den Erben geht die Steuerschuld des Erblassers über (§ 45 AO), nicht aber die Verlustverwertungsmöglichkeit[4].

Das Prinzip der *individuellen* Besteuerung nach der Leistungsfähigkeit wird verletzt durch das *Korrespondenzprinzip*. Danach soll gelten: Was der Geber von der Bemessungsgrundlage abziehen darf, muß der Nehmer versteuern; was der Geber nicht abziehen darf, braucht der Nehmer nicht zu versteuern. Diese Korrespondenz zwischen *verschiedenen* Steuersubjekten findet zwar Ausdruck in § 22 Nr. 1 Satz 2 i. V. m. § 12 Nr. 2 EStG; sie ist aber verfehlt und läßt sich nicht verallgemeinern. Beispiele: Der Mieter einer Wohnung darf die gezahlte Miete nicht abziehen, der Vermieter muß sie gleichwohl versteuern. Der (private) Darlehensnehmer darf die gezahlten Zinsen nicht abziehen, der Darlehensgeber muß sie gleichwohl versteuern[5].

2. Internationale Abgrenzung der Steuerpflicht durch die unbeschränkte und beschränkte Steuerpflicht

Literatur: *Knechtle*, Grundfragen des Internationalen Steuerrechts, Basel und Stuttgart 1976; *Kluge*, Das Internationale Steuerrecht der Bundesrepublik[2], München 1983; *K. Vogel* (Hrsg.), Grundfragen des Internationalen Steuerrechts, DStJG Bd. 8 (1985); *ders.*, Doppelbesteuerungsabkommen[2], München 1990.

Je nachdem, ob die natürliche Person *im Inland* einen *Wohnsitz oder gewöhnlichen Aufenthalt* hat oder nicht (sog. Wohnsitzprinzip), wird zwischen unbeschränkter und beschränkter Steuerpflicht unterschieden (§ 1 I, IV EStG).

a) *Unbeschränkte Steuerpflicht:* Steuerpflichtiger hat Wohnsitz oder gewöhnlichen Aufenthalt (§§ 8, 9 AO)[6] im Inland[7]: Steuerobjekt ist das „*Welteinkommen*" oder „Globaleinkommen".

Ausländische juristische Personen dürfen in der Bundesrepublik nicht unbeschränkt besteuert werden (§ 1 KStG). Ist ein Inländer jedoch an einer (von ihm zwischengeschalteten) Basisgesellschaft beteiligt, so wird ihm das nicht ausgeschüttete Einkommen dieser Gesellschaft qua Durchgriff als eigenes (anteilig) zugerechnet, wenn das Einkommen nicht aus aktiver Wirtschaftstätigkeit stammt (s. §§ 7 ff. AStG).

---

4 Die dogmatisch vernachlässigte Problematik ist zuerst von *Trzaskalik*, StuW 79, 97 ff., richtig gewürdigt und bewältigt worden; s. jetzt auch Schmidt/*Heinicke*, EStG[9], § 10d Anm. 3.
5 Ausführlicher *Tipke*, StuW 80, 8; *Söhn*, StuW 85, 405 f.; s. auch *Kirchhof*, in: KS, EStG, § 2 Rnr. A 189.
6 Dazu S. 133 f.
7 Zum Inland gehört auch der Festlandsockel (§ 1 I 2 EStG). Ein „steuerliches Niemandsland" in Form der DDR (dazu *J. Lang*, StuW 74, 304) gibt es seit der deutschen Einigung nicht mehr.

Erweiterte unbeschränkte Steuerpflicht: Wie Inländer werden bestimmte Auslandsbedienstete inkl. Angehörige behandelt (§ 1 II, III EStG); das entspricht völkerrechtlichen, diplomatischen und konsularischen Abkommen[8].

b) *Beschränkte Steuerpflicht*[9]: Steuerpflichtiger hat keinen Wohnsitz oder gewöhnlichen Aufenthalt im Inland: Steuerobjekt sind nach § 1 IV EStG nur die *inländischen Einkünfte i. S. d. § 49 EStG* – auch als inlandsradizierte Einkünfte (= im Inland wurzelnde Einkünfte; radix = Wurzel) bezeichnet.

Die in § 49 EStG enumerierten Einkünfte haben ihren Ursprung im territorialen Hoheitsbereich, im Inland (Ursprungs- oder Territorialitätsprinzip). Das Ursprungsprinzip bestimmt bei Vorliegen der beschränkten Steuerpflicht den Umfang des Steuerobjekts. Dabei bleiben die persönlichen Verhältnisse des Steuerschuldners weitgehend unberücksichtigt. Durch Ausschaltung von Steuerabzügen, die an die persönliche Leistungsfähigkeit des Steuerschuldners anknüpfen (s. § 50 I EStG), wird die Einkommensbesteuerung bei beschränkter Steuerpflicht objektsteuerähnlich, verliert aber nicht den Charakter der Personensteuer, da die persönliche Seite des Steuertatbestandes unbeschadet der Einschränkungen nach dem Ursprungsprinzip bestehen bleibt.

Erweiterte beschränkte Steuerpflicht: Gibt der Steuerpflichtige die Bindung zum Inland (wie sie sich in Staatsangehörigkeit und langjähriger vorangegangener Inlandsansässigkeit ausdrückt) trotz seines Wegzugs in ein niedrig besteuerndes Ausland nicht auf, indem er den Schwerpunkt seines wirtschaftlichen Lebens- und Interessenkreises im Inland aufrechterhält, ist er nach Wegzug noch 10 Jahre einkommensteuerpflichtig mit allen Einkünften i. S. § 2 I 1 EStG (= Welteinkommen), die nicht ausländische Einkünfte i. S. § 34 c I EStG sind (s. § 2 AStG), ferner unter gewissen Voraussetzungen mit dem Einkommen, das aus nicht aktiver Wirtschaftstätigkeit einer ausländischen Basisgesellschaft stammt (§ 5 AStG). Das Steuerobjekt „Welteinkommen" abzüglich ausländischer Einkünfte i. S. § 34 c I EStG ist größer als das Steuerobjekt „inländische Einkünfte" i. S. § 49 EStG[10].

Durch das Nebeneinander von unbeschränkter und beschränkter Steuerpflicht kommt es zum Zugriff mehrerer Staaten auf das nämliche Steuerobjekt und damit zur (internationalen) Doppelbesteuerung (dazu S. 137 f.). Sie wird vermieden durch bilaterale (Anti-)Doppelbesteuerungsabkommen, die mit vielen Ländern bestehen (s. dazu § 34 c VI EStG), oder durch unilaterale Steueranrechnung (§ 34 c EStG; §§ 68 a–68 c EStDV)[11].

Ein Doppelbesteuerungsabkommen zwischen der DDR und der BRD ersetzte § 3 Nr. 63 EStG. Nach dieser Vorschrift waren in der DDR bezogene und (Fassung ab 1989) dort tatsächlich besteuerte Einkünfte in der BRD steuerfrei[12]. § 3 Nr. 63 EStG ist durch Einigungsvertrag vom 31. 8. 1990 i. V.m. Gesetz vom 23. 9. 1990 (BGBl. II 90, 885) aufgehoben worden. Er war letztmals 1990 anzuwenden.

---

8 Dazu *Gérard/Söffing*, FR 74, 362 f.; *Pogge – v. Strandmann/Kieschke*, DStZA 74, 332.
9 Dazu *Wassermeyer*, in: K. Vogel (Hrsg.), Grundfragen des Internationalen Steuerrechts, DStJG Bd. 8 (1985), 49 ff.
10 Dazu *Salditt*, Steuerlast und Wanderlust, StuW 72, 12 ff.; *Flick/Wassermeyer/Becker*, Komm. zum Außensteuerrecht[4], Köln (Loseblatt), §§ 2, 5 AStG.
11 Dazu *Bachem*, Die optimale Ausgestaltung der Anrechnungsmethode zur unilateralen Vermeidung der Doppelbesteuerung bei den Ertragsteuern der deutschen internationalen Unternehmung, Diss. Köln 1971; *Escher*, Die Methoden zur Ausschaltung der Doppelbesteuerung, Bern und Stuttgart 1974; *Mössner*, DStJG Bd. 8 (1985), 135 ff.
12 Dazu *Horlemann*, Steuerfragen auf dem Weg zur Steuerunion mit der DDR, DStR 90, Beihefter zu Heft 15/16, 7 ff.

C. Objekt und Bemessungsgrundlage der Einkommensteuer

Literatur: *Kirchhof*, in: KS, EStG, § 2; *J. Lang*, Die Bemessungsgrundlage der Einkommensteuer, Rechtssystematische Grundlagen steuerlicher Leistungsfähigkeit im deutschen Einkommensteuerrecht, Köln 1981/88; *Meincke*, in: Littmann/Bitz/Meincke, Das Einkommensteuerrecht[15], § 2; *Raupach/Schenking*, in: HHR, EStG, § 2; Schmidt/*Seeger*, EStG[9], § 2; *A. Stollenwerk*, Dogmatischer Gegenstand versus instrumentaler Gegenstand des EStG, Ein Beitrag zum Aufbau des Einkommensteuertatbestandes, StVj 89, 217; *Tipke*, Bezüge und Abzüge im Einkommensteuerrecht, StuW 80, 1; *57. Deutscher Juristentag* (s. oben zu § 9).

1. Grundelemente des § 2 EStG

1.1 Bedeutung des § 2 EStG für den Einkommensteuertatbestand

§ 2 EStG ist durch das EStRG 1974[1] als Zentralvorschrift geschaffen worden, welche die „Elemente der Steuerbemessungsgrundlage, ihr Verhältnis zueinander und den Weg für die Ermittlung der Jahreseinkommensteuerschuld normiert"[2].

§ 2 EStG bestimmt zunächst das *Objekt* der Einkommensteuer, indem er das Besteuerungsgut, den *ökonomischen Einkommensbegriff*, in § 2 I–II EStG grundlegend rechtlich erfaßt (s. oben S. 131 f.)[3]. Dem ökonomischen Einkommensbegriff entspricht der Rechtsbegriff „Summe der Einkünfte" (§ 2 III EStG). In diesem Rechtsbegriff entfalten sich die ökonomischen Einkommenstheorien (Reinvermögenszugangs-, Quellen-, Markteinkommenstheorie). Das Einkommensteuerobjekt ist deshalb auch nicht die Erwerbstätigkeit selbst[4], sondern die „Summe der Einkünfte" als das *Ergebnis* von Erwerbstätigkeit(en).

Jedoch eignet sich als *Bemessungsgrundlage* nicht das erwirtschaftete Einkommen (s. oben S. 158 ff.), sondern nur das *für die Steuerzahlung disponible Einkommen*. Die Berücksichtigung von Aufwendungen für den *Lebensbedarf* durch die sog. *privaten Abzüge* von der „Summe der Einkünfte" auf den Stufen des § 2 IV, V EStG soll grundsätzlich das für die Steuerzahlung disponible Einkommen ergeben.

Die Stufen „Summe der Einkünfte", „Gesamtbetrag der Einkünfte", „Einkommen" und „zu versteuerndes Einkommen" vernebeln das dualistische Konzept „Markteinkommen ./. private Abzüge". Auf der Stufe des § 2 III EStG hat der Gesetzgeber einige Sozialzwecknormen angesiedelt (s. S. 216). Die Abzüge ausländischer Steuern nach § 34 c II, III EStG von der „Summe der Einkünfte" (§ 2 III EStG) verwirklichen nicht exakt den Zweck des § 34 c EStG, die internationale Doppelbesteuerung zu beseitigen (s. S. 394). Die Stufen des § 2 IV, V EStG könnten zusammengefaßt werden. Der terminologische Stufenaufbau des § 2 EStG kann also verkürzt, vereinfacht und dadurch systematisch verbessert werden[5].

---

1 Gesetz zur Reform der Einkommensteuer, des Familienlastenausgleichs und der Sparförderung v. 5. 8. 1974, BGBl. I 74, 1545.
2 BT-Drucks. 7/1470, 238.
3 Dazu näher *J. Lang*, Die Bemessungsgrundlage der Einkommensteuer, Köln 1981/88, 34 ff.
4 Die Auffassung von *H.-W. Bayer*, Die Erwerbstätigkeit – der Steuergegenstand des Einkommensteuerrechts, BB 88, 1 ff., 141 ff., 213 ff., ist mit der eindeutigen Geltungsanordnung des Gesetzes nicht zu vereinbaren. Zur „Stufenbaulehre" von *Bayer* s. *Stollenwerk*, StVj 89, 217; *Raupach/Schenking*, in: HHR, EStG, § 2 Anm. 15, 51 (m. w. N.).
5 Dazu näher *J. Lang*, Reformentwurf zu Grundvorschriften des Einkommensteuergesetzes, Köln 1985.

1.2 Disponibles Einkommen als Maßstab objektiver und subjektiver Leistungsfähigkeit

a) Die Bemessungsgrundlage der Einkommensteuer hat die steuerliche Leistungsfähigkeit der natürlichen Person möglichst richtig zu messen und soll das für die Steuerzahlung disponible Einkommen möglichst richtig ausweisen. Das dualistische Konzept „Markteinkommen ./. private Abzüge" verwirklicht die beiden Aufgaben, die *objektive* und die *subjektive* Leistungsfähigkeit zu messen[6].

aa) Die „Summe der Einkünfte" mißt die *objektive* Leistungsfähigkeit. Sie beinhaltet im Idealfall die Gesamtheit des erwirtschafteten Einkommens. Gleichmäßige Besteuerung nach der Leistungsfähigkeit bedeutet hier, daß sich der Staat möglichst an *allen* erwirtschafteten Einkommen beteiligt (s. oben). Für die Steuerzahlung *nicht disponibel* ist der Teil der erwirtschafteten Bezüge (Erwerbsbezüge), der im Zusammenhang mit der Erwerbstätigkeit ausgegeben werden muß. Daher mindern Erwerbsaufwendungen (Betriebsausgaben/Werbungskosten) die zu versteuernden Einkünfte. Es gilt das *Prinzip der Reineinkünfte und der Berücksichtigung von Verlusten (sog. objektives Nettoprinzip,* s. unten S. 203).

bb) Private Abzüge berücksichtigen die *subjektive,* d. h. die durch die persönlichen Verhältnisse des Steuerpflichtigen begründete Leistungsfähigkeit. Für die Steuerzahlung nicht disponibel ist das, was der Steuerpflichtige für seine eigene Existenz oder für die Existenz seiner Familie oder aus anderen Gründen aufwenden muß. Daher müssen das Existenzminimum (s. unten S. 212) und Unterhaltsverpflichtungen (s. unten S. 214) die Bemessungsgrundlage mindern. Es gilt das *Prinzip der Abziehbarkeit unvermeidbarer Privatausgaben (sog. privates oder subjektives Nettoprinzip,* s. unten S. 209).

b) Die richtige Messung steuerlicher Leistungsfähigkeit ist wesentliche Voraussetzung für die Entscheidung des Gesetzgebers über die Steuerlast, die durch den *Steuertarif* getroffen wird. Der Steuertarif teilt dem Bürger die Steuerlast abhängig von der Höhe des zu versteuernden Einkommens zu. Diese Zuteilung wird verfälscht, wenn und soweit die Bemessungsgrundlage Faktoren steuerlicher Leistungsfähigkeit nicht oder realitätsfremd berücksichtigt oder wenn Sozialzwecknormen (z. B. Sonderabschreibungen, § 10 e EStG) das Maß, das für alle Bürger gleich geeicht sein sollte, interventionistisch verändern.

Normen der Bemessungsgrundlage wirken durch den progressiven Steuertarif (s. S. 391 ff.) auf die Steuerschuld *unterschiedlich* ein. Wenn die prozentuale Belastung infolge des progressiven Tarifs mit *steigendem* Einkommen zunimmt, so nimmt sie mit *abnehmendem* Einkommen *degressiv* ab. Diese sog. *Degressionswirkung* von Normen der Bemessungsgrundlage ist ein Reflex der progressiven Belastung bei zunehmendem Einkommen. Die Degressionswirkung ergibt sich aus dem sog. Grenzsteuersatz (prozentuale Belastung der zuletzt hinzuaddierten DM des zu versteuernden Einkommens). Bei der Beurteilung der Degressionswirkung müssen Fiskalzwecke und Sozialzwecke *streng* auseinandergehalten werden. Dienen Normen der Bemessungsgrundlage dem Zweck, steuerliche Leistungsfähigkeit zu messen, so ergibt die Degressionswirkung den *Betrag der Übermaß- oder Untermaßbelastung,* wenn steuerliche Leistungsfähig-

---

[6] Dazu grundlegend bereits *A. Wagner,* Finanzwissenschaft, Bd. II[2], Leipzig 1890, 444: „Die wirtschaftliche Leistungsfähigkeit einer Person liegt in zwei Reihen von Momenten, solchen, welche den Erwerb und Besitz von Sachgütern, und solchen, welche die Verwendung dieser Güter zu eigener oder anderer pflichtmäßig zu ermöglichender Bedürfnisbefriedigung betreffen."; *J. V. Bredt,* Die Besteuerung nach der Leistungsfähigkeit, Ein Beitrag zur Systematik und Reform der direkten Steuern in Preußen und dem Reiche, Leipzig 1912.

§ 9 Einkommensteuer

keit falsch gemessen wird. Soweit insb. Betriebsausgaben, Werbungskosten oder Unterhaltsverpflichtungen nicht in der wirklichen Höhe berücksichtigt werden, ergibt die Degressionswirkung den Betrag, mit dem die Abzugsberechtigten *im Übermaß* belastet sind. Diese Bedeutung der Degressionswirkung verkennen offenbar diejenigen, die behaupten, die Reichen hätten durch Unterhaltsabzüge, wie z. B. Kinderfreibeträge, einen größeren Steuervorteil oder eine größere Steuervergünstigung als andere, was sozial ungerecht sei. *Nur bei Sozialzwecknormen* kann eine solche Argumentation zutreffen. Die Degressionswirkung von Sozialzwecknormen ergibt den Betrag der *Subvention* oder *Sonderbelastung*. Ist eine Förderung wie z. B. die Wohneigentumsförderung an dem Bedürfnisprinzip auszurichten, so ist die Degressionswirkung, daß Steuerpflichtige mit geringem Einkommen weniger Steuersubvention erhalten als Steuerpflichtige mit hohem Einkommen, sachlich nicht zu rechtfertigen[7].

1.3 Periodizität der Einkommensteuer und Jahressteuerprinzip (§ 2 VII EStG)

a) Die Einkommensteuer erfaßt nicht erst das Totaleinkommen einer natürlichen Person während der gesamten Erwerbszeit, sondern periodisch und sukzessiv das *Jahreseinkommen*. Die Einkommensteuer ist eine *periodische* (s. oben S. 148) Steuer in Gestalt einer *Jahres*steuer (§ 2 VII 1 EStG). Der in § 32 a EStG bestimmte Tarif ist ein *Jahres*tarif. Das Jahressteuerprinzip (§ 2 VII 1 EStG) konkretisiert das sog. *Periodizitätsprinzip*. Das Periodizitätsprinzip ist kein Wertungsprinzip, sondern ein technisches Prinzip, das die ideale Besteuerung nach der wirtschaftlichen Leistungsfähigkeit einschränkt[8], denn steuerliche Leistungsfähigkeit müßte idealiter nach dem *Lebenseinkommen* bemessen werden[9]. Indessen ist der Fiskus auf den sukzessiven Eingang von Steuern angewiesen. Da das Periodizitätsprinzip ein technisches Prinzip ist, können sich aus ihm unbillige Härten ergeben, die einen *Billigkeitserlaß* erfordern (s. S. 726).

b) Entsprechend dem Jahressteuerprinzip ist das Kalenderjahr grundsätzlich *Ermittlungszeitraum* für das zu versteuernde Einkommen (§ 2 VII 2 EStG). Besteht die unbeschränkte oder beschränkte Einkommensteuerpflicht wegen Geburt, Tod, Zuzug aus dem Ausland oder Wegzug in das Ausland nicht während eines ganzen Kalenderjahrs, so verkürzt § 2 VII 3 EStG den Ermittlungszeitraum. Daraus ergibt sich insofern eine Vergünstigung, weil der *Jahres*tarif auf ein Teiljahreseinkommen angewendet wird[10].

c) Von dem materiell-rechtlichen Ermittlungszeitraum ist der verfahrensrechtliche *Veranlagungszeitraum* zu unterscheiden. Veranlagungszeitraum ist kraft Legaldefini-

---

7 Dazu *J. Wieland*, Steuerliche Wohneigentumsförderung, Finanzverfassung und Gleichheitssatz, in: FS für Zeidler, Berlin/New York 1987, 735 ff.; *Drenseck*, DStR 86, 379. Vgl. auch *K.-G. Loritz*, Einkommensteuerrecht, Heidelberg 1988, 29 f.
8 So *Tipke*, StuW 71, 16; *ders.*, NJW 88, 2093; *Lang* (Fn. 3), 186 ff. (m. w. Nachw.); *Loritz* (Fn. 7), 48 ff. A. A. *Kirchhof*, Gutachten zum 57. Deutschen Juristentag, München 1988, 75 ff. Zum Periodizitätsprinzip vgl. auch *Schmidlin*, Das Prinzip der Periodizität in der Gewinnbesteuerung, Diss. St. Gallen, Zürich/St. Gallen 1956; *Gottschalk*, Der Grundsatz der periodengerechten Gewinnabgrenzung im Steuerrecht, Diss. Münster 1972; *Giloy*, FR 79, 133; *Orth*, Interperiodische Verlust-Kompensation im Gewerbesteuerrecht, Frankfurt u. a. 1980, 113 ff.; *Birtel*, Die Zeit im Einkommensteuerrecht, Berlin 1985.
9 Dazu insb. *Hackmann*, Die Besteuerung des Lebenseinkommens, Ein Vergleich von Besteuerungsverfahren, Tübingen 1979; *ders.*, FinArch. Bd. 34 (1975), 1 ff.; *ders.*, StuW 80, 318; *Mitschke*, StuW 80, 122 ff.; *ders.*, StuW 80, 252; *ders.*, StuW 88, 111.
10 Dazu näher *J. Lang* (Fn. 3), 91 ff.

tion in § 25 I EStG stets das Kalenderjahr[11]. Bei verkürztem Ermittlungszeitraum kann aber die Veranlagung bei Wegfall der Steuerpflicht sofort vorgenommen werden (§ 25 II 2 EStG). Beim Wechsel der unbeschränkten/beschränkten Steuerpflicht sind für den Veranlagungszeitraum *zwei* Veranlagungen durchzuführen; dabei ist jeweils der Jahrestarif anzuwenden[12].

d) Von dem Ermittlungszeitraum für das zu versteuernde Einkommen (§ 2 VII 2 EStG) sind schließlich noch die *Einkünfte-Ermittlungszeiträume* zu unterscheiden. § 2 VII 2 EStG regelt zwar grundsätzlich auch die Einkünfteermittlung. Jedoch kann insb. der Gewinnermittlungszeitraum vom Ermittlungszeitraum nach § 2 VII 2 EStG abweichen, so in den Fällen eines vom Kalenderjahr abweichenden Wirtschaftsjahrs (§ 4 a EStG) und eines Rumpfwirtschaftsjahrs (§ 6 EStDV). In derartigen Fällen müssen die Einkünfte eines Einkünfte-Ermittlungszeitraumes entweder aufgeteilt (§ 4 a II Nr. 1 EStG) oder dem Kalenderjahr, in dem das Wirtschaftsjahr endet, zugeordnet werden (§ 4 a II Nr. 2 EStG). Kraft Verlustvortrags und -rücktrags (§ 10 d EStG) können schließlich Verluste abgezogen werden, die vor bzw. nach dem Zeitraum i. S. d. §§ 2 VII 2, 25 I EStG ermittelt worden sind.

1.4 Periodischer Entstehungszeitpunkt der Einkommensteuer

Die Einkommensteuer *entsteht jährlich* mit Ablauf des Veranlagungszeitraums, sofern nichts anderes bestimmt ist (§ 36 I EStG). Vor Ablauf des Veranlagungszeitraumes entstehen insb. ESt-Vorauszahlungen (§ 37 I 2 EStG), die Lohnsteuer (§ 38 II 2 EStG) und die Kapitalertragsteuer (§§ 44 I 2, 45 c EStG). Bei Ehegatten wird der Einkommensteuertatbestand *materiell* durch die *Art der Veranlagung* mitbestimmt (§§ 26 ff.; 32 a V, VI EStG). Daher kann die Einkommensteuer von Ehegatten erst aufgrund des Einkommensteuerbescheides entstehen[13].

2. Das Einkommensteuerobjekt: Summe der Einkünfte (§ 2 I–III EStG)

2.1 Zur rechtlichen Bestimmung des Steuerguts „Einkommen"

2.11 Das Einkommen als zentraler Begriff des öffentlichen Schuldrechts

„Einkommen" ist ein ursprünglich ökonomischer Begriff. Seine rechtliche Relevanz erhält er dadurch, daß mit dem Einkommen als Indikator wirtschaftlicher Leistungsfähigkeit Pflichten und Rechte verknüpft werden, sowohl zivilrechtlicher Art (z. B. im Unterhaltsrecht[14]) als auch öffentlich-rechtlicher Art. Einkommen ist ein zentraler Begriff des öffentlichen Schuldrechts[15]. Er ist nicht nur relevant für die Einkommensteuer, sondern auch für Geldstrafen[16] und für zahlreiche Subventionen (z. B. im

---

11 So die h. M. BFH BStBl. 72, 621; 72, 877; 84, 587; Abschnitt 227 EStR; *Scholtz,* Der Veranlagungszeitraum bei der Einkommensteuer, DStZ 82, 487; *Orth,* FR 83, 2; Schmidt/*Seeger,* EStG[9], § 25 Anm. 6. A. A. BFH BStBl. 73, 544.
12 BFH BStBl. 72, 877; Abschnitt 227 EStR.
13 Schmidt/*Heinicke,* EStG[9], § 2 Anm. 17a (im Anschluß an FG Rheinland-Pfalz EFG 85, 50).
14 Vgl. die sog. Düsseldorfer Tabelle NJW 88, 120.
15 Dazu *Tipke,* Das Einkommen als zentraler Begriff des öffentlichen Schuldrechts, JuS 85, 345; *Brandis,* Einkommen als Rechtsbegriff, StuW 87, 289.
16 Dazu *Brandis,* Geldstrafe und Nettoeinkommen, Zugleich ein Beitrag zur Ausgestaltung eines Einkommensbegriffs im Öffentlichen Schuldrecht, Köln 1987.

Bundessozialhilfegesetz, im Kindergeldgesetz, im Wohngeldgesetz, im 2. Wohnungsbaugesetz, im Sparprämien- und Wohnungsbauprämiengesetz, im Vermögensbildungsgesetz, im Bundesausbildungsförderungs- und Arbeitsförderungsgesetz)[17]. Dem Steuer- und Subventionskonglomerat entspricht das Konglomerat ganz unterschiedlicher Einkommensbegriffe[18]. Die Harmonisierung der Einkommensbegriffe ist Grundvoraussetzung für ein konsistentes öffentliches Schuldrecht, das Belastungen und Zuwendungen die gleichen Kriterien wirtschaftlicher Leistungsfähigkeit und Bedürftigkeit zugrundelegt.

2.12 Reinvermögenszugangs-, Quellen- und Markteinkommenstheorie

a) Wie bereits oben (S. 196) ausgeführt, erfaßt das Einkommensteuerobjekt „Summe der Einkünfte" den ökonomischen Einkommensbegriff, nämlich das Besteuerungsgut „Einkommen". Auf die Rechtsentwicklung des Einkommensteuerobjekts übten zunächst die Quellentheorie[19], sodann die Reinvermögenszugangstheorie[20] den stärksten Einfluß aus[21].

Die *Quellentheorie* macht die Frage, ob etwas Einkommen ist, vom Vorhandensein einer ständig fließenden Einkommensquelle abhängig. Einkommen ist danach die „Gesamtheit der Sachgüter, welche in einer bestimmten Periode (Jahr) dem einzelnen als Erträge dauernder Quellen der Gütererzeugung zur Bestreitung der persönlichen Bedürfnisse für sich und für die auf den Bezug ihres Lebensunterhaltes von ihm gesetzlich angewiesenen Personen (Familie) zur Verfügung stehen"[22]. Hingegen sollen Vermögensveränderungen „im Zustande einer Quelle, welche nicht in ihrer bestimmungsmäßigen Verwendung zur Ertragserzielung ihren Ursprung haben", nicht zum Einkommen gehören[23]. Die Quellentheorie unterscheidet also im wesentlichen zwischen den als Einkommen zu qualifizierenden *laufenden Einkünften* und den nicht zum Einkommen gehörenden Wertveränderungen im sog. *Stammvermögen* (Quellenvermögen) einschließlich der Wertrealisation durch Veräußerung.

---

17 Dazu *Franz*, Einkommensbegriffe im Steuer- und Sozialrecht, StuW 88, 17; *Giloy*, Vieldeutige Einkommensbegriffe, Herne/Berlin 1978; *Kausemann*, Möglichkeiten einer Integration von Steuer- und Transfersystem, Thun/Frankfurt a. M. 1983; Inst. FuSt, Brief 252: Einkommensbegriffe und Einkommensermittlung in den Transfergesetzen, Bonn 1985; *Pestke*, Die verfassungsrechtliche Beurteilung unterschiedlicher Einkommensbegriffe im Sozial- und Steuerrecht, Stbg. 86, 276.
18 Dazu insb. *Franz* und Inst. FuSt (Fn. 17).
19 Grundlegend *B. Fuisting*, Die Preußischen direkten Steuern, 4. Bd.: Grundzüge der Steuerlehre, Berlin 1902, 110, 147 ff.
20 Grundlegend *G. v. Schanz*, Der Einkommensbegriff und die Einkommensteuergesetze, FinArch. 13. Jg. (1896), 1 ff.; *ders.*, Der privatwirtschaftliche Einkommensbegriff, FinArch. 39. Jg. (1922), 505 ff. In den USA sind insb. *Haig* und *Simons* die Hauptvertreter der Reinvermögenszugangstheorie: *R. M. Haig*, The Concept of Income, in: The Federal Income Tax, New York 1921; *H. C. Simons*, Personal Income Taxation, Chicago 1938. Zum Meinungsstand in Deutschland *N. Andel*, Einkommensteuer, in: Handbuch der Finanzwissenschaft, Bd. II[3], Tübingen 1980, 331, 334 ff.; *J. Hackmann*, Die Bestimmung des steuerrechtlichen Einkommensbegriffs aus finanzwissenschaftlicher Sicht, in: Hansmeyer (Hrsg.), Staatsfinanzierung im Wandel, Berlin 1982, 661 ff. (m. w. Nachw.).
21 Zur Entwicklung des steuerrechtlichen Einkommensbegriffs *Kirchhof*, in: KS, EStG, § 2 Rnrn. A 285 ff.; *J. Lang* (Fn. 3), 36 ff.
22 *B. Fuisting* (Fn. 19), 110.
23 *B. Fuisting* (Fn. 19), 147.

Nach der *Reinvermögenszugangstheorie* ist Einkommen der „Zugang von Reinvermögen in einer Wirtschaft während einer gegebenen Periode"[24]. *G. v. Schanz*[25] rechnete zum Einkommen alle „Reinerträge" einschließlich der unrealisierten „Wertsteigerungen", alle Nutzungswerte, also „auch jeder unmittelbare Verbrauch, der in der Benutzung eines eigenen Hauses, eigener Pferde, eines eigenen Gartens oder auch nur in dem Genusse der Möglichkeit einer solchen Benutzung liegt", „geldwerte Leistungen Dritter, alle Geschenke, Erbschaften, Legate, Lotteriegewinne, Versicherungskapitalien, Versicherungsrenten, Konjunkturgewinne jeder Art ..."

Der Wesensunterschied zwischen Reinvermögenszugangstheorie und Quellentheorie prägt den Dualismus der Gewinneinkünfte (§ 2 II Nr. 1 EStG) und Überschußeinkünfte (§ 2 II Nr. 2 EStG); cum grano salis sind die Gewinneinkünfte an der Reinvermögenszugangstheorie und die Überschußeinkünfte an der Quellentheorie ausgerichtet (s. unten S. 233).

b) Demnach haben sich weder die Quellentheorie noch die Reinvermögenszugangstheorie als rechtsdogmatisches Konzept für *alle* Einkunftsarten durchsetzen können. Das Preuß. EStG vom 24. 6. 1891 folgte prinzipiell der Quellentheorie; ihr Hauptvertreter *B. Fuisting* hatte als Referent im Finanzministerium die *Miquel*sche Steuerreform maßgeblich mitgestaltet. Das Reichseinkommensteuergesetz vom 29. 3. 1920 lehnte sich an die *v. Schanz*sche Reinvermögenszugangstheorie an. Von diesem Konzept wich das Reichseinkommensteuergesetz vom 10. 8. 1925 wieder ab; es begründete das Konzept des geltenden EStG, indem es acht Einkunftsarten *abschließend* aufzählte.

Weder die Quellentheorie noch die Reinvermögenszugangstheorie liefern ein rechtsdogmatisch überzeugendes Konzept. Die Quellentheorie begründet einen *zu engen* Einkommensbegriff. Die Ausgrenzung der Wertveränderungen im sog. Stammvermögen ist mit dem Leistungsfähigkeitsprinzip nicht zu vereinbaren[26]. Hingegen ist der Einkommensbegriff der Reinvermögenszugangstheorie zu weit[27]. Insb. die Erfassung unrealisierter Wertsteigerungen birgt die Gefahr von Übermaßbesteuerung. Die Besteuerung *aller* Nutzungswerte ist technisch nicht möglich. Die Besteuerung des Eigenheim-Nutzungswerts ist zu Recht als singulärer Fall ab 1. 1. 1987 beseitigt worden (s. S. 359). Die Reinvermögenszugangstheorie ist ungeeignet, das Einkommensteuerobjekt zum Erbschaftsteuer-/Schenkungsteuerobjekt abzugrenzen.

c) Die Theorie, die das Wesen des Einkommensteuerobjekts am besten charakterisiert und daher prinzipiell geeignet ist, *alle Einkünfte zu substantiieren,* ist die bereits oben (S. 158 ff.) angesprochene *Markteinkommenstheorie*[28]. Sie hat fundamentale Bedeu-

---

24 *G. v. Schanz,* FinArch. 13. Jg. (1896), 7; *R. M. Haig* (Fn. 20), 7: „Income is the money value of the net accretion of one's economic power between two points of time".
25 FinArch. 13. Jg. (1896), 7, 24.
26 Beschluß des 57. Deutschen Juristentages, Sitzungsbericht N, München 1988, 211: „Die Einkommensteuer ist auf der Grundlage von Einkunftstatbeständen konsequent am Prinzip der finanziellen Leistungsfähigkeit des Steuerpflichtigen auszurichten".
27 Kritisch gegen die Reinvermögenszugangstheorie *D. Schneider,* Allgemeine Betriebswirtschaftslehre[3], München/Wien 1988, 421 ff.; *J. Lang* (Fn. 3), 24 ff., 30 ff., 45 ff.
28 *W. Roscher,* (s. oben S. 159); *H. G. Ruppe,* DStJG Bd. 1 (1978), 7 ff., 16; *ders.,* in: HHR, Einf. ESt Anm. 17; *J. Lang* (Fn. 3), 18 f., 87 ff., 229 f., 235 f.; *ders.,* Reformentwurf zu Grundvorschriften des EStG, Köln 1985, 31 ff. (zur Generalklausel, daß der Einkommensteuer nur Einkünfte aus Erwerbstätigkeit mit Gewinnabsicht unterliegen); *Kirchhof,* in: KS, EStG, § 2

tung für das Wesen der Einkommensteuer als Element einer freiheitlich organisierten Marktwirtschaft[29]. Die Markteinkommenstheorie ist eine modifizierte Reinvermögenszugangstheorie. Sie hat durch die Rechtsprechung zur Liebhaberei[30] Eingang in die Einkommensteuerrechtsdogmatik gefunden. Sie definiert als Einkommen den *erwirtschafteten und realisierten Reinvermögenszugang,* d. h. *alle Einkünfte aus einer Erwerbstätigkeit, die mit Gewinn-/Überschußabsicht erwirtschaftet worden sind.*

Die Markteinkommenstheorie bestimmt die Rechtsdogmatik *aller* Einkunftsarten und trägt zur Lösung folgender Problemkomplexe bei:

aa) die *Abgrenzung* der einkommensteuerbaren Einkünfte zu den nicht einkommensteuerbaren Einkünften, insb. zu den Liebhabereieinkünften, Erbschaften und Schenkungen (dazu unten S. 217 ff.);

bb) die *persönliche Zurechnung der Einkünfte;* Einkünfte sind demjenigen persönlich zuzurechnen, der den Tatbestand der Einkünfteerzielung erfüllt, oder einfacher ausgedrückt: der die Einkünfte erwirtschaftet hat (dazu unten S. 226 ff.);

cc) die *Abgrenzung von Erwerbsbezügen und Erwerbsaufwendungen (Betriebsausgaben/ Werbungskosten) nach der Veranlassungstheorie* (dazu unten S. 252 ff.);

dd) die prinzipielle Erfassung nur der *realisierten* Einkünfte (dazu unten S. 299 ff.).

2.13 Pragmatische Legaldefinition des Einkommens durch den Einkünftekatalog

Da den Gesetzgeber weder die Quellentheorie noch die Reinvermögenszugangstheorie überzeugten, bestimmte er das Einkommensteuerobjekt pragmatisch[31]:

Nach § 2 I 1 EStG unterliegen der Einkommensteuer

1. Einkünfte aus Land- und Forstwirtschaft,
2. Einkünfte aus Gewerbebetrieb,
3. Einkünfte aus selbständiger Arbeit,

} Gewinneinkünfte (§ 2 II Nr. 1 EStG)

4. Einkünfte aus nichtselbständiger Arbeit,
5. Einkünfte aus Kapitalvermögen,
6. Einkünfte aus Vermietung und Verpachtung,
7. sonstige Einkünfte (nur) im Sinne des § 22 EStG,

} Überschußeinkünfte (§ 2 II Nr. 2 EStG)

die der Steuerpflichtige *erzielt* (erwirtschaftet).

Was durch die sieben Einkunftsarten nicht erfaßt ist, fällt in den rechtsfreien Raum (zum Begriff s. S. 103 ff.).

Rnrn. A 363 ff.; *Kirchhof,* Gutachten zum 57. Deutschen Juristentag, München 1988, 20 ff.; *Meincke,* in: Littmann/Bitz/Meincke, Das Einkommensteuerrecht[15], § 2 Rnr. 27; *Tipke,* NJW 88, 2091 f.; *R. Wendt,* DÖV 88, 714 f.

29 Dazu das Gutachten von *Kirchhof* (Fn. 28).

30 Dazu näher *J. Lang,* StuW 81, 223.

31 Begr. zuletzt in BT-Drucks. 7/1470, 211: „Der vorliegende Entwurf macht sich – ebensowenig wie frühere Einkommensteuergesetze – keine der zahlreichen Lehrmeinungen zum Begriff des Einkommens zu eigen, sondern umgrenzt den Einkommensbegriff wie bisher pragmatisch allein für die Zwecke der Besteuerung als Ergebnis ganz bestimmter, mit den gegenwärtigen Einkunftsarten übereinstimmender Einkünfte."

2.2 Bestimmung der Einkünfte nach dem objektiven Nettoprinzip

Nach § 2 II EStG unterliegen der Einkommensteuer nur *Rein*einkünfte, nämlich

1. bei den Einkünften aus Land- und Forstwirtschaft, Gewerbebetrieb und selbständiger Arbeit der Gewinn (§§ 4–7 g EStG), das sind die sog. *Gewinneinkünfte,* und
2. bei den Einkünften aus nichtselbständiger Arbeit, Kapitalvermögen, Vermietung und Verpachtung sowie sonstigen Einkünften i. S. d. § 22 EStG der Überschuß der Einnahmen über die Werbungskosten (§§ 8–9 a EStG), das sind die sog. *Überschußeinkünfte.*

Die Definition der Einkünfte in § 2 II EStG als *Rein-* oder *Netto*einkünfte positiviert das *objektive Nettoprinzip*[32]. Ausdruck steuerlicher Leistungsfähigkeit sind niemals nur die erwirtschafteten Vermögenszugänge; steuerlich belastbar ist vielmehr nur das wirtschaftliche *Ergebnis* einer Erwerbstätigkeit. In diesem Sinne sind Einkünfte *Salden aus positiven und negativen Faktoren*[33], und zwar *Unterschiedsbeträge zwischen Erwerbsbezügen und Erwerbsaufwendungen* (Bezüge und Aufwendungen, beide Faktoren veranlaßt durch eine bestimmte mit Gewinn-/Überschußabsicht ausgeübte Erwerbstätigkeit). Das objektive Nettoprinzip gebietet die uneingeschränkte Berücksichtigung der Erwerbsaufwendungen, folglich auch der *Verluste* (s. unten S. 205 ff.).

Das BVerfG registriert zwar ein „Prinzip der Nettobesteuerung des Einkommens, wonach . . . der Einkommensteuer nur der Überschuß der Einnahmen über die Werbungskosten unterliegt und grundsätzlich alle beruflich veranlaßten Aufwendungen auch Werbungskosten darstellen. . ."[34]. Entgegen der h. M. im Schrifttum[35] hat jedoch das BVerfG[36] das objektive Nettoprinzip noch nicht als *verfassungsrechtlich verbindliche Sachgesetzlichkeit des Einkommensteuerobjekts* anerkannt. Demzufolge enthielt auch das StRefG 1990 weitere Verletzungen des Nettoprinzips[37].

2.3 Ermittlung der Einkünfte nach dem Nominalwertprinzip

Die Ermittlung der Einkünfte ist eine *Geldrechnung*. Systemtragendes Prinzip der Geldordnung ist das *Nominalwertprinzip (Grundsatz: 1 DM = 1 DM)*[38]. Dieses Prinzip ist daher auch ein Fundamentalprinzip der Einkünfteermittlung. Insb. beruhen Handelsbilanz und Steuerbilanz auf einer nominellen, d. h. sich am Nennwert orien-

---

32 Dazu *Friauf,* StuW 73, 97; *Tipke,* StuW 74, 84; *ders.,* Steuergerechtigkeit in Theorie und Praxis, Köln 1981, 95 ff.; *Söhn,* DStJG Bd. 3 (1980), 18; *Ruppe,* DStJG Bd. 3 (1980), 103, 105 ff., 144 ff.; *Kirchhof,* in: KS, EStG, § 2 Rnr. A 127; *Lang,* StuW 85, 16; *ders.* (Fn. 3), 60 ff., 183 ff.; *Meincke* (Fn. 28), Rnrn. 35 f.; *Söffing,* StbJb. 1988/89, 121 ff.
33 *Tipke,* Bezüge und Abzüge im Einkommensteuerrecht, StuW 80, 1.
34 BVerfGE 27, 64/65 (Kilometer-Pauschale).
35 S. Fn. 32. Beschluß des 57. Deutschen Juristentages (NJW 88, 3006): „Das Nettoprinzip gehört zu den identitätskonstituierenden Merkmalen der Einkommensteuer. Als solches steht es nicht zur Disposition des Gesetzgebers . . ."
36 BVerfGE 27, 65: „Es mag dahinstehen, ob dem geltenden Einkommensteuerrecht eine solche Sachgesetzlichkeit der Nettobesteuerung innewohnt. Auch wenn dies zuträfe, könnte der Gesetzgeber von diesem Prinzip abweichen, sofern er hierfür sachlich einleuchtende Gründe hätte . . ."; BVerfGE 34, 103, 115 ff.; 43, 108, 119. Zu dieser Rspr. *Herzog,* StbJb. 1985/86, 38 ff.
37 Dazu *Söffing,* StbJb. 1988/89, 121 ff.
38 Dazu das Gutachten von *Kirchhof* (Fn. 28), 37 f.; *Schmidt/Glanegger,* EStG[9], § 2 Anm. 5; *Lang* (Fn. 3), 176 ff.; *Meincke* (Fn. 28), Rnr. 39; *Wendt,* DÖV 88, 719.

§ 9 Einkommensteuer

tierenden Geldrechnung. Das Nominalwertprinzip soll einerseits die Stabilität der Währung schützen; andererseits vermag es die *Geldentwertung* nicht aufzuhalten. Geldentwertung verfälscht aber die DM-Rechnungsgrößen: Nominelle Vermögenswertsteigerungen bewirken bei Veräußerung *Scheingewinne*, d. h. der Nominalgewinn ist nur zum Teil *Real*gewinn oder gar keiner[39]. Demgegenüber entstehen auf der Schuldnerseite *Realgewinne*, die eine Nominalwertrechnung nicht erfaßt. Besonders steuergünstig ist die hohe Fremdfinanzierung von Immobilien in Inflationszeiten. Die Rückzahlung der Kredite ist mit nicht besteuerten Realgewinnen verknüpft und die Immobilien-Wertsteigerungen werden bei Veräußerung außerhalb der Spekulationsfrist (§ 23 I Nr. 1 a EStG) ebenfalls nicht besteuert. Bilanzierende Unternehmer können durch Fremdfinanzierung von Investitionen die Scheingewinne auf der Aktivseite mit nominell nicht erfaßten Realgewinnen auf der Passivseite ausgleichen.

Wo solche Ausgleichsmöglichkeiten nicht bestehen, wie z. B. im privaten Wertpapiervermögen, tritt das Problem der Substanzbesteuerung besonders deutlich in Erscheinung[40]. Gegen eine inflationsbereinigte Geldrechnung sprechen indessen insb. zwei Gründe: Erstens würde die Inflationsbereinigung die Inflation beschleunigen. Das zeigen insb. die Erfahrungen in südamerikanischen Staaten. Zweitens sind die Methoden der Inflationsbereinigung, z. B. die indexierende Bilanzierung[41], außerordentlich kompliziert und daher nicht allen Steuerpflichtigen zugänglich. Mithin kann im Interesse der Steuergleichheit auf das Nominalwertprinzip nicht verzichtet werden, so daß die Verfälschung der Nominalwertrechnung durch die Inflation

---

39 Zur Problematik *Bell,* Die Problematik der Scheingewinnbesteuerung unter besonderer Berücksichtigung des schweizerischen Steuerrechts, Diss. rer. pol. Freiburg (Schweiz) 1963 (Ablehnung des Nominalismus; Scheingewinne sind kein Einkommen); *M. Diederichs,* Die Inflation im Spiegel der deutschen Steuerrechtsprechung, Diss. rer. pol. Köln 1968; *Flämig,* Die Berücksichtigung der schleichenden Geldentwertung im Steuerrecht, StKongrRep. 1969, 425 ff.; *Peeckel,* Scheingewinne und Eiserner Bestand, Berlin 1970; IFA-Cahiers Vol. LVII b (Madrid 1972); *v. Arnim/Borell/Schelle* (Karl-Bräuer-Institut des Bundes der Steuerzahler), Geldentwertung und Steuerrecht, Bad Wörishofen 1973; Inst. FuSt, Brief 134: Nominalwertprinzip, Geldentwertung und Besteuerung, Bonn 1973; *A. Mennel,* Geldentwertung und Einkommensbesteuerung im internationalen Vergleich, IWB Fach 10, Gruppe 2, 269 ff., 753 ff.; *Feuerbaum,* B 73, 737, 795; *v. Arnim,* BB 73, 631; *v. Wallis,* B 73, 842; *Hartz,* B 73, 1519; *Eckhardt,* DStR 73, 487; *Beisse,* Inf. 73, 337; *Teufel,* Inflation und Steuerrecht, Diss. Kiel 1974; *Schreder,* Einkommensbesteuerung bei Geldwertschwund, Diss. rer. pol. Graz 1974; *Bierle,* Inflation und Steuer, Berlin 1974; Reale Gewinne als Besteuerungsgrundlage?, mit Beiträgen von *Haase, Rose, Feuerbaum, Beisse, Koch, Zapf,* BFuP 74, 408 ff., 471 ff.; *D. Schneider,* B 74, 1073; *ders.,* Steuerbilanzen, Wiesbaden 1978, 71 ff.; *Buchner,* ZfB 74, 71; *Wimmer,* Geldentwertung und Steuerrecht, Diss. Darmstadt 1975; *L. Müller,* StKongrRep. 1975, 373; *Wagner,* StuW 76, 228; *Froese,* Die Berücksichtigung von Geldwert- und Sachwertschwankungen in der Einkommensbesteuerung, Zürich/Frankfurt/Thun 1977; *Gurtner,* Inflation, Nominalwertprinzip und Einkommensteuerrecht, Bern/Stuttgart 1980; *Schildbach,* Reale Gewinne als Besteuerungsgrundlage, ZfbF 81, 965 ff.; *Gemper,* Die Interpretation des Nominalwertprinzips in der BR Deutschland und in der Schweiz, ASA Bd. 51 (1982), 161 f.; *G. Rose,* StuW 85, 342 f.; *Grotherr,* Die Scheingewinnbesteuerung im internationalen Vergleich, Baden-Baden 1987; *J. Lang,* Die einfache und gerechte Einkommensteuer, Köln 1987, 24; *R. Wendt,* DÖV 88, 719.

40 Dazu insb. *v. Arnim,* BB 73, 621; *ders.,* Die Besteuerung von Zinsen bei Geldentwertung, Wiesbaden 1978 (mit umfassenden Literaturnachweisen, 96 ff.); *ders.,* ZRP 80, 201; *Friauf,* StbJb. 1971/72, 425; *ders.,* StuW 75, 260; *ders.,* StbJb. 1977/78, 50 ff.; *K. Vogel,* NJW 79, 1158; *J. Lang* (Fn. 3), 176 ff.

41 Dazu insb. *Flämig* (Fn. 39); *Pohmer,* Vermögenssicherung, Inflation und Einkommensbesteuerung, Zur technischen Möglichkeit einer Umgestaltung des Einkommensteuerrechts, in: FS für Brandt, Freiburg 1983, 383 ff.

Verlustausgleich und Verlustabzug

zu den kaum zu lösenden Problemen einer wirtschaftlich maßvollen, eigentumsschonenden Besteuerung nach der Leistungsfähigkeit gehört[42].

2.4 Zeitliche Zuordnung der Einkünfte

Einkünfte müssen dem oben (S. 198) dargelegten *Ermittlungszeitraum* (§ 2 VII 2 EStG) zugeordnet werden. Dabei sind zwei Systeme zeitlicher Zuordnung zu unterscheiden:

a) Grundsätzlich gilt das in § 11 EStG verankerte *System der Vereinnahmung und Verausgabung*. Dieses System ist beherrscht vom *Zuflußprinzip* und vom *Abflußprinzip*. Danach kommt es grundsätzlich auf das Zufließen (Erlangen der wirtschaftlichen Verfügungsmacht über Wirtschaftsgüter) und Abfließen von Wirtschaftsgütern (Verlust der wirtschaftlichen Verfügungsmacht über Wirtschaftsgüter) an[43]. Die Grundbegriffe für diese Zahlungsströme sind die *Einnahmen* und die *Ausgaben*. Das prinzipielle Abstellen auf Zahlungsströme ist nicht nur technisch *einfach* (Vorbild: Kassenrechnung); die Zahlungsstrom-Rechnung weist auch die *Liquidität zur Steuerzahlung am besten aus*. Nachteilhaft ist, daß das System der Vereinnahmung und Verausgabung Zahlungsstrom-Schwankungen nicht auffangen kann. Dadurch kann das Periodizitätsprinzip zu Härten führen. Deshalb sind die Einnahmen-/Ausgaben-Rechnungen (sog. *Überschußrechnungen*) des EStG keine reinen Zahlungsstrom-Rechnungen. Insb. sind Anschaffungs- und Herstellungskosten für Wirtschaftsgüter nicht im Zeitpunkt der Verausgabung abzusetzen (vgl. §§ 4 III 3,4; 9 I 3 Nr. 6 Satz 2, Nr. 7 EStG). Weitere Ausnahmen regelt § 11 I 2, II 2 EStG.

Überschußeinkünfte werden ausnahmslos durch Überschußrechnung (§ 2 II Nr. 2 EStG: Einnahmen-/Werbungskosten-Überschußrechnung, s. unten S. 324 ff.), Gewinneinkünfte ausnahmsweise durch Überschußrechnung (§ 4 III EStG, s. unten S. 320 ff.) ermittelt (s. zunächst S. 237 f.).

b) Bilanzierungspflichtige und freiwillig bilanzierende Unternehmer haben auch für die Besteuerung Bücher zu führen und Jahresabschlüsse (§ 242 III HGB: Bilanz, Gewinn- und Verlustrechnung) zu erstellen. Sie haben einen *Betriebsvermögensvergleich* (§§ 4 I, 5 EStG) durchzuführen (s. unten S. 236 f.). Das nahezu vollständig in den §§ 238 ff. HGB positivierte *System der Grundsätze ordnungsmäßiger Buchführung* (s. S. 281 ff.) sorgt u. a. dafür, daß die Ergebnisse des Wirtschaftens periodengerecht zugeteilt werden. Die einzelnen Perioden stehen nicht separat da. Durch Bilanz-, Bewertungs- und Unternehmenskontinuität ist für Anschluß gesorgt (s. S. 283). Zahlungsstrom-Schwankungen und Härten des Periodizitätsprinzips werden ausgeglichen.

2.5 Verluste

2.51 Verlustausgleich und Verlustabzug (Verlustrücktrag/-vortrag)

a) Nach dem objektiven Nettoprinzip haben Verluste die Bemessungsgrundlage zu mindern. Verluste sind Bilanzverluste, Überschüsse der Betriebsausgaben über die Betriebseinnahmen (vgl. § 4 III 1 EStG) und Überschüsse der Werbungskosten über

---

[42] Die nominelle Besteuerung von Kapitaleinkünften billigend BFH BStBl. 67, 690; 68, 143; 68, 653; insb. 74, 572, 582 (dazu *Friauf,* StuW 75, 260); 75, 637; 76, 599; s. auch BFH BStBl. 68, 302; 71, 626; BVerfGE 50, 57 ff. (dazu *K. Vogel,* NJW 79, 1158; *Kröger,* JZ 79, 631). A. A. FG Hamburg EFG 74, 425. Zur Lösung des Problems durch Einführung einer die Vermögensverwaltung erfassenden Betriebsteuer *J. Lang,* StuW 89, 3 ff.; StuW 90, 107 ff.
[43] Dazu ausf. *J. Lang* (Fn. 3), 275 ff., 290 ff., 298 ff., 320 ff.

die Einnahmen (vgl. § 2 II 2 EStG). Der Verlustbegriff ist in der Terminologie des EStG unzulänglich eingebettet. Allgemein definiert sind Verluste negative Einkünfte, nämlich Überschüsse der Erwerbsaufwendungen über die Erwerbsbezüge[44].

b) In der „Summe der Einkünfte" (§ 2 I-III EStG) sind zunächst positive und negative Einkünfte zu saldieren. Diese Saldierung heißt *Verlustausgleich*. Der Verlustausgleich hat Einkünfte *desselben Ermittlungszeitraums* zum Gegenstand. Man unterscheidet zwischen dem echten, *vertikalen* Verlustausgleich (= Verrechnung von negativen und positiven Einkünften *aus verschiedenen Einkunftsarten*) und dem unechten, *horizontalen* Verlustausgleich (= Verrechnung von negativen und positiven Einkünften *innerhalb einer Einkunftsart*).

Beispiel:
Einkünfte aus Gewerbebetrieb
– Gewinn aus einem Einzelunternehmen (§ 15 I 1 Nr. 1 EStG)   50 000 DM
– Verlust aus gewerblicher Mitunternehmerschaft (§ 15 I 1 Nr. 2 EStG)   ./. 10 000 DM
Einkünfte aus Gewerbebetrieb nach horizontalem Verlustausgleich   40 000 DM
Einkünfte aus Kapitalvermögen (§ 20 EStG)   20 000 DM
Verlust aus Vermietung (§ 21 EStG)   ./. 10 000 DM
Summe der Einkünfte nach vertikalem Verlustausgleich   50 000 DM

Der Verlustausgleich ist *keine Steuervergünstigung*, sondern ein Akt richtiger Leistungsfähigkeitsbemessung nach dem objektiven Nettoprinzip. Das verkennen Sozialtransfergesetze, die jeden Verlustausgleich verbieten[45].

c) Verluste, die bei der Ermittlung des Gesamtbetrags der Einkünfte nicht ausgeglichen werden, sind nach Maßgabe des § 10 d EStG *überperiodisch* durch *Verlustabzug (Verlustvortrag/Verlustrücktrag)* zu berücksichtigen. Die zeitliche Beschränkung für den Verlustvortrag hat das StRefG 1990 aufgehoben, „um die Liquidität kleiner und mittlerer Unternehmen nach Verlustjahren zu verbessern"[46]. Indessen ist auch der Verlustabzug nach § 10 d EStG keine Wirtschaftssubvention[47], sondern Fiskalzwecknorm. Idealiter müßte sich nämlich die Messung der Leistungsfähigkeit auf das Lebenseinkommen beziehen (s. oben S. 198). Das technische Prinzip der Periodizität (s. oben S. 198 f.) wird durch den überperiodischen Verlustabzug eingeschränkt, um die Verwirklichung des objektiven Nettoprinzips nicht abzuschneiden[48].

aa) § 10 d EStG sieht zwingend zunächst den *Verlustrücktrag* vor; dabei sind bereits erlassene Steuerbescheide zu ändern (§ 10 d I 2, 3 EStG). Abzugsfähig ist der Betrag, der sich bei der Saldierung der positiven und negativen Einkünfte sowie der bei der Ermittlung des Gesamtbetrages der Einkünfte anzusetzenden Hinzurechnungs- und Abzugsbeträge ergibt (vgl. Abschnitt 115 II 2 EStR). Dieser Betrag ist bis zu 10 Mio.

---

44 *J. Lang*, Reformentwurf (Fn. 28), 88: „Einkünfte (Gewinne oder Verluste) sind der Unterschiedsbetrag der Erwerbsbezüge und der Erwerbsaufwendungen".
45 So auch *Brandis*, FR 83, 371; *ders.*, FR 86, 60; *Balke*, FR 84, 459. A. A. BVerfGE 82, 60 ff. (dazu krit. *J. Lang*, StuW 90, 345).
46 BT-Drucks. 11/2536, 78. Dazu *J. Bahlau*, Der Verlustabzug nach dem Steuerreformgesetz 1990, FR 88, 565.
47 Zur subventionell begründeten Einführung des Verlustrücktrags (Gesetz vom 20. 4. 1976, BGBl. I 76, 1054) BT-Drucks. 7/3667, 6; *Kreile*, DStZA 76, 195; *Söffing*, FR 76, 209, 211 ff.; *Schick*, Der Verlustrücktrag, München 1976; im weiteren *Söffing*, StbKongrRep. 1977, 131 ff.; *Ritter*, FR 78, 397 ff.; *Orth*, FR 81, 525.
48 Dazu ausf. *J. Lang* (Fn. 3), 188 ff. Gl. A. *Loritz*, Einkommensteuerrecht, Heidelberg 1988, 448 f. A. A. insb. *Schick* (Fn. 47), 7 ff.

DM „wie Sonderausgaben" vom Gesamtbetrag der Einkünfte des *zweiten* dem Veranlagungszeitraum vorangegangenen Veranlagungszeitraums abzuziehen (§ 10 d I 1, 1. Hs. EStG). Der nicht abziehbare Betrag ist sodann vom Gesamtbetrag der Einkünfte des *ersten* dem Veranlagungszeitraum vorangegangenen Veranlagungszeitraums abzuziehen (§ 10 d I 1, 2. Hs. EStG).

bb) Ist auch das nicht möglich, so gestattet § 10 d II EStG den *Verlustvortrag* in die folgenden, frühestmöglichen Veranlagungszeiträume.

Beispiel: Betrag i. S. d. § 10 d I 1 EStG 1990: 10 Mio. DM

Verlustrücktrag:
VZ 1988: Gesamtbetrag der Einkünfte: 1 500 000 DM
Verlustabzug (10 Mio. DM) ./. 1 500 000 DM
VZ 1989: Gesamtbetrag der Einkünfte: 1 200 000 DM
Verlustabzug (8,5 Mio. DM) ./. 1 200 000 DM

Verlustvortrag:
VZ 1991: Gesamtbetrag der Einkünfte: 4 000 000 DM
Verlustabzug (7,3 Mio. DM) ./. 4 000 000 DM

Es verbleibt ein Verlustabzugspotential für die Veranlagungszeiträume 1992 ff. von 3,3 Mio. DM.

d) Da die Bemessungsgrundlagen der Leistungsfähigkeit *personenbezogen* (s. §§ 1, 25 EStG) und daher nicht übertragbar sind, trifft es nicht zu, daß der Erbe in die vom Erblasser nicht genutzten Möglichkeiten zum Verlustausgleich oder Verlustabzug eintritt[49]. Der Erbe erbt Vermögen (Aktivvermögen und/oder Schulden), nicht Gewinne oder Verluste. Er erbt auch kein Recht, eigene Gewinne mit Verlusten des Erblassers oder eigene Verluste mit Gewinnen des Erblassers auszugleichen. Die Bemessungsgrundlagen des Erblassers und des Erben dürfen nicht miteinander vermengt werden, wenn das Gesetz es nicht ausdrücklich zuläßt. Läßt das Gesetz zu, daß ein Unternehmer (als Steuersubjekt) die Verluste eines anderen Unternehmers (als ein davon verschiedenes Steuersubjekt) übernimmt, so handelt es sich um eine Steuervergünstigung.

2.52 Beschränkungen des Verlustausgleichs und Verlustabzugs

a) *Nicht ausgleichsfähig* und *nicht abzugsfähig* sind Verluste,
- die keinen Einkünftetatbestand i. S. d. § 2 I EStG verwirklichen, z. B. Liebhabereiverluste, Verluste aus der Veräußerung von Privatvermögen (dazu unten S. 217 ff.);
- die mit steuerfreien Einnahmen in unmittelbarem wirtschaftlichen Zusammenhang stehen (§ 3 c EStG);
- deren Ausgleich/Abzug das Gesetz verbietet (§§ 2 a, 13 V, 15 IV, 15 a, 18 V, 20 I Nr. 4, 21 I 2, 22 Nr. 3 letzter Satz, 23 IV 3, 50 II EStG).

---

49 So die h. M. im Schrifttum: *Trzaskalik*, StuW 79, 97 ff.; *Ring*, DStZ 81, 24; *Orth*, in: HHR, EStG, § 10 d Anm. 118 ff.; *Schmidt/Heinicke*, EStG[9], § 10 d Anm. 3; *Ruppe*, Einkommensteuerrechtliche Positionen bei Rechtsnachfolge, DStJG Bd. 10 (1987), 45, 94 ff.; *Knobbe-Keuk*, Bilanz- und Unternehmenssteuerrecht[7], Köln 1989, 279. A. A. BFH BStBl. 62, 386; s. auch Abschnitt 115 I EStR (mit Beispielen für die Berücksichtigung des Verlustabzugs beim Erben).

b) Verlustausgleichs- und Verlustabzugsverbote[50] durchbrechen grundsätzlich das objektive Nettoprinzip und sind daher verdächtig, den Gleichheitssatz zu verletzen. Besonders zweifelhaft ist die Verfassungsmäßigkeit[51] des § 2 a I EStG[52]. Zweifelhaft ist auch die Rechtfertigung des § 15 IV EStG. Der Sozialzweck, die herkömmlichen landwirtschaftlichen Betriebe zu schützen, reicht u. E. nicht aus[53]. Die Verlustausgleichs- bzw. -abzugsverbote der §§ 22 Nr. 3 letzter Satz, 23 IV letzter Satz, 50 II EStG sind ebenfalls der schedulenhafte Ausdruck einer nicht das Gesamteinkommen erfassenden Besteuerung nach der Leistungsfähigkeit.

Sachlich ausreichend gerechtfertigt sind indessen die Verlustausgleichs- und Verlustabzugsverbote im Hinblick auf die sog. *Verlustzuweisungsgesellschaften* (§§ 15 a, 18 V, 20 I Nr. 4, 21 I 2 EStG). Der Gesetzgeber ist berechtigt, solche Verluste nicht zum Ausgleich zuzulassen, die auf betriebswirtschaftlich und/oder volkswirtschaftlich unsinnigen Aufwendungen beruhen und den Steuerpflichtigen anreizen, sich übermäßig zu verschulden. § 15 a EStG hat sich inzwischen als sehr wirksame Maßnahme herausgestellt. Gleichwohl handelt es sich um ein Beispiel mißglückter Gesetzgebung[54], weil der Gesetzgeber das Übel nicht an der Wurzel geregelt[55] und damit auch „normale" Kommanditgesellschaften in Mitleidenschaft gezogen hat. § 15 II 2 EStG zeigt, daß nur ein einziger Satz erforderlich gewesen wäre, um Kapitalfehlleitungsgesellschaften wirksam zu bekämpfen.

3. Die Bemessungsgrundlage der Einkommensteuer: Das zu versteuernde Einkommen i. S. d. § 2 V EStG

3.1 Private Abzüge i. S. d. § 2 IV, V EStG

Literatur: *J. Lang,* Familienbesteuerung, StuW 83, 103 ff.; *Tipke,* Neuordnung der Familienbesteuerung, StbKongrRep. 1983, 39 ff.; *ders.,* Unterhalt und sachgerechte Einkommensteuerbemessungsgrundlage, ZRP 83, 25 ff.; *Tipke/Lang,* Zur Reform der Familienbesteuerung, StuW 84, 127 ff.; *K. Vogel,* Zwangsläufige Aufwendungen – besonders Unterhaltsaufwendungen – müssen realitätsgerecht abziehbar sein, StuW 84, 197 ff.; *Zeidler,* Verfassungsrechtliche Fragen zur Besteuerung von Familien- und Alterseinkommen, StuW 85, 1 ff.; *Kirchhof,* Der Schutz von Ehe und Familie, Essener Gespräche zum Thema Staat und Kirche (21), Münster 1986, 7 ff.; *E.-W. Böckenförde,* Steuergerechtigkeit und Familienlastenausgleich, StuW 86, 335; *H.-J. Pezzer,* Verfassungsrechtliche Perspektiven der Familienbesteuerung, in: FS für Zeidler, Berlin/New York 1987, 757; *F. Klein,* Ehe und Familie im Steuerrecht als verfassungsrechtliches Problem, in: FS für Zeidler, Berlin/New York 1987, 773; *ders.,* Die unzureichende steuerliche Berücksichtigung der Minderung der Leistungsfähigkeit durch Kinder, DStR 87, 779;

---

50 Dazu insb. *Schulze-Osterloh,* Gute Verluste – Böse Verluste, Ausschluß und Beschränkung des Verlustausgleichs und -abzugs, JbFSt. 1984/85, 267 ff.; *Kröner,* Verrechnungsbeschränkte Verluste im Ertragsteuerrecht, Wiesbaden 1986; *Loritz* (Fn. 48), 234 ff.
51 Dazu insb. *K. Vogel,* BB 83, 180; *Manke,* DStZ 84, 235; *Friauf,* StuW 85, 308; *Krabbe,* DStJG Bd. 8 (1985), 83 ff.; *Jehner,* DStR 86, 279.
52 § 2 a II EStG hebt die Verletzung des Nettoprinzips durch § 2 a I EStG partiell wieder auf. § 2 a III, IV EStG sind durch das StRefG 1990 eingefügt worden. Sie sollen nach der Aufhebung des Auslandsinvestitionsgesetzes die Verrechnung von Verlusten ausländischer Betriebsstätten erhalten. Dazu BT-Drucks. 11/2536, 76.
53 Vgl. *Schulze-Osterloh* (Fn. 50), 287 f.
54 Dazu *Knobbe-Keuk,* StuW 81, 97; *Schulze-Osterloh* (Fn. 50), 295; *ders.,* JbFSt. 1981/82, 238, 256 ff.; *ders.,* in: HHR, EStG, § 15 a Anm. 141; *Kaligin,* DStZ 84, 521; *L. Schmidt,* EStG[9], § 15 a Anm. 8; *Loritz* (Fn. 48), 247 f.
55 Vgl. *J. Lang,* Reformentwurf (Fn. 28), 59.

H. Söhn, Verfassungsrechtliche Aspekte der Besteuerung nach der subjektiven Leistungsfähigkeit im Einkommensteuerrecht: Zum persönlichen Existenzminimum, FinArch. Bd. 46 (1988), 154; *H.-J. Pezzer,* Familienbesteuerung und Grundgesetz, StuW 89, 219; *G. Niemeyer,* Der verfassungskonforme Familienlastenausgleich als gesetzgeberisches Ziel, Schwerpunkt: Steuerrecht, FuR 90, 2; *J. Lang,* Verfassungsrechtliche Gewährleistung des Familienexistenzminimums im Steuer- und Kindergeldrecht, StuW 90, 331. (S. auch die Literatur S. 382)

3.11 Berücksichtigung unvermeidbarer Privataufwendungen nach dem privaten oder subjektiven Nettoprinzip

a) Wie bereits oben (S. 196 f.) ausgeführt, ist die Bemessungsgrundlage der Einkommensteuer dualistisch aufgebaut: Bis zum Gesamtbetrag der Einkünfte (§ 2 I-III EStG) wird die *objektive* Leistungsfähigkeit berücksichtigt, ab dem Gesamtbetrag der Einkünfte die *subjektive* Leistungsfähigkeit durch *private Abzüge* (§ 2 IV, V EStG). Das BVerfG hat in den Jahren 1982 bis 1984[56] zur Berücksichtigung persönlicher Verhältnisse durch private Abzüge folgende zwei Postulate bestätigt:

- die Abziehbarkeit unvermeidbarer Privataufwendungen *(allgemeines privates Nettoprinzip)* und daraus ableitend
- die realitätsgerechte Berücksichtigung von Unterhaltsverpflichtungen *(spezielles Familien-Nettoprinzip).*

Allgemeines und spezielles Nettoprinzip begründet das BVerfG wie folgt: Aus der Besteuerung nach der Leistungsfähigkeit ergebe sich, daß auch solche Ausgaben einkommensteuerlich von Bedeutung seien, die außerhalb der Sphäre der Einkommenserzielung – also im privaten Bereich – anfallen und für den Steuerpflichtigen unvermeidbar sind. Die wirtschaftliche Belastung durch Unterhaltsaufwendungen gegenüber Kindern und anderen Berechtigten sei ein die Leistungsfähigkeit des Verpflichteten beeinträchtigender Umstand. Diese unabweisbare Sonderbelastung dürfe der Gesetzgeber ohne Verstoß gegen die Steuergerechtigkeit nicht außer acht lassen. Das Einkommensteuerrecht dürfe bei der Berücksichtigung von zwangsläufigen Unterhaltsaufwendungen keine realitätsfremden Grenzen ziehen.

b) Diese Ausführungen des BVerfG beruhen auf vergleichsweise jungen Erkenntnissen der deutschen Steuerrechtswissenschaft[57], wenngleich die Grundideen zur steuerlichen Berücksichtigung des existentiell notwendigen Lebensbedarfs schon seit langem bekannt und in der finanzwissenschaftlichen Literatur deutlich formuliert worden sind[58]. Rechtsdogmatisch geht es darum, die dualistisch konzipierte Meßfunk-

---

56 BVerfGE 61, 319 (dazu *Lang,* StuW 83, 103; *Tipke,* StbKongrRep. 1983, 39 ff.); BVerfGE 66, 214 (dazu *Vogel,* StuW 84, 197); BVerfGE 67, 290 = StuW 85, 76 (dazu *Tipke,* StuW 85, 78); BVerfGE 68, 143, 152 f.

57 Grundlegend *Tipke,* StuW 71, 16 f., und insb. *Vogel,* NJW 74, 2105; *ders.,* DStZA 75, 409; *ders.,* DStR 77, 31. Ferner *Lang,* Die Bemessungsgrundlage der Einkommensteuer, Köln 1981/88, 191 ff., 620 ff.; *ders.,* StuW 83, 103; *Vogel,* StuW 84, 197; *Söhn,* StuW 85, 400 ff.; *ders.,* StuW 86, 324 f.; *Söhn,* in: KS, EStG, § 10 Rnr. A 17; *Söhn,* ZRP 88, 347 f.; *Kirchhof,* StuW 85, 319; *ders.,* Gutachten F zum 57. Deutschen Juristentag, München 1988, 51 ff.; *Pezzer,* in: FS für Zeidler, Berlin/New York 1987, 757 ff.; *Birk,* JZ 88, 824. In Übereinstimmung mit der einhelligen Auffassung der Steuerrechtswissenschaft insb. *Zeidler,* StuW 85, 1; *Böckenförde,* StuW 86, 335 ff.; *F. Klein,* DStR 87, 779; *ders.,* in: FS für Zeidler, Berlin/New York 1987, 773.

58 Vgl. *A. Wagner,* Finanzwissenschaft, Bd. II[2], Leipzig 1890, 444; *E. v. Fürth,* Die Einkommensteuer in Österreich und ihre Reform, Leipzig 1892, 78 ff., sowie die Nachw. bei *Pezzer* (Fn. 57), 763; *Lang,* Bemessungsgrundlage (Fn. 57), 620 ff. Bei *Pigou,* in: Groves, Tax

tion der Bemessungsgrundlage folgerichtig auszubauen. Maßgröße steuerlicher Leistungsfähigkeit ist eben nicht das sog. Markteinkommen[59] („Summe der Einkünfte"), sondern *nur das für die Steuerzahlung disponible Einkommen.* Was der Steuerpflichtige aufwenden muß für seine und seiner Familie Existenz, ist für die Steuerzahlung ebensowenig disponibel wie das, was er für Erwerbszwecke aufwenden muß. Daher *muß* der indisponible Teil des Markteinkommens durch private Abzüge aus der Besteuerungsgrundlage eliminiert werden, wenn die steuerliche Leistungsfähigkeit zutreffend gemessen werden soll[60]. U. E. lassen sich private Abzüge noch zwingender rechtfertigen als der Abzug von Werbungskosten/Betriebsausgaben, weil sie Aufwendungen zum Gegenstand haben, die für die Unantastbarkeit der Menschenwürde (Art. 1 I 1 GG) benötigt werden[61].

c) Die Eliminierung indisponiblen Einkommens aus der Steuerbemessungsgrundlage ist *keine Steuervergünstigung* oder *Steuersubvention,* sondern realisierte Besteuerung nach der Leistungsfähigkeit. Dazu hat der 57. Deutsche Juristentag folgenden Beschluß gefaßt:

„Der Einkommensteuer unterliegt nur der Teil des Erwerbseinkommens, der für den Steuerpflichtigen disponibel ist. Die unvermeidbaren Aufwendungen für die eigene Existenzsicherung und den Unterhalt der Familienangehörigen müssen deshalb von der Besteuerung freigestellt sein. Erst auf das sich danach ergebende zu versteuernde Einkommen ist der Tarif anzuwenden. Die Degressionswirkung bei steuermindernden Abzügen ist keine Steuervergünstigung, sondern die systemnotwendige Kehrseite der Progression bei den steuerbegründenden Zuflüssen"[62].

Diesen Konsens der Juristen hat das BVerfG mit Beschluß vom 29. 5. 1990[63] nachdrücklich bestätigt. Ausgangspunkt dieser Entscheidung ist der aus Art. 1 I GG i. V. m. dem Sozialstaatsprinzip abgeleitete Grundsatz, „daß der Staat dem Steuerpflichtigen sein Einkommen insoweit steuerfrei belassen muß, als es zur Schaffung der Mindestvoraussetzungen für ein menschenwürdiges Dasein benötigt wird" (BVerfGE 82, 60). Sodann stellt das BVerfG fest: „Ebenso wie der Staat nach diesen Verfassungsnormen verpflichtet ist, dem mittellosen Bürger diese Mindestvoraussetzungen erforderlichenfalls durch Sozialleistungen zu sichern . . ., darf er dem Bürger das selbst erzielte Einkommen bis zu diesem Betrag . . . nicht entziehen. Aus den genannten Verfassungsnormen, zusätzlich aber auch aus Art. 6 I GG, folgt ferner, daß bei der Besteuerung einer Familie das Existenzminimum sämtlicher Familienmitglieder steuerfrei bleiben muß . . ." (BVerfGE 82, 60). Zur *Bemessung* des steuerfrei zu lassenden Erwerbseinkommens rekurriert das BVerfG[64] erneut auf das Sozialhilfe-

---

Philosophers, The University of Wisconsin Press 1974, 70, heißt es: „. . . ability to pay begins only after a deduction of expense money sufficient to maintain the taxpayer and his dependents according to some biological or conventional standard."

59 Vgl. *Biergans/Wasmer,* FR 85, 57; *D. Schneider,* StuW 84, 356.
60 So einhellig das in Fn. 57 zit. Schrifttum. Im weiteren *Tipke/Lang,* StuW 84, 127; *Kanzler,* FR 88, 205 (mit zahlr. Nachw.).
61 Dazu *Kirchhof,* JZ 82, 305; *Lang,* StuW 83, 103; *ders.,* Bemessungsgrundlage (Fn. 57), 191 ff.; *Pezzer* (Fn. 57), 764 f.
62 57. Deutscher Juristentag, Sitzungsbericht N, München 1988, 214. Zu den dogmatischen Grundlagen dieses Beschlusses *Kirchhof,* Gutachten (Fn. 57); *Isensee,* 57. DJT, a. a. O., 32 ff.; *Tipke,* ZRP 83, 25 ff.; *Lang,* Bemessungsgrundlage (Fn. 57), 191 ff., 517 ff. Gesetzestechnische Formulierung: *Lang,* Reformentwurf (Fn. 28), 98 ff.
63 BVerfGE 82, 60 ff. (Kindergeldbeschluß); BVerfG vom 12. 6. 1990, BVerfGE 82, 198 ff. (Kinderfreibetragsbeschluß). Siehe S. 386 (dort Fn. 20).
64 BVerfGE 82, 60, unter Hinweis auf BVerfGE 66, 214, 224.

recht und stellt dabei klar, daß die Gesamtheit der Sozialhilfeleistungen, nicht lediglich die Regelsätze heranzuziehen seien. Aus Gründen der Praktikabilität dürfe das regional verschiedene Existenzminimum bei der Besteuerung wohl bundeseinheitlich berücksichtigt werden[65], jedoch dürfe sich der Gesetzgeber insoweit nicht an einem unteren Grenzwert oder an einem Durchschnittswert orientieren, der in einer größeren Zahl von Fällen nicht ausreichen würde (BVerfGE 82, 60).

Das Verbot einer Diskriminierung der Bürger mit erwirtschafteten Einkommen gegenüber Sozialhilfeempfängern erkennt das BVerfG nicht nur auf der Ebene niedriger Einkommen, sondern auf *allen* Einkommensebenen. Es stellt klar, daß horizontal gleichmäßige Besteuerung nur verwirklicht ist, wenn die Bemessungsgrundlage *die Leistungsfähigkeit in jeder Höhe richtig* bestimmt[66]. Auch der Einkommensmillionär hat indisponibles Einkommen, das für die Steuerzahlung nicht zur Verfügung steht. Ein Einkommensmillionär mit Kindern ist weniger leistungsfähig als ein kinderloser Einkommensmillionär.

e) Wenn der indisponible Teil des Markteinkommens aus der Besteuerungsgrundlage eliminiert ist, dann erübrigt sich ein *tariflicher* Grundfreibetrag. Meßfunktion der Bemessungsgrundlage und Belastungsfunktion des Tarifs müssen klar gegeneinander abgegrenzt werden[67].

nicht disponibel						disponibel
Aufwendungen für Ernährung	Aufwendungen für Kleidung	Aufwendungen für Wohnung	Versicherungsaufwendungen	andere existentiell erforderliche Aufwendungen, insb. sozial-kulturelle	außergewöhnliche Belastungen	Die *Bemessungsgrundlage* legt das für die Steuerzahlung disponible Einkommen fest. Disponibel ist insb. der Teil des Einkommens, der für Sparen, privates Investieren, Reisen, Repräsentation und Luxuskonsum zur Verfügung steht. Der *Tarif* legt fest, *welchen Anteil* des disponiblen Einkommens der Steuerpflichtige als Steuer abführen soll (*Belastungsentscheidung des Gesetzgebers*).

Systemkonzipierende Maßstäbe des privaten Nettoprinzips sind die Unantastbarkeit der Menschenwürde (Art. 1 I 1 GG) und die Sozialstaatlichkeit[68] sowie das Verbot der Benachteiligung von Ehe und Familie (s. S. 53f.). Auf einfachgesetzlicher Ebene ist im Rahmen der Werteinheit der Rechtsordnung Orientierungsmaßstab für die Quan-

---

65 BVerfGE 82, 60. So auch *Lang*, Reformentwurf (Fn. 28), 99f. (bundesdurchschnittlicher und sozialhilferechtlich zu berücksichtigender Lebensbedarf).
66 BVerfGE 82, 60, unter Hinweis auf *D. Birk*, Das Leistungsfähigkeitsprinzip als Maßstab der Steuernormen, Köln 1983, 165, 170.
67 Vgl. *Birk*, JZ 88, 822; *Lang*, Reformentwurf (Fn. 28), 19ff.
68 BVerfGE 82, 60 (siehe S. 210).

tifizierung der Privatabzüge das *Sozialhilferecht*[69]. Die Steuer darf *mindestens*[70] dem Bürger nicht das Einkommen wegnehmen, was der Staat dem Bürger bei fehlendem Einkommen als Sozialhilfe zu geben hätte[71].

Nach alledem ergäbe sich folgende Systematik privater Abzüge[72]:

Summe der Einkünfte (Markteinkommen)
./. Grundbedarf (sog. Grundfreibetrag)
./. Mehrbedarf (regelmäßiger Mehrbedarf z. B. für Ausbildung, Körperbehinderung)
./. Sonderbedarf (außergewöhnliche Belastungen)
./. Unterhaltsverpflichtungen in Höhe der gesetzlichen Unterhaltspflichten des bürgerlichen Rechts[73]

= *zu versteuerndes Einkommen*

Zum Aufbau des § 2 EStG siehe unten S. 217 ff.

3.12 Berücksichtigung eines Existenzminimums

Der Einkommensteuertarif berücksichtigt im sog. *Grundfreibetrag* (§ 32a I Nr. 1 EStG) einen jährlichen Existenzminimum-Grundbedarf von 5616 DM. Nach dem oben (S. 210) zitierten Beschluß des BVerfG vom 29. 5. 1990 sind zur Bemessung des steuerfreien Existenzminimums nicht nur die Regelsätze der Sozialhilfe[74], sondern sämtliche Sozialhilfeleistungen heranzuziehen. Demnach bewegt sich der *auch steuerrechtlich* gewährleistete Existenzminimum-Grundbedarf alters- und ortsabhängig zwischen 6000 DM (Kleinkind) und 10000 DM (erwachsener Alleinstehender). Diese Beträge umfassen die Regelsätze, die pauschale Kleiderhilfe sowie die Übernahme der Wohnungs- und Heizungskosten[75]. Nicht erfaßt sind kulturelle oder zivilisatorische Bedürfnisse, die ebenfalls verfassungsrechtlich gewährleistet sind und die das Sozialamt von Fall zu Fall befriedigt. So leistet z. B. das Sozialamt Beihilfen zum Urlaub, zu Familienfeiern (Hochzeit, Taufe, Kommunion/Konfirmation, Bestattung) und zur Einschulung. Es bezahlt Nachhilfeunterricht und vermittelt kostenlosen Theater- und Kinobesuch. <u>Es ist verdreht, erwerbslosen Sozialhilfeempfängern ein wesentlich höheres Existenzminimum zuzugestehen als Erwerbstätigen, die über die Steuerbelastung die Sozialhilfeempfänger mitzuversorgen haben.</u> Daher hat der Grundfreibetrag für erwachsene Alleinstehende von Verfassungs wegen *über dem Betrag von 10000 DM* zu liegen[76].

---

69 Dazu *Dziadkowski,* DStZ 87, 131; *Franz,* StuW 88, 25 f.; *Kirchhof,* JZ 82, 305; *ders.,* Gutachten (Fn. 57), 51 ff.; *Lang,* Bemessungsgrundlage (Fn. 57), 191 ff.; *ders.,* StuW 83, 118 ff.; *Pezzer,* in: FS für Zeidler, Berlin/New York 1987, 763 ff.; *ders.,* StuW 89, 222 ff.
70 Weitergehend 57. Deutscher Juristentag (Fn. 62).
71 BVerfGE 82, 60 (siehe S. 210). Zur Quantifizierung siehe *Lang,* StuW 90, 346.
72 Vgl. auch *Lang,* Reformentwurf (Fn. 28), 98 ff.
73 So 57. Deutscher Juristentag (NJW 88, 3007): „Die realitätsgerechte Berücksichtigung von Unterhaltsverpflichtungen ist keine Steuervergünstigung, sondern ein zwingendes Gebot der einkommensteuerrechtlichen Belastungsgleichheit. Die realitätsgerechte Berücksichtigung bedeutet Abzug in Höhe der gesetzlichen Unterhaltsverpflichtungen des bürgerlichen Rechts von der Bemessungsgrundlage".
74 So BFH BStBl. 88, 134; Hess. FG EFG 90, 249; Nds. FG EFG 90, 249, und in Kenntnis der Entscheidungen des BVerfG (Fn. 63), BFH vom 8. 6. 1990, BStBl. 90, 969 (dazu *Felix,* DStZ 90, 471, 472 ff.).
75 Dazu für 1990 *J. Lang,* StuW 90, 346. Siehe auch S. 387 f.
76 A. A. insb. BFH vom 8. 6. 1990 (Fn. 74), im wesentlichen mit der Typisierungs- und Pauschalierungsbefugnis des Gesetzgebers begründet. Nach BVerfG BStBl. 90, 656, ist diese

Der 57. Deutsche Juristentag ist über die Minimalforderung des Sozialhilfestandards hinausgegangen. Er beschloß, daß das steuerliche Existenzminimum von Verfassungs wegen nicht *unter* dem sozialrechtlichen liegen dürfe. Es müsse vielmehr um der Grundrechte willen deutlich über dem sozialrechtlichen Existenzminimum liegen[77].

Der Grundfreibetrag gehört (wie schon der Name bedeutet) in die *Bemessungsgrundlage und nicht in den Tarif*, weil die im Tatbestandselement des Tarifs geregelte Belastungsentscheidung erst *jenseits* des indisponiblen Einkommens ansetzen darf[78]. Besonders die verfassungsrechtlich gebotene Anpassung des Grundfreibetrages an das Sozialhilferecht ist durch eine tarifliche Nullzone nicht möglich. BVerfGE 82, 60 läßt es zwar zu, daß das Existenzminimum bei der Besteuerung aus Gründen der Praktikabilität in einem einheitlichen Betrag berücksichtigt werden könne, der von Verfassungs wegen auch nicht zwingend nach Altersgruppen gestaffelt werden müsse. Indessen verletzt es den Gleichheitssatz, wenn der Existenzminimum-Grundbedarf *doppelt* steuerfrei gestellt wird, so im Falle von Kindern mit eigenen Einkünften durch ein Erwachsenen-Existenzminimum (§ 32a I Nr. 1 EStG) und zusätzlich bei den Eltern durch Kinderfreibetrag (s. S. 387 f.). Daher erscheint es geboten, den in den §§ 32 VI, VII; 32a I Nr. 1, V; 33a I EStG zersplittert geregelten Grundbedarf (s. S. 387 ff.) in § 32 EStG einheitlich zu regeln und die Grundbedarf-Pauschalen aufeinander abzustimmen. Die Zusammenfassung der Grundbedarf-Pauschalen in § 32 EStG würde auch die sozialhilferechtliche Staffelung ermöglichen. So könnte z. B. die Haushaltsersparnis zusammenlebender Ehegatten (s. S. 397 f.) durch eine niedrigere zweite Grundbedarf-Pauschale berücksichtigt werden.

Als verfassungsrechtlich notwendiger Teil der Bemessungsgrundlage hat die realitätsgerechte Berücksichtigung des Existenzminimums *Maßstabsfunktion*. Diese Funktion gewährleistet nicht nur die vom BVerfG angemahnte horizontale Steuergerechtigkeit (s. S. 211), sondern ist auch Voraussetzung für die vertikale Steuergerechtigkeit. Somit kann der Auffassung des FG Köln[79] nicht gefolgt werden, die realitätsfremde Bestimmung des Existenzminimums in § 32a I Nr. 1 EStG führe nicht zur Verfassungswidrigkeit, wenn der Steuerpflichtige das reale Existenzminimum nicht anzugreifen brauche. Ein zu niedriger Grundfreibetrag verfälscht nämlich die im Tarif getroffene Belastungsentscheidung zur vertikalen Steuergerechtigkeit, indem die Tarifbelastung des verfassungsrechtlich besteuerbaren Einkommens bei 100% beginnt. Beispiel: Bei dem zu versteuernden Einkommen eines Junggesellen in Höhe

---

aber überschritten. Auch der Hinweis auf nicht besteuerte Einkommensteile wie private Veräußerungsgewinne und Transferleistungen vermag nicht zu überzeugen, da solche im Einzelfall nicht bezogen sein können und es auch verfehlt ist, diverse Mängel der Besteuerung zu saldieren.

[77] 57. DJT (Fn. 62), 215, im Anschluß an *Kirchhof,* Gutachten (Fn. 57), 51.

[78] 57. DJT (Fn. 62), 215: „Der derzeit unrealistische Grundfreibetrag ist realitätsgerecht zu erhöhen. Er ist von der Bemessungsgrundlage abzuziehen." Ebenso m. w. N. *Dziadkowski,* BB 85, Beilage 9, 9 ff.; *ders.,* StuW 86, 53 ff.; *ders,* FR 86, 504; *ders.,* DStZ 87, 131; *Lang,* Die einfache und gerechte Einkommensteuer, Köln 1987, 38 ff.; *H. Söhn,* FinArch. Bd. 46 (1988), 161 ff.; *Tipke,* FR 90, 349; *Traxel,* Die Freibeträge des EStG, Frankfurt/Bern/New York 1986, 44 ff.; *ders.,* DStZ 89, 127. A. A. *Lehner,* StuW 86, 59; *Giloy,* FR 86, 56; Schmidt/ *Glanegger,* EStG[9], § 32a Anm. 1.

[79] EFG 88, 581 (zustimmend *Tipke,* FR 90, 350). Die Auffassung des FG Köln ist mit BVerfG BStBl. 90, 659 („Eine Durchbrechung der horizontalen Steuergerechtigkeit kann nicht mit dem Gedanken der vertikalen Steuergerechtigkeit legitimiert werden") nicht zu vereinbaren (s. dazu *Felix,* DStZ 90, 471, 472 ff.).

§ 9 Einkommensteuer

von 10 929 DM beträgt die Einkommensteuer 1 017 DM. Dieser Betrag mag das reale Existenzminimum noch nicht angreifen. Er schöpft aber das disponible Einkommen voll ab. Eine solche bei 100 Prozent beginnende Anfangsbelastung fällt sodann mit steigendem Einkommen ab. Diese Degressionswirkung eines zu niedrigen Grundfreibetrages verfälscht die Progressionsentscheidung des Gesetzgebers und ist mit dem Gleichheitssatz nicht zu vereinbaren, weil sie die niedrigeren Einkommensschichten gegenüber den höheren in nicht zu rechtfertigender Weise diskriminiert.

Die Existenzminimum-Pauschale des Grundfreibetrages wird aufgestockt durch

— den Kinderfreibetrag (§ 32 VI EStG), den Haushaltsfreibetrag (§ 32 VII EStG) und den allgemeinen Unterhaltsabzug (§ 33 a I EStG); diese Abzüge berücksichtigen den Grundbedarf *unterhaltsberechtigter* Personen (s. S. 383 ff.). Bei eigenen Einkünften der unterhaltsberechtigten Person ist es möglich, daß der Grundbedarf doppelt berücksichtigt wird (s. S. 212 und 384), was die Anrechnung von Einkünften des Berechtigten (§ 33 a I 3 EStG) unterbindet;

— Berücksichtigung von *Sonderausgaben* (s. unten S. 376 ff.);

— Berücksichtigung *außergewöhnlicher Belastungen* (s. unten S. 379 ff.). Bei der verfassungsrechtlich gebotenen Angleichung des Einkommensteuerrechts an das Sozialhilferecht ist zu bedenken, daß der sozial-kulturelle Faktor des Existenzminimums im Grundfreibetrag nicht abzudecken ist. Das Sozialamt trägt z. B. die Kosten für die Beschaffung von Möbeln und Hausrat, für die Renovierung der Wohnung und beteiligt sich finanziell an Familienfeiern (s. S. 212). Die Abzugsfähigkeit von Krankheitskosten eines privat Versicherten ist über dem Sozialhilfestandard angesiedelt und entspricht damit der Forderung des 57. Deutschen Juristentages (s. S. 213).

Der Gesetzgeber hat sich bisher nicht dazu verstehen können, *Jungverheirateten* wegen der Notwendigkeit der Gründung eines Hausstandes und der Beschaffung einer Wohnung einen Freibetrag zuzugestehen (so aber ausländische Rechtsordnungen; s. auch § 25 I 3 II. WoBauG).

3.13 Berücksichtigung von Unterhaltsverpflichtungen

Hat ein Steuerpflichtiger nicht nur sich selbst, sondern auch andere zu unterhalten (für das Existenzminimum anderer zu sorgen), so vermindert sich dadurch seine steuerliche Leistungsfähigkeit, der Unterhaltene wird hingegen leistungsfähiger; er hat Bezüge[80], wenngleich er damit evtl. auch kein *disponibles* Einkommen hat.

Art. 123 I der *Bayerischen Verfassung* bestimmt: „Alle sind im Verhältnis ihres Einkommens und Vermögens *und unter Berücksichtigung ihrer Unterhaltspflicht* zu den öffentlichen Lasten heranzuziehen." Art. 47 der *Hessischen Verfassung* verlangt die *Berücksichtigung der familiären Lasten* (s. S. 55).

Nach der Rechtsprechung des BVerfG[81] müssen zwangsläufige Unterhaltsaufwendungen realitätsgerecht von der Bemessungsgrundlage abgezogen werden können.

---

80 Dazu *J. Lang,* Bemessungsgrundlage (Fn. 57), 545 ff.; *ders.,* Reformentwurf (Fn. 28), 98.
81 A.a.O. (Fn. 56).

Berücksichtigung von Unterhaltsverpflichtungen

Zutreffend *Zeidler*[82]: „Es ist unaufrichtig, als Prinzip der Steuergerechtigkeit die Berücksichtigung der individuellen Leistungsfähigkeit zu proklamieren und gleichzeitig die Erheblichkeit dieses Tatbestandes (sc.: Unterhaltsverpflichtung, d. V.), der weit mehr als vieles andere die persönliche Leistungsfähigkeit bestimmt, zu ignorieren. Hierin liegt eine Durchbrechung der selbst statuierten Sachgesetzlichkeit . . . Die Rechtsordnung kann nicht, ohne in einen massiven inneren Widerspruch zu verfallen, einerseits rechtliche Unterhaltspflichten statuieren und ihnen andererseits die steuerrechtliche Beachtlichkeit versagen; denn auch insoweit wird für den Leistenden in einer rechtserheblichen Weise die persönliche Leistungsfähigkeit als Grundlage der Besteuerung gemindert."

Das bedeutet: Der Gesetzgeber darf über die Abzugsfähigkeit von Unterhaltsaufwendungen *nicht frei disponieren,* zumal nicht aus Haushaltsgründen. Tut er das, belastet er das disponible Einkommen mehr oder weniger unterschiedlich, tangiert er den Lebensstandard von Familien mit Unterhaltspflichtigen erheblich stärker als den Lebensstandard anderer Steuerpflichtiger. Das deutsche Einkommensteuerrecht berücksichtigt Unterhaltszahlungen an Dritte, gemessen an der tatsächlichen Verminderung der Leistungsfähigkeit, allerdings entgegen der Rechtsprechung des Bundesverfassungsgerichts bisher so dürftig wie den Eigenunterhalt durch das Existenzminimum. Vermögende Eltern können die Abzugsbeschränkungen dadurch unterlaufen, daß sie Teile ihres Vermögens auf unterhaltsberechtigte Familienangehörige übertragen (s. S. 228 ff., 343 f.).

Der 57. Deutsche Juristentag hat beschlossen, daß die realitätsgerechte Berücksichtigung von Unterhaltsverpflichtungen *keine Steuervergünstigung,* sondern *ein zwingendes Gebot der einkommensteuerrechtlichen Belastungsgleichheit* sei; realitätsgerechte Berücksichtigung bedeute *Abzug in Höhe der gesetzlichen Unterhaltspflichten von der Bemessungsgrundlage*[83].

Unterhaltsbezüge sollten „im tatbestandlichen Rahmen der Einkunftsarten" versteuert werden[84]. Damit hat sich der Deutsche Juristentag zum Familien-Realsplitting[85] (rudimentär angelegt in den §§ 10 I Nr. 1, 22 Nr. 1a EStG, s. unten S. 383) bekannt. Das Familien-Realsplitting ist am besten geeignet, den Transfer steuerlicher Leistungsfähigkeit durch gesetzlich zwangsläufige Unterhaltsleistungen realitätsgerecht zu berücksichtigen. Das *tarifliche* Familiensplitting hat der Deutsche Juristentag zu Recht abgelehnt[86]. Die Splitting-Divisoren weichen häufig von der wirklichen Einkommensverteilung in der Unterhaltsgemeinschaft ab[87].

---

82 In: Benda/Maihofer/Vogel, Handbuch des Verfassungsrechts, Berlin 1984, 604.
83 Zitat s. Fn. 73.
84 NJW 88, 3006. S. aber Fn. 80.
85 Dazu ausf. *J. Lang,* Bemessungsgrundlage (Fn. 57), 545 ff., 650 ff.; *ders.,* Reformentwurf (Fn. 28), 98 ff.
86 NJW 88, 3007.
87 Kritisch zum tariflichen Familiensplitting Gutachten der Steuerreformkommission 1971, Schriftenreihe des BMF, Heft 17, Bonn 1971, Tz. II 576 ff.; *Lang* (Fn. 78), 47 f. (m. w. Nachw.).

§ 9 Einkommensteuer

3.2 Tatbestandstechnischer Aufbau des zu versteuernden Einkommens

Tatbestandstechnisch ist die Bemessungsgrundlage der Einkommensteuer wie folgt aufgebaut[88]:

Summe der Einkünfte aus sieben Einkunftsarten Markteinkommen

+ nachzuversteuernder Betrag (§ 10 a EStG) Rückgängigmachung einer durch StRefG 1990 *nicht* beseitigten Steuervergünstigung

− Verlustabzugsbetrag sowie
+ Hinzurechnungsbetrag nach § 2 a III, IV EStG

− Altersentlastungsbetrag (§ 24 a EStG) Steuervergünstigung der Alterseinkünfte bis 3 720 DM

− Ausbildungsplatz-Abzugsbetrag (§ 24 b EStG) für vor dem 1. 1. 1991 gewährte finanzielle Hilfen

− Freibetrag für Land- und Forstwirte (§ 13 III EStG) Steuerprivileg (Beseitigung ließ sich politisch nicht durchsetzen)

− ausländische Steuern vom Einkommen (§ 34 c II, III, VI EStG) Maßnahme zur Milderung internationaler Doppelbesteuerung, s. S. 394

Gesamtbetrag der Einkünfte (§ 2 III EStG)

− Sonderausgaben (§§ 10, 10 b, 10 c EStG) private Abzüge
− steuerbegünstigter nicht entnommener Gewinn (§ 10 a EStG) durch StRefG 1990 *nicht* beseitigte Steuervergünstigung
− außergewöhnliche Belastungen (§§ 33 bis 33 c EStG) private Abzüge
− steuergesetzliche Förderung des Wohneigentums (§ 10 e EStG) höhere Einkommensbezieher privilegierende Steuervergünstigung (dazu S. 654 ff.)
− Verlustabzug (§ 10 d EStG) keine Steuervergünstigung; Fiskalzwecknorm zur Verwirklichung des objektiven Nettoprinzips

Einkommen (§ 2 IV EStG)

− Kinderfreibetrag (§ 32 VI EStG) Pauschale für das Kinderexistenzminimum
− Haushaltsfreibetrag (§ 32 VII EStG) Verdoppelung des Grundfreibetrags für die Halbfamilie

zu versteuerndes Einkommen (§ 2 V EStG)

Hinweise zur Fallösung:
Die Lösung eines Einkommensteuerfalles hat von dem einzelnen Einkommensteuerschuldverhältnis auszugehen. Das zu versteuernde Einkommen i. S. d. § 2 V EStG ist einer natürlichen Person als Steuersubjekt und Schuldnerin der Einkommensteuer (s. S. 131, 133) zuzuordnen. Bei mehreren natürlichen Personen ist die Fallösung grundsätzlich nach den Steuersubjekten zu gliedern. Bei Ehegatten ist zu Beginn der Fallösung zu prüfen, welche *Veranlagungsart* nach § 26 EStG gewählt worden ist: Zusammenveranlagung (§ 26 b EStG), getrennte Veranlagung (§ 26 a EStG) oder besondere Veranlagung für den Zeitraum der Eheschließung (§ 26 c EStG). Im Falle des § 26 b EStG ist das zu versteuernde Einkommen der Ehegatten in *einem* Abschnitt der Fallösung zu ermitteln. Für die Fallösung besorge man sich das Schema zur Berechnung der Einkommensteuer in den amtlichen Anleitungen zum Antrag auf Lohnsteuer-Jahresausgleich und zur Einkommensteuererklärung.

Nach Feststellung des Steuersubjekts ist die *Art* der Steuerpflicht (unbeschränkte/beschränkte Steuerpflicht, s. S. 194 f.) zu prüfen. Von dem Ergebnis der Prüfung hängt ab, *in welchem Umfange* das Einkommen der *deutschen* Besteuerung unterliegt. Im Falle unbeschränkter Steuerpflicht erfährt die in § 2 EStG niedergelegte Bemessungsgrundlage der Einkommensteuer

---

88 Vgl. Abschnitt 3 EStR.

keine Einschränkungen, im Falle beschränkter Steuerpflicht sind die Vorschriften der §§ 49, 50 EStG anzuwenden. Nach Feststellung der Einkommensteuerpflicht ist *das zu versteuernde Einkommen* der unbeschränkt/beschränkt einkommensteuerpflichtigen natürlichen Person bzw. zusammenveranlagter Ehegatten zu ermitteln.

D. Bestimmung steuerpflichtiger Einkünfte

1. Einführung

Die Ermittlung des zu versteuernden Einkommens beginnt mit der Prüfung, *welche Einkünfte die natürliche Person erzielt hat*. Auch bei zusammenveranlagten Ehegatten sind die Einkünfte zunächst *getrennt* zu qualifizieren und zu quantifizieren. Erst nachdem alle steuerpflichtigen Einkünfte der zusammenveranlagten Ehegatten festgestellt sind, werden sie nach § 26 b EStG in *einer* „Summe der Einkünfte" saldiert.

Die „Summe der Einkünfte" bildet die Gesamtheit der *steuerpflichtigen* positiven Einkünfte und der unter den Einkünftekatalog des § 2 I EStG subsumierbaren negativen Einkünfte. Bei der Feststellung von Einkünften, die in der „Summe der Einkünfte" zu berücksichtigen sind, ist zunächst zu prüfen, ob die Einkünfte den *Tatbestand einer Einkunftsart i. S. d. § 2 I Nrn. 1–7 EStG* verwirklichen. Bejaht man dies, so liegen *steuerbare* Einkünfte vor. Sodann ist zu prüfen, ob Einkünfte (insb. nach §§ 3–3 c EStG) *sachlich steuerbefreit* sind. Verneint man dies, so liegen dem Grunde nach *steuerpflichtige* Einkünfte vor; diese Einkünfte sind zu *quantifizieren*. Die sog. *Ermittlung der Einkünfte* geschieht nach §§ 2 II, 4 ff., 8 ff. EStG (s. unten S. 236 ff.). Auf der Quantifikationsebene wird die Steuerpflicht einzelner Einkunftsarten *partiell durch Freibeträge und Freigrenzen* eingeschränkt (s. unten S. 224 f.).

2. Steuerbare Einkünfte

a) Steuerbare Einkünfte werden durch zwei Merkmalgruppen bestimmt. Die erste Merkmalgruppe gilt für *alle* Einkunftsarten: Einkünfte sind allgemein nur dann steuerbar, wenn sie durch eine Erwerbstätigkeit erwirtschaftet worden sind (s. oben S. 226). Die zweite Merkmalgruppe umschreibt die einzelnen Einkunftsarten (dazu unten S. 328 ff.).

b) Die erste Merkmalgruppe ist in § 2 I 1 EStG verankert, und zwar in dem Begriff des *Erzielens*. Mit diesem Begriff positiviert das Gesetz den Kausalzusammenhang zwischen Einkünften und einer *Erwerbstätigkeit*[1]. Einkünfte beruhen auf zielgerichteten Handlungen. Durch diese Handlungen *werden sie erwirtschaftet*. Rechtsdogmatisch kann man davon ausgehen, daß Einkunftserzielung auf *vorsatzgesteuertem Handeln* beruht[2]. Das Erwirtschaften ist in hohem Maße planmäßiges Handeln. Durch planloses oder fahrlässiges Handeln entstehen in aller Regel keine Einkünfte. Die historische Unterscheidung zwischen Arbeits- und Vermögenseinkünften ist rechtsdogmatisch untauglich. Die einkünfteerzielende Person ist *stets tätig*. Der Kapital*einsatz* ist

---
1 Dazu *Kirchhof,* in: KS, EStG, § 2 Rnrn. A 363 ff.; *Lang,* Die Bemessungsgrundlage der Einkommensteuer, Köln 1981/88, 229 ff. (m. w. N.). Der Auffassung von *Bayer,* BB 88, 1 ff., 141 ff., 213 ff., die Erwerbstätigkeit selbst sei Einkommensteuerobjekt, wird nicht gefolgt. Einkommensteuerobjekt ist nach der insoweit eindeutigen Fassung des § 2 EStG der *wirtschaftliche Erfolg* der Erwerbstätigkeit, positive oder negative Einkünfte.
2 Dazu *Lang* (Fn. 1), 306 ff., unter Heranziehung der finalen Handlungslehre von *Welzel.*

§ 9 Einkommensteuer

allerdings höchst unterschiedlich, beim Arbeitnehmer relativ klein (z. B. auf die Beschaffung geringwertiger Arbeitsmittel beschränkt), beim Aktionär, Sparer, Vermieter relativ hoch. Jedoch müssen auch der Kuponschneider und Vermieter *tätig* sein, um nach Möglichkeit die günstigsten Finanzanlagen zu erwerben bzw. Wohnungen zu vermieten. Die *Überlassung* von *Kapital*, die *Vermietung* und *Verpachtung* sind ziel- und zweckgerichtete, vorsatzgesteuerte Erwerbstätigkeiten.

Rechtlich besteht die Erwerbstätigkeit aus einem *objektiven* und *subjektiven* Tatbestand.

aa) *Objektiver Tatbestand* ist die „Beteiligung am allgemeinen wirtschaftlichen Verkehr". § 15 II 1 EStG enthält ein für alle Einkunftsarten gültiges Tatbestandsmerkmal[3]. Dies ist u. a. auch ein Grund dafür, warum die Abgrenzung der Einkünfte aus Gewerbebetrieb zu den Einkünften aus Vermögensverwaltung mitunter sehr schwierig ist (dazu S. 333f., 356f., 359f.). Das durch Beteiligung am wirtschaftlichen Verkehr erwirtschaftete Einkommen ist das *Markteinkommen*[4].

Diesen objektiven Tatbestand erfüllen nicht:

- Erbschaften und Schenkungen (sie werden vom Erbschaft- und Schenkungsteuergesetz erfaßt);
- Vermögensmehrungen durch private und staatliche Unterhaltsbezüge. § 22 Nrn. 1, 1 a EStG erfassen allerdings ausnahmsweise auch nicht erwirtschaftete Bezüge. Diesen Systembruch gleicht ein umfangreicher Katalog von Steuerbefreiungen staatlicher Zuwendungen (§ 3 Nrn. 2, 4–8, 11, 18–20, 22–24, 42–44, 48, 58–61 EStG) aus;
- Eigenleistungen (sog. Schatteneinkommen oder imputed income), das ist die Wertvermehrung für eigene private Zwecke ohne Beteiligung am wirtschaftlichen Verkehr, z. B. durch Arbeit der Hausfrau, Gemüseanbau für die Familie, Reparatur des eigenen Autos, Hausbau (unter Verwendung von Fertighausbausätzen). Handwerklich befähigte Leute machen die Erfahrung, daß es sich lohnt, die Arbeitskraft hauptsächlich dem Eigenleistungseinkommen zu widmen;
- Entschädigungen außerhalb der Beteiligung am wirtschaftlichen Verkehr; dies stellt u. a. § 24 Nr. 1 EStG klar;
- sonst nicht erwirtschaftete Bezüge, z. B. Aussteuern, Ausstattungen und andere Bezüge im Bereich der Lebensführung.

bb) *Subjektiver Tatbestand* ist die *Absicht, während der Erwerbstätigkeit einen Überschuß der Bezüge über die Aufwendungen zu erzielen (Einkünfteerzielungsabsicht)*[5]. § 15 II 1 EStG verlangt ausdrücklich „die Absicht, Gewinn zu erzielen"; sie kann indessen Neben-

---

3 Dazu *Lang* (Fn. 1), 237 ff.
4 Dazu *Ruppe*, DStJG Bd. 1 (1978), 7, 16; *Lang* (Fn. 1), 18 f., 87 ff., 229 f., 235 f.; *Kirchhof* (Fn. 1); *Kirchhof*, Gutachten F zum 57. Deutschen Juristentag, München 1988, 20 ff.; *Meincke*, in: Littmann/Bitz/Meincke, Das Einkommensteuerrecht[15], § 2 Rnr. 27; *Tipke*, NJW 88, 2091 f.; *Wendt*, DÖV 88, 714 f.
5 Dazu insb. BFH GrS BStBl. 84, 751, 765 ff.; BFH BStBl. 87, 668; 87, 744; 88, 778; *Groh*, Gewinnerzielungsabsicht und Mitunternehmerschaft, B 84, 2424; *Schmidt/Seeger*, EStG[9], § 2 Anm. 10; *Lang* (Fn. 1), 247 ff.; *Meincke* (Fn. 4), Rnrn. 57 ff.; *Rose*, Einkünfteerzielungsabsicht – Steuerbetriebswirtschaftliche Überlegungen zu den Thesen des BFH, StbJb. 1985/86, 177; *Risse*, Zur Problematik der Gewinnerzielungsabsicht, BB 87, 1574; *Theisen*, Die Gewinnerzielungsabsicht als Besteuerungsmerkmal unternehmerischen Handelns, StuW 88, 39; *W. Jakob/N. Hörmann*, FR 89, 665, und FR 90, 33; *G. Pferdmenges*, Einkünfteerzielungsab-

zweck sein (§ 15 II 3 EStG). § 15 II 1 EStG ist hier ebenfalls Ausdruck eines *allgemeinen*, alle erwirtschafteten Einkünfte beherrschenden *Prinzips*. Für die land- und forstwirtschaftlichen Einkünfte, die freiberuflichen Einkünfte und die Einkünfte aus anderer selbständiger Arbeit ergibt sich das schon daraus, daß sie alle Merkmale der gewerblichen Einkünfte erfüllen, weswegen § 15 II 1 EStG diese Einkünfte ausklammert. § 9 EStG unterstellt grundsätzlich ebenfalls das Streben, Einnahmen zu erzielen, die die Werbungskosten übersteigen. Auch bei verfassungskonformem, am Gleichheitssatz orientierten Gesetzesverständnis kommt man zu dem Ergebnis, daß allen erwirtschafteten Einkünften die Einkünfteerzielungsabsicht immanent ist.

Bei der Beurteilung des subjektiven Tatbestandes kommt es grundsätzlich darauf an, welchen Plan der Steuerpflichtige für die *gesamte Dauer der Erwerbstätigkeit* verfolgt. Ein Versicherungsangestellter kann Abende, Nächte, Sonn- und Feiertage damit verbringen, einen Bestseller schreiben zu wollen. Er kann dies Jahrzehnte erfolglos tun. Gleichwohl handelt er *rein subjektiv betrachtet* mit *Einkünfteerzielungsabsicht*. Er unterhält einen Betrieb i. S. d. §§ 4, 18 I Nr. 1 EStG. Maßgeblich für die Einkünfteerzielungsabsicht ist also das Ergebnis der *Totalperiode* von dem Beginn bis zum Ende einer Erwerbstätigkeit, z. B. die Summe aller periodisch erwirtschafteten Ergebnisse eines Betriebs von seiner Gründung bis zur Veräußerung/Aufgabe/Liquidation[6].

Die Einkünfteerzielungsabsicht muß gemäß §§ 88, 90 AO *ermittelt* werden. Das ist häufig schwierig. Der Steuerpflichtige neigt dazu, die für ihn steuergünstige Absicht geltend zu machen. Einem Feierabend-Schriftsteller dürfte es kaum gelingen, dem Finanzamt plausibel zu machen, daß er mit Einkünfteerzielungsabsicht schreibt, bevor das Buch gewinnbringend veröffentlicht ist. In solchen Fällen läßt sich das Finanzamt von der Einkünfteerzielungsabsicht erst überzeugen, wenn sich *objektiv* herausstellt, daß ein erfolgreiches Buch verfaßt worden ist. In der Tat ist eine *objektivierende* Beurteilung unerläßlich. Die Einkünfteerzielungsabsicht ist nämlich eine *innere* Tatsache, die „wie alle sich in der Vorstellung von Menschen abspielenden Vorgänge nur anhand *äußerlicher* Merkmale beurteilt werden kann"[7].

Die ermittelten äußeren Merkmale bilden die Grundlage für eine *prognostische* Beurteilung. Es muß zwangsläufig bei jeder Veranlagung geprüft werden, ob ein *Total*überschuß der Erwerbsbezüge über die Erwerbsaufwendungen zu erwarten ist. Die Prognosebeurteilung muß aber laufend angepaßt werden. Stellt sich im Falle des Buchautors heraus, daß der Steuerpflichtige Einkünfteerzielungsabsicht hatte, so ist der Kauf des Papiers bei Beginn der schriftstellerischen Tätigkeit ein betrieblicher Vorgang. Der Bucherfolg ist ein Ereignis i. S. d. § 175 I 1 Nr. 2 AO. Das objektive Nettoprinzip wird verletzt, wenn die Honorare als Betriebseinnahmen angesetzt, nicht jedoch die zuvor geleisteten Aufwendungen als Betriebsausgaben anerkannt werden. Die objektivierende Beurteilung darf nicht zur fiskalischen Beurteilung denaturieren. Das gilt insb. auch für die Abgrenzung gewerblicher Gewinnerzielungsabsicht zur Absicht, positive Vermietungseinkünfte zu erzielen[8].

---

sicht, Eine steuerrechtliche Analyse unter besonderer Berücksichtigung der Besteuerung von Personengesellschaften, Düsseldorf 1990.
6 BFH GrS BStBl. 84, 766; BFH BStBl. 87, 774, 776; 88, 778, 779; *G. Pferdmenges*, Die steuerrechtliche Totalperiode als Charakteristikum der Einkünfteerzielungsabsicht, StuW 90, 240; *Raupach/Schenking*, in: HHR, EStG, § 2 Anm. 386 ff.
7 BFH GrS BStBl. 84, 767.
8 Dazu *Lang*, StbKongrRep. 1988, 49 ff.

Eine *reine Steuerminimierungsabsicht* ist keine Absicht i. S. steuerbarer Einkünfte. Verluste aus reinen Steuerminimierungstätigkeiten sind weder ausgleichs- noch abzugsfähig. § 15 II 2 EStG enthält einen allgemeinen, für alle Einkunftsarten geltenden Rechtsgedanken⁹.

c) Einkünfte, die nicht mit Einkünfteerzielungsabsicht erwirtschaftet worden sind, sind keine einkommensteuerbaren positiven oder negativen Einkünfte. Daher sind nicht einkommensteuerbar:

aa) Einkünfte aus *gemeinnütziger Tätigkeit*¹⁰;

bb) Einkünfte aus *Liebhaberei*¹¹; Liebhaberei ist eine Tätigkeit aus privater Hingabe oder Neigung (Hobby) *ohne* Einkünfteerzielungsabsicht. Künstler wie van Gogh, der zu Lebzeiten kein Bild verkaufte, oder Franz Kafka, der alle seine Manuskripte verbrennen wollte, waren wohl „Liebhaber" im steuerlichen Sinne. Es ging ihnen um Kunst, nicht um Einkünfte. Der „Liebhaber" ist im Ergebnis Konsument; Liebhabereiverluste sind Konsumeinkünfte¹². Die Aufwendungen für eine ideelle Tätigkeit werden nur zum Teil mit Einnahmen finanziert (Beispiel: Verchartern einer Yacht, die man überwiegend selbst in der Freizeit fährt). Maßgeblich ist der *Gesamtplan,* ebenso wie die *Gesamtdauer* und das *Gesamtergebnis* der Liebhaberei- oder Erwerbstätigkeit maßgeblich ist. Keine Liebhaberei liegt vor, wenn der Verlust bloß die unbeabsichtigte Folge wirtschaftlicher Fehlentscheidungen oder Mißmanagements ist. Wohin die Absicht tatsächlich ging, kann nur aufgrund von äußeren Merkmalen erhärtet werden (s. oben).

Beispiele für mögliche Liebhaberei: Luxusgüter, Rennställe, Gestüte, Bienenzucht, Brieftaubenzucht, Privatjagd, Kunstmalerei¹³.

d) Schließlich gibt es Einkünfte, die *mit Einkünfteerzielungsabsicht* erwirtschaftet werden und dennoch nicht steuerbar sind. Dazu gehören insb. Einkünfte aus *Sport, Spiel, Lotterien* und *Wetten.* Bei derartigen Tätigkeiten soll bereits der *objektive* Tatbestand (s. S. 217 f.) mangels Leistungsaustausch nicht verwirklicht sein (so bereits RFHE 21, 244, betr. Rennwetten und RFH RStBl. 1928, 181, betr. Spielgewinne). Eine solche Beurteilung erfahren auch *Differenz-* und *Devisentermingeschäfte* (BFH BStBl. 82, 618; 84, 132; 88, 248; 89, 39). Bei diesen Geschäften liegt jedoch u. E. wie bei Berufssport-

---

9 BFH GrS BStBl. 84, 765 ff.; BT-Drucks. 10/336, 26; *Tipke,* Über „erwirtschaftete" Einkünfte und Einkünfteerzielungsabsicht, FR 83, 580.
10 BFH BStBl. 88, 75; *Lang,* StuW 87, 228 ff.; *ders.* (Fn. 1), 272 (gemeinnützige und ehrenamtliche Betätigungen).
11 Dazu *Kruse,* Grundfragen der Liebhaberei, StuW 80, 226; *ders.,* BB 85, 1080, 1081; *Bayer,* Die Liebhaberei im Steuerrecht, Tübingen 1981; *Lang,* Liebhaberei im Einkommensteuerrecht, StuW 81, 223; *ders.* (Fn. 1), 267 ff.; *Schulze-Osterloh,* Gemeinschaftliche Einkunftserzielung oder Liebhaberei, FR 85, 197; *ders.,* JbFSt. 1984/85, 223 ff.; *Deutsch,* Die einkommensteuerrechtliche Liebhaberei, Wien 1985; *Fischer,* Zur Problematik des Begriffs „Liebhaberei", B 87, 1713; *D. v. Gehlen,* Die Abgrenzung von Liebhaberei und einkommensteuerlich relevanter Betätigung aus betriebswirtschaftlicher Sicht, Bergisch Gladbach/Köln 1989; *W. Jakob/N. Hörmann,* FR 89, 665 ff.; *Raupach/Schenking,* in: HHR, EStG, § 2 Anm. 350 ff. Zur österreichischen Praxis siehe *N. Zorn,* ÖStZ 89, 261 ff.
12 Dazu *Lang* (Fn. 1), 258, 267 ff.
13 Neuere Urteile zu Liebhabereifällen: BFH StRK EStG § 2 Abs. 2 R. 18 (Landwirtschaft); BVerfG StRK EStG § 13 Allg. R. 7; BVerfG StRK EStG § 15 Abs. 2 R. 13 a; BFH BStBl. 86, 289; 86, 808; StRK EStG § 2 Abs. 2 R. 9 (Schriftsteller); BStBl. 85, 424 (Erfinder); BStBl. 85, 205; 85, 399; 85, 455; 85, 515. Zur Verfassungsmäßigkeit der Liebhabereirechtsprechung BVerfG HFR 88, 34.

lern und Berufsspielern eine Beteiligung am wirtschaftlichen Verkehr vor. Steuerbarkeit kann u. E. nur verneint werden, wenn der Steuerpflichtige nach objektivierender Beurteilung (s. S. 220) ein überhöhtes Verlustrisiko hinnimmt, um ein privates Spiel-, Sport- oder Wettbedürfnis befriedigen zu können. Die der Konsumsphäre zuzuordnende Spiel- und Wettleidenschaft beherrscht die Absicht, höchst unsichere Gewinne zu erzielen. Daher geht es auch hier um die Ausgrenzung von Konsumeinkünften, von *subjektiv* nicht steuerbaren Einkünften[14].

3. Steuerfreie Einkünfte

Literatur: *Deppe,* Die Ausnahmen von der objektiven Steuerpflicht im Einkommensteuerrecht, Diss. Frankfurt 1930; *Ruppe,* Die Ausnahmebestimmungen des Einkommensteuergesetzes, Wien 1971, 217 ff.; *Koether,* Die Steuerbefreiungen von Einnahmen aus nichtselbständiger Arbeit, Diss. Köln 1972; *Kirchner,* Objektive Befreiungen von der Einkommensteuer in den EG-Ländern Deutschland, Frankreich, Italien, Belgien, Niederlande und Luxemburg, Diss. Köln 1974.

In der internationalen Dogmatik des Einkommensteuerrechts gelten Schedulensteuern, die die verschiedenen Einkünfte unterschiedlich behandeln, als antiquiert. Die modernen Einkommensteuern operieren mit dem einheitlichen Einkommensbegriff, der alle Einkünfte als gleichwertig und wertgleich behandelt und ihre Summe als Einkommen zusammenfaßt. Auch die deutsche Einkommensteuer war ursprünglich als Einheitssteuer angelegt, sie ist es vom Tarif her auch noch. Jedoch sind im Laufe der Zeit an die einzelnen, zunächst nur der Illustration des Einkommensbegriffs dienenden Einkunftsarten immer mehr Vergünstigungen (die sich bei Beziehern anderer Einkunftsarten als Diskriminierungen auswirken) geknüpft worden: Befreiungen, Sonderfreibeträge und andere Vergünstigungen. Auch die Alterseinkünfte werden unterschiedlich behandelt. Schließlich wirken sich die Ungleichmäßigkeiten auch auf den Versorgungsausgleich aus. Noch immer läßt sich allerdings als Prinzip feststellen: Es ist gleich, ob Einkünfte mit mehr oder weniger großer körperlicher oder geistiger Anstrengung, zur Tages- oder Nachtzeit, an Werk- oder Feiertagen, aufgrund kurzer oder langer Arbeitszeit erzielt worden sind. Die Durchbrechungen des Prinzips (insb. durch §§ 3 Nr. 26, 3 b EStG) sind – gemessen an diesem Prinzip – Privilegierungen. Sie könnten nur als steuerliche Prämien für besondere Verdienste um das Gemeinwohl gerechtfertigt werden[15]. Jedoch müßte der Gesetzgeber zur Wahrung des Gleichheitssatzes bei der Vergabe solcher Prämien konsequent sein.

3.1 Objektive Befreiungen[16]

§ 3 EStG erklärt etwa 50 Positionen von Einnahmen für steuerfrei. Die Steuerbefreiung von *Einnahmen* greift in Verbindung mit § 3c EStG Platz: Soweit *Ausgaben* mit steuerfreien Einnahmen „in unmittelbarem wirtschaftlichen Zusammenhang stehen", dürfen sie nicht als Betriebsausgaben oder Werbungskosten abgezogen werden. Die kausalrechtliche Formulierung ist unscharf: Gemeint ist die Steuerbefreiung bestimmter *Einkünfte* als Unterschiedsbetrag von Einnahmen und Aufwendungen; diese Einkünfte müssen auf eine bestimmte begünstigte Tätigkeit (z. B. Nachtarbeit)

---

14 Dazu *Lang* (Fn. 1), 271 f.
15 Dazu näher *Tipke,* StuW 80, 281 ff.
16 Dazu Schmidt/*Heinicke,* EStG[9], § 3; *v. Beckerath,* in: KS, EStG, § 3.

§ 9 Einkommensteuer

oder einen begünstigten Vorgang (z. B. Auflösung des Dienstverhältnisses) bezogen werden.

Unter den Befreiungen befinden sich nicht nur konstitutive, sondern auch zahlreiche deklaratorische. Zum überwiegenden Teil stellen die Befreiungen Durchbrechungen der §§ 13, 19, 20, 22, 24 EStG dar. Nicht immer läßt sich eindeutig feststellen, ob die Befreiung einer herabgesetzten Leistungsfähigkeit Rechnung tragen oder einen Subventions- oder Prämieneffekt bewirken soll (s. auch S. 20 f., 133, 135 ff.). Etliche Befreiungen sind sozialpolitisch, wirtschaftspolitisch oder kulturpolitisch motiviert; mehrere Vorschriften beruhen auf Vereinfachungsgründen; bei einigen ist es schwierig, überhaupt ein Motiv festzustellen. In einem Grundriß läßt sich schwerlich detailliert ausloten, inwieweit die Befreiungen ungerechtfertigte Privilegierungen darstellen.

Daß der Katalog des § 3 EStG über das nach dem Leistungsfähigkeitsprinzip Gerechtfertigte hinausgeht, ergibt sich auch aus Sozialgesetzen, die den Einkommensbegriff weniger einschränken als § 3 EStG (s. insb. § 138 III AFG, § 21 IV BAföG).

Die zahlreichen Befreiungen (Gruppen von Befreiungen) sind weder nach Einkunftsarten noch sonst sachlich geordnet.

Die Übersicht würde erheblich verbessert durch eine Ordnung

(1) nach Einkunftsarten;
(2) nach dem Befreiungszweck, d. h. nach

    (a) dem Zweck, Einnahmen auszuklammern, die die steuerliche Leistungsfähigkeit nicht erhöhen, sondern den wirtschaftlichen status quo ante wiederherstellen;

    (b) dem Zweck, aus sozialen, wirtschaftlichen oder sonstigen Gründen zu subventionieren oder zu prämieren;

    (c) nach dem Zweck, die Besteuerung zu vereinfachen.

Bei solchen Ordnungsbemühungen würde sich indessen herausstellen, daß der Zweck zum Teil unbekannt oder unklar ist oder daß Zwecken Rechnung getragen wird, die nicht dem *Gemeinwohl,* sondern Gruppeninteressen dienen.

Unter den befreiten Einnahmen befinden sich insbesondere:

a) *Versicherungs-, Versorgungs- und Entschädigungsbezüge, soziale Beihilfen* (§ 3 Nrn. 1–3, 6–8, 11, 19, 20, 23, 24, 25, 26, 42–44, 47, 48, 49, 57, 58, 60, 61, 67 EStG).

Soweit es sich um Ersatzleistungen für entgangene oder entgehende Einnahmen handelt (§ 24 Nr. 1 a EStG) oder um Leistungen mit Ersatzcharakter, läßt sich die Steuerbefreiung insoweit rechtfertigen, als die Ersatzleistungen erst zusammen mit der Steuerersparnis (durch Befreiung) die Bruttoeinkünfte erreichen, die ohne Krankheit oder Unfall erzielt worden wären. Allerdings wäre insoweit ein *Progressionsvorbehalt* (s. S. 393) angebracht. § 32 b I Nr. 1 EStG ist zu singulär.

Gewisse Versicherungsbeiträge dürfen, da sie die steuerliche Leistungsfähigkeit notwendigerweise mindern, als Sonderausgaben abgezogen werden (§ 10 I Nr. 2 EStG). Das bewirkt in mehreren Fällen nicht eine bloße Verschiebung der Leistungsfähigkeit bis zum Versicherungsfall, sondern eine mit Recht endgültige Nichterfassung: Was nämlich zum Ausgleich von Kosten dient, die durch Krankheit oder Unfall verursacht sind, erhöht auch im Zeitpunkt des Zuflusses der Versicherungsleistung die steuerliche Leistungsfähigkeit nicht, dient nur zur Wiederherstellung des status quo ante. (Nicht verrentete) Ersatzleistungen fallen auch unter keine Einkunftsart. Soweit solche Ersatzleistungen betroffen sind, ist § 3 EStG deklaratorisch (das gilt z. B. für § 3 Nr. 1 a EStG).

Zur Sozialversicherung s. unten S. 365 f. (betr. Alterseinkünfte).

Die Steuerfreiheit der sonstigen Versorgungs- und Entschädigungsleistungen (§ 3 Nrn. 2, 6–8, 19, 23 EStG) und der Beiträge zum Unterhalt (§ 3 Nrn. 11, 24, 42, 43, 44, 48, 61, 67 EStG) ist gerechtfertigt, soweit durch diese Leistungen eine Verminderung der Erwerbsfähigkeit ausgeglichen werden soll und die gewährten Leistungen nicht den Bruttobetrag, sondern höchstens den Nettobetrag erreichen, den der Steuerpflichtige hätte erzielen können, wenn das leistungsmindernde Ereignis (Kriegsbeschädigung, Haft etc.) nicht eingetreten wäre. Die Steuerfreiheit bestimmter Sozialleistungen wird durch *Progressionsvorbehalt* eingeschränkt (vgl. die abschließende Aufzählung in § 32 b I Nr. 1 EStG). Die Steuerfreiheit von Sozialleistungen führt im Ergebnis dazu, daß der Staat den Bürgern unterschiedlich hohe Existenzminima gewährleistet. BVerfG BStBl. 90, 653, fordert nachdrücklich die realitätsgerechte Berücksichtigung des Existenzminimums (s. S. 212 ff.). Bei der gebotenen Anhebung des Existenzminimums sollte die Steuerfreiheit von Sozialleistungen gestrichen und diese bis zu dem Gesamtbetrag der Privatabzüge berücksichtigt werden[17].

Gerechtfertigt ist die Steuerfreiheit der Ausgleichsleistungen, Renten und Zinsen im Zusammenhang mit Entschädigungen oder Konversionen von Wertpapieren, die durch die Währungsreform oder im Gefolge des verlorenen Zweiten Weltkrieges erforderlich geworden sind (§ 3 Nrn. 7, 21, 54, 59 EStG).

b) Zum Teil fragwürdig ist die *Steuerfreiheit besonderer Leistungen an Arbeitnehmer* einschließlich der *Lohnersatz- und Arbeitsförderungsleistungen* (§ 3 Nr. 2, 2a, 9, 10, 15, 30, 31, 32, 46, 51, 52 EStG). Es handelt sich um Einnahmen aus nichtselbständiger Arbeit[18], deren Steuerbefreiung gegenüber Beziehern anderer Einkunftsarten prinzipiell nicht zu rechtfertigen ist.

Die Befreiung der *Zuschläge für Sonntags-, Feiertags- und Nachtarbeit* (§ 3 b EStG) ist unter dem Aspekt des Leistungsfähigkeitsprinzips – so wie das Gesetz es prinzipiell handhabt – nicht gerechtfertigt[19]. Gleichwohl hat der Gesetzgeber es nicht gewagt, § 3b EStG im Zuge der Steuerreform 1990 ersatzlos zu streichen. Vielmehr ist die Steuerfreiheit nur sehr vorsichtig eingeschränkt worden. Die Begründung weist auf das „Allgemeininteresse" an der Sonntags-, Feiertags- und Nachtarbeit hin, so daß die Steuerfreiheit „im Kern" beizubehalten war[20]. Keine Steuerfreiheit genießt, wer als Unternehmer oder Arbeitnehmer ohne Zuschläge zum Grundlohn nachts, feiertags oder sonntags gesellschaftlich nützliche Arbeit verrichtet. Die gruppenwillkürliche Berufung auf das Gemeinwohl vermag u. E. die Vereinbarkeit des § 3b EStG mit dem Gleichheitssatz nicht zu rechtfertigen. Jedoch wehren sich Gewerkschaften und Arbeitgeberverbände[21] einmütig gegen eine Abschaffung des § 3 b EStG; die Unternehmer befürchten, daß sie höhere Zuschläge zahlen müßten, wenn § 3 b EStG wegfiele. Eine das Leistungsfähigkeitsprinzip durchbrechende Ausnahme enthält auch die Befreiung der Bergmannsprämien (§ 3 Nr. 46 EStG).

c) *Aus wirtschaftspolitischen Gründen befreite Einnahmen* sind die Erträge aus (niedrig verzinslichen) Wertpapieren (§ 3 Nrn. 18, 54; § 3 a EStG), durch die der Kapitalmarkt gefördert, insb. der Markt für festverzinsliche Wertpapiere aktiviert werden sollte (durch Steuerbefreiung Annäherung an die Rendite höherverzinslicher Papiere), außerdem *Sanierungsgewinne* (§ 3 Nr. 66

---

17 Vgl. BFH BB 90, 1818; *J. Lang,* Reformentwurf zu Grundvorschriften des EStG, Köln 1985, 98/99.
18 Zur Qualifizierung der nach § 3 Nr. 2, 2a EStG steuerbefreiten Bezüge als Einnahmen aus nichtselbständiger Arbeit s. S. 353 Fn. 85. Mit der Rechtfertigung der Steuerbefreiung von Einnahmen aus nichtselbständiger Arbeit befaßt sich insb. die Dissertation von *Koether,* Die Steuerbefreiungen von Einnahmen aus nichtselbständiger Arbeit, Köln 1972. *Koether* kommt zu dem Ergebnis: § 3 Nrn. 4 c erster Halbsatz, 4 d, 11, 46 verstießen gegen den Gleichheitssatz. Nr. 5 soll mit sozialen Gründen, Nrn. 17, 51 sollen mit Vereinfachungsgründen zu rechtfertigen sein. Die Nrn. 4 a, 4 b, 4 c zweiter Halbsatz, 4 d, 9, 10, 15, 50 sind nach *Koether* deklaratorisch; sie betreffen nichtsteuerbare Einnahmen. Deklaratorische Vorschriften gehören besser in die Lohnsteuer-Richtlinien. Die Ermächtigung der Nr. 52 ist u. E. zu vage! – Zu § 3 b EStG BVerfGE 25, 101; s. auch *H. Vogel,* StbJb. 1980/81, 75.
19 Vgl. die Sachverständigen im Hearing zum StRefG 1990, BT-Drucks. 11/2536, 14; *Tipke,* in: Raupach/Tipke/Uelner, Niedergang oder Neuordnung des deutschen Einkommensteuerrechts?, Köln 1985, 149 f.
20 BT-Drucks. 11/2157, 138.
21 Vgl. BT-Drucks. 11/2536, 13.

EStG); ferner ist steuerbefreit die unentgeltliche oder verbilligte Überlassung bestimmter Vermögensbeteiligungen an Arbeitnehmer bis zu 500 DM (s. § 19 a EStG)[22].

d) Der *Subventionierung wissenschaftlicher oder künstlerischer Tätigkeit* dienen § 3 Nrn. 11, 43, 44 EStG. § 3 Nr. 27 EStG subventioniert die Einstellung *landwirtschaftlicher Erwerbstätigkeit* bis 36 000 DM Ausgleichsgeld und Produktionsaufgaberente.

e) *Vereinfachungsbefreiungen* sind insb. die Befreiungen, die Auslagenersatz und Aufwandsentschädigungen betreffen (§ 3 Nrn. 12, 13, 16, 52, 64 EStG). Sie verkürzen die Überschußrechnung um den Ansatz von Einnahmen und von Werbungskosten in gleicher Höhe. Durch die Höhe des Arbeitnehmer-Pauschbetrages von 2000 DM (§ 9a Satz 1 Nr. 1 EStG) entstehen jedoch Steuervergünstigungen, die der Vereinfachungszweck nicht mehr zu rechtfertigen vermag (s. S. 274).

Vereinfachungsbefreiungen enthält auch § 46 II EStG.

f) *Befreiungen aus internationalem Entgegenkommen* (z. B. § 3 Nr. 29 EStG). Weitere einschlägige Befreiungen sehen die Doppelbesteuerungsabkommen vor[23].

3.2 Freibeträge/Freigrenzen

Literatur: *Traxel,* Die Freibeträge des Einkommensteuergesetzes, Frankfurt a. M./Bern/ New York 1986.

Die wirklichen Motive für die Freibeträge und Freigrenzen liegen z. T. im dunkeln. In der Unterschiedlichkeit der Techniken und Terminologien ist kein Sinn zu erkennen[24]. Eine Abschaffung der Vergünstigungen erlauben die vorherrschende Besitzstandsmentalität (dazu *Tipke,* StuW 80, 3f., 287f.) und die Angst der Abgeordneten vor Stimmenverlusten nicht[25].

a) Die Einkünfte aus *Land- und Forstwirtschaft* werden bei der Ermittlung des *Gesamtbetrags der Einkünfte* nur berücksichtigt, soweit sie den Betrag von 2 000 DM (bei Ehegatten: 4 000 DM, auch wenn nur einer der beiden Eheleute in der Landwirtschaft arbeitet) übersteigen (Freibetrag!), s. § 13 III EStG. Es handelt sich um einen Subventionsfreibetrag[26]. Ein Betrieb, der mit Verlust arbeitet, erhält keine Subvention.

b) Den Freibetrag für *Freiberufler* nach § 18 IV EStG beseitigte das StRefG 1990 ab dem Veranlagungszeitraum 1990, weil dieser Freibetrag seine ursprüngliche Bedeutung, die pauschale Abgeltung von Betriebsausgaben, verloren habe[27].

c) Den *Arbeitnehmer*-Freibetrag (§ 19 IV EStG) von 480 DM, den Weihnachts-Freibetrag (§ 19 III EStG) von 600 DM und den Werbungskosten-Pauschbetrag (§ 9a Satz 1 Nr. 1 EStG) von 564 DM faßte das StRefG 1990 mit Wirkung ab 1990 zu einem *Arbeitnehmer-Pauschbetrag* (§ 9a Satz 1 Nr. 1 EStG n. F.) von 2000 DM zusammen. Hierdurch sollte eine bedeutende Vereinfachung des Besteuerungsverfahrens erreicht werden[28]. Dadurch wird die steuerliche Privilegierung der Arbeitnehmer (s. 11. Aufl., S. 217) nicht gemindert, sondern jetzt stellt sich die Frage, warum das Maß

---

22 Dazu *Giloy,* BB 83, 1463; *Altehoefer,* DStZ 84, 61.
23 Dazu *Streck,* StuW 73, 119 ff.
24 Dazu *Tipke,* StuW 80, 3 f.
25 Dazu *Tipke,* in: Raupach/Tipke/Uelner, Niedergang oder Neuordnung des deutschen Einkommensteuerrechts?, Köln 1985, 133 ff.
26 Zur Entstehungsgeschichte des § 13 III EStG: *Blümich,* EStG 1934[2], Berlin 1937; *Felsmann/Pape,* Die Einkommensbesteuerung der Land- und Forstwirte[3], Bonn (Loseblatt), Abschn. A, Anm. 386 ff.; *Herrmann/Heuer/Raupach,* EStG, § 13 Anm. 160; Bericht der Einkommensteuerkommission (sog. Durchforstungskommission), Schriftenreihe des BdF, Heft 7, 173 ff.; *Fischer,* in: Blümich, EStG[13], § 13 Rz. 275.
27 BT-Drucks. 11/2157, 146.
28 BT-Drucks. 11/2157, 143.

Steuerfreie Einkünfte

der Steuervereinfachung nicht für alle Steuerpflichtigen gleich ist. In Anbetracht des Arbeitnehmer-Pauschbetrags ist insb. nicht einzusehen, warum den Freiberuflern die pauschale Abgeltung von Betriebsausgaben entzogen wurde.

Durch die Steuerreform 1990 (einschließlich LStR 1990, BStBl. 89/Sondernummer 3) sind die sog. *gesetzlosen* Steuerbefreiungen im Lohnsteuerrecht[29] reduziert worden, so ist z. B. der Essensfreibetrag (Abschnitt 19 LStR a. F.) gestrichen worden. Mit der Besteuerung der Personalrabatte nach § 8 III EStG ist jedoch eine nicht zu rechtfertigende *Personalrabatt-Freigrenze* von 2400 DM eingeführt worden (s. S. 325). Verkappte *gesetzlose* Freibeträge enthalten auch die in Verwaltungsvorschriften geregelten Werbungskosten- und Betriebsausgaben-Pauschalierungen (s. S. 274ff.).

d) Freibeträge werden auch bei *Betriebsveräußerungen* zugestanden (§§ 14 Satz 2, 14 a, 16 IV, 18 III 2 EStG), ferner bei der Veräußerung von *Anteilen an Kapitalgesellschaften* bei wesentlicher Beteiligung (§ 17 III EStG)[30].

Wird der Betrieb einer Personengesellschaft oder ein Mitunternehmeranteil oder ein Teilbetrieb veräußert, so wird den Beteiligten nur ein Anteil am Freibetrag gewährt; über die Berechnung BFH BStBl. 80, 566; 80, 642; 80, 721.

Die Freibeträge der verschiedenen Vorschriften sind unterschiedlich hoch. § 16 IV 3 EStG hat in § 17 III EStG keine Entsprechung. Gründe sind nicht ersichtlich.

e) Bezieher von Einkünften aus Kapitalvermögen erhalten einen Sparerfreibetrag von 600 DM (§ 20 IV EStG).

Dadurch sollen „die Kapitalerträge aus einem bestimmten Sockelsparvermögen steuerlich geschont werden" (BT-Drucks. 7/1470, 220). Den Freibetrag mit Inflationsverlusten zu rechtfertigen, hat der Gesetzgeber offenbar nicht für opportun gehalten. Die meisten Steuerpflichtigen gewähren sich mit stillschweigender Duldung der Finanzbehörden allerdings eine erheblich größere Schonung, nämlich durch Steuerhinterziehung. – Nach § 3 a EStG sind bestimmte Kapitaleinkünfte steuerfrei[31].

f) *Sonstige Einkünfte aus Leistungen* sind steuerfrei, *wenn* (Freigrenze) sie weniger als 500 DM im Jahr betragen (§ 22 Nr. 3 EStG). Die beabsichtigte Vereinfachung wird u. E. nicht erreicht[32].

g) Gewinne aus *Spekulationsgeschäften* bleiben steuerfrei, *wenn* (Freigrenze) sie weniger als 1 000 DM im Jahr betragen (§ 23 IV 2 EStG). Wohl Vereinfachungsbefreiung.

Bei *Zusammenveranlagung* werden einige Freibeträge verdoppelt (§§ 13 III 2; 14 a I Nr. 2 Satz 2, IV Nr. 2 letzter Halbsatz; 20 IV 2 EStG), andere nicht (§§ 16 IV, 17 III, 18 IV, 23 IV 2 EStG).

Die Freibeträge verstoßen zum Teil deshalb gegen den *Gleichheitssatz*, weil infolge des progressiven Einkommensteuertarifs der Effekt der Begünstigung mit steigender Leistungsfähigkeit wächst. Je leistungsfähiger der Steuerpflichtige ist, desto stärker wird er begünstigt. Das ist nur insoweit sachgerecht, als der Freibetrag der Verminderung der Leistungsfähigkeit Rechnung trägt. Es ist nicht sachgerecht für Subventions-Freibeträge.

---

29 *K. Offerhaus,* Gesetzlose Steuerbefreiungen im Lohnsteuerrecht?, DStJG Bd. 9 (1986), 117 ff.
30 Dazu *Ruppe,* Die Ausnahmebestimmungen des Einkommensteuergesetzes, Wien 1971, 251; *Tipke,* StuW 71, 13 f.
31 Dazu *Keßler,* B 84, 1111.
32 Dazu *Ruppe* (Fn. 30); *Tipke,* StuW 71, 13.

E. Die persönliche Zurechnung von Einkünften

Literatur: *L. Schmidt*, „Väter und Söhne" – Möglichkeiten und Grenzen der Einkommensverlagerung zwischen Eltern und Kindern, StbJb. 1975/76, 149 ff.; *Tipke*, Übertragung von Einkunftsquellen, StuW 77, 293 ff.; Tipke (Hrsg.), Übertragung von Einkunftsquellen, mit Beiträgen von *Ruppe, L. Schmidt, Meincke, Groh, Söffing, Beinert, Ault, van Dijck, A. Mennel* u. a., DStJG Bd. 1 (1978); *Wassermeyer*, Die Übertragung von Einkunftsquellen zwischen nahestehenden Personen, StuW 79, 209 ff.; *Jakob*, Steuern vom Einkommen I, Stuttgart u. a. 1980, 103 ff.; *L. Schmidt*, Subjektive Zurechnung von Einkünften, StbJb. 1980/81, 115 ff.; *Danzer*, Die Steuerumgehung, Köln 1981, § 9: Die Übertragung von Einkunftsquellen (S. 139 ff.); *Stadie*, Die persönliche Zurechnung von Einkünften, Berlin 1983; *Wassermeyer*, Der Nießbrauch im Einkommensteuerrecht, FR 83, 157 ff.; Schulze-Osterloh (Hrsg.), Rechtsnachfolge im Steuerrecht, DStJG Bd. 10 (1987), insb. die Beiträge von *Kruse, Meincke, Ruppe, Heinicke, Groh*; *Steinberg*, Zur Frage der Einkunftsquelle und ihrer Zurechnung, DStZ 88, 315; *Schulze zur Wiesche*, Vereinbarungen unter Familienangehörigen und ihre steuerlichen Folgen[6], Köln 1989, 153 ff.; *Biergans*, Einkommensteuer und Steuerbilanz[5], München 1990, 951 ff.; *Raupach/Schenking/Jansen*, in: HHR, EStG, § 2 Anm. 100–340.

1. Allgemeine Zurechnungsregeln

Nach § 2 I 1 EStG sind die Einkünfte der Person zuzurechnen, die sie „erzielt". Das Merkmal des Erzielens wird im Kontext mit dem Einkünftekatalog des § 2 I EStG wie folgt konkretisiert:

a) Das Prinzip der Gesetzmäßigkeit der Besteuerung (s. S. 27 ff.) und die pragmatische Legaldefinition des Einkommens durch den Einkünftekatalog (s. S. 202) begründen zunächst die Regel, daß Einkünfte dem persönlich zuzurechnen sind, der den *konkreten Tatbestand der Einkunftserzielung* erfüllt[1]. Das Merkmal des Erzielens wird also konkretisiert durch die *einzelnen Einkünftetatbestände* (§ 38 AO; § 2 I 1 EStG i. V. m. §§ 2 I 3; 13–24 EStG).

b) Im weiteren wird das Merkmal des Erzielens dadurch konkretisiert, daß der Einkünftekatalog prinzipiell nur Markteinkommen erfaßt (s. S. 201 f.). Folglich sind die Einkünfte grundsätzlich dem zuzurechnen, der sie *erwirtschaftet*. *Erwirtschaftet werden Einkünfte von dem, der die Einkünfte aufgrund seiner Betätigung, d. h. aufgrund seiner Arbeit und (oder) seines Vermögenseinsatzes unter Beteiligung am wirtschaftlichen Verkehr* (s. S. 217 f.) *erzielt*[2]. Die eingesetzte Arbeitskraft und das genutzte Vermögen lassen sich auch als *Einkunftsquellen* bezeichnen. Man kann die geleistete Arbeit als persönliche Einkunftsquelle und das zur Nutzung überlassene Vermögen als sachliche Einkunftsquelle bezeichnen.

Der Begriff des Erwirtschaftens bezieht sich auf *Tätigkeiten*: Arbeitseinkünfte sind grundsätzlich dem zuzurechnen, der die entgeltliche, selbständige oder nichtselbstän-

---

1 Grundlegend *Tipke*, StuW 77, 293, 298, übernommen in den drei Nießbrauchsurteilen des 8. BFH-Senats vom 13. 5. 1980 (BStBl. 81, 295, 297, 299). Die Nießbrauchsrechtsprechung kennzeichnet exemplarisch die Rechtsentwicklung zur Zurechnung von Vermögenseinkünften (dazu *Jansen*, in: HHR, EStG, § 2 Anm. 202 ff.)
2 Grundlegend *Ruppe*, Möglichkeiten und Grenzen der Übertragung von Einkunftsquellen als Problem der Zurechnung von Einkünften, DStJG Bd. 1 (1978), 7, 18: „Wenn das verbindende Element der (meisten) Einkunftsquellen des Einkommensteuergesetzes tatsächlich die Teilnahme am Marktgeschehen, der Umsatz von Leistungen ist, so muß als *Zurechnungssubjekt doch offenbar der angesehen werden, der über diese Teilnahme, über die Leistungserstellung disponieren kann, d. h. die Möglichkeit hat, Marktchancen zu nutzen, Leistungen zu variieren, im Extremfall auch zu verweigern, indem er seine Tätigkeit einstellt, Kapital zurückzieht, Mietverhältnisse kündigt etc."*

dige Tätigkeit ausgeübt hat. Auch Vermögenseinkünfte werden durch Tätigkeiten erzielt, nämlich durch Tätigkeiten der Vermietung, Verpachtung und anderer Überlassung von Vermögen zur Nutzung (Tätigkeiten sog. privater Vermögensverwaltung). Die Einkünfte i. S. d. §§ 20, 21 EStG werden sowohl durch verwaltende *Tätigkeit* als auch durch *Vermögens*einsatz erzielt. Der Beitrag der Arbeit zu den Vermögenseinkünften kann jedoch gering und im Extremfall überhaupt nicht vorhanden sein. In solchen Fällen läßt sich aus dem Begriff des Erwirtschaftens für das Merkmal des Erzielens keine aussagekräftige Konkretisierung mehr ableiten. Dies gilt besonders bei *reinen* Vermögenseinkünften wie z. B. wiederkehrenden Bezügen (§ 22 Nrn. 1, 1 a EStG), bei denen das Recht auf wiederkehrende Bezüge (z. B. das Rentenstammrecht oder der Unterhaltsanspruch) die *alleinige* Quelle der Einkünfte ist.

c) Somit entsteht bei Vermögenseinkünften das Bedürfnis nach weiteren Zurechnungsregeln, die das Merkmal des Erzielens konkretisieren. Bei Vermögenseinkünften ist die Frage, wer die einkünfterelevante Erwerbstätigkeit, die Überlassung von Vermögen zur Nutzung, ausübt, untrennbar mit der *zivilrechtlichen* Dispositionsbefugnis verknüpft[3]. Die Dispositionsbefugnis wird im Steuerrecht auch durch Kriterien wirtschaftlicher Zurechnung bestimmt (s. S. 115ff.). § 39 AO regelt nicht unmittelbar die Zurechnung von Einkünften, sondern die Zurechnung von Wirtschaftsgütern. Bei den Vermögenseinkünften kann jedoch § 39 AO bei der Frage, *wer* Vermögen zur Nutzung überläßt, die Einkünftezurechnung *mit*bestimmen[4]. Bei reinen Vermögenseinkünften kann die Dispositionsbefugnis allein maßgeblich für die Einkünftezurechnung werden. So erzielt z. B. der Inhaber des Rentenstammrechts die Renteneinkünfte.

2. Konkretisierung der Zurechnungsregeln bei einzelnen Einkunftsarten

Die dargelegten allgemeinen Zurechnungsregeln konkretisieren sich bei den einzelnen Einkunftsarten wie folgt:

a) Bezüge aus einem **landwirtschaftlichen oder gewerblichen Betrieb** sind dem zuzurechnen, der diese Bezüge als Unternehmer (Stichworte: Unternehmerinitiative, Unternehmerrisiko) erwirtschaftet. Als Unternehmer wirtschaften kann auch der Pächter oder Nießbraucher eines Betriebs; Zwangs- und Konkursverwaltung ändern nichts an der Unternehmereigenschaft des Betriebsinhabers.

Beispiele: a) Gewerbetreibender G tritt eine Kaufpreisforderung an seinen studierenden Sohn ab. – b) Gewerbetreibender G beteiligt seinen Sohn als Kommanditisten an seinem Unternehmen. – c) Landwirt L verpachtet seinen Betrieb an seinen Sohn; dieser bewirtschaftet den Betrieb.

Im Fall a sind die Bezüge dem G zuzurechnen. Er, nicht sein Sohn, hat sie als Unternehmer erwirtschaftet, dem Sohn fließen lediglich von G erwirtschaftete Bezüge kraft Abtretung zu.

Im Fall b ist dem Sohn der angemessene Gewinnanteil als eigener Bezug zuzurechnen, wenn der Sohn Kommanditist und Mitunternehmer ist.

---

3 BFH GrS BStBl. 83, 272, 274; BFH BStBl. 82, 540, 541; 88, 521, 524. Vgl. auch *Wassermeyer,* Zum Besteuerungsgegenstand der Einkünfte aus Kapitalvermögen, StuW 88, 283.
4 Vgl. *Raupach/Schenking,* in: HHR, EStG, § 2 Anm. 144; *Jansen* (Fn. 1), Anm. 212; *Scholtz,* FR 77, 26 (Einkünfte aus Kapitalvermögen). § 39 AO beinflußt auch über die Bilanzierung von Wirtschaftsgütern (s. S. 295) die Einkünfteerzielung zwischen zivilrechtlichem Eigentümer (z. B. Leasing-Geber) und wirtschaftlichem Eigentümer (z. B. Leasing-Nehmer).

Im Fall c erwirtschaftet der Sohn als Pächter eigene Bezüge aus Landwirtschaft. Daß er nicht Hofeigentümer ist, ist unerheblich. Ob L noch Bezüge aus Landwirtschaft hat, hängt davon ab, ob er den Betrieb endgültig aufgegeben hat oder nicht (s. S. 317f.).

b) Bezüge aus **selbständiger und nichtselbständiger Arbeit** sind dem zuzurechnen, der sie durch seine *eigene* Arbeit erwirtschaftet hat. Die Einkunftsquelle „Arbeit" ist nicht übertragbar. Abtretung (auch Vorausabtretung) oder Pfändung der Bezüge ist Einkommensverwendung. § 24 Nr. 2 EStG enthält eine Ausnahme (s. S. 373).

Beispiele: a) Rechtsanwalt R tritt eine Honorarforderung an seinen studierenden Sohn ab. – b) Beamter B tritt einen Teil seines Gehalts im voraus an seinen studierenden Sohn ab. Sowohl im Fall a als auch im Fall b werden die Bezüge durch die Arbeit der abtretenden Väter erwirtschaftet. Ihnen sind die Bezüge zuzurechnen, den Söhnen fließen sie aufgrund der Abtretung bloß zu. Ohnehin können die Söhne nicht als Rechtsanwalt bzw. als Beamter arbeiten, da ihnen dafür die Qualifikation fehlt.

Beispiel: Unternehmer U veräußert an die Ehefrau F seines Spitzenmanagers AN (Arbeitnehmer) ein Grundstück zu einem Preis, der erheblich unter dem Verkehrswert liegt, und *zwar um die Tätigkeit von AN* besonders zu honorieren. Den Kaufpreisvorteil hat AN durch seine Arbeit erwirtschaftet. Ihm ist für seine Tätigkeit ein „Vorteil" (s. § 19 I Nr. 1 EStG) gewährt worden, der als Sachbezug i. S. d. § 8 II EStG nach § 8 III EStG zu bewerten ist (s. S. 325). Daß das Grundstück unmittelbar der Ehefrau übereignet worden ist, ist – wie in Abtretungsfällen – unerheblich.

c) Bezüge aus **Kapitalvermögen und aus Vermietung/Verpachtung** sind dem zuzurechnen, der die Bezüge durch die Überlassung des Vermögens zur Nutzung erwirtschaftet.

Beispiele: a) Sp unterhält ein Sparkonto bei der Stadtsparkasse. Die Zinsen tritt er im voraus an seinen Sohn ab. – b) E vermietet ein Haus an M, M untervermietet mehrere Zimmer an UM.

Im Fall a erwirtschaftet Sp die Zinsen, denn er überläßt einen Teil seines Vermögens der Sparkasse. Folglich sind ihm die Zinsen zuzurechnen. Die Abtretung bewirkt nur, daß dem Sohn die Zinsen zufließen. – Im Fall b erwirtschaften sowohl E als auch M Mietzinsen. Beide überlassen Vermögen zur Nutzung. Daß dem M das überlassene Vermögen nicht selbst gehört, ist unerheblich. Vermögen kann anderen derjenige zur Nutzung überlassen, wer daran dinglich (als Eigentümer, Nießbraucher i. S. der §§ 1030ff. BGB, Wohnberechtigter i. S. des § 1093 BGB) oder schuldrechtlich (insb. als Mieter, Pächter) beteiligt ist.

§ 20 II Nrn. 2–4 EStG und § 21 I Nr. 4 EStG sind Ausfluß der allgemeinen Zurechnungsregel.

Veräußert der Inhaber des Stammrechts Dividenden- oder Zinsscheine, so sind die Bezüge aus der Veräußerung dem Veräußerer als Kapitaleinkünfte zuzurechnen (§ 20 II Nrn. 2, 3 EStG); diese Bezüge substituieren die Dividenden- und Zinseinkünfte, die der Veräußerer durch seinen Kapitaleinsatz in der Zeit vor der Veräußerung erwirtschaftet hat. – Der Veräußerer eines Vermietungsobjekts, der Mietforderungen (die sich auf die Zeit vor der Besitzübergabe beziehen) entgeltlich abtritt, muß den Veräußerungspreis insoweit versteuern, der an die Stelle der abgetretenen Mietzinsforderungen tritt (§ 21 I Nr. 4 EStG). – Soweit dem Veräußerer die Einkünfte zugerechnet werden (bis zur Veräußerung), hat der Erwerber sie nicht zu versteuern; ihm sind sie nicht zuzurechnen.

d) **Wiederkehrende Bezüge** (Renten, Unterhaltsbezüge) werden meist nicht *erwirtschaftet*. Sie sind dem zuzurechnen, der sie bezieht.

§ 22 Nr. 1 Satz 2 EStG kehrt diese Regel jedoch für bestimmte Fälle um (dazu S. 362f.). Gemessen am Leistungsfähigkeitsprinzip ist die Umkehrung (Korrespondenzprinzip) verfehlt.

e) **Nießbrauch**[5]: Der Nießbrauch ist das unbeschränkte (dingliche) Recht auf Nutzung von Sachen (§§ 1030 ff. BGB), Rechten (§§ 1068 ff. BGB) oder an einem Vermögen (§§ 1085 ff. BGB). Unterschieden werden Zuwendungsnießbrauch, Vorbehaltsnießbrauch und Vermächtnisnießbrauch. Die Verlagerung von Einkünften durch Nießbrauchsbestellung ist ein beliebtes Steuersparmittel unter Angehörigen, zumal der Nießbrauchsbesteller das Nießbrauchsobjekt nicht verliert und es sich wirtschaftlich bloß um die dingliche Sicherung der Abtretung künftiger Forderungen handelt. Daher bereitet die Zurechnung von Einkünften in den Fällen des *unentgeltlichen* Nießbrauchs besondere Schwierigkeiten, auch Beweisschwierigkeiten. Das seit Jahrzehnten umfängliche Schrifttum[6] belegt, daß die Nießbrauchsgestaltungen unter Angehörigen praktisch und rechtsdogmatisch kaum in den Griff zu bekommen sind. Sie würden weitgehend unterbleiben, wenn die zwangsläufigen Unterhaltsaufwendungen realitätsgerecht, d. h. durch Familien-Realsplitting (s. S. 215, 383 f.) berücksichtigt werden würden. Exemplarische Bedeutung haben folgende Nießbrauchsfälle[7]:

aa) In den Fällen des *Grundstücksnießbrauchs*[8] hat der BFH[9] die oben (1. b, S. 226) dargelegte Tatbestandsregel in seine Rechtsprechung übernommen. Den Tatbestand des § 21 I Nr. 1 EStG verwirklicht der Nießbraucher, wenn er ein Grundstück anderen entgeltlich überläßt und dadurch Einkünfte erwirtschaftet. Im Falle des Zuwendungsnießbrauchs erwirtschaftet der Grundstückseigentümer und Nießbrauchsbesteller keine Einkünfte. Verpflichtet er sich, die dem Nießbraucher nach §§ 1041, 1045 und 1047 BGB obliegenden Kosten und Lasten zu tragen (sog. Bruttonießbrauch), so sind diese Teil der Zuwendung und Privatausgaben. Der zuwendende Eigentümer kann demnach keine Werbungskosten, insb. keine AfA (§§ 7 IV, V; 7a ff. EStG i. V. m. § 9 I 3 Nr. 7 EStG) geltend machen (BFH BStBl. 81, 299). Werbungskosten (einschließlich AfA) kann nur der Nießbraucher als Einkunftserzieler haben. Bei ihm stellt sich die Frage, ob er Aufwendungen des Nießbrauchsbestellers als sog. Drittaufwand absetzen kann (dazu S. 248 f.).

bb) Im Falle des unentgeltlichen Zuwendungsnießbrauchs an *Wertpapieren*[10] sind die Kapitalerträge nach BFH BStBl. 77, 115, dem Nießbrauchsbesteller und nicht dem Nießbraucher zuzurechnen. Diese Rechtsprechung ist durch die Nießbrauchurteile vom 13. 5. 1980[11] überholt und insb. mit der jüngeren Judikatur[12] zur Zurechnung von Einkünften aus Kapitalvermögen nicht zu vereinbaren. Den Tatbestand der Erzielung von Kapitaleinkünften verwirklicht der Nießbraucher und nicht der Nießbrauchsbesteller.

---

5 Dazu seit 1986 pars pro toto *U. Ley*, Besteuerung des Nießbrauchs an Betriebsgrundstücken, Privatgrundstücken und an Wertpapieren, Bergisch Gladbach/Köln 1986; *D. Meyer-Scharenberg*, StuW 87, 103; *P. Brandis*, JuS 89, 784; *Jansen*, in: HHR, EStG, § 2 Anm. 201–315, mit einer umfassenden Übersicht auch des älteren Schrifttums (vor Anm. 201).
6 Vgl. *Jansen* (Fn. 5).
7 Dazu *Jansen* (Fn. 5), Anm. 231 ff.
8 Dazu *U. Ley* (Fn. 5); *P. Brandis*, JuS 89, 784; *B. Brandenberg*, B 90, 1835.
9 A. a. O. (Fn. 1).
10 Dazu *Witte*, Zur einkommensteuerrechtlichen Behandlung des Nießbrauchs an Wertpapieren, Diss. Göttingen, Berlin 1985; Schmidt/*Heinicke*, EStG[9], § 20 Anm. 5; *U. Ley* (Fn. 5); *Jansen* (Fn. 5), Anm. 259 ff.
11 A. a. O. (Fn. 1).
12 A. a. O. (Fn. 3).

cc) Der (zivilrechtlich mögliche[13]) *Unternehmensnießbrauch*[14] begründet nur dann Einkünfte des Nießbrauchers, wenn dieser die unternehmerische Tätigkeit ausübt und die unternehmerischen Tatbestände der Einkunftserzielung verwirklicht, also Unternehmerinitiative entfalten kann und Unternehmerrisiko trägt (s. S. 334). Bestellt beispielsweise ein Unternehmer seinem studierenden Sohn schenkweise einen Quoten-Nießbrauch an seinem Einzelunternehmen, der lediglich eine Gewinnbeteiligung von $1/3$ enthält und den Sohn weder zur Mitarbeit im Unternehmen verpflichtet noch in die Haftung für das Unternehmen einbezieht, so sind die Einkünfte aus Gewerbebetrieb *allein* dem Unternehmer zuzurechnen. Der Sohn verwirklicht nicht den Tatbestand eines (Mit-)Unternehmers. Er hat Unterhaltsbezüge. Der Tatbestand unternehmerischer Einkunftserzielung kann nicht auf ein Gewinnbezugsrecht reduziert werden[15].

Hat die unternehmerische Tätigkeit eine besonders typische Eigenart, so erleichtert diese die Zurechnung. Bestellt ein Bauer seinem Sohn einen unentgeltlichen Nießbrauch am Hof, so sind dem Sohn die Einkünfte aus Landwirtschaft (§ 13 I Nr. 1 EStG) nur zuzurechnen, wenn er den Hof bewirtschaftet und sich der Bauer aufs Altenteil zurückzieht. Bestellt ein Rechtsanwalt seinem Sohn einen Quotennießbrauch an seiner Praxis, so sind dem Sohn nur dann Einkünfte aus freiberuflicher Tätigkeit (§ 18 I Nr. 1 EStG) zuzurechnen, wenn er in der Anwaltspraxis aufgrund eigener Zulassung leitend und eigenverantwortlich tätig sein kann.

3. Zurechnung von Einkünften unter Familienangehörigen[16]

a) Die Nießbrauchsfälle zeigen, daß die persönliche Zurechnung von Einkünften besonders dann zum Problem wird, wenn eine *Übertragung von Einkunftsquellen* zwischen Familienangehörigen bezweckt wird. Mit dieser Steuergestaltung vermag ein Teil der Steuerpflichtigen die unterhaltsrechtliche Verteilung des Einkommens innerhalb der Familie steuerrechtlich zu vollziehen. Im Hinblick darauf gebieten Art. 3 I, 6 I GG, daß das EStG den Transfer steuerlicher Leistungsfähigkeit für *alle* Unterhaltsgemeinschaften regelt (s. S. 215; S. 383).

Art. 3 I, 6 I GG gebieten allerdings auch, daß *Verträge zwischen Familienangehörigen* steuerlich anzuerkennen sind. Vertragsbeziehungen zwischen Familienangehörigen dürfen nicht gegenüber Vertragsbeziehungen zwischen fremden Dritten diskriminiert werden. Familiäre Vertragsbeziehungen werden aber insoweit nicht diskriminiert, als an die Gestaltung der Vertragsbeziehungen Anforderungen gestellt werden, die es ausschließen sollen, daß durch Verträge des Leistungsaustausches Unterhaltszahlungen und andere private Einkommensverwendungen verdeckt werden. Daher setzt die Anerkennung von Verträgen zwischen Familienangehörigen[17] zu Recht folgendes voraus:

---

13 Davon geht z. B. BFH BStBl. 81, 396 (m. Nachw.) aus.
14 Dazu *J.-A. Lohr*, Der Nießbrauch an Unternehmen und Unternehmensanteilen, Grundlagen und Gestaltungsmöglichkeiten für Anteilseigner und deren Angehörige aus ertrag- und erbschaftsteuerlicher Sicht, Diss. Köln, Düsseldorf 1989; *Wittmann*, Die einkommensteuerrechtliche Beurteilung des Nießbrauchs an gewerblichen Einzelunternehmen, Diss. Würzburg 1984.
15 BFH BStBl. 75, 498; *L. Schmidt*, EStG[9], § 15 Anm. 31 b, 55; *H. W. Kruse*, AG 80, 216, 219.
16 Siehe zunächst die oben (S. 226) zitierte Literatur.
17 Dazu *D. Schulze zur Wiesche*, Vereinbarungen unter Familienangehörigen und ihre steuerlichen Folgen[6], Heidelberg 1989. Zur Rechtsprechungs- und Verwaltungspraxis s. Abschnitt

aa) Das *Rechtsgeschäft muß wirksam geschlossen worden* sein[18]. Diese Anforderung ist Indiz für die Ernstlichkeit des Rechtsgeschäfts. Unwirksame Rechtsgeschäfte ermöglichen es dem Verpflichteten, Zahlungen einzustellen und das Geleistete zurückzufordern. Die Unwirksamkeit eines Gesellschaftsvertrages soll auch nicht erst nach Beendigung laufender Unterhaltsverpflichtungen (z. B. nach Beendigung eines Studiums) geltend gemacht werden können. Hier ist § 41 I AO insofern nicht anwendbar, als durch die zivilrechtliche Wirksamkeit gerade belegt werden soll, daß die Beteiligten das wirtschaftliche Ergebnis eines auf Leistungsaustausch gerichteten Rechtsgeschäfts bestehen lassen wollen.

bb) Das Rechtsgeschäft muß *wirklich durchgeführt worden sein*[19]. Leistung und Gegenleistung müssen tatsächlich erbracht worden sein.

cc) Der Vertrag muß *nach Inhalt und Ausführung dem entsprechen, was unter Fremden üblich ist.* Dieser *sog. Fremdvergleich* entspricht insofern Art. 3 I; 6 I GG, als die Familienangehörigen mit fremden Dritten gleichgestellt, gegenüber diesen also weder benachteiligt noch bevorzugt werden. Der Fremdvergleich ist erforderlich für die Frage, ob ein Leistungsaustauschverhältnis wirklich gewollt ist oder ob der Vertrag auf familiären bzw. familienrechtlichen Beziehungen beruht[20].

dd) *Schriftform* ist dringend zu empfehlen, jedoch nicht zwingend erforderlich, wenn auch mündliche Abreden zivilrechtlich wirksam sind und die Umstände auf eine klare und eindeutige Vereinbarung schließen lassen.[21]

b) Verträge *zwischen Ehegatten*[22] haben unterschiedliche steuerliche Auswirkungen, je nachdem, ob die Ehegatten die Zusammenveranlagung (§ 26 b EStG) oder getrennte Veranlagung (§ 26 a EStG) wählen (§ 26 EStG). Im Falle getrennter Veranlagung haben die Ehegatten Interesse daran, durch Übertragung von Einkunftsquellen ihre getrennt zu versteuernden Einkommen zu egalisieren. Im Falle der Zusammenveranlagung leistet bereits das Splitting des § 32 a V EStG diese Egalisierung, indem eine paritätische Gemeinschaft des Erwerbs und Verbrauchs angenommen bzw. typisierend unterstellt wird (s. S. 395 ff.). Jedoch sind auch im Falle der Zusammenveranlagung die von den Ehegatten erzielten Einkünfte *getrennt* zu ermitteln und erst dann nach § 26 b EStG zusammenzurechnen. Steuerlich vorteilhaft im Falle der Zusammenveranlagung ist besonders der Arbeitsvertrag mit einem gewerbetreibenden Ehegatten. Die Lohnkosten einschließlich steuerfreier Anteile des Arbeitgebers mindern nicht nur die Einkommensteuer, sondern auch die Gewerbeertragsteuer. Ferner kann der Arbeitnehmer-Ehegatte den Arbeitnehmer-Pauschbetrag von 2 000 DM (§ 9 a Nr. 1 EStG) absetzen. Besonders vorteilhaft sind auch die Pauschalierungen nach den §§ 40; 40 a; 40 b EStG.

---

23 EStR sowie zuletzt grundsätzlich BFH GrS BStBl. 90, 160: Ehegatten-Oder-Konto (dazu *W. Kasch,* DStR 88, 671; *L. Meyer-Arndt,* B 89, 66; *Wolff-Diepenbrock,* DStR 90, 104).

18 St. Rspr. insb. zu Gesellschaftsverträgen (dazu insb. *Knobbe-Keuk,* Bilanz- und Unternehmenssteuerrecht[7], Köln 1989, 417 ff.), und zu Arbeitsverhältnissen: BFH BStBl. 87, 121; 88, 632; 90, 162; EFG 89, 274 (dazu *Rößler,* DStZ 90, 141); EFG 90, 344. Vgl. auch BFH BStBl. 89, 137 (Darlehensvertrag).

19 Durch die jüngste Rspr. insb. zum Ehegatten-Arbeitsverhältnis entschieden: BFH GrS BStBl. 90, 160; BFH BStBl. 89, 354 (wechselseitiger Ehegattenarbeitsvertrag); 89, 655; 90, 636; 90, 548; HFR 90, 483, 484.

20 Dazu grundsätzlich BFH GrS BStBl. 90, 160.

21 BFH BStBl. 83, 663; 89, 137.

22 Dazu *A. Schmidt-Liebig,* Eheliche Güterstände in ertragsteuerlicher Sicht, Bielefeld 1989; *ders.,* Grenzbereiche von Einkunftsqualifikation, Einkunftszurechnung, Unternehmer- und Mitunternehmerbegriff — ausgelotet am Beispiel der ehelichen Gütergemeinschaft, StuW 89, 110. Nach BFH BStBl. 88, 670, können die für Eheleute geltenden Grundsätze nicht auf Verträge zwischen Partnern einer nichtehelichen Lebensgemeinschaft übertragen werden. Diese Auffassung diskriminiert u. E. die intakte Ehe.

Bestehen zwischen Ehegatten keine besonderen Verträge, so ist die Zurechnung der Einkünfte nach den allgemeinen Zurechnungsregeln zu beurteilen. Bewirtschaftet z. B. ein Bauer den seiner Ehefrau gehörenden Hof, so sind ihm zumindest ein Teil der Einkünfte aus Landwirtschaft zuzurechnen. Die Auffassung von BFH BStBl. 89, 504, daß die Einkünfte allein der Ehefrau als Eigentümerin zuzurechnen seien, überzeugt nicht. Die Eheleute bilden vielmehr hier eine konkrete Erwerbsgemeinschaft, bei der die Frau Kapital und der Mann Arbeitskraft einsetzt. Dementsprechend sind die Einkünfte anteilig zuzurechnen.

c) Realsplittingeffekt haben insb. Verträge *zwischen Eltern und Kindern*[23]. Bei dem Abschluß von Verträgen mit minderjährigen Kindern ist darauf zu achten, daß für nicht lediglich rechtlich vorteilhafte Rechtsgeschäfte (§ 107 BGB) gemäß § 1909 BGB ein Ergänzungspfleger bestellt werden muß (vgl. Abschnitt 23 IV EStR). Die häufigsten Verträge zwischen Eltern und Kindern sind neben den bereits behandelten Nießbrauchbestellungen Gesellschaftsverträge[24], Arbeitsverträge[25], Darlehensverträge[26], stille Beteiligungen[27] und Übertragungen von Sparguthaben[28].

4. Zurechnung von Einkünften im Erbfall

Bezüge aus der (ehemaligen) Betätigung (Arbeit, Vermögensüberlassung) eines Verstorbenen sind dem Erben (Rechtsnachfolger) zuzurechnen, wenn sie diesem zufließen (§§ 19 I Nr. 2, 24 Nr. 2 EStG)[29].

Beispiel: Die Witwe des verstorbenen Arbeitnehmers A erhält Witwengeld. Dieses Witwengeld ist ihr als Einkünfte aus nichtselbständiger Arbeit zuzurechnen, obwohl sie es nicht selbst erwirtschaftet hat. Das ergibt sich aus § 19 I Nr. 2 EStG; § 24 Nr. 2 EStG ist insoweit deklaratorisch.

Beispiel: Bei der Witwe des Rechtsanwalts R gehen rückständige Honorare ein. – Das Honorar hat R durch seine Arbeit erwirtschaftet. Ihm kann das Honorar aber nach seinem Tode nicht mehr zugerechnet werden. Obwohl die Witwe die Honorare nicht erwirtschaftet hat, muß sie sie versteuern; denn § 24 Nr. 2 EStG (der Wortlaut ist nicht klar) rechnet die Einkünfte der Witwe in diesem Sonderfall entgegen der allgemeinen Regel (die bei Tod eines Steuersubjekts versagt) zu. Trotz der Zurechnung zur Witwe bleiben die Einkünfte solche aus freiberuflicher Tätigkeit.

F. Ermittlung der Einkünfte

Literatur: *D. Schneider*, Steuerbilanzen, Wiesbaden 1978; *Barth*, Die Entwicklung des deutschen Bilanzrechts, Bd. II 1: Steuerrecht, Stuttgart 1955, 181 ff., 208 ff.; *Tipke*, Die dualistische Einkünfteermittlung nach dem Einkommensteuergesetz – Entstehung, Motivation und Berechtigung, in: FS für Paulick, Köln 1973, 391 ff.; *Merkenich*, Die unterschiedlichen Arten der Einkünfteermittlung im deutschen Einkommensteuerrecht, Diss. Köln, Berlin 1982; *Raupach/*

---

23 Dazu grundlegend *L. Schmidt*, StbJb. 1975/76, 149 ff.
24 Dazu *B. Knobbe-Keuk* (Fn. 18).
25 Dazu *G. Stuhrmann*, NWB Fach 3, 6757. Streitig ist, ob bei einem Arbeitsverhältnis zwischen Eltern und minderjährigen Kindern ein Ergänzungspfleger bestellt werden muß (bejahend FG Rheinland-Pfalz EFG 89, 274, verneinend FG Köln EFG 90, 344).
26 Vgl. BFH BStBl. 88, 603; BMF BStBl. 88, 210.
27 BFH BStBl. 90, 10; 90, 68; *Fichtelmann*, DStZ 89, 183.
28 BFH BStBl. 90, 539.
29 Dazu *Trzaskalik*, StuW 79, 108 ff.; *Meincke, Ruppe, Heinicke, Groh*, DStJG Bd. 10 (1987).

Tipke/Uelner, Niedergang oder Neuordnung des deutschen Einkommensteuerrechts?, Köln 1985; *Lang,* Die Bemessungsgrundlage der Einkommensteuer, Köln 1981/88; *Tipke,* Einkommensteuer-Fundamentalreform, StuW 86, 150; *H. Jehner,* Der gesetzliche Gegensatz als systematische Grundlage der Einkommensbesteuerung in Deutschland, DStR 88, 267.

I. Unterschiedliche Ermittlung der Einkünfte

1. Einführung

Wenn das (disponible) Einkommen ein geeigneter Indikator der steuerlichen Leistungsfähigkeit ist, so muß das Gesetz sicherstellen, daß bei *allen* Steuersubjekten das *gesamte* Einkommen erfaßt und ermittelt wird. Die definitorische Ausklammerung eines Teils der Einkünfte aus dem Einkommensbegriff, Befreiungen, Freibeträge, Freigrenzen und unterschiedliche Vorschriften über die Einkünfteermittlung führen indessen dazu, daß das Einkommen nur partiell erfaßt wird. Dadurch wird die wirkliche Steuerbelastung verfälscht. Der Einkommensteuertarif, der ein Einheitstarif für alle Einkunftsarten sein soll, belastet Einkünfte, je nachdem, ob sie nicht, partiell oder gänzlich erfaßt sind, realiter von null Prozent bis zum vollen Steuersatz. Für die verschiedenen Einkunftsarten gelten also jeweils besondere *Realtarife*[1].

Die Fülle der Differenzierungen zerklüftet das Belastungsprofil. Dadurch verschwendet der Steuergesetzgeber gewaltige Steuerberatungs-, Finanzverwaltungs- und Justizkapazität. Wieviel Steuern der Bürger zu entrichten hat, hängt von seinem Informationsstand, hängt davon ab, wie gut oder wie schlecht er beraten ist. Die Einkommensteuer, die „Königin der Steuern", denaturiert zur Steuer der Unwissenden, zur sog. Dummensteuer. Auch der Strafanspruch des Staates bei Steuerdelikten ist tangiert: Wie soll ein vernünftig Denkender die nicht verstehbaren Belastungsunterschiede in sein Unrechtsbewußtsein aufnehmen können?[2]

2. Der Dualismus der Einkünfteermittlung

Den wesentlichsten Belastungsunterschied bewirkt der *Dualismus der Einkünfteermittlung.* § 2 II EStG spaltet den Einkünftekatalog in folgende zwei Einkünftebegriffe auf:

Gewinneinkünfte (§ 2 II Nr. 1 EStG): Die *unternehmerischen* Einkünfte (Einkünfte aus Land- und Forstwirtschaft, Gewerbebetrieb und selbständiger Arbeit) werden identifiziert mit dem *Gewinn* (§§ 4–7g EStG). Der Gewinnbegriff (§ 4 I 1 EStG) beruht auf der *Reinvermögenszugangstheorie.* Nach dieser Theorie erfaßt der Gewinnbegriff i. S. der §§ 2 II Nr. 1, 4 I 1 EStG das *Gesamtergebnis* einer unternehmerischen Betätigung einschließlich Gewinne und Verluste aus der Veräußerung von Wirtschaftsgütern des Betriebsvermögens.

Überschußeinkünfte (§ 2 II Nr. 2 EStG): Die übrigen (nichtunternehmerischen) Einkünfte (Einkünfte aus nichtselbständiger Arbeit, aus Kapitalvermögen, aus Vermietung und Verpachtung und sonstige Einkünfte i. S. des § 22 EStG) werden identifiziert mit dem *Überschuß der Einnahmen über die Werbungskosten* (§§ 8, 9, 9a EStG). Das zugrundeliegende Konzept ist die *Quellentheorie*[3]. Nach dieser Theorie sollen nur die

---
1 Dies war auch Anlaß der Einkommensteuerreform in den USA. Dazu *Tipke,* StuW 86, 152.
2 S. hierzu auch S. 770 f.
3 Dazu S. 200.

§ 9 Einkommensteuer

„Erträge ständig fließender Quellen", nicht hingegen die Quellen selbst wirtschaftliche Leistungsfähigkeit indizieren. Das sog. *Stammvermögen,* das der Erzielung dauerhafter Einkünfte zu dienen hat und deshalb nicht dazu bestimmt ist, veräußert zu werden, soll nicht zur Einkommenssphäre gehören. Diese quellentheoretische Konzeption der Einkünfte hat *grundsätzlich* zur Folge, daß *Veräußerungseinkünfte* sowie *Substanz- und Wertverluste* des Stammvermögens, insb. Substanzverluste privat verwalteten Vermietungs- und Kapitalvermögens, ausgegrenzt werden. Folglich kann es auch keine Einlagen, Entnahmen und Teilwertabschreibungen geben.

Der Dualismus der Einkünfteermittlung entspricht also dem theoretischen Gegensatz zwischen Reinvermögenszugangs- und Quellentheorie. Diesen Theoriengegensatz berücksichtigt die Rechtsprechungs- und Verwaltungspraxis durchaus. Sie grenzt beispielsweise private Vermögensverwaltung vom Gewerbebetrieb danach ab, ob Wertsteigerungen des Stammvermögens laufend durch Veräußerungen realisiert werden. Einkünfte sind grundsätzlich nur dann Quelleneinkünfte (und damit keine Einkünfte aus Gewerbebetrieb), wenn die Ausnutzung der substantiellen Vermögenswerte durch Anschaffungs- und Veräußerungsgeschäfte gegenüber *der reinen Fruchtziehung nicht in den Vordergrund tritt*[4].

Der quellentheoretische Rahmen der Überschußeinkünfte wird indessen *erweitert* durch die Besteuerung der Einkünfte aus *Spekulationsgeschäften* (§§ 22 Nr. 2, 23 EStG)[5] sowie der Einkünfte aus der Veräußerung von *wesentlichen Beteiligungen* an *Kapitalgesellschaften* (§ 17 EStG)[6]. Dadurch entsteht für Veräußerungseinkünfte ein *besonderer Ermittlungstypus,* der in den §§ 17 II, 23 IV EStG normiert ist und die quellentheoretische Ermittlung der Einkünfte systematisch zu ergänzen hat[7].

Rechtsentwicklung[8]: Praktikabilitätserwägungen haben den Dualismus der Einkünfteermittlung begründet. Gegen die quellentheoretisch konzipierte Überschußrechnung, die der Hauptvertreter der Quellentheorie, Referent im preußischen Finanzministerium und Mitverfasser des pr.EStG 1891 *B. Fuisting* auch für das „Einkommen aus Handel und Gewerbe" (§ 14 pr.EStG 1891) durchsetzen wollte, wehrte sich die Unternehmer-Lobby; sie drängte erfolgreich (wie § 14 pr.EStG 1891 zeigt) darauf, den Gewinn mit dem Ergebnis der kaufmännischen (handelsrechtlichen) Buchführung zu identifizieren, wie dies bereits in § 21 des sächsischen EStG von 1874 geschehen war. Die volle Tragweite der Lobby-Forderung war allerdings damals insofern nicht zu erkennen, als der sehr bescheidene progressive Tarif (0,67–4 %) des pr.EStG 1891 dem Argument der steuerlichen Mehrbelastung noch keine Durchschlagskraft vermittelte. Den Dualismus hielten § 33 II EStG 1920 und §§ 7 II, 13 EStG 1925 aufrecht. Der Gesetzgeber des EStG 1925 rechtfertigte den Dualismus freilich nicht nur mit Praktikabilitätserwägungen zugunsten der Unternehmer; er hat auch versucht, eine adäquate Beziehung zwischen Einkunftsart und Einkünfteermittlung herzustellen: Anders als bei den unternehmerischen Einkünften handle es sich bei den Überschußeinkunftsarten entweder um Einkünfte ohne nennenswerten Kapitaleinsatz (so bei den Einkünften aus nichtselbständiger Arbeit) oder um Einkünfte aus privater Vermögensverwaltung, wo es auf „die Veränderung der Vermögensgegenstände" nicht ankomme, „sondern lediglich auf die Erträge, die sie abwerfen"[9]. Diese Fruchtziehungsthese dient – wie oben ausgeführt – noch heute der Quelleneinkünfte-Qualifikation. Mit der Übernahme in das EStG 1934 ist der Dualismus der Einkünfteermittlung endgültig zum strukturellen Bestandteil des deutschen Einkommensteuerrechts geworden.

---

4 Dazu S. 333f., 359.
5 Dazu S. 368f.
6 Dazu S. 367f.
7 Dazu S. 240.
8 Dazu ausführlich m. w. N. *Tipke,* in: FS für Paulick, Köln 1973, 393 ff.
9 Volles Zitat der amtlichen Begründung bei *Tipke* (Fn. 8), 395 f.

Ermittlung der Einkünfte

Demnach hat der Gesetzgeber das duale System bewußt und gewollt geschaffen. Die Rechtsprechung tendiert denn auch dahin, die beiden Subsysteme separat auszubauen, statt Unterschiede einzuebnen. Das gilt vor allem für das Bundesverfassungsgericht, das bisher von zwei Subsystemen ausgegangen ist[10]. Auch die Gerichte der Finanzgerichtsbarkeit haben bisher an dem Dualismus keinen Anstoß genommen, obwohl die sich aus ihm ergebenden Belastungsungleichheiten mit Händen zu greifen sind.

Beispiel: Der verheiratete Facharzt A hat in 1990 ein zu versteuerndes Basiseinkommen von 120 000 DM, das nach Splitting-Tabelle mit 28 846 DM ESt belastet ist. Vor vielen Jahren hat A ein Stadthaus geerbt, das er als Arztpraxis nutzt. In 1990 erleidet er einen Herzanfall und verlegt deshalb seine Praxis in einen ruhigen Vorort der Stadt. Das Stadthaus veräußert er mit einem Veräußerungsgewinn von 500 000 DM. Das zu versteuernde Einkommen von 620 000 DM (500 000 DM + 120 000 DM) ist mit 282 902 DM ESt belastet. Realtarif für den Veräußerungsgewinn: 50,81 Prozent.

Das tapfere Weiterarbeiten muß A teuer bezahlen. Würde er nämlich seine ärztliche Tätigkeit ganz aufgeben, dann reduzierte sich der Realtarif für den Veräußerungsgewinn nach Maßgabe der §§ 16 III, IV; 34 EStG auf die Hälfte des durchschnittlichen Steuersatzes, das sind 22,8 Prozent. ESt: 142 924 DM (vgl. Abschnitt 198 EStR).

Hätte nicht A, sondern die Ehefrau B das Haus geerbt und es an ihren Ehemann vermietet, betrüge der Realtarif für den Veräußerungsgewinn 0 Prozent; denn der Gewinn aus der Veräußerung vermieteter Häuser ist nicht steuerbar, wenn die Spekulationsfrist von zwei Jahren in § 23 I Nr. 1 a EStG überschritten wird.

Hätte A das Haus geerbt und sodann seiner Frau geschenkt, damit sie es an ihn vermieten kann, so würde die Schenkung und das Vertrauen in die Frau mit 254 056 DM ESt-Ersparnis belohnt.

Tatsächlich verstößt eine Einkünfteermittlung, die mit zweierlei Maß mißt, in Wirklichkeit zwei Einkommensbegriffe schafft, *gegen den Gleichheitssatz*[11]. So ist die Finanzverwaltung, die zumindest in gravierenden Fällen realisierter Wertsteigerungen im Privatvermögen die unterschiedliche materielle Auswirkung als unbefriedigend und ungerecht empfindet, leicht versucht, eine *Grenzverschiebung im dualen System* vorzunehmen, indem sie spekulativ den Begriff des Gewerbebetriebs strapaziert, nichtunternehmerische Einkünfte in solche aus Gewerbebetrieb umfunktioniert und so die Gesetzmäßigkeit der Besteuerung verletzt. Es gibt indessen *nur zwei legale Wege*, den Dualismus weitmöglichst zu überwinden: Die *Anrufung des Bundesverfassungsgerichts,* das allerdings zunächst seine Rechtsprechung ändern müßte[12], und die *Gesetzesänderung.*

---

10 BVerfGE 26, 302, 310 ff.; 27, 111 ff.; 28, 227 ff.
11 Dazu auch BVerfGE 40, 296, 328. Ausführlich *P. Zimmermann,* Das Problem der Gerechtigkeit in der Einkommensbesteuerung, dargestellt und untersucht an den Beispielen der Ermittlung der Einkünfte aus Gewerbebetrieb und aus nichtselbständiger Arbeit, Frankfurt/Bern/Las Vegas 1978; *Merkenich,* Die unterschiedlichen Arten der Einkünfteermittlung..., Berlin 1982. Sehr zurückhaltend zur Verfassungswidrigkeit der unterschiedlichen Einkünfte-Besteuerung allerdings BVerfG-Präsident *R. Herzog,* StbJb. 1985/86, 36 f.
12 Zur Kritik an der Rechtsprechung des BVerfG insb. *Tipke,* StuW 71, 8 ff.; *ders.* (Fn. 8); *ders.,* Steuergerechtigkeit, Köln 1981, 72 ff.

§ 9 Einkommensteuer

Im Ausland[13] gibt es zahlreiche Beispiele für die Besteuerung privater Veräußerungseinkünfte, welche die Behauptung widerlegen, der Dualismus sei praktische Notwendigkeit[14]. *Frankreich* besteuert seit 1. 1. 1977 die Gewinne aus der Veräußerung von privaten Immobilien, Metallen, Schmuck, Kunst- und Sammlungsgegenständen, Antiquitäten sowie seit 1. 1. 1978 von Wertpapieren[15]. Das *US-amerikanische* Bundeseinkommensteuerrecht unterscheidet seit jeher nicht zwischen betrieblicher und privater Sphäre. Es erfaßt – durchweg mit ermäßigtem (von der Besitzdauer – holding period – abhängigem) Steuersatz – die Gewinne (sog. capital gains) aus der Veräußerung sowohl betrieblicher als auch privater Wirtschaftsgüter (sog. capital assets), zu denen im betrieblichen Bereich nur die Gewinne aus der Veräußerung von (bestimmtem) Anlagevermögen gehören (s. sec. 1201, 1221 ff. I. R. C.)[16].

Auch in der Bundesrepublik mehren sich die Stimmen, die für die gleichmäßige Besteuerung aller Veräußerungseinkünfte eintreten (dazu S. 369 f.).

II. System der Einkünfteermittlung

1. Typen der Einkünfteermittlung

Im wesentlichen ist das System der Einkünfteermittlung durch zwei *Hauptgegensätze* gekennzeichnet,

– erstens den Gegensatz zwischen der *ermittlungstechnisch komplizierten Bilanzierung* und der *ermittlungstechnisch einfachen* Überschußrechnung nach den Grundsätzen der *Kassenrechnung,* und

– zweitens den Gegensatz zwischen der *Totalerfassung* der Einkünfte nach der Reinvermögenszugangstheorie und der *Teilerfassung* der Einkünfte nach der Quellentheorie.

1.1 Ermittlung der Einkünfte durch Bilanzierung

Die Reinvermögenszugangstheorie verwirklicht der *allgemeine Gewinnbegriff* des § 4 I 1 EStG. Diese Vorschrift ordnet den *Betriebsvermögensvergleich* an. Der allgemeine Gewinnbegriff normiert den *Vergleich zweier Schlußbilanzen* (Unterschiedsbetrag zwischen dem Betriebsvermögen am Schluß des Wirtschaftsjahres und dem Betriebsvermögen am Schluß des vorangegangenen Wirtschaftsjahres), ergänzt durch eine *spezifisch steuerliche Wertabgrenzung* des Betriebsvermögens (vermehrt um den Wert der Entnahmen und vermindert um den Wert der Einlagen).

Demnach erfordert der allgemeine Gewinnbegriff die Ermittlung der Einkünfte durch Bilanzierung. Eine solche basiert auf dem Normensystem der *Grundsätze ordnungsmäßiger Buchführung* (GoB). Allerdings rezipiert nur § 5 I 1 EStG für den *speziellen*

---

13 Vgl. Gutachten der *Steuerreformkommission* 1971, Schriftenreihe des BdF, Heft 17, 927 ff.; *Mennel,* DStZA 73, 89 ff.; *dies.,* Steuern in Europa, USA, Kanada und Japan, Herne/Berlin 1980 (Loseblatt); *Mössner,* RIW 78, 95 ff.; *Böckli,* DStJG Bd. 3 (1980), 344 ff.; *ders.,* ASA Bd. 45 (1976/77), 433 ff.
14 Sogar *J. W. Gaddum,* Steuerreform: Einfach und gerecht! Für ein besseres Einkommensteuerrecht, Stuttgart 1986, 35, schlägt aus „Praktikabilitätserwägungen" keine Änderung der durch §§ 17, 23 EStG gegebenen Rechtslage vor, obgleich auf S. 16 f. nachdrücklich gefordert wird, daß das Einkommensteuerrecht den Einkunftsarten gegenüber neutral zu sein habe.
15 Vgl. Intertax 76, 384 ff.; *Böckli* (Fn. 13).
16 Dazu *Krause-Nehring,* Die steuerliche Behandlung der langfristigen capital gains und losses im Bundessteuerrecht der USA, Diss. Berlin 1972. Eine selektierte internationale Bibliographie zur Besteuerung der capital gains enthält das IFA-Bulletin 78, 72 ff.

Betriebsvermögensvergleich der *Gewerbetreibenden* die *handelsrechtlichen Grundsätze ordnungsmäßiger Buchführung*. Jedoch benötigt auch der Betriebsvermögensvergleich nach § 4 I EStG die handelsrechtlichen GoB. Ohne das HGB-Normensystem der Buchführung und des Jahresabschlusses ist ein Vergleich zweier Schlußbilanzen nicht möglich. Daher beruht der allgemeine Betriebsvermögensvergleich (§ 4 I EStG) ebenso wie der spezielle Betriebsvermögensvergleich für Gewerbetreibende (§ 5 EStG) auf den „Grundsätzen ordnungsmäßiger Buchführung" (§ 4 II EStG); diese sind bis auf wenige Bewertungsregeln (etwa die in § 6 I Nr. 2 Satz 4 EStG angesprochenen land- und forstwirtschaftlichen GoB) *handelsrechtliche* GoB[17].

Grundsätzlich ist der Betriebsvermögensvergleich nach den §§ 4 I, 5 EStG für Unternehmer (Gewerbetreibende, Land- und Forstwirte, Selbständige i. S. des § 18 EStG) vorgesehen, die entweder *gesetzlich verpflichtet* sind, Bücher zu führen und regelmäßig Jahresabschlüsse (§ 242 III HGB: Bilanz, Gewinn- und Verlustrechnung) zu machen, oder die dies *freiwillig* tun (§§ 5 I 1; 4 III 1 EStG). Wer weder gesetzlich buchführungspflichtig ist, noch freiwillig bilanziert und auch nicht für die vereinfachte Gewinnermittlung nach § 4 III EStG optiert hat, dessen Betriebsergebnis wird aber auch nach Maßgabe des § 4 I 1 EStG geschätzt (so BFH BStBl. 90, 287, 290), weil § 4 I 1 EStG den Gewinnbegriff im allgemeinen regelt.

Das *Wesen* des Bilanzvergleichs nach den §§ 4 I, 5 EStG ist die *Periodisierung* der Erfolgsrechnung. Der Bilanzvergleich weist nicht die Differenz zwischen Vermögens*zuflüssen* (Betriebseinnahmen) und -*abflüssen* (Betriebsausgaben) aus, wie man bei dem Hinweis auf die Vorschriften über die Betriebsausgaben (§ 4 I 6 EStG) annehmen könnte. Die in § 11 EStG verankerten Prinzipien des *Zu- und Abflusses* gelten beim Bilanzvergleich *nicht* (§ 11 I 4, II 3 EStG). Vielmehr wird der Gewinn oder Verlust i. S. der §§ 4 I, 5 EStG durch die *Aufwendungen* und die *Erträge* bestimmt, die dem Wirtschaftsjahr „unabhängig von den Zeitpunkten der entsprechenden Zahlungen" (§ 252 I Nr. 5 HGB) zuzuordnen sind[18]. Diese genaue Ermittlung des *Periodenerfolgs* erfordert die komplizierte Rechnungslegung nach den GoB, die eben nur solchen Steuerpflichtigen zugemutet werden kann, die ohnehin bilanzierungspflichtig sind oder freiwillig bilanzieren. Andererseits birgt die Bilanzierung eine Reihe von Vorzügen, die Rechnungslegungsaufwand belohnen. Die periodengerechte Gegenüberstellung von Aufwand und Ertrag ist zunächst unerläßlich für die betriebswirtschaftliche Aussagefähigkeit der Rechnungslegung. Die steuerliche Vorteilhaftigkeit der Bilanzierung gegenüber der Überschußrechnung ergibt sich aus dem *Glättungseffekt der Periodisierung* bei starken Einnahmen-/Ausgabenschwankungen, die im Falle der Überschußrechnung überhöhte progressive Steuerbelastung bewirken.

Einzelheiten zum Betriebsvermögensvergleich s. S. 276 ff.

1.2 Überschußrechnungen nach dem Zufluß- und dem Abflußprinzip (§§ 4 III, 8 ff., 11 EStG)

Eine Rechnungslegung, welche die positiven und negativen Erfolgsbeiträge periodisch genau zuzuordnen vermag, ist so schwierig, daß sie nur von Fachleuten prakti-

---

17 Dazu *J. Lang,* DStJG Bd. 4 (1981), 45, 60 ff.; *G. Pickert,* Gelten die handelsrechtlichen GoB auch für die steuerbilanzielle Gewinnermittlung nach § 4 I EStG?, DStR 89, 374; *G. Wichmann,* BB 90, 1448.
18 Dazu S. 310.

§ 9 Einkommensteuer

ziert werden kann. Umfangreiche Literatur belegt die Verwissenschaftlichung einer Materie, die ursprünglich einmal von nicht akademisch ausgebildeten Buchhaltern relativ routinemäßig bewältigt worden ist. Daher muß das ohnehin viel zu komplizierte Einkommensteuergesetz eine Art der Einkünfteermittlung bereithalten, die auch ein buchführungsfachlich nicht vorgebildeter Steuerpflichtiger vollziehen kann, obgleich dies (besonders auch wegen der Umsatzsteuer) immer schwieriger wird.

Die *Überschußrechnungen* nach den §§ 4 III, 8 ff., 11 EStG dienen grundsätzlich dem Zweck einer *möglichst einfachen, den Steuerpflichtigen nicht übermäßig strapazierenden Einkünfteermittlung.* Die Vereinfachungstechnik ist die sog. *Kassenrechnung,* die lediglich einen Unterschiedsbetrag der Einnahmen und Ausgaben festhält (*Beispiele:* S. 321 f.). Grundvorschrift der Kassenrechnung ist § 11 EStG. § 11 I 1 EStG normiert das sog. *Zuflußprinzip,* nach dem die Einnahmen innerhalb des Kalenderjahres bezogen sind, in dem sie dem Steuerpflichtigen zugeflossen sind[19]. § 11 II 1 EStG normiert das sog. *Abflußprinzip,* nach dem die Ausgaben für das Kalenderjahr abzusetzen sind, in dem sie geleistet worden sind.

Einfachheit wird somit dadurch erreicht, daß die Kassenrechnung vorrangig eine *Geldrechnung* ist (Einzelheiten s. S. 320 ff.; 324). Es gibt jedoch Vermögenszu- und -abgänge, die nicht in Geld bestehen, wie z. B. Sachbezüge (dazu näher S. 321 f., 325), so daß das vereinfachende Prinzip der Geldrechnung partiell zugunsten der Vollständigkeit der Einkünfteermittlung aufgegeben werden muß. Dadurch verkompliziert sich die Überschußrechnung. Insb. werden schwierige Bewertungen erforderlich.

Im weiteren würde eine uneingeschränkte Verwirklichung des Zufluß- und des Abflußprinzips die periodisch erwirtschafteten Ergebnisse *allzusehr verfälschen,* so daß *gewisse Abweichungen vom Zuflußprinzip und vom Abflußprinzip unumgänglich sind.* Bereits § 11 EStG enthält Einschränkungen: Regelmäßig wiederkehrende Einnahmen und Ausgaben (z. B. Mieten, Zinsen, Renten, Zahlungen der Kassenärztlichen Vereinigung[20]) sind dem *Kalenderjahr der wirtschaftlichen Zugehörigkeit* zuzuordnen (§ 11 I 2, II 2 EStG).

Die periodisch erwirtschafteten Ergebnisse würden vor allem dann untragbar mit der Folge falscher Tarifbelastung verzerrt, wenn Anschaffungs- bzw. Herstellungskosten für abnutzbare Wirtschaftsgüter des Anlagevermögens im Zeitpunkt des Abflusses in voller Höhe abzusetzen wären. Daher müssen *Abschreibungsvorschriften* grundsätzlich auch für Überschußrechnungen gelten (§§ 4 III 3, 9 I 3 Nr. 7 EStG).

1.3 Ergänzende Ermittlung von Veräußerungseinkünften (§§ 16, 17, 23 EStG)

Die Vorschriften der bilanziellen Gewinnermittlung und der Überschußrechnungen nach dem Zufluß- und dem Abflußprinzip werden ergänzt durch spezielle Vorschriften über die Ermittlung bestimmter *Veräußerungseinkünfte.*

---

19 Dazu *Nittka,* Begriff und Bedeutung des Zufließens im Einkommensteuergesetz, Diss. rer. pol. Frankfurt 1932; *Kleese,* Begriff und Bedeutung des Zufließens, Diss. rer. pol. Leipzig 1937; *C. H. Müller,* Zum Begriff des Zufließens unter besonderer Berücksichtigung der Einkünfte aus Kapitalvermögen (§ 11 Abs. 1 EStG), Diss. Köln 1965; *Trzaskalik,* Zuflußprinzip und periodenübergreifende Sinnzusammenhänge, StuW 85, 222; *Crezelius/Uelner/Woerner,* JbFSt. 1988/89, 175 ff.
20 Vgl. BFH BStBl. 87, 16 (dazu S. 323).

a) Im Bereich der **Gewinneinkünfte** sichert der Gewinnbegriff des § 4 I 1 EStG die vollständige Erfassung aller Veräußerungseinkünfte sowie die Wertabgrenzung des Betriebsvermögens durch Einlagen und Entnahmen. Somit wären die Gewinne oder Verluste aus der Veräußerung von ganzen Betrieben, Teilbetrieben, Mitunternehmeranteilen sowie die sog. Totalentnahme der Betriebsaufgabe[21] auch *ohne* die Regelungen der §§ 14, 16, 18 III EStG zu versteuern[22]. Die *konstitutive* Bedeutung dieser Vorschriften besteht darin, den Gewinn aus der Abrechnung stiller Reserven am Ende eines (mit)unternehmerischen Engagements *partiell freizustellen* (§ 16 IV EStG) und sodann nur mit einem *ermäßigten Steuersatz* (§ 34 I, II Nr. 1 EStG) zu belasten. Damit verfolgen die §§ 14, 16, 18 III EStG zwei Normzwecke, zum einen den *Fiskal*zweck, einer übermäßigen Steuerprogression entgegenzuwirken, die durch die Aufdeckung von mitunter langfristig entstandenen stillen Reserven ausgelöst werden kann[23], zum anderen den *Sozial*zweck, kleinere Veräußerungsgewinne steuerlich zu verschonen[24]. § 14a EStG dient zudem dem *Sozial*zweck, die Agrarstruktur in der Bundesrepublik Deutschland zu verbessern sowie Land- und Forstwirten, deren Betrieb auf die Dauer keine ausreichende Existenzgrundlage bietet, durch Gewährung eines Freibetrages einen Anreiz zur Veräußerung oder Aufgabe des Betriebes zu geben[25]. Die erwähnten Normzwecke der §§ 14, 14a, 16, 18 III EStG gebieten eine exakte Abgrenzung des *laufenden* Gewinns bis zum Zeitpunkt der Betriebs-, Teilbetriebs-, Anteilsveräußerung oder der Betriebsaufgabe von dem *Veräußerungsgewinn*, der an eine Steuerbilanz zum Veräußerungs- bzw. Aufgabezeitpunkt anknüpft.

b) Im Bereich der **Überschußeinkünfte** durchbrechen die Tatbestände, die Veräußerungseinkünfte erfassen, die quellentheoretische Ausgestaltung des Einkünftekatalogs. Daher *konstituieren* die §§ 17, 22 Nr. 2 EStG i. V. mit § 23 EStG die Steuerbarkeit der Veräußerungseinkünfte[26]. Die Gewinne und Verluste aus der Veräußerung von Anteilen an Kapitalgesellschaften bei wesentlicher Beteiligung rechnet § 17 I 1 EStG zu den Einkünften aus Gewerbebetrieb. Tatsächlich hat aber die wesentliche Beteiligung i. S. des § 17 EStG keine *Betriebsvermögensqualität*. Sie gehört vielmehr zum Stammvermögen i. S. des § 20 EStG. Daher müßten die Vorschriften des § 17 EStG rechtssystematisch richtig in einem § 20a EStG plaziert sein[27].

---

21 Dazu S. 317 f.
22 So die h. M.: BFH BStBl. 61, 436; 65, 576; 67, 70; *Stuhrmann,* in: Blümich, EStG[13], § 16 Rz. 2; *Hörger,* in: Littmann/Bitz/Meincke, Das Einkommensteuerrecht[15], § 16 EStG Anm. 2; *Söffing,* in: Lademann/Söffing/Brockhoff, EStG, § 16 Anm. 5; *Dötsch,* Einkünfte aus Gewerbebetrieb nach Betriebsveräußerung..., Köln 1987, 13. A. A.: *Knobbe-Keuk,* Bilanz- und Unternehmenssteuerrecht[7], Köln 1989, 714 ff. (besonderer gesetzlicher Gewinnrealisierungstatbestand); *L. Schmidt,* EStG[9], § 16 Anm. 2 (für Aufgabegewinne).
23 Vgl. BFH BStBl. 67, 70; 71, 688; 75, 848; 80, 239, 241: Es würde zu Härten führen, „wenn durch die Aufdeckung aller stillen Reserven eines Betriebes jahrelang aufgestaute Gewinne in einem Zuge mit dem normalen Steuersatz versteuert werden müßten".
24 BT-Drucks. VI/1901, 12. Durch 2. StÄndG 1971, BGBl. I 71, 1266, wurden die Beträge im § 16 IV EStG angehoben.
25 BT-Drucks. (Fn. 24). Durch 2. StÄndG 1971 (Fn. 24) wurde § 14a in das EStG eingefügt.
26 Dazu im einzelnen S. 367 ff.
27 S. auch S. 367 f.

Der Gewinn oder Verlust i. S. der §§ 17 II 1, 23 IV 1 EStG ist wie folgt zu ermitteln:

Veräußerungspreis
./. Veräußerungskosten
Nettoerlös
./. Anschaffungs-/Herstellungskosten
Veräußerungsgewinn oder -verlust

Veräußerungspreis ist der Wert der Gegenleistung, die der Veräußerer durch den Abschluß des Veräußerungsgeschäfts am maßgebenden Stichtag erlangt[28]. Den Begriff der *Veräußerungskosten* verwendet nur § 17 II 1 EStG. Jedoch sind Werbungskosten i. S. des § 23 IV 1 EStG ebenfalls nur Aufwendungen, die im Zusammenhang mit der Veräußerung angefallen sind[29], z. B. Makler-, Notar- und Grundbuchgebühren. Keine Werbungskosten i. s. des § 23 IV 1 EStG, sondern typische Aufwendungen zur Erzielung von Quelleneinkünften sind die AfA (§§ 7, 9 I 3 Nr. 7 EStG) sowie der Erhaltungsaufwand. Einen Werbungskosten-*Pausch*betrag sieht § 9a EStG für §§ 17, 23 EStG nicht vor.

Der **Schuldzinsenabzug** verdeutlicht exemplarisch die Zuordnungsproblematik zwischen Veräußerungs- und Quelleneinkünften. Nach § 9 I 3 Nr. 1 EStG kommt es auf den „wirtschaftlichen Zusammenhang" mit einer Einkunftsart an. Die neuere BFH-Rechtsprechung[30] stellt auf den *Zweck der Erwerbstätigkeit* ab. Kann „auf Dauer gesehen ein Überschuß der Einnahmen über die Ausgaben erwartet werden" (BStBl. 82, 37, 40; 86, 597), so läßt der BFH den Abzug bei den Einkünften i. S. der §§ 20, 21 EStG zu. Die Erwerbstätigkeit ist auf die Erzielung von Quelleneinkünften gerichtet. Sind hingegen positive Quelleneinkünfte nicht zu erwarten, so ist nach dem BFH davon auszugehen, daß der fremdfinanzierte Erwerb der Realisierung von Wertsteigerungen dient. Die Schuldzinsen sind den Veräußerungseinkünften zuzuordnen und daher nur im Rahmen des § 23 IV 1 EStG abziehbar. Zu einem anderen Ergebnis gelangt der BFH (BStBl. 86, 596) im Falle von Schuldzinsen beim Erwerb einer wesentlichen GmbH-Beteiligung i. S. des § 17 EStG: Wegen der steuerlichen Erfassung der Veräußerungsgewinne durch § 17 EStG und des systematischen Zusammenhangs zwischen § 17 EStG und § 20 EStG (s. S. 367) erkennt der BFH Werbungskosten bei den Einkünften aus Kapitalvermögen auch dann an, wenn keine Kapitalerträge, sondern nur Wertsteigerungen zu erwarten sind. U. E. handelt es sich um Stammvermögensaufwendungen, die den Quelleneinkünften i. S. des § 20 EStG nicht zugeordnet werden dürfen. Zur Abgrenzung der Stammvermögensaufwendungen zu den Werbungskosten s. S. 234, 325 f.

Unentgeltliche Veräußerungen (Schenkungen/Erbschaften) erfordern Sonderregelungen, da die Komponente des Veräußerungspreises bzw. der Anschaffungskosten fehlt. Nach § 17 II 2 EStG sind die Anschaffungskosten des letzten entgeltlichen Anteilserwerbs maßgebend für die

---

28 So zu *§ 17 EStG* RFH RStBl. 33, 1010; BFH BStBl. 62, 85; 66, 110; 75, 58, 60. Zinsen für die Stundung des Kaufpreises gehören zu den Einnahmen aus Kapitalvermögen. Das *spätere* Schicksal der Kaufpreisforderung ist einkommensteuerrechtlich unbeachtlich, da die Kaufpreisforderung zum *Privat*vermögen gehört (h. M.; vgl. BFH BStBl. 77, 127; 81, 464; *Erdweg*, in: HHR, EStG § 16 Anm. 193; *Hörger*, in: Littmann/Bitz/Meincke, Das Einkommensteuerrecht[15], § 17 EStG Anm. 71; a. A. *L. Schmidt*, EStG[9], § 17 Anm. 22a a. E.; *Theisen*, DStR 88, 403). Minderungen oder Erhöhungen des Kaufpreises, die ihre Ursache im Veräußerungsgeschäft haben (z. B. Kaufpreisminderung wegen Sach- und Rechtsmängel) verändern den Veräußerungsgewinn/-verlust rückwirkend mit der Folge einer Berichtigung nach § 175 I Nr. 2 AO. Ausführlich m. w. N. auch *Blümich*, EStG[13], § 17 Anm. 191; *Frotscher*, § 17 EStG Anm. 85 ff.; *Herrmann/Heuer/Raupach*, EStG, § 17 Anm. 177 ff. Bei *§ 23 EStG* kann nichts anderes gelten, denn die Rechtslage der Abgrenzung zu den Quelleneinkünften und steuerbaren Veräußerungseinkünften im Privatvermögen ist bei den §§ 17 II 1, 23 IV 1 EStG gleichgelagert.
29 Vgl. Schmidt/*Heinicke*, EStG[9], § 23 Anm. 9 d; *D. Schulze zur Wiesche*, FR 82, 446.
30 BFH BStBl. 82, 36; 82, 37; 82, 40; 82, 463; 85, 517, 519; 86, 596.

Ermittlung des Gewinns/Verlusts aus der nächsten entgeltlichen Veräußerung. *Gemischte Schenkungen* sind in voll entgeltliche und in voll unentgeltliche Anteils-Übertragungen aufzuspalten. Bei Spekulationsgeschäften ist der unentgeltliche Erwerb keine Anschaffung i. S. des § 23 I EStG; maßgeblich ist die Frist zwischen Anschaffung durch den Erblasser (Schenker) und Verkauf durch den Erben (Beschenkten)[31]. Bei gemischter Schenkung kann ein Spekulationsgewinn hinsichtlich des entgeltlich erworbenen Teils anfallen[32].

Die **Steuerrechtsfolgen** für den Veräußerungsgewinn/-verlust i. S. des § 17 EStG sind denen des § 16 EStG angeglichen[33]: § 17 III EStG gewährt einen Freibetrag von 20 000 DM, wenn eine 100prozentige Beteiligung veräußert wird; diesen Freibetrag zehren Veräußerungsgewinne ab 80 000 DM auf, so daß Veräußerungsgewinne ab 100 000 DM keinen Freibetrag mehr genießen. Bei Beteiligungen unter 100 Prozent vermindern sich die Beträge von 20 000 DM/80 000 DM entsprechend.

Der nach Abzug des Freibetrages gemäß § 17 III EStG steuerpflichtige Veräußerungsgewinn unterliegt einem *ermäßigten Steuersatz* (§ 34 I, II Nr. 1 EStG). Wird die wesentliche Beteiligung gegen *Rente* veräußert, so wird dem Steuerpflichtigen ebenso wie bei § 16 EStG ein *Wahlrecht* zwischen ermäßigter Sofortbesteuerung und laufender, nicht ermäßigter Besteuerung der Rentenbezüge eingeräumt[34]. Veräußerungs*verluste* i. S. des § 17 EStG sind in vollem Umfange ausgleichs- und abzugsfähig.

Demgegenüber dürfen Verluste aus *Spekulationsgeschäften* nur mit Spekulationsgewinn ausgeglichen werden; ein Verlustabzug nach § 10d EStG ist nicht zulässig (§ 23 IV 3 EStG). Spekulationsgewinne werden *vollständig* erfaßt[35], es sei denn, der Gesamtgewinn im Kalenderjahr liegt unterhalb der Bagatellfreigrenze von 1 000 DM (§ 23 IV 2 EStG). Im Falle einer *Konkurrenz* der §§ 17, 23 I Nr. 1b EStG (Anschaffung und Veräußerung einer wesentlichen Beteiligung innerhalb von sechs Monaten) räumt § 23 III EStG § 17 EStG den Vorrang ein (s. S. 375).

1.4 Einheitswertabhängige Erfolgsrechnungen

Die Pauschalierung des *Nutzungswerts der selbstgenutzten Wohnung im eigenen Haus* nach dem letztmals für den Veranlagungszeitraum 1986[36] anzuwendenden § 21a EStG und die *land- und forstwirtschaftliche Gewinnermittlung nach Durchschnittssätzen* (§ 13a EStG, dazu S. 331 f.) knüpfen an *Soll*ertragswerte, insb. an *einheitswertabhängige* Sollertragswerte an. Derartige Sollertragsrechnungen erfassen die tatsächlich erwirtschafteten Einkünfte nicht. Sie verfälschen die istertragsteuerliche Bemessungsgrundlage der Einkommensteuer und wirken entweder privilegierend oder diskriminierend, je nachdem, ob das Ergebnis der Sollertragsrechnung über oder unter dem Ist-Ergebnis liegt.

---

31 Siehe S. 369.
32 Dazu m. w. N. Schmidt/*Heinicke*, EStG[9], § 23 Anm. 5d, dd.
33 § 16 IV EStG gewährt bei Veräußerung des ganzen Gewerbebetriebs einen Freibetrag in Höhe von 30 000 DM, den Veräußerungsgewinne ab 100 000 DM aufzehren. In § 17 EStG – anders als in § 16 IV 3 EStG – ist *keine Erhöhung* des Freibetrages ab dem *55. Lebensjahr* oder bei dauernder *Berufsunfähigkeit* vorgesehen.
34 Vgl. Abschnitt 140 VI 10 EStR.
35 Vgl. aber § 23 II EStG (Einkünfte aus der Veräußerung von Schuld-/Rentenverschreibungen/Schuldbuchforderungen bleiben außer Ansatz).
36 Zur Weitergeltung des § 21a III Nr. 2, IV EStG für Altobjekte s. § 52 XXI 4ff. EStG.

§ 9 Einkommensteuer

Übersicht über die Typen der Einkünfteermittlung

Typenart	Gewinneinkünfte (§ 2 II Nr. 1 EStG)	Überschußeinkünfte (§ 2 II Nr. 2 EStG)
Bilanzvergleich	Betriebsvermögensvergleich nach §§ 4 I, 5 EStG (Periodengerechte Erfolgsrechnung nach der Reinvermögenszugangstheorie)	
Kassenrechnung	Betriebseinnahmen/-ausgaben-Überschußrechnung nach § 4 III EStG (Vereinfachte Erfolgsrechnung nach der Reinvermögenszugangstheorie)	Einnahmen/Werbungskosten-Überschußrechnung nach §§ 8 ff. EStG (Vereinfachte Erfolgsrechnung nach der Quellentheorie)
Ergänzende Erfolgsrechnungen	Ermittlung der Einkünfte aus Betriebsveräußerung und -aufgabe nach §§ 14, 16, 18 III EStG (Ergänzende Erfolgsrechnung zum Zwecke der Steuerermäßigung)	– Ermittlung der Einkünfte aus Spekulationsgeschäften nach § 23 EStG – Ermittlung der Einkünfte aus der Veräußerung wesentlicher Beteiligungen nach § 17 EStG (Ergänzende Erfolgsrechnungen nach der Reinvermögenszugangstheorie)
Einheitswertabhängige Erfolgsrechnungen	Land- und forstwirtschaftliche Gewinnermittlung nach § 13a EStG (verdeckte Privilegierung/Diskriminierung durch systemwidrige Sollertragsrechnung)	Letztmals 1986: Pauschalierung des Nutzungswerts der selbstgenutzten Wohnung im eigenen Haus nach § 21a EStG (systemwidrige Sollertragsrechnung für eine systemwidrige Einkunftsart)

1.5 Personelle Zuordnung der Gewinnermittlungsarten

Während im Bereich der *Überschußeinkünfte* (§ 2 I Nr. 4–7, II Nr. 2 EStG) für einen Einkünftetatbestand jeweils nur eine Ermittlungsart angeordnet ist, kommen im Bereich der *Gewinneinkünfte* (§ 2 I Nr. 1–3, II Nr. 1 EStG) für jede Einkunftsart *mehrere* Gewinnermittlungsarten in Betracht. Deshalb bestimmt sich die anzuwendende Gewinnermittlungsart nicht nur nach der Zuordnung der Einkünfte zu einer Gewinneinkunftsart, sondern im weiteren auch danach, ob der Steuerpflichtige gesetzlich buchführungspflichtig ist oder freiwillig Bücher führt. Daraus ergibt sich folgende personelle Zuordnung der Gewinnermittlungsarten:

Personenkreis	Gewinnermittlungsart
Land- und Forstwirte, gesetzlich buchführungspflichtig (insb. nach § 141 AO) oder freiwillig buchführend Freiberufler, freiwillig buchführend	Allgemeiner Betriebsvermögensvergleich (§ 4 I EStG)
Gewerbetreibende, gesetzlich buchführungspflichtig (insb. Vollkaufleute/Handelsgesellschaften/Buchführungspflichtige nach § 141 AO) oder freiwillig buchführend	Betriebsvermögensvergleich für Gewerbetreibende (§ 5 EStG)
Freiberufler, nicht buchführend Gewerbetreibende, weder gesetzlich buchführungspflichtig (insb. Kleingewerbetreibende) noch freiwillig buchführend Land- und Forstwirte, weder gesetzlich buchführungspflichtig noch freiwillig buchführend und die Überschußrechnung nach § 13a II 1 Nr. 2 EStG beantragend	Betriebseinnahmen/-ausgaben-Überschußrechnung nach § 4 III EStG
Land- und Forstwirte, welche die Voraussetzungen des § 13a I EStG erfüllen und nach § 13a II EStG keine andere Gewinnermittlungsart wählen	Gewinnermittlung nach Durchschnittssätzen (§ 13a EStG)

1.6 Schätzung

Soweit die Besteuerungsgrundlagen – zumal deshalb, weil der Steuerpflichtige keine Bücher oder Aufzeichnungen geführt hat – nicht ermittelt oder berechnet werden können, sind sie zu schätzen (§ 162 AO)[37]. § 162 AO begründet *keinen eigenständigen* Typus der Einkünfteermittlung. Der Schätzung sind vielmehr die Vorschriften der jeweils einschlägigen Ermittlungsart zugrunde zu legen. Diese ist bei den Gewinneinkünften der Betriebsvermögensvergleich nach § 4 I EStG, weil in dieser Vorschrift der allgemeine Gewinnbegriff niedergelegt ist, der auch dann anzuwenden ist, wenn sich der Steuerpflichtige nicht für die vereinfachte Gewinnermittlung entschieden hat[38].

2. Grundbegriffe der Einkünfteermittlung

2.1 Das terminologische System der Erwerbsbezüge und Erwerbsaufwendungen

Literatur: *Eisenmann*, Die Grundbegriffe Einnahmen – Einkünfte – Einkommen im Einkommensteuerrecht, Diss. Tübingen 1977; *R. Jüptner*, Leistungsfähigkeit und Veranlassung, Heidelberg 1989; *Kirchhof*, in: KS, EStG, § 2 Rnrn. A 30 ff., A 51 ff.; *Kröger*, Zum Veranlassungsprinzip im Einkommensteuerrecht, StuW 78, 289; *ders.*, Abgrenzung beruflicher von privater Veranlassung, DStR 79, 400; *Lang*, Die Bemessungsgrundlage der Einkommensteuer, Köln 1981/88, 299 ff., 318 ff.; *J. Lange*, Kausalität und Verschulden im Steuerrecht, BB 71, 405; *Söhn* (Hrsg.), Die Abgrenzung der Betriebs- oder Berufssphäre von der Privatsphäre im Einkommensteuerrecht, DStJG Bd. 3 (1980) mit Beiträgen von *Tipke, Söhn, Ruppe, v. Bornhaupt, Kirchhof,*

---

37 Dazu S. 695.
38 Dazu BFH BStBl. 90, 287; *Mathiak*, DStR 90, 259.

Tanzer, Streck, Rönitz, Wassermeyer, Böckli, Mennel, Cagianut, Walter, Vogel; Tipke, Zur Abgrenzung der Betriebs- oder Berufssphäre von der Privatsphäre, StuW 79, 193; *ders.*, Bezüge und Abzüge im Einkommensteuerrecht, Ein kritischer Beitrag zum Aufbau und zur Terminologie des Einkommensteuergesetzes, StuW 80, 1; *Wassermeyer*, Das Erfordernis objektiver und subjektiver Tatbestandsmerkmale in der ertragsteuerlichen Rechtsprechung des BFH, StuW 82, 352.

Die zu ermittelnden Einkünfte bestehen aus positiven und negativen Faktoren. Die Einkünfte sind *Salden* aus solchen positiven und negativen Faktoren.

Die positiven Faktoren der Einkünfte (Erträge, Betriebseinnahmen, Einnahmen) lassen sich terminologisch zusammenfassen zum Begriff *Erwerbsbezüge*; die negativen Faktoren (Aufwendungen, Betriebsausgaben, Werbungskosten) lassen sich zusammenfassen zum Begriff *Erwerbsaufwendungen*[39]. Erwerbsbezüge und Erwerbsaufwendungen als Bestandteile einkommensteuerbarer Einkünfte sind abzugrenzen von den *Privatbezügen* (Erbschaften, Geschenke, Unterhaltsleistungen)[40] und den *Privataufwendungen* (s. insb. § 12 EStG).

2.11 Die Abgrenzung der Erwerbssphäre zur Privatsphäre

a) Finalität und Kausalität des Handelns

Die Zuordnung von Bezügen und Aufwendungen zur *Erwerbssphäre* oder Privatsphäre muß von der Erkenntnis ausgehen, daß alles Wirtschaften (jegliche Erwerbstätigkeit, jegliche Teilnahme am wirtschaftlichen Verkehr), aber auch jegliche private Lebensführung in *motiviertem* (veranlaßtem) oder *finalem Handeln* besteht. Das *Wirtschaften ist Handeln in Erwerbsabsicht*, d. h. in Gewinnerzielungsabsicht oder in der Absicht, wirtschaftliche Vorteile zu erzielen, in profitabler Absicht (profit related, profit oriented activity). Das wirtschaftende Handeln kann Vermögenszugänge und/oder -abgänge *verursachen*. Die meisten Vermögenszugänge und -abgänge lassen sich *unmittelbar* und *wesentlich* auf solches Handeln zurückführen.

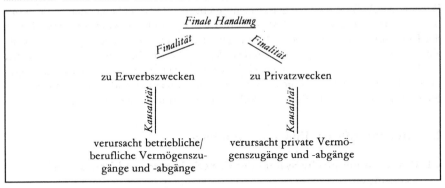

Demnach ist die Problematik der Zuordnung von Bezügen und Aufwendungen zur Erwerbssphäre *kausalrechtlicher* Art. Im letzten Jahrzehnt haben sich eine umfangreiche Rechtsprechung und zahlreiche Beiträge im Schrifttum darum bemüht, die dogmatischen Grundlagen steuerrechtlicher Kausalität abzuklären. Obgleich wesent-

---

39 Dazu *Tipke*, StuW 80, 1 ff.
40 Nicht in das System einkommensteuerbarer Einkünfte gehören die „Einkünfte aus Unterhaltsleistungen(§ 22 Nr. 1a EStG). Vgl. dazu *Lang*, Reformentwurf zu Grundvorschriften des EStG, Köln 1985, 41 ff., 75 ff., 98 ff. Im übrigen enthält § 22 Nr. 1a EStG ein terminologisches Kuriosum: Einkünfte aus Einnahmen.

liche Fortschritte erzielt worden sind, erscheint die Problematik noch nicht gänzlich gelöst. Da die historisch überlieferte Terminologie des EStG keine dogmatische Basis hat[41], ist es von vornherein verfehlt, der Problematik mit begriffsjuristischen Mitteln (zumal dem Wörterbuch) beikommen zu wollen. Es gehört zur Aufgabe des denkenden Gehorsam übenden Rechtsanwenders, aus dem dürren und uneinheitlichen terminologischen Gerippe eine sachgerechte, konsequente Dogmatik aufzubauen. Dies liegt auch im wohlverstandenen Interesse des Gesetzgebers[42]. Dabei sind die kausalrechtlichen Vorschriften *rechtsdogmatisch einheitlich* zu interpretieren. Das bedeutet, daß die Zuordnung von Bezügen und Aufwendungen zur Erwerbssphäre auf den gleichen Kausalitätskriterien zu beruhen hat. Diese lassen sich nämlich nicht beliebig handhaben. Sie bilden wie in jedem Rechtsgebiet so auch im Steuerrecht die Kristallisationskerne einer terminologisch widerspruchsfrei strukturierenden Rechtsdogmatik. Daß bei ihrer einheitlichen Entfaltung der historische Gesetzestext häufig versagt, hat die Rechtsprechung bei der inhaltsgleichen Interpretation der unterschiedlichen Wortlaute in den §§ 4 IV, 9 I 1 EStG exemplarisch vorgeführt.

Kausalitätsformulierungen: § 8 I EStG: „Einnahmen sind alle Güter, die ... *im Rahmen einer der Einkunftsarten* ... zufließen"; § 4 IV EStG: „Betriebsausgaben sind die Aufwendungen, die durch den Betrieb *veranlaßt* sind"; § 9 I 1 EStG: „Werbungskosten sind Aufwendungen *zur* Erwerbung, Sicherung und Erhaltung der Einnahmen"; § 3 c EStG: „Soweit Ausgaben mit steuerfreien Einnahmen *in unmittelbarem wirtschaftlichem Zusammenhang* stehen, dürfen sie nicht als Betriebsausgaben oder Werbungskosten abgezogen werden"; § 9 I 3 Nr. 1 Satz 1 EStG: „Schuldzinsen ..., soweit sie mit einer Einkunftsart *in wirtschaftlichem Zusammenhang* stehen". Welche Kausalbeziehung ist maßgeblich? Zwischen einer Handlung (Tätigkeit) und Bezügen/ Aufwendungen, zwischen Aufwendungen und Einnahmen oder zwischen Aufwendungen und einer Einkunftsart?

Im allgemeinen ist die juristische Kausalitätstheorie *handlungsorientiert*. Dieser Ansatz erweist sich auch hier als allein tragfähig, weil einkommensteuerbare Einkünfte das Ergebnis wirtschaftlicher Betätigung sind. Somit hat die Rechtsprechung die Grundlagen steuerrechtlicher Kausalität dem *Betriebsausgabentatbestand* (§ 4 IV EStG) entnommen, der auf die Kausalbeziehung zwischen Betrieb, das ist eine selbständige nachhaltige *Betätigung mit Gewinnerzielungsabsicht* (§ 15 II 1 EStG), und *Aufwendung* abstellt. Die *Qualität* der Kausalbeziehung vermittelt der Begriff der *Veranlassung*. Die aus § 4 IV EStG abgeleitete Basisdefinition lautet: „*Erwerbsaufwendungen sind Aufwendungen, die durch die Erwerbstätigkeit (Betätigung mit Einkünfteerzielungsabsicht) veranlaßt sind.*"

Dementsprechend interpretiert die Rechtsprechung den *Werbungskostenbegriff*. Werbungskosten sind Aufwendungen, die durch die berufliche Tätigkeit des Arbeitnehmers, durch Vermietung und Verpachtung etc. veranlaßt sind[43].

Die veranlassungstheoretische Rechtsfigur formt auch den Begriff der *Erwerbsbezüge;* diese sind zu definieren als Bezüge, die *durch die Erwerbstätigkeit veranlaßt* sind. Eine derartige kausalrechtliche Symmetrie des Einkünftebegriffs hat sich aber noch nicht allgemein durchgesetzt. Die Rechtsdogmatik der Bezüge hinkt hier hinter der Rechtsdogmatik der Aufwendungen her. So substanziiert zwar das Veranlassungsprinzip unstreitig den Begriff des Arbeitslohns. Jedoch soll nicht der Veranlassungszusammenhang zwischen Einnahme und Erwerbstätigkeit, sondern zwischen Einnahme und Dienstverhältnis maßgeblich sein (dazu S. 254).

---

41 Dazu *Tipke,* StuW 80, 1 ff.
42 S. auch S. 103 ff.
43 Dazu S. 252 ff.

§ 9 Einkommensteuer

b) Einzelne Ursachen[44]

Die juristisch relevante Kausalität baut zwar auf dem Kausalitätsbegriff der philosophischen Logik und der Naturwissenschaften auf (conditio sine qua non), ist jedoch sodann nur durch *wertende, teleologische Auswahl* näher zu bestimmen[45]. Hier geht es darum, das leistungsfähigkeitsindizierende Ergebnis einer Erwerbstätigkeit möglichst exakt zu erfassen. Dazu sind folgende Ursachen relevant bzw. nicht relevant:

aa) *Subjektiv-finale Ursachen* (Motive und Zwecke): Die besondere Qualität der Veranlassung wird in der *finalen (zweckbestimmten)* Verursachung gesehen, denn nur der Mensch kann etwas „veranlassen"[46]. Wie bereits oben (S. 217) festgestellt, entstehen Einkünfte durch planmäßiges Wirtschaften. Daher lassen sich Vermögenszugänge und -abgänge in aller Regel auf ein konkretes Erwerbs- oder Privat*motiv* bzw. einen konkreten Erwerbs- oder Privat*zweck* zurückführen. Mithin erscheint es sachgerecht, das Ergebnis einer wirtschaftlichen Betätigung in erster Linie *subjektiv-final* zu bestimmen[47]. Daraus, daß es ursächlich auf die Motivation des Steuerpflichtigen, auf den von ihm verfolgten Zweck ankommt, ergibt sich, daß Erwerbshandlungen nicht nur solche sind, die objektiv der Erwerbstätigkeit dienen, sondern auch solche, die ihr *vom Standpunkt des Handelnden* aus dienen. So hat der Handelnde insb. bei Aufwendungen *grundsätzlich Beurteilungsspielraum*. Auf die betriebliche/berufliche *Notwendigkeit, Üblichkeit* oder *Zweckmäßigkeit* der Handlung kommt es grundsätzlich nicht an[48].

bb) *Objektive Ursachen:* Indessen verlangt die Rechtsprechung auch einen *objektiven* Zusammenhang mit der Erwerbstätigkeit[49]. Dabei handelt es sich, richtig verstanden, um eine *Beweisfrage*. Will die Rechtsprechung sich nicht bloßen Behauptungen über Motive und Zwecke ausliefern, so muß sie verlangen, daß der subjektive Tatbestand durch *objektive* Kriterien erwiesen wird.

cc) *Willensunabhängige Ursachen:* Jedoch gibt es in der Erwerbssphäre auch Vermögensmehrungen und -minderungen, die willensunabhängig, unplanmäßig, sogar wider den ausdrücklich erklärten Willen des Erwerbstätigen geschehen, so z. B. die sog. windfall profits, Vermögenseinbußen durch Blitzschlag u. a. Naturereignisse, Schädigungen durch Diebstahl u. a. strafbares Verhalten Dritter, unfreiwillige Zahlungen nach einem verlorenen Prozeß. In derartigen Fällen stellt der BFH ausschließlich auf den objektiven Zusammenhang mit der Erwerbstätigkeit ab[50].

Eine derartige Objektivierung prinzipiell finaler Beurteilung von Kausalzusammenhängen beruht vor allem auf der strafrechtsdogmatisch[51] herausgearbeiteten Erkenntnis, daß jedes zweckgerichtete, finale Handeln von *Nebenfolgen* begleitet ist, die vom Willen des Handelnden nicht beherrscht sind. Während es im Strafrecht umstritten

---

44 Zur Dogmatik juristischer Kausalität in bezug auf die Konkretisierung des Leistungsfähigkeitsprinzips *R. Jüptner*, Leistungsfähigkeit und Veranlassung, Heidelberg 1989.
45 Dazu m. w. N. *Söhn*, DStJG Bd. 3 (1980), 19 ff. (dort insb. Fn. 41).
46 *Tipke*, StRK-Anm. EStG § 4 R. 344; *Herrmann/Heuer/Raupach*, EStG, § 4 Anm. 46 g (1).
47 So insb. *Tipke*, StuW 79, 199 ff.; *Wassermeyer*, StuW 82, 352 ff.
48 Von Bedeutung insb. für den Betriebsausgaben-/Werbungskostenabzug (dazu S. 252 ff.) und die Qualifikation von Betriebsvermögen (dazu S. 295 f.).
49 Dazu S. 253 (objektive *und* subjektive Komponente des Betriebsausgaben- und Werbungskostenbegriffs).
50 Wegweisend BFH BStBl. 82, 442 (Krimineller zerstört Privateigentum eines Polizisten, um sich an ihm zu rächen).
51 Grundlegend *H. Welzel*, Um die finale Handlungslehre, Eine Auseinandersetzung mit ihren Kritikern, Tübingen 1949.

bleiben mag, ob mit nicht gewollten Nebenfolgen ein Schuldvorwurf verknüpft werden kann, dürfte die Anwendung der finalen Handlungslehre im Steuerrecht eigentlich keine Schwierigkeiten bereiten[52]. Der Erwerbstätige *handelt grundsätzlich mit Risiko und nimmt dieses Risiko in sein Kalkül mit auf.* Das *Vermögensrisiko* ist also Bestandteil eines konkreten Plans, Einkünfte zu erwirtschaften. Das objektive Nettoprinzip gebietet sachgerechte Berücksichtigung auch der *willensunabhängigen* Folgen eines risikobehafteten Handelns. Die betriebliche/berufliche Nutzung von Wirtschaftsgütern bei Eintritt des Schadensereignisses, die Betriebs- oder Berufsfahrt, während der ein Unfall geschieht, die Realisierung von windfall profits geschieht willentlich und final. Es geht darum, das Ergebnis einer risikobehafteten Erwerbstätigkeit sachgerecht zu bestimmen[53].

dd) *Wesentliche/unwesentliche Ursachen:* Kompliziert wird die Zuordnung von Bezügen und Aufwendungen dann, wenn sie auf Privat- *und* Erwerbsursachen zurückzuführen sind. Läßt sich aus der Mehrheit dieser Ursachen eine quantitative Aufteilung der Bezüge oder Aufwendungen nicht ableiten, so ist die Differenzierung nach *wesentlichen und unwesentlichen Ursachen* unerläßlich[54], um die Grenze zwischen Erwerbs- und Privatsphäre hinreichend scharf bestimmen zu können. Es ist eine juristisch-normative Ursachenauslese[55] zu treffen und danach zu entscheiden, welche Ursache als die juristisch-wesentliche das rechtliche Ergebnis tragen soll.

Beispiele: Im Zustande der Trunkenheit verhält sich der Steuerpflichtige während einer Berufsfahrt verkehrswidrig und führt dadurch einen Unfall herbei. Unfallkosten Erwerbsaufwendungen, weil ohne Berufsfahrt kein Unfall? Oder Unfallkosten Privataufwendungen, weil ohne Alkoholgenuß kein Unfall? Der BFH[56] bestimmt die private Bedürfnisbefriedigung als die wesentliche Ursache und läßt den Steuerabzug der Unfallkosten nicht zu. Raucht hingegen der Steuerpflichtige während der Berufsfahrt und verursacht er einen Unfall, weil ihm die Zigarette herunterfällt, so bewertet der BFH[57] die Ursache privater Bedürfnisbefriedigung als unwesentlich und erkennt den Steuerabzug der Unfallkosten an.

Eine abstrakte Bestimmung der Wesentlichkeit ist bisher nicht gelungen. Das bei der Entscheidung des Einzelfalles jeweils Platz greifende Judiz (Alkoholgenuß wesentlich/Rauchen unwesentlich) ist einer dogmatischen Systematisierung kaum zugänglich. Besonders bei Abzugsbeschränkungen und -verboten hat der Gesetzgeber selbst die Frage entschieden, welche Ursache er für die wesentliche hält.

---

52 Dazu ausführlich *J. Lang,* Die Bemessungsgrundlage der Einkommensteuer, Köln 1981/88, 306 ff. (u. a. Auswertung der Lehren von *H. Welzel* und *A. Kaufmann*).
53 Zu den willensunabhängigen Erwerbsaufwendungen s. S. 255 f.
54 Die Theorie der wesentlichen Bedingung (rechtlich relevante Ursachen sind nur diejenigen Bedingungen, die zu dem Erfolg *wesentlich beigetragen* haben) wurde vom Reichsversicherungsamt für das Recht der gesetzlichen Unfallversicherung entwickelt und liegt der ständigen Rechtsprechung des BSG zugrunde. Vgl. hierzu *Haueisen,* Die Theorie der wesentlichen Bedingung – eine wichtige Ursachenlehre, JZ 61, 9; *Barta,* Kausalität im Sozialrecht – Entstehung und Funktion der sogenannten Theorie der wesentlichen Bedingung, Berlin 1983; *Böhm,* Überholende Kausalität im Sozialrecht, Zugleich ein Beitrag zum sozialrechtlichen Schadensbegriff und zur Lehre von der wesentlichen Bedingung, Diss. Köln 1976; *Söhn,* DStJG Bd. 3 (1980), 69 ff. (m. w. N. in Fn. 270); *Tipke,* StRK-Anm. EStG § 4 R. 344; *ders.,* StuW 79, 201; *Tanzer,* ÖStZ 75, 54. An diese Ursachenlehre knüpft BFH GrS BStBl. 78, 108, 109, an; sie ist von *Söhn,* a.a.O., überzeugend vertieft worden.
55 Vgl. *Söhn,* DStJG Bd. 3 (1980), 71, 74 ff.; *Kröger,* DStR 79, 400.
56 BFH GrS BStBl. 78, 105, 109; 84, 434.
57 BFH GrS BStBl. 78, 105, 108.

§ 9 Einkommensteuer

c) *Verschulden*[58]

Das Leistungsfähigkeitsprinzip gebietet, Einkünfte auch aus einer illegalen, sittenwidrigen oder sonst vorwerfbaren Betätigung zu besteuern (§ 40 AO[59]). Daher sind Vorwerfbarkeitskriterien, insb. das Verschulden grundsätzlich ungeeignet, die Erwerbssphäre von der Privatsphäre abzugrenzen. Erwerbsbezüge und Erwerbsaufwendungen werden nicht infolge Unrechtsverhaltens zu Privatbezügen und Privataufwendungen[60].

Beispiele: Ein Gewerbetreibender steckt seine alte Werkstatt in Brand, um mit Hilfe der Versicherungssumme eine moderne Werkstatt zu bauen. Betrieblich veranlaßter Aufwand/Ertrag[61]. – Ein Gewerbetreibender probiert, ohne mit der Bedienungsanleitung vertraut zu sein, eine neue Maschine aus und beschädigt sie dadurch fahrlässig. Betrieblich veranlaßter Aufwand. – Ein Arzneimittelgroßhändler bringt per Pkw Medikamente zu einer Apotheke; infolge überhöhter Geschwindigkeit kommt es zu einem Unfall. Unfallkosten und Ersatzleistungen der Versicherung sind betrieblich veranlaßter Aufwand und Ertrag[62].

2.12 Die persönliche Zuordnung von Erwerbsbezügen und Erwerbsaufwendungen

Aus dem Veranlassungszusammenhang zwischen Erwerbstätigkeit und Einkünften ergibt sich die Zurechnungsregel, daß die Erwerbsbezüge demjenigen persönlich zuzurechnen sind, der den *Tatbestand der Einkunftserzielung* erfüllt (s. S. 226 ff.). Ebenso können Erwerbsaufwendungen grundsätzlich nur bei demjenigen berücksichtigt werden, der die Erwerbstätigkeit ausübt[63]. So ist beispielsweise geklärt, daß der Eigentümer eines Grundstücks, der seinem Sohn einen unentgeltlichen Nießbrauch einräumt und dabei weiterhin die Kosten des Grundstücks trägt (sog. Bruttonießbrauch, s. S. 229), diese Kosten nicht als Werbungskosten (einschließlich AfA gem. § 9 I 3 Nr. 7 Satz 1 EStG) absetzen kann, weil der Sohn als Nießbraucher und nicht der Vater als Nießbrauchbesteller den Tatbestand der Einkunftserzielung verwirklicht[64].

Für die Zuordnung der Aufwendung zu einem bestimmten Tatbestand der Einkunftserzielung und zu einer bestimmten Erwerbstätigkeit ist die *Herkunft der Mittel* gleichgültig. Unerheblich ist, ob die Aufwendungen aus *Eigen- oder Fremdmitteln* bestritten werden. Nimmt der Steuerpflichtige von einem Verwandten ein Darlehen auf, um davon Erwerbsaufwendungen zu bestreiten, so sind diese in vollem Umfange absetzbar. Lebhaft umstritten ist allerdings die Frage, ob Erwerbsaufwendungen

---

58 Dazu *W. Barwitz*, Verschulden im Steuerrecht, Eine Untersuchung zu Vorsatz und Fahrlässigkeit im formellen und materiellen Steuerrecht, exemplarisch vertieft anhand des Einkommensteuergesetzes, Berlin 1987.
59 Dazu auch S. 110 f.
60 Vgl. BFH GrS BStBl. 78, 105, 109; *Tipke*, StuW 79, 199; *J. Lange*, BB 71, 405, 408; *ders.*, B 78, 1854 ff.; *Lang*, StuW 85, 19 (m. w. N.). Zu Geldbußen/Geldstrafen s. S. 273.
61 Jedoch keine Rücklage für Ersatzbeschaffung, da Brand nicht durch „höhere Gewalt" verursacht (vgl. Abschnitt 35 II EStR; FG Düsseldorf EFG 67, 497). Dazu unten S. 312.
62 BFH GrS BStBl. 78, 105, 108, 109. Zum Kfz-Unfall im weiteren unten, S. 259 f.
63 Dazu insb. *Biergans*, Überlegungen zur personellen Zurechnung von Betriebsausgaben und Werbungskosten, FR 84, 297; *v. Bornhaupt*, in: KS, EStG, § 9 Rnrn. B 46 ff.; *Schmidt/Heinicke*, EStG[9], § 4 Anm. 96; *Schmidt/Drenseck*, EStG[9], § 9 Anm. 2 n; *Wolff-Diepenbrock*, in: Littmann/Bitz/Meincke, Das Einkommensteuerrecht[15], §§ 4, 5 EStG Anm. 1632 ff., § 9 EStG Anm. 10 ff.
64 BFH BStBl. 81, 299; *Schmidt/Drenseck*, EStG[9], § 7 Anm. 3 e.

auch dann abgesetzt werden können, wenn sie wirtschaftlich von einem Dritten getragen werden (sog. *Drittaufwand*)[65].

Beispiele: Der Vater schließt eine Haftpflichtversicherung für den Pkw seines Sohnes ab, den der Sohn ausschließlich betrieblich nutzt. Soll entsprechend BFH BStBl. 89, 862, der Sohn die Prämie für die Haftpflichtversicherung nicht als Betriebsausgaben absetzen können? Ein Richter hat ein Arbeitszimmer in einer Eigentumswohnung, die ihm und seiner Frau gehört. Nach BFH BStBl. 87, 623, kann er die auf das Arbeitszimmer entfallenden Wohnungskosten auch insoweit abziehen, als diese auf den Miteigentumsanteil der Frau entfallen. Dies gilt auch für die sog. *Dritt-AfA* (BFH BStBl. 88, 764). Hingegen soll nach BFH FR 90, 585, die sog. Dritt-AfA nicht dem Inhaber eines ihm zugewendeten dinglichen Wohnungsrechts zustehen, wenn der zuwendende Eigentümer die Anschaffungs- oder Herstellungskosten für die Wohnung getragen hat.

Ein Teil des Schrifttums[66] verneint die Absetzbarkeit von Drittaufwand mit der Begründung, daß nur demjenigen, der die Kosten zu tragen habe, Aufwendungen persönlich zugeordnet werden könnten. Diese Auffassung ist mit dem *objektiven Nettoprinzip,* dem Maßstab der hier anzuwendenden Vorschriften nicht zu vereinbaren. Für den Grundsatz, daß nur das erwirtschaftete Nettoergebnis der Besteuerung unterworfen werden darf, ist der Kausalzusammenhang zwischen Aufwendung und Erwerbstätigkeit relevant. Dieser Kausalzusammenhang wird durch die Mittelherkunft nicht berührt: Die privat veranlaßte Zuwendung des Dritten verschafft dem Steuerpflichtigen die Mittel, die dieser bei der Einkunftserzielung verbraucht. Demnach läßt sich auch bei dem Steuerpflichtigen Mittelabfluß feststellen, so daß der Gesichtspunkt der Kostentragung nicht zwingend gegen die Absetzbarkeit von Drittaufwand geltend gemacht werden kann. Die Verwirklichung des objektiven Nettoprinzips darf auch nicht den Steuerpflichtigen vorbehalten sein, die geschickt genug sind, den Zahlungsweg nicht zu verkürzen[67]. Daher sind Erwerbsaufwendungen des Steuerpflichtigen stets dann anzuerkennen, wenn der Steuerpflichtige die zugewendeten Mittel zur Erzielung von Einkünften einsetzt. Das Veranlassungsprinzip ist also durch den Gedanken zu ergänzen, daß Mittel auch indirekt durch die Übernahme von Aufwendungen zugewendet werden können und daß das Nettoprinzip nur gleichmäßig verwirklicht ist, wenn die direkten und indirekten Vorgänge der Mittelherkunft gleichbehandelt werden[68]. Somit mindert in allen o. a. Beispielen der Drittaufwand einschließlich Dritt-AfA die vom Steuerpflichtigen zu versteuernden Einkünfte. Hinsichtlich der AfA ist § 11 d EStG analog anzuwenden[69].

2.13 Die zeitliche Zuordnung von Erwerbsbezügen und Erwerbsaufwendungen

Die zeitliche Zuordnung von Erwerbsbezügen und Erwerbsaufwendungen zum Ermittlungszeitraum i. S. des § 2 VII EStG hängt davon ab, ob der Steuerpflichtige

---

65 Dazu das in Fn. 63 zit. Schrifttum, im weiteren *Biergans,* FR 86, 365; *Brandis,* StuW 90, 57; *Groh,* BB 82, 133; ders., B 88, 514/571; *Jakob,* DStR 87, 784; *Jacob/Jüptner,* FR 88, 141; *Prinz,* in: HHR, EStG, § 9 Anm. 43/47; *Stephan,* StbJb. 1988/89, 207 (B 88, 2477).
66 Insb. *Brandis* und *Stephan* (Fn. 65).
67 Vgl. BFH BStBl. 87, 623; *Jakob/Jüptner,* FR 88, 148 ff. *L. Schmidt,* DStR 89, 577, empfiehlt im Anschluß an BFH BStBl. 89, 862, Vater und Sohn den gemeinsamen Weg zum Bank- oder Postschalter, wenn der Vater die Haftpflichtversicherung für den PKW des Sohnes steuerlich wirksam übernehmen möchte.
68 Dazu insb. *Jakob/Jüptner* (Fn. 65); *Schmidt/Drenseck* (Fn. 63); *Schmidt/Heinicke* (Fn. 63).
69 Grundlegend *Jakob/Jüptner,* FR 88, 149 ff. Zustimmend insb. m.w.N. *Schmidt/Drenseck,* EStG[9], § 7 Anm. 3e (7). Abl. BFH FR 90, 585 (mit Anm. *Drenseck*).

bilanziert oder einen Unterschiedsbetrag von Einnahmen und Ausgaben nach dem Zufluß- und dem Abflußprinzip ermittelt. Im Falle der Bilanzierung wird das Jahresergebnis durch den in der Gewinn- und Verlustrechnung (vgl. § 275 HGB)[70] ausgewiesenen Unterschiedsbetrag der Erträge und Aufwendungen nach Maßgabe der „Grundsätze ordnungsmäßiger Buchführung" (GoB)[71] bestimmt. Aus dem Normensystem der GoB, namentlich den Erfolgsausweisgrundsätzen[72], modifiziert durch steuergesetzliche Vorschriften (vgl. § 5 VI EStG), ergibt sich die zeitliche Zuordnung von Vermögensveränderungen in Gestalt von Aufwendungen und Erträgen, die „unabhängig von den Zeitpunkten der entsprechenden Zahlungen im Jahresabschluß zu berücksichtigen" (§ 252 I Nr. 5 HGB) sind[73]. Demgegenüber knüpfen die Einnahmen/Ausgaben-Überschußrechnungen nach § 11 EStG an den Zufluß und den Abfluß von Zahlungen an[74].

2.14 Zusammenfassung

Nach alledem ist festzustellen, daß Erwerbsbezüge (Erträge/Einnahmen) und Erwerbsaufwendungen (Aufwand/Ausgaben) *allgemein* durch den Veranlassungszusammenhang mit einer Erwerbstätigkeit, die mit Einkünfteerzielungsabsicht ausgeübt wird, determiniert werden. Somit sind Erwerbsbezüge und Erwerbsaufwendungen Vermögensveränderungen, die *durch Erwerbstätigkeit mit Einkünfteerzielungsabsicht veranlaßt* sind. Der Terminus der *betrieblichen* Veranlassung meint die Veranlassung durch eine selbständige, nachhaltige Erwerbstätigkeit (vgl. § 15 II 1 EStG), das ist eine Erwerbstätigkeit i. S. der Gewinneinkunftsarten (§ 2 II Nr. 1 EStG).

Die verschiedene *zeitliche* Zuordnung von Vermögensveränderungen kennzeichnet die Wesensverschiedenheit der Begriffspaare Erträge/Aufwendungen und Einnahmen/Ausgaben. Die zeitliche Zuordnung von Vermögensänderungen in Gestalt von Erträgen und Aufwendungen geschieht durch eine Vielheit bilanzrechtlicher und bilanzsteuerrechtlicher Normen. Hingegen schafft § 11 EStG im Vergleich zur Gewinn- und Verlustrechnung (§ 275 HGB) eine einfache Rechtslage: Geht man von der steuerlich definierten kleinsten Vermögenseinheit, dem *Wirtschaftsgut*[75], aus, so sind nach dem Zuflußprinzip *Erwerbseinnahmen* (Betriebseinnahmen/Einnahmen i. S. des § 8 EStG) *Zuflüsse von Wirtschaftsgütern, die durch Erwerbstätigkeit mit Einkünfteerzielungsabsicht veranlaßt sind*. Nach dem Abflußprinzip sind *Erwerbsausgaben* (Betriebsausgaben/Werbungskosten) *Abflüsse von Wirtschaftsgütern* (Ausnahme: Abschreibungen nach §§ 4 III 3, 9 I 3 Nr. 7 EStG)[76], *die durch Erwerbstätigkeit mit Einkünfteerzielungsabsicht veranlaßt sind*. Der Begriff „Aufwendung" ist in einem engeren und einem weiteren Sinne zu verstehen, in einem engeren *bilanzrechtlichen* Sinne als *Aufwand* (vgl. § 252 I Nr. 5 HGB) und in einem weiteren *steuerrechtlichen* Sinne als Oberbegriff[77] für Aufwand (kraft steuerrechtlicher Geltung des GoB-Normensystems) und Ausgaben

---

70 S. unten S. 278 f.
71 S. unten S. 281 ff.
72 S. unten S. 283 f..
73 Dazu im einzelnen unten S. 310.
74 S. oben S. 237 f.
75 Dazu unten S. 289 ff.
76 Dazu unten S. 323, 324.
77 *Offerhaus*, BB 79, 617 (Oberbegriff für „Aufwand" und „Kosten"); *Beisse*, in: HWStR[2], München/Bonn 1981, Bd. I, 111: Aufwendung sei „ein Sammelbegriff für mannigfache Vorgänge von unterschiedlicher steuerlicher Relevanz".

(vgl. §§ 4 IV, 9 I 1, 12 Nr. 1 Satz 2 EStG)[78]. Den Begriff „Kosten" (Anschaffungs-/Herstellungs-/Werbungskosten) verwendet das EStG als Synonym für „Ausgaben"[79].

Übersicht über die Erwerbsbezüge und Erwerbsaufwendungen

Art der Einkünfteermittlung	Erwerbsbezüge	Erwerbsaufwendungen
Betriebsvermögensvergleich (§§ 4 I, 5 EStG)	*Erträge* = Erhöhungen des Jahresüberschusses/Minderungen des Jahresfehlbetrages nach Maßgabe der GoB und unabhängig von den Zeitpunkten der entsprechenden Zahlungen (§ 252 I Nr. 5 HGB) Das Zuflußprinzip gilt also nicht (s. § 11 I 4 EStG) Steuerlich zu erfassen sind betrieblich veranlaßte Erträge, ausgenommen die steuerfreien Betriebserträge (z. B. § 3 Nr. 66 EStG)	*Aufwendungen* = Minderungen des Jahresüberschusses/Erhöhungen des Jahresfehlbetrages nach Maßgabe der GoB und unabhängig von den Zeitpunkten der entsprechenden Zahlungen (§ 252 I Nr. 5 HGB) Das Abflußprinzip gilt also nicht (s. § 11 II 3 EStG) Steuerlich zu erfassen sind betrieblich veranlaßte Aufwendungen, ausgenommen nicht abziehbare Betriebsaufwendungen (vgl. z. B. § 4 V EStG)
Betriebseinnahmen-/-ausgaben-Überschußrechnung	*Betriebseinnahmen* = betrieblich veranlaßte Zuflüsse von Wirtschaftsgütern (§§ 4 IV, 8 I EStG analog; § 11 I 1 EStG)	*Betriebsausgaben* = betrieblich veranlaßte Abflüsse von Wirtschaftsgütern (§§ 4 IV, 11 II 1 EStG)
Einnahmen-/Werbungskosten-Überschußrechnung nach §§ 8 ff. EStG	*Einnahmen* = durch Erwerbstätigkeit i. S. d. Überschußeinkunftsarten (§ 2 II Nr. 2 EStG) veranlaßte Zuflüsse von Wirtschaftsgütern (§§ 8 I, 11 I 1 EStG)	*Werbungskosten* = durch Erwerbstätigkeit i. S. d. Überschußeinkunftsarten (§ 2 II Nr. 2 EStG) veranlaßte Abflüsse von Wirtschaftsgütern (§§ 9 I 1, 2; 11 II 1 EStG)

2.2 Abgrenzung der Betriebsausgaben/Werbungskosten zu den Privatausgaben

Literatur: *Arndt,* Einkommensteuerliche Behandlung gemischter Aufwendungen, StStud 87, 361; *K. Bauer,* Der Dualismus Betriebsausgaben – Werbungskosten, München 1974; *v. Bornhaupt,* Der Begriff der Werbungskosten unter besonderer Berücksichtigung seines Verhältnisses zum Betriebsausgabenbegriff, DStJG Bd. 3 (1980), 149; *ders.,* Zur Problematik des Werbungskostenbegriffs, FR 82, 313; *ders.,* Ermittlung des Werbungskostenbegriffs nach dem Veranlassungsprinzip im Wege der Rechtsfortbildung, DStR 83, 11; *Curtius-Hartung,* Zur Abgrenzung des Werbungskostenbegriffs im Einkommensteuerrecht, StbJb. 1982/83, 11; *Drenseck,* Die Abgrenzung der Betriebsausgaben und Werbungskosten von den Lebenshal-

---

78 *Offerhaus,* BB 79, 617 f. (Aufwendungen i. S. der §§ 4 IV, 9 I 1, 12 Nr. 1 Satz 2 EStG sei ein Synonym für „Ausgaben"). Vgl. auch *Tipke,* StuW 79, 194 f.; *v. Bornhaupt,* in: KS, EStG, § 9 Rnrn. B 13 ff. (m. w. N.).
79 Vgl. *Offerhaus,* BB 79, 617; *v. Bornhaupt,* in: KS, EStG, § 9 Rnrn. B 13 f.

tungskosten, B 87, 2483; *Felix,* Betriebsausgaben- und Werbungskostenabzug nach der reinen Steuerrechtslehre, KÖSDI 85, 5938; *ders.,* Gemischte Ausgaben: Ausnahmen vom Aufteilungs- und Abzugsverbot (§ 12 Nr. 1 S. 2 EStG), KÖSDI 87, 6733; *Görlich,* Zur Systematik der Begriffe Betriebsausgaben, Werbungskosten und Aufwendungen für die Lebensführung, B 79, 711; *R. Jüptner,* Leistungsfähigkeitsprinzip und Veranlassung, Heidelberg 1989; *J. Kammergruber,* Die teleologische Struktur des Betriebsausgabenabzugs, Regensburg 1988; *Kröger,* Zur steuerrechtlichen Abgrenzung zwischen betrieblich (beruflich) veranlaßten und durch die Lebensführung veranlaßten Aufwendungen, BB 79, 1284; *Kröner,* Differenzierende Betrachtungsweise zum Betriebsausgaben- und Werbungskostenbegriff, StuW 85, 115; *Kruse,* Über Werbungskosten, FR 81, 473 (s. a. *Kruse/Groh,* JbFSt. 1981/82, 164 ff., 190 ff.); *Lang,* Die Bemessungsgrundlage der Einkommensteuer, Köln 1981/88, 299 ff., 318 ff.; *Offerhaus,* Zur steuerrechtlichen Abgrenzung zwischen betrieblich (beruflich) veranlaßten und durch die Lebensführung veranlaßten Aufwendungen, BB 79, 617 f., 667 ff.; *Prinz,* Werbungskosten bei den Einkünften aus Vermietung und Verpachtung, Gelsenkirchen 1984; *ders.,* Grundsatzbetrachtungen zum Werbungskostenbegriff, FR 86, 397; *Ruppe,* Die Abgrenzung der Betriebsausgaben/Werbungskosten von den Privatausgaben, DStJG Bd. 3 (1980), 103; *Söffing,* Die Angleichung des Werbungskostenbegriffs an den Betriebsausgabenbegriff, B 90, 2086; *Söhn,* Betriebsausgaben, Privatausgaben, gemischte Aufwendungen, DStJG Bd. 3 (1980), 13; *ders.,* Bürgerliche Kleidung, typische Berufskleidung und Werbungskosten, FR 80, 301; *ders.,* Werbungskosten wegen doppelter Haushaltsführung (§ 9 Abs. 1 Nr. 5 EStG) und allgemeiner Werbungskostenbegriff (§ 9 Abs. 1 Satz 1 EStG), StuW 83, 193; *Tanzer,* Die Kausalität im Betriebsausgabenbegriff, ÖStZ 75, 50; *Walz,* Steuerrechtliches Case Law oder Dictum des Gesetzgebers? Am Beispiel der Betriebsausgaben und Werbungskosten im Einkommensteuerrecht, StuW 86, 21; *Wanner,* Der einkommensteuerrechtliche Zurechnungszusammenhang steuerbarer Wertabgänge, Ein Beitrag zu einer kausalen Veranlassungstheorie im (Einkommen-)Steuerrecht, StuW 87, 302; *Wassermeyer,* Rechtssystematische Überlegungen zum Werbungskostenbegriff, StuW 81, 245. S. auch die auf S. 243 f. angegebene Literatur[80].

2.21 Inhaltsgleiche Interpretation des Betriebsausgaben- und des Werbungskostenbegriffs nach dem Veranlassungsprinzip

a) Rechtsprechung und h. M. im Schrifttum interpretieren den Betriebsausgaben- und den Werbungskostenbegriff trotz unterschiedlichen Gesetzeswortlauts (§§ 4 IV, 9 I 1 EStG) *inhaltsgleich nach dem Veranlassungsprinzip*[81]. Diese Interpretation der Erwerbsaufwendungen bildet einen Kristallisationspunkt der finalen Lehre, die sich am besten in das Einkommensteuersystem einfügt. Die kausalrechtliche Maßgeblichkeit zweckgerichteten Tuns entspricht der Idee selbstbestimmten planvollen Wirtschaftens. Sie anerkennt einerseits die individuellen Entscheidungen des wirtschaftenden

---

80 Zur *Rechtsvergleichung* s. *Böckli, Mennel, Cagianut, Walter, Vogel,* DStJG Bd. 3 (1980), 339–392; *Gerhards,* Der Begriff der Betriebsausgaben nach deutschem und schweizerischem Einkommensteuerrecht, Diss. rer. pol. Freiburg (Schweiz), Düsseldorf 1964; *P. Funk,* Der Begriff der Gewinnungskosten nach schweizerischem Einkommensteuerrecht, Grüsch 1989; *McGregor,* Business Deductions under the Income Tax, Canadian Tax Foundation, Toronto 1958; *Michielse,* Die Abgrenzung der Betriebsausgaben/Werbungskosten von den Privatausgaben im niederländischen Steuerrecht, StuW 87, 216; *Popkin,* The Deduction for Business Expenses and Losses, International Tax Program, Harvard Law School, Cambridge 1973; *Doralt/Ruppe,* Grundriß des österreichischen Steuerrechts, Bd. I[4], Wien 1989, 131 ff. (m. w. N. der österreichischen Literatur); *v. Bornhaupt,* Die unterschiedliche Entwicklung des Werbungskostenbegriffs in Deutschland und Österreich, StVj 89, 311; *Tipke,* The Demarcation between Professional Expenses and Personal Expenses in Income Tax Law, Skatterett 84, 144 ff.
81 Wegweisend für die Rechtsprechung insb. *v. Bornhaupt,* DStJG Bd. 3 (1980), 149 ff.; *Offerhaus,* BB 79, 621 ff. Ausführlich m. w. N. *v. Bornhaupt,* in: KS, EStG, § 9 Rnrn. B 165 ff.

Bürgers[82] und negiert andererseits nicht die oben (S. 246 f.) angesprochene *willensunabhängige* Risikosphäre der Einkunftserzielung.

Damit wird der *streng objektiven* Theorie von *Söhn*[83] nicht gefolgt, wonach „Aufwendungen, die in einem objektiven (wirtschaftlichen) Zusammenhang mit der beruflichen (betrieblichen) Tätigkeit stehen, Werbungskosten (Betriebsausgaben) sein *müssen*, selbst wenn der Steuerpflichtige subjektiv Privatausgaben tätigen will, während umgekehrt Ausgaben, die in einem objektiven (wirtschaftlichen) Zusammenhang nur mit der Privatsphäre stehen, Privatausgaben sein *müssen,* selbst wenn sie der Steuerpflichtige subjektiv in der Absicht tätigt, seinen Beruf (Betrieb) zu fördern". Der Steuerpflichtige dürfe das objektive Nettoprinzip nicht „manipulieren". Diese objektive Theorie birgt die Gefahr, daß dem Steuerpflichtigen die Auffassung von Verwaltung und Rechtsprechung über die Zweckmäßigkeit des Aufwendungsverhaltens oktroyiert wird.

Indessen lassen sich Erwerbsaufwendungen auch nicht *rein subjektiv* bestimmen[84]. Sowohl in formeller als auch in materieller Hinsicht sind objektive Umstände von Bedeutung:

aa) Leitend für die Qualifikation von Erwerbsaufwendungen ist zwar der konkrete Plan der Einkunftserzielung. Dieser Plan muß jedoch sowohl bei der Abgrenzung steuerbarer Einkünfte (s. S. 217 ff.) als auch hier bei der Ermittlung der Einkünfte durch *objektive* Kriterien nachgewiesen werden (formelle Bedeutung objektiver Umstände).

bb) Im weiteren kann der oben (S. 246 f.) geschilderte *willensunabhängige* Bereich der Einkunftserzielung nur durch einen *objektiven* Zusammenhang der Aufwendung mit einem konkreten Handeln des Menschen bestimmt werden (materielle Bedeutung objektiver Umstände).

Somit ist der ständigen Rechtsprechung des BFH[85] insofern zuzustimmen, als diese den Begriff der Erwerbsaufwendungen *subjektiv* und *objektiv* bestimmt: Danach sind Aufwendungen Betriebsausgaben, d. h. „durch den Betrieb veranlaßt" (§ 4 IV EStG), wenn sie *objektiv* mit dem Betrieb zusammenhängen und *subjektiv* dem Betrieb zu dienen bestimmt sind[86]. Diesen Inhalt des Veranlassungsbegriffs überträgt der BFH auf den Werbungskostenbegriff, der in § 9 I 1 EStG lückenhaft formuliert ist; deshalb bedarf die Legaldefinition nach dem objektiv-teleologischen Maßstab des Gleichheitssatzes der Lückenausfüllung[87]. Demzufolge definiert der BFH[88] z. B. die Werbungskosten des Arbeitnehmers als Aufwendungen, die durch den Beruf veranlaßt sind. Dabei sei berufliche Veranlassung stets anzunehmen, wenn *objektiv* ein Zusammenhang mit dem Beruf bestehe und *subjektiv* die Aufwendungen zur Förderung des Berufs gemacht worden seien.

---

82 *Kirchhof,* VVDStRL Bd. 39 (1981), 231 ff.; *ders.,* Gutachten F zum 57. Deutschen Juristentag, München 1988, 14 ff.
83 Insb. StuW 83, 193 ff., 196 (Zitat).
84 Vgl. *Wassermeyer,* StuW 82, 352 ff.
85 Grundlegend BFH GrS BStBl. 78, 105. Im weiteren z. B. BFH BStBl. 80, 75; 81, 369; 81, 510; 81, 735; 82, 442; 82, 467; 84, 160; 84, 315; 84, 557; 85, 453; 86, 373.
86 BFH GrS BStBl. 84, 163.
87 Nach BFH BStBl. 86, 375, hat die Rechtsprechung „den Werbungskostenbegriff über den Wortlaut des § 9 Abs. 1 Satz 1 EStG hinaus dem Betriebsausgabenbegriff des § 4 Abs. 4 EStG angeglichen, dessen Merkmal die betriebliche Veranlassung der Aufwendungen ist . . .". Vgl. auch *v. Bornhaupt,* in: KS, EStG, § 9 Rnrn. B 173 ff.; *Kruse,* FR 81, 474.
88 Z. B. BFH BStBl. 81, 368; 81, 735; 82, 442; 82, 467.

§ 9 Einkommensteuer

b) Indessen praktiziert die Rechtsprechung das Konzept des Veranlassungszusammenhangs der Aufwendung mit einer Erwerbshandlung nicht konsequent. So versagt BFH vom 8. 11. 1984[89] bei Geschenken leitender Angestellter oder Beamter an Mitarbeiter den Werbungskostenabzug mit der Begründung, daß solche Geschenke die Höhe der Einkünfte nicht beeinflussen würden. Damit kehrt der BFH zum Wortlaut des § 9 I 1 EStG und der Verschiedenheit des Betriebsausgaben- und des Werbungskostenbegriffs zurück, indem er auf die Kausalbeziehung zwischen Aufwendungen und Einnahmen (nicht zwischen Aufwendungen und Tätigkeit) abstellt. Eine solche Argumentation weist übrigens das Parteienfinanzierungsurteil vom 4. 3. 1986[90] nachdrücklich zurück, und zwar dezidiert gegen die Auffassung von *Tipke*[91], Aufwendungen seien nur dann Erwerbsaufwendungen, wenn sie dem Zweck dienten, Einnahmen zu erwerben, zu sichern oder zu erhalten. In einigen Urteilen zu Werbungskosten des Arbeitnehmers rekurriert der BFH[92] auf den Veranlassungszusammenhang zwischen den Aufwendungen und dem *Dienst*- bzw. *Arbeitsverhältnis*[93]. Damit wären streng genommen die Aufwendungen für Fahrten zwischen Wohnung und Arbeitsstätte nicht abgedeckt, weil ein Dienst- bzw. Arbeitsverhältnis eigentlich erst bei Eintritt in die Räume des Arbeitgebers beginnt, ebensowenig die Aufwendungen für Fachkongresse, die der Arbeitnehmer während seines Urlaubs bzw. einer Dienst*befreiung* besucht. Das Konzept des Veranlassungszusammenhangs mit einer *Erwerbshandlung* bleibt auch unbeachtet, wenn bei *gescheiterter Vermietung oder Verpachtung* auf einen ausreichend bestimmten wirtschaftlichen Zusammenhang zwischen Aufwendungen und *Einkunftsart* oder „eine erkennbare Beziehung zu den angestrebten *Einkünften*" abgestellt wird[94].

c) Im wesentlichen stimmt das Konzept des BFH, die Veranlassung subjektiv und objektiv zu determinieren, mit der hier vertretenen finalen Handlungslehre, die auch objektive Umstände verwertet, überein. Im einzelnen gilt folgendes:

Selbstbestimmung der Aufwendungen: Der Steuerpflichtige kann grundsätzlich frei entscheiden, welche Aufwendungen er für Erwerbszwecke leisten will[95]. Die Höhe der Aufwendungen, ihre Notwendigkeit, ihre Üblichkeit und ihre Zweckmäßigkeit sind für die Anerkennung von Erwerbsausgaben grundsätzlich ohne Bedeutung[96]. Fehlende Notwendigkeit, Unüblichkeit, Unzweckmäßigkeit können aber darauf hinweisen, daß Aufwendungen *privat* mitveranlaßt sind[97]. Daher hat der Gesetzgeber in § 4 V Nr. 7 EStG klargestellt, daß Aufwendungen, die die *Lebensführung* berühren, den Gewinn nicht mindern dürfen, soweit sie nach allgemeiner Verkehrsauffassung als *unangemessen* anzusehen sind[98].

Vergeblichkeit der Aufwendungen[99]: Das Scheitern des Erwerbszwecks macht die Erwerbshandlung nicht zu einer Privathandlung. Daher sind Aufwendungen auch dann als Betriebsausgaben oder Werbungskosten anzuerkennen, wenn sie durch eine Erwerbshandlung veranlaßt sind, die nicht in ein Ertragsstadium gelangt ist („Außer Spesen nichts gewesen"). Hier kommt es darauf an, ob der Steuerpflichtige subjektiv Gewinn erwirtschaften wollte, obwohl ihm dies objektiv nicht geglückt ist.

Beispiele: Zwei Bauunternehmer schließen sich zu einer Arbeitsgemeinschaft zusammen, um einen öffentlichen Großauftrag zu erhalten. Den Auftrag erhält die Konkurrenz. Sämtliche Kosten der Arbeitsgemeinschaft sind Betriebsausgaben. – Ein Steuerpflichtiger schließt einen Vorvertrag über den Erwerb einer Wäscherei und verpflichtet sich zu einer Vertragsstrafe von 10 000 DM, wenn er die Gewerbelizenz für die Wäscherei nicht erwirbt. Nach Abschluß des Vorvertrages erkennt der Steuerpflichtige die Unwirtschaftlichkeit des

---

89 BStBl. 85, 286. Dazu kritisch *Söffing*, FR 85, 275; *Lang*, DStJG Bd. 9 (1986), 75 f.
90 BStBl. 86, 373, 375.
91 StuW 85, 185 f.; 280 ff., 283.
92 BFH BStBl. 62, 192; 80, 657; 82, 261.
93 S. oben S. 352 ff.
94 Vgl. BFH BStBl. 84, 308 (m. w. N.).
95 So insb. BFH BStBl. 86, 374.
96 So insb. BFH (Fn. 95).
97 Vgl. BFH BStBl. 74, 200; 77, 238, 239; *Offerhaus*, BB 79, 621.
98 Zu dieser Generalnorm unten S. 261 ff.
99 Zur Rspr. s. *Grube*, FR 89, 29; *Mittmann*, DStZ 89, 323.

Objekts und zieht die Vertragsstrafe der endgültigen Übernahme der Wäscherei vor. U. E. Betriebsausgaben, denn der Abschluß des Vorvertrages ist Erwerbshandlung mit der Absicht, gewerbliche Gewinne zu erwirtschaften. – Vertragsstrafen im Zusammenhang mit dem Nichterwerb eines Immobilienobjekts i. S. des § 21 EStG sollen hingegen nach BFH (BStBl. 84, 307, 309) keine Werbungskosten sein, weil die Vertragsstrafe durch eine Handlung ausgelöst worden sei, welche die Aufnahme einer auf Erzielung von Einkünften aus Vermietung und Verpachtung gerichteten Tätigkeit *verhindern* sollte. U. E. ist die Vertragsstrafe einer gescheiterten Erwerbshandlung mit Einkünfteerzielungsabsicht i. S. des § 21 EStG zuzuordnen und der Werbungskostenabzug zu bejahen. Es erscheint nicht sachgerecht, das Risiko des Scheiterns hier nicht anzuerkennen. Zutreffend BFH BStBl. 81, 470; 84, 307: Reisekosten zur Besichtigung eines Hauses, das man nicht erwirbt, sind Werbungskosten bei den Einkünften aus Vermietung und Verpachtung. – Reisekosten eines Arbeitnehmers im Rahmen einer erfolglosen Bewerbung sind unzweifelhaft Werbungskosten.

Vorab entstandene und **nachträgliche** Betriebsausgaben/Werbungskosten[100]: Da die Veranlassungsbeziehung zwischen Erwerbshandlung und Ausgabe, nicht zwischen Ausgabe und Einnahme besteht, kann es Betriebsausgaben/Werbungskosten vor und nach dem Zeitraum geben, in dem Einnahmen zufließen bzw. Erträge erwirtschaftet werden. Bei vorab entstandenen Betriebsausgaben/Werbungskosten ist zu bedenken, daß der Erwerbstätige häufig zuerst etwas aufwenden muß, bevor er die Früchte seiner Tätigkeit und seiner Investitionen ernten kann. Es kommt entscheidend darauf an, ob die Ausgaben einer *konkreten Erwerbshandlung mit Einkünfteerzielungsabsicht* zugeordnet werden können. Das ist nicht der Fall, wenn bei Würdigung des gesamten Zeitraums der konkreten Erwerbstätigkeit ein Überschuß der Einnahmen/Erträge über die Ausgaben nicht zu erwarten ist (keine Total-Einkünfteerzielungsabsicht[101]). Während der *Ausbildungsphase* nimmt der Gesetzgeber keine konkrete Erwerbshandlung an (§ 10 I Nr. 7 EStG: Aufwendungen für Berufsausbildung/Weiterbildung in einem *nicht ausgeübten* Beruf[102]). Typische vorab entstandene Betriebsausgaben sind *Aufwendungen für die Ingangsetzung des Geschäftsbetriebs;* sie dürfen nach § 269 HGB in der Handelsbilanz als Bilanzierungshilfe aktiviert werden[103]. Bei nachträglichen Betriebsausgaben unterscheidet die Rechtsprechung[104] zwischen Betriebsaufgabe i. S. des § 16 III EStG, Vollbeendigung der betrieblichen Tätigkeit und dem Fortwirken der früheren gewerblichen Tätigkeit. U. E. ist eine Abgrenzung nur zur Anwendung des § 16 III EStG, im übrigen nicht erforderlich[105]. So sind z. B. die Zahlung von Zinsen und die Tilgung von Betriebsschulden nach Betriebsaufgabe letzte Akte der gewerblichen Betätigung und daher entgegen BFH BStBl. 90, 213, als Betriebsausgaben abzugsfähig. Allgemein läßt sich feststellen, daß die einkommensteuerrelevante Erwerbstätigkeit spätestens mit der ersten Aufwendungshandlung beginnt und frühestens mit der letzten Aufwendungshandlung beendet ist.

Willensunabhängige Aufwendungen[106] verdeutlichen ebenso wie die vergeblichen Aufwendungen die *Risikosphäre* der Erwerbstätigkeit. Es handelt sich hier um Nebenfolgen zweckge-

---

100 Vgl. dazu insb. *Prinz,* in: HHR EStG, § 9 Anm. 161 ff.; *Wolff-Diepenbrock,* in: Littmann/Bitz/Meincke, Das Einkommensteuerrecht[15], §§ 4, 5 EStG Anm. 1644 ff., 1648 f., sowie § 9 EStG Anm. 97 ff., Anm. 105 ff.; *v. Bornhaupt,* in: KS, EStG, § 9 Rnrn. B 124 ff.; Schmidt/*Drenseck,* EStG[9], § 9 Anm. 2 j; *K. Vogel,* Werbungskosten nach Beendigung des Dienst- oder Arbeitsverhältnisses, Pensionierung und Entpflichtung, DStR 90, 191.
101 Diese bestimmt BFH GrS BStBl. 84, 765, nach den *objektiven* Verhältnissen. Vgl. dazu *Groh,* B 84, 2424.
102 Zur Abgrenzung dieser Aufwendungen zu beruflich veranlaßten Weiterbildungskosten unten S. 267.
103 Dazu unten S. 286.
104 BFH BStBl. 81, 460 (zu Zinszahlungen nach Aufgabe des Gewerbebetriebs); 81, 461 (zu nachträglichen Hypothekenzinsen, wenn privates Einfamilienhaus mit Hypothek für Betriebsschuld belastet ist).
105 Zutreffend *Wolff-Diepenbrock* (Fn. 100), §§ 4, 5 EStG Anm. 1648.
106 Grundsätzlich dazu *Söhn,* DStJG Bd. 3 (1980), 28; *ders.,* StuW 83, 196; *Tipke,* StuW 79, 201 f.; *Wassermeyer,* StuW 81, 252; *ders.,* StuW 82, 360; *Kröner,* StuW 85, 121 ff. (m. w. N.).

richteten Tuns i. S. der finalen Handlungslehre[107]. Derartige Nebenfolgen müssen sachgerecht nach dem anzuwendenden Rechtsprinzip zugeordnet werden. Während im Strafrecht die Vorwerfbarkeit mit dem Kriterium der Vorhersehbarkeit begründet werden muß, gebietet das objektive Nettoprinzip im Steuerrecht, die Risikosphäre der Erwerbstätigkeit vollständig, also auch nicht vorhersehbare Nebenfolgen zu erfassen. Die Berücksichtigung *unfreiwilliger Ausgaben und Zwangsaufwendungen* nach dem objektiven Nettoprinzip[108] bedeutet also *vollständige Berücksichtigung der Risikosphäre*.

Beispiele: Kosten eines Betriebs-/Berufsunfalls[109]; Krimineller zerstört Privateigentum eines Polizisten, um sich an ihm zu rächen[110]; Zerstörung von Wirtschaftsgütern durch Naturereignisse (z. B. Blitzschlag) während ihrer betrieblichen Nutzung[111]; Verlust von Geld als Folge eines Verkehrsunfalles während einer Berufsfahrt[112]; Prozeßkosten; Vertragsstrafen wegen unpünktlicher Warenlieferung[113].

d) *Zum gegenwärtigen Stand der Veranlassungstheorie im Steuerrecht:* Die Problematik der Kausalität entfaltet sich im Kernbereich der Rechtsfolgenzuordnung und gehört daher in fast jedem Rechtsgebiet zu den „ewigen" Themen der Rechtsdogmatik.

Die Maßgeblichkeit „subjektiver" und/oder „objektiver" Kriterien ist noch nicht ausdiskutiert. Die Betrachtung der Kasuistik zeigt, daß eine objektiv orientierte Lehre ohne subjektive Zuordnungskriterien nicht auskommt[114], ebensowenig wie die subjektive Theorie auf objektive Zuordnungen verzichten kann, wenn die willensunabhängige Risikosphäre zu bestimmen ist.

Bevor jedoch die Gegensätzlichkeit oder Ergänzungsbedürftigkeit subjektiver und objektiver Kriterien weiter abgeklärt wird, muß Einigkeit und Konsequenz bezüglich der *kausalrechtlichen Grundfigur* erreicht werden. In diesem Sinne muß das terminologische System der Einkünfte symmetrisch angelegt sein; die Symmetrie ist Zeichen einer einheitlichen Kausalrechtsdogmatik. Die kausalrechtliche Grundfigur stellt ab auf den Veranlassungszusammenhang der Erwerbstätigkeit mit Einkünften, zergliedert in positive Faktoren (durch Erwerbstätigkeit veranlaßte Bezüge) und negative Faktoren (durch Erwerbstätigkeit veranlaßte Aufwendungen). Die Abweichungen von der kausalrechtlichen Grundfigur, indem Veranlassungszusammenhänge von Aufwendungen und Einnahmen, der Einnahmen und Ausgaben mit Dienstverhältnissen, Wirtschaftsgütern, mit dem Betriebs- oder Privatvermögen, mit einer bestimmten Einkunftsart (anstelle der Erwerbstätigkeit i. S. einer bestimmten Einkunftsart) etc. bemüht werden, behindern bereits im Ansatz den Reifeprozeß der steuerrechtlichen Kausallehren.

Die Handhabung des Veranlassungsbegriffs zeigt schließlich, daß die juristische Bewertung von Kausalverläufen häufig in rechtsethischen Grundüberzeugungen des *Rechtsanwenders* wurzelt, die sich nicht positivistisch aus dem Gesetz ableiten lassen. Mithin bildet sich steuerrechtliches Case Law, das nicht vom Dictum des Gesetzgebers, sondern von der rechtsethischen Verantwortung gegenüber dem Einzelfall

---

107 Vgl. oben S. 246.
108 Vgl. BFH BStBl. 82, 442 f.
109 Dazu unten S. 259 f.
110 U. E. kein Fall des § 9 I 3 Nr. 7 EStG (so BFH BStBl. 82, 443), da auch nicht abschreibbare Wirtschaftsgüter als Risikofolge der beruflichen Tätigkeit zerstört werden können.
111 Vgl. *Söhn,* DStJG Bd. 3 (1980), 32 ff.; *Tipke,* StuW 79, 201 f.
112 BFH BStBl. 86, 772.
113 §§ 4 V Nr. 8, 12 Nr. 4 EStG betreffen nur staatliche Unrechtssanktionen.
114 Vgl. *Söhn,* DStJG Bd. 3 (1980), 28 f.

lebt[115]. Das bedeutet die Verantwortung, durch Präjudizien den Einkünftebegriff leistungsfähigkeitsgerecht, ökonomisch vernünftig (z. B. durch Anerkennung der ökonomischen Risiken des Wirtschaftens), praktikabel und mit dem Blick auf die Gesamtrechtsordnung zu bestimmen[116]. Gelingt dies nicht, so ist freilich der Gesetzgeber zur Intervention berufen, wie dies etwa anläßlich der Abziehbarkeit von Geldbußen (§§ 4 V Nr. 8, 9 V EStG) oder der Parteienfinanzierung (§§ 4 VI, 9 V EStG) geschehen ist.

e) Die kausalrechtliche Grundfigur des Veranlassungszusammenhangs zwischen einer bestimmten Erwerbstätigkeit und Aufwendungen bedarf der quellentheoretischen Ergänzung bei der Abgrenzung der Werbungskosten zu den *Aufwendungen des nicht steuerbaren Privatvermögens*. Derartige Aufwendungen sind zwar durch eine Erwerbstätigkeit im Rahmen privater Vermögensverwaltung veranlaßt. Sie sind aber nach der quellentheoretischen Konzeption der Überschußeinkünfte, Mehrungen und Minderungen des sog. Stammvermögens nicht zu erfassen, aus der Ermittlung steuerbarer Überschußeinkünfte auszuscheiden. Zu diesen *Stammvermögensaufwendungen* s. S. 325 f.

2.22 Gemischt veranlaßte Aufwendungen

Die *gemischt* veranlaßten Aufwendungen liefern die „Nagelprobe"[117] der steuerrechtlichen Kausalitätstheorie. Dabei ist der Rechtsanwender in der Bewertung der Kausalverhältnisse relativ frei, soweit er die *Generalklauseln* des Betriebsausgaben- und des Werbungskostenbegriffs (§§ 4 IV, 9 I 1 EStG) anwendet. Den Bereich gemischter Kausalität regeln jedoch zahlreiche *spezielle Abzugsverbote*, welche die kausalrechtsdogmatische Vertiefung des Falles erübrigen. Die juristische Bewertung ist dem Rechtsanwender aus der Hand genommen. Allerdings können Abzugsverbote durchaus Rechtsgrundsätze vermitteln, die einen *allgemeinen* Beitrag zur Beurteilung gemischter Kausalität leisten. So beruht z. B. § 4 V Nr. 7 EStG, der die Nichtabziehbarkeit unangemessener, die *Lebensführung* berührende *Betriebs*ausgaben anordnet, auf dem Angemessenheitsprinzip, das ein Fundamentalprinzip zur Aufteilung von Aufwendungen ist (s. S. 261 ff.). Die Abzugsverbote für *Geldbußen, Geldstrafen u. a. Unrechtsfolgen* (§§ 4 V Nr. 8, 9 V, 12 Nr. 4 EStG) befolgen den Grundsatz „Einheit der Rechtsordnung", der die Negation betrieblicher bzw. beruflicher Veranlassung gebietet (s. unten S. 273 f.). Derartige rechtsgrundsätzliche Abzugsverbote bilden jedoch die Minderheit. Die Mehrheit der Abzugsverbote ist aus irgendeinem tagespolitischen Anlaß geschaffen worden; sie sind verdächtig, das Nettoprinzip zu verletzen. Beispiel: Kürzung des Bewirtungskostenabzuges nach § 4 V Nr. 2 EStG, um die Tarifsenkung der Steuerreform 1990 zu finanzieren.

Zweckmäßigerweise ist die Lösung eines Falles in folgenden Schritten zu vollziehen: Es ist zunächst die Anwendbarkeit eines *speziellen Abzugsverbots* zu prüfen. Hat der Gesetzgeber den Fall nicht speziell geregelt, so ist zu prüfen, welche *Arten von Handlungen* (Erwerbs- oder/und Privathandlungen) Aufwendungen bewirkt haben könnten. In einem zweiten Schritt ist sodann nach der *Wesentlichkeitstheorie* zu prüfen, ob Aufwendungen *wesentlich* durch Erwerbs- und/oder Privathandlungen veranlaßt sind. Ergibt diese zweite Stufe der Veranlassungsqualifikation, daß Aufwendungen wesentlich durch eine konkrete Erwerbshandlung i. S. einer Einkunftsart

---
115 Dazu ausführlich *Walz*, StuW 86, 21.
116 Überzeugend *Walz*, StuW 86, 43.
117 *Söhn*, DStJG Bd. 3 (1980), 32.

des § 2 I EStG *und zugleich* wesentlich durch Privathandlung veranlaßt sind, so ist über die *Aufteilung* der Aufwendungen zu entscheiden.

2.221 Bedeutung des § 12 EStG

Aufwendungen, die nicht wesentlich durch eine konkrete Erwerbshandlung i. S. einer Einkunftsart des § 2 I EStG veranlaßt sind, können weder Betriebsausgaben noch Werbungskosten sein. Kann eine Aufwendung auch nicht unter einen Abzugstatbestand i. S. des § 2 IV, V EStG subsumiert werden, so ist sie in der Einkommensteuerbemessungsgrundlage (§ 2 I – V EStG) überhaupt nicht abziehbar.

Vor diesem Hintergrund der Tatbestandsmäßigkeit der Besteuerung (§ 38 AO) muß die Bedeutung des § 12 EStG erkannt werden: Diese Grundvorschrift liefert zunächst eine *wichtige Interpretationshilfe zur näheren Bestimmung des objektiven Nettoprinzips*[118], indem sie der positiven Umschreibung der Erwerbsaufwendungen in den §§ 4 IV, 9 I 1 EStG die negative Umschreibung „Aufwendungen für die Lebensführung" (§ 12 Nr. 1 Satz 2 EStG) gegenüberstellt. § 12 EStG hat in zwei Richtungen *klarstellende* Bedeutung: § 12 EStG stellt erstens klar, daß *Aufwendungen für die Lebensführung* (die Lebensführung bildet die Gesamtheit der Privathandlungen) grundsätzlich aus der Maßgröße objektiver Leistungsfähigkeit[119] (dem Gesamtbetrag der Einkünfte) auszuscheiden sind, und § 12 EStG stellt zweitens klar, daß die Aufwendungen für die Lebensführung nur dann abziehbar sind, wenn sie ein besonderer Abzugstatbestand in der Maßgröße subjektiver Leistungsfähigkeit erfaßt. § 12 Satz 1 Halbsatz 1 EStG erwähnt §§ 10 I Nrn. 1, 2 – 7; 10 b; 33 – 33 c EStG. § 12 EStG fixiert damit auch die Grenze zwischen dem Erwirtschaften (§ 2 I 1 EStG: Erzielen) und dem Verwenden der Einkünfte. Diese klarstellenden Bedeutungen des § 12 EStG erstrecken sich expressis verbis auf folgende *Privataufwendungen:* Aufwendungen für den Haushalt (§ 12 Nr. 1 Satz 1 EStG), Zuwendungen (§ 12 Nr. 2 EStG)[120], insb. Unterhaltsleistungen (§ 12 Nr. 1 Satz 1; Nr. 2 EStG)[121]. Ferner stellt § 12 Nr. 3 EStG klar, daß *Personensteuern* (insb. Einkommen-, Kirchen-, Vermögen-, Erbschaft- und Schenkungsteuer[122]) das disponible Einkommen belasten und deshalb nicht abziehbar sein sollen[123]. Nach § 12 Nr. 3 Halbsatz 2 EStG erstreckt sich das Abzugsverbot in § 12 Nr. 3 EStG auch auf die Nebenleistungen i. S. des § 3 III AO, ausgenommen die nach § 10 I Nr. 5 EStG

---

118 So *Ruppe,* DStJG Bd. 3 (1980), 121.
119 Dazu unten S. 375 ff.
120 Vgl. dazu *Heister,* Die nicht abzugsfähigen Ausgaben der Vorschrift des § 12 Nr. 2 EStG, Diss. Münster 1970; BFH BStBl. 84, 100: „Zuwendungen i. S. des § 12 Nr. 2 EStG sind Leistungen, denen keine oder nur eine geringfügige Gegenleistung gegenübersteht..." Dies bedeutet nach der Wesentlichkeitstheorie: Eine unwesentliche Gegenleistung macht die Zuwendungshandlung nicht zur relevanten Erwerbshandlung.
121 Werden die nicht abziehbaren Unterhaltsleistungen durch Vereinbarung eines Leistungsaustausches zwischen Familienangehörigen verdeckt, so stellt sich das Problem der sog. Übertragung von Einkunftsquellen (dazu oben S. 227 ff.).
122 Vgl. BFH BStBl. 84, 27.
123 Daher qualifiziert *Strutz,* EStG 1925, § 17 Anm. 29 a. E., den Kirchensteuerabzug gemäß § 17 I Nr. 5 EStG 1925 (§ 10 I Nr. 4 EStG) als völlig „systemwidrig", weil es sich bei Kirchensteuern „ebenso wie bei der Einkommensteuer selbst um echte Aufwendungen von Einkommen für persönliche Zwecke" (sprich: Verwendung *disponiblen* Einkommens) handle. Zur Kirchensteuerzahlung als Teil des kulturellen oder ethischen Existenzminimums s. unten S. 378.

abziehbaren Zinsen i. S. der §§ 233a, 234, 237 AO. Schließlich weist § 12 Nr. 4 EStG *Geldstrafen* u. a. Kriminalsanktionen klarstellend der privaten Opfersphäre zu[124].
Streitig ist, ob § 12 Nr. 1 Satz 2 EStG *konstitutiven* Charakter hat. Nach der h. M. im Schrifttum[125] bestätigt § 12 Nr. 1 Satz 2 EStG die Wesentlichkeitstheorie: § 12 Nr. 1 Satz 2 EStG versage klarstellend den Abzug der sog. *Repräsentationsaufwendungen*[126], die zwar betrieblich bzw. beruflich mitveranlaßt, jedoch wesentlich privat veranlaßt seien. Demgegenüber praktiziert die ständige Rechtsprechung des BFH[127] § 12 Nr. 1 Satz 2 EStG als *konstitutives* Abzugsverbot für *alle gemischten* Aufwendungen, bei denen die Interessen privater Lebensführung gegenüber der betrieblichen/beruflichen Veranlassung ins Gewicht fallen und die sich nicht *leicht und einwandfrei* in Privat- und Erwerbsaufwendungen aufteilen lassen[128].

2.222 Zur Bestimmung wesentlicher Veranlassung durch Erwerbshandlungen und/oder Privathandlungen

Die ständige Rechtsprechung des BFH zu § 12 Nr. 1 Satz 2 EStG fußt also insofern auf der Wesentlichkeitstheorie, als eine unwesentliche private Mitveranlassung den Betriebsausgaben-/Werbungskostenabzug nicht einschränkt. Andererseits setzt der Betriebsausgaben-/Werbungskostenabzug voraus, daß die Aufwendung wesentlich durch eine konkrete Erwerbshandlung i. S. einer Einkunftsart des § 2 I EStG veranlaßt ist.

Fallrechtsentwicklung: Die theoretische Auseinandersetzung mit der Problematik gemischter Veranlassung entzündete sich an den Kfz-Verkehrsunfällen[129]. Der Große Senat des BFH[130] knüpfte an die im Unfallversicherungsrecht entwickelte Theorie der wesentlichen Bedingung an[131]. Erwerbshandlung ist die Betriebs- bzw. Berufsfahrt. Tritt eine Privathandlung hinzu, so stellt sich die Wesentlichkeitsfrage. Zweifellos sind Rauchen und Trinken Privathandlungen.

---

124 Dazu unten S. 273.
125 Insb. *Ruppe,* DStJG Bd. 3 (1980), 124; *Söhn,* DStJG Bd. 3 (1980), 49 ff.; *Tipke,* StuW 79, 203 f.
126 So die amtl. Begründung in: RStBl. 35, 41 (Zitat in: StuW 79, 204).
127 Grundlegend BFH GrS BStBl. 71, 17. Ausführlich *Offerhaus,* BB 79, 667 ff.; Schmidt/*Drenseck,* EStG[9], § 12 Anm. 5 (m. w. N.).
128 Zur Kritik s. unten S. 261 f.
129 Vgl. dazu *J. Lange,* Kausalität und Verschulden im Steuerrecht, BB 71, 405; *Tiedtke,* Unfallkosten als Betriebsausgaben und Werbungskosten, FR 78, 493; *Offerhaus,* BB 79, 670 ff.; *Tipke,* StuW 79, 200 ff.; *Söhn,* DStJG Bd. 3 (1980), 78 ff.; *Ruppe,* DStJG Bd. 3 (1980), 139 f.; *Endlich,* Der Kfz-Unfall des Arbeitnehmers, Stuttgart 1985; *Richter,* Die Bedeutung der beruflichen Zielvorstellung des Arbeitnehmers bei einem Autounfall, DStR 86, 24; BFH BStBl. 78, 108; 84, 434; 88, 706; 89, 967.
130 BStBl. 78, 108, 109.
131 Vgl. hierzu insb. *Tiedtke,* FR 78, 495 ff.; *Tipke,* StuW 79, 198; *Söhn,* DStJG Bd. 3 (1980), 69 ff.; *Ruppe,* DStJG Bd. 3 (1980), 136 f. Im Unfallversicherungsrecht geht es ähnlich wie im Steuerrecht darum, die betriebliche von der privaten Sphäre zu trennen, da Versicherungsleistungen nur bei Nachweis eines Arbeitsunfalles bzw. einer Berufskrankheit erbracht werden. Dabei ist ebenso wie im Steuerrecht meistens eine Mehrheit privater und betrieblicher conditio-sine-qua-non-Bedingungen zu bewerten, so daß sich die Wesentlichkeitsfrage in beiden Rechtsgebieten geradezu aufdrängt. Vgl. *Tomandl,* Der Wegeunfall in der österreichischen und deutschen Unfallversicherung – zugleich ein Beitrag zur Theorie der wesentlichen Bedingung, in: Tomandl (Hrsg.), Sozialversicherung, Wien 1975, 137 ff.; *ders.,* Die Minderung der Leistungsfähigkeit im Recht der Sozialversicherung, Wien 1978, 25 ff. (m. w. N.); *Wallerath,* Die Kausalität im Recht der gesetzlichen Unfallversicherung, NJW 71, 228 ff.

§ 9 Einkommensteuer

Der Große Senat[132] stellte fest, daß Unfallkosten „in den meisten Fällen" als „maßgeblich" privat veranlaßt zu behandeln seien, wenn Alkoholgenuß die Fahrtüchtigkeit beeinträchtigt hat. Hingegen soll das Herabfallen einer Zigarette den Unfall unwesentlich mitverursachen und daher den Betriebsausgaben-/Werbungskostenabzug nicht beeinträchtigen[133].

Zu § 40 AO stellte der Große Senat fest, daß *Verschulden wertungsneutral* sei und deshalb eine Handlung nicht a priori zur Privathandlung mache[134]. Somit schließe das Fahren mit verkehrswidrig überhöhter Geschwindigkeit, um einen Berufstermin pünktlich wahrnehmen zu können, den Betriebsausgaben-/Werbungskostenabzug nicht aus[135]. Jedoch scheint sich ab einer bestimmten Intensität des Unrechtsverhaltens das Rechtsgefühl gegen den Betriebsausgaben-/Werbungskostenabzug zu sträuben. So wird der Betriebsausgaben-/Werbungskostenabzug bezweifelt, wenn der Steuerpflichtige vorsätzlich gegen Verkehrsvorschriften verstößt, z. B. bewußt ein Rotlicht überfährt, ein verkehruntaugliches (nicht TÜV-geprüftes) Fahrzeug benutzt etc.[136]. Indessen wird die Wertungsneutralität nicht ab einem bestimmten Grad der Vorwerfbarkeit aufgehoben[137].

Ebensowenig wie das Verschulden vermag ein *physischer Zustand* des Steuerpflichtigen den *privaten* Charakter einer *Handlung* zu begründen. Übermüdung[138] und Schwächeanfälle[139] beseitigen nicht als wesentliche Privatursachen die betriebliche/berufliche Veranlassung eines Unfalls. Dies wird besonders dort deutlich, wo die berufliche Belastung dazu zwingt, auf körperliches Befinden keine Rücksicht zu nehmen. Wird z. B. ein Arzt aus einer Stammtischrunde heraus an ein Krankenbett gerufen, so rechtfertigt es das Risiko des Arztes, die vorgeplante Freizeit unterbrechen zu müssen, den unaufschiebbaren Krankenbesuch und nicht den Alkoholgenuß als die wesentliche Ursache eines Unfalls zu bewerten und damit den Betriebsausgabenabzug der Unfallkosten anzuerkennen[140].

Nach der BFH-Rechtsprechung zu den Berufsverbänden umfaßt der Kreis der Erwerbsaufwendungen auch Aufwendungen, die *günstige Rahmenbedingungen für die Erwerbstätigkeit* schaffen[141]. Damit ändert der BFH vor allem (mit dem Blick auf die mittelbare Parteienfinanzierung) seine *Berufsverbände*-Rechtsprechung[142]. Nach dieser Rechtsprechung sind *Erwerbsklimaaufwendungen* (Beiträge zu Berufsverbänden, die neben den berufsständischen Zielen auch allgemein-politische Aufgaben verfolgen[143], Zuwendungen an Geschäftsfreunde, Aufwendungen für Werbefeldzüge, Incentive-Reisen etc.) wesentlich betrieblich/beruflich veranlaßt und (wenn überhaupt)

---

132 BStBl. 78, 109. A. A. *Offerhaus*, BB 79, 671. Vgl. auch BFH BStBl. 84, 434.
133 BStBl. 78, 108 (re. Sp. unten).
134 BStBl. 78, 109; s. auch oben S. 248.
135 BStBl. 78, 109 (li. Sp.): „Daß der berufliche Zweck unter Mißachtung gesetzlicher Vorschriften erstrebt wird, macht dieses Streben noch nicht zu einer Angelegenheit der privaten Lebensführung ..." Sei dagegen der Stpfl. auf einer „an sich" beruflichen Fahrt deshalb zu schnell gefahren, weil er aus sportlichem Ehrgeiz eine Wettfahrt mit einem anderen Verkehrsteilnehmer durchgeführt hat, so sind die Unfallkosten als Betriebsausgaben oder Werbungskosten nicht abzugsfähig.
136 Vgl. etwa *Wolff-Diepenbrock*, in: Littmann/Bitz/Meincke, Das Einkommensteuerrecht[15], §§ 4, 5 EStG Anm. 2042 (a. E.).
137 *Söhn*, DStJG Bd. 3 (1980), 83: Selbst eine bewußte und gewollte Verletzung von Verkehrsvorschriften stelle die alleinige betriebliche/berufliche Veranlassung nicht in Frage. Vgl. auch *Offerhaus*, BB 79, 671.
138 Vgl. *Tiedtke*, FR 78, 496; *Offerhaus*, BB 79, 670; v. *Bornhaupt*, in: KS, EStG, § 9 Rnr. B 471.
139 Vgl. BFH BStBl. 78, 381; *Offerhaus*, BB 79, 671: „Der Schwächeanfall, der den Unfall (mit-)verursachte, ändert aber nichts an der beruflichen *Ziel*vorstellung bei der Fahrt des Steuerpflichtigen."
140 Gl. A. *Offerhaus*, BB 79, 671.
141 BFH BStBl. 86, 373, 375, im Anschluß an BFH BStBl. 85, 92. Vgl. auch BFH B 89, 155.
142 Gegen BFH BStBl. 52, 228, insb. BFH BStBl. 86, 375. Dazu insb. *List/Arndt*, StRK-Anm. § 4 Abs. 4 EStG 1975 R. 61; *Felix*, DStZ 86, 282 ff.; *ders.*, FR 85, 309 ff.; *Tipke*, StuW 85, 185 ff. (gegen BFH BStBl. 85, 92), 280 f. (gegen FG Köln EFG 85, 335).
143 Vgl. BFH BStBl. 86, 375, sowie einerseits *Felix* und *List/Arndt* (Fn. 142), und andererseits *Tipke* (Fn. 142). Kausalrechtsdogmatisch ausführlich m. w. N. *Jakob/Jüptner*, Steuerfragen

nur unwesentlich privat veranlaßt. Im nichtunternehmerischen Bereich legt der BFH seinem Judiz allerdings andere Kausalitätskriterien zugrunde. So versagt die bereits oben (S. 254) kritisierte Entscheidung des BFH v. 8. 11. 1984 den Werbungskostenabzug von Weihnachtsgeschenken eines Chefarztes an Mitarbeiter mit der Begründung, daß solche Geschenke die Höhe der Einkünfte nicht beeinflussen würden. Damit rekurriert die Entscheidung auf den Zusammenhang der Aufwendungen mit Einnahmen. Die Kausalrechtsdogmatik „Veranlassung durch Erwerbshandlung" muß auch bei Aufwendungen eingehalten werden, die den Erfolg der Erwerbstätigkeit auf längere Sicht unterstützen sollen. Das Rekurrieren auf eine unmittelbare oder gar zeitnahe Beziehung zwischen Aufwand und Ertrag verkennt, daß langfristige erwerbswirtschaftliche Strategien nicht nur dem Unternehmer anstehen, sondern ebenso bestimmte Laufbahnen *nichtselbständiger* Berufe bestimmen können. Die Lebensführung des Chefarztes ist *nur unwesentlich* berührt, wenn er zu bestimmten Anlässen Geschenke verteilt, die von den Mitarbeitern üblicherweise erwartet werden. Es kommt immer wieder vor, daß Führungskräfte ihre Einkunftsquelle verlieren, wenn sie das Betriebsklima vernachlässigen und dadurch die Loyalität ihrer Mitarbeiter einbüßen.

Kausalrechtsdogmatischen Bedenken begegnet das Urteil des BFH v. 4. 7. 1986[144]. Nach dieser Entscheidung soll der Diebstahl von Geld während einer beruflich veranlaßten Reise nicht in der Berufssphäre geschehen sein. Der Geldverlust sei nur „gelegentlich einer Berufsfahrt" eingetreten. Diese Formel läßt sich kaum willkürfrei praktizieren; auf die Evidenz des Veranlassungszusammenhangs kommt es nicht an[145]. Ebensowenig vermag eine abstrakte Klassifikation von Wirtschaftsgütern[146] die kausalrechtliche Bewertung zu präzisieren. Es müssen vielmehr *alle* willensunabhängigen Vermögensfolgen einer konkreten *Handlung* zugeordnet werden. Das bedeutet, daß die Risikosphäre einer Handlung *sämtliche* Vermögensabgänge unabhängig von der Art des Wirtschaftsguts erfaßt, daß nach dem objektiven Nettoprinzip die *Gesamtkosten* einer Erwerbshandlung zu erfassen sind. Demnach sind Betriebsausgaben/Werbungskosten: Verlust von Geld u. a. Wirtschaftsgütern während einer Dienstreise, Verlust von Hausrat während eines beruflich veranlaßten Umzugs[147] und Zerstörung von Wirtschaftsgütern durch beruflich ausgelöste Racheakte[148]. Keine Betriebsausgaben sind Aufwendungen während der privaten Nutzung eines Betriebsfahrzeugs[149]. Die allgemeine betriebliche Widmung wird von der konkreten privaten Nutzungshandlung (z. B. für Urlaubszwecke) verdrängt.

2.223 Aufteilung von Aufwendungen nach dem Angemessenheitsprinzip

Aufwendungen, die *wesentlich* durch eine Erwerbshandlung und *zugleich wesentlich* durch die Lebensführung veranlaßt sind, dürfen bei konsequentem Vollzug des objektiven Nettoprinzips weder in vollem Umfange der Erwerbssphäre noch in vollem Umfange der Privatsphäre zugeordnet werden.

---

der mittelbaren Parteienfinanzierung über Organisationen, Stuttgart 1986, 61 ff. Vgl. auch BFH BStBl. 89, 97.
144 BStBl. 86, 771.
145 So aber BFH BStBl. 86, 772: „Der Senat hält es für denkbar, Schäden, und zwar auch den Verlust von Geld, dann als beruflich veranlaßt anzusehen, wenn der Schaden eine Unfallfolge ist, also z. B. dann, wenn mitgeführtes Geld bei einem Verkehrsunfall, auch einem Eisenbahnunglück, verbrennt." *Söffing,* FR 86, 543: „Wie hätte wohl der Senat entschieden, wenn das Geld einem Arzt gestohlen worden wäre, der nachts zu einem Schwerverletzten in eine abseits gelegene Gegend gerufen, dort überfallen und seines Geldes beraubt worden wäre?"; *Lang,* DStJG Bd. 9 (1986), 57: „Je gefahrengeneigter die Erwerbstätigkeit, desto deutlicher schält sich die berufliche Veranlassung heraus: So scheint der Werbungskostenabzug für den Verlust privatnütziger Wirtschaftsgüter eher einzuleuchten, wenn ein Journalist in Beirut bestohlen oder gar beraubt wird."
146 Vgl. *v. Bornhaupt,* BB 86, 1963.
147 Gl. A. *v. Bornhaupt* (Fn. 146).
148 Vgl. BFH BStBl. 82, 442.
149 Vgl. *Söhn,* DStJG Bd. 3 (1980), 86 ff. (m. w. N. der ständigen Rspr.).

§ 9 Einkommensteuer

Die ständige Rechtsprechung des BFH[150] schließt indessen aus § 12 Nr. 1 Satz 2 EStG, daß gemischt veranlaßte Aufwendungen prinzipiell *in vollem Umfange* als nichtabziehbare Aufwendungen der Lebensführung zu behandeln seien, wenn eine Aufteilung *nicht leicht und einwandfrei* durchgeführt werden könne. Diese *technischen Aufteilungsvoraussetzungen* begründet der Große Senat mit Gerechtigkeitsüberlegungen[151]. Doch gerade die Steuergerechtigkeit, hier konkretisiert durch das objektive Nettoprinzip, verbietet die Negation wesentlicher Erwerbsursachen[152]. Technische Kriterien sind ungeeignet, das objektive Nettoprinzip sachgerecht auszufüllen[153]. Sie bieten Einbruchstellen für kasuistische Willkür und diskriminieren besonders investitionsschwache Steuerpflichtige, die sich nur ein Nachschlagewerk, Musikinstrument, Auto, Telefon etc. leisten und deshalb die Nutzungen technisch nicht trennen können. Richtigerweise kann der Betriebsausgaben-/Werbungskostenabzug nur dann versagt werden, wenn die Aufwendungen *wesentlich privat* und nur *unwesentlich betrieblich/beruflich* veranlaßt sind[154]. Dies ist der Fall bei den sog. Repräsentationsaufwendungen (§ 12 Nr. 1 Satz 2 EStG)[155], bei Kosten der Kleidung, die nicht wesentlich betrieblich/beruflich, insb. nicht zusätzlich zu der im Rahmen der Lebensführung benötigten Kleidung getragen wird; abziehbar sind also vor allem Aufwendungen für die *typische Berufskleidung* (Richterrobe, Uniform etc.)[156]. Wesentlich beruflich veranlaßt sind die Aufwendungen für das Klavier einer Musiklehrerin[157] und das Nachschlagewerk eines Lehrers[158]. Die wesentliche betriebliche/berufliche Mitveranlassung und Zulässigkeit der Aufteilung erkennt der BFH an für Kraftfahrzeug-, Reise- und Telefonkosten[159]. Demgegenüber leuchtet nicht ein, warum die auf eine Arbeitszimmereinrichtung entfallenden Kosten eines im übrigen privat veranlaßten Umzuges nicht abziehbar sein sollen (so BFH BStBl. 89, 972). Eine wesentliche berufliche Mitveranlassung der Umzugskosten läßt sich nicht leugnen. Sie lassen sich aufgrund der Spediteurrechnung auch mindestens so leicht und einwandfrei aufteilen wie Kraftfahrzeug-, Reise- und Telefonkosten.

Der grundlegende Aufteilungsmaßstab ist das *Angemessenheitsprinzip*. Dieses Prinzip durchzieht das gesamte Steuerrecht und fungiert überall dort, wo das besteuerungsrelevante Wesen eines wirtschaftlichen Vorgangs durch besteuerungsirrelevante Umstände überlagert oder verdeckt wird. Der Angemessenheitsmaßstab ist das Skalpell, mit dem der Sachverhalt für die Subsumtion unter die Steuerrechtsnorm freipräpariert wird. Er wird u. a. eingesetzt bei unangemessenen Rechtsgestaltungen (§ 42 AO)[160],

---

150 Grundlegend GrS (Fn. 127).
151 BFH GrS BStBl. 71, 20: „Entscheidend ist, daß das Abzugs- und Aufteilungsverbot in erster Linie der steuerlichen Gerechtigkeit und der Gleichmäßigkeit der Besteuerung dient und nicht einzelne Steuerpflichtige gegenüber anderen Steuerpflichtigen mit gleichartigen Aufwendungen der Lebensführung begünstigen will, und daß es deshalb noch gerechtfertigt werden kann, das Aufteilungsverbot seinem Sinn und Zweck nach in denjenigen Fällen nicht anzuwenden, in denen eine gerechte und der Sachlage entsprechende Aufteilung nach objektiven und leicht nachprüfbaren Maßstäben möglich erscheint und eine Verletzung des Grundsatzes der Gleichbehandlung, wenn überhaupt, nur in sehr beschränktem Umfang zu befürchten ist."
152 *Offerhaus*, BB 79, 668: „Dient dieses Verbot aber wirklich der steuerlichen Gerechtigkeit? Ja, soweit Steuerpflichtige private Aufwendungen nicht in den beruflichen Bereich verlagern dürfen; nein, soweit das Verbot bewirkt, daß eindeutig betrieblich veranlaßte Aufwendungen nicht abgezogen werden können."
153 *Ruppe*, DStJG Bd. 3 (1980), 141.
154 Das von *Söhn*, DStJG Bd. 3 (1980), 38 f., entwickelte Kriterium der „Untrennbarkeit" ist eigentlich Bestandteil der Wesentlichkeitsqualifikation.
155 So die Wertentscheidung des Gesetzgebers in § 12 Nr. 1 Satz 2 EStG (h. M. im Schrifttum, a. a. O., Fn. 125).
156 Dazu S. 268 (Kleidung).
157 Dazu S. 264 (Arbeitsmittel).
158 Dazu S. 264 (Arbeitsmittel).
159 Dazu S. 268 f. (Kraftfahrzeug-, Reise-, Telefonkosten).
160 Dazu S. 111 ff.

bei unangemessenen Gewinnverteilungen[161], bei verdeckten Gewinnausschüttungen[162] und bei der Beurteilung von Verträgen zwischen Familienangehörigen durch den sog. *Fremdvergleich*[163]. Dieser am Angemessenheitsmaßstab orientierte Fremdvergleich ist schließlich auch im Außensteuerrecht (z. B. in § 1 AStG) institutionalisiert.

Bei der Subsumtion gemischt veranlaßter Aufwendungen unter den Betriebsausgaben-/Werbungskostentatbestand isoliert der Angemessenheitsmaßstab den wesentlich durch die Erwerbshandlung veranlaßten Teil der Aufwendungen. Wohlgemerkt greift er *nur dann* Platz, wenn *nicht alle* wesentlichen Bedingungen in die Erwerbssphäre fallen. Daher sind auch wirtschaftlich unangemessene Aufwendungen in vollem Umfange Betriebsausgaben/Werbungskosten, wenn sie durch die Lebensführung nicht oder lediglich unwesentlich mitveranlaßt sind[164]. Ist aber eine wirtschaftlich unangemessene Aufwendung sowohl wesentlich durch die Lebensführung als auch wesentlich durch die Erwerbstätigkeit veranlaßt[165], so ist die Aufwendung nach dem Aufteilungsprinzip der Angemessenheit in wirtschaftlich angemessener Höhe Erwerbsaufwendung, im übrigen Privatausgabe. § 4 V Nr. 7 EStG ist Ausdruck des allgemeinen Aufteilungsgrundsatzes der Angemessenheit[166]. Im Falle *verdeckter Zuwendungen* wird die wirtschaftlich angemessene Höhe der Erwerbsaufwendung durch den erwähnten *Fremdvergleich* bestimmt: Angemessen und als Betriebsausgaben/Werbungskosten abziehbar ist, was voneinander unabhängige Dritte unter gleichen oder ähnlichen Umständen miteinander als Entgelt[167], Gewinnanteil[168], (Ehegatten-)Lohn[169], Miete, Pacht, Zins[170] vereinbart hätten. Dieser Fremdvergleich dient auch der Ausgrenzung von Aufwendungen zur Förderung *staatspolitischer Zwecke* (§§ 4 VI, 9 V EStG). Ein wesentlich staatspolitisch mitveranlaßtes Gutachtenhonorar kann nur in der Höhe als Betriebsausgaben/Werbungskosten abgezogen werden, in der es auch mit einer nicht parteinahen Person vereinbart worden wäre[171].

2.3 Praktisch besonders bedeutsame Erwerbsaufwendungen

Die rechtsdogmatisch einheitliche Abgrenzung der Erwerbsaufwendungen (Betriebsausgaben/Werbungskosten) wird zunächst gestört durch Vorschriften wie die §§ 4 V, 9 I 3 EStG, welche die Abziehbarkeit bzw. Nichtabziehbarkeit speziell und unterschiedlich regeln. So ist z. B. kein Grund ersichtlich, unangemessene Betriebsausgaben vom Abzug auszuschließen (§ 4 V Nr. 7 EStG), unangemessene Werbungskosten aber nicht (s. S. 270 f.). Zudem verstärkt die Rechtsprechung die gesetzlich vorgege-

---

161 Dazu S. 343 f.
162 Dazu S. 422 ff.
163 Dazu S. 231.
164 Zur Abziehbarkeit unzweckmäßiger/unüblicher Aufwendungen s. oben S. 254 (Selbstbestimmung der Aufwendungen).
165 Nach der h. M. im Schrifttum (s. Fn. 125) ist § 12 Nr. 1 Satz 2 EStG hier nicht anwendbar, weil Repräsentationsaufwendungen i. S. des § 12 Nr. 1 Satz 2 EStG *nicht* wesentlich durch die Erwerbstätigkeit veranlaßt sind.
166 Dazu S. 270 f.
167 Dazu *Salditt,* Das fingierte Entgelt – creation of income?, StuW 71, 107; *Höppner,* Das Steuerrecht und der gerechte Preis, in: FS für Wacke, Köln 1972, 125 ff.
168 Dazu S. 343 f.
169 Zur Anerkennung von Arbeitsverhältnissen zwischen Ehegatten s. S. 231 f.
170 Vgl. *Tiedtke,* Darlehenszinsen als Betriebsausgaben, DStZ 85, 287; *Gebbers,* Zur steuerlichen Behandlung fragwürdiger „Darlehen", StBp. 86, 179 ff., 200 ff.
171 A. A. BFH BStBl. 86, 374.

benen Unterschiede, indem sie den Veranlassungsbegriff berufsbild- und einkunftsartbezogen würdigt. Sie interpretiert z. B. die Veranlassung von Bewirtungskosten bei einem Unternehmer anders als bei einem Arbeitnehmer (s. *Bewirtung*).

Praktisch besonders bedeutsam sind folgende Erwerbsaufwendungen:

Arbeitsmittel: § 9 I 3 Nr. 6 EStG regelt eine spezielle Gruppe von Aufwendungen für beruflich genutzte Wirtschaftsgüter, die Arbeitsmittel, z. B. Werkzeuge und typische Berufskleidung (siehe: Kleidung). Ob ein Arbeitsmittel in der Privatwohnung beruflich genutzt wird, ist oft schwer zu beurteilen. Daher pflegt die Rechtsprechung die Art der Nutzung typisierend festzustellen[172] und das Aufteilungsverbot des § 12 Nr. 1 Satz 2 EStG anzuwenden[173]; beides führt in eine unübersehbare Kasuistik[174]. (s. auch *Heimcomputer*).

U. E. muß die betriebliche und berufliche Nutzung von Wirtschaftsgütern kausalrechtlich einheitlich beurteilt werden. Mithin ist auch im Bereich der Überschußeinkünfte ein sog. *Einkunftserzielungsvermögen* anzunehmen[175]. Bei Umwidmung eines Wirtschaftsguts von der privaten zur beruflichen Nutzung (*Beispiel:* Umstellen eines Bücherschrankes vom Wohnzimmer in das Arbeitszimmer) sind nach der Rspr. des BFH[176] die Anschaffungs-/Herstellungskosten linear nach § 7 I i.V.m. § 9 I 3 Nr. 7 Satz 1 EStG auf die gesamte Nutzungsdauer zu verteilen. Diese Lösung ist wohl praktikabel, weil sie die Bewertung des Wirtschaftsguts zu Beginn der beruflichen Nutzung entbehrlich macht. Eine Gleichstellung mit der betrieblichen AfA wird indessen nur erreicht, wenn das Wirtschaftsgut zu Beginn der beruflichen Nutzung bewertet wird und dann nicht nur linear, sondern auch degressiv nach § 7 II EStG i.V.m. § 9 I 3 Nr. 7 Satz 1 abgeschrieben werden kann[177]. Hat das Arbeitsmittel nicht mehr als 800 DM gekostet, so können die Aufwendungen in voller Höhe im Beschaffungsjahr abgesetzt werden (§ 9 I 3 Nr. 7 Satz 2 i.V.m. § 6 II EStG). Dies ist nach Abschnitt 44 III 9 LStR bei anfänglich privat genutzten Wirtschaftsgütern möglich, wenn der lineare AfA-Restwert 800 DM nicht übersteigt[178].

Arbeitszimmer: Aufwendungen für ein häusliches Arbeitszimmer sind grundsätzlich nur dann abzugsfähig, wenn das Zimmer nahezu ausschließlich betrieblich oder beruflich genutzt

---

172 Vgl. z. B. BFH BStBl. 57, 328, 329: „Die Bfin. (Beschwerdeführerin) mag das Nachschlagewerk tatsächlich für ihren Beruf benutzen. Ihr Anerbieten, notfalls darüber Buch zu führen, zeigt aber, wohin es käme, wollte man für die Beurteilung auf die Verhältnisse des jeweiligen Falles und nicht auf das Typische abstellen . . ." Dazu m. w. N. *Birkenfeld*, DStJG Bd. 9 (1986), 245 ff.; *Lang*, Die Bemessungsgrundlage der Einkommensteuer, Köln 1981/88, 148 f.; *ders.*, DStJG Bd. 9 (1986), 80 ff.
173 Z. B. Tageszeitungen, Wochenzeitschriften, Radio: BFH BStBl. 90, 19; Videorecorder: BFH/NV 90, 441.
174 Z. B. Nachschlagewerk eines Lehrers nicht abziehbar nach BFH BStBl. 57, 328; 59, 292; 77, 716. Werbungskostenabzug bejaht BFH BStBl. 82, 67, für „Encyclopaedia Britannica" bei einem Englischlehrer. Konzertflügel einer Lehrerin nach BFH BStBl. 78, 459, kein Arbeitsmittel. Hingegen kann der Steinway-Flügel einer Konservatorium-Dozentin nach BFH BStBl. 89, 356, Arbeitsmittel sein.
175 Schmidt/*Drenseck*, EStG[9], § 9 Anm. 11 b; *Meincke*, in: Littmann/Bitz/Meincke, Das Einkommensteuerrecht[15], § 7 EStG Rnr. 65; *Lang*, DStJG Bd. 9 (1986), 53 ff.
176 BFH BStBl. 90, 684, im Anschluß an BFH BStBl. 89, 922; *v. Bornhaupt*, BB 89, 1534.
177 U. E. führt die analoge Anwendung des § 7 EStG durch § 9 I 3 Nr. 7 Satz 1 EStG zum Ansatz fiktiver AK in Gestalt des gemeinen Werts (§ 9 BewG), da ein anderer Wert i. S. des § 1 II BewG nicht eingreift. Insb. verneint BFH BStBl. 89, 924, zu Recht analoge Anwendung des § 6 I Nr. 5 Satz 1 EStG und Ansatz des Teilwerts, der per definitionem betrieblich genutzten Wirtschaftsgütern vorbehalten ist. Demnach kann bei anfänglich privat genutzten Wirtschaftsgütern nur der gemeine Wert Bemessungsgrundlage der AfA i. S. des § 9 I 3 Nr. 7 Satz 1 EStG sein.
178 A. A. Schmidt/*Drenseck*, EStG[9], § 9 Anm. 11a (Abzug des AfA-Restwerts im Zeitpunkt der Umwidmung, wenn die AK/HK unter 800 DM lagen). U. E. darf der gemeine Wert 800 DM im Zeitpunkt der Umwidmung nicht übersteigen.

wird[179]. Eine untergeordnete private Nutzung ist unschädlich[180]. Ansonsten soll nach der Rechtsprechung das Abzugsverbot des § 12 Nr. 1 Satz 2 EStG Platz greifen, so daß eine *wesentliche* betriebliche oder berufliche *Mit*benutzung eines Privatraumes negiert wird[181]. Absetzbar sind die Wohnungskosten, die sich nach dem Verhältnis des Arbeitszimmers zur gesamten Wohnfläche der Wohnung einschließlich des Arbeitszimmers ergeben[182]. Befindet sich das Arbeitszimmer eines Ehegatten in einem Haus, das beiden Eheleuten gehört, so kann die anteilige AfA voll, also ohne Rücksicht auf den Miteigentumsanteil des anderen Ehegatten, abgesetzt werden[183].

Ausbildung (siehe: Fortbildung).

Berufsverbände: Beiträge an Berufsverbände sind als Betriebsausgaben/Werbungskosten abziehbar, wenn der Berufsverband nach seiner Satzung Ziele verfolgt, welche die Erhaltung und Fortentwicklung des Betriebes/der Erwerbstätigkeit betreffen und die tatsächliche Geschäftsführung des Verbandes mit den satzungsmäßigen Zielen übereinstimmt[184]. Die wesentliche Veranlassung der Beiträge durch die Berufstätigkeit des Steuerpflichtigen ist notwendiger Inhalt der Begriffe „Berufsstände" und „Berufsverbände" in § 9 I 3 Nr. 3 EStG, so daß diese Vorschrift keine unterschiedliche Rechtslage bei Überschuß- und Gewinneinkünften schafft. Berufsverbände (oder allgemein ausgedrückt: Erwerbsverbände) sind z. B. Handwerks-/Steuerberater-/Rechtsanwaltskammern, Beamtenbund, Hochschulverband, Deutsche Steuerjuristische Gesellschaft, Gewerkschaften, Haus- und Grundbesitzerverein.

Die jüngere Judikatur[185] ist von einem extensiven Verständnis beruflicher Veranlassung geprägt. Danach ist es für die berufliche Veranlassung unschädlich, wenn der Verband im Rahmen seiner berufsständischen Aufgaben allgemein-politische Ziele verfolgt. Jedoch sind auch hier die allgemeinen kausalrechtlichen Regeln anzuwenden: Verfolgt der Verband (insb. als verdeckte Parteikasse) *wesentlich* allgemein-politische Ziele, so können die Beiträge nicht der Erwerbssphäre zugeordnet werden. Sie sind u. U. als verdeckte Zuwendungen für staatspolitische Zwecke unter §§ 4 VI, 9 V EStG zu subsumieren. Verfolgt hingegen der Verband wesentlich Erwerbsinteressen und nur unwesentlich allgemein-politische Ziele, so sind die Beiträge Betriebsausgaben/Werbungskosten[186].

Bewirtung: Die betriebliche/berufliche Veranlassung von Bewirtungskosten wird in höchst unterschiedlicher Weise berücksichtigt. Zunächst begrenzt § 4 V Nr. 2 EStG i. d. F. des StRefG 1990 den Abzug betrieblich veranlaßter Bewirtungskosten auf 80 Prozent der angemessenen und nachgewiesenen Aufwendungen[187]. Diese Vorschrift ist auf Werbungskosten nicht analog anwendbar (Umkehrschluß aus § 9 V EStG)[188]. Daher sind Aufwendungen des Arbeitnehmers für die Bewirtung von Kunden des Arbeitgebers ohne die Beschränkungen des § 4 V Nr. 2 EStG abziehbar[189]. Hingegen sollen Aufwendungen des Arbeitnehmers für die Bewirtung von Kollegen und Mitarbeitern zu Weihnachtsfeiern, Jubiläen, Arbeitsessen etc. Aufwendungen

---

179 BFH BStBl. 84, 110; 84, 112; 85, 467; Abschnitt 45 LStR; *Arndt,* in: KS, EStG, § 12 Rnr. B 115; Schmidt/*Drenseck,* EStG[9], § 19 Anm. 12 (Arbeitszimmer).
180 Zu Durchgangszimmern BFH BStBl. 88, 1000; FG Baden-Württemberg EFG 90, 347. S. aber FG Saarland EFG 90, 305: „Herrenzimmer" kein Arbeitszimmer.
181 Dazu kritisch *Lang,* DStJG Bd. 9 (1986), 81 f.; *K.-H. Günther,* DStZ 88, 328, 330.
182 BFH BStBl. 87, 500 (Ergänzung zu BFH BStBl. 84, 112).
183 BFH BStBl. 88, 764. Dazu *L. Meyer-Arndt,* B 88, 1237.
184 BFH BStBl. 85, 92; 89, 97.
185 BFH BStBl. 81, 29; 81, 368; 82, 465; 85, 92; 86, 373; FG Köln EFG 85, 335. Dazu ausführlich *Felix,* Demokratiebezogene Erwerbsbezüge, FR 85, 309; *Jakob/Jüptner,* Steuerfragen der mittelbaren Parteienfinanzierung über Organisationen, Stuttgart 1986. Kritisch gegen die Judikatur *Tipke,* StuW 85, 185 ff., 280 ff.
186 Vgl. *Lang,* StuW 84, 28. Ausführlich zur Wesentlichkeitstheorie *Jakob/Jüptner* (Fn. 185), 100 ff., 125 ff.
187 Dazu *Sauren,* DStZ 89, 189.
188 BFH BStBl. 84, 433.
189 So BFH (Fn. 188).

der Lebensführung sein[190]. Damit wird die berufliche Veranlassung, die z. B. in der Verantwortung leitender Angestellter für das Betriebsklima bestehen kann, negiert[191]. Eine Ausnahme macht die Rechtsprechung bei Arbeitnehmern mit erfolgsabhängigen Bezügen[192]. Damit greift der BFH auf den Wortlaut des § 9 I 1 EStG zurück und verläßt das Konzept, auf die Veranlassung durch die Erwerbstätigkeit abzustellen.

Doppelte Haushaltsführung (§ 9 I 3 Nr. 5 EStG)[193]: Abziehbar sind die *notwendigen* (rechtsdogmatisch: angemessenen) Mehraufwendungen, wenn die doppelte Haushaltsführung aus beruflichem Anlaß *begründet* worden ist. Hingegen sind die Mehraufwendungen unabhängig davon abziehbar, aus welchen (beruflichen oder privaten) Gründen die doppelte Haushaltsführung *beibehalten* wird (§ 9 I 3 Nr. 5 Satz 1 Halbsatz 2 EStG). Die Negation privater Veranlassung im Interesse der Steuerpraktikabilität ist u. E. nicht zu rechtfertigen.

Durch enge Interpretation des Begriffs „eigener Hausstand" als „Familienhausstand" verneint die Rechtsprechungs- und Verwaltungspraxis (Abschnitt 43 III LStR) doppelte Haushaltsführung in den Fällen, in denen fehlende persönliche Bindungen es ermöglichen, den Wohnsitz an den Beschäftigungsort zu verlegen, so daß ein zweiter Wohnsitz nicht als beruflicher Mehraufwand zu qualifizieren ist. Dies ist seit langem für Junggesellen entschieden (BFH BStBl. 72, 132; 72, 155; 75, 606). Nach jüngerer Rspr. (BFH BStBl. 88, 582; 89, 293; 89, 561) haben auch nichteheliche Lebensgemeinschaften keinen „Familienhausstand", es sei denn, die Lebensgefährten haben mindestens ein gemeinsames Kind (BFH BStBl. 90, 313). U. E. begründet das Zusammenleben mit Personen, zu denen eine nicht nur vorübergehende persönliche Bindung besteht, die Notwendigkeit einer zweiten Wohnung am Beschäftigungsort. Die Ausgrenzung nichtehelicher Lebensgemeinschaften ist wohl steuerpraktisch motiviert, enthält aber eine moralische Wertung, die für die Konkretisierung beruflichen Mehraufwandes untauglich ist.

Der Steuerabzug der Mehraufwendungen wegen doppelter Haushaltsführung steht nicht nur Arbeitnehmern zu. § 9 I 3 Nr. 5 EStG gilt für alle Überschußeinkunftsarten (§ 9 III EStG) und nach zutreffender Praxis in vollem Umfange auch für die Gewinneinkunftsarten, obgleich § 4 V Nr. 6 EStG nur auf die Regelung der Familienheimfahrten in § 9 I 3 Nr. 5 Sätze 3, 4 EStG verweist (Einzelheiten: Abschnitt 20a VI EStR).

Fahrten zwischen Wohnung und Erwerbsstätte (§§ 4 V Nr. 6; 9 I 3 Nr. 4, III EStG)[194]: Diese Fahrten weist der Gesetzgeber typisierend der Erwerbssphäre zu[195]. Daher sind die Fahrtkosten grundsätzlich *in voller Höhe* abziehbar[196]. Den Kreis der betrieblich/beruflich veranlaßten Fahrten begrenzt § 9 I 3 Nr. 4 Satz 2 und 3 EStG. Fährt der Steuerpflichtige einen großen Umweg, um

---

190 BFH BStBl. 73, 634; 84, 557; FG Nürnberg EFG 85, 69; FG Köln EFG 85, 552. Vgl. demgegenüber BFH BStBl. 85, 288: Chefarzt in freiberuflicher Eigenschaft könne Bewirtungskosten für das Personal absetzen. Die unterschiedliche Behandlung des selbständigen und nichtselbständigen Chefarztes (s. oben S. 254, 261) macht den kausalrechtsdogmatischen Bruch besonders deutlich.
191 Dazu kritisch *Lang*, DStJG Bd. 9 (1986), 75 f.
192 BFH BStBl. 84, 557 (dazu kritisch *Söffing*, FR 85, 275).
193 Dazu grundsätzlich *Söhn*, Werbungskosten wegen doppelter Haushaltsführung und allgemeiner Werbungskostenbegriff, StuW 83, 193; *ders.*, Werbungskosten wegen doppelter Haushaltsführung bei Wegverlegung des Familienwohnsitzes, FR 84, 25. Zur Entwicklung der höchstrichterlichen Rspr. *R. Sunder-Plassmann*, FR 90, 598. Einzelheiten: Abschnitt 43 LStR.
194 Dazu *Schmidt/Drenseck*, EStG[9], § 9 Anm. 7; *Wolff-Diepenbrock*, in: Littmann/Bitz/Meincke, Das Einkommensteuerrecht[15], § 9 EStG Rnrn. 239 ff.; Abschnitt 42 LStR.
195 BFH BStBl. 83, 309; *Drenseck*, B 87, 2485; *Schmidt/Drenseck*, EStG[9], § 9 Anm. 7 (wegen Unumgänglichkeit der Fahrten zwischen Wohnung und Arbeitsstätte kein Bezug zur Lebensführung); *Späth*, DStZ 85, 537; *Starke*, DStZ 85, 384; a. A. *Paus*, DStZ 85, 282; *ders.*, DStZ 86, 72.
196 Z. B. Taxikosten (BFH BStBl. 80, 582), Unfallkosten (s. z. B. BFH/NV 86, 736). Nach BFH BStBl. 83, 306, 309 (gegen BFH BStBl. 79, 222; 79, 648) soll der Maßstab der Angemessenheit nicht Platz greifen, weil die Ausgrenzung unangemessener Aufwendungen den Vereinfachungseffekt der Typisierung auflösen würde.

aus Gefälligkeit einen Arbeitskollegen mitzunehmen, so bejaht der BFH[197] entgegen Abschnitt 42 IV 8 Halbsatz 2 LStR Kosten der Lebensführung.

Aus verkehrspolitischen Gründen begrenzt § 9 I 3 Nr. 4 EStG den Steuerabzug bei Fahrten mit einem eigenen oder zur Nutzung überlassenen Kraftfahrzeug auf 0,50 DM (Auto) bzw. auf 0,22 DM (Motorrad/-roller) pro Entfernungskilometer; insoweit ist § 9 I 3 Nr. 4 EStG *Sozialzwecknorm*[198]. Diese wird partiell durch die Sozialzwecknorm des § 9 II EStG für *Körperbehinderte* wieder aufgehoben.

Fortbildung[199]: Aufwendungen für die Aneignung von Fachwissen sind nur dann Erwerbsaufwendungen, wenn sie durch eine konkret ausgeübte Erwerbstätigkeit veranlaßt sind (sog. *Fortbildungskosten*). Im Gegensatz dazu stehen die sog. *Ausbildungskosten,* die der Gesetzgeber der Privatsphäre zuordnet, weil ein *konkreter* Veranlassungszusammenhang fehlt; es handelt sich um die als Sonderausgaben begrenzt abziehbaren Aufwendungen für die Berufsausbildung und die Weiterbildung in einem *nicht ausgeübten* Beruf (§ 10 I Nr. 7 EStG, s. S. 379). *Beispiele:* Fortbildungskosten sind Aufwendungen eines in einer Wirtschaftsprüfungs- und Steuerberatungsgesellschaft nichtselbständig tätigen Diplom-Kaufmanns zur Vorbereitung auf die Steuerberaterprüfung (BFH NJW 90, 2710) und Aufwendungen eines Lehrers für ein Ergänzungsstudium (FG Münster EFG 90, 465). Ausbildungskosten sind hingegen Aufwendungen eines Berufsoffiziers für ein erstmaliges Hochschulstudium, das nicht Gegenstand eines sog. Ausbildungsdienstverhältnisses ist (BFH BStBl. 89, 616). Promotionskosten können Werbungskosten sein, wenn das Promotionsstudium Gegenstand eines Dienstverhältnisses ist[200]. Entsprechendes muß u. E. für selbständige Erwerbstätigkeiten gelten. Im übrigen sind Promotionskosten i. d. R. Ausbildungskosten[201]. Habilitationskosten sind regelmäßig Werbungskosten[202]. Die Kosten für die Teilnahme an Lehrgängen sind für Referendare, Finanzanwärter und Verwaltungsangestellte Erwerbsaufwendungen in einem bereits ausgeübten Beruf[203]. Hingegen werden Aufwendungen für Lehrgänge mit Erholungs-, Freizeit- und Hobbycharakter dem Abzugsverbot in § 12 Nr. 1 Satz 2 EStG unterworfen[204].

Geldstrafen/-bußen und andere Unrechtsfolgen (§§ 4 V Nr. 8, 9 V, 12 Nr. 4 EStG): s. S. 273.

Geldverlust (siehe: unfreiwilliger Verlust von Wirtschaftsgütern).

Geschenke sind abziehbare Betriebsausgaben nur nach Maßgabe des § 4 V Nr. 1 EStG[205]. Diese Vorschrift ist auf Werbungskosten nicht analog anwendbar[206]. Somit sind Geschenke des Arbeitnehmers an den Arbeitgeber oder seine Kunden auch dann als Werbungskosten abzieh-

---

197 BFH BStBl. 87, 275; dazu *Tiedtke,* DStZ 87, 393.
198 Zur Verfassungsmäßigkeit BVerfG BStBl. 70, 140. Kritisch insb. *Prinz,* in: HHR, EStG, § 9 Anm. 443 m. w. N.; *L. Schemmel,* Besteuerung des Straßenverkehrs – ohne Maß und ohne Grenzen?, Karl-Bräuer-Institut, Wiesbaden 1981.
199 Dazu *U. Herb,* Berufliche Ausbildung und Fortbildung im Einkommensteuerrecht. Eine Darstellung anhand ausgewählter Beispiele unter besonderer Berücksichtigung der typisierenden Betrachtungsweise, Diss. Augsburg 1986.
200 BFH BStBl. 87, 780. Vgl. auch FG Köln EFG 90, 572, zu Promotionskosten eines wiss. Mitarbeiters. Zum Abzug von Promotionskosten als Erwerbsaufwendungen *Sangmeister,* DStZ 88, 61; *Marx,* DStZ 88, 64.
201 Dazu ausführlich *v. Bornhaupt,* in: KS, EStG, § 9 Rnrn. B 346 ff.
202 BFH BStBl. 67, 778.
203 BFH BStBl. 67, 792 (Verwaltungsangestellter); 72, 261 (Finanzanwärter); 72, 643 (Referendar). Zu den Einzelheiten insb. *v. Bornhaupt,* in: KS, § 9 Rnrn. B 260 ff.; *Conradi,* in: Littmann/Bitz/Meincke, Das Einkommensteuerrecht[15], § 12 EStG Anm. 56 ff.; *Schmidt/Drenseck,* EStG[9], § 19 Anm. 12 (Fortbildungskosten); *Söhn,* in: KS, EStG, § 10 Anm. J 13 ff.
204 BFH BStBl. 90, 306 (Privatpilotenlizenz eines Flugmechanikers); BFH BStBl. 90, 134; 90, 736 (Sportmediziner-Fortbildungslehrgang in Wintersportort). Werbungskosten bejaht aber BFH BStBl. 89, 91, für Aufwendungen eines Sportlehrers für Schulskileiter-Lehrgang.
205 Dazu unten S. 272.
206 BFH BStBl. 84, 315; 85, 286; *Lang,* JbFSt. 1983/84, 205, 206 (m. w. N.).

bar, wenn der Betrag von 50 DM überschritten wird[207]. Jedoch werden Geschenke leitender Arbeitnehmer an Mitarbeiter ebenso wie Bewirtungsaufwendungen infolge wörtlicher Interpretation des § 9 I 1 EStG grundsätzlich nicht als Werbungskosten anerkannt[208].

Heimcomputer: Aufwendungen für Heimcomputer sind nur dann abziehbar, wenn die Art der Berufstätigkeit und der konkrete berufliche Einsatz, der bei der Anschaffung des Gerätes feststehen muß, die ausschließliche berufliche Nutzung gewährleisten (*Beispiel:* Computer eines Gymnasiallehrers im Fach Informatik)[209]. Da eine private Nutzung eines Heimcomputers (z. B. für Spiele) kaum auszuschließen ist, bedient sich die Rechtsprechung berufsbildtypisierender Betrachtungsweise[210].

Kleidung gehört zum existentiell unvermeidbaren Privatbedarf[211]. Daher sind Erwerbsaufwendungen grundsätzlich nur Aufwendungen für *typische Berufskleidung* (so die Klarstellung durch StRefG 1990 in § 9 I 3 Nr. 6 Satz 1 EStG), wie z. B. Aufwendungen für eine Uniform, eine Amtstracht, einen Schutzhelm[212]. Ausnahmsweise können jedoch auch die Mehraufwendungen für bürgerliche Kleidung als Betriebsausgaben/Werbungskosten berücksichtigt werden, wenn der Mehraufwand (insb. besonders hoher Verschleiß) nach objektiven Maßstäben zutreffend und in leicht nachprüfbarer Weise abgegrenzt werden kann[213].

Kraftfahrzeugkosten fallen bei gemischter Nutzung grundsätzlich nicht unter das Abzugsverbot des § 12 Nr. 1 Satz 2 EStG[214], wohl aber sind unangemessene Kfz-Aufwendungen nach Maßgabe des § 4 V Nr. 7 EStG auszuscheiden[215]. Bei überwiegend betrieblich genutzten Kraftfahrzeugen setzt die Verwaltung im Regelfall den betrieblichen Nutzungsanteil mit 65 bis 70 v. H. der Gesamtnutzung an (dazu und zu besonderen Umständen Abschnitt 118 II EStR). Besondere Kosten (insb. Unfallkosten) während einer Privatfahrt (z. B. Urlaubsfahrt) sind Privatausgaben[216]. Aufwendungen für Fahrten zwischen Wohnung und Betrieb sind herauszurechnen und auf die Pauschalen des § 9 I 3 Nr. 4 i. V. m. § 4 V Nr. 6 EStG herabzukürzen (Einzelheiten: Abschnitt 20 a EStR). Arbeitnehmer können für beruflich veranlaßte Reisen entweder Kilometersätze, die auf Grund jährlicher Gesamtkosten errechnet worden sind, oder ohne Nachweis der Gesamtkosten Kilometer-Pauschalen (Kfz: 0,42 DM; Motorrad/-roller: 0,18 DM; Moped/Mofa: 0,11 DM) als Werbungskosten abziehen (Abschnitt 38 II LStR).

Reisekosten sind Betriebsausgaben/Werbungskosten, wenn die Reise ausschließlich betrieblich/beruflich veranlaßt ist (Beispiele: Geschäftsreisen, Dienstreisen, Dienstantrittsreisen, Bewerbungsreisen, Umzugsreisen). Im Fall gemischt veranlaßter Reisen (z. B. mit touristischem Beiprogramm) stellt die Rechtsprechung strenge Anforderungen an die Abgrenzbarkeit der betrieblich/beruflich veranlaßten Aufwendungen[217]. Einzelheiten zum Umfang der Reisekosten: Abschnitte 119 EStR, 37 LStR (dazu *Drenseck,* DStR 90, 616).

---

207 Vgl. BFH BStBl. 84, 315; *Prinz,* in: HHR, EStG, § 9 Anm. 750 („Geschenke").
208 BFH BStBl. 73, 634; 84, 557; 85, 286 (Chefarztfall, s. oben S. 254, 261).
209 BFH v. 9. 6. 1988, BFH/NV 88, 708.
210 Dazu *C. Christians,* B 87, 2176; *Handzik,* FR 88, 401; *Voss,* FR 89, 72.
211 Dazu grundsätzlich *Söhn,* Bürgerliche Kleidung, typische Berufskleidung und Werbungskosten, FR 80, 301; *Tipke,* StuW 79, 202.
212 Vgl. z. B. BFH BStBl. 59, 328 (Amtstracht); 72, 379 (Uniform); 79, 519 (schwarzer Anzug des Oberkellners); 80, 73 (Trachtenanzug nicht); Abschnitt 117 II EStR; Schmidt/ *Drenseck,* EStG[9], § 9 Anm. 10 (Arztkittel, Bergarbeiterkleidung, typische Schutzkleidung wie Helme und Bürokittel).
213 Dazu insb. BFH BStBl. 90, 49; *Söhn* (Fn. 211); Schmidt/*Drenseck* (Fn. 212); *Arndt,* in: KS, EStG, § 12 Rnr. B 150 (Kleidung); *Conradi,* in: Littmann/Bitz/Meincke, Das Einkommensteuerrecht[15], § 12 EStG Anm. 51 ff.
214 Grundsätzlich BFH GrS BStBl. 71, 21. Ausführlich *Arndt,* in: KS, EStG, § 12 Rnrn. B 17 ff.
215 Dazu unten S. 271.
216 BFH BStBl. 64, 453; 78, 457; Abschnitt 118 III 4 EStR. Berechnungsbeispiel mit USt: *Reiprich,* UR 85, 76. Vgl. auch *Hunold,* Dienstreisen des Arbeitnehmers im eigenen Pkw bzw. im Firmen-Pkw, B-Beilage 1/1985.
217 Grundlegend BFH GrS BStBl. 79, 213. Ausführlich im einzelnen *Arndt,* in: KS, EStG, § 12 Rnrn. B 65 ff. S. auch Abschnitt 35 LStR; *Carl,* DStR 89, 519.

Telefonkosten sind im Falle gemischter Veranlassung grundsätzlich schätzweise wie Pkw-Kosten aufteilbar. Dies gilt nicht nur bei Betriebstelefonen, sondern auch bei privaten Telefonanschlüssen in der Wohnung eines Arbeitnehmers[218]. Die schätzweise Aufteilung der Grund- und Gesprächsgebühren ist selbst dann zulässig, wenn keine Aufzeichnungen über die dienstlichen und privaten Gespräche geführt werden[219].

Umzugskosten (s. Abschnitt 41 LStR). Nach BFH BStBl. 89, 972, greift bei einem privaten Umzug das Abzugsverbot des § 12 Nr. 1 Satz 2 EStG bezüglich der Arbeitszimmereinrichtung Platz (s. S. 262).

Unfallkosten (s. S. 259 f.).

Unfreiwilliger Verlust von Wirtschaftsgütern: Einwirkungen durch höhere Gewalt oder Dritte gehören grundsätzlich zu den Nebenfolgen risikobehafteten ökonomischen Handelns[220]. Nach dem objektiven Nettoprinzip ist die Risikosphäre der Erwerbstätigkeit vollständig zu berücksichtigen (s. S. 255 f.). Bei den *Gewinn*einkünften gilt folgendes: Wird ein zum Betriebsvermögen gehörendes Wirtschaftsgut zerstört oder entwendet, so ist der Buchwert Aufwand, wenn das Wirtschaftsgut *nicht privat* genutzt wird. Wird das Wirtschaftsgut des Betriebsvermögens *auch privat* genutzt, so ist der Buchwert nach dem pauschal festgelegten Verhältnis betrieblicher/ privater Nutzung aufzuteilen, wenn eine *konkrete* betriebliche oder private Veranlassung nicht feststellbar ist (Beispiel: Zerstörung eines Pkw durch Blitzschlag in der Garage[221]). Der private Anteil des Buchwerts ist Wertfaktor der *Nutzungsentnahme* in ihrer Funktion als Kostenkorrekturtatbestand[222]. Für eine pauschale Aufteilung des Buchwerts ist hingegen kein Raum, wenn das Wirtschaftsgut infolge einer *konkreten* Betriebs- oder Privathandlung zerstört wird. Im Falle konkret betrieblicher Veranlassung ist der Buchwert des gemischtgenutzten Wirtschaftsguts in vollem Umfange betrieblicher Aufwand. Im Falle konkret privater Veranlassung (z. B. Totalbeschädigung eines Betriebsfahrzeuges während einer Urlaubsfahrt) ist der Buchwert in vollem Umfange Wertfaktor der *Nutzungsentnahme*. Da die private Nutzung betrieblicher Wirtschaftsgüter keine Substanzentnahme[223] darstellt, ist der Teilwert des Wirtschaftsguts nicht anzusetzen[224]. Die Substanz verbleibt im Bereich betrieblicher Veranlassung mit der Konsequenz, daß Entschädigungen, Versicherungsleistungen und Schrottwerterlöse als Betriebseinnahmen zu qualifizieren sind[225]. Bei den *Überschuß*einkünften ist die Risikosphäre quellentheoretisch zu begrenzen; daher reicht im Gegensatz zu den Gewinneinkünften die schlichte Nutzung des Wirtschaftsguts für die Annahme von Werbungskosten nicht aus. So liegt z. B. einkommensteuerrechtlich irrelevanter Stammvermögensverlust vor, wenn ein Miethaus durch Brand zerstört wird. Im Falle von Überschußeinkünften ist nach der konkreten risikobehafteten Erwerbshandlung zu fragen, die den Verlust des Wirtschaftsguts bewirkt hat. Entgegen der Auffassung des BFH (s. S. 261) stellt der Geldverlust während einer Dienstreise Werbungskosten dar, da der Verlust von Geld dem Reiserisiko zuzuordnen ist.

Verpflegungsmehraufwendungen sind nur bis 140 v. H. der höchsten Tagegeldbeträge des Bundesreisekostengesetzes abziehbare Betriebsausgaben (§ 4 V Nr. 5 EStG) bzw. Werbungskosten (§ 9 IV EStG).

Zinsen[226]: a) *Gewinn*einkünfte: Zinsen sind Betriebsausgaben, wenn das Darlehen für Erwerbszwecke verwendet wird. Dient das Darlehen auch privaten Zwecken, so sind die betrieblich und

---

218 BFH BStBl. 81, 131; *Söhn*, DStJG Bd. 3 (1980), 59 f.; *Tipke,* StuW 79, 205.
219 BFH (Fn. 218) und im einzelnen: Nds. FG EFG 83, 348. Zur steuerlichen Behandlung der vom Arbeitgeber getragenen Kosten für Telefonanschluß in der Wohnung des Arbeitnehmers: BdF BStBl. 80 I 252.
220 S. oben S. 246 f.
221 *Tipke,* StuW 79, 202.
222 Dazu S. 298.
223 BFH BStBl. 90, 8 (m. w. N.)
224 BFH (Fn. 223).
225 BFH (Fn. 223).
226 Dazu *A. Beater,* Die Umwandlung von Privatschulden in Betriebsschulden im Zusammenhang mit dem Schuldzinsenabzug, Diss. jur. Göttingen 1988; *R. Beiser,* Der Abzug

§ 9 Einkommensteuer

privat veranlaßten Zinsen nach der sog. Zinszahlenstaffelmethode[227] aufzuteilen. Dies hat der Große Senat[228] zur Kontokorrentverbindlichkeit entschieden und dabei die unterschiedliche Behandlung der Gewinnermittlungsarten durch die bisherige BFH-Rechtsprechung[229] aufgegeben. Die kausalrechtliche Beurteilung der Zinsen soll sich nach Auffassung des Großen Senats nur auf den einzelnen Kredit erstrecken. Dazu hat der Große Senat ausdrücklich klargestellt, daß es dem Steuerpflichtigen grundsätzlich freigestellt ist, welche Teile seines Vermögens und seiner Aufwendungen er fremdfinanzieren will. Dies bedeutet, daß die bankkontentechnische Trennung betrieblicher und privater Auszahlungen nicht nur die komplizierte Zinszahlenstaffelmethode erspart, sondern auch die Verlagerung des Fremdfinanzierungsbedarfs in den betrieblichen Bereich ermöglicht. Dies wird durch das sog. 2-Konten-Modell erreicht: Auf dem ersten Konto werden alle Betriebseinnahmen sowie Privatentnahmen verbucht und mit dem zweiten Konto werden alle Betriebsausgaben per Kontokorrent-Kredit finanziert[230]. Das 2-Konten-Modell verwirklicht die Finanzierungsfreiheit des Steuerpflichtigen und fällt deshalb nicht in den Anwendungsbereich des § 42 AO[231]. Die Alternative zur kausalrechtlichen Beurteilung des einzelnen Schuldkontos würde eine Liquiditätsanalyse nicht nur für den Betrieb[232], sondern für das Gesamtvermögen des Steuerpflichtigen erfordern. Ein solcher Lösungsweg läßt sich nicht nur praktisch kaum verwirklichen. Er würde auch von der konkreten Kausalität einzelner Aufwendungen wegführen.

b) *Überschußeinkünfte:* Die vom Großen Senat entwickelten Grundsätze gelten auch für Überschußeinkünfte. BFH BStBl. 81, 516, ist überholt. Unterschiede erzeugt allerdings nach wie vor der Einkünftedualismus: So stellt sich im Bereich der Überschußeinkünfte die bereits oben (S. 240) behandelte Frage, ob Zinsen nach Maßgabe des § 9 I 3 Nr. 1 EStG Quelleneinkünften i. S. der §§ 20, 21 EStG oder Veräußerungseinkünften i. S. der §§ 17, 23 EStG zuzuordnen sind.

2.4 Nichtabziehbare Erwerbsaufwendungen

2.41 Allgemeine Regeln

Unter nichtabziehbaren Betriebsausgaben und Werbungskosten[233] versteht man Aufwendungen, die zwar durch die Erwerbstätigkeit veranlaßt sind, die jedoch kraft eines *gesetzlichen Abzugsverbots* nicht abziehbar sind. Derartige Aufwendungen können auch nicht in *Privatabzügen* berücksichtigt werden, weil diese grundsätzlich Betriebsausgaben oder Werbungskosten nicht erfassen (§§ 10 Einleitungssatz; 33 II 2 EStG). Indessen regeln gesetzliche Abzugsverbote häufig Aufwendungen, die *nicht ausschließlich* durch die Erwerbstätigkeit, sondern auch (offensichtlich oder versteckt) privat mitveranlaßt sind.

a) Nach *§ 4 V Nr. 7 EStG* dürfen Aufwendungen, die die Lebensführung des Steuerpflichtigen oder anderer Personen berühren, den Gewinn nicht mindern, *soweit* sie nach allgemeiner Verkehrsauffassung als unangemessen anzusehen sind[234]. Diese

---

von Schuldzinsen in der Einkommensteuer, Die Zuordnung von Verbindlichkeiten, Berlin 1990.
227 Dazu ausf. BFH GrS BStBl. 90, 817, 826 ff.
228 (Fn. 227).
229 Dazu 12. Aufl., S. 267/268. Zu den Vorlagebeschlüssen an den GrS s. *Beater,* StuW 89, 170.
230 Dazu Schmidt/*Drenseck,* EStG[9], § 12 Anm. 8 (Zinsen); *Lang,* StRK-Anm. EStG 1975 § 4 Abs. 4 R. 16; *ders.,* StbKongrRep. 1988, 61; *Paus,* DStZ 88, 414; *Söffing,* FR 89, 395.
231 OFD Münster FR 88, 441. Vgl. aber auch OFD Münster FR 89, 214 (bankintern zusammengefaßte Konten bilden ein Konto). Dazu krit. *Söffing* (Fn. 230).
232 Vgl. hierzu FG Köln EFG 82, 66.
233 Dazu *Kirchhof,* Gesetzlich nicht abzugsfähige Betriebsausgaben und Werbungskosten, DStJG Bd. 3 (1980), 201.
234 Dazu *Blümich,* EStG[13], § 4 Anm. 286; *Herrmann/Heuer/Raupach,* EStG § 4 Anm. 51 b; Schmidt/*Heinicke,* EStG[9], § 4 Anm. 106; *Wolff-Diepenbrock,* in: Littmann/Bitz/Meincke,

Vorschrift formuliert das oben (S. 261 ff.) dargelegte Angemessenheitsprinzip. Danach ist der unangemessene Teil der Aufwendungen *privat* veranlaßt[235]. Somit ist § 4 V Nr. 7 EStG im Katalog nichtabziehbarer *Betriebs*ausgaben fehlplaziert. § 4 V Nr. 7 EStG enthält einen auch auf Werbungskosten anwendbaren allgemeinen Rechtsgrundsatz[236]. Dies verneint BFH BStBl. 90, 423, mit der Begründung, eine dem Gesamtplan des EStG widersprechende Unvollkommenheit sei nicht darin zu erblikken, daß das EStG für den Bereich der Werbungskosten kein dem § 4 V Nr. 7 EStG entsprechendes Abzugsverbot enthalte. Indessen deckt der entschiedene Fall keine Gesetzeslücke auf, die durch analoge Anwendung des § 4 V Nr. 7 EStG zu schließen wäre[237]. Die Kosten für das Chartern eines Privatflugzeuges sind *privat* mitveranlaßt, weil der Steuerpflichtige nach Beendigung des beruflich veranlaßten Termins das Kreuzfahrtschiff seiner Urlaubsreise mit einer Linienmaschine nicht mehr erreicht hätte. Die Frage nach der *privaten* Mitveranlassung der Charterflugkosten ist aber durch den Werbungskostenbegriff und § 12 Nr. 1 EStG hinreichend geregelt. Mithin war nach diesen Vorschriften ein Fall wesentlich beruflicher und wesentlich privater Veranlassung mit dem Ziel zu entscheiden, den angemessenen Anteil der Kosten (d. s. die Linienflugkosten) der beruflichen Veranlassung zuzuordnen. Somit vertieft BFH BStBl. 90, 423, die Ungleichinterpretation der Erwerbsaufwendungen in ihrem durch das Veranlassungsprinzip gebildeten Begriffskern[238].

Der *Umfang* des nichtabziehbaren (u. E. privat veranlaßten) Teils der Aufwendungen ergibt sich aus der *allgemeinen Verkehrsauffassung* (§ 4 V Nr. 7 Halbsatz 2 EStG). Bei der Auslegung dieses Begriffs stellt die jüngste Rechtsprechung des BFH[239] stärker als die frühere Rechtsprechungs- und Verwaltungspraxis auf die *Umstände des Einzelfalles* ab. So werden z. B. Kfz-Anschaffungskosten nicht mehr bereits als unangemessen beurteilt, wenn bestimmte Betragsgrenzen überschritten werden. Vielmehr kommt es nach Auffassung des BFH auf die gegebenen *betrieblichen* (Größe des Unternehmens, Bedeutung des Aufwandes für den Geschäftserfolg) und *privaten* Umstände (Umfang und Häufigkeit der privaten Nutzung, Dominanz der privaten Motivation, z. B. bei motorsporttauglichen Fahrzeugen) an[240]. Diese Abwägung trägt sachgerecht dem Zweck des § 4 V Nr. 7 EStG Rechnung, gemischt veranlaßte Aufwendungen aufzuteilen.

Das Einkommensteuerrecht[15], §§ 4, 5 EStG Rnrn. 1730 ff.; *Lang,* Die Bemessungsgrundlage der Einkommensteuer, Köln 1981/88, 328 ff. Zur steuerlichen Behandlung von Geschäftsflugzeugen *M. Hebig,* DStZ 88, 604.

235 Dazu *Lang* (Fn. 234), 328 ff. BFH BStBl. 86, 904; 87, 853, stellen auf den Grad, in dem die private Lebensführung berührt wird, ab. Siehe zuletzt BFH vom 16. 2. 1990, FR 90, 390: Ein Nachtlokal oder Bordell schaffe keinen Rahmen für geschäftliche Gespräche. Vielmehr trete das persönliche Vergnügen entscheidend in den Vordergrund, so daß § 4 V Nr. 7 EStG die Abziehbarkeit der Aufwendungen ganz ausschließe.

236 BFH BStBl. 78, 459; 79, 219; 79, 222; 80, 582; *Tipke,* StuW 79, 197; *Wollny,* DStR 83, 374; *Görlich,* B 79, 711; *Hennerichs,* FR 84, 389. A. A. BFH BStBl. 90, 423, im Anschluß an die h. M. im Schrifttum (s. BStBl. 90, 425).

237 A. A. BFH BStBl. 90, 425, und die h. M. im Schrifttum, die von der ausschließlich betrieblichen Veranlassung der nach § 4 V Nr. 7 EStG nichtabziehbaren Aufwendungen ausgeht.

238 Vgl. *Tipke,* Einkunftsarten-Kästchendenken versus Systemdenken, StuW 90, 246 (zugleich Besprechung BFH BStBl. 90, 423).

239 BFH BStBl. 86, 904; 87, 108; 87, 853; 88, 629.

240 Grundsätzlich dazu BFH BStBl. 87, 853 ff.

§ 9 Einkommensteuer

b) Nach *§ 160 AO* sind Betriebsausgaben und Werbungskosten regelmäßig nicht zu berücksichtigen, wenn der Steuerpflichtige den *Empfänger nicht benennt* (dazu S. 694 f.).

c) Nach *§ 3 c EStG* dürfen Ausgaben, die *mit steuerfreien Einnahmen in unmittelbarem wirtschaftlichen Zusammenhang* stehen, nicht als Betriebsausgaben oder Werbungskosten abgezogen werden. Nach ständiger Rechtsprechung[241] enthält § 3 c EStG einen *allgemeinen Rechtsgrundsatz*. Daher ist § 3 c EStG analog auf Ausgaben anzuwenden, die mit nicht steuerbaren Einnahmen zusammenhängen. Die Formulierung des § 3 c EStG stimmt indessen mit der Veranlassungstheorie ebensowenig überein wie § 9 I 1 EStG. Bei der Abgrenzung von *Netto*einkünften (als Unterschiedsbeträge von Erwerbsbezügen und -aufwendungen) kommt es auf den Kausalzusammenhang zwischen Tätigkeit und Bezügen/Aufwendungen, nicht zwischen Bezügen und Aufwendungen an.

2.42 Besondere Regeln für verdeckt privat mitveranlaßte Erwerbsaufwendungen

Die Vorschriften in § 4 V Nrn. 1 – 5 EStG regeln verdeckt privat mitveranlaßte Betriebsausgaben.

Nach § 4 V Nr. 1 EStG werden *Geschenke* an Personen, die nicht Arbeitnehmer des Steuerpflichtigen sind, nur bei Anschaffungs- oder Herstellungskosten bis 75 DM zum Betriebsausgabenabzug zugelassen[242].

Unangemessene und *nicht formularmäßig nachgewiesene Bewirtungskosten* dürfen den Gewinn nach § 4 V Nr. 2 EStG überhaupt nicht mindern. Die durch StRefG 1990 eingeführte Begrenzung des Betriebsausgabenabzugs auf 80 Prozent der angemessenen und nachgewiesenen Aufwendungen will dem Umstand Rechnung tragen, daß durch die Bewirtung die Lebensführung der daran teilnehmenden Personen berührt ist[243].

Nicht abziehbar sind auch die mit der Freizeitgestaltung zusammenhängenden Aufwendungen für *Gästehäuser* (§ 4 V Nr. 3 EStG), *Jagd, Fischerei, Segel- und Motorjachten* (§ 4 V Nr. 4 EStG). Auch die Begrenzung des Betriebsausgaben-/Werbungskostenabzugs für *Verpflegungsmehraufwendungen* (§§ 4 V Nr. 5, 9 IV EStG) kann damit begründet werden, daß die das Bundesreisekostengesetz übersteigenden Beträge besondere private Essensbedürfnisse befriedigen.

Da sich in derartigen Fällen die Anteile der privaten und betrieblichen/beruflichen Veranlassung nicht zwingend bestimmen lassen, hat der Gesetzgeber einen relativ weiten Gestaltungsspielraum[244].

---

241 BFH BStBl. 77, 507; 86, 401; 87, 385; 89, 351.
242 Dazu *Bordewin,* BB 75, 127; *Piltz,* Betriebsausgaben ohne konkrete Gegenleistung, Inst.-FuSt Brief 230, Bonn 1984; *Lang,* JbFSt. 1983/84, 195; *Söffing,* FR 76, 25; *Wolff-Diepenbrock,* in: Littmann/Bitz/Meincke, Das Einkommensteuerrecht[15], §§ 4, 5 EStG Rnrn. 1664 ff.; *Rödder,* DStZ 88, 578. Zur gesellschaftsrechtlichen Problematik *Schneider,* JbFSt. 1983/84, 165.
243 BT-Drucks. 11/2157, 138. Zur eingeschränkten Berücksichtigung von Bewirtungskosten nach dem StRefG 1990 s. *A. Kühn,* B 89, 2400. Rein privat veranlaßt ist die Bewirtung von Geschäftsfreunden in Nachtlokalen (s. Fn. 235).
244 Vgl. auch das Hearing zu den Bewirtungskosten: BT-Drucks. 11/2536, 14, sowie den Beschluß des 57. Deutschen Juristentages, Sitzungsbericht N, München 1988, 214: „Belastende Typisierungen bei einzelnen Arten der Erwerbsaufwendungen sind nur in engen Grenzen rechtfertigungsfähig; sinnvoll ist Typisierung im Grenzgebiet zur privaten Lebensführung".

2.43 Besondere Regeln zum Schutz der Gesamtrechtsordnung

a) Nach §§ 4 V Nr. 8; 9 V EStG dürfen von einem Gericht oder einer Behörde oder von EG-Organen festgesetzte *Geldbußen, Ordnungsgelder* und *Verwarnungsgelder* nicht abgezogen werden; dasselbe gilt für Leistungen zur Erfüllung berufsgerichtlicher Auflagen und Weisungen. Nach § *12 Nr. 4 EStG* dürfen *Geldstrafen,* sonstige Rechtsfolgen vermögensrechtlicher Art, bei denen der Strafcharakter überwiegt, und Leistungen zur Erfüllung von Auflagen und/oder Weisungen (z. B. solche nach § 153a StPO) nicht abgezogen werden. § 12 Nr. 4 EStG regelt klarstellend Aufwendungen der privaten Opfersphäre[245]. Mit den Sanktionsabzugsverboten reagierte der Gesetzgeber auf BFH GrS BStBl. 84, 160, 166, der abweichend von einer jahrzehntelangen Praxis Geldbußen zum Abzug als Betriebsausgaben zuließ[246]. Wird mit der Geldbuße der durch die Ordnungswidrigkeit erlangte Vorteil abgeschöpft, so gebietet nach BVerfG BStBl. 90, 483, der Gleichheitssatz, daß entweder der Abschöpfungsbetrag abgesetzt werden kann oder der Bemessung der Geldbuße nur der um die absehbare Einkommensteuer verminderte Betrag zugrunde gelegt wird.

b) *Zinsen auf hinterzogene Betriebsteuern* sind nach § 4 V Nr. 8 a EStG nicht abziehbar. Diese durch StReFG 1990 eingeführte Regelung begründete der Finanzausschuß mit dem Hinweis auf das Abzugsverbot für Geldbußen[247]. Zinsen haben an sich keine Sanktionsfunktion. Mit der Nichtabziehbarkeit verleiht ihnen aber der Gesetzgeber Sanktionscharakter.

c) Aufwendungen zur Förderung staatspolitischer Zwecke (§ 10 b II EStG: *Mitgliedsbeiträge und Spenden an politische Parteien*) sind *keine* Erwerbsaufwendungen. Diese Feststellung in den §§ 4 VI, 9 V EStG ist eine Reaktion auf die Auffassung, Parteispenden könnten Betriebsausgaben sein[248]. Diese Auffassung hat der BFH[249] inzwischen verworfen. Die gesetzliche Klärung in den §§ 4 VI, 9 V EStG schützt die Chancengleichheit der Parteien[250].

d) *Resümee:* Wie die §§ 4 V Nr. 8, 8a, VI; 9 V EStG zeigen, ist der aus § 40 AO abgeleitete Satz von der *Wertneutralität* des Steuerrechts *nicht* durchgängig richtig. Vielmehr darf das Steuerrecht Grundwertungen des Verfassungsrechts (z. B. Chancengleichheit der Parteien), des Strafrechts und anderer Teile der Rechtsordnung nicht durchkreuzen. Eine Verbesserung der Abstimmung auf die außersteuerrechtli-

---

245 Dazu insb. *Tanzer*, DStJG Bd. 3 (1980), 227; *ders.,* Die gewinnmindernde Abzugsfähigkeit von Geldstrafen im Abgabenrecht. Eine rechtsvergleichende Untersuchung über die Methoden und Grenzen der steuerlichen Rechtsfindung, Wien 1983.
246 Dazu *Blümich*, EStG[13], § 4 Anm. 287ff.; *Dankmeyer*, B 84, 2108; *Lang*, StuW 85, 10; *Tanzer*, wistra 84, 159; *Voß*, FR 84, 245; *Wedemeyer*, DStZ 85, 79.
247 BT-Drucks. 11/2536, 77. Verfassungsrechtliche Bedenken gegen § 4 V Nr. 8 a EStG äußert *B. Gast-de Haan*, StVj 90, 76.
248 So insb. *v. Wallis*, DStZ 83, 135; *Felix*, NJW 85, 1935; *Otto*, KÖSDI 85, 5984; *Jakob/Jüptner*, Steuerfragen der mittelbaren Parteienfinanzierung über Organisationen, Stuttgart 1986, 125ff. Gegen diese Auffassung insb. *Tipke*, StuW 85, 280; *Birk*, NJW 85, 1939; *Gérard*, FR 84, 254; *Schünemann*, ZRP 84, 137, 140. BFH BStBl. 86, 373: Zuwendungen an politische Parteien seien „im allgemeinen nicht als Betriebsausgaben abziehbar..." (dazu *Felix*, DStZ 86, 282; *List*, StRK-Anm. EStG 1975 § 4 Abs. 4 R. 61). Materialsammlung zur Parteispendenproblematik: *Horlemann*, DStZ 86, 35; DStZ 88, 116.
249 BFH BStBl. 88, 220.
250 Dazu ausführlich m. w. N. *v. Arnim*, Verfassungsfragen der Parteienfinanzierung, JA 85, 121 ff., 207 ff. Zur Verfassungsmäßigkeit des Parteienfinanzierungsgesetzes v. 22. 12. 1983 (BGBl. I 83, 1577) s. BVerfGE 73, 40.

che Wertordnung wäre es, wenn (nach US-amerikanischem Vorbild[251]) auch Bestechungs-, Schmier- und andere Aufwendungen, soweit sie die guten Sitten oder deutsches Recht verletzen, nicht zum Abzug zugelassen würden. Die Marktwirtschaft sollte keine korrupte Wirtschaft sein; sie ist es weithin auch nicht.

2.5 Pauschalierung von Erwerbsaufwendungen

Gesetz und Verwaltungsvorschriften erzeugen erhebliche Ungleichheit, indem sie für bestimmte Arten von Erwerbsaufwendungen Pauschalierungen vorsehen. Die wichtigsten Pauschalierungen, insb. *Jahres*pauschbeträge, sind folgende:

a) Gesetzliche Pauschalierungen:

- § 3 Nr. 26 EStG: Steuerfreie Aufwandsentschädigungen für nebenberuflich tätige Übungsleiter, Ausbilder, Erzieher, etc. bis 2 400 DM.
- Kilometer-Pauschbeträge nach §§ 9 I 3 Nr. 4 Satz 4, 4 V Nr. 6 EStG.
- § 9 a Satz 1 Nr. 1 EStG: Arbeitnehmer-Pauschbetrag von 2 000 DM.

   In diesem ab 1990 geltenden Pauschbetrag werden der bisherige Werbungskosten-Pauschbetrag von 564 DM, der Weihnachts-Freibetrag von 600 DM (§ 19 III EStG a.F.) und der Arbeitnehmer-Freibetrag von 480 DM (§ 19 IV EStG a.F.) zusammengefaßt. Nach der Regierungsbegründung (BT-Drucks. 11/2157, 143) sollen etwa 75 Prozent der Arbeitnehmer davon befreit werden, ihre Werbungskosten zu ermitteln. Dies besagt, daß der Gesetzgeber bei 75 Prozent der Arbeitnehmer verkappte Vereinfachungsbefreiungen (soweit die Summe der tatsächlich entstandenen Werbungskosten hinter dem Pauschbetrag von 2 000 DM zurückbleibt) in Kauf nimmt. Die verkappten Steuerbefreiungen werden durch offene Steuerbefreiungen von Werbungskostenersatz durch den Arbeitgeber (§ 3 Nrn. 12, 13, 16, 30–32 EStG) aufgestockt (zur Kritik an dieser Rechtslage s. S. 276).

- § 9 a Satz 1 Nr. 2 EStG: Werbungskosten-Pauschbetrag von 100 DM (zusammenveranlagte Ehegatten: 200 DM) bei den Einkünften aus Kapitalvermögen.
- § 9 a Satz 1 Nr. 3 EStG: Werbungskosten-Pauschbetrag von 200 DM bei den sonstigen Einkünften i. S. des § 22 Nr. 1, 1 a EStG.
- § 51 EStDV: Betriebsausgaben-Pauschsätze von 65 bzw. 40 Prozent der Einnahmen aus Holznutzungen für forstwirtschaftliche Betriebe, die ihre Einkünfte nicht nach § 4 I EStG ermitteln bzw. zu ermitteln haben.

b) Pauschalierung durch Verwaltungsvorschriften:

- Werbungskosten-Pauschsätze für bestimmte Berufsgruppen nach Abschnitt 47 LStR[252].
- Reisekostenpauschalierungen (Abschnitte 119 EStR, 39–40 LStR).
- Betriebsausgaben-Pauschalierungen bei Einkünften aus selbständiger wissenschaftlicher, schriftstellerischer und künstlerischer Nebentätigkeit (einschließlich

---

251 Im US-amerikanischen Steuerrecht spricht man von social policies to discourage undesirable activities (dazu *Popkin,* The Deduction for Business Expenses and Losses, Cambridge 1973, Chapter 5: Business Expenses as Socially Desirable Expenses). Vgl. auch *Kroll,* Die Behandlung illegalen Einkommens im Einkommensteuerrecht der USA, StuW 84, 260.
252 Zum Verhältnis der Werbungskosten-Pauschsätze für bestimmte Berufsgruppen zum allgemeinen Werbungskosten-Pauschbetrag *D. Breidecker,* FR 89, 10.

Vortrags- und nebenberuflicher Lehr- und Prüfungstätigkeit) in Höhe von 25 % der Betriebseinnahmen, höchstens 1 200 DM[253], und im Falle
- *haupt*beruflicher selbständiger schriftstellerischer oder journalistischer Tätigkeit in Höhe von 30 % der Betriebseinnahmen, höchstens 4 800 DM[254].
- Werbungskosten-/Betriebsausgaben-Pauschalierung bei Einkünften von Parlamentsjournalisten in Höhe von 35 % der Einnahmen, höchstens 10 200 DM/10 800 DM[255].
- Betriebsausgaben-Pauschalierung bei Einkünften der sog. Tagesmütter der Höhe nach abhängig von dem Umfang der Betreuung bis 7 440 DM für jedes betreute Kind[256].

Der Deutsche Juristentag hat gegen den Vorschlag von *Kirchhof,* „den Abzug individuellen Aufwandes durch typisierende Aufwandstatbestände zu ersetzen"[257], folgenden Beschluß gefaßt: „Die generelle Typisierung der absetzbaren Betriebsausgaben und Werbungskosten ist abzulehnen. Sie würde die Identität der Einkommensteuer als Subjektsteuer antasten und mit der grundrechtlich geschützten Freiheit des Eigentumsgebrauchs und der Investition kollidieren"[258].

Die exakte Erfassung von Erwerbsbezügen und Erwerbsaufwendungen gehört grundsätzlich zu den unverzichtbaren Bedingungen einer gleichmäßigen Besteuerung nach der Leistungsfähigkeit, denn nur die exakte Einkünfteermittlung gewährleistet die Vergleichbarkeit der Einkommen als Voraussetzung einer gerechten Belastung durch den Tarif. Pauschalierungen haben Begünstigungseffekt, wenn sie – bezogen auf den Einzelfall – zu hoch angesetzt sind, und Sonderbelastungseffekt, wenn sie – wie im Falle der verkehrspolitisch begründeten Kilometer-Pauschbeträge[259] – den Steuerabzug höherer Aufwendungen nicht zulassen.

Grundsätzlich lassen sich Pauschalierungen nur als *Vereinfachungszwecknormen* (s. S. 21) rechtfertigen. Die Besteuerung nach der Leistungsfähigkeit darf nicht das Übermaßverbot verletzen. Insofern ist es nicht nur zulässig, sondern auch geboten, die Überkompliziertheit und Undurchführbarkeit des Gesetzes dort zu vermeiden, wo ein bestimmter durchschnittlicher Aufwand anzunehmen und es dem Steuerpflichtigen nicht zuzumuten ist, ihn im einzelnen zu belegen (s. S. 52). *Verkappte Steuerbefreiungen einzelner Gruppen von Steuerpflichtigen durch Pauschalierung von Erwerbsaufwendungen lassen sich grundsätzlich als Vereinfachungszwecknormen nicht rechtfertigen*[260]. In derartigen Fällen ist zu prüfen, ob die Steuerbefreiung als Sozialzwecknorm gerechtfertigt werden kann. Beispiel: Die Steuerfreiheit von Aufwandsentschädigungen für Übungsleiter, etc. bis 2 400 DM (§ 3 Nr. 26 EStG) ist keine Betriebsausgaben/Werbungskostenpauschale (so BT-Drucks. 8/3688, 16), sondern eine Steuervergün-

---

253 StEK EStG § 4 BetrAusg. Nr. 188. Dieser Betriebsausgaben-Pauschbetrag wird nur gewährt, soweit § 3 Nr. 26 EStG nicht Platz greift. Diesen Betriebsausgaben-Pauschbetrag gewährt die Verwaltung auch Lehrern, die außerhalb ihrer haupt- und nebenberuflich ausgeübten Lehrtätigkeit Nachhilfestunden erteilen (StEK EStG § 4 BetrAusg. Nr. 205).
254 StEK EStG § 4 BetrAusg. Nr. 30; B 62, 1028.
255 StEK EStG § 9 Nr. 270. Dazu *Tipke,* in: Raupach/Tipke/Uelner, Niedergang oder Neuordnung des deutschen Einkommensteuerrechts?, Köln 1985, 152.
256 Im einzelnen BStBl. I 84, 134.
257 *Kirchhof,* Gutachten F zum 57. Deutschen Juristentag, München 1988, 48.
258 57. Deutscher Juristentag, Sitzungsbericht N, München 1988, 214.
259 S. oben S. 266f. (Fahrten zwischen Wohnung und Erwerbsstätte).
260 Dazu *Tipke* (Fn. 255), 146ff.

stigung zur Förderung gemeinnütziger Zwecke[261]. Hingegen ist der Arbeitnehmer-Pauschbetrag von 2 000 DM (§ 9a Satz 1 Nr. 1 EStG) weder als Vereinfachungszwecknorm noch als Sozialzwecknorm zu rechtfertigen. Er privilegiert Arbeitnehmer, deren Werbungskosten den Betrag von 2 000 DM nicht erreichen, und diskriminiert Steuerpflichtige wie z. B. Selbständige, die ihre Aufwendungen auf den Pfennig genau verbuchen müssen [262]. Im weiteren entzieht der Arbeitnehmer-Pauschbetrag auch den Steuerbefreiungen des Werbungskostenersatzes (§ 3 Nrn. 12, 13, 16, 30–32 EStG) den Boden, weil Aufstockungen eines bereits zu hohen Pauschbetrages augenfällig jenseits der Vereinfachungsrechtfertigung ansetzen. Gleichwohl erweiterte das StRefG 1990 § 3 Nr. 16 EStG um die bisher in Abschnitt 8 III LStR 1987 geregelten steuerfreien Vergütungen des Arbeitgebers von Mehraufwendungen wegen doppelter Haushaltsführung. Jedoch wies die Begründung darauf hin, daß „weitergehende Verwaltungsregelungen über die Steuerfreiheit von Werbungskostenersatzleistungen" ab 1990 nicht fortgeführt werden sollen, weil diese angesichts des Arbeitnehmer-Pauschbetrages „zu einer nicht vertretbaren Begünstigung derjenigen Arbeitnehmer führen würden, denen die Werbungskosten vom Arbeitgeber in vollem Umfang ersetzt werden"[263]. Damit ist auch die Gleichheitssatzwidrigkeit der *gesetzlichen* Befreiungen amtlich begründet worden.

Verkappte Steuerbefreiungen bestimmter Gruppen von Steuerpflichtigen durch *Verwaltungsvorschriften* verletzen nicht nur den Gleichheitssatz, sondern auch die Gesetzmäßigkeit der Besteuerung[264]. Hingegen sind die Reisekostenpauschalierungen in den Abschnitten 119 EStR, 39 LStR nicht zu beanstanden. Sie begrenzen den Ermittlungsaufwand i. S. des Übermaßverbots.

III. Betriebsvermögensvergleich nach §§ 4 I, 5 I EStG

Literatur: *Lion,* Das Bilanzsteuerrecht [2], Berlin 1923; Handelsbilanz und Steuerbilanz, Bde. I und II, Referate des dritten österreichischen Juristentages, Wien 1967; *Kormann,* Die neue Handels- und Steuerbilanz [2], Berlin 1970; *Bühler/Scherpf,* Bilanz und Steuer [7], München 1971;

---

261 Dazu Gutachten der Unabhängigen Sachverständigenkommission zur Prüfung des Gemeinnützigkeits- und Spendenrechts, Heft 40 der BMF-Schriftenreihe, Bonn 1988, 217 ff. Art. 3 Nr. 1 Vereinsförderungsgesetz (BStBl. I 89, 499 ff.) erweiterte § 3 Nr. 26 EStG auf die nebenberufliche Pflege alter, kranker oder behinderter Menschen.
262 Dazu *Rasenack,* Zum Wegfall der Arbeitnehmerfreibeträge und zur Verfassungsmäßigkeit des Arbeitnehmer-Werbungskostenpauschbetrags in der Einkommensteuerreform 1990, BB 88, 1859 ff.
263 BT-Drucks. 11/2157, 137. Zur entsprechenden Neufassung der LStR 1990 *K. J. v. Bornhaupt,* Abgrenzung Werbungskostenersatz zu Auslagenersatz und durchlaufenden Geldern im Lohnsteuerrecht, StuW 90, 46; *W. Drenseck,* FR 89, 261; *J. Giloy,* BB 89, 2082; *Albert/Heitmann,* FR 89, 425; *W. Apitz,* StBp. 90, 34.
264 A. A. ständige Rechtsprechung des BFH BStBl. 71, 459; 73, 601; 76, 192; 78, 26; 80, 455. Diese Rechtsprechung toleriert die berufsgruppenbezogenen Pauschalierungen in den Richtlinien und Erlassen. Nach dieser Rechtsprechung sind Pauschalierungen Schätzungen i. S. des § 162 AO, die der Vereinfachung des Besteuerungsverfahrens dienen und aus Gründen der Gleichbehandlung auch von den Steuergerichten zu beachten sind, sofern die auf Einzelfallbeobachtungen beruhenden Durchschnittswerte der Pauschsätze nicht im Einzelfall zu einer unzutreffenden Besteuerung führen. Mit dieser das Wesen sachgerechter Pauschalierung zutreffend beschreibenden Begründung lassen sich die oben erwähnten berufsgruppenbezogenen Pauschalierungen nicht rechtfertigen.

Freericks, Bilanzierungsfähigkeit und Bilanzierungspflicht in Handels- und Steuerbilanz, Köln u. a. 1976; *D. Schneider,* Steuerbilanzen, Wiesbaden 1978; *Wöhe,* Bilanzierung und Bilanzpolitik[6], München 1984; *Moxter,* Bilanzrechtsprechung[2], Tübingen 1985; *ders.,* Bilanzlehre I u. II[3], Wiesbaden 1984/86; Wirtschaftsprüfer-Handbuch 1985/86, Bd. I, Düsseldorf 1985; Bd. II, Düsseldorf 1986; *Leffson/Rückle/Großfeld* (Hrsg.), Handwörterbuch unbestimmter Rechtsbegriffe im Bilanzrecht des HGB, Köln 1986; *Heinen,* Handelsbilanzen[12], Wiesbaden 1986; *Adler/ Düring/Schmaltz,* Rechnungslegung und Prüfung der Unternehmen[5], Stuttgart 1987; *C. Meyer,* Bilanzierung nach Handels- und Steuerrecht, Darstellung, Kontrollfragen, Aufgaben, Lösungen[6], Herne/Berlin 1987; *Biergans,* Einkommensteuer und Steuerbilanz[4], München 1988; *Falterbaum/Beckmann,* Buchführung und Bilanz[13], Bonn/Achim 1989; *Brönner/Bareis,* Die Bilanz nach Handels- und Steuerrecht[9], Stuttgart 1989; *Knobbe-Keuk,* Bilanz- und Unternehmenssteuerrecht[7], Köln 1989; *Bauch/Oestreicher,* Handels- und Steuerbilanzen[4], Heidelberg 1989; *Mellwig/Moxter/Ordelheide* (Hrsg.), Handelsbilanz und Steuerbilanz, Wiesbaden 1989; *H. Beisse,* Die steuerrechtliche Bedeutung der neuen deutschen Bilanzgesetzgebung, StVj 89, 295; *ders.,* Grundsatzfragen der Auslegung des neuen Bilanzrechts, BB 90, 2007; *Federmann,* Bilanzierung nach Handels- und Steuerrecht[18], Berlin 1990; *Coenenberg,* Jahresabschluß und Jahresabschlußanalyse[11], München 1990; *J. Thiel,* Bilanzrecht[4], Heidelberg 1990; *Küting/Weber* (Hrsg.), Handbuch der Rechnungslegung[3], Stuttgart 1990; *Budde/Clemm/Pankow/Sarx,* Beck'scher Bilanz-Kommentar, Der Jahresabschluß nach Handels- und Steuerrecht[2], München 1990; *B. Großfeld,* Bilanzrecht[2], Heidelberg 1990; *Wöhe,* Die Handels- und Steuerbilanz[2], München 1990.

1. Einführung

§ 4 I 1 EStG, der durch Verweisung auch für die Gewinnermittlung nach § 5 I EStG gilt, bestimmt:

„Gewinn ist der Unterschiedsbetrag zwischen dem Betriebsvermögen am Schluß des Wirtschaftsjahrs und dem Betriebsvermögen am Schluß des vorangegangenen Wirtschaftsjahrs, vermehrt um den Wert der Entnahmen und vermindert um den Wert der Einlagen."[1]

Betriebsvermögen ist hier[2], ebenso wie in § 16 II EStG, als Betriebs*rein*vermögen (Eigenkapital) zu verstehen (nicht, wie in § 6 I 1 EStG, als Wirtschaftsgüter des Betriebsvermögens im Gegensatz zu Wirtschaftsgütern des Privatvermögens). § 4 I 1 EStG verlangt den *Vergleich zweier Eigenkapitalgrößen,* deren Differenz um die Einlagen und Entnahmen korrigiert werden muß, weil die Vermögensmehrung durch Einlagen keine durch den Betrieb verursachte (erwirtschaftete) Vermögensmehrung ist und die Vermögensminderung durch Entnahmen keine durch den Betrieb verursachte Vermögensminderung ist.

Die Ermittlung des Betriebsreinvermögens oder Eigenkapitals geschieht durch die *Bilanz* (Jahresabschluß-Bilanz). Betriebsreinvermögen ist die Differenz zwischen der Summe der Aktiva und der Summe der Passiva (soweit diese nicht Eigenkapital darstellen).

---

1 Genauer muß es heißen: „Wert des Betriebsvermögens" statt „Betriebsvermögen". § 16 II EStG spricht zutreffend vom „Wert des Betriebsvermögens".
2 Anders in § 6 I EStG.

§ 9 Einkommensteuer

Bilanz 31.12. 00		Bilanz 31.12. 01	
Aktiva	Betriebsreinvermögen oder Eigenkapital oder Kapitalüberschuß 400 000 DM	Aktiva	Betriebsreinvermögen oder Eigenkapital oder Kapitalüberschuß 600 000 DM
	Passiva		Passiva
1 000 000 DM	600 000 DM	1 100 000 DM	500 000 DM

Übersteigen die Passiva die Aktiva, ergibt sich kein Betriebsreinvermögen (Kapitalüberschuß), sondern ein auf der Aktivseite auszuweisender „nicht durch Eigenkapital gedeckter Fehlbetrag" (§ 268 III HGB betr. Kapitalgesellschaften), kurz: Kapitalfehlbetrag oder negatives Kapital. Man spricht auch von (buchmäßiger) „Überschuldung" oder „Unterbilanz". Hat sich der Kapitalfehlbetrag von einem auf das andere Jahr vermindert, so ist (ebenfalls) *ein Gewinn* erwirtschaftet worden.

§ 4 I 1 EStG spricht nur von „Gewinn". Stellt sich beim Betriebsvermögensvergleich zweier Stichtage heraus, daß das Reinvermögen (der Kapitalüberschuß) sich vermindert oder daß der Kapitalfehlbetrag sich erhöht hat, so handelt es sich um einen *Verlust*.

§ 268 I 1 HGB spricht neutral von *Jahresergebnis* (= Jahreserfolg) und unterscheidet Jahresüberschuß (= Gewinn) und Jahresfehlbetrag (= Verlust).

In dem skizzierten Beispiel ergibt der Vergleich: Das Betriebsreinvermögen hat sich im Laufe des Jahres 01 von 400 000 DM auf 600 000 DM vermehrt. Der Gewinn beträgt also 200 000 DM. Dabei wird unterstellt, daß es keine Entnahmen und keine Einlagen gegeben hat.

Weitere Beispiele: Wurde im Jahre 01 nichts entnommen und nichts eingelegt, so ergeben sich folgende Gewinne/Verluste als Betriebsvermögensdifferenz, wenn der Wert des Betriebsvermögens (+ = Eigenkapital oder Reinvermögen; — = nicht durch Eigenkapital gedeckter Fehlbetrag) betrug:

	DM	DM	DM
31.12.00	+ 30 000	− 90 000	− 30 000
31.12.01	+ 90 000	− 30 000	− 90 000
Gewinn (+)/Verlust (−)	+ 60 000	+ 60 000	− 60 000
31.12.00	+ 90 000	− 90 000	− 30 000
31.12.01	− 30 000	+ 30 000	+ 90 000
Gewinn (+)/Verlust (−)	− 120 000	+ 120 000	+ 120 000

Die Veränderungen des Betriebsvermögens, die der Betriebsvermögensvergleich am Ende des Jahres sichtbar macht, werden durch einzelne Geschäftsvorfälle im Laufe des Jahres verursacht. Diese einzelnen Geschäftsvorfälle werden in der Buchführung festgehalten.

Ein Geschäftsvorfall kann das Reinvermögen vermehren, vermindern oder zugleich vermehren und vermindern; er kann erfolgswirksam (ergebniswirksam, ergebnisrelevant) oder erfolgsneutral (ergebnisunwirksam, ergebnisirrelevant) sein.

Die Wertzugänge (einer Periode), die nicht Einlagen sind, bezeichnet man als *Erträge;* die Wertabgänge, die nicht Entnahmen sind, bezeichnet man als *Aufwendungen.* Gewinn läßt sich danach auch definieren als der Unterschied zwischen Erträgen und Aufwendungen einer Periode (eines Wirtschaftsjahres).

§ 242 HGB schreibt vor, daß der Kaufmann für den Schluß eines jeden Geschäftsjahres aufzustellen hat

- die Bilanz (§ 242 I HGB),
- die Gewinn- und Verlustrechnung[3], d. h. eine Gegenüberstellung der Erträge und Aufwendungen (§ 242 II HGB).

Bilanz und Gewinn- und Verlustrechnung bilden zusammen den Jahresabschluß (§ 242 III HGB).

Da die Erträge Vermögensmehrungen, die Aufwendungen Vermögensminderungen sind, muß der Vergleich von Erträgen und Aufwendungen zu dem gleichen Ergebnis führen wie der bilanzielle Betriebsvermögensvergleich. Darauf beruht die *doppelte Buchführung*. In ihr wird der Jahreserfolg (Gewinn, Verlust) zum einen *in der Bilanz,* zum anderen *in der Gewinn- und Verlustrechnung* – sie könnte auch Rechnung der Erträge und Aufwendungen heißen – ermittelt. Ist die Summe aller Ertragsposten des Jahres höher als die Summe aller Aufwendungsposten, so ergibt sich ein Gewinn. Ist die Summe aller Aufwendungsposten des Jahres höher als die Summe aller Ertragsposten, so ergibt sich ein Verlust.

Der durch Betriebsvermögensvergleich ermittelte Gewinn muß zur Ermittlung des „steuerpflichtigen" Gewinns um die steuerfreien Betriebseinnahmen, insb. *Sanierungsgewinn* (§ 3 Nr. 66 EStG) und *Zinsen* i. S. des § 3a EStG, gekürzt werden. Für den Verlust gilt Entsprechendes.

2. Prinzipielle Maßgeblichkeit der Handelsbilanz

Literatur: *K. Barth,* Die Entwicklung des deutschen Bilanzrechts, Bd. II 1: Steuerrecht, Stuttgart 1955, 221 ff.; *L. Müller,* Die Maßgeblichkeit der Handelsbilanz für die Steuerbilanz im deutschen Bilanzsteuerrecht, Diss. rer. pol. Köln 1967; *V. Kluge,* Das Maßgeblichkeitsprinzip, Diss. Berlin 1969; *D. Schneider,* Sieben Thesen zum Verhältnis von Handels- und Steuerbilanz, B 70, 1697; *Birgelen,* Die Beeinträchtigung der handelsrechtlichen Gestaltungsfreiheit durch das Steuerrecht, Diss. Zürich 1970; *Dziadkowski,* Die Elemente des Steuerbilanz-Gewinns, Diss. Köln 1973; *Alsheimer,* Einhundert Jahre Prinzip der Maßgeblichkeit der Handelsbilanz für die Steuerbilanz, ZfB 74, 841; *Freericks,* Bilanzierungsfähigkeit und Bilanzierungspflicht in Handels- und Steuerbilanz, Köln u. a. 1976; *Saelzle,* Steuerbilanzziele und Maßgeblichkeitsprinzip, AG 77, 181; *A. Weber,* Das Verhältnis von Handelsbilanz und Steuerbilanz, Diss. Freiburg (Schweiz) 1978; *Pausch,* Von der Steuer- zur Handelsbilanz – geschichtlich betrachtet, DStZA 79, 59; *Döllerer,* Gedanken zur „Bilanz im Rechtssinne", JbFSt. 1979/80, 195; *Beisse,* Handelsbilanzrecht in der Rechtsprechung des BFH – Implikationen des Maßgeblichkeitsgrundsatzes, BB 80, 637; *Pohl,* Die Entwicklung des ertragsteuerlichen Maßgeblichkeitsprinzips, Diss. Köln 1983; *Beisse,* Zum Verhältnis von Bilanzrecht und Betriebswirtschaftslehre, StuW 84, 1 ff.; *Tanzer,* Die Maßgeblichkeit der Handelsbilanz für die Bewertung in der Steuerbilanz, DStJG Bd. 7 (1984), 55 ff.; *Moxter,* Bilanzrechtsprechung[2], Tübingen 1985, 2 ff., 47 ff.; *Mathiak,* StbJb. 1986/87, 79; *Biergans,* Einkommensteuer und Steuerbilanz[4], München 1988, 147 ff.;

---

3 Dazu die Kommentierungen der §§ 275 ff. HGB. Diese Vorschriften gelten für Kapitalgesellschaften. Zum Mindestinhalt der Gewinn- und Verlustrechnung für Einzelkaufleute und Personenhandelsgesellschaften s. *Förschle/Kropp,* B 89, 1037 ff., 1096 ff.

Merkert, DStZ 88, 142; *Küting/Haeger,* DStR 88, 159; *Rombach,* Das Maßgeblichkeitsprinzip im System einkommensteuerlicher Gewinnermittlung, Pfaffenweiler 1988; *Krieger,* Der Grundsatz der Maßgeblichkeit ..., in: FS für Döllerer, Düsseldorf 1988, 327; *Döllerer,* BB 88, 238; *A. Bordewin,* DStR 88, 668; *F. Wassermeyer,* StbKongrRep. 1988, 89; *D. Dziadkowski,* WPg 88, 409; *Knobbe-Keuk,* Bilanz- und Unternehmenssteuerrecht[7], Köln 1989, § 2; *J. Thiel,* B 89, 537; *Weilbach,* B 89, 1299; *Schildbach,* BB 89, 1443; *K.-H. Mittelsteiner,* in: FS für Wöhe, München 1989, 279; *Raupach* u. *Sarrazin,* in: Mellwig/Moxter/Ordelheide (Hrsg.), Handelsbilanz und Steuerbilanz, Wiesbaden 1989, 105, 145; *Lause/Sievers,* BB 90, 24; *D. Schneeloch,* DStR 90, 51; *ders.,* DStR 90, 96; *T. Stobbe,* Beilage DStR 88/Heft 20; *ders.,* Die Verknüpfung handels- und steuerrechtlicher Rechnungslegung – Maßgeblichkeitsausprägungen de lege lata et ferenda –, Berlin 1991; *Geitner/Heim/Hollfelder,* StStud. 90, 327; *Raupach,* BFuP 90, 515.

§ 5 I EStG macht den Betriebsvermögensvergleich von den *handelsrechtlichen Grundsätzen ordnungsmäßiger Buchführung* abhängig (Prinzip der Maßgeblichkeit der Handelsbilanz für die Steuerbilanz).

Der Betriebsvermögensvergleich nach § 4 I EStG ist ebenso wie der nach § 5 I EStG auf „Grundsätze ordnungsmäßiger Buchführung" (GoB) angewiesen (dazu bereits S. 236). GoB sind hauptsächlich handelsrechtliche, nämlich die im HGB kodifizierten Normen. Die Verweisung auf einige Bilanzierungsvorschriften des HGB in § 141 I 2 AO ist unvollständig. Wer den Gewinn nach § 4 I EStG wegen Buchführungspflicht oder *freiwillig* ermittelt, benötigt zunächst das komplette HGB-Normensystem der Buchführung und des Jahresabschlusses. Dieses HGB-Normensystem wird gegebenenfalls durch spezielle GoB (insb. für Landwirte, vgl. § 6 I Nr. 2 Satz 4 EStG) ergänzt.

§ 5 I 1 EStG bezieht sich expressis verbis nicht auf die Handelsbilanz schlechthin, sondern nur auf die Handelsbilanzansätze, denen „handelsrechtliche Grundsätze ordnungsmäßiger Buchführung" zugrunde liegen. Damit rezipiert das Steuerrecht ein System ordnungsmäßiger Rechnungslegung, um eine sachgerechte Maßgröße für die gleichmäßige Verteilung der Steuerlasten zu gewinnen. Die GoB sollen nämlich den ökonomisch zutreffenden Gewinn bestimmen, der ohne Gefährdung des Unternehmens ausgeschüttet werden kann. Eine solche Maßgröße ordnungsmäßiger Rechnungslegung ist prinzipiell auch geeignet, das für die Steuerzahlung disponible Einkommen mitzubestimmen. Die Maßgeblichkeitsnorm des § 5 I 1 EStG ist daher *Fiskalzwecknorm;* der Konnex zwischen Handelsbilanz und Steuerbilanz soll die Maßgröße steuerlicher Leistungsfähigkeit ökonomisch zutreffend konkretisieren. Dies setzt allerdings voraus, daß die im HGB normierten GoB so fortgebildet werden, daß ihr materieller Inhalt mit dem Leistungsfähigkeitsprinzip vereinbart werden kann, was insb. bei den Bilanzierungswahlrechten problematisch ist (s. unten S. 285 f.).

Daher wird der Maßgeblichkeitsgrundsatz verfehlt, wenn der Konnex zwischen Handelsbilanz und Steuerbilanz auch auf *Sozialzwecknormen* erstreckt wird. Der Gesetzgeber verfälscht den durch die GoB gewonnenen Leistungsfähigkeitsindikator, indem er *Steuerverschonungssubventionen* gewährt. Damit entfällt auch der Grundgedanke des Maßgeblichkeitsprinzips, so daß Steuerbilanzpositionen, die auf Sozialzwecknormen beruhen, in den Konnex zwischen Handels- und Steuerbilanz grundsätzlich nicht miteinbezogen werden dürften (zur sog. umgekehrten Maßgeblichkeit s. S. 286 ff.).

Die Anknüpfung der steuerrechtlichen Gewinnermittlung an die handelsrechtliche Gewinnermittlung geschieht auch aus *Vereinfachungsgründen;* diese waren der historische Anlaß des Maßgeblichkeitsprinzips. Vereinfachungsmaßnahmen sind zulässig, um das Recht praktikabel zu machen. Sie dürfen die Steuerbemessungsgrundlage, die sich an der wirtschaftlichen Leistungsfähigkeit orientieren muß, nicht wesentlich verfälschen. Dagegen muß sich das Einkommensteuergesetz absichern. Folglich *begrenzt es die Maßgeblichkeit handelsrechtlicher Bilanzierung* durch zahlreiche Vorschriften (dazu unten S. 285 f.). Diese Vorschriften sollen für Besteuerungszwekke die ursprünglich sehr weiten Bilanzierungsspielräume der Kaufleute eindämmen. Durch das Bilanzrichtlinien-Gesetz ist 1985 das Bilanzrecht im HGB kodifiziert worden. Je stärker die dadurch eingeleitete Rechtsentwicklung Bilanzierungswillkür beschneidet, desto geringer wird das Bedürfnis nach steuerlicher Begrenzung des Bilanzrechts.

Zur Steuererklärung gestattet § 60 II EStDV folgende zwei Alternativen: Der Steuerpflichtige kann der Steuererklärung eine *nicht angepaßte* Handelsbilanz beifügen, die dann mit Zusätzen und Anmerkungen zu versehen ist (§ 60 II 1 EStDV); er kann aber auch eine den steuerlichen Vorschriften entsprechende Bilanz beifügen. § 60 II 2 EStDV bezeichnet diese Bilanz als „Steuerbilanz". Die Steuerbilanz kann zusätzlich zur Handelsbilanz angefertigt werden. In der Praxis pflegen jedoch Kaufleute ihre Handelsbilanz von vornherein so zu gestalten, daß sie den steuerlichen Vorschriften entspricht. Eine solche sog. *Einheitsbilanz* bleibt Handelsbilanz. §§ 247 III, 254, 273, 279 II, 280 II, 281 HGB lassen zu, daß die Handelsbilanz an die Steuerbilanz angepaßt werden darf.

3. Grundsätze ordnungsmäßiger Buchführung und Bilanzierung

Literatur: *H. W. Kruse,* Grundsätze ordnungsmäßiger Buchführung, Rechtsnatur und Bestimmung[3], Köln 1978; *Bauch/Pfitzer,* Handels- und Steuerbilanzen [3], Heidelberg 1986, 50ff.; *J. Lang,* Grundsätze ordnungsmäßiger Buchführung I, II, in: Handwörterbuch unbestimmter Rechtsbegriffe im Bilanzrecht des HGB, Köln 1986, 221 ff.; *Baetge,* Grundsätze ordnungsmäßiger Buchführung, B 86, Beilage 26; *Leffson,* Die Grundsätze ordnungsmäßiger Buchführung[7], Düsseldorf 1987; *Knobbe-Keuk,* Bilanz- und Unternehmenssteuerrecht[7], Köln 1989, § 3; *L. Schmidt,* EStG[9], München 1990, § 5 Anm. 13, 14.

Das Handelsgesetzbuch kodifiziert das Recht der Buchführung und Bilanzierung (Buchführung i.w.S.) nicht abschließend. Es bedient sich auszufüllender unbestimmter Rechtsbegriffe und verweist an mehreren Stellen (§§ 238 I, 239 IV, 241, 243 I, 256, 257 III HGB) auf die Grundsätze ordnungsmäßiger Buchführung (die selbst auch ein unbestimmter Rechtsbegriff sind). Das Recht der Buchführung/Bilanzierung ist somit ein offenes System, das es dem Rechtsanwender ermöglicht, unbestimmte Rechtsbegriffe mit Hilfe von Prinzipien zu konkretisieren (soweit das nicht im Gesetz selbst schon geschieht) und das Recht an die Vielgestaltigkeit und Veränderlichkeit des Wirtschaftslebens anzupassen.

„Grundsätze ordnungsmäßiger Buchführung" ist der zentrale unbestimmte Rechtsbegriff des Buchführungs- und Bilanzrechts. Der Inhalt dieser Grundsätze ist verantwortlich vom Rechtsanwender, insb. vom Richter, zu bestimmen. Finanzrichter haben als Vorfrage über diesen Begriff zu entscheiden. Die von Handelsrechtlern begründete Lehre, der Handelsbrauch ordentlicher, ehrenwerter Kaufleute bestimme verbindlich, was der Inhalt der Grundsätze ordnungsmäßiger Buchführung sei, der Richter habe diesen Inhalt lediglich induktiv aufzuklären, wird allmählich durch die von *Döllerer*[4] und *Leffson*[5] begründete Lehre überwunden, wonach die Grundsätze ordnungsmäßiger Buchführung vom Rechtsanwender deduktiv entsprechend den Zwecken der Rechnungslegung zu ermitteln seien[6]. Auch die Vertreter der deduktiven Methode sprechen sich allerdings zum Teil dafür aus, den Kaufmannsbrauch ohne Verbindlich-

---

4 *Döllerer,* BB 59, 1217 ff.
5 *Leffson,* Die Grundsätze ordnungsmäßiger Buchführung[7], Düsseldorf 1987, 28 ff.; ders., WPg 73, 582 ff.
6 So auch die Kommentare zu § 149 AktG a. F. von *Adler/Düring/Schmaltz*[4], Tz. 20; *Geßler/ Hefermehl/Eckardt/Kropff,* Anm. 11; *Mellerowicz,* Anm. 2; *Beisse,* StuW 84, 5, 7 f.; ders., StVj 89, 295; *L. Schmidt,* EStG[9], § 5 Anm. 13 m.w.N.

keit mit in die Erwägungen einzubeziehen[7]. Da das neue Recht zwischen „Grundsätzen ordnungsmäßiger Buchführung" und „vernünftiger kaufmännischer Beurteilung" (§§ 253 I 2, III 3, IV; 286 II, III Nr. 2 HGB) unterscheidet, kann angenommen werden, daß die Bestimmung der Grundsätze ordnungsmäßiger Buchführung den Rechtsanwendern, insb. den Richtern, überlassen werden soll, nicht dem Kaufmann. Der Hinweis, die Grundsätze seien am Gesetzeszweck, am Bilanzzweck zu entwickeln, sieht sich dem Einwand ausgesetzt, es gebe keinen einheitlichen Bilanzzweck[8]. Die gesetzlichen Regelungen und die ihnen zugrundeliegenden, u. U. gegeneinander abzuwägenden Einzelgrundsätze (s. 4.) sind jedoch dicht genug. Sie setzen den Richter instand, jeden Zweifelsfall sachgerecht entscheiden zu können, ohne auf unsichere Umfrageergebnisse zurückgreifen zu müssen[9].

4. Einzelgrundsätze ordnungsmäßiger Buchführung und Bilanzierung

Die folgenden anerkannten Einzelgrundsätze sind über § 5 I 1 EStG und § 141 I 2 AO auch im Steuerrecht zu beachten, soweit nicht Spezialvorschriften des Steuerrechts entgegenstehen. Dabei kann zwischen formellen und materiellen Grundsätzen unterschieden werden.

(1) Formelle Grundsätze

(a) Nach § 238 I 2, 3 HGB, entsprechend § 145 I AO[10], gilt:

„Die Buchführung muß so beschaffen sein, daß sie einem sachverständigen Dritten innerhalb angemessener Zeit einen Überblick über die Geschäftsvorfälle und über die Lage des Unternehmens vermitteln kann. Die Geschäftsvorfälle müssen sich in ihrer Entstehung und Abwicklung verfolgen lassen."

Die Buchungen sind vollständig, richtig, zeitgerecht und geordnet vorzunehmen (§ 239 II HGB, § 146 I 1 AO). Jeder zu verbuchende Geschäftsvorfall verlangt einen *Beleg;* keine Buchung ohne Beleg (s. § 257 I Nr. 4 HGB).

(b) Der Jahresabschluß (die Bilanz) ist klar und übersichtlich aufzustellen (§ 243 II HGB). Die Form der Darstellung, insb. die Gliederung der aufeinanderfolgenden Bilanzen und Gewinn- und Verlustrechnungen, ist grundsätzlich beizubehalten (§ 265 I HGB betr. Kapitalgesellschaften; Grundsatz ordnungsmäßiger Buchführung i. S. des § 243 I HGB). Verschiedene Posten der Bilanz sowie Aufwendungen und Erträge der Gewinn- und Verlustrechnung dürfen nicht miteinander verrechnet werden (§ 246 II HGB), sog. Bruttoprinzip. Die Vermögensgegenstände und Schulden sind grundsätzlich einzeln, nicht saldiert, zu bewerten (§ 252 I Nr. 3 HGB).

Formell ordnungsmäßige Bücher und Bilanzen begründen eine Richtigkeitsvermutung (s. § 158 AO). Umkehrschluß: Bücher und Bilanzen, die formell fehlerhaft sind, sind vermutlich auch sachlich unrichtig.

---

7 Dazu *Kruse,* Grundsätze ordnungsmäßiger Buchführung [3], Köln 1978, 103 ff.; *ders.,* in: FS für Leffson, Düsseldorf 1976, 65; *Beisse,* (Fn. 6); *Knobbe-Keuk,* Bilanz- und Unternehmenssteuerrecht [7], Köln 1989, 34 ff.; *J. Lang,* in: Handwörterbuch unbestimmter Rechtsbegriffe im Bilanzrecht des HGB, Köln 1986, 234 ff.
8 *D. Schneider,* StuW 83, 141, 157 ff.
9 *J. Thiel,* Bilanzrecht [4], Heidelberg 1990, 106.
10 Die Vorschriften der Abgabenordnung gelten für Steuerpflichtige, die nicht nach Handelsrecht zur Buchführung und Bilanzierung verpflichtet sind. Im übrigen ergänzen sie die handelsrechtlichen Vorschriften.

(2) Materielle Grundsätze

(a) *Prinzip der Wahrheit und Vollständigkeit:* Die Buchungen müssen sachlich *richtig* sein (§ 239 II HGB, § 146 I 1 AO). Das entspricht dem Prinzip der Wahrheit. Die Buchungen müssen *vollständig* sein (§ 239 II HGB, § 146 I 1 AO). In die Bilanz sind die bilanzierungsfähigen Vermögensgegenstände, Schulden und Rückstellungen sowie die Rechnungsabgrenzungsposten grundsätzlich vollständig aufzunehmen (§ 246 I HGB); sie dürfen nicht weggelassen oder fingiert werden. Das entspricht dem Prinzip der Vollständigkeit als einem Ausfluß des Prinzips der Wahrheit.

(b) *Prinzip der Bilanzidentität und Bilanzkontinuität:* Das Prinzip der Bilanzidentität (oder Bilanzkongruenz) verlangt die Übereinstimmung der Posten der Jahreseröffnungsbilanz mit denen der Schlußbilanz des Vorjahres (§ 252 I Nr. 1 HGB). Daraus entsteht die sog. Zweischneidigkeit der Bilanz mit der Folge, daß sich eine zu niedrige oder zu hohe Bewertung in den Folgejahren ausgleicht[11]. Das Prinzip der – materiellen – Bilanzkontinuität verlangt, daß an einer einmal gewählten Bilanzierungs- oder Bewertungsmethode festgehalten wird (s. § 252 I Nr. 6 HGB); dadurch soll die Vergleichbarkeit der Jahresabschlüsse gewährleistet werden[12].

(c) *Vorsichtsprinzip* (§ 252 I Nr. 4 HGB): Es besagt, daß unsichere Erwartungen nicht zu berücksichtigen sind. Dadurch wird die Haftungssubstanz erhalten und werden überhöhte Gewinnentnahmen sowie übermäßige Steuerbelastungen vermieden. Ausfluß des Vorsichtsprinzips sind die Unterprinzipien „Realisationsprinzip" und „Imparitätsprinzip".

(aa) *Realisationsprinzip:* Es dürfen nur realisierte Gewinne ausgewiesen werden (§ 252 I Nr. 4, letzter Halbsatz HGB). Das heißt: Die bloße Wertsteigerung ruhender Vermögensgegenstände wird nicht erfaßt. Die Gewinnrealisierung tritt erst ein, wenn der Unternehmer seine Lieferung oder sonstige Leistung erbracht hat und somit seine Forderung geltend machen kann. Bei Veräußerung tritt an die Stelle des gelieferten Vermögensgegenstandes der i.d.R. höhere Erlös. Dadurch realisiert sich die Gewinnspanne und evtl. auch eine im Buchwert des gelieferten Vermögensgegenstandes enthaltene gewesene stille Reserve. Ausführlich dazu auf S. 307 ff.

(bb) *Imparitätsprinzip:* Vorhersehbare Risiken und *Verluste* sind auch dann zu berücksichtigen, wenn sie noch nicht realisiert (daher Imparität oder Ungleichbehandlung zur Gewinnrealisierung), aber vorhersehbar sind (s. § 252 I Nr. 4 HGB)[13]. M. a. W.: Verluste werden – obwohl das Geschäft noch schwebt – bereits berücksichtigt, sobald sie drohen, d.h. verursacht sind. Das geschieht durch Rückstellung (§ 249 I 1 HGB).

Beispiel: Im November 01 schließen A und B einen Kaufvertrag über die Lieferung von 10000 l Öl für Ende Januar 02 zum Preise von 0,65 DM/l ab. Am Bilanzstichtag (31.12.01) beträgt der Einkaufspreis nur noch 0,60 DM/l. B (der Käufer, als Händler) muß in Höhe

---

11 Über Bilanzenzusammenhang und Rechtskraft/Verjährung Inst. FuSt (Bearbeiter *Hahn*), Brief Nr. 237, Bonn 1984; *Stadie*, StuW 85, 105 ff. S. auch S. 319 f.
12 S. hierzu *Söffing*, B 87, 2598; *Claussen,* B 88, 921.
13 Dazu *Döllerer,* Die Grenzen des Imparitätsprinzips – Bilanzrechtliche Möglichkeiten, künftige Verluste vorwegzunehmen, StbJb. 1977/78, 129 ff.; *Heibel,* Handelsrechtliche Bilanzierungsgrundsätze und Besteuerung – Eine Analyse der erfolgsteuerlichen Implikationen des Realisationsprinzips und des Imparitätsprinzips, Köln 1981; *K. H. Wacket,* Realisations- und Imparitätsprinzip bei monetärer Interpretation von Warenbeschaffung und -absatz, BB 90, 239.

der Differenz von 500 DM wegen des drohenden Verlustes aus dem schwebenden Geschäft eine Rückstellung bilden.

Während bloße (nicht realisierte) Wertsteigerungen eines Vermögensgegenstandes nicht erfaßt werden, werden Wertminderungen schon vor der Realisierung berücksichtigt. Vermögensgegenstände sind grundsätzlich mit den Anschaffungs- oder Herstellungskosten anzusetzen, ohne Rücksicht auf Wertsteigerungen vor ihrem Ausscheiden (§§ 252 I Nr. 4, 253 I, 255 I HGB). Wertminderungen (über die Berücksichtigung durch normale Abschreibungen hinaus) *sind* beim Umlaufvermögen jedoch zu berücksichtigen (§ 253 III 1, 2 HGB; *strenges Niederstwertprinzip*), während sie beim Anlagevermögen berücksichtigt werden *können* (§ 253 II 3 HGB; *gemildertes Niederstwertprinzip*). Diese Niederstwertprinzipien schränken die Bewertungswahlrechte des § 6 I Nrn. 1, 2 EStG über das Maßgeblichkeitsprinzip ein (s. unten S. 303).

(cc) *Aus dem Vorsichtsprinzip folgen ferner:*
– das Verbot der Aktivierung nicht entgeltlich erworbener immaterieller Anlagewerte (§ 248 II HGB);
– das Verbot der Aktivierung eines selbstgeschaffenen Firmenwerts (§ 248 II HGB);
– die Beschränkung, die für den Ansatz von aktiven Rechnungsabgrenzungsposten besteht (§ 250 I 1 HGB).

(d) *Nominalwertprinzip:* Handelsbilanz und Steuerbilanz beruhen auf einer nominellen, d. h. sich am Nennwert orientierenden Geldrechnung. Es gilt das Nominalwertprinzip. Dazu oben S. 203 ff.

Werden verbrauchte Güter nur in Höhe ihrer tatsächlichen Anschaffungskosten zu Aufwand, obwohl die Wiederbeschaffungskosten infolge Preissteigerungen gestiegen sind, so entstehen in Höhe der Differenz (Wiederbeschaffungspreise ./. Anschaffungspreise der verbrauchten Güter) Scheingewinne. Eine Besteuerung solcher Scheingewinne führt zum Substanzverzehr, wenn die Erträge nach Abzug der Steuern auf den Gewinn nicht mehr ausreichen, die Ersatzbeschaffung zu finanzieren. Die Scheingewinnbesteuerung wird gemildert durch die Bewertung gleichartiger Wirtschaftsgüter des Vorratsvermögens nach der sog. *Lifo (Last in = first out)-Methode:* Die zuletzt angeschafften oder hergestellten Wirtschaftsgüter gelten als zuerst verbraucht oder veräußert (§ 6 I Nr. 2a EStG).[14] Die Besteuerung der Scheingewinne mildert auch der *Importwarenabschlag* (§ 80 EStDV).[15]

Stichtagsprinzip[16]*:* Ein technisches Prinzip ist das Stichtagsprinzip. Danach kommt es für die Bilanzierung auf die Verhältnisse am Abschlußstichtag an (§ 252 I Nr. 3 HGB; Ausnahme: § 253 III 3 HGB). Der Jahresabschluß ist nach § 243 III HGB innerhalb der einem ordnungsmäßigen Geschäftsgang entsprechenden Zeit (spätestens 1 Jahr nach dem Abschlußstichtag[17]) aufzustellen. Bis zum Abschlußstichtag entstandene

---

14 Dazu die Kommentierungen zu § 256 HGB; *Schnier,* Zur Bewertung des Vorratsvermögens in der Bilanz (Lifo-Methode), Diss. rer. pol. Göttingen 1969; *Wolter,* Die Eliminierung von Scheingewinnen des Vorratsvermögens in der Handels- und Steuerbilanz, Frankfurt/Bern/Las Vegas 1979; *Herzig* (Hrsg.), Vorratsbewertung nach der Lifo-Methode ab 1990, Köln 1990. Bis 1989 war die Lifo-Methode nur für bestimmte Edelmetalle gestattet (§ 74a EStDV a. F.).

15 Dazu *Freidank,* Preissteigerungsrücklage, Importwarenabschlag oder Lifo-Methode?, BB 88, 1995. Die Preissteigerungsrücklage nach § 74 EStDV a. F. ist durch das StRefG 1990 abgeschafft worden.

16 Dazu *E. Kammann,* Stichtagsprinzip und zukunftsorientierte Bilanzierung, Köln 1988.

17 Vgl. BFH BStBl. 84, 227; *Budde/Kunz,* in: Beck'scher Bilanz-Kommentar [2], München 1990, § 243 HGB Anm. 93. Für Kapitalgesellschaften gelten die Aufstellungsfristen in § 264 I HGB (3 Monate; kleine K.: bis 6 Monate). Für große Einzelkaufleute und Personenhandelsgesellschaften gilt die 3-Monats-Frist des § 5 I PublG.

Risiken und Verluste sind auch dann zu berücksichtigen, wenn sie erst zwischen Abschlußstichtag und dem Tag der Bilanzaufstellung bekanntgeworden sind (§ 252 I Nr. 4 HGB).

5. Grenzen der Maßgeblichkeit handelsrechtlicher Bilanzierungsregeln für das Steuerrecht

Die Regel des § 5 I EStG wird von zahlreichen Ausnahmen durchbrochen, welche zur Folge haben, daß eine steuerrechtliche Vorschrift die handelsrechtliche Regel zurückdrängt. Dabei sind grundsätzlich zwei Ebenen auseinanderzuhalten. Zu unterscheiden ist nämlich zwischen

(1) der Frage, was als Wirtschaftsgut in der Bilanz zu aktivieren oder zu passivieren ist (*Ob* der Bilanzierung), und

(2) der Frage, wie ein zu bilanzierendes Wirtschaftsgut zu bewerten ist (*Wie* der Bilanzierung; Bewertung – unter Berücksichtigung der Abschreibungsvorschriften).

Grundsätzlich bestimmt sich das *Ob der Bilanzierung* nach Handelsrecht. Ausnahmsweise modifizieren steuerliche Vorschriften den Ansatz entgeltlich erworbener *immaterieller Anlagegüter* (§ 5 II EStG: Aktivierungs*gebot;* § 248 II HGB: lediglich Aktivierungs*verbot* für *nicht* entgeltlich erworbene immaterielle Anlagegüter) sowie den Ansatz von Rückstellungen (dazu unten S. 293 f.) und Rechnungsabgrenzungsposten (§ 5 V EStG, s. unten S. 294 f.).

Demgegenüber wird das *Wie der Bilanzierung* relativ detailliert durch die steuerrechtlichen Bewertungsvorschriften in den §§ 6, 6a III-V, 7, 7a–7g EStG festgelegt, so daß die handelsrechtlichen Regeln der Bilanzierung hauptsächlich im Bereich der Bewertung durchbrochen werden.

Der Grundsatz der Gesetzmäßigkeit der Besteuerung gebietet, daß die Maßgeblichkeit handelsrechtlicher GoB gemäß § 5 I 1 EStG immer dort Platz greift, d. h. *nicht begrenzt wird*, wo das Steuergesetz das Handelsrecht nicht ausdrücklich außer Kraft setzt. Dort gilt zunächst unstreitig eine *Bindung an handelsrechtliche Bilanzierungsgebote und -verbote*. Wo das Handelsrecht das Ob und/oder das Wie der Bilanzierung *zwingend* vorschreibt und eine steuerrechtliche Vorschrift nicht entgegensteht, gilt die handelsrechtliche Bilanzierung für die Steuerbilanz.

Gewährt das Handelsrecht ein *Wahlrecht,* so ist zwischen Ansatz- und Bewertungswahlrechten zu unterscheiden. Unstreitig gelten handelsrechtliche *Bewertungswahlrechte* auch für die Steuerbilanz, sofern sie mit steuerrechtlichen Vorschriften zu vereinbaren sind. Umstritten ist hingegen die Rechtslage, wenn das Handelsrecht ein *Ansatzwahlrecht* gewährt. U. E. gebietet § 5 I 1 EStG, daß ein nach Handelsrecht ausgeübtes *Ansatzwahlrecht* auch für das Steuerrecht maßgeblich ist[18]. Die Rechtsprechung[19] nimmt jedoch an, daß

---

18 Ebenso *Kruse,* StbJb. 1976/77, 113; *Kammann,* StuW 78, 108 ff.; *Zweigert,* Inst. FuSt Heft 121; *Knobbe-Keuk,* Bilanz- und Unternehmenssteuerrecht [7], Köln 1989, 19 f., 131 ff.
19 BFH GrS BStBl. 69, 291; BFH BStBl. 71, 601; 71, 704; 80, 297; 80, 741; 83, 375. Weitere Nachweise bei *L. Schmidt,* EStG [9], § 5 Anm. 12a.

(a) dem handelsrechtlichen Aktivierungswahlrecht ein steuerrechtliches Aktivierungs*gebot* entspreche. Danach *muß* in der Steuerbilanz das Disagio einer Verbindlichkeit (Aktivierungswahlrecht nach § 250 III HGB) aktiviert werden.

(b) dem handelsrechtlichen Passivierungswahlrecht ein steuerrechtliches Passivierungs*verbot* entspreche, soweit nicht auch das Steuerrecht ein Wahlrecht zuläßt. D. h.: Rückstellungen, die handelsrechtlich nur gebildet werden dürfen (§ 249 I 3, II HGB), dürfen steuerrechtlich nicht berücksichtigt werden.

Streitig ist, ob *Bilanzierungshilfen*[20], insb. das handelsrechtliche Aktivierungswahlrecht für Aufwendungen zur Ingangsetzung eines Geschäftsbetriebs (§ 269 HGB), in der Steuerbilanz zu aktivieren sind. Die h. M.[21] verneint die Wirtschaftsgut-Eigenschaft (s. unten S. 291) und daher die Aktivierung. U. E. sind Rechtsprechungs- und Verwaltungspraxis nicht befugt, das Maßgeblichkeitsprinzip über die bestehenden einkommensteuerrechtlichen Vorschriften hinaus einzuschränken. Handelsrechtliche Wahlrechte können aus der Steuerbilanz nur durch Gesetz eliminiert werden.

Handelsrechtliche Wahlrechte sind insoweit mit dem Leistungsfähigkeitsprinzip zu vereinbaren, als sie Ausfluß ökonomisch notwendiger Ermessensspielräume *(Ermessenswahlrechte)* oder sachgerechter Vereinfachung der Rechnungslegung *(Vereinfachungswahlrechte)* sind[22]. Derartige Wahlrechte verfälschen den Gewinn nicht. Sie entkomplizieren lediglich die periodengenaue Rechnungslegung und gewähren dem Unternehmer Spielraum, zu entscheiden, welcher Periode er positive bzw. negative Erfolgsbeiträge zuordnen will. Insb. liefert der unbestimmte Rechtsbegriff der *vernünftigen kaufmännischen Beurteilung*[23] (§§ 253 I 2, III 3, IV; 286 II, III Nr. 2 HGB) einen geeigneten Maßstab, handelsrechtliche Wahlrechte so zu interpretieren, daß sie *nicht willkürlich* ausgeübt werden können. Jedenfalls hängt die Vereinbarkeit handelsrechtlicher Wahlrechte mit dem Leistungsfähigkeitsprinzip (s. S. 57ff.) entscheidend davon ab, ob diese die willkürliche Bildung stiller Reserven zulassen.

6. Umkehrung der Maßgeblichkeit der Handelsbilanz für die Steuerbilanz (§ 5 I 2 EStG)

Literatur: *A. Bordewin,* DStR 88, 668; *D. Dziadkowski,* WPg 88, 409; *ders.,* B 89, 437; *W. Gail,* in: W. Gail (Hrsg.), Probleme der Rechts- und Steuerberatung in mittelständischen Unternehmen, Köln 1988, 77; *B. Haeger,* Der Grundsatz der umgekehrten Maßgeblichkeit in

---

20 Dazu *Commandeur/Commandeur,* B 88, 661; *W. Busse v. Colbe,* Bilanzierungshilfe, in: Leffson/Rückle/Großfeld (Hrsg.), Handwörterbuch unbestimmter Rechtsbegriffe im Bilanzrecht des HGB, Köln 1986, 86ff.; *Dziadkowski,* BB 80, 1515; *ders.,* BB 82, 1336; *S. Kudert,* Bilanzierungshilfen und sonstige Bilanzhilfsposten im Handelsrecht, Bergisch Gladbach/Köln 1989; *Maul,* AG 80, 233; *Richter,* StuW 88, 149; *L. Schmidt,* EStG [9], § 5 Anm. 12a, bb (m. w. N.); *K.-R. Veit,* Der derivative Firmenwert als Bilanzierungshilfe, B 89, 1093.

21 BFH BStBl. 54, 109; 55, 221; BdF BB 70, 652; *Döllerer,* BB 87, Beilage 12, 13; *L. Schmidt,* EStG[9], § 5 Anm. 31 (Ingangsetzungskosten). A. A. *Knobbe-Keuk,* Bilanz- und Unternehmenssteuerrecht[7], Köln 1989, 133; *Tanzer,* DStJG Bd. 7 (1984), 68.

22 Dazu *Bauer,* BB 81, 766; *ders.,* Grundlagen einer handels- und steuerrechtlichen Rechnungspolitik der Unternehmung, Wiesbaden 1981; *Lang,* DStJG Bd. 4 (1981), 83/84. Vgl. auch *Birk,* NJW 84, 1325, sowie *Clemm/Nonnenmacher,* Die Steuerbilanz – ein fragwürdiger Besteuerungsschlüssel?, in: FS für v. Wallis, Bonn 1985, 227. Zur verfassungsrechtlichen Zulässigkeit von Wahlrechten s. S. 31.

23 Dazu *Westermann,* Vernünftige kaufmännische Beurteilung, in: Handwörterbuch unbestimmter Rechtsbegriffe im Bilanzrecht des HGB, Köln 1986, 351 ff.

der Praxis, Stuttgart 1989; *Küting/Haeger*, BB 88, 591; *Knobbe-Keuk*, Bilanz- und Unternehmenssteuerrecht [7], Köln 1989, 22 ff.; *Lause/Sievers*, BB 90, 24; *Leucht*, B 89, 2237; *Mathiak*, DStR 88, 274; *J. P. Meincke*, StuW 90, 15; *Raupach*, BFuP 90, 515; *ders.* u. *Sarrazin*, in: Mellwig/Moxter/Ordelheide (Hrsg.), Handelsbilanz und Steuerbilanz, Wiesbaden 1989, 105, 145; *Schildbach*, BB 89, 1443; *ders.*, BFuP 89, 123; *D. Schneeloch*, DStR 90, 51, 96; *G. Söffing*, B 88, 241, 297; *T. Stobbe*, Beilage DStR 88/Heft 20; *J. Thiel*, Bilanzrecht [4], Heidelberg 1990, 98 ff.; *ders.*, B 89, 537; *F. Wagner*, StuW 90, 3; *A. Wahl*, DStR 88, 375; *F. Wassermeyer*, StbKongrRep. 1988, 89.

Die Maßgeblichkeit der „handelsrechtlichen Grundsätze ordnungsmäßiger Buchführung" für die Steuerbilanz (§ 5 I 1 EStG) ist in der Vergangenheit als globale Maßgeblichkeit der Handelsbilanz für die Steuerbilanz fehlinterpretiert worden. Dadurch wurde gegen den Wortlaut und Zweck des Gesetzes, ein sachgerechtes Normensystem in die steuerrechtliche Gewinnermittlung zu rezipieren, ein Konnex zwischen Handelsbilanz und Steuerbilanz hergestellt, der auch die subventionellen Steuervergünstigungen erfaßt (s. S. 280). Dieser Konnex liefert den Ansatzpunkt für die *Umkehrung* des Maßgeblichkeitsgrundsatzes: Steuervergünstigungen in Gestalt von Bewertungsfreiheiten (erhöhte Absetzungen, Sonderabschreibungen, steuerfreie Rücklagen) sollen nur dann in Anspruch genommen werden können, wenn der zu niedrige Wert auch in der Handelsbilanz angesetzt wird.

Eine solche Umkehrung des Maßgeblichkeitsprinzips hat zur Folge, daß über die subventionstechnisch erforderliche Verfälschung des Steuerbilanzgewinnes hinaus auch *ohne Notwendigkeit* die Handelsbilanz deformiert wird. Gleichwohl entschied sich der Gesetzgeber trotz der Kritik des Schrifttums[24] für die gesetzliche Verankerung der insb. von der Finanzverwaltung praktizierten und folglich auch im Bundesfinanzministerium vertretenen Umkehrmaßgeblichkeit.

So schuf das Bilanzrichtlinien-Gesetz in den §§ 247 III 1, 2; 254 HGB die Rechtsgrundlagen für die Übernahme der steuerbilanziellen Unterbewertungen. Nachdem der BFH[25] gegen die Finanzverwaltung entschieden hatte, daß die Rücklage nach § 6 b EStG nicht an die Beibehaltung der niedrigeren Bewertung in der Handelsbilanz gebunden ist, wurde auf Vorschlag des BMF mit dem Bilanzrichtlinien-Gesetz zunächst die punktuelle Regelung des § 6 III EStG eingeführt. Nach dieser bis 1989 (§ 52 VII 3 EStG) geltenden Vorschrift war der niedrigere Handelsbilanzansatz Voraussetzung für die Inanspruchnahme erhöhter Absetzungen, Sonderabschreibungen, Abschreibung geringwertiger Wirtschaftsgüter (§ 6 II EStG), für die Übertragung stiller Reserven nach § 6 b EStG, für den Importwarenabschlag (§ 80 EStDV) und die Lifo-Bewertung bestimmter Edelmetalle nach § 74 a EStDV (s. S. 284 Fn. 14).

Seit 1990 (§ 52 Vb EStG) gilt die mit Art. 1 Nr. 4 Wohnungsbauförderungsgesetz (BGBl. I 89, 2408) eingefügte *generelle* Norm des § 5 I 2 EStG: „Steuerrechtliche

---

24 *L. Woerner*, Das Verhältnis von Handels- und Steuerbilanz bei Inanspruchnahme subventioneller Steuervergünstigungen, BB 76, 1569; *W. Freericks*, Bilanzierungsfähigkeit und Bilanzierungspflicht in Handels- und Steuerbilanz, Köln/Berlin/Bonn/München 1976, 292 ff.; *D. Rückle*, Normative Theorie der Steuerbilanzpolitik, Wien 1983, 191 ff.; *Knobbe-Keuk*, Bilanz- und Unternehmenssteuerrecht [7], Köln 1989, 22 ff.; *J. Lang*, in: Leffson/Rückle/Großfeld (Hrsg.), Handwörterbuch unbestimmter Rechtsbegriffe im Bilanzrecht des HGB, Köln 1986, 229 ff.; *D. Dziadkowski*, BB 86, 329; *ders.*, WPg 88, 409; *ders.*, B 89, 437; *Merkert/Koths*, BB 85, 1765; *dies.*, DStR 87, 508; *W. Gail*, in: W. Gail (Hrsg.), Probleme der Rechts- und Steuerberatung in mittelständischen Unternehmen, Köln 1988, 77; *W. Mathiak*, DStR 88, 274; *J. P. Meincke*, StuW 90, 15, sowie die Analyse der ökonomischen Wirkungen von *F. W. Wagner*, StuW 90, 3.
25 BFH BStBl. II 1986, 324. Vgl. auch BFH BB 90, 823.

§ 9 Einkommensteuer

Wahlrechte bei der Gewinnermittlung sind in Übereinstimmung mit der handelsrechtlichen Jahresbilanz auszuüben".[26] Zu beachten ist, daß § 5 I 2 EStG nicht für *handelsrechtliche* Wahlrechte gilt, so daß die oben (S. 285f.) dargelegten Grenzen der Maßgeblichkeit durch § 5 I 2 EStG nicht berührt werden.

§ 5 I 2 EStG gilt für einkommensteuerrechtliche *Ansatz-* und *Bewertungswahlrechte*. Er gilt nicht nur für die o. g. subventionellen Steuervergünstigungen, sondern z. B. auch für die Wahl und Gestaltung linearer/degressiver AfA, Bewertungen des Vorratsvermögens (insb. Lifo-Verfahren nach § 6 I Nr. 2a EStG) und Wertaufholungen[27].

7. Einzelheiten des Betriebsvermögensvergleichs

7.1 Bilanz

Der Betriebsvermögensvergleich nach §§ 4 I, 5 I EStG – Vergleich zweier Betriebsreinvermögen – setzt voraus, daß das Betriebsreinvermögen am Anfang und am Schluß des Gewinnermittlungszeitraums durch Anfangs- und Schlußbilanz (Jahresabschlußbilanz) festgestellt wird. Die Anfangsbilanz entspricht der Schlußbilanz des vorangegangenen Ermittlungszeitraums (s. S. 283).

In der Bilanz ist das Betriebsvermögen in Teilvermögenseinheiten zerlegt, und zwar in die Vermögensgegenstände der Aktivseite sowie in die Schulden und Rückstellungen der Passivseite. Außerdem kennt die Bilanz Rechnungsabgrenzungsposten.

Übersteigt der Wert der Aktivposten den Wert der Passivposten, so ist die Differenz Betriebsreinvermögen oder Eigenkapital. Übersteigt der Wert der Passivposten den Wert der Aktivposten, so ist der Differenzbetrag auf der Aktivseite gesondert unter der Bezeichnung „Nicht durch Eigenkapital gedeckter Fehlbetrag" auszuweisen (so der Terminus des § 268 III HGB).

§ 246 HGB schreibt vor, daß die Bilanz sämtliche Vermögensgegenstände, Schulden und Rechnungsabgrenzungsposten enthalten muß und daß Posten der Aktivseite nicht mit Posten der Passivseite verrechnet werden dürfen. § 266 III HGB spricht statt von Schulden von Verbindlichkeiten (Schulden = Verbindlichkeiten). Das Steuerrecht spricht statt von Vermögensgegenständen von Wirtschaftsgütern (dazu unten S. 289 ff.). Nach § 247 I HGB sind in der Bilanz das Anlage- und das Umlaufvermögen, das Eigenkapital, die Schulden sowie die Rechnungsabgrenzungsposten gesondert auszuweisen und hinreichend aufzugliedern. § 266 HGB gilt nur für Kapitalgesellschaften.

---

26 Die Regelung „Steuerrechtliche Ansatz- oder Bewertungswahlrechte sind in Übereinstimmung mit der handelsrechtlichen Jahresbilanz auszuüben" sollte bereits mit dem StRefG 1990 eingeführt werden (Entwurf der Fraktionen der CDU/CSU und FDP, BT-Drucks. 11/2157 v. 19. 4. 1988, 5; Begründung: 139). Aus lediglich sprachlichen Gründen wurde der Text auf „steuerrechtliche Wahlrechte" verkürzt.
27 Zu Einzelheiten s. *B. Haeger,* Der Grundsatz der umgekehrten Maßgeblichkeit in der Praxis, Stuttgart 1989; *Lause/Sievers,* BB 90, 24; *Schneeloch,* DStR 90, 51, 96.

Wirtschaftsgüter

Beispiel einer Bilanzgliederung mit Aktiv- und Passivposten

Aktivseite	*Passivseite*
A. Anlagevermögen	A. Eigenkapital
I. Immaterielle Vermögensgegenstände	
II. Sachanlagen	
1. Grundstücke und Bauten	
2. Maschinen, technische und andere Anlagen, Betriebs- und Geschäftsausstattung	
3. Geleistete Anzahlungen und Anlagen im Bau	
III. Finanzanlagen	
1. Beteiligungen	
2. Wertpapiere, Ausleihungen	
B. Umlaufvermögen	B. Rückstellungen
I. Vorräte	
1. Roh-, Hilfs- und Betriebsstoffe	C. Verbindlichkeiten
2. Unfertige Erzeugnisse	1. Verbindlichkeiten gegenüber Kreditinstituten
3. Fertige Erzeugnisse und Waren	2. Verbindlichkeiten aus Lieferungen und Leistungen
4. Geleistete Anzahlungen	3. Verbindlichkeiten aus der Annahme gezogener und der Ausstellung eigener Wechsel
II. Forderungen und sonstige Vermögensgegenstände	4. Andere Verbindlichkeiten
1. Forderungen aus Lieferungen und Leistungen	
2. Sonstige Forderungen und Vermögensgegenstände	
III. Wertpapiere	
IV. Flüssige Mittel	
C. Rechnungsabgrenzungsposten	D. Rechnungsabgrenzungsposten

Für die Gewinnermittlung sind folgende Fragen zu beantworten:
(1) Was ist von wem als Vermögensgegenstand (Wirtschaftsgut) anzusetzen?
(2) Welche Vermögensgegenstände (Wirtschaftsgüter) gehören zum Betriebsvermögen?
(3) Sind Rechnungsabgrenzungsposten anzusetzen?
(4) Wie sind die Vermögensgegenstände (Wirtschaftsgüter) zu bewerten?

7.2 Wirtschaftsgüter des Betriebsvermögens

7.21 Wirtschaftsgüter und andere Bilanzposten

Literatur: *M. Weber,* Zur Lehre vom Wirtschaftsgut, Diss. Köln, Berlin 1968/69; *O. H. Jacobs,* Das Bilanzierungsproblem in der Ertragsteuerbilanz, Zur Lehre vom Wirtschaftsgut, Stuttgart 1971; *Littmann,* Zur Tragweite der neugefaßten §§ 5, 6 EStG, DStR 69, 321 ff.; *Schrader,* Zu den Auswirkungen des Aktiengesetzes 1965 auf das Bilanzsteuerrecht, B 66, 1144; *Kühnl,* Bilanzierungs- und Bewertungsvorschriften des Aktiengesetzes vom 6. 9. 1965 und ihre Auswirkungen auf die steuerliche Gewinnermittlung, Diss. Würzburg 1967; *R. Thiel,* Die Bilanzierungsnormen des Aktienrechts und ihre Bedeutung für die Steuerbilanz, StbJb. 1969/70, 255, 273; *ders.,* Das Gesetz zur Änderung der §§ 5 und 6 EStG, FR 69, 165; *Chmielewicz,* Wirtschaftsgut und Rechnungswesen, ZfbF 69, 85; *Kruse,* Grundsätze ordnungsmäßiger Buchführung [3], Köln 1978, 193 ff.; *Freericks,* Bilanzierungsfähigkeit und Bilanzierungspflicht in Handels- und Steuerbilanz, Köln u. a. 1976; *Söffing,* Zum Begriff Wirtschaftsgut, JbFSt. 1978/79, 199 ff.; *Woerner,* JbFSt. 1978/79, 228 ff.; *Döllerer,* Droht eine neue Aktivierungswelle?, BB 80, 1333; *Häcker,* Der steuerliche Begriff „Wirtschaftsgut", Berlin 1980; *L. Schmidt,* EStG [9], München 1990, § 5 Anm. 16 ff.; *Knobbe-Keuk,* Bilanz- und Unternehmenssteuerrecht[7], Köln 1989, 74 ff.; *J. Thiel,* Bilanzrecht [4], Heidelberg 1990, 143 ff., *Ley,* Der Begriff „Wirtschaftsgut" und seine Bedeutung für die Aktivierung[2], Bergisch Gladbach 1987; *Meyer-Scharenberg,* Vermögensgegenstands- und Wirtschaftsgutbegriff, StStud 88, 299; *H. Kußmaul,* Ertragsteuerliche Bedeutung des Begriffs „Wirtschaftsgut", in: FS für Wöhe, München 1989, 253.

Das Handelsrecht bezeichnet die aktiven Bilanzposten als *Vermögensgegenstände* (s. insb. §§ 240 I, 246 I HGB). Das Steuerrecht hingegen verwendet den Begriff *Wirtschaftsgüter.* Da § 141 I 2 AO und § 5 I EStG die Maßgeblichkeit des Handelsbilanzrechts anordnen, ergibt sich insoweit, daß der Begriff ‚Wirtschaftsgut' inhaltsgleich ist mit dem Begriff ‚Vermögensgegenstand'.

Oft wird darauf hingewiesen, daß der Vermögensgegenstand-Begriff des Handelsrechts enger sei als der Wirtschaftsgut-Begriff des Steuerrechts. Anders als der Wirtschaftsgut-Begriff verlange der Vermögensgegenstand-Begriff, daß der Gegenstand separat verkehrsfähig, einzelveräußerbar sei[28]. Indessen ist auch der Vermögensgegenstand-Begriff keineswegs gesichert. Handelsrechtliche Rechtsprechung existiert praktisch nicht. In der Literatur ist insb. strittig, ob es auf eine konkrete oder eine abstrakte Einzelveräußerbarkeit ankommt[29]. Schwierigkeiten ergeben sich auch daraus, daß § 266 II HGB unter A I 2 den Geschäfts- oder Firmenwert, der nicht einzelveräußerbar ist, als Vermögensgegenstand erfaßt.

Nach der bisherigen Rechtsprechung des Bundesfinanzhofs *sind Wirtschaftsgüter Sachen und Rechte im bürgerlich-rechtlichen Sinne sowie sonstige wirtschaftliche Vorteile (für den Betrieb), die durch Aufwendungen erlangt sind, nach der Verkehrsauffassung selbständig bewertbar sind und dem Betrieb einen über das Ende des Wirtschaftsjahres hinausgehenden Nutzen zu bringen versprechen*[30].

Diese für aktive Wirtschaftsgüter geltende Definition wird auf Passiva (Wirtschaftslasten, Verbindlichkeiten) entsprechend angewendet (BFH BStBl. 80, 297).

Steuerpflichtige pflegen ein Interesse an einem engen Wirtschaftsgut-Begriff zu haben. Wer nämlich ein Wirtschaftsgut anschafft oder herstellt, kann die Anschaffungs- oder Herstellungskosten nicht sogleich gewinnmindernd behandeln. Dem Vermögensabgang der Anschaffungs- oder Herstellungskosten steht der Vermögenszugang eines Wirtschaftsguts gegenüber.

Begriffe können niemals freischwebend bestimmt werden. Da sie einem Zweck dienen, ist nach dem handelsrechtlichen Bilanzzweck zu fragen, dem der Begriff „Vermögensgegenstand" dienen soll. Dabei ist insb. auf den Bilanzzweck des Gläubigerschutzes abzustellen. Nur was ein Gläubiger *verwerten* kann, kann als Vermögensgegenstand angesetzt und bewertet werden. Für die Gläubigerbefriedigung kommt es aber nicht durchweg auf die Einzelveräußerbarkeit an[31]. Bei den sonstigen wirtschaft-

---

28 Dazu *H. Roland,* Der Begriff des Vermögensgegenstandes i. S. der handels- und aktienrechtlichen Rechnungslegungsvorschriften, Göttingen 1980.
29 Ausführliche Darstellung des Streitstandes bei *Küting/Weber* (Hrsg.), Handbuch der Rechnungslegung[3], Stuttgart 1990, II, Rnrn. 164 ff.
30 BFH BStBl. 69, 291 (GrS); 70, 35; 70, 178; 74, 132; 75, 443, 445; 75, 809; 76, 13; 76, 450; 79, 399, 401; 80, 687 f.; 82, 695; 84, 825.
31 Vgl. *Budde/Kofahl,* in: Beck'scher Bilanz-Kommentar[2], München 1990, § 247 HGB Rnr. 16; *J. Thiel,* Bilanzrecht [4], Heidelberg 1990, 146 f.

lichen Vorteilen, die keine Sachen oder Rechte sind (z. B. ungeschützte Erfindungen, Know-how, faktische Nutzungsmöglichkeiten) spielt die Einzelveräußerungsfähigkeit indessen deshalb eine Rolle, weil diese Vorteile abgegrenzt werden müssen vom Geschäftswert, einem nicht einzelveräußerungsfähigen Sammelposten für wirtschaftliche Vorteile, die keine selbständigen Vermögensgegenstände sind. Diese Abgrenzung setzt eine hinreichend sichere Konkretisierung der sonstigen wirtschaftlichen Vorteile voraus, und diese Konkretisierung ist nur möglich, wenn auf die abstrakte Einzelveräußerungsfähigkeit abgestellt wird[32].

Wirtschaftsgüter/Wirtschaftslasten sind insb. auch Forderungen und Verbindlichkeiten (Schulden).

Zweifelhaft ist, ob *Rechnungsabgrenzungsposten* (§ 5 V EStG), *Rückstellungen* (§§ 5 III, IV; 6a EStG) und *Bilanzierungshilfen* (s. oben S. 286) Wirtschaftsgüter/Wirtschaftslasten beinhalten. Handels- und Steuerbilanz sind per definitionem *Vermögensübersichten* (§§ 4 II EStG, 242 I HGB), demnach grundsätzlich *statisch* angelegt. Jedoch sind dem GoB-Normensystem eben auch die *Periodisierung der Erfolgsrechnung* (s. oben S. 237) und deshalb *dynamische Elemente* immanent. Die *dynamische Bilanztheorie*[33] will durch eine möglichst genaue periodische Zuordnung der positiven und negativen Erfolgsbeiträge die Vergleichbarkeit der Periodenergebnisse herstellen; der Kaufmann soll darüber informiert werden, ob es mit seinem Unternehmen bergauf oder bergab geht. Einen Gleichstand gibt es im Wirtschaftsleben nicht; das Statische ist ihm überhaupt fremd. Daher wäre es sachfremd, den Vermögensbegriff in der Manier einer Amtsstubeninventur zu entwickeln. Vielmehr muß dort, wo das Handels- und Steuerbilanzrecht dynamische Bilanzierung zuläßt, der unbestimmte Rechtsbegriff des Wirtschaftsguts dynamisch interpretiert werden, so wie auch das Wirtschaftsgut durch Abschreibungen dynamisch bewertet wird. Das bedeutet: Rechnungsabgrenzungsposten, Rückstellungen und Bilanzierungshilfen sind ebenso wie Abschreibungen *dynamische Bilanznormen,* die aber durch wirtschaftsgutorientierte Interpretation mit dem Charakter einer Vermögensbilanz in Übereinstimmung zu bringen sind[34]. Demzufolge sollten Rechnungsabgrenzungsposten, Rückstellungen und Bilanzierungshilfen wie z. B. die Ingangsetzungsaufwendungen des Geschäftsbetriebs (§ 269 Satz 1 HGB) als *am Bilanzstichtag konkretisierte Vermögensvorteile* oder -nachteile (Wirtschaftslasten) interpretiert werden.

Aufwendungen auf ein bereits *vorhandenes* Wirtschaftsgut sind nur zu aktivieren, wenn es sich um *Herstellungsaufwand* handelt. Er ist gegeben, wenn die Substanz eines vorhandenen Wirtschaftsgutes vermehrt (z. B. Gebäudeanbau), die Wesensart (insb. die Verwendungsfähigkeit) eines Wirtschaftsgutes verändert oder seine Lebensdauer nicht unerheblich verlängert wird (wie bei einer Generalüberholung). Dienen die Aufwendungen hingegen nur dazu, ein Wirtschaftsgut zu erhalten (instand zu halten), wird die Substanz nicht vermehrt, die Wesensart nicht verändert, die Lebensdauer nicht verlängert, so handelt es sich um *Erhaltungsaufwand;* er ist sofort (voll) abzugsfähig[35]. Werden hingegen nach dem Erwerb des Wirtschaftsguts (insb. eines Gebäudes) im Verhältnis zum Kaufpreis hohe Aufwendungen gemacht, durch die das Wesen des Wirtschaftsguts verändert, sein Nutzungswert erheblich erhöht oder seine Nutzungs-

---

32 Differenzierend daher *J. Thiel* (Fn. 31), 139 ff.; *L. Schmidt,* EStG [9], § 5 Anm. 16 b, tritt offenbar für die Fortsetzung der bisherigen BFH-Rechtsprechung ein.
33 Grundlegend *Schmalenbach,* Die Abschreibung, ZfhF Bd. 3 (1908/09), 81; *ders.,* Grundlagen dynamischer Bilanzlehre, ZfhF Bd. 13 (1919), 1; *ders.,* Dynamische Bilanz[4], Leipzig 1926. Dazu insb. *Moxter,* Bilanzlehre, Bd. I[3], Wiesbaden 1984, 29 ff.
34 Dazu ausführlich *Lang,* Die Bemessungsgrundlage der Einkommensteuer, Köln 1981/88, 285 f., 297 f., 366 f., 381 f., 402 f. m. w. N. Zu den besonders strittigen Bilanzierungshilfen s. das in Fn. 20 zit. Schrifttum.
35 Dazu *Kleinjohann,* Zur Abgrenzung von Herstellungs- und Erhaltungsaufwand in der Steuerbilanz, Göttingen 1986; Abschnitt 157 EStR.

§ 9 Einkommensteuer

dauer erheblich verlängert wird, so liegt zu aktivierender *anschaffungsnaher* Herstellungsaufwand vor[36].

Wirtschaftsgüter sind insoweit *nicht bilanzierungsfähig* (aktivierungs-, passivierungsfähig), als ein *Bilanzierungsverbot* (Aktivierungs-, Passivierungsverbot) besteht.

Ein Aktivierungsverbot sieht *§ 248 II HGB (entsprechend § 5 II EStG)* vor: „Für *immaterielle Vermögensgegenstände des Anlagevermögens,* die nicht *entgeltlich* erworben wurden, darf ein Aktivposten nicht angesetzt werden." Das ist ein Ausfluß des Vorsichtsprinzips. – Erworben = angeschafft.

Immaterielle Wirtschaftsgüter[37] *sind besonders unsichere Werte.* Ob und wie lange sie verwertet werden können, ist oft sehr ungewiß. Es ist bisher weder hier noch im Ausland gelungen, sicher abzugrenzen, was immaterielle Wirtschaftsgüter sind. Der angloamerikanische Begriff *intangible assets* (nicht greifbare Güter) ist auch nicht erhellender. Nicht alle unkörperlichen Wirtschaftsgüter werden zu den immateriellen gerechnet, z. B. nicht Forderungen, Gesellschaftsanteile, Wertpapiere und sonstige Finanzanlagen.

§ 266 II HGB nennt (unter A I) als immaterielle Vermögensgegenstände: Konzessionen, gewerbliche Schutzrechte und ähnliche Rechte und Werte sowie Lizenzen an solchen Rechten und Werten, Geschäfts- oder Firmenwert, geleistete Anzahlungen. Erfaßt werden insb.: Patente, Markenrechte, Urheberrechte, Verlagsrechte, ungeschützte Erfindungen, Gebrauchsmuster, Fabrikationsverfahren und sonstiges Know-how, Belieferungsrechte, Mineralgewinnungsrechte, Güterfernverkehrsgenehmigungen (BFH BStBl. 90, 15) und Software (BFH BStBl. 87, 728; B 90, 1442).

Der BFH sieht *Nutzungsrechte* wie das Nießbrauchsrecht als immaterielle Wirtschaftsgüter an, wenn der Rechtsinhaber eine rechtlich gesicherte Position erlangt, die ihm gegen seinen Willen nicht mehr entzogen werden kann[38].

Passiva (Wirtschaftslasten) sind *Verbindlichkeiten und Rückstellungen*[39]. Sie sind bewertungsfähige rechtliche oder tatsächliche Vermögensnachteile oder wirtschaftliche

---

36 BFH GrS BStBl. 66, 672; BFH BStBl. 90, 53; 90, 130; 90, 286; BFH/NV 90, 436; Abschnitt 157 V EStR; *Söffing,* StVj 89, 163; *Obermeier,* DStR 90, 409.

37 Dazu *Meis,* Rechtsgrundsätze bei der Bilanzierung von immateriellen Werten, Diss. rer. pol. Köln 1935; *Mutze,* Aktivierung und Bewertung immaterieller Wirtschaftsgüter nach Handelsrecht und Steuerrecht, Berlin 1960; *Stapf,* Immaterielle Anlagewerte und aktive Rechnungsabgrenzungsposten, Diss. Würzburg 1968; *Uelner,* Besteuerung immaterieller Wirtschaftsgüter, StKongrRep. 1975, 95; *H. W. Kruse/Beisse,* Aktivierungsfragen, JbFSt. 1978/79, 172 ff.; *Moxter,* BB 78, 821; B 78, 1804; BB 79, 1102; *George,* Immaterielle Wirtschaftsgüter in Handels- und Steuerbilanz[7], Freiburg i. Br. 1979; *Hauter,* StbJb. 1980/81, 197 ff.; *Lamers,* Aktivierungsfähigkeit und Aktivierungspflicht immaterieller Werte (Diss. rer. pol. Bamberg), München 1981; *Pfeiffer,* Das immaterielle Wirtschaftsgut, Diss. iur. Augsburg 1982 (Zusammenfassung in StuW 84, 326); *Eibelshäuser,* Immaterielle Anlagewerte in der höchstrichterlichen Finanzrechtsprechung (Diss. rer. pol. Frankfurt), Wiesbaden 1983; *L. Schmidt,* EStG[9], § 5 Anm. 21, 31; *Ströfer,* BB 82, 1087, 1092; Abschnitt 31 a EStR.

38 BFH BStBl. 78, 386; 79, 401; 80, 244; 81, 68; 82, 594; 83, 735; 83, 739. – Anders *Groh,* BB 82, 133; *Trzaskalik,* StuW 84, 126; *D. Meyer,* Einkommensteuerliche Behandlung des Nießbrauchs und anderer Nutzungsüberlassungen, Herne/Berlin 1984, 284 ff., 317 f.; *ders.,* B 84, 2429; *Stadie,* B 84, 578, mit unterschiedlichen Gründen; s. auch *Fabri,* Grundsätze ordnungsmäßiger Bilanzierung entgeltlicher Nutzungsverhältnisse, Bergisch Gladbach 1987; *Kußmaul,* Nutzungsrechte an Grundstücken in Handels- und Steuerbilanz, Hamburg 1987; *Mathiak,* Zur Bilanzierung dinglicher Rechtsverhältnisse, in: FS für Döllerer, Düsseldorf 1988, 397.

39 Literatur bis 1986 s. 12. Aufl., S. 288 (Fn. 39). Literatur ab 1987 *allgemein* zu Rückstellungen: *Döllerer,* DStR 87, 67; *Eibelshäuser,* BB 87, 860; *Groh,* BB 88, 27; *ders.,* BB 88, 1919; *Jacobs,*

Lasten (Belastungen). Während die Verbindlichkeit eine *rechtliche* Last ist, trifft dies für Rückstellungen nicht zu; die Rückstellung berücksichtigt aber Lasten, die am Stichtag bereits *wirtschaftlich verursacht* sind. Die Dogmatik der wirtschaftlichen Verursachung harrt noch der Bewältigung durch die Bilanz- und Steuerrechtswissenschaft. Ob eine solche Bewältigung überhaupt möglich ist, ist nicht sicher, zumal auch wirtschaftliche Verursachung nicht monokausal zu sein pflegt.

§ 249 I 1, 2 HGB schreibt *Rückstellungen* zwingend vor für:

- ungewisse Verbindlichkeiten; hierunter fallen auch die Pensionsverbindlichkeiten;
- drohende Verluste aus schwebenden Geschäften;
- unterlassene Aufwendungen für Instandhaltung, die im folgenden Geschäftsjahr innerhalb von drei Monaten nachgeholt werden;
- Gewährleistungen, die ohne rechtliche Verpflichtung (aus Kulanz) erbracht werden.

Das Einkommensteuergesetz enthält keine dem § 249 HGB entsprechende allgemeine Rückstellungsvorschrift; es regelt vielmehr nur punktuell einzelne Rückstellungen. Demnach ist das Handelsbilanzrecht für die Bildung von Rückstellungen in der Steuerbilanz maßgeblich mit Ausnahme der punktuellen Einschränkungen; dabei ist zu beachten, daß nach der Rechtsprechung *Rückstellungswahlrechte* (§ 249 I 3, II HGB) steuerrechtlich zu einem Passivierungs*verbot* führen (s. S. 286). Für folgende Rückstellungen gelten steuerrechtliche Sondervorschriften:

- Rückstellungen wegen *Verletzung fremder Patent-, Urheber- oder ähnlicher Schutzrechte* dürfen erst gebildet werden, wenn der Rechtsinhaber Ansprüche wegen der Rechtsverletzung geltend gemacht hat *oder* mit einer Inanspruchnahme wegen der Rechtsverletzung ernsthaft zu rechnen ist (§ 5 III EStG enthält ein Beispiel für hinreichende Konkretisierung einer Wirtschaftslast);
- Rückstellungen für die Verpflichtungen zu einer Zuwendung anläßlich *eines Dienstjubiläums* dürfen nur gebildet werden, wenn das Dienstverhältnis mindestens 10 Jahre bestanden hat, das Dienstjubiläum das Bestehen eines Dienstverhältnisses von mindestens 15 Jahren voraussetzt und die Zusage schriftlich erteilt ist (§ 5 IV EStG)[40]. § 5 IV EStG ist durch StRefG 1990 eingeführt worden, nachdem der BFH (BStBl. 87, 845) entschieden hatte, daß rechtsverbindlich zugesagte Jubiläumszuwendungen ungewisse Verbindlichkeiten i. S. des § 249 I 1 HGB seien, für die Rückstellungen auch in der Steuerbilanz gebildet werden *müßten*. § 52 VI EStG sieht die Auflösung der bereits gebildeten Rückstellungen vor und ordnet ein Rück-

---

DStR 88, 238; *Knobbe-Keuk*, Bilanz- und Unternehmenssteuerrecht [7], Köln 1989, 99 ff.; *Kupsch*, B 89, 53; *Kraus*, Rückstellungen in der Handels- und Steuerbilanz, Bergisch Gladbach 1987; *ders.*, StuW 88, 133; *Küting/Kessler*, DStR 89, 655, 693; *K.-P. Naumann*, Die Bewertung von Rückstellungen in der Einzelbilanz nach Handels- und Ertragsteuerrecht, Düsseldorf 1989; *J. Thiel*, Bilanzrecht [4], Heidelberg 1990, 169 ff.; *Ritzrow*, StStud. 87, 197; *L. Schmidt*, EStG [9], § 5 Anm. 38 ff.; *Uelner*, in: Mellwig/Moxter/Ordelheide, Handelsbilanz und Steuerbilanz, Wiesbaden 1989, 87; *W. Werner*, StbKongrRep. 1989, 307; *J. Baetge* (Hrsg.), Rückstellungen in der Handels- und Steuerbilanz, Düsseldorf 1991. *Einzelfragen:* Zur Abzinsung von Rückstellungen s. *Groh*, BB 88, 1919; *ders.*, in: Mellwig/Moxter/Ordelheide (a. a. O.), 119; *H. Hahn*, Inst. „Finanzen und Steuern" Nr. 289, Bonn 1990; *Hartung*, BB 90, 313; *Küting/Kessler*, DStR 89, 723; zu Aufwandrückstellungen s. *Kußmaul*, DStR 87, 675; zu Rückstellungen für drohende Verluste aus schwebenden Geschäften s. *Christiansen*, StbJb. 1989/90, 129; *Rohse*, StBp. 87, 152; zu Rückstellungen für Verluste im Personalbereich s. *Hartung*, BB 88, 2138; für ungewisse Verbindlichkeiten s. *Moxter*, BB 89, 945; für öffentlich-rechtliche Verpflichtungen, insb. Umweltschutz s. *Herzig*, B 90, 1341; und zu *Zinsrückstellungen* s. *Heußner*, BB 88, 2417.

40 Dazu BMF BStBl. 87, 770; *Küting/Weber*, BB 88, 2280; *Bode/Grabner*, B 88, 2061; *Siegel*, BB 89, 182; *Stuhrmann*, B 88, 1967; *Hartung*, BB 89, 736; *ders.*, BB 89, 1723; *Werner*, StbKongrRep. 1989, 307. Zur Kritik insb. *Döllerer*, BB 88, 238; *Knobbe-Keuk*, BB 88, 1086; *Höfer/Reiners*, BB 88, 2064; *Slomma*, DStZ 89, 277.

stellungsverbot bis einschließlich 1992 an. U. E. durchbrechen §§ 5 IV, 52 VI EStG gleichheitssatzwidrig das Nettoprinzip. Finanzpolitische Erwägungen (Finanzierung der Steuerreform 1990) reichen u. E. nicht aus, Verletzungen des Nettoprinzips zu rechtfertigen. Insb. ist das temporäre Rückstellungsverbot nicht zu rechtfertigen. Die Fünfzehn- und die Zehnjahresgrenze sind willkürlich. Hingegen ist das Erfordernis einer schriftlichen Zusage als Merkmal der Nachteilskonkretisierung ebenso wie § 6a I Nr. 3 EStG zu rechtfertigen.

— § 6a EStG: Handelsrechtlich *muß* für Pensionszusagen als ungewisse Verbindlichkeiten eine Rückstellung nach § 249 I 1 HGB gebildet werden. Über den Maßgeblichkeitsgrundsatz besteht steuerrechtlich ebenfalls Passivierungspflicht. § 6a EStG läuft insoweit leer[41]. Bei Zahlung der Pension wird die Rückstellung aufgelöst. Eine Rückstellung kommt, soweit die Zusage angemessen ist, auch für die Arbeitnehmer-Ehefrau in Betracht[42]. Rückstellungen zugunsten eines Mitunternehmers einer Personengesellschaft werden nicht anerkannt[43]. Für Gesellschafter-Geschäftsführer einer Kapitalgesellschaft hingegen können Rückstellungen gebildet werden; bei beherrschenden Gesellschaftern ist jedoch davon auszugehen, daß der Versorgungsfall erst mit dem 65. Lebensjahr eintritt[44].

Rechnungsabgrenzungsposten[45] dienen der periodischen Gewinnabgrenzung. Als Aktiv- und Passivposten bewirken sie, daß jeder Periode nur die in ihr verursachten Aufwendungen und Erträge zugeordnet werden. Zum dynamischen Charakter dieser Zuordnung, s. S. 291.

§ 250 I 1, II HGB; § 5 V EStG schränken die Zulässigkeit von Rechnungsabgrenzungsposten dahin ein, daß nur angesetzt werden dürfen und müssen:

(1) *auf der Aktivseite:* Ausgaben vor dem Abschlußstichtag, soweit sie Aufwendung für eine *bestimmte Zeit*[46] nach diesem Tag darstellen (transitorische Aktiva); es wird im voraus ausgegeben, was wirtschaftlich in das nächste Jahr gehört, weil dann erst die Gegenleistung empfangen wird (transitorisch = hinübergehend = die Auswirkung der Ausgabe wird in das nächste Jahr transferiert);

(2) *auf der Passivseite:* Einnahmen vor dem Abschlußstichtag, soweit sie Ertrag für eine *bestimmte Zeit*[46] nach diesem Tag darstellen (transitorische Passiva); es wird im voraus vereinnahmt, was wirtschaftlich in das nächste Jahr gehört, weil erst dann die Gegenleistung erbracht wird.

Antizipative Posten der Rechnungsabgrenzung (Ausgaben und Einnahmen, die erst nach dem Bilanzstichtag anfallen, wirtschaftlich aber zur Periode vor dem Bilanzstichtag gehören) sind nicht zulässig; statt dessen sind Forderungen oder Verbindlichkeiten anzusetzen. Beispiel: Mietzahlung für Dezember geht erst im folgenden Jahr ein. Zum Bilanzstichtag ist eine Mietforderung zu aktivieren.

Ferner sind nach § 5 V 2 EStG (§ 250 I 2 HGB: „dürfen") auf der Aktivseite – wie Rechnungsabgrenzungsposten – anzusetzen: als Aufwand berücksichtigte Zölle und Verbrauchsteuern, soweit sie auf am Abschlußstichtag auszuweisende Wirtschaftsgüter (Vermögensgegenstände)

---

41 Dazu Schmidt/*Seeger*, EStG [9], § 6a Anm. 2; *Knobbe-Keuk* (Fn. 39), 112; *J. Thiel* (Fn. 39), 181.
42 BVerfGE 29, 104.
43 BFH BStBl. 67, 222; 73, 298; 75, 437.
44 BFH BStBl. 80, 304; 82, 612.
45 *Bense*, Die aktive Rechnungsabgrenzung von Vertriebskosten in der Steuerbilanz, Diss. Köln 1965; *Pütz*, Die Rechnungsabgrenzung in der Steuerbilanz (Diss. Köln), Düsseldorf 1966; *Stapf*, Immaterielle Anlagewerte und aktive Rechnungsabgrenzungsposten, Diss. Würzburg 1968; ferner *J. Thiel* (Fn. 39), 161 ff.; *Knobbe-Keuk* (Fn. 39), 115 ff.; *Moxter*, Bilanzrechtsprechung[2], Tübingen 1985, 39 ff., 92 ff.; *Rose*, StbJb. 1983/84, 141 ff.; *Fuchs*, Die transitorischen Rechnungsabgrenzungsposten, Bergisch Gladbach 1987; *Niemann*, Zeitliche Bestimmtheit bei Rechnungsabgrenzungsposten, Inst. FuSt Brief 268, Bonn 1987.
46 Dazu *Rose*, StbJb. 1983/84, 141 ff.; *Federmann*, BB 84, 246 ff.

des Vorratsvermögens entfallen, sowie als Aufwand berücksichtigte Umsatzsteuer auf am Abschlußstichtag auszuweisende Anzahlungen[47].

Bilanzieren muß den Vermögensgegenstand (das Wirtschaftsgut) derjenige, dem er (es) *zuzurechnen* ist. Die Zurechnungsregeln ergeben sich aus den handelsrechtlichen Grundsätzen ordnungsmäßiger Buchführung. Sie decken sich mit den Regeln des § 39 AO (s. S. 115 ff.)[48]. Wollte man dies nicht annehmen, so ginge § 39 AO als steuerrechtliche Spezialvorschrift dem Handelsrecht vor[49].

7.22 Betriebsvermögen

Literatur: *Altorfer,* Geschäftsvermögen und Privatvermögen im Einkommensteuerrecht, Diss. St. Gallen 1959; *B. Münch,* Die steuerliche Problematik des gewerblichen Betriebsvermögens, Düsseldorf 1967; *Pralle,* Das gewillkürte Betriebsvermögen bei der Gewinnermittlung, Diss. Göttingen 1969; *Uelner,* Notwendiges und gewillkürtes Betriebsvermögen, StKongrRep. 1973, 101; *Woerner,* Steuerliche Fragen der Abgrenzung des Betriebsvermögens bei der Einkommensteuer, StbJb. 1974/75, 321 ff.; *ders.,* Die Zurechnung von Wirtschaftsgütern zum Betriebsvermögen..., StbJb. 1978/79, 201; *Merten,* Die einkommensteuerliche Abgrenzung des Betriebsvermögens vom Privatvermögen beim Einzelunternehmer, FR 79, 365 ff.; *Wassermeyer,* in: Söhn (Hrsg.), Die Abgrenzung der Betriebs- oder Berufssphäre von der Privatsphäre, DStJG Bd. 3 (1980), 315 ff.; *Söffing,* Gewillkürtes Betriebsvermögen, StbJb. 1980/81, 451 ff.; *Uelner,* Betriebsvermögen-Privatvermögen, StbKongrRep. 1981, 47 ff.; *Kanzler,* Die Abgrenzung zwischen Betriebs- und Privatvermögen bei Land- und Forstwirten, Inf. 81, 361; *Stoll,* Das Betriebsvermögen im Bilanzsteuerrecht, in: Gassner/E. Pointner (Hrsg.), Bilanz und Rechnungswesen, Wien 1981, 255 ff.; *Wendt,* Gewillkürtes Betriebsvermögen bei Land- und Forstwirten, Inf. 83, 249; *Knobbe-Keuk,* Bilanz- und Unternehmenssteuerrecht [7], Köln 1989, 53 ff.; *J. Thiel,* Bilanzrecht[4], Heidelberg 1990, 124 ff.; Schmidt/*Heinicke,* EStG [9], München 1990, § 4 Anm. 20-47; *Woerner,* Notwendiges und gewillkürtes Betriebsvermögen – eine überholte Unterscheidung?, StbJb. 1989/90, 207.

Für Zwecke des Betriebsvermögensvergleichs dürfen in der Bilanz nur Wirtschaftsgüter des Betriebsvermögens erfaßt werden. Eine Antwort auf die Frage, unter welchen Voraussetzungen Wirtschaftsgüter zum Betriebsvermögen gehören, gibt das Einkommensteuergesetz jedoch nicht.

In § 247 II HGB heißt es: „Beim Anlagevermögen sind nur die Gegenstände auszuweisen, die *bestimmt sind, dauernd dem Geschäftsbetrieb zu dienen.*" Diese Vorschrift kann als „handelsrechtlicher Grundsatz ordnungsmäßiger Buchführung" (§ 5 I 1 EStG) herangezogen werden.

Rechtsprechung, Verwaltung (s. Abschnitte 14, 14a EStR) und Literatur unterscheiden im Steuerrecht durchweg notwendiges und gewillkürtes Betriebsvermögen einerseits und notwendiges Privatvermögen andererseits. Danach gilt:

Notwendiges Betriebsvermögen sind solche Wirtschaftsgüter, die *unmittelbar* (gemeint ist: notwendig; der Betrieb kommt ohne sie nicht aus) den Zwecken des eigentlichen Betriebes, z. B. der Fabrikation, dem Handel, der Dienstleistung dienen (BFH BStBl. 75, 582).

Gewillkürtes Betriebsvermögen sind solche Wirtschaftsgüter, die weder notwendiges Betriebsvermögen (weil sie den Zwecken des Betriebes *nicht unmittelbar,* d. h. nicht notwendigerweise dienen, der Betrieb auch ohne sie auskäme) noch notwendiges Privatvermögen (s. unten) sind, die jedoch in einem gewissen objektiven Zusammen-

---
47 Zur näheren Erklärung (mit Nachweisen) *J. Thiel* (Fn. 39), 166 ff.; *Knobbe-Keuk* (Fn. 39), 119 f.
48 *J. Thiel* (Fn. 39), 140; a.A. *Knobbe-Keuk* (Fn. 39), 61 ff.
49 A.A. *J. Thiel* (Fn. 39), 140; *Knobbe-Keuk* (Fn. 39), 63 f. Vgl. auch *T. Stobbe,* BB 90, 518.

hang mit dem Betrieb stehen (weil sie ihm als Vermögensanlage- und Ertragsobjekt mittelbar dienlich sein können) und subjektiv – durch Einlage – dazu bestimmt worden sind (Widmungsakt durch Ausweis in Buchführung und Bilanz). Beispiele: Grundstücke, Bankguthaben, Bargeld, Darlehensforderungen, Darlehensverbindlichkeiten, Beteiligungen, Wertpapiere, Bürgschaftsverpflichtungen. Da die Frage, ob ein Wirtschaftsgut dem Betrieb dienen kann, von der Eigenart des Betriebs abhängt, wird angenommen, daß Angehörige freier Berufe nicht im gleichen Umfang Betriebsvermögen bilden können wie Gewerbetreibende.

Notwendiges Privatvermögen sind solche Gegenstände, die privaten Zwecken dienen und einem konkreten betrieblichen Zweck weder unmittelbar noch mittelbar dienen können, z. B. Einfamilienhaus des Gewerbetreibenden, Wohnungseinrichtung, Schmuck, Kleidung.

Gemischt genutzte bewegliche Wirtschaftsgüter sind entweder Betriebsvermögen oder Privatvermögen. Sie werden dem Betriebsvermögen zugeordnet, wenn sie zu mehr als 50 v. H. betrieblich genutzt werden; sie werden dem Privatvermögen zugeordnet, wenn sie zu weniger als 10 v. H. betrieblich genutzt werden; bei einem betrieblichen Nutzungsanteil von 10 v. H. – 50 v. H. wird dem Steuerpflichtigen ein Wahlrecht zugebilligt. *Gemischt genutzte Grundstücke* hingegen gehören anteilig nach ihrer Nutzung zum Betriebs- oder Privatvermögen, es sei denn, daß der betriebliche Nutzungsanteil ganz minimal ist (s. Abschnitt 14 EStR)[50].

Die abstrakte Einteilung in notwendiges Betriebsvermögen, gewillkürtes Betriebsvermögen und notwendiges Privatvermögen schadet mehr, als daß sie nützt. Ob ein Wirtschaftsgut zum Betriebsvermögen oder zum Privatvermögen gehört, kann nur unter Berücksichtigung der konkreten Verhältnisse beurteilt werden. Jedes Wirtschaftsgut kann nämlich je nach Situation zum Betriebs- oder zum Privatvermögen gehören. So kann z. B. ein Unternehmer mit Wirtschaftsgütern handeln, die typischerweise zum Privatvermögen gehören, etwa mit Schmuck. Gewillkürtes Betriebsvermögen kann es ebensowenig geben wie gewillkürte Betriebsausgaben. In der Frage, ob ein Wirtschaftsgut eine betriebliche Funktion haben kann, hat der Unternehmer zwar einen Beurteilungsspielraum, er darf aber nicht willkürlich entscheiden.

Nicht gefolgt werden kann insb. der Auffassung, gewillkürtes Betriebsvermögen setze keine betriebliche Funktion dieses Vermögens voraus, sondern werde allein durch Aufnahme des Wirtschaftsguts in die Buchführung und Bilanz, durch buchmäßigen Widmungsakt also, begründet. Buchführung und Bilanz müssen die Wirklichkeit widerspiegeln; umgekehrt geht es nicht. Sieht man von §§ 17, 23 EStG ab, so werden Vermögenswertänderungen (insb. infolge Veräußerungen, Wertschmälerungen) nur bei Wirtschaftsgütern des Betriebsvermögens erfaßt. Die unterschiedlichen Rechtsfolgen kann der Steuerpflichtige nicht durch bloßen Buchführungsakt nach Art eines freien Wahlrechts – etwa: schlechte Aktien ins Betriebsvermögen, gute Aktien ins Privatvermögen – auslösen.

Die Zuordnung des Vermögens zur Betriebs- oder Privatsphäre ist denn auch in den letzten Jahren neu durchdacht worden[51]. Die Zuordnungskriterien können keine

---

50 Einzelheiten und Nachweise bei Schmidt/*Heinicke*, EStG [9], § 4 Anm. 20 – 47. S. auch *Neu*, StStud. 90, 175.
51 Dazu die Neuansätze bei *Merten*, FR 79, 367 ff.; *Wassermeyer*, in: Söhn (Hrsg.), Die Abgrenzung der Betriebs- oder Berufssphäre von der Privatsphäre, DStJG Bd. 3 (1980), 315 ff.; *Stoll*, Das Betriebsvermögen im Bilanzsteuerrecht, in: Gassner/E. Pointner (Hrsg.), Bilanz und Rechnungswesen, Wien 1981, 255 ff.; *Uelner*, StbKongrRep. 1981, 27 ff.; *Leingärtner*, FR 83, 214; *Wacker*, in: FS für Scherpf (hrsg. von L. Fischer), Wiesbaden 1983, 88 ff.; Schmidt/*Heinicke*, EStG [9], § 4 Anm. 26; *Knobbe-Keuk* (Fn. 39), 53 ff.; FG Köln EFG 80, 586.

anderen sein als die für die Abgrenzung der Erwerbsaufwendungen von den Privataufwendungen (dazu oben S. 251 ff.)[52]. Danach ist *maßgeblich, ob das Vermögen (das Wirtschaftsgut) im konkreten Fall betrieblichen (s. auch § 247 II HGB) oder privaten Zwecken zu dienen bestimmt ist.* Es dient betrieblichen Zwecken, wenn es für den Betrieb angeschafft/hergestellt oder dem Betrieb durch Einlage (§ 4 I 5 EStG) zugeführt *und* für den Betrieb verwendet oder genutzt wird, wenn mit ihm im Betrieb – in Gewinnerzielungsabsicht – gewirtschaftet wird[53].

L. Woerner[54] versucht die Unterscheidung zwischen notwendigem und gewillkürtem Betriebsvermögen beweistechnisch zu rechtfertigen. Wenn aber die Unterscheidung beweistechnisch begründet ist, dann kann es keine *materiell*rechtlich unterschiedlichen Kategorien des Betriebsvermögens geben. Besonders rechtfertigt die Art der Gewinnermittlung keinen unterschiedlichen Umfang des Betriebsvermögens, so daß der Ausschluß von gewillkürtem Betriebsvermögen bei der vereinfachten Gewinnermittlung nach § 4 III EStG nicht die Konservierung der unterschiedlichen Kategorien[55], sondern die Vereinheitlichung des Betriebsvermögensbegriffs nahelegt. Dies gebietet auch der Grundsatz der Gesamtgewinngleichheit (s. S. 320).

Betrieblichen Zwecken dienen können Wirtschaftsgüter zum einen dadurch, daß sie unmittelbar bei der Produktion, im Handel oder im Dienstleistungsbetrieb usw. eingesetzt werden, zum anderen aber auch dadurch, daß ihre Nutzung (insb. durch Kapitalanlage, Vermietung) dem Betriebserfolg dient. Wirtschaftsgüter können einem Betrieb auch als Reservevermögen oder zur Sicherheit dienen. Auch §§ 20 III, 21 III EStG gehen davon aus, daß Vermögen durch seine Anlage oder Vermietung zu Betriebsvermögen werden *kann,* wenn die Nutzung betrieblichen Zwecken dient. Allein durch *Bilanzierung* und Vermietung wird ein Wirtschaftsgut aber nicht zu Betriebsvermögen. Auch die Eignung als Sicherheit genügt nicht, da privates Vermögen ebenso Sicherheit bietet. Wirtschaftsgüter gehören nicht zum Betriebsvermögen, wenn lediglich deren Wertminderung im Betriebsvermögen berücksichtigt werden soll.

Die Praxis, bewegliche Wirtschaftsgüter nur *zur Gänze* entweder dem Betriebsvermögen oder dem Privatvermögen zuzuordnen, ist eine Vereinfachungstechnik, die ebenfalls überprüft werden muß. Es wäre technisch nicht schwieriger, aber angemessener, gemischt genutzte Wirtschaftsgüter im voraus nach (geschätzten) Nutzungsanteilen aufzuteilen[56].

Wird ein Wirtschaftsgut nicht mehr betrieblich verwendet oder genutzt, so ist es damit dem Betrieb *entnommen* (Entnahmehandlung durch Unterlassen der Verwendung oder Nutzung für den Betrieb). Wird ein Wirtschaftsgut, das bisher dem Privatvermögen zugehörte, für den Betrieb verwendet oder genutzt, so ist es damit eingelegt.

---

52 Diesen Zusammenhang arbeitet *Stoll* besonders deutlich heraus: Angeschafften oder hergestellten Wirtschaftsgütern stehen Betriebsausgaben (= durch den Betrieb veranlaßte Ausgaben) gegenüber. Daraus ergibt sich, daß auch die Anschaffung oder Herstellung „durch den Betrieb veranlaßt" (§ 4 IV EStG) sein muß (s. *Stoll* [Fn. 51], 258 f., 262 f., 265 f.).
53 Zum objektiven betrieblichen Zusammenhang bei gewillkürtem Betriebsvermögen s. Schmidt/*Heinicke,* EStG [9], § 4 Anm. 32 c (m. w. N.): Die Rspr. unterwirft zunehmend auch den Begriff des gewillkürten Betriebsvermögens den allgemeinen Kausalitätskriterien.
54 Notwendiges und gewillkürtes Betriebsvermögen – eine überholte Unterscheidung?, StbJb. 1989/90, 207.
55 Dies scheint L. *Woerner* (Fn. 54), 229 ff., von der Rspr. zu erwarten.
56 Dazu *Merten,* FR 79, 372 f.; *Stoll* (Fn. 51).

7.23 Entnahmen und Einlagen

Beim Betriebsvermögensvergleich ist der Wert der Entnahmen hinzuzurechnen, der Wert der Einlagen ist abzurechnen (§§ 4 I 1, 5 VI EStG). Das ist deshalb erforderlich, weil Gewinn nur ist, was durch den Betrieb erwirtschaftet worden ist. Was entnommen wird, ist im Betrieb erwirtschaftet worden, folglich zu erfassen. Was eingelegt wird, kommt von außen in den Betrieb, ist nicht im Betrieb erwirtschaftet worden, folglich nicht zu erfassen.

Entnahmen sind alle Wirtschaftsgüter (Barentnahmen, Waren, Erzeugnisse, Nutzungen und Leistungen), die der Steuerpflichtige dem Betrieb für sich, für seinen Haushalt oder für andere *betriebsfremde* Zwecke im Laufe des Jahres entnommen hat (so § 4 I 2 EStG).

§ 4 I 2 EStG definiert mangelhaft. Zu unterscheiden ist zwischen *Substanzentnahmen* (Entnahmen von Wirtschaftsgütern) und Entnahmen von Nutzungen und Leistungen. Wer ein Wirtschaftsgut nutzt, entnimmt nicht das Wirtschaftsgut selbst. Wer eine Dienstleistung erbringen läßt, entnimmt kein Wirtschaftsgut. Somit besteht der gewinnerhöhende „Wert der Entnahme" (§ 4 I 1 EStG) nicht in einem Substanzwert, sondern in den für betriebsfremde Zwecke aufgewendeten Kosten, diese müssen aus dem zu versteuernden Gewinn herausgerechnet werden. Demnach sind Entnahmen von Nutzungen und Leistungen *Kostenkorrekturentnahmen* (zu deren Bewertung s. S. 303).

Beispiele für Entnahmen: Ein Möbelhändler gibt seiner Ehefrau aus der Ladenkasse Geld für den Haushalt (Barentnahme), er schenkt seiner Tochter eine Möbelgarnitur aus dem Laden (Sachentnahme), er benutzt einen zum Betriebsvermögen gehörenden Pkw privat (Nutzungsentnahme). Ein Kaufmann läßt einen im Betrieb angestellten Boten in seinem Privatgarten arbeiten (Leistungsentnahme). Ein Arzt versorgt (ärztlich) unentgeltlich seine Ehefrau oder einen Freund (Sachentnahme von Medikamenten; keine Leistungsentnahme, da der Arzt nicht als Unternehmer handelt).

Die Entnahme muß durch ein *Handeln* (Tun, Dulden, Unterlassen) verursacht sein, das *betriebsfremden* Zwecken dient. Schlüssiges Verhalten genügt (z. B. ein Wirtschaftsgut wird nicht mehr für den Betrieb verwendet oder genutzt). Das Verhalten muß aber *eindeutig* auf eine Entnahmehandlung schließen lassen (dazu näher m. w. N. BFH BStBl. 90, 128).

Umgekehrt liegen *Einlagen* vor, wenn Wirtschaftsgüter dem Betrieb im Laufe des Wirtschaftsjahres von außen zugeführt werden (§ 4 I 5 EStG). Anders als § 4 I 2 EStG erwähnt § 4 I 5 EStG „Nutzungen und Leistungen" nicht. BFH GrS BStBl. 88, 348, verneint die Einlagefähigkeit von Nutzungen; er bestätigt aber die Rechtsprechung, wonach bei betrieblicher Mitbenutzung privater Wirtschaftsgüter die auf die betriebliche Nutzung entfallenden Kosten als Einlage abgesetzt werden können (analog zur Entnahme *Kostenkorrektureinlage*).

Beispiele: Betriebliche Nutzung eines nicht bilanzierten Pkw im Umfang von 20 Prozent. In diesem Umfange sind die Pkw-Aufwendungen einschließlich AfA als Einlage absetzbar. Dies gilt u. E. (s. S. 249) auch, wenn der Pkw der Ehefrau des Betriebsinhabers gehört und diese die Kosten trägt (sog. Drittaufwand). Betriebsinhaber schenkt Sohn Betriebsgrundstück unter Vorbehalt, es wie bisher betrieblich nutzen zu können. Der Vorbehaltsnießbraucher kann seine Aufwendungen als Einlagen gewinnmindernd berücksichtigen (BFH BStBl. 89, 763; FR 90, 12, mit Anm. *L. Schmidt*).

Die Diskussion der Nutzungseinlage im Anschluß an BFH GrS, a. a. O., ist noch nicht abgeschlossen[57]. Man wird der Auffassung zustimmen können, daß Nutzungen als solche nicht einlagefähig sind. Zu unterscheiden ist nämlich grundsätzlich zwischen der Nutzungshandlung, welche die Betriebsvermögenseigenschaft begründet, und dem Wirtschaftsgut, das genutzt wird. Durch Kostenkorrekturentnahme und -einlage werden lediglich die betrieblich veranlaßten Aufwendungen sachgerecht abgegrenzt.

Entnahmen oder Einlagen liegen auch vor, wenn diese durch unangemessene Rechtsgestaltungen oder Scheingestaltungen verdeckt sind (*verdeckte Entnahmen oder Einlagen*[58]).

Beispiel: Eine Unterhaltszahlung wird als Arbeitslohn kaschiert.

Eine Entnahme liegt nicht vor, wenn ein Steuerpflichtiger ein Wirtschaftsgut des Privatvermögens zu Unrecht bilanziert hat. Er muß es nur erfolgsneutral „ausbuchen".

7.24 Bewertung von Wirtschaftsgütern, von Einlagen und Entnahmen

Literatur (mit ausführlicher Darstellung): *Knobbe-Keuk*, Bilanz- und Unternehmenssteuerrecht [7], Köln 1989, 136 ff.; *J. Thiel*, Bilanzrecht [4], Heidelberg 1990, 195 ff.; Raupach (Hrsg.), Werte und Wertermittlung im Steuerrecht, DStJG Bd. 7 (1984), mit Beiträgen von *Tanzer, Mathiak, Doralt, Wassermeyer, Strobl, Clemm, Gassner*; Kommentare zu § 6 EStG.

Das Ergebnis des Betriebsvermögensvergleichs i. S. der §§ 4 I, 5 I EStG hängt nicht nur davon ab, was als Bilanzposten aktiviert oder passiviert und was als Einlage/Entnahme behandelt wird, sondern wesentlich auch davon, wie die Bilanzposten, die Einlagen und Entnahmen *bewertet* werden.

Die Bewertungsvorschriften hängen eng mit der Gewinnrealisierung zusammen. Das Prinzip der Bewertung mit den Anschaffungs-/Herstellungskosten (§ 6 I Nrn. 1, 2 EStG) führt, wenn der Verkehrswert steigt, zu stillen Reserven. Da die Wertsteigerung über die Anschaffungs-/Herstellungskosten hinaus nicht erfaßt wird, werden die stillen Reserven i. d. R. erst bei der Veräußerung steuerlich erfaßt; anders bei der Entnahme und der Betriebsaufgabe. Dazu S. 316 ff.

Für die Bewertung gelten prinzipiell nicht die handelsrechtlichen Grundsätze ordnungsmäßiger Buchführung, da sie Unterbewertungen zulassen (s. auch § 253 IV HGB), sondern – s. §§ 4 I 6, 5 VI EStG – die Regeln der §§ 6, 7 EStG, *hilfsweise* die Vorschriften des Bewertungsgesetzes (s. § 1 BewG)[59]. § 6 EStG operiert mit folgenden Wertbegriffen:

a) **Anschaffungskosten** (§ 6 I Nr. 1 Satz 1, Nr. 2 Satz 1 EStG)[60]: § 6 EStG enthält keine Definition.

§ 255 I HGB, der zur Lückenfüllung herangezogen werden kann, definiert: „Anschaffungskosten sind die Aufwendungen, die geleistet werden, um einen Vermögensgegenstand zu erwerben und ihn in einen betriebsbereiten Zustand zu versetzen, soweit sie dem Vermögensgegenstand einzeln zugeordnet werden können. Zu den

---

57 Vgl. *Biergans*, DStR 89, 367; *Bordewin*, DStR 88, 227; *Fasold*, BB 87, 1220; *Groh*, B 88, 514, 571; ders., StbJb. 1988/89, 187; *Meyer-Scharenberg*, StuW 87, 11, 103; *Nieland*, B 87, 706; *L. Schmidt*, FR 88, 166.
58 S. hierzu *Hellwig*, Verdeckte Gewinnausschüttung und verdeckte Entnahme..., in: FS für Döllerer, Düsseldorf 1988, 205; *Döllerer*, BB 88, 1789.
59 Abweichend *Tanzer*, DStJG Bd. 7 (1984), 55 ff.
60 Dazu ausführlich *Mathiak*, DStJG Bd. 7 (1984), 97 ff. Zu den Anschaffungsnebenkosten *Ordelheide*, in: FS für Felix, Köln 1989, 223.

Anschaffungskosten gehören auch die Nebenkosten sowie die nachträglichen Anschaffungskosten. Anschaffungspreisminderungen sind abzusetzen."

Nebenkosten im Zusammenhang mit den eigentlichen Anschaffungskosten: insb. Provisionen, Lade- und Transportkosten, Transportversicherungskosten, Eingangsfrachten, Zölle, Grunderwerbsteuer, Gerichts- und Notarkosten; *nicht:* Finanzierungskosten (sie sind Gegenleistung für die Darlehensüberlassung), prinzipiell nicht: umsatzsteuerrechtliche Vorsteuerbeträge, s. § 9 b EStG.

Preisminderungen: insb. Rabatte, Skonti, Boni, Kaufpreisminderungen.

Wird ein Wirtschaftsgut gegen *Leibrente* angeschafft, so bestehen die Anschaffungskosten in dem versicherungsmathematischen Barwert der Rente im Zeitpunkt der Anschaffung (BFH BStBl. 70, 807); die Rentenverpflichtung ist zu passivieren.

Wird ein *Grundstück mit Gebäude* (zwei Wirtschaftsgüter) zu einem Gesamtkaufpreis erworben, so ist der Kaufpreis nach dem Verhältnis der Teilwerte *aufzuteilen*. Äußerst umstritten ist die Behandlung des Erwerbs eines Grundstücks mit Gebäude, das *abgebrochen* werden soll. Die Rechtsprechung (BFH GrS BStBl. 78, 620; BFH BStBl. 82, 385) hält – je nach Lage des Falles – auch die Abbruchkosten für (zu aktivierende) Anschaffungskosten des Grundstücks[61].

Beim *Tausch* bestehen die Anschaffungskosten im gemeinen Wert des hingegebenen Wirtschaftsguts (§§ 1, 9 BewG)[62].

b) **Herstellungskosten** (§ 6 I Nr. 1 Satz 1, Nr. 2 Satz 1 EStG)[63]: § 6 EStG enthält keine Definition. § 255 II, III HGB (der Abschnitt 33 EStR entlehnt ist) kann sinngemäß herangezogen werden. Danach sind Herstellungskosten „die Aufwendungen, die durch den Verbrauch von Gütern und die Inanspruchnahme von Diensten für die Herstellung eines Vermögensgegenstands, seine Erweiterung oder für eine über seinen ursprünglichen Zustand hinausgehende wesentliche Verbesserung entstehen. Dazu gehören die *Materialkosten*, die *Fertigungskosten* und die *Sonderkosten* der Fertigung[64]. Bei der Berechnung der Herstellungskosten dürfen auch angemessene Teile der notwendigen *Materialgemeinkosten*[65], der notwendigen *Fertigungsgemeinkosten*[66] und des Wertverzehrs des Anlagevermögens, soweit er durch die Fertigung veranlaßt ist, eingerechnet werden". Abzugrenzen von den Herstellungskosten sind die für *Wesen* und *Substanz* eines Wirtschaftsguts *nicht wirksamen* Aufwendungen. Sie sind sofort abzugsfähig, entweder als *Erhaltungsaufwand* (s. S. 291 f.) oder als *vergebliche/verlorene Aufwendungen* (Beispiel BFH GrS BStBl. 90, 830: Vorauszahlungen für Bauleistungen, die wegen Konkurses des Bauunternehmers nicht erbracht werden).

---

61 Dazu kritisch *Knobbe-Keuk,* Bilanz- und Unternehmenssteuerrecht[7], Köln 1989, 154 f.; *Schürer-Waldheim,* StuW 83, 217.

62 Dazu *Wassermeyer,* DStJG Bd. 7 (1984), 169 ff.; *Groh,* Der Erfolgsmaßstab beim Tausch, in: FS für Döllerer, Düsseldorf 1988, 157.

63 *W. Meier,* Der einkommensteuerliche Herstellungswert, Berlin/Stuttgart 1951; *van der Velde,* Herstellungskosten in der Kostenrechnung und in der Steuerbilanz[3], Stuttgart 1960; *Bange,* Der Begriff der Herstellungskosten in der Handels- und Steuerbilanz, Diss. Würzburg 1970; *Pieper,* Steuerliche Herstellungskosten, Wiesbaden 1975; *Döllerer,* JbFSt. 1976/77, 202 ff.; *Herzig,* BB 70, 117; *Schmidt/Glanegger,* EStG [9], § 6 Anm. 40–44; *Glanegger,* B 87, 2115; *Seeger,* StbJb. 1987/88, 91; *Ritzrow,* StStud. 88, 78; *Küting,* BB 89, 587; *Schulze-Osterloh,* StuW 89, 242; *Schneeloch,* B 89, 285; *Reintges,* in: Mellwig/Moxter/Ordelheide, Handelsbilanz und Steuerbilanz, Wiesbaden 1989, 73; Abschnitt 33 EStR.

64 Z. B. Kosten für Entwürfe, Modelle, Spezialwerkzeuge.

65 Z. B. Kosten der Lagerhaltung, der Prüfung und des Transports des Fertigungsmaterials.

66 Z. B. Kosten der Fertigungsvorbereitung, Raumkosten, Energiekosten, Kosten der Hilfs- und Betriebsstoffe, Reparaturkosten im Fertigungsbereich, Gewerbekapital- und Grundsteuer auf die Fertigungsanlagen, Versicherungsprämien und Kosten der Betriebsführung, der Unfallfürsorge und des Lohnbüros im Fertigungsbereich.

Zinsen für Fremdkapital gehören nicht zu den Herstellungskosten. Zinsen für Fremdkapital, das zur Finanzierung der Herstellung eines Vermögensgegenstands verwendet wird, dürfen angesetzt werden, soweit sie auf den Zeitraum der Herstellung entfallen; in diesem Falle gelten sie als Herstellungskosten des Vermögensgegenstands (§ 255 III HGB).

Zu a, b: Die durch Abschnitte 33, 34, 163 EStR eingeräumten Wahlrechte sind mit dem Anschaffungs- und Herstellungskostenbegriff nicht vereinbar[67].

c) **Teilwert** (§ 6 I Nr. 1 Satz 2, Nr. 2 Satz 2, Nrn. 4, 5, 7 EStG)[68]: Das ist der Betrag, den ein Erwerber des ganzen Betriebes im Rahmen des Gesamtkaufpreises für das einzelne Wirtschaftsgut ansetzen *würde;* dabei ist davon auszugehen, daß der Erwerber den Betrieb fortführt (§ 6 I Nr. 1 Satz 3 EStG).

Die Bewertung mit dem Teilwert beruht auf der Vorstellung, daß der Wert der Wirtschaftsgüter des Betriebsvermögens wesentlich von der Ertragskraft des Betriebes abhängt und in einem arbeitenden, rentablen Betrieb höher liegt als der Liquidationswert. Dem Teilwert des Steuerbilanzrechts entspricht der Tageswert des Handelsbilanzrechts[69]. Die Kritik am Teilwert betrifft vor allem dessen Unbestimmtheit, nicht seine Angemessenheit im Rahmen des Gesetzeszwecks.

Oberes Richtmaß des Teilwerts ist der *Wiederbeschaffungswert* (= was zur Wiederbeschaffung aufgewendet werden muß); er gilt insb. für Wirtschaftsgüter des Umlaufvermögens. Unteres Richtmaß ist der *Einzelveräußerungspreis* (= was sich bei der Veräußerung des einzelnen Wirtschaftsgutes erzielen läßt), er kommt in Betracht für überflüssige Güter. Die Rechtsprechung hat die Vermutung aufgestellt, daß der Teilwert im Zeitpunkt der Anschaffung den Anschaffungskosten entspreche; diese Vermutung gilt nicht bei Fehlmaßnahmen (BFH BStBl. 89, 269; 89, 274; 90, 119).

Allgemeine Bewertungsvorschriften:

Hinsichtlich der Bewertung der *einzelnen* (Grundsatz der Einzelbewertung[70]) Wirtschaftsgüter sowie der Entnahmen und Einlagen bestimmt § 6 EStG folgendes:

a) Wirtschaftsgüter des *Anlagevermögens,* die (durch Ge- oder Verbrauch) *der Abnutzung unterliegen,* sind mit den Anschaffungs- oder Herstellungskosten, vermindert um

---

67 *Mathiak,* DStJG Bd. 7 (1984), 111 ff.
68 Dazu *A. Schnitzler,* Teilwert und gemeiner Wert im Einkommensteuergesetz und im Reichsbewertungsgesetz, Diss. Münster 1936; *A. Jacob,* Das Bewertungsproblem in den Steuerbilanzen, Wiesbaden 1961; *Maaßen,* Der Teilwert im Steuerrecht, Köln 1968; *Horch,* Zum Begriff des Teilwerts, Diss. Bern 1970; *P. Scherpf,* in: FS für Barth, Stuttgart 1971, 75 ff.; *Feldt,* Die Problematik neuerer betriebswirtschaftlicher Teilwertlehren, Diss. München 1971; *Luhmer,* Zur Logik des Teilwerts, ZfbF 85, 1051 ff.; *Doralt,* Der Teilwert als Anwendungsfall des Going-Concern-Prinzips, Eine Kritik an der Teilwertkritik, DStJG Bd. 7 (1984), 142 ff.; *ders.,* ÖStZ 89, 63; Schmidt/*Glanegger,* EStG [9], § 6 Anm. 50–62; *Gümbel,* ZfbF 87, 131; Abschnitt 36 EStR.
69 *Doralt,* DStJG Bd. 7 (1984), 141 ff.
70 § 252 I Nr. 3 HGB: „Die Vermögensgegenstände und Schulden sind zum Abschlußstichtag einzeln zu bewerten." Dazu *Budde/Geißler,* in: Beck'scher Bilanzkommentar [2], München 1990, § 252 HGB Anm. 22 ff. Handels- und steuerrechtlich sind bei der Bewertung des Vorratsvermögens folgende Ausnahmen vom Grundsatz der Einzelbewertung zugelassen: *Gruppen-* oder *Sammelbewertungen* (§§ 240 IV; 256 Satz 2 HGB; Abschnitt 36 IV EStR); *Festbewertung* (§§ 240 III; 256 Satz 2 HGB; Abschnitt 36 V EStR); *Durchschnittsbewertung* (Abschnitt 36 III Satz 2–3 EStR); *Lifo-Methode* (§ 256 Satz 1 HGB; ab 1990: § 6 I Nr. 2a EStG, s. S. 284, m. Nachw. in Fn. 14; Abschnitt 36a EStR). Einzelheiten: *Knobbe-Keuk,* Bilanz- und Unternehmenssteuerrecht [7], Köln 1989, 140 ff.; *J. Thiel,* Bilanzrecht [4], Heidelberg 1990, 228 ff.

§ 9 Einkommensteuer

die Absetzung für Abnutzung (AfA) nach § 7 EStG (s. S. 304 ff.), anzusetzen. Ist der Teilwert niedriger, so *kann* wahlweise dieser Wert oder ein Zwischenwert angesetzt werden (§ 6 I Nr. 1 Sätze 1, 2 EStG). = Teilwertabschreibung

Anlagevermögen: Wirtschaftsgüter, „die bestimmt sind, *dauernd* dem Geschäftsbetrieb zu dienen" (s. § 247 II HGB). Sie müssen abnutzbar sein. Das gilt für den Geschäfts- oder Firmenwert (§ 7 I 3 EStG, s. S. 305) und folgende Sachanlagen i. S. des § 266 Abs. 2 A II HGB: Bauten, technische Anlagen und Maschinen, andere Anlagen, Betriebs- und Geschäftsausstattung.

Beispiel: Steuerpflichtiger schafft einen Pkw für 20 000 DM an. Nutzungsdauer: 5 Jahre. Jährlich werden 4000 DM abgesetzt. Nach zwei Jahren beträgt der Buchwert 12 000 DM. Da ein neues Modell herausgekommen ist, beträgt der Teilwert aber nur noch 8000 DM. Der Pkw kann mit 8000 DM bewertet werden.

Steigt der Teilwert (insb. bei Gebäuden), so darf bei Wirtschaftsgütern, die bereits am Schluß des vorangegangenen Wirtschaftsjahres zum Anlagevermögen gehört haben, der Bilanzansatz nicht über den letzten Bilanzansatz hinausgehen (§ 6 I Nr. 1 Satz 4 EStG). Nicht realisierte Gewinne werden also nicht erfaßt.

b) Wirtschaftsgüter des *nicht abnutzbaren Anlagevermögens* und Wirtschaftsgüter des *Umlaufvermögens* sind mit den Anschaffungs- oder Herstellungskosten anzusetzen. Statt dessen *kann* auch der niedrigere Teilwert angesetzt werden. Bei Wirtschaftsgütern, die bereits am Schluß des vorangegangenen Wirtschaftsjahres zum Betriebsvermögen gehört haben, kann in den folgenden Wirtschaftsjahren der Teilwert auch dann angesetzt werden, wenn er höher ist als der letzte Bilanzansatz; jedoch darf über die Anschaffungs- oder Herstellungskosten nicht hinausgegangen werden (§ 6 I Nr. 2 Satz 3 EStG). Anders als im Falle a) darf eine früher vorgenommene Teilwertabschreibung also rückgängig gemacht werden bis zur Grenze der Anschaffungs- oder Herstellungskosten. Nur insoweit werden auch nicht realisierte Gewinne erfaßt. Eine Besonderheit besteht für Landwirte; sie dürfen im Rahmen ordnungsmäßiger Buchführung uneingeschränkt den höheren Teilwert ansetzen (§ 6 I Nr. 2 letzter Satz EStG), zumal bei Vieh.

Nicht abnutzbares Anlagevermögen: Insb. Grund und Boden, Beteiligungen[71], Wertpapiere, Ausleihungen und sonstige Finanzanlagen[72].

Umlaufvermögen: Wirtschaftsgüter, die nicht bestimmt sind, dauernd dem Geschäftsbetrieb des Unternehmens zu dienen, sondern umgesetzt oder verbraucht werden sollen. Dazu gehören Vorräte (Roh-, Hilfs- und Betriebsstoffe, unfertige Erzeugnisse, fertige Erzeugnisse und Waren sowie auf Vorratsvermögen geleistete Anzahlungen), Forderungen[73], Wertpapiere (auch: nicht verbriefte Anteile an Unternehmen, soweit nicht Anlagevermögen), flüssige Mittel (Schecks, Kassenbestand, Bundesbank- und Postgiroguthaben, Guthaben bei Kreditinstituten).

---

71 Dazu *E. Weber,* Grundsätze ordnungsmäßiger Bilanzierung für Beteiligungen, Düsseldorf 1980; *B. Knobbe-Keuk,* Gesellschaftsanteile in Handels- und Steuerbilanz, AG 79, 293. Zum Ausweis der Beteiligung an einer Personengesellschaft in der Bilanz eines einem Gesellschafter gehörenden Gewerbebetriebs s. BFH BStBl. 86, 333 (verneinend); bejahend: *Knobbe-Keuk* (Fn. 70), 334; *W. Reiß,* StuW 86, 232, 253; *F. Wrede,* FR 90, 293 (m. w. N.).
72 BFH BStBl. 82, 189; 82, 652; 82, 758.
73 Dazu *Schäfer,* Grundsätze ordnungsmäßiger Bilanzierung für Forderungen [2], Düsseldorf 1977. Geldforderungen sind nach Maßgabe des § 6 I Nr. 2 EStG mit den Anschaffungskosten oder dem niedrigeren Teilwert zu bewerten. Als Anschaffungskosten ist i. d. R. der *Nennwert* anzusetzen (so BFH BStBl. 90, 117, zur Bewertung unverzinslicher oder niedrig verzinslicher Darlehensforderungen). Der Ansatz des niedrigeren Teilwerts (dazu auch grundsätzlich BFH BStBl. 90, 117) kommt insb. bei Forderungsausfall und bei Forderungen in ausländischer Währung in Betracht.

Zu § 6 I Nr. 2a EStG (Lifo-Verfahren zur Bewertung des Vorratsvermögens) s. oben S. 284.

Zu a), b): Soweit § 6 I Nr. 1 Satz 2, Nr. 2 Sätze 2, 3 EStG *Kann*-Vorschriften (= Wahlrechte) enthält, setzt sich innerhalb des Ermessensspielraums dieser Vorschriften die Handelsbilanz-Maßgeblichkeit wieder durch. Im Handelsrecht gilt für die Bewertung des Anlagevermögens (s. § 253 II HGB) und des Umlaufvermögens (s. § 253 III HGB) das *Niederstwertprinzip,* d. h. der niedrigere von den genannten Wertansätzen *ist* anzusetzen bzw. *darf* angesetzt werden. Das gilt kraft Maßgeblichkeitsprinzips auch für das Steuerrecht.

c) *Verbindlichkeiten*[74] sind mit den Anschaffungskosten oder dem Teilwert anzusetzen (§ 6 I Nr. 3 i. V. m. Nr. 2 EStG).

Die gesetzliche Verweisung in Nr. 3 auf den Begriff der Anschaffungskosten ist verunglückt, weil der in § 255 I HGB normierte Begriffsinhalt der Anschaffungskosten für die Bewertung von Verbindlichkeiten nicht paßt. Handelsrechtlich sind Verbindlichkeiten zu ihrem *Rückzahlungsbetrag* anzusetzen und Rentenverpflichtungen, für die eine Gegenleistung nicht mehr zu erwarten ist, zu ihrem *Barwert* anzusetzen (§ 253 I 2 HGB). Mit diesen GoB wird der Begriff der Anschaffungskosten bei der steuerbilanziellen Bewertung der Verbindlichkeiten ausgefüllt (vgl. Abschnitt 37 I EStR). Der Grundsatz, daß Verbindlichkeiten mit dem Rückzahlungsbetrag zu passivieren sind, verbietet die Abzinsung unverzinslicher oder besonders niedrig verzinslicher Schulden[75].

d) *Entnahmen* und *Einlagen* sind prinzipiell mit dem Teilwert anzusetzen (§ 6 I Nr. 4 Satz 1 und Nr. 5 Satz 1 Halbsatz 1 EStG); es gibt jedoch folgende Ausnahmen bei

aa) *Entnahmen:* Die Bewertung zum Teilwert setzt die Entnahme bilanzierungsfähiger Wirtschaftsgüter voraus, so daß bezüglich der Entnahmen von Nutzungen und Leistungen eine Gesetzeslücke besteht. Entsprechend dem Kostenkorrekturzweck des Entnahmetatbestandes (s. S. 298) sind Entnahmen von Nutzungen und Leistungen mit den tatsächlichen Selbstkosten des Steuerpflichtigen zu bewerten (BFH BStBl. 90, 8).

§§ 6 I Nr. 4 Satz 2–4; 52 XV EStG gestatten Entnahmen zum Buchwert und stellen damit aus *subventionellen* Gründen stille Reserven steuerfrei. § 6 I Nr. 4 Satz 2 und 3 EStG betrifft gemeinnützige Sachspenden. § 6 I Nr. 4 Satz 4 ist durch das Wohnungsbauförderungsgesetz (BGBl. I 89, 2408) eingeführt worden und soll Betriebsgrundstücke für Sozialwohnungen aktivieren. § 52 XV EStG i. d. F. des StRefG 1990 und des WBauFG fördert das Wohneigentum[76].

bb) *Einlagen:* § 6 I Nr. 5 Satz 1 Halbsatz 2 Buchstaben a, b EStG begrenzt die Bewertung auf die Anschaffungs- oder Herstellungskosten (nach § 6 I Nr. 5 Satz 2 EStG zu kürzen um die AfA), wenn das Wirtschaftsgut innerhalb von drei Jahren vor dem Einlagezeitpunkt angeschafft oder hergestellt (Buchstabe a) oder eine wesentliche Beteiligung i. S. des § 17 EStG eingelegt (Buchstabe b) worden ist. Buchstabe a soll verhindern, daß Wirtschaftsgüter bei steigenden Preisen entnommen und nach dem Preisanstieg zum höheren Zeitwert wieder eingelegt und danach veräußert werden. Buchstabe b soll die Versteuerung des § 17 EStG sichern, die durch Einlage der wesentlichen Beteiligung in ein Betriebsvermögen und anschließender Veräußerung umgangen werden könnte.

---

74 Dazu *Hüttemann,* Grundsätze ordnungsmäßiger Bilanzierung für Verbindlichkeiten [2], Düsseldorf 1976; *Knobbe-Keuk* (Fn. 70), 206 ff.; *J. Thiel* (Fn. 70), 222 ff.
75 Dazu *Clemm/Nonnenmacher,* in: Beck'scher Bilanzkommentar [2], München 1990, § 253 HGB Anm. 63; *Strobl,* Zur Abzinsung von Verbindlichkeiten und Rückstellungen für ungewisse Verbindlichkeiten, in: FS für Döllerer, 1988, 615. Krit. gegen die h. M.: *J. P. Meincke,* Gilt im Bilanzsteuerrecht ein Abzinsungsverbot für Darlehensschulden?, in: FS der Rechtswissenschaftlichen Fakultät zur 600-Jahr-Feier der Universität zu Köln, 1988, 293.
76 Zu § 6 I Nr. 4 Satz 2–4 EStG: Schmidt/*Glanegger,* EStG [9], § 6 Anm. 98, zu § 6 I Nr. 4 Satz 4 EStG: *Biergans,* FR 90, 169; *Seithel,* DStR 90, 373, und zu § 52 XV EStG ausf. u. krit. m. w. N. Schmidt/*Drenseck,* EStG [9], § 10e Anm. 3h.

§ 6 I Nr. 5 Satz 3 EStG regelt schließlich die identische Bewertung von Einlage und Entnahme, wenn in den vorerwähnten Fällen (§ 6 I Nr. 5 Satz 2 EStG) das eingelegte Wirtschaftsgut zuvor entnommen worden ist.

Bei *Eröffnung eines Betriebs* ist § 6 I Nr. 5 EStG entsprechend anzuwenden (§ 6 I Nr. 6 EStG).

e) Bei *unentgeltlichem Erwerb* von *einzelnen Wirtschaftsgütern* – aus betrieblichen Gründen (sonst Einlage!) – gilt § 7 II EStDV: Danach sind die fiktiven Anschaffungskosten anzusetzen[77].

Ob eine Ermächtigung zu § 7 II EStDV vorliegt, ist zumindest zweifelhaft. Verneint man das, kommt man über § 1 BewG zum Teilwert (§ 10 BewG).

f) Bei *entgeltlichem Erwerb eines Betriebs*, Teilbetriebs oder Mitunternehmeranteils sind die Wirtschaftsgüter mit dem *Teilwert*, höchstens mit den Anschaffungs- oder Herstellungskosten anzusetzen (§ 6 I Nr. 7 EStG). Bei *unentgeltlichem* Erwerb eines Betriebes (z. B. durch Schenkung, Erbschaft) hat der Rechtsnachfolger an die vom Rechtsvorgänger angesetzten Werte anzuknüpfen (§ 7 I EStDV)[77].

g) Besondere Vorschriften bestehen für den Fall der *Betriebsaufgabe* (§ 16 III EStG): *Veräußerungspreis bzw. gemeiner Wert* ist anzusetzen.

7.25 Abschreibungen und Zuschreibungen

Literatur: *Albach,* Die degressive Abschreibung, Wiesbaden 1967; *Dietz,* Die Normierung der Abschreibung in Handels- und Steuerbilanz, Opladen 1971; *Costede,* Grundfragen der Absetzungsbefugnis wegen Abnutzung, StuW 86, 44; *Schneeloch,* Abschreibungen und Zuschreibungen, Einzelfragen zur Handels- und Steuerbilanz, WPg 88, 661; *ders.,* Abschreibungen im Rahmen vernünftiger kaufmännischer Beurteilung, DStR 88, 759; *Jakob/Wittmann,* Von Zweck und Wesen steuerlicher AfA, FR 88, 540; *Küting,* Zur Problematik der steuerrechtlichen Abschreibungen gem § 254 HGB, in: FS für Wöhe, München 1989, 203; *Knobbe-Keuk,* Bilanz- und Unternehmenssteuerrecht[7], Köln 1989, 167 ff.; *J. Thiel,* Bilanzrecht[4], Heidelberg 1990, 235 ff.

Bei der Gewinnermittlung sind die Vorschriften über die Absetzung für Abnutzung (AfA) oder Substanzverringerung (§§ 7 ff. EStG) zu befolgen (§§ 4 I 6, 4 III 3, 5 VI EStG).

(1) AfA

a) Unter dem Aspekt der Gewinnermittlung durch Vermögensvergleich läßt § 6 I Nr. 1 EStG Absetzungen für Abnutzung auf Wirtschaftsgüter des Anlagevermögens zu, die der Abnutzung unterliegen. Es ist für ein Jahr jeweils nur der Teil der Anschaffungs- oder Herstellungskosten abzusetzen, der bei gleichmäßiger Verteilung dieser Kosten auf die Gesamtdauer der Verwendung oder Nutzung auf ein Jahr entfällt (Absetzung für Abnutzung in gleichen Jahresbeträgen; § 7 I 1 EStG). Zugleich werden durch das AfA-Verfahren die Anschaffungs- oder Herstellungskosten auf die Jahre der Nutzung des Wirtschaftsgutes verteilt[78].

Beispiel: Ein Unternehmer schafft eine Maschine für 10 000 DM an. (Voraussichtliche) Nutzungsdauer: zehn Jahre. Da an die Stelle der 10 000 DM (Aktivposten: Kasse oder Bank) die Maschine (als Aktivposten) tritt, ändert sich das Vermögen nicht. Es ändert (vermindert) sich erst durch die Abnutzung (Entwertung) der Maschine.

---

77 Dazu *Knobbe-Keuk,* StuW 78, 226, 229; s. auch *Trzaskalik,* StuW 79, 97 ff.
78 Allgemein zur AfA: *Jakob/Wittmann,* FR 88, 540.

Es leuchtet ohne weiteres ein, daß bewegliche Sachen abnutzen. Wie verhält es sich aber mit (eingelegten) Nutzungsrechten? Die herrschende Meinung[79] hält auch sie für „abnutzbar" (= entwertbar), wenn sie auf Zeit bestellt sind und dem Nutzenden eine rechtlich gesicherte Position gewähren, wie Nießbrauch, Wohnrecht, Erbbaurecht. Selbst wenn man das bezweifelt: § 7 I 1 EStG ist nicht auf § 6 I Nr. 1 EStG abgestimmt: § 7 I 1 EStG knüpft die AfA nicht an die Abnutzbarkeit des Wirtschaftsguts, sondern an die Verwendung oder Nutzung für einen Zeitraum von mehr als einem Jahr. Diese Formulierung deutet weniger auf die Berücksichtigung einer Abnutzung als auf eine Verteilung der Anschaffungskosten auf den Zeitraum der Nutzung hin.

Wird ein bewegliches (abnutzbares) Wirtschaftsgut (irgendwann) in der ersten Jahreshälfte angeschafft, so gewährt die Finanzverwaltung aus Vereinfachungsgründen die volle Jahres-AfA; wird es in der zweiten Jahreshälfte angeschafft, so läßt sie die halbe Jahres-AfA zu[80].

Unterläßt der Steuerpflichtige es versehentlich oder irrtümlich, die zulässige AfA anzusetzen, so ist der zu hohe Restbuchwert auf die verbleibende Nutzungsdauer zu verteilen; anders, wenn Unterlassung und Nachholung der AfA nur dazu dienen sollen, die Jahressteuern zu manipulieren[81].

b) Die Verwendung oder Nutzung muß sich erfahrungsgemäß auf mehr als ein Jahr (sog. betriebsgewöhnliche Nutzungsdauer) erstrecken (§ 7 I 1 EStG). Der BMF gibt AfA-Tabellen heraus, aus denen die betriebsgewöhnliche Nutzungsdauer der aufgeführten Wirtschaftsgüter zu entnehmen ist[82]. Die betriebsgewöhnliche Nutzungsdauer des Geschäfts- oder Firmenwerts ist durch § 7 I 3 EStG auf 15 Jahre festgesetzt worden.

c) § 7 EStG regelt verschiedene *AfA-Methoden,* die der Steuerpflichtige wählen kann. Demnach gewährt § 7 EStG steuerrechtliche Wahlrechte, die der Steuerpflichtige nach § 5 I 2 EStG in Übereinstimmung mit der handelsrechtlichen Jahresbilanz auszuüben hat (vgl. auch BFH BStBl. 90, 681). Zu unterscheiden sind folgende AfA-Methoden:

aa) AfA *in gleichen Jahresbeträgen* (lineare AfA); die Anschaffungs- oder Herstellungskosten werden gleichmäßig auf die voraussichtliche Nutzungsdauer verteilt (§ 7 I 1, 2 EStG). Für Gebäude gilt die Sonderregel des § 7 IV EStG;

bb) nur für bewegliche Güter: AfA *nach Maßgabe der Leistung,* wenn der Umfang der auf einzelne Jahre entfallenden Leistung nachgewiesen wird (§ 7 I 4 EStG);

Beispiel: Voraussichtliche Gesamtleistung eines Kfz: 100 000 km. Steuerpflichtiger fährt im ersten Jahr 15 000 km, im zweiten Jahr 25 000 km, im dritten Jahr 30 000 km. – Absetzen kann er im ersten Jahr 15 v. H., im zweiten Jahr 25 v. H., im dritten Jahr 30 v. H. der Anschaffungskosten etc.

---

79 BFH BStBl. 70, 382; 74, 481; 77, 595; 78, 386; 79, 38; 79, 399; 79, 401; 80, 244; 81, 68; 81, 295, 297; 81, 299; 82, 594; 83, 735; 84, 202. – Dazu *Wolff-Diepenbrock,* DStR 83, 250; von ihm abw. *Wassermeyer,* FR 83, 157; mit anderem Ansatz *Trzaskalik,* StuW 83, 126; kritisch *J. Thiel* (Fn. 70), 152.
80 Abschnitt 44 II 2 EStR.
81 Dazu BFH BStBl. 66, 88 f.; 67, 386; 81, 255.
82 BMF (Hrsg.), Handausgabe „AfA-Tabellen" (Vertrieb: Stollfuß-Verlag, Bonn). Zur Anwendung der amtlichen Handausgabe im ehemaligen Gebiet der DDR und Berlin (Ost) BMF BStBl. I 90, 725.

§ 9 Einkommensteuer

cc) AfA *in fallenden Jahresbeträgen* (degressive AfA); sie kann dem Umstand Rechnung tragen, daß ein Wirtschaftsgut in den ersten Jahren der Nutzung schneller veraltet als in den folgenden.

Degressive AfA ist vorgesehen für bewegliche Wirtschaftsgüter (§ 7 II EStG) und für Gebäude, Gebäudeteile und Eigentumswohnungen (§ 7 V, V a EStG);

Beispiel: Steuerpflichtiger schafft Anfang 1984 eine Maschine für 10 000 DM an. Voraussichtliche Nutzungsdauer: zehn Jahre.

	lineare AfA: 10 v. H. der Anschaffungs- oder Herstellungskosten		degressive (Buchwert-)AfA: 20 v. H. (Höchstsatz 30 v. H.) vom jeweils verbleibenden Buchwert	
	Buchwert	AfA	Buchwert	AfA
1. 1. 1984	10 000		10 000	
31. 12. 1984	9 000	1 000	8 000	2 000
31. 12. 1985	8 000	1 000	6 400	1 600
31. 12. 1986	7 000	1 000	5 120	1 280
31. 12. 1987	6 000	1 000	4 096	1 024
31. 12. 1988	5 000	1 000	3 277	819

dd) Absetzung wegen *außergewöhnlicher* (einen erhöhten Werteverzehr auslösender) *Abnutzung* (§ 7 I 5 EStG), und zwar wegen *technischer* (z. B. durch mehrschichtige Nutzung, Beschädigung, Zerstörung, etwa durch Brand, Hochwasser) oder *wirtschaftlicher* (z. B. durch neue Erfindungen, Modewechsel, neues Modell) Abnutzung – entsprechend dem Grad der Abnutzung. Zulässig ist dies nur für Wirtschaftsgüter, für die die AfA nicht degressiv bemessen wird (§ 7 II 4 EStG).

Mit einer Teilwertabschreibung läßt sich eventuell das gleiche erreichen. Für die Absetzung wegen außergewöhnlicher Abnutzung ist aber unerheblich, ob und inwieweit der Teilwert gesunken ist.

d) Für *Gebäude* sind Sonderregeln zu beachten (§ 7 IV – V a EStG).

(2) Absetzung wegen Substanzverringerung

Bei Bergbauunternehmen, Steinbrüchen und anderen abbau- oder ausbeutungsfähigen Betrieben, bei denen die Substanz verbraucht wird, kann auf der Grundlage der Anschaffungskosten linear abgesetzt werden; zulässig sind aber auch Absetzungen entsprechend dem Substanzverzehr (§ 7 VI EStG).

Beispiel: Steuerpflichtiger erwirbt Kiesvorkommen für 50 000 DM. Geschätztes Gesamtvolumen: 500 000 cbm. Beträgt die Förderung im ersten Jahr 50 000 cbm = 10 v. H., so können 10 v. H. von 50 000 DM = 5000 DM abgesetzt werden.

(3) Bewertungsfreiheiten

Wird dem Steuerpflichtigen abweichend von den Grundregeln des § 7 EStG ein niedrigerer Ansatz zugestanden, so spricht man von Sofortabschreibung, Sonderabschreibung, erhöhter Absetzung. Sie wird gewährt aus Vereinfachungs- und/oder wirtschaftspolitischen Gründen.

a) Sofortabschreibung *aus Vereinfachungsgründen:* Nach § 6 II EStG können die Anschaffungs- oder Herstellungskosten für bewegliche abnutzbare Wirtschaftsgüter des Anlagevermögens, die selbständig nutzbar und bewertbar sind, sogleich zur Gänze als Betriebsausgaben abgesetzt werden, wenn die Kosten für das einzelne Wirtschaftsgut 800 DM nicht übersteigen (sog. geringwertiges Wirtschaftsgut). *Systematisch gehört § 6 II EStG zu § 7 EStG.* BFH BStBl. 84, 312, hat § 6 II EStG auf *Einlagen* entsprechend angewendet.

b) Die allgemein in § 7a EStG geregelten *Sonderabschreibungen* und *erhöhten Absetzungen* sind wirtschaftslenkende Steuervergünstigungen (s. S. 647 ff.).

(4) *Subjektive Abschreibungsberechtigung*

Abschreibungsberechtigt ist, wer das abschreibungsfähige Wirtschaftsgut zur Erzielung von Einkünften einsetzt. Dies ist insb. der Fall, wenn das Wirtschaftsgut dem Betriebsvermögen zuzuordnen ist, d.h. das Wirtschaftsgut dem Steuerpflichtigen zuzurechnen ist (s. S. 295) und es vom Steuerpflichtigen betrieblich genutzt wird (s. S. 295 ff.). Streitig ist, ob die AfA auch dann geltend gemacht werden kann, wenn das Wirtschaftsgut nicht dem Einkünfteerzieler gehört. Die Rspr. stellt darauf ab, ob der Einkünfteerzieler die abschreibbaren Anschaffungs- oder Herstellungskosten getragen hat. In diesem Falle könne z.B. ein Vorbehaltsnießbraucher die AfA als Einlage gewinnmindernd berücksichtigen (so BFH BStBl. 89, 763), während dem Nießbraucher, der die Anschaffungs- oder Herstellungskosten nicht getragen hat, die AfA nicht zustehe (so BFH BStBl. 90, 888). Ein Kostentragungsprinzip läßt sich aus dem Gesetz nicht entnehmen[83]. Vielmehr gebietet das Nettoprinzip, daß der Einkünfteerzieler auch die sog. Dritt-AfA (zum Drittaufwand s. S. 249) als Einlage gewinnmindernd berücksichtigen kann (s. S. 298). Beispiele: Ehefrau überläßt dem Ehemann unentgeltlich PKW zur betrieblichen Nutzung. Im Miteigentum beider Ehegatten stehendes Gebäude wird von einem Ehegatten betrieblich genutzt. Der nutzende Ehegatte kann die Pkw- bzw. Gebäude-AfA in vollem Umfange absetzen.

(5) *Zuschreibungen*

Zuschreibungen sind in Gestalt sog. *Wertaufholungen* nach Maßgabe des § 6 I Nr. 1 Satz 4 und Nr. 2 Satz 3 EStG zulässig. Diese Vorschriften räumen dem Steuerpflichtigen das *Wahlrecht* ein, den Wertansatz von Wirtschaftsgütern auf den Teilwert zu erhöhen; es dürfen jedoch höchstens die Anschaffungs- oder Herstellungskosten angesetzt werden. Im Falle von Einlagen bzw. einer Betriebseröffnung ergibt sich die Obergrenze aus dem nach § 6 I Nrn. 5, 6 EStG an die Stelle der Anschaffungs- oder Herstellungskosten tretenden Wert, der um die AfA zu vermindern ist (§ 6 I Nr. 1 Satz 4 EStG). Für das abnutzbare Anlagevermögen ist das Wertaufholungswahlrecht durch das Wohnungsbauförderungsgesetz (BGBl. I 89, 2408) eingeführt worden.

Das steuerrechtliche Wertaufholungswahlrecht ist nach § 5 I 2 EStG in Übereinstimmung mit der handelsrechtlichen Jahresbilanz auszuüben. Handelsrechtlich sind Wertaufholungen zulässig, wenn die Gründe für Abschreibungen nicht mehr bestehen. §§ 253 V; 254 Satz 2 HGB räumen ein Wahlrecht zwischen Beibehaltung des Wertansatzes und Wertaufholung ein[84].

8. Gewinn- und Verlustrealisierung

Literatur: *Maute*, Die steuerliche Behandlung von Ersatzbeschaffungen, Diss. rer. pol. Bern 1964; *L. Neumann*, Gewinnrealisierung im Steuerrecht, Diss. rer. pol. Köln 1964; *U. Niemann*, Probleme der Gewinnrealisierung innerhalb des Konzerns, Diss. Köln 1968; *Salditt*, Verlagerung von Wirtschaftsgütern in die auslandsbelegene Betriebstätte eines einheitlichen

---

83 *Jakob*, DStR 87, 789; *Jakob/Jüptner*, FR 88, 141; *Jakob/Wittmann*, FR 88, 540; Schmidt/Drenseck, EStG [9], § 7 Anm. 3a (m.w.N.).
84 Dazu *Harms/Küting/Weber*, B 86, 653; *Küting*, DStR 89, 227, 270.

§ 9 Einkommensteuer

Unternehmens, Grundsätzliches zur steuerlichen Realisation stiller Reserven, Diss. Köln 1969; *Luckey,* Steuerliche Gewinnrealisierung bei Umwandlung von Unternehmungen und Übertragung einzelner Wirtschaftsgüter, Wiesbaden 1977; *Döring,* Zur Vereinbarkeit des Realisationsprinzips mit dem Prinzip der Gleichmäßigkeit der Besteuerung, DStR 77, 271 ff.; *R. Thiel,* Das Umwandlungssteuerrecht im Wandel der Zeiten, in: FS für Flume II, Köln 1978, 281 ff.; *Bordewin* und *Raupach,* Einschlägige Gewinnrealisierungsprinzipien bei Transaktionen zwischen Personengesellschaften und ihren Gesellschaftern, in: Kruse (Hrsg.), Die Grundprobleme der Personengesellschaft im Steuerrecht, DStJG Bd. 2 (1979), 67 ff., 87 ff.; *Luckey,* Gewinnrealisierung bei Unternehmungsumwandlung und bei Übertragung einzelner Wirtschaftsgüter, StuW 79, 129 ff.; *Felix,* Zur Gewinnrealisierung, StbKongrRep. 1980, 129 ff.; *Pietschmann,* Gewinnrealisierung und Veräußerung, insb. der Zeitpunkt der Gewinnrealisierung, DStR 80, 645 ff.; *Uelner,* Probleme der Gewinnrealisierung, in: Bericht über die Fachtagung 1980 des Instituts der Wirtschaftsprüfer, Düsseldorf 1980, 131 ff.; Ruppe (Hrsg.), Gewinnrealisierung im Steuerrecht, DStJG Bd. 4 (1981), mit Beiträgen von *Tipke, Beisse, Lang, Luik, Clemm, Trzaskalik, Widmann, Stoll, J. Thiel, Schaumburg; Heibel,* Handelsrechtliche Bilanzierungsgrundsätze und Besteuerung, Köln 1981; *M. Reich,* Die Realisation stiller Reserven im Bilanzsteuerrecht, Zürich 1983 (schweiz. Habilitationsschrift); *Moxter,* Das Realisationsprinzip – 1884 und heute, BB 84, 1780 ff.; *Knobbe-Keuk,* Besteuerung stiller Reserven mit und ohne Gewinnrealisierung, DStR 85, 494 ff.; dies., StbKongrRep. 1985, 69 ff.; dies., Bilanz- und Unternehmenssteuerrecht [7], Köln 1989, 220 ff., 243 ff.; *Kobs,* Änderungen der Unternehmensformen im Bilanzsteuerrecht [5], Herne/Berlin 1986; *Burmester,* Probleme der Gewinn- und Verlustrealisierung, Baden-Baden 1986; *Wassermeyer,* StbKongrRep. 1986, 69 ff.; *Lüders,* Der Zeitpunkt der Gewinnrealisierung im Handels- und Steuerbilanzrecht, Köln 1987; *Pelka,* FR 87, 321; *Woerner,* BB 88, 769; *Spori,* ASA Bd. 57 (1988), 65 ff.; *R. Euler,* Grundsätze ordnungsmäßiger Gewinnrealisierung, Düsseldorf 1989.

8.1 Prinzipien der Gewinn- und Verlustrealisierung

Das Jahresergebnis der Steuerbilanz hängt wesentlich von den Prinzipien ab, nach denen Erträge und Aufwendungen in einer Periode anzusetzen sind. Im Unterschied zu den Überschußrechnungen nach den §§ 4 III; 8 ff. EStG gelten nicht das *Zuflußprinzip* und das *Abflußprinzip* (§ 11 I 1, II 1 EStG, s. S. 237 f.), sondern ein System handelsrechtlicher und spezifisch steuerrechtlicher Prinzipien der Gewinn- und Verlustrealisierung, die festlegen, *wann* ein Gewinn oder Verlust erwirtschaftet ist.

a) Kraft der Maßgeblichkeit der *handelsrechtlichen GoB* für die Steuerbilanz (s. S. 279 ff.) wird das steuerbilanzielle Periodenergebnis zunächst durch das *Realisationsprinzip* und das *Imparitätsprinzip* bestimmt.

Nach dem bereits oben (S. 283) angesprochenen Realisationsprinzip (§ 252 I Nr. 4 letzter Halbsatz HGB) werden Wertsteigerungen bis zum Zeitpunkt der Realisation nicht in der Bilanz ausgewiesen. Insoweit bilden sich bis zum Realisationszeitpunkt die sog. *stillen Reserven* (s. S. 310 f.). § 252 I Nr. 4 letzter Halbsatz HGB läßt den Realisationszeitpunkt offen; insoweit wird diese Vorschrift durch GoB konkretisiert (s. S. 310).

Vor dem durch GoB bestimmten Realisationszeitpunkt dürfen keine Gewinne, wohl aber nach dem *Imparitätsprinzip* Verluste und vorhersehbare Risiken in der Bilanz ausgewiesen werden (§ 252 I Nr. 4 HGB, s. S. 283 f.). Dies geschieht insb. durch Rückstellungen für ungewisse Verbindlichkeiten und für drohende Verluste aus schwebenden Geschäften (s. S. 283 f., 293, 310).

Der imparitätische Ausweis von Gewinnen und Verlusten entspricht dem übergeordneten *Vorsichtsprinzip,* das die Haftungssubstanz des Unternehmens erhalten, überhöhte Gewinnentnahmen und übermäßige Steuerbelastungen vermeiden will (s. S. 283).

b) Realisationsprinzip und Imparitätsprinzip als Unterprinzipien des handelsrechtlichen Vorsichtsprinzips harmonisieren durchaus mit den *spezifisch steuerrechtlichen Prinzipien*. Wie bereits oben (S. 159) ausgeführt, gehört das *Realisationsprinzip zu den Fundamentalkonkretisierungen des Markteinkommens*. Die Markteinkommensteuer erfaßt grundsätzlich nur das erwirtschaftete Einkommen. Dadurch erstreckt sich der Steuerzugriff grundsätzlich nur auf liquides Einkommen. Die Gefahr falscher Bewertung nicht realisierten Vermögenszuwachses wird vermieden. Realisationsprinzip und Imparitätsprinzip verhüten grundsätzlich Substanzbesteuerung, indem Vermögen nur insoweit zur Besteuerung freigegeben wird, als es in seinem Bestand gefestigt und nicht durch absehbare künftige Ereignisse gefährdet ist.

Dem Vorzug einer *vorsichtigen* Besteuerung, die dem verfassungsrechtlichen Übermaßverbot Rechnung trägt, steht allerdings der Nachteil *unvollständiger Erfassung steuerlicher Leistungsfähigkeit gegenüber*. Daher bedürfen die handelsrechtlichen Grundsätze der Gewinn- und Verlustrealisierung dort *steuerspezifischer* Ergänzung, wo die vollständige Erfassung des erwirtschafteten Einkommens nicht gewährleistet ist: In den Fällen der Entnahme, der Betriebsaufgabe, der Überführung von Wirtschaftsgütern in das Ausland, etc. müssen nämlich die stillen Reserven abgerechnet werden, die in der Erwerbssphäre erwirtschaftet worden sind; zumindest handelt es sich um Wertsteigerungen im Betriebsvermögen, die nach der Konzeption des Gewinnbegriffs in § 4 I EStG der Erwerbssphäre zuzuordnen sind. Dazu haben sich folgende *steuerspezifische Prinzipien der Gewinn- und Verlustrealisierung* herausgebildet:

aa) *Prinzip der Buchwertverknüpfung*[85]: Solange die stillen Reserven steuerlich erfaßt bleiben, kann die Bewertung der Wirtschaftsgüter beibehalten, d.h. können die Buchwerte steuerneutral fortgeführt werden. Das Prinzip der Buchwertverknüpfung greift in folgenden Fällen Platz:

– Das stille Reserven enthaltende Vermögen wird *unentgeltlich* übertragen. Eine Wertaufdeckung durch Leistungsaustausch findet hier nicht statt, so daß es das durch das Markteinkommensprinzip konkretisierte Übermaßverbot rechtfertigt, die Buchwerte selbst beim Übergang stiller Reserven auf andere Steuerrechtssubjekte beizubehalten (s. §§ 7 I; 11 d EStG, s. S. 314).

– Das stille Reserven enthaltene Vermögen wird *umstrukturiert*. In diesen Fällen kann der Steuerzugriff den Effekt haben, daß der Umstrukturierungsprozeß gestört oder gar verhindert wird. Eine solche Besteuerung zur Unzeit rechtfertigt ihren Aufschub (s. S. 311 ff.) und auch den Übergang stiller Reserven auf andere Steuerrechtssubjekte (z. B. geregelt durch das Umwandlungssteuergesetz, s. S. 315).

bb) *Prinzip der Steuerentstrickung*[86]: Im Zeitpunkt des Ausscheidens aus der Steuerverstrickung wird es erforderlich, die stillen Reserven steuerlich als ultima ratio abzu-

---

85 Dazu *B. Knobbe-Keuk,* Bilanz- und Unternehmenssteuerrecht [7], Köln 1989, 670 f.; *J. Lang,* Die Bemessungsgrundlage der Einkommensteuer, Köln 1981/88, 353 ff.
86 Dazu *F. Salditt,* Verlagerung von Wirtschaftsgütern in die auslandsbelegene Betriebsstätte eines einheitlichen Unternehmens: Grundsätzliches zur steuerlichen Realisation stiller Reserven, Diss. Köln 1969; *Tipke,* StuW 72, 264; *Hellwig,* DStR 79, 335; *Schaumburg,* DStJG Bd. 4 (1981), 247; *Halfar,* FR 85, 582; *Schöne,* FR 85, 582; *B. Knobbe-Keuk* (Fn. 85), 251 f.; *Debatin,* BB 90, 826.

rechnen (s. S. 316 ff.). Gegen das Entstrickungsprinzip wird eingewendet, daß es keine Stütze im Steuergesetz fände[87].

8.2 Gewinnrealisierung bei entgeltlicher Leistung

Der verfassungsrechtliche Inhalt des Realisationsprinzips, der den Steuergesetzgeber anweist, die Besteuerung nach der Leistungsfähigkeit *wirtschaftlich maßvoll* zu gestalten, dabei die Besteuerung auf *möglichst sichere Werte* abzustellen und nach dem Grundsatz der Verhältnismäßigkeit von mehreren möglichen Werten einen hinreichend sicheren Wert auszuwählen[88], führt zunächst in gleicher Weise wie das *handelsrechtliche Vorsichtsprinzip* zu einem *Realisationsaktprinzip*, d. h. zu einem *prinzipiellen Vorrang der Realisationswerte, die durch Leistungsaustausch, durch Umsatzakt entstehen.*

Im Falle eines Umsatzaktes kommen grundsätzlich drei *Realisationszeitpunkte* in Betracht: der Zeitpunkt des *Vertragsabschlusses*, der *Leistung* und schließlich der *Bezahlung des Entgelts*. Beispiel: Autohändler verkauft im März ein Auto. Im Juli wird das Auto geliefert. Im August überweist der Kunde den Kaufpreis. Frage: Wann ist der Verkaufsgewinn erwirtschaftet? Im März, Juli oder August? Der sicherste Zeitpunkt ist die Bezahlung des Entgelts, im Beispielsfalle die Gutschrift des Kaufpreises auf dem Bankkonto. Gleichwohl hat sich der GoB entwickelt, bei der *Leistung* den Gewinn auszuweisen. Im Beispielsfalle wird die Kaufpreisforderung im Zeitpunkt der Lieferung aktiviert und als Ertrag, der Buchwert des Autos als Aufwand gebucht. Damit ist im Juli der Gewinn realisiert.

Bis zum Zeitpunkt der Leistung als dem Realisationszeitpunkt ist ein *schwebendes Geschäft*[89] anzunehmen. Solange ein Geschäft schwebt, ist ein Gewinnausweis nicht zulässig. Wohl aber müssen nach dem Imparitätsprinzip (s. oben S. 283 f.) für drohende Verluste aus schwebenden Geschäften Rückstellungen gebildet werden (§ 249 I 1 HGB)[90]. Risiken, die dem Geschäft nach der Leistungserbringung durch den Verkäufer, jedoch vor dem Zufluß der Gegenleistung noch anhaften, können durch Wertberichtigung des Erfüllungsanspruchs berücksichtigt werden. § 11 I EStG gilt nicht (s. § 11 I 4 EStG).

Da nicht realisierte Wertzuwächse nicht erfaßt werden, können sich *stille Reserven* bilden. Stille Reserve ist der Unterschiedsbetrag zwischen Buchwert und höherem gemeinem Wert (Verkehrswert) oder Teilwert eines Wirtschaftsguts. Im Zeitpunkt der Leistung wird die stille Reserve aufgedeckt und steuerlich erfaßt.

Stille Reserven entstehen insb. durch
- legale Nichtberücksichtigung von Wertzuwächsen infolge des Anschaffungs- oder Herstellungskostenprinzips des § 6 I Nrn. 1, 2 EStG;
- legale erhöhte Absetzungen oder Sonderabschreibungen (s. S. 647 f.);
- legale Sofortabschreibung von geringwertigen Wirtschaftsgütern (s. S. 306 f.);

---

87 BFH BStBl. 72, 455; 76, 246; *Tipke*, StuW 72, 264; *B. Knobbe-Keuk* (Fn. 85), 251 f.
88 Dazu *Lang* (Fn. 85), 344 ff.
89 Dazu *Friederich*, Grundsätze ordnungsmäßiger Bilanzierung für schwebende Geschäfte [2], Düsseldorf 1976; *Bieg*, Schwebende Geschäfte in Handels- und Steuerbilanz, Frankfurt/Bern 1977; *Heibel*, Handelsrechtliche Bilanzierungsgrundsätze und Besteuerung, Köln 1981; *Crezelius*, in: FS für Döllerer, Düsseldorf 1988, 81; *Nieskens*, FR 89, 537; *Woerner*, in: Mellwig/Moxter/Ordelheide, Handelsbilanz und Steuerbilanz, Wiesbaden 1989, 33.
90 Der drohende Verlust ist ein Unterfall des vorhersehbaren Verlustes i. S. des § 252 I Nr. 4 HGB. Dazu grundsätzlich *Baetge/Knüppe*, Vorhersehbare Risiken und Verluste, in: Handwörterbuch unbestimmter Rechtsbegriffe im Bilanzrecht des HGB, Köln 1986, 394 ff.

– illegale oder sonst übermäßige Maßnahmen, wie übermäßige Absetzung für Abnutzung, zu niedrige Teilwertansätze, überhöhte Rückstellungen[91];
– inflationäre Erscheinungen.

Gewinnrealisierung ist grundsätzlich auch dann anzunehmen, wenn ein *Tausch* vorliegt, das Veräußerungsentgelt also nicht in Bargeld, sondern in Sachwerten oder in Dienstleistungen besteht (wegen Ausnahmen s. unten). Die Anschaffungskosten (§ 6 I Nrn. 1, 2 EStG) bestehen dann in dem Verkehrswert (= gemeinen Wert) des hingegebenen Wirtschaftsguts[92].

Bei über die Steuerperiode hinausgehender, *langfristiger Auftragsfertigung*[93] entstehen bis zur Auftragsbeendigung und -abrechnung erhebliche Probleme aus dem technischen Periodizitätsprinzip (s. S. 198). Obwohl Aufwendungen und Erträge sich wirtschaftlich auf einen bestimmten Auftrag beziehen, können sie auf verschiedene Jahre entfallen. Die nicht aktivierbaren Kosten führen zu Aufwendungen, die Erträge entstehen erst in einem späteren Jahr bei Beendigung des Gesamtauftrags. M. a. W.: Erheblichen Verlusten folgen in späteren Jahren um so höhere Gewinne. Die Schwankungen der Bemessungsgrundlage können wegen des progressiven Tarifs nachteilig sein. Die Rechtsprechung hat (dogmatisch ungesichert) eine angemessene Verteilung des Gewinns auf die einzelnen Jahre der Auftragsfertigung (Bauperiode) zugelassen[93a]. (Entgeltliche) *Teilleistungen* führen nach h. M. zur Gewinnrealisierung, wenn es sich um selbständig abgrenzbare Leistungen handelt, die zum Bilanzstichtag fertiggestellt und vom Empfänger abgenommen sind. Es zeigt sich auch hier, daß das strenge Periodizitätsprinzip nur in Verbindung mit einer *allgemeinen* Härteklausel tragbar ist (s. S. 726).

§ 16 I EStG enthält *Sondertatbestände der Veräußerung*, nämlich der Veräußerung des ganzen Betriebs, eines Teilbetriebs, einer 100%igen Beteiligung an einer Kapitalgesellschaft, eines Mitunternehmeranteils und des Anteils eines persönlich haftenden Gesellschafters einer KG auf Aktien. Wie die stillen Reserven zu erfassen sind, ergibt sich aus § 16 II EStG (s. auch §§ 14, 14 a, 18 III EStG).

Über Gewinnrealisierung bei Veräußerung von Anteilen an Personengesellschaften und bei Ausscheiden von Personengesellschaftern s. *Knobbe-Keuk*, Bilanz- und Unternehmenssteuerrecht [7], Köln 1989, 688 ff., 693 ff.

8.3 Aufschub der Besteuerung stiller Reserven

Unter bestimmten Voraussetzungen wird die Besteuerung der stillen Reserven aufgeschoben, obwohl eine Leistung erbracht worden ist oder jedenfalls das Vorsichtsgebot entfallen ist.

Der Aufschub geschieht nicht selten auch dadurch, daß die Fortführung der stillen Reserven bei einem anderen Rechtssubjekt zugelassen wird. Das Anschaffungskostenprinzip (§ 6 I Nrn. 1, 2 EStG) wird beim Anschaffenden dann nicht angewendet. Da es sich um Sonderfälle handelt, sind sie unter 8.4 behandelt.

a) *Tausch von Wirtschaftsgütern:* Eine Gewinnrealisierung wird, obwohl eine ausdrückliche gesetzliche Regelung fehlt, verneint, wenn bei wirtschaftlicher Betrachtung ein Wirtschaftsgut gegen ein anderes (nämliches) getauscht wird, das *art-, funkti-*

---

91 Dazu *Heinen*, Handelsbilanzen [12], Wiesbaden 1986, 324 ff.
92 BFH GrS BStBl. 59, 30; 60, 492; 70, 743; 75, 58; *Wassermeyer*, DStJG Bd. 7 (1984), 169 ff.; *Groh*, Der Erfolgsmaßstab beim Tausch, in: FS für Döllerer, Düsseldorf 1988, 157 ff.
93 Dazu *Paal*, Realisierung sog. Teilgewinne aus langfristigen, auftragsbezogenen Leistungen im Jahresabschluß der AG, Düsseldorf 1977; *Backhaus*, ZfbF 80, 347 ff.; *Clemm*, Grundprobleme der Gewinn- und Verlustrealisation bei langfristiger Auftragsfertigung und langfristiger Vermietung, DStJG Bd. 4 (1981), 117 ff.; *Pickert*, Die steuerbilanzielle Behandlung unfertiger Beratungsleistungen beim Unternehmensberater, Berlin 1989.
93a BFH BStBl. 76, 541.

§ 9 Einkommensteuer

ons- und wertgleich ist (BFH GrS BStBl. 59, 29, 30, sog. Tauschgutachten, betreffend den Tausch von Anteilen an Kapitalgesellschaften). Die Rechtsprechung hat sich nicht immer streng an die Grundsätze des Tauschgutachtens gehalten, sondern auch bei bloß tauschähnlichen Vorgängen die Gewinnrealisierung verneint (s. BFH BStBl. 76, 748; s. andererseits aber BFH BStBl. 79, 412, der es ablehnt, die Grundsätze des Tauschgutachtens auf einen Grundstückstausch anzuwenden)[94]. Die Beschränkung auf den Tausch von Anteilen an Kapitalgesellschaften ist indessen inkonsequent.

b) *Scheidet ein Wirtschaftsgut* im Laufe eines Wirtschaftsjahres *infolge höherer Gewalt* (z. B. Brand, Diebstahl) oder infolge bzw. zur Vermeidung eines behördlichen Eingriffs (z. B. Enteignung) gegen Entschädigung aus dem Betriebsvermögen aus und wird im Laufe *desselben* Wirtschaftsjahres ein Ersatzwirtschaftsgut angeschafft, so kann die stille Reserve auf das Ersatzwirtschaftsgut übertragen werden. Das ist ein von der Rechtsprechung entwickelter Grundsatz, der sich heute gewohnheitsrechtlich verfestigt haben soll[95].

Beispiel: Bei einem Gewerbetreibenden verbrennt eine Maschine, die mit 5000 DM zu Buche steht. Die Feuerversicherung zahlt eine Entschädigung von 10 000 DM. Damit ist ein Gewinn von 5000 DM realisiert. Im gleichen Jahr wird als Ersatz eine neue Maschine für 15 000 DM angeschafft. Die Ersatzmaschine ist mit den Anschaffungskosten abzüglich der die verbrannte Maschine betreffenden stillen Reserve zu aktivieren (15 000 − 5000 = 10 000 DM). Damit ist die stille Reserve von 5000 DM wieder hergestellt.

Wird die Ersatzbeschaffung *nicht in demselben Jahr* durchgeführt, ist sie aber ernstlich geplant, so darf als Passivposten eine „steuerfreie Rücklage für Ersatzbeschaffung" in Höhe der stillen Reserve gebildet werden. Im Zeitpunkt der Ersatzbeschaffung ist die Rücklage durch Übertragung auf das Ersatzwirtschaftsgut − dessen Buchwert wird entsprechend niedriger als die Anschaffungskosten angesetzt − aufzulösen.

c) § 6 b EStG[96] gestattet bei der Veräußerung bestimmter, in § 6 b I 1 EStG abschließend aufgezählter Anlagegüter (s. § 6 b IV Nr. 2 EStG) die Übertragung der stillen Reserven auf Reinvestitionsgüter des Anlagevermögens (s. § 6 b IV Nr. 3 EStG), die in § 6 b I 2 EStG aufgeführt sind. Bei einer Reinvestition im Wirtschaftsjahr der Veräußerung oder in dem der Veräußerung vorangegangenen Wirtschaftsjahr werden die stillen Reserven steuerneutral durch Abzug des Veräußerungsgewinns von den Anschaffungs-/Herstellungskosten des Reinvestitionsguts übertragen (§ 6 b I EStG). Bei einer späteren Reinvestition wird die Versteuerung der stillen Reserven durch Bildung einer gewinnmindernden Rücklage aufgeschoben (§ 6 b III 1 EStG). § 6 b III 2 EStG begrenzt den Übertragungszeitraum auf die dem Wirtschaftsjahr der Veräußerung nachfolgenden 4 Wirtschaftsjahre (neu hergestellte Gebäude: 6 Wirt-

---

94 Dazu *R. Thiel*, B 58, 1431 ff.; *Albach*, StbJb. 1970/71, 287 ff.; *Bredeck*, Zur steuerlichen Gewinnverwirklichung beim Tausch, Diss. Münster 1965; *E. Blümich*, Betriebswirtschaftliche Beurteilung handelsrechtlicher und steuerrechtlicher Grundsätze der Gewinnrealisierung beim Tausch von Anteilsrechten, Berlin 1973; Sec. 1031 I. R. C. betr. exchange of property of a like kind.
95 Dazu BFH BStBl. 82, 568, 569; 83, 371; 85, 250; BVerfG BB 88, 1716; Abschnitt 35 II EStR; *P. Burkert*, Übertragung stiller Reserven auf Ersatzwirtschaftsgüter, Diss. Köln 1963; *Vodrazka*, StuW 75, 317 ff.; StuW 76, 51 ff.; Sec. 1033 I. R. C. betr. involuntary conversions.
96 Dazu *J. Thiel*, DStJG Bd. 4 (1981), 183 ff.; *W. Schön*, Gewinnübertragungen bei Personengesellschaften nach § 6 b EStG, Köln 1986. Durch das StRefG 1990 wurde die Übertragung stiller Reserven nach § 6 b EStG erheblich eingeschränkt (dazu *B. Neufang*, B 89, 453), durch das Wohnungsbauförderungsgesetz (BGBl. I 89, 2408) besonders bezüglich der Unternehmensbeteiligungsgesellschaften wieder erweitert (dazu *D. Pauka*, B 90, 195 f.).

schaftsjahre, § 6b III 3 EStG). Diese Fristen verlängern sich bei städtebaulichen Sanierungs- oder Entwicklungsmaßnahmen um drei Jahre (§ 6b VIII 1 Nr. 1 EStG). In *vollem Umfang* können die stillen Reserven bei der Veräußerung von Grund und Boden, Gebäuden, Aufwuchs auf/Anlagen im Grund und Boden sowie bei der Veräußerung von Anteilen an Kapitalgesellschaften durch Unternehmensbeteiligungsgesellschaften übertragen werden. Im übrigen können die stillen Reserven nur *zur Hälfte* übertragen werden, so bei der Veräußerung von abnutzbaren beweglichen Wirtschaftsgütern mit einer betriebsgewöhnlichen Nutzungsdauer von mindestens 25 Jahren, von Schiffen, lebendem Inventar land- und forstwirtschaftlicher Betriebe und von Anteilen an Kapitalgesellschaften, wenn der Veräußerer keine Unternehmensbeteiligungsgesellschaft ist[97].

Zu a–c: Der Aufschub der Besteuerung stiller Reserven bei dem Tausch von Wirtschaftsgütern, der Ersatzbeschaffung und nach § 6b EStG beruht auf dem bereits oben (S. 309) erwähnten Gedanken, *Umstrukturierungen des Anlagevermögens* steuerlich nicht zu stören oder zu verhindern. Das Übermaßverbot wird hier durch das Markteinkommensprinzip konkretisiert. Werden (betriebsnotwendige) Wirtschaftsgüter durch gleichartige, die gleiche betriebliche Funktion erfüllende Wirtschaftsgüter ersetzt, so dienen die Veräußerungen nicht dem Zweck, Gewinne zu erwirtschaften, sondern es sollen die Bedingungen für das Erwirtschaften verbessert werden[98]. Der Aufschub der Besteuerung stiller Reserven dient im Rahmen wirtschaftlich maßvoller Besteuerung nach der Leistungsfähigkeit der Erhaltung der Erwerbsgrundlagen. Im Falle der Versteuerung stiller Reserven würden nämlich die Erwerbsgrundlagen partiell entzogen, was im Falle der Rücklage für Ersatzbeschaffung besonders deutlich wird.

Grundsätzlich dient auch § 6b EStG dem Grundsatz, Umstrukturierungen steuerlich zu schonen. Daher könnte § 6b EStG als *Fiskalzwecknorm* qualifiziert werden, die das Leistungsfähigkeitsprinzip wirtschaftlich maßvoll konkretisiert. Indessen versteht der Gesetzgeber § 6b EStG nicht nur als Regelung, die die Substanzbesteuerung des Anlagevermögens verhindern will[99], sondern auch als Steuervergünstigung, die ökonomisch sinnvolle Anpassungsprozesse der Wirtschaft fördern, den Veräußerungsverkehr bestimmter Anlagegüter beleben und die Finanzierungsmöglichkeiten der Unternehmen verbessern will[100]. Die Ausgestaltung des § 6b EStG als *Sozialzwecknorm* erklärt, warum die Übertragung stiller Reserven nicht allgemein für das langfristig angelegte Anlagevermögen zugelassen ist, sondern nur für bestimmte Anlagegüter,

---

97 Vgl. die Übersicht auf S. 652.
98 *Lang,* DStJG Bd. 4 (1981), 94; s. auch BT-Drucks. IV/2400, 62: Das Anlagevermögen sei „seinem Wesen nach nicht zur Gewinnerzielung durch Veräußerung bestimmt"; *Uelner,* DStZA 64, 364: Die strukturelle Änderung der Substanz des Anlagevermögens sei nicht selbst Gewinnverwirklichung, sondern diene dazu, die Gewinnverwirklichung als den eigentlichen Zweck des Unternehmens besser ermöglichen zu können; *Wöhe/Bieg,* Grundzüge der Betriebswirtschaftlichen Steuerlehre [2], München 1984, 27: „Als Periodengewinn im betriebswirtschaftlichen Sinne bezeichnet man den Geldbetrag, der dem Betrieb pro Periode höchstens entzogen werden darf, wenn er in der Lage sein soll, die zur Erzielung dieses Geldbetrags verbrauchten Produktionsfaktoren durch gleiche oder andere Faktoren zu ersetzen, um sicherzustellen, daß die Fähigkeit des Betriebes, auch in den folgenden Perioden entsprechende Gewinne zu erzielen, nicht vermindert wird." Dazu auch *D. Schneider,* ZfbF 63, 457 ff.; ZfbF 68, 1 ff.; *Wegmann,* Der ökonomische Gewinn, Wiesbaden 1970; *Lippmann,* Der Beitrag des ökonomischen Gewinns zur Theorie und Praxis der Erfolgsermittlung, Düsseldorf 1970; *Känzig,* ASA Bd. 41 (1972/73), 91; *v. Wallis,* DStZA 81, 487; *Moxter,* BB 84, 1785.
99 BT-Drucks. IV/2400, 62. Dazu *J. Thiel* (Fn. 96), 189 ff.; *W. Schön* (Fn. 96), 6 ff.
100 BT-Drucks. IV/2400, 62 ff.; IV/3189, 6; 11/2157, 141; *J. Thiel* (Fn. 96), 189 ff., und *W. Schön* (Fn. 96), 6 ff. Die Änderungen des § 6b EStG durch StRefG 1990 und Wohnungsbauförderungsgesetz (Fn. 96) sollen eine Steuersubvention einschränken bzw. wieder erweitern.

§ 9 Einkommensteuer

teils in vollem, teils in beschränktem Umfange und mit unterschiedlichen Fristen. Zu den §§ 6 b, 6 c EStG im weiteren s. S. 651 f.

8.4 Übergang stiller Reserven auf andere Steuerrechtssubjekte[101]

a) Die Besteuerung nach der *persönlichen* Leistungsfähigkeit gebietet es grundsätzlich, daß jede natürliche Person ihr *eigenes* Einkommen versteuert. Mit diesem Gebot ist die Übertragung stiller Reserven auf *andere* Rechtssubjekte nicht zu vereinbaren[102]. Gleichwohl lassen § 7 I EStDV, das Umwandlungssteuergesetz und – in nicht ausdrücklich gesetzlich geregelten Fällen – die intersubjektive Übertragung stiller Reserven zu. Diese Einschränkung der Besteuerung nach der persönlichen Leistungsfähigkeit ist durch das Markteinkommensprinzip und das Übermaßverbot gerechtfertigt. Das Prinzip der Buchwertverknüpfung (s. S. 309) verhindert die Substanzbesteuerung des ruhenden Vermögens und modifiziert das Leistungsfähigkeitsprinzip sachgerecht[103].

b) § 7 I EStDV schreibt die Buchwertverknüpfung für die *unentgeltliche* Übertragung von Betrieben, Teilbetrieben und Mitunternehmeranteilen vor. Diese Vorschrift grenzt Zuwendungsvorgänge systemgerecht aus dem Markteinkommenstatbestand aus. Da der Zuwendende keinen Gewinn verwirklicht, beruht § 7 I EStDV auf einer zutreffenden Auslegung des einkommensteuerrechtlichen Gewinnbegriffs (vgl. BFH GrS BStBl. 90, 837, 854).

Bei *teilentgeltlicher* Übertragung von Betriebsvermögen müßte der Vorgang ebenso wie in den Fällen der §§ 17, 23 EStG (s. S. 239 f.) in ein voll entgeltliches und voll unentgeltliches Geschäft aufgespalten werden, damit der einkommensteuerbare Teil des Geschäfts exakt abgegrenzt ist. Der BFH (s. BStBl. 86, 811 m. w. N.) und die h. M. im Schrifttum vertreten jedoch die sog. *Einheitstheorie,* nach der das ermäßigte Entgelt den Veräußerungsgewinn des § 16 II EStG bestimmt. Damit werden die stillen Reserven partiell übertragen. Liegt das Entgelt unter den Buchwerten des übertragenen Betriebsvermögens, so sind die Buchwerte nach § 7 I EStDV fortzuführen; der Unterschiedsbetrag ist Zuwendung, kein erwirtschafteter Verlust![104]

In den Fällen der *Erbauseinandersetzung* hat der Große Senat des BFH in seinem Beschluß vom 5. 7. 1990 (BStBl. 90, 837) die These, Erbfall und Erbauseinandersetzung bildeten ertragsteuerlich eine Einheit, zu Recht aufgegeben und damit den Weg zur Gleichbehandlung von Betriebsvermögen und Privatvermögen eröffnet[105]. Danach sind Erbfall und Erbauseinandersetzung grundsätzlich als zwei *verschiedene* Rechtsvorgänge anzusehen. Der Erbfall ist der nicht einkommensteuerbare *Zuwendungsakt;* auf ihn folgen die einkommensteuerrechtlich relevanten Vorgänge: Miterben eines Unternehmens haben bis zur Auseinandersetzung der Erbengemeinschaft mitunternehmerische Einkünfte. Die Auseinandersetzung des Unternehmens ist nach den

---

101 Dazu insb. *C. Trzaskalik* und *S. Widmann,* in: DStJG Bd. 4 (1981), 145 ff., 163 ff.
102 Daher gegen § 7 I EStDV insb. *C. Trzaskalik,* StuW 79, 96; *ders.* (Fn. 101).
103 Vgl. *J. Lang* (Fn. 85), 362 ff.
104 Zur teilentgeltlichen Übertragung von Betriebsvermögen s. *Autenrieth,* StVj 89, 83; *Felix,* FR 87, 601; *Groh,* StuW 84, 217; *Herzig,* StbJb. 1987/88, 231; *ders.,* FR 88, 85; *M. Kemmer,* Teilentgeltliche Rechtsgeschäfte in der Einkommensteuer, München/Wien 1987; *Knobbe-Keuk,* StbJb. 1986/87, 129; *dies.,* in: FS für Döllerer, Düsseldorf 1988, 315 ff.; *Märkle,* StbJb. 1987/88, 309; *Richter,* in: FS für Felix, Köln 1989, 345; *Reiß,* FR 90, 381; *L. Schmidt,* EStG[9], § 16 Anm. 7.
105 Zur Entwicklung der Rspr. und zum GrS BStBl. 90, 837, s. *Groh,* B 90, 2135; *Felix,* KÖSDI 90, 8279; *ders.,* BB 90, 2085; *Herzig/Müller,* DStR 90, 359; *Söffing,* B 89, Beilage 12; *Costede,* StVj 89, 41; *Flume,* B 90, 2390; *Lehmann,* FR 90, 265; *Meincke,* NJW 91, 198.

Grundsätzen der Realteilung (s. S. 316) zu vollziehen. Gehören zum Nachlaß sowohl Betriebs- als auch Privatvermögen, so können die Buchwerte nach § 7 I EStDV fortgeführt werden, soweit die Erbquote das erworbene Betriebsvermögen abdeckt. Erhält Miterbe A das Unternehmen und Miterbe B das Privatvermögen, so geht der gesamthänderische Anteil des B an dem Unternehmen zu Buchwerten auf A über, während B den Anteil von A am Privatvermögen erhält und die Werte des Erblassers nach § 11 d I EStDV fortführt. Anschaffungs- und Veräußerungsgeschäfte liegen zwischen A und B nicht vor (BStBl. 90, 845). Erhält A das Unternehmen mit Ausnahme eines Gebäudes, das B zugewiesen und in dessen Privatvermögen überführt wird, so liegt eine Entnahme vor (BStBl. 90, 845). Der Entnahmegewinn ist B als Gewinn aus der Veräußerung seines Mitunternehmeranteils zuzurechnen. Der Entnahmewert ist Bemessungsgrundlage der Gebäude-AfA. Soweit der Miterbe mehr als die Erbquote erhält und dafür Ausgleichszahlungen leistet, liegen *Veräußerungs-* und *Anschaffungs*vorgänge vor, die grundsätzlich der Erwerbssphäre und nicht der Zuwendungssphäre zuzuordnen sind[106].

c) Das *Umwandlungssteuergesetz*[107] verwirklicht das Prinzip der Buchwertverknüpfung wie folgt:

aa) Wird ein *Betrieb, Teilbetrieb* oder *Mitunternehmeranteil* in eine *Kapitalgesellschaft* eingebracht (Sacheinlage) und erhält der Einbringende neue Anteile, so darf die aufnehmende Kapitalgesellschaft nach § 20 II UmwStG das eingebrachte Betriebsvermögen grundsätzlich mit den Buchwerten, mit den Teilwerten oder mit Zwischenwerten ansetzen. An den Wertansätzen bei der Kapitalgesellschaft hat sich die Bewertung beim Einbringenden nach § 20 IV 1 UmwStG zu orientieren.

Wird der *Buchwert* angesetzt, so entsteht kein Veräußerungsgewinn, die stillen Reserven werden nicht aufgedeckt. Erst wenn die Anteile an der Kapitalgesellschaft (sog. *einbringungsgeborene* Anteile) ganz oder zum Teil veräußert werden sowie in einigen Entstrickungsfällen, tritt nach § 21 UmwStG Gewinnrealisierung ein. Werden etwa alle Anteile veräußert, so besteht der Gewinn in der Differenz zwischen Veräußerungserlös und Buchwert im Zeitpunkt der Einbringung des Betriebsvermögens in die Kapitalgesellschaft (§§ 21 I 1, 20 IV UmwStG). Auf den Gewinn ist der ermäßigte Steuersatz nach § 34 EStG, ferner § 16 IV EStG anzuwenden (bei natürlichen Personen). Der Einbringende kann jedoch auch vor der Anteilsveräußerung jederzeit die zur Gewinnrealisierung führende Aufdeckung der stillen Reserven beantragen (§ 21 II 1 Nr. 1 UmwStG). Es ist dann gem. § 21 II 2 UmwStG als fiktiver Veräußerungserlös der gemeine Wert der Beteiligung anzusetzen.

Wird der *Teilwert* angesetzt (§ 20 II 1 u. 6 UmwStG), so werden die stillen Reserven aufgedeckt. Es ergibt sich ein Veräußerungsgewinn in Höhe der Differenz zwischen Buch- und Teilwert (§ 16 II EStG; zu beachten ist der Freibetrag nach § 16 IV EStG). Der Gewinn unterliegt dem ermäßigten Steuersatz nach § 34 EStG; die spätere Veräußerung der Anteile ist nur steuerbar in den Fällen der §§ 17, 23 EStG (vgl. § 21 IV UmwStG).

Wird ein *Zwischenwert* angesetzt, so ist der sich ergebende Gewinn ebenfalls nur mit dem ermäßigten Steuersatz nach § 34 EStG zu versteuern; der Freibetrag nach § 16 IV EStG wird indessen nicht gewährt (§ 20 V 2 UmwStG). Bei späterer Veräußerung des Anteils ist die Differenz zwischen Veräußerungspreis und Zwischenwert zu versteuern (§§ 21 I 1, 20 IV UmwStG); §§ 34 I, 16 IV EStG sind anwendbar. Jederzeitiger Antrag auf Aufdeckung der stillen Reserven ist auch hier möglich.

---

106 Dazu i. e. *Groh* (Fn. 105); *Felix*, KÖSDI 90, 8279; *Herzig/Müller* (Fn. 105).
107 *Herrmann/Heuer/Raupach*, EStG/KStG [19], Bd. 14; *Loos*, Umwandlungs-Steuergesetz 1969 [2], Düsseldorf 1974; *Meyer-Arndt*, Steuerbegünstigt umwandeln, Heidelberg 1970; *Widmann/Mayer*, Umwandlungsrecht[2], Bonn 1981; *Fleischmann*, Das Umwandlungssteuergesetz 1969 im Rahmen der Harmonisierungsbestrebungen, Diss. Würzburg 1971; *Kobs*, Änderungen der Unternehmensformen im Bilanzsteuerrecht [5], Herne/Berlin 1986; *Luckey*, Steuerliche Gewinnrealisierung bei Umwandlung von Unternehmungen und Übertragung einzelner Wirtschaftsgüter, Wiesbaden 1977; *Glade/Steinfeld*, Umwandlungssteuergesetz 1977 [3], Herne/Berlin 1980; *Flämig*, Die steuerliche Belastung der Umwandlung von Gesellschaften, JuS 79, 625 ff.

bb) Wird ein *Betrieb, Teilbetrieb* oder *Mitunternehmeranteil* in eine *Personengesellschaft* eingebracht, so bestehen ebenfalls (wie zu aa) die Möglichkeiten der Einbringung des Betriebsvermögens zu Buchwerten, zu Teilwerten oder zu Zwischenwerten (s. § 24 UmwStG).

d) Werden *einzelne Wirtschaftsgüter* in eine Kapitalgesellschaft eingebracht, so nimmt die Praxis (s. auch BFH BStBl. 76, 748) einen gewinnrealisierenden Vorgang an, bei Einbringung in eine Personengesellschaft verneint sie ihn (z. T. in entsprechender Anwendung des § 24 UmwStG; aber wo ist die Lücke im Gesetz?).

e) Über Gewinnrealisierung bei *Umwandlung und Verschmelzung von Kapitalgesellschaften* s. S. 433 f.; über Gewinnrealisierung bei *Betriebsaufspaltung* s. S. 637.

f) Weder im Umwandlungssteuergesetz noch im Einkommensteuergesetz geregelt ist die sog. *Realteilung*. Sie ist die *Kehrseite* der Einbringung von Einzelunternehmen in Personengesellschaften; sie besteht darin, daß die Gesellschafter einer Personengesellschaft den Betrieb der Gesellschaft auflösen, die Wirtschaftsgüter real untereinander verteilen und mit diesen Wirtschaftsgütern je eigene Betriebe (Einzelunternehmen) weiterführen. Geschieht die Realteilung entsprechend den Anteilen am Gesellschaftsvermögen und führen die Gesellschafter als Einzelunternehmer die Buchwerte fort, so brauchen sie – so die Praxis – die in der Gesellschaft entstandenen stillen Reserven nicht zu versteuern.

Eine Gewinnrealisierung wird auch dann nicht angenommen, wenn die stillen Reserven nicht entsprechend den Anteilen der Gesellschafter aufgeteilt werden; anders, wenn dem bei der Realteilung Benachteiligten ein sog. Spitzenausgleich gewährt wird[108].

Allerdings hat BFH BStBl. 82, 456, ein *Wahlrecht* zugestanden: Die stillen Reserven brauchen (wenn ihre spätere Erfassung gesichert ist) nicht versteuert zu werden, sie können aber versteuert werden.

8.5 Ausnahmsweiser Zugriff auf stille Reserven als ultima ratio

Nach den verfassungsrechtlich geprägten Inhalten des Markteinkommens- und des Realisationsprinzips ist das Abwarten der Realisierung eine eigentumsschonende, wirtschaftlich maßvolle Maßnahme, die jedoch im Ergebnis dazu führen kann, daß die im Betriebsvermögen gespeicherten stillen Reserven nicht versteuert werden. Das sowohl am Leistungsfähigkeitsprinzip als auch am Übermaßverbot ausgerichtete System ertragsteuerlicher Realisation sichert sich dadurch gegen Besteuerungslücken ab, daß es mit der Besteuerung nicht realisierter Gewinne bis *zum letztmöglichen Zeitpunkt* des steuerlichen Zugriffs auf die stillen Reserven wartet. Die Besteuerung der nicht realisierten Gewinne ist also *ultima ratio*. Diesem Konzept entspricht das erwähnte (s. S. 309 f.) *Entstrickungsprinzip:* Solange die stillen Reserven steuerlich erfaßt bleiben, kann die Realisation abgewartet und können Buchwerte fortgeführt werden; erst im Zeitpunkt des Ausscheidens aus der Steuerverstrickung wird es erforderlich, als ultima ratio nicht realisierte Werte abzurechnen. So erklären sich die Vorschriften über Entnahme und Betriebsaufgabe sowie §§ 12, 13 VI KStG; § 21 II UmwStG; § 6 AStG. Im einzelnen:

---

108 Ausführlich zur Realteilung *Knobbe-Keuk,* Bilanz- und Unternehmenssteuerrecht [7], Köln 1989, 673 ff.; *Biergans,* DStR 76, 387 ff.; *Glanegger,* FR 88, 29; *Wiesler,* B 88, 2589; s. auch BFH BStBl. 72, 419; 73, 655 f.

(1) *Entnahme* zum Teilwert (§§ 4 I 2, 6 I Nr. 4 Satz 1 EStG)[109]:
Wieweit der *Entnahmebegriff* den Zugriff erlaubt, ist umstritten[110]. Entnahmen sind Wertabgaben zu *betriebsfremden* Zwecken (s. § 4 I 2 EStG). Was „betriebsfremd" ist, soll davon abhängen, was unter „Betrieb" zu verstehen ist. Darüber gibt es verschiedene Auffassungen:

Die Vertreter des *weiten* Betriebsbegriffs grenzen die betriebliche Sphäre lediglich von der Privatsphäre ab, fassen also sämtliche Einzelbetriebe und Betriebstätten zu einem Betrieb zusammen. Daraus folgt dann, daß keine Entnahme vorliegt, wenn ein Wirtschaftsgut von einem Einzelbetrieb des Steuerpflichtigen in einen anderen überführt wird.

Die Vertreter des *engen* Betriebsbegriffs sehen jeden Einzelbetrieb, gleich, ob derselben Einkunftsart oder verschiedenen Einkunftsarten angehörend, als Betrieb an. Die Überführung eines Wirtschaftsguts von einem Einzelbetrieb in einen anderen Einzelbetrieb ist danach in jedem Falle Entnahme.

Die Vertreter des *mittleren* Betriebsbegriffs sehen die Einzelbetriebe *ein und derselben Einkunftsart* als Betrieb an, die Betriebe verschiedener Einkunftsarten dann, wenn es sich um Einkunftsarten mit gleicher Gewinnermittlung handelt, so daß die Möglichkeit der Besteuerung der stillen Reserven beim Übergang eines Wirtschaftsguts in einen Betrieb anderer Einkunftsart erhalten bleibt.

Wenn es die Aufgabe des Entnahmebegriffs ist, stille Reserven (in einem letztmöglichen Augenblick) zu erfassen, dann muß der Entnahmebegriff und damit der Betriebsbegriff dementsprechend teleologisch aufgefaßt werden[111]. Jedoch hat sich gezeigt, daß die Begriffsgrenzen nicht immer eine teleologische Entscheidung zulassen. Es gibt Fälle,

a) in denen an sich – welchem Betriebsbegriff man auch folgt – eine Entnahme vorliegt, ein Zugriff auf die stillen Reserven jedoch noch *nicht* geboten ist, weil sie auch später noch erfaßt werden können. Durch § 4 I 3 EStG ist bereits entschieden: Ein Wirtschaftsgut wird nicht dadurch entnommen, daß der Steuerpflichtige von der Gewinnermittlung nach § 4 I (§ 5 I) EStG zur Gewinnermittlung nach § 4 III oder § 13 a EStG übergeht. Problematisch ist allerdings auch die Frage, unter welchen Voraussetzungen man von der Möglichkeit späterer Erfassung der stillen Reserven sprechen kann. Die Großzügigkeit der Rechtsprechung scheint insoweit eher noch zuzunehmen;

b) in denen eine Entnahme – will man den Begriff nicht vollends strapazieren – nicht vorliegt, ein Zugriff auf die stillen Reserven jedoch geboten wäre, weil ihre Erfassung später nicht mehr möglich ist.

Gesetzesänderungen, Abschluß oder Änderung von Doppelbesteuerungsabkommen und Änderung der Rechtsprechung können die Möglichkeit des Zugriffs auf stille Reserven beeinflussen. Sie sind oder bewirken aber keine Entnahmen. Auch die Überführung in einen ausländischen Betrieb (eine ausländische Betriebstätte) ist keine Entnahme, da nichts für betriebs*fremde* Zwecke entnommen wird. Im übrigen ist in einem solchen Fall nach den Regeln der Doppelbesteuerungsabkommen (entsprechend Art. 7 II OECD-Musterabkommen) der bei einer Veräußerung entstehende Gewinn/Verlust auf inländische und ausländische Betriebstätten aufzuteilen[112].

---
109 Dazu S. 298ff., 303f.
110 Dazu auch *Friauf*, StbJb. 1975/76, 369; *Felix*, StbKongrRep. 1980, 148 ff.
111 Rechtsprechungsnachweise und Kritik bei Schmidt/*Heinicke*, EStG [9], § 4 Anm. 52–55.
112 Dazu *Baranowski*, Besteuerung von Auslandsbeziehungen, Herne/Berlin 1978, 105 ff.; *Uelner*, in: Bericht über die Fachtagung 1980 des Instituts der Wirtschaftsprüfer, Düsseldorf 1980, 139 ff.; *Schaumburg*, DStJG Bd. 4 (1981), mit Nachweis der abw. Rechtsprechung; *K. Vogel*, DBA[2], München 1990, Art. 7 Tz. 90ff.

(2) *Betriebsaufgabe* = Totalentnahme (§§ 14, 14 a III, 16 III, 18 III EStG):
Betriebsaufgabe liegt vor, wenn die gewerbliche (werbende) Tätigkeit eingestellt und folglich auch die Gewinnabsicht aufgegeben wird. Wie jeden anderen Begriff darf die Rechtsprechung[113] auch diesen Begriff teleologisch formen (s. S. 93 f.). So hat sie mit Recht Betriebsaufgabe nur angenommen, wenn die einzelnen Wirtschaftsgüter *kurzfristig* veräußert oder in das Privatvermögen überführt werden, nicht aber, wenn der Vorgang sich hinzieht, so daß die stillen Reserven nicht „zusammengeballt" realisiert werden. Bloße Betriebsverlegung ist grundsätzlich keine Betriebsaufgabe. Wird der Betrieb aber in das Ausland verlegt, so kann es sich teleologisch rechtfertigen, Betriebsaufgabe anzunehmen.

Die Rechtsprechung hat Betriebsaufgabe auch *verneint* bei *Strukturwandel*[113a] vom Gewerbebetrieb zum landwirtschaftlichen Betrieb (und umgekehrt) durch Vermehrung (oder Verminderung) des Zukaufs (s. Abschn. 135 IV EStR), bei Übergang zur *Liebhaberei*[114] und bei *Betriebsverpachtung*[114a]. Jedoch gewährt die Rechtsprechung dem Steuerpflichtigen ein Wahlrecht: Er kann zwischen Aufdeckung/Nichtaufdeckung der stillen Reserven wählen. Die Rechtsprechung läßt sich davon leiten, daß der Steuerpflichtige bei Strukturwandel, Übergang zur Liebhaberei und Betriebsverpachtung keinen Veräußerungserlös erzielt, aus dem er die Steuer zahlen könnte, die stillen Reserven aber unter steuerlicher Kontrolle bleiben, so daß sie bei einer späteren Veräußerung erfaßt werden können. Diese Rechtsprechung bildet das Recht aus Billigkeitsgründen fort. Dazu ist anzumerken: Der Übergang vom Gewerbebetrieb zum landwirtschaftlichen Betrieb ist Aufgabe des Gewerbebetriebs; der Übergang zur Liebhaberei ist Aufgabe des Gewerbebetriebs; die (nicht bloß kurzfristige = Betriebsunterbrechung) Betriebsverpachtung ist Betriebsaufgabe[115]. Ein Wahlrecht (freie Wahl der Rechtsfolge) ist unter dem Leistungsfähigkeitsaspekt nicht zu vertreten, wohl aber unter wirtschaftsschonenden Subventionsaspekten. Jedoch sollte der Gesetzgeber eine gesetzliche Grundlage schaffen.

§ 16 III EStG wird ferner *nicht* angewendet bei Übergang des Betriebs, Teilbetriebs oder Mitunternehmeranteils aufgrund *Erbfolge oder Schenkung* (s. insoweit § 7 I EStDV), ferner nicht bei *Einbringung* des Betriebs usw. *in eine Personen- oder Kapitalgesellschaft* (s. dazu §§ 20, 24 UmwStG).

Für Wirtschaftsgüter, die veräußert werden, ist der Veräußerungspreis, für Wirtschaftsgüter, die in das Privatvermögen des Steuerpflichtigen überführt werden, ist der gemeine Wert (= Verkehrswert) anzusetzen; s. auch §§ 14 Satz 2, 14 a III, 16 III 2–4, 18 III 2 EStG.

Bei der teleologischen Orientierung des Betriebsaufgabebegriffs an der Notwendigkeit der Erfassung der stillen Reserven ergeben sich dieselben Begriffsschwierigkeiten wie bei der Entnahme (s. oben)[116]. Besonders großzügig BFHE 134, 339: Übergang von Landwirtschaft zur *Liebhaberei* sei keine Betriebsaufgabe. Wenn man hier annimmt, die stillen Reserven blieben bis zur Veräußerung der Wirtschaftsgüter für den steuerlichen Zugriff gesichert, kann man das auch bei jeder Entnahme annehmen.

---

113 Nachweise bei *L. Schmidt*, EStG [9], § 16 Anm. 29 ff.
113a Insb. BFH BStBl. 75, 168; 87, 342.
114 BFH BStBl. 82, 381.
114a Insb. BFH GrS BStBl. 64, 124; BFH BStBl. 85, 456.
115 Vgl. auch *Stoll*, DStJG Bd. 4 (1981), 206 ff., 235 Fn. 65, 66.
116 Dazu Nachweise und Stellungnahme von *L. Schmidt*, EStG [9], § 16 Anm. 29–40; ferner *Felix*, StbKongrRep. 1980, 155 ff.

(3) §§ 12, 13 VI KStG; § 21 II UmwStG; § 6 AStG.

Zu (1)–(3): Das Operieren mit den Begriffen „Entnahme" und „Betriebsaufgabe" ist nicht selten ein Behelf. Eine *allgemeine* Vorschrift, die den steuerlichen Zugriff auf stille Reserven im letztmöglichen Augenblick anordnet, gibt es (leider) nicht. Jedoch liegt es nahe, von den Einzelvorschriften auf ein allgemeines Entstrickungsprinzip[117] zu schließen, die Einzelvorschriften als Ausfluß dieses Prinzips anzusehen. Gegen die Anwendung eines solchen Prinzips in Lückenfällen zum Nachteil des Steuerpflichtigen wenden sich die Vertreter des steuerverschärfenden Analogieverbots (dazu S. 39 ff.). Auch wenn man der Auffassung vom Analogieverbot nicht folgt: Das Prinzip und seine Durchbrechungen sind im Gesetz recht unsicher artikuliert. Rechtssicherheit verlangt aber Prinzipiensicherheit (s. S. 48 f., 50 f.).

9. Bilanzberichtigung, Bilanzänderung[118]

Der Steuerpflichtige darf[119] seine dem Finanzamt eingereichte Bilanz berichtigen, wenn ein Bilanzansatz gegen zwingende steuerbilanzielle Vorschriften verstößt (§ 4 II 1 EStG). Der Fall muß so liegen, daß so, wie geschehen, nicht bilanziert werden darf. Daß anders hätte bilanziert werden können, genügt nicht. Soll ein zulässiger Bilanzansatz durch einen zulässigen anderen ersetzt werden, so kommt eine Bilanzänderung in Betracht; sie ist nur mit Zustimmung des Finanzamts zulässig (§ 4 II 2 EStG). Einer beantragten Bilanzänderung hat das Finanzamt im allgemeinen zuzustimmen, wenn sich die *tatsächlichen* Grundlagen, von denen der Steuerpflichtige bei der Ausübung eines Wahlrechts ausgegangen ist, nach Einreichung der Bilanz erheblich verändert haben[120]. Das Wahlrecht darf für die Einkommensteuer nicht anders ausgeübt werden als für die Gewerbesteuer (BFH FR 90, 113).

Eine Bilanzberichtigung/-änderung ist nicht mehr zulässig, wenn sich der Bilanzansatz bereits in einem Bescheid ausgewirkt hat, der (nach §§ 129, 172 ff. AO) nicht mehr korrigiert werden kann, oder wenn der sich bei einer Bilanzberichtigung ergebende höhere Steueranspruch bereits verjährt ist. Jedoch soll der unrichtige Bilanzansatz dann grundsätzlich in der Schlußbilanz des ersten Jahres, für das der Bescheid korrigiert werden darf, erfolgswirksam berichtigt werden[121].

Beispiel: In 01 wird eine Forderung von 50 000 DM nicht aktiviert. Die Änderung des Bescheids 01 ist nicht mehr zulässig; die Änderung des Bescheids 02 ist noch zulässig. In 03 wird der Fehler vom Außenprüfer aufgedeckt. Die Bilanzen 01, 02 und 03 sind unrichtig. Der BFH läßt zu, daß die Forderung von 50 000 DM in der Schlußbilanz 02 und in der Anfangsbilanz 03 aktiviert wird. Auf diese Weise wird erreicht, daß der nicht mehr korrigierbare Fehler aus 01 in den noch korrigierbaren Bescheid 02 transportiert und doch noch berichtigt wird.

---

117 Gegen ein solches allgemeines Entstrickungsprinzip BFH (Fn. 87).
118 Näheres bei Schmidt/*Heinicke*, EStG [9], § 4 Anm. 135–144; *Knobbe-Keuk* (Fn. 85), 47 ff.; J. *Thiel*, Bilanzrecht[4], Heidelberg 1990, 266 ff.; *Wuttke*, Bilanzberichtigung-Bilanzenzusammenhang-Bestandskraft, DStR 82, 607; *Stadie*, Bedeutung des steuerrechtlichen Bilanzzusammenhangs, StuW 85, 101.
119 Bei Fehlerhaftigkeit zu Lasten des Fiskus *muß* die Steuererklärung nach § 153 AO berichtigt werden (s. S. 689 f.).
120 BFH BStBl. 52, 57; 83, 512; 89, 558; FR 90, 113.
121 Dazu i. e. *Wuttke* (Fn. 118); Schmidt/*Heinicke*, EStG[9], § 4 Anm. 136 ff.; BFH BStBl. 87, 848; 88, 825; 89, 558; B 90, 1945.

Dieses Verfahren verletzt die Bestandskraft und evtl. die Verjährungsvorschriften. Der Fehler betrifft einen Jahresbescheid, der nicht mehr korrigiert werden kann, oder einen verjährten Anspruch. Das Korrekturverbot oder die Verjährung wird jedoch dadurch umgangen, daß der Fehler in ein Jahr transportiert wird, für das der Bescheid noch korrigiert werden kann oder dessen Anspruch noch nicht verjährt ist. Das ist u. E. unzulässig[122].

IV. Vereinfachte Gewinnermittlung nach § 4 III EStG

Literatur: *Kalb-Arnold,* Die Gewinnermittlung nach § 4 Abs. 3 EStG, Diss. Würzburg 1969; *Offerhaus,* Einzelfragen zur vereinfachten Gewinnermittlung durch Überschußrechnung, BB 77, 1493; *Schoor,* Die Gewinnermittlung nach § 4 III EStG, FR 82, 505; *Söffing,* Die Gewinnermittlung durch Überschußrechnung (Sonderdruck NSt.), Berlin/Bielefeld/München 1983; *Hansch,* Rechtsmethodische Probleme des § 4 Abs. 3 EStG..., Diss. Köln 1985; *Segebrecht,* Die Einnahme-Überschußrechnung nach § 4 Abs. 3 EStG[6], Herne/Berlin 1986; *Groh,* Zur Struktur der betrieblichen Überschußrechnung, FR 86, 393; *Lang,* Die Bemessungsgrundlage der Einkommensteuer, Köln 1981/88, 448 ff.; *Saam,* Die vereinfachte Gewinnermittlung, StStud. 90, 86.

a) *Persönliche Voraussetzungen:* Steuerpflichtige Unternehmer, die *nicht* gesetzlich verpflichtet sind, Bücher zu führen und regelmäßig Abschlüsse zu machen (insb. sog. *Kleingewerbetreibende* und *Freiberufler*), haben folgende Alternativen:

– Sie können *freiwillig* bilanzieren. Dann gelten die Vorschriften für den Betriebsvermögensvergleich (§ 5 I EStG und § 4 I EStG i. V. m. § 4 III 1 EStG). Für Land- und Forstwirte gilt § 13a II 1 Nr. 1 EStG.

– Bilanzieren sie *nicht,* dann greift die vereinfachte Gewinnermittlung nach § 4 III EStG Platz, wenn sich der Steuerpflichtige nach außen erkennbar für die Gewinnermittlung nach § 4 III EStG entschieden hat; ansonsten ist der Gewinn auf der Grundlage des § 4 I EStG zu schätzen (BFH BStBl. 90, 287; s. S. 243). *Land- und Forstwirte* haben die Alternative zwischen § 13a EStG und § 4 III EStG (s. § 13a II 1 Nr. 2 EStG).

b) *Grundsätzlicher Inhalt des § 4 III EStG:* Nach § 4 III 1 EStG ist als Gewinn (oder Verlust) der Überschuß der Betriebseinnahmen (oder Betriebsausgaben) über die Betriebsausgaben (oder Betriebseinnahmen) anzusetzen. Zweck des § 4 III EStG ist es zunächst, die Gewinnermittlung gegenüber der Bilanzierung zu *vereinfachen;* es gelten die Prinzipien der sog. *Kassenrechnung: Zuflußprinzip* (§ 11 I EStG) und *Abflußprinzip* (§ 11 II EStG). Dazu oben S. 237 f.

Jedoch ist der allgemeine Gewinnbegriff des § 4 I EStG auch für Gewinneinkünfte verbindlich, die durch Kassenrechnung nach § 4 III EStG ermittelt werden. Es gilt der Grundsatz der *Gesamtgewinngleichheit*[123]. Demnach dürfen sich allenfalls Unterschiede in der Höhe der *jährlichen* Gewinne und Verluste ergeben. Diese Unterschiede folgen zwangsläufig aus den Unterschieden zwischen nicht periodenglättender Kassenrechnung und periodenglättender Bilanzierung (s. oben S. 237). Abgesehen von der durch die technische Vereinfachung ausgelösten Periodenverschiebung muß § 4 III EStG aber den *gleichen Totalgewinn (Gewinn von der Eröffnung bis zur Veräußerung oder*

---

122 Literatur s. S. 283 Fn. 11.
123 Grundsätzlich BFH BStBl. 75, 526, 528. Dazu näher *Lang,* Die Bemessungsgrundlage der Einkommensteuer, Köln 1981/88, 448 ff. Vgl. auch BFH GrS BStBl. 90, 830, 834/835.

Vereinfachte Gewinnermittlung

Aufgabe des Betriebs) erfassen wie die in § 4 I EStG niedergelegte bilanzielle Gewinnermittlung.

Der Zweck der gleichen Totalgewinnermittlung (§ 4 III i. V. m. I EStG) ist bei der *Auslegung* und *Lückenausfüllung* zu berücksichtigen. Das bedeutet zumindest, daß Grundbegriffe der Gewinnermittlung identisch zu interpretieren sind. So geht es z. B. nicht an, daß der Begriff des Betriebsvermögens unterschiedlich gehandhabt wird[124]. Sofern § 4 III EStG Lücken aufweist, müssen diese so ausgefüllt werden, daß der gleiche Totalgewinn erreicht wird wie bei der bilanziellen Gewinnermittlung. Was § 4 III EStG nicht ausdrücklich erfaßt, ist dementsprechend *wie* eine Betriebseinnahme oder -ausgabe zu behandeln.

c) *Betriebseinnahmen und -ausgaben in der Kassenrechnung:* Während die Bilanz- und Buchführungstechnik die Vermögensumschichtungsketten des Wirtschaftens relativ genau nach den GoB verzeichnet, trifft die Überschußrechnung als Kassenrechnung eine *Auswahl*, um den Vereinfachungszweck zu verwirklichen. Sie verzichtet grundsätzlich auf die Darstellung von Vermögensumschichtungen und beschränkt sich nach Möglichkeit auf die Erfassung jener Geschäftsvorfälle, die am *einfachsten* zu handhaben sind und zugleich die Vermögenslage *sicher* darstellen.

Beispiel: Schafft der *bilanzierende* Kaufmann Ware auf Ziel an, so aktiviert er diese Ware mit den Anschaffungskosten (Buchung 1: Wareneinkauf und Vorsteuer an Verbindlichkeiten). Bei Bezahlung ist die Verbindlichkeit auszubuchen (Buchung 2: Verbindlichkeiten an Bank). Bei Lieferung der Ware auf Ziel wird der Gewinn (Differenz zwischen Anschaffungskosten und dem Nennwert der Forderung) realisiert (Buchung 3: Forderungen an Warenverkauf und Umsatzsteuer). Der Kunde bezahlt die Ware (Buchung 4: Bank an Forderungen), Banküberweisung lt. USt-Voranmeldung (Buchung 5: Umsatzsteuer an Bank). Die doppelte Buchführung erfaßt also fünf Geschäftsvorfälle mit zwölf Kontenbewegungen.

Anders die *Überschußrechnung* nach § 4 III EStG: Hier wird nicht die Ware selbst erfaßt, sondern nur der bei Anschaffung *gezahlte* Kaufpreis (Betriebsausgabe) und der bei Veräußerung *erhaltene* Kaufpreis (Betriebseinnahme). Die Umsatzsteuer ist Bestandteil der Betriebseinnahme (kein durchlaufender Posten i. S. des § 4 III 2 EStG, s. BFH BStBl. 75, 441; FG Hamburg EFG 90, 624), die Vorsteuer Bestandteil der Betriebsausgabe. Umsatz- und Vorsteuerbeträge werden sodann *neben* der Überschußrechnung für die USt-Voranmeldung aufgezeichnet. Die Zahlung an das FA ist Betriebsausgabe, die Vergütung Betriebseinnahme.

Um *Einfachheit* zu verwirklichen, wählt die Kassenrechnung nach § 11 EStG vorrangig die *Geldzugänge* und -abgänge aus *(Prinzip der Geldrechnung)*. Forderungen, Verbindlichkeiten und Sachbezüge werden grundsätzlich nur dann berücksichtigt, wenn sich der Zu- und Abfluß von Wirtschaftsgütern nicht in der Vereinnahmung und Verausgabung von Geld niederschlägt[125]. Dieser *subsidiäre* Rückgriff auf Vermögenszugänge und -abgänge, die *nicht* in Geld bestehen, *verkompliziert* die Überschußrechnung im Interesse der *Vollständigkeit*. Insb. können schwierige Bewertungsprobleme zu lösen sein.

---

124 S. oben S. 296.
125 Vgl. BFH BStBl. 75, 441, 442; 75, 526, 528; 86, 607 (zu FG Hamburg EFG 84, 447): § 4 III EStG bedeute, „daß Ertrag und Aufwand aus erfolgswirksamen Vorgängen schon oder erst bei Eingang oder Ausgang der dadurch verursachten Zahlungen erfaßt werden. Hiervon muß abgegangen werden, wenn solche Vorgänge nicht mit Zahlungen, sondern allein mit dem Zu- und Abgang von Sachgütern verbunden sind; diese Zu- und Abgänge müssen als Betriebseinnahmen und Betriebsausgaben behandelt werden..." (BFH BStBl. 86, 607). Dazu grundsätzlich *M. Groh,* Zur Struktur der betrieblichen Überschußrechnung, FR 86, 393. S. auch *Lang* (Fn. 123), 453 ff.

Beispiel: Ein Zahnarzt tauscht im Rahmen seiner Geschäftsbeziehungen bei einer Scheideanstalt Zahngoldabfälle aus Gebißerneuerungen gegen Feingold, das für Schmuck der Ehefrau verwendet wird. Nach BFH BStBl. 86, 607, genügt es, wenn der Wert des Feingoldes als Betriebseinnahme angesetzt wird. Die übrigen Vorgänge (Zugang der Zahngoldabfälle bei Gebißerneuerung[126], Eintausch der Zahngoldabfälle gegen Feingold, Entnahme des Feingoldes) müssen bei der Überschußrechnung nicht verbucht werden.

Durchlaufende Posten werden nicht erfaßt (§ 4 III 2 EStG). Geldeinlagen sind keine Betriebseinnahmen, Geldentnahmen sind keine Betriebsausgaben. Einnahmen aus der Veräußerung von Wirtschaftsgütern des Betriebsvermögens, Zinsen und andere Erträge des Betriebsvermögens, auch Honorarvorschüsse sind Betriebseinnahmen.

Wie Betriebseinnahmen/-ausgaben werden folgende Vorgänge behandelt: Wird ein Wirtschaftsgut veräußert, das zuvor eingelegt worden ist (Sacheinlage), so muß von der Betriebseinnahme „Veräußerungserlös" der Wert der Sacheinlage abgezogen werden (wie eine Betriebsausgabe), da sonst ein zum Teil nicht erwirtschafteter Gewinn erfaßt würde. – Wird ein für den Betrieb angeschafftes Wirtschaftsgut entnommen, nachdem die Anschaffungskosten als Betriebsausgabe behandelt worden sind, so muß der Wert der Sachentnahme als Betriebseinnahme behandelt werden, damit der volle Abzug der Anschaffungskosten rückgängig gemacht wird. – Wird ein noch nicht voll abgeschriebenes Wirtschaftsgut veräußert, getauscht oder entnommen, so ist der Veräußerungserlös, der gemeine Wert des hingegebenen Gutes oder der Teilwert (entsprechend § 6 I Nr. 4 EStG) als Betriebseinnahme oder wie eine Betriebseinnahme, der Restbuchwert wie eine Betriebsausgabe zu behandeln[127].

*Darlehns*gewährung und Darlehnsaufnahme sowie Darlehnsrückzahlungen werden nicht als Betriebsausgaben/Betriebseinnahmen behandelt. Das ist deshalb richtig, weil das Darlehn nicht im Betrieb *erwirtschaftet* wird. Fällt die Forderung des Darlehnsgebers auf Rückzahlung des Darlehns aus, so ist dies gleichwohl nicht irrelevant, wenn der Verlust wesentlich mit dem Betrieb zusammenhängt[128]. Unter diesen Voraussetzungen ist auch der Verlust von Geld zu berücksichtigen.

d) *Anwendung des § 11 EStG:* Bei der Verwirklichung des Zufluß- und des Abflußprinzips (s. oben S. 237 f.) greift die Kassenrechnung grundsätzlich diejenigen Geschäftsvorfälle heraus, durch welche der Steuerpflichtige die *wirtschaftliche Verfügungsmacht über das Wirtschaftsgut*[129] möglichst sicher erwirbt oder verliert.

Beispiele: Warenverkauf auf Ziel (s. oben): Der bilanzierende Kaufmann weist den Gewinn bei Lieferung der Ware, also vor Bezahlung der Ware, aus. Die damit vernachlässigte Unsicherheit der Forderung vermeidet die Überschußrechnung[130]. Bezahlt der Kunde mit Scheck, so ist *Zuflußzeitpunkt* die *Scheckübergabe,* sofern der Scheck sofort eingelöst werden kann[131]. Bei *Banküberweisung* ist die Betriebseinnahme im Zeitpunkt der Gutschrift auf dem Bankkonto anzusetzen[132]. Die Verpflichtung zur Rückzahlung tangiert den Zufluß i. S. d. § 11 I 1 EStG nicht (BFH BStBl. 90, 287).

*Abfluß*zeitpunkte gemäß § 11 II 1 EStG sind bei Zahlung mit Scheck wie bei Einnahmen die *Scheckübergabe*[133], bei *Banküberweisung* der Eingang des Überweisungsauftrages bei der Bank[134].

---

126 Vgl. Schmidt/*Seeger,* EStG[9], § 18 Anm. 27.
127 BFH BStBl. 72, 271.
128 BFH BStBl. 72, 334; 76, 380.
129 BFH BStBl. 75, 776; 81, 305; 82, 139; 83, 755.
130 Daher plädiert *D. Schneider,* Steuerbilanzen, Wiesbaden 1978, 61 ff., dafür, den bilanziellen Realisationszeitpunkt wie bei der Überschußrechnung anzusetzen.
131 BFH BStBl. 81, 305; *W. Apitz,* FR 85, 290.
132 BFH BStBl. 71, 97.
133 BFH BStBl. 69, 76; Abschnitt 116 II 3 EStR.
134 BFH BStBl. 86, 453; 87, 673; *E. R. Hirsch,* FR 86, 316 Abschnitt 116 II 2 EStR.

Vereinfachte Gewinnermittlung

e) *Abweichungen vom Zufluß- und Abflußprinzip:*

aa) Zunächst sind die bereits oben (S. 238) erwähnten Abweichungen vom Zufluß- und Abflußprinzip in § 11 I 2, II 2 EStG zu beachten.

Beispiel: Zahlungen einer Kassenärztlichen Vereinigung an einen Kassenarzt sind regelmäßig wiederkehrende (Betriebs-)Einnahmen i. S. des § 11 I 2 EStG. Leistet die Kassenärztliche Vereinigung im Januar für Dezember des Vorjahres Abschlagszahlungen, so sind diese dem Vorjahr zuzurechnen[135].

bb) § 4 III 3, 4 EStG enthält Sonderregelungen, die eine übermäßige Verzerrung der Periodenergebnisse unterbinden sollen (s. oben S. 238). Anschaffungs- oder Herstellungskosten für *nicht abnutzbare Anlagegüter* sind erst im Zeitpunkt der Veräußerung oder der Entnahme als Betriebsausgaben zu berücksichtigen (§ 4 III 4 EStG). Die Anschaffungs- oder Herstellungskosten für *abnutzbare* Anlagegüter, die sich länger als ein Jahr verwenden oder nutzen lassen (z. B. Einrichtungsgegenstände, Maschinen) werden auf die Jahre der Verwendung oder Nutzung verteilt (§ 4 III 3 i.V. mit § 7 EStG). Der Wortlaut des § 4 III 3 EStG verweist nur auf § 7 EStG. Indessen ist § 6 II EStG entsprechend anwendbar. Eine Teilwertabschreibung ist nicht zugelassen. § 5 II EStG gilt nicht. Bei betrieblich veranlaßtem „Verlust" eines abnutzbaren Anlageguts ist § 7 I 5 EStG anzuwenden. Eine Wertminderung des Umlaufvermögens wird nicht berücksichtigt.

f) *Aufzeichnungspflichten:* § 4 III 5 EStG schreibt lediglich Verzeichnisse für die nicht abnutzbaren Wirtschaftsgüter des Anlagevermögens vor, also nicht die Aufzeichnung der Betriebseinnahmen und Betriebsausgaben. Für Umsatzsteuerzwecke sind jedoch die Einnahmen aufzuzeichnen (§ 22 UStG). Die Aufzeichnung der Betriebsausgaben empfiehlt sich aus Beweisgründen, zur Vermeidung der Schätzung. Aufwendungen i. S. des § 4 V Nrn. 1–5, 7 EStG sind nach § 4 VII EStG aufzuzeichnen[136]. Kleingewerbetreibende müssen den Wareneingang und -ausgang aufzeichnen (§§ 143, 144 AO). S. ferner §§ 6 II 4, 6c II EStG.

g) *Wechsel der Gewinnermittlungsart:* Beim Übergang von der Ermittlung nach den §§ 4 I, 5 I EStG zu der nach § 4 III EStG oder umgekehrt sind im Übergangszeitpunkt Hinzurechnungen bzw. Abrechnungen erforderlich, damit einerseits der gesamte Gewinn erfaßt wird, andererseits aber Doppelerfassungen vermieden werden[137].

h) Der oben (S. 311 ff.) behandelte *Aufschub der Besteuerung stiller Reserven* ist auch im Falle der Gewinnermittlung nach § 4 III EStG zulässig (§ 6c EStG, Abschnitt 41 d EStR).

---

135 BFH BStBl. 87, 16. Vgl. auch FG Rheinland-Pfalz EFG 88, 421; *Horlemann,* B 87, 1711; *Tehler,* B 87, 1168.
136 Vgl. hierzu BFH BStBl. 88, 611; 88, 613.
137 *Plöger,* Wechsel in der Gewinnermittlungsart, Achim 1963; *Peitz,* Die Gewinnkorrektur beim Wechsel der einkommensteuerlichen Gewinnermittlungsart, Diss. Mainz 1969; *Kalb-Arnold,* Die Gewinnermittlung nach § 4 Abs. 3 EStG – ihre Darstellung und die Problematik beim Übergang zum und vom Vermögensvergleich, Würzburg 1969; *Segebrecht,* Wechsel der Gewinnermittlungsarten [4], Herne/Berlin 1977; *Offerhaus,* BB 77, 1500; *Zierlein,* Der Wechsel der Gewinnermittlung, Diss. rer. pol. Frankfurt 1981; Abschnitt 19 EStR.

§ 9 Einkommensteuer

V. Ermittlung der Überschußeinkünfte (§§ 8–9 a EStG)

a) *Überschußeinkünfte* (§ 2 II Nr. 2 EStG) sind die Einkünfte aus nichtselbständiger Arbeit, aus Kapitalvermögen, aus Vermietung und Verpachtung sowie die sonstigen Einkünfte i. S. des § 22 EStG (§ 2 I Nrn. 4–7 EStG). Bei diesen Einkunftsarten wird nach § 2 II Nr. 2 EStG der Unterschiedsbetrag der *Einnahmen i. S. des § 8 EStG* und der *Werbungskosten i. S. des § 9 EStG* ermittelt. Zu den Werbungskostenpauschalen des § 9 a EStG s. oben S. 274. Überschußeinkünfte können (was der Wortlaut des § 2 II Nr. 2 EStG nicht zum Ausdruck bringt) positiv (Überschuß der Einnahmen über die Werbungskosten) oder negativ (Überschuß der Werbungskosten über die Einnahmen) sein. Der Begriff „Gewinn" wird bei Überschußeinkünften nicht verwendet, wohl aber der Begriff „Verlust".

b) Die Ermittlung der Überschußeinkünfte ist eine Überschußrechnung, die wie die Überschußrechnung nach § 4 III EStG ausgerichtet ist an den Prinzipien des *Zuflusses* und *Abflusses* (§ 11 EStG) sowie der *Kassenrechnung,* die vorrangig eine *Geldrechnung* ist (s. S. 238, 321). Auch die Einnahmen-/Werbungskosten-Überschußrechnung verwirklicht das Zufluß- und das Abflußprinzip nicht puristisch, denn es gelten i. V. mit § 9 I 3 Nr. 7 EStG[138] die Abschreibungsvorschriften sowie § 11 I 2, II 2 EStG. Insoweit stimmen die Überschußrechnungen nach § 4 III EStG und nach §§ 8 ff. EStG überein (s. oben S. 237 f.). Durch StRefG 1990 ist nunmehr geklärt, daß § 6 II EStG auch für Überschußeinkünfte gilt (§ 9 I 3 Nr. 7 Satz 2 EStG). Der sofortige Werbungskostenabzug bei abnutzbaren Arbeitsmitteln, die nicht mehr als 800 DM gekostet haben, vergrößert den Geltungsbereich des Abflußprinzips (§ 11 II 1 EStG) gegenüber den Abschreibungsvorschriften.

Besondere Abweichungen vom Zufluß- und vom Abflußprinzip erfordert der *Lohnsteuerabzug. Laufender* Arbeitslohn gilt in dem Kalenderjahr als bezogen, in dem der *Lohnzahlungs- bzw. Lohnabrechnungszeitraum* endet (§§ 11 I 3, 38 a I 2 EStG).

c) Im Unterschied zu § 4 III i. V. mit I EStG erfaßt jedoch die Überschußrechnung nach den §§ 8 ff. EStG *nicht den erwirtschafteten Reinvermögenszugang, sondern nur die Quelleneinkünfte.* Das bedeutet, daß mit Ausnahme der Ermittlung von Spekulationseinkünften (s. oben S. 241) *Veräußerungseinkünfte, Substanz- und Wertverluste im Bereich des sog. Stammvermögens* (s. oben S. 234) in die Überschußrechnung nach den §§ 8 ff. EStG *nicht miteinbezogen werden*[139].

d) *Einnahmen i. S. des § 8 EStG:* Einnahmen sind nach § 8 I EStG alle Güter, die in Geld oder Geldeswert (= *Wirtschaftsgüter*) bestehen, und dem Steuerpflichtigen *im Rahmen einer* der Einkunftsarten zufließen. Diese Kausalitätsformulierung wird nach dem Veranlassungsprinzip interpretiert[140]. Demnach liegen Einnahmen i. S. des § 8 I EStG vor, wenn sie durch das Dienstverhältnis (h. M.[141]), durch die Überlassung von Kapitalvermögen, durch Vermietung und Verpachtung oder eine andere vermögensverwaltende Tätigkeit veranlaßt sind.

---

138 Dazu *Hirsch,* Die Einordnung des § 9 I 3 Nr. 7 EStG in das System der Überschußrechnung, DStR 88, 197 (m. w. N.).
139 Dazu ausführlich *Lang,* Die Bemessungsgrundlage der Einkommensteuer, Köln 1981/88, 493 ff.
140 Dazu S. 252 ff. Kritisch *Crezelius,* in: KS, EStG, § 8 Rnrn. A 7 ff.
141 A. A. *J. Lang* (s. S. 353 Fn. 85).

Einnahmen, die nicht in Geld bestehen, bezeichnet das Gesetz als *Sachbezüge* (§ 8 II EStG). Sachbezüge des Arbeitnehmers sind alle vermögenswerten Vorteile, die durch das Dienstverhältnis veranlaßt sind, also nur den Arbeitnehmern des Gebers (der sich dabei Institutionen wie Einkaufsringe, Wohnungsgesellschaften etc. bedienen kann) gewährt werden. Sachbezüge sind dabei insb. der freie oder verbilligte Bezug von Kleidung, Wohnung, Heizung, Beleuchtung, Kost, Deputaten und die in § 8 III EStG geregelten *Personalrabatte*[142].

Der *Bewertungsmaßstab* für die Sachbezüge wurde durch StRefG 1990 neu geregelt. Sachbezüge sind mit den *üblichen Endpreisen am Abgabeort* (bisherige Formulierung: übliche Mittelpreise des Verbrauchsorts) anzusetzen (§ 8 II 1 EStG). Die Neufassung soll klarstellen, „daß nicht etwa ein Durchschnittsbetrag ermittelt werden muß, sondern der tatsächliche Preis, der üblicherweise im allgemeinen Geschäftsverkehr von Letztverbraucher gefordert wird. Andererseits soll anstelle des Verbrauchsorts künftig der Abgabeort maßgebend sein. Durch diese Änderung wird insbesondere sichergestellt, daß Sachbezüge aus einem Dienstverhältnis einheitlich nach den Verhältnissen an dem Ort bewertet werden können, an dem der Arbeitgeber diese Sachbezüge seinen Arbeitnehmern verschafft" (BT-Drucks. II/2157, 141).

§ 8 III 2 EStG gewährt einen Personalrabatt-Freibetrag von 2 400 DM[143]. Der Gesetzgeber erkannte: „Die bisherige Steuerfreiheit von Belegschaftsrabatten ist mit dem Gebot der Gleichmäßigkeit der Besteuerung und mit dem Grundsatz der Besteuerung nach der wirtschaftlichen Leistungsfähigkeit nur schwer zu vereinbaren"[144]. „Steuerfrei" waren indessen die Personalrabatte nur aufgrund fehlenden Gesetzesvollzugs. Das Gesetz besteuert Personalrabatte seit jeher, so daß ein Handlungsbedarf des Gesetzgebers nicht bestand[145]. Die Einführung eines *neuen Steuerprivilegs* für eine bestimmte Gruppe von Steuerpflichtigen konterkariert die von der Steuerreform 1990 angestrebten Ziele der Steuergleichheit und des Abbaus ungerechtfertigter Steuervergünstigungen.

e) *Werbungskosten i. S. des § 9 EStG:* Werbungskosten sind nach dem oben (S. 252 ff.) dargelegten Veranlassungsprinzip *Aufwendungen, die durch Einkünfte i. S. des § 2 I Nrn. 4–7 EStG erwirtschaftende Tätigkeiten (nichtselbständige Arbeit, Vermietung, Verpachtung u. a. vermögensverwaltende Tätigkeiten) veranlaßt sind*. Es kommt also grundsätzlich nicht darauf an, ob die Aufwendungen zur Erwerbung, Sicherung und Erhaltung von *Einnahmen* (§ 9 I 1 EStG) geleistet wurden[146]. Entgegen dem Wortlaut des § 9 I 1 EStG sind auch nachträgliche Aufwendungen sowie Aufwendungen trotz gesicherter Einnahmen Werbungskosten.

Wie bereits zu c) ausgeführt, ist bei der Ermittlung der Überschußeinkünfte deren quellentheoretischer Charakter zu beachten. Demnach sind *Vermögensstammaufwendungen* mit Ausnahme der Werbungskosten i. S. des § 23 IV 1 EStG *keine Werbungskosten*[147]. Mithin ist bei der Anwendung des § 9 I 2 EStG zu prüfen, ob Aufwendungen nach dem Veranlassungsprinzip dem Stammvermögen und seiner Risikosphäre zuzuordnen sind. Kapitalverluste durch Konkurs und Absinken des Marktpreises sind keine Werbungskosten bei den Einkünften aus Kapitalvermögen[148].

---

142 Dazu *Birk*, in: HHR, § 8 EStG Anm. 76 ff.; *ders.*, FR 90, 237; *Albert/Heitmann*, FR 90, 657; *Christ*, B 89, 346; *Giloy*, BB 89, 122; *Glenk*, Beiheft zu DStR 89/19; *Kloubert*, FR 89, 103; *Reuter*, StVj 90, 237.
143 Dazu *Giloy*, DStZ 88, 554.
144 BT-Drucks. 11/2157, 142.
145 Dazu *Offerhaus*, DStJG Bd. 9 (1986), 117 ff. Durch diesen u. a. Beiträge von *Offerhaus* sind die Personalrabatte in die steuerpolitische Diskussion geraten. Auf den Druck der Interessenverbände reagierte der Gesetzgeber mit einem Steuerprivileg. Der baden-württembergische Ministerpräsident machte seine Zustimmung zur Steuerreform 1990 von einer großzügigen Regelung der Personalrabatte abhängig.
146 So aber wieder *Kirchhof*, Gutachten F zum 57. Deutschen Juristentag, München 1988, 40 ff. (S. 40: „Das Erwerben ist ein *einheitlicher Vorgang von Einnehmen und Aufwenden*"). Dazu *Tipke*, NJW 88, 2093.
147 Dazu *J. Lang* (Fn. 139); *ders.*, DStJG Bd. 9 (1986), 53 ff.
148 Dazu Schmidt/*Heinicke*, EStG[9], § 20 Anm. 3.

§ 9 Einkommensteuer

Die laufenden Verlustbeteiligungen des stillen Gesellschafters bis zur Höhe der Einlage (§ 232 II 1 HGB) sind den Quelleneinkünften zuzuordnen; die Aufwendungen des stillen Gesellschafters sind Werbungskosten i. S. des § 9 I 2 i.V. mit § 20 I Nr. 4 EStG (BFH BStBl. 88, 186). Geht die Einlage des stillen Gesellschafters infolge Konkurs oder Liquidation verloren, so liegt an sich einkommensteuerlich irrelevanter Vermögensverlust vor. Da jedoch § 20 I Nr. 4 Satz 2 EStG ein negatives Kapitalkonto zuläßt, hat der Gesetzgeber das Quellenprinzip bei der stillen Beteiligung durchbrochen. Diese Prinzipdurchbrechung erweitert den Werbungskostenbegriff auf Einlageverluste und Nachschüsse des stillen Gesellschafters. *Laufende* Kosten der Vermögensverwaltung werden i. d. R. als Werbungskosten bei den Quelleneinkünften berücksichtigt, sofern die Zuordnung zur Stammvermögenssphäre nicht auf der Hand liegt (Beispiel: Erfolgsunabhängiges Verwalterentgelt, das auf Wertsteigerungen des verwalteten Vermögens entfällt, gehört nicht zu den Werbungskosten[149]). Kosten im Zusammenhang mit der *Veräußerung* von vermieteten Grundstücken (BFH BStBl. 90, 464; 90, 465; 90, 775) und von Wertpapieren (BFH BStBl. 89, 934) sind grundsätzlich keine Werbungskosten. Gewährt ein Arbeitnehmer seinem Arbeitgeber ein Darlehen, um seinen Arbeitsplatz zu sichern, und wird der Arbeitgeber zahlungsunfähig, so ist der Vermögensverlust durch die nichtselbständige Arbeit veranlaßt und daher bei den Einkünften aus nichtselbständiger Arbeit abziehbar[150].

§ 9 EStG stellt der allgemeinen Definition des § 9 I 1 EStG durch § 9 I 3 Nrn. 1–7, II EStG *besondere Tatbestände* an die Seite („Werbungskosten sind *auch*"). Das „auch" läßt offen, ob die Tatbestände des § 9 I 3 Nrn. 1–7 EStG als (illustrative) Unterfälle des allgemeinen Werbungskostenbegriffs (§ 9 I 1 EStG) aufgefaßt werden sollen oder ob selbständige Tatbestände anzunehmen sind. Legt man § 9 EStG verfassungskonform (dem Gleichheitssatz entsprechend) in der Weise aus, daß er dem § 4 IV EStG entspricht, so müssen die Tatbestände des § 9 I 3 Nrn. 1–7 EStG so interpretiert werden, daß sie dem allgemeinen Werbungskostenbegriff entsprechen. Da § 4 IV EStG nämlich keine dem § 9 I 3 Nrn. 1–7 EStG entsprechenden Tatbestände aufführt, müssen diese Tatbestände gleichheitssatzkonform auch aus dem § 4 IV EStG herausinterpretiert werden können. Im Falle des § 9 EStG kann dann nicht anders verfahren werden, d. h. die Einzeltatbestände des § 9 I 3 Nrn. 1–7 EStG müssen möglichst aus § 9 I 1 EStG herausinterpretiert werden können.

Die einzelnen Tatbestände in § 9 I 3 EStG:

(1) *Schuldzinsen, Renten* und *dauernde Lasten,* soweit sie durch eine Einkunftsart-Tätigkeit veranlaßt sind.

Will ein Steuerpflichtiger mit einem fremdfinanzierten Wirtschaftsgut *sowohl Quelleneinkünfte als auch Veräußerungseinkünfte* (z. B. im Falle der Aktienspekulation mit Fremdmitteln) erwirtschaften, so müssen die Schuldzinsen entsprechend der Doppelveranlassung aufgeteilt werden. Eine Aufteilung ist auch dann durchzuführen, wenn der Steuerpflichtige ein Mietgrundstück wegen zu erwartender Wertsteigerungen erwirbt. Im Hinblick auf die praktischen Schwierigkeiten der Aufteilung neigt die Rechtsprechung des BFH dazu, die Doppelveranlassung zu negieren und den vollen Schuldzinsenabzug bei den Quelleneinkünften zuzulassen[151].

(2) *Abgaben vom Grundbesitz,* soweit der Grundbesitz der Erwerbstätigkeit dient.

(3) *Beiträge zu Berufsständen und sonstigen Berufsverbänden* (s. S. 265).

(4) *Aufwendungen für Fahrten zwischen Wohnung und Arbeitsstätte* (s. S. 266f.).

---

149 BFH BStBl. 89, 16 (dazu *Pöllath/Wenzel,* B 89, 2448).
150 BFH BStBl. 89, 382 (dazu *v. Bornhaupt,* FR 89, 423; *Söffing,* FR 89, 277; *Sunder-Plassmann,* StuW 90, 66). Vgl. auch *J. Lang,* DStJG Bd. 9 (1986), 41 ff., 58.
151 Dazu Schmidt/*Drenseck,* EStG[9], § 9 Anm. 4, sowie Schmidt/*Heinicke,* EStG[9], § 20 Anm. 55 „Schuldzinsen".

(5) *Notwendige Mehraufwendungen wegen einer aus beruflichem Anlaß begründeten doppelten Haushaltsführung* (s. S. 266).

(6) *Aufwendungen für Arbeitsmittel* s. S. 264.

(7) *Absetzungen für Abnutzung und für Substanzverringerung* (§ 9 I 3 Nr. 7 Satz 1 EStG) und *Abschreibung geringwertiger Wirtschaftsgüter* (Anschaffungs-/Herstellungskosten bis 800 DM) im Jahr der Anschaffung/Herstellung bzw. des Nutzungsbeginns (§§ 9 I 3 Nr. 7 Satz 2 i. V. m. 6 II 1–3 EStG)[152].

Nach st. Rspr. des BFH[153] enthält § 9 I Nr. 7 EStG eine rechtsbegründende Ausnahme von der quellentheoretischen Ausgrenzung des Stammvermögens. Demgegenüber wird im Schrifttum[154] überwiegend die Auffassung vertreten, die Anschaffungs-/Herstellungskosten seien ohne § 9 I Nr. 7 EStG in vollem Umfange im Zeitpunkt der Verausgabung abziehbar. Gegen diese Ansicht ist einzuwenden, daß der Steuerpflichtige im Zeitpunkt der Anschaffung/Herstellung einen Gegenwert erhält. Aufwendung i. S. d. § 9 I 1 EStG ist der Wertverzehr infolge beruflicher Nutzung oder entgeltlicher Überlassung des Wirtschaftsguts, so daß § 9 I 1 EStG durch § 9 I 3 Nr. 7 EStG sachgerecht konkretisiert wird. Nicht (auch nicht als Arbeitsmittel) abziehbar sind Anschaffungs-/Herstellungskosten für *nicht abnutzbare* Wirtschaftsgüter, z. B. Bilder und Antiquitäten[155]. Die zitierte Auffassung des Schrifttums müßte eigentlich zur Folge haben, daß die Anschaffungs-/Herstellungskosten von Wirtschaftsgütern, die in § 9 I 3 Nr. 6 Satz 2, Nr. 7 EStG nicht erfaßt sind, in ihrer Eigenschaft als Arbeitsmittel nach § 9 I 3 Nr. 6 Satz 1 EStG unbegrenzt abziehbar sind. Beispiel: Rembrandt-Bild im Arbeitszimmer eines Kunsthistorikers. Analoge Anwendung des § 4 V Nr. 7 EStG scheidet nach BFH BStBl. 90, 423, aus (s. S. 271).

Die Begriffe Anschaffungs-/Herstellungskosten sind einheitlich für alle Einkunftsarten, insb. inhaltsgleich für Gewinn- wie für Überschußeinkünfte zu interpretieren[156]. Das gilt zum einen für die Abgrenzung des Anschaffungs-/Herstellungsaufwandes zu den als Erwerbsaufwendungen abziehbaren Erhaltungsaufwendungen[157] und zum anderen für die Abgrenzung zu den vergeblichen Aufwendungen, die im Bereich der Gewinneinkünfte Aufwand darstellen, und daher auch als Werbungskosten abziehbar sein müssen[158].

Zur Gleichstellung mit der betrieblichen AfA im Falle der Umwidmung eines Wirtschaftsguts von der privaten zur beruflichen Nutzung s. S. 264.

---

152 Zur Anwendung des § 6 II 1–3 EStG bei Arbeitsmitteln s. Abschnitt 44 III LStR, im Falle der Umwidmung eines Wirtschaftsguts von der privaten zur beruflichen Nutzung s. S. 264.
153 BFH GrS BStBl. 78, 620; BFH BStBl. 78, 455; 79, 38; 79, 551; 83, 410; *v. Bornhaupt*, in: KS, EStG, § 9 Anm. B 97 ff.
154 *Prinz*, in: HHR, EStG, § 9 Anm. 586 ff.; Schmidt/*Drenseck*, EStG[9], § 9 Anm. 11 a; *Jakob/Wittmann*, FR 88, 547 f.
155 Vgl. dazu *Lück*, DStZ 90, 216.
156 BFH GrS BStBl. 90, 835; *Jakob/Wittmann*, FR 88, 549 f.
157 S. S. 291 f. Zur Abgrenzung des Erhaltungsaufwandes zum Herstellungsaufwand/anschaffungsnahem Aufwand bei den Einkünften aus Vermietung und Verpachtung s. BFH GrS BStBl. 66, 672; BFH BStBl. 85, 690; 90, 53; 90, 130; BFH/NV 90, 436; FG Berlin EFG 90, 224; Abschnitt 157 V EStR; *Prinz*, B 85, 830; *Mohr*, BB 88, 1574; *Grube*, DStR 89, 159; *ders.*, DStZ 89, 495; *Obermeier*, DStR 90, 409; *Söffing*, StVj 89, 163.
158 BFH GrS BStBl. 90, 830; *Jakob/Wittmann*, FR 88, 547.

§ 9 Einkommensteuer

G. Die einzelnen Einkunftsarten

I. Einführung in das Einkunftsartenrecht

Zu welcher Einkunftsart die Einkünfte im einzelnen Fall gehören, bestimmt sich nach den §§ 13 bis 24 EStG (§ 2 I 2 EStG). Betrachtet man das in den §§ 13 bis 24 EStG näher umschriebene Spektrum der Einkunftsarten, so hat man, jedenfalls prima facie, den Eindruck, es mit einem empirischen, lebensnahen, der sozialen und wirtschaftlichen Realität entnommenen Einkünfte-Katalog zu tun zu haben, der dazu gedacht ist, den Einkommensbegriff praktikabel zu illustrieren. Dagegen wäre nichts einzuwenden, wenn diese illustrierende Typologie der sieben Einkunftsarten die gleichmäßige und vollständige Erfassung der Einkünfte sowie deren gleichmäßige steuerliche Belastung nicht beeinträchtigte. Realiter haben wird es jedoch mit einem zerklüfteten Einkunfts*arten*recht zu tun, das die einzelnen Einkünfte unvollständig erfaßt, unterschiedlich quantifiziert und unterschiedlich steuerlich belastet[1].

Daher ist die Zuordnung von Einkünften zu einer Einkunftsart von höchster Relevanz, und zwar

a) wegen unterschiedlicher Einkünfteermittlungs-[2] (und damit verbunden: unterschiedlicher Erfassung der Vermögenswertänderungen) und Steuererhebungsarten[3];

b) wegen unterschiedlicher Werbungskostenpauschbeträge und Vorsorgepauschalen (§§ 9a, 10c III EStG);

c) wegen unterschiedlicher Freibeträge und Freigrenzen bei einzelnen Einkunftsarten (s. §§ 13 III, 14a, 16 IV, 17 III, 18 III 2, 19 II, 20 IV, 23 IV, 24a EStG) und unterschiedlicher Behandlung von Altersbezügen (§§ 19 II, 22 Nr. 1, 24a EStG)[4];

d) wegen Verlustausgleichs- und Verlustabzugsbeschränkungen (nur) bei gewissen Einkunftsarten (§§ 2a, 15 IV, 15a, 22 Nr. 3 letzter Satz, 23 IV letzter Satz, 50 II EStG);

e) wegen Steuervergünstigungen oder Praktikabilitätserleichterungen, die auf einzelne Einkunftsarten beschränkt sind (z. B. §§ 34, 46, 51 I Nr. 2 w) EStG; Steuerbefreiungen nach §§ 3, 3a, 3b EStG);

f) wegen Auswirkungen auf andere Steuern; allerdings sind mit Wirkung für die Einkommensteuer getroffene Entscheidungen für andere Steuern *rechtlich* nicht verbindlich; es geht hier nur um die faktische Konsequenz. Wer einkommensteuerlich als Arbeitnehmer behandelt worden ist, kann *rechtlich* gleichwohl zur Gewerbesteuer und zur Umsatzsteuer herangezogen werden; wer einkommensteuerlich als Gewerbetreibender behandelt worden ist, kann rechtlich gleichwohl von der Gewerbesteuer und der Umsatzsteuer freigestellt werden. Die Gründe erwachsen nicht in Bestandskraft. Freilich, da jemand wegen ein und derselben Tätigkeit nicht zugleich Arbeitnehmer sein kann oder nicht, Unternehmer oder nicht, ist die unterschiedliche Behandlung faktisch inkonsequent;

---

1 Dazu *F. Klein*, Einkommensteuerliche Ungleichartigkeiten und Ungleichwertigkeiten der Einkunftsarten, StuW 51, 475; *Parczyk*, Die tatbestandsmäßige Zuordnung von Lebenssachverhalten unter eine der sieben Einkunftsarten des geltenden Einkommensteuerrechts – ein Qualifikations-, kein Quantifizierungsproblem, StuW 67, 723; *Littmann*, Einkommen und Einkünfte – gesetzessystematische Abgrenzung, DStR 62, 17; *ders.*, Einkommen, Einkünfte, Einkunftsarten – Einzelheiten zur gesetzlichen Unterscheidung, DStR 62, 41; *ders.*, Die gesetzliche Ordnung der Einkunftsarten in der Einkommensteuer, DStR 62, 94; *Giloy*, Zur Symmetrie der Einkunftsarten, FR 78, 205; *Merkenich*, Die unterschiedlichen Arten der Einkünfteermittlung im deutschen Einkommensteuerrecht, Berlin 1982; *Lang*, Die Bemessungsgrundlage der Einkommensteuer, Köln 1981/88, 218 ff.; *Jehner*, DStR 90, 6.
2 Dazu S. 233 ff.
3 Dazu S. 398 f.
4 Dazu S. 224 ff., 370 ff.

g) wegen der Notwendigkeit, die beschränkt steuerpflichtigen Einkünfte richtig zuzuordnen (s. § 49 EStG). Die Frage, ob Einkünfte Inlandseinkünfte sind, hängt von der Einkunftsart ab.

Die Differenzierungen sind zum Teil verdächtig, dem *Gleichheitssatz* zu widersprechen[5].

Die Kompliziertheit des deutschen Einkommensteuerrechts erwächst wesentlich daraus, daß an die einzelnen Einkunftsarten je besondere Vergünstigungen oder Belastungen angehängt werden, Einkommen also nicht gleich Einkommen ist, Einkommen nicht als qualitativ gleichwertig behandelt wird. Daraus erklären sich die auffallend vielen Aufsätze und die mehr als 3 000 veröffentlichten BFH-Urteile zu §§ 13–24 EStG. Den historischen Fortschritt von der Schedulensteuer zur Gesamteinkommensteuer (s. oben S. 191) macht das zersplitterte Einkunftsartenrecht rückgängig. Dabei wird nach Berufsbildern schematisiert (Unternehmer, Arbeitnehmer, Rentner, Nichtrentner). So bekommt ein Arbeitnehmer eine ungerechtfertigt hohe Werbungskostenpauschale von 2 000 DM (§ 9a Satz 1 Nr. 1 EStG) und einen zu großzügig bemessenen Personalrabatt-Freibetrag von 2 400 DM (§ 8 III 2 EStG). Der Unternehmer, z. B. ein Kioskbetreiber, muß die Erträge penibel aufzeichnen und sämtlich versteuern. Der Fortschritt, der darin liegt, daß man die Leistungsfähigkeit am Einkommen exakt messen kann, wird preisgegeben zugunsten sozialideologischer Klischees. Der Abbau von Steuersubventionen für ein *gerechteres* Steuersystem wird nicht ohne Sozialklassifikation des Steuerschuldners verfolgt, sondern nach den Bereichen der „Unternehmensbesteuerung" und „Arbeitnehmerbesteuerung"[6]. Der Blick wird verstellt auf die Rechtslage, daß natürliche Personen und nicht Berufsgruppen Steuerschuldner der Einkommensteuer sind (so etwa, wenn man dafür eintritt, daß *die Landwirtschaft* keinesfalls mehr Einkommensteuer zahlen dürfe, was Steuerprivilegien wie die §§ 13 III, 13a EStG zu heiligen Kühen macht, die vor jedweder Reform geschützt sind[7]).

Zusätzliche Zweifelsfragen ergeben sich bei gemischter Tätigkeit[8].

Nach wie vor ist es *prinzipiell* irrelevant, ob der Steuerpflichtige seine Einkünfte unter mehr oder weniger Aktivität, Anstrengung, Begabung, Intelligenz, Vitalität, Willenskraft, Gestaltungskraft, Phantasie oder Risikobereitschaft erzielt. *Insoweit werden etwa Einkünfte aus gewerblicher, künstlerischer oder wissenschaftlicher Leistung gleich behandelt; das Markteinkommen wird jeweils als Leistungseinkommen angesehen.* Verluste und Gewinne aus den verschiedenen Einkunftsarten werden grundsätzlich ausgeglichen (s. indessen S. 206f.). Allerdings taucht in der steuerpolitischen Diskussion gelegentlich auch die Forderung auf, Arbeitnehmern müsse durch „Steuervergünstigungen" gewährt werden, was sie bei Lohntarifverhandlungen nicht erhalten hätten.

Der für die Einkommenserzielung benötigte *Zeitaufwand* und die Zeit, zu der die Arbeit geleistet wird, werden grundsätzlich nicht berücksichtigt. Dieser Grundsatz wird nur noch durch §§ 3 Nr. 26, 3b EStG durchbrochen.

II. Gewinneinkünfte (§ 2 II Nr. 1 EStG)

1. Einkünfte aus Land- und Forstwirtschaft (§§ 2 I Nr. 1, 13–14a EStG)

Literatur: *Felsmann/Pape,* Einkommensbesteuerung der Land- und Forstwirte, 3 Bde. [3], Bonn (Loseblatt) seit 1983; *Leingärtner/Zaisch,* Die Einkommensbesteuerung der Land- und Forstwirtschaft, München 1983; *Märkle/Hiller,* Die Einkommensteuer bei Land- und Forstwir-

---

5 Dazu umfassend *Tipke,* Steuergerechtigkeit in Theorie und Praxis, Köln 1981.
6 Vgl. *Friebe,* Steuerreform 1990, DStZ 88, 10ff.
7 Zur Gruppen- statt Individualgerechtigkeit insb. *Tipke* (Fn. 5), 66ff.
8 Dazu *Rose,* B 80, 2464ff.; *L. Schmidt,* FR 84, 71f.; *Schmidt/Seeger,* EStG[9], § 2 Anm. 11c.

ten [4], Stuttgart/München/Hannover 1988; zur neueren Rechtsprechung *Kanzler,* FR 88, 593; *ders.,* FR 89, 697; *Gmach,* Inf. 90, 76, 102; *ders.,* FR 90, 729.
Zur land- und forstwirtschaftlichen Einkunftsart s. Abschnitte 124 ff., 135 EStR.

1.1 Abgrenzung der Einkünfte aus Land- und Forstwirtschaft

Die Land- und Forstwirtschaft erfüllt zunächst die Merkmale eines Gewerbebetriebs (§ 15 II EStG). Was die Land- und Forstwirtschaft von der gewerblichen Bodenbewirtschaftung abhebt, ist die sog. *Urproduktion,* die natürliche (nicht bauliche, industrielle, spekulative) Bewirtschaftung des Bodens und die Verwertung der dadurch gewonnenen Erzeugnisse pflanzlicher oder tierischer Art[9]. Können die Einkünfte nicht mehr wesentlich auf die Bodenbewirtschaftung zurückgeführt werden, so sind gewerbliche Einkünfte[10] (Ferien- und Sporthotelbetrieb, Fuhrbetrieb, gewerbliche Tierhaltung und Tierzucht) oder Einkünfte aus Vermietung und Verpachtung (Vermietung von Ferienwohnungen im Bauernhaus, Verpachtung eines Bauernhofs durch einen Erwerber, der den Hof nicht bewirtschaftet hat)[11] anzunehmen. § 13 I 2 EStG i. V. m. §§ 51; 51a BewG grenzt typisierend die im Verhältnis zur landwirtschaftlichen Nutzfläche übermäßige Tierzucht und Tierhaltung aus der Landwirtschaft aus (zu Einzelheiten s. Abschnitt 124a EStR).

Die Einkünfte aus Land- und Forstwirtschaft sind gegenüber den Einkünften aus Gewerbebetrieb durch den Freibetrag nach § 13 III EStG und durch die Gewinnermittlung nach § 13a EStG privilegiert. Land- und Forstwirte sind nicht gewerbesteuerpflichtig, was u. a. mit der höheren Belastung durch die Grundsteuer gerechtfertigt wird (vgl. §§ 9 Nr. 1; 12, III Nr. 1 GewStG). Das Verlustausgleichs- und -abzugsverbot für die gewerbliche Tierhaltung nach § 15 IV EStG soll die traditionelle, mit der Bodenwirtschaft verbundene Tierhaltung schützen[12]. Daher erfaßt § 15 IV EStG nicht die originär gewerbliche Tierzucht, wie z. B. die Tierhaltung in einem Zirkus. § 15 IV EStG ist u. E. mit dem Gleichheitssatz und in Gestaltung einer Regelung der Berufsausübung auch mit Art. 12 GG nicht zu vereinbaren[13]. Das Verlustausgleichs- und -abzugsverbot verletzt gravierend das Nettoprinzip. Das Ziel, die traditionelle Landwirtschaft zu schützen, rechtfertigt nicht die Übermaßbesteuerung der gewerblichen Tierzüchter und Tierhalter. Schon gar nicht leuchtet ein, daß Pelztierzüchtern das Nettoprinzip verweigert werden kann (BFH BStBl. 88, 264), während Kükenzüchtern das Verlustausgleichs- und -abzugsverbot zugestanden wird (BFH BStBl. 90, 152). Im übrigen gehört § 15 IV EStG in den § 13 EStG: Nicht eigentlich die gewerbliche, sondern die nach dem Maßstab traditioneller Landwirtschaft übermäßige Tierzucht und Tierhaltung wird durch ein Verlustausgleichs- und -abzugsverbot diskriminiert.

Wegen des Zusammenhangs mit der Landwirtschaft sind auch Einkünfte aus einem landwirtschaftlichen *Nebenbetrieb* landwirtschaftliche Einkünfte (§ 13 II Nr. 1 Satz 1 EStG). Als Nebenbetrieb gilt ein Betrieb, der dem land- und forstwirtschaftlichen Hauptbetrieb zu *dienen* bestimmt ist (§ 13 II Nr. 1 Satz 2 EStG). Dies trifft zu, wenn folgende Voraussetzungen erfüllt sind:

---

9 Nach BFH BStBl. 79, 246; 89, 416, 418, ist Landwirtschaft die planmäßige Nutzung der natürlichen Kräfte des Bodens zur Erzeugung und Verwertung von Pflanzen und Tieren.
10 Zur Abgrenzung Landwirtschaft – Gewerbebetrieb *Felsmann,* Inf. 78, 467; *Leingärtner,* Inf. 81, 121; *Märkle,* Inf. 89, 512; BFH BStBl. 89, 111 (landwirtschaftlich: Pensionsreitpferdehaltung); BFH BStBl. 89, 416, 418/419 (landwirtschaftlich: Vermietung von Reitpferden); BFH BStBl. 89, 284 (Gewerbebetrieb bei Verkauf fremder Produkte).
11 Dazu BFH BStBl. 89, 863; *v. Schönberg,* FR 90, 532.
12 BT-Drucks. VI/1934; VI/2315; BFH BStBl. 90, 152.
13 A. A. BFH BStBl. 88, 264.

a) Die Landwirtschaft muß die ausschließliche oder hauptsächliche Grundlage für den Nebenbetrieb sein. Das ist sie, wenn die im Nebenbetrieb *be- oder verarbeiteten* Produkte zu mehr als 50 v. H. in der eigenen Landwirtschaft gewonnen worden sind oder wenn das in *Substanzbetrieben* Gewonnene zu mehr als 50 v. H. in der eigenen Landwirtschaft verwendet oder verwertet wird.

Beispiele: Be- und Verarbeitungsbetriebe: Molkereien, Käsereien, Brennereien, Keltereien, Sägewerke; Substanzbetriebe: Sand- und Kiesgruben, Steinbrüche, Torfstiche.

b) Der Nebenbetrieb muß nach der Verkehrsauffassung ein Betrieb der Landwirtschaft sein, anders ausgedrückt: im Bereich der Landwirtschaft liegen (BFH BStBl. 66, 193); es darf sich nicht um einen selbständigen Gewerbebetrieb handeln. Daher gehören nicht zur Landwirtschaft: Gastwirtschaften, Schlachtereien, Brauereien, Bäckereien.

c) Der Nebenbetrieb muß dem Hauptbetrieb untergeordnet sein (BFH BStBl. 71, 287).

Aus der bloßen Verbindung eines landwirtschaftlichen Betriebs mit einem anderen Betrieb nur durch die Person des Eigentümers und durch kapitalmäßige Verflechtung kann die Eigenschaft eines Nebenbetriebs nicht hergeleitet werden. Andererseits darf der Nebenbetrieb gegenüber dem Hauptbetrieb weder rechtlich noch wirtschaftlich selbständig sein. Rechtlich selbständig ist ein Betrieb, wenn der dienende Betrieb einem anderen als dem Inhaber des Hauptbetriebs, z. B. einer Körperschaft, gehört. Daher kann eine Genossenschaftsbrennerei nicht Nebenbetrieb sein[14]. Hingegen ist eine rechtliche und wirtschaftliche Unterordnung unter mehrere Hauptbetriebe möglich, wenn der dienende Betrieb von mehreren Landwirten als Personengesellschaft betrieben wird[15].

Siehe zum landwirtschaftlichen Nebenbetrieb auch Abschnitt 135 V EStR und die Erlasse BStBl. 71 I, 324; 72 I, 352.

Forstwirtschaft ist die Bewirtschaftung von Wald zur Gewinnung und Verwertung von Walderzeugnissen.

Einen Betrieb der Land- und Forstwirtschaft bildet auch die *gemeinschaftliche Tierhaltung* (§ 13 I Nr. 1 letzter Satz EStG; §§ 34 VI a, 51 a BewG; dazu Abschnitt 124 b EStR).

Zur Land- und Forstwirtschaft gehören ferner – hier bei beliebigem Zukauf – Binnen*fischerei*, Teichwirtschaft, Fischzucht für Binnenfischerei und Teichwirtschaft, *Imkerei* und Wander*schäferei*, ferner die *Jagd*, wenn sie mit der Land- und Forstwirtschaft zusammenhängt (§ 13 I Nrn. 2, 3 EStG).

Die Land- und Forstwirtschaft kann auch in Form der *Mitunternehmerschaft* betrieben werden (§ 13 V i. V. mit § 15 I 1 Nr. 2 EStG; s. unten S. 337 ff.).

Zu den Einkünften aus Land- und Forstwirtschaft gehören auch Gewinne, die bei der *Veräußerung oder Aufgabe* eines land- oder forstwirtschaftlichen *Betriebs oder Teilbetriebs* oder eines *Anteils* an einem land- oder forstwirtschaftlichen Betriebsvermögen erzielt werden (s. § 14 EStG).

1.2 Einheitswertabhängige Gewinnermittlung für nicht buchführungspflichtige Land- und Forstwirte (§ 13a EStG)

Die einheitswertabhängige Gewinnermittlung für nicht buchführungspflichtige Land- und Forstwirte nach Durchschnittssätzen führt unstreitig zu Ergebnissen, durch die nur ein Bruchteil des wirklichen Gewinns erfaßt wird.

§ 13a EStG in der seit 30. 6. 1980 geltenden Fassung läßt zu, daß etwa drei Viertel aller landwirtschaftlichen Betriebe den Gewinn in Anknüpfung an den Einheitswert nach Durchschnitts-

---

14 RFH RStBl. 40, 488.
15 RFH RStBl. 39, 573.

§ 9 Einkommensteuer

sätzen ermitteln dürfen. Vorläufer dieser Vorschrift waren die VOL von 1949 (eine VO, die von BFH BStBl. 64, 602, wegen Verstoßes gegen den Gleichheitssatz für verfassungswidrig erklärt wurde), das GDL von 1965 und § 13 a EStG i. d. F. von 1974, der für verfassungswidrig gehalten und vom Nds. FG EFG 79, 28, dem Bundesverfassungsgericht präsentiert wurde: Das FG sah mit Recht den Gleichheitssatz sowohl im Verhältnis zu anderen Steuerpflichtigen als auch im Verhältnis der Landwirte untereinander als verletzt an (a. A. *Barth,* BB 79, 1546, 1695). Da der Kläger seine Klage vor dem Nds.FG zurücknahm, wurde der Entscheidung durch das Bundesverfassungsgericht die Grundlage entzogen. S. inzwischen auch Schlesw.-Holst. FG EFG 81, 571. BFH BStBl. 84, 198, weist darauf hin, daß nicht die Durchschnittsatzermittlung an sich verfassungsrechtlich bedenklich sei, sondern der Ansatz bewußt zu niedriger Werte im Rahmen dieser Ermittlungsmethode, der unstreitig nur zur Erfassung eines Bruchteils des wirklichen Gewinns führe.

Um einerseits dem verfassungsrechtlichen Verdikt zu entgehen, andererseits der Landwirtschaft aber das in der Vorschrift steckende Subventionsvolumen zu erhalten, hat der Gesetzgeber durch Gesetz v. 25. 6. 1980, BGBl. I 80, 732 (geltend seit 30. 6. 1980) die längsten und kompliziertesten Vorschriften des EStG geschaffen: §§ 13 a i. V. mit 34 e EStG.

Der Gewinn wird nur dann nach Durchschnittssätzen ermittelt, wenn keine Buchführungspflicht besteht (dazu § 141 AO), der Ausgangswert nicht mehr als 32 000 DM beträgt und die Tierbestände bestimmte Höchstgrenzen, i. d. R. drei Vieheinheiten je Hektar, nicht übersteigen.

Ausgangswert ist der Vergleichswert (evtl. mit Zu- und Abschlägen) der selbstbewirtschafteten landwirtschaftlichen Nutzung (ohne Sonderkulturen). Zum Ausgangswert gehören ferner die Vergleichswerte der Sonderkulturen sowie die Werte der Nebenbetriebe, des Abbaulandes und des Geringstlandes, wenn die Summe dieser Werte 2000 DM nicht übersteigt. Durch die Neufassung der Vorschrift (höherer Grundbetrag, höhere Bewertung der Arbeitsleistung mitarbeitender Familienangehöriger) soll der Gewinn je nach Betriebsgröße in Höhe zwischen 44 % und 76 % des wahren Gewinns erfaßt werden.

Landwirte, die die Voraussetzungsdaten des § 13 a EStG überschreiten, aber nicht nach § 141 AO buchführungspflichtig sind, können den Gewinn nach § 4 III EStG oder auch nach § 4 I EStG ermitteln; tun sie dies nicht, ist der Gewinn zu schätzen[16].

Aus Gründen der Rechtssicherheit muß das Finanzamt die Nichtanwendbarkeit des § 13 a EStG dem Steuerpflichtigen rechtzeitig vor Beginn des Wirtschaftsjahres mitteilen.

Bei der Anwendung des § 13 a EStG bleiben an der Obergrenze des Anwendungsbereichs bei der landwirtschaftlichen Nutzung Gewinnanteile von durchschnittlich über 7000 DM unerfaßt. Zum Ausgleich ist auch den Landwirten, die den Gewinn nach § 4 I, III EStG ermitteln, ein Vorteil gewährt worden: durch Ermäßigung der Steuerschuld um bis zu 2000 DM nach § 34 e EStG[17].

§§ 13 a, 34 e EStG enthalten *enorme Subventionen* für die Landwirtschaft. Daß die Subventionen *sachgerecht* nach dem individuellen Bedürfnis zugemessen sind (dazu S. 20, 52), wird sich schwerlich dartun lassen[18].

---

16 Freiwillige Gewinnermittlung nach § 4 I EStG oder nach § 4 III EStG ist immer zulässig (§ 13 a II EStG).
17 Zur Rechtslage im einzelnen *Kutscher,* FR 80, 449 ff.; Inf. 81, 73 ff.; BB 80, 1675 ff.; *Schindler,* BB 80, 1420 ff.; *Kasten,* Inf. 84, 465 ff.; *Freund,* Inf. 86, 105.
18 Bezeichnend ist § 21 Ia BAföG. Er ermächtigt abweichend von § 13a EStG zu einer realitätsnäheren Erfassung der Einkünfte.

2. Einkünfte aus Gewerbebetrieb (§§ 2 I Nr. 2, 15–16 EStG)

2.1 Allgemeine Begriffsbestimmung[19]

Eine Begriffsbestimmung des Gewerbebetriebs enthält § 15 II EStG; dieser geht auf § 1 I GewStDV zurück; § 1 I GewStDV beruhte seinerseits auf der Rechtsprechung des preußischen OVG und des RFH[20].

Nach § 15 II EStG setzt der Begriff „Gewerbebetrieb" folgende Merkmale voraus:

a) eine *Betätigung* (Tätigkeit), die ursächlich ist für den wirtschaftlichen Erfolg (s. auch S. 218);

b) *Selbständigkeit* der Tätigkeit (Handeln auf eigene Rechnung und Gefahr); der Begriff stimmt mit dem des Umsatzsteuerrechts überein (s. S. 564); Gegensatz: Unselbständigkeit der Tätigkeit (s. S. 352f.);

c) *Nachhaltigkeit* der Tätigkeit (berufsmäßige oder länger dauernde, also fortgesetzte Tätigkeit oder Tätigkeit mindestens mit Wiederholungsabsicht); der Begriff der Nachhaltigkeit stammt aus dem Umsatzsteuerrecht (§ 2 I 3 UStG; s. S. 563); Gegensatz: gelegentlich (s. § 22 Nr. 3 EStG);

d) *Gewinnerzielungsabsicht* oder *Gewinnabsicht,* d. h. Absicht, wirtschaftliche Vorteile zu erzielen[21]; dadurch ergibt sich insbesondere eine Abgrenzung zur „Liebhaberei" und zur gemeinnützigen Tätigkeit;

Die Gewinnerzielungsabsicht kann Nebenzweck sein (§ 15 II 3 EStG); die Absicht muß sich auf die Erzielung einer Vermögensmehrung *durch* gewerbliche Betätigung beziehen; eine Minderung der Einkommensteuer ist keine solche Vermögensmehrung (§ 15 II 2 EStG), da sie nicht wesentlich auf der gewerblichen Betätigung beruht (s. S. 220);

e) *Teilnahme am* allgemeinen *wirtschaftlichen Verkehr* (= Erwirtschaften durch Auftreten nach außen; Teilnahme am Markt), s. S. 218;

f) negativ: *keine* Land- und Forstwirtschaft (§ 13 EStG) oder selbständige Arbeit (§ 18 EStG) oder – wie dem § 15 II EStG hinzuzufügen ist – Vermögensverwaltung (Verwaltung von Kapitalvermögen, Vermietung/Verpachtung; s. § 14 Satz 3 AO)[22], mit anderen Worten: §§ 13, 18, 20, 21 EStG sind Spezialvorschriften zu § 15 EStG.

Die Definition stellt den Rechtsanwender vor erhebliche Anwendungsschwierigkeiten[23]:

Jedes Merkmal kann für sich Schwierigkeiten bereiten. „Gewinnerzielungsabsicht" vermag nur von „Liebhaberei" und „gemeinnütziger Tätigkeit" abzugrenzen. Alle Begriffsmerkmale treffen auch auf die Landwirtschaft und die selbständige Arbeit zu, daher die ausdrückliche Ausgrenzung dieser Tätigkeiten. Auch wer Vermögen verwaltet (§§ 20, 21 EStG), beteiligt sich selbständig und nachhaltig mit Überschuß- oder Vorteilserzielungsabsicht am wirtschaftlichen Verkehr. In Grenzfällen ist *entscheidend, ob der Steuerpflichtige wirtschaftliche Vorteile hauptsächlich dadurch erzielt, daß er Vermögen umschichtet* (etwa dadurch, daß er mit Grundstücken oder Wertpa-

---

19 Dazu *Schmidt-Liebig,* Der Gewerbebetrieb in der Einkommen- und Gewerbesteuer, BB 84, Beil. 14; *Steisslinger,* Der Gewerbebegriff im Handels- und Steuerrecht, 1989.
20 OVGSt 6, 385; 7, 418, 421; 10, 382f.; RFHE 28, 21, 26.
21 Siehe S. 218ff.
22 Zur Abgrenzung des Gewerbebetriebs zur Vermögensverwaltung s. BFH GrS BStBl. 84, 751, 762f.; BFH BStBl. 88, 65; 89, 729; *Tipke,* Grundstücksveräußerungen im Steuerrecht, Gewerbebetrieb oder Vermögensverwaltung?, Köln 1974; *Schmidt-Liebig* (Fn. 19); *Lang,* StbKongrRep. 1988, 49, sowie die in Fn. 105 (S. 359) zit. Literatur.
23 So auch BFH BStBl. 68, 775, 776.

§ 9 Einkommensteuer

pieren handelt) – dann Gewerbebetrieb, *oder ob er wirtschaftliche Vorteile hauptsächlich dadurch erzielt, daß er Vermögen zur* (i. d. R. längerfristigen) *Erhaltung und Fruchtziehung anlegt* – dann Vermögensverwaltung (s. S. 356, 357 f.).

Da die Einkunftsarten grundsätzlich gleichwertig sind, sind teleologische Unterscheidungskriterien nicht vorhanden. Die Abgrenzung der Einkunftsarten wird vielmehr durch historisch vorfixierte Tätigkeitsbilder mitbestimmt. Dies zwingt zu einer *typologischen* (s. S. 91 f.) Interpretation des § 15 II EStG[24]. Demnach kann die Rechtsfolge nicht allein durch eine formallogische Subsumtion unter die Begriffsmerkmale des § 15 II EStG gewonnen werden. Vielmehr ist *zusätzlich* danach zu fragen, ob ein Sachverhalt, der den Tatbestand einer selbständigen, nachhaltigen und mit Gewinnerzielungsabsicht ausgeübten Tätigkeit erfüllt, dem *Typus des Gewerbebetriebs* zugeordnet werden kann. Die Rechtsprechung stellt dabei auf das „Gesamtbild der Betätigung" und die „Verkehrsauffassung" ab[25]. Eine solche typologische Abgrenzung nach dem „Gesamtbild der Betätigung" und der „Verkehrsauffassung" ist in § 15 II EStG nur *innerhalb* der betrieblichen Einkunftsarten ausdrücklich geregelt, indem der zweite Halbsatz des § 15 II 1 EStG Land- und Forstwirtschaft sowie selbständige Arbeit aus der gewerblichen Betätigung ausscheidet. Die Abgrenzung des Gewerbebetriebs gegenüber der Vermögensverwaltung kann nur durch *typologisch restriktive* Auslegung der Merkmale in § 15 II EStG gewonnen werden[26]. Dabei gebietet die Gesetzmäßigkeit, daß ein Gewerbebetrieb grundsätzlich nur bejaht werden kann, wenn *sämtliche Merkmale* des § 15 II EStG erfüllt sind. Die formallogische Subsumtion unter diese Merkmale bedeutet häufig Subsumtionsleerlauf, weil auch die private Vermögensverwaltung eine selbständige und nachhaltige Beteiligung am allgemeinen wirtschaftlichen Verkehr darstellt. Demnach kommt es wesentlich darauf an, den quellentheoretischen Typus der Fruchtziehung vom Gewerbebetrieb abzuschichten. Zur Abgrenzung des Gewerbebetriebs zum Grundstückshandel s. S. 359.

Der Gewerbetreibende ist (wie der Landwirt, Forstwirt, Selbständige) *Unternehmer*. Unternehmer ist nach der st. Rspr. zur Mitunternehmerschaft (s. S. 338, Fn. 37), wer Unternehmer*initiative* entfaltet und Unternehmer*risiko* trägt. Auch diese beiden Merkmale prägen den Typus „Gewerbebetrieb". Sie sind insb. relevant für die Abgrenzung gewerblicher Einkünfte zu Einkünften eines stillen Gesellschafters (§ 20 I Nr. 4 EStG) und für die Zurechnung gewerblicher Einkünfte (s. S. 227 f.).

Die Qualifizierung von Einkünften als gewerbliche ist auch über das Einkommensteuergesetz hinaus von Bedeutung, weil Gewerbetreibende auch gewerbe- und umsatzsteuerpflichtig sind; eine *rechtliche* Bindung an die einkommensteuerliche Qualifizierung besteht jedoch *nicht*.

2.2 Überblick über die Arten der gewerblichen Einkünfte

§ 15 I EStG differenziert die Einkünfte aus Gewerbebetrieb in:

a) *Einkünfte aus gewerblichen Einzelunternehmen* (Satz 1 Nr. 1);

Verpachtet der Steuerpflichtige seinen Betrieb, ohne eindeutig dessen Aufgabe zu erklären, so nimmt die Rechtsprechung Fortsetzung der gewerblichen Tätigkeit an (BFH GrS BStBl. 64, 124). Dazu S. 318.

b) *Einkünfte aus Mitunternehmerschaften* (Satz 1 Nr. 2). Das sind nach dem Gesetzeswortlaut die Gewinnanteile und Sondervergütungen der Gesellschafter einer OHG, einer KG (auch GmbH & Co. KG) oder einer anderen Gesellschaft, bei der der

---

24 *Schmidt-Liebig* (Fn. 19); *Lang* (Fn. 22), 51 ff. (m. w. Nachw.).
25 Vgl. BFH GrS BStBl. 84, 751, 763; BFH BStBl. 88, 65, 66. Krit. gegen diese Rspr. *Tipke* (Fn. 22), 27 ff.; *Schmidt-Liebig*, StuW 77, 302 ff.; *Rose,* B 80, 2464. S. auch S. 99 f.
26 *Lang* (Fn. 22), 53 f. (m. w. Nachw.).

Gesellschafter als *Mitunternehmer* anzusehen ist (BGB-Gesellschaft, Partenreederei, atypische stille Gesellschaft)[27].

c) *Einkünfte der persönlich haftenden Gesellschafter einer KG auf Aktien* (Satz 1 Nr. 3).

d) *nachträgliche Einkünfte i. S. des § 15 I 1 Nrn. 2, 3* (Satz 2).

§ 16 I, III EStG (dazu Abschnitt 139 EStR) hebt bestimmte Einkünfte aus Gewerbebetrieb von anderen Einkünften aus Gewerbebetrieb ab, nämlich

— Gewinne aus der Veräußerung (= entgeltliche Übertragung) eines *ganzen* Gewerbebetriebs oder eines gewerblichen *Teil*betriebs[28] an *einen* Erwerber;

— Gewinne aus der Veräußerung einer 100%igen — zum Betriebsvermögen gehörigen — Beteiligung an einer Kapitalgesellschaft (dem Teilbetrieb gleichgestellt); gehört die Beteiligung zum Privatvermögen, so ist zu prüfen, ob §§ 17, 23 EStG zutreffen;

— Gewinne aus der Veräußerung des Anteils eines Mitunternehmers i. S. des § 15 I 1 Nr. 2 EStG und aus der Veräußerung des Anteils eines Komplementärs einer KG auf Aktien i.s. des § 15 I 1 Nr. 3 EStG.

Da diese gewerblichen Einkünfte lediglich mit Rücksicht auf die *Tarifermäßigung* des § 34 I, II Nr. 1 EStG abgehoben sind (s. S. 239), wird auf die Ausführungen zur Tarifermäßigung auf S. 393 f. verwiesen.

Der Veräußerung stellt § 16 III EStG die *Aufgabe* des Betriebs oder Teilbetriebs (Teilbetrieb im Gesetz nicht erwähnt; Lücke im Gesetz) gleich.

Da die Gleichbehandlung der *Aufgabe* des Betriebs oder Teilbetriebs mit der Veräußerung des Betriebs oder Teilbetriebs der Erfassung der stillen Reserven (durch Ansatz der Veräußerungspreise oder Verkehrswerte) dient und zugleich wegen der Tarifermäßigung nach § 34 I, II Nr. 1 EStG geschieht, wird auf S. 317 f. (Aufdeckung stiller Reserven) und S. 393 f. (Tarifermäßigung) verwiesen.

3. Einkünfte aus selbständiger Arbeit (§§ 2 I Nr. 3, 18 EStG)

Literatur: *Schick,* Die freien Berufe im Steuerrecht, Köln 1973; *Erdweg,* Zur Abgrenzung der freiberuflichen von der gewerblichen Tätigkeit, FR 78, 417; *Hummes,* Die rechtliche Sonderstellung der freien Berufe im Vergleich zum Gewerbe, Diss. Göttingen 1979; *Grube,* Zum Unternehmensberater als Freiberufler, StuW 81, 34; *Wolff-Diepenbrock,* Zur Begriffsbestimmung der ‚Katalogberufe' und der ihnen ähnlichen Berufe in § 18 Abs. 1 Nr. 1 EStG, DStZA 81, 333; *Rainer,* Grenzbereiche zwischen freier Berufstätigkeit und Gewerbe, KÖSDI 84, 5516; Abschnitte 136, 142 ff. EStR.

Die Zuordnung zu § 18 EStG bedeutet zugleich: Gewinnermittlung nach § 4 III (oder § 4 I) EStG; keine Gewerbesteuerpflicht; s. auch § 96 BewG.

§ 18 EStG unterscheidet *drei* Gruppen von selbständiger Arbeit. Davon ist die freiberufliche Tätigkeit die wichtigste.

Erfaßt werden:

a) Die *freiberufliche Tätigkeit* (§ 18 I Nr. 1). Sie erfüllt alle Merkmale der gewerblichen Tätigkeit, wird aber durch § 15 II EStG ausdrücklich aus der gewerblichen Tätigkeit ausgeklammert. Die vorübergehende Tätigkeit i.s. des § 18 II EStG ist auch nachhaltige Tätigkeit. Gelegentliche Tätigkeit fällt unter § 22 Nr. 3 EStG.

---
27 Dazu S. 340 ff.
28 Dazu *W. Fischer,* Der steuergesetzliche Begriff des Teilbetriebs, Frankfurt a. M./Bern/New York 1984.

§ 9 Einkommensteuer

Die Abgrenzung der freiberuflichen zur gewerblichen Tätigkeit ist in Grenzfällen schwierig. Kennzeichnend für den freien Beruf sind oft: Ausbildung auf höherem Niveau und dementsprechend eigene geistige Leistung. Überwiegend handelt es sich um akademische Berufe.

Im Beschluß des BVerfG BStBl. 78, 125, 130, werden als Abgrenzungsmerkmale hervorgehoben: „... der persönliche Einsatz bei der Berufsausübung, der Charakter des jeweiligen Berufs, wie er sich in der allgemeinrechtlichen und berufsrechtlichen Ausgestaltung und in der Verkehrsanschauung darstellt, die Stellung und Bedeutung des Berufs im Sozialgefüge, die Qualität und Länge der erforderlichen Berufsausbildung". Die Rechtsprechung des BFH hat keine Definition, auch keinen Typus herausgearbeitet, sondern sich an die Aufreihung von Tätigkeiten und Berufen im Gesetz gehalten. Gemeinsame Kriterien freiberuflicher Tätigkeit enthalten allerdings die Sätze 3 und 4 in § 18 I Nr. 1 EStG.

Nach § 18 I Nr. 1 EStG haben Einkünfte aus freier Berufstätigkeit:

– *wissenschaftlich, künstlerisch*[29]*, schriftstellerisch, unterrichtend oder erzieherisch tätige Personen* (Abgrenzung nach Tätigkeitsinhalten);
– *Heilberufe,* nämlich Ärzte, Zahnärzte, Tierärzte, Heilpraktiker, Dentisten, Krankengymnasten; *rechts- und wirtschaftsberatende Berufe,* nämlich Rechtsanwälte, Notare, Patentanwälte, Wirtschaftsprüfer, Steuerberater, beratende Volks- und Betriebswirte, vereidigte Buchprüfer und Bücherrevisoren, Steuerbevollmächtigte; *naturwissenschaftlich-technisch orientierte Berufe,* nämlich Vermessungsingenieure, Ingenieure, Handelschemiker, Architekten; *Journalisten* und Bildberichtstatter; *Dolmetscher* und Übersetzer; Lotsen (Abgrenzung von Berufsgruppen nach Berufsinhalten);
– den aufgeführten Berufen (sog. Katalogberufen) *ähnliche Berufe.* In Betracht kommt die Ähnlichkeit mit einem *einzelnen* aufgeführten Beruf oder mit *mehreren* aufgeführten Berufen. Ähnlichkeit liegt vor, wenn die typischen Merkmale des ähnlichen Berufs Katalogberufsmerkmalen gleichen[30].

Zu § 18 I Nr. 1 EStG sind bisher etwa 650 BFH-Entscheidungen veröffentlicht worden. Dabei geht es zum einen um die Abgrenzung einer Katalogberufstätigkeit zur gewerblichen Betätigung (Beispiel: Betreuung von Bauherrengemeinschaften durch Rechtsanwälte/Steuerberater, s. BFH BStBl. 89, 797; 90, 534), zum anderen darum, ob ein „ähnlicher Beruf" vorliegt. Keinen „ähnlichen Beruf" i. S. d. § 18 I Nr. 1 EStG, sondern ein Gewerbe üben aus z. B. Berufssportler, Makler, Werbefachleute, Gebrauchsgraphiker, Mode- und Werbefotografen, Detektive, Fotomodelle, Zahnersatzhersteller, Dentisten. Dauerproblematisch sind insb. die Ähnlichkeit eines Berufs mit denen beratender Volks- und Betriebswirte[31] und mit Ingenieur-/Architektenberufen[32]. Probleme ergeben sich auch bei gemischter Tätigkeit[33]. Der enorme Rechtsprechungsaufwand dient nicht der Steuergerechtigkeit; das Gesetz zwingt vielmehr den Richter dazu, seine intellektuelle Kapazität für Steuerungleichheit zu verschwenden.

An der freien Berufstätigkeit ändert sich nichts durch die *Mithilfe fachlich vorgebildeter Arbeitskräfte;* Voraussetzung ist allerdings, daß der Freiberufler gegenüber den Mithelfenden aufgrund eigener Fachkenntnisse *leitend* und *eigenverantwortlich* tätig wird;

---

29 Dazu *Heuer,* DStR 83, 638; *ders.,* Besteuerung der Kunst[2], Köln 1984, 131 ff.; FG Schleswig-Holstein, EFG 90, 257.
30 BFH BStBl. 81, 118; 81, 193; *Kempermann,* FR 90, 535.
31 Dazu *Grube,* StuW 81, 34; *Felix,* KÖSDI 89, 7736. Freiberuflichkeit verneint BFH für Finanz- und Kreditberater (BStBl. 88, 666), für Finanzanalysten (BStBl. 89, 24), für Marktforschungsberater (BStBl. 89, 212) und für Bausparkassenaktionsleiter (BStBl. 89, 965).
32 BFH bejaht ingenieurähnlichen Beruf für Kfz-Sachverständigen (BStBl. 89, 198) und für Hochbautechniker, der sich die theoretischen Kenntnisse in der Praxis erworben hat (BStBl. 90, 64; zur Problematik der sog. Autodidakten s. *Kempermann,* FR 90, 535). Zur Gewerblichkeit anspruchsloser Konstrukteurtätigkeit BFH BStBl. 90, 73.
33 Dazu ausf. *Rose,* B 80, 2464 ff.; *Rainer,* KÖSDI 84, 5516. Die gemischte Tätigkeit einer Sozietät begründet Einkünfte aus Gewerbebetrieb nach § 15 III Nr. 1 EStG.

eine Vertretung im Falle vorübergehender Verhinderung steht dem nicht entgegen (§ 18 I Nr. 1 Sätze 3, 4 EStG).

Die freiberufliche Tätigkeit kann auch von Mitunternehmerschaften (*Sozietäten* von Freiberuflern) ausgeführt werden (§ 18 V EStG). Bürogemeinschaften sind keine Mitunternehmerschaften[34].

b) Die *Tätigkeit der Einnehmer einer staatlichen Lotterie,* wenn sie nicht Gewerbetreibende sind (§ 18 I Nr. 2 EStG).

c) Die *sonstige selbständige Arbeit* (§ 18 I Nr. 3 EStG). Es handelt sich – wie die gesetzlichen Beispiele zeigen – um nebenberufliche, vorübergehende (aber nachhaltige) Tätigkeiten, z. B. Testamentsvollstreckung, Vermögens-, Konkurs-, Vergleichsverwaltung, Aufsichtsratstätigkeit, Tätigkeit als Vormund, Pfleger, Treuhänder. Gelegentliche Tätigkeit fällt unter § 22 Nr. 3 EStG.

Zu den Einkünften aus selbständiger Arbeit gehört auch der Gewinn, der bei der *Veräußerung des Vermögens* oder eines selbständigen Teils[35] des Vermögens oder eines Anteils am Vermögen erzielt wird, das der selbständigen Arbeit dient; der Veräußerung steht die Aufgabe gleich (§ 18 III EStG).

4. Einkünfte von Mitunternehmern (§§ 15 I 1 Nr. 2, III; 15 a; 13 V; 18 V EStG)

Literatur: *Kruse* (Hrsg.), Die Grundprobleme der Personengesellschaft im Steuerrecht, DStJG Bd. 2 (1979), mit Beiträgen von *Tipke, Stoll, Kruse, Bordewin, Raupach, Knobbe-Keuk, Schulze-Osterloh; Söffing,* Aktuelle Fragen bei der Mitunternehmerschaft, StbJb. 1986/87, 297 ff.; *Beierl,* Die Einkünftequalifikation bei gemeinsamer wirtschaftlicher Betätigung im Einkommensteuerrecht, Berlin 1987; *Mellwig,* Der Mitunternehmergewinn als Gewinn einer wirtschaftlichen Einheit, in: FS für Döllerer, Düsseldorf 1988, 411 ff.; *Knobbe-Keuk,* Bilanz- und Unternehmenssteuerrecht[7], Köln 1989, 281 ff.; *Mössner,* Grundfälle zur Besteuerung von Mitunternehmerschaften, JuS 90, 638.

4.1 Einführung

Nach § 1 EStG sind Steuersubjekte (i. S. von Steuerschuldnern) die natürlichen Personen, nicht Personengesellschaften als solche (s. S. 131, 133 f.). Natürliche Personen sind auch die Mitunternehmer mit ihren Einkünften als Mitunternehmer. Mitunternehmereinkünfte sind nach dem Gesetzeswortlaut des § 15 I 1 Nr. 2 EStG die *Gewinnanteile und* Sondervergütungen der Gesellschafter einer OHG, einer KG (auch GmbH & Co. KG) und einer anderen Gesellschaft, bei der der Gesellschafter als Mitunternehmer anzusehen ist (BGB-Gesellschaft, Partenreederei, atypische stille Gesellschaft). Auch *Land- und Forstwirte* und *Freiberufler* können Mitunternehmer sein (§§ 13 V, 18 V EStG erklären § 15 I 1 Nr. 2 EStG für entsprechend anwendbar).

Wer § 15 I 1 Nr. 2 EStG unbefangen liest, wird davon ausgehen, daß er die Existenz einer Gesellschaft voraussetze und daß der Relativsatz („bei *der* der Gesellschafter...", nicht: „bei denen der Gesellschafter") sich nur auf die „andere" Gesellschaft beziehe. So war es ursprünglich auch gedacht.

---

34 Dazu *Paus,* Inf. 85, 265; *ders., DStZ* 86, 120; *Felix,* DStR 85, 363; *Korn,* StbKongrRep. 1985, 305; BFH BStBl. 89, 727, zur Abgrenzung der eigenverantwortlichen Tätigkeit von der gewerblichen Tätigkeit im Rahmen einer GbR von Bauingenieuren.
35 Dazu *Stoll,* ÖStZ 73, 146.

Vorläufer des § 15 I 1 Nr. 2 EStG war § 29 Nr. 3 EStG 1925. Er erfaßte „Gesellschafter einer OHG, einer KG oder einer *anderen* Gesellschaft, bei der der Gesellschafter als Unternehmer (Mitunternehmer) des *Gewerbebetriebs* anzusehen ist". Die Vorschrift wollte sicherstellen, daß nur Gesellschafter solcher anderen Gesellschaften erfaßt würden, die ein *Gewerbe* betreiben. Während bei OHG und KG als Handelsgesellschaften (auf den Betrieb eines Handelsgewerbes gerichtete Gesellschaften) ohne weiteres ein Gewerbe angenommen wurde, sollten solche anderen Gesellschaften (insb. BGB-Gesellschaften) unerfaßt bleiben, die kein Gewerbe betreiben, sondern sich etwa mit Vermietung/Verpachtung befassen oder als ideelle Gesellschaften keine Erwerbszwecke verfolgen[36]. OHG und KG wären danach stets als Mitunternehmerschaften anzusehen, andere Gesellschaften nur, soweit sie tatsächlich ein Gewerbe betreiben, die Gesellschafter also *Mitgewerbetreibende* wären. *Mitunternehmer i.S. des § 15 I 1 Nr. 2 EStG wäre danach, wer an einer Gesellschaft beteiligt ist, die ein Gewerbe betreibt.*

Die Rechtsprechung ist jedoch einen anderen Weg gegangen. Nach und nach hat sie den Begriff des *Mitunternehmers* als zentral angesehen, für entscheidend gehalten, ob eine Mitunternehmerschaft vorliegt. Einerseits soll die Mitunternehmerschaft nicht unbedingt auch Gesellschaft (= Personengemeinschaft zur Förderung eines gemeinsamen Zwecks, § 705 BGB) sein müssen, andererseits soll auch bei Vorliegen einer Gesellschaft (nicht bloß der „anderen" Gesellschaft) noch geprüft werden müssen, ob auch eine Mitunternehmerschaft vorliegt.

4.2 Zum Begriff des Mitunternehmers

Literatur: *Groh,* Die Kriterien der Mitunternehmerschaft, BB 82, 1229; *Knobbe-Keuk,* Gesellschaft und Mitunternehmerschaft, StuW 86, 106; *Woerner,* Einschränkung des Mitunternehmerbegriffs durch den BFH, BB 86, 704; *Jakob,* Die Mitunternehmerschaft in der Form der sog. atypischen Gesellschaft, BB 86, 1615; *Baier,* Das Verhältnis von Gesellschaft und Mitunternehmerschaft in § 15 Abs. 1 Nr. 2 EStG, FR 86, 309; *Schwichtenberg,* Kann nur ein Gesellschafter Mitunternehmer sein?, B 87, 304; ders., Mitunternehmerschaft als Interpretationsaufgabe, DStZ 87, 230; *Meßmer,* Die Gesellschafter und der Mitunternehmer des § 15 Absatz 1 Nr. 2 EStG, in: FS für Döllerer, Düsseldorf 1988, 429; ders., Rechtssubjekte im Rahmen der Besteuerung gemäß § 15 Abs. 1 Nr. 2 EStG, FR 90, 205; *Schmidt-Liebig,* Grenzbereiche von Einkunftsqualifikation, Einkunftszurechnung, Unternehmer- und Mitunternehmerbegriff – ausgelotet am Beispiel der ehelichen Gütergemeinschaft, StuW 89, 110; *Hardt,* Miterben als Mitunternehmer, DStR 89, 93; *Westerfelhaus,* KG und steuerliche Mitunternehmerschaft, B 90, 1531.

Die Rechtsprechung sieht den Mitunternehmerbegriff (ebenso wie den Begriff des Gewerbebetriebs, s. S. 333 f.) als Typusbegriff an. Der von der Rechtsprechung[37] entwickelte Mitunternehmerbegriff wirft zunächst die Frage auf, ob die *Art* der Beteiligung überhaupt geeignet ist, den Tatbestand des § 15 I Nr. 2 EStG zu erfüllen. Sodann ist danach zu fragen, ob der *einzelne* Gesellschafter die Merkmale des Mitunternehmertatbestandes verwirklicht.

a) Nach BFH GrS BStBl. 84, 751, 768, kann Mitunternehmer nur sein, „wer zivilrechtlich Gesellschafter einer Personengesellschaft ist oder – in Ausnahmefällen – eine diesem wirtschaftlich vergleichbare Stellung innehat." Beispielhaft nennt der Große Senat dazu Gesamthandsgemeinschaften in Form von Erben- und Gütergemeinschaften sowie Bruchteilsgemeinschaften. Umstritten ist die Frage, ob der Gesellschafter einer Personengesellschaft, die an einer anderen Personengesellschaft

---

36 Dazu *Strutz,* Komm. zum EStG 1925, § 29 Anm. 1, 7, 30; *Blümich/Schachian,* Das EStG 1925, § 29 Anm. 7.
37 BFH GrS BStBl. 84, 751; BFH BStBl. 85, 363; 86, 10; 86, 311; 86, 455; 86, 599; 86, 802; 87, 54; 89, 414; 89, 722; FR 90, 646.

beteiligt ist, auch *mittelbar* Mitunternehmer der anderen Gesellschaft sein kann[38]. Im weiteren ist streitig, in welchen Fällen eine Tätigkeit, die sich im Außenverhältnis als Alleinunternehmerschaft, stille Beteiligung, Darlehens-, Mietverhältnis etc. darstellt, als sog. *verdeckte Mitunternehmerschaft* zu qualifizieren ist[39].

b) Die Lösung derartiger Streitfragen hat sich grundsätzlich daran zu orientieren, daß Subjekt der Einkommensteuer nicht die Gesellschaft, sondern die *einzelne natürliche* Person ist. Daher können grundsätzlich nur solche Beteiligungen den Tatbestand des § 15 I Nr. 1 EStG erfüllen, die den einzelnen Beteiligten zum Mitunternehmer machen. Nach der in Fn. 37 nachgewiesenen Rspr. ist Mitunternehmer, wer Mitunternehmer*risiko* trägt und Mitunternehmer*initiative* entfalten kann.

Als Merkmale des Mitunternehmer*risikos* werden angesehen: Beteiligung am laufenden Gewinn und Verlust, Beteiligung auch an den (realisierten) stillen Reserven des Anlagevermögens, Auseinandersetzungsanspruch (bei Ausscheiden oder Liquidation), der sich auch auf die stillen Reserven des Anlagevermögens einschließlich des Firmenwerts erstreckt, persönliche Haftung. Als Merkmale der Mitunternehmer*initiative* werden angesehen: Beteiligung an oder Einfluß auf Unternehmensentscheidungen, insb. Geschäftsführungsbefugnisse und Vertretungsrechte; evtl. aber auch bloße Stimm-, Kontroll- oder Widerspruchsrechte (dies selbst dann, wenn sie keinerlei Einfluß auf die Geschäftsführung und ihr Risiko geben); Tätigkeit auf eigene Rechnung (BFH BStBl. 89, 414).

Demnach kommt es darauf an, ob Beteiligungsart und konkrete Ausgestaltung des Beteiligungsverhältnisses der beteiligten natürlichen Person Mitunternehmerrisiko und Mitunternehmerinitiative vermitteln. Nicht relevant ist u. E., ob die Mitunternehmereigenschaft durch mittelbare Beteiligung oder im Innenverhältnis erworben wird. Die zivilrechtliche Regelung kann nicht nur Mitunternehmerschaft, sondern umgekehrt auch Alleinunternehmerschaft verdecken: Ist z. B. in einem Gesellschaftsvertrag zwischen Ehegatten vereinbart, daß die Ehefrau im Scheidungsfall ausgeschlossen werden kann, so wird dadurch die Alleinunternehmerschaft des Ehemannes verdeckt. Die Scheidungsklausel behindert die Ehefrau, ihre mitunternehmerischen Interessen zu vertreten und Mitunternehmerinitiative zu entfalten (vgl. BFH FR 90, 647).

c) Das Vorliegen der für die Annahme steuerbarer Einkünfte (s. S. 217 f.) erforderlichen *Gewinnerzielungsabsicht* i. S. d. § 15 II, III EStG[40] ist zunächst auf der Ebene der Gesellschaft zu prüfen. Gewinnerzielungsabsicht der Gesellschaft ist erforderlich für die Qualifikation von Einkünften i. S. d. § 15 I Nr. 2 EStG. Für diese Qualifikation ist es unerheblich, ob auch Gewinnerzielungsabsicht auf der Ebene des Gesellschafters vorliegt (BFH GrS BStBl. 84, 770).

Hat aber ein Gesellschafter keine Gewinnerzielungsabsicht, so ist er kein Mitunternehmer. Die Beurteilung des Sachverhalts auf der Ebene eines Gesellschafters kann also dazu führen, daß die ihm zugewiesenen Einkünfte aus der Personengesellschaft

---

38 Dies bejaht BFH BStBl. 90, 168. Gl. A. *Biergans*, DStR 88, 655; *A. Schmidt*, DStR 90, 164; *ders.*, Einkommensteuerrechtliche Behandlung mittelbarer Leistungsbeziehungen bei Personengesellschaften, Düsseldorf 1990; *Schwichtenberg*, FR 90, 81. Krit. *Döllerer*, DStR 90, 323; *Knobbe-Keuk*, B 90, 905.
39 Zum aktuellen Stand der Rspr. ausf. *L. Schmidt*, EStG[9], § 15 Anm. 51.
40 Dazu ausf. *Jakob/Hörmann*, Zur Einkünfteerzielungsabsicht bei gemeinsamer wirtschaftlicher Betätigung, FR 90, 33; *Pferdmenges*, Einkünfteerzielungsabsicht, Eine steuerrechtliche Analyse unter besonderer Berücksichtigung der Besteuerung von Personengesellschaften, Düsseldorf 1990.

§ 9 Einkommensteuer

keine steuerbaren Einkünfte (insbes. keine ausgleichsfähigen Verluste) oder keine mitunternehmerischen Einkünfte sind.

d) Der Steuerpflichtige ist schließlich nicht Mitunternehmer, wenn seine Beteiligung an der Gesellschaft rechtlich oder tatsächlich befristet ist und wegen der befristeten Zugehörigkeit zur Gesellschaft keine Teilhabe an einer von der Gesellschaft erstrebten Betriebsvermögensmehrung zu erwarten ist[41].

4.3 Arten der Mitunternehmerschaft

a) § 15 I 1 Nr. 2 EStG erfaßt nur die *gewerbliche* Mitunternehmerschaft. Das ergibt sich (jedenfalls für Personengesellschaften) nunmehr ausdrücklich aus § 15 III Nr. 1 EStG. Für landwirtschaftliche Mitunternehmerschaften gilt § 13 V EStG, für freiberufliche Mitunternehmerschaften § 18 V EStG. Ist eine Personengesellschaft *auch* gewerblich tätig, so gilt sie in vollem Umfang als Gewerbebetrieb (§ 15 III Nr. 1 EStG). Eine Personengesellschaft, die keine Vermehrung ihres Vermögens erstrebt (keine Gewinnerzielungsabsicht hat), sondern lediglich Steuerersparnisse für ihre Gesellschafter „produzieren" will, fällt nicht (s. § 15 II 2 EStG) unter §§ 13 V, 15 I 1 Nr. 2, 18 V EStG[42].

b) Von § 15 III Nr. 1 EStG macht § 15 III Nr. 2 EStG jedoch eine *Ausnahme;* sie betrifft die sog. *gewerblich geprägte Personengesellschaft*[43]*:* Sind bei einer tatsächlich land- und forstwirtschaftlich, freiberuflich oder vermögensverwaltend tätigen Personengesellschaft ausschließlich eine oder mehrere *Kapitalgesellschaften* persönlich haftende Gesellschafter und sind nur diese oder Nichtgesellschafter zur Geschäftsführung befugt, so *gilt* die Tätigkeit der Personengesellschaft voll als gewerbliche. Eine gewerblich geprägte Personengesellschaft als persönlich haftender Gesellschafter steht einer Kapitalgesellschaft gleich.

§ 15 III Nr. 2 EStG knüpft an die frühere *Gepräge*rechtsprechung des BFH (s. BFH BStBl. 72, 799; 73, 405) an. Diese Rechtsprechung hatte BFH GrS BStBl. 84, 751, 762, aufgegeben, ihm folgend BFH BStBl. 85, 291; 85, 372; 85, 434. Daraufhin hat jedoch der Gesetzgeber rückwirkend[44] durch § 15 III Nr. 2 EStG die alte Rechtslage wiederhergestellt[45]. Danach können die Steuerpflichtigen die Einkunftsart insoweit weiterhin selbst gestalten.

c) Eine *weitere* von der Rechtsprechung kreierte *Ausnahme* betrifft die *Betriebsaufspaltung* (dazu S. 634 ff.).

Im Falle einer Betriebsaufspaltung wird die Vermietung/Verpachtung des Anlagevermögens durch das Besitzunternehmen statt als Vermietung/Verpachtung als gewerbliche Tätigkeit angesehen, wenn die Gesellschafter des Besitzunternehmens in der Lage sind, ihren Willen auch in der Betriebsgesellschaft durchzusetzen (s. S. 636). Die anfechtbare Rechtsprechung ist bisher leider nicht zu der Erkenntnis durchgestoßen, daß die Ursache für die Friktionen in dem u. E. verfassungswidrigen Einkünftedualismus (s. S. 233 ff.) begründet liegt.

---

41 So BFH GrS BStBl. 84, 770.
42 BFH GrS BStBl. 84, 751, 765.
43 Dazu *Herzig/Kessler,* DStR 86, 451 ff., 643 ff.; *Bordewin,* FR 87, 1; *Groh,* B 87, 1006; *Uelner,* in: FS für Döllerer, Düsseldorf 1988, 661; *Jakob,* in: FS für Felix, Köln 1989, 111.
44 Nach BFH BStBl. 86, 811 verfassungsrechtlich zulässig.
45 Vgl. BT-Drucks. 10/3663, 6; 10/4513, 64.

d) Bei Anwendung des Mitunternehmerbegriffs ergeben sich Schwierigkeiten bei der Einordnung des *Kommanditisten.* Der typische Kommanditist ist bloßer Kapitalgeber. Er ist zur Geschäftsführung nicht befugt (§ 164 HGB). Das Kontrollrecht des § 166 HGB gewährt ihm keine Unternehmerinitiative.

Doch konnte die Rechtsprechung den typischen Kommanditisten schwerlich wie einen typischen stillen Gesellschafter (§ 20 I Nr. 4 EStG) behandeln. Der Kommanditist ist nur in § 15 I 1 Nr. 2 EStG, nicht in § 20 I Nr. 4 EStG erwähnt. Den Gesetzgeber mag seinerzeit bei der Zuordnung zu § 15 I 1 Nr. 2 EStG bewogen haben, daß der Kommanditist insofern (nach außen) am wirtschaftlichen Verkehr teilnimmt, als er im Handelsregister eingetragen ist. Die Kommanditgesellschaft ist (auch) sein Unternehmen, nicht ein fremdes Unternehmen. Der Gewinn- und Verlustanteil des Kommanditisten wird wie der des Komplementärs aufgrund der Bilanz der Gesellschaft ermittelt. Der Rechtsprechung ging es allerdings insb. darum, die stillen Reserven und den Firmenwert bei Veräußerung des Kommanditanteils (s. § 16 I Nr. 2 EStG) zu erfassen.

Die Rechtsprechung[46] hat die Kommanditgesellschaft durch einen zum Gesellschaftsrecht zurückweisenden Satz erfaßt: *Eine Mitunternehmerschaft liegt schon dann, aber auch immer nur dann vor, wenn die Gesellschaft das gesetzliche Regelstatut der Vorschriften über die Personengesellschaft mindestens annähernd erfüllt,* wenn also von den abdingbaren Vorschriften des BGB/HGB nicht wesentlich abgewichen wird. Eine Kommanditgesellschaft, die den §§ 161 ff. HGB annähernd entspricht, ist danach stets Mitunternehmerschaft.

e) Wird die Kommanditgesellschaft als Mitunternehmerschaft erfaßt, zumal weil auf diese Weise bei einer Veräußerung eines Kommanditanteils stille Reserven und ein Firmenwert erfaßt werden (s. § 16 I Nr. 2 EStG), so lag es für die Rechtsprechung[47] nahe, auch den *atypischen stillen* Gesellschafter dem § 15 I 1 Nr. 2 EStG zuzuordnen. Dieser Rechtsprechung trägt § 20 I Nr. 4 EStG Rechnung.

Rechtlich ist der atypische stille Gesellschafter wie der typische stille Gesellschafter an einem *fremden* Unternehmen beteiligt; er ist wie der typische stille Gesellschafter Innengesellschafter und weder Gesamthandseigentümer noch wirtschaftlicher Eigentümer der Wirtschaftsgüter des (fremden) Unternehmens[48]. Beim atypischen stillen Gesellschafter werden aber die Gewinnermittlung und die Berechnung des Auseinandersetzungsguthabens nach besonderen Regeln vorgenommen. Anders als der typische stille Gesellschafter ist der atypische stille Gesellschafter nicht nur am laufenden Gewinn/Verlust, sondern – schuldrechtlich – auch an den (realisierten) stillen Reserven des Anlagevermögens beteiligt, und bei Auflösung der Gesellschaft hat er Anspruch auf ein auch die stillen Reserven und den Firmenwert erfassendes Auseinandersetzungsguthaben statt bloß auf Rückzahlung der nominalen Einlage. Dadurch wird er schuldrechtlich so gestellt, als sei er Gesamthänder. Die (wenn auch bloß schuldrechtliche) Beteiligung am Vermögenszuwachs hat *Enno Becker* (StuW 25, 1593 ff., 1604) veranlaßt, für eine Gleichbehandlung des atypischen stillen Gesellschafters mit dem Kommanditisten

---

46 Nachweise bei *L. Schmidt,* EStG [9], § 15 Anm. 56 b; s. auch BFH GrS BStBl. 84, 751; *Knobbe-Keuk,* Bilanz- und Unternehmenssteuerrecht [7], Köln 1989, 300 ff.
47 Seit RFHE 18, 162 im Anschluß an *E. Becker,* StuW 25, 1604 ff. – Die atypische stille Gesellschaft ist auch dem Gesellschaftsrecht bekannt (dazu *Aulinger,* Die atypische stille Gesellschaft, Düsseldorf 1965; *Rasner,* Die atypische stille Gesellschaft – ein Institut des Gesellschaftsrechts, Bielefeld 1961; Kommentare zu §§ 230–237 HGB; BGHZ 7, 174; 8, 157). – S. auch *Döllerer,* StbJb. 1987/88, 289; *Schwedhelm,* Die GmbH & Still als Mitunternehmerschaft, Köln 1987; *Ehlers/Busse,* B 89, 448.
48 Der atypische stille Gesellschafter wird für den Fall der Auflösung der Gesellschaft so gestellt, als ob tatsächlich zwischen ihm und dem Inhaber des Handelsgeschäfts eine dingliche Vermögensgemeinschaft bestanden habe (BGHZ 7, 178). Auf schuldrechtlichem Wege wird eine *Wert*beteiligung an der Substanz geschaffen (BGHZ 8, 157); s. auch *Rasner* (Fn. 47), 73 f.

einzutreten, ihn wie den Kommanditisten als Mitunternehmer zu behandeln (auch mit gewerbesteuerlichen Folgen); dem ist der RFH RFHE 18, 162 ff., gefolgt[49]. Sowenig wie i. d. R. der Kommanditist hat der atypische stille Gesellschafter Unternehmerinitiative; immerhin kommen auch atypische stille Gesellschafter mit Mitwirkungsrechten, selbst mit Geschäftsführungsrechten vor. Man muß die Behandlung des atypischen stillen Gesellschafters als Mitunternehmer vom Ergebnis her verstehen: Behandelt man den atypischen stillen Gesellschafter als Mitunternehmer, so greift bei Veräußerung der Beteiligung § 16 I Nr. 2 EStG ein, der Gewinn ist zu versteuern. Wäre § 16 I Nr. 2 EStG nicht anwendbar, so könnte der Gewinn nicht erfaßt werden, es sei denn, § 23 EStG träfe zu. Die Behandlung des atypischen stillen Gesellschafters ist also auch aus dem Spannungsverhältnis zu erklären, das sich aus dem in § 2 II EStG angelegten Einkünftedualismus (dazu S. 233 ff.) ergibt. Der durch § 2 II Nr. 2 EStG aufgerissene Freiraum soll verkleinert werden. Der Behandlung der atypischen stillen Gesellschaft als Mitunternehmerschaft trägt § 20 I Nr. 4 EStG (seit 1976) ausdrücklich Rechnung.

f) Die Anerkennung des negativen Kapitalkontos von Kommanditisten (Berücksichtigung der Verluste über die Einlage hinaus) prädestinierte die Kommanditgesellschaft als *Verlustzuweisungsgesellschaft*. Solche Verlustzuweisungsgesellschaften sind i. d. R. *Publikums-* (GmbH & Co.) *KGen* oder kapitalistische KGen.

Das heißt: Sie haben insb. eine körperschaftliche Verfassung (Satzung). Es gibt keinen festen Gesellschafterbestand; die zahlreichen Gesellschafter haben keine persönliche Beziehung zur Gesellschaft. Sie können die Geschäftsführung nicht beeinflussen oder kontrollieren. Es existiert eine Generalversammlung mit Ausschüssen, Beiräten und ein Aufsichtsrat[50].

Jedoch ist die Rechtslage der Publikums-KGen nicht durchgehend gesichert. Es wird die Meinung vertreten:

– Die Publikums-KG sei nicht Mitunternehmerschaft, sondern *Körperschaftsteuersubjekt,* nichtrechtsfähiger Verein (§ 1 I Nr. 5 KStG) oder KG auf Aktien (§ 1 I Nr. 1 KStG)[51]. Dieser Auffassung ist der Große Senat des BFH (BStBl. 84, 751, 756 ff.) indessen nicht gefolgt: Die Publikums-GmbH & Co. KG sei kein nichtrechtsfähiger Verein; sie sei auch keine Personenvereinigung i. S. d. § 3 I KStG. Dem ist zuzustimmen. Zwar könnte u. E. § 1 KStG in der Weise geändert werden, daß die Subjekte nicht mehr nach der zivilrechtlichen Form, sondern nach dem wirtschaftlichen Gehalt abgegrenzt werden. Das müßte dann jedoch generell geschehen, wobei die Folgen für die Rechtssicherheit zu bedenken wären[52].
– Der typische Anlagekommanditist sei kein Mitunternehmer, sondern stiller Gesellschafter[53].
– Eine Publikums-KG, die für ihre Kommanditisten Verluste erstrebe, habe keine Gewinnabsicht[54]. Diese Auffassung hat der Große Senat des BFH (BStBl. 84, 751, 765) bestätigt. Danach ist eine GmbH & Co. KG nicht mit Gewinnabsicht, folglich auch nicht gewerblich tätig, wenn sie keine Betriebsvermögensmehrung erstrebt, sondern auch auf eine größere Anzahl von Jahren gesehen lediglich beabsichtigt, ihren Gesellschaftern durch Zuweisung von Verlustanteilen und durch tarifbegünstigte Veräußerungsgewinne Einkommensteuervorteile zu vermitteln (s. jetzt auch § 15 II 2 EStG). BFH GrS BStBl. 72, 700, ist damit überholt.

Der Gesetzgeber reagierte auf die Verlustzuweisungsgesellschaften mit § 15a EStG (s. S. 350).

---

49 Zur Dogmatik s. insb. *W. Jakob,* BB 86, 1615, 1617 ff.; *Knobbe-Keuk,* StuW 86, 106, 113.
50 Dazu *Sauer,* Die Publikums-KG, Bielefeld 1982.
51 S. *Uelner,* JbFSt. 1980/81, 359; *Groh,* BB 82, 1233 f.; *Woerner,* BB 82, 660; *Walz,* Steuergerechtigkeit und Rechtsanwendung, Heidelberg/Hamburg 1980, 345 ff.; s. auch *Andreas,* Die steuerrechtliche Qualifikation körperschaftlich strukturierter Personengesellschaften..., Diss. Gießen 1984; *Boles/Walz,* Kriterien der Körperschaftsteuersubjektivität im Vergleich von deutschem und US-amerikanischem Recht, GmbHR 86, 435 ff.
52 Dazu *Boles/Walz* (Fn. 51).
53 *Schulze-Osterloh,* DStJG Bd. 2 (1979), 144 ff.; *ders.,* JbFSt. 1978/79, 256 ff.
54 *L. Schmidt,* EStG [9], § 15 Anm. 8, 110 m.w.N.

g) Der Satz, § 15 I 1 Nr. 2 EStG verlange, daß ein Gesellschafter zugleich auch Mitunternehmer sein müsse, ist bisher hauptsächlich auf *Familiengesellschaften* angewendet worden. Gesellschaftsverträge zwischen Familienangehörigen werden häufig aus Steuer*ersparnis*gründen abgeschlossen. Durch die Verteilung des Gewinns auf mehrere Personen können sich Progressionsvorteile bei der Einkommensteuer ergeben. Durch die Gewinnbeteiligung erhalten die Angehörigen Vermögenswerte, die ihnen sonst später vererbt werden müßten. Durch die Gewinnbeteiligung der Erben zu Lebzeiten des Erblassers wird also auch Erbschaftsteuer gespart. Die familiengesellschaftlichen Steuerspargestaltungen würden vermutlich erheblich zurückgehen, wenn die Unterhaltsaufwendungen für Familienangehörige sachgerecht abgezogen werden dürften (dazu S. 382 ff.).

Rechtsprechung und Steuerverwaltung[55] sehen zwar das Steuerersparnismotiv für sich nicht als Grund an, eine Familiengesellschaft nicht anzuerkennen; sie begegnen ihr aber mit erheblichem Mißtrauen. Geprüft wird zunächst, ob der Gesellschaftsvertrag oder die Übertragung des Gesellschaftsanteils oder des für die Beteiligung benötigten Kapitals zivilrechtlich wirksam ist; dabei wird insb. auf Formgültigkeit bei Schenkungsverträgen, auf Pflegerbestellung bei Vertragsabschluß (§ 1909 BGB)[56] und vormundschaftsgerichtliche Genehmigung bei Verträgen mit Minderjährigen geachtet (s. § 518; §§ 1626, 1629, 1795, 181, 1909; § 1643 I i. V. mit § 1822 Nr. 3 BGB). Ferner wird untersucht, ob der Vertrag Scheincharakter (§ 41 II AO) hat und ob er wirklich durchgeführt worden ist. *Auch bei zivilrechtlich wirksamem Gesellschaftsvertrag wird geprüft, ob eine Mitunternehmerschaft vorliegt;* dies wird i. d. R. verneint bei Abweichungen vom HGB-Normaltypus (s. S. 341). Je mehr die Beteiligten von den dispositiven Vorschriften des HGB Gebrauch machen (etwa durch Beschränkungen in der Kündigung und der Verfügung über Gesellschaftsanteil und Entnahmen), desto weniger soll danach eine Mitunternehmerschaft vorliegen, es vielmehr bei der Alleinunternehmerschaft des Familienoberhaupts bleiben[57]. Wird die Mitunternehmerschaft anerkannt, so wird die *Gewinnverteilung auf ihre Angemessenheit geprüft*. Dabei wird insb. Angehörigen, die das Kapital für die Beteiligung geschenkt erhalten haben, nur eine starre Verzinsung des gemeinen Werts ihres Gesellschaftsanteils zugebilligt[58].

Dazu ist anzumerken: Es ist zunächst zu unterscheiden zwischen der Frage, ob der Familienangehörige wirksam Mitunternehmer (und damit Inhaber einer eigenen Einkunftsquelle, aufgrund dessen ihm eigene Einkünfte zuzurechnen sind) geworden ist, und der Frage, in welcher Höhe dem Mitunternehmer Einkünfte zuzurechnen sind. Rechtsprechung und Verwaltung prüfen bei Familiengesellschaften mit Recht, ob die *Gewinnverteilung* (genauer: die Gewinnverteilungsregelung) *angemessen* ist. Die Rechtfertigung ergibt sich nicht aus der wirtschaftlichen Betrachtungsweise (wäre es so, müßte man auch bei Verträgen zwischen Fremden die Angemessenheit prüfen), sondern daraus, daß der wahre Rechtsgrund (die wahre causa) für eine Aufwendung oder eine Zuwendung eruiert werden muß. Konkret heißt das hier: Es muß festgestellt werden, ob eine gesellschaftsrechtliche Gewinnverteilung vorliegt oder eine verdeckte Einkommensverwendung (durch Schenkung oder Unterhaltszahlung). Dazu grund-

---

55 Dazu Materialsammlung von *Halmburger,* Familienunternehmen [2], Bielefeld 1979; *L. Schmidt,* StbJb. 1980/81, 129 ff.; *L. Schmidt,* EStG [9], § 15 Anm. 119–139; *Knobbe-Keuk,* Bilanz- und Unternehmenssteuerrecht [7], Köln 1989, 416 ff.; s. auch Abschnitt 138 a EStR.
56 Dauerpflegschaft ist nicht erforderlich.
57 Vgl. zuletzt BFH BStBl. 89, 720; 89, 759; 89, 762; 89, 877. Einzelheiten bei *L. Schmidt,* EStG [9], § 15 Anm. 119 ff. Die Rechtsprechung ist großzügiger, wenn Kinder aufgenommen werden, um den Fortbestand des Unternehmens zu sichern (BFH BStBl. 79, 620; dazu auch *Söffing/Jebens,* BB 79, 1706).
58 Einzelheiten bei *L. Schmidt,* EStG [9], § 15 Anm. 131 ff.; s. auch *Meyer-Arndt,* StbJb. 1987/88, 167.

sätzlich S. 261 f. Mit Hilfe der Angemessenheitsprüfung wird die causa societatis von jeder anderen causa (die der Sphäre der Einkommensverwendung zuzurechnen ist) abgegrenzt[59].

Danach darf die Gewinnverteilungsregelung oder -abrede, gemessen an der mitunternehmerischen Beteiligung, dem mitunternehmerischen Leistungsbeitrag gegenüber nicht (offensichtlich) unangemessen sein. Da der Fremdvergleich zur Angemessenheitsprüfung bei Gesellschaften i. d. R. auf Schwierigkeiten stößt (da Vergleichsfälle fehlen), bleibt nur übrig, die Leistungsbeiträge der Gesellschafter (Kapitalbeitrag, Arbeitseinsatz, Risiko, besondere der Gesellschaft zugute kommende Eigenschaften oder Fähigkeiten der Gesellschafter) zu bewerten und zueinander in Beziehung zu setzen. Für den Kapitalbeitrag kommt eine angemessene Verzinsung nach dem Verkehrswert in Betracht, der Arbeitseinsatz ist durch angemessenen Unternehmerlohn oder angemessene Arbeitsvergütung zu berücksichtigen. Die unterschiedliche Risikoverteilung (Komplementär, Kommanditist, keine Verlustbeteiligung usw.) ist durch besondere Risikoprämien zu berücksichtigen. Für atypische Beschränkungen in den Gesellschaftsrechten sind angemessene Abschläge angebracht.

Ein auf diese Weise nicht erfaßter *Restgewinn* sollte ebenfalls entsprechend dem sich danach ergebenden Verhältnis verteilt werden. Zu kritisieren ist die Praxis, danach zu unterscheiden, ob dem Gesellschafter die Gesellschafterstellung unentgeltlich eingeräumt worden ist (dann nur starre Verzinsung des gemeinen Werts des Gesellschaftsanteils) oder nicht. Diese Differenzierung hat keine Rechtsgrundlage, da auch bei (wirksamer) Unentgeltlichkeit sich der Schenker einer (potentiellen) Einkunftsquelle mit allen Folgen entäußert[60].

Da der verteilte *un*angemessene Betrag tatsächlich Einkünfte*verwendung* ist, wird er den übrigen Familiengesellschaftern (i. d. R. dem Vater) als ihr Anteil *zugerechnet*.

h) Es kommt vor, daß jemand nicht an der (Haupt-)Gesellschaft, sondern am Gesellschaftsanteil eines (Haupt-)Gesellschafters beteiligt ist; dieses *Unterbeteiligungsverhältnis* ist i. d. R. (typische) stille Gesellschaft oder Mitunternehmerschaft im Verhältnis zum (Haupt-)Gesellschafter. Die Abgrenzung geschieht nach den gleichen Regeln wie die Abgrenzung der typischen von der atypischen stillen Gesellschaft[61].

i) Auch die *Liquidationsgesellschaft* ist noch Mitunternehmerschaft. *Erbengemeinschaften,* die ein gewerbliches Unternehmen *weiterführen,* sind Mitunternehmerschaften, auch wenn die Erben nicht ausdrücklich eine OHG/KG gegründet haben[62].

k) Erfaßt werden auch *Gewinnanteile der persönlich haftenden Gesellschafter einer KG auf Aktien,* soweit sie nicht auf Anteile am Grundkapital entfallen (§ 15 I 1 Nr. 3 EStG).

---

59 Dazu *Gassner,* Die steuerliche Anerkennung der Gewinnverteilung bei Familien-Personengesellschaften, in: Ruppe (Hrsg.), Handbuch der Familienverträge[2], Wien 1985, 379 ff., 383; *L. Schmidt,* Angemessene Gewinnverteilung der Personengesellschaften, StbKongrRep. 1977, 67 ff.; *Groh,* DStJG Bd. 1 (1978), 97 ff.; *ders.,* in: FS für Flume II, Köln 1978, 71 ff.; *Kittl,* Gewinnverteilung bei Familienpersonengesellschaften, München 1979; *ders.,* B 79, 2243 ff.; *Danzer,* Die Steuerumgehung, Köln 1981, 155 ff., 159; *L. Schmidt,* EStG [9], § 15 Anm. 119, 131.

60 Wir folgen damit im wesentlichen *Gassner* (Fn. 59), 247 ff., dort weitere Nachweise; s. auch *Groh* (Fn. 59); *Trimpop,* FR 79, 87; *Kittl,* B 79, 2243. Die abweichende Rechtsprechung weist *L. Schmidt,* EStG [9], § 15 Anm. 131 ff., nach.

61 Dazu mit Nachweisen *Kletschka,* Die Unterbeteiligung an gewerblichen Unternehmen im Steuerrecht, Diss. Köln 1974; *Thomsen,* Die Unterbeteiligung an einem Personengesellschaftsanteil, Bielefeld 1978; *Knobbe-Keuk,* Bilanz- und Unternehmenssteuerrecht [7], Köln 1989, 323 ff.; *L. Schmidt,* EStG [9], § 15 Anm. 61; *Schulze zur Wiesche,* B 87, 551.

62 BFH GrS BStBl. 84, 751, 768; 90, 837; *Knobbe-Keuk* (Fn. 61), 312; *L. Schmidt,* EStG [9], § 15 Anm. 64.

Die KG auf Aktien unterliegt als Kapitalgesellschaft der Körperschaftsteuer (die nicht auf das Grundkapital gemachte Einlage des Komplementärs ist jedoch nicht aktienrechtlich gebunden). Bei der Ermittlung des Gewinns der KG auf Aktien wird der Gewinnanteil des Komplementärs abgezogen (§ 9 Nr. 2 KStG) und nach § 15 I 1 Nr. 3 EStG von der Einkommensteuer erfaßt[63].

4.4 Bestandteile der Mitunternehmereinkünfte

Wie eingangs (S. 337 f.) ausgeführt, bestehen Mitunternehmereinkünfte nach § 15 I 1 Nr. 2 EStG aus den Anteilen am Gewinn der Personengesellschaft und aus den Sondervergütungen, die die Gesellschaft an ihre Gesellschafter für Tätigkeiten, Darlehen und sonstige Überlassung von Wirtschaftsgütern leistet.

Die Ermittlung der Mitunternehmereinkünfte findet in zwei Stufen statt.

4.41 Gewinnanteil

Auf der ersten Stufe wird der *Gewinnanteil* auf der Grundlage der Gesellschaftsbilanz (Gesamthandsbilanz) sowie einer etwaigen Ergänzungsbilanz ermittelt[64]. In der Ergänzungsbilanz sind die Wertkorrekturen zu den Ansätzen der Gesellschaftsbilanz zu erfassen, die sich aufgrund besonderer persönlicher Verhältnisse des einzelnen Mitunternehmers ergeben (Beispiele auf S. 348). Mithin besteht der Gewinnanteil i. S. des § 15 I 1 Nr. 2 Halbsatz 1 EStG aus dem Anteil an dem in der Gesamthandsbilanz ausgewiesenen Gewinn (oder Verlust), der nach Satzung, gesetzlichen Vorschriften und Gewinnverteilungsbeschluß den einzelnen Gesellschaftern zugewiesen wird, sowie dem Ergebnis einer etwaigen Ergänzungsbilanz.

4.42 Sondervergütungen

Auf der zweiten Stufe werden sodann die Ergebnisse der Sonderbilanzen (s. S. 348 ff.) einschließlich der Sondervergütungen i. S. des § 15 I 1 Nr. 2 Halbsatz 2 EStG ermittelt. Dazu gehören z. B. auch die Gewinne aus der Veräußerung von Wirtschaftsgütern, die der Gesellschafter der Gesellschaft zur Nutzung überlassen hatte.

Die h. M.[65] addiert die Ergebnisse der beiden Stufen; dabei hat die Bilanzierung zu korrespondieren, d. h. die Werte der betroffenen Bilanzen dürfen sich nicht überschneiden und Lücken der Einkünfteermittlung sind zu vermeiden. Demgegenüber will *Döllerer*[66] die Mitunternehmereinkünfte nicht additiv, sondern auf der Grundlage einer *konsolidierten Gesamtbilanz* ermitteln. Nicht mehr praktiziert wird die auf die Rechtsprechung des RFH zurückgehende *Bilanzbündeltheorie*[67].

Der Tatbestand der Sondervergütungen will verhindern, daß Mitunternehmer gewerbliche Leistungen (Tätigkeiten, Kapitalanlagen) als separate Arbeitsleistungen

---

63 Dazu BFH BStBl. 89, 881; *Graß,* Die Besteuerung der KG auf Aktien, Diss. München 1969; *Schlütter,* StuW 78, 295 ff.
64 Dazu *Ley,* Sonder- und Ergänzungsbilanzen bei Personengesellschaften im Ertrag- und Vermögensteuerrecht, KÖSDI 87, 6949; *Knobbe-Keuk,* (Fn. 61), 284 f.; *J. Thiel,* Bilanzrecht [4], Heidelberg 1990, 273; *L. Schmidt,* EStG [9], § 15 Anm. 73.
65 Vgl. *Groh,* JbFSt. 1983/84, 255 ff.; *Knobbe-Keuk* (Fn. 61), 384 f.; *L. Schmidt,* EStG [9], § 15 Anm. 66c.
66 DStZA 74, 211; DStZA 76, 435; DStZ 83, 179.
67 Vgl. *Meßmer,* StbJb. 1972/73, 127 ff.; BFH BStBl. 75, 437.

und/oder als Akte der Vermögensverwaltung behandeln und auf diese Weise von den gewerblichen Einkünften Einkünfte aus unselbständiger/selbständiger Arbeit oder aus Kapitalvermögen oder aus Vermietung/Verpachtung abspalten können.

Es macht grundsätzlich das Wesen eines gewerblichen Unternehmens aus, daß in ihm Tätigkeit und Vermögenseinsatz kombiniert sind. Tätigkeit und Vermögenseinsatz sind dem Einzelunternehmer und den Mitunternehmern als gewerbliches Engagement zuzurechnen. Auch der Mitunternehmer ist selbst Unternehmer, er betreibt gemeinschaftlich mit anderen ein gewerbliches Unternehmen. Dadurch unterscheidet er sich vom Gesellschafter einer Kapitalgesellschaft; Unternehmer ist die Kapitalgesellschaft, der Kapitalgesellschafter ist nur ihr Kapitalgeber. Daran hat die Körperschaftsteuerreform nichts geändert.

Während zivilrechtlich der Einzelunternehmer nicht mit sich selbst Verträge abschließen kann, kann der Personengesellschafter – wie der Kapitalgesellschafter – mit seiner Gesellschaft Verträge abschließen, insb. Dienstverträge, Darlehensverträge, Miet-/Pachtverträge (s. dazu § 124 HGB). Diese Möglichkeit hat auch das Steuerrecht grundsätzlich zu respektieren, soweit der Gesellschafter seiner Gesellschaft gegenüber *wie ein Dritter* auftritt. In diesen Fällen handelt der Gesellschafter nämlich nicht als Mitunternehmer, folglich u. U. nicht gewerblich. Der Gedanke, Mitunternehmer seien wie Einzelunternehmer zu behandeln, kann nur besagen: Mitunternehmer dürfen ebensowenig wie Einzelunternehmer ihr gewerbliches Engagement, ihr Mitunternehmerengagement, ihr Engagement für das eigene Unternehmen anders denn als gewerbliches behandeln. Der Gedanke führt aber nicht zur Negation jeglicher schuldrechtlicher Beziehungen zwischen Gesellschaft und Gesellschaftern. So wie der Einzelunternehmer außerhalb seines Unternehmens freiberufliche oder nichtselbständige Arbeit leisten oder Vermögen nutzen darf, so darf dies auch der Mitunternehmer; er darf dies auch gegenüber seiner Gesellschaft – wie ein Dritter. Danach ergibt sich: Soweit der Gesellschafter *als Mitunternehmer* seiner Gesellschaft handelt, *weil* er ihr angehört, ist er stets Gewerbetreibender und hat er ausschließlich gewerbliche Einkünfte; soweit er als Dritter handelt, *während* er der Gesellschaft angehört, *nicht weil* er ihr angehört, richtet sich die Qualifikation der Einkunftsart allein nach der Art der Tätigkeit, sind also §§ 15 I 1 Nr. 1, 18, 19, 20, 21 EStG anzuwenden. Dementsprechend ist § 15 I 1 Nr. 2 EStG zu interpretieren. Das entspricht auch sec. 707 des US-amerikanischen Internal Revenue Code. Daß der Wortlaut des § 15 I 1 Nr. 2 EStG über seinen Zweck hinausschießt, ist für die Zweckauslegung unerheblich. Selbst wenn man eine verdeckte Lücke annehmen wollte, würde sich im Ergebnis nichts ändern. Die teleologische Reduktion zugunsten des Steuerpflichtigen wäre dann das richtige methodische Mittel (s. dazu S. 104 f.). Es erscheint auch methodisch schizophren, sich im ersten Teil des § 15 I 1 Nr. 2 EStG frei über die Wortlautgrenzen hinwegzusetzen und den Gesellschafterbegriff zu übergehen, im zweiten Teil aber Wortinterpretation zu betreiben.

Nun ist es allerdings oft *schwierig* zu entscheiden, *ob* der Gesellschafter *in der Eigenschaft als Mitunternehmer* handelt oder nicht. Darauf, ob *zivilrechtlich* die Leistung aufgrund eines (schuldrechtlichen) Sondervertrages statt aufgrund des Gesellschaftsvertrages selbst zu erbringen ist, kann es *nicht* ankommen. Die Geschäftsführertätigkeit wird sicher immer in Mitunternehmereigenschaft ausgeübt; daher können insoweit auch Pensionsrückstellungen nicht anerkannt werden (BFH BStBl. 67, 222). Es erscheint auch vertretbar, die Vermietung/Verpachtung von Grundstücken an die Gesellschaft grundsätzlich als gewerbliches Mitunternehmerengagement zu behandeln. Die Fälle, in denen ein Gesellschafter, der zugleich Freiberufler ist, gegenüber der Gesellschaft freiberufliche Leistungen erbringt, können nur nach den Umständen des Einzelfalls entschieden werden. Wird ein Arbeitnehmer zur Förderung der *Vermögensbildung in Arbeitnehmerhand* als Kommanditist beteiligt, so bleibt er im übrigen Arbeitnehmer; er arbeitet nicht, weil er Kommanditist ist, sondern während er Kommanditist ist (s. schon RFH StuW 28 Nr. 185; a. A. Tz. 81 Mitunternehmererlaß, BStBl. I 78, 8 ff., der sich an den Wortlaut klammert, aber über den Zweck der Vorschrift hinausschießt). Darlehen kann der Gesellschafter in seiner Eigenschaft als Mitunternehmer, aber auch als Dritter gewähren.

Der I. und der IV. Senat des BFH haben das *Beweisproblem* der Unterscheidung zwischen Sondervergütungen für Leistungen (Beiträge) aufgrund des Gesellschaftsverhältnisses und für Leistungen aufgrund eines Drittverhältnisses (schuldrechtlichen Vertrages) mit unterschiedlichem Akzent gelöst. Nach BFH BStBl. 79, 757, 763, 767; 80, 271; 82, 192, 196 (I. Senat) gehören zu den Vergütungen aufgrund des Gesellschaftsverhältnisses auch solche Vergütungen, die zwar zivilrechtlich auf einem Drittverhältnis beruhen, aber *der Sache nach* der Verwirklichung des Gesellschaftszwecks dienen, insb. bei wirtschaftlicher Betrachtung als Beitrag zur Erreichung und Verwirklichung des Gesellschaftszwecks anzusehen sind. Hingegen geht BFH BStBl. 80, 269, 271, 275 (IV. Senat) davon aus, daß § 15 I 1 Nr. 2 EStG primär bezwecke, die Einordnung nach dem (frei wählbaren) Schuldgrund (Gesellschaftsverhältnis, Drittverhältnis) entbehrlich zu machen. § 15 I 1 Nr. 2 EStG wolle daher Vergütungen für alle Leistungen erfassen, von denen *vorstellbar* sei, daß sie auch Gegenstand einer gesellschaftsrechtlichen Beitragspflicht sein *könnten;* ausgenommen würden lediglich Vergütungen für Leistungen, bei denen die Gesellschaftereigenschaft des Leistenden und die Leistung *nur zufällig* zusammentreffen. Der Standpunkt des IV. Senats ist danach enger. Aber auch er hält Fallgestaltungen für denkbar, die trotz Mitunternehmerschaft von § 15 I 1 Nr. 2 EStG nicht erfaßt werden, etwa weil die Leistung und die Mitunternehmerschaft des Leistenden nur zufällig und vorübergehend zusammentreffen. Viel hängt davon ab, was man für „vorstellbar" hält[68].

Ist dem Grunde nach klargestellt, daß neben der Mitunternehmerschaft noch ein Drittverhältnis besteht, so bleibt noch ein *quantitatives* Problem. Der Arbeitnehmer der Gesellschaft etwa, der zugleich Kommanditist ist, kann zu Lasten des Gewinnanteils einen *überhöhten* (unangemessenen) Arbeitslohn empfangen. Die Reduzierung auf den angemessenen Arbeitslohn ist dann entsprechend dem allgemeinen Prinzip (s. S. 262 f.) geboten. Das gilt ebenso für eine überhöhte Miete oder für überhöhte Zinsen. Die überhöhten Beträge sind verdeckter Gewinnanteil.

§ 15 I 1 Nr. 2 EStG betrifft nach seinem Wortlaut nicht Leistungen der Gesellschaft an die Gesellschafter. Unangemessen hohe Leistungen können aber *verdeckte* Entnahmen sein[69]. Die Unangemessenheit weist auf eine private causa hin.

§ 15 I 1 Nr. 2 EStG deklariert die aufgeführten Sondervergütungen nur zu gewerblichen Einkünften. Welche Folgen das bei der Gesellschaft und bei den betroffenen Gesellschaftern hat, bleibt unklar (dazu S. 349 f.).

4.5 Einzelheiten zur bilanziellen Ermittlung von Mitunternehmereinkünften

Literatur: *Döllerer,* Die Bilanzen der Personenhandelsgesellschaft und ihrer Gesellschafter – Chaos oder System?, DStZ 80, 259; *Woerner,* Ertragsteuerliche Auswirkungen von Leistungsbeziehungen zwischen Personengesellschaften und ihren Gesellschaftern..., StbKongrRep. 1982, 193; *Schulze zur Wiesche,* Gewinnermittlung und Gewinnfeststellung bei Personengesellschaften, Köln 1982; *R. Thiel,* Die Gesamtbilanz der Mitunternehmerschaft, StuW 84, 104 ff.; *Reiß,* Ertragsteuerliche Behandlung von Gesamthandsbeteiligungen und Beteiligungserträgen, StuW 86, 232 ff.; *Lehmann,* Betriebsvermögen und Sonderbetriebsvermögen, Wiesbaden 1988; *ders.,* Die Betriebsvermögenslehre der Mitunternehmergemeinschaften, StStud. 90, 3; *Regniet,* Ergänzungsbilanzen bei der Personengesellschaft. Sonderbilanzen der Gesellschafter und Wertkorrekturen der Gesellschaftsbilanz, Köln 1990; *Dreissig,* Ausgewählte Probleme bei Ergänzungsbilanzen, BB 90, 958; Institut der Wirtschaftsprüfer (Hrsg.), Personengesellschaft und Bilanzierung, IdW-Symposion, Düsseldorf 1990; *Knobbe-Keuk,* Bilanz- und Unternehmenssteu-

---

[68] Weitere Nachweise bei *L. Schmidt,* EStG [9], § 15 Anm. 85 ff.
[69] Dazu *Schulze zur Wiesche,* StBp. 88, 125.

errecht[7], Köln 1989, 327 ff., 349 ff.; *J. Thiel,* Bilanzrecht[4], Heidelberg 1990, 270 ff.; *L. Schmidt,* EStG [9], München 1990, § 15 Anm. 65 ff., 75 ff.

a) Gesamthandsbilanz und Ergänzungsbilanz: §§ 4 I, 5 I EStG sind insofern lückenhaft, als sie sich auf natürliche Personen (§ 1 EStG) beziehen. Die Bilanz der Personengesellschaft ist vom Wortlaut der einkommensteuerlichen Gewinnermittlungsvorschriften nicht erfaßt. Daher gehen die Auffassungen darüber, wie die bilanzielle Ermittlung der Einkünfte von Mitunternehmern im einzelnen durchzuführen ist, erheblich auseinander.

Das in § 5 I EStG verankerte Maßgeblichkeitsprinzip gilt wohl für die Steuerbilanz der nach § 6 I HGB buchführungspflichtigen Personengesellschaft. Auf die bereits oben (S. 345) angesprochene Ergänzungsbilanz erstreckt sich die handelsrechtliche Buchführungspflicht jedoch nicht. Die Ergänzungsbilanz ist demnach eine reine Steuerbilanz ohne handelsrechtliche Anknüpfung.

Ergänzungsbilanzen können insb. bei dem Erwerb eines Mitunternehmeranteils und bei der Inanspruchnahme personenbezogener Steuervergünstigungen erforderlich werden.

Beispiele: Erwerb eines Mitunternehmeranteils zum Preis von 500 000 DM. Buchwert des Mitunternehmeranteils in der Gesellschaftsbilanz: 100 000 DM. In der Ergänzungsbilanz sind 400 000 DM zu aktivieren. Dies geschieht zunächst dadurch, daß die anteiligen stillen Reserven in der Ergänzungsbilanz bis zum Teilwert der Wirtschaftsgüter, die in der Gesellschaftsbilanz aktiviert sind, aufgedeckt werden. Reicht die Summe der Teilwerte nicht aus, so ist der verbleibende Differenzbetrag zum Kaufpreis als derivativer Firmenwert in der Ergänzungsbilanz anzusetzen.

Ein Gesellschafter überträgt eine § 6b-Rücklage seines Einzelunternehmens auf ein von der Gesamthand angeschafftes Wirtschaftsgut. Dieses Wirtschaftsgut hat die Gesellschaft mit den vollen Anschaffungskosten zu aktivieren. Zum Ausgleich muß nun in der Ergänzungsbilanz ein Passivposten gebildet werden, der zusammen mit dem Aktivposten in der Gesamthandsbilanz den Wert ergibt, der unter Berücksichtigung des § 6b EStG anzusetzen und fortzuschreiben ist.

b) Sonderbilanzen: In Sonderbilanzen bzw. Sonder-Gewinn-/Verlust-Rechnungen für die einzelnen Mitunternehmer werden erfaßt: die zivilrechtlich einem Mitunternehmer gehörenden, der Mitunternehmerschaft überlassenen Wirtschaftsgüter und die mit ihnen zusammenhängenden Aufwendungen und Erträge, sonstige Sonderaufwendungen und -erträge eines Gesellschafters und die Sondererträge (Sondervergütungen) i. S. des § 15 I 1 Nr. 2 EStG. Im einzelnen gilt:

aa) Zum Betriebsvermögen der Mitunternehmerschaft gehört zum einen das Gesamthandsvermögen (es kann in Ausnahmefällen auch Nichtbetriebsvermögen sein[70]). Zum Betriebsvermögen gehören zum anderen aber auch die *zivilrechtlich im Eigentum von Mitunternehmern stehenden Wirtschaftsgüter, die diese der Mitunternehmerschaft für deren betriebliche Zwecke zur Nutzung überlassen.* Eine entsprechende ausdrückliche Vorschrift existiert nicht; was ein Mitunternehmer zur Erzielung betrieblicher Einkünfte einsetzt, ist aber Betriebsvermögen[71]. Zum Sonderbetriebsvermögen werden auch solche Wirtschaftsgüter gerechnet, die bereits zum Betriebsvermögen des Mitunternehmers gehören.

---

70 Vgl. hierzu BFH BStBl. 86, 255; 88, 418; BFH/NV 87, 760.
71 *L. Schmidt,* EStG [9], § 15 Anm. 78 m.w.N.; a.A. *Knobbe-Keuk,* StuW 74, 132 ff.; *Kruse,* Die Grundprobleme der Personengesellschaft im Steuerrecht, DStJG Bd. 2 (1979), 37 ff.; *ders.,* BB 85, 1079; *R. Thiel,* StuW 84, 106.

Da die Einteilung in *notwendiges und gewillkürtes* Betriebsvermögen allgemein *verfehlt* ist (S. 295 ff.), kann sie auch im Sonderbetriebsvermögensbereich keine Rolle spielen.

Alle das Sonderbetriebsvermögen betreffenden Vermögensmehrungen und -minderungen werden in der Sonderbilanz und der Sonder-Gewinn-/Verlust-Rechnung des Gesellschafters erfaßt, dem das Vermögen gehört. Dabei sind die Bewertungs- und Abschreibungsvorschriften des Steuerrechts zu berücksichtigen.

Die Rechtsprechung geht noch einen Schritt weiter. Sie rechnet dem Betriebsvermögen auch solches Vermögen zu, das der eigenen Beteiligung des Mitunternehmers zu dienen bestimmt ist (betr. insb. GmbH-Anteile des Kommanditisten einer GmbH & Co. KG, im Spezialistenjargon sog. Sonderbetriebsvermögen II)[72].

bb) In den Sonderbilanzen und Sonder-Gewinn-/Verlust-Rechnungen der Gesellschafter werden ferner deren *Sondererträge (Sondervergütungen) und -aufwendungen*[73] erfaßt, insb. Erträge (z. B. Zinsen, Mieten) und Aufwendungen (z. B. Grundsteuer, Reparaturaufwendungen), die das Sonderbetriebsvermögen betreffen und nicht von der Gesellschaft, sondern vom Gesellschafter getragen werden.

cc) Über die *Ermittlung der Sondervergütungen* schweigt das Gesetz.

§ 15 I 1 Nr. 2 EStG kann *zum einen* als Abzugsverbot verstanden werden. Das hieße: Die Gesellschaft muß die handelsrechtlich als Aufwand (Aufwendungen) verbuchten Vergütungen für Steuerzwecke dem Handelsbilanz-Gewinn hinzurechnen. Die Vorschrift kann *zum anderen* auch so verstanden werden, als lasse sie den Abzug bei der Gesellschaft unberührt und verpflichte lediglich den betroffenen Gesellschafter, empfangene Sondervergütungen als gewerblichen Gewinn zu behandeln. Für die erste Alternative spricht, daß auch der Einzelunternehmer nicht eine Sondervergütung an sich selbst einerseits als Betriebsausgabe abziehen darf und andererseits als gewerbliche Einkunft versteuern muß. Mit bloß philologischen Kunststücken ist dem lückenhaften Gesetz nicht beizukommen. In die Schwierigkeit, die Frage beantworten zu müssen, ob der Gesellschafter die Sondervergütung nach § 4 I, § 5 I oder § 4 III[74] EStG zu erfassen hat, gerät man nicht, wenn man die Vergütung dem *Gesellschafts*gewinn hinzurechnet und dann dem *Gesellschafter* zuteilt. Das ist sachgerecht: Wenn nämlich § 15 I 1 Nr. 2 EStG die Sondervergütung zu gewerblichen Einkünften erklärt, so deshalb, weil er davon ausgeht, daß die Vergütung – wie der Gewinn – auf einem Beitrag zur Gesellschaft beruht. Die Hinzurechnungen sind danach bei den steuerrechtlichen Korrekturen der Handelsbilanz der Gesellschaft zu erfassen. Sie gehören zum steuerrechtlichen Gewinn der Gesellschaft und damit zum um die Vergütungen aufgestockten Steuer-Gewinnanteil der Gesellschafter, denen eine solche Vergütung zusteht. Einer Erfassung des „Gewinnteils Vergütungen" in Sonderbilanzen/GuV der Gesellschafter bedarf es danach nicht (anders die h. M.).

Beispiel: An einer OHG sind A, B, C zu je einem Drittel beteiligt. Der (allgemeine) Steuerbilanzgewinn der Gesellschaft beträgt 300 000 DM (ohne Sondervergütungen). A bezieht ein Geschäftsführergehalt von 60 000 DM. B hat der Gesellschaft einen Lagerschuppen für 6 000 DM vermietet. C hat der Gesellschaft ein mit 5 v. H. zu verzinsendes Darlehen von 200 000 DM gewährt. Steuerlicher Gesamtgewinn und steuerliche Gewinnanteile:

	A DM	B DM	C DM
Allg. Steuerbilanz-Gewinnanteile	100 000	100 000	100 000
Sondervergütungen	60 000	6 000	10 000
Steuer-Gewinnanteil	160 000	106 000	110 000

Steuerlicher Gesamtgewinn: 376 000 DM. Sondervergütungen gehören zum Gewinn der Gesellschaft.

---
72 Krit. *Jakob*, B 80, 2354, 2359 f. BFH BStBl. 88, 679, hat bei einer Entscheidung über die Konkurrenz mehrerer Sonderbetriebsvermögen den Gipfel der Verkomplizierung erklommen.
73 Zu den Sonderaufwendungen *Felix*, KÖSDI 87, 6991; *Schulze zur Wiesche*, B 88, 1466.
74 So *Knobbe-Keuk*, StuW 74, 33; *Meßmer*, StbJb. 1972/73, 127, 200.

§ 9 Einkommensteuer

c) Durch Verluste und Entnahmen kann das *Kapitalkonto*[75] von Mitunternehmern *negativ* werden. Das hat der BFH[76] auch für *Kommanditisten* angenommen, obwohl es in Anbetracht des § 167 III HGB[77] nicht selbstverständlich ist[78]. Dieser Standpunkt ermöglichte die Entfaltung der Verlustzuweisungsgesellschaften. Um ihre Betätigung einzuschränken, hat der Gesetzgeber 1980 den § 15 a EStG kreiert[79].

Nach § 15 a EStG wird der Verlust, der beim Kommanditisten zu einem negativen Kapitalkonto führt oder es erhöht, dem Kommanditisten zwar zugerechnet; der Kommanditist darf diesen Verlust aber im Jahr der Entstehung nicht mit anderen Einkünften ausgleichen und ihn auch nicht nach § 10 d EStG abziehen (s. § 15 a I EStG). Jedoch mindert ein solcher Verlust – zeitlich unbeschränkt – die Gewinne, die dem Kommanditisten in späteren Wirtschaftsjahren aus seiner Beteiligung an der Kommanditgesellschaft zuzurechnen sind (§ 15 a II EStG), d. h. der Kommanditist braucht die Auffüllung seines negativen Kapitalkontos nicht als Gewinn zu versteuern.

Das *Verlustausgleichspotential* erstreckt sich im wesentlichen auf die Kapitalkonten in der Gesamthandsbilanz, Ergänzungsbilanz und Sonderbilanz (vgl. Abschnitt 138 d II EStR). Nach BFH BStBl. 88, 5, 10 (a. E.), ist jedoch die Einbeziehung des Sonderbetriebsvermögens zweifelhaft.

Die beklagenswert kasuistische, dogmatisch defizitäre Vorschrift hat den Grund für zahlreiche neue Auslegungsstreitigkeiten gelegt[80].

d) Gewinnrealisierung bei Transaktionen im Verhältnis Personengesellschaft – Gesellschafter[81]: Die Beurteilung der Frage, ob Transaktionen einzelner Wirtschaftsgüter im Verhältnis Personengesellschaft – Gesellschafter Gewinnrealisierungen auslösen, wird zum einen dadurch erschwert, daß zu unterscheiden ist zwischen dem Betriebsvermögen der Gesellschaft, den (etwaigen) Sonderbetriebsvermögen der Gesellschafter, den den (etwaigen) Einzelunternehmen der Gesellschafter zuzurechnenden Betriebsvermögen der Gesellschafter und den Privatvermögen der Gesellschafter. Eine weitere Erschwerung ergibt sich daraus, daß die steuerrechtliche Beurteilung des Verhältnisses Gesellschaft – Gesellschafter umstritten ist.

---

75 Zum Begriff des Kapitalkontos i. S. des § 15a EStG: *L. Schmidt,* EStG [9], § 15a Anm. 25.
76 GrS BStBl. 81, 164.
77 § 167 III HGB lautet: „An dem Verluste nimmt der Kommanditist nur bis zum Betrage seines Kapitalanteils und seiner noch rückständigen Einlage teil."
78 Kritisch *Knobbe-Keuk,* Bilanz- und Unternehmenssteuerrecht [7], Köln 1989, 386 ff.
79 BT-Drucks. 8/3648, 14, 16; 8/4157, 1 f.
80 Dazu *Bordewin/Söffing/Brandenberg,* Verlustverrechnung bei negativem Kapitalkonto [2], Herne/Berlin 1986; *Söffing,* FR 81, 25; *ders.,* StbKongrRep. 1980, 111; *Dankmeyer,* B 80, 1910; *Uelner/Dankmeyer,* DStZ 81, 12; *W. Jakob,* B 80, 2354; *Knobbe-Keuk,* NJW 80, 2557; *dies.,* Bilanz- und Unternehmenssteuerrecht [7], Köln 1989, 386 ff.; *John/Theisen,* Verlustverrechnung in Personengesellschaften, Heidelberg 1981; *J. Thiel,* Bilanzrecht [4], Heidelberg 1990, 281 ff.; *Jakob,* BB 88, 887, 1429; BB 89, 1312; *Groh,* B 90, 13; *L. Schmidt,* EStG [9], § 15a. Zum entsprechenden § 23a öEStG kritisch (mit verfassungsrechtlichen Bedenken) *Gassner,* ÖStZ 82, 259.
81 Dazu *Knobbe-Keuk,* DStR 79, 186 ff.; *L. Schmidt,* FR 80, 486 f.

Wer im Betrieb der Personengesellschaft nur die Summe der (Teil-)Betriebe der Gesellschafter sieht, wird wirtschaftlich nur eine partielle Veräußerung und damit eine partielle Gewinnrealisierung bei Transaktionen Gesellschaft – Gesellschafter annehmen, nämlich insoweit, als der Anteil der anderen Gesellschafter betroffen ist. Wer gar meint, der Gesellschafter sei ein durch die Rechte der anderen Gesellschafter beschränkter Inhaber des *ganzen* Gesellschaftsbetriebs, wird eine Gewinnrealisierung durch Veräußerung überhaupt verneinen.

Tatsächlich hebt § 15 I 1 Nr. 2 EStG die Möglichkeit von Transaktionen zwischen Gesellschaft und Gesellschaftern nicht auf. Der Zweck der Umfunktionierung der Einkunftsart (Verhinderung der Manipulation des Gewinnanteils durch schuldrechtliche Vereinbarungen) tangiert die Gewinnrealisierungsfrage gar nicht. Folglich müssen Gesellschaft und Gesellschafter als je verschiedene Rechtssubjekte und Vermögensträger angesehen werden, muß angenommen werden, daß – steuerrechtlich wie handelsrechtlich – Veräußerungen einerseits der Gesellschaft an den Gesellschafter, andererseits des Gesellschafters an die Gesellschaft zur *vollen* Gewinnrealisierung führen, ganz gleich, welche Vermögensart des Gesellschafters betroffen ist (s. BFH BStBl. 77, 415; zu BFH BStBl. 76, 748, der einen „tauschähnlichen Vorgang" annimmt, s. oben; BFH BStBl. 77, 145; unzutreffend u. E. Tz. 41 ff. Mitunternehmererlaß, der noch Bilanzbündelrelikte enthält, soweit das Privatvermögen des Steuerpflichtigen betroffen ist). Volle Gewinnrealisierung ist auch anzunehmen bei Veräußerungen, wenn ein Gesellschafter ein Wirtschaftsgut an einen anderen Gesellschafter veräußert (BFH BStBl. 78, 191). Überführt ein Gesellschafter ein Wirtschaftsgut aus seinem Sonderbetriebsvermögen in sein Privatvermögen, so liegt eine Gewinnrealisierung durch Entnahme, im umgekehrten Fall eine Einlage vor; bei einem Übergang vom Sonderbetriebsvermögen in ein anderes Betriebsvermögen des Gesellschafters und umgekehrt liegt (bei gleicher Einkunftsart) nicht einmal eine Entnahme/Einlage vor, folglich ist eine Gewinnrealisierung zu verneinen. Veräußert ein Gesellschafter ein Wirtschaftsgut des *Privat*vermögens an die Gesellschaft oder einen anderen Gesellschafter, so kann ein steuerbarer Gewinn nur in den Fällen der §§ 17, 23 EStG entstehen[82].

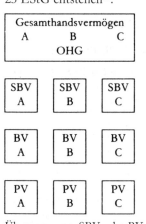

Abkürzungen:
SBV = Sonderbetriebsvermögen; BV = Betriebsvermögen, das zu Einzelunternehmen von A, B, C gehört; PV = Privatvermögen.

In dem skizzierten Beispiel gibt es vier *Vermögensträger:* die OHG A-B-C und die Gesellschafter A, B, C. A, B, C haben Sonderbetriebsvermögen, Betriebsvermögen als Einzelunternehmer und Privatvermögen. – *1. Regel:* Die entgeltliche Übertragung eines Wirtschaftsguts von einem Vermögensträger auf einen *anderen* führt zur Gewinnrealisierung; dabei ist irrelevant, im Bereich welcher Vermögensart das übertragene Vermögen künftig genutzt wird. – *2. Regel:* A, B und C können nicht an sich selbst übertragen, Übertragung setzt zwei Vermögensträger voraus; Übergang eines Wirtschaftsguts vom SBV in das BV *desselben* Vermögensträgers oder umgekehrt ist nicht einmal Entnahme (s. S. 311), Übergang vom SBV oder BV in das PV ist Entnahme. – *3. Regel:* Veräußert A, B oder C ein Wirtschaftsgut seines Privatvermögens an die OHG A-B-C oder an einen Mitgesellschafter, so kann ein steuerbarer Gewinn nur in den Fällen der §§ 17, 23 EStG entstehen.

---

82 Dazu *Knobbe-Keuk,* DStR 79, 187 ff.

§ 9 Einkommensteuer

Überträgt die Gesellschaft ein Wirtschaftsgut *unentgeltlich* an einen Gesellschafter, so liegt eine Entnahme, überträgt ein Gesellschafter ein Wirtschaftsgut unentgeltlich an die Gesellschaft, so liegt eine Einlage vor. Bei *teilweise unentgeltlicher* Übertragung (gemischter Schenkung) liegt ein Mixtum aus Veräußerung/Entnahme oder Veräußerung/Einlage vor[83].

4.6 Zusammenfassung der ertragsteuerlichen Folgen

Zusammengefaßt sind dies die ertragsteuerlichen *Folgen der Mitunternehmerschaft*:
- Die gewerbliche Mitunternehmerschaft hat ihren Gewinn/Verlust nach § 5 I 1 EStG zu ermitteln. Die Gewinnanteile der Mitunternehmer sind gewerbliche Einkünfte (§ 15 I 1 Nr. 2 EStG);
- auch die Sondervergütungen sind gewerbliche Einkünfte (§ 15 I 1 Nr. 2 EStG; s. oben S. 345 ff.);
- bei Veräußerung des Mitunternehmeranteils sind die stillen Reserven und der Wert des Firmenwertanteils zu versteuern (§ 16 I Nr. 2, II EStG); die Veräußerung der typischen stillen Beteiligung hingegen ist nicht steuerbar, es sei denn, § 23 EStG träfe zu (BFH BStBl. 81, 465);
- die Wirtschaftsgüter, die der Mitunternehmer der Mitunternehmerschaft zur Nutzung überläßt, gehören zum (Sonder-)Betriebsvermögen (s. S. 348 f.);
- Mitunternehmer können ihren Verlustanteil zum Verlustausgleich oder Verlustabzug verwenden; s. dazu allerdings § 15a EStG (s. S. 350). Beim bloßen Kapitalgeber ist der Verlust von Kapital irrelevant. Wer als stiller Gesellschafter auch am Verlust beteiligt ist, kann den auf ihn entfallenden Verlust (Überschuß der Aufwendungen) als Werbungskosten abziehen;
- die Mitunternehmerschaft unterliegt der *Gewerbesteuer* (§§ 2 I 2, 5 I 3 GewStG; s. auch §§ 8 Nr. 8, 9 Nr. 2 GewStG).

III. Überschußeinkünfte (§ 2 II Nr. 2 EStG)

1. Einkünfte aus nichtselbständiger Arbeit (§§ 2 I Nr. 4, 19, 19a EStG)

Literatur: *W. Boeck*, Der Arbeitslohn im Lohnsteuerrecht, Diss. Köln 1968; *Brenne*, Der Begriff „Arbeitnehmer" im Steuerrecht – insbesondere sein Verhältnis zu dem Begriff „Arbeitnehmer" im Arbeitsrecht, Diss. Köln 1969; *Haberkorn*, Der Arbeitsentgeltbegriff nach Sozialversicherungs- und Lohnsteuerrecht, Köln u. a. 1971; *Zach*, Die Besteuerung des Arbeitslohns, Diss. Regensburg 1975; *Prange*, Zur Identität der Grundtatbestände des Arbeits-, Beschäftigungs- und Dienstverhältnisses im Arbeits-, Sozialversicherungs- und Lohnsteuerrecht, Diss. Göttingen 1975; *W. Jakob*, Steuern vom Einkommen I, Stuttgart u. a. 1980, 195 ff.; *Offerhaus*, Was gehört zum Arbeitslohn?, BB 82, 1061; *J. Lang*, Die Einkünfte des Arbeitnehmers – Steuersystematische Grundlegung, in: Stolterfoht (Hrsg.), Grundfragen des Lohnsteuerrechts, DStJG Bd. 9 (1986), 15 ff.; *Offerhaus*, Gesetzlose Steuerbefreiungen im Lohnsteuerrecht, in: Stolterfoht (a. a. O.), 117 ff.; *ders.*, B 85, 565; *M. Weiss*, Die Besteuerung der Arbeitnehmer, in: FS für FHF Baden-Württemberg, Stuttgart 1989, 63; *S. Temminghoff*, Lohnsteuerpflichtige Zuwendungen an Arbeitnehmer, Köln 1989; *v. Bornhaupt*, Zehn Jahre Rechtsprechung des VI. Senats des BFH zu steuerpflichtigen Einkünften aus nichtselbständiger Arbeit – Rückblick und

---

83 Dazu *Knobbe-Keuk*, DStR 79, 188 f.; s. auch *Schulze zur Wiesche*, FR 82, 497.

Ausblick –, DStZ 90, 496; *Klöckner,* Lohnsteuer 1990, B 90, 448 ff., 500 ff., 555 ff.; *Offerhaus/ Schmidt,* Lohnsteuerrecht für Arbeitgeber, München 1990.

Einkünfte aus nichtselbständiger Arbeit erzielen *Arbeitnehmer.* Nach § 1 I 1 LStDV sind Arbeitnehmer Personen, die in öffentlichem oder privatem Dienst angestellt oder beschäftigt sind oder waren und die aus diesem Dienstverhältnis oder einem früheren Dienstverhältnis *Arbeitslohn* beziehen. Zu den Arbeitnehmern gehören also auch die *Pensionäre,* insb. beamtete Pensionäre mit Versorgungsbezügen i. S. des § 19 I Nr. 2, II EStG, ferner nach § 1 I 2 LStDV die Rechtsnachfolger von Arbeitnehmern, insb. die *Witwen.*

Nach fiskalischer Bedeutung und der Vielzahl der Arbeitnehmer sind die Einkünfte aus nichtselbständiger Arbeit die praktisch wichtigste Einkunftsart. Die Einkommensteuer wird durch *Quellenabzug vom Arbeitslohn* erhoben (§§ 38 ff. EStG, s. unten S. 398 f.). Diese Quellensteuer heißt *Lohnsteuer* (§ 38 I EStG). Von dem Einkommensteueraufkommen 1989 in Höhe von 231,3 Mrd. DM (s. oben S. 146) entfällt auf das Lohnsteueraufkommen 181,8 Mrd. DM. Mehr als 90 v. H. der Einkommensteuerpflichtigen beziehen Einkünfte aus nichtselbständiger Arbeit.

Arbeitnehmer ist, wer nach Art, Ort und Zeit seiner Tätigkeit den Weisungen eines anderen, des Dienstherrn, unterliegt. Es handelt sich um einen Typusbegriff (s. S. 91 f.). Charakteristika: Schulden der Arbeitskraft; Eingliederung in den Betrieb eines anderen; in der Regel nur *ein* Auftraggeber; Aufsicht; Weisungsgebundenheit; Wahrnehmung fremder Interessen; geregelte Arbeits- und Urlaubszeit; kein Unternehmerrisiko, sondern gleichmäßige, erfolgsunabhängige Vergütung (aber Tantieme möglich); Aufwendungsersatz; Auftraggeber stellt Arbeitsraum und Arbeitsmittel zur Verfügung; Teilnahme an betrieblichen Sozialleistungen; Altersversorgung; Einbehaltung von Lohnsteuer und Sozialversicherungsbeiträgen[84].

Die nichtselbständige unterscheidet sich von der selbständigen Tätigkeit der Gewerbetreibenden, Landwirte und Freiberufler danach *nicht* durch den *Inhalt* der Tätigkeit, sondern durch die *Modalitäten* der Ausübung der Tätigkeit.

Die Zuordnung von *Arbeitern, Angestellten und Beamten* zu den Arbeitnehmern macht im allgemeinen keine Schwierigkeiten. Häufige *Streitfälle* sind: Handelsvertreter, Musiker, Funk- und Fernsehkünstler, Sportler, Mannequins, Fotomodelle.

Das Steuerrecht anerkennt auch ernstliche, wirklich durchgeführte Arbeitsverhältnisse zwischen Eheleuten sowie zwischen Eltern und Kindern (S. 54 f.).

Arbeitslohn sind Bezüge, die *aus einem Dienstverhältnis*[85] zufließen (§ 2 I 1 LStDV): laufende oder einmalige Bezüge, Barbezüge oder Sachbezüge, insb. Personalrabatte (s. S. 325), Bezüge mit oder ohne Rechtsanspruch, auch von Dritten gewährte Bezüge (vgl. § 38 I 2 EStG) wie z. B. Trinkgelder (vgl. § 3 Nr. 51 EStG); Werbungskostenersatz (vgl. § 3 Nrn. 12, 13, 16, 30–32), durchlaufende Gelder und Auslagenersatz (vgl. § 3 Nr. 50 EStG)[86], Bezüge mit oder ohne Rechtsanspruch.

Das Gesetz erwähnt besonders Gratifikationen und Tantiemen.

---

[84] Ausführlich zum Begriff des Arbeitnehmers *J. Lang,* DStJG Bd. 9 (1986), 22 ff.

[85] A. A. *J. Lang,* DStJG Bd. 9 (1986), 50 ff.: §§ 8 I, 19 EStG erfassen alle Einnahmen, die durch die nichtselbständige Erwerbstätigkeit veranlaßt sind, also auch Einnahmen, die *kein* Arbeitslohn sind, z. B. Bestechungsgelder, die ein Beamter in einem Genehmigungsverfahren erhält. Ein Lohnsteuerabzug kommt hier nicht in Betracht; jedoch hat der Beamte die Bestechungsgelder wie Streikgelder, von denen auch kein Steuerabzug vorgenommen worden ist und die ebenfalls neben dem Dienstverhältnis bezogen worden sind, in der Steuererklärung aufzuführen.

[86] Dazu insb. *v. Bornhaupt,* Abgrenzung Werbungskostenersatz zu Auslagenersatz und durchlaufenden Geldern im Lohnsteuerrecht, StuW 90, 46; *Offerhaus,* Werbungskostenersatz

Gratifikationen werden aus besonderem Anlaß gewährt (wie Weihnachtsgeld, Urlaubsgeld). *Tantiemen* werden nach dem Geschäftsergebnis (Gewinn, Umsatz) bemessen.

Nicht zum Arbeitslohn rechnet die Rechtsprechung die bloßen (nicht besteuerbaren) *Annehmlichkeiten.*

Annehmlichkeiten sollen – so die Rechtsprechung[87] – kein Arbeitsentgelt darstellen, da der Arbeitnehmer lediglich von Gemeinschaftseinrichtungen Gebrauch mache, die in erster Linie im Interesse des Arbeit*gebers* gewährt würden und zu den Arbeits*bedingungen* gehörten (s. auch Abschnitt 70 I 8–10, 72 LStR).

Beispiele: Inanspruchnahme von Arbeitsmitteln, Arbeitskleidung, Waschraum, Sportanlagen, Werksbücherei, Werksarzt, Betriebskindergarten, Essenszuschüssen, Freitrunk, Freitabak, verbilligten Mahlzeiten, Teilnahme an Betriebsfest oder Betriebsweihnachtsfeier; Tombolagewinn.

Dazu die Kritik von *Stolterfoht,* StRK-Anm. EStG § 8 R. 60: Er will darauf abstellen, ob der Erwerb der nämlichen Vorteile mit Mitteln des Arbeitnehmers (statt des Arbeitgebers) bei diesem zu Werbungskosten führen würde (das ist etwa bei Aufwendungen für das Tennisspiel nicht der Fall, also insoweit Arbeitslohn)[88]. § 19 I Nr. 1 EStG spricht von „Bezügen und Vorteilen", die *für* eine Beschäftigung gewährt werden; gemeint sind *durch* die Beschäftigung erwirtschaftete „Bezüge und Vorteile". Für die Erfassung von Annehmlichkeiten als besteuerbar genügt es nicht, daß zwischen dem Dienstverhältnis und den „Vorteilen" ein (loser) Kausalzusammenhang besteht, daß m.a.W. der „Vorteil" nicht gewährt worden wäre, wenn das Dienstverhältnis nicht bestanden hätte. Vielmehr muß der Vorteil Arbeitsleistungen abgelten, *für* geleistete oder zu leistende Arbeit gewährt werden. Bei Annehmlichkeiten können auch andere Kausalfaktoren als die geleistete oder zu leistende Arbeit eine Rolle spielen. Es kommt dann auf den wesentlichen Kausalfaktor an. Der Tombolagewinn des Arbeitnehmers auf der Betriebsweihnachtsfeier wäre zwar vom Arbeitnehmer nicht gemacht worden, wenn das Dienstverhältnis nicht bestanden hätte, der *wesentliche* Kausalfaktor für den Gewinn ist aber nicht das Dienstverhältnis, sondern die Teilnahme an der Tombola. Normalerweise führen Dienstverhältnisse nicht zu Spielgewinnen. Der Tombolagewinn ist kein *für* geleistete Arbeit gewährter Vorteil.

In der jüngeren Rechtsprechungs- und Verwaltungspraxis ist wohl die Tendenz zu erkennen, die sog. „gesetzlosen Steuerbefreiungen"[89] einzuschränken. So hat die Rechtsprechung die Steuerfreiheit sog. *Gelegenheitsgeschenke* beseitigt[90]. Abschnitt 73 I LStR 1990 rechnet Aufmerksamkeiten, die zu keiner ins Gewicht fallenden Bereicherung des Arbeitnehmers führen (Wert bis 30 DM), nicht zum Arbeitslohn. In der Tat sind solche geringfügigen Zuwendungen gleichmäßig in einem Massenverfahren nicht zu erfassen. Daher ist Abschnitt 73 I LStR als Vollzugsregelung mit § 85 AO zu vereinbaren und nicht rechtswidrig[91]. Auch die steuerliche Erfassung der aus sog.

---

künftig regelmäßig steuerpflichtiger Arbeitslohn, BB 88, 1796; *ders.,* Auslagenersatz – Werbungskostenersatz unter besonderer Berücksichtigung der Entwicklung des Arbeitslohnbegriffs, BB 90, 2017. S. auch S. 276 (m. w. Nachw. in Fn. 263).

87 Nachweise bei L. Schmidt/*Drenseck,* EStG [9], § 19 Anm. 7 c; *Stolterfoht* (Hrsg.), DStJG Bd. 9 (1986), Stichwort „Annehmlichkeit".

88 Zur Problematik auch *Baumdicker,* DStR 77, 683; *K.-J. Wolff,* FR 81, 369, 401; *Stolterfoht,* DStJG Bd. 5 (1982), 282 ff.; *Offerhaus,* BB 82, 1065.

89 *Offerhaus,* DStJG Bd. 5 (1986), 117 ff.

90 BFH BStBl. 85, 641; 86, 95; 87, 820. Dazu *Offerhaus* (Fn. 89), 121 ff.; *v. Bornhaupt,* DStZ 90, 498; *Reuter,* FR 90, 139; Abschnitt 73 LStR 1990.

91 Gl. A. *v. Bornhaupt,* DStZ 90, 498. Schmidt/*Drenseck,* EStG[9], § 19 Anm. 8 (Gelegenheitsgeschenke) plädiert jedoch mit Recht für eine gesetzliche Regelung, damit nicht unter einem neuen Begriff der „Aufmerksamkeit" die Gesetzlosigkeit von Steuerbefreiungen innoviert wird.

Incentive-Reisen bezogenen Vorteile[92] kennzeichnet die Tendenz der jüngeren Rechtsprechung.

Zu den Einkünften aus nichtselbständiger Arbeit gehören auch die Versorgungsbezüge aus *früheren* Dienstverhältnissen (§ 19 I Nr. 2, II EStG; § 2 II Nr. 2 LStDV), z.B. Pensionen (Ruhegelder), Witwengelder.

Solche Leistungen beruhen oft auf *Versorgungszusagen* des Arbeitgebers. Die Kapitalansammlung aufgrund der Versorgungszusage ist mangels Zufließens (§ 11 EStG) nicht bereits Arbeitslohn (§ 2 II Nr. 3 Satz 4 LStDV). Anders, wenn Zukunftssicherungsleistungen bereits gegenwärtig zufließen (s. § 2 II Nr. 3 Satz 1 bis 3 LStDV), wie der Arbeitgeberanteil an der Sozialversicherung und vermögenswirksame Leistungen (§ 13 VII des 5. VermBG). Der Arbeitgeberanteil an der Sozialversicherung ist allerdings nach § 3 Nr. 62 EStG steuerfrei. Versorgungs*renten* (aus gesetzlicher oder privater Rentenversicherung) sind wiederkehrende Bezüge i.S. des § 22 Nr. 1 Buchst. a EStG. Sie werden nicht für geleistete Dienste gewährt, sondern aufgrund eines durch Beiträge begründeten Rentenrechts.

2. Einkünfte aus Privatvermögen

Der Einfluß der Quellentheorie (s. oben S. 200) hat die Einkünfte aus Privatvermögen (Nicht-Betriebsvermögen) aufgespalten in

– laufende Quelleneinkünfte (§§ 20; 21; 22 Nrn. 1, 1a, 3, 4 EStG) und in
– Einkünfte aus der Veräußerung von privatem Stammvermögen (§§ 17, 22 Nr. 2, 23 EStG). Nach der Quellentheorie fallen diese Veräußerungseinkünfte nicht in den Einkommensbegriff und dürften folglich auch nicht zu besteuern sein. Ihre Besteuerung ist das Ergebnis eines politischen Kompromisses zwischen Quellentheorie und Reinvermögenszugangstheorie.

2.1 Quelleneinkünfte aus Privatvermögen

2.11 Einkünfte aus der Überlassung von Vermögen zur Nutzung (§§ 20, 21 EStG)

§§ 20, 21 EStG wollen Einkünfte erfassen, die durch Überlassung von Vermögen zur Nutzung entstehen; § 14 AO spricht von Vermögensverwaltung. Das Einkommensteuergesetz erfaßt nicht pauschal alle Einkünfte aufgrund des zur Nutzung überlassenen Vermögens, vielmehr enumerieren §§ 20, 21 EStG diese Einkünfte durch Verwendung der Terminologie des Zivilrechts, insb. des Gesellschaftsrechts, Wertpapierrechts, Versicherungsrechts, Miet- und Pachtrechts. Daraus ergeben sich Auslegungsprobleme.

Von der (befristeten) Überlassung von Vermögen zur Nutzung ist die (endgültige) Überlassung der Vermögenssubstanz, insb. durch Veräußerung, zu unterscheiden. §§ 20, 21 EStG erfassen nur die *Nutzungs*entgelte, sie berücksichtigen nicht die realisierten Wertsteigerungen oder -schmälerungen der Vermögenssubstanz (Ausnahmen: §§ 17, 23 EStG).

§§ 20, 21 EStG erfassen *nicht* Einkünfte aus *Betriebs*vermögen (§§ 20 III, 21 III EStG).

---

[92] BFH BStBl. 90, 711. Dazu m. w. Nachw. *v. Bornhaupt,* FR 90, 621 f. S. auch *Lück,* Die neue Rechtsprechung zu sogenannten Incentive-Reisen, DStZ 89, 216.

2.111 Einkünfte aus Kapitalvermögen (§§ 2 I Nr. 5, 20 EStG)

§ 20 EStG will die Entgelte für die Überlassung von *Kapital*vermögen (Gegensatz: Realvermögen, erfaßt in § 21 EStG) zur befristeten Nutzung erfassen[93]. Er führt insb. Gewinnanteile an *Kapitalgesellschaften* und an Erwerbs- und Wirtschafts*genossenschaften* auf (§ 20 I Nrn. 1, 2; II Nr. 2 EStG), ferner Einnahmen *typischer* stiller Gesellschafter und Geber *partiarischer* Darlehen (§ 20 I Nr. 4 EStG), *Zinsen* aller Art (§ 20 I Nrn. 5–7 EStG), Diskontbeträge von Wechseln und Anweisungen (§ 20 I Nr. 8 EStG). Die Rückzahlung investierten Vermögens wird nicht erfaßt.

Die offenen Erträge von *Aktien* heißen *Dividenden* (s. § 20 I Nr. 1 EStG); sie werden gewährt aufgrund von *Dividendenscheinen* (s. § 20 II Nr. 2 a EStG). Die Erträge aus Beteiligungen an einer bergrechtlichen Gesellschaft *(Kuxen)* heißen *Ausbeuten* (s. § 20 I Nr. 1 EStG); sie werden gewährt aufgrund von *Zinsscheinen*.

§ 20 I Nr. 1 EStG erfaßt auch *verdeckte* Gewinnausschüttungen (s. § 8 III 2 KStG; dazu S. 422 ff., 446 f.). Sie sind „sonstige Bezüge".

Zu den Kapitaleinkünften aus Beteiligungen gehören nicht nur die tatsächlich ausgezahlten Kapitalerträge, sondern auch die nach § 36 II Nr. 3 EStG anzurechnende oder nach §§ 36 b–36 e EStG oder nach § 52 KStG zu vergütende Körperschaftsteuer. Die anzurechnende oder zu vergütende Körperschaftsteuer gilt als mit den ausgezahlten Kapitalerträgen bezogen (§ 20 I Nr. 3 EStG). Der Gesamtbetrag ist der Einkommensteuer zu unterwerfen. Dazu S. 404 ff., 438 ff.

Erhöht eine Kapitalgesellschaft ihr Nennkapital durch Umwandlung von offenen Rücklagen in Nennkapital, so gehört der Wert der neuen Anteilsrechte bei den Anteilseignern nicht zu den besteuerbaren Einkünften (§§ 1 ff. Gesetz über steuerrechtliche Maßnahmen bei Erhöhung des Nennkapitals aus Gesellschaftsmitteln v. 10. 10. 1967, BGBl. I 67, 977 i. d. F. v. 22. 12. 1983, BGBl. I 83, 1592 – KapErhStG). Wegen Kapitalherabsetzung s. § 20 I Nr. 2 EStG.

Die Praxis unterwirft mit Billigung der Rechtsprechung (des BFH und des BVerfG) den *nominalen* Ertrag der Steuer[94].

Die Kritik[95] wendet ein, daß der Zins, soweit er nur der realen Vermögenserhaltung diene, kein Ertrag sei. Durch die Erfassung dieser die Entwertung ausgleichenden Zinsanteile schlage die Einkommensteuer in eine Substanzsteuer um; dadurch könne Art. 14 GG verletzt werden. Dagegen wird geltend gemacht, der Zins sei kein Entwertungsausgleich, im übrigen berühre die Entwertung die *Vermögenssphäre,* nicht die Einkommenssphäre. Ohnehin komme es nur auf die nominelle Vermögenserhaltung an.

Ein Teil der Erträge im Sinne des § 20 EStG wird durch *Quellenabzug* (sog. Kapitalertragsteuer) besteuert (s. §§ 43 ff. EStG).

Bei Zinsen, die nicht an der Quelle besteuert werden, ist die *Hinterziehungsquote außergewöhnlich hoch.* Daher sah sich die Bundesregierung mit der Steuerreform 1990 „im Interesse der Steuergerechtigkeit" (BT-Drucks. 11/2157, 117) veranlaßt, den Quellenabzug auf Zinsen zu erweitern. Allerdings waren der CDU/CSU bei der Ausschöpfung der Zinsen-Steuerquelle politisch die Hände gebunden, weil bereits die SPD eine Quellensteuer auf Zinsen einführen wollte und die

---

[93] Dazu *W. Jakob,* Steuern vom Einkommen I, Stuttgart u. a. 1980, 214 ff.; *Scholtz,* Die Einkünfte aus Kapitalvermögen nach neuem Recht, FR 77, 25. Vgl. auch *Wassermeyer,* StuW 88, 283; *Seibold,* StuW 90, 165.
[94] BFH BStBl. 67, 690; 68, 143; 68, 653; insb. 74, 572, 582 (dazu *Friauf,* StuW 75, 260); 75, 637; 76, 599; s. auch BFH BStBl. 68, 302; 71, 626; BVerfGE 50, 57 ff. (dazu *K. Vogel,* NJW 79, 1158; *Kröger,* JZ 79, 631); a. A. FG Hamburg EFG 74, 425.
[95] *v. Arnim,* BB 73, 621; *Hartz,* B 73, 1519; *Kröger,* NJW 73, 1017; *ders.,* NJW 74, 2305; *Brümmerhoff,* FinArch. Bd. 32 (1973), 35 ff.; *v. Arnim* (Bund der Steuerzahler), Die Besteuerung von Zinsen bei Geldentwertung, Wiesbaden 1978 (mit umfassendem Literaturnachweis S. 96 ff.); s. im übrigen S. 203 ff., 392 f.

CDU/CSU gegen dieses Vorhaben im Wahlkampf 1982/83 agitierte. Somit gebar die Steuerreform 1990 einen Katalog von Maßnahmen der Zinsbesteuerung, die in ihrem Zusammenwirken nicht nur ungeeignet sind, die steuerliche Erfassung der Zinsen zu verbessern, sondern die das genaue Gegenteil des Gerechtigkeitsanliegens bewirken, nämlich den Rechtsstaat desavouieren. Die Maßnahmen sind folgende: (1.) Einführung einer sog. *kleinen Kapitalertragsteuer* in Höhe von 10 Prozent (s. unten S. 399). Ein höherer Steuersatz wurde politisch nicht gewagt. (2.) *Strafbefreiung* bei Nacherklärung von Einkünften aus Kapitalvermögen und von Kapitalvermögen; dadurch werden Steuerhinterzieher mit anderen Einkünften diskriminiert. (3.) *Verbot der Festsetzung* der vorsätzlich oder leichtfertig verkürzten Einkommensteuer auf Kapitaleinkünfte/Vermögensteuer auf das Kapitalvermögen. Der Täter darf also der Beute behalten. Der ehrliche Steuerzahler wird gleichheitssatzwidrig diskriminiert. (4.) Schließlich ist die *künftige* Steuerhinterziehung durch § 30 a AO *abgesichert* worden (s. S. 780 f.)[96].

Die sog. *kleine Kapitalertragsteuer* wurde zum 1. 7. 1989 wieder aufgehoben, was den Bürger darin bestärkt, Zinsen nicht zu versteuern (s. S. 183 f., mit Nachw. in Fn. 138). Gleichwohl muß der ehrliche Steuerzahler seine Zinsen nach wie vor versteuern. Er ist nicht etwa von Verfassungs wegen steuerfrei zu stellen (BFH BStBl. 89, 836). Der völlige Verzicht auf die Zinsbesteuerung[97] würde die Bezieher anderer Einkünfte gleichheitssatzwidrig diskriminieren.

Mit dem Begriff *Zinsen aus Anleihen* erfaßt § 20 I Nr. 7 EStG die Erträge (Zinsen) von *festverzinslichen Wertpapieren*, auch als Rentenpapiere oder Rentenwerte bezeichnet (insb. öffentliche Anleihen, Emissionen der Bodenkreditinstitute, Industrie- und Bankobligationen); diese festverzinslichen Wertpapiere sind rechtlich Schuldverschreibungen, deren Erträge aufgrund von *Zinsscheinen* (§ 20 II Nr. 2 b EStG) gewährt werden.

Ratenzahlungseinnahmen enthalten i. d. R. neben dem Kapitalanteil einen *Zinsanteil*, der nach § 20 I Nr. 7 EStG versteuert werden muß[98].

Den An- und Verkauf von Wertpapieren ordnet die Rechtsprechungs- und Verwaltungspraxis (anders als den An- und Verkauf von Immobilien, s. S. 359) regelmäßig der Vermögensverwaltung zu (vgl. Abschnitt 137 VI EStR 1990). Die permanente Umschichtung der Wertpapierbestände gehört nach dieser Auffassung zur Pflege des Stammvermögens, so daß ein Gewerbebetrieb erst bei Vorliegen besonderer Umstände gegeben ist, z. B. beim An- und Verkauf von Wertpapieren auf fremde Rechnung.

2.112 Einkünfte aus Vermietung und Verpachtung (§§ 2 I Nr. 6, 21 EStG)

§ 21 EStG erfaßt die Einkünfte aus der befristeten (= „zeitlich begrenzten", s. § 21 I Nr. 3 EStG) Überlassung von *Sach-* oder Realvermögen zur Nutzung. Jedoch ist der

---

96 Zu diesen Maßnahmen insb. *Bellstedt*, B 88, 2119; *Felix*, KÖSDI 88, 7077 ff., 7124 ff., 7309 ff., 7423 ff.; *ders.*, BB 88, 1717 ff., 2011; *Knobbe-Keuk*, B 88, 1086; *Krabbe*, B 88, 1668; *Lang*, FR 89, 349; *Lindberg*, Die neue Quellensteuer, München 1989; *Meier*, FR 88, 571; *Neckels*, DStZ 89, 8; *Neufang*, Inf. 88, 433; *Rainer*, DStR 88, 706; *Späth*, DStZ 88, 527; *Stahl*, KÖSDI 88, 7428; *Spindler*, B 87, 2536; *Tipke*, StuW 88, 277; *ders.*, BB 89, 157; *Unvericht*, B 88, 2327; *von Hippel*, ZRP 88, 81.

97 Diesen Vorschlag von *Isensee* auf dem 57. Deutschen Juristentag (Sitzungsbericht N, München 1988, 54) lehnte der Deutsche Juristentag mit 32 zu 19 Stimmen ab. Mehrheitlicher Beschluß: „Zur Durchsetzung des Steueranspruchs auf private Zinseinkünfte sind Kontrollmitteilungen für alle Kapitaleinkünfte zu ermöglichen. Verfassungsrechtliche Bedenken gegen Mitwirkungspflichten der Kreditinstitute, die zur Realisierung des geltenden materiellen Steuerrechts notwendig sind, bestehen nicht" (Sitzungsbericht N, 213).

98 BFH BStBl. 81, 160. – Zur Berechnung s. §§ 1 I; 13 BewG; Erlaß v. 2. 4. 1975, BStBl. I 75, 508.

§ 9 Einkommensteuer

Katalog (unbewegliches Vermögen, Sachinbegriffe, Rechte) nicht vollständig. *Einzelne* bewegliche Sachen werden nicht durch § 21 EStG, sondern durch § 22 Nr. 3 EStG erfaßt.

§ 21 EStG verwendet zwar zivilrechtliche Begriffe, die Rechtsprechung versteht unter Vermietung/Verpachtung jedoch jegliche *zeitlich begrenzte* (s. ausdrücklich § 21 I Nr. 3 EStG) *Überlassung zur Nutzung.* Ob das Nutzungsverhältnis ein obligatorisches oder dingliches ist, ist unerheblich.

Auch die entgeltliche Einräumung eines Nießbrauchs oder dinglichen Wohnrechts ist „Vermietung/Verpachtung" i.S. des § 21 EStG[99]. Der Gegensatz zur zeitlich begrenzten ist die zeitlich unbegrenzte Überlassung; sie ist wirtschaftlich Veräußerung durch Aufgabe der Substanz. Für die Abgrenzung zeitlich begrenzte/unbegrenzte Überlassung kommt es auf die zivilrechtliche Einkleidung nicht an.

Erfaßt werden die Einnahmen (auch Vorauszahlungen, sog. verlorene Zuschüsse; Ersatz von Aufwendungen) aus:

– Vermietung/Verpachtung von *unbeweglichem Vermögen* = zeitlich begrenzte Überlassung von unbeweglichem Vermögen zur Nutzung (s. § 21 I Nr. 1 EStG),

insb. von Grundstücken, Gebäuden, Gebäudeteilen, Schiffsregister-Schiffen, Rechten, die den Vorschriften des Bürgerlichen Rechts über Grundstücke unterliegen (z. B. Erbbaurecht, Erbpachtrecht, Mineralgewinnungsrecht).

– Vermietung/Verpachtung von *Sachinbegriffen,* insb. von beweglichem Betriebsvermögen (§ 21 I Nr. 2 EStG).

Sachinbegriff ist eine Vielheit beweglicher Sachen, die nach ihrer wirtschaftlichen oder technischen Zweckbestimmung zusammengehören (s. auch § 260 BGB)[100]. Beispiele: Landwirtschaftliches Inventar, Büroeinrichtung des Freiberuflers, Instrumentarium eines Arztes, Wohnungseinrichtung, Bibliothek, Mobiliar eines Zimmers. Die Erwähnung des Betriebsvermögens ist irreführend; gemeint ist wohl die Vermietung/Verpachtung von Sachgesamtheiten (des früheren Betriebsvermögens) nach Aufgabe des Betriebs.

– *Zeitlich begrenzter* Überlassung von *Rechten* (§ 21 I Nr. 3 EStG). Die zeitlich unbegrenzte Überlassung ist wirtschaftlich Übertragung (Abtretung) des Rechts; sie wird nicht erfaßt.

Erfaßt werden sollen insb. Einkünfte aus der Verwertung des durch Rechtsgeschäft oder im Erbgang *erworbenen* (kulturellen) Urheberrechts, aus der Lizenz gewerblicher Schutzrechte (Patente, Gebrauchs-, Geschmacksmuster, Warenzeichen), aus der Überlassung von nicht geschütztem technischen Erfahrungswissen (Know-how)[101]. Die Einkünfte aus der Verwertung des Urheber- oder Schutzrechts *durch den Urheber oder Erfinder selbst* sind freiberufliche Einkünfte. Soweit gewerbliche Schutzrechte und Know-how Wirtschaftsgüter eines Betriebsvermögens sind (dies ist regelmäßig der Fall), sind die Einkünfte aus der Nutzungsüberlassung Einkünfte aus Gewerbebetrieb (s. § 21 III EStG)[102].

§ 21 I Nr. 4 EStG stellt klar, daß Einkünfte aus der Veräußerung von Miet-/Pachtzinsforderungen auch dann Miet-/Pachteinkünfte sind, wenn die Einkünfte im Veräuße-

---

99 Dazu BFH BStBl. 79, 332; *L. Schmidt,* FR 78, 538.
100 Dazu *Kantenwein/Melcher,* FR 85, 233.
101 Dazu *Knoppe,* Die Besteuerung der Lizenz- und Know-how-Verträge [2], Köln 1972; *Böhme,* Die Besteuerung des Know-how, München/Berlin 1967; *K. Gerlach,* Besteuerung des Know-how, Diss. München 1966; s. auch *Stumpf,* Der Know-how-Vertrag, Heidelberg 1970 (zivilrechtlich).
102 *Mohr,* Die Besteuerung der Erfinder und Erfindungen, München 1985.

rungspreis von Grundstücken enthalten sind und die Miet-/Pachtzinsen sich auf einen Zeitraum beziehen, in dem der Veräußerer noch Besitzer war.

Im Falle der *Betriebsaufspaltung* sieht die Rechtsprechung die Vermietung/Verpachtung des Anlagevermögens durch das Besitzunternehmen als gewerblichen Vorgang an[103].

Der Tatbestand der Vermietung/Verpachtung kann auch von mehreren Personen gemeinsam erfüllt werden. Auch *Personengesellschaften,* die sich auf Vermietung/Verpachtung beschränken, haben Miet-/Pachteinkünfte, nicht gewerbliche Einkünfte, es sei denn, es läge der Sonderfall des § 15 III EStG vor[104].

Abgrenzung zum Gewerbebetrieb:[105] Die Abgrenzung der Vermietung /Verpachtung zum Gewerbebetrieb ist deshalb schwierig, weil i. d. R. auch die Vermietung alle Merkmale des Gewerbebetriebsbegriffs (§ 15 II EStG) erfüllt. Es kommt darauf an, ob die mit Gewinnabsicht ausgeführte nachhaltige Tätigkeit der Vermietung dient oder Ausfluß eines gewerblichen Engagements ist. Steht der *Gebrauch*/die *Nutzung* realer Werte (Grundstücke, Grundstücksteile, Sachgesamtheiten, Rechte) im Vordergrund, liegt Vermietung/Verpachtung vor; steht die Ausnutzung solcher Werte durch *Umschichtung* im Vordergrund, liegt gewerbliche Tätigkeit vor. Immer ist also entscheidend, welche Einkunftsquelle sich der Steuerpflichtige anschafft oder anschaffen will. Die Größenordnung des vermieteten/verpachteten Vermögens ist irrelevant. Die Anschaffung von Grundstücken oder die Herstellung von Gebäuden zum Zwecke der Vermietung ist vorbereitende Tätigkeit zur Vermietung. Die Veräußerung von Mietobjekten ist Beendigung der Vermietungstätigkeit.

Gewerbebetrieb ist der *Grundstückshandel* (Veräußerung nach einer Anschaffung, die die Weiterveräußerung bezweckte). Zur gewerblichen wird eine Tätigkeit auch, wenn in gewinnerhöhender Weise auf das Verkaufsobjekt eingewirkt wird (etwa durch Baureifmachen, Parzellieren, Erschließen, Mitwirken bei der Bebauung); diese Tätigkeit geht, wenn sie sich an eine Vermietung anschließt, über die bloße Beendigung der Vermietung hinaus.

Auch in Fällen, in denen ein Steuerpflichtiger Grundstücke eindeutig zum Zwecke der Vermietung anschafft, der Vermietungsplan aber scheitert, sind die Einkünfte aus der Veräußerung der Grundstücke keine gewerblichen. Schafft ein Steuerpflichtiger Grundstücke an, die er nach kurzer Vermietungszeit veräußert, so kann die Vermietung der Steuervermeidung/Steuerumgehung dienen. Die Frage, welche Motive der Tätigkeit wirklich zugrunde gelegen haben (umschichtende/grundstückshändlerische oder vermögensnutzende), kann erhebliche Beweisschwierigkeiten bereiten[106].

Die Besteuerung des Nutzungswerts der selbstgenutzten Wohnung (bisher §§ 21 II, 21a EStG) ist seit dem Veranlagungszeitraum 1987 entfallen[107]. Die komplizierte Übergangsregelung (§ 52 XXI EStG) wird hier nicht berücksichtigt.

---

103 Dazu S. 634 ff.
104 Dazu S. 340.
105 Dazu *Ehlers,* DStR 89, 687, 729; *Enneking,* Einkünfte aus Gewerbebetrieb und aus der Veräußerung von Privatvermögen, Münster/New York 1990; *ders.,* FR 90, 409; *Gosch,* DStR 90, 585; *Lang,* StbKongrRep. 1988, 49; *Streck/Schwedhelm,* DStR 88, 527. Zur Rechtsprechungs- und Verwaltungspraxis s. zuletzt BMF vom 20. 12. 1990, BStBl. I 90, 884; BFH BStBl. 90, 1051, 1053, 1054, 1060 (insb. zur Drei-Objekt-Grenze: Veräußerung bis zu drei Objekten grundsätzlich nicht gewerblich).
106 Zur Beurteilung der Einkünfteerzielungsabsicht bei Umstrukturierung, Verkleinerung oder Beendigung der Vermögensverwaltung insb. *Lang* (Fn. 105).
107 Ges. v. 15. 5. 1986, BGBl. I 86, 730. Materialien: BT-Drucks. 10/3633; 10/5208. Dazu *H. Nieskens,* Die Konsumgutlösung im Bereich der Immobilienbesteuerung. Eine systematische Studie unter verfassungsrechtlichen Gesichtspunkten, Frankfurt/Bern/New York/Paris 1989.

2.12 Sonstige Quelleneinkünfte (§ 22 Nrn. 1, 1a, 3, 4 EStG)

2.121 Überblick

Sonstige Einkünfte sind nicht etwa alle Einkünfte, die von §§ 2 I Nrn. 1–6; 13–21 EStG nicht erfaßt sind, sondern nur die Einkünfte i. S. des § 22 EStG (s. § 2 I Nr. 7 EStG). § 2 I Nr. 7 i.V. mit § 22 Nrn. 1, 1a EStG erfaßt die *wiederkehrenden Einkünfte* aus nicht übertragbaren, persönlichen Rechten.

Unter § 22 Nrn. 1, 1a EStG fallen vor allem *Unterhaltsbezüge* und private *Renten*. Unterhaltsbezüge und zugewendete Renten sind nicht erwirtschaftet. Wenn man freilich Renten als Bezüge versteht, die auf einem Stammrecht und damit auf einem Vermögenswert beruhen, kann man auch in Renten Vermögenseinkünfte sehen. Österreich hat die *Sozialversicherungs*renten den Einkünften aus nichtselbständiger Arbeit zugeordnet. In der BR Deutschland werden sie von § 22 Nr. 1 EStG als Leibrenten erfaßt, obwohl ihnen kein Stammrecht (mehr) zugrunde liegt (s. S. 365).

Da man *Abgeordnetenbezüge* wegen des spezifischen Charakters der Abgeordnetentätigkeit den §§ 18, 19 EStG nicht zuordnen mochte, werden sie durch § 22 Nr. 4 EStG erfaßt. Adäquater gewesen wäre die Plazierung zwischen §§ 18, 19 EStG.

§ 22 Nr. 3 EStG erfaßt hilfsweise (noch nicht erfaßte) *Einkünfte aus Leistungen*, z. B. Einkünfte aus gelegentlichen (nicht nachhaltigen) Vermittlungen und aus der Vermietung beweglicher Sachen[108].

2.122 Wiederkehrende Bezüge (§ 22 Nrn. 1, 1a EStG)

Literatur: *Stoll*, Rentenbesteuerung [3], Wien 1979; *Schober*, Die einkommensteuerliche Behandlung der Renten, Diss. Münster 1964; *Bieri*, Die Besteuerung der Renten und Kapitalabfindungen, Diss. St. Gallen 1970; *Lamers*, Intertemportale Einkommenstransfers, Diss. rer. pol. Münster 1975; Gutachten der „Treuerarbeit", BT-Drucks. 7/5569; *Brümmerhoff*, Einkommensbesteuerung der Sozialversicherungsrenten, StuW 79, 219 ff.; *Weise*, Rentenfinanzierung und Rentenbesteuerung, FinArch. Bd. 37 (1979), 396 ff.; *Sauerland/Wendt/Schmidt/Schulz*, Die Rentenbesteuerung [9], Achim/Bremen 1983; *Jansen/Wrede*, Renten, Raten, Dauernde Lasten [9], Herne/Berlin 1986; *Söhn*, Ertragsanteilsbesteuerung von Leibrenten (§ 22 Nr. 1 Satz 3 Buchst. a EStG), StuW 86, 324, 326; *Fischer*, Über Renten und Rentenbesteuerung, StuW 88, 335; *Biergans*, Renten und Raten in ESt und Steuerbilanz [3], München 1989; *Rose*, Betrieb und Steuer, Erstes Buch: Die Ertragsteuern [10], Wiesbaden 1989, 101 ff.; *Ehlers*, Besteuerung wiederkehrender Bezüge, Freiburg 1990; *Mödder/Stollenwerk/Rödder/Söffing*, Kaufpreisraten, Renten und rentenähnliche Leistungen im Einkommensteuerrecht, StStud. 89, 353 ff., 389 ff., 433 ff.; 90, 18 ff., 60 ff., 91 ff.

a) *Zur Terminologie: Wiederkehrende Bezüge* sind Einnahmen in Geld oder Geldeswert, die nicht Kaufpreisraten sind und die einer Person aufgrund eines bestimmten Verpflichtungsgrundes (Gesetz, Vertrag, Testament) oder wenigstens aufgrund eines einheitlichen Entschlusses für eine gewisse Zeit periodisch wiederkehrend zufließen[109].

Nicht erforderlich ist, daß die wiederkehrenden Einnahmen jeweils gleich hoch sind und daß sie in gleichmäßigen Abständen zufließen, wenngleich auch eine gewisse Regelmäßigkeit erforderlich ist.

Wiederkehrende Bezüge können steuerfrei sein nach § 3 Nrn. 1a, 6, 11, 23, 49 EStG.

---

108 Ein Grund dafür, warum die Vermietungseinkünfte zum Teil in § 21 EStG, zum Teil in § 22 Nr. 3 EStG erfaßt werden, ist nicht ersichtlich.
109 BFH BStBl. 79, 133, 134.

Wiederkehrende Bezüge

Wiederkehrende Bezüge können gewährt werden:
- aufgrund besonderen rechtlichen Verpflichtungsgrundes (s. §§ 9 I 3 Nr. 1, 10 I Nr. 1 a EStG), nämlich aufgrund von Gesetz, Vertrag, Testament;
- aufgrund freiwillig begründeter Rechtspflicht (§§ 22 Nr. 1, 12 Nr. 2 EStG) = freiwillig begründeten Verpflichtungsgrundes = Vertrages, Testaments;
- freiwillig (§§ 22 Nr. 1, 12 Nr. 2 EStG), d. h. ohne besonderen Verpflichtungsgrund i. S. der §§ 9 I 3 Nr. 1, 10 I Nr. 1 a EStG, also ohne jede Rechtspflicht;
- einer gesetzlich (abstrakt!) unterhaltsberechtigten Person (§§ 22 Nr. 1, 12 Nr. 2 EStG);
- entgeltlich, d. h. als Gegenleistung für eine Leistung;
- unentgeltlich, d. h. schenkungshalber; in diesem Falle spricht man auch von *Zuwendungen* (§ 12 Nr. 2 EStG).

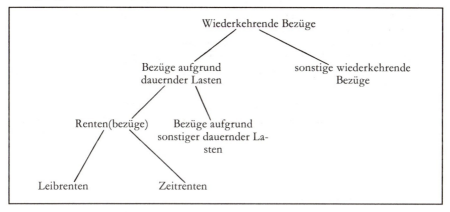

Bezüge aufgrund *dauernder Lasten* sind spezielle wiederkehrende Bezüge. Sie bestehen in Geld oder geldwerten Bezügen, die jemand *längere* Zeit (mindestens 10 Jahre) erhält und nicht bloß auf einheitlichem Beschluß beruhen, sondern auf besonderem Verpflichtungsgrund (Vertrag, Gesetz, Testament).

§§ 9 I 3 Nr. 1, 10 I Nr. 1 a EStG erwähnen die dauernden Lasten besonders, § 22 Nr. 1 erwähnt nur wiederkehrende Bezüge, nicht aber eigens Bezüge aufgrund dauernder Lasten. Obwohl in §§ 9 I 3 Nr. 1, 10 I Nr. 1 a EStG die dauernden Lasten *neben* den Renten erwähnt werden, ist die Rente ein Unterbegriff der dauernden Last. Auch für Zeitrenten wird nämlich eine Mindestlaufzeit von 10 Jahren verlangt (BFH BStBl. 63, 563).

Renten[110] sind dauernde Lasten, für die folgende Besonderheiten gelten: Sie *beruhen auf* einem selbständig nutzbaren Recht, dem Rentenrecht oder *Rentenstammrecht;* das Stammrecht ist die von der eigentlichen Geschäftsgrundlage abgelöste (von der causa abstrahierte) Quelle der Renteneinkünfte; die Einkünfte kehren regelmäßig wieder, sind gleichmäßig hoch (zahlen- oder wertmäßig), bestehen in Geld oder in sonstigen vertretbaren Sachen und werden auf Lebensdauer eines Berechtigten, Verpflichteten oder eines Dritten (Leibrente) oder für eine bestimmte Dauer, mindestens für 10

---
[110] Das Gesetz bezeichnet sowohl die Renten*bezüge* (s. § 22 Nr. 1 Satz 3 Buchst. a EStG) als auch die Renten*leistungen* (s. §§ 9 I 3 Nr. 1, 10 I Nr. 1 a EStG) als *Renten*.

§ 9 Einkommensteuer

Jahre (Zeitrente), gewährt. Diese Definition ist aus dem Zivilrecht[111] übernommen worden.

Danach sind *keine Renten* solche Bezüge[112],

- die nicht auf einem Stammrecht beruhen, daher nicht die Versorgungsbezüge i. S. des § 19 II EStG und die Schadensrenten i. S. der §§ 843–845 BGB, auch nicht Kaufpreisraten, da es sich um eine Mehrzahl *einzelner* selbständiger Ansprüche mit aufeinanderfolgenden Fälligkeitsterminen handelt. Ob ein Stammrecht vorliegt, muß im Zweifel durch Auslegung geklärt werden. Kein Stammrecht entsteht, wenn die Rente nicht in der vorgeschriebenen Form (s. etwa §§ 311, 312, 313, 518, 2371 BGB) vereinbart worden ist. Ausnahme laut Rechtsprechung: Unkenntnis des Mangels und Rechtsungewandtheit;
- die nicht regelmäßig wiederkehren;
- die nicht gleichmäßig hoch sind; das sind sie nicht, wenn Höhe und Dauer der Bezüge von der Bedürftigkeit des Empfängers oder von der Leistungsfähigkeit des Verpflichteten abhängen, wenn die Bezüge gewinn- oder umsatzabhängig sind, wenn sie angemessen oder standesgemäß sein müssen, wenn sie dem Vorbehalt der Anpassung nach § 323 ZPO unterliegen (dazu Abschnitt 167 I EStR); unbedeutende Schwankungen und sog. Indexklauseln (zum Inflationsausgleich) werden als irrelevant angesehen;
- die nicht in Geld oder sonstigen vertretbaren Sachen bestehen, daher nicht Wohnrechte, Pflegeleistungen, *Altenteilsleistungen,* soweit sie nicht einen erheblichen Geldanteil enthalten[113];
- die nicht für eine bestimmte Dauer gewährt werden; die Rechtsprechung verlangt für Zeitrenten eine Mindestdauer von 10 Jahren.

b) „*Zurechnung*": Wiederkehrende Bezüge sind grundsätzlich vom Empfänger zu versteuern. Sie sind dem Empfänger nach § 22 Nr. 1 Satz 2 EStG ausnahmsweise jedoch nicht „zuzurechnen" (d. h. er hat sie nicht zu versteuern, sie sind bei ihm nicht steuerbar), wenn die Bezüge ihm

aa) freiwillig gewährt werden; damit korrespondiert, daß der Geber die Leistungen nicht als Sonderausgaben behandeln darf, da kein besonderer Verpflichtungsgrund vorliegt (§ 10 I Nr. 1 a EStG);

bb) aufgrund einer freiwillig begründeten Rechtspflicht gewährt werden; damit korrespondiert, daß die Leistungen beim Geber zwar Sonderausgaben sind, weil ein besonderer Verpflichtungsgrund vorliegt (§ 10 I Nr. 1 a EStG), auch Werbungskosten sein können (§ 9 I 3 Nr. 1 EStG), jedoch nach § 12 Nr. 2 EStG nicht abgezogen werden, wenn sie Zuwendungen sind, d. h. wenn sie nicht aufgrund einer Gegenleistung gewährt werden;

cc) als einer gesetzlich (abstrakt) unterhaltsberechtigten Person (konkrete Bedürftigkeit ist nicht erforderlich) gewährt werden. Bei konkreter Bedürftigkeit besteht ein besonderer Verpflichtungsgrund i. S. der §§ 9 I 3 Nr. 1, 10 I Nr. 1 a EStG. § 12 Nr. 2 EStG läßt den Abzug nicht zu, wenn es sich um eine Zuwendung handelt (Der Einleitungssatz des § 12 EStG erwähnt § 10 I Nr. 1 a EStG nicht!). Eine *Ausnahme* ist für geschiedene oder dauernd getrennt lebende Ehegatten eingeführt worden; sie müssen die Unterhaltsbezüge evtl. bis zu 27 000 DM versteuern (§ 22 Nr. 1 a i. V. mit § 10 I Nr. 1 EStG); s. dazu S. 383 f.

---

111 RGZ 67, 204; 80, 208; 145, 119; 150, 385. – Kritisch zur Anknüpfung an das Zivilrecht und das Stammrechtsdenken *Welter,* Wiederkehrende Leistungen im Zivilrecht und im Steuerrecht, Berlin 1984.
112 Rechtsprechungsnachweise bei Schmidt/*Heinicke,* EStG [9], § 22 Anm. 8.
113 Dazu *Josten,* Altenteil in der Land- und Forstwirtschaft, Inf. 76, 395; BFH BStBl. 84, 97; FR 90, 426.

Beispiele:

Ein Steuerpflichtiger gewährt (unterhaltsberechtigter) verheirateter Tochter aufgrund eines Schenkungsversprechens laufenden Unterhaltszuschuß; ferner gewährt er seiner alten (nicht unterhaltsberechtigten) Tante freiwillig (!) einen laufenden Zuschuß. Tochter und Tante brauchen den Zuschuß nicht zu versteuern (§ 22 Nr. 1 Satz 2 EStG); den Unterhaltszuschuß für die Tochter kann der Steuerpflichtige nicht als Sonderausgabe (§ 10 I Nr. 1a EStG) absetzen (§ 12 Nr. 2 EStG), der Zuschuß an die Tante ist keine Sonderausgabe, da er nicht auf besonderem Verpflichtungsgrund i. S. des § 10 I Nr. 1a EStG beruht.

Ein Steuerpflichtiger gewährt seiner Tante aufgrund lebenslänglichen Unterhaltsvertrages laufend Unterhalt. Die Tante ist nicht unterhaltsberechtigt, Unterhalt wird aufgrund freiwillig begründeter Rechtspflicht gewährt. Die Tante hat den Unterhalt nicht zu versteuern (§ 22 Nr. 1 EStG), der Steuerpflichtige kann ihn nicht als Sonderausgabe (§ 10 I Nr. 1a EStG) abziehen (§ 12 Nr. 2 EStG trifft zu).

Wegen der Beziehungen des § 22 Nr. 1 Satz 2 EStG zu §§ 10 I Nr. 1a, 12 Nr. 2 EStG spricht man auch vom *Korrespondenzprinzip*. Das Korrespondenzprinzip ist nicht gerechtfertigt. Es verletzt das Subjektprinzip, das Prinzip der Individualbesteuerung (s. S. 194).

Werden die Bezüge freiwillig, aufgrund einer freiwillig begründeten Rechtspflicht oder einer nicht bedürftigen (abstrakt) unterhaltsberechtigten Person gewährt, so läßt sich die Tatsache, daß diese Bezüge dem Empfänger nicht als Einkünfte „zugerechnet" werden, jedoch sachgerecht daraus erklären, daß es sich um Schenkungen i. S. des Erbschaft- und Schenkungsteuergesetzes handelt. Das gilt nicht für die Erfüllung konkreter Unterhaltspflichten (s. § 13 I Nr. 12 ErbStG). Die Erfüllung einer Unterhaltspflicht ist keine Schenkung. Insoweit ist in § 22 Nr. 1 Satz 2 EStG kein Sinn zu erkennen. Seinem Wortlaut nach gilt § 22 Nr. 1 Satz 2 EStG auch für Renten, denn Rentenbezüge sind wiederkehrende Leistungen. Da den Renten aber ein Stammrecht zugrunde liegt und nur das Stammrecht geschenkt wird, werden entgegen dem Wortlaut die Erträge aus dem Stammrecht folgerichtig dem beschenkten Stammrechtsinhaber zugerechnet.

Dem Empfänger sind nach § 22 Nr. 1 Satz 2 EStG wiederkehrende Unterhaltsbezüge nur dann nicht „zuzurechnen", wenn der Geber *unbeschränkt einkommensteuerpflichtig/ körperschaftsteuerpflichtig* ist. Im Falle beschränkter Steuerpflicht hat der Empfänger wiederkehrende Unterhaltsbezüge zu versteuern (Beispiele: Unterhaltsbezüge eines Studenten, dessen Eltern im Ausland wohnen; Unterhaltsleistungen einer ausländischen Stiftung). Dadurch wird der Zweck des § 22 Nr. 1 Satz 2 EStG deutlich, im Falle *un*beschränkter Steuerpflicht Doppelbesteuerungen zu vermeiden[114]. Diese Begründung vermag die Ungleichbehandlung der *Empfänger* nicht zu rechtfertigen. Unterhaltsbezüge steigern allgemein die Leistungsfähigkeit und müßten dementsprechend allgemein im Rahmen eines Familien-Realsplittings (s. S. 383f.) versteuert werden. Entsprechend dem in § 50 EStG statuierten Grundsatz könnten die persönlichen Verhältnisse der *Geber* nicht berücksichtigt werden und die Geber daher auch die Unterhaltsleistungen nicht abziehen.

c) *Subsidiäre Geltung:* § 22 Nr. 1 EStG betrifft nur solche wiederkehrenden Bezüge, die nicht zu den Einkunftsarten des § 2 I Nrn. 1–6 EStG gehören (§ 22 Nr. 1 Satz 1 EStG).

Wer ein Wirtschaftsgut des Betriebsvermögens, einen Betrieb, Teilbetrieb oder Mitunternehmeranteil gegen Rente veräußert, hat Einkünfte aus Gewerbebetrieb (§§ 15, 16 EStG) oder aus Land- und Forstwirtschaft (§§ 13, 14 EStG) oder aus freier Berufstätigkeit (§ 18 EStG), evtl. jeweils i. V. mit § 24 EStG (dazu S. 373f.). Die aufgrund früherer Arbeitsleistung gewährten

---

114 Dazu *J. Lang,* Die Bemessungsgrundlage der Einkommensteuer, Köln 1981/88, 49f. S. auch BFH BStBl. 74, 101.

Versorgungsbezüge von Arbeitnehmern fallen unter § 19 EStG. Renten aus Rentenschulden fallen unter § 20 I Nr. 5 EStG. Wer etwa ein (erworbenes) Urheberrecht gegen eine Zeitrente überläßt, hat Einkünfte nach § 21 I Nr. 3 EStG. – S. auch S. 375.

d) *Sonderbehandlung der Leibrenten* (lebenslängliche Renten; Sprachwurzel: Lif = Leben/Leib): § 22 Nr. 1 EStG geht mit dem Zivilrecht davon aus, daß die causa für die Rente niemals in einer Leistung liege, sondern immer im Stammrecht. Auf diese Weise ist die Rente vom eigentlichen Rechtsgrund der Zahlung abgelöst. Daher wird auch nicht zwischen entgeltlichen (Veräußerungsrenten) und unentgeltlichen Renten (Zuwendungs- oder Unterhaltsrenten, Versorgungsrenten) unterschieden. Wird ein privates Wirtschaftsgut, etwa ein Wohnhaus, gegen Leibrente veräußert, so ist die Gegenleistung die Verschaffung des Rentenstammrechts; Gegenleistung sind nicht die wiederkehrenden Rentenbezüge. Der Wert des Rentenstammrechts ist, wenn nicht §§ 17, 23 EStG zutreffen, beim Veräußerer indessen nicht zu erfassen. Vom Veräußerer zu versteuern sind *nur die Erträge* des Rentenstammrechts. Wird eine Leibrente unentgeltlich gewährt, so ist das Rentenstammrecht geschenkt. Die Schenkung ist kein Vorgang des Einkommensteuergesetzes, sondern des Erbschaft- und Schenkungsteuergesetzes. Nach dem Einkommensteuergesetz zu versteuern sind wiederum *nur die Erträge* des Rentenstammrechts.

Anders als Leibrenten behandelt das Gesetz die nur auf bestimmte Zeit gewährten *Zeitrenten;* für sie gilt § 22 Nr. 1 Satz 3 EStG nicht, obwohl auch ihnen ein Stammrecht zugrunde liegt. Die Zeitrente ist voll zu versteuern. Jedoch deutet die Rechtsprechung *entgeltliche* Zeitrenten möglichst in Kaufpreisraten um. Je nachdem, ob es sich um eine betriebliche oder private Zeitrente handelt, wird die Beurteilung unterschiedlich akzentuiert[115].

Beispiele:

A veräußert sein Wohnhaus nach 10 Jahren *gegen einen Barkaufpreis* von 100 000 DM. Der Gewinn ist nicht besteuerbar. Er fällt unter keine Einkunftsart.

A veräußert sein Wohnhaus nach 10 Jahren gegen *Kaufpreisraten* von insgesamt 110 000 DM. Die Raten selbst sind nicht besteuerbar. In den Raten steckt jedoch ein *Zinsanteil,* der zu den Einkünften aus Kapitalvermögen gehört (§ 20 I Nr. 7 EStG).

A veräußert sein Wohnhaus nach 10 Jahren gegen eine *Leibrente.* Er muß nur den Ertrag des Rentenstammrechts, den *Rentenertragsanteil* versteuern (§ 22 Nr. 1 Satz 3a EStG).

A veräußert sein Wohnhaus nach 10 Jahren gegen eine *Zeitrente.* Er muß die Rente voll versteuern, wenn sie nicht in Kaufpreisraten umgedeutet wird.

A erhält von seiner Lebensversicherung bei Erreichen des 65. Lebensjahres die Versicherungssumme

   a) als *Einmalbetrag;* der Betrag ist nicht zu versteuern, er wird von § 22 Nr. 1 EStG nicht erfaßt, da es sich nicht um „wiederkehrende Bezüge" handelt;

   b) als *Leibrente;* nur der Ertragsanteil ist zu versteuern;

   c) als *Zeitrente;* die Rente ist voll zu versteuern (BFH BStBl. 81, 358), obwohl sie auch Kapitalrückzahlungen enthält, zum Teil nur eine Vermögensumschichtung vorliegt.

Es liegt unter dem Aspekt des Leistungsfähigkeitsprinzips ein klarer Verstoß gegen den Gleichheitssatz vor. Im Fall a wird zuwenig, im Fall c wird zuviel erfaßt. Die Erfassung nur „wiederkehrender Bezüge" ist ein Relikt der unter dem Leistungsfähigkeitsaspekt insuffizienten Quellentheorie (s. S. 200).

---

115 BFH BStBl. 64, 239; 65, 613; 68, 653; 70, 171; 70, 541; s. jedoch auch BFH BStBl. 81, 358. Zur Betriebsrente insb. BFH BStBl. 84, 829.

Nach dem Willen des Gesetzgebers gehören zu den Leibrenten auch die *Sozialversicherungsrenten* (Renten aus der gesetzlichen Rentenversicherung der Arbeiter und Angestellten, aus der Knappschaftsversicherung und der Altershilfe der Landwirte)[116].
Allerdings sammeln die Versicherten der Sozialversicherung kein Kapital für ihre Versicherung mehr an. Das geschah nur bis 1956. Bis 1966 wurde ein Umlageverfahren (als sog. Abschnittsdeckungsverfahren) mit relativ bescheidener Kapitalansammlung angewendet. Danach wurde die Kapitalansammlung nochmals erheblich reduziert; im Rahmen des „Generationenvertrages" werden die Beiträge der Erwerbstätigen (im Umlageverfahren) nahezu zur Gänze unmittelbar an die Rentenbezieher weitergeleitet. Diese Rentenbezüge beruhen nicht auf einem Stammrecht. Die Rentenbeiträge sind Quasi-Steuern, die Rentenbezüge sind Sozialbezüge; sie sind auch nicht permanent gleich hoch[117]. Danach ist es nicht mehr gerechtfertigt, die Sozialversicherungsrenten den Leibrenten gleichzubehandeln. Kritik S. 370 ff. − Da Sozialversicherungsrenten weitgehend steuerfrei und sozialversicherungsfrei sind, kann es sich ergeben, daß ein aktiver Arbeitnehmer, der höhere Bruttoeinkünfte hat als ein Rentner, niedrigere Nettoeinkünfte bezieht als dieser.

Der Ertrag des Leibrentenstammrechts wird aus Vereinfachungsgründen nicht individuell berechnet. Als Ertrag gilt für die gesamte Dauer des Rentenbezugs der *Unterschied* zwischen dem Jahresbetrag der Rente und dem Betrag, der sich bei gleichmäßiger Verteilung des Kapitalwerts der Rente auf die Jahre der voraussichtlichen Laufzeit ergibt (§ 22 Nr. 1 Satz 3 Buchst. a EStG). Der (pauschalierte) Ertragsanteil ergibt sich aus der Tabelle zu § 22 Nr. 1 Satz 3 Buchst. a EStG.

Beispiel: A erhält seit 1. 7. 1988 von B eine lebenslängliche Rente von mtl. 800 DM. Bei Beginn der Rente hatte A sein 58. Lebensjahr vollendet. Ertragsanteil = 32 v. H. von 9 600 DM = 3 072 DM, für 6 Monate 1 536 DM.

Die Tabelle zu § 22 Nr. 1 EStG enthält eine grobe Pauschalierung. Sie berücksichtigt bei Sozialversicherungsrenten und anderen Renten nicht, ob und inwieweit die Rente selbst finanziert worden ist und ob die Ansammlung des Kapitals steuerfrei war. Da bei Sozialversicherungsrenten der Arbeitgeberanteil des Beitrags steuerfreier Arbeitslohn (§ 3 Nr. 62 EStG) und der Arbeitnehmeranteil des Beitrags Sonderausgabe (§ 10 I Nr. 2a EStG) ist (jedenfalls sein sollte), müßte konsequenterweise die Sozialversicherungsrente voll versteuert werden[118]. In der Tat erfaßt § 21 I 5 BAföG die volle Rente. BVerfGE 54, 11, hat entschieden, daß die unterschiedliche Besteuerung der Beamtenpensionen und der Sozialversicherungsrenten 1969 bzw. 1970 noch mit dem Gleichheitssatz vereinbar war[119]. Die Vorschläge einer Kommission „Alterssicherungssysteme"[120] und des Wissenschaftlichen Beirats beim Bundesministerium der Finanzen[121] für eine Reform der Besteuerung der Alterseinkünfte liegen vor. Sie sind aber bisher nicht in einen Gesetzentwurf umgesetzt worden.

Sonderprobleme ergeben sich bei *abgekürzten* (dazu § 55 II EStDV) und *verlängerten* Leibrenten, bei nachträglicher Erhöhung oder Herabsetzung der Laufzeit und bei Abhängigkeit der Laufzeit von der Lebensdauer mehrerer Personen (dazu § 55 I Nr. 3 EStDV).

---

116 Dazu *Weise,* FinArch. Bd. 37 (1979), 309 ff.; *Welter,* StuW 80, 332 ff.
117 BT-Drucks. II/481, 87; II/961, 4.
118 Vgl. dazu auch Gutachten der „Treuarbeit", BT-Drucks. 7/5569; *Brümmerhoff,* StuW 79, 219 ff.; *Weise,* FinArch. Bd. 37 (1979), 396 ff; *Xenia Scheil,* Besteuerung von Alterseinkünften, Verteilungswirkungen im internationalen Vergleich, Diss. rer. pol. München 1983; *Söhn,* StuW 86, 324, 326; Wissenschaftlicher Beirat, BMF-Schriftenreihe Heft 38, Bonn 1986. − Voll zu versteuern sind die Rentenbezüge konsequenterweise z. B. in Belgien, Dänemark, Frankreich, Großbritannien, Irland, Italien, Kanada, Luxemburg, den Niederlanden, Norwegen, Österreich, Schweden.
119 Dazu S. 372 f.
120 Veröffentlicht 1983 vom Bundesminister für Arbeit und Sozialordnung. Dazu *Ahrend,* BB 84, 1565.
121 BFM-Schriftenreihe Heft 38, Bonn 1986.

e) Die steuerliche Behandlung wiederkehrender Bezüge wird entscheidend beeinflußt von dem Vorliegen einer *Gegenleistung*. Sind Leistung und Gegenleistung gleichwertig, so liegt ein Veräußerungsgeschäft vor: Leistung und Gegenleistung führen lediglich zu einer Vermögensumschichtung (BFH BStBl. 90, 14 m. w. Nachw.). Im Falle einer Zeitrente hat der Veräußerer den Zinsanteil nach § 20 I Nr. 7 EStG, im Falle einer Leibrente hat er den Ertragsanteil nach § 22 Nr. 1 Satz 3 a EStG zu versteuern. Fehlt eine gleichwertige Gegenleistung, d. h. sind die wiederkehrenden Bezüge *teilentgeltlich* oder *unentgeltlich,* so ergeben sich höchst unterschiedliche Rechtsfolgen: Im Falle unentgeltlicher wiederkehrender Bezüge liegen entweder Unterhaltsbezüge i. S. d. § 22 Nr. 1 Satz 2 EStG vor, die der Empfänger nicht zu versteuern hat (s. S. 362 f.) und die der Geber nach § 12 Nr. 2 EStG nicht absetzen kann, oder die wiederkehrenden Bezüge sind nach § 22 Nr. 1 EStG zu versteuern, und der Geber kann sie nach Maßgabe der §§ 9 I 3 Nr. 1; 10 I Nr. 1a EStG absetzen. Dabei ist aber zu beachten, daß aus der Korrespondenz der §§ 10 I Nr. 1a; 12 Nr. 2; 22 Nr. 1 Satz 2 EStG (s. S. 363) *kein allgemeines Korrespondenzprinzip* geschlossen werden darf (s. S. 194, bestätigt durch BFH BStBl. 89, 779, 781). In den Fällen der §§ 9 I 3 Nr. 1; 10 I Nr. 1a; 22 Nr. 1 EStG führt also ein Abzug der Leistungen nicht stets zu ihrer Versteuerung (Beispiel BFH BStBl. 89, 779: Grabpflegeaufwendungen als dauernde Last) bzw. ein Nichtabzug der Leistungen nicht stets zu ihrer Nichtversteuerung (Beispiel: Unterhaltsleistungen einer beschränkt steuerpflichtigen Person, s. S. 363).

Die Abgrenzung der Versteuerung zur Nichtversteuerung der wiederkehrenden Bezüge ist höchst unbefriedigend und kann unter Leistungsfähigkeitsaspekten nicht erklärt werden. Dies hängt zum einen damit zusammen, daß Unterhaltsleistungen nicht realitätsgerecht durch Familien-Realsplitting berücksichtigt werden (s. S. 383 f.), zum anderen auch damit zusammen, daß die Rechtsprechung Vermögensumschichtungen, erwirtschaftete Einkünfte und Zuwendungen in Mischfällen nicht exakt voneinander trennt. So hat insb. der Große Senat (BStBl. 90, 847, 852) entschieden, daß Versorgungsleistungen, die anläßlich der Übertragung von Vermögen im Wege der vorweggenommenen Erbfolge vom Übernehmer zugesagt werden, weder Veräußerungsentgelt noch Anschaffungskosten, sondern wiederkehrende Bezüge (§ 22 Nr. 1 EStG) und Sonderausgaben (§ 10 I Nr. 1a EStG) seien. Die Teilentgeltlichkeit wird also der Unentgeltlichkeit gleichgestellt. Im Hinblick auf die ganz unterschiedlichen Rechtsfolgen besteht indessen ein dringendes Bedürfnis, den einkommensteuerrechtlich verschiedenartigen Vorgängen möglichst genau Rechnung zu tragen. Die Entweder-Oder-Rechtsprechung stellt dem Steuergestalter die Aufgabe, die „richtigen" (steuerminimalen) Rechtsfolgen bei Überlassung von Vermögen durch Wahl der Rechtsform und Austarierung von Wert und Gegenwert zu sichern[122].

2.123 Abgeordnetenbezüge (§ 22 Nr. 4 EStG)

Die Abgeordnetenbezüge waren früher steuerfrei (die Abgeordneten hatten sich selbst befreit). Diesen Zustand hat BVerfGE 40, 296, für verfassungswidrig erklärt.

---

122 Vgl. dazu die Beispiele von Schmidt/*Heinicke,* EStG[9], § 22 Anm. 17 e. Zu BFH GrS BStBl. 90, 847, insb. *Groh,* B 90, 2187.

Da es schwierig ist, die Abgeordnetentätigkeit den Einkunftsarten der §§ 15, 18, 19 EStG zuzuordnen, erfaßt § 22 Nr. 4 EStG die Bezüge aufgrund der Abgeordnetengesetze des Bundes und der Länder als Einkünfte sui generis.

Erfaßt werden nur Diäten und vergleichbare Bezüge, nicht echte Aufwandsentschädigungen (s. auch BT-Drucks. 7/5531, 9).

2.124 Einkünfte aus – nicht nachhaltigen – Leistungen (§ 22 Nr. 3 EStG)

Leistung ist jedes Tun, Dulden oder Unterlassen, das Gegenstand eines entgeltlichen Vertrages sein kann. Das Gesetz nennt als Beispiele: gelegentliche (= nicht nachhaltige) Vermittlung, Vermietung *beweglicher* Gegenstände (§ 22 Nr. 3 EStG)[123].

Beispiele: Vermietung einer Schreibmaschine (§ 21 I Nr. 2 EStG trifft nicht zu, da Schreibmaschine kein Sachinbegriff); gelegentliche Vermittlung eines Geschäfts; gewerbsmäßige Unzucht[124]; Aufgabe einer Wohnung gegen Entgelt[125]; Einräumung eines Vorkaufsrechts gegen Entgelt; entgeltlicher Verzicht auf Rechte; gelegentliche Leistungen gegen Schmier-, Schweige- oder Bestechungsgelder.

Die Vorschrift will nur den Nutzungs-, nicht den Veräußerungsbereich erfassen. Veräußerungen fallen nicht darunter (s. insoweit §§ 22 Nr. 2, 23 EStG; Umkehrschluß aus diesen Vorschriften). § 22 Nr. 3 EStG erfaßt nicht *Differenz-* und *Devisentermingeschäfte* (s. S. 220 f.).

2.2 Einkünfte aus der Veräußerung von Privatvermögen

2.21 Einkünfte aus der Veräußerung wesentlicher Beteiligungen an Kapitalgesellschaften (§ 17 EStG)

Wie bereits oben (S. 355) angesprochen, erfaßt § 17 EStG Einkünfte aus der Veräußerung von privatem Stammvermögen, und zwar Gewinne/Verluste aus der Veräußerung von Anteilen an einer Kapitalgesellschaft, wenn der Veräußerer innerhalb der letzten fünf Jahre am Kapital der Gesellschaft zu mehr als einem Viertel beteiligt war (§ 17 I EStG). Die von § 17 EStG erfaßte Beteiligung an einer Kapitalgesellschaft gehört zum privaten Stammvermögen, mit dem Quelleneinkünfte i. S. des § 20 EStG erwirtschaftet werden. Gehört die Beteiligung zu einem Betriebsvermögen, fällt sie nicht unter § 17 EStG. Systematisch gehören also die von § 17 EStG erfaßten Veräußerungseinkünfte in den Bereich der Überschußeinkünfte. Den systematischen Zusammenhang zwischen den §§ 17 und 20 EStG betonen die Rechtsprechung des BVerfG und des BFH[126]. Die Zuordnung zu den Einkünften aus Gewerbebetrieb ist wegen des Privatvermögenscharakters der Beteiligung widersprüchlich und verfehlt.

Die Fünfjahresfrist soll verhindern, daß die Besteuerung durch Teilveräußerungen vermieden wird. Im übrigen setzt § 17 I 1 EStG voraus, daß die innerhalb eines Veranlagungszeitraumes veräußerten Anteile 1 v. H. des Gesellschaftskapitals übersteigen. Bei *unentgeltlichem Erwerb* (Erbschaft, Schenkung) wird dem Veräußerer die Beteiligung des Rechtsvorgängers nach Maßgabe des § 17 I 4 EStG zugerechnet[127].

---

123 Dazu *Keuk*, B 72, 1130.
124 BFH GrS BStBl. 64, 500; BFH BStBl. 70, 620; u. E. liegt bei Selbständigkeit gewerbliche Tätigkeit (§ 15 EStG) vor; s. auch *Brezing*, StuW 71, 171.
125 BFH BStBl. 67, 251.
126 BVerfGE 27, 111, 127; BFH BStBl. 86, 596, 598.
127 Dazu BFH BStBl. 72, 322.

Der (entgeltlichen) Anteilsveräußerung wird es gleichbehandelt, wenn eine Kapitalgesellschaft aufgelöst wird oder wenn ihr Kapital herabgesetzt und an die Anteilseigner zurückgezahlt wird, soweit die Rückzahlung nicht als Dividende gilt (§ 17 IV EStG). Andere Vorgänge werden nicht erfaßt[128].

Bloßer Wegzug in das Ausland ist zwar keine Anteilsveräußerung, jedoch wird die Steuerpflicht in diesem Fall durch § 6 Außensteuergesetz erweitert, vorausgesetzt, daß der Anteilseigner mindestens 10 Jahre unbeschränkt steuerpflichtig war[129].

Für die Beurteilung, ob die Beteiligung wesentlich[130] ist, ist es unerheblich, daß die Beteiligung zum Teil im Betriebsvermögen, zum Teil im Privatvermögen gehalten wird. – Zur Berechnung der Fünfjahresfrist stellt die Praxis auf das schuldrechtliche Erwerbs- und Veräußerungsgeschäft ab.

Liegen die Voraussetzungen des § 17 EStG vor, so werden *Gewinne* und *Verluste* (sie sind ausgleichs- und abzugsfähig) erfaßt. Der Veräußerungsgewinn i. S. des § 17 EStG ist tarifbegünstigt nach § 34 I, II Nr. 1 EStG.

Das Verhältnis der §§ 15, 16 I Nr. 1, 17, 23 I Nr. 1 b EStG zueinander ist ungereimt und unter dem Aspekt gleichmäßiger Besteuerung nach der Leistungsfähigkeit nicht einsichtig.

Wird ein zum Betriebsvermögen gehörender Anteil an einer Kapitalgesellschaft mit Gewinn oder Verlust veräußert, so wird der Gewinn/Verlust *in jedem Falle* berücksichtigt (§ 15 i. V. mit §§ 4 I, 5 I EStG). Gehört ein solcher Anteil zum Privatvermögen, so wird der Gewinn/Verlust nur berücksichtigt, wenn der Anteil *mehr als ein Viertel* beträgt (warum?). Das fordert bei Gewinnerwartung dazu heraus, den Anteil unter ein Viertel, bei Verlusterwartung dazu heraus, ihn über ein Viertel zu manipulieren. Im Falle des § 23 EStG ist ein Verlustausgleich bzw. -abzug i.d.R. unzulässig (§ 23 IV 3 EStG). Wird ein zum Betriebsvermögen gehörender Anteil mit Gewinn veräußert, so wird der ermäßigte Steuersatz nur gewährt, wenn der Anteil das gesamte Nennkapital erfaßt (§ 16 I Nr. 1 i. V. mit § 34 I, II Nr. 1 EStG); wird ein zum Privatvermögen gehörender Anteil veräußert, so wird der ermäßigte Steuersatz bereits gewährt, wenn der Anteil mehr als ein Viertel beträgt (§ 17 I 1, 2 i. V. mit § 34 I, II Nr. 1 EStG).

Über die Konkurrenz § 17 – § 23 EStG s. S. 375.

Ausführlicher zu § 17 EStG *Knobbe-Keuk*, Bilanz- und Unternehmenssteuerrecht [7], Köln 1989, 731 ff., und *L. Schmidt*, EStG [9], § 17.

2.22 Einkünfte aus Spekulationsgeschäften (§§ 22 Nr. 2, 23 EStG)

Während Einkünfte aus der Veräußerung privater (=nichtbetrieblicher) Wirtschaftsgüter regelmäßig nicht erfaßt werden, ordnet § 22 Nr. 2 EStG für sog. Spekulationsgeschäfte eine Ausnahme an.

Spekulationsgeschäfte sind (s. § 23 EStG):

a) Veräußerungsgeschäfte, bei denen der Zeitraum zwischen Anschaffung und Veräußerung beträgt:

bei Grundstücken und grundstücksgleichen Rechten: nicht mehr als zwei Jahre;

bei anderen Wirtschaftsgütern, insb. bei Wertpapieren (s. aber die Ausnahme des § 23 II EStG, insb. festverzinsliche Wertpapiere betreffend): nicht mehr als sechs Monate;

---

128 BVerfGE 27, 111, hat § 17 EStG im Ergebnis zutreffend für verfassungsmäßig erklärt. Zur Kritik an der Begründung *Tipke*, StuW 71, 1, 8 ff.
129 Dazu BFHE 121, 63.
130 Dazu *Döllerer*, Die wesentliche Beteiligung im Ertragsteuerrecht, StbJb. 1981/82, 195.

b) Veräußerungsgeschäfte, bei denen die Veräußerung der Wirtschaftsgüter früher erfolgt als der Erwerb.

Für die *Fristberechnung* kommt es nach der Rechtsprechung nicht auf die dinglichen, sondern auf die *obligatorischen Geschäfte* an (z. B. auf die Kaufverträge, nicht auf Auflassung und Eintragung im Grundbuch). BFH BStBl. 67, 73; 70, 806; 74, 606, haben auch bindendes Verkaufsangebot für relevant gehalten. Durch diese Deutung sollen Manipulationen verhindert werden. Anschaffung liegt nicht vor, wenn der Veräußerer den Gegenstand kraft Gesetzes und/oder unentgeltlich (z. B. durch Erbschaft, Vermächtnis, Schenkung) erworben hatte. Maßgeblich ist dann die Frist zwischen Anschaffung durch den Erblasser (Schenker) und Verkauf durch den Erben (Beschenkten), s. BFH BStBl. 64, 647; 77, 145. Veräußert ein Steuerpflichtiger ein Grundstück innerhalb von zwei Jahren, hat er es aber in der Zwischenzeit bebaut, so ist nur der Grund und Boden zu berücksichtigen; Bebauung ist Herstellung, nicht Anschaffung (BFH BStBl. 77, 384). Enteignung ist keine Veräußerung.

Der Tatbestand des § 23 I EStG ist allerdings erst vollendet, wenn das Veräußerungsgeschäft auch dinglich erfüllt ist.

Eine Spekulations*absicht* braucht nicht vorgelegen zu haben. Folglich ist der Gegenbeweis, daß es an solcher Absicht gefehlt habe, irrelevant[131].

2.23 Zur gleichmäßigen Besteuerung betrieblicher und privater Veräußerungseinkünfte

Literatur: *Fasselt,* Wertsteigerungen und Veräußerungsgewinne als steuerpflichtiges Einkommen, Diss. Köln 1948, 68 ff.; *E. Höhn,* Die Besteuerung der privaten Gewinne, Diss. Zürich, Winterthur 1955; *Altorfer,* Geschäftsvermögen und Privatvermögen im Einkommensteuerrecht, Veröffentlichungen der Handels-Hochschule St. Gallen, Reihe A, Heft 53, Zürich und St. Gallen 1959; *Antal,* Vijftien jaar discussie over een belasting van privevermogenswinsten, Smeetsbundel, Deventer 1967; Gutachten zur Reform der direkten Steuern des *Wissenschaftlichen Beirats beim BdF,* Schriftenreihe des BdF, Heft 9, Bonn 1967, 23 ff.; *Krause-Nehring,* Die steuerliche Behandlung der langfristigen capital gains und losses im Bundessteuerrecht der USA, Diss. Berlin 1972, insb. 196 ff.; *Mennel,* Die Besteuerung von Veräußerungsgewinnen im internationalen Vergleich, DStZA 73, 89 ff.; *Oesch,* Die steuerliche Behandlung der Wertzuwachsgewinne auf dem beweglichen Privatvermögen, Diss. Bern 1975; *Weininger,* Die Besteuerung von Bodenwertsteigerungen im geltenden Recht und die Probleme von Bodenwertzuwachssteuern, Diss. Berlin 1975; Der Begriff der „capital gains" in den verschiedenen Ländern, Cahiers de droit fiscal international Vol. LXI b; *Döring,* Veräußerungsgewinne und steuerliche Gerechtigkeit (Diss. Saarbrücken 1977), Frankfurt/Bern 1977; *Merkenich,* Die unterschiedlichen Arten der Einkünfteermittlung im deutschen Einkommensteuerrecht, Berlin 1982; *Lang,* Reformentwurf zu Grundvorschriften des Einkommensteuergesetzes, Köln 1985; *ders.,* Die einfache und gerechte Einkommensteuer, Köln 1987; *ders.,* Die Bemessungsgrundlage der Einkommensteuer, Köln 1981/88, 501 ff. – Frankreich besteuert seit 1. 1. 1977 auch die Gewinne aus der Veräußerung von (privaten) Immobilien, Wertpapieren, Metallen, Schmuck, Kunst- und Sammlungsgegenständen sowie Antiquitäten (s. Intertax 76, 384 ff.), und zwar in der Weise, daß die Steuerlast mit der Besitzdauer sinkt; dazu *Böckli,* Betriebsvermögen/Privatvermögen im Rechtsvergleich, in: Söhn (Hrsg.), Die Abgrenzung der Betriebs- oder Berufssphäre von der Privatsphäre, DStJG Bd. 3 (1980), 339.

Wie bereits oben (S. 235) ausgeführt, hat das BVerfG[132] das duale System prinzipieller Erfassung betrieblicher Veräußerungseinkünfte und prinzipieller Nichterfassung

---
131 Gebilligt von BVerfGE 26, 302 ff.
132 BVerfGE 26, 302, 310 ff.; 27, 111 ff.; 28, 227 ff. Dazu kritisch *Tipke,* StuW 71, 9 ff.; *ders.,* Die dualistische Einkünfteermittlung nach dem Einkommensteuergesetz, in: FS für Paulick, Köln 1973, 399 ff.; *Lang,* Die Bemessungsgrundlage der Einkommensteuer, Köln 1981/88, 501 ff. (m. w. N.).

privater Veräußerungseinkünfte bisher nicht beanstandet. Inzwischen setzt sich aber auch bei deutschen Juristen die Auffassung durch, daß die gleichmäßige Besteuerung *aller* Veräußerungseinkünfte für die Verwirklichung der Steuergleichheit *unabdingbar* ist. Der 57. Deutsche Juristentag hat mit beachtlicher Mehrheit folgenden Beschluß gefaßt: „Gewinne und Verluste aus der Veräußerung von vermieteten und verpachteten Grundstücken sowie von Kapitalvermögen sind unter Einführung großzügiger Freigrenzen einkommensteuerlich zu berücksichtigen. Die Regelung über Spekulationsgewinne entfällt. Persönlich genutzte Wirtschaftsgüter bleiben von der Besteuerung ausgenommen."[133]

Mit dem prinzipiellen Bekenntnis zur gleichmäßigen Besteuerung aller Veräußerungseinkünfte hat sich der 57. Deutsche Juristentag einer Auffassung angeschlossen, die für Ökonomen im In- und Ausland seit langem selbstverständlich ist. Für einen erheblichen Teil wirtschaftlicher Fehlgestaltungen (Bauherrenmodelle, steuerinduzierte Betriebsaufspaltungen etc.) ist die Wurzel des Übels die prinzipielle Nichterfassung privater Veräußerungseinkünfte. Sie trägt auch wesentlich bei zum unangemessenen Einfluß des Steuerrechts auf Gesellschaftsformen, die Deformierung des Gesellschaftsrechts durch Besteuerung. Z. B. ist die Kapitalgesellschaft dadurch privilegiert, daß ihre Rechtsform es ermöglicht, Steigerungen des Unternehmenswerts in den nicht steuerbaren Bereich zu verlagern. Da andererseits aber die Kapitalgesellschaft selbst wiederum steuerlich stärker belastet ist als die Personengesellschaft (s. S. 617ff.), wird die Kapitalgesellschaft entgegen der zivilrechtlichen Intention (*Kapital*gesellschaft) bilanztechnisch „arm" gehalten, während die in den Anteilen faktisch gespeicherten Werte durch sog. Quintett-Lösungen (wegen § 17 EStG mehr als vier Gesellschafter) dem Zugriff der Einkommensteuer entzogen werden. Mit der anstehenden Reform der Unternehmensbesteuerung (dazu unten S. 628 ff.) müßte also die Besteuerung der Veräußerungseinkünfte mitreformiert werden. Dabei wäre folgendes zu bedenken: Der 57. Deutsche Juristentag knüpft zutreffend an das Markteinkommensprinzip an, indem er empfiehlt, persönlich genutzte Wirtschaftsgüter (z. B. selbstgenutztes Eigenheim, privat genutzte Einrichtungsgegenstände, Fahrzeuge etc.) von der Besteuerung auszunehmen[134]. Die Ausgrenzung der privaten Konsumsphäre ist einkommensteuersystematisch konsequent und erforderlich, weil sich in der privaten Konsumsphäre eine *gleichmäßige* Besteuerung der Veräußerungseinkünfte faktisch und praktisch nicht verwirklichen läßt.

Mit der Reform der Besteuerung von Veräußerungseinkünften muß auch das Problem der *Scheingewinn*besteuerung[135] (s. oben S. 204 f.) gelöst werden. Inflationsbereinigungen darf es nicht nur für private Veräußerungseinkünfte geben.

3. Unterschiedliche Besteuerung der Alterseinkünfte

Literatur: *Birk,* Altersvorsorge und Alterseinkünfte im Einkommensteuerrecht, Verfassungsrechtliche Vorgaben, gesetzliche Regelungen, Neuordnungsmodelle, Köln 1987; *Brümmerhoff,* Die Einkommensbesteuerung der Sozialversicherungsrenten, StuW 79, 219 ff.; Gutachten der Sachverständigenkommission Alterssicherungssysteme, 4 Bde., Bonn 1983; *Maier,* Reform der Besteuerung der Alterseinkünfte, in: FS für FHF Baden-Württemberg, Stuttgart 1989, 87; *Söhn,* Abzug von Rentenversicherungsbeiträgen als Sonderausgaben (§ 10 Abs. 1 Nr. 2 EStG) und Ertragsanteilsbesteuerung von Leibrenten (§ 22 Nr. 1 Satz 3 Buchst. a EStG), StuW 86, 324 ff.; *Welter,* Die Besteuerung von Renten aus der gesetzlichen Rentenversicherung

---

133 NJW 88, 3006. Auch *Kirchhof,* Gutachten F zum 57. Deutschen Juristentag, München 1988, 31, empfiehlt, Einkünfte aus der Veräußerung privaten Erwerbsvermögens einkommensteuerlich zu erfassen. Damit wird die in *Kirchhof,* in: KS, EStG, § 2 RNrn. A 665, 676, vertretene Auffassung (dazu kritisch die 11. Aufl., S. 201) wesentlich modifiziert.

134 Vgl. *Lang,* Reformentwurf zu Grundvorschriften des Einkommensteuergesetzes, Köln 1985, 97.

135 Dazu näher *Lang,* Die einfache und gerechte Einkommensteuer, Köln 1987, 24; *Wendt,* DÖV 88, 719.

(§ 22 Nr. 1 Buchst. a EStG) und das Gleichbehandlungsgebot (Art. 3 Abs. 1 GG), StuW 80, 332 ff.; *Wissenschaftlicher Beirat beim BMF*, Gutachten zur einkommensteuerlichen Behandlung von Alterseinkünften, Schriftenreihe des BMF, Heft 38, Bonn 1986; *Zeidler*, Verfassungsrechtliche Fragen zur Besteuerung von Familien- und Alterseinkommen, StuW 85, 1 ff.

Ebenso wie die unterschiedliche Besteuerung der Veräußerungseinkünfte gehört die unterschiedliche Besteuerung der Alterseinkünfte zu den Hauptaufgaben der durch das StRefG 1990 nicht geleisteten Einkommensteuer-Fundamentalreform[136]. Im Unterschied zur Besteuerung der Veräußerungseinkünfte hat jedoch das BVerfG[137] den Gesetzgeber verpflichtet, die Besteuerung der Alterseinkünfte gleichmäßig zu gestalten. Beschluß des 57. Deutschen Juristentages: „Der Gesetzgeber ist aufgerufen, die ihm 1980 vom BVerfG auferlegte Verpflichtung zur Reform der Besteuerung der Alterseinkünfte so zu erfüllen, daß dem Gleichheitssatz Genüge getan wird."
Alterseinkünfte werden wie folgt unterschiedlich besteuert:

a) *Sozialversicherungsrenten* werden (als Leibrenten) nur mit dem Ertragsanteil versteuert (§ 22 Nr. 1 EStG; dazu S. 365 f.). Die Befreiung des Kapitalanteils ist deshalb nicht gerechtfertigt, weil die Beiträge zur Sozialversicherung nicht versteuert werden: Der Arbeitnehmer-Beitragsanteil ist (begrenzt) abzugsfähig nach § 10 I Nr. 2 a EStG; der Arbeitgeber-Beitragsanteil ist beim Arbeitgeber Betriebsausgabe, beim Arbeitnehmer Einkunft aus nichtselbständiger Arbeit, jedoch steuerfrei nach § 3 Nr. 62 EStG. Daher wäre es konsequent, die gesamte Rente (Ertrags- und Kapitalanteil) zu versteuern (soweit durch die Rente nicht Krankheits- oder Unfallkosten abgegolten werden)[138]. § 22 Nr. 1 EStG erfaßt aber nur den Ertragsanteil. Da der sich aus der Tabelle zu § 22 Nr. 1 EStG ergebende Ertragsanteil zu niedrig ist[139], ist auch der reale Ertragsanteil noch zum Teil steuerfrei. Da die Höhe der Sozialversicherungsrenten begrenzt ist, sind faktisch nur die Spitzenrenten nicht steuerfrei.

Beispiel: Die Rente des A aus der Sozialversicherung beträgt im Jahre 1988 32 400 DM; davon sind bei Rentenbeginn mit 65 Jahren 24 v. H. zu versteuern = 7 776 DM. Jedoch können abgezogen werden: 4 752 DM Existenzminimum, 200 DM Werbungskostenpauschbetrag, 270 DM Sonderausgabenpauschbetrag, 300 DM Vorsorgepauschbetrag, 720 DM Altersfreibetrag, insgesamt 6 242 DM. Die Bemessungsgrundlage wird seit der Anhebung der Ertragsanteile bei hohen Renten u. U. nicht mehr ganz aufgezehrt, so daß eine Steuerbelastung entsteht. Immerhin sind ca. 30 000 DM nicht mit Steuer belastet. Zu einer Steuerbelastung kann es auch kommen, wenn die Rente neben anderen Einkünften des Steuerpflichtigen oder seines Ehegatten (etwa eine Pension, Zinseinkünfte, Vermietungseinkünfte) bezogen wird, so daß die erwähnten Abzugsbeträge diese Einkünfte nicht aufzehren. Da der Rentenbezug von der Finanzverwaltung jedoch nicht effektiv kontrolliert wird, kann die Steuer auf die Rente leicht hinterzogen werden.

b) Mit Rücksicht auf die partielle Besteuerung der Renten bleiben von den *Versorgungsbezügen* i. S. des § 19 I Nr. 2 EStG (insb. den *Beamtenpensionen*[140]) 40 v. H., *höchstens*

---

136 Dazu auch *Lang* (Fn. 134), 61 ff.; *Söhn*, ZRP 88, 347. Zum Einfluß der Steuerreform 1990 auf die Alterssicherung s. *Ahrend*, JbFSt. 1988/89, 53.
137 BVerfGE 54, 11; BVerfG JZ 80, 566; FR 80, 357; NJW 80, 2569.
138 Dazu *Lamers*, Intertemporale Einkommenstransfers, Diss. rer. pol. Münster 1975; *Söhn*, StuW 86, 324 ff.; *Wissenschaftlicher Beirat*, BMF-Schriftenreihe Heft 38, Bonn 1986. – Nach österreichischem Einkommensteuerrecht gehören die „Pensionen" aus der gesetzlichen Sozialversicherung zu den Einkünften aus nichtselbständiger Arbeit (§ 25 I Nr. 3 öEStG), die Versicherungsbeiträge sind Werbungskosten (§ 16 I Nr. 4 öEStG).
139 Tabelle zu § 22 EStG i. d. F. v. 22. 12. 1981, BGBl. I 81, 1523, 1538.
140 Dazu gehören auch die Bezüge der Emeriti; s. *G. Wacke*, StuW 75, 67.

4 800 DM steuerfrei (§ 19 II EStG). Hier wird versucht, einen großen Fehler (a) durch einen zusätzlichen kleineren Fehler auszugleichen.

c) Zum Ausgleich dafür, daß Pensionen und Leibrenten nur zum Teil steuerlich erfaßt werden (BT-Drucks. 7/1470, 279), erhalten Steuerpflichtige über 64 Jahre, deren Alterseinkünfte nicht in Pensionen oder Leibrenten bestehen (aber auch Pensionäre und Rentner, die noch andere Einkünfte haben), nach § 24a EStG einen *Altersentlastungsbetrag* in Höhe von 40 v. H. des Arbeitslohns und der positiven Summe der übrigen Einkünfte, *höchstens* 3 720 DM (ab 1990; bis 1989: 3 000 DM). Arbeitnehmer werden gegenüber den Beziehern anderer Einkunftsarten zusätzlich dadurch begünstigt, daß nicht die Nettogröße „Einkünfte", sondern die Bruttogröße „Arbeitslohn" Maßstab für den Altersentlastungsbetrag ist. Begünstigt wird auch, wer Verluste erwirtschaftet hat, weil nur positive Einkünfte in die Bemessungsgrundlage einzubeziehen sind. § 24a EStG ist also arbeitnehmer- und verlustfreundlich gestaltet; insofern gleicht er die beiden zu (a) und (b) dargelegten Fehler wiederum fehlerhaft aus.

d) Danach werden die Alterseinkünfte allgemein, wenn auch *keineswegs gleichmäßig*[141], *begünstigt*. Abgesehen davon, daß es überhaupt zweifelhaft ist, ob die wirtschaftliche Leistungsfähigkeit im Alter herabgesetzt ist, sind keine stichhaltigen Rechtfertigungsgründe für die ungleichmäßige Behandlung der Alterseinkünfte ersichtlich[142].

e) Die ungleichmäßige Besteuerung der Alterseinkünfte macht sich auch beim *Versorgungsausgleich nach der Scheidung* bemerkbar.

Durch den Versorgungsausgleich nach der Scheidung (§§ 1587 ff. BGB) wird den Eheleuten nach der Scheidung ein Ausgleich der während der Ehe erwirtschafteten Anrechte auf Altersversorgung gewährt. Auszugleichen ist das Versorgungsgefälle, das durch eine Gegenüberstellung der von den Eheleuten während der Ehe erwirtschafteten Versorgungswerte ermittelt wird. Das Gesetz unterscheidet Wertausgleich (§§ 1587a ff. BGB), schuldrechtlichen Versorgungsausgleich (§§ 1587f ff. BGB) und Ausgleich durch Parteivereinbarung (§ 1587o BGB). Im Zweifel wird der Ausgleich durch Wertausgleich vollzogen; er besteht darin, daß für den Ausgleichsberechtigten in Höhe der ausgleichspflichtigen Versorgungsdifferenz eine Anwartschaft in der gesetzlichen Rentenversicherung begründet wird, und zwar nachrangig durch Rentensplitting, Quasi-Splitting, Einzahlung von Beiträgen. Hat der ausgleichspflichtige Partner eine Beamtenpension zu erwarten, so wird seine Versorgungsanwartschaft gekürzt, während der berechtigte Partner eine Gutschrift in der gesetzlichen Rentenversicherung erhält. Da die Beamtenpensionen nur durch das Versorgungsfreibetrag (§ 19 II EStG) begünstigt werden, die Renten aber bloß mit dem Ertragsanteil zu versteuern sind (s. oben), erhält der Berechtigte auf diese Weise eine höhere Nettoversorgung als der Verpflichtete[143]. Auch das zeigt, daß die Einkommensbesteuerung der Alterseinkünfte nicht stimmig ist.

f) Das *Bundesverfassungsgericht*[144] hat indessen entschieden: Die unterschiedliche Besteuerung der Beamtenpensionen und der Sozialversicherungsrenten sei jedenfalls in

---

141 Dazu die Tabellen bei *Koch,* DStZ 81, 5f.
142 Dazu Gutachten *Rupp/v. Zezschwitz/v. Olshausen,* Zur Ungleichheit in der Einkommensbesteuerung der Versorgungsbezüge und Sozialrenten, Mainz 1970; vgl. auch *Jüsgen,* DStZA 72, 281 ff.; *Friauf,* DStZA 74, 51 ff.; Gutachten der „Treuarbeit", BT-Drucks. 7/5569; *Kirchhof,* Schriftenreihe des Deutschen Sozialgerichtsverbandes, Bd. XVII, 127 ff.
143 Dazu und zu weiteren Steuerproblemen des Versorgungsausgleichs *D. Krüger,* Steuerfolgen ehelicher Güterrechtsgestaltungen, München 1978; *Ruland/Tiemann,* Versorgungsausgleich und steuerliche Folgen der Ehescheidung, München 1977; *Meincke,* StbKongrRep. 1978, 389 ff.; *ders.,* StbKongrRep. 1980, 349 ff.; *Stuhrmann,* DStR 81, 529; s. auch schon BB 77, 1041; DStR 77, 468; NJW 77, 2137; StbJb. 1977/78, 243; B 79, 955; StbJb. 1980/81, 408; *Kanzler,* DStR 90, 405, 408.
144 A. a. O. (Fn. 137).

den Jahren 1969/70 mit dem Gleichheitssatz vereinbar gewesen. Die Erfassung nur des Renten-Ertragsanteils sei gerechtfertigt, weil die Versicherten der Sozialversicherung aus ihrem Arbeitsverdienst Beiträge für ihre Altersversorgung entrichteten, was Beamte nicht täten. Inzwischen hätten die Verhältnisse in der Sozialversicherung sich aber durch den Übergang vom Anwartschaftsdeckungsverfahren zum Umlageverfahren (s. S. 365) in einer Weise geändert, daß eine Korrektur der Besteuerung der Altersbezüge notwendig sei.

In der Tat paßt das Umlageverfahren, das im Rahmen des Generationenvertrages die Versicherungsbeiträge der Erwerbstätigen nahezu unmittelbar an die Rentenempfänger weiterleitet, nicht zu den Vorstellungen von einem Kapital- und einem Ertragsanteil. Ohnehin ist das angesammelte Kapital nicht versteuert worden (s. §§ 3 Nr. 62, 10 I Nr. 2a EStG). Die Altersbezüge müssen sowohl auf der Seite der Aufwendungen als auch auf der Seite der Bezüge nach den Grundsätzen der Besteuerung nach der Leistungsfähigkeit behandelt werden[145]. Sozialversicherungsrentner mit der Begründung *steuerlich* zu subventionieren, sie hätten im Gegensatz zu Beamten Beiträge geleistet, ist verfehlt. Entweder ist dieser Unterschied gerechtfertigt, dann braucht das Steuerrecht nicht für einen Ausgleich zu sorgen, oder er ist ungerecht, dann sollte das Beamten- und Sozialversicherungsrecht geändert werden. Es wäre absurd, zunächst ein ungerechtes Altersversorgungsrecht für Beamte und Nichtbeamte zu schaffen, um hernach über das Steuerrecht die Gerechtigkeit herbeizuführen. Die richtigen Ausgleichsmaßstäbe hält das Steuerrecht ohnehin nicht bereit[146].

Inzwischen liegen Änderungsvorschläge vor (s. S. 365). Im Bundesministerium der Finanzen bewegt sich aber ersichtlich noch nichts, so daß weitere Verfassungsbeschwerden erforderlich werden[147].

IV. Gemeinsame Vorschriften zu allen Einkunftsarten

Gemeinsame Vorschriften zu allen Einkunftsarten enthält § 24 EStG. Er ergänzt die §§ 13–23 EStG.

§ 24 Nr. 1 EStG erfaßt Entschädigungen, die an die Stelle von Einnahmen i. S. des § 2 I Nrn. 1–7 EStG treten (Surrogate). Die Surrogate sind der Einkunftsart zuzuordnen, zu der die surrogierten Einnahmen gehört hätten.

§ 24 Nr. 1 a, b EStG gehen ineinander über. Erfaßt werden z. B. Entschädigungen für Konkurrenzverzicht und Produktionseinstellung, Entlassungsentschädigung (s. aber § 3 Nr. 9 EStG). Die Entschädigungen i. S. des § 24 Nr. 1 EStG sind tarifbegünstigt nach § 34 II Nr. 2 EStG (s. S. 393).

§ 24 Nr. 2 EStG erfaßt Einkünfte aus einer *ehemaligen* (be-)steuerbaren Einkunftsquelle; auch solche, die dem Rechtsnachfolger zufließen.

Die Vorschrift hat (soweit sie nicht den Rechtsnachfolger betrifft), nur klarstellende Bedeutung. Hinsichtlich des Rechtsnachfolgers wirkt sie wie eine konstitutive Zurechnungsvorschrift. Die vom Rechtsvorgänger erwirtschafteten Einkünfte werden dem Rechtsnachfolger zugerechnet.

§ 24 Nr. 3 EStG erfaßt Nutzungsvergütungen für die *erzwungene* Inanspruchnahme von Grundstücken für öffentliche Zwecke und einschlägige Entschädigungen;

---

145 Dazu *Weise*, FinArch. Bd. 37 (1979), 396 ff.; *Brümmerhoff*, StuW 79, 214 ff.; *Welter*, StuW 80, 332 ff. (unmittelbar zur Entscheidung des Bundesverfassungsgerichts); *Söhn*, StuW 86, 324 ff.
146 Dazu *Tipke*, StuW 80, 289, 290. – § 21 I 5 BAföG erfaßt die Renten voll.
147 Dazu *Zeidler*, StuW 85, 1, 7 f.

er ergänzt § 21 EStG, der nur die vertragliche Überlassung von Grundstücken erfaßt.

Die Vergütungen und Entschädigungen i.S. des § 24 Nr. 3 EStG sind tarifbegünstigt nach § 34 II Nr. 3 EStG, soweit sie für einen Zeitraum von mehr als drei Jahren nachgezahlt werden (s. S. 393 f.).

V. Konkurrenzen mehrerer Einkunftsarten

Der Begriff „Gewerbebetrieb" (§ 15 II EStG) ist so weit gefaßt, daß die Land- und Forstwirtschaft (§ 13 EStG) und die selbständige Tätigkeit (§ 18 EStG) wieder ausgegrenzt werden mußten. Daraus ergibt sich: §§ 13, 18 EStG gehen § 15 EStG vor. Ein Gewerbebetrieb liegt auch nicht vor, wenn lediglich Vermögen zum Zwecke der Nutzung verwaltet wird (s. S. 333, 356 f., 358 f.).

Betätigt sich eine Personengesellschaft nicht nur, aber auch gewerblich, so wird ihre Tätigkeit insgesamt als gewerbliche behandelt (s. § 15 III Nr. 1 EStG).

§§ 20 III; 21 III; 22 Nr. 1 Satz 1, Nr. 3 Satz 1; 23 III EStG bezwecken, daß die Einkunftsarten des § 2 Nrn. 1–3 EStG – der Hinweis auf Nrn. 4–6 ist praktisch nicht weittragend – den übrigen Einkunftsarten in gewisser Hinsicht vorgehen. Erfaßt werden sollen insb. die Fälle, in denen zum *Betriebsvermögen* (dazu S. 289 ff.) gehörige Wirtschaftsgüter Dritten zur Nutzung überlassen werden. Die Verwertung von Betriebsvermögen durch Nutzungsüberlassung führt also zu Einkünften nach § 2 I Nrn. 1–3 EStG.

Im einzelnen ergibt sich aus §§ 20 III; 21 III; 22 Nr. 1 Satz 1, Nr. 3 Satz 1; 23 III EStG folgendes:

a) Einkünfte sind *nicht* als solche aus *Kapitalvermögen* zu qualifizieren, wenn sie bereits den Einkünften aus Land- und Forstwirtschaft, aus Gewerbebetrieb, aus selbständiger Arbeit oder aus Vermietung und Verpachtung zugehören (§ 20 III EStG). § 20 III EStG regelt nicht ausdrücklich das Verhältnis der Einkünfte aus Kapitalvermögen zu den Einkünften aus *nichtselbständiger* Arbeit. Nach BFH BStBl. 90, 532, gibt es keine Subsidiarität der Kapitaleinkünfte gegenüber den Einkünften aus nichtselbständiger Arbeit. Vielmehr sei maßgebend, welche Einkunftsart im Einzelfall im Vordergrund stehe.

Beispiele: Landwirt L erhält Zinsen aus betrieblichem Bankguthaben: Die Zinsen sind Einnahmen aus Landwirtschaft, nicht aus Kapitalvermögen. – Zugleich hat L ein privates Sparguthaben: Die Zinsen daraus sind Einnahmen aus Kapitalvermögen.

Gewerbetreibender G hält im Betriebsvermögen Aktien: Die Dividenden daraus sind Einnahmen aus Gewerbebetrieb, nicht aus Kapitalvermögen.

Schlossermeister S hat zwei Sparguthaben. Das eine gehört zum Betriebsvermögen, das andere zum Privatvermögen: Die Zinsen aus dem betrieblichen Sparguthaben sind gewerbliche Einnahmen, die Zinsen aus dem privaten Sparguthaben sind Einnahmen aus Kapitalvermögen.

b) Einkünfte aus *Vermietung und Verpachtung* sind *anderen* Einkunftsarten zuzurechnen, soweit sie zu diesen gehören (§ 21 III EStG)[148].

---

148 Dazu *Kühl,* Die Besteuerung betrieblicher Pachtverhältnisse, Diss. rer. pol. Köln 1960; *Knoppe,* Betriebsverpachtung – Betriebsaufspaltung, Pachtverhältnisse gewerblicher Betriebe im Steuerrecht [7], Düsseldorf 1985.

Beispiel: Ein Gewerbetreibender vermietet ein zum Betriebsvermögen gehörendes Gebäude oder eine Sachgesamtheit des Betriebsvermögens: Der Mietzins gehört zu den Einkünften aus Gewerbebetrieb (§§ 5 I, 15 I, 21 III EStG). § 21 I Nr. 2 EStG mit seinem Hinweis auf das Betriebsvermögen ist irreführend (s. auch S. 358).

c) Einkünfte aus *wiederkehrenden Bezügen* und aus *Leistungen* sind den *anderen* Einkunftsarten zuzurechnen, soweit sie zu diesen gehören (§ 22 Nr. 1 Satz 1, Nr. 3 Satz 1 EStG).

Beispiele: Ein Kaufmann veräußert ein Betriebsgrundstück gegen eine Leibrente: Einkünfte aus Gewerbebetrieb, kein Fall des § 22 Nr. 1 EStG (s. § 22 Nr. 1 Satz 1: „soweit"). Dazu auch S. 363.

Das Kapitalkonto des Gesellschafters einer OHG ist bei dessen Ausscheiden aus Altersgründen 0, so daß er keinen Abfindungsanspruch hat. Die verbleibenden Gesellschafter gewähren ihm jedoch, um das Ansehen des Betriebs (betriebliche Veranlassung) nicht zu gefährden, eine lebenslange Versorgungsrente. Es handelt sich um nachträgliche gewerbliche Betriebseinnahmen (§ 15 I 2 EStG).

Ein Rechtsanwalt gestattet, daß eine Schreibmaschine seines Büros von einem benachbarten Büro entgeltlich mitbenutzt wird: Einnahmen aus selbständiger Arbeit, kein Fall des § 22 Nr. 3 EStG.

Ein Pensionär schreibt nachhaltig (nicht bloß gelegentlich) gegen Honorar Zeitungsartikel: Einnahmen aus freier Berufstätigkeit (§ 18 I Nr. 1 EStG), kein Fall des § 22 Nr. 3 EStG (kein Konkurrenzfall).

d) *Spekulationsgeschäfte* liegen *nicht* vor, wenn Wirtschaftsgüter veräußert werden, deren Wert bei anderen Einkunftsarten erfaßt wird (§ 23 III EStG).

Beispiel: Ein Gewerbetreibender veräußert ein Betriebsgrundstück
1. vor Ablauf von zwei Jahren;
2. nach Ablauf von zwei Jahren.

Auf die Spekulationsfrist kommt es nicht an; es liegen in beiden Fällen Einkünfte aus Gewerbebetrieb vor.

e) Umstritten ist, in welchem Verhältnis § 23 EStG zu § 17 EStG steht, wenn die Voraussetzungen beider Vorschriften erfüllt sind.

§ 17 I 1 EStG erklärt den Veräußerungsgewinn zu Einkünften aus Gewerbebetrieb, folglich zu Einkünften i. S. des § 2 I Nr. 2 EStG. Daraus ergibt sich, daß § 23 III EStG auch § 17 EStG den Vorrang einräumt[149].

f) Über die Zuordnung von *Mischaktivitäten* ausführlich *Rose*, B 80, 2464 ff.

H. Private Abzüge

1. Allgemeine Charakterisierung der privaten Abzüge

Private Abzüge mindern die Bemessungsgrundlage der Einkommensteuer auf den Stufen des § 2 IV, V EStG und dienen grundsätzlich dem Zweck, den indisponiblen Teil des Markteinkommens aus der Besteuerungsgrundlage zu eliminieren (dazu S. 209 ff.). Diesen Zweck verwirklicht aber das geltende Einkommensteuergesetz

---

149 Dazu *Felix*, BB 90, 1104; *ders.*, FR 90, 497; *J. Lang*, Die Bemessungsgrundlage der Einkommensteuer, Köln 1981/88, 257, 512; *Gross*, B 90, 1003. A. A. insb. BFH BStBl. 70, 400; 74, 706 (dazu krit. *Tipke*, StuW 75, 154).

durch ein Konglomerat privater Abzüge nur sehr unvollkommen[1]. Es besteht ein erheblicher Handlungsbedarf des Gesetzgebers, das subjektive Nettoprinzip zu verwirklichen. Außerdem ist auch die Maßgröße subjektiver Leistungsfähigkeit von Sozialzwecknormen durchsetzt. Das gilt insb. für den Bereich der Sonderausgaben (§§ 10–10e EStG). Grundsätzlich sind Sonderausgaben unvermeidbare Privatausgaben und daher die diesen Abzug zulassenden Vorschriften Fiskalzwecknormen zur Eliminierung des indisponiblen Einkommens[2]. Die §§ 10a, 10b, 10e EStG enthalten indessen Steuervergünstigungen. § 10d EStG gehört in die Maßgröße objektiver Leistungsfähigkeit.

Auf den Stufen des § 2 IV, V EStG dürfen *keine Erwerbsaufwendungen* abgezogen werden. Die Frage der Abzugsfähigkeit von Erwerbsaufwendungen entscheidet das Gesetz grundsätzlich bei der Ermittlung von Einkünften. §§ 10 I Einleitungssatz, 33 II 2 EStG stellen klar, daß Aufwendungen, die *begrifflich* zu den Betriebsausgaben oder Werbungskosten gehören, weder als Sonderausgaben noch als außergewöhnliche Belastungen abgezogen werden können.

Das Abzugsverbot des § 12 EStG gilt grundsätzlich nur für die Maßgröße objektiver Leistungsfähigkeit[3]. Dies ergibt sich aus dem Einleitungssatz des § 12 EStG. Insb. gilt nicht das Aufteilungs- und Abzugsverbot des § 12 Nr. 1 Satz 2 EStG[4]. Umstritten ist, ob Aufwendungen, die durch die Erwerbstätigkeit mitveranlaßt sind und partiell einen Sonderausgabentatbestand erfüllen (Beispiel: Kosten eines Zimmers, in dem der Steuerpflichtige sowohl beruflich arbeitet als auch studiert, § 10 I Nr. 7 EStG), nur anteilig als Sonderausgaben[5] oder in voller Höhe als Erwerbsaufwendungen/Sonderausgaben abgezogen werden können. Nach der oben (S. 258f.) dargelegten Auffassung zu § 12 Nr. 1 Satz 2 EStG ist der beruflich veranlaßte Teil der Aufwendungen als Erwerbsaufwendungen, der Rest als Sonderausgaben abzugsfähig[6].

2. Abzugsfähigkeit sog. Sonderausgaben (§§ 10, 10 b, 10 c EStG)

Literatur: *Söhn,* Sonderausgaben (§ 10 EStG) und Besteuerung nach der Leistungsfähigkeit, StuW 85, 395; *Söhn,* in: KS, EStG, § 10; *ders.,* Verfassungsrechtliche Bindungen bei der Beschränkung der Abzugsfähigkeit von Vorsorgeaufwendungen durch Höchstbeträge, StuW 90, 356; *Scheurmann-Kettner,* Änderungen des Sonderausgabenabzugs nach § 10 EStG durch das Steuerreformgesetz 1990, BB 88, 2429.

Sonderausgaben sind durchweg *private* – notwendige oder sozialadäquate – Aufwendungen unterschiedlicher Art (für Renten i. S. des § 10 I Nr. 1a EStG gilt das nicht; Fremdkörper!)[7]. Die Aufwendungen betreffen überwiegend die eigene Person, zum Teil aber auch andere Personen (Nrn. 1, 7).

§ 10 I Nrn. 1, 2–7 EStG geht § 12 Nr. 2 EStG vor; § 12 Nr. 2 EStG geht § 10 I Nr. 1a EStG vor (s. Einleitungssatz des § 12 EStG, wo § 10 I Nr. 1a EStG nicht erwähnt ist).

---

1 *Tipke,* StuW 71, 16f.; *Lang,* Die Bemessungsgrundlage der Einkommensteuer, Köln 1981/88, 71 ff.
2 Dazu grundsätzlich *Söhn,* in: KS, EStG, § 10 RNr. A 17.
3 *Lang* (Fn. 1), 77 ff.; *Söhn,* in: KS, EStG, § 10 RNr. A 18.
4 BFH BStBl. 86, 894, 896; s. auch S. 258 f.
5 So FG Düsseldorf DStR 82, 630.
6 So auch BFH vom 22. 6. 1990, BStBl. 90, 901.
7 Dazu näher *Söhn,* StuW 85, 395 f.

Sonderausgaben

Sonderausgaben sind insb.:

a) Unterhaltsleistungen an den geschiedenen oder getrennt lebenden Ehegatten, jedoch nur unter bestimmten Voraussetzungen (§ 10 I Nr. 1 EStG; dazu S. 362f., 383).

b) Auf besonderen Verpflichtungsgründen beruhende *Rentenleistungen und dauernde Lasten* (§ 10 I Nr. 1 a EStG), die (s. Einleitungssatz des § 10 EStG) nicht als Betriebsausgaben oder Werbungskosten (s. § 9 I Nr. 1 EStG) zu berücksichtigen sind.

Vgl. zu den Begriffen „Renten" und „dauernde Lasten" S. 361f.

Unter dem Aspekt der Besteuerung nach der Leistungsfähigkeit ist wohl der Abzug von *zwangsläufigen* Unterhaltsverpflichtungen gerechtfertigt (er wird durch § 12 Nr. 2 EStG indessen gerade verhindert), nicht aber der Abzug beliebiger dauernder Lasten[8]. Der Abzug hängt mit dem *verfehlten* Korrespondenzprinzip (s. S. 194)[9] – § 10 I Nr. 1 a EStG korrespondiert mit § 22 Nr. 1 EStG – zusammen.

Beispiele: A kauft sich ein teures Grundstück; den Kaufpreis oder die Kaufpreisraten kann er nicht als Sonderausgaben abziehen. – A kauft das Grundstück gegen Leibrente oder Zeitrente. Er kann die Rentenzahlungen zum Teil (bei Leibrente) oder ganz (bei Zeitrente, wenn nicht umzudeuten in Kaufpreisraten) abziehen (§ 10 I Nr. 1 a EStG).

c) Vorsorgeaufwendungen[10] (§ 10 I Nrn. 2, 3 EStG), das sind

– *Beiträge zu Kranken-, Unfall-* und *Haftpflichtversicherungen,* zu den *gesetzlichen Rentenversicherungen* und an die Bundesanstalt für Arbeit;

Beiträge eines Arbeitnehmers zur gesetzlichen Rentenversicherung sind keine Werbungskosten, sondern Beiträge zur Ansammlung von Kapital (Rentenanwartschaft)[11].

– *Beiträge zu folgenden nicht fondsgebundenen Versicherungen*[12] auf den Erlebens- oder Todesfall:

- Risikoversicherungen, die nur für den Todesfall eine Leistung vorsehen;
- Rentenversicherungen ohne Kapitalwahlrecht;
- Rentenversicherungen mit Kapitalwahlrecht gegen laufende Beitragsleistung, wenn das Kapitalwahlrecht erst nach 12 Jahren (oder später) ausgeübt werden kann;
- Kapitalversicherungen gegen laufende Beitragsleistung mit Sparanteil, wenn der Vertrag für mindestens 12 Jahre abgeschlossen worden ist.

Durch Neufassung des § 10 I Nrn. 2, 3 EStG hat der Gesetzgeber sich bemüht, nur noch Aufwendungen für die echte Altersversorgung zum Abzug zuzulassen, nicht aber allgemeine Kapitalansammlungen (BT-Drucks. 7/1470, 287). Die Abgrenzung ist jedoch schwierig, wie insb. § 10 I Nr. 3 EStG zeigt.

Es ist formal, wenn der BFH den Sonderausgabenabzug nur für den aus der Versicherung Verpflichteten zuläßt, nicht aber, wenn etwa der Vater für sein Kind die Aufwendungen für dessen Versicherungen *trägt* (s. BFH BStBl. 89, 862). Es muß darauf abgestellt werden, wer die wirtschaftliche Last trägt; darauf, wer versicherungsrechtlich verpflichtet ist, kann es nicht ankommen[13].

– *50 vom Hundert der Beiträge an Bausparkassen* zur Erlangung von Baudarlehen (§ 10 I Nr. 3 EStG).

---

8 Gl. A. *Söhn,* StuW 85, 403.
9 Dazu *Söhn,* StuW 85, 405f.
10 Dazu *Albers,* FinArch. Bd. 40 (1982), 23ff.; *Söhn,* StuW 90, 356ff., sowie zu den Vorsorgeaufwendungen ab 1990 *Laux,* BB 90, Beilage 15.
11 BFH BStBl. 86, 747.
12 Kritisch zum Ausschluß fondsgebundener Versicherungen *Schneidler,* B 78, 662.
13 Kritisch auch *W. Jakob,* Steuern vom Einkommen I, Stuttgart u. a. 1980, 152f.; *Söhn,* in: KS, EStG, § 10 RNr. E 155.

Diese Rechtslage gilt ab 1990. Die Beschränkung des Sonderausgabenabzuges hängt mit der Rücknahme der Bausparförderung, insb. auch mit der Absenkung der Wohnungsbauprämie zusammen (BT-Drucks. 11/2157, 144). Das Streichen der bisherigen Begrenzung in § 10 I Nr. 3 Satz 2 EStG bewertet der Gesetzgeber als Vereinfachungsmaßnahme (BT-Drucks. 11/2157, 144). Zur wahlweisen Inanspruchnahme der *Wohnungsbauprämie* s. § 10 IV EStG[14].

Nach § 10 II EStG müssen die Versicherungs- oder Bausparbeiträge an Versicherungsunternehmen oder Bausparkassen im *Inland* oder mit Erlaubnis zum Geschäftsbetrieb im *Inland* gezahlt werden. Diese Vorschrift verletzt das Leistungsfähigkeitsprinzip und den Geist des EWG-Vertrages[15].

Die Abzugsfähigkeit von Vorsorgeaufwendungen soll dem Vorsorgebedürfnis Rechnung tragen[16]; sie ist gerechtfertigt, weil jeder gezwungen ist, für sein Alter oder für Notzeiten vorzusorgen und Einkommensteile aus aktiven Lebensabschnitten für Zeiten bereitzustellen, in denen er aus eigener Kraft voraussichtlich kein Einkommen mehr wird erzielen können, überhaupt für Notzeiten die Existenz zu sichern, ferner evtl. außergewöhnliche Belastungen (etwa Haftpflichtfälle) aufzufangen. Durch diesen Zwang zur Vorsorge wird die Leistungsfähigkeit beeinträchtigt. Es liegt darüber hinaus im Interesse der Allgemeinheit, einen Anreiz zu eigenverantwortlicher Vorsorge zu geben. Wenn das Gesetz es sachgerecht erlaubt, Vorsorgeaufwendungen von der Steuerbemessungsgrundlage abzuziehen, müssen die Einkünfte bei Eintritt des Vorsorgefalles prinzipiell versteuert werden (s. aber S. 363 f.)[17]. Mindestens Versicherungs-Vorsorgeaufwendungen müssen in realitätsgerechtem Umfang zum Abzug zugelassen werden[18].

Vorsorgeaufwendungen können nur bis zu bestimmten *Höchstbeträgen* abgezogen werden, die auch darauf Rücksicht nehmen, ob Ehepartner zu versorgen sind (§ 10 III EStG).

Für Steuerpflichtige, die nicht der gesetzlichen Rentenversicherungspflicht unterliegen, aber gleichwohl Anspruch auf Altersversorgung haben, ist wegen geringeren Vorsorgebedürfnisses der Höchstbetrag herabgesetzt worden (§ 10 III Nr. 2 b EStG).

Zu § 10 III Nr. 2 a EStG: Die zusätzlichen Höchstbeträge vermindern sich danach um die (nach § 3 Nr. 62 EStG steuerfreien) Arbeitgeberbeiträge.

d) Gezahlte Kirchensteuer (§ 10 I Nr. 4 EStG).

Da das Existenzminimum diese Aufwendung nicht berücksichtigt, ist die Zulassung zum Abzug (als zusätzliches kulturelles oder ethisches Existenzminimum) gerechtfertigt. Die Beschränkung des Abzugs auf *deutsche* Kirchensteuer (durch die Rechtsprechung) verletzt u. E. Art. 3 I GG.

§ 10 I Nr. 4 EStG geht § 12 Nr. 3 EStG vor.

§ 12 Nr. 3 EStG stellt klar, daß (andere) *Personensteuern* sowie die *Umsatzsteuer für den Eigenverbrauch* und für Leistungen, die Entnahmen sind, nicht abgezogen werden können. Die Umsatzsteuer ist Betriebsausgabe. Die Umsatzsteuer auf den Eigenverbrauch etc. wird deshalb nicht zum Abzug zugelassen, weil der eigenverbrauchende Unternehmer dem privaten Verbraucher gleichgestellt werden soll, der die auf ihn überwälzte Umsatzsteuer auch nicht abziehen kann.

e) Zinsen nach den §§ 233 a, 234, 237 AO

Dieser Sonderausgabenabzug wurde mit der Verzinsung von Steuernachforderungen und Steuererstattungen (§ 233 a AO) durch StRefG 1990 eingeführt. Die Zinsen

---

14 Dazu *Laux,* Einkommensteuer und Sparförderung ab 1975, Heidelberg 1974.
15 Dazu Intertax (Zeitschrift) 82, 30.
16 BVerfGE 45, 104, 134; 68, 143, 153.
17 *Lamers,* Intertemporale Einkommenstransfers, Diss. rer.pol. Münster 1975; *Wiss. Beirat beim BMF,* Gutachten zur einkommensteuerlichen Behandlung von Alterseinkünften, BMF-Schriftenreihe Heft 38, Bonn 1986.
18 Dazu ausf. *Söhn,* StuW 90, 356 ff.

nach den §§ 233a, 234, 237 AO sind vom Abzugsverbot in § 12 Nr. 3 EStG ausgenommen. Zinsen auf hinterzogene Steuern nach § 235 AO sind nicht abziehbar, auch wenn sie betrieblich veranlaßt sind (§ 4 V Nr. 8a EStG).

f) Steuerberatungskosten (§ 10 I Nr. 6 EStG), soweit sie nicht Betriebsausgaben/ Werbungskosten sind (s. Einleitungssatz zu § 10 EStG).

Steuerberatungskosten sind auch die Aufwendungen für die Anschaffung von Steuerfachliteratur (BFH BStBl. 89, 865) sowie Kosten eines Unfalles während einer Fahrt zum Steuerberater (BFH BStBl. 89, 967). Keine Steuerberatungskosten sind die Aufwendungen für die Verteidigung in einem Steuerstrafverfahren (BFH BStBl. 90, 20).

g) (Vorsorge-)*Aufwendungen für die Berufsausbildung* oder *Weiter*bildung in einem *nicht ausgeübten* Beruf (dies gilt sowohl für den Steuerpflichtigen als auch dessen Ehegatten) bis zu Höchstgrenzen, nicht Aufwendungen für die Allgemeinbildung (§ 10 I Nr. 7 EStG).

Als Berufsausbildung wird auch die Ausbildung in Schulen und Hochschulen angesehen. Weiterbildungskosten sind Werbungskosten oder Betriebsausgaben, wenn sie einen *ausgeübten* Beruf betreffen[19].

h) Durch das Gesetz zur Änderung des StRefG 1990 vom 30. 6. 1989 (BGBl. I 89, 1267) ist ein Sonderausgabenabzug von Aufwendungen für ein *hauswirtschaftliches Beschäftigungsverhältnis* in § 10 I Nr. 8 EStG eingeführt worden. Danach können Hausgehilfinnenkosten bis zu 12 000 DM pro Jahr abgesetzt werden, wenn Pflichtbeiträge zur gesetzlichen Rentenversicherung entrichtet werden und zum Haushalt zwei Kinder (bei Alleinstehenden genügt ein Kind) unter zehn Jahren oder eine hilflose Person i. S. d. § 33b VI EStG gehören. Dieser Sonderausgabenabzug ist als arbeitsmarktpolitische Maßnahme gedacht (BT-Drucks. 11/4688, 10 ff.); er berücksichtigt nur sehr bedingt zwangsläufigen Unterhaltsaufwand der gehobenen Lebensführung und ist nicht zu rechtfertigen, solange das EStG zwangsläufige Unterhaltsverpflichtungen nicht realitätsgerecht berücksichtigt.

i) Durch das Kultur- und Stiftungsförderungsgesetz vom 13. 12. 1990 (BGBl. I 90, 2775) ist der in § 10 I Nr. 9 EStG geregelte Sonderausgabenabzug für *Schulgelder* eingeführt worden. Es können 30 v. H. des Entgelts für die Unterbringung eines Kindes in einer staatlich genehmigten oder einer nach Landesrecht anerkannten allgemeinbildenden Ergänzungsschule als Sonderausgaben abgesetzt werden. Da diese Vorschrift vornehmlich die zum Teil sehr kostspieligen Landerziehungsheime erfaßt, berücksichtigt sie ebenso wie § 10 I Nr. 8 EStG Aufwand der gehobenen Lebensführung und begünstigt nicht zuletzt auch Eltern, die ihre Kinder in ein Internat geben, um ihre eigenen gesellschaftlichen Bedürfnisse ungehindert befriedigen zu können.

k) Ausgaben zur Förderung gemeinnütziger Zwecke und Beiträge/Spenden an politische Parteien (§ 10b EStG). Dazu S. 662 ff.

Auch für Sonderausgaben sieht das Gesetz zur Vermeidung von Verwaltungsarbeit *Pauschbeträge* vor (§ 10c EStG).

3. Außergewöhnliche Belastungen (§§ 33, 33a, 33b, 33c EStG)

Literatur: *Jakob/Jüptner*, Zur Zwangsläufigkeit außergewöhnlicher Belastungen, StuW 83, 206 ff; *U. Wolf*, Der Aufwendungsbegriff in § 33 EStG, Frankfurt 1990; *J. Lang*, Die Bemessungsgrundlage der Einkommensteuer, Köln 1981/88, 579 ff.

---

19 Dazu *Nietsch*, FR 78, 339; *Stolz*, FR 79, 237; *Söhn*, StuW 85, 405.

a) Nach *§ 33 EStG* können auf Antrag *zwangsläufige außergewöhnliche* Aufwendungen vom Gesamtbetrag der Einkünfte abgezogen werden, soweit sie die in § 33 III EStG bestimmte *zumutbare Belastung* übersteigen.

§ 33 EStG ist *keine Tarifvorschrift;* sie gehört vielmehr in das System der privaten Abzüge und ist daher tatbestandstechnisch richtig auf einer Stufe mit den Sonderausgaben geregelt (§ 2 IV EStG, s. S. 216)[20]. Demnach soll sie das *allgemeine private Nettoprinzip* (s. S. 209) verwirklichen, und zwar deckt sie im System der privaten Abzüge (s. S. 212) den *außergewöhnlichen Lebensbedarf* ab, der infolge außergewöhnlicher Umstände über dem regelmäßig gegebenen Lebensbedarf liegt[21].

Der historische Zweck des § 33 EStG einer *Billigkeitsvorschrift* ist insofern überholt, als nach heutigem Verständnis § 33 EStG keine atypischen Einzelfälle regelt, die das Einkommensteuersystem abstrakt nicht berücksichtigt (s. S. 725). § 33 EStG ist vielmehr *Grundvorschrift zur Berücksichtigung subjektiver Leistungsfähigkeit* und damit dem Einkommensteuersystem immanent[22]. Daher ist die Anrechnung einer zumutbaren Belastung (§ 33 III EStG) ebensowenig gerechtfertigt wie bei anderen privaten Abzügen (z. B. nach §§ 10, 32, 33a ff. EStG) oder (im Bereich des objektiven Nettoprinzips) bei Erwerbsaufwendungen. Auch hat die Definition *außergewöhnlicher* Aufwendungen (= größere Aufwendungen als der überwiegenden Mehrzahl der Steuerpflichtigen gleicher Einkommens- und Vermögensverhältnisse und gleichen Familienstands erwachsen) ihren Ursprung im verfehlten Billigkeitsgedanken. Sie ist nicht praktikabel und wird von der Rechtsprechung auch nicht exakt praktiziert.

Nach § 33 II 1 EStG erwachsen dem Steuerpflichtigen die Aufwendungen *zwangsläufig,* wenn er sich ihnen aus rechtlichen, tatsächlichen oder sittlichen Gründen nicht entziehen kann. Ob Aufwendungen zwangsläufig sind, hängt davon ab, ob das Ereignis, insb. das Handeln, durch das sie ausgelöst worden sind, zwangsläufig war. Da Aufwendungen kausal *nicht* durch *eine* Ursache ausgelöst zu werden pflegen, kommt es darauf an, die *wesentliche Ursache* (Ereignis) herauszufinden. Damit ergibt sich eine Parallele zum Betriebsausgabenabzug[23]. Außerdem verlangt § 33 II 1 EStG, daß die Aufwendungen den Umständen nach *notwendig* sind und einen *angemessenen* Betrag nicht übersteigen.

Es muß eine *Belastung* (durch Aufwendungen) eingetreten sein. Es muß das *laufende* Einkommen belastet worden sein, nicht ausreichend ist Vermögensbelastung; denn die Jahres-Bemessungsgrundlage muß sich reduziert haben. Die Aufwendungen müssen außergewöhnlich und zwangsläufig sein. Die Zwangsläufigkeit ist auch zu verneinen, wenn die Aufwendungen hätten angespart werden können und *üblicherweise* angespart werden.

Beispiel: Aussteuern, Ausstattungen und die Aufwendungen für die Gründung eines Hausstands und die vorauszusehende Beschaffung einer Wohnung werden üblicherweise angespart. Folglich darf ein Steuerpflichtiger mit hohem Einkommen einschlägige Aufwendungen auch dann nicht als außergewöhnliche Belastung absetzen, wenn er die Aufwendungen nicht aus angespartem Vermögen macht, sondern aus dem laufenden Einkommen.

Hauptanwendungsfälle des § 33 EStG: (Nicht ersetzte) Aufwendungen im Zusammenhang mit: Krankheit; Kur bei Kurbedürftigkeit; Wiederbeschaffung unentbehrlicher Güter nach Brand,

---

20 Gl. A. Schmidt/*Drenseck,* EStG [9], § 33 Anm. 1. S. auch BFH BStBl. 89, 779, 782.
21 Dazu *J. Lang* (Fn. 1), 579 ff.
22 Dazu *J. Lang* (Fn. 1), 581 f.
23 S. 259 ff. – Zur Wesentlichkeit der Ursache und deren Zwangsläufigkeit, insb. auch zur Rolle des Verschuldens *Jakob/Jüptner,* StuW 83, 206 ff.

Diebstahl, Unwetterkatastrophen u. ä.; Beerdigung, soweit nicht durch den Nachlaß gedeckt; Geburt; Strafprozeß nach Freispruch; Scheidung; Umzug nach Kündigung des Vermieters[24]. Die Auffassung des BFH, daß der außergewöhnlichen Aufwendung prinzipiell kein *Gegenwert* gegenüberstehen dürfe, verfehlt den Zweck des § 33 EStG. Der Gegenwert ist für die Steuerzahlung nicht disponibel[25].

b) Die *§§ 33a–33c EStG* sind tatbestandstechnisch außergewöhnliche Belastungen (s. S. 216). Sie berücksichtigen indessen keinen außergewöhnlichen Lebensbedarf, sondern *regelmäßige* Aufwendungen des *Grund-* und *Mehrbedarfs*. Bezüglich der pauschalen Berücksichtigung des Mehrbedarfs infolge Ausbildung, Alter und Körperbehinderung weist das Steuerrecht Gemeinsamkeiten mit dem Sozialhilferecht auf (s. §§ 23; 24 BSHG)[26]. Systematisch sind folgende Tatbestände zu unterscheiden:

aa) *§ 33a I EStG* regelt den *allgemeinen Unterhaltsabzug*, der dann Platz greift, wenn für die unterhaltene Person *kein Anspruch auf Kinderfreibetrag* besteht (s. S. 386). § 33a I EStG hängt rechtssystematisch nicht nur mit der Kinder-Grundbedarfsvorschrift des § 32 VI EStG (s. S. 387), sondern auch mit dem Grundfreibetrag (§ 32a I Nr. 1 EStG) zusammen[27], der den existenznotwendigen Grundbedarf im allgemeinen berücksichtigt (s. S. 214). Der Zweck des § 33a I EStG, den *zwangsläufigen* (§ 33 II EStG) *regelmäßigen* Grundbedarf abzugelten, gestattet es, *neben* § 33a I, V EStG den z. B. durch Krankheit veranlaßten außergewöhnlichen Lebensbedarf nach § 33 EStG geltend zu machen[28].

bb) *§ 33a II EStG* gewährt einen den Kinderfreibetrag aufstockenden *Ausbildungsfreibetrag* und berücksichtigt dadurch *regelmäßigen Ausbildungsmehrbedarf des Kindes* (s. S. 388).

cc) Nach *§ 33a III 1 Nr. 1 EStG* sind Aufwendungen für eine *Haushaltshilfe* bis zum Höchstbetrag von 1 200 DM abziehbar, wenn der Steuerpflichtige oder sein nicht dauernd getrennt lebender Ehegatte das 60. Lebensjahr vollendet hat. Es handelt sich um *altersbedingten Mehrbedarf*. Im übrigen berücksichtigen die Höchstbeträge des § 33a III 1 EStG (1 200 DM/1 800 DM) *Mehrbedarf* wegen *Krankheit* und *Behinderung*. § 33a III 2 EStG gewährt Höchstbeträge von 1 200 DM/1 800 DM für *Heimunterbringungskosten*, und zwar ab VZ 1990 ohne Verknüpfung mit § 33a III 1 EStG, so daß auch jüngeren, nicht pflegebedürftigen Steuerpflichtigen der Steuerabzug zusteht.

dd) *§ 33b I–III EStG* gewährt *Körperbehinderten* einen nach dem Grade der Behinderung ansteigenden Pauschbetrag (600 DM–2 760 DM). Auch hier handelt es sich um einen Steuerabzug für laufenden und typischen *Mehrbedarf*, so daß *neben* dem Pauschbetrag Kosten des außergewöhnlichen Lebensbedarfs wie z. B. Krankheitskosten nach § 33 EStG abgezogen werden können[29].

Der *Hinterbliebenen-Pauschbetrag* (§ 33b IV EStG) deckt keinen Mehrbedarf ab. Er ist als Sozialzwecknorm zu beurteilen. Mit der Übertragung des Behinderten-Pauschbetrages und des Hinterbliebenen-Pauschbetrages von Kindern auf Eltern (§ 33b V EStG) und mit dem *Pflege-Pauschbetrag* (§ 33b VI EStG) werden Unterhaltsaufwendungen berücksichtigt (s. unten 4.).

ee) Zum Abzug von *Kinderbetreuungskosten* nach *§ 33c EStG* siehe S. 388f.

---

24 ABC der abzugsfähigen Aufwendungen bei Schmidt/*Drenseck*, EStG [9], § 33 Anm. 8.
25 Vgl. hierzu die Rezensionen von *Tipke*, StuW 74, 347; 75, 158; s. auch *Jakob/Jüptner*, StuW 83, 206ff.
26 Dazu *J. Lang* (Fn. 1), 205f., 549ff.
27 Das StRefG 1990 erhöhte die Höchstbeträge des § 33a I EStG „im Hinblick auf die Entwicklung der Sozialhilferegelsätze und die Erhöhung des Grundfreibetrages" (BT-Drucks. 11/2157, 150).
28 Abschnitt 190 X EStR 1990; *J. Lang* (Fn. 1), 558ff.; Schmidt/*Glanegger*, EStG [9], § 33a Anm. 1, jeweils m. w. Nachw. der st. Rspr.
29 Abschnitt 194 VII EStR 1990; *J. Lang* (Fn. 1), 552ff. m. w. Nachw. der st. Rspr.

c) Mit Öffnung der Grenzen im November 1989 gibt es keine Rechtfertigung mehr, die §§ 33; 33a EStG in bezug auf *Personen aus der einstigen DDR* beweiserleichternd zu handhaben. Der gleichlautende Ländererlaß vom 1. 4. 1985 (BStBl. I 85, 202) betr. Aufwendungen für Paketsendungen und Verwandtenbesuche ist obsolet[30]. Insb. kann die Bedürftigkeit von in dem Gebiet der einstigen DDR lebenden Personen nicht mehr unterstellt werden[31]. Aufwendungen für die Wiederbeschaffung von Hausrat und Kleidung nach Übersiedlung aus Ostdeutschland können nach dem 31. 12. 1989 nur noch dann als außergewöhnliche Belastung anerkannt werden, wenn die Voraussetzungen des § 33 EStG im Einzelfall nachgewiesen werden können[32]. Ein Umzug von Ost- nach Westdeutschland ist nicht anders zu beurteilen als ein Umzug von Süd- nach Norddeutschland.

d) *Konkurrenzen Sonderausgaben/außergewöhnliche Belastungen:* § 33 II 2 EStG schließt Sonderausgaben auch dann von Abzügen nach den §§ 33–33c EStG aus, wenn sie sich steuerlich nicht ausgewirkt haben[33]. Eine Ausnahme gilt für Berufsausbildungskosten i. S. d. § 10 I Nr. 7 EStG und Hausgehilfinnenkosten i. S. d. § 10 I Nr. 8 EStG. In diesen Fällen ist zuerst der Sonderausgabenabzug zu prüfen. Soweit die Aufwendungen im Rahmen der Höchstbeträge in § 10 I Nr. 7, 8 EStG steuerwirksam abgezogen werden können, scheiden sie bei der Anwendung der §§ 33–33c EStG aus. Soweit die Aufwendungen (einschließlich der Aufwendungen für den Ehegatten nach § 10 I Nr. 7 Satz 3 EStG[34]) die Höchstbeträge überschreiten, können sie nach den §§ 33–33c EStG abgezogen werden. Beispiel: Hausgehilfinnenkosten in Höhe von 16000 DM kann eine Alleinstehende bis zu 12000 DM nach § 10 I Nr. 8 EStG und den Rest von 4000 DM nach § 33c EStG abziehen[35].

4. Berücksichtigung von Unterhaltsverpflichtungen

Literatur[1]: *Altfelder,* Steuerliche Gestaltung des Ehegatten- und Kindesunterhalts, Neue Entwicklungen im Familien- und Steuerrecht, Köln u.a. 1987; *Jüptner,* Familienlastenausgleich verfassungswidrig, StVj 90, 307; *Kanzler,* Familienarbeit, Erziehungs- und Pflegeleistung im Steuerrecht, FR 88, 205; *ders.,* Ausbildungsfreibeträge und Unterhaltshöchstbeträge nach dem StSenkErwG 1988 und StReformG 1990, FR 88, 654; *Korallus,* Steuerliche Gerechtigkeit und Geschiedenen-Unterhalt, Frankfurt/Bern/New York 1987; *v. Mirbach,* Grundgesetz und Wertungswidersprüche zwischen Ehegattenunterhalts- und Steuerrecht, StuW 87, 319; *Schemmel,* Kinderfreibetrag und Grundgesetz, Grundlagen und Ergebnisse einer Stellungnahme für das BVerfG, Karl-Bräuer-Institut, Wiesbaden 1989.

Der Vorwurf an den Gesetzgeber, er befolge das private Nettoprinzip nur in einem Konglomerat privater Abzüge, gilt besonders für die Berücksichtigung von Unterhaltsverpflichtungen. Durch die Beschlüsse des BVerfG vom 29. 5. 1990 und vom 12. 6. 1990 hat der Druck auf den Gesetzgeber, die oben (S. 209ff.) dargelegten Postulate des *privaten Nettoprinzips* und *speziellen Familien-Nettoprinzips* zu verwirkli-

---

30 Gleichwohl hält die Finanzverwaltung an der bisherigen Praxis fest. Dazu *H.-G. Horlemann,* Beihefter zu DStR 90, Heft 15/16, 3.
31 Krit. dazu Schmidt/*Glanegger,* EStG [9], § 33a Anm. 2e (m. w. Nachw.).
32 BMF vom 25. 4. 1990, BStBl. I 90, 222.
33 So die h. M. (dazu m. w. Nachw. *H.-J. Kanzler,* in: HHR, EStG, § 33 Anm. 203ff.).
34 Dazu *H.-J. Kanzler* (Fn. 33), Anm. 207.
35 Abschnitt 101 VI 5 LStR 1990.
1 Siehe zunächst die oben (S. 208f.) zitierte Literatur.

chen, erheblich zugenommen[2]. Besonders in jüngster Zeit agierte die Steuerpolitik orientierungslos. Während Aufwendungen für Freizeitgestaltung (Skat, Kleintierzucht und Karneval, dazu S. 379, 662 ff.) abzugsfähig gemacht worden sind, handelt der Gesetzgeber dort, wo die Abzugsfähigkeit von Verfassungs wegen hergestellt werden müßte, kleinmütig. Das Gespür für die unerträgliche Wertungsschieflage zwischen dem Steuerabzug von Freizeitaufwendungen und der Nichtabzugsfähigkeit von gesetzlich zwangsläufigen Unterhaltsaufwendungen scheint völlig zu fehlen.

Versucht man, das geltende Recht unter den gegebenen Umständen zu systematisieren, so ergibt sich folgendes Bild:

a) *Realitätsgerechte Berücksichtigung von Unterhaltsverpflichtungen* bedeutet nach einhelliger steuerjuristischer Auffassung (s. oben S. 209 ff., 214 f.), daß dem *Verpflichteten* ein *Unterhaltsabzug in voller Höhe der gesetzlichen Verpflichtung* zusteht; dementsprechend hat der *Berechtigte* die *Unterhaltsbezüge* zu versteuern. Durch dieses sog. *Realsplitting* wird die Einheit zwischen Steuerrecht und Unterhaltsrecht exakt hergestellt. Die Zivilrechtslage beinhaltet einen *Transfer steuerlicher Leistungsfähigkeit;* sie vermindert die Leistungsfähigkeit des Verpflichteten und erhöht entsprechend die Leistungsfähigkeit des Berechtigten.

Das geltende Recht sieht die sachgerechte Regel für die realitätsgerechte Berücksichtigung von Unterhaltsverpflichtungen nur für den *Unterhalt geschiedener oder dauernd getrennt lebender unbeschränkt einkommensteuerpflichtiger Ehegatten* vor: Nach § 10 I Nr. 1 EStG kann der Geber ab 1990 jährlich bis zu 27 000 DM als Sonderausgaben abziehen, wenn der Empfänger *zustimmt*. Der Empfänger hat die Unterhaltsleistungen zu versteuern, soweit sie nach § 10 I Nr. 1 EStG vom Geber abgezogen werden können (§ 22 Nr. 1 a EStG).

Kritik: Der Gesetzgeber wollte mit Regelung der §§ 10 I Nr. 1; 22 Nr. 1 a EStG den Wegfall des Ehegattensplittings (s. S. 395 ff.) abfedern[3]. Das Ehegattensplitting berücksichtigt nicht lediglich ein gesetzliches Unterhaltsverhältnis, sondern darüber hinaus auch das eheliche Güterrecht und den Versorgungsausgleich (s. S. 396). Insofern ist eine Reduktion des Splitting gegenüber dem Ehegattensplitting sachgerecht. Die Geschiedenen werden jedoch insofern privilegiert, als eine Regelung, die den Transfer steuerlicher Leistungsfähigkeit realitätsgerecht berücksichtigt, *für alle Unterhaltsgemeinschaften* geboten ist[4].
Im weiteren ist eine *Begrenzung auf 27 000 DM* nicht gerechtfertigt, wenn ein Rechtstitel über einen höheren Betrag vorliegt[5]. Umgekehrt fehlt die Tatbestandsvoraussetzung der *Zwangsläufigkeit:* Ein Realsplitting in Höhe von 27 000 DM ist nicht zu rechtfertigen, wenn die Verpflichtung den Betrag von 27 000 DM unterschreitet. Gänzlich verfehlt ist es, den Abzug als Sonderausgaben von der Zustimmung des Empfängers abhängig zu machen (ebensogut könnte man den Abzug als Betriebsausgaben von der Zustimmung des Geschäftspartners abhängig machen); es überschreitet aber die Grenzen des Zumutbaren, die Zustimmung einer Person zu

---

2 Dazu *G. Felix,* Die Wende 1990 in der Einkommensteuer – Konsequenzen für die Steuerberatung, Gedanken zur neuen Rechtsprechung des BVerfG zum Familienlastenabzug, DStZ 90, 471; *Felix/Carstens,* Stbg. 90, 438. Zur Vorläufigkeit der Steuerfestsetzungen für die VZ 1983–1985 s. FinMin. NRW vom 30. 7. 1990, B 90, 1743; Ns. FinMin. vom 12. 9. 1990, BB 90, 1892. Zu Konzequenzen für den Steuerprozeß vgl. *Rößler,* DStZ 90, 553.
3 BT-Drucks. 8/2100, 60. Dazu insb. *Uelner,* StbKongrRep. 1979, 99, 115 ff.
4 *K. Tipke,* ZRP 83, 28; *J. Lang,* StuW 83, 110/111; *Pezzer,* Verfassungsrechtliche Perspektiven der Familienbesteuerung, in: FS für Zeidler, Berlin/New York 1987, 757, 765 ff.; *Kanzler,* FR 88, 215 f.
5 Unter dieser Voraussetzung daher keine Begrenzung in Dänemark, Frankreich, Großbritannien, Italien, Kanada, Luxemburg, den Niederlanden, Norwegen, Österreich, Schweden, der Schweiz und den USA.

verlangen, zu der die Brücken abgebrochen worden sind[6]. Die Zustimmung ist allerdings zum Schutze des Unterhaltsberechtigten eingeführt worden. Muß dieser die Unterhaltsbezüge versteuern, so ist er auf höheren Unterhalt angewiesen, den er durch seine Zustimmung soll „erzwingen" können. Die Zustimmung ist jedoch nicht der richtige Weg, den Unterhalt um etwa nötige Steuermittel aufzustocken. Der Unterhaltsberechtigte ist an der Zustimmung nicht interessiert, da er durch sie keinen Vorteil hat. Sie ist aber öffentlich-rechtliche Willenserklärung, deren Abgabe der unterhaltsverpflichtete Ehegatte aufgrund eines entsprechenden Urteils nach § 894 ZPO (vgl. § 10 I Nr. 1 Satz 3 EStG) erzwingen kann[7].

Schließlich ist die Regel, daß der Unterhaltsberechtigte *unbeschränkt steuerpflichtig* sein muß, sachfremd. BFH BStBl. 86, 603, 604 bejaht Sachgerechtigkeit, daß der Empfänger die Unterhaltsleistung im Inland nicht zu versteuern brauche. Diese Begründung überzeugt nicht, da der Gesetzgeber die Unterhaltsbezüge nach dem Quellenprinzip in einem § 49 I Nr. 7a EStG erfassen könnte.

b) Von den Normen, die den Transfer steuerlicher Leistungsfähigkeit in der Bemessungsgrundlage abbilden, sind diejenigen *privaten Abzüge* zu unterscheiden, die den *existentiell notwendigen Lebensbedarf* berücksichtigen. Ein verfassungsrechtlich richtiges Steuerrecht benötigt beides. Normen, die den Transfer steuerlicher Leistungsfähigkeit innerhalb der Unterhaltsgemeinschaft anerkennen, und Normen, die den indisponiblen Teil des Einkommens (s. S. 211) bestimmen, sind nicht gegenseitig austauschbar[8]. Das gegenwärtige Konglomerat privater Abzüge vermengt die Funktionen des Unterhaltsabzuges und des Lebensbedarfabzuges.

Dadurch kommt es insb. vor, daß Existenzminimum-Grundbedarf gleichheitssatzwidrig (s. S. 212 ff.) *doppelt* berücksichtigt wird. Beispiel: Hat ein Kind eigene Einkünfte, so wird sein Existenzminimum sowohl durch den Kinderfreibetrag, den die Eltern nach § 32 VI EStG abziehen können, als auch bei der Besteuerung des Kindes durch den Grundfreibetrag (§ 32a I Nr. 1 EStG) berücksichtigt. Dies verkennt der Einwand, ein Familien-Realsplitting begünstige die sog. Besserverdienenden. Ein Realsplitting für *alle Unterhaltsgemeinschaften* würde gerade die steuerliche Benachteiligung solcher Steuerzahler beseitigen, die kein geeignetes Unternehmen oder Kapital innehaben, um durch Unternehmensbeteiligung oder Kapitalübertragung dem Kind eigene Einkünfte mit den Effekten eines Realsplittings und doppelter Berücksichtigung des Kinder-Existenzminimums zu verschaffen. Nur ein *allgemeines* Realsplitting ermöglicht die *einheitliche* Berücksichtigung des Existenzminimums, indem bei jedem Unterhaltsberechtigten von den Unterhaltsbezügen das ihm zustehende Existenzminimum abgesetzt wird[9]. Dadurch betrifft die vom BVerfG[10] stringent geforderte Gewährleistung des Familienexistenzminimums nicht nur den Kinderfreibetrag, sondern auch die *Prämisse,* den Transfer steuerlicher Leistungsfähigkeit realitätsgerecht zu berücksichtigen.

Das geltende Steuerrecht gewährt dem Verpflichteten für den Lebensbedarf des Berechtigten folgende Abzüge[11]:

aa) Der als außergewöhnliche Belastung geregelte und daher bereits dort (S. 381) erwähnte *allgemeine Unterhaltsabzug* (§ 33a I EStG) berücksichtigt den *existenznotwen-*

---

6 Dazu *Richter,* DStR 79, 155; *Gérard,* FR 79, 173; 80, 411; *Buob,* FR 80, 313, 458; *Oswald,* StBp. 80, 160; *Feldhausen,* StbKongrRep. 1980, 365 ff.; *Uelner,* StbJb. 1980/81, 418; *Borggreve,* Inf. 82, 638; *Tipke,* ZRP 83, 25 ff.
7 BFH BStBl. 89, 192.
8 Zutr. *Kanzler,* FR 88, 215. S. auch *J. Lang,* StuW 90, 331, 343 f.
9 Dazu näher (mit einem Schema für eine vierköpfige Einverdienerfamilie) *J. Lang,* StuW 90, 331, 343 (344).
10 Insb. durch die Beschlüsse vom 29. 5. 1990 und 12. 6. 1990 (s. S. 210 ff.).
11 Zur Systematisierung dieser Abzüge *J. Lang,* Die Bemessungsgrundlage der Einkommensteuer, Köln 1981/88, 558 ff.

digen Grundbedarf[12] des Berechtigten, den der Verpflichtete zwangsläufig i. S. d. § 33 II EStG zu tragen hat. Er greift grundsätzlich nicht Platz, soweit das EStG an anderer Stelle den existenznotwendigen Grundbedarf des Berechtigten berücksichtigt. So setzt § 33a I EStG voraus, daß für den Berechtigten *kein Anspruch auf einen Kinderfreibetrag* (§ 32 VI EStG) besteht. Ferner konsumiert das Ehegattensplitting in § 32a V EStG (s. S. 395 ff.) den allgemeinen Unterhaltsabzug[13]. Liegen die Voraussetzungen der §§ 26–26b; 32a V EStG nicht vor, so ist der allgemeine Unterhaltsabzug nach § 33a I EStG nicht ausgeschlossen. Daher können z. B. Unterhaltsleistungen an einen im Ausland lebenden Ehegatten nach § 33a I EStG abgezogen werden[14]. Unterhaltsleistungen an den geschiedenen oder dauernd getrennt lebenden Ehegatten können nach § 33a I EStG berücksichtigt werden, wenn sich die Ehegatten auf das Realsplitting nach den §§ 10 I Nr. 1; 22 Nr. 1a EStG nicht einigen können[15]. Liegen die Voraussetzungen des § 10 I Nr. 1 EStG vor, so entfällt § 33a I EStG gemäß § 33 II 2 EStG.

§ 33a I EStG knüpft an die Definition der *Zwangsläufigkeit* in § 33 II EStG an. Damit erstreckt sich § 33a I EStG nicht nur auf rechtliche, sondern auch auf *sittliche* Unterhaltspflichten. Die Rechtsprechung tendiert zu Recht dazu, § 33a I EStG auf rechtliche Unterhaltspflichten zu beschränken[16]. Solange nämlich die *gesetzlich zwangsläufigen* Unterhaltsverpflichtungen nicht realitätsgerecht berücksichtigt sind und die Einheit der Rechtsordnung zwischen Steuerrecht und Unterhaltsrecht nicht hergestellt ist, läßt sich eine Ausdehnung der Unterhaltsabzüge auf die (häufig auch kaum zu verifizierende) Sittenordnung schwerlich rechtfertigen. § 33a I 4 EStG enthält eine Sonderregelung für im *Ausland* lebende Unterhaltsempfänger: Die Aufwendungen müssen nach den Verhältnissen des Wohnsitzstaats notwendig und angemessen sein. Hingegen ist die Zwangsläufigkeit i. S. d. § 33 II EStG nach inländischen Maßstäben zu beurteilen.

Der allgemeine Unterhaltsabzug ist auf einen *Höchstbetrag* von 5400 DM begrenzt (§ 33a I 1 Nr. 2 EStG). Eine Begrenzung auf 3024 DM sieht § 33a I 1 Nr. 1 EStG für Personen vor, die das 18. Lebensjahr noch nicht vollendet haben oder für die der Steuerpflichtige die Voraussetzungen des § 33a II EStG (Ausbildungsfreibetrag) erfüllt. § 33a I Nr. 1 EStG gilt für Auslandskinder (vgl. §§ 32 II; 33a II 1 EStG) und dienstverpflichtete Kinder (vgl. § 33a II 2 EStG). Die Höchstbeträge von 3024 und 5400 DM vermindern sich um Einkünfte/Bezüge der unterhaltenen Person, soweit diese den Betrag von 4500 DM übersteigen (§ 33a I 4 EStG). Diese Regelung stellt

---

12 Siehe S. 381 (dort Fn. 26). BVerfGE 66, 214; 67, 290, hat § 33a I 1, 3 EStG in der 1971 und 1973 geltenden Fassung – damals waren 1200 DM abzugsfähig – bereits als nicht realitätsgerecht für verfassungswidrig erklärt. Es hat dazu auch auf die störende Unabgestimmtheit zu den Sozialhilferegelsätzen und zum Grundfreibetrag (§ 32a I Nr. 1 EStG) hingewiesen. Demgegenüber hat der BFH (BStBl. 86, 603; 88, 134; 88, 939; FR 88, 558) die Höchstbeträge des § 33a I EStG bisher verfassungsrechtlich nicht beanstandet.
13 BFH GrS BStBl. 89, 164; *J. Lang* (Fn. 11), 565.
14 BFH (Fn. 13); *J. Lang* (Fn. 11), 565.
15 Für ein solches „Wahlrecht" Bericht des Finanzausschusses, BT-Drucks. 8/2201, 23.
16 Z. B. zu Aufwendungen für das Studium von Geschwistern BFH BStBl. 89, 280, und zu Aufwendungen an den Partner einer eheähnlichen Gemeinschaft BFH BStBl. 90, 294 (dazu *Paus*, FR 90, 172). Betreut der Partner ein gemeinsames Kind, so bejaht BFH FR 90, 515, § 33a I EStG. Die Betreuung des Kindes ist Teil einer gemeinsamen gesetzlichen Verpflichtung gegenüber dem Kind. Insofern ist die Versorgung des ersuchenden Partners nicht nur sittlich, sondern auch gesetzlich zwangsläufig.

(allerdings nicht so exakt wie das Realsplitting) sicher, daß das Existenzminimum nur einmal steuerfrei gelassen wird.

bb) Der *Unterhalt für Kinder* wird primär durch den *Kinderfreibetrag* (§ 32 VI EStG) berücksichtigt, der in einem sog. dualen System mit dem Kindergeld nach dem BKGG[17] verknüpft ist[18]. Daneben enthält der Einkommensteuertatbestand ein Konglomerat steuerentlastender Vorschriften (sog. *kindbedingte Erleichterungen*[19]): §§ 10 I Nr. 8; 32 VII; 33 III; 33a II; 33a III Nr. 1b; 33b V; 33c; 34f; 51a; 52 XXII EStG. Steuerentlastende Vorschriften und sozialrechtliche Subventionen werden üblicherweise mit den Begriffen „Familienlastenausgleich" bzw. „Kinderlastenausgleich" zusammengefaßt. Solche Begriffe verstellen den Blick für die rechtliche Qualität der Normen, insb. für die Unterscheidung von Fiskalzwecknormen, welche der Minderung steuerlicher Leistungsfähigkeit Rechnung tragen, und Sozialzwecknormen familienpolitischer Förderung. Diese Unterscheidung ist für die verfassungsrechtliche Beurteilung der Norm von ausschlaggebender Bedeutung. Während nämlich der Gesetzgeber bei staatlicher Familienförderung – z.B. durch Kindergeld und sog. Baukindergeld (§ 34f EStG) – weitgehende Gestaltungsfreiheit hat[20], ist er verfassungsrechtlich verpflichtet, das Familienexistenzminimum steuerfrei zu lassen[21].

Die *allgemeinen Vorschriften* zur einkommensteuerlichen Berücksichtigung von Kindschaftsverhältnissen enthält § 32 EStG. Dort sind der (vom § 2 BKGG abweichende) *Kindbegriff* (§ 32 I EStG), der generelle Ausschluß von Auslandskindern (§ 32 II

---

17 Bundeskindergeldgesetz i.d.F. vom 21. 1. 1986, BGBl. I 86, 222, geändert durch StRefG 1990 vom 25. 7. 1988, BGBl. I 88, 1093 u. 12. Gesetz zur Änderung des BKGG vom 30. 6. 1989, BGBl. I 89, 1294. Kommentare von *Schieckel, Percha/Kempferhausen* und *Wickenhagen/Krebs.*
18 Nachdem der Kinderfreibetrag ab 1975 zugunsten eines gestaffelten Kindergeldes abgeschafft worden war (dazu krit. *J. Lang,* StuW 74, 300 ff.; *K. Vogel,* NJW 74, 2105, jedoch nicht verfassungsrechtlich beanstandet durch BVerfGE 43, 108), wurde er vom Jahre 1983 an in Höhe von 432 DM wieder eingeführt. Dazu RegBegr., BT-Drucks. 9/2140, 66: Der Kinderfreibetrag werde neben dem Kindergeld gewährt. Damit werde „der derzeitige Kinderlastenausgleich wieder verstärkt in Form eines dualen Systems gestaltet. Diese Maßnahme soll eine Übergangsregelung bis zur Einführung eines Familiensplittings sein". Nur diese Vorgabe des Gesetzgebers macht es verständlich, daß der *Kindergeld*-Beschluß des BVerfG vom 29. 5. 1990, BStBl. II 90, 653, die *Steuerfreiheit* des Familienexistenzminimums fundiere (s. S. 210) und nicht BVerfG vom 12. 6. 1990, BStBl. II 90, 664. Dieser Beschluß erklärte den für die VZ 1983–1985 geltenden Kinderfreibetrag in Höhe von 432 DM (§ 32 VIII EStG 1983–1985) mit Art. 3 I GG i.V.m. Art. 6 I GG für unvereinbar. Dazu *G. Felix,* DStZ 90, 471; *R. Jüptner,* StVj 90, 307; *J. Lang,* StuW 90, 331; *B. Paus,* Inf. 90, 394.
19 So z.B. BT-Drucks. 8/2116 vom 21. 9. 1978. Gebräuchlich ist auch der Ausdruck „Kinderadditive" (so z.B. BVerfG BStBl. 90, 658).
20 So BVerfG BStBl. 90, 656. Indessen hat der Gesetzgeber nach Auffassung des Kindergeld-Beschlusses das Kindergeld mit einem steuerlichen Fiskalzweck befrachtet (BStBl. 90, 657) und sich dadurch der ihm eingeräumten Gestaltungsfreiheit begeben. Die Befrachtung von Subventionen mit Zwecken, die Fiskalzwecknormen zu leisten haben, ist aber bereits im Ansatz verfehlt. Prinzipiell ist das Kindergeld dem vom Gesetzgeber relativ frei gestaltbaren Förderungsgebot des Art. 6 I GG unterworfen und am Bedürfnisprinzip zu orientieren, während der Kinderfreibetrag am Leistungsfähigkeitsprinzip auszurichten und mit dem strengen Benachteiligungsverbot des Art. 6 I GG zu vereinbaren ist. Daher ist abweichend vom Kindergeld-Beschluß verfassungsrechtlich bereits die *Vermengung grundverschiedener Normen* zu verwerfen. Krit. zu dieser Vermengung *K. Vogel,* NJW 74, 2105; *K. Tipke,* StbKongrRep. 1983, 59 ff.; *J. Lang,* StuW 90, 331, 339f.
21 BVerfG BStBl. 90, 657 ff. (s. S. 210).

EStG)²² sowie die sonstigen *allgemeinen Voraussetzungen* zur Berücksichtigung von Kindern (§ 32 III, IV EStG) geregelt. Im einzelnen sind folgende Unterhaltsabzüge zu unterscheiden:

(1) Der vom Einkommen (§ 2 V EStG) abzuziehende *Kinderfreibetrag* beträgt ab 1990 3 024 DM, wenn die Eltern zusammenveranlagt werden, im übrigen für jeden Elternteil 1 512 DM (§ 32 VI 1, 2 EStG). Der volle Kinderfreibetrag von 3 024 DM ist auch einem *einzelnen Elternteil* zu gewähren, wenn der andere Elternteil vor Beginn des Kalenderjahrs verstorben ist oder nicht während des ganzen Kalenderjahrs unbeschränkt einkommensteuerpflichtig gewesen ist (§ 32 VI 3 Nr. 1 EStG). Der volle Kinderfreibetrag steht auch Steuerpflichtigen zu, die das Kind allein adoptiert haben oder zu denen das Kind allein in einem Pflegekindschaftsverhältnis steht (§ 32 VI 3 Nr. 2 EStG). Auf Antrag ist der Kinderfreibetrag zu *übertragen*, wenn nur ein Elternteil seiner Unterhaltspflicht nachkommt oder wenn ein Elternteil durch Zustimmung auf den Kinderfreibetrag verzichtet (§ 32 VI 4 EStG).

Der Kinderfreibetrag berücksichtigt den existentiell notwendigen *Grundbedarf* des Kindes, der *realitätsgerecht* anzusetzen ist²³. Der Grundbedarf ist zu unterscheiden von dem regelmäßigen Mehrbedarf des Kindes (z. B. der durch § 33a II EStG berücksichtigte Ausbildungsmehrbedarf) und von dem in den Anwendungsbereich des § 33 EStG fallenden außergewöhnlichen Lebensbedarf des Kindes.

Maßstab für die Bemessung des *realitätsgerechten Grundbedarfs* ist das Sozialhilferecht, und zwar nicht nur in Höhe der Regelsätze²⁴, sondern grundsätzlich im Umfange aller Sozialhilfeleistungen (Regelsatz, pauschale Kleiderbeihilfe, Wohnungs- und Heizungskosten)²⁵. Der sozialhilferechtliche Grundbedarf bewegt sich alters- und ortsabhängig zwischen 6 000 DM (Kleinkind) und 10 000 DM (erwachsener Alleinstehender, z. B. auswärts Studierender)²⁶. Bei der Bemessung der steuerlichen Grundbedarf-Pauschalen ist das *Kindergeld* abzusetzen, denn soweit der Staat das Kind unterhält, wird Einkommen für das Kind nicht verwendet, so daß insoweit der Zweck eines Unterhaltsabzuges vom Einkommen entfällt. Hingegen kann eine *Umrechnung* des Kindergeldes in einen *fiktiven* Kinderfreibetrag entgegen der Auffassung des BVerfG²⁷ zu keiner zutreffenden Sicherung des Familienexistenzminimums führen. Diese Methode scheitert bereits daran, daß es praktisch nicht möglich ist, der Um-

---

22 Dazu *Kanzler*, Das Auslandskind als Stiefkind des Einkommensteuerrechts, FR 88, 296; *Oepen*, Auslandskinder im Einkommensteuerrecht nach der Steuerreform 1986/1988/1990, FR 88, 130 (zugleich Erwiderung auf *Kanzler*). BFH FR 90, 555 bejaht Verfassungsmäßigkeit des § 32 II EStG.
23 BVerfGE 66, 214, 223 (dazu *K. Vogel*, StuW 84, 197 ff.); 67, 290 (dazu *K. Tipke*, StuW 85, 78), und nunmehr zwingend BVerfG BStBl. 90, 653; 90, 664 (dazu das in Fn. 18 a. E. zitierte Schrifttum).
24 So Ns. FG EFG 89, 124; Hess. FG EFG 89, 235.
25 BVerfG BStBl. 90, 658 ff.; *Dziadkowski*, StuW 86, 53, 55 f.; *P. Kirchhof*, Der Schutz von Ehe und Familie: Essener Gespräche, Bd. 21, Münster 1986, 20 ff.; *F. Klein*, DStR 87, 782; *J. Pezzer*, StuW 89, 225; *H. Söhn*, FinArch. Bd. 46 (1988), 154, 168 f.; *Schemmel*, Kinderfreibetrag und Grundgesetz, Karl-Bräuer-Institut, Wiesbaden 1989, 83 ff.; *J. Lang*, StuW 83, 119; *ders.*, StuW 90, 346 f.
26 Dazu *J. Lang*, StuW 90, 346 f.
27 BVerfG BStBl. 90, 660 f.; BVerfG StRK EStG 1975 Allg. R. 40; BVerfG DStZ/E 88, 157. Ebenso BFH HFR 88, 627; Ns. FG EFG 89, 124; Hess. FG EFG 89, 235; *Kanzler*, in: HHR, EStG, § 32 Anm. 167.

rechnung den richtigen Steuersatz zugrunde zu legen[28]. Der Kinderfreibetrag ist *keine mit dem Kindergeld zusammenrechenbare „Vergünstigung"*, sondern eine verfassungsrechtlich gebotene Fiskalzwecknorm zur Messung steuerlicher Leistungsfähigkeit, die das Kinderexistenzminimum von der Besteuerung abschirmen soll[29].

(2) Die Funktion einer Grundbedarf-Pauschale hat auch der *Haushaltsfreibetrag* (§ 32 VII EStG), der *Alleinstehenden* mit *mindestens einem Kind* gewährt wird. Er beträgt identisch mit dem Grundfreibetrag 5 616 DM. Mit diesem Betrag ist der um das Kindergeld gekürzte sozialhilferechtliche Grundbedarf für das *erste* Kind realitätsgerecht berücksichtigt, so daß ein zusätzlicher Kinderfreibetrag nicht mehr zu rechtfertigen ist. Nicht sachgerecht ist die Orientierung am Erwachsenen-Existenzminimum des § 32 a I Nr. 1 EStG.

(3) *Mehrbedarf des Kindes* wird durch den *Ausbildungsfreibetrag* (§ 33 a II EStG) berücksichtigt. Der Ausbildungsfreibetrag setzt Aufwendungen des Steuerpflichtigen *für die Berufsausbildung eines Kindes* voraus (§ 33 a II 1 EStG) und beträgt 1 800 DM für ein Kind unter 18 Jahren bei auswärtiger Unterbringung (§ 33 a II 3 Nr. 1 EStG), 2 400 DM für ein volljähriges Kind und 4 200 DM für ein auswärtig untergebrachtes volljähriges Kind (§ 33 a II 3 Nr. 2 EStG). Der Ausbildungsfreibetrag ist grundsätzlich mit der Kinderfreibetragsberechtigung verknüpft (§ 33 a II 1 EStG). Ab 1988 wird jedoch der Ausbildungsfreibetrag auch für Auslandskinder (§ 33 a II 1 EStG) und ab 1990 über die Grenze des 27. Lebensjahres (§ 32 IV EStG) hinaus bis zur Vollendung des 29. Lebensjahrs gewährt, wenn das Kind Grundwehr- oder Zivildienst geleistet hat.

Einkünfte und Bezüge des Kindes über 3 600 DM p. a. mindern die Ausbildungsfreibeträge, deren Höhe den Ausbildungsmehrbedarf nicht realitätsgerecht i. S. der Rechtsprechung des BVerfG abdecken[30].

(4) Regelmäßiger *Mehrbedarf* entsteht auch infolge *Krankheit* und *Körperbehinderung* des Kindes. Diesen Mehrbedarf berücksichtigen die §§ 33 a III; 33 b V, VI EStG (s. S. 381).

(5) *Alleinstehenden* gewährt § 33 c EStG den Abzug von *Kinderbetreuungskosten* bis 4 000 DM für das erste Kind und zusätzlich 2 000 DM für jedes weitere Kind, soweit die Aufwendungen wegen *Erwerbstätigkeit* (§ 33 c I Nr. 1 EStG) oder wegen *Behinderung/Krankheit* (§ 33 c I Nr. 2, 3 EStG) des Steuerpflichtigen erwachsen. § 33 c EStG ist eingeführt worden, nachdem BVerfG vom 3. 11. 1982[31] entschieden hatte, daß *berufstätigen Alleinstehenden mit Kindern* zusätzlicher zwangsläufiger Betreuungsaufwand entstehe, der die wirtschaftliche Leistungsfähigkeit mindere und deshalb steuerlich berücksichtigt werden müsse. Erwachsen Aufwendungen wegen *Erwerbstätigkeit,* so liegen nach dem Veranlassungsprinzip Erwerbsaufwendungen vor, deren Abzug (§ 33 c I Nr. 1 EStG) im System der privaten Abzüge fehlplaziert ist. Das Veranlassungsprinzip gilt auch für *berufstätige Ehepaare,* so daß deren Ausschluß von § 33 c I Nr. 1 EStG zwar BVerfG (a. a. O., Fn. 31) entspricht, gleichwohl sachlich

---

28 So zutr. *Pezzer,* StuW 89, 222 f. S. auch *J. Lang,* StuW 90, 340.
29 So zutr. FG Baden-Württemberg EFG 87, 33 (dazu *J. Lang,* StuW 90, 340), und nicht BVerfG BStBl. 90, 667 (Entscheidend sei der Gesamtbetrag, der sich „durch die Zusammenrechnung beider Vergünstigungen" ergebe).
30 S. BVerfG BStBl. 90, 658 ff.; *Obermeier,* FR 86, 473. A. A. BFH BStBl. 87, 713; Ns. FG EFG 89, 235.
31 BVerfGE 61, 319, 349. S. auch BVerfGE 68, 143, 152.

nicht zu rechtfertigen ist[32]. § 33 c I Nr. 2, 3, II EStG diskriminiert die in intakter Ehe lebenden Steuerpflichtigen. Die Behinderung oder Erkrankung der erziehenden Person erzeugt *zwangsläufigen Mehrbedarf*, unabhängig vom Zustand der Ehe. Die Delegation der Erziehungsarbeit an den Partner kann nicht einfach unterstellt werden. Sie kann z. B. dann nicht möglich sein, wenn auch der Partner krank oder behindert ist (durch § 33 c V EStG berücksichtigt) oder wenn er erwerbstätig ist (durch § 33 c EStG nicht berücksichtigt).

Die Ausgestaltung des § 33 c EStG als *außergewöhnliche Belastung* (§ 33 c I 1 EStG) hat zur Folge, daß Kinderbetreuungskosten um die verfehlte (s. S. 380) zumutbare Belastung zu kürzen sind[33] und die Konkurrenz mit § 10 I Nr. 8 EStG zu beachten ist (s. S. 382).

5. Allgemeine Regeln für private Abzüge

5.1 Abzugszeitpunkt

Eine allgemeine einschlägige Vorschrift existiert nicht. Es liegt eine Lücke intra legem vor. Allerdings läßt sich *§ 11 II EStG* zwanglos nicht nur auf Betriebsausgaben (§ 4 IV EStG) und Werbungskosten (§ 9 EStG), sondern auch auf Sonderausgaben (§ 10 EStG) anwenden. § 11 II EStG gilt auch für außergewöhnliche Belastungen (§§ 33–33 c EStG). Zunächst ist zu prüfen, ob der Steuerpflichtige durch die Aufwendung überhaupt *belastet* ist, ihm z. B. Krankheitskosten später nicht erstattet werden. In Höhe der Belastung richtet sich sodann der Abzugszeitpunkt nach § 11 II EStG. Das Belastungsprinzip beeinflußt lediglich die *Höhe* des Abzugsbetrages, nicht hingegen den Abzugs*zeitpunkt*[1]. Im Falle der Kreditaufnahme ist der Zeitpunkt der Lebensbedarfaufwendung und nicht der Darlehensrückzahlung maßgeblich[2].

5.2 Persönliche Abzugsberechtigung

Auch insoweit existiert keine allgemeine Vorschrift. Die Regel zur Schließung der Lücke intra legem muß lauten: Abzugsberechtigt ist, wer die Aufwendung aus seinem Einkommen/Vermögen unter den Voraussetzungen der §§ 10, 32, 33, 33a, 33c EStG macht, wer belastet ist.

Im Falle des § 10 I Nr. 2 EStG ist die Belastung mit Familien-Vorsorgeaufwendungen entscheidend, nicht die versicherungsrechtliche Verpflichtung (so aber BFH BStBl. 89, 862). Leistet ein Dritter die Prämien aus dem Versicherungsvertrag eines anderen, so soll der andere (der Versicherungsnehmer) abzugsberechtigt sein, beim Leistenden (Belasteten) aber nur eine freiwillige Zuwendung i. S. des § 12 Nr. 2 EStG vorliegen (anders nur bei Ehegatten). Die Anknüpfung an das Versicherungsrecht ist indessen innerhalb der Familie teleologisch verfehlt. Es ist zu fragen, ob es sich bei den Aufwendungen für den Steuerpflichtigen und seine Familie um Aufwendungen handelt, die durch § 10 EStG berücksichtigt werden sollen. Leistet (trägt) etwa

---

32 *Klatt*, B 85, 298; *F. Klein*, DStR 87, 779, 782; *J. Lang*, StuW 84, 130 f.; Schmidt/*Glanegger*, EStG [9], § 33 c Anm. 1; *Tipke*, StbKongrRep. 1983, 53. A. A. BFH BStBl. 90, 70.
33 So die h. M., z. B. Abschnitt 195 VII EStR 1990. Nach *Kanzler*, FR 88, 210, im Wege verfassungskonformer Auslegung der Gesetzesfiktion in § 33 c I EStG keine Kürzung um die zumutbare Belastung.
1 Schmidt/*Drenseck*, EStG [9], § 33 Anm. 3.
2 So neuerdings BFH BStBl. 88, 814 betr. Wiederbeschaffung von Hausrat eines Spätaussiedlers. Ausf. *J. Lang*, Die Bemessungsgrundlage der Einkommensteuer, Köln 1981/88, 527 ff.

der Vater die Prämien für ein versichertes Kind, so ist die Anwendung des § 10 EStG nach seinem Zweck zugunsten des Vaters gerechtfertigt. § 10 I Nr. 2 EStG geht dem § 12 EStG vor.

Bei *Zusammenveranlagung von Ehegatten* sind §§ 10 I Nr. 7 Satz 3, III; 10 c I 2, IV EStG zu beachten.

Nicht sachgerecht ist es, Aufwendungen für die Berufsausbildung oder die Weiterbildung des Ehegatten nur bei Zusammenveranlagung zum Abzug zuzulassen. Nicht sachgerecht ist es ferner, die zumutbare Belastung von der Zusammenveranlagung abhängig zu machen, wie es § 33 III EStG tut.

5.3 Erstattung privater Aufwendungen[3]

Es kommt nicht selten vor, daß vom Steuerpflichtigen zunächst Aufgewendetes erstattet wird, im Jahr der Aufwendung oder später.

Beispiele: Erstattung von Versicherungsprämien, von Kirchensteuerzahlungen, von Krankheitskosten.

Die Lösung ist einfach im Bereich der *Erwerbs*aufwendungen: Das Erstattete ist betrieblicher Ertrag, Betriebseinnahme oder Einnahme.

Im Bereich der privaten Aufwendungen besteht eine echte Lücke[4]. Negative Sonderausgaben und negative außergewöhnliche Belastungen kennt das Gesetz nicht.

Die Praxis behilft sich damit, erstattete Sonderausgaben mit gezahlten Sonderausgaben *desselben* Jahres bis auf 0 zu verrechnen, soweit es sich um die gleiche Sonderausgabenart handelt. Diese Einschränkung wird bei außergewöhnlichen Belastungen nicht praktiziert. Aufgrund des sog. Belastungsprinzips wird der Aufwendungsbegriff i. S. einer *endgültigen* Belastung interpretiert, so daß Ersatzleistungen (z. B. durch eine Kranken- oder Unfallversicherung) die nach § 33 EStG abziehbaren Beträge auch dann mindern, wenn Ersatz in einem späteren Jahr geleistet wird[5]. Diese unterschiedliche Praxis knüpft positivistisch an die Verschiedenheit des Gesetzeswortlauts (Sonder*ausgabe*/außergewöhnliche *Belastung*) an. Das private Nettoprinzip gebietet aber identische Interpretation der Privataufwendung als Minderung steuerlicher Leistungsfähigkeit. Daher sind Rückflüsse und Erstattungen von Privataufwendungen *einheitlich* (also auch bei Sonderausgaben) über den Begriff der „Aufwendung" zu erfassen[6].

Eine Teilregelung enthalten § 10 V EStG i. V. mit §§ 30, 31 EStDV; sie arbeiten mit der Technik der *Nachversteuerung*.

J. Einkommensteuertarif

Literatur: *v. Wiese,* Das Prinzip der Progression in der Einkommensteuer, in: Festgabe für Schanz II, Tübingen 1928, 261 ff.; *Kipke,* Beiträge zur Lehre vom Steuertarif, Jena 1931; *Wickerey,* Agenda for Progressive Taxation, New York 1947; *Föhl,* Kritik der progressiven Einkommensbesteuerung, FinArch. Bd. 14 (1953/54), 88 ff.; *Krelle,* Zur Wirkung der progressiven Einkommensbesteuerung, FinArch. Bd. 16 (1955/56), 22 ff.; *K. Schmidt,* Die Steuerprogression, Basel/Tübingen 1960; *Kirchgässner,* Die Entwicklung der Einkommensteuer-Progression in der BR Deutschland, FinArch. Bd. 43 (1985), 328 ff.; *Ammann/Fuhrmann,* Die mathematischen Zusammenhänge des Einkommensteuertarifs, BB 87, Beil. 18; *Petersen,* Wer trägt die

---

3 Dazu *Wüllenkemper,* Rückfluß von Aufwendungen im Einkommensteuerrecht, Köln 1987.
4 So auch *W. Jakob,* Steuern vom Einkommen I, Stuttgart u. a. 1980, 152, betr. Sonderausgaben; a. A. *Trzaskalik,* in: KS, EStG, § 11 RNr. C 44.
5 Dazu Schmidt/*Drenseck,* EStG [9], § 33 Anm. 4e (m. zahlr. Nachw.).
6 Zutr. *Wüllenkemper* (Fn. 3), 113 ff., mit der ausdrücklichen Einschränkung auf Abzugstatbestände, die der verminderten Leistungsfähigkeit Rechnung tragen (S. 137). S. auch *J. Lang* (Fn. 2), 522 ff.

Einkommensteuerlast?, Aufkommensentwicklung und Verteilungswirkungen der Lohn- und Einkommensteuer 1965–1990, Stuttgart/Berlin/Köln/Mainz 1988; *Seidl/Schmidt,* Die numerische Ermittlung der Parameter von Steuertarifen aus Opfergleichheitsprinzipien aufgrund vorgegebener Steueraufkommenserfordernisse, in: Seidl (Hrsg.), Steuern, Steuerreform und Einkommensverteilung, Berlin/Heidelberg 1988, 49; *v. Stern,* Inflationsbedingte heimliche Steuererhöhungen bei bisherigen und beim neuen Einkommensteuertarif T 90, DStZ 89, 576; *H. Laux,* Steuersätze und Steuersenkungen des Einkommensteuertarifs 1990, BB 90, 36; *ders.,* Einkommensteuerbeträge und Durchschnittssteuersätze nach dem Einkommensteuertarif 1990 im Bereich der 53 %igen Grenzsteuerbelastung des Tarifs, BB 90, 110.

1. Der linear-progressive Normaltarif

Auf das zu versteuernde Einkommen als Einkommensteuer-Bemessungsgrundlage (§§ 2 V, 32a I 1 EStG) wird der Tarif angewendet (§ 32a EStG). Aus dem Tarif ergibt sich, mit welcher Steuerquote der für disponibel gehaltene Teil des Einkommens belegt werden soll. Erfaßt die Bemessungsgrundlage mehr oder weniger als das disponible Einkommen, so wird der Tarif unwahr[1]. Im Abschnitt „Tarif" (§§ 32–34 b EStG) stehen allerdings – falsch plaziert – auch Vorschriften, die die Bemessungsgrundlage betreffen: §§ 32; 32a I Nr. 1, V, VI; 33; 33a; 33b; 33c; 34 III EStG.

Es läßt sich weder wirtschaftswissenschaftlich noch rechtswissenschaftlich beweisen, welcher Tarif „richtig" ist. Der progressive Tarif ist bereits 1891 in Preußen eingeführt worden (0,67 bis 4 v. H.). Die Entscheidung über den Tarif darf sich nicht nur an „sozialer Gerechtigkeit" orientieren; es müssen auch die ökonomischen Folgen bedacht werden, insb. darf die Progression den Leistungswillen nicht lähmen, zumal nicht zugunsten von Asozialen. Die Folgen eines gelähmten Leistungswillens haben *auch* die sozial Schwachen zu tragen. Im Unternehmensbereich bedeutet progressive Besteuerung Förderung der kleinen Betriebe und Hemmung der großen Betriebe.

Die in § 32a EStG festgelegte Struktur des Einkommensteuertarifs ist durch die Steuerreform 1990 in einen *linear-progressiven Tarif* (s. nachstehendes Schaubild, S. 392) umgestaltet worden[2]. Dieses „Kernstück" (BT-Drucks. 11/2157, 116) der Steuerreform 1990 ist zu Recht einhellig begrüßt worden.

Ein progressiver Tarif ist grundsätzlich sozial gerecht (dazu S. 55), und unter diesem Gerechtigkeitsaspekt läßt sich u. E. ein *linear*-progressiver Tarif am besten rechtfertigen. Gleichwohl hat der 57. Deutsche Juristentag[3] zutreffend beschlossen: „Die Steuerreform 1990 bringt bei der Einkommensteuer, insbesondere mit dem linear-progressiven Tarif, einen Fortschritt gegenüber dem bisherigen Zustand. Die Aufgabe aber, das Einkommensteuerrecht um der Lastengleichheit und der Einfachheit der Besteuerung willen neu zu ordnen, besteht auch nach der Steuerreform fort". Die Reform der lückenhaften, die wirkliche Leistungsfähigkeit nicht ausweisenden Bemessungsgrundlage ist mißglückt. Verfassungsrechtlich und steuersystematisch hätte insb. die Reform der Maßgröße subjektiver Leistungsfähigkeit (dazu S. 209 ff.) Vorrang vor der Tarifreform gehabt, denn solange die Bemessungsgrundlage falsch ist, ist auch der Tarif unwahr und falsch.

Der neue, ab 1990 geltende Tarif ist nach § 32a I EStG wie folgt aufgebaut:

- bis 5 616 DM 0 Prozent (Grundfreibetrag, der in die Bemessungsgrundlage gehört, s. S. 212);

---

1 Dazu *Boris Bittker,* Effective Tax Rates: Fact or Fancy?, University of Pennsylvania Law Review 74, 740 ff.
2 Die Kurvendarstellung hat uns freundlicherweise Regierungsdirektor *V. Lietmeyer,* Bundesministerium der Finanzen, zur Verfügung gestellt.
3 NJW 88, 3005.

§ 9 Einkommensteuer

Einkommensteuertarife 1988 und 1990

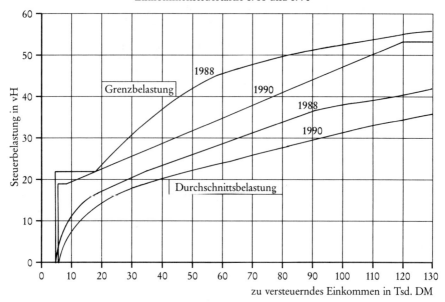

zu versteuerndes Einkommen in Tsd. DM

- von 5 617 DM bis 8 153 DM 19 Prozent (untere Proportionalzone);
- von 8 154 DM bis 120 041 DM die linear-progressive Zone;
- von 120 042 DM an 53 Prozent (sog. obere Proportionalzone).

Im einzelnen kann der Steuersatz den dem Gesetz als Anlagen beigefügten Tabellen entnommen werden (Anlage 1: Grundtabelle; Anlage 2: Splittingtabelle; dazu § 32 a IV, V EStG).

Die Durchschnittsbelastung ist immer geringer als die Spitzenbelastung (Belastung des Zuwachses). Daher sind Durchschnittssteuersatz und Spitzensteuersatz (Marginalsteuersatz, margo = Rand) zu unterscheiden.

Soweit der Tarif der Geldentwertung nicht angepaßt wird, findet eine *„kalte Progression"*, eine *„heimliche Steuererhöhung"* statt, d. h. es wachsen infolge der zum Ausgleich der Geldentwertung vorgenommenen Einkommens- und Lohnerhöhungen immer mehr Steuerpflichtige in den höheren Tarif hinein, ohne daß der Gesetzgeber eine entsprechende Entscheidung trifft[4].

Theoretisch kann der Tarif der inflationären Entwicklung auf verschiedene Weise angepaßt werden:
- durch eine gesetzliche Indexierung, d. h. durch eine *gesetzlich* angeordnete, automatische Anpassung des Tarifs und der persönlichen Freibeträge (Grundfreibetrag, familiäre Freibeträge) bei bestimmten Mindesterhöhungen des Lebenshaltungskostenindex. So verfahren Dänemark, die Niederlande, einige Schweizer Kantone, Kanada und die USA;
- durch eine Verpflichtung der *Regierung*, ab bestimmten Mindesterhöhungen des Lebenshaltungskostenindex der „kalten Progression" durch Anpassung des Tarifs und der persönlichen Freibeträge Rechnung zu tragen. So verfahren Frankreich und Luxemburg;

---

4 Dazu Inst. FuSt Brief 227, Heimliche Steuererhöhungen, Bonn 1983; *V. Stern*, DStZ 89, 576.

— durch eine Überprüfung des Tarifs und der persönlichen Freibeträge entweder jährlich oder in Mehrjahreszeiträumen, ohne daß bindende Regeln aufgestellt werden. So verfahren insb. Großbritannien, Irland, Norwegen, Schweden und die Schweiz[5].

Sind bei unbeschränkt Steuerpflichtigen nach einem Abkommen zur Vermeidung der Doppelbesteuerung die aus dem ausländischen Vertragsstaat stammenden Einkünfte steuerfrei, so ist nach § 32 b EStG der *Progressionsvorbehalt* zu beachten.

Der Progressionsvorbehalt will verhindern, daß ein Steuerpflichtiger dadurch einen Tarifvorteil erhält, daß seine Einkünfte zum Teil nicht zum inländischen Steuerobjekt gehören. Der Vorbehalt besteht darin, daß auf das nach § 32 a I EStG zu versteuernde Einkommen der Steuersatz angewendet wird, der sich ergibt, wenn die (ordentlichen) ausländischen Einkünfte bei der Einkommensberechnung einbezogen werden.

Beispiel (für das Jahr 1989)
Inlandseinkommen in A	12 000 DM
steuerfreie ausländische Einkünfte in B	6 000 DM
Gesamteinkommen	18 000 DM
Einkommensteuer darauf	2 911 DM

Das entspricht einem Durchschnittssatz von 16,2 v. H. Demnach beträgt die Einkommensteuer 16,2 v. H. von 12 000 DM = 1 944 DM, die Tabellensteuer auf 12 000 DM hingegen nur 1 592 DM.

Aufgrund der verschiedenen Formulierungen in den Doppelbesteuerungsabkommen war erhebliche Rechtsunsicherheit darüber entstanden, ob der Progressionsvorbehalt lediglich zu einer entsprechenden Regelung in innerdeutschen Gesetzen ermächtige oder ob er die Regelung selbst darstelle. Diese Rechtsunsicherheit beseitigt § 32 b EStG.

Nach § 32 b I Nr. 1 a EStG gilt der Progressionsvorbehalt auch für bestimmte, nach § 3 EStG steuerfreie *Lohnersatzleistungen*. § 32 b I Nr. 1 a EStG ist durch StRefG 1990 erheblich erweitert worden.

2. Ausnahmen vom Normaltarif

Mehrere Ausnahmen vom Normaltarif führen zu *Steuerermäßigungen*. Unterscheiden lassen sich *Steuersatz- oder Tarifermäßigungen* (§§ 34, 34 b EStG) und *Steuerbetragsermäßigungen* (§§ 34 c, 34 e–g, 35 EStG). Das Gesetz überschreibt allein den Abschnitt V (§§ 34 c–35 EStG) mit Steuerermäßigungen.

2.1 Steuersatzermäßigungen

a) § 34 I, II EStG sieht einen *ermäßigten* Steuersatz vor für *außerordentliche Einkünfte* (Veräußerungsgewinne i. S. d. §§ 14, 14a I, 16, 17, 18 III EStG; Entschädigungen i. S. d. § 24 Nr. 1 EStG; Nutzungsvergütungen und Zinsen i. S. d. § 24 Nr. 3 EStG, soweit sie für einen Zeitraum von mehr als drei Jahren nachgezahlt werden). Der ermäßigte Steuersatz beträgt die Hälfte des durchschnittlichen Steuersatzes, der sich ergäbe, wenn die tarifliche Einkommensteuer nach dem gesamten zu versteuernden Einkommen zuzüglich der dem Progressionsvorbehalt unterliegenden Einkünfte zu bemessen wäre (s. das Berechnungsbeispiel in Abschnitt 198 EStR 1990). Diese Steuerermäßigung ist auf außerordentliche Einkünfte bis 30 Mio. DM anzuwenden. Der

---

[5] Dazu *Wild*, B 72, 840; *L. Müller*, StKongrRep. 1975, 387; *H.-G. Petersen*, Personelle Einkommensbesteuerung und Inflation, Diss. rer. pol. Kiel 1977; Inflation und Besteuerung, IFA-Cahiers LXII a, Amsterdam 1977; *Bächli*, Nominalwertprinzip und Inflation in der Einkommensbesteuerung (Kalte Progression), Diss. Zürich 1978. Vgl. auch IFA-Bulletin 81, 51; 83, 259. – Zur Schweiz s. Steuer-Revue 83, 547.

diesen Betrag überschreitende Teil der außerordentlichen Einkünfte unterliegt dem Normaltarif[6].

Eine Tarifermäßigung ist insofern prinzipiell gerechtfertigt, weil in der Regel stille Reserven realisiert werden, die sich im Laufe der Jahre angesammelt haben. Auf diese Weise werden Härten gemildert, die sich aus dem strengen Kalenderjahr-Prinzip ergeben. Nicht gerechtfertigt erscheint eine Limitierung nur auf bestimmte langfristig erwirtschaftete Einkünfte. Diese Limitierung führt zum ewigen Streit darüber, ob es sich lediglich um separate Wirtschaftsgüter handelt oder um einen Teilbetrieb. Besser würde auf den Zeitraum der Zugehörigkeit zum Betriebsvermögen abgestellt.

Die Einschränkung des § 34 EStG durch das StRefG 1990 erhöht die Gefahr einer übermäßigen Besteuerung. Anstatt evidente Steuerprivilegien zu streichen, griff der Steuergesetzgeber auf eine unter dem Leistungsfähigkeitsaspekt gerechtfertigte Regelung zu.

b) § 34 III EStG ordnet keinen ermäßigten Steuersatz an, er läßt aber zu, daß in Fällen der Entlohnung einer mehrjährigen Tätigkeit nicht das Zuflußprinzip angewendet wird, sondern die Einkünfte auf die (höchstens drei) Tätigkeitsjahre verteilt werden. Somit betrifft die im Abschnitt „Tarif" falsch plazierte Norm in Wirklichkeit die periodische Zuordnung der Bemessungsgrundlage.

c) § 34 b EStG sieht einen ermäßigten Steuersatz für außerordentliche *Einkünfte aus Forstwirtschaft* (außerordentliche Nutzungen aus wirtschaftlichen Gründen, z. B. Kalamitätsnutzungen) vor[7].

d) Steuersatzermäßigungen enthielten auch die sog. Erfinder-Verordnungen[8]. Diese Verordnungen galten bis 31. 12. 1988.

2.2 Steuerbetragsermäßigungen bei Auslandseinkünften[9]

a) *Anrechnung* der ausländischen (der Einkommensteuer entsprechenden) Steuer auf die deutsche Einkommensteuer, wenn kein die Doppelbesteuerung vermeidendes Doppelbesteuerungsabkommen besteht (§ 34 c EStG);

b) Festsetzung der Steuer in einem *Pausch*betrag für beschränkt Steuerpflichtige (§ 50 VII EStG).

2.3 Steuerbetragsermäßigung bei Erbschaftsteuerbelastung

Sind bei der Ermittlung des Einkommens Einkünfte berücksichtigt worden, die im Veranlagungszeitraum oder in den vorangegangenen vier Veranlagungszeiträumen

---

6 Zur Neuregelung des § 34 EStG i.d.F. des Steuerreformänderungsgesetzes vom 30. 6. 1989 (BGBl. I 89, 1267) *Herzig/Schiffers,* B 89, 2442; *Schulze zur Wiesche,* FR 89, 445.
7 Dazu *v. Reden-Lütcken,* Die Besteuerung der außerordentlichen Einkünfte aus Forstwirtschaft, Diss. Göttingen 1971.
8 Gesetz v. 20. 2. 1969, BGBl. I 69, 141 i. V. mit § 4 VO v. 30. 5. 1951, BGBl. I 51, 387, und § 2 VO v. 6. 6. 1951, BGBl. I 51, 388; dazu *Streck,* StuW 74, 126; *Felix/Stahl,* Erfinder in der Besteuerungspraxis [2], Köln 1981. Zum Auslaufen der Erfindervergünstigungen am 31. 12. 1988: *Gaul,* BB 88, 2098; *Korn,* KÖSDI 88, 7417, und BT-Drucks. 11/3101 (Verlängerungsantrag der SPD-Bundestagsfraktion).
9 Dazu *Flick,* Steuerermäßigung bei ausländischen Einkünften, Bergisch Gladbach 1959; *H. Richter,* Steuervergünstigungen bei Zuzug aus dem Ausland, Köln 1971; *Andresen,* Das Wesen der Pauschbesteuerung, Diss. Köln 1961.

als Erwerb von Todes wegen der Erbschaftsteuer unterlegen haben (wohl Festsetzung der Erbschaftsteuer erforderlich), so wird auf Antrag die um sonstige Steuerermäßigungen gekürzte tarifliche Einkommensteuer, die auf diese Einkünfte anteilig entfällt, ermäßigt (§ 35 EStG).

Der Erbschaftsteuer unterliegen einerseits, will man terminologisch exakt sein, keine „Einkünfte". § 35 EStG will Fälle erfassen, in denen der Erblasser die Einkünfte durch Überschußrechnung (§§ 2 II Nr. 2, 4 III EStG) ermittelt hat und in denen im Zeitpunkt des Erbfalls noch unerfüllte, nicht einkommenversteuerte (s. § 11 EStG) Forderungen bestanden. In solchen Fällen fällt die Einkommensteuer erst beim Erben an. Indessen, da die Einkommensteuerschuld im Zeitpunkt des Erbfalls noch nicht entstanden war, kann diese Schuld auch nicht den Erwerb von Todes wegen mindern. Damit Steuerpflichtige mit Überschußrechnung (§§ 2 II Nr. 2, 4 III EStG) nun nicht gegenüber anderen Steuerpflichtigen benachteiligt werden, dürfen sie die Einkommensteuer um das Erbschaftsteuer-Mehr ermäßigen.

Die Ermäßigungstechnik des § 35 EStG ist folgende: Zuerst wird die Einkommensteuer errechnet, die auf die „erbschaftsteuerbelasteten Einkünfte" entfällt; diese Einkommensteuer wird dann um den Hundertsatz der tatsächlichen Erbschaftsteuerbelastung ermäßigt.

§ 35 Sätze 1, 2 EStG gelten nicht, soweit Erbschaftsteuer nach § 10 I Nr. 1a EStG abgezogen wird (§ 35 Satz 3 EStG). Erklärung: Nach § 23 ErbStG besteht für Renten und andere wiederkehrende Nutzungen und Leistungen das Wahlrecht, die Erbschaftsteuer statt vom Kapitalwert jährlich im voraus vom Jahreswert zu entrichten. Diese jährlichen Zahlungen sieht der BFH als dauernde Lasten i. S. d. § 10 I Nr. 1a EStG an, so daß sich die Einkommensteuer bereits auf diese Weise ermäßigt[10].

2.4 Andere Steuerbetragsermäßigungen

Die neu eingefügten §§ 34 e, 34 f, 34 g EStG enthalten Subventionen bzw. Prämien[11].

3. Zur Ehegattenbesteuerung

Literatur: *Böckenförde,* Steuergerechtigkeit und Familienlastenausgleich, StuW 86, 335 ff.; *J. Lang,* Die Bemessungsgrundlage der Einkommensteuer, Köln 1981/88, 620 ff.; *ders.,* Familienbesteuerung, StuW 83, 103, 112 ff.; *Tipke,* Neuordnung der Familienbesteuerung, StbKongr-Rep. 1983, 40 ff.; *Tipke/J. Lang,* Zur Reform der Familienbesteuerung, StuW 84, 127 ff.; *Kirchhof,* Der Schutz von Ehe und Familie: Essener Gespräche, Bd. 21, Münster 1986, 11 ff., 26 f.

Ehegatten, die beide unbeschränkt einkommensteuerpflichtig sind und nicht dauernd getrennt leben und bei denen diese Voraussetzungen zu Beginn des Veranlagungszeitraumes vorgelegen haben oder im Laufe des Veranlagungszeitraumes eingetreten sind, räumt § 26 I 1 EStG[12] ein *Wahlrecht* zwischen *Zusammenveranlagung* (§ 26 b EStG, s. a) und *getrennter Veranlagung* (§ 26 a EStG, s. b) ein. Für den Veranlagungszeitraum der Eheschließung können die Ehegatten auch die besondere Veranlagung nach § 26 c EStG wählen. Geben die Ehegatten keine Erklärung ab, so wird unterstellt, daß die Ehegatten die Zusammenveranlagung wählen (§ 26 III EStG).

---

10 Dazu *Klotz,* DStZA 74, 347; *B. Keuk,* B 73, 634; zum verfehlten dogmatischen Ansatz *Trzaskalik,* StuW 79, 112.
11 Zu § 34 e EStG *Kutscher,* FR 80, 449; *Josten,* Inf. 80, 457; *Scholtz,* Inf. 81, 1; *Freund,* Inf. 80, 529.
12 Es besteht ein *Wahlrecht* (§ 26 I 1 EStG). Nach BGH HFR 77, 297 = StRK EStG 1975 § 26 R. 1 *muß* der Ehegatte der Zusammenveranlagung zustimmen, wenn er dadurch selbst keine Nachteile hat.

§ 9 Einkommensteuer

a) *Zusammenveranlagung:* Nach § 26 b EStG werden die zusammenveranlagten Ehegatten „gemeinsam als Steuerpflichtiger" behandelt. Diese Formulierung des Gesetzes ist insofern verunglückt, als die Steuersubjekteigenschaft nicht partiell aufgehoben werden kann. Entweder ist der Ehegatte Einkommensteuersubjekt oder er ist es nicht. Der einzelne Ehegatte ist und bleibt auch im Falle der Zusammenveranlagung Einkommensteuersubjekt und -schuldner, denn es werden die Einkünfte eines jeden Ehegatten auch bei der Zusammenveranlagung getrennt ermittelt und zugerechnet (s. S. 231). Nach § 44 I AO ist jeder einzelne Ehegatte Gesamtschuldner der Einkommensteuer, zu der die Ehegatten zusammenveranlagt werden. Die Gesamtschuld kann nach §§ 268 ff. AO aufgeteilt werden. Jeder zusammenveranlagte Ehegatte kann gegen den Einkommensteuerbescheid Einspruch einlegen und klagen; der andere Ehegatte ist nach h. M. notwendig beizuladen (§ 60 III FGO).

Nach § 32 a V EStG beträgt die tarifliche Einkommensteuer das Zweifache des Steuerbetrags, der sich für die Hälfte ihres gemeinsam zu versteuernden Einkommens ergibt (sog. *Splitting*)[13].

Bis 1957 wurden die Einkünfte der Ehegatten so zusammengerechnet, als handle es sich um die Einkünfte *einer* Person. Auf diese Weise wurden Eheleute durch den progressiven Tarif gegenüber (zwei) Alleinstehenden benachteiligt[14]. Diese die Eheleute diskriminierende Art der Zusammenveranlagung hatte BVerfGE 6, 55, wegen Verstoßes gegen Art. 6 GG[15] für verfassungswidrig erklärt. In den Gründen hatte es erwähnt, daß das damals in den USA geltende Splitting verfassungsmäßig sei[16]. Daraufhin entschloß sich der Gesetzgeber, das Splitting auch in der Bundesrepublik Deutschland einzuführen[17].

Das Ehegattensplitting läßt sich für den gesetzlichen Güterstand der Zugewinngemeinschaft (§§ 1363 ff. BGB) und ohne weiteres für die Gütergemeinschaft (§§ 1415 ff. BGB) aus der Rechtslage des Eherechts heraus rechtfertigen, mag es im Falle der Zugewinngemeinschaft auch nicht zwingend geboten sein[18].

Bei der Zugewinngemeinschaft wird der Zugewinn, den die Ehegatten in der Ehe erzielen, ausgeglichen, wenn die Zugewinngemeinschaft endet (§§ 1363, 1371 ff. BGB). Zwischen geschiedenen Ehegatten findet außerdem ein Versorgungsausgleich statt (§§ 1587 ff. BGB). Dem liegt offenbar die Vorstellung und Wertung zugrunde, daß das ganze während der Ehe erzielte wirtschaftliche Ergebnis auf der gleichwertigen Mitwirkung der Eheleute beruht, worin diese auch immer bestehen mag. Es ist vertretbar, wenn der Steuergesetzgeber sich diese Grundwertung zu eigen macht. Zwingend ist die Lösung allerdings nicht; denn während des Bestehens der Zugewinngemeinschaft behält jeder Ehegatte seine eigenen Einkünfte und sein eigenes Vermögen; er verwaltet dieses Vermögen und zieht daraus die Nutzungen, wenngleich er auch gewissen Beschränkungen unterliegt (§§ 1364 ff.; s. auch § 1375 II BGB); jeder Ehegatte hat nur einen Unterhaltsanspruch (§§ 1360 ff. BGB). Gleichwohl geht der Gesetzgeber offenbar davon aus, daß Eheleuten, die im gesetzlichen Güterstand leben, das Ehegatteneinkommen *wirtschaftlich* je zur Hälfte für Zwecke des Konsums, der Investition und des Sparens zur Verfügung steht, was die Investition und das Sparen betrifft, allerdings erst zur Zeit des Zugewinnausgleichs. Daran darf das Steuerrecht anknüpfen. Wenn das Splitting in Fällen des gesetzlichen Güterstandes gerechtfertigt ist, dann gilt das erst recht in Fällen der Gütergemeinschaft als einer

---

13 Dazu Splittingtabelle Anlage 2 zum EStG.
14 Ausführlich zur Entwicklung der Haushaltsbesteuerung in Deutschland *J. Becker,* Der „Grundsatz der Individualbesteuerung" im deutschen Einkommensteuerrecht, Diss. Münster 1970.
15 Dazu S. 54.
16 Kritisch zu BVerfGE 6, 55: *Spitaler,* BB 57, 268; *Bühler,* FR 57, 121; *H. Klein,* FinArch. Bd. 18 (1957/58), 236; *Albers,* FinArch. Bd. 18 (1957/58), 423.
17 Dazu BT-Drucks. III/260, 32 ff.
18 *Kirchhof,* Der Schutz von Ehe und Familie: Essener Gespräche, Bd. 21, Münster 1986, 13.

wirklichen Erwerbs- und Vermögensgemeinschaft (s. §§ 1415 ff. BGB)[19]. Nicht zu beanstanden ist u. E., daß das Gesetz technisch jedem Ehegatten unmittelbar die Hälfte zurechnet, auch soweit es sich um Verwendungszurechnungen handelt. Diese vereinfachende Technik verletzt das Leistungsfähigkeitsprinzip nicht. Eine Splitting-Kappung wäre danach unzulässig.

In diesem Sinne auch BVerfGE 61, 319, 345 f. (BStBl. 82, 717, 726): „Das Splittingverfahren entspricht dem Grundsatz der Besteuerung nach der Leistungsfähigkeit. Es geht davon aus, daß zusammenlebende Eheleute eine Gemeinschaft des Erwerbs und Verbrauchs bilden, in der ein Ehepartner an den Einkünften und Lasten des anderen wirtschaftlich jeweils zur Hälfte teilhat... Damit knüpft das Splitting an die wirtschaftliche Realität der intakten Durchschnittsehe an, in der ein Transfer steuerlicher Leistungsfähigkeit zwischen den Partnern stattfindet... Diese Ehegattenbesteuerung steht auch in Einklang mit den Grundwertungen des Familienrechts. Die Institute des Zugewinnausgleichs und neuerdings des Versorgungsausgleichs lassen den Grundsatz erkennen, daß das während der Ehe Erworbene gemeinschaftlich erwirtschaftet ist... Ferner ist durch die gegenseitige Verpflichtungsbefugnis (§ 1357 BGB) und die Beschränkungen der Verwaltungsbefugnis der Ehegatten (§§ 1365 bis 1367, 1369 BGB) auch während der Ehe dem Gedanken der ehelichen Wirtschaftsgemeinschaft familienrechtlich Rechnung getragen. Darüber hinaus bedeutet das Splittingverfahren nach seinem vom Gesetzgeber zugrunde gelegten Zweck unter anderem ‚eine besondere Anerkennung der Aufgabe der Ehefrau als Hausfrau und Mutter' (BT-Drucks. III/260, 34)... Damit ist das Ehegattensplitting keine beliebig veränderbare Steuer-‚Vergünstigung', sondern – unbeschadet der näheren Gestaltungsbefugnis des Gesetzgebers – in dem Schutzbereich des Art. 6 Abs. 1 GG und der wirtschaftlichen Leistungsfähigkeit der Ehepaare (Art. 3 Abs. 1 GG) orientierte sachgerechte Besteuerung. Durch dieses Verfahren wird auch vermieden, daß Eheleute mit mittleren und kleineren Einkommen in der Progressionszone, vor allem Arbeitnehmer, gegenüber Eheleuten mit hohem Einkommen, vor allem Gewerbetreibenden und freiberuflich Tätigen, benachteiligt werden. Letztere können... durch vertragliche Aufteilung ihres Gesamteinkommens die Steuerprogression mit dem gleichen Effekt wie beim Ehegattensplitting senken, was für die Masse der Arbeitnehmer nicht möglich ist."[20]

Das *Splitting* ist abweichend von § 26 EStG jedoch *nicht gerechtfertigt in den Fällen der Gütertrennung* (§ 1414 BGB)[21].

Bei Gütertrennung besteht keine Erwerbs- und Vermögensgemeinschaft; ein Zugewinnausgleich findet nicht statt. Die in Gütertrennung Lebenden sind wirtschaftlich Individuen. Praktikabilitätserwägungen reichen nicht aus, um das Splitting bei Gütertrennung zu rechtfertigen.

Das Splittingverfahren nach § 32a V EStG verdoppelt schließlich den *Grundfreibetrag* (§ 32a I Nr. 1 EStG). Die Verdoppelung ist wegen der Haushaltsersparnis nicht zu

---

19 In diesem Sinne auch *Fitsch,* Stbg. 82, 200. Kritisch zum Splitting *Lore Kullmer,* Die Ehegattenbesteuerung, Ihre Geschichte, Problematik und Neuregelung in der Bundesrepublik Deutschland, diskutiert unter Berücksichtigung der Erfahrungen in den USA, Frankfurt a. M. 1960; *Wiss. Beirat beim BdF,* Entschließungen, Stellungnahmen und Gutachten 1949–1973, Tübingen 1974, 147; *D. Pohmer,* FinArch. Bd. 27 (1968), 139, 166; *K. Littmann,* FinArch. Bd. 27 (1968), 174; *Hackmann,* FinArch. Bd. 31 (1972/73), 495; *A. Mennel,* DStR 71, 487; *dies.,* Gutachten für den Dt. Juristentag (Hamburg 1974).
Über die Familienbesteuerung im *Ausland* unterrichten Cahiers de droit fiscal international Vol. LVII a (betr. IFA-Kongreß Madrid 1972); ferner *A. Mennel,* DStR 71, 487; zum schweizerischen Recht *Cagianut,* Gerechte Besteuerung der Ehegatten, Bern 1971; *Kundert,* Die Besteuerung der Haushalte [2], Bern und Stuttgart 1978 (dazu *J. Lang,* StuW 78, 316); *Höhn,* Die Besteuerung der Ehepaare..., ASA Bd. 52 (1983/84), 113 ff.; *P. Locher,* Ehegattenbesteuerung im Umbruch?, ASA Bd. 53 (1984/85), 305 ff.; *O. P. Wylie,* Taxation of the Family, London 1983.
20 S. auch BVerfGE 66, 214, 223; 68, 143, 153.
21 Zustimmend *W. Jakob,* Steuern vom Einkommen I, Stuttgart u. a. 1980, 179; a. *A. Meincke,* StbKongrRep. 1980, 334 ff.

§ 9 Einkommensteuer

rechtfertigen[22]. Die Kosten zusammenlebender Personen sind pro Person gerechnet geringer als die Alleinstehender. Die Haushaltsersparnis wird im Sozialhilferecht durch einen niedrigeren Regelsatz für die Haushaltsangehörigen berücksichtigt. Dementsprechend müßte auch der zweite Grundfreibetrag niedriger angesetzt werden[23].

Unsystematisch ist auch das sog. *Gnadensplitting,* das bei Verwitweten über das Bestehen der Ehe hinaus noch eine Zeitlang weitergewährt wird (§ 32 a VI Nr. 1 EStG), ohne daß mehrere Personen am Einkommen partizipieren.

b) *Getrennte Veranlagung:* Im Falle getrennter Veranlagung unterliegt das Einkommen eines jeden Ehegatten dem Grundtarif (§ 32 a I–IV EStG). Jeder Ehegatte hat die von ihm erwirtschafteten Einkünfte selbst zu versteuern (§ 26 a I EStG). Sonderausgaben werden bei dem abgezogen, der sie geleistet hat. Außergewöhnliche Belastungen (§§ 33 bis 33 c EStG) werden bei jedem Ehegatten zur Hälfte abgezogen, und zwar unabhängig davon, wer die Zahlungen geleistet hat (§ 26 a II 1 EStG). Nach dieser Vorschrift können jedoch die Ehegatten eine andere Aufteilung beantragen. Im übrigen enthält § 26 a II, III EStG Sondervorschriften zu §§ 7 b; 10 a; 10 d; 10 e; 33 b V; 34 f EStG und zu § 15 b Berlinförderungsgesetz.

K. Zum Verfahren

Die Einkommensteuer ist *Veranlagungssteuer,* d. h. die Steuer wird durch schriftlichen Bescheid festgesetzt (§ 25 EStG; §§ 155 ff. AO). Das Ermittlungsverfahren ist in §§ 78 ff., 134 ff., 140 ff. AO geregelt. Die Veranlagung geschieht nach Ablauf des Veranlagungszeitraums, d. h. des Kalenderjahrs (s. § 25 EStG). Jedoch haben die Steuerpflichtigen vierteljährlich (10. 3.; 10. 6.; 10. 9.; 10. 12.) *Vorauszahlungen* zu leisten, die prinzipiell nach den Verhältnissen der Vergangenheit bemessen werden (§ 37 EStG).

In drei Fällen wird statt der Veranlagung ein *Quellenabzug* durchgeführt, nämlich:

a) Bei der *Lohnsteuer* (§§ 38 ff. EStG)[24]. Die Gemeinde stellt für Arbeitnehmer Lohnsteuerkarten aus (§ 39 EStG). Die Lohnsteuerkarte ist Grundlagenbescheid i. S. des § 179 AO; sie steht unter Vorbehalt der Nachprüfung (§ 39 III b 4 EStG); auf ihr können bestimmte Freibeträge eingetragen werden (§ 39 a EStG[25]). Lohnsteuerschuldner ist der Arbeitnehmer (§ 38 II 1 EStG). Der Arbeitgeber hat die Lohnsteuer jedoch anzumelden, einzubehalten und abzuführen (§§ 38 ff., 41 a – c EStG); er han-

---

22 Dazu *Böckli,* Steuer-Revue 78, 98; *J. Lang,* Die Bemessungsgrundlage der Einkommensteuer, Köln 1981/88, 631 ff. (m. w. Nachw.).
23 Vgl. *J. Lang,* StuW 90, 344; *Tipke,* StuW 89, 308.
24 Dazu *Rinner,* Die Lohnsteuer, Theorie und Technik beim Steuerabzug vom Arbeitslohn, Berlin 1929; *Riepen,* Die Rechtsstellung des Arbeitgebers im Lohnsteuerabzugsverfahren, Stuttgart 1967; *Mösch,* Über die Erhebung der Lohnsteuer durch den Arbeitgeber, Diss. Erlangen/Nürnberg 1968; *Stolterfoht,* Lohnsteuer und Lohnsteuerabführungspflicht nach dem EStG 1975, Baden-Baden 1975; *Ranft/Carstens,* Lohnsteuer [8], Achim 1988; *Janke,* Das Verhältnis der Lohnsteuer zur veranlagten Einkommensteuer, Diss. Köln 1982; *Schick,* Grundfragen des Lohnsteuerverfahrens, München 1983.
25 Zur Verfassungsmäßigkeit der Begrenzungen in § 39 a I EStG BVerfGE 43, 231; BFH BStBl. 89, 976.

delt dabei als Organ der Finanzverwaltung[26]. In bestimmten Fällen ist eine Pauschalierung der Lohnsteuer[27] zulässig (§§ 40a f. EStG; Teilzeitbeschäftigte: § 40a EStG; Zukunftssicherungsleistungen: § 40b EStG). Über die Rechtslage kann der Arbeitgeber sich durch Anrufungsauskunft vergewissern (§ 42e EStG). Die Einbehaltung und Abführung der Lohnsteuer werden durch Außenprüfungen kontrolliert (§ 42f EStG). Der Arbeitgeber haftet unter bestimmten Voraussetzungen für die einzubehaltende, abzuführende Lohnsteuer (§ 42d EStG)[28]. Unter bestimmten Voraussetzungen ist ein Lohnsteuerjahresausgleich vorgesehen (§§ 42–42b EStG). Der Jahresausgleichsbescheid ist nicht bindend für die Einkommensteuerveranlagung[29].

b) Bei der *Kapitalertragsteuer* (§§ 43 ff. EStG):

aa) Die normale Kapitalertragsteuer von *25 Prozent* (§ 43a I Nr. 1 EStG) wird auf Dividenden u. ä. Bezüge i. S. des § 20 I Nrn. 1, 2 EStG, Zinsen aus Wandelanleihen, Gewinnobligationen und Genußrechten sowie Einnahmen aus stiller Beteiligung (§ 43 I Nrn. 1–3 EStG) erhoben.

bb) Die mit dem StRefG 1990 eingeführte sog. *kleine* Kapitalertragsteuer von *10 Prozent*[30] wurde zum 1. 7. 1989 wieder aufgehoben (s. S. 183f., 357).

cc) Schließlich gibt es noch eine abgeltende Kapitalertragsteuer von *30 Prozent* (sog. *Kuponsteuer:* §§ 43 I Nr. 6, 43a I Nr. 3, 45b EStG) für Zinsen aus Wertpapieren, die zwischen 1952 und 1955 auf der Grundlage des 1. Gesetzes zur Förderung des Kapitalmarktes (BGBl. I 52, 793) ausgegeben worden sind. Die Bedeutung der sog. Kuponsteuer ist gering geworden.

Lohnsteuer und Kapitalertragsteuer sind Arten der Einkommensteuer, keine selbständigen Steuern. Ob über den Quellenabzug hinaus eine Veranlagung durchzuführen ist oder auf Antrag durchgeführt werden kann, ergibt sich aus § 46 EStG. Bei einer Veranlagung werden die einbehaltenen Abzugsbeträge angerechnet (§ 36 II EStG). Im allgemeinen kontrolliert das Finanzamt den Quellenabzug durch eine Prüfung an Ort und Stelle (§ 42f EStG; §§ 193 ff. AO).

c) In bestimmten Fällen der *beschränkten Einkommensteuerpflicht* (s. § 50a EStG).

d) Die auf Kapitalerträgen i. S. des § 20 I Nrn. 1 und 2 EStG lastende *Körperschaftsteuer* (sog. Ausschüttungsbelastung, § 27 I KStG) wird auf die Einkommensteuer des Ausschüttungsempfängers *angerechnet* (§§ 36 II Nr. 3, 36a–e EStG). Die Körperschaftsteuer wirkt insoweit wie eine Quellensteuer. Dazu S. 408.

---

26 Dazu *Schick* (Fn. 24), 8 ff.; *Kloubert,* Rechtliche Stellung des Arbeitgebers beim Lohnsteuerabzug (Diss. Bochum 1987), Köln u. a. 1988. – Über Abwehrmaßnahmen des Arbeitnehmers bei unberechtigter Einbehaltung von Lohnsteuer *Giloy,* BB 84, 2104.
27 Dazu *Trzaskalik,* B 90, 1203.
28 Dazu *Schick,* 83, 1041; *Gast-de Haan,* DStJG Bd. 9 (1986), 141 ff.
29 BFH GrS BStBl. 86, 207.
30 Dazu *Lindberg,* Die neue Quellensteuer, Gesamtdarstellung der Kapitalertragsteuer, München 1989.

§ 10 Kirchensteuer

Literatur: *Giese,* Deutsches Kirchensteuerrecht, Stuttgart 1910 (Nachdruck: Amsterdam 1965); *Engelhardt,* Die Kirchensteuer in der Bundesrepublik Deutschland, Bad Homburg v. d. H./Berlin/Zürich 1968; *Marré-Hoffacker,* Das Kirchensteuerrecht im Land Nordrhein-Westfalen, Kommentar, Münster 1969; *Marré,* Das kirchliche Besteuerungsrecht, in: Friesenhahn/Scheuner i. V. mit Listl (Hrsg.), Handbuch des Staatskirchenrechts der Bundesrepublik Deutschland, 2. Bd., Berlin 1975, 5 ff.; *ders.,* Die Kirchenfinanzierung in Kirche und Staat der Gegenwart. Die Kirchensteuer im internationalen Umfeld kirchlicher Abgabensysteme und im heutigen Sozial- und Kulturstaat Bundesrepublik Deutschland, Essen 1982; *Link,* Art. „Kirchensteuer", in: Kunst/Herzog/Schneemelcher (Hrsg.), Evgl. Staatslexikon[2], Stuttgart/Berlin 1975, Sp. 1238 ff.; *Kirchhof,* Ehe und Familie im staatlichen und kirchlichen Steuerrecht, in: Essener Gespräche zum Thema Staat und Kirche, Bd. 21, Münster 1986; *ders.,* Die Einkommensteuer als Maßstab für die Kirchensteuer, DStZ 86, 25; *Damkowski,* Kirchensteuer in glaubensverschiedenen Ehen, DÖV 87, 705 ff.; *Giloy/König,* Kirchensteuerrecht und Kirchensteuerpraxis in den Bundesländern [2], Stuttgart 1988; *ders.,* Die Steuerreform aus kirchensteuerlicher Sicht, FR 88, 43; *Ott/Dix,* Ermittlung der Kirchensteuerschuld bei glaubensverschiedenen Ehen, DStZ 90, 142.

a) *Staatliche Rechtsquellen* des Kirchensteuerrechts liegen im Bundesverfassungsrecht – in Art. 140 GG i. V. mit Art. 137 VI WeimRV –, im Landesverfassungsrecht und im einfachen Landesrecht, nämlich in den Kirchensteuer-(Rahmen-)gesetzen der Bundesländer und in den dazu erlassenen Durchführungsverordnungen. Für das Gebiet der ehemaligen DDR gilt ab 1. 1. 1991 kraft Einigungsvertrag das „Gesetz zur Regelung des Kirchensteuerwesens" (BStBl. I 90, 717 ff.). Dieses Gesetz ist noch von der DDR erlassen worden (s. S. 185); es gilt entsprechend den Landeskirchensteuergesetzen als *Landesrecht* fort (Art. 9 V des Einigungsvertrages). Gemeinsame staatlich-kirchliche Rechtsquellen finden sich in Staatskirchenverträgen auf Bundes- und Landesebene. *Kirchliche Rechtsquellen* sind die (staatlich anerkannten bzw. genehmigten) Kirchensteuerordnungen und die Kirchensteuer-Hebesatzbeschlüsse der steuerberechtigten Religionsgemeinschaften. Art. 80 I GG gilt nicht für Ermächtigungen an Kirchen in staatlichen Kirchensteuergesetzen[1].

Das kirchliche Besteuerungsrecht ist im Gesamtzusammenhang der verfassungsrechtlichen Ordnung des Verhältnisses von Staat und Kirche durch die von Art. 140 GG inkorporierten Art. 136 ff. WeimRV zu sehen, die „vollgültiges Verfassungsrecht der Bundesrepublik geworden" sind und „gegenüber den anderen Artikeln des Grundgesetzes nicht etwa auf einer Stufe minderen Ranges" stehen[2]. Es fügt sich nach verbreiteter Meinung systemadäquat in die fördernden Beziehungen des demokratischen Sozial- und Kulturstaates zu den Gruppen seiner pluralen Gesellschaft ein[3].

---

1 BVerfG DStZE 87, 37
2 BVerfGE 19, 206, 219.
3 *Kewenig,* Das Grundgesetz und die staatliche Förderung der Religionsgemeinschaften, in: Essener Gespräche zum Thema Staat und Kirche, Bd. 6, Münster 1972, 17, 21 ff.; *Hollerbach,* Die Kirchen unter dem Grundgesetz, VVDStRL Bd. 26 (1968), 57 ff., 89 f.; *Scheuner,* Kirchensteuer und Verfassung, ZRP 69, 196; *Herzog,* in: Maunz/Dürig/Herzog, Grundgesetz, Kommentar, Art. 4 Rnrn. 13 ff.; *Schlaich,* Neutralität als verfassungsrechtliches Prinzip, Tübingen 1972, 210, 215 ff., 242 f.; *v. Campenhausen,* Staatskirchenrecht, München 1973, 150 ff.; *Link,* Kirchensteuer, in: Kunst/Herzog/Schneemelcher (Hrsg.), Evgl. Staatslexikon[2], Berlin 1975, Sp. 1244; *Marré,* Besteuerungsrecht, in: Friesenhahn/Scheuner i. V. mit Listl (Hrsg.), Handbuch des Staatskirchenrechts, 2. Bd., Berlin 1975, 10 f.

b) Das *Kirchensteuerschuldverhältnis* besteht zwischen den als Körperschaften des öffentlichen Rechts organisierten Religionsgesellschaften (Art. 137 VI WeimRV i.V.m. Art. 140 GG) und den Angehörigen dieser Religionsgesellschaften. Dabei erkennt der Staat die kirchenrechtlichen Mitgliedschaftsregelungen innerhalb der Schranken der für alle geltenden Gesetze auch für den staatlichen Rechtsbereich als verbindlich an[4]. Art 137 VI WeimRV i.V.m. Art. 140 GG räumt den Religionskörperschaften das Recht ein, die Kirchensteuer nach Maßgabe der landesrechtlichen Bestimmungen zu erheben. Dies bedeutet, daß die landesrechtlichen Kirchensteuergesetze den *Rahmen* des Steuerschuldverhältnisses, insb. die Kirchensteuerpflicht und die Erhebungsform regeln. Dieser Rahmen wird sodann durch die Kirchensteuerordnungen der Religionskörperschaften (z.B. des Bistums Berlin, der Evangelischen Kirche der Kirchenprovinz Sachsen, einer jüdischen Kultusgemeinde) weiter ausgefüllt. Über die Art und die Höhe der zu erhebenden Kirchensteuer beschließt die nach der kirchlichen Steuerordnung zuständige Körperschaft oder kirchliche Stelle (z.B. § 6 des o. a. ostdeutschen KiStG), z.B. die evangelischen Landessynoden.

c) *Kirchensteuerpflichtig* sind alle Angehörigen einer kirchensteuerberechtigten Körperschaft, die ihren Wohnsitz oder gewöhnlichen Aufenthalt im Geltungsbereich eines Kirchensteuergesetzes haben. Die Kirchensteuerpflicht endet durch Tod, Wegzug und durch Kirchenaustritt nach Maßgabe der geltenden staatlichen Vorschriften. Bei Kirchenaustritt endet die Kirchensteuerpflicht regelmäßig mit Ablauf des Monats, der auf den Monat folgt, in dem die Erklärung wirksam geworden ist (z.B. § 5 II Nr. 3 des ostdeutschen KiStG)[5]. Nach geltendem Staatskirchenrecht kann ein Kirchenmitglied sich nicht durch Kirchenaustritt unter Aufrechterhaltung der Religionszugehörigkeit der Kirchensteuerpflicht entziehen[6].

Art. 2 I; 4 I GG verbieten dem Staat, einer Religionsgesellschaft hoheitliche Befugnisse gegenüber Nichtmitgliedern zu verleihen[7]. Da nur natürliche Personen kirchenangehörig sein können, ist die Heranziehung *juristischer* Personen zur Kirchensteuer unzulässig. Das Verbot der Besteuerung von Nichtmitgliedern betrifft insb. die Zusammenveranlagung von Ehegatten (s. S. 396), wenn ein Ehegatte keiner Religionsgemeinschaft angehört oder wenn die Ehegatten verschiedenen Konfessionen angehören. Gehört nur ein Ehegatte einer steuerberechtigten Kirche an, so erhebt die steuerberechtigte Kirche die Kirchensteuer nur auf der Basis der in der Person des Mitglieds verwirklichten (anteiligen) Bemessungsgrundlage (z.B. § 8 KiStG-Ost).

d) *Erhebungsformen:* Regelmäßig kann die Kirchensteuer nach den Kirchensteuergesetzen (z.B. § 6 des ostdeutschen KiStG) als Zuschlag zur Einkommensteuer einschließlich Lohnsteuer, als Zuschlag zur Vermögensteuer, als Zuschlag zu den Grundsteuermeßbeträgen sowie – in Ergänzung des Zuschlagsystems – als Kirchgeld und nach kircheneigenem Steuertarif erhoben werden.

---

4 BVerfGE 30, 421 f.; *Engelhardt,* Die Kirchensteuer..., Bad Homburg v. d. H./Berlin/Zürich 1968, 63 ff., 71 ff.; *ders.,* Der Austritt aus der Kirche, Frankfurt a. M. 1972, 21 ff.; *Maunz,* in: Maunz/Dürig/Herzog, Grundgesetz, Kommentar, Art. 140 GG/Art. 137 WRV RNrn. 38 ff., 49; *Marré* (Fn. 3), 27 ff.
5 Dazu BVerfGE 44, 37.
6 *Engelhardt,* Austritt (Fn. 4), 20, 39 ff., 45; *Marré* (Fn. 3), 29 ff.
7 BVerfGE 19, 206 ff., 268, 273; 44, 37 ff.

§ 10 Kirchensteuer

Die bedeutsamste und allgemein erhobene Art der Kirchensteuer ist die *Kirchensteuer vom Einkommen*[8]. Sie beträgt gegenwärtig in den meisten Ländern 9 Prozent, sonst 8 Prozent der Einkommensteuerschuld. Die Höhe der Kirchensteuer kann durch Mindestbeträge gesichert werden. Bei hohen Einkommen kann der Kirchensteuersatz (auf Antrag) in den meisten Ländern auf 3–4 Prozent gekappt werden. Die Bemessungsgrundlage der Kirchensteuer ergibt sich aus § 51 a EStG, der als Bundesgesetz zwar nicht unmittelbar gilt, auf den jedoch landeskirchenrechtlich verwiesen wird. Zu den Kinderfreibeträgen in § 51 a EStG ist anzumerken, daß von Verfassungs wegen der Kinderfreibetrag in § 32 VI EStG das Existenzminimum des Kindes realitätsgerecht berücksichtigen muß (s. S. 386 ff.). Genügt der Kinderfreibetrag in § 32 VI EStG den verfassungsrechtlichen Anforderungen, so bedarf es einer Aufstockung des Kinderfreibetrages in § 51 a EStG nicht mehr.

Umstritten ist die Erhebung der Kirchensteuer, wenn die Lohnsteuer *pauschaliert* (§§ 40 ff. EStG) erhoben wird[9]. Die Frage ist, ob die pauschal erhobene Kirchensteuer (Einzelheiten: koordinierte Ländererlasse, BStBl. I 90, 773 ff.) als Unternehmenssteuer zu charakterisieren ist, die gegenüber einem Nichtmitglied erhoben wird. Der BFH[10] hat entschieden, daß die pauschal erhobene Steuer nur *verfahrens*rechtlich „Unternehmenssteuer" sei, die allein vom Arbeitgeber erhoben und geschuldet (§ 40 III 2 EStG) werde. Materiell-rechtlich bleibe sie Steuer des Arbeitnehmers und Kirchenmitglieds. Der Arbeitgeber habe den Nachweis der Kirchenzugehörigkeit zu führen. § 40 III 2 EStG verwirrt die Rechtslage. Es ist verfehlt, den Arbeitgeber als Steuerschuldner zu bestimmen. Es müßte nur in § 42 d EStG geregelt sein, daß der Arbeitnehmer in den Fällen der §§ 40 ff. EStG nicht in Anspruch genommen werden kann.

Viele Religionskörperschaften erheben ein *Kirchgeld* (216–4 800 DM) im Falle glaubensverschiedener Ehen von dem verdienenden Ehegatten für den nichtverdienenden Ehegatten.

e) *Verwaltet* wird die Kirchensteuer gegenwärtig von den Finanzämtern; Ausnahme: Bayern, wo zwar die Kirchenlohnsteuer von den Arbeitgebern einbehalten und an die Finanzämter abgeführt, die Kircheneinkommensteuer aber von den Kirchen selbst verwaltet wird.

Nach überwiegender, vom Bundesverfassungsgericht[11] bestätigter Meinung[12] hält sich die in den Kirchensteuergesetzen der Länder und in Staatskirchenverträgen vorgesehene und zusammen mit der staatlichen Lohnsteuer vorgenommene *Einbehaltung und Abführung der Kirchenlohnsteuer durch die Arbeitgeber* einschließlich der Arbeitgeberhaftung entsprechend § 42 d EStG im Rahmen der Verfassung. Der – ohne Rücksicht auf seine Konfessionszugehörigkeit in Pflicht genommene – Arbeit-

---

8 Zur Berechnung der Einkommen- und Kirchensteuer-Gesamtbelastung s. *Haase*, BB 89, 1241.
9 Dazu *Kruse*, FR 85, 1, 3 ff; *Starck*, DStR 89, 3; *Wagner*, FR 90, 97 (m. w. Nachw.).
10 BStBl. 90, 993. Siehe auch VG Braunschweig FR 90, 124; VG Berlin FR 90, 126 (m. Anm. *Meilicke*).
11 BVerfGE 44, 103 ff.; BVerfG HFR 88, 583.
12 *Rüfner*, Zur Frage der Verfassungsmäßigkeit der Kirchensteuer, NJW 71, 15 ff., 18 f.; *Maunz* (Fn. 4), RNr. 50; *Hoffmann-Riem*, Zur Mitwirkung der Arbeitgeber bei der Erhebung der Kirchensteuer, StuW 73, 90 ff.; *Marré* (Fn. 3), 41 f.; *Link* (Fn. 3), Sp. 1241. S. ferner einerseits VG Frankfurt a. M. BB 69, 1521 f.; andererseits BFH BStBl. 75, 841; BFH BStBl. 76, 104; BayVerfGH JZ 68, 179 ff. mit zust. Anm. v. *Scheven;* FG Hamburg EFG 73, 450.

geber wird nicht auf kirchliche, sondern auf staatliche Anordnung hin tätig. Er leistet seine Dienste nicht den Kirchen, sondern dem Staat, der damit seinerseits seiner Verfassungspflicht nachkommt, den Kirchen die Steuererhebung „aufgrund bürgerlicher Steuerlisten" zu ermöglichen. Wie beim Lohnsteuerabzug handelt der Arbeitgeber bei der Einbehaltung und Abführung der Kirchenlohnsteuer seiner kirchenangehörigen Arbeitnehmer als „Beauftragter des Steuerfiskus" und als „Hilfsorgan der staatlichen Finanzverwaltung". Diese vom Arbeitgeber dem Staat geleisteten Dienste sind insofern neutral, als die Kirchensteuern nicht speziell einer bestimmten Religionsgemeinschaft, sondern generell allen Religions- und Weltanschauungsgemeinschaften zufließen, soweit bei ihnen die Voraussetzungen für das Besteuerungsrecht vorliegen. Auch die Eintragung der Religionszugehörigkeit auf der Lohnsteuerkarte ist verfassungsmäßig[13].

Kirchensteuerstreitfragen unterliegen gemäß § 40 VwGO der Nachprüfung durch die staatlichen Verwaltungsgerichte, soweit sie nicht durch (Bundes- oder Landes-) Gesetz ausdrücklich anderen Gerichten zugewiesen sind, wie das in einigen Ländern durch die Eröffnung des Finanzrechtsweges geschehen ist.

---

13 BVerfGE 49, 375.

§ 11 Körperschaftsteuer*

Rechtsgrundlagen: Körperschaftsteuergesetz; Körperschaftsteuer-Durchführungsverordnung (abgedruckt in Beck'sche Sammlung der Steuergesetze I).
Literatur: *Kommentare: Herrmann/Heuer/Raupach,* Einkommensteuer- und Körperschaftsteuergesetz mit Nebengesetzen [19], Bde. 12 und 13, Köln (Loseblatt); *Lademann,* Kommentar zum Körperschaftsteuergesetz, Stuttgart/München/Hannover 1977 (Loseblatt); *Frotscher/ Maas,* Kommentar zum Körperschaftsteuergesetz, Freiburg i. Br. 1978 (Loseblatt); *Felix/ Streck,* Körperschaftsteuergesetz mit Nebengesetzen [3], München 1991; *Gail/Goutier/Grützner,* Körperschaftsteuergesetz 1977, Herne/Berlin (Loseblatt).
Lehr- und Handbücher: Knobbe-Keuk, Bilanz- und Unternehmenssteuerrecht [7], Köln 1989, 450 ff.; *D. Schneider,* Körperschaftsteuer, in: Handbuch der Finanzwissenschaft, Bd. II[3], Tübingen 1980, 509 ff.

Zum Körperschaftsteuergesetz 1920/1922: *Evers,* Kommentar zum Körperschaftsteuergesetz in der Fassung vom 30. März 1920/8, April 1922, Berlin 1923; zum Körperschaftsteuergesetz 1925: *Evers,* Kommentar zum Körperschaftsteuergesetz vom 10. August 1925 [2], Berlin 1927; zum Körperschaftsteuergesetz 1934: *Mirre/Dreutter,* Das Körperschaftsteuergesetz vom 16. Oktober 1934, München/Berlin 1939. – Zur Entwicklung der Körperschaftsteuer *Rasenack,* Die Theorie der Körperschaftsteuer, Berlin 1974.
Zum Anrechnungsverfahren s. 438 ff.

A. Allgemeine Charakterisierung

Die Körperschaftsteuer führt zu einem an die Rechtsform anknüpfenden Dualismus der „Unternehmensbesteuerung" der Einzelunternehmen und der Personengesellschaften einerseits sowie der Kapitalgesellschaften und sonstigen Körperschaften andererseits.

Wird zunächst der (nicht ausgeschüttete und der ausgeschüttete) Gewinn bei der *Körperschaft* mit *Körperschaftsteuer* belastet, der ausgeschüttete Gewinn dann bei dem Anteilseigner (Aktionär, Gesellschafter einer GmbH usw.) nochmals mit Einkommensteuer, so ergibt sich eine Doppelbelastung. Die volle Doppelbelastung Körperschaftsteuer/Einkommensteuer (sog. klassisches System) versucht man (formal-)juristisch damit zu rechtfertigen, daß Körperschaft und Anteilseigner je für sich Rechtssubjekte seien.

In Deutschland wurde das klassische Doppelbelastungssystem durch das Körperschaftsteuergesetz 1920 eingeführt[1]. Es führte zu bloß an der Rechtsform, nicht an wirtschaftlicher Leistungsfähigkeit orientierten Abweichungen in der Steuerbelastung.

Dieses klassische System besteht z. Z. noch in folgenden Ländern: Luxemburg[2], Niederlande[2], Portugal, Schweiz, USA[3].

---

* Bearbeiter des Abschnitts „Körperschaftsteuer" ist Richter am Finanzgericht Dr. *Heinz-Jürgen Pezzer.*
1 Zur geschichtlichen Entwicklung s. *Knobbe-Keuk,* Bilanz- und Unternehmenssteuerrecht[7], Köln 1989, 450 ff.
2 *Langhein,* Körperschaftsteuerliche Bemessungsgrundlage und Innenfinanzierungsmöglichkeiten von Kapitalgesellschaften in der Europäischen Gemeinschaft, Diss. rer. pol. Hamburg 1984, 122, 126.
3 *McNulty,* StuW 89, 129 ff.

Charakterisierung

Die Bundesrepublik Deutschland hatte von 1959 bis 1976 die Folgen der Doppelbelastung durch einen gespaltenen Tarif gemildert (nur 15 v. H. für Ausschüttungen).

In Österreich gilt seit 1989 ein einheitlicher ausschüttungsunabhängiger Körperschaftsteuersatz von 30 v. H.; zur Vermeidung der Doppelbelastung wird beim Anteilseigner die Einkommensteuer für offene Gewinnausschüttungen halbiert[4].

Norwegen und Griechenland[5] lassen zu, daß der ausgeschüttete Gewinn bei der Körperschaft von der Bemessungsgrundlage abgezogen wird; Belgien, Dänemark, Frankreich[6], Großbritannien[7], Irland, Japan, Kanada[8], Schweden und Spanien kennen eine Teilanrechnung der Körperschaftsteuer auf die Einkommensteuer des Anteilseigners[9]. In Italien gilt seit 1977 ein Vollanrechnungssystem[10]. Die EG-Kommission hat 1975 in einem Richtlinienentwurf zur Harmonisierung der Körperschaftsteuersysteme ein Teilanrechnungsverfahren vorgeschlagen[11], diesen Vorschlag aber neuerdings wieder zurückgenommen (s. oben S. 188 Fn. 155).

Der Gesetzgeber der Bundesrepublik Deutschland hat sich durch das Körperschaftsteuergesetz 1977 – ab 1. 1. 1977 – für die Vollanrechnung der Körperschaftsteuer auf den ausgeschütteten Gewinn entschieden. Das heißt: Das Körperschaftsteuergesetz belastet im Ergebnis nur noch den nicht ausgeschütteten (thesaurierten) Gewinn der Körperschaft mit Körperschaftsteuer[12]. Ausgeschütteter Gewinn hingegen wird letztlich nur beim Anteilseigner (Ausschüttungsempfänger) mit dessen Einkommensteuer belastet (wenn Anteilseigner eine Körperschaft ist: mit deren Körperschaftsteuer). Damit ist die Doppelbelastung des ausgeschütteten Gewinns mit Körperschaftsteuer *und* Einkommensteuer beseitigt.

Die Doppelbelastung mit Vermögensteuer besteht allerdings weiter. Gleiches gilt für die Gewerbesteuer, wenn der Anteilseigner die Beteiligung im Betriebsvermögen hält: Ausschüttung

---

4 *Heidinger,* StuW 89, 90.
5 Dazu *Dougas,* Intertax 79, 222; *Langhein* (Fn. 2), 101.
6 Dazu *Kerlan,* Intertax 79, 459; *Herzig,* StuW 90, 23 f.
7 *Möllering/Mohr,* Steuerführer Großbritannien, Herne 1986 (Loseblatt), Teil 3, 40 ff.; *Herzig,* StuW 90, 24 f.
8 Dazu *Hoyer,* RIW 83, 185, 189.
9 Einen Überblick geben *Meichssner,* Die Besteuerung der Kapitalgesellschaftsgewinne im internationalen Vergleich und Wege zu einer Verbesserung dieser Besteuerung, Köln 1982, 22; *Langhein* (Fn. 2), 80 ff.; *Lutz,* Die Körperschaftsteuer in der Europäischen Gemeinschaft, Diss. rer. pol. Mainz 1984, Pfaffenweiler 1984; zum internationalen Vergleich der Körperschaftsteuer-Tarife s. *Driesen,* GmbHR 90, R 81.
10 *Mayr,* B 78, 1853; *Wilcke,* RIW/AWD 78, 516; *Lovisolo,* Intertax 79, 10; *Fantozzi/Mayr/Müller-Dott,* Das neue italienische Körperschaftsteuerrecht, München 1979; *Langhein* (Fn. 2), 116.
11 BT-Drucks. 7/3981; s. dazu *Meichssner* (Fn. 9), 118 ff.; *Langhein* (Fn. 2), 9 ff.; *Goergen,* JbFSt. 1985/86, 68.
12 Diese Belastung trägt dem Prinzip der *Wettbewerbsneutralität* der Besteuerung Rechnung: Körperschaften konkurrieren als selbständige rechts- und handlungsfähige Gebilde mit Einzelunternehmungen und Personengesellschaften, deren angesammelte Gewinne mit Einkommensteuer belastet sind. Gäbe es die Körperschaftsteuer nicht, bestünde für Einkommensteuersubjekte ein Wettbewerbsnachteil. Seit 1990 beträgt der Körperschaftsteuersatz für thesaurierte Gewinne 50 v. H., der Spitzensteuersatz der Einkommensteuer 53 v. H. Der niedrigere Körperschaftsteuersatz wird damit gerechtfertigt, daß bei der Einkommensteuer die Durchschnittsbelastung (wegen des Grundfreibetrags, der unteren Proportionalzone und der Progression) stets unter dem Spitzensteuersatz liegt und daß im Ausland die Körperschaftsteuersätze niedriger sind (*Krebs,* GmbHR 88, 229). Die Belastung thesaurierter Gewinne mit Körperschaftsteuer ist allerdings nicht endgültig. Wenn die Körperschaft die Gewinne später ausschüttet, spätestens wenn sie aufgelöst und abgewickelt (liquidiert) wird, hebt das Anrechnungsverfahren die Belastung vollständig auf (abgesehen von systemwidrigen Ausnahmen; dazu *Herzig,* StbKongrRep. 1981, 382 f.).

§ 11 Körperschaftsteuer

und Steueranrechnung erhöhen seinen Gewerbeertrag, die Beteiligung erhöht sein Gewerbekapital[13].

Das Gesetz bedient sich folgender Technik: Bei der ausschüttenden Körperschaft werden auf den ausgeschütteten Gewinn 36 v. H.[14] Körperschaftsteuer erhoben. Das bedeutet gegenüber dem normalen Steuersatz von 50 v. H. zunächst eine Entlastung von 14 v. H. Die verbleibende Belastung von 36 v. H. wird dadurch beseitigt, daß sie auf die Einkommensteuer des Anteilseigners angerechnet wird. Wird der Anteilseigner nicht zur Einkommensteuer veranlagt, so wird ihm die Körperschaftsteuer vergütet. Der Anteilseigner erhält den Kapitalertrag also zu 64 v. H. von der ausschüttenden Körperschaft und zu 36 v. H. durch Steueranrechnung oder Steuervergütung vom Finanzamt. Daher gehört auch der anzurechnende oder zu vergütende Steuerbetrag beim Anteilseigner zu den Einkünften aus Kapitalvermögen (§ 20 I Nr. 3 EStG).

Beispiel:

Gewinn vor Abzug der Körperschaftsteuer	100
Körperschaftsteuer auf den ausgeschütteten Gewinn (Ausschüttungsbelastung)	36
verbleibende Barausschüttung	64
Einkünfte aus Kapitalvermögen des Anteilseigners (64 + 36)	100
bei einem Einkommensteuersatz von z. B. 40 v. H. beträgt die Einkommensteuer des Anteilseigners	40
Anrechnung der die Ausschüttung vorbelastenden Körperschaftsteuer	36
endgültige Einkommensteuerschuld	4

Dem Anteilseigner verbleiben danach 64 − 4 = 60; die Einkommensteuerbelastung beträgt 40 (40 v. H.).

---

13 Die beste Lösung bestünde in der Abschaffung der Vermögensteuer und Umgestaltung der Gewerbesteuer zu einer Betriebsgewinnsteuer (*Lang*, StuW 89, 16f.; *ders.*, StuW 90, 123; Gutachten des Wissenschaftlichen Beirats beim BMF zur Reform der Unternehmensbesteuerung, BMF-Schriftenreihe, Heft 43, Bonn 1990, Tz. 72ff.). Mindestens sollte die Doppelbelastung abgeschafft werden (*Giloy*, DStZ 89, 552); s. auch unten S. 408.

14 Die Doppelbelastung wäre auch dann vollständig beseitigt, wenn auch auf den ausgeschütteten Gewinn der normale Steuersatz von 50 v. H. angewendet und die sich daraus ergebende Belastung beim Anteilseigner angerechnet würde. Dann betrüge die *Bar*ausschüttung an den Anteilseigner jedoch nur 50 v. H. des ausgeschütteten Gewinns, die übrigen 50 v. H. der Ausschüttung bekäme der Anteilseigner durch Anrechnung oder Vergütung vom Finanzamt. Eine Barausschüttung von nur 50 v. H. würde aber für Anteilseigner, bei denen die Ausschüttung nicht nach § 20 EStG zu versteuern ist und die daher nicht zur Anrechnung berechtigt sind (z. B. Betriebe von Körperschaften des öffentlichen Rechts und ausländische Anteilseigner, s. § 51 KStG), eine erhebliche Ertragseinbuße bedeuten und vom Beteiligungserwerb abhalten. Obwohl die übrigen Anteilseigner, weil anrechnungsberechtigt, im Ergebnis keinen Nachteil erleiden würden, wenn die Barausschüttung niedriger, dafür die Steuergutschrift aber entsprechend höher wäre, könnte auch bei dieser Gruppe der Entschluß zum Beteiligungserwerb beeinflußt werden, zum einen wegen der Phasenverschiebung zwischen Ausschüttung und Anrechnung, zum anderen wegen der negativen optischen Wirkung einer niedrigen Barausschüttung.
Indessen hat der Wissenschaftliche Beirat beim BMF erneut einen einheitlichen Steuersatz (für einbehaltene und ausgeschüttete Gewinne) zur Diskussion gestellt (BMF-Schriftenreihe, Heft 39, Bonn 1987, 13ff.).

Charakterisierung

Folgende Skizze soll den Vorgang veranschaulichen:

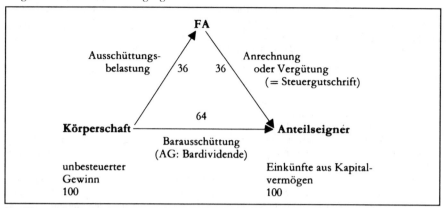

Zur Vermeidung von Mißverständnissen: Der Anteilseigner erhält die Steueranrechnung von dem für ihn zuständigen Finanzamt, nicht von dem für die Körperschaft zuständigen Finanzamt. Dies zeigt die folgende Skizze; sie soll außerdem den Anrechnungsmechanismus beim Anteilseigner verdeutlichen.

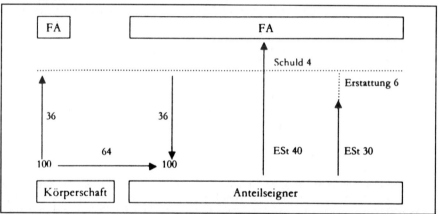

Die Doppelbelastung ausgeschütteter Gewinne hätte auf der Ebene der Körperschaft auch durch Steuerbefreiung oder durch Abzug der Ausschüttungen als Betriebsausgaben beseitigt werden können. Diese Lösungen hat der Gesetzgeber jedoch verworfen, weil sie automatisch alle Anteilseigner entlastet hätten[15]. Die Entlastung soll indessen nur den Anteilseignern zugute kommen, die unbeschränkt von der deutschen Einkommensteuer oder Körperschaftsteuer erfaßt werden. Zu diesem Zweck bewirkt die Ausschüttungsbelastung in Höhe von 36 v. H. bei der Körperschaft eine vorläufige Belastung ausgeschütteter Gewinne, die – durch Verweigerung der Anrechnung (§ 51 KStG) – endgültig wird, wenn der Empfänger nicht der unbeschränkten deutschen Einkommensbesteuerung unterliegt. Falls der Empfänger die Steuer auf die Dividende hinterzieht, bleibt diese ebenfalls endgültig mit Ausschüttungskörperschaftsteuer belegt[16]. Die Ausschüttungsbelastung zielt damit nicht auf eine Besteuerung der Körperschaft, sie

---

15 BT-Drucks. 7/1470, 329, 380 re. Sp. zu § 52 (= § 51 des Gesetzes).
16 Die Gesamtbelastung mit Körperschaftsteuer und Kapitalertragsteuer beträgt (36 + 16 =) 52 v. H., so daß bei einem höheren individuellen Grenzsteuersatz des Anteilseigners nach wie vor ein Anreiz besteht, Dividenden nicht zu erklären. Dies dürfte einer der Gründe dafür sein, daß die Anrechnung der Körperschaftsteuer nur zu 50 bis 60 v. H. in Anspruch genommen wird (vgl. Pfremm, Handelsblatt v. 4. 3. 1983).

§ 11 Körperschaftsteuer

soll vielmehr die Besteuerung des Anteilseigners sicherstellen, sie notfalls ersetzen. Obwohl steuertechnisch als selbständiger Steuertatbestand ausgestaltet (s. auch § 8 III 1 KStG), hat die Körperschaftsteuer *materiell den Charakter einer Quellensteuer auf die Kapitaleinkünfte* des Anteilseigners, ähnlich der Kapitalertragsteuer[17]. Daher ist nur die Körperschaftsteuer auf thesaurierte Gewinne eine echte Steuer auf das Einkommen der juristischen Person[18].

Es soll aber nicht nur die Doppelbelastung als solche, es sollen zugleich auch deren Folgewirkungen möglichst beseitigt werden[19] (BT-Drucks. 7/1470, 326 ff.):

- Vor 1977 waren Großaktionäre häufig – mit Rücksicht auf die Doppelbelastung Körperschaftsteuer/(hohe) Einkommensteuer – mehr an Thesaurierung als an Ausschüttung interessiert. Das widersprach den Interessen der Kleinaktionäre, die nur gering oder gar nicht mit Einkommensteuer belastet und auf die Ausschüttungen angewiesen waren. Der aus steuerlichen Gründen bestehende *ausschüttungspolitische Interessengegensatz* sollte *beseitigt* werden;
- vor 1977 war die Deckung des Kapitalbedarfs der Körperschaft durch Fremdfinanzierung deshalb vorteilhafter als die Deckung des Kapitalbedarfs durch Eigenkapital (Beteiligung von Anteilseignern), weil gezahlte Kreditzinsen als Betriebsausgaben den Gewinn der Körperschaft mindern und nur beim Empfänger (Gläubiger) versteuert werden, während die „Verzinsung" des Eigenkapitals (die Ausschüttung) steuerlich doppelt belastet war. Durch die Beseitigung der Doppelbelastung sollte die *Kapitalstruktur* der Körperschaften *verbessert* werden. Eine völlige Gleichbehandlung von Eigenkapital- und Fremdkapitalfinanzierung ist allerdings nicht erreicht worden, weil die Körperschaft auf Eigenkapital Vermögensteuer entrichten muß[20];
- die *Wahl der Unternehmensform* soll möglichst *steuerneutral* sein, nicht mehr durch steuerliche Erwägungen beeinflußt werden. Insb. soll gesellschaftsrechtlichen Gestaltungen, die nur der Vermeidung der Doppelbelastung dienen – wie GmbH & Co. KG und Doppelgesellschaften –, ihre steuerliche Relevanz möglichst genommen werden[21].

Das „Schachtelprivileg", das Mehrfachbelastungen verschachtelter Gesellschaften verhindern sollte (s. 3. Aufl., 266 f.), konnte beseitigt werden. Das Motiv, die körperschaftsteuerliche Doppelbelastung durch verdeckte Gewinnausschüttungen zu vermeiden, ist entfallen.

---

17 *Pezzer,* Die rechtssystematischen Grundlagen der verdeckten Gewinnausschüttung nach der Körperschaftsteuerreform, Diss. Köln 1986, zugleich erschienen unter dem Titel: Die verdeckte Gewinnausschüttung im Körperschaftsteuerrecht, Köln 1986, 2 ff.; ebenso *Ault,* International Issues in Corporate Tax Integration, Law and Policy in International Business, Vol. 10, No. 2, 1978, 464 Fn. 14; *Flämig,* JuS 77, 153; *Knobbe-Keuk,* Bilanz- und Unternehmenssteuerrecht[7], Köln 1989, 457 f. m.w.N.; *Friauf,* StbJb. 1979/80, 551; *Felix/Streck,* Körperschaftsteuergesetz[2], München 1984, § 8 Anm. 55; *Mannhold,* StuW 80, 136 f.; *Weindl,* Probleme der verdeckten Gewinnausschüttung im neuen Körperschaftsteuergesetz, Diss. Regensburg 1981, 31; *Schwochert,* GmbHR 87, 313; a. A. BFH BStBl. 87, 509; *Döllerer,* BB 83, 1; *ders.,* GmbHR 87, 26, 133; in anderen Entscheidungen unterscheidet der BFH (BStBl. 82, 10; 82, 402) zwischen der tatbestandlichen Anknüpfung („Rechtsnatur") und der wirtschaftlichen Wirkung („wie eine Vorauszahlung auf die Einkommensteuer"); s. auch *Metz,* Das Körperschaftsteuergesetz 1977. Eine Kritik aus gesetzgebungstechnischer Sicht, zugleich ein Beitrag zur juristischen Steuertechnik, Diss. Freiburg 1981, 191 f.
18 Deshalb hätte eine erhöhte Kapitalertragsteuer anstelle der körperschaftsteuerlichen Ausschüttungsbelastung die systematisch beste Lösung dargestellt. Ihr stand jedoch das Doppelbesteuerungsrecht entgegen (s. z. B. Art. 10 II OECD-Muster-DBA).
19 Inzwischen zeichnet sich ab, daß die beabsichtigten Wirkungen der Körperschaftsteuerreform nicht eingetreten sind (dazu im einzelnen *Knobbe-Keuk,* GmbHR 87, 129 ff.).
20 Dazu *Bähr,* JbFSt. 1977/78, 407; *Bierich,* ZfB 79, 235 ff.; *Jacobs,* StbKongrRep. 1985, 54.
21 Dieses Ziel ist ebenfalls nicht vollständig erreicht; s. dazu unten S. 632 ff., 634 ff. und die dort angegebene Literatur.

Die Besteuerung der *Kapital*gesellschaften ist dadurch gekennzeichnet, daß Verträge zwischen Gesellschaft und Gesellschaftern prinzipiell auch steuerlich respektiert werden (sog. *Trennungsprinzip*).

Die Anteilseigner stehen der Kapitalgesellschaft wie fremde Dritte gegenüber (Sphärentrennung). Daraus ergeben sich gegenüber dem Einzelunternehmen und der Personengesellschaft (s. dazu S. 345 ff.) Vorteile beim Betriebsausgabenabzug (s. dazu S. 251 ff.). Wird ausnahmsweise die Sphärentrennung negiert, so spricht man von Durchgriff[22].

Körperschaftsteuer in der ehemaligen DDR:

S. zunächst oben S. 184.

Seit dem 1. 1. 1991 gilt das Körperschaftsteuergesetz auch in den neuen Bundesländern. Im Beitrittsjahr 1990 galt dagegen noch das ursprüngliche Körperschaftsteuergesetz der DDR, das einen progressiven Tarif aufwies, in einer rückwirkend zum 1. 1. 1990 geänderten Fassung. Es führte zu einer Durchschnittsbelastung von höchstens 50 v. H., die dem Thesaurierungssteuersatz des bundesdeutschen Körperschaftsteuergesetzes entsprach. Zugleich wurde ein eigenständiges körperschaftsteuerliches Anrechnungsverfahren eingeführt. Der Ausschüttungssatz betrug wie in der Bundesrepublik 36 v. H.; allerdings wurde auf eine Eigenkapitalgliederung verzichtet; beim Anteilseigner erfolgte keine Voll-, sondern nur eine Teilanrechnung von 22,5 v. H. der Dividende (Einzelheiten bei *Fuest/Kroker*, StuW 90, 274, 276 f.; von dort stammen auch die folgenden Übersichten; s. ferner *Dötsch,* B 90 DDR-Report, 3126).

DDR-Körperschaftsteuertarif 1990 (Steuergrundtarif B)

Jahreseinkommen		Steuerbetrag			
M		M	%		M
von	bis ausschließlich				
	2 400	0			
2 400	30 000	0	+ 20	des Betrages über	2 400
30 000	40 000	5 520	+ 25	des Betrages über	30 000
40 000	50 000	8 020	+ 30	des Betrages über	40 000
50 000	60 000	11 020	+ 38	des Betrages über	50 000
60 000	70 000	14 820	+ 45	des Betrages über	60 000
70 000	80 000	19 320	+ 52	des Betrages über	70 000
80 000	90 000	24 520	+ 58	des Betrages über	80 000
90 000	100 000	30 320	+ 63	des Betrages über	90 000
100 000	200 000	36 620	+ 63,4	des Betrages über	100 000
200 000	und darüber		60		

---

[22] Dazu *Raupach,* Der Durchgriff im Steuerrecht, München 1968; *Bauschke,* BB 75, 1322.

§ 11 Körperschaftsteuer

DDR-Körperschaftsteuertarife 1989 und 1990 (Grenz- und Durchschnittssteuersätze)

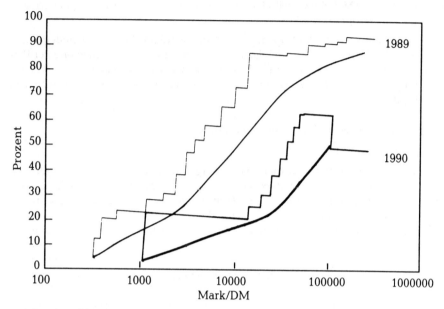

x-Achse: logarithmischer Maßstab

B. Steuersubjekte

Steuersubjekte der Körperschaftsteuer (§ 1 I KStG) sind:

a) **Kapitalgesellschaften** (AGen[23], KGen auf Aktien[24], GmbH[25], Kolonialgesellschaften, bergrechtliche Gewerkschaften[26]);

---

23 Dazu aus Schweizer Sicht *Margairaz/Merkli,* Die Besteuerung der Aktiengesellschaft in der Schweiz, Bern 1979; *Ulrich,* Die Besteuerung der Familienaktiengesellschaften, Diss. Zürich 1980.
24 *Elschenbroich,* Die KG auf Aktien, Diss. rer. pol. Köln 1956, Wiesbaden 1959; *Menzel,* StuW 71, 204; *Schlütter,* StuW 78, 295; *Meier,* BlStSozArbR 85, 300.
25 *Perels,* Die Besteuerung der Gesellschaften mbH, Diss. Würzburg 1918; *Caspary,* Die Einmanngesellschaft, Diss. Köln 1928; *Zimmermann,* Die Einmanngesellschaft im Steuerrecht, Diss. Münster 1933, Berlin 1933; *Roeckerath,* Die Einmanngesellschaft, Diss. Köln 1938; *Wacke,* Die Einmanngesellschaft im Steuerrecht, Zeitschrift für das gesamte Handels- und Konkursrecht, Bd. 106 (1938), Hefte 1, 2; *Fritze,* Die GmbH im Lichte des Steuerrechts, Diss. Münster 1939; *Wiebke,* Die Einmanngesellschaft, Diss. Köln 1940; *Kreh,* Die körperschaftsteuerliche Selbständigkeit der Einmann-GmbH, Diss. München 1964; H. M. Schmidt (Hrsg.), Pro GmbH, mit Beiträgen von *H. P. Westermann, Eder, Hesselmann, Geßler, K. Koch, Sarrazin, R. Fischer, Döllerer, Winter, Raupach,* Köln 1980; *Baums,* StuW 80, 298; Centrale für GmbH (Hrsg.), Das neue GmbH-Recht in der Diskussion, mit Beiträgen von *Deutler, Raiser, Ulmer, Schmidt, Hesselmann, Tillmann,* Köln 1981; *U. Niemann,* Die Familien-GmbH nach der Körperschaftsteuerreform, Inst. FuSt, Brief 229, Bonn 1983; *Roth* (Hrsg.), Das System der Kapitalgesellschaften im Umbruch – ein internationaler Vergleich, Köln 1990.
26 *Willecke/Turner,* Grundriß des Bergrechts[2], Heidelberg 1970, 109 ff.

Steuersubjekte

b) **Erwerbs- und Wirtschaftsgenossenschaften**[27];
c) **Versicherungsvereine auf Gegenseitigkeit;**
d) **sonstige juristische Personen des privaten Rechts;**
e) **nichtrechtsfähige Vereine**[28]**, Anstalten, Stiftungen**[29] **und andere Zweckvermögen des privaten Rechts**[30]**;**

Zu a)–e):

Das Gesetz knüpft an die Rechtsform an. Deshalb sind alle *juristischen Personen* des privaten Rechts (oben a–d) stets Körperschaftsteuersubjekte. *Nichtrechtsfähige* Personenvereinigungen und Vermögensmassen des privaten Rechts (oben e) sind dagegen nach § 3 I KStG nur dann körperschaftsteuerpflichtig, wenn ihr Einkommen weder nach dem Körperschaftsteuergesetz noch nach dem Einkommensteuergesetz unmittelbar bei einem anderen Steuerpflichtigen zu versteuern ist. Damit ist auf den vorrangig zu prüfenden § 15 I 1 Nr. 2 EStG hingewiesen (s. S. 337 ff.).

Der Große Senat des BFH (BStBl. 84, 756 ff.) hat – entgegen anderen Auffassungen in der Literatur[31] – eine Publikums-GmbH & Co. KG weder als Kapitalgesellschaft i. S. des § 1 I Nr. 1

---

27 *Friedel,* Die Besteuerung der eingetragenen Genossenschaften, Diss. Halle-Wittenberg, Berlin 1934; *Friedr. Klein,* in: Seraphim, Vom Wesen der Genossenschaften und ihre steuerliche Behandlung, Neuwied 1951, 153; *Floto,* Untersuchungen zur These von der steuerlichen Minderbelastung der Wareneinzelhandelsgenossenschaften im gegenwärtigen deutschen Steuerrecht, Diss. Köln 1971; *Stoll,* Die Besteuerung der Genossenschaften, Wien 1972; *Zülow/Schubert/Rosiny,* Die Besteuerung der Genossenschaften[7], München 1985; *Kirchhof,* Die Eigenständigkeit der Genossenschaft als Steuerrechtssubjekt, Tübingen 1980; *ders.,* Die Genossenschaft im Schnittpunkt von Gesellschaftsrecht und Steuerrecht – Zur Qualifikation der Mitgliederförderung als Betriebsausgabe oder verdeckte Gewinnausschüttung, in: Freundesgabe für Erik Boettcher, Tübingen 1984, 119; *Stoll* (Hrsg.), Die Gewinnbesteuerung der Erwerbs- und Wirtschaftsgenossenschaften, Wien 1985; vgl. auch Fn. 56.
28 *Hagedorn,* Zur Frage der Körperschaftsteuerpflicht der Börsen, Diss. Köln 1958; *Hauber,* Steuerrecht der Vereine[5], Ludwigshafen 1981; *Märkle,* Der Verein im Zivil- und Steuerrecht[7], Stuttgart/München/Hannover 1990; *Troll,* Besteuerung von Verein, Stiftung und Körperschaft des öffentlichen Rechts[3], München 1983; *Sauter/Schweyer,* Der eingetragene Verein[14], München 1990; *Weber/Endlich,* BB 81, 1330; *Enders,* MDR 81, 984; *Schleder,* Steuerrecht der Vereine, Herne/Berlin 1990.
29 Dazu *Steuck,* Die Stiftung als Rechtsform für wirtschaftliche Unternehmen – Ihre Struktur und Besteuerung, Berlin 1967; *Holzschuh,* Die Stiftung als Rechtsform für erwerbswirtschaftliche Unternehmen in rechtlicher, steuerlicher und betriebswirtschaftlicher Sicht in der BRD und in den USA, Diss. rer. pol. Würzburg 1970; *O. Hahn/A. Schindler,* Die Besteuerung der Stiftungen[2], Baden-Baden 1977; *Berndt,* Stiftung und Unternehmen[4], Herne/Berlin 1986; *Troll* (Fn. 28); *Schrumpf,* Familienstiftung im Steuerrecht, Köln 1979; *Karpen,* Gemeinnützige Stiftungen im pluralistischen Rechtsstaat, Frankfurt a. M. 1980; *Hennerkes/Binz/Sorg,* Die Stiftung als Rechtsform für Familienunternehmen, B 86, 2217, 2269; *Hennerkes,* StbJb. 1984/85, 122; *Binz,* StbJb. 1987/88, 145; *Pöllath,* in: Schulze-Osterloh (Hrsg.), Rechtsnachfolge im Steuerrecht, DStJG Bd. 10 (1987), 159, 171 ff.; vgl. auch Fn. 30.
30 Dazu *G. Schmidt,* Zum Begriff des „Zweckvermögens" in Rechts- und Finanzwissenschaft, VerwArch. Bd. 60 (1969), 295 ff., und Bd. 61 (1970), 60 ff.; *Streck,* Die Steuerpflicht nichtrechtsfähiger Stiftungen und anderer Zweckvermögen, StuW 75, 135 ff.
31 *Kappe,* Abschreibungsgesellschaften und negativer Kapitalanteil, Diss. Göttingen 1972; *Walz,* Steuergerechtigkeit und Rechtsanwendung, Heidelberg/Hamburg 1980, insb. 407 ff.; *ders.,* Empfiehlt sich eine rechtsformunabhängige Besteuerung der Unternehmen?, Gutachten F zum 53. DJT, München 1980, 95 ff.; *ders.,* StRK-Anm. EStG (bis 1974) § 15 Ziff. 1 R. 95; s. auch *Boles/Walz,* GmbHR 86, 435.

KStG noch als nichtrechtsfähigen Verein i. S. des § 1 I Nr. 5 KStG oder nichtrechtsfähige Personenvereinigung i. S. des § 3 I KStG qualifiziert[32]. Die Einordnung als Körperschaftsteuersubjekt scheitert daran, daß die GmbH u. Co. KG zivilrechtlich eine Personengesellschaft ist, deren Einkünfte nach § 15 I 1 Nr. 2 EStG den Gesellschaftern zuzurechnen sind.

Dies entspricht der im Körperschaftsteuerrecht ursprünglich getroffenen[33] und anläßlich der Körperschaftsteuerreform erneut bekräftigten[34] gesetzgeberischen Entscheidung, an die zivilrechtliche Rechtsform anzuknüpfen.

Der Referentenentwurf zum Steuerentlastungsgesetz 1984 sah vor, durch eine Änderung von § 15 I 1 Nr. 2 EStG und § 1 I Nr. 5 KStG die Möglichkeit zu eröffnen, kapitalistisch verfaßte Publikums-Personengesellschaften als Körperschaftsteuersubjekte zu behandeln[35]. Dieses Vorhaben sollte möglichst nicht wieder aufgegriffen werden. Die Durchbrechung der strikten Anknüpfung an die Rechtsform würde im Körperschaftsteuerrecht einen kaum zu rechtfertigenden Systembruch bedeuten und zudem schwer lösbare Abgrenzungsprobleme schaffen.

Die Anknüpfung an die Rechtsform ist problematisch, wenn das im Werden begriffene Gebilde bereits vor seiner juristischen Entstehung tätig wird: Die in der Phase bis zur *Errichtung* (durch Abschluß des Gesellschaftsvertrages oder der Satzung) bestehende **Vorgründungsgesellschaft** ist entsprechend der zivilrechtlichen Qualifikation als BGB-Gesellschaft bzw. OHG kein Steuersubjekt i. S. des § 1 I KStG, sondern Mitunternehmerschaft i. S. des § 15 I 1 Nr. 2 EStG. Die in der Gründungsphase zwischen *Errichtung* und *Registereintragung* bestehende **Vorgesellschaft** wird zivilrechtlich überwiegend als Gesellschaft sui generis aufgefaßt, die im wesentlichen nach dem Recht der künftigen juristischen Person behandelt wird. Dementsprechend werden auch im Steuerrecht auf die Vorgesellschaft diejenigen Vorschriften angewendet, die nach der Registereintragung für die juristische Person gelten[36].

---

32 Ebenso *L. Schmidt*, FR 80, 482; *Quast*, FR 81, 26; *Groh*, BB 82, 1233 f.; *Sauer*, StRK-Anm. EStG 1975 § 15 Abs. 1 Nr. 2 R. 4; *H. Klein*, GmbHR 82, 285 f.; *Jurkat*, GmbHR 83, 225 ff.; s. ferner *Erdweg*, FR 84, 601; *Andreas*, Die steuerliche Qualifikation körperschaftlich strukturierter Personengesellschaften und kapitalistisch beteiligter Personengesellschafter, Diss. Gießen 1984; *Walz*, JZ 85, 192; *Schulze-Osterloh*, in: Tipke (Hrsg.), Grenzen der Rechtsfortbildung..., DStJG Bd. 5 (1982), 241, 253 f.; *ders.*, JbFSt. 1985/86, 232; *Döllerer*, StuW 88, 20; rechtsvergleichend zum Recht der USA: *Schwochert*, GmbHR 84, 101; *Boles/Walz*, GmbHR 86, 435.
33 Dazu *Evers*, Kommentar zum KStG 1925[2], Berlin 1927, Einleitung 27 f.
34 BT-Drucks. 7/1470, 326.
35 Angeblich handelte es sich lediglich um eine Klarstellung; dazu *Sarrazin*, FR 84, 105; *Jurkat*, GmbHR 83, 224; kritisch *Knobbe-Keuk*, StbJb. 1983/84, 85 ff.
36 BFH BStBl. 90, 91 hat sich der geänderten Terminologie des BGH angepaßt, s. dazu *Pezzer*, StuW 90, 260; s. ferner *Baumgartner*, Die Vorgesellschaft der Aktiengesellschaft im Steuerrecht, Diss. rer. pol. Erlangen-Nürnberg 1972; BFH BStBl. 73, 568, dazu Anm. *Stolterfoht*, StRK-Anm. KStG 1934–1975 § 1 R. 74; *Henninger*, GmbHR 74, 269; *Römer*, Die steuerrechtliche Behandlung der Vorformen der Kapitalgesellschaften, Diss. Göttingen 1978; *Schuhmann*, GmbHR 81, 196; *Endres*, Die Besteuerung gesellschaftsrechtlicher Vermögensübertragungen, Diss. rer. pol. Mannheim, Frankfurt a. M./Bern 1982, 18 ff.; *Knobbe-Keuk*, Bilanz- und Unternehmenssteuerrecht[7], Köln 1989, 462 f.; abw. *Heckmann*, B 76, 980; ferner aus gesellschaftsrechtlicher Sicht: *Flume*, in: FS für v. Caemmerer, Tübingen 1978, 517; *Huber*, in: FS für Fischer, Berlin/New York 1979, 263; BGHZ 80, 129 mit Anm. *K. Schmidt*, NJW 81, 1345, und *Flume*, NJW 81, 1753; *K. Schmidt*, GmbHR 82, 6; *Fleck*, GmbHR 83, 5; *Schröder*, Die Einmann-Vorgesellschaft, Rechtsträgerschaft und Gläubigerschutz, Baden-Baden 1990.

Wie die (seit 1. 1. 1981) für die GmbH zulässige Einmann-Gründung zu behandeln ist, ist schon zivilrechtlich problematisch[37]. Richtig dürfte es sein, auch für die Einmann-Gründung zwischen dem Zeitraum bis zur Errichtung, in dem ein Einzelunternehmen besteht, und der Gründungsphase zu unterscheiden. Nach der Errichtung ist bereits ein körperschaftlich organisiertes Gebilde vorhanden, für das der Gründer einen fest abgegrenzten, verselbständigten Teil seines Vermögens zur Verfügung hält[38]. Dies rechtfertigt es, jedenfalls steuerrechtlich, von einer Vorgesellschaft zu sprechen und sie als Körperschaftsteuersubjekt zu behandeln. Andernfalls ergäbe sich auch eine kaum zu rechtfertigende Ungleichbehandlung gegenüber den GmbH-Gründungen, an denen mehrere Gründer beteiligt sind.

Für die *Beendigung* eines Körperschaftsteuersubjekts gilt folgendes: Die Körperschaft besteht auch nach ihrer Löschung im Handelsregister fort, solange sie zivilrechtlich besteht, d. h. noch über bilanzierungs- und bewertungsfähige Vermögensgegenstände verfügt[39].

f) **Betriebe gewerblicher Art von juristischen Personen des öffentlichen Rechts**[40];

Dazu bestimmt § 4 KStG (inhaltlich):

Betriebe gewerblicher Art von juristischen Personen des öffentlichen Rechts sind alle Einrichtungen, die einer nachhaltigen wirtschaftlichen Tätigkeit zur Erzielung von Einnahmen außerhalb der Land- und Forstwirtschaft dienen und die sich innerhalb der Gesamtbetätigung der juristischen Person wirtschaftlich herausheben[41]. Die Absicht, Gewinn zu erzielen, und die Beteiligung am allgemeinen wirtschaftlichen Verkehr sind nicht erforderlich (Abs. 1). Ein Betrieb gewerblicher Art ist auch dann Steuersubjekt, wenn er selbst juristische Person des öffentlichen Rechts ist (Abs. 2).

Zu den Betrieben gewerblicher Art gehören auch Betriebe, die der Versorgung der Bevölkerung mit Wasser, Gas, Elektrizität oder Wärme, dem öffentlichen Verkehr oder dem Hafenbetrieb dienen (Abs. 3).

Als Betrieb gewerblicher Art gilt auch die Verpachtung[42] eines solchen Betriebs (Abs. 4).

Zu den Betrieben gewerblicher Art gehören nicht Betriebe, die überwiegend der Ausübung der öffentlichen Gewalt dienen (Hoheitsbetriebe). Für die Annahme eines Hoheitsbetriebs reichen Zwangs- oder Monopolrechte nicht aus (Abs. 5).

Betriebe gewerblicher Art von juristischen Personen des öffentlichen Rechts <u>werden besteuert, weil sie mit privaten gewerblichen Unternehmen konkurrieren.</u> Das Steuerrecht will wettbe-

---

37 Dazu einerseits *Ulmer*, BB 80, 1001; andererseits *Gersch/Herget/Marsch/Stützle*, GmbH-Reform 1980, Stuttgart/Wiesbaden 1980, Tz. 139 ff.; *Baums*, StuW 80, 301; *Geßler*, BB 80, 1389; *Mayer*, JbFSt. 1981/82, 403 f.; s. ferner *John*, BB 82, 505.
38 *Gersch/Herget/Marsch/Stützle* (Fn. 37), Tz. 141; *Baums* (Fn. 37).
39 BFH BStBl. 87, 308, 310; 90, 468.
40 Dazu *Selmer/Schulze-Osterloh*, DÖV 78, 381; *Friedrich/Kupsch* (Hrsg.), Die Besteuerung öffentlicher Unternehmen, Baden-Baden 1981; *Louis*, Die Besteuerung der öffentlichen Unternehmen und Einrichtungen der Daseinsvorsorge, Diss. Göttingen 1981; *Ruppe*, in: Funk (Hrsg.), Die Besorgung öffentlicher Aufgaben durch Privatrechtssubjekte, Wien 1982, 143 ff; *Meßmer*, Der Betrieb gewerblicher Art im Körperschaftsteuerrecht – ein Stiefkind des Gesetzgebers –, in: FS für v. Wallis, Bonn 1985, 341; *Riegler*, Besteuerung öffentlicher Betriebe 1920–1989, Baden-Baden 1990 (Materialsammlung).
41 Dazu BFH BStBl. 79, 748 f.; 90, 870.
42 Dazu BFH BStBl. 79, 717 f.; 83, 386; dazu *Winter*, StRK-Anm. KStG 1934–1975 § 1 R. 86; zur Verpachtung von Hoheitsbetrieben s. *Buciek*, DStZ 85, 113; s. ferner BFH BStBl. 90, 870.

werbsneutral sein. Der Konkurrenzschutz ist allerdings insofern lückenhaft, als er sich nicht auf den landwirtschaftlichen Sektor bezieht. Echter Wettbewerb (demgegenüber Neutralität in Betracht kommen kann) liegt nur vor, wenn der Markt offen ist, Vertragsfreiheit besteht, Angebot und Nachfrage den Preis bestimmen, Gewinnmaximierung erstrebt wird.

Jedenfalls sind die öffentliche Gewalt ausübenden (hoheitlichen) Betriebe danach keine Betriebe gewerblicher Art. Die Eingriffsverwaltung ist hoheitlich tätig und wird nicht besteuert. Da die Eingriffsverwaltung mit Steuermitteln durchgeführt wird, fehlt es an einem steuerbaren Tatbestand (Einkommen). Bei gemischter Tätigkeit kommt es auf das Überwiegen an (s. § 4 V KStG: „überwiegend", teleologisch unbefriedigend). Die nicht unzweifelhafte Frage der Zuordnung von Versorgungsbetrieben (denen gegenüber relativer Annahmezwang besteht) löst § 4 III KStG dahin, daß er die wichtigsten Versorgungszweige dem gewerblichen Sektor zuordnet[43].

Steuersubjekt ist der *einzelne* Betrieb gewerblicher Art (so früher h. M.; davon erstmals abweichend BFH BStBl. 74, 391: die juristische Person sei Steuersubjekt). Es soll ausgeschlossen werden, daß mehrere Betriebe gewerblicher Art Gewinne und Verluste untereinander ausgleichen können. Dieses Ergebnis läßt sich indessen auch durch Zusammenschluß mehrerer Betriebe erreichen[44].

Das Urteil BFH BStBl. 74, 391, das übrigens im Ergebnis dem Gesetzeszweck gerecht wird, differenziert nicht scharf zwischen (steuerrechtlicher) Rechtsfähigkeit und Handlungsfähigkeit. Das Steuerrecht braucht durchaus nicht den Rechtsfähigkeitsregeln anderer Rechtsgebiete zu folgen und tut es ja auch nicht (s. etwa Umsatzsteuer, Gewerbesteuer; ferner § 2 Nr. 2 KStG); s. dazu S. 612f. Nach der neueren Rechtsprechung wäre es folgerichtig, im Verhältnis zwischen der juristischen Person als Steuersubjekt und ihrem Betrieb gewerblicher Art die Regeln über Entnahmen und Einlagen anzuwenden[45]. BFH BStBl. 79, 193, zieht diese Konsequenz jedoch nicht: Für die Einkommensermittlung werde der Betrieb gewerblicher Art gewissermaßen (!) verselbständigt. Vereinbarungen und sonstige Geschäftsvorfälle sowie Spenden i. S. des § 9 Nr. 3 KStG zwischen Eigenbetrieb und Trägerkörperschaft seien steuerrechtlich anzuerkennen. Das Einkommen ist so zu ermitteln, „als ob der Betrieb gewerblicher Art im Verhältnis zur Trägerkörperschaft ein selbständiges Rechtssubjekt wäre"[46]. Dies zeigt, daß die Rechtsprechung im Grunde allein auf die steuerrechtliche Handlungsfähigkeit abzielt.

g) **Juristische Personen des öffentlichen Rechts, soweit sie sich als Kapitalgeber betätigen.**

Auch soweit juristische Personen des öffentlichen Rechts keinen Betrieb gewerblicher Art unterhalten, sind sie steuerpflichtig „mit den inländischen Einkünften, von denen ein Steuerabzug vorzunehmen ist" (§ 2 Nr. 2 KStG); diese beschränkte Steuerpflicht betrifft die Einkünfte aus Kapitalvermögen, für die Kapitalertragsteuer abzuführen ist (§ 43 EStG).

---

43 Zur Abgrenzung des gewerblichen Betriebs vom hoheitlichen Betrieb ist eine umfängliche Literatur entstanden, die sich leider überwiegend nicht am Zweck des Steuergesetzes orientiert, sondern verwaltungsrechtliche Begriffsjurisprudenz übt: *J. König,* Die subjektive Steuerpflicht der Betriebe gewerblicher Art von Juristischen Personen des öffentlichen Rechts . . ., Diss. Münster 1958 (mit Vorschlägen de lege ferenda, 176 ff.); *Gruber,* Steuerpflicht der Gemeinden, Diss. München 1958; *Pflaumer,* Der Begriff „Ausübung öffentlicher Gewalt" im Steuerrecht, Diss. Heidelberg 1964; *Kohorst,* Die Besteuerung der Gemeindebetriebe, Diss. Würzburg 1965; *Laule,* Die Körperschaftsteuerfreiheit für Hoheitsbetriebe . . ., DStZ 88, 183; teleologisch überzeugend dagegen BFH BStBl. 88, 910; 90, 95, 866.
44 Dazu *W. Schmidt,* Die Konzentration der Eigenbetriebe und deren steuerliche Behandlung in betriebswirtschaftlicher Sicht, Diss. rer. pol. Köln 1968.
45 *Rader,* BB 77, 1444.
46 BFH BStBl. 83, 147 m. Anm. *Klempt,* DStZ 83, 262; s. aber auch BFH BStBl. 84, 496 m. Anm. *Klempt,* DStZ 84, 571: Miet- und Pachtverträge werden nicht anerkannt, wenn sie die wesentliche Grundlage des Betriebs gewerblicher Art betreffen.

Steuersubjekte

Verbundene Unternehmen (§ 15 AktG), insb. Konzernunternehmen (§ 18 AktG), bleiben selbständige Körperschaftsteuer-Subjekte[47].

Je nachdem, ob eine Körperschaft, Personenvereinigung oder Vermögensmasse ihre *Geschäftsleitung* oder ihren *Sitz* im Inland oder im Ausland hat, ist sie **unbeschränkt oder beschränkt steuerpflichtig** (§§ 1; 2 Nr. 1 KStG); es werden als Steuerobjekt sämtliche Einkünfte oder nur die inländischen Einkünfte erfaßt (§§ 1 II; 2 Nr. 1 KStG; § 49 EStG).

Auslandsgesellschaften sind Körperschaftsteuersubjekte, wenn ihre rechtliche Struktur und ihre wirtschaftliche Position der einer deutschen Körperschaft entsprechen. Die Rechtsfähigkeit ausländischer Gesellschaften beurteilt sich grundsätzlich nach internationalem Privatrecht[48].

Subjektiv befreit von der Körperschaftsteuer sind insb. (§ 5 KStG):

a) Bundespost, Bundesbahn und Reichsbahn;

b) Kreditanstalten des öffentlichen Rechts;

c) Pensions-, Sterbe-, Kranken- und Unterstützungskassen[49] unter bestimmten Voraussetzungen (dazu auch § 6 KStG);

d) Berufsverbände[50] und politische Parteien;

e) Steuersubjekte, die gemeinnützigen[51], mildtätigen oder kirchlichen[52] Zwecken[53] dienen, allerdings nur, soweit sie keinen wirtschaftlichen Geschäftsbetrieb (Ausnahme: sog. Zweckbetrieb[54]) unterhalten[55];

---

47 Dazu *L. Müller,* Die Konzerne im Handels- und Steuerrecht, DStR 75, 3 ff.; *Harms/Küting,* Perspektiven der Konzernbesteuerung, BB 82, 445; *Rupp,* Die Ertragsbesteuerung nationaler Konzerne, Frankfurt a. M./Bern/New York 1983, 212 ff., will, ausgehend von der Regelung über die Organschaft, die Ergebnisse der Gliedgesellschaften des Konzerns zusammenrechnen und diesen letztlich wie ein Einheitsunternehmen behandeln.

48 Dazu *Salditt,* StuW 71, 191 ff.; *Kluge,* DStR 76, 365; *Wurster,* FR 80, 588; *ders.,* RIW/AWD 81, 679; *Lehner,* RIW 88, 201; BFH BStBl. 88, 588 m. Anm. *Maas,* StRK-Anm. KStG 1977 § 2 Nr. 1 R. 1; zur Körperschaft ausländischen Rechts mit Geschäftsleitung im Inland s. FG Düsseldorf EFG 87, 202.

49 Dazu BFH BStBl. 80, 225.

50 Dazu *Schlieder,* Die steuerrechtliche Behandlung der Berufs- und Wirtschaftsverbände, Diss. Köln 1960; *Blecker,* Die Besteuerung der Berufsverbände ohne öffentlich-rechtlichen Charakter, Diss. rer. pol. Mannheim 1971.

51 Dazu *Germershausen,* Die Körperschaftsteuer, ihre Bedeutung und Handhabung auf sportlichem Sektor unter dem Gesichtspunkt der Gemeinnützigkeit, Diss. Kiel 1954; *Stoll,* Die Gemeinnützigkeit von Erwerbs- und Wirtschaftsgenossenschaften im Abgabenrecht, Wien 1976; *Rader,* ABC der Gemeinnützigkeit, Herne/Berlin 1981; *Felix,* BB 82, 667; *Mack,* DStR 84, 187; *Lang,* StuW 87, 221; *ders.,* DStZ 88, 18; *ders.,* StbJb. 1988/89, 251; *Bauer,* FR 89, 61; *Jörg Martens,* Die Besteuerung wirtschaftlicher Aktivitäten im Amateursport, Diss. Kiel 1988, Berlin 1989; BFH BStBl. 79, 482, 488, 491, 492, 495, 496 mit Anm. HFR 79, 376; BStBl. 84, 844; 85, 106; FG Nürnberg EFG 86, 621; s. ferner unten § 20 (Gemeinnützigkeits- und Spendenabzugsrecht).

52 Dazu *Mack,* Die kirchliche Steuerfreiheit in Deutschland, Stuttgart 1916, Nachdruck 1965.

53 Dazu *Brandmüller,* BB 77, 388; *Kießling/Buchna,* Gemeinnützigkeit im Steuerrecht[4], Achim 1990.

54 Dazu BFH BStBl. 86, 831.

55 Dazu *Troll,* B 79, 418; *Rader,* BB 79, 1192; *Herbert,* Der wirtschaftliche Geschäftsbetrieb des gemeinnützigen Vereins, Köln 1988; FG Düsseldorf EFG 82, 203; BFH BStBl. 83, 27; 86, 88; 86, 92 mit Anm. HFR 86, 197; FG Baden-Württemberg EFG 84, 627; FG München EFG 84, 628.

§ 11 Körperschaftsteuer

f) bestimmte Erwerbs- und Wirtschaftsgenossenschaften[56].

Diese Aufzählung ist weder erschöpfend, noch nennt sie alle Voraussetzungen der jeweiligen Befreiungen.

Die *Befreiungen gelten nicht* für die Kapitalertragsteuer (§ 5 II Nr. 1 KStG, § 43 EStG; s. auch § 2 Nr. 2 KStG) und für ausländische Steuersubjekte (§ 5 II Nr. 3; 2 Nr. 1 KStG); außerdem müssen auch befreite Steuersubjekte ihre Gewinnausschüttungen mit Körperschaftsteuer in Höhe von 36 v. H. vorbelasten (§§ 5 II Nr. 2; 27 KStG).

C. Steuerobjekt

I. Einkommen als Steuerobjekt, zu versteuerndes Einkommen als Bemessungsgrundlage

Steuerobjekt ist das Einkommen, Bemessungsgrundlage ist das zu versteuernde Einkommen des Steuersubjekts im Kalenderjahr (§ 7 I–III KStG) vor Verteilung (Ausschüttung) an die Gesellschafter (§ 8 III KStG). Das KStG definiert den Einkommensbegriff nicht, sondern verweist, auch für die Gewinnermittlung, auf die Vorschriften des Einkommensteuergesetzes und auf Spezialvorschriften des Körperschaftsteuergesetzes (§ 8 I KStG).

Wie die Einkommensteuer (s. S. 198 f.) ist auch die Körperschaftsteuer eine periodische Steuer; sie wird nach dem Jahreseinkommen bemessen und veranlagt (§ 7 III–IV KStG).

In der Terminologie der Wirtschaftswissenschaften kann eine Körperschaft kein Einkommen haben, da danach Einkommen erst entsteht, wenn Ertragsteile einem privaten Haushalt zufließen und ihm als Kaufkraft zur privaten Verfügung stehen. Das Unternehmen der Körperschaft wirft danach vielmehr Ertrag ab; die Körperschaftsteuer ist Ertragsteuer. Der Steuergesetzgeber ist an diese Terminologie indessen nicht gebunden.

Was als Einkommen gilt, bestimmt sich hauptsächlich nach dem Einkommensteuergesetz, insb. nach § 2 EStG.

Was nach dem Einkommensteuergesetz *nicht steuerbar* ist, etwa Lotterieeinkünfte oder (negative) Einkünfte aus Liebhaberei, wird auch vom Körperschaftsteuergesetz nicht erfaßt. § 8 II KStG qualifiziert nur Einkünfte i. S. des § 2 I EStG als gewerbliche, nicht aber nicht steuerbare Einkünfte (s. auch BFH BStBl. 70, 470).

II. Befreiungen

Objektiv (sachlich) **befreit** sind:

a) Mitgliedsbeiträge (§ 8 VII KStG)[57];

---

56 Dazu *Kropp,* Die steuerliche Begünstigung der Genossenschaften im Körperschaftsteuergesetz, Diss. rer. pol. Köln 1933; *Helpenstein,* Steuerbegünstigung der Genossenschaften im Körperschaftsteuergesetz und Rechtsprechung, VJSchrStFR Bd. 6 (1933), 85; *Rauhe,* Kapitaldividende und Warenrückvergütung im Körperschaftsteuerrecht. Eine Studie zum Problem der steuerlichen Behandlung von Genossenschaften, Diss. Göttingen 1970; s. auch Fn. 27.

57 Dazu *Schlieder,* Die steuerrechtliche Behandlung der Berufs- und Wirtschaftsverbände, Diss. Köln 1960; *Podlinski,* Die Mitgliederbeiträge im Körperschaftsteuerrecht, Diss. Köln 1960; BFH BStBl. 90, 550.

b) Gewinne aus Anteilen an einem nicht steuerbefreiten Betrieb gewerblicher Art einer juristischen Person des öffentlichen Rechts (§ 8 VI KStG).

Motiv: Vermeidung der Mehrfachbesteuerung der nicht in das Anrechnungsverfahren einbezogenen Ausschüttungen von Betrieben gewerblicher Art von juristischen Personen des öffentlichen Rechts.

III. Ermittlung des Einkommens[58]

1. Allgemeines

Die Ermittlung des Einkommens geschieht nach den Vorschriften des Einkommensteuergesetzes und den §§ 8 ff. KStG (§ 8 I KStG).

Da Kapitalgesellschaften, die hier allein berücksichtigt werden, lediglich Einkünfte aus Gewerbebetrieb haben (§ 8 II KStG) und Sonderausgaben (mangels Privatsphäre; s. allerdings § 9 Nr. 3 KStG) nicht möglich sind, gilt prinzipiell folgendes: Steuerbares Einkommen (§§ 7; 8 I KStG) = Einkünfte aus Gewerbebetrieb (§ 8 II KStG; § 2 I 1 Nr. 2 EStG) = Gewinn (§ 2 II Nr. 1 EStG) = aus der Handelsbilanz abgeleitetes Steuerbilanzergebnis (§ 5 EStG), modifiziert durch die §§ 8 ff. KStG (§ 8 I KStG).

1.1 Ermittlung des Bilanzgewinns

Aufgrund des § 5 I EStG gilt der Grundsatz der Maßgeblichkeit der Handelsbilanz[59] auch für die Gewinnermittlung von Kapitalgesellschaften. Die Grundsätze ordnungsmäßiger Bilanzierung sind neuerdings einheitlich für alle Unternehmensformen gesetzlich fixiert[60] (§§ 238 ff. HGB). Zusätzlich enthält das HGB ergänzende Vorschriften für Kapitalgesellschaften (§§ 264 ff. HGB) und Genossenschaften (§§ 336 ff. HGB). Spezialgesetze regeln rechtsformspezifische Besonderheiten (§§ 150 ff. AktG, §§ 42 f. GmbHG). Für *Kapitalgesellschaften* schreibt § 266 HGB folgende Bilanz vor:

Bilanzgliederung mit Aktiv- und Passivposten

Aktivseite

A. Anlagevermögen:
   I. Immaterielle Vermögensgegenstände:
      1. Konzessionen, gewerbliche Schutzrechte und ähnliche Rechte und Werte sowie Lizenzen an solchen Rechten und Werten;

Passivseite

A. Eigenkapital:
   I. Gezeichnetes Kapital;
   II. Kapitalrücklage;
   III. Gewinnrücklagen;
      1. gesetzliche Rücklage;
      2. Rücklage für eigene Anteile;

---

58 Dazu auch *Lerchl,* Einkommensverwendungen und Einkommensbesteuerung, Diss. rer. pol. München 1968, 129 ff; *Lohaus,* Abziehbare und nicht abziehbare Aufwendungen im Körperschaftsteuerrecht, Diss. Münster 1988.
59 Dazu S. 279 ff.
60 Dazu *Küting/Weber* (Hrsg.), Handbuch der Rechnungslegung[3], Stuttgart 1990; *Glade,* Rechnungslegung und Prüfung nach dem Bilanzrichtlinien-Gesetz, Herne/Berlin 1986; *Budde/Clemm/Pankow/Sarx* (Hrsg.), Beck'scher Bilanz-Kommentar[2], München 1990; *Hofbauer/Kupsch* (Hrsg.), Bonner Handbuch Rechnungslegung, Bonn 1986 (Loseblatt); *Adler/Düring/Schmaltz,* Rechnungslegung und Prüfung der Unternehmen[5], Stuttgart 1988; *Wrenger/Wilting,* Der Jahresabschluß der kleinen GmbH nach neuem Bilanzrecht, Karlsruhe 1988; *Buchner,* Rechnungslegung und Prüfung der Kapitalgesellschaft, Stuttgart 1990.

2. Geschäfts- oder Firmenwert;
3. geleistete Anzahlungen;
II. Sachanlagen:
1. Grundstücke, grundstücksgleiche Rechte und Bauten einschließlich der Bauten auf fremden Grundstücken;
2. technische Anlagen und Maschinen;
3. andere Anlagen, Betriebs- und Geschäftsausstattung;
4. geleistete Anzahlungen und Anlagen im Bau;
III. Finanzanlagen:
1. Anteile an verbundenen Unternehmen;
2. Ausleihungen an verbundene Unternehmen;
3. Beteiligungen;
4. Ausleihungen an Unternehmen, mit denen ein Beteiligungsverhältnis besteht;
5. Wertpapiere des Anlagevermögens;
6. sonstige Ausleihungen.
B. Umlaufvermögen:
I. Vorräte:
1. Roh-, Hilfs- und Betriebsstoffe;
2. unfertige Erzeugnisse, unfertige Leistungen
3. fertige Erzeugnisse und Waren;
4. geleistete Anzahlungen;
II. Forderungen und sonstige Vermögensgegenstände:
1. Forderungen aus Lieferungen und Leistungen;
2. Forderungen gegen verbundene Unternehmen;
3. Forderungen gegen Unternehmen, mit denen ein Beteiligungsverhältnis besteht;
4. sonstige Vermögensgegenstände;
III. Wertpapiere:
1. Anteile an verbundenen Unternehmen;
2. eigene Anteile;
3. sonstige Wertpapiere;
IV. Schecks, Kassenbestand, Bundesbank- und Postgiroguthaben, Guthaben bei Kreditinstituten.
C. Rechnungsabgrenzungsposten.

3. satzungsmäßige Rücklagen;
4. andere Gewinnrücklagen;
IV. Gewinnvortrag/Verlustvortrag;
V. Jahresüberschuß/Jahresfehlbetrag.
B. Rückstellungen:
1. Rückstellungen für Pensionen und ähnliche Verpflichtungen;
2. Steuerrückstellungen;
3. sonstige Rückstellungen.
C. Verbindlichkeiten:
1. Anleihen, davon konvertibel;
2. Verbindlichkeiten gegenüber Kreditinstituten;
3. erhaltene Anzahlungen auf Bestellungen;
4. Verbindlichkeiten aus Lieferungen und Leistungen;
5. Verbindlichkeiten aus der Annahme gezogener und der Ausstellung eigener Wechsel;
6. Verbindlichkeiten gegenüber verbundenen Unternehmen;
7. Verbindlichkeiten gegenüber Unternehmen, mit denen ein Beteiligungsverhältnis besteht;
8. sonstige Verbindlichkeiten, davon aus Steuern, davon im Rahmen der sozialen Sicherheit.
D. Rechnungsabgrenzungsposten.

Einkommensermittlung

Für die GmbH & Co. ist das Gliederungsschema nicht verbindlich. Sie wird nicht der GmbH gleichgestellt, sondern wie andere Personengesellschaften behandelt, für die – ebenso wie für Einzelunternehmen – keine spezielle Bilanzgliederung vorgeschrieben ist.

Kleine Kapitalgesellschaften (§ 267 I HGB) brauchen nur eine verkürzte Bilanz aufzustellen (§ 266 I 3 HGB).

Gegenüber der Bilanz eines Einzelkaufmanns oder einer Personengesellschaft weist die Bilanz der Kapitalgesellschaft Besonderheiten auf. Ein konstitutives Merkmal der Bilanz von Kapitalgesellschaften ist das *feste* Kapital (Nominal- oder Nennkapital), sog. *„Gezeichnetes Kapital"* i.S. des § 272 I HGB; es wird bei der AG als Grundkapital, bei der GmbH als Stammkapital bezeichnet und umfaßt den Nennbetrag der von der Gesellschaft ausgegebenen Aktien (§ 6 AktG) oder den Gesamtbetrag der von den Gesellschaftern zu leistenden Stammeinlagen (§§ 3 I Nrn. 3, 4, 5 GmbHG). Dieses feste Kapital ändert sich nicht durch Gewinne und Verluste, sondern nur aufgrund einer förmlichen Entscheidung über Kapitalerhöhung oder -herabsetzung. Es bildet die grundsätzlich konstante Kapitalsubstanz der Gesellschaft, die durch Ausschüttungen nicht angetastet werden darf.

Das Eigenkapital (Betriebsreinvermögen) einer Kapitalgesellschaft umfaßt neben dem gezeichneten Kapital die Rücklagen, den Gewinnvortrag und den Jahresüberschuß (§ 266 III HGB). *Rücklagen* sind die Kapitalrücklage und die Gewinnrücklagen. Die *Kapitalrücklage* (§ 272 II HGB) enthält alle Einlagen von Gesellschaftern, die nicht gezeichnetes Kapital sind. Die *Gewinnrücklagen* (§ 272 III HGB) sind aus dem Ergebnis gebildet worden. Sie umfassen die gesetzliche Rücklage, gesellschaftsvertragliche oder satzungsmäßige Rücklagen und andere Gewinnrücklagen. Die *gesetzliche Rücklage* wird für Aktiengesellschaften aufgrund besonderer Vorschriften gebildet (§ 150 I, II AktG). Gesetzliche Rücklage und Kapitalrücklage dürfen nur für bestimmte Zwecke verwendet werden (§ 150 III, IV AktG); sie erfüllen aufgrund der strengen Bestimmungen über ihre Bildung und Auflösung praktisch nur die Funktion einer Kapitalreserve zur Abdeckung von Verlusten. Die *gesellschaftsvertraglichen/satzungsmäßigen* und *anderen Gewinnrücklagen* sind für die Gesellschaft disponibel. Sie bilden das Sammelbecken für nicht ausgeschüttete (= thesaurierte) Gewinne (s. § 58 AktG). Der *Gewinnvortrag (Verlustvortrag)* ist das Ergebnis früherer Perioden, über dessen Verwendung noch nicht abschließend entschieden ist. Der *Jahresüberschuß (Jahresfehlbetrag)* ist das Ergebnis der jeweiligen Periode. Er ergibt sich aus der *Gewinn- und Verlustrechnung* als Überschuß der Erträge über die Aufwendungen (oder der Aufwendungen über die Erträge). § 275 HGB stellt für die Gewinn- und Verlustrechnung das Gesamtkostenverfahren oder das Umsatzkostenverfahren zur Wahl.

Für die *Gewinn- und Verlustrechnung* nach dem Gesamtkostenverfahren schreibt § 275 II HGB folgende Gliederung vor:

1. Umsatzerlöse
2. Erhöhung oder Verminderung des Bestands an fertigen und unfertigen Erzeugnissen
3. andere aktivierte Eigenleistungen
4. sonstige betriebliche Erträge
5. Materialaufwand:
   a) Aufwendungen für Roh-, Hilfs- und Betriebsstoffe und für bezogene Waren
   b) Aufwendungen für bezogene Leistungen
6. Personalaufwand:
   a) Löhne und Gehälter
   b) soziale Abgaben und Aufwendungen für Altersversorgung und für Unterstützung, davon für Altersversorgung

7. Abschreibungen:
   a) auf immaterielle Vermögensgegenstände des Anlagevermögens und Sachanlagen sowie auf aktivierte Aufwendungen für die Ingangsetzung und Erweiterung des Geschäftsbetriebs
   b) auf Vermögensgegenstände des Umlaufvermögens, soweit diese die in der Kapitalgesellschaft üblichen Abschreibungen überschreiten
8. sonstige betriebliche Aufwendungen
9. Erträge aus Beteiligungen, davon aus verbundenen Unternehmen
10. Erträge aus anderen Wertpapieren und Ausleihungen des Finanzanlagevermögens, davon aus verbundenen Unternehmen
11. sonstige Zinsen und ähnliche Erträge, davon aus verbundenen Unternehmen
12. Abschreibungen auf Finanzanlagen und auf Wertpapiere des Umlaufvermögens
13. Zinsen und ähnliche Aufwendungen, davon an verbundene Unternehmen
14. Ergebnis der gewöhnlichen Geschäftstätigkeit
15. außerordentliche Erträge
16. außerordentliche Aufwendungen
17. außerordentliches Ergebnis
18. Steuern vom Einkommen und vom Ertrag
19. sonstige Steuern
20. Jahresüberschuß/Jahresfehlbetrag

Aktiengesellschaften weisen in ihren Bilanzen nicht den Jahresüberschuß, sondern den *Bilanzgewinn* aus, der zur Verteilung an die Aktionäre bestimmt ist (§ 58 IV AktG). Er ist aus dem Jahresüberschuß wie folgt abzuleiten (§ 158 I AktG):

   Jahresüberschuß
   + Gewinnvortrag aus dem Vorjahr
   + Entnahmen aus Gewinnrücklagen
   − Einstellungen in Gewinnrücklagen (bei Gewinnthesaurierung)
   Bilanzgewinn

Die GmbH und die KGaA haben ein Wahlrecht, entweder den Jahresüberschuß oder den Bilanzgewinn auszuweisen (§ 268 I HGB).

Bilanzierung und Einkommensermittlung in den neuen Bundesländern:

S. zunächst oben S. 184 ff. und S. 443.

Im Zeitpunkt des Beitritts sind in den neuen Bundesländern auch die Bilanzierungsvorschriften des HGB, AktG und GmbHG in Kraft getreten (Anlage I, Kapitel III, Sachgebiet D, Abschnitt III des Einigungsvertrages). Die steuerlichen Vorschriften über die Gewinnermittlung waren mit Wirkung ab 1. 7. 1990 noch vor dem Beitritt in das Steuerrecht der DDR übernommen worden[61], das bis zum 31. 12. 1990 weiter galt. Der Übergang von der sozialistischen „Rechnungsführung und Statistik" zu einer marktwirtschaftlich orientierten Rechnungslegung erforderte eine Neuordnung des Rechnungswesens der Betriebe, eine Neubewertung ihres Vermögens und eine Neufestsetzung ihres Kapitals. Diesem Ziel dient das Gesetz über die Eröffnungsbilanz in Deutscher Mark und die Kapitalneufestsetzung (D-Markbilanzgesetz – DMBilG)[62].

---

61 *Wachenhausen,* StuW 90, 270 f.
62 Dazu oben S. 185, sowie *Heuser,* GmbHR 90, 434, 495; *v. Wysocki,* B 90, 3054; *Lanfermann/ Gewehr,* WPg 90, 385.

1.2 Spezielle körperschaftsteuerrechtliche Vorschriften zur Einkommensermittlung

Ausgangsgröße für die Einkommensermittlung nach § 8 I KStG ist der Jahresüberschuß. Bei seiner Ermittlung sind indessen die nach § 10 KStG nichtabziehbaren Ausgaben (dazu S. 429) als Aufwendungen berücksichtigt worden. So werden z. B. nichtabziehbare Steuern, wenn sie bereits durch Bescheid festgesetzt sind, als Verbindlichkeiten, wenn sie noch nicht festgesetzt, aber schon entstanden sind, als Rückstellungen ausgewiesen. Zur Ermittlung des Einkommens sind deshalb die nichtabziehbaren Ausgaben außerhalb der Bilanz dem Jahresüberschuß wieder hinzuzurechnen.

Ebenso wie im Einkommensteuerrecht (s. S. 243 ff.) ist auch für die körperschaftsteuerliche Einkommensermittlung die betriebliche von der außerbetrieblichen Sphäre abzugrenzen (§ 4 IV EStG; § 8 I KStG). Im Gegensatz zur natürlichen Person ist die betriebsfremde Sphäre der Körperschaft zweigeteilt: Aufwendungen können mit Rücksicht auf das Gesellschaftsverhältnis gewährt werden; dann handelt es sich um die *Verteilung von Einkünften*[63] (s. § 8 III 1 KStG). Derartige Aufwendungen mindern das Einkommen nicht (§ 8 III 2 KStG) und lösen als *Gewinnausschüttungen* die Rechtsfolgen des Anrechnungsverfahrens aus (§§ 27 ff. KStG, dazu S. 438 ff.). Daneben gibt es betriebsfremde Aufwendungen, die nicht notwendig durch das Gesellschaftsverhältnis veranlaßt sind (z. B. Spenden i.S. § 9 Nr. 3 KStG, Aufwendungen für durch die Verfassung vorgeschriebene Zwecke i. S. § 10 Nr. 1 KStG). Sie mindern ebenfalls das Einkommen nicht[64], bleiben aber vom Anrechnungsverfahren unberührt. Sie sind systematisch mit der einkommensteuerlichen *Einkünfteverwendung* vergleichbar. Insoweit ist dieser Terminus auch im Körperschaftsteuerrecht angebracht[65].

Bei dem Betriebsvermögensvergleich sind Vermögensmehrungen aufgrund von *Kapitalerhöhungen* (z. B. Erhöhung des Grundkapitals durch Ausgabe neuer Aktien) und *Gesellschaftereinlagen*[66], da nicht von der Gesellschaft erwirtschaftet, (wie Einlagen) abzurechnen.

---

63 *Pezzer* (Fn. 17), 50 ff.
64 Abgesehen von Sondervorschriften wie § 9 Nr. 3 KStG, der nicht abziehbare Ausgaben ausnahmsweise in begrenztem Umfang zum Abzug zuläßt.
65 Siehe *Pezzer* (Fn. 17), 50 ff.
66 *Pezzer,* Zur körperschaftsteuerrechtlichen Problematik der verdeckten Einlage im Konzern, StuW 75, 222; *Döllerer,* Verdeckte Gewinnausschüttungen und verdeckte Einlagen bei Kapitalgesellschaften[2], Heidelberg 1990; *Gassner,* JbFSt. 1976/77, 227; *Hußmann,* Verdeckte Einlagen im Körperschaftsteuerrecht und Gesellschaftssteuerrecht, Diss. rer. pol. Nürnberg 1976; *B. Otto,* Die Anwendbarkeit der Begriffe „Einlagen" und „Entnahmen" des Einkommensteuergesetzes bei der Gewinnermittlung von Kapitalgesellschaften, Diss. rer. pol. Berlin 1976; *Groh,* Gesellschafterbeitrag und Gesellschaftsgewinn, in: FS für Flume, Bd. II, Köln 1978, 71; *Gassner,* in: Raupach (Hrsg.), Werte und Wertermittlung im Steuerrecht, DStJG Bd. 7 (1984), 249, 259, 268; *ders.,* Die verdeckte Nutzungseinlage in Kapitalgesellschaften..., in: FS für v. Wallis, Bonn 1985, 309; *Döllerer,* Verdeckte Einlage bei Kapitalgesellschaften..., in: FS für v. Wallis, Bonn 1985, 239; *Brenner,* StbJb. 1984/85, 129; *Wassermeyer,* StbJb. 1985/86, 213; *Groh,* B 88, 514, 571; *Kronenberg,* Zur Abgrenzung zwischen Einlage und Betriebseinnahme im Körperschaftsteuerrecht, Diss. Göttingen 1986; *Selder,* Die Einlage von Nutzungen..., Diss. Augsburg 1986, 136 ff.; *Meyer-Scharenberg,* StuW 87, 11; *Döllerer,* BB 88, 1789 und DStR 89, 331; BFH BStBl. 88, 348 m. Anm. *L. Schmidt,* FR 88, 166; BFH BStBl. 89, 633; *Wassermeyer,* DStR 90, 163; *Wismeth,* FR 90, 275.

Schuldrechtliche Verträge zwischen Kapitalgesellschaften und Gesellschaftern werden körperschaftsteuerrechtlich prinzipiell anerkannt (sog. *Trennungsprinzip*). Es muß aber stets geprüft werden, ob ein Zufluß oder ein Abfluß seine Veranlassung statt im behaupteten Schuldverhältnis nicht in Wahrheit im Gesellschaftsverhältnis hat. So kann statt einer auf einer schuldrechtlichen Vereinbarung beruhenden Betriebseinnahme eine im Gesellschaftsverhältnis wurzelnde *verdeckte Einlage*[66] anzunehmen sein, und es kann umgekehrt statt einer auf einer schuldrechtlichen Vereinbarung beruhenden Betriebsausgabe eine im Gesellschaftsverhältnis wurzelnde *verdeckte Gewinnausschüttung* = Einkommensverteilung (s. unten 2.) anzunehmen sein.

Der BFH macht die Zulässigkeit von *Pensionsrückstellungen* für beherrschende Gesellschafter-Geschäftsführer von Kapitalgesellschaften nicht nur von einer rechtswirksamen Pensionsvereinbarung, sondern auch davon abhängig, daß ein hohes Maß von Wahrscheinlichkeit für die Inanspruchnahme der Gesellschaft spricht. Die Ernsthaftigkeit der Pensionierung wird bei einem beherrschenden Gesellschafter-Geschäftsführer neuerdings mit dem Erreichen des 65. Lebensjahres bejaht (BFH BStBl. 82, 615 f.; dazu *Stuhrmann*, BB 83, 48).

Der Verlustrücktrag nach § 10 d EStG ist bei Kapitalgesellschaften nur vorzunehmen, soweit im Abzugsjahr das Einkommen den ausgeschütteten Gewinn übersteigt, der sich vor Abzug der Körperschaftsteuer ergibt (s. § 8 V KStG)[67]. Diese Vorschrift soll verhindern, daß die entlastende Wirkung des Verlustrücktrags durch die Ausschüttungsbelastung (§ 27 KStG) kompensiert wird und so verlorengeht. Der Verlustrücktrag erfaßt deshalb nur den nicht ausgeschütteten Teil des Einkommens.

Außerdem ist Voraussetzung für den Verlustabzug bei einer Körperschaft, daß sie nicht nur rechtlich, sondern auch wirtschaftlich mit der Körperschaft identisch ist, die den Verlust erlitten hat. Wirtschaftliche Identität liegt insb. dann nicht vor, wenn mehr als drei Viertel der Anteile an einer Kapitalgesellschaft übertragen werden und die Gesellschaft ihren Geschäftsbetrieb mit überwiegend neuem Betriebsvermögen wieder aufnimmt (§ 8 IV KStG). Diese Regelung soll verhindern, daß die Anteile an verlustbehafteten Kapitalgesellschaften zu dem Zweck übertragen werden, die Verluste mit Gewinnen eines anderen Unternehmens zu verrechnen (sog. Mantelkauf)[68].

Körperschaften, die nicht in das Anrechnungsverfahren einbezogen sind, Erwerbs- und Wirtschaftsgenossenschaften sowie land- und forstwirtschaftliche Vereine erhalten einen *Freibetrag* (§§ 24, 25 KStG)[69].

2. Verdeckte Gewinnausschüttungen

Literatur: *Ballerstedt*, Kapital, Gewinn und Ausschüttung bei Kapitalgesellschaften, Tübingen 1949, 19, 112; *Fröhlich*, Die verdeckte Gewinnausschüttung, München 1968; *Rauch*, Verdeckte Gewinnausschüttungen, Kritische Betrachtung ausgewählter Hauptprobleme, Diss. Mainz 1969; *Wolff-Diepenbrock*, Verdeckte Gewinnausschüttungen im französischen Steuerrecht, Diss. Köln 1971; *Salditt*, StuW 71, 107, 115 ff.; *Röhrkasten*, Die verdeckte Gewinnausschüttung im Gesellschafts- und Steuerrecht, Diss. Hamburg 1976; *Meßmer*, Die Fiktion im Steuerrecht – Bräuche und Mißbräuche –, StbJb. 1977/78, 117; *Pott*, Die Führung von Verlustunter-

---

67 Dazu *Herzig*, GmbHR 78, 133; a. A. *Krebs*, B 79, 1523; s. auch *Courage/Hutmacher*, BB 81, 902; *Pinggéra*, BB 81, 1205; *Herzig*, StbJb. 1982/83, 141, 143; *Dötsch*, B 86, 63; *Reiß*, B 87, 451; *Streck/Schwedhelm*, FR 89, 153; de lege ferenda: *Dötsch*, B 88, 2429; *Herzig/Braun*, GmbHR 88, 486.
68 Dazu *Tipke*, StuW 88, 276; *Döllerer*, StuW 88, 206; *Streck/Schwedhelm*, FR 89, 154; *Herzig*, StbKongrRep. 1989, 76; *Thiel*, GmbHR 90, 223.
69 Dazu BFH BStBl. 85, 634; 90, 470.

nehmen als verdeckte Gewinnausschüttung, StuW 79, 321; *Kupsch,* Zur Problematik der verdeckten Gewinnausschüttung bei öffentlichen Unternehmen, in: Friedrich/Kupsch (Hrsg.), Die Besteuerung öffentlicher Unternehmen, Baden-Baden 1981, 363; *Weindl,* Probleme der verdeckten Gewinnausschüttung im neuen Körperschaftsteuergesetz, Diss. Regensburg 1981; *Danzer,* Die Steuerumgehung, Köln 1981, 131 ff.; *Knobbe-Keuk,* Betriebe gewerblicher Art von juristischen Personen des öffentlichen Rechts und der Tatbestand der verdeckten Gewinnausschüttung, StuW 83, 227; *J. Lang,* Besteuerung verdeckter Gewinnausschüttungen bei verbundenen Unternehmen, JbFSt. 1984/85, 515; *ders.,* FR 84, 629; *Gassner,* in: Raupach (Hrsg.), Werte und Wertermittlung im Steuerrecht, DStJG Bd. 7 (1984), 245, 247, 264; *Woerner,* Verdeckte Gewinnausschüttung an beherrschende Gesellschafter einer Kapitalgesellschaft..., in: FS für v. Wallis, Bonn 1985, 327; *Pezzer,* Die rechtssystematischen Grundlagen der verdeckten Gewinnausschüttung nach der Körperschaftsteuerreform, Diss. Köln 1986, zugl. erschienen unter dem Titel: Die verdeckte Gewinnausschüttung im Körperschaftsteuerrecht, Köln 1986; *ders.,* StuW 90, 259, 264; *ders.,* AG 90, 365; *Wassermeyer,* GmbHR 86, 26; *ders.,* B 87, 1113; *ders.,* DStR 87, 484; *ders.,* GmbHR 89, 298; *ders.,* FR 89, 218; *ders.,* Aktuelle Rechtsprechung zum Körperschaftsteuerrecht, StbJb. 1988/89, 231; *ders.,* DStR 90, 158; *ders.,* FR 90, 1; *Meyer-Scharenberg,* StuW 87, 15; *J. Lange,* Verdeckte Gewinnausschüttungen[5], Herne/Berlin 1987; *Spitaler/U. Niemann,* Die Angemessenheit der Bezüge geschäftsführender Gesellschafter einer GmbH[5], Köln 1988; *Hellwig,* Verdeckte Gewinnausschüttung und verdeckte Entnahme..., in: FS für Döllerer, Düsseldorf 1988, 205; *Knobbe-Keuk,* Bilanz- und Unternehmenssteuerrecht[7], Köln 1989, 521 ff.; *Döllerer,* Verdeckte Gewinnausschüttungen und verdeckte Einlagen bei Kapitalgesellschaften[2], Heidelberg 1990; *Maas,* StVj 90, 42; *Scholtz,* FR 90, 321; *ders.,* FR 90, 350; *ders.,* FR 90, 386.

2.1 Rechtfertigung der Erfassung verdeckter Gewinnausschüttungen durch die Körperschaftsteuer

Wie ausgeführt, sind schuldrechtliche (nicht-gesellschaftsrechtliche) Beziehungen zwischen Kapitalgesellschaft und Gesellschaftern prinzipiell anzuerkennen. Gerade in diesem Verhältnis ist aber sorgfältig zu prüfen, ob die schuldrechtliche Vereinbarung nicht bloß eine gesellschaftsrechtliche Beziehung verdeckt. Das ist zwar nicht mehr erforderlich, um eine Doppelbelastung Körperschaftsteuer/Einkommensteuer zu sichern (auch die auf die *verdeckte* Gewinnausschüttung erhobene Körperschaftsteuer wird auf die Einkommensteuer angerechnet). Aber die Besteuerung der verdeckten Gewinnausschüttung verfolgt nun einen anderen Zweck: Die Ausschüttungsbelastung in Höhe von 36 v. H. soll als Quellensteuer die Besteuerung des an den *Anteilseigner* fließenden Kapitalertrages sicherstellen. Dieser Zweck gilt gleichermaßen für offene wie für verdeckte Ausschüttungen und erfordert es, verdeckte Gewinnausschüttungen ebenfalls der Ausschüttungsbelastung zu unterwerfen, sie also voll in das Anrechnungsverfahren einzubeziehen.

Dadurch wird z. B. verhindert, daß Gewinne an beschränkt steuerpflichtige oder steuerbefreite Anteilseigner ohne jede Steuerbelastung ausgeschüttet werden können.

Dagegen verfolgt die Erfassung der verdeckten Gewinnausschüttung bei der *Gesellschaft* keinen eigenständigen körperschaftsteuerlichen Zweck mehr. Lediglich für die Gewerbesteuer bleibt der Zweck, die Doppelbelastung zu sichern, bestehen.

Deshalb kann die Rechtsprechung zur verdeckten Gewinnausschüttung aus der Zeit vor der Körperschaftsteuerreform nur mit Vorsicht auf das neue Recht übertragen werden. Alle Fragestellungen müssen mit Rücksicht auf den geänderten *Zweck des § 8 III 2 KStG* neu durchdacht werden[70].

---

70 So andeutungsweise auch *Herzig,* FR 77, 414; wie hier auch *Friauf,* StbJb. 1979/80, 551 f.; *Pezzer* (17), 102; a. A. *Wassermeyer,* FR 80, 276 (Buchbesprechung); *Döllerer,* JbFSt. 1978/79, 366 und BB 79, 57.

Wird eine verdeckte Gewinnausschüttung nachträglich festgestellt, ist sie aber beim Empfänger bereits unter einer anderen Einkunftsart besteuert worden (z. B. das überhöhte Geschäftsführergehalt unter den Einkünften aus nichtselbständiger Arbeit oder die überhöhte Pachtzahlung unter den Einkünften aus Vermietung und Verpachtung), so ist der Zweck des Anrechnungsverfahrens erreicht. Der Anwendungsbereich des § 8 III 2 KStG und der §§ 27 ff. KStG ist deshalb durch teleologische Reduktion so einzuschränken, daß in derartigen Fällen auf die verdeckte Gewinnausschüttung nachträglich keine Körperschaftsteuer mehr erhoben wird[71].

2.2 Voraussetzungen der verdeckten Gewinnausschüttung

Die ältere *Rechtsprechung* hatte folgende Definition aufgestellt: Eine verdeckte Gewinnausschüttung liegt vor, wenn die Gesellschaft ihrem Gesellschafter außerhalb der gesellschaftsrechtlichen Gewinnverteilung einen Vermögensvorteil zuwendet, den sie bei Anwendung der Sorgfalt eines ordentlichen und gewissenhaften Geschäftsleiters[72] einem fremden Dritten, der nicht Gesellschafter ist, unter sonst gleichen Umständen nicht zuwenden würde[73].

Unabhängig von der allgemeinen Definition nahm die ältere Rechtsprechung aber auch dann eine verdeckte Gewinnausschüttung an, wenn eine Kapitalgesellschaft Leistungen an einen *beherrschenden Gesellschafter* erbringt, die nicht auf einer *im voraus getroffenen klaren und eindeutigen* (nicht notwendig schriftlichen) *Vereinbarung* beruhen[74] (sog. Nachzahlungsverbot).

Mit Rücksicht auf die durch die Körperschaftsteuerreform 1977 geänderte gesetzliche Ausgangslage hat der BFH nunmehr die Definition der verdeckten Gewinnausschüttung variiert. Danach ist zwischen verdeckten Gewinnausschüttungen i. S. § 8 III 2 KStG und anderen Ausschüttungen i. S. § 27 III 2 KStG zu unterscheiden[75]. Eine verdeckte Gewinnausschüttung i. S. § 8 III 2 KStG ist bei einer Kapitalgesellschaft eine *Vermögensminderung (verhinderte Vermögensmehrung), die durch das Gesellschaftsverhältnis veranlaßt ist,* sich auf die Höhe des Einkommens auswirkt und in keinem Zusammenhang mit einer offenen Ausschüttung steht[76]. Bei einem beherrschenden Gesellschafter ist eine Veranlassung durch das Gesellschaftsverhältnis auch dann anzunehmen, wenn es an einer klaren und von vornherein abgeschlossenen Vereinbarung darüber fehlt, ob und in welcher Höhe ein Entgelt von der Kapitalgesellschaft gezahlt werden soll[77].

---

71 Dazu im einzelnen *Pezzer* (Fn. 17), 12 ff. und AG 90, 367; ebenso FG Düsseldorf EFG 86, 578; a. A. BFH BStBl. 87, 508; *Wassermeyer*, B 87, 1117 f. und DStR 87, 488; *Döllerer*, GmbHR 87, 26, 134; *Knobbe-Keuk*, Bilanz- und Unternehmenssteuerrecht[7], Köln 1989, 457 Fn. 25.
72 Dazu *Wassermeyer*, GmbHR 86, 29; *Woerner*, in: FS für v. Wallis, Bonn 1985, 327; *Becker*, StbJb. 1985/86, 381; *Pezzer* (Fn. 17), 41.
73 BFH BStBl. 67, 626 (früher st. Rspr.); dazu *Pezzer* (Fn. 17), 39 ff.
74 BFH BStBl. 76, 734; 77, 173; 78, 660; 79, 687 f.; dazu *Woerner* (Fn. 72); *Pezzer* (Fn. 17), 45; zur Kritik an der neueren Rechtsprechung s. *Barth*, BB 77, 636 und B 77, 2157, 2199, 2252, 2300, 2348; *Brezing*, FR 77, 463; *Bügler*, Die Behandlung der Familiengesellschaft im Steuerrecht, Diss. rer. pol. Mannheim 1979, 253 ff.
75 BFH BStBl. 89, 633; 89, 857.
76 BFH BStBl. 89, 632; 89, 855.
77 BFH BStBl. 84, 673; 89, 632.

Diese Formulierungen des BFH bedeuten in mehrfacher Hinsicht einen rechtssystematischen Fortschritt[78]: Zum einen ist der entscheidende systematische Ansatzpunkt der Besteuerung verdeckter Gewinnausschüttungen für die Begriffsbestimmung nutzbar gemacht worden: Es geht um die Veranlassung durch das Gesellschaftsverhältnis (Gegensatz: Veranlassung durch den Betrieb, § 4 IV EStG i. V. mit § 8 I KStG). Notwendige Folgerung daraus ist, daß das Merkmal der „Sorgfalt eines ordentlichen und gewissenhaften Geschäftsleiters", welches bisher dominierend war, an Gewicht verliert. Es hat danach nur noch die Funktion einer Denkhilfe zur Würdigung der einzelnen Indizien, nicht mehr die Funktion eines materiellen Tatbestandsmerkmals[79].

Als weitere Neuerung fällt auf, daß der BFH nun auch Leistungen an einen beherrschenden Gesellschafter, die nicht auf klaren und im voraus getroffenen Vereinbarungen beruhen und deshalb als verdeckte Gewinnausschüttungen qualifiziert werden, mit Hilfe des Merkmals „Veranlassung durch das Gesellschaftsverhältnis" charakterisiert. Damit sind alle Formen der verdeckten Gewinnausschüttung unter einem einheitlichen rechtssystematischen Ausgangspunkt zusammengefaßt[80].

Systematisch lassen sich die Voraussetzungen der verdeckten Gewinnausschüttung folgendermaßen bestimmen: Gemäß § 8 I KStG i. V. mit § 2 I EStG ergeben die Einkünfte, die die Körperschaft *erzielt,* das Einkommen. § 8 III 1 KStG stellt den Grundsatz auf, daß die *Verteilung von Einkommen* (genauer: von *Einkünften*) an die Anteilseigner das Einkommen der Körperschaft nicht mindert.

Die Körperschaft kann ihre Einkünfte *offen* nach gesellschaftsrechtlichen Vorschriften oder in *verdeckter* Form verteilen. Die verdeckte Einkünfteverteilung (= verdeckte Gewinnausschüttung, s. § 8 III 2 KStG) führt dazu, daß die Körperschaft einen *zu niedrigen Jahresüberschuß* ausweist, weil sie eine Zuwendung an den Anteilseigner (z. B. das überhöhte Gehalt) als Betriebsausgabe behandelt oder weil sie zugunsten des Anteilseigners auf Betriebseinnahmen verzichtet hat (z. B. durch Gewährung eines zinslosen Darlehens, Verkauf von Wirtschaftsgütern zu marktunüblich niedrigen Preisen etc.).

Derartige Vorgänge, die sich bei der Körperschaft ergebnismindernd auswirken, sind entweder der *betrieblichen Sphäre der Körperschaft (Sphäre der Einkünfteerzielung)* oder der *Sphäre der Einkünfteverteilung* an die Anteilseigner zuzuordnen. Die Grenzlinie entspricht prinzipiell derjenigen zwischen Betriebs- und Privatausgaben im Einkommensteuerrecht[81] (s. dazu S. 252ff.). Ebenso wie Aufwendungen einer natürlichen Person durch *Handlungen* (oder Unterlassungen) verursacht werden, die beruflich oder privat *motiviert* sind, beruflichen oder privaten *Zwecken* dienen (s. S. 244f.), werden Vorgänge, die den Jahresüberschuß der Körperschaft mindern, durch *Handlungen* (oder Unterlassungen) *der Körperschaftsorgane* verursacht, die *betrieblich oder nicht betrieblich motiviert sind (betrieblichen oder betriebsfremden Zwecken dienen).* Während die nicht betrieblichen Motive (Zwecke) im Einkommensteuerrecht nur allgemein als „privat" bezeichnet werden können, lassen sich im Körperschaftsteuerrecht die be-

---

78 A. A. *Scholtz,* FR 90, 321, 350, 386; *Döllerer,* Verdeckte Gewinnausschüttungen und verdeckte Einlagen bei Kapitalgesellschaften[2], Heidelberg 1990, 30: Die neue Begriffsbestimmung bringe sachlich nichts Neues.
79 Vgl. *Wassermeyer,* FR 89, 219f.
80 Zu den Konsequenzen *Pezzer,* StuW 90, 265.
81 *Wassermeyer,* GmbHR 86, 27; *ders.,* FR 89, 219; *Pezzer* (Fn. 17), 65.

triebsfremden Zwecke zum Teil konkret benennen: Abgesehen von den Fällen der Einkünfteverwendung (z. B. §§ 9 Nr. 3, 10 Nr. 1 KStG) geht es stets darum, dem Anteilseigner einen wirtschaftlichen Vorteil als Gegenleistung für die Kapitalüberlassung, als Kapitalertrag, zuzuwenden.

Jedoch bedeutet nicht jede Gewährung eines wirtschaftlichen Vorteils an den Anteilseigner eine Einkünfteverteilung; denn auch diese Gewährung kann betrieblich motiviert sein, einem betrieblichen Zweck dienen.

Beispiele:

a) Die Körperschaft kauft vom Lieferanten Waren zu Preisen, die höher als marktüblich sind, weil der Lieferant seit langem pünktlich und zuverlässig qualitativ einwandfreie Ware liefert; diese Lieferbeziehung soll gepflegt werden, u. a. damit der Lieferant nicht Konkurrenten der Körperschaft beliefert.

b) Die Körperschaft beliefert einen Abnehmer zu marktunüblich niedrigen Preisen, weil der Kunde ständig große Mengen abnimmt.

c) Die Körperschaft erläßt einem Schuldner, der sich in wirtschaftlichen Schwierigkeiten befindet, einen Teil einer Forderung, um den Ruin des Schuldners zu verhindern und so den Rest der Forderung zu retten.

Ist in diesen Fällen der Lieferant, der Kunde oder der Schuldner ein Anteilseigner, so erhält er zwar einen wirtschaftlichen Vorteil; gleichwohl liegt keine verdeckte Gewinnausschüttung vor, da die Zuwendung betrieblich motiviert ist.

Danach ergibt sich folgende *Definition der verdeckten Gewinnausschüttung: Verdeckte Gewinnausschüttungen liegen vor, wenn Handlungen (oder Unterlassungen) der Körperschaftsorgane, die den Jahresüberschuß der Körperschaft mindern, dazu bestimmt sind, dem Anteilseigner einen wirtschaftlichen Vorteil zu verschaffen, ohne daß diese Zuwendung betrieblich motiviert ist (betrieblichen Zwecken dient).*

Welches Motiv einer Handlung im Einzelfall zugrunde liegt, ist keine Rechtsfrage, sondern eine Frage der *Tatsachenfeststellung, eine Beweisfrage*[82]. Bei der Tatsachenfeststellung muß – wenn die Anhörung des Handelnden keine Klarheit ergibt – aufgrund objektiver Umstände auf die subjektiven Voraussetzungen der verdeckten Gewinnausschüttung (Motivation, Zweck) geschlossen werden (Indizienbeweis, s. S. 694).

In diesem Zusammenhang sind auch die unterschiedlichen Entscheidungskriterien der Rechtsprechung von Bedeutung; sie können Indizien oder Anknüpfungspunkte für Erfahrungssätze sein[83].

Eine verdeckte Gewinnausschüttung kann auch in der Verschaffung eines *mittelbaren* wirtschaftlichen Vorteils bestehen, sei es, daß die Gesellschaft den Vorteil einer Person gewährt, die dem Gesellschafter „nahesteht"[84] (z. B. einem Verwandten oder einer vom Gesellschafter beherrschten anderen Gesellschaft), sei es, daß die Gesellschaft eine Aufgabe wahrnimmt, zu deren Erfüllung der Gesellschafter rechtlich verpflichtet gewesen wäre oder der er sich hätte nicht entziehen können.

---

82 Dazu insb. *Birkenfeld,* Beweis und Beweiswürdigung im Steuerrecht, Diss. Köln 1973; *Rönitz,* in: Söhn (Hrsg.), Die Abgrenzung der Betriebs- oder Berufssphäre von der Privatsphäre im Einkommensteuerrecht, DStJG Bd. 3 (1980), 297 ff.; *Weber-Grellet,* StuW 81, 48; s. ferner S. 690f.; speziell für verdeckte Gewinnausschüttungen s. *Pezzer* (Fn. 17), 81 ff.; *Wassermeyer,* FR 89, 223; *Eppler,* DStR 88, 339; a. A. *Döllerer* (Fn. 78), 96 f.
83 Vgl. *Wassermeyer,* GmbHR 86, 29.
84 Dazu *Hahnhäuser,* Verdeckte Gewinnausschüttung an Nichtgesellschafter, Diss. Köln 1964, Düsseldorf 1965; *Lange,* Verdeckte Gewinnausschüttungen[5], Herne/Berlin 1987, 48; *Wassermeyer,* FR 89, 221.

Verdeckte Gewinnausschüttung

Es ist unerheblich, in welche Form die Zuwendung gekleidet ist. Jede beliebige Gestaltung kommt in Betracht. In der Praxis überwiegen Austauschverträge, bei denen der Wert der Leistung der Gesellschaft den Wert der Gegenleistung des Gesellschafters übersteigt. Exemplarisch und illustrativ sind die in Abschn. 31 III KStR aufgeführten Beispiele für verdeckte Gewinnausschüttungen:

Ein Gesellschafter führt Vorstandsgeschäfte und erhält dafür ein unangemessen hohes Gehalt.

Eine Gesellschaft zahlt an einen Gesellschafter besondere Umsatzvergütungen[85] neben einem angemessenen Gehalt.

Ein Gesellschafter erhält ein Darlehen von der Gesellschaft zinslos oder zu einem außergewöhnlich geringen Zinsfuß.

Ein Gesellschafter erhält von der Gesellschaft ein Darlehen, obwohl schon bei der Darlehnshingabe mit der Uneinbringlichkeit gerechnet werden muß (dazu BFH BStBl. 90, 795).

Ein Gesellschafter gibt der Gesellschaft ein Darlehen zu einem außergewöhnlich hohen Zinsfuß.

Ein Gesellschafter liefert an die Gesellschaft Waren oder erwirbt von der Gesellschaft Waren oder sonstige Wirtschaftsgüter zu ungewöhnlichen Preisen oder erhält besondere Preisnachlässe und Rabatte.

Ein Gesellschafter verkauft Aktien an die Gesellschaft zu einem höheren Preis als dem Kurswert, oder die Gesellschaft verkauft Aktien an einen Gesellschafter zu einem niedrigeren Preis als dem Kurswert.

Eine Gesellschaft übernimmt zum Vorteil eines Gesellschafters eine Schuld oder sonstige Verpflichtung, z. B. eine Bürgschaft.

Eine Gesellschaft verzichtet auf Rechte, die ihr einem Gesellschafter gegenüber zustehen.

Ein Dritter, der nicht nur für die Gesellschaft, sondern auch für einen Gesellschafter persönlich tätig ist, erhält eine Gesamtvergütung, die die Gesellschaft als Kosten verbucht.

Es kommt in Sonderfällen auch in Betracht, daß Verträge zwischen Gesellschaft und Gesellschaftern Scheingeschäfte (§ 41 II AO) sind oder wegen Steuerumgehung (§ 42 AO) nicht anerkannt werden können – mit der Folge, daß durch die Gesellschaft auf den Gesellschafter „durchgegriffen" wird[86].

Die normale verdeckte Gewinnausschüttung ist jedoch kein Unterfall des § 42 AO. § 42 AO setzt voraus, daß eine *Rechts*gestaltung gewählt wird, die gegenüber den wirtschaftlichen Vorgängen oder Zuständen (wirtschaftlicher Hintergrund) unangemessen ist. Die verdeckte Gewinnausschüttung (als Rechtsgestaltung) ist aber dem wirtschaftlichen Hintergrund gegenüber angemessen. Das wirtschaftliche Ziel selbst freilich mag ökonomisch nicht sinnvoll sein; ein solcher Mangel ist indessen für § 42 AO nicht relevant.

Zur geplanten gesetzlichen Regelung der verdeckten Gewinnausschüttung bei Überlassung von Fremdkapital durch den Anteilseigner s. S. 448f.

2.3 Rechtsfolgen der verdeckten Gewinnausschüttung

Die Rechtsfolgen der verdeckten Gewinnausschüttung sind zweischichtig:

a) Verdeckte Gewinnausschüttungen mindern das Einkommen nicht (§ 8 III 2 KStG). Weist die Gesellschaft infolge einer verdeckten Gewinnausschüttung einen zu niedrigen Jahresüberschuß aus, so muß die verdeckte Gewinnausschüttung diesem wieder hinzugerechnet werden. Die daraus resultierende Einkom-

---

[85] Dazu BFH BStBl. 78, 234, mit abl. Anm. von *Ranft,* StRK-Anm. KStG 1934–1975 § 6 Abs. 1 S. 2 R. 234; FG Hamburg EFG 84, 517.
[86] Dazu *Raupach,* Der Durchgriff im Steuerrecht, München 1968.

menserhöhung löst Körperschaftsteuer in Höhe der Tarifbelastung von 50 v. H. aus.

b) Verdeckte Gewinnausschüttungen sind Ausschüttungen i. S. der Vorschriften des Anrechnungsverfahrens (§§ 27 I, III 2; 28 II 2 KStG). Für sie ist daher die Ausschüttungsbelastung herzustellen. Die damit verbundenen Probleme sind im Zusammenhang mit dem Anrechnungsverfahren (unten S. 446f.) dargestellt.

3. Besondere Vorschriften über den Abzug von Ausgaben

Abziehbar sind insb. auch:

– zum Teil abweichend vom Einkommensteuergesetz –

a) *Gewinnanteile* und Geschäftsführervergütungen *für* persönlich haftende *Gesellschafter einer KG auf Aktien* (§ 9 Nr. 2 KStG). Sie sind Einkünfte aus Gewerbebetrieb der Gesellschafter (§ 15 I 1 Nr. 3 EStG);

b) *Ausgaben zur Förderung* mildtätiger, kirchlicher, religiöser, wissenschaftlicher oder anerkannter *gemeinnütziger Zwecke* sowie *Spenden an politische Parteien*[87] *und Wahlvereine,* jeweils in bestimmter Höhe; jedoch darf es sich nicht um verdeckte Gewinnausschüttungen handeln[88] (§ 9 Nr. 3 KStG; s. auch § 10b EStG).

c) *Rückvergütungen* der Erwerbs- und Wirtschaftsgenossenschaften an ihre Mitglieder, soweit im Mitgliedergeschäft erwirtschaftet (§ 22 KStG).

zu b):

Der Entwurf des Körperschaftsteuerreformgesetzes behandelte in § 9 II Spenden als Betriebsausgaben oder Werbungskosten[89]. Diese Fassung ist jedoch nicht Gesetz geworden; sie wäre auch systematisch verfehlt gewesen. Spenden sind grundsätzlich der außerbetrieblichen Sphäre zuzuordnen[90]. Sie sind nur dann Betriebsausgaben (oder Werbungskosten), wenn sie betrieblich (oder beruflich) veranlaßt sind, also z.B. Werbezwecken dienen[91]. Auch wirtschaftspolitische, berufsständische oder berufsfördernde wissenschaftliche Zielsetzungen können eine betriebliche Veranlassung darstellen[92]. Die Förderung allgemeiner politischer Ziele, etwa der Erhaltung und Förderung der allgemeinen politischen und wirtschaftlichen Rahmenbedingungen, reicht dagegen für eine betriebliche Veranlassung nicht aus[93]. Auch gibt es bei Unternehmensspenden keine Vermutung für eine betriebliche Veranlassung[94]. BFH BStBl. 82, 178 hat die Vorschrift des § 11 Nr. 5 KStG a. F. (= § 9 Nr. 3 KStG 1977) „wie" eine Gewinnermittlungsvorschrift angesehen und dementsprechend entschieden, daß Spenden den Gewinn mindern und einen vortragsfähigen Verlust erhöhen. Daraus schließen *Kohlmann/Felix*[95], daß Spenden von Körperschaften stets „geborene körperschaftsteuerspezifische Betriebsausgaben" darstellen, daß sie nicht dem außerbetrieblichen Bereich, sondern dem betrieblichen Bereich zugeordnet sind. Dem ist nicht zu folgen. Aufwendungen, die betrieblich veranlaßt sind, mindern den Gewinn. Daraus zu schließen, daß alle Aufwendungen, die kraft gesetzlicher Vorschrift

---

87 Dazu BVerfG BStBl. 86, 684.
88 Dazu BFH BStBl. 79, 192; 83, 150; 90, 237.
89 BT-Drucks. 7/1470, 173 sowie die Begründung a.a.O., 344.
90 *J. Lang,* StuW 84, 29 m.w.N.; *Pezzer* (Fn. 17), 52.
91 *Nestle,* BB 71, 951; *Felix/Streck,* Körperschaftsteuergesetz[2], München 1984, § 9 Anm. 11; *Winter,* StRK-Anm. KStG a.F. § 11 Ziff. 5 R. 13; *Koch,* Inst.FuSt, Brief 223, Bonn 1983, 7; vgl. auch *J. Lang,* JbFSt. 1983/84, 211, 222.
92 Vgl. BFH BStBl. 82, 466f.; BFH DStZ 85, 49; *v. Wallis,* DStZ 83, 136; *Kohlmann/Felix,* B 83, 1060 m.w.N.; *Reuter,* DStR 83, 636f.; *Frick,* BB 83, 1337f.; a.A. *Gérard,* FR 84, 254.
93 BFH BStBl. 88, 221 f.; a. A. *List,* BB 84, 465 f.
94 A. A. *Reuter,* DStR 83, 636 f.
95 B 83, 1061.

steuerlich den Gewinn mindern, dem betrieblichen Bereich zuzuordnen sind, bedeutet eine Vertauschung von Voraussetzung und Rechtsfolge. Die gewinnmindernde Wirkung von Spenden nach § 9 KStG beruht auf der Besonderheit des Körperschaftsteuerrechts, daß es dort keine Sonderausgaben gibt, das heißt, daß Gewinn und Einkommen grundsätzlich übereinstimmen (vgl. BFH, a. a. O.). Über den betrieblichen Charakter von Spenden und sonstigen nach § 9 KStG abziehbaren Aufwendungen ist damit aber noch nichts gesagt. Vielmehr ist die betriebliche Veranlassung der Ausgaben jeweils im Einzelfall vorrangig zu prüfen. Ist die Betriebsausgabeneigenschaft gegeben, so sind die Aufwendungen unbeschränkt abziehbar. Nur wenn die Aufwendungen Einkünfteverwendung darstellen, greift § 9 Nr. 3 KStG ein.

Demgegenüber hat BFH BStBl. 88, 218, 221 f. offengelassen, ob Körperschaften eine außerbetriebliche Sphäre (Sphäre der Einkünfteverwendung) haben. Er entnimmt aus § 9 Nr. 3 KStG ein allgemeines Abzugsverbot für Spenden, welche die vorgeschriebenen Höchstbeträge übersteigen, auch wenn sie Betriebsausgabencharakter haben[96].

Für *Parteispenden* bestimmt nunmehr § 8 I KStG i. V. mit § 4 VI EStG, daß sie keine Betriebsausgaben sind (dazu S. 273, 665 ff.).

Allgemein zum Gemeinnützigkeits- und Spendenabzugsrecht s. S. 661 ff.

Nichtabziehbar sind insbesondere:

a) Aufwendungen für die Erfüllung von *Zwecken, die* dem Körperschaftsteuersubjekt *durch Stiftungsgeschäft, Satzung oder sonstige Verfassung vorgeschrieben sind,* es sei denn, daß es sich um Zwecke i. S. des § 9 Nr. 3 KStG handelt (§ 10 Nr. 1 KStG).

Es handelt sich nicht um Betriebsausgaben, sondern um Einkommensverwendungen. Da § 10 Nr. 1 KStG Aufwendungen, die den Gegenstand des Unternehmens betreffen, nicht erfassen will, ist die Bedeutung der Vorschrift für Kapitalgesellschaften gering; sie betrifft insb. Stiftungen und andere Zweckvermögen.

b) Steuern vom Einkommen und sonstige *Personensteuern* (insb. Vermögensteuer), die Umsatzsteuer für den Eigenverbrauch sowie auf diese Steuern entfallende Nebenleistungen (§ 10 Nr. 2 KStG – entsprechend § 12 Nr. 3 EStG).

Zur Umsatzsteuer für den Eigenverbrauch: Eigenverbrauch kommt bei Kapitalgesellschaften nur in Form nichtabziehbarer Betriebsausgaben i. S. des § 4 V, VII EStG in Betracht (s. dazu §§ 1 I Nr. 2 c, 10 IV Nr. 3 UStG).

c) *Geldstrafen,* sonstige vermögensrechtliche Rechtsfolgen mit überwiegendem Strafcharakter und Leistungen zur Erfüllung von Auflagen oder Weisungen[97] (§ 10 Nr. 3 KStG – entsprechend § 12 Nr. 4 EStG).

d) *Aufsichtsratsvergütungen* und sonstige mit der Überwachungstätigkeit zusammenhängende Aufwendungen, jedoch nur *zur Hälfte* (§ 10 Nr. 4 KStG).

Aufsichtsratsvergütungen sind Betriebsausgaben. Durch die systematisch nicht gerechtfertigte[98] Beschränkung des Abzugs auf die Hälfte soll überhöhten (s. auch § 113 AktG) Aufsichtsratsvergütungen entgegengewirkt werden. Die pauschale Maßnahme ist verfassungsrechtlich nicht gerechtfertigt[99].

Die Abzugsverbote bewirken, daß der *handelsrechtliche Gewinn* höher als mit dem Normalsteuersatz (50 v. H.; s. unten S. 437) belastet wird.

Sonderausgaben kennt das Körperschaftsteuergesetz **nicht** (s. allerdings § 9 Nr. 3 KStG), außergewöhnliche Belastungen ebenfalls nicht.

---

96 Dazu Anmerkungen von *Woerner,* BB 87, 807; *ders.,* BB 88, 394; *Felix,* FR 88, 152.
97 Dazu *Lang,* StuW 85, 10; BFH BStBl. 86, 845.
98 *Tipke,* NJW 80, 1082; *ders.,* Steuergerechtigkeit in Theorie und Praxis, Köln 1981, 101.
99 So auch v. Mangoldt/Klein/*Starck,* GG[3], Art. 3 Abs. 1 Rn. 76.

4. Besondere Fälle der Gewinnrealisierung und ihres Aufschubs[100]

4.1 Liquidation

Literatur: *Sundermann*, Die Besteuerung des Liquidationsgewinns durch die Körperschaftsteuer, Diss. Köln 1955; *Balthasar*, Die Reservenbesteuerung bei der Verlegung juristischer Personen, Bern/Frankfurt a. M. 1973; *Herzig*, Die Liquidation von Kapitalgesellschaften im körperschaftsteuerlichen Anrechnungsverfahren, FR 79, 289; *ders.*, Steuerbilanz- und Ausschüttungspolitik einer Kapitalgesellschaft bei geplanter Liquidation unter Berücksichtigung von Anteilsübertragungen, StuW 80, 19; *ders.*, GmbHR 87, 149; *Luik*, in: Ruppe (Hrsg.), Gewinnrealisierung im Steuerrecht, DStJG Bd. 4 (1981), 109 ff.; *Endres*, Die Besteuerung gesellschaftsrechtlicher Vermögensübertragungen, Diss. rer. pol. Mannheim, Frankfurt a. M./Bern 1982, 124; *Förster*, Die Liquidationsbilanz[2], Köln 1988; *Knobbe-Keuk*, Bilanz- und Unternehmenssteuerrecht[7], Köln 1989, 738.

Werden bestimmte unbeschränkt steuerpflichtige Körperschaften (Kapitalgesellschaften, Erwerbs- und Wirtschaftsgenossenschaften, Versicherungsvereine auf Gegenseitigkeit) zum Zwecke der Verteilung des Vermögens aufgelöst und abgewickelt, so gewährleistet § 11 KStG, daß die bisher nicht realisierten Gewinne bei der letzten sich bietenden Gelegenheit versteuert werden (Liquidationsteuer). Gewinnermittlungszeitraum für den Liquidationsgewinn ist die Zeit vom Schluß des der Auflösung vorangegangenen Wirtschaftsjahres bis zur Beendigung der Abwicklung; er soll drei Jahre nicht überschreiten (§ 11 I 2 KStG). Der Liquidationsgewinn wird durch Vermögensvergleich (Abwicklungs-Endvermögen ./. Abwicklungs-Anfangsvermögen) ermittelt. Abwicklungs-Endvermögen ist *das zur Verteilung kommende Vermögen*, vermindert um die im Abwicklungszeitraum zugeflossenen steuerfreien Vermögensmehrungen (§ 11 III KStG). Deshalb erfaßt der Liquidationsgewinn auch die stillen Reserven.

Da verteilte Liquidationsgewinne wie normale Gewinnausschüttungen ins Anrechnungsverfahren einbezogen sind (§ 20 I Nr. 2 EStG; § 41 I KStG), muß auch für sie die Ausschüttungsbelastung hergestellt werden. Dieses Ziel ist nur zu erreichen, wenn die Gesellschaft, bevor sie die Liquidationsgewinne an die Anteilseigner verteilt, eine Eigenkapitalgliederung gem. §§ 29, 30 KStG[101] aufstellt, in der die Liquidationsgewinne berücksichtigt sind[102]. § 29 KStG sieht dies allerdings nicht vor: Er knüpft an die jährliche Steuerbilanz an; eine solche ist für den Zeitpunkt der Verteilung des Liquidationsgewinns aber nicht vorgeschrieben.

Indessen ergibt sich aus § 28 II 2 KStG, daß auch für diesen Zeitpunkt eine Eigenkapitalgliederung aufzustellen ist[103].

4.2 Verlegung der Geschäftsleitung ins Ausland

Literatur: *Jung*, Die Verlegung der Geschäftsleitung und des Sitzes deutscher Kapitalgesellschaften oder von Betriebstätten ins Ausland unter besonderer Berücksichtigung des französischen und belgischen Niederlassungs- und Steuerrechts, Diss. rer. pol. Mannheim 1968; *Balthasar*, Die Reservenbesteuerung bei der Verlegung juristischer Personen, Bern/Frankfurt a. M. 1973.

---

100 Dazu Ruppe (Hrsg.), Gewinnrealisierung im Steuerrecht, DStJG Bd. 4 (1981), mit Beiträgen u.a. von *Tipke, Beisse, J. Lang, Luik, Clemm, Trzaskalik, Widmann, J. Thiel, Stoll, Schaumburg; Endres*, Die Besteuerung gesellschaftsrechtlicher Vermögensübertragungen, Diss. rer. pol. Mannheim, Frankfurt a. M./Bern 1982; *Herzig*, Die Realteilung von Kapitalgesellschaften im Ertragsteuerrecht, B 86, 1401; *ders.*, GmbHR 87, 141; *Brenner*, in: Schulze-Osterloh (Hrsg.), Rechtsnachfolge im Steuerrecht, DStJG Bd. 10 (1987), 182 ff.
101 Dazu unten S. 440 ff.
102 *Herzig*, FR 79, 294.
103 *Felix/Streck*, Körperschaftsteuergesetz[2], München 1984, § 28 Anm. 6.

Scheidet eine Körperschaft oder Vermögensmasse aus der unbeschränkten Steuerpflicht aus, weil sie ihre Geschäftsleitung oder ihren Sitz ins Ausland verlegt, so bewirkt § 12 KStG, daß die stillen Reserven zum letztmöglichen Zeitpunkt aufgedeckt und versteuert werden. Die Vorschrift verweist auf § 11 KStG mit der Maßgabe, daß an die Stelle des Abwicklungs-Endvermögens *der gemeine Wert des vorhandenen Vermögens* tritt (§ 12 I 1, 2 KStG).

§ 12 II KStG erfaßt die stillen Reserven in gleicher Weise, wenn die inländische Betriebstätte einer beschränkt steuerpflichtigen Körperschaft aufgelöst, ins Ausland verlegt oder ihr Vermögen auf einen anderen übertragen wird[104].

4.3 Ausscheiden aus der Steuerpflicht durch subjektive Steuerbefreiung

Scheidet eine steuerpflichtige Körperschaft, Personenvereinigung oder Vermögensmasse aus der Steuerpflicht überhaupt aus, weil sie subjektiv steuerbefreit wird, so hat sie eine Schlußbilanz aufzustellen, in der die *Wirtschaftsgüter* regelmäßig *mit dem Teilwert* anzusetzen sind (§ 13 I, III KStG). Dadurch werden auch in diesem Fall die bislang nicht versteuerten Gewinne noch von der Steuer erfaßt.

Wird umgekehrt ein *bisher steuerbefreites Steuersubjekt körperschaftsteuerpflichtig*, so stellt § 13 II, III KStG sicher, daß die während der Steuerfreiheit entstandenen stillen Reserven unversteuert bleiben[105]. Korrespondierend ordnet § 30 III KStG an, daß das während der Steuerfreiheit entstandene verwendbare Eigenkapital dem Teilbetrag des § 30 II Nr. 4 KStG (Einlagen) zugeordnet wird; s. dazu unten S. 442.

4.4 Umwandlung und Verschmelzung

Literatur: *Luckey,* Steuerliche Gewinnrealisierung bei Umwandlung von Unternehmungen und Übertragung einzelner Wirtschaftsgüter, Wiesbaden 1977 (Extrakt in StuW 79, 129); *R. Thiel,* Das Umwandlungssteuerrecht im Wandel der Zeiten, in: FS für Flume, Bd. II, Köln 1978, 281; *Würdinger/Eder,* Steuererleichterungen bei Änderung der Unternehmensform[2], Berlin 1979; *Ketterl,* Steuerpolitische Gestaltungsspielräume im Umwandlungssteuergesetz, Thun/Frankfurt a. M. 1979; *Glade/Steinfeld,* Umwandlungssteuergesetz 1977[3], Herne/Berlin 1980; *Widmann/Mayer,* Umwandlungsrecht[2], Bonn 1981 (Loseblatt); *Widmann,* in: Ruppe (Hrsg.), Gewinnrealisierung im Steuerrecht, DStJG Bd. 4 (1981), 168; *ders.,* BB 82, 1354; *Wiesler,* Umwandlung von Personenunternehmen in Kapitalgesellschaften..., StuW 82, 26; *ders.,* StuW 83, 10; *Glade,* Die Auswirkungen von Kapitalveränderungen einer GmbH auf die Körperschaftsteueranrechnung, GmbHR 83, 181; *Priester,* Das neue Verschmelzungsrecht, NJW 83, 1459; *Brezing,* in: Schulze-Osterloh (Hrsg.), Rechtsnachfolge im Steuerrecht, DStJG Bd. 10 (1987), 195; *Widmann,* Gewinnrealisierungen durch Ausgleichszahlungen..., StbJb. 1985/86, 113; *ders.,* Das Verhältnis von Handels- und Steuerrecht beim Wechsel der Rechtsform eines Unternehmens, in: FS für Döllerer, Düsseldorf 1988, 721; *Herzig,* GmbHR 87, 144; *Knobbe-Keuk,* Bilanz- und Unternehmenssteuerrecht[7], Köln 1989, 740.

Dissertationen: Krönke, Die Umwandlung von Familien-Aktiengesellschaften im Körperschaft- und Einkommensteuerrecht, Diss. rer. pol. Frankfurt a. M. 1936, Düren 1937; *Senghaas,* Die handels- und steuerrechtliche Behandlung der stillen Reserven bei der unechten Fusion und der echten Fusion von Mutter- und Tochtergesellschaft, Diss. rer. pol. München 1965; *Suter,* Die Fusion von Aktiengesellschaften im Privatrecht und im Steuerrecht, Diss. Zürich 1966; *Fleischli,* Die steuerlichen Auswirkungen der Fusion von Aktiengesellschaften auf die beteiligten Unternehmen, Diss. St. Gallen 1969; *Mohr,* Die Behandlung von Einbringung und Fusion im Steuerrecht der Vereinigten Staaten verglichen mit dem deutschen Recht, Diss. Köln 1970; *Fleischmann,* Das Umwandlungs-Steuergesetz 1969 im Rahmen der Harmonisierungsbestre-

---

104 Dazu *Thimmel/Fuchs,* B 79, 1054.
105 Dazu *Selchert,* DStR 85, 195.

bungen, Diss. Würzburg 1971; *Hammer*, Die Teilung der Aktiengesellschaft unter Berücksichtigung der steuerlichen Folgen, Diss. Zürich 1978, Diessenhofen (Schweiz) 1978; *Endres*, Die Besteuerung gesellschaftsrechtlicher Vermögensübertragungen, Diss. rer. pol. Mannheim, Frankfurt a. M./Bern 1982, 78 ff.

4.41 Handelsrechtliche Grundlagen

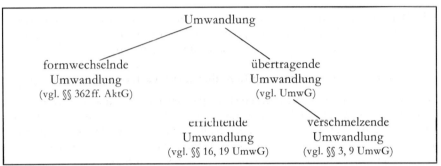

Erläuterung: Von der Auflösung eines Unternehmens und der (sich anschließenden) Einzelübertragung der Gegenstände eines Unternehmens ist die **Umwandlung** zu unterscheiden. Unterschieden werden die formwechselnde Umwandlung und die übertragende Umwandlung.

Bei der *formwechselnden Umwandlung* ändert sich nur die äußere Rechtsform des Unternehmens, nicht hingegen der Rechtsträger. Vermögen wird nicht übertragen. Die formwechselnde Umwandlung ist folglich steuerlich irrelevant.

Die *übertragende Umwandlung* führt hingegen dazu, daß an die Stelle des bisherigen Rechtsträgers ein neuer Rechtsträger tritt, auf den das Vermögen im Wege der Gesamtrechtsnachfolge übergeht. Wird der neue Rechtsträger gleichzeitig mit der Umwandlung (s. §§ 16, 19 UmwG) geschaffen, so handelt es sich um eine errichtende Umwandlung; besteht hingegen der neue Rechtsträger bereits, so handelt es sich um eine verschmelzende Umwandlung (s. §§ 3, 9 UmwG)[106].

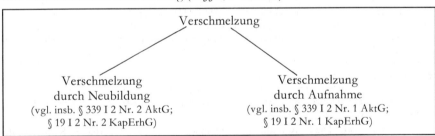

Die **Verschmelzung (Fusion)** ist die Vereinigung von zwei oder mehreren Kapitalgesellschaften zu einer Kapitalgesellschaft unter Ausschluß der Abwicklung. Wird die Gesellschaft gleichzeitig mit der Verschmelzung geschaffen, so handelt es sich um eine *Verschmelzung durch Neubildung*; besteht sie hingegen schon, so handelt es sich um eine *Verschmelzung durch Aufnahme*[107].

---

106 Zu den einzelnen Umwandlungsmöglichkeiten s. die Zusammenstellung bei *Widmann/Mayer*, Umwandlungsrecht[2], Bonn 1981 (Loseblatt), Einführung UmwG Rz. 7, 12.

107 Zu den einzelnen Verschmelzungsmöglichkeiten s. die Zusammenstellung bei *Widmann/Mayer* (Fn. 106), Einführung UmwG Rz. 16; zu den Verschmelzungsmöglichkeiten für die

4.42 Steuerliche Folgen der Umwandlung und Verschmelzung

Ebenso wie §§ 11–13 I, III KStG in den dort genannten Fällen will das Umwandlungsteuergesetz im Falle der Verschmelzung und Umwandlung grundsätzlich sicherstellen, daß bisher noch nicht versteuerte Gewinne (stille Reserven) steuerlich erfaßt werden. Dieser Grundsatz wird allerdings teilweise durchbrochen, um eine wirtschaftlich sinnvolle Änderung der Unternehmungsform nicht steuerlich zu erschweren.

Das Umwandlungsteuergesetz regelt in §§ 1–19 alle Fälle, in denen das Vermögen einer Körperschaft i. S. des § 1 I Nrn. 1–3 KStG im Wege der Gesamtrechtsnachfolge übertragen wird (§ 1 UmwStG).

Zu unterscheiden ist zwischen dem Vermögensübergang auf eine Personengesellschaft oder eine natürliche Person (Umwandlung nach dem ersten Abschnitt des Umwandlungsgesetzes, erfaßt in §§ 3–13 UmwStG) und dem Vermögensübergang auf eine andere Körperschaft (Verschmelzung nach §§ 339ff. AktG, §§ 19ff. KapErhG, §§ 93a ff. GenG, §§ 44a ff. VAG, erfaßt in §§ 14–16 UmwStG).

4.421 Vermögensübertragung auf eine Personengesellschaft oder eine natürliche Person (§§ 3–13 UmwStG)

Die übertragende Körperschaft muß ihre Wirtschaftsgüter in der steuerlichen Schlußbilanz für das letzte Wirtschaftsjahr regelmäßig mit dem Teilwert ansetzen (§ 3 UmwStG). Dadurch werden bei ihr die stillen Reserven aufgedeckt. Der so entstehende *Übertragungsgewinn* ist jedoch gem. § 4 UmwStG *steuerbefreit*.

Die übernehmende Personengesellschaft muß die übernommenen Wirtschaftsgüter mit dem in der Schlußbilanz der übertragenden Körperschaft ausgewiesenen Wert bilanzieren (*Buchwertverknüpfung*; § 5 I UmwStG). Der Unterschiedsbetrag zwischen diesem Wert und dem Buchwert der Anteile an der übertragenden Körperschaft bildet den *Übernahmegewinn* oder *Übernahmeverlust* der Personengesellschaft (§ 5 V UmwStG).

Somit werden die aufgelösten stillen Reserven *nur bei den Gesellschaftern der übernehmenden Personengesellschaft* von der Einkommensteuer oder, wenn die Gesellschafter Körperschaften sind, von der Körperschaftsteuer erfaßt.

Die Steuerschuld kann zinslos auf höchstens zehn Jahre gestundet werden (§ 7 UmwStG). Haben zwischen umgewandelter Körperschaft und Übernehmerin Rechtsbeziehungen bestanden, so erlöschen bestehende Forderungen und Verbindlichkeiten infolge der durch die Umwandlung eintretenden Vereinigung der Vermögen (Konfusion). Waren die Wertansätze von Forderungen und Verbindlichkeiten unterschiedlich hoch, z. B. infolge Wertberichtigung der Forderungen, so kann ein sog. Umwandlungsfolgegewinn entstehen, der gem. § 8 I UmwStG durch eine steuerfreie Rücklage neutralisiert werden kann. Die Besteuerung wird dadurch allerdings nur in die Zukunft verlagert, weil die Rücklage in den folgenden drei Jahren gewinnerhöhend aufgelöst werden muß (§ 8 II UmwStG).

Bei der Umwandlung ausscheidende Minderheitsgesellschafter erhalten grundsätzlich nach § 12 UmwG eine Barabfindung. Ein dadurch entstehender Abfindungsgewinn kann, wenn die Anteile zum Betriebsvermögen des ausscheidenden Gesellschafters gehört haben, durch Bildung einer nach § 6b III EStG steuerfreien Rücklage neutralisiert werden; vgl. § 17 UmwStG.

GmbH s. *Baums,* StuW 80, 307; *Gersch/Herget/Marsch/Stützle,* GmbH-Reform 1980, Stuttgart/Wiesbaden 1980, Tz. 434ff.; zu den Änderungen durch das Verschmelzungsrichtlinie-Gesetz s. *Priester,* NJW 83, 1459.

Für die Übertragung auf eine natürliche Person gelten die vorstehend beschriebenen Regelungen entsprechend (§ 11 UmwStG).

Ebenso wie ausgeschütteter Gewinn durch § 36 II Nr. 3 EStG wird der Übernahmegewinn durch § 12 UmwStG von der Körperschaftsteuer entlastet, indem die Körperschaftsteuer, die auf dem verwendbaren Eigenkapital der übertragenden Körperschaft lastet, auf die Steuerschuld der Gesellschafter der übernehmenden Personengesellschaft oder auf die Steuerschuld der übernehmenden natürlichen Person angerechnet wird. Der Systematik des Anrechnungsverfahrens entsprechend muß der anrechenbare Betrag dem Übernahmegewinn hinzugerechnet werden (§ 5 III UmwStG).

4.422 Vermögensübertragung auf eine andere Körperschaft

Ist die Übernehmerin eine Körperschaft, so hat die übertragende Körperschaft in ihrer Schlußbilanz die Wirtschaftsgüter mit dem *Wert der für ihre Übertragung gewährten Gegenleistung* (§ 14 I 1 UmwStG) oder, wenn keine Gegenleistung gewährt wird, mit dem *Teilwert* anzusetzen (§ 14 I 2 UmwStG).

Auf *Antrag* kann sie jedoch gem. § 14 II UmwStG die *alten Buchwerte fortführen,* wenn

– sichergestellt ist, daß die stillen Reserven später bei der übernehmenden Körperschaft versteuert werden (das ist z. B. nicht der Fall, wenn die Übernehmerin steuerbefreit ist) und

– eine Gegenleistung nicht oder wenn sie in Form von Gesellschaftsrechten erbracht wird.

Aufgrund des Antragsrechts des § 14 II UmwStG besteht somit ein *Wahlrecht,* ob die stillen Reserven direkt bei der übertragenden Körperschaft versteuert werden oder ob sie auf die Übernehmerin übergehen sollen, so daß dort ihre steuerliche Erfassung auf ungewisse Zeit aufgeschoben bleibt.

Um die stillen Reserven nicht bei der übertragenden und bei der übernehmenden Körperschaft doppelt zu besteuern, ist bei der übernehmenden Körperschaft der Übernahmegewinn i. S. des § 5 V UmwStG steuerbefreit (§ 15 II 1 UmwStG).

Die stillen Reserven werden allerdings insoweit steuerlich erfaßt, als die tatsächlichen Anschaffungskosten der Anteile an der übertragenden Körperschaft ihren Buchwert übersteigen (§ 15 II 2–4 UmwStG).

D. Zurechnung: Organschaft

Literatur: *David,* Die Organgesellschaft im Reichssteuerrecht, Berlin 1933; *Garke,* Die Organtheorie im Steuerrecht, Würzburg 1934; *Schultze-Schlutius,* Die Organtheorie, Essen 1955; *Rüdt,* Rechtsnatur und aktienrechtliche Probleme der Organschaft, Diss. Köln 1958; *Holtmeier,* Die Organtheorie im System des Rechts und ihre aktuellen Probleme, Köln 1959; *Krollmann,* Organschaft im Steuerrecht, Diss. Köln 1960; *R. Lange,* Die steuerliche Bedeutung der Organschaftstheorie in wirtschaftlicher Betrachtung, Berlin/Frankfurt a. M. 1960; *Oskierski,* Organschaftstheorie und Unternehmensbesteuerung, Diss. Köln 1964; *Voss,* Zur körperschaftsteuerlichen Problematik von Rücklagenmodifikationen. Mittelverlagerungen bei Organgesellschaften mit Ergebnisabführungsvertrag zu Kapitalgesellschaften, Diss. rer. pol. Köln 1972; *Bruns,* Die gesetzliche Regelung der körperschaftsteuerrechtlichen Organschaft unter besonderer Berücksichtigung ihrer Wirkungen, Diss. rer. pol. Mannheim 1974; *Jurkat,* Die Organschaft im Körperschaftsteuerrecht, Heidelberg 1975; *Sonnenschein,* Organschaft und Konzerngesellschaftsrecht, Bielefelder Habilitationsschrift 1976, Baden-Baden 1976; *Jurkat,* Die körperschaftsteuerliche Organschaft nach dem KStG 77, JbFSt. 1977/78, 344; *Krebs,* Korreferat zum Referat Jurkat, JbFSt. 1977/78, 379; *L. Schmidt,* Die Organschaft im Körperschaftsteuerrecht nach dem Körperschaftsteuerreformgesetz, GmbHR 77, 7; *Niemann,* Die Organschaft zu einer Personengesellschaft und die Organschaft zu mehreren Unternehmen, Köln 1977; *Beusch,* Die Besteuerung der Konzerne als wirtschaftliche Einheit in internationaler Sicht – Ein Überblick –, in: FS für Flume, Bd. II, Köln 1978, 21; *L. Schmidt/Steppert,* Die Organschaft im Körperschaftsteuer-, Gewerbesteuer- und Umsatzsteuerrecht[3], Herne/Berlin 1978; *A. Weber,* Die konsolidierte Besteuerung von Konzernen in den USA – Vorbild für ein deutsches Konzernsteuerrecht? –, DStZA 79, 146; *Stender,* Die wirtschaftlichen Grundlagen der ertragsteuerlichen Organschaft, Passau 1980; *Klempt,* Betriebsaufspaltung und Organschaft, DStZ 81, 188; *Herrmann/Winter,* Der Gewinnabführungsvertrag einer GmbH als Organgesellschaft in zivil- und steuerrechtlicher Sicht, FR 82, 262; *Knepper,* Bedeutung, Anwendungsformen und steuerliche Wirkungen von Unternehmensverträgen, BB 82, 2061; *Schwend/Hall,* Voraussetzungen für die Anerkennung der gewerbesteuerlichen Organschaft, DStR 84, 99; *Knobbe-Keuk,* Bilanz- und Unternehmenssteuerrecht[7], Köln 1989, 563.

Die Organschaft ist eine *wirtschaftliche* Unternehmenseinheit, eine „Fusion" im wirtschaftlichen Sinne, eine Verschmelzung wirtschaftlicher Interessen. Die Organschaft dient der Verrechnung von Gewinnen und Verlusten im Organkreis[108]. Die Institution „Organschaft" erleichtert die Bildung von Konzernen und trägt dazu bei, daß der wirtschaftlich und politisch weniger erwünschte Schritt zu rechtlicher Fusion nicht getan wird.

Verpflichtet sich eine AG oder KG auf Aktien mit Geschäftsleitung und Sitz im Inland (Organgesellschaft) durch einen Gewinnabführungsvertrag (§ 291 I AktG), ihren ganzen Gewinn an ein anderes inländisches gewerbliches Unternehmen (Organträger) abzuführen, so ist *das Einkommen der Organgesellschaft* unter bestimmten Voraussetzungen *dem Organträger zuzurechnen* (§ 14 KStG).

Während im Umsatzsteuerrecht lediglich der Organträger Steuersubjekt ist (sog. Einheitstheorie), hat sich im Körperschaftsteuerrecht die sog. Zurechnungstheorie durchgesetzt, wonach die Organgesellschaft auch selbst Steuersubjekt bleibt, ihr Einkommen lediglich dem Organträger zuzurechnen ist. Da die Zurechnungstheorie mancherlei Zweifel aufwirft, hätte es an sich für den Körperschaftsteuergesetzgeber nahegelegen, sich ebenfalls der Einheitstheorie anzuschließen, zumal die in § 14 KStG angeordnete Zurechnung ohnehin nur deklaratorisch ist, weil nämlich der Gewinnabführungsvertrag als Organisationsvertrag bewirkt, daß das vom Organ erwirtschaftete Ergebnis rechtlich unmittelbarer Bestandteil des Einkommens des Organträgers wird[109].

Die körperschaftsteuerliche Organschaft ist, anders als die umsatzsteuerliche und die gewerbesteuerliche Organschaft, durch die Rechtsprechung (m. E. ohne ausreichende Rechtsgrundlage) entwickelt worden. Erst als zweifelhaft geworden war, ob das Richterrecht bereits zu Gewohnheitsrecht erstarkt sei, ist sie durch Gesetz v. 15. 8. 1969 durch den damaligen § 7a in das Körperschaftsteuergesetz eingefügt worden. Im ausländischen Recht ist die Organschaft durchweg unbekannt. Sie ist – gemessen an der prinzipiellen Anknüpfung an die Rechtsform (s. § 1 I KStG) – unsystematisch. Dem Gesetzgeber steht es allerdings frei, die Rechtsform-Anknüpfung aus wirtschaftlichen Gründen zu durchbrechen. Die Organschaft (mit Ergebnisabführung) ist insofern ein steuerliches Unikum, als es sonst nicht zulässig ist, daß durch Vertragsgestaltung das Steuerobjekt von einem Steuersubjekt zum anderen geschoben wird. Dogmatisch ist diese Institution, so wie der Gesetzgeber sie ausgestaltet hat, schwerlich zu bewältigen. Das beweist die umfängliche Literatur.

Beteiligte des Organverhältnisses sind Organträger und Organgesellschaft.

Organträger (Organmutter, Obergesellschaft, beherrschendes Unternehmen) kann sein eine natürliche Person, eine nicht steuerbefreite Körperschaft, eine Personenver-

---

108 Dazu *H. Weber,* B 76, 1784.
109 Dazu *Schaumburg,* StuW 71, 123.

einigung oder Vermögensmasse sowie eine Personengesellschaft[110] (§ 14 Nr. 3 KStG). Organträger kann auch eine aus mehreren „Müttern" gebildete BGB-Gesellschaft sein (Mehrmütterorganschaft), dies selbst dann, wenn eine inländische Zweigniederlassung eines ausländischen gewerblichen Unternehmens beteiligt ist[111].

Organgesellschaft (Organ, Organtochter, Tochtergesellschaft, Schachteltochter, beherrschtes Unternehmen) kann eine AG oder eine KG auf Aktien mit Geschäftsleitung und Sitz im Inland sein (§ 14 Einleitungssatz KStG), unter den weiteren Voraussetzungen des § 17 KStG[112] auch eine andere Kapitalgesellschaft.

Die Organgesellschaft muß nach dem Gesamtbild der Verhältnisse finanziell, wirtschaftlich und organisatorisch in das Unternehmen des Organträgers *eingegliedert* sein (§ 14 Nrn. 1, 2 KStG):

a) *Finanziell:* Die Mehrheit der Stimmrechte an der Organgesellschaft muß dem Organträger zustehen, unmittelbar oder mittelbar (über Mehrheitsbeteiligungen), § 14 Nr. 1 KStG. § 14 Nr. 1 Satz 2 KStG läßt zwar ausdrücklich eine mittelbare Beteiligung genügen, wenn jede der Beteiligungen, auf denen die mittelbare Beteiligung basiert, die Mehrheit der Stimmrechte gewährt; er schließt jedoch die Möglichkeit aus, die erforderliche Stimmenmehrheit durch Zusammenrechnung der unmittelbaren und der mittelbaren Beteiligung zusammenzubringen. Die Stimmenmehrheit muß sich entweder allein aus einer unmittelbaren Beteiligung oder allein aus einer mittelbaren Beteiligung ergeben.

b) *Organisatorisch:* Leitung und Überwachung der Geschäftstätigkeit müssen beim Organträger liegen. Bei der Organgesellschaft muß eine vom Willen des Organträgers abweichende Willensbildung ausgeschlossen sein. Die organisatorische Eingliederung ist stets gegeben, wenn die Organgesellschaft durch einen Beherrschungsvertrag i. S. des § 291 I AktG die Leitung ihres Unternehmens dem Unternehmen des Organträgers unterstellt hat oder wenn die Organgesellschaft eine nach §§ 319–327 AktG eingegliederte Gesellschaft ist (§ 14 Nr. 2 KStG)[113].

c) *Wirtschaftlich* (§ 14 Nr. 2 Satz 1 KStG): Die beherrschte Gesellschaft muß in die Unternehmensstruktur des beherrschenden Unternehmens eingeordnet sein und dessen gewerbliche Tätigkeit wirtschaftlich fördern oder ergänzen (Beispiele: Einkaufs-/Verkaufsgesellschaft; Produktions-/Vertriebsgesellschaft)[114]. Die neuere Rechtsprechung nimmt eine wirtschaftliche Eingliederung schon dann an, wenn der Organträger einer eigenen gewerblichen Tätigkeit nachgeht (u. U. auch in einer anderen Branche als die Organgesellschaft), daneben die Leitungsmacht über die Tätigkeit des abhängigen Unternehmens ausübt und beide Unternehmen nach einer einheitlichen Gesamtkonzeption geführt werden, die auch in dem Zweck bestehen kann, den Gesamtgewinn zu maximieren oder einen Risikoausgleich zu erreichen[115].

Organträger und Organgesellschaft müssen unbeschränkt steuerpflichtig sein (§ 14 Einleitungssatz und Nr. 3 KStG; s. aber auch § 18 KStG).

Ein Organträger kann sich mehrere Organgesellschaften eingliedern.

---

110 Dazu *Jansen/Stübben,* B 84, 1499.
111 Dazu *L. Schmidt,* GmbHR 71, 233.
112 Dazu BFH BStBl. 81, 384 mit Anm. *Klempt,* DStZ 81, 327.
113 Dazu *Winterling,* Das Konzernrecht im Aktiengesetz von 1965 und das Konzernsteuerrecht, Diss. Würzburg 1968.
114 Zur wirtschaftlichen Eingliederung bei Holdinggesellschaften und Betriebsaufspaltung s. *Dornfeld/Telkamp,* StuW 71, 67.
115 BFH BStBl. 76, 390; dazu *Jurkat,* JbFSt. 1977/78, 347; *Krebs,* JbFSt. 1977/78, 380; *Mangold,* StuW 78, 173; s. ferner BFH BStBl. 89, 668; 90, 23, 26 f., m. Anm. *Pezzer,* StuW 90, 266.

Gewinnabführungsvertrag[116]: Allerdings bewirkt ein Organverhältnis körperschaftsteuerlich für sich nichts. Hinzu kommen muß ein Gewinnabführungsvertrag zwischen Organgesellschaft und Organträger für mindestens fünf Jahre über den ganzen Gewinn (§ 14 Einleitungssatz und Nr. 4 KStG).

Kommen Organverhältnis und Gewinnabführungsvertrag zusammen, so ist das Einkommen (auch negatives) der Organgesellschaft dem Organträger zuzurechnen (§ 14 Einleitungssatz KStG). Das Organ hat sein Einkommen aber in Höhe der geleisteten Ausgleichszahlungen (s. §§ 304, 305 AktG) und der darauf entfallenden Ausschüttungsbelastung i. S. des § 27 KStG selbst zu versteuern (§ 16 Satz 1 KStG). Ist die Ausgleichsverpflichtung vom Organträger erfüllt worden, so hat die Organgesellschaft die Summe der geleisteten Ausgleichszahlungen (zuzüglich Ausschüttungsbelastung) anstelle des Organträgers zu versteuern (§ 16 Satz 2 KStG)[117].

§ 16 KStG will gewährleisten, daß die Ausgleichszahlungen wie Gewinnausschüttungen mit der Ausschüttungsbelastung i. S. des § 27 KStG vorbelastet werden. Da Organträger auch ein der Einkommensteuer unterliegender Steuerpflichtiger sein kann, hat der Gesetzgeber sich dafür entschieden, die auf die Ausgleichszahlungen entfallende Körperschaftsteuer einheitlich bei der Organgesellschaft zu erheben.

Gewinne, die durch Auflösung vorvertraglicher unversteuerter stiller Rücklagen der Organgesellschaft entstehen, gehören zu dem dem Organträger zuzurechnenden Einkommen (s. BFH BStBl. 71, 73). § 14 KStG ist hingegen nicht anwendbar, wenn die Organgesellschaft vorvertraglich versteuerte freie Rücklagen zugunsten des an den Organträger abzuführenden Gewinns auflöst. Verpflichtet sich der Organträger zum Ausgleich vorvertraglicher Verluste der Organgesellschaft, so wird der Verlustausgleich als Einlage behandelt (s. BFH BStBl. 55, 187).

Auch der im Zeitraum der Abwicklung erzielte Gewinn ist von der Organgesellschaft zu versteuern, da er nicht Gegenstand der vertraglichen Gewinnabführungspflicht ist (s. BFH BStBl. 71, 411).

Verluste, die in der vororganschaftlichen Zeit bei der Organgesellschaft angefallen sind, darf diese ab Wirksamwerden des Gewinnabführungsvertrages nicht mehr vortragen; § 10d EStG ist nicht mehr anwendbar (§ 15 Nr. 1 KStG).

Die Vorschriften von Abkommen zur Vermeidung der Doppelbesteuerung, nach denen die Gewinnanteile aus der Beteiligung an einer ausländischen Gesellschaft außer Ansatz bleiben, sind nur anzuwenden, wenn der Organträger zu den durch diese Vorschriften begünstigten Steuerpflichtigen gehört (§ 15 Nr. 2 KStG).

Sind bei der Organgesellschaft die Voraussetzungen für Tarifermäßigungen erfüllt, so sind die Tarifermäßigungen beim Organträger anzuwenden (Einzelheiten in § 19 KStG).

E. Tarif

Die Körperschaftsteuer beträgt *im Regelfall,* insb. für *Kapitalgesellschaften* sowie für *Erwerbs- und Wirtschaftsgenossenschaften,* 50 v. H. des zu versteuernden Einkommens (= 3 v. H. unter dem Spitzensatz des Einkommensteuertarifs; dazu S. 391f.), § 23 I KStG.

Jedoch wird *für ausgeschüttete Gewinne* eine Ausschüttungsbelastung von 36 v. H. hergestellt (§§ 23 V, 27ff. KStG), s. dazu unten S. 439ff.

---
116 Dazu *Herrmann/Winter,* FR 82, 262; *Knepper,* BB 82, 2061; *Esch,* BB 86, 272; gesellschaftsrechtlich: OLG Düsseldorf NJW 82, 284; *Timm,* BB 81, 1491.
117 Dazu *Palitzsch,* BB 78, 952; *Löhlein,* BB 78, 1156; *Jurkat,* JbFSt. 1977/78, 353; *Schröder,* FR 81, 269.

§ 11 Körperschaftsteuer

§ 23 II KStG sieht für die *Körperschaften i. S. des § 1 I Nrn. 3–6 KStG,* bei denen Gewinnausschüttungen nicht vorkommen können oder deren Gewinnabführung zu keiner Entlastung von der Körperschaftsteuer (s. §§ 27, 43 KStG) führt, einen ermäßigten Steuersatz von 46 v. H. vor.

F. Anrechnungsverfahren

Literatur: *Greif,* Körperschaftsteuerreform und Anrechnungsverfahren. Auswirkungen und Beurteilung des Anrechnungsverfahrens aus der Sicht der betriebswirtschaftlichen Steuerlehre, Diss. Mannheim 1976; *Herzig,* Funktionsweise des körperschaftsteuerlichen Anrechnungsverfahrens auf der Gesellschaftsebene – Überblick und Analyse, FR 76, 441; *Jurkat,* Das Körperschaftsteuerreformgesetz (KStG 77), WPg 76, 520, 545; *Krebs,* Die Reform der Körperschaftsteuer – Grundzüge mit Beispielen, BB 76, Beilage 3; *Pezzer,* Die Entlastung ausgeschütteter Gewinne von der Körperschaftsteuer nach dem KStG 1977 (Anrechnungsverfahren), StuW 76, 311; *R. Thiel,* Wegweiser durch den Irrgarten der körperschaftsteuerlichen Anrechnungsvorschriften, B 76, 1495; *Wrede,* Grundüberlegungen zur Reform der Körperschaftsteuer, DStZA 76, 411; *ders.,* Die Reform der Körperschaftsteuer, DStR 76, 327; *Flämig,* Die Reform der Körperschaftsteuer, JuS 77, 83, 152, 222; *Dötsch,* Das körperschaftsteuerliche Anrechnungsverfahren, B 78, 265, 314, 361, 413, 459, 509, 555; *Raupach,* Die Systematik der Grundvorschriften des Körperschaftsteuerlichen Anrechnungsverfahrens (§§ 20, 36 EStG, §§ 27, 41, 43 KStG), FR 78, 570; *Märkle/Gottstein/Seibold/Stegmüller,* Das Anrechnungsverfahren nach dem Körperschaftsteuerreformgesetz 1977, Stuttgart 1978; *Greif/Krebs/Münzner,* Körperschaftsteuer – Eine systematische Darstellung des neuen Rechts –, Stuttgart/Wiesbaden 1978; *Renner/Schneider-Ludorff,* Grundzüge und Beispiele zum Anrechnungsverfahren nach dem Körperschaftsteuergesetz 1977, Ludwigshafen 1978; *Tillmann,* Das neue Körperschaftsteuerrecht der GmbH[2], Köln 1978; *Bastert/Gräfer,* Körperschaftsteuer, Stuttgart/Berlin/Köln/Mainz 1979; *Mannhold,* Anrechnungsverfahren und Steuerrechtsprechung bei Gültigkeit der „Durchgriffsthese", StuW 80, 135; *Metz,* Das Körperschaftsteuergesetz 1977. Eine Kritik aus gesetzgebungstechnischer Sicht, zugleich ein Beitrag zur juristischen Steuertechnik, Diss. Freiburg 1981; *Maenner,* Grundfragen des körperschaftsteuerlichen Anrechnungsverfahrens, Diss. rer. pol. München 1981, Gelsenkirchen 1982; *Glade,* Die Auswirkungen von Kapitalveränderungen einer GmbH auf die Körperschaftsteueranrechnung, GmbHR 83, 173; *Dötsch/Eversberg/Jost/Witt,* Die Körperschaftsteuer, Stuttgart 1984 (Loseblatt); *Knobbe-Keuk,* Bilanz- und Unternehmenssteuerrecht[7], Köln 1989, 487.

Materialien: BT-Drucks. 7/1470; 7/1722; 7/5303; 7/5310; zur Entstehungsgeschichte und zum Gesetzgebungsverfahren im einzelnen s. *F. Jung,* WM 77, 94.

I. Einführung

Siehe zunächst S. 404 ff.

Das Körperschaftsteuergesetz 1977 belastet im Ergebnis nur die thesaurierten (nicht ausgeschütteten) Gewinne einer Körperschaft mit Körperschaftsteuer. Ausgeschüttete Gewinne werden letztlich nur beim Ausschüttungsempfänger (Anteilseigner) mit Einkommensteuer oder, wenn Ausschüttungsempfänger eine Körperschaft ist, mit Körperschaftsteuer belastet.

Die Entlastung ausgeschütteter Gewinne von der Körperschaftsteuer geht technisch so vor sich, daß zunächst bei der Körperschaft ausgeschüttete Gewinne exakt mit 36 v. H. Körperschaftsteuer belastet werden (sog. Ausschüttungsbelastung). Die Herstellung dieser Belastung ist im Vierten Teil des KStG (§§ 27 ff.) geregelt. Beim Ausschüttungsempfänger wird die Ausschüttungsbelastung wieder rückgängig gemacht, indem sie auf dessen Einkommensteuerschuld angerechnet oder ihm erstattet oder vergütet wird. Dieser Vorgang ist zum Teil im Körperschaftsteuergesetz (§§ 49, 51, 52), überwiegend aber im Einkommensteuergesetz (§§ 36 ff.) geregelt.

Den Vorschriften über das Anrechnungsverfahren liegt zwar eine systematische Konzeption zugrunde, sie sind aber so kompliziert und in einer so ungelenken Sprache abgefaßt, daß sie aus sich selbst kaum verständlich sind. Wer sich einarbeiten will, ist auf außergesetzliche Informationsquellen angewiesen. Dem Gesetzestext selbst kann sich mit Erfolg nur zuwenden, wer sich dessen Inhalt bereits anderweitig angeeignet hat. Aufgrund der Schwerverständlichkeit des Gesetzes pflegt sich die Besteuerungspraxis in erster Linie an den amtlichen Erklärungsvordrucken und Verwaltungsvorschriften zu orientieren, die deshalb eine noch stärkere normative Wirkung als in anderen Bereichen des Steuerrechts entfalten und das Gesetz faktisch substituieren. Gemessen am Prinzip der Gesetzmäßigkeit der Besteuerung ist dies bedenklich. Zum gegenwärtig diskutierten Modell eines vereinfachten Anrechnungsverfahrens s. S. 442, Fn. 124.

II. Subjektiver und objektiver Anwendungsbereich der Anrechnung

In das Anrechnungsverfahren sind subjektiv alle *un*beschränkt steuerpflichtigen Körperschaften einbezogen, die Leistungen (insb. Gewinnausschüttungen) erbringen, die bei den Empfängern Einnahmen aus Kapitalvermögen i. S. des § 20 I Nrn. 1, 2 EStG[118] sind (§§ 27, 43 KStG), und zwar objektiv in bezug auf diese Leistungen (§§ 27, 41 I KStG).

Danach *sind einbezogen:* inländische Kapitalgesellschaften (§§ 1 I Nr. 1, 27 I KStG), Erwerbs- und Wirtschaftsgenossenschaften (§§ 1 I Nr. 2, 43 KStG i. V. mit § 20 I Nr. 1 oder 2 EStG) sowie sonstige Körperschaftsteuersubjekte, die regelmäßig Gewinne ausschütten und so strukturiert sind, daß die Mitgliedschaftsrechte einer kapitalmäßigen Beteiligung wirtschaftlich gleichstehen.

Danach *sind nicht einbezogen:* ausländische Körperschaftsteuersubjekte, Betriebe gewerblicher Art von juristischen Personen des öffentlichen Rechts (§ 1 I Nr. 6 KStG; ihre Ausschüttungen werden – steuertechnisch einfacher – durch Steuerbefreiung nach § 8 VI KStG entlastet) und Stiftungen (weil deren Leistungen an die Destinatäre nicht unter § 20 I Nrn. 1, 2 EStG fallen, sondern unter § 22 EStG). Gleichwohl ergibt sich für Stiftungen im Regelfall keine Doppelbelastung, weil die Bezüge aufgrund einer freiwillig begründeten Rechtspflicht gewährt und deshalb von § 22 Nr. 2 EStG nicht erfaßt werden (BT-Drucks. 8/3165, 6 f., 11 f.; *Hennerkes,* StbJb. 1984/85, 123).

III. Herstellung der Ausschüttungsbelastung bei der Körperschaft

1. Änderung der Körperschaftsteuer je nach Vorbelastung des ausgeschütteten Gewinns

Um eine Belastung der Ausschüttungen mit 36 v. H. Körperschaftsteuer zu erreichen, genügt es nicht, die Ausschüttungen lediglich einem Steuersatz von 36 v. H. zu unterwerfen. Der ausgeschüttete Gewinn kann nämlich aus der *Gewinnrücklage* stammen (s. S. 417 f.) und entweder mit 50 v. H. vorbelastet oder steuerermäßigt besteuert oder steuerfrei geblieben sein. Das muß berücksichtigt werden. Daher schreibt § 27 I KStG vor: Es *mindert* oder *erhöht* sich die Körperschaftsteuer der ausschüttenden Kapitalgesellschaft um den Unterschiedsbetrag zwischen der körperschaftsteuerlichen Vorbelastung (= „Tarifbelastung") und der Ausschüttungsbelastung des für

---

118 Ob die Einnahmen gem. § 20 III EStG einer anderen Einkunftsart zuzuordnen sind, ist dabei ohne Bedeutung.

§ 11 Körperschaftsteuer

die Ausschüttung verwendeten Gewinns. Den für die Ausschüttung verwendeten Gewinn bezeichnet § 27 I KStG als „Eigenkapital, das nach § 28 als für die Ausschüttung verwendet gilt".

Beispiel einer Minderung:

Gewinn vor Abzug der Körperschaftsteuer	100
./. Tarifbelastung	50
Differenzbetrag, der für die Ausschüttung verwendet werden kann	50
Körperschaftsteuerminderung auf 36 v. H. gemäß § 27 I KStG	14
ausschüttbarer Betrag = Barausschüttung	64

Beispiel einer Erhöhung:

Gewinn vor Abzug der Körperschaftsteuer	100
./. Tarifbelastung (z. B. bei Steuerbefreiungen)	0
Differenzbetrag, der für die Ausschüttung verwendet werden kann	100
Körperschaftsteuererhöhung zur Herstellung der Ausschüttungsbelastung von 36 v. H.	36
ausschüttbarer Betrag = Barausschüttung	64

Folgende gegenüber der Darstellung auf S. 407 verfeinerte Skizze soll den Regelfall (Steuerminderung) verdeutlichen (Tb = Tarifbelastung, Ab = Ausschüttungsbelastung, Stm = Steuerminderung):

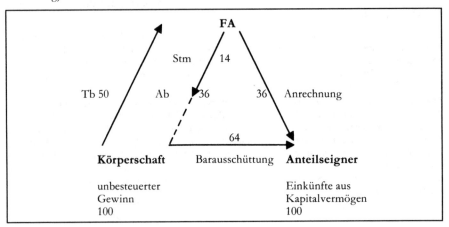

Für die Ausschüttung laufender Gewinne hat diese Rechnung an sich nur theoretischen Charakter, weil die Steuerschuld von vornherein nur in Höhe der Ausschüttungsbelastung von 36 v. H. entsteht. Zur exakten Ermittlung der Ausschüttungsbelastung werden ausgeschüttete Gewinne jedoch so behandelt, als wären auf sie vor der Ausschüttung zunächst die allgemeinen Tarifvorschriften angewendet worden, d. h. Tarifbelastung i. S. des § 27 I KStG ist insoweit die Belastung, die bei Thesaurierung entstanden wäre.

2. Statistische Erfassung aller noch nicht ausgeschütteten Gewinne: das verwendbare Eigenkapital

Da sich die Körperschaftsteuer nach § 27 I KStG bei der Ausschüttung sowohl thesaurierter als auch laufender Gewinne mindert oder erhöht, müssen sämtliche noch nicht ausgeschütteten Gewinne (= „für Ausschüttungen verwendbares Eigenkapital", § 29 II KStG)[119] erfaßt werden.

§ 29 I KStG definiert das Eigenkapital als „das in der Steuerbilanz ausgewiesene Betriebsvermögen" (gemeint: Betriebsreinvermögen; s. S. 277 f.), das sich *ohne* die Steueränderung nach § 27 KStG und *ohne* Verringerung um die im Wirtschaftsjahr erfolgten Ausschüttungen ergeben würde, die nicht auf einem Gewinnverteilungsbeschluß für ein abgelaufenes Wirtschaftsjahr beruhen. Diese Abweichungen zwischen dem Eigenkapital i. S. des § 29 I KStG und der Steuerbilanz beruhen auf folgenden Gründen: Die Änderung der Körperschaftsteuer ist zwar in der Steuerbilanz zu berücksichtigen, im Eigenkapital, das Grundlage der Steueränderung sein soll, aber noch nicht. Auch können Gewinnausschüttungen, die das laufende Jahr betreffen, insb. verdeckte Gewinnausschüttungen (dazu S. 422 ff.) und Vorabausschüttungen, im verwendbaren Eigenkapital, von dem sie erst im folgenden Jahr abgerechnet werden (§ 28 II 2 KStG), noch nicht berücksichtigt sein. Das Eigenkapital i. S. des § 29 I KStG muß daher in einer Nebenrechnung ermittelt werden.

Nach § 29 II 1 KStG ist das für Ausschüttungen verwendbare Eigenkapital durch Aufteilung des Eigenkapitals zu ermitteln. Für Ausschüttungen verwendbares Eigenkapital ist der Teil des Eigenkapitals, der das Nennkapital übersteigt (§ 29 II 2 KStG).

Aktiva	Passiva		
Aktivvermögen	Nennkapital (gezeichnetes Kapital)		Eigenkapital
	Kapitalrücklage Gewinnrücklagen	verwendbares Eigenkapital	
	Gewinnvortrag Jahresüberschuß		
	Passivvermögen	Fremdkapital	

Eine Ausnahme bestimmt § 29 III KStG: Danach gehört auch der Teil des Nennkapitals zum verwendbaren Eigenkapital, der durch Umwandlung von Rücklagen entstanden ist, die aus nach dem körperschaftsteuerrechtlichen Systemwechsel erzielten Gewinnen gebildet worden waren. Dadurch soll erreicht werden, daß bei der Rückzahlung von aus Gewinnen gebildetem Nennkapital ebenfalls die Ausschüttungsbelastung hergestellt wird[120].

Infolge nicht steuerbarer Vorgänge, Steuerbefreiungen und Steuerermäßigungen kann das für die Ausschüttungen verwendbare Eigenkapital aus Teilen bestehen, deren Tarifbelastung unterschiedlich hoch ist. Da die Steueränderung nach § 27 I KStG voraussetzt, daß die Tarifbelastung des für die Ausschüttung verwendeten Gewinns bekannt ist, muß das verwendbare Eigenkapital in seine einzelnen Teilbeträge zerlegt werden. Dementsprechend schreibt § 30 I 1 KStG eine *Gliederung des Eigenkapitals*[121] *entsprechend seiner Tarifbelastung* zum Schluß eines jeden Wirtschaftsjahres vor. Die einzelnen Teilbeträge sind aus der Gliederung für das vorangegange-

---

119 Dazu *Herzig*, BFuP 77, 326; *Jurkat*, StbKongrRep. 1977, 283; *Raupach*, StbJb. 1979/80, 423; *Gassner/Widmann*, JbFSt. 1980/81, 279.
120 Dementsprechend gehören Rückzahlungen dieser Teile des Nennkapitals (Kapitalrückzahlungen) beim Anteilseigner zu den Einkünften aus Kapitalvermögen (§ 20 I Nr. 2 EStG).
121 Dazu *Herzig*, BFuP 77, 326; *Jurkat*, StbKongrRep. 1977, 288; *Raupach*, StbJb. 1979/80, 429.

§ 11 Körperschaftsteuer

ne Wirtschaftsjahr abzuleiten. Die Gliederung des verwendbaren Eigenkapitals muß also – in einer Nebenrechnung außerhalb der Steuerbilanz – ständig fortgeschrieben werden (§ 30 I 2 KStG). In ihr sind folgende Teilbeträge auszuweisen (§ 30 I 3 KStG):

1. *ungemildert* (mit 56 v. H.) belastete Eigenkapitalteile; es handelt sich um thesaurierte Gewinne, die dem früheren, bis einschließlich 1989 geltenden Regelsteuersatz von 56 v. H. unterlegen haben; sie sind noch bis einschließlich 1994 gesondert auszuweisen (§ 54 XI KStG);
2. *ungemildert* (mit 50 v. H.) belastete Eigenkapitalteile;
3. *mit 36 v. H.* belastete Eigenkapitalteile;
4. *unbelastete Eigenkapitalteile*, d. h. Vermögensmehrungen, die der Körperschaftsteuer nicht unterliegen oder die das Eigenkapital vor dem Systemwechsel erhöht haben.

Der unbelastete Teilbetrag ist nach § 30 II KStG weiter zu unterteilen in

a) Eigenkapitalteile, die nach dem Systemwechsel aus ausländischen Einkünften entstanden sind;
b) sonstige Vermögensmehrungen, die der Körperschaftsteuer nicht unterliegen und nicht unter c oder d einzuordnen sind;
c) verwendbares Eigenkapital, das vor dem Systemwechsel entstanden ist;
d) nach dem Systemwechsel geleistete Einlagen der Anteilseigner, die das verwendbare Eigenkapital erhöht haben (s. dazu § 40 Satz 1 Nr. 1 KStG).

Da es verschiedene Steuer*ermäßigungen* gibt, müßte die in § 30 KStG vorgeschriebene Gliederung an sich eine Vielzahl unterschiedlich belasteter Eigenkapitalteile ausweisen. Zur Vereinfachung schreibt § 32 KStG jedoch folgende Grobeinteilung vor: Eigenkapitalteile, deren Tarifbelastung niedriger ist als die Ausschüttungsbelastung, sind in einen nicht belasteten und in einen mit 36 v. H. belasteten Teilbetrag *aufzuteilen* [122] (§ 32 II Nr. 1 KStG). Eigenkapitalteile, deren Tarifbelastung mehr als 36 v. H. beträgt, werden in einen mit 36 v. H. belasteten und in einen ungemildert belasteten Teilbetrag *aufgespalten* [123] (§ 32 II Nr. 2 KStG). Somit enthält die Gliederung des für Ausschüttungen verwendbaren Eigenkapitals *endgültig nur drei Belastungsgruppen*: den *ungemildert belasteten*, den *in Höhe der Ausschüttungsbelastung (36 v. H.) belasteten* und den *unbelasteten Teilbetrag* (der nach § 30 II KStG weiter zu unterteilen ist).

Für eine *Übergangszeit* von 1990 bis 1994 gibt es nebeneinander *zwei ungemildert belastete Teilbeträge*, den (alten) mit 56 v. H. und den (neuen) mit 50 v. H. belasteten.

Zur Diskussion steht die Vereinfachung der Eigenkapitalgliederung[124].

Für Kapitalgesellschaften, die *erstmals eine Gliederung des verwendbaren Eigenkapitals aufstellen*, schreibt § 30 III KStG vor, daß das in der Eröffnungsbilanz auszuweisende Eigenkapital, soweit es das Nennkapital übersteigt, dem Teilbetrag i. S. § 30 II Nr. 4 KStG zuzuordnen ist. Folglich führt die Ausschüttung von verwendbarem Eigenkapital, das vor der erstmaligen Gliederung entstanden ist, weder zu einer Erhöhung der Körperschaftsteuer (§ 40 Satz 1 Nr. 1 KStG) noch zu Kapitaleinkünften des Anteilseigners (§ 20 I Nr. 1 Satz 2 EStG).

Diese Vorschrift betrifft außer allen Neugründungen insb. Kapitalgesellschaften, die von der beschränkten zur unbeschränkten Steuerpflicht wechseln oder durch Umwandlung aus einem Betrieb gewerblicher Art einer juristischen Person des öffentlichen Rechts entstanden sind. Besondere Bedeutung hat sie für Körperschaften in der ehemaligen DDR.

---

122 Dazu *Achenbach,* RIW/AWD 78, 246; *Müller-Dott,* BB 78, 1105; *Widmann,* JbFSt. 1977/78, 315; *Jost,* B 78, 1946; *Wölfel,* B 79, 810; *Müller-Dott,* BB 84, 524; *E.-M. Einig,* Steuerermäßigungen im Körperschaftsteuerrecht bei Kapitalgesellschaften, Diss. rer. pol. Würzburg 1984.
123 S. Fn. 122; zum Rechengang der Aufteilung s. Abschn. 86 ff. KStR.
124 Dazu *Maas,* BB 85, 45; *Herzig,* GmbHR 85, 37; Jost, B 86, Beilage 3; *Sarrazin,* DStZ 86, 235; zum Vergleich der Modelle s. *Dötsch,* B 87, 1858; *Singbartl/Dötsch/Hundt,* B 88, 1871; *Dötsch,* B 88, 2426; *Brenner,* in: IDW-Steuerfachtagung '88, Düsseldorf 1988, 67 ff.

Gliederung des verwendbaren Eigenkapitals und Beginn des Anrechnungsverfahrens für Körperschaften in den neuen Bundesländern:

Körperschaften im beigetretenen Teil Deutschlands haben ihr verwendbares Eigenkapital erstmals zum 1. 1. 1991 nach § 30 III KStG zu gliedern, d. h. dem Teilbetrag des § 30 II Nr. 4 KStG zuzuordnen. Gewinnausschüttungen für Wirtschaftsjahre bis einschließlich 1990 unterliegen noch dem früheren Steuerrecht der DDR. Für sie wird die Ausschüttungsbelastung nach § 27 KStG nicht hergestellt; sie führen beim Empfänger nicht zu Kapitaleinkünften und berechtigen ihn nicht zur Anrechnung der Körperschaftsteuer nach § 36 II Nr. 3 EStG. Einzelheiten regelt § 54a KStG in der Fassung der Anlage I, Kapitel IV, Sachgebiet B, Abschnitt II, Nr. 19 Buchstabe d des Einigungsvertrages.

3. Reihenfolge der Verwendung der einzelnen Eigenkapitalteile

Für die Minderung oder Erhöhung der Körperschaftsteuer nach § 27 I KStG ist es erforderlich, daß festgelegt wird, welchem Teil (Teilbetrag) des für Ausschüttungen verwendbaren Eigenkapitals der ausgeschüttete Gewinn entstammt: Nach § 28 III 1 KStG gelten die mit Körperschaftsteuer belasteten *Teilbeträge des Eigenkapitals in der Reihenfolge* als für die Ausschüttung *verwendet, in der die Belastung abnimmt.*

Zuerst gilt also der am höchsten (noch bis 1994: mit 56 v. H.) belastete Teilbetrag als verwendet, dann folgt der nächst niedriger (mit 50 v. H.) belastete Teilbetrag, danach der mit 36 v. H. belastete Teilbetrag und zuletzt der nicht belastete Teilbetrag. Diese Regelung ist für das Körperschaftsteuersubjekt am günstigsten, weil sie es vorrangig in den Genuß der Steuerminderung nach § 27 I KStG bringt. Die Steuererhöhung zur Herstellung der Ausschüttungsbelastung für Ausschüttungen aus dem nicht belasteten Eigenkapitalteil tritt erst ein, wenn zuvor die belasteten Teilbeträge für Ausschüttungen aufgebraucht worden sind. Auf diese Regelung verweist § 27 I KStG, indem er den ausgeschütteten Gewinn als „Eigenkapital, das nach § 28 als für die Ausschüttung verwendet gilt", bezeichnet. § 28 III 2 KStG bestimmt, daß der nicht belastete Teilbetrag in der in § 30 II KStG bezeichneten Reihenfolge als verwendet gilt. Für den Fall der Nennkapitalrückzahlung wird § 28 III KStG durch § 41 II KStG ergänzt; danach gilt der Teil des Nennkapitals als zuerst zurückgezahlt, der zum verwendbaren Eigenkapital gehört (s. § 29 III KStG).

Nach § 28 III 3 KStG ist *aus der Tarifbelastung eines Teilbetrages abzuleiten, in welcher Höhe er als für eine Ausschüttung verwendet* gilt.

Das ist so zu verstehen: In welcher Höhe ein Teilbetrag des Eigenkapitals in Anspruch genommen werden muß, um eine bestimmte Barausschüttung abzudecken, hängt davon ab, wie hoch dieser Teilbetrag mit Körperschaftsteuer vorbelastet ist. Wird aus dem mit 50 v. H. belasteten Teilbetrag des Eigenkapitals ausgeschüttet, so erhöht sich der Betrag, der bar ausgeschüttet werden kann, um die nach § 27 I KStG eintretende Steuerminderung. Dem entspricht § 28 IV 1 KStG, wonach auch die Körperschaftsteuerminderung als für die Ausschüttung verwendet gilt. Um einen Betrag von 64 aus dem mit 50 v. H. Körperschaftsteuer belasteten Teilbetrag des Eigenkapitals ausschütten zu können, wird von diesem Teilbetrag des Eigenkapitals also nur ein Betrag von 50 benötigt. Der Differenzbetrag zwischen 64 und 50 wird durch die Körperschaftsteuerminderung von 14 abgedeckt.

Umgekehrt verhält es sich mit den unbelasteten Teilbeträgen des Eigenkapitals. Um aus ihnen eine Ausschüttung zu ermöglichen, muß nicht nur der auszuschüttende Betrag, sondern auch die nach § 27 I KStG eintretende Körperschaftsteuererhöhung abgedeckt werden. Das ergibt sich aus § 28 IV 2 i.V. mit § 31 I Nr. 1 KStG. Nach § 31 I Nr. 1 KStG ist die Körperschaftsteuererhöhung von dem Teilbetrag abzuziehen, auf den sie entfällt. Nach § 28 IV 2 KStG kann nur der nach Abzug der Steuererhöhung verbleibende Teilbetrag ausgeschüttet werden. Dadurch wird verhindert, daß der betreffende Eigenkapital-Teilbetrag negativ wird. Um z. B. aus dem

§ 11 Körperschaftsteuer

nicht belasteten Teilbetrag einen Betrag von 64 ausschütten zu können, wird also aus diesem Teilbetrag des Eigenkapitals ein Betrag von 100 benötigt. Die Differenz von 36 (100 – 64) muß an das Finanzamt abgeführt werden.

Um zu berechnen, wieviel von einem bestimmten Teilbetrag des verwendbaren Eigenkapitals erforderlich ist, um eine Barausschüttung von bestimmter Höhe abzudecken, lassen sich die Werte aus dem Rechenbeispiel zur Steuerminderung (S. 440) als Prozentzahlen verwenden und zueinander ins Verhältnis setzen. Mit Hilfe der so gewonnenen Brüche können Multiplikatoren abgeleitet[125] werden, die auch die Ermittlung weiterer Größen (erzielbare Barausschüttung bei vorgegebenem Eigenkapitalteil, Steuerminderung und -erhöhung) ermöglichen.

Im einzelnen gilt:

a) bei einer Tarifbelastung von 56/50 v.H. (Steuerminderung):

Gesuchte Größe	Bekannte Größe	56 v. H. (bis 1994)	50 v. H.
		Multiplikator	
verwendbares Eigenkapital	Barausschüttung	$\dfrac{44}{64} = \dfrac{11}{16}$	$\dfrac{50}{64} = \dfrac{25}{32}$
Barausschüttung	verwendbares Eigenkapital	$\dfrac{64}{44} = \dfrac{16}{11}$	$\dfrac{64}{50} = \dfrac{32}{25}$
Steuerminderung	Barausschüttung	$\dfrac{20}{64} = \dfrac{5}{16}$	$\dfrac{14}{64} = \dfrac{7}{32}$
Steuerminderung	verwendbares Eigenkapital	$\dfrac{20}{44} = \dfrac{5}{11}$	$\dfrac{14}{50} = \dfrac{7}{25}$

b) bei einer Tarifbelastung von 0 v. H. (Steuererhöhung):

Gesuchte Größe	Bekannte Größe	Multiplikator
verwendbares Eigenkapital	Barausschüttung	$\dfrac{100}{64} = \dfrac{25}{16}$
Barausschüttung	verwendbares Eigenkapital	$\dfrac{64}{100} = \dfrac{16}{25}$
Steuererhöhung	Barausschüttung	$\dfrac{36}{64} = \dfrac{9}{16}$
Steuererhöhung	verwendbares Eigenkapital	$\dfrac{36}{100} = \dfrac{9}{25}$

c) bei einer Tarifbelastung von 36 v. H.:
Eine Körperschaftsteueränderung nach § 27 I KStG tritt nicht ein. Die Barausschüttung und der dafür verwendete Eigenkapitalteil stimmen überein.

---

125 Ausführliche Ableitung durch *Becker*, Berechnungsformeln für das neue körperschaftsteuerliche Anrechnungsverfahren, BB 76, 873 (mit Beispielsrechnungen). Zur gesetzlichen Grundlage der verschiedenen Berechnungsweisen s. auch *Meyer-Arndt*, B 77, 1017.

4. Sondervorschriften

Eine besondere Regelung besteht für die Gliederung des Eigenkapitals einer **Organschaft** (§§ 36, 37 KStG)[126]: Nach § 14 KStG ist das Einkommen der Organgesellschaft dem Organträger zuzurechnen. § 36 KStG bestimmt folgerichtig, daß die *bei der Organgesellschaft entstandenen Vermögensmehrungen dem Organträger zur Bildung seines verwendbaren Eigenkapitals zuzurechnen sind*. Dazu zählen auch die Vermögensmehrungen, die nicht an den Organträger abgeführt werden, sondern zur Rücklagenbildung bei der Organgesellschaft verbleiben. Für diese Rücklagen hat der Organträger in seiner Steuerbilanz einen aktiven Ausgleichsposten anzusetzen, damit Steuerbilanz und Eigenkapitalgliederung abgestimmt bleiben. Dem Organträger nicht zugerechnet werden jedoch die Beträge, die die Organgesellschaft nach § 16 KStG selbst zu versteuern hat, sowie die Beträge, die den Gewinn der Organgesellschaft unberührt lassen (Einlagen und durch Gesamtrechtsnachfolge erworbenes Vermögen). Die dem Organträger zuzurechnenden Vermögensmehrungen werden dementsprechend bei der Bildung des verwendbaren Eigenkapitals der Organgesellschaft prinzipiell nicht berücksichtigt (§ 37 I KStG). Die der Organgesellschaft nach der Gewinnabführung verbleibenden Rücklagen bilden jedoch einen Teil des Eigenkapitals (§ 29 I KStG). Da diese Rücklagen nach § 36 KStG ebenfalls zum verwendbaren Eigenkapital des Organträgers gehören und ihre Steuerbelastung sich folglich nur beim Organträger auswirkt, muß sichergestellt sein, daß ihre spätere Abführung oder Ausschüttung durch die Organgesellschaft weder beim Organträger noch bei den Anteilseignern steuerliche Wirkungen auslöst. Deshalb werden Rücklagen der Organgesellschaft nach § 37 II 1 KStG wie Einlagen i. S. des § 30 II Nr. 4 KStG behandelt (s. § 40 Satz 1 Nr. 1 KStG). Ist der an den Organträger abgeführte Betrag höher als der von der Organgesellschaft erwirtschaftete Gewinn, wird also Vermögenssubstanz abgeführt, so gelten die bei der Organgesellschaft gebildeten Rücklagen vorrangig als hierfür verwendet (§ 37 II 2 KStG).

Sondervorschriften[127] regeln ferner die Behandlung *von Gewinnen, die vor Inkrafttreten des KStG 1977 entstanden sind* (§ 30 II Nr. 3 KStG; s. auch § 27 I, II KStG). Danach bleibt die Doppelbelastung bestehen (s. allerdings auch § 41 III KStG): *von Einlagen* (§ 30 II Nr. 4 KStG; s. auch § 40 Satz 1 Nr. 1 KStG und § 20 I Nr. 1 Satz 2 EStG), von *nicht abziehbaren Ausgaben*[128] i. S. § 10 KStG (§ 31 KStG), von *Verlusten, Verlustvortrag und Verlustrücktrag*[129] (§ 33 KStG), des *Erlasses von Körperschaftsteuer* aus Billigkeitsgründen (§ 34 KStG)[130], von *Ausschüttungen, die das verwendbare Eigenkapital übersteigen* (§ 35 KStG[131], der § 27 I KStG ergänzt), der *ausschüttungsbedingten Wertminderungen von Anteilen*, die ein anrechnungsberechtigter von einem nichtanrechnungsberechtigten Anteilseigner erworben hat (§ 50 c EStG)[132], *der Umwandlung von Kapitalgesellschaften* (§§ 38, 42 KStG; § 12 UmwStG).

---

126 Dazu Fn. 117 sowie *Jurkat*, JbFSt. 1977/78, 357; *Schöneberger*, B 78, 1003; *Krebs*, B 79, 1526, 1574; *Dötsch*, B 80, 271.
127 Einzelheiten bei *Pezzer*, StuW 76, 317 ff.
128 Dazu *Kantenwein*, FR 78, 336; *E.-M. Einig* (Fn. 122), 106 ff.; *Mayer-Wegelin*, B 85, 1757; kritisch *Krüger*, FR 86, 343.
129 Dazu *Röhl*, B 78, 1711; *Uhrmann*, B 78, 1759; *Pezzer*, B 79, 134; *Orth*, FR 81, 525; StuW 82, 370; JbFSt. 1984/85, 335; s. auch Fn. 67.
130 Dazu *Pezzer*, StuW 77, 9.
131 Dazu *Herzig*, BB 78, 490, 799; *Jünger*, BB 78, 709; *Garbe*, B 80, 2475; *Meyer-Arndt*, B 81, 15.
132 Dazu *Dötsch*, DStR 80, 189; B 80, 1562; *Krebs*, BB 80, 1257; *Rathmann*, B 80, 800; *Neyer/ F. Becker*, RIW/AWD 80, 635; *Söffing/Wrede*, FR 80, 397; *Littmann*, DStZ 81, 355.

5. Verdeckte Gewinnausschüttungen im Anrechnungsverfahren

Verdeckte Gewinnausschüttungen (dazu oben S. 422 ff.) sind „andere Ausschüttungen" i. S. § 27 III 2 KStG. Nach der neueren Rechtsprechung des BFH[133] ist zwischen einer verdeckten Gewinnausschüttung i. S. § 8 III 2 KStG einerseits und einer anderen Ausschüttung i. S. § 27 III 2 KStG andererseits zu unterscheiden. Beiden ist gemeinsam, daß sie eine bei der Kapitalgesellschaft eintretende Vermögensminderung voraussetzen, die durch das Gesellschaftsverhältnis veranlaßt ist und in keinem Zusammenhang mit einer offenen Ausschüttung steht. Die verdeckte Gewinnausschüttung i. S. § 8 III 2 KStG setzt zusätzlich voraus, daß die Vermögensminderung auch das Einkommen verändert. Umgekehrt verlangt sie nicht, daß die der Vermögensminderung entsprechenden Mittel bei der Kapitalgesellschaft abfließen. Die andere Ausschüttung i. S. § 27 III 2 KStG stellt dagegen auf die Einkommensminderung nicht ab. Entscheidend kommt es insoweit nur darauf an, daß die der Vermögensminderung bei der Kapitalgesellschaft entsprechenden Mittel auch tatsächlich abfließen. Dies entspricht dem rechtssystematischen Grundcharakter der Ausschüttungsbelastung als einer Quellensteuer auf die Kapitaleinkünfte des Gesellschafters (dazu oben S. 408). Ihr Sicherungszweck greift nicht schon bei der Verminderung des Gesellschaftsvermögens ein, sondern erst dann, wenn die Mittel aus dem Vermögen der Gesellschaft tatsächlich abfließen.

Für die *Rechtsfolgen* der verdeckten Gewinnausschüttung hat das Anrechnungsverfahren neue Probleme aufgeworfen[134]. Setzt man den dem Anteilseigner zugewendeten Vorteil der Bardividende gleich, muß die Körperschaft für die verdeckte Gewinnausschüttung die Ausschüttungsbelastung herstellen und 36 v. H. der Bruttodividende (= 9/16 oder 56,25 v. H. der verdeckten Gewinnausschüttung) zusätzlich an das Finanzamt abführen (§§ 8 III 2; 27 I, III 2 KStG). Das Einkommen des Anteilseigners erhöht sich um die entsprechende Steuergutschrift (§ 20 I Nr. 3 EStG), die er auf seine Steuerschuld anrechnen kann (§ 36 II Nr. 3 EStG). Die Aufdeckung einer verdeckten Gewinnausschüttung begünstigt also nochmals deren Empfänger zu Lasten der Körperschaft, indem sie zu einer zwangsweisen Erhöhung der Ausschüttung in Form der Steuergutschrift führt[135]. Um dieses Ergebnis zu vermeiden, ist vorgeschlagen worden[136], die verdeckte Zuwendung an den Anteilseigner als Bruttodividende zu behandeln und sie zu *zerlegen in einen Baranteil und einen Steueranteil von 36 v. H.*, den die Körperschaft an sich an das Finanzamt hätte abführen müssen. Diesen müsse der Anteilseigner an die Körperschaft zurückzahlen und bekomme ihn statt dessen im Wege der Steueranrechnung vom Finanzamt.

Für diese Lösung spricht, daß die Gesamtzuwendung an den Anteilseigner auf die Höhe der verdeckten Gewinnausschüttung beschränkt bleibt und nicht durch das Anrechnungsverfahren noch erhöht wird. Dagegen ist allerdings einzuwenden, daß die verdeckte Gewinnausschüttung, die dem Anteilseigner unmittelbar von der Körperschaft zugewendet wird, wirtschaftlich der Bardividende entspricht. Für eine gleich hohe offene Barausschüttung hätte die Körper-

---

133 BFH BStBl. 89, 857; *Wassermeyer,* GmbHR 89, 298.
134 Dazu *Pezzer* (Fn. 17), 112; *Brezing,* B 76, 2079; *Fasold,* B 76, 1886; DStR 76, 634; *Schulze zur Wiesche,* GmbHR 76, 282; *Herzig,* StuW 76, 325; *ders.,* FR 77, 237, 405; *ders.,* FR 81, 261; *Brezing,* FR 77, 261; *Hoffmann,* BB 77, 239; *Wittstock,* DStR 77, 694; *Knobbe-Keuk,* StuW 77, 157; *R. Thiel,* FR 77, 267; *Gutschick,* Zur Problematik der Behandlung verdeckter Gewinnausschüttungen nach der Körperschaftsteuerreform, Inst.FuSt, Heft 117, Bonn 1978, m. w. N. auf S. 9; *Knobbe-Keuk,* Bilanz- und Unternehmenssteuerrecht[7], Köln 1989, 538 ff. m. w. N.; *Döllerer,* BB 79, 58; *Weindl,* Probleme der verdeckten Gewinnausschüttung im neuen Körperschaftsteuergesetz, Diss. Regensburg 1981.
135 Ein Vorteil ergibt sich allerdings nur, wenn man den Anteilseigner isoliert betrachtet.
136 *Fasold,* B 76, 1886; DStR 76, 634; DStR 78, 368; *Brezing,* B 76, 2080; *ders.,* FR 77, 261 f.; *Knobbe-Keuk,* StuW 77, 157 f.; *dies.,* Bilanz- und Unternehmenssteuerrecht[7], Köln 1989, 541.

schaft ebenfalls einen Körperschaftsteuerbetrag in Höhe von $9/_{16}$ oder 56,25 v. H. der Ausschüttung abführen müssen. Die Aufspaltung der verdeckten Gewinnausschüttung in einen Bar- und einen Steueranteil bedeutet deshalb eine fiktive Umqualifizierung der tatsächlichen Verhältnisse, für die eine Stütze im Gesetz nicht ersichtlich ist[137].

Fraglich ist, ob die verdeckte Gewinnausschüttung insgesamt oder wenigstens die durch ihre Aufdeckung verursachte zusätzliche Begünstigung des Anteilseigners mit Mitteln des Zivilrechts, durch entsprechende Rückgewähransprüche, ausgeglichen werden kann[138]. Ein bürgerlich-rechtlicher Anspruch auf Rückzahlung besteht nicht[139]. Ein gesellschaftsrechtlicher Rückgewähranspruch besteht nach §§ 62 I, 57 I AktG allenfalls für Aktiengesellschaften[140]; für sonstige Körperschaften kann ein Rückgewähranspruch durch Satzungsklauseln[141] begründet werden[142]. Nur ausnahmsweise kommt ein Anspruch aufgrund der gesellschaftsrechtlichen Treuepflicht in Betracht[143]. Bei der Prüfung von Ansprüchen ist stets zu berücksichtigen, daß sich die Voraussetzungen der verdeckten Gewinnausschüttung im Zivilrecht und im Steuerrecht nicht decken[144].

Die Frage, aus welchem verwendbaren Eigenkapital verdeckte Gewinnausschüttungen zu bestreiten sind[145], ist nunmehr durch Gesetzesänderung[146] systemgerecht gelöst: Verdeckte Gewinnausschüttungen sind mit dem verwendbaren Eigenkapital am Ende des Ausschüttungsjahres zu verrechnen (§ 28 II 2 KStG). Dadurch wird auf sie nur noch so viel Körperschaftsteuer erhoben, daß die Belastung dem Anrechnungsguthaben des Empfängers entspricht.

IV. Anrechnung der Ausschüttungsbelastung auf die Steuerschuld des Anteilseigners

Literatur: *Richter,* Die Besteuerung der ausgeschütteten (Körperschafts-)Gewinne bei den Anteilseignern, DStR 77, 81; *Knobbe-Keuk,* Bilanz- und Unternehmensteuerrecht[7], Köln 1989, 490; *Widmann,* Körperschaftsteuer-Anrechnung und Verfahrensrecht, FR 89, 227.

Nach § 36 II Nr. 3 EStG kann der Anteilseigner die Körperschaftsteuer in Höhe von $9/_{16}$ der Bardividende, also in Höhe der Ausschüttungsbelastung von 36 v. H. des unversteuerten Gewinns, auf seine Einkommensteuerschuld *anrechnen* (Ausnahme: § 36d EStG). Dadurch wird die nach §§ 27ff. KStG sich ergebende Ausschüttungsbelastung beim Anteilseigner beseitigt, der ausgeschüttete Gewinn somit völlig von der Körperschaftsteuer entlastet.

Die Anrechnung ist auch zulässig, wenn die Körperschaft die geschuldete Körperschaftsteuer *nicht entrichtet* hat (§ 36 II Nr. 3 Satz 3 EStG). Eine Ausnahme gilt insoweit nach § 36a EStG: Fall des beherrschenden Einflusses oder der wesentlichen Beteiligung[147].

---

137 *Pezzer* (Fn. 17), 114.
138 Dazu *Pezzer* (Fn. 17), 188; vgl. auch *R. Thiel,* FR 77, 270f.; *Lempenau,* BB 77, 1209; *Knobbe-Keuk,* Bilanz- und Unternehmensteuerrecht[7], Köln 1989, 546ff.
139 *Gutschick* (Fn. 134), 78; s. auch *Wellnhofer,* FR 78, 258.
140 *Letters,* JbFSt. 1978/79, 430; *Döllerer,* BB 79, 61; *ders.,* DStR 80, 399.
141 Dazu *Meyer-Arndt,* JbFSt. 1979/80, 297; *L. Schmidt,* JbFSt. 1979/80, 314; *Theisen,* GmbHR 80, 132, 182; *Lagemann,* Die Steuerklausel, Diss. Gießen 1979; *U. H. Schneider,* ZGR 85, 302; *Zenthöfer,* DStZ 87, 185, 217, 273.
142 *Döllerer* (Fn. 140); einschränkend jedoch BFH BStBl. 84, 725 f. mit abl. Anm. *Brezing,* B 84, 2059, und zust. Anm. *L. Schmidt,* FR 84, 540; ablehnend auch *Döllerer,* BB 86, 97; *Pezzer* (Fn. 17), 194; restriktiv ferner BFH BStBl. 87, 733; 89, 1029.
143 *Pezzer* (Fn. 17), 189, 193.
144 *Pezzer* (Fn. 17), 190, 192; *U. H. Schneider,* ZGR 85, 280.
145 Dazu 9. Auflage, S. 346f. m. w. N.; *Pezzer* (Fn. 17), 138.
146 Dazu *Krebs,* BB 84, 1156; *Rabald,* WPg. 84, 290; *Lempenau,* BB 84, 263; *Martens,* DStR 84, 168; *Hoffmann,* BB 84, 909; *Herzig,* B 85, 353; *Pezzer* (Fn. 17), 117, 168.
147 Kritisch zur Frist des § 36a II EStG: *Selchert,* B 84, 1002.

§ 11 Körperschaftsteuer

Wird der Anteilseigner *nicht* zur Einkommensteuer *veranlagt,* so wird ihm die anrechenbare Körperschaftsteuer *vom Bundesamt für Finanzen vergütet* (§ 36 b EStG).

Die Vergütung kann unter erleichterten Voraussetzungen in Anspruch genommen werden, wenn ein *Kreditinstitut* den Antrag auf Vergütung in Vertretung des Anteilseigners stellt (§ 36 c I EStG), wenn eine Kapitalgesellschaft oder ein von ihr bestellter Treuhänder die Vergütung für *Einnahmen* aus Anteilen *ihrer Arbeitnehmer* beantragt (§ 36 c II Nrn. 1, 2 EStG) und wenn eine *Genossenschaft* die Vergütung anstelle ihrer Mitglieder für Einnahmen aus den Genossenschaftsanteilen beantragt (§ 36 c II Nr. 3 EStG). Anteilseignern, die Arbeitnehmer der Kapitalgesellschaft oder Mitglieder der Genossenschaft sind, wird die Vergütung anstelle der Anrechnung auch dann gewährt, wenn die Anteilseigner zur Einkommensteuer veranlagt werden, sofern die Barausschüttung nicht mehr als 100 DM im Jahr beträgt (§ 36 d EStG).

Ist der Anteilseigner eine Personengesellschaft, so ist die Behandlung des Anrechnungsanspruchs problematisch, weil die Anrechnung nicht bei der Personengesellschaft – die kein Einkommensteuersubjekt ist – stattfinden kann, sondern nur bei ihren Gesellschaftern[148]. Da die Beteiligung zum Betriebsvermögen der Personengesellschaft zählt, ist der mit der Dividende verknüpfte Anrechnungsanspruch eine Betriebseinnahme, die allerdings dem Gesellschafter persönlich zusteht. Das Anrechnungsguthaben gehört daher in das Sonderbetriebsvermögen (dazu S. 348 f.) des Gesellschafters[149].

Die Anrechnung soll nur solchen Anteilseignern zugute kommen, die die Ausschüttung voll versteuern müssen; das Anrechnungsverfahren will nämlich nur die Doppelbelastung Körperschaftsteuer/Einkommensteuer aufheben, nicht aber die steuerliche Belastung gänzlich beseitigen.

Daher erhalten *keine Anrechnung oder Vergütung* (§ 51 KStG): Anteilseigner, bei denen die *Einnahmen* i. S. des § 20 I Nrn. 1–3, II Nr. 2a EStG *steuerfrei* sind; steuerbefreite Anteilseigner[150], die *nur der Kapitalertragsteuer* unterliegen (§§ 51, 50 I Nr. 1 KStG); *beschränkt steuerpflichtige Anteilseigner*[151], wenn die Einkünfte aus den Anteilen nicht in einem inländischen gewerblichen oder land- und forstwirtschaftlichen Betrieb angefallen sind (§§ 51, 50 I Nr. 2 KStG; § 50 V 2 EStG).

Für diese nicht zur Anrechnung berechtigten Anteilseigner – vor allem ausländische Muttergesellschaften, inländische (gemeinnützige) steuerbefreite Körperschaften, Kirchen, Gewerkschaften – ist die Ausschüttungsbelastung von 36 v. H. endgültig. Hinzu kommt die Kapitalertragsteuer. Um diese Belastung zu vermeiden, sind nicht anrechnungsberechtigte Anteilseigner dazu übergegangen, ihre Körperschaften mit möglichst wenig Eigenkapital auszustatten und ihnen zur Finanzierung statt dessen Fremdkapital (z. B. in Form von Gesellschafter-Darlehen oder stillen Beteiligungen) zu überlassen. Die Zinsen hierfür sind Betriebsausgaben und bleiben deshalb im Inland steuerfrei. Der *Gesetzgeber plant* seit Jahren, diesen Gestaltungen durch eine Regelung entgegenzuwirken, die Vergütungen für vom Anteilseigner überlassenes Fremdkapital als verdeckte Gewinnausschüttungen behandelt (§ 8a KStG-Entwurf[152]). Das Problem

---

148 Dazu *Maul,* B 81, 1104; *Simon,* B 81, 1895; *Meilicke/Maul,* B 82, 291; *Nauss,* B 82, 1681, 1733; *Schlotter,* B 83, 188; *Selchert,* BB 84, 888; FG Köln EFG 83, 133; FG München BB 85, 34 mit zust. Anm. *Döllerer,* BB 85, 36.

149 *Knobbe-Keuk,* Bilanz- und Unternehmenssteuerrecht[7], Köln 1989, 490; *Selchert,* BB 84, 888.

150 Zur Situation steuerbefreiter Stiftungen s. *K. Vogel* und *K. Neuhoff,* B 80, Beilage 11; s. ferner *Leisner,* StuW 84, 244.

151 Dazu kritisch *Böckli,* Archiv für Schweizerisches Abgaberecht 78, 161; *ders.,* StuW 79, 1 ff. (aus doppelbesteuerungsrechtlicher Sicht); zur Frage der Diskriminierung ausländischer Anteilseigner s. *Raupach,* JbFSt. 1977/78, 436; *Manke,* JbFSt. 1977/78, 452; *Görlich,* FR 78, 367; vgl. auch *H. Kaiser,* StbKongrRep. 1980, 192.

152 *Hübner,* StbJb. 1981/82, 371; *v. Wysocki, Höhn, Schmidt, Ault, Flockermann, Pöllath,* „Fremdfinanzierung" von Kapitalgesellschaften durch Anteilseigner, München 1982; *Krebs,* BB 82, 1915; *Schneeloch,* StuW 84, 40; *Fassnacht,* Die Fremdfinanzierung von Kapitalgesellschaften durch deren Gesellschafter unter besonderer Berücksichtigung des Entwurfs eines § 8a KStG (Diss. Bonn 1983), Köln 1984; *Krüger,* BB 87, 1081.

besteht darin, die betriebswirtschaftlich sinnvolle Fremdfinanzierung durch Anteilseigner von derjenigen Fremdfinanzierung abzugrenzen, die ohne einen anderen ökonomischen Sinn lediglich Eigenkapital ersetzen und so die Besteuerung der ausgeschütteten Gewinne vermeiden soll. Diese gebotene Abgrenzung ist bisher nicht gelungen[153]. Dementsprechend sind alle gesetzgeberischen Bemühungen bisher im Sande verlaufen. Rechtssystematisch konsequent wäre es, den auch sonst als Indiz für verdeckte Gewinnausschüttungen benutzten Fremdvergleich (s. S. 424) heranzuziehen, also zu fragen, ob ein fremder Dritter ebenfalls Kapital zur Verfügung gestellt hätte[154]. Eine systematisch ebenfalls unbedenkliche Lösung bestünde darin, übermäßige Gesellschafterdarlehen handelsrechtlich als kapitalersetzende Darlehen und steuerrechtlich als verdecktes Nennkapital (verdecktes Eigenkapital) zu qualifizieren[155]. Dies versucht die Finanzverwaltung de lege lata, indem sie Gesellschafterdarlehen eines nicht anrechnungsberechtigten Anteilseigners als verdecktes Nennkapital behandelt, soweit das Eigenkapital der Gesellschaft 10 v. H. ihres Aktivvermögens nicht überschreitet[156]. Rechtsgrundlage dafür soll § 42 AO sein. Das ist indessen zweifelhaft, weil ein Mißbrauch von Gestaltungsmöglichkeiten anhand der Umstände des Einzelfalls festgestellt werden muß, um die entsprechende Rechtsfolge auszulösen. Die Voraussetzungen lassen sich nicht durch Verwaltungsanweisung in Form einer Mindesteigenkapitalquote pauschalieren[157]. Deshalb bleibt der Gesetzgeber gefordert.

Nach § 49 KStG gelten §§ 36 ff. EStG auch für die Anrechnung auf die Körperschaftsteuer.

V. Verfahrensvorschriften

Voraussetzung für die Anrechnung oder Vergütung ist die Vorlage einer von der Körperschaft nach amtlichem Muster ausgestellten Bescheinigung (§ 36 II Nr. 3 Satz 4 Buchst. b EStG; §§ 44–46 KStG).

Die sehr detaillierten §§ 44–46 KStG sollen Mißbräuche und Manipulationen im Anrechnungsverfahren, zumal im Zusammenhang mit unzutreffenden Bescheinigungen, verhindern.

Die Vergütung nach § 36b EStG setzt zusätzlich den Nachweis voraus, daß der Anteilseigner unbeschränkt steuerpflichtig ist und voraussichtlich nicht zur Einkommensteuer veranlagt wird (§ 36b II EStG).

§ 47 KStG schreibt vor, daß einige besonders wichtige Besteuerungsgrundlagen gesondert festzustellen sind[158].

Für Körperschaften in den neuen Bundesländern ist diese Feststellung erstmals auf den 1. 1. 1991 vorzunehmen (§ 54a Nr. 7 KStG).

---

153 *Pöllath,* in: v. Wysocki, Höhn u. a. (Fn. 152), 39; *Knobbe-Keuk,* StuW 82, 201; *Pott,* StuW 82, 223; weitere Nachweise bei *v. Wysocki/Höhn u. a.* (Fn. 152), Anhang II; *Fassnacht* (Fn. 152), 33 ff; *Krüger* (Fn. 152); *Siegel,* StuW 89, 340; *Thiel,* StbJb. 1989/90, 76.
154 *Pezzer,* StuW 80, 15; *Pöllath/Rädler,* B 80, Beilage 8, 7; *Kuhn,* StbJb. 1980/81, 193; s. auch *Fassnacht* (Fn. 152), 74 ff.
155 *Fassnacht* (Fn. 152), 143 ff.; vgl. ferner *Wassermeyer,* Deutscher Steuerberatertag 1987, 124; *Döllerer,* StuW 88, 207.
156 BStBl. I 87, 373.
157 FG Düsseldorf EFG 89, 80; FG Rheinland-Pfalz EFG 90, 198; kritisch auch *Haug,* DStZ 87, 287.
158 Dazu BFH BStBl. 83, 603; 86, 93; 88, 460; 88, 463; 88, 466; *Dötsch,* B 88, 1516; *Widmann,* FR 89, 224.

§ 12 Bewertungsgesetzabhängige Steuerarten

A. Bewertung nach dem Bewertungsgesetz*

Rechtsgrundlagen: Bewertungsgesetz (BewG) – in letzter Fassung abgedruckt in Beck'sche Sammlung der Steuergesetze I unter Nr. 200.

Verwaltungsvorschriften: Im Bewertungsrecht spielen Richtlinien (etwa BewRGr, VStR – abgedruckt in Beck'sche Sammlung der Steuerrichtlinien unter Nrn. 200 und 220) eine besondere Rolle. Daß die BFH-Rechtsprechung (etwa BStBl. 88, 935) sie zu allgemeinverbindlichen Quasi-Rechtsnormen „erhoben" hat, hat wohl tatsächliche Gründe: Die Gerichte müßten, würden sie sich nicht auf die Richtlinien stützen, laufend Sachverständige bemühen. Im Bundessteuerblatt I veröffentlicht die Finanzverwaltung laufend anzusetzende DM-Beträge für z. B. Goldmünzen, Edelmetallbarren, notierte und nichtnotierte Wertpapiere, Investmentanteile und für die Berechnung des Kapitalwerts bestimmter Nutzungen und Leistungen (dazu BStBl. I 90, 171; I 90 Sondernr. 3; I 90, 570).

Literatur: *Moench/Glier/Knobel/Werner*, Bewertungs- und Vermögensteuergesetz, Herne/Berlin 1989; *Rössler/Troll* (Bearbeiter: *Troll/Halaczinsky/Teß*), Bewertungsgesetz und Vermögensteuergesetz[15], München 1989; *Gürsching/Stenger*, Bewertungsgesetz und Vermögensteuergesetz[8], Köln (Loseblatt); *Steinhardt*, Bewertungsgesetz/Vermögensteuergesetz[6], Herne/Berlin (Loseblatt); *Ziegler*, Bewertungsgesetz, Neuwied/Frankfurt (Loseblatt); *Falterbaum/Barthel*, Bewertungsrecht, Vermögensteuer[9], Achim 1989; *G. Rose*, Betrieb und Steuer, Drittes Buch, Die Substanzsteuern[7], Wiesbaden 1988, 21 ff.; *Horschitz/Groß*, Bewertung und Vermögensteuer[11], Stuttgart 1989.

Boll, Das Wertproblem im Deutschen Reichssteuerrecht, Diss. Mannheim 1933; *Ley*, Die Bewertungsgrundsätze des Bewertungs- und Einkommensteuergesetzes, Berlin 1956; *Flohr*, Steuerbilanz und Vermögensaufstellung der Einheitsbewertung, Köln 1977; *K. Vogel*, Verkehrswert, Ertragswert und andere Werte, DStZA 79, 28 ff.; *Schürer-Waldheim*, Wertbegriffe im österreichischen Abgabenrecht, Wien 1978; Raupach (Hrsg.), Werte und Wertermittlung im Steuerrecht, DStJG Bd. 7 (1984), mit Beiträgen von *Meincke*, *Uelner*, *Mark* und *Nolte*; *P. Kirchhof*, Verfassungsrechtliche Maßstäbe für die Einheitsbewertung des Grundbesitzes, DStR 84, 575 ff.; ders., Die Steuerwerte des Grundbesitzes, Köln 1985; *A. Meyer*, Überlegungen zur Einheitsbewertung des Grundbesitzes, in: FS für v. Wallis, Bonn 1985, 527 ff.; *Dickertmann/Pfeiffer*, Möglichkeiten für eine Reform der Einheitsbewertung und ihre Auswirkungen auf die einheitswertabhängigen Steuern, Sonderveröffentlichung Nr. 10 des Finanzwissenschaftlichen Forschungsinstituts an der Universität zu Köln, Köln 1985; *Schelle*, Einheitsbewertung verfassungswidrig?, Stellungnahme des Karl-Bräuer-Instituts des Bundes der Steuerzahler in einem verfassungsgerichtlichen Verfahren, Wiesbaden 1986; *Balke*, Über Grundstücks-Einheitswerte, StuW 87, 364 ff.; *Wiss. Beirat beim BdF*, Die Einheitsbewertung in der BR Deutschland, Schriftenreihe des BdF Heft 41, Bonn 1989; *Halaczinsky*, „Einheitsbewertung – quo vadis?" (mit Kritik an *Kruse*, BB 89, 1349), BB 90, 1173.

1. Einführung

Wer ein eigenes Unternehmen mit Betriebsvermögen betreibt und/oder Privatvermögen (eigenes Grundstück, Wertpapiere, Goldbarren) besitzt, zahlt – wenn das Gesamtvermögen bestimmte Freibeträge überschreitet – Vermögensteuer; der Betriebsinhaber daneben noch Gewerbesteuer. Ein grundvermögender Steuerpflichtiger zahlt zusätzlich Grundsteuer. Der Erbe eines wertvollen Nachlasses zahlt Erbschaftsteuer. Der Schenker kann – neben dem Beschenkten – schenkungsteuerpflichtig sein. Das Bewertungsgesetz enthält insbesondere für die Vermögensteuer, Gewer-

---

* Bearbeiter des Abschnitts „Bewertung nach dem Bewertungsgesetz" ist Dr. *Michael Balke*.

besteuer, Grundsteuer sowie Erbschaft- und Schenkungsteuer gleichermaßen geltende Bewertungsregeln für Wirtschaftsgüter, die nicht in Geld bestehen. Mit dem Bewertungsgesetz wendet der Gesetzgeber die mathematische Technik des „Vor-die-Klammer-Ziehens" an; das Bewertungsgesetz ist der allgemeine Bewertungsteil für die bewertungsgesetzabhängigen Steuerarten.

Durch das Bewertungsgesetz werden vor allem für die Substanz-Ertragsteuern (s. S. 163, 467 ff.) einheitliche Vorschriften geschaffen. Sie sind zur Verwaltungsvereinfachung und zur Vermeidung widersprüchlicher Entscheidungen gedacht. Hauptgegenstand des Bewertungsgesetzes sind Vorschriften zur Ermittlung von Einheitswerten. Einheitswerte sind Werte, die einheitlich für mehrere Steuerarten gelten; über den Wertmaßstab sagt der Begriff nichts aus.

Der Haupt*anwendungsbereich* des Bewertungsgesetzes ergibt sich aus § 1 (betr. allgemeine Bewertungsvorschriften), § 17 (betr. besondere Bewertungsvorschriften) BewG. Danach gilt das Bewertungsgesetz uneingeschränkt für die *Vermögensteuer* (§§ 1, 17 I, III 1 BewG; § 4 VStG).

Die allgemeinen Bewertungsvorschriften (Erster Teil) gelten im übrigen *allgemein* für die von den Finanzbehörden verwalteten, bundesrechtlich geregelten Steuern, soweit nicht Spezialvorschriften vorgehen (§ 1 II BewG). Sie gelten daher prinzipiell insb. auch für die Erbschaftsteuer (§ 12 I ErbStG) und die anderen in § 17 II BewG genannten Steuern (§ 17 III BewG). Den Vorschriften des Bewertungsgesetzes vorgehende Spezialvorschriften sind z. B. §§ 6, 8 II EStG.

Die Einheitswertvorschriften des Bewertungsgesetzes (Zweiter Teil, Erster Abschnitt) gelten – außer für die *Vermögensteuer* (§ 17 I BewG) – auch für die *Grundsteuer* (§ 17 II BewG; § 13 GrStG), für die *Gewerbesteuer* (§ 17 II BewG; § 12 GewStG), für die *Erbschaft- und Schenkungsteuer* (§ 17 II BewG; § 12 II–V ErbStG), in Sonderfällen für die *Grunderwerbsteuer* (bei fehlender Gegenleistung – § 17 II BewG; §§ 8 II, 10 GrEStG) und vereinzelt für die Einkommensteuer (bei der Durchschnittsbesteuerung bestimmter Land- und Forstwirte – § 13a EStG). Vermögensteuer, Erbschaft- und Schenkungsteuer, Grundsteuer und Gewerbe-(kapital-)steuer werden auch als einheitswertabhängige Steuern oder als Einheitswertsteuern bezeichnet.

Mit § 17 I BewG korreliert § 4 I Nr. 1 VStG i. V. mit §§ 114–120 BewG. Mit § 17 II BewG korrelieren §§ 13 GrStG; 12 GewStG; 12 II–V ErbStG; 8 II, 10 GrEStG. § 17 BewG hat keine selbständige Bedeutung.

Danach ist in folgender Reihenfolge zu prüfen:
1. Gibt es anzuwendende spezielle Bewertungsvorschriften außerhalb des Bewertungsgesetzes, etwa §§ 6, 8 II EStG?
2. Gelten besondere Bewertungsvorschriften des Zweiten Teils des Bewertungsgesetzes?
3. Wenn die Fragen 1 und 2 zu verneinen sind: Es gelten die allgemeinen Bewertungsvorschriften des Ersten Teils des Bewertungsgesetzes (s. auch §§ 1 II, 17 III BewG).

§ 17 III BewG will sagen: Soweit §§ 19–121 BewG lückenhaft sind, also keine Bewertungsvorschrift enthalten, sind §§ 1–16 BewG anzuwenden.

2. Zum Begriff „Bewerten"

Die Vermögensteuer sowie die Erbschaft- und Schenkungsteuer knüpfen oft, die Grundsteuer sogar ausschließlich an den Wert von Gütern an, die nicht in Geld bestehen. Diese Wirtschaftsgüter müssen bewertet, d. h. in einem Geldbetrag der aktuellen, deutschen Währung angesetzt werden, um davon die Steuern, insbesondere die sog. Substanzsteuern, errechnen zu können. Denn von einer Bemessungsgrundlage, die nicht in einem Geldbetrag besteht, können Steuern, also Geldleistungen, nicht erhoben werden. Mit anderen Worten bedeutet „Bewerten": Einem Wirtschaftsgut, das nicht in Geld besteht, einen Geldbetrag zumessen. Z. B. sind demnach etwa Aktien und Grundstücke, nicht hingegen aktuelles, inländisches Bargeld zu bewerten.

3. Bewertung als Tatfrage und Rechtsproblem

Die Deutsche Steuerjuristische Gesellschaft (DStJG) hat sich auf ihrer Jahrestagung 1983 in Salzburg drei Tage lang mit dem Thema „Werte und Wertermittlung im Steuerrecht" auseinandergesetzt. Der 1984 erschienene Jahresband umfaßt knapp 500 Druckseiten und enthält Stellungnahmen von 20 Referenten (aus den Steuerwissenschaften und der Steuerpraxis) ausschließlich zu steuerrechtlichen Bewertungsproblemen[1]. Allein diese Tatsache mag belegen, welch großem Problemdruck ein Rechtsanwender ausgesetzt ist, der – innerhalb eines gesetzlich vorgegebenen Rahmens – zu bewerten hat.

Zunächst verkörpert die Bewertung eine Tatfrage, also ein Problem, „das durch Sachverständige aufbereitet werden muß, dessen Entscheidung der Jurist nicht zu treffen, sondern nur zu würdigen und zu übernehmen hat"[2]. Dagegen werden Bewertungsfragen (auch) zu Rechtsfragen, wenn für die Geldrechnungen, in die Wirtschaftsgüter einzustellen sind, Rechtsvorschriften bestehen. Der Einfluß der Rechtsvorschriften auf den Vorgang der Bewertung kann unterschiedlich stark ausgeprägt sein. Er kann „nur Randfragen beeinflussen, aber die eigentliche wirtschaftliche Entscheidung unberührt lassen. (Er) kann aber auch die Bewertung im einzelnen reglementieren und damit die wirtschaftliche Fragestellung in den Hintergrund drängen. Das geht so weit, daß von dem Wert im Sinne der Einsatzfähigkeit des Gutes manchmal gar nicht mehr die Rede ist"[3].

Im Bereich der Bewertung als Rechtsproblem ist der Jurist mit seiner Methodik gefordert: Die Interpretation einer bewertungsrechtlichen Vorschrift hat sich vom Zweck der Regelung – unter Beachtung grammatischer, historischer und systematischer Aspekte – (teleologische Auslegung) leiten zu lassen[4].

4. Grundprinzipien des Bewertungsgesetzes

Das Bewertungsgesetz ist das Steuergesetz, nach dem die Steuerwerte der Wirtschaftsgüter, die von den bewertungsgesetzabhängigen Steuerarten erfaßt sind, ermittelt werden. Fragt man nach den Bewertungsgrundsätzen, so sind vier Ermittlungsschritte aufzuzeigen:

a) Was ist zu bewerten? (= Frage nach dem Bewertungsobjekt)

b) Wem ist das zu Bewertende zuzurechnen? (= Frage nach der Zurechnung des Bewertungsobjekts)

c) Wie ist zu bewerten? (= Frage nach dem Bewertungsverfahren)

---

1 *Raupach* (Hrsg.), Werte und Wertermittlung im Steuerrecht, DStJG Bd. 7 (1984).
2 *Meincke*, Bewertung als Rechtsproblem, DStJG Bd. 7 (1984), 7, 8.
3 *Meincke* (Fn. 2), 7, 9.
4 Dazu S. 89ff.

Grundprinzipien des Bewertungsgesetzes

d) Wann ist zu bewerten? (= Frage nach dem Bewertungsstichtag).

Zu a) „Was ist zu bewerten?":

Zu bewerten sind grundsätzlich „wirtschaftliche Einheiten". Was als wirtschaftliche Einheit gilt – so der Gesetzgeber in § 2 I 1 BewG – richtet sich nach den Anschauungen des Verkehrs. Die örtliche Gewohnheit, die tatsächliche Übung, die Zweckbestimmung und die wirtschaftliche Zusammengehörigkeit der einzelnen Wirtschaftsgüter sind zu berücksichtigen (§§ 2 I 3, 4 BewG).

Die wirtschaftliche Einheit kann aus mehreren *Untereinheiten,* sie kann auch aus mehreren *Wirtschaftsgütern* bestehen. Land- und forstwirtschaftliche Betriebe (s. § 33 I BewG), Grundstücke (s. § 70 I BewG), gewerbliche Betriebe und Mineralgewinnungsrechte sind wirtschaftliche Einheiten (s. § 19 I BewG); Betriebsgrundstücke und Mineralgewinnungsrechte (= Rechte zur Ausbeutung von Bodenschätzen, s. § 100 BewG), die zu einem gewerblichen Betrieb gehören, sind wirtschaftliche Untereinheiten (s. § 19 III Nr. 1 b BewG). Gebäude auf fremdem Grund und Boden gelten als selbständige Einheiten (§ 70 III BewG). Ein einziges Wirtschaftsgut kann zugleich auch wirtschaftliche Untereinheit oder wirtschaftliche Einheit sein (so das betriebliche Mineralgewinnungsrecht).

Mehrere Wirtschaftsgüter können eine wirtschaftliche Einheit nur bilden, wenn sie demselben Eigentümer gehören (§ 2 II BewG; s. dazu auch § 3 BewG i. V. mit § 39 II Nr. 2 AO; Ausnahme: § 26 BewG für Ehegatten).

Ob der *Wirtschaftsgut-Begriff* des Bewertungsgesetzes (s. insb. §§ 2, 3, 3a, 4, 5, 8, 10, 16, 95, 97, 98a, 101, 107, 109, 110, 114, 121 BewG) inhaltsgleich ist mit dem Wirtschaftsgut-Begriff des Bilanzsteuerrechts (s. S. 289 ff.), ist nicht gänzlich geklärt. U. E. ist die Frage zu bejahen. Die Teleologie des Einkommensteuerrechts einerseits und des Substanz-Ertragsteuerrechts andererseits verlangt keine unterschiedlichen Begriffsinhalte. Wie das Einkommensteuerrecht versteht das Bewertungsgesetz unter „Wirtschaftsgütern" nur positive oder aktive Wirtschaftsgüter; davon hebt es die *Schulden* und sonstigen Lasten ab.

Soweit keine Spezialvorschriften gelten (s. § 2 III BewG), sind die wirtschaftlichen Einheiten als Ganzes zu bewerten (§ 2 I 2 BewG, *Grundsatz der Gesamtbewertung*). Von diesem Grundsatz macht § 98a BewG eine Ausnahme: Die Wirtschaftsgüter des Betriebsvermögens sind einzeln zu bewerten; s. auch § 109 BewG.

Wirtschaftliche Einheiten, Untereinheiten oder Wirtschaftsgüter sind nicht zu bewerten, wenn sich übersehen läßt, daß die Bewertung sich steuerlich nicht auswirkt, etwa wegen Nichtbesteuerbarkeit oder Steuerbefreiung (s. § 19 IV BewG).

Zu b) „Wem ist das zu Bewertende zuzurechnen?":

Für die Zurechnung ist grundsätzlich *§ 39 AO* zu beachten. Danach gilt folgender Grundsatz: Steuerlich „schlägt" der wirtschaftliche den zivilrechtlichen Eigentümer.

S. im übrigen allgemein § 3 BewG i. V. mit § 39 II Nr. 2 AO (Zurechnung bei Bruchteils- und Gesamthandseigentum), § 26 BewG (Zurechnung bei Ehegatten und fortgesetzter Gütergemeinschaft; dazu §§ 119 I, 120 BewG). S. auch speziell §§ 34 IV–VII, 70 II, 94 I BewG.

Über Zurechnung bei bedingtem oder befristetem Erwerb oder bei bedingter oder befristeter Last s. §§ 4–8 BewG. Über Zurechnung von Mitunternehmervermögen s. S. 4443 zu § 97 I Nr. 5 BewG. Über Zurechnung von GmbH-Anteilen bei Nießbrauchsvorbehalt: BFH/NV 88, 745 sowie OLG Karlsruhe B 88, 2398. Über Zurechnung eines Mineralgewinnungsrechts: BFH BStBl. 89, 963.

§ 12 Bewertungsgesetzabhängige Steuerarten

Zu c) „Wie ist zu bewerten?":

Diese Frage zielt ab auf das anzuwendende Bewertungsverfahren, auf die Wertermittlungsmethode. Der fundamentale Begriff des Bewertungsgesetzes ist der „gemeine Wert", auch Verkaufswert oder Verkehrswert genannt.

Gemeiner Wert ist der Preis, der im gewöhnlichen Geschäftsverkehr nach der Beschaffenheit des Wirtschaftsgutes bei einer *Veräußerung* zu erzielen wäre (§ 9 II 1 BewG). Dabei sind alle Umstände, die den Preis beeinflussen, zu berücksichtigen; ungewöhnliche oder persönliche Verhältnisse jedoch nicht (da sie den gemeinen Wert nicht repräsentieren). Als persönliche Verhältnisse werden auch Verfügungsbeschränkungen angesehen (§ 9 II 2, 3, III BewG).

Die anderen Wertbegriffe des Bewertungsgesetzes – *Teilwert* (§ 10 BewG), *Kurswert* (§ 11 I BewG), *Rücknahmepreis* (§ 11 IV BewG), *Nennwert* (§ 12 I BewG), *Rückkaufswert* (§ 12 IV BewG), *Kapitalwert* (§§ 13 ff. BewG), *Ertragswert* (§§ 36, 76 I i. V. mit §§ 78 ff. BewG) und *Sachwert* (§ 76 II, III BewG) – gelten weithin als besondere Verkörperungen (als Unterarten) des gemeinen Werts[5]; den durchgängigen Ansatz mit dem gemeinen Wert soll auch der Gleichheitssatz gebieten.

BVerfGE 23, 242, 256: „Das Bewertungsgesetz enthält als Grundsatz die Bewertung mit dem gemeinen Wert. Dieser Maßstab erscheint im Bewertungsrecht auch von der geregelten Materie her vorgegeben. Als der in einem Geldnennbetrag ausgedrückte Preis eines Wirtschaftsgutes deckt er sich grundsätzlich mit dem Maßstab, nach welchem auch das Geldvermögen zur Vermögensteuer herangezogen wird (Nennbetrag). An einem solchen einmal gewählten und der Natur der Sache entsprechenden Grundsatz für die Bewertung geldwerten Vermögens muß der Gesetzgeber, will er nicht gegen den Gleichheitssatz verstoßen, folgerichtig festhalten. Hierfür spricht auch die Erwägung, daß kein anderer Bewertungsmaßstab ersichtlich ist, der die ihm zukommende Funktion, eine gerechte und gleichmäßige Besteuerung zu gewährleisten, erfüllen könnte. In Erkenntnis dieses Systemzusammenhangs hat der Gesetzgeber auch im Bewertungsgesetz 1965 an dem Prinzip gleicher Wertmaßstäbe grundsätzlich festgehalten."

Wer sich den Gesetzestext des § 9 BewG unbefangen vor Augen hält, mag die „Preisermittlung", damit die Bewertung eines Wirtschaftsguts, als tatsächliches Problem, als Tatfrage auffassen. Die Frage „Wieviel ist ein Wirtschaftsgut wert?" ist jedoch durch die vielen Vorschriften des Besonderen Teils des Bewertungsgesetzes, insbesondere durch die Bestimmungen zur Einheitsbewertung, weitgehend verrechtlicht. So werden wirtschaftliche Probleme der Wertfindung durch Bewertungsnormen zu Rechtsproblemen umqualifiziert.

Das Ergebnis dieser Umqualifizierung ist – zumindest im Bereich der Grundbesitzbewertung – (je nach Interessenlage) von Gewicht. Nicht die einfachen, realitätsnahen Preisfindungsmethoden der Immobilienmakler und anderer Sachverständigen sind steuerlich gefragt, sondern äußerst komplizierte und zeitferne Grundbesitz-Einheitswertverfahren werden bevorzugt – die steuerlichen Grundbesitzwerte werden noch nach den Wertverhältnissen zum 1. 1. 1964 (teilweise zuzüglich eines Zuschlags von 40 v. H.) bemessen, so daß oft der steuerlich maßgebende Grundbesitzwert lediglich $1/10$ des wirklichen Verkaufswerts ausmacht.

Da nach dem Bewertungsgesetz für die verschiedenen Vermögensarten unterschiedliche Bewertungsmethoden angewandt werden, ist es wichtig, die zu bewertenden Wirtschaftsgüter den richtigen Vermögensarten zuzuordnen. Folgende Vermögensarten werden unterschieden:

---

5 Zu den unterschiedlichen Wertbegriffen: BFHE 108, 393, 411 ff.

Einheitsbewertung

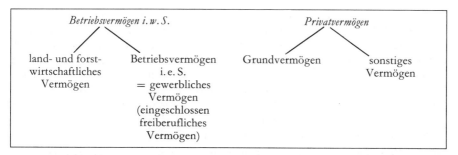

Zu d) „Wann ist zu bewerten?":

Die Bewertung nach dem Bewertungsgesetz bezieht sich immer auf einen bestimmten Stichtag (§§ 106, 112 BewG); i. d. R. auf den 1. 1. bzw. 31. 12. eines Jahres.

Die Einheitswerte für die wirtschaftlichen Einheiten des Betriebsvermögens werden allgemein festgestellt (Hauptfeststellung) in Zeitabständen von je drei Jahren (§ 21 I 1 Nr. 2 BewG). Die letzte Hauptfeststellung der Einheitswerte des Betriebsvermögens fand zum 1. 1. 1989, die nächste findet zum 1. 1. 1992 statt. Innerhalb des Dreijahreszeitraumes werden die Einheitswerte des Betriebsvermögens durch Fortschreibungen (Wert-, Art-, Zurechnungs- oder Fehlerbeseitigungsfortschreibung – dazu § 22 BewG) sowie durch Nachfeststellungen an die tatsächlichen Verhältnisse angepaßt. Eine Besonderheit gilt für Betriebsgrundstücke: Diese sind nicht alle drei Jahre neu zu bewerten, sondern wie Grundvermögen nach den Wertverhältnissen zum 1. 1. 1964 (mit 40prozentigem Zuschlag; § 99 BewG).

Die Hauptfeststellung der Grundbesitz-Einheitswerte soll nach § 21 I 1 Nr. 1 BewG in Zeitabständen von je 6 Jahren erfolgen. Nach Art. 2 I 3 des Bewertungsänderungsgesetzes von 1965 gilt jedoch etwas anderes: Der Zeitpunkt der auf die Hauptfeststellung 1964 folgenden nächsten Hauptfeststellung der Einheitswerte des Grundbesitzes wird abweichend von § 21 BewG durch besonderes Gesetz bestimmt. Das angekündigte besondere Gesetz ist bis heute nicht ergangen. Die derzeitige Gesetzeslage ist also die, daß die geringen Grundbesitz-Einheitswerte nach den Wertverhältnissen 1. 1. 1964 (teilweise mit 40prozentigem Zuschlag) weiterhin gelten (das gilt auch für Fortschreibungen und Nachfeststellungen) und dem betrieblichen wie dem privaten Grundbesitzer Steuervorteile bescheren (dazu näher S. 464 ff.).

5. Einheitsbewertung, Privat- und Betriebsgrundstücke, Betriebsvermögen, sonstiges Vermögen, Gesamtvermögen

5.1 Allgemeines

Der Einheitswert ist ein einheitlicher Wert bestimmter Bewertungseinheiten für mehrere Steuerarten. Der Einheitswert ist also ein steuerlicher Wert, kein Marktpreis, kein wirklicher Wert. Einheitswerte werden festgestellt für:
- inländischen Grundbesitz, im einzelnen für Betriebe der Land- und Forstwirtschaft, für Grundstücke und Betriebsgrundstücke;
- inländische gewerbliche und freiberufliche Betriebe;
- inländische Mineralgewinnungsrechte (s. § 19 BewG).

§ 12 Bewertungsgesetzabhängige Steuerarten

Die Einheitswerte des Betriebsvermögens und der Mineralgewinnungsrechte werden alle 3 bzw. 6 Jahre, also einigermaßen zeitnah, ermittelt. Hingegen werden die Einheitswerte des Grundbesitzes (einschließlich der betrieblichen Grundstücke) nach den Wertverhältnissen zum 1. 1. 1964 festgestellt. Der Gesetzgeber hat sich bisher zu einer allgemeinen Anpassung des steuerlichen Grundbesitz-Wertniveaus an die Wirklichkeit nicht entschließen können; für Grundstücke und Betriebsgrundstücke (nicht für Betriebe der Land- und Forstwirtschaft!) sind die Einheitswerte mit einem Zuschlag von 40 v. H. (für die Werterhöhung 1. 1. 1964 bis 1. 1. 1970) versehen worden; bei der Grundsteuer gilt der Zuschlag nicht (§ 121 a BewG).

Bei der Vermögensteuer wird der Einheitswert des Betriebsvermögens (etwa der Einheitswert einer ärztlichen Praxis) nach Abzug eines Freibetrages von 125 000 DM nur noch mit 75 v. H. angesetzt. Der Gesetzgeber will mit dieser Regelung sog. Risikokapital (im Gegensatz zur passiven Vermögensanlage, z. B. Sparvermögen) begünstigen (§ 117a BewG; BT-Drucks. 10/336).

Beispiel: Der Einheitswert einer ärztlichen Praxis beträgt 225 000 DM. Bei der Berechnung des vermögensteuerlichen Gesamtvermögens sind 125 000 DM als Freibetrag abzusetzen. Die verbleibenden 100 000 DM gehen dann nur mit 75 Prozent, also mit 75 000 DM, in die steuerliche Bemessungsgrundlage ein.

Der pauschale Risikoabschlag nach § 117a BewG widerspricht der Legaldefinition des § 9 BewG. Im Verkehrswert einer Sache schlagen sich alle Vor- und Nachteile des Bewertungsobjekts nieder, dazu zählen auch nichtvorhandene oder vorhandene Risiken. Ein zusätzlicher, pauschaler Bewertungsabschlag für eine bestimmte Vermögensart ist geeignet, den Gleichheitssatz zu verletzen.

5.2 Bewertung des land- und forstwirtschaftlichen Vermögens

Das land- und forstwirtschaftliche Vermögen – landwirtschaftliche Betriebe (§§ 33, 34, 51, 52 BewG), forstwirtschaftliche Betriebe (§§ 33, 34, 53 BewG), Weinbaubetriebe (§§ 33, 34, 56 BewG), gärtnerische Betriebe (§§ 33, 34, 59, 60 BewG) und sonstige land- und forstwirtschaftliche Betriebe (§ 62 BewG) – wird mit dem *Ertragswert* bewertet (§ 36 BewG).

Ertragswert ist das 18fache des durchschnittlichen, nachhaltig erzielbaren Reinertrags des Betriebes (das entspricht einer potentiellen Rendite von 100 : 18 = 5,5 v. H.). Dabei werden gemeinübliche Verhältnisse unterstellt (insb. ordnungsmäßige, schuldenfreie Bewirtschaftung mit entlohnten, fremden Arbeitskräften, § 36 II BewG) und die natürlichen und wirtschaftlichen Ertragsbedingungen berücksichtigt (§ 36 III BewG). Gebäude, Betriebsmittel usw. werden prinzipiell nicht besonders bewertet, sondern in den Ertragswert einbezogen (§ 33 II BewG). Soweit die Betriebsmittel freilich in Zahlungsmitteln, Geldschulden und Überbeständen bestehen, werden sie besonders bewertet (§ 33 III BewG). Soweit die Gebäude zum Wohnteil gehören, werden sie wie das Grundvermögen bewertet (§ 47 BewG).

Der Ertragswert wird durch ein vergleichendes Verfahren ermittelt (§§ 37 ff. BewG). Es werden besonders ausgewählte Betriebe oder Betriebsteile (Hauptbewertungsstützpunkte, ergänzt durch Landes- und Ortsbewertungsstützpunkte) nach dem Ertragswertverfahren bewertet, und es werden dann sog. Vergleichszahlen ermittelt. Die Vergleichszahlen der übrigen Betriebe werden durch Vergleich mit den Vergleichszahlen der Bewertungsstützpunkte ermittelt. Die Vergleichszahlen werden nach einem jeweils durch Gesetz zu bestimmenden Schlüssel in Ertragswerte umgerechnet.

Kann ein vergleichendes Verfahren nicht durchgeführt werden, so ist der Ertragswert unmittelbar nach der Ertragsfähigkeit zu ermitteln (Einzelertragswertverfahren), § 37 II BewG.

Bei den übrigen Arten des land- und forstwirtschaftlichen Vermögens ist ebenfalls der Ertragswert anzusetzen, jedoch gelten Sonderbestimmungen (§§ 55, 57, 58, 60, 61, 62 II BewG).

5.3 Bewertung des Grundvermögens[6]

Für die Bewertung des Grundvermögens existieren *besondere Richtlinien* (BewRGr).

Der Begriff „Grundvermögen" (§ 68 BewG) darf nicht mit dem Begriff „Grundbesitz" verwechselt werden. Der Begriff „Grundbesitz" ist der Oberbegriff; er erfaßt land- und forstwirtschaftliche Betriebe, Betriebsgrundstücke und Grundvermögen (= Privatgrundstücke), s. § 19 I Nr. 1 BewG, auch § 2 GrStG. M. a. W.: Zum Grundvermögen gehört nur solcher Grundbesitz, der weder land- und forstwirtschaftliches Vermögen noch Betriebsgrundstück ist (s. auch § 68 I BewG).

Das Grundvermögen (Grund und Boden einschließlich der wesentlichen Bestandteile, insb. Gebäude[7], und des Zubehörs, ausgenommen Mineralgewinnungsrechte, Maschinen und sonstige Betriebsvorrichtungen[8]; Erbbaurecht; Wohnungseigentum; s. § 68 BewG) wird nach unterschiedlichen Verfahren bewertet:

a) Unbebaute Grundstücke (§ 72 BewG) einschließlich baureifer Grundstücke (§ 73 BewG) sind mit dem *gemeinen* Wert zu bewerten (§ 9 BewG); da keine besonderen Bewertungsvorschriften existieren (§ 17 III BewG), ist § 9 BewG anzuwenden.

Zur Ermittlung der gemeinen Werte von unbebauten Grundstücken führen die Bewertungsfinanzämter Bodenpreis- und Richtwertkarten in Landkartenform (Muster: BStBl. II 57, 43). Die Richtwertkarten können beim Finanzamt eingesehen werden.

b) Für Grundstücke im Zustand der Bebauung, Erbbaurecht, Wohnungseigentum und Teileigentum, Gebäude auf fremdem Grund und Boden s. die Sondervorschriften der §§ 91–94 BewG.

c) Bebaute Grundstücke (Mietwohngrundstücke, Geschäftsgrundstücke[9], gemischtgenutzte Grundstücke[10], Einfamilienhäuser[11], Zweifamilienhäuser[11], sonstige bebaute Grundstücke[12] werden mit dem *Ertragswert* (§ 76 I BewG) oder dem *Sachwert* (§ 76 II, III BewG) bewertet.

Die Grundstücksarteneinteilung (§ 75 BewG) steht im Abschnitt Grundvermögen. Man fragt sich daher, wie *Geschäfts*grundstücke und *gemischt*genutzte Grundstücke Grundvermögen (s. § 68 I a. E. BewG) sein können. In Wirklichkeit bezweckt der falsch plazierte § 75 BewG eine Einteilung (und Bewertung, s. § 76 BewG) nach Grundstücksarten ohne Rücksicht darauf, ob das Grundstück zum Grundvermögen oder zum Betriebsvermögen gehört. Der Begriff Betriebsgrundstück (§ 99 BewG) ist für die Bewertung irrelevant (s. § 99 III BewG). Das Einfamilienhaus einer AG ist Betriebsgrundstück, zu bewerten ist es als Einfamilienhaus. Überläßt ein Betriebsinhaber ein Mietwohnhaus Angestellten als Mietwohnungen, so handelt es sich um ein Betriebsgrundstück, das als Mietwohngrundstück zu bewerten ist. Vermietet ein Privatmann

---

6 Dazu *Strunk*, Einheitsbewertung von Grundstücken, Gelsenkirchen 1982 (Diss. rer. pol. Köln); *P. Kirchhof*, Die Steuerwerte des Grundbesitzes, Köln 1985.
7 Zum Begriff „Gebäude" BFH BStBl. 86, 787; 87, 551; 88, 847.
8 Zum Begriff „Betriebsvorrichtungen" BFH BStBl. 87, 551; 88, 440.
9 § 75 III BewG; auch § 99 III BewG.
10 § 75 IV BewG; auch § 99 III BewG. – Dazu BFH BStBl. 78, 87.
11 Über die Abgrenzung Einfamilienhaus/Zweifamilienhaus BFH BStBl. 86, 320; 87, 594; BFH/NV 88, 222; 88, 770; BFH BStBl. 90, 531; zur Abgrenzung von Ein- und/oder Zweifamilienhäusern zu gemischtgenutzten Grundstücken BFH BStBl. 86, 448; 87, 104.
12 §§ 74, 75 BewG.

§ 12 Bewertungsgesetzabhängige Steuerarten

ein Grundstück zur Nutzung für gewerbliche Zwecke, so ist dieses Grundstück als Geschäftsgrundstück zu bewerten; Betriebsgrundstück ist dieses Grundstück nicht, da es nicht eigenen gewerblichen Zwecken dient (s. § 99 BewG).

Bei dem *Ertragswertverfahren* (§§ 78 ff. BewG) wird der Grundstückswert (Bodenwert, Gebäudewert, Wert der Außenanlagen) durch die Anwendung eines *Vervielfältigers* (§ 80 BewG, Anlagen 3–8 zum BewG) auf die *Jahresrohmiete* (§ 79 BewG) ermittelt (§ 78 BewG). Bei eigengenutzten, ungenutzten, zu einem von der üblichen Miete um mehr als 20 v. H. abweichenden Mietzins oder unentgeltlich überlassenen Grundstücken ist die *übliche* Miete in Anlehnung an die Jahresrohmiete zu schätzen (§ 79 II BewG). Zur Schätzung der Rohmiete steht den Finanzämtern ein *Mietspiegel* zur Verfügung; er kann von den Steuerpflichtigen eingesehen werden. Sind vergleichbare Objekte nicht vorhanden, so kann die Kostenmiete angesetzt werden, wenn sie erzielbar wäre (BFH BStBl. 75, 54). Die Vervielfältiger sind abhängig von Gemeindegröße, Baujahr und Grundstücksart. Besondere Umstände können zu einer Ermäßigung oder Erhöhung des sich so ergebenden Wertes führen (§§ 81, 82 BewG). Dem Ertragswertverfahren liegt der Gedanke zugrunde, daß der gemeine Wert eines Grundstücks durch seinen nachhaltig erzielbaren *Rein*ertrag bestimmt wird. Aus Gründen der Praktikabilität geht das Bewertungsgesetz jedoch vom *Roh*ertrag (Jahresrohmiete) aus; die pauschalierten Kosten werden durch den Vervielfältiger berücksichtigt. Insofern besteht der Einheitswert doch in einer pauschalierten Kapitalisierung des *Rein*ertrags. Im allgemeinen fallen die Vervielfältiger mit steigender Gemeindegrößenklasse, weil die Bewirtschaftungskosten mit zunehmender Gemeindegröße steigen. Art. 2 I 2 BewÄndG 1965 bestimmt, daß bei öffentlich geförderten Bauten auch nach der Mietpreisfreigabe die preisgebundenen Jahresrohmieten weiterhin anzusetzen sind. BFH BStBl. 78, 446 hat darin zutreffend einen Verstoß gegen den Gleichheitssatz erblickt[13].

Das *Sachwertverfahren* gilt insb. für Häuser, „die sich durch besondere Gestaltung oder Ausstattung" wesentlich von den nach § 76 I BewG zu bewertenden Häusern unterscheiden (§ 76 III Nr. 1 BewG). Erfaßt werden sollen offenbar „Luxusbauten", für die sich keine den Herstellungskosten entsprechende Miete erzielen läßt.

Bei dem Sachwertverfahren sind zur Ermittlung des Grundstückswertes der Bodenwert, der Gebäudewert und der Wert der Außenanlagen zusammenzurechnen (§ 83 Satz 1 BewG); der sich so ergebende Ausgangswert ist durch Anwendung einer Wertzahl an den *gemeinen Wert* anzugleichen (§§ 83 Satz 2, 90 I BewG). Bei der Ermittlung des Gebäudewerts wird an die *Herstellungskosten* angeknüpft (§ 85 BewG).

FG Rheinland-Pfalz EFG 81, 613 (2. Senat) hielt das Sachwertverfahren für Einfamilienhäuser (das zu Werten führt, die um mehr als 100% über den Werten des Ertragswertverfahrens liegen) für verfassungswidrig (wegen Verstoßes gegen Art. 3 I GG)[14]. FG Rheinland-Pfalz DStZ 83, 185 (mitgeteilt von *Rößler*) hielt die VO zu § 90 II BewG wegen Verstoßes gegen Art. 3 I GG für nichtig. Das Bundesverfassungsgericht hat jedoch durch Urt. v. 10. 2. 1987 (BVerfGE 74, 182) entschieden, § 76 I, III Nr. 1 BewG sei mit dem Gleichheitssatz vereinbar, soweit das Sachwertverfahren zu höheren Einheitswerten führe als das Ertragswertverfahren.

Da die Grundbesitz-Einheitswerte sich noch auf den Stichtag 1. 1. 1964 beziehen, sind sie *gänzlich überholt*. Daran ändert auch der Zuschlag nach § 121 a BewG nichts (s. dazu näher S. 464 ff.).

Das Dilemma des Bewertungsdualismus Grundbesitz – andere Werte zeigt sich deutlich, wenn ein Grundstück noch nicht (wirtschaftlich) übereignet worden ist, aber – bei nicht mehr schwebendem Geschäft (nach geleisteter Zahlung) – bereits die Verpflichtung zur Übereignung oder der Anspruch auf Übereignung besteht. *Die Verpflichtung zur und der Anspruch auf Übereignung eines Grundstücks* sind zwar nicht selbst Grundstück, jedoch hat die Rechtsprechung zur Vermeidung absurder Ergebnisse

---

13 Dazu *List*, DStZA 79, 43. BVerfGE 65, 168 ff. hat die BFH-Vorlage aus formellen Gründen abgelehnt.
14 Dazu *Troll*, DStZ 82, 130; *Rößler*, DStZ 83, 185; *Scharpf*, DStR 84, 123, 129.

die Bewertung der Verpflichtung mit dem Einheitswert des Grundstücks zugelassen, da alle Gründe, die den Gesetzgeber bewogen haben, die Einheitsbewertung von Grundstücken vorzuschreiben, auch für Ansprüche und Verpflichtungen zutreffen, die sich auf Grundstücke beziehen[15]. Der Bewertungsdualismus läßt sich so jedoch nicht überwinden; Ungereimtheiten werden auf diese Weise allenfalls gemildert (zur Grenze der Milderungsbemühungen BFH BStBl. 87, 101, 102). Einmal mehr zeigt sich hier die eklatante Verletzung des Gleichheitssatzes durch Steuernormen.

5.4 Bewertung des Betriebsvermögens[16]

Zum Betriebsvermögen gehören alle Wirtschaftsgüter, die dem *Betrieb eines Gewerbes* als Hauptzweck dienen (s. § 95 I BewG).

Dem Betrieb als Hauptzweck dienen Wirtschaftsgüter, die hauptsächlich für Zwecke des Betriebs verwendet oder genutzt werden oder die durch betriebliche Leistungen hervorgebracht worden sind, daher auch Honorarforderungen von Freiberuflern. Soweit Wirtschaftsgüter dem Betrieb nur partiell dienen, gilt die 50 v. H.-Regel (so ausdrücklich § 99 II 1 BewG für Grundstücke; diese Regel ist als allgemeines Prinzip durch Abschn. 5 III 3 VStR auch auf andere Wirtschaftsgüter ausgedehnt worden; s. allerdings auch Abschn. 5 III 4 VStR).

Dem Betrieb eines Gewerbes steht die Ausübung eines *freien Berufes* i. S. des § 18 I Nr. 1 EStG gleich, es sei denn, es handelt sich allein um eine schöpferisch-künstlerische oder eine forschend-wissenschaftliche, um eine Lehr-, Vortrags-, Prüfungs- oder schriftstellerische Tätigkeit (§ 96 I BewG).

Betriebsvermögen sind insb. alle Wirtschaftsgüter, die Kapitalgesellschaften, Erwerbs- und Wirtschaftsgenossenschaften, Mitunternehmerschaften (OHG, KG usw.) oder gewerblich geprägten Personengesellschaften gehören (§ 97 I BewG).

Wirtschaftliche Einheit ist der *einzelne* gewerbliche Betrieb. Ein Steuerpflichtiger kann mehrere Betriebe haben. Jedoch werden die gewerblichen Betriebe von Kapitalgesellschaften, Genossenschaften und Mitunternehmerschaften als wirtschaftliche Einheit behandelt. Sie bilden *einen* gewerblichen Betrieb (§ 97 I BewG).

Die Wirtschaftsgüter müssen *dem Betriebsinhaber gehören* (§§ 95 I, 97 I BewG). Ausnahme: Zum gewerblichen Betrieb einer Mitunternehmerschaft gehören auch die Wirtschaftsgüter, die im Eigentum eines, mehrerer oder aller beteiligten Gesellschafter stehen und dem Betrieb der Gesellschaft oder der Mitunternehmerstellung der Gesellschafter in der Gesellschaft dienen; diese Zurechnung geht anderen Zurechnungen, etwa nach § 95 BewG, vor. Das gilt auch für Forderungen und Schulden zwischen der Gesellschaft und einem Gesellschafter, soweit es sich nicht um Forderungen und Schulden aus dem regelmäßigen Geschäftsverkehr zwischen der Gesellschaft und einem Gesellschafter oder aus der kurzfristigen Überlassung von Geldbeträgen an die Gesellschaft oder einen Gesellschafter handelt (vgl. § 97 I Nr. 5 Sätze 2 u. 3 BewG i. d. F. des Steuerreformgesetzes 1990 v. 25. 7. 1988, BGBl. I 88, 1093 – anzuwenden seit dem 1. 1. 1989 –, § 124 Satz 3 BewG n. F., und BMF-Schreiben v. 27. 7. 1988, B 88 Beilage 13, 10).

---

15 BFH BStBl. 77, 556; 78, 398; s. auch BFH BStBl. 82, 350; Abschn. 44 VI, 55 VII VStR; kritisch dazu *Brosch*, BB 83, 241; Änderung der Rechtsprechung für einen erbschaftsteuerlichen Spezialfall BFH BStBl. 90, 434.
16 Dazu *Flohr*, Steuerbilanz und Vermögensaufstellung der Einheitsbewertung, Köln 1977; *Troll*, StbJb. 1980/81, 255 ff.

§ 12 Bewertungsgesetzabhängige Steuerarten

Eine weitere Ausnahme stellt Abschn. 5 II 1 VStR dar. Danach sind auch solche Wirtschaftsgüter in den Einheitswert des Betriebsvermögens einzubeziehen, die zwar im Alleineigentum eines Ehegatten stehen, aber den Zwecken des Betriebs des anderen Ehegatten zu mehr als 50 v. H. dienen, wenn das Vermögen der Ehegatten nach § 119 I BewG zusammenzurechnen ist, also die Ehegatten zur Vermögensteuer gemeinsam veranlagt werden.

Der Einheitswert des Betriebsvermögens wird in der Weise ermittelt, daß die *Summe der Werte der Wirtschaftsgüter* (*Roh*betriebsvermögen = Summe der Werte der Besitzposten) um die *Summe der Schulden des Betriebs* (§ 103 BewG) und der sonstigen zulässigen Abzüge (s. insb. §§ 103a[17], 104, 104a [aufgehoben mit Wirkung vom 1. 1. 1990], 105 BewG) gekürzt wird (§ 98a BewG). Übersteigen die Werte der Schuldposten die der Besitzposten (Wirtschaftsgüter), so ergibt sich ein *negativer* Einheitswert.

Den Mitunternehmern eines gewerblichen Betriebs ist ihr Anteil am Einheitswert zuzurechnen (s. §§ 110 I Nr. 3 letzter Satz; 3, 19 III Nr. 2 BewG; zur Aufteilung s. Abschn. 18, 19 VStR)[18].

Die einzelnen Wirtschaftsgüter (Grundsatz der Einzelbewertung; Abweichung von § 2 I 2 BewG) werden grundsätzlich mit dem *Teilwert* (§ 10 BewG) angesetzt (§ 109 I BewG). Ausgangspunkt für die sog. Teilwertvermutungen etwaiger bezuschußter Wirtschaftsgüter sind die nicht um Investitionszulagen und -zuschüsse gekürzten Anschaffungs- oder Herstellungskosten[19]. Zwar knüpft die nach § 109 BewG zu bewertende Vermögensaufstellung an die Steuerbilanz an, weicht aber erheblich von ihr ab[20]. Über die Anschaffungs- oder Herstellungskosten hinaus ist der höhere Teilwert anzusetzen. Als Passivvermögen sind nur *Schulden* anzusetzen, nicht solche Rückstellungen, die keine (der Höhe nach ungewisse) Schuld verkörpern[21] (Ausnahmen: §§ 103a, 109 IV BewG). Rechnungsabgrenzungsposten sind nicht zu berücksichtigen, wenn sich in ihnen keine Forderung oder Schuld ausdrückt.

§ 109 II–IV BewG durchbricht das Teilwertprinzip jedoch erheblich.

Berücksichtigt man auch die Ausnahmen von § 109 I BewG, so ergeben sich (s. § 109 II–IV BewG) folgende Bewertungsmaßstäbe:

---

17 Nach § 103a BewG i. d. F. des Steuerreformgesetzes 1990 v. 25. 7. 1988 (BGBl. I 88, 1093 – anzuwenden seit 1. 1. 1989, § 124 Satz 3 BewG n. F.) sind Rückstellungen für Jubiläumszuwendungen abzugsfähig; die Einschränkung des § 52 VI EStG n. F. (wonach solche Rückstellungen nur für Anwartschaften, die nach dem 31. 12. 1992 erworben werden, gebildet werden dürfen) gilt also bei der Einheitsbewertung des Betriebsvermögens nicht.
18 Dazu *Knobbe-Keuk*, Bilanz- und Unternehmenssteuerrecht[7], Köln 1989, 775.
19 BFH BStBl. 90, 566 m. w. N.; Ländererlasse, BStBl. I 90, 221.
20 Dazu *Selchert/Jung*, BB 83, 2223; *Nolte*, DStJG Bd. 7 (1984), 309 ff.
21 BFH BStBl. 84, 51; 86, 664.

Bewertungsmaßstäbe – Betriebsvermögen

I. Besitzposten	Bewertungsart	Rechtsgrundlage im BewG	VStR Abschnitt
Betriebsgrundstücke – nach Grundvermögensart	durch Einheitswert festzustellender Wert, mit 140 v. H. anzusetzen	§§ 109 II; 19 I Nr. 1; 99 III; §§ 68 ff.; 121 a	21
– nach Art des land- und forstwirtschaftlichen Vermögens	durch Einheitswert festzustellender Ertragswert	§§ 109 II; 19 I Nr. 1; 99 III; §§ 33 ff.	21
Mineralgewinnungsrechte	durch Einheitswert festzustellender gemeiner Wert	§§ 109 II; 19 I Nr. 3; 100	23
Beteiligungen an gewerblichen Personengesellschaften	Anteil am Einheitswert des gewerblichen Betriebs der Personengesellschaft	§ 110 I Nr. 3 letzter Satz; §§ 3; 19 I Nr. 2, III Nr. 2	43, 17 ff.
Notierte Wertpapiere	Kurswert	§§ 109 III; 11 I, III; 113[22]	74
Investmentanteile	Rücknahmepreis	§§ 109 III; 11 IV, 113	75
Nichtnotierte Anteile an Kapitalgesellschaften	gemeiner Wert[23]	§§ 109 III; 11 II, III; 113a; VO v. 19. 1. 77 BStBl. I 37	74, 76–90*
Kapitalforderungen	Steuerbilanzwert	§ 109 IV	44
Rechte auf wiederkehrende Nutzungen oder Leistungen	Kapitalwert[24]	§§ 13–16	42 II Nr. 1, 61–63
Alle anderen Besitzposten einschließlich geringwertige Wirtschaftsgüter (insb. bewegliches Sachanlagevermögen, Betriebsvorrichtungen, Vorratsvermögen, immaterielle Wirtschaftsgüter, Forderungen auf Sachleistungen)	Teilwert	§§ 109 I, 10	42, 51–53, 64

* Sog. Stuttgarter Verfahren betreffend.

II. Schuldposten

Rückstellungen für Preisnachlässe und Wechselhaftung (s. § 103a BewG)	Steuerbilanzwert	§ 109 IV	29a
Kapitalschulden	Nennwert	§ 12 I (§ 17 III)	44, 55
Verpflichtungen zu wiederkehrenden Leistungen und zur Duldung wiederkehrender Nutzungen	Kapitalwert	§§ 13–16 (§ 17 III)	42 II Nr. 2, 61–63

---

22 Wegen der zum 1. 1. 1990 maßgeblichen Kurse und Rücknahmepreise s. BStBl. I 90, Sondernr. 3; zum Begriff „Kurs" BFH BStBl. 90, 490.
23 S. *Wendt,* StuW 87, 18; *Hetzel,* Reformüberlegungen zum Stuttgarter Verfahren im internationalen Vergleich (Diss. rer. oec. Bochum 1987), Köln 1988; BFH BStBl. 87, 48; 89, 752.
24 Nach § 109 I BewG müßte der Teilwert angesetzt werden. Es liegt aber wohl eine verdeckte Gesetzeslücke vor.

II. Schuldposten	Bewertungsart	Rechtsgrundlage im BewG	VStR Abschnitt
Pensionsverpflichtungen[25]	Teilwert oder Tabellenwert nach § 104 IV–XIV i. V. mit Anlagen 10–13	§ 104 III § 104 IV–XIV	36 a
Sonstige Schuldposten und Lasten (insb. allg. Rückstellungen)	Teilwert	§ 10 analog § 10 erfaßt Wirtschaftslasten nicht unmittelbar (§ 17 III)	42 II Nr. 2, 51

Sachforderungen müßten eigentlich mit dem Teilwert (§ 109 I BewG) bewertet werden. Rechtsprechung und Verwaltung[26] bewerten Sachforderungen und Sachschulden aber so, wie die Sache selbst zu bewerten ist, eine Forderung auf Übereignung eines Grundstücks also mit dem Einheitswert des Grundstücks. Dadurch sollen absurde Ergebnisse vermieden werden. In Wirklichkeit zeigt sich auch hier deutlich die Verletzung des Gleichheitssatzes durch die Vorschriften über die Grundstücksbewertung. Das Problem entsteht noch nicht, solange ein schwebendes (d. h. von keiner Seite erfülltes) Geschäft vorliegt. Dann wird weder ein Anspruch noch eine Verpflichtung ausgewiesen (Abschn. 34 I, I a VStR).

§ 109 I BewG äußert sich nur zur Bewertung (positiver) Wirtschaftsgüter, *nicht* zur Bewertung von *Schulden.* Daher muß unmittelbar auf die allgemeinen Vorschriften (§§ 9 ff. BewG) zurückgegriffen werden (§ 1 II BewG greift nicht ein). Da *Verpflichtungen* zu wiederkehrenden Leistungen nach §§ 13–16 BewG zu bewerten sind, wendet man diese Vorschriften jedoch auch auf *Rechte* auf wiederkehrende Leistungen (Nutzungen) an, obwohl nach dem Wortlaut des § 109 I BewG der Teilwert anzusetzen wäre.

Schachtelbeteiligungen bleiben zur Vermeidung einer Doppelbesteuerung unter bestimmten Voraussetzungen steuerfrei (§ 102 BewG)[27]. Die 10 v. H.-Beteiligungsgrenze ist nicht sachgerecht.

Auch hinsichtlich der Erfassung *immaterieller* Wirtschaftsgüter (s. S. 292) unterscheidet sich das Bewertungsrecht vom Bilanzsteuerrecht.

Bewertungsrechtlich ist nach h. M. ein immaterielles Wirtschaftsgut zu erfassen, wenn (alternativ) *eine* der folgenden Voraussetzungen vorliegt[28]:
a) Die selbständige Bewertungsfähigkeit wird durch die allgemeine Verkehrsanschauung anerkannt;
b) das immaterielle Wirtschaftsgut wird entgeltlich erworben;
c) die selbständige Bewertungsfähigkeit wird durch Aufwendungen anerkannt, die auf das zu bewertende immaterielle Wirtschaftsgut gemacht worden sind.

Die Bewertungsfähigkeit eines *Firmen- oder Geschäftswerts*[29] wird von der Rechtsprechung bisher nur angenommen

---

25 Dazu Erlaß BStBl. I 85, 652, auf den Abschn. 36 a I 6 VStR hinweist.
26 Dazu Fn. 15.
27 Dazu *Knobbe-Keuk,* Bilanz- und Unternehmenssteuerrecht[7], Köln 1989, 768 ff. BFH BStBl. 72, 416; 84, 221 – davon abweichend BFH BStBl. 88, 571; 88, 822.
28 BFH BStBl. 84, 616; 84, 617; 84, 818; 85, 40; 90, 47; 90, 569. Dazu *Hauter,* BB 84, 1604; Inst.FuSt Brief 253, Bonn 1986; *Knobbe-Keuk* (Fn. 27), 759 f.
29 Zum Firmen- und Geschäftswert BFH BStBl. 71, 677 f.; 72, 62; 87, 809 (Know-how als Komponente des Geschäftswerts; Fortentwicklung nach BFH BStBl. 89, 82: Know-how als

a) regelmäßig bei entgeltlichem Erwerb;
b) bei aktivierungsfähigen Aufwendungen des Betriebsinhabers für den Firmenwert oder bei Verpachtung eines Unternehmens, wenn ein Teil des Pachtzinses auf den überlassenen Firmenwert entfällt.

Nach § 101 Nr. 4 BewG, eingeführt durch Steuerbereinigungsgesetz 1986 (BGBl. I 85, 2436), gehört nur der derivative Firmenwert zum Betriebsvermögen; er ist mit dem Steuerbilanzwert anzusetzen (§ 109 IV BewG).

Sind nicht entgeltlich erworbene immaterielle Wirtschaftsgüter keine hinreichend sicheren Werte, sind sie im Grunde wegen ihrer Wertunsicherheit gar keine Wirtschaftsgüter, so muß das auch für die Bewertung nach dem Bewertungsgesetz gelten.

5.5 Bewertung des sonstigen Vermögens

Die Zentralnormen des sonstigen Vermögens sind die §§ 110, 111 BewG; hieraus ergibt sich, was zum sonstigen Vermögen und was nicht dazu gehört. Immer dann, wenn Wirtschaftsgüter nicht dem land- und forstwirtschaftlichen, dem Grundvermögen oder dem Betriebsvermögen zugerechnet werden können, ist anhand der genannten Normen die Zugehörigkeit zum sonstigen Vermögen zu prüfen. Nach dem Katalog des § 110 BewG gehört u. a. folgendes zum sonstigen Vermögen: inländische und ausländische Zahlungsmittel, Spareinlagen und sonstige verzinsliche und unverzinsliche Kapitalforderungen, Aktien, Erfindungen und Urheberrechte, noch nicht fällige Ansprüche aus Lebens- und Kapitalversicherungen, Edelmetalle, Edelsteine, Schmuck- und Kunstgegenstände (s. aber § 110 I Nr. 12 Satz 3 BewG).

§ 110 I BewG enthält zwar keine abschließende Aufzählung, er erfaßt aber alle wesentlichen Wirtschaftsgüter. § 111 BewG enthält eine abschließende Aufzählung der Wirtschaftsgüter, die aus dem sonstigen Vermögen ausgeklammert werden, eine Art Existenzminimum. Zu den eliminierten Wirtschaftsgütern gehören insb.: auf einem Arbeitsverhältnis beruhende Renten, Sozialversicherungsansprüche, Beamtenpensionsansprüche, Hausrat und andere bewegliche körperliche Gegenstände (soweit nicht § 110 I Nrn. 9–12 BewG zutrifft). Besonders schwierig ist die Abgrenzung von Luxusgegenständen (§ 110 I Nr. 11 BewG; dazu Abschn. 67 VStR).

Faktisch hat die Finanzverwaltung kaum Möglichkeiten, Zahlungsmittel, Bankguthaben, Wertpapiere, (in der Privatwohnung aufbewahrten) Schmuck und Kostbarkeiten zu erfassen.

Bei Anwendung der §§ 110, 111 BewG ist besonders auf die *Freibeträge* (§§ 110 I Nrn. 2, 6c, II, III; 111 Nrn. 7a, 9 BewG) und *Freigrenzen* (§ 110 I Nrn. 8, 9, 10, 11, 12, III BewG) zu achten.

Die Vorschriften über das sonstige Vermögen (§§ 110–113a BewG) enthalten keine speziellen Bewertungsvorschriften; es gelten daher die *Bewertungsvorschriften des allgemeinen Teils* (§§ 9, 11–16 BewG).

*Sach*forderungen und *Sach*schulden müßten eigentlich mit dem gemeinen Wert (§ 9 I BewG) bewertet werden. Rechtsprechung und Verwaltung bewerten aber mit dem Wert der Sache, bei einer Forderung auf Grundstücksübereignung also mit dem Einheitswert des Grundstücks. Dazu S. 458 f., 462.

Spezial-Wirtschaftsgut); BFH/NV 88, 289; s. auch *Pelka*, Die Bewertung von immateriellen Wirtschaftsgütern und von Rückstellungen im Rahmen der Einheitsbewertung des Betriebsvermögens, Berlin 1975.

5.6 Gesamtvermögen

Die Werte der vier Vermögensarten werden zusammengezogen (§ 114 BewG). Von der Summe werden *Schulden und sonstige Abzüge* abgezogen (§ 118 BewG), soweit sie nicht bereits bei der Ermittlung des Betriebsvermögens abgezogen worden sind (s. §§ 118 I; 103–105 BewG). Der Schuldenabzug wird durch § 118 II, III BewG limitiert. Auch im Vermögensteuerrecht gilt also das *Nettoprinzip*.

Der Verlustrücktrag (§ 10d EStG) ist bei der Bemessung der Einkommensteuerschuld für den Veranlagungszeitraum, auf den der Verlust zurückgetragen wird, nicht zu berücksichtigen, da der Rücktrag am Ende des Veranlagungszeitraums noch nicht feststeht (BFH BStBl. 82, 54).

Ehegattenvermögen und Kindesvermögen werden zusammengerechnet (§ 119 BewG).

6. Stand und Kritik an der Einheitsbewertung des Grundbesitzes

Bei der Einführung der Einheitsbewertung im Jahre 1925 sollte jeweils zum 1. 1. eines jeden Jahres für alle in Frage kommenden Steuerarten ein einheitlicher Grundbesitz-Steuerwert festgestellt werden. Dieses Vorhaben ist so jedoch nie in die Tat umgesetzt worden. Grundbesitz-Einheitsbewertungen fanden zunächst statt nach den Wertverhältnissen 1925, 1928 und 1931. Die Ergebnisse der Hauptfeststellung zum 1. 1. 1935 galten dann bis Ende 1973 – also 39 Jahre lang[30]. An sich wäre nach § 21 BewG 1934 sechs Jahre später, also zum 1. 1. 1941, die nächste Hauptfeststellung fällig gewesen. Sie ist jedoch wegen des Krieges bis auf weiteres verschoben worden. 1950 begannen im Finanzministerium die Vorarbeiten zur Neubewertung des Grundbesitzes. Ein Sachverständigenausschuß gab 1955 ein Gutachten über die Bewertung des Grundvermögens ab. In der Folgezeit scheiterten zwei Gesetzentwürfe; der zweite erreichte nicht einmal das Parlament. Der dritte Anlauf im Sommer 1963 gelang, nachdem zuvor BFH BStBl. III 64, 602 (zur VOL) ein verfassungsrechtliches Warnzeichen gesetzt hatte. Im Jahre 1965 wurde das BewG 1965 verabschiedet. Als Stichtag für die Hauptfeststellung wurde der 1. 1. 1964 festgesetzt. Jedoch wurden die Einheitswerte per 1. 1. 1964 erst ab 1. 1. 1974 der Besteuerung zugrunde gelegt. Über einen Termin für eine neue Hauptfeststellung – er muß gesetzlich bestimmt werden (s. Art. 2 I 3 BewÄndG 1965, der u. E. verfassungswidrig ist) – ist noch nichts bekannt; allerdings haben BVerfG BStBl. 76, 637 und BFH BStBl. 78, 446, 451; 86, 782 den Gesetzgeber verfassungsrechtlich verwarnt. Der Versuch, wenigstens unbebaute, baureife Grundstücke zeitnah und realistisch zu bewerten (Entwurf eines Teilhauptfeststellungsgesetzes 1983, BT-Drucks. 9/1648; 9/1673), ist gescheitert[31]. Bisher ist es bei der pauschalen Einheitswertaufstockung nach § 121a BewG geblieben. Die Finanzverwaltung hat beschlossen, auch in den nächsten Jahren keine Neubewertung durchzuführen, da das dafür erforderliche Personal fehle (BT-Drucks. 10/1938, 3). Personalmangel ist allerdings kein sachlicher Grund zur Rechtfertigung von Gleichheitssatzverletzungen.

Im Durchschnitt erfassen „die Einheitswerte (mit großer Streuung)
- bei Geschäftsgrundstücken ca. 30 v. H.,
- bei Einfamilienhäusern
  im Ertragswertverfahren ca. 13 v. H.,
  im Sachwertverfahren ca. 30 v. H.,

---

30 Zur Geschichte der Einheitsbewertung *Balke*, StuW 84, 351.
31 Dazu *Schmid*, DStZ 82, 214; *Göb*, KStZ 82, 81; *Braun*, BB 82, 482.

– bei Mietwohngrundstücken ca. 15 v. H.,
– bei unbebauten Grundstücken ca. 10 v. H.,
– bei landwirtschaftlichen Grundstücken ca. 5 v. H. und
– bei forstwirtschaftlichen Grundstücken ca. 1 v. H.
der heutigen Verkehrswerte"[32].

Eine neue Hauptfeststellung ist einstweilen nicht vorgesehen, obwohl der Gesetzgeber selbst in § 21 I a BAföG eine bestimmte Gewinnermittlung nach Grundbesitz-Einheitswerten (§ 13 a EStG) als *nicht wirklichkeitsnah* auffaßt und obwohl BVerfGE 65, 160, 170 (1. Senat), eine „intensive Störung des Verhältnisses von Einheits- und Verkehrswerten" bemerkte. Am 21. 10. 1986 hat der 1. Senat des Bundesverfassungsgerichts über die Einheitsbewertung des Grundbesitzes debattieren lassen[33]. In der Entscheidung v. 10. 2. 1987 (BVerfGE 74, 182 ff.) ist das Gericht indes nicht auf die Verfassungswidrigkeit der Grundbesitz-Einheitsbewertung eingegangen[34] (dem folgend BVerfG BStBl. 90, 103 – Kammerbeschluß). Dagegen hat inzwischen der 2. Senat des Bundesverfassungsgerichts mit seiner Entscheidung v. 26. 4. 1988 (BVerfGE 78, 132 ff. – zu einem anderen Rechtsgebiet) die Bezugnahme auf die nicht zeitnahen Grundbesitz-Einheitswerte bei der zivilrechtlichen Bewertung von bestimmten Pflichtteilsansprüchen untersagt; das BGB strebe „bei der Berechnung erbrechtlicher Ausgleichsansprüche die Verwirklichung der Einzelfallgerechtigkeit an". Möge sich die Einstellung zur Schaffung von „Einzelfallgerechtigkeit" auch beim – für das Steuerrecht zuständigen – 1. Senat des Bundesverfassungsgerichts durchsetzen. Demnächst hat der 1. Senat des Bundesverfassungsgerichts die Vorlagefrage des FG Hamburg (EFG 88, 586), ob die Grundbesitz-Einheitsbewertung im Jahre 1983 im Hinblick auf die Erbschaftsteuer verfassungswidrig war, zu beantworten.

Die Einheitsbewertung muß, soll sie mit der tatsächlichen Wertentwicklung Schritt halten und nicht mit irrealen Werten operieren, zeitnah sein. Das ist die Einheitsbewertung des *Grundbesitzes* – wie gezeigt – bisher nie gewesen. Zudem ist die komplizierte Einheitsbewertung, so wie sie angelegt ist, charakterisiert durch ein Gemengsel von Feinarbeit und ganz unbestimmten Prämissen. Insgesamt besteht zur Zeit folgende Lage: Das land- und forstwirtschaftliche Vermögen, das Grundvermögen und die Betriebsgrundstücke werden mit antiquierten Einheitswerten bewertet. § 121 a BewG sieht eine Aufstockung der Grundbesitz-Einheitswerte vor, aber nicht für land- und forstwirtschaftliches Vermögen und allgemein nicht für Zwecke der Grundsteuer. § 117 a I BewG sieht vor, daß das Betriebsvermögen bis zu 125 000 DM nicht anzusetzen, der übersteigende Teil (also auch nach § 121 a BewG aufgestockte Grundstückseinheitswerte von Betriebsgrundstücken) nur mit 75 v. H. anzusetzen ist. Für das sonstige Vermögen ist dagegen keinerlei Falschbewertung oder Wertermäßigung vorgesehen; die Inhaber solchen Vermögens behelfen sich aber weithin mit Verschweigen sonstigen Vermögens (ohne daß die Finanzverwaltung probate Mittel dagegen hätte). Zu einer Neubewertung des Grundbesitzes sieht die Finanzverwaltung sich nicht in der Lage. Insgesamt hat der Gesetzgeber die Finanzverwaltung in den letzten zwanzig Jahren derart überfordert, daß ihr Zustand dem der deutschen Wehrmacht im Jahre 1944 gleicht. Der Gipfel der Grundbesitz-Falschbewertung ist

---

32 So *Uelner,* Die Problematik der Einheitsbewertung, DStJG Bd. 7 (1984), 275, 284.
33 Dazu Bericht von *Balke,* FR 86, 631 f.
34 Dazu kritisch *Balke,* StuW 87, 364 ff.

das Ziel des Einigungsvertrages v. 31. 8. 1990 (BStBl. I 90, 656, 677 ff.), für die fünf neuen Bundesländer (= Beitrittsgebiet) sogar noch die 1935er-Einheitswerte (ohne Indizierung bis zum 31. 12. 1990/mit Zuschlag ab 1. 1. 1991) einzusetzen (§ 133 BewG).

Die fast ausweglos erscheinende Situation führt zu der Frage, ob es nicht angezeigt ist, die Grundbesitz-Einheitsbewertung aufzugeben und einen Teil der bewertungsgesetzabhängigen Steuerarten (etwa Vermögensteuer, Gewerbekapitalsteuer) abzuschaffen. Die dann übrigbleibende Masse der Grundbesitz-Bewertungsfälle könnte durch eine generelle Selbsteinschätzung durch die Steuerpflichtigen mit Angabe der Brandversicherungs- und Bodenrichtwerte abgedeckt werden. Zur Kontrolle kämen Plausibilitätsprüfungen durch Finanzbeamte in Frage, die den Grundstücksmarkt kennen. Im Streitfall könnten die unabhängigen Gutachterausschüsse für Grundstückswerte in den Gemeinden beauftragt werden. Kaum ein Steuerpflichtiger dürfte dann so verwegen sein, seine Angaben an dem irrealen, noch geltenden Einheitswertniveau zu orientieren. So würde selbst die Übernahme der nicht geprüften Angaben (= kein Verwaltungsmehraufwand!) schon den Ansatz realistischer Werte nach sich ziehen. Da heute die Gutachten der gemeindlichen Bewertungsausschüsse – gerade auch bei Interessengegensatz – weitestgehend Anerkennung finden, besteht begründete Hoffnung, daß fast alle Streitigkeiten um die Grundbesitzbewertung nach Verkehrswerten im außergerichtlichen Verfahren erledigt werden könnten[35].

7. Bewertungs-Besonderheiten für das Beitrittsgebiet

In dem Gebiet der fünf neuen Länder, der einstigen DDR, gelten für eine Übergangszeit besondere Bewertungs-Vorschriften, die als 4. Teil dem Bewertungsgesetz angefügt sind (Einigungsvertrag v. 31. 8. 1990, BStBl. I 90, 656, 677 ff.). Besonders bemerkenswert ist der Rückgriff auf die Grundbesitz-Einheitswerte von 1935; je nach Grundstücksart werden die 35er Werte zu 100 v. H. bis zu 600 v. H. der Besteuerung zugrunde gelegt (§ 133 BewG). Für land- und forstwirtschaftliches Vermögen gilt ein „Ersatzwirtschaftswert" (§§ 125 II, 126, 127 BewG). Vgl. auch das Kapitel „Vereinheitlichung des Steuerrechts im vereinigten Deutschland" (S. 184 ff.).

---

35 Zur Problematik auch *Wündisch*, FR 65, 427; *ders.*, FR 67, 132; *Schelle*, Der problematische Einheitswert, Heft 25 der Schriftenreihe des Karl-Bräuer-Instituts des Bundes der Steuerzahler, Wiesbaden 1973; *Dickertmann*, Ansätze zur Reform der „einheitswertabhängigen" Steuern, Sonderveröffentlichung Nr. 1 des Finanzwissenschaftlichen Forschungsinstituts an der Universität zu Köln, Köln 1979; *Strunk*, Einheitsbewertung von Grundstücken, Gelsenkirchen 1982 (Diss. rer. pol. Köln); *Höll*, DStR 84, 257; *Balke*, Einheitswert oder Verkehrswert für Grundbesitz im Erbschaftsteuer- und Schenkungsteuerrecht?, Berlin 1984, 74 ff.; *Uelner*, DStJG Bd. 7 (1984), 286 ff.; *Dickertmann/Pfeiffer*, Möglichkeiten für eine Reform der Einheitsbewertung und ihre Auswirkungen auf die einheitswertabhängigen Steuern, Sonderveröffentlichung Nr. 10 des Finanzwissenschaftlichen Forschungsinstituts an der Universität zu Köln, Köln 1985; *dies.*, StuW 87, 259; *Schelle*, Einheitsbewertung verfassungswidrig?, Stellungnahme des Karl-Bräuer-Instituts des Bundes der Steuerzahler in einem verfassungsgerichtlichen Verfahren, Wiesbaden 1986; *Rößler*, DStZ 87, 461; *Balke*, StuW 87, 364; *Wiss. Beirat beim BdF*, Die Einheitsbewertung in der BR Deutschland, Schriftenreihe des BdF, Heft 41, Bonn 1989; *Halaczinsky*, „Einheitsbewertung – quo vadis?" (mit Kritik an *Kruse*, BB 89, 1349), BB 90, 1173.

B. Vermögensteuer*

Rechtsgrundlagen: Vermögensteuergesetz (VStG) – in letzter Fassung abgedruckt in Beck'sche Sammlung der Steuergesetze I unter Nr. 220.
Verwaltungsvorschriften: U.a. Vermögensteuer-Richtlinien (VStR) – abgedruckt in Beck'sche Sammlung der Steuerrichtlinien unter Nr. 220.
Literatur: *Gürsching/Stenger*, Bewertungsgesetz und Vermögensteuergesetz[8], Köln (Loseblatt); *Moench/Glier/Knobel/Werner*, Bewertungs- und Vermögensteuergesetz, Herne/Berlin 1989; *Rössler/Troll*, Bewertungsgesetz und Vermögensteuergesetz[15], München 1989; *Falterbaum/Barthel*, Bewertungsrecht, Vermögensteuer[9], Achim 1989. Finanzwissenschaftlich: *Fecher*, Persönliche allgemeine Vermögensteuer, Hdb. der Finanzwissenschaft, Bd. II[3], Tübingen 1980, 453 ff.; *Rose*, Betrieb und Steuer, Drittes Buch, Die Substanzsteuern[7], Wiesbaden 1988, 123 ff.

Enneccerus, Vermögensteuer, fundierte Einkommensteuer oder Erbschaftsteuer?, Marburg 1893; *Tiepelmann*, Die Problematik der Vermögensteuer, Berlin 1963; Gutachten zur Reform der direkten Steuern, erstattet vom *Wiss. Beirat beim BdF*, Schriftenreihe des BdF Heft 9, Bad Godesberg 1967; *Flume*, Die Vermögensteuer in der Steuerreform, B 71, 400; Gutachten der Steuerreformkommission, Schriftenreihe des BdF Heft 17, Bonn 1971, VII, Tz. 48 ff.; *Schelle/v. Arnim/Borell/Lau/Meng*, Der Weg zu einem zeitgemäßen Steuersystem, Karl-Bräuer-Institut des Bundes der Steuerzahler, Heft 20, Wiesbaden 1971, 108 ff.; *Gemper*, Die Vermögensteuer im Rahmen der modernen allgemeinen Einkommensteuer, Berlin 1971; *Mönter*, Zur Steuerreform, Die Vermögensteuer, Inst.FuSt Heft 100, Bd. 1, Bonn 1971; *Sandford/Willis/Ironside*, An Annual Wealth Tax, London 1975; *Raths*, Bedeutung und Rechtfertigung der Vermögensteuer in historischer und heutiger Sicht, Zürich 1977; *D. Schneider*, Zur Rechtfertigung von Erbschaft- und Vermögensteuer, StuW 79, 38 ff.; s. auch *ders.*, FinArch. N. F. Bd. 37 (1979), 26 ff.; *R. M. Bird*, Perspectives on Wealth Taxation, Bulletin for International Fiscal Documentation 78, 479 ff.; *Hessler*, Theorie und Politik der Personalsteuern. Eine Kritik ihrer Einkommens- und Vermögensbegriffe, Kölner Habilitationsschrift 1983; *Albers*, Die Besteuerung von Vermögen und fundierten Einkünften, in: FS für Kolms, Berlin 1984, 235 ff.; *Helmert*, Die Rechtfertigung der Vermögensteuer, FR 87, 615 ff. (krit. zu *Jacobi*, FR 87, 413 ff.); *W.-E. Zweigert*, Übernahme der Steuerbilanzwerte in die Vermögensaufstellung für die ertragsunabhängigen Steuern vom Vermögen, Inst. FuSt. Brief 296, Bonn 1990.

1. Einführung

Der Steuergesetzgeber fördert einerseits die Vermögensbildung durch Steuervergünstigungen. Andererseits wird das Vermögen ab einer bestimmten Größe aber auch besteuert. Nicht selten treffen Steuervergünstigung und -belastung zusammen. So sind Steuerpflichtige, bei denen die Vermögensbildung durch § 10e EStG gefördert wird, nicht selten zugleich vermögensteuerpflichtig.

Es ist unbestritten, daß die Vermögensteuer prinzipiell den Vermögens*ertrag* belasten soll, nicht die Vermögenssubstanz. Der Vermögensertrag wird aber auch schon durch die Einkommensteuer und, soweit es sich um Erträge aus Gewerbebetrieb und Grundvermögen handelt, durch die Gewerbesteuer und die Grundsteuer belastet. An diesem Tatbestand setzen die Argumente pro und contra Vermögensteuer vornehmlich an.

---

* Bearbeiter des Abschnitts „Vermögensteuer" ist Dr. *Michael Balke*.

§ 12 Bewertungsgesetzabhängige Steuerarten

Hauptargumente

pro Vermögensteuer

Die Vermögensteuer wolle den Ertrag, nicht die Substanz belasten, und zwar den „mühelosen", nicht auf Arbeit beruhenden Ertrag.

Die Vermögenserträge („fundiertes Einkommen") begründeten eine besondere Leistungsfähigkeit; sie seien sicherer als andere Erträge, weil sie den Wechselfällen des Lebens weitgehend entzogen seien. Der Vermögende habe mehr persönliche Freiheit, insb. mehr Freizeitpotential.

Die Vermögensteuer sei eine Kontrollsteuer zur Einkommensteuer; wer Einkommensteuer hinterziehe, werde komplementär von der Vermögensteuer erfaßt.

Die Vermögensteuer habe eine Nachholfunktion, da nicht das gesamte Einkommen, aus dem Vermögen gebildet werde, mit Einkommensteuer belastet sei.

Die Vermögensteuer sei eine Art vorausgezahlte Erbschaftsteuer, sie entlaste die Erben.

Die Vermögensteuer diene der Vermögensumverteilung und damit dem Sozialstaatsprinzip.

contra Vermögensteuer

Dieses Prinzip lasse sich besser durch die Einkommensteuer realisieren. Ja, es sei inkonsequent, neben einer Einkommensteuer Vermögensteuer zu erheben, denn die Erhaltung des Anfangsvermögens sei Voraussetzung dafür, daß überhaupt Einkommen vorliege.

Das Geldvermögen werde durch Entwertung bedroht, das Sachvermögen durch staatliche Maßnahmen, insb. auch durch Streik, Krieg und Kriegsfolgen. Das Einkommen von Arbeitnehmern sei durch soziale Sicherung garantiert (insb. Sozialversicherungsrenten, Beamtenpensionen). Das Freizeitpotential der Vermögenden sei faktisch oft geringer als das der Arbeitnehmer.

Das Vermögen entstamme durchweg versteuertem Einkommen. Werfe das Vermögen Ertrag ab, so sei dieser wieder der Einkommensteuer unterworfen. Halte man es für angezeigt, den Ertrag aus Vermögen stärker zu belasten als Arbeitseinkommen, so könne das durch die Einkommensteuer geschehen.

Die Vermögensteuer treffe nicht nur die Steuerhinterzieher, sondern alle „Vermögenden"; sie alle mit einer Vermögensteuer zu „bestrafen", weil einige wenige Einkommensteuer hinterzögen, sei Übermaß. Wer Einkommensteuer hinterziehe, verstehe es überdies meist auch, die Vermögensteuer zu hinterziehen. Er müsse dies sogar, wolle er nicht auffallen (wer etwa die Zinsen nicht versteuere, könne auch sein Sparguthaben und seine Wertpapiere nicht zur Vermögensteuer erklären).

Es sei systematisch richtig, das gesamte Einkommen korrekt zur Einkommensteuer heranzuziehen, insb. auch die Einkommen der Landwirte und die Einkommen aus der Veräußerung privaten Vermögens. Im übrigen erfasse die Vermögensteuer aus versteuertem Einkommen gebildetes Vermögen ebenso wie aus nicht versteuertem Einkommen gebildetes Vermögen.

Es sei widersprüchlich, die Vermögensteuer zugleich als Ergänzungssteuer zur Einkommensteuer und als Vorauszahlung auf die Erbschaftsteuer zu erklären.

Die Umverteilung lasse sich besser durch eine progressive Einkommensteuer und durch die Erbschaftsteuer erreichen.

Die Vermögensteuer sei eine Ergänzungssteuer zur Umsatzsteuer. Wer sein Einkommen nicht konsumiere, sondern (Geld-)Vermögen bilde, könne zwar der Umsatzsteuer ausweichen, er müsse aber anstelle der Umsatzsteuer Vermögensteuer zahlen.	Die aktuelle Vermögensteuer sei nicht als Ergänzung zur Umsatzsteuer gedacht. Durch die Vermögensbildung sei die Umsatzbesteuerung nur aufgeschoben. Wer sein Vermögen auflöse und konsumiere, habe Umsatzsteuer zu zahlen.
Die Vermögensteuer könne zur Erzielung eines ausreichenden Steueraufkommens nicht entbehrt werden.	Innerhalb der EG erhöben Italien, Belgien und Großbritannien keine Vermögensteuer. Auch diese Länder verfügten über ein ausreichendes Steueraufkommen.
	Die Vermögensteuer auf Betriebsvermögen sei ungerechtfertigt. Sie zwinge den Unternehmer zu unnötigen Überwälzungskämpfen. Die Vermögensteuer benachteilige deutsche Unternehmer im Wettbewerb mit Ausländern, die der Vermögensteuer nicht unterlägen.

Die verschiedenen Begründungsversuche der Vermögensteuer – Ergänzung zur Einkommensteuer, vorausgezahlte Erbschaftsteuer, Ergänzung zur Umsatzsteuer – zeigen hinlänglich die Schwierigkeiten der rationalen Begründung der Vermögensteuer. Mit ihrer Abschaffung ist indessen kaum zu rechnen, bietet sich doch das Vermögen für den Zugriff des Fiskus geradezu an, weil eben bei den Vermögenden „etwas zu holen" ist. Eine Rechtfertigung liegt *darin* jedoch nicht.

2. Steuersubjekte

Steuersubjekte sind

a) *natürliche Personen* (§ 1 I Nr. 1 VStG), dazu S. 193;

b) *Subjekte des Körperschaftsteuerrechts* (§ 1 I Nr. 2 VStG, der im wesentlichen dem § 1 I KStG entspricht; s. daher S. 410 ff.).

Während die sog. Doppelbelastung Körperschaftsteuer/Einkommensteuer durch das Anrechnungsverfahren beseitigt worden ist (s. S. 405 ff., 438 ff.), hat der Gesetzgeber sich zu einer Beseitigung der sog. Vermögensteuer-Doppelbelastung (noch) nicht entschließen können[1]. Daher wird weiterhin vorgetragen:

Die Kapitalgesellschaften haben ihr Vermögen zu versteuern, die Anteilseigner (Teilhaber) aber dasselbe Vermögen in Form der Anteile noch einmal. Die Anteilseigner sind also wegen der Vermögensteuerbelastung ihrer Anteile auf Ausschüttungen angewiesen.

Ist eine Kapitalgesellschaft an einer anderen Kapitalgesellschaft zu mindestens 10 v. H. beteiligt, so greift das Schachtelprivileg des § 102 BewG ein und sorgt dafür, daß aus der Zweifachbelastung keine Mehrfachbelastung wird. Die Abhängigmachung des Schachtelprivilegs von einer mindestens 10 %igen (vor dem 1. 1. 1984: mindestens 25 %igen) Beteiligung ist nicht sachgerecht.

Keine Vermögensteuersubjekte sind die Personengesellschaften und Gemeinschaften des Zivilrechts; deren Vermögen wird lediglich über die an der Gesellschaft oder Gemeinschaft Beteiligten erfaßt (s. § 3 BewG), so daß es insoweit nicht zu einer Doppelbelastung des Vermögens kommt. Die Kapitalgesellschaften und ihre Gesellschafter sind vermögensteuerlich also nach wie vor im Verhältnis zu den Personengesellschaften und ihren Gesellschaftern diskriminiert. Der

---

[1] Dazu mit einem konkreten Vorschlag zur Beseitigung der sog. Doppelbelastung *Krohne/Mönter,* Inst. FuSt., Brief 219, Bonn 1982.

Freibetrag nach § 117a I BewG kann bei Personengesellschaften, anders als bei Kapitalgesellschaften, entsprechend der Zahl der Gesellschafter mehrfach ausgenutzt werden.

Die *subjektiven Befreiungen* (§ 3 VStG) decken sich im wesentlichen mit dem Befreiungskatalog des Körperschaftsteuergesetzes (§ 5 KStG).

Wie Einkommen- und Körperschaftsteuergesetz so unterscheidet auch das Vermögensteuergesetz zwischen *unbeschränkter* (§ 1 VStG) und *beschränkter* Steuerpflicht (§ 2 VStG). Das wirkt sich auch bei der Vermögensteuer auf das erfaßte Objekt aus (§ 4 VStG). § 6 VStG gilt nur für unbeschränkt Steuerpflichtige; s. im übrigen die Unterscheidungen in §§ 8 I, II; 9 Nrn. 1, 2 VStG, ferner § 14 VStG. Den §§ 34c EStG, 26 I KStG entspricht § 11 VStG.

Diese Darstellung berücksichtigt im folgenden nur die unbeschränkte Steuerpflicht.

3. Steuerobjekt, Befreiungen, Bemessungsgrundlage

Steuerobjekt ist das besteuerbare *Vermögen*. Wie bei der Einkommensteuer so kommt es auch hier einerseits darauf an, das *Steuergut* möglichst voll zu erfassen und nicht Vermögensteile, die ebenfalls Ertrags- und Leistungsfähigkeit verkörpern, definitorisch auszuklammern; andererseits müssen Scheinwerte eliminiert werden.

§ 4 I Nr. 1 VStG erklärt zur Bemessungsgrundlage das *Gesamtvermögen* (= „Weltvermögen", BFH BStBl. 88, 808, 809) i. S. der §§ 114 bis 120 BewG. Es ist auf volle 1000 DM nach unten abzurunden (§ 4 II VStG).

Das Gesamtvermögen setzt sich zusammen aus folgenden Vermögensarten (§ 18 BewG): land- und forstwirtschaftliches Vermögen (§§ 33 ff. BewG), Grundvermögen (§§ 68 ff. BewG), Betriebsvermögen (§§ 95 ff. BewG) und sonstiges Vermögen (§§ 110 ff. BewG)[2]; s. im übrigen § 114 BewG. Dazu S. 455 ff.

Ist *Betriebsvermögen*, für das ein Einheitswert festgestellt worden ist, insgesamt positiv, so bleibt es bei der Ermittlung des Gesamtvermögens bis zu einem Betrag von 125 000 DM vermögensteuerfrei; der übersteigende Teil ist mit 75 v. H. anzusetzen (§ 117a I BewG). Land- und forstwirtschaftliches Vermögen sowie Grundvermögen „zeichnen" sich durch erhebliche Unterbewertungen „aus"; dazu S. 464 ff.

Die „Lücken" (nicht Gesetzeslücken im technischen Sinne) in der Erfassung des vollen Steuergutes ergeben sich vor allem aus §§ 110 I, 111 BewG. Sie können nur zum Teil gerechtfertigt werden. Ein wesentlich weiterer Vermögensbegriff als im Vermögensteuergesetz findet sich z. B. in § 88 BSHG und in §§ 27 ff. BAföG.

Bei der Bewertung des Gesamtvermögens sind die Wirtschaftsgüter, für die ein *Einheitswert* festzustellen ist (s. § 19 BewG), mit den festgesetzten Einheitswerten anzusetzen (§ 114 III BewG; s. auch § 121a BewG). Das gilt für alle Vermögensarten, nur nicht für das sonstige Vermögen, da es nur mit *einer* Steuer, der Vermögensteuer, belastet ist (s. insoweit allerdings § 180 I Nr. 3 AO). Der Gesetzgeber hat zur unterschiedlichen Belastung verschiedener Vermögensarten keine unterschiedlichen Steuersätze eingeführt, sondern die Erfassung nur mit einem Teil des Werts angeordnet (s. §§ 115–117a BewG). Auf diese Weise werden in Bewertungsvorschriften Befreiungen versteckt.

§ 110 I, II BewG enthält Freibeträge und Freigrenzen für mehrere dort enumerierte Wirtschaftsgüter-Gruppen des *sonstigen* Vermögens. Die Freibeträge und Freigrenzen

---

2 Dazu *Kolbe,* Der Rechtsbegriff des steuerbaren Vermögens im Reichsbewertungsgesetz v. 10. 8. 1925, Diss. Leipzig 1926; *Herden,* Der Vermögensbegriff im Steuerrecht, Diss. Breslau 1940.

werden entsprechend der Anzahl der Mitglieder der Veranlagungsgemeinschaft vervielfacht (§ 110 III BewG). Dazu s. u. 4.

Die Werte der vier Vermögensarten werden zusammengefaßt (s. § 114 BewG). Von der Summe werden die Schulden abgezogen, soweit sie nicht als Betriebsschulden bereits bei der Ermittlung des Betriebsvermögens abgezogen worden sind (s. §§ 118 I, 103–105 BewG). Der Schuldenabzug wird durch § 118 II, III BewG limitiert.

Über die *Zurechnung* des Vermögens s. S. 115 ff., 453.

Vom (nur zum Teil erfaßten) Gesamtvermögen (§ 4 VStG) sind bei natürlichen Personen **persönliche Freibeträge** (§ 6 VStG) abzuziehen. Dadurch ergibt sich das steuerpflichtige (oder zu versteuernde) Vermögen (§ 9 Nr. 1 a VStG).

Die *persönlichen Freibeträge* betragen nach § 6 I, II VStG:

a) für den *Steuerpflichtigen* selbst: 70 000 DM;

b) für *Ehegatten* bei Zusammenveranlagung: 140 000 DM;

c) für jedes *Kind,* das mit einem Steuerpflichtigen oder mit den Ehegatten (Eltern) zusammenveranlagt (§ 14 VStG) wird: weitere 70 000 DM. Zusammenveranlagung setzt Haushaltsgemeinschaft voraus.

Der Gesamtfreibetrag für Ehegatten mit zwei Kindern bei Zusammenveranlagung beträgt also: 280 000 DM. – Hat ein Kind zwischen 18 und 27 Jahren kein Vermögen oder Vermögen unter 70 000 DM, so empfiehlt es sich, nach Möglichkeit die Zusammenveranlagung nach § 14 II VStG zu beantragen, um den Freibetrag von 70 000 DM (voll) ausnutzen zu können. Für das Kind wird bei Zusammenveranlagung der Freibetrag auch gewährt, wenn es kein eigenes Vermögen hat (s. u. 4.).

d) Daneben gibt es unter bestimmten Voraussetzungen *Altersfreibeträge* für Steuerpflichtige über 60 und 65 Jahre und – ab 1. 1. 1990 – *Schwerbehindertenfreibeträge* (Einzelheiten in § 6 III, IV VStG, Art. 11 Nrn. 2 und 3 des Steuerreformgesetzes 1990 v. 25. 7. 1988, BGBl. I 88, 1093).

Von *Körperschaften,* Personenvereinigungen und Vermögensmassen (§ 1 I Nr. 2 VStG) wird Vermögensteuer nur erhoben, wenn das Gesamtvermögen (§ 4 VStG) mindestens 20 000 DM beträgt (§§ 8 I, 9 Nr. 1b VStG), mit anderen Worten: die Freigrenze von 19 999 DM übersteigt.

Erwerbs- und Wirtschaftsgenossenschaften sowie Vereinen, die Land- und Forstwirtschaft betreiben, wird für die ersten 10 Jahre nach der Gründung ein Freibetrag von 100 000 DM gewährt (§ 7 VStG).

Die Nacherklärung von Kapitalvermögen kann unter bestimmten Voraussetzungen zur Vermögensteuerfreistellung führen[3].

4. Vermögensteuerliche Zusammenveranlagung

Das Vermögensteuergesetz sieht vor, daß bei unbeschränkter Steuerpflicht aller Beteiligten (dies meint: die Beteiligten haben ihren Wohnsitz oder gewöhnlichen Aufenthalt im Inland) folgende Personen zusammen veranlagt werden:

---

[3] Art. 17 des Steuerreformgesetzes 1990 v. 25. 7. 1988, BGBl. I 88, 1093. Vgl. S. 473 f.

- Ehegatten, wenn sie nicht dauernd getrennt leben,
- Ehegatten und Kinder oder Einzelpersonen und Kinder, wenn diese eine Haushaltsgemeinschaft bilden und die Kinder das 18. Lebensjahr noch nicht vollendet haben.

Auf gemeinsamen Antrag werden bei unbeschränkter Steuerpflicht aller Beteiligten ferner Ehegatten oder Einzelpersonen zusammen veranlagt:
- mit unverheirateten oder von ihren Ehegatten dauernd getrennt lebenden Kindern, die das 18., aber noch nicht das 27. Lebensjahr vollendet haben, wenn die Antragsteller eine Haushaltsgemeinschaft bilden und die Kinder sich noch in der Berufsausbildung befinden oder ein freiwilliges soziales Jahr im Sinne des Gesetzes zur Förderung eines freiwilligen sozialen Jahres ableisten. Die Zusammenveranlagung wird nicht dadurch ausgeschlossen, daß die Berufsausbildung durch die Einberufung zum gesetzlichen Grundwehrdienst oder Zivildienst unterbrochen ist. Haben die Kinder das 27. Lebensjahr vollendet, so ist die Zusammenveranlagung nur zulässig, wenn der Abschluß der Berufsausbildung durch Umstände verzögert worden ist, die keiner der Antragsteller zu vertreten hat. Als ein solcher Umstand ist stets die Ableistung des gesetzlichen Grundwehrdienstes oder Zivildienstes anzusehen;
- mit Kindern, wenn diese wegen körperlicher oder geistiger Gebrechen dauernd außerstande sind, sich selbst zu unterhalten.

Die Zusammenveranlagung führt zur Zusammenrechnung der Vermögen aller Beteiligten. Freibeträge und Freigrenzen bei der Ermittlung des sonstigen Vermögens werden entsprechend der Anzahl der Beteiligten vervielfacht. Die bei getrennter Veranlagung nicht ausgenutzten persönlichen Freibeträge (etwa bei vermögenslosen Kindern) werden bei der Zusammenveranlagung mit über den Freibeträgen liegenden Vermögen der Familienangehörigen verrechnet, damit „gerettet". Ebenso können Schulden der vermögenslosen Beteiligten verrechnet werden.

Fazit: Die Zusammenveranlagung ist – wie gezeigt – in erster Linie vorteilhaft; der proportionale Tarif ist mit Blick auf Einzel- oder Zusammenveranlagung steuerneutral; persönliche Nachteile können allenfalls dadurch entstehen, daß die Zusammenveranlagten untereinander ihre Vermögensverhältnisse offenbaren müssen, was gegenüber „großen" Kindern zuweilen ein Problem sein kann[4].

Die Abhängigmachung der Zusammenveranlagung mit Kindern von einer *Haushaltsgemeinschaft* ist unter dem Leistungsfähigkeitsaspekt *nicht sachgerecht*. Die sachgerechte Frage lautet: Wieviele Personen müssen von dem Vermögen, genauer: vom Ertrag des Vermögens, leben oder unterhalten werden? (s. auch § 14 II Nr. 2 VStG, der ausdrücklich auf den Unterhalt abstellt). Ein Kind, das außerhalb des Haushalts zu unterhalten ist, benötigt mehr und nicht weniger. Warum soll dann mehr Vermögensteuer gezahlt werden? Nach § 6 VStG bleiben für jeden Zusammenveranlagten 70 000 DM steuerfrei; wegen *Unterhaltsverpflichtung*, z. B. gegenüber Kindern, die nicht zum Haushalt gehören, können jedoch höchstens 20 000 DM abgezogen werden (§ 118 III 1 BewG). Die negative Wirkung verstärkt sich noch durch § 110 III BewG. – Ehegatten, die eine gemeinsame Unterhaltsverpflichtung haben, also nur *eine* Verpflichtung, können 40 000 DM statt 20 000 DM abziehen (§ 118 III 2 BewG). Auch das ist nicht sachgerecht. Die Freibeträge bewirken insoweit eine indirekte Progression, als bei steigender Bemessungsgrundlage die effektive Steuerbelastung steigt und der Einfluß der Freibeträge sich verringert.

---

[4] Der BFH (BStBl. III 64, 414; 64, 598; II 68, 332) hat die Vermögensteuer-Zusammenveranlagung bisher für verfassungsmäßig gehalten.

Vermögensteuer

5. Steuersatz, Verfahren, Berechnungsbeispiel

Auf das um die persönlichen Freibeträge verminderte Gesamtvermögen, das steuerpflichtige Vermögen, besser: das zu versteuernde Vermögen, wird ein proportionaler Steuersatz angewendet. Der Steuersatz beträgt

– bei natürlichen Personen: 0,5 v. H. pro Jahr,

– bei Körperschaften: 0,6 v. H. pro Jahr (§ 10 VStG).

Die Vermögensteuer wird für 3 Jahre allgemein festgesetzt (§ 15 I 1 VStG). Der letzte Hauptfeststellungszeitpunkt war der 1. 1. 1989; der nächste ist der 1. 1. 1992. Größeren Vermögensverschiebungen innerhalb des 3-Jahres-Zeitraums versucht die Finanzverwaltung mit Neu- und Nachveranlagungen gerecht zu werden.

Wie die Vermögensteuer berechnet wird, soll folgender Fall verdeutlichen:

Beispiel: Der Arzt A betreibt zum Bewertungsstichtag 1. 1. 1989 (bzw. 31. 12. 1988) eine eigene Praxis; der Einheitswert des Betriebsvermögens beträgt 225 000 DM. Für sein Privatgrundstück ist ein Einheitswert in Höhe von 100 000 DM festgestellt (Verkehrswert = 500 000 DM). A hält ein Aktienpaket mit Börsenkurs zum Bewertungsstichtag in Höhe von 225 500 DM. Sein Bankguthaben beträgt 500 DM, außerdem hat er 300 DM in bar. A ist verheiratet und hat zwei Kinder im Alter von 5 und 8 Jahren. Ehegatte und Kinder haben jeweils Barvermögen in Höhe von 500 DM. Nachstehend wird die Vermögensteuer für die zusammen zu veranlagende Familie A ermittelt.

Der Einheitswert des Betriebsvermögens in Höhe von 225 000 DM wird nach § 117a BewG lediglich mit 75 000 DM (Freibetrag 125 000 DM, Rest zu 75 v. H.) angesetzt. Nicht der Verkehrswert des Privatgrundstücks von 500 000 DM, sondern der Einheitswert zuzüglich eines Zuschlags von 40 % (§ 121 a BewG), also 140 000 DM, werden berücksichtigt. Das geringe Bankguthaben des A sowie die kleineren Barbeträge der Familie fallen unter die Freigrenze von 1 000 DM des § 110 I Nr. 2 BewG, die mit der Zahl der an der Zusammenveranlagung Beteiligten zu vervielfachen ist (§ 110 III BewG). Die Aktien sind nach Abzug eines Freibetrags von 40 000 DM (10 000 DM je Person – § 110 II, III BewG) mit 185 500 DM einzurechnen. Das anzusetzende Gesamtvermögen beträgt danach (auf volle 1 000 DM nach unten abgerundet) 400 000 DM (75 000 DM + 140 000 DM + 185 500 DM ./. 500 DM für die Abrundung). Von diesem Gesamtvermögen von 400 000 DM sind die persönlichen Freibeträge von 280 000 DM (70 000 DM pro Person – § 6 I, II VStG) abzusetzen, so daß ein zu versteuerndes Vermögen von 120 000 DM übrigbleibt. Nach Anwendung des Steuersatzes von 0,5 % (§ 10 Nr. 1 VStG) ergibt sich für 1989, 1990 sowie für 1991 eine Vermögensteuerschuld in Höhe von 600 DM pro Jahr.

6. Zur Nacherklärung von Kapitalvermögen

Steuerhinterzieher oder (bloße) Steuerverkürzer (§§ 370, 378 AO), die ihr bisher verschwiegenes Kapitalvermögen in der Zeit vom 13. 10. 1987 bis zum 31. 12. 1990 nacherklärten, blieben nach ZStAmnG[5] unter bestimmten Voraussetzungen nicht nur straf- bzw. bußgeldfrei, sondern auch noch – neben der Einkommensteuer auf die Kapitaleinkünfte – von der Vermögensteuer für Veranlagungszeiträume vor 1986 verschont.

Beispiel: A gewann 1984 500 000 DM in einer Spielbank. Wenig später legte er dieses Geld bei einem Kreditinstitut festverzinslich an. Gegenüber dem Finanzamt verschwieg A sein Vermögen und seine Vermögenseinkünfte. 1990 gab er die Erklärung nach ZStAmnG ab. Daraufhin genoß A für 1984 und 1985 Einkommen- und Vermögensteuerfreiheit. Für

---

[5] Gesetz über die strafbefreiende Erklärung von Einkünften aus Kapitalvermögen und von Kapitalvermögen, Art. 17 des Steuerreformgesetzes v. 25. 7. 1988, BGBl. I 88, 1093; dazu S. 780 f.

§ 12 Bewertungsgesetzabhängige Steuerarten

1986 und 1987 mußte A Einkommen- und Vermögensteuer nachzahlen. Für 1990 und die Zukunft ist A steuerlich erfaßt. Wegen der Einkommen- und Vermögensteuerhinterziehung wird A nicht bestraft.

7. Sondervorschrift für das Beitrittsgebiet

In dem Gebiet der fünf neuen Länder, der einstigen DDR, gilt für eine Übergangszeit die Sondervorschrift des § 24a VStG (Einigungsvertrag v. 31. 8. 1990, BStBl. I 90, 656, 681). Danach wird die Vermögensteuer zum 1. 1. 1991 für vier Jahre allgemein festgesetzt. Vgl. auch zu Bewertungs-Besonderheiten im Beitrittsgebiet S. 466 sowie das Kapitel „Vereinheitlichung des Steuerrechts im vereinigten Deutschland" (S. 184 ff.).

C. Erbschaft- und Schenkungsteuer*

Rechtsgrundlagen: Erbschaftsteuer- und Schenkungsteuergesetz (ErbStG); Erbschaftsteuer-Durchführungsverordnung (ErbStDV) – in letzter Fassung abgedruckt in Beck'sche Sammlung der Steuergesetze I unter Nrn. 250, 260.
Verwaltungsvorschriften: Vgl. Beck'sche Sammlung der Steuerrichtlinien unter Nrn. 250/2–250/4.
Literatur: *Kommentare: Meincke/Michel*[8], München 1987 (die 9. Aufl. ist in Vorbereitung); *Moench*, Neuwied-Frankfurt/Main (Loseblatt); *Kapp*[10], Köln (Loseblatt); *Troll*[3], München (Loseblatt); *Petzoldt*[2], Herne/Berlin 1986. Eine Aufstellung der Kommentare zu den älteren Gesetzesfassungen und neuerer Dissertationen zum Erbschaft- und Schenkungsteuerrecht enthält *Meincke*/Michel, Einf. Anm. 15.
Lehr- und Handbücher: Rose, Betrieb und Steuer, Drittes Buch, Die Substanzsteuern[7], Wiesbaden 1988, 153 ff.; *Pietsch/B. Schulz*, Erbschaftsteuer/Schenkungsteuer – 40 praktische Fälle, Achim 1986; *B. Schulz*, Erbschaftsteuer/Schenkungsteuer[3], Achim 1988; *Hofmann*, Erbschaft- und Schenkungsteuer[3], Stuttgart/München/Hannover 1985; *Kapp*, Schwerpunkte des Erbschaft- und Schenkungsteuerrechts (aktualisierte Aufsatzsammlung), Heidelberg 1981; *Degen*, Fallkommentar zum Erbschaft- und Schenkungsteuerrecht, Herne/Berlin 1983 (Fallsammlung); *Langenfeld/Gail*, Handbuch der Familienunternehmen[7], Köln (Loseblatt), VII: Schenkung- und Erbschaftsteuer des Unternehmers (*R. Rupp*); *Kapp/Ebeling*, Handbuch der Erbengemeinschaft*[3], Köln (Loseblatt), Teil II; *Wöhe*, Betriebswirtschaftliche Steuerlehre I/1[6], München 1988, 432 ff.; *Esch/Schulze zur Wiesche*, Handbuch der Vermögensnachfolge[3], Berlin 1989.
Zur Entstehung des ErbStG 1974: S. 11. Auflage, S. 370.
Reformvorschläge: Balke, Einheitswert oder Verkehrswert für Grundbesitz im Erbschaftsteuer- und Schenkungsteuerrecht? – Theoretische und praktische Argumente, Berlin 1984; *Hofmann*, Die Anwendung der Einheitswerte bei der Erbschaftsteuer, in: Raupach (Hrsg.), Werte und Wertermittlung im Steuerrecht, DStJG Bd. 7 (1984), 377 ff.; *Balke*, Die Erbschaft- und Schenkungsteuer als nichtklassische, vom Einheitswert des Grundbesitzes abhängige Steuer – Ein Beitrag zur Abkoppelung der Erbschaftsteuer von der Grundbesitz-Einheitsbewertung, StuW 84, 351; *Dickertmann/Pfeiffer*, Möglichkeiten für eine Reform der Einheitsbewertung und ihre Auswirkungen auf die einheitswertabhängigen Steuern, Sonderveröffentlichung Nr. 10 des Finanzwissenschaftlichen Forschungsinstituts an der Universität zu Köln, Köln 1985; *Naarmann*, Das Verhältnis der Schenkungsteuer zur Erbschaftsteuer, Diss. Köln 1985, 206 ff.

---

* Bearbeiter des Abschnitts „Erbschaft- und Schenkungsteuer" ist Dr. *Michael Balke.*

1. Einführung

a) Die deutsche Erbschaft- und Schenkungsteuer (künftig kurz: Erbschaftsteuer) ist keine Erbnachlaßsteuer, sondern eine *Erbanfallsteuer*, d. h. es wird nicht die Nachlaßmasse als solche besteuert, sondern der Erbanfall beim *einzelnen* Erben. Nur übergangsweise (von 1919 bis 1923) war die Erbschaftsteuer auch als Nachlaßsteuer ausgestaltet[1]. Allerdings kann über § 21 I 1 ErbStG ausländische Nachlaßsteuer angerechnet werden (s. BFH BStBl. 90, 786, 787).

Darüber, daß eine Erbschaftsbesteuerung gerechtfertigt sei, besteht heute im Grunde kein Streit mehr.

Freilich genügt zur Rechtfertigung nicht der Hinweis der Fiskalisten, daß die Erbschaft eine „leicht anzapfbare, ergiebige Steuerquelle" sei. Dieser rein fiskalistischen Motivation fehlt, wie immer, das moralische Minimum, die ethische Grundlage. Überholt ist die Auffassung, die Erbschaftsteuer sei die Gegenleistung an den Staat dafür, daß dieser das Erbrecht (z. Z. durch Art. 14 GG) garantiere.

Die Erbschaftsteuer wird hauptsächlich mit der Notwendigkeit einer *Umverteilung* gerechtfertigt: Die Erbschaftsteuer sei geeignet, Startungleichheiten in der Wettbewerbswirtschaft und durch die freie Marktwirtschaft ausgelöste Spannungen zu mildern[2]. Eine fühlbare oder merkliche Erbschaftsteuer sei auch schon deshalb angezeigt, weil der Erwerb aus einer Erbschaft den Charakter des Mühelosen, Unverdienten habe[3].

Gegen die Umverteilungszielsetzung durch eine merkliche Erbschaftsteuer wird geltend gemacht: Es entstünden durch die Erbschaftsbesteuerung volks- und betriebswirtschaftliche Nachteile. Betriebswirtschaftlich sinnvolle Einheiten würden zerschlagen, insb. werde der Mittelstand geschädigt, das selbständige Unternehmertum abgelöst durch Vermögenszusammenballungen in Kapitalgesellschaften; der Anreiz zur wirtschaftlichen Leistung gehe verloren[4]. Die Umverteilung durch die Erbschaftsteuer habe verfassungsrechtliche Grenzen, die sich insb. aus Art. 14, 19 II GG ergäben[5].

---

1 Dazu *Hofmann*, JbFSt. 1982/83, 181 f.; zur Entwicklung der Erbschaftsbesteuerung während der letzten hundert Jahre *Timm*, FinArch. Bd. 42 (1984), 553.
2 Dazu *C. Frantz*, Die soziale Steuerreform als die conditio sine qua non, wenn der sozialen Revolution vorgebeugt werden soll, Mainz 1881; *I. Hennicke*, Die Rolle der Erbschaftsteuer in der Steuerpolitik der großen politischen Parteien, Diss. Heidelberg 1929; *Antweiler*, Erbschaftsteuer und soziale Reform, Diss. Köln 1933; *K. P. Kisker*, Die Erbschaftsteuer als Mittel der Vermögensredistribution, Berlin 1964; *D. Schneider*, StuW 79, 38, 41 f.
3 In diesem Sinne *Zeidler*, Der Spiegel 1984, Nr. 50, S. 52, 61.
4 Dazu *Christmann*, Die Theorie der Erbschaftsteuer und ihre finanzpolitische Problematik. Unter besonderer Berücksichtigung der Entwicklung der Erbschaftsbesteuerung in Deutschland, Frankreich und England, Diss. Frankfurt, Düsseldorf 1939; *Seitz*, Die Bedeutung der Erbschaftsteuer für die Entwicklung mittelständischer Betriebe, Köln/Opladen 1966; *D. Frank*, Erbschaftsteuer und Unternehmung, Berlin 1969; *K. Barth*, Die betriebliche Besteuerung im Rahmen der gegenwärtigen Finanz- und Steuerpolitik, B 70, 2189; *D. Frank*, Erbschaftsteuerliche Umverteilungspolitik und Unternehmung, in: FS für K. Barth, Stuttgart 1971, 195 ff.; *J. Beyer*, Grundprobleme des Erbschaftsteuerrechts. Ein Beitrag zu verfassungsrechtlichen und wirtschaftswissenschaftlichen Fragen des neuen Erbschaftsteuergesetzes und der Reformvorschläge, Diss. Regensburg 1976; *Nohl*, Vermögensredistribution durch die Besteuerung von Erbschaften und die Erbrechts- und Eigentumsgarantie in Art. 14 GG, Diss. Marburg 1979; *Flume*, Handelsblatt v. 19. 12. 1984, 2.
5 Dazu insb. *Leisner*, Verfassungsrechtliche Grenzen der Erbschaftsbesteuerung, Berlin 1970 (dazu Besprechung *Tipke*, ZRP 71, 158); *Krause-Ablaß*, Verfassungsrechtliche Grundlage und Grenzen der Erbschaftsteuer, Hamburger Jahrbuch für Wirtschafts- und Gesellschaftspolitik 1971, 194 ff.; *J. Beyer* (Fn. 4).

Wie bereits oben (S. 161 f.) ausgeführt, hat die Erbschaftsteuer sowohl gegenüber der Einkommensteuer als auch gegenüber der Vermögensteuer[6] spezifische steuersystematische Qualität. Sie ist Steuer auf das Einkommen[7], weil sie die Bereicherung des Erben besteuert. Sie ist aber auch Steuer auf das Vermögen, weil sie anläßlich des Vermögensüberganges die Vermögenssubstanz besteuert[8].

Die besondere Eigenart der Erbschaftsteuer rechtfertigt einen vom Einkommensteuertarif grundsätzlich abweichenden Tarif. Eine Inkorporation der Erbschaftsteuer in die Einkommensteuer würde der unterschiedlichen Teleologie und Wirkung beider Steuerarten nicht Rechnung tragen und die Möglichkeiten des Steuergesetzgebers, die Teilhabe am Markteinkommen[9] anders zu gestalten als die Redistribution von Vermögen, unnötig erschweren. Der vom Verwandtschaftsgrad abhängige Erbschaftsteuertarif trägt der Wertung in Art. 6 I GG Rechnung. Der Vermögensübergang innerhalb der Familie wird schonend behandelt. In den Steuerklassen I und II (s. S. 490 f.) erreicht der Erbschaftsteuertarif den ab 1990 geltenden Einkommensteuerspitzensatz von 53 Prozent nicht. Hingegen steigt der Tarif in der Steuerklasse III ab 50 Mio. DM von 55 bis 65 Prozent bei über 100 Mio. DM und in der Steuerklasse IV ab 4 Mio. DM von 54 bis 70 Prozent bei über 100 Mio. DM (s. S. 490 f.). Hieran zeigt sich der spezifische Redistributionszweck, Vermögenskonzentrationen entgegenzuwirken[10], wobei die oben[11] geschilderten Substanzsteuereffekte noch ihr übriges tun.

Dem Redistributionszweck ist die *Doppelbelastung* der Erbschaft mit Einkommensteuer und Erbschaftsteuer immanent; sie ist vom Gesetzgeber gewollt[12]. Die Erbschaftsteuer ist *keine Kontroll- oder Nachholsteuer zur Einkommen- oder Vermögensteuer,* denn die Erbschaftsteuer wird auch geschuldet, wenn keinerlei Einkommen- oder Vermögensteuer hinterzogen worden ist. Die Redistributionsentscheidung des Ge-

---

6 Gegen das Nebeneinander von Erbschaft- und Vermögensteuer *D. Schneider,* StuW 79, 38 ff.
7 Dazu die bereits oben (S. 161 Fn. 53) zit. Literatur. *Balke,* Einheitswert oder Verkehrswert für Grundbesitz im Erbschaftsteuer- und Schenkungsteuerrecht? Theoretische und praktische Argumente, Berlin 1984, 109: Die Erbschaftsteuer habe eine Ergänzungsfunktion zur Einkommensteuer. Zustimmend *Wöhe,* Betriebswirtschaftliche Steuerlehre, Bd. I/1[6], München 1988, 434.
8 S. oben S. 162 (dort Fn 54). *Wöhe* (Fn. 7) ordnet die Erbschaft- und Schenkungsteuer wie in der Betriebswirtschaftslehre üblich der „Besteuerung der Vermögenssubstanz" (a. a. O., 381 ff.) zu, da sie nur aus der betrieblichen Substanz entrichtet werden könne (a. a. O., 432). Diese Substanzbesteuerung ließe sich jedoch nicht mit der „Notwendigkeit einer Umverteilung von Vermögen", sondern allein dadurch rechtfertigen, daß die wirtschaftliche Leistungsfähigkeit durch die Erbschaft vergrößert wird (a. a. O., 433).
9 S. oben S. 158 ff.
10 Dazu *K. P. Kisker,* Die Erbschaftsteuer als Mittel der Vermögensredistribution, Berlin 1964; *A. Oberhauser,* Erbschaft- und Schenkungsteuern, in: Handbuch der Finanzwissenschaft, Bd. II[3], 1980, 487, 507 f.; *Timm* (Fn. 1).
11 S. 163.
12 So wollte der Gesetzgeber insb. mit § 35 EStG die Doppelbelastung, „daß ein aus versteuertem Einkommen gebildetes Vermögen beim Übergang von Todes wegen oder bei der Schenkung auch mit Erbschaftsteuer belastet wird" (BT-Drucks. 7/2180, 21), nicht beseitigen (s. S. 394 f.). Zur Doppelbelastung und Steuerkonkurrenz durch ESt und ErbSt auch BFH BStBl. 87, 175; *J. Lang,* Die Bemessungsgrundlage der Einkommensteuer, Köln 1981/88, 260 ff. Krit. *Meincke*/Michel, ErbStG[8], Einf. Anm. 3.

setzgebers erstreckt sich auf die Bereicherung des Erben, gleichgültig, ob der Erblasser Einkommensteuer oder Vermögensteuer gezahlt hat.

b) Die *Schenkungsteuer* ist der Erbschaftsteuer grundsätzlich gleichgestellt (vgl. § 1 II ErbStG)[13]. Trotzdem gibt es mitunter Besteuerungsunterschiede[14].

c) Das geltende Recht ergibt sich aus dem Gesetz zur Reform des Erbschaftsteuer- und Schenkungsteuerrechts v. 17. 4. 1974, BGBl. I 74, 933. Es ist am 1. 1. 1974 in Kraft getreten. Zu den seit 1974 eingetretenen Änderungen vgl. BGBl. I 76, 3341; 80, 1537; 83, 1583[15]; 85, 2436[16].

Das Gesetz von 1974 hat insbesondere eine Anpassung und Änderung der Freibeträge, vier statt fünf Steuerklassen, einen neuen Tarif (der kleine und mittlere Erwerbe schont, größere stärker belastet), den Wegfall verschiedener Steuervergünstigungen, die Schließung mehrerer Gesetzeslücken und die Verschärfung der erbschaftsteuerlichen Behandlung von Familienstiftungen und -vereinen gebracht. *Materialien:* BT-Drucks. VI/3418, 10 ff., 44 f., 46 f., 59 ff. = 7/78, 11 ff.; 7/1329; 7/1333; 8/3688.

d) Die allgemeinen Auslegungsregeln (s. S. 92 ff.) gelten auch für die Auslegung des Erbschaftsteuergesetzes. Soweit das Gesetz unmittelbar an das Bürgerliche Gesetzbuch anknüpft (insbesondere durch zahlreiche Klammer-Bezugnahmen), übernimmt es das Vorverständnis des Bürgerlichen Rechts[17]. Die enumerative BGB-Anknüpfung erhöht die Rechtssicherheit, sie führt aber auch leicht zu Gesetzeslücken (gemessen am Prinzip, durch Erbfälle und Schenkungen ausgelöste Bereicherungen zu erfassen).

Die allgemeinen Regeln zu den *unwirksamen Rechtsgeschäften* (§ 41 AO) gelten auch im Erbschaftsteuerrecht (BFH BStBl. 82, 28).

2. Steuerobjekt

Gegenstand der Erbschaftsbesteuerung sind durch Erwerbe von Todes wegen, durch Schenkungen unter Lebenden oder durch Zweckzuwendungen ausgelöste (unentgeltliche) Bereicherungen. Der Erbschaftsteuer unterliegt ferner in Zeitabständen von je 30 Jahren das Vermögen einer Familienstiftung bzw. eines Familienvereins. Das Erbschaftsteuerrecht schafft neben dem Haupttatbestand der Erwerbe von Todes wegen eine Reihe von Ersatztatbeständen. Die Ersatztatbestände sollen die *Umgehung* der Erbschaftsteuer verhindern[18].

---

13 Zur Ergänzungsfunktion der Besteuerung von Schenkungen *Oberhauser* (Fn. 10), 487, 500 f. (m. w. N.).
14 Vgl. *Naarmann,* Das Verhältnis der Schenkungsteuer zur Erbschaftsteuer, Diss. Köln 1985 – dazu Besprechung von *Balke,* StuW 87, 371.
15 Dazu BB 84, 48; *Halaczinsky,* StWa. 84, 62, 68.
16 Dazu *Teß,* DStR 86, 214, 223.
17 Dazu *Meincke,* JuS 76, 693; *ders.,* StuW 78, 352; *Crezelius,* Erbschaft- und Schenkungsteuer in zivilrechtlicher Sicht, Herne/Berlin 1979 (dazu Besprechung von *Meincke,* StuW 80, 66); *ders.,* Steuerrechtliche Rechtsanwendung und allgemeine Rechtsordnung, Herne/Berlin 1983, 179 (dazu Besprechung von *Tipke,* NJW 84, 2081); *Kapp* hält es mit Hinweis auf BVerfGE 67, 70 ff. für denkbar, daß die *wirtschaftliche Betrachtungsweise* auch im Erbschaftsteuerrecht mehr in den Vordergrund rückt, BB 84, 1413, 1414 – a. A. wohl BFH BStBl. 83, 179.
18 Dazu *Ohrem,* Probleme der Erbschaftsteuerumgehung bei vorweggenommener Erbfolge durch Schenkung von Mitunternehmerrechten, Diss. Köln 1965; BVerfGE 63, 312, 324 ff.

§ 12 Bewertungsgesetzabhängige Steuerarten

Im einzelnen werden erfaßt:

2.1 Der Erwerb von Todes wegen (§§ 1 I Nr. 1, 3 ErbStG), insb.:

a) der Erwerb durch Erbanfall (§ 1922 BGB: d. h. aufgrund gesetzlicher Erbfolge, Testaments, Erbvertrags), aufgrund Erbersatzanspruchs (§§ 1934 a ff. BGB), durch Vermächtnis (§§ 2147 ff. BGB), durch (geltend gemachten) Pflichtteilsanspruch (§§ 2303 ff. BGB);

b) der Erwerb durch Schenkung auf den Todesfall (§ 2301 BGB).

Als Schenkung auf den Todesfall gilt es auch, wenn beim Tode eines Gesellschafters einer Personal- oder Kapitalgesellschaft dessen Anteil aufgrund des Gesellschaftsvertrages auf den oder die anderen Gesellschafter (so bei Personalgesellschaften) oder auf die Gesellschaft (so bei Kapitalgesellschaften) übergeht, soweit der Anteilswert (s. § 12 ErbStG) Abfindungsansprüche Dritter übersteigt (§ 3 I Nr. 2 Satz 2 ErbStG; s. auch den entsprechenden § 7 VII ErbStG)[19].

Beispiel: A, B und C, Gesellschafter einer OHG, haben im Gesellschaftsvertrag vereinbart, daß ihre Erben nur Anspruch auf Abfindung in Höhe des Buchwerts des Kapitalkontos haben sollen. Sie wollen dadurch verhindern, daß das Unternehmen im Erbfalle in Zahlungsschwierigkeiten gerät oder gar „zerschlagen" wird. Beim Tode des (zuerst versterbenden) A beträgt der Buchwert des Kapitalkontos des A 400 000 DM, sein Anteil an den stillen Reserven 200 000 DM, der Steuerwert des Gesellschaftsanteils 600 000 DM. Die Erben des A haben nur 400 000 DM (Buchwert) zu versteuern, und zwar liegt für sie ein Erwerbsvorgang i. S. des § 3 I Nr. 4 ErbStG[20] vor. Die 200 000 DM (früher nicht besteuerbar, s. BFH BStBl. III 53, 199) haben B und C zu versteuern.

Der Fall einer nur aus zwei Personen bestehenden Gesellschaft, die durch das Ausscheiden einer Person erlischt (s. BFH BStBl. 81, 293), ist durch §§ 3 I Nr. 2 Satz 2, 7 VII ErbStG nicht erfaßt[21].

§ 3 II Nrn. 2–6 ErbStG behandelt einige (seltener vorkommende) *mittelbare* Erwerbe von Todes wegen, insb. Erwerb aufgrund der Vollziehung einer *Auflage* (§ 1940 BGB), der Erfüllung einer *Bedingung, Abfindungen* für die Ausschlagung einer Erbschaft oder für den Verzicht auf den Pflichtteil, und zwar so, als handle es sich um eine Zuwendung unmittelbar vom Erblasser.

Wird eine *Zugewinngemeinschaft*[22] (§ 1363 BGB) *durch den Tod* eines Ehegatten *beendet* und *Zugewinn nicht* nach § 1371 II BGB *ausgeglichen* (m. a. W. statt der güterrechtlichen Abwicklung nach § 1371 II BGB die erbrechtliche Lösung nach § 1371 I BGB gewählt), so gilt beim überlebenden Ehegatten der Betrag, den er im Falle des § 1371 II BGB als Ausgleichsforderung hätte geltend machen können, nicht als Erwerb i. S. des § 3 ErbStG. Soweit der Nachlaß des Erblassers bei der Ermittlung des als Ausgleichsforderung nicht besteuerbaren Betrages mit einem höheren Wert als dem Steuerwert angesetzt worden ist, gilt höchstens der dem Steuerwert des Nachlasses (s. dazu § 12 ErbStG) entsprechende Betrag nicht als Erwerb i. S. des § 3 ErbStG (§ 5 I ErbStG)[23].

---

19 Dazu *Herrmann/Langel,* GmbHR 74, 237, 241 ff.
20 Streitig; dazu *Meincke*/Michel, ErbStG[8], § 3 Anm. 46; *Troll,* ErbStG[3], § 3 Tz. 74.
21 Dazu *Meincke,* StuW 81, 219, 222; *Meincke*/Michel, ErbStG[8], § 3 Anm. 39 (§ 7 Anm. 77).
22 Zur erbschaftsteuerlichen Wirksamkeit des rückwirkend vereinbarten Güterstands der Zugewinngemeinschaft: BFH BStBl. 89, 897 – vgl. dazu die gleichlautenden Nichtanwendungserlasse der Länder BStBl. I 89, 429.
23 Nach BFH BStBl. 82, 27 wird der Kapitalwert privater Witwenrenten, die der Erbschaftsteuer nicht unterliegen (BFH BStBl. 81, 715), bei der Errechnung der fiktiven Zugewinnausgleichsforderung nicht berücksichtigt – kritisch dazu *Meincke,* FamRZ 83, 13.

Beispiel: Das Vermögen des verstorbenen Ehemannes hat einen Verkehrswert von 400 000 DM, einen Steuerwert (§ 12 ErbStG) von 300 000 DM. Das Anfangsvermögen hatte einen Verkehrswert von 100 000 DM. Der Zugewinn beträgt also 300 000 DM. Die überlebende Ehefrau hat keinen Zugewinn erzielt. Sie könnte bei güterrechtlicher Abwicklung eine Ausgleichsforderung von 150 000 DM geltend machen. Diese würde nicht zum besteuerbaren Erwerb gehören (§ 5 II ErbStG). Wählt sie die erbrechtliche Lösung nach § 1371 I BGB, so bleibt nicht ein Viertel des Nachlasses (wie nach dem ErbStG 1951), sondern ein Betrag in Höhe der (fiktiven) Ausgleichsforderung unerfaßt, allerdings nur im Verhältnis Verkehrswert/Steuerwert[24], also mit drei Vierteln von 150 000 DM = 112 500 DM.

2.2 Die Schenkungen unter Lebenden (§ 1 I Nr. 2 ErbStG), und zwar nicht nur Schenkungen im bürgerlich-rechtlichen Sinne, sondern überhaupt jede *freigebige* Zuwendung, die den Bedachten *bereichert* (s. § 7 ErbStG).

Überträgt der künftige Erblasser (etwa der Vater) Vermögen bereits zu Lebzeiten auf seine künftigen Erben, so liegt der steuerliche Vorteil dieser „vorweggenommenen Erbfolge"[25] vor allem darin, daß Erträge aus dem zugewendeten Vermögen unmittelbar dem künftigen Erben als Vermögensinhaber zugerechnet werden. Was der künftige Erbe auf diese Weise an Erträgen originär erhält, unterliegt später nicht mehr der Erbschaftsteuer. Hinzu kommen die sich i. d. R. als Folge der Progressionsmilderung ergebenden einkommensteuerlichen Vorteile (s. S. 391 f.).

Dem allgemeinen Tatbestand des § 7 I Nr. 1 ErbStG sind eine Reihe von Tatbeständen angefügt, die der Ergänzung oder Klarstellung dienen.

Der Tatbestand der „Schenkungen unter Lebenden" ist lang. Ihn durchzuprüfen, ist immer dann angezeigt, wenn jemand Werte erhält (wenn ihm Werte zuwachsen), für die er keine Leistung erbracht hat, s. insb. § 7 I Nrn. 4–7, 9 ErbStG. Gewährung zinslosen Darlehns fällt darunter (BFH BStBl. 79, 631), ebenso Wertpapierzinsen (Stückzinsen) als „ein im Verkehr anerkannter Vermögensgegenstand" (BFH BStBl. 85, 73, 74).

Während eine Schenkung ein (beiderseitiges) Einverständnis über die Unentgeltlichkeit voraussetzt, bedarf es bei der freigebigen Zuwendung (§ 7 I Nr. 1 ErbStG) nur des *Bereicherungswillens* des Zuwendenden[26].

Für die Beurteilung, ob ein Bereicherungswille vorliegt, kommt es nicht auf die individuelle subjektive Bewertung des Zuwendenden an, sondern darauf, ob aufgrund der dem Zuwendenden bekannten Umstände bei objektivierender Betrachtung Unentgeltlichkeit anzunehmen ist[27].

Der Tatbestand der Schenkung wird nicht dadurch ausgeschlossen, daß die Schenkung zur Belohnung oder unter Auflage (dazu BFH BStBl. 89, 524; 89, 814; Ländererlasse BStBl. I 89, 445) gemacht oder in die Form eines lästigen Vertrages gekleidet wird (§ 7 IV ErbStG). Dadurch sollen Manipulationen ausgeschlossen werden.

---

24 So die h. M. – vgl. z. B. Ländererlasse v. 10. 3. 1976, BStBl. I 76, 145. Nach *Meincke,* StuW 81, 219, 221, m. w. N.; *ders.,* DStR 86, 135, 139 f. und *Meincke*/Michel, ErbStG[8], § 5 Anm. 18, folgt bei wortgetreuer Auslegung aus § 5 I 2 ErbStG, daß der Steuerwert des Nachlasses lediglich die Grenze des Freibetrages bilden soll. Vgl. auch *Raudszus,* DStR 87, 323.

25 Der Begriff „vorweggenommene Erbfolge" ist kein Ausdruck des Erbschaftsteuergesetzes; trotzdem bedienen sich weite Fachkreise dieser Umschreibung einer Schenkung unter Lebenden, vgl. etwa *Groh,* in: J. Schulze-Osterloh (Hrsg.), Rechtsnachfolge im Steuerrecht, DStJG Bd. 10 (1987), 135, 157.

26 Dazu *R. Jung,* Die freigebige Zuwendung im Erbschaftsteuerrecht, Diss. Köln 1959; kritisch *Crezelius,* Erbschaft- und Schenkungsteuer (Fn. 17), 126 f., 128 ff. Nach *Meincke*/Michel, ErbStG[8], § 7 Anm. 8 ff. ist der Unterschied zwischen freigebiger Zuwendung und Schenkung i. S. des BGB minimal; ebenso *Crezelius,* StStud 84, 76, 79.

27 Dazu ausführlich *J. Schulze-Osterloh,* StuW 77, 122 ff. (auch zu § 7 I Nr. 4, V–VII ErbStG); *Petzoldt,* StbKongrRep. 1980, 213 ff.; BFH BStBl. 87, 80.

§ 12 Bewertungsgesetzabhängige Steuerarten

Ausstattungen an Abkömmlinge sind Schenkungen unter Lebenden i. S. des § 7 ErbStG[28]. Dagegen sind bestimmte „unbenannte" Zuwendungen als Ausgleich für geleistete Mitarbeit des Ehegatten oder als angemessene Beteiligung an den Früchten des ehelichen Zusammenlebens nicht steuerbar (dazu BFH BStBl. 85, 159; 86, 265, 267; Ländererlasse BStBl. I 88, 513).

Wenn bei einem gegenseitigen Vertrag Leistung und Gegenleistung in einem evidenten Mißverhältnis stehen, liegt eine *gemischte Schenkung* vor[29].

Beispiel: Ein Kind erhält von seinem Vater teils entgeltlich (1 000 000 DM), teils unentgeltlich Grundbesitz im Verkehrswert von 5 000 000 DM (anzusetzender Einheitswert 1 000 000 DM) übertragen. Nach herkömmlicher Ansicht wird die vom Kind zu leistende Zahlung von 1 000 000 DM von dem Ansatz des Grundbesitzes mit dem maßgebenden Einheitswert (1 000 000 DM) abgezogen, so daß Schenkungsteuer danach nicht zu zahlen ist. Folgt man dagegen der aktuellen BFH-Rechtsprechung[30], so muß das Rechtsgeschäft in einen entgeltlichen und einen unentgeltlichen Teil zerlegt werden (Argumentation ex § 7 I Nr. 1 ErbStG mit der Formulierung: „... soweit der Bedachte... bereichert wird")[31]. Für den vorliegenden Fall bedeutet das, daß unter Berücksichtigung des Grundbesitz-Verkehrswertes $4/5$ unentgeltlich und $1/5$ entgeltlich übertragen werden. Besteuerungsgrundlage sind dann $4/5$ des Einheitswerts (800 000 DM) ./. persönlicher Freibetrag von 90 000 DM. Die Schenkungsteuer beträgt danach 63 900 DM (9 v. H. von 710 000 DM). – Dieses Ergebnis ist überwiegend (wohl nicht nur wegen der in der Tat angreifbaren Begründung) auf Ablehnung gestoßen[32].

Als Schenkung unter Lebenden gilt auch:

– die Schenkung einer *Beteiligung an einer Personengesellschaft,* in deren Gesellschaftsvertrag bestimmt ist, daß der neue Gesellschafter bei *Auflösung* der Gesellschaft oder im Falle eines vorherigen *Ausscheidens* nur den Buchwert seines Kapitalanteils erhält; soweit die Bereicherung den Buchwert übersteigt, gilt sie als auflösend bedingt erworben (§ 7 V ErbStG)[33];

§ 7 V ErbStG will die Fälle erfassen, in denen der neue Gesellschafter (meist sind es Kinder) voll am Gewinn beteiligt wird, so daß ihm auch die Teile des Gewinns zufließen, die aus den offenen oder stillen Reserven erwirtschaftet werden. Soweit die Reserven in den Jahren nach der Schenkung gewinnerhöhend aufgelöst werden, partizipiert der neue Gesellschafter ohnehin über die Gewinnbeteiligung an den Reserven. Sollte die Gesellschaft jedoch aufgelöst werden oder der Gesellschafter vor Auflösung ausscheiden, bevor die im Zeitpunkt der Schenkung vorhandenen Reserven aufgelöst sind, kann der Beschenkte nach § 5 II BewG eine Berichtigung der ursprünglichen Veranlagung nach dem tatsächlichen Wert der ursprünglichen Bereicherung beantragen. – Haben die Eltern V und M, bisherige Gesellschafter einer KG, ihrem Sohn S einen Kommanditanteil geschenkt, aber im Gesellschaftsvertrag

---

28 S. Fn. 27.
29 S. BGH NJW 81, 1956; BFH BStBl. 87, 80 sowie Fn. 27.
30 BFH BStBl. 82, 83; 82, 714; 89, 524; gleichlautende Ländererlasse BStBl. I 89, 445.
31 Der österreichische VwGH (Finanzrechtliche Erkenntnisse/Beilage zur ÖStZ 88, 371, 372) erkennt dagegen, daß „ein einheitlicher Schenkungsvorgang nicht zum Zweck der Schenkungsteuerbemessung aufgespalten werden" kann.
32 Dazu *Kapp/Felix,* StRK-Anm. ErbStG 1974 § 25 R. 3; *Felix,* KÖSDI 82, 4616; *ders.,* KÖSDI 84, 5464, 5470 ff.; *Moench,* DStR 82, 613; *ders.,* ErbStG, § 7 Anm. 110 ff.; *Meincke,* Landesfachkongreß 1982 der Steuerberaterkammer Rheinland-Pfalz, Mainz 1982, 20; *Tehler,* DVR 84, 150; a. A. *Schulze zur Wiesche,* NJW 75, 2089; *Meilicke,* StbJb. 1976/77, 289; *Kutschka,* DVR 83, 138, 158; *Hofmann,* JbFSt. 1982/83, 181, 188; *dies.,* in: Werte und Wertermittlung im Steuerrecht, DStJG Bd. 7 (1984), 377, 382.
33 Dazu *B. Schulz,* in: Schlutius (Hrsg.), Gesellschaften und Gesellschafter im Steuerrecht, FS Nordkirchen, Bonn 1986, 221 ff.; *Schulze zur Wiesche,* DStZ 87, 339, 341 ff. Zum Gegenstand der Schenkung bei Hingabe von Geld zwecks Erwerbs einer Beteiligung: Hessisches FG EFG 90, 433.

mit ihm vereinbart, daß er beim Ausscheiden aus der Gesellschaft nur mit dem Buchwert des Kapitalkontos abgefunden werde, so besteht die Bereicherung des Sohnes nicht nur im Buchwert des eingeräumten Kapitalkontos, sondern auch – insoweit auflösend bedingt – in dem anteiligen Wert der stillen Reserven. Sofern beim Ausscheiden oder bei Auflösung der Gesellschaft die im Zeitpunkt der Schenkung vorhandenen Reserven noch vorhanden sein sollten und folglich V und M zufallen, kann S Berichtigung des Schenkungsteuerbescheids nach § 5 II BewG verlangen;

— das *Übermaß an Gewinnbeteiligung,* das sich ergibt, wenn eine Beteiligung an einer Personengesellschaft mit einer Gewinnbeteiligung ausgestattet wird, die insb. der Kapitaleinlage, der Arbeits- oder der sonstigen Leistung des Gesellschafters für die Gesellschaft nicht entspricht oder die einem fremden Dritten üblicherweise nicht eingeräumt würde (§ 7 VI ErbStG); es soll verhindert werden, daß dem Beschenkten über eine erhöhte Gewinnbeteiligung ein nicht besteuerbarer Vermögensvorteil zugewendet werden kann[34]; die Übermaß-„Gewinnbeteiligung" wird in der Tat nicht societatis causa, sondern donandi causa gewährt. Dazu auch S. 262 f.;

— die *beim Ausscheiden eines Gesellschafters* (einer Personal- oder Kapitalgesellschaft) *eintretende Bereicherung* der anderen Gesellschafter oder der Gesellschaft (§ 7 VII ErbStG). § 7 VII ErbStG und § 3 I Nr. 2 Satz 2 ErbStG entsprechen einander (s. daher S. 478). § 7 VII ErbStG erfaßt die Fälle, in denen die Bereicherung bei Ausscheiden zu Lebzeiten eintritt[35]; § 3 I Nr. 2 Satz 2 ErbStG erfaßt die Fälle, in denen die Bereicherung beim Tode eines Gesellschafters eintritt (s. daher oben S. 478 zu § 3 I Nr. 2 Satz 2 ErbStG).

Als Schenkung unter Lebenden gilt es nicht, wenn eine *Zugewinngemeinschaft* (§ 1363 BGB) unter Lebenden güterrechtlich (s. § 1371 II BGB) abgewickelt wird (§ 5 II ErbStG)[36].

Die Steuerpflicht der Schenkung unter Lebenden setzt voraus, daß die Zuwendung ausgeführt ist (s. § 9 I Nr. 2 ErbStG). Sie ist ausgeführt, wenn die Rechtsposition des Beschenkten bürgerlich-rechtlich gesichert ist[37]. Dabei soll nach BFH BStBl. 83, 179 nicht Voraussetzung sein, daß der Beschenkte *wirtschaftlicher Eigentümer* ist.

2.3 Die **Zweckzuwendungen** (§ 1 I Nr. 3 ErbStG): Das sind Zuwendungen von Todes wegen oder freigebige Zuwendungen unter Lebenden, die mit der *Auflage* verbunden sind, *zugunsten eines bestimmten Zwecks* (etwa eines sozialen) verwendet zu werden, oder die von der Verwendung zugunsten eines bestimmten Zwecks abhängig sind, soweit hierdurch die Bereicherung des Erwerbers gemindert wird (§ 8 ErbStG).

Die Eigenart einer Zweckzuwendung besteht darin, daß das Zugewandte nicht einer bestimmten Person und deshalb auch nicht dem Interesse des Zuwendenden, sondern einem objektiv

---

34 Zur Ermittlung der Bereicherung (des Übermaß-Wertes) s. Ländererlasse v. 10. 3. 1976, BStBl. I 76, 145, 146.
35 Nach *Kleinehr,* Die Anwendbarkeit des § 7 Abs. 7 ErbStG bei allseitigen Buchwert-Abfindungsvereinbarungen in Gesellschaftsverträgen der Personengesellschaften, Diss. Mannheim 1981, 189, knüpft § 7 VII ErbStG „an eine tatsächlich gegebene objektive Bereicherung an". Das FG München (EFG 90, 433) hat die Verfassungsmäßigkeit des § 7 VII ErbStG untersucht und bejaht.
36 Dazu *Meincke,* DStR 86, 135, 138 ff.
37 Zur Grundstücksschenkung BFH BStBl. III 62, 204; II 79, 642; 80, 307; 83, 19; 83, 116, 117; 83, 179. *Knobbe-Keuk,* in: FS für Flume, II, Köln 1978, 160 f., verneint Ausführung der Schenkung bei Schenkung unter Widerrufsvorbehalt.

bestimmten Zweck zugute kommen soll (RT-Drucks. 1/4856, 13 zum ErbStG 1922). Nach Auffassung der Finanzverwaltung (BB 86, 250, 251; B 86, 621) ist im Falle einer Zuwendung für politische Zwecke eine Zweckzuwendung gegeben; Steuerschuldner sei etwa die mit der Ausführung der Zweckzuwendung beschwerte Vereinigung. Nach BFH BStBl. 87, 861 liegt eine Zweckzuwendung dagegen „nicht vor, wenn der Bedachte ein Sparguthaben mit der Auflage erhält, die zu Lebzeiten mit dem Erblasser vereinbarte Pflege seines Grabes zu besorgen".

2.4 Das Vermögen einer Stiftung (s. §§ 80 ff. BGB)[38], sofern sie wesentlich im Interesse einer *Familie* oder bestimmter Familien errichtet ist (Familienstiftung), und **eines Vereins** (s. §§ 21 ff. BGB), dessen Zweck wesentlich auf die Bindung von Vermögen im Interesse einer Familie oder bestimmter Familien gerichtet ist (Familienverein), und zwar in Zeitabständen von je 30 Jahren (§ 1 I Nr. 4 ErbStG), beginnend 30 Jahre nach dem ersten Übergang von Vermögen auf die Stiftung oder den Verein, jedoch bei bereits bestehenden Stiftungen oder Vereinen frühestens beginnend am 1. 1. 1984 (s. § 9 I Nr. 4 ErbStG).

Ein Erblasser kann die Zersplitterung seines Vermögens dadurch verhindern, daß er es auf eine Stiftung überträgt. Das Stiftungsvermögen wird natürlichen Personen (über Anteile) nicht zugeordnet, die Stiftung gehört sich selbst. Der Übergang von Vermögen auf eine Stiftung ist ein besteuerbarer Vorgang, gleich, ob der Übergang von Todes wegen oder unter Lebenden geschieht (§§ 3 II Nr. 1, 7 I Nr. 8 ErbStG). Früher war nach einem solchen Übergang das Stiftungsvermögen so lange – eventuell über viele Generationen hinweg – der Erbschaftsteuer entzogen, bis die Stiftung aufgehoben wurde (s. § 7 I Nr. 9 ErbStG). Um zu verhindern, daß durch eine solche Übertragung auf die „tote Hand" Erbschaftsteuervorteile erzielt werden, unterwirft § 1 I Nr. 4 ErbStG das Vermögen von *Familien*stiftungen (und entsprechenden Vereinen; sog. *Geliebten*stiftungen werden nicht erfaßt) in Abständen von je 30 Jahren einer turnusmäßigen Erbschaftsbesteuerung.

Dabei wird in Anlehnung an den üblichen Generationswechsel ein Erbfall mit einem Erblasser, der zwei Kinder hinterläßt, konstruiert; mithin sind die entsprechenden Freibeträge und Steuersätze anzuwenden (vgl. § 15 II 3 ErbStG). Die Steuerschuld kann nach § 24 ErbStG verrentet und/oder nach § 28 ErbStG gestundet werden. Eine Auflösung für *inländische* (dazu BFH BStBl. 90, 221) Familienstiftungen und -vereine bis zum 31. 12. 1983 war besonders begünstigt (Art. 7 ErbStRG).

Diese Erbersatzsteuer (oder Ersatzerbschaftsteuer) wird als verfassungsrechtlich bedenklich[39] beurteilt, weil über die Erbschaftsteuer für einen engumgrenzten Kreis von juristischen Personen eine Tote-Hand-Steuer eingeführt wurde, obwohl mit dieser Belastung die dahinter stehenden natürlichen Personen getroffen werden sollen. Nach BVerfGE 63, 312 indessen ist die Erbersatzsteuer verfassungsgemäß.

Die Frage, ob es gerechtfertigt ist, die Erbersatzsteuer nur von Familienstiftungen und -vereinen, nicht aber von Nichtfamilienstiftungen zu erheben, hat das Bundesverfassungsgericht nicht erörtert. Insoweit hat der Gesetzgeber die zu Recht eingeführte Erbersatzsteuer nicht lückenlos ausgestaltet.

Schon nehmen Familienstiftungen dritte Personen in den Kreis der Begünstigten auf, um der Qualifikation „Familien"stiftung und der damit zusammenhängenden Erbschaftsbesteuerung zu entgehen[40]. Nach Auffassung der Finanzverwaltung (u. a. FinMin. Niedersachsen, FR 84, 17) entfällt die Erbersatzsteuerpflicht, wenn eine Familienstiftung durch Satzungsänderung in eine andere Stiftung umgewandelt wird. Die Änderung des Stiftungscharakters sei aber als

---

38 Dazu *Schindler,* Familienstiftungen, Bielefeld 1975; *O. Hahn/Schindler,* Die Besteuerung der Stiftungen[2], Baden-Baden 1977; *Schrumpf,* Familienstiftung im Steuerrecht, Köln 1979; *Düll,* Stiftungen im Ertrag- und Substanzsteuerrecht, Frankfurt 1984; zum Begriff der Familienstiftung FinMin. Bad.Württ., DStR 83, 744; *Laule/Heuer,* DStZ 87, 495; *Binz/Sorg,* B 88, 1822.
39 Dazu eingehend *Meincke,* StuW 82, 169 m. w. N.; *Felix,* DStZ 82, 355; *Sorg,* BB 83, 1620.
40 Dazu *Meyer-Arndt,* BB 84, 1542.

Aufhebung der Familienstiftung und Errichtung einer neuen Stiftung zu werten. Deren Erwerb unterliege nach §§ 7 I Nr. 9, 15 I ErbStG der Besteuerung nach der ungünstigen Steuerklasse IV.

2.5 Befreiungen

Es bestehen zahlreiche Steuerbefreiungen. Die wichtigsten davon sind:

a) Persönliche Freibeträge (§ 16 ErbStG i. V. mit § 15 ErbStG). Sie betragen:

für den Ehegatten (und zwar auch dann, wenn keine Abkömmlinge vorhanden sind)	250 000 DM
für Kinder[41] und Enkel, die in Steuerklasse I fallen	90 000 DM
für Enkel, die nicht in Steuerklasse I fallen	50 000 DM
für Personen der Steuerklasse III	10 000 DM
für Personen der Steuerklasse IV	3 000 DM

Die Freibeträge beziehen sich auf den Erwerb von einem bestimmten Erblasser oder Schenker. Folglich können Eltern (wenn beide Elternteile Vermögen besitzen) jedem Kind ein Vermögen mit einem Steuerwert von 90 000 DM steuerfrei zuwenden. Da zeitlich aufeinanderfolgende Erwerbe, die innerhalb von zehn Jahren anfallen und von derselben Person stammen, zusammenzurechnen sind (§ 14 ErbStG), gelten die Freibeträge jeweils für diesen Zeitraum. Sie sind nach Ablauf dieser Zeit erneut zu gewähren.

b) Besonderer Versorgungsfreibetrag für Ehegatten und Kinder (§ 17 ErbStG)

Dem *überlebenden Ehegatten* steht neben dem persönlichen Freibetrag (§ 16 I Nr. 1 ErbStG) ein besonderer Versorgungsfreibetrag von 250 000 DM zu. Hat der Ehegatte aus Anlaß des Todes des Erblassers Anspruch auf nicht der Erbschaftsteuer unterliegende Versorgungsbezüge, so ist der Freibetrag um den Kapitalwert (§ 14 BewG) der Versorgungsbezüge zu kürzen (§ 17 I 2 ErbStG).

Kindern steht für Erwerbe von Todes wegen ein nach dem Alter gestaffelter besonderer Versorgungsfreibetrag von höchstens 50 000 DM und mindestens 10 000 DM zu[42]. Auch insoweit ist eine Kürzung wegen nicht der Erbschaftsteuer unterliegender Versorgungsbezüge vorgesehen (Einzelheiten in § 17 II ErbStG).

Der Erbschaftsteuer nicht unterliegende Versorgungsbezüge sind Bezüge der Hinterbliebenen eines Beamten, Hinterbliebenenbezüge aus der Sozialversicherung oder aus einer berufsständischen Pflichtversicherung, gesetzlich geregelte Bezüge der Hinterbliebenen von Abgeordneten und nach der neueren BFH-Rechtsprechung[43] auch vertragliche Hinterbliebenenbezüge aus einem Arbeitsverhältnis des Erblassers.

Durch die Kürzung des Versorgungsfreibetrages, die die Wirkung einer begrenzten indirekten Besteuerung haben kann, sollte nach den Gesetzesmaterialien (BT-Drucks. VI/3418, 70 f.)

— „die unterschiedliche erbschaftsteuerliche Behandlung der auf Gesetz beruhenden Versorgungsbezüge einerseits und der auf einem privaten Anstellungsvertrag beruhenden Versorgungsbezüge andererseits im Grundsatz beseitigt" und
— „gleichzeitig auch denjenigen Hinterbliebenen ein angemessener Ausgleich gewährt werden, denen aus Anlaß des Todes des Erblassers keine oder nur geringe Versorgungsbezüge zustehen".

---

41 Nach einem Beschluß der 1. Kammer des 1. Senats des Bundesverfassungsgerichts ist eine Gleichstellung von Kindern und Ehegatten bei den Freibeträgen verfassungsrechtlich nicht geboten (DStZE 88, 277).
42 Dazu Übersicht von *George,* Inf. 83, 269.
43 Vgl. BFH BStBl. 81, 715; 82, 27; modifiziert durch: BVerfGE 106, 120; BFH BStBl. 90, 322; 90, 325.

Da auch die auf Arbeits-/Dienstvertrag beruhenden Versorgungsbezüge nicht mehr der Erbschaftsteuer unterliegen[44], geht der erste Teil der Gesetzesbegründung jetzt ins Leere (das spricht gegen die aufgeführte[45] BFH-Rechtsprechung[46]); der zweite Teil behält jedoch weiterhin seine Gültigkeit, damit § 17 ErbStG seine Existenzberechtigung (s. BFH BStBl. 83, 19).

Im Hinblick auf das Besteuerungsgut (= Zuwachs an wirtschaftlicher Leistungsfähigkeit) ist es allerdings kaum zu rechtfertigen, daß Versorgungsbezüge, die kraft Gesetzes (zum Teil auch kraft Vertrages) gezahlt werden, nicht der Erbschaftsteuer unterliegen. Der Versorgungsempfänger erhält nämlich – nicht anders als ein Erbe von Mobilien und Immobilien – einen Vermögenszuwachs. Die Kürzung des Versorgungsfreibetrages berührt nur den Rentner, der zusammen mit seinem Versorgungsanspruch noch weitere (erhebliche) Vermögenswerte erwirbt. Dagegen erhält der Erwerber anderer Vermögensposten zwar den Versorgungsfreibetrag, dieser kommt aber bei einem beträchtlichen Vermögensübergang nicht über eine *Trostpflasterfunktion* hinaus. BFH BStBl. 83, 19, 21 behauptet jedoch, es sei verfassungsrechtlich nicht geboten, die Höhe des Versorgungsfreibetrages an den höchsten Hinterbliebenenbezügen zu orientieren. Zumindest die Ausdehnung der erbschaftsteuerlichen Freistellung von Versorgungsbezügen (vgl. BFH BStBl. 81, 715) sollte unterbleiben (i. d. S. BFH BStBl. 83, 775; 86, 265, 267; BFH/NV 86, 96)[47].

c) Nach BFH BStBl. 83, 114 wird *der überlebende Partner einer nichtehelichen Lebensgemeinschaft* erbschaftsteuerrechtlich einem überlebenden Ehegatten nicht gleichgestellt (so auch BVerfG BStBl. 84, 172). Die Ehegattenfreibeträge stehen ihm danach nicht zu.

d) Für Erwerbe, die der *beschränkten Steuerpflicht* (§ 2 I Nr. 3 ErbStG) unterliegen, beträgt der Freibetrag (anstelle des Freibetrags nach § 16 I ErbStG) 2000 DM (§ 16 II ErbStG).

e) *Sachliche Befreiungen* ergeben sich aus §§ 13, 18 ErbStG (erhebliche Abweichungen von §§ 110, 111 BewG!). Steuerfrei sind insb.:

– *Hausrat* sowie *Kunstgegenstände* und *Sammlungen* bei Personen der Steuerklassen I und II bis zum Betrag von 40 000 DM, bei Personen der Steuerklassen III und IV bis zum Betrag von 10 000 DM. Für andere bewegliche körperliche Gegenstände gibt es einen Freibetrag von 5000 DM in den Steuerklassen I, II, einen Freibetrag von 2000 DM in den Steuerklassen III, IV;
– Grundbesitz, Kunstgegenstände und Sammlungen, deren *Erhaltung im öffentlichen Interesse* liegt, unter bestimmten Voraussetzungen bis zu 100 v. H. des Wertes;
– das gesetzliche Vermächtnis nach § 1969 BGB (der sog. *Dreißigste*);
– Zuwendungen unter Lebenden zum Zwecke des angemessenen Unterhalts oder zur Ausbildung des Bedachten;
– die üblichen *Gelegenheitsgeschenke* (z. B. Hochzeits-, Weihnachtsgeschenke);
– der Verzicht auf die Geltendmachung des Pflichtteilsanspruchs oder des Erbersatzanspruchs;
– Zuwendungen zu ausschließlich kirchlichen, *gemeinnützigen* oder mildtätigen Zwecken;
– bestimmte Mitgliederbeiträge;
– Zuwendungen an politische Parteien.

Zu den steuerbefreiten Zuwendungen an politische Parteien (§ 13 I Nr. 18 ErbStG) gehören nicht die Wahlkampfzuwendungen an Kandidaten für ein neu zu wählendes

---

44 S. Fn. 43.
45 S. Fn. 43.
46 Gegen die aktuelle BFH-Rechtsprechung zu diesem Komplex mit guten Gründen *Meincke*, Landesfachkongreß 1982 der Steuerberaterkammer Rheinland-Pfalz, Mainz 1982, 20.
47 A. A. *St. Schick*, B 83, 525; *Oswald*, BB 84, 977; *N. Meier*, DVR 86, 51; *Fasselt*, B 86, 1590 und offenbar auch FG Köln DStR 85, 567.

Parlament[48]. Solche Wahlkampfunterstützungen sind auch keine steuerbefreiten „Anfälle an den Bund" bzw. „Anfälle, die ausschließlich Zwecken des Bundes dienen" (§ 13 I Nr. 15 ErbStG), da die Zuwendungsempfänger lediglich Wahlkandidaten (also noch nicht einmal Mitglieder) des neu zu wählenden und neu zu konstituierenden Parlaments sind[49].

f) Nach § 13 III 2 ErbStG kann der Erwerber in bestimmten Fällen auf die sachliche Steuerbefreiung verzichten. Dies ist insbesondere von Bedeutung für die bewertungsrechtlich privilegierten Grundstücke, die mit Schulden belastet übertragen werden (dazu S. 488). Der sich bewertungsrechtlich ergebende Schuldenüberhang soll mit weiterem Erwerb verrechnet werden können[50].

3. Steuersubjekte

Steuersubjekte (Steuerschuldner) der Erbschaftsteuer sind (§ 20 ErbStG):

a) wer etwas von Todes wegen erwirbt;
b) wer schenkweise etwas erwirbt oder etwas verschenkt; Beschenkter und Schenker sind Gesamtschuldner (§ 44 AO); die Erfassung des Schenkers, dessen Leistungsfähigkeit sich durch die Schenkung mindert, ist unter dem Leistungsfähigkeitsaspekt nicht gerechtfertigt, sie ist rein fiskalisch motiviert; nach BFH BStBl. 88, 188 kann das Finanzamt von dem Schenker – als Gesamtschuldner – selbst dann Schenkungsteuer fordern, wenn gegenüber dem Beschenkten schon ein bestandskräftiger und eine zu geringe Steuer ausweisender Schenkungsteuerbescheid ergangen ist;
c) bei einer Zweckzuwendung: der mit der Ausführung der Zuwendung Beschwerte; unter dem Leistungsfähigkeitsaspekt müßte herangezogen werden, wer durch die Zuwendung bereichert ist;
d) in den Fällen des § 1 I Nr. 4 ErbStG: die Stiftung oder der Verein.
e) Erwerber kann auch eine Gesamthandsgesellschaft (OHG, KG, GbR) sein (Änderung einer jahrzehntelangen Rechtsprechung durch BFH BStBl. 89, 237)[51].

Der *Vorerbe* wird wie der Vollerbe behandelt (§ 6 I ErbStG; s. auch § 20 IV ErbStG). Der *Nacherbe* wird prinzipiell so behandelt, als habe er vom Vorerben erworben (§ 6 II ErbStG); seine Anwartschaft gehört nicht zu seinem Nachlaß (§ 10 IV ErbStG)[52]. Durch diese Doppelbelastung der Erbschaft wird vom Zivilrecht abgewichen. Bürgerlichrechtlich ist der Nacherbe Erbe des Erblassers (§§ 2100, 2139 BGB).

Zurechnung im Sonderfall der fortgesetzten Gütergemeinschaft: Im Falle der Fortsetzung einer ehelichen Gütergemeinschaft (§§ 1483ff. BGB) wird der Anteil des verstorbenen Ehegatten am Gesamtgut so behandelt, *als wenn* er ausschließlich bei den anteilsberechtigten Abkömmlingen angefallen wäre; es wird dadurch abweichend von § 1483 I 2 BGB ein Erbfall konstruiert. Im Falle des Todes eines anteilsberechtigten Abkömmlings gehört dessen Anteil am Gesamtgut abweichend von § 1490 Satz 1 BGB zu seinem Nachlaß. Als Erwerber des Anteils gelten diejenigen, denen der Anteil nach § 1490 Sätze 2 und 3 BGB zufällt (§ 4 ErbStG).

---

48 Dazu Erlaß des FinMin. NW v. 14. 11. 1985, DVR 86, 21.
49 A. A. *Felix,* DVR 86, 18.
50 Dazu *Nolte,* DStZ 86, 159, 161.
51 Dazu *Reiter,* BB 90, 2159.
52 Zu § 6 ErbStG *Troll,* DStZ A 79, 403. Kritisch zu § 6 ErbStG *Crezelius,* Erbschaft- und Schenkungsteuer (Fn. 17), 99 ff., der eine Änderung des Gesetzes fordert; *ders.,* StStud. 84, 76, 78 f. Zur Suche nach dem zutreffenden Freibetrag in Fällen der Vorerbschaft *Moench,* DVR 88, 2.

Spezialfälle der *Haftung* regelt § 20 III–VII ErbStG[53].

4. Inländische Steuergewalt

Die Erbschaftsteuerpflicht ist unbeschränkt, d. h. sie erstreckt sich auf den gesamten in- und ausländischen Erbanfall[54], wenn der Erblasser zur Zeit seines Todes oder der Erwerber zur Zeit der Entstehung der Steuer ein Inländer ist – oder wenn beide an den genannten Stichtagen Inländer sind. Als Inländer gelten insb. natürliche Personen mit Wohnsitz oder Aufenthalt bzw. Körperschaften mit Sitz oder Geschäftsleitung im Inland (Einzelheiten in § 2 ErbStG). Das Anti-Doppelbesteuerungs-Recht der Erbschaftsteuer ist im Vergleich zu den zahlreichen Regelungen auf dem Gebiet der Einkommen- und Körperschaftsteuer unterentwickelt[55]. Zu kritisieren ist, daß erst die einzelnen nationalen weltweiten Bereicherungsprinzipien zu der Doppelbesteuerung führen, die dann in einem zweiten Schritt durch Anti-Doppelbesteuerungsabkommen mühsam abzubauen sind. Sinnvoller wäre es, schon im ersten Schritt – bei der Festlegung dessen, was letztlich zu versteuern ist – ein bescheideneres Besteuerungsprinzip zu kreieren.

Inländer sind auch deutsche Staatsangehörige, die sich nicht länger als 5 Jahre dauernd im Ausland aufgehalten haben, ohne im Inland einen Wohnsitz zu haben (§ 2 I Nr. 1 b ErbStG). Bei Wohnsitzverlegung in ein sog. Steueroasenland besteht nach Ablauf der 5 Jahre noch für weitere 5 Jahre eine erweiterte beschränkte Steuerpflicht (§§ 2 I, 4 AStG).

Die beschränkte Steuerpflicht erstreckt sich auf das Inlandsvermögen i. S. des § 121 II BewG (§ 2 I Nr. 3 ErbStG)[56].

5. Steuerbemessungsgrundlage, Stichtag

5.1 Allgemeines

Steuerbemessungsgrundlage der Erbschaftsteuer ist der Wert der Bereicherung des Erwerbers, soweit diese nicht steuerfrei ist (§ 10 I 1 ErbStG).

Bei Erwerben von Todes wegen sind vom Wert des Vermögensanfalls die *Nachlaßverbindlichkeiten abzuziehen* (§ 10 I 2 ErbStG), insb. (nicht-betriebliche) Schulden des Erblassers[57], Verbindlichkeiten, die sich aus der letztwilligen Verfügung des Erblassers ergeben (Belastung mit Vermächtnis, Auflagen gegenüber Dritten, geltend gemachten Pflichtteilsansprüchen, Erbersatzansprüchen), Bestattungs- und Grabpflegekosten (Einzelheiten in § 10 III, V ErbStG[58]). Abzugsfähig sind auch *vorweggenom-*

---

53 Dazu *Oswald*, DVR 82, 18.
54 Zur Erbschaftsteuer bei Auslandsanlagen: *Fischer*, BB 84, 1033. Zu den Erbschaftsteuersystemen in den EG-Ländern: *Wacker*, Intertax 83, 60. Zur Erbschaft- und Schenkungsteuer bei Auslandsbeziehungen *Boochs*, DVR 87, 178; speziell zur „deutsch-amerikanischen Nachlaßplanung": *Helman*, RIW 90, 684.
55 Dazu die Übersicht von *Meincke*/Michel, ErbStG[8], § 2 Anm. 14.
56 Dazu *K. Vogel*, Die Grenzen der Steuerhoheit im Bereich der Erbschaft- und Vermögensteuern, IFA-Cahiers, Bd. L III/2, 143 ff.; *H. Möller*, Erbschaftsteuergesetz und ausländisches Erbrecht, Diss. Göttingen 1970.
57 Auch vom Erblasser herrührende Steuerschulden, die sog. Erblassersteuern, dazu *Moench*, DStR 85, 551, 552 f.; *Kröger*, BB 71, 647. Betriebliche Schulden sind bereits im Einheitswert des Betriebsvermögens erfaßt, der der Besteuerung zugrunde gelegt wird (§ 12 V ErbStG).
58 Dazu *Michel*, DStR 84, 296; *Moench*, DVR 88, 164; Erlaß des FinMin. Saarland StEd. 90, 118.

mene Erwerbskosten, nämlich Zuwendungen, die der Erbe zu Lebzeiten des Erblassers an diesen als Gegenleistung für eine vertraglich vereinbarte Erbeinsetzung erbracht hat (BFH BStBl. 84, 37). Nach Auffassung der Finanzverwaltung[59] vermindert unter bestimmten Voraussetzungen eine Erblasserschuld aus Unterhalts- und Pflegeleistungen die Bemessungsgrundlage.

§ 25 ErbStG ist für Erwerbe, für die die Steuer nach dem 30. 8. 1980 entstanden ist, eingeschränkt worden. Nach § 25 ErbStG n. F. ist der Abzug von Renten-, Nutzungs- und sonstigen Lasten nur untersagt, wenn die Berechtigung dem Schenker oder dem Ehegatten des Erblassers oder Schenkers zusteht. Die Teilregelung des § 25 ErbStG, die sich auf Schenkungsvorgänge bezieht, ist durch BFH BStBl. 82, 83 zur Wertermittlung bei der gemischten Schenkung gegenstandslos geworden (dazu Ländererlasse BStBl. I 83, 238).

Nicht abzugsfähig sind Schulden und Lasten, die in wirtschaftlichem Zusammenhang mit Vermögensgegenständen stehen, die nicht der Erbschaftsteuer unterliegen (s. § 10 VI ErbStG), und die Erbschaftsteuer selbst (§ 10 VIII ErbStG).

Der *Wert der Bereicherung* ist grundsätzlich nach den Vorschriften des Ersten Teils des Bewertungsgesetzes zu ermitteln (§ 12 I ErbStG i. V. mit § 9 BewG = Verkehrswert), und zwar *grundsätzlich auf den Stichtag der Entstehung der Steuer* (§ 11 i. V. mit § 9 ErbStG). Das Stichtagsprinzip muß unter Leistungsfähigkeitsgesichtspunkten mit dem Bereicherungsprinzip in Einklang stehen. Bewertungsstichtag sollte danach durchgängig der Zeitpunkt sein, in dem der Bereicherte erstmals die tatsächliche Verfügungsmöglichkeit über den erlangten Gegenstand erhält[60]. Inländischer Grundbesitz und Mineralgewinnungsrechte sind mit dem (veralteten) *Einheitswert* anzusetzen, der im Zeitpunkt der Entstehung der Steuer vorliegt (§ 12 II ErbStG). Unter den Voraussetzungen des § 12 III, IV ErbStG können Einheitswertfeststellungen allein für Zwecke der Erbschaft- und Schenkungsteuer erforderlich werden. Wegen der Bewertung des Betriebsvermögens s. § 12 V ErbStG.

Beispiel zu § 12 IV ErbStG: Der Gegenstand einer Schenkung ist der reale Teil eines Grundstücks. Im Zeitpunkt der Entstehung der Steuer (§ 9 I Nr. 2 ErbStG) ist eine neue wirtschaftliche Einheit entstanden. Mithin ist nach § 12 IV ErbStG ein Einheitswert allein für die Berechnung der Schenkungsteuer festzustellen (BFH BStBl. 88, 741).

Bei der Bewertung des der Erbschaftsteuer unterliegenden Vermögensanfalls ist die latente Ertragsteuerbelastung nicht zu berücksichtigen (BFHE 126, 55; BStBl. 87, 175, 177).

Nach BFH BStBl. 83, 329, 331 beschränkt sich die Besteuerung des Erbfalls beim Alleinerben notwendig auf den Wert der Erbschaft: Folgerichtig könne bei der Besteuerung einer Mehrheit von Erben nur der Anteil des einzelnen Miterben an dem durch den Erbfall in Gesamthandseigentum übergegangenen Nachlaß, bewertet mit seinem steuerlichen Wert, als Obergrenze angesetzt werden. Eine Teilungsanordnung des Erblassers sei für die Erbschaftsbesteuerung ohne Bedeutung (a. A. noch BFH BStBl. 77, 640)[61]. Diese Sichtweise verstellt den Blick auf das Besteuerungsgut. Es kommt nicht darauf an, welchen steuerlichen Wert der Nachlaß hat; allein der *einzelne Vermögensanfall* ist zu besteuern und folglich zu bewerten. Der österreichische

---
59 Vgl. *Moench*, DStR 85, 592, 594.
60 Dazu *Kapp*, DStR 85, 174; ders., DStR 85, 405; ders., DStR 86, 30; a. A. *Michel*, DStR 85, 402; in die richtige Richtung gehend BFH BStBl. 85, 380; 85, 382.
61 Dazu *Flume*, B 83, 2271; *Moench*, DStR 85, 592 f.

VwGH (Finanzrechtliche Erkenntnisse/Beilage zur ÖStZ 84, 436, 437) formuliert: „Der Festsetzung der Erbschaftsteuer (kann) nur der tatsächliche und nicht ein fiktiver Sachverhalt zugrunde gelegt werden." Der II. Senat des BFH will mit seiner neueren Rechtsprechung offenbar Unterschiede im Bewertungsniveau einebnen (zu den selbst gesetzten Grenzen der Einebnungsbemühungen s. BFH BStBl. 87, 101, 102). Hierdurch wird jedoch nicht die Wurzel des Übels, nämlich die Abhängigkeit von der Grundbesitz-Einheitsbewertung mit weitreichenden Ungerechtigkeiten (dazu folgender Abschnitt), beseitigt. Vielmehr entstehen so zusätzliche Verwerfungen des Erbschaftsteuerrechts.

5.2 Grundbesitz-Einheitswerte und Erbschaftsteuer

Die niedrigen, wirklichkeitsfremden Einheitswerte des Grundbesitzes sind als Erbschaftsteuer-Bemessungsgrundlage auf Dauer nicht haltbar. Dafür ist der Inhalt und die Wucht der Kritik zu stark (dazu S. 464 ff.). Die Folgen der erheblichen Unterbewertung – damit der Privilegierung der Grundbesitz-Erben bzw. der Diskriminierung der Sparvermögen-Erben – veranschaulichen folgende Beispiele:

Beispiel 1: Mutter M verschenkt an Tochter T ein Grundstück mit einem Verkehrswert in Höhe von 450 000 DM. Der anzusetzende Einheitswert beträgt 90 000 DM. Schenkungsteuer fällt hier nicht an, da von dem maßgeblichen Einheitswert ein Freibetrag in Höhe von 90 000 DM abzuziehen, demnach die Bemessungsgrundlage 0 DM ist. Dagegen sind 25 200 DM (= 7 v. H. von 360 000 DM) an Schenkungsteuer zu zahlen, wenn M der T 450 000 DM in Sparvermögen schenkweise überträgt.

Beispiel 2: Der Erblasser hinterläßt ein nichteheliches und ein eheliches Kind. Der Nachlaß besteht aus Grundvermögen mit einem Verkehrswert in Höhe von 1 Mio. DM. Der maßgebende Einheitswert beträgt 180 000 DM. Das nichteheliche Kind hat nach §§ 1934 a, 1934 b BGB einen Erbersatzanspruch in Höhe von 500 000 DM. Dieser Anspruch wird bei Geltendmachung mit seinem Nennwert (§§ 12 I ErbStG i. V. mit 12 I BewG), also – nach Abzug des persönlichen Freibetrages in Höhe von 90 000 DM (§ 16 I Nr. 2 ErbStG) – mit 410 000 DM, der Besteuerung zugrunde gelegt. Nach Steuerklasse I (§§ 15 I, 19 I ErbStG) ergibt sich hiernach für das nichteheliche Kind eine Steuerlast in Höhe von 30 750 DM.

Die Steuerberechnung für das eheliche Kind führt dagegen zu einem völlig anderen Ergebnis. Von dem anzusetzenden Einheitswert (180 000 DM) für das Grundvermögen wird nach § 10 I, V Nr. 2 ErbStG der Erbersatzanspruch (500 000 DM) des nichtehelichen Kindes als Nachlaßverbindlichkeit abgezogen, so daß das eheliche Kind – auch ohne Inanspruchnahme des persönlichen Freibetrages – von der Erbschaftsteuer freigestellt ist.

Hinterläßt dagegen der Verstorbene statt eines nichtehelichen und eines ehelichen Kindes entweder zwei eheliche oder zwei nichteheliche Kinder, so ist hier allein der Einheitswert des Grundbesitzes (bzw. je ½ von 180 000 DM) maßgebend; die §§ 1934 a, 1934 b BGB finden nämlich nur dann Anwendung, wenn neben den ehelichen Abkömmlingen des Erblassers oder neben dem überlebenden Ehegatten des Erblassers nichteheliche Kinder vorhanden sind. Die Folge ist, daß nach Abzug der persönlichen Freibeträge von jeweils 90 000 DM die jeweilige Steuerlast 0 DM beträgt.

Bei fremdfinanziertem Grundbesitz können sich die Begünstigungseffekte für Grundbesitzer noch erheblich verstärken: Die mit dem Grundbesitz zusammenhängenden Belastungen werden voll zum Abzug zugelassen. Dies führt im Ergebnis oft zur Nichtbesteuerung des Grundbesitzes und anderer Vermögensgegenstände, die von den Grundstückslasten noch mit umfaßt bleiben (dazu Vorauflage, S. 472 – nach dem dort gebildeten Beispiel kann ein Vermögen im Verkehrswert von 16 Mio. DM erbschaftsteuerfrei übertragen werden).

Darüber hinaus ziehen die von den Verkehrswerten erheblich nach unten abweichenden Einheitswerte beträchtliche Abgrenzungsprobleme nach sich, weil erst durch die unterschiedliche Bewertung die Frage nach dem genauen Erb- oder Schenkungsgegenstand akut wird.

Beispiel: Schenkt ein Vater seinem Kind ein Grundstück (Verkehrswert 450 000 DM; maßgebender Einheitswert 90 000 DM), so ergibt sich nach Abzug des persönlichen Freibetrages von 90 000 DM ein steuerpflichtiger Erwerb von 0 DM und demgemäß eine Schenkungsteuerschuld von 0 DM.

25 200 DM an Schenkungsteuer sind zu zahlen, wenn der Vater statt Grundvermögen 450 000 DM in Spar- oder Wertpapiervermögen verschenkt.

Dagegen ergibt sich wiederum eine Schenkungsteuerschuld von 0 DM, wenn der Vater seinem Kind die Anschaffungskosten von 450 000 DM für ein bestimmtes Grundstück zur Verfügung stellt (vgl. BFH BStBl. 79, 533), denn dann gilt die Geldschenkung als Grundstücksschenkung und folglich ist der maßgebende Einheitswert des zu erwerbenden Grundstücks anzusetzen.

Streit besteht nun allerdings darüber, wie genau das Grundstück bestimmt sein muß, für dessen Anschaffung das Geld hingegeben wird[62]. Gegenstand der Schenkung kann „ein Grundstück mit reparierten Gebäuden sein, wenn der Beschenkte eine Geldsumme mit der ‚Auflage' erhält, dieses Geld nur für den Kauf eines (bestimmten) Grundstückes und die bestimmte Reparatur der aufstehenden Gebäude zu verwenden" (BFH BStBl. 86, 460; ähnlich FG Düsseldorf EFG 88, 314; a. A. FG Rheinland-Pfalz StEd. 90, 54). Eine mittelbare Grundstücksschenkung kann auch dann vorliegen, wenn die Herstellungskosten für ein Gebäude, das auf bereits vorhandenem Grund und Boden gebaut werden soll, geschenkt werden (BFH BStBl. 88, 1025)[63].

Konsequent ist es, das Motiv der Schenkung für ihre Qualifizierung als Geld- oder Grundstücksschenkung auch im Fall der Schenkung eines Grundstücks zur Geldbeschaffung zu berücksichtigen (vgl. BFH BStBl. 85, 380).

Unter dem Aspekt der Besteuerung nach der Leistungsfähigkeit ergeben sich Ungleichbehandlungen zwischen Grundbesitz-Erben und Erben anderer Vermögensposten einerseits und, da die verschiedenen Grundstücksarten nicht nach einheitlichem Maßstab bewertet werden (dazu oben S. 457 ff.), unter Grundbesitz-Erben andererseits. Nach *Balke*[64] sollte wegen Art. 3, 6 V, 2 I GG der *Grundbesitz-Einheitswert bei der Erbschaftsteuer durch den Verkehrswert ersetzt werden*.

---

62 Die verschiedenen Meinungen dazu referiert *Meincke*/Michel, ErbStG[8], § 7 Anm. 16. Vgl. auch *Peltner*, DStR 86, 72.

63 Dazu Besprechung von *Balke*, StRK-Anm. ErbStG 1974 § 7 R. 17; vgl. auch *Moench*, DStR 90, 335; *Weinmann*, UVR 90, 108; *Troll*, B 90, 2233; Ländererlasse BStBl. I 89, 443.

64 Einheitswert oder Verkehrswert für Grundbesitz im Erbschaftsteuer- und Schenkungsteuerrecht? Theoretische und praktische Argumente, Berlin 1984, 92 ff. Zur Abkoppelung der Erbschaftsteuer von der Grundbesitz-Einheitsbewertung ausf. *Balke* a.a.O., 92 ff. (dazu 11. Auflage, S. 385 f.); zur verfassungsrechtlichen Problematik der Grundbesitz-Einheitsbewertung vgl. auch S. 464 f. – demnächst hat das BVerfG die Vorlagefrage des FG Hamburg (EFG 88, 586), ob die Grundbesitz-Einheitsbewertung im Jahre 1983 im Hinblick auf die Erbschaftsteuer verfassungswidrig war, zu beantworten. BFH BStBl. 88, 1025 hält ebenfalls die Berücksichtigung der Grundbesitz-Einheitswerte bei der Erbschaftsteuer für verfassungswidrig. BVerfG BStBl. 90, 103 (Kammerbeschluß) erkennt zwar die „eklatanten Wertverzerrungen", sieht indes keine rechtlich taugliche Möglichkeit, den Gleichheitssatzverstoß erfolgreich zu rügen.

6. Tarif

Die Höhe der Steuerbelastung hängt – neben den oben aufgeführten Befreiungstatbeständen – zum einen ab vom Verwandtschaftsgrad[65] oder von der Heirat, zum anderen vom Umfang des Erwerbs. Die aufgrund Abstammung oder Ehe gegebene persönliche Nähe des Bereicherten zum Erblasser oder Schenker verringert die Steuerlast. So kann die Bereicherung eines Kindes des Erblassers erbschaftsteuerfrei, hingegen die wertgleiche Bereicherung eines Dritten mit 10000 DM oder mehr belastet sein. Diese Tarifgestaltung entspricht wohl – genau wie die Festlegung der persönlichen Freibeträge nach §§ 16, 17 ErbStG – dem Gefühl, daß das Vermögen „als der Familie gehörig" anzusehen sei[66].

Das Erbschaftsteuerrecht berücksichtigt danach die bürgerlich-rechtlichen Eigentumsverhältnisse nicht vollends. Es hebt sich stellenweise hinsichtlich der Verwandtschaftsverhältnisse auch von bürgerlich-rechtlichen Vorgaben ab. So bleibt das von einem Dritten adoptierte, leibliche Kind des Erblassers – entgegen § 1755 BGB – erbschaftsteuerrechtlich ein Kind des Verstorbenen (vgl. § 15 I a ErbStG – dazu BFH BStBl. 86, 613, 615). Danach schlägt die tatsächliche Abstammung eines Kindes, trotz nachträglicher Veränderung der rechtlichen Verhältnisse, erbschaftsteuerrechtlich durch. Konsequent wäre es in diesem Sinne, auch das leibliche Kind eines sog. nichtehelichen Vaters in jedem Falle als Kind des Erzeugers anzuerkennen[67].

Beispiel: A und B sind verheiratet. A bekommt von C ein Kind. Nach § 1591 II BGB wird B, nicht C, als Vater des Kindes vermutet. Zwischen B und dem Kind besteht ein rechtliches, zwischen C und dem Kind ein tatsächliches Kindschaftsverhältnis. Das Kind wird von B und C reich beschenkt. Beide Schenkungen müßten nach dem günstigen Kindtarif der Steuerklasse I (§ 15 I ErbStG) besteuert werden.

Es bestehen *vier Steuerklassen* (§ 15 ErbStG). In die einzelnen Klassen fallen insbesondere:

Steuerklasse I: Ehegatte[68], Kinder, Stiefkinder;

Steuerklasse II: Enkel und Urenkel, Eltern und Voreltern bei Erwerb von Todes wegen;

Steuerklasse III: Eltern und Voreltern (soweit nicht Steuerklasse II zutrifft), Geschwister, Abkömmlinge ersten Grades von Geschwistern, Stiefeltern, Schwiegerkinder[69], Schwiegereltern, geschiedene Ehegatten[70];

---

65 Vgl. dazu auch die Sonderregeln der §§ 3 II; 6 II 1, 2 ErbStG (betr. *Nacherben*).
66 So *Enneccerus*, Vermögensteuer, fundierte Einkommensteuer oder Erbschaftsteuer?, Marburg 1893, 45. Nach BFH BStBl. 83, 114, 116 ist die Steuerklasseneinteilung nach § 15 ErbStG nicht willkürlich; dazu auch FG Hamburg EFG 87, 37.
67 A. A. wohl Meincke/*Michel*, ErbStG[8], § 15 Anm. 4b und FG München EFG 87, 255.
68 Der überlebende Partner einer nichtehelichen Lebensgemeinschaft wird einem Ehegatten erbschaftsteuerrechtlich nicht gleichgestellt (BFH BStBl. 83, 114; BVerfG BStBl. 84, 172; 90, 103; 90, 764); zur Anerkennung einer Erblasserschuld bei ausdrücklicher Vereinbarung eines Austausch-(Pflege-)Verhältnisses: BFH BStBl. 88, 1006.
69 Nach BFH BStBl. 89, 898 zählen dazu auch Stiefschwiegerkinder.
70 Die Partner einer für nichtig erklärten Ehe sind geschiedenen Ehegatten gleichgestellt, BFH BStBl. 87, 174. Nach FG Bad.Württ. (EFG 85, 249) kann die Anwendung der Steuerklasse III auf Verlobte aus sachlichen Billigkeitsgründen geboten sein.

Steuerklasse IV: alle übrigen Erwerber, das sind insb. alle juristischen Personen, wie Stiftungen usw.[71], und die Zweckzuwendungen.

Die *Steuersätze* betragen (§ 19 I ErbStG):

Wert des steuerpflichtigen Erwerbs (§ 10) bis einschließlich Deutsche Mark	Vomhundertsatz in der Steuerklasse			
	I	II	III	IV
50 000	3	6	11	20
75 000	3,5	7	12,5	22
100 000	4	8	14	24
125 000	4,5	9	15,5	26
150 000	5	10	17	28
200 000	5,5	11	18,5	30
250 000	6	12	20	32
300 000	6,5	13	21,5	34
400 000	7	14	23	36
500 000	7,5	15	24,5	38
600 000	8	16	26	40
700 000	8,5	17	27,5	42
800 000	9	18	29	44
900 000	9,5	19	30,5	46
1 000 000	10	20	32	48
2 000 000	11	22	34	50
3 000 000	12	24	36	52
4 000 000	13	26	38	54
6 000 000	14	28	40	56
8 000 000	16	30	43	58
10 000 000	18	33	46	60
25 000 000	21	36	50	62
50 000 000	25	40	55	64
100 000 000	30	45	60	67
über 100 000 000	35	50	65	70

Es handelt sich um einen in doppelter Hinsicht progressiven Tarif. Die Steuer steigt mit der Höhe des Erwerbs und mit der Steuerklasse von 3 v. H. auf 70 v. H. Die in der Tabelle genannten Sätze sind Effektivsätze, nicht Marginalsätze (im Gegensatz zum Einkommensteuertarif) (s. S. 392f.). Zu beachten ist die Begrenzung (Stufenübergangsregelung) durch § 19 III ErbStG.

§ 27 ErbStG sieht Steuerermäßigungen zwischen 10 v. H. und 50 v. H. für Fälle vor, bei denen Personen der Steuerklassen I, II von Todes wegen Vermögen anfällt, das in den letzten *zehn* Jahren bereits von Personen der Steuerklassen I, II erworben und versteuert worden ist[72]. Steuerermäßigungen können sich auch i. V. mit anderen Gesetzen ergeben, so mit § 8 Schutzbaugesetz (BGBl. I 65, 1232), nicht mit § 35 Satz 1 Reichsheimstättengesetz (BFH BStBl. 87, 867).

---

71 Bei Errichtung einer *Familienstiftung* ist der Besteuerung das Verwandtschaftsverhältnis des nach der Stiftungsurkunde entferntest Berechtigten zum Stifter zugrunde zu legen. Bei Auflösung einer Stiftung gilt als Schenker der Stifter. Der Besteuerung ist jedoch mindestens der sich nach Steuerklasse II ergebende Tarif zugrunde zu legen. Bei Erhebung der Erbersatzsteuer für Familienstiftungen wird der doppelte Freibetrag für Kinder gewährt. Die Steuer wird nach dem Steuersatz der Steuerklasse I festgesetzt, der für die Hälfte des zu versteuernden Vermögens gelten würde (§ 15 II ErbStG). Dazu *Schrumpf,* Familienstiftung im Steuerrecht, Köln 1979, und oben S. 482 f.
72 Dazu *Steiger,* DVR 84, 147, 162 mit Berechnungsbeispiel.

Kleinbeträge bis 50 DM werden nicht festgesetzt (§ 22 ErbStG). Über Anrechnung ausländischer Erbschaftsteuer s. § 21 ErbStG.

Über die Berechnung der Steuer, wenn *mehrere innerhalb der letzten zehn Jahre von derselben Person stammende Erwerbe* zu berücksichtigen sind, s. § 14 ErbStG. Danach werden mehrere von derselben Person stammende (anfallende) Vermögensvorteile in der Weise zusammengerechnet, daß dem letzten Erwerb die früheren Erwerbe nach ihrem früheren Wert hinzugerechnet werden und von der Steuer für den Gesamtbetrag die Steuer abgezogen wird, die für die früheren Erwerbe zur Zeit des letzten Erwerbs zu erheben gewesen wäre. Erwerbe, die nicht innerhalb der Frist von zehn Jahren liegen, werden jedoch nicht zusammengerechnet[73].

Infolgedessen können alle zehn Jahre die Freibeträge ausgenutzt werden. Die Folge ist eine Milderung der Erbschaftsteuerprogression. Vater und Mutter können den Kindern etwa alle zehn Jahre je 90 000 DM steuerfrei schenken.

Steuervermeidung: Durch „Zwischenschaltung" von „näherverwandten Personen" können günstigere Steuerklassen, durch Aufteilung der Zuwendung auf mehrere Personen kann eine Progressionsmilderung erreicht werden. Diese Steuerersparnisse lassen sich in besonders gelagerten Fällen auch nachträglich durch Ausschlagung der Erbschaft erzielen[74]. Jedoch ist eine Gesetzesumgehung i. S. des § 42 AO wirkungslos (dazu S. 111 ff.). Mittel, die Steuerklasse I zu erreichen, sind Heirat und Adoption.

7. Zum Verfahren

Jeder der Erbschaftsteuer unterliegende Erwerb ist binnen drei Monaten dem Finanzamt anzuzeigen (§ 30 I ErbStG).

Einer Anzeige bedarf es nicht, wenn der Erwerb auf einer vom Gericht, vom Notar oder vom deutschen Konsul eröffneten Verfügung von Todes wegen beruht und sich aus der Verfügung das Verhältnis des Erwerbers zum Erblasser unzweifelhaft ergibt oder wenn eine Schenkung unter Lebenden oder eine Zweckzuwendung gerichtlich oder notariell beurkundet ist (§ 30 III ErbStG).

Es bestehen Anzeigepflichten von Vermögensverwahrern[75] (insb. Kreditinstituten), Vermögensverwaltern, Versicherungsunternehmen, Gerichten, Behörden, Beamten und Notaren (§§ 33, 34 ErbStG; §§ 5–14 ErbStDV)[76]. Bei Verletzung der Anzeigepflicht droht Geldbuße (§ 33 IV ErbStG)[77].

Der Erlaß des FinMin. NW v. 4. 7. 1986 (StEK ErbStG 1974 Vor § 1 Nr. 8) informiert im einzelnen über Ermittlungs-, Festsetzungs-, Erhebungsverfahren und „Steuerüberwachung". Das Erbschaftsteuer-Finanzamt ist bei umfangreichen Vermögensübergängen verpflichtet, sog. Kontrollmitteilungen (dazu S. 699, 703) an die für das Einkommen und Vermögen zuständigen Finanzämter des Erblassers sowie an die des Erwerbers zu senden (FinMin.-Erlaß der Länder v. 17. 2. 1986, BStBl. I 86,

---

73 Zu den sog. Kettenschenkungen BFH BStBl. 78, 220 und *Meincke*, StRK-Anm. ErbStG 1959 § 13 R. 4; *Michel*, Inf. 78, 337.
74 Dazu *Strunz*, DVR 84, 121; *Crezelius*, StStud. 84, 76, 77; *Moench*, DStR 85, 592, 596 – mit instruktivem Beispiel; *Mehne*, BB 88, 951; *Troll*, BB 88, 2153; *Moench*, DStR 87, 139.
75 Dazu *Herter/Gottschaldt*, DVR 87, 162.
76 Dazu „Merkblatt über die steuerlichen Beistandspflichten der Notare...", OFD Kiel v. Juni 1983, StEK ErbStG 1974 § 34 Nr. 2.
77 Dazu *App*, StVj 90, 101.

82)[78]. *Felix*[79] meint, die sich aus § 33 I ErbStG i. V. mit dem Erlaß v. 17. 2. 1986 ergebende „Totalüberwachung" habe seit der Einführung des § 30a AO („Schutz von Bankkunden") durch das Steuerreformgesetz v. 25. 7. 1988 (BGBl. I 88, 1093) „keine Rechtsgrundlage mehr". Indes ist die „neuorganisierte Nichtkontrolle" der Kapitaleigner nach § 30a AO verfassungsrechtlich äußerst bedenklich.

Das Finanzamt kann die Abgabe einer Steuererklärung verlangen (§ 31 ErbStG). Sind Testamentsvollstrecker oder Nachlaßverwalter eingeschaltet, so haben diese Personen die Steuererklärung abzugeben (§ 31 V ErbStG), der Steuerbescheid ist ihnen bekanntzugeben, und sie haben für die Bezahlung der Erbschaftsteuer zu sorgen (§ 32 I ErbStG); hierdurch werden jedoch Testamentsvollstrecker oder Nachlaßverwalter nicht zu Steuerschuldnern (dazu BFH BStBl. 86, 704, 706). Für die Bekanntgabe von Steuerbescheiden für Steuerschulden, die in der Person des Erblassers entstanden sind, gilt § 32 I 1 ErbStG nicht, BFH BStBl. 88, 120.

Mitunter wird erst nach Jahren – nach Auffinden des richtigen Testaments – entdeckt, daß das Finanzamt einen Nichterben besteuert hat. Hierdurch können sich eine Vielzahl verfahrensrechtlicher Schwierigkeiten ergeben[80].

8. Billigkeitsregelungen

Gehört zum Erwerb Betriebsvermögen oder land- und forstwirtschaftliches Vermögen, so ist die darauf entfallende Erbschaftsteuer auf Antrag bis zu 7 Jahren insoweit zu *stunden,* als dies zur Erhaltung des Betriebs notwendig ist (§ 28 I ErbStG)[81]. Der Stundungsanspruch aus § 28 ErbStG besteht dann nicht, wenn der Erwerber die Erbschaftsteuer für den Erwerb von Betriebsvermögen entweder aus erworbenem weiteren Vermögen oder aus seinem eigenen Vermögen aufbringen kann (BFH BStBl. 88, 730). Die im Zusammenhang mit § 28 ErbStG entstehenden Stundungszinsen sind bei der Einkommensteuer als Sonderausgaben abzugsfähig (§ 10 I Nr. 5 EStG). Zudem kann auf Stundungszinsen ganz oder teilweise verzichtet werden, wenn ihre Erhebung nach Lage des Einzelfalles unbillig wäre (§ 234 II AO).

Die Billigkeitsregelungen der §§ 163 (abweichende Festsetzung von Steuern aus Billigkeitsgründen), 222 (Stundung – nach Ermessen) und 227 (Erlaß) AO sind das allgemeine steuerrechtliche Instrumentarium zur Schaffung von Einzelfall-Gerechtigkeit, besser: Einzelfall-Barmherzigkeit, in Härtefällen. Diese Vorschriften gelten selbstverständlich auch für das Erbschaft- und Schenkungsteuerrecht. Eine Sonderregelung für eine bestimmte Vermögensart ist nicht notwendig. Unter dem Aspekt des Gleichheitssatzes wäre es konsequent, die Sonderregelung des § 28 ErbStG entweder aufzuheben oder auf alle Vermögensarten auszudehnen. Mit Blick auf erhaltenswerte Einheiten des Betriebs- und/oder Privatvermögens sollte die Ausdehnung des § 28 ErbStG auf alle Vermögensarten favorisiert werden. Eine nur einseitige Beibehaltung oder gar Erweiterung des § 28 ErbStG – etwa als sog. Mittelstandskomponente – wäre jedenfalls nicht sachgerecht, daher abzulehnen.

---

78 Dazu *Kien-Hümbert,* DStR 87, 792; *Carl/Klos,* StVj 90, 16.
79 BB 88, 2011, 2012.
80 Dazu *Bock,* DStZ 87, 564.
81 Dazu *Oswald,* DVR 82, 82; zum Billigkeitserlaß bei der Erbschaftsteuer *Kapp,* DStZ 88, 46.

9. Zur Nacherklärung von Kapitaleinkünften und -vermögen

Steuerhinterzieher oder (bloße) Steuerverkürzer (§§ 370, 378 AO), die ihre bisher verschwiegenen Kapitaleinkünfte samt Kapitalvermögen in der Zeit v. 13. 10. 1987 bis zum 31. 12. 1990 nacherklärten, blieben unter bestimmten Voraussetzungen nach ZStAmnG[82] nicht nur straf- bzw. bußgeldfrei, sondern auch noch von der Einkommen- und Vermögensteuer für Veranlagungszeiträume vor 1986 verschont. Das Festsetzungsverbot nach § 2 ZStAmnG beeinträchtigt nicht die sich aus den §§ 85 ff. AO ergebenden Ermittlungspflichten der Finanzbehörde, so daß die Herkunft des Kapitalvermögens für Zwecke der Erbschaft- und Schenkungsteuer aufzuklären ist.

Beispiel: A erhielt von B Anfang 1984 200 000 DM geschenkt. A legte dieses Geld festverzinslich an. Gegenüber dem Finanzamt verschwieg er sein Vermögen und seine Vermögenseinkünfte. 1990 gab er die Erklärung nach Art. 17 des Steuerreformgesetzes 1990[83] ab. Daraufhin genießt er für 1984 und 1985 Einkommen- und Vermögensteuerfreiheit. Für 1986 und 1987 muß A Einkommen- und Vermögensteuer nachzahlen. Für 1990 und die Zukunft ist A steuerlich erfaßt. Wegen der Einkommen- und Vermögensteuerhinterziehung wird A nicht bestraft. A und B schulden jedoch weiterhin – als Gesamtschuldner, § 20 I ErbStG – die Schenkungsteuer[84] (die Festsetzungsfrist beträgt bei Steuerhinterziehung 10 Jahre, § 169 II 2 AO). In bezug auf die Schenkungsteuerhinterziehung können A und B Straffreiheit nur über die umfassende strafbefreiende Selbstanzeige nach § 371 AO erreichen.

10. Sondervorschriften für das Beitrittsgebiet

In dem Gebiet der fünf neuen Länder, der einstigen DDR, gelten für eine Übergangszeit die Sondervorschriften des § 37a ErbStG (Einigungsvertrag v. 31. 8. 1990, BStBl. I 90, 656, 682). Diese Sondervorschriften etwa zur Bewertung, zum Zeitpunkt der Entstehung der Steuerschuld, zur Fälligkeit und Stundung sind erstmals auf Erwerbe anzuwenden, für die die Steuer nach dem 31. 12. 1990 entstanden ist oder entsteht (§ 37a I ErbStG – vgl. dazu Schreiben des BdF v. 23. 10. 1990, StEd. 90, 424). Vgl. auch zu Bewertungs-Besonderheiten im Beitrittsgebiet S. 466 sowie das Kapitel „Vereinheitlichung des Steuerrechts im vereinigten Deutschland" (S. 184 ff.).

D. Realsteuern (§ 3 II AO)

I. Grundsteuer*

Rechtsgrundlagen: Grundsteuergesetz (GrStG) – in letzter Fassung abgedruckt in Beck'sche Sammlung der Steuergesetze I unter Nr. 420.
Verwaltungsvorschriften: u.a. Grundsteuer-Richtlinien (GrStR) – abgedruckt in Beck'sche Sammlung der Steuerrichtlinien unter Nr. 420.
Literatur: *Gürsching/Stenger,* Kommentar zum Grundsteuergesetz, München/Berlin Loseblatt seit 1959; *Halaczinsky,* Grundsteuer-Kommentar, Herne/Berlin 1990; *Troll,* Grundsteuergesetz[5], München 1986; *Ostendorf,* Grundsteuer[2], Stuttgart 1976; *Rose,* Betrieb und Steuer, Drittes Buch, Die Substanzsteuern[7], Wiesbaden 1988, 131 ff.
Zur Entstehung des GrStG 1973: S. 11. Auflage, S. 434.

---

82 Gesetz über die strafbefreiende Erklärung von Einkünften aus Kapitalvermögen und von Kapitalvermögen, Art. 17 des Steuerreformgesetzes v. 25. 7. 1988, BGBl. I 88, 1093; dazu S. 780 f.
83 S. Fn. 82.
84 A. A. *Felix,* KÖSDI 88, 7311.
* Bearbeiter des Abschnitts „Grundsteuer" ist Dr. *Michael Balke.*

Grundsteuer

1. Einführung

S. zunächst S. 163.

Die Regierungsbegründung BT-Drucks. VI/3418, 49, 88 versucht, die Grundsteuer zum einen pauschal „gesellschaftspolitisch", zum anderen speziell „bodenordnungspolitisch" (Erhöhung der Mobilität des Bodenmarkts) zu rechtfertigen. Nach der Rechtsprechung des Bundesverfassungsgerichts zielt die Grundsteuer auf die durch den Besitz sog. fundierten Einkommens vermittelte Leistungskraft (BVerfGE 65, 325, 353).

In der Literatur werden folgende Gründe für und wider die Grundsteuer geltend gemacht:

pro	*contra*
Die Grundsteuer sei als Gemeindesteuer (Art. 106 VI GG; § 1 GrStG) besonders geeignet; denn der Grundbesitz verursache für die Gemeinden besondere Lasten (Äquivalenzgedanke). Mit der Grundsteuer könnten die Gemeinden die nötigen Infrastrukturmaßnahmen treffen. Grund und Boden verkörperten eine besondere Leistungsfähigkeit.	Nicht nur der Grundbesitz verursache für die Gemeinden Lasten, und der Grundbesitz belaste *auch* Bund und Länder. Die Grundstückseinheitswerte seien kein adäquater Maßstab zur Abgeltung von Gemeindelasten. Adäquater seien Infrastrukturbeiträge aller Gemeindebürger. Diese Leistungsfähigkeit werde bereits durch Einkommensteuer und *Vermögensteuer* abgeschöpft.
Da viele Landwirte keine Einkommensteuer zahlten, sei die Grundsteuer eine geeignete Nachholsteuer zur Einkommensteuer.	Die Grundsteuer sei als Nachholsteuer ungeeignet, da sie alle Landwirte treffe, auch die mit Einkommensteuer belasteten, insb. die buchführungspflichtigen Landwirte.
Als Sollertragsteuer halte die Grundsteuer zu ertragbringender Nutzung an, insb. zu bauplanmäßiger Nutzung.	Die Grundsteuer werde oft zur Substanzsteuer, zur konfiskatorischen Steuer. Das Streben nach möglichst hohem Ertrag sei nicht für alle Grundstücksarten erwünscht.
Durch die Grundsteuer würden leistungslose Wertsteigerungen abgeschöpft.	Zwischen leistungslosen und leistungsbedingten Wertsteigerungen lasse sich schwer differenzieren. Für die Erfassung von durch die Infrastruktur ausgelösten Wertsteigerungen sei die Grundsteuer zu pauschal. Es sei inkonsequent, leistungslose Wertzuwächse nur bei Grund und Boden, nicht bei anderem Vermögen (etwa Aktien) zu erfassen. Realisierte Wertzuwächse müsse die Einkommensteuer erfassen. Das Verfahren der Einheitsbewertung des Grundbesitzes habe sich nicht bewährt (s. S. 464 ff., 488 f.).
Die Grundsteuer sei ein Äquivalent dafür, daß realisierte Gewinne aus der Veräußerung privater Grundstücke nicht erfaßt würden.	Wenn dies der Zweck der Grundsteuer sei, dürften nur private Grundstücke (außer im Falle des § 23 EStG) mit Grundsteuer belastet werden.
Die Grundsteuer steigere die Mobilität des Grundstücksmarkts.	Die Grundsteuer veranlasse hauptsächlich sozial schwache Grundbesitzer zur Veräußerung. Sie wirke auch insofern unsozial, als sie das Mietpreisniveau erhöhe.

Wie die Vermögensteuer, so ist auch die Grundsteuer nicht als Substanzsteuer gedacht. Sie soll aus dem Ertrag aufgebracht werden. Der Grundstücksertrag wird also *neben* der Einkommensteuer und der Vermögensteuer noch mit der Grundsteuer belastet, ohne daß dafür eine überzeugende Rechtfertigung gegeben wird. Jedoch kommt es für die Grundsteuer nicht auf den Ist-Ertrag an, sondern auf einen am Einheitswert orientierten (Grundstücksbelastungen nicht berücksichtigenden) Soll-Ertrag. Es handelt sich also um eine *rohe Merkmalsbesteuerung*.

Die Ertragsorientiertheit ergibt sich auch aus § 33 GrStG, der einen Steuererlaß wegen wesentlicher Ertragsminderung vorsieht[1]. Freibeträge (wie bei Vermögensteuer, Gewerbesteuer) sind bei der Grundsteuer nicht vorgesehen.

Da die Grundsteuer ein Vermögen erfaßt, an das auch schon die Vermögensteuer anknüpft, ergibt sich eine *Dreifachbelastung* der Erträge aus Grundbesitz mit Einkommensteuer, Vermögensteuer und Grundsteuer. Wegen der zu niedrigen Grundbesitz-Einheitswerte wird diese Dreifachbelastung jedoch erheblich gemildert[2].

2. Steuerobjekt, Befreiungen

Steuerobjekt ist der (im Gebiet einer Gemeinde belegene, § 1 I, II GrStG) Grundbesitz, nämlich Betriebe der Land- und Forstwirtschaft, Betriebsgrundstücke und private Grundstücke (§ 2 GrStG).

Es wird nicht der Grundbesitz eines Steuerschuldners in seiner Totalität besteuert, sondern die jeweilige wirtschaftliche Einheit, d. h. der einzelne land- und forstwirtschaftliche Betrieb, das Betriebsgrundstück oder Privatgrundstück, und zwar Grund und Boden und eventuell aufstehende Gebäude. Zu den Grundstücken zählen auch grundstücksgleiche Rechte, wie Erbbaurecht, Wohnungseigentum (s. § 68 BewG).

Befreit von der Grundsteuer ist insb. Grundbesitz der öffentlichen Hand[3], Grundbesitz, der unmittelbar für *gemeinnützige oder mildtätige* Zwecke genutzt wird, Grundbesitz von Kirchen, Religionsgemeinschaften, Dienstgrundstücke der Geistlichen und Kirchendiener der Religionsgemeinschaften[4], Grundbesitz, der den Zwecken der Wissenschaft, der Erziehung, des Unterrichts oder dem Zweck einer Krankenanstalt dient (s. § 3 GrStG; §§ 4 ff. GrStG enthalten Erweiterungen und Einschränkungen des § 3 GrStG).

Nach § 92a des 2. Wohnungsbaugesetzes i. d. F. des Steuerreformgesetzes 1990 v. 25. 7. 1988, BGBl. I 88, 1093 (Art. 22 I Nr. 10), sind Wohnneubauten, die bis zum 1. 1. 1990 bezugsfertig geworden sind, in den ersten zehn Jahren grundsteuerbegünstigt[5].

Um die Grundsteuerbefreiung zu ermitteln, ist zu fragen: Wem gehört das Grundstück? Wer nutzt es? Welchen Zwecken dient es? In besonders gelagerten Fällen ist noch zu prüfen, ab *wann* das Grundstück einem steuerbegünstigten Zweck dient; z. B. wird nach BFH BStBl. 86, 191 ein Grundstück erst dann für einen steuerbegünstigten

---

1 Dazu *Hatopp*, KStZ 81, 101 ff.; *Tipke*, Steuergerechtigkeit in Theorie und Praxis, Köln 1981, 109.
2 Dazu *Balke*, StuW 87, 364, 365 f.
3 Über die Grundbesteuerung von Gemeindegrundstücken *Kohorst*, Die Besteuerung der Gemeindebetriebe, Diss. Würzburg 1965, 28, 67 ff.; zur Steuerbefreiung von Botschafts-Grundbesitz BFH BStBl. 90, 189.
4 Eine schwerlich zu rechtfertigende Vergünstigung; zum Begriff „Dienstgrundstück" BFH BStBl. 87, 722; s. auch BFH BStBl. 90, 190.
5 Zum Umfang dieser Grundsteuerbegünstigung: BFH BStBl. 89, 159.

Zweck „hergerichtet" (s. § 7 Satz 2 GrStG), damit grundsteuerfrei, wenn mit den Bauarbeiten auf dem Grundstück begonnen wird, nicht schon mit der Bauplanung.

3. Steuersubjekte

Steuersubjekte (Steuerschuldner) sind diejenigen, denen das Steuerobjekt bei der Feststellung des Einheitswerts zugerechnet wird (§ 10 I GrStG; dazu S. 453). Wird jemandem ein Erbbaurecht, ein Wohnungserbbaurecht oder ein Teilerbbaurecht zugerechnet, so ist er auch Schuldner der Grundsteuer für die wirtschaftliche Einheit des belasteten Grundstücks (§ 10 II GrStG). Wird das Steuerobjekt mehreren Personen zugerechnet, so sind sie Gesamtschuldner (§ 10 III GrStG).

Anders als die Vermögensteuer kennt die Grundsteuer *keine persönlichen Freibeträge*.

4. Periodizität

Die Grundsteuer ist eine periodische Steuer; sie wird grundsätzlich jährlich erhoben (§ 27 GrStG). Es sind Vorauszahlungen zu leisten (§§ 28 ff. GrStG).

5. Bemessungsgrundlage, Hebesatz

Bei der Berechnung der Grundsteuer ist von einem Steuermeßbetrag auszugehen. Dieser ist durch Anwendung eines Tausendsatzes (Steuermeßzahl) auf den Einheitswert zu ermitteln, der nach dem Bewertungsgesetz im Veranlagungszeitpunkt für das Steuerobjekt maßgebend ist (§ 13 I GrStG).

Die neuen, auf die Einheitswerte per 1. 1. 1964 anzuwendenden Steuermeßzahlen betragen (§§ 14, 15 GrStG):

für Betriebe der Land- und Forstwirtschaft	6,0 v. T.
für bebaute Grundstücke allgemein	3,5 v. T.
für Einfamilienhäuser	
a) für die ersten 75 000 DM des Einheitswerts	2,6 v. T.
b) für den Rest des Einheitswerts	3,5 v. T.
für Zweifamilienhäuser	3,1 v. T.
für unbebaute Grundstücke	3,5 v. T.

Die Grundstückseinheitswerte berücksichtigen keine Grundstücksbelastungen. Diese sind – anders als etwa für die Vermögensteuer – unerheblich.

Die Anwendung der Steuermeßzahl auf den Einheitswert ergibt den *Steuermeßbetrag*. Erstreckt sich das Steuerobjekt über mehrere Gemeinden, so ist der Steuermeßbetrag zu zerlegen und den beteiligten Gemeinden zuzuteilen (§§ 22–24 GrStG; Zerlegungs- und Zuteilungsverfahren: §§ 185 ff. AO).

Auf den Meßbetrag wendet die Gemeinde den *Hebesatz*, einen Hundertsatz, an (s. §§ 25, 26 GrStG). Die Hebesätze für land- und forstwirtschaftlichen Grundbesitz sind meist niedriger (sog. Grundsteuer A) als die für gewerbliche und Wohnungsgrundstücke (sog. Grundsteuer B). In 1989 lag der durchschnittliche Hebesatz bei 229 v. H. (Grundsteuer A) bzw. bei 360 v. H. (Grundsteuer B)[6].

Beispiel: Einheitswert eines Grundstücks in Hamburg beträgt 20 000 DM. Steuermeßzahl beträgt 3,5 v. T. Daraus ergibt sich ein Steuermeßbetrag von 70, bei einem Hebesatz von 400 v. H. (vgl. BStBl. I 88, 173) eine Grundsteuer von 280 DM.

---

6 Dazu Inst. FuSt., Bericht über das 41. Geschäftsjahr (1989), Bonn 1990.

Ist bei Betrieben der Land- und Forstwirtschaft und bei bebauten Grundstücken der normale Rohertrag des Steuerobjekts um mehr als 20 v. H. gemindert und hat der Steuerschuldner die Minderung des Rohertrags nicht zu vertreten (etwa Zahlungsunfähigkeit des Mieters), so wird die Grundsteuer in Höhe des Prozentsatzes *erlassen,* der vier Fünfteln des Prozentsatzes der Minderung entspricht (Einzelheiten ergeben sich aus § 33 GrStG[7]. BFH BStBl. 89, 13 qualifiziert den Begriff „unbillig" in § 33 I 2 GrStG – anders als die entsprechenden Begriffe in §§ 163, 227 AO – als unbestimmten Rechtsbegriff, dessen Anwendung der vollen gerichtlichen Nachprüfung unterliegt.

Die Grundsteuer ruht als *öffentliche Last* auf dem Grundbesitz (s. § 12 GrStG), so daß ein Grundstückserwerber – als dinglich Haftender – für Grundsteuerrückstände des Veräußerers in Anspruch genommen werden kann (dazu BVerwG BStBl. 87, 475); zur persönlichen Haftung des Erwerbers: § 11 II GrStG, VG Düsseldorf ZKF 88, 254.

6. Zum Verfahren

Die Finanzbehörden teilen den Inhalt des Grundsteuermeßbescheids den Gemeinden mit, denen die Grundsteuerfestsetzung, der Erlaß des Grundsteuerbescheids, obliegt (dazu § 184 III AO). Die Gemeinden können die Grundsteuer durch *öffentliche Bekanntmachung* für diejenigen Steuerschuldner *festsetzen,* die für das Kalenderjahr die gleiche Grundsteuer wie im Vorjahr zu entrichten haben (§ 27 III 1 GrStG); nach Auffassung des Bundesverwaltungsgerichts verstößt diese vereinfachte Steuerfestsetzung samt Bekanntmachung nicht gegen Art. 19 IV GG, da lediglich „vorinformierte Bürger" betroffen seien (BStBl. 87, 472, 474).

7. Sondervorschriften für das Beitrittsgebiet

In dem Gebiet der fünf neuen Länder, der einstigen DDR, gelten Sondervorschriften, die als Abschnitt VI dem Grundsteuergesetz angefügt sind (Einigungsvertrag v. 31. 8. 1990, BStBl. I 90, 656, 683). Die Sondervorschriften zum land- und forstwirtschaftlichen Vermögen (§ 40 GrStG), zur Bemessung der Grundsteuer für Grundstücke nach dem Einheitswert 1935 (§ 41 GrStG), zur Bemessung der Grundsteuer für Mietwohngrundstücke und Einfamilienhäuser nach einer Ersatzbemessungsgrundlage (§ 42 GrStG), zur Steuerfreiheit für neugeschaffene Wohnungen (§ 43 GrStG), zur Steueranmeldung (§ 44 GrStG), zur Fälligkeit von Kleinbeträgen (§ 45 GrStG) sowie zur Zuständigkeit der Gemeinden (§ 46 GrStG) gelten erstmals für die Grundsteuer 1991 (§ 38 GrStG). Vgl. auch zu Bewertungs-Besonderheiten im Beitrittsgebiet S. 466 sowie das Kapitel „Vereinheitlichung des Steuerrechts im vereinigten Deutschland" (S. 184 ff.).

---

[7] Dazu Abschn. 38 ff. GrStR; *Kubesch,* DStZ 87, 357; BMF-Finanznachrichten 29/90, 4; zum Grundsteuererlaß im Organkreis: BFH BStBl. 90, 448; zum Grundsteuererlaß wegen Minderausnutzung eines gewerblichen Grundstücks: BVerwG BStBl. 89, 1042.

II. Gewerbesteuer*

Rechtsgrundlagen: Gewerbesteuergesetz i.d.F. der Bekanntmachung v. 14. 5. 1984 (BGBl. I 84, 657), zuletzt geändert durch Kultur- und StiftungsförderungsG v. 13. 12. 1990, BGBl. I 90, 2775; Gewerbesteuer-Durchführungsverordnung i.d.F. der Bekanntmachung v. 24.11.1986 (BGBl. I 86, 2074), zuletzt geändert durch die Dritte ÄndVO v. 17. 12. 1990 (BGBl. I 90, 2829).

Die Gewerbesteuer-Richtlinien i. d. F. der GewStR 1990 (BStBl. 90 I, Sondernr. 2) sind Verwaltungsvorschriften zum Gewerbesteuergesetz.

Literatur: *Kommentare: Lenski/Steinberg,* Gewerbesteuergesetz[7], 2 Bde., Köln (Loseblatt); *Mittelbach/Stöwe/Zöller,* Das Gewerbesteuerrecht, 2 Bde., Ludwigshafen (Loseblatt); *Withol/ Bittner,* Gewerbesteuer, Frankfurt (Loseblatt); *Glanegger/Güroff,* Gewerbesteuergesetz, München 1988; *Blümich,* EStG/KStG/GewStG[13], Bd. 4, München (Loseblatt); *Meyer-Scharenberg/ Popp/Woring,* Gewerbesteuer-Kommentar, Herne/Berlin 1989.

Lehrbücher/Lernbücher: Spangemacher, Gewerbesteuer[9], Achim 1989; *Petzold,* Gewerbesteuer[3], München/Wien 1988; *Vocke,* Gewerbesteuer, Stuttgart u. a. 1977; *G. Rose,* Die Ertragsteuern[11], Wiesbaden 1989, 202 ff.; *ders.,* Die Substanzsteuern[7], Wiesbaden 1988, 137 ff.; *Knobbe-Keuk,* Bilanz- und Unternehmenssteuerrecht[7], Köln 1989, 587–636 und 752–781; *IdW,* Hdb. der Unternehmensbesteuerung (HdU), Düsseldorf 1990, Kap. H (Gewerbesteuerrecht).

1. Einführung

Die Gewerbesteuer versucht man – als Gemeindesteuer – damit zu rechtfertigen, daß die Gewerbebetriebe für die Gemeinden unmittelbare und mittelbare Lasten verursachen (Erschließung von Baugelände, Schaffung von Verkehrsflächen und Parkplätzen, Mitfinanzierung des Nahverkehrs, Feuerschutz, Bau und Unterhaltung von Straßen, Schulen, Krankenhäusern, Sport- und Grünanlagen, kulturellen Einrichtungen, Umweltschutzmaßnahmen etc. – Äquivalenzprinzip)[1]. Die Gewerbesteuerlast wird, soweit möglich, auf andere überwälzt, auch auf Gemeindefremde[2].

Um zu Gewerbesteuereinnahmen zu kommen, mußten bis 1969 alle Gemeinden danach streben, möglichst viele Gewerbebetriebe anzusiedeln. Das führte dazu, daß nur allzuoft Gewerbe- und Wohngebiete zu wenig getrennt wurden. Andere Gemeinden suchten den Mangel an Gewerbebetrieben durch höhere Hebesätze auszugleichen. Eine Gewerbesteuer mit unterschiedlichen Hebesätzen ist jedoch nicht wettbewerbsneutral. Die Abhängigkeit des Steueraufkommens von Anzahl und Größe der Gewerbebetriebe führte zu unerträglichen Steuerkraftunterschieden, zu Steuerwüsten in armen, zu Steueroasen in reichen Gemeinden[3].

---

* Den Abschnitt „Gewerbesteuer" hat Dr. *Manfred Orth,* Rechtsanwalt, Steuerberater und Wirtschaftsprüfer, überarbeitet.

1 Begründung zum Gewerbesteuergesetz 1936 in RStBl. 37, 693, 696; BT-Drucks. VI/3418, 51; BVerfGE 19, 101, 112; 21, 54, 65 f.; 26, 1, 11; s. auch BVerfGE 13, 331, 348; *Flämig,* DStJG Bd. 12 (1989), 33, 36 ff.; *Zitzelsberger,* Grundlagen der Gewerbesteuer, Köln 1990, 146 ff.

2 Wer z. B. irgendwo im Lande einen Mercedes-Benz-Pkw kauft, kann mit Gewerbesteuer der Stadt Sindelfingen anteilig belastet werden, obwohl er mit dieser Stadt in der Regel nicht das geringste zu tun haben wird.

3 Z. B. hatte 1986 die steuerkräftigste Gemeinde der Bundesrepublik, nämlich Sindelfingen, mit 3 926,90 DM Gewerbesteueraufkommen pro Einwohner ein 61mal so hohes pro Einwohner/Gewerbesteueraufkommen wie die steuerschwächste Gemeinde (mit mehr als 20 000 Einwohnern), nämlich Völklingen, mit 64,30 DM pro Einwohner (Statistisches Jahrbuch Deutscher Gemeinden, 74. Jg. 1987, hrsg. v. Deutschen Städtetag, 421–432); zum Hebesatzgefälle s. auch S. 518.

Daher ist durch Art. 106 V, VI GG i. d. F. v. 12. 5. 1969, BGBl. I 69, 359, und das Gemeindefinanzreformgesetz v. 8. 9. 1969, BGBl. I 69, 1587[4] die Rechtslage dahin geändert worden, daß die Gemeinden einen Anteil am Aufkommen der Einkommensteuer erhalten, dafür aber einen Teil des Gewerbesteueraufkommens an Bund und Länder abzuführen (Gewerbesteuerumlage) haben[5]. Nach einer zweistufigen Senkung der Gewerbesteuerumlage ergibt sich für 1988 folgende Gewichtung: GewSt (brutto) 34,5 Mrd. DM ./. GewSt-Umlage 5,0 Mrd. DM = GewSt (netto) 29,5 Mrd. DM − ESt-Gemeindeanteil 30,1 Mrd. DM[6]; s. auch S. 518.

Während bisher insb. nur die Freibeträge erhöht worden waren, hat das Steueränderungsgesetz 1979 v. 30. 11. 1978, BGBl. I 78, 1849, einige *wesentliche* Änderungen gebracht: Neben einer erneuten Erweiterung der Freibetragsregelungen (s. S. 516) sind mit Wirkung ab Erhebungszeitraum 1980 die *Mindestgewerbesteuer* (s. § 17a GewStG a. F.) und die sog. *Lohnsummensteuer*, die von den Gemeinden fakultativ erhoben werden konnte (s. §§ 6 II, 23 ff. GewStG a. F.)[7], abgeschafft worden. Der Antrag des Bundesrates, auch die sog. Gewerbekapitalsteuer abzuschaffen (BT-Drucks. 8/2118, 69 ff.), ist vom Bundestag abgelehnt worden. Damit ist die Gewerbesteuer zur *Sonder*steuer für Großbetriebe (nur noch ca. 35 v. H. der Gewerbebetriebe schulden Gewerbesteuer) mit inadäquaten Bemessungsgrundlagen denaturiert. Die Tatsache, daß ein Grenzausgleich nicht möglich ist, benachteiligt die deutsche Wirtschaft unangemessen. Die Gewerbesteuer ist zwar als Realsteuer im Grundgesetz ausdrücklich erfaßt (Art. 106 VI GG) und vom Bundesverfassungsgericht (BVerfGE 13, 290; 13, 331; 19, 101, 112; 21, 54, 63; 26, 1, 7) bisher akzeptiert worden. Jedoch gibt es auch verfassungswidrige Verfassungsnormen (s. *Wendt*, BB 87, 1257 ff., 1677 ff., aber auch *Zitzelsberger* [Fn. 1], 168 ff.).

2. Steuerobjekt

Die Gewerbesteuer belastet – als Besteuerungsgut[8] – die Erträge von gewerblichen Unternehmen, und zwar schafft das Gewerbesteuergesetz ein mixtum compositum von Ist- und Soll-*Ertrag*. Der Bemessungsfaktor „Gewerbeertrag" geht vom Ist-Ertrag aus und „objektiviert" ihn durch Hinzurechnungen und Kürzungen. Der Bemessungsfaktor „Gewerbekapital" ist Soll-Ertragselement (und zwar zusätzliches, denn natürlich hat der Faktor „Kapital" auch schon zum Ist-Ertrag beigetragen). Die Berücksichtigung mehrerer (verschiedener) Bemessungsfaktoren soll die Gleichmäßigkeit der Besteuerung erhöhen und zur Konjunkturunabhängigkeit des Gewerbesteueraufkommens beitragen (s. RT-Drucks. 1937 Nr. 42, RStBl. 37, 693 f.). Jedoch erklärt das Gewerbesteuergesetz nicht die Erträge gewerblicher Unternehmen zum Steuerobjekt, sondern den *Gewerbebetrieb selbst* (§§ 2, 35a GewStG). Diese antiquierte Anknüpfung hängt mit dem Real- oder Objektsteuercharakter der Gewerbesteuer zusammen, damit, daß die „objektive" Ertragskraft des Gewerbebetriebs belastet werden soll. Allerdings kennt das Gesetz auch subjektive Durchbrechungen, so in §§ 8 Nr. 9, 10a Satz 3 GewStG und im Freibetrag nach § 11 I 3 GewStG (s. auch 4.11, S. 508, zur Berücksichtigung der Ergänzungsbilanzen und Sonderbilanzen von Mitunternehmern).

---

4 Im Anschluß an das Gutachten der Kommission für die Finanzreform in der Bundesrepublik Deutschland von 1966 (Stuttgart 1966) und das Gutachten zum Gemeindesteuersystem und zur Gemeindesteuerreform in der Bundesrepublik Deutschland sowie die Stellungnahme zum Finanzreformgesetz des Wissenschaftlichen Beirats beim BdF v. 16. 3. 1968 / 25. 5. 1968 (Schriftenreihe des BdF, Heft 10, Bonn 1968).
5 Dazu S. 77 f.
6 S. Monatsberichte der Deutschen Bundesbank 11/1989, Stat. Teil, 60–62.
7 Dazu s. auch BVerwG BStBl. 84, 236.
8 Dazu S. 131 f.

Steuerobjekte sind der *stehende Gewerbebetrieb* (§ 2 I 1 GewStG) und der Reisegewerbebetrieb (§ 35 a GewStG), nicht die freie Berufstätigkeit und die Vermögensverwaltung[9].

2.1 Stehender Gewerbebetrieb

Stehender Gewerbebetrieb ist jeder Gewerbebetrieb, der kein Reisegewerbebetrieb ist (§ 1 GewStDV). Der Gewerbesteuer unterliegt er, *soweit* er im *Inland* betrieben wird (§ 2 I 1 GewStG), d. h. soweit für ihn im Inland eine Betriebstätte (§ 12 AO) unterhalten wird (§ 2 I 3 GewStG)[10].

Gewerbebetrieb ist ein gewerbliches Unternehmen i. S. des Einkommensteuergesetzes (§ 2 I 2 GewStG). Mit dem Steuerentlastungsgesetz 1984 v. 22. 12. 1983 (BGBl. I 83, 1583) ist in § 15 II EStG eine Legaldefinition des Gewerbebetriebs aufgenommen worden. § 15 II 1 EStG stimmt im wesentlichen mit dem früheren § 1 I 1 GewStDV überein[11]. Abgrenzungsschwierigkeiten haben die Gerichte ständig beschäftigt. Die teleologisch-prinzipielle Frage nach einer Gemeindebelastung bleibt dabei i. d. R. ausgeklammert[12]. Dieser Rechtfertigungsgrund wird offenbar heute nicht mehr ernst genommen[13].

Der Kükensortierer ist Gewerbetreibender, der Fahrlehrer ist Freiberufler, der Vermieter eines großen Wohnblocks ist Vermögensverwalter; obwohl der Kükensortierer die Gemeinde weniger belasten dürfte als der Fahrlehrer, wird er zur Gewerbesteuer herangezogen, der Fahrlehrer wird es hingegen nicht. Ob ein sog. Zahnpraktiker gewerbesteuerpflichtig ist oder nicht, soll davon abhängen, ob er den Zahnersatz selbst einpaßt (dann dem Dentisten ähnlich, folglich Freiberufler, s. § 18 I Nr. 1 EStG) oder nicht (dann dem Zahntechniker ähnlich und Gewerbetreibender, so BFH BStBl. III 65, 692). Der auf Inventuren spezialisierte Unternehmensberater ist kein freiberuflicher beratender Betriebswirt (§ 18 I Nr. 1 EStG), da nur auf einem Spezialgebiet des beratenden Betriebswirts tätig (so BFH BStBl. 69, 164). Irgendein teleologischer Bezug zur durch den Beruf ausgelösten Gemeindebelastung ist nicht zu erkennen[14].

Von der *Rechtsform des Unternehmens* ist es abhängig, welche ergänzenden einkommensteuer- und gewerbesteuerrechtlichen Tatbestandsvoraussetzungen für einen Gewerbebetrieb zu beachten sind:

(1) *Einzelunternehmen* können nur kraft gewerblicher Tätigkeit i. S. des § 15 II EStG Gewerbebetrieb und damit gewerbliche Unternehmen i. S. des § 15 I 1 Nr. 1 EStG sein[15].

---

9 *J. Fettel*, Der Gewerbebetrieb als Objekt der Besteuerung bei der Gewerbesteuer, in: FS für P. Scherpf, Berlin 1968, 123 ff.
10 Zur Zurechnung von im Ausland erbrachten Leistungen und zur Aufteilung des Gewerbeertrags grds. nach der sog. direkten Methode BFH BStBl. 85, 405; zu Gewinnen aus der Veräußerung von Anteilen an einer ausländischen Kapitalgesellschaft BFH BStBl. 85, 160; s. ferner § 2 VII GewStG.
11 Zu beiden Vorschriften BFH GrS BStBl. 84, 762 f.; § 1 I GewStDV war bereits durch den ab dem Veranlagungszeitraum 1983 geltenden § 15 II EStG n. F. gegenstandslos geworden, ist aber erst mit Ablauf des Erhebungszeitraums 1985 gestrichen worden.
12 S. aber auch BFH BStBl. 81, 481, 484.
13 Symptomatisch insoweit BVerfGE 46, 224, 236 f.; kritisch hierzu *Orth*, StuW 79, 77; s. aber *Schnädter*, KStZ 85, 168.
14 Dazu *Hummes*, Die rechtliche Sonderstellung der freien Berufe im Vergleich zum Gewerbe, Diss. Göttingen 1979. Speziell zur Einordnung der Unternehmensberater *Grube*, StuW 81, 34 ff.
15 Zum sachlichen Umfang eines Gewerbebetriebs s. BFH/NV 87, 55.

(2) *Mitunternehmerschaften* (OHG, KG und andere Gesellschaften, z. B. BGB-Gesellschaften, atypische stille Gesellschaften, Partenreedereien – s. auch S. 337 ff. –, bei denen die Gesellschafter als Unternehmer [Mitunternehmer] anzusehen sind) können kraft gewerblicher Tätigkeit und/oder kraft Fiktion Gewerbebetrieb sein:

(a) Soweit Mitunternehmerschaften ein gewerbliches Unternehmen (§ 15 I 1 Nr. 1 und II EStG) betreiben, sind sie kraft Tätigkeit gewerbesteuerpflichtig. Daß der Gesellschafter zugleich Mitunternehmer ist (§ 15 I 1 Nr. 2 EStG), hat insoweit nur für den sachlichen Umfang der Steuerpflicht Bedeutung[16].

Die Personenhandelsgesellschaften (OHG, KG) unterhalten i. d. R. ein gewerbliches Unternehmen[17]. Besitzpersonengesellschaften im Rahmen einer Betriebsaufspaltung üben eine gewerbliche Tätigkeit aus, ihre Vermietung und Verpachtung ist nicht mehr als Vermögensverwaltung anzusehen; die Rechtsprechung zur Betriebsaufspaltung[18] gilt daher auch nach Aufgabe der Gepräge-Rechtsprechung[19] (s. jetzt aber § 15 III EStG) fort[20]. Bei der atypisch stillen Gesellschaft als Innengesellschaft ohne Gesellschaftsvermögen soll die gewerbliche Tätigkeit des Inhabers des Handelsgeschäftes ausreichen[21].

(b) Durch Fiktionen[22] wird die Gewerbesteuerpflicht von Personengesellschaften ausgedehnt, begründet oder ausgeschlossen:

(aa) Als Gewerbebetrieb gilt in vollem Umfang die mit Einkünfteerzielungsabsicht unternommene Tätigkeit einer OHG, KG oder anderen Personengesellschaft (z. B. einer BGB-Gesellschaft, nicht aber z. B. einer atypischen stillen Gesellschaft[23], wenn man davon ausgeht, daß die Vorschrift „Personengesellschaft" begriffsgleich mit dem Gesellschaftsrecht[24] verwendet), wenn die Gesellschaft – neben anderen Tätigkeiten (z. B. freie Berufstätigkeit, Landwirtschaft oder Vermögensverwaltung) – *auch* eine gewerbliche Tätigkeit i. S. des § 15 I 1 Nr. 1 EStG ausübt (§ 15 III Nr. 1 EStG). § 15 I 1 Nr. 2 EStG wird in diesem Zusammenhang nicht ausdrücklich genannt, gilt aber für die gewerbliche Tätigkeit unmittelbar und für andere Tätigkeiten z. T. entsprechend (§§ 13 V, 18 V EStG).

Die Verweisung auf § 15 III Nr. 1 EStG tritt ab dem Erhebungszeitraum 1986 (§ 36 I GewStG) an die Stelle der bisherigen gewerbesteuereigenen Regelung in § 2 II Nr. 1 GewStG a. F., die nicht nur Personengesellschaften, sondern sämtliche Mitunternehmerschaften erfaßte (s. a. BFH BStBl. 90, 319, 320: „§ 2 II Nr. 1 GewStG [a. F. ist] mit *wenigen sprachlichen Änderungen* als § 15 III Nr. 1 ins EStG übernommen worden"). Dem Gewerbesteuerrecht ist damit auch die Verweisungsmöglichkeit auf § 2 II Nr. 1 GewStG a. F. genommen worden; statt dessen wird nunmehr in bisher verweisenden Vorschriften als einziges Tatbestandsmerkmal „Personengesellschaft" verwandt (§§ 5 I 3, 11 I 3 GewStG). Dadurch ist in den genannten Vorschriften eine Regelungslücke für diejenigen Gesellschaften entstanden, deren Gesellschafter als Unternehmer (Mitunternehmer) anzusehen sind[25], die aber keine Personengesellschaften sind (z. B. die

---

16 S. BFH GrS BStBl. 84, 751; s. auch 4.11, S. 507 ff. und 4.12, S. 514 f.
17 Dazu *Knobbe-Keuk*, JbFSt. 1975/76, 175, 178 ff.; ferner *Hönle*, B 81, 1007, und *Budde*, FR 81, 1.
18 BFH GrS BStBl. 72, 63; s. ferner S. 634 ff.
19 BFH GrS BStBl. 84, 751.
20 BFH BStBl. 86, 296.
21 BFH BStBl. 86, 311; BdF BStBl. I 87, 765; OFD Ffm. DStZ/E 87, 374; s. auch *Goller*, DStR 82, 485; *G. F. Hoffmann*, B 84, 2379; *Unvericht*, DStR 87, 413; *Pauka*, B 87, 603; *Binger*, B 88, 414; *Zacharias/Suttmeyer/Rinnewitz*, DStR 88, 128; *Ehlers/Busse*, B 89, 448.
22 So BT-Drucks. 10/3663, 8.
23 Vgl. *L. Schmidt*, EStG[9], § 15 Anm. 42 b.
24 Vgl. *Baumbach/Duden/Hopt*, HGB[28], 1989, Einl. vor § 105, insb. Anm. 3 D (stille Gesellschaft ist keine Personengesellschaft).
25 Zur Grenzziehung BFH GrS BStBl. 84, 751, 768; 85, 363; 86, 10; BFH/NV 85, 79; 85, 100.

atypische stille Gesellschaft); auch BFH BStBl. 90, 319, 320, spricht nur für gewerblich tätige *Personengesellschaften* von einem deckungsgleichen Anwendungsbereich von § 2 II Nr. 1 GewStG a. F. und § 15 III Nr. 1 EStG.

(bb) Als Gewerbebetrieb gilt in vollem Umfang auch die mit Einkünfteerzielungsabsicht unternommene Tätigkeit einer sog. gewerblich geprägten Personengesellschaft (insb. der Kapitalgesellschaft & Co. KG einschließlich mehrstöckiger Gesellschaften), die keinerlei gewerbliche Tätigkeit i. S. des § 15 I 1 Nr. 1 und II EStG ausübt (§ 15 III Nr. 2 EStG).

Die Aufgabe der Gepräge-Rechtsprechung galt auch für das Gewerbesteuerrecht[26]. Nach deren inhaltlicher Wiedereinführung durch den Gesetzgeber (s. S. 340, 633) unterliegen gewerblich geprägte Personengesellschaften i. S. des § 15 III Nr. 2 EStG „aus Gründen des Vertrauensschutzes" (s. BT-Drucks. 10/4513, 25) für Erhebungszeiträume vor 1986 nicht der Gewerbesteuer, soweit Bescheide noch nicht bestandskräftig sind oder unter dem Vorbehalt der Nachprüfung stehen (§ 36 II GewStG [1986] – abweichend von § 52 XVIII EStG)[27].

(cc) Als Gewerbebetrieb gilt grundsätzlich nicht die Tätigkeit von Arbeitsgemeinschaften (§ 2a GewStG)

(dd) Das „Ergebnis der Tätigkeit" einer Europäischen wirtschaftlichen Interessenvereinigung (EWIV) „wird nur bei ihren Mitgliedern besteuert" (Art. 40 VO [EWG] Nr. 2137/85, ABl. EG Nr. L 199 v. 31. 7. 1985). § 5 I 4 GewStG sieht deshalb vor, daß bei der EWIV die Mitglieder selbst als Gesamtschuldner für die Gewerbesteuer in Anspruch zu nehmen sind (Abschn. 37a GewStR). Dies deswegen, weil unabhängig von der steuerlichen Gemeinschaftsregelung[28] für die ab 1. 7. 1989 zur Verfügung stehende Rechtsform EWIV, auf die im übrigen die für eine OHG geltenden Vorschriften entsprechend anzuwenden sind (§ 1 des EWIV-AusführungsG v. 14. 4. 1988 [BGBl. I 88, 514]), von der FinVerw. und Teilen des Schrifttums die Gewerbebetriebseigenschaft der EWIV bejaht wird (BMF B 89, 354)[29].

(3) *Kapitalgesellschaften* (z. B. AG, KGaA, GmbH), Erwerbs- und Wirtschaftsgenossenschaften und Versicherungsvereine auf Gegenseitigkeit *gelten* – unabhängig von der Art ihrer Tätigkeit – stets und in vollem Umfang als Gewerbebetrieb[30] (§ 2 II GewStG).

Organgesellschaften[31] gelten als *Betriebstätten des Organträgers,* sind also für die Dauer der Organschaft kein Gewerbetreibender i. S. eines selbständigen Gewerbesteuerobjekts (§ 2 II 2 GewStG; zur Steuersubjekteigenschaft: s. zu 3.)[32]. Gewerbeertrag und Gewerbekapital werden bei Organträger und Organgesellschaft allerdings getrennt ermittelt, dann zusammengerechnet und dem Organträger zugerechnet[33]. Gewinnabführungsvertrag ist nicht erforderlich[34]. Or-

---

26 BFH BStBl. 85, 372; 85, 434; BFH/NV 87, 323.
27 Zu den Folgen dieser bis 1985 befristeten GewSt-Befreiung für die Anwendung von § 10a und § 8 Nr. 8/§ 9 Nr. 2 GewStG s. FinMin. Bad.-Württ., B 87, 513.
28 S. *Scriba,* Die Europäische wirtschaftliche Interessenvereinigung, Heidelberg 1988, 178.
29 Vgl. *Weimar/Delp,* WPg 89, 97; *Autenrieth,* BB 89, 305, 309 f.; *Krabbe,* B 85, 2585; a. A. *Hamacher,* FR 86, 557; keine abschließende Aussage bei *Ganske,* B 85, Beilage 20; *Sass,* B 85, 2266.
30 Das soll eine Typisierung zum Zwecke der Verwaltungsvereinfachung sein (RT-Drucks. IV (1928)/586, 110; s. auch BFH BStBl. III 63, 69 f.); BFH GrS BStBl. 84, 763, spricht auch insoweit von einer Fiktion, BFH BStBl. 90, 76, dagegen von einer Unterstellung in Form einer unwiderlegbaren Vermutung.
31 Dazu S. 434 ff. Für eine Gleichbehandlung unselbständiger Personen- und Kapitalgesellschaften de lege ferenda *Budde,* FR 81, 1, und *Hönle,* B 86, 1246.
32 BFH BStBl. 90, 916, 918; zu den Auswirkungen eines Konkurses auf die Organschaft *Keller,* BB 83, Beilage 4.
33 BFH BStBl. 68, 807; 69, 629; 77, 701; 83, 427; 86, 73; 90, 916, 918; Abschn. 17 I GewStR.
34 Dazu *Schwendler,* Gewerbesteuerrechtliche Probleme der Betriebsaufspaltung und Organschaft, Diss. Köln 1963.

§ 12 Bewertungsgesetzabhängige Steuerarten

gangesellschaft kann auch eine ausländische Kapitalgesellschaft mit inländischer Betriebstätte sein[35]; eine GmbH & Co. KG kann nicht Organgesellschaft sein.[36]
Kapitalgesellschaften i. S. des § 2 II GewStG sind auch solche *ausländischen* Gesellschaften, die ihrem Wesen nach inländischen Kapitalgesellschaften entsprechen[37]. Für ihre Gewerbesteuerpflicht mit inländischen Betriebstätten (s. auch § 2 VI GewStG) gilt die im ESt.-und KSt.-Recht entwickelte sog. isolierende Betrachtungsweise nicht[38].

(4) Als Gewerbebetrieb gilt auch die Tätigkeit der sonstigen juristischen Personen des privaten Rechts (rechtsfähige Vereine, Stiftungen, Anstalten) und der nichtrechtsfähigen Vereine, *soweit* sie einen wirtschaftlichen Geschäftsbetrieb (ausgenommen Land- und Forstwirtschaft) unterhalten (§ 2 III GewStG; § 14 AO)[39].

(5) Unternehmen von juristischen Personen des öffentlichen Rechts sind gewerbesteuerpflichtig, wenn sie als stehende Gewerbebetriebe[40] anzusehen sind (§ 2 I GewStDV)[41].

2.2 Reisegewerbebetrieb

Reisegewerbebetrieb ist ein Gewerbebetrieb, dessen Inhaber nach der Gewerbeordnung einer Reisegewerbekarte bedarf. Gewerbesteuerpflichtig ist er, *soweit* er im Inland betrieben wird (§ 35a GewStG; § 35 GewStDV).

2.3 Mehrheit von Gewerbebetrieben

Unterhält eine natürliche Person (nebeneinander oder nacheinander) *mehrere* gleichartige[42] Betriebe, die eine wirtschaftliche Einheit bilden (= wirtschaftlich, finanziell und organisatorisch innerlich zusammenhängend, je nach Gleichartigkeit/Ungleichartigkeit der Tätigkeiten und Nähe/Entfernung der Ausübung), so liegt nach h. M. *ein* Steuerobjekt vor[43]; handelt es sich hingegen, insb. wegen Verschiedenartigkeit der Betriebe, um mehrere wirtschaftliche Einheiten, so wird jede Einheit für sich als Steuerobjekt behandelt (s. Abschn. 19 I, II GewStR)[44]. Dies gilt auch beim Zusammentreffen eines stehenden Gewerbebetriebes mit einem Reisegewerbebetrieb, jedoch mit der Subsidiaritätsregel des § 35a II 2 GewStG. Es gilt ferner entsprechend für mehrere Unternehmen einer juristischen Person des öffentlichen Rechts. Dagegen

---

35 Vgl. BFH BStBl. 79, 447. Zur gewerbesteuerlichen Behandlung ausländischer Unternehmen BFH BStBl. 81, 220.
36 S. BFH/NV 88, 116.
37 BFH BStBl. 79, 447; 81, 220.
38 BFH BStBl. 83, 77, m. krit. Anm. *Felix,* StRK-Anm. GewStG § 2 Abs. 2 R. 1.
39 S. auch BFH BStBl. 84, 451; s. auch *Seifart/Orth,* Hdb. d. StiftungsR, 1987, § 37 Rdn. 210, zu den Tatbestandsvoraussetzungen des wirtschaftl. Geschäftsbetriebs.
40 Die Gewerbesteuerpflicht der Unternehmen von juristischen Personen des öffentlichen Rechts ist also nicht deckungsgleich mit deren Körperschaftsteuerpflicht (§§ 1 I Nr. 6, 4 KStG), da letztere – im Gegensatz zu § 15 II EStG – auch ohne Gewinnerzielungsabsicht und Beteiligung am allgemeinen wirtschaftlichen Verkehr entsteht (§ 4 I 2 KStG); zu den verschiedenen Organisationsformen von Betrieben der öffentl. Hand BFH BStBl. 85, 223.
41 Dazu *Kohorst,* Die Besteuerung der Gemeindebetriebe, Diss. Würzburg 1965, 28 ff., 58 ff., 66 f.
42 S. auch BFH BStBl. 81, 746 mit Anm. *Wolff-Diepenbrock,* DStZ 82, 63.
43 S. auch BFH BStBl. 89, 901.
44 S. auch FG München EFG 87, 367; *Horn,* BB 84, 134; *Milatz,* BB 85, 522.

bilden nach h. M. mehrere Gewerbebetriebe *einer*[45] Mitunternehmerschaft[46] und *einer* Kapitalgesellschaft immer *eine* Einheit. Darin steckt, gemessen an den Folgen, sicher keine Sachgerechtigkeit. Es wäre jedenfalls sachgerechter, auch bei einer Mehrheit gewerblicher Betätigungen einer natürlichen Person *stets* von einem einheitlichen Gewerbebetrieb auszugehen.

Die Folgen: Verluste können nur innerhalb ein und desselben Gewerbebetriebs ausgeglichen und vorgetragen werden. Jeder Gewerbebetrieb erhält einen Freibetrag; also je mehr Gewerbebetriebe, desto mehr Freibeträge.

Gegen die h. M. stellt sich mit guten Gründen *R. Schumacher* insofern, als er – gestützt auf die Auffassung, die Gewerbesteuer wolle die objektive Leistungsfähigkeit messen, die sich in der gewerblichen Tätigkeit ausdrücke – annimmt, auch mehrere gewerbliche Tätigkeiten einer *natürlichen* Person bildeten *stets* einen einheitlichen Gewerbebetrieb[47].

2.4 Beginn und Ende der Besteuerung

Die unterschiedliche gewerbesteuerliche Behandlung der Unternehmen je nach Rechtsform (s. S. 501 ff.) schlägt sich auch in einem unterschiedlichen Beginn und Ende ihrer Steuerpflicht nieder[48]: Bei *Einzelgewerbetreibenden* beginnt die Steuerpflicht erst mit Erfüllung aller Voraussetzungen eines Gewerbebetriebs i. S. des § 15 II EStG und endet bereits mit Aufgabe der werbenden Tätigkeit, d. h. mit Beginn der Liquidation (s. a. § 4 GewStDV)[49]. Dies gilt auch für *Mitunternehmerschaften,* allerdings mit der Besonderheit, daß die Aufnahme einer gewerblichen Tätigkeit eine Personengesellschaft in vollem Umfang gewerbesteuerpflichtig werden läßt (s. S. 502 f.); dies gilt ferner für *juristische Personen des öffentlichen Rechts* mit ihren gewerbesteuerpflichtigen Unternehmen.

Bei *Kapitalgesellschaften,* Erwerbs- und Wirtschaftsgenossenschaften sowie Versicherungsvereinen auf Gegenseitigkeit beginnt die Steuerpflicht mit Erlangung der Rechtsfähigkeit (Registereintragung bzw. aufsichtsbehördliche Erlaubnis) oder aufgrund einer bereits vorher aufgenommenen, auf (nicht notwendigerweise gewerbliche, s. § 8 II KStG) Einkünfteerzielung gerichteten Tätigkeit und endet mit dem Erlöschen der Rechtsfähigkeit, d.h. erst nach Abschluß der Liquidation (BFH BStBl. 88, 70; 90, 91; Abschn. 21 II und 22 III GewStR). *Gewerblich geprägte Personengesellschaften* i. S. des § 15 III Nr. 2 EStG (s. S. 503) sind den Kapitalgesellschaften gleichzubehandeln, gewerblich tätige Kapitalgesellschaften & Co. KG dagegen den Mitunternehmerschaften (BFH BStBl. 80, 658; 82, 707; 85, 433; 86, 527; Abschn. 22 I 2 GewStR).

---

45 Der Zusammenfassung *mehrerer* Mitunternehmerschaften mit den gleichen Mitunternehmern zu einer *Unternehmenseinheit* hat BFH BStBl. 80, 465 in Abweichung von seiner bisherigen Rechtsprechung die Anerkennung versagt; dazu *Orth*, StRK-Anm. GewStG § 2 Abs. 2 Ziff. 1 R. 17; s. auch Abschn. 19 III GewStR; zu dem Sonderfall einer unselbständigen Personengesellschaft s. *Hönle*, B 81, 1007, und *Budde*, FR 81, 1.
46 S. aber auch BFH BStBl. 83, 425; dazu *Orth*, StRK-Anm. GewStG § 2 Abs. 1 R. 396, 3f.; s. auch *ders.*, DStR 83, 398.
47 StuW 87, 111.
48 S. auch *H. Müller,* Die persönliche und sachliche GewSt-Pflicht unter besonderer Berücksichtigung von Beginn und Ende der StPflicht, Diss. Tübingen 1986; *Korn*, KÖSDI 88, 7099.
49 S. auch *Woltmann*, B 87, 2008.

§ 12 Bewertungsgesetzabhängige Steuerarten

Sonstige juristische Personen des privaten Rechts und nichtrechtsfähige Vereine werden mit ihren wirtschaftlichen Geschäftsbetrieben den Einzelgewerbetreibenden und Mitunternehmerschaften entsprechend behandelt (s. Abschn. 21 III und 22 IV GewStR). Bloß vorübergehende Unterbrechungen des Betriebs heben die Gewerbesteuerpflicht nicht auf (§ 2 IV GewStG). Nicht nur vorübergehende Unterbrechungen lassen zwar die Gewerbesteuerpflicht, nicht aber die Unternehmensidentität entfallen (BFH BStBl. 86, 528)[50].

3. Steuersubjekte

Steuersubjekt (Steuerschuldner) ist der Unternehmer, für dessen Rechnung (d. h. zugleich: für dessen Risiko) ein Gewerbe tatsächlich[51] betrieben wird (§ 5 I 1, 2 GewStG). Unternehmer sind im Fall gewerblich tätiger Personengesellschaften – nach BFH BStBl. 90, 436 – die Gesellschafter, nicht die Gesellschaft. Danach hat die Steuerschuldnerschaft gewerblich tätiger Personengesellschaften nach § 5 I 3 GewStG rechtsbegründende Bedeutung[52]. Für die EWIV bliebe es dagegen nach § 5 I 4 GewStG bei der Steuerschuldnerschaft der Mitglieder (Gesellschafter), s. a. oben S. 503. Die Begründung (Beendigung) eines Organschaftsverhältnisses soll nicht die Beendigung (Neubegründung) der Steuerpflicht der jetzigen (bisherigen) Organgesellschaft bewirken[53], sondern nur dazu führen, daß „die Steuerpflicht... für die Dauer der Organschaft dem Organträger zugerechnet" wird (BFH BStBl. 90, 916; Abschn. 17 II GewStR). Die Fortdauer der Steuerpflicht der Organgesellschaft entspricht dem Körperschaftsteuerrecht[54] und weicht ab vom Umsatzsteuerrecht (s. S. 434 ff., 564).

Steuererklärungen sind vom Steuerschuldner für jeden (einzelnen) Gewerbebetrieb abzugeben (§ 14a GewStG; § 25 GewStDV)[55]. *Für* Organgesellschaften (= Betriebstätten, s. S. 503) sind eigene Steuererklärungen abzugeben (§ 25 I Nr. 2 GewStDV), allerdings *vom* Organträger (= Unternehmer/Steuerschuldner).

Die persönlichen *Befreiungen* von der Gewerbesteuer (§ 3 GewStG) sind an die Befreiungen nach § 5 KStG angelehnt[56].

---

50 Zur Betriebs- und Teilbetriebsverpachtung im GewStRecht s. *Veigel*, B 87, 2222.
51 Unerheblich ist, auf wessen Namen der Betrieb angemeldet und/oder im Handelsregister eingetragen ist.
52 Dazu *Orth*, Interperiodische Verlust-Kompensation im Gewerbesteuerrecht, Frankfurt a. M./Bern/Cirencester U. K. 1980, 180 ff. und 196 ff. sowie StRK-Anm. GewStG § 10a R. 33, S. 4 f.; *Zitzelsberger* (Fn. 1), 259 ff.; speziell zur atypischen stillen Gesellschaft BFH BStBl. 86, 311; BFH/NV 87, 393; 90, 591; BMF BStBl. I 87, 765 (s. ferner Fn. 15); zur Beendigung der persönlichen Gewerbesteuerpflicht beim Rechtsformwechsel Einzelunternehmen/Personengesellschaft s. BFH BStBl. 89, 664.
53 Zu den Konsequenzen vgl. *Kussin*, B 79, 715 (Nrn. 7, 13, 20, 23 f.).
54 Abweichung jedoch hinsichtlich vor- und nachorganschaftlicher Verluste, s. § 15 Nr. 1 KStG; BFH BStBl. 56, 91; FG Münster EFG 85, 622; FG Schl.-Holst. EFG 88, 82.
55 Zur Steuererklärungspflicht der Besitzgesellschaft im Rahmen einer Betriebsaufspaltung s. BFH BStBl. 85, 199.
56 Dazu S. 415 f.

4. Bemessungsfaktoren, Bemessungsgrundlage

4.1 Bemessungsfaktoren

Bemessungsgrundlage der Gewerbesteuer ist der einheitliche Gewerbesteuermeßbetrag (§ 14 GewStG). Er ergibt sich auf der Basis mehrerer Bemessungsfaktoren (Besteuerungsgrundlagen, § 6 GewStG), und zwar quantifiziert das Gesetz die Ertragskraft des Gewerbebetriebs durch Berücksichtigung der Faktoren Gewerbeertrag (Ist-Ertragsfaktor) und Gewerbekapital (Soll-Ertragsfaktor). Da der Gesetzgeber sich als Besteuerungsgut einen Betrieb vorstellt, der nur mit eigenen Wirtschaftsgütern und ohne Fremdkapital arbeitet (da fremdes Kapital „objektiv" nicht zur Kenntnis genommen wird), werden Gewerbeertrag und Gewerbekapital durch Hinzurechnungen und Kürzungen modifiziert.

4.11 Gewerbeertrag (§ 7 GewStG): Die Basis für den Gewerbeertrag ist der nach den Vorschriften des Einkommensteuergesetzes/Körperschaftsteuergesetzes zu ermittelnde Gewinn aus dem Gewerbebetrieb, der bei der Ermittlung des Einkommens anzusetzen ist.

Nicht berücksichtigt werden allerdings[57] vorweggenommene Betriebsausgaben[58] einerseits und Veräußerungs- oder Aufgabegewinne i. S. des § 16 EStG[59] oder des § 21 I UmwStG 1977[60] andererseits[61] bei denjenigen Steuerpflichtigen, deren Steuerpflicht eine gewerbliche Tätigkeit voraussetzt. Dies gilt daher nicht für Kapitalgesellschaften, Erwerbs- und Wirtschaftsgenossenschaften sowie Versicherungsvereine auf Gegenseitigkeit (s. S. 503, 505); aber auch bei ihnen sind diejenigen Besteuerungsgrundlagen nicht zu berücksichtigen, die erst von der Summe der Einkünfte (s. § 24 b, § 34 c II und III EStG), dem Gesamtbetrag der Einkünfte (s. § 10 I Nr. 5, § 10 d EStG) oder dem Einkommen (s. §§ 24 und 25 KStG) abzuziehen sind, ferner nicht Gewinne/Verluste aus der Veräußerung von Anteilen an einer Personengesellschaft (Abschn. 41 GewStR). Zu Ausnahmen bei den Kürzungen s. unten.

Nicht berücksichtigt werden ferner bei allen Steuerpflichtigen diejenigen einkommensteuerlichen Vorschriften, die bestimmte Verluste aus Gewerbebetrieb vom allgemeinen Verlustausgleich und Verlustabzug ausschließen (§§ 15 IV, 15 a EStG; Abschn. 40 I Nrn. 4 und 5 GewStR).

Die Gewerbesteuer selbst ist eine „durch den Betrieb veranlaßte Aufwendung" (§ 4 IV EStG). Die Gewerbesteuer mindert daher nicht nur die Einkommen- und Körperschaftsteuer, sondern (wegen Reduzierung des Gewerbeertrags) auch die Gewerbesteuer selbst[62].

---

57 Allgemein zur Ermittlung des Gewerbeertrags nach den Vorschriften des EStG *Glanegger*, FR 90, 469; generell gegen grundsätzliche Abweichungen *Schnädter*, FR 85, 551.
58 BFH BStBl. 78, 23, und *Liepelt*, StBp. 86, 30; dazu kritisch *Ritter*, FR 78, 397, 401.
59 BFH BStBl. III 62, 438; 64, 248; II 71, 182; 88, 374; 90, 699; dazu kritisch *R. Thiel*, StRK-Anm. GewStG § 7 R. 65. Der Gewinn aus der Veräußerung der 100 %igen Beteiligung an einer Kapitalgesellschaft wird jedoch erfaßt (BFH BStBl. 72, 468; 72, 470; 81, 220; 85, 160).
60 BFH BStBl. 82, 738; s. jedoch auch Abschn. 40 I Nr. 1 Satz 14 GewStR.
61 Ausgleichszahlungen an Handelsvertreter nach § 89 b HGB sollen dagegen auch dann zum Gewerbeertrag gehören, wenn die Beendigung des Vertragsverhältnisses mit der Aufgabe des Betriebs zusammenfällt, BFH BStBl. 73, 786; 81, 97 (die gegen dieses Urteil gerichtete Verfassungsbeschwerde wurde nicht zur Entscheidung angenommen, B 81, 1487); zu Ausgleichszahlungen an Kommissionsagenten in entsprechender Anwendung des § 89 b HGB s. BFH BStBl. 87, 570; s. auch *Meyer*, B 81, 1065 (Ausgleichszahlung zugunsten des Rechtsnachfolgers); *Oswald*, DStR 81, 315 (Widerspruch zwischen dieser Rechtsprechung und derjenigen, die Rückstellungen für Ausgleichsansprüche ablehnt); *Felix*, BB 87, 870 (Forderung nach rechtspolitischer Lösung und Hinweise für Vertragsgestaltung).
62 Zur rechnerischen Seite dieser Interdependenz für die Ermittlung der Gewerbesteuerrückstellung s. Abschn. 22 II EStR und BFH BStBl. 84, 554 (Rechtsanspruch des Steuerpflichtigen auf Anwendung der sog. $9/_{10}$-Methode); *Rose*, Die Ertragsteuern[11], Wiesbaden 1989, 228 ff.; *Balmes*, DStR 80, 607; *Rieger*, DStR 82, 30; *Mihatsch*, NWB F. 5, 931; *Schmithausen*,

§ 12 Bewertungsgesetzabhängige Steuerarten

Bei *Personengesellschaften* legt bislang die h. M. – obwohl die Personengesellschaft als solche besteuert wird (§ 5 I 3 GewStG)[63] – nicht nur den *Gewinn der Gesellschaft* (§ 7 GewStG: „aus dem Gewerbebetrieb") zugrunde, sondern sie bezieht auch die Sonderbetriebseinnahmen und -ausgaben der Gesellschafter sowie die *Sondervergütungen an die Gesellschafter* mit ein[64]; sie erfaßt damit die Summe der *gewerblichen Einkünfte der Gesellschafter* i. S. des Einkommensteuerrechts, die sich aus der Steuerbilanz der Gesellschaft sowie etwaigen Ergänzungsbilanzen[65] und Sonderbilanzen für einzelne Mitunternehmer ergeben[66]. Die in § 8 Nr. 1 GewStG (Darlehenszinsen/-entgelte) und § 8 Nr. 7 GewStG (Miet- und Pachtzinsen) vorgesehenen Hinzurechnungen laufen danach insoweit leer. Die Einbeziehung der Tätigkeitsvergütungen[67] ist auch unter den Kritikern der h. M. umstritten[68]; streitig ist auch, ob sie durch den – mit der Nichtabzugsfähigkeit des Unternehmerlohns erklärten[69] – Freibetrag nach § 11 I 3 GewStG neutralisiert werden darf und kann[70]. Sieht man in § 15 I 1 Nr. 2 EStG ein Abzugsverbot (u. E. zutreffend, s. S. 349), so ist die Einbeziehung der Tätigkeitsvergütungen gerechtfertigt.

Seit Einführung des *körperschaftsteuerlichen Anrechnungsverfahrens* (s. S. 438 ff.) erhöht die *anzurechnende Körperschaftsteuer* bei anrechnungsberechtigten Anteilseignern, die ihre Beteiligung an einer unbeschränkt steuerpflichtigen Kapitalgesellschaft im Betriebsvermögen ihres Gewerbe-

---

B 86, 1794; *Schoor*, BBK F. 13, 3437; s. auch *Biber*, BB 81, 1388 (Umstellung des Wirtschaftsjahres), und *Ruppert*, FR 81, 53, 77 (Berechnung von GewSt-Umlagen im Organkreis); *Stolz*, BB 85, 264; *Jost*, B 85, 1864 und B 89, 2305; *Pingel*, DStR 85, 658 (Berechnung der GewSt-Rückstellung bei Zerlegung).

63 Dazu S. 502 f.
64 S. BFH BStBl. 81, 220; 81, 621; 90, 436; BFH/NV 89, 439.
65 BFH BStBl. 86, 350.
66 Ausführlicher S. 345 ff., 347 ff.; s. dazu die Kritik von *Keuk*, StuW 74, 26 ff. und JbFSt. 1975/76, 185 ff. sowie *Knobbe-Keuk*, Bilanz- und Unternehmenssteuerrecht[7], Köln 1989, 618 ff.; *Kruse*, DStJG Bd. 2 (1979), 37 ff., 51 f.; *Jacobs*, ZGR 80, 289, 310 ff; *Zitzelsberger* (Fn. 1), 263 (jedoch auch unter Hinweis auf die gesetzgeberische Wertentscheidung in § 97 I Nr. 5 Satz 2 BewG); andererseits *Woerner*, BB 74, 594 ff.; *Stoll*, DStJG Bd. 2 (1979), 5 ff., 25, 27; *Tipke*, NJW 80, 1079, 1082; *Walz*, Empfiehlt sich eine rechtsformunabhängige Besteuerung der Unternehmen?, Gutachten F zum 53. DJT, München 1980, 107 f.; *Authenrieth*, DStZ 88, 120.
67 Vgl. zuletzt BFH BStBl. 79, 284; die gegen dieses Urteil gerichtete Verfassungsbeschwerde ist nicht zur Entscheidung angenommen worden. Vgl. BFH HFR 79, 388; s. aber auch BFH BStBl. 84, 431 (Versorgungsleistungen an die Witwe eines verstorbenen Gesellschafters – Nichtanwendungserlaß BStBl. I 84, 377), bestätigt durch BFH BStBl. 85, 212 (ab 1986 s. § 15 I 2 EStG).
68 Ablehnend *Kruse*, DStJG Bd. 2 (1979), 52; bejahend *Knobbe-Keuk* (Fn. 66), 622 ff.; zu beiden *Orth*, StRK-Anm. GewStG § 10a R. 33, 3.
69 Vgl. z. B. BT-Drucks. 8/3243, 8: „Die Freibetragsregelung trägt ... dem Umstand Rechnung, daß der Gewerbeertrag auch den sog. ,Unternehmerlohn' mit umfaßt"; s. aber auch DStZ/E 86, 82; *Rendels*, DStR 88, 237 (de lege ferenda für Abziehbarkeit eines Unternehmerlohns bis zu 100 000 DM).
70 Dazu unterschiedlich *Tipke*, NJW 80, 1079, 1083; *Walz* (Fn. 66), 108; *Knobbe-Keuk* (Fn. 66), 622 ff.; *dies.*, Empfiehlt sich eine rechtsformunabhängige Besteuerung der Unternehmen?, Sitzungsbericht O zum 53. DJT, München 1980, 22 ff.; *Jacobs*, ZGR 80, 289, 311 f., und die steuerrechtliche Abteilung des 53. DJT (NJW 80, 2505, 2508, 2513 f.) plädieren de lege ferenda für den vollen Abzug der Geschäftsführergehälter bzw. des Unternehmerlohns und die Streichung des Freibetrags; *Haller*, B 72, 1894 und *Kruse*, DStJG Bd. 2 (1979), 66, hingegen für deren (hälftige) Hinzurechnung bei Kapitalgesellschaften – s. dazu auch *Tipke*, NJW 80, 1083, Fn. 23; *Schnädter*, FR 85, 661.

betriebs halten, den Gewinn aus Gewerbebetrieb[71] (§ 20 I Nr. 3, III EStG)[72] und damit auch den *Gewerbeertrag* (§ 7 GewStG)[73]. Dies gilt auch, wenn die Beteiligung von einer Personengesellschaft gehalten wird[74].

Komplizierte, die Rechtsprechung immer wieder beschäftigende Hinzurechnungen und Kürzungen sollen den Gewinn objektivieren, die „objektive" Ertragskraft – abstrahiert vom jeweiligen Rechtsträger oder Steuersubjekt – erfassen (s. § 7 GewStG; dazu Begründung RStBl. 37, 693, 695f.). Gewerbesteuerlich ist hinzuzurechnen, was einkommensteuerlich als Betriebsausgabe abgezogen worden ist. Hinzurechnungsgebot = Abzugsverbot[75]. Die Hauptrolle spielen in der Praxis § 8 Nrn. 1 und 7 GewStG.

Kritisch ist zu fragen: Warum stellt sich der Gesetzgeber einen Betrieb vor, den es in Wirklichkeit nicht gibt (einen Betrieb, der nur mit eigenen Wirtschaftsgütern, ohne Fremdkapital arbeitet)? Was ist das für eine Objektivierung, die an der Wirklichkeit des individuellen Betriebs vorbeisieht? Das Schlagwort „Objektsteuercharakter" vermag die Sachgerechtigkeit der Objektsteuerregel nicht zu erklären. Warum ist der auf Fiktionen aufbauende Objektsteuercharakter sachgerecht[76]? Die Gerichte haben solche Fragen bisher nicht gestellt, sondern das Gesetz nur positivistisch angewendet.

Die Hinzurechnungen und Kürzungen sind hier nur kursorisch dargestellt. Näheres bei *Knobbe-Keuk*, Bilanz- und Unternehmenssteuerrecht[7], Köln 1989, 599ff., und *G. Rose*, Die Ertragsteuern[11], Wiesbaden 1989, 207ff.; *IdW*, Hdb. der Unternehmensbesteuerung, Düsseldorf 1990, H RdNr. 176ff.; speziell zu denjenigen wegen betrieblicher Nutzung fremder Wirtschaftsgüter s. *Bestgen* (Fn. 75); speziell zu Dauerschulden und Dauerschuldzinsen s. *Herden*, BB 83, Beilage 9; *Zitzelsberger* (Fn. 1), 241 ff.

(1) *Hinzuzurechnen* sind insb.:

a) *Zinsen/Entgelte für Dauerschulden* (§ 8 Nr. 1 GewStG; dazu Abschn. 47 GewStR): Das sind Zinsen auf Fremdkapital, das insb. der *nicht nur vorübergehenden* Verstärkung des Betriebskapitals dient, sowie – ab Erhebungszeitraum 1990 – sonstige Entgelte[77]

---

71 S. auch HFA des IdW, Stellungnahme 2/77, WPg 77, 463 (3.).
72 S. auch Abschn. 154 IV EStR.
73 FG München EFG 85, 128 mit Anm. *Döllerer*, BB 85, 37; FG Hbg. EFG 90, 370 (nrkr.); de lege ferenda für eine diese Gewerbeertragserhöhung neutralisierende Kürzungsvorschrift *Müller-Dott*, BB 76, 1552; dies ablehnend *Knobbe-Keuk* (Fn. 66), 614.
74 *Raupach*, FR 78, 578; *Selchert*, BB 84, 888; *Döllerer*, in: FS für Stimpel, Berlin/New York 1985, 729; das FG Köln EFG 83, 133, hat es allerdings als ernstlich zweifelhaft (§ 69 II FGO) angesehen, ob die anzurechnende Körperschaftsteuer Teil des gewerblichen Gewinns ist; ihre Erfassung bei den Einnahmen aus Kapitalvermögen sei – im Anschluß an *Simon*, BB 81, 135 – von der Hand zu weisen.
75 Kritik: *W. Berger*, Der Begriff des gewerbesteuerpflichtigen Ertrags in Recht und Rechtsprechung und seine Kritik, Diss. rer. pol. Köln 1932; *J. Fettel*, Der Gewerbebetrieb als Objekt der Besteuerung bei der Gewerbesteuer, in: FS für P. Scherpf, Berlin 1968, 123ff. Zu § 9 Nr. 1 GewStG *Uhlmer*, Die Begünstigung der Grundstücksgesellschaften nach § 9 Ziff. 1 GewStG, Diss. Göttingen 1968; zu § 8 Nr. 1 GewStG *Friauf*, Die Hinzurechnung von Dauerschulden bei Kreditinstituten und der allgemeine Gleichheitssatz, StuW 71, 18; *Bestgen*, Die gewerbesteuerlichen Hinzurechnungs- und Kürzungsvorschriften wegen der betrieblichen Nutzung fremder Wirtschaftsgüter, Diss. Mainz 1978 (Zusammenfassung in StuW 81, 23ff., 106ff., 261ff. und 346ff.); Inst. FuSt., Vorschläge zur weiteren Strukturverbesserung der GewSt, Brief 208, Bonn 1981.
76 Dazu kritisch auch *D. Schneider*, Grundzüge der Unternehmensbesteuerung[5], Wiesbaden 1990, 174ff.
77 Der Oberbegriff *Entgelt* wurde wegen des bisher von der Rspr. angenommenen engen Zinsbegriffs (s. BFH BStBl. 84, 623; BFH/NV 85, 49) eingeführt (s. BT-Drucks. 11/2157, 175).

§ 12 Bewertungsgesetzabhängige Steuerarten

für derartige Schulden (gewinnabhängige Vergütungen für z. B. partiarische Darlehen, Genußrechte und Gewinnobligationen sowie ein Damnum, das Zinskorrekturfunktion hat[78]). Schulden mit einer Laufzeit von weniger als drei Monaten werden als laufende Schulden, Schulden mit einer Laufzeit von mehr als einem Jahr als Dauerschulden (widerlegbar) vermutet[79]. Dient der Kredit der Finanzierung von Anlagevermögen[80], so wird eine Dauerschuld vermutet, betrifft er das Umlaufvermögen, so wird eine laufende Schuld vermutet[81]. Verbindlichkeiten, die wirtschaftlich mit der Gründung oder dem Erwerb des Betriebs (Teilbetriebs) oder eines Anteils am Betrieb oder mit einer Erweiterung oder Verbesserung des Betriebs zusammenhängen (s. § 8 Nr. 1, 1. Altern. GewStG), sollen auch dann hinzuzurechnen sein, wenn sie kurzfristig sind[82]. Verbindlichkeiten, die mit dem laufenden Geschäftsverkehr zusammenhängen, sind nicht bereits deshalb Dauerschuld, weil ihre Laufzeit mehr als 12 Monate beträgt (BFH/NV 90, 391).

Motiv: Es soll nicht darauf ankommen, ob der Ertrag mit Eigen- oder mit Fremdkapital erzielt wurde. Das langfristige Fremdkapital wird daher wie Eigenkapital behandelt[83]. Nur langfristiges Fremdkapital zu berücksichtigen, ist freilich nicht konsequent. Auch ist es nicht konsequent, nur Zinsen, nicht aber andere Aufwendungen zur Beschaffung eines Kredits, hinzuzurechnen.

Schuldverhältnisse sowohl mit *einem* als auch mit *verschiedenen Kreditgebern* werden grundsätzlich *einzeln* beurteilt (BFH BStBl. 89, 900). Daher kann ein Gewerbetreibender z. B. bei mehreren Banken Kontokorrent-Kredite in Anspruch nehmen und die Abwicklung der Kredite – bis zur Grenze der Steuerumgehung – „so steuern", daß mindestens zeitweilig auf jedem Konto ein Guthaben entsteht (s. BFH BStBl. 77, 843; 81, 219). Ein Mißbrauch rechtlicher Gestaltungsmöglichkeiten (§ 42 AO) kann auch vorliegen, wenn ein Kredit für einen kurzen Zeitraum um den Bilanzstichtag mit Eigenmitteln abgedeckt wird (BFH BStBl. 85, 680; s. ferner BFH/NV 87, 324; FG Nürnberg EFG 85, 136; FG Bremen EFG 85, 358; FG Rhl.-Pf. EFG 87, 198). Verbindlichkeiten gegenüber verschiedenen Kreditgebern werden von BFH BStBl. 90, 915 – ohne Rückgriff auf § 42 AO – als *eine* Schuld i. S. des § 8 Nr. 1 GewStG beurteilt, wenn sie wirtschaftlich eng zusammenhängen und durch Vereinbarungen zwischen den Kreditgebern und zwischen ihnen und dem Kreditnehmer derart miteinander verknüpft sind, daß gerade die Verknüpfung dem Kreditnehmer die längerfristige Nutzung von Kreditmitteln sichert.

---

78 S. dazu BFH BStBl. 88, 252.
79 Heranrücken des Fälligkeitszeitpunkts oder vorzeitige Rückzahlung lassen eine Dauerschuld nicht zu einer kurzfristigen Verbindlichkeit werden (BFH BStBl. 86, 415); zum Dauerschuldcharakter des Kontokorrentkredits Abschn. 47 VIII GewStR; s. auch BFH BStBl. 77, 843; 81, 219; 81, 223; 84, 379; 90, 1081 und *G. Schneider,* FR 79, 300; zu ständig revolvierten Wechselkrediten BFH BStBl. 78, 651; 84, 213; 84, 376; 90, 1077, 1079f.; FG Köln EFG 90, 71 (nrkr.); Abschn. 47 IX GewStR; *Meier,* StBp. 89, 187; zu länger als zwölf Monate gewährten Zwischenkrediten BFH BStBl. 80, 660; HFR 81, 21; Abschn. 47 V 4–6 GewStG und *Seeger,* DStR 81, 32; zur Vorfälligkeitsentschädigung s. FG Bad.-Württ. EFG 88, 588; *Laudan,* B 85, 308; *Muhler,* FR 88, 524; zu Swap-Geschäften s. OFD Kiel WPg 90, 542; *Wagner,* IWB Fach 3 Gr. 5 S. 73; *Franken,* BB 89, 2301.
80 Einschränkend nunmehr BFH BStBl. 79, 151; 82, 73; Abschn. 47 IV 11 GewStR; dazu *Lohmar,* B 80, 807 und *Seeger* (Fn. 79).
81 Zur maßgebenden Bedeutung des Zeitmoments in „Grenzfällen" zwischen Anlage- und Umlaufvermögen BFH BStBl. 59, 430 (Filmherstellung); BFH BStBl. 81, 481, und Abschn. 47 VII 3 Nr. 1 GewStR (Leasinggegenstände), kritisch dazu *Jurkat,* BB 81, 1197.
82 BFH BStBl. 71, 750f.; 76, 789; 79, 151; 81, 621; 82, 73; dazu Kritik *Rose/Telkamp,* StuW 76, 135; a. A.: *H.-J. Beck,* DStR 78, 14; s. auch *Keuk-Knobbe,* StuW 75, 353; *Popp,* B 77, 2069; *Lohmar,* B 80, 807; *Ott,* BB 80, 140; *Hundertmark,* BB 80, 458.
83 Dazu RStBl. 37, 693, 696. – BVerfGE 26, 1: Hinzurechnung nicht verfassungswidrig (sachgerecht und hinreichend bestimmt).

Die Hinzurechnung ist ab Erhebungszeitraum 1984 beschränkt auf die Hälfte der Dauerschuldzinsen/-entgelte (Art. 4 des HaushaltbegleitG 1983)[84].

b) *Betriebliche Renten (Leib-, Zeitrenten) und dauernde Lasten,* die mit der Gründung oder dem Erwerb des Betriebs (Teilbetriebs[85]) oder eines Betriebsanteils zusammenhängen (§ 8 Nr. 2 Satz 1 GewStG)[86]. Dies gilt auch für nachträgliche Betriebserweiterungen. § 8 Nr. 2 GewStG ist lex specialis zu § 8 Nr. 1 GewStG[87].

Motiv: Zahlungen, die nur deshalb geleistet werden, weil der Betriebsinhaber bei Gründung oder beim Erwerb des Betriebs Verbindlichkeiten übernommen hat, schmälern nicht die „objektive" Ertragskraft eines Betriebs im Vergleich zu einem entsprechenden anderen Betrieb und sind daher hinzuzurechnen[88].

c) *Gewinnanteile eines (typischen) stillen Gesellschafters* (§ 8 Nr. 3 GewStG)[89].

Auch diese Hinzurechnung dient dazu, den mit Fremdkapital arbeitenden Betrieb dem Betrieb gleichzustellen, der mit Eigenkapital finanziert wird[90]. Dementsprechend erhöhen Verlustanteile eines stillen Gesellschafters einen Verlust i. S. des § 7 GewStG[91]. § 8 Nr. 3 GewStG ist lex specialis gegenüber § 8 Nr. 1 GewStG geworden, nachdem die letztgenannte Vorschrift ab 1990 auch gewinnabhängige Vergütungen für Fremdkapital erfaßt (s. o.).

d) *Gewinnanteile und Geschäftsführungsvergütungen persönlich haftender Gesellschafter einer KGaA* (§ 8 Nr. 4 GewStG).

§ 8 Nr. 4 GewStG ist eine Korrekturvorschrift zu § 9 Nr. 2 KStG (BFH BStBl. 65, 418; 89, 881). Durch die Hinzurechnung der Geschäftsführungsvergütung wird insoweit eine Gleichbehandlung mit den Mitunternehmerschaften bewirkt, obwohl die KGaA eine Kapitalgesellschaft ist (s. § 2 II GewStG; weitere Einzelheiten s. *IdW,* Hdb. der Unternehmensbesteuerung, Düsseldorf 1990, H RdNr. 308 ff.).

e) Die Hälfte der *Miet- und Pachtzinsen für Anlagegüter*[92] (außer Grundbesitz[93], s. § 9 Nr. 1 GewStG), § 8 Nr. 7 GewStG.

Motiv: Es soll eine Gleichbehandlung mit Betrieben erreicht werden, die mit eigenen (nicht gemieteten oder gepachteten) Wirtschaftsgütern arbeiten (s. auch Begründung RStBl. 37, 693, 696). Da nicht der (gedachte) Rohertrag (den die Anlagegüter abwerfen), sondern der Reinertrag hinzugerechnet werden soll, wird pauschal die Hälfte der Miet- und Pachtzinsen angesetzt.

---

84 Kritisch dazu Jahresgutachten 1982/83 des Sachverständigenrates, BT-Drucks. 9/2118, Ziff. 324, und Abteilung Wirtschaftsrecht des 55. DJT (NJW 84, 2671, 2679).
85 Zum Begriff des Teilbetriebs s. BFH BStBl. 80, 51.
86 Zur Abgrenzung § 8 Nr. 2/§ 12 II Nr. 1 GewStG vom Anwendungsbereich des § 8 Nr. 7 GewStG s. BFH/NV 88, 522; zur Einbeziehung von Erbbauzinsen s. BFH BStBl. 88, 70 mit krit. Anm. *L. Schmidt,* FR 88, 51 (Subsumtion unter § 8 Nr. 7 und nicht unter § 8 Nr. 2 GewStG).
87 So FG München EFG 90, 643, nrkr.; a. A. FG Köln EFG 84, 362; dagegen zutreffend *B. Meyer,* BB 85, 52.
88 Zu den Renten, die aufgrund von Pensionsverpflichtungen übernommen werden, BFH BStBl. 79, 266.
89 Zur Abgrenzung gegenüber dem partiarischen Darlehen BFH BStBl. 84, 373; 84, 623.
90 Zur Kritik an der völligen Hinzurechnung der Gewinnanteile gegenüber der nunmehr hälftigen Hinzurechnung von Dauerschuldzinsen *Ch. Schmidt,* B 84, 424; entsprechendes gilt für die nur hälftige Hinzurechnung der übrigen gewinnabhängigen Vergütungen ab 1990.
91 Dazu Abschn. 53 II GewStR.
92 Dazu *Bestgen* (Fn. 75); s. auch BFH BStBl. 86, 304 und *W. Meilicke,* RIW 85, 801.
93 Zur Behandlung von Substanzausbeuteverträgen BFH BStBl. 90, 388; *Sigloch/Mayr,* Inf. 79, 97 ff., 124 ff.

§ 8 Nr. 7 GewStG ist lückenhaft. Ähnliche Aufwendungen, etwa für gewerbliche Schutzrechte oder Know-how, dürfen nach h. M. nicht hinzugerechnet werden (Analogieverbot)[94].

f) *Die Anteile am Verlust einer in- oder ausländischen Mitunternehmerschaft* (§ 8 Nr. 8 GewStG).

§ 8 Nr. 8 GewStG betrifft den Fall, daß zum Betriebsvermögen die Beteiligung an einer Personengesellschaft gehört. Dieser Verlust entstammt einem fremden Betrieb, der selbst der Gewerbesteuer unterliegt[95]. Er soll, ebenso wie der Gewinn (s. § 9 Nr. 2 GewStG), eliminiert werden.

g) Ausgaben Körperschaftsteuerpflichtiger i. S. des § 9 Nr. 3 b und c KStG (*Spenden an politische Parteien und Wählervereinigungen*), § 8 Nr. 9 GewStG.

Ab Erhebungszeitraum 1991 sind sämtliche Spenden, die nach § 9 Nr. 3 a KStG bei der Körperschaftsteuer abziehbar sind (s. S. 428), nunmehr auch bei der Gewerbesteuer abziehbar. Bis zum Erhebungszeitraum 1990 waren gewerbesteuerlich nur Spenden zur Förderung wissenschaftlicher Zwecke abziehbar. Die Ausdehnung des gewerbesteuerlichen Spendenabzugs ist mit dem Kultur- und StiftungsförderungsG vom 13. 12. 1990, BGBl. I 90, 2775, eingeführt worden. Demgegenüber hatte sich die Gemeinnützigkeitskommission noch für eine völlige Streichung des gewerbesteuerlichen Spendenabzugs ausgesprochen[96].

h) *Ausschüttungsbedingte Teilwertabschreibungen* und Ersatztatbestände i. S. des § 8 Nr. 10 GewStG, sofern die Gewinnausschüttung nach dem gewerbesteuerlichen Schachtelprivileg (s. S. 514) nicht der Gewerbesteuer unterliegt (anwendbar auf Gewinnminderungen, die auf Gewinnausschüttungen nach dem 23. 6. 1988 zurückzuführen sind, § 36 Abs. IV GewStG)[97].

i) *Nachforderungs-, Stundungs- und Aussetzungszinsen* auf nichtabziehbare Steuern i. S. des § 10 Nr. 2 KStG ab Erhebungszeitraum 1990 (§ 8 Nr. 11 GewStG). Die Hinzurechnung dieser Zinsen bei Körperschaftsteuerpflichtigen erfolgt der Gleichbehandlung mit natürlichen Personen und Personengesellschaften wegen, weil bei letzteren diese Zinsen nicht bei der Gewinnermittlung, sondern nur als Sonderausgaben abziehbar sind (s. S. 507) und damit nicht den Gewerbeertrag mindern.

Einschränkungen zu b, c, e, h: Bei Zahlung von Renten und dauernden Lasten, Gewinnanteilen eines stillen Gesellschafters sowie Miet- und Pachtzinsen (§ 8 Nrn. 2, 3, 7 GewStG) ist der Abzug jedoch zulässig (also keine Hinzurechnung), soweit die Beträge beim Empfänger zur Steuer nach dem Gewerbeertrag heranzuziehen sind. Dadurch soll eine gewerbesteuerliche Doppelbelastung verhindert werden; ein unverständliches Prinzip, zumal es sich um verschiedene Steuerobjekte handelt und die objektive Ertragskraft des Gewerbebetriebs nicht unterschiedlich beeinflußt wird.

---

94 Dazu BFH BStBl. 65, 230; 73, 412; das Know-how als Pacht behandelnd: *Pfaff,* BB 74, 565. Kritisch zum Analogieverbot hier S. 39 ff.

95 Soweit § 36 II GewStG a. F. die 1977 eingeführte Hinzurechnung der Verluste aus ausländischen Personengesellschaften rückanknüpfend bereits ab dem Erhebungszeitraum 1972 für anwendbar erklärte, war die Vorschrift wegen Verstoßes gegen das Rückanknüpfungsverbot (s. S. 34 ff.) verfassungswidrig. Einzelheiten dazu bei *Orth* (Fn. 52), 139 ff.

96 S. Gutachten der Unabhängigen Sachverständigenkommission zur Prüfung des Gemeinnützigkeits- und Spendenrechts (Schriftenreihe des BdF, Heft 40, Bonn 1988), 229–231, 262–264 und 283.

97 S. *Pauka,* B 88, 2226; *Herzig/Hötzel,* B 88, 2265; *Schnädter,* FR 89, 576; *Altehoefer,* NWB Fach 5, StRG 1990, S. 1121; zu abführungsbedingten Teilwertabschreibungen eines Organträgers s. Abschn. 42 I 11 GewStR; FinMin NRW B 89, 656; *Goutier,* B 89, 244; *Pöllath/ Wenzel,* B 89, 797; *Kausemann,* B 89, 2450; *Widmann,* JbFSt. 1989/90, 500; *Lange,* BB 90, 1039; *Glanegger,* FR 90, 469, 478.

§ 8 Nr. 1 GewStG freilich folgt diesem Prinzip nicht, so daß gleiche Fälle ungleich behandelt werden[98]; auch § 8 Nr. 10 GewStG läßt unberücksichtigt, ob „gekaufte Rücklagen" schon als Veräußerungsgewinn der GewSt unterlegen haben[99].

(2) *Kürzungen* des Gewinns und der Hinzurechnungen sind durch § 9 GewStG vorgeschrieben. Durch die Kürzungen soll vor allem vermieden werden, daß Erträge, die bereits an anderer Stelle gewerbesteuerlich erfaßt worden sind, noch einmal erfaßt werden.

a) Da der Betrieb mit eigenem Grundbesitz dem Betrieb mit fremdem Grundbesitz (der die Miete/Pacht abziehen kann) gleichgestellt werden soll, wird die Summe des Gewinns und der Hinzurechnungen um 1,2 v. H. des Einheitswerts (per 1. 1. 1964 + 40 v. H., s. § 121a BewG) des zum Betriebsvermögen gehörenden Grundbesitzes gekürzt (§ 9 Nr. 1 Satz 1 GewStG)[100]. Hier wird die Gleichstellung also nicht durch Hinzurechnung (beim Betrieb mit fremdem Grundbesitz), sondern durch Kürzung (beim Betrieb mit eigenem Grundbesitz) erreicht[101].

Zur wahlweise alternativen Kürzung um den Teil des Gewerbeertrags, der auf die Verwaltung und Nutzung des eigenen Grundbesitzes entfällt, s. § 9 Nr. 1 Sätze 2–4 GewStG, zuletzt geändert durch StBereinigungsG v. 19. 12. 1985 (BGBl. I 85, 2436); zur alten Fassung s. BVerfG HFR 69, 348; BFH BStBl. 76, 431; 80, 77; 80, 470; 80, 662; 82, 477; BFHE 145, 71[102]; BStBl. 87, 603; 90, 76[103].

b) § 9 Nr. 2 GewStG[104] ist das Gegenstück zu § 8 Nr. 8 GewStG.

c) § 9 Nr. 2b GewStG ist das Gegenstück zu § 8 Nr. 4 GewStG.

Durch die mit dem Kultur- und Stiftungsförderungsgesetz vom 13. 12. 1990, BGBl. I 90, 2775, ab dem Erhebungszeitraum 1991 eingeführte Kürzungsvorschrift soll auch für Gewinnanteile einer KGaA (= Kapitalgesellschaft) eine gewerbesteuerliche Doppelbelastung ebenso vermieden werden wie nach § 9 Nr. 2 GewStG für Gewinnanteile von Mitunternehmerschaften (Einzelheiten zur Rechtslage bis 1990 s. *IdW*, HdU, H RdNr. 308 ff., 313). § 9 Nr. 2b GewStG ist insoweit lex specialis zu § 9 Nr. 2a GewStG.

d) § 9 Nr. 4 GewStG ist das Gegenstück zu § 8 Nr. 7 GewStG.

e) § 9 Nr. 5 GewStG bewirkt – entsprechend § 8 Nr. 9 GewStG für Körperschaften –, daß auch bei Einzelunternehmen und Personengesellschaften sämtliche *Spenden* i. S. des § 10b I EStG gewerbesteuerlich abziehbar sind. Soweit bei der Einkommensteuer ein (bis zu zweijähriger) Rücktrag von sog. Großspenden erfolgt (s. S. 664), werden diese Ausgaben bei der Gewerbesteuer im Jahr ihrer Leistung abgezogen.

---

98 Wie fast jede andere, so hat BVerfGE 26, 1, 12 auch diese Durchbrechung gebilligt. – § 8 Nrn. 5, 6 GewStG sind allerdings von BVerfGE 13, 290; 13, 331 für verfassungswidrig erklärt worden.
99 S. *Herzig/Hötzel,* B 88, 2265.
100 Gebilligt von BVerfGE 26, 1, 13.
101 Zur gewerbesteuerlichen Behandlung von Grundstücksunternehmen *Hofbauer,* DStR 83, 598.
102 Dazu auch *Durchlaub,* B 83, 2599; *Steinberg,* FR 86, 639.
103 Zu den sich aus der Ausdehnung der GewSt-Befreiung auf Grundstücksveräußerungsgewinne ergebenden Gestaltungsmöglichkeiten s. *Korn,* KÖSDI 88, 7108.
104 S. auch *Lehwald,* DStR 82, 18; ferner BFH BStBl. 86, 72 (zur KGaA), sowie FG Bad.-Württ. EFG 86, 466 und *Kraushaar,* B 86, 2302 (zur entspr. Anwendung auf einen Übertragungsgewinn).

§ 12 Bewertungsgesetzabhängige Steuerarten

Bis zum Erhebungszeitraum 1990 einschließlich waren auch für Einzelunternehmen und Personengesellschaften gewerbesteuerlich nur Spenden zur Förderung wissenschaftlicher Zwecke abziehbar (s. oben zu § 8 Nr. 90).

f) § 9 Nrn. 2a, 7 und 8 GewStG schaffen ein gewerbesteuerrechtliches Schachtelprivileg (ab Erhebungszeitraum 1984 Senkung der Beteiligungsgrenze von 25 v. H. auf 10 v. H.). Das gewerbesteuerliche Schachtelprivileg[105] hat mit der Einführung des körperschaftsteuerlichen Anrechnungsverfahrens (= Wegfall des bisher über § 7 GewStG wirkenden körperschaftsteuerlichen Schachtelprivilegs) eine *eigenständige Bedeutung* erhalten. Abschn. 62 b II GewStR verzichtet bei einer im Laufe eines Erhebungszeitraums beginnenden Steuerpflicht auf das Tatbestandsmerkmal „Beteiligung zu Beginn des Erhebungszeitraums" in § 9 Nrn. 2a und 7 GewStG (Billigkeitsmaßnahme). Das Schachtelprivileg gilt jedoch nur für Beteiligungserträge, nicht für Gewinne aus der Veräußerung der Beteiligung[106].

g) § 9 Nr. 3 GewStG soll sowohl positive als auch negative Gewerbeerträge erfassen und führt daher im letzteren Fall zu einer Hinzurechnung. Für § 9 Nr. 4 GewStG soll entsprechendes gelten (s. *IdW*, HdU, H RdNr. 314).

h) § 9 Nr. 9 GewStG läßt mit der Kürzung des Ausbildungsplatz-Abzugsbetrags (§ 24 b EStG) die Berücksichtigung eines bei der Einkommensermittlung gegenüber dem Gewinn aus Gewerbebetrieb erst nachrangig zu berücksichtigenden Abzugsbetrags zu (s. S. 507).

i) Zur Kürzung nach § 10a GewStG (Gewerbeverlust) s. S. 516 f.

Ergänzung zu (1) e und (2) b, c, f, g: Das mit diesen Vorschriften u. a. verfolgte Prinzip, die auf ausländische Betriebstätten sowie Beteiligungen an ausländischen Personen- und Kapitalgesellschaften entfallenden Betriebsergebnisse gewerbesteuerrechtlich nicht zu erfassen (§ 2 I 1 GewStG: „im Inland betrieben"), ist nicht durchgängig realisiert: Bei Beteiligungen an Kapitalgesellschaften bleiben Gewinne nur bei Schachtelbeteiligung frei[107] (Ausnahme: KGaA, s. c), Verluste (z. B. durch Teilwertabschreibung der Beteiligung) werden sogar uneingeschränkt hinzugerechnet[108].

4.12 Gewerbekapital (§ 12 GewStG): Basis für das Gewerbekapital ist der nach den Vorschriften des Bewertungsgesetzes ermittelte Einheitswert des Betriebs (s. S. 453, 459 ff.), der auf den letzten Feststellungszeitpunkt vor dem Ende des Erhebungszeitraums lautet (§ 12 I GewStG)[109].

Diese Anknüpfung bewirkt, daß auch in Verlustjahren eine Gewerbesteuerschuld entsteht, da Meßbeträge auf positives Gewerbekapital und negativen Gewerbeertrag nicht saldiert werden. Dadurch kann es zur Substanzbesteuerung kommen. Die Affinität zur Substanzbesteuerung wird noch dadurch verstärkt, daß Dauerschuldzinsen/-entgelte den Gewerbeertrag nicht mindern. Die Substanzbesteuerung kann durch Billigkeitsmaßnahmen vermieden werden. § 33 GrStG enthält einen allgemeinen Grundsatz[110].

---

105 Dazu *Palitzsch*, StBp. 78, 109.
106 S. BFH BStBl. 72, 468; 72, 470; 85, 160.
107 S. auch *Tipke*, NJW 80, 1079, 1083.
108 Dazu *Orth* (Fn. 52), 133 ff., 150 f.
109 Zur bis 1985 geltenden Regelung des Gewerbekapitals bei Eintritt in die Steuerpflicht s. § 23 GewStDV; BFH BStBl. 80, 491 mit Anm. B 81, 298; zur Rechtslage ab 1986 s. Fn. 114.
110 S. aber auch BVerwG BStBl. 84, 236 zur Lohnsummensteuer (Einziehung nicht deshalb sachlich unbillig, weil ein Gewerbebetrieb über mehrere Jahre Verluste erwirtschaftet hat und die Steuer deshalb aus der Substanz entrichtet werden muß).

Der Einheitswert ist durch *Hinzurechnungen und Kürzungen* zu modifizieren (§ 12 II–IV GewStG). Die Hinzurechnungen bezwecken, das gesamte im Betrieb eingesetzte Kapital (einschließlich Fremdkapital) zu erfassen. Die Kürzungen bezwecken, eine doppelte Belastung derselben Vermögensteile durch Realsteuern zu vermeiden.

Hinzuzurechnen sind insb. *Dauerschulden,* soweit sie den Freibetrag von 50 000 DM[111] übersteigen (§ 12 II Nr. 1 GewStG), und zwar ab Erhebungszeitraum 1984 nur noch zur Hälfte (im Erhebungszeitraum 1983 zu 60 v. H., davor zur Gänze)[112], (kapitalisierte) Rentenverpflichtungen, Einlagen typischer stiller Gesellschafter und fremde (nicht im Einheitswert enthaltene) Wirtschaftsgüter. Es wird ferner ein nationales und internationales Schachtelprivileg gewährt (§ 12 III Nrn. 2a, 4 und 5 GewStG; s. auch S. 514 und BFH BStBl. 84, 221; dazu *Sarrazin,* FR 84, 499, BFH BStBl. 85, 678).

Durch die *Kürzungen* (§ 12 III GewStG) werden Vermögensteile aus dem Gewerbekapital ausgeschieden, die bereits der Grundsteuer (so die Betriebsgrundstücke) oder die bereits in einem anderen Betrieb der Steuer nach dem Gewerbekapital unterliegen.

Ausführlicher zu den Hinzurechnungen und Kürzungen *Knobbe-Keuk,* Bilanz- und Unternehmenssteuerrecht[7], Köln 1989, 777 ff., und *G. Rose,* Die Substanzsteuern[7], Wiesbaden 1988, 138 ff.; *IdW,* Hdb. der Unternehmensbesteuerung, Düsseldorf 1990, H RdNr. 359 ff.; speziell zu denjenigen wegen betrieblicher Nutzung fremder Wirtschaftsgüter s. *Bestgen* (Fn. 75), zur Dauerschuldeigenschaft von Rückstellungen am Beispiel der Heimfallrückstellungen s. *Armbrust,* B 82, 1022.

4.2 Bemessungsgrundlage: Einheitlicher Steuermeßbetrag

Auf die einzelnen Bemessungsfaktoren (Besteuerungsgrundlagen), den maßgebenden Gewerbeertrag (§ 10 GewStG) und das maßgebende Gewerbekapital (§ 12 V GewStG)[113], werden die jeweiligen Steuermeßzahlen angewendet. Hieraus ergeben sich die Steuermeßbeträge nach dem Gewerbeertrag und dem Gewerbekapital[114]. Die Steuermeßzahlen betragen:

– grundsätzlich[115] 5 v. H. des Gewerbe*ertrags* (§ 11 II GewStG),
– grundsätzlich[116] 2 v. T. des Gewerbe*kapitals* (§ 13 II GewStG).

---

111 Dazu s. auch *Repohl,* BB 84, 781.
112 Zu den Auswirkungen s. auch *Theurer,* BB 83, 1717 (betr. Pensionszusagen); *Kruschwitz,* B 83, 2585 (betr. Verschuldung der Kapitalgesellschaften).
113 Die bislang in § 10 III GewStG vorgesehene Umrechnung des Gewerbeertrags auf einen Jahresbetrag in den Fällen, in denen der für seine Ermittlung maßgebende Zeitraum weniger (Beginn oder Ende der Steuerpflicht) oder mehr als 12 Monate (Umstellung des Wj.) betragen hat, ist mit dem Steuerbereinigungsgesetz 1986 v. 19. 12. 1985, BGBl. I 85, 2436, mit Wirkung ab dem Erhebungszeitraum 1986 gestrichen worden. Dementsprechend ist die Gewerbekapitalsteuer ab 1986 als reine Stichtagsabgabe ausgestaltet worden, d. h. für die Steuerpflicht sind allein die Verhältnisse zu Beginn des Erhebungszeitraums maßgebend (§ 12 V GewStG).
114 Mit der Abkehr vom Umrechnungsverfahren (s. Fn. 113) sind auch die Regelungen mit Wirkung ab dem Erhebungszeitraum 1986 gestrichen worden, daß sich bei nicht während des gesamten Erhebungszeitraumes bestehender Steuerpflicht die aus dem umgerechneten Gewerbeertrag und aus dem Gewerbekapital abgeleiteten Steuermeßbeträge zeitanteilig ermäßigten (§§ 11 VI, 13 IV GewStG a. F; OFD Ffm. B 87, 558: grds. keine Billigkeitsregelung für Übergangsfälle). Die Ausgestaltung der Gewerbekapitalsteuer als reine Stichtagsabgabe hat ferner den Hilfswert bei Betriebseröffnung im Laufe des Erhebungszeitraums (§ 23 GewStDV a. F.) gegenstandslos werden lassen (Streichung mit Wirkung ab Erhebungszeitraum 1986; zur Unwirksamkeit des § 23 GewStDV für vorangegangene Erhebungszeiträume s. FG Hamburg EFG 87, 576).
115 Ausnahmen: § 11 III–V GewStG.
116 Ausnahme: § 13 III GewStG; s. auch BFH BStBl. 82, 609.

Jedoch sind die Besteuerungsgrundlagen zunächst um *Freibeträge* zu kürzen.

Sie betragen:

beim Gewerbeertrag: 36 000 DM für natürliche Personen und Personengesellschaften (§ 11 I 3 Nr. 1 GewStG)[117, 118]. Kapitalgesellschaften sind also benachteiligt;

beim Gewerbekapital: 120 000 DM (§ 13 I 3 GewStG)[119], s. S. 514f.

Da jeder „Betrieb" den Freibetrag erhält, können Vorteile erreicht werden durch Aufspaltung in mehrere (ungleichartige) Betriebe (die Betriebsgesellschaft ist i. d. R. Kapitalgesellschaft).

Durch Zusammenrechnung der Steuermeßbeträge, die sich auf der Grundlage des Gewerbeertrags und des Gewerbekapitals ergeben, wird ein einheitlicher Steuermeßbetrag gebildet (§ 14 GewStG; § 184 AO).

5. Periodizität

Die Gewerbesteuer ist eine periodische Steuer. Die Bemessungsgrundlage wird für den Erhebungszeitraum nach dessen Ablauf festgesetzt (§ 14 II 1 GewStG). Erhebungszeitraum ist das Kalenderjahr (§ 14 II 2 GewStG)[120]. Er stimmt grundsätzlich mit dem Bemessungszeitraum für die Ermittlung des Gewerbeertrags überein (vgl. § 10 GewStG); dagegen wird das Gewerbekapital stichtagsbezogen ermittelt (vgl. § 12 V GewStG).

Ebenso wie das Einkommen- und Körperschaftsteuerrecht mildert auch das Gewerbesteuerrecht die Härten des Periodizitätsprinzips durch die Möglichkeit eines nunmehr auch zeitlich unbegrenzten (bisher: fünfjährigen) *Vortrags* sog. *Fehlbeträge* (= um Hinzurechnungen und Kürzungen modifizierte Verluste) innerhalb der Besteuerungsgrundlage „Gewerbeertrag" (§ 10a GewStG – „Gewerbeverlust")[121]. Die Höhe der vortragsfähigen Fehlbeträge ist gesondert festzustellen (erstmals zum Schluß des Erhebungszeitraums 1990).

Voraussetzung war bisher allerdings, daß nicht nur Unter*nehmer-*[122] (im Einkommen- und Körperschaftsteuerrecht: Personen-), sondern auch Unter*nehmens*gleichheit[123] gegeben ist. Dazu Abschn. 68 V–VII GewStR[124]. Mit dem Steuerbereinigungsgesetz

---

117 Bis 1977 Staffeltarif der Steuermeßzahlen; von 1978–1979 Freibetrag von 24 000 DM.
118 Für Unternehmen i. S. des § 2 III und des § 3 Nrn. 5, 6, 9 und 15 sis 18 GewStG sowie für Unternehmen von juristischen Personen des öffentl. Rechts gilt (ab 1990) ein Freibetrag von 7500 DM (§ 11 I 3 Nr. 2 GewStG) anstelle der Freigrenze von 5000 DM (bis 1989)
119 Freigrenze von 3000 DM bis 1953 und von 6000 DM bis 1977; von 1978–1980 Freibetrag von 60 000 DM.
120 Ein abgekürzter Erhebungszeitraum gilt bei nicht während des gesamten Kalenderjahres bestehender Gewerbesteuerpflicht (§ 14 II 3 GewStG).
121 Nach der Änderung des § 36 Abs. 5 GewStG (i. d. F. des Steuerreformgesetzes 1990) durch Art. 6 des Haushaltsbegleitgesetzes 1989 gilt der zeitlich unbegrenzte Verlustvortrag erstmals für Fehlbeträge des Erhebungszeitraums 1985, s. auch BdF BStBl. I 88, 320; *Pauka*, B 88, 2275; *Sarrazin*, DStR 88, 639.
122 S. auch BFH BStBl. 83, 427; dazu *Orth*, StRK-Anm. GewStG § 10a R. 36; BFH BStBl. 85, 334; FG München EFG 85, 306 mit Anm. *Heinicke*, FR 85, 651; FG Münster EFG 85, 622.
123 S. auch BFH BStBl. 83, 425; dazu *Orth*, StRK-Anm. GewStG § 2 Abs. 1 R. 396; BFH BStBl. 85, 403.
124 Einzelheiten zur bisherigen Rechtslage bei *Bethmann*, Die Problematik des gewerbesteuerlichen Betriebsbegriffs. Dargestellt am Beispiel der gewerbesteuerlichen Verlustkompen-

1986 v. 19.12.1985 (BGBl. I 85, 2436) ist das Tatbestandsmerkmal der Gewinnermittlung nach § 5 EStG in § 10a GewStG mit Wirkung ab Erhebungszeitraum 1975 (§ 36 III GewStG a. F.) gestrichen worden (zu den Grenzen der Rückwirkung s. a. FG Berlin EFG 90, 646, nrkr.). Durch die damit verbundene Streichung des Tatbestandsmerkmals „bei Gewerbetreibenden" ist nach BFH BStBl. 90, 436, gleichwohl nicht die Rechtsgrundlage für das Erfordernis der Unternehmergleichheit weggefallen. Daher führt ein Unternehmerwechsel nicht nur in den Fällen des Betriebsübergangs im ganzen, sondern auch in den Fällen des Wechsels einzelner Gesellschafter einer Personengesellschaft, zur (anteiligen) Versagung des gewerbesteuerlichen Verlustvortrags. Umgekehrt bleibt danach der gewerbesteuerliche Verlustvortrag erhalten, sofern ein Einzelunternehmer seinen Gewerbebetrieb in eine Personengesellschaft einbringt. Dies stützt der BFH nunmehr auf § 10a Satz 2 (ab 1990: Satz 3) i. V. mit § 2 V GewStG sowie auf den Zweck des § 10a GewStG[125]. Die körperschaftsteuerliche Versagung des Verlustabzugs in Fällen des sog. Mantelkaufs (§ 8 IV KStG) gilt für den Gewerbeverlust nach § 10a GewStG entsprechend (§ 10a Satz 4 GewStG)[126]. Ein *Rücktrag* von Fehlbeträgen ist aus Haushaltsgründen *nicht* zugelassen worden[127]; verfassungsrechtlich ist dies nicht zu beanstanden[128].

6. Zerlegung des einheitlichen Steuermeßbetrages

Hat ein Gewerbebetrieb Betriebstätten[129] in mehreren Gemeinden oder erstreckt sich eine Betriebstätte über mehrere Gemeinden, so ist der einheitliche Steuermeßbetrag in die auf die beteiligten Gemeinden entfallenden Anteile zu zerlegen und jeder Gemeinde ihr Anteil zuzuteilen (§ 28 GewStG; Verfahren: §§ 185ff. AO)[130]. Die Zerlegung findet auch in Fällen der Organschaft statt, da die Organgesellschaft als Betriebstätte gilt (§ 2 II 2 GewStG). Zerlegungsmaßstäbe: §§ 29ff. GewStG[131].

---

sation, Frankfurt a. M./Thun 1979; *ders.*, StuW 79, 332; *Orth*, Interperiodische Verlust-Kompensation im Gewerbesteuerrecht, Frankfurt a. M./Bern/Cirencester U. K. 1980; speziell zum Gewerbeverlust bei Personengesellschaften BFH BStBl. 78, 348; dazu *Ritter*, FR 78, 401; *L. Schmidt*, FR 78, 254; *Knobbe-Keuk*, StuW 78, 267; *Orth*, StRK-Anm. GewStG § 10a R. 33; *Braun*, BB 85, 1593; *Curtius-Hartung*, StbJb. 1985/86, 9; *Schumacher*, StuW 87, 111; s. ferner Fn. 122, 123.
125 Zum bislang abweichenden Meinungsstand s. die Nachw. in Voraufl. S. 498 Fn. 125; kritisch zu BFH, a. a. O, *Söffing*, FR 90, 342 f.; *Finkbeiner*, DStZ 90, 529 ff., und KÖSDI 90, 8056; zustimmend *Glanegger*, FR 90, 469, 476.
126 Erstmals anwendbar auch für Erhebungszeiträume vor 1990, wenn die Rechtsgeschäfte, die zum Verlust der wirtschaftlichen Identität geführt haben, nach dem 23. 6. 1988 abgeschlossen worden sind (§ 36 VI GewStG).
127 Hiergegen *Orth* (Fn. 124), 49 ff. und 230 ff., mit einem Gesetzesvorschlag für einen Rücktrag von Fehlbeträgen; s. auch *Mennacher*, DStR 80, 284. Die im Gesetzgebungsverfahren zum Steuerentlastungsgesetz 1984 von den Spitzenverbänden der Wirtschaft erneut angeregte Erstreckung des Verlustrücktrags auf die Gewerbesteuer ist nicht aufgegriffen worden (s. BT-Drucks. 10/716, 4).
128 S. BFH BStBl. 90, 1083.
129 S. auch BFH BStBl. 82, 241; 82, 624.
130 S. auch BFH BStBl. 88, 201; 88, 292; *Seitrich*, DStZ 85, 401.
131 Bei der Zerlegung nach dem Verhältnis der Arbeitslöhne war zwischenzeitlich eine Anpassung des fiktiven Unternehmerlohns in § 31 V GewStG an die Fortschreibung des Freibetrags in § 11 I 3 GewStG (s. S. 516) unterblieben; mit Wirkung ab 1986 ist der Betrag in § 31 V GewStG über den in § 11 I 3 GewStG hinaus auf 50000 DM erhöht worden.

7. Hebesatz-Anwendung

Auf den einheitlichen Steuermeßbetrag wendet die Gemeinde den Hebesatz an. Der Hebesatz ist eine durch Beschluß der Gemeindevertretung festgesetzte Größe (dazu § 16 GewStG)[132]. Er ist ein limitierter Hundertsatz, der sich nach dem Steuerbedarf der Gemeinde richtet[133] (Hebesatzgefälle 1984 bei Gemeinden ab 20 000 Einwohnern: Frankfurt 480 v. H. und Berlin 200[134]; gewogener Durchschnittssatz 1986: 359 v. H.[135]).

Beispiel:
Einheitlicher Steuermeßbetrag   560 DM
Hebesatz 300 v. H.
Gewerbesteuer 560 × 3 =   1680 DM

Auf eine Gleichmäßigkeit der Gewerbebesteuerung in den verschiedenen Gemeinden soll es nicht ankommen[136].

8. Gewerbesteuerreformbestrebungen

Die Gewerbesteuer ist, insb. von der Theorie, seit langem als nicht sachgerecht erkannt worden; auch aus der Praxis ist ihrer Abschaffung oder Modifizierung immer wieder das Wort geredet worden[137]. Tatsächlich ist es bereits zu erheblichen Erosionen gekommen. Zum finanz- bzw. haushaltspolitischen Stellenwert der Gewerbesteuer: Gewerbesteueraufkommen 1988 (netto) 29,5 Mrd. DM (s. zu 1.) = 42,8 v. H. der Gemeindesteuereinnahmen (68,9 Mrd. DM) und 15,9 v. H. der gesamten Gemeindeeinnahmen (185,5 Mrd. DM)[138].

Die Gemeinden sehen in der Abschaffung der Gewerbesteuer und des Hebesatzrechts einen Eingriff in ihre Autonomie. Die Bundesregierung hat wiederholt Finanzbedarfsgründe geltend gemacht (BT-Drucks. VI/3418, 35 ff., 44 f., 47 ff., 107 ff., sowie 8/2118, 76; ZKF 88, 262 f.; s. auch *Koch*, DStZA 78, 3 ff., 8). Die Gewerkschaften sind der Ansicht, der Ersatz der Gewerbesteuer durch Umsatzsteuer oder Einkommensteuer würde Unternehmer entlasten und Arbeitnehmer und Verbraucher stärker belasten. Vertreter der Industrie sehen in der Gewerbesteuer ein nützliches Vehikel der Industrie, Einfluß auf die Gemeinden nehmen zu können.

In den letzten Jahren ist eine Reihe neuer Reformvorschläge gemacht worden. Im wesentlichen können folgende Modelle unterschieden werden:

---

132 Dazu *Depiereux*, BB 84, 436.
133 Dazu *Schäfers*, Die Festsetzung des Gewerbesteuer-Hebesatzes durch die Gemeinden, Diss. Münster 1964; *Schnorr*, Das Hebesatzrecht der Gemeinden, Diss. Münster 1973; *Fedden*, Zur Problematik der Verkoppelung und Genehmigung der Realsteuerhebesätze, Diss. Kiel 1974.
134 Statistisches Jahrbuch Deutscher Gemeinden (Fn. 3), 434 ff.
135 S. Statistisches Jahrbuch 1988, 457; s. auch Inst.FuSt, Brief 288, Bonn 1989, 7: 406 v. H. bei Gemeinden mit mehr als 50 000 Einwohnern.
136 BVerfGE 21, 54, 68 f.; s. auch BVerfGE 10, 354, 371; 12, 139, 143; 12, 319, 324.
137 *Grass*, Unruhige Gewerbesteuer, StKongrRep. 1965, 116; *Hartz*, Reform oder Abschaffung der Gewerbesteuer, StKongrRep. 1966, 237; Gutachten des *Wiss. Beirats*, Schriftenreihe des BdF, Heft 10, Bonn 1968, 20 ff., 27; s. auch *K. Littmann*, Art. „Gewerbesteuer", in: Handwörterbuch der Sozialwissenschaften, Berlin/Göttingen/Heidelberg 1964; Inst. FuSt, Zur Steuerreform, Die Realsteuern, Heft 100, Bd. 2, Bonn 1972 (s. aber auch Gewerbesteuer-Reform, Brief 162, Bonn 1976); *Wöhe*, Die Gewerbesteuer – Ein Stiefkind der Steuerreform, in: FS für W. Haubrichs[2], Bad Wörishofen 1977, 127; *D. Schneider*, Grundzüge der Unternehmensbesteuerung[5], Wiesbaden 1990, 174 ff.; *Tipke*, NJW 80, 1083; StuW 80, 292 f.; *Jacobs*, ZGR 80, 289, 306 ff.; *Flämig*, ZRP 80, 244; *Trzaskalik*, StRK-Anm. GewStG § 10a R. 32, 5 ff.; *Bestgen*, StuW 81, 23 ff.; *Löhning*, ZRP 85, 157, 159.
138 Monatsberichte der Deutschen Bundesbank 11/1989, 60–62.

Gewerbesteuer

(1) Ersatz der Gewerbesteuer durch eine *Wertschöpfungssteuer* (Wissenschaftlicher Beirat beim BMF[139], Sachverständigenrat zur Begutachtung der gesamtwirtschaftlichen Entwicklung [140], Kronberger Kreis[141], Deutscher Städtetag[142]).

(2) Ersatz der Gewerbesteuer durch eine *Beteiligung der Gemeinden an der Umsatzsteuer*,

(a) nach dem Schlüssel Gewerbekapital und Lohnsumme ohne Hebesatzrecht der Gemeinden (Inst. „Finanzen und Steuern"[143]),

(b) nach dem Schlüssel Beschäftigungszahl und/oder Nettoumsatz (Karl-Bräuer-Institut des Bundes der Steuerzahler[144]),

Varianten:

(c) Beteiligung der Gemeinden an der Umsatzsteuer durch Abzug der Gewerbesteuer von der Umsatzsteuer (Aufrechnungsmodell des Deutschen Industrie- und Handelstages[145]),

(d) Beteiligung der Gemeinden an der Umsatzsteuer unter Aufrechterhaltung einer Restgewerbesteuer (*Ritter*[146]),

(e) Beteiligung der Gemeinden an der Umsatzsteuer und Umformung der Gewerbesteuer in eine Gemeindeertragsteuer auf die Gewinneinkünfte und Einkünfte aus Vermietung und Verpachtung (*Kremer*[147]) oder Einführung eines Hebesatzrechts auf Gemeindeeinkommensteuer (Nds. FinMin. *B. Breuel*),

(f) Beteiligung der Gemeinden an der Umsatzsteuer und Übertragung der Ertragshoheit für eine modifizierte Kfz-Steuer und erhöhte Grundsteuer von den Ländern auf die Gemeinden (*Klatt*[148]),

(3) Ersatz der Gewerbesteuer durch eine *kommunale Verbrauchsteuer*[149],

(4) Ersatz der Gewerbesteuer durch eine *Gemeindeeinkommensteuer*[150],

(5) Ersatz der Gewerbesteuer durch eine Cash-Flow Steuer[151])

(6) Beibehaltung der Gewerbesteuer und Teilanrechnung (z. B. bis zu einem Hebesatz von 200 v. H.) auf die Körperschaft-/Einkommensteuer bzw. Umsatzsteuer (Landesregierung Rheinland-Pfalz[152]; Kräfte der CDU),

(7) „Revitalisierung der Gewerbesteuer"/Modifizierung und Ausdehnung auf die freien Berufe (Klaus-Dieter-Arndt-Stiftung e. V.[153]).

---

139 Gutachten zur Reform der Gemeindesteuern in der Bundesrepublik Deutschland, Schriftenreihe des BMF, Heft 31, Bonn 1982.
140 Sondergutachten „Zur wirtschaftlichen Lage im Oktober 1982", BT-Drucks. 9/2027, Tz. 79f.; Jahresgutachten 1984/85, BT-Drucks. 10/2541, Tz. 470; 1988/89, BT-Drucks. 11/3478 Tz. 275f. und 429ff.
141 Vorschläge zu einer „Kleinen Steuerreform", hrsg. vom Frankfurter Institut für wirtschaftspolitische Forschung, Heft 2/1983; s. auch *Engels*, WPg 83, 665; Frankfurter Institut für wirtschaftspolitische Forschung, Argumente zur Wirtschaftspolitik, Heft 17/1988.
142 S. Der Städtetag 86, 776; dazu *Dziadkowski*, BB 87, 342.
143 Brief 211, Bonn 1982.
144 Abbau und Ersatz der Gewerbesteuer, Heft 57, Wiesbaden 1984, 34ff. S. auch Steuervereinfachung, Heft 60, Wiesbaden 1986, 108ff.
145 Gewerbesteuer auf neuem Kurs, DIHT Heft 201, Bonn 1982.
146 BB 83, 389ff.; Der Gemeindehaushalt 83, 188ff.
147 StuW 83, 55.
148 DStZ 86, 224.
149 S. dazu Wiss. Beirat beim BMF (Fn. 139), 82ff., 143; Karl-Bräuer-Institut (Fn. 144), 91ff.; *Weinberger*, KStZ 84, 43.
150 S. *Wendt*, BB 87, 1677, 1680.
151 *Richter/Wiegard*, StuW 90, 40; *Cansier*, BB 90, 253.
152 LT-Drucks. 10/2185 v. 25. 2. 1986; *Scholz*, BB 88, Beilage 11.
153 Schriftenreihe Heft 8, Bonn 1986; zu den Auswirkungen auf die Honorarforderungen von Freiberuflern s. *Schult*, B 88, 769.

Zur Reformdiskussion ferner *Krause,* BB 82, 2038; *Beichelt,* DStZ 83, 375 (zum Hearing der FDP-Kommission „Föderalismus und Finanzverfassung"); *Weinberger,* KStZ 84, 41; *Zitzelsberger,* DStZ 84, 294; *Koglin,* KStZ 85, 25; KStZ 85, 126; *Zitzelsberger,* Neuerliche Entwicklungstendenzen der Gewerbesteuer und Reformvorschläge, Bonn 1985; *Karrenberg,* ZKF 86, 170 (aus der Sicht der Gemeinden); *Dziadkowski,* StuW 87, 330 (Gesamtübersicht über die Reformvorschläge); *Lang,* StuW 89, 3; *ders.,* StuW 90, 107, 123 f.; *Knobbe-Keuk,* B 89, 1303; *Zitzelsberger* (Fn. 1), 292 ff.

U. E. ist der Vorschlag des Karl-Bräuer-Instituts vorzuziehen. Die Gemeinden sind auch ohne Hebesatzrecht finanzautonom. Sie sind finanzautonom, wenn sie die zur Erfüllung ihrer Aufgaben nötigen Mittel erhalten. Insoweit gilt für die Gemeinden nichts anderes als für die Länder. Die Gemeinden sind nicht autonom, wenn große Industriebetriebe maßgeblich die Hebesatzpolitik beeinflussen oder sonst die Gewerbesteuer als Vehikel für die Durchsetzung von Sonderinteressen benutzen. – Das Äquivalenzprinzip ist *auch* im Gemeindesteuerbereich weder sachgerecht noch praktikabel. Die Kausalbeziehungen zwischen Steuerlasten und Gemeindelasten sind wenig geklärt. Die insb. von Industriebetrieben ausgelösten Effekte wirken weit über die Gemeindegrenzen hinaus. Die Gewerbesteuer-Bemessungsgrundlagen sind indessen auch unter dem Aspekt des Äquivalenzprinzips nicht sachgerecht. Eine Sonderbelastung nur des Gewerbes ist mit dem Äquivalenzprinzip nicht vereinbar. Die Gewerbebetriebe erbringen ihre Leistungen auch im Interesse der Konsumenten. Da auch Gemeinden für Minderbemittelte zu sorgen haben, muß es Bürger geben, die die durch sie ausgelösten Lasten mittragen. Aus diesen Gründen ist das Leistungsfähigkeitsprinzip auch für die Gemeindesteuern sachgerecht. Die Hinzurechnungen nach §§ 8, 12 GewStG (sie gehören zum Hauptkonfliktstoff des Steuerrechts) verletzen das Leistungsfähigkeitsprinzip und sind auch aus dem Äquivalenzprinzip nicht zu erklären. – Der Vorschlag des Wissenschaftlichen Beirats versucht u. E. vergeblich, dem Äquivalenzprinzip gerecht zu werden. Er ist aber auch zu kompliziert und (in den nicht durchdachten Details) mit vielen neuen Anwendungsproblemen belastet. Die Durchführung würde erheblich hinter dem Ideal zurückbleiben[154]. – Die Tatsache, daß die meisten Länder der EG keine Gewerbesteuer kennen[155], beweist hinlänglich, daß der Finanzbedarf auch ohne sie gedeckt werden kann, und zwar sachgerechter.

Die *„Kommission zur Verbesserung der steuerlichen Bedingungen für Investitionen und Arbeitsplätze"* hat sich nicht in der Lage gesehen, den Konflikt zwischen den widerstreitenden Interessen der Unternehmen und der Gemeinden in der Kürze der Zeit befriedigend zu lösen. Als pragmatische Lösung wird in den im Dezember 1990 vorgelegten Thesen eine Abschaffung der Gewerbekapitalsteuer, die Verbreiterung der Bemessungsgrundlage für die Gewerbeertragsteuer durch Hinzurechnung sämtlicher Zinsaufwendungen bei gleichzeitiger Halbierung der Steuermeßzahl auf 2,5 % und die Abschaffung der von den Gemeinden an Bund und Länder abzuführenden Gewerbesteuerumlage vorgeschlagen.

9. Vereinheitlichung des Gewerbesteuerrechts im vereinigten Deutschland

Im vereinigten Deutschland (s. S. 184 ff.) hat das Gewerbesteuerrecht folgende Entwicklung genommen:

9.1 Entwicklung bis zum 30. 6. 1990

a) DDR-Steuerrecht: Nach dem Gewerbesteuergesetz der DDR[156] unterlag der Gewerbesteuer jeder Gewerbebetrieb, soweit er in der DDR betrieben wurde. Das

---

154 Kritisch auch *Dziadkowski,* StuW 87, 91.
155 S. BdF-Info zur Finanzpolitik des Auslands, IWB Fach 10 Gruppe 2, 659, Übersicht 7 (10. 10. 1988); *Zitzelsberger* (Fn. 1), 72 ff.
156 GewStG i. d. F. v. 18. 9. 1970 GBl.-DDR Sonderdruck Nr. 672 v. 2. 11. 1970.

GewStG-DDR fand jedoch keine Anwendung auf staatliche Einrichtungen, volkseigene Betriebe und Kombinate sowie gleichgestellte Betriebe, sozialistische Genossenschaften, private Handwerker, Betriebe mit staatlicher Beteiligung sowie private Industrie-, Bau-, Verkehrs- und Handelsbetriebe, soweit in ihren Preisen bzw. Handelsspannen Gewerbesteuer nicht kalkuliert bzw. nicht berücksichtigt war[157].

Das Gewerbesteuerrecht der DDR entsprach weitgehend dem der BRD: Besteuerungsgrundlagen waren der Gewerbeertrag und das Gewerbekapital. Die Steuermeßzahlen betrugen 5 % für den Gewerbeertrag (mit einem Staffeltarif für Personenunternehmen) und 2 ‰ für das Gewerbekapital. Der auf den einheitlichen Steuermeßbetrag anzuwendende Hebesatz betrug einheitlich 400 %. Abweichungen zum Gewerbesteuerrecht der BRD waren z. B. die Hinzurechnung von Vergütungen an wesentlich beteiligte Gesellschafter-Geschäftsführer von Kapitalgesellschaften und das Fehlen eines gewerbesteuerlichen Verlustvortrags.

Die sog. Joint-Venture-Verordnung v. 25. 1. 1990[158] sah keine Sonderregelung für das GewStG-DDR vor, insbes. wurde der fünfjährige Verlustvortrag (§ 29 II der VO) nicht auch für die Gewerbesteuer eingeführt.

Das GewStG-DDR war unmittelbar nicht Gegenstand des Steueränderungsgesetzes v. 6. 3. 1990[159]. Mittelbar wirkten sich jedoch auch auf die Besteuerung des Gewerbeertrags die Änderungen der steuerlichen Gewinnermittlungsvorschriften im EStG[160] aus, da Gewerbeertrag nach § 7 GewStG-DDR der Gewinn aus Gewerbebetrieb war, der nach den Vorschriften des EStG und KStG zu ermitteln war, vermehrt und vermindert um die in § 8 (Hinzurechnungen) und § 9 (Kürzungen) bezeichneten Beträge.

Durch Gesetz zur Gründung und Tätigkeit privater Unternehmen und über Unternehmensbeteiligungen v. 7. 3. 1990[161] und § 3 I und § 5 IX der dazu ergangenen 1. DVO wurde eine zweijährige Befreiung reprivatisierter Unternehmen u. a. von der Steuer auf Gewerbeertrag und Gewerbekapital eingeführt[162].

b) BRD-Steuerrecht: Soweit Gewerbeertrag und Gewerbekapital eines im Inland betriebenen Gewerbebetriebs einer Betriebstätte in der DDR zuzurechnen waren, unterlagen sie in der BRD nicht der Gewerbesteuer (§ 2 VI, § 12 IV Nr. 2, § 28 I 3, § 34 I 2, § 35 a I GewStG). Dementsprechend konnten Gewerbeverluste, die in DDR-Betriebstätten entstanden waren, in der BRD nicht berücksichtigt werden (Abschn. 68 X GewStR). Ergänzende Regelungen galten nach § 7 GewStDV für Gewerbebetriebe mit Geschäftsleitung in der DDR und einer oder mehreren Betriebstätte(n) in der BRD sowie für die Verlegung der Geschäftsleitung von der DDR in die BRD und umgekehrt.

Einkünfte der in § 49 EStG bezeichneten Art, die in der DDR bezogen worden waren, blieben nach § 3 Nr. 63 EStG steuerfrei. Diese Steuerbefreiung galt nach § 7 GewStG (i. V. mit § 8 Abs. 1 KStG) auch für das Gewerbesteuerrecht, wurde aller-

---

157 Zur Bedeutung der Besteuerung in der DDR vgl. *Polaschewski,* StVj 90, 254 ff.
158 VO über die Gründung und Tätigkeit von Unternehmen mit ausländischer Beteiligung in der DDR v. 25. 1. 1990, GBl. I 90, 16.
159 GBl.-DDR I 90, 136, 138.
160 Einzelheiten dazu *Fuest/Kroker,* StuW 90, 274 ff.
161 GBl.-DDR I 90, 141.
162 Vgl. Arbeitshinweise des Min. d. Fin.-DDR v. 22. 8. 1990, BStBl. I 90, 546, 561, mit dem Hinweis des BMF, daß sich diese Steuerbefreiung auf das Jahr 1990 beschränkt.

§ 12 Bewertungsgesetzabhängige Steuerarten

dings durch die genannten Spezialvorschriften verdrängt, soweit eine Betriebstätte in der DDR unterhalten wurde[163]. Soweit § 49 EStG als sachliches Anknüpfungsmerkmal keine Betriebstätte voraussetzt[164], stellt sich nach der Neufassung des § 3 Nr. 63 EStG mit Wirkung ab dem Veranlagungszeitraum 1989[165] die Frage, ob die Gewerbesteuerfreiheit in der BRD die Heranziehung zur Gewerbesteuer in der DDR voraussetzt.

Erstmals für den Erhebungszeitraum 1990 bzw. für Wirtschaftsjahre, die in diesem Erhebungszeitraum enden, sieht das DDR-Investitionsgesetz v. 26. 6. 1990[166] für Investitionen in Kapitalgesellschaften in der DDR folgende steuerliche Erleichterungen vor, die nach § 3 DDR-IG auch für die Ermittlung des Gewerbeertrags gelten:

(1) Bei Überführung von Wirtschaftsgütern aus einem inländischen Betrieb brauchen stille Reserven nicht bereits im Zeitpunkt der Überführung aufgedeckt zu werden. § 1 DDR-IG läßt die Bildung einer steuerfreien Rücklage zu[167].

(2) Bei Beteiligungen von mindestens 10 % können Anlaufverluste der Tochtergesellschaften bei der inländischen Besteuerung im Zeitpunkt ihrer Entstehung durch Bildung einer steuerfreien Rücklage berücksichtigt werden (§ 2 DDR-IG).

Für Investitionen in Betriebstätten in der DDR gilt:

(3) Gewerbeverluste aus DDR-Betriebstätten können im Jahr ihrer Entstehung vom in der BRD steuerpflichtigen Gewerbeertrag abgezogen werden; sie sind ihm in den folgenden Erhebungszeiträumen hinzuzurechnen, soweit in der DDR-Betriebstätte ein positiver Gewerbeertrag entsteht (§ 9a GewStG i. d. F. des § 5 DDR-IG).

Kapitalgesellschaften und Betriebstätten müssen mit ihren Tätigkeiten die Voraussetzungen einer sog. erweiterten Aktivitätsklausel erfüllen[168].

9.2 Entwicklung vom 1. 7. bis 31. 12. 1990

a) DDR-Steuerrecht: Die Aufhebung spezieller Steuerbefreiungsvorschriften mit § 20 StAnpG v. 22. 6. 1990[169] führte dazu, daß bisher ausgesprochene Gewerbesteuerbefreiungen für ausgewählte Gruppen oder die Festsetzung der Gewerbesteuer in einem pauschalen Betrag aufgehoben wurden. Demzufolge waren ab 1. 7. 1990 wieder in vollem Umfang gewerbesteuerpflichtig: Produktionsgenossenschaften, Handwerker, Kreditgenossenschaften, Einzelhändler und Gastwirte, Gewerbetreibende, für die aufgrund des Ministerratsbeschlusses v. 12. 2. 1976 die Gewerbesteuer in einem pauschalen Betrag festgesetzt wurde. Die in § 18 StAnpG vorgesehene Befreiung der typischen Staatsbetriebe von der Körperschaftsteuer soll auch auf die Gewerbesteuer angewandt werden[170].

---

163 S. auch Abschn. 39 V GewStR.
164 S. auch *Flick-Pistorius*, DStR 90, 196 ff., die jedoch unter F. unerörtert läßt, welche Bedeutung § 3 Nr. 63 EStG für die Gewerbesteuer hat; dazu *Voigt*, WPg 90, 392 ff.
165 StReformG 1990 v. 25. 7. 1988, BGBl. I 88, 1093, BStBl. I 88, 224.
166 BGBl. I 90, 1143, BStBl. I 90, 311.
167 Vorläufer war die Verwaltungsanweisung BMF BStBl. I 90, 354, die bereits für die Überführung von Wirtschaftsgütern nach dem 1. 11. 1989 galt.
168 Einzelheiten bei *Runge*, IWB Fach 3 Gr. 1 S. 1273.
169 GBl.-DDR I Sonderdruck Nr. 1427.
170 Vgl. Arbeitshinweise des Min. d. Fin.-DDR v. 12. 7. 1990, BStBl. I 90, 333 Ziff. 4; kritisch dazu *M. Schulz*, NWB-DDR spezial 28/90, 4.

Die Übernahme der steuerlichen Gewinnermittlungsvorschriften der §§ 4–7 EStG-BRD ab 1. 7. 1990 mit dem StAnpG v. 22. 6. 1990 sowie die steuerlichen Vorschriften aus dem Gesetz über die DM-Eröffnungsbilanz (§§ 50 ff.)[171] bewirken mittelbar wiederum Rechtsänderungen für die Ermittlung des Gewerbeertrags.

Unmittelbar angesprochen wird die Gewerbesteuer in der Selbstberechnungsverordnung für Abschlagszahlungen v. 27. 6. 1990[172] und in der Verordnung über die Zahlung von Steuern der in Kapitalgesellschaften umgewandelten ehemaligen volkseigenen Kombinate, Betriebe und Einrichtungen im 2. Halbjahr 1990 v. 27. 6. 1990[173]. Umstritten ist, ob bei den zuletzt genannten Gewerbebetrieben und denjenigen, für die zum 1. 7. 1990 die bisherige Gewerbesteuerbefreiung weggefallen ist, für 1990 Gewerbekapitalsteuer entstanden ist, weil der erste Einheitswert des Betriebsvermögens erst zum 1. 1. 1991 festgestellt wird[174].

Gewerbebetriebe, die im gesamten Kalenderjahr 1990 bestanden haben, haben zwei Wirtschaftsjahre (1. 1.–30. 6. 1990 und 1. 7.–31. 12. 1990), für die jeweils eine steuerliche Gewinnermittlung zu erfolgen hat (§ 53 DMBilG).

b) BRD-Steuerrecht: Keine speziellen Regelungen für den Zeitraum 1.7.–31. 12. 1990.

9.3 Entwicklung seit dem 1. 1. 1991

a) DDR-Steuerrecht: An die Stelle des GewStG-DDR tritt ab 1. 1. 1991 das GewSt-Recht der BRD (Art. 8 und 9 Einigungsvertrag und Anl. I Kap. IV B II 14, 20 und 21).

b) BRD-Steuerrecht: Die Vorschriften des GewStG-BRD, die DDR-Betriebstätten oder DDR-Einkünfte zum Gegenstand hatten (s. oben 9.1), werden aufgehoben.

§ 10a GewStG ist auch auf Gewerbeverluste aus DDR-Betriebstätten anzuwenden, die ab Erhebungszeitraum 1990 entstanden waren, sofern nicht in 1990 von § 9a GewStG Gebrauch gemacht wurde (s. oben 9.1) (§ 36 Va GewStG).

Bis zur Festsetzung von Vorauszahlungen sind u. a. die bisherigen Abschlagszahlungen (s. oben 9.2) als Gewerbesteuervorauszahlungen zu leisten, ohne daß es dazu eines Steuerbescheides oder einer besonderen Aufforderung bedarf[175].

Die steuerfreie Rücklage nach § 1 DDR-IG kann nur noch gebildet werden für Wirtschaftsgüter, die vor dem 1. 1. 1992 überführt werden. Die steuerfreie Rücklage nach § 2 DDR-IG kann nur noch gebildet werden, wenn der Erwerb der Anteile an der Tochtergesellschaft vor dem 1. 1. 1992 stattgefunden hat und der Verlust der Tochtergesellschaft weder bei ihr im Wege des (körperschaftstl.) Verlustrücktrags abgezogen noch bei der Muttergesellschaft als Verlust einer Organgesellschaft in die Einkommensermittlung des Organkreises einbezogen wurde[176].

---

171 Vgl. Einigungsvertrag vom 31. 8. 1990, Anl. II Kap. III D (BGBl. II 90, 1169).
172 GBl.-DDR I 90, 616.
173 GBl.-DDR I 90, 618.
174 Vgl. *M. Schulz,* NWB-DDR spezial 28/90, 4; 34/90, 5.
175 Einigungsvertrag vom 31. 8. 1990, Anl. I Kap IV B II 15 (BGBl. II 90, 974).
176 Einigungsvertrag vom 31. 8. 1990, Anl. I Kap IV B II 22 (BGBl. II 90, 974).

§ 13 Umsatzsteuer*

Rechtsgrundlagen: Umsatzsteuergesetz 1980 v. 26. 11. 1979 (BGBl. I 1953) mit zahlr. Änderungsgesetzen (s. Beck'sche Sammlung der Steuergesetze I 500); Umsatzsteuer-Durchführungs VO 1980 v. 21. 12. 1979 (BGBl. I 2359) mit Änderungen (s. Beck'sche Sammlung der Steuergesetze I 510); 6. Richtlinie zur Harmonisierung der Umsatzsteuern v. 17. 5. 1977, 77/338/ EWG, ABl.EG 1977 Nr. L 145 (s. Stollfuß, 6. Richtlinie, bearb. von *Wachweger*).

Verwaltungsvorschriften: Umsatzsteuer-Richtlinien 1988 (UStR 1988) vom 30. 7. 1987 (BStBl. I Sondernr. 2).

Rechtsprechung: Zuständig für Umsatzsteuerrechtsstreitigkeiten ist in letzter Instanz der V. Senat des BFH. Seine wichtigen Entscheidungen sind in der amtlichen Sammlung (BFHE) und im Bundessteuerblatt (BStBl.), Teil II veröffentlicht. Für die Auslegung von Gemeinschaftsrecht der EG ist der Europäische Gerichtshof (EuGH) zuständig. Seine Entscheidungen werden in der amtlichen Sammlung (EuGHE) und im Amtsblatt (ABl.EG) veröffentlicht.

Literatur: *Kommentare* von *Hartmann/Metzenmacher*, Berlin (Loseblatt); *Plückebaum/ Malitzky*, Köln/Berlin/Bonn/München (Loseblatt); *Sölch/Ringleb/List*, München (Loseblatt); *Rau/Dürrwächter/Flick/Geist*, Köln (Loseblatt); *Bunjes/Geist*[3], München 1990; *Schüle/Teske/ Wendt*, Wiesbaden (Loseblatt); *Vogel/Reinisch/Hoffmann*, Freiburg (Loseblatt).

Lehr- und Lernbücher: G. *Rose*, Betrieb und Steuer, 2. Buch: Die Verkehrsteuern[8], Wiesbaden 1987, 79 ff.; *Dziadkowski*, Umsatzsteuer[3], München/Wien 1990; *Sauerland/Schmidt*, Umsatzsteuer[16], Achim 1987; *Völkel/Karg*, Umsatzsteuer[2], Stuttgart 1988; *Bolk/Burhoff/Fischer/ Hünnekens/Müller*, Lehrbuch der Umsatzsteuer[5], Herne/Berlin 1985.

Zur Geschichte: H. *Franke*, Die Geschichte der Reichs-Umsatzsteuer, Diss. rer. pol. Köln 1941; *Grabower/Herting/Schwarz*, Die Umsatzsteuer – Ihre Geschichte und gegenwärtige Gestaltung im In- und Ausland[2], Köln/Berlin/Bonn/München 1962; *Salch*, Umsatzsteuerreform und Finanzverfassung, Diss. Würzburg 1965, 1 f., 119 ff.; *Popitz*, UStG-Kommentar[2], Berlin 1921.

Zur Entstehung des Umsatzsteuergesetzes 1967: Heilmann, Die Umsatzsteuerreform in der Bundesrepublik Deutschland (zugleich eine Fallstudie zur steuerpolitischen Willensbildung in einer parlamentarischen Demokratie), Bern/Frankfurt a. M. 1975.

A. Beeinflussung des nationalen Umsatzsteuerrechts durch Gemeinschaftsrecht

Literatur: *Probst*, Übereinstimmung zwischen Umsatzsteuergesetz und 6. EG-Richtlinie sowie richtlinienkonforme Auslegung des Umsatzsteuergesetzes, DStJG Bd. 13 (1990), 137; *ders.*, Zur unmittelbaren Wirkung von EG-Richtlinien, UR 90, 302; *Birkenfeld*, Deutsches Umsatzsteuerrecht und Umsatzsteuerrecht der EG, UR 89, 329; *Pernice*, Gemeinschaftsverfassung und Grundrechtsschutz – Grundlagen, Bestand und Perspektiven, NJW 90, 2409; *Jarass*, Voraussetzung der innerstaatlichen Wirkung des EG-Rechts, NJW 90, 2420; *Rupp*, Verfassungsprobleme auf dem Weg zur Europäischen Union, ZRP 90, 1; *Kraeusel*, Vollendung des Binnenmarktes und Annäherung der indirekten Steuern, UVR 90, 3; *Langer*, Umsatzsteuer-Harmonisierung – Grundsätzliche Entscheidung des Rats, ein erster Schritt in die richtige Richtung?, B 89, 2243; *Forst*, Die 6. EG-Richtlinie zur Harmonisierung der Umsatzsteuer und Probleme ihrer Umsetzung, UR 89, 264; *Haufler*, Die Abschaffung der Steuergrenzen im gemeinsamen Markt: EG-Vorschläge 1989 und alternative Lösungen, UVR 90, 131; *Lohse/Spetzler*, Umsatzsteuer in nationaler und europäischer Sicht, StVj 90, 274; *Klezath*, Die Entwicklung der Umsatzsteuer bei der Verwirklichung des einheitlichen Binnenmarktes, DStJG Bd. 13 (1990), 167; *di Fabio*, Richtlinienkonformität als ranghöchstes Normauslegungsprinzip, NJW 90, 947; *Mann*, Ansätze und Stand der Bestrebungen zur Harmonisierung der direkten und indirekten Steuern, DB 90, 1735.

---

* Den Abschnitt „Umsatzsteuer" hat Prof. Dr. *Wolfram Reiß* überarbeitet, auf den neuesten Stand gebracht und ergänzt.

a) Rechtsgrundlage für das Umsatzsteuerrecht ist einerseits das UStG und die aufgrund gesetzlicher Ermächtigung erlassene UStDV. Die *Gesetzgebungskompetenz* für das Umsatzsteuerrecht liegt beim Bund (Art. 105 II GG). Das *Aufkommen* steht Bund und Ländern gemeinsam zu, wobei die Aufteilung durch Bundesgesetz zu bestimmen ist (Art. 106 III GG; sog. Gemeinschaftsteuer). Die *Verwaltung* der Umsatzsteuer erfolgt – mit Ausnahme der Einfuhrumsatzsteuer – durch die Länder (Art. 108 II GG).

b) Das nationale Umsatzsteuerrecht wird andererseits in besonderem Maße durch das *Gemeinschaftsrecht der EG* beeinflußt. Nach Art. 99 EWG-Vertrag sind die Rechtsvorschriften über die Umsatzsteuern innerhalb der EG zu harmonisieren, soweit dies für das Funktionieren des Binnenmarktes notwendig ist. Der Binnenmarkt wird in Art. 8a EWG-Vertrag als Raum ohne Binnengrenzen, in dem der freie Verkehr von Waren, Personen, Dienstleistungen und Kapital gewährleistet ist, umschrieben. Die Harmonisierung erfolgt durch Bestimmungen des Rates auf Vorschlag der Kommission. Nach Art. 189 EWG-Vertrag können zur Erfüllung der Aufgaben u.a. Verordnungen und Richtlinien erlassen werden. Die Verordnung hat allgemeine Geltung. Sie ist auch für den Bürger verbindlich und gilt unmittelbar in jedem Mitgliedstaat (Art. 189 II EWG-Vertrag). Die Richtlinie ist für jeden Mitgliedstaat hinsichtlich des zu erreichenden Zieles verbindlich, überläßt jedoch den innerstaatlichen Stellen die Wahl der Form und der Mittel (Art. 189 III EWG-Vertrag).

In Ausfüllung dieser Artikel des EWG-Vertrages sind inzwischen mehrere Richtlinien zum Umsatzsteuerrecht in den Mitgliedstaaten ergangen. Von besonderer Bedeutung ist die sogenannte *6. Richtlinie zum gemeinsamen Mehrwertsteuersystem*[1]. Diese enthält detaillierte Angaben zum Gegenstand der Steuer (Steuerbarkeit), zu Befreiungen, zur Bemessungsgrundlage und zum Vorsteuerabzug. Lediglich der Steuersatz wurde noch nicht harmonisiert. Im übrigen bestehen für eine Übergangszeit noch geringfügige Unterschiede bei den Befreiungsmöglichkeiten. Die Notwendigkeit der Harmonisierung auch hinsichtlich der Bemessungsgrundlage ergab sich insbesondere auch deshalb, weil die Gemeinschaft die Finanzierungsbeiträge der Mitgliedstaaten durch eigene Mittel ersetzt (Art. 199–201 EWG-Vertrag). Zur Zeit stehen der EG 1,4 % der einheitlichen Bemessungsgrundlage zu[2]. Diese sind aus dem Bundesanteil abzuführen.

c) Das Verhältnis zwischen den Umsatzsteuerrichtlinien und dem nationalen Umsatzsteuerrecht erscheint kompliziert, weil verschiedene Fragenkreise nicht auseinandergehalten werden. Erstens geht es darum, ob die Richtlinien nur von Bedeutung für die Mitgliedstaaten (genauer für ihre Organe) sind oder auch für den Bürger. Dies wird unter dem Stichwort der sogenannten *unmittelbaren Wirkung* von EG-Richtlinien abgehandelt. Hier ist die Rechtslage nach der Rechtsprechung des EuGH eindeutig. Richtlinien können keine Verpflichtung für den Bürger begründen[3]. Dies entspricht dem auch gemeinschaftsrechtlich geltenden Verfassungsgrundsatz, wonach Eingriffe in Freiheit und Eigentum nur durch (materielles) Gesetz begründet werden dürfen. Deshalb bedürfen steuerbegründende Richtlinien der Umsetzung durch innerstaatliches Gesetz. Davon zu unterscheiden ist die Frage, ob der Steuerpflichtige sich darauf „berufen" kann, daß das nationale Recht zu seinen Ungunsten von der Richtlinienregelung abweicht. Dies wird vom EuGH in nunmehr ständiger Rechtsprechung bejaht[4]. Voraussetzung ist, daß die entsprechende Richtlinienbestimmung unbedingt[5] und hinreichend klar ist. Der Sache nach handelt es sich darum, daß der Mitgliedstaat sich treuwidrig[6] verhält, wenn er aus einer gemeinschaftswidrigen Umsetzung der Richtlinien in nationales Recht Vorteile zieht. Außerdem wird auf diese Weise der Bürger in den Dienst genommen, um die praktische Durchsetzung der gemeinschaftlichen Rechtsordnung zu sichern[7].

---

1 V. 17. 5. 1977, Nr. 77/388 EWG, ABl. EG 1977 Nr. L 145, 1.
2 Beschluß über eigene Mittel v. 24. 6. 1988, ABl. Nr. L 185/24.
3 EuGH v. 12. 5. 1987 Rs 372/374/85, RIW 88, 231 und v. 8. 10. 1987 Rs 80/86, HFR 88, 594.
4 EuGH v. 2. 2. 1984 Rs 70/83, EuGHE 84, 1075; v. 26. 2. 1986 Rs 152/84, RIW 86, 739; v. 14. 7. 1988 Rs 207/87, HFR 88, 541; v. 27. 6. 1989 Rs 50/88, UR 89, 373.
5 EuGH v. 5. 2. 1981 Rs 154/80, UR 81, 100; *Seeger,* UStKongrBericht 1985, 33, 37.
6 *Jarass,* NJW 90, 2420; Generalanwalt *Mischo* in EuGHE 87, 3669 („estoppel, venire contra factum proprium").
7 *Probst,* UR 90, 302; zum Sanktionscharakter BVerfGE 75, 233.

§ 13 Umsatzsteuer

Zweitens geht es darum, für welche Organe der Mitgliedstaaten die Richtlinien verbindlich sind. Dabei ist davon auszugehen, daß die Richtlinie sich an den Mitgliedstaat insgesamt wendet. Sie ist daher von allen für diesen Staat handelnden Organen zu beachten. Dies betrifft den Gesetzgeber, die Gerichte und die Exekutive. Daraus folgt für den nationalen Gesetzgeber die Verpflichtung, Richtlinien inhaltlich übereinstimmend in nationales Gesetzesrecht umzusetzen[8]. Gerichte[9] und Verwaltung[10] ihrerseits haben die Gesetze *richtlinienkonform* auszulegen. Diese Verpflichtung folgt bereits aus dem Gemeinschaftsrecht[11].

d) Von der richtlinienkonformen Auslegung zu unterscheiden ist die Frage, wie zu verfahren ist, wenn das nationale Gesetzesrecht den Richtlinien nicht entspricht. Die richtlinienkonforme Auslegung findet ihre Grenze am Wortlaut des Gesetzes. Eine richtlinienkonforme Auslegung gegen Wortlaut und Sinn des Gesetzes ist ebensowenig zulässig wie bei der parallelen Problematik der verfassungskonformen Auslegung[12]. Anders als dort kann allerdings eine autoritative Klärung nicht durch das BVerfG herbeigeführt werden, weil dieses nur über die Vereinbarkeit mit dem GG entscheidet (Art. 100 GG)[13]. Der EuGH seinerseits entscheidet nach Art. 177 EWG-Vertrag nur über die Auslegung des Gemeinschaftsrechtes, nicht über die Vereinbarkeit nationalen Rechtes mit dem Gemeinschaftsrecht[14]. Da dem Gemeinschaftsrecht jedoch der *Anwendungsvorrang*[15] zukommt, muß eine Verwerfungskompetenz der Gerichte bestehen. Allerdings kann dies nur in Frage kommen, wenn zuvor der EuGH im Vorlageverfahren nach Art. 177 EWG-Vertrag über die Auslegung des Gemeinschaftsrechtes entschieden hat[16]. Die entgegengesetzte Auffassung[17] steht weder mit Art. 177 EWG-Vertrag noch mit innerstaatlichem Verfassungsrecht im Einklang. Sie übersieht, daß weder ein Gericht noch eine Verwaltungsbehörde befugt ist, Zweifel hinsichtlich der Auslegung des Gemeinschaftsrechtes zu haben, wenn der Gesetzgeber sein Gesetz als Umsetzung des Gemeinschaftsrechtes ansieht. Nur über die Vorlage an den EuGH kann auch eine einheitliche Auslegung innerhalb der EG gesichert werden[18].

Nach einer Entscheidung des EuGH[19] müssen allerdings sowohl Gerichte als auch Verwaltungsbehörden[20] entgegenstehendes nationales Recht unbeachtet lassen.

Der Gesetzgeber ist verpflichtet, das gemeinschaftsrechtswidrige Gesetz zu ändern. Dies ist auch verfassungsrechtlich geboten. Der Bürger hat Anspruch darauf, aus dem Gesetz seine steuerlichen Pflichten und Rechte zu erfahren und nicht erst durch Studium der EuGH-Entscheidungen oder gar der BMF-Schreiben. Gegen diesen Grundsatz verstößt der deutsche Gesetzgeber z. B., indem er den Eigenverbrauchstatbestand nicht Art. 5 VI und 6 II a 6. EG-Richtlinie in der Auslegung des EuGH anpaßt[21], sondern dies per BMF-Schreiben[22] erledigen läßt. Ein entsprechendes Verhalten ist hinsichtlich der Anrechnung ausländischer EG-Umsatz-

---

8 BVerfG NJW 90, 974.
9 EuGHE 88, 4636; BVerfGE 75, 223 = NJW 88, 2173 = UR 88, 25; BFH BStBl. 89, 122; 88, 557, 643.
10 EuGH v. 22. 6. 1989 Rs 103/88, RIW 90, 407; s. a. *Probst,* UR 90, 302; a. A. zu Unrecht *Lohse/Spetzler,* StVj 90, 274.
11 EuGHE 84, 1891; 88, 4636, 4689; BVerfGE 73, 339 und BVerfGE 75, 223; *Jarras,* NJW 90, 2420.
12 S. *Woerner,* DStJG Bd. 13 (1990), 254; *Probst,* DStJG Bd. 13 (1990), 141; EuGHE 84, 1891; *Pernice,* NJW 90, 2416.
13 BVerfGE 73, 339 (Solange II).
14 *Birkenfeld,* UR 89, 329; EuGH UR 87, 20.
15 BVerfGE 75, 223; zur Problematik s. *Rupp,* ZRP 90, 1; *di Fabio,* NJW 90, 947; *Scholz,* NJW 90, 941.
16 Dazu BVerfG NJW 88, 2173 = UR 88, 25.
17 *Probst,* UR 90, 302; s. auch *di Fabio,* NJW 90, 947.
18 BVerfG NJW 88, 1456; zum Verstoß gegen Art. 101 GG bei willkürlicher Nichtvorlage BVerfGE 75, 223 und NJW 88, 2173.
19 Dazu *Vedder,* NJW 87, 526, der sich zu Recht gegen „hausgemachte" Auslegung wehrt.
20 So auch BMF BStBl. I 90, 35 (Eigenverbrauch); a. A. *Lohse/Spetzler,* StVj 90, 274.
21 EuGH v. 27. 6. 1989 Rs 50/88, UR 89, 373.
22 BStBl. I 90, 35.

steuer auf die deutsche EUSt zu konstatieren[23]. Dies ist eine partielle Abdankung des Gesetzgebers zugunsten der Verwaltung, die auch durch Art. 24 GG nicht gedeckt ist.

e) Die Harmonisierung innerhalb der EG ist durch die bisher ergangenen Richtlinien noch nicht abgeschlossen. Nach den letzten Vorschlägen der Kommission soll zur *Verwirklichung des Binnenmarktes* gemäß Art. 8a EWG-Vertrag (siehe § 8) die bisherige Besteuerung der Einfuhr bei Grenzübertritt durch den neu zu schaffenden Tatbestand der „Anschaffung der Ware" ersetzt werden[24]. Im Ergebnis wird dadurch das Bestimmungslandprinzip beibehalten. Im Exportland findet wie bisher eine Befreiung statt. Geändert wird praktisch nur das Verfahren. Die Grenzabfertigung kann entfallen. Da die Umsatzsteuer als Einkommensverwendungsteuer den Endverbraucher belastet, setzt eine echte Harmonisierung voraus, daß innerhalb der EG (Binnenmarkt) die Verbraucher gleich hoch belastet werden. Dazu müssen die Steuersätze vereinheitlicht werden. Ist dies mit Rücksicht auf die nationale Steuerhoheit (noch) nicht möglich, ist allein das Bestimmungslandprinzip für die Umsatzsteuer angemessen.

Die Versuche, nach dem Ursprungslandprinzip die Besteuerung durchzuführen und der nationalen Steuerhoheit durch Ausgleichszahlungen Rechnung zu tragen[25], verletzten das Grundprinzip, daß eine gleich hohe Einkommensverwendung zu einer gleich hohen Besteuerung führen soll. Die auftretenden Wettbewerbsverzerrungen indizieren den Verstoß gegen den Gleichheitssatz. Bei unterschiedlichen Steuersätzen ist ein echter Binnenmarkt nicht herstellbar[26]. Verhalten sich die Verbraucher rational, werden sie die Leistung aus dem niedrig besteuernden Staat beziehen[27]. Daraus mag ein Anpassungszwang[28] entstehen, aber der EWG-Vertrag zielt auf gleiche Wettbewerbschancen der Unternehmer, nicht der Staaten. Jedenfalls entspricht eine *unterschiedliche Belastung der Verbraucher* keinem echten Binnenmarkt.

B. Charakterisierung der Umsatzsteuer

1. Die Umsatzsteuer als Verbrauchsteuer

Literatur: *Söhn,* Die Umsatzsteuer als Verkehrsteuer und/oder Verbrauchsteuer, StuW 75, 1 ff.; *Tipke,* Die Umsatzsteuer im Steuersystem, UStR 72, 2; *ders.,* Umsatzsteuer – Verkehrsteuer und/oder Verbrauchsteuer, DStR 83, 595; *Philipowski,* Umsatzsteuer: Verbrauch- oder Verkehrsteuer?, UStKongrBericht 1985, 183 ff.; *Tehler,* Die Umsatzsteuer als angewandte Verkehr- und/oder Verbrauchsteuer, Diss. Köln 1986; *Walden,* Die Umsatzsteuer als indirekte Verbrauchsteuer, Diss. Essen, Berlin 1988; *Reiß,* Der Belastungsgrund der Umsatzsteuer und seine Bedeutung für die Auslegung des Umsatzsteuergesetzes, DStJG Bd. 13 (1990), 3; *Janssen,* Die Umsatzsteuer als Verkehr- und/oder Verbrauchsteuer, DStZ 90, 35.

Der Bundesfinanzhof hat 1973 zum Sinn der Umsatzsteuer bemerkt: „Die meisten Verkehrsteuern einschließlich der Umsatzsteuer haben keinen tieferen Sinn als den, dem Staat Geld zu bringen."[29] Dieser Fiskalzweck, den per definitionem alle Steuern haben, erklärt aber nicht,

---
23 EuGH v. 5. 5. 1982 Rs 115/81, UR 82, 242; v. 21. 5. 1985 Rs 47/84, UR 86, 180; v. 23. 1. 1986 Rs 39/85, UR 86, 183; v. 25. 2. 1988 Rs 299/86, ABl. 1988 Nr. C 74, 13.
24 KOM (90) 182/2; *Mann,* B 90, 1735; ähnlich schon ECOFIN v. 13. 11. 1989, RatsDok. 9543/89, dazu *Klezath,* DStJG Bd. 13 (1990), 174.
25 S. Richtlinienentwurf v. 22. 9. 1987 KOM 87/322, ABl. Nr. C 252, KOM 89/269 final, BR-Drucks. 353/89.
26 *Kraeusel,* UVR 90, 3; *Klezath,* DStJG Bd. 13 (1990), 175.
27 Verkannt von KOM 87/322, ABl. Nr. C 52 und KOM 89/260 final, der Hinweis auf die USA sales tax ist verfehlt, denn tatsächlich bestehen die Probleme auch in den USA.
28 So Kommission (Fn. 27) in Übernahme britischer Vorstellungen dank der „splendid isolation".
29 BFH BStBl. 73, 94, 96.

warum zur Erzielung von Staatseinnahmen gerade eine Umsatzsteuer erhoben wird. Auch zur Rechtsanwendung darf der Fiskalzweck nicht herangezogen werden. Jedoch kann für die Rechtsanwendung die Frage erheblich sein, ob der Unternehmer oder der Verbraucher belastet werden soll.

Die Umsatzsteuer ist eine Verbrauchsteuer, sie ist die *allgemeine Verbrauchsteuer*. Das Einkommen wird zweimal besteuert, einmal bei seiner Entstehung durch die Einkommensteuer und zum zweiten bei seiner Verwendung durch Verbrauchsteuern (s. S. 158 ff., 163 f.). Dadurch gleichen sich die Vor- und Nachteile der Einkommensteuer und der Umsatzsteuer zum Teil aus (s. S. 176 f.). Die Einkommensverwendung, der Verbrauch i. w. S., ist ebenso wie das Einkommen ein geeigneter Maßstab der steuerlichen Leistungsfähigkeit. Das Leistungsfähigkeitsprinzip ist die übergreifende Fundamentalregel, die auch das Umsatzsteuerrecht trägt und dafür sorgt, daß es nicht zu einem aparten Teil des Steuerrechts wird.

Allerdings werden die Verbraucher aus Praktikabilitätsgründen nicht direkt besteuert. Das Umsatzsteuergesetz hält sich *technisch* an die Unternehmer, die Lieferungen und sonstige Leistungen ausführen. Die Unternehmer dürfen die *Umsatzsteuer aber überwälzen;* führen sie steuerpflichtige Lieferungen oder sonstige Leistungen aus, so berechnen sie die Umsatzsteuer gesondert (s. § 14 UStG). Soweit Umsatzsteuer auf Unternehmer überwälzt wird, entlasten diese sich durch den sog. *Vorsteuerabzug* (§ 15 UStG). Die Unternehmer sollen nämlich in ihrer Eigenschaft als Unternehmer nicht mit Umsatzsteuer *belastet* werden; Steuerträger sollen die Verbraucher sein. Bemessungsgrundlage ist, was der Verbraucher für die Leistung aufwendet. Das ist nicht bloß eine finanzpolitische oder finanzwissenschaftliche Idee, sondern eine Idee, die das Umsatzsteuergesetz in seltener Klarheit in geltendes Recht umgesetzt hat. Mit anderen Worten: *Steuergut* (s. S. 131) der Umsatzsteuer sind die Aufwendungen oder Einkommensverwendungen der Verbraucher. Allerdings, darin ist den Verkehrsteuerpositivisten beizupflichten, steht im Umsatzsteuergesetz nicht expressis verbis: „Achtung! Dies ist eine Verbrauchsteuer!" Aus §§ 1 I Nrn. 2, 4; 10 I 2 („Leistungsempfänger"); 14; 15 UStG läßt sich das *Verbrauchsteuerprinzip* aber induktiv sicher entnehmen.

Vom Steuergut ist das *technische Steuerobjekt* zu unterscheiden: Steuerobjekt sind insbesondere die entgeltlichen Leistungen der Unternehmer. Die Steuertypologie (s. S. 158), der Steuerartenvergleich (s. S. 137 f.) und die Gesetzesauslegung (s. S. 94) sind nicht an einem technischen Tatbestand, sondern teleologisch am Steuergut zu orientieren.

Die Verbrauchsteuerauffassung hat sich in der Literatur[30] und der Rechtsprechung der Finanzgerichte klar durchgesetzt. Der *Europäische Gerichtshof*[31] versteht die Umsatzsteuer uneingeschränkt als Verbrauchsteuer. Der Bundesfinanzhof kann sich immer noch nicht davon tren-

---

30 In diesem Sinne verbrauchsteuerorientiert *Tipke,* UStR 72, 2, 3 f.; *ders.,* DStR 83, 595; *Söhn,* StuW 75, 1 ff.; *Tehler,* DStR 83, 215; *Krautwald,* Ungelöste Probleme im Rahmen der Umsatzbesteuerung, Frankfurt a. M./Bern 1982, 7 ff.; *Kirchhof,* HWStR[2], 1434; *Walden,* Die Umsatzsteuer als indirekte Verbrauchsteuer, Diss. Essen, Berlin 1988; *Ruppe/Achatz,* Sachleistungen an Arbeitnehmer in umsatzsteuerlicher Sicht, Wien 1985, 69 ff.; *Söhn,* in: FS für v. Wallis, Bonn 1985, 443 ff.; *Tehler,* Die Umsatzsteuer als angewandte Verkehr- und/oder Verbrauchsteuer, Diss. Köln 1986; *Ebke,* A Statute in Search of a Purpose, in: FS für O. L. Walter, Osnabrück 1988, 215 f., 224 ff., 227 f.; *Stadie,* Das Recht des Vorsteuerabzugs, Köln 1989; *Reiß,* DStJG Bd 13 (1990), 3; ablehnend *Weiß,* DStJG Bd. 7 (1984), 351; *Hübner,* UR 85, 6; *Philipowski,* UStKongrBericht 1985, 183.
31 EuGH UR 82, 243 mit abl. Anm. *Weiß,* UR 82, 246; EuGH UR 89, 373.

nen, mit der Leerformel[32] vom maßgeblichen Verkehrsakt im Ergebnis meist zutreffende Entscheidungen zu begründen[33]. Die Berufung auf den Verbrauchsteuercharakter ist nicht eine beliebige Methode des Interpreten, um textungebunden seinem Vorverständnis Geltung zu verschaffen. Vielmehr geht es darum, bei der Gesetzesauslegung im Rahmen der Auslegungsgrenzen, wie sie sich aus dem objektivierten Wortlaut ergeben, dem Sinnzusammenhang dadurch Rechnung zu tragen, daß der Zweck einer *Belastung des Endverbrauchers* berücksichtigt wird. Dem ist der Bundesfinanzhof nicht immer gerecht geworden[34].

Bereits technisch knüpfen § 1 I Nrn. 2, 4 UStG nicht an Verkehrsakte an, sondern an Realakte (Entnahme, Einfuhr). Man hat diese Tatbestände lange als *fiktive Verkehrsakte* („Leistung an sich selbst") erklärt („Fiktionstheorie")[35]. Aber es gibt keinen sinnvollen, sachlich einleuchtenden Grund für die Besteuerung fiktiver Akte. Ebenso vermag die *Realakttheorie*[36], wonach beim Eigenverbrauch die reale Wertabgabe besteuert wird, nicht zu befriedigen. Die Anknüpfung an den Realakt ist nicht signifikant. Das Schlafen ist auch ein Realakt, gleichwohl wird es nicht mit Umsatzsteuer belegt.

Sowohl die Besteuerung des Eigenverbrauchs als auch der Einfuhr erklären sich zwanglos daraus, daß der nichtunternehmerische Verbrauch, die Einkommensverwendung für nichtunternehmerische Zwecke, den Belastungsgrund abgeben.

Zusammengefaßt: Die Umsatzsteuer besteuert Vorgänge *nicht* deshalb, *weil* sie Verkehrsakte oder Realakte eines Unternehmers sind oder *weil* sie einen Leistungsaustausch darstellen. Ihre technischen Anknüpfungen dienen grundsätzlich nur dazu, die *Verbraucher* zu belasten. Die Erklärung der Steuer teils als Verkehrsteuer, teils als Realaktsteuer dringt nicht zum eigentlichen Wesen dieser Steuer vor und erweckt zu Unrecht den Eindruck eines Mischcharakters.

Die partielle Ersetzung zivilrechtlicher Begriffe durch sog. steuerrechtliche Wirtschaftsbegriffe (z. B. „Lieferung") geht auf *Popitz* zurück. Über ihn ist die Gesetzgebung bis heute *terminologisch* nicht hinausgekommen. Ohne *Popitz* hätte die Terminologie des Umsatzsteuergesetzes wahrscheinlich noch immer den Stand der zivilrechtlichen Terminologie der sog. besonderen Verkehrsteuergesetze (s. z. B. § 1 GrEStG 1983).

Die Umsatzsteuer ist eine *indirekte* Steuer, da sie überwälzt wird. Die Umsatzsteuer ist ergiebig, ihre Erhebung ist relativ einfach.

Die Umsatzsteuer nimmt keine Rücksicht auf die persönlichen Verhältnisse[37]. Je höher der Verbrauch einer Familie ist, desto größer ist die Umsatzsteuerbelastung. Im Durchschnitt nimmt die Belastung mit der Größe der Familie zu. Allerdings gibt es ermäßigte Steuersätze für lebensnotwendige Güter.

Im Sinne der Abgabenordnung gehört die Umsatzsteuer – mit Ausnahme der Einfuhrumsatzsteuer (Verbrauchsteuer, s. § 21 I UStG) – nicht zu den Verbrauchsteuern im technischen Sinne. Daher beträgt die Festsetzungsfrist nach § 169 II Nr. 2 AO vier

---

32 *Reiß*, DStJG Bd. 13 (1990), 27.
33 BFH BStBl. 88, 1017, 1019 u. 89, 580, 582.
34 *Woerner*, DStJG Bd. 13 (1990), 247, 252.
35 Dazu *Dziadkowski*, BB 81, 746 f. u. BB 82, 2097; *Widmann*, UStKongrBericht 1982/83, 58.
36 *Weiß*, StbKongrRep. 1981, 131, 139; *ders.*, UStR 82, 184; *ders.*, UR 84, 57, 58 („Realakt-Theorie"); s. auch BFH BStBl. 84, 169.
37 Zur Problematik der Sozialverträglichkeit und der Belastung des existenznotwendigen Lebensbedarfes *Lang*, StuW 90, 126.

Jahre. Die einfache Änderungsmöglichkeit nach § 172 I Nr. 1 AO ist nicht anwendbar[38].

2. Die Umsatzsteuer als Mehrwertsteuer mit Vorsteuerabzug

Die meisten dem Verbrauch oder Gebrauch dienenden Gegenstände durchlaufen eine Reihe von Phasen oder Stadien, wenn sie vom Fabrikanten zum Verbraucher gelangen. An den Fabrikanten werden, damit er die Ware produzieren kann, meist Roh- und Halbstoffe umgesetzt.

Umsatzsteuern können sein: einphasig (Fabrikanten- oder Produktionssteuer, Grossistensteuer, Einzelhandelssteuer), mehrphasig oder allphasig.

	100 DM		200 DM		300 DM	
F	←	G	←	E	←	V
	1. Phase		2. Phase		3. Phase	

Im obigen Beispiel liefert der Fabrikant F Ware für 100 DM an den Großhändler G, der Großhändler G liefert die nämliche Ware für 200 DM an den Einzelhändler E, der Einzelhändler E liefert die nämliche Ware für 300 DM an den Verbraucher V. Der Pfeil zeigt die Richtung an, in die das Entgelt fließt.

Die (kumulative) *Allphasen-Brutto-Umsatzsteuer* (in Kraft bis 31. 12. 1967) wirkte wie folgt:

a) *Jeder* Umsatz eines Unternehmers im Inland wurde der Umsatzsteuer unterworfen, im Beispiel also die Lieferungen F an G, G an E und E an V.

b) Bemessungsgrundlage für die Steuer war das jeweils vereinnahmte *Brutto*-Entgelt ohne Abzüge, daher Brutto-Umsatzsteuer. Die Anzahl der von einer Ware auf ihrem Produktions- und Verteilungsweg durchlaufenen Phasen war also ausschlaggebend für die Höhe der Gesamtbelastung der Ware (Kumulationswirkung).

Die sog. *Kumulationswirkung* der Allphasen-Brutto-Umsatzsteuer verletzte die Wettbewerbsneutralität. Die Versuche, die Zahl der Phasen zu reduzieren, führte zu Bestrebungen, den Groß- und Einzelhandel auszuschalten, oder dazu, mehrere Phasen in demselben Unternehmen zu vereinigen. Diesem Zweck diente insb. die Organschaft (s. S. 564). Wegen der durch die Allphasen-Brutto-Umsatzsteuer ausgelösten Wettbewerbsvorteile kam es zu Verfassungsbeschwerden, die vom BVerfG zugelassen wurden (BVerfGE 18, 1).

Zur Herstellung der Wettbewerbsneutralität[39], allerdings zugleich auch zum Zwecke der Harmonisierung der Umsatzsteuer innerhalb der EG und zur Ermöglichung eines exakten Grenzausgleichs, ist am 1. 1. 1968 eine *Allphasen-Netto-Umsatzsteuer mit Vorsteuerabzug* eingeführt worden[40]. Diese Steuer ist (formell) ebenfalls eine Allphasen-Steuer (s. § 1 UStG). Sie ist keine echte Mehrwertsteuer; denn Bemessungsgrundlage ist nicht der jeweilige Mehrwert, sondern das jeweilige Gesamtentgelt (*ohne* Umsatzsteuer). Jedoch darf der Unternehmer von der Umsatzsteuerschuld die in der Vorphase auf ihn überwälzte Umsatzsteuer im Wege des sog. Vorsteuerabzugs absetzen (s. § 15 UStG). Das hat zur Folge, daß im Ergebnis nur der Nettoumsatz = „Mehrwert" – in den nachfolgend skizzierten Beispielen jeweils 100 DM – belastet wird.

---

38 BFH BStBl. 87, 95.
39 Dazu BT-Drucks. IV/1590, 25.
40 Dazu Bericht zu BT-Drucks. V/1581.

Immer dann, wenn die vom Gesetz intendierte Überwälzung (s. § 14 UStG) der Steuer auf den Phasennächsten gelingt, ist der Unternehmer wirtschaftlich nicht mit Umsatzsteuer belastet. Zwar können grundsätzlich nur Unternehmer Schuldner der Umsatzsteuer sein; sie bleiben aber prinzipiell unbelastet,
- weil die Steuer, die in der Vorphase auf sie überwälzt worden ist, im Wege des Vorsteuerabzugs (s. § 15 UStG) an sie vergütet wird (s. S. 571 ff.);
- weil sie die Steuer, die sie selbst schulden, überwälzen können (s. § 14 UStG; dazu S. 571 ff.); gelingt die Überwälzung ausnahmsweise nicht, so kommt ein Billigkeitserlaß in Betracht (s. S. 725).

Wirtschaftlich trägt die Umsatzsteuer der *private* (nichtunternehmerische) *Verbraucher;* er ist zwar kein Umsatzsteuerschuldner, wohl aber *Umsatzsteuerträger;* denn nur Unternehmer können den Vorsteuerabzug geltend machen (§ 15 UStG), nicht private Verbraucher (s. S. 571).

Eine Steuer, die den Verbrauch (Konsum) belastet, führt bei einer Erhöhung des Steuersatzes selbstverständlich zu einer Verringerung des für Konsumausgaben zur Verfügung stehenden Einkommens. Dies kann sich auf die Nachfrage negativ auswirken und trifft dann den Leistungen anbietenden Unternehmer mit Rückwirkungen auf sein Angebotsverhalten. Diese betriebswirtschaftliche Banalität rechtfertigt indes nicht, die Umsatzsteuer als eine den Unternehmer belastende Steuer einzuordnen[41].

Das folgende Beispiel soll den Vorgang veranschaulichen:

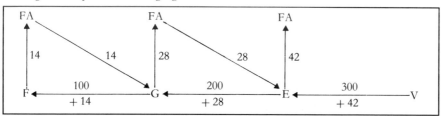

Zur obigen Skizze: F liefert einen Gegenstand für 100 DM an G. Da der Normalumsatz mit 14 v. H. Umsatzsteuer belastet ist, stellt er dem G über den Kaufpreis hinaus 14 DM Umsatzsteuer offen in Rechnung. Die 14 DM, die F neben dem Kaufpreis von G erhält, führt F an das Finanzamt (FA) ab; G erhält sie im Wege des Vorsteuerabzugs vom FA zurück.

G liefert den nämlichen Gegenstand an E weiter für 200 DM; er stellt dem E neben dem Kaufpreis 28 DM Umsatzsteuer in Rechnung (14 v. H.). Die 28 DM, die er von E erhält, führt er an das FA ab; erhält sie im Wege des Vorsteuerabzugs vom FA zurück.

E liefert den nämlichen Gegenstand an den Endverbraucher V. Neben dem Kaufpreis von 300 DM berechnet er 42 DM (14 v. H.) Umsatzsteuer. Diese erhält er von V und führt sie an das FA ab. Als Nichtunternehmer kann V keinen Vorsteuerabzug geltend machen (s. § 15 I UStG). Das FA behält also die 42 DM endgültig.

Es handelt sich um ein vereinfachtes Beispiel. Die vielfach begleitenden Umsatzverflechtungen (Einkauf von Hilfsgütern, Investitionsgütern und Inanspruchnahme von Werk- und Dienstleistungen) werden in dem Beispiel nicht berücksichtigt.

Das skizzierte Beispiel zeigt, daß die Mehrwertsteuer *materiell* eine Einzelhandelssteuer ist; die Kreisläufe G – F – FA – G und E – G – FA – E sind leerläufig.

---

41 So aber *Krüger*, UR 88, 65 f.

§ 13 Umsatzsteuer

Zur Vermeidung von Mißverständnissen, zu der die obige Skizze verleiten könnte, ist zu beachten: Der Vorsteuerabzugsberechtigte macht den Vorsteuerabzug nicht bei dem für den leistenden Vertragspartner zuständigen FA geltend, sondern bei dem für ihn selbst zuständigen FA. Das mag die folgende Skizze verdeutlichen:

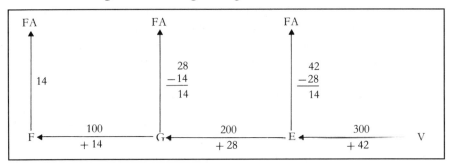

Diese letzte Skizze zeigt auch, daß der Betrag von 42 DM *fraktioniert* wird. Das FA erhält von F, G und E je 14 DM endgültig; diese Beträge braucht es nicht mehr herauszugeben.

Die Einschaltung nicht nur des E, sondern aller Unternehmer in der Kette, wird wie folgt gerechtfertigt:

(a) Eine Einzelhandelssteuer eröffne erhebliche Steuerhinterziehungsmöglichkeiten; sie mache jedenfalls umständliche Prüfungen darüber notwendig, inwieweit im Großhandel oder im Einzelhandel (d. h. an einen Endverbraucher) geliefert worden sei.

(b) Wer die Vorsteuer reklamiere, werde genötigt sein, auch seine Umsätze richtig zu deklarieren, da durch Aufschläge auf die Vorumsätze auf die Höhe der Umsätze geschlossen werden könne.

(c) Da die Steuer fraktioniert werde (s. letzte Skizze), übten die Unternehmer zugunsten des FA eine Inkassofunktion aus.

(d) Das Verfahren sei aus psychologischen Gründen geboten[42].

Das Verfahren ermöglicht auch einen exakten Grenzausgleich beim Export. Dabei wird der Exportumsatz steuerfrei gelassen (§ 4 Nr. 1 UStG), der Vorsteuerabzug bleibt aber erhalten (§ 15 III Nr. 1 UStG). Dadurch gelangt die Ware unbelastet von inländischer Umsatzsteuer auf den Auslandsmarkt. Sie wird dort mit ausländischer (Einfuhr-)Umsatzsteuer belastet. Dies entspricht dem Bestimmungslandprinzip, wonach die Besteuerung dort stattfinden soll, wo der Verbrauch stattfindet.

Bei einem *echten Binnenmarkt* innerhalb der EG-Staaten (dazu § 8 und Einführung) darf es zwischen den EG-Staaten *keine „befreiten Exporte"* und mit Einfuhrumsatzsteuer zu belegende *„Importe"* mehr geben. Ein gemeinsamer Binnenmarkt setzt auch eine gleiche Besteuerung der Verbraucher in diesem Binnenmarkt voraus.

---

42 Dazu Schriftlicher Bericht des Finanzausschusses zu BT-Drucks. V/1581, Allg., Nr. 3.

C. Steuerobjekt

Steuerobjekt der Umsatzsteuer oder steuerbar (besteuerbar) sind folgende Umsätze:

(1) Lieferungen und sonstige *Leistungen,* die ein *Unternehmer* im *Inland gegen Entgelt im Rahmen seines Unternehmens* ausführt (§ 1 I Nr. 1 UStG; dazu die ergänzenden Klarstellungen durch § 1 I Nr. 1 Sätze 2a, b UStG);

(2) der *Eigenverbrauch* im *Inland* (§ 1 I Nr. 2 UStG), einschließlich *Gesellschafterverbrauch* (§ 1 I Nr. 3 UStG);

(3) die *Einfuhr* von Gegenständen in das Zollgebiet (§ 1 I Nr. 4 UStG).

Diese Umsätze sind *steuerbar. Nicht steuerbar* sind z. B. *Leistungen* (§ 1 I Nr. 1 UStG),

- die *nicht von einem Unternehmer im Rahmen des Unternehmens* ausgeführt werden, oder
- die *nicht im Inland* ausgeführt werden, oder
- die *unentgeltlich* ausgeführt werden; denn ihnen steht keine Aufwendung (keine Einkommensverwendung) des Leistungsempfängers gegenüber.

Die Tatbestände des § 1 I Nrn. 1, 2 UStG sind nicht kumulativ, sondern nur alternativ erfüllbar. Sie schließen sich aus: Entweder wird „im Rahmen des Unternehmens" oder es wird „für Zwecke außerhalb des Unternehmens" gehandelt[43]. Ein Konkurrenzproblem kann daher nicht entstehen.

Allerdings sind Doppelmotivationen denkbar. So kann bei einer entgeltlichen Leistung das Entgelt aus privaten/nichtunternehmerischen Gründen verbilligt sein. Hier greift dann ergänzend die Bestimmung über die Mindestbemessungsgrundlage ein (vgl. S. 567f.).

Steuerbare Umsätze können sein: steuerfrei oder steuerpflichtig. Steuerbare Umsätze, die nicht steuerfrei sind, sind zu versteuern (sie sind steuerpflichtig).

1. Entgeltliche Leistungen von Unternehmern im Inland (§ 1 I Nr. 1 UStG)

1.1 Leistungen (Lieferungen und sonstige Leistungen)

Da die Umsatzsteuer nicht den Unternehmer als solchen treffen will, aber bei ihm technisch anknüpft, bedarf es eines *technischen* Anknüpfungsvehikels: das ist i. d. R. die Leistung des Unternehmers an einen anderen. Das Gesetz unterscheidet Lieferungen und sonstige Leistungen; auch diese Unterscheidung hat aber *nichts* mit dem *Wesen* der Umsatzsteuer zu tun (verkannt von Autoren, die das Wesen einer Steuer vordergründig aus Begriffen ableiten).

Was unter „*Leistung*" zu verstehen ist, wird in Anlehnung an das Bürgerliche Recht entschieden, das den Begriff „Leistung" in § 241 BGB verwendet. Danach ist Leistung jedes vom Willen eines Rechtssubjekts beherrschte Verhalten (Tun, Dulden, Unterlassen), das zum Gegenstand des Wirtschaftsverkehrs gemacht wird, insb. Gegenstand eines Schuldverhältnisses sein kann. Leistung ist der *Oberbegriff* von Lieferung und sonstiger Leistung.

Die Leistung ist das *Erfüllungsgeschäft,* nicht das dem Erfüllungsgeschäft (der Leistung) zugrunde liegende obligatorische Geschäft (Kauf-, Werk-, Werklieferungs-, Dienstvertrag etc.); dieses obligatorische Geschäft wird auch als *Umsatzgeschäft* bezeichnet (s. § 3 II UStG).

---

[43] So auch *Söhn,* StuW 75, 17f.

§ 13 Umsatzsteuer

Das Telos der Umsatzsteuer verlangt jedoch eine Einschränkung: Die Bezahlung einer Leistung mit Geldmitteln ist zwar zivilrechtlich ebenfalls Leistung. Im umsatzsteuerlichen Sinne stellt sie jedoch keine Leistung dar, weil Geld kein verbrauchsfähiges Gut ist, sondern allein das technische Mittel, um einen Güter- und Dienstleistungsverbrauch zu finanzieren. Die Geldzahlung (Bar- und Buchgeld) stellt daher nur Gegenleistung/Entgelt dar. Dagegen liegen beim Tauschvorgang zwei umsatzsteuerliche Leistungen (zwei Umsätze) vor.

Ausdrücklich erfaßt werden *auch solche Leistungen, die aufgrund gesetzlicher oder behördlicher Anordnung ausgeführt* werden oder nach gesetzlicher Vorschrift als bewirkt gelten (§ 1 I Nr. 1 Satz 2 a UStG). Unerheblich ist es danach, ob das Gesetz oder eine Behörde den Steuerpflichtigen zu einer Leistung rechtlich veranlaßt oder zwingt. Lieferungen aufgrund von Zwangsverkäufen oder Zwangsvermietungen sind folglich Leistungen. Daher liegt auch bei der Zwangsversteigerung eine rechtliche Lieferung des Schuldners an den Ersteigerer vor, obgleich die Verschaffung der Verfügungsmacht auf dem hoheitlichen Zuschlag beruht[44]. Falls Schuldner und Ersteigerer Unternehmer sind, ist die Lieferung zu versteuern und steht dem Ersteigerer der Vorsteuerabzug zu. Leistungen, die kraft gesetzlicher Vorschrift als bewirkt gelten, sind solche, die vom Gesetz fingiert werden, weil der Leistungsverpflichtete die Erfüllung der Leistungsverpflichtung unterlassen hat. Entscheidend ist, daß der Leistungsempfänger für eine bewirkte oder als bewirkt geltende Leistung ein Entgelt erbracht hat. Dabei kann Entgelt auch sein, was aufgrund eines im öffentlichen Recht wurzelnden Anschluß- und Benutzungsbeitrages geschuldet wird[45].

Eine Leistung kann nur *von einem Rechtssubjekt erbracht werden*, sei es aus eigenem Antrieb, sei es auf gesetzliche oder behördliche Anordnung, sei es kraft Fiktion. *Keine Leistung* liegt vor, *wenn Vermögen kraft Gesetzes übergeht,* etwa eine Erbschaft. Es mangelt an einem vom Willen beherrschten Verhalten. Im übrigen fehlt es bei Erbschaften am Entgelt.

Beruht der Übergang kraft Gesetzes allerdings seinerseits auf willentlichem Verhalten, wie bei Umwandlungen und Verschmelzungen[46], läßt sich der Leistungscharakter nicht verneinen.

Auch *Teilleistungen* sind zu berücksichtigen. Sie liegen vor, wenn für bestimmte Teile einer wirtschaftlich teilbaren Leistung das Entgelt gesondert vereinbart ist (§ 13 I Nr. 1 a Sätze 2, 3 UStG). Wirtschaftlich teilbar ist eine Leistung nur, wenn sie auch bei Ausbleiben der Gesamtleistung einen Wert hat.

Das Gesetz hebt von den Leistungen (Oberbegriff) die Lieferungen besonders ab. Es unterscheidet *Lieferungen und sonstige Leistungen* (s. § 3 UStG); dies ist insb. wegen der (nach Lieferungen und sonstigen Leistungen differenzierenden) Sonderbestimmungen über den Leistungsort (§§ 3 VI–VIII; 3a UStG) von Bedeutung, ferner, weil einige Vorschriften sich nur auf Lieferungen beziehen, andere nur auf sonstige Leistungen.

Obwohl die Umsatzsteuer nicht an das Verpflichtungsgeschäft, sondern an das *Erfüllungsgeschäft* anknüpft, muß, wer Umsatzsteuerrecht anwendet, meist auf das Verpflichtungsgeschäft (Kauf, Tausch, Werkvertrag, Werklieferungsvertrag, Dienstvertrag, Miet-/Pachtvertrag, Maklervertrag usw.) rekurrieren, um sicher beurteilen zu können, wer (Unternehmer oder nicht) an wen was (steuerfrei oder nicht) wo (im Erhebungs- oder Außengebiet) gegen welches Entgelt geleistet hat.

---

[44] BFH BStBl. 86, 500.
[45] BFH BStBl. 88, 473.
[46] BFH BStBl. 64, 464; 58, 271; 76, 518; UR 80, 185; BFH/NV 86, 500; *Reiß*, StVj 89, 103, 108 f.; zur Kritik s. aber *Tipke*, B 68, Beilage Nr. 17; *Seer*, DStR 88, 367; *Schaumburg*, StuW 73, 15.

Ob das zivilrechtliche Verpflichtungsgeschäft und/oder das Erfüllungsgeschäft (mit dem die Leistung erbracht wird) gesetzwidrig, sittenwidrig oder sonst unwirksam ist, ist irrelevant, wenn die Leistung tatsächlich erbracht wird (s. §§ 40, 41 AO).

Allerdings hat der *EuGH* entschieden, daß sowohl die Einfuhr als auch der innerstaatliche *Handel mit Drogen,* soweit er illegal und strafbar ist, nicht der Umsatzbesteuerung unterliegt[47]. Diese Rechtsprechung stößt in der deutschen Literatur[48] auf nahezu einhellige Ablehnung. Zum Teil wird gefordert, dem EuGH jedenfalls für reine Inlandsumsätze die Gefolgschaft zu versagen[49]. Die Kritik ist jedoch unbegründet. Die Harmonisierung der Steuern nach Art. 99 EWG-Vertrag vermittels Richtlinien erfaßt auch sogenannte reine Inlandssachverhalte. Eine unterschiedliche Behandlung der Einfuhr und der Inlandsumsätze ist nicht zu rechtfertigen. In der Sache verkennt die Kritik, daß die Umsatzsteuer den Konsumenten und nicht den Händler belastet. Entgeltsverwendung für Drogenkonsum ist kein Ausdruck steuerlicher Leistungsfähigkeit. Die Umsatzsteuer ist weder geeignet, noch dazu bestimmt, das Strafrecht mit einer quasi steuerlichen Sanktion zu flankieren, noch eine Gewinnabschöpfung beim Dealer vorzunehmen. Hier ist allein mit den strafrechtlichen Instituten des Verfalls und der Einziehung (vgl. §§ 73f. StGB) zu helfen.

Der umsatzsteuerliche Begriff der Leistung (Lieferung oder sonstige Leistung) ist daher dahin einzuengen, daß Leistungen, die der Art nach generell gesetzeswidrig sind, die ohne Verstoß gegen strafrechtliche Verbotsnormen von niemandem erbracht werden können, nicht der Besteuerung unterliegen.

Den Leistungsempfänger, der eine Lieferung empfängt, nennt das Gesetz *Abnehmer;* den Leistungsempfänger, der eine sonstige Leistung empfängt, nennt das Gesetz *Auftraggeber.*

Für die Beurteilung der Frage, ob *eine Lieferung oder eine Vermittlungsleistung* vorliegt, spielt insb. eine Rolle, ob der Unternehmer handelt:

(1) *im eigenen Namen für eigene Rechnung* (das tut der Eigenhändler; er führt Lieferungen aus);

(2) *im eigenen Namen für fremde Rechnung* (das tut der Kommissionär; er führt Lieferungen aus, s. § 3 III UStG);

(3) *im fremden Namen für fremde Rechnung* (das tut der Agent; er liefert nicht, sondern erbringt eine sonstige Leistung, eine Vermittlungsleistung; Steuerbemessungsgrundlage ist seine Provision);

(4) *im fremden Namen für eigene Rechnung* (sog. *unechte Agentur*). Der entweder ohne Vollmacht als falsus procurator handelnde „Agent" oder der zwar mit Vollmacht, aber auf eigene Rechnung handelnde scheinbare Vermittler wird selbst als Lieferer behandelt[50].

Die Abgrenzung zwischen der echten und der unechten Agentur spielte insbesondere im Gebrauchtwagenhandel eine große Rolle.

Inzwischen ist durch die Einführung einer Margenbesteuerung (s. S. 569) Abhilfe geschaffen.

---

47 EuGH v. 28. 2. 1984 Rs 294/82, HFR 84, 444; v. 5. 7. 1988 Rs 269/86 und 289/86, UR 89, 18, 312.
48 *Widmann,* UR 89, 10; *Weiß,* UR 89, 311; *Dziadkowski,* StVj 89, 337; *ders.,* UVR 90, 195; *Lohse/Spetzler,* StVj 90, 274.
49 So *Weiß, Dziadkowski, Lohse/Spetzler* (Fn. 48).
50 BFH BStBl. 87, 657; 88, 153; 88, 1017; *Mößlang,* DStR 90, 67.

1.11 Lieferungen

1.111 Begriff, Grundformen

Lieferungen sind Leistungen[51], durch *die der Unternehmer* oder in seinem *Auftrag ein Dritter den Abnehmer* oder *in dessen Auftrag einen Dritten* befähigt, im eigenen Namen über einen *Gegenstand* zu verfügen, sog. Verschaffung der Verfügungsmacht (§ 3 I UStG).

Gegenstände i. S. des § 3 I UStG *sind Sachen* (= körperliche Gegenstände, s. § 90 BGB) aller Art (wie Waren, Grundstücke, Maschinen, Sachgesamtheiten) und *sonstige Wirtschaftsgüter,* die im Verkehr wie Sachen umgesetzt werden (wie Wasser, Dampf, Gas, Elektrizität, Kernkraft), *nicht Rechte* oder Berechtigungen (Beispiel: Übertragung eines Aufführungsrechts oder eines Patentausnutzungsrechts; sie ist eine sonstige Leistung)[52].

Der Geschäftswert wird trotz fehlender Körperlichkeit als Liefergegenstand behandelt[53].

Die *Verschaffung der Verfügungsmacht* wird dadurch bewirkt, daß der Abnehmer in die Lage versetzt wird, wie ein „wirtschaftlicher Eigentümer" zu agieren, so daß ihm der Gegenstand i. S. des § 39 AO zugerechnet wird[54]. Da rechtliches und wirtschaftliches Eigentum im allgemeinen zusammenfallen (s. § 39 I AO), wird die Verfügungsmacht jedenfalls durch die Eigentumsübertragung nach §§ 873, 929, 930, 931 BGB oder mit der Übergabe eines Traditionspapiers – Konnossement, Ladeschein, Orderlagerschein – (§ 363 HGB) verschafft. Aufgrund von § 39 II Nr. 1 AO ergeben sich jedoch Abweichungen. Die wichtigsten sind: Lieferung unter Eigentumsvorbehalt (§ 455 BGB) ist Lieferung; Verpfändung und Sicherungsübereignung sind keine Lieferungen; beim Leasing kann Lieferung vorliegen[55]; Verschaffung des Eigenbesitzes (= Verschaffung der tatsächlichen Herrschaft über den Gegenstand und Herrschaftswille des Abnehmers) ist Lieferung[56].

In Zweifelsfällen ist zu bedenken, daß es nicht darauf ankommt, eine zum Umsatz fähige wirtschaftliche Kraft des Unternehmers festzustellen, sondern daß es nur um ein geeignetes Vehikel zur *Steuerüberwälzung auf den Abnehmer* geht.

Die Verfügungsmacht kann wie folgt verschafft werden (§ 3 I UStG):

(1) *dem Abnehmer selbst* (Beispiel: Der Händler übergibt der Kundin die Ware);

(2) *dem Abnehmer durch einen Dritten im Auftrag des Unternehmers* (Beispiel: Der Händler läßt einer Kundin den Liefergegenstand unmittelbar durch seinen Lieferer übersenden);

---

51 Zum Zusammenhang zwischen Leistungs- und Lieferungsbegriff vgl. *Giesberts,* UStR 76, 61 f.

52 Zur Abgrenzung Lieferung – sonstige Leistung in Grenzfällen BFH BStBl. 74, 261; 76, 515; 77, 270.

53 BFH BStBl. 89, 430; s. auch *Seer,* UR 90, 297.

54 Zum gleichen Ergebnis dürfte man kommen, wenn man mit *Giesberts,* in: Rau/Dürrwächter/Flick/Geist, UStG, § 3 Anm. 121, annimmt, daß die *wirtschaftliche* Substanz endgültig auf den Abnehmer übergehen und gerade der Sachwert übertragen werden müsse. Vgl. auch Fn. 52.

55 BFH BStBl. 71, 34.

56 Zum Lieferungsbegriff, zumal in Grenzfällen (Sicherungsübereignung, Verpfändung, Lieferung unter Eigentumsvorbehalt, Zwangsvollstreckung), *Giesberts,* UStR 76, 61 ff. Aus der Rspr. zur Sicherungsübereignung s. BFH BStBl. 87, 741 (zwei Lieferungen bei Verwertung).

(3) *einem Dritten im Auftrag des Abnehmers* (Beispiel: Kunde läßt Blumenstrauß durch das Blumengeschäft unmittelbar seiner Frau schicken).

Diese Grundformen sind erschöpfend. Allerdings kann die Unternehmerkette länger sein, wie dies beim Reihengeschäft (s. unten) der Fall sein kann.

1.112 Sonderregeln

a) *Kommissionsgeschäft* (§§ 383 ff. HGB): Der Kommissionär handelt im eigenen Namen, aber für fremde Rechnung. Für das Umsatzsteuerrecht bestimmt § 3 III UStG: Beim Kommissionsgeschäft liegt zwischen dem Kommittenten und dem Kommissionär eine Lieferung vor. Bei der Verkaufskommission gilt der Kommissionär als Abnehmer des Kommittenten, bei der Einkaufskommission der Kommittent als Abnehmer des Kommissionärs.

Zu beachten ist, daß der Kommissionär umsatzsteuerlich (nur) eine Lieferung erbringt und keine sonstige Leistung in Form der Geschäftsbesorgung. Die Gegenleistung besteht bei der Einkaufskommission im Ersatz der Aufwendungen (z. B. Kaufpreis) und der vereinbarten Provision; bei der Verkaufskommission erhält der Kommittent als Gegenleistung für die Lieferung an den Kommissionär den Kaufpreis (Herausgabe des Erlangten) abzüglich der vereinbarten Provision.

Die Lieferungen des Kommissionärs und des Kommittenten finden zur gleichen Zeit und am selben Ort statt[57].

Literatur: *Bolk/Reiß,* Zur umsatzsteuerlichen Behandlung des Kommissionsgeschäftes und seiner Bilanzierung, DStZ 80, 385 ff. (insb. zum Zeitpunkt der Lieferung); *Schön,* Die Kommission im Umsatzsteuerrecht, UR 88, 1 ff.; *Giesberts,* Ableitungen aus dem Leistungsbegriff für die Beurteilung des Kommissionsgeschäfts im Umsatzsteuerrecht, UR 88, 137 ff.

b) *Mehrzahl von Lieferungen bei Reihengeschäft:* Schließen *mehrere* Unternehmer über *denselben* Gegenstand Umsatzgeschäfte ab und erfüllen sie diese Geschäfte dadurch, daß der erste Unternehmer dem letzten Abnehmer in der Reihe unmittelbar die Verfügungsmacht verschafft, so gilt die Lieferung an den letzten Abnehmer gleichzeitig als Lieferung eines jeden Unternehmers in der Reihe (§ 3 II UStG). Wesentliche Merkmale des Reihengeschäfts sind danach: mehrere Unternehmer; mehrere Umsatzgeschäfte dieser Unternehmer über denselben Gegenstand; eine Warenbewegung; gleichwohl mehrere Lieferungen desselben Gegenstands.

Beispiel:

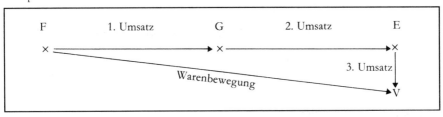

V bestellt beim Einzelhändler E ein Fernsehgerät. Einzelhändler E hat das gewünschte Gerät nicht vorrätig. Er fährt mit V zum Großhändler G, wo das gewünschte Stück soeben vergriffen ist. G bestellt es daher beim Fabrikanten F mit dem Auftrag, das Gerät unmittelbar an V zu versenden oder zu befördern.

---

57 Dazu BFH BStBl. 87, 278.

§ 13 Umsatzsteuer

Es liegen hier *drei* Umsatzgeschäfte über denselben Gegenstand vor (zwischen F und G, G und E, E und V), aber es findet nur *eine* Warenbewegung statt. Aufgrund von § 3 II UStG sind drei Lieferungen anzunehmen.

Für Lieferungen im Reihengeschäft gilt die Regel, daß alle Lieferungen zur selben Zeit und vorbehaltlich § 3 VIII UStG (s. S. 550) am selben Ort erfolgen.

1.113 Rücklieferung und Rückgabe[58]

Kauft ein Unternehmer vom Abnehmer einen Gegenstand, den er früher geliefert hat, zurück, so muß der Abnehmer in Erfüllung des Rückkaufs eine weitere Lieferung ausführen, die *Rücklieferung*. Hin- und Rücklieferung sind je ein Umsatz. Davon ist der Fall zu unterscheiden, daß der Kaufvertrag rückgängig gemacht und der gelieferte Gegenstand zurückgegeben wird, während der Käufer sein Geld zurückerhält. Bei Rückgängigmachung des Kaufvertrages (s. unten) erweist sich die „Lieferung" als bloß tatsächliche Hingabe. Der actus contrarius zur Hingabe ist die Rückgabe. Auch sie ist lediglich ein tatsächlicher Akt (s. übernächsten Absatz). Zur umsatzsteuertechnischen Abwicklung der Rückgabe s. § 17 II Nr. 3 UStG.

Ein Fall der Rückgabe und nicht der Rücklieferung ist der sog. *Umtausch*. Beim Umtausch wird die erste Lieferung rückgängig gemacht. Der Abnehmer erhält aber nicht den Kaufpreis zurück, sondern muß statt dessen einen anderen Liefergegenstand erwerben. Im Ergebnis liegt dann lediglich eine Lieferung vor. Der ursprüngliche Vertrag wird aufrechterhalten, lediglich der Liefergegenstand ausgetauscht. Bei Kaufpreisänderungen sind Zuzahlungen bzw. Rückzahlungen Änderungen der Bemessungsgrundlage, die nach § 17 UStG zu berücksichtigen sind.

Hingabe/Rückgabe liegt dann vor, wenn der Vertrag, aufgrund dessen geliefert wurde, oder die Lieferung selbst *rückgängig gemacht* wird, weil der Vertrag oder die Lieferung i. S. des § 41 I 1 AO unwirksam war oder (insb. durch Anfechtung, Rücktritt, Wandlung wegen Sachmangels, Geltendmachung des Eigentumsvorbehalts) unwirksam wurde. Durch die Rückgabe dokumentieren die Parteien, daß sie das Rechtsgeschäft (auch wirtschaftlich) nicht bestehen lassen wollen. Umsatzsteuertechnisch geschieht die Rückabwicklung über § 17 II Nr. 3 UStG. Der Lieferer korrigiert seine Umsatzsteuerschuld, der Lieferungsempfänger den Vorsteuerabzug. Beides geschieht nicht rückwirkend, sondern erst im Besteuerungszeitraum der Rückgängigmachung der Lieferung.

Unter dem Aspekt einer Einkommensverwendungsteuer ist die Unterscheidung zwischen Rücklieferung und Rückgängigmachung der Lieferung problematisch. Nicht vertretbar ist es jedenfalls, vertraglich vereinbarte Umtauschrechte umsatzsteuerlich nicht zu beachten. Erfolgt der Umtausch erst nach längerer Zeit, ist vielmehr darauf zu achten, inwieweit für die zwischenzeitliche Nutzung ein Entgelt zu entrichten ist, weil dann insoweit eine sonstige Leistung (Nutzungsüberlassung) neben der Neulieferung und Rückgängigmachung der Altlieferung vorliegt.

1.12 Sonstige Leistungen

§ 3 IX UStG bestimmt (negativ): Sonstige Leistungen sind Leistungen, die keine Lieferungen sind. Jedes aktive (Tun) oder passive (Dulden, Unterlassen) Verhalten, das *nicht* in der Verschaffung der Verfügungsmacht an einem *Gegenstand* besteht,

---

58 Dazu BFH BStBl. 81, 495; 82, 233; *Bley,* Tausch und Umtausch, Rücklieferung und Rückgabe im Umsatzsteuerrecht, Diss. Köln 1987.

kommt in Betracht, insb. Dienstleistungen, Werkleistungen, Vermittlungsleistungen, Beförderungen, Speditionsleistungen, Vermietungen und Verpachtungen, Darlehnsgewährungen, Verzichtleistungen, Übertragungen von *Rechten* und anderen wirtschaftlichen Vorteilen (Gegensatz: Gegenstände, Sachen); vgl. auch § 3a IV UStG.

Die *Übertragung von Rechten* betrifft keinen Gegenstand, ist daher sonstige Leistung. Sind Rechte in Gegenständen verkörpert (z. B. Beförderungsrecht in Fahrkarte, Mitgliedschaftsrecht in Aktie), so kommt es darauf an, ob das wirtschaftliche Interesse am Materialwert des Gegenstandes selbst oder an dem darin verbrieften Recht überwiegt. Dem Erwerber einer Fahrkarte oder einer Aktie geht es nicht um den Materialwert der Urkunde. Daher liegen sonstige Leistungen vor. Geistige Leistungen sind sonstige Leistungen auch dann, wenn sie auf Plänen oder Zeichnungen oder in Manuskripten festgehalten sind.

Besorgt ein Unternehmer für Rechnung eines anderen im *eigenen* Namen eine sonstige Leistung (Leistungseinkauf betr. sog. Leistungskommission), so sind die für die besorgte Leistung geltenden Vorschriften auf die Besorgungsleistung entsprechend anzuwenden (§ 3 XI UStG). Strittig ist dagegen, wie es zu beurteilen ist, wenn eine Zwischenperson im eigenen Namen, aber für fremde Rechnung eine sonstige Leistung erbringt (Leistungsverkauf). Nach der Rechtsprechung soll der Umsatz der Zwischenperson zugerechnet werden. Zugleich soll die Zwischenperson an den Hintermann eine Geschäftsbesorgungsleistung erbringen. Dagegen leiste der Hintermann nicht an die Zwischenperson[59].

1.13 Regeln für gemischte Leistungen

Außer reinen Lieferungen und reinen sonstigen Leistungen gibt es auch Mischvorgänge, die sowohl Lieferungs- als auch Leistungselemente enthalten.

a) *Werklieferung/Werkleistung:* Als Lieferung ist eine Leistung dann anzusehen, wenn es sich um eine *Werklieferung* handelt, d. h. wenn der Unternehmer die *Be- oder Verarbeitung eines Gegenstandes* übernommen hat und dabei Stoffe verwendet, die er selbst beschafft hat, vorausgesetzt, daß es sich bei den Stoffen nicht nur um Zutaten oder sonstige Nebensachen handelt (§ 3 IV UStG). Hat der Unternehmer die be- oder verarbeiteten Stoffe hingegen nicht selbst beschafft, so liegt eine *Werkleistung* und damit eine sonstige Leistung vor; die Verwendung eigener Zutaten oder Nebensachen fällt nicht ins Gewicht[60].

> Beispiele: Kunde wählt beim Schneider einen Anzugstoff aus und beauftragt den Schneider, ihm daraus einen Anzug anzufertigen; der Anzugstoff ist keine bloße Zutat oder Nebensache. Daher liegt Werklieferung = Lieferung vor.
> Kunde bringt selbstbeschafften Anzugstoff zum Schneider und beauftragt ihn, daraus einen Anzug anzufertigen. Der Schneider verwendet bloß eigene Zutaten und Nebensachen (Futter, Garne, Knöpfe). Daher liegt Werkleistung = sonstige Leistung vor.
> Zu beachten ist, daß nach § 3 IV 2 UStG im Gegensatz zum BGB, § 946 i. V. mit § 94 BGB, der Grund und Boden nicht als alleinige Hauptsache angesehen wird. *Bauhandwerker,* die ihre Materialien bei der Errichtung von Bauwerken verwenden, erbringen daher *Werklieferungen.*
> Die Qualifizierung als Werklieferung und damit als Lieferung hat insb. Bedeutung für den Leistungsort (s. § 3 VI–VIII UStG).
> Bei einer Werkleistung bestimmt sich hingegen der Leistungsort nach § 3a II Nr. 3c UStG, bzw. § 3a II Nr. 1c UStG.

---

59 BFH BStBl. 84, 389, 393, 395; 84, 537; dagegen aber *Reiß,* StuW 87, 351, 359; *Friedl,* UR 87, 65; *Forgách,* DStZ 87, 575.
60 Dazu *Prugger,* Werklieferung und Werkleistung im Umsatzsteuerrecht, Diss. München 1953. S. auch BFH BStBl. 71, 355.

b) *Primat der Hauptleistung:* Enthält ein wirtschaftlich zusammenhängender Vorgang Elemente aus mehreren Leistungen, die für sich umsatzsteuerlich verschieden zu behandeln wären, so gilt nach der Rechtsprechung[61] der Primat der Hauptleistung in dem Sinne, daß die Nebenleistung (etwa Beförderung, Verpackung, Montage) das umsatzsteuerliche Schicksal (Steuerpflicht oder Steuerfreiheit, Steuersatz) der Hauptleistung teilt. Dieser Satz ist freilich nicht systematisch-teleologisch abgeleitet, sondern mit einer freischwebenden „wirtschaftlichen Betrachtungsweise" begründet worden.

Es wird nicht nach dem Zweck der Befreiung gefragt, sondern ohne Maßstab ein bestimmter Sachverhalt zur wirtschaftlichen Einheit erklärt oder postuliert, daß die Nebenleistung ihrem „wirtschaftlichen Gehalt nach" als Lieferung zu beurteilen sei. Das ist die abzulehnende, weil vom Gesetzeszweck abgelöste, freiflottierende wirtschaftliche Betrachtungsweise.

Die Rechtsprechung ist daher auf dem richtigen Wege, wenn sie diesen angeblichen Grundsatz des Umsatzsteuerrechtes mehr und mehr einschränkt, wie es inzwischen für den vom Lieferanten gewährten Kredit (steuerfrei nach § 4 Nr. 8a UStG) geschehen ist[62].

1.14 Sonderbestimmungen über den Leistungsgegenstand kraft wirtschaftlicher Betrachtungsweise

a) Gehaltslieferung (Sonderfall der Lieferung)

Hat ein Abnehmer dem Lieferer die Nebenerzeugnisse oder Abfälle, die bei der Bearbeitung oder Verarbeitung des ihm übergebenen Gegenstandes entstehen, zurückzugeben, so beschränkt sich die Lieferung auf den Gehalt des Gegenstandes an den Bestandteilen, die dem Abnehmer verbleiben (§ 3 V 1 UStG); sie erfaßt nicht die Nebenerzeugnisse oder Abfälle.

Beispiel: Landwirt überläßt einer Zuckerfabrik eine Ladung Zuckerrüben. Er läßt sich die nach dem Entzug des Zuckers zurückbleibenden Rübenschnitzel vereinbarungsgemäß zurückgeben. – Hier werden nicht Rüben hin- und Schnitzel zurückgeliefert; vielmehr liegt (wirtschaftlich) nur eine Lieferung des Zuckergehalts an die Fabrik vor.

Andere Beispiele: Lieferung des Fettgehalts von Milch, des Stärkegehalts von Kartoffeln, des Ölgehalts von Raps, des Schwefelgehalts von Schwefelkies.

Nach § 3 V 2 UStG ist nicht erforderlich, daß der Lieferer die aus *seinen eigenen* Gegenständen stammenden Nebenerzeugnisse oder Abfälle zurückerhält; es genügt, wenn er Nebenerzeugnisse oder Abfälle *gleicher Art* zurückerhält, wie sie bei der Be- oder Verarbeitung der hingegebenen Gegenstände in dem Be- oder Verarbeitungsbetrieb regelmäßig anfallen.

b) Umtauschmüllerei (Sonderfall der Leistung)

Überläßt ein Unternehmer einem Auftraggeber, der ihm einen Stoff zur Herstellung eines Gegenstandes übergeben hat, anstelle des herzustellenden Gegenstandes einen *gleichartigen* Gegenstand, wie er ihn in *seinem* Unternehmen aus solchem Stoff herzustellen pflegt, so gilt die Leistung des Unternehmers als Werkleistung, wenn das Entgelt für die Leistung nach Art eines Werklohns unabhängig vom Unterschied zwischen dem Marktpreis des empfangenen Stoffes und dem des überlassenen Gegenstandes berechnet wird (§ 3 X UStG), sog. Umtauschmüllerei. § 3 X UStG erfaßt Fälle, die sich *äußerlich als Tauschvorgänge* darstellen, *wirtschaftlich aber als Werkleistung gewollt sind,* zumal das Entgelt nach Art eines Werklohns berechnet wird.

Beispiel: Landwirt bringt *Roggen*getreide zur Mühle und erhält vom Müller eine dem angelieferten Getreide entsprechende Menge gemahlenen Roggens (aus fremdem Getreide)

---

61 Umfassende Darstellung von *Giesberts,* in: Rau/Dürrwächter/Flick/Geist, UStG, § 3 Anm. 78 ff., 323 ff.
62 BFH BStBl. 81, 197, s. auch Abschn. 29, 29a UStR.

unter Berechnung eines Werklohns für die Mahlleistung. – Werkleistung gemäß § 3 X UStG; anders, wenn der Landwirt gemahlenen *Weizen* zurückerhalten hätte.

Andere Beispiele: Umtauschspinnerei, Umtauschmosterei, Umtauschweberei.

c) Materialgestellung oder -beistellung

Ist ein Unternehmer mit der Herstellung eines Werks beauftragt, beschafft der Auftraggeber aber den (Haupt-)Stoff ganz (Material*ge*stellung) oder zum Teil (Material*bei*stellung) selbst (im eigenen Namen und für eigene Rechnung), so nimmt der gestellte oder beigestellte Stoff am Leistungsaustausch nicht teil.

Beispiel: A beauftragt den Bauunternehmer B zum Bau eines Hauses. Die erforderlichen Steine beschafft A selbst. Sie werden zum Bau verwendet. – Es liegt keine Lieferung der Steine durch A an B vor. Die Werklieferung des B an A erfaßt das fertige Haus exklusive Steine.

Grundsätzlich ist es erforderlich, daß das gestellte oder beigestellte Material tatsächlich zur Werkherstellung verwendet wird. Allerdings ist nach der Rechtsprechung auch dann noch eine (echte) Materialbeistellung anzunehmen, wenn der vom Auftraggeber zur Verfügung gestellte Stoff gegen *gleichartigen* (und gleichwertigen) Stoff eingetauscht wird (Gedanke des § 3 V 2, X UStG)[63].

Liegt eine anzuerkennende Materialgestellung oder -beistellung mangels Stoffidentität nicht vor, so führt die angebliche (unechte) Beistellung zu einem Tausch mit Baraufgabe. Die Gegenleistung für die Werklieferung besteht dann in der Gegenlieferung und der Zahlung des Werklohnes[64].

Wegen des Vorsteuerabzugs hat die Materialgestellung oder -beistellung im Unternehmensbereich keine erhebliche Bedeutung mehr[65].

1.2 Entgeltliche Leistung, Leistungsaustausch, Tausch

Literatur: *Tehler,* Der Begriff „Leistungsaustausch" im Umsatzsteuerrecht, DStR 83, 215 ff.; *Söhn,* Der Leistungsaustausch im Umsatzsteuerrecht, in: FS für v. Wallis, Bonn 1985, 439 ff.; *Ruppe/Achatz,* Sachleistungen an Arbeitnehmer in umsatzsteuerlicher Sicht, Aktuelle Beiträge zum österr. Abgabenrecht, Heft 11, Wien 1985.

Für eine reine Einkommensverwendungsteuer würde es genügen, daß Einkommen (oder Vermögen) verwendet wird. Die Umsatzsteuer greift aber nur dann ein, wenn der Aufwender für seine Aufwendung *eine Leistung* erhält oder erhalten hat. Die Anknüpfung an die Leistung als technisches Vehikel hat der Gesetzgeber als nicht entbehrlich angesehen. Die Anknüpfung an die Leistung ist das technische Mittel, um den Verbrauch von Gütern und Dienstleistungen nach Maßgabe des dafür aufgewendeten Einkommens/Vermögens zu besteuern. Folglich wird die Schenkung von Geld nicht besteuert, weil zwar Einkommen verwendet wird, aber kein Verbrauch von Gütern und Dienstleistungen stattfindet. Die Schadensersatzleistung wird nicht besteuert, weil die Einkommensverwendung nicht an einen willentlichen Verbrauch anknüpft. Sie ist daher kein Maßstab für die wirtschaftliche Leistungsfähigkeit des Schädigers[66].

1.21 Grundsätzliches zum Leistungsaustausch

Es muß sich um eine Leistung *gegen Entgelt* handeln, um einen Leistungsaustausch zwischen einem Unternehmer, der die Leistung bewirkt, und dem Leistungsempfän-

---

63 BFH BStBl. 66, 257; 71, 355; Abschn. 27 UStR.
64 BFH BStBl. 71, 77.
65 Vorteilhaft kann die Beistellung nur noch für solche Auftraggeber sein, die als Nichtunternehmer nicht zum Vorsteuerabzug berechtigt sind, oder die nach § 24 UStG versteuern, oder die ihre Vorsteuern nach einem Durchschnittssatz berechnen, oder die steuerfreie Umsätze unter Wegfall des Vorsteuerabzugs ausführen; dazu *Mathiak,* UStR 71, 163 ff.
66 A. A. *Stadie,* Das Recht des Vorsteuerabzugs, Köln 1989, 301 f.

ger. *Der Empfänger der Leistung* (Abnehmer, Auftraggeber) *braucht kein Unternehmer zu sein,* denn es soll letztlich gerade *der private Verbraucher* (Aufwender) belastet werden.

Dem Leistungsaustausch liegt meist ein gegenseitiger Vertrag zugrunde. Erforderlich ist das aber nicht. Es genügt, daß *Leistung* und *Gegenleistung* in Wechselbeziehung miteinander stehen, final oder kausal *miteinander verknüpft,* voneinander abhängig sind. Unter dem Verbrauchsteueraspekt kommt es darauf an, daß der *Leistungsempfänger* etwas aufwendet, *um* die Leistung *zu* erhalten (final) oder *weil* er eine Leistung erhalten hat (kausal).

Der Wortlaut des § 10 I 2 UStG („*um* die Leistung *zu* erhalten") ist extensiv zu deuten; er meint *auch*: „*weil* geleistet worden ist". Das kommt angemessener zum Ausdruck in § 10 I 3 UStG („... was ... *für* die Leistung gewährt") sowie in § 1 I Nr. 1 b UStG („... *für* die die Empfänger ... kein besonders berechnetes Entgelt aufwenden")[67].

Ein Leistungsaustausch liegt daher auch vor, wenn der Empfänger eines Geschenks sich mit einem „Gegengeschenk" revanchiert. Die Einklagbarkeit des Entgelts ist unerheblich; auch die Erfüllung einer Naturalobligation kann Entgelt sein. Zum Entgelt gehört auch der Aufwendungsersatz (§§ 662, 670 BGB). Das Entgelt muß nicht vom Leistungsempfänger erbracht werden (§ 10 I 3 UStG).

Auf die Angemessenheit oder Üblichkeit der Gegenleistung kommt es unter dem *Verbrauchsteueraspekt* nicht an. Entscheidend ist, was der Verbraucher als Leistungsempfänger *wirklich* aufwendet[68].

Erfolgt aus nichtunternehmerischen Gründen eine verbilligte Leistungsabgabe, so ist dem nichtunternehmerischen Verbrauch durch den leistenden Unternehmer durch Anwendung der Mindestbemessungsgrundlage (§ 10 V UStG) Rechnung zu tragen (vgl. dazu S. 567 f.).

Der *Bundesfinanzhof* (V. Senat) sieht den Leistungsaustausch entgegen der hier vertretenen Auffassung vom Unternehmer her; kausale Verknüpfung läßt er nicht genügen. Auf „der Seite des leistenden Unternehmers" soll „ein Verhalten erforderlich" sein, „das auf den Erhalt einer Gegenleistung im Austausch gegen die erbrachte Leistung abzielt oder geeignet ist, eine Vergütung für die erbrachte Leistung auszulösen". Der *Unternehmer* muß danach – „zweckgerichtet" – „erkennbar nur um der Gegenleistung willen" leisten oder „in der erkennbaren Erwartung auf eine Gegenleistung"[69]. Der Bundesfinanzhof wird mit dieser – freischwebenden – Einengung der *Verbrauchsteueridee* des Gesetzes nicht gerecht.

---

67 Den kausalen Zusammenhang lassen genügen: Art. 11 A I a der 6. EG-Richtlinie; Art. 26 des belgischen Code de la taxe sur la valeur ajoutée; Art. 266 des französischen Code général des impôts; Art. 13 des italienischen Gesetzes über imposta sul valore aggiunto; § 10 Finance Act 1972 Teil I des Vereinigten Königreichs; Art. 8 des niederländischen Wet op de omzetbelasting; Art. 29 des luxemburgischen loi concernant la taxe sur la valeur ajoutée; Art. 22 I des schweizerischen Warenumsatzsteuerbeschlusses.
68 Verfehlt allerdings BFH BStBl. 88, 210. Was der Leistungsempfänger causa societatis aufwendet, wendet er gerade nicht wegen der Leistung auf und auch nicht, um diese zu erhalten. Das auch im materiellen Ergebnis anstößige Urteil (Erschleichung einer überhöhten Subvention nach dem BFG) ist Ausfluß der mangelnden teleologischen Berücksichtigung des Verbrauchsteuercharakters der Umsatzsteuer.
69 BFH BStBl. 81, 495 mit Anm. *Weiß,* UStR 81, 149; BFH BStBl. 81, 775; s. auch *Weiß,* UStR 82, 163 („finale Theorie"); *ders.,* StbKongrRep. 1981, 131 ff.; BFH BStBl. 88, 640; 88, 643; die BFH-Rechtsprechung ablehnend *Reiß,* StuW 83, 368 f.; *Tehler,* DStR 83, 215 ff.; 506 mit Erwiderung *Weiß,* DStR 83, 505; *Söhn,* in: FS für v. Wallis, Köln 1985, 439 ff.

Demgegenüber sieht der *EuGH*, wie schon der *RFH*[70] als Besteuerungsgrundlage alles an, was als „Gegenleistung für den geleisteten Dienst" erhalten wird.[71] Er differenziert zu Recht nicht zwischen Entgelt i. S. des § 1 I 1 UStG und Bemessungsgrundlage i. S. des § 10 I UStG. Ein unmittelbarer Zusammenhang zwischen Leistung und Gegenleistung besteht danach, wenn der Leistende *wegen der Leistung* eine Gegenleistung erhält. Von einer Finalität auf seiten des Leistenden ist keine Rede.

1.22 Tauschumsätze

Während die Hingabe von Geld als Gegenleistung selbst keine steuerbare Leistung ist, wird nach geltendem Recht die *als Gegenleistung* ausgeführte Lieferung oder sonstige Leistung als steuerbare Leistung angesehen. Es handelt sich hier um einen *Tausch* oder um einen *tauschähnlichen Umsatz* (§ 3 XII UStG).

Tausch: Das Entgelt für eine Lieferung besteht in einer Lieferung (§ 3 XII 1 UStG). *Tauschähnlicher Umsatz*: Das Entgelt für eine sonstige Leistung besteht in einer Lieferung oder sonstigen Leistung (§ 3 XII 2 UStG) oder umgekehrt.

Sind bei einem Tauschvorgang auf beiden Seiten Unternehmer beteiligt, führt der Tausch zu zwei steuerbaren Umsätzen. Dem *Charakter der Umsatzsteuer als Verbrauch- und Einkommensverwendungsteuer* entsprechend ist für die Bemessungsgrundlage jeweils der (gemeine) Wert der Gegenleistung maßgebend (§ 10 II 2 UStG), weil sich daraus die Höhe des verwendeten Einkommens/Vermögens ergibt. Es liegt auch ein zweifacher Verbrauch vor.

Ebenso wie der Tausch wird die Hingabe an Zahlungs Statt behandelt. Sie liegt vor, wenn anstelle einer ursprünglich in Geld vereinbarten Gegenleistung eine Lieferung oder sonstige Leistung als Gegenleistung erbracht wird.

1.23 Sachzuwendungen an Arbeitnehmer

Im Anschluß an die (frühere) Rechtsprechung[72] und entsprechend der 6. EG-Richtlinie stellt § *1 I Nr. 1 b UStG* klar, daß ein Leistungsaustausch auch vorliegt, wenn ein Unternehmer *Leistungen an seine Arbeitnehmer* oder deren Angehörige *aufgrund* des Dienstverhältnisses ausführt, für die die Leistungsempfänger *kein besonders berechnetes Entgelt* aufwenden; § 1 I Nr. 1 b UStG erfaßt nicht *Aufmerksamkeiten*[73] (§ 1 I Nr. 1 b Satz 2 UStG).

Nach verwirrenden Schwankungen[74], die in der Verkennung des *verbrauchsteuerlichen Charakters der Umsatzsteuer* begründet waren, sieht der BFH nunmehr zutreffend[75] den Tatbestand als erfüllt an, wenn die Leistung von seiten des Arbeitgebers aus betrieblichen Gründen (wegen des Dienstverhältnisses) erbracht wird und beim Ar-

---

70 RFH-Gutachten RFHE 42, 253, 254 f.; s. auch RFHE 44, 328 f.
71 V. 5. 2. 1981 Rs 154/80, EuGHE 81, 445; v. 23. 11. 1988 Rs 230/87, UR 90, 307 mit ablehnender Anm. *Weiß*.
72 BFH BStBl. 75, 255.
73 Die Verwaltung versteht die Aufmerksamkeiten als Synonym zu den Annehmlichkeiten des Lohnsteuerrechts (vgl. Abschn. 12 UStR, s. S. 354); s. aber *Mößlang*, DStZ 87, 419.
74 BFH BStBl. 81, 495; 83, 391; 84, 686; 84, 688; 84, 806; 84, 808; 85, 538.
75 BFH BStBl. 88, 643; 88, 651.

beitnehmer der Befriedigung privater Bedürfnisse dient. Dies trägt dem Verbrauchsteueraspekt Rechnung[76].

Beispiele: Überlassung eines Pkw für private Fahrten oder Fahrten Wohnung/Arbeitsstätte; Gewährung kostenloser Mittagsmahlzeiten.

Der BFH erachtet im Ergebnis zutreffend sogenannte Zuwendungen im *überwiegend eigenbetrieblichen Interesse* als nicht steuerbar[77]. Dies gilt auch dann, wenn die Zuwendung reflexartig dem Arbeitnehmer zugute kommt[78].

Beispiel: Überlassung von Arbeitsmitteln/Arbeitskleidung, Bereitstellung von Sozialräumen und Parkplätzen, Fortbildungsmaßnahmen.

Die Unterscheidung zwischen steuerbaren Zuwendungen im betrieblichen Interesse und nicht steuerbaren Zuwendungen im überwiegend eigenbetrieblichen Interesse hängt in der Luft, weil der BFH den entscheidenden teleologischen Auslegungsgesichtspunkt verschweigt und statt dessen annimmt, § 1 I Nr. 2 b UStG fingiere einen nicht vorhandenen Leistungsaustausch.

Tatsächlich fehlt es bei der sogenannten eigenbetrieblichen Zuwendung regelmäßig bereits an der Leistung und jedenfalls an der *Einkommensverwendung des Arbeitnehmers*. Aus der maßgeblichen Sicht des Leistungsempfängers wird der Unterschied deutlich. Nur soweit die Zuwendung *Entlohnungscharakter* hat, steht ihr umgekehrt die Arbeitsleistung als Einkommensverwendung gegenüber[79]. Aus der verfehlten Perspektive des „Leistenden" liegen so oder so Maßnahmen im ausschließlichen eigenbetrieblichen Interesse vor.

Aufmerksamkeiten sind demgegenüber Zuwendungen von geringem Umfang mit Entlohnungscharakter, deren Befreiung sich allenfalls unter dem Gesichtspunkt der Unerheblichkeit rechtfertigen läßt[80].

1.24 Einzelfälle zum Leistungsaustausch

Der nach § 1 I Nr. 1 UStG steuerbare Umsatz ist gekennzeichnet durch die Merkmale der Leistung und des für die Leistung aufgewendeten Entgelts. Fehlt es entweder bereits an der Leistung oder aber an einem mit dieser in einer Wechselbeziehung stehenden Entgelt, so ist der Steuertatbestand des § 1 I Nr. 1 UStG nicht erfüllt. Man spricht insoweit vom fehlenden Leistungsaustausch. In der umsatzsteuerlichen Diktion haben sich die irreführenden Begriffspaare echt und unecht gebildet, wobei echt das Fehlen eines Leistungsaustausches und unecht die Bejahung bedeuten soll. Diese Etikettierung ist ohne jeden Erkenntniswert und überdies verwirrend, weil sie teilweise im Gegensatz zur zivilrechtlichen Begriffsbildung steht. Sie sollte daher aufgegeben werden.

---

76 Ausführlich zur Dogmatik *Söhn,* StuW 76, 250 ff.; *Söhn,* in: FS für v. Wallis, Bonn 1985, 439, 440 ff.; *Tehler,* Die Umsatzsteuer als angewandte Verkehr- und/oder Verbrauchsteuer, Diss. Köln 1986, 102 ff.; *Ruppe/Achatz* (Fn. 30); *Brock,* Die Umsatzsteuerbarkeit betrieblicher Sozialzuwendungen, Diss. Passau 1987.
77 A.a.O. (Fn. 75); BFH/NV 89, 267.
78 BFH BStBl. 84, 688.
79 *Brock* (Fn. 76), 111 f.; 144 f.; *Reiß,* DStJG Bd. 13 (1990), 28.
80 Kritisch *Brock* (Fn. 76), 188 f.; *Mößlang* (Fn. 73); s. auch BMF BStBl. 89, 410.

1.241 Erbschaft/Erbauseinandersetzung/vorweggenommene Erbfolge

Der Vermögensübergang aufgrund einer Erbschaft erfolgt nicht durch Leistung. Nach herrschender Auffassung soll der Erbe, falls er nicht selbst die Unternehmereigenschaft begründet, das Unternehmensvermögen nicht steuerbar veräußern oder zum privaten Gebrauch verwenden können[81]. Dem ist nicht zu folgen[82].

Ebenfalls wird die *Erbauseinandersetzung* als nicht steuerbarer privater Vorgang angesehen[83]. Es ist jedoch zu differenzieren. Das Ausscheiden aus der Erbengemeinschaft gegen Geld ist mangels Leistung nicht steuerbar. Übernimmt der ausscheidende Miterbe jedoch Unternehmensvermögen, sollte von einem Leistungsaustausch zwischen der Erbengemeinschaft als Unternehmer und dem Ausscheidenden ausgegangen werden[84]. Nur so läßt sich ein unbelasteter Endverbrauch einerseits und eine Belastung des Erwerbs für das eigene Unternehmen andererseits vermeiden.

Wird ein Unternehmen unter Lebenden im Wege der Schenkung übertragen (sog. vorweggenommene Erbfolge), so fehlt es an einer Gegenleistung des Beschenkten. Der BFH verneint insoweit zutreffend einen Leistungsaustausch, bejaht aber einen Eigenverbrauch, weil aus der Sicht des Schenkenden nicht aus unternehmerischen, sondern aus privaten Motiven gehandelt werde[85].

Die Entscheidung hat nur deshalb keine katastrophalen Folgen für die Unternehmensnachfolge, weil über die Konstruktion einer entgeltlichen Veräußerung und den Vorsteuerabzug aus der Mindestbemessungsgrundlage (s. S. 575f.) geholfen wird.

1.242 Schadensersatz[86] und Vertragsstrafe

Wer *Schadensersatz* leistet, tut das nicht, weil er eine Leistung empfangen hat, sondern weil er einen Schaden verursacht hat. Folglich liegt kein Leistungsaustauschverhältnis vor. Da jedoch in der Praxis mitunter auch dann von Schadensersatz gesprochen wird, wenn es sich um einen Leistungsaustausch handelt, kommt es auf die bloße Verwendung des Wortes „Schadensersatz" oder „Entschädigung" nicht an. Es muß im Einzelfall geprüft werden, ob eine Leistung erbracht wurde.

> Beispiel: Ein gewerblicher Mieter erklärt sich bereit, vor Ablauf der Mietzeit die gemieteten Räume aufzugeben. Der Vermieter zahlt ihm eine Räumungsentschädigung. – Es liegt ein Leistungsaustausch vor, denn der Mieter gibt gegen Entgelt sein Nutzungsrecht auf.
>
> Beispiel: A, Inhaber einer Kfz-Werkstatt, vermietet auch Pkw. B, der einen Pkw von A gemietet hat, beschädigt diesen schuldhaft; Schaden: 2000 DM. – 1. Variante: A repariert den Wagen, B zahlt 2000 DM Schadensersatz an A (kein Leistungsaustausch, keine Umsatzsteuer); 2. Variante: B *beauftragt* A mit der Reparatur; er erhält von A seine Reparaturrechnung über 2000 DM (Leistungsaustausch, Umsatzsteuer). Der Fall wird nicht anders behandelt, als habe B die Reparatur von einer beliebigen Werkstatt ausführen lassen.

Beim *Schadensersatz wegen Nichterfüllung* aus Vertrag ist zu differenzieren. Hat der vertragstreue Partner seine Leistung erbracht und erhält er anstelle der vereinbarten Gegenleistung Schadensersatz, so liegt ein Leistungsaustausch vor. Dagegen fehlt es

---

81 RFH StuW 36 II Nr. 306; BFH BStBl. 71, 121; Abschn. 19 UStR.
82 *Reiß*, StVj 89, 103, 125f.
83 Vgl. RFH RStBl. 35, 877; auch RStBl. 35, 863.
84 *Reiß* (Fn. 82), 118f.
85 BFH BStBl. 87, 655.
86 *H. H. Schneider*, Schadensersatz als steuerbarer Umsatz, Diss. Köln 1965; s. ferner Abschn. 3 UStR mit Nachweisen zur BFH-Rechtsprechung.

am Leistungsaustausch, wenn der vertragstreue Partner wegen der Nichterfüllung auch seinerseits nicht leistet und Schadensersatz wegen Nichterfüllung in Höhe der Differenz verlangt.

Ein Ersatz des *Verzugsschadens* wegen verspäteter Erbringung der Gegenleistung ist kein Teil des Entgelts[87], denn die Aufwendung erfolgt nicht wegen der Leistung, sondern wegen der verspäteten Erbringung der Gegenleistung.

Vertragsstrafen, die vom Leistungsempfänger neben der Gegenleistung zu erbringen sind, haben Schadensersatzcharakter, gehören also nicht zum Entgelt[88]. Sind sie anstelle der Erfüllung zu zahlen, so ist wie beim Schadensersatz wegen Nichterfüllung zu differenzieren. Erbringt der Geschädigte seine Leistung nicht und verlangt die Vertragsstrafe, so liegt kein Leistungsaustausch vor.

    Beispiel: Wegen Annahmeverzuges tritt der Verkäufer vom Kaufvertrag zurück und verlangt die vereinbarte Vertragsstrafe von 10 % des Kaufpreises (anstelle der Erfüllung).

Hat der Leistende wegen Schlechterfüllung oder verspäteter Erfüllung eine Vertragsstrafe zu leisten, so mindert diese das Entgelt. Die entgegenstehende Auffassung der Verwaltung ist verfehlt[89], denn die Leistung verdient wegen der Schlechterfüllung ein geringeres Entgelt und der Leistungsempfänger wendet auch weniger Einkommen auf.

    Beispiel: Ein Bauunternehmer muß wegen verspäteter Erstellung des Bauwerkes eine Vertragsstrafe von 10 000 DM zahlen, so daß er anstelle des vereinbarten Werklohnes von 238 000 DM nur 228 000 DM erhält. Die Gegenleistung beträgt nur 228 000 DM.

Die differenzierte Behandlung des Schadensersatzes und der Vertragsstrafe ist unter dem Gesichtspunkt einer Einkommensverwendungsteuer für den Verbrauch gerechtfertigt. In den Fällen des sog. echten Schadensersatzes wird zwar Einkommen verwendet, aber nicht für den Verbrauch von Gütern und Dienstleistungen. Die Schadensersatzpflicht knüpft nicht an einen willentlichen Güterbezug an, sie ist daher auch kein Indiz für wirtschaftliche Leistungsfähigkeit.

Exkurs zum Zivilrecht: Ist ein Geschädigter zum Vorsteuerabzug berechtigt, so umfaßt der zivilrechtliche Schadensersatz nicht die Umsatzsteuer[90].

1.243 Mitgliedsbeiträge an Vereine

Vereine wollen im Interesse ihrer Mitglieder den Vereinszweck erfüllen. Dazu erheben sie Mitgliedsbeiträge. Die *Praxis* differenziert wie folgt zwischen *echten* und *unechten* Beiträgen[91].

Mitgliedsbeiträge, die ein Verein satzungsgemäß von seinen Mitgliedern zur Erfüllung der *allgemeinen,* im *Gesamtinteresse aller* Mitglieder liegenden Aufgaben, zur Erfüllung des Vereinszwecks, erhebt, sind danach *kein Entgelt,* das im Wege des Leistungsaustauschs hingegeben wird *(echte Mitgliedsbeiträge).* Es soll eine *„Leistungsvereinigung"* zum Zwecke der Erfüllung des Vereinszwecks vorliegen. Diese Voraussetzungen werden im allgemeinen angenommen, wenn die Beiträge nach einem für alle Mitglie-

---

87 EuGH UStR 82, 159.
88 Vgl. BFH BStBl. 87, 228.
89 Vgl. Abschn. 3 II UStR.
90 BGH NJW 82, 1864; a. A. *Stadie,* Das Recht des Vorsteuerabzugs, Köln 1989, 301 f.
91 Dazu *Nies,* Mitgliederbeiträge im Umsatzsteuerrecht, Diss. Köln 1955 (Maschinenschrift); BFH BStBl. 85, 176; 85, 559; 86, 153, 154; EuGH Rs 102/86, UR 89, 275.

der verbindlichen, in gleicher Weise geltenden Maßstab, etwa nach der Leistungsfähigkeit der Mitglieder, erhoben werden. Mit anderen Worten: Ein Leistungsaustausch wird verneint, wenn der Mitgliedsbeitrag unabhängig davon erhoben wird, ob und in welchem Umfang das Mitglied von den Einrichtungen und Leistungen des Vereins Gebrauch macht.

Wirtschaftliche Vereine zumal pflegen indessen nicht selten *Sonderleistungen* an einzelne oder alle Mitglieder zu erbringen und die Beitragshöhe nach der *individuellen* Leistung für das Mitglied zu bemessen (oder umgekehrt die Leistung nach dem Beitrag) oder Sonderleistungsentgelte (unechte Mitgliedsbeiträge) zu erheben. Das Sonderleistungsentgelt kann auch verdeckt im Mitgliedsbeitrag stecken. In solchen Fällen eines *unechten Mitgliedsbeitrags* wird ein *Leistungsaustausch* angenommen.

Beispiele: Ein Hauseigentümerverein erteilt seinen Mitgliedern Auskünfte und verlangt dafür ein Sonderleistungsentgelt. – Leistungsaustausch.

Schallplattenclubs und Buchgemeinschaften erheben Beiträge und gewähren entsprechend dem Beitrag Schallplatten oder Bücher. – Unechter Mitgliedsbeitrag, Leistungsaustausch.

Die zivilrechtliche Differenzierung nach Leistungsvereinigung und Leistungsaustausch ist von der *Idee der Besteuerung der Einkommensverwendung* her nicht gerechtfertigt. Sowohl durch den echten als auch durch den unechten Mitgliedsbeitrag wird Einkommen verwendet. Das Vereinsmitglied schenkt dem Verein i. d. R. auch den echten Mitgliedsbeitrag nicht; es gehört dem Verein an, um von dessen Leistungen profitieren zu können[92].

1.244 Gesellschafterbeiträge

Literatur: *Schön,* Personengesellschaften und Bruchteilsgemeinschaften im Umsatzsteuerrecht, DStJG Bd. 13 (1990), 81; *Reiß,* Gesellschafter und Gesellschafterbeitrag im Umsatzsteuerrecht UR 88, 298; *Seer,* Die umsatzsteuerliche Behandlung der Umwandlung von Einzelunternehmen, Personen- und Kapitalgesellschaften, DStR 88, 367; *Stadie,* Der Mitunternehmer im Umsatzsteuerrecht, UR 86, 137.

Besteht der Beitrag des Gesellschafters in einer das Vermögen der Gesellschaft erhöhenden *Sacheinlage*[93], liegt für den Gesellschafter eine Einlage gegen Entgelt vor. Diese ist auch steuerbar, wenn der Gesellschafter die Leistung als Unternehmer[94] erbringt.

Eine Bareinlage ist umsatzsteuerlich keine Leistung. Die Gesellschaft ihrerseits soll durch Einräumung der Gesellschaftsrechte eine nach § 4 Nr. 8f UStG steuerfreie Leistung erbringen[95].

---

92 Dazu ausführlicher *Söhn,* StuW 75, 164, 168f.; kritisch auch *Doralt/Ruppe,* Grundriß des österreichischen Steuerrechts I[4], Wien 1989, 292; *Reiß,* StuW 87, 351; *Rau,* UR 87, 127; *Schön,* DStJG Bd. 13 (1990), 81, 111f.
93 Strittig ist, worin das Entgelt besteht: nach der Rspr. im Erwerb von Gesellschaftsrechten, RFH RStBl. 35, 373; BFH BStBl. 81, 189; nach *Schön,* weil der Beitrag causa solvendi anstelle einer sonst geschuldeten Beitragsleistung in Geld erfolgt, DStJG Bd. 13 (1990), 107; m. E. besteht das Entgelt in der Wertsteigerung des Gesellschaftsrechtes, StVj 89, 103, 115, s. dort auch zur Behandlung des Ausscheidens gegen Sachwertabfindung = entgeltliche Leistung der Gesellschaft.
94 Soll nach *Schön* (Fn. 93) wegen des Dauerverhältnisses Gesellschaft immer zu bejahen sein. A. A. BFH BStBl. 87, 512.
95 BFH BStBl. 88, 506; 76, 265; BFH UStR 76, 187 mit Anm. *Weiß;* a. A. *Schön* (Fn. 93); *Reiß,* UR 88, 302.

§ 13 Umsatzsteuer

Erbringt der Gesellschafter an seine Gesellschaft sonstige Leistungen durch *Nutzungsüberlassungen oder Dienstleistungen,* wird danach differenziert, ob er dafür ein gewinnunabhängiges *Sonderentgelt* erhält (sog. unechter Beitrag)[96] oder nicht (sog. echter Beitrag)[97]. Im letzteren Falle fehlt es am Entgelt, denn der Gewinnanteil ist nicht Entgelt[98] für die Beitragsleistung. Problematisch ist, ob das Telos der Umsatzsteuer, unternehmerischen Verbrauch durch Vorsteuerabzug zu entlasten, nicht gebietet, den Gesellschafter hinsichtlich seiner echten Beiträge immer als Unternehmer zu behandeln[99].

1.245 Zuschüsse[100]

Bei sogenannten Zuschüssen ist problematisch, ob sie

a) ein Entgelt für eine Leistung an den Zuschußgeber,

b) Entgelt eines Dritten/des Zuschußgebers für eine Leistung an einen (anderen) Empfänger oder

c) kein Entgelt für eine Leistung sind *(sog. echter Zuschuß)*.

Die Abgrenzung kann schwierig sein. Der BFH verfehlt allerdings schon vom Ansatzpunkt her eine zutreffende Lösung, indem er darauf abstellt, ob der Unternehmer *final* zur Erlangung eines Zuschusses tätig wurde[101]. Allein maßgebend kann sein, ob der Zuschußgeber Entgelt aufwendet, um eine an ihn oder einen Dritten erbrachte Leistung zu honorieren, oder ob der „Zuschuß" losgelöst von einer Leistung erfolgte, um den Unternehmer zu fördern[102].

1.3 Leistungen von Unternehmern im Rahmen des Unternehmens

Steuerbar sind grundsätzlich nur Leistungen von Unternehmern. Zum Unternehmerbegriff s. S. 561 ff. Die Leistung muß „im Rahmen des Unternehmens" erfolgen.

Der Gegensatz zu „im Rahmen des Unternehmens" ist: „außerhalb des Rahmens des Unternehmens" oder, wie § 1 I Nr. 2 UStG formuliert: „für Zwecke außerhalb des Unternehmens". Diese beiden gegensätzlichen Tatbestandsmerkmale bewirken, daß § 1 I Nr. 1 UStG und § 1 I Nr. 2 UStG sich ausschließen. Doppelmotivationen sind allerdings möglich.

Im Rahmen des Unternehmens fallen nicht nur die Leistungen an, die in den Geschäftszweig des Unternehmens fallen, die sog. *Grundgeschäfte,* sondern auch die *Hilfs- und Nebengeschäfte.*

Hilfsgeschäfte sind solche, die der Geschäftsbetrieb üblicherweise mit sich bringt (z. B. Veräußerung überzähligen Betriebsinventars; Veräußerung eines zum Betriebsvermögen gehörenden Pkw; Veräußerung von im Betrieb angefallenem Schrott).

Nebengeschäfte sind solche, die sich nicht notwendig aus dem eigentlichen Geschäftsbetrieb ergeben, aber mit der Haupttätigkeit wirtschaftlich zusammenhängen (z. B. Steuerberater über-

---

96 BFH BStBl. 68, 702; 70, 233 (Pacht/Miete/Lizenz); vgl. aber BFH BStBl. 80, 622 (Geschäftsführer).
97 BFH BStBl. 76, 265; 84, 231; 88, 646; 89, 580.
98 BFH (Fn. 97); *Reiß,* UR 88, 300; a. A. *Schön* (Fn. 92), da Beitrag immer causa solvendi.
99 Dazu *Stadie,* DStJG Bd. 13 (1990), 191 m. w. N., a. A. *Reiß,* DStJG Bd. 13 (1990), 34 f.
100 *Rüttinger,* B 89, 2460; *Fischer,* UR 89, 270.
101 BFH BStBl. 88, 471; 88, 792; 89, 638.
102 So zutreffend BFH BStBl. 86, 723; 87, 228; 90, 708.

nimmt Testamentsvollstreckung für Nachlaß des verstorbenen Mandanten). I. d. R. erfüllen solche Nebengeschäfte allerdings auch schon für sich (d. h., wenn die Haupttätigkeit nicht einbezogen wird) den Tatbestand des § 1 I Nr. 1 UStG.

1.4 Ort der Leistung[103], insbesondere Leistung im Inland oder Ausland

Steuerbar sind nur Leistungen im Inland (§ 1 I Nr. 1 UStG), nicht Leistungen im *Ausland*. Die Begriffe ‚Inland' und ‚Ausland' werden definiert in § 1 II 1, 2 UStG.

Ob eine Leistung im Inland oder im Ausland vorliegt, hängt davon ab, *wo* die Leistung erbracht wird. Zu fragen ist: wo? – nicht: wohin? Danach kommt es darauf an, ob der Ort der Leistung (s. §§ 3 VI–VIII; 3a UStG) im Inland oder im Ausland liegt. Ob der Leistende deutscher Staatsangehöriger ist und wo er seinen Wohnsitz oder Sitz hat, ist für die Steuerbarkeit unerheblich, wenn der Umsatz im Inland ausgeführt wird (§ 1 II 3 UStG).

1.41 Inland/Ausland

Nach dem *Beitritt der ehemaligen DDR* ist das UStG zum alten Sprachgebrauch *Inland/ Ausland* zurückgekehrt. Das Inland umfaßt mit Wirkung vom 1. 1. 1991 das Gebiet der Bundesrepublik Deutschland einschließlich der fünf neuen Länder und ganz Berlin.

In der Zeit vom 1. 7. 1990 bis zum 31. 12. 1990 galt im Gebiet der ehemaligen DDR ein eigenes UStG, das aber inhaltlich mit dem UStG 1980 identisch war (s. § 8).

Nicht zum umsatzsteuerlichen Inland gehören *Zollausschlüsse* und *Zollfreigebiete*.

Zollausschlüsse sind deutsche Hoheitsgebiete, die zu einem ausländischen Zollgebiet gehören (§ 2 II 2 ZG). Das trifft zu für das von der Schweiz umgebene Gebiet der deutschen Gemeinde Büsingen.

Zollfreigebiete sind Hoheitsgebiete, die vom inländischen Zollgebiet ausgeschlossen sind, aber auch zu keinem ausländischen Zollgebiet gehören. § 2 III ZG zählt die Zollfreigebiete auf. Dazu gehören insb. Helgoland, die Freihäfen und das Dreiseemeilengebiet (s. § 2 III, IV ZG; § 1 AZO). Wegen der Umsätze in den Zollfreigebieten sind die Ausnahmevorschriften des § 1 III UStG besonders zu beachten; sie wollen den Letztverbrauch in diesen Gebieten erfassen.

Durch die Beschränkung auf Umsätze im Inland wird regelmäßig vermieden, daß Umsätze im In- und Ausland doppelt besteuert werden. Dem Verbrauchsteuercharakter entspricht das Bestimmungslandprinzip. Die einmalige Besteuerung soll dort stattfinden, wo der Endverbrauch erfolgt. Überschneidungen werden durch Befreiungen, z. B. für die Ausfuhr, ausgeglichen. Soweit die nationalen Umsatzsteuerrechte hinsichtlich des Ortes der Leistung übereinstimmende Regelungen aufweisen, kann es daher zu einer Doppelbesteuerung nicht kommen. Aus Gründen der Praktikabilität kann für den Ort aber nicht unmittelbar an den Endverbrauch angeknüpft werden, sondern es werden Regeln für den Ort der Leistung aufgestellt, die an erkennbare äußere Merkmale anknüpfen.

---

[103] *Widmann,* DStJG Bd. 13 (1990), 119; *Mattausch,* UStKongrBericht 1988/89, 87 ff.

1.42 Ort der Lieferung

Für *Lieferungen* lautet die Grundregel: Eine Lieferung wird dort ausgeführt, *wo* sich der zu liefernde Gegenstand zur Zeit der Verschaffung der Verfügungsmacht befindet (§ 3 VI UStG).

Sonderregeln enthält § 3 VII UStG für die Fälle der Beförderung und Versendung des Liefergegenstandes.

Befördern: Der liefernde Unternehmer *transportiert* (s. § 3 VII 2 UStG: „jede Fortbewegung") den Gegenstand *selbst* (auch durch Arbeitnehmer) zum Empfänger. Beim Beförderungsgeschäft *gilt* die Lieferung mit Beginn der Beförderung als ausgeführt (§ 3 VII 1 UStG). Ort der Lieferung ist der Ort, an dem die Beförderung beginnt.

Versenden: Der liefernde Unternehmer *läßt* die Beförderung des Gegenstands zum Empfänger durch einen selbständigen Beauftragten (Frachtführer, z. B. Eisenbahn, Post, Transportunternehmen, oder Verfrachter, z. B. Reeder) ausführen, oder er läßt die Beförderung durch einen Spediteur (§ 407 HGB) besorgen (§ 3 VII 4 UStG). Versenden = befördern lassen. Beim Versendungsgeschäft gilt die Lieferung an den Abnehmer mit der Übergabe des Gegenstandes an den mit der Beförderung beauftragten Unternehmer als ausgeführt (§ 3 VII 3 UStG). Lieferungsort ist also der Ort dieser Übergabe.

§ 3 VII UStG hat i. V. mit § 3 VI UStG nur Bedeutung für die Ortsbestimmung und i. V. mit § 13 I Nr. 1a UStG für die Entstehung der Steuerschuld. Dagegen wird nicht das Vorliegen einer Lieferung fingiert, wenn es tatsächlich nicht zur Verschaffung der Verfügungsmacht kommt[104]. Für dieses Verständnis spricht Art. 8 6. EG-Richtlinie. Fraglich ist allerdings, ob in den Fällen des *Gefahrüberganges beim Versendungsverkauf* nach § 447 BGB nicht bereits mit Gefahrübergang durch Übergabe an die Transportperson geliefert ist[105].

Danach ergibt sich für Beförderungs- und Versendungslieferungen jeweils als Lieferort der Ort, an dem mit dem Transport begonnen wird, während beim Abholen der Ort der Übergabe maßgebend ist. Dadurch wird sichergestellt, daß sich i. d. R. unabhängig von der Art des Transportes zum Empfänger derselbe Ort ergibt.

§ 3 VIII UStG räumt bei Einfuhrlieferungen und Ausfuhrlieferungen in EG-Staaten allerdings ein Wahlrecht ein, durch das § 3 VII UStG modifiziert wird. Danach wird der Ort in das Einfuhrland verlagert, wenn der Lieferant Schuldner der Einfuhrumsatzsteuer ist. Dies kann der Lieferant durch entsprechende Erklärungen bei der Einfuhr selbst bestimmen. Diese Regelung erleichtert insbesondere bei Reihengeschäften (s. S. 537 f.) die Abwicklung, weil dem Importeur die Möglichkeit gegeben wird, die Einfuhrumsatzsteuer als Vorsteuer abzuziehen (§ 15 I Nr. 2 UStG) und dafür seinerseits die Lieferung an den Endabnehmer zu versteuern[106].

Durch die Sonderregelung des § 3 VIII UStG kann es entgegen der Grundregel bei *Reihengeschäften* zu einem *unterschiedlichen Lieferort* kommen:

Beispiel: Importeur I in Aachen kauft Ware bei B in Brüssel und weist diesen an, die Ware unmittelbar zum Käufer K in Köln zu befördern. I ist Schuldner der deutschen Einfuhrumsatzsteuer. B liefert im Reihengeschäft nicht steuerbar in Brüssel an I (§§ 3 VII, 3 VI, 3 II, 3 I UStG), aber I liefert steuerbar im Inland an K (§§ 3 VIII, 3 II, 3 I UStG).

---

104 So *Nieskens*, UR 90, 1; a. A. *Widmann* (Fn. 103), 128 m. w. N.
105 Bejahend *Nieskens* (Fn. 104); verneinend *Schön*, StuW 86, 385; zur bilanziellen Nichtzurechnung beim Käufer BFH BStBl. 89, 21.
106 Dazu *Schwarze*, StbKongrRep. 1980, 91, 96 ff.

1.43 Ort der sonstigen Leistung

Während eine Lieferung an einem bestimmten Ort bewirkt wird, kann eine *sonstige Leistung an verschiedenen Orten* erbracht werden. Im Interesse der Rechtssicherheit enthält § 3a UStG[107] eine detaillierte Regelung mit dem *Grundsatz*: Eine sonstige Leistung wird an dem *Ort* ausgeführt, von dem aus der Unternehmer sein Unternehmen betreibt. Wird die sonstige Leistung von einer Betriebstätte ausgeführt, so gilt die Betriebstätte als der Ort der sonstigen Leistung (§ 3a I UStG).

Die Grundregel des § 3a I UStG ist faktisch die Ausnahme; sie dient der Vereinfachung; sie kann jedoch zu unangemessenen Auswirkungen führen, da sie unberücksichtigt läßt, wo sich der Leistungserfolg auswirkt. So können Unternehmer das Unternehmen oder eine Betriebstätte in das Ausland verlegen und von dort aus in das Inland hineinwirken. Daher enthält *§ 3a II–IV UStG rechtliche Ausnahmeregelungen von § 3a I UStG,* die faktisch die meisten Fälle sonstiger Leistungen erfassen.

§ 3a II Nr. 1 UStG: Für sonstige Leistungen im Zusammenhang mit einem Grundstück kommt es auf die *Lage des Grundstücks* an.

§ 3a II Nr. 2 UStG: Bei Beförderungen kommt es darauf an, *wo die Beförderung* ausgeführt wird. Aufteilung nach Satz 2, dazu §§ 2–7 UStDV.

§ 3a II Nr. 3 UStG: Bei bestimmten, im einzelnen aufgezählten Leistungen kommt es auf den *Ort der jeweiligen Tätigkeit* an.

§ 3a III, IV UStG führt eine Reihe von Leistungen an Unternehmer auf, für die es auf den Ort ankommt, an dem der *Leistungsempfänger sein Unternehmen* betreibt.

Aufgrund § 3a III 4 UStG geht § 3a II UStG dem § 3a III, IV UStG vor.

Die Grundidee ist es, den Ort anhand von Merkmalen der sonstigen Leistung dahin zu legen, wo vermutlich der *Verbrauch* stattfindet. Soweit dies jedoch dazu führen könnte, daß eine Erfassung de facto nicht mehr überprüfbar ist, wird an den leicht feststellbaren Ort des Leistenden angeknüpft. Der einmaligen Erfassung im „falschen" Staat wird der Vorrang vor der befürchteten „Nichterfassung" im Bestimmungsland eingeräumt.

2. Eigenverbrauch im Inland

Literatur: *Wohlschlegel,* Die Besteuerung des Eigenverbrauchs, Diss. Köln 1973 (Zusammenfassung in StuW 74, 139 ff.); *Söhn,* Die Umsatzsteuer als Verkehrsteuer und/oder Verbrauchsteuer, StuW 75, 11 ff.; *ders.,* Die Harmonisierung der Umsatzsteuern in der Europäischen Gemeinschaft, StuW 76, 13 ff.

Auch der Eigenverbrauchstatbestand erweist die Umsatzsteuer als *Verbrauchsteuer.* Der „Eigenverbrauch" ist ein notwendiger Ergänzungstatbestand.

Verkehrsteuerrechtlich kann die Erfassung des Eigenverbrauchs nicht erklärt werden, denn der Eigenverbrauch ist kein Akt des Rechtsverkehrs.

Der *Eigenverbrauchstatbestand* belastet die *Einkommensverwendung des Unternehmers* für außerunternehmerischen Verbrauch. Soweit die Einkommensverwendung durch *Versagung des Vorsteuerabzuges* bereits belastet ist, bedarf es keiner Besteuerung des Eigenverbrauches. Eine erneute Besteuerung würde im Gegenteil den Unternehmer schlechterstellen als einen Nichtunternehmer. Die 6. EG-Richtlinie bestimmt daher in Art. 5 VI und 6 II a, daß bei der Entnahme und der Verwendung von Gegenstän-

---

107 Dazu *Schwarze,* JbFSt. 1980/81, 60 ff.; *Hübner,* UStKongrBericht 1982/83, 77 ff.; *Wilke,* DStZ 83, 355.

§ 13 Umsatzsteuer

den für unternehmensfremde Zwecke eine Besteuerung nur stattfinden darf, wenn beim Erwerb ein Vorsteuerabzug möglich war. Das deutsche Recht entspricht dem nicht. Der *EuGH* hat inzwischen entschieden, daß Art. 6 II a 6. EG-Richtlinie unmittelbar anwendbar ist mit Anwendungsvorrang vor entgegenstehendem nationalen Recht[108].

Beispiel: U erwirbt von einem Nichtunternehmer einen Pkw, den er zu 90 v. H. für unternehmerische Zwecke und zu 10 v. H. für private Zwecke verwendet. Da er wegen des Erwerbs von einem Nichtunternehmer keinen Vorsteuerabzug hatte, darf die private Verwendung nicht als Eigenverbrauch besteuert werden. Auch eine Entnahme des Pkw insgesamt dürfte nach Art. 5 VI 6. EG-Richtlinie entgegen § 1 I Nr. 2a UStG nicht besteuert werden.

Im einzelnen ist strittig[109], welche weiteren Folgen aus dem Urteil zu ziehen sind. Zu beachten ist, daß Art. 6 II b 6. EG-Richtlinie die Besteuerung der Entnahme von Dienstleistungen nicht von einem vorherigen Vorsteuerabzug abhängig macht. Dies ist teleologisch zutreffend. Denn die Arbeitsleistung wird, da unselbständig ausgeübt, nicht besteuert. Die Besteuerung wird nachgeholt, wenn der Unternehmer die mit Hilfe der Arbeitsleistung erstellten Güter veräußert. Dann muß beim Eigenverbrauch insoweit das gleiche gelten.

Die 6. EG-Richtlinie sollte so verstanden werden, daß Fremdleistungen, die den Unternehmer nicht zum Vorsteuerabzug berechtigen (z. B. Garagenmiete), auch nicht in die Eigenverbrauchsbesteuerung einbezogen werden. Umgekehrt ist eine Einbeziehung erforderlich, soweit ein Vorsteuerabzug möglich war. Verfehlt ist der Vergleich zum Mieter oder Pächter[110]. Vielmehr ist bei Fremdleistungsbezug von vornherein mit dem Nichtunternehmer zu vergleichen, der die Fremdleistung bezieht. Sollte der deutsche Gesetzgeber nicht tätig werden, ist allerdings eine erneute Vorlage an den EuGH notwendig (s. Einführung).

§ 1 I Nr. 2 UStG unterscheidet drei Arten des Eigenverbrauchs:

2.1 Entnahmeeigenverbrauch

Entnahmeeigenverbrauch ist die *Entnahme von Gegenständen* (s. S. 536) aus dem Unternehmen für *Zwecke, die außerhalb des Unternehmens liegen* (§ 1 I Nr. 2a UStG), sog. Entnahmetatbestand. Gegensatz: Zwecke „im Rahmen des Unternehmens" (§ 1 I Nr. 1 UStG). Verkürzt läßt sich der Gegensatz ausdrücken mit: (Handlungen) für private[111] Zwecke einerseits und betriebliche/berufliche Zwecke andererseits (s. auch S. 244 ff.).

Beispiele: Ein Delikateßwarenhändler entnimmt aus seinem Laden Wein für den privaten Haushalt. – Ein Kohlenhändler entnimmt seinem Kohlenlager Kohlen für seine Privatwohnung. – Ein Bauunternehmer entnimmt ein von seinem Unternehmen errichtetes schlüsselfertiges Wohnhaus (BFH BStBl. 84, 169).

Entnimmt ein Unternehmer (Händler) Gegenstände aus seinem Unternehmen, so zeigt sich *nachträglich,* daß er insoweit die Gegenstände *nicht für sein Unternehmen,* sondern für seine

---

108 EuGH v. 27. 6. 1989 Rs 50/88, HFR 89, 518.
109 S. u. a. *Widmann,* UR 89, 375; *Lohse,* DStR 89, 502; *Spetzler,* B 89, 2055; BMF BStBl. I 90, 35; *Schlienkamp,* BB 90, 757; FG München EFG 90, 79.
110 So aber *Widmann,* UR 89, 375 und UR 90, 258.
111 Bei juristischen Personen des öffentlichen Rechts liegt auch der *hoheitliche* Tätigkeitsbereich „außerhalb des Rahmens des Unternehmens". Hoheitliche Tätigkeit ist Tätigkeit für Zwecke außerhalb des Unternehmens.

privaten Bedürfnisse erworben hat. Wer für private Bedürfnisse etwas erwirbt, darf die Vorsteuer nicht abziehen (§ 15 I UStG). Im Zeitpunkt des Erwerbs weiß der Unternehmer aber i.d.R. noch nicht, ob und evtl. was und wieviel er privat braucht. Also darf er in solchen Fällen zunächst davon ausgehen, daß er *alles* „für sein Unternehmen" erwirbt, und folglich die Vorsteuern voll abziehen. Im Zeitpunkt der Entnahme wird der Vorsteuerabzug dann nicht auf den Zeitpunkt des Abzugs rückgängig gemacht, sondern es wird der Eigenverbrauch besteuert. Im Ergebnis steht der Entnehmer dadurch so da, als hätte er die entnommenen Gegenstände beim vorangegangenen Einkauf für das Unternehmen sogleich für private Zwecke erworben.

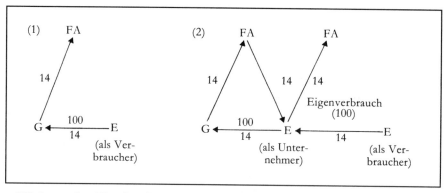

Würde man dem Einzelhändler, soweit er privat entnimmt, keinen Vorsteuerabzug zugestehen, so betrüge die Belastung 14 DM (1). Tatsächlich wird der Vorsteuerabzug gewährt, da das privat Entnommene für das Unternehmen eingekauft worden ist. Die Eigenverbrauchsbesteuerung führt aber auch zu einer Belastung von 14 DM.

Die Unterscheidung „außerhalb des Unternehmens" – „im Rahmen des Unternehmens" (oder nichtunternehmerisch – unternehmerisch motiviert) spielt insb. eine Rolle, wenn *Dritte beteiligt* sind. Eigenverbrauch kann nämlich nicht nur dem Unternehmer selbst, sondern auch Dritten zugute kommen. Andererseits kann der Unternehmer auch unentgeltliche (nach § 1 I Nr. 1 Satz 1 UStG nicht steuerbare) Leistungen zu unternehmerischen Zwecken an Dritte erbringen. Maßgeblich für die Entscheidung, ob Eigenverbrauch oder unentgeltliche Leistung vorliegt, ist der Zweck („innerhalb oder außerhalb des Unternehmens").

Beispiele: Antiquitätenhändler schenkt seinem Freund zum Geburtstag (privat) eine alte Uhr. – Eigenverbrauch, da ein Zweck „außerhalb des Unternehmens" verfolgt wird (§ 1 I Nr. 2a UStG).

Unternehmer überläßt Verbrauchern zum Zwecke der Werbung ein Sortiment von Artikeln. – Kein Eigenverbrauch, sondern unentgeltliche Lieferungen, da ein „Zweck innerhalb des Unternehmens" oder „im Rahmen des Unternehmens" verfolgt wird.

Der Entnahmeeigenverbrauch setzt voraus, daß der entnommene Gegenstand vorher zum Unternehmen gehört hat. Wird ein Gegenstand vom Unternehmer von vornherein für außerunternehmerische Zwecke erworben, so erfolgt die Belastung des Endverbrauchs bereits durch die Versagung des Vorsteuerabzugs gemäß § 15 I UStG. Ein (anschließender) Entnahmeeigenverbrauch findet dann nicht mehr statt. Die Entscheidung einer *Zuordnung zum Unternehmen* fällt beim Erwerb[112]. Bei beabsichtigter ausschließlicher außerunternehmerischer Verwendung liegt auch bei Erwerb branchentypischer Gegenstände kein Erwerb für das Unternehmen vor. Bei

---
112 BFH BStBl. 88, 747.

§ 13 Umsatzsteuer

gemischtgenutzten Gegenständen kann der Unternehmer eine Zuordnungsentscheidung treffen, soweit weder die unternehmerische noch die außerunternehmerische Verwendung völlig untergeordnet sind[113]. Zwischen der Behandlung als Unternehmensvermögen und als Betriebsvermögen besteht keine Kongruenz.

Beispiel: Bauunternehmer errichtet privates Einfamilienhaus. Dabei verwendet er teilweise früher für das Unternehmen eingekauftes Material (Eigenverbrauch nach § 1 I Nr. 2a UStG), teilweise erst jetzt erworbenes Material (kein Vorsteuerabzug nach § 15 I UStG), Baumaschinen und eigene Leute (Eigenverbrauch nach § 1 I Nr. 2b UStG).

Mehrere Entnahmen von Gegenständen und von sonstigen Leistungen sind nicht zu einem einheitlichen Eigenverbrauch zusammenzufassen[114]. Der schon bei Leistungen problematische Begriff der Einheitlichkeit der Leistung (s. S. 540) ist nicht auf den Eigenverbrauch zu übertragen.

2.2 Sonstige Leistungen im Rahmen des Unternehmens (s. S. 548 f.), die Zwecken außerhalb des Unternehmens dienen (§ 1 I Nr. 2b UStG).

Erfaßt werden sollen nicht etwa nur Leistungen an Dritte i. S. des § 3 IX UStG (wie der mißverständliche Wortlaut annehmen lassen kann), sondern Nutzungs- und Leistungsentnahmen jeder Art[115]. Zu „Zwecken außerhalb des Unternehmens" s. oben S. 552 f.

Beispiele: Gewerbetreibender nutzt einen zum Betriebsvermögen (zum Unternehmen) gehörenden Pkw auch privat, oder er überläßt diesen Pkw auch seinem Sohn für Privatfahrten. Ein in einem Gärtnereibetrieb beschäftigter Arbeitnehmer wird beauftragt, auch den Privatgarten des Gärtnereiinhabers umzugraben.

Behandelt ein Arzt sich selbst, streicht ein Maler seine Privatwohnung, führt ein Rechtsanwalt für sich selbst einen Prozeß, so läßt sich ebenfalls eine „sonstige Leistung" annehmen. Belastet werden solche Leistungen mangels Kosten aber nicht (s. § 10 IV Nr. 2 UStG). Die eigene Arbeitsleistung wird nicht als Kostenfaktor angesehen.

Benutzt ein Unternehmer das dem Unternehmen dienende Telefon für Privatgespräche, so sieht die Rechtsprechung § 1 I Nr. 2b UStG als erfüllt an. Sie berücksichtigt nicht teleologisch (durch teleologische Reduktion), daß der Telefonierkonsum nicht mit Umsatzsteuer belastet ist, weil die Leistungen der Bundespost insoweit nicht steuerbar sind (§ 2 III UStG)[116].

2.3 Nichtabziehbare Aufwendungen

Aufwendungen eines Unternehmers, die *nach § 4 V Nrn. 1–7, VII; 12 Nr. 1 EStG* nicht als Betriebsausgaben behandelt werden dürfen (s. S. 270 ff.) – *ausgenommen Geldgeschenke* – werden ebenfalls als Eigenverbrauch besteuert (§ 1 I Nr. 2c UStG; sog. Aufwendungstatbestand, in praxi auch als Verschwendungstatbestand bezeichnet). Voraussetzung ist auch hier, daß der Eigenverbrauch im Inland stattfindet.

Da unterstellt wird, daß es sich um unternehmerisch veranlaßte Aufwendungen handelt, hat der Unternehmer das Recht, die hierauf entfallende Vor-Umsatzsteuer nach § 15 UStG als Vorsteuer abzusetzen. Der mit § 4 V, VII EStG verfolgte Zweck wird auf diese Weise zum Teil aber wieder vereitelt; um das zu verhindern, wird über § 1 I Nr. 2c UStG der Vorteil aus dem

---

113 BFH BStBl. 88, 649; s. aber S. 572 f.
114 BFH (Fn. 112).
115 BFH BStBl. 84, 499 ff.
116 BFH BStBl. 87, 42; BMF BStBl. I 90, 35; ob die Steuerbarkeit mit der 6. EG-Richtlinie vereinbar ist, ist strittig (s. Fn. 109); ab 1996 ist die Bundespost auch mit den Telefonleistungen steuerbar, BStBl. I 90, 213.

Vorsteuerabzug rückgängig gemacht. In Wirklichkeit hat § 4 V Nrn. 1–5, 7 EStG die gleiche Wurzel wie § 12 Nr. 1 Satz 2 EStG (S. 261 ff., 270 ff.).

Konsequenterweise werden daher auch nach § 12 Nr. 1 EStG private Aufwendungen als Eigenverbrauch nach § 1 I Nr. 2c UStG versteuert, nachdem der BFH hier den Vorsteuerabzug zugelassen hat[117].

Die Regelung ist allerdings unnötig kompliziert und führt auch zu Unabgestimmtheiten innerhalb der EG, weil andere EG-Staaten in diesen Fällen den Vorsteuerabzug versagen.

Beispiel: Erwerb eines Geschenkes im Inland für Geschäftsfreund im Ausland. Dort erfolgt Übergabe. Vorsteuerabzug im Inland gemäß § 15 I UStG, aber kein steuerbarer Eigenverbrauch nach § 1 I Nr. 2c UStG im Inland. Auch im Ausland erfolgt keine Besteuerung.

Es wäre daher vorzuziehen, wenn die Bundesrepublik sich hier anpassen würde und nach dem Vorbild des § 4 V, VII EStG den Vorsteuerabzug versagen würde. Unabgestimmt ist die Regelung, wonach Bewirtungsaufwendungen ertragsteuerrechtlich nur zu 80% abgezogen werden dürfen, umsatzsteuerrechtlich aber ein voller Vorsteuerabzug ohne Besteuerung als Eigenverbrauch gewährt wird.

Praktisch besonders bedeutsam ist § 4 V Nr. 6 EStG i. V. mit § 9 I Nr. 4 EStG: Die Differenz zwischen den tatsächlichen Pkw-Aufwendungen und den limitiert abziehbaren Aufwendungen (0,50 DM pro Tag und Entfernungskilometer) ist Eigenverbrauch. Diese Regelung ist nicht zwingend, aber zulässig. § 4 V Nr. 6 EStG ist eine Lenkungsvorschrift, folglich insoweit auch § 1 I Nr. 2c UStG.

2.4 Ort des Eigenverbrauches

Erfaßt wird nur der Eigenverbrauch im Inland. Eine ausdrückliche Regelung über den Ort des Eigenverbrauches enthält das UStG nicht. Für die Gegenstandsentnahme sind § 3 VI und § 3 VII UStG, für die Leistungsentnahme § 3a I[118] und II UStG anzuwenden. Dies folgt bereits aus der Gleichstellung mit Lieferungen und Dienstleistungen gegen Entgelt in der 6. EG-Richtlinie. § 3a III und § 3 VIII UStG sind unanwendbar, weil sie auf Eigenschaften des Empfängers abstellen. Bei Eigenverbrauch nach § 1 I Nr. 2c UStG ist maßgebend, wo die Aufwendungen tatsächlich getätigt wurden.

3. Gesellschafterverbrauch (§ 1 I Nr. 3 UStG)

Nach § 1 I Nr. 3 UStG sind steuerbar auch die Leistungen, die Körperschaften und Personenvereinigungen i. S. des § 1 I Nrn. 1–5 KStG, nichtrechtsfähige Personenvereinigungen sowie Gemeinschaften im Inland (s. S. 549) im Rahmen ihres Unternehmens (s. S. 548 f.) an ihre Anteilseigner, Gesellschafter, Mitglieder, Teilhaber oder diesen nahestehende Personen ausführen und für die die Leistungsempfänger *kein Entgelt aufwenden.*

Die Vorschrift ist dogmatisch überflüssig, da Eigenverbrauch nicht nur vorliegt, wenn ein Einzelunternehmer etwas „für Zwecke außerhalb des Unternehmens" ent-

---

117 BFH BStBl. 86, 216; 87, 688.
118 Offengelassen von BFH BStBl. 89, 163 (Pkw-Nutzung im Ausland); s. auch *Widmann*, DStJG Bd. 13 (1990), 136.

nimmt, sondern auch, wenn das durch Körperschaften oder Personengesellschaften geschieht.

Die RFH/BFH-Rechtsprechung hat aber bis 1983 einen Eigenverbrauch verneint, weil Personen- und Kapitalgesellschaften keine Privatsphäre hätten.

1983 hat auch der BFH (BStBl. 84, 169)[119] sich die Auffassung zu eigen gemacht, daß – auch – Gesellschaften Eigenverbrauch haben könnten. Den von ihm selbst verursachten § 1 I Nr. 3 UStG hat der BFH (mit Recht) für überflüssig erklärt.

> Beispiel: Gleichgültig, ob ein Einzelunternehmer seiner Tochter unentgeltlich aus seinem Möbeleinzelhandelsgeschäft einen Schrank schenkt oder eine OHG oder eine GmbH, die einen Möbelhandel betreibt, der Tochter des Gesellschafters einen Schrank schenkt, es liegt in allen drei Fällen ein Eigenverbrauch nach § 1 I Nr. 2a UStG vor, denn die Unentgeltlichkeit beruht auf außerunternehmerischen Motiven.

Da § 1 I Nr. 3 UStG nach der zutreffenden Rechtsprechungsänderung leerläuft, hätte er vom Gesetzgeber gestrichen werden sollen. Statt dessen trägt er zur Verwirrung bei, indem er nunmehr die Gesellschaft – im Gegensatz zum Einzelunternehmer – verpflichtet, bei Leistungen nach § 1 I Nr. 3 UStG Rechnungen mit offenem Steuerausweis zu erteilen (§ 14 I 2 UStG). Dies wird dahin interpretiert, daß § 1 I Nr. 3 UStG nur die *unentgeltlichen Leistungen aus unternehmerischem Anlaß*[120] erfasse. Hingegen soll die unentgeltliche Leistung aus außerunternehmerischen Gründen (vGA oder Entnahme) einen Eigenverbrauch darstellen. Dies ist nicht nur angesichts der geschichtlichen Entwicklung absurd. Die unternehmerisch veranlaßte unentgeltliche Leistung der Gesellschaft stellt *keinen Endverbrauch* dar. Sie darf daher überhaupt nicht besteuert werden, abgesehen von § 1 I Nr. 2c UStG. Die entgegengesetzte Auslegung verstößt gegen die 6. EG-Richtlinie. Danach dürfen unentgeltliche Leistungen nicht besteuert werden, es sei denn, sie erfolgten für unternehmensfremde Zwecke (*„purposes other than his business"*).

4. Einfuhr in das Zollgebiet (§ 1 I Nr. 4 UStG)

Einfuhr ist das Verbringen von Gegenständen in das Zollgebiet (§§ 1 II 2, 2 I ZG), ein tatsächlicher Vorgang, kein Akt des Rechtsverkehrs. Einführen können auch Nichtunternehmer (private Verbraucher). Die Regelung ist konsequent, weil nämlich gerade die privaten Verbraucher durch die Umsatzsteuer belastet werden sollen. Auch § 1 I Nr. 4 UStG spricht also für den *Verbrauchsteuercharakter* der Umsatzsteuer. Die an § 1 I Nr. 4 UStG anknüpfende Steuer wird als *Einfuhrumsatzsteuer* bezeichnet. Quantitativ ist § 1 I Nr. 4 UStG kein Nebentatbestand, denn das Aufkommen an Einfuhrumsatzsteuer liegt kaum unter dem Umsatzsteueraufkommen aus § 1 I Nrn. 1–3 UStG.

Die Einfuhrumsatzsteuer ist eine Verbrauchsteuer i. S. der Abgabenordnung (§ 21 I UStG); sie wird von den Bundes(zoll)behörden verwaltet (Art. 108 I GG).

Für eine umfassende Verbrauchsteuer (Aufwandsteuer) ist es unerheblich, ob etwas für Inlands- oder für Auslandsware aufgewendet wird.

Die Belastung der eingeführten Ware mit inländischer Umsatzsteuer (Einfuhrumsatzsteuer), sog. Bestimmungslandprinzip, dient dazu, die Auslandswaren den Inlandswaren gleich zu

---

119 So bereits *Söhn*, StuW 77, 352 f.; *Trzaskalik*, StRK UStG § 5 Abs. 1 R. 87.
120 BT-Drucks. 11/2157, 190; *Schwarze*, JbFSt. 1988/89, 32; *Widmann*, UStKongrBericht 1988/89, 217, 221; dagegen zutreffend *Lohse*, UStKongrBericht 1988/89, 167, 177 f.

belasten. Die Umsatzsteuersysteme und Umsatzsteuersätze der einzelnen Länder sind unterschiedlich. Im Verhältnis mehrerer Staaten zueinander sollen Waren aber nur mit der Umsatzsteuer des Landes belastet werden, in dem sie verbraucht oder verwendet werden (vgl. auch Art. 95, 96 EWG-Vertrag). Dazu ist eine Entlastung und Belastung der Ware im grenzüberschreitenden Verkehr erforderlich. Um eingeführte Ware umsatzsteuerlich genauso zu belasten wie inländische Ware, geschieht folgendes: Das Ursprungsland entlastet die Ware bei der Ausfuhr von der Umsatzsteuer (s. S. 560 f.); das Bestimmungsland belastet die Ware so, daß das inländische Umsatzsteuer-Niveau erreicht wird[121].

Die Entlastung von der Umsatzsteuer des Exportlandes funktioniert nicht, wenn der Gegenstand von einem Nichtunternehmer entgeltlich oder unentgeltlich erworben wird. Dieser konnte die ihm in Rechnung gestellte Umsatzsteuer nicht abziehen. In der sog. Gaston-Schul-Rechtsprechung[122] hat der EuGH entschieden, daß der einführende Staat zur Vermeidung einer Behinderung des innergemeinschaftlichen Warenverkehrs die sogenannte ausländische „Restmehrwertsteuer" auf die Einfuhrumsatzsteuer anrechnen muß.

5. Objektive Steuerbefreiungen

5.1 Begünstigter der Befreiungen

§ 4 UStG enthält einen Katalog von 28 Befreiungstatbeständen; Einfuhrbefreiungen enthält § 5 UStG. Durchweg handelt es sich um objektive Befreiungen; nur § 4 Nr. 19 UStG enthält eine subjektive Befreiung.

Da die Umsatzsteuer als allgemeine *Verbrauchsteuer* den Verbraucher, nicht den Unternehmer belasten will, kann man von einer echten Befreiung nur sprechen, wenn der Verbraucher entlastet werden soll und entlastet wird.

Da die Besteuerung des Verbrauchs jedoch durch Anknüpfung an Umsätze der Unternehmer erfolgt, muß auch die Befreiung technisch an Umsätze der Unternehmer anknüpfen. Dies ist so lange unbedenklich, wie die Wettbewerbslage den Unternehmer zwingt, die Befreiung an den Verbraucher weiterzugeben. Auch hierbei können jedoch – anders als bei der Einkommensteuer – die individuellen Verhältnisse des Verbrauchers nicht berücksichtigt werden. Die Befreiung kommt also gleichermaßen dem leistungsfähigen wie dem leistungsschwachen Verbraucher zugute. Daher lassen sich Befreiungen nur nach der Art der Leistung rechtfertigen, wenn der Bezug dieser Leistung begünstigt werden soll, z. B. aus sozialpolitischen Gründen[123].

Verfehlt ist es jedoch, wenn die Begünstigung an die Person des Leistenden knüpft, wie § 4 Nr. 19 UStG, oder an die einkommensteuerliche Qualifikation der Einkünfte, wie § 4 Nr. 14 UStG. Entscheidend darf nur die Art der Leistung sein, wie sie sich aus der Sicht des Verbrauchers darstellt. Begünstigt wird dann eine bestimmte Art des Verbrauchs.

Die Befreiungen sind überwiegend aus sozial-, kultur- oder wirtschaftspolitischen Gründen eingeführt worden[124].

---

121 Dazu *H. Möller*, Ursprungs- und Bestimmungslandprinzip, FinArch. Bd. 27 (1968), 385, 387 ff.; Internationale Probleme auf dem Gebiet der Umsatzbesteuerung, IFA-Cahiers LXVIII b, Amsterdam 1983.
122 EuGH v. 5. 5. 1982 Rs 15/81, UR 82, 242; EuGH v. 21. 5. 1985 RS 47/84, UR 86, 180; v. 23. 1. 1986 Rs 39/85, UR 86, 183; dazu *Schlienkamp*, UR 89, 170 und *Reiß*, DStJG Bd. 13 (1990), 30.
123 Gegen die verbrauchsteuer-systemfremden Umsatzsteuervergünstigungen der *Wissenschaftliche Beirat*, in: Der Wissenschaftliche Beirat beim Bundesministerium der Finanzen, Tübingen 1974, 136, 262 f.; s. ferner die Systemkritik von *Söhn*, StuW 76, 17 ff.
124 Zur Motivation BT-Drucks. zu V/1581, 5, und 8/1779, 31 f.

5.2 Grundstücksüberlassungen

a) Steuerfrei ist insb. auch die *Vermietung und Verpachtung* von Grundstücken und die Überlassung von grundstücksgleichen Rechten (§ 4 Nr. 12a UStG)[125].

Diese Vorschrift wollte ursprünglich nur die Verteuerung der Wohnungsmieten verhindern (s. schon RFH RStBl. 20, 359); sie ist, weit darüber hinausgreifend, 1966 aber damit gerechtfertigt worden, daß die Finanzverwaltung sich nicht in der Lage sehe, alle privaten Vermieter/Verpächter zu erfassen (BT-Drucks. IV/1590, 37).

Der Vereinfachungseffekt wird erkennbar nicht erreicht. Im Gegenteil zwingt die Vorschrift zu diffizilen Auslegungen, weil sie an zivilrechtliche Begriffe wie Grundstück und Vermietung[126] anknüpft. Hinzu kommt, daß die Befreiung bei Leistungen an Unternehmer wegen des Ausschlusses des Vorsteuerabzuges nicht sachgerecht ist und deshalb Optionsmöglichkeiten geschaffen werden mußten (vgl. § 9 UStG).

Nicht befreit ist nach § 4 Nr. 12 Satz 2 UStG die Vermietung von Betriebsvorrichtungen, die Vermietung von Parkgelände für Fahrzeuge sowie zur hotelartigen Unterbringung einschließlich Camping. Es wäre ein wesentlicher Beitrag zur Steuervereinfachung, wenn positiv bestimmt würde, daß lediglich die Überlassung zu Wohnzwecken befreit wird. Der Vereinfachungseffekt ist schon über § 19 I UStG zu erreichen.

b) Soweit Grundstücksüberlassungen nicht aufgrund schuldrechtlicher Verträge erfolgen, sondern aufgrund dinglicher Nutzungsrechte (z. B. *Nießbrauch,* Grunddienstbarkeiten), befreit § 4 Nr. 12c UStG die Leistungen. Dies ist konsequent, denn unter dem Gesichtspunkt des *Verbrauchs* ist es belanglos, ob die Grundstücksnutzung auf einem schuldrechtlichen Vertrag oder einem dinglichen Nutzungsrecht beruht. Für die Überlassung eines *Erbbaurechts*[127] folgt die Befreiung bereits aus § 4 Nr. 9a UStG.

5.3 Heilberufliche, soziale und kulturelle Leistungen

Steuerfrei sind ferner grundsätzlich die Umsätze aus der *Tätigkeit als Arzt, Zahnarzt oder aus anderen heilberuflichen Tätigkeiten* (§ 4 Nr. 14 UStG; s. dazu ergänzend § 4 Nrn. 15, 16, 17, 18 UStG).

§ 4 Nr. 14 UStG will – *verbrauchsteuerkonform* – nicht die Heilberufe begünstigen, sondern die Patienten. Daher ist § 4 Nr. 14 UStG auch anzuwenden, wenn eine Arztwitwe die Praxis durch einen Arztvertreter fortführen läßt (a. A. BFHE 133, 396).

Kulturelle Leistungen werden durch § 4 Nr. 20–22 UStG, Leistungen an Jugendliche im Zusammenhang mit deren Unterbringung und Verpflegung nach § 4 Nr. 23–25 UStG befreit. Soweit dabei an die Person des Leistenden, z. B. jur. Person des öffentlichen Rechts, angeknüpft wird, soll dies lediglich einen Mißbrauch verhüten. Gleichwohl ist eine solche Anknüpfung nicht unproblematisch.

Durch das Kultur- und Stiftungsförderungsgesetz vom 13. 12. 1990 (BGBl. I 90, 2775) ist § 4 Nr. 7 UStG eingeführt worden. Er prämiert die Gestellung von land- und forstwirtschaftlichen Arbeitskräften, Betriebshelfern und Haushaltshilfen aus sozialpolitischen Gründen.

---

125 Der Miet- und Pachtaufwand ist zwar nicht mit Umsatzsteuer belastet, wohl aber mit Grundsteuer, die auf Mieter/Pächter überwälzt wird.
126 S. BFH BStBl. 81, 228 (Hallenschwimmbad); 87, 659 (Golfplatz); Abschn. 85, 86, 76–81 UStR.
127 Dazu BFH BStBl. 88, 744.

Steuerbefreiungen

5.4 Umsätze des Geld- und Kreditverkehrs

Steuerfrei sind auch bestimmte *Umsätze im Geld- und Kreditverkehr*[128], *Umsätze über Wertpapiere und Gesellschaftsanteile*, nämlich:
- Gewährung von *Kredit*, auch durch Lieferanten[129] (§ 4 Nr. 8a UStG);
- Umsätze von Zahlungsmitteln, die nicht wegen ihres Metallgehaltes oder Sammlerwertes umgesetzt werden (§ 4 Nr. 8b UStG);
- Umsätze im Geschäft mit Geldforderungen und Wertpapieren und die Vermittlung dieser Umsätze. Nicht befreit ist die Einziehung von Forderungen und die Verwaltung/Verwahrung von Wertpapieren (§ 4 Nr. 8c, e UStG);
- Umsätze von Anteilen und Vermittlung der Umsätze von *Anteilen an Gesellschaften* (wie OHG, KG, GmbH) und anderen *Vereinigungen* (wie Genossenschaften, Versicherungsvereinen auf Gegenseitigkeit) (§ 4 Nr. 8f UStG);
- *Übernahme von Verbindlichkeiten, Bürgschaften* und ähnlichen *Sicherheiten* (§ 4 Nr. 8g UStG)[129a];
- *typische Bankumsätze*, wie Vermittlung und Verwaltung von Krediten, Vermittlung von Umsätzen in gesetzlichen Zahlungsmitteln, Zahlungs- und Überweisungsverkehr (§ 4 Nr. 8a, b, d, e UStG).

Die Befreiung der genannten Umsätze beruht darauf, daß die Leistungen typischerweise nicht zu einem privaten Verbrauch von Gütern und Dienstleistungen führen, sondern allenfalls einen solchen vorbereiten.

5.5 Befreiungen wegen Konkurrenz zu besonderen Verkehrsteuern

Steuerbefreit sind folgende Umsätze, *die unter spezielle Verkehrsteuergesetze fallen* (d. h. nach diesen speziellen Gesetzen steuerbar sind):
- Umsätze, die unter das Grunderwerbsteuergesetz fallen (§ 4 Nr. 9a UStG);
- Umsätze, die unter das Rennwett- und Lotteriegesetz fallen (§ 4 Nr. 9b UStG);
- Leistungen von Versicherungsunternehmen aufgrund eines Versicherungsverhältnisses i. S. des Versicherungsteuergesetzes und die Verschaffung von Versicherungsschutz für andere Personen (§ 4 Nr. 10 UStG), insb. durch Prämienzahlung zugunsten Dritter;

Zweck dieser Vorschriften ist es, die Doppelbelastung mit Umsatzsteuer und (besonderen) Verkehrsteuern zu vermeiden. Die teleologische Auslegung muß über die unterschiedliche Fassung der Tatbestände des Umsatzsteuergesetzes einerseits und der Verkehrsteuergesetze andererseits (Anknüpfung an das obligatorische statt an das dingliche Geschäft; Anknüpfung an das Entgelt statt an die Leistung) hinwegsehen.

Die Befreiungsvorschrift des § 4 Nr. 9a UStG erreicht dieses Ziel allerdings nur noch unvollkommen (s. § 14 A Grunderwerbsteuer, S. 583 ff.).

Ein Vorgang, der unter ein im Befreiungskatalog erfaßtes Verkehrsteuergesetz fällt, ist auch dann umsatzsteuer*frei*, wenn er verkehrsteuer*frei* ist.

Beispiel: Die Lieferung eines Grundstückes unter Verwandten gerader Linie ist nach § 3 Nr. 6 GrEStG von der Grunderwerbsteuer befreit. Gleichwohl bleibt es auch bei der Befreiung nach § 4 Nr. 9a UStG.

Daraus, daß die Kreditgewährung (Sparen), die Anschaffung von Wertpapieren und die Beteiligung an Gesellschaften nicht mit Umsatzsteuer belastet sind (s. oben 5.4), ergibt sich: *Belastet werden der Konsum und die private Investition, nicht belastet wird die Vermögensbildung durch Sparen, Wertpapierbesitz und Beteiligung*. Die Verwendung von

---

128 Dazu *Philipowski*, Die Umsatzbesteuerung der Bank- und Geldgeschäfte, Köln 1973.
129 BFH BStBl. 81, 197; Abschn. 28a UStR.
129a BFH BStBl. 90, 401.

Einkommen/Vermögen für die Anschaffung von Grundbesitz unterliegt grundsätzlich der Grunderwerbsteuer.

Der Steuergesetzgeber wartet also bis zum *Entsparen*. Allerdings wird, wer nicht konsumiert, evtl. mit Vermögensteuer belegt. Wird das gebildete Vermögen bis zum Tode nicht dem Konsum zugeführt, so fällt im übrigen Erbschaftsteuer an.

5.6 Ausschluß des Vorsteuerabzuges und Option

Trotz der Befreiungen wird der Verbraucher nicht vollständig von inländischer Umsatzsteuer entlastet. § 15 II Nr. 1 UStG schließt nämlich für Unternehmer den Vorsteuerabzug aus, wenn der Unternehmer den Eingangsumsatz zur Ausführung eines steuerfreien Umsatzes verwendet. Der Unternehmer wird daher die nichtabziehbare Vorsteuer auf seinen Abnehmer abwälzen (wegen der Problematik s. S. 576 ff.).

Beispiel: Der Arzt kann die auf der Anschaffung von medizinischen Geräten ruhende Umsatzsteuer nicht als Vorsteuer abziehen. Er wird sie also im Preis für die nach § 4 Nr. 14 UStG steuerbefreiten ärztlichen Leistungen auf den Patienten abwälzen.

Bei Umsätzen innerhalb der Unternehmerkette können Befreiungen sogar zu einer effektiven Höherbelastung führen (s. S. 577). Deshalb sieht § 9 UStG vor, daß für bestimmte befreite Umsätze an andere Unternehmer zur Steuerpflicht optiert werden kann (s. S. 579 f.).

5.7 Befreiung nach § 4 Nr. 28 UStG

Im Zusammenhang mit dem Ausschluß des Vorsteuerabzuges nach § 15 II Nr. 1 UStG steht die Befreiungsvorschrift des § 4 Nr. 28 UStG. Danach sind die Lieferung, der Entnahmeeigenverbrauch und die Verwendung für außerunternehmerische Zwecke (Eigenverbrauch nach § 1 I Nr. 2b UStG) steuerfrei, wenn der Gegenstand im übrigen nur für den Vorsteuerabzug ausschließende steuerfreie Tätigkeiten verwendet wurde bzw. wird. Damit wird eine Kumulation von Umsatzsteuer verhindert bzw. eine nachträgliche Korrektur des Vorsteuerabzuges überflüssig. Der private Endverbrauch wird im Ergebnis durch die Versagung des Vorsteuerabzuges belastet.

Beispiel: Ein Arzt erwirbt einen Pkw für die Praxis, den er auch privat nutzt. Ein Vorsteuerabzug aus der Anschaffung steht ihm nicht zu (§ 15 II Nr. 1 UStG). Die private Nutzung ist steuerfrei nach § 4 Nr. 28 b UStG. – Nach 2 Jahren veräußert er den PKW (oder schenkt ihn seiner Tochter). Die Lieferung (der Eigenverbrauch nach § 1 I Nr. 2a UStG) ist steuerfrei nach § 4 Nr. 28 a UStG.

5.8 Ausfuhrumsätze

a) Die Befreiungen der Ausfuhrlieferungen (§ 4 Nr. 1 UStG i. V. mit § 6 UStG), der Lohnveredelungen an Gegenständen der Ausfuhr (§ 4 Nr. 1 UStG i. V. mit § 7 UStG) sowie der Umsätze i. S. des § 4 Nr. 2 UStG i. V. mit § 8 UStG und des § 4 Nrn. 3, 5 UStG sind keine Steuervergünstigungen, sondern dem System der Umsatzsteuer immanent. Es soll nur der inländische Verbrauch mit Umsatzsteuer belastet werden. Dies gebietet das *Bestimmungslandprinzip*[130]. Die Steuerentlastung wird dadurch er-

---

130 Vgl. dazu *Mesenberg*, Die außenwirtschaftliche Wirkung der deutschen Umsatzsteuerreform, Inst. FuSt Brief 102, Bonn 1968; *Gründler*, Die Mehrwertsteuer im Außenhandel, Köln 1967; *Haufler*, UVR 90, 131.

reicht, daß § 15 III Nr. 1 UStG den Vorsteuerabzug trotz Steuerbefreiung der Ausfuhrumsätze zuläßt.

b) Außerhalb des UStG werden wie Ausfuhrumsätze behandelt: Leistungen an Nato-Truppen und ziviles Gefolge, an Dienststellen der Vereinigten Staaten für Verteidigungsaufgaben und an die Alliierten Hauptquartiere (vgl. § 26 V UStG i. V. mit den dort genannten Bestimmungen und § 15 III Nr. 1 UStG). Obwohl hier ein Verbrauch im Inland stattfindet, sollen die Entsendestaaten wegen der Besonderheit der Aufgaben vollständig von deutscher Umsatzsteuer entlastet werden.

D. Steuersubjekte

1. Unternehmer als Steuersubjekte

Literatur: *Popitz,* HdB der Finanzwissenschaften, Bd. 2, Jena 1927, 180 ff.; *ders.,* Kommentar zum UStG[3], Berlin 1928; *Brezing,* Wandlungen des Unternehmerbegriffs, UStKongr-Bericht 1982/83, 25 ff. (freischwebende Begriffsdarstellung ohne teleologischen Bezug); *Schmidt-Liebig,* Die natürliche Person als umsatzsteuerlicher Unternehmer, StuW 78, 137 ff.; *Tehler,* Die Umsatzsteuer als angewandte Verkehr- und/oder Verbrauchsteuer, Diss. Köln 1986; *Bunjes,* Zum subjektiven Element des Unternehmerbegriffs, UR 88, 307 ff.; *Stadie,* Das Recht des Vorsteuerabzugs, Köln 1989, 29 f.; *Rose,* Neue Entwicklungen um den umsatzsteuerlichen Unternehmerbegriff, StbJb. 1989/90, 27 ff.; *Dziadkowski,* Zum Unternehmerbegriff des Umsatzsteuergesetzes, StVj 89, 326 ff.; *Giesberts,* Der Unternehmer: Ein „Händler am Markt?", UR 89, 257 ff.; *Schaub,* Der umsatzsteuerliche Unternehmerbegriff, Diss. München 1988.

a) Steuersubjekte (Steuerschuldner) der Umsatzsteuer sind grundsätzlich *Unternehmer* (§§ 1 I Nrn. 1, 2, 3; 13 II UStG). Wegen Ausnahmen s. S. 565.

Der Unternehmerbegriff ergibt sich aus § 2 UStG. Nach § 2 I UStG ist Unternehmer, wer eine *gewerbliche oder berufliche Tätigkeit* selbständig ausübt. Gewerblich oder beruflich ist jede *nachhaltige Tätigkeit* zur Erzielung von Einnahmen, auch wenn die Absicht, Gewinn zu erzielen, fehlt oder eine Personenvereinigung nur gegenüber ihren Mitgliedern tätig wird.

Erfaßt wird danach nicht nur die Tätigkeit der Gewerbetreibenden und der Freiberufler, sondern insb. auch die der Landwirte und der Vermieter/Verpächter (s. auch § 4 Nr. 12 UStG). Das Gesetz ist insoweit mißverständlich. Dieser weite Begriff ist *verbrauchsteuer-teleologisch* gerechtfertigt.

Der *Unternehmerbegriff* hat folgendes zu leisten:
1. Da Steuerträger der nichtunternehmerische Leistungsempfänger ist, der Einkommen verwendet, muß der Unternehmerbegriff so weit gefaßt werden, daß der normale Bezug von Leistungen durch Endverbraucher mit Umsatzsteuer belastet wird. Daher ist es verfehlt, den Unternehmerbegriff durch *subjektive Merkmale*[131] einengen zu wollen. Ebenfalls abzulehnen sind Versuche, die sogenannte *Vermögensverwaltung*[132] prinzipiell auszuschließen. Auch wer entgeltlich fremdes Vermögen nutzt, wendet Einkommen für den Verbrauch auf.
2. Andererseits ist zu berücksichtigen, daß die Besteuerung der Einkommensverwendung durch die Umsatzsteuer *praktikabel* bleiben muß. Darauf beruht es überhaupt, daß die Steuer beim Unternehmer als *Steuereinsammler* und nicht beim Verbraucher erhoben wird. Daher ist den Vorschlägen nicht zu folgen, die jede entgeltliche Erbringung von Leistungen bereits als unternehmerisch ansehen wollen und lediglich nach dem Vorbild des § 19 I UStG eine Umsatz-

---

131 So aber *Bunjes,* UR 88, 307.
132 So aber *Kempke,* UR 86, 114.

grenze einführen wollen¹³³. Im Prinzip ist der Unternehmerbegriff sowohl in *Art. 4 6. EG Richtlinie* als auch in § 2 UStG zutreffend umschrieben, wenn über die *berufliche Tätigkeit* hinaus *auch die nachhaltige Vermögensnutzung*¹³⁴ zur Erzielung von Einnahmen erfaßt wird. Ob darüber hinaus auch in leicht nachprüfbaren Fällen gelegentliche Umsätze, z. B. Grundstückslieferungen, erfaßt werden sollen, ist keine Frage des Prinzipes¹³⁵. Bei der gegenwärtigen Gesetzeslage mit eigener Grunderwerbsteuer besteht dazu kein Bedürfnis.

3. Der Unternehmerbegriff sollte dagegen nicht mit der Frage befrachtet werden, wie die *Endverbrauchsbesteuerung beim Unternehmer selbst* zu sichern ist. Dies ist durch eine sachgerechte Interpretation des Merkmales „*für sein Unternehmen*"¹³⁶ bei § 15 I UStG zu leisten, bzw. durch eine sachgerechte Interpretation der *Eigenverbrauchstatbestände*.

b) *Unmaßgeblichkeit der Unternehmensform:* Es kommt nicht auf die Unternehmensform an, sondern auf die unternehmerische Tätigkeit, auf die Fähigkeit, selbständig Leistungen zu erbringen. Unternehmer können sein:

(a) *natürliche Personen* (Einzelunternehmer);

(b) *nicht rechtsfähige Personenvereinigungen,* denn sie erbringen ebenfalls selbständig Leistungen (s. § 124 HGB);

in Betracht kommen nicht nur OHG, KG, BGB-Gesellschaft, echte Arbeitsgemeinschaft, sondern alle Gebilde mit einer gewissen Organisation und dem Willen zur wirtschaftlichen Betätigung (Beispiel: Der Betriebsrat eines Unternehmens betreibt eine Kantine)¹³⁷.

Innengesellschaften (z. B. stille Gesellschaften, Meta-Gesellschaften, Gewinnpools, Bürogemeinschaften) sind keine Unternehmer.

Die Gesellschafter selbst sind in ihrer Eigenschaft *als Gesellschafter* keine Unternehmer (*neben* dem Unternehmen „Gesellschaft");

(c) *juristische Personen* des Privatrechts (z. B. AG, GmbH, e. V., Genossenschaft);

(d) *juristische Personen des öffentlichen Rechts,* allerdings nur im Rahmen ihrer *Betriebe gewerblicher* Art und ihrer *land- und forstwirtschaftlichen* Betriebe (§ 2 III 1 UStG; dazu kasuistisch ergänzend § 2 III 2 UStG)¹³⁸.

§ 2 III UStG wird dem *Verbrauchsteuergedanken* nur zum Teil gerecht. Unter dem Verbrauchsteueraspekt müßten *alle* entgeltlichen Versorgungsleistungen der öffentlichen Hand erfaßt werden. Die Art der Tätigkeit der öffentlichen Hand, ob hoheitlich oder gewerblich, ist verbrauchsteuerlich unerheblich¹³⁹.

---

133 So aber *Tehler,* UVR 89, 353; s. auch *Tehler,* Die Umsatzsteuer als angewandte Verkehr- und/oder Verbrauchsteuer, Diss. Köln 1986.
134 Zur Kritik des Merkmales *Dziadkowski,* StVj 89, 326 m. w. N.; *Giesberts,* UR 89, 257; *Weiß,* UR 85, 65.
135 Zutreffend daher BFH BStBl. 87, 744 (Briefmarkensammler); 87, 752 (Münzsammler).
136 Dazu *Rose,* StbJb. 1989/90, 27, 47 f.
137 *Schön,* DStJG Bd. 13 (1990), 81 ff. verweist zutreffend darauf, daß auch zivilrechtlich Außengesellschaften, bzw. Vereine vorliegen.
138 *Tehler,* Die juristischen Personen des öffentlichen Rechts in der Umsatzsteuer, DVR 86, 162 ff., 178 ff.; *Wagner,* Umsatzsteuer und öffentliche Hand, DStJG Bd. 13 (1990), 59 ff.
139 Gl. A. *Söhn,* StuW 76, 1, 8 ff.; *Brezing,* UStKongrBericht 1982/83, 25, 48, sieht in der Erfassung der hoheitlichen Tätigkeit „einen ganz entscheidenden Bruch mit der deutschen Rechtstradition"; er sieht offenbar nicht, daß die technisch-positivistische Tradition des Verkehrsteuerdenkens einem Verbrauchsteuergesetz nicht gerecht werden kann; dagegen zutreffend auch *Wagner* (Fn. 138); s. auch *Stoll,* Umsatzbesteuerung gewinnloser Betriebe der öffentlichen Hand, in: FS Wenger, Wien 1983, 479 ff.; EuGH v. 17. 10. 1989 Rs 231/87 u. 129/88, UR 90, 273; BFH BStBl. 90, 868.

1.1 Nachhaltige Tätigkeit zur Erzielung von Einnahmen

Es muß sich um eine Tätigkeit handeln. Die Tätigkeit muß zur Erzielung von Einnahmen vorgenommen werden. Die Tätigkeit besteht darin, daß Leistungen i. S. des § 1 I Nr. 1 UStG an andere Personen erbracht werden. Da dies zum Zwecke der Einnahmeerzielung geschehen muß, ist erforderlich, daß der Unternehmer im Leistungsaustausch tätig wird. Die Unternehmereigenschaft setzt daher ein Tätigwerden im Leistungsaustausch voraus. Einen Unternehmer ohne Umsätze nach § 1 I Nr. 1 UStG gibt es nicht[140].

Allerdings beginnt die Unternehmereigenschaft bereits mit Vorbereitungs- und Gründungshandlungen[141]. Daher ist der Vorsteuerabzug bereits begründet, wenn Leistungen empfangen werden, die der Ausführung von Leistungen im Leistungsaustausch dienen sollen. Dabei verbleibt es auch dann, wenn vor Ausführung von Umsätzen wider Erwarten das Unternehmen eingestellt wird[142].

Die Leistung muß entweder in Ausübung eines Berufes im Sinne einer von vornherein auf Entgeltserzielung angelegten Tätigkeit oder nachhaltig erbracht werden. Das Merkmal der Nachhaltigkeit dient nicht der Einengung des Unternehmerbegriffes, sondern im Gegenteil der Erfassung auch solcher Leistungen, die sich als „private" Vermögensverwaltung darstellen. § 2 I 3 UStG ist daher im Einklang mit Art. 4. 6. Richtlinie und der geschichtlichen Entwicklung so zu lesen, daß i. S. des UStG *auch* jede nachhaltige Tätigkeit als beruflich anzusehen ist. In der Regel genügt bereits die Prüfung der Nachhaltigkeit. Dies kann aber bei Personenzusammenschlüssen zur Erledigung eines bestimmten Auftrages, z. B. Arbeitsgemeinschaft des Baugewerbes, anders sein.

Nachhaltig ist eine Tätigkeit, wenn mehrere gleichartige Handlungen unter Ausnutzung derselben Gelegenheit oder desselben dauernden Verhältnisses vorgenommen werden oder wenn ein Dauerverhältnis geschaffen wird[143].

Absicht der Erzielung von Einnahmen genügt, Absicht der Gewinnerzielung ist nicht erforderlich. Daher kann auch die Liebhabertätigkeit i. S. des Einkommensteuerrechts und die gemeinnützige Tätigkeit unternehmerisch sein (s. allerdings zum Vorsteuerabzug S. 571 ff.). Das ist konsequent i. S. der Verbrauchsteueridee.

Typisch private Verwertungshandlungen müssen ausgeschlossen werden, wenn der Unternehmerbegriff seine Funktion erfüllen soll, eine *Besteuerung des Verbrauches* praktikabel zu machen. Das Merkmal der Nachhaltigkeit ist daher nicht schematisch anzuwenden, sondern wertend. Dabei ist in Zweifelsfällen entscheidend, ob der Anbieter sich an den allgemeinen Markt wendet, auf dem sich der Verbraucher typischerweise eindeckt[144].

---

140 BFH BStBl. 80, 622; *Rose,* StbJb. 1989/90, 27, 36f.; EuGH v. 1. 4. 1982 Rs 89/81, UR 82, 246; BFH BStBl. 88, 557; 89, 122 (Holdinggesellschaften keine Unternehmer).
141 EuGH v. 14. 2. 1985 Rs 268/83, UR 85, 199.
142 A. A. *Mößlang,* UStKongrBericht 1988/89, 210; möglicherweise auch BFH BStBl. 89, 251; wie hier *Stadie,* DStJG Bd. 13 (1990), 186.
143 BFH BStBl. 69, 282; 79, 530 (sog. Jahreswagenverkaufsurteil); s. aber BFH BStBl. 86, 874 (Wettbewerb).
144 Vgl. BFH BStBl. 85, 173 (Hobbysport); 87, 744 (Briefmarken); 87, 752 (Münzen).

§ 13 Umsatzsteuer

1.2 Selbständige Tätigkeit

Die nachhaltige Tätigkeit im Leistungsaustausch muß selbständig ausgeübt werden. § 2 II Nr. 1 UStG enthält nur eine Definition der *Un*selbständigkeit. Unselbständig sind natürliche Personen, soweit sie einem Unternehmen so eingegliedert sind, daß sie den Weisungen des Unternehmers – zu ergänzen: nach Ort, Art, Zeit – zu folgen verpflichtet sind. Es kommt nicht auf das Außenverhältnis an, nicht darauf, wie jemand sich nach außen geriert, sondern auf die vorhandene oder fehlende Abhängigkeit im Innenverhältnis. Der Begriff (Typus-Begriff, s. S. 91 f.) der Selbständigkeit oder Unselbständigkeit (natürlicher Personen) des Umsatzsteuerrechts ist identisch mit dem des Einkommensteuer- und Gewerbesteuerrechts (s. S. 333, 353).

Die Tätigkeit eines Unselbständigen ist dem Unternehmer zuzurechnen, für den der Unselbständige tätig ist.

Die Technik, nur Selbständige zu Schuldnern der Umsatzsteuer zu deklarieren, führt dazu, daß unter dem *Verbrauchsteueraspekt* eine Lücke (keine Gesetzeslücke) entsteht. Wer sich etwa für den Privathaushalt Dienstboten hält, wendet für diese Dienstboten etwas auf aus seinem Einkommen oder Vermögen. Gleichwohl wird diese Aufwendung nicht mit Umsatzsteuer belastet, da die Dienstboten unselbständig, folglich keine Umsatzsteuerschuldner sind, die berechtigt wären, auf den Dienstherren Umsatzsteuer zu überwälzen. Der Gesetzgeber hat die Erfassung Unselbständiger als Steuerschuldner technisch für zu schwierig gehalten[145].

Als *unselbständig* wird *auch* die *Organgesellschaft* behandelt, d. h. eine juristische Person, die nach dem Gesamtbild der tatsächlichen Verhältnisse finanziell, wirtschaftlich und organisatorisch in ein Unternehmen eingegliedert ist (§ 2 II Nr. 2 UStG). Wegen des Begriffs der Organschaft s. S. 434 ff. Die Umsätze der Organgesellschaft werden dem Organträger zugerechnet, als Umsätze des Organträgers angesehen. Innerhalb des Organkreises werden keine Umsätze ausgeführt. Das gilt allerdings nur für das Inland (§ 2 II Nr. 2 Sätze 2–4 UStG). Da die Organschaft den Vorzug, auf diese Weise Umsatzsteuer zu sparen, durch Einführung des Vorsteuerabzugs verloren hat, beschränken sich ihre umsatzsteuerlichen Vorzüge im wesentlichen nur noch auf eine technische Vereinfachung[146]. Materielle Vorteile können sich nur im Zusammenhang mit Systemwidrigkeiten des Gesetzes ergeben[147]. Die Sonderbehandlung der Organschaft hat im idealen Mehrwertsteuersystem keine Berechtigung[148].

1.3 Unternehmenseinheit; keine Unternehmereinheit

Das Unternehmen umfaßt „die *gesamte* gewerbliche oder berufliche Tätigkeit des Unternehmers" (§ 2 I 2 UStG). Daraus folgt, daß ein Unternehmer immer nur *ein* Unternehmen haben kann. Mehrere „Betriebe", „Betriebstätten" oder „Firmen" desselben Unternehmers bilden umsatzsteuerrechtlich *ein* Unternehmen, eine Unternehmenseinheit. Das gilt auch, wenn der Gegenstand der Betriebe ein ganz unterschiedlicher ist (etwa Gastwirtschaft und Autoreparaturwerkstatt).

---

145 Begründung des Entwurfs eines UStG, RT-Drucks. 1914/18 Nr. 1461, 25 f.; Nr. 1745, 3 f.; im Auszug abgedruckt bei *Popitz*, UStG 1918, Berlin 1918, 9, 22 f.; *Söhn*, StuW 75, 4 f.; *ders.*, StuW 76, 7.
146 *List*, Die Bedeutung der Organschaft in der Mehrwertsteuer, UStR 69, 145.
147 Dazu S. 576 ff.
148 *Söhn*, StuW 76, 1, 5 f.; *Reiß*, Die umsatzsteuerliche Organschaft – eine überholte Rechtsfigur, StuW 79, 343; zu den Haftungsproblemen vgl. *Probst*, BB 87, 1992 ff.

Zwischen den einzelnen Unternehmensteilen (Teilbetrieben) kann weder ein Leistungsaustausch stattfinden, noch führt die Überführung von Gegenständen aus einem Bereich in den anderen zu einem Eigenverbrauch.

2. Ausnahmen: Nichtunternehmer als Steuersubjekte

Schuldner der *Einfuhrumsatzsteuer* (§ 1 I Nr. 4 UStG) können nicht nur Unternehmer, sondern auch Private (Nichtunternehmer) sein. Das entspricht der Idee der Verbrauchsbesteuerung.

Schuldner der Umsatzsteuer ist ferner, wer *nicht Unternehmer ist und* gleichwohl zu Unrecht *in einer Rechnung gesondert Umsatzsteuer ausweist* (§ 14 III UStG).

E. Bemessungsgrundlagen (§ 10 UStG)

1. Entgelt beim Leistungsaustausch

Bei *Lieferungen und sonstigen Leistungen* wird der Umsatz nach dem Entgelt bemessen (§ 10 I 1 UStG). Entgelt ist alles, was der *Leistungsempfänger* aufwendet, um die Leistung zu erhalten, jedoch abzüglich der Umsatzsteuer (§ 10 I 2 UStG). Die Anknüpfung an die Aufwendung des Leistungsempfängers ist konsequenter Ausdruck der Tatsache, daß die Umsatzsteuer den *Verbraucher, dessen Einkommensverwendung* belasten will.

Die Formulierung „um ... zu erhalten" (§ 10 I 2 UStG) ist teleologisch mißglückt. Es genügt, daß etwas „für die Leistung" (so zutreffend § 10 I 3 UStG) gewährt wird (s. dazu S. 541 f.).

Zum Entgelt gehört auch, was *ein anderer als der Leistungsempfänger dem Unternehmer(!) für die* Leistung (entgeltauffüllend) gewährt (§ 10 I 3 UStG). Nicht zum Entgelt gehören Beträge, die der Unternehmer im Namen und für Rechnung eines anderen vereinnahmt und verausgabt (durchlaufende Posten), s. § 10 I 4 UStG. Ausländische Werte sind in DM umzurechnen (dazu § 16 VI UStG).

Das Entgelt vermindert sich durch Boni, Skonti, Rabatte; es erhöht sich durch Preisaufschläge, freiwillige Sonderhonorare, Trinkgelder an Unternehmer (z. B. selbständige Taxifahrer). Zum Entgelt gehört auch der Auslagenersatz (soweit nicht durchlaufender Posten vorliegt).
Maßgebend ist das *tatsächlich aufgewendete Entgelt,* soweit es dem Unternehmer (Steuereinsammler) zufließt. Lediglich *verfahrenstechnisch* wird für die Entstehung der Steuerschuld (§ 13 I Nr. 1 a UStG) bereits an die Ausführung des Umsatzes gegen *vereinbartes Entgelt* angeknüpft (*Sollbesteuerung*). Wird der Sollbetrag letztlich nicht vereinnahmt, bedarf es der Korrektur (§ 17 I und II Nr. 1 UStG). Bestimmten Unternehmern kann auf Antrag die Versteuerung nach vereinnahmten Entgelten gestattet werden (§ 20 UStG; *Istbesteuerung*).

2. Tauschgeschäfte

Beim *Tausch* (§ 3 XII 1 UStG), bei *tauschähnlichen Umsätzen* (§ 3 XII 2 UStG) und bei Hingabe an Zahlungs Statt gilt der *Wert* jedes Umsatzes als Entgelt für den anderen Umsatz (§ 10 II 2 UStG). Maßgeblich ist (über § 1 BewG) der gemeine Wert i. S. des § 9 BewG, d. h. der übliche Verkaufspreis. Besteht die Gegenleistung in einer Rente, so ist der Kapitalwert anzusetzen (s. §§ 13–16 BewG). § 10 II 2 UStG enthält nur eine Ausführung des § 10 I 2 UStG.

565

Die Besonderheit besteht lediglich darin, daß die Gegenleistung nicht in Geld besteht und daher bewertet werden muß. Der Wertmaßstab des gemeinen Wertes (= üblicher Veräußerungspreis) ist verbrauchsteuerkonform, denn er kennzeichnet zutreffend das aufgewendete Vermögen/Einkommen. Aus diesem Grunde ist bei der *Hingabe an Zahlungs Statt* auch nicht der vereinbarte Geldpreis, sondern die tatsächliche Aufwendung maßgebend.

3. Geschäftsveräußerung

Wird ein *Geschäft* (Unternehmen) *ganz oder zum Teil* veräußert, so ist Bemessungsgrundlage das Entgelt für die auf den Erwerber übertragenen Besitzposten. Die übernommenen Schulden dürfen nicht abgezogen werden. Die Befreiungsvorschriften (s. insb. § 4 Nrn. 8 b, c, e, f; 9 a UStG) sind zu beachten (§ 10 III UStG)[149].

Die Vorschrift ist nur eine (überflüssige) Klarstellung. Tatsächlich liegen bei einer Geschäftsveräußerung so viele Umsätze vor, wie Besitzposten übertragen werden[150]. Demzufolge sind für den einzelnen Umsatz die jeweiligen Befreiungsvorschriften anzuwenden. Übernommene Schulden stellen auch außerhalb der Geschäftsveräußerung Entgelt dar. Die Geschäftsveräußerung liegt als letzter Akt im Rahmen der unternehmerischen Tätigkeit.

Beispiel: Maschinengroßhändler V veräußert sein Unternehmen an K. K zahlt als (Netto-)Kaufpreis 1 000 000 DM, ferner übernimmt er die Betriebsschulden.

Veräußerungsbilanz

Aktiva (Besitzposten)			*Passiva*
	(Teilwerte) DM		(Teilwerte) DM
Grundstück	100 000	Kapital	1 000 000
Büroeinrichtung	20 000	Verbindlichkeiten	1 500 000
Fuhrpark	80 000	(Schulden)	
Waren	800 000		
Forderungen	1 000 000		
Firmenwert	500 000		
Aktiva	2 500 000	Passiva	2 500 000

Die Übertragung jedes einzelnen Besitzpostens ist ein Umsatz (z. B. Veräußerung der Waren = Lieferung; Abtretung der Forderungen = sonstige Leistung). Das Gesamtentgelt besteht aus dem Kaufpreis + Schuldübernahme (1 000 000 DM + 1 500 000 DM) = 2 500 000 DM. Da die Besitzposten zutreffend mit Teilwerten bewertet sind, entfallen 500 000 DM des Entgelts auf den Firmenwert. Steuerfrei ist die Übertragung des Grundstücks (§ 4 Nr. 9a UStG) und der Forderungen (§ 4 Nr. 8c UStG). Bemessungsgrundlage der steuerpflichtigen Umsätze daher: 2 500 000 DM ./. 1 100 000 DM = 1 400 000 DM.

Bei der *formwechselnden Umwandlung* und bei der *Übertragung aller Gesellschaftsanteile*[151] liegt keine Geschäftsveräußerung im Ganzen vor. Der Unternehmer bleibt erhalten und ihm gehört weiterhin das Unternehmen. Bei der teilentgeltlichen Übertragung eines Unternehmens im Wege der vorweggenommenen Erbfolge sollte die Teilentgeltlichkeit anerkannt werden, um insoweit einen Vorsteuerabzug zu ermöglichen[152].

---

149 Dazu *Schweigert,* StuW 73, 207; *Klenk,* UStR 82, 114.
150 BFH BStBl. 87, 512.
151 BFH BStBl. 88, 92.
152 Zur *ertragsteuerlichen* Behandlung s. BFH GrS BStBl. 90, 847; im übrigen s. S. 545, 575 f.

4. Eigenverbrauch und unentgeltliche Leistungen an Arbeitnehmer

In den Fällen des *Eigenverbrauchs*, der *Leistungen an Arbeitnehmer* und des *Gesellschafterverbrauchs* fehlt es an einem Entgelt oder jedenfalls an einem fixierten Entgelt. § 10 IV UStG arbeitet daher mit folgenden Ersatzwerten: *Einkaufspreis zuzüglich Nebenkosten* oder *Selbstkosten* bei der Gegenstandsentnahme, jeweils nach den Preisverhältnissen im Zeitpunkt der Entnahme. Dasselbe gilt für Lieferungen an Arbeitnehmer ohne besonderes Entgelt. *Kosten* bei „sonstigen Leistungen" (Nutzungs-, Leistungsentnahmen) und bei sonstigen Leistungen an Arbeitnehmer und Gesellschafter usw.; *Aufwendungen* bei Aufwendungen i. S. des § 1 I Nr. 2c UStG i. V. mit § 4 V Nrn. 1–7, VII; 12 Nr. 1 EStG. Die eigene Arbeitsleistung des Unternehmers gehört nicht zu den Kosten.

Die verfehlte Anknüpfung an den einkommensteuerlichen Teilwert ist aufgegeben worden. Zugleich wurde das Gesetz nunmehr richtlinienkonform umgesetzt (s. Vorauflage). Für die Gegenstandsentnahme wird verbrauchsteuerkonform der Wiederbeschaffungspreis im Zeitpunkt der Entnahme angesetzt. In dieser Höhe wendet der Unternehmer für seinen nichtunternehmerischen Verbrauch Einkommen auf. Bei den Leistungen an Arbeitnehmer ist dies der Wert, den die Arbeitsleistung für den Unternehmer hat. Die Bemessungsgrundlage bestätigt, daß der Gesetzgeber die Zuwendung nach § 1 I Nr. 2b UStG als Leistungsaustausch versteht. Weder zum Einkaufspreis noch zu den Selbstkosten dürfen kalkulatorische Kosten, wie der Unternehmerlohn, oder ein Gewinnaufschlag gerechnet werden. Die Selbstkosten sind insbesondere bei selbst hergestellten Gegenständen anzusetzen. Maßgebend ist auch hier die tatsächliche Einkommensverwendung[153].

Auch bei dem nach § 10 IV Nr. 2 UStG vorgesehenen Ansatz der *Kosten* kommt es auf die tatsächlichen Aufwendungen des Unternehmers an, nicht auf den üblichen Normalpreis. Dies wird im Regelfall zu einem niedrigeren Ansatz führen. Sollten jedoch die Aufwendungen über dem üblichen Preis liegen, z. B. private Nutzung eines Flugzeuges des Unternehmens, so kommt es auf die tatsächlichen Kosten an[154].

Zu den Kosten gehören die zurechenbaren Einzelaufwendungen ungekürzt und die fixen Kosten anteilig[155]. Eine Anlehnung an die ertragsteuerlichen Betriebsaufwendungen oder Werbungskosten ist nur insoweit möglich, als diese die reale Vermögensminderung zutreffend erfassen. Mit dem *Verbrauchsteuercharakter* unvereinbar ist es, aus konjunkturpolitischen Gründen gewährte Sonderabschreibungen, erhöhte Absetzungen oder eine steuerfreie Rücklagenbildung zu berücksichtigen[156].

5. Mindestbemessungsgrundlage

Nach § 10 V UStG sind die Bemessungsgrundlagen für den Eigenverbrauch bzw. für unentgeltliche Leistungen an Arbeitnehmer als *Mindest*bemessungsgrundlage anzusetzen, wenn von Unternehmern an ihnen nahestehende Personen oder Arbeitnehmer entgeltlich Leistungen erbracht werden. Der Grund für diese Bestimmung liegt darin, daß wegen des Vorliegens eines Leistungsaustausches i. S. des § 1 I Nr. 1 UStG weder ein Eigenverbrauch nach § 1 I Nr. 2a und b UStG, ein Gesellschafterverbrauch nach § 1 I Nr. 3 UStG noch eine Zuwendung ohne besonderes Entgelt i. S. des § 1 I Nr. 1b UStG angenommen werden kann. Damit wären die Bemessungsgrundlagen des § 10 IV UStG unanwendbar, wenn ein niedriges Entgelt vereinbart wird. § 10 V

---

153 S. aber *Söhn*, StuW 76, 22 u. *ders.*, DStZ 87, 367 f.
154 BFH BStBl. 80, 671.
155 Dazu *Söhn*, DStZ 87, 367, 372.
156 *Philipowski*, Die „entstandenen Kosten" in § 10 Abs. 4 Nr. 2 UStG, B 85, 722 ff.; *Söhn*, DStZ 87, 367, 371; *Reiß*, DVR 86, 133; a. A. Abschn. 155 II UStR.

UStG soll einerseits *Umgehungen verhindern* und trägt andererseits der Tatsache Rechnung, daß Leistungen doppelt motiviert sein können. Der Unternehmer kann zur Erzielung von Entgelt (unternehmerisch) leisten und zugleich aus privaten/nichtunternehmerischen Gründen das Entgelt verbilligt festsetzen. Insoweit liegt dann ein *Endverbrauch des Unternehmers* vor. Dem trägt § 10 V UStG dadurch Rechnung, daß mindestens die Bemessungsgrundlage angesetzt wird, die bei unentgeltlicher Leistungsabgabe anzusetzen wäre. Für entgeltliche Leistungen an Arbeitnehmer gilt entsprechendes, weil er mit der entlohnten Arbeitsleistung Einkommen verwendet hat.

Es handelt sich daher bei § 10 V UStG materiell um eine *Ergänzungsvorschrift zur Besteuerung des Eigenverbrauches* bzw. der Leistungen an Arbeitnehmer. § 10 V UStG ist daher nicht anwendbar, wenn das Unterschreiten der Bemessungsgrundlagen des § 10 IV UStG nicht außerunternehmerisch motiviert ist bzw. nicht durch die Arbeitnehmereigenschaft motiviert ist. Dies ist insbesondere dann der Fall, wenn der Unternehmer *Leistungen zum marktüblichen Entgelt* wie an jeden fremden Dritten auch an eine mit ihm verwandte Person oder an einen Gesellschafter abgibt[157].

6. Umsatzsteuer und Bemessungsgrundlage

In keinem Fall gehört die Umsatzsteuer selbst zur Bemessungsgrundlage (§ 10 I 2, II 3, IV letzter Satz UStG).

Sie ist daher aus den Geldaufwendungen des Leistungsempfängers, beim Tausch und Eigenverbrauch aus dem gemeinen Wert herauszurechnen (s. S. 570). Einkaufspreis, Selbstkosten und Kosten stellen hingegen schon die Bemessungsgrundlage ohne Umsatzsteuer dar.

7. Änderung der Bemessungsgrundlage

Ändert sich die Bemessungsgrundlage nachträglich – etwa durch erfolgreiche Anfechtung, Wandlung, Minderung, Rücktritt, Gerichtsentscheidung, nachträgliche Gewährung von Boni, Skonti oder durch Forderungsausfall –, so hat der Unternehmer, der den Umsatz ausgeführt hat, den geschuldeten Steuerbetrag, der Unternehmer, an den dieser Umsatz ausgeführt worden ist, den in Anspruch genommenen Vorsteuerabzug zu korrigieren. Fällt die Änderung der Bemessungsgrundlage in einen anderen Voranmeldungszeitraum oder in ein anderes Kalenderjahr, so ist keine Berichtigung ex tunc vorzunehmen; der Ausgleich wird dadurch herbeigeführt, daß Steuerbetrag und Vorsteuerabzug zu dem Zeitpunkt berichtigt werden, in dem die Änderung der Bemessungsgrundlage eingetreten ist (wegen Einzelheiten s. § 17 UStG).

---

157 Vgl. dazu *Reiß*, Umsatzsteuer-Mindestbemessungsgrundlage, Marktpreis und Vorsteuerabzug, BB 85, 1724; *Söhn*, DStZ 87, 367, 371; FG Münster EFG 85, 468; FG Köln EFG 86, 314. Um dieses Ergebnis zu erreichen, bedarf es keiner gesetzlichen Änderungen (so aber *Widmann*, BB 87, 522), sondern es folgt aus der gebotenen verbrauchsteuerlichen Interpretation des § 10 V UStG, der entgegen der Kritik eine gelungene Vorschrift ist; s. auch *Toth*, Inf. 90, 268.

8. Differenz(Margen)besteuerung[158]

Im Vorgriff auf eine geplante EG-einheitliche Regelung für den Handel mit Gebrauchtwaren ist in § 25a UStG eine *Sonderregel* hinsichtlich der *Bemessungsgrundlage* für den Handel mit *Gebrauchtwagen* eingeführt worden. Die Vorschrift ist systematisch falsch plaziert. Sie gehört zu § 10 UStG, der von der Bemessungsgrundlage handelt.

Abweichend von § 10 UStG wird in den Fällen des § 25a UStG die Umsatzsteuer nicht nach den Aufwendungen/dem Preis bemessen, sondern nach der *Differenz zwischen dem Verkaufspreis und dem Einkaufspreis* (sog. Marge). Die Umsatzsteuer ist wie bei § 10 I UStG herauszurechnen.

> Beispiel: Autohändler A erwirbt für 3420 den Gebrauchtwagen des Beamten B. Er veräußert ihn für 4560 an Rentner R. Es entsteht lediglich eine Umsatzsteuer von 140, nämlich (4560 − 3420 = 1140) : 1,14 = 1000 Bemessungsgrundlage.

Im Ergebnis wird der Wiederverkäufer durch den *Abzug des Vorumsatzes* so gestellt, als hätte ihm aus dem Erwerb des Fahrzeuges ein Vorsteuerabzug zugestanden. Durch die Neuregelung soll der Wettbewerbsnachteil gewerblicher Automobilhändler gegenüber einem Verkauf von Privaten beseitigt werden. Die Neuregelung ist vom Grundsätzlichen her zu begrüßen. Sie macht – von Sonderfällen abgesehen – die vorgetäuschten *Agenturvereinbarungen überflüssig*. Insbesondere wird es damit auch wieder möglich, bei Neuwagenkauf den alten Wagen in Zahlung zu nehmen, wie es der zivilrechtlichen Interessenlage entspricht.

Im Einzelnen setzt § 25a UStG voraus, daß ein Kraftfahrzeug durch einen Unternehmer erworben wird, der es seinerseits weiterveräußern will (Autohändler). Der Veräußerer darf keine Umsatzsteuer schulden (Nichtunternehmer/Kleinunternehmer/befreite Lieferung). Der Erwerb muß im Inland erfolgen.

Die letzte Voraussetzung ist wenig sachgerecht. Sie führt nur dazu, daß die Lieferung vom Ausland in das Inland verlegt werden wird. Im übrigen enthält sie einen Verstoß gegen Art. 95 EWG-Vertrag.

Bei Weiterlieferung an einen anderen Unternehmer kann der Autohändler auf § 25a UStG verzichten und statt dessen nach § 10 I UStG versteuern. Dies ist vorteilhaft, wenn der Erwerber wegen des Vorsteuerabzuges bereit ist, die Umsatzsteuer zusätzlich zu zahlen.

Wird von § 25a UStG Gebrauch gemacht, darf die Umsatzsteuer nicht offen ausgewiesen werden, so daß der *Erwerber keinen Vorsteuerabzug* hat. Bei einem Verstoß gegen das Verbot ist nicht § 14 II UStG anzuwenden, sondern nach § 10 I UStG zu versteuern.

Ebenfalls nur mit der Marge werden die *Leistungen der Reiseveranstalter*[159] an Nichtunternehmer nach § 25 UStG versteuert. Sie dürfen aus Reisevorleistungen anderer Unternehmer keinen Vorsteuerabzug in Anspruch nehmen. Die Leistungen des Reiseveranstalters werden als eine einheitliche Leistung zusammengefaßt, die immer am Ort des Reiseveranstalters als erbracht gilt.

---

[158] Zu § 25a UStG s. u.a. *Stadie*, UR 90, 203 (die vom Verf. befürwortete Analogie und rückwirkende Anwendung im Wege verfassungskonformer Auslegung verstößt gegen Art. 100 I GG); *Langer*, UVR 90, 204; *Widmann*, B 90, 1057; *Freikamp*, BB 90, 898; *Dziadkowski*, DStR 90, 123; *Hässel*, UR 89, 303.

[159] Zu § 25 UStG *Hässel*, Umsatzsteuer bei Reiseleistungen, München 1981; wegen weiterer Einzelheiten Abschn. 272–276 UStR.

§ 13 Umsatzsteuer

F. Steuersätze

§ 12 UStG kennt nur *zwei Steuersätze*.

Seit dem 1. 7. 1983 beträgt der *Regelsteuersatz* 14 v. H. (§ 12 I UStG) und der *ermäßigte Steuersatz* 7 v. H. (§ 12 II UStG). Die Umsatzsteuer ist aus Bruttopreisen wie folgt herauszurechnen:

Bruttopreis × 0,1228 = Steuerbetrag des Regelsteuersatzes;

Bruttopreis × 0,0654 = Steuerbetrag des ermäßigten Steuersatzes.

Ableitungen: 14 : 114 = 0,1228; 7 : 107 = 0,0654.

Der ermäßigte Steuersatz wirkt wie eine Teilbefreiung; wegen der Wirkung s. daher S. 576 ff.

a) Der ermäßigte Steuersatz nach § 12 II Nrn. 1, 2 UStG gilt *für die in der Anlage zum Umsatzsteuergesetz aufgeführten Gegenstände* (sonstige Leistungen, außer Vermietungen, sind nicht begünstigt), die sich in sechs Gruppen aufteilen lassen:
- land- und forstwirtschaftliche Erzeugnisse;
- Futtermittel, Düngemittel;
- Nahrungsmittel einschließlich bestimmter Getränke (außer für den Verzehr an Ort und Stelle, s. § 12 II Nr. 1 Satz 2 UStG; dazu näher unten);
- Waren des Buchhandels und Druckereierzeugnisse;
- Kunstgegenstände und Sammlungsstücke;
- Körperersatzstücke u. ä.

Auch für lebensnotwendige Güter besteht keine Steuerfreiheit. Das ist zwar dann nicht erforderlich, *wenn* das Einkommensteuer-Existenzminimum entsprechend hoch ist und das Einkommen über dem einkommensteuerlichen Existenzminimum liegt. Wird dieses Existenzminimum aber nicht erreicht, so bedeutet es, daß auch Steuerpflichtige, deren Einkommen unter dem Existenzminimum liegt, mit Steuern (Verbrauchsteuern) belastet werden[160].

Der ermäßigte Steuersatz gilt nicht für Lieferungen von Speisen und Getränken zum Verzehr an *Ort und Stelle* (§ 12 II Nr. 1 UStG).

BFH BStBl. 83, 349 hat den Vorläufer zum gleichlautenden § 29 UStDV für ungültig erklärt. Das Bundesfinanzministerium hat den Gesetzgeber veranlaßt, die Regelung des in der Tat nicht eben sinnvollen § 29 UStDV in das Gesetz (§ 12 II Nr. 1 Satz 3 UStG) aufzunehmen. Nunmehr kommt es also wieder auf die unter verbrauchsteuerlichen Aspekten irrelevante Fragestellung an, ob besondere Vorrichtungen zum Verzehr bereitgehalten werden oder nicht und was solche Vorrichtungen sind. Dies ist ein abschreckendes Beispiel für mißbräuchliche Einwirkung auf den Gesetzgeber zur Abwehr mißliebiger BFH-Rechtsprechung[161].

b) Dem ermäßigten Steuersatz unterliegen ferner die *in § 12 II Nrn. 3–10 UStG aufgeführten Lieferungen, sonstigen Leistungen* und *Eigenverbrauchstatbestände*.

Für die Lieferung und den Eigenverbrauch von land- und forstwirtschaftlichen Erzeugnissen gelten Sondersätze (5 v. H., 8 v. H., 11 v. H. und 14 v. H.; s. § 24 I 1 Nrn. 1–5 UStG).

---

160 S. dazu Vorschlag von *Lang,* StuW 90, 126, aber auch *Reiß,* DStJG Bd. 13 (1990), 6 mit Hinweis auf *Popitz,* UStG [2], 1921, Einl. II B (S. 49) zur Rückvergütung von Umsatzsteuer nach § 14 UStG 1919 (unpraktikabel, 1920 wieder gestrichen!).
161 Zur verfassungsrechtlichen Problematik: *Selmer,* StuW 78, 321.

G. Vorsteuerabzug

Literatur: Beiträge von *R. Geist* (Die Tatbestandsvoraussetzungen des Vorsteuerabzugs), *Dziadkowski* (Ausschluß des Vorsteuerabzugs und Vorsteueraufteilung), *Hallerbach* (Berichtigung des Vorsteuerabzugs nach § 15a UStG) in UStKongrBericht 1985, 75ff., 103ff., 135ff.; *Stadie,* Das Recht des Vorsteuerabzugs, Köln 1989; *ders.,* Probleme der Vorsteuer, DStJG Bd. 13 (1990), 179ff.; *Mößlang,* Zur Bedeutung des Tatbestandsmerkmals „für sein Unternehmen" in § 15 I UStG 1980 für den Vorsteuerabzug des Unternehmers, UStKongrBericht 1988/89, 207f.; *Theisen,* Vorsteuerabzug bei gemischter Verwendung, UStKongrBericht 1988/89, 139ff.

1. Grundsatz des Vorsteuerabzugs

1.1 Vorsteuerabzug für Unternehmer

Durch die Anwendung des Steuersatzes auf die Bemessungsgrundlage (Summe der im Kalenderjahr = Veranlagungszeitraum ausgeführten Umsätze, s. § 16 I UStG) ergibt sich die Steuerschuld (über deren Entstehung s. § 13 UStG).

Von der im Besteuerungszeitraum entstandenen Steuer kann der Unternehmer jedoch die im selben Zeitraum angefallene Vorsteuer abziehen (§§ 15 I, 16 II UStG). Vorsteuer ist dabei die dem Unternehmer von anderen Unternehmern in Rechnung gestellte Umsatzsteuer oder die für die Einfuhr entrichtete Einfuhrumsatzsteuer. Der Vorsteueranspruch stellt der Sache nach einen Steuervergütungsanspruch dar. Die nach Verrechnung mit der Steuerschuld verbleibende Zahlungsverpflichtung wird als Zahllast bezeichnet. Übersteigt der Vorsteueranspruch die Umsatzsteuerschuld, so ist ein Überschuß zu vergüten (vgl. § 18 III UStG).

Der Vorsteueranspruch des Unternehmers ist das Herzstück der Allphasen-Netto-Umsatzsteuer (s. S. 530ff.). Durch das Institut des Vorsteuerabzuges wird sichergestellt, daß der unternehmerische Verbrauch von Gütern und Dienstleistungen nicht endgültig mit Umsatzsteuer belastet wird. Die durch die Berechnung im Preise oder die Entrichtung von Einfuhrumsatzsteuer eintretende Belastung mit Umsatzsteuer wird durch die Gewährung des Vorsteuerabzuges für Unternehmer wieder aufgehoben. Für Nichtunternehmer oder bei einem Bezug für die nicht unternehmerische Sphäre verbleibt es hingegen bei der Belastung (= Besteuerung des Endverbrauches).

Der Vorsteuerabzug ist an folgende generelle Voraussetzungen geknüpft:

a) Empfang einer Lieferung/sonstigen Leistung oder Einfuhr eines Gegenstandes,

b) der Leistende muß Unternehmer sein (entfällt bei Einfuhr),

c) die Leistung/Einfuhr muß für das Unternehmen des Empfängers ausgeführt werden,

d) Vorliegen einer Rechnung über die Leistung mit offenem Steuerausweis/Nachweis der Entrichtung der Einfuhrumsatzsteuer.

§ 13 Umsatzsteuer

1.2 Leistung von einem anderen Unternehmer

Ein Vorsteuerabzug ist, abgesehen vom Falle der Einfuhr, nur möglich, wenn ein anderer Unternehmer eine Leistung i. S. des § 1 I Nr. 1 UStG erbracht hat. Ein guter Glaube an das Vorliegen dieser Merkmale wird nicht geschützt[162].

Beispiele: Unternehmer U zahlt wegen Nichtabnahme eines bestellten Lkw's dem Autohändler A die vereinbarte Nichtabnahmeentschädigung von 10 % des Kaufpreises. A verlangt und berechnet Umsatzsteuer (fälschlicherweise; vgl. S. 545 f.). Mangels Leistung des A kein Vorsteuerabzug für U.

Beamter B veräußert an Autohändler U seinen Gebrauchtwagen, wobei er wahrheitswidrig dem U versichert, Unternehmer zu sein. Mangels Unternehmereigenschaft des B kein Vorsteuerabzug für U.

Diese Regelung ist vom Ausgangspunkt her konsequent. Da nur die Leistungen von Unternehmern der Umsatzsteuer unterliegen, korrespondiert damit umgekehrt die Regelung, daß nur Leistungen von Unternehmern zum Vorsteuerabzug berechtigen. Die Tatsache, daß nur der Erwerb von Unternehmern zum Vorsteuerabzug berechtigt, führt jedoch dann zu Wirkungen, die im Widerspruch zum inneren System der Umsatzsteuer stehen, wenn der erworbene Gegenstand früher bereits einmal wegen eines Erwerbs von einem Unternehmer der Umsatzsteuer unterlegen hat.

Beispiel: Ein privater Uhrensammler kauft bei einem Antiquitätenhändler eine alte Standuhr zum Preise von 11 400 DM (10 000 DM + 1 400 DM USt). Nach einiger Zeit verkauft er diese Uhr an ein Möbelgeschäft zum Preise von 11 400 DM. Das Möbelgeschäft veräußert die Uhr an eine Privatperson für 11 400 DM zuzüglich 14 Prozent USt, d. s. 1 596 DM, weiter. In dem Kaufpreis von 12 996 DM sind 29,96 Prozent USt (1 400 DM + 1 596 DM) enthalten[163].

1.3 Leistung/Einfuhr für das Unternehmen

a) Eine Leistung für das Unternehmen setzt zunächst einmal voraus, daß der Unternehmer überhaupt der *Leistungsempfänger* ist. Wer Leistungsempfänger ist, entscheidet sich nach dem Willen des Leistenden. Sofern, wie regelmäßig, die Leistung auf einem schuldrechtlichen Vertrag beruht, will der Leistende an seinen Vertragspartner leisten, weil er ihm gegenüber zur Erfüllung verpflichtet ist. Kommt die Leistung im Endeffekt einem Dritten zugute, so beruht dies auf einer Weiterleistung des Empfängers. Leistungsempfänger ist daher der aus dem schuldrechtlichen Vertrag berechtigte Gläubiger[164].

b) Die Leistung muß *für das Unternehmen* des Leistungsempfängers ausgeführt worden sein (§ 15 I Nr. 1 UStG). Anders gewendet: Der Leistungsempfänger muß die Leistung „im Rahmen seines Unternehmens" (Ausdrucksweise des § 1 I Nr. 1 UStG), „für Zwecke innerhalb des Unternehmens" (s. § 1 I Nr. 2 UStG) bezogen haben.

Bezieht ein Unternehmer mehrere (aufteilbare) Gegenstände, die zum Teil für private Zwecke, zum Teil für sein Unternehmen bestimmt sind, so ist die Vorsteuer entspre-

---

162 *Reiß*, BB 81, 1632 ff.; BFH BStBl. 89, 250.
163 EuGH UR 90, 274, erkennt in dieser Kumulation der USt keine Verletzung von Gemeinschaftsrecht. Zu dem nunmehr durch § 25a UStG geregelten Gebrauchtwagenhandel s. *Pohmer/Bea*, BB 74, 128; *Söhn*, StuW 76, 30 f.; *Walz/Wienstroh*, BB 84, 1693, 1700 ff.; *Klüglich*, B 86, 2204.
164 BFH BStBl. 84, 231; 87, 233, 236; problematisch ist, ob dies auch bei Handeln für fremde Rechnung gilt, dazu *Stadie*, DStJG Bd. 13 (1990), 181 einerseits und *Reiß*, UR 88, 76 andererseits.

chend aufzuspalten; nur der auf das Unternehmen entfallende Teil darf abgezogen werden. Handelt es sich hingegen um nicht aufteilbare Gegenstände (z. B. Kraftfahrzeuge), dann ist der Vorsteuerabzug in vollem Umfange zulässig, wenn die unternehmerische Nutzung von nicht ganz untergeordneter Bedeutung ist. Der Effekt des vollen Vorsteuerabzugs wird über den Eigenverbrauchstatbestand rückgängig gemacht.

Beim *Bezug einheitlicher Gegenstände* zu gemischter Verwendung soll der Unternehmer ein *Zuordnungsrecht*[165] zum unternehmerischen Bereich oder zum außerunternehmerischen Bereich haben, sofern objektiv der Zusammenhang zum Unternehmen nicht völlig unwesentlich ist. Für ein solches Zuordnungsrecht gibt es weder eine gesetzliche Grundlage, noch läßt es sich verbrauchsteuerteleologisch rechtfertigen. Richtig ist allein, daß die Inanspruchnahme des Vorsteuerabzuges eine Befugnis des Unternehmers ist, keine Pflicht. Nimmt er den Vorsteuerabzug nicht vor, bedarf es allerdings keiner Besteuerung eines Verwendungs- oder Entnahmeeigenverbrauches.

Strittig ist, ob ein *Gebäude,* das teilweise für unternehmerische Zwecke, teilweise für außerunternehmerische Zwecke genutzt wird, ein einheitlicher Gegenstand ist (Folge: private Nutzung = steuerfreier Eigenverbrauch nach §§ 1 I Nr. 2b, 4 Nr. 12a UStG) oder ob entsprechend der ertragsteuerlichen Behandlung von mehreren Gegenständen/Wirtschaftsgütern auszugehen ist (Folge: Vorsteuerabzug nur für den unternehmerischen Teil nach § 15 I Nr. 1 UStG)[166].

c) Eine Leistung wird nicht für das Unternehmen ausgeführt, wenn sie der Ausübung eines *Hobbys* dient. Der Hobbyist ist *Endverbraucher;* die an ihn erbrachten Leistungen dienen der *Einkommensverwendung,* nicht der Einkommenserzielung.

Wird das Hobby innerhalb eines Unternehmens ausgeübt, dann ist der Vorsteuerabzug im Hobbybereich zu versagen[167]. Entgegen der BFH-Rechtsprechung ist bei Leistungen, die nicht abgrenzbar privat und zugleich unternehmerisch veranlaßt sind, der Vorsteuerabzug ganz zu versagen[168].

Werden Freizeitgegenstände zur Verbilligung der Kosten der privaten Lebensführung (oder auch nur Erlangung des Vorsteuerabzuges) entgeltlich zur Nutzung überlassen, ist hinsichtlich der Leistungserbringung die Unternehmereigenschaft zu bejahen, aber gleichwohl ein Erwerb für das Unternehmen zu verneinen[169]. Ein anteiliger Vorsteuerabzug hat weder eine gesetzliche Grundlage, noch ist er verbrauchsteuerlich geboten[170]. Der Hobbyist ist im Gegenteil verbrauchsteuerkonform mit der Umsatzsteuer aus der Anschaffung zu belasten. Eine Abwälzung auf die Mieter findet nicht statt. Die Belastung mit Umsatzsteuer ist schon zur Herstellung der Wettbewerbsneutralität gegenüber gewerblichen Vermietern geboten[170a].

Auch sogenannte *Erwerbsgesellschaften* können für außerunternehmerische Zwecke erwerben. Dazu gehört, wie bei natürlichen Personen, der Erwerb und das *Halten von Beteiligungen* an anderen Gesellschaften[171].

---

165 BFH BStBl. 86, 216; 88, 649; *Mößlang,* UStKongrBericht 1988/89, 211 f.
166 Offengelassen von BFH BStBl. 87, 350; s. auch *Giesberts,* UR 87, 93; *Rüttinger,* UR 87, 102.
167 BFH BStBl. 87, 735 (Jagdgesellschaft).
168 BFH BStBl. 86, 216; s. aber jetzt § 1 I Nr. 2c UStG i. V. mit § 12 Nr. 1 EStG.
169 So zutreffend BFH BStBl. 88, 916, 918 (Flugzeug); *Mößlang* (Fn. 165).
170 A. A. *Stadie,* Das Recht des Vorsteuerabzugs, Köln 1989, 99.
170a Verkannt von BFH BStBl. 90, 801 – über eine Besteuerung des Eigenverbrauches wird die private Nutzung/Verbrauch weder zeitlich noch dem Umfang nach angemessen belastet, wenn sogenannte „Leerzeiten" nicht berücksichtigt werden.
171 BFH BStBl. 87, 512; 88, 557; 89, 122; *Schön,* DStJG Bd. 13 (1990), 94f.

§ 13 Umsatzsteuer

d) *Darauf, daß die Vor-Leistung in Nachleistungen eingegangen ist, kommt es nicht an.*
Der Gesetzgeber hat den Vorsteuerabzug nicht im strikten Sinne von einem Mehrwert abhängig gemacht. Der Vorsteuerabzug hängt insb. nicht davon ab, daß die Leistung, in die der Vorumsatz eingehen soll, bereits ausgeführt und berechnet worden ist. Der Vorsteuerabzug ist darüber hinaus auch zulässig, wenn die bezogene Ware untergeht (etwa durch Verderb, Diebstahl, Brand)[172]. Der Unternehmer soll eben nicht mit Vorsteuern belastet werden. Wird ein langlebiges Wirtschaftsgut erworben, so ist – ohne Rücksicht auf die Dauer der Nutzung und des Wertverzehrs – die gesamte Vorsteuer im Zeitpunkt der Rechnungserteilung abziehbar.

Beispiel: Ein Professor kauft sich drei Bücher, um sie für die Erstattung eines Gutachtens zu verwenden. Die Vorsteuer kann er auch dann abziehen, wenn er das Gutachten erst im nächsten Jahr erstattet.

e) Auch die *Einfuhrumsatzsteuer* kann nur von einem Unternehmer abgezogen werden, und zwar nur für Gegenstände, die für das Unternehmen eingeführt worden sind (§ 15 I Nr. 2 UStG). Die Einfuhrumsatzsteuer muß entrichtet worden sein (nicht erforderlich ist, daß das durch den abzugsberechtigten Unternehmer geschehen ist).

1.4 Rechnung mit offenem Steuerausweis

a) Die Steuer muß in Rechnungen i. S. des § 14 UStG gesondert in einem Betrage ausgewiesen sein (§ 15 I Nr. 1 UStG). Daß der leistende Unternehmer eine Steuer schuldet und die geschuldete Steuer errechenbar ist, genügt danach nicht. Daher kann jeder Unternehmer von dem Vorunternehmer eine Rechnung (Begriff: § 14 IV UStG) verlangen, in der die Steuer auf den steuerpflichtigen Umsatz gesondert ausgewiesen ist (§ 14 I UStG). Wie die Rechnung im einzelnen beschaffen sein muß, ergibt sich aus § 14 I 2 UStG und §§ 31, 32 UStDV. Vereinfachungen und andere Sonderregeln bestehen aufgrund der Ermächtigung des § 14 VI UStG für Rechnungen über *Kleinbeträge* bis 200 DM (§ 33 UStDV) und für *Fahrausweise* (§ 34 UStDV).

Eine *Gutschrift* des Leistungsempfängers steht der Rechnung gleich (§ 14 V UStG)[173].

Der BFH hat teleologisch zutreffend entschieden, daß ein Vorsteuerabzug auch aus solchen Rechnungen zulässig ist, die entgegen § 14 I UStG die Leistung rechtlich unzutreffend qualifizieren, wenn nur eine eindeutige Identifikation möglich ist[174] und dadurch nachprüfbar ist, ob es sich um eine Leistung für das Unternehmen handelt. In praxi handelt es sich um die Fälle verschleierter unerlaubter Arbeitnehmerüberlassung. Die Gewährung des Vorsteuerabzuges bei einem nachweisbaren Bezug für das Unternehmen ist keine Subvention. Umgekehrt ist die Versagung des Vorsteuerabzuges nicht das adäquate Mittel, um Verstöße gegen das Arbeitnehmerüberlassungsgesetz zu ahnden.

Strittig ist, ob die *Vorsteuern geschätzt* werden dürfen, wenn sie sich nicht aus Rechnungen i. S. des § 14 UStG ergeben, wie es § 15 I Nr. 1 UStG verlangt[175].

b) Da der Fiskus damit rechnen muß, daß alle gesondert in der Rechnung ausgewiesenen Steuerbeträge zum Vorsteuerabzug verwandt werden, der Fiskus aber nicht im

---
172 Art. 20 I b 6. EG-Richtlinie läßt insoweit unterschiedliche Regelungen in den EG-Staaten zu.
173 BFH BStBl. 82, 309; 82, 312 versucht, die freie Wahl zwischen Rechnung und Gutschrift unter Rückgriff auf das Zivilrecht einzuschränken; dazu *Padberg,* in: Festgabe für Felix, Köln 1989, 239 ff.
174 BFH BStBl. 88, 688; 88, 694; 88, 700.
175 *Tipke,* UStR 83, 105.

Wege des Vorsteuerabzuges etwas herausgeben soll, was er nicht bekommen hat, ist bestimmt:

(1) Hat der Unternehmer in der Rechnung (oder Gutschrift) einen höheren Steuerbetrag ausgewiesen als den geschuldeten – etwa 14 v. H. statt 7 v. H. Steuern –, so schuldet er nach § 14 II 1 UStG auch den Mehrbetrag (denn der Nach-Unternehmer darf diesen Betrag geltend machen). § 14 II 1 UStG ist auch anwendbar, wenn trotz Nichtsteuerbarkeit oder Steuerfreiheit eines Umsatzes eine Steuer angesetzt wird[176]. Wird der zunächst in der Rechnung ausgewiesene, falsche Steuerbetrag berichtigt, so ist auch der Vorsteuerabzug zu berichtigen (§ 14 II 2 UStG i. V. mit § 17 I UStG).

(2) Weist jemand in der Rechnung den Steuerbetrag gesondert aus, obwohl er dazu nicht berechtigt ist, weil

- er gar keine Leistung ausgeführt hat (Erteilung von Luft- oder Scheinrechnungen) oder
- er sonst zum gesonderten Ausweis der Steuer nicht berechtigt ist, etwa weil er kein Unternehmer ist oder weil er Kleinunternehmer ist (§ 19 I 3 UStG),

so schuldet er den Betrag (§ 14 III UStG)[177].

Beispiel: Ein Beamter veräußert seinen Pkw an einen Gewerbetreibenden. Er weist in der Rechnung die Steuer gesondert aus, wozu er nicht berechtigt ist. Obwohl er kein Unternehmer ist, schuldet er nunmehr die ausgewiesene Steuer (§ 14 III UStG). Gleichwohl darf nach dem Wortlaut des § 15 I Nr. 1 UStG der Gewerbetreibende den ausgewiesenen Betrag nicht als Vorsteuer abziehen, da er ihm nicht von einem Unternehmer in Rechnung gestellt worden ist.

§ 14 III UStG, auch als „Strafvorschrift" bezeichnet, schießt über das Ziel hinaus, verletzt das Übermaßverbot. Eine Ausfall-Gefährdungshaftungsvorschrift würde genügen[178].

1.5 Vorsteuerabzug aus der Mindestbemessungsgrundlage

Nach § 14 I 3 UStG ist der Unternehmer auch bei verbilligten Leistungen an nahestehende Personen zum Ausweis der Mindestbemessungsgrundlage, bzw. bei unentgeltlichen Gesellschaftsleistungen zum Ausweis der Bemessungsgrundlage und der Umsatzsteuer verpflichtet. Dadurch soll dem *Empfänger* auch insoweit der *Vorsteuerabzug* ermöglicht werden, wenn er die Leistung für sein Unternehmen empfängt.

Beispiel: Die Ehefrau (der Gesellschafter) vermietet unter Verzicht auf die Steuerbefreiung nach § 9 UStG ein Grundstück an den Ehemann (die Gesellschaft) für unternehmerische Zwecke. Vereinbart ist mit Rücksicht auf das nahe Verhältnis eine monatliche Miete von 1000 DM zzgl. 140 DM USt. Die Mindestbemessungsgrundlage nach § 10 V Nr. 1 UStG i. V. mit § 10 IV Nr. 2 UStG beträgt 2000 DM (= ortsübliche Miete, Kosten 3000 DM, vgl. S. 567 f.).

Obwohl der Empfänger nur mtl. 1 140 DM aufzuwenden hat, steht ihm ein Vorsteuerabzug von 280 DM zu, da er eine Rechnung über 2 000 DM zzgl. 280 DM Umsatzsteuer verlangen kann.

---

176 BFH BStBl. 81, 547; *Reiß*, StuW 83, 376 f.
177 BFH BStBl. 80, 283, 287; 81, 547; 82, 229; *Reiß*, StuW 83, 376 f.
178 *Schmitz*, UR 84, 203 und *Tehler*, Die Umsatzsteuer als angewandte Verkehr- und/oder Verbrauchsteuer, Diss. Köln 1986, 190 ff. (s. auch *ders.*, UR 85, 1), halten § 14 III UStG für verfassungswidrig, zu § 14 III UStG s. auch BFH BStBl. 85, 20.

Die Neuregelung wird damit begründet, daß auf diese Weise eine *systemwidrige Belastung unternehmerischen Verbrauches* mit Umsatzsteuer vermieden werde[179]. Wenn dies zuträfe, ist es unverständlich, weshalb ausdrücklich keine Rechnungserteilung in den Fällen des Eigenverbrauches zugelassen wird. So wird auch noch die unentgeltliche Leistungsabgabe eines Einzelunternehmers anders als die einer Gesellschaft behandelt. Dies ist auf keinen Fall zu rechtfertigen.

Die Regelung beruht auf einem prinzipiellen Mißverständnis der Umsatzsteuer. Besteuert wird die Einkommensverwendung für den nichtunternehmerischen Verbrauch. Bei Eigenverbrauch, Gesellschafterverbrauch und in den Fällen der Mindestbemessungsgrundlage verwendet der Unternehmer als Zuwendender Einkommen/Vermögen und nicht der Zuwendungsempfänger. Die Besteuerung ist überhaupt nur gerechtfertigt, weil die *Zuwendung selbst der nichtunternehmerische Verbrauch* ist. Daran ändert sich durch die unternehmerische Verwendung beim Empfänger nichts. Die Entlastung nichtunternehmerischen Verbrauches durch Gewährung eines Vorsteuerabzuges widerspricht dem mit dem UStG bisher und der 6. EG-Richtlinie immer noch verfolgten Ziel einer umfassenden Besteuerung der Einkommensverwendung für den Endverbrauch[180].

2. Ausschluß des Vorsteuerabzugs für Unternehmer

2.1 Ausschluß des Vorsteuerabzugs bei steuerfreien Umsätzen

a) Vom Vorsteuerabzug ausgeschlossen ist nach § 15 II Nr. 1 UStG die Vorsteuer auf Leistungen und auf die Einfuhr, die der Unternehmer zur Ausführung *steuerfreier Umsätze* verwendet.

Den steuerfreien Umsätzen stehen gleich:
– nicht steuerbare Umsätze außerhalb des Erhebungsgebietes, die steuerfrei wären, wenn sie im Erhebungsgebiet ausgeführt würden (§ 15 II Nr. 2 UStG);
– unentgeltliche nicht steuerbare Leistungen, die steuerfrei wären, wenn sie gegen Entgelt ausgeführt würden (§ 15 II Nr. 3 UStG).

Der prinzipielle Verlust des Vorsteuerabzugs bei steuerfreien Leistungen war schon in der Zweiten Harmonisierungs-Richtlinie des Rates der EWG v. 11. 4. 1967 (ABl. EG 67, 1303) vorgesehen. Die 6. EG-Richtlinie hat an diesem Prinzip festgehalten. Im Bericht des Finanzausschusses des Bundestages (zu BT-Drucks. V/1581, 15) heißt es dazu: „Der Ausschuß hat die . . . Versagung des Vorsteuerabzugs für steuerbefreite Unternehmer in erster Linie aus steuerpolitischen Erwägungen für notwendig gehalten, . . ." Was der Ausschuß steuerpolitisch erwogen hat, kommt nicht zum Ausdruck. Tatsächlich ist der Verlust des Vorsteuerabzugs im steuerfreien Bereich systemwidrig.

Da das Gesetz prinzipiell die Unternehmer durch Vorsteuerabzug entlastet, ist es inkonsequent, das bei steuerfreien Leistungen nicht zu tun. Vorsteuerabzugsrecht und Ausführung steuerpflichtiger Umsätze hängen nicht miteinander zusammen und dürfen folglich auch nicht miteinander verknüpft und verkoppelt werden. Die Entla-

---

179 Vgl. Entwurf Steuerreformgesetz 1990, BR-Drucks. 100/88, 109 ff.; *Dziadkowski*, UR 88, 237 ff.; *Widmann*, BB 90, 249, 250; *Friedl*, Abzug der Vorsteuer für unentgeltliche oder verbilligte Lieferungen und sonstige Leistungen an einen anderen Unternehmer, UR 87, 346 ff.; *ders.*, Wertabgabetheorie und Abzug der Umsatzsteuer auf den Eigenverbrauch als Vorsteuer, UR 88, 209; *Widmann*, UR 88, 10; *Rüttinger*, UR 88, 143; *Stadie*, Die unentgeltliche Veräußerung eines Wirtschaftsguts an einen anderen Unternehmer im Umsatzsteuerrecht, StuW 87, 273.
180 *Reiß*, UR 90, 243.

stung des nur aus technischen Gründen eingeschalteten Unternehmers ist essentiell: Belastet werden sollen nur die privaten Verbraucher. Die Versagung des Vorsteuerabzugs führt zunächst zu Belastungen des Unternehmers; der Unternehmer wird allerdings versuchen, sich seine Gewinnspanne zu erhalten, indem er den Preis um den Betrag der nicht abzugsfähigen Vorsteuern erhöhen wird. Dadurch kann für den Unternehmer ein Wettbewerbsnachteil entstehen. Handelt es sich um eine Befreiung in der letzten Phase, so wird die Befreiung des Verbrauchers partiell aufgehoben; handelt es sich um eine Befreiung (nur) in der Zwischenphase, so wird der Verbraucher nicht weniger, sondern stärker belastet als mit dem Normalsatz[181].

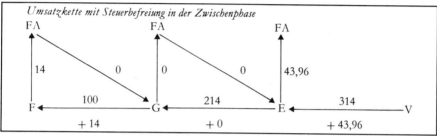

G wird mit 14 DM belastet. Gelingt es ihm nicht, diesen Betrag – verdeckt – auf E zu überwälzen, so bleibt er belastet, obwohl er als Unternehmer nach der Intention des Gesetzes nicht belastet werden soll. Gelingt ihm die Überwälzung, so wird E den Mehrbetrag auf seinen Verkaufspreis gegenüber V aufschlagen; es erhöht sich also die Bemessungsgrundlage entsprechend (im Beispiel um 14 DM). Die von V zu tragende Steuer erhöht sich von 42 DM auf 57,96 (14 + 43,96) DM, auf einen höheren Steuersatz also. Es entsteht also eine prinzipwidrige Kumulation. Das FA erhält trotz der Befreiung (nicht weniger, sondern) mehr Steuern.

Auch der Vereinfachungsgedanke rechtfertigt jedenfalls keine Steuerbefreiung auf der Zwischenstufe von Unternehmer an Unternehmer.

b) Ausnahmsweise tritt der *Ausschluß* vom Vorsteuerabzug bei Ausführung bestimmter steuerfreier Umsätze *nicht* ein, insbesondere nicht bei *Ausfuhrumsätzen* (§ 15 III UStG). Dies entspricht dem Bestimmungslandprinzip (s. S. 560 f.). Diese Regelung ist für eine konsequente Endverbrauchsteuer allein systemgerecht. Sie sollte für alle Steuerbefreiungen gelten. Soweit eine Belastung des Endverbrauchers bei den bisherigen Steuerbefreiungen ohne Vorsteuerabzug intendiert ist, sind die Befreiungen abzuschaffen und statt dessen ggf. ein ermäßigter Steuersatz einzuführen. Nur auf diese Weise läßt sich eine gewollte Steuerbelastung exakt der Höhe nach bestimmen und eine *Steuerkumulation* vermeiden.

---

181 Ausführliche Begründung durch *K. M. Teichmann,* Der Verlust des Vorsteuerabzugs im steuerfreien Bereich der Mehrwertsteuer, Diss. Köln 1975 (Zusammenfassung in StuW 75, 189 ff.), und durch *Söhn,* StuW 76, 1, 24 f., 26 f.; s. ferner *Dziadkowski,* DStZ 85, 419; *ders.,* UStKongrBericht 1985, 103, 120 f.; *Tehler,* Die Umsatzsteuer als angewandte Verkehr- und/oder Verbrauchsteuer, Diss. Köln 1986, 150 ff.; a. A. *Stadie* (Fn. 170), 8 ff.; dazu *Reiß,* DStJG Bd. 13 (1990), 25.

2.2 Teilweiser Ausschluß vom Vorsteuerabzug (Mischfälle)

Verwendet der Unternehmer einen für sein Unternehmen gelieferten oder eingeführten Gegenstand oder eine sonstige Leistung *nur zum Teil* zur Ausführung von Umsätzen, die den Vorsteuerabzug ausschließen, so ist der Teil der jeweiligen Vorsteuerbeträge nicht abziehbar, der den zum Ausschluß vom Vorsteuerabzug führenden Umsätzen wirtschaftlich zuzurechnen ist. Der Unternehmer darf die nicht abziehbaren Teilbeträge sachgerecht schätzen (§ 15 IV UStG).

> Beispiel: Bei der Errichtung eines Gebäudes sind 60 000 DM Vorsteuern in Rechnung gestellt worden. Das Gebäude wird zu $2/3$ der Fläche für Bürozwecke des Unternehmers (Ausführung steuerpflichtiger Lieferungen und nach § 4 Nr. 1 UStG steuerfreier Exportlieferungen) und zu $1/3$ für eine nach § 4 Nr. 12a UStG steuerfreie Vermietung genutzt. $1/3 = 20\,000$ DM sind nach § 15 IV UStG i. V. mit § 15 II Nr. 1 UStG vom Vorsteuerabzug ausgeschlossen.

Der sachgerechte Aufteilungsmaßstab hängt von der Art der zu beurteilenden Umsätze ab, z. B. Fläche bei Gebäudenutzung, km-Leistung bei Fahrzeugen, Betriebsstunden bei Maschinennutzung usw.

Einer Aufteilung bedarf es immer bei *Gemeinkosten,* wenn der Unternehmer neben steuerpflichtigen auch steuerfreie Umsätze ausführt.

Problematisch ist die Zurechnung von Vorsteuern bei *Fehlmaßnahmen*[182]. Dem Bundesfinanzhof ist zu folgen, daß es nicht auf den beabsichtigten Umsatz, sondern nur auf die *tatsächlich ausgeführten Umsätze* ankommen kann. Geht aber die Fehlmaßnahme tatsächlich in keinen Umsatz ein, muß wie bei Gemeinkosten aufgeteilt werden, notfalls nach dem Verhältnis der Entgelte.

3. Berichtigung des Vorsteuerabzugs (§ 15a UStG)

a) § 15a UStG trägt der Tatsache Rechnung, daß sich die Verhältnisse, die für den Vorsteuerabzug maßgebend waren, im Laufe der Jahre ändern können. Dann findet eine Korrektur des Vorsteuerabzugs (zugunsten oder zuungunsten) des Unternehmers statt. Wird ein Wirtschaftsgut angeschafft, dessen Nutzungsdauer sich auf mehrere Jahre erstreckt, so sind für den Vorsteuerabzug zunächst die Verhältnisse im Kalenderjahr der erstmaligen Verwendung maßgebend. Der Vorsteuerabzug ist entweder vollständig gegeben (Verwendung für Umsätze, die den Vorsteuerabzug nicht ausschließen), gar nicht gegeben (Verwendung für Ausschlußumsätze, § 15 II UStG) oder teilweise gegeben (Verwendung für Mischumsätze, § 15 IV UStG). Tritt insoweit nach dem Kalenderjahr der erstmaligen Verwendung eine Änderung ein, so erfolgt eine Vorsteuerkorrektur nach § 15a UStG. Änderungen werden allerdings nur dann berücksichtigt, wenn sie innerhalb des Berichtigungszeitraumes eintreten. Dieser beträgt für Grundstücke, grundstücksgleiche Rechte und Gebäude auf fremdem Boden 10 Jahre, für alle übrigen Wirtschaftsgüter 5 Jahre, soweit nicht die Verwendungsdauer ohnehin kürzer ist.

Für *jedes* Kalenderjahr der Änderung innerhalb des Berichtigungszeitraumes ist von einem Zehntel bzw. Fünftel der auf das Wirtschaftsgut entfallenden Vorsteuerbeträge auszugehen, sofern nicht der Zeitraum der tatsächlichen Verwendung kürzer ist. Entsprechend dem durch Vergleich mit dem Erstjahr zu ermittelnden Umfang der Änderung wird für Änderungsjahre ein zusätzlicher Vorsteueranspruch gewährt

---

182 BFH BStBl. 89, 60; 90, 345; *Völkel,* UR 90, 175; *Stadie* (Fn. 170), 164f.

oder umgekehrt eine Kürzung des Vorsteuerabzuges durchgeführt. Da der Umfang der Änderung erst nach Ablauf des Kalenderjahres feststeht, erfolgt die Berücksichtigung jeweils in der Jahresveranlagung, nicht bei den Voranmeldungen.

Beispiel: Seit dem 1. 1. 01 wird ein Gebäude zu 50% für steuerfreie, zu 50% für steuerpflichtige Umsätze genutzt. Ab dem 1. 1. 03 wird es zu 100% für steuerpflichtige Umsätze genutzt. Ab dem 1. 1. 10 wird es zu 100% für steuerfreie Umsätze genutzt. Für die Errichtung fielen 100 000 DM Vorsteuern an.

Für 01 ergibt sich nach § 15 IV UStG i. V mit § 15 II Nr. 1 UStG ein Vorsteuerabzug von 50% = 50 000 DM. Für jedes Jahr von 03 bis 09 ergibt sich eine Änderung durch zusätzlichen Vorsteuerabzug in Höhe von 50% × $\frac{1}{10}$ von 100 000 DM = 5 000 DM. Für das Jahr 10 ergibt sich eine Kürzung in Höhe von 50% × $\frac{1}{10}$ von 100 000 DM = 5 000 DM (denn: Erstjahr: 50% abzugsfähige Vorsteuer, im Jahre 10: 0%).

Die Änderungen ab dem Jahre 11 bleiben unberücksichtigt, weil sie außerhalb des Berichtigungszeitraumes liegen.

b) Eine Vorsteuerkorrektur nach § 15 a UStG ist auch bei *Veräußerung* oder *Entnahme* eines Wirtschaftsgutes innerhalb des Berichtigungszeitraumes durchzuführen, wenn dieser Umsatz anders als die Verwendung im Erstjahr (bei Veräußerung oder Entnahme im Erstjahr anders als die Verwendung bis zur Ausführung dieses Umsatzes) zu beurteilen ist (vgl. § 15 a IV–VI UStG). Die Korrektur ist dann bereits im Voranmeldungszeitraum der Veräußerung/Entnahme durchzuführen.

Beispiel: Ein Gebäude wird ab 1. 1. 01–30. 6. 01 zu 60% für steuerpflichtige, zu 40% für steuerfreie Umsätze verwendet. Am 1. 7. 01 wird es steuerfrei nach § 4 Nr. 9a UStG veräußert. Bei einer angefallenen Vorsteuer von insgesamt 100 000 DM ergibt sich nach § 15 IV UStG ein Vorsteuerabzug von 60% = 60 000 DM.

Nach § 15a V, VI UStG ist der Vorsteuerabzug für den Voranmeldungszeitraum 7/01 um 60% (jetzt steuerfrei = 0%) × $\frac{1}{10}$ von 100 000 × 9½ Jahre = 57 000 DM zu kürzen. Für 01 ergibt sich letztlich ein Vorsteuerabzug von 3 000 DM. Das entspricht – verteilt auf 10 Jahre – einer 60%igen steuerpflichtigen Nutzung in 6 Monaten.

Während bei einer Entnahme aus dem Unternehmen § 15a UStG anwendbar ist, soll umgekehrt § 15a UStG nicht anwendbar sein, wenn ein Wirtschaftsgut zunächst für außerunternehmerische Zwecke erworben wurde und erst später für das Unternehmen verwendet wird. Dafür spricht in der Tat der Wortlaut des § 15a I, IV UStG. Teleologisch ist dies jedoch eine verfehlte gesetzliche Entscheidung, die korrigiert werden sollte[183].

4. Vorsteuerabzug bei Verzicht auf die Steuerbefreiung

Da sich Nachteile insb. bei den Befreiungen nach § 4 Nrn. 8a–g, 9a, 12, 13, 19 UStG ergeben können, bestimmt § 9 I UStG, daß Unternehmer, die solche steuerfreien Umsätze an andere Unternehmer für deren Unternehmen ausführen, die steuerfreien Umsätze als steuerpflichtig behandeln *können* (sog. Option). Diese Wahlmöglichkeit ist nicht verbrauchsteuerkonform. § 9 I UStG überläßt es dem Unternehmer, ob der Verbraucher mit einer Steuer belastet wird oder nicht. Dadurch wird die Gesetzmäßigkeit der Besteuerung verletzt.

Wenn schon an der systemwidrigen Versagung des Vorsteuerabzuges (s. S. 576 ff.) festgehalten werden soll, so müßte § 9 UStG durch eine Regelung ersetzt werden,

---

[183] Vgl. dazu *Giesberts*, UR 87, 93 und *Stadie*, UR 87, 101; *ders.*, DStJG Bd. 13 (1990), 193; *Probst*, DStJG Bd. 13 (1990), 162; *Lechner*, DStJG Bd. 13 (1990), 52; FG München UR 90, 255; *Widmann*, UR 90, 258.

wonach bei Umsätzen an Unternehmer für deren Unternehmen die Steuerbefreiung prinzipiell nicht eingreift.

Die Verzichtserklärung kann auf einen einzelnen Umsatz beschränkt werden.

Beispiele: Hausbesitzer H vermietet Geschäftsräume an den Einzelhändler E. Die Vermietung ist steuerfrei nach § 4 Nr. 12a UStG. Wegen hoher Reparaturen am Haus hat H Reparaturrechnungen erhalten, in denen 5000 DM Vorsteuern ausgewiesen sind. H kann diese Vorsteuern grundsätzlich nicht abziehen (§ 15 II Nr. 1 UStG). Er muß den Betrag auf den Mietpreis aufschlagen. Verzichtet H auf die Steuerbefreiung, so kann er die 5000 DM als Vorsteuern abziehen. Er braucht den Betrag dann nicht auf den Mietpreis aufzuschlagen. Zwar muß er nun die Vermietung versteuern, aber E kann die auf der Vermietung lastende Umsatzsteuer als Vorsteuer abziehen. Der Verzicht auf die Befreiung erweist sich als günstig, wenn die Vorsteuer höher ist als die Steuerschuld.

Die Blindenwerkstatt B liefert steuerfrei nach § 4 Nr. 19 b UStG Körbe für 10 000 DM an den Wiederverkäufer W. W liefert die Körbe für 20 000 DM an Verbraucher weiter. B waren Vorsteuern von 500 DM in Rechnung gestellt worden. B kann die Vorsteuern grundsätzlich nicht abziehen, sondern sie nur auf den Preis aufschlagen. W schuldet 14 v. H. von 20 000 DM = 2800 DM Umsatzsteuer. Das ergibt eine Gesamt-Umsatzsteuerbelastung von 500 + 2800 DM = 3300 DM. Bei Verzicht auf die Befreiung kann B die Vorsteuern von 500 DM von der Umsatzsteuerschuld von 1400 DM (14 v. H. von 10 000 DM) abziehen (Rest: 900 DM). W kann von der Umsatzsteuerschuld von 2800 DM Vorsteuern von 1400 DM abziehen (Rest: 1400 DM). Gesamt-Umsatzsteuerbelastung: 500 DM (= dem B berechnete Vorsteuern) + 900 DM + 1400 DM = 2800 DM.

Nach § 9 II UStG ist bei allen Grundstücksüberlassungen ein Verzicht auf die Steuerbefreiungen nach § 4 Nr. 12 UStG (schuldrechtliche und dingliche Nutzungsüberlassungen) und § 4 Nr. 9a UStG (Erbbaurecht) auch bei Überlassung an einen Unternehmer nicht möglich, wenn die Endnutzung zu Wohnzwecken oder sonstigen nichtunternehmerischen Zwecken (z. B. hoheitlichen) erfolgt. Dies ist im Rahmen der problematischen Steuerbefreiung jedenfalls konsequent. Allerdings ist § 9 II UStG vom Wortlaut her zu weit geraten, wenn er eine Option auch ausschließt, falls der Mieter seinerseits steuerpflichtige Leistungen an den Endverbraucher erbringt.

Beispiel: Vermieter V vermietet an Mieter M langfristig ein Parkhaus. M seinerseits erbringt steuerpflichtige Leistungen an die Parkhausbenutzer (§ 4 Nr. 12 Satz 2 UStG). Die Option ist durch teleologische Reduktion des § 9 II UStG zuzulassen[184].

H. Zum Verfahren

Obgleich die Umsatzsteuer an den einzelnen Umsatz anknüpft, handelt es sich um eine periodische (Jahres-)Steuer (§ 16 I UStG). Besteuerungszeitraum ist das Kalenderjahr. Die Umsatzsteuer ist eine Veranlagungssteuer. Der steuerpflichtige Unternehmer hat jedoch die Steuer selbst zu berechnen. Dabei sind alle Steuern zu berücksichtigen, die im Kalenderjahr entstanden sind (dazu § 13 I UStG).

Den Vorsteuerabzug macht der Unternehmer nicht bei dem Finanzamt des Vorlieferanten geltend, sondern bei dem für ihn zuständigen Finanzamt, und zwar dadurch, daß er von der Umsatzsteuerschuld die Vorsteuer abzieht (§ 16 II 1 UStG: „absetzt"); der Differenzbetrag ergibt die Zahllast. Übersteigt der Vorsteuerabzug die Steuerschuld, so hat das Finanzamt die Differenz zu vergüten.

---

184 BMF BStBl. I 90, 422.

Sonderregelungen

Beispiel:	01	02
Umsatzsteuerschuld	120 000 DM	80 000 DM
Von anderen Unternehmen in Rechnung gestellte Umsatzsteuer (Vorsteuer)	64 000 DM	94 000 DM
	56 000 DM	− 14 000 DM

Für 01 sind 56 000 DM zu zahlen (Zahllast), für 02 hat das Finanzamt 14 000 DM zu vergüten.

Zu berücksichtigen sind nur die Vorsteuern, die im Besteuerungszeitraum angefallen sind. Dazu ist erforderlich, daß bereits eine Rechnung mit offenem Steuerausweis vorliegt und die Leistung ausgeführt worden ist oder bereits vor Ausführung der Leistung gezahlt wurde (§ 16 II UStG i. V. mit § 15 I Nr. 1 UStG), bzw. daß die Einfuhrumsatzsteuer entrichtet worden ist (§ 16 II 3, 4 UStG).

Da der Unternehmer die Steuer selbst zu berechnen hat, handelt es sich um eine Steueranmeldung. Die Steueranmeldung steht einer Steuerfestsetzung (unter dem Vorbehalt der Nachprüfung) durch das Finanzamt gleich. Einer besonderen Steuerfestsetzung durch das Finanzamt durch Steuerbescheid bedarf es daher nur, wenn das Finanzamt die Steuer abweichend von der Anmeldung festsetzt (s. § 150 I 2 AO i. V. mit § 18 III UStG, §§ 167, 168 AO).

Bereits vor Ablauf des Kalenderjahres hat der Unternehmer monatliche Voranmeldungen abzugeben und dementsprechende Vorauszahlungen zu leisten. Die Vorauszahlungen werden am 10. Tage nach Ablauf des Voranmeldungszeitraums fällig (§ 18 I UStG; wegen eines längeren Voranmeldungszeitraumes s. § 18 II UStG). Bei der Voranmeldung handelt es sich wie bei der Jahresanmeldung um eine Steueranmeldung, d. h. eine Steuerfestsetzung unter dem Vorbehalt der Nachprüfung. Für die Errechnung der Vorauszahlungszahllast gelten dieselben Grundsätze wie bei der Jahreserklärung. Zu berücksichtigen sind die entstandenen Steuern (§ 13 I UStG) und die angefallenen Vorsteuern (§ 16 II UStG).

J. Sonderregelungen

1. Kleinunternehmer (§ 19 UStG)

Für sog. Kleinunternehmer gilt eine Sonderregelung. Die für Umsätze i. S. des § 1 I Nrn. 1–3 UStG geschuldete *Umsatzsteuer wird nicht erhoben*, wenn der in § 19 I 2 UStG bezeichnete Umsatz (zzgl. Steuer) im vorangegangenen Kalenderjahr 25 000 DM nicht überstiegen hat und im laufenden Kalenderjahr 100 000 DM voraussichtlich nicht übersteigen wird.

Der Kleinunternehmer i. S. des § 19 I UStG hat keine Umsatzsteuer zu entrichten. Ihm steht aber auch kein Vorsteuerabzug zu, und er ist nicht zum gesonderten Umsatzsteuerausweis in einer Rechnung berechtigt. – Option für die Normalbesteuerung ist möglich (§ 19 II UStG). Unter dem Verbrauchsteueraspekt ist § 19 I UStG nicht zu rechtfertigen. Er kann auch die Wettbewerbsneutralität verletzen[185].

---

[185] *Tehler*, StuW 83, 232 ff.

2. Besteuerung der Land- und Forstwirte[186]

Land- und Forstwirte sind *Unternehmer* i. S. des § 2 UStG. § 24 UStG legt jedoch abweichend von § 12 UStG besondere Steuersätze fest, von 5% bis 14%, wobei der Regelsteuersatz 11% beträgt (§ 24 I Nr. 5 UStG). Zugleich wird die Vorsteuer pauschaliert in Prozentsätzen der Bemessungsgrundlage für die ausgeführten Umsätze. Zusätzlich wird nach § 24a UStG ein weiterer Kürzungsbetrag gewährt. Vorsteuerpauschalierung und Kürzungsbetrag bewirken, daß für den Regelfall keine Zahllast verbleibt. Durch diese *Subvention* über die Preisberechnung[187] sollen die Einkommensverluste der Landwirte ausgeglichen werden, die durch die EG-Agrarmarktsanierung entstanden sind. §§ 24, 24a UStG entbehren jeder verbrauchsteuerlichen Rechtfertigung.

3. Berlin, Beitrittsgebiet

Über die Umsatzsteuer wurde bisher der Handel mit (West) *Berlin* wegen der Standortnachteile nach den §§ 1, 2, 13 BerlFG *subventioniert*. Bei Lieferungen und bestimmten sonstigen Leistungen zwischen Berlin und dem Alt-Bundesgebiet erhielt der West-Berliner Unternehmer einen nach den Entgelten (Verrechnungspreisen) bemessenen *Kürzungsanspruch* und ebenso der westdeutsche Abnehmer. Der Kürzungsanspruch wurde neben dem Vorsteuerabzug gewährt.

Für den Handel mit der DDR bestanden Sonderregelungen nach § 26 IV UStG (s. Vorauflage). Davon verbleibt für eine vorläufig bis zum 31. 3. 1991 befristete Zeit lediglich ein *Kürzungsanspruch* für den *Bezug* von Waren *aus dem Gebiet der ehemaligen DDR*. Der Kürzungsanspruch steht dem westdeutschen Abnehmer zu, der die Waren bezieht. Er bemißt sich nach dem Entgelt und ist neben der Vorsteuer geltend zu machen.

Beide Regelungen werden nicht beibehalten werden können, da sie *gleichen Wettbewerbschancen in der EG* widersprechen. Generell ist zu bemerken, daß die *Umsatzsteuer als Verbrauchsteuer* nicht zur *Subventionierung von Unternehmern* mißbraucht werden sollte[188].

---

186 Dazu *Rüttinger*, Umsatzsteuer in der Land- und Forstwirtschaft, Loseblattkommentar, St. Augustin.
187 Vgl. bereits *v. Zezschwitz*, Preisregulierung durch Mehrwertsteuer – ein verfassungswidriger Formenmißbrauch?, StuW 71, 26.
188 S. *Reiß*, UStKongrBericht 1988/89, 43, 70f.

§ 14 Spezielle Verkehrsteuern*

Literatur: *Rose,* Die Verkehrsteuern[9], Wiesbaden 1989; *Bischoff/Heinz/Kopp,* Verkehrsteuern[2], Achim 1986; *Daumke/Schulze zur Wiesche,* Lehrbuch der Erbschaftsteuer und der Verkehrsteuern[3], Herne/Berlin 1990; *R. Fecht,* Steuern auf Kapital- und Zahlungsverkehr, in: Handbuch der Finanzwissenschaft[3], Bd. II, Tübingen 1980, 888 ff.

A. Grunderwerbsteuer

Rechtsquellen: Grunderwerbsteuergesetz 1983 vom 17. 12. 1982, zuletzt geändert durch Einigungsvertrag vom 31. 8. 1990 (abgedruckt in Beck'sche Sammlung der Steuergesetze I); Materialien: BT-Drucks. 9/251; 9/2104; 9/2114. Dazu Einführungserlaß vom 21. 12. 1982, BStBl. I 82, 968.

Literatur: Kommentare: *Boruttau/Egly/Sigloch,* Kommentar zum Grunderwerbsteuergesetz[12], München 1986; *R. Hofmann,* Grunderwerbsteuer-Kommentar[6], Herne/Berlin 1990. Zur *Einführung* in das Grunderwerbsteuergesetz 1983 *Moench/Merl,* DStR 83, 63 ff.; *Forst,* DStZ 83, 78; *Sigloch,* NJW 83, 1817.

Einführung: Das Grunderwerbsteuerrecht war von Kriegsende bis 1969 Landesrecht. Seit 1970 unterliegt die Grunderwerbsteuer der konkurrierenden Gesetzgebung des Bundes. Der Bund hat am 17. 12. 1982 das Grunderwerbsteuergesetz 1983 erlassen. Das Gesetz ersetzte das zersplitterte Landesrecht durch einheitliches Bundesrecht und beseitigte die Vielzahl der Befreiungen weitgehend. Dadurch wurde das Grunderwerbsteuerrecht wesentlich vereinfacht. Wegen des Wegfalls der vielen Befreiungen konnte der Grunderwerbsteuersatz von 7 v. H. auf 2 v. H. gesenkt werden. Durch die Reform hat sich das Steueraufkommen erhöht, sind die Verwaltungskosten aber gesenkt worden[1].

Die Grunderwerbsteuer besteuert die *Grundstücksumsätze.* Sie stellt der Sache nach eine *Sonderumsatzsteuer* dar. Konsequenterweise böte sich an, die Grunderwerbsteuer in die Umsatzsteuer zu integrieren. Dem stünde auch nicht entgegen, daß die Grunderwerbsteuer nicht an einen Umsatz durch einen Unternehmer anknüpft[2]. Bereits die 6. EG-Richtlinie sieht die Einbeziehung der Lieferung von Neubauten und Baugrundstücken auch durch *Nichtunternehmer* in die Umsatzsteuer vor (Art. 4 III a und b). Die Grunderwerbsteuer erfaßt darüber hinausgehend aber auch jeden anderen Grundstücksumsatz, sei es durch Unternehmer oder Nichtunternehmer.

Da das Steueraufkommen aus der Grunderwerbsteuer nach Art. 106 II Nr. 4 GG den Ländern zusteht, ist an eine technische Einbeziehung der Grunderwerbsteuer in die Umsatzsteuer vorläufig nicht zu denken. Dies entbindet aber den Bundesgesetzgeber nicht davon, *störende Unabgestimmtheiten* zwischen der Grunderwerbsteuer einerseits und der Umsatzsteuer andererseits zu beseitigen. Dabei müssen die Vorgaben der 6. EG-Richtlinie zur Umsatzsteuer beachtet werden. Diese erlaubt zur Zeit noch die Befreiung der Lieferung von Neubauten einschließlich Grund und Boden und von Baugrundstücken auch durch Unternehmer (Art. 28 III Nr. 6), während bezüglich anderer Grundstücksumsätze eine Befreiung mit Optionsmöglichkeit zwingend vorgeschrieben ist (Art. 13 B g, h und 13 C b). Die Errichtung von Bauwerken durch Bauhandwerker ist jedoch zwingend steuerpflichtig[3].

Soll an der Grunderwerbsteuer als Sonderumsatzsteuer für Grundstücksumsätze festgehalten werden, müßte zumindest eine *Doppelbesteuerung mit Grunderwerbsteuer und Umsatzsteuer* ausge-

---
* Den Abschnitt „Spezielle Verkehrsteuern" hat Prof. Dr. *Wolfram Reiß* überarbeitet.
1 S. *Blechinger,* DVR 88, 146.
2 Dazu *U. Bauer,* Steuersystematisches Postulat und steuertechnische Möglichkeit der Integration der Grunderwerbsteuer in die Umsatzsteuer, Diss. Köln 1974.
3 EuGH HFR 86, 487; BFH BStBl. 87, 145; *Schwakenberg,* UR 86, 100.

schlossen werden. Geradezu anstößig ist, daß Umsatzsteuer und Grunderwerbsteuer in den Fällen der Steuerpflicht nach beiden Gesetzen in die Bemessungsgrundlage mit einbezogen werden. Auf diese Weise wird Umsatzsteuer von der Grunderwerbsteuer und umgekehrt erhoben[4].

Da die EG-rechtlichen Vorgaben für die Umsatzsteuer zu beachten sind, kann eine gänzliche oder teilweise Doppelbesteuerung nur in der Weise ausgeschlossen werden, daß bei der Grunderwerbsteuer solche Umsätze, die nach dem UStG steuerpflichtig sind, aus dem Besteuerungstatbestand oder jedenfalls aus der Bemessungsgrundlage ausgeschlossen werden.

Im übrigen spiegelt die Grunderwerbsteuer einen älteren Entwicklungsstand der Umsatzsteuer wider. Wie bei der alten Umsatzsteuer ohne Vorsteuerabzug wird bei jedem Grundstücksumsatz erneut Grunderwerbsteuer erhoben. Es geht damit ein Kumulierungseffekt einher.

Geht man von der faktischen Überwälzung aus, wird die Einkommensverwendung des Erwerbers besteuert. Letztlich wird auch der Grundstückserwerber, wenn er das Grundstück zur Leistungserbringung nutzt, die Grunderwerbsteuer auf den Endverbraucher im Preis abwälzen. Die dadurch eintretende Doppelbelastung des Endverbrauchers mit Grunderwerbsteuer und Umsatzsteuer ist besonders fragwürdig, wo es um so elementare Grundbedürfnisse wie das Wohnen geht.

Die sich aus dem Belastungsgrund der Einkommensverwendung ergebende Konkurrenz von Umsatzsteuer und Grunderwerbsteuer wird allerdings häufig nicht gesehen, weil nach dem Belastungsgrund einer Steuer nicht gefragt wird[5].

Speziell bei den technisch an Akte des Rechtsverkehrs anknüpfenden *Verkehrsteuern* genügt offenbar die Ergiebigkeit bereits als Rechtfertigung. Dazu gehören allerdings die leicht zu erfassenden Grundstücksumsätze. Eine moderne Version des *Bewertungsdifferenzgedankens von Mirre* stellt die Auffassung dar, Verkehrsteuern belasteten ein freiwillig einer Neubewertung unterworfenes Gut und vermittelten dem Staat eine Teilhabe am Entgelt[6]. Soweit dies nicht nur eine Beschreibung im Tatsächlichen ist, ist ein Bezug zu einer *Besteuerung nach Indikatoren der Leistungsfähigkeit* nicht erkennbar. Tatsächlich belastet die Grunderwerbsteuer die Einkommensverwendung durch den Erwerber des Grundstückes und/oder den Mieter/Pächter. Weshalb die Einkommensverwendung für den Erwerb von Grundstücken oder Grundstücksnutzungen anders zu besteuern ist als bei Erwerb anderer Güter, ist allerdings kaum erklärlich. Zu rechtfertigen wäre lediglich eine *ergänzende Funktion zur Umsatzsteuer,* wo diese aus technischen Gründen auf die Leistungen von Unternehmern beschränkt ist, sowie eventuell eine Privilegierung hinsichtlich der Wohnbedürfnisse. Gerade dies würde aber eine doppelte Belastung mit Grunderwerbsteuer und Umsatzsteuer verbieten. Das geltende Grunderwerbsteuerrecht entspricht diesem Postulat nur höchst unvollkommen, soweit über die *Befreiung des § 4 Nr. 9a UStG* eine gleichzeitige Belastung mit Umsatzsteuer und Grunderwerbsteuer ausgeschlossen ist.

1. Steuerobjekt

1.1 Steuerbare Erwerbsvorgänge

Der eigentliche Grundtatbestand des GrEStG findet sich im § 1 II GrEStG. Danach unterliegen der Grunderwerbsteuer Rechtsvorgänge, die es einem anderen rechtlich oder wirtschaftlich ermöglichen, ein inländisches Grundstück auf eigene Rechnung zu verwerten. Durch die Grunderwerbsteuer soll der *Erwerb der wirtschaftlichen Verfügungsmacht* über Grundstücke besteuert werden. Dieser Tatbestand wird jedoch durch die Gesetzestechnik eher verdunkelt als erhellt.

---

4 BFH BStBl. 80, 620; FinMin. Nds., B 81, 1165; kritisch insoweit zu Recht *Kirchhof,* HStR IV, 87, 158.
5 BFH BStBl. 90, 181, 182; 90, 590, 592. Die Rede ist vom System und Zweck der Grunderwerbsteuer, ohne diese zu kennzeichnen.
6 So *Kirchhof,* Gutachten für den 57. DJT, München 1988, F 13.

Das Gesetz regelt in § 1 I GrEStG Fälle, die auf einen *zivilrechtlichen Eigentumsübergang* abzielen, und ergänzt diesen Tatbestand in § 1 II GrEStG um den Übergang der *wirtschaftlichen Verwertungsbefugnis* ohne Eigentumsübergang sowie in § 1 III GrEStG um den Sonderfall der *Anteilsvereinigung bei Gesellschaften*. Gleichwohl sind die Grundstücksumsätze nicht lückenlos erfaßt[7]. Es würde sich empfehlen, § 1 GrEStG terminologisch an § 1 I Nr. 1 UStG anzupassen und die „Lieferung von Grundstücken" sowie die „sonstige Leistung von Erbbaurechten" zu besteuern. Dadurch könnte der Bandwurm des § 1 GrEStG wesentlich verkürzt werden, der gerade wegen seiner detaillierten Aufzählung zu Umgehungen reizt.

1.11 Eigentumserwerb und schuldrechtlicher Vertrag

Wirtschaftliche Verfügungsmacht über ein Grundstück hat nach der Rechtsordnung, soweit nicht einschränkende schuldrechtliche Vereinbarungen bestehen, der Eigentümer. § 1 I Nr. 3 GrEStG unterwirft daher den Eigentumserwerb als den klassischen Anwendungsfall der Erlangung von Verfügungsmacht der Grunderwerbsteuer. Lediglich aus Gründen der *Steuererhebungstechnik* knüpft § 1 I Nr. 1 GrEStG aber nicht erst an den Eigentumsübergang an, sondern bereits an den *Abschluß schuldrechtlicher Verträge*, die den Anspruch auf Eigentumserwerb (Übereignung) begründen. Auf diese Weise soll gesichert werden, daß die Steuer möglichst frühzeitig erhoben werden kann. Außerdem läßt sich die effektive Erhebung der Steuer sichern, indem die Grundbucheintragung von einer *Unbedenklichkeitsbescheinigung des Finanzamtes* abhängig gemacht wird, vgl. § 22 GrEStG. Daß letztlich aber der Eigentumsübergang, genauer der Übergang der Verwertungsbefugnis, besteuert werden soll, folgt aus § 1 I Nr. 3 GrEStG. Wenn dem Eigentumserwerb weder ein schuldrechtlicher Vertrag noch eine dingliche Auflassung (§ 1 I Nr. 2 GrEStG) vorausging, wird unmittelbar der Eigentumserwerb besteuert. Aus demselben lediglich erhebungstechnischen Grund wird beim Erwerb in der Zwangsversteigerung nicht erst an den Zuschlag, sondern bereits an die Abgabe des Meistgebotes angeknüpft (§ 1 I Nr. 4 GrEStG)[8].
Im einzelnen umfaßt § 1 I GrEStG die folgenden steuerbaren Erwerbsvorgänge:

1.111 Kaufverträge und andere schuldrechtliche Verträge (§ 1 I Nr. 1 GrEStG)

Der Grunderwerbsteuer unterliegt danach in erster Linie der *Kaufvertrag* über inländische Grundstücke oder ein anderes Rechtsgeschäft, das den Anspruch auf Übereignung begründet (§ 1 I Nr. 1 GrEStG)[9].

Der Steuertatbestand wird bereits mit dem Abschluß des schuldrechtlichen Vertrages begründet. Da Voraussetzung ist, daß ein *Anspruch auf Übereignung* entsteht, muß der Vertrag grundsätzlich zivilrechtlich wirksam sein. § 41 AO ist zwar anwendbar. Das „wirtschaftliche Ergebnis" des Bestehens eines Anspruches auf Übereignung trotz zivilrechtlicher Unwirksamkeit wegen eines Formmangels kann aber nur dann vorliegen, wenn zumindest nach außen der Anschein eines formgültigen Vertrages erweckt wird, aufgrund dessen eine Auflassung erfolgen könnte[10].

---
7 S. *Möllinger,* DVR 70, 67.
8 Dazu *Huber-Krebs,* Konformität von Privat- und Steuerrecht unter besonderer Berücksichtigung des Grunderwerbsteuerrechts, Diss. rer. pol. München 1966.
9 Amtliche Begründung RStBl. 40, 388: Der Kaufvertrag sei für die am Grundstücksgeschäft Beteiligten der wichtigste Vorgang. Er lege das Geschäft inhaltlich bindend fest.
10 BFH BStBl. 89, 989.

Da der Grunderwerbsteuer sowohl *Kaufverträge über unbebaute als auch bebaute Grundstücke* unterliegen, muß mit Rücksicht auf den Umfang der Bemessungsgrundlage entschieden werden, was Gegenstand des Vertrages ist. Dabei kann, da bereits an den Abschluß des schuldrechtlichen Vertrages angeknüpft wird, weder auf den Zustand des Grundstückes im Zeitpunkt des Eigentumsüberganges noch auf den Zustand bei Vertragsabschluß abgestellt werden.

Vielmehr ist maßgeblich, ob der Erfüllungsanspruch des Erwerbers auf ein unbebautes oder ein bebautes Grundstück gerichtet ist. Die Rechtsprechung stellt dafür maßgeblich auf die *Sicht des Erwerbers* ab.

Ausgangspunkt dieser Rechtsprechung, aber nicht mehr darauf beschränkt, ist die typische Situation beim Erwerb von Teileigentum im sogenannten *Bauherrenmodell.* Dem Bauherren wird der Abschluß eines Bündels von Verträgen angeboten, u. a. Kauf eines Grundstücksteiles und Werkverträge mit den Bauhandwerkern. I.d.R. ist ein Initiator eingeschaltet, der als Treuhänder fungiert oder einen solchen bereitstellt. Dem Bauherren verbleibt zumeist faktisch nur die Möglichkeit, sämtliche Verträge, wie bereits vom Initiator vorbereitet, abzuschließen. Die Rechtsprechung faßt das *Vertragsgeflecht* in diesen Fällen zusammen[11]. Sie behandelt es insgesamt als *„ein Rechtsgeschäft"*, das den Anspruch auf Übereignung eines bebauten Grundstücks(teiles) begründet.

Die Einheitlichkeit des Vertragsgeflechtes trotz zivilrechtlich mehrerer Verträge auch mit verschiedenen Vertragsparteien auf der Veräußererseite, z. B. Grundstücksverkäufer und Bauhandwerkern, soll sich daraus ergeben können, daß

- sie nach den vertraglichen Bestimmungen ausdrücklich in ihrem Bestand voneinander abhängig gemacht werden;
- die Auslegung ergibt, daß sie nach dem Willen der Parteien miteinander stehen oder fallen[12];
- auch ohne den Willen der Parteien ein so *enger objektiver Zusammenhang* besteht, daß objektiv ein bebautes Grundstück Leistungsgegenstand ist[13].

Da Besteuerungsgrund die Einkommensverwendung des Erwerbers ist, ist es zutreffend, aus seiner Perspektive zu entscheiden, ob ein bebautes Grundstück Leistungsgegenstand ist. Entgegen der Kritik[14] ist auch nicht zu beanstanden, daß der BFH letztlich danach entscheidet, ob dem Erwerber durch einen Initiator Grundstück und Bauleistungen nur zusammen angeboten werden oder ob umgekehrt die Erwerber sich zunächst zusammenschließen und ihrerseits dann erst Bauaufträge erteilen[15]. Es ist schon fraglich, ob überhaupt ein Gegensatz zur zivilrechtlichen Betrachtung besteht[16]. Zutreffend ist jedenfalls für das Steuerrecht, daß die Verwirklichung des Steuertatbestandes nicht davon abhängig gemacht werden darf, ob zivilrechtlich aufgrund *steuertechnischer Klauseln* eine Trennung der Verträge vereinbart wurde, wenn dieser Trennung für den Regelfall gerade keine Bedeutung zukommt.

Problematisch ist vielmehr die Folge der *Doppelbelastung mit Umsatzsteuer* und Grunderwerbsteuer für den Erwerber. Die Befreiungsvorschrift des § 4 Nr. 9 a UStG darf

---

11 BFH BStBl. 89, 333, 685; BStBl. 90, 440.
12 BFH BStBl. 82, 330, 741; 90, 443.
13 BFH BStBl. 90, 181, 183, 230, 590; s. auch *Pagels,* UVR 90, 233; *Schuhmann,* UVR 90, 76.
14 *Jehner,* DStR 89, 169, 600, 625; *Wagner,* BB 86, 465.
15 BFH BStBl. 89, 986.
16 Vgl. aber *Flume,* B 90, 1432.

nicht angewendet werden[17]. Die *Leistungen der Bauhandwerker* werden daher mit Umsatzsteuer und Grunderwerbsteuer belegt, wobei sich jeweils die Bemessungsgrundlage noch um den Steueranteil erhöht. Diese systemwidrige Doppelbelastung der Einkommensverwendung kann nur dadurch vermieden werden, daß gesetzlich aus der Bemessungsgrundlage für die Grunderwerbsteuer solche Bestandteile ausgenommen werden, die bereits der Umsatzsteuer unterliegen. Die Doppelbelastung ist der systematische Kritikpunkt, nicht die vermeintliche Nichtbeachtung zivilrechtlicher Vorgaben.

Andere schuldrechtliche Rechtsgeschäfte sind z. B. *Gesellschaftsverträge*, wenn die Gesellschafter als Beitrag Grundstücke an die Gesellschaft zu übereignen haben, oder Tauschverträge.

Obwohl an das Verpflichtungsgeschäft angeknüpft wird, der Umsatz sich aber im Erfüllungsgeschäft manifestiert, spricht § 4 Nr. 9a UStG von „Umsätze(n), die unter das Grunderwerbsteuergesetz fallen".

Der gewollten und notwendigen Vermeidung der Doppelbelastung ist dadurch Rechnung zu tragen, daß als unter das Grunderwerbsteuergesetz fallender Umsatz auch derjenige angesehen wird, bei dem bereits das Verpflichtungsgeschäft zur Ausführung des Umsatzes der Grunderwerbsteuer unterliegt.

Kommt es nicht zum Eigentumsübergang, weil der *Vertrag rückgängig* gemacht wird, so wird eine Steuer nicht mehr festgesetzt oder eine bereits erfolgte Steuerfestsetzung aufgehoben (§ 16 GrEStG). Die komplizierte Regelung des § 16 GrEStG ist nur deshalb notwendig, weil aus Gründen der Erhebungstechnik bereits an den Abschluß des schuldrechtlichen Vertrages angeknüpft wird. Sind die dort genannten Fristen von 2 Jahren seit Entstehung des Steueranspruches bis zur Rückgängigmachung überschritten und besteht kein Rechtsanspruch auf Rückgängigmachung, so wird gegebenenfalls zweimal Grunderwerbsteuer erhoben, obwohl ein Übergang der Verwertungsbefugnis gerade nicht stattgefunden hat. Dieses teleologisch unzutreffende Ergebnis ist die Folge der verfehlten Verknüpfung steuertechnischer Erhebungserleichterung mit der Ausgestaltung des Besteuerungstatbestandes.

Folge der Verwechslung von Essenz und Form ist es auch, wenn der Grunderwerbsteuer auch Verträge unterworfen werden, die zwar auf einen zivilrechtlichen Eigentumsübergang abzielen, aber wie die Sicherungsübereignung gerade nicht zu einem Übergang der wirtschaftlichen Verwertungsbefugnis führen[18].

Bei einem *Tauschvertrag* über Grundstücke liegen zwei grunderwerbsteuerbare Vorgänge vor (§ 1 V GrEStG). Das ist konsquent, denn jeder der Vertragspartner verwendet Einkommen/Vermögen zum Erwerb des jeweils anderen Grundstückes. Problematisch ist hier wie überhaupt bei der Grunderwerbsteuer die mangelnde Entlastung durch einen quasi Vorsteuerabzug für den Fall der unternehmerischen Verwendung der Grundstücke.

1.112 Die Auflassung (§ 1 I Nr. 2 GrEStG)

Der rechtsgeschäftliche Eigentumserwerb an Grundstücken vollzieht sich durch Einigung (Auflassung) und Eintragung (§§ 873, 925 BGB). § 1 I Nr. 2 GrEStG behandelt demzufolge bereits die Auflassung als steuerbaren Tatbestand, falls nicht ein

---

17 BFH BStBl. 87, 145 und EuGH HFR 86, 487; s. auch BVerfG UR 88, 280.
18 So aber BFH BStBl. III 56, 93.

schuldrechtlicher Vertrag voranging. Da dies regelmäßig der Fall ist, kommt dem Tatbestand des § 1 I Nr. 2 GrEStG keine große praktische Bedeutung zu. Bei einem formnichtigen Vertrag kann der Tatbestand wegen § 313 Satz 2 BGB Bedeutung gewinnen[19].

1.113 Der Eigentumserwerb (§ 1 I Nr. 3 GrEStG)

§ 1 I Nr. 3 GrEStG besteuert den Eigentumserwerb, falls kein schuldrechtliches Geschäft und auch keine Auflassung vorausging. Der Eigentumserwerb als *Regelfall des Erwerbes wirtschaftlicher Verfügungsmacht* über ein Grundstück soll besteuert werden. Obgleich § 1 I Nr. 3 und § 1 II GrEStG die eigentlichen Besteuerungstatbestände darstellen, ist wegen der technischen Vorverlagerung der Besteuerung bereits auf den Abschluß schuldrechtlicher Verträge die Steuerbarkeit nach § 1 I Nr. 3 GrEStG die Ausnahme.

Unter § 1 I Nr. 3 GrEStG fällt der Erwerb aufgrund *hoheitlicher Enteignung*. Ebenfalls unter § 1 I Nr. 3 GrEStG fällt der Eigentumserwerb bei *Umwandlungen* nach dem Umwandlungsgesetz[20] und durch *Verschmelzungen*[21] von Kapitalgesellschaften (§§ 339 f. AktG und §§ 19 f. KapErhG). § 1 I Nr. 3 GrEStG erfaßt auch den *Eigentumserwerb des letzten Gesellschafters* einer Personengesellschaft durch *Anwachsung nach § 738 BGB*. Aus Gesamthandseigentum wird dann Einzeleigentum. Bei Ausscheiden eines Gesellschafters aus einer mehrgliedrigen Gesellschaft liegt jedoch für die übrigen Gesellschafter kein Erwerb nach § 1 I Nr. 3 GrEStG vor, solange die Gesellschaft selbst erhalten bleibt. Da die Identität der Gesellschaft erhalten bleibt, fehlt es an einem Eigentumswechsel[22].

Der von § 1 I Nr. 3 GrEStG ebenfalls erfaßte Eigentumserwerb durch Erbschaft ist nach § 3 Nr. 2 GrEStG befreit. Ebenfalls befreit ist der Erwerb im Flurbereinigungsverfahren und im Umlegungsverfahren[23]. Eine hoheitlich veranlaßte bloße Vermögensumschichtung von Grundvermögen rechtfertigt auch keine Besteuerung unter dem Gesichtspunkt der Einkommensverwendung.

1.114 Das Meistgebot (§ 1 I Nr. 4 GrEStG)

§ 1 I Nr. 4 GrEStG besteuert bereits die Abgabe des Meistgebotes. Dies entspricht der steuertechnischen Anknüpfung an den Abschluß des schuldrechtlichen Vertrages. Da dem Übergang des Eigentums im Zwangsversteigerungsverfahren immer ein Meistgebot vorausgeht (§ 81 ZVG), nimmt § 1 I Nr. 3 GrEStG den Eigentumserwerb im Zwangsversteigerungsverfahren aus. Teleologisch zutreffend hat der BFH entschieden, daß eine *Rückgängigmachung* des Erwerbs vorliegt, wenn der Meistbietende seine Verpflichtung nicht erfüllt und deshalb eine *Wiederversteigerung* durchgeführt wird[24]. Obwohl „ein Rechtsgeschäft" nicht vorliegt, ist § 16 II Nr. 3 GrEStG entsprechend anzuwenden.

---

19 S. dazu aber BFH BStBl. 89, 989.
20 BFH BStBl. 89, 466; s. a. *Weber,* B 89, 71.
21 BFH BStBl. 79, 683; s. a. *Kussmann,* DVR 87, 2.
22 BFH BStBl. 89, 803.
23 Dazu *Pagels,* UVR 89, 332.
24 BFH BStBl. 89, 150.

1.115 Abtretung von Übereignungsansprüchen und Rechten aus Kaufangeboten

§ 1 I Nrn. 4–6 GrEStG erfassen die Abtretung von Übereignungsansprüchen, von Rechten aus einem Kaufangebot[25] und von Ansprüchen aus dem Meistgebot[26]. Auch hier wird nicht erst an die Abtretung selbst, sondern bereits an die schuldrechtlichen Verträge angeknüpft, die den Anspruch auf Abtretung begründen. Der Sache nach handelt es sich darum, daß durch diese Akte eine Verwertung des Grundstückes schon vor dem Erwerb stattfindet. Es liegt eine dem Reihengeschäft bei der Umsatzsteuer vergleichbare Situation vor. Die zweimalige Erfassung mit Grunderwerbsteuer soll nicht dadurch umgangen werden können, daß bereits vor Eigentumsübertragung der Berechtigte seinen Übereignungsanspruch überträgt. Dies ist teleologisch zutreffend, denn wirtschaftlich findet eine zweimalige Verwertung statt, durch den Eigentümer an seinen Vertragspartner und durch diesen an den jetzigen Erwerber, auch wenn dinglich nur ein Eigentumswechsel erfolgt.

Von den jeweiligen Erwerbern wird auch Einkommen verwendet. Bei der Abtretung von Kaufangeboten ist erforderlich, daß das Kaufangebot dem Berechtigten zu dessen Nutzen eingeräumt wurde, so daß er das Grundstück zum eigenen Nutzen verwerten konnte, z. B. durch den Abschluß von Dienst- oder Werkverträgen zur Bebauung[27]. Bloße Maklergeschäfte fallen nicht unter § 1 I Nrn. 6 und 7 GrEStG[28]. Besteuert wird der Handel mit Kaufangeboten.

Bemessungsgrundlage ist, was der Erwerber des Angebotes dem Benennenden zahlt. Fehlt es daran, wird die Steuer nach § 8 II Nr. 1 GrEStG i. V. mit § 121a BewG mit 140 % des Einheitswertes des Grundstückes bemessen[29].

1.12 Übergang der Verwertungsbefugnis

Da das Gesetz *terminologisch keine Fortschritte* bringt, sondern weiterhin an zivilrechtliche Begriffe anknüpft, schafft es auch Umgehungsmöglichkeiten[30]. Diese werden unvollkommen durch § 1 II GrEStG aufgefangen. Weil das Gesetz in § 1 I GrEStG den speziellen Anwendungsfall der Erlangung wirtschaftlicher Verwertungsbefugnis durch Erlangung des zivilrechtlichen Eigentums, bzw. den Abschluß eines auf dessen Erlangung abzielenden obligatorischen Vertrages bereits erfaßt hat, wird in § 1 II GrEStG nur noch der Erwerb der Verwertungsbefugnis als steuerbar geregelt, wenn dieser nicht auf der Begründung eines Anspruches auf Übereignung beruht. Hierunter fallen alle vertraglichen Vereinbarungen und ihre Durchführungen, die einem Nichteigentümer Besitz, Nutzungen und den Zugriff auf die Substanz durch Veräußerung und Zueignung des Erlöses ermöglichen, z. B. die Einräumung einer unwiderruflichen Verkaufsermächtigung mit der Abrede, daß der Verkaufserlös dem Nichteigentümer gebühren soll, oder die Überlassung eines Grundstückes zur Nut-

---

25 Zum zivilrechtlichen Inhalt s. BFH BStBl. 75, 86; BFH BStBl. 82, 269.
26 Vgl. BFH BStBl. 85, 339.
27 BFH BStBl. 80, 525; 82, 269; 89, 984.
28 BFH BStBl. 89, 52.
29 BFH BStBl. 89, 984.
30 Dazu *Jehring,* Die Umgehungstatbestände des Grunderwerbsteuerrechts in der Rechtsprechung des Reichsfinanzhofs, Diss. Göttingen 1939; *Pilgrim,* Die Besteuerung der Zwischengeschäfte im Grunderwerbsteuerrecht, Diss. Köln 1961, Düsseldorf 1962. Vgl. auch *Schmitz,* DVR 84, 134.

zung an eine Gesellschaft mit der Abrede, daß im Innenverhältnis das Grundstück als Gesellschaftsvermögen behandelt werden soll. § 1 II GrEStG ist daher immer anwendbar, wenn ein Grundstück einem zivilrechtlichen Nichteigentümer zu wirtschaftlichem Eigentum i. S. des § 39 II AO überlassen wird.

Dies ist insbesondere bei *atypischen Maklerverträgen* zu bejahen. Dabei wird dem Vermittler schuldrechtlich die Möglichkeit eingeräumt, das ihm zivilrechtlich nicht als Eigentümer gehörende Grundstück auf eigene Rechnung zu veräußern. Auch wenn ausnahmsweise dem Vermittler keine Vollmacht erteilt wurde, der Grundstückseigentümer sich aber schuldrechtlich gebunden hat, die Verträge abzuschließen, ist ein Übergang der Verwertungsbefugnis zu bejahen[31]. Ob von der übergegangenen Verwertungsbefugnis Gebrauch gemacht wird, ist belanglos[32].

Beim Erwerb durch einen *Treuhänder* soll dessen Erwerb nach § 1 Nr. 1 GrEStG und zugleich der Erwerb des Treugebers nach § 1 II GrEStG der Grunderwerbsteuer unterliegen[33]. Da eine Einkommensverwendung nur durch den Treugeber vorliegt, sollte der Erwerb durch den Treuhänder nicht besteuert werden. Dieser erlangt auch gerade nicht die wirtschaftliche Verfügungsbefugnis. Die Gesetzesfassung verdunkelt den Belastungsgrund, wenn sie nach § 1 I GrEStG den zivilrechtlichen Eigentumserwerb scheinbar ohne Ausnahme besteuern läßt und § 1 II GrEStG nur ergänzend eingreift. Wenn aber § 1 II GrEStG den Erwerb wirtschaftlicher Verfügungsmacht auch ohne Eigentumserwerb besteuert, muß umgekehrt gelten, daß der Erwerb des Eigentums ohne Erwerb der wirtschaftlichen Verfügungsmacht nicht zu besteuern ist.

Stellt ein *Gesellschafter ein Grundstück* „seiner" Personengesellschaft *zur Nutzung* zur Verfügung, ist der Tatbestand des § 1 II GrEStG nicht erfüllt. Anders ist es allerdings, wenn vereinbart wird, daß das Grundstück im Innenverhältnis der Gesellschafter wie gemeinsames Eigentum behandelt wird[34].

1.13 Anteilsvereinigung[35]

Im § 1 III GrEStG wird die *Vereinigung aller Anteile einer Gesellschaft* in einer Hand oder in der Hand von herrschenden und abhängigen Unternehmen als Grundstückserwerb behandelt, wenn zum Vermögen der Gesellschaft ein Grundstück gehört. Beim Erwerb vollständigen Anteilsbesitzes, sei es durch Erwerb aller Anteile (§ 1 III Nrn. 3 und 4 GrEStG) oder der fehlenden Anteile (§ 1 III Nrn. 1 und 2 GrEStG), behandelt das Gesetz den Vorgang so, als sei ein Grundstück erworben worden. Verhindert werden soll, daß die Grunderwerbsteuer dadurch umgangen werden kann, daß anstelle der Veräußerung des Grundstückes die Anteile an Gesellschaften veräußert werden, womit mittelbar der Gesellschafter auch das Grundstück erwirbt. Gleichwohl stellt das Gesetz nicht auf eine Umgehung ab, sondern erfaßt prinzipiell die Anteilsvereinigung. § 1 III GrEStG erfaßt sowohl die Anteile von *Kapitalgesellschaften* als auch von Personengesellschaften. Bei letzteren ist die Vereinigung aller Anteile in einer Hand allerdings bereits nach § 1 I Nr. 3 GrEStG steuerbar, denn die Anteilsvereinigung führt zum Untergang der Personengesellschaft und damit zum Eigentumsübergang des Grundstückes auf den Erwerber. § 1 III GrEStG ist daher praktisch nur auf Kapitalgesellschaften und in dem *Ausnahmefall* der Vereinigung von Anteilen an *Personengesellschaften* in der Hand eines herrschenden Unternehmens

---

31 BFH BStBl. 89, 52; s. auch BFH BStBl. 86, 417 (befristete Vollmacht).
32 A. A. BFH BStBl. 89, 52.
33 BFH BStBl. 86, 28, 89, 157; Ländererlaß BStBl. I 84, 378.
34 BFH BStBl. 76, 30.
35 Dazu *Martin,* B 85, 2169.

anwendbar[36]. Technisch knüpft § 1 III GrEStG wie bereits § 1 I GrEStG primär an den schuldrechtlichen Vertrag und erst sekundär an den Anteilsübergang an.

Die Anteilsvereinigung kann auch durch einen *Erbfall*[37] oder die *Einziehung von Anteilen*[38] verwirklicht werden.

1.2 Grundstück

Die im § 1 GrEStG erfaßten Erwerbsvorgänge müssen sich auf ein *inländisches Grundstück* beziehen. Dafür ist nach § 2 I GrEStG der Grundstücksbegriff des bürgerlichen Rechts maßgebend. Grundstücke sind danach der Grund und Boden einschließlich der Bestandteile. Dazu gehören insbesondere auch die *Gebäude*. Der Grunderwerbsteuer unterliegen daher auch bebaute Grundstücke.

Abweichend vom Zivilrecht gehören *Betriebsvorrichtungen nicht* zum Grundstück i. S. des GrEStG (§ 2 I 2 Nr. 1). Dies führt dazu, daß bei Veräußerung eines Grundstückes mit Betriebsvorrichtungen die Steuerbefreiung des § 4 Nr. 9 a UStG nicht auf die Lieferung der Betriebsvorrichtungen anwendbar ist.

Umgekehrt stehen nach § 2 II GrEStG *Erbbaurechte und Gebäude auf fremdem Grund und Boden* den Grundstücken gleich. Der Grunderwerbsteuer unterliegt daher sowohl die Bestellung als auch die Übertragung eines Erbbaurechtes[39]. Gebäude auf fremdem Grund und Boden sind gegeben, wenn sie bereits zivilrechtlich Scheinbestandteile (§ 95 BGB) sind oder wenn trotz zivilrechtlichen Eigentumes des Grundstückseigentümers wirtschaftliches Eigentum eines Dritten besteht, z. B. des Pächters[40]. Im letzteren Falle ist die Übertragung des wirtschaftlichen Eigentumes nach § 1 II GrEStG steuerbar.

1.3 Befreiungen

Von der Besteuerung ausgenommen sind insb.:

(1) Grundstückserwerbe bis zu 5 000 DM (§ 3 Nr. 1 GrEStG);

(2) Grundstückserwerbe durch *Erbfolge* oder Schenkung (s. § 3 Nr. 2 GrEStG); dadurch wird die Doppelbelastung Grunderwerbsteuer – Erbschaftsteuer ausgeschaltet. Ohnehin fehlt es bei Erbgang oder Schenkung an einer Gegenleistung. § 3 Nr. 2 Satz 2 GrEStG ist verfassungskonform dahin auszulegen, daß bei belastet erworbenem Vermögen im Ausmaß der Belastung neben der Schenkungsteuer keine Grunderwerbsteuer zu erheben ist[41];

(3) Grundstückserwerbe zur Teilung des Nachlasses (§ 3 Nr. 3 GrEStG);

(4) Grundstückserwerbe durch *Ehegatten,* frühere Ehegatten im Rahmen der Vermögensauseinandersetzung nach der Scheidung sowie durch in gerader Linie Verwandte und deren Ehegatten (§ 3 Nrn. 4–6 GrEStG);

---

36 Zur Anteilsveräußerung im Organkreis, BFH BStBl. 88, 682.
37 BFH BStBl. 88, 785.
38 BFH BStBl. 88, 959; 90, 390.
39 Vgl. BFH BStBl. 82, 625.
40 S. dazu *Reiß,* StuW 87, 122, 125.
41 BVerfGE 67, 71 zur Auflagenschenkung nach § 25 ErbStG.

(5) der Erwerb eines zum Gesamtgut gehörenden Grundstücks durch Teilnehmer an einer fortgesetzten Gütergemeinschaft zur Teilung des Gesamtguts (§ 3 Nr. 7 GrEStG);

(6) Grundstücks*rück*erwerbe durch Treugeber (§ 3 Nr. 8 GrEStG).

2. Steuersubjekte

Steuersubjekte (Steuerschuldner) sind i. d. R. die am Erwerbsvorgang beteiligten Vertragsteile: Erwerber und Veräußerer (§ 13 Nr. 1 GrEStG; zu Sonderfällen § 13 Nrn. 2–5 GrEStG).

Steuersubjekt können dabei nicht nur natürliche und juristische Personen sein. Wie in der Umsatzsteuer kommen als Steuersubjekte bei der Grunderwerbsteuer auch die *nichtrechtsfähigen Personengesellschaften* in Betracht. Daher ist es auch möglich, daß es zwischen Personengesellschaften und ihren Gesellschaftern zu grunderwerbsteuerbaren Vorgängen kommt, wenn Grundstücke vom Gesellschafter auf die Personengesellschaft oder umgekehrt übertragen werden. Den Besonderheiten der *gesamthänderischen Bindung* tragen die §§ 5 und 6 GrEStG insoweit Rechnung, als sie eine *partielle Steuerbefreiung* aussprechen. Bei der Übertragung von einer Gesamthand und auf eine (andere) Gesamthand wird die Steuer insoweit nicht erhoben, als der Veräußerer bzw. Erwerber am Vermögen der Gesamthand beteiligt ist. Darüber hinaus hält die Rechtsprechung die Befreiungsvorschriften des § 3 Nrn. 4 und 6 GrEStG auch bei Übertragungen von und auf eine Gesamthand für anwendbar[42].

> Beispiel: Vater und Sohn gründen eine OHG. Der V bringt ein Grundstück ein. Der Abschluß des Gesellschaftsvertrages ist steuerbar nach § 1 I Nr. 1 GrEStG. Es tritt aber eine Befreiung nach § 5 II GrEStG ein, soweit der V an der OHG beteiligt ist und nach § 3 Nr. 6 GrEStG, soweit S an der OHG beteiligt ist.

§ 6 IV GrEStG schränkt zur Vermeidung von Umgehungen die Befreiung des § 6 I–III GrEStG beim Übergang von einer Gesamthand ein, soweit der Anteil an der Gesamthand innerhalb von 5 Jahren vor dem Erwerbsvorgang erworben wurde.

Über diese gesetzgeberische Einschränkung hinaus sind die §§ 5, 6 GrEStG zu einer Quelle der Auseinandersetzung wegen angeblichen oder tatsächlichen Mißbrauchs i. S. des § 42 AO geworden[43].

Ausgangspunkt ist dabei, daß die *Gesamthand* einschließlich der Erbengemeinschaft selbst als *Grunderwerbsteuersubjekt* behandelt wird. Der bloße *Wechsel im Personenbestand* durch Anteilsübertragung erfüllt keinen Grunderwerbsteuertatbestand, da er nicht auf die Übereignung eines Grundstückes auf ein anderes Rechtssubjekt gerichtet ist[44].

Die Rechtsprechung hält zutreffend bereits die Befreiungsvorschrift des § 5 GrEStG nicht für anwendbar, wenn die Übertragung des Grundstückes auf die Gesamthand nach einem vorgefaßten Plan nur erfolgt, um anschließend durch eine Übertragung der Gesellschaftsanteile den neuen Gesellschaftern den Erwerb des Grundstückes zu ermöglichen[45].

---

42 BFH BStBl. 65, 670.
43 Vgl. BFH BStBl. 80, 598; 83, 138, 429; 86, 109; 86, 620; 87, 394.
44 BFH BStBl. 89, 803; 90, 446.
45 BFH BStBl. 83, 138, 429; 88, 736; 89, 201, kritisch *Schmitz,* DVR 84, 134 und *Meilicke,* StVj 89, 182.

Ein *Mißbrauch nach § 42 AO* wird angenommen, wenn das Vermögen der Gesamthand[46] einschließlich der Erbengemeinschaft[47] nur aus einem Grundstück besteht und anstelle einer Veräußerung des Grundstückes durch die Gesamthand die Gesellschaftsanteile bzw. die Miterbenanteile übertragen werden.

Zur Erfassung der Steuerschuldner dienen Anzeigepflichten der Gerichte, Behörden und Notare sowie der Beteiligten (§§ 18, 19 GrEStG).

3. Bemessungsgrundlage und Steuersatz

3.1 Bemessungsgrundlage

Bemessungsgrundlage ist prinzipiell der Wert der Gegenleistung (§§ 8, 9 GrEStG).

Zur *Gegenleistung* rechnet jede Leistung, die der *Erwerber kausal wegen des Erwerbes* des Grundstückes dem Veräußerer oder einem von diesem benannten Dritten erbringt[48]. Ebenfalls gehören dazu Leistungen Dritter an den Veräußerer, die kausal wegen des Erwerbsvorganges erbracht werden. Der Umfang der Gegenleistung ist danach ebenso *wie das Entgelt bei der Umsatzsteuer* zu bestimmen. Wie beim UStG die Umsatzsteuer, so gehört im GrEStG die Grunderwerbsteuer nicht ihrerseits zur Bemessungsgrundlage (§ 9 III GrEStG).

Der grunderwerbsteuerliche Begriff der Gegenleistung ist danach weiter als der zivilrechtliche Begriff beim gegenseitigen Vertrag[49]. Die in *§ 9 I und II GrEStG* erfolgende Aufzählung von Bestandteilen der Gegenleistung ist nicht abschließend. Die *kasuistische Aufzählung* ist eher verwirrend als hilfreich. Sie sollte nach dem Vorbild des § 10 I UStG ersetzt werden.

Bei *Kauf und Tausch* gehören übernommene *Verbindlichkeiten* schon zivilrechtlich zur Gegenleistung. Ein Tauschgegenstand ist mit dem gemeinen Wert zu bewerten. Dem Veräußerer *vorbehaltene Nutzungen*, z. B. Nießbrauch, Wohnrecht, sind ebenfalls Teil der Gegenleistung.

Beruht der Eigentumsübergang auf Gesetz oder einem Hoheitsakt, gehören auch kraft Gesetzes zu erbringende Leistungen zur Gegenleistung (vgl. § 9 II 2 GrEStG). Bei *Umwandlungen und Verschmelzungen* gehören zur Gegenleistung die übergehenden Schulden und die (untergehenden) Gesellschaftsrechte[50].

Beim Meistgebot durch einen Gläubiger gehört – neben dem Meistgebot – auch der Betrag zur Gegenleistung, in dessen Höhe der Gläubiger nach § 114a ZVG als befriedigt gilt[51].

Erwirbt der Gesellschafter einer Personengesellschaft von dieser ein Grundstück unter dem Verkehrswert, z. B. zum Buchwert, soll die Schmälerung des Wertes seiner Gesellschaftsrechte keine Gegenleistung sein[52].

---

46 BFH BStBl. 87, 394; 89, 628, 803; BFH BStBl. 90, 446 (verneinend).
47 BFH BStBl. 75, 834; 86, 620.
48 BFH BStBl. 88, 898; 89, 685; 90, 186.
49 BFH BStBl. 90, 228.
50 BFH BStBl. 89, 466; kritisch *Weber*, B 89, 71; *Wohlschlegel*, StuW 76, 361.
51 BFH BStBl. 86, 148; 90, 228; s. auch *Rödder*, DStZ 88, 562.
52 BFH BStBl. 90, 186. Das Urteil ist mit BFH BStBl. 89, 466 kaum zu vereinbaren.

Wenn *keine Gegenleistung vorhanden* ist, wird die Steuer vom Wert des Grundstücks berechnet (§ 8 II GrEStG). Grundsätzlich ist der *Einheitswert* zzgl. 40 v. H. anzusetzen (§ 10 GrEStG; § 121 a BewG).

Diese Vorschrift ist systemfremd. Wenn für ein Grundstück nichts aufgewendet worden ist, kann auch keine Einkommensverwendungsteuer erhoben werden. Die Erhebung verstößt gegen den Gleichheitssatz[53]. Der Gleichheitssatz verlangt eine konsequente, durchgängige Anwendung des Grundprinzips. Rechtfertigungsgründe sind nicht ersichtlich[54]. Daß nicht die Einkommensverwendung des Veräußerers besteuert werden soll, folgt daraus, daß § 3 Nr. 2 GrEStG Schenkungen befreit.

Der Ansatz des Grundstückswertes ist allerdings gerechtfertigt in den Fällen der Anteilsvereinigung (§ 8 II Nr. 2 GrEStG), denn hier kann der für die Anteile aufgewendete Kaufpreis nicht maßgebend sein, weil mit ihm nicht nur der Erwerb des Grundstückes abgegolten wird. *Verzerrungen* treten hier nur wegen der *unzulänglichen Einheitswerte* auf.

3.2 Steuersatz

Der Steuersatz beträgt 2 v. H. (§ 11 I GrEStG).

B. Kapitalverkehrsteuern

Rechtsgrundlagen: Kapitalverkehrsteuergesetz i. d. F. v. 17. 11. 1972, zuletzt geändert durch Einigungsvertrag v. 31. 8. 1990, Kapitalverkehrsteuer-DV (abgedruckt in Beck'sche Sammlung der Steuergesetze I).
Literatur: *Boruttau/Schadeck,* Kapitalverkehrsteuer[2], Stuttgart 1964; *Brönner/Kamprad,* Kapitalverkehrsteuergesetz[4], Köln 1986; *Kinnebrock/Meulenbergh,* Kapitalverkehrsteuergesetz[5], München 1983; *Egly/Klenk,* Gesellschaftsteuer[4], Herne/Berlin 1982; *F. Klein,* Kommentar zum Kapitalverkehrsteuergesetz[2], Neuwied/Darmstadt 1980; *Kamprad,* Die jüngste Rechtsentwicklung auf dem Gebiet des Gesellschaftsteuerrechts, StbJb. 1983/84, 245 ff.
Lehrbücher; s. vor A (S. 583).
Einzelabhandlungen: *Brüchler,* Besonderheiten der GmbH & Co KG im Bereich der Kapitalverkehrsteuer, UVR 89, 263; *Hicks,* Der gesellschaftsteuerbare Forderungsverzicht im Sinne des § 2 Abs. 1 Nr. 4b KVStG, B 90, 1160; *ders.,* Kapitalverkehrsteuerlich relevante Vorgänge innerhalb eines Konzerns, UVR 89, 363; *Klenk,* Zur Nutzungseinlage im Gesellschaftsteuerrecht, UVR 89, 10; *Oltmanns/Kapp,* Gesellschaftsteuerpflicht bei Kapitalerhöhung aus Gesellschaftsmitteln?, BB 90, 323.

1. Einführung

Durch das *Finanzmarktförderungsgesetz*[55] ist das Kapitalverkehrsteuergesetz aufgehoben worden. Die Aufhebung erfolgte für die Börsenumsatzsteuer mit Wirkung zum 1. 1. 1991 und für die Gesellschaftsteuer mit Wirkung ab 1. 1. 1992. Für früher verwirklichte Sachverhalte ist das Gesetz weiter anzuwenden. Die im Kapitalver-

---

53 *Schaumburg,* Umwandlung und Verschmelzung im Verkehrsteuerrecht, Berlin 1974, 81 ff.
54 Zwar enthält die Begründung zum Grunderwerbsteuergesetz 1940, RStBl. 40, 387 ff., 405 Ausführungen darüber, daß die Anwendungsfälle einer Besteuerung nach dem Wert selten seien, jedoch nicht darüber, wodurch eine solche Besteuerung gerechtfertigt sei.
55 Vom 22. 2. 1990, BGBl. I 90, 266 = BStBl. I 90, 152.

kehrsteuergesetz zusammengefaßte Gesellschaftsteuer, Teil I, §§ 2–10 KVStG, und die Börsenumsatzsteuer, Teil III, §§ 17–25 KVStG, besteuern (besteuerten) bestimmte Finanzumsätze:

(1) Die *Gesellschaftsteuer* erfaßt die *Zufuhr von Eigenkapital* an Kapitalgesellschaften durch ihre Anteilseigner anläßlich der Gründung oder einer Kapitalerhöhung;

(2) Die *Börsenumsatzsteuer* erfaßte die *Umsätze bestehender Anteilsrechte* an Kapitalgesellschaften. Der Kapitalgesellschaft wird dabei *kein Kapital von außen* zugeführt. Regelmäßig findet ein Gesellschafterwechsel statt.

Der **Belastungsgrund** der Kapitalverkehrsteuern war von jeher *zweifelhaft*. Nach der amtlichen Begründung zum Kapitalverkehrsteuergesetz 1934 sollte ein durch die Vereinigung von Kapital entstehender *Mehrwert* erfaßt werden[56]. Für die Börsenumsatzsteuer sollte die *Beweglichkeit anonymen Kapitals* mit möglichem Vermögenszuwachs eine besondere Leistungsfähigkeit begründen[57]. Die Erhebung auf einen nur vermuteten künftigen Vermögenszuwachs ist jedoch neben einer Einkommen- und Vermögensteuer nicht zu rechtfertigen. Die bereits seit langem geforderte Abschaffung[58] der Kapitalverkehrsteuern ist daher zu begrüßen.

Soweit der Kapitalverkehrsteuer auch die Aufgabe zugewiesen wurde, einen bei der Einkommensteuer rechtlich nicht zu erfassenden *Vermögenszuwachs im Privatvermögen* mit einer Sondersteuer zu belegen[59], ist die Abschaffung zumindest konsequent. Wenn der Finanzmarkt Bundesrepublik sich nicht einmal die Durchsetzung einer Besteuerung der Kapitaleinkünfte entsprechend dem Gesetz leisten kann, ist es allerdings absurd, Kapitalbewegungen wegen nur vermuteter Vermögensmehrungen zu besteuern.

Die Kapitalverkehrsteuern können auch *nicht als Einkommensverwendungsteuern gerechtfertigt* werden. Die bloße Vermögensumschichtung, die nicht auf den Erwerb verbrauchbarer Leistungen zielt, ist kein geeigneter Indikator für Leistungsfähigkeit.

2. Gesellschaftsteuer

Die Gesellschaftsteuer ist wie die Umsatzsteuer eine *harmonisierte Steuer* innerhalb der EG. Grundlage ist die *Richtlinie 69/335 EWG* v. 17. 7. 1969 betreffend die indirekten Steuern auf die Ansammlung von Kapital[60]. Anders als bei der Umsatzsteuer wird den Mitgliedstaaten die Erhebung von Kapitalverkehrsteuern nicht zur Pflicht gemacht, sondern es wird umgekehrt nur die Kompetenz der Staaten begrenzt, Kapitalverkehrsteuern auf die Ansammlung von Kapital zu erheben.

Bei Unvereinbarkeit des nationalen Rechtes mit der Richtlinie kann sich ein dadurch belasteter Steuerpflichtiger unmittelbar auf die Richtlinie berufen. So hat der *EuGH*[61] entschieden, daß die Übernahme von Verlusten im Rahmen eines Ergebnisabführungsvertrages nach Art. 4 I b der Richtlinie nicht besteuert werden darf. Damit ist § 2 II Nr. 1 KVStG wegen Verstoßes gegen die Richtlinie auch von den nationalen Verwaltungsbehörden *nicht mehr anzuwenden*[62].

---

56 RStBl. 34, 1462.
57 RStBl. 34, 1460, 1462.
58 Steuerreformkommission, Schriftenreihe BdF, Heft 17, IX, Bonn 1971.
59 So schon *Wagner*, Steuergeschichte, Leipzig 1910 (Nachdruck 1973), 300 f.
60 Abl. EG 1969 Nr. 249/25.
61 EuGH v. 28. 3. 1990 – Rs C 38/88, GmbHR 90, 276.
62 BMF BStBl. I 90, 421.

2.1 Steuerobjekt

§ 2 KVStG unterscheidet sechs Tatbestände[63] (§ 2 I Nr. 1: Haupttatbestand; § 2 I Nrn. 2–4: Nebentatbestände; § 2 I Nrn. 5, 6: Sondertatbestände).

Zusammenfassend kann man die erfaßten Vorgänge charakterisieren als Eigenkapitalzufuhr an inländische *Kapital*gesellschaften i. S. von § 5 KVStG, *nicht Personen*gesellschaften. Jedoch gelten GmbH & Co. KGen, auch doppelstöckige, als Kapitalgesellschaften (§ 5 II Nr. 3 KVStG).

Die unterschiedliche Behandlung von Kapitalgesellschaften und Personengesellschaften wirft die Frage nach einem Verstoß gegen den Gleichheitssatz auf. Bedenkt man, daß das anonyme Kapital sich aus der kapitalistischen Industriegesellschaft nicht wegdenken läßt und daß es darauf ankommt, dieses Kapital möglichst breit zu streuen, so ergibt sich, daß es für eine kapitalmarkthemmende Sonderbelastung keine Rechtfertigung gibt.

Im einzelnen werden erfaßt:

a) Der Erwerb von Gesellschaftsrechten (z. B. Aktien, Kuxe, sonstige Anteile, Genußrechte, Forderungen mit Gewinnbeteiligung oder Beteiligung am Liquidationserlös, s. § 6 KVStG) an einer inländischen Kapitalgesellschaft durch den *ersten* Erwerber (§ 2 I Nr. 1 KVStG)[64]; damit ist der *Erwerb bei Gründung und Kapitalerhöhung* erfaßt. Ausgenommen sind Anteile der persönlich haftenden Gesellschafter einer GmbH & Co. KG (§ 6 I Nr. 1 KVStG). Dadurch wird die erneute Besteuerung vermieden.

Als Ersterwerb von Gesellschaftsrechten an einer Kapitalgesellschaft im Sinne des § 5 II Nr. 3 KVStG wird es auch angesehen, wenn in eine bestehende OHG oder KG nachträglich eine GmbH als persönlich haftender Gesellschafter eintritt. Obgleich die Gesellschafter schon bisher beteiligt waren, „erwerben" sie dann erstmalig unentgeltlich Anteile an einer GmbH & Co. KG[65].

b) Leistungen der Gesellschafter aufgrund einer im Gesellschaftsverhältnis begründeten Verpflichtung, z. B. weitere Einzahlungen, Nachschüsse, Zubußen (§ 2 I Nr. 2 KVStG). § 2 II Nr. 1 KVStG erklärt ausdrücklich auch die Verlustübernahme aufgrund eines schriftlichen Ergebnisabführungsvertrages zur Pflichtleistung. Diese Vorschrift ist wegen Richtlinienverstoßes absolet[66].

Unter § 2 II Nr. 1 KVStG fällt auch die Erhöhung einer Kommanditeinlage bei der GmbH & Co. KG[67]. Obgleich der Sache nach eine Kapitalerhöhung vorliegt, kann § 2 I Nr. 1 KVStG nicht angewendet werden, weil die Erhöhung der Kommanditeinlage nicht zur Ausgabe neuer Gesellschaftsrechte führt, denn der Gesellschafter einer Personengesellschaft hat nur ein Gesellschaftsrecht[68].

c) Freiwillige Leistungen der Gesellschafter an die Gesellschaft, wenn das Entgelt in der Gewährung erhöhter Gesellschaftsrechte besteht (§ 2 I Nr. 3 KVStG), und freiwillige Leistungen der Gesellschafter an die Gesellschaft, die geeignet sind, den Wert der Gesellschaftsrechte zu erhöhen: Zuschüsse, Verzichte auf Forderungen, Überlassung von Gegenständen an die Gesellschaft zu einer den Wert nicht erreichenden

---

63 Dazu *Geck,* Die Kapitalverkehrsteuern – Ein Überblick, StStud 87, 43; *Hicks,* Zu den gesellschaftsteuerpflichtigen Tatbeständen des § 2 KVStG, DVR 88, 98.
64 Dazu *Hüning,* Gesellschaftsteuerpflichtige Rechtsvorgänge bei Aktiengesellschaften, Diss. Köln 1926; Zur Gründung durch Umwandlung, BFH BStBl. 90, 335.
65 Dazu BFH BStBl. 80, 463; 86, 758.
66 EuGH v. 28. 3. 1990 – Rs C 38/88, GmbHR 90, 276; dazu BMF, BStBl. I 90, 421.
67 Allerdings nicht, wenn ein zusätzlicher Anteil geerbt wird, BFH BStBl. 90, 224.
68 BFH BStBl. 89, 48; 90, 224.

Gegenleistung und Übernahme von Gegenständen der Gesellschaft zu einer den Wert übersteigenden Gegenleistung (§ 2 I Nr. 4 KVStG). Es werden dadurch Vorgänge erfaßt, die das Gesellschaftskapital verdeckt verstärken (sog. verdeckte Kapitalzuführung)[69].

Nicht steuerbar ist die Kapitalbildung durch Verzicht auf Verteilung des Gewinns und Zuführung des Gewinns zu den Rücklagen.

Bei der GmbH & Co. KG führt die Unterscheidung zwischen nicht steuerbarer Eigenkapitalbildung und steuerbarer verdeckter Zufuhr von Eigenkapital durch die Gesellschafter zu diffizilen Abgrenzungsschwierigkeiten. Es muß unterschieden werden, ob Beteiligungskapital der Kommanditisten vorliegt oder Gläubigerkapital. Im ersteren Fall ist eine Unverzinslichkeit nicht gesellschaftsteuerbar, im zweiten Fall liegt eine nach § 2 I Nr. 4c KVStG steuerbare verbilligte Überlassung von Kreditmitteln vor. Bei einer Umwandlung von Gläubigerkapital in Beteiligungskapital oder beim Ausgleich von Verlusten mit Gläubigerkapital liegen nach § 2 I Nr. 4 KVStG gesellschaftsteuerbare Vorgänge vor. Für die Unterscheidung ist maßgeblich, ob der Kommanditist zivilrechtlich der Gesellschaft hinsichtlich des in Frage kommenden Kapitalteiles wie ein fremder Gläubiger gegenübersteht oder ob es sich um erst nach Befriedigung aller Gläubiger zu verteilendes Eigenkapital der Gesellschaft handelt[70].

Der Ersatz von Eigenkapital (das an sich angemessen gewesen wäre) *durch Gesellschafterdarlehen* unterliegt *nicht* mehr der Gesellschaftsteuer (so aber noch § 3 KVStG 1959).

d) Die Verlegung der Geschäftsleitung oder des Sitzes einer ausländischen (nicht EG-) Kapitalgesellschaft in das Inland, wenn die Gesellschaft durch die Verlegung zur inländischen wird (§ 2 I Nr. 5 KVStG).

Diese Vorschrift gewährleistet, daß eine inländische Kapitalgesellschaft nicht gegenüber einer ins Inland verlegten ausländischen Kapitalgesellschaft benachteiligt wird. Kapitalgesellschaften mit Sitz in der EG sind von dieser Regelung ausgenommen, um eine Doppelbesteuerung mit der für den Bereich der EG zu harmonisierenden Gesellschaftsteuer zu vermeiden.

e) Die Zuführung von Kapital durch eine ausländische (nicht EG-) Kapitalgesellschaft an ihre inländische Niederlassung (s. § 2 I Nr. 6 KVStG).

Auch diese Vorschrift bezweckt die Gleichstellung ausländischer mit inländischen Kapitalgesellschaften[71].

Steuerbefreiungen (s. § 7 KVStG) gelten u. a. für die inländischen Kapitalgesellschaften,

- die *gemeinnützig* oder mildtätig sind (§ 7 I Nr. 1 KVStG);
- die Versorgungsbetriebe sind, z. B. Wasserwerke, Verkehrsbetriebe, vorausgesetzt, daß die Anteile fast ausschließlich in öffentlicher Hand sind (§ 7 I Nr. 2 KVStG);
- deren Hauptzweck die Vermögensverwaltung für bestimmte Berufsverbände ist (§ 7 I Nr. 3 KVStG).

---

69 BFH BStBl. 89, 982; strittig ist, ob die Gewährung von Nutzungsvorteilen, z. B. zinslose Gesellschafterdarlehen, unter § 2 Abs. 1 Nr. 4c KVStG fällt; s. Vorlagebeschluß BFH BStBl. 89, 853; verneinend *Müller/Baumgarten,* Europarecht und Gesellschaftsteuer, Diss. Bielefeld 1981; *Klenk,* UVR 89, 10; bejahend *Hicks,* DVR 88, 179.
70 Vgl. dazu BFH BStBl. 80, 404; 81, 280; 83, 241; 84, 140; *Schwakenberg,* B 81, 604; *Schuhmann,* DVR 88, 85; s. aber Fn. 69.
71 Dazu *Spitaler,* Der Streit um die Gesellschaftsteuer ausländischer Kapitalgesellschaften in der Bundesrepublik Deutschland, Mailand 1959.

§ 14 Spezielle Verkehrsteuern

Steuerfrei ist ferner die übertragende *Umwandlung* einer Kapitalgesellschaft in eine Kapitalgesellschaft anderer Rechtsform (§ 7 III Nr. 1 Satz 1 KVStG)[72]. Die formwechselnde Umwandlung ist nicht steuerbar, da sie keine neuen Gesellschaftsrechte entstehen läßt.

Ausgenommen von der Befreiung sind freilich bei der Umwandlung einer GmbH & Co. KG in eine GmbH die Komplementäranteile, die nach § 6 I Nr. 1 KVStG nicht als Gesellschaftsrechte gelten; denn gemäß § 7 III Nr. 1 Satz 2 KVStG gilt die Steuerbefreiung nicht für Anteile, die erst durch die Umwandlung zu Gesellschaftsrechten i. S. von § 6 KVStG werden (s. aber unten).

Nach § 7 III Nr. 2 KVStG ist steuerfrei die Erhöhung des Nennkapitals durch die Umwandlung von a) offenen Rücklagen, b) Rechten oder Forderungen i. S. des § 6 I Nrn. 2, 3 KVStG, deren Erwerb der Gesellschaftsteuer unterlegen hat, und c) Darlehen eines Gesellschafters, deren Gewährung (bis 31. 12. 1971) der Gesellschaftsteuer unterlegen hat. Hinsichtlich b) und c) wird erreicht, daß bei der Aufeinanderfolge mehrerer Tatbestände eine Kapitalzuführung nur einmal besteuert wird.

§ 7 IV Nr. 1 KVStG befreit die Kapitalzufuhr zur Deckung eines Verlustes am Nennkapital oder einer Überschuldung[73]. § 7 IV Nr. 3 KVStG befreit den Ersterwerb von Gesellschaftsrechten im Sinne des § 2 I 1 KVStG, wenn als Gegenleistung das ganze Vermögen, ein Betrieb oder ein Teilbetrieb einer anderen Kapitalgesellschaft übertragen wird. Hierunter fallen insbesondere Verschmelzungen von Kapitalgesellschaften. § 7 IV Nr. 3 KVStG ist aber auch bei der Umwandlung einer GmbH & Co. KG in eine GmbH nach §§ 46 ff. UmwG anwendbar und bei der „unechten Umwandlung" durch Übertragung der Kommanditanteile auf die Komplementär GmbH. In beiden Fällen geht das bisherige Vermögen der GmbH & Co. KG im Wege der Gesamtrechtsnachfolge auf die GmbH über, so daß über § 7 IV Nr. 3 KVStG im Ergebnis auch für die Komplementäranteile der GmbH die Befreiung eintritt[74].

2.2 Steuersubjekt

Steuersubjekt (Steuerschuldner) ist die *Kapitalgesellschaft* (§ 10 I KVStG). Welche Gesellschaften Kapitalgesellschaften sind oder als solche gelten, ergibt sich aus § 5 KVStG. Als Kapitalgesellschaften gelten insb. auch die GmbH & Co. KG[75] (§ 5 II Nr. 3 Satz 1 KVStG), auch doppelstöckige (§ 5 II Nr. 3 Satz 2 KVStG); dazu s. § 6 I Nr. 1 KVStG.

2.3 Steuerbemessungsgrundlage und Steuersatz

Steuerbemessungsgrundlage ist nach § 8 Nr. 1a KVStG beim Erwerb von Gesellschaftsrechten der Wert der Gegenleistung. Der Wert der Gesellschaftsrechte wird zugrunde gelegt, wenn eine Gegenleistung nicht zu bewirken ist (§ 8 Nr. 1b KVStG)[76].

---

72 Dazu *Glade,* B 80, 469; BFH BStBl. 89, 48.
73 Dazu BFH BStBl. 63, 64; 81, 73; BStBl. 89, 161, 246, 330.
74 Dazu BFH BStBl. 84, 326 (damals zum begünstigten Steuersatz, der inzwischen in die Befreiung des § 7 IV Nr. 3 KVStG überführt wurde) und BFH BStBl. 89, 48.
75 Dazu *Brüchler,* UVR 89, 263.
76 Zur Anwendung des § 8 Nr. 1b KVStG bei nachträglichem Eintritt einer GmbH in eine Personengesellschaft und der Bewertung in entsprechender Anwendung des Stuttgarter

Für die Nebentatbestände (§ 2 I Nrn. 2–4 KVStG) gilt § 8 Nr. 2 KVStG und für die beiden Sondertatbestände (§ 2 I Nrn. 5, 6 KVStG) gilt § 8 Nrn. 3, 4 KVStG.
Der Steuersatz beträgt *1 v. H.* (§ 9 KVStG).

3. Börsenumsatzsteuer

Literatur: wie zu B. (S. 594).

Die Börsenumsatzsteuer ist mit Wirkung zum 1. 1. 1991 aufgehoben. Wegen der Weitergeltung zur Abwicklung der Altfälle wird auf die Vorauflage verwiesen. Ergänzend wird auf die Urteile zur Übertragung von Wertpapieren im Rahmen einer *Umwandlung*[77] und *Verschmelzung*[78] verwiesen. Der BFH bejaht die Steuerbarkeit im Anschluß an seine bisherige Rechtsprechung, verneint aber das Vorliegen eines entgeltlichen Leistungsaustauschs. Daher ist *Besteuerungsmaßstab der gemeine Wert* der übertragenen Anteile.

C. Wechselsteuer

Die Wechselsteuer ist durch das Finanzmarktförderungsgesetz mit Wirkung ab 1. 1. 1991 aufgehoben. Auf die Vorauflage wird verwiesen.

D. Versicherungsteuer

Rechtsquellen: Versicherungsteuergesetz i. d. F. v. 24. 7. 1959, zuletzt geändert durch Einigungsvertrag v. 31. 8. 1990; VersicherungsteuerDV v. 20. 4. 1960, zuletzt geändert durch Gesetz v. 20. 12. 1988 (abgedruckt in Beck'sche Sammlung der Steuergesetze I); Erlaß des Niedersächsischen Ministers der Finanzen DStZ/E 89, 21.
Literatur: *Gambke/Flick,* Versicherungsteuergesetz[4], Köln/Berlin/Bonn/München 1966; *Bernbeck,* Versicherungsteuer (Loseblatt), Frankfurt a. M. seit 1960; *Högenauer,* Die Versicherungsteuer im System des Mehrwertsteuerrechts, UR 71, 145; *Hicks,* Steuerbare Versicherungsverhältnisse und Versicherungsentgelte bei der Versicherungsteuer, DVR 85, 35; *ders.,* Befreiungstatbestände bei der Versicherungsteuer, DVR 87, 68.
Einleitung: Die Versicherungsteuer besteuert den Versicherungs*aufwand.* Der Aufwandcharakter wird freilich, wie auch bei anderen Verkehrsteuern, häufig nicht erkannt[79].
Die Versicherungsteuer auf die Unfall- und Haftpflichtversicherung trifft einen Aufwand, der nach § 10 EStG z. T. als Sonderausgabe behandelt wird; freilich läßt die Verwaltungspraxis neben den Prämien auch die Versicherungsteuer zum Sonderausgabenabzug zu.

Steuerobjekt: Der Steuer unterliegt die Zahlung des Versicherungsentgelts aufgrund eines Versicherungsverhältnisses (§ 1 VersStG): Prämien, Beiträge, Vorbeiträge,

---

Verfahrens s. BFH BStBl. 80, 463; 86, 758; 87, 823; zur Anwendung des Stuttgarter Verfahrens zur Bewertung der Gegenleistung bei Umwandlung einer PersG in eine GmbH BFH BStBl. 90, 335.
77 BFH BStBl. 89, 85.
78 BFH BStBl. 89, 317.
79 Etwa *Gambke/Flick,* Versicherungsteuergesetz[4], Köln/Berlin/Bonn/München 1966, 25; *Greiff,* Reichsstempelgesetz vom 3. 7. 1913, Berlin 1914, 736.

§ 14 Spezielle Verkehrsteuern

Vorschüsse, Nachschüsse, Umlagen, Eintrittsgelder, Gebühren und Nebenkosten (s. § 3 VersStG)[80].

Der Sache nach wird damit die Inanspruchnahme der in der Wagnisübernahme liegenden Leistung des Versicherers besteuert. Die sich dadurch gegenüber der Umsatzsteuer ergebende Konkurrenz wird durch die Steuerbefreiung des § 4 Nr. 10a UStG zutreffend vermieden. Es verbleibt allerdings mangels Vorsteuerabzugs das systemwidrige Ergebnis, daß der unternehmerische Verbrauch mit Versicherungsteuer belastet wird.

Viehversicherungsprämien und andere betriebliche Versicherungen sind Betriebsausgaben. Ihre Belastung mit einer Versicherungsteuer ist gänzlich systemwidrig.

Steuerfrei ist die Zahlung des Versicherungsentgelts u. a. für Rückversicherungen, Lebensversicherungen, Krankenversicherungen, Pensionsversicherungen, Sozialversicherungen, Viehversicherungen mit Versicherungssummen bis 7500 DM u. a. m. (s. § 4 VersStG).

Steuersubjekt (Steuerschuldner) und Steuerträger ist der Versicherungsnehmer (§ 7 VersStG), gleich, ob er Unternehmer oder Privater ist. Zu entrichten hat die Steuer aber für Rechnung des Versicherungsnehmers der Versicherer. Der Versicherer überwälzt die Steuer in der Prämienrechnung offen auf den Versicherten.

Steuerbemessungsgrundlage ist prinzipiell das Versicherungsentgelt (§ 5 VersStG).

Steuersatz: Der Regelsteuersatz beträgt 7 v. H. des Entgelts (§ 6 I VersStG).

Für Unfallversicherungen mit Prämienrückgewähr beträgt der Steuersatz 1,4 v. H. des Entgelts (§ 6 IV VersStG). Damit wird der Ähnlichkeit zur insgesamt steuerbefreiten Lebensversicherung Rechnung getragen. Anstelle einer anteiligen Befreiung wird ein ermäßigter Steuersatz angewendet.

E. Feuerschutzsteuer

Rechtsquellen: Feuerschutzsteuergesetz i.d.F. v. 21. 12. 1979, BGBl. I 79, 2353, zuletzt geändert durch Einigungsvertrag v. 31. 8. 1990 (abgedruckt in Beck'sche Sammlung der Steuergesetze I).

Literatur: *Hicks,* Gesamtdarstellung der Feuerschutzsteuer, DVR 86, 2; *ders.,* DVR 88, 147.

Einleitung: Die Feuerschutzsteuer ist eine Zwecksteuer: Sie wird zur Förderung des Feuerlöschwesens und des vorbeugenden Brandschutzes – neben der Versicherungsteuer – erhoben.

Steuerobjekt ist die Entgegennahme von Versicherungsentgelten (§ 2 FeuerschStG) aus Feuerversicherungen und ähnlichen Versicherungen (§ 1 FeuerschStG).

Steuersubjekt (Steuerschuldner) ist der Versicherer (das Feuerversicherungsunternehmen), § 5 FeuerschStG. Er überwälzt die Steuer aber auf die Versicherten (Unternehmer oder Nichtunternehmer). Die Versicherten sind die Steuerträger.

Der technische Unterschied zur Versicherungsteuer besteht darin, daß hier an die Entgegennahme von Versicherungsentgelten gegenüber der Zahlung von Versiche-

---

80 *H. Ehlers,* Versicherungsteuer und der Begriff der Versicherung im Versicherungsteuerrecht, Diss. Hamburg 1968; *Klingmüller,* Zum Begriff der Versicherung im Steuerrecht, VersR 69, 579.

rungsentgelten angeknüpft wird und der Versicherer Steuerschuldner ist, während es bei der Versicherungsteuer der Versicherungsnehmer ist. Der Sache nach wird hier wie dort die Inanspruchnahme der Leistung des Versicherers besteuert. Es liegt erkennbar eine Doppelbesteuerung desselben Aufwandes vor. Eine Rechtfertigung hierfür ist nicht erkennbar. Der Gesetzgeber[81] – und ihm folgend z. T. die Literatur[82] – scheint die Rechtfertigung schon darin zu erblicken, daß einmal der Versicherungsnehmer, einmal der Versicherer zum Schuldner erklärt wird. Dies ändert aber nichts daran, daß Steuerträger in beiden Fällen der Versicherungsnehmer ist.

Steuerbemessungsgrundlage ist das vereinnahmte Versicherungsentgelt (Einzelheiten in § 3 FeuerschStG).

Steuersatz: 5 oder 12 v. H. (§ 4 FeuerschStG).

F. Rennwett- und Lotteriesteuer

Rechtsquellen: Rennwett- und Lotteriegesetz v. 8. 4. 1922, zuletzt geändert durch Gesetz v. 16. 12. 1986, mit Ausführungsbestimmungen v. 16. 6. 1922, zuletzt geändert durch Gesetz v. 16. 12. 1986 (abgedruckt in Beck'sche Sammlung der Steuergesetze I).

Literatur: *E. Schmitz,* Rennwett- und Lotteriesteuer für die Praxis, Düsseldorf 1951; *Klenk,* Zur Entstehungsgeschichte und zum Charakter der Lotteriesteuer, DVR 77, 18; *Meier,* Umsatzsteuerpflichtige und umsatzsteuerfreie Vorgänge, die unter das Rennwett- und Lotteriesteuergesetz fallen, UR 87, 151.

Einleitung: Die Rennwett- und Lotteriesteuer soll die zufallsbedingte Bildung unverdienten Vermögens erschweren. Das Gesetz verdankt seine Entstehung der „Spiellust im Volke"; es soll den „Spieltrieb" als Steuerquelle nutzbar machen und unverdientes Vermögen erfassen (so jedenfalls *E. Schmitz,* a. a. O., 7). Abgesehen davon, daß dieser Zweck nur unvollkommen erreicht wird, paßt die Begründung nur schlecht zu einer Einkommensverwendungsteuer (s. dazu § 4 Nr. 9 b UStG). Systematisch und konsequent wäre es, die Zufallsgewinne, und zwar alle (im Quellenabzugsverfahren), zum einen der Einkommensteuer und die Wettumsätze zum anderen der Umsatzsteuer zu unterwerfen.

Steuerobjekt der *Rennwettsteuer* ist das Wetten am Totalisator und beim Buchmacher anläßlich öffentlicher Pferderennen und anderer öffentlicher Leistungsprüfungen für Pferde (§§ 10, 11 RennwLottG).

Steuerobjekt der *Lotteriesteuer* sind im Inland veranstaltete öffentliche (= genehmigungspflichtige) Lotterien und Ausspielungen (§ 17 RennwLottG)[83].

Das Spielen an Spielautomaten wird nicht von der Rennwett- und Lotteriesteuer, sondern von der Umsatzsteuer und überdies in den meisten Ländern von der Vergnügungsteuer (Spielautomatensteuer) erfaßt[84].

§ 18 RennwLottG befreit u. a. Lotterien und Ausspielungen zu gemeinnützigen, mildtätigen und kirchlichen Zwecken mit einem Gesamtpreis bis zu 75 000 DM.

Die Konkurrenz zur Umsatzsteuer wird dort durch die Befreiung nach § 4 Nr. 9 b UStG beseitigt.

---

81 Vgl. Begründung zum FeuerschStG, RStBl. 39, 244 ff.
82 *Hicks,* DVR 86, 2; *Bischoff/Heinz/Kopp,* Verkehrsteuern[2], Achim 1986, 232, 268.
83 Dazu auch *Möllinger,* DVR 77, 162 ff.; *ders.,* DVR 79, 54 ff.; *ders.,* DVR 88, 101; *Weißmann,* DVR 78, 130 ff.
84 S. z. B. Hamburger Spielgerätesteuer, GVBlHA 88, 97 und dazu BFH BStBl. 90, 510 (Lenkungssteuer/Aufwandsteuer/Einkommensverwendungsteuer).

§ 14 Spezielle Verkehrsteuern

Steuersubjekt (Steuerschuldner) der Rennwettsteuer ist der Unternehmer des Totalisators oder der Buchmacher (§ 13 RennwLottG). Steuersubjekt der Lotteriesteuer ist der Veranstalter (§ 19 RennwLottG), bei ausländischen Losen der Einbringer oder der erste Empfänger (§ 21 III RennwLottG).

Steuerbemessungsgrundlage und Steuersatz: Die Rennwettsteuer beträgt 16⅔ v. H. des Wetteinsatzes (§§ 10 I, 11 I RennwLottG).

Die Lotteriesteuer beträgt 20 v. H. des Nennwertes der Lose ausschließlich der Steuer = 16⅔ v. H. des Verkaufspreises und bei ausländischen Losen 25 v. H. des planmäßigen Preises (§§ 17 Satz 3; 21 I RennwLottG). Steuerbeträge bis 5 DM werden nicht festgesetzt (VO v. 1. 3. 1961, BGBl. I 61; 138).

G. Kraftfahrzeugsteuer

Rechtsquellen: Kraftfahrzeugsteuergesetz i. d. F. v. 1. 2. 1979, BGBl. I 79, 132, zuletzt geändert durch Gesetz v. 19. 12. 1990, dazu Kraftfahrzeugsteuer-DV v. 3. 7. 1979, zuletzt geändert durch Einigungsvertrag v. 31. 8. 1990 (abgedruckt in Beck'sche Sammlung der Steuergesetze I); Erlaß des Niedersächsischen Ministers der Finanzen DStZ/E 89, 21.
Literatur: *Strodthoff,* Kommentar zur Kraftfahrzeugsteuer[3], Frankfurt/M. (Loseblatt); *Klein/Olbertz,* Kommentar zur Kraftfahrzeugsteuer[2], Neuwied/Darmstadt 1987; *Kleinsteuber,* Die Kraftfahrzeugsteuer als Mittel der Verkehrspolitik, Diss. Erlangen 1968; *Dickertmann,* Maßnahmen für den Umweltschutz im Rahmen des bestehenden Steuersystems. Eine Bestandsaufnahme, in: K. Schmidt, Öffentliche Finanzen und Umweltpolitik, Bd. I, Berlin 1988, 91, 129 f.
Egly/Mößlang, Kraftfahrzeugsteuer-Kommentar[3], Herne/Berlin 1981.

Einleitung: Die Kraftfahrzeugsteuer ist 1906 als *Luxusaufwandsteuer* eingeführt worden. Sie läßt sich als *direkte Konsumsteuer* qualifizieren[85]. Allerdings werden bereits seit 1922 auch dem gewerblichen Einsatz dienende Kraftfahrzeuge besteuert. Maßgebend war und ist insoweit der *Äquivalenzgedanke.* Die Steuer stellt einen Ausgleich für die Beanspruchung öffentlicher Straßen dar. Allerdings handelt es sich weiterhin *nicht* um eine *Gebühr,* weil keine echte Bemessung nach dem Umfang der Benutzung erfolgt. In neuerer Zeit spielt zunehmend zusätzlich der Gedanke eines *Schutzes der Umwelt* eine Rolle[86]. Ausdruck dieser Tendenz sind befristete Befreiungen sowie günstigere Steuersätze für schadstoffarme Personenkraftwagen. Dies wird ergänzt durch einen Förderungsbetrag für die Nachrüstung älterer Personenkraftwagen mit einem Katalysator[87].

Das *Aufkommen* aus der Kfz-Steuer steht nach Art. 106 II Nr. 3 GG den *Ländern* zu. Demgegenüber steht das Aufkommen aus der Mineralölsteuer nach Art. 106 I Nr. 2 GG dem Bund zu. Nicht zuletzt an der unterschiedlichen Aufkommenshoheit scheiterten Pläne, die Kfz-Steuer in die Mineralölsteuer zu integrieren[88].

---

85 *Lang,* StuW 90, 107, 127. Vgl. auch *Förster,* Die Verbrauchsteuern, Diss. Münster, Heidelberg 1989, 124 f.
86 *Dickertmann,* in: K. Schmidt, Öffentliche Finanzen und Umweltpolitik, Bd. I, Berlin 1988, 122 ff., 129 ff.; *Gosch,* StuW 90, 203; *Franke,* StuW 90, 217; *Teufel,* ZRP 88, 373; BFH BStBl. 90, 929.
87 *Wachenhausen,* StuW 90, 84.
88 *Franke,* StuW 90, 224 Fn. 69.

Nach § 1 II KraftStG sind auf die Kfz-Steuer die Vorschriften der AO für Besitz- und Verkehrsteuern anzuwenden. Die Rechtsprechung rechnet die Kfz-Steuer zu den *Verkehrsteuern*[89]. Aus dieser Qualifikation Rechtsfolgen für die Auslegung[90] oder die Unmöglichkeit eines Steuererlasses[91] herleiten zu wollen, ist abwegig. Der Charakter als Rechtsverkehrsteuer soll sich daraus ergeben, daß an den öffentlich-rechtlichen *Akt der Zulassung* angeknüpft werde[92]. Wie der Tatbestand der widerrechtlichen Benutzung nach § 1 I Nr. 3 KraftStG zeigt, ist die Kfz-Steuer aber nicht einmal vom technischen Anknüpfungspunkt her in vollem Umfang als Verkehrsteuer zu qualifizieren, abgesehen von der *Irrelevanz* einer solchen Aussage *für den Belastungsgrund*.

Steuerobjekt (§§ 1, 2 KraftStG) ist:

a) das Halten eines Kraftfahrzeugs oder eines Kraftfahrzeuganhängers zum Verkehr auf öffentlichen Straßen; ob das gehaltene Kraftfahrzeug benutzt wird, ist irrelevant (§ 1 I Nr. 1 und 2 KraftStG);

b) die widerrechtliche Benutzung eines Kraftfahrzeugs oder Kraftfahrzeuganhängers auf öffentlichen Straßen (§ 1 I Nr. 3 KraftStG);

c) die Zuteilung eines Kennzeichens für Probe- und Überführungsfahrten mit Kraftfahrzeugen oder Kraftfahrzeuganhängern (§ 1 I Nr. 4 KraftStG).

Das *Halten des Kraftfahrzeuges* knüpft an das verkehrsrechtliche Recht auf Benutzung öffentlicher Straßen an, bei zulassungspflichtigen Fahrzeugen an die *Zulassung* (§ 1 StVG, § 18 StVZO). Eigentum und Besitz eines Fahrzeuges begründen nicht die Steuerbarkeit. Die Benutzung eines zulassungspflichtigen, aber nicht zugelassenen Fahrzeuges auf öffentlichen Straßen ist jedoch als widerrechtliche Benutzung nach § 1 I Nr. 3 KraftStG steuerpflichtig[93]. Ein *widerrechtliches Benutzen* liegt nur vor, wenn ein Fahrzeug ohne Zulassung benutzt wird. Ob die Benutzung gegenüber dem Halter oder Eigentümer berechtigt ist, ist belanglos. Kraftfahrzeuge sind maschinell angetriebene und nicht an Gleise gebundene Landfahrzeuge (§ 1 II StVG).

Steuerbefreit sind bestimmte Gruppen von Kraftfahrzeugen, u. a. Kraftfahrzeuge der öffentlichen Hand im Dienst der Bundeswehr, der Polizei, des Zollgrenzdienstes, für den Einsatz nur im Wegebau, in der Straßenreinigung, im Feuerwehrdienst, zur Krankenbeförderung; Kraftomnibusse, die überwiegend im Linienverkehr eingesetzt werden; Oberleitungsbusse; Kraftfahrzeuganhänger hinter steuerbefreiten Kraftfahrzeugen; Zugmaschinen für die Land- und Forstwirtschaft, vor allem die selbstfahrenden Arbeitsmaschinen; gebietsfremde Fahrzeuge bei nur vorübergehendem Aufenthalt (§ 3 KraftStG).

§ 3a I KraftStG befreit das Halten *eines Fahrzeuges* für hilflose, blinde oder außergewöhnlich gehbehinderte *Schwerbeschädigte*. Andere Schwerbeschädigte, die in ihrer Bewegungsfähigkeit im Straßenverkehr erheblich beeinträchtigt sind, erhalten nach § 3a II KraftStG eine Steuerermäßigung von 50 v.H.

Die Finanzämter sind an die Entscheidungen der Versorgungsämter hinsichtlich der Art und des Grades der Schwerbehinderung gebunden.

§§ 3d bis 3f KraftStG befreien das Halten *schadstoffarmer* Personenkraftwagen für eine begrenzte Zeit, abhängig von Hubraum und Zulassungsdatum. Das Gesetz ordnet unterschiedliche Befreiungsvoraussetzungen für Elektrofahrzeuge (§ 3d

---

[89] BFH BStBl. 73, 807; 86, 763.
[90] S. *Reiß,* DStJG Bd. 13 (1990), 15.
[91] So aber *Strodthoff,* Einführung, Anm. 6.
[92] *Egly/Mößlang,* Kraftfahrzeugsteuer, Herne/Berlin 1981, 89.
[93] BFH BStBl. 86, 763.

§ 14 Spezielle Verkehrsteuern

KraftStG), Pkw mit Selbstzündungsmotor (§ 3e KraftStG[94]) und andere schadstoffarme Pkw (§ 3f KraftStG[95]) an. Anstelle einer Steuerbefreiung gewährt § 3g KraftStG für die Nachrüstung bereits zugelassener Pkw mit Katalysatoren *Förderungsbeträge* von 550 bis 1 200 DM.

Steuersubjekt (Steuerschuldner) ist, für wen ein Kraftfahrzeug zugelassen ist; bei Zuteilung eines Kennzeichens für Probe- und Überführungsfahrten der, dem das Kennzeichen zugeteilt ist; bei widerrechtlicher Benutzung oder bei im Ausland zugelassenen Kraftfahrzeugen der Benutzer (s. § 7 KraftStG).

Steuerbemessungsgrundlage ist entweder (so bei Personenkraftwagen mit Hubkolbenmotoren) der *Hubraum,* bei anderen Fahrzeugen (insb. Lastkraftwagen, Fahrzeugen mit Wankelmotor) das höchstzulässige Gesamtgewicht des Fahrzeugs in Abhängigkeit von der Anzahl der Achsen (s. § 8 KraftStG).

Die Steuersätze sind differenziert (s. § 9 KraftStG). Bei Personenkraftwagen mit Hubkolbenmotor hängt der Steuersatz davon ab, ob der Pkw schadstoffarm oder bedingt schadstoffarm[95a] ist, und, sofern beide Merkmale nicht zutreffen, vom Tage der erstmaligen Zulassung. Für Dieselpersonenkraftwagen gelten höhere Steuersätze (§ 9 I Nr. 2 KraftStG). Die nach dem Gesamtgewicht berechnete Steuer ist progressiv gestaffelt (§ 9 I 3 KraftStG).

Für Elektrofahrzeuge ermäßigt sie sich auf 50 v. H. (§ 9 II KraftStG).

Verfahren: Die Steuer ist eine periodische; sie ist jeweils für ein Jahr im voraus zu entrichten. Bei halbjährlicher oder vierteljährlicher Entrichtung (nur zulässig, wenn die Jahressteuer mehr als 1000 DM bzw. mehr als 2000 DM beträgt) wird ein Aufgeld von 3 v. H. bzw. 6 v. H. erhoben. In bestimmten Fällen kann die Steuer auch tageweise entrichtet werden (s. § 11 KraftStG).

Die Steuer wird nach § 12 KraftStG von den nach § 17 II FVG zuständigen Finanzämtern festgesetzt. In den neuen Bundesländern wird die Kraftfahrzeugsteuer abweichend von § 12 KraftStG durch Steuermarken entrichtet (§ 12a KraftStG).

H. Spielbankabgabe

Rechtsquellen: § 3 I Gesetz über die Zulassung öffentlicher Spielbanken v. 14. 7. 1933, RGBl. I 33, 480; §§ 5, 6 VO über öffentliche Spielbanken v. 27. 7. 1938, RGBl. I 38, 955.
Literatur: *Illing,* Die Rechtsnatur der Spielbankabgabe, Diss. Kiel 1955; *H. G. Schmitz,* Die Spielbankabgabe in der Bundesrepublik Deutschland, FinArch. Bd. 24 (1965), 472ff.; *H. Walter,* Spielbankabgabe und Finanzverfassung, StuW 72, 225ff.; *H. Vogt,* Spielbankabgaben, ZKF 84, 162ff.

Nach § 5 I VO v. 27. 7. 1938, RGBl. I 38, 955 unterliegt der Betrieb einer Spielbank der Spielbankabgabe. Die Vorschrift bestimmt die Abgabenverpflichtung nur dem Grunde nach. Steuerbemessungsgrundlage und Steuersatz (80 v. H. des Bruttospielertrags) sind in einem amtlich nicht veröffentlichten Verwaltungsabkommen zwi-

---

94 Zuletzt geändert durch Gesetz zur steuerlichen Förderung besonders schadstoffarmer Personenkraftwagen mit Dieselmotor vom 19. 12. 1990, BGBl. I 90, 2906.
95 Zuletzt geändert durch Gesetz vom 15. 12. 1990, BGBl. I 90, 2804.
95a Zur verfassungsrechtlichen Zulässigkeit der Höherbelastung nicht schadstoffarmer Fahrzeuge, s. BFH BStBl. 90, 929.

schen Bund und Ländern v. 30. 11. 1954 festgelegt. Dadurch ist die Gesetzmäßigkeit der Besteuerung nicht gewahrt (Verstoß gegen Art. 2 I GG)[96].

§ 6 I VO v. 27. 7. 1938 befreit die Spielbanken von den Steuern vom Einkommen, vom Vermögen und vom Umsatz (s. auch § 4 Nr. 9 b UStG), ferner von der Lotteriesteuer und von der Gesellschaftsteuer. Diese sämtlichen Steuern sollen aus Vereinfachungsgründen durch die Spielbankabgabe abgegolten sein. Jedoch läßt sich eine solche pauschale Sonderbehandlung der Spielbanken mit Vereinfachungsgründen nicht rechtfertigen. Im übrigen wird durch die pauschale Abgeltung der Körperschaftsteuer und Umsatzsteuer dem Land die volle Ertragshoheit für Gemeinschaftssteuern zugewiesen[97].

Die Landesgesetze befreien die Spielbanken von der Spielgerätesteuer. Der BFH verneint einen Verstoß gegen den Gleichheitssatz, weil Spielgeräte in Spielbanken „uneingeschränkt zum Glücksspiel geeignet" sind. Die Freistellung der Spielbanken von der allgemeinen Besteuerung und die Unterwerfung unter die Spielbankabgabe133 wird damit gerechtfertigt, daß es sich um „staatlich konzessionierten" Spielbetrieb handelt und daß dies schon immer so war („herkömmlich")[98].

Auch die Aufteilung der Spielbankabgabe auf Bund, Länder und Gemeinden entspricht nicht dem Grundgesetz (s. Art. 106 II Nr. 6 GG)[99].

---

96 *H. Walter*, StuW 72, 225 ff.; gl. A. *Papier*, Die finanzrechtlichen Gesetzesvorbehalte und das grundgesetzliche Demokratieprinzip, Berlin 1973, 151 f.
97 Vgl. *P. Kirchhof*, HStR IV, 158 f.
98 BFH BStBl. 90, 510, 512.
99 *Walter* (Fn. 96).

§ 15 Spezielle Verbrauch- und Aufwandsteuern

Literatur: *Hieggelke,* Die subjektive Aufwendungsbesteuerung, ihr Wesen und ihre Bedeutung im Steuersystem, Diss. Jena 1928; *B. Schmidt,* Die Verbrauchsteuern aus nationaler Sicht und im Rahmen der Harmonisierung, StKongrRep. 1973, 363 ff.; *Hansmeyer,* Steuern auf spezielle Güter, Handbuch der Finanzwissenschaft, Tübingen 1980, Bd. II[3], 709 ff.; *G. Nicolaysen,* Fördergewinne und Verbrauchsteuern, Stuttgart u. a. 1981; *Birk/Förster,* Kompetenzrechtliche Grenzen des Gesetzgebers bei der Regelung der Verbrauchsteuer, B 85, Beil. 17; *H. W. Kruse* (Hrsg.), Zölle, Verbrauchsteuern, europäisches Marktordnungsrecht, DStJG Bd. 11 (1988); *Doralt/Ruppe,* Grundriß des österreichischen Steuerrechts, Bd. II[2], Wien 1988, 111 ff.; *J. Förster,* Die Verbrauchsteuern, Geschichte, Systematik, finanzverfassungsrechtliche Vorgaben, Diss. Münster, Heidelberg 1989; *Peters,* Das Verbrauchsteuerrecht, München 1989; *J. Eschenbach,* Die kommunalen Verbrauch- und Aufwandsteuern – Versuch einer klarstellenden Bestandsaufnahme, KStZ 90, 121 ff., 147 ff.

Sammelwerke: Beck'sche Sammlung der Steuergesetze II; Vorschriftensammlung Bundesfinanzverwaltung (VSF), Stoffgebiet Verbrauchsteuern (Inhalt: Gesetze, Verordnungen, Richtlinien, Merkblätter und Entscheidungen der Finanzgerichtsbarkeit).

1. Überblick

Verbrauch- und Aufwandsteuern (dazu S. 165 f.) sind

— auf kommunaler Ertragsebene die *örtlichen Verbrauch- und Aufwandsteuern* (Art. 105 II a GG, s. S. 72 f.), d. s. insb. die Getränkesteuer, die Vergnügungsteuer, die Hundesteuer, die Schankerlaubnissteuer, die Jagd- und Fischereisteuer sowie die Zweitwohnungsteuer;

— auf Landesertragsebene die Biersteuer (Art. 106 II Nr. 5 GG);

— auf Bundesertragsebene folgende Verbrauchsteuern (Art. 106 I Nr. 2 GG); Zucker-, Salz-, Branntwein-, Schaumwein-, Tabak-, Kaffee-, Tee-, Leuchtmittel-, Mineralölsteuer. Diese Verbrauchsteuern übernahm zum 1. 7. 1990 die noch existierende DDR (s. S. 185). Im Rahmen der europäischen Harmonisierung sollen nur noch die Alkohol-, Tabak- und Mineralölsteuer beibehalten und deren Steuersätze angenähert werden (s. S. 187).

2. Steuerobjekte

Technisch setzen fast alle Verbrauchsteuern nicht beim Verbraucher an, sondern beim Hersteller oder Importeur. Die Steuerschuld entsteht regelmäßig

a) durch den tatsächlichen Übergang der belasteten Ware aus dem Herstellungsbetrieb in den freien Verkehr;

b) durch Verbrauch der belasteten Ware im Betrieb;

c) durch Einfuhr der belasteten Ware.

Folgende Waren werden zur Zeit belastet:

a) **Zucker** (Rüben-, Stärkezucker, Isoglukose und Zucker von gleicher chemischer Zusammensetzung sowie Invert- und Fruchtzucker);
s. Zuckersteuergesetz i. d. F. v. 13. 10. 1983, BGBl. I 83, 1245; DB v. 19. 8. 1959, BGBl. I 59, 647, zuletzt geändert am 8. 12. 1987, BGBl. I 87, 2536.

b) **Salz** (Natriumchlorid);
s. Salzsteuergesetz i. d. F. v. 25. 1. 1960, BGBl. I 60, 50, zuletzt geändert durch Gesetz v.

Steuerobjekte

12. 9. 1980, BGBl. I 80, 1695; DB v. 25. 1. 1960, BGBl. I 60, 52, zuletzt geändert am 10. 12. 1985, BGBl. I 85, 2186.

c) **Bier** und bierähnliche Getränke, die als Ersatz für Bier in den Handel gebracht oder genossen zu werden pflegen;
s. Biersteuergesetz i. d. F. v. 15. 4. 1986, BGBl. I 86, 527; DB i. d. F. v. 14. 3. 1952, BGBl. I 52, 153, zuletzt geändert am 5. 6. 1984, BGBl. I 84, 747[1].

d) **Branntwein;**
s. § 84 Branntweinmonopolgesetz v. 8. 4. 1922, RGBl. I 22, 335, 405, zuletzt geändert am 9. 12. 1988, BGBl. I 88, 2231; GB v. 12. 9. 1922, ZBl. 22, 707, zuletzt geändert am 24. 4. 1986, BGBl. I 86, 560[2].
Branntweinsteuer auf technische Alkohole, die zu Riech- und Schönheitsmitteln verarbeitet werden, soll nach BFHE 141, 369 gerechtfertigt sein.

e) **Schaumwein** und schaumweinähnliche Getränke (Trauben- oder Fruchtschaumwein);
s. Schaumweinsteuergesetz i. d. F. v. 26. 10. 1958, BGBl. I 58, 764, zuletzt geändert durch Gesetz v. 22. 12. 1981, BGBl. I 81, 1562; DB v. 6. 11. 1958, BGBl. I 58, 766, zuletzt geändert am 10. 12. 1985, BGBl. I 85, 2186.
Der Steuersatz für Traubenschaumwein wird pro Flasche berechnet. Daraus ergibt sich, daß, wer teuren Schaumwein kauft, anteilig weniger Steuern zahlt. Die Verfassungsmäßigkeit der Schaumweinsteuer ist von BFHE 105, 554 bejaht worden; s. dazu die Kritik von *Tipke,* BB 73, 157 ff.

f) **Tabakwaren,** Tabakersatzstoffe, Zigarettenpapier;
s. Tabaksteuergesetz v. 13. 12. 1979, BGBl. I 79, 2118, zuletzt geändert durch Gesetz v. 20. 12. 1988, BGBl. I 88, 2270, 2275; DV v. 21. 12. 1979, BGBl. I 79, 2297, zuletzt geändert am 5. 4. 1989, BGBl. I 89, 824[3].

g) **Kaffee,** roh oder geröstet, auch entkoffeiniert, sowie Auszüge oder Essenzen aus Kaffee;
s. Kaffee- und Teesteuergesetz v. 5. 5. 1980, BGBl. I 80, 497; DV v. 2. 6. 1980, BGBl. I 80, 651, zuletzt geändert am 15. 10. 1987, BGBl. I 87, 2303.
Kaffee- und Teesteuer sind seit 1980 in *einem* Gesetz zusammengefaßt.

h) **Tee** sowie Auszüge und Essenzen von Tee;
s. zu g).

i) **Leuchtmittel,** d. h. elektrische Glühlampen und Entladungslampen, sofern sie nach ihrer Beschaffenheit zur Beleuchtung geeignet sind und der Beleuchtung dienen;
s. Leuchtmittelsteuergesetz i. d. F. v. 22. 7. 1959, BGBl. I 59, 613, zuletzt geändert durch Gesetz v. 12. 9. 1980, BGBl. I 80, 1695; DB v. 4. 8. 1959, BGBl. I 59, 615, zuletzt geändert am 10. 12. 1985, BGBl. I 85, 2186.
Die Leuchtmittelsteuer wurde 1909 eingeführt, als elektrisches Licht noch Luxus war.

---

1 Dazu *Zapf/Siegert/Arndt/Klingemann,* Das Biersteuergesetz[4], Berlin 1959. – Der progressive Steuersatz ist für eine Verbrauchsteuer unsystematisch; er führt zu einer Sonderbelastung, die besonderer Rechtfertigung bedarf; sie dürfte im Schutz kleinerer und mittlerer Brauereien liegen (s. 11. Subventionsbericht, BR-Drucks. 530/87, 169 zu Nr. 61); s. auch *Friedr. Klein,* Zur Problematik der Biersteuerharmonisierung in der EWG, FinArch. Bd. 30 (1971/72), 311. Dagegen der Biersteuerrichtlinien-Vorschlag der EG-Kommission (ABl. EG Nr. C 43 v. 29. 4. 1972, 37).

2 Zur Geschichte des Branntweinmonopols s. *Hochbaum,* ZfZ 72, 196.

3 Dazu *Schröter,* Das Tabaksteuergesetz, Berlin/Frankfurt a. M. 1956; zur Harmonisierung *Schröter,* ZfZ 70, 230 ff.; *F. Schmidt,* Tabaksteuer als Instrument einer Politik der Vernunft, StuW 78, 39 ff.; *Wischnath,* Tabaksteuer – Kopfsteuer oder Modesteuer?, StuW 78, 144; *F. Ossenbühl,* Verfassungsrechtliche Grenzen einer Erhöhung der Tabaksteuer, StuW 88, 349 ff.; *W. J. Zimmermann,* Die Tabaksteuer, Instrument der fiskalischen Einnahmeerzielung und der gesellschaftlichen Verbrauchslenkung, Geschichtliche Entwicklung, internationaler Vergleich und Reformperspektiven, Frankfurt a. M./Bern/New York/Paris 1987.

§ 15 Spezielle Verbrauch- und Aufwandsteuern

k) **Mineralöl** für den Verbrauch als Treibstoff, Heizstoff oder Schmierstoff; s. Mineralölsteuergesetz i. d. Neufassung v. 20. 12. 1988, BGBl. I 88, 2277[4]; DV v. 26. 5. 1953, BGBl. I 53, 237, 280, zuletzt geändert am 15. 12. 1989, BGBl. I 89, 2246. Das Schwergewicht des Aufkommens liegt in der Steuer auf Vergaserkraftstoff und Dieselkraftstoff. Die Erhebung einer Steuer auf Heizöl geschieht zum Schutze des Steinkohlenbergbaus. Obwohl dieser Schutzzweck durch die Ölkrise entfallen ist, wird die Steuer weiter erhoben. Seit 1. 1. 1989 wird sogar Erdgas mit Mineralölsteuer belastet (§ 2 I 1 Nr. 5). Die Mineralölsteuer ist zum Teil zweckgebunden, sie muß zu einem bestimmten Teil für die Straßenbaufinanzierung verwendet werden.

Spielkarten-, Zündwaren- und Essigsäuresteuer sind durch Gesetz v. 3. 7. 1980, BGBl. I 80, 761, *abgeschafft* worden. Der Vorschlag von CDU/CSU-Abgeordneten, auch Zuckersteuer und Leuchtmittelsteuer abzuschaffen (BT-Drucks. 8/2726), ist auch von der CDU/CSU-FDP-Koalition nicht realisiert worden. Durch das Verbrauchsteueränderungsgesetz 1988 v. 20. 12. 1988, BGBl. I 88, 2270, sind die Mineralölsteuer und die Tabaksteuer angehoben worden; durch den § 2 I 1 Nr. 5 MinöStG wird seit 1. 1. 1989 erstmals das umweltfreundliche Erdgas sonderbelastet[5].

Die Verbrauchsteuertatbestände stellen zunächst nicht darauf ab, ob die Ware (etwa Zucker, Salz, Leuchtmittel, Mineralöl) privat oder betrieblich verbraucht oder gebraucht wird. Jedoch gibt es zahlreiche Befreiungsvorschriften, die bewirken, daß nur der private Verbrauch belastet wird.

Technisch können Verbrauchsteuern jeden *beliebigen* Verbrauch oder Aufwand belasten. Die geltenden speziellen (deutschen) Verbrauchsteuergesetze erfassen jedoch nicht den gesamten Verbrauch oder Aufwand, sondern inkonsequent

a) einen *Teil* der Lebensmittel: Zucker, Salz, nicht aber z. B. Brot, Fett, Fleisch, Mehl, Gemüse;
b) einen *Teil* der Genußmittel: Tabak, Kaffee, Tee, Branntwein, Bier, Schaumwein, nicht aber z. B. Wein, Kaviar, Delikatessen;
c) *wenige* andere Ver- und Gebrauchsgegenstände: Leuchtmittel, Mineralöl, nicht jedoch Kohlen, nicht Luxusgüter, wie Pelze, Juwelen, nicht Güter des Renommierbedarfs, wie Motorboote, Privatflugzeuge, Sportwagen, Reitpferde (die bekanntlich oft Spazierwege zertrampeln), Großgärten, nicht das Halten von Dienern, Dienstboten, Hausgehilfen.

Von den *Gemeinden* werden oder wurden freilich noch folgende Verbrauch- und Aufwandsteuern erhoben: Getränkesteuer, Vergnügungsteuer, Hundesteuer, Jagdsteuer. Die meisten Gemeinden erheben nur Vergnügungsteuer und Hundesteuer. Zur Verfassungsmäßigkeit der Gemeinde-Verbrauchsteuern s. S. 74.

Der Verbrauchsbesteuerung liegt kein rationales System zugrunde, die Objekte sind unter dem Aspekt des Steuerertrags ausgewählt worden, nicht etwa nach dem Grad der Sozialnützlichkeit oder Sozialschädlichkeit. Die Besteuerung unentbehrlicher, lebensnotwendiger Güter macht ein Ausweichen auf nicht besteuerte Substitute unmöglich. Die Besteuerung von Massenverbrauchsgütern ist ergiebiger als die Besteuerung von Luxusgütern. Aber das erklärt noch nicht, weshalb nur *bestimmte* Massenverbrauchsgüter besteuert werden. Auch der Zufall dürfte bei der Entstehung eine gewisse Rolle gespielt haben. Die Schaumweinsteuer ist vor dem 1. Weltkrieg zur Flottenfinanzierung eingeführt worden. Einer Abschaffung oder Systematisierung steht entgegen, daß der Gesetzgeber sich auch dann schwer von einer alten Steuer trennt, wenn sie sich als überholt erweist. An das Rechtssprichwort „Cessante ratione legis cessat ipsa lex" hält sich der Steuergesetzgeber nicht. „Die fiskalischen

---

4 Dazu *Schädel/Langer/Gotterbarm,* Mineralölsteuer und Mineralölzoll[5], Berlin/Frankfurt a. M. (Loseblatt).
5 Dazu kritisch *Tipke,* StuW 88, 262, 276 f. S. auch *Friedrich,* Die neue Erdgassteuer, B 89, 647. Zur Verbrauchsteuererhöhung insgesamt Karl-Bräuer-Institut (Hrsg.), Bearbeiter: *Borell/ Stern,* Verbrauchsteuererhöhung schädlich und vermeidbar, Bonn 1988.

Ansprüche bilden in der Tat das durchschlagende Argument für die Erhaltung dieser fossilen Phänomene des Steuerwesens."[6] Immerhin ist 1980 die Abschaffung der Spielwaren-, Zündwaren- und Essigsäuresteuer gelungen.

Als Einkommensverwendungsteuern lassen sich auch besondere Verbrauchsteuern ohne weiteres mit dem Leistungsfähigkeitsprinzip in Verbindung bringen[7]. Jedoch verstößt es gegen eine *gleichmäßige* Besteuerung nach der Leistungsfähigkeit, nur einige wenige Waren willkürlich außer mit der Umsatzsteuer mit einer weiteren (besonderen) Verbrauchsteuer zu belasten (s. auch S. 610 f.). Irgendeine Sachgesetzlichkeit und Konsequenz in der Auswahl der belasteten Waren (z. B. werden lebensnotwendige Güter wie Zucker und Salz belastet, Luxuswaren nicht) lassen sich nicht erkennen. Überhaupt sollte es im freiheitlichen Staat grundsätzlich den Bürgern überlassen bleiben, welche Waren sie konsumieren wollen. Daß die besonderen Verbrauchsteuern Finanzzwecken genügen, vermag sie für sich vor dem Gleichheitssatz nicht zu rechtfertigen (vgl. auch S. 51 f.)[8].

BFHE 105, 554 f.; 135, 102, 105 haben in den entschiedenen Fällen die Selektion von Waren für Verbrauchsteuerzwecke u. a. mit der unterschiedlichen *chemischen* Zusammensetzung rechtfertigen wollen. Im Steuerrecht geht es aber nicht um Chemie, sondern um Leistungsfähigkeit; die chemische Zusammensetzung ist *kein sachgerechter* (s. S. 50 ff.) Gesichtspunkt.

Eine *Besonderheit gilt für Alkoholsteuern und für die Tabaksteuer*. Sie lassen sich als *sozialpolitische Lenkungsteuern* rechtfertigen.

Genußmittel – Alkohol und Tabak – sind entbehrliche, gesundheitsschädliche und sozialschädliche Genußmittel. Ihre negativen Wirkungen zeigen sich insb. bei übermäßigem Genuß. Daher darf der Staat ihren Konsum durch Steuerbelastung einschränken. Der Finanzzweck dieser Steuern wäre dann bloß Nebenzweck, der gesundheitspolitische Zweck Hauptzweck. Leider erweckt der Staat allerdings immer wieder den Eindruck, daß es ihm auch insoweit doch primär um Einnahmenerzielung gehe[9].

Allerdings läßt sich sozialpolitisch nicht rechtfertigen, daß Alkohol auch insoweit belastet wird, als er zur Herstellung von Heilmitteln oder von Riech- und Schönheitsmitteln verwendet wird. Gegenwärtig gibt es Bestrebungen, vor allem umweltschädliche, umweltbelastende Güter mit einer Verbrauchsteuer zu belegen (s. S. 179 f.).

Betroffen von der ungleichmäßigen Verbrauchsbesteuerung sind in erster Linie die Konsumenten. Soweit es sich um konkurrierende oder substituierende Waren handelt, sind darüber hinaus aber auch die Hersteller oder Lieferanten betroffen. Wenngleich sich der Gesetzgeber auch den Verbraucher als Steuerträger denkt, so kann doch die Steuer, genauer: der um die Steuer erhöhte Preis, je nach Nachfrageelastizität, einen mehr oder weniger hohen Umsatzrückgang bewirken. Der Nachteil wird in der Regel vom Substitutionsgrad abhängen. Wird die Steuer nicht nach dem Wert des Objekts, sondern nach der Menge bemessen, so können im übrigen Wettbewerbsverzerrungen auftreten, wenn die artgleichen Güter zu verschiedenen Preisen, etwa je nach Qualität, gehandelt werden (s. S. 610).

Es ist Aufgabe der Gerichte, danach zu fragen, *welche Prinzipien* nach ihrer Auffassung den Verbrauchsteuern zugrunde liegen (statt diese Gesetze weiterhin positivistisch

---

6 *K. Littmann,* Hamburger Jahrbuch für Wirtschafts- und Gesellschaftspolitik, Jg. 9 (1964), 124.
7 So auch *Schmölders,* Handbuch der Finanzwissenschaft, Bd. II[2], Tübingen 1956, 652; *ders.,* Zur Begriffsbestimmung der Verbrauchsteuern, Berlin 1955, 29 ff.
8 *Voss,* ZRP 73, 37, 41; ausführlicher dazu *Tipke,* BB 73, 157 ff.
9 S. auch *F. Schmidt,* StuW 78, 39 ff. (zur Tabaksteuer).

anzuwenden), konkreter: *warum* ein kleiner Teil der Lebensmittel, der Genußmittel und der Ver- und Gebrauchsgegenstände besteuert wird, der Rest hingegen nicht[10].

Steuerfrei ist in der Regel:

(1) die Ausfuhr der Ware durch den Hersteller. Dadurch wird – wie bei der Umsatzsteuer-Ausfuhrlieferung – erreicht, daß die Ware steuerfrei in das Ausland gelangt; dort pflegt sie dem ausländischen Verbrauchsteuerniveau angepaßt zu werden (sog. Bestimmungslandprinzip, s. S. 556 f.). Exportiert nicht der Hersteller, sondern ein Ausfuhrhändler, so kommt eine Verbrauchsteuer**vergütung** an den exportierenden Händler (auf den die Verbrauchsteuer überwälzt worden ist) in Betracht[11]. Sie ist indessen nicht für alle Waren vorgesehen;

(2) das Verbringen in einen anderen Herstellungsbetrieb zur weiteren Verarbeitung.

3. Steuersubjekt

Steuersubjekt (Steuerschuldner) ist der inländische Produzent oder der Importeur (Zollbeteiligte).

Vorausgesetzt wird die Überwälzung der Steuer im Preis. Die Fälligkeit der Steuer kann (soweit die Steuergesetze es bestimmen) durch sog. Zahlungsaufschub (§ 223 AO) so weit hinausgeschoben werden, daß der Steuerschuldner in der Regel in der Lage ist, die Steuer aus dem vom Abnehmer gezahlten Entgelt aufzubringen. In bestimmten Fällen kann die Fälligkeit allerdings auch vorverlegt werden (s. § 221 AO).

4. Steuerbemessungsgrundlage

Steuerbemessungsgrundlage ist die Menge oder der Wert der Gegenstände. Bei Anknüpfung an die Menge nimmt bei gleicher Konsummenge die steuerliche Belastung mit steigenden Kleinverkaufspreisen ab. Wer sich teure Ware zu leisten vermag, zahlt relativ weniger Steuer[12]. So ist zum Beispiel teurer Schaumwein relativ weniger belastet als billiger.

5. Verfahren

Die Herstellungsbetriebe haben Buchführungs- und Anmeldepflichten, sie müssen besondere Bücher führen. Die aus dem Herstellungsbetrieb entfernten Gegenstände sind periodisch, in der Regel monatlich, der Zollstelle anzumelden. Die Herstellungsbetriebe werden durch die Steueraufsicht überwacht (§§ 209 ff. AO).

Die Tabaksteuer ist eine Banderolensteuer.

6. Konkurrenz zur Umsatzsteuer

Die Verbrauchsteuern werden *neben* der Umsatzsteuer erhoben, obwohl auch die Umsatzsteuer eine Verbrauchsteuer ist. Die Tatsache, daß die Umsatzsteuer als Verkehrsteuer eingeordnet zu werden pflegt (dazu S. 163 f., 527 ff.), mag den Steuerjuristen den Blick dafür versperrt haben, daß hier eine Konkurrenz vorliegt. Tatsäch-

---

10 Dazu *Tipke*, StuW 80, 281 ff.
11 Dazu *Troost*, Gemeinsamer Markt und Verbrauchsteuern, Berlin 1957.
12 *Zeitel*, Die Steuerlastverteilung in der Bundesrepublik Deutschland, Tübingen 1959, 129 f.

lich ist neben der Umsatzsteuer als allgemeiner Verbrauchsteuer für die speziellen Verbrauchsteuern kein Platz[13].

Es ist z. B. inkonsequent, bei der Umsatzsteuer auf die Lieferung von Zucker und Salz einen ermäßigten Steuersatz anzuwenden, daneben dann aber eine besondere Salz- und Zuckersteuer zu erheben.

Als Einkommensverwendungssteuern müssen die Verbrauchsteuern im Zusammenhang mit der Umsatzsteuer gesehen werden. Sie wirken so, als würde ein erhöhter Umsatzsteuer-Steuersatz erhoben. Für diese Zusatzbelastung bedarf es jeweils einer Rechtfertigung. Eine Sonderbelastung von Genußmitteln, wie Alkohol und Tabak, mit Verbrauchsteuern oder einem besonderen Umsatzsteuer-Steuersatz läßt sich gesundheitspolitisch motivieren. Die Mineralölsteuer läßt sich, soweit es sich um den Verbrauch als Treibstoff oder Schmierstoff handelt, ausnahmsweise mit Äquivalenzgesichtspunkten rechtfertigen (vgl. auch S. 57 ff.); für die Verwendung als Heizöl gilt das freilich nicht.

---

13 *Kampf/Müssener/Scheer,* Steuerlehre, Besonderer Teil, Bonn 1970, 224, 232 f.; *Neumark,* Grundsätze gerechter und ökonomisch rationaler Steuerpolitik, Tübingen 1970, 142, 339.

Viertes Kapitel: Besteuerung und Unternehmensform*

§ 16 Grundsätzliche Unterschiede in der Besteuerung von Personenunternehmen und Kapitalgesellschaften

Literatur: *Pohmer,* Einflüsse der Besteuerung auf die Unternehmensformen, ZfB 64, 679; *L. Schmitt,* Die Unternehmungsform in Betriebswirtschaftslehre und Steuerrecht, Eine Untersuchung über den betriebswirtschaftlichen Begriff der Unternehmungsform und seine Bedeutung im Steuerrecht mit dem Versuch einer Ordnung auf dem Gebiet der Unternehmungsbesteuerung, Diss. rer. pol. München 1966; *G. Rose,* Überlegungen zum Steuerbelastungsvergleich zwischen Personenunternehmung und Kapitalgesellschaft, in: Geld, Kapital und Kredit, FS zum 70. Geburtstag von Heinrich Rittershausen, hrsg. von Büschgen, Stuttgart 1968, 432; *ders.,* Die Steuerbelastung der Unternehmung, Grundzüge der Teilsteuerrechnung, Wiesbaden 1973; *K. Barth,* Die Steuern als gestaltende Faktoren im deutschen Gesellschaftsrecht, in: FS für Duden, München 1977, 37; *Eggesiecker/Schweigert,* Anleitung für Steuerbelastungsvergleiche: GmbH, Personengesellschaft oder GmbH & Co. KG?, Köln 1978; *Felix* (Hrsg.), Reform der Körperschaft- und Umwandlungsteuer, Optimale Rechtsform [3], Köln 1978; *Wagner/Dirrigl,* Die Steuerplanung der Unternehmung, Stuttgart/New York 1980, 187 ff.; *F. W. Wagner,* Grundsätzliche Anmerkungen zu Irrtümern und Mängeln steuerlicher Rechtsformvergleiche, DStR 81, 243; *Siegel,* Steuerwirkungen und Steuerpolitik in der Unternehmung, Würzburg/Wien 1982; *K. Barth,* Die Wahl der Rechtsform für eine deutsche Unternehmung als Entscheidung in den Zwängen des Gesellschafts- und Steuerrechts, in: FS für Scherpf, Wiesbaden 1983, 125 ff.; *Burk,* Rechtsform und Umwandlungsbesteuerung. Ein betriebswirtschaftlicher Steuerbelastungsvergleich der Alternativen GmbH und OHG, Berlin 1983; *Kopp,* Rechtsformabhängige Belastungsdifferenzen als Ansatzpunkt einer Reform der Unternehmensbesteuerung, Gelsenkirchen 1983; *Haberstock,* Der Einfluß der Besteuerung auf Rechtsform und Standort [2], Hamburg 1984; *G. Rose,* Betriebswirtschaftliche Steuerlehre, Wiesbaden 1986; *Brönner,* Die Besteuerung der Gesellschaften, des Gesellschafterwechsels und der Umwandlungen [16], Stuttgart 1988; *Jacobs/Scheffler,* Unternehmensbesteuerung und Rechtsform, Handbuch und EDV-gestützter Belastungsvergleich der Besteuerung von Unternehmen unterschiedlicher Rechtsformen, München 1988; *Krüger,* Zweckmäßige Wahl der Unternehmensform [4], Bonn 1988; *Knobbe-Keuk,* Bilanz- und Unternehmenssteuerrecht [7], Köln 1989; *Wöhe,* Betriebswirtschaftliche Steuerlehre II/1 [5], München 1990.

A. Einführung

Dem geltenden Steuerrecht liegt kein einheitliches, geschlossenes System der Unternehmensbesteuerung zugrunde. Die Umsatzsteuer erfaßt Unternehmerumsätze lediglich aus steuertechnischen Gründen. Im übrigen wird das Unternehmen als solches durchweg aber nicht als Steuerrechtssubjekt erfaßt[1]. Steuerrechtssubjekte sind vielmehr regelmäßig natürliche oder juristische Personen. Der Steuergesetzgeber folgt der zivilrechtlichen Unterscheidung der Rechtssubjekte und zieht aus der zivilrechtlichen Rechtsfähigkeit juristischer Personen prinzipiell auch steuerrechtliche Konsequenzen[2].

---

* Bearbeiter des 4. Kapitels: Dipl.-Kfm. *Heinrich Montag.*
1 Zur Steuerrechtsfähigkeit der Unternehmung insb. *Dornfeld,* Die Steuerfähigkeit der Unternehmung, Diss. rer. pol. Köln 1966.
2 Wie die Organschaftsregelungen sich in dieses Konzept einfügen, ist umstritten; s. S. 434 ff.

Einführung

Die Anknüpfung an das Zivilrecht ist indessen nicht Selbstzweck, sondern nur ein Hilfsmittel zur Erfassung wirtschaftlicher Sachverhalte[3] und als Beitrag zur „Einheit der Rechtsordnung" mit der Teleologie des Steuerrechts nur insoweit zu vereinbaren, als sie bei gleicher wirtschaftlicher Leistungsfähigkeit zu einer gleichen Belastung und nicht zu einer Verletzung des Gleichheitssatzes führt[4]. Die Forderung nach einer rechtsformneutralen Steuerung ist insofern die Forderung nach einer gleichmäßigen Besteuerung nach der wirtschaftlichen Leistungsfähigkeit[5]. Es geht darum, daß ein Unternehmen nicht lediglich aufgrund seiner zivilrechtlichen Struktur anders besteuert werden darf als ein vergleichbares Konkurrenzunternehmen anderer Rechtsform. Denn die unterschiedliche steuerliche Behandlung gleicher wirtschaftlicher Leistungsfähigkeit verändert die Wettbewerbsrelationen und indiziert dadurch eine Verletzung des Gleichheitssatzes.

Mit der Körperschaftsteuerreform 1977 hat sich auch der Gesetzgeber zu einem wettbewerbsneutralen Steuerrecht bekannt[6]. Nach wie vor kann jedoch von Neutralität[7] weder bei der Körperschaftsteuer noch bei den übrigen Steuerarten auch nur ansatzweise die Rede sein. Im Gegenteil: Die anhaltende Diskussion um die Reform der Unternehmensbesteuerung[8] zeigt, daß auf eine eingehende Analyse der steuerlichen Behandlung der einzelnen Rechtsformen nicht verzichtet werden kann. Diese Analyse eröffnet nicht nur der steuerrechtlichen Vertragsgestaltung[9] ein weites Betätigungsfeld, sie trägt gleichzeitig dazu bei, den Bemühungen um eine einheitliche Konzeption zur Verwirklichung des Leistungsfähigkeitsprinzips im Rahmen der Unternehmensbesteuerung eine objektive Argumentationsgrundlage zu geben.

Das Zivilrecht sieht für die rechtliche Strukturierung der Unternehmen unterschiedliche Rechtsformen vor[10]. Die Polarität zwischen Personenhandelsgesellschaften als Gesamthandsgemeinschaften einerseits und Kapitalgesellschaften als Körperschaften andererseits bestimmt auch das Steuerrecht[11], so daß die alternativen Ansatzpunkte für die Besteuerung der Unternehmen in ihren Grundzügen bei der steuerlichen Behandlung der Personen- und Kapitalgesellschaften sichtbar werden. Bestrebungen, die auftretenden Vorteile der Grundtypen zu kombinieren und gleichzeitig ihre Nachteile zu vermeiden, finden ihren Niederschlag in Unternehmensformen, die

---

3 Vgl. S. 6 ff.
4 Vgl. S. 49 ff.; 57 ff.
5 Vgl. *Lang*, StuW 90, 107, 112, 115; *ders.*, StuW 89, 3, 6 f. Darüber hinaus auch *Schmölders*, Finanzpolitik[3], Berlin/Heidelberg/New York 1970, 358 ff.; Gutachten der Steuerreformkommission 1971, Schriftenreihe des Bundesministeriums der Finanzen, Heft 17, Bonn 1971, 31, 303 ff.; außerdem insb. *Tillmann*, GmbHR 77, 252; *Kofler*, Die körperschaftsteuerlichen Reformvorschläge und ihre Beurteilung in betriebswirtschaftlicher Sicht, Diss. Wien 1978; *O. H. Jacobs*, Unternehmensrechtsform und Besteuerung nach der KSt-Reform 1977, in: Betriebswirtschaftslehre und Recht, hrsg. von Heigl/Uecker, Wiesbaden 1979, 379 ff.; *Schipporeit*, Grundsätze und Möglichkeiten einer Unternehmungsteuer, München 1979; *Jacobs*, ZGR 80, 298 ff.; *Wöhe*, ZfbF 80, 519 ff.; *Kopp*, Rechtsformabhängige Belastungsdifferenzen als Ansatzpunkt einer Reform der Unternehmensbesteuerung, Gelsenkirchen 1983.
6 BT-Drucks. 7/1470, 327 f.
7 Das Gutachten des Wissenschaftlichen Beirats zur Reform der Unternehmensbesteuerung beim BMF, Schriftenreihe des BMF, Heft 43, Bonn 1990, 36 f., geht demgegenüber davon aus, daß bei der Körperschaftsteuer „nahezu perfekte Neutralität" erreicht ist.
8 Vgl. S. 628 ff.
9 Zur Bedeutung der steuerrechtlichen Vertragsgestaltung *Lang*, StuW 76, 79 ff.; *G. Rose*, Zur Anwendung der Teilsteuerrechnung bei praktischen Aufgabenstellungen aus dem Bereich der steuerlichen Kautelarjurisprudenz, in: FS für Flume, Bd. II, Köln 1978, 257 ff.
10 Zur Typologie der Unternehmensformen *Stüdemann*, HWB [4], Stuttgart 1975, Sp. 3361 ff.
11 *Stüdemann* (Fn. 10), Sp. 3367.

nicht mit dem zivilrechtlichen Ordnungsrahmen *einer* Rechtsform übereinstimmen, sondern sich aus *mehreren* Rechtsformen zusammensetzen[12].

Mit dem Ziel, zunächst die grundsätzlichen Unterschiede in der Besteuerung der Personen- und Kapitalgesellschaften offenzulegen, beziehen sich die folgenden Ausführungen zur laufenden Besteuerung und zu den steuerlichen Folgen praktisch besonders bedeutsamer Sondervorgänge ausschließlich auf Unternehmensformen, die mit der zivilrechtlichen Ordnungsstruktur übereinstimmen. In diesem Rahmen werden bei den Personengesellschaften als Mitunternehmerschaften i. S. des § 15 I 1 Nr. 2 EStG nur *OHG* und *KG*[13], bei den Kapitalgesellschaften ausschließlich *AG* und *GmbH* berücksichtigt; die KGaA bleibt außer Betracht[14]. Auf die Besonderheiten von Familiengesellschaften wird nicht eingegangen[15].

B. Unterschiede in der laufenden Besteuerung von Personenunternehmen und Kapitalgesellschaften

1. Besteuerungsunterschiede bei einzelnen Steuerarten

1.1 Vermögensteuer

a) *Steuerpflicht:* Gemäß § 1 I VStG sind neben natürlichen Personen auch Kapitalgesellschaften, nicht aber Personengesellschaften vermögensteuerpflichtig. Wenn die Voraussetzungen für die Anwendung des § 102 I BewG (Schachtelprivileg) nicht vorliegen, unterliegt das Betriebsvermögen daher unter Berücksichtigung der Kürzungen nach § 117a BewG bei der Kapitalgesellschaft und außerdem auch bei ihren Anteilseignern der Vermögensteuer. Eine Anrechnungsmöglichkeit – wie bei der Körperschaftsteuer – besteht nicht, so daß es bei der Beteiligung an einer Kapitalgesellschaft zu einer Kumulation der Vermögensteuer kommt, während das Gesellschaftsvermögen einer Personengesellschaft unter Berücksichtigung des § 117a BewG ausschließlich beim Anteilseigner vermögensteuerrechtlich erfaßt wird (s. S. 470).

b) *Anteilswert:* Als Wert ihrer Beteiligung wird den Gesellschaftern einer Personengesellschaft der anteilige Einheitswert des Betriebsvermögens zugerechnet (§ 19 III

---

12 Dazu auch *Dornfeld* (Fn. 1), 48 ff.
13 Dazu S. 337 ff.
14 Zur Besteuerung der KGaA: *Elschenbroich,* Die KG auf Aktien, Diss. rer. pol. Köln 1956; *G. Graß,* Die Besteuerung der Kommanditgesellschaft auf Aktien, Diss. jur. München 1969; *Menzel,* StuW 71, 204; *Schlütter,* StuW 78, 295; *von Wallis/Heinicke,* Besteuerung der Personen- und Kapitalgesellschaften [3], Heidelberg 1978, 186 ff.; *Binz/Sorg,* BB 88, 2041; *Theisen,* B 89, 2191.
15 Dazu u. a. *Groh,* DStJG Bd. 1 (1979), 97 ff.; *Wienke,* Der Einfluß der Besteuerung auf die unternehmerischen Entscheidungen bei Familienpersonengesellschaften, Diss. Saarbrücken 1978; *Bügler,* Die Behandlung der Familiengesellschaft im Steuerrecht, Diss. rer. pol. Mannheim 1979; *Halmburger/Otto,* Familienunternehmen [2], Bielefeld 1979; *Kittl,* Gewinnverteilung bei Familienpersonengesellschaften, München 1979; *Mannhold,* BB 79, 1813; *Sudhoff,* Das Familienunternehmen, München 1980; *Ulrich,* Die Besteuerung der Familiengesellschaft, Zürich 1980; *Widmann,* DStR 80, 522; *Langenfeld/Gail,* Handbuch der Familienunternehmen, Köln (Loseblatt); *Schulze zur Wiesche,* WPg 87, 433; *Felix u. a.,* Steuerberatung der Familie, Köln 1987/88; *Hennekes/May,* B 88, 483; *Kleeberg,* BB 89, 2448; *L. Schmidt,* EStG [9], § 15 Anm. 119 ff.

Nr. 2 BewG). Gesellschafter einer Kapitalgesellschaft haben demgegenüber als Anteilswert den Kurswert (§ 11 I BewG) oder den gemeinen Wert (§ 11 II BewG) anzusetzen; in die Bewertung gehen hier neben der Vermögenssubstanz auch die Ertragsaussichten ein[16], so daß der Anteilswert den Einheitswert des Betriebsvermögens vielfach übersteigt[17].

c) *Pensionsrückstellungen:* Während die Bildung von Pensionsrückstellungen für Gesellschafter einer Personengesellschaft im Rahmen des § 104 BewG nicht anerkannt wird[18], sind Pensionsrückstellungen für geschäftsführende Gesellschafter einer Kapitalgesellschaft grundsätzlich zulässig[19].

1.2 Gewerbekapitalsteuer

a) *Anteilswert:* Der Wert der Beteiligung an einer Personengesellschaft unterliegt bei einem gewerbesteuerpflichtigen Gesellschafter gemäß § 12 III Nr. 2 GewStG nicht erneut der Gewerbesteuer. Bei der Beteiligung an einer Kapitalgesellschaft kommt eine Kürzung demgegenüber nur unter den Voraussetzungen des § 12 III Nr. 2a GewStG (Schachtelprivileg) in Betracht.

b) *Sonderbetriebsvermögen:* Der Gesellschaft zur Nutzung überlassene Wirtschaftsgüter eines Gesellschafters gehören nach § 97 I Nr. 5 Satz 2 BewG grundsätzlich zum Betriebsvermögen der Personengesellschaft. Sie gehen deshalb über § 12 I GewStG unmittelbar in das Gewerbekapital ein, während bei der Kapitalgesellschaft eine Hinzurechnung lediglich im Rahmen des § 12 II Nr. 1 GewStG erfolgt. Kurzfristige Gesellschafterkredite unterliegen nach § 12 II GewStG bei der Kapitalgesellschaft im Gegensatz zur Personengesellschaft nicht der Gewerbekapitalsteuer[20].

1.3 Einkommen-/Kirchen-/Körperschaftsteuer

a) *Gewinnanteile:* Die Gewinnanteile aus der Beteiligung an einer Personengesellschaft gehören gemäß § 15 I 1 Nr. 2 EStG zu den Einkünften aus Gewerbebetrieb; sie sind in vollem Umfang im Jahr ihrer Entstehung zu versteuern und unterliegen unabhängig davon, ob sie einbehalten werden oder den Gesellschaftern zufließen, einer Spitzenbelastung von 55,14 v. H.[21] Bei Kapitalgesellschaften beträgt die Körperschaftsteuer demgegenüber für thesaurierte Gewinne höchstens 50 v. H. Für Gewinnausschüttungen ist bei einer Kapitalgesellschaft zunächst nur die Ausschüttungsbelastung von 36 v. H. herzustellen (§ 27 I KStG)[22]. Die Ausschüttungen werden voll erst nach dem Zufluß beim Gesellschafter besteuert. Liegt der kombinierte Einkommen-/Kirchensteuersatz des Gesellschafters über 36 v. H., ergeben sich dar-

---

16 Vgl. Abschn. 76ff. VStR.
17 Dazu insb. *Hofbauer,* DStR 77, 338f.
18 BFH BStBl. 53, 70; *Rössler/Troll,* Bewertungsgesetz und Vermögensteuergesetz, Kommentar [15], München 1989, § 104 BewG Anm. 9.
19 Vgl. Abschn. 36a I 5 VStR in Verbindung mit Abschn. 36 KStR; BMF, BStBl. I 85, 652.
20 Vgl. auch Abschn. 76 I, 47 GewStR.
21 Da die Kirchensteuer grundsätzlich von der Höhe der Einkommensteuerschuld abhängt, erhöht sie den individuellen Einkommensteuersatz. Eine getrennte Behandlung von Einkommen- und Kirchensteuer ist daher nicht erforderlich. Vgl. dazu Fn. 44. Die Kappung der Kirchensteuer und § 51a EStG bleiben im folgenden unberücksichtigt.
22 Zu den Auswirkungen, die sich dabei für verdeckte Gewinnausschüttungen ergeben können, vgl. S. 427ff.

aus Liquiditätsvorteile, andernfalls Liquiditätsnachteile gegenüber der Personengesellschaft.

b) *Verlustanteile:* Das Anrechnungsverfahren geht von der eigenständigen Steuerpflicht der Kapitalgesellschaft aus und rechnet den Anteilseignern die Ergebnisse der Kapitalgesellschaft nicht anteilig zu. Abgesehen von der Organschaft mit Gewinnabführungsvertrag[23] können die bei einer Kapitalgesellschaft anfallenden Verluste den Anteilseignern daher grundsätzlich nicht zugerechnet, sondern nur von der Kapitalgesellschaft selbst im Wege des Verlustabzugs (§§ 8 I, IV, V KStG; 10d EStG) verrechnet werden. Eine Ausnahme schafft insoweit lediglich § 2 DDR-Investitionsgesetz, der bei einer Beteiligungsquote von mindestens 10 v.H. die zeitlich und durch die Höhe des Beteiligungsbuchwerts beschränkte Verrechnung von Verlusten einer Kapitalgesellschaft mit Sitz in der ehemaligen DDR zuläßt[24]. Die Verluste einer Personengesellschaft werden den Gesellschaftern demgegenüber grundsätzlich unmittelbar zugerechnet, so daß den Gesellschaftern im Rahmen des § 15a EStG neben dem Verlustausgleich auch der Verlustabzug offensteht.

c) *Steuerfreie Erträge:* Eine Kapitalgesellschaft, die steuerfreie oder tarifbegünstigte Erträge an ihre Gesellschafter ausschüttet, muß auch für diese Erträge gemäß § 27 I KStG die Ausschüttungsbelastung herstellen. Die entsprechenden Befreiungs- oder Vergünstigungsvorschriften wirken sich daher nur während der Thesaurierung in der Kapitalgesellschaft aus, der Steuervorteil kann nicht wie bei einer Personengesellschaft an die Anteilseigner weitergeleitet werden[25].

d) *Leistungsvergütungen:* Die rechtlichen Beziehungen zwischen einer Gesellschaft und ihren Gesellschaftern sind nicht auf die gesellschaftsrechtliche Ebene beschränkt, sie können auch auf besonderen schuldrechtlichen Verträgen beruhen[26]. Die (angemessenen) Vergütungen im Rahmen eines schuldrechtlichen Leistungsaustauschs, sog. Leistungsvergütungen, sind bei einer Kapitalgesellschaft als Betriebsausgaben abzugsfähig. Sie führen bei den Gesellschaftern i. d. R. zu Einkünften i. S. der §§ 18–21 EStG und damit u. a. zur Berücksichtigung der einschlägigen Pausch- oder Freibeträge[27]. Bei einer Personengesellschaft mindern die Leistungsvergütungen i. S. des § 15 I 1 Nr. 2 EStG den Gewinn indessen nicht[28]. Sie gehören bei den Gesellschaftern zu den Einkünften aus Gewerbebetrieb; Pausch- oder Freibeträge kommen insoweit nicht in Betracht.

e) *Sonderbetriebsvermögen:* Wirtschaftsgüter, die der Personengesellschaft von einem Gesellschafter zur Nutzung überlassen werden, gehören zum Sonderbetriebsvermögen des Gesellschafters[29]. Das hat zur Folge, daß bei Veräußerung dieser Wirtschaftsgüter der Veräußerungsgewinn, bei Beendigung der Nutzungsüberlassung der Ent-

---

23 Dazu auch S. 435 ff., 437.
24 Vgl. *Hundt,* B 90, 3099; *Dötsch,* B 90, 3126; *Stahl,* KÖSDI 90, 8261.
25 Dazu die Begründung BT-Drucks. 7/1470, 323 ff.; darüber hinaus insb. *Geiger/Zeitler,* Körperschaftsteuerreform 1977, Frankfurt/M. 1976, 181 f.; *Wohlschlegel,* FR 76, 243; *Hofbauer,* DStR 77, 336 f.; *Tietze,* BB 77, 438; *Brezing,* AG 79, 244 ff., hält die Regelung für verfassungswidrig; vgl. auch *Brezing,* GmbHR 87, 152; *Herzig,* StuW 90, 22, 30.
26 Dazu insb. *Sander,* Die Ertragsteuerbelastung des Leistungsaustausches zwischen Unternehmung und Unternehmer, Versuch einer Quantifizierung mit Hilfe der Teilsteuerrechnung, Diss. rer. pol. Köln 1972.
27 Vgl. z. B. §§ 9a; 20 IV EStG.
28 Dazu aber auch S. 345 ff.
29 Dazu S. 348.

nahmegewinn zu versteuern ist. Bei der Beteiligung an einer Kapitalgesellschaft gehören die entsprechenden Wirtschaftsgüter demgegenüber grundsätzlich zum Privatvermögen; Veräußerungsgewinne werden daher nur im Rahmen der §§ 17, 23 EStG erfaßt.

f) *Pensionsrückstellungen* werden für Gesellschafter einer Personengesellschaft einkommensteuerlich nicht anerkannt[30], während für die tätigen Gesellschafter von Kapitalgesellschaften lediglich in Ausnahmefällen Einschränkungen gelten[31].

1.4 Gewerbeertragsteuer

a) *Anteile am Gewinn oder Verlust* aus der Beteiligung an einer Personengesellschaft unterliegen bei einem gewerbesteuerpflichtigen Gesellschafter gemäß §§ 8 Nr. 8, 9 Nr. 2 GewStG nicht erneut der Gewerbesteuer. Gewinnausschüttungen einer Kapitalgesellschaft werden bei einem gewerbesteuerpflichtigen Gesellschafter demgegenüber nur dann nicht nochmals erfaßt, wenn die Voraussetzungen des § 9 Nr. 2a GewStG (Schachtelprivileg) erfüllt sind.

b) *Leistungsvergütungen* i. S. des § 15 I 1 Nr. 2 EStG gehen bei einer Personengesellschaft über § 7 GewStG unmittelbar in den Gewerbeertrag ein; bei Kapitalgesellschaften kommt eine Erfassung lediglich im Rahmen des § 8 GewStG in Betracht. Geschäftsführervergütungen und Zinsen für kurzfristige Gesellschafterkredite unterliegen demnach ausschließlich bei einer Personengesellschaft der Besteuerung; Miet- und Pachtzinsen für nicht in Grundbesitz bestehende Wirtschaftsgüter des Sonderbetriebsvermögens werden bei der Kapitalgesellschaft gegenüber der Personengesellschaft nur zur Hälfte erfaßt (§ 8 Nr. 7 GewStG). Die Aufwendungen, die beim Gesellschafter im Zusammenhang mit den Leistungsvergütungen entstehen, mindern bei der Personengesellschaft als Sonderbetriebsausgaben auch den Gewerbeertrag; bei der Kapitalgesellschaft kommt eine entsprechende Entlastung nicht in Betracht.

c) *Gesellschaftergrundstücke:* Während bei einer Personengesellschaft § 9 Nr. 1 GewStG auch für das in Grundbesitz bestehende Sonderbetriebsvermögen der Gesellschafter anzuwenden ist, ist eine derartige Kürzung bei einer Kapitalgesellschaft nicht möglich.

d) *Freibetrag:* Für Personengesellschaften, nicht hingegen für Kapitalgesellschaften, existiert gemäß § 11 I GewStG ein Freibetrag in Höhe von 36 000 DM.

2. Zusammenfassende Darstellung der Besteuerungsunterschiede

2.1 Notwendigkeit

Die isolierte Betrachtung einzelner Steuerarten und Rechtsnormen (vgl. Abschnitt 1) zeigt zwar die wesentlichen steuergesetzlichen *Ursachen* für die unterschiedliche Behandlung von Personen- und Kapitalgesellschaften auf und bildet insoweit auch die

---

30 BFH BStBl. 67, 222; 75, 437; 84, 431; Abschn. 41 VIII EStR; *Scholtz*, DStZ 85, 211; L. Schmidt/*Seeger*, EStG [9], § 6a Anm. 8; zur Diskussion um die Bedeutung des handelsrechtlichen Passivierungsgebotes nach § 249 I 1 HGB: *Bordewin*, B 87, 15; *Sieveking*, B 87, 1267; *Sarrazin*, B 87, 2540; *Weber-Grellet*, B 88, 625.
31 BFH BStBl. 80, 304, 305; 82, 612. Vgl. auch Abschn. 41 X EStR, Abschn. 36 KStR; BMF BStBl. I 82, 988; *Weber-Grellet*, B 88, 625; *Borst*, BB 89, 38; *Höfer/Kisters-Kölkes*, BB 89, 1157; *Baer*, BB 89, 1529; L. Schmidt/*Seeger*, EStG [9], § 6a Anm. 7.

Grundlage für die Prüfung des Gleichheitssatzes. Die isolierte Anknüpfung an einzelne Steuerarten und Rechtsnormen bringt jedoch keine hinreichende Transparenz in die *wirtschaftlichen Auswirkungen*. In Anbetracht eines interdependenten und kumulativen Steuerartenrechts[32] wird die Belastung der Größen, die der Gesetzgeber als Indikatoren wirtschaftlicher Leistungsfähigkeit betrachtet und daher besteuert, vielmehr erst dann *in vollem Umfange* sichtbar, wenn das begrenzte Denken in einzelnen *Steuerarten* und *einzelnen* gesetzlichen Vorschriften aufgegeben wird und die Besteuerungswirkungen *in ihrer Gesamtheit* unmittelbar auf die der Besteuerung zugrunde liegenden wirtschaftlichen Größen bezogen werden[33]. Allein die Globalbetrachtung schafft eine umfassende Bezugsbasis für die wirtschaftlich vorhandenen Anknüpfungspunkte der Besteuerung. Diese Betrachtung gibt, unabhängig von der scharfen rechtlichen Unterscheidung der Steuerarten, Aufschluß über die effektive Gesamtbelastung wirtschaftlicher Vorgänge. Dadurch wird das tatsächliche Ausmaß der steuerlichen Erfassung der wirtschaftlichen Leistungsfähigkeit eines Unternehmens sichtbar; Bemühungen um die Verwirklichung des Leistungsfähigkeitsprinzips im Rahmen eines historisch gewachsenen, vornehmlich am Finanzbedarf orientierten Steuersystems erhalten eine aussagefähige Grundlage. Darüber hinaus treten auch die Ansatzpunkte vorteilhafter steuerrechtlicher Vertragsgestaltung deutlich hervor.

2.2 Ermittlung der Gesamtbelastung mit Hilfe der Teilsteuerrechnung

Welche Gesamtbelastung sich aus der Existenz mehrerer Steuerarten für einzelne ökonomische Größen ergibt, läßt sich mit Hilfe der Teilsteuerrechnung aussagekräftig und exakt veranschaulichen[34].

Im Rahmen dieses Verfahrens werden die steuerrechtlichen Bemessungsgrundlagen der einzelnen Steuerarten in betriebswirtschaftlich definierte Bemessungsgrundlagenteile zerlegt. Diese Bemessungsgrundlagenteile werden unter Berücksichtigung der Steuerfaktoren, die die Tarifvorschriften der einzelnen Steuerarten beinhalten, zur Bildung von Steuerart-Grundgleichungen für das spezifische Untersuchungsobjekt herangezogen. Die Zusammenfassung der Steuerart-Grundgleichungen führt zur Gesamtbelastungsgleichung. Aus der Zusammenfassung der dabei für die einzelnen Bemessungsgrundlagenteile auftretenden Steuerfaktoren entstehen in einem weiteren Schritt die sog. Multifaktoren, die die Wirkung aller in die Betrachtung einbezogenen Steuerarten auf den entsprechenden Bemessungsgrundlagenteil wiedergeben. Aus den Multifaktoren entstehen durch das Einsetzen der konkreten Werte der Steuerfaktoren die Teilsteuersätze, die die prozentualen Be- und Entlastungswirkungen der betreffenden Bemessungsgrundlagenteile zum Ausdruck bringen.

---

32 Vgl. dazu insb. *G. Rose,* Die Steuerbelastung der Unternehmung, Grundzüge der Teilsteuerrechnung, Wiesbaden 1973, 35 f.

33 So auch aus betriebswirtschaftlicher Sicht *G. Rose* (Fn. 32), 54 f. Vgl. allerdings BFH BStBl. 75, 668.

34 Zur Konzeption und den Anwendungsmöglichkeiten der Teilsteuerrechnung grundlegend *G. Rose,* Betriebswirtschaftliche Steuerlehre, Eine Einführung für Fortgeschrittene, Wiesbaden 1986, 38 ff.; *ders.,* Untersuchungen über die Steuerbelastung der Unternehmung, B 68, Beil. 7; *ders.* (Fn. 32), 56 ff.; *ders.* (Fn. 9), 257; *ders.,* Einführung in die Teilsteuerrechnung, BFuP 79, 293. Zur Anwendung des Verfahrens bei der Rechtsformwahl darüber hinaus insb. *G. Rose,* B 76, 1873; *Krause,* B 77, 505; *Kurth/Grass,* BFuP 79, 340; *Wagner/Dirrigl,* Die Steuerplanung der Unternehmung, Stuttgart/New York 1980, 187 ff.; *Siegel,* Steuerwirkungen und Steuerpolitik in der Unternehmung, Würzburg/Wien 1982, 42 ff.; *Burk,* Rechtsform und Umwandlungsbesteuerung. Ein betriebswirtschaftlicher Steuerbelastungsvergleich der Alternativen GmbH und OHG, Bielefeld/Berlin/München 1983; *Schreiber,* Rechtsformabhängige Unternehmensbesteuerung, Köln 1987, 17. Vgl. außerdem die Nachweise bei *Kurth,* BFuP 79, 355, 363 f.

Teilsteuerrechnung

Im Rahmen der laufenden Besteuerung von Einkommen und Vermögen setzt sich die Gesamtbelastung eines Unternehmens grundsätzlich aus Einkommensteuer, Kirchensteuer, Körperschaftsteuer, Gewerbesteuer, Vermögensteuer und Grundsteuer[35] zusammen.

Um die daraus resultierenden Belastungswirkungen exakt, aussagekräftig und operational auf einzelne ökonomische Größen beziehen zu können, ist es unerläßlich, unterschiedliche wirtschaftliche Sachverhalte in unterschiedlichen Bemessungsgrundlagenteilen zu erfassen und Überschneidungen zwischen den Bemessungsgrundlagenteilen zumindest bei den Basisgrößen zu vermeiden. Gegenüber der üblichen Definition der Bemessungsgrundlagenteile[36] scheint es daher geboten, auf die Zusammenfassung unterschiedlicher Gewinnbestandteile und der Leistungsvergütungen im sog. „Reinertrag"[37] zu verzichten. Da der Reinertrag neben dem in der Unternehmung zur Reinvestition verbleibenden Gewinn auch die den Anteilseignern zufließenden Gewinnanteile und die Leistungsvergütungen erfaßt, ist er eine Mischgröße, die es im Widerspruch zum Grundanliegen der Teilsteuerrechnung nicht zuläßt, den Ausschüttungen und Leistungsvergütungen die exakten Be- oder Entlastungswirkungen in einer *einzigen* Wirkungsziffer zuzuordnen[38].

Um diesen Systembruch zu vermeiden, ist es zunächst erforderlich, allein vom handelsrechtlichen Jahresüberschuß auszugehen und diese Größe nicht durch die Hinzurechnung der Leistungsvergütungen mit dem einschlägigen Bemessungsgrundlagenteil zu vermischen. Da der Jahresüberschuß nicht nur für Investitionszwecke im Unternehmen zur Verfügung steht, sondern den Gesellschaftern auch zu anderen, unternehmensfremden Zwecken überlassen werden kann, ist bei der Definition der Bemessungsgrundlagenteile insofern ebenfalls eine Differenzierung erforderlich.

Folglich ist von folgenden Bemessungsgrundlagenteilen auszugehen[39]:

– „Unverteilter Jahresüberschuß", d. h. der Teil des handelsrechtlichen Jahresüberschusses vor Abzug einbezogener Steuern, der den Gesellschaftern nicht zufließt: bei einer Kapitalgesellschaft der nicht ausgeschüttete, bei einer Personengesellschaft der nicht entnommene handelsrechtliche Jahresüberschuß vor Abzug von Steuern;

– „Bargewinnanteil", d. h. der an die Gesellschafter fließende Gewinnanteil: bei einer Kapitalgesellschaft die Gewinnausschüttung einschließlich des Anrechnungsguthabens, jedoch vor Abzug der Kapitalertragsteuer; bei einer Personengesellschaft der entnommene Gewinn;

---

35 Die Grundsteuer ist zwar grundsätzlich rechtsformunabhängig, zur Ermittlung der Gesamtbelastung ist ihre Einbeziehung jedoch unerläßlich. Vgl. dazu auch *Kaefer,* Grundlagen und Modelle zu Steuerbelastungsanalysen und -vergleichen mit Hilfe der automatischen Datenverarbeitung, Köln 1974, 202 ff.; *Montag,* StuW 77, 231 ff.; *Kurth/Grass,* BFuP 79, 350; *Seiler,* B 79, 659.
36 Dazu grundlegend *G. Rose* (Fn. 32); *ders.,* Betriebswirtschaftliche Steuerlehre (Fn. 34), 48 f.
37 Dazu insb. *G. Rose* (Fn. 32), 82 ff.; *ders.,* Betriebswirtschaftliche Steuerlehre (Fn. 34), 51 ff.
38 Vgl. z. B. *G. Rose,* B 89, 1, 2. Leistungsvergütungen führen bei einer Kapitalgesellschaft zwar gegenüber dem Reinertrag zu einer Entlastungswirkung, *tatsächlich* entfällt auf die Leistungsvergütungen aber gerade *keine* Belastung. Wenn die auf den Leistungsvergütungen beruhenden Steuerwirkungen allein im Bemessungsgrundlagenteil L zum Ausdruck kommen und nicht auch in den „Reinertrag" einbezogen würden, müßte sich für den Multifaktor $t_{(k)2}$ stets Null ergeben.
39 Soweit sich aus den vorangegangenen Ausführungen und aus der Einbeziehung der Grundsteuer keine Änderungen ergeben, vgl. auch *G. Rose* (Fn. 36). Gegenüber der Terminologie von G. Rose wurde allerdings teilweise auch die Bezeichnung der Bemessungsgrundlagenteile geändert.

§ 16 Besteuerung von Personen- und Kapitalgesellschaften

- „Leistungsvergütungen", d. h. angemessene Vergütungen für Leistungen der Gesellschafter, die auf schuldrechtlichen Verträgen beruhen;
- „Einkommensteuerliche Modifikationen", d. h. die Abweichungen des Steuerbilanzgewinns vom handelsrechtlichen Jahresüberschuß vor Abzug von Steuern; insb. Sonderabschreibungen, steuerfreie Erträge, nichtabzugsfähige Betriebsausgaben;
- „Körperschaftsteuerliche Modifikationen", d. h. die Abweichungen des Steuerbilanzgewinns vom körperschaftsteuerlichen Einkommen (vgl. §§ 9, 10 KStG);
- „Gewerbeertragsteuerliche Modifikationen", d. h. Hinzurechnungen und Kürzungen nach §§ 8, 9 GewStG mit Ausnahme von § 9 Nr. 1 GewStG[40];
- „Gesellschaftsgrundstücke", d. h. der Einheitswert der im Eigentum der Gesellschaft stehenden Grundstücke;
- „Gesellschaftergrundstücke", d. h. der Einheitswert der der Gesellschaft von Gesellschaftern zur Nutzung überlassenen Grundstücke;
- „Einheitswertzuschlag" nach § 121a BewG (getrennt für Gesellschafts- und Gesellschaftergrundstücke);
- „Sonstiges Gesellschaftsvermögen", d. h. der Einheitswert des nicht in Grundbesitz bestehenden Vermögens, das sich im Eigentum der Gesellschaft befindet;
- „Sonstiges Gesellschaftervermögen", d. h. der bewertungsrechtliche Ansatz des nicht in Grundbesitz bestehenden Vermögens, das Gesellschafter der Gesellschaft zur Nutzung überlassen;
- „Anteilswertmodifikationen", d. h. die Differenz zwischen dem Kurswert der Anteile an einer Kapitalgesellschaft und dem Einheitswert des Betriebsvermögens der Gesellschaft;
- „Vermögensteuerliche Modifikationen", d. h. die Differenz zwischen dem Einheitswert des Betriebsvermögens und dem für Vermögensteuerzwecke anzusetzenden Vermögen (insb. die Kürzung des Einheitswerts des Betriebsvermögens nach § 117a BewG);
- „Gewerbekapitalsteuerliche Modifikationen", d. h. die Hinzurechnungen und Kürzungen nach § 12 II, III GewStG mit Ausnahme von § 12 II Nrn. 1, 2 und III Nr. 1 GewStG[41];
- „Gewerbeertragsteuerlicher Freibetrag" nach § 11 I 3 GewStG;
- „Gewerbekapitalsteuerlicher Freibetrag" nach § 13 I 3 GewStG;
- „Vermögensteuerliche Freibeträge";
- „Einkommensteuerliche Freibeträge".

---

[40] Der entsprechenden Kürzungsvorschrift wird bei der Bildung der Gewerbesteuer-Grundgleichung gesondert Rechnung getragen. Vgl. *Montag*, StuW 77, 232 f.
[41] Den entsprechenden Hinzurechnungen und Kürzungen wird bei der Bildung der Gewerbesteuer-Grundgleichung gesondert Rechnung getragen.

Teilsteuersätze

Bei einem Gewerbesteuerhebesatz von 400 v. H., einem Grundsteuerhebesatz von 300 v. H.[42], einem Kirchensteuersatz von 9 v. H.[43] und dem geltenden Einkommensteuerspitzensatz von 53 v. H.[44] ergeben sich für diese Bemessungsgrundlagenteile aus der nachstehenden Tabelle die folgenden Teilsteuersätze. Dabei wird unterstellt, daß es sich bei den Gesellschaftern der Kapitalgesellschaft ausschließlich um natürliche Personen handelt, die die Beteiligung im Privatvermögen halten.

Teilsteuersätze und Teilsteuerdifferenzsätze für Personen- und Kapitalgesellschaften

Bemessungsgrundlagenteile	Kapitalgesellschaft und Gesellschafter	Personengesellschaft	Differenzsätze
Unverteilter Jahresüberschuß	58,350	62,632	− 4,282
Bargewinnanteile	62,632	62,632	−
Leistungsvergütungen	55,140	62,632	− 7,492
Einkommensteuerliche Modifikationen	58,350	62,632	− 4,282
Körperschaftsteuerliche Modifikationen	58,350	−	58,350
Gewerbeertragsteuerliche Modifikationen	8,350	7,492	0,858
Gesellschaftsgrundstücke Einheitswertzuschlag	1,438	0,804	0,634
Gesellschaftsgrundstücke	1,000	0,411	0,589
Sonstiges Gesellschaftsvermögen	1,433	0,799	0,634
Gesellschaftergrundstücke Einheitswertzuschlag	0,971	0,804	0,167
Gesellschaftergrundstücke	0,500	0,411	0,089
Sonstiges Gesellschaftervermögen	0,833	0,799	0,034
Anteilswertmodifikationen	0,500	−	0,500
Vermögensteuerliche Modifikationen	0,600	0,500	0,100
Gewerbekapitalsteuerliche Modifikationen	0,333	0,299	0,034
Gewerbeertragsteuerlicher Freibetrag	−	− 7,492	− 7,492
Gewerbekapitalsteuerlicher Freibetrag	− 0,333	− 0,299	− 0,034
Vermögensteuerlicher Freibetrag	− 0,500	− 0,500	−
Einkommensteuerlicher Freibetrag	− 55,140	− 55,140	−

---

42 Diese exemplarischen Werte müssen bei konkreten Steuerbelastungsvergleichen durch die *tatsächlichen* Gewerbe- und Grundsteuerhebesätze ersetzt werden. Unter Berücksichtigung der Abzugsfähigkeit der Gewerbesteuer bei der eigenen Bemessungsgrundlage ergibt sich für die folgenden Berechnungen ein Gewerbesteuersatz von (gerundet) 16,7 v. H.
43 Vgl. dazu S. 402.
44 Aus der Zusammenfassung von Einkommensteuerspitzensatz und Kirchensteuersatz ergibt sich ein kombinierter Steuersatz von 55,14 v. H. Zur Ableitung dieses Wertes *G. Rose* (Fn. 32), 71 ff.; *ders.*, Betriebswirtschaftliche Steuerlehre (Fn. 34), 46 f.

Die vorstehende Tabelle enthält darüber hinaus auch die prozentualen Belastungsunterschiede zwischen Personen- und Kapitalgesellschaft. Positive Werte der Differenzsätze zeigen eine Mehrbelastung der Kapitalgesellschaft an, negative Werte eine Mehrbelastung der Personengesellschaft.

Die Belastungsunterschiede, die sich aufgrund der unterschiedlichen Absenkung des Körperschaftsteuersatzes und des Einkommensteuerspitzensatzes im Rahmen der Steuerreform 1990 tendenziell verstärkt haben[45], ergeben sich aus der vorstehenden Tabelle im einzelnen wie folgt:

a) Die *Gewinnanteile* unterliegen in der Personengesellschaft, unabhängig davon, ob sie als unverteilter Jahresüberschuß im Unternehmen verbleiben oder als Bargewinnanteile entnommen werden, einer Belastung von 62,632 v. H. Bei der Kapitalgesellschaft führen die Abweichung des Körperschaftsteuersatzes vom kombinierten Einkommen-/Kirchensteuerspitzensatz und die daraus resultierende unterschiedliche Entlastungswirkung der Gewerbeertragsteuer für den unverteilten Jahresüberschuß zu einer Minderbelastung von 4,282 v. H.[46]. Für die Bargewinnanteile entsteht aufgrund der Systematik des Anrechnungsverfahrens keine Belastungsdifferenz.

b) *Leistungsvergütungen* werden bei der Kapitalgesellschaft mit 55,14 v. H. belastet. Da diese Vergütungen bei der Personengesellschaft unmittelbar in den Gewerbeertrag eingehen, ergibt sich insoweit, als die Leistungsvergütungen bei der Kapitalgesellschaft keine gewerbeertragsteuerlichen Modifikationen auslösen, für die Personengesellschaft eine Mehrbelastung von 7,492 v. H.[47].

c) Da *körperschaftsteuerliche Modifikationen* nur bei der Kapitalgesellschaft auftreten können, entsteht bei ihr eine Mehrbelastung von 58,350 v. H.

d) Das *Gesellschaftsvermögen* wird bei der Kapitalgesellschaft insb. wegen der vermögensteuerlichen Erfassung bei der Gesellschaft und beim Gesellschafter grundsätzlich erheblich höher belastet als bei der Personengesellschaft[48]. Verschärft wird diese Mehrbelastung der Kapitalgesellschaft durch die Anteilswertmodifikationen, die nur bei der Beteiligung an einer Kapitalgesellschaft auftreten[49]. Die Mehrbelastung vermindert sich regelmäßig durch die vermögensteuerlichen Modifikationen, weil die Kürzung nach § 117a BewG wegen des höheren Vermögensteuersatzes für Kapitalgesellschaften eine höhere Entlastungswirkung hat.

e) *Gesellschaftergrundstücke* und die entsprechenden Einheitswertzuschläge werden bei den Gesellschaftern einer Kapitalgesellschaft höher belastet als bei der Personengesellschaft, weil insb. die Kürzung nach § 9 Nr. 1 GewStG im Privatvermögen nicht in Betracht kommt.

---

45 Zu den Belastungsunterschieden bis einschl. 1989 vgl. die 11. Auflage, S. 523.
46 Diese Belastungsunterschiede ergeben sich bei der hier gewählten Definition der Bemessungsgrundlagenteile unmittelbar aus dem Vergleich der Teilsteuersätze. Würde der „Reinertrag" dem Vergleich zugrunde gelegt, so wären weitere Rechenschritte erforderlich. Vgl. dazu *Kurth/Grass,* BFuP 79, 343, Fn. 10.
47 Differenzierter dazu *Sander,* Die Ertragsteuerbelastung des Leistungsaustausches zwischen Unternehmung und Unternehmer, Diss. rer. pol. Köln 1972; *Krause,* B 77, 505; *Kurth/Grass,* BFuP 79, 346 ff.
48 Ausführlich *Bitz,* Die Ermittlung der vermögensabhängigen Steuerbelastung der Unternehmung mit Hilfe der Teilsteuerrechnung, Diss. rer. pol. Köln 1972.
49 Vgl. dazu auch *Krause,* B 77, 508.

f) „*Sonstiges Gesellschaftervermögen*" geht bei der Personengesellschaft unmittelbar, bei der Kapitalgesellschaft über § 12 II Nrn. 1, 2 GewStG in das Gewerbekapital ein. Die entsprechende Mehrbelastung der Kapitalgesellschaft beruht auf der Abweichung des Körperschaftsteuersatzes vom kombinierten Einkommen-/Kirchensteuerspitzensatz und der daraus resultierenden geringeren Entlastungswirkung der Gewerbekapitalsteuer.

g) Der „*Gewerbeertragsteuerliche Freibetrag*" gilt nur für Personengesellschaften, so daß für die Kapitalgesellschaft eine Mehrbelastung entsteht. Die Mehrbelastungen bei den „Gewerbekapitalsteuerlichen Modifikationen" und dem „Gewerbekapitalsteuerlichen Freibetrag" sind auf die Abweichung des Körperschaftsteuersatzes vom kombinierten Einkommen-/Kirchensteuerspitzensatz und die daraus resultierende geringere Entlastungswirkung der Gewerbekapitalsteuer zurückzuführen.

C. Unterschiede in der Besteuerung von Sondervorgängen

Die Unterschiede in der steuerrechtlichen Behandlung von Personen- und Kapitalgesellschaften zeigen sich nicht nur bei der laufenden Besteuerung. Sie treten auch bei der Besteuerung von Sondervorgängen auf, wie aus der beispielhaften Untersuchung einiger solcher Vorgänge im folgenden hervorgeht[50].

1. Gründung

1.1 Gesellschaftsteuer

Im Gegensatz zur Personengesellschaft unterliegt die Eigenkapitalzufuhr bei inländischen Kapitalgesellschaften noch bis einschließlich 1991 der Gesellschaftsteuer[51]. Die Steuer entsteht gemäß § 2 I Nr. 1 KVStG insb. durch den Ersterwerb von Gesellschaftsrechten und beträgt 1 v. H. des Werts der Gegenleistung oder 1 v. H. des Werts der Gesellschaftsrechte, wenn keine Gegenleistung zu bewirken ist (§§ 8 Satz 1 Nr. 1, 9 KVStG).

1.2 Grunderwerbsteuer

Grundstückstransaktionen zwischen Personen- oder Kapitalgesellschaften und ihren Gesellschaftern sind grundsätzlich gemäß § 1 I Nr. 1 GrEStG steuerbar. Die Steuer beträgt gemäß § 11 I GrEStG 2 v. H. des Werts der Gegenleistung[52]. Bei Transaktionen zwischen einer Personengesellschaft und ihren Gesellschaftern wird die Steuer jedoch, anders als bei Kapitalgesellschaften, insoweit nicht erhoben, als die Gesellschafter am Vermögen der Gesamthand beteiligt sind (§§ 5, 6 GrEStG)[53].

1.3 Einkommen-/Kirchen-/Körperschaftsteuer

Personen- und Kapitalgesellschaften werden bei einer Bargründung in der Regel gleich behandelt. Unterschiede können sich bei der Gründung jedoch dann ergeben,

---

50 Vgl. auch *Endres*, DStR 84, 224.
51 Vgl. S. 595. Mit Wirkung ab 1. 1. 1992 wird die Gesellschaftsteuer aufgehoben (BGBl. I 90, 266).
52 Vgl. S. 594.
53 Dazu auch *Ebeling*, JbFSt. 1977/78, 204 f.

wenn der Gesellschafter im Rahmen einer Sachgründung Wirtschaftsgüter aus einem anderen Betriebsvermögen in die Gesellschaft einlegt. Während die Personengesellschaft das Wirtschaftsgut mit dem fortgeführten Buchwert, dem Teilwert oder einem Zwischenwert ansetzen und dadurch die Gewinnrealisierung beim Gesellschafter ganz oder teilweise vermeiden kann[54], ist die volle Gewinnrealisierung für den Gesellschafter einer Kapitalgesellschaft außerhalb des § 20 UmwStG zwingend.

1.4 Gewerbesteuer

Bei Personengesellschaften *beginnt* die Gewerbesteuerpflicht in dem Zeitpunkt, in dem erstmals alle Voraussetzungen eines Gewerbebetriebs erfüllt sind. Der Zeitpunkt der Eintragung ins Handelsregister ist für den Beginn bedeutungslos[55].

Bei Kapitalgesellschaften beginnt die Steuerpflicht demgegenüber grundsätzlich mit der Eintragung ins Handelsregister; auf Art und Umfang der Tätigkeit kommt es von diesem Zeitpunkt an nicht mehr an[56]. Gewerbesteuerpflicht besteht daher auch dann, wenn die Kapitalgesellschaft nicht gewerblich tätig wird. Die vor Eintragung ins Handelsregister bestehende *Vor-* oder *Gründergesellschaft* bildet nach der Rechtsprechung des BFH zusammen mit der später eingetragenen Kapitalgesellschaft einen einheitlichen Steuergegenstand, wenn sie bereits vor der Eintragung nach außen tätig wird[57].

2. Umwandlung[58]

2.1 Gesellschaftsteuer

Bei der Umwandlung einer Personengesellschaft in eine Kapitalgesellschaft fällt gemäß § 2 I Nr. 1 KVStG noch bis einschließlich 1991[59] Gesellschaftsteuer an, im umgekehrten Falle nicht.

2.2 Einkommen-/Kirchen-/Körperschaftsteuer

Bei der Umwandlung einer Personengesellschaft in eine Kapitalgesellschaft[60] kann die Kapitalgesellschaft das eingebrachte Betriebsvermögen mit seinem Buchwert, dem Teilwert oder einem Zwischenwert ansetzen (§ 20 II UmwStG) und dadurch eine Gewinnrealisierung ganz oder teilweise vermeiden. Auf einen bei der Sacheinlage entstehenden Veräußerungsgewinn ist im Rahmen des § 34 I EStG ein ermäßigter

---

54 BFH BStBl. 76, 748; BdF BStBl. I 78, 8, 14, Tz. 57 ff.
55 Vgl. Abschn. 21 I GewStR; außerdem BFH BStBl. 78, 23.
56 Vgl. Abschn. 21 II GewStR; RFH RStBl. 39, 543; BFH BStBl. 61, 66; 63, 69; 77, 10; 77, 668.
57 BFH BStBl. 60, 319; 77, 561. Dazu auch *Baumgartner,* Die Vorgesellschaft der Aktiengesellschaft im Steuerrecht, Diss. rer. pol. Erlangen-Nürnberg 1972, 153 ff.; *Römer,* Die steuerrechtliche Behandlung der Vorformen der Kapitalgesellschaften. Eine Untersuchung über die Körperschaftsteuer-, Vermögensteuer- und Gewerbesteuerpflicht der Kapitalgesellschaften im Gründungsstadium, Diss. rer. pol. Göttingen 1978, 148 ff.
58 Vgl. dazu die Literaturhinweise auf S. 431 f. außerdem *Costede,* GmbHR 80, 13, 43; *Schulze zur Wiesche,* GmbHR 81, 60, 88; *Burk,* Rechtsform- und Umwandlungsbesteuerung. Ein betriebswirtschaftlicher Steuerbelastungsvergleich der Alternativen GmbH und OHG, Berlin/Bielefeld/München 1983; *Heinemann,* KÖSDI 83, 5224; *Felix/Stahl,* DStR 86, Beihefter zu Heft 3; *Herzig,* StuW 88, 342.
59 Vgl. Fn. 51.
60 Dazu auch *Schürmann/Beyer,* ZGR 81, 58; *Wiesler,* StuW 82, 26; *Korn,* KÖSDI 87, 6841; *Felix,* KÖSDI 90, 8173.

Steuersatz anzuwenden[61], beim Teilwertansatz darüber hinaus der Freibetrag des § 16 IV EStG (s. § 20 V UmwStG). Im Gegensatz dazu unterliegt der Übertragungsgewinn bei der Umwandlung einer Kapitalgesellschaft in eine Personengesellschaft zwar nicht der Körperschaftsteuer (§ 4 UmwStG), die übernehmende Personengesellschaft hat die übertragenen Wirtschaftsgüter jedoch mit dem Teilwert anzusetzen (§§ 3, 5 I UmwStG) und den Übernahmegewinn (§ 5 V UmwStG) zu versteuern. Freibeträge oder eine Ermäßigung des Steuersatzes kommen insofern nicht in Betracht.

2.3 Gewerbeertragsteuer

Bei der Umwandlung einer Kapitalgesellschaft in eine Personengesellschaft unterliegt der Übertragungsgewinn (§ 4 UmwStG) zwar grundsätzlich der Gewerbesteuer (§ 18 I UmwStG), stille Reserven in einer Beteiligung der umgewandelten Kapitalgesellschaft an einer Personengesellschaft werden jedoch nicht besteuert[62].

Ein bei der übernehmenden Gesellschaft entstehender Übernahmegewinn (§ 5 V UmwStG) wird darüber hinaus zu einem Drittel erfaßt, soweit er auf Anteile entfällt, die nicht nach § 6 III UmwStG als in das Betriebsvermögen eingelegt gelten, und soweit er den Unterschiedsbetrag zwischen den tatsächlichen Anschaffungskosten der Anteile und deren Buchwert übersteigt (§ 18 II UmwStG). Ein bei der Umwandlung einer Personengesellschaft in eine Kapitalgesellschaft entstehender Veräußerungsgewinn wird demgegenüber grundsätzlich nicht besteuert[63].

3. Anteilsveräußerung

3.1 Einkommen-/Kirchen-/Körperschaftsteuer

Gewinne aus der Veräußerung einer Beteiligung an einer Personengesellschaft werden gemäß § 16 I Nr. 2 EStG unabhängig von der Beteiligungshöhe beim Ausscheidenden erfaßt. Sie unterliegen nach Abzug des anteiligen Freibetrages[64] (§ 16 IV EStG) im Rahmen des § 34 EStG dem ermäßigten Steuersatz[65].

Bei der Veräußerung von Anteilen an einer Kapitalgesellschaft, die in einem gewerblichen Betriebsvermögen gehalten werden, gehört der Veräußerungsgewinn grundsätzlich zum laufenden Gewinn, so daß weder ein Freibetrag noch ein ermäßigter Steuersatz gewährt wird. §§ 16 IV, 34 II Nr. 1 EStG sind lediglich bei einer Beteiligungsquote von 100 % anwendbar (§ 16 I Nr. 1 EStG). Im Privatvermögen werden die Gewinne aus der Veräußerung einer Beteiligung an einer Kapitalgesellschaft nur bei wesentlicher Beteiligung (§ 17 EStG) oder bei einem Spekulationsgeschäft (§§ 22 Nr. 2; 23 I Nr. 1 b EStG) besteuert.

---

61 Zu Gestaltungsüberlegungen nach der Steuerreform 1990: *Herzig/Schiffers*, B 89, 2441.
62 BFH BStBl. 90, 699.
63 Vgl. Abschn. 40 I Nr. 1 GewStR; *Widmann/Mayer*, Umwandlungsrecht [2], Bonn 1980 ff. (Loseblatt), § 20 UmwStG Rz. 7301 ff.
64 Dazu BFH BStBl. 80, 566; 80, 721.
65 Zu den daraus resultierenden Gestaltungsmöglichkeiten *Herzig*, FR 80, 37; ders., StuW 80, 239; *von der Heyden*, Steuerliche Wahlrechte bei Gewinnen aus der Veräußerung eines Betriebs, Düsseldorf 1981; darüber hinaus grundlegend *Herzig*, Die Beendigung eines unternehmerischen Engagements als Problem der Steuerplanung, Habilitationsschrift, Köln 1981; *Seutter*, Unternehmensaufgabe und Ertragsteuern, Köln u. a. 1981.

§ 16 Besteuerung von Personen- und Kapitalgesellschaften

3.2 Gewerbeertragsteuer

a) *Veräußerungsgewinne* i. S. der §§ 16, 17 EStG gehören grundsätzlich nicht zum Gewerbeertrag[66]. Bei der Veräußerung eines Mitunternehmeranteils oder einer privaten Beteiligung an einer Kapitalgesellschaft fällt daher keine Gewerbeertragsteuer an. Dies gilt auch für Gewinne aus der Veräußerung von Mitunternehmeranteilen, die eine Kapitalgesellschaft bei einer Einbringung nach § 24 UmwStG erworben hat. Es handelt sich nicht um einen laufenden Gewinn, so daß die allenfalls denkbare Erfassung bei der Personengesellschaft nicht in Betracht kommt[67]. Für die steuerverschärfende Hinzurechnung zum Gewerbeertrag der veräußernden Kapitalgesellschaft, die die Finanzverwaltung vornimmt[68], fehlt die Rechtsgrundlage[68a].

Im Gegensatz dazu gehören Gewinne aus der Veräußerung einer Beteiligung an einer Kapitalgesellschaft grundsätzlich zum Gewerbeertrag. Erfaßt wird nach herrschender Meinung auch der Gewinn aus der Veräußerung einer 100%igen Beteiligung an einer Kapitalgesellschaft[69], obwohl die Fiktion des § 16 I Nr. 1 EStG auf einer *wirtschaftlichen Gleichstellung* mit einem Teilbetrieb beruht[70] und für eine unterschiedliche gewerbesteuerliche Beurteilung, insbesondere auch im Hinblick auf die Entwicklung des Gewerbesteuergesetzes[71], keine Rechtfertigung besteht. Nach herrschender Meinung kommt eine Besteuerung jedoch nur dann nicht in Betracht, wenn mit der Veräußerung der Beteiligung auch der Gewerbebetrieb des Veräußerers eingestellt wird[72].

b) *Gewerbeverlust:* Bei einer Kapitalgesellschaft bleibt ein Gewerbeverlust (§ 10a GewStG) von einer Änderung der Beteiligungsverhältnisse unberührt. Wird ein Mitunternehmeranteil veräußert, kann ein Gewerbeverlust nur insoweit abgezogen werden, als die Gesellschafter, die den Betrieb fortführen, vor der Änderung der Beteiligungsverhältnisse am Gewinn der Gesellschaft beteiligt waren[73]. Mit der Änderung des § 10a GewStG durch das Steuerbereinigungsgesetz 1986[74] ist nach Auffassung des BFH[75] insofern keine Änderung der Rechtslage verbunden.

4. Erbfall und Schenkung

4.1 Einkommen-/Kirchen-/Körperschaftsteuer

Die unentgeltliche Übertragung eines Mitunternehmeranteils führt nach herrschender Auffassung[76] gemäß § 7 I EStDV beim bisherigen Betriebsinhaber nicht zur

---

66 BFH BStBl. 62, 438; 64, 248; 71, 182; 82, 707.
67 Dazu allgemein BFH BStBl. 90, 699.
68 Abschn. 41 II 5 GewStR.
68a Kritisch dazu auch *Glanegger/Güroff*, GewStG, München 1988, § 2 Anm. 187.
69 BFH BStBl. 78, 100; Abschn. 40 I Nr. 1 Satz 14 GewStR.
70 Vgl. BT-Drucks. IV 3189, S. 6.
71 Dazu mit Recht kritisch *Glanegger/Güroff*, GewStG, München 1988, § 7 Anm. 55, 13 f., mit Hinweis auf die einschlägigen Gesetzesfassungen und -begründungen.
72 BFH BStBl. 72, 468.
73 Vgl. insb. BFH BStBl. 66, 374; 78, 348; 81, 748; 85, 334; Abschn. 68 VII GewStR.
74 Dazu FG Bad.-Württ. EFG 87, 133; *Orth*, FR 86, 81; *Kraushaar*, DStZ 87, 255; *Wesling*, B 86, 1894; *ders.*, B 87, 1321; *Autenrieth*, DStZ 87, 412; *Lenski/Steinberg*, GewStG (Loseblatt), § 10a Anm. 11. Andererseits Hess. FG EFG 87, 132; *Pauka*, B 87, 655; *Unvericht*, DStR 87, 413; *Glanegger/Güroff*, GewStG, München 1988, § 10a Anm. 11.
75 BFH BStBl. 90, 436. Kritisch dazu mit Recht *Söffing*, FR 90, 339, 342; *Finkbeiner*, DStZ 90, 529.
76 Dazu auch S. 314.

Gewinnrealisierung, die stillen Reserven können auf den Rechtsnachfolger übertragen werden. Im Gegensatz dazu gehören Beteiligungen an einer Kapitalgesellschaft in der Regel zu den Wirtschaftsgütern i. S. des § 7 II EStDV, die Übertragung stiller Reserven kommt insofern grundsätzlich nicht in Betracht. Die Anwendung des § 7 I EStDV dürfte nur bei einer 100%igen Beteiligung (Teilbetrieb) möglich sein.

4.2 Gewerbeertragsteuer

Bei einer Kapitalgesellschaft bleibt der Gewerbeverlust im Erbfall oder bei einer Schenkung von einem Gesellschafterwechsel unberührt. Tritt demgegenüber bei einer Personengesellschaft durch Erbfall oder Schenkung ein Gesellschafterwechsel ein, kann ein vorhandener Gewerbeverlust von den ursprünglichen Gesellschaftern nur entsprechend ihrer Beteiligungsquote im Verlustentstehungsjahr genutzt werden[77].

4.3 Erbschaft- und Schenkungsteuer

Beim unentgeltlichen Übergang eines Anteils an einer Personengesellschaft wird das Betriebsvermögen mit dem anteiligen Einheitswert erfaßt (§ 12 V ErbStG; §§ 95 ff. BewG)[78]. Die darauf entfallende Erbschaft- und Schenkungsteuer ist dem Erwerber auf Antrag bis zu sieben Jahre insoweit zu stunden, als dies zur Erhaltung des Betriebs notwendig ist (§ 28 ErbStG)[79]. Die Beteiligung an einer Kapitalgesellschaft wird demgegenüber mit dem Kurswert oder dem gemeinen Wert erfaßt (§ 12 I ErbStG, § 11 BewG). Eine Stundung nach § 28 ErbStG kommt nur dann in Betracht, wenn die Beteiligung zum Betriebsvermögen gehört.

5. Liquidation[80]

5.1 Einkommen-/Kirchen-/Körperschaftsteuer

Bei der Liquidation einer Kapitalgesellschaft ist für den Abwicklungsgewinn (§ 11 KStG) die Ausschüttungsbelastung insoweit herzustellen, als verwendbares Eigenkapital i. S. von § 29 KStG als verwendet gilt (§ 41 I KStG, § 20 I Nr. 2 EStG)[81]. Beim Anteilseigner werden Liquidationserlös und Anrechnungsguthaben im Rahmen des Privatvermögens als Einkünfte aus Kapitalvermögen voll erfaßt (§ 20 I Nrn. 2, 3 EStG), im Rahmen des Betriebsvermögens kommen lediglich bei einer 100%igen Beteiligung der Freibetrag des § 16 IV EStG und der ermäßigte Steuersatz des § 34 EStG in Betracht[82]. Im Gegensatz dazu werden die entsprechenden Aufgabegewinne (§ 16 III EStG) bei der Beteiligung an einer Personengesellschaft durch §§ 16 IV, 34 EStG unabhängig von der Höhe der Beteiligung begünstigt[83].

---

77 Vgl. BFH BStBl. 66, 374; Abschn. 68 VII GewStR. Vgl. auch BFH BStBl. 90, 436.
78 Dazu ausführlich *Knobbe-Keuk*, Bilanz- und Unternehmenssteuerrecht [7], Köln 1989, 791.
79 Vgl. *Beinert*, StbJb. 1976/77, 224; *Ebeling*, JbFSt. 1977/78, 203.
80 Dazu umfassend *Herzig*, Die Beendigung eines unternehmerischen Engagements als Problem der Steuerplanung, Habilitationsschrift, Köln 1981.
81 Vgl. dazu insb. *Herzig*, BB 79, 173; *ders.*, B 79, 1007; *ders.*, FR 79, 289.
82 Vgl. *Erdweg*, in: HHR, EStG, § 16 Anm. 126.
83 Zu den daraus resultierenden Gestaltungsmöglichkeiten *Herzig*, FR 80, 37; *ders.*, StuW 80, 239; *Seutter*, Unternehmensaufgabe und Ertragsteuern, Köln u. a. 1981.

5.2 Gewerbesteuer

a) *Steuerpflicht:* Die Gewerbesteuerpflicht endet bei einer Kapitalgesellschaft nicht (wie bei der Personengesellschaft) bereits mit der Beendigung (d. h. mit der Einstellung) der gewerblichen Tätigkeit[84], sondern erst mit der letzten Abwicklungshandlung[85]. Anders als bei Personengesellschaften unterliegt das Vermögen damit grundsätzlich bis zur Verteilung an die Gesellschafter der Gewerbekapitalsteuer; der während der Abwicklung entstehende Gewinn unterliegt bei der Kapitalgesellschaft der Gewerbeertragsteuer.

b) *Liquidationsgewinn:* Sind die anteiligen Liquidationsraten, die ein Gewerbetreibender aus seiner Beteiligung an einer Kapitalgesellschaft erhält, höher als der Buchwert der Beteiligung, unterliegt der Liquidationsgewinn als laufender Gewinn im Gewerbebetrieb des Gesellschafters der Gewerbeertragsteuer. Selbst bei der Aufgabe eines Teilbetriebs in Form einer 100 %igen Beteiligung an einer Kapitalgesellschaft kommt nach der Rechtsprechung des BFH eine Besteuerung wohl nur dann nicht in Betracht, wenn mit der Auflösung der Kapitalgesellschaft auch der Gewerbebetrieb des Gesellschafters eingestellt wird[86]. Bei der Auflösung einer Personengesellschaft hingegen sind die Gewinne i. S. des § 16 III EStG nicht zu versteuern[87].

D. Reform der Unternehmensbesteuerung

Literatur[88]: *Schipporeit,* Grundsätze und Möglichkeiten einer Unternehmungsteuer, München 1979; *Flämig,* Rechtsformneutrale Besteuerung der Unternehmen?, ZRP 80, 237; *Jacobs,* Empfiehlt sich eine rechtsformunabhängige Besteuerung der Unternehmung?, ZGR 80, 289; *Schipporeit,* Ziele und Möglichkeiten einer Unternehmungsteuer, StuW 80, 190; *Tipke,* Zur Problematik einer rechtsformunabhängigen Besteuerung der Unternehmen, NJW 80, 1079; *Walz,* Empfiehlt sich eine rechtsformunabhängige Besteuerung der Unternehmen?, Gutachten für den 53. Deutschen Juristentag, München 1980; *H. Weber,* Zu einigen rechtspolitischen Grundfragen der Besteuerung selbständiger Unternehmen, JZ 80, 545; *Wöhe,* Der Einfluß der Besteuerung auf die Wahl der Unternehmensform, ZfbF 80, 519; *Knobbe-Keuk/K. Littmann,* Empfiehlt sich eine rechtsformunabhängige Besteuerung der Unternehmen?, Verhandlungen des 53. Deutschen Juristentages, Sitzungsbericht O, München 1980; *Heidinger,* Nochmals: Für und Wider Betriebsteuer, StuW 82, 268; *Elschen,* Die Betriebsteuer – von niemandem gewünscht und doch wünschenswert, StuW 83, 318; *Kopp,* Rechtsformabhängige Belastungsdifferenzen als Ansatzpunkt einer Reform der Unternehmensbesteuerung, Gelsenkirchen 1983; *Elschen,* Institutionale oder personale Besteuerung von Unternehmensgewinnen?, Habilitationsschrift, Bochum 1986; *Schreiber,* Rechtsformabhängige Besteuerung? Eine Kritik des Verhältnisses von Einkommen- und Körperschaftsteuer auf der Grundlage eines Modells für mehrperiodige Steuerbelastungsvergleiche, Köln 1987; *Jacobs/Scheffler,* Unternehmensbesteuerung und Rechtsform, Handbuch und EDV-gestützter Belastungsvergleich der Besteuerung von Unternehmen unterschiedlicher Rechtsformen, München 1988, 81 ff.; *Lang,* Reform der Unternehmensbesteuerung, StuW 89, 3; *Kronberger Kreis,* Reform der Unternehmensbesteuerung,

---

84 Vgl. RFH RStBl. 38, 910; 38, 911; 39, 5; 41, 386; Abschn. 22 I GewStR. Dazu auch *Sarrazin,* in: Lenski/Steinberg, GewStG (Loseblatt), § 2 Anm. 3.
85 Vgl. RFH RStBl. 39, 543; 40, 116; 40, 435; BFH BStBl. 80, 658; Abschn. 22 III GewStR; *von Wallis/Heinicke,* Besteuerung der Personen- und Kapitalgesellschaften [3], Heidelberg 1978, 197; *Sarrazin* (Fn. 84), § 2 Anm. 3.
86 Vgl. BFH BStBl. 72, 468; 72, 470; 78, 100; Abschn. 40 I Nr. 1 Satz 14 GewStR.
87 Vgl. Abschn. 39 III, 40 I Nr. 1 GewStR. Dazu auch Fn. 66.
88 Zur älteren Literatur vgl. 12. Auflage, S. 604.

Bd. 18 der Schriftenreihe des Frankfurter Instituts für wirtschaftspolitische Forschung, Frankfurt 1989; *W. Ritter,* Reform der Unternehmensbesteuerung aus der Sicht der Wirtschaft, StuW 89, 319; *D. Schneider,* Reform der Unternehmensbesteuerung aus betriebswirtschaftlicher Sicht, StuW 89, 328; *Knobbe-Keuk,* Möglichkeiten und Grenzen einer Unternehmenssteuerreform, B 89, 1303; *dies.,* Bilanz- und Unternehmenssteuerrecht[7], Köln 1989, Einleitung; *G. Heidinger,* Reform der Unternehmensbesteuerung als Voraussetzung für eine horizontale Gerechtigkeit, in: FS für G. Stoll, Wien 1990, 53; *M. Korth,* Reformgedanken zur Unternehmensbesteuerung, Stbg. 90, 126; *Lang,* Reform der Unternehmensbesteuerung auf dem Weg zum europäischen Binnenmarkt und zur deutschen Einheit, StuW 90, 107; *M. Rose,* Strategieorientierte Reform der Unternehmensbesteuerung, StVj 90, 1; *D. Schneider,* Investition, Finanzierung und Besteuerung [6], Wiesbaden 1990, 621 ff.

Im Rahmen der Steuerreform 1990 ist ein Abbau der Besteuerungsunterschiede zwischen Personen- und Kapitalgesellschaften nicht erfolgt. Im Gegenteil: Die unterschiedliche Absenkung des Körperschaftsteuersatzes auf thesaurierte Gewinne einerseits und des Einkommensteuerspitzensatzes andererseits haben zu einer zusätzlichen Belastungsdifferenz geführt und damit das Bedürfnis nach einer grundlegenden Reform der Unternehmensbesteuerung weiter verstärkt[89]. Der Gesetzgeber hat zwar mit der Abschaffung der Kapitalverkehrsteuern einen begrüßenswerten Anfang gemacht[90]. Darüber hinaus hat die Bundesregierung eine grundlegendere Reform angekündigt. Ob politisch die Bereitschaft besteht, sich dabei an einem durch das Leistungsfähigkeitsprinzip bestimmten Gesamtkonzept zu orientieren, ist nach den Erfahrungen mit der Steuerreform 1990[91] und der emotionalen sowie ideologisch belasteten Diskussion um den Einkommensteuerspitzensatz allerdings eher unwahrscheinlich. Dies gilt um so mehr, als die Finanzierung der Deutschen Einheit die finanzpolitischen Handlungsspielräume erheblich einengt[92] und noch kein Einvernehmen über ein Reformkonzept besteht[93]. Sicher ist insoweit nur, daß die Reformbedürftigkeit der Unternehmensbesteuerung nicht allein in der prinzipiellen Anknüpfung an zivilrechtliche Rechtsformen begründet ist. Mit der Existenz standortabhängiger Belastungsunterschiede, dem Belastungsgefälle zwischen Betriebs- und Privatvermögen und der ertragsunabhängigen Besteuerung bestehen vielmehr weitere Strukturfehler, die aufgrund ihrer Interdependenzen eine umfassende Neuorientierung unerläßlich machen[94].

Steuersystematisch kann die zivilrechtliche Rechtsform bei dieser Neuorientierung selbst im Hinblick auf die Einheit der Rechtsordnung lediglich insoweit Anknüpfungspunkt für die Besteuerung sein, als sich in ihr wirtschaftliche Leistungsfähigkeit verkörpert[95]. Führt die Anknüpfung an das Zivilrecht hingegen dazu, daß wirtschaft-

---

89 Vgl. dazu S. 622.
90 Mit Wirkung ab 1. 1. 1991 wurde die Börsenumsatzsteuer aufgehoben, ab 1. 1. 1992 wird auch die Gesellschaftsteuer aufgehoben (BGBl. I 90, 266).
91 Dazu insb. *Tipke,* StuW 89, 291; aus betriebswirtschaftlicher Sicht: *Rose,* StuW 89, 311.
92 Vgl. dazu auch S. 184 ff.
93 Symptomatisch sind insofern die Diskussionen und Beschlüsse des 53. Deutschen Juristentages im Jahre 1980. Vgl. dazu insbesondere *Walz,* Empfiehlt sich eine rechtsformunabhängige Besteuerung der Unternehmen? Gutachten für den 53. Deutschen Juristentag, München 1980; *Knobbe-Keuk,* Empfiehlt sich eine rechtsformunabhängige Besteuerung der Unternehmen?, Verhandlungen des 53. Deutschen Juristentages, München 1981; *dies.,* FR 80, 511; *dies.,* GmbHR 80, 243; außerdem insb. *Lang,* StuW 89, 8 ff.; *ders.,* StuW 90, 107; *D. Schneider,* StuW 89, 328.
94 Dazu *Lang,* StuW 89, 3; *ders.,* StuW 90, 107.
95 Dazu *Tipke,* NJW 80, 1080, 1084.

§ 16 Besteuerung von Personen- und Kapitalgesellschaften

lich gleiche Sachverhalte ungleich und wirtschaftlich ungleiche Sachverhalte gleich besteuert werden, muß das Steuerrecht sich vom Zivilrecht lösen und eigenständige Ordnungsstrukturen schaffen[96].

Im Rahmen einer *grundlegenden* Reform der Unternehmensbesteuerung ist ertragsteuerlich sicherlich insoweit eine Abkehr vom Zivilrecht geboten, als es um die Besteuerung einbehaltener Unternehmensgewinne geht. Thesaurierte Gewinne sind sowohl für die Gesellschafter einer Kapitalgesellschaft als auch für die Gesellschafter einer Personengesellschaft weder rechtlich noch wirtschaftlich disponibel, so daß es sich verbietet, diese Erträge den Gesellschaftern zuzurechnen und sie nach deren individuellen Besteuerungsmerkmalen steuerlich zu erfassen[97]. Es erscheint vielmehr sachgerecht und geboten, thesaurierte Erträge rechtsformunabhängig einer besonderen, beim Gesellschafter anrechenbaren Betrieb- oder Unternehmensteuer zu unterwerfen[98] und der besonderen Sozialfunktion investierten Vermögens sowie den Erfordernissen einer internationalen Harmonisierung dabei durch eine niedrige Proportionalbesteuerung Rechnung zu tragen[99]. Mit der Öffnung einer solchen Betrieb- oder Unternehmensteuer für die private Vermögensverwaltung und der einheitlichen Erfassung von Veräußerungsgewinnen könnte die gleichmäßige Erfassung der Einkünfte aus betrieblicher und privater Investitionstätigkeit sichergestellt werden[100], während die progressive Einkommensteuer den Charakter einer Konsumeinkommensteuer gewinnen würde[101].

Für die Gewerbesteuer als eine der Hauptursachen für die heute bestehenden Besteuerungsunterschiede bliebe bei einer einheitlichen Erfassung der Einkünfte aus Investitionstätigkeit keine Berechtigung mehr[102].

Damit entfiele zugleich die Berechtigung dafür, Leistungsvergütungen zwischen einer Personengesellschaft und ihren Gesellschaftern entgegen der zivilrechtlichen Gestaltung steuerlich die Anerkennung zu versagen. Angemessene Leistungsvergütungen und Sozialleistungen an die Gesellschafter mindern das Unternehmensergebnis ebenso wie Zahlungen an die Gesellschafter einer Kapitalgesellschaft oder an fremde Dritte. Sie stehen im Unternehmen nicht für Investitionszwecke zur Verfügung, so daß eine Erfassung durch die Betriebsteuer, die insoweit anders als die heutige Behandlung in völliger Übereinstimmung mit der zivilrechtlichen Wertung steht, nicht erfolgt.

Realistischerweise ist jedoch davon auszugehen, daß ein auf dem Betriebsteuergedanken basierendes Gesamtkonzept für die Unternehmensbesteuerung trotz seiner syste-

---

96 Vgl. *Lang,* StuW 89, 6 ff. (m. w. N.).
97 Vgl. *Flume,* Die Betriebsertragsteuer als Möglichkeit der Steuerreform, B 71, 692; *Lang,* StuW 89, 8 ff.
98 Vgl. *Lang,* StuW 89, 8 ff.; *ders.,* StuW 90, 107, 118 ff.; dazu auch *Seidl,* StuW 89, 350.
99 Vgl. *Lang,* StuW 89, 9 ff.; *ders.,* StuW 90, 107, 119 f.
100 Im einzelnen dazu *Lang,* StuW 89, 10 ff. Damit entfällt eines der Hauptargumente, das bislang gegen die Betriebsteuer vorgebracht wurde. Darüber hinaus ergibt sich auch ein erheblicher Vereinfachungseffekt, weil die Abgrenzung zwischen privater Vermögensverwaltung und Gewerbebetrieb sowohl für die laufende Besteuerung als auch für die Erfassung von Veräußerungsgewinnen keine Bedeutung mehr hat. Dazu auch *Seidl,* StuW 89, 350.
101 Dazu im einzelnen *Lang,* StuW 90, 118 ff.
102 Zur Notwendigkeit einer Abschaffung der Gewerbesteuer und zu den diskutierten Alternativlösungen vgl. auch S. 518 ff. Der Finanzautonomie der Gemeinden könnte verfassungskonform insbesondere durch eine Beteiligung der Gemeinden an der Umsatzsteuer und ggf. an der Betriebsteuer Rechnung getragen werden.

matischen Geschlossenheit politisch auf erhebliche Widerstände stoßen wird. Konkrete Fortschritte dürften in bezug auf die Reform der Unternehmensbesteuerung daher eher beim Abbau der Substanzsteuerbelastung möglich sein, die insbesondere bei Kapitalgesellschaften stark in die Vermögenssubstanz eingreift[103]. Sachgerecht und mit einem erheblichen Steuervereinfachungseffekt verbunden wäre die Abschaffung der Gewerbekapitalsteuer und der Vermögensteuer auf Betriebsvermögen[104] oder zumindest die Übernahme der Steuerbilanzwerte in die Vermögensaufstellung[105].

---

103 Dazu insb. *Rose,* FR 75, 77; *ders.,* FR 77, 537; *H. Vogel,* Die Überbelastung der Unternehmen duch ertragsunabhängige Steuern – zur Notwendigkeit einer Reform, in: Beiträge zum Zivil-, Steuer- und Unternehmensrecht, FS für Heinz Meilicke, Berlin/Heidelberg/New York/Tokyo 1985, 124 ff.; *Curtius-Hartung,* StbJb. 1987/88, 9; *Fischer,* B 89, 389; *Lang,* StuW 89, 16 f.; *Nieskens,* BB 89, 1094.
104 *Lang,* StuW 89, 16 f.; *ders.,* StuW 90, 123.
105 *Inst. FuSt,* Übernahme der Steuerbilanzwerte für Zwecke der Feststellung des Einheitswertes des Betriebsvermögens, Brief 197, Bonn 1980.

§ 17 Besteuerung zusammengesetzter Unternehmensformen

In Anbetracht der bestehenden Unterschiede in der Besteuerung von Personen- und Kapitalgesellschaften hat der Versuch, die steuerlichen Vorteile der vom Gesetzgeber vorgegebenen Rechtsformen zu kombinieren und gleichzeitig ihre Nachteile zu vermeiden, nichts von seiner wirtschaftlichen Bedeutung verloren. Er findet seinen Niederschlag in Unternehmensformen, die nicht mit dem zivilrechtlichen Ordnungsrahmen einer Rechtsform übereinstimmen, sondern sich aus mehreren Rechtsformen zusammensetzen und in ihrer steuerlichen Behandlung zumindest partiell Besonderheiten gegenüber den zivilrechtlichen Grundtypen aufweisen.

A. GmbH & Co. KG

Literatur: *Sudhoff*, Der Gesellschaftsvertrag der GmbH & Co. [5], München 1980; *Hesselmann/Tillmann*, Handbuch der GmbH & Co. [17], Köln 1991; *Felix/Korn*, Buchhaltung und Steuer der GmbH & Co. [10], Köln 1980; *Klauss/Mittelbach*, Die GmbH & Co. KG[6], Ludwigshafen 1981; *v. Armansperg*, Die Abschreibungsgesellschaft, München 1983; *Kobs*, Bilanzierung und Buchführung bei der GmbH & Co. KG in steuerlicher Sicht [4], Herne/Berlin 1983; *Hennerkes/Binz*, Die GmbH & Co. [7], München 1984; *Fichtelmann*, Die GmbH & Co. KG im Steuerrecht[6], Heidelberg 1989; *Sauer*, Die Publikums- und Kommanditgesellschaft [2], Berlin 1989; *Brönner/Rux/Wagner*, Die GmbH & Co. KG in Recht und Praxis [5], Freiburg i. Br. 1990.

Die GmbH & Co. KG ist handelsrechtlich eine Personengesellschaft. Alleiniger Komplementär der KG ist in der Regel eine GmbH, so daß sich für die beteiligten natürlichen Personen eine vollständige Haftungsbeschränkung ergibt. Sind die Gesellschafter der Komplementär-GmbH in gleicher Höhe auch als Kommanditisten an der KG beteiligt, liegt eine GmbH & Co. KG im engeren Sinne vor.

Für die Besteuerung dieser Unternehmensform, die im Hinblick auf die Publizitätspflichten für die GmbH mit dem Bilanzrichtliniengesetz zusätzliche Anziehungskraft gewonnen hat[1], gelten grundsätzlich die allgemeinen Regeln, so daß sich die Vorteile von GmbH und Personengesellschaft durch entsprechende Vertragsgestaltung zumindest teilweise kombinieren lassen. Bedeutsam ist vor allem die Vermeidung einer Mehrfachbelastung bei der Vermögensteuer (bei gleichzeitiger Haftungsbeschränkung) und die unmittelbare Verlustzurechnung für die Gesellschafter. Gegenüber der grundsätzlichen Behandlung von Personen- und Kapitalgesellschaften sind jedoch im wesentlichen die folgenden Besonderheiten zu beachten.

1. Gesellschaftsteuer

Die GmbH & Co. KG ist zwar handelsrechtlich eine Personengesellschaft. Bei der Gesellschaftsteuer gilt eine Kommanditgesellschaft, zu deren persönlich haftenden Gesellschaftern eine Kapitalgesellschaft gehört, jedoch als Kapitalgesellschaft (§ 5 II Nr. 3 KVStG). Diese Fiktion führt bis einschließlich 1991[2] dazu, daß grundsätzlich

---

1 Vgl. dazu insb. *Heinemann*, KÖSDI 83, 5224; *Felix*, KÖSDI 85, 6044; *Hesselmann*, BFuP 85, 129; *Willemer*, BB 85, 1459; *Lachnit/Freidank*, B 86, 1081; *Felix/Stahl*, DStR 86, Beihefter zu Heft 3; *Scheidle*, BB 86, 2065; *Tillmann*, B 86, 1319.
2 Mit Wirkung ab 1. 1. 1992 wird die Gesellschaftsteuer aufgehoben (BGBl. I 90, 266).

jede Zuführung von Eigenkapital in eine GmbH & Co. KG der Gesellschaftsteuer unterliegt. Lediglich die Komplementäranteile stellen keine Gesellschaftsrechte dar (§ 6 I Nr. 1 KVStG), so daß insoweit keine Gesellschaftsteuer anfällt.

2. Einkommen-/Kirchen-/Körperschaftsteuer

a) *Steuerpflicht:* Mit dem Beschluß des Großen Senats[3] hat der BFH klargestellt, daß eine GmbH & Co. KG auch dann nicht Körperschaftsteuersubjekt ist, wenn sie als sog. Publikums-KG organisiert ist und insoweit körperschaftliche Strukturen aufweist[4]. Steuersubjekte sind vielmehr die natürlichen (§ 1 EStG) und juristischen Personen (§ 1 KStG), die als Gesellschafter an der KG beteiligt sind.

b) *Einkunftsart:* Nach der Aufgabe der Geprägetheorie durch den BFH[5] hat der Gesetzgeber die Grundsätze der früheren Rechtsprechung mit der Einführung des § 15 III Nr. 2 EStG gesetzlich verankert[6]. Die Tätigkeit einer GmbH & Co. KG, bei der ausschließlich Kapitalgesellschaften persönlich haftende Gesellschafter sind und bei der nur diese Kapitalgesellschaften oder Nichtgesellschafter zur Geschäftsführung befugt sind, *gilt* demnach auch dann als Gewerbebetrieb, wenn die Tätigkeit der Gesellschaft an sich nicht unter § 15 I 1 Nr. 1 EStG fällt.

c) *Betriebsvermögen:* Die Anteile an der Komplementär-GmbH wurden in der Vergangenheit stets dem Sonderbetriebsvermögen der KG zugeordnet[7], so daß Gewinne aus der Veräußerung der Anteile als gewerbliche Einkünfte zu versteuern waren. In der neueren Rechtsprechung des BFH deutet sich jedoch an, daß die Zuordnung zum Sonderbetriebsvermögen auch ertragsteuerlich offenbar nur dann vorzunehmen ist, wenn sich die GmbH auf die Geschäftsführung für die KG beschränkt oder wenn ein daneben bestehender Gewerbebetrieb von ganz untergeordneter Bedeutung ist[8].

d) *Gewinnverteilung:* Da die GmbH & Co. KG Personengesellschaft ist, wird ihr Gewinn einheitlich festgestellt und auf die Gesellschafter verteilt (§§ 179, 180 AO). Wenn die Gesellschafter in der Lage sind, ihre gleichlaufenden Interessen in der KG und der GmbH gemeinsam zu verwirklichen, ist die Angemessenheit der Gewinnver-

---

3 BFH BStBl. 84, 751. Vgl. dazu auch *Erdweg,* FR 84, 601; *Groh,* WPg 84, 655; *Korn,* KÖSDI 84, 5718; *Bruse,* FR 85, 86; *Herzig,* BB 85, 741; *Schellenberger,* DStR 85, 163; *Wollny,* DStR 85, 163; *Streck,* DStR 86, 3.
4 Anders noch die Stellungnahme der Finanzverwaltung in BFH BStBl. 81, 272, 273. Vgl. auch *Uelner,* JbFSt. 1980/81, 359 f.; DStZ 80, 363; *Walz,* StRK-Anm. EStG § 15 Ziff. 1 R. 95.
5 Vgl. Fn. 4.
6 Dazu *Bordewin,* BB 85, 1548; *Dedner,* BB 85, 1722; *Flume,* B 85, 1152; *Hennerkes/Binz,* BB 85, 2161; *Knobbe-Keuk,* BB 85, 941, 1903; *Schulze zur Wiesche,* B 85, 2221; *Zeitler,* B 85, 301; *Christoffel/Dankmeyer,* B 86, 347; *Hennerkes/Binz,* BB 86, 235; *Herzig/Kessler,* DStR 86, 643; *Korn,* KÖSDI 86, 6221; *Groh,* B 87, 1007; *Uelner,* Die gewerblich geprägte Personengesellschaft, in: FS für Döllerer, Düsseldorf 1988, 661; *L. Schmidt,* EStG [9], § 15 Anm. 46.
7 BFH BStBl. 68, 152; 76, 188. Dazu auch *Durchlaub,* BB 78, 354; *Costede,* GmbHR 80, 241; *Czub,* StuW 81, 333; *Knobbe-Keuk,* in: Klein/Vogel (Hrsg.), Der Bundesfinanzhof und seine Rechtsprechung, FS für Hugo v. Wallis, Bonn 1985, 373.
8 Vgl. BFH BStBl. 86, 55, 57; entsprechend bewertungsrechtlich bereits BFH BStBl. 85, 241; 86, 615; 88, 23.

teilung zu überprüfen[9]. Wird dabei die GmbH benachteiligt, liegt eine verdeckte Gewinnausschüttung vor[10].

e) *Geschäftsführergehälter:* Übt ein GmbH-Gesellschafter, der zugleich Kommanditist einer gewerblichen GmbH & Co. KG ist, die Geschäftsführung der GmbH aus, so erkennt der BFH das Vertragsverhältnis zwischen GmbH und Gesellschafter nicht an; das Geschäftsführergehalt ist zwar bei der GmbH Betriebsausgabe, gehört beim Gesellschafter-Geschäftsführer jedoch nicht zu den Einkünften aus nichtselbständiger Arbeit, sondern als Vergütung der KG zu den Einkünften aus Gewerbebetrieb[11].

3. Vermögensteuer

Mit der Einführung des § 97 I Nr. 5 b BewG wurde die Geprägetheorie rückwirkend (§ 124 BewG) auch im Bewertungsgesetz gesetzlich verankert. Entsprechend der ertragsteuerlichen Regelung hat die GmbH & Co. KG daher auch dann Betriebsvermögen, wenn sie kein gewerbliches Unternehmen betreibt. Die Anteile an der Komplementär-GmbH gehören nur dann zum Sonderbetriebsvermögen der KG, wenn sich die GmbH auf die Geschäftsführung für die KG beschränkt oder wenn ein daneben bestehender Gewerbebetrieb von ganz untergeordneter Bedeutung ist.[12]

4. Gewerbesteuer

a) *Steuerpflicht:* Nach § 2 I 2 GewStG ist ein Gewerbebetrieb ein gewerbliches Unternehmen im Sinne des Einkommensteuergesetzes. Damit gelten die Geprägegrundsätze des § 15 III Nr. 2 EStG auch im Gewerbesteuergesetz.

b) *Geschäftsführergehälter:* Erhält ein Kommanditist, der zugleich Geschäftsführer der Komplementär-GmbH ist, für diese Geschäftsführertätigkeit eine Vergütung, so unterliegt diese Vergütung der Gewerbeertragsteuer[13].

B. Betriebsaufspaltung

Literatur[14]: *Felix* (Hrsg.), Kölner Handbuch der Betriebsaufspaltung und Betriebsverpachtung [3], Köln 1978 mit Nachträgen 1979 und 1983; *Heinemann/Korn,* Beratungsbuch zur Gründung von Betriebsaufspaltungen, Köln 1980; *Inst. FuSt,* Die Steuerbelastung bei Betriebsaufspaltung nach der Körperschaftsteuerreform im Vergleich zur Steuerbelastung bei der Personengesellschaft und der Kapitalgesellschaft, Heft 119, Bonn 1980; *Brandmüller,* Betriebsaufspaltung, Freiburg i. Br. 1983 ff. (Loseblatt); *Rose,* Die Betriebsaufspaltung – eine ideale Rechtsformkonstruktion für mittelständische Unternehmungen?, in: FS für Peter Scherpf,

---

9 BFH BStBl. 68, 152; 77, 346. Vgl. dazu auch *Korn,* StKongrRep. 1975, 238 ff.; *Fichtelmann,* Die GmbH & Co. KG im Steuerrecht [6], Heidelberg 1989, 39 ff.; außerdem S. 262 f., 343 f.
10 Vgl. auch BFH BStBl. 77, 467; 77, 477; 77, 504. Dazu insb. *L. Schmidt,* StbKongrRep. 1977, 68 ff.
11 BFH BStBl. 60, 408; HFR 65, 364; BStBl. 68, 579; 72, 530; 89, 877. Ablehnend dazu insb. *K. Barth,* Die steuerliche Behandlung der Bezüge des Kommanditisten, der für die GmbH die Geschäftsführung der KG übernimmt, in: FS für Scherpf, Bielefeld 1968, 317 ff. Vgl. dazu auch *L. Schmidt,* EStG[9], § 15 Anm. 115.
12 BFH BStBl. 85, 241; 86, 615; 88, 23.
13 Vgl. Fn. 11; BFH BStBl. 79, 284.
14 Zur älteren Literatur vgl. auch 12. Auflage, S. 609.

Wiesbaden 1983, 167 ff.; *Brandmüller,* Die Betriebsaufspaltung nach Handels- und Steuerrecht [5], Heidelberg 1985; *Knoppe,* Betriebsverpachtung, Betriebsaufspaltung. Pachtverhältnisse gewerblicher Betriebe im Steuerrecht [7], Düsseldorf 1985; *Lothmann,* Steueroptimale Nutzungsüberlassung von Grundstücken an den eigenen Gewerbebetrieb, DStR 85, 135; *Herzig/ Kessler,* Neue Tendenzen der Betriebsaufspaltungs-Rechtsprechung, B 86, 2402; *Schneeloch,* Die Betriebsaufspaltung weiterhin ein Mittel der betrieblichen Steuerpolitik?, DStR 86, Beihefter zu Heft 10; *Woerner,* Neues zur Betriebsaufspaltung, DStR 86, 735; *Wendt,* Fragen zur Betriebsaufspaltung, StbJb. 1986/87, 51; *Dehmer,* Die Betriebsaufspaltung[2], München 1987; *Herzig* u. a., StbKongrRep. 1987, 447; *Kaligin,* Die Betriebsaufspaltung [2], Berlin 1988; *Ranft,* Grenzfälle der Betriebsaufspaltung, DStZ 88, 79; *Söffing,* Betriebsaufspaltung – Neue Fragen und neue Anwendungsmöglichkeiten, DStR 88, 335; *Fichtelmann,* Betriebsaufspaltung im Steuerrecht[6], Köln 1989; *Kessler,* Typologie der Betriebsaufspaltung, Diss. Aachen, Wiesbaden 1989; *Schulze zur Wiesche,* Die Betriebsaufspaltung, WPg 89, 329, *Marx,* Steuervermeidende Sachverhaltsgestaltungen mittels zivilrechtlicher Vermögenssonderungen, StuW 90, 151; *Söffing,* Die Betriebsaufspaltung [2], Stuttgart 1990.

Eine Betriebsaufspaltung (Betriebsteilung, Doppelgesellschaft oder auch Doppelunternehmen) ist dadurch gekennzeichnet, daß eine Person oder eine Personengruppe (das Besitzunternehmen) Anlagevermögen an eine Personen- oder Kapitalgesellschaft (das Betriebsunternehmen) verpachtet oder es dem Betriebsunternehmen auf andere Weise zur Nutzung überläßt[15]. Ist das Betriebsunternehmen eine Personengesellschaft, liegt eine mitunternehmerische Betriebsaufspaltung vor[16].

Die Betriebsaufspaltung zwischen einer Besitzpersonengesellschaft und einer Betriebskapitalgesellschaft entsteht durch die Ausgründung einer Kapitalgesellschaft aus einer Personengesellschaft *(echte Betriebsaufspaltung),* durch die Neugründung zweier rechtlich selbständiger Gesellschaften *(unechte Betriebsaufspaltung)* oder durch die Abspaltung einer Personengesellschaft aus einer Kapitalgesellschaft *(umgekehrte Betriebsaufspaltung).* Steuerlich ist die Betriebsaufspaltung vor allem aus folgenden Gründen interessant: Wie bei einem reinen Personenunternehmen tritt grundsätzlich keine Kumulation der Vermögensteuer ein, Verluste werden unmittelbar zugerechnet, und erbschaftsteuerlich sind nur die Substanzwerte zu erfassen. Wie bei einer reinen Kapitalgesellschaft sind die Geschäftsführungsvergütungen der Betriebsgesellschaft abzugsfähig, für Gesellschafter-Geschäftsführer der Betriebsgesellschaft können Pensionsrückstellungen gebildet werden, und etwaige Gewinnthesaurierungen bei der Betriebsgesellschaft unterliegen ab 1990 im Vergleich zum Einkommen- und Kirchensteuerspitzensatz lediglich dem niedrigeren Körperschaftsteuersatz[17].

Im übrigen gelten gegenüber der grundsätzlichen Behandlung von Personen- und Kapitalgesellschaften im wesentlichen die folgenden Besonderheiten:

1. Einkommen-/Kirchen-/Körperschaftsteuer

a) Einkunftsart: Miet- und Pachtverträge zwischen einer Kapitalgesellschaft und ihren Gesellschaftern werden i. d. R. steuerrechtlich anerkannt. Bei personeller und

---

15 Zur Gestaltung des Pachtvertrages *Carlé,* KÖSDI 87, 6852.
16 Zur Behandlung der mitunternehmerischen Betriebsaufspaltung z. B. BFH BStBl. 76, 750; 80, 94; 81, 738; 82, 60; 82, 662; 83, 136; 85, 522. Vgl. auch *Felix* (Hrsg.), Kölner Handbuch der Betriebsaufspaltung und Betriebsverpachtung [3], Köln 1978 mit Nachträgen 1979 und 1983, Tz. 2, 341 ff.; *Heinemann/Korn,* Beratungsbuch zur Gründung von Betriebsaufspaltungen, Köln 1980, Tz. 37 ff.; *Costede,* StuW 82, 14, 22 ff.; *Schulze zur Wiesche,* GmbHR 82, 260; *Wendt,* GmbHR 83, 20; *ders.,* GmbHR 84, 19; *L. Schmidt,* EStG [9], § 15 Anm. 146.
17 Vgl. dazu insb. auch *L. Schmidt,* EStG [9], § 15 Anm. 141.

sachlicher Verflechtung zwischen Besitz- und Betriebsunternehmen nimmt der BFH jedoch keine Vermögensverwaltung i. S. des § 14 AO an, sondern geht davon aus, daß sich das Besitzunternehmen über die Kapitalgesellschaft am allgemeinen wirtschaftlichen Verkehr beteiligt (§ 15 II EStG) und daher mit seinen Pachteinnahmen gewerbliche Einkünfte erzielt[18]. An dieser Beurteilung, die vom BVerfG grundsätzlich gebilligt wurde[19], hält der BFH zwar auch nach dem Beschluß des Großen Senats zur GmbH & Co. KG noch fest[20], so daß eine gesetzliche Regelung, die die Grundsätze der Betriebsaufspaltung *klarstellen* sollte, nicht erfolgt ist[21]. Der BFH hat jedoch den Anwendungsbereich mit zusätzlichen Anforderungen an die personelle und sachliche Verflechtung eingeschränkt und dadurch nicht nur den Zugang zur Betriebsaufspaltung erschwert, sondern für bestehende Aufspaltungen auch das mit dem Wegfall der Voraussetzungen verbundene Risiko einer Versteuerung der stillen Reserven erheblich erhöht[22]. Eine sachliche Verflechtung von Besitz- und Betriebsunternehmen liegt dann vor, wenn das überlassene Wirtschaftsgut für die Betriebsgesellschaft *eine der wesentlichen Betriebsgrundlagen* ist[23]. Dies soll bei Grundstücken entgegen der BFH-Rechtsprechung[24] nach Auffassung der Finanzverwaltung[25] grundsätzlich auch dann der Fall sein, wenn das Grundstück nicht in besonderer Weise im Hinblick auf die Bedürfnisse des Betriebsunternehmens gestaltet wurde.

Die personelle Verflechtung ist dann gegeben, wenn die an Besitz- und Betriebsunternehmen *beteiligten*[26] natürlichen Personen einen einheitlichen geschäftlichen Betätigungswillen haben, d. h.: wenn die Personen, die das Besitzunternehmen beherrschen, in der Lage sind, ihren Willen auch in der Betriebsgesellschaft durchzusetzen[27]. Bei der Beurteilung der personellen Verflechtung darf nach dem Beschluß des BVerfG v. 12. 3. 1985[28] nicht mehr von der widerlegbaren Vermutung ausgegangen werden, Eheleute verfolgten gleichgerichtete Interessen. Eine Zusammenrechnung von Anteilen der Eheleute ist vielmehr nur dann gerechtfertigt, wenn zusätzlich zur ehelichen Lebensgemeinschaft Beweisanzeichen vorhanden sind, die für die Annah-

---

18 Vgl. insb. BFH BStBl. 72, 63; 81, 39. BVerfG BStBl. 69, 389; 85, 475. Dazu *Streck,* FR 73, 304; *Costede,* StuW 77, 208; *Knobbe-Keuk,* StbJb. 1980/81, 335; *Costede,* StuW 82, 14; *Barth,* B 85, 510; *List,* GmbHR 85, 401; *Döllerer,* GmbHR 86, 165; *L. Schmidt,* EStG [9], § 15 Anm. 140 ff. Vgl. auch Abschn. 137 V EStR.
19 BVerfG BStBl. 69, 389; 85, 475.
20 BFH BStBl. 86, 296. Vgl. auch *Felix,* DStZ 84, 575; *Märkle/Kröller,* BB 84, 2118.
21 Vgl. BR-Drucks. 165/85; BT-Drucks. 10/4513; zum Gesetzentwurf: *Barth,* BB 85, 1861; *Bordewin,* BB 85, 1555; *Flume,* B 85, 115; *IDW,* WPg 85, 339; *Knobbe-Keuk,* BB 85, 945; *Schulze zur Wiesche,* WPg 85, 579.
22 Im einzelnen dazu insb. *Groh,* WPg 89, 679; *ders.,* B 89, 748; *Lehmann/Marx,* FR 89, 507 f.; *Weilbach,* BB 90, 829. Zum Wegfall der Voraussetzungen vgl. auch unten Fn. 39.
23 Vgl. BFH BStBl. 70, 17; 73, 869; zuletzt insb. BStBl. 89, 455; 89, 1014.
24 BFH BStBl. 86, 299. Dazu insbesondere *Ranft,* DStZ 88, 79, 81.
25 Vgl. Abschn. 137 V Nr. 1 Satz 6 EStR; dagegen BFH B 89, 26; dazu wiederum BMF GmbHR 90, 106; *Jestädt,* DStR 90, 223.
26 Zur Betriebsaufspaltung aufgrund *faktischer* Beherrschung insb. BFH BStBl. 90, 500. Vgl. auch *L. Schmidt,* EStG [9], § 15 Anm. 144 f.; BMF BStBl. I 89, 39, gegen BFH BStBl. 89, 96.
27 BFH BStBl. 72, 63; außerdem u. a. BStBl. 86, 296; 87, 120; 89, 363. Zu Stimmrechtsbindungsvereinbarungen: *Fichtelmann,* DStZ 90, 371.
28 BStBl. 85, 475; vgl. dazu *Felix,* KÖSDI 85, 5976; *Herzig/Kessler,* B 86, 2402; BdF BStBl. I 85, 537.

me einer personellen Verflechtung durch gleichgerichtete Interessen sprechen[29]. Dementsprechend ist nunmehr auch bei minderjährigen Kindern zu verfahren[30].

b) Gewinnrealisierung: Werden im Rahmen einer echten Betriebsaufspaltung Wirtschaftsgüter der Personengesellschaft gegen Gewährung von Gesellschaftsrechten auf die Kapitalgesellschaft übertragen, so ist die Auflösung der in diesen Wirtschaftsgütern vorhandenen stillen Reserven nach Auffassung der Finanzverwaltung grundsätzlich nicht erforderlich[31].

c) Betriebsvermögen: Da die Anteile an der Betriebskapitalgesellschaft unmittelbar der gewerblichen Betätigung des Besitzunternehmens dienen, gehören sie bei der Besitzpersonengesellschaft in der Regel ebenso zum Sonderbetriebsvermögen[32] wie die Wirtschaftsgüter, die ein Gesellschafter des Besitzunternehmens dem Betriebsunternehmen unmittelbar überläßt[33]. Beim Besitzunternehmen in Form des Einzelunternehmens liegt notwendiges Betriebsvermögen vor[34].

d) Pachtvertrag: Während die Vereinbarung eines überhöhten Pachtzinses[35] bei der Betriebskapitalgesellschaft zu verdeckten Gewinnausschüttungen führen kann, wird ein zu niedriger Pachtzins grundsätzlich steuerlich anerkannt. Führt die Nutzungsüberlassung jedoch dazu, daß das Besitzunternehmen auf Dauer Verluste erleidet, liegt eine verdeckte Einlage vor[36].

Eine korrespondierende Bilanzierung bei Besitz- und Betriebsunternehmen ist entgegen der früheren Rechtsprechung[37] nicht erforderlich[38].

e) Wegfall der personellen oder sachlichen Voraussetzungen: Entfallen die Voraussetzungen einer Betriebsaufspaltung, liegt nach Auffassung des BFH[39] bezüglich des Besitzunternehmens regelmäßig eine Betriebsaufgabe (§ 16 III EStG) vor: Die zum Betriebsvermögen des Besitzunternehmens gehörenden Wirtschaftsgüter werden mit dem Wegfall der Voraussetzungen notwendiges Privatvermögen; stille Reserven werden also sofort realisiert.

2. Gewerbesteuer

a) Steuerpflicht: Da das Besitzunternehmen nach Auffassung des BFH[40] keine Vermögensverwaltung, sondern eine gewerbliche Tätigkeit ausübt, unterliegt es ebenso

---

29 BFH BStBl. 86, 62; 86, 362; 86, 611; BFH B 86, 2161. Dazu auch *Herzig/Kessler,* B 86, 2402; BdF BStBl. I 86, 537. *Unvericht,* B 89, 995.
30 Vgl. *Woerner,* BB 85, 1616f.; *Brandis,* FR 86, 9; *L. Schmidt,* EStG [9], § 15 Anm. 145; *Kuhfus,* GmbHR 90, 401.
31 BdF BStBl. I 85, 97; vgl. auch *Luckey,* B 79, 997; *L. Schmidt,* DStR 79, 699, 706; *Widmann,* DStJG Bd. 4 (1981), 177f.
32 BFH BStBl. 60, 513; 70, 302; 82, 60. Dazu auch *Felix* (Fn. 16), Tz. 488ff.
33 BFH BStBl. 75, 781; 78, 378; 80, 356.
34 BFH BStBl. 79, 714.
35 Vgl. BFH BStBl. 77, 679; außerdem *Kleineidam/Seutter,* StuW 89, 250.
36 BFH BStBl. 60, 513; 71, 411. Dazu auch S. 298ff.
37 BFH BStBl. 66, 147; 75, 700. Vgl. dazu insb. *Felix* (Fn. 16), Tz. 164ff.; *Glade,* GmbHR 81, 268; *Woerner,* Die „korrespondierende Bilanzierung" von Wirtschaftsgütern bei der Betriebsaufspaltung – Zur Problematik einer wertenden Betrachtungsweise bei der Auslegung von Gesetzen, in: FS für Döllerer, Düsseldorf 1988, 741.
38 So nunmehr auch BFH BStBl. 89, 714.
39 BFH BStBl. 84, 474; 89, 763; dazu auch Fn. 22.
40 Vgl. Fn. 18. Dazu insb. *Keuk,* B 74, 205.

wie das Betriebsunternehmen der Gewerbesteuer. Eine gewerbesteuerliche Organschaft zwischen Besitz- und Betriebsgesellschaft liegt nach der ständigen Rechtsprechung des BFH regelmäßig nicht vor[41].

b) Erweiterte Gewerbeertragskürzung: Die erweiterte Kürzung des Gewerbeertrags nach § 9 Nr. 1 Satz 2 GewStG kommt nach Auffassung des BFH für das Besitzunternehmen nicht in Betracht, weil die Verpachtung des Grundbesitzes durch das Besitzunternehmen nicht den Charakter einer Vermögensverwaltung hat[42].

3. Vermögensteuer

a) Betriebsvermögen: Da die Grundsätze zur steuerrechtlichen Beurteilung der Betriebsaufspaltung auch im Bewertungsrecht gelten[43], gehören die Wirtschaftsgüter des Besitzunternehmens, insb. die Anteile an der Betriebsgesellschaft[44], zum Betriebsvermögen[45]. Ob bei der Bewertung der Anteile ein Abschlag für fehlendes Anlagevermögen möglich ist[46], ist nicht abschließend geklärt[47].

b) Pachtvertrag: Die Ansprüche aus dem Pachtverhältnis wurden bislang bei Besitz- und Betriebsunternehmen korrespondierend bilanziert[48]. Im Hinblick auf die ertragsteuerliche Änderung der Rechtsprechung[49] dürfte diese Auffassung wohl auch bewertungsrechtlich nicht mehr haltbar sein.

C. GmbH (AG) & Stille Gesellschaft

Literatur[50]:*Costede,* Mitunternehmerschaft und Betriebsaufspaltung bei der GmbH & Still – Dogmatische und methodische Probleme des einkommensteuerlichen Dualismus –, StuW 77, 208; ; *Böttcher/Zartmann/Faut,* Stille Gesellschaft und Unterbeteiligung [4], Stuttgart/Wiesbaden 1982; *Paulick,* Die Einmann-GmbH/Stille Gesellschaft (StG) im Steuerrecht, GmbHR 82, 237; *Costede,* Steuerrechtsfragen der GmbH & Still, StuW 83, 308; *Fichtelmann,* GmbH & Still im Steuerrecht [2], Köln 1983; *Post/Hoffmann,* Die stille Beteiligung am Unternehmen der Kapitalgesellschaft [2], Berlin 1984; *Fleischer/Thierfeld,* Stille Gesellschaft im Steuerrecht [4], Achim 1984; *Sudhoff/Sudhoff,* Stille Beteiligung an einer GmbH und die Umwandlung dieser Beteiligung, GmbHR 84, 77; *Schulze zur Wiesche,* Die GmbH & Still, Eine alternative Unternehmungsform, Wiesbaden 1984; *Schwedhelm,* Die GmbH und Still als Mitunternehmerschaft, Köln 1987; *Döllerer,* Die atypische stille Gesellschaft in der neuesten Rechtsprechung des BFH, StbJb. 1987/88, 289; *Binger,* Einkommen- und Gewerbesteuer bei der atypisch stillen Gesellschaft, B 88, 414; *Paulick/Blaurock,* Handbuch der stillen Gesellschaft [4], Köln 1988; *Stüttgen,* Die stille Beteiligung

---

41 BFH BStBl. 88, 456 m. w. N.
42 BFH BStBl. 73, 686; 73, 688. Handelt es sich bei der Besitzgesellschaft um eine Kapitalgesellschaft, gelten die Grundsätze der Betriebsaufspaltung nicht; die Kürzung nach § 9 Nr. 1 Satz 2 GewStG ist beim Besitzunternehmen möglich (BFH BStBl. 80, 77). Dazu auch *Ebeling,* JbFSt. 1980/81, 212; *von Wallis,* DStR 80, 117; *Hennerkes/Binz/Sorg,* BB 84, 1995.
43 BFH BStBl. 70, 302; 72, 518.
44 BFH BStBl. 73, 438.
45 BFH BStBl. 61, 333; 73, 438.
46 Abschn. 79 III VStR.
47 Dazu *Felix* (Fn. 16), Tz. 209 f.
48 Vgl. *Felix* (Fn. 16), Tz. 208.
49 Vgl. Fn. 38.
50 Zur älteren Literatur 12. Auflage, S. 613.

an der gewerblichen Familien-GmbH, Diss. Köln, Düsseldorf 1988; *Ehlers/Busse*, Die steuerliche Vermögenszuordnung bei der atypisch stillen Gesellschaft, B 89, 448.

Als stille Gesellschaft i. S. der §§ 230 ff. HGB wird grundsätzlich auch die Beteiligung am Handelsgewerbe einer GmbH oder AG anerkannt[51]: Der stille Gesellschafter[52] leistet eine Vermögenseinlage in das Vermögen der Kapitalgesellschaft und erhält dafür einen Anspruch auf Gewinnbeteiligung. Unterschieden wird steuerrechtlich zwischen typischer und atypischer stiller Gesellschaft. Während bei der typischen stillen Gesellschaft das tatsächliche Verhältnis zwischen den Vertragsparteien dem handelsrechtlichen Typus entspricht und nicht über eine Kapitalbeteiligung mit gewinnabhängiger Verzinsung hinausgeht[53], hat der atypische stille Gesellschafter aufgrund der Vereinbarungen im Gesellschaftsvertrag entweder maßgeblichen Einfluß auf die Geschäftsführung oder Anspruch auf eine Beteiligung an den realisierten stillen Reserven, d. h. Unternehmerinitiative oder Unternehmerrisiko. Die atypische stille Gesellschaft wird daher im Gegensatz zur typischen stillen Gesellschaft als Mitunternehmerschaft angesehen[54].

1. Gesellschaftsteuer

Da dem (typischen und atypischen) stillen Gesellschafter aufgrund seiner Vermögenseinlage eine Beteiligung am Gewinn einer Kapitalgesellschaft zusteht, unterliegt seine Einlage bis einschließlich 1991[55] grundsätzlich der Gesellschaftsteuer (§§ 2 I; 6 I Nr. 3 KVStG).

2. Grunderwerbsteuer

Erbringt der (typische oder atypische) stille Gesellschafter seine Vermögenseinlage durch Übertragung eines Grundstücks oder wird bei der Auseinandersetzung ein Grundstück übertragen, so fällt grundsätzlich Grunderwerbsteuer an (§ 1 GrEStG)[56]. Die Anwendung der §§ 5, 6 GrEStG kommt nicht in Betracht, da die stille Gesellschaft keine Gesamthandsgemeinschaft ist.

3. Vermögensteuer

a) In der typischen stillen Gesellschaft sind die Vermögenseinlage und die Gewinnansprüche des Stillen am Ende des Geschäftsjahres i. d. R. mit dem Teilwert als Betriebsschulden der GmbH (AG) abzugsfähig[57]. Wenn sich die stille Beteiligung nicht im Betriebsvermögen befindet, gehört sie beim Gesellschafter zum sonstigen Vermögen (§ 110 I Nr. 1 BewG). Sie ist grundsätzlich mit dem Nennwert zu bewerten (§ 12

---

51 BFH BStBl. 54, 336; 56, 11; 65, 119; 66, 197; 69, 690; 77, 155.
52 Zur Abgrenzung der stillen Gesellschaft gegenüber einem partiarischen Darlehen zuletzt insb. BFH BStBl. 88, 62.
53 BFH BStBl. 75, 34.
54 Vgl. dazu *L. Schmidt*, EStG [9], § 15 Anm. 58 ff.; dazu auch S. 341.
55 Mit Wirkung ab 1. 1. 1992 wird die Gesellschaftsteuer aufgehoben (BGBl. I 90, 266).
56 BFH BStBl. 75, 363.
57 BFH BStBl. 66, 419; 71, 642; 73, 472. Vgl. dazu auch Abschn. 30, 55 III, 56 VII VStR. Kritisch dazu *Scheuffele*, BB 79, 1026.

§ 17 Besteuerung zusammengesetzter Unternehmensformen

I BewG), eine Bewertung mit dem gemeinen Wert kommt nur in Betracht, wenn besondere Umstände dies begründen[58].

b) In der atypischen stillen Gesellschaft als Mitunternehmerschaft (§ 97 I Nr. 5a BewG) gehören Einlage und Gewinnanteil des stillen Gesellschafters zum Einheitswert des Betriebsvermögens. Dieser Einheitswert wird dem Stillen anteilig als Betriebsvermögen zugerechnet (§ 110 I Nr. 3 Satz 2 BewG)[59].

Da mit der Begründung einer stillen Gesellschaft kein Gesamthandsvermögen entsteht, bleibt das Schachtelprivileg (§ 102 BewG) bei der Kapitalgesellschaft als Geschäftsinhaber unberührt. Eine Schachtelbeteiligung wird daher bei der Ermittlung des Einheitswerts im Gegensatz zu anderen Mitunternehmerschaften[60] nicht angesetzt. Mit der Zurechnung des Einheitswerts kommt dem atypischen Stillen die Steuerbefreiung anteilig zugute[61]. Dies gilt auch dann, wenn der Stille – z. B. als natürliche Person – nicht zu den in § 102 BewG genannten Begünstigten gehört. Wenn die Voraussetzungen des § 102 BewG erfüllt sind, weil insb. die erforderliche unmittelbare Beteiligung vorliegt, bleibt für eine steuerverschärfende Hinzurechnung bei der Einheitswertermittlung entgegen der kurzfristig geänderten Auffassung der Finanzverwaltung[62] *ohne gesetzliche Grundlage* kein Raum.

4. Einkommen-/Kirchen-/Körperschaftsteuer

Da die *atypische stille Gesellschaft* als Mitunternehmerschaft betrachtet wird, gelten die Ausführungen zur Besteuerung der übrigen Personengesellschaften grundsätzlich entsprechend[63]. Betrieblich genutzte Wirtschaftsgüter, die dem Inhaber des Handelsgeschäfts gehören, sind jedoch kein Sonderbetriebsvermögen. Sie entsprechen vielmehr dem Gesellschaftsvermögen einer Personengesellschaft mit Gesamthandseigentum[64]. Sonderbetriebsvermögen kann sich nur dann ergeben, wenn der Stille der Gesellschaft neben seiner Einlage Wirtschaftsgüter zur Nutzung überläßt. In diesem Fall besteht das Betriebsvermögen der Mitunternehmerschaft aus dem Betriebsvermögen des Geschäftsinhabers und dem Sonderbetriebsvermögen des Stillen.

Für die *typische stille Gesellschaft* gilt im wesentlichen folgendes:

a) Da die stille Beteiligung i. d. R. keine verdeckte Einlage darstellt[65], sind die Gewinnanteile des typischen stillen Gesellschafters bei der Gewinnermittlung der Kapitalgesellschaft grundsätzlich als Betriebsausgaben (§ 4 IV EStG) abzugsfähig. Ist der Stille gleichzeitig Gesellschafter der GmbH, ist die Angemessenheit der Gewinnverteilung in der stillen Gesellschaft im Hinblick auf verdeckte Gewinnausschüttungen

---

58 Vgl. Fn. 57.
59 Vgl. auch BStBl. I 89, 45. Zur Bedeutung von § 97 I Nr. 5 BewG vgl. *Paulick/Blaurock*, Handbuch der stillen Gesellschaft [4], Köln 1988, 499.
60 BFH BStBl. 67, 32; 74, 598; 74, 645; 88, 761.
61 Zutreffend ausdrücklich die Finanzverwaltung in BStBl. I 89, 452.
62 Vgl. BStBl. I 90, 364.
63 Dazu S. 337 ff.
64 BFH BStBl. 84, 820. Dazu auch *Döllerer*, DStR 85, 295; *L. Schmidt*, EStG [9], § 15 Anm. 58 b; *Paulick/Blaurock* (Fn. 59), 391.
65 BFH BStBl. 76, 226. Vgl. dazu auch *Post/Hoffmann*, Die stille Beteiligung am Unternehmen der Kapitalgesellschaft [2], Berlin 1984, 147; *Felix/Streck*, KStG [2], München 1984, § 8 Anm. 42.

zu überprüfen. Bei dieser Prüfung sind die für Familiengesellschaften entwickelten Regeln grundsätzlich nicht maßgeblich[66].

Wenn die stille Beteiligung nicht zum Betriebsvermögen des Anteilseigners gehört, führen die Gewinnanteile im Jahr des Zuflusses zu Einkünften aus Kapitalvermögen (§ 20 I Nr. 4 EStG). Die Einkommensteuer wird durch Abzug vom Kapitalertrag (Kapitalertragsteuer) erhoben (§§ 43 I Nr. 3, 43a I Nr. 1 EStG).

Bei beschränkt steuerpflichtigen Anteilseignern gilt die Einkommensteuer mit dem Kapitalertragsteuerabzug als abgegolten (§ 50 V EStG), so daß sich die stille Beteiligung für die nicht anrechnungsberechtigten ausländischen Anteilseigner[67] als geeignetes Mittel erweist, die auch nach der Körperschaftsteuerreform bestehende Doppelbelastung ihrer Gewinnanteile zu vermeiden[68].

b) Laufende Verluste, die sich aufgrund gesellschaftsrechtlicher Verlustbeteiligung ergeben können, sind bis zur Höhe der Einlage als Werbungskosten abzugsfähig[69]. Ist der stille Gesellschafter über seine Einlage hinaus am Verlust beteiligt, gilt § 15a EStG entsprechend (§ 20 I Nr. 4 Satz 2 EStG)[70]. Darüber hinausgehend ist jedoch ein Verlust der Einlage durch Konkurs oder Liquidation als privater Vermögensverlust nicht abzugsfähig[71].

c) Die Beteiligung des stillen Gesellschafters gehört ebenso wie die Wirtschaftsgüter, die er der Kapitalgesellschaft auf schuldrechtlicher Basis überläßt, grundsätzlich zum Privatvermögen, so daß Veräußerungsgewinne nur im Rahmen der §§ 17, 23 EStG erfaßt werden (vgl. auch BFH BStBl. 81, 465). Erhält der Stille dagegen vom Geschäftsinhaber eine Abfindung, die seine Einlage übersteigt, so gehört der Mehrerlös nach § 20 II Nr. 1 EStG grundsätzlich zu den Einkünften aus Kapitalvermögen[72].

d) Wenn der Stille seine Einlage durch Dienstleistungen erbringt[73], gehören die Dienstleistungsvergütungen grundsätzlich zu den Einkünften i. S. des § 20 I Nr. 4 EStG (s. BFH BStBl. 53, 58).

---

66 Dazu BFH BStBl. 73, 650; 78, 427; 80, 477; 82, 387. Vgl. auch *Döllerer*, ZGR 77, 504; *Heinemann*, KÖSDI 80, 3890; *Döllerer*, ZGR 81, 560; *Costede*, StuW 83, 308, 313; *Bitsch*, GmbHR 83, 56; *Felix/Streck*, KStG [2], München 1984, § 8 Anm. 150; *Paulick/Blaurock* (Fn. 59), 461; L. Schmidt/*Heinicke*, EStG [9], § 20 Anm. 33.
67 Dazu insb. *Wohlschlegel*, FR 76, 243; *Görlich*, RIW/AWD 78, 730; *Haas*, RIW/AWD 78, 581; *von Mettenheim*, RIW/AWD 78, 511; *Böckli*, StuW 79, 1.
68 Vgl. *Moebus*, DStR 77, 705; *Vesely/Kumpf*, RIW/AWD 77, 309; *Hoffmann*, B 79, 1195. Da ausländische Anteilseigner ihren inländischen Kapitalgesellschaften verstärkt Fremdkapital zuführen und dadurch der vom Gesetzgeber gewollten Belastung ihrer Gewinnanteile entgegenwirken, war die Einführung eines § 8a KStG vorgesehen. Dazu auch S. 448.
69 RFH RStBl. 33, 1078; FG Düsseldorf EFG 57, 363; FG München EFG 81, 341; BFH BStBl. 88, 186; *Döllerer*, BB 81, 1315; L. Schmidt/*Heinicke*, EStG [9], § 20 Anm. 35b. Siehe auch S. 341; 356.
70 Dazu auch S. 350.
71 FG München EFG 81, 341; *Söffing*, FR 82, 445; L. Schmidt/*Heinicke*, EStG [9], § 20 Anm. 35d.
72 Vgl. BFH BStBl. 84, 580; dazu *L. Schmidt*, FR 84, 396; vgl. auch L. Schmidt/*Heinicke*, EStG [9], § 20 Anm. 36; *Schulze zur Wiesche*, GmbHR 84, 320.
73 Auch Dienstleistungen können Vermögenseinlagen i. S. des § 230 HGB sein. Vgl. BFH BStBl. 65, 558; 65, 560; 68, 356; 72, 187; 84, 373.

5. Gewerbesteuer

a) Bei der typischen stillen Gesellschaft ist der Inhaber des Handelsgeschäfts Schuldner der Gewerbesteuer. Die Gewinnanteile und die Vermögenseinlage des stillen Gesellschafters werden lediglich im Rahmen der §§ 8 Nr. 3, 12 II Nr. 1 GewStG erfaßt.

b) Als Mitunternehmerschaft wurde die atypische stille Gesellschaft bislang gemäß § 5 I 3 GewStG als subjektiv gewerbesteuerpflichtig angesehen[74]. Der BFH[75] geht jedoch nunmehr davon aus, daß allein der Inhaber des Handelsgeschäfts Schuldner der Gewerbesteuer ist und der objektiven Gewerbesteuerpflicht für die Gewinnanteile und Vergütungen des stillen Gesellschafters durch entsprechende Hinzurechnungen zum Gewerbeertrag Rechnung getragen werden muß.

---

74 Vgl. z. B. BFH BStBl. 84, 63.
75 BFH BStBl. 86, 311; vgl. auch *Döllerer,* DStR 85, 295; *Paulick/Blaurock* (Fn. 59), 479; *Unvericht,* DStR 87, 413; *Zacharias/Suttmeyer/Rinnewitz,* DStR 88, 128; *Ehlers/Busse,* B 89, 448.

Fünftes Kapitel: Steuervergünstigungen

§ 18 Steuervergünstigungen als Sozialzwecknormen

Literatur: *K. Vogel,* Steuerrecht und Wirtschaftslenkung, JbFSt. 1968/69, 225 ff.; *ders.,* Die Abschichtung von Rechtsfolgen im Steuerrecht, StuW 77, 97 ff.; *Ruppe,* Das Abgabenrecht als Lenkungsinstrument der Gesellschaft und Wirtschaft und seine Schranken in den Grundrechten, Gutachten zum 8. österr. Juristentag, Wien 1982; *Birk,* Das Leistungsfähigkeitsprinzip als Maßstab der Steuernormen, Köln 1983; *McDaniel/Surrey* (Hrsg.), International Aspects of Tax Expenditures, A Comparative Study, Deventer u. a. 1985.

Die Steuergesetze enthalten nicht nur Fiskal-, sondern auch viele Sozialzwecknormen, die mehr oder minder unsystematisch – meist nach bloß technischen Gesichtspunkten – in die Steuergesetze eingebettet sind. Sozialzwecknormen sind lenkende (regulative, interventionistische) Normen, die sozialpolitisch (insb. redistributiv), wirtschaftspolitisch, kulturpolitisch etc., nicht fiskalisch motiviert sind. Die Abgrenzung von den Fiskalzwecknormen kann insb. in Grenzfällen schwierig sein (dazu S. 22 f.).

Sozialzwecknormen können Steuerentlastungen (das ist die Regel), sie können aber auch zusätzliche Steuerbelastungen schaffen, etwa Verlustausgleichs- und -abzugsbeschränkungen. Man kann also zwischen *Steuervergünstigungen* und Steuersonderbelastungen oder *Steuerbenachteiligungen* unterscheiden. In diesem Grundriß werden nur die Steuervergünstigungen behandelt. Zum Begriff s. S. 135 f.

Es gibt zwei Hauptgruppen von Vergünstigungen:
- solche, die wegen eines wirtschaftlichen oder sozialen *Bedürfnisses* gewährt werden. Sie basieren (oder sollten basieren) auf dem Bedürfnisprinzip (s. S. 60);
- solche, die wegen eines besonderen *Verdienstes* um das Gemeinwohl gewährt werden. Sie basieren (oder sollten basieren) auf dem Verdienstprinzip (s. S. 60).

Zu den Bedürfnisvergünstigungen gehören insb. die wirtschaftslenkenden, steuergesetzliches Wirtschaftsrecht darstellenden Normen; sie werden in § 19 behandelt. Zu den Verdienstvergünstigungen gehören z. B. die Gemeinnützigkeits- und Spendenabzugsvorschriften; sie werden in § 20 behandelt. Zu den Vergünstigungen gehören auch die Einkunftsarten-Freibeträge; sie sind aus didaktischen Gründen auf S. 224 ff. behandelt.

Vergünstigungen, die weder wegen eines Bedürfnisses noch wegen eines besonderen Verdienstes noch aus einem sonstigen Gemeinwohlgrund gewährt werden, sind Geschenke des Gesetzgebers aus Steuermitteln, Privilegien.

Die unsystematische Einstreuung von Steuervergünstigungen in die Steuergesetze, das Verstecken der Vergünstigungen „in der Steuerstruktur", trägt dazu bei, daß die Praxis bis heute nicht gelernt hat, die Steuervergünstigungen von den Fiskalzwecknormen abzuheben; dies zum Schaden der Auslegung, die sich am Normzweck orientieren muß, insoweit aber durch die bloß technische Normplazierung desorientiert wird[1]. Auch teleologische Reduktionen können angezeigt sein. So ist nicht einzusehen, daß § 30 AO auch für wirtschaftslenkende Steuervergünstigungen und im Gemeinnützigkeitsrecht gelten soll, während für offene wirtschaftslenkende Subventionen kein entsprechendes Geheimnis existiert. Auch § 40 AO paßt nicht zum Recht der Steuervergünstigungen. So bezweckt diese Vorschrift z. B. nicht, Schwarzbauten durch § 10e EStG zu prämiieren. Vgl. auch S. 22.

---
1 Dazu *Steindorff,* Politik des Gesetzes als Auslegungsmaßstab im Wirtschaftsrecht, in: FS für Larenz, München 1973, 217 ff.; s. auch *Tipke,* StuW 76, 162.

§ 19 Wirtschaftslenkende Steuervergünstigungen

1. Allgemeines

Die meisten wirtschaftslenkenden Steuervergünstigungen sind in das Einkommensteuergesetz eingebettet, ohne daß § 2 EStG etwas davon erkennen läßt. Dadurch, daß der Einkommensbegriff des Einkommensteuergesetzes alle Lenkungsnormen in sich aufnimmt, verliert der Begriff seine Neutralität und wird untauglich zur Übernahme in andere Gesetze. Dadurch, daß die *Kircheneinkommensteuer* an die Einkommensteuer anknüpft, nimmt sie auch an der einkommensteuergesetzlichen Wirtschaftslenkung teil.

Eine umfängliche staatsrechtliche Literatur[1] hat sich mit der Frage befaßt, ob und inwieweit die steuergesetzliche Wirtschaftslenkung mit dem Steuerbegriff des Art. 105 GG (i. V. mit § 3 I AO, wonach Steuern, jedenfalls nebenzwecklich, der Erzielung von „Einnahmen" dienen müssen) vereinbar ist. Diese Untersuchungen sind u. E. insofern vom Ansatz her verfehlt, als sie der *Technik* der äußeren *steuer*gesetzlichen Einbettung wesentliche Bedeutung beimessen, nicht aber dem inhaltlichen wirtschaftspolitischen *Lenkungs*zweck. Wegen ihres wirtschaftspolitischen Lenkungszwecks gehören diese Normen materiell dem *Wirtschaftsrecht* an. Wenngleich nicht abschließend geklärt ist, wie das „Wirtschaftsrecht" abzugrenzen ist, so ist doch allgemein anerkannt, daß das Recht der *Wirtschaftslenkung, das wirtschaftliche Interventionsrecht*, zum Wirtschaftsrecht gehört[2]. Dabei spielt es u. E. keine Rolle, ob die Lenkungsvorschriften technisch in Gesetze eingebettet sind, die nicht zum Wirtschaftsrecht gezählt werden. Wegen der subventionsgleichen Wirkungen wirtschaftslenkender Steuervergünstigungen schreibt § 12 III StabG dementsprechend vor, daß der *Subventionsbericht* auch eine Übersicht der (wirtschaftslenkenden) Steuervergünstigungen umfassen muß[3].

Das *Stabilitätsgesetz* v. 8. 6. 1967[4] hat einige Möglichkeiten, eine dem § 1 StabG entsprechende Wirtschaftslenkung über steuerrechtliche RechtsVOen zu betreiben[5], durch Sonderermächtigungen institutionalisiert (dazu § 51 I Nr. 2s, II, III EStG; §§ 23 IV, V, 53 I Nr. 2b, c KStG). Praktische Bedeutung haben diese Vorschriften allerdings bisher nicht erlangt.

Wirtschaftslenkende Normen finden sich allerdings nicht nur in Steuergesetzen, sondern auch in zahlreichen *Sondergesetzen (die von den Finanzbehörden* weitgehend nach den Verfahrensregeln der Abgabenordnung *ausgeführt werden* und die dem Finanzrechtsweg zugeordnet sind), ferner in einigen VOen: 5. Vermögensbildungsgesetz i. d. F. v. 19. 1. 1989, BGBl. I 89, 137[6], zuletzt geändert durch Ges. v. 22. 2. 1990, BGBl. I 90,

---

1 Vgl. S. 62 Fn. 3.
2 Zum Begriff „Wirtschaftsrecht" ausführlich mit umfassenden Nachweisen *Fikentscher*, Wirtschaftsrecht I, München 1983, 1 ff., 16 ff., 23 ff. – Auch *Rittner*, Wirtschaftsrecht[2], Heidelberg 1987, 21, spricht von „wirtschaftsrechtlichen Normen im Gewand des Steuerrechts".
3 Zuletzt 12. Subventionsbericht für 1987–1990, BT-Drucks. 11/5116.
4 BGBl. I 67, 582.
5 Dazu *Brockhausen*, Die rechtliche Bedeutung des gesamtwirtschaftlichen Gleichgewichts und seine Komponenten in § 1 StabG unter Berücksichtigung der Entstehungsgeschichte, Diss. Köln 1974.
6 Dazu *Schieckel/Brandmüller*, Vermögensbildungsgesetz, Kommentar, Percha (Loseblatt); *Giloy*, Vermögensbildungsgesetz[7], Frankfurt a. M. (Loseblatt); *Himmighoffen*, Das neue Vermögensbildungsgesetz, Diss. Köln 1972; *Laux*, Das Dritte Vermögensbildungsgesetz[5],

266, 281; VO über Steuervergünstigungen zur Förderung des Baues von Landarbeiterwohnungen i. d. F. v. 6. 8. 1974, BGBl. I 74, 1870; Wohnungsbau-Prämiengesetz i. d. F. v. 26. 10. 1988, BGBl. I 88, 2098[7], zuletzt geändert durch Einigungsvertrag v. 31. 8. 1990 (BGBl. II 90, 889, 976); Spar-Prämiengesetz i. d. F. v. 10. 2. 1982, BGBl. I 82, 125, zuletzt geändert durch Ges. v. 26. 6. 1985, BGBl. I 85, 1153[8]; Bergmanns-Prämiengesetz i. d. F. v. 12. 5. 1969, BGBl. I 69, 434, zuletzt geändert durch Ges. v. 7. 5. 1980, BGBl. I 80, 532; Berlinförderungsgesetz i. d. F. v. 2. 2. 1990, BGBl. I 90, 173; Entwicklungsländer-Steuergesetz i. d. F. v. 21. 5. 1979, BGBl. I 79, 564, zuletzt geändert durch Ges. v. 22. 12. 1981, BGBl. I 81, 1523; Zonenrandförderungsgesetz v. 5. 8. 1971, BGBl. I 71, 1237, zuletzt geändert durch Ges. v. 20. 12. 1988, BGBl. I 88, 2262; Auslandsinvestitionsgesetz v. 18. 8. 1969, BGBl. I 69, 1214, zuletzt geändert durch Ges. v. 25. 7. 1988, BGBl. I 88, 1093, 1122 (ab 1990 aufgehoben)[9]; Gesetz über eine Investitionszulage für Investitionen in der Eisen- und Stahlindustrie v. 22. 12. 1981, BGBl. I 81, 1523, 1557, zuletzt geändert durch Ges. v. 19. 12. 1985, BGBl. I 85, 2436; Gesetz über bauliche Maßnahmen zum Schutz der Zivilbevölkerung v. 9. 9. 1965, BGBl. I 65, 1232, zuletzt geändert durch Ges. v. 21. 12. 1974, BGBl. I 74, 3656; Investitionszulagengesetz 1986 v. 28. 1. 1986, BGBl. I 86, 231, zuletzt geändert durch Ges. v. 25. 7. 1988, BGBl. I 88, 1093 (seit 1990 außer Kraft).

2. Vergünstigungs-/Förderungsziele

Die Vergünstigungs- oder Förderungsziele sind vielfältig, sie werden mehr oder minder konkret, mehr oder minder vage und verschwommen bezeichnet (bis hin zu dem Motiv: „allgemeine wirtschaftspolitische Gründe"). Nicht selten werden kumulativ mehrere Ziele verfolgt, etwa Wirtschafts- und Sozialsubvention miteinander vermixt[10].

Die wichtigsten Ziele sind:

Förderung einzelner Produktions- und Handelszweige und Verbesserung der Branchenstruktur, Förderung bei Insolvenz: betr. Land- und Forstwirtschaft §§ 13 III, 13a, 14a, 34b I Nr. 1, III, 34e EStG; §§ 76–78 EStDV; VO über Landarbeiterwohnungsbau i. d. F. v. 6. 8. 1974, BGBl. I 74, 1870; § 5 I Nr. 14 KStG; § 3 I Nrn. 7, 7a VStG; § 3 Nrn. 8, 12, 14, 14a GewStG; § 24a UStG (gemäß § 28 VI UStG bis zum 31. 12. 1991 gültig); § 3 Nr. 7 KraftStG; betr. Kreditwirtschaft § 5 I Nr. 2, 2a KStG; § 3 Nrn. 2, 3 GewStG; § 3 I Nrn. 2, 2a VStG; betr. mittelständische Unternehmen und Kleinunternehmen § 7g EStG; § 3 BierStG; betr. Hausgewerbetreibende § 11 III Nr. 1 GewStG; betr. kleine Hochsee- und Küstenfischereibetriebe § 3 Nr. 7 GewStG; betr. Seeschiffahrt und Luftfahrt §§ 82 f i. V. mit 84 V EStDV; § 15a i. V. mit § 52 XIX 2, 3 EStG; §§ 4 Nr. 2; 8 UStG[11]; betr. Betriebe von Vertriebenen und politisch Verfolgten §§ 7e, 10a EStG; betr. Eisen-

---

Heidelberg 1972; *Gérard/Göbel/Schäfer,* Kommentar zur staatlichen Sparförderung und Vermögensbildung[9], Berlin (Loseblatt).
7 Dazu *Grimm,* Wohnungsbau-Prämiengesetz, Kommentar, Stuttgart 1961; *Rowohl,* Die Behandlung steuerlicher Vergünstigungen unter Berücksichtigung der Bausparkassenbeiträge, Diss. Köln 1966; *Laux,* Einkommensteuer und Sparförderung ab 1975, Heidelberg 1974.
8 Dazu *Laux* (Fn. 7); *Gérard/Göbel/Schäfer* (Fn. 6).
9 Der bisherige § 2 AuslInvG wurde in das EStG (§ 2a III, IV) übernommen.
10 (Recht apodiktische) Angaben über Vergünstigungs- und Förderungsziele finden sich im Subventionsbericht (s. dazu § 12 StabG). Dazu auch *Rosw. Busch,* Steuerentlastungen oder Transferzahlungen, Diss. rer. oec. Köln 1974.
11 Dazu *J. W. Hinneberg,* Seeschiffahrtssubventionen, staatliche Hilfen an einen Wirtschaftszweig und deren Problematik, Diss. Zürich 1976; *Brons,* Nationale und internationale Besteuerung der Seeschiffahrt, Bielefeld 1990.

§ 19 Wirtschaftslenkende Steuervergünstigungen

und Stahlindustrie: Gesetz über eine Investitionszulage ... v. 22. 12. 1981, BGBl. I 81, 1523, 1557; § 6d EStG betr. Rücklage bei Erwerb von Betrieben, deren Fortbestand gefährdet ist.

Ausgleich von Standortnachteilen und Verbesserung der Regionalstruktur: Zonenrandförderungsgesetz; §§ 1, 1a, 2, 13 BerlinFG; § 2 DDR-InvestitionsG.

Investitionsförderung: Berlinförderungsgesetz; Zonenrandförderungsgesetz; §§ 6b, 7d, 7e, 7f, 7g, 10a EStG; bestimmte Wirtschaftsgüter betreffende erhöhte Absetzungen und Sonderabschreibungen nach §§ 76 ff. EStDV[12]; Gesetz über eine Investitionszulage für Investitionen in der Eisen- und Stahlindustrie v. 22. 12. 1981, BGBl. I 81, 1523, 1557; neuerdings Gesetz zum Abbau von Hemmnissen bei Investitionen in der Deutschen Demokratischen Republik einschließlich Berlin (Ost), (DDR-Investitionsgesetz – DDR-IG) v. 26. 6. 1990, BGBl. I 90, 1143. Dazu auch S. 653.

Kapitalmarktförderung, Konjunkturbelebung: § 3a EStG; Vermögensbildungsgesetze (dazu s. Fn. 6); §§ 16, 17 BerlinFG.

Beeinflussung der Preisbildung: § 4 Nrn. 14, 15, 18, 20, 23–25 UStG; § 8a MinöStG; § 3 Nr. 6 KraftStG.

Wohnungsbau- und Wohnungswirtschaftsförderung; Wohnungserhaltung. §§ 3 Nrn. 58, 68 (zur Fortgeltung: § 52 II g); 7 IV, V; 6 I Nr. 4 Satz 4; 7c; 7h, 7i und 11a, 11b; 7k, 7b bzw. 10e mit § 34f; 10f EStG; §§ 82a, b, g, h, i, k EStDV; VO über Landarbeiterwohnungsbau; § 3 I Nrn. 13–16 i. V. mit § 25 I, III VStG; § 3 Nrn. 15 u. 17 und § 9 Nr. 1 Satz 2 GewStG; § 5 I Nrn. 10–13 i. V.m. § 54 I, IV KStG; §§ 14a, 14b, 14c, 14d, 15, 15a, 15b, 17 BerlinFG; Wohnungsbau-Prämiengesetz; § 10 I Nr. 3 EStG[13].

Förderung bestimmter Arbeitstätigkeiten: § 3b EStG; ErfinderVOen; Bergmanns-Prämiengesetz.

Vermögensbildung: §§ 3 Nrn. 58, 68 (zur Fortgeltung: § 52 II g); 7b bzw. 10e mit § 34f EStG; § 19a EStG; Wohnungsbau-Prämiengesetz; Vermögensbildungsgesetze.

Förderung des wissenschaftlichen und technischen Fortschritts: ErfinderVOen; § 51 I Nr. 2u EStG; §§ 81, 82d EStDV; §§ 14 II Nr. 2c); 19 III Nr. 1c) BerlinFG; §§ 4, 4a i. V. mit § 8 InvZulG[14].

Kunst- und Kulturförderung: §§ 3 Nr. 26; 6 I Nr. 4 Sätze 2 u. 5; 10 b I EStG; § 9 Nr. 3a) KStG; §§ 3 Nr. 13; 8 Nr. 9; 9 Nr. 5 GewStG; §§ 96 I 2; 101 Nr. 5; 110 Nrn. 5 u. 12; 115 BewG; § 3 I Nr. 4 VStG; §§ 13 Nr. 2; 29 I Nr. 4 ErbStG; §§ 4 Nrn. 20–22, 25 Satz 1c), 28; 12 Nr. 7 UStG.

Förderung des Umweltschutzes: § 7d EStG; § 82a EStDV; § 4a InvZulG[15].

Allerdings sind eindeutige Abgrenzungen verschiedener Ziele oft nicht möglich. So dienen Investitionen in erster Linie dazu, die Produktionskapazität zu erweitern und Arbeitsplätze zu schaffen; sie sind aber z. B. auch geeignet, Standortnachteile auszugleichen und die Regionalstruktur zu verbessern sowie den wissenschaftlich-technischen Fortschritt zu fördern.

---

12 Dazu *W. Reibert,* Die wirtschafts- und finanzpolitische Problematik von Sonderabschreibungen, Diss. rer. pol. Bochum 1974.

13 Dazu *Müller-Steineck,* Die einkommensteuerliche Förderung des Wohnungsbaues in sozialpolitischer Sicht, Bonn 1971; *V. Stern,* Zur Neuorientierung der Wohnungsbauförderung, hrsg. vom Karl-Bräuer-Institut des Bundes der Steuerzahler, Wiesbaden 1983; *Wieland,* Steuerliche Wohneigentumsförderung, Finanzverfassung und Gleichheitssatz, in: FS für Wolfgang Zeidler, Bd. I, Berlin/New York 1987, 735; *H. Zimmermann,* Die Förderung des Wohnungsbaus durch Steuergesetze und andere Gesetze, Diss. Köln 1988; *Seithel/Schmidt,* Neue steuerliche Wohnungsbauförderung, Heidelberg 1990; *Handzik,* Wohneigentumsförderung nach § 10e EStG, Köln 1990.

14 *Heigl,* Abschreibungsvergünstigungen für Umweltschutz-Investitionen, München 1975; *R. Helbing,* Die steuerliche Behandlung von Forschung und Entwicklung in den Industrieunternehmen der EG-Staaten, Baden-Baden 1982; *J. P. Voß,* Probleme der steuerlichen Förderung von Forschung und Entwicklung, Inst. FuSt Schriftenreihe Nr. 124, Bonn 1986 (interpretiert das geltende Recht, insb. den Begriff „Forschung und Entwicklung", und macht Verbesserungsvorschläge).

15 *Aschfalk,* Besteuerung der Abfallwirtschaft, Berlin 1983; *Barth,* Zur steuerlichen Behandlung des Umweltschutzes, B 74, 1189 ff.; s. auch B 86, 73 ff.; *Dickertmann,* Maßnahmen für den Umweltschutz im Rahmen des bestehenden Steuersystems, in: Kurt Schmidt (Hrsg.), Öffentliche Finanzen und Umweltpolitik I, Berlin 1988 (mit umfassenden Nachweisen).

3. Vergünstigungs- und Förderungstechniken

Finanzielle staatliche Unterstützungen, die zu einem bestimmten wirtschaftslenkenden Zweck den Empfänger zu einem bestimmten wirtschaftlichen Verhalten (ohne marktwirtschaftliche Gegenleistung) veranlassen sollen, können gewährt werden durch:

3.1 Steuerliche Entlastung durch Steuervergünstigungen[16]

– Solche *an Unternehmer;*
   sie werden mangels Offenlegung im Haushaltsplan und aufgrund unsystematischer Einstreuung in Steuergesetze auch als verschleierte, verdeckte, versteckte Subventionen, aber auch als Verschonungs*subventionen* bezeichnet; unklar bleibt nicht selten, ob *Personengesellschaften* oder deren Gesellschafter begünstigt werden sollen[17];

– solche *an Private.*

Steuervergünstigungen können beim Steuersubjekt (durch subjektive Befreiungen), beim Steuerobjekt (durch Einschränkung des Steuerobjekts[18] und objektive Befreiungen[19]), bei der Steuerbemessungsgrundlage (insb. durch Schmälerung der Bemessungsgrundlage infolge erhöhter Absetzungen oder Sonderabschreibungen, Bildung steuerfreier Rücklagen, partieller Ermittlung des Gewinns oder Vermögens, Abzüge vom Gewinn durch Freibeträge oder durch Zulassung zum Sonderausgabenabzug), beim Steuersatz (durch Steuersatzermäßigung) und bei der Steuerschuld (durch Steuerschuldermäßigung, auch als Steuergutschrift bezeichnet) anknüpfen und auf diese Weise den Einnahmeverzicht bewirken.

Beispiele:

a) *Lenkungsbefreiungen:* z. B. §§ 3 a, 24 b EStG.

b) *Bewertungs- und Abschreibungsfreiheiten*: Es handelt sich um Bewertungen oder Abschreibungen, die von den *Normal*regeln der §§ 6, 7 EStG abweichen. Bei den Abschreibungsfreiheiten unterscheidet man erhöhte Absetzungen (Absetzungen, die *an die Stelle* der Absetzung nach § 7 EStG treten) und Sonderabschreibungen (Abschreibungen *neben* der Absetzung nach § 7 EStG). Diese Terminologie (s. § 7 a EStG) ist jedoch nicht signifikant; sie wird auch nicht durchgehend verwendet. So sprechen die Überschriften zu §§ 7 e, f EStG und zu §§ 81, 82 d, 82 f EStDV von Bewertungsfreiheit statt von Sonderabschreibung.

Erhöhte Absetzungen sind vorgesehen für vor dem 1. 1. 1987 angeschaffte oder hergestellte Einfamilienhäuser, Zweifamilienhäuser und Eigentumswohnungen (§ 7 b EStG), für vorhan-

---

16 Gemeint sind wirtschaftslenkende Steuervergünstigungen. *J. Lang,* Systematisierung der Steuervergünstigungen, Berlin 1974, 117, 124, spricht von *subventiven* Steuervergünstigungen. – Die im Subventionsbericht vertretene Auffassung, „steuerliche" Sonderregelungen seien keine „Steuervergünstigungen", wenn sie die (weit) überwiegende Mehrzahl der Steuerpflichtigen begünstigten, ist unzutreffend; es kommt allein auf den Zweck der Sonder- oder Ausnahmenorm an, nicht auf die Zahl der Betroffenen.

17 Dazu *Knobbe-Keuk,* Die Personengesellschaft im Recht der Steuervergünstigungen, DStJG Bd. 2 (1979), 109 ff.; *Schön,* Gewinnübertragungen bei Personengesellschaften nach § 6 b EStG, Köln 1986.

18 Beispiele: § 14 a EStG, § 117 a BewG.

19 Dazu *Bayer,* StuW 72, 151 („Lenkungsbefreiungen"); *Babrowski,* Die Steuerbefreiung als Rechtsform der Subvention, Erscheinungsformen und verfassungsrechtliche Problematik, Diss. Tübingen 1976.

§ 19 Wirtschaftslenkende Steuervergünstigungen

dene Gebäudeflächen, die durch Aus- und Umbaumaßnahmen zu zusätzlichen Mietwohnungen umgewandelt werden (§ 7c EStG), sowie beim Neubau von Sozialwohnungen (§ 7k EStG), für Wirtschaftsgüter, die dem Umweltschutz dienen (§ 7d EStG), für Anlagen/ Einrichtungen zu Gebäuden (§ 82a EStDV), bei Modernisierungs- und Instandsetzungsmaßnahmen i. S. des § 177 des Baugesetzbuchs in einem förmlich festgelegten Sanierungsgebiet oder städtebaulichen Entwicklungsbereich (§ 7h EStG; § 82g EStDV), bei Baudenkmälern (§ 7i EStG; § 82i EStDV), für Landarbeiterwohnungen (VO v. 6. 8. 1974, BGBl. I 74, 1870), für abnutzbare Wirtschaftsgüter des Anlagevermögens in Berliner Betriebstätten und für Häuser und Eigentumswohnungen in Berlin (§§ 14–15 BerlinFG), für Schutzbauten (§§ 7, 12 III SchutzbauG).

Sonderabschreibungen sind vorgesehen für bestimmte Wirtschaftsgüter in Betrieben von Vertriebenen und Verfolgten (§ 7e EStG), für abnutzbare Wirtschaftsgüter des Anlagevermögens privater Krankenhäuser (§ 7f EStG), zur Förderung kleiner und mittlerer Betriebe (§ 7g EStG), für bestimmte landwirtschaftliche Wirtschaftsgüter (§ 76 EStDV), für Wirtschaftsgüter des Kohlen- und Erzbergbaus (§ 81 EStDV), für abnutzbare Wirtschaftsgüter des Anlagevermögens, die der Forschung oder Entwicklung dienen (§ 82d EStDV), für bestimmte Handelsschiffe (§ 82f EStDV), für Wirtschaftsgüter in Betriebstätten im Zonenrandgebiet (§ 3 ZonenRFG).

§ 7a EStG enthält allgemeine Regeln für erhöhte Absetzungen und Sonderabschreibungen, die durch Sonderregeln durchbrochen werden können; zu beachten ist insb. das Kumulationsverbot des § 7a V EStG.

c) *Steuerfreie, später gewinnerhöhend aufzulösende Rücklagen* (einschließlich Übertragung stiller Reserven): bei Veräußerung bestimmter Anlagegüter (§§ 6b III, 6c EStG); bei Erwerb von Betrieben, deren Fortbestand gefährdet ist (§ 6d EStG); für Auslandsinvestitionen (§§ 1, 3 Auslandsinvestitionsgesetz, ab 1990 aufgehoben, s. S. 652); bei Überführung bestimmter Wirtschaftsgüter in eine Kapitalgesellschaft oder Erwerbs- oder Wirtschaftsgenossenschaft in der ehemaligen DDR sowie für Verluste einer Tochtergesellschaft in der ehemaligen DDR (§§ 1, 2 DDR-InvestitionsG). Dazu auch S. 653.

d) Bloß *partielle Ermittlung des Gewinns* (so bei nichtbuchführenden Landwirten, s. § 13a EStG), Eliminierung von Einkunftsteilen aus dem Arbeitslohn (§ 3 VO über steuerliche Behandlung von Prämien für Verbesserungsvorschläge).

e) *Gewinnabzüge:* für Anschaffung bestimmter landwirtschaftlicher Wirtschaftsgüter (§ 78 EStDV).

f) *Sonderausgabenabzug:* für nicht entnommenen Gewinn aus Vertriebenen-Betrieben (§ 10a EStG)[20]; für eine nach dem 31. 12. 1986 angeschaffte oder hergestellte Wohnung im eigenen Haus oder Eigentumswohnung, wenn selbstgenutzt (§ 10e EStG; § 15b BerlinFG).

g) Bloß *partieller Ansatz eines Wertes* nach dem Bewertungsgesetz (z. B. § 117a BewG).

h) *Steuersatzermäßigungen:* z. B. für bestimmte Arbeitstätigkeiten (§ 4 Nr. 3 Erfinder-VO v. 30. 5. 1951; § 2 I 2 Arbeitnehmer-Erfinder-VO v. 6. 6. 1951).

i) *Steuerschuldermäßigungen:* z. B. der Umsatzsteuerschuld nach § 24 a i. V. mit § 28 VI UStG und nach dem Berlinförderungsgesetz (§§ 1, 1a, 2, 11, 13 BerlinFG), der Einkommensteuerschuld bei Inanspruchnahme des § 7b bzw. § 10e EStG ab zwei bzw. mit Kindern (§ 34f EStG), bei buchführenden Landwirten (§ 34e EStG), der

---

20 Dazu *Bökenkamp/Knief/Tiepelmann,* Die steuerliche Begünstigung des nicht entnommenen Gewinns bei Personenunternehmen, Köln und Opladen 1967.

Einkommensteuer-/Körperschaftsteuerschuld bei Hingabe von Berlin-Darlehen (§§ 16, 17, 18 BerlinFG), für Berlin-Einkünfte (§§ 21 ff. BerlinFG).

Wirkung und Eignung der Steuervergünstigungen: Steuervergünstigungen durch Reduzierung der Bemessungsgrundlage können zu endgültiger Steuerentlastung führen; sie können aber auch lediglich wie eine zinslose Steuerstundung wirken, wie eine mit Zinsgewinn verbundene Liquiditätshilfe. Solche Liquiditätshilfen sind: erhöhte Absetzungen, Sonderabschreibungen, später aufzulösende Rücklagen. Nur soweit Einkommen und/oder Tarif zwischenzeitlich sinken, ergibt sich ein endgültiger Steuervorteil. In allen Fällen setzen Vergünstigungen, die an den Gewinn anknüpfen, Gewinn voraus. Sie verfälschen alle Bemessungsgrundlagen in Sozialgesetzen, die an den steuerlichen Gewinn oder das steuerliche Einkommen anknüpfen. Überhaupt sind angemessene Dosierungen nicht möglich. Alle Steuervergünstigungen, die die Bemessungsgrundlage der Einkommensteuer verkürzen, auch Lenkungsbefreiungen, Gewinnabzüge und Sonderausgaben, bewirken infolge des progressiven Tarifs, daß der Vergünstigungsvorteil – meist zielinadäquat und sachungerecht – mit zunehmendem Gewinn[21] steigt[22]. Oft wird der Verhaltensspielraum nur wenig eingeengt. Diese Vergünstigungen wirken sich auch bei der Gewerbesteuer und bei der Kirchensteuer aus. Steuerschuldermäßigungen vermeiden die sich aus einem progressiven Tarif ergebende regressive Wirkung der Vergünstigung; sie können allerdings nur wirken, wenn sich eine Steuerschuld ergibt. Verlustunternehmen werden also ausgeschlossen. Auch Einkommensteuerschuldermäßigungen wirken sich bei der Kirchensteuer aus. Die Vergünstigungen können die Steuersätze in die Höhe treiben, sie verfälschen die effektiven Belastungssätze der Begünstigten; der Tarif auf eine durch Vergünstigungen reduzierte Bemessungsgrundlage bildet das Belastungsniveau falsch ab.

Über Verbrauch- und Aufwandsteuern (insb. die Umsatzsteuer) lassen sich, da die Steuern tendenziell auf die Verbraucher (Aufwender) überwälzt werden, Unternehmer und/oder Verbraucher begünstigen. Ist die Entlastung der Verbraucher beabsichtigt, so hängt der Effekt davon ab, ob die Unternehmer den Steuervorteil im Preis weitergeben. Das Interesse der Unternehmer an einer Preissenkung hängt davon ab, inwieweit sie selbst durch Erhöhung der Nachfrage von der Preissenkung profitieren. Das tun sie um so weniger, je starrer die Nachfrage ist; sie tun es um so mehr, je größer die Nachfrageelastizität ist.

Steuervergünstigungen sind *haushaltsrechtlich* mindestens *problematisch,* weil sie das Bruttoprinzip durchbrechen, wonach der Haushaltsplan alle Einnahmen und Ausgaben enthalten muß (s. Art. 110 I GG; §§ 8 II, 12 I Haushaltsgrundsätzegesetz; §§ 11 II, 15 I Bundeshaushaltsordnung). Die Steuervergünstigungen schmälern als Einnahmeverzichte nur die Einnahmeseite des Haushalts. Die volkswirtschaftliche Steuerquote wird verfälscht.

Steuervergünstigungen sind nach Tendenz und Effekt für Öffentlichkeit und Parlamentarier oft schwer erkennbar, sie sind der Erfolgskontrolle im Rahmen der jährlichen Haushaltsberatungen entzogen. Sie lassen sich nur durch Schätzung quantifizieren. Steuerschuldverhältnis und Vergünstigungsverhältnis werden vermengt und einheitlich im Steuerbescheid erfaßt. Die quantitative Entlastung ist im Steuerbescheid durchweg nicht ohne weiteres ersichtlich. Die zieladäquaten Möglichkeiten und die Wirkungen der Steuervergünstigungen werden durch die Möglichkeiten der Steuertechnik begrenzt.

Wirtschaftslenkende Steuervergünstigungen setzen – wie alle Subventionen – den Marktmechanismus außer Kraft, sie können Kapital fehlleiten, wettbewerbsverzerrend wirken, den

---

21 Entsprechendes gilt bei Überschußeinkünften. – Allerdings ist es auch nicht sinnvoll, nicht wettbewerbsfähige Unternehmen „am Leben zu erhalten".

22 Für Abschaffung solcher Vergünstigungen daher Gutachten des Wiss. Beirats beim BdF zur Reform der direkten Steuern, Schriftenreihe des BdF, Heft 9 (1967), 21; Gutachten der Steuerreformkommission, Schriftenreihe des BdF, Heft 17 (1971), 551 f. (Tz. 437 ff.). S. auch *H. Vogel,* „Steuergeschenke-Steuervergünstigungen zu rechtfertigen oder abzubauen?", StbJb. 1980/81, 49 ff.; *P. Kirchhof,* DStR 83, 284 f.; *ders.,* StuW 84, 299 f.; *ders.,* Gutachten F zum 57. Deutschen Juristentag, München 1988, 95; *Drenseck,* DStR 86, 380; *ders.,* NJW 87, 8 ff.; Schmidt/*Drenseck,* EStG[9], § 10 e Anm. 2; *Wieland,* in: FS für W. Zeidler, Berlin/New York 1987, 753 f; *Birk,* StuW 89, 217; *Handzik,* Wohneigentumsförderung nach § 10 e EStG, Köln 1990, 32 f. mit Nachweisen in Fußn. 145; *Ruppe,* in: HHR, Einf. ESt Anm. 57.

Ausleseprozeß zu Lasten von Unternehmen stören, die ohne Subventionen auskommen, den Produktionsfortschritt hemmen und den notwendigen Strukturwandel verhindern. Vergünstigungsvorteil einerseits und betrieblicher Kostenaufwand/Verwaltungsaufwand andererseits können sich ausgleichen. Gleichwohl, auch Verbände, die sich zur Marktwirtschaft bekennen, pflegen an „ihren" Vergünstigungen zu hängen[23].

Steuervergünstigungen können das Steuerrechtsbewußtsein korrumpieren.

Trotz all dieser Nachteile werden die Steuervergünstigungen insb. von Politikern (auch Verbandsvertretern[24]) nicht selten präferiert, und zwar in allen Industriestaaten der Welt[25]. Nach den Vorstellungen der meisten Politiker zahlt sich der Vergünstigungsabbau politisch nicht aus. Wer durch Vergünstigungen/Subventionen Geld zu vergeben hat, besitzt politische Macht, kann etwas für seine Wähler herausschlagen. Die (optischen) Verkürzungen der Einnahmen und Ausgaben verringern das Haushaltsvolumen und die Ausgabensteigerungsrate. Die Steuerquote wird (scheinbar) gesenkt, das inflationsbedingte Anwachsen der Steuereinnahmen gebremst. Streitigkeiten um die Finanzierungszuständigkeiten werden vermieden; die Zuständigkeit ergibt sich aus der Verteilung des Steueraufkommens (Art. 106 GG). Punktuelle Änderungen von Steuergesetzen sind leichter durchzusetzen als Sondergesetze; sie sind dem Widerstand der nachteilig Betroffenen weniger ausgesetzt. Zudem scheinen viele Bürger auf eine Minderung der lästigen Steuer viel stärker zu reagieren als auf entsprechende Transferzahlungen oder Finanzhilfen. Wie die Beteiligung an Verlustzuweisungsgesellschaften zeigt, sind nicht eben wenige um eines versprochenen Steuervorteils willen bereit, über alle ökonomischen Nachteile hinwegzusehen, auch wenn diese den Steuervorteil mehr als aufwiegen.

Auch haben Steuervergünstigungen für den Bürger, anders als offene Subventionen, offenbar nicht den Ruch der Staatshilfe[26].

3.2 Zulagen und Prämien, die mit Steuereinnahmen verrechnet werden

Arbeitnehmersparzulage (§ 13 des 5. VermBG); Bergmannsprämie nach dem Gesetz v. 12. 5. 1969; Investitionszulagen nach § 19 BerlinFG; Investitionszulagen nach dem Gesetz über eine Investitionszulage für Investitionen in der Eisen- und Stahlindustrie (§ 1 des Gesetzes).

Diese Zulagen und Prämien vermeiden die Nachteile von Steuervergünstigungen, die gewinn- und steuerprogressionsabhängig sind.

Obwohl im Zulagen- oder Prämienverfahren Steuerschuldverhältnis und Zulagenschuldverhältnis bzw. Prämienschuldverhältnis nicht vermengt werden, werden die Mittel für diese Zulagen oder Prämien jedoch dem Aufkommen an Einkommen-, Körperschaft- oder Lohnsteuer entnommen (§ 14 I des 5. VermBG; § 3 I 4 BergPG; § 5 III 1 InvZulG; §§ 19 VI 3, 28 V 7 BerlinFG). Im Haushaltsplan werden die erwähnten Zulagen und Prämien ebenfalls nur durch Verkürzung der Einkommensteuer-/Körperschaftsteuer-/Lohnsteuereinnahmen berücksichtigt. Es bestehen folglich die oben zu 3.1 erwähnten haushaltsrechtlichen Bedenken.

---

23 Dazu auch *Tietmeyer,* Subventionen – Arznei oder Gift für die Marktwirtschaft im Strukturwandel?, Deutscher Steuerberatertag 1985, Protokoll, Bonn 1986, 49 ff.; *Jasper,* Zur Problematik von Subventionen als Instrument der Wirtschaftspolitik, Inst.FuSt Brief 259, Bonn 1986; *v. Stern/G. Werner,* Subventionsabbau, Notwendigkeit und Möglichkeiten, Wiesbaden 1987.

24 Instruktiv: Zur Sache 3/82, öffentliche Anhörung des Haushaltsausschusses des Dt. Bundestages zum 8. Subventionsbericht.

25 In den USA ist 1986 allerdings ein umfassender Abbau der Steuervergünstigungen gelungen (dazu *Tipke,* StuW 86, 150 ff.). Auch der Erfolg des Steuerreformgesetzes 1990 kann sich sehen lassen.

26 Kritische Beurteilung der Steuervergünstigungen auch durch *Ruppe,* in: HHR, Einf. ESt Anm. 57.

3.3 Steuerunabhängige, von der Finanzverwaltung gewährte Transferzahlungen oder Finanzhilfen

Wohnungsbauprämien nach dem Wohnungsbauprämiengesetz:
Diese Prämien werden unter einem bestimmten Ausgabetitel im Haushaltsplan offen ausgewiesen. Die Mittel werden vom Bund aufgebracht (§ 7 Satz 2 WoPG).

4. Zu einzelnen investitionsfördernden Steuervergünstigungen und Förderungsgesetzen

Die Förderungsgesetze sind kommentiert in den Einkommensteuer-Kommentaren von *Herrmann/Heuer/Raupach* [19], Bd. 14, 15; *Blümich* [13], Bd. 5; *Littmann/Bitz/Meincke* [15], Bd. 3.

Es ist im Rahmen dieses Grundrisses nicht möglich, alle wirtschaftslenkenden (wirtschaftsfördernden) Steuervergünstigungen (Steuersubventionen) zu behandeln. Der Abschnitt beschränkt sich daher auf das Wichtigste.

Nicht nur die in Steuergesetze eingebetteten Steuervergünstigungsnormen, auch die selbständigen Förderungsgesetze bedienen sich der *Terminologie* der *S*teuergesetze (vor allem der §§ 4–7 EStG). Das hat den Vorteil, daß der Rechtsanwender es mit einer ihm vertrauten Rechtssprache zu tun hat, es hat aber auch den Nachteil, daß das Förderungsziel verfehlt werden kann, zumal dann, wenn ungeachtet des Förderungszwecks der EStG-vorgeprägte Wortlaut das A und O der *Auslegung* ist. Die Rechtssprache des Steuerrechts (es ist auch in den Förderungsgesetzen ständig vom Steuerpflichtigen die Rede) verführt dazu, in den Kategorien des Steuerbelastungstatbestandes zu denken. Das tun überwiegend auch die einschlägigen Kommentare (meist als Anhang zum Einkommensteuergesetz-Kommentar). Oft wird übersehen, daß Förderungsgesetze *lückenhaft* sein können und daß der Lückenausfüllung mindestens hier *kein Analogieverbot* entgegensteht (dazu S. 39ff.). Signifikant für fast alle einschlägigen Vorschriften ist ihre weit überdurchschnittliche Länge.

Die einzelnen Förderungsgesetze pflegen die AO-Vorschriften über die *Vergütung* für anwendbar zu erklären. Sie entscheiden, ob bei Förderungserschleichung Subventionsbetrug (§ 264 StGB) oder Steuerhinterziehung (§ 370 AO) vorliegt.

Investition ist die Verwendung von Produktionsfaktoren für die Erweiterung oder Erhaltung des Produktionsapparates.

Man unterscheidet Real- und Finanzinvestitionen, Anlage- und Vorratsinvestitionen. Das Gut, in das investiert wird, ist das Investitionsgut oder Investitionsobjekt.

4.1 Aufschub der Gewinnrealisierung bei Reinvestition (§§ 6b, 6c EStG)[27]

§§ 6b, 6c EStG bezwecken, daß Wirtschaftsgüter des Anlagevermögens, die nicht mehr benötigt werden oder infolge Standortverlagerungen oder Strukturverände-

---

27 Dazu Kommentare zu §§ 6b, 6c EStG; *R. Thiel,* Übertragung stiller Reserven, Kommentar zu § 6b EStG, Heidelberg 1965; *Rieden,* Die betriebswirtschaftliche Bedeutung der Übertragung stiller Rücklagen gemäß § 6b EStG, Diss. rer. pol. Köln 1972; *Vodrazka,* StuW 75, 317; StuW 76, 51; *Stahlschmidt,* Die Anwendbarkeit der Reinvestitionsvergünstigung nach § 6b EStG in Grenzfällen, Diss. Mainz 1970; *D. Schneider,* StuW 76, 197. – Zu § 6b in der Fassung des 2. Haushaltsstrukturgesetzes *Zeitler,* BB 82, 283; *Bauer,* BB 82, 529; *Siegel,* B 83, 53; *W. Schön,* Gewinnübertragungen bei Personengesellschaften nach § 6b EStG, Köln 1986; *Wittmann,* B 87, 1447.

§ 19 Wirtschaftslenkende Steuervergünstigungen

rungen aufgegeben werden müssen, mit verminderter Steuerbelastung (nur 50 % des realisierten Gewinns sind i. d. R. sofort zu versteuern) veräußert werden können, damit der restliche Veräußerungserlös voll zur Reinvestition, zur Rationalisierung oder Modernisierung von Produktionsanlagen zur Verfügung steht (BT-Drucks. IV/2400, 63 ff.; s. BR-Drucks. 193/64, 46).

§ 6 b EStG sieht zwei Techniken vor, die Gewinnrealisierung zu vermeiden, nämlich den *Abzug der stillen Reserven von den Anschaffungs- oder Herstellungskosten des Reinvestitionsobjekts* und die Bildung einer *steuerfreien Rücklage* (s. schon S. 312 ff.).

Auf welche Wirtschaftsgüter die stillen Reserven des einzelnen veräußerten Wirtschaftsguts des Anlagevermögens – unter bestimmten Voraussetzungen und in welchem Umfang – nach § 6 b EStG übertragen werden können, ergibt sich aus der folgenden seit 1. 1. 1990 geltenden Übersicht:

Übertragung von/auf	Grund und Boden	Aufwuchs Anlagen im Grund und Boden	Gebäude	abnutzb. bewegl. Anlagevermögen	Anteile an KapGes*
Grund und Boden	100 v. H.	100 v. H.	100 v. H.	100 v. H.	–
Aufwuchs Anlagen im Grund und Boden	–	100 v. H.	100 v. H.	100 v. H.	–
Gebäude	–	–	100 v. H.	100 v. H.	–
abnutzb. bewegl. Anlagevermögen	–	–	–	50 v. H.	–
Schiffe	–	–	–	50 v. H.	–
Anteile an KapGes.	–	–	50/100* v. H.	50/100* v. H.	100* v. H.
Lebendes Inventar	–	–	–	50 v. H.	–

* Soweit es sich um Kapitalgesellschaftsanteile handelt, die von Unternehmensbeteiligungsgesellschaften i. S. des § 6 b I Nr. 5 EStG angeschafft/veräußert werden.

4.2 Investitionszulagengesetz (InvZulG)[28]

Das Investitionszulagengesetz ist mit Ablauf des 31. 12. 1989 außer Kraft getreten (s. § 9 InvZulG i. d. F. des Ges. v. 25. 7. 1988, BGBl. I 88, 1093, 1117 f.). Zum Zeitpunkt des Wegfalls der Investitionsförderung s. § 8 InvZulG i. d. F. des Ges. v. 25. 7. 1988.

4.3 Auslandsinvestitionsgesetz (AuslInvG)

Das AuslInvG ist mit Wirkung ab 1990 durch Ges. v. 25. 7. 1988 (BGBl. I 88, 1093, 1122) aufgehoben worden. Der bisherige § 2 AuslInvG wurde in das EStG (§ 2 a III, IV) übernommen.

---

28 Dazu *List,* Die Investitionszulage – Gesetz und Rechtsprechung, StbJb. 1978/79, 85 ff.; *Hartmann,* Investitionszulagengesetz, Stuttgart u. a. 1981; *Mühl/Alter,* Die neue Investitionszulage..., BB 82, Beil. 7; *Felix,* Grundsätzliches und Kritisches zur Beschäftigungsförderungszulage 1982, BB 82, 1600; *Jasper,* Investitionszulagen zur Förderung der Beschäftigung nach § 4 b InvZulG 1982[2], Köln 1983; *Zitzmann,* B 87, Beil. 2.

Einzelne Förderungsgesetze

4.4 Investitionsförderung im Beitrittsgebiet

Durch die Herstellung der deutschen Einheit ist der Förderungszweck des Zonenrandförderungsgesetzes[29], die Auswirkungen der Teilung Deutschlands auszugleichen, obsolet geworden. Daher soll die Förderung des nicht mehr bestehenden Zonenrandes abgelöst werden durch die Förderung der Investitionen in den neuen Bundesländern.

Das DDR-Investitionsgesetz vom 26. 6. 1990 (BGBl. I 90, 1143)[30] gilt nach dem Einigungsvertrag (BStBl. I 90, 674) nur noch für Sachverhalte, die bis zum 31. 12. 1991 verwirklicht worden sind. § 1 DDR-Investitionsgesetz sieht zur Vermeidung der Gewinnrealisierung die Bildung einer steuerfreien Rücklage vor, wenn bestimmte Wirtschaftsgüter in eine DDR-Kapitalgesellschaft überführt werden.

§ 2 DDR-Investitionsgesetz ermöglicht die Bildung einer Rücklage für Verluste einer Kapitalgesellschaft in der DDR. Voraussetzung ist insbesondere, daß der Anteilserwerb nach dem 31. 12. 1989 erfolgt ist und die Beteiligungsquote mindestens 10 v. H. beträgt. Die Rücklage darf höchstens in Höhe des steuerlichen Beteiligungsbuchwertes gebildet werden. Sie ist spätestens am Schluß des fünften auf ihre Bildung folgenden Wirtschaftsjahres aufzulösen.

Die Investitionszulagenverordnung[30a] gilt als früheres DDR-Recht nach dem Einigungsvertrag weiter. Sie sieht die Gewährung einer steuerfreien Investitionszulage vor, wenn in einer Betriebsstätte oder in einem Betrieb in der DDR bestimmte neue bewegliche Wirtschaftsgüter angeschafft oder hergestellt werden. Die Investitionszulage beträgt

– 12 v. H. der Anschaffungs- oder Herstellungskosten, wenn die Wirtschaftsgüter in der Zeit nach dem 30. 6. 1990 und vor dem 1. 7. 1991 angeschafft oder hergestellt worden sind,
– 8 v. H. der Anschaffungs- oder Herstellungskosten, wenn die Wirtschaftsgüter in der Zeit nach dem 30. 6. 1991 und vor dem 1. 1. 1995 angeschafft oder hergestellt worden sind.

Nach dem 30. 6. 1992 abgeschlossene Investitionen sind dabei nur dann begünstigt, wenn sie der Anspruchsberechtigte vor dem 1. 7. 1992 begonnen hat.

Neben der Investitionszulagenverordnung werden aufgrund der Überleitung früheren DDR-Rechts gemäß § 58 EStG folgende Förderungsmaßnahmen weitergewährt:

– Sonderabschreibungen für bestimmte Investitionen im Anlagevermögen, die der Exportförderung, der Schaffung neuer Arbeitsplätze oder zur Realisierung von Umweltschutzmaßnahmen dienen und im Jahre 1990 durchgeführt wurden. Die Sonderabschreibung beträgt im ersten Jahr 50 v. H., im zweiten Jahr 30 v. H. und im dritten Jahr 20 v. H.
– Bildung einer steuerfreien Rücklage in Höhe von 20 % des Gewinns, höchstens 50 000 DM für Steuerpflichtige mit Gewinneinkünften im Jahr 1990.
– Gewährung einer Steuerbefreiung für zwei Jahre, höchstens bis 10 000 DM bei Neueröffnung eines Handwerks-, Handels- oder Gewerbebetriebs oder der Neuaufnahme einer freiberuflichen Tätigkeit vor dem 1. 1. 1991.

---

29 Dazu *H. Ebertz*, Sonderabschreibungen für Investitionen im Zonenrandgebiet, Diss. Braunschweig 1974; *Bütz*, Rechtsfragen der Zonenrandförderung, Köln u. a. 1980; *J. Martens*, Fehlentwicklung einer Subvention im Steuerrecht, ZRP 81, 104.
30 Dazu insb. *Hundt*, B 90, 3086, 3099.
30a Investitionszulagenverordnung vom 4. 7. 1990 (GBl.-DDR I 90, 621) geändert durch Verordnung vom 13. 9. 1990 (GBl.-DDR I 90, 1489), übergeleitet durch Einigungsvertragsgesetz vom 23. 9. 1990 (BGBl. II 90, 885). Vgl. dazu auch Merkblatt des BMF, DDR-Spezial 35/90.

§ 19 Wirtschaftslenkende Steuervergünstigungen

4.5 Berlinförderungsgesetz (BerlinFG)[31]

Das Gesetz dient der Förderung der Wirtschaft von Berlin (West). Es will zur Kompensation der Standortnachteile und der Sonderrisiken, die sich aus der Lage Berlins ergeben, vor allem Anreize schaffen, den Güter- und Leistungsbedarf in Berlin zu decken, und die Arbeitslosigkeit in Berlin bekämpfen helfen.

Nach dem Beitritt der DDR zur BR Deutschland ist an einen schrittweisen Abbau der Berlinförderung gedacht. Noch am 2. 2. 1990 ist das Gesetz aber neugefaßt worden (BGBl. I 90, 173).

Das Gesetz kennt Vergünstigungen bei der Umsatzsteuer (§§ 1–13 BerlinFG), bei den Steuern vom Einkommen und Ertrag (§§ 13a–18 BerlinFG), eine Investitionszulage für Investitionen in Berlin (§§ 19–20 BerlinFG) und Ermäßigungen der veranlagten Einkommensteuer und Körperschaftsteuer auf Einkünfte aus Berlin (§§ 21–27 BerlinFG) sowie Zulagen an Arbeitnehmer (§§ 28–29a BerlinFG).

§ 1 BerlinFG gewährt dem Berliner Unternehmer einen Anspruch auf Kürzung der *Umsatzsteuer* auf bestimmte Leistungen; der damit korrespondierende § 2 BerlinFG gewährt zusätzlich dem westdeutschen Unternehmer (als Leistungsempfänger) einen Anspruch auf Kürzung der Umsatzsteuer; § 1a BerlinFG begünstigt zur Lückenschließung Innenumsätze.

§§ 14, 14a–d, 15, 15a, 15b BerlinFG lassen *erhöhte Absetzungen* für abnutzbare Wirtschaftsgüter des Anlagevermögens und für Mehrfamilienhäuser, für Modernisierungsmaßnahmen an Mehrfamilienhäusern, für Baumaßnahmen an Gebäuden zur Schaffung neuer Mietwohnungen und Sozialwohnungen sowie für Einfamilienhäuser, Zweifamilienhäuser und Eigentumswohnungen zu.

§§ 16, 17 BerlinFG gewähren Steuerermäßigungen auf Darlehen zur Finanzierung betrieblicher Investitionen und von Baumaßnahmen.

§ 19 BerlinFG gewährt eine Investitionszulage für Berlin-Investitionen (entspricht dem Investitionszulagengesetz).

§§ 21 ff. BerlinFG wollen die Abwanderung von Unternehmen und Arbeitnehmern aus Berlin verhindern oder ihre Rückkehr erleichtern.

4.6 Wohnungsbauförderung durch §§ 7b, 10e, 34f EStG[32]

§ 10e EStG als Nachfolgeregelung des § 7b EStG will es (vermögenspolitisch) möglichst vielen Bürgern erleichtern, Wohnungseigentum zu bilden und auf diese Weise die Eigentumsquote zu erhöhen; er will (städtebaupolitisch) darauf hinwirken, daß auch Altbauten in Städten erworben werden; schließlich will er steuerliche Hemmnisse bei Wohnort- und Arbeitsplatzwechsel abbauen (zu § 7b EStG s. BT-Drucks. 8/286, 8/453, 8/2554; zu § 10e EStG s. BT-Drucks. 10/3633, 10/5208).

---

31 Dazu *George,* Berliner Steuerpräferenzen[6], Stuttgart 1983; *Sönksen/Söffing,* Berlinförderungsgesetz, Kommentar, Berlin seit 1973 (Loseblatt); *Kaligin,* DStZ 87, 263; *Kaligin/Rieckmann,* Berliner Steuervergünstigungen für Investoren, Heidelberg 1989.

32 Zu § 7b EStG: Kommentare zu § 7b EStG; *Martha Hölzl,* Erhöhte Abschreibungen für Wohngebäude, Stuttgart/München/Hannover 1978; *Burhoff,* Handbuch zu § 7b EStG[8], Herne/Berlin 1983; *Kieschke,* Der neue § 7b EStG, DStZA 77, 419; *Orth,* NJW 77, 1909. Zu § 10e EStG: *Biergans,* Steuervorteile durch selbstgenutztes Wohneigentum nach dem 1. 1. 1987, Herne/Berlin 1987; *Ehmcke,* Das Wohneigentumsförderungsgesetz – Darstellung des neuen Rechts und Gestaltungshinweise, München 1986; *Märkle/Franz,* Selbstgenutztes Wohneigentum[2], Stuttgart/München/Hannover 1987; *Richter/Boveleth,* Die neue Wohnraumbesteuerung[2], Köln 1987; *Stephan,* Die Besteuerung selbstgenutzten Wohneigentums[3], Stuttgart 1989; *Obermeier,* Das selbstgenutzte Wohneigentum ab 1987[2], Herne/Berlin 1988; *Handzik,* Wohneigentumsförderung nach § 10e EStG, Köln 1990; s. insb. auch die Kommentare zu § 10e EStG.

Einzelne Förderungsgesetze

Zum zeitlichen Anwendungsbereich der §§ 7b, 10e EStG: s. § 7b und § 52 XIV EStG.

Begünstigt sind *Bauherr* und *Erwerber*. Bei dem begünstigten Objekt muß es sich um eine inländische, zu eigenen Wohnzwecken genutzte Wohnung im eigenen Haus oder um eine selbstgenutzte Eigentumswohnung handeln (§ 10e I EStG). Begünstigt sind auch Ausbauten und Erweiterungen (§ 10e II EStG). § 10e IV, V EStG sieht eine *Objektbeschränkung* vor.

§ 10e I 7 EStG enthält eine Mißbrauchsklausel.

Nach § 10e I EStG kann der *Bauherr* im Jahr der Fertigstellung und in den sieben folgenden Jahren jeweils bis 5 v. H. der Summe aus Herstellungskosten der eigengenutzten Wohnung und der Hälfte der Anschaffungskosten des dazugehörenden Grund und Bodens, höchstens jedoch 15 000 DM, wie Sonderausgaben abziehen. Hat ein Steuerpflichtiger die Wohnung angeschafft, so treten an die Stelle des Jahres der Fertigstellung das Jahr der Anschaffung und an die Stelle der Herstellungskosten die Anschaffungskosten. Zudem können Aufwendungen, die bis zum Beginn der erstmaligen Nutzung der Wohnung entstehen und die unmittelbar mit dem Anschaffungs- bzw. Herstellungsvorgang zusammenhängen, wie Sonderausgaben abgezogen werden, sofern sie im Falle der Vermietung als (vorweggenommene) Werbungskosten anzusehen wären (§ 10e VI EStG).

Wie die umfangreichen Beiträge im Schrifttum[32] belegen, hat die Vorschrift des § 10e EStG eine Vielzahl von Zweifelsfragen aufgeworfen. Fraglich ist insb., ob die Regelungen der Einkünfteermittlung, die im Zusammenhang mit § 7b EStG anzuwenden waren, auch bei den „wie" Sonderausgaben abziehbaren Beträgen des § 10e EStG sinngemäß anzuwenden sind. U. E. ist diese Frage zu bejahen, da § 10e EStG nach dem Willen des Gesetzgebers lediglich eine Nachbildung der bisherigen Förderung des Wohnungseigentums (§ 7b EStG) darstellt[33]; der unentgeltliche Einzelrechtsnachfolger kann demzufolge – ebenso wie der Gesamtrechtsnachfolger[34] – die vom Rechtsvorgänger in Anspruch genommene Förderung nach § 10e EStG bei Vorliegen der entsprechenden Voraussetzungen fortführen[35].

Die Kritik bemängelt (zu Recht), daß, zusammenhängend mit dem progressiven Tarif, der Förderungseffekt mit *steigendem* Einkommen wächst[36].

Nach § 34f II EStG ermäßigt sich die tarifliche Einkommensteuer bei Inanspruchnahme des § 10e EStG um 750 DM für jedes Kind[37].

Der Wohnungsbau bzw. das Wohnen wird nicht nur durch §§ 10e, 34f EStG gefördert, sondern auch durch § 7 V EStG, Sozialhilfe, Wohngeld, Wohnungsgemeinnützigkeitsgesetz, sozialen Wohnungsbau, spezielle Wohnungsbauförderung in Berlin. Dadurch kommt es zum Teil zu Überschneidungen und Mehrfachförderungen.

Für die Förderung des Baues von Ein-/Zweifamilienhäusern und Eigentumswohnungen besteht kein Bedürfnis mehr, da bereits eine Überversorgung besteht; viele Häuser stehen bereits leer. Abgesehen davon dient eine Vermögenspolitik, die darin besteht, daß jedem Ehepaar die Anschaffung oder der Erwerb von zwei Häusern von der Gemeinschaft der Steuerzahler subventioniert wird, nicht dem Gemeinwohl. Auch eine *soziale* Umverteilung liegt nicht vor. Da Ehepaare im selben Haus zu wohnen pflegen, ist es auch nicht erforderlich, für Eheleute zwei Häuser zu fördern. Das Wohnen gehört zur Privatsphäre, und seine Wohnbedürfnisse sollte jeder, der dazu in der Lage ist, selber finanzieren. Zwar trägt die Wohnungsbauförderung zur Beschäftigung der Bauwirtschaft bei. Eine Beschäftigung, die darin besteht, daß auf knappem Grund und Boden weitere Häuser gebaut werden, während andere Häuser leerstehen, ist jedoch

---

33 BT-Drucks. 10/3633, 14.
34 Vgl. BMF BStBl. I 87, 434, I. (4).
35 Gl. A. Schmidt/*Drenseck,* EStG[9], § 10e Anm. 6d.
36 S. hierzu Schmidt/*Drenseck,* EStG[9], § 10e Anm. 2.
37 Zu § 34f EStG a. F. *Krudewig,* BB 82, 730; *Seithel,* FR 82, 236.

nicht sinnvoll. Soweit § 10e EStG-Begünstigte die Vergünstigung durch die eigene Steuerbelastung finanzieren (der Staat gibt dem Steuerpflichtigen, was er ihm vorher genommen hat), liegt nur eine Scheinvergünstigung vor.

5. Prüfung von Steuervergünstigungen und Förderungsgesetzen auf ihre Rechtfertigung

5.1 Allgemeine Rechtfertigung

Steuervergünstigungen und Förderungen mit Steuermitteln führen dazu, daß der Steuerpflichtige nicht entsprechend seiner Leistungsfähigkeit belastet wird. Das führt für sich aber nicht dazu, daß eine Vergünstigung oder Förderung ungerechtfertigt ist, andernfalls wären alle Vergünstigungen oder Förderungen ungerechtfertigt. Vergünstigungen sind im Gemeinwohlinteresse zulässig[38]. Das *Gemeinwohl* (öffentliches Wohl, öffentliches Interesse) ist ein unbestimmter Rechtsbegriff. Jeder Regierung, jedem Parlament ist insoweit ein gewisser Beurteilungsspielraum zuzugestehen. Je nachdem, ob man das Gemeinwohl unter konservativem, liberalem, sozialem oder „grünem" Aspekt sieht, können sich die Auffassungen, jedenfalls deren Akzente, verschieben. Maßnahmen, die Grundrechte (einschließlich der Grundrechte Dritter), insb. den Gleichheitssatz, verletzen, dienen niemals dem Gemeinwohl. Dem Gemeinwohl wird auch nicht gedient, wenn das angegebene Gemeinwohlziel aus tatsächlichen Gründen nicht erreicht werden kann, etwa weil eine angegebene Notlage, ein Bedürfnis gar nicht besteht. Allerdings hat der Gesetzgeber bei Lenkungsmaßnahmen prognostischen Spielraum. Die Furcht, die Stimme eigennütziger Wähler zu verlieren, ist kein Gemeinwohlmotiv, das eine Vergünstigung rechtfertigen kann; es ist ein Parteimotiv.

Die Vergünstigungs- oder Förderungsmaßnahme muß dazu *erforderlich* und *geeignet* sein, das angegebene Gemeinwohlziel zu erreichen. Sie ist dazu nicht geeignet, wenn es Maßnahmen gibt, die mit geringerem Aufwand an Mitteln das verfolgte Gemeinwohlziel besser zu erreichen in der Lage sind. Sie ist ferner nicht geeignet, wenn der Subventionsvorteil im umgekehrten Verhältnis zum Förderungsbedürfnis steht, wie z. B. im Falle des § 10e EStG. Es fehlt dann an einer sachgerechten Bemessungsgrundlage[39]. Ferner muß die Maßnahme gegenüber etwaigen benachteiligten Dritten *verhältnismäßig* sein. Bei Ungeeignetheit, evtl. auch bei Unverhältnismäßigkeit der Maßnahme liegt zugleich Verschwendung (oder Verschenken) von Steuergeldern vor. Solche Verschwendung verletzt das Gemeinwohl[40].

Die *Bundesregierung* hat 1967 die ordnungspolitischen, gesamtwirtschaftlichen und finanzpolitischen Aspekte der Beurteilung von Steuervergünstigungen im 3. Subventionsbericht (BT-Drucks. VI/391, 4 ff.) dargestellt[41]. Im 9. Subventionsbericht (BT-Drucks. 10/352) ist ausgeführt, Subventionen i. w. S. müßten in einer Marktwirtschaft auf besondere Ausnahmefälle zum Ausgleich nicht hinnehmbarer Nachteile gesellschaftspolitischer, sozialpolitischer oder gesamtwirtschaftlicher Art beschränkt werden. Die Maßnahmen dürften lediglich ergänzen oder korrigieren, sie müßten grundsätzlich nach Ausmaß und Zeit begrenzt werden. Dazu

---

38 So auch *Ruppe,* in: HHR, Einf. ESt Anm. 57; *Handzik* (Fn. 32), 11 ff., 20 ff.
39 S. Fn. 22.
40 Dazu auch Gutachten zur Prüfung der steuerlichen Regelungen für gemeinnützige Wohnungs- und Siedlungsunternehmen, Schriftenreihe des BMF, Heft 35, Bonn 1985, 86 ff.; *Handzik* (Fn. 32), 28.
41 Vgl. auch den späteren Bericht von *Albrecht,* Subventionen, Problematik und Entwicklungen, Schriftenreihe des BMF, Heft 25, Bonn 1978.

bedürfe es der kritischen Überprüfung (a.a.O., 5). Vgl. auch den Subventionskodex der Länder v. 7. 7. 1982 (Anlage 10 zum 9. Subventionsbericht, BT-Drucks. 10/352, 310 f.). Tatsächlich ist der Abbau von Steuervergünstigungen und sonstigen Subventionen von der jeweiligen Opposition oft gefordert, im Wahlkampf pauschal versprochen und nach der Wahl von der Regierung (ganz gleich, von welchen Parteien gestellt) nicht gehalten worden. Offenbar wird Opposition der Lobbies und Verlust von Wählerstimmen befürchtet. Die Lobbies pflegen, wenn sie betroffen sind, den Abbau von Steuervergünstigungen und sonstigen Subventionen als Verletzung des sozialen Besitzstandes anzuprangern und zu suggerieren, der einmal erreichte soziale Besitzstand sei vom Grundgesetz garantiert. Das ist selbstredend unzutreffend. Die Begünstigten haben einen gewissen Vertrauensschutz[42], aber keinen Anspruch auf Vergünstigungen ad infinitum.[43] Durch das Steuerreformgesetz 1990 ist immerhin ein bemerkenswerter Abbau von Steuervergünstigungen gelungen.

5.2 Verfassungsrechtliche Rechtfertigung

Literatur: *Friauf,* Verfassungsrechtliche Grenzen der Wirtschaftslenkung und Sozialgestaltung, Tübingen 1966; *K. Vogel,* Steuerrecht und Wirtschaftslenkung, JbFSt. 1968/69, 225 ff.; *P. Selmer,* Steuerinterventionismus und Verfassungsrecht, Frankfurt/M. 1972; *Kloepfer,* Steuerinterventionismus und Verfassungsrecht, StuW 72, 176 ff.; *K. Vogel,* Begrenzung von Subventionen durch ihren Zweck, in: FS für H. P. Ipsen, Tübingen 1977, 539 ff.; *Ruppe,* Das Abgabenrecht als Lenkungsinstrument der Gesellschaft und Wirtschaft und seine Schranken in den Grundrechten, Gutachten zum 8. österr. Juristentag, Bd. I, 1. Teil A, Wien 1982.

Steuervergünstigungen lassen sich nur aus dem Gemeinwohlprinzip rechtfertigen, auch aus dem damit zusammenhängenden Sozialstaatsprinzip (Art. 20 I GG). Art. 74 Nr. 11, 109 II GG geben dem Bund das Recht zur Wirtschaftslenkung – aus Gemeinwohlgründen. Die Kompetenz setzt die Gemeinwohlaufgabe voraus, ist im Interesse dieser Aufgabe geschaffen worden. Dient eine Vergünstigung keinem Gemeinwohlzweck, so ist sie unzulässiges Privileg oder Geschenk aus Steuermitteln.

Für Steuervergünstigungen als indirekte Subventionen oder Verschonungssubventionen gelten die gleichen Regeln wie für offene oder direkte Subventionen. „Eine verfassungsrechtliche Beurteilung des Subventionsrechts darf sich nicht auf den verwaltungsrechtlichen Subventionsbegriff, also auf die direkten staatlichen Leistungen beschränken, sondern muß subventionäre Steuervergünstigungen, d. h. die Subventionen in umfassender finanzrechtlicher Sicht, in Betracht ziehen ... Die Gestaltungsfreiheit des Gesetzgebers ist die gleiche, wenn er eine Subvention steuerrechtlich konstruiert, wie wenn er sie als direkte staatliche Leistung bewirkt."[44]

Das Rechtsstaatsprinzip verlangt, daß Steuervergünstigungen nicht im Übermaß gewährt werden. Das Übermaßverbot wirkt sich zwar hauptsächlich im Belastungs-

---

42 Dazu S. 34 ff.
43 Literatur zum Subventionsabbau: DIHT 186, Subventionen abbauen, Vorschläge des DIHT, Bonn 1980; *H. Vogel,* Steuergeschenke – Steuervergünstigungen zu rechtfertigen oder abzubauen?, StbJb. 1980/81, 49 ff.; *Zitzelsberger,* Über die Schwierigkeiten mit dem Abbau von Steuersubventionen, StuW 85, 197 ff.; *Jasper,* Zur Problematik von Subventionen als Instrument der Wirtschaftspolitik, Inst.FuSt Brief 259, Bonn 1986; *V. Stern/G. Werner,* Subventionsabbau, Notwendigkeit und Möglichkeiten, Karl-Bräuer-Institut des Bundes der Steuerzahler, Wiesbaden 1987.
44 V. Mangoldt/Klein/*Starck,* Grundgesetz[3], München 1985, Art. 3 Rnr. 134; s. auch *W. Bilgery,* Die steuerrechtliche Vergünstigungsnorm im Lichte der Theorie vom Stufenbau ..., Diss. Tübingen 1988, 99 („Erste Konsequenz ist, daß sich die Verfassungsmäßigkeit einer Steuervergünstigung nicht nach steuerrechtlichen Maßstäben bemißt.").

§ 19 Wirtschaftslenkende Steuervergünstigungen

oder Eingriffsrecht aus[45], es gilt aber für jedwedes staatliche Handeln[46], auch für Steuervergünstigungen[47].

Das Übermaßverbot[48] verletzen Steuervergünstigungen, sofern oder soweit sie für den angegebenen Gemeinwohlzweck *nicht erforderlich* oder *nicht geeignet*[49] sind. Außerdem dürfen Vergünstigungen nicht unverhältnismäßig sein, d. h. sie dürfen keine nachteiligen Folgen auslösen, die die vorteiligen überwiegen, materiell oder ideell[50].

Ebenso wie in der Beurteilung dessen, was dem Gemeinwohl dient, hat der Gesetzgeber Spielraum bei der Beurteilung der Frage, welche Mittel zur Erreichung eines bestimmten Gemeinwohlzwecks erforderlich und geeignet sind[51].

Die Erforderlichkeit und Eignung einer Vergünstigung kann durch Zeitablauf oder durch Veränderung der Umstände entfallen. Zwar gilt hier nicht „cessante ratione cessat lex"; die nicht mehr erforderliche, nicht mehr geeignete Vergünstigung muß aber aufgehoben werden.

Steuervergünstigungen müssen nicht nur einem Gemeinwohlzweck dienen und zur Erfüllung dieses Zwecks erforderlich und geeignet sein; sie müssen auch dem *Gleichheitssatz* entsprechen[52]. So wie es ein Gebot gleicher und ein Verbot ungleicher Bela-

---

45 *U. Scheuner,* VVDStRL Bd. 11 (1954), 58; *K. H. Friauf,* Verfassungsrechtliche Grenzen der Wirtschaftslenkung und Sozialgestaltung durch Steuergesetze, Tübingen 1966, 33 ff.; *K. Vogel,* Steuerrecht und Wirtschaftslenkung, JbFSt. 1968/69, 234; s. auch *P. Böckli,* Verfassungsrechtliche Anforderungen an die zur Konjunkturbeeinflussung erhobenen ‚Sonderabgaben', Zeitschrift für Schweizerisches Recht 75, 225, 241 ff.
46 *K. Stern,* Das Staatsrecht der Bundesrepublik Deutschland, Bd. I[2], München 1984, 862 m. w. N.
47 *K. Vogel,* in: FS für H. P. Ipsen, Tübingen 1977, 548, 553 (zu Subventionen aller Art); *P. Tettinger,* Gewerbearchiv 81, 108; *H. G. Ruppe,* Das Abgabenrecht als Lenkungsinstrument der Gesellschaft und Wirtschaft und seine Schranken in den Grundrechten, Gutachten Bd. I, 1. Teil A, Wien 1982, 70 ff., 78 f.; Gutachten einer unabhängigen Kommission zur Prüfung der steuerlichen Regelungen für gemeinnützige Wohnungs- und Siedlungsunternehmen, Schriftenreihe des BMF Heft 35, 101 ff.
48 Allgemein zum Inhalt des Übermaßverbots *K. Stern* (Fn. 46), 861 ff. mit Nachweisen.
49 Dazu *Kloepfer,* Das Geeignetheitsgebot bei wirtschaftslenkenden Steuergesetzen, NJW 71, 1585; s. auch BVerfGE 27, 375, 390; 30, 250; s. auch *Handzik* (Fn. 32), 28 f.
50 S. auch *P. Kirchhof,* StuW 84, 309.
51 BVerfGE 16, 181 (betr. Sonderbesteuerung des Werkfernverkehrs), spricht von „objektiv untauglich", BVerfGE 19, 126 (betr. Kuponsteuergesetz), von „schlechthin ungeeignet", BVerfGE 30, 250, von „schlechthin untauglich".
52 S. schon *U. Scheuner,* VVDStRL Bd. 11 (1954), 56: „Der wichtigste Gesichtspunkt aber dürfte im Bereich der Wirtschaftslenkung die Gleichheit sein. Nur aus dem Gleichheitssatz lassen sich Hilfen gegen mangelnde Zuteilung, ungerechten Ausgleich oder ungleichmäßige Verteilung der Lasten gewinnen." – *D. Birk,* Steuerrecht I, München 1988, § 7 Rnrn. 16 f., 18 ff., unterscheidet zwischen Belastungs- und Gestaltungswirkungen der Steuer und mißt die Belastungswirkungen an Art. 3 GG, die Gestaltungswirkungen an Art. 12, 14 GG (ausführlicher in: *D. Birk,* Das Leistungsfähigkeitsprinzip als Maßstab der Steuernormen, Köln 1983; *Birk* folgend *G. F. Schuppert,* in: FS für W. Zeidler, Berlin/New York 1987, Bd. 1, 704 ff.). Wir kommen auch ohne die Birksche Wirkungsdifferenzierung zu gleichen Ergebnissen. Sollte *Birk* allerdings meinen, Lenkungsnormen könnten nicht am Gleichheitssatz geprüft werden, so könnten wir dem nicht beipflichten. – Allgemein zum Gleichheitssatz als Schranke des Subventionsgesetzgebers *v. Münch,* AöR Bd. 85 (1960), 270; *Kreussler,* Der allgemeine Gleichheitssatz als Schranke des Subventionsgesetzgebers, Berlin 1972.

stung gibt, so besteht ein Gebot gleicher und ein Verbot ungleicher Begünstigung[53]. Zur Erfüllung des Gebots gleicher Begünstigung ist zweierlei zu beachten:

(1) *Die sachgerechte Auswahl des begünstigungswürdigen Personenkreises.* Er muß entsprechend dem Vergünstigungs*zweck* ausgewählt werden, darf nicht beliebig bestimmt werden[54, 55].

(2) Die *sachgerechte Bemessungsgrundlage* für die Vergünstigung. In der Regel ist für wirtschaftslenkende Steuervergünstigungen das *Vergünstigungsbedürfnis*[56] der sachgerechte Maßstab. Wird die Bemessungsgrundlage hingegen in der Weise angelegt, daß die Vergünstigung mit zunehmendem Bedürfnis abnimmt und umgekehrt, so ist der Gleichheitssatz und mit ihm die Vergünstigungs- oder Subventionsgerechtigkeit verletzt[57].

Wie kann der Steuerpflichtige sein „gleiches Recht" durchsetzen, wenn er meint, er sei zu Unrecht nicht in den Kreis der Begünstigten aufgenommen worden oder andere hätten die Vergünstigung zu Unrecht erhalten? Klagen und Verfassungsbeschwerden setzen voraus, daß der Kläger „in *seinen* Rechten verletzt" ist, daß der Beschwerdeführer „in seinen Grundrechten betroffen", also selbst betroffen ist. Das wird insb. in Konkurrenzsituationen angenommen. Nach dem hier vertretenen Verständnis des Gleichheitssatzes kann es darauf aber nicht ankommen. Vielmehr ist betroffen, wer nicht konsequent im Sinne der angewandten sachgerechten Regel behandelt wird. Wenn es bei ungleicher Belastung für die Anwendung des Gleichheitssatzes unerheblich ist, ob die ungleich Belasteten in einem Wettbewerbsverhältnis stehen, aus welchem Grunde sollte ein solches Wettbewerbsverhältnis bei ungleicher Begünstigung erheblich sein? Das Begehren der Beseitigung der Begünstigung Dritter wird als zulässig angesehen, wenn zugleich notwendig die Rechtsstellung des Klägers oder Beschwerdeführers verbessert wird[58].

Das wird insb. in Wettbewerbssituationen angenommen[59], weil in diesen Fällen die Vergünstigung die Berechtigten begünstigt, die nichtberechtigten Wettbewerber aber benachteiligt oder belastet.

---

53 *Hesse,* AöR Bd. 77 (1951/52), 220 (Gebot gleicher Teilhabe); *W. Martens,* VVDStRL Bd. 30 (1972), 20, 21 f.; v. Münch/*Gubelt,* Grundgesetz-Kommentar[3], München 1985, Art. 3 Rnr. 9 a. E.
54 V. Münch/*Gubelt* (Fn. 53), Art. 3 Rnr. 65; s. auch *K. H. Friauf,* StuW 85, 136 f., zu dem — allerdings belastenden — § 2a EStG; s. ferner BVerfGE 17, 210.
55 Dem Gesetzgeber zuviel Raum gewährend *P. Selmer,* Steuerinterventionismus und Verfassungsrecht, Frankfurt/M. 1972, 356 ff., und v. Mangoldt/Klein/*Starck* (Fn. 44), Art. 3 Rnr. 134 („Art. 3 Abs. 1 wirkt sich nur dann auf Gewährung der Subvention aus, wenn sich Subventionierte und Nichtsubventionierte als Konkurrenten gegenüberstehen."); weniger eng wohl *W. Martens,* VVDStRL Bd. 30 (1972), 22.
56 Es hängt mit dem Vergünstigungszweck zusammen (dazu v. Münch/*Gubelt* [Fn. 53], Art. 3 Rnr. 14).
57 Dazu Fn. 52; s. auch *Handzik* (Fn. 32), 26 ff., 32 f.: § 10e EStG verletzt den Gleichheitssatz und das Sozialstaatsprinzip, weil er durch seine Regressionswirkung Bezieher höherer Einkommen relativ stärker entlastet als Steuerpflichtige mit niedrigem Einkommen.
58 BVerfGE 12, 362; 17, 371; 18, 12 f., 16 f.; 29, 221, 243; 43, 68.
59 BVerfGE 26, 91; 26, 109; 26, 116, 134 f.; 26, 141, 153; 26, 163, 168 f.; 35, 334; 39, 265. – Zu gleichheitswidrigen Privilegierungen ferner BVerfGE 9, 338, 342; 13, 248, 253; 13, 290, 296; 16, 27; 17, 210, 217; 18, 38, 45; 26, 79, 91; 26, 100, 109 f.; 26, 116, 28, 324, 347; 29, 245, 258; 29, 268, 273; 36, 321, 330; 49, 280, 283; 65, 104, 112 f.

Eine gleichheitswidrige Privilegierung pflegt allerdings auch das Bundesverfassungsgericht nicht dazu zu veranlassen, die Regelung auf die diskriminierte Gruppe auszudehnen. Sie wird nur dann einbezogen, wenn sich der Gleichheitsverstoß nur auf diese Weise beseitigen läßt[60]. Regelmäßig wird dem Gesetzgeber jedoch die Möglichkeit eingeräumt, zwischen Ausdehnung der Vergünstigung oder ihrer Abschaffung zu wählen. Das Verfassungsgericht begnügt sich dann mit der Feststellung der Verfassungswidrigkeit der angegriffenen Regelung und überläßt dem Gesetzgeber die Wahl zwischen Ausdehnung und Abschaffung.

Zu beklagen ist die von Gerichten gern gemachte Unterscheidung zwischen „bloß" wirtschaftlicher Benachteiligung und subjektivem Recht oder rechtlich geschützter Position. Warum soll die wirtschaftliche Benachteiligung, die den Gleichheitssatz verletzt, keine rechtlich zu schützende Position sein?

5.3 Vereinbarkeit mit Europarecht

Steuervergünstigungen müssen mit dem Europarecht, insb. mit Art. 92 EWGV, vereinbar sein[61].

---

60 Beispiele: BVerfGE 22, 163, 174f.; 27, 220, 230f.; 29, 1, 10; 29, 283, 303f.
61 Zu Art. 92 EWGV *M. Lehner,* B 83, 1783, der insb. §§ 6d, 7g EStG prüft.

§ 20 Gemeinnützigkeits- und Spendenabzugsrecht

1. Gemeinnützigkeitsrecht

Literatur: *Kraft*, Die steuerrechtliche Gemeinnützigkeit, VJSchrStFR Bd. 6 (1932), 315 ff.; *Tipke/*Kruse, AO[13], zu §§ 51 ff. m. w. N.; *J. Lang*, Gemeinnützigkeitsabhängige Steuervergünstigungen, StuW 87, 221 ff.; *ders.*, StbJb. 1988/89, 251 ff.; Gutachten der Unabhängigen Sachverständigenkommission zur Prüfung des Gemeinnützigkeits- und Spendenrechts, BMF-Schriftenreihe Heft 40, Bonn 1988; *Bauer*, Die Steuerpflicht gemeinnütziger Körperschaften nach der Rechtsprechung des Bundesfinanzhofs, FR 89, 61 ff.; *Kießling/Buchna*, Gemeinnützigkeit im Steuerrecht[4], Achim 1990; *J. Thiel/Eversberg*, Das Vereinsförderungsgesetz und seine Auswirkungen auf das Gemeinnützigkeits- und Spendenrecht, B 90, 290 ff., 344 ff., 395 ff.

Die einzelnen Steuergesetze enthalten Vergünstigungen für Körperschaften, die gemeinnützige, mildtätige oder kirchliche Zwecke verfolgen (s. § 5 I Nr. 9 KStG; § 3 I Nrn. 4, 12 VStG; § 13 I Nrn. 16, 17 ErbStG; § 3 I Nrn. 3, 4 und § 4 Nr. 6 GrStG; § 3 Nrn. 6, 20 b, c GewStG; § 116 BewG; § 4 Nrn. 16, 18, 22, 25 und § 12 II Nr. 8 UStG; § 7 I Nr. 1 KVStG). Sie legen den Inhalt dieser mehr oder minder unbestimmten Rechtsbegriffe aber nicht näher fest. Das tun die §§ 51 ff. AO; sie bilden den allgemeinen Teil des Gemeinnützigkeitsrechts.

Die Steuervergünstigungen wegen Verfolgung gemeinnütziger (§ 52 AO), mildtätiger (§ 53 AO) oder kirchlicher (§ 54 AO) Zwecke (künftig wird pars pro toto von gemeinnützigen Zwecken gesprochen) dienen dazu, die private selbstlose Förderung des Gemeinwohls zu stimulieren und zu prämieren und auf diese Weise den Fiskus und die staatlichen Bürokratien zu entlasten. Die begünstigten Zwecke müssen grundsätzlich unmittelbar (§§ 51, 57 AO), selbstlos (§§ 52 I, 53, 54 I, 55 AO; zu § 55 I Nr. 4 AO noch § 61 AO) und ausschließlich (§§ 51, 56 AO) verfolgt werden.

Gemeinnützigkeit ist ein unbestimmter, ausfüllungsbedürftiger Wertbegriff. Nach § 52 I 1 AO ist gemeinnützig die *Förderung der Allgemeinheit* auf materiellem, geistigem oder sittlichem Gebiet. Bei Aktivitäten, die zugleich fördern oder nützen und schaden (z. B. Motorsport mit Lärmbelästigung und Umweltbelastung), ist eine Güterabwägung vorzunehmen. § 52 I 2 AO will ausschließen, daß nur exklusive Kreise oder Sonderinteressen gefördert werden. Verfassungskonforme Auslegung läßt es angezeigt erscheinen, die Förderung der Allgemeinheit als „Förderung des Gemeinwohls" aufzufassen. Im allgemeinen fördert jeder Gewerbebetrieb die Allgemeinheit. Zur Förderung der Allgemeinheit muß aber die *Selbstlosigkeit* hinzukommen (dazu § 55 AO). Der Gewerbetreibende ist nicht selbstlos tätig, sondern eigennützig.

Eine absolut richtige Auffassung darüber, was gemeinnützig ist, gibt es nicht. Konservative, liberale, sozialistische und „grüne" Gemeinnützigkeitsvorstellungen weichen voneinander ab. Aktivitäten, die das Grundgesetz oder andere Gesetze (insb. Strafgesetze) verletzen, sind nicht gemeinnützig (BFH BStBl. 85, 106). Das Mittel entheiligt den Zweck!

Der (nicht abschließende) Beispielskatalog des § 52 II AO gibt eine Auslegungshilfe. Dabei kommt es allerdings nicht nur darauf an, ob eines der Beispiele zutrifft, es müssen stets auch die Voraussetzungen des § 52 I AO vorliegen. In der Praxis hat es allerdings meist mit der Zuordnung zu § 52 II AO sein Bewenden.

Die Unabhängige Sachverständigenkommission zur Prüfung des Gemeinnützigkeits- und Spendenrechts (Mehrheitsvotum) versteht unter gemeinnützigen Zwecken Gemeinwohlzwekke. Die Verfolgung von Gemeinwohlzwecken nimmt sie an, wenn es sich um Tätigkeiten handelt, die auch zu den Pflichtaufgaben des Staates oder der Kommunen gehören oder die geeignet oder erforderlich sind, die Lebensgrundlagen des Gemeinwesens zu festigen, zu sichern oder zu erhalten. Nicht zu den Gemeinwohlzwecken rechnet sie eigennützige Zwecke der Mitglieder, z. B. die Förderung von Hobbies, von Geselligkeit, überhaupt der Freizeitgestaltung der Mitglieder. Der Gesetzgeber ist jedoch einen anderen Weg gegangen. Er hat durch Vereinsförderungsgesetz v. 18. 12. 1989, BGBl. I 89, 2212, dem § 52 II AO eine Nr. 4 angefügt, durch die auch Freizeithobbies als Förderung der Allgemeinheit anerkannt werden, nämlich Tier- und Pflanzenzucht, Kleingärtnerei, Karneval/Fastnacht/Fasching, Amateurfunken, Modellflug und Hundesport. Worin die selbstlose Förderung der Allgemeinheit auf geistigen, sittlichen oder materiellen Gebiet in einem Teil dieser Fälle bestehen soll, ist nicht erfindlich[1].

Entgegen der Auffassung der Gemeinnützigkeitskommission hat der Gesetzgeber den *Sport* ausdrücklich als gemeinnützig bestätigt[2].

Körperschaften, die gemeinnützige Zwecke verfolgen, tun dies nicht immer ausschließlich. Nicht selten verfolgen sie Nebenzwecke, nicht selten unterhalten sie wirtschaftliche Geschäftsbetriebe. Dadurch geraten sie in Konkurrenz zu der nicht steuerbegünstigten unternehmerischen Tätigkeit. Den Konflikt hat die Abgabenordnung dadurch gelöst, daß sie in §§ 56, 57 AO fordert, die steuerbegünstigten Zwecke müßten ausschließlich und unmittelbar verfolgt werden.

Das Gesetz läßt jedoch Durchbrechungen der Ausschließlichkeit zu. Rücklagenbildung ist in Grenzen erlaubt (§§ 58 Nrn. 6, 7a, b; 63 IV AO). Schließt das Gesetz die Steuervergünstigung insoweit aus, als ein wirtschaftlicher Geschäftsbetrieb (§ 14 AO) unterhalten wird, so verliert die Körperschaft für die Werte (Vermögen, Einkünfte, Umsätze), die zu diesem Betrieb gehören, die Steuervergünstigung, soweit nicht ein Zweckbetrieb (§§ 65–68 AO) gegeben ist (§ 64 AO). Aus den Steuervergünstigungsvorschriften der Einzelgesetze und aus § 64 AO ergibt sich, daß die Körperschaft, die *auch* einen wirtschaftlichen Geschäftsbetrieb unterhält, die Steuervergünstigung *nicht* wegen § 56 AO *gänzlich* verliert, sondern *nur* bezüglich des wirtschaftlichen Geschäftsbetriebs. Somit hat das Gemeinnützigkeitsrecht es mit *drei Sektoren* zu tun: 1. mit dem gemeinnützigen Sektor i. e. S., 2. mit dem Sektor des steuerbelasteten wirtschaftlichen Geschäftsbetriebs (§ 64 i. V. mit § 14 AO) und 3. mit dem Sektor des nicht steuerbelasteten Zweckbetriebs (der auch ein wirtschaftlicher Geschäftsbetrieb ist, dazu §§ 65–68 AO). Der Gesetzgeber versucht auf diese Weise einen Interessenausgleich zwischen der steuerbelasteten Privatwirtschaft und den gemeinnützigen Körperschaften zu schaffen, soweit diese mit der Privatwirtschaft konkurrieren (s. insb. § 65 Nr. 3 AO)[3].

§§ 59–63 AO enthalten formelle Vorschriften zur Gemeinnützigkeit.

2. Spendenabzugsrecht

2.1 Spenden für gemeinnützige Zwecke

Literatur: *Stolz,* Problematische Vorschriften über Spenden für gemeinnützige Zwecke, FR 78, 475; *Koch,* Die Vorschriften des Einkommensteuergesetzes und des Körperschaftsteuergesetzes über den Spendenabzug sind reformbedürftig, Inst.FuSt Brief 223, Bonn 1983; *Schleder,*

---

1 Dazu ausführlich *Tipke/Kruse,* AO[13], § 52 Tz. 21–29.
2 Dazu *Arndt/Immel,* Zur Gemeinnützigkeit des organisierten Sports, BB 87, 1153 ff.; *Herrnkind,* Die steuerliche Behandlung von Freizeitvereinen..., DStZ 88, 547 ff., 581 ff.
3 Dazu ausführlich *J. Thiel/Eversberg,* B 90, 344 ff.; *Tipke/Kruse,* AO[13], zu §§ 64–68.

Spendenabzug, B 85, 1263; B 86, 883; *Neuhoff,* Zum Spendenabzug, B 86, 880; *Graf/Menzel,* Durchlaufspenden – der Verantwortungsbereich der Gemeinde als rechtlicher Spendenempfänger, DStZ 86, 315; *J. Thiel/Eversberg,* Das Vereinsförderungsgesetz und seine Auswirkungen auf das Gemeinnützigkeits- und Spendenrecht, B 90, 395 ff.

Nach § 10 b I EStG dürfen Ausgaben zur Förderung mildtätiger, kirchlicher, religiöser, wissenschaftlicher und der als besonders förderungswürdig anerkannten gemeinnützigen Zwecke begrenzt vom Gesamtbetrag der Einkünfte abgezogen werden. Diese Regelung gilt nach § 9 Nr. 3 a KStG auch für Körperschaften; diese dürfen die Ausgaben vom Einkommen abziehen. S. ferner § 9 Nr. 5 GewStG.

Die Ausgaben zu den genannten altruistischen Zwecken werden (wenngleich auch nicht in der Gesetzessprache) als *Spenden* bezeichnet. Spenden sind unentgeltliche Zuwendungen oder Geschenke. Ein Leistungsaustausch schließt die Annahme einer Spende aus. Spenden sind schenkungsteuerfrei (§ 13 I Nrn. 16 b, 17 ErbStG). Zur Abgrenzung Spenden – Betriebsausgaben BFH BStBl. 90, 237[4].

Durch das Spendenabzugsrecht soll der private Altruismus stimuliert werden. Zur Entlastung der öffentlichen Haushalte sollen über das Steueraufkommen hinaus weitere Mittel für altruistische Zwecke beschafft werden. Zu diesem Zweck wird zugelassen, daß Spenden – obwohl sie private Einkommensverwendungen sind – in Grenzen von der Steuerbemessungsgrundlage abgezogen werden können. Die Spendenabzugsvorschriften sind Sozialzwecknormen (s. S. 20 f.), die den Spender prämieren. Daß wegen des progressiven Tarifs Spender mit höheren Einkommen (entsprechend der Höhe des Grenzsteuersatzes) stärker prämiert werden als Spender mit geringeren Einkommen, ist tragbar, da Spender – anders als Hausbauer im Falle des § 10 e EStG – keinen Gegenwert erhalten. Durch die Spende wird die Leistungsfähigkeit des Steuerpflichtigen endgültig geschmälert.

Aufgrund § 51 I Nr. 1 a EStG bestimmt § 48 I EStDV: „Für die Begriffe gemeinnützige, mildtätige, kirchliche, religiöse und wissenschaftliche Zwecke i. S. des § 10 b des Gesetzes gelten die §§ 51 – 68 AO". § 51 I Nr. 2 c EStG ermächtigt dazu, durch RechtsVO Vorschriften zu erlassen über eine Beschränkung des Spendenabzugs auf Zuwendungen an bestimmte Körperschaften sowie über eine Anerkennung gemeinnütziger Zwecke als *besonders* förderungswürdig. Die möglichen Spendenempfänger ergeben sich aus § 48 III EStDV. Wegen der Anerkennung eines Spendenzwecks als besonders förderungswürdig verweist § 48 II EStDV weiter auf eine allgemeine Verwaltungsvorschrift. Sie ist in Abschnitt 111 EStR enthalten: Als besonders förderungswürdig anerkannt werden nur die in Anlage 7 EStR aufgeführten Zwecke. Aufgrund § 48 IV EStDV ist Abschnitt 111 II EStR ergangen. Aus § 8 I KStG ergibt sich, daß die Einkommensteuervorschriften auch für das Körperschaftsteuerrecht gelten. Der Gesamttatbestand des Spendenabzugs ergibt sich danach erst aus Gesetz, Rechtsverordnung und Verwaltungsvorschriften. Das macht die Rechtslage unübersichtlich. Terminologisch sind die Vorschriften nicht aufeinander abgestimmt.

Die Ermächtigung des § 51 I Nr. 2 c EStG ist nicht hinreichend bestimmt i. S. des Art. 80 I 2 GG. Sie ist daher unwirksam, folglich ist auch § 48 II, III EStDV unwirksam. Die Weiterverweisung des § 48 II EStDV auf eine Verwaltungsvorschrift ist durch § 51 I Nr. 2 c EStG nicht gedeckt. Die Regelung der besonderen Förderungswürdigkeit durch Verwaltungsvorschrift verletzt den Grundsatz der Gesetzmäßigkeit der Verwaltung. § 48 IV EStDV ist zu unbestimmt. Er läßt nicht erkennen, nach wel-

---

4 Dazu kritisch *Pezzer,* StuW 90, 261 ff.

chem sachgerechten Maßstab die durch § 48 II, III EStDV statuierte Sachgesetzlichkeit (abgesehen davon, daß die Vorschrift unwirksam ist) durchbrochen werden soll. Der auf § 48 IV EStDV gestützte Ausnahmekatalog des Abschnitt 111 II EStR beruht daher auf einem willkürlichen § 48 IV EStDV[5].

Spenden können sein: *Geld*spenden oder *Sach*spenden (s. zur Bewertung § 10 III 2, 3; § 6 I Nr. 4 EStG). Nicht abzugsfähig ist der Wert zugewendeter Nutzungen oder Leistungen (§ 10 b III 1 EStG). Nach Abschnitt 111 I 1 EStR können *Mitglieds*beiträge nur abgezogen werden, wenn die Beiträge an eine Einrichtung gezahlt werden, die die Zuwendung unmittelbar entgegennehmen kann (s. dazu drittletzter Absatz). Tatsächlich sind die satzungsmäßigen, laufenden Mitgliedsbeiträge keine altruistischen Zuwendungen. Ohnedies kann ihre Abzugsfähigkeit nicht davon abhängig sein, ob der Beitragsempfänger unmittelbar oder mittelbar spendenberechtigt (im steuerrechtlichen Sinne) ist. „Spenden" können verdeckte Beiträge sein.

Spenden können nur bis zur Höhe von 5 v. H. des Gesamtbetrags der Einkünfte oder 2 v. T. der Summe der gesamten Umsätze und der im Kalenderjahr aufgewendeten Löhne und Gehälter – als Sonderausgaben – abgezogen werden. Für wissenschaftliche, mildtätige und als besonders förderungswürdig anerkannte kulturelle Zwecke erhöht sich der Vomhundertsatz von 5 v. H. auf 10 v. H. (§ 10 b I 1, 2 EStG). – Entsprechendes gilt für Körperschaften (s. § 9 Nr. 3 a Sätze 1, 2 KStG). Einzelzuwendungen von mehr als 50 000 DM können, wenn sie diese Höchstsätze überschreiten, auf mehrere Veranlagungszeiträume zurück- und vorgetragen werden (§ 10 b I 3, 4 EStG; § 9 Nr. 3 a Sätze 3, 4 KStG).

Mit dem Spendennachweis befassen sich § 48 III Nrn. 1, 2 EStDV, Abschnitt 111 IV 3 EStR mit Anlage 8, ferner Abschnitt 111 V, VI EStR.

Anlage 7 zu Abschnitt 111 I EStR schränkt die Abzugsfähigkeit in den Fällen der Nrn. 3, 4, 6, 7, 18–22, 24, 26 dadurch ein, daß – wohl zur besseren Kontrolle – der Empfänger der Zuwendungen eine juristische Person des öffentlichen Rechts oder eine öffentliche Dienststelle sein muß. Dadurch ergibt sich die Unterscheidung in Direktspenden und *Durchlaufspenden*. Die Durchlaufspenden gehen im allgemeinen an die Gemeinden; diese leiten die Spenden dann – nach Erteilung einer Spendenbescheinigung (Spendenquittung) an den Spender – an den Endempfänger, etwa einen Sportverein, weiter. Die Einschränkung der Abzugsfähigkeit in den oben genannten Fällen, m. a. W. die Unterscheidung von Direktspenden und Durchlaufspenden, ist durch § 48 II, III Nr. 2 EStDV (seine Gültigkeit hier unterstellt) nicht gedeckt. Die Rechtsgrundlagen für die Tätigkeit der Gemeinden sind unsicher[6]. Die Gemeinden können die Spendenabzugsberechtigung im übrigen nicht besser kontrollieren als die Finanzämter.

Zur „Vereinfachung" des Kontrollverfahrens ist durch BMF-Schreiben v. 3. 1. 1986 (BStBl. I 86, 52) das sog. *Listenverfahren* eingeführt worden: Die Spenden gehen danach unmittelbar an den bespendeten Verein. Sie werden dort auf separatem Konto gesammelt. Hat sich im Laufe der Zeit eine größere Spendensumme angesammelt, so überweist der Verein diese Summe an die Gemeinde und übersendet zugleich eine Liste mit den Namen der Spender und der von

---

5 Zu den Ermächtigungsmängeln im Spendenabzugsrecht auch *Stolz,* FR 78, 475; *Koch,* Inst. FuSt Brief 223, 21 ff., 35 ff. m.w.N.; Gutachten der Unabhängigen Sachverständigenkommission zur Prüfung des Gemeinnützigkeits- und Spendenrechts, BMF-Schriftenreihe Heft 40, Bonn 1988, 231 ff.
6 Dazu *Graf/Menzel,* DStZ 86, 315 ff.; Gutachten der Unabhängigen Sachverständigenkommission (Fn. 5), 266 ff.

ihnen gespendeten Summe. Nach Erteilung der Spendenbescheinigungen überweist die Gemeinde die Spendensumme dann an den Verein zurück.

Entnahmen aus einem Betriebsvermögen zu Spendenzwecken können mit dem *Buchwert* statt mit dem Teilwert entnommen werden (§ 6 I Nr. 4 Sätze 2, 3); es wird also keine Gewinnrealisierung angenommen.

2.2 Spenden zur Förderung des demokratischen Staatswesens (früher: Förderung „staatspolitischer Zwecke")

Literatur: *Felix/Streck,* Inhalte und Tragweite der Reform der ertragsteuerlichen Abzugsfähigkeit staatspolitischer und staatsdemokratischer Ausgaben aufgrund der Novelle 1983 des Parteiengesetzes, DStZ 84, 79; s. auch die Literatur zu 2.3.

Ausgaben zur Förderung staatspolitischer Zwecke konnten nach § 49 EStDV in der bis 1983 geltenden Fassung nur abgezogen werden, wenn sie an eine durch besondere RechtsVO anerkannte juristische Person gegeben wurden, die ausschließlich staatspolitische Zwecke verfolgte und weder eine Partei war noch ihre Mittel für die unmittelbare oder mittelbare Unterstützung oder Förderung politischer Parteien verwendete.

Aufgrund des § 49 I EStDV a. F. sind sechs SpendenVOen ergangen, die in Abschnitt 112 EStR zusammengefaßt sind.

Mit Wirkung ab Veranlagungszeitraum 1984 ist § 49 EStDV aufgehoben worden (was die Geltung der SpendenVOen selbst unberührt läßt). Die Rechtslage hat sich dadurch aber nicht geändert. Was früher Förderung „staatspolitischer Zwecke" (§ 49 I EStDV a. F.) war, heißt jetzt: „Allgemeine Förderung des demokratischen Staatswesens" (s. jetzt § 52 II Nr. 3 AO). Der Begriff „staatspolitisch" war von 1984–88 identisch mit dem Begriff „parteipolitisch" (§ 10 b II EStG a.F.; s. auch § 10 b I 1 EStG a.F.); seit 1989 regelt § 10 b II EStG n.F. die Abzugsfähigkeit von Spenden an politische Parteien ohne Bezugnahme auf übergeordnete Zwecke.

Förderung des demokratischen Staatswesens ist *Förderung des demokratischen Prinzips des Grundgesetzes,* insb. des Mehrparteiensystems und des parlamentarischen Regierungssystems mit freien, geheimen Wahlen, der Gewaltenteilung, der rechtsstaatlichen und abwehrbereiten Demokratie, im einzelnen auch des Eintretens für die Grundrechte, für Mehrheitsprinzip, Pluralismus und Toleranz gegenüber abweichenden Meinungen, für freie Meinungsäußerung und Pressefreiheit.

Gemeinnützige und staatspolitische (= das demokratische Staatswesen fördernde) Vereinigungen sind bis 1984 oft zu unzulässiger Umwegfinanzierung zugunsten von politischen Parteien eingesetzt worden (s. 11. Auflage, S. 581 ff.; die Umwegfinanzierung untersagt jetzt § 55 I Nr. 1 Satz 3 AO n. F.).

2.3 Spenden an politische Parteien

Literatur: bis 1984 s. 11. Auflage, S. 580. *V. Arnim,* Verfassungsfragen der Parteienfinanzierung, JA 85, 121 ff., 207 ff.; de Boor/Pfeiffer/Schünemann (Hrsg.), Parteispendenproblematik (mit Beiträgen von *Dannecker/Friauf/J. Ipsen/Kohlmann/List/Offczors/Pfeiffer/Schünemann*), Köln 1986 (mit umfassendem Literaturnachweis); *Jakob* (Hrsg.), Die Förderung politischer Parteien über Spendensammelvereine, Protokoll eines Augsburger Universitätsseminars, Selbstverlag 1986; *Jakob/Jüptner,* Steuerfragen der mittelbaren Parteienfinanzierung über Organisationen, Stuttgart 1986 (mit umfassendem Literaturnachweis); ferner umfassender Literaturnachweis von *Horlemann,* DStZ 86, 35.

§ 20 Gemeinnützigkeits- und Spendenabzugsrecht

a) Rechtslage bis Veranlagungszeitraum 1983
Siehe 11. Auflage, S. 581 ff.

b) Gegenwärtige Rechtslage
Mitgliedsbeiträge und Spenden an politische Parteien können bis zur Höhe von 60 000 DM (bei zusammenveranlagten Ehegatten: 120 000 DM) abgezogen werden. Übersteigen Spenden den Betrag von 40 000 DM im Jahr, so können sie nur abgezogen werden, wenn sie nach § 25 II des Parteiengesetzes im Rechenschaftsbericht verzeichnet worden sind (§ 10 b II 1, 3 EStG). Zum Abzug durch Körperschaften s. § 9 Nr. 3 b KStG i. d. F. seit 1989.

Parteispenden von Einzelpersonen (auch Mitgliedsbeiträge) können nur insoweit von der Bemessungsgrundlage abgezogen werden, als für sie nicht eine Ermäßigung nach § 34 g EStG n. F. gewährt worden ist (§ 10 b II 2 EStG n. F.). Nach § 34 g EStG dürfen Steuerpflichtige die tarifliche Einkommensteuer um 50 v. H. der Parteispende, höchstens um 600 DM (Ehegatten: höchstens 1200 DM) mindern. Damit soll erreicht werden, daß auch Steuerpflichtige mit einem Grenzsteuersatz unter 50 v. H. eine Steuerermäßigung von 50 v. H. erreichen können.

§§ 4 VI, 9 V EStG untersagen den Abzug von Parteispenden als Betriebsausgaben oder Werbungskosten. Über § 8 I KStG gilt das gleiche für Parteispenden von Körperschaften; auch sie können keine Betriebsausgaben sein.

Gegen das neue Parteienfinanzierungsgesetz, insb. gegen § 10 b EStG n. F., hatten „die Grünen" Organklage beim Bundesverfassungsgericht erhoben. BVerfGE 73, 40, 70 ff., 84 f., hat, aus der Kontinuität der bisherigen Rechtsprechung ausbrechend (dies aber kaschierend)[7], entschieden: Zwar verlange die Verfassung eine Begrenzung der Abzugsfähigkeit von Parteispenden auf einen Höchstbetrag, da nur so ausgeschlossen werden könne, daß einzelne Bürger durch Steuervergünstigung einen bestimmenden Einfluß auf die unterstützte Partei erlangten. Jedoch sei unter diesem Aspekt ein Spendenabzug bis zu 100 000 DM verfassungsrechtlich zulässig. Zu berücksichtigen ist allerdings, daß 1984 durch die Einführung des Chancenausgleichs (§ 22 a Parteiengesetz n. F.) eine neue Situation entstanden war.

2.4 Spenden und Vertrauensschutz

Die Spender pflegen sich auf die Spendenbestätigung zu verlassen. Im allgemeinen entstehen ihnen daraus keine Nachteile, da die Spendenempfänger nur selten von der Finanzverwaltung geprüft werden. Ergibt eine solche Prüfung aber, daß der Spendenempfänger (im Jahre des Spendenabzugs durch den Spender) keinen steuerbegünstigten Zweck verfolgt oder bestimmte Spenden nicht für steuerbegünstigte Zwecke verwendet hat, so fragt sich, ob auch die Steuerbegünstigung des Spenders (§ 10 b EStG; § 9 Nr. 3 KStG) rückgängig zu machen ist. Spezielle gesetzliche Vorschriften dazu existierten bis 1990 nicht.

BFH BStBl. 89, 990 ff. (s. auch schon BFH BStBl. 62, 355; 73, 850; 76, 338) hat dem Spender (der auf die Spendenbestätigung des Spendenempfängers, nicht auf ein Verhalten des Finanzamts vertraut hatte) die Vergünstigung versagt. Hingegen hat BFH BStBl. 81, 52 entschieden: Wird die Gemeinnützigkeit des Spendenempfängers rückwirkend aufgehoben, so ist der Spendenabzug beim gutgläubigen Spender nach Treu und Glauben nicht rückgängig zu machen.

---

7 Dazu *H.-W. Arndt,* StRK-Anm. EStG 1975 § 10 b R. 4.

Da die Rechtslage unbefriedigend war, hat die Unabhängige Sachverständigenkommission zur Prüfung des Gemeinnützigkeits- und Spendenrechts einen konkreten Gesetzesvorschlag gemacht[8]. Dieser Vorschlag ist als § 10b IV EStG mit Wirkung seit 1990 Gesetz geworden.

Nach § 10b IV EStG darf der Steuerpflichtige auf die Richtigkeit der Bestätigung über Spenden und Mitgliedsbeiträge vertrauen, es sei denn, daß er die Bestätigung durch unlautere Mittel oder falsche Angaben erwirkt hat oder daß ihm die Unrichtigkeit der Bestätigung bekannt oder infolge grober Fahrlässigkeit nicht bekannt war. Wer vorsätzlich oder grob fahrlässig eine unrichtige Bestätigung ausstellt oder wer veranlaßt, daß Zuwendungen nicht zu den in der Bestätigung angegebenen steuerbegünstigten Zwecken verwendet werden, haftet für die entgangene Steuer. Diese ist mit 40 v. H. des zugewendeten Betrags anzusetzen.

– Auf diese Weise wird der gute Glaube an die Richtigkeit der Spendenbestätigung geschützt; der pauschalierte Steuerausfall wird bei grobem Verschulden den Urhebern der falschen Bestätigung angelastet.

---

[8] BMF-Schriftenreihe Heft 40, Bonn 1988, 264 f.

Sechstes Kapitel: Steuerverfahrensrecht

§ 21 Handeln im Steuerrechtsverhältnis

1. Handeln der Finanzbehörden (Steuerverwaltungsbehörden)

1.1 Die Hierarchie der Finanzbehörden

In Durchführung des Art. 108 GG (i. d. F. des 21. Gesetzes zur Änderung des Grundgesetzes v. 12. 5. 1969, BGBl. I 69, 359)[1] ist die Hierarchie der Finanzbehörden (zum Begriff Finanzbehörden s. § 6 AO) durch das *Gesetz über die Finanzverwaltung* i. d. F. v. 30. 8. 1971, BGBl. I 71, 1426 – FVG – wie folgt geregelt:

(1) Bundesfinanzbehörden (§ 1 FVG):
- a) Oberste Behörde: der Bundesminister der Finanzen (dazu § 3 FVG);
- b) Oberbehörde: das Bundesamt für Finanzen (dazu § 5 FVG);
- c) Mittelbehörden: die Oberfinanzdirektionen (dazu §§ 7 ff. FVG);
- d) örtliche Behörden: die Hauptzollämter (einschl. ihrer Dienststellen: Zollämter, Grenzkontrollstellen, Zollkommissariate), das Zollkriminalinstitut und die Zollfahndungsämter. – Die Hauptzollämter, das Zollkriminalinstitut und die Fahndungsämter gelten als Finanzämter im Sinne der Abgabenordnung (dazu §§ 12 ff. FVG).

(2) Landesfinanzbehörden (§ 2 FVG):
- a) Oberste Behörde: die für die Finanzverwaltung zuständige oberste Landesbehörde (Landesfinanzministerium, Finanzbehörde, Finanzsenator);
- b) Mittelbehörden: die Oberfinanzdirektionen (dazu §§ 7 ff. FVG);
- c) örtliche Behörden: die – ca. 500 – Finanzämter (dazu § 17 FVG)

Gemäß Art. 34 des Staatsvertrages vom 18. 5. 1990 (s. S. 184 f.) verpflichtete sich bereits die DDR, die Rechtsgrundlagen für eine dreistufige Finanzverwaltung entsprechend dem FVG zu schaffen. Vor Einführung des bundesdeutschen Behördensystems wurden Steuern von den „Abteilungen Finanzen und Preise" verwaltet (Einzelheiten: *M. Schulz,* DStR 90, 306).

1.2 Behördenzuständigkeit zum Handeln

Man unterscheidet

1.21 Sachliche Zuständigkeit: Sie betrifft den einer Behörde zugewiesenen Aufgabenkreis dem Gegenstand oder der Art nach, m. a. W. die Abgrenzung zu anderen oder andersartigen *Aufgaben.* – Eine Unterart der sachlichen Zuständigkeit ist die *funktionelle* Zuständigkeit; sie betrifft die Frage, welche von verschiedenen Behörden in *derselben* Sache tätig zu werden hat; sie geht von den verschiedenen behördlichen Funktionen innerhalb des Verfahrens aus und weist verschiedenen Behörden im Verfahren über *eine* Sache verschiedene Funktionen zu.

> Beispiele: Finanzamt erläßt Steuerbescheid; Oberfinanzdirektion führt Dienst- und Fachaufsicht. – Finanzamt entscheidet über Antrag auf Billigkeitserlaß; Oberfinanzdirektion entscheidet über Beschwerde gegen Ablehnung dieses Antrages. – Finanzamt entscheidet, andere Behörde wirkt bei der Entscheidung mit.

---

1 Dazu S. 78 f.

Steuerverwaltungsbehörde

Die sachliche Zuständigkeit der Finanzbehörden ist nicht in der Abgabenordnung geregelt (s. § 16 AO), sondern im *Gesetz über die Finanzverwaltung* i. d. F. v. 30. 8. 1971, BGBl. I 71, 1426. Danach sind sachlich zuständig:

(1a) die *Hauptzollämter* (als örtliche Bundesbehörden) für die Verwaltung der Zölle und der bundesgesetzlich geregelten Verbrauchsteuern (einschl. Einfuhrumsatzsteuer und Biersteuer) und die zollamtliche Überwachung des Warenverkehrs über die Grenze (§ 12 FVG);

(1b) die *Finanzämter* (als örtliche Landesbehörden) für die Verwaltung der Steuern, deren Verwaltung nicht den Bundesfinanzbehörden oder den Gemeinden übertragen ist (§ 17 FVG); das sind im wesentlichen die Besitz- und Verkehrsteuern; ausgenommen die Festsetzung der Realsteuern (dazu unten (5));

(2) die *Oberfinanzdirektionen* (als Mittelbehörden) für die Leitung der Bundes- und Landesfinanzverwaltung im Oberfinanzbezirk (§ 8 FVG);

(3) das *Bundesamt für Finanzen* für die Mitwirkung an Betriebsprüfungen und Aufgaben, deren zentrale Erledigung zweckmäßig ist (§ 5 FVG)[2];

(4) der *Bundesminister der Finanzen* für die Leitung der Bundesfinanzverwaltung, die *oberste Landesfinanzbehörde* für die Leitung der Landesfinanzverwaltung (§ 3 FVG);

(5) die Gemeinden (ausgenommen in den Stadtstaaten) für die Festsetzung der Realsteuern (s. Art. 108 IV 2 GG und die dazu ergangenen Übertragungsgesetze); die Festsetzung der Realsteuermeßbeträge ist den Gemeinden nicht übertragen (s. auch § 184 III AO).

Verstöße gegen die sachliche Zuständigkeit bewirken die Rechtswidrigkeit des Verwaltungsakts (s. §§ 130 II Nr. 1, 172 I Nr. 2 b AO); in Einzelfällen kann auch Nichtigkeit (§§ 124 III, 125 AO) anzunehmen sein.

1.22 Örtliche Zuständigkeit: Sie betrifft die Frage, *welche von mehreren sachlich* (eine sachlich unzuständige Behörde kann nicht örtlich zuständig sein) *zuständigen* Behörden eines Verwaltungsgebietes zuständig ist, m. a. W. den *räumlichen* Wirkungsbereich einer Behörde, die räumliche Erstreckung der sachlichen Zuständigkeit.

Die örtliche Zuständigkeit ist geregelt in den §§ 17–29 AO. Sie knüpft je nach Steuerart an Merkmale an wie Wohnsitz, gewöhnlicher Aufenthalt, Ort der Geschäftsleitung oder des Sitzes, Ort der Betriebstätte oder Belegenheit des Grundstücks (zu diesen Begriffen s. §§ 8 ff. AO).

Ein Verwaltungsakt, der die Vorschriften über die örtliche Zuständigkeit verletzt, ist zwar rechtswidrig, aber nicht nichtig (§ 125 III Nr. 1 AO). Die Rechtswidrigkeit wegen örtlicher Unzuständigkeit ist rechtlich indessen unbeachtlich, wenn die Entscheidung in der Sache richtig ist (s. § 127 AO).

1.3 Handeln durch Amtsträger

Die Finanzbehörden handeln durch ihre Amtsträger (Begriff: § 7 AO). Die Amtsträger können von der Amtsausübung ausgeschlossen (s. § 82 AO) oder gehalten

---

[2] Dazu *H. D. Höppner,* Das Bundesamt für Finanzen: Stellung, Aufgaben und Bedeutung, Fin-Arch. Bd. 43 (1985), 106 ff.

sein, sich wegen Besorgnis der Befangenheit der Amtsausübung zu enthalten (s. § 83 AO). In den Fällen des § 82 AO wird die Befangenheit unterstellt.

Gründe: Ein befangener Amtsträger ist in Gefahr, parteiisch zu sein. Der von der Verwaltungsmaßnahme Betroffene soll keinen Anlaß haben, den Amtsträger für parteiisch, für nicht objektiv zu halten. Der Amtsträger soll vor einem Interessenkonflikt bewahrt werden. Der Fiskus soll vor Benachteiligung durch Kollision der Interessen des zuständigen Amtsträgers geschützt werden.

Zur Rechtsfolge s. § 125 III Nr. 2 AO.

1.4 Handeln durch Steuerverwaltungsakt

Literatur: *Löwer,* Funktion und Begriff des Verwaltungsakts, JuS 80, 805; *Erichsen,* Das Verwaltungshandeln, in: Erichsen/Martens, Allgemeines Verwaltungsrecht [8], Berlin/New York 1988, 137 ff.; *Tipke*/Kruse, AO [13], zu §§ 118–128.

1.41 Der Steuerverwaltungsakt und sein Zustandekommen

Die Behörden sind nicht darauf angewiesen, sich ihr Recht bei Gericht zu holen. Sie können durch *Verwaltungsakt* selbst bestimmen, was im Einzelfall Rechtens ist. Der Verwaltungsakt ist eine behördliche Willenserklärung oder *Rechts*handlung. Obwohl im Gesetz festgelegt ist, welche Ansprüche aus dem Steuerschuldverhältnis bestehen (s. § 37 AO), werden diese Ansprüche durch Verwaltungsakte konkretisiert. Diese Verwaltungsakte (insb. Steuerbescheide) sind i. d. R. die unmittelbare Grundlage (Titel) für die Verwirklichung (§ 218 I AO), insb. die Vollstreckung (§§ 249 I, 259 ff. AO) der Ansprüche. Geht es nicht um Geldansprüche, sondern um andere Pflichten, so müssen die Behörden die Erfüllung solcher Pflichten (insb. Pflichten zur Mitwirkung bei der Sachaufklärung) i. d. R. zunächst durch Verwaltungsakt verlangen; kommt der Aufgeforderte dem Verlangen nicht nach, so kann die Erfüllung der Pflicht nach §§ 328 ff. AO erzwungen werden. Der von einem Verwaltungsakt Betroffene kann den Verwaltungsakt anfechten (§§ 348, 349 AO), wenn er durch ihn beschwert ist (§ 350 AO). Verwaltungsakte kann die Behörde unter gewissen Voraussetzungen auch zurücknehmen, widerrufen oder ändern (§§ 130 f.; §§ 172 ff. AO).

Daraus ergibt sich, daß der „Verwaltungsakt" ein zentraler Begriff des Verwaltungsrechts, auch des Steuerrechts als besonderem Verwaltungsrecht, ist. Die Finanzbehörden erlassen jährlich viele Millionen Verwaltungsakte.

1.411 Begriff

Verwaltungsakt ist jede Verfügung (= rechtsgestaltender Verwaltungsakt, z. B. Stundung, Billigkeitserlaß, Aussetzung der Vollziehung), Entscheidung (= rechtsfeststellender Verwaltungsakt, z. B. Steuerbescheid) oder andere hoheitliche Maßnahme, die eine Behörde zur Regelung eines Einzelfalles auf dem Gebiet des öffentlichen Rechts trifft und die auf unmittelbare Rechtswirkung nach außen gerichtet ist (so die Definition des § 118 Satz 1 AO).

Handelt es sich um hoheitliche Maßnahmen von Steuerverwaltungsbehörden auf dem Gebiete des *Steuer*rechts, so spricht man von **Steuerverwaltungsakten.**

Beispiele: *Verwaltungsakte – ja oder nein?*
Mahnungen, Belehrungen, Erläuterungen, Hinweise, Mitteilungen – Nein, treffen keine Regelung.

Empfehlungen, Anregungen, Meinungsäußerungen, Bitten, Wünsche – Nein, treffen keine Regelung.
Verwaltungsvorschriften (s. S. 85 ff.) – Nein, keine Außenwirkung. Allgemeine Verwaltungsvorschriften betreffen auch keinen Einzelfall.
Privatrechtliche Akte (Verträge) – Nein, betreffen nicht das öffentliche Recht.
Prüfungsakte (etwa betr. Steuerberaterprüfung) – Ja. (Die Überprüfungsmöglichkeit ist freilich begrenzt insofern, als nur das Verfahren auf Verstöße überprüft werden darf, nicht das reine Fachurteil.)
Rechtsnormen (s. S. 80 ff.) – Nein, regeln keinen Einzelfall.
Zusagen – Ja (s. auch § 348 I Nr. 6 AO)[3].
Ablehnung der Akteneinsicht, einer Anhörung, der Auskunftserteilung, einer Schlußbesprechung, eines Prüfungsberichts. – Ja, durch die Ablehnung wird eine rechtliche Regelung getroffen; daß das Begehrte selbst kein Verwaltungsakt ist, ist unerheblich.
Auskünfte – Nein, treffen keine Regelung.
Anordnung einer Mitwirkung bei der Sachaufklärung, z.B. Auskunftsersuchen (§ 93 II, V AO), Verlangen der Urkundenvorlage (§ 97 AO) – Ja.
Außenprüfungs-Schlußbesprechung – Nein, enthält keine Regelung.
Außenprüfungsbericht – Nein, enthält keine Regelung, bereitet Verwaltungsakt vor.
NV-Verfügung[4] – Nein, ist nicht auf Rechtswirkung nach außen gerichtet.
Hinweis auf den Beginn der Buchführungspflicht nach § 141 II AO – Ja (BFH BStBl. 80, 427).

Richtet sich der Verwaltungsakt an einen nach allgemeinen Merkmalen bestimmten oder bestimmbaren Personenkreis, so spricht man von einer *Allgemeinverfügung* (§ 118 Satz 2 AO). Sie spielt im Steuerrecht indessen keine wesentliche Rolle.

Von der Allgemeinverfügung zu unterscheiden ist die an mehrere *bestimmte* Personen gerichtete (im Verwaltungsrecht sogenannte) *Sammelverfügung;* ein Beispiel für sie ist der zusammengefaßte Steuerbescheid gegenüber Gesamtschuldnern, insb. zusammenveranlagten Eheleuten (s. § 155 III AO).

Bei Ansprüchen aus dem Steuerschuldverhältnis ist jeder Anspruch (s. S. 124) durch separaten Verwaltungsakt zu regeln. Bei periodischen Steuern bezieht sich der Anspruch i.d.R. auf ein Kalenderjahr.

Mehrere Verwaltungsakte können auf *einem* Formular erlassen werden, z.B. Steuerbescheid und Verspätungszuschlag. Die Zusammenfassung auf einem Formular ändert nichts daran, daß mehrere Verwaltungsakte vorliegen.

Der Verwaltungsakt verkörpert sich im *Entscheidungs- oder Verfügungssatz,* kurz als *Ausspruch* bezeichnet. Aus dem Ausspruch ergibt sich, ob der Verwaltungsakt rechtmäßig oder rechtswidrig ist. Die Gründe haben keine Bindungswirkung oder Verbindlichkeit.

Der Ausspruch muß hinreichend bestimmt sein (§ 119 I AO). Zur Bestimmung des Inhalts eines nicht eindeutigen Ausspruchs sind allerdings die Gründe heranzuziehen.

1.412 Typologie der Verwaltungsakte

(1) *Positive* (einem Begehren stattgebende) und *negative* (ein Begehren ablehnende);

(2) *rechtsfeststellende* oder deklaratorische und *rechtsgestaltende* oder konstitutive;

rechtsfeststellende Verwaltungsakte stellen gesetzlich vorgesehene Rechtsansprüche, Rechtsverhältnisse oder Steuerbemessungsgrundlagen fest (z.B. Steuerbescheid, Feststellungsbescheid); *rechtsgestaltende* Verwaltungsakte begründen, ändern oder beseitigen Rechtsansprü-

---

3 Dazu S. 682 f.
4 Dazu S. 707.

che oder Rechtsverhältnisse (z. B. Stundung, Billigkeitserlaß, Verspätungszuschlag und andere Ermessensentscheidungen);

(3) *nichtbegünstigende* und *begünstigende* Verwaltungsakte;

nichtbegünstigende Verwaltungsakte sind belastende Verwaltungsakte (z. B. Steuerbescheide, Anordnungen zur Mitwirkung bei der Sachaufklärung) und andere nicht begünstigende Verwaltungsakte (negative, d. h. ein Begehren ablehnende); *begünstigende* Verwaltungsakte sind solche, die ein Recht oder einen rechtlich erheblichen Vorteil begründen oder bestätigen (s. § 130 II AO). Sie werden auch Erlaubnisse, Genehmigungen, Bewilligungen, Gestattungen, Zulassungen genannt.

Die Unterscheidung spielt eine wesentliche Rolle in §§ 130, 131 AO;

(4) *gebundene,* d. h. streng gesetzesakzessorische Akte, auf die ein Anspruch besteht (z. B. Steuerbescheide, Vergütungsbescheide) und *Ermessensakte* (z. B. Stundungen, Billigkeitserlasse);

die Unterscheidung spielt eine Rolle in §§ 120 I, II; 128 III AO;

(5) Verwaltungsakte *ohne* und *mit Dauerwirkung;*

ohne: Der Verwaltungsakt erschöpft sich in einmaliger Feststellung, Befolgung oder Vollziehung, z. B. Steuerbescheid;

mit: Der Verwaltungsakt bringt das Rechtsverhältnis auf (kürzere oder längere) Dauer zum Entstehen, etwa durch Bewilligung, Genehmigung, Zulassung (z. B. Bewilligung erleichterter Buchführung, Stundung, Zulassung als Steuerberater); der Widerruf „für die Zukunft" in § 131 II AO bezieht sich auf Dauer-Verwaltungsakte;

(6) *einseitige* (von Amts wegen ergehende) und *mitwirkungsbedürftige* (antragsbedürftige);

(7) *rechtmäßige* und *rechtswidrige.*

Rechtmäßig ist ein Verwaltungsakt, wenn er aufgrund Gesetzes (= Rechtsnorm) ergangen ist und keine (materielle oder formelle) Gesetzesvorschrift (Rechtsnorm) verletzt. Der rechtmäßige Verwaltungsakt kann nicht mit Rechtsbehelfen (zulässigerweise) angefochten und nur in wenigen Ausnahmefällen (§ 131 AO) widerrufen werden.

Rechtswidrig (oder fehlerhaft) ist ein Verwaltungsakt, wenn ihm die gesetzliche (s. § 4 AO) Grundlage überhaupt fehlt oder eine bestimmte Grundlage zu Unrecht herangezogen worden ist. Die Rechtswidrigkeit kann auch auf einem Verstoß gegen Verfahrensvorschriften beruhen. Rechtswidrig sind auch Ermessensakte, die dem Zweck der Ermächtigung (§ 5 AO) nicht entsprechen. Über die Folgen der Rechtswidrigkeit s. zu 1.42.

§ 130 AO betrifft rechtswidrige, § 131 AO rechtmäßige Verwaltungsakte.

1.413 Nebenbestimmungen[5]

Verwaltungsakte, auf deren Erlaß ein Anspruch besteht (gesetzlich gebundene Verwaltungsakte), dürfen mit einer Nebenbestimmung nur versehen werden, wenn sie durch Rechtsvorschrift zugelassen ist oder wenn sie sicherstellen soll, daß die gesetzlichen Voraussetzungen des Verwaltungsakts erfüllt werden (§ 120 I AO).

Beispiele für Zulassung durch Rechtsvorschrift: Vorbehalt der Nachprüfung (§ 164 AO); Vorläufigkeitserklärung (§ 165 AO).

Ermessensakte dürfen folgende Nebenbestimmungen hinzugefügt werden: Befristung, Bedingung, Widerrufsvorbehalt, Auflage, Auflagenvorbehalt (s. § 120 II AO). Sie dürfen dem Zweck des Verwaltungsakts nicht zuwiderlaufen (§ 120 III AO).

---

5 Dazu *J. Schachel,* Nebenbestimmungen zu Verwaltungsakten, Berlin 1979; *Laubinger,* Die Anfechtbarkeit von Nebenbestimmungen, VerwArch. Bd. 73 (1982), 345 ff.; *H. J. Schneider,* Nebenbestimmungen und Verwaltungsprozeß, Berlin 1981; *Tipke*/Kruse, AO [13], zu § 120.

Durch *Befristung* wird bestimmt, daß eine Vergünstigung oder Belastung zu einem bestimmten Zeitpunkt beginnt, endet oder für einen bestimmten Zeitraum gilt (s. § 120 II Nr. 1 AO). Geregelt wird m. a. W. Geltungsbeginn, Geltungsende oder Geltungsdauer.

Die *Bedingung* macht den Eintritt (aufschiebende Bedingung) oder Wegfall (auflösende Bedingung) einer Vergünstigung oder Belastung von dem *ungewissen* Eintritt eines zukünftigen Ereignisses abhängig (s. § 120 II Nr. 2 AO). Das Ereignis kann auch vom Willen des Betroffenen abhängen (unechte Bedingung). Beispiel: Buchführungserleichterung unter der auflösenden Bedingung, daß der Steuerpflichtige bestimmte Verpflichtungen nicht erfüllt.

Der *Widerrufsvorbehalt* ist der behördliche Vorbehalt, den Verwaltungsakt zu widerrufen. Bei Widerrufsvorbehalt darf die Behörde den Verwaltungsakt widerrufen (§ 131 II Nr. 1 AO; § 130 II AO ist lückenhaft: bei Widerrufsvorbehalt darf auch nach § 130 II AO zurückgenommen werden). Der Widerruf darf nicht willkürlich, sondern nur nach allgemeinen Ermessensregeln ausgesprochen werden.

Die *Auflage* schreibt dem Begünstigten ein Tun, Dulden oder Unterlassen vor (s. § 120 II Nr. 4 AO). Die Auflage ist nicht Bestandteil des Verwaltungsakts (sie wird nur mit ihm *verbunden*), sie ist auch nicht selbst Verwaltungsakt. Die Wirksamkeit des Ausspruchs des Verwaltungsakts hängt nicht davon ab, daß die Auflage erfüllt wird. Die Behörde darf den Verwaltungsakt aber widerrufen, wenn die Auflage nicht erfüllt wird (§ 131 II Nr. 2 AO).

Die Anforderung einer *Sicherheitsleistung* (Beispielsfälle: §§ 222 Satz 2, 361 II 3 AO; dazu allgemein §§ 241 ff. AO) kann als Bedingung oder Auflage gestaltet werden.

Auch die Nebenbestimmung ist zu begründen (§ 121 AO sagt dies allerdings nicht ausdrücklich; Umkehrschluß aus der Ausnahme des § 164 I 1 AO). Nebenbestimmungen können entsprechend §§ 328 ff. AO erzwungen werden; zur Sicherheitserzwingung s. § 328 I 2 AO. Detaillierter über die Rechtsfolgen, die sich aus der Akzessorietät der Nebenbestimmungen zum Verwaltungsakt ergeben, *Tipke*/Kruse, AO [13], § 120 Tz. 9.

1.414 Bestimmtheit und Form

Ein Verwaltungsakt (genau: sein Ausspruch einschließlich etwaiger Nebenbestimmungen) muß inhaltlich hinreichend bestimmt sein (§ 119 I AO); das entspricht dem Rechtsstaatsprinzip. Zur inhaltlichen Bestimmtheit gehört auch, daß dem Verwaltungsakt zu entnehmen ist, gegen oder an *wen* er sich *richtet* (Ausdruck der §§ 78 Nr. 2, 179 II 1, 183 I 1 AO)[6], d. h. gegen wen er Rechtswirkungen entfalten soll.

Mit anderen Worten: Der Ausspruch (evtl. auch die Nebenbestimmung) muß klar, eindeutig und widerspruchslos erkennen lassen, wem gegenüber was festgestellt, von wem was verlangt oder wem was gewährt oder abgelehnt wird. Die Gründe sind dazu, soweit erforderlich, mit heranzuziehen.

Verwaltungsakte, die nicht hinreichend bestimmt sind, sind im allgemeinen nichtig (§ 125 AO), dies insb. dann, wenn sie nicht befolgbar sind (§ 125 II Nr. 2 AO).

Soweit nichts anderes vorgeschrieben ist, können Steuerverwaltungsakte schriftlich, mündlich oder in anderer Weise (stillschweigend, konkludent) ergehen (§ 119 II 1 AO).

Schriftform ist vorgeschrieben für Auskunftsersuchen, wenn der Auskunftspflichtige es verlangt (§ 93 II 2 AO), Steuerbescheide (§ 157 I AO), Feststellungsbescheide (§ 181 I 1 i. V. mit § 157 I AO), Steuermeßbescheide (§ 184 I 3 i. V. mit § 157 I AO), Zerlegungsbescheide (§ 188 I AO), Zuteilungsbescheide (§ 190 Satz 2 i. V. mit § 188 I AO), Haftungs- und Duldungsbescheide (§ 191 I 2 AO), Prüfungsanordnungen (§ 196 AO), verbindliche Zusagen aufgrund

---

6 Synonyma sind die Begriffe „bestimmt sein für" (§§ 122 I 1, 124 I 1 AO), „wirken gegenüber" (§ 182 II AO), „ergehen gegen" (§ 155 III 1 AO).

einer Außenprüfung (§ 205 I AO), Aufteilungsbescheide (§ 279 I 1 AO), Zwangsmittelandrohungen (§ 332 I 1 AO) und Vergütungsbescheide (§ 155 VI i. V. mit §§ 155 I, 157 I AO).

Ein mündlicher Verwaltungsakt ist bei berechtigtem Interesse auf unverzügliches Verlangen des Betroffenen schriftlich zu bestätigen (§ 119 II 2 AO).

Ein schriftlicher Verwaltungsakt muß die erlassende Behörde erkennen lassen und die Unterschrift oder die Namenswiedergabe des Behördenleiters (oder seines Vertreters oder Beauftragten) enthalten (§ 119 III AO). Letzteres gilt jedoch nicht für Steuerbescheide und andere schriftliche Verwaltungsakte, für die ein Formular verwendet wird oder die automatisch ergehen (§ 119 IV AO).

1.415 Begründung

Nach § 121 I AO ist ein schriftlicher oder ein schriftlich bestätigter Verwaltungsakt (gemeint sind der Ausspruch und etwaige Nebenbestimmungen) schriftlich zu begründen, soweit dies zu seinem Verständnis erforderlich ist.

Die Begründung soll die Behörde veranlassen, sich an Gesetz und Verwaltungsvorschriften zu orientieren; sie soll den Bürger über die Sach- und Rechtslage informieren und ihn möglichst überzeugen; sie soll ihn evtl. in den Stand setzen, einen Rechtsbehelf einzulegen.

§ 121 II AO verzichtet für fünf Fälle (überwiegend solche, in denen ein rechtliches Interesse an schriftlicher Begründung fehlt) auf schriftliche Begründung.

§ 121 II Nr. 3 AO erfaßt nur Fälle, in denen aufgrund eines generellen, typischen Sachverhalts erfahrungsgemäß eine individuelle Begründung nicht erforderlich ist. Das ist im Steuerrecht, das es mit Individualfällen zu tun hat, kaum denkbar.

Wegen der Folgen fehlender Begründung s. §§ 126 I Nr. 2, II, III; 127 AO.

1.416 Inhaltsadressat und Bekanntgabe

Der Verwaltungsakt muß klar und bestimmt erkennen lassen, *wem* gegenüber der Einzelfall geregelt wird – oder m.a.W.: für wen er bestimmt ist, gegen wen er sich richtet, gegen wen er ergeht, wem gegenüber er wirkt, wen er belastet oder begünstigt; kurz es muß der *Inhalts*adressat oder Destinatär angegeben werden. Inhaltsadressat kann nur ein existierendes Rechtssubjekt sein. Die Bekanntgabe an sonst Betroffene (Drittbetroffene) spielt im Steuerrecht keine wesentliche Rolle[7].

Die Terminologie des Gesetzes wechselt: „bestimmt sein für" (§§ 122 I 1, 124 I 1 AO), „sich richten an oder gegen" (§§ 78 Nr. 2, 179 II 1, 183 I 1 AO), „wirken gegenüber" (§ 182 II AO), „ergehen gegen" (§ 155 III 1 AO).

Bekanntzugeben ist der Verwaltungsakt grundsätzlich demjenigen Beteiligten, für den er bestimmt ist oder der von ihm (sonst) betroffen ist (§ 122 I 1 AO). Der Inhaltsadressat ist also regelmäßig auch der *Bekanntgabe*adressat oder Bekanntgabeempfänger. Jedoch gibt es Ausnahmen. Da die Kenntnisnahme des Bekanntgegebenen (passive) Verfahrenshandlung ist, die Handlungsfähigkeit (s. S. 677 ff.) voraussetzt, kann ein Verwaltungsakt nicht wirksam an Handlungsunfähige, insb. nicht an Kinder und juristische Personen, bekanntgegeben werden. Bekanntzugeben ist an die gesetzlichen Vertreter. § 122 I 2 AO verweist ergänzend auch auf § 34 II AO.

> Beispiele: Der für ein dreijähriges Kind bestimmte Einkommensteuerbescheid ist an das Kind als Steuerschuldner (§ 1 EStG) zu richten (§ 157 I 2 AO). Er ist aber an die Eltern oder einen Elternteil bekanntzugeben (§ 34 I AO; § 1629 I BGB). Der eine Aktiengesellschaft betreffende Körperschaftsteuerbescheid ist an die Aktiengesellschaft als Steuerschuldner (§ 1

---

7 Dazu *Tipke*/Kruse, AO [13], § 122 Tz. 9.

I Nr. 1 KStG) zu richten (§ 157 I 2 AO). Er ist aber an den Vorstand der Gesellschaft (§ 78 AktG) bekanntzugeben.

Sonderfälle der Bekanntgabe regeln die §§ 155 IV, V; 183 AO.

Der zusammengefaßte Steuerbescheid gegen Ehegatten ist an die Ehegatten zu richten (§ 155 III 1 AO); er ist ihnen grundsätzlich durch eine Ausfertigung an die gemeinsame Anschrift bekanntzugeben (§ 155 V 1 AO; Ausnahme: § 155 V 2 AO).

Der eine OHG betreffende einheitliche Gewinnfeststellungsbescheid (§§ 179f. AO) ist an die Gesellschafter zu richten (§ 179 II 1, 2 AO); für die Bekanntgabe gilt die vereinfachende Spezialvorschrift des § 183 AO.

Nach § 122 I 3 AO *kann* der Verwaltungsakt auch an einen *Bevollmächtigten* bekanntgegeben werden.

Da der Zweck dieser Ermessensvorschrift dunkel ist (s. andererseits § 80 III 1 AO), kann das Ermessen auch nicht sachgerecht (s. § 5 AO) ausgeübt werden. So wird bei Fristversäumung bald vorgetragen, die Bekanntgabe an den Beteiligten statt an den Bevollmächtigten sei unwirksam; bald wird geltend gemacht, die Bekanntgabe an den Bevollmächtigten statt an den Beteiligten sei unwirksam. Bisher hat die Rechtsprechung § 122 I 3 AO gleichwohl für wirksam gehalten[8].

§§ 123, 183 AO sehen die Bestellung eines Empfangsbevollmächtigten vor.

Wird nicht an den richtigen Bekanntgabeadressaten bekanntgegeben, so wird der Verwaltungsakt diesem gegenüber nicht wirksam. Der Fehler kann im Rechtsbehelfsverfahren nicht geheilt werden.

Schriftlich bekanntgegeben ist mit *Zugehen* des Schriftstücks. Zugehen heißt: derart in den Machtbereich des Bekanntgabeadressaten (Briefkasten, Wohnung, Postschließfach) gelangen, daß diesem die Kenntnisnahme normalerweise *möglich* ist und üblicherweise erwartet werden kann. Ob der Adressat tatsächlich Kenntnis nimmt, ist unerheblich.

Eine bedeutsame Regel enthält § 122 II AO. Danach *gilt* ein *schriftlicher* Verwaltungsakt, der *durch die Post* im Geltungsbereich der Abgabenordnung übermittelt wird, *mit dem dritten Tage nach der Aufgabe* zur Post (Einwurf in den Briefkasten, Einlieferung beim Postamt) als bekanntgegeben, außer wenn er nicht oder zu einem späteren Zeitpunkt zugegangen ist; im Zweifel hat die Behörde den Zugang und den Zeitpunkt des Zugangs nachzuweisen.

Die Finanzämter haben oft Schwierigkeiten, den Tag der Aufgabe zur Post exakt nachzuweisen. Erhebliche Beweisschwierigkeiten bestehen auch, wenn der Steuerpflichtige den Zugang bestreitet[9].

Die *Zustellung* ist eine formelle Bekanntgabe, die sich nach den Vorschriften des Verwaltungszustellungsgesetzes v. 3. 7. 1952, BGBl. I 52, 379, richtet (§ 122 V 2 AO).

Zuzustellen sind schriftliche Verwaltungsakte, wenn dies gesetzlich vorgeschrieben oder behördlich angeordnet ist (§ 122 V 1 AO). Gesetzlich vorgeschrieben ist Zustellung von Rechtsbehelfsentscheidungen (§ 366 Satz 1 AO) und von Vollstreckungsverwaltungsakten (§§ 284 V 1, 309 II, 310 II, 321 II, 324 II 1 AO). Die Behörde wird die Zustellung nach ihrem Ermessen anordnen, wenn es ihr aus Beweisgründen angezeigt erscheint.

Über *öffentliche Bekanntgabe* s. § 122 III, IV mit §§ 149 I 3, 259 Satz 4 AO.

Mit der Bekanntgabe wird der Verwaltungsakt wirksam (s. 1.417). Zugleich beginnt die Rechtsbehelfsfrist zu laufen (§ 355 I 1 AO; §§ 47 I, 54 I FGO).

---

8 Dazu *Tipke*/Kruse, AO [13], § 122 Tz. 21.
9 Dazu *Tipke*/Kruse, AO [13], § 122 Tz. 23. Zum Beweis des Zeitpunkts der Aufgabe zur Post insb. *Rößler*, DStZA 79, 451.

1.417 Wirksamwerden des Erklärten

Ein Verwaltungsakt (der nicht nichtig ist, s. unten) wird *mit der Bekanntgabe* wirksam (§ 124 I 1 AO), nicht schon mit der Unterzeichnung oder mit der Aufgabe zur Post, nicht erst mit Eintritt der Unanfechtbarkeit.

Er wird mit der *Bekanntgabe gegenüber demjenigen* wirksam, für den er seinem Inhalt nach bestimmt ist oder der von ihm betroffen ist (§ 124 I 1 AO).

> Beispiel: Verwaltungsakt wird A bekanntgegeben, weil er inhaltlich für ihn bestimmt ist. Er wird B nicht bekanntgegeben, obwohl B von ihm ebenfalls betroffen ist. Jedoch beginnt für B die Rechtsbehelfsfrist nicht zu laufen, da der Verwaltungsakt ihm nicht bekanntgegeben worden ist (s. § 355 I 1 AO). B kann als Betroffener den Verwaltungsakt gleichwohl anfechten; er kann das Rechtsbehelfsrecht verwirken (s. S. 683).

Er wird *mit dem Inhalt* wirksam, mit dem er bekanntgegeben wird (Erklärungstheorie), nicht mit dem abweichenden, zwar gewollten, aber nicht erklärten Inhalt (Willenstheorie), so jetzt ausdrücklich § 124 I 2 AO[10]. Die Behörde muß also den bekanntgegebenen Inhalt so gegen sich gelten lassen, wie ein vernünftiger Adressat den Inhalt auffassen konnte und mußte und tatsächlich aufgefaßt hat.

Das Wirksamwerden hat zur *Folge:* die grundsätzliche Bindung der Behörde an ihren Verwaltungsakt (s. § 124 II AO), die Vollziehbarkeit des Verwaltungsakts, solange die Vollziehung nicht nach § 361 AO, § 69 FGO ausgesetzt ist, den Beginn des Laufs der Rechtsbehelfsfrist (§ 355 I AO; §§ 47 I, 54 I FGO).

1.42 Rechtswidrigkeit des Steuerverwaltungsakts

Literatur: *Berger,* Fehlerhafte Steuerverwaltungsakte, DStR 75, 175 ff.

Grundsätzlich sind auch rechtswidrige (fehlerhafte) Verwaltungsakte rechtswirksam[11]. Sie bleiben rechtswirksam, solange und soweit sie nicht von der Behörde zurückgenommen, widerrufen, auf Rechtsbehelf von der Rechtsbehelfsbehörde aufgehoben oder geändert werden (§ 124 II AO).

Anders verhält es sich mit *nichtigen* Verwaltungsakten. Nichtige Verwaltungsakte sind unwirksam (§ 124 III AO), d. h. sie erzeugen keinerlei Wirkung. Auf die Nichtigkeit kann sich jedermann jederzeit berufen.

Die Finanzbehörde kann die Nichtigkeit jederzeit (d. h. unbefristet) von Amts wegen feststellen; auf Antrag ist sie festzustellen, wenn der Antragsteller hieran (zumal aus Gründen der Rechtssicherheit) ein berechtigtes Interesse hat (§ 125 V AO). Im Prozeß kommt Feststellungsklage (§ 41 FGO) in Betracht.

Nichtig sind solche Verwaltungsakte, die an einem *besonders schwerwiegenden Fehler* (unerträgliche Rechtsverletzung!) leiden, soweit dies bei verständiger Würdigung aller in Betracht kommenden Umstände offenkundig ist (§ 125 I AO).

§ 125 AO sucht die Fälle der Nichtigkeit nicht nur durch die Generaldefinition des § 125 I AO zu bestimmen, sondern auch durch den Positiv-Katalog des § 125 II AO und den (klarstellenden) Negativkatalog des § 125 III AO. In den Fällen des § 125 II AO ist nicht mehr zu prüfen, ob die Voraussetzungen des § 125 I AO vorliegen („Ohne Rücksicht auf…").

Fälle der Nichtigkeit sind im Steuerrecht selten. Auch die Fälle des § 125 II AO kommen kaum je vor. Verwaltungsakte, die zu unbestimmt sind (s. § 119 I AO), sind allerdings nichtig. Vgl. als Kontrast auch die nicht zur Nichtigkeit führenden Fälle des § 130 II AO.

---

10 A. A. noch BFH BStBl. 74, 725 (mit ablehnender Anm. von *J. Lang,* StRK-Anm. RAO § 210 b R. 12); 75, 49 f.

11 Dazu *Meder,* Das Prinzip der Rechtmäßigkeitsvermutung, Berlin 1970.

Obwohl ein Verwaltungsakt auch rechtswidrig ist, wenn er gegen Verfahrens- oder Formvorschriften verstößt, sind die Sondervorschriften der §§ 126, 127 AO zu beachten[12]. § 126 AO läßt die (rückwirkende) Heilung bestimmter Verfahrens- oder Formfehler (praktisch bedeutsam ist nur § 126 I Nrn. 2, 3 AO) innerhalb bestimmter Frist zu. Ist ein Verstoß gegen Verfahrens- oder Formvorschriften nicht nach § 126 AO heilbar oder ist er nicht nach § 126 AO geheilt worden, so greift § 127 AO ein. Danach kann die Aufhebung (durch Analogie zu ergänzen: Änderung) eines (nicht nichtigen) Verwaltungsakts wegen Verstoßes gegen Verfahrens- oder Formvorschriften vom Betroffenen nicht beansprucht werden, wenn keine andere Entscheidung *in der Sache* hätte getroffen werden können.

Verfahrens- und Formvorschriften haben danach keinen Selbstzweck. Sie dienen dazu, die richtige Entscheidung in der Sache zu finden. Ist das mit Sicherheit geschehen, ist der Betroffene nicht „beschwert". § 127 AO ist nur anwendbar, wenn sicher feststeht, daß der formelle Verstoß sich auf die Sachentscheidung nicht ausgewirkt hat; er ist nicht anwendbar, wenn die Möglichkeit besteht, daß sachlich anders entschieden worden wäre. Auf Ermessensentscheidungen ist § 127 AO nicht anwendbar, da wegen des Ermessensspielraums andere Entscheidungen in der Sache möglich sind[13]. § 127 AO kann Verwaltungsbehörden (zumal überlastete) dazu verführen, die Verfahrensvorschriften zu vernachlässigen und auf „Verwaltungserfahrung basierende Schnellschüsse abzugeben". Das ist nicht im Sinne der Vorschrift.

1.43 Korrektur von Steuerverwaltungsakten

(Aus didaktischen Gründen auf S. 712 ff. behandelt.)

2. Handeln der Steuerpflichtigen

2.1 Handlungsfähigkeit, Handeln für Handlungsunfähige (gesetzliche Vertretung)

Literatur: *Laubinger,* Prozeßfähigkeit und Handlungsfähigkeit, in: FS für Ule, Köln u. a. 1987, 161 ff.

Zwar hängt im Steuerrecht viel von der Aktivität der Steuerverwaltungsbehörden ab; jedoch besteht auch für die Steuerpflichtigen häufig Anlaß zum Handeln, insb. zur Abgabe von Willenserklärungen[14].

Wer steuerrechtsfähig ist, wer Steuersubjekt oder Steuerperson ist (s. S. 122 f.), ist nicht in jedem Falle handlungsfähig. Die Rechtsfähigkeit weist den Rechtsfähigen als *passiven* Träger von Rechten und Pflichten aus; sie besagt jedoch nichts über die Fähigkeit, durch *eigenes Handeln* Rechtswirkungen hervorrufen zu können.

Im bürgerlichen Recht nennt man die rechtsgeschäftliche Handlungsfähigkeit Geschäftsfähigkeit; man meint damit die Fähigkeit, durch rechtsgeschäftliches Handeln Rechtswirkungen herbeizuführen. Da es das Steuerrecht hauptsächlich mit Verwaltungsakten zu tun hat, allerdings auch mit öffentlich-rechtlichen Willenserklärungen und Realakten des Steuerpflichtigen, pflegt von Handlungsfähigkeit statt von Geschäftsfähigkeit gesprochen zu werden.

Es lassen sich unterscheiden: Handlungen mit unmittelbarer materiell-rechtlicher Relevanz (insb. Willenserklärungen des Steuerpflichtigen, die sich unmittelbar auf

---

12 Dazu *Laubinger,* VerwArch. Bd. 72 (1981), 333 ff.
13 BT-Drucks. 7/910, 66; 7/4494, 9.
14 Dazu *Klemp,* Öffentlich-rechtliche Willenserklärungen Privater im Steuerrecht, Diss. Köln 1971; *Kurz,* Zur Rückgängigmachung steuerrechtlich relevanter Willenserklärungen von Steuerpflichtigen, StuW 79, 243 ff.; *Rönitz,* Verfahrensrechtliche Überlegungen zur Ausübung von Wahlrechten..., StbJb. 1980/81, 359 ff.

die Höhe der Steuerschuld auswirken; Beispiel: Aufrechnungserklärung) und Verfahrenshandlungen. Beide Arten von Handlungen setzen zu ihrer Wirksamkeit Handlungsfähigkeit voraus.

Die Abgabenordnung 1977 regelt die Handlungsfähigkeit aber nicht einheitlich, sondern getrennt für Verfahrenshandlungen (§ 79 AO) und andere Handlungen (§§ 34, 35 AO), und zwar jeweils lückenhaft. §§ 34, 35 AO nennen die Personen, die für nicht handlungsfähige Subjekte zu handeln haben; § 79 I Nrn. 1, 2 AO führt nur auf, welche Subjekte handlungsfähig sind. Zur Lückenausfüllung müssen §§ 34, 35 AO und § 79 AO sich gegenseitig ergänzen. Auch die Terminologie der §§ 34, 35 AO und des § 79 AO ist nicht einheitlich. Das erklärt sich daraus, daß §§ 34, 35 AO 1977 den §§ 103–105, 108 AO 1931 nachgebildet sind, während § 79 AO 1977 dem § 12 VwVfG entspricht. §§ 102 ff. AO 1931 waren umfassend. Sie erfaßten die Erfüllung jeglicher steuerlicher Pflichten = Handeln im Steuerschuldverhältnis und im Besteuerungsverfahren. Jetzt grenzt § 79 AO 1977 die Verfahrenshandlungen aus § 34 AO 1977 aus.

Danach ergibt sich folgende Rechtslage:

Handlungsfähig sind:

(1) die nach bürgerlichem Recht geschäftsfähigen natürlichen Personen (§ 79 I Nr. 1 AO),

(2) die nach bürgerlichem Recht in der Geschäftsfähigkeit beschränkten natürlichen Personen, soweit sie für den Gegenstand des Verfahrens durch Vorschriften des bürgerlichen Rechts als geschäftsfähig (s. §§ 107, 112, 113 BGB) oder durch Vorschriften des öffentlichen Rechts als handlungsfähig anerkannt sind (§ 79 I Nr. 2 AO),

(3) juristische Personen, Vereinigungen oder Vermögensmassen durch ihre gesetzlichen Vertreter oder durch besonders Beauftragte (§ 79 I Nr. 3 AO; s. aber auch § 34 AO)
  – für gewerbliche Betriebe von Körperschaften des öffentlichen Rechts – in §§ 34, 79 AO nicht erfaßt – haben die gesetzlichen Vertreter der Körperschaft zu handeln –,

(4) Behörden durch ihre Leiter, deren Vertreter oder Beauftragte (§ 79 I Nr. 4 AO).

Für nicht geschäftsfähige natürliche Personen und für beschränkt geschäftsfähige natürliche Personen, die nicht handlungsfähig sind, haben deren gesetzliche Vertreter zu handeln (§ 34 I AO). Für nicht rechtsfähige Personenvereinigungen (insb. nicht rechtsfähige Vereine, Personengesellschaften, § 79 I Nr. 3 AO spricht kurz von „Vereinigungen") haben deren Geschäftsführer, evtl. deren Mitglieder oder Gesellschafter, zu handeln (§ 34 I, II AO). Für nicht rechtsfähige Vermögensmassen haben diejenigen zu handeln, denen das Vermögen zusteht (§ 34 II 3 AO). Steht eine Vermögensverwaltung anderen Personen als den Eigentümern des Vermögens oder deren gesetzlichen Vertretern zu, so haben die Vermögensverwalter (Konkurs-[15], Vergleichs-, Nachlaßverwalter, Nachlaßpfleger, Testamentsvollstrecker) zu handeln, soweit ihre Verwaltung reicht (§ 34 III AO).

§ 34 AO ist insofern lückenhaft, als er nur auf die Wahrnehmung von Pflichten, nicht auf die Wahrnehmung von Rechten hin konzipiert ist.

§ 35 AO stellt den gesetzlichen Vertretern gleich: im eigenen oder fremden Namen als Verfügungsberechtigte (über fremde Mittel) Auftretende (gleich, ob befugt oder unbefugt), soweit sie die Pflichten eines gesetzlichen Vertreters rechtlich und tatsächlich erfüllen können. Die Vorschrift hat keine erhebliche praktische Bedeutung.

§ 36 AO stellt klar, daß die Vertretungsmacht nicht rückwirkend erlischt.

---

15 Über Buchführungs-, Bilanzierungs- und Steuererklärungspflichten des Konkursverwalters *Klasmeyer/Kübler,* BB 78, 369.

2.2 Bevollmächtigung (gewillkürte Vertretung)

Literatur: *Spitaler,* Steuerberater und Finanzverwaltung, Köln 1949, Sonderheft Nr. 6 von FR 1949; *Hartisch,* Vertretung und Treuhand im Steuerrecht, Diss. Münster 1962; *G. Rose,* Steuerberatung und Wissenschaft, StbJb. 1969/70, 31; *Schäuble,* Die berufsrechtliche Stellung der Wirtschaftsprüfer und Wirtschaftsprüfungsgesellschaften, Diss. Freiburg 1971; *Tipke,* An den Grenzen der Steuerberatung, StbJb. 1972/73, 509; *G. Rose,* Steuerberatung und Steuerberatungswesen, in: Handwörterbuch der Betriebswirtschaft[4], Stuttgart 1976, 3753 ff.; *Schöneberger,* Die Grenzen der Rechtsbesorgungsbefugnis des Steuerberaters nach dem Rechtsberatungsgesetz, Diss. Kiel 1976; *G. Rose,* Die Betriebswirtschaftliche Steuerlehre als Steuerberatungswissenschaft, StbKongrRep. 1977, 191 ff.; *Flämig,* Steuerberater als Träger eines privatrechtlichen Amtes und ihre Stellung innerhalb des Steuerrechtsverhältnisses, StbKongrRep. 1979, 45 ff.; *ders.,* Steuerprotest und Steuerberatung, Köln 1979; *ders.,* Standort und Zukunft des steuerberatenden Berufs, DStZ 84, 263 ff.; *Alexander* u. a., Praxis der Steuerberatung, Herne/Berlin 1980; *Cichon/Späth,* Bonner Handbuch der Steuerberatung, Bonn (Loseblatt, ab 1980); *Gehre,* Steuerberatungsgesetz, München 1981; *Laubinger,* Prozeßfähigkeit und Handlungsfähigkeit, in: FS für Ule, Köln u. a. 1987, 161 ff.; *Späth,* Die zivilrechtliche Haftung des Steuerberaters[3], Bonn 1987; *G. Rose,* Vom privaten und öffentlichen Nutzen der Steuerberatung, DStR 87, Beilage zu Heft 3, 6 ff.; *ders.,* Einführung in den Beruf des Steuerberaters, Köln 1989.

Am Besteuerungsverfahren Beteiligte können sich durch Bevollmächtigte vertreten lassen (§ 80 AO; dort auch zum Umfang der Vollmacht).

Zweck der Regelung: Die Regelung der Befugnis zur geschäftsmäßigen Hilfeleistung in Steuersachen soll dem Interesse der Steuerpflichtigen Rechnung tragen, sich bei der Erledigung ihrer Steuerangelegenheiten der Hilfe anderer Personen zu bedienen, ferner dem Interesse der Allgemeinheit, daß nur solche Personen steuerrechtsberatend tätig werden, „denen die Bearbeitung öffentlicher Angelegenheiten ohne Sorge anvertraut werden kann". Im Interesse des Steueraufkommens, der Steuermoral und zum Schutz gesetzesunkundiger Steuerpflichtiger soll sichergestellt werden, daß nur solche Berater Steuerrechtsberatung treiben, die dafür sachlich und persönlich zuverlässig sind. Es soll verhindert werden, daß Steuerpflichtige durch fehlerhafte Beratung unfähiger, ungeeigneter Berater geschädigt werden. Die Steuerrechtsberatung ist Steuerrechtspflege und damit ein „wichtiges Gemeinschaftsgut" (in diesem Sinne BVerfGE 54, 301, 315; 59, 302, 316).

Die Abgabenordnung zwingt zwar Laien nicht, sich eines sachkundigen Bevollmächtigten zu bedienen. Laien sind ohne solche Bevollmächtigte aber tatsächlich nicht in der Lage, ihre steuergesetzlichen Pflichten wirklich zu erfüllen (zur steuerstrafrechtlichen Seite unterlassener Information S. 783 f.). Um die Steuerpflichtigen dazu anzuhalten, sich beraten zu lassen, und um die Steuerbehörden zu entlasten, sollten durch sachkundige Berater Vertretene einen mäßigen Abzug von der Steuerschuld erhalten.

Damit geschäftsmäßige Hilfeleistung in Steuersachen möglichst nur von *sachkundigen* Personen geleistet wird, macht das Gesetz diese Hilfeleistung von der *„Befugnis"* zur geschäftsmäßigen Hilfeleistung abhängig; sie setzt (auch bei Steuerberatern) eine Prüfung voraus (§ 2 StBerG). Befugt sind insb. (§ 3 StBerG): Steuerberater[16], Steuerberatungsgesellschaften[16], Steuerbevollmächtigte[16], Rechtsanwälte[17], Wirtschaftsprüfer, Wirtschaftsprüfungsgesellschaften, vereidigte Buchprüfer und Buchprüfungsgesellschaften[18].

---

16 Dazu Steuerberatungsgesetz v. 16. 8. 1961, BGBl. I 61, 1301, i. d. F. v. 4. 11. 1975, BGBl. I 75, 2735, zuletzt geändert durch Einigungsvertrag v. 31. 8. 1990, BGBl. II 90, 889, 970.
17 Dazu Bundesrechtsanwaltsordnung v. 1. 8. 1959, BGBl. I 59, 565, zuletzt geändert durch Gesetz v. 6. 7. 1990, BGBl. I 90, 1349.
18 Dazu Wirtschaftsprüferordnung v. 24. 7. 1961, BGBl. I 61, 1049, i. d. F. v. 5. 11. 1975, BGBl. I 75, 2803, zuletzt geändert durch Einigungsvertrag v. 31. 8. 1990, BGBl. II 90, 889, 998.

§ 21 Handeln im Steuerrechtsverhältnis

Das 2. Gesetz zur Änderung des Steuerberatungsgesetzes v. 11. 8. 1972, BGBl. I 1401, hat die Grundlagen für eine Zusammenführung von Steuerberatern und Steuerbevollmächtigten zu einem einheitlichen Berufsstand gelegt[19].

Es gibt zur Zeit etwa 45 000 Steuerberater und Steuerbevollmächtigte (davon 8 000 weibliche), 3901 Steuerberatungsgesellschaften, über 9000 Wirtschaftsprüfer und vereidigte Buchprüfer, 1252 Wirtschaftsprüfungsgesellschaften und 57 000 Rechtsanwälte, darunter über 2000 Fachanwälte für Steuerrecht. Große Unternehmen haben eigene Steuerabteilungen[20].

Die Angehörigen der steuerberatenden Berufe haben ihren Beruf unabhängig, eigenverantwortlich, gewissenhaft und verschwiegen auszuüben (s. insb. § 57 I StBerG).

Sie sind nicht Vertreter oder Treuhänder des Staates, sondern gegenüber Finanzbehörden und Mandanten unabhängige, eigenverantwortliche Organe der Rechtspflege. Sie haben eine wichtige Funktion im Rechtsstaat. Der Beruf verlangt Respekt vor der *Rechts*ordnung, die Beachtung von Gesetz und Recht, aber auch die aktive Mitwirkung daran, daß Gesetz und Recht sich durchsetzen; damit haben die steuerberatenden Berufe zugleich eine *Kontroll*funktion gegenüber Behörden und Gerichten[21]. Berater in Steuersachen müssen sich nicht nur die zur Bearbeitung von Steuerfällen erforderlichen Kenntnisse des abstrakten Gesetzeswortlauts aneignen; sie müssen sich im Rahmen des Zumutbaren auch darüber informieren, wie das Gesetz durch den BFH und die Richtlinien konkret gehandhabt wird. Sie sind aber keine devoten Richtlinienausführer (an die Richtlinien sind sie nicht gebunden) und dürfen rechtsfreie Räume und Lücken in den Steuergesetzen zugunsten ihrer Mandanten ausnutzen. Nicht gänzlich geklärt ist, ob Angehörige der steuerberatenden Berufe Abweichungen von der Rechtsprechung und von den Steuerrichtlinien in den Steuererklärungen nach geltendem Recht kenntlich zu machen haben[22]. Das Berufsethos der steuerberatenden Berufe läßt sich verständlicherweise nicht von der Frage trennen, inwieweit die Steuergesetze erkennbare ethische Grundlagen (s. S. 47 ff.) haben. Der berufsethische Anspruch des Staates an die steuerberatenden Berufe setzt eine eigene ethische Grundhaltung der Steuergesetzgebung voraus.

Soweit Angehörige der steuerberatenden Berufe für ihre Mandanten Mitwirkungspflichten (§ 90 AO) erfüllen, sind sie – wie ihre Mandanten selbst – zur Wahrheit verpflichtet.

Der Auftrag der Steuerberater bezieht sich insb. auf: Steuererklärungsberatung und/ oder Steuergestaltungsberatung und/oder Rechtsbehelfsberatung. Die steuerberatenden Berufe haben kein Buchführungsprivileg[23]. Wegen der ständig zunehmenden Komplizierung der Steuergesetze steigt der Beratungsaufwand pro Mandant im Durchschnitt jährlich um ca. 10 v. H.

Die Abgabenordnung enthält an zwei Stellen die Regel, daß das Verschulden des Bevollmächtigten dem Vertretenen zuzurechnen ist (§§ 110 I 2, 152 I 3 AO). In den offenbar lückenhaften § 173 I 1 Nr. 2 AO ist die Regel ebenfalls hineininterpretiert worden. Rechts*politisch* ist die aus dem Zivilrecht (§ 278 BGB) stammende Regel im Steuerrecht nicht gerechtfertigt. Der Steuerpflichtige erfüllt seine Pflichten im Interesse der Allgemeinheit, nicht in seinem Individualinteresse; die Kompliziertheit der Steuergesetze hat er ebensowenig zu vertreten wie etwaige Fehler von Angehörigen der steuerberatenden Berufe.

Steuerberater haben ihr Honorar nach der *Steuerberater-Gebührenverordnung* zu berechnen[24].

Über die zivilrechtliche *Haftung* des Steuerberaters *für falschen Rat* s. *Späth,* a. a. O.

---

19 Zur Kritik an der Zusammenführung s. *Tipke,* StuW 71, 215; Zusammenführung gebilligt von BVerfGE 34, 252.
20 Dazu *Hebig,* Steuerabteilung und Steuerberatung in der Großunternehmung, Berlin 1984.
21 *Flämig,* StbKongrRep. 1979, 84: „Streiter für eine rechtsstaatliche Steuerrechtspflege".
22 Dazu S. 688 Fn. 13.
23 BVerfG BStBl. 80, 706; 82, 281; dazu Erlasse BStBl. 82 I, 586.
24 Dazu *Eckert/Böttcher,* Steuerberatergebührenverordnung[2], München 1989; s. auch *Eckert,* DStR 82, 63, 441, 481, 522.

3. Handlungsfristen

Für die Berechnung der Fristen gelten grundsätzlich §§ 187–193 BGB entsprechend (§ 108 AO; dort auch über Ausnahmen).

Fristen zur Einreichung von *Steuererklärungen* und Fristen, die *von Finanzbehörden gesetzt* sind, können (nach Ermessen) verlängert werden, evtl. auch rückwirkend (§ 109 AO).

Wenn jemand ohne Verschulden verhindert war, eine *gesetzliche* Frist (ausgenommen die Steuererklärungsfrist, insoweit gilt der speziellere § 109 AO) einzuhalten, so ist ihm auf Antrag *Wiedereinsetzung in den vorigen Stand* zu gewähren. Das Verschulden eines Vertreters ist dem Vertretenen zuzurechnen. Wegen Einzelheiten s. § 110 AO. Wegen Wiedereinsetzung, wenn der Verwaltungsakt nicht begründet oder der Steuerpflichtige nicht angehört worden war, s. § 126 III AO.

4. Handeln der Beteiligten nach Treu und Glauben

Literatur: *Eichhorn*, Vereinbarungen im Steuerrecht, VJSchrStFR Bd. 5 (1931), 153 ff.; *Maaßen*, Regelungen mit dem Finanzamt, Köln 1959; *H. Vogel,* Treu und Glauben im Steuer- und Zollrecht, Freiburg i. Br. 1960; *Tipke,* Bindung an Zusagen und Auskünfte, StuW 62, 696 ff.; *Kampmann,* Die Erteilung von Rechtsauskünften durch die Finanzämter, Stuttgart 1963; *Bunjes,* Die Bindung des Steuerpflichtigen an Treu und Glauben, Diss. Göttingen 1964; *Schick,* Vergleiche und sonstige Vereinbarungen zwischen Staat und Bürger im Steuerrecht, München 1967; *Monreal,* Auskünfte und Zusagen von Finanzbehörden, Berlin 1967; *Reifenrath,* Auskünfte und Zusagen im System des Verwaltungshandelns, Diss. Köln 1967; *Florig,* Die Bindung der Finanzverwaltung an Auskünfte und Zusagen, Diss. Würzburg 1968; *Hellmut Müller,* Bindung an Auskünfte und Zusagen der Finanzbehörden, Diss. Frankfurt 1973; *Ruppe,* Auskünfte und Zusagen durch Finanzbehörden, ÖStZ 79, 50; *J. A. Baur,* Auskünfte und Zusagen der Steuerbehörden an Private im schweizerischen Steuerrecht, Diss. Zürich 1979; *Jakob/Jüptner,* Steuerfragen der mittelbaren Parteienfinanzierung..., Stuttgart 1986, 175 ff.; *J. Thiel,* Vertrauensschutz im Besteuerungsverfahren, B 88, 1343 ff.; *Schick,* in: HHSp., AO[9], Vorb. vor § 204; Tipke/Kruse, AO[13], § 4 Tz. 49 ff. und Vor § 204.

4.1 Allgemein wird angenommen, daß der Grundsatz von Treu und Glauben auch im öffentlichen Recht, insb. auch im Steuerrecht, gelte. § 242 BGB soll einen allgemeinen, über das Schuldrecht des BGB hinausgreifenden Grundsatz enthalten.

Der Inhalt des Grundsatzes von Treu und Glauben ist schillernd: Vertrauensschutz, Arglistverbot, Rechtsmißbrauchsverbot, Verbot widersprüchlichen Verhaltens, Billigkeit und ausgleichende Gerechtigkeit werden mit dem Grundsatz in Verbindung gebracht. Dabei ist manches umstritten. Einigermaßen gesichert ist für das Steuerrecht der Satz: Treu und Glauben gebieten, daß im Steuerrechtsverhältnis jeder auf die berechtigten Belange des anderen Teils angemessen Rücksicht nimmt und sich mit seinem früheren Verhalten, auf das der andere vertraut und aufgrund dessen er in einer irreparablen Weise disponiert hat, nicht in Widerspruch setzt[25].

Der Grundsatz von Treu und Glauben betrifft ein konkretes Rechtsverhältnis, an dem eine bestimmte Behörde beteiligt ist. Er betrifft nicht behördenübergreifend den Staat als solchen[26]. Der Grundsatz von Treu und Glauben kann nur ein Mittel gegen punktuelle unbillige Auswirkungen sein, er darf nicht allgemein das Gesetz derogieren und Gefühlsjurisprudenz an die Stelle des Gesetzes setzen.

---

25 BFH BStBl. 89, 990.
26 BFH BStBl. 89, 990.

Der Grundsatz von Treu und Glauben kann Steuerschulden weder zur Entstehung noch zum Erlöschen bringen; er kann das Steuerschuldverhältnis aber modifizieren, er kann auch daran hindern, daß eine Forderung oder ein Recht geltend gemacht werden darf.

4.2 Eine Treu-und-Glauben-Bindung kann nach h. M. insb. durch Zusagen, aber auch durch *jedes* andere nachhaltige *Verhalten* ausgelöst werden, aus dem der Steuerpflichtige berechtigterweise Schlüsse gezogen und aufgrund dessen er disponiert hat. Die Art und die Form des Verhaltens – ob positives Tun oder Unterlassen, ob förmliches oder konkludentes Handeln – sind gleichgültig. Auch Schweigen oder Unterlassen kann einen Vertrauenstatbestand begründen, wenn Erklärungen oder Handlungen hätten erwartet werden können. Das Verhalten muß so *nachhaltig* sein, daß der andere Teil daraus vernünftigerweise *Schlüsse ziehen konnte* und auch tatsächlich gezogen hat. Er muß daraufhin ferner *Dispositionen* getroffen haben.

Eine besondere Rolle spielt der Grundsatz von Treu und Glauben auch im Bereich der *Verwirkung* (s. S. 683).

4.21 Die *Zusage* ist eine verbindliche (verpflichtende) Erklärung über ein bestimmtes zukünftiges rechtliches Verhalten; sie ist danach Verwaltungsakt (s. auch § 348 I Nr. 6 AO). Da die Bindung sich bereits aus der Verwaltungsaktqualität ergibt, bedarf es der Berufung auf Treu und Glauben allerdings nicht.

Beispiel: Das Finanzamt „verspricht" dem Steuerpflichtigen, es werde, wenn er den Sachverhalt, so wie geschildert, verwirkliche, eine Steuer von (nur) 5000 DM erheben, oder: es werde keine Steuer erheben (den Steuerpflichtigen von der Steuer freistellen).

In drei Fällen sieht das Gesetz Zusagen der Finanzbehörden vor:

a) *Zusage* (das Gesetz spricht pleonastisch von verbindlicher Zusage) *im Anschluß an eine Außenprüfung* über die künftige steuerrechtliche Behandlung eines geprüften, im Prüfungsbericht dargestellten Sachverhalts bei ausreichendem Interesse (§§ 204–207 AO);

b) Zusage der OFD über die Tarifstelle des Zolltarifs, zu der eine Ware gehört (§ 23 Zollgesetz; §§ 28–31 AZO: *„verbindliche Zolltarifauskunft"*);

c) Zusage darüber, ob und inwieweit im einzelnen Fall Vorschriften über die Lohnsteuer anzuwenden sind (§ 42e EStG; *Lohnsteueranrufungsauskunft)*[27].

Die Terminologie – verbindliche Zusage, verbindliche Auskunft, Auskunft – ist nicht einheitlich. Nach verwaltungsrechtlicher Terminologie ist die Zusage stets eine verbindliche Erklärung (die Verbindlichkeit ist dem Zusagebegriff immanent); hingegen ist die Auskunft eine unverbindliche Äußerung. Die Zusage ist einseitig, sie ist keine Vereinbarung.

Auch über die drei im Gesetz ausdrücklich geregelten Fälle hinaus *können* die Finanzämter nach ihrem Ermessen Zusagen erteilen. Diese Befugnis ist ein Annex zur Entscheidungsbefugnis[28]. Das Gesetz ist insoweit bewußt lückenhaft; es hat die Zusage nicht allgemein geregelt (s. auch S. 39 f.).

Die Finanzverwaltung hat durch BdF-Erlaß v. 24. 6. 1987, BStBl. I 87, 474, die „verbindliche Auskunft" (= Zusage) wie folgt geregelt: Sie kann auf schriftlichen Antrag bei besonderem steuerlichen Interesse gewährt werden. Der Antrag muß enthalten: die Darstellung eines ernsthaft geplanten Sachverhalts, die Darlegung des Rechtsproblems und die Formulierung konkreter Rechtsfragen. Über „Steuersparmodelle" und die Grenzen des Gestaltungsmißbrauchs werden „verbindliche Auskünfte" nicht erteilt[29].

---

[27] Dazu Kommentare zu § 42e EStG; *Schick*, in: HHSp., AO [9], Vor § 204 Rz. 96 ff.; Tipke/Kruse, AO [13], Vor § 204 Tz. 25 ff.; *J. Thiel*, B 88, 1345.

[28] *Schick*, in: HHSp., AO[9], Vor § 204 Rz. 7, 27; s. auch BFH BStBl. 81, 538; 83, 459.

[29] Dazu *J. Thiel*, B 88, 1346 ff.; *Kaligin*, DStZ 88, 367; *Rieckmann*, DStZ 88, 396 ff.

Außenprüfungsberichte und Schlußbesprechungsprotokolle enthalten i. d. R. keine Zusagen, es sei denn, es wird nach §§ 204 ff. AO verfahren.

Wenn die Finanzbehörde dem Steuerpflichtigen die Zusage macht, sie wolle einen bestimmten Sachverhalt, den der Steuerpflichtige zu realisieren beabsichtigt, in bestimmter Weise besteuern, so darf sie, wenn der Steuerpflichtige auf die Zusage vertraut und entsprechend disponiert hat, eine höhere als die „zugesagte Steuer" nicht geltend machen. Entsprechendes gilt, wenn die Freistellung von der Steuer zugesagt worden ist.

Da Zusagen unter der stillschweigenden Voraussetzung erteilt werden, daß der Steuerpflichtige sie zur Grundlage seiner Dispositionen mache, können Zusagen bis zur Disposition ohne weiteres zurückgenommen oder widerrufen werden.

Auf die Zurücknahme von allgemeinen Zusagen über Steuerfestsetzungen sind §§ 206, 207 AO entsprechend anwendbar (s. S. 716).

4.22 Im speziellen Fall der *Verwirkung* besteht das den Vertrauensschutz auslösende Verhalten in einem Unterlassen, in einem Untätigsein. Dauert dieses Verhalten so lange, daß der Steuerpflichtige den Umständen nach – aus seiner Sicht – den Schluß ziehen konnte, die Behörde werde von ihm nichts mehr verlangen, er brauche insb. mit der Geltendmachung eines Anspruchs nicht mehr zu rechnen, und hat er infolgedessen über Vermögen disponiert, so ist der Anspruch verwirkt; d. h., er kann nicht mehr geltend gemacht werden (obwohl er nicht erloschen ist).

Der zur Annahme einer Verwirkung nötige *Zeitablauf* hängt gänzlich von den Umständen des Einzelfalles ab. Die Verwirkung kann danach schon kurz nach der Entstehung des Anspruchs oder der Kenntnis des Gläubigers vom Anspruch eintreten, sie kann aber auch nahe an dem Termin liegen, zu dem die Verjährung eintritt. Dem Zeitablauf kommt, obwohl er nicht entbehrlich ist, keine selbständige Bedeutung zu. Das Signifikante, Essentielle des Verwirkungsgedankens ist die *Vertrauensschutz*-Idee. Ein Anspruch verwirkt nicht, weil eine bestimmte Zeit abgelaufen ist, sondern weil der Steuerpflichtige in Anbetracht des Zeitablaufs auf ein bestimmtes Behördenverhalten (das im Untätigbleiben während einer bestimmten Zeit besteht) vertraut und entsprechend disponiert hat. Hingegen kommt es bei der Verjährung nicht darauf an, in welchem Glauben sich der Steuerpflichtige hinsichtlich des geltend gemachten Anspruchs und seines Bestehens befunden hat. Die Verwirkung ist folglich kein Unterfall der Verjährung; sie ist keine Mini-Verjährung.

Da es auf die Sicht des Steuerpflichtigen ankommt, sind behördeninterne Angelegenheiten, ist insb. die Frage, ob die Behörde sich bewußt oder unbewußt, schuldhaft oder schuldlos untätig verhalten hat, irrelevant.

Auch im Falle der Verwirkung muß das Behördenverhalten ursächlich sein für Dispositionen des Steuerpflichtigen (bestr.), denn die Verwirkung ist ein Sonder- oder Unterfall des Treu- und Glaubens-Syndroms (s. oben 4.1; 4.2).

Inwieweit die Rechtsfolge der Verwirkung eintritt, wenn es um einen oder mehrere Ansprüche geht, hängt davon ab, worauf der Steuerpflichtige den Umständen nach vertrauen konnte und vertraut hat.

Dazu *K. Krämer,* Die Verwirkung von Rechten unter besonderer Berücksichtigung des Steuerrechts, Diss. Würzburg 1964; *Oswald,* StbJb. 1963/64, 512; *W. Jakob,* B 85, Beilage 8; *Menzel,* Grundfragen der Verwirkung, dargestellt insb. anhand des öffentlichen Rechts, Diss. Mainz 1987; *D. Carl,* DStZ 88, 529; Tipke/*Kruse,* AO [13], § 4 Tz. 67–69; BFH BStBl. 84, 780.

§ 22 Durchführung der Besteuerung

Literatur: Kommentare zur AO (§§ 78–107; §§ 111 ff.; §§ 129–133; §§ 134–154; §§ 155–190; §§ 193–208); *Tipke,* Ungleichmäßigkeit der Besteuerung, BB 86, 601 ff.; *Lambrecht,* Normative Bindung und Sachverhaltserfassung, DStJG Bd. 12 (1989), 79 ff.; *zur Rechtsvergleichung: Leon Yudkin,* A Legal Structure for Effective Income Tax Administration, Harvard Law School, International Tax Program, Cambridge Mass. 1971; *Kelley/Oldman* (Ed.), Readings on Income Tax Administration, Harvard Law School, International Tax Program, Mineola N. Y. 1973.

1. Einführung

Die Besteuerung geschieht in einem gesetzlich geordneten Verfahren. Das Verfahren besteht aus einer Kette von Handlungen, die der Feststellung der materiellen Wahrheit über den steuererheblichen Sachverhalt dienen. Dieser Sachverhalt ist die Grundlage für die Entscheidung über die steuerlichen Rechtsfolgen.

Folgende *rechtsstaatliche Kriterien* bestimmen das Verfahrensrecht:

a) Der Staatsbürger braucht bei der Sachaufklärung nur insoweit mitzuwirken, als dafür eine gesetzliche Grundlage besteht. Das Mitwirkungsverlangen ist ein Eingriff in die Handlungsfreiheit, die Art. 2 I GG prinzipiell schützt; sie darf nur im Rahmen der verfassungsmäßigen Ordnung beeinträchtigt werden, insbesondere durch verfassungsmäßige Gesetze; s. auch Art. 20 III GG.

Das Verfahren (nicht nur die Ermächtigung zu Eingriffsakten) bedarf gesetzlicher Regelung. Es ist die Idee des Rechtsstaates, nämlich der Rechtssicherheit, die Betätigung staatlicher Gewalt nicht nur an bestimmte Voraussetzungen zu knüpfen, sondern dem staatlichen Walten auch durch bestimmte gesetzliche Formen und Regeln eine möglichst bestimmte Ordnung zu geben.

b) Gesetzmäßige Verwaltung und Gewaltenteilung verlangen, daß gesetzliche Verfahrensermächtigungen an die Exekutive nach Inhalt, Zweck und Ausmaß so bestimmt gefaßt sind, daß die Eingriffsmöglichkeiten für den Staatsbürger voraussehbar sind. Unzulässig sind leerformelhafte Generalklauseln und Generalermächtigungen (s. BVerfGE 8, 325; 17, 306).

c) Die Verfahrensordnung muß gesetzmäßige, gleichmäßige Rechtsanwendung, d. h. effektive Sachaufklärung oder umfassende Kontrolle ermöglichen und dadurch durchgehende Befolgung des materiellen Rechts gewährleisten (Art. 3 GG). Die gesetzmäßige, gleichmäßige Anwendung des Steuerrechts ist Sache der Finanzbehörden als Behörden der zweiten Gewalt (Exekutive), nicht Sache von Parteien und Verbänden. Rechtsanwendung ist eine Angelegenheit der juristischen Methode (s. S. 89 ff.), kein Partei- oder Verbandspolitikum.

d) Die Verfahrenseingriffe dürfen nicht übermäßig sein, sie müssen erforderlich und verhältnismäßig sein.

e) Der Betroffene hat ein Recht auf Gehör (Argument aus Gleichheitssatz und Menschenwürde).

f) Die Verfahrensbeteiligten (§ 78 AO) haben das Recht, sich sachkundig vertreten zu lassen (§ 80 AO).

g) Absolute Grenzen der Wahrheitserforschungspflicht sind die Menschenwürde (Art. 1 GG), die körperliche Integrität (Art. 2 II 1 GG), das Postgeheimnis (Art. 10 GG) und der Schutz der Wohnung (Art. 13 GG)[1]. Eine schutzwürdige *finanzielle* Privat- oder Intimsphäre gibt

---

1 Zu den rechtsstaatlichen Kriterien des Besteuerungsverfahrens *Tipke,* Steuerliche Betriebsprüfung im Rechtsstaat, München 1968, insb. 26 ff.; *Sidow,* Die Vereinbarkeit der steuerlichen Mitwirkungspflichten mit dem Grundgesetz, Diss. Hamburg 1968; *F. Kopp,* Verfassungsrecht und Verwaltungsverfahrensrecht, München 1971.

es nicht. Auch Auskunftsverweigerungsrechte (s. §§ 101–106 AO) setzen der Aufklärungspflicht Grenzen.

h) Die von einem Verwaltungsakt Betroffenen haben das Recht, ein unabhängiges Gericht anzurufen (s. Art. 19 IV GG).

Die Finanzbehörde darf zur Erfüllung ihrer Sachaufklärungsaufgabe nicht Beliebiges tun, sondern nur von den im Gesetz enumerierten Befugnissen Gebrauch machen. Mit diesen Befugnissen korrespondieren Mitwirkungspflichten (Verfahrenspflichten, Verhaltenspflichten) des Steuerpflichtigen und Dritter bei der Sachaufklärung.

Das Verfahren und die einzelnen Pflichten bzw. Befugnisse sind nicht zusammenhängend, sondern in verschiedenen Abschnitten und Unterabschnitten geregelt. Neben dem allgemeinen Besteuerungsverfahren kennt die Abgabenordnung die speziellen Verfahren der Außenprüfung, der Steuerfahndung und der Steueraufsicht.

Die für alle Verfahren geltenden allgemeinen Vorschriften sind schon für sich auseinandergerissen: Besteuerungsgrundsätze, Beweismittel (§§ 85–107 AO), Rechts- und Amtshilfe (§§ 111–117 AO), allgemeine Mitwirkungspflichten (§§ 140–154 AO).

Erst im Anschluß an das Festsetzungs- und Feststellungsverfahren (§§ 155–192 AO) finden sich die speziellen Sachaufklärungsvorschriften: Außenprüfung (§§ 193–207 AO), Steuerfahndung (§ 208 AO), Steueraufsicht (§§ 209–217 AO).

2. Allgemeine Verfahrensvorschriften, Besteuerungsgrundsätze

Nach § 85 AO haben die Finanzbehörden die *Aufgabe,*

„die Steuern nach Maßgabe der Gesetze gleichmäßig festzusetzen und zu erheben. Insbesondere haben sie sicherzustellen, daß Steuern nicht verkürzt, zu Unrecht erhoben oder Steuererstattungen und Steuervergütungen nicht zu Unrecht gewährt oder versagt werden".

Die Notwendigkeit gesetzmäßiger, gleichmäßiger Steuerverwaltung ergibt sich primär aus dem Grundgesetz (s. S. 28 f., 49 ff., 53, 684).

Die Finanzbehörden sind prinzipiell nicht nur berechtigt, sondern auch verpflichtet („haben"), die gesetzlich geschuldeten Steuern „einzubringen" (Legalitätsprinzip, nicht Opportunitätsprinzip). BVerfGE 25, 216, 228 spricht von der Pflicht der Steuerbehörden zur Steuerfestsetzung und Steuerbeitreibung.

§ 86 Satz 1 AO, der § 22 VwVfG nachgebildet ist, läuft im Steuerrecht leer, da stets § 86 Satz 2 Nr. 1 AO zutrifft, wonach die Finanzbehörde – wie sich aus § 85 AO ergibt – von Amts wegen oder auf Antrag tätig werden *muß.*

Tatsächlich verfügt die Finanzverwaltung nicht über die persönlichen und sachlichen Mittel, um die durch § 85 AO gestellte Aufgabe voll zu erfüllen[2]. Die Finanzverwaltung hat jährlich viele Millionen Verwaltungsakte zu erlassen. Von Veranlagungssachbearbeitern eines Finanzamts erwartet man, daß sie pro Woche etwa 50 Steuerpflichtige zur Einkommensteuer, Gewerbesteuer und Umsatzsteuer veranlagen oder etwa 100 einfache Einkommensteuerfälle durch Steuerbescheide erledigen. Das kann nur mehr oder weniger oberflächlich geschehen. Daraus erklärt sich auch § 32 AO. *Isensee*[3] will daher die Intensität der Besteuerung dem ökonomischen Prinzip unterwerfen: Da die Verwaltung nicht selbst über ihre Kapazität bestimmen könne, müsse ihr eine Notkompetenz des Inhalts zugestanden werden, ihre Aufgabe mit der vorhandenen Kapazität bei größtmöglicher Nähe zum Gesetz möglichst ökonomisch zu erfüllen. Ähnlich *H.-W. Arndt*[4]: Bei zu geringer Verwaltungskapazität genüge vereinfachender Gesetzes-

---

2 Dazu Bundesrechnungshof, BT-Drucks. 11/872, 89 ff., 103.
3 *Isensee,* Die typisierende Verwaltung, Berlin 1976, insb. 155 ff., 188 ff.; s. auch schon *ders.,* StuW 73, 199 ff.
4 *H.-W. Arndt,* Praktikabilität und Effizienz, Köln 1983, 58 ff.

§ 22 Durchführung der Besteuerung

vollzug. Bei Vollzugsnotstand verletze vereinfachender Gesetzesvollzug nicht das Prinzip der Gesetzmäßigkeit der Besteuerung. Verfassung und Gesetz gäben den Verwaltungsbehörden bei Vollzugsnotstand eine Notkompetenz zu verkürzter Durchführung des Normprogramms. Dieser Auffassung kann nicht gefolgt werden. Gesetzmäßigkeit und Gleichmäßigkeit dienen dem Bürger. Sie sind grundrechtlich gesichert. Die Grundrechte sind verbindlich für *alle* staatlichen Gewalten. Sie sind prinzipiell unabdingbar; sie sind nicht deshalb abdingbar, weil die Verwaltung nicht selbst über ihre Kapazität bestimmen kann. Ein Gesetzgeber, der keine effektiven Anstrengungen unternimmt, zu einem systemhaften Steuerrecht zu kommen (das allein mit verhältnismäßigem Verwaltungsaufwand durchgeführt werden könnte), sondern den Weg der Systemlosigkeit und Überkompliziertheit immer weiter geht, kann keine Notkompetenz in Anspruch nehmen. An eine Notkompetenz hat auch der Gesetzgeber selbst nicht gedacht. Wenn er aus ökonomischen Gründen (Vereinfachungsgründen) auf Steuerbeträge verzichten will, so ordnet er das im materiellen Steuergesetz selbst an durch gesetzliche Typisierungen, Pauschalierungen, Freibeträge, Freigrenzen. Eine gewisse Vereinfachung ermöglicht § 156 AO. Andere Ermächtigungen existieren nicht, sieht man von §§ 163, 227 AO ab. Tatsächlich gilt das, was *John Stuart Mill* 1848 erkannt hat, auch heute noch: „The tax..., on whatever principle of equality it may be imposed, is in practice unequal in one of the worse ways, falling heaviest on the most conscientious"[5].

Die Gleichmäßigkeit der Besteuerung leidet aber nicht nur infolge Personalmangels. Auch Gesetze und Verwaltungsvorschriften behindern die Gleichmäßigkeit der Besteuerung. Die Intensität der Sachaufklärung schwankt zwischen nahezu voller Erfassung der Lohneinkünfte durch Quellenbesteuerung über die mehr oder minder dichte Kontrolle der Unternehmereinkünfte durch Außenprüfung bis hin zum bloßen Gewährenlassen von Zinsbeziehern und Rentnern. § 30a AO i. d. F. des Steuerreformgesetzes 1990 (BGBl. I 88, 1093, 1127) behindert eine effektive Besteuerung der Kapitaleinkünfte. Bei der Vermögensteuer werden Kapitalvermögen und privates bewegliches Sachvermögen nicht wirksam erfaßt[6].

Aus § 85 AO ergibt sich *nicht*, daß die Finanzbehörden „*ins Blaue hinein*" tätig werden müßten oder auch nur dürften. Das würde das Übermaßverbot verletzen. Die Finanzbehörden brauchen vielmehr *Anhaltspunkte*, die nach allgemeiner Behördenerfahrung die Annahme rechtfertigen, daß *möglicherweise* eine Steuerschuld entstanden ist. Bestehen solche Anhaltspunkte, so müssen die Finanzbehörden ihnen nachgehen.

Die Finanzbehörden sind allerdings nicht verpflichtet, den Sachverhalt auf alle möglichen Ausnahmen hin zu erforschen, wenn keine hinreichenden Anhaltspunkte dafür vorliegen. Die Finanzbehörden verletzen ihre Sachaufklärungspflicht aber, wenn sie Tatsachen oder Aufklärungsmittel außer acht lassen, die sich ihnen in Anbetracht der Umstände des Einzelfalles aufdrängen mußten, etwa weil sich einschlägige Hinweise aus den Akten ergeben[7]. Durch die Lückenhaftigkeit der Kontrolle wird die Bereitschaft zur Normbefolgung erheblich geschwächt, in gewissen Bereichen wird die „steuerrechtliche Selbstbestimmung" geduldet, die Steuer dadurch zu einer Art Spende.

Nach § 88 I AO haben die Finanzbehörden *den Sachverhalt von Amts wegen zu ermitteln (Untersuchungsgrundsatz)*.

Das heißt: Die Behörde trägt die Verantwortung für die Sachaufklärung; sie bestimmt Art und Umfang der Ermittlungen; an das Vorbringen und an die Beweisanträge der Beteiligten ist sie nicht gebunden (§ 88 I 2 AO). Gebunden sind die Finanzbehörden allerdings an gestaltende Verwaltungsakte anderer Behörden; sie können diese nicht nachprüfen[8].

---

5 *Mill*, Principles of Political Economy, book 5, chap. 3, sec. 5, London 1923.
6 Näheres bei *Tipke*, BB 86, 601 ff.
7. Näheres bei *Tipke*/Kruse, AO [13], §§ 85, 86; *Söhn*, in: HHSp., AO [9], §§ 85, 86, 88.
8 Dazu *R. Wagner*, Die Bindung der Finanzbehörden und Finanzgerichte an Entscheidungen anderer Behörden und Gerichte, Diss. Würzburg 1966; *Paulick*, StbJb. 1964/65, 351 ff.

Bei der Sachaufklärung haben die Finanzbehörden *alle* für den Einzelfall bedeutsamen, auch die für die Beteiligten *günstigen* Umstände zu berücksichtigen (§ 88 II AO); sie dürfen also nicht einseitig-fiskalisch verfahren.

Damit nach Möglichkeit niemand deshalb benachteiligt wird, weil er seine *verfahrens*rechtlichen Möglichkeiten nicht kennt, begründet § 89 AO eine gewisse *Fürsorge- oder Betreuungspflicht,* eine Pflicht zu Beratung und Auskunft über Verfahrensfragen.

3. Mitwirkungspflichten

Zur Erfüllung ihrer Aufgabe (s. § 85 AO) können oder müssen die Finanzbehörden sich der Mitwirkungspflichten der Steuerpflichtigen und anderer Beteiligter bedienen (s. allgemein § 90 AO).

Mitwirkungspflicht des Steuerpflichtigen = Pflicht zur Mitwirkung bei der Sicherung und Ermittlung des Sachverhalts, insb. durch vollständiges, wahrheitsgemäßes Offenlegen der steuerrelevanten Tatsachen und Angabe bekannter Beweismittel. Für steuerrelevante Vorgänge außerhalb der Bundesrepublik ist eine gesteigerte Mitwirkungspflicht vorgesehen, insb. eine Beweismittelvorsorge- und Beschaffungspflicht (§ 90 II AO)[9].

Die Aufforderung zur Mitwirkung ist Ermessens-Verwaltungsakt. Die Mitwirkung muß zur Aufklärung eines steuererheblichen Sachverhalts notwendig (auch geeignet), verhältnismäßig, erfüllbar und zumutbar sein (s. auch S. 690 f.). Die Aufforderung muß angeben, worin die Mitwirkung bestehen soll; sonst ist § 119 I AO verletzt.

Wird die Mitwirkungspflicht verletzt, so kann die Finanzbehörde *Zwangsmittel* anwenden (§§ 328 ff. AO); sie kann auch sogleich die Besteuerungsgrundlagen *schätzen* (§ 162 AO).

3.1 Mitwirkung bei Erfassung der Steuerpflichtigen

Die gleichmäßige Besteuerung verlangt, daß nach Möglichkeit *alle* potentiellen Steuerpflichtigen von den Steuerverwaltungsbehörden erfaßt werden. Die Behörden können sich dazu nicht auf die Abgabe von Steuererklärungen verlassen, sondern müssen sich auch auf Personenstands- und Betriebsaufnahmen sowie auf spezielle Anzeigepflichten stützen. Dabei müssen Steuerpflichtige und Dritte (Gemeinden, Grundstückseigentümer, Meldebehörden) mitwirken[10].

Personenstandsaufnahmen sind schon seit Jahrzehnten nicht mehr durchgeführt worden. Solange die Wirkungen der Datenschutzhysterie andauern, ist auch in Zukunft nicht damit zu rechnen – zum Nachteil der steuerehrlichen Bürger.

Obwohl auch Rentner Steuerschuldner sein können, sind sie nicht planmäßig erfaßt worden.

3.2 Beweisbeschaffungs- und Beweissicherungspflichten

Zur Beschaffung und Sicherung des Beweises, zur Abwendung des Beweisnotstandes ist folgendes vorgesehen:

3.21 Buchführungs- und Aufzeichnungspflichten: Bestimmte Steuerpflichtige haben Bücher und Aufzeichnungen zu führen. Zu unterscheiden sind:

a) *derivative* Buchführungspflicht (§ 140 AO);

---

[9] Dazu *A. Reuß,* Grenzen steuerlicher Mitwirkungspflichten. Dargestellt am Beispiel der erhöhten Mitwirkungspflicht des Steuerpflichtigen bei Auslandsbeziehungen, München 1979; *Wenzig,* Die Mitwirkungspflicht des Steuerpflichtigen und ihre Grenzen, DStZ 86, 375.
[10] §§ 134–139 AO.

§ 22 Durchführung der Besteuerung

b) *originäre* Buchführungspflicht für gewerbliche Unternehmen und Land- und Forstwirte bei Überschreiten einer bestimmten Umsatz-, Vermögens- oder Gewinngrenze (§ 141 AO).

Solche Gewerbetreibende, die nicht nach §§ 140, 141 AO buchführungspflichtig sind, müssen mindestens den Wareneingang und -ausgang aufzeichnen (§§ 143, 144 AO) und Aufzeichnungen für Umsatzsteuerzwecke machen (§ 22 UStG).

Freiberufler müssen Aufzeichnungen für Umsatzsteuerzwecke machen (s. § 22 UStG), sie sind nach der Abgabenordnung aber nicht verpflichtet, Bücher zu führen. Zur Vermeidung einer Schätzung müssen auch Freiberufler im Interesse einer Gewinnermittlung nach § 4 III EStG die (nicht privaten) Einnahmen und Ausgaben aufzeichnen.

Über den *Beginn* der originären Buchführungspflicht s. § 141 II AO.

§§ 145, 146 AO enthalten Vorschriften über die Beschaffenheit der Buchführung (der Aufzeichnungen). Die Finanzbehörden können in Härtefällen Erleichterungen bewilligen (§ 148 AO).

§ 147 AO ordnet für Bücher, Aufzeichnungen und andere beweiserhebliche Unterlagen eine *Aufbewahrungspflicht* von zehn bzw. sechs Jahren an.

Verletzung der Buchführungspflicht führt zur Schätzung (§ 162 AO).

3.22 Abgabe von Steuererklärungen[11]: Bestimmte Steuerpflichtige haben Steuererklärungen abzugeben.

Grund: Die Steuerpflichtigen kennen den Sachverhalt meist selbst am besten, da sie ihn in der Regel selbst verwirklicht haben oder haben verwirklichen lassen[12]. Die Steuererklärung verlangt allerdings nicht bloß Sachverhaltskenntnisse, sondern auch Rechtskenntnisse. Nicht gänzlich geklärt ist, ob Steuerpflichtige oder Steuerberater bei der Abgabe von Steuererklärungen von einschlägiger Rechtsprechung stillschweigend abweichen dürfen[13].

3.221 Kreis der Verpflichteten: Er ergibt sich aus den Einzelsteuergesetzen, auf die § 149 I 1 AO verweist; s. z. B. § 25 III EStG mit §§ 56, 60 EStDV; § 18 III UStG. Außerdem ist zur Abgabe einer Steuererklärung verpflichtet, wer von der Finanzbehörde zur Erklärungsabgabe aufgefordert wird (§ 149 I 2–4 AO). Die Finanzbehörde darf nur auffordern, wenn die Möglichkeit einer Steuerschuld besteht (Übermaßverbot!), s. S. 43.

3.222 Form, Inhalt, Frist: In der Regel ist die Erklärung auf amtlich vorgeschriebenem Vordruck abzugeben; Abgabe der Steuererklärung an Amtsstelle durch Erklärung zu Protokoll ist nur für Ausnahmefälle zugelassen (dazu §§ 150, 151 AO). Der Vordruck darf nur steuerrelevante Fragen enthalten (Übermaßverbot).

Die Angaben in den Steuererklärungen sind *wahrheitsgemäß* nach bestem Wissen und Gewissen zu machen (§ 150 II AO). Ein Ehegatte ist auch bei Zusammenveranlagung nicht für die Angaben verantwortlich, die den anderen Ehegatten betreffen[14].

---

11 Die ausführlichste Darstellung aller Probleme zur Steuererklärung gibt *Schick*, StuW 88, 301 ff. S. auch *Bos*, Die Steuererklärung im internationalen Vergleich – BR Deutschland, Großbritannien, USA, Kanada, Australien, Diss. Köln 1988 (Zusammenfassung in StuW 89, 267).
12 Dazu Fn. 9.
13 Dazu *Tipke*/Kruse, AO[13], § 150 Tz. 3; *K. Hanßen*, Steuerhinterziehung und leichtfertige Steuerverkürzung (§§ 370, 378 AO) durch Abweichen von der höchstrichterlichen Finanzrechtsprechung – insbesondere durch Steuerberater?, Frankfurt/M., Bern, New York, Nancy 1984.
14 *Tipke*/Kruse, AO[13], § 101 Tz. 2, § 149 Tz. 1, § 150 Tz. 10.

Soweit die Steuergesetze nichts anderes bestimmen, sind Steuererklärungen, die sich auf ein Kalenderjahr oder einen gesetzlich bestimmten Zeitpunkt beziehen, spätestens *fünf Monate danach* abzugeben[15]; eine Sonderregel gilt für Land- und Forstwirte (s. § 149 II AO).

Eine Steuererklärung, in der der Steuerpflichtige (auch) die Steuer selbst zu errechnen hat (z. B. § 18 I 1 UStG), heißt *Steueranmeldung* (§ 150 I 2 AO; s. auch §§ 167, 168 AO)[16].

Über Notwendigkeit der *Unterschrift* s. § 150 III AO (i. V. mit Vorschriften der Einzelsteuergesetze, z. B. § 25 III 4, 5 EStG; § 18 III 3 UStG). Nicht alle Steuererklärungen erfordern eine eigenhändige Unterschrift.

Über Beifügung von Bilanz, Gewinn- und Verlustrechnung und Prüfungsberichten s. § 60 EStDV.

3.23 Verspätungszuschlag[17]

Gegen den, der entgegen seiner Verpflichtung eine Steuererklärung nicht oder nicht fristgemäß abgibt, *kann* (Ermessen!) ein Verspätungszuschlag festgesetzt werden, es sei denn, daß die Versäumnis entschuldbar erscheint (§ 152 I AO).

Richtmaß für die Höhe des Zuschlags ist dessen Zweck: die Edukation zur künftigen pünktlichen Abgabe der Steuererklärung. Die zur Zweckerreichung erforderliche Zuschlagshöhe hängt danach ab von der Dauer der Fristüberschreitung, der Höhe des *Zahlungs*anspruchs (s. dazu etwa § 36 II EStG) und den aus der verspäteten Erklärung gezogenen Vorteilen, dem Grad des Verschuldens und der wirtschaftlichen Leistungsfähigkeit (§ 152 II 2 AO). Daß § 152 II 2 AO diese Gesichtspunkte *neben* dem Zweck des Verspätungszuschlags nennt, ist verfehlt. Um seinem Zweck gerecht zu werden, muß der Zuschlag die Dauer der Fristüberschreitung usw. berücksichtigen.

Zulässiger Höchstbetrag: 10 v. H. der *festgesetzten* Steuer oder des festgesetzten Meßbetrages, höchstens 10000 DM (§ 152 II 1 AO). Bei Steuererklärungen für gesondert festzustellende Besteuerungsgrundlagen sind die steuerlichen Auswirkungen zu schätzen (§ 152 IV AO). Vorauszahlungen werden nicht berücksichtigt; die Praxis rechnet bei der Umsatzsteuer aber die Vorsteuern ab.

Verspätungszuschläge dürfen nicht zuungunsten des Betroffenen korrigiert werden (s. S. 716)[18].

Der Verspätungszuschlag wird zwar regelmäßig *zusammen* mit der Steuer, dem Meßbetrag oder der gesondert festgestellten Besteuerungsgrundlage festgesetzt, die Festsetzung des Verspätungszuschlags ist gleichwohl *selbständiger Verwaltungsakt*.

3.24 Berichtigung unrichtiger Steuererklärungen

Wer *nachträglich,* aber vor Ablauf der Festsetzungsverjährungsfrist, erkennt, daß die abgegebene *Steuererklärung* unrichtig oder unvollständig ist und daß es dadurch zu einer Verkürzung der Steuern kommen kann oder gekommen ist, ist verpflichtet, dies anzuzeigen und die Erklärung zu *korrigieren* (Einzelheiten in § 153 I AO). Es muß sich um eine nachträgliche Erkenntnis handeln. § 153 I AO trifft nicht zu, wenn jemand von vornherein eine unzutreffende Steuererklärung abgeben und dadurch Steuern verkürzen wollte; er braucht sich nicht selbst einer strafbaren Handlung zu bezichti-

---

15 Die Neuregelung wurde ausgelöst aufgrund von BFH BStBl. 79, 167.
16 Zur Steueranmeldung *J. Martens,* StuW 71, 317.
17 Dazu *Mösbauer,* BB 82, 1294 ff.
18 S. auch *Pferdmenges,* DStZ 86, 394.

§ 22 Durchführung der Besteuerung

gen. Die Berichtigungspflicht trifft auch Gesamtrechtsnachfolger und gesetzliche Vertreter (§ 153 I 2 AO).

Über Anzeigepflichten, wenn sich bestimmte Besteuerungsgrundlagen nachträglich ändern, s. § 153 II, III AO.

3.3 Beweisbedürftigkeit, Beweismittel

Beweisbedürftig sind

- nur Tatsachen;
- jedoch nicht allgemein bekannte oder sog. amtskundige Tatsachen;
- nur relevante Tatsachen, nicht solche, auf die es unter keinem Gesichtspunkt ankommen kann; Indizien (mittelbare Tatsachen, Anhaltspunkte) sind relevant[19].

Beweisanträge der Beteiligten, die für die Sachaufklärung erheblich sind, darf die Behörde grundsätzlich nicht ablehnen[20].

Die Finanzbehörden bedienen sich der *Beweismittel,* die sie nach pflichtgemäßem Ermessen zur Ermittlung des Sachverhalts für erforderlich halten. Sie können insbesondere

- **schriftliche oder mündliche Auskünfte** jeder Art von den Beteiligten (§ 78 AO) oder anderen Personen (Dritten) **einholen** (§§ 92 Nr. 1, 93 AO). Beteiligte können aufgefordert werden, die Richtigkeit behaupteter Tatsachen an Eides Statt zu versichern (§ 95 AO), die eidesstattliche Versicherung kann jedoch nicht erzwungen werden (§ 95 VI AO). Andere Personen können – nur von einem Gericht – eidlich vernommen werden (§ 94 AO). In der Praxis spielen eidesstattliche Versicherung und Eid keine Rolle;
- **Sachverständige zuziehen** (§§ 92 Nr. 2, 96 AO), wenn eigene Sachkunde nicht ausreicht[21]; in der Praxis spielt die Zuziehung von Sachverständigen keine größere Rolle;
- **Urkunden und Akten beiziehen** (§§ 92 Nr. 3, 97 AO), insb. Bücher, Aufzeichnungen, Geschäftspapiere; das geschieht im allgemeinen nur im Außenprüfungsverfahren;
- **Augenschein einnehmen** (§§ 92 Nr. 4, 98 AO), insb. auch auf Grundstücken und in Räumen (§ 99 AO) und zur Feststellung der Beschaffenheit und des Werts von Wertsachen (§ 100 AO).

Die Aufzählung der Beweismittel ist *nicht abschließend* („insbesondere"). Nicht ausdrücklich genannt sind die sog. *Kontrollmitteilungen* (s. §§ 93a, 194 III AO) sowie die *Anzeige- und Mitteilungspflichten* verschiedener Stellen (§ 29 EStDV; §§ 33, 34 ErbStG mit §§ 5–14 ErbStDV; § 12 FeuerschutzStG; §§ 8, 9 KVStDV; § 18 GrEStG)[22].

Befugnismodalitäten: Die Finanzbehörden können die Beweismittel nicht frei (beliebig) auswählen. Allgemein gilt, daß jedes Verlangen zur Mitwirkung bei der Sachaufklärung erforderlich (notwendig), erfüllbar, verhältnismäßig und zumutbar sein muß.

Nicht erforderlich sind Mittel, die nicht geeignet sind, die Erfüllung der Aufgabe des § 85 AO zu fördern, oder die das erforderliche Maß überschreiten, weil auch ein weniger eingreifendes Mittel zur Sachaufklärung ausgereicht hätte. Von mehreren geeigneten Mitteln muß dasjenige ausgewählt werden, das den Betroffenen am wenigsten belästigt.

Nicht erfüllbar ist das Mitwirkungsverlangen, wenn die Auskunft aus eigenem Wissen nicht gegeben werden kann oder wenn Urkunden verlangt werden, über die der zur Mitwirkung Aufgeforderte selbst nicht verfügen kann. Der zur Mitwirkung Aufgeforderte braucht sich nicht bei Dritten zu informieren und Dritte nicht zur Herausgabe von Urkunden anzugehen.

---

19 *Tipke*/Kruse, AO [13], § 88 Tz. 5; *Söhn,* in: HHSp., AO [9], § 88 Rz. 11 ff.
20 *Tipke*/Kruse, AO [13], § 92 Tz. 5; *Söhn,* in: HHSp., AO [9], § 88 Rz. 44.
21 Dazu *Skouris,* Grundfragen des Sachverständigenbeweises in Verwaltungsverfahren und Verwaltungsprozeß, AöR Bd. 107 (1982), 215 ff.
22 Dazu *Tipke,* BB 86, 603 f.

Unverhältnismäßig ist ein Verlangen, das zwar an sich erforderlich ist, das für den Betroffenen aber Nachteile auslösen würde, die außer Verhältnis zum zu erwartenden steuerlichen Erfolg stehen (z. B. Existenzgefährdung einerseits, allenfalls geringe Mehrsteuer andererseits).
Unzumutbar ist ein Verlangen, das den Betroffenen in seiner Eigensphäre überfordert (z. B. durch Verletzung der Menschenwürde, insb. der Intimsphäre, von Persönlichkeitsrechten, überhaupt von Grundrechten i. S. des Grundgesetzes; Gefährdung der wirtschaftlichen Existenz[23]). S. auch den Fall des § 151 AO.

Im einzelnen soll nach der Regelung der Abgabenordnung im Interesse der Erforderlichkeit, der Verhältnismäßigkeit und der Zumutbarkeit folgende *Beweismittel-Abstufung* (Reihenfolge) beachtet werden:

– Die Vorlage von Büchern, Aufzeichnungen und Geschäftspapieren soll erst verlangt werden, wenn der Vorlagepflichtige eine Auskunft nicht erteilt hat, wenn die Auskunft unzureichend ist oder Bedenken gegen ihre Richtigkeit bestehen (§ 97 II 1 AO);
– andere Personen als die Beteiligten sollen erst dann zur Auskunft angehalten werden, wenn die Sachverhaltsaufklärung durch die Beteiligten nicht zum Ziel führt oder keinen Erfolg verspricht (§ 93 I 3 AO);
– eine Versicherung an Eides Statt soll nur gefordert werden, wenn andere Mittel zur Erforschung der Wahrheit nicht vorhanden sind, zu keinem Ergebnis geführt haben oder einen unverhältnismäßigen Aufwand erfordern (§ 95 I 2 AO)[24].

In der *Massenpraxis* der überlasteten Finanzämter spielen die Beweisvorschriften der Abgabenordnung nur eine untergeordnete Rolle. Die Notwendigkeit der Massenerledigung verlangt Schnellverfahren. Dabei wird oft, gegründet auf Erfahrung, typisiert und auf Beweismittel und Beweisangebote nicht eingegangen. Dritte Auskunftspersonen und Sachverständige pflegen nicht herangezogen zu werden. Urkunden spielen im Veranlagungsverfahren kaum eine Rolle. Sachverständige werden kaum je zugezogen. Versicherungen an Eides Statt und Eide werden kaum je abgenommen. Das wirksamste Mittel der Sachverhaltserfassung ist der Quellenabzug der Lohnsteuer (S. 398 f.). Relativ wirksam ist auch die Aufklärung durch die Außenprüfung.

Das deutsche Recht kennt nicht die Belohnung von Informanten („Denunzianten") und die Veröffentlichung der Namen von Steuerhinterziehern. Das Kontrollmitteilungswesen ist wenig ausgebaut.

3.4 Mitwirkungsverweigerungsrechte

Literatur: *Baetzgen,* Das Berufsgeheimnis der rechts- und steuerberatenden sowie der wirtschaftsprüfenden Berufe gegenüber den Steuerbehörden, Diss. Köln 1970; *W. Seiler,* Steueraufsicht und Chiffregeheimnis, Diss. München 1977; *Selmer,* Steuerrecht und Bankgeheimnis, Hamburg 1981; *Herrler,* Mitwirkung der Banken bei der Besteuerung von Bankkunden, Köln 1984.

3.41 Für *Beteiligte* ist in keinem Fall ein Mitwirkungsverweigerungsrecht vorgesehen. Sie können sich gegenüber der Finanzbehörde insb. auch nicht auf ein Bank-, Geschäfts- oder Betriebsgeheimnis berufen (Äquivalent ist das Steuergeheimnis!). Das Geschäfts- oder Betriebsgeheimnis kann jedoch im Rahmen des Ermessens (Unverhältnismäßigkeit, Unzumutbarkeit) berücksichtigt werden. Für Steuerpflichtige ist auch kein Auskunftsverweigerungsrecht wegen Gefahr der Strafverfolgung vorgesehen. Jedoch sind Zwangsmittel (§ 328 AO) gegen einen Steuerpflichtigen unzulässig, wenn er dadurch gezwungen würde, sich selbst wegen einer von ihm begange-

---

23 Dazu *J. Lücke,* Die (Un-)Zumutbarkeit als allgemeine Grenze öffentlich-rechtlicher Pflichten des Bürgers, Berlin 1973; *Reuß* (Fn. 9).
24 Zu weiteren Einzelheiten *Tipke*/Kruse, AO [13], § 93 Tz. 3, 4; § 95 Tz. 2; § 97 Tz. 5, 6; *Söhn,* in: HHSp., AO [9], § 88 Rz. 48 ff.

nen Steuerstraftat oder Steuerordnungswidrigkeit zu belasten; das gilt stets nach Eröffnung des Strafverfahrens (§ 393 I 2, 3 AO)[25].

3.42 Die Mitwirkung durch Auskunft, Gutachtenerstattung, Urkundenvorlage etc. (s. §§ 101 ff., 104 AO) können nur bestimmte *Nichtbeteiligte* oder *Beteiligte* verweigern, nämlich

- Angehörige (§ 101 AO)[26];
- bestimmte Berufsangehörige zum Schutz des Berufsgeheimnisses, nämlich
    - Geistliche (§ 102 I Nr. 1, II AO); nicht von praktischer Bedeutung;
    - Abgeordnete (§ 102 I Nr. 2, II AO);
    - rechtsberatende, steuerberatende und wirtschaftsprüfende Berufe, Ärzte, Apotheker und Hebammen sowie deren Gehilfen (§ 102 I Nr. 3, II AO); nicht Tierärzte (s. BVerfGE 38, 312, 323 f.); nicht Sozialpädagogen und psychotherapeutisch tätige Personen (s. BVerfGE 33, 367, 385).
    - Mitarbeiter von Presse und Rundfunk zum Schutze des Pressegeheimnisses; das Pressegeheimnis erstreckt sich nicht auf den Anzeigenteil (§ 102 I Nr. 4 AO)[27].

Das Berufsgeheimnis erstreckt sich auf das, was dem Berufsangehörigen in seiner Berufseigenschaft anvertraut oder sonst bekanntgeworden ist. Es besteht für rechtsberatende, steuerberatende und wirtschaftsprüfende Berufe sowie Heilberufe nicht, wenn der Berufsangehörige von der Verpflichtung zur Verschwiegenheit entbunden worden ist (§ 102 III AO). *Das Berufsgeheimnis gilt in eigener wie in fremder Sache.*

3.43 *Nichtbeteiligte* können die Mitwirkung ferner verweigern in bezug auf Fragen, deren Beantwortung sie selbst oder einen ihrer Angehörigen der Gefahr strafgerichtlicher Verfolgung oder eines Verfahrens nach dem Gesetz über Ordnungswidrigkeiten aussetzen würde (§ 103 AO)[28].

3.44 Diese Regelung ist abschließend. Auch Dritte können sich nicht auf Betriebs- oder Geschäftsgeheimnisse berufen. Obwohl die Abgabenordnung kein Bankgeheimnis kennt (s. auch § 105 I AO), hatte der sog. *Bankenerlaß* von 1949 i. d. F. von 1979 (BStBl. I 79, 590), eine Verwaltungsvorschrift, faktisch ein weitgehendes Bankgeheimnis eingeführt.

Der Bankenerlaß ist eine wesentliche Ursache dafür, daß in den letzten Jahrzehnten der weitaus überwiegende Teil der Zinsen nicht versteuert wurde (s. auch Bundesrechnungshof, BT-Drucks. 10/4367, 89-93). Die Zinsversteuerung war zu einer Angelegenheit relativ weniger Gesetzestreuer geworden. Der Bankenerlaß war zum Teil (Nrn. 1, 3, 5) rechtswidrig[29]. Er

---

25 Kritisch zu dieser Regelung *Rogall,* Der Beschuldigte als Beweismittel gegen sich selbst, Berlin 1977, 170 ff.; s. auch *Reiß,* NJW 77, 1436; *ders.,* Besteuerungsverfahren und Strafverfahren, Köln 1987, 140 ff.; *Tipke*/Kruse, AO [13], zu § 103 AO.
26 Zum Begriff § 15 AO; dazu *Schmieta,* Der Begriff der Angehörigen i. S. der Steuergesetze und des Art. 6 GG, Diss. Hamburg 1971.
27 Dazu *W. Seiler,* Steueraufsicht und Chiffregeheimnis, Diss. München 1977; s. auch BFH BStBl. 80, 699; BVerfGE 64, 108.
28 Dazu *Reiß,* Besteuerungsverfahren und Strafverfahren, Köln 1987, 51 ff.
29 *Tipke*/Kruse, AO[13], § 102 Tz. 6; *Söhn,* NJW 80, 1430; *Herrler,* Mitwirkung der Banken bei der Besteuerung von Bankkunden, Köln 1984 (Nrn. 1, 3, 4 rechtswidrig); a. A. *Selmer,* Steuerrecht und Bankgeheimnis, Hamburg 1981 (rechtmäßig); *L. Becker,* Der Bankenerlaß, Berlin 1983 (rechtmäßig); s. zum Problemkreis auch *Sichtermann/Feuerborn/Kirchherr/Terdenge,* Bankgeheimnis und Bankauskunft, Frankfurt/M. 1984, 276 ff. (mit rechtsvergleichendem Teil); ferner *H. Rehm,* StuW 84, 230 ff.; *Bilsdorfer,* DStR 84, 498 ff.; *Spindler,* B 87, 2536 ff.

verletzte auch den Gleichheitssatz[30]. Insgesamt setzte er die prophylaktische Wirkung von Aufklärungsbefugnissen fast ganz außer Kraft.

Da der Gesetzgeber befürchtete, die Finanzverwaltung könnte den Bankenerlaß aufheben, hat er dessen wesentlichen Inhalt durch § 30a AO i. d. F. des Steuerreformgesetzes 1990 (BGBl. I 88, 1093, 1127) legalisiert. Von besonderer Bedeutung ist § 30a II, III AO. Danach dürfen die Finanzbehörden von den Kreditinstituten keine einmalige oder periodische Mitteilung von Konten bestimmter Art oder bestimmter Höhe zum Zwecke der allgemeinen Überwachung verlangen. Außenprüfer dürfen anläßlich der Außenprüfung bei Banken keine Kontrollmitteilungen ausschreiben.

Die Fortführung dieser aus dem Bankenerlaß stammenden Regelungen ist um so unverständlicher, als der Gesetzgeber – um den Hinterziehern von Steuern auf Zinsen den Weg in die Steuerehrlichkeit zu erleichtern – das Gesetz über die strafbefreiende Erklärung von Einkünften aus Kapitalvermögen und von Kapitalvermögen v. 25. 7. 1988, BGBl. I 88, 1093, 1128, erlassen hat. Dieses Gesetz enthält eine von bestimmten Voraussetzungen abhängige Steueramnestie (§ 1) und einen Steuerverzicht für die Vergangenheit (bis einschließlich 1985; § 2) – s. dazu S. 780f. Die erklärte Absicht, die bisher Steuerunehrlichen in die Steuerehrlichkeit zurückzuführen, wird durch § 30a AO konterkariert. Er ermutigt die Steuerhinterzieher nämlich, sich weiterhin steuerunehrlich zu verhalten. U. E. ist § 30a AO, ist aber auch das Gesetz v. 25. 7. 1988, BGBl. I 88, 1093, 1128 verfassungswidrig. Verfahren vor dem Bundesverfassungsgericht sind anhängig[31].

3.45 Die Postbehörden müssen das Brief-, Post- und Fernmeldegeheimnis (garantiert durch Art. 10 GG) wahren (§ 105 II AO).

3.46 *Verwertungsverbot:* Entgegen einem Mitwirkungsverweigerungsrecht Aufgeklärtes darf in den Fällen der §§ 101, 102, 103, 104, 105 II AO nicht verwertet werden (s. S. 695 f.).

3.5 Regeln der Beweiswürdigung, Schätzung, Beweisverwertungsverbote, Beweislast

Literatur: *Ohlms,* Die Beweislast und die Verantwortung für die Aufklärung der Besteuerungsgrundlagen, Diss. Münster 1967; *Tipke,* In dubio pro fisco?, StKongrRep. 1967, 39ff.; *Birkenfeld,* Beweis und Beweiswürdigung im Steuerrecht, Diss. Köln 1973; *Reichel,* Die Schätzung der Besteuerungsgrundlagen, Heidelberg 1979; *Weber-Grellet,* In dubio pro quo?, StuW 81, 48; *Hartmann/Cortrie,* Beweiswürdigung und Beweislast im Besteuerungsverfahren, WPg 81, 165; *Tipke*/Kruse, AO [13], § 88 Tz. 8–12.

3.51 Beweiswürdigung[32]

Die erhobenen Beweise sind zu würdigen. Beweiswürdigung vor Beweiserhebung (sog. Vorwegnahme der Beweiswürdigung, dazu S. 755) ist unzulässig. Prinzipiell entscheidet die Steuerverwaltungsbehörde nach ihrer freien, aus dem Gesamtergebnis des Verfahrens gewonnenen Überzeugung (§ 96 I 1 FGO analog). Die sog. freie Beweiswürdigung bezieht sich nicht auf die Rechtsüberzeugung.

---

30 FG Bad.Württ. EFG 86, 451.
31 Zu § 30a AO: *Krabbe,* B 88, 1668, 1672ff.; *Tipke,* BB 89, 157ff.; *Neckels,* DStZ 89, 8ff.; *Tipke*/Kruse, AO [13], § 30a.
32 Dazu auch S. 754ff.

§ 22 Durchführung der Besteuerung

Besondere **Beweisarten** sind

a) Der *Indizienbeweis*.

Der Indizienbeweis besteht darin, daß aufgrund von mit Sicherheit erwiesenen Tatsachen (Hilfstatsachen, Indizien) mit Hilfe der Sach- und Fachkunde oder der Lebenserfahrung auf die unmittelbar rechtserheblichen Tatsachen geschlossen wird.

b) Der *Anscheinsbeweis* (prima-facie-Beweis).

Der Anscheinsbeweis kommt nur in Betracht bei typischen Geschehensabläufen. Er beruht auf der Erfahrung, daß gewisse typische Tatbestände bestimmte Folgen auslösen oder daß umgekehrt bestimmte Folgen auf einen typischen Geschehensablauf hindeuten. Es muß ein bestimmter Tatbestand feststehen, der typischerweise auf eine bestimmte Ursache oder eine bestimmte Folge hinweist. Der Erfahrungssatz muß sich nach Voraussetzungen und Folgerungen klar formulieren lassen. Bloße Berufung auf die einfache Lebenserfahrung genügt nicht.

c) Die *Typisierung* (typisierende Betrachtungsweise).

Durch Typisierung werden ungleiche Fälle gleich behandelt. Die Typisierung läßt den Einwand der Atypizität nicht zu; sie verstößt dadurch gegen den Gleichheitssatz. Die Typisierung läßt sich nur als Indizienbeweis oder als Anscheinsbeweis halten, soweit deren Grenzen nicht überschritten werden; in solchen Fällen ist der Begriff „Typisierung" indessen irreführend[33].

Besondere Beweisregeln *(Beweisvermutungen)* sind aufgestellt in

§ 158 AO:

Formell ordnungsmäßige Buchführung ist der Besteuerung zugrunde zu legen, soweit nach den Umständen des Einzelfalles kein Anlaß besteht, ihre sachliche Richtigkeit zu beanstanden.

§ 159 AO:

Rechte sind im Zweifel dem zuzurechnen, auf dessen Namen sie lauten, Sachen im Zweifel dem, der sie besitzt.

§ 161 AO:

Werden Fehlmengen festgestellt, so wird vermutet, daß insoweit eine Verbrauchsteuerschuld entstanden ist.

§§ 158, 159, 161 AO sind falsch plaziert.

Zum sog. **Schmiergeld-Paragraphen 160 AO** (Vorgänger: § 205a RAO): Nach dieser Vorschrift, die ebenfalls falsch plaziert ist, sind Schulden und andere Lasten, Betriebsausgaben, Werbungskosten und andere Ausgaben regelmäßig nicht zu berücksichtigen, wenn der Steuerpflichtige dem Verlangen der Finanzbehörde nicht nachkommt, die Gläubiger/Empfänger genau zu benennen[34].

Die Vorschrift erweckt den Eindruck einer Beweisregel zur Ermittlung der Steuer des Steuerpflichtigen, an den der Steuerbescheid gerichtet wird. Tatsächlich soll der Steuerpflichtige aber für eine fremde Steuerschuld einstehen, für eine Steuer, mit der der Fiskus bei einem Dritten ausfällt. Wirkt der Steuerpflichtige bei einem Geschäft mit, das erfahrungsgemäß im Gefolge hat, daß der Geschäftspartner seine Forderungen oder Einnahmen steuerlich nicht erfaßt, so gefährdet er durch seine Mitwirkung (z. B. an OR-Geschäften) die Realisierung des Steueranspruchs gegen den Geschäftspartner. § 160 AO begründet wegen dieser Mitwirkung verdeckt eine Art **Gefährdungshaftung** des Steuerpflichtigen, indem er – anstatt einen offenen, durch besonderen Haftungsbescheid geltend zu machenden Anspruch zu begründen – den Abzug der Schuld, Last oder Ausgabe unterbindet, wenn der Steuerpflichtige den Gläubiger/Empfänger nicht bezeichnet. § 160 AO ist danach keine Verfahrensvorschrift, sondern eine Vorschrift des materiellen Rechts, weil sie einen sachlichen Anspruch begründet.

§ 160 AO ist „regelmäßig" anzuwenden, nicht ausnahmslos. *Steht fest,* daß der Empfänger die Forderungen oder Einnahmen versteuert hat (der Steueranspruch also nicht gefährdet ist), ist

---

33 Dazu abw. *Isensee*, Verwaltungsraison gegen Verwaltungsrecht, StuW 73, 199.
34 Dazu *R. Claßen*, Besteuerung des Unrechts, Diss. Bonn 1981.

§ 160 AO nicht anzuwenden; Zweifel und Ungewißheiten gehen zu Lasten des Steuerpflichtigen. – Die Finanzbehörden dürfen von der Anwendung des § 160 AO auch absehen, wenn Exportgeschäfte im Importland nicht ohne Schmiergeldzahlungen durchführbar sind.

Das *Verlangen* nach Empfängerbenennung ist Verwaltungsakt (BFH BStBl. 81, 333; 83, 654; a. A. BFH BStBl. 86, 537).

Das Auskunftsverweigerungsrecht nach § 102 AO ist auch im Falle des § 160 AO zu beachten (§ 160 II AO).

3.52 Schätzung

a) Grundsätzlich wird auch im Steuerrecht ein Sachverhalt nur dann als erwiesen angesehen, wenn er mit an Sicherheit grenzender Wahrscheinlichkeit festgestellt werden kann (die Zweifel müssen schweigen).

Unter den Voraussetzungen des (falsch plazierten) § 162 AO kann jedoch die Besteuerungsgrundlage zugrunde gelegt werden, die die größte Wahrscheinlichkeit für sich hat (= Schätzung).

b) Die Schätzung ist nur *zulässig,* wenn
– sicheres Ermitteln und Berechnen von Natur aus nicht möglich sind, z. B. in Bewertungsangelegenheiten;
– der Steuerpflichtige Mitwirkungspflichten bei der Sachaufklärung verletzt hat, Beweisverderber ist.

c) Die Schätzung betrifft nur *Besteuerungsgrundlagen;* das sind Quantitäten, wie z. B. Gewinn, Umsatz, Vermögen, Gewerbeertrag. Nicht zu den Besteuerungsgrundlagen in diesem Sinne gehört der Grundsachverhalt, grundsätzlich auch nicht die Steuer selbst[35].

d) *Inhaltlich* heißt schätzen: Schlußfolgerungen ziehen aus Faktoren oder Indizien in der Weise, daß (in bezug auf eine Quantität) der Sachverhalt der größten Wahrscheinlichkeit zugrunde gelegt wird[36].

Über Arten und Methoden der Schätzung *Wittkowski,* Prüfungstechnik des Betriebsprüfers, Herne/Berlin 1987, 64ff., s. auch *Tipke*/Kruse, AO [13], § 162 Tz. 7, 8.

3.53 Beweisverwertungsverbote

Beweise, die unter Verstoß gegen Beweisverbote erhoben werden, dürfen nicht verwertet werden. Insoweit besteht ein Beweisverwertungsverbot. Die Lehre vom Beweisverwertungsverbot ist im Anschluß an § 136 a StPO vor allem im Strafprozeß entwickelt worden. Sie gilt aber auch im Steuerrecht. Es handelt sich um allgemeine Rechtsgrundsätze mit verfassungsrechtlicher Wurzel. Beweisverbote setzen der Beweiserhebung um jeden Preis im Interesse des Betroffenen eine Grenze; bloße Form- oder Ordnungsvorschriften enthalten keine solchen Verbote. Beweisverbote ergeben

---

35 Ausführlich *Tipke*/Kruse, AO [13], § 162 Tz. 2a; § 96 FGO Tz. 8; *Söhn,* in: HHSp., AO [9], § 88 Rz. 81.
36 Zu § 217 RAO *Mittelbach,* Die Schätzung im Besteuerungsverfahren, Ludwigshafen 1961; *Reichel,* Die Schätzung der Besteuerungsgrundlagen, Heidelberg 1979. Zum Rechtsvergleich: *Lapidoth,* The Use of Estimation for the Assessment of Taxable Business Income, Amsterdam 1977.

§ 22 Durchführung der Besteuerung

sich aber aus §§ 100 II, 101, 102, 103, 104, 105 II, 393 II 1 AO[37]. Der Bundesfinanzhof macht das Beweisverwertungsverbot davon abhängig, daß der Steuerpflichtige die rechtswidrige Beweisanordnung (soweit möglich) angefochten hat[38].

3.54 Beweislastregeln in Fällen der Beweislosigkeit[39]

Es gibt im Besteuerungsverfahren zwar prinzipiell[40] keine subjektive Beweislast (Beweisführungslast), wohl aber eine objektive Beweislast (Beweisfeststellungslast), denn es muß stets zu einer Entscheidung des Falles kommen. Die Regeln der objektiven Beweislast sind maßgeblich dafür, welche Seite die Folgen der Beweislosigkeit zu tragen hat. Solche Regeln wären allerdings überflüssig, wenn der Grundsachverhalt geschätzt werden dürfte (s. S. 695).

Weil eine Norm nur angewendet werden kann und darf, wenn die in ihr abstrakt formulierten Voraussetzungen im konkreten Fall vorliegen, kann die Norm nicht angewendet werden, wenn der Beamte sich nicht davon überzeugen kann, daß der die Norm erfüllende Sachverhalt mit an Sicherheit grenzender Wahrscheinlichkeit gegeben ist. Für steuerbegründende und steuererhöhende Tatsachen – dazu gehören auch Tatsachen, aus denen eine Steuerumgehung abgeleitet wird – hat die Beweislast (= trägt die Folgen der Beweislosigkeit) der Steuerberechtigte (vertreten durch die Finanzbehörde). Für steuermindernde (auch steuerbegünstigende) Tatsachen hat die Beweislast der Steuerpflichtige. Der Steuerpflichtige kann sich z. B. auf eine Steuerbefreiungsvorschrift nicht berufen, wenn trotz Erschöpfung der Beweismittel offenbleibt, ob die tatsächlichen Voraussetzungen der Steuerbefreiung vorliegen.

Die Behörde hat die Beweislast auch dafür, daß die tatsächlichen Voraussetzungen einer Norm erfüllt sind, die es zuläßt, daß eine Vergünstigung widerrufen wird, ferner dafür, daß die tatsächlichen Voraussetzungen für die Anwendung einer belastenden Berichtigungsvorschrift (z. B. § 173 I 1 Nr. 1 AO) vorliegen. Umgekehrt hat der Steuerpflichtige die Beweislast, wenn er einen Erstattungs- oder Vergütungsanspruch geltend macht, wenn er das Erlöschen des Anspruchs (etwa durch Aufrechnung, Verjährung, Billigkeitserlaß) geltend macht, wenn er einen begünstigenden Verwaltungsakt begehrt.

Die starre Anwendung dieser Regeln kann allerdings zu unbefriedigenden Ergebnissen führen[41]. Einer Anwendung der Beweislastregel bedarf es nicht, wenn es sich darum handelt, daß aus der Verletzung der Mitwirkungspflicht durch Beweiswürdigung Schlüsse gegen den Steuerpflichtigen gezogen werden können.

---

37 Näheres bei *Tipke*/Kruse, AO [13], § 88 Tz. 7; *Söhn*, in: HHSp., AO [9], § 88 Rz. 108 ff.; *Rüping*, Beweisverbote als Schranken der Aufklärung im Steuerrecht, Köln 1981; *Eberle*, Zum Verwertungsverbot für rechtswidrig erlangte Informationen im Verwaltungsverfahren, in: Gedächtnisschrift für W. Martens, Berlin/New York 1987, 351 ff.
38 BFH BStBl. 75, 232; 79, 704; 84, 285; 88, 165; 88, 183.
39 Näheres bei *Tipke*/Kruse, AO [13], § 88 Tz. 11; § 96 FGO Tz. 17; *Söhn*, in: HHSp., AO [9], § 88 Rz. 151 ff.; *Weber-Grellet*, StuW 81, 48; *J. Martens*, StuW 81, 322; *Hartmann*, WPg 81, 165; *Herter*, B 85, 1311.
40 Ausnahmen finden sich in den Einzelsteuergesetzen (Beispiele: §§ 4 V Nr. 2 Satz 1; 10 c I, II EStG; §§ 4 Nr. 3 b Satz 3, 6 IV 1, 7 IV 1, 8 III 1, 25 II 3 UStG).
41 S. insb. *J. Martens* (Fn. 39); *Tipke*/Kruse, AO/FGO [13], § 96 FGO Tz. 17.

3.6 Recht auf Gehör

Für das Besteuerungsverfahren gewährt § 91 AO ein Recht auf Gehör, allerdings nur ein Minimalrecht. Ein umfassendes Recht auf Gehör ist nur für das Gerichtsverfahren verbürgt, und zwar durch Art. 103 I GG. Hinzuweisen ist im übrigen auf §§ 126 I Nr. 3, II; 127 AO.

Nach § 91 I AO besteht das Recht auf Gehör darin, daß ein Beteiligter Gelegenheit haben *soll*, sich zu den entscheidungserheblichen Tatsachen zu äußern, bevor ein nicht begünstigender Verwaltungsakt gegen ihn erlassen wird. Dies gilt insb. auch, wenn von dem in der Steuererklärung erklärten Sachverhalt zuungunsten des Steuerpflichtigen wesentlich abgewichen werden soll. Ein Anspruch, sich zu Rechtsfragen äußern zu können, besteht nicht. § 91 II, III AO enthält eine Reihe von Durchbrechungen.

Akteneinsicht sieht § 91 AO nicht vor.

4. Besondere Verfahren der Sachaufklärung

Besondere Verfahren der Sachaufklärung – zur Erfüllung der Aufgabe des § 85 AO – sind Außenprüfung (§§ 193–207 AO), Steuerfahndung (§ 208 AO) und Steueraufsicht in Zoll- und Verbrauchsteuersachen (§§ 209–217 AO).
Durch diese besonderen Verfahren haben die Finanzbehörden die Möglichkeit, das wenig effektive Verfahren „am grünen Tisch" des Amtszimmers an Ort und Stelle zu komplettieren. Die Steuerfahndung wird zur Erforschung von Steuerstraftaten und Steuerordnungswidrigkeiten sowie zur Aufdeckung unbekannter Steuerfälle eingesetzt.

4.1 Außenprüfung

Literatur: *Tipke,* Betriebsprüfung im Rechtsstaat, München 1968; *Garny,* Neuordnung der Außenprüfung in der Abgabenordnungsreform..., Diss. Darmstadt 1973; *Frotscher,* Die steuerliche Außenprüfung [2], Heidelberg 1980; *Schröder/Muuss,* Handbuch der steuerlichen Betriebsprüfung, Loseblattkommentar, Berlin ab 1977; *Wenzig,* Aufsatzreihe StBp. 81, 73, 117, 193, 241 und StBp. 82, 1, 49, 99; *ders.,* B 82, Beilage 17; *Schick,* Außen-(Betriebs-)prüfung, Effizienz und Rechtsstaat, BB 86, 137 ff.; *Streck,* Die Außenprüfung, Köln 1986; *Tipke/*Kruse, AO [13], zu §§ 193 ff.; ausführlichste Kommentierung von *Schick,* in: HHSp., AO [9], zu §§ 193 ff.

Grundlagen: Außer §§ 193 ff. AO sind zu beachten: Allg. Verwaltungsvorschrift für die Betriebsprüfung – Betriebsprüfungsordnung BpO – v. 17. 12. 1987, BStBl. I 87, 802. Soweit nicht die Spezialvorschriften der §§ 193 ff. AO zutreffen, gelten §§ 86 ff. AO.

4.11 *Prüfung nach Auswahlermessen:* Die Außenprüfung ist ein Akt des Auswahlermessens der Behörde (BVerfGE 16, 124, 128). Der Steuerpflichtige hat keinen Anspruch auf Prüfung. Die Finanzbehörde muß sich bei der Auswahl indessen vom Gesichtspunkt gesetzmäßiger, gleichmäßiger Besteuerung leiten lassen. Die Ablehnung einer Außenprüfung mit der Begründung, die Prüfung werde voraussichtlich nicht zu Steuernachforderungen, sondern zu Steuererstattungen führen, wäre wegen §§ 85, 88 II, 199 I AO ermessensfehlerhaft, da nicht aufgabenkonform. Zum einen sind solche Steuerpflichtigen zu prüfen, bei denen nach der Erfahrung der Finanzverwaltung anzunehmen ist, daß Ist und Soll nicht unerheblich auseinanderfallen. Aber auch unabhängig davon sollte es Stichprobenprüfungen geben, damit kein Steuerpflichtiger sicher sein kann, er werde niemals geprüft und könne die Steuer folglich als Spende betrachten[42].

---

42 Zur Ausübung des Auswahlermessens zuletzt *J. Thiel,* StuW 86, 1 ff.

§ 22 Durchführung der Besteuerung

Die Finanzverwaltung hat die Betriebe in Größenklassen (Großbetriebe, Mittelbetriebe, Kleinbetriebe, Kleinstbetriebe) eingeteilt (BStBl. I 84, 502). Die Prüfungsfrequenz nimmt mit der Größenklasse ab. Die Frequenz ist von Land zu Land verschieden. 1984 betrugen die Prüfungsabstände bei Großbetrieben zwischen 3,1 und 6,2 Jahren, bei Mittelbetrieben zwischen 5,2 und 13,0 Jahren, bei Kleinbetrieben zwischen 9,1 und 31,9 Jahren, bei Kleinstbetrieben zwischen 28,0 und 144,9 Jahren[43].

4.12 *Prüfungsvoraussetzungen:* Außenprüfungen sind *nicht* davon abhängig,
- daß der Verdacht einer Steuerstraftat oder einer Steuerordnungswidrigkeit besteht,
- daß eine Steuererklärung abgegeben worden ist,
- daß Bescheide vorliegen, die unter Vorbehalt der Nachprüfung ergangen sind.

Außenprüfungen sind unzulässig,
- wenn ihre Ergebnisse unter keinen Umständen für die Besteuerung erheblich sein können oder für die Besteuerung verwertet werden dürfen; eine solche Prüfung würde gegen das Übermaßverbot verstoßen; in der Regel darf die Verwertung auf § 164 II AO oder auf § 173 AO gestützt werden,
- insbesondere wenn feststeht, daß der Steueranspruch, der geprüft werden soll, bereits festsetzungsverjährt ist (s. §§ 169 ff. AO; dazu besonders § 171 IV AO),
- wenn die Steueransprüche bereits durch Außenprüfung überprüft worden sind und keine Steuerhinterziehung oder leichtfertige Steuerverkürzung vorliegt (s. § 173 II AO).

4.13 *Prüfungssubjekte* sind „Steuerpflichtige", gemeint sind potentielle Steuerschuldner. § 193 AO unterscheidet:

a) Unternehmer – Gewerbetreibende, Land- und Forstwirte, Freiberufler und Steuerentrichtungspflichtige[44] (§ 193 I, II Nr. 1 AO). Sie dürfen ohne jede Voraussetzung geprüft werden; die Prüfungsbedürftigkeit wird unwiderleglich vermutet. Die Finanzverwaltung bezeichnet die Außenprüfung bei Unternehmern (§ 193 I AO) als *Betriebsprüfung.*

b) Andere Steuerpflichtige unter der Voraussetzung, daß für die Besteuerung erhebliche Verhältnisse der Nachprüfung bedürfen und eine Prüfung an Amtsstelle nach Art und Umfang des zu prüfenden Sachverhaltes nicht zweckmäßig ist (§ 193 II Nr. 2 AO). Konkrete Anhaltspunkte sind nicht nötig. Es genügt, daß die Finanzbehörde aufgrund ihrer allgemeinen Erfahrungen eine Prüfung für notwendig oder zweckmäßig hält.

§ 194 AO ist zwar mit „Sachlicher Umfang einer Außenprüfung" überschrieben, da die Vorschrift aber nicht exakt zwischen Prüfungsobjekt und Prüfungssubjekt trennt, ist sie mit zu beachten, wenn es um die Beantwortung der Frage geht, welche Personen Prüfungssubjekt sein können.

4.14 *Prüfungsaufgabe und Prüfungsinhalt:* Der Außenprüfer hat die tatsächlich und rechtlich relevanten Verhältnisse zugunsten wie zuungunsten des Steuerpflichtigen zu prüfen (§§ 194 I 1, 199 I AO; entspricht den allgemeinen §§ 85, 88 AO). Eine Totalprüfung ist nicht erforderlich.

---

43 Nach Bundesrechnungshof, BT-Drucks. 10/2223, 111 ff.
44 Dazu S. 122.

Außenprüfung

Die Außenprüfung kann eine oder mehrere Steuerarten, einen oder mehrere Besteuerungszeiträume umfassen oder sich auf bestimmte ausgrenzbare Sachverhalte aus einem Steuerabschnitt beschränken (§ 194 I 2 AO). § 203 I AO läßt u. U. auch eine *abgekürzte*, sich auf die *wesentlichen* Besteuerungsgrundlagen beschränkende Prüfung zu.

Die Außenprüfung bei einer Personengesellschaft umfaßt auch die steuerlichen Verhältnisse der *Gesellschafter* insoweit, als diese Verhältnisse für die zu überprüfenden einheitlichen Feststellungen (§§ 179, 180 AO) von Bedeutung sind (§ 194 I 3 AO). Die steuerlichen Verhältnisse von Gesellschaftern und Mitgliedern sowie von Mitgliedern der Überwachungsorgane (insb. Aufsichtsratsmitgliedern) können überhaupt in die bei einer Gesellschaft durchgeführte Außenprüfung einbezogen werden, wenn es im Einzelfall zweckmäßig ist (§ 194 II AO).

Im Zusammenhang mit der Prüfung der Steuerentrichtungspflicht können auch die Verhältnisse derjenigen geprüft werden, auf die sich die Entrichtungspflicht bezieht (§ 194 I 4 AO: Lohnsteuerprüfung, Kapitalertragsteuerprüfung).

Hauptprüfungsgegenstände: Ordnungsmäßigkeit der Buchführung; Abgrenzung der Betriebsvon der Privatsphäre; Grundstückskäufe und -verkäufe; Nutzungsänderungen bei Grundstücken; Gesellschaftsverhältnisse; Beteiligungen/Wertpapiere; Betriebsveräußerungen/-aufgaben; Vorsteuerabzug; Auslandsbeziehungen; Investitionsförderung; Vorgänge, die zu endgültigen Steuerausfällen oder nicht unbedeutenden Gewinnverlagerungen führen.

Die meisten Außenprüfungen führen zu Steuernachforderungen[45].

Werden anläßlich einer Außenprüfung Verhältnisse dritter Personen festgestellt, die steuerlich relevant sein können, so ist deren Auswertung – durch *Kontrollmitteilung* (Kontrollinformation) – zulässig (§ 194 III AO). Kontrollmitteilungen sind auch zur Feststellung unerlaubter Hilfe in Steuersachen zugelassen (§ 194 III AO). Sie setzen keinen konkreten Verdacht der Steuerverkürzung voraus[46]. Kontrollmitteilungen sind keine Verwaltungsakte. Mitwirkungsverweigerungsrechte (§§ 101 ff. AO) sind zu beachten. Bei Außenprüfungen in *Kreditinstituten* dürfen keine Kontrollmitteilungen über Guthabenkonten oder Depots von Bankkunden ausgeschrieben werden (s. § 30a III AO).

4.15 *Prüfungsanordnung:* Der Steuerpflichtige, bei dem eine Außenprüfung stattfinden soll (das Prüfungssubjekt), und der persönliche, sachliche und zeitliche Prüfungsumfang werden durch schriftliche *Prüfungsanordnung* bestimmt. Die Angabe des Umfangs der Prüfung ist wichtig wegen §§ 164 III 3, 171 IV 1, 173 II, 200, 371 II Nr. 1 a AO. Die zeitliche Ausdehnung der Prüfung ist eine selbständige Prüfungsanordnung.

Die Prüfungsanordnung ist *Verwaltungsakt*. Daher müssen insbesondere die §§ 119, 121, 122, 124, 126 AO beachtet werden.

Die Prüfungsanordnung muß hinreichend bestimmt sein (§ 119 I AO). Eine auf § 193 I AO gestützte Prüfungsanordnung braucht nicht besonders *begründet* zu werden, es genügt ein Hinweis auf § 193 I AO, da ein Fall des § 121 II Nr. 2 AO vorliegt. Wird die Prüfungsanordnung auf § 193 II Nr. 2 AO gestützt, so muß in der Prüfungsanordnung auf den Anlaß der Aufklärungsbedürftigkeit hingewiesen werden[47].

Die Prüfungsanordnung ist mit einer Rechtsbehelfsbelehrung zu versehen.

Die Prüfungsanordnung ist dem Betroffenen grundsätzlich *angemessene Zeit vor Prüfungsbeginn bekanntzugeben* (s. §§ 196, 197 I AO). Werden wichtige Gründe glaubhaft gemacht – etwa Krankheit –, so ist der Prüfungsbeginn i.d.R. zu verschieben (§ 197

---

45 Dazu *U. Sommer,* Risiken und mögliche Abwehrmaßnahmen bei steuerlichen Außenprüfungen, Diss. rer. pol. Köln, Gelsenkirchen 1983.
46 Dazu abw. *Pauly,* BB 86, 1130, 1133.
47 Dazu BFH BStBl. 86, 435; 87, 664; 88, 233 f.; 88, 413; 89, 180; 89, 483.

§ 22 Durchführung der Besteuerung

II AO). Die Anordnungen des Beginns und des Ortes der Prüfung sind nicht Bestandteile der Prüfungsanordnung, sondern selbständige Verwaltungsakte.

Gegen die Prüfungsanordnung (auch gegen ihre Erweiterung) sowie gegen die Festsetzung von Prüfungszeit und -ort ist die *Beschwerde* gegeben (§ 349 I AO)[48].

Trotz eingelegter Beschwerde darf die Prüfung durchgeführt werden, wenn der Steuerpflichtige keine *Aussetzung der Vollziehung* (§ 361 AO) erreicht.

4.16 *Prüfungsablauf:* Der Prüfer hat sich bei Erscheinen zur Prüfung unverzüglich *auszuweisen* und den Prüfungsbeginn (Datum, Uhrzeit) *aktenkundig zu machen* (§ 198 AO), weil der Prüfungsbeginn den Ablauf der Festsetzungsverjährungsfrist hemmt (§ 171 IV AO) und die Selbstanzeigemöglichkeit abschneidet (§ 371 II Nr. 1 a AO). Allerdings kommt es nach § 371 II Nr. 1 a AO auf das Erscheinen des Prüfers an, nicht auf den Prüfungsbeginn. Die Zeitpunkte fallen jedoch nicht erheblich auseinander.

Die Außenprüfung findet *während der üblichen Geschäfts- oder Arbeitsstunden* in den *Geschäftsräumen,* evtl. in den Wohnräumen[49] oder an Amtsstelle statt. Dem Prüfer ist ein geeigneter Raum als Arbeitsplatz zur Verfügung zu stellen (§ 200 II, III 1 AO).

Der Prüfer darf Grundstücke und *Betriebs*räume betreten und besichtigen; dabei soll der Betriebsinhaber oder sein Beauftragter hinzugezogen werden (§ 200 III AO). Wohnräume dürfen nicht betreten werden (s. auch § 99 I 3 AO). Der Steuerpflichtige hat bei der Sachaufklärung mitzuwirken, insb. Bücher, Aufzeichnungen und andere Unterlagen vorzulegen und die zum Verständnis der Unterlagen erforderlichen Erläuterungen selbst oder durch eine von ihm benannte Person zu geben. § 97 II 1 AO gilt nicht. Nur unter bestimmten Voraussetzungen kann der Prüfer auch Betriebsangehörige hören (§ 200 I AO als Spezialvorschrift zu § 90 AO). Dadurch soll verhindert werden, daß Betriebsangehörige hinter dem Rücken des Inhabers „ausgefragt", „ausspioniert" werden.

Jedes konkrete, die Sachaufklärung bezweckende Mitwirkungsverlangen (z. B. Auskunftsverlangen, Verlangen der Vorlage einer Urkunde) ist anfechtbarer (§ 349 AO), erzwingbarer (§§ 328 ff. AO) Verwaltungsakt.

Die Außenprüfung dient, anders als die Steuerfahndung, nicht hauptsächlich dem Zweck, Steuerstraftaten zu ermitteln. Gleichwohl kommt es nicht selten vor, daß der Prüfer solche Straftaten (oder Ordnungswidrigkeiten) aufdeckt. Er darf die Ermittlungen dann nur fortsetzen, nachdem er den Steuerpflichtigen darüber belehrt hat, daß seine Mitwirkung nicht mehr erzwungen werden kann (s. § 393 I 2 AO)[50].

Über *Prüfungstechnik Wittkowski,* Prüfungstechnik des Betriebsprüfers, Herne/Berlin 1987.

Recht auf Gehör: Der Steuerpflichtige ist schon während der Prüfung – laufend – über die festgestellten Sachverhalte und die möglichen steuerlichen Auswirkungen zu unterrichten, wenn dadurch Zweck und Ablauf der Prüfung nicht beeinträchtigt werden (§ 199 II AO). Im übrigen ist über das Ergebnis der Prüfung eine *Schlußbesprechung* abzuhalten, es sei denn, daß sich nach dem Ergebnis der Prüfung keine Änderung der Besteuerungsgrundlagen ergibt oder daß der Steuerpflichtige auf die Besprechung verzichtet. Gegen die Ablehnung der Schlußbesprechung ist die Be-

---

48 Über häufige Fehler in Prüfungsanordnungen *Rößler,* BB 81, 1765.
49 Zur verfassungskonformen Auslegung unter dem Aspekt des Art. 13 III GG: FG Rheinland-Pfalz EFG 80, 11; dazu *Rößler,* StBp 80, 269.
50 Dazu §§ 9, 10 BpO.

schwerde (§ 349 I AO) gegeben. Bei der Schlußbesprechung sind insb. strittige Sachverhalte sowie die rechtliche Beurteilung der Prüfungsfeststellungen und die steuerlichen Auswirkungen zu erörtern (§ 201 I AO).

Über das Ergebnis der Außenprüfung ergeht ein schriftlicher *Prüfungsbericht* mit der Darstellung der steuerrelevanten Prüfungsfeststellungen und der Änderung der Besteuerungsgrundlagen. Führt die Prüfung nicht zu steuerlichen Änderungen, so genügt es, wenn dies dem Steuerpflichtigen mitgeteilt wird. Auf Antrag hat die Finanzbehörde den Prüfungsbericht *vor* Auswertung zu übersenden und dem Steuerpflichtigen Gelegenheit zur Stellungnahme zu geben (§ 202 II AO).

Eine Abweichung gilt für die abgekürzte Prüfung (§ 203 II 3 AO).

Schlußbesprechung und Prüfungsbericht sind *keine* Verwaltungsakte.

4.17 *Verwertung der Prüfungsfeststellungen, Verwertungsverbot:* Der Prüfungsbericht ist die Grundlage für die Änderung von Bescheiden. Ob aufgrund von Prüfungsfeststellungen Steuerbescheide oder Grundlagenbescheide korrigiert werden dürfen, ist eine Frage der Bestandskraft (§§ 164, 172 ff. AO). Besonders zu beachten sind §§ 164 III 3; 173 II AO.

Durfte der Steuerpflichtige gar nicht geprüft werden, weil Voraussetzungen der §§ 193, 194 AO nicht vorlagen, war die Prüfungsanordnung aus formellen Gründen rechtswidrig oder wurde ohne Prüfungsanordnung geprüft, beruhen Prüfungsfeststellungen auf einem rechtswidrigen Mitwirkungsverlangen oder sind sie unter Verstoß gegen §§ 393 I 4; 397 III i. V. mit 397 I AO zustande gekommen, so fragt sich, ob die Prüfungsfeststellungen *verwertet* werden dürfen.

Eine verbreitete Meinung nimmt an, Prüfungsfeststellungen dürften nicht verwertet werden, wenn keine Prüfungsanordnung vorlag, wenn die Anordnung nichtig war oder von der Behörde/dem Gericht aufgehoben wurde. Solange die Prüfungsanordnung zwar rechtswidrig war, aber nicht angefochten oder nicht aufgehoben wurde (s. auch § 124 II AO), sollen die Prüfungsfeststellungen nach h. M. verwertet werden dürfen[51]. U. E. muß man weiter differenzieren: Enthielt die Prüfungsanordnung nur Form- oder Verfahrensfehler i. S. der §§ 126, 127 AO, so dürfen die Feststellungen verwertet werden, die Prüfung muß nicht etwa nach Ergehen einer formell ordnungsmäßigen Prüfungsanordnung wiederholt werden. Hingegen ist ein Verwertungsverbot anzunehmen, wenn und soweit die Prüfungsanordnung gegen §§ 193, 194 AO verstieß und deswegen aufgehoben wurde[52].

4.18 *Zusage aufgrund einer Außenprüfung:* Im Anschluß an eine Außenprüfung kann die Finanzbehörde dem Steuerpflichtigen auf Antrag zusagen, wie ein (für die Vergangenheit geprüfter) im Prüfungsbericht dargestellter Sachverhalt in Zukunft steuerrechtlich behandelt werden wird; Voraussetzung ist, daß die Kenntnis der künftigen steuerrechtlichen Behandlung für die geschäftlichen Dispositionen des Steuerpflichtigen von Bedeutung ist (s. §§ 204–207 AO)[53].

---

51 BFH BStBl. 75, 232; 79, 704; 84, 285; 86, 435.
52 Näher dazu *Tipke*/Kruse, AO [13], Vor § 193 Tz. 14, § 196 Tz. 9; s. auch BFH BStBl. 86, 435.
53 Dazu *Schick,* in: HHSp., AO [9], zu §§ 204–207; Tipke/*Kruse,* AO [13], zu §§ 204–207.

4.2 Steuerfahndung[54]

Literatur: *Küffner,* Doppelfunktion der Steuerfahndung, DStR 79, 243; *Rüping,* Steuerfahndung im Rechtsstaat, DStZ 80, 179; *Streck,* Die Steuerfahndung, Köln 1986; *Kühnel,* Die Steuerfahndung als Mittel der allgemeinen Steueraufsicht im unbekannten Steuerfall, DStZ 81, 95; *Schick,* Steuerfahndung im Rechtsstaat, JZ 82, 125; *Küster,* Die Befugnisse der Steuerfahndung im Steuerstrafverfahren, BB 80, 1371, mit Erwiderung von *Wolter,* BB 81, 236; *Küster,* Das Steuerstrafrecht aus der Sicht der Steuerfahndung, in: Kohlmann (Hrsg.), Strafverfolgung und Strafverteidigung im Steuerstrafrecht, DStJG Bd. 6 (1983), 253 ff.; *Mösbauer,* Steuerfahndung im Rechtsstaat, DStZ 86, 339; *Klos,* Die Steuerfahndung, StStud. 85, 322 ff.; *Schick,* in: HHSp., AO [9], zu § 208; *Tipke*/Kruse, AO [13], zu § 208.

§ 208 AO weist der Steuerfahndung eine dreifache Aufgabe zu:

1. die Erforschung von Steuerstraftaten und Steuerordnungswidrigkeiten (§ 208 I Nr. 1 AO)[55];

2. die Ermittlung der Besteuerungsgrundlagen im Zusammenhang mit der Erforschung der Taten i. S. von Nr. 1 (§ 208 I Nr. 2 AO);

3. die Aufdeckung und Ermittlung unbekannter Steuerfälle (§ 208 I Nr. 3 AO).

Zu Nrn. 1, 2: Nrn. 1, 2 hängen eng miteinander zusammen. Primär ist die Steuerfahndung mit der Erforschung von Steuerstraftaten und -ordnungswidrigkeiten befaßt. Sie ist Steuerkriminalpolizei. Da Steuerstraftaten und Steuerordnungswidrigkeiten aber die Verletzung von Steuerrecht voraussetzen, ist der Steuerfahndung auch die Ermittlung der einschlägigen Besteuerungsgrundlagen übertragen worden.

Für das Steuerstrafverfahren gelten die Vorschriften der Strafprozeßordnung (§ 385 AO). Die Einleitung des Verfahrens setzt den *Verdacht* einer Steuerstraftat voraus (§ 163 I StPO i. V. mit § 160 I StPO). Der Verdacht besteht bei „zureichenden tatsächlichen Anhaltspunkten" für die Tat (s. § 152 II StPO). Aus diesen Anhaltspunkten muß nicht bloß die Möglichkeit, sondern eine gewisse, wenn auch zweifelhafte Wahrscheinlichkeit einer Straftat oder Ordnungswidrigkeit gefolgert werden können.

Ausgelöst werden Steuerfahndungen oft durch (anonyme) Anzeigen „lästiger Gesellschafter", zerstrittener Eheleute, entlassener Mitarbeiter oder verlassener Freundinnen. Die Veranlagungs- und Außenprüfungsstellen der Finanzbehörden können Fahndungsmaßnahmen auslösen, wenn sich zeigt, daß „Dunkelheiten" des Sachverhalts sich voraussichtlich mit den Mitteln des Besteuerungsverfahrens nicht klären lassen.

Die Steuerfahndung hat zur Aufklärung von Steuerstraftaten die Befugnisse nach § 404 Satz 2 erster Halbs. AO i. V. mit § 399 II 2 AO (Hinweis in § 208 I 2 AO), insb. die Befugnis zur Durchsuchung und Beschlagnahme bei Gefahr im Verzug oder aufgrund richterlicher Durchsuchungs- und Beschlagnahmeanordnung, in Fällen der Flucht- oder Verdunkelungsgefahr die Befugnis zur vorläufigen Festnahme bei Gefahr im Verzug und zur Verhaftung aufgrund richterlichen Haftbefehls. Zur Ermittlung der Besteuerungsgrundlagen (s. auch § 393 I 1 AO) hat die Steuerfahndung die Ermittlungsbefugnisse des Besteuerungsverfahrens ohne die Einschränkungen der §§ 93 I 3, II 2; 97 II, III AO (§ 208 I 3 AO). Sie muß dabei jedoch das Zwangsmittelverbot (§ 393 I 2 AO) beachten.

---

[54] Zum alten Recht *W. Jakob,* Rechtsfragen der Organisation und Funktion des Steuerfahndungsdienstes, StuW 71, 297 ff.; s. auch noch *ders.,* StuW 72, 115 ff.

[55] Diese Aufgabe ergibt sich indirekt auch schon aus §§ 404, 410 I Nr. 9 AO i. V. mit § 163 I StPO.

Zu Nr. 3: § 208 I Nr. 3 AO läßt Fahndungsmaßnahmen auch ohne den Verdacht einer Straftat oder Ordnungswidrigkeit zu, nämlich zur Aufklärung unbekannter Steuerfälle. Solche Aufklärung ist bereits zulässig, wenn unter Berücksichtigung der allgemeinen Erfahrungen der Finanzbehörden die *Vermutung* (d. h. die bloße Möglichkeit) besteht, daß ein steuergesetzlicher Tatbestand verwirklicht worden ist[56]. Unbekannt sein müssen die Steuersubjekte und/oder die Steuerobjekte. Die Steuerfahndung hat die Ermittlungsbefugnisse des Besteuerungsverfahrens.

Wegen Fahndungsmaßnahmen bei Banken s. § 30a II, V 2 AO.

4.3 Steueraufsicht[57]

Die Steueraufsicht (§§ 209 ff. AO) betrifft Zölle und Verbrauchsteuern. Sie dient nicht der Ermittlung konkreter Sachverhalte, sondern der laufenden Kontrolle des Warenverkehrs über die Grenze und insb. des technischen Herstellungsprozesses im weitesten Sinne.

Gegenstand der Steueraufsicht: § 209 AO. Hauptmittel der Steueraufsicht ist die „Nachschau" (§ 210 AO) = sinnliche Wahrnehmung von steuerlich relevanten Gegenständen, Zuständen und Vorgängen. Durch Durchführungsvorschriften (RechtsVOen) kann u. a. Entnahme von Warenproben zugelassen werden; Ermächtigung: § 212 I Nr. 8 AO.

5. Amtshilfe, Kontrollmitteilungen

Der Erfassung und Aufklärung steuerrelevanter Sachverhalte dient schließlich auch die Amtshilfe der Gerichte und Behörden (s. §§ 111–116 AO; zur internationalen Amtshilfe s. § 117 AO).

Amtshilfe ist die Hilfe, die eine Behörde auf Ersuchen oder auf eigenes Betreiben einer anderen Behörde zur Erfüllung von Aufgaben der öffentlichen Verwaltung gewährt. Demgegenüber versteht man unter *Rechtshilfe* die Unterstützung von Gerichten bei Rechtspflegeaufgaben.

Kontrollmitteilung ist ein Sammelausdruck (nicht gesetzlicher Ausdruck) für Mitteilungen oder Anzeigen, die Behörden, Gerichte, Rundfunkanstalten, Notare, Banken, Versicherungsunternehmen, Vermögensverwalter den Finanzämtern über steuerliche Verhältnisse Dritter zu machen haben (Beispiele: § 93a AO; § 29 EStDV; §§ 33, 34 ErbStG; § 18 GrEStG; §§ 8, 9 KVStDV; § 12 FeuerschutzStG). Das Kontrollmitteilungswesen ist im internationalen Vergleich wenig ausgebaut[58]. Auch Außenprüfer haben das Recht zu Konrollmitteilungen (§ 194 III AO). Für Guthabenkonten und Depots von Bankkunden gilt ein Kontrollmitteilungsverbot (§ 30a III AO).

6. Gesonderte Feststellung von Besteuerungsgrundlagen und Steuermeßbeträgen; Steuerfestsetzung[59]

6.1 Einführung: Grundlagen- und Folgebescheide

Grundsätzlich bildet die Feststellung der Besteuerungsgrundlagen einen mit Rechtsbehelfen nicht selbständig anfechtbaren Teil des Steuerbescheids (§ 157 II AO). Die Steuer wird auf der Grundlage eines *einheitlichen Besteuerungsverfahrens* durch Steuerbescheid festgesetzt (§§ 155 ff. AO).

---

56 BFHE 148, 108; BFH BStBl. 87, 484; FG Hamb. EFG 87, 9; 87, 275.
57 Dazu *M. Hann,* Die Steueraufsicht in besonderen Fällen, Diss. Mainz 1988.
58 Dazu *Tipke,* BB 86, 601.
59 Dazu *Tipke/Kruse,* AO [13], Vor § 179, § 180 Tz. 5.

§ 22 Durchführung der Besteuerung

Besteuerungsgrundlagen i. S. der §§ 179 ff. AO sind – abweichend von § 199 I AO – quantifizierte Grundsachverhalte, an die die Besteuerung anknüpft, etwa der Wert eines Vermögens oder Teilvermögens, der Betrag der Einkünfte, der Umsatzbetrag.

Von der Regel gibt es *Ausnahmen:* Abweichend von § 157 II AO werden die Besteuerungsgrundlagen durch *Feststellungsbescheid gesondert festgestellt,* soweit dies in § 180 AO oder sonst in den Steuergesetzen bestimmt ist (§ 179 I AO). Eine weitere Durchbrechung der Regel ist die *Festsetzung von Steuermeßbeträgen* (§ 184 AO). Näheres unter 6.2, 6.3.

Der gesonderte Feststellungsbescheid (kurz: Feststellungsbescheid) und der Steuermeßbescheid sind *Grundlagenbescheide* (s. § 171 X AO), d. h. sie sind selbständige Verwaltungsakte, die bindend sind für *Folgebescheide* (Begriff des § 182 I AO). Durch die Vorschaltung eines Feststellungsverfahrens und/oder eines Steuermeßbetragsverfahrens wird das grundsätzlich einheitliche Besteuerungsverfahren in mindestens zwei *selbständige Abschnitte* zerlegt.

Es kann sich auch um mehr als zwei Abschnitte handeln; dabei können Feststellungs- und Steuermeßbescheide zugleich Folgebescheid und Grundlagenbescheid sein.

Beispiel: Der Einheitswertbescheid über ein Betriebsgrundstück ist Grundlagenbescheid (§ 180 I Nr. 1 AO; § 19 I Nr. 1 BewG) für den Einheitswertbescheid über den gewerblichen Betrieb, zu dem das Grundstück gehört (§ 180 I Nr. 1 AO; § 19 I Nr. 2 BewG); dieser letzte Bescheid ist insoweit also Folgebescheid, er ist aber zugleich wiederum Grundlagenbescheid (§ 171 X AO) für den Gewerbesteuermeßbescheid (§ 182 I AO); der Gewerbesteuermeßbescheid ist also Folgebescheid, er ist zugleich aber wiederum Grundlagenbescheid (§ 171 X AO) für den Gewerbesteuerbescheid als Folgebescheid.

Entsprechend § 171 X AO bestimmen §§ 182 I, 184 I 4 AO, daß Feststellungs- und Steuermeßbescheide *bindend sind* für ihre Folgebescheide.

Allerdings kann ein *Folgebescheid* erteilt werden, *auch wenn ein Grundlagenbescheid noch nicht erlassen wurde* (s. § 155 II AO). In einem solchen Fall können die im Grundlagenbescheid festzustellenden Besteuerungsgrundlagen geschätzt werden (§ 162 III AO).

Im übrigen ist wegen der Verhältnisse zwischen Grundlagen- und Folgebescheid hinzuweisen auf *§§ 175 I 1 Nr. 1; 351 II; 361 III AO.*

Grundlagenbescheide dürfen nicht mehr ergehen, wenn sie sich nicht mehr auswirken können (Übermaßverbot; s. auch § 19 IV BewG).

6.2 Gesonderte Feststellung von Besteuerungsgrundlagen

Die Fälle der gesonderten Feststellung ergeben sich insbesondere aus § 180 AO. Ist die Besteuerungsgrundlage *mehreren* Personen zuzurechnen, so wird sie nicht nur gesondert, sondern zugleich auch *einheitlich* festgestellt (§ 179 II 2 AO). Wegen der örtlichen Zuständigkeit s. § 18 AO.

Daraus folgt: Jede einheitliche Feststellung ist auch eine gesonderte, umgekehrt ist aber nicht jede gesonderte Feststellung auch eine einheitliche.

Beispiel: Einheitswertbescheid über ein Grundstück, das einer Einzelperson gehört. Er ist ein gesonderter, aber kein einheitlicher Bescheid.

§ 180 AO führt (nicht abschließend) als gesondert festzustellende Besteuerungsgrundlagen auf:

(1) **Einheitswerte** nach Maßgabe des Bewertungsgesetzes (§ 180 I Nr. 1 AO i. V. mit § 19 BewG) = Werte, die einheitlich mehreren Steuern, den sog. Einheitswertsteuern (s. S. 451) zugrunde gelegt werden.

Zweck: Durch den Einheitswertbescheid soll vermieden werden, daß ein und dieselbe Vermögenseinheit, die Besteuerungsgrundlage für mehrere Steuern ist, je nach Steuerart unterschiedlich bewertet wird, obwohl denkgesetzlich nur *ein* Wert richtig sein kann. Zugleich ist die Konzentration zu einem einheitlichen Verfahren verwaltungsökonomisch. Einheitswertbescheide wirken grundsätzlich auch gegenüber dem Rechtsnachfolger (§ 182 II AO).

(2) **Der Einkommensteuer- oder Körperschaftsteuer unterliegende Einkünfte,** wenn an den Einkünften oder an dem Gegenstand der Einkunftserzielung *mehrere* Personen beteiligt sind, denen diese Einkünfte zuzurechnen sind (§ 180 I Nr. 2a AO; s. auch § 180 IV AO).

Zweck: Durch die einheitliche Feststellung soll vermieden werden, daß gegenüber mehreren Beteiligten an ein und denselben Sachverhalt unterschiedliche Rechtsfolgen geknüpft werden. Ferner spielt der Gesichtspunkt der Verwaltungsökonomie eine Rolle. Dementsprechend findet keine einheitliche Feststellung statt, wenn die Höhe der Bemessungsgrundlage und ihre Aufteilung feststehen oder es sich sonst um einen Fall von geringerer Bedeutung handelt (§ 180 III Nr. 2 AO).

An Einkünften sind mehrere Personen beteiligt, wenn die Einkünfte aus *gemeinsamer* Einkunftsquelle stammen. An einer gemeinsamen Einkunftsquelle sind *Gesellschafter* (s. §§ 705 ff. BGB) und *Gemeinschafter* (s. §§ 741 ff. BGB) beteiligt. § 180 I Nr. 2a AO setzt nicht nur Beteiligung mehrerer Personen voraus, sondern auch, daß die Einkünfte diesen Personen steuerlich *zuzurechnen* sind. Da die Einkünfte einer Kapitalgesellschaft dieser Gesellschaft selbst, nicht aber den Gesellschaftern zuzurechnen sind, ist § 180 I Nr. 2a AO nur auf Personengesellschafter anwendbar (welche allerdings auch Kapitalgesellschaften sein können). Die Voraussetzungen des § 180 I Nr. 2a AO treffen vor allem im Falle der Mitunternehmerschaft zu (dazu S. 337 ff.).

Gegenstand der einheitlichen Gewinnfeststellung nach § 180 I Nr. 2a AO: Festzustellen ist die Höhe des steuerbaren, steuerpflichtigen Gesamtgewinns (-verlusts) der Gesellschaft. Damit ist über alle Faktoren zu befinden, die den Gesamtgewinn beeinflussen. Obwohl sie die Gewinnhöhe nicht beeinflussen, ist auch über solche Faktoren zu befinden, die zwar die Gewinnhöhe nicht beeinflussen, wohl aber vom Gewinn oder seiner Qualifizierung abhängen und mehrere Beteiligte betreffen (Beispiele: Voraussetzungen der §§ 16 IV; 34 I, II EStG). Problematisch ist die Behandlung von *Sondergewinnen* (-verlusten) *einzelner* Gesellschafter. Die h. M. bezieht sie ebenfalls ein; der Zweck der §§ 179, 180 AO verlangt dies indessen gerade nicht[60]. – Zum Inhalt des Einheitswertbescheids: § 19 III BewG.

Es kommt vor, daß mehrere Personen an einer Personengesellschaft beteiligt, andere Personen aber an einem Gesellschaftsanteil *unter*beteiligt sind (s. dazu S. 344). Für das Unterbeteiligungsverhältnis ist dann eine weitere gesonderte Feststellung zugelassen (§ 179 II 3 AO).

Keine gesonderte Feststellung wird durchgeführt bei *Arbeitsgemeinschaften,* die nur zum Zwecke der Erfüllung eines einzigen Werkvertrages oder Werklieferungsvertrages geschlossen werden, es sei denn, daß es sich um einen langfristigen Vertrag handelt (§ 180 IV AO).

(3) (nach dem Ermessen des Finanzamts festzustellende) Besteuerungsgrundlagen, insb. Einkünfte, wenn – ohne daß ein Gesellschafts- oder Gemeinschaftsverhältnis besteht –

a) der Einkunftserzielung dienende *Wirtschaftsgüter von mehreren Personen betrieben,* genutzt oder gehalten werden,

b) *gleichartige Rechtsbeziehungen zu demselben Dritten* (Treuhänder, Baubetreuer, Verwalter, Garantiegeber, Finanzierungsvermittler o. ä.) bestehen, z. B.

---

[60] Dazu *B. Keuk,* StuW 74, 39 ff.; *Tipke*/Kruse, AO [13], § 180 Tz. 38a.

§ 22 Durchführung der Besteuerung

gleichartige Treuhand-, Baubetreuungs-, Bewirtschaftungs- oder Verwaltungsverträge. Dadurch werden insb. die Einkünfte der Feststellungsbeteiligten bei Bauherren- und Erwerbermodellen erfaßt. – S. § 180 II AO i. V. mit Rechtsverordnung v. 19. 12. 1986, BGBl. I 86, 2663, BStBl. I 87, 2.

(4) Unternehmerische Einkünfte, wenn das für die gesonderte Feststellung zuständige **Finanzamt nicht auch für die Steuern vom Einkommen zuständig** ist (§ 180 I Nr. 2b AO).

Motiv: Auch wenn nicht mehrere Personen an diesen Einkünften beteiligt sind, ist die Gewinnermittlung dem Betriebs-, Belegenheits- oder Tätigkeitsort-Finanzamt (s. § 18 I Nrn. 1–3 AO) besser möglich als dem Wohnsitzfinanzamt (s. § 19 I AO).

(5) Den Wert der der Vermögensteuer unterliegenden Wirtschaftsgüter (§§ 114–117a BewG) und den Wert der Schulden und sonstigen Abzüge (§ 118 BewG), wenn die **Wirtschaftsgüter,** Schulden und sonstigen Abzüge **mehreren Personen zuzurechnen** sind, die nicht zusammenveranlagt werden (§ 180 I Nr. 3 AO).

Motiv: Für die gesonderte Feststellung des sonstigen Vermögens (§§ 114–118 BewG) besteht bei Zurechnung an mehrere Personen das gleiche Bedürfnis wie im Falle 2.

(6) Die gesonderte Feststellung ist aber auch in anderen Fällen vorgesehen: § 179 I AO i. V. mit §§ 10d III, 15a IV 1, 39 IIIb 4, 39a IV 1, 55 V 5 EStG; § 47 KStG; § 12 III, IV ErbStG; § 17 GrEStG; § 18 I AStG.

Begehren Personen eine gesonderte Feststellung, ist das Finanzamt (§ 18 AO) aber der Ansicht, die Voraussetzungen für eine solche gesonderte Feststellung lägen nicht vor (etwa weil keine Mitunternehmerschaft gegeben sei), so ist ein *negativer Feststellungsbescheid* zu erlassen (d. h. die begehrte Feststellung ist abzulehnen).

Auf gesonderte Feststellungen sind die Vorschriften über die Durchführung der Besteuerung entsprechend anzuwenden (§ 181 I 1 AO).

6.3 Festsetzung von Steuermeßbeträgen

Die Verwaltung der Gewerbesteuer und der Grundsteuer (Realsteuern, die den Gemeinden zustehen) ist – außer in den Stadtstaaten – in der Weise aufgeteilt, daß die Finanzämter die steuerrelevanten Sachverhalte (insb. Steuersubjekt und Steuerobjekt) ermitteln und im Anschluß daran durch Anwendung der Steuermeßzahl auf die Besteuerungsgrundlagen den Steuermeßbetrag festsetzen[61]. Das geschieht im Steuermeßbescheid (§ 184 AO). Der Steuermeßbescheid ist Grundlagenbescheid i. S. des § 171 X AO.

Die Finanzbehörden teilen den Inhalt des Steuermeßbescheids den zuständigen Gemeinden mit (§ 184 III AO). Die Gemeinden legen die mitgeteilten Steuermeßbeträge zugrunde (§ 184 I i. V. mit § 182 I AO) und wenden darauf den jeweils beschlossenen Hebesatz an[62].

Die Verwaltung der Realsteuern bis zur Meßbetragsfestsetzung ist den Finanzbehörden zum einen deshalb übertragen, weil dadurch Doppelarbeit vermieden wird; die Finanzbehörden müssen die Einkünfte aus Gewerbebetrieb ohnehin (für Zwecke der Einkommen-/Körperschaftsteuer) feststellen sowie insb. für Zwecke der Vermögensteuer die Einheitswerte ermitteln. Zum anderen verfügen die Gemeinden oft nicht über Personal, das für solche Aufgaben qualifiziert wäre.

---

61 Dazu S. 498, 515f.
62 Vgl. S. 498, 518.

6.4 Steuerfestsetzung

6.41 Allgemeines

Nach Abschluß der Sachaufklärung trifft die Finanzbehörde ihre Entscheidung über die steuerlichen Folgen, und zwar prinzipiell durch Verwaltungsakt; soweit gesonderte Feststellungen (s. S. 704 ff.) vorliegen, hat es diese verbindlich zu übernehmen. In Betracht kommt,

(1) daß gegen den Beteiligten eine Steuer festgesetzt wird (§ 155 I 1, 2 AO);

(2) daß der Beteiligte von der Steuer freigestellt wird (§ 155 I 3 AO); die Freistellung ist eine verbindliche Entscheidung darüber, daß keine Steuer geschuldet wird;

(3) daß ein vom Beteiligten gestellter Antrag auf Steuerfestsetzung (s. etwa § 46 II Nr. 8 EStG) abgelehnt wird (§ 155 I 3 AO).

> Von der Ablehnung eines solchen Antrages (= Verwaltungsakt) ist die NV-Verfügung (NV = Nichtveranlagung) zu unterscheiden; die NV-Verfügung ist kein Verwaltungsakt, sondern eine interne Aktenverfügung, durch die festgestellt wird, daß die formellen Voraussetzungen für die Veranlagung nicht vorliegen, etwa weil offensichtlich ist, daß keine Steuer anfällt oder weil die Voraussetzungen des § 46 I EStG nicht vorliegen. Die Ablehnung eines Antrags auf Veranlagung und die NV-Verfügung enthalten keine Entscheidung über den Steueranspruch.

§ 155 I AO will wohl den positiven Steuerbescheid, den Freistellungsbescheid und den die Steuerfestsetzung ablehnenden negativen Bescheid unter dem Begriff „Steuerbescheid" zusammenfassen, jedenfalls die in § 155 I 3 AO genannten Verwaltungsakte dem Steuerbescheid gleichbehandelt wissen (die Anknüpfung „Dies gilt auch ..." ist unklar).

Schulden mehrere Steuerpflichtige eine Steuer als Gesamtschuldner, so kann gegen sie ein *zusammengefaßter Steuerbescheid* ergehen, soll heißen: Die Finanzbehörde kann auf ein und demselben Formular die Steuer gegen alle Gesamtschuldner festsetzen, braucht den Inhalt nicht für jeden Gesamtschuldner zu wiederholen (s. § 155 III 1 AO).

Einer Steuerfestsetzung bedarf es nicht,

(1) wenn der Steuerpflichtige die Steuer *selbst zu berechnen* hatte und zutreffend berechnet hat (§ 167 I 1 AO), so in Umsatzsteuersachen (§ 18 I UStG);

(2) wenn die Steuer aufgrund gesetzlicher Verpflichtung durch Verwendung von *Steuerzeichen* oder Steuerstemplen entrichtet wird (so bei Tabaksteuer, Wechselsteuer, Börsenumsatzsteuer), vorausgesetzt, daß die Finanzbehörde die Steuer nicht abweichend festsetzen will (§ 167 I 2 AO);

(3) bei *Fälligkeitssteuern,* das sind Steuern, die ohne besondere Festsetzung fällig werden (Lohnsteuer, Vorauszahlungen, besondere Verbrauchsteuern);

(4) in den besonderen Fällen des § 156 I 1 Nr. 1, II AO.

Eine Steuerfestsetzung ist *unzulässig,* wenn die *Festsetzungsfrist abgelaufen* ist (§ 169 AO).

Der Steuerbescheid ist ein *rechtsfeststellender* Verwaltungsakt[63]; nur wenn die festgesetzte Steuerschuld über die gesetzliche Steuerschuld hinausgreift, ist der Bescheid insoweit rechtsgestaltend.

Das Steuerbescheidformular kann weitere Entscheidungen enthalten, die nicht Bestandteil des Verwaltungsakts „Steuerfestsetzung" sind, nämlich die Anrechnung von Quellensteuern (Lohnsteuer, Kapitalertragsteuer) und von Vorauszahlungen auf die Steuerschuld, die Festsetzung von Vorauszahlungen für die Zukunft, die Festsetzung eines Verspätungszuschlages. Alle

---

[63] A.A. *P. Kirchhof,* NJW 85, 2977 f., 2980 ff.

diese Entscheidungen sind je für sich Verwaltungsakte. Wird darüber gestritten, ob oder inwieweit Quellensteuern oder Vorauszahlungen anzurechnen sind, so hat das Finanzamt nach § 218 II AO zu entscheiden.

6.42 Festsetzung unter Vorbehalt der Nachprüfung

§ 164 I AO läßt zu, daß die Steuern, solange der Steuerfall nicht abschließend geprüft ist, *unter dem Vorbehalt der Nachprüfung* festgesetzt werden. Das heißt, das Finanzamt braucht nach Abgabe der Steuererklärung den Steuerfall nicht abschließend zu prüfen, sondern kann entweder die sich aus der Steuererklärung ergebende Steuer ohne weiteres übernehmen oder die Steuererklärung nur kursorisch prüfen. Dieses schleunige Verfahren bedarf keiner Begründung (§ 164 I 1 AO).

§ 164 AO bezieht sich ausdrücklich nur auf die Steuerfestsetzung, gilt durch Verweisung aber auch für Freistellungsbescheide (§ 155 I 3 AO), Vergütungsbescheide (§ 155 VI AO), Feststellungsbescheide (§ 181 I 1 AO), Steuermeßbescheide (§ 184 I 3 AO).

Von der Festsetzung unter *behördlichem* Vorbehalt (§ 164 I 1 AO) ist die Festsetzung unter gesetzlichem Vorbehalt (§§ 164 I 2, 168 Satz 1 AO) zu unterscheiden. Der behördliche Vorbehalt ist *Nebenbestimmung* i. S. des § 120 AO.

Solange der Steuerfall nicht abschließend geprüft ist, *können* (Ermessen!) die Steuern unter Vorbehalt der Nachprüfung festgesetzt werden. Nicht abschließend geprüft ist, wenn die Aufgabe des § 85 AO noch nicht erfüllt ist. Abschließende Prüfung kann jede Art von Sachverhaltsermittlung oder rechtlicher Prüfung sein; es muß sich nicht um eine Außenprüfung (§§ 193 ff. AO) handeln.

Die Finanzbehörde wird die Steuer insb. dann unter Vorbehalt der Nachprüfung festsetzen, wenn der Steuerpflichtige der regelmäßigen Außenprüfung unterliegt oder wenn beabsichtigt ist, innerhalb der nächsten Jahre eine Außenprüfung durchzuführen. Die eigentliche, abschließende Prüfung besorgt dann der Außenprüfer. Dadurch wird Doppelarbeit vermieden.

Die Finanzverwaltung veranlagt zur Zeit etwa 20–25 v. H. aller Fälle unter Vorbehalt der Nachprüfung. Die organisatorischen Maßnahmen dafür hat sie durch eine Verwaltungsvorschrift, die Grundsätze zur Neuorganisation der Finanzämter und zur Neuordnung des Besteuerungsverfahrens (GNOFÄ) v. 16. 2. 1976, BStBl. I 76, 88, getroffen[64]. Diese Verwaltungsvorschrift wird allerdings inzwischen nicht mehr voll und auch nicht einheitlich in allen Ländern angewendet. Durch § 164 AO wird die Bedeutung der Bestandskraft- und Korrekturvorschriften der §§ 172 I Nr. 2, 173–175 AO erheblich geschmälert. Gleichwohl ist § 164 AO verfassungsrechtlich unbedenklich: Eine wirklich gleichmäßige Besteuerung ist nämlich vom „grünen Tisch" aus nicht möglich. Allerdings darf die Gleichmäßigkeit der Besteuerung nicht in beliebiger Zeit durchgeführt werden; das verlangt die Rechtssicherheit. Den Belangen der Rechtssicherheit ist durch § 164 IV AO zwar nicht optimal, jedoch ausreichend Rechnung getragen.

§ 164 AO verlangt nicht, daß überhaupt eine abschließende Prüfung stattfindet. Ohne eine solche Prüfung entfällt der Vorbehalt der Nachprüfung mit Ablauf der Festsetzungsfrist (§ 164 IV AO). Weiß die Finanzbehörde allerdings schon im Zeitpunkt der Festsetzung, daß keine abschließende Prüfung stattfinden wird, so wird die Rechtssicherheit durch den Vorbehalt unnötig strapaziert; der Vorbehalt ist dann wegen Verletzung des Übermaßverbots ermessensfehlerhaft.

Der Vorbehalt der Nachprüfung erfaßt stets den *ganzen* Bescheid. Ohne daß die Voraussetzungen der §§ 172–175 AO vorliegen müssen, kann der Bescheid wegen aller in ihm enthaltenen Fehler tatsächlicher und/oder rechtlicher Art aufgehoben

---

[64] Die Einteilung der Steuerpflichtigen in Gruppen, die nach den GNOFÄ verschieden intensiv geprüft werden sollen, verletzt u. E. – am Maßstab des § 85 AO – den Gleichheitssatz.

oder geändert werden (s. § 164 II 1 AO). Allerdings gilt die Vertrauensvorschrift des § 176 AO auch im Falle der Änderung zuungunsten des Steuerpflichtigen nach § 164 II AO.

Auch der Steuerpflichtige kann die Aufhebung oder Änderung der Steuerfestsetzung jederzeit beantragen (§ 164 II 2 AO). Die Entscheidung hierüber kann jedoch bis zur abschließenden Prüfung des Falles (die allerdings innerhalb angemessener Frist vorzunehmen ist) hinausgeschoben werden (§ 164 II 3 AO). Der Antrag löst die Hemmung des Ablaufs der Festsetzungsfrist aus (§ 171 III 1 AO).

Der Vorbehalt der Nachprüfung kann jederzeit aufgehoben werden (§ 164 III 1 AO). Die Finanzbehörde hat von dieser Möglichkeit Gebrauch zu machen, wenn sie erkennt, daß es zu einer abschließenden Prüfung nicht mehr kommen wird. Da die Aufhebung des Vorbehalts einer Steuerfestsetzung ohne Vorbehalt gleichsteht (§ 164 III 2 AO), ist gegen die Aufhebung des Vorbehalts der Einspruch gegeben (§ 348 I Nrn. 1, 2 AO). Nach einer (als abschließend gedachten) Außenprüfung ist der Vorbehalt aufzuheben, wenn sich Änderungen *nicht* ergeben (§ 164 III 3 AO). Dasselbe muß aber auch gelten, wenn sich Änderungen ergeben haben (Lücke im Gesetz).

6.43 Vorläufige Steuerfestsetzung, Aussetzung

Solange *ungewiß* ist, ob und inwieweit die *Voraussetzungen* (unklarer, vager Begriff!) für die Entstehung einer Steuerschuld eingetreten sind, kann die Steuer vorläufig festgesetzt oder die Steuerfestsetzung ausgesetzt werden (§ 165 AO).

Unter Steuerschuld-Voraussetzungen versteht man *Tatsachen* und *Rechtsverhältnisse nichtsteuerrechtlicher Art,* nicht steuerrechtliche Rechtsfragen.

§ 165 AO meint nicht den Fall, daß das Finanzamt mangels ausreichender Sachaufklärungstätigkeit nicht beurteilen kann, ob und inwieweit eine Steuerschuld entstanden ist, sondern Fälle objektiver Aufklärungshindernisse (z. B.: Es schweben noch Prozesse über Eigentum, Erbrechte oder andere Rechtsverhältnisse).

Es muß sich um *vorübergehende* Ungewißheit handeln. Bei dauernder Ungewißheit sind die Besteuerungsgrundlagen zu schätzen (§ 162 AO) oder es greifen die Beweislastregeln (s. S. 696) ein.

Die Ungewißheit wird sich in der Regel nicht auf den ganzen Steuerfall erstrecken. Nur *soweit* die Ungewißheit reicht, ist der Bescheid für vorläufig zu erklären (Abweichung von § 164 AO: Vorbehalt stets zur Gänze). Ist ungewiß, ob überhaupt eine Steuerschuld entstanden ist, so kommt *Aussetzung* in Betracht; steht fest, daß eine Steuer in einer bestimmten Mindesthöhe entstanden ist, ist die Resthöhe aber ungewiß, so ist der zur Gewißheit feststehende Teil der Steuer vorläufig festzusetzen (str.).

Umfang und Grund der Vorläufigkeit sind anzugeben (§ 165 I 3 AO). Der vorläufige Bescheid kann im Rahmen der Vorläufigkeit aufgehoben oder geändert werden (§ 165 II 1 AO), ohne daß die Voraussetzungen der §§ 164, 172 ff. AO vorliegen müssen.

§ 165 AO gilt, ebenso wie § 164 AO, nicht bloß für Steuerfestsetzungen (s. §§ 155 I 3, 155 VI, 181 I 1, 184 I 3 AO).

Wegen Ablaufs der *Festsetzungsfrist* s. § 171 VIII AO.

6.44 Abweichende Festsetzung aus Billigkeitsgründen

Wäre die Erhebung der Steuer nach Lage des einzelnen Falles *unbillig* (dazu S. 724 ff.), so besteht nicht nur die Möglichkeit, die Steuer aus Billigkeitsgründen zu erlassen (§ 227 AO), es ist auch zugelassen, unter diesen Voraussetzungen Steuern niedriger festzusetzen, einzelne Besteuerungsgrundlagen unberücksichtigt zu lassen oder in einer anderen Steuerperiode zu berücksichtigen (§ 163 AO).

6.45 Form und Inhalt der Steuerbescheide

Steuerbescheide sind, soweit nichts anderes bestimmt ist, schriftlich zu erteilen (§ 157 I 1 AO).

Ein schriftlicher Steuerbescheid muß die festgesetzte Steuer nach Steuerart und Betrag bezeichnen und angeben, wer die Steuer schuldet (§ 157 I 2 AO); andernfalls ist er nichtig (§§ 124 III, 125 AO). Dem Bescheid ist außerdem eine Rechtsbehelfsbelehrung beizufügen (§ 157 I 3 AO), sonst beginnt die Rechtsbehelfsfrist nicht zu laufen (s. § 356 AO).

Aus § 157 II AO ist zu entnehmen, daß nicht nur der Steuerendbetrag mitzuteilen ist, sondern daß auch die einzelnen Besteuerungsgrundlagen anzugeben sind, auf denen die festgesetzte Steuer basiert. Diese Mitteilung der Besteuerungsgrundlagen (dazu S. 132) reicht aus als Begründung i. S. des § 121 AO.

Im übrigen gilt § 119 III, IV AO. Nach § 119 IV AO ist Unterschrift nicht erforderlich.

6.46 Festsetzungsverjährung, Feststellungsverjährung

Damit nach Ablauf angemessener Zeit Rechtssicherheit eintritt, der Steuerpflichtige nach angemessener Zeit nicht mehr mit Steuerforderungen (Steuernachforderungen) zu rechnen braucht, bestimmt § 169 I 1 AO:

„Eine Steuerfestsetzung sowie ihre Aufhebung oder Änderung sind nicht mehr zulässig, wenn die Festsetzungsfrist abgelaufen ist."

Entscheidend kommt es auf den Zeitpunkt an, in dem der Steuerbescheid den Bereich der Finanzbehörde verläßt (§ 169 I 3 Nr. 1 AO).

Die Vorschriften über die Festsetzungsverjährung gelten sinngemäß auch für *Grundlagenbescheide* (s. §§ 181 I 1, 184 I 3, 185, 190 Satz 2 AO). S. zur Frist im Falle der gesonderten Feststellung auch § 181 III–V AO. Bei gesonderten Feststellungsbescheiden spricht man statt von Festsetzungs- von *Feststellungs*frist. Die Vorschriften gelten sinngemäß *auch für Ansprüche gegen den Fiskus,* etwa den Vergütungsanspruch (§ 155 VI AO).

a) *Fristbeginn:* Grundsätzlich mit Ablauf des Jahres, in dem der Anspruch entstanden ist (§ 170 I AO, § 38 AO).

Abweichungen: Erst mit Ablauf des Jahres, in dem die Steuererklärung (Steueranmeldung) abgegeben wird (Einzelheiten in § 170 II AO). Weitere Abweichungen ergeben sich aus §§ 170 III–VI; 175 I 2; 181 III 2, IV, V AO.

b) *Frist* (§ 169 II AO):
Für Zölle, Verbrauchsteuern, Zollvergütungen und Verbrauchsteuervergütungen: ein Jahr; die Umsatzsteuer ist keine Verbrauchsteuer i. S. der Abgabenordnung, so daß für sie eine Frist von vier Jahren gilt (BFH BStBl. 87, 95);
für andere Steuern und Steuervergütungen: vier Jahre;
bei Steuerhinterziehung: zehn Jahre[65];
bei leichtfertiger Steuerverkürzung: fünf Jahre[65].

---

65 Ob die Voraussetzungen vorliegen, hat die Veranlagungsstelle zu beurteilen; Bestrafung oder Verhängung eines Bußgeldes wird nicht vorausgesetzt.

c) *Ablaufhemmung:*

§ 171 AO begründet zahlreiche Fälle der Ablaufhemmung. Von praktischer Relevanz sind insb.:

§ 171 III AO: Ablaufhemmung durch Anträge, die die Steuerfestsetzung betreffen, und durch Rechtsbehelfe (während eines außergerichtlichen oder gerichtlichen Rechtsbehelfsverfahrens kann die Festsetzungsverjährung also nicht eintreten, wie lange das Verfahren auch dauert);

§ 171 IV AO: Ablaufhemmung durch Beginn einer Außenprüfung[66];

§ 171 V AO: Ablaufhemmung durch Beginn einer Fahndungsprüfung;

§ 171 VII AO: Ablaufhemmung durch (nicht verjährte) Strafverfolgung (dazu § 384 AO; § 369 II AO i. V. mit § 78 III StGB);

§ 171 VIII AO: Bei vorläufigen Bescheiden i. S. des § 165 AO Ablaufhemmung bis zum Ablauf eines Jahres nach Beseitigung der Ungewißheit und Kenntnis der Finanzbehörde davon;

§ 171 X AO: Ablaufhemmung bis zum Ablauf eines Jahres nach Bekanntgabe des Grundlagenbescheides; s. im übrigen § 181 III–V AO.

Durch Eintritt der Festsetzungsverjährung *erlischt* der Anspruch (§ 47 AO), gleich, ob es sich um einen Anspruch *des* Steuerberechtigten oder einen Anspruch *gegen* den Steuerberechtigten handelt.

Der Ablauf der Festsetzungsfrist ist von Amts wegen zu beachten. Ein trotz Ablauf der Festsetzungsfrist erlassener Bescheid ist rechtswidrig. Streitig ist, ob er nichtig ist.

Zur Frist der gesonderten Feststellung s. § 181 III–V AO.

Von der Festsetzungsverjährung (§§ 169 ff. AO) ist die *Zahlungsverjährung* (§§ 228 ff. AO) zu unterscheiden.

7. Sondervorschriften für einzelne Verfahren

7.1 Haftungsverfahren (§ 191 AO)

Der Haftungsschuldner wird durch schriftlichen Haftungsbescheid in Anspruch genommen (§ 191 I AO). Die Vorschriften über die Festsetzungsverjährung sind entsprechend anzuwenden; es bestehen besondere Fristvorschriften (§ 191 III AO)[67].

Ein Haftungsbescheid ist unzulässig, wenn die Steuer, für die gehaftet werden soll, wegen Ablaufs der Festsetzungsfrist nicht mehr festgesetzt werden kann, wenn die Zahlungsverjährung eingetreten ist oder wenn die Steuer erlassen worden ist; dies gilt nicht bei Haftung wegen Steuerhinterziehung oder Steuerhehlerei (§ 191 V AO).

Zu beachten ist im übrigen § 219 AO. Während § 191 V AO den Erlaß eines Haftungsbescheides beschränkt („kann nicht mehr ergehen"), begrenzt § 219 AO die Inanspruchnahme aufgrund eines bereits erlassenen Haftungsbescheides (limitierte Subsidiarität der Haftung).

7.2 Vergütungsverfahren

Die für die Steuerfestsetzung geltenden Vorschriften sind sinngemäß anzuwenden (§ 155 VI AO). Auch Festsetzungsverjährung ist vorgesehen; wegen der Frist s. insb. §§ 169 II; 170 I, III; 171 III AO.

---

[66] Zu fragen ist hier: Ist das Finanzamt zur Prüfung bereit? Ist der Steuerpflichtige zur Prüfung bereit?

[67] Dazu *Macher*, DStZ 84, 216 ff.

7.3 Erstattungsverfahren

Über Erstattungsstreitigkeiten ist durch Verwaltungsakt zu entscheiden (§ 218 II 2 AO).

7.4 Verfahren über Nebenleistungen

Festsetzungsverjährung ist vorgesehen für Zinsen (§ 239 AO) und Kosten (§ 178 IV AO), nicht für Verspätungs- und Säumniszuschläge.

Soweit § 47 AO auch Verspätungs- und Säumniszuschläge (sie sind Ansprüche aus dem Steuerschuldverhältnis, § 37 I i. V. mit § 3 III AO) als festsetzungsverjährend erfaßt, ist die Vorschrift durch teleologische Reduktion einzuschränken (s. S. 92ff., 104f.). § 169 AO sieht nämlich für Nebenleistungen (§ 3 III AO) keine Festsetzungsfrist vor. Säumniszuschläge werden überdies nicht festgesetzt.

8. Kostenfreiheit

Das Besteuerungsverfahren ist prinzipiell kostenfrei; Ausnahme: § 178 AO betr. Kosten bei besonderer Inanspruchnahme der Zollbehörden.

9. Korrektur von Steuerverwaltungsakten

Literatur: *Tipke/Kruse*, AO [13], Vor und zu §§ 130–132, §§ 172ff.; *J. Thiel*, Probleme bei der Aufhebung oder Änderung von Steuerverwaltungsakten außerhalb des Rechtsbehelfsverfahrens, JbFSt. 1977/78, 97ff.; *Goutier*, Die Änderung von Steuerverwaltungsakten nach der Abgabenordnung 1977 (Diss. Saarbrücken 1982), Frankfurt/M. und Bern 1983; *Woerner/Grube*, Die Aufhebung und Änderung von Steuerverwaltungsakten [8], Stuttgart 1988.

9.1 Allgemeines

Ist ein Verwaltungsakt rechtswidrig oder ist bei Erlaß eines Ermessensaktes das Ermessen nicht ordnungsgemäß ausgeübt worden, so kommt neben der Anfechtung des Verwaltungsakts mit einem Rechtsbehelf auch in Betracht, daß die Behörde den Verwaltungsakt selbst korrigiert, von Amts wegen oder auf Anregung des Betroffenen.

Während rechtswidrige Urteile nach ihrem Wirksamwerden vom Gericht nicht mehr korrigiert werden können (Rechtskraft), gilt für Verwaltungsakte eine differenzierte Lösung, die folgenden Konflikt berücksichtigt: Das behördliche Verfahren, zumal auch das Massenverfahren in Steuersachen, garantiert nicht in gleicher Weise wie ein gerichtliches Verfahren Rechtsrichtigkeit. Grundsätzlich besteht daher einerseits ein öffentliches Interesse an der Korrektur von Verwaltungsakten, die Gesetzmäßigkeit und Gleichmäßigkeit der Besteuerung verletzen. Gegen eine Korrektur spricht andererseits das Bedürfnis nach Rechtssicherheit, das Vertrauen in den Bestand einer einmal getroffenen Entscheidung (auf das Steuerplanung und Steuerberatung angewiesen sind). Diese Interessen hatte der Steuergesetzgeber beim Erlaß von Korrekturvorschriften zu berücksichtigen und abwägend auszugleichen. Er hat sich dabei in §§ 130–132 AO weitgehend an §§ 48–50 VwVfG angelehnt. Ausnahmsweise können in den Fällen des § 131 AO auch rechtmäßige Verwaltungsakte aufgehoben (widerrufen) werden. §§ 172ff. AO knüpfen an die Korrekturtradition der Reichsabgabenordnung an. Das hat zu einer Konzeptionsspaltung geführt: In den §§ 130, 131 AO werden zum einen für rechtswidrige (§ 130 AO) und für rechtmäßige (§ 131 AO), zum anderen für nicht begünstigende

(§§ 130 I, 131 I AO) und begünstigende (§§ 130 II, 131 II AO) Verwaltungsakte unterschiedliche Regeln aufgestellt. §§ 172 ff. AO hingegen, auch §§ 164, 165 AO, machen den Grad der Korrektur im wesentlichen von der Intensität der vorangegangenen Aufklärung abhängig.

Da Verwaltungsakte, abweichend von Gerichtsurteilen (denen gegenüber nur die Wiederaufnahme des Verfahrens in Betracht kommt), von der Behörde selbst in einer Reihe von Fällen korrigiert werden dürfen, hebt man terminologisch von der *Rechtskraft* (s. § 110 FGO) von Urteilen die *Bestandskraft* (s. die Überschrift vor §§ 172 ff. AO) von Verwaltungsakten ab. Der Verwaltungsakt unterliegt mehr oder minder starken Bindungswirkungen, er ist aber nicht bestandsfest.

9.2 Korrekturterminologie

Die Abgabenordnung verwendet die Begriffe ‚Aufhebung', ‚Rücknahme', ‚Widerruf' und ‚Änderung'. Sie sind hier unter dem Oberbegriff ‚Korrektur' zusammengefaßt.

Das Begriffsverständnis wird dadurch erschwert, daß die §§ 130, 131 AO und folglich auch ihre Terminologie ihr Vorbild in den §§ 48, 49 VwVfG haben, während die Terminologie der §§ 164 f., 172 ff. AO zum Teil der Tradition der Reichsabgabenordnung folgt. So kennen die §§ 130, 131 AO die Begriffe ‚Teilrücknahme' und ‚Teilwiderruf', nicht aber den Begriff ‚Änderung'; §§ 164 f., 172 ff. AO kennen den Begriff ‚Änderung', nicht aber die Begriffe ‚Teilrücknahme' und ‚Teilwiderruf'. In § 132 AO sind die Begriffe ‚Rücknahme', ‚Widerruf' und ‚Änderung' nebeneinandergestellt.

Unter Berücksichtigung des Zwecks der Korrekturvorschriften ergibt sich folgende Terminologieübersicht:

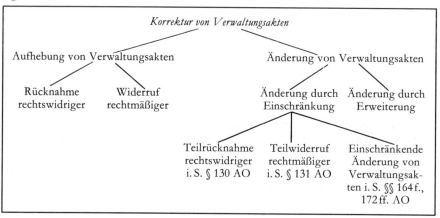

Durch *Aufhebung* entfällt der Verwaltungsakt vollinhaltlich ersatzlos. Die Aufhebung eines rechtswidrigen Verwaltungsakts wird als *Rücknahme* oder Zurücknahme (§§ 130 I, 132, 133 AO) bezeichnet; die Aufhebung eines rechtmäßigen Verwaltungsakts wird *Widerruf* genannt (§§ 131, 132, 133, 148 Satz 3 AO).

Die Abgabenordnung hält diese Unterscheidung (Rücknahme/Widerruf) allerdings nur in den im wesentlichen an das Verwaltungsverfahrensgesetz angelehnten Vorschriften (§§ 130–133 AO) durch. In den Korrekturvorschriften, die insb. Steuerbescheide betreffen (§§ 164 II, 165 II, 169, 172–177, 207 II AO), spricht sie nur von Aufhebung, obwohl i. d. R. nur rechtswidrige Verwaltungsakte betroffen sind.

Änderung ist ein Spezialbegriff für *Geld*-Verwaltungsakte.

713

§ 22 Durchführung der Besteuerung

Durch *Änderung* erhält der Geld-Verwaltungsakt einen partiell anderen Inhalt (Beispiel: statt eines Einkommensteuerbescheids über 5 800 DM ergeht ein Einkommensteuerbescheid über 3 000 DM oder über 7 000 DM). Die Änderung (§§ 164 II, 165 II, 169, 172–177, 207 II–III, 280, 346 II, 348 II, 351 I AO) kann den Verwaltungsakt einschränken oder erweitern; das kann sich zugunsten oder zuungunsten des Bürgers auswirken. Die Änderung eines rechtswidrigen Verwaltungsakts zugunsten des Bürgers ist – mit anderen Worten – eine Teilrücknahme (s. § 130 AO), die Änderung eines rechtmäßigen Verwaltungsakts zugunsten des Bürgers ist ein Teilwiderruf (s. § 131 AO).

Da auch unter die §§ 130, 131 AO Geldbescheide fallen (die nach zwei Seiten geändert werden können), diese Vorschriften aber durch die Begriffe ‚Teilrücknahme' und ‚Teilwiderruf' nur die einschränkende, nicht die erweiternde Änderung zulassen, sind sie terminologisch insuffizient. Die §§ 130, 131 AO erfassen Verwaltungsakte, die zugleich auch unter Vorschriften fallen, die die Begriffe ‚Rücknahme' und ‚Widerruf' gar nicht kennen, wohl aber den Begriff ‚Änderung', so die §§ 346 II, 348 II, 351 I AO; s. ferner §§ 42, 68 FGO. Zu harmonischen, abgestimmten Lösungen kommt man nur, wenn man davon ausgeht, daß ‚Teilrücknahme' und ‚Teilwiderruf' dem Oberbegriff ‚Änderung' unterfallen.

Von *berichtigen* spricht das Gesetz nur im Zusammenhang mit der Korrektur offenbarer Unrichtigkeiten (§ 129 AO) und mit der Korrektur von Rechtsfehlern (§ 177 AO).

§ 280 I AO sieht die Korrektur offenbarer Unrichtigkeiten (§ 129 AO) als Änderungsfall an. In § 169 I 2 AO wird die Berichtigung nach § 129 AO ausdrücklich neben Aufhebung und Änderung erwähnt. In Anbetracht der terminologischen Unsauberkeiten führt Wortauslegung oft nicht zu angemessenen Ergebnissen. Man wird auch die §§ 132, 175 I 1 Nr. 1, 177 AO auf Berichtigungen nach § 129 AO erstrecken müssen[68].

9.3 Allgemeine Korrekturvorschriften

Für *alle* Verwaltungsakte gilt:

(1) *Keine* Korrektur *wegen Verfahrens- und Formfehlern,* wenn keine andere Entscheidung in der Sache hätte getroffen werden können (§ 127 AO). Dazu S. 677.

(2) Keine Korrektur, wenn rechtswidriger in rechtmäßigen Verwaltungsakt *umgedeutet* werden kann (§ 128 AO; die engen Voraussetzungen dieser Vorschrift liegen im Steuerrecht selten vor).

(3) Korrektur auch *während* des außergerichtlichen oder gerichtlichen *Rechtsbehelfsverfahrens* zulässig (§ 132 AO).

(4) Korrektur *nur bis zum Ablauf der Festsetzungsverjährungsfrist* zulässig (§ 169 I 1 AO), sofern eine solche besteht.

(5) Korrektur wegen *offenbarer Unrichtigkeit:* Schreibfehler, Rechenfehler und ähnliche offenbare Unrichtigkeiten können innerhalb der Festsetzungsverjährungsfrist (§ 169 I 2 AO) jederzeit berichtigt werden (§ 129 AO).

In den Fällen offenbarer Unrichtigkeit verdient der Betroffene keinen Vertrauensschutz. *Offenbar* (= offensichtlich) ist, was für den Betroffenen erkennbar, eindeutig, augenfällig, handgreiflich, nicht zu bezweifeln ist, was ins Auge springt. Die Unrichtigkeit muß für den *Betroffenen* offenbar sein; sie muß sich aber nicht aus dem Verwaltungsakt selbst, kann sich

---

68 Näheres s. *Tipke*/Kruse, AO [13], Vor § 130 Tz. 2 a.E. mit Nachweisen.

vielmehr auch aus anderen dem Betroffenen bekannten oder zugänglichen Unterlagen ergeben („beim Erlaß")[69].

Offenbare Unrichtigkeiten sind insb. mechanische Versehen (offenbares Verrechnen, Verschreiben, Übersehen, Verwechseln, Vertun, Vergreifen), nicht aber Fehler in der Rechtsanwendung (unrichtige Sachverhaltswürdigung; unrichtige Gesetzesauslegung). Wenn auch nur die *Möglichkeit* eines *Rechts*irrtums besteht, ist § 129 AO nicht anwendbar.

Eine erhebliche Rolle spielen EDV-Unrichtigkeiten[70].

§ 129 AO läßt § 124 I 2 AO unberührt.

9.4 Die allgemeinen Regeln der §§ 130, 131 AO

§§ 130, 131 AO enthalten allgemeine Korrekturvorschriften. Sie treffen unterschiedliche Regelungen, je nachdem, ob es sich einerseits um rechtswidrige (§ 130 AO) oder rechtmäßige (§ 131 AO), andererseits um nicht begünstigende (§§ 130 I, 131 I AO) oder begünstigende (§§ 130 II, 131 II AO) Verwaltungsakte handelt.

Über die Begriffe rechtswidrige–rechtmäßige, nicht begünstigende–begünstigende Verwaltungsakte s. oben S. 671 f.

§§ 130, 131 AO gelten nicht, soweit *Spezialvorschriften* zutreffen. Solche Spezialvorschriften gelten insb. für Steuerbescheide und andere Bescheide (§§ 172 ff. AO, s. § 172 I Nr. 2 d AO; dazu S. 717 ff.) und für verbindliche Zusagen aufgrund einer Außenprüfung (§§ 206, 207 AO).

(1) Ein *rechtswidriger nicht begünstigender* Verwaltungsakt kann, auch nachdem er unanfechtbar geworden ist, ganz oder teilweise mit Wirkung für die Zukunft oder für die Vergangenheit zurückgenommen werden (§ 130 I AO). Durch die Entlastung entsteht dem Betroffenen kein Rechtsnachteil.

Anwendbar ist § 130 I AO insb. auf Finanzbefehle (= Verwaltungsakte, die ein Tun, Dulden oder Unterlassen anordnen), Zuschläge, Zwangsmittel sowie Ablehnung begünstigender oder belastender Verwaltungsakte, Haftungs- und Duldungsbescheide (s. aber auch zu [2]).

(2) Ein *rechtswidriger begünstigender* Verwaltungsakt darf aus Vertrauensschutzgesichtspunkten nur zurückgenommen werden (s. § 130 II AO),
- wenn er von sachlich unzuständiger Behörde erlassen worden ist,
- wenn er durch unlautere Mittel (wie arglistige Täuschung, Drohung, Bestechung) erwirkt worden ist,
- wenn er durch wesentlich unrichtige oder unvollständige Angaben erwirkt worden ist,
- wenn seine Rechtswidrigkeit dem Begünstigten bekannt oder infolge grober Fahrlässigkeit nicht bekannt war.

Das Gesetz ist insofern mißlungen, als die Widerrufsgründe des § 131 II AO nicht auch (erst recht) für rechtswidrige Verwaltungsakte gelten. Insoweit liegt wohl eine Gesetzeslücke vor[71].

Anwendbar ist § 130 II AO insb. auf Abrechnungsbescheide (§ 218 II AO), Aussetzungen der Vollziehung (§ 361 AO), Bewilligungen von Buchführungserleichterungen (§ 148 AO), Billigkeitserlasse (§ 227 AO), Fristverlängerungen (§ 109 AO), Stundungen (§ 222 AO), Bestellungen zum Steuerberater (§§ 40 ff. StBerG).

---

69 Dazu ausführlich *Nothnagel,* Bestandsschutz für den bekanntgegebenen Inhalt von Steuerverwaltungsakten? Zur Bedeutung der gesetzgeberischen Entscheidung für die Erklärungstheorie bei Auslegung der §§ 124 I und 129 AO, StuW 84, 60 ff.; *Hering,* DStZ 84, 220 ff.
70 Dazu *Tipke*/Kruse, AO [13], § 129 Tz. 3.
71 *Tipke*/Kruse, AO [13], § 130 Tz. 8 a.

§ 22 Durchführung der Besteuerung

Für *Zusagen* aufgrund einer Außenprüfung gelten speziell §§ 206, 207 AO. Die *allgemeine Zusage* – auch als verbindliche Auskunft bezeichnet (s. S. 682) – ist im Gesetz nicht geregelt. Die Lücke ist, was die Aufhebung oder Änderung der allgemeinen Zusage betrifft, analog §§ 206, 207 AO zu schließen (§§ 130, 131 AO enthalten insoweit eine verdeckte Lücke), wenn eine bestimmte Steuerfestsetzung o. ä. zugesagt worden ist. Ist ein begünstigender Verwaltungsakt (wie Billigkeitserlaß, Stundung) zugesagt worden, so sind §§ 130 II, 131 II AO analog anzuwenden.

Begünstigend ist ein (an sich belastender) Verwaltungsakt auch insoweit, als er keinen höheren Belastungsbetrag festsetzt. Das wirkt sich etwa aus bei Zwangsgeldfestsetzungen, Haftungsbescheiden, Zuschlägen[72].

Beispiel: Finanzbehörde setzt Verspätungszuschlag auf 100 DM fest. Obwohl der Zuschlag belastend wirkt, darf die Finanzbehörde den Zuschlag nicht nach § 130 I AO zurücknehmen und darauf (verbösernd) einen Zuschlag von 200 DM festsetzen. Vielmehr gilt § 130 II AO; die Zuschlagsfestsetzung begünstigt den Betroffenen insoweit, als sie 100 DM *nicht* überschreitet.

(3) Ein *rechtmäßiger nicht begünstigender* Verwaltungsakt kann, auch nachdem er unanfechtbar geworden ist, ganz oder teilweise mit Wirkung für die Zukunft widerrufen werden, außer wenn ein Verwaltungsakt gleichen Inhalts erneut erlassen werden müßte oder aus anderen Gründen ein Widerruf unzulässig ist (§ 131 I AO).

Das Bedürfnis nach einer Korrektur *rechtmäßiger* Verwaltungsakte leuchtet nicht ohne weiteres ein, daher ist eine Erklärung angezeigt: Die Rechtmäßigkeit eines Verwaltungsakts wird nach den Verhältnissen im Zeitpunkt des Wirksamwerdens des Verwaltungsakts beurteilt. Danach kann sich die Rechtslage rückwirkend ändern, oder es kann sich die Sachlage ändern; das kann sich auf *Dauerverwaltungsakte* auswirken. Auch kommt in Betracht, daß rechtmäßige *Ermessensentscheidungen* (innerhalb des Ermessensspielraums) noch „verbessert" werden (insb. bei Widerrufsvorbehalt). Ein Verwaltungsakt bleibt rechtmäßig, wenn eine ihm hinzugefügte Auflage nicht erfüllt wird (daher § 131 II Nr. 2 AO).

(4) Ein *rechtmäßiger begünstigender* Verwaltungsakt darf, auch nachdem er unanfechtbar geworden ist, ganz oder teilweise mit Wirkung für die Zukunft nur widerrufen werden (§ 131 II AO),

— wenn Widerruf zugelassen oder vorbehalten ist (s. § 131 II Nr. 1 i. V. mit § 120 I, II Nr. 3 AO),
— bei Nichterfüllung einer Auflage (s. § 131 II Nr. 2 i. V. mit § 120 II Nr. 4 AO),
— wenn die Finanzbehörde aufgrund nachträglich eingetretener Tatsachen berechtigt wäre, den Verwaltungsakt nicht zu erlassen, und wenn ohne den Widerruf das öffentliche Interesse gefährdet würde (s. § 131 II Nr. 3 AO).

Beispiele: Dem Steuerpflichtigen wird die Steuerschuld wegen Zahlungsschwierigkeiten gestundet (§ 222 AO). Sechs Monate später erbt er ein großes Vermögen, so daß er die Schuld leicht begleichen kann. Die Finanzbehörde darf die Stundung widerrufen (§ 131 II Nr. 3 AO). – Es ist ohne Sicherheitsleistung Vollziehung ausgesetzt (§ 361 II AO) oder gestundet (§ 222 AO) worden. Wenn sich die Vermögenslage des Steuerpflichtigen erheblich verschlechtert, kann die Behörde die Aussetzung oder Stundung widerrufen (§ 131 II Nr. 3 AO) und anschließend Aussetzung oder Stundung gegen Sicherheitsleistung aussprechen. – Nachdem dem Steuerpflichtigen Buchführungserleichterungen bewilligt worden sind (§ 148 AO), legt er ein Verhalten an den Tag, das auf seine Unzuverlässigkeit schließen läßt. Die Erleichterungen dürfen widerrufen werden (§ 131 II Nr. 3 AO).

---

72 *Tipke*/Kruse, AO [13], Vor § 130 Tz. 4, § 130 Tz. 3.

9.5 Die Sonderregeln für Steuerbescheide und andere Bescheide (§§ 172ff. AO)

Steuerbescheide, auch wenn durch Einspruchsentscheidung bestätigt oder geändert (§ 172 I letzter Satz AO),

– was für Steuerbescheide (§§ 164 II, 165 II AO) gilt, gilt auch für solche Bescheide, für die die Regeln über Steuerbescheide entsprechend gelten, nämlich für *Verwaltungsakte,* durch die ein *Antrag auf Erlaß, Aufhebung oder Änderung eines Steuerbescheids ganz oder teilweise abgelehnt wird* (§ 172 II AO), für *Freistellungsbescheide* (§ 155 I 3 AO), für *Steuervergütungsbescheide* (§ 155 VI AO), für *Steueranmeldungen* (§ 168 AO), für gesonderte *Feststellungsbescheide* (§ 181 I 1 AO), für *Steuermeßbescheide* (§ 184 I 3 AO), für *Zerlegungsbescheide* (§ 185 i. V. mit § 184 I 3 AO), für *Zuteilungsbescheide* (§ 190 Satz 2 i. V. mit § 185 und § 184 I 3 AO), für *Zinsbescheide* (§ 239 I 1 AO), für *Kostenbescheide* i. S. des § 178 IV AO, für *Lohnsteuerjahresausgleichsbescheide* (§ 42 V EStG) –

können unter folgenden Voraussetzungen innerhalb der Festsetzungsverjährungsfrist (§ 169 I 1 AO) aufgehoben oder geändert werden:

(1) *Unter Vorbehalt der Nachprüfung ergangene Bescheide* (§ 164 I AO): solange der Vorbehalt wirksam ist (s. S. 708 f.). Vom Steuerpflichtigen begehrte Korrektur kann bis zur abschließenden Prüfung des Falles hinausgeschoben werden (§ 164 II AO).

Je mehr der Vorbehalt der Nachprüfung bei Veranlagungen von Unternehmern zur Regel wird[73], desto stärker verlieren die übrigen Korrekturvorschriften für Steuerbescheide ihre herkömmliche Bedeutung.

Kraft Gesetzes ergehen unter Vorbehalt der Nachprüfung Eintragungen auf der Lohnsteuerkarte (§§ 39 IIIb 4; 39a IV 1 EStG), Vorauszahlungsfestsetzungen (§ 164 I 2 AO), Steueranmeldungen (§ 168 AO).

(2) *Vorläufige Bescheide* (s. S. 709): wenn die Ungewißheit beseitigt ist (§ 165 AO).

(3) *Steuerbescheide über Zölle und Verbrauchsteuern:* uneingeschränkt (§ 172 I Nr. 1 AO)[74].

Grund: Zoll- und Verbrauchsteuerverfahren sind summarische Massenabfertigungsverfahren durch untergeordnete Stellen; generelle Überprüfungsmöglichkeit ist daher wegen zu vieler Fehlermöglichkeiten nicht zu entbehren. Ausgleich: Festsetzungsverjährungsfrist beträgt nur ein Jahr (§ 169 II Nr. 1 AO).

Der Bundesfinanzhof hatte folgende Ermessensausübung gebilligt: Steuerpflichtige können Korrektur zu ihren Gunsten prinzipiell nur innerhalb der Rechtsbehelfsfrist verlangen; s. jetzt aber § 173 I 1 Nr. 2 AO, dessen Grundgedanke für Zölle und Verbrauchsteuern entsprechend gilt (BFHE 146, 18).

§ 176 AO ist auch in den Fällen der Korrektur nach §§ 164, 165, 172 I Nr. 1 AO zu beachten.

(4) Steuerbescheide, *die* andere Steuern, d. h. *Besitz- und Verkehrsteuern,* betreffen:

a) Falls der Steuerpflichtige *zustimmt* oder soweit einem *Antrag* (nicht erforderlich: Rechtsbehelfsantrag) des Steuerpflichtigen der Sache nach *entsprochen wird* (volenti non fit iniuria!). Unanfechtbare (= mit Rechtsbehelfen nicht mehr anfechtbare) Bescheide dürfen nur zuungunsten des Steuerpflichtigen korrigiert werden (§§ 172 I Nr. 2a AO), zugunsten des Steuerpflichtigen nur, wenn *vor* Ablauf der Rechtsbehelfsfrist zugestimmt oder der Antrag gestellt worden ist; sonst würden die Rechtsbehelfsfristen unterlaufen.

---

73 Dazu Grundsätze zur Neuorganisation der Finanzämter und zur Neuordnung des Besteuerungsverfahrens v. 16. 2. 1976 (GNOFÄ), BStBl. I 76, 88.
74 Dazu *Peters,* ZfZ 73, 363.

§ 22 Durchführung der Besteuerung

b) Soweit sie von einer *sachlich unzuständigen Behörde* erlassen worden sind (§ 172 I Nr. 2 b AO).

Es wird vermutet, daß von sachlich unzuständigen Behörden erlassene Bescheide (wegen Inkompetenz) rechtswidrig sind.

c) Soweit sie *durch unlautere Mittel* (wie Täuschung, Drohung, Bestechung) *erwirkt* worden sind (§ 172 I Nr. 2 c AO).

d) Soweit die Korrektur *sonst gesetzlich zugelassen* ist (§ 172 I Nr. 2 d AO); s. §§ 173, 174, 175 AO, §§ 10 d I Sätze 2, 3; 36 a III, IV EStG; § 68 c EStDV; § 47 II KStG; § 35 b GewStG; §§ 5 II, 6 II, 7 II, 8, 24, 24 a BewG; §§ 11 III 3, 18 VStG; §§ 20, 21 GrStG; 25 II 2 UmwStG. Zu den AO-Vorschriften s. e)–i).

e) Soweit *Tatsachen oder Beweismittel* nachträglich *bekannt werden, die zu einer höheren Steuer führen,* als im ursprünglichen Steuerbescheid festgesetzt (§ 173 I 1 Nr. 1 AO).

Tatsachen sind Lebensvorgänge oder Sachverhaltselemente; keine Tatsachen sind: Rechtsauffassungen, Schlußfolgerungen aus Tatsachen (wie die Schätzung), Verfahrenshandlungen. Wegen *Beweismittel* s. § 92 AO.

Nachträglich heißt: nach der ursprünglichen Festsetzung oder Feststellung. Nach h. M. kommt es auf den Zeitpunkt der Zeichnung des Berechnungsbogens oder des Eingabewertbogens durch den zuständigen Beamten an. Es kommen nur Tatsachen in Betracht, die in diesem Zeitpunkt zwar bereits existierten, aber eben nicht bekannt waren.

Das Gesetz sagt nicht, auf *wessen Kenntnis/Unkenntnis* es ankommt. Bekannt/unbekannt ist, was die im Einzelfall für die Sachaufklärung zuständigen Beamten (insb. Sachbearbeiter, Sachgebietsleiter, Außenprüfer) wissen/nicht wissen.

Durch das „soweit" soll ausgedrückt werden, daß eine Änderung nur zulässig ist, soweit sich die Tatsache oder das Beweismittel auswirkt. Das bedeutet, daß entgegen der RAO-Rechtsprechung (s. BFH BStBl. 64, 437) keine Gesamtaufrollung (Berichtigung auch etwaiger rechtlicher Fehler unabhängig von der Feststellung neuer Tatsachen und Beweismittel) zulässig ist. Im übrigen unterbleibt eine Änderung des Bescheids, wenn die Abweichung im Falle der Festsetzung eines Betrages geringer als 1 v. H. des bisherigen Betrages ist und weniger als 500 DM beträgt (§ 173 I 2 AO).

Der Aufhebung/Änderung nach § 173 I 1 Nr. 1 AO kann der Grundsatz von Treu und Glauben entgegenstehen (Tipke/*Kruse,* AO [13], § 173 Tz. 28 ff.).

f) Soweit *Tatsachen oder Beweismittel nachträglich bekannt werden, die zu einer niedrigeren Steuer führen,* als im ursprünglichen Steuerbescheid festgesetzt; dabei wird jedoch vorausgesetzt, daß *den Steuerpflichtigen kein grobes Verschulden* daran trifft, daß die Tatsachen oder Beweismittel erst nachträglich bekannt werden (Steuerpflichtiger soll gehalten sein, ihm bekannte Tatsachen oder Beweismittel ohne schuldhaftes Zögern mitzuteilen); das Verschulden ist unbeachtlich, wenn die Tatsachen oder Beweismittel mit solchen Tatsachen oder Beweismitteln im Zusammenhang stehen, die zu einer höheren Steuer führen (§ 173 I 1 Nr. 2 AO).

Strittig ist, ob das *Verschulden des bevollmächtigten Steuerberaters* dem Steuerpflichtigen zuzurechnen ist. Anders als §§ 110 I 2, 152 I 3 AO ordnet § 173 I 1 Nr. 2 AO eine solche Zurechnung nicht an. Aus § 152 I 3 AO läßt sich schließen, daß § 173 I 1 Nr. 2 AO eine Lücke enthält (s. auch BFH BStBl. 83, 324; 84, 2; 87, 161). Wenn § 152 I 3 AO ein Verschulden des Erfüllungsgehilfen bei der rechtzeitigen Abgabe der Steuererklärung dem Steuerpflichtigen anlastet, so muß das auch für ein Verschulden des Erfüllungsgehilfen in bezug auf den (lückenhaften) Inhalt der Steuererklärung gelten. Allerdings ist das Prinzip der §§ 110 I 2, 152 I 3 AO, soweit es sich um die Mitwirkung steuerberatender Berufe handelt, rechtspolitisch verfehlt (s. S. 680). BFH BStBl. 84, 256, hat das

Unterlassen der Einspruchseinlegung durch den Steuerberater als Verschulden angesehen; das ist u. E. falsch, denn das Verschulden muß sich auf „nachträglich bekannt werdende" Tatsachen beziehen.

Steuerbescheide können nach § 173 I 1 Nr. 2 AO auch mehrfach hintereinander korrigiert werden, wenn Tatsachen zu verschiedenen Zeiten nachträglich festgestellt werden. Ist ein Bescheid jedoch aufgrund einer Außenprüfung ergangen oder hat eine Außenprüfung zu keiner Korrektur geführt (hat die Außenprüfung den Bescheid also bestätigt), so setzt eine (weitere) Korrektur voraus, daß eine Steuerhinterziehung oder leichtfertige Steuerverkürzung festgestellt wird (§ 173 II AO). Ungeklärt ist, ob die Veranlagungsstelle die Hinterziehung oder Verkürzung feststellen kann, oder ob diese Feststellung von der Strafbehörde (dem Strafgericht) getroffen sein muß[75].

Nach dem vor der AO 1977 geltenden Recht mußte die nachträglich bekanntgewordene Tatsache *von einigem Gewicht* sein (BFH BStBl. 62, 249; 63, 100; 65, 205; 70, 586). Diese Rechtslage ist durch das Steuerbereinigungsgesetz 1986 wiederhergestellt worden: Die Abweichung muß mindestens 1 v. H. des bisherigen Betrages oder mindestens 500 DM betragen (§ 173 I 2 AO).

§ 173 AO ist eine Mußvorschrift. Soweit nachträglich Tatsachen oder Beweismittel bekannt werden, die zu einer Änderung der Steuer führen, *ist* der Steuerbescheid zu korrigieren.

g) Soweit *„widerstreitende Steuerfestsetzungen"* vorliegen (§ 174 AO).

Widerstreitende Steuerfestsetzungen sind solche, die sich denkgesetzlich widersprechen (nicht miteinander vereinbar, inkompatibel sind), weil

– der nämliche Sachverhalt *mehreren,* sich tatbestandlich ausschließenden *Steuerarten* zugeordnet worden ist;
– der nämliche Sachverhalt *mehreren Steuerschuldnern* zugeordnet worden ist, obwohl nur ein Steuerschuldner in Betracht kommt;
– der nämliche Sachverhalt bei einem Steuerschuldner in *mehreren Veranlagungszeiträumen,* also doppelt oder mehrfach, erfaßt worden ist;
– ein Steuerschuldner von *mehreren Finanzämtern* wegen derselben Steuerschuld herangezogen wird.

§ 174 AO löst die Konflikte dadurch, daß er die Aufhebung oder Änderung des fehlerhaften Bescheids anordnet (§ 174 I, II AO).

Diesen vier Fällen positiver Widersprüchlichkeit, die sich zugunsten oder zuungunsten des (der) Steuerpflichtigen auswirken kann, gesellt sich ein negativer Konflikt hinzu: Ein bestimmter Sachverhalt wird in einem Bescheid erkennbar *nicht berücksichtigt in der unzutreffenden Annahme,* er sei in einem anderen Bescheid (derselben oder einer anderen Steuerart, desselben oder eines anderen Steuerschuldners, desselben oder eines anderen Veranlagungszeitraums) *zu berücksichtigen.* In diesem Fall kommt Nachholung, Aufhebung oder Änderung der Steuerfestsetzung in Betracht (s. dazu § 174 III AO)[76].

§ 174 IV, V AO betrifft den Fall, daß die Finanzbehörde in einem Bescheid das falsche Steuersubjekt oder Steuerobjekt oder den falschen Zeitraum erfaßt. Wird ein solcher Bescheid aufgehoben, so darf die Finanzbehörde u. U. das richtige Subjekt (s. § 174 V AO), das richtige Objekt oder den richtigen Zeitraum erfassen.

h) Soweit ein *Grundlagenbescheid* (§ 171 X AO) mit Bindungswirkung für einen Steuerbescheid *erlassen oder korrigiert* wird (§ 175 I 1 Nr. 1 AO).

i) Soweit ein *Ereignis* eintritt, *das steuerliche Wirkung für die Vergangenheit hat* (§ 175 I 1 Nr. 2 AO)[77].

---

[75] Dazu *Reiß,* StuW 86, 68 u. 72.
[76] Dazu *Macher,* DStR 79, 548.
[77] Dazu *Lauer,* Die Korrekturvorschrift des § 175 Abs. 1 Satz 1 Nr. 2 AO, Berlin 1984.

§ 22 Durchführung der Besteuerung

Der vage Terminus „Ereignis, das steuerliche Wirkung für die Vergangenheit hat" ist mißglückt. Gemeint sind nicht tatsächliche Ereignisse (sie können sich nicht rückwirkend auf die Besteuerung auswirken), auch nicht Gesetzesänderungen, sondern steuererhebliche Rechtsverhältnisse, Rechtsgeschäfte oder Verwaltungsakte, die sich *nachträglich* (d. h. nach Ergehen des Bescheids) ändern oder wegfallen (etwa durch Wandlung, Minderung, Anfechtung, Wegfall der Geschäftsgrundlage, Aufhebung, Gerichtsentscheidung; s. auch den Fall des § 29 ErbStG). § 175 I 1 Nr. 2 AO erfaßt nur Fälle dinglicher Rückwirkung, nicht schuldrechtliche Verträge, die sich rückwirkende Kraft beilegen. Erfaßt wird auch der Wegfall oder Eintritt steuergesetzlicher Bedingungen der Steuerschuld.

Nach h. M. greift § 175 I 1 Nr. 2 AO nicht ein, wenn Einkünfte nach §§ 4 I, III; 5 I; 11 EStG zu ermitteln sind. In diesen Fällen unterbinden die erwähnten Vorschriften die einkommen*steuerliche* Rückwirkung. Die Rückgängigmachung des Geschäftsvorfalls wird erst im Jahr der Rückgängigmachung berücksichtigt. §§ 17 UStG, 16 GrEStG gehen § 175 I 1 Nr. 2 AO vor.

§ 175 I 1 Nr. 2 AO ist das verfahrensrechtliche Pendant zu der schuldrechtlichen Vorschrift des § 41 I AO (s. S. 108).

§ 175 II AO regelt einen Sonderfall.

(5) *§ 176 AO stärkt die Rechtssicherheit* des Steuerpflichtigen dadurch, daß bei Korrekturen zum Nachteil des Steuerpflichtigen *die Rechtslage* – die Rechtsnormen, die oberstgerichtliche Judikatur und die oberstbehördlichen Verwaltungsvorschriften – *zugrunde gelegt wird, die im Zeitpunkt der ursprünglichen Steuerfestsetzung bestand.*

§ 176 AO gilt entsprechend bei Fehlerfortschreibung (§ 22 III 2, 3 BewG) und Neuveranlagung nach § 16 II 2, 3 VStG.

Die Idee der Rechtssicherheit verlangt indessen mehr: Danach müßte der Steuerpflichtige sich auf die Rechtslage im Zeitpunkt der Sachverhaltsverwirklichung verlassen können (s. auch S. 34 f., 37 ff.).

(6) Da die Bestandskraft des Steuerbescheids nicht dessen Begründung erfaßt, läßt § 177 AO eine *Saldierung mit Rechtsfehlern* zu, „soweit die Änderung reicht"[78].

§ 177 AO ist keine selbständige Vorschrift, sie setzt die Aufhebung oder Änderung des Bescheids nach einer anderen Vorschrift voraus.

Beispiele:

Steuer laut ursprünglichem Bescheid	14 000 DM
Steuer laut Änderung nach § 173 I 1 Nr. 1 AO	17 000 DM
Differenz	3 000 DM

In Höhe von 3 000 DM können „autonome" (= nicht mit nachträglich bekannt gewordenen Tatsachen i. S. des § 173 I 1 Nr. 1 AO zusammenhängende) Rechtsfehler korrigiert werden. Die Steuer darf aufgrund solcher Rechtsfehler aber nicht auf einen Betrag unter 14 000 DM herabgesetzt werden.

Steuer laut ursprünglichem Bescheid	17 000 DM
Steuer laut Änderung nach § 173 I 1 Nr. 2 AO	14 000 DM
Differenz	3 000 DM

In Höhe von 3 000 DM können „autonome" Rechtsfehler korrigiert werden. Die Steuer darf aufgrund solcher Rechtsfehler aber nicht über einen Betrag von 17 000 DM hinaufgesetzt werden.

§ 176 AO geht § 177 AO vor.

---

78 Zum Begriff „soweit die Änderung reicht" *Macher,* StuW 85, 33 ff. (allerdings zu § 351 AO).

§ 23 Erhebungsverfahren und Vollstreckung

1. Titel

Die Geltendmachung von Steueransprüchen, Steuervergütungsansprüchen und Haftungsansprüchen setzt grundsätzlich einen Titel voraus. Solche Titel sind der Steuerbescheid (Steueranmeldung steht gleich), der Steuervergütungsbescheid und der Haftungsbescheid, ferner die Verwaltungsakte, durch die steuerliche Nebenleistungen festgesetzt werden; bei Säumniszuschlägen genügt die Verwirklichung des gesetzlichen Tatbestandes (§ 218 I AO).

Bei Geltendmachung von Haftungsansprüchen ist im übrigen § 219 AO zu beachten: Haftungsbescheid allein genügt nicht wegen Subsidiarität der Haftung.

2. Fälligkeit

2.1 Grundsätzliches

Es können nur fällige Ansprüche geltend gemacht werden.

Über die Fälligkeit finden sich Bestimmungen in den Einzelsteuergesetzen (s. auch § 220 I AO).

Für die Veranlagungssteuern (Einkommensteuer, Körperschaftsteuer, Gewerbesteuer, Vermögensteuer, Umsatzsteuer) ist in den Einzelsteuergesetzen bestimmt, daß Jahresabschlußzahlungen innerhalb eines Monats nach Bekanntgabe des Steuerbescheids zu entrichten sind (§ 36 IV EStG, § 49 I KStG, § 20 II GewStG, § 22 I VStG, § 18 IV UStG).

Fehlt es an einer besonderen gesetzlichen Regelung, so fällt die Fälligkeit des Anspruchs prinzipiell mit seiner Entstehung zusammen; etwas anderes gilt, wenn in dem nach § 254 AO erforderlichen Leistungsgebot eine Zahlungsfrist eingeräumt worden ist (§ 220 II 1 AO). Ergibt sich der Anspruch aus der Festsetzung einer Steuer, einer Steuervergütung oder einer steuerlichen Nebenleistung und ist über die Fälligkeit im Einzelsteuergesetz nichts bestimmt, so tritt die Fälligkeit nicht vor Bekanntgabe der Festsetzung ein (§ 220 II 2 AO).

§ 221 AO läßt für besondere Verbrauchsteuern und für die Umsatzsteuer unter bestimmten Voraussetzungen eine Vorverlegung der Fälligkeit zu.

2.2 Hinausschieben der Fälligkeit

Die Fälligkeit kann hinausgeschoben werden durch Stundung, Zahlungsaufschub und Aussetzung der Vollziehung.

Die *Fälligkeit wird nicht berührt* durch die einstweilige Einstellung oder Beschränkung der Vollstreckung (§ 258 AO) und durch die Niederschlagung (§ 261 AO: Niederschlagung ist verwaltungsinterne Maßnahme).

2.21 Stundung (§ 222 AO)

Ansprüche aus dem Steuerschuldverhältnis können (Ermessensvorschrift) ganz oder teilweise gestundet werden, wenn die Einziehung bei Fälligkeit eine erhebliche Härte für den Schuldner bedeuten würde und der Anspruch durch die Stundung nicht gefährdet erscheint. Eine erhebliche Härte liegt vor, wenn die Steuereinziehung im

§ 23 Erhebungsverfahren und Vollstreckung

Zeitpunkt der Fälligkeit unbillig wäre. Ist die Einziehung nicht nur vorübergehend, sondern überhaupt unbillig, so kommt Billigkeitserlaß (§ 227 AO) in Betracht.

Die Stundung soll in der Regel nur auf Antrag und gegen *Sicherheitsleistung* gewährt werden. In der Praxis wird die Stundung allerdings in der Regel ohne Sicherheitsleistung ausgesprochen, dies jedenfalls bei kleineren Beträgen und bei kurzfristigen Stundungen.

Für die Dauer einer gewährten Stundung werden Zinsen erhoben. Auf die Zinsen kann ganz oder teilweise verzichtet werden, wenn ihre Erhebung nach Lage des einzelnen Falles unbillig wäre (§ 234 I, II AO).

2.22 Zahlungsaufschub (§ 223 AO)

Zahlungsaufschub ist nur für Zölle und Verbrauchsteuern vorgesehen. § 223 AO verweist auf das Zollgesetz und die Verbrauchsteuergesetze.

§ 37 II Zollgesetz gewährt für Zölle einen Anspruch auf Zahlungsaufschub für mehrere Monate.

Zahlungsaufschub hängt von einem Antrag und von Sicherheitsleistung ab.

Grund für den Zahlungsaufschub: Der Schuldner soll erst zahlen müssen, nachdem er den Zoll oder die Verbrauchsteuer im Kaufpreis überwälzt hat.

2.23 Aussetzung der Vollziehung im Rechtsbehelfsverfahren (§ 361 AO, § 69 FGO)

Hauptvoraussetzung: ernstliche Zweifel an der Rechtmäßigkeit des angefochtenen Verwaltungsakts. § 361 AO entspricht § 69 FGO, s. daher S. 751 f.

3. Erlöschen fälliger Ansprüche

Ansprüche aus dem Steuerschuldverhältnis erlöschen insb. durch Zahlung (§§ 224, 225 AO) oder durch Hingabe von Kunstgegenständen an Zahlungs Statt unter den besonderen Voraussetzungen des § 224a AO, außerdem durch Aufrechnung (§ 226 AO), Billigkeitserlaß (§§ 163, 227 AO; s. auch speziell § 234 II AO betr. Zinsen), Verjährung (§§ 169–171, §§ 228–232 AO), ferner durch Eintritt der Bedingung bei auflösend bedingten Ansprüchen (s. § 50 AO). Dies bestimmt *§ 47 AO*. Nur für die Zahlungsverjährung ist das Erlöschen in § 232 AO ein weiteres Mal angeordnet.

3.1 Zahlung (§§ 224, 225 AO)

Über Leistungsort, Art und Tag der Zahlung s. §§ 224, 224a AO.

Bei Schecks kommt es (vorausgesetzt, daß der Scheck eingelöst wird) auf den Tag des Scheckeingangs an (§ 224 II Nr. 1 AO), bei Banküberweisungen auf die Gutschrift durch die Empfängerbank. Wegen der im allgemeinen kürzeren Laufzeit pflegt Zahlung durch Scheck günstiger zu sein.

Erbschaft- und Vermögensteuerschulden können unter zahlreichen besonderen Voraussetzungen auch durch Hingabe von Kunstgegenständen an Zahlungs Statt erfüllt werden (s. dazu § 224a AO).

Schuldet ein Steuerpflichtiger mehrere Beträge und reicht bei freiwilliger Zahlung der bezahlte Betrag nicht zur Tilgung sämtlicher Schulden aus, so bestimmt § 225 AO die Reihenfolge der Tilgung.

Zahlung unter Vorbehalt kennt die Abgabenordnung nicht. Der Vorbehalt ist auch keine Rechtsbehelfserklärung.

Die Erfüllung durch einen Gesamtschuldner wirkt auch für die übrigen Schuldner (§ 44 II 1 AO).

3.2 Aufrechnung (§ 226 AO)[1]

Aufrechnen können sowohl Privatpersonen (insb. Steuerpflichtige) als auch Finanzbehörden[2].

Für die Aufrechnung mit oder gegen Ansprüche aus dem Steuerschuldverhältnis gelten sinngemäß die Vorschriften des bürgerlichen Rechts, soweit nichts anderes bestimmt ist (§ 226 I AO). Daraus folgt, daß die Voraussetzungen der Aufrechnung (die Aufrechnungslage) grundsätzlich dem Bürgerlichen Gesetzbuch zu entnehmen sind.

Danach setzt die Aufrechnung voraus:

(1) *Gegenseitigkeit* der Hauptforderung und der Gegenforderung (s. § 387 BGB: „Schulden zwei Personen einander").

*Haupt*forderung nennt man die Forderung des Gläubigers gegen den Schuldner, die Forderung, gegen die aufgerechnet wird; *Gegen*forderung nennt man die Forderung des Schuldners gegen den Gläubiger, die Forderung, mit der aufgerechnet wird.

Für die Aufrechnung gilt als Gläubiger oder Schuldner eines Anspruchs des Steuerberechtigten aus dem Steuerschuldverhältnis nicht nur die steuerberechtigte Körperschaft, sondern auch die Körperschaft, die die Steuer verwaltet (§ 226 IV AO). Es kommt also für die Beurteilung der Gegenseitigkeit – aus praktischen Gründen – auf die Verwaltungshoheit, nicht auf die Ertragshoheit an.

Die Gegenseitigkeit kann durch Abtretung oder durch Schuldübernahme hergestellt werden.

Unerheblich ist, gegen welche öffentliche Kasse die Gegenforderung besteht, ob etwa anstatt gegen den Finanzfiskus gegen den Justizfiskus.

(2) *Erfüllbarkeit der Hauptforderung* (s. § 271 BGB); *Fälligkeit der Gegenforderung* (s. § 387 BGB).

(3) *Gleichartigkeit* (§ 387 BGB). Das Gebot der Gleichartigkeit verlangt, daß auch die Gegenforderung eine Geldforderung ist.

(4) Nur mit *unbestrittenen* oder *rechtskräftig festgestellten Gegenforderungen* können *Steuerpflichtige* gegen Ansprüche aus dem Steuerschuldverhältnis aufrechnen (§ 226 III AO).

Beispiel: Tischlermeister T rechnet gegen eine Vermögensteuerforderung mit einer Forderung gegen den Landesjustizfiskus auf, da er im Justizgebäude Richtertische erneuert habe. Die Forderung des Tischlers ist nicht rechtskräftig festgestellt.
Gegenseitigkeit ist gegeben. Die Zulässigkeit der Aufrechnung hängt jedoch davon ab, ob die Justizbehörde die Gegenforderung bestreitet.

Die Aufrechnung durch einen Gesamtschuldner wirkt auch für die übrigen Gesamtschuldner (§ 44 II 1, 2 AO).

---

1 Dazu *M. Burmester,* Die Verrechnung von Steuerforderungen, Berlin 1977 (noch zu § 124 RAO).
2 Dazu BFH BStBl. 84, 178; 84, 183.

3.3 Billigkeitserlaß; Erstattung aus Billigkeitsgründen (§ 227 AO)

Literatur: *Hensel*, Die Abänderung des Steuertatbestandes durch freies Ermessen und der Grundsatz der Gleichheit vor dem Gesetz, VJSchrStFR Bd. 1 (1927), 39 ff.; *H. W. Kruse*, Über Ermessen und Billigkeit, StuW 62, 715; *Brigitte Gast*, ABC-Komm. zu § 131 AO, Köln 1963; *Waiblinger*, Gesetzmäßigkeit und Ermessensfreiheit bei Steuerstundung und Steuererlaß (§§ 127 und 131 AO), Diss. Würzburg 1966; *Thilo v. Bodungen*, Rechtskraftdurchbrechung im Steuerrecht mittels Billigkeitserlasses nach § 131 AO, Diss. München 1968; *Leuer*, Der kommunalpolitisch motivierte Abgabenerlaß, Diss. Bochum 1968; *Kübler*, „Unbilligkeit" gemäß § 131 AO und die Anrufung des Gemeinsamen Senats der obersten Gerichtshöfe des Bundes, B 71, 303; *Söhn*, Zweifelsfragen zum Steuererlaß aus Billigkeitsgründen, FR 71, 222; *Kloepfer*, „Unbilligkeit" nach § 131 AO als Rechtsfrage vor dem Gemeinsamen Senat der obersten Gerichtshöfe des Bundes, StuW 71, 277; *Rödel*, Der Begriff ‚unbillig' in § 131 AO, Diss. Mainz 1975; *Isensee*, Das Billigkeitskorrektiv des Steuergesetzes – Rechtfertigung und Reichweite des Steuererlasses im Rechtssystem des Grundgesetzes, in: FS für Flume, Bd. II, Köln 1978, 129 ff.; *H. Weber*, Steuererlaß und Steuerstundung als Subvention (Diss. Heidelberg), Berlin 1980; *Kirchhof*, Die Verpflichtung zum Steuererlaß in Härtefällen, Deutscher Steuerberatertag 1980, 81 ff.; *Kirchhof*, Gesetz und Billigkeit im Abgabenrecht, in: FS für Scupin, Berlin 1983, 775 ff.

Voraussetzung: Die Einziehung muß nach Lage des einzelnen Falles *unbillig* sein oder gewesen sein. Dann *kann* der Anspruch *erlassen* werden.

Mindestens auf den ersten Blick koppelt § 227 AO einen Ermessenstatbestand („können") mit einem unbestimmten Rechtsbegriff („nach Lage des einzelnen Falles unbillig"). Man kann allerdings in dem Zweck, unbillige Lösungen zu vermeiden, auch ein bloßes Ermessensrichtmaß sehen. Der BFH hat zu § 131 I 1 AO 1931, dem Vorläufer des § 227 I 1 AO 1977, angenommen, daß ein reiner Ermessenstatbestand vorliege (BFH BStBl. 62, 290). Dieser Auffassung hat sich im Ergebnis der Gemeinsame Senat der obersten Gerichtshöfe des Bundes angeschlossen (BFHE 105, 101; BFH BStBl. 72, 603). Die rechtlichen Folgen dieser beiden divergierenden Auffassungen unterscheiden sich nicht wesentlich voneinander. Auch wenn man einen unbestimmten Rechtsbegriff annimmt, so bleibt daneben doch der Ermessenstatbestand bestehen. Dieses Ermessen muß jedoch, so auch der Gemeinsame Senat, am Zweck der Ermessensermächtigung orientiert werden, d. h. aber an dem Gedanken, daß eine billige Lösung gefunden werden soll.

Abstrakte generelle Gesetze vermögen nur für eine generalisierende Gerechtigkeit zu sorgen, nicht selten gar nur für eine typisierende. *Billigkeit ist* demgegenüber *Gerechtigkeit oder Vernünftigkeit im Einzelfall,* zumal im atypischen Einzelfall. Billigkeit mildert das für den Durchschnittsfall gedachte starre Recht im atypischen Einzelfall. Die Billigkeit durchbricht die abstrakte generelle Regel und nimmt Rücksicht auf die konkrete Situation. Jedoch soll durch § 227 AO keine allgemeine Gesetzeskorrektur für den Fall zugelassen werden, daß eine gesetzliche Regelung *allgemein* als unbillig empfunden wird. Überhaupt dürfen die Finanzbehörden (und -gerichte) nicht ihre Auffassung von Gerechtigkeit an die Stelle der Auffassung des Gesetzgebers von Gerechtigkeit setzen. Divergieren Gesetzeswortlaut und gesetzgeberische Wertung (oder Gesetzeszweck), so ist zunächst zu versuchen, durch teleologische Auslegung, teleologische Reduktion oder Lückenausfüllung (s. S. 92 ff., 104 f.) ein befriedigendes Ergebnis zu finden. Die Möglichkeiten der Auslegung und Lückenausfüllung müssen ausgeschöpft werden, bevor ein Billigkeitserlaß in Betracht kommt. Bei allgemeiner Unbilligkeit kann es auch angezeigt sein zu prüfen, ob der Gleichheitssatz verletzt ist.

Billigkeitsmaßnahmen sind insb. bei Ereignissen gerechtfertigt, mit denen der Gesetzgeber nicht allgemein rechnen kann und die der Steuerpflichtige durch seinen Willen nicht zu beeinflussen vermag, z. B. Naturkatastrophen (Überschwemmung, Brand), Streik, Schädigung durch Verbrechen u. ä. Solche Ereignisse können sich vor oder nach Entstehung der Steuerschuld begeben.

Beispiele: Ein Landwirt erzielt infolge einer Frühjahrsüberschwemmung nur ein Viertel der Normalernte. Hier wirkt sich die Überschwemmung auf den Gewinn und damit auch ermäßigend auf die Einkommensteuer aus. Gleichwohl ist es zulässig, dem Steuerpflichtigen über die sich ergebende niedrigere Steuer hinaus durch Billigkeitserlaß entgegenzukommen; das kann nach § 163 AO auch schon im Steuerbescheid geschehen.
Ein Gewerbetreibender erzielt ein normales Einkommen. Nach Entstehung der Steuerschuld und Festsetzung der Steuer büßt er jedoch aus von ihm nicht zu vertretenden Gründen das Einkommen (die Vermögensmehrung) wieder ein.

Die Praxis unterscheidet persönliche und sachliche Billigkeitsgründe. Persönliche Unbilligkeit nimmt sie an, wenn die Steuererhebung die wirtschaftliche oder persönliche Existenz des Steuerpflichtigen vernichten oder ernstlich gefährden würde. Darin steckt allerdings zugleich eine Klugheits- oder Vernünftigkeitsregel: Die Steuerquelle soll nicht für immer verschüttet werden („Das Huhn, das geschlachtet wird, legt künftig keine Eier mehr"). Allerdings setzt § 227 AO u. E. auch in den Fällen persönlicher Betroffenheit keine Existenzvernichtung oder -gefährdung voraus. Es kann sich z. B. auch um eine erhebliche Einkommensschmälerung handeln. Der Erlaß wegen persönlicher Unbilligkeit wird von „Erlaßwürdigkeit" abhängig gemacht; Erlaß*un*würdigkeit wird angenommen, wenn der Steuerpflichtige seine Leistungsunfähigkeit schuldhaft selbst herbeigeführt oder wenn er durch sein Verhalten gegen die Interessen der Allgemeinheit verstoßen hat[3]. U. E. darf die Erlaßunwürdigkeit nicht aus irgendeinem Fehlverhalten in Staat und Gesellschaft abgeleitet werden; die Erlaßunwürdigkeitsgründe müssen vielmehr mit der Erlaßbedürftigkeit zusammenhängen (Verbot der „sachfremden" Kopplung).

Im Bereich der *sachlichen Unbilligkeit* lassen sich mehrere Unbilligkeitsfallgruppen unterscheiden:

(1) In atypischen Einzelfällen ergibt sich eine Rechtsfolge, die vom Gesetzgeber nicht gewollt ist oder die der Gesetzgeber, hätte er den Fall bedacht oder bedenken können, im Sinne der Einzelbilligkeit geregelt hätte (s. BFHE 66, 647, 653 f.; 108, 247, 249). Es darf sich allerdings nicht um Fälle handeln, die sich schon durch teleologische Auslegung, teleologische Reduktion oder Lückenausfüllung (s. S. 92 f., 104 f.) befriedigend regeln lassen.

Beispiele für diese Fallgruppe: Der Gesetzgeber des Umsatzsteuergesetzes geht generell davon aus, daß es den Unternehmern gelingt, die Steuer zu *überwälzen* (s. S. 528); wo dies *nicht gelingt*, kommt Billigkeitserlaß in Betracht, wenn sich Härten ergeben (s. auch BVerfGE 27, 375, 385). Solche Härten können sich auch ergeben, wenn Umsatzsteuer nachträglich (nach-)gefordert wird, so daß Überwälzung nicht mehr nachgeholt werden kann. Die Substanzsteuern sollen nach der Vorstellung des Gesetzgebers aus dem Ertrag der Substanz, nicht aus der Substanz selbst aufgebracht werden (s. S. 163, 467). Bei Ertragsschwäche, die der Steuerpflichtige nicht zu vertreten hat, kann Billigkeitserlaß geboten sein; § 33 GrStG ist Ausdruck dieses Grundgedankens.

(2) In atypischen Einzelfällen ergibt sich durch die Besteuerung ein *Eingriff in ein Grundrecht* (etwa Art. 12; Art. 14 GG; Übermaßverbot). Das Gesetz selbst ist nicht grundrechtswidrig, weil der grundrechtswidrige Effekt im allgemeinen, etwa bei Normalbetrieben, nicht eintritt; in den atypischen Einzelfällen kann ein Billigkeitserlaß angezeigt sein (s. BVerfGE 16, 147, 177; 21, 54, 71; 27, 375, 385; 31, 8, 26; 32, 78, 86; 35, 363, 365; 38, 61, 95, 102; 43, 1, 12; 48, 102, 114; 50, 58, 86; BFHE 118, 151, 154; dazu auch *Bopp*, Steuerliche Billigkeitsmaßnahmen aus Verfassungsgründen, DStR 79, 215 ff.).

(3) Der Bundesfinanzhof erläßt ein von der Verwaltungspraxis zum Nachteil des Steuerpflichtigen abweichendes Urteil. Hier ist es sachlich unbillig, dieses Urteil nur auf die Gruppe von Steuerpflichtigen anzuwenden, die zum Zeitpunkt des Urteils noch nicht veranlagt worden waren. Die obersten Finanzbehörden pflegen daher in solchen Fällen anzuordnen, daß das

---

3 Tipke/*Kruse*, AO [13], § 227 Tz. 49 ff. m. w. N.

§ 23 Erhebungsverfahren und Vollstreckung

Urteil erst ab nächster Veranlagung angewendet werden soll *(Übergangs- und Anpassungsregelung,* s. BFH BStBl. 79, 455).

(4) Es ergeben sich vom Gesetzgeber nicht beabsichtigte Härten aus dem *Periodizitätsprinzip.* Das (technische) Periodizitätsprinzip (S. 198f.) ist im Durchschnittsfall tragbar. In Extremfällen können sich bei progressivem Tarif unbillige Härten einstellen, so daß ein Billigkeitserlaß geboten ist; daß ein solcher Billigkeitserlaß den Wertungen des Gesetzgebers nicht entspreche, trifft nicht zu (s. aber BFH BStBl. 79, 539).

Billigkeitsmaßnahmen sind auch im *Lohnsteuerrecht* nicht ausgeschlossen[4].

Werden besondere Härten oder Ereignisse bereits durch Spezialvorschriften berücksichtigt (etwa § 33 EStG, § 17 UStG), so sind zunächst diese anzuwenden. § 227 AO gilt insoweit nur subsidiär. Er ist aber keine lex generalis, die durch Spezialvorschriften verdrängt wird.

Billigkeitsmaßnahmen müssen sich immer am Grundgedanken des Gesetzes orientieren, etwa an der Leistungsfähigkeit. Erwägungen, die unter steuergesetzlichem Aspekt *sachfremd* sind (etwa Parteizugehörigkeit), sind ermessensfehlerhaft. § 227 AO enthält (wie § 163 AO) auch keine Ermächtigung zum Erlaß von Steuern aus wirtschaftspolitischen, sozialpolitischen oder anderen interventionistischen Gründen; er läßt keine Subventionierung durch Steuererlaß zu (BFH BStBl. 70, 696, 701; 72, 754, 757; 75, 51 f.; BVerwGE 48, 166, 168; *H. Weber* a. a. O., insb. S. 51 ff.)

Die Haushaltslage ist für die Anwendung des § 227 AO unerheblich. § 227 AO soll für Steuergerechtigkeit im Einzelfall sorgen; der Steuererlaß ist keine besondere Gunst oder gar ein Geschenk.

Dem Erlaß steht die Erstattung oder Anrechnung aus Billigkeitsgründen gleich (§ 227 I letzter Halbsatz AO); s. im übrigen noch § 163 I AO.

Zuständig zum Erlaß sind die obersten Finanzbehörden (§ 227 II AO); sie können die Erlaßbefugnis jedoch auf Mittel- und Unterbehörden delegieren. Das ist mit Begrenzung auf bestimmte Beträge auch geschehen. Zur Ablehnung eines Billigkeitserlasses sind die Finanzbehörden in unbegrenzter Höhe befugt.

3.4 Zahlungsverjährung

Zu unterscheiden sind Festsetzungsverjährung (§§ 169–171 AO) und Zahlungsverjährung (§§ 228–232 AO). Die Festsetzungsverjährung hindert die Festsetzung des zu beanspruchenden Betrages durch Verwaltungsakt und die Berichtigung dieses Verwaltungsakts (s. S. 710f.); die Zahlungsverjährung betrifft nur den *fälligen* Anspruch, den *Zahlungs*anspruch.

Die Zahlungsverjährung beginnt grundsätzlich mit Ablauf des Jahres, in dem der Anspruch erstmals fällig geworden ist (§ 229 I AO; dort auch über Ausnahmen). Ist ein Haftungsbescheid ohne Zahlungsaufforderung ergangen, so beginnt die Verjährung mit Ablauf des Kalenderjahres, in dem der Haftungsbescheid wirksam geworden ist (§ 229 II AO).

Die Verjährungsfrist beträgt fünf Jahre (§ 228 Satz 2 AO).

Der Ablauf der Verjährungsfrist ist gehemmt, solange der Anspruch wegen höherer Gewalt innerhalb der letzten sechs Monate der Verjährungsfrist nicht verfolgt werden kann (§ 230 AO).

Die Verjährung kann unterbrochen werden. Die Unterbrechungshandlungen ergeben sich aus § 231 I AO. Die Wirkung der Unterbrechung besteht darin, daß mit Ablauf des Kalenderjahres, in dem die Unterbrechung geendet hat, eine neue Verjährungsfrist beginnt (§ 231 III AO).

Über Unterbrechungsdauer s. § 231 II AO; über Unterbrechungsumfang s. § 231 IV AO.

---

4 Dazu *Schick,* Billigkeitsmaßnahmen im Lohnsteuerverfahren, BB 84, 733 ff.

Zu 3.1–3.4: Bestehen zwischen Steuerpflichtigem und Finanzbehörde Meinungsverschiedenheiten darüber, ob eine Zahlungsverpflichtung erloschen ist, so hat die Finanzbehörde darüber durch Verwaltungsakt zu entscheiden (§ 218 II AO).

4. Verzinsung, Säumniszuschlag bei verspäteter Zahlung

4.1 Verzinsung

Ansprüche aus dem Steuerschuldverhältnis werden nur verzinst, soweit dies gesetzlich vorgeschrieben ist. Ansprüche auf steuerliche Nebenleistungen und die entsprechenden Erstattungsansprüche werden nicht verzinst (§ 233 AO).

Zu unterscheiden sind: allgemeine Verzinsung von Steuerforderungen und Steuererstattungen (§ 233a AO), Stundungszinsen (§ 234 AO), Hinterziehungszinsen (§ 235 AO), Zinsen auf Erstattungsbeträge (§ 236 AO) und Zinsen bei Aussetzung der Vollziehung (§ 237 AO).

Die allgemeine Verzinsung von Steuerforderungen und -erstattungen (§ 233a AO) – sog. Vollverzinsung – ist durch das Steuerreformgesetz 1990 (BGBl. I 88, 1093, 1127) neu eingeführt worden. Sie gilt erstmals für Ansprüche, die nach dem 31. 12. 1988 entstehen (auf dem Gebiet der neuen Bundesländer nach dem 31. 12. 1990, Art. 97a § 2 Nr. 10 Satz 2 EGAO). Sie soll einen Ausgleich dafür schaffen, daß die Steuern verschiedener Steuerpflichtiger, aus welchen Gründen auch immer, zu verschiedenen Zeitpunkten festgesetzt und fällig werden. Die Verzinsung beginnt grundsätzlich 15 Monate nach Ende des Steuerjahres und läuft bis zur Fälligkeit des Anspruchs; sie läuft aber höchstens vier Jahre, was sich bei späten Außenprüfungen auswirken kann[5].

Die Zinsen betragen für jeden Monat ½ v. H. (§ 238 AO, der Näheres über die Berechnung bestimmt).

§ 234 II AO ist in Anbetracht des § 227 AO überflüssig.

4.2 Säumniszuschlag

Wird eine Steuer nicht bis zum Ablauf des Fälligkeitstages entrichtet, so werden keine Zinsen erhoben, sondern es ist ein Säumniszuschlag (= Zuschlag zur Steuer von 1 v. H. des rückständigen Steuerbetrages für jeden angefangenen Monat der Säumnis) zu entrichten (§ 240 AO; s. auch § 218 AO).

Vom Säumniszuschlag ist der Verspätungszuschlag (§ 152 AO) zu unterscheiden.

§ 240 III sieht eine Schonfrist von fünf Tagen vor.

Bei Fristüberschreitung von nur wenigen Tagen kann sich ein übermäßiger Zuschlag ergeben. Billigkeitserlaß des übermäßigen Betrages nach § 227 AO ist angezeigt. S. auch § 240 III AO.

5. Vollstreckung

5.1 Vollstreckung wegen Geldforderungen

Sie ist geregelt in §§ 249 ff. AO. Diese Materie wird hier nicht behandelt.

---

5 Dazu *Sebiger/Dechant,* Zielsetzung und Wirkungen der Vollverzinsung, in: Festgabe für G. Felix, Köln 1989, 365 ff.; *Wagner,* Steuerzinsen nach dem Steuerreformgesetz 1990, FR 89, 390 ff.; *G. Felix,* Die unerwünschte Vollverzinsung – Überlegungen zur Schadensminderung, StbKongrRep. 1989, 399 ff.; *W. Spindler,* Die Verzinsung von Steuernachforderungen und Steuererstattungen, StVj 89, 341 ff.; *Tipke/Kruse,* AO[13], zu § 233a AO.

§ 23 Erhebungsverfahren und Vollstreckung

5.2 Vollstreckung wegen anderer Leistungen als Geldforderungen (Zwangsmittel)

Durch Zwangsmittel *können* (Ermessen!) insb. Leistungen (Tun, Dulden, Unterlassen) erzwungen werden, die als Beitrag zur Sachaufklärung zu erbringen sind, sog. Mitwirkungspflichten.

Zwangsmittel sind in die Zukunft wirkende Beugemittel; sie sind keine Strafen oder Geldbußen. Ihre Anwendung setzt kein Verschulden voraus.

In der Praxis der Finanzverwaltung spielt die Anwendung von Zwangsmitteln *keine große Rolle*. Im zentralen Bereich der Besteuerung pflegen die Finanzbehörden alsbald das Mittel der *Schätzung* (§ 162 AO) anzuwenden; die Schätzung setzt nicht voraus, daß vorher Zwangsmittel angedroht oder angewendet worden sind.

Zwangsmittel gegen einen Steuerpflichtigen sind im Besteuerungsverfahren *unzulässig*, wenn er dadurch gezwungen würde, sich selbst wegen einer von ihm begangenen Steuerstraftat oder Steuerordnungswidrigkeit zu belasten (§ 393 I 2 AO). Auch darf eine eidesstattliche Versicherung nicht erzwungen werden (§ 95 VI AO).

Als Zwangsmittel sind vorgesehen (§§ 328 ff. AO):

(1) **Zwangsgeld.** Es kommt in Betracht bei Nichtbefolgung einer Anordnung, die die Finanzbehörde im Besteuerungsverfahren auf gesetzlicher Grundlage getroffen hat. Das einzelne Zwangsgeld darf 5 000 DM nicht übersteigen (§ 329 AO). Zwangsgeld kann bis zur Erzwingung der Leistung wiederholt werden; zu beachten ist § 335 AO.

Bei Uneinbringlichkeit des Zwangsgeldes kommt Umwandlung in Haft bis zu zwei Wochen durch das Amtsgericht in Betracht (§ 334 AO).

Das Zwangsgeld ist steuerliche Nebenleistung (§ 3 III AO) und damit Anspruch aus dem Steuerschuldverhältnis (§ 37 I AO).

(2) **Ersatzvornahme.** Sie dient der Durchsetzung *vertretbarer* Handlungen (§ 330 AO). Vertretbar sind Handlungen, die nicht vom Verpflichteten persönlich vorgenommen werden müssen und auch von einem anderen rechtlich vorgenommen werden dürfen und vorgenommen werden können. Beispiele für vertretbare Handlungen: Bilanzaufstellung durch Sachverständigen; Abholen der Bücher bei einer Fernbuchführung.

(3) **Unmittelbarer Zwang,** wenn das Zwangsgeld oder die Ersatzvornahme nicht zum Ziele führt oder untunlich ist. Der unmittelbare Zwang besteht in (körperlichem) Zwang oder Selbstausführung (§ 331 AO). Die Finanzbehörden dürfen sich der Amtshilfe (§§ 111 ff. AO) der Polizeibehörden bedienen.

Unmittelbarer Zwang kommt insb. in Betracht bei unvertretbaren Handlungen, z. B. zur Verschaffung von Zutritt zur Außenprüfung.

Sämtliche drei Zwangsmittel setzen *Androhung*[6] und Setzung einer angemessenen *Frist* zur Erfüllung der Verpflichtung voraus (§ 332 AO). Wird die Verpflichtung nach Festsetzung des Zwangsmittels erfüllt, so ist der Vollzug einzustellen (§ 335 AO), d. h.: das noch nicht gezahlte Zwangsgeld braucht nicht mehr entrichtet zu werden.

---

[6] Über die Bedenklichkeit maschineller Androhungen *Späth*, DStR 78, 371 ff.

§ 24 Rechtsschutz in Steuersachen

Literatur: *Ziemer/Haarmann/Lohse/Beermann,* Rechtsschutz in Steuersachen[3], Loseblatt, Bonn seit 1978; *Gräber,* FGO [2], München 1987; Kommentare zur AO/FGO von *Hübschmann/ Hepp/Spitaler* [9]; *Kühn/Kutter/Hofmann* [16]; *Tipke/Kruse* [13]; *Streck,* Der Steuerstreit, Köln 1986. Da die FGO der VwGO nachgebildet ist, können auch die Lehrbücher und Kommentare zur VwGO zur Lösung von Problemen nützlich sein. Zu empfehlen ist insb. das Lehrbuch von *C. Ule,* Verwaltungsprozeßrecht [9], München 1987.
Zur *historischen Entwicklung I. W. Jäger,* Die Entwicklung des Rechtsmittelverfahrens des Steuerrechts vom 18. Jahrhundert bis zum Erlaß der Finanzgerichtsordnung v. 6. 10. 1965, Diss. Marburg 1974.

1. Die Rechtsschutzaufgabe, Überblick über das Rechtsschutzsystem

Nach **Art. 19 IV GG** kann jeder, der durch die öffentliche Gewalt – sie wird insb. durch die Verwaltungsbehörden, auch die Steuerverwaltungsbehörden repräsentiert – in seinen Rechten verletzt wird, den *Rechts*weg (= Gerichtsweg) beschreiten[1].

Allerdings ist der Rechtsschutz im Steuerrecht wegen der langen Dauer der Steuerprozesse nicht mehr effektiv[2]. Man spricht von einem an Rechtsverweigerung grenzenden Zustand. Zur Entlastung der Finanzgerichtsbarkeit sind das Gesetz zur Entlastung des Bundesfinanzhofs v. 8. 7. 1975, BGBl. I 75, 1861, und das Gesetz zur Entlastung der Gerichte in der Verwaltungs- und Finanzgerichtsbarkeit v. 31. 3. 1978, BGBl. I 78, 446, erlassen worden[3]. Die Entlastungsgesetze täuschen durch ihre Befristung einen *vorübergehenden* „Notstand" vor. Dieser Notstand ist aber bloß ein Reflex des sich permanent weiter komplizierenden Zustands des Steuerrechts[4]. Solange das Steuerrecht nicht resystematisiert und vereinfacht wird, wird sich die Lage der Finanzgerichtsbarkeit nicht ändern. Es ist geplant, die Regelungen der Entlastungsgesetze in die Finanzgerichtsordnung zu überführen (FGO-Änderungsgesetz BT-Drucks. 11/2386).

Die Finanzgerichte haben im Rahmen zulässiger Rechtsanwendung auch die Gerechtigkeitsfunktion des Steuerrechts (dazu S. 47 ff.) im Einzelfall zu sichern. *Der gerechte Steuerrichter ist ein Mittler von Steuergerechtigkeit.* Nur eine funktionstüchtige Steuerrechtspflege kann einem gerechten Steuerrecht zum Durchbruch verhelfen[5].

Das Steuerrecht darf nicht, wie etwa das Straßenverkehrsrecht, als ethisch indifferent behandelt werden. Das Grundgesetz bindet Gesetzgebung und Verwaltung an die Grundrechte und damit an die durch diese Grundrechte verbürgten Gerechtigkeitskriterien. Die Grundrechte schaffen einen *Primat der Rechtssouveränität vor der Volkssouveränität,* des Rechts vor der Politik.

---

1 Dazu *Lorenz,* Vorgaben des Art. 19 IV GG, in: FS für Menger, Köln u. a., 1985, 143 ff.
2 Zum effektiven Rechtsschutz BVerfGE 49, 252, 257. S. ferner *H. Schuhmann,* Der steuerliche Rechtsschutz, gibt es ihn noch wirklich?, DStZ 88, 476 ff.; *H. List,* Finanzgerichtsbarkeit quo vadis?, DStZ 88, 159 ff.; D. Birk (Hrsg.), Die Situation der Finanzgerichtsbarkeit, Münsteraner Symposion 1988, Köln 1989, darin: *P. Kirchhof,* Verfassungsrechtliche Maßstäbe für die Verfahrensdauer und für die Rechtsmittel, 9 ff.; s. auch *ders.,* DStZ 89, 55. – Die Krux: Die Verfahren beim Bundesverfassungsgericht dauern auch übermäßig lange.
3 Dazu *Gräber,* DStR 78, 549; *Costede,* B 77, 2403; *List,* Die Finanzgerichtsbarkeit in unserer Zeit, eine kritische Betrachtung, Köln 1980; *Meßmer,* BB 81, Beil. 1, insb. 16 ff.; *Offerhaus,* BB 84, 626; *Meßmer,* BB 84, 861; *Franz Klein,* DStR 84, 17; *Meßmer,* BB 86, 741 ff.; BB 87, 1818.
4 Dazu zuletzt *Meßmer,* BB 84, 861; *K. Vogel,* StuW 84, 197; *Meßmer,* BB 86, 741 ff.; BB 87, 1818; *Raupach/Tipke/Uelner,* Niedergang oder Neuordnung des deutschen Einkommensteuerrechts?, Köln 1985.
5 Dazu auch *Voss,* StuW 81, 301.

§ 24 Rechtsschutz in Steuersachen

Das verlangt, daß Steuerpolitik Politik auf der Basis gerechter Gesetze ist. Die Gerichte haben Gerechtigkeitsdefizite der Gesetze – auch Verstöße gegen den Gleichheitssatz sind solche Defizite – auszugleichen. Diese Aufgabe können sie verfehlen, wenn sie mit einer positivistisch-autoritätsgläubigen oder mit einer relativistischen Grundeinstellung an die Prüfung der Gesetze herangehen, wenn sie insb. optimistisch annehmen, daß sich aufgrund der demokratischen Einrichtungen durch Abstimmung oder aufgrund der Mitwirkung der Verbände die Gerechtigkeit sozusagen von selbst einstelle. Der Richter erfüllt seine Aufgabe nicht, wenn er dem Gesetzgeber bei Prüfung des Gleichheitssatzes leerformelhaft ein nahezu schrankenloses Ermessen zubilligt. Vom unabhängigen Richter muß man vielmehr erwarten, daß er die Bewertungs- oder Ermessensgrenzen des Gesetzgebers genau angibt, daß er es durchschaut, wenn das Privileg als Besitzstand und wenn die Aufhebung eines Privilegs als Besitzstandsverlust oder sozialer Rückschritt ausgegeben wird[6].

Es gibt keinen einheitlichen Rechts-(= Gerichts-)weg, sondern verschiedene Rechtswege mit in verschiedenen Prozeßordnungen geregelten Verfahren. Zum Schutz gegen behördliche Eingriffe sind Verwaltungsgerichte eingesetzt. In Steuersachen sind die Finanzgerichte als besondere Verwaltungsgerichte zur Entscheidung berufen (sog. Finanzrechtsweg), s. S. 738 f.

Zu unterscheiden sind:

1. **Zivilrechtswege**
   1.1 Allgemeiner Zivilrechtsweg, geregelt in der Zivilprozeßordnung
   1.2 Arbeitsrechtsweg, geregelt im Arbeitsgerichtsgesetz
2. **Strafrechtsweg,** geregelt in der Strafprozeßordnung
3. **Verwaltungsrechtswege**
   3.1 Allgemeiner Verwaltungsrechtsweg, geregelt in der Verwaltungsgerichtsordnung
   3.2 **Finanzrechtsweg,** geregelt in der Finanzgerichtsordnung
   3.3 Sozialrechtsweg, geregelt im Sozialgerichtsgesetz

Die im Finanzrechtsweg entscheidenden Finanzgerichte sind unabhängige[7], von den Finanzverwaltungsbehörden getrennte, besondere Verwaltungsgerichte (§ 1 FGO).

Rechtsschutz in Steuersachen wird jedoch nicht nur durch **gerichtliche** Rechtsbehelfe gewährt, sondern auch durch **außergerichtliche;** man unterscheidet wiederum ordentliche und außerordentliche außergerichtliche Rechtsbehelfe, wie die folgende Übersicht zeigt.

Rechtsbehelfe

1. *außerordentliche:* Sie sind formlos, fristlos und kostenlos.
   1.1 Gegenvorstellung
   1.2 Dienstaufsichtsbeschwerde
2. *ordentliche:* Sie sind förmlich, fristgebunden und (mit Ausnahme der außergerichtlichen Rechtsbehelfe) kostenpflichtig.
   2.1 außergerichtliche
      2.11 Einspruch (§ 348 AO)
      2.12 Förmliche Beschwerde (§ 349 AO)

---

6 Dazu *Tipke,* StuW 80, 281, 293 ff.; *Tipke,* Steuergerechtigkeit, Köln 1981, 162 ff.; *Voss,* StuW 81, 301 ff.
7 Dazu *Donner,* Finanzgerichtsbarkeit und richterliche Unabhängigkeit, Diss. Marburg 1971; *Schlepper,* Möglichkeiten und Gefahren einer Beeinflussung und Einschränkung der Unabhängigkeit von Steuerrichtern durch verwaltende Organe, Diss. Würzburg 1971.

2.2 gerichtliche
  2.21 Klagen (§§ 40, 41 FGO)
  2.22 Rechtsmittel
    2.221 Revision (§§ 115 ff. FGO)
    2.222 Gerichtsbeschwerde (§§ 128 ff. FGO)

Über Klagen entscheiden die Finanzgerichte (§ 35 FGO; Ausnahme: § 37 FGO), über Revisionen und Gerichtsbeschwerden entscheidet der Bundesfinanzhof[8] (§ 36 FGO) in München (§ 2 FGO).

Vorläufiger Rechtsschutz wird gewährt durch
1. Aussetzung der Vollziehung (§ 361 AO, § 69 FGO);
2. einstweilige Anordnung (§ 114 FGO).

Insb. Steuerberater empfinden das Gerichtsverfahren nicht selten als Tummelplatz des Formrigorismus, als formaljuristisches Geschicklichkeitsturnier. Indessen muß auch die Form des Prozesses immer *dienende Form* sein, sie darf *nicht Form als Selbstzweck* sein, nicht inhaltslose, leere, überflüssige Form. Insb. im Steuerprozeß sollte es formaljuristische Fallstricke oder gar Zwirnsfäden, formaljuristische Spitzfindigkeiten nicht geben, sollte ein Prozeßschikanegefühl nicht aufkommen[9].

Seit dem 1. 1. 1991, der Übernahme des bundesdeutschen Rechts (s. S. 186), wird der Rechtsschutz in den neuen Ländern ebenso wie in den alten Ländern gewährt. Nach dem Einigungsvertragsgesetz werden bei den Bezirksgerichten, in deren Bezirk die Landesregierung ihren Sitz hat, Senate für Finanzrecht mit der finanzgerichtlichen Zuständigkeit eingerichtet. Die Senate für Finanzrecht entscheiden ebenso wie die Senate der Finanzgerichte nach § 5 III FGO in der Besetzung von drei Berufsrichtern und zwei ehrenamtlichen Richtern (Einigungsvertragsgesetz, BStBl. I 90, 654, 663). Zum Rechtsschutz in Steuersachen in den neuen Bundesländern i. e. *Dürr*, DStZ 90, 586.

2. Außergerichtliches Vorverfahren[10]

2.1 Filterwirkung als Zweck

Das Steuerrecht ist Massenfallrecht. Die einzelnen Fälle werden von den Finanzbehörden durchweg nicht so intensiv geprüft wie von den Gerichten. Der Prozentsatz unrichtiger Entscheidungen ist daher relativ hoch. Damit die Gerichte nicht mit Klagen überschwemmt werden, wird der Steuerverwaltung grundsätzlich Gelegenheit gegeben, die Fälle nochmals (außergerichtlich) zu überprüfen, bevor sie an das Gericht gelangen (Filterwirkung, Entlastungswirkung für das Gericht, Kostenersparnis für den Staat und den Steuerpflichtigen). Mit anderen Worten: Das außergerichtliche Vorverfahren dient nicht nur dem Rechtsschutz des Betroffenen, sondern auch der Selbstkontrolle der Verwaltungsbehörde.

§ 44 I FGO bestimmt:

„In den Fällen, in denen ein außergerichtlicher Rechtsbehelf gegeben ist, ist die Klage vorbehaltlich der §§ 45 und 46 nur zulässig, wenn das Vorverfahren über den außergerichtlichen Rechtsbehelf ganz oder zum Teil erfolglos geblieben ist."

---

8 Dazu *Offerhaus*, Der Bundesfinanzhof[2], Stuttgart 1988; *H.-W. Bayer*, JZ 89, 1095 ff.
9 Dazu *Vollkommer*, Formenstrenge und prozessuale Billigkeit, München 1973.
10 *Ziemer/Haarmann/Lohse/Beermann*, Rechtsschutz in Steuersachen, Bd. 1: Einspruch, Beschwerde, vorläufiger Rechtsschutz[3], Loseblatt, Bonn seit 1978; *Heyne*, Das Vorverfahren nach der VwGO, der FGO und dem SGG, Diss. Würzburg 1974; *Weides*, Verwaltungsverfahren und Widerspruchsverfahren [2], München 1981.

§ 24 Rechtsschutz in Steuersachen

Außergerichtliche Rechtsbehelfe sind der Einspruch und die Beschwerde (s. unten 2.2). Sie lösen das außergerichtliche Vorverfahren aus.

Da die überlasteten Finanzbehörden relativ fehlerhaft arbeiten, werden Verwaltungsakte in sehr vielen Fällen angefochten.

Die Zahl der eingelegten Einsprüche steigt fast von Jahr zu Jahr. Sie enthalten nicht selten allerdings auch verspätetes, nachträgliches Vorbringen.

2.2 Einspruch oder Beschwerde

§ 44 I FGO meint die *ordentlichen außer*gerichtlichen Rechtsbehelfe, nämlich *Einspruch* (§ 348 AO) und *Beschwerde* (§ 349 AO).

§ 44 I FGO meint nicht die *außer*ordentlichen Rechtsbehelfe, d. h. nicht Gegenvorstellung und Dienstaufsichtsbeschwerde.

Der *Einspruch* ist insb. gegeben (statthaft) gegen Steuerbescheide (einschließlich Vorauszahlungsbescheide), Steuermeßbescheide, Feststellungsbescheide, Haftungsbescheide, Erstattungs- und Vergütungsbescheide, Zerlegungs- und Zuteilungsbescheide (Einzelheiten s. § 348 I AO) sowie gegen die Ablehnung des Erlasses, der Aufhebung oder Änderung eines solchen Verwaltungsakts (§ 348 II AO).

Die *Beschwerde* ist gegeben gegen andere als die in § 348 AO aufgeführten Verwaltungsakte (§ 349 AO).

Es handelt sich überwiegend um Ablehnungen, begünstigende Ermessensverfügungen zu erlassen (z. B. Ablehnung einer Stundung oder eines Billigkeitserlasses oder einer Aussetzung der Vollziehung); Ablehnung einer Außenprüfung; ferner kommen in Betracht: Aufforderungen zur Mitwirkung bei der Sachaufklärung (z. B. Aufforderung zur Abgabe der Steuererklärung, zur Auskunftserteilung, zur Vorlage von Büchern, zur Duldung einer Außenprüfung); Verwaltungsakte zur Regelung berufsrechtlicher Angelegenheiten der steuerberatenden Berufe; Steuerzuschläge; Zwangsmittel.

Einige Verwaltungsakte von Oberbehörden sind nicht mit der Beschwerde (auch nicht mit dem Einspruch) anfechtbar (§ 349 III AO); mit anderen Worten: Gegen sie ist ein ordentlicher außergerichtlicher Rechtsbehelf nicht statthaft.

Damit die Steuerverwaltungsbehörden dem Rechtsschutz nicht dadurch den Boden entziehen können, daß sie untätig bleiben und keinen Verwaltungsakt erteilen (auch keinen negativen), läßt § 349 II AO (Ausnahme: § 349 III AO) die sog. *Untätigkeitsbeschwerde* zu: Mit ihr kann vom Antragsteller geltend gemacht werden, daß über einen von ihm gestellten Antrag auf Erlaß eines Verwaltungsakts, etwa einer Stundung oder eines Billigkeitserlasses, *binnen angemessener Frist* (hängt vom Einzelfall ab; s. dazu auch § 46 I 2 FGO) sachlich nicht entschieden worden sei. Aussetzung des Verfahrens ist nur unter der Voraussetzung des § 363 AO zulässig.

Exkurs: Gegenvorstellung, Dienstaufsichtsbeschwerde[11]

Die Abgabenordnung regelt diese *außer*ordentlichen Rechtsbehelfe nicht. Rechtsgrundlage ist Art. 17 GG. Danach hat jedermann das Recht, sich einzeln oder in Gemeinschaft mit Bitten oder Beschwerden an die zuständigen Stellen oder an die Volksvertretung (Petitionsausschuß) zu wenden.

---

11 Literatur: Kommentare zu Art. 17 GG; *Wolff/Bachof,* Verwaltungsrecht III [4], München 1978, § 161; *Tipke*/Kruse, AO [13], Vor § 347 Tz. 9–15.

Der Bürger hat einen Anspruch darauf, daß sein außerordentlicher Rechtsbehelf überprüft und ihm ein Bescheid erteilt wird (keine Papierkorbbeschwerde!)[12].

Gegenvorstellung und Dienstaufsichtsbeschwerde sind formlos, fristlos und kostenlos.

Die Gegenvorstellung richtet sich an die Behörde, deren Maßnahme angegriffen oder bemängelt wird.

Die Dienstaufsichtsbeschwerde richtet sich an die Dienstaufsichtsbehörde. Zu unterscheiden sind:

a) *Dienst*aufsichtsbeschwerden i. e. S.: Sie richten sich gegen das persönliche dienstliche Verhalten eines Beamten mit dem Ziel, Maßnahmen gegen seine Person herbeizuführen.

b) *Fach*aufsichtsbeschwerden: (auch als *Sach*aufsichtsbeschwerden bezeichnet): Sie richten sich gegen die Rechtsanwendung; z. B. Steuerpflichtiger beschwert sich darüber, daß der zuständige Beamte bestimmte Einkommensteuer-Richtlinien nicht anwenden will.

2.3 Zulässigkeitsvoraussetzungen, Art des Rechtsbehelfs

Wer sich durch die öffentliche Gewalt der Finanzverwaltung in seinen Rechten verletzt (beschwert) fühlt, hat zur erfolgreichen Abwicklung des außergerichtlichen ordentlichen Verfahrens zu prüfen:

(1) Ist der *Finanzverwaltungsweg zulässig* (§ 347 AO; entspricht § 33 FGO, daher s. unten S. 738 f.)?

(2) Welcher Rechtsbehelf ist *statthaft,* Einspruch oder Beschwerde (s. dazu §§ 348, 349 AO)?

Unrichtige Bezeichnung führt nicht zur Unzulässigkeit des Rechtsbehelfs (s. § 357 I 4 AO). Durch Auslegung ist das wirklich Gewollte zu erforschen; jenseits der Auslegungsgrenzen ist im Rahmen des Gewollten *Umdeutung* zulässig.

(3) Wer ist zur Einlegung des Rechtsbehelfs *befugt* und wer ist *beschwert* (§§ 350, 352, 353 AO)[13]?

Zur Einlegung des Rechtsbehelfs ist befugt, wer geltend macht, durch einen Verwaltungsakt (die Ablehnung eines Verwaltungsakts ist selbst Verwaltungsakt) oder dessen Unterlassung *beschwert* zu sein (§ 350 AO).

Durch einen Verwaltungsakt ist beschwert, an wen der Verwaltungsakt gerichtet ist oder wer sonst (als sog. Dritter) vom Inhalt des Verwaltungsakts betroffen ist, vorausgesetzt, daß der Verwaltungsakt rechtswidrig ist und eine Rechtsverletzung auslöst, oder daß durch Ermessensverwaltungsakte das Ermessen nicht optimal ausgeübt worden ist. Der Betroffene braucht (zur Zulässigkeit des Rechtsbehelfs) die Beschwer nur *geltend zu machen;* ob er tatsächlich beschwert ist, hat die Behörde im Verfahren über die Begründetheit zu prüfen.

Sonderbestimmungen gelten für einheitliche *Feststellungsbescheide* (§ 352 AO; entspr. § 48 FGO) und für Fälle der Rechtsnachfolge bei dinglichen Bescheiden (§ 353 AO).

§ 350 AO entspr. § 40 II FGO; § 352 AO entspr. § 48 FGO; s. daher unten S. 742 ff.

Nach § 351 I AO können Verwaltungsakte, die unanfechtbare Verwaltungsakte ändern, grundsätzlich nur insoweit angegriffen werden, als die Änderung reicht (s. dazu S. 744 f.).

Nach § 351 II AO können Entscheidungen in einem Grundlagenbescheid (§ 171 X AO) nur durch Anfechtung des Grundlagenbescheides, nicht auch durch Anfechtung des Folgebescheides angegriffen werden (s. dazu S. 745).

---

12 Dazu *Gierth,* DÖV 77, 761.
13 Dazu *W. Hahn,* Die Beschwer im formellen Steuerrecht, Diss. Erlangen/Nürnberg 1973.

§ 24 Rechtsschutz in Steuersachen

(4) Ist der Befugte (Beschwerte) *fähig zur Vornahme von Verfahrenshandlungen* (§ 365 AO i. V. mit § 79 AO)?

(5) Bei Einlegung des Rechtsbehelfs durch einen Angehörigen der steuerberatenden Berufe: Liegt eine *Vollmacht* vor?

Kann keine Vollmacht (sie wird vom Finanzamt, anders als vom Finanzgericht, meist gar nicht verlangt) vorgelegt werden, so ist der Rechtsbehelf unzulässig. Zwar besteht kein Vertretungszwang (s. § 365 AO i. V. mit § 80 I 1 AO: „kann"); legt der Steuerpflichtige jedoch nicht selbst den Rechtsbehelf ein, tut es für ihn der Steuerberater, so muß dieser bevollmächtigt sein.

(6) Ist *auf den Rechtsbehelf verzichtet* worden (§ 354 AO; die Vorschrift entspricht § 50 FGO; s. daher unten S. 746)? Trotz Verzichts eingelegter Rechtsbehelf ist unzulässig (§ 354 I 3 AO).

(7) Ist die *Rechtsbehelfsfrist* gewahrt (s. dazu § 355 AO)? Frist: *ein Monat*. Für Untätigkeitsbeschwerde gilt keine Frist (§ 355 II AO).

Fristbeginn: Grundsätzlich mit Bekanntgabe des Verwaltungsakts (§ 355 I AO; s. dazu § 122 AO). Ausnahme: solange Rechtsbehelfsbelehrung nicht oder unrichtig erteilt worden ist (§ 356 I AO); dann gilt aber Höchstfrist von einem Jahr (§ 356 II AO).

Wegen Fristberechnung s. § 108 AO.

Bei Fristversäumung ist der Rechtsbehelf unzulässig (§ 358 AO), es sei denn, daß Wiedereinsetzung in den vorigen Stand (§ 110 AO) gewährt wird. Zur Wiedereinsetzung ist auch § 126 III AO zu beachten.

Bei Fristversäumung ist zu prüfen, ob eine Aufhebung oder Änderung des Verwaltungsakts nach §§ 130 f., 172 ff. AO in Betracht kommt. Solche Aufhebung/Änderung kann vom Steuerpflichtigen angeregt werden.

(8) Ist die *Rechtsbehelfsform* gewahrt? Zu beachten ist die in § 357 I AO vorgeschriebene *Form:* schriftlich (auch durch Telegramm) oder zur Niederschrift. Wird diese Form nicht beachtet, so ist der Rechtsbehelf unzulässig (§ 358 AO). Unrichtige Bezeichnung des Rechtsbehelfs schadet nicht (§ 357 I 4 AO). — Rechtsbehelfe unter Bedingung sind unzulässig. Steuerzahlung unter Vorbehalt ist kein Rechtsbehelf. Aus dem Rechtsbehelf muß sich ergeben, wer den Rechtsbehelf eingelegt hat; Unterschrift ist jedoch nicht erforderlich.

Begründung des Rechtsbehelfs und Stellung eines Antrags sind nur *Soll*vorschriften (§ 357 III AO). Der Rechtsbehelf ist also nicht unzulässig, weil er nicht begründet worden ist. Wird kein Antrag gestellt, so gilt der Verwaltungsakt als zur Gänze angefochten, wenn sich aus den Umständen nichts anderes ergibt.

Mißglückt ist dem Gesetzgeber § 357 III 1 AO, wonach der Verwaltungsakt, der angefochten werden soll, bezeichnet werden *soll*. Da es keinen Rechtsbehelf an sich gibt, sondern nur einen konkreten, die Rechtskraft in bestimmtem Umfang hemmenden Rechtsbehelf, ist Angabe des Verwaltungsakts ein Mindesterfordernis.

Hat der Beteiligte Schwierigkeiten mit der Begründung, weil sich die Besteuerungsgrundlagen oder ihre Ableitung aus dem Bescheid nicht hinreichend erkennbar ergeben, so kann er die „Unterlagen der Besteuerung" vom Finanzamt anfordern (§ 364 AO; Ausfluß des Rechts auf Gehör!).

(9) An welche *Behörde* ist der Rechtsbehelf *zu adressieren* (s. dazu § 357 II AO)? Der Rechtsbehelf muß rechtzeitig bei der Adressaten-Behörde eingehen.

Darüber, welcher Rechtsbehelf statthaft ist, bei welcher Behörde er einzulegen ist und innerhalb welcher Frist er einzulegen ist, klärt die *Rechtsbehelfsbelehrung* auf (s. § 356 I AO). Sie sollte stets beachtet werden.

Auch die zur Entscheidung über den Rechtsbehelf zuständige *Finanzbehörde hat die Zulässigkeitsvoraussetzungen zu prüfen.* Fehlt eine Zulässigkeitsvoraussetzung, so ist der Rechtsbehelf als unzulässig zu verwerfen (§ 358 AO).

Ist der Rechtsbehelf zulässig, so ist zu prüfen, ob er *begründet* ist. Unzulässigen Rechtsbehelfen darf auch dann nicht stattgegeben werden, wenn sie in der Sache begründet wären.

2.4 Aussetzung der Vollziehung; einstweilige Anordnung

Durch Einlegung des Rechtsbehelfs wird die Vollziehung des angegriffenen Verwaltungsakts grundsätzlich nicht gehemmt, entfällt insb. nicht die Verpflichtung zur Zahlung der Steuer (s. § 361 I AO). Jedoch kann die Behörde, die den Verwaltungsakt erlassen hat, die Vollziehung aussetzen (§ 361 II AO). Ein entsprechender Antrag hat i. d. R. nur Erfolgschancen, wenn sich aus der Rechtsbehelfsbegründung ergibt, daß ernstliche Zweifel an der Rechtmäßigkeit der Verfügung bestehen (s. auch unten S. 751 f.).

Wird die Aussetzung der Vollziehung abgelehnt, so kann der Beteiligte Beschwerde einlegen (§ 349 I AO). Er kann die Aussetzung der Vollziehung aber auch sogleich bei Gericht beantragen (§ 69 III FGO i. V. mit Art. 3 § 7 FGEntlG; dazu unten S. 751).

Liegt keine vollziehbare Verfügung vor, so kommt als vorläufiger Rechtsschutz die einstweilige Anordnung (§ 114 FGO) in Betracht (dazu S. 752 f.).

2.5 Entscheidende Behörde und ihr Verfahren

(1) Über den *Einspruch* befindet die Behörde, die den angefochtenen Verwaltungsakt erlassen hat (§ 367 I AO). Sie prüft zunächst die Zulässigkeit des Einspruchs (§ 358 AO): Die Zulässigkeit hängt davon ab, ob die Verfahrensvoraussetzungen vorliegen (s. 2.3).

Ist der Einspruch *unzulässig,* so wird er „als unzulässig" verworfen (§ 358 Satz 2 AO), ohne daß die Behörde sich mit der Sache selbst befaßt. Ist der Einspruch *zulässig* und kommt Aussetzung des Verfahrens (§ 363 AO) nicht in Betracht, so hat die Behörde die Sache *in vollem Umfang* (auch über den Antrag hinaus) erneut zu prüfen (§ 367 II 1 AO). Sie ist dabei an Verwaltungsvorschriften genauso gebunden wie im Besteuerungsverfahren.

Ergibt die Prüfung, daß der Einspruch *begründet* ist, so kann die Behörde

a) entweder den Verwaltungsakt zurücknehmen oder antragsgemäß ändern (§ 367 II 3 AO i. V. mit § 132 AO); einer förmlichen Entscheidung über den Einspruch bedarf es dann nicht; oder

b) eine förmliche Entscheidung (§ 367 AO) erlassen, durch die der angefochtene Verwaltungsakt aufgehoben oder antragsgemäß geändert wird.

Ergibt die Prüfung, daß der Einspruch *zum Teil begründet* ist, so kann die Behörde insoweit abhelfen (§ 367 II 3 AO i. V. mit § 132 AO) oder insoweit dem Einspruch durch förmliche Entscheidung (§ 367 AO) stattgeben und ihn im übrigen zurückweisen.

Ergibt die Prüfung, daß der Einspruch *unbegründet* ist, so weist die Behörde ihn „als unbegründet" zurück. Sie darf – nach entsprechendem Hinweis und Anhörung – auch „verbösern" (§ 367 II 2 AO).

Der Beteiligte kann den Einspruch bis zur Bekanntgabe der Einspruchsentscheidung *zurücknehmen* (§ 362 I AO). Er kann nach der Zurücknahme den Einspruch nicht erneut einlegen (s. § 362 II AO), es sei denn die Rechtsbehelfsfrist ist noch nicht abgelaufen.

(2) Über die *Beschwerde* entscheidet grundsätzlich die nächsthöhere Behörde (sog. Devolutiveffekt), s. § 368 II AO. Mit der Beschwerde können vor allem Ermessensentscheidungen angefochten werden; die nächsthöhere Behörde soll die Ermessensausübung noch einmal voll nachprüfen, da die Ermessensnachprüfung durch das Gericht beschränkt ist (s. § 102 FGO).

Die Behörde, die den angefochtenen Verwaltungsakt erlassen hat, kann der Beschwerde abhelfen (§ 368 I AO). Geschieht das nicht, so verfährt die entscheidende Behörde wie folgt:

Sie prüft zunächst die *Zulässigkeit* der Beschwerde. Kommt Verwerfung „als unzulässig" (§ 358 AO) nicht in Betracht, so muß der angefochtene Verwaltungsakt, auch die Ermessensentscheidung, voll nachgeprüft werden.

Ergibt die Prüfung, daß die Beschwerde *begründet* ist, so kann die Beschwerdebehörde

a) die Unterbehörde anweisen, den angefochtenen Verwaltungsakt entsprechend dem Beschwerdeantrag zurückzunehmen oder zu ändern (§ 132 AO), oder

b) eine förmliche Entscheidung (§ 368 II 2 AO) erlassen, durch die der angefochtene Verwaltungsakt aufgehoben oder geändert wird.

Ergibt die Prüfung, daß die Beschwerde *zum Teil begründet* ist, so kann die Beschwerdebehörde insoweit abhelfen (indem sie die Unterbehörde anweist, den angefochtenen Verwaltungsakt insoweit zurückzunehmen oder zu ändern) oder dem Rechtsbehelf insoweit stattgeben und im übrigen zurückweisen.

Ergibt die Prüfung, daß die Beschwerde *unbegründet* ist, so ist sie „als unbegründet" zurückzuweisen. „Verböserung" ist unzulässig (Umkehrschluß aus § 367 II 2 AO). Auch die Beschwerde kann zurückgenommen werden (s. § 362 AO).

2.6 Kostenfreiheit

Das außergerichtliche Rechtsbehelfsverfahren ist kostenfrei[14].

2.7 Zu den Ausnahmen vom Vorverfahren

2.71 § 44 FGO verlangt ein **Vorverfahren nur insoweit, als ein außergerichtlicher Rechtsbehelf gegeben (statthaft) ist.** Außergerichtliche Rechtsbehelfe sind **nur gegen Verwaltungsakte** gegeben (§§ 348, 349 I AO), ferner gegen Untätigkeit i. d. S., daß über einen Antrag auf Erlaß eines Verwaltungsakts binnen angemessener Frist sachlich nicht entschieden worden ist (§ 349 II AO). Da nur die Anfechtungs- und Verpflichtungsklage verwaltungsaktbezogen sind (s. unten S. 740 f.), können und müssen die sonstige **Leistungsklage** und die **Feststellungsklage** (s. unten S. 741 f.) **ohne Vorverfahren** erhoben werden.

2.72 „**Untätigkeitsklage**": Nach § 44 I FGO muß das **Vorverfahren ganz oder zum Teil erfolglos** geblieben sein. Das setzt voraus, daß eine ganz oder zum Teil negative Entscheidung ergangen ist. Verzögert die Behörde, die über den Rechtsbe-

---

14 Dazu kritisch *J. Lüdicke,* Kostenerstattungsansprüche in steuer- und abgabenrechtlichen Vorverfahren, Köln 1986.

Ausnahmen vom Vorverfahren

helf (Einspruch, Beschwerde, Untätigkeitsbeschwerde) zu befinden hat, die Rechtsbehelfsentscheidung jedoch ohne Mitteilung eines zureichenden Grundes in unangemessener Weise, so ist innerhalb bestimmter Fristen die sog. „Untätigkeitsklage" zulässig (§ 46 FGO). Es handelt sich um eine normale Klage (insb. Anfechtungs- oder Verpflichtungsklage), die sich von anderen Klagen lediglich dadurch unterscheidet, daß sie erhoben wird, *bevor das von der Behörde verzögerte Vorverfahren abgeschlossen worden ist.*

§ 46 FGO befriedigt nicht, weil er mehrere unbestimmte Rechtsbegriffe enthält, die zu erheblicher Rechtsunsicherheit in der Handhabung dieser Vorschrift geführt haben: „zureichender Grund", „angemessene Frist", „besondere Umstände des Falles".

Dies vorausgeschickt, läßt sich über die Voraussetzungen des § 46 FGO folgendes sagen:

Über den *Rechtsbehelf* muß *ohne Mitteilung eines zureichenden Grundes in angemessener Frist sachlich nicht entschieden worden sein.*

Welche Frist angemessen ist, hängt vom Umfang des Falles und der Sachaufklärung, von der rechtlichen Schwierigkeit und vom Interesse des Steuerpflichtigen an baldiger Entscheidung ab. Zureichender Grund ist etwa das Fehlen der Rechtsbehelfsbegründung, die Verletzung der Mitwirkungspflicht des Steuerpflichtigen bei der Sachaufklärung, die Aussetzung nach § 363 AO, das Ruhen des Verfahrens mit Zustimmung des Steuerpflichtigen, die Einholung einer Anweisung der Oberbehörde, nicht jedoch Arbeitsüberlastung der Behörde. Der Grund muß mitgeteilt worden sein.

Das Gesetz billigt der Behörde grundsätzlich eine Frist von mindestens sechs Monaten als angemessen zu. Eine kürzere Frist gilt nur bei besonderen Umständen des Falles, insb. wenn die Entscheidung so einfach ist, daß sie sich in kürzerer Frist treffen läßt und dem Steuerpflichtigen aus längerem Warten unverhältnismäßige Nachteile erwachsen würden.

Auch nach Ablauf der Sechsmonatsfrist ist die Klage nur zulässig, wenn § 46 FGO zutrifft. Überschreiten der Sechsmonatsfrist ist nicht in jedem Falle unangemessen. Erhebt der Steuerpflichtige nach Ablauf der Sechsmonatsfrist Klage, so weist das Gericht diese nicht zurück, wenn es noch keine unangemessene Frist für verstrichen hält, sondern es bestimmt selbst eine Frist und setzt das Verfahren bis zum Ablauf dieser Frist aus. Wird dem außergerichtlichen Rechtsbehelf innerhalb dieser Frist stattgegeben oder der beantragte Verwaltungsakt innerhalb dieser Frist erlassen, so ist der Rechtsstreit in der Hauptsache erledigt (§ 46 I letzter Satz FGO); es bedarf dann keiner Hauptsache-Entscheidung durch das Gericht mehr. Ergeht die Rechtsbehelfsentscheidung, ist sie aber negativ, so wird das Gerichtsverfahren fortgesetzt.

In Anbetracht der erwähnten „unbestimmten Rechtsbegriffe" ist manches umstritten (s. dazu die Kommentarliteratur).

§ 46 I FGO gilt in den Fällen des § 349 III AO sinngemäß (§ 46 II FGO).

2.73 Sprungklage: Das Vorverfahren kann – allerdings nur im Falle der *Anfechtungsklage* gegen einen Verwaltungsakt i. S. des § 348 AO – übersprungen werden, wenn die Behörde, die den Verwaltungsakt erlassen hat, innerhalb eines Monats nach Zustellung der Klageschrift (Bedenkzeit) zustimmt (§ 45 I 1 FGO).

Entsprechend dem Gesetzeswortlaut hatte der Bundesfinanzhof in ständiger Rechtsprechung nur Sprung-*Anfechtungs*klagen zugelassen (BFH BStBl. 70, 686; 71, 649; 72, 703; 72, 711; 75, 300; 77, 40; 77, 510). 1985 hat der Große Senat des BFH in BStBl. 85, 303 auch die Sprung-*Verpflichtungs*klage gegen einen Verwaltungsakt i. S. des § 348 AO (nicht § 349 AO) zugelassen. Das ist in Anbetracht des Gesetzeszweckes konsequent und vernünftig, aber u. E. nur durch Feststellung einer Gesetzeslücke zu erreichen (wie im Falle § 55 I FGO).

Wird nicht zugestimmt, ist die Klage als Einspruch zu behandeln (§ 45 I 2 FGO).

Trotz Zustimmung kann das Gericht die Klage innerhalb von drei Monaten nach Zustellung der Klageschrift an die Finanzbehörde zur Durchführung des Vorverfahrens abgeben, wenn

§ 24 Rechtsschutz in Steuersachen

weitere Tatsachenfeststellungen notwendig sind und die Abgabe sachdienlich ist. Die Klage ist dann als Einspruch zu behandeln (Art. 3 § 2 FGEntlG).

In praxi wird zugelassen, daß auf Antrag (der innerhalb der Rechtsbehelfsfrist gestellt werden muß) der Steuerpflichtige einen bereits eingelegten Einspruch nachträglich als Sprungklage behandeln darf.

Sprungklage erspart Zeit und verhindert die Möglichkeit einer „Verböserung", die im Vorverfahren, nicht aber im Klageverfahren, zulässig ist. Anders als das Vorverfahren löst sie allerdings Kosten (s. S. 762f.) aus.

2.74 Im **Sicherungsverfahren** (Arrestverfahren, s. §§ 324–326 AO) kann die an sich gegebene Beschwerde (§ 349 I AO) übersprungen und (ohne Zustimmung) sogleich Anfechtungsklage erhoben werden (§ 45 II FGO).

3. Klage

Die Klage ist ein Rechtsbehelf, mit dem der Kläger Rechtsschutz durch ein Gericht begehrt.

3.1 Zulässigkeit der Klage, Klagetypen

Bevor das Gericht sich der Frage zuwendet, ob die Klage *begründet* ist, prüft es, ob die Klage *zulässig* ist. Das hängt von einer Reihe von Zulässigkeitsvoraussetzungen (auch als Klagevoraussetzungen bezeichnet, s. Überschrift vor §§ 40ff. FGO; besser: Sachurteilsvoraussetzungen) ab.

Ist die Klage unzulässig, so ist sie *als unzulässig abzuweisen*. Unzulässige Klagen können in keinem Fall begründet sein, die Frage nach der Begründetheit darf gar nicht erst gestellt werden. Jedoch kann es im Einzelfall aus prozeßökonomischen Gründen angezeigt sein, eine Klage, deren Zulässigkeit zweifelhaft und nur aufwendig feststellbar ist, als *un*begründet zurückzuweisen und ihre Zulässigkeit dahingestellt sein zu lassen.

Auch wenn eine Klage zunächst nicht alle Zulässigkeitsvoraussetzungen erfüllt, kommt nicht in jedem Fall sogleich eine Klageabweisung in Betracht; vielmehr sieht das Gesetz in einer Reihe von Fällen (es ist dabei nicht konsequent) eine *Prozeßfürsorgepflicht* des Gerichts oder seines Vorsitzenden vor (s. §§ 65 II, 76 II FGO); s. auch § 70 I FGO.

Die Zulässigkeitsvoraussetzungen sind nicht sämtlich in einem geschlossenen Abschnitt geregelt. Auch gebraucht das Gesetz nicht in allen Fällen den Ausdruck „zulässig" oder „unzulässig".

3.11 Erfolgloses Vorverfahren

In Fällen, in denen ein außergerichtlicher Rechtsbehelf gegeben ist, ist die Klage vorbehaltlich der §§ 45, 46 FGO nur zulässig, wenn das Vorverfahren über den außergerichtlichen Rechtsbehelf ganz oder zum Teil erfolglos geblieben ist (§ 44 I FGO; s. dazu S. 731ff.).

3.12 Zulässigkeit des Finanzrechtsweges[15]

Bevor der Kläger Klage zum Finanzgericht erhebt, muß er sicher sein, daß der Finanzrechtsweg gegeben ist. § 33 FGO sieht den Finanzrechtsweg vor:

(1) Für öffentlich-rechtliche Streitigkeiten über **Abgabenangelegenheiten** (§ 33 I Nr. 1 FGO).

---

15 Dazu *K. F. Vogel*, Zur Zulässigkeit des Finanzrechtsweges in Abgrenzung zu den anderen Verwaltungsrechtswegen, Diss. Köln 1968.

Das sind alle mit der Verwaltung (Ermittlung, Festsetzung, Erhebung, Beitreibung, Erstattung, Vergütung, Verzinsung, Rückforderung) von Abgaben zusammenhängenden Angelegenheiten; auch die Anwendung von Zwangsmitteln (§§ 328 ff. AO) und von Zuschlägen fällt darunter. Im Beratungsbereich der Steuerberater ist fast immer der Finanzrechtsweg nach § 33 I Nr. 1 FGO gegeben.

Die Angelegenheit muß eine Abgabe betreffen, die der *Gesetzgebung des Bundes* unterliegt (s. Art. 105 GG) und durch *Bundes- oder Landesfinanzbehörden verwaltet* wird (s. Art. 108 GG). Zu beachten ist insb., daß die Realsteuermeßbeträge zwar von den Finanzämtern festgesetzt, die Realsteuerbescheide selbst aber von den Gemeinden erteilt zu werden pflegen, daß ferner die Kommunalsteuern, insb. die Hundesteuer und die Vergnügungssteuer, von den Gemeinden verwaltet werden. Im übrigen ergeben sich kaum Probleme.

Beispiel: Ein Steuerpflichtiger fühlt sich in seinen Rechten verletzt durch
a) einen rechtswidrigen Gewerbesteuermeßbescheid;
b) einen rechtswidrigen Gewerbesteuerbescheid;
c) eine rechtswidrige Ablehnung eines Erlasses der Gewerbesteuer aus Billigkeitsgründen nach § 227 AO.

Im Falle a ist der Finanzrechtsweg gegeben, in den Fällen b und c ist der Verwaltungsrechtsweg gegeben, wenn nicht § 33 I Nr. 4 FGO zutrifft.

Zu beachten ist, daß **Straf- und Bußgeldangelegenheiten keine Abgabenangelegenheiten** sind (§ 33 II 2 FGO). Für diese Angelegenheiten sind die Strafgerichte zuständig. **Finanzgerichte sind** also **keine Steuerstrafgerichte.**

§ 33 I Nr. 2 FGO betrifft Nicht-Abgabenangelegenheiten, die von den Zollbehörden erledigt werden; diese Vorschrift kann hier vernachlässigt werden.

(2) Für **berufsrechtliche Streitigkeiten** über Angelegenheiten, die im 1., im 2. (2. und 6. Abschnitt) und im 3. Teil (1. Abschnitt) des Steuerberatungsgesetzes geregelt sind (§ 33 I Nr. 3 FGO). Das sind insb. Prüfungs- und Zulassungsangelegenheiten, nicht Disziplinar- und Beitragsangelegenheiten.

(3) Für **Streitigkeiten kraft Zuweisung** (§ 33 I Nr. 4 FGO).

Dem Finanzrechtsweg sind z. B. zugewiesen: gewisse Streitigkeiten nach dem Berlinförderungsgesetz, dem Wohnungsbauprämiengesetz, dem Sparprämiengesetz; Kirchensteuersachen (in einigen Ländern, in anderen hingegen nicht); Kommunalsteuersachen nur in Hamburg und Bremen. Zuweisung der Kirchensteuer- und Kommunalsteuersachen findet sich durchweg in den Ausführungsgesetzen zur Finanzgerichtsordnung[16].

Eine zu Unrecht im Finanzrechtsweg erhobene Klage ist *an sich unzulässig*. § 34 III FGO läßt *aber* zu, daß das Finanzgericht auf Antrag des Klägers die Sache in den richtigen Rechtsweg *verweist*. Auf die Möglichkeit des Verweisungsantrags hat der Vorsitzende den Kläger hinzuweisen (§ 76 II FGO).

3.13 Richtiger Klagetyp[17]

Der Kläger sollte weiter prüfen, welcher Klagetyp statthaft ist. § 40 I FGO sieht Anfechtungsklagen, Verpflichtungsklagen und andere Leistungsklagen, § 41 FGO Feststellungsklagen vor. Dazu das Schema auf S. 740.

Wird der unrichtige Klagetyp gewählt, so wird die Klage nicht sogleich als unzulässig abgewiesen. Wer sich im *Klagetyp „vergreift"* und einen seinem wahren Rechtsschutzbegehren nicht adäquaten Antrag stellt, wird nach § 76 II FGO vom Vorsitzenden über den Formfehler belehrt sowie auf den adäquaten Klagetyp und den sachdienli-

---

16 Rechtsgrundlagen bei *P. Fischer,* in: Tipke/Kruse, AO/FGO [13], § 33 FGO Tz. 14.
17 Dazu *Gräber,* DStZ 81, 91 ff.

chen Antrag hingewiesen. Da die Wahl eines anderen Klagetyps indessen Klageänderung i. S. des § 67 I FGO ist, muß das Gericht den Übergang auf einen anderen Klagetyp für sachdienlich halten. Das pflegt in praxi zu geschehen. Erweist sich der Kläger als nicht „belehrbar", so ist die Klage wegen Wahl des falschen Klagetyps als *unzulässig* abzuweisen.

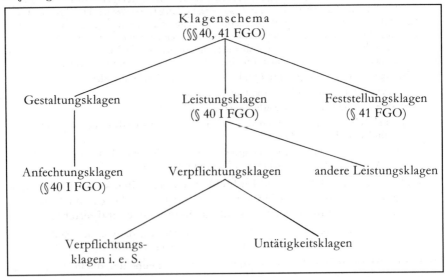

3.131 Die **Anfechtungsklage** – eine Gestaltungsklage (s. § 41 II FGO, wo der Begriff erwähnt ist) – ist die typische Klage gegen die durch belastende Verwaltungsakte praktizierende Eingriffsverwaltung. Sie ist verwaltungsaktbezogen[18].

> Beispiel: Die Oberfinanzdirektion weist das Finanzamt an, einen Steuerbescheid bestimmten Inhalts zu erlassen. Da nicht die Anweisung der Oberfinanzdirektion, sondern nur der Steuerbescheid Verwaltungsakt ist, kann nur der Steuerbescheid angefochten werden, nicht die Anweisung der Oberfinanzdirektion.

Die Anfechtungsklage ist gerichtet auf (totale) Aufhebung oder (partielle) Änderung des Verwaltungsakts (s. § 40 I FGO). Änderung kommt nur in Betracht in den Fällen des § 100 II FGO.

> Beispiele für Anträge (s. § 65 I 1 FGO):
> Es wird beantragt, den Steuerbescheid vom ... und die Einspruchsentscheidung vom ... aufzuheben.
> Es wird beantragt, den Steuerbescheid vom ... und die Einspruchsentscheidung vom ... dahin abzuändern, daß die Steuer anderweitig auf ... DM herabgesetzt wird.

Wird der Verwaltungsakt vom Betroffenen für *nichtig* gehalten, so kommt neben der Anfechtungsklage hilfsweise die Feststellungsklage (§ 41 I FGO) in Betracht. Liegt die Nichtigkeit auf der Hand, so sollte hauptsächlich Feststellungsklage erhoben werden.

---

18 *H.-Chr. Titze*, Die Aufgabe der Finanzgerichte unter besonderer Berücksichtigung der Anfechtungsklage, Diss. Tübingen 1973.

Klagearten

3.132 Als **Leistungsklagen** sind zu unterscheiden:

a) Die **Verpflichtungs-**(oder Vornahme-)**klage** (§ 40 I FGO). Sie ist die typische Klageart in Fällen der Ablehnung oder Unterlassung von Verwaltungsakten, namentlich von begünstigenden Verwaltungsakten. Sie ist ebenfalls verwaltungsaktbezogen. Unterarten der Verpflichtungsklage sind:

aa) Die **Verpflichtungsklage i. e. S.** Sie ist gerichtet auf Verurteilung zum Erlaß eines abgelehnten Verwaltungsakts. Der Angriff richtet sich gegen einen ganz oder zum Teil negativen Verwaltungsakt. Mit der bloßen Aufhebung dieses Verwaltungsakts wäre dem Kläger nicht geholfen. Anfechtungsklage kommt daher nicht in Betracht.

Allerdings läßt der Bundesfinanzhof die Anfechtungs-, nicht die Verpflichtungsklage zu, wenn die Festsetzung eines *Geldbetrages abgelehnt* wird und es sich nicht um eine Ermessensentscheidung handelt (BFH BStBl. 70, 686; 74, 321; 75, 301). Nach dem Wortlaut des § 40 I FGO ist auch in diesen Fällen die Verpflichtungsklage gegeben; der Bundesfinanzhof betont aber mit Recht den systematischen Zusammenhang mit § 100 II FGO.

Beispiele für Verpflichtungsklagen:

Der Antrag auf einen Billigkeitserlaß i. S. des § 227 AO wird (total) abgelehnt. Dagegen ist die Verpflichtungsklage gegeben.

Der Antrag auf Billigkeitserlaß i. S. des § 227 AO wird zum Teil abgelehnt, zum Teil wird ihm stattgegeben. Dagegen ist die Verpflichtungsklage gegeben.

Der Antrag auf Erteilung eines einheitlichen Feststellungsbescheids (§ 179 AO) oder eines Berichtigungsbescheids (§ 173 AO) wird abgelehnt, weil die Voraussetzungen des § 179 AO bzw. des § 173 AO nicht vorliegen. Dagegen ist die Verpflichtungsklage gegeben.

Beispiele für Anträge:

Es wird beantragt, die Beschwerdeentscheidung der Oberfinanzdirektion aufzuheben und die beklagte Behörde zu verurteilen (zu verpflichten), die Steuer aus Billigkeitsgründen zu erlassen.

Es wird beantragt, die Einspruchsentscheidung aufzuheben und das Finanzamt zu verurteilen (zu verpflichten), einen einheitlichen Feststellungsbescheid zu erteilen.

bb) Die **Untätigkeitsklage** (nicht zu verwechseln mit der Klage nach § 46 FGO). Sie ist gerichtet auf Verurteilung zum Erlaß eines – infolge Untätigkeit der Verwaltung – unterlassenen Verwaltungsakts. Vorangehen muß die Untätigkeitsbeschwerde (§ 349 II AO), außer im Falle des § 349 III AO.

Beispiel für Antrag:

Es wird beantragt, die beklagte Behörde zu verurteilen (zu verpflichten), den bisher unterlassenen Feststellungsbescheid zu erteilen.

b) Die **sonstige Leistungsklage** (§ 40 I FGO). Sie ist gerichtet auf Verurteilung zu einer sonstigen Leistung, d. h. zu einer Leistung (Tun, Dulden, Unterlassen), die nicht in einem Verwaltungsakt besteht, z. B. Verurteilung zu einer Auskunftserteilung, zur Gewährung von Akteneinsicht, zur Benennung eines V-Mannes, zur Abhaltung einer Schlußbesprechung, zur Unterlassung der Offenbarung steuerlicher Verhältnisse des Klägers, zur Zahlung von Prozeßzinsen, zur Herausgabe eines hinterlegten Betrags.

Beispiele für Anträge:

Es wird beantragt, das Finanzamt zu verurteilen (zu verpflichten),
eine Schlußbesprechung abzuhalten;
oder: es zu unterlassen, der ... behörde die Steuerakten des Klägers zugänglich zu machen.

3.133 Feststellungsklagen (§ 41 FGO)[19]

Sie sind gerichtet auf

a) Feststellung der *Nichtigkeit* eines Verwaltungsakts;

b) Feststellung des Bestehens oder Nichtbestehens eines *Rechtsverhältnisses* (das im Abgabenrecht wurzeln muß, so daß etwa Feststellung des Bestehens eines Arbeits- oder Gesellschaftsverhältnisses zwischen Ehegatten nicht in Betracht kommt). Auch einzelne Rechte und Pflichten, nicht aber einzelne Rechtsfragen, sind Rechtsverhältnisse i. S. der Vorschrift.

Beispiele:

Feststellung, ob ein Steuerpflichtverhältnis von der Art besteht, daß der Steuerpflichtige der Außenprüfung unterliegt.

Feststellung, ob der Kläger die Rechte und Pflichten eines Steuerberaters hat (Vorfrage: Ist er rechtmäßig als Steuerberater zugelassen worden?).

Feststellungsklagen setzen ein berechtigtes Interesse an baldiger Feststellung voraus (§ 41 I FGO) und können *nur subsidiär* erhoben werden, d. h.: wenn der Kläger seine Rechte durch Gestaltungs- oder Leistungsklage nicht mehr verfolgen kann und auch früher nicht hätte verfolgen können. Dies gilt nicht, wenn die Feststellung der Nichtigkeit eines Verwaltungsakts begehrt wird (§ 41 II FGO).

Beispiel für Antrag:

Es wird beantragt festzustellen, daß der Kläger nicht der Außenprüfung unterliegt.

Die praktische Bedeutung der Feststellungsklage ist wegen der Notwendigkeit eines berechtigten Interesses an baldiger Feststellung, wegen der Beschränkung auf Rechtsverhältnisse (Rechtsfragen sind keine Rechtsverhältnisse!) und wegen der in § 41 II FGO angeordneten Subsidiarität gegenüber Gestaltungs- und Leistungsklagen gering.

3.14 Klagebefugnis[20]

3.141 Die Klage ist prinzipiell *nur zulässig,* wenn der Kläger **geltend macht,** durch den Verwaltungsakt oder durch die Ablehnung oder Unterlassung eines Verwaltungsakts oder einer anderen Leistung **in seinen Rechten verletzt** zu sein (§ 40 II FGO). M. a. W.: Zur Klage ist nur befugt, wer geltend machen kann, *selbst* in *seinen* Rechten verletzt zu sein. Popularklagen zur Wahrnehmung der Rechte Dritter (im eigenen Namen) oder eines Allgemeininteresses sind folglich unzulässig. Insb. kann der Kläger nicht geltend machen, daß *irgendein anderer* in seinen Rechten verletzt worden sei. Nur der Selbstbetroffene wird geschützt, nur ihn geht die Sache nach Auffassung des Gesetzgebers etwas an. Die Gewährleistung der objektiven Steuerrechtsordnung liegt in der Hand der Finanzverwaltung, nicht in der Hand der Steuerpflichtigen.

Beispiel: A wird unter Verletzung von Vorschriften des Steuerberatungsgesetzes als Steuerberater zugelassen. Steuerberater St (der am selben Ort praktiziert) kann die Zulassung von A nicht anfechten. Die Zulassungsvorschriften des Steuerberatungsgesetzes sichern das öffentliche Interesse, die objektive Rechtsordnung (die nach der Vorstellung des Gesetzge-

---

19 Dazu *Trzaskalik,* Die Rechtsschutzzone der Feststellungsklage im Zivil- und Verwaltungsprozeß, Berlin 1978.
20 Dazu *W. Hahn,* Die Beschwer im formellen Steuerrecht, Diss. Erlangen/Nürnberg 1973; *D. Kopei,* Klagebefugnis und Rechtsschutzbedürfnis für Anfechtungsklagen... nach der FGO, Diss. Heidelberg 1975; *D. Neumeyer,* Die Klagebefugnis im Verwaltungsprozeß, Berlin 1979.

bers allein die Verwaltung gewährleistet), sie gewähren aber (konkurrierenden) Steuerberatern keine *eigenen* (subjektiven) Rechte.

Verbände sind nicht befugt, aus eigenem Recht Interessen ihrer Mitglieder geltend zu machen (keine Verbandsklage).

Verletzung in *eigenen* Rechten wird von der h. M. auch verneint, wenn A sich dadurch benachteiligt fühlt, daß das Finanzamt einen hohen Prozentsatz anderer Steuerpflichtiger nicht voll zur Steuer heranzieht, etwa entgegen § 85 AO die wirkliche Besteuerung der Zinsen nicht durchsetzt, oder die eine Gruppe der Steuerpflichtigen durch Verfahrens-Verwaltungsvorschrift günstiger behandelt als die andere. Daß die Privilegierung der einen Gruppe sich als Diskriminierung der anderen Gruppe darstellt, wird als Rechtsverletzung nicht anerkannt. Einer Ausnahme wird das Wort nur im Falle einer Konkurrenzsituation geredet (sog. Konkurrentenklage)[21]. Steuerehrliche haben also grundsätzlich kein Rechtsschutzmittel, Steuerunehrliche unter Berufung auf den Gleichheitssatz zur Steuerehrlichkeit anhalten zu lassen oder ihre eigene Steuer unter Berufung auf die Steuerunehrlichkeit anderer ermäßigen zu lassen („keine Gleichheit im Unrecht"). In *letzterem* mag man eine Rechtsschutzlücke sehen. Sie ergibt sich allerdings nur dann, wenn der Staat bei der Durchsetzung der objektiven Rechtsordnung versagt.

Die *Rechts*verletzung kann sich *nur aus der Verletzung von Rechtsnormen,* nicht aus der Verletzung von Verwaltungsvorschriften (etwa Einkommensteuer-Richtlinien) ergeben, es sei denn, es läge ein Selbstbindungsfall (s. S. 88, 119) vor.

In seinen Rechten *verletzt* ist insb., wem rechtswidrig, d. h. unter Verletzung von Rechtsnormen (einschließlich der Grundrechte), eine Last (etwa durch rechtswidrigen Steuerbescheid) oder eine Pflicht (etwa durch rechtswidrigen Finanzbefehl) auferlegt oder eine Vergünstigung verweigert worden ist (etwa durch rechtswidrige Ablehnung eines Billigkeitserlasses) oder wessen Sphäre sonst nachhaltig betroffen wird.

Die Verletzung von *Ermessensvorschriften* ist eine für das Gericht nachprüfbare Rechtsverletzung nur unter den Voraussetzungen des § 102 FGO.

Die Rechtsverletzung kann sich auch aus einem Verwaltungsakt ergeben, der *nicht an den Kläger adressiert* worden ist. Der Kläger muß nur durch den Inhalt des Verwaltungsakts *betroffen* sein.

Beispiele: Das Finanzamt fordert eine Bank auf, Auskünfte über das Bankguthaben und die Zinseinkünfte des Steuerpflichtigen A zu geben. – A klagt wegen Verletzung des § 93 I 3 AO. A ist zur Klage befugt.

Ehegatten werden zusammenveranlagt; der Bescheid wird nur an den Ehemann bekanntgegeben. Die Ehefrau kann den rechtswidrigen Bescheid anfechten, da sie vom Inhalt des Bescheids betroffen ist; Anfechtung setzt keine Bekanntgabe (an die Ehefrau) voraus.

Das Finanzamt erläßt einen unrichtigen Haftungsbescheid gegen den Arbeitgeber wegen nicht einbehaltener Lohnsteuer (§ 42d EStG). Durch den Bescheid ist auch der Arbeitnehmer (als Steuerschuldner), für den der Arbeitgeber die Steuer abzuführen hat, in seinen Rechten verletzt.

Die Rechtsverletzung ist dem *Ausspruch* des Verwaltungsakts zu entnehmen; eine falsche Begründung macht den Verwaltungsakt nicht rechtswidrig, wenn der Ausspruch zutrifft. Dasselbe gilt, wenn unselbständige Besteuerungsgrundlagen (s. § 157 II AO) unzutreffend festgestellt werden, die Steuer aber richtig festgesetzt wird oder die selbständige Besteuerungsgrundlage (s. §§ 179 ff. AO) richtig festgestellt wird.

---

21 Dazu *Tipke*/Kruse, AO/FGO [13], § 85 AO Tz. 4 ff., § 40 FGO Tz. 17 f.; *Knobbe-Keuk,* BB 81, 565; BB 82, 385; ablehnend BFH BStBl. 85, 12. – Das schweizerische Bundesgericht bejaht die Betroffenheit, wenn Dritten Privilegien zuerkannt sind, da die Einräumung von Privilegien grundsätzlich den Nichtbegünstigten diskriminiere (BGE 109 Ia, 252 ff.).

Eine Ausnahme gilt, wenn die Gründe, insb. festgestellte Besteuerungsgrundlagen, für andere Behörden und den Steuerpflichtigen verbindlich sind.

Beispiele: Im Einkommensteuerbescheid 1988 wird (als – negative – Summe der Einkünfte) *zu niedriger Verlust* (als unselbständige Besteuerungsgrundlage) festgestellt. Keine Rechtsverletzung, auch nicht bei Möglichkeit des Verlustabzugs (§ 10 d EStG), da der Verlust verbindlich erst in dem Jahr festgestellt wird, in dem sich der Verlustabzug auswirkt[22]. Im Einkommensteuerbescheid werden die gewerblichen *Einkünfte zu hoch* angesetzt. Der Fehler gleicht sich jedoch aus, weil Einkünfte aus Vermietung zu niedrig angesetzt sind. Keine Rechtsverletzung, auch nicht wegen der Gewerbesteuer, da der Ansatz der gewerblichen Einkünfte im Einkommensteuerbescheid für die Gewerbesteuer nicht verbindlich ist.

Steuer wird *zu hoch* festgesetzt; als selbständige Besteuerungsgrundlage wird *durch gesonderten Feststellungsbescheid Gewinn zu hoch* oder *Verlust zu niedrig* festgestellt. – Rechtsverletzungen.

Steuer wird *zu niedrig* oder *auf 0* festgesetzt; als selbständige Besteuerungsgrundlage wird durch gesonderten *Feststellungsbescheid Gewinn zu niedrig* oder *Verlust zu hoch* festgestellt. – Keine Rechtsverletzungen, es sei denn,

– die Festsetzung oder Feststellung ist für andere Behörden oder Stellen zu Lasten des Steuerpflichtigen verbindlich;
– die Festsetzung oder Feststellung beruht auf unrichtigem Bilanzansatz und dieser Ansatz bewirkt im Zusammenhang mit der Bilanzidentität (Bilanzkongruenz), daß der Vorteil in späteren Jahren in einen (noch größeren) Nachteil umschlägt (s. BFH BStBl. 73, 323).

Einheitswert wird *zu hoch* oder *zu niedrig* festgesetzt. – Rechtsverletzung. Die Einzelauswirkungen werden auch bei zu niedriger Festsetzung nicht geprüft.

Steuerbescheid ist unter Verstoß gegen § 165 AO für *vorläufig* erklärt worden. – Rechtsverletzung.

Prüfungsentscheidungen können vom Gericht nur darauf kontrolliert werden, ob sie auf Verfahrensfehlern basieren; das Gericht darf aber nicht anstelle der Prüfungskommission die Prüfungsleistung bewerten[23].

Nur *geltend zu machen* braucht der Kläger die Rechtsverletzung, d. h. er muß einen Sachverhalt vortragen (schlüssig behaupten), aus dem sich – die Richtigkeit der Behauptung unterstellt – ergibt, daß der Kläger in seinen Rechten verletzt ist. Damit ist zugleich der Streitgegenstand i. S. des § 65 I FGO bezeichnet. Macht der Kläger die Rechtsverletzung nicht in dieser Weise geltend, so ist er zur Ergänzung der Klageschrift innerhalb bestimmter Frist aufzufordern (§ 65 II FGO; s. auch § 76 II FGO; diese beiden Vorschriften überschneiden sich). Kommt der Kläger dieser Aufforderung nicht nach, so ist die Klage unzulässig (str.).

Verwaltet eine Bundes- oder Landesfinanzbehörde eine Steuer ganz oder teilweise für andere Steuerberechtigte (insb. *Gemeinden, Kirchen*), so sind diese nur dann klagebefugt, wenn Bund oder Land die Steuer selbst schuldet, also ein Interessenkonflikt vorliegt (§ 40 III FGO)[24].

3.142 Aufgrund der Abgabenordnung erlassene Änderungs- und Folgebescheide können nicht in weiterem Umfang angegriffen werden, als sie in dem außergerichtlichen Vorverfahren angefochten werden können (§ 42 FGO). Das heißt: Die Regeln des § 351 AO gelten auch im Steuerprozeß.

---

22 BFH BStBl. 79, 584; 83, 710, 711. Ab 1990 geänderte Rechtslage: vgl. § 10 d III i. V. mit § 52 I EStG.
23 BFH BStBl. 80, 610.
24 Dazu BFH BStBl. 76, 426; weitergehend *D. Ehlers,* Der gerichtliche Rechtsschutz der Gemeinde gegenüber Verwaltungsakten des Finanzamtes im Gewerbesteuerverfahren, Berlin 1986.

Danach können Verwaltungsakte, die unanfechtbare (d. h. mit einem Rechtsbehelf nicht mehr anfechtbare) Verwaltungsakte ändern, grundsätzlich *nur insoweit* angegriffen werden, *als die Änderung reicht* (§ 351 I AO). Nur so weit reicht die Beschwer[25].

Beispiele:

Ursprünglicher Einkommensteuerbescheid	100 DM
gem. § 173 I 1 Nr. 1 AO geänderter Einkommensteuerbescheid	130 DM

Es kann nur Herabsetzung der Einkommensteuer auf 100 DM begehrt werden. Hinsichtlich der Begründung besteht indessen keine Bindung.

Ursprünglicher Einkommensteuerbescheid	130 DM
gem. § 173 I 1 Nr. 2 AO geänderter Einkommensteuerbescheid	100 DM

Es kann nur Heraufsetzung der Einkommensteuer auf 130 DM begehrt werden. In der Regel fehlt es für ein solches Begehren an der Beschwer (s. oben).

Ferner können Entscheidungen in einem *Grundlagenbescheid* (s. dazu S. 703 f.) nur durch Anfechtung dieses Bescheides, nicht auch durch Anfechtung des Folgebescheides, angegriffen werden (§ 351 II AO i. V. mit § 42 FGO).

Das heißt insb.: Ist ein Feststellungsbescheid oder ein Steuermeßbescheid rechtswidrig, so muß insoweit der (die Beschwer auslösende) Feststellungs- oder Steuermeßbescheid angefochten werden; der Folgebescheid kann nicht angefochten werden.

Bei Verstoß gegen § 42 FGO ist die Klage (insoweit) unzulässig[26].

3.143 Ist ein *einheitlicher Feststellungsbescheid* (i. S. des § 180 AO) rechtswidrig, so sind zur Klageerhebung nur *befugt* (§ 48 I FGO)[27]:

(1) stets: die zur Geschäftsführung berufenen (vertretungsberechtigten) Gesellschafter oder Gemeinschafter (§ 48 I Nr. 3 FGO) für die Gesellschaft, und zwar einzeln oder zusammen, je nachdem, ob Einzel- oder Gesamtvertretungsrecht besteht;

(2) die übrigen Gesellschafter (etwa Kommanditisten) oder Gemeinschafter nur,

– soweit es sich darum handelt, wer an dem festgestellten Betrag beteiligt ist und wie dieser sich auf die einzelnen Beteiligten verteilt (§ 48 I Nr. 1 FGO);

– soweit die Frage einen Gesellschafter oder Gemeinschafter persönlich angeht (§ 48 I Nr. 2 FGO).

Jedoch gilt das nicht für alle einheitlichen Feststellungsbescheide (s. § 48 II FGO).

§ 48 I Nr. 3 FGO will verhindern, daß die nicht zur Geschäftsführung Befugten (insb. Kommanditisten) im Steuerprozeß Rechte haben, die ihnen nach Handelsrecht nicht zustehen.

3.15 Fähigkeit zur Vornahme von Verfahrenshandlungen (Prozeßfähigkeit) – § 58 FGO[28]

Die persönliche Fähigkeit zur Vornahme von Verfahrenshandlungen besitzen nur

(1) die nach bürgerlichem Recht Geschäftsfähigen;

(2) die nach bürgerlichem Recht in der Geschäftsfähigkeit Beschränkten, soweit sie durch Vorschriften des bürgerlichen oder öffentlichen Rechts für den Gegenstand des Verfahrens als geschäftsfähig anerkannt sind (s. dazu §§ 112, 113 BGB).

---

25 Dazu ausführlich *Macher*, StuW 85, 33 ff.
26 A. A. BFH BStBl. 73, 24; wie hier mit ausführlicher Begründung *Söhn*, StuW 74, 50.
27 Dazu *B. Keuk*, StuW 74, 46.
28 Dazu *Laubinger*, Prozeßfähigkeit und Handlungsfähigkeit, in: FS für Ule, Köln u. a. 1987, 161 ff.

§ 24 Rechtsschutz in Steuersachen

Für Geschäftsunfähige (§ 104 BGB), für in der Geschäftsfähigkeit Beschränkte (§ 106 BGB), für rechtsfähige und nichtrechtsfähige Personenvereinigungen, für andere einer juristischen Person ähnliche Gebilde, die als solche der Besteuerung unterliegen, in allen Fällen der Vermögensverwaltung sowie bei Wegfall eines Steuerpflichtigen handeln die nach bürgerlichem Recht dazu befugten Personen (gesetzliche Vertreter, Vorstände, Verwalter). Wird dagegen verstoßen, ist die Klage unzulässig.

3.16 Vollmacht (§ 62 FGO)

Der prozeßfähige Steuerpflichtige braucht sich im Steuerprozeß grundsätzlich nicht vertreten zu lassen. Allerdings kann das Gericht einen Vertreter beiordnen (§ 62 I 2 FGO), was in praxi indessen nicht zu geschehen pflegt.

Steuerpflichtige *können* sich aber durch Angehörige der steuerberatenden Berufe vertreten lassen (§ 62 I 1, II 2 FGO).

Für die Zeit seit 15. 9. 1975 hat das Gesetz zur *Entlastung des Bundesfinanzhofs* v. 8. 7. 1975, BGBl. I 75, 1861, den *Vertretungszwang* vor dem Bundesfinanzhof angeordnet (Einzelheiten in Art. 1 Nr. 1 BFH-EntlG).

Bei Erhebung der Klage durch einen Angehörigen der steuerberatenden Berufe muß dem Gericht eine schriftliche Vollmacht eingereicht werden. Sie kann nachgereicht werden; der Vorsitzende kann dafür eine Frist bestimmen, und zwar mit ausschließender Wirkung (§ 62 III FGO; Art. 3 § 1 FGEntlG).

3.17 Kein Klageverzicht (§ 50 FGO)[29]

Es darf kein Klageverzicht vorliegen. Ist wirksam auf die Klage verzichtet worden, so ist die Klage unzulässig (§ 50 I 3 FGO).

§ 50 I 1, 2 FGO will sicherstellen, daß nicht „ins Blaue hinein" verzichtet wird, daß der Steuerpflichtige vielmehr weiß, worauf er – auch betragsmäßig – verzichtet. Der Verzicht kann daher grundsätzlich wirksam erst *nach Erlaß des Verwaltungsakts* ausgesprochen werden. Ausnahmsweise ist Verzicht auch bei Abgabe einer Steueranmeldung zulässig, wenn er auf den Fall beschränkt wird, daß die Steuer nicht abweichend von der Steueranmeldung festgesetzt wird. – Der Verzicht darf keine weiteren Erklärungen enthalten (§ 50 II FGO).

3.18 Wahrung der Klagefrist (§ 47 FGO)

Die Klagefrist beträgt

(1) für Anfechtungsklagen: einen Monat (§ 47 I 1 FGO);
sie beginnt

  a) grundsätzlich: mit der Bekanntgabe der Entscheidung über den außergerichtlichen Rechtsbehelf;
  b) im Falle der Sprungklage (§ 45 I FGO): mit der Bekanntgabe des Verwaltungsakts;
  c) im Falle unmittelbarer Klage wegen Rechtswidrigkeit der Anordnung eines Sicherungsverfahrens (§ 45 II FGO): mit der Bekanntgabe des Verwaltungsakts;
  d) in Fällen, in denen ein außergerichtlicher Rechtsbehelf nicht gegeben ist: mit der Bekanntgabe des Verwaltungsakts; über Bekanntgabe S. 674 f.;

(2) für Verpflichtungsklagen: einen Monat (§ 47 I 2 FGO);

(3) sonstige Leistungsklagen und Feststellungsklagen sind nicht fristgebunden.

---

29 Dazu *M. Krauß*, Rechtsbehelfsverzicht und -rücknahme im Steuerstreit, Diss. München 1976.

Die Frist ist gewahrt, wenn die Klageschrift bis zum letzten Tag der Frist, 24 Uhr, der Empfangsbehörde (das ist das zuständige Finanzgericht, § 64 I FGO; s. aber auch § 47 II, III FGO) zugeht. Zugehen heißt: derart in den Machtbereich der Empfangsbehörde gelangen, daß diese Kenntnis nehmen kann.

Wegen der Fristberechnung ist § 54 FGO zu beachten.

Der Kläger sollte unbedingt die Rechtsbehelfsbelehrung (dazu § 55 FGO) beachten. Ist im Falle der *Anfechtungs*klage der Verwaltungsakt schriftlich ergangen, so *beginnt die Frist* für die Erhebung der Klage *nur,* wenn der Verwaltungsakt *mit einer Rechtsbehelfsbelehrung versehen* worden ist.

Es gibt keinen einsichtigen Grund, Verwaltungsakte, die mit *Verpflichtungs*klage angefochten werden, anders zu behandeln als Verwaltungsakte, die mit Anfechtungsklage angefochten werden. Es liegt wohl eine Lücke im Gesetz vor, die durch Analogie zu schließen ist.

Ist die *Belehrung unterblieben oder unrichtig erteilt* worden, so ist die Einlegung des Rechtsbehelfs grundsätzlich (nur) innerhalb eines Jahres seit Bekanntgabe des Verwaltungsakts zulässig (s. § 55 II FGO).

Literatur und Rechtsprechung beurteilen die Essentialien der Rechtsbehelfsbelehrung recht formalistisch. Ein Blick in die Kommentare (zu § 55 FGO) empfiehlt sich daher, wenn die Monatsfrist versäumt worden ist.

Wenn jemand ohne Verschulden verhindert war, eine gesetzliche Frist einzuhalten, so ist ihm auf Antrag *Wiedereinsetzung in den vorigen Stand* zu gewähren (s. dazu § 56 FGO; auch § 126 III AO).

Verzögerungen der Briefbeförderungen durch die Post können nicht dem Steuerpflichtigen als Verschulden zugerechnet werden[30].

Wird die Klagefrist versäumt und kann Wiedereinsetzung nicht gewährt werden, so ist die Klage unzulässig.

Der Klageantrag einer rechtzeitig erhobenen Klage gegen einen Steuerbescheid darf nach Ablauf der Klagefrist erweitert werden.[31]

3.19 Richtiger Klagegegner (sog. Passivlegitimation), s. § 63 FGO

Die Klage ist gegen die Behörde zu richten, die den ursprünglichen Verwaltungsakt erlassen, den beantragten Verwaltungsakt oder die andere Leistung unterlassen oder abgelehnt hat oder der gegenüber die Feststellung des Bestehens oder Nichtbestehens eines Rechtsverhältnisses oder der Nichtigkeit eines Verwaltungsaktes begehrt wird (§ 63 I FGO). Das ist grundsätzlich das Finanzamt. Das Finanzamt ist Klagegegner. Nicht zu verklagen ist die Beschwerdebehörde.

§ 63 II FGO trifft eine Sonderregelung des Falles, daß die Zuständigkeit des Finanzamts sich vor der Entscheidung über den außergerichtlichen Rechtsbehelf ändert.

§ 63 III FGO betrifft nur noch die Zollverwaltung: Zu verklagen ist nicht das Zollamt, sondern das Hauptzollamt, s. dazu § 1 Nr. 4 FVG.

Wird die falsche Behörde verklagt, so ist die Klage unzulässig, wenn sie nicht geändert (s. § 67 FGO) wird.

---

30 BVerfG BStBl. 80, 544, 545 = BVerfGE 53, 148, 151.
31 BFH GrS BStBl. 90, 327.

3.20 Wahrung der Klageform (§§ 64, 65 FGO)

Die Klage ist bei dem Gericht *schriftlich* oder zur Niederschrift des Urkundsbeamten der Geschäftsstelle zu erheben (§ 64 I FGO). Telefonanruf genügt nicht; hingegen steht *Telegramm* der Schriftform gleich. Die Rechtsprechung verlangt (außer bei Telegramm) eigenhändige Unterschrift. Notwendigkeit der Unterschrift soll, so die Rechtsprechung, der Schriftform immanent sein; die Rechtsprechung vermag jedoch nicht zu erklären, warum im Falle des Telegramms die Unterschrift entbehrlich ist[32]; s. auch § 357 I 2, 3 AO.

Die Klage *muß* enthalten: die Bezeichnung des Klägers, des Beklagten, des angefochtenen Verwaltungsakts oder der angefochtenen Rechtsbehelfsentscheidung (§ 65 I 1 AO).

Die Klage *muß* ferner den Streitgegenstand angeben (§ 65 I 1 FGO). *Streitgegenstand* ist die substantiierte Rechtsbehauptung des Klägers, er sei in seinen Rechten verletzt worden. Substantiiert behaupten heißt: so vortragen, daß es dem Finanzgericht möglich ist, Klagebefugnis und Klagebegehren zu erkennen und den Streitwert zu bestimmen[33].

Erfüllt die Klage diese *Muß*-Voraussetzungen nicht, so hat der Vorsitzende zur Ergänzung der Klageschrift innerhalb bestimmter Frist aufzufordern (§ 65 II FGO). Wird die Frist nicht eingehalten, so ist nach der Rechtsprechung des BFH (zuletzt BStBl. 80, 696) die Klage gleichwohl zulässig; Klageschrift kann bis zum Schluß der mündlichen Verhandlung ergänzt werden. Die Kritik[34] hingegen hält die vom Vorsitzenden gesetzte Frist für eine Ausschlußfrist[35]. Nach Ablauf der Klagefrist kann der Klageantrag noch erweitert werden, jedenfalls wenn es um Steuerbescheide geht (BFH GrS BStBl. 90, 327).

Im übrigen *soll* der Kläger – über die Angabe des Streitgegenstandes hinaus – die zur Begründung der Klage dienenden Tatsachen und Beweismittel angeben und einen bestimmten Antrag stellen (§ 65 I FGO). Wird diese Soll-Vorschrift nicht erfüllt, so hat der Vorsitzende ebenfalls nach § 65 II FGO zur Ergänzung der Klage aufzufordern; die Klage ist jedoch nicht unzulässig, wenn sie nicht ergänzt wird. Es können sich aber Nachteile daraus ergeben, daß der Antrag den Rechtsstreit quantitativ begrenzt (das Gericht darf über den Antrag nicht hinausgehen, § 96 I 2 FGO) und den Streitwert und die Kosten beeinflußt. Die Begründung beeinflußt im übrigen die Intensität der Aufklärungspflicht des Gerichts. Für den Durchschnittsfall läßt sich sagen, daß die Prozeßchancen mit der Güte der Begründung wachsen. Vgl. auch S. 754.

Art. 3 § 3 FGEntlG läßt *Zurückweisung verspäteten Vorbringens* (nach Fristsetzung) zu.

Beispiel einer Klage:

Klage

des Kaufmanns Werner Schulz, X-Straße 119, 5000 Köln 1,

Klägers

Prozeßbevollmächtigter: Wirtschaftsprüfer und Steuerberater...

gegen

das Finanzamt Köln-Süd...

Beklagte

---

32 Unterschriftsbedürfnis ablehnend *Vollkommer*, Formenstrenge und prozessuale Billigkeit, München 1973, dazu StuW 75, 182. Gegen Formenpedanterie und Formenrigorismus auch *Tipke*/Kruse, AO/FGO [13], § 64 FGO Tz. 1.

33 Dazu *Müffelmann*, Die objektiven Grenzen der materiellen Rechtskraft steuergerichtlicher Urteile, Diss. Hamburg, Berlin 1965; *Huppertz*, Streitgegenstand und Prozeßherrschaft im Anfechtungsverfahren nach §§ 40 I, 100 FGO, Diss. Köln 1972; *Mösbauer*, Der Streitgegenstand im Steuerprozeß, Berlin 1975.

34 *Tipke*/Kruse, AO/FGO[13], § 65 FGO Tz. 7; *Gräber/v. Groll*, FGO[2], § 65 RNrn. 54–56.

35 *Tipke*/Kruse, AO/FGO[13], § 65 FGO Tz. 6; § 76 FGO Tz. 7.

wegen unzutreffender Festsetzung der Einkommensteuer für 01 durch Bescheid vom ..., bestätigt durch Einspruchsentscheidung vom ...

Im Auftrage und in Vollmacht des Klägers erhebe ich Klage gegen das beklagte Finanzamt und werde in der mündlichen Verhandlung b e a n t r a g e n :
(falls auf mündliche Verhandlung verzichtet wird: ... und beantrage:)
1. die Einspruchsentscheidung vom ... aufzuheben und den Einkommensteuerbescheid 01 dahin zu ändern, daß die Steuer auf ... DM herabgesetzt wird;
2. die Kosten des Verfahrens der beklagten Behörde aufzuerlegen und festzustellen, daß die Zuziehung eines Bevollmächtigten auch für das Vorverfahren notwendig war (§ 139 III 3 FGO);
3. das Urteil wegen der Kosten für vorläufig vollstreckbar zu erklären.

Begründung

Die Einspruchsentscheidung und der ihr zugrunde liegende Einkommensteuerbescheid 01 sind rechtswidrig und verletzen den Kläger in seinen Rechten ...
– Ist der Kläger der Auffassung, daß das Finanzamt den Sachverhalt nicht richtig festgestellt habe, so folgt seine Darstellung des Sachverhalts (die zur Begründung dienenden Tatsachen unter Angabe der Beweismittel, vgl. dazu § 81 I 2 FGO). Daran schließen sich die für erforderlich gehaltenen Rechtsausführungen an.

Zu beachten: Schriftliche Vollmacht beifügen; Abschriften der Klage und der Schriftsätze für die übrigen Beteiligten beifügen.

3.21 Richtiger Adressat der Klage (§§ 64 I; 47 II, III FGO)

Die Klage ist „bei dem Gericht" zu erheben (§ 64 I 1 FGO); zu ergänzen ist: bei dem sachlich und örtlich zuständigen Gericht.

Über sachliche Zuständigkeit s. §§ 35–37 FGO; über örtliche Zuständigkeit s. §§ 38, 39 FGO.

Stets ist auf die Rechtsbehelfsbelehrung zu achten!

Eine Klage, die bei einem unzuständigen Gericht erhoben wird, ist an sich unzulässig. § 70 I FGO schreibt jedoch vor:

„Hält sich das Gericht für örtlich oder sachlich unzuständig, so hat es sich, wenn das zuständige Gericht der Finanzgerichtsbarkeit bestimmt werden kann, auf Antrag des Klägers durch Beschluß für unzuständig zu erklären und den Rechtsstreit an das zuständige Gericht zu verweisen." – Auf die Antragsmöglichkeit hat der Vorsitzende den Kläger hinzuweisen (§ 76 II FGO). Wird der Antrag nicht gestellt, ist die Klage als unzulässig abzuweisen.

Es genügt, wenn die Klage, statt beim Gericht, innerhalb der Klagefrist „angebracht wird"[36]
– bei der Behörde, die den angegriffenen Verwaltungsakt oder die Rechtsbehelfsentscheidung erlassen oder bekanntgegeben hat (§ 47 II FGO);
– bei der Behörde, die nachträglich für den Steuerfall zuständig geworden ist (§ 47 II FGO);
– (wenn ein Grundlagenbescheid angefochten wird:) bei der Behörde, die den Steuerbescheid, der auf dem Grundlagenbescheid beruht, erlassen hat (§ 47 III FGO).

---

36 Problem: Ist Klage beim Finanzamt „angebracht", wenn die Klageschrift an das Finanzgericht adressiert, aber in den Hausbriefkasten des Finanzamts eingeworfen wird? (verneinend BFH BStBl. 75, 337; 77, 841; s. aber auch BFH BStBl. 78, 667; gegen BFH *P. Fischer,* in: Tipke/Kruse, AO/FGO [13], § 47 FGO Tz. 13: „Anbringen" verlangt nicht „zugehen").

3.2 Wirkungen der Klage

3.21 Durch Erhebung der Klage wird die *Streitsache rechtshängig* (§ 66 I FGO). Die Phase der Rechtshängigkeit dauert bis zum Eintritt der Rechtskraft (Unanfechtbarkeit des Urteils). Während der Rechtshängigkeit gilt folgendes:

a) Es ist unzulässig, in derselben Streitsache eine neue Klage zu erheben (§ 66 II FGO).

b) Ein im Zeitpunkt der Klageerhebung zuständiges Gericht bleibt zuständig, auch wenn der Kläger etwa den Wohnsitz oder Sitz verlegt (§ 66 III FGO), *sog. perpetuatio fori*.

c) Die *beklagte Behörde darf* den angefochtenen Verwaltungsakt auch während der Rechtshängigkeit noch *zurücknehmen oder ändern* (§ 132 AO; §§ 68, 123 Satz 2, 127, 138 II FGO).

Wird der angefochtene Verwaltungsakt während des Prozesses geändert oder wird er zurückgenommen und ersetzt (durch einen inhaltlich anderen Verwaltungsakt), so kann der Kläger beantragen, daß der Verwaltungsakt neuen Inhalts Gegenstand des Verfahrens wird (§ 68 FGO); der Kläger kann aber auch den Änderungs- oder Ersatzverwaltungsakt mit dem Einspruch anfechten und dadurch erneut ein Vorverfahren einleiten, was der Antrag nach § 68 FGO ihm erspart. Tut der Kläger beides nicht, so ist das Verfahren nach h. M. beendet, der Kläger aus dem Prozeß geworfen.[37]

d) Während der Rechtshängigkeit tritt *keine Festsetzungsverjährung* ein (§ 171 III AO).

e) Die Dauer der Rechtshängigkeit beeinflußt die Verzinsung (s. §§ 236, 237 AO).

3.22 Die einmal erhobene *Klage* darf nur *geändert* werden (s. § 67 FGO)

- mit Zustimmung der übrigen Beteiligten (§ 57 FGO), insb. der beklagten Behörde;
- wenn das Gericht die Änderung für sachdienlich hält.

Klageänderung ist Änderung des Streitgegenstandes. Sie liegt insb. vor bei Wechsel des Beklagten, Änderung des gewählten Klagetyps oder Anfechtung eines anderen Verwaltungsakts. Änderung des quantitativen Antrags oder der Begründung ist keine Klageänderung.

3.23 Durch Erhebung der Klage wird die *Vollziehung* des angefochtenen Verwaltungsakts *grundsätzlich nicht gehemmt*. Jedoch ist Vollziehungsaussetzung möglich (§ 69 FGO), s. unter 3.31.

3.3 Vorläufiger Rechtsschutz[38]

Als Maßnahmen des vorläufigen Rechtsschutzes kommen *Aussetzung der Vollziehung* (§ 69 FGO) und *einstweilige Anordnung* (§ 114 FGO) in Betracht.

Aussetzung der Vollziehung und einstweilige Anordnung *schließen einander aus*. Aussetzung der Vollziehung kommt in Betracht, wenn ein *vollziehbarer Verwaltungsakt* vorliegt; einstweilige Anordnung ist dann nicht zulässig (§ 114 V FGO). Fehlt es an einem vollziehbaren Verwaltungsakt, ist etwa ein Verwaltungsakt oder eine sonstige

---

[37] Kritisch zu § 68 FGO und zu den zahlreichen von der Vorschrift aufgegebenen Problemen *Tipke*/Kruse, AO/FGO[13], zu § 68 FGO.

[38] Dazu *Papier*, Einstweiliger Rechtsschutz bei Abgaben, StuW 78, 332 ff.; *Finkelnburg/Jank*, Vorläufiger Rechtsschutz im Verwaltungsstreitverfahren [3], München 1986; *Kanzler*, Strukturfragen des einstweiligen Rechtsschutzes im finanzgerichtlichen Verfahren, StStud 88, 296 ff.

Leistung abgelehnt worden, oder begehrt der Steuerpflichtige ein Tun, Dulden oder Unterlassen, so kommt einstweilige Anordnung (§ 114 FGO) in Betracht.

Eine *Probe aufs Exempel* kann durch Prüfung der Klageart gemacht werden: Bei Anfechtungsklage in der Hauptsache: Aussetzung der Vollziehung; bei Leistungs- oder Feststellungsklage in der Hauptsache: einstweilige Anordnung. – Begehrt der Kläger die Feststellung eines höheren als des vom Finanzamt im Feststellungsbescheid angesetzten Verlustes, so sind Anfechtungsklage und Aussetzung der Vollziehung des Feststellungsbescheides gegeben, nicht einstweilige Anordnung (BFH GrS BStBl. 87, 637).

3.31 Aussetzung der Vollziehung[39]

Durch Erhebung der Klage wird die Vollziehung des angefochtenen Verwaltungsakts (Ausnahme: § 69 IV FGO) grundsätzlich nicht gehemmt (§ 69 I FGO), insb. die Erhebung der Steuern nicht aufgehalten. Jedoch kann der Kläger Aussetzung der Vollziehung beantragen (§ 69 II, III FGO).

Nur die Vollziehung *vollziehbarer* Verwaltungsakte kann ausgesetzt werden.

Vollziehbar sind Verwaltungsakte, durch die eine Geldleistung gefordert wird, ferner Grundlagenbescheide, Finanzbefehle, Verwaltungsakte im Vollstreckungsverfahren.

Nicht vollziehbar ist die Ablehnung, einen bestimmten Verwaltungsakt zu erlassen.

Vollziehung = Gebrauch der Wirkungen eines Verwaltungsakts, jede Verwirklichung des Inhalts des Verwaltungsakts. Danach ist ein Verwaltungsakt auch vollzogen, wenn ihm freiwillig entsprochen wurde; es kann dann Aufhebung der Vollziehung beantragt werden.

Aussetzung der Vollziehung ist auch von Amts wegen möglich, wird in praxi aber nur auf Antrag angeordnet. Der Kläger muß folglich darauf achten, daß er nicht nur den Rechtsbehelf einlegt, sondern auch um Aussetzung der Vollziehung nachsucht.

Die Antragsmöglichkeiten sind im Gesetz nicht übersichtlich geordnet. Sie unterscheiden sich nach der Zeit (vor und nach der Klageerhebung) und nach Antragsadressaten (Finanzbehörde oder Gericht). Nach herrschender Meinung gilt folgendes:

(1) *Vor* Erhebung der Klage:

(a) Nach Einlegung des außergerichtlichen Rechtsbehelfs kann Aussetzung der Vollziehung bei der Behörde beantragt werden; die Behörde kann aussetzen (§ 361 II AO). Wird die Aussetzung abgelehnt, kann Beschwerde (§ 349 I AO) erhoben werden. Wird die Beschwerde zurückgewiesen, kann Verpflichtungsklage (§ 40 FGO), danach evtl. Revision (§ 115 FGO) erhoben werden. – Dieses Verfahren ist umständlich und kostenmäßig ungünstig.

(b) Nach Einlegung des außergerichtlichen Rechtsbehelfs kann die Aussetzung auch unmittelbar vom Gericht oder vom Gerichtsvorsitzenden begehrt werden (§ 69 III 1, 2 FGO; dazu BFH GrS BStBl. 68, 199; 85, 587). Jedoch bestimmt Art. 3 § 7 FGEntlG dazu, daß das Gericht nur angerufen werden kann, wenn die Finanzbehörde zuvor einen Antrag nach § 69 II FGO ganz oder zum Teil abgelehnt hat. Das gilt nicht, wenn die Finanzbehörde zu erkennen gegeben hat, daß sie die Vollziehung nicht aussetzen werde, oder die Finanzbehörde über den Antrag in angemessener Frist sachlich nicht entschieden hat, oder eine Vollstreckung droht, oder es den Beteiligten sonst nicht zumutbar ist, zunächst einen Antrag bei der Finanzbehörde zu stellen. Entscheidet der Vorsitzende, so kann innerhalb von zwei Wochen die Entscheidung des Gerichts (= des Senats) angerufen werden (§ 69 III 3 FGO). Lehnt das Gericht die Aussetzung ab, so ist die (Gerichts-)Beschwerde zum BFH gegeben (§ 128 I FGO), wenn sie zugelassen wird (Art. 1 Nr. 3 BFH-EntlG). – Der Weg b kann auch noch nach Ablehnung der Aussetzung durch die Behörde gegangen werden.

---

[39] Dazu *Dietz*, Die Voraussetzungen der gerichtlichen Vollziehungsaussetzung nach § 69 FGO, Diss. München 1971.

§ 24 Rechtsschutz in Steuersachen

(2) *Nach* Erhebung der Klage:

(a) Nach Klageerhebung kann die Aussetzung weiterhin bei der Behörde beantragt werden (§ 69 II FGO) – bis zur Beendigung des Gerichtsverfahrens. – Der sich anschließende Rechtszug: Beschwerde, Klage, Revision.

(b) Die Aussetzung kann auch beim Gericht beantragt werden. Gegen die ablehnende Entscheidung des Gerichts ist die Beschwerde zum BFH gegeben (§ 128 I FGO), wenn sie zugelassen wird (Art. 1 Nr. 3 BFH-EntlG). Nach Einlegung der Revision ist (nur) der BFH, nicht mehr das Finanzgericht zuständig.

Zu (1) und (2):

BFH GrS BStBl. 68, 199, hat es nicht zugelassen, daß nach Erhebung der Klage gegen die ablehnende Beschwerdeentscheidung (= Weg a) zusätzlich das Gericht nach § 69 III FGO angerufen wird; es fehle am Rechtsschutzbedürfnis. Der Weg über § 69 III FGO ist allerdings gangbar, wenn zuvor die Klage zurückgenommen wird. – Umgekehrt: Entscheidet sich der Steuerpflichtige für den Weg nach § 69 III FGO, so kann er keine Klage gegen eine ablehnende Beschwerdeentscheidung erheben (BFH GrS BStBl. 68, 199).

Ist ein Basisbescheid angefochten worden und wird dessen Vollziehung ausgesetzt, so ist auch die Vollziehung des Folgebescheids auszusetzen (§ 69 II 4 FGO).

Über Aussetzung der Vollziehung im Zusammenhang mit *Verlustfeststellungsbescheiden* s. S. 751.

Voraussetzungen der Aussetzung sind (alternativ):

(1) Ernstliche Zweifel an der Rechtmäßigkeit des angefochtenen Verwaltungsakts. Ernstliche Zweifel bestehen, wenn eine *summarische* Prüfung ergibt, daß neben für die Rechtmäßigkeit sprechenden Umständen gewichtige gegen die Rechtmäßigkeit sprechende Gründe vorliegen, die Unentschiedenheit oder Unsicherheit in der Beurteilung der Rechtsfrage oder Unklarheit in der Beurteilung der Tatfrage auslösen (BFH BStBl. 67, 182; 67, 533; 68, 491 f.; 75, 239; 81, 99 f.). Ob ernstliche Zweifel bestehen, ist nicht allein an der sog. herrschenden Meinung zu messen.

(2) Vollziehung wäre unbillige, nicht durch überwiegende öffentliche Interessen gebotene Härte; diese Formel hat für Steuerbescheide kaum praktische Bedeutung.

Aussetzung der Vollziehung kann von Sicherheitsleistung abhängig gemacht werden.

Wird die Vollziehung ausgesetzt, unterliegt der Steuerpflichtige im Prozeß aber gleichwohl in der Hauptsache, so hat er vom Tage der Rechtshängigkeit (= Tag der Klageerhebung) an bis zu dem Tage, an dem die Aussetzung der Vollziehung endet, die ausgesetzte Steuerschuld zu verzinsen (s. § 237 AO).

3.32 Einstweilige Anordnung

Liegt *kein vollziehbarer Verwaltungsakt* vor, so kann der Betroffene sein Begehren vorläufig durch einstweilige Anordnung durchsetzen, wenn bestimmte Voraussetzungen (die Durchsetzung des Rechts würde sonst vereitelt oder wesentlich erschwert werden; wesentliche Nachteile lassen sich anders nicht abwenden) vorliegen (§ 114 FGO).

Ein vollziehbarer Verwaltungsakt liegt nicht vor, wenn im Hauptverfahren ein Verwaltungsakt oder eine sonstige Leistung abgelehnt oder wenn ein Verwaltungsakt oder eine sonstige Leistung oder eine Feststellung begehrt wird. Beispiele: Antrag, Gewährung von Akteneinsicht an Dritte zu unterlassen, Auskunftserteilung über Verhältnisse des Steuerpflichtigen an andere Behörden zu unterlassen.

Rechtsschutzbedürfnis verlangt: Es muß ein Anlaß für die einstweilige Anordnung bestehen; ferner darf durch die einstweilige Anordnung das Ergebnis des Hauptverfahrens grundsätzlich nicht vorweggenommen werden; anders, wenn es sich um vorläufige Verfahren handelt (wie Eintragung eines Freibetrags auf der Lohnsteuerkarte; Festsetzung von Steuervorauszahlungen). Einstweilige Anordnung darf nicht verweigert werden, wenn die Verweigerung auf Rechtsschutzverweigerung hinauslaufen würde[40].

3.4 Klageverfahren

3.41 Das Klageverfahren wird, nachdem Klage erhoben worden ist, nicht von den *Beteiligten* (insb. Kläger, Beklagter, s. § 57 FGO), sondern *von Amts wegen*, d.h. vom Gericht, vom Vorsitzenden des Gerichts, vom beauftragten oder ersuchten Richter, vom Berichterstatter oder von der Geschäftsstelle (s. dazu §§ 71, 73, 74, 76, 77, 79, 80 FGO) betrieben; es ist ein *Amtsverfahren*. Das Gericht hat eine gewisse Prozeßfürsorgepflicht (§§ 65 II, 76 II FGO).

3.42 Das Verfahren *bezweckt, den wirklichen Sachverhalt zu erforschen* (s. § 76 I FGO)[41], s. wegen der Grenzen unter 3.51.

3.43 *Mündliches oder schriftliches Verfahren:* Das Gericht entscheidet (fällt seine Urteile) grundsätzlich auf Grund *mündlicher* Verhandlung (§ 90 I FGO). Die mündliche Verhandlung ist *öffentlich;* jedoch kann der Steuerpflichtige beantragen, die Öffentlichkeit auszuschließen (§ 52 I, II FGO); Grund: Steuergeheimnis!
Auch der Beweis wird grundsätzlich in der mündlichen Verhandlung erhoben (§ 81 I 1 FGO). Was das Gesetz als Grundsatz vorsieht, ist jedoch in praxi die Ausnahme. Es kann nämlich im *schriftlichen* Verfahren entschieden werden, wenn
- die Beteiligten einverstanden sind (§ 90 II FGO);
- das Gericht schriftliche Entscheidung – durch Vorbescheid – für tunlich hält (§ 90 III 1 FGO). Jeder Beteiligte kann gegen den Vorbescheid mündliche Verhandlung beantragen; der Vorbescheid gilt dann als nicht ergangen; wird keine mündliche Verhandlung beantragt, so gilt der Vorbescheid als Urteil (§ 90 III 3 FGO).

Um die mündliche Verhandlung zu entlasten oder entbehrlich zu machen, sieht das Gesetz überdies vor,
- daß der Vorsitzende oder ein von ihm zu bestimmender Richter einen Termin zur Erörterung des Sach- und Rechtsstandes (sog. Erörterungstermin) bestimmen kann (§ 79 FGO);
- daß ein Richter (beauftragter Richter) schon vor der mündlichen Verhandlung Beweis erheben kann (§ 81 II FGO).

Erörterungstermin und Beweisaufnahme können auch miteinander verbunden werden.
Das Finanzgericht kann sein *Verfahren nach billigem Ermessen* bestimmen, wenn der Streitwert bei einer Klage, die eine Geldleistung betrifft, 500 DM nicht übersteigt (Art. 3 § 5 FGEntlG).

3.5 Sachaufklärung

3.51 Grenzen der Sachaufklärung

Der Sachverhalt muß unter Ausschöpfung der verfügbaren Beweismittel (auch zugunsten des Steuerpflichtigen) so weit aufgeklärt werden, daß die Sache spruchreif ist. Ist ein Verwaltungsakt angefochten, so darf das Finanzgericht bei seiner Nachprüfung den Rahmen dieses Verwaltungsakts nicht verlassen.

---

40 Einzelheiten und Literaturnachweise bei Tipke/*Kruse,* AO/FGO [13], zu § 114 FGO; Gräber/*Koch,* FGO [2], zu § 114.
41 Dazu *Suse Martin,* Wechselwirkungen zwischen Mitwirkungspflichten und Untersuchungspflicht..., BB 86, 1021 ff.

Steuerbescheide betreffen immer eine bestimmte Steuerart, einen bestimmten Steuerschuldner und bei laufenden Steuern einen bestimmten Zeitraum. Folglich darf das Gericht seine Untersuchungen nicht auf eine andere Steuerart, einen anderen Steuerschuldner oder einen anderen Zeitraum ausdehnen. Für andere Verwaltungsakte gilt Entsprechendes.

Die Sachaufklärung wird im übrigen durch den Streitgegenstand (s. S. 748) abgesteckt. Das Gericht braucht den Sachverhalt aber auch innerhalb dieses Bereichs nicht ohne Anhalt an das Vorbringen der Beteiligten, aufs Geratewohl, ins Blaue hinein zu erforschen. Mangelnde Sachaufklärung liegt nur vor, wenn das Gericht Tatsachen oder Beweismittel außer acht läßt, die sich ihm nach Lage der Akten und nach dem Ergebnis der Verhandlung aufdrängen mußten[42]. Das Gericht braucht, wenn ein Vorbehaltsbescheid (§ 164 AO) angefochten ist, nicht die von der Behörde unterlassene Sachaufklärung nachzuholen, soweit das Vorbringen des Klägers das nicht unmittelbar notwendig macht[43].

Die Sachaufklärung nimmt in der Tätigkeit der Finanzgerichte einen breiten Raum ein, zumal die überlasteten Finanzämter mit Unterstellungen und „Erfahrungs"-Sätzen arbeiten. Auch Steuerpflichtige tragen relevante Tatsachen nicht selten erst im FG-Verfahren vor.

3.52 Sachaufklärung durch Schriftsatzaustausch

Zum Zwecke der Sachaufklärung wird zunächst vom Gericht die Klageschrift der beklagten Behörde zugestellt. Zugleich wird die Behörde aufgefordert, sich zur Klageschrift zu äußern. Soweit nötig, tauschen Kläger und Beklagte zur Vorbereitung der mündlichen Verhandlung oder (falls nicht mündlich verhandelt wird) des Urteils weitere Schriftsätze aus (s. § 77 FGO). Die Erklärungen über tatsächliche Umstände müssen vollständig und wahrheitsgemäß sein (Grundsatz der Wahrheitspflicht der Beteiligten), s. § 76 I 3 FGO.

Durch den Austausch der Schriftsätze klärt sich zum einen, was zwischen den Beteiligten in *tatsächlicher Hinsicht* umstritten ist. Allerdings gilt nicht, daß das, was nicht umstritten ist, das Gericht nichts anginge. Das Gericht ist an das tatsächliche Vorbringen und an die Beweisanträge der Beteiligten nicht gebunden (§ 76 I 5 FGO). Das Aufklärungsrecht des Gerichts geht bis zur Grenze des Klagebegehrens (§ 96 I 2 FGO). Soweit der Sachverhalt zwischen den Beteiligten unbestritten ist, ist das Gericht zur weiteren Nachforschung freilich nur verpflichtet, wenn aufgrund irgendwelcher Umstände Veranlassung dazu besteht (s. S. 753 f.).

Durch den Austausch der Schriftsätze klärt sich zum anderen, inwieweit die *Rechtsauffassungen* der Beteiligten auseinandergehen. Indessen ist das Gericht auch an eine übereinstimmende Rechtsauffassung der Beteiligten – innerhalb der Grenze des Klagebegehrens – nicht gebunden. Freilich pflegen die (überlasteten) Gerichte in praxi die Intensität ihrer rechtlichen Nachprüfung des angefochtenen Verwaltungsakts etc. hauptsächlich dahin zu verlegen, wo die Rechtsauffassungen der Beteiligten divergieren. Schon aus diesem Grunde kann von einer guten, umfassenden Klagebegründung viel abhängen.

Übertriebene Förmlichkeit will die Finanzgerichtsordnung vermieden wissen (s. §§ 65 II, 76 II FGO).

Art. 3 § 3 FGEntlG läßt die Zurückweisung verspäteten Vorbringens zu. Wegen der vielen Bedingungen ist der Entlastungseffekt allerdings gering.

3.53 Sachaufklärung durch Beweisaufnahme; Beweiswürdigung und Beweislast

Literatur: *Metzler,* Zur Problematik der Sätze „in dubio pro fisco" und „in dubio contra fiscum", Untersuchungen zu Beweis- und Auslegungsfragen im Steuerrecht, Diss. Tübingen

---

42 Einzelheiten bei *Tipke*/Kruse, AO/FGO [13], § 76 FGO Tz. 7; Gräber/*v. Groll,* FGO [2], § 76 RNrn. 10 ff.
43 Dazu zuletzt *Rößler,* FR 81, 37.

1959; *Wacke,* Die Beweislast der Familienunternehmen in Steuersachen, München und Berlin 1966; *Ohlms,* Die Beweislast und die Verantwortung für die Aufklärung der Besteuerungsgrundlagen, Diss. Münster 1967; *Birkenfeld,* Beweis und Beweiswürdigung im Steuerrecht, Diss. Köln 1973; *Skouris,* Grundfragen des Sachverständigenbeweises im Verwaltungsverfahren und im Verwaltungsprozeß, AöR Bd. 107 (1982), 215 ff.

3.531 Zur Aufklärung des Sachverhalts kann das Gericht (bzw. der beauftragte Richter, s. § 81 II FGO) insb.

a) Zeugen vernehmen (§§ 81 I, 82–85, 87 FGO);

b) Sachverständige hören (§§ 81 I, 88 FGO);

c) Beteiligte vernehmen (§ 81 I FGO); dazu kann es das persönliche Erscheinen von Beteiligten anordnen (§ 80 FGO);

d) Urkunden heranziehen (§§ 81 I, 86, 89 FGO);

e) Augenschein einnehmen (§ 81 I FGO).

Diese Beweismittel können im Einzelfall verdrängt werden durch Beweisführungspflichten der Einzelsteuergesetze (s. z. B. §§ 4 V Nr. 2 Satz 1; 10c I, II EStG; §§ 4 Nr. 3 Satz 3; 6 IV 1; 7 IV 1; 8 III 1; 25 II 3 UStG).

3.532 Das Gericht entscheidet nach seiner *freien,* aus dem *Gesamtergebnis* des Verfahrens gewonnenen *Überzeugung* (§ 96 I 1 FGO). Zum Gesamtergebnis gehört nicht nur die Beweisaufnahme, sondern auch die Stellungnahme der Beteiligten.

Nur *erhobene* Beweise dürfen gewürdigt werden. Eine unzulässige Vorwegnahme der Beweiswürdigung (Verfahrensfehler!) liegt vor, wenn ein benanntes Beweismittel abgelehnt und zuungunsten eines Beteiligten etwas unterstellt wird, z. B.

– daß die benannten Zeugen die Tatsachen (vermutlich) nicht bekunden würden oder würden bekunden können;

– daß die benannten Zeugen unglaubwürdig seien, so daß sich die Überzeugung des Gerichts aufgrund der Aussage nicht mehr ändern werde.

Ein Beweismittel darf aber abgelehnt werden,

– wenn die Tatsache, die mit ihm bewiesen werden soll, rechtlich irrelevant ist;

– wenn das Beweismittel unzulässig ist. Beispiel dazu: Tatsachen, die lt. Gesetz nur durch Buchnachweis oder ordnungsmäßige Buchführung nachgewiesen werden dürfen, können nicht durch Zeugen nachgewiesen werden (Einzelheiten bei *Tipke*/Kruse, AO/FGO [13], § 81 FGO Tz. 8).

Freie Beweiswürdigung[44] heißt: Es bestehen keine festen Regeln der Beweiswürdigung, etwa dahin, daß drei Zeugen, die a sagen, glaubwürdiger seien als (nur) zwei Zeugen, die b sagen. Bei der Beweiswürdigung sind die allgemeine Lebenserfahrung, die allgemeinen Denkgesetze sowie die Regeln der besonderen Sach- und Fachkunde zu beachten; diese Regeln müssen unter Umständen mit Hilfe von Sachverständigen ermittelt werden.

Indizienbeweis und Anscheinsbeweis (s. dazu S. 694) sind zulässig.

Über Beweisverwertungsverbote s. S. 695 f.

Ein Sachverhalt ist als *erwiesen* anzusehen, wenn er sich mit *an Sicherheit grenzender Wahrscheinlichkeit* feststellen läßt.

Soweit das Gesetz lediglich *Glaubhaftmachung* verlangt, genügt Sachverhaltsfeststellung mit überwiegender Wahrscheinlichkeit.

---

44 Dazu *G. Walter,* Freie Beweiswürdigung, Habilitationsschrift Tübingen 1979.

Eine Sachverhaltsfeststellung besonderer Art ist die **Schätzung** von Besteuerungsgrundlagen i. S. d. § 162 AO. Allerdings dürfen nicht die Tatsachen des Grundsachverhalts geschätzt werden, sondern nur die Besteuerungsgrundlagen; das sind Quantitäten (s. S. 695).

3.533 Kann eine Tatsache (ein Sachverhalt) nicht erwiesen werden, so greifen die *Regeln der Beweislosigkeit (Regeln der objektiven Beweislast)* ein[45].

3.54 Recht der Beteiligten auf Gehör

Das Recht auf Gehör besteht im einzelnen in folgendem:

a) Den Beteiligten sind, soweit es noch nicht geschehen ist, die Unterlagen der Besteuerung auf Antrag oder, wenn der Inhalt der Klageschrift dazu Anlaß gibt, von Amts wegen mitzuteilen (§ 75 FGO).

b) Die Beteiligten können die Gerichtsakten und die dem Gericht vorgelegten Akten einsehen und sich von der Geschäftsstelle auf ihre Kosten Ausfertigungen, Auszüge und Abschriften erteilen lassen (§ 78 FGO)[16].

c) Die Beteiligten werden von allen Beweisterminen benachrichtigt und können an der Beweisaufnahme teilnehmen. Sie können an Zeugen und Sachverständige sachdienliche Fragen richten. Wird eine Frage (von einem Richter oder einem Beteiligten) beanstandet, so entscheidet das Gericht (§ 83 FGO). Als nicht sachdienlich zu beanstanden sind insb. Suggestivfragen, unsachliche und unerhebliche Fragen.

d) Die Beteiligten sind bei der Sachaufklärung heranzuziehen (§ 76 I 2 FGO). Die Streitsache ist mit ihnen in tatsächlicher und rechtlicher Hinsicht zu erörtern (§§ 79 Sätze 2, 3; 93 I FGO).

e) Das Urteil darf nur auf Tatsachen und Beweisergebnisse gestützt werden, zu denen die Beteiligten sich haben äußern können (§ 96 II FGO).

3.55 Besondere Obliegenheiten des Prozeßbevollmächtigten

Der Prozeßbevollmächtigte hat insb. zu prüfen,

– ob das erkennende Gericht ordnungsmäßig besetzt ist (s. dazu §§ 4, 5, 16 ff. FGO). Dazu muß der Berater den Geschäftsverteilungsplan kennen, den er einsehen darf und einsehen sollte;
– ob ein Richter mitwirkt, der kraft Gesetzes von der Mitwirkung ausgeschlossen oder der befangen ist (§ 51 FGO);
– ob ein Sachverständiger mitwirkt, der kraft Gesetzes von der Mitwirkung ausgeschlossen oder befangen ist (§ 82 FGO i. V. mit § 406 I ZPO und §§ 41, 42 ZPO) oder von dem zu befürchten ist, daß er ein Geschäfts- oder Betriebsgeheimnis verletzen oder sonst Schaden für die geschäftliche Tätigkeit des Steuerpflichtigen stiften könnte (§ 88 FGO);
– ob zu dem Termin ordnungsgemäß geladen worden ist (§ 91 FGO).

Der Prozeßbevollmächtigte hat die für die Entscheidung erheblichen Tatsachen in Schriftsätzen (§ 77 I FGO) und in der Verhandlung (§ 92 III FGO) vorzutragen; er sollte geeignete Beweismittel anbieten. Er sollte zur Beweisaufnahme Stellung nehmen, evtl. weitere Beweismittel anbieten (erforderlich, da Bundesfinanzhof keine Tatsacheninstanz, s. S. 759 f.). Er sollte darauf hinwirken, daß ordnungsmäßig rechtliches Gehör gewährt wird (s. oben 3.54). Verfahrensfehler bei der Beweisaufnahme muß er unverzüglich (§ 155 FGO i. V. mit § 295 ZPO) rügen, da er sonst mit der Geltendmachung des Verfahrensfehlers im Revisionsverfahren ausgeschlossen wird (BFH BStBl. 72, 572), s. S. 760.

---

45 Dazu S. 696.
46 Dazu *Gräber*, DStZ 80, 443; *Hegelau*, Das Recht auf Akteneinsicht in Steuer- und Steuerstrafsachen, Bonn 1987.

3.56 Zur Entscheidung des Gerichts

In seiner Entscheidung (die das Gericht auf Grund der Beweisaufnahme und der Beweiswürdigung trifft) darf das Gericht nicht über das Klagebegehren hinausgehen (§ 96 I 2 FGO). Ne eat iudex ultra petitum partium.

Wenn z. B. der Kläger die Herabsetzung der Steuer auf 5 000 DM beantragt, darf das Gericht die Steuer nicht auf 3 000 DM herabsetzen.

Da das Gericht nur dem Bürger Rechtsschutz zu gewähren hat, darf es die Entscheidung der Behörde *nicht* zum Nachteil des Bürgers ändern („verbösern").

Einen rechtswidrigen Verwaltungsakt hat das Gericht aufzuheben (§ 100 I FGO). Einen Verwaltungsakt i. S. des § 348 AO oder einen sonstigen auf eine Geldleistung gerichteten Verwaltungsakt kann das Gericht dahin ändern, daß es den zutreffenden Betrag selbst festsetzt (§ 100 II 1 FGO). Art. 3 § 4 FGEntlG läßt ausdrücklich zu, daß die Errechnung der Steuer der Finanzbehörde überlassen wird. Über Zurückverweisung bei wesentlichen Verfahrensmängeln s. § 100 II 2 FGO.

Soweit Ablehnung oder Unterlassung eines Verwaltungsakts rechtswidrig ist und der Kläger dadurch in seinen Rechten verletzt ist, spricht das Gericht die Verpflichtung der Finanzbehörde aus, den begehrten Verwaltungsakt zu erlassen, wenn die Sache spruchreif ist. Ist die Sache nicht spruchreif, so spricht das Gericht die Verpflichtung aus, den Kläger unter Beachtung der Rechtsauffassung des Gerichts zu bescheiden (§ 101 FGO).

Soweit die Finanzbehörde ermächtigt ist, eine Ermessensentscheidung zu treffen, prüft das Gericht auch (gemeint ist: prüft das Gericht *nur*), ob der Verwaltungsakt oder die Ablehnung oder Unterlassung des Verwaltungsakts deshalb rechtswidrig ist, weil die gesetzlichen Grenzen des Ermessens überschritten sind oder von dem Ermessen in einer dem Zweck der Ermächtigung nicht entsprechenden Weise Gebrauch gemacht worden ist (§ 102 FGO). Über Ermessensüberschreitung und Ermessensfehlgebrauch s. S. 119.

Die Entscheidung über Klagen ergeht durch *Urteil* (§ 95 FGO); über Form und Inhalt des Urteils s. § 105 FGO. – Anstelle des Urteils kann das Gericht einen Vorbescheid erlassen (s. dazu § 90 III FGO).

Es ergeht kein Urteil, wenn

a) der Kläger die Klage zuvor **zurücknimmt**. Die Zurücknahme ist allerdings auch noch nach Ergehen des Urteils bis zum Eintritt der Rechtskraft mit Zustimmung des Beklagten möglich (§ 72 FGO);

b) sich die Hauptsache zuvor **erledigt** hat, insb. wenn während des Verfahrens dem Antrag des Steuerpflichtigen durch Zurücknahme oder Änderung des angefochtenen Verwaltungsakts von der Behörde stattgegeben worden ist (s. § 138 FGO)[47]. – Wird die Steuer durch Änderungsbescheid herab- oder heraufgesetzt, ohne daß dem Klagebegehren des Klägers voll entsprochen wird, so ist § 68 FGO zu beachten[48].

---

[47] Dazu *Prömse,* Die Erledigung der Hauptsache im Verfahren nach der Finanzgerichtsordnung, Diss. Köln 1973.

[48] Dazu BFH GrS BStBl. 72, 219; 73, 231; *Söhn,* StuW 74, 50; kritisch *Tipke*/Kruse, AO/FGO [13], zu § 68 FGO.

§ 24 Rechtsschutz in Steuersachen

3.6 Rechtsmittel[49]

3.61 Revision

Als Rechtsmittel gegen *Urteile* sieht das Gesetz die Revision vor.

Das Rechtsmittel der Revision wird durch die lange Laufzeit der Rechtsbehelfe erheblich entwertet. Der Bundesfinanzhof war 1988 so stark belastet wie selten zuvor. Zwar ist 1975 ein BFH-Entlastungsgesetz eingeführt worden (es hat u. a. Vertretungszwang eingeführt, die Streitwertrevisionssumme für das Gros der Fälle von 1 000 DM auf 10 000 DM heraufgesetzt und für gewisse Fallgruppen auf Entscheidungsbegründung verzichtet); die Wirkungen dieses Gesetzes waren jedoch alsbald verbraucht. Schon die Eingänge des Jahres 1983 haben die Eingänge des Jahres 1974 um 31,2 v. H. überschritten. Die Laufzeit der Revisionen beträgt häufig 3–5 Jahre, die Durchschnittsdauer von Rechtsbehelfsverfahren (vom Einspruch bis zur BFH-Entscheidung über die Revision) etwa 9 Jahre. In 1988 waren die Zugänge kaum niedriger als die Erledigungen, in der Zeit davor waren sie in der Regel sogar höher (weitere Einzelheiten in BFH-Berichten StuW 84, 112; 86, 195; 87, 180; BStBl. II 89, 129; II 90, 107). Daß der Bundesfinanzhof seiner Hauptaufgabe, in Grundsatzfragen in angemessener Zeit für Rechtssicherheit (Rechtsklarheit, Rechtseinheitlichkeit) zu sorgen, unter diesen Umständen nur sehr bedingt nachkommen kann, liegt auf der Hand.

Als zusätzliche Entlastungsmaßnahme ist die Streitwertrevision abgeschafft worden (s. 3.612 a. E.).

3.611 Zweck der Revision

Der Zweck der Revision ist ein zweifacher.

(1) Die Revision soll für *Rechtsklarheit und Rechtseinheit* (Einheit der Rechtsanwendung) sorgen.

(2) Die Revision soll der *Verfahrensaufsicht* dienen.

3.612 Statthaftigkeit der Revision (§§ 115–117 FGO)

Nicht jedes Finanzgerichtsurteil ist mit der Revision anfechtbar. Zu unterscheiden sind: Grundsatzrevision, Divergenzrevision, zulassungsbedürftige und nichtzulassungsbedürftige Verfahrensrevision, Revision in Zolltarifsachen.

Gegen Urteile des Finanzgerichts können die Beteiligten Revision nur einlegen:

a) wenn das Finanzgericht die Revision zugelassen hat (§ 115 I FGO). Es hat die Revision nur (aber auch stets) zuzulassen,
 – wenn die Rechtssache grundsätzliche Bedeutung hat (**Grundsatzrevision,** § 115 II Nr. 1 FGO), d. h. wenn die Entscheidung des Bundesfinanzhofs aus Gründen der Rechtsklarheit, der Rechtseinheitlichkeit und der Rechtsentwicklung im allgemeinen Interesse liegt[50],
 – *oder* wenn das FG-Urteil von einer Entscheidung des BFH abweicht und auf dieser Abweichung beruht (d. h. es muß sich um eine Abweichung von einer die Entscheidung tragenden, nicht nur beiläufig geäußerten Rechtsauffassung handeln), **Divergenzrevision** (§ 115 II Nr. 2 FGO). Aufgabe des Steuerberaters ist es also zu prüfen, ob das FG-Urteil von einer veröffentlichten oder unveröffentlichten BFH-Entscheidung (s. z. B. BFHE, BStBl., HFR, BFH/NV) abweicht; dazu kann er insb. Urteilsanmerkungen, Fundhefte, Kommentare und Datenbankspeicher heranziehen.

---

49 Dazu *Birkholz,* Die Revision im finanzgerichtlichen Verfahren [2], Stuttgart/Wiesbaden 1976; *Streck/Rainer,* Das neue finanzgerichtliche Revisionsrecht und seine Auswirkung auf die Prozeßpraxis, DStR 85, 487; *Streck,* Der Steuerstreit, Köln 1986, 181 ff.

50 Dazu BT-Drucks. 7/3596, 6; *Geist,* in: Tipke/Kruse, AO/FGO [13], § 115 FGO Tz. 53, *Gräber/Ruban,* FGO [2], § 115 RNrn. 7 ff.

– *oder* wenn bei einem geltend gemachten Verfahrensmangel die angefochtene Entscheidung auf dem Verfahrensmangel beruht **(zulassungsbedürftige Verfahrensrevision)**, § 115 II Nr. 3 FGO (wegen nicht zulassungsbedürftiger Verfahrensrevision s. zu b). Der Verfahrensmangel kann nur mit der Nichtzulassungsbeschwerde geltend gemacht werden (s. unten). Über die Bedeutung des Begriffs „beruhen" s. unten unter 3.613. Beispiele für Verfahrensmängel: Übergehen von Beweisanträgen, Verletzung des Rechts auf Gehör, Unterlassen notwendiger Beiladung, ungenügende Sachaufklärung, wenn sich weitere Aufklärung aufdrängen mußte, Fehler der Beweiswürdigung (Verstoß gegen Denk- oder Erfahrungsgesetze).

Die Nichtzulassung der Revision kann mit der sog. *Nichtzulassungsbeschwerde* angefochten werden (innerhalb eines Monats, § 115 III FGO). Hilft das Finanzgericht der Beschwerde nicht ab, so hat der Bundesfinanzhof über sie zu entscheiden (ohne Begründung, s. Art. 1 Nr. 6 BFH-EntlG, § 115 V FGO gilt insoweit zur Zeit nicht). Wird der Beschwerde stattgegeben, so beginnt die Revisionsfrist zu laufen, wird sie abgelehnt, so wird das FG-Urteil rechtskräftig (§ 115 V 3, 4 FGO)[51];

b) stets, wenn mit der Revision die in § 116 I FGO enumerierten schweren Verfahrensmängel (sie kommen in der Praxis kaum vor) gerügt werden **(nicht zulassungsbedürftige Verfahrensrevision)**;

c) stets, wenn es sich um eine **Zolltarifsache** handelt (§ 116 II FGO).

Die **Streitwertrevision** (§ 115 I FGO) ist abgeschafft worden (s. Art. 1 Nr. 5 BFH-EntlG). Dazu BT-Drucks. 10/3368. Inkrafttreten am 17. 7. 1985: Streitwertrevision scheidet aus für alle FG-Urteile, die am 17. 7. 1985 oder später verkündet bzw. anstelle Verkündigung zugestellt worden sind.

3.613 Revisionsgründe (§ 118 FGO)

Die Revision kann nur darauf gestützt werden, daß das FG-Urteil auf der *Verletzung* (Nichtanwendung oder unrichtiger Anwendung) von *Bundesrecht beruhe* (§ 118 I FGO).

Bundesrecht: materielles und formelles; nicht ausländisches Recht, nicht Verwaltungsvorschriften. In den Fällen des § 33 I Nr. 4 FGO steht das Landesrecht dem Bundesrecht gleich.

Beruhen muß das FG-Urteil auf der Verletzung von Bundesrecht. Das tut es nicht, wenn die Entscheidungsgründe das *materielle* Recht zwar falsch anwenden, wenn sich das Urteil aber aus anderen Gründen (im Ergebnis) als richtig darstellt (s. § 126 IV FGO); das tut es ferner nicht, wenn eine angeführte materielle Norm die Entscheidung nicht trägt, wenn sie nur beiläufig erwähnt ist (sog. obiter dictum). Ist eine *formelle* Norm (Verfahrensnorm) verletzt, so muß die Verletzung kausal sein für das unrichtige Ergebnis der Entscheidung. Diese Kausalität wird in den Fällen des § 119 FGO (nahezu gleichlautend mit § 116 FGO) fingiert. § 119 FGO enumeriert besonders schwere Verfahrensfehler, darunter die Verletzung des Rechts auf Gehör (s. dazu S. 756).

Der BFH ist als Revisionsinstanz Rechtsinstanz, *nicht Tatsacheninstanz*. Ihm dürfen keine neuen Tatsachen und Beweismittel vorgetragen werden[52]. Anträge des sachlichen Rechts können nicht mehr gestellt, Wahlrechte nicht mehr ausgeübt werden.

---

51 Dazu *Weyreuther,* Revisionszulassung und Nichtzulassungsbeschwerde in der Rechtsprechung der obersten Bundesgerichte, München 1971; *Lässig,* Die fehlerhafte Rechtsmittelzulassung und ihre Verbindlichkeit für das Rechtsmittelgericht, Berlin 1976; *H. J. Herrmann,* Die Zulassung der Revision und die Nichtzulassungsbeschwerde im Steuerprozeß, Freiburg 1986.

52 Dazu *Eiler,* Die Abgrenzung der Tat- von der Rechtsfrage in der Rechtsprechung des Reichsfinanzhofs, Diss. Münster 1937; *Inge Wickrath,* Die Abgrenzung der Tatfrage von der Rechtsfrage in der Rechtsprechung des Bundesfinanzhofs, Diss. Köln 1961.

§ 24 Rechtsschutz in Steuersachen

Der BFH ist an die *tatsächlichen Feststellungen* des FG gebunden, anders, wenn die Sachverhaltsfeststellungen des Finanzgerichts aufgrund von Verletzungen von Verfahrensvorschriften (Verfahrensfehlern) zustande gekommen sind. Werden solche Verfahrensfehler gerügt, so hat der BFH die **Verfahrensaufsicht** auszuüben. Zugleich hat er für die **einheitliche Anwendung des Rechts** zu sorgen. Da diese Aufgabe auch dann zu erfüllen ist, wenn mehrere Senate des BFH für die Anwendung eines Gesetzes zuständig sind, besteht der **Große Senat,** der in den Fällen des § 11 III, IV FGO tätig zu werden hat.

Verfahrensfehler des FG, die nicht unverzüglich gerügt werden, können vor dem BFH nicht mehr geltend gemacht werden (§ 155 FGO i. V. mit § 295 ZPO; s. auch BFH BStBl. 72, 572).

3.614 Revisionsverfahren

Die Revision (evtl. die Nichtzulassungsbeschwerde) ist **beim Finanzgericht** (nicht beim Bundesfinanzhof!) **innerhalb eines Monats schriftlich** (telegrafisch genügt) einzulegen (d. h. auch: an das FG zu adressieren) und spätestens **innerhalb eines weiteren Monats zu begründen.** Die Frist für die Revisionsbegründung kann auf Antrag vom BFH-Senatsvorsitzenden verlängert werden (§ 120 I FGO).

Vertretungszwang: Im Revisionsverfahren muß der Steuerpflichtige sich von einem Rechtsanwalt, Steuerberater oder Wirtschaftsprüfer vertreten lassen (Art. 1 Nr. 1 BFH-EntlG). Steuerbevollmächtigte, Steuerberatungs-/Wirtschaftsprüfungsgesellschaften und Lohnsteuerhilfevereine sind nicht vertretungsbefugt.

Inhalt der Revision (§ 120 II FGO): Die Revisionsschrift **muß das angefochtene Urteil** angeben. Die Revisionsschrift oder die Revisionsbegründungsschrift **muß** enthalten:

a) *einen bestimmten Antrag;*

b) *die Angabe der verletzten Rechtsnorm;* Bezeichnung bestimmter Paragraphen ist nicht erforderlich. Für den Richter muß aber eindeutig erkennbar sein, welche Norm der Revisionskläger für verletzt hält. So kann gerügt werden: Verletzung des Werbungskosten- oder Betriebsausgaben-Begriffs, Verletzung des Begriffs der verdeckten Gewinnausschüttung. Sätze wie, gerügt werde die Verletzung materiellen Rechts, das Finanzamt habe sich von falschen Schlüssen leiten lassen, die Entscheidung des Finanzgerichts sei irrig, unrichtig, unhaltbar, reichen nicht aus;

c) *die Angabe der Tatsachen, die den Verfahrensmangel (Verfahrensfehler) ergeben* (sofern ein solcher gerügt wird). Der fehlerhafte Verfahrensvorgang (z. B. Übergehen eines Beweisantrags, Verletzung des Rechts auf Gehör) ist genau zu beschreiben. Ein Beteiligter verliert das Rügerecht vor dem BFH, wenn er es bereits vor dem Finanzgericht ausüben konnte (s. oben 3.613 a. E.).

Zu a)–c): Zur Mindestanforderung an die Revisionsbegründung ausführlich BFH BStBl. 69, 84 und die hier in Fn. 49 genannten Schriften; s. auch BFH BStBl. 79, 305. Genügt die Begründung der Nichtzulassungsbeschwerde den Anforderungen an eine Revisionsbegründung, so reicht Bezugnahme auf sie aus (BFH BStBl. 79, 116).

3.615 Übermaß unzulässiger Revisionen

Der Bundesfinanzhof hat 1989 über 3679 Sachen entschieden. In nicht weniger als 873 Fällen (= 26,2 v. H.) ist das Rechtsmittel als unzulässig verworfen worden. Dabei handelte es sich in 96,8 v. H. dieser Fälle um Rechtsmittel von Steuerpflichtigen (BStBl. II 90, 107). Das zeigt, daß viele Prozeßvertreter einem Verfahren vor dem Bundesfinanzhof nicht gewachsen sind.

Zur Unzulässigkeit der Revision führen insb. folgende häufig vorkommenden Mängel: Nichtbeachtung der Formalien einer Nichtzulassungsbeschwerde (§ 115 III FGO); Verstöße gegen §§ 118, 120 II FGO, insb. zu pauschale Begründungen; Einlegung der Nichtzulassungsbeschwerde und der Revision beim Bundesfinanzhof statt beim Finanzgericht (s. §§ 115 III 2, 120 I FGO) und dadurch ausgelöste Fristversäumung.

Ein Prozeßvertreter, der nur in vereinzelten Fällen Revision einzulegen hat, sollte sich aufgrund eines Kommentars oder einer Monographie vorher genau mit den Revisionsvorschriften (§§ 115 ff. FGO) vertraut machen.

3.616 Entscheidung des Bundesfinanzhofs

Über die Revision entscheidet nach § 126 FGO „der Bundesfinanzhof"; gemeint ist der *zuständige Senat,* der grundsätzlich in der Besetzung mit 5 Richtern entscheidet (§ 10 II, III FGO).

Beim Bundesfinanzhof bestehen zur Zeit 11 Senate. Die Aufteilung der Geschäfte auf die einzelnen Senate geschieht durch den jährlichen *Geschäftsverteilungsplan* des Präsidiums. Der Geschäftsverteilungsplan wird in der Sammlung der Entscheidungen des Bundesfinanzhofs und im Bundessteuerblatt veröffentlicht. Über Einzelheiten zum Geschäftsverteilungsplan *Geist,* in: Tipke/Kruse, AO/FGO [13], § 4 FGO Tz. 10-23.

Wird Verletzung von Normen des materiellen Rechts gerügt, so ist der Bundesfinanzhof nicht darauf beschränkt, die Anwendbarkeit der Normen zu überprüfen, deren Verletzung gerügt worden ist. Innerhalb des Revisionsantrags kann er das materielle Recht frei prüfen. Anders verhält es sich bei Verfahrensmängeln: Grundsätzlich kann er nur die geltend gemachten (= gerügten; auch die Mängel i. S. des § 116 FGO müssen gerügt werden) Verfahrensmängel prüfen (§ 118 III FGO).

Wird die Revision nicht zuvor zurückgenommen (§ 125 FGO), so hat der Bundesfinanzhof folgende Möglichkeiten (§ 126 FGO):

– Er kann die Revision als unzulässig verwerfen (§ 126 I i. V. mit § 124 FGO).
– Er kann die Revision als unbegründet zurückweisen (§ 126 II FGO).
– Er kann – wenn die Revision (ganz oder zum Teil) begründet ist –
 (a) in der Sache selbst entscheiden;
 (b) das FG-Urteil aufheben und die Sache zur anderweitigen Verhandlung und Entscheidung zurückverweisen. Das ist vor allem dann nötig, wenn das Verfahren (wegen Verfahrensmängel) wiederholt werden muß. Der BFH darf keine Beweisaufnahme durchführen. – Das Finanzgericht, an das die Sache zurückverwiesen wird, ist an die rechtliche Beurteilung des Bundesfinanzhofs gebunden (§ 126 V FGO)[53].

Der Bundesfinanzhof kann über die Revision in der Besetzung von 5 Richtern (statt durch Urteil) durch Beschluß entscheiden, wenn er einstimmig die Revision für unbegründet und eine mündliche Verhandlung nicht für erforderlich hält. Die Beteiligten sind vorher davon zu unterrichten und zu hören. Die Voraussetzungen dieses Verfahrens sind im Beschluß festzustellen; einer weiteren Begründung bedarf es nicht (Art. 1 Nr. 7 BFH-EntlG)[54].

Die Entscheidung über die Revision braucht *nicht begründet* zu werden, soweit der Bundesfinanzhof Rügen von Verfahrensmängeln nicht für durchgreifend hält. Dies gilt nicht für Rügen nach § 119 FGO (Art. 1 Nr. 8 BFH-EntlG)[55].

---

53 *K. Tiedtke,* Die innerprozessuale Bindungswirkung von Urteilen der obersten Bundesgerichte, Berlin/New York 1976.
54 Näheres zum Begründungsverzicht bei *Geist,* in: Tipke/Kruse, AO/FGO [13], § 126 FGO Tz. 10.
55 Vgl. Fn. 54.

§ 24 Rechtsschutz in Steuersachen

Will in einer Rechtsfrage ein Senat des Bundesfinanzhofs von der Entscheidung eines anderen Senats oder des Großen Senats abweichen, so entscheidet der *Große Senat* (§ 11 III FGO). Der erkennende Senat kann in einer grundsätzlichen Rechtsfrage die Entscheidung des Großen Senats herbeiführen, wenn nach seiner Auffassung die Fortbildung des Rechts oder die Sicherung einer einheitlichen Rechtsprechung es fordern (§ 11 IV FGO). Die Sicherung einer einheitlichen Rechtsprechung ist die Hauptaufgabe des Großen Senats[56].

3.62 Gerichtsbeschwerde

Gegen Entscheidungen des Finanzgerichts, die nicht Urteile oder Vorbescheide sind (sondern i. d. R. Beschlüsse), und gegen Entscheidungen des Gerichtsvorsitzenden steht den von der Entscheidung Betroffenen die Beschwerde zum Bundesfinanzhof zu (§ 128 I FGO). Jedoch sehen § 128 II, III FGO und Art. 1 Nr. 4 BFH-EntlG eine Reihe wichtiger Ausnahmen vor.

Es empfiehlt sich, die Rechtsmittelbelehrung zu beachten.

Über das Beschwerdeverfahren s. §§ 129–133 FGO.

3.7 Kosten des Gerichtsverfahrens

Das finanzgerichtliche Verfahren ist „kostenpflichtig". Kosten sind

a) die **Gerichtskosten** (Gebühren, Auslagen)[57];

b) die zur zweckentsprechenden Rechtsverfolgung notwendigen **Aufwendungen der Beteiligten** einschließlich der Kosten des Vorverfahrens (s. § 139 I FGO).

Allerdings werden die Aufwendungen der Finanzbehörde nicht erstattet (§ 139 II FGO), wenn diese obsiegt.

Aufwendungen für bevollmächtigte Angehörige der steuerberatenden Berufe sind bis zu der Höhe erstattungsfähig, die für Rechtsanwälte in der Rechtsanwaltsgebührenordnung vorgesehen ist (§ 139 III 1, 2 FGO)[58]. Gebühren und Auslagen, die durch das *Vorverfahren* entstanden sind, sind erstattungsfähig, wenn das Gericht die Zuziehung des Bevollmächtigten für notwendig erklärt (§ 139 III 3 FGO).

Oberster Grundsatz ist: Der *unterliegende* Beteiligte trägt die Kosten des Verfahrens (§ 135 I FGO).

> Beispiele: Die Finanzbehörde unterliegt. – Sie muß ihre eigenen Kosten tragen, ferner die Kosten des Steuerpflichtigen (= notwendige Aufwendungen des Steuerpflichtigen = Auslagen des Steuerpflichtigen und eventuell seines Beraters + Honorar des Beraters bis zur Höhe der Rechtsanwaltsgebührenordnung); s. § 139 FGO. Die Finanzbehörden sind gerichtskostenfrei.
>
> Der Steuerpflichtige unterliegt. – Er muß die Gerichtskosten (Gebühren und Auslagen des Gerichts) tragen. Die Aufwendungen der Finanzbehörde braucht er nicht zu erstatten (§ 139 II FGO). Die eigenen Auslagen, die Auslagen und das Honorar seines Beraters muß er selbst tragen.

---

56 Dazu *List,* Der Große Senat des BFH, DStR 83, 469. Ab 1. 1. 1992 ist § 11 FGO neugefaßt (s. BGBl. 1990 I, 2857).
57 Dazu *Gräber,* DStR 78, 608.
58 § 45 StBGebV ordnet die sinngemäße Anwendung der Bundesrechtsanwaltsgebührenordnung an, dazu *Scholl,* BB 84, Beilage 4, 8 ff.

Einem Beteiligten können die Kosten trotz (gänzlichen oder partiellen) Obsiegens dann auferlegt werden, wenn das Obsiegen auf Tatsachen beruht, die der Obsiegende früher hätte geltend machen oder beweisen können und sollen (§ 137 FGO).

Weitere Grundsätze:

Die Kosten eines *ohne Erfolg eingelegten Rechtsmittels* fallen demjenigen zur Last, der das Rechtsmittel eingelegt hat (§ 135 II FGO).

Wenn ein Beteiligter *teils obsiegt, teils unterliegt,* sind die Kosten gegeneinander aufzuheben (= jeder trägt seine eigenen außergerichtlichen Kosten, die Gerichtskosten werden geteilt; nur angebracht bei 50:50-Ausgang) oder verhältnismäßig zu teilen (§ 136 FGO). Bemessungsgrundlage für die Teilung ist der Streitwert.

Beispiel:

Steuerbescheid lautet über	60 000 DM
Steuerpflichtiger begehrt Herabsetzung auf	10 000 DM
Streitwert	50 000 DM
Gericht setzt herab auf	40 000 DM

Steuerpflichtiger hat zu $2/5$ obgesiegt, zu $3/5$ ist er unterlegen. Die Kosten werden im Verhältnis $2/5 : 3/5$ verteilt.

Wer eine Klage oder ein Rechtsmittel *zurücknimmt,* hat die Kosten zu tragen (§ 136 II FGO).

Erledigt sich die Hauptsache vor der Entscheidung des Gerichts, so entscheidet das Gericht nach billigem Ermessen über die Kosten (§ 138 I FGO); anders, wenn die Erledigung darauf beruht, daß die Behörde den angefochtenen Verwaltungsakt zurücknimmt oder ändert; insoweit trägt die Behörde die Kosten (§ 138 II FGO).

3.8 Rechtskraft

Wegen Fristablaufs, Erschöpfung des Rechtswegs oder Unanfechtbarkeit nicht (mehr) anfechtbare Urteile sind formell rechtskräftig. Mit der formellen Rechtskraft tritt auch die materielle Rechtskraft des Urteils ein.

Die materielle Rechtskraft besteht darin, daß die *Beteiligten* an das Urteil insoweit *gebunden* sind, als dadurch *über den Streitgegenstand*[59] entschieden worden ist (s. § 110 I FGO).

Tatsächlich hat namentlich die Rechtsprechung des Bundesfinanzhofs präjudizielle Bedeutung weit über den Kreis der Beteiligten hinaus. Im Interesse der Rechtssicherheit und der gleichmäßigen Rechtsanwendung folgen die Steuerbehörden im allgemeinen den Urteilen des Bundesfinanzhofs[60]. Auch die Steuerberaterschaft nimmt diese Urteile tatsächlich durchweg als Daten hin.

Der Streitgegenstand, über den entschieden wird, greift nicht über den *angefochtenen Verwaltungsakt* und dessen Inhalt hinaus. Die Rechtskraftbindung schöpft aber den Verwaltungsakt i. d. R. nicht bis an seine Grenzen aus, sie reicht nur so weit, als über den Streitgegenstand *entschieden* worden ist.

Über den Streitgegenstand ist insoweit nicht entschieden, als der Antrag des Klägers die Prüfung des Gerichts begrenzt (§ 96 I 2 FGO) und das Gericht den Verwaltungsakt nicht zum Nachteil des Klägers ändern darf (S. 757), aber auch insoweit nicht, als das Finanzgericht den

---

59 Siehe Fn. 33.
60 Dazu S. 88 f.

Sachverhalt nicht aufgeklärt und dementsprechend keine Rechtsauffassung zum Ausdruck gebracht hat.

Nur soweit über den Streitgegenstand nicht entschieden worden ist, darf die Steuerbehörde den Verwaltungsakt danach noch korrigieren (s. § 110 II FGO)[61].

4. Zum Rechtsschutz in Verfassungssachen

Hält ein Gericht (Finanzgericht, Bundesfinanzhof) ein Gesetz, auf dessen Gültigkeit es bei der Entscheidung ankommt, für verfassungswidrig, so hat es das Verfahren auszusetzen und die Entscheidung des Bundesverfassungsgerichts in Karlsruhe einzuholen (Art. 100 I GG i. V. mit §§ 80 ff. BVerfGG).

Steuerpflichtige können mit der Behauptung, durch die öffentliche Gewalt (insb. durch eine Entscheidung der Finanzverwaltung) in einem der *Grundrechte* oder in einem der in Art. 101, 103, 104 GG enthaltenen Rechte verletzt worden zu sein[62], *Verfassungsbeschwerde* beim Bundesverfassungsgericht erheben (Art. 93 I Nr. 4a GG). Das Verfahren ist geregelt in §§ 90 ff. BVerfGG. Grundsätzlich ist vor Erhebung der Verfassungsbeschwerde der Finanzrechtsweg auszuschöpfen (s. dazu § 90 II BVerfGG und die dort genannten Voraussetzungen). Der Finanzrechtsweg ist nicht ausgeschöpft, wenn der Steuerpflichtige nicht fristgemäß Wiedereinsetzung in den vorigen Stand (§ 56 FGO) beantragt oder wenn er keine (Revisions-)Nichtzulassungsbeschwerde (§ 115 III FGO) einlegt.

Das Grundrecht, das in Verfassungsbeschwerden am häufigsten als verletzt gerügt wird, ist der *Gleichheitsgrundsatz* (Art. 3 I GG). Das Bundesverfassungsgericht hat ihn bisher aber wenig entfaltet. Regelungen, die auch im Weltmaßstab als grobe Verstöße gegen den Gleichheitssatz angesehen werden (z. B. Verstöße gegen eine gleichmäßige Besteuerung nach der Leistungsfähigkeit durch unterschiedliche Erfassung verschiedener Einkunftsarten, unterschiedliche Bewertung verschiedener Vermögensarten), bestehen „ungestört" weiter.

Zum einen kann der Gleichheitssatz – und damit die Steuergerechtigkeit – vom Bundesverfassungsgericht deshalb nicht voll entfaltet werden, weil das Gericht eine Grundrechtsverletzung verneint, wenn das Rechtsgefühl des Steuerpflichtigen durch Privilegierung anderer Steuerpflichtiger verletzt wird (es sei denn, es bestünde ein Konkurrenzverhältnis). M. E. geht es indessen einen Steuerpflichtigen sehr wohl etwas an, ist er mit Recht „betroffen", wenn andere privilegiert werden, denn es ist zu vermuten, daß auch der nicht privilegierte Steuerpflichtige weniger zu zahlen hätte, wenn es keine Privilegien gäbe. *Die Privilegierung der einen Gruppe ist die Diskriminierung der anderen*[63]. Natürlich liegt es in Anbetracht der Judikatur des Bundesverfassungsgerichts nahe, daß auch der Nichtprivilegierte das Privileg begehrt. Aber das Bundesverfassungsgericht hat entschieden, niemand könne allein daraus, daß einer Gruppe aus besonderem Anlaß besondere Vergünstigungen zugestanden werden, für sich das Recht herleiten, dieselben Vorteile in Anspruch nehmen zu dürfen[64]. Die Frage ist hier: Was ist ein besonderer Anlaß? Was ist z. B. der besondere Anlaß, die Veräußerung von Privatvermögen vor der Veräußerung von Betriebsvermögen zu privilegieren, die Aktien mit dem Verkehrswert und

---

61 Dazu *B.-M. Spitzer,* Die Bindung der Finanzbehörde an rechtskräftige finanzgerichtliche Entscheidungen, Diss. Erlangen/Nürnberg 1973.
62 Dazu BVerfG BStBl. 79, 92; *Schmidt-Bleibtreu,* Inf. 78, 481; *Costede,* StRK-Anm. AO 1977 § 118 R. 1; *J. Ipsen,* StRK-Anm. BVerfGG § 90 R. 54.
63 So auch schweizerisches Bundesgericht v. 13. 4. 1983, BGE 109 I a, 252 ff.
64 Etwa BVerfGE 49, 192, 208; 50, 177, 191; 52, 264, 277; 60, 68, 79; NJW 83, 1899, 1900; dazu *Sachs,* DÖV 84, 411 ff.

die Grundstücke mit einem Bruchteil des Verkehrswerts zu bewerten? Welcher besondere Anlaß besteht, Zweifamilienhäuer günstiger zu behandeln als Einfamilienhäuser, usw., usw.? Zum anderen leidet die Effektivität der „Durchsetzung von Steuergerechtigkeit" sicher auch unter der grundsätzlich verständlichen Scheu des Gerichts, sich in die Politik einzumischen. Aber *Steuerpolitik ist,* anders als etwa Außenpolitik oder Verkehrspolitik, *Gerechtigkeitspolitik* (soweit es nicht um interventionistische Steuervergünstigungen geht). Das macht das Bundesverfassungsgericht voll zuständig. Im übrigen sollte das Bundesverfassungsgericht bedenken: „Wenn... die Gesetzgebung zur Wegwerfware verludert, wenn das Parlament im Widerstreit von Meinungen und Interessen, im Geflecht von wahltaktischen Überlegungen und Verantwortungsscheu, unter dem Druck der Profilierungsbedürfnisse vielfältiger Politiker, selbst solcher der Länder, am Ende die Kraft zur Gerechtigkeit nicht mehr findet: dann gehört es zur Aufgabe des Bundesverfassungsgerichts, den Gesetzgeber zu seiner Verantwortung zurückzuführen. Sie besteht darin, Einheit zu stiften, volonté générale zu bilden – und das geht nicht ohne Klarheit in den Prinzipien und deren einigermaßen folgerichtiger Durchführung" (so wörtlich *K. Vogel)*[65]. Würde das Bundesverfassungsgericht diesen Weg im Steuerrecht gehen, würde es sich auf die Dauer wahrscheinlich eher Entlastung verschaffen als durch eine insgesamt abwehrende Grundeinstellung[66]. In BVerfGE 61, 319; 66, 214; 67, 290 deutete sich – möglicherweise nur vorübergehend – eine neue Richtung an[67].

5. Zum Rechtsschutz in Europasachen[68]

Als Organ der Europäischen Gemeinschaften (EWG, Euratom, Montanunion) hat der Europäische Gerichtshof in Luxemburg die Aufgabe, die Wahrung des Gemeinschaftsrechts bei der Anwendung der Gemeinschaftsverträge und ihrer Ausführungsbestimmungen zu sichern (s. Art. 164 EWG-Vertrag). Das geschieht durch die Überprüfung, ob nationales Recht gegen Gemeinschaftsrecht verstößt.

Zu diesem Zweck *können* im Zweifelsfalle Vorabentscheidungen von jedem Gericht eines Mitgliedsstaates eingeholt werden; von letztinstanzlichen Gerichten *müssen* sie im Zweifelsfalle eingeholt werden (Art. 177 EWG-Vertrag). 35 bis 40 v. H. der Vorlagen an den Europäischen Gerichtshof stammen von deutschen Gerichten. Natürliche und juristische Personen können Nichtigkeitsklage gegen Entscheidungen von Gemeinschaftsorganen erheben, durch die sie unmittelbar und individuell betroffen sind (Art. 173 EWG-Vertrag). Das sind sie, wenn das Diskriminierungsverbot des Art. 95 EWG-Vertrag verletzt wird. Aus dem Bereich des Steuerrechts ist der Europäische Gerichtshof vor allem mit Zoll- und Verbrauchsteuersachen befaßt. Im Umsatzsteuerrecht beschäftigt den Europäischen Gerichtshof insb. die Frage, ob das nationale Recht den EG-Richtlinien entspricht (s. S. 524 ff.).

---

65 StuW 84, 197. S. auch die aufschlußreiche Stellungnahme eines früheren Vorsitzenden des Finanzausschusses zur Steuergesetzgebung, StuW 84, 169.
66 Nur etwas mehr als 1 % der Verfassungsbeschwerden haben Erfolg. – Zur Einstellung des italienischen Verfassungsgerichtshofs gegenüber Steuersachen *Marongiu,* StuW 84, 93 ff.
67 Dazu *Zeidler,* StuW 85, 1 ff.; verhaltener *Herzog,* StbJb. 1985/86, 27 ff.
68 Dazu *Steindorff,* Rechtsschutz und Verfahren im Recht der Europäischen Gemeinschaften, Baden/Baden 1964; *Ule,* Der gerichtliche Rechtsschutz des Einzelnen gegenüber der vollziehenden Gewalt in den Europäischen Gemeinschaften, Köln 1970; *Nicolaysen,* Der Gerichtshof. Funktion und Bewährung der Judikative, EuR 72, 375 ff.; *Voß,* Erfahrungen und Probleme bei der Anwendung des Vorabentscheidungsverfahrens nach Art. 177 EWGV. Aus der Sicht eines deutschen Richters, EuR 86, 95; *Everling,* Aktuelle Fragen der europäischen Steuergerichtsbarkeit, Stbg. 88, 281 ff.; *Birkenfeld,* UR 89, 329, 336 ff. (zum Vorlageverfahren nach Art. 177 EWGV); *P. Kirchhof,* Der Europäische Gerichtshof als gesetzlicher Richter im Sinne des Grundgesetzes, DStR 89, 551.

Siebentes Kapitel:
Steuerstraf- und Steuerordnungswidrigkeitenrecht

§ 25 Allgemeines Steuerstraf- und Ordnungswidrigkeitenrecht

Literatur: *Franzen/Gast/Samson,* Steuerstrafrecht mit Steuerordnungswidrigkeiten und Verfahrensrecht[3], München 1985; *Kohlmann,* Steuerstraf- und Steuerordnungswidrigkeitenrecht einschließlich Verfahrensrecht[5]. Kommentar zu den §§ 369–412 AO 1977, Köln (Loseblatt); *Engelhardt, Hübner* und *Rüping,* in: Hübschmann/Hepp/Spitaler, Kommentar zur Abgabenordnung und Finanzgerichtsordnung[9], Köln (Loseblatt), zu §§ 369–412 AO; Kohlmann (Hrsg.), Strafverfolgung und Strafverteidigung im Steuerstrafrecht, DStJG Bd. 6 (1983), mit Beiträgen von *Kohlmann, Frick, Schulze-Osterloh, Danzer, Samson, Philipowski, Gast-de Haan, Bilsdorfer, Küster, Kratzsch, Rüping, Streck, Blumers;* Felix und Streck (Hrsg.), Steuerkontrolle, Folgen 1, 2, Köln 1982/1984, mit steuerstrafrechtlichen Beiträgen von *Korn, Rainer, Rüping, Streck, Felix; Suhr/Naumann/Bilsdorfer,* Steuerstrafrecht[4], Herne/Berlin 1986; *Brandis,* Geldstrafe und Nettoeinkommen, Diss. Köln 1987; *Reiß,* Besteuerungsverfahren und Strafverfahren, Köln 1987; *Sudau/Lammerding,* Steuerstrafrecht[5], Achim 1988; *Mösbauer,* Steuerstraf- und Ordnungswidrigkeitenrecht (einschließlich Steuer- und Zollfahndung), München/Wien 1989.
Zur internationalen Rechtsvergleichung: Über Tax avoidance, Tax evasion und Tax fraud, IFA-Bulletin 83, 441 ff., 451 ff.; Tax avoidance/Tax evasion (Steuervermeidung/Steuerhinterziehung), IFA-Cahiers LXVIII a (betr. Kongreß Venedig).
Spezialzeitschrift: Zeitschrift für Wirtschaft, Steuer, Strafrecht (wistra).

1. Einleitung

Wer den Steuergesetzen zuwiderhandelt, insb. Steuern hinterzieht, schädigt nicht etwa bloß den anonymen „Vater Staat", sondern die Gemeinschaft und die ehrlichen Steuerzahler. Steuerhinterziehende Unternehmer fügen ihren steuerehrlichen Konkurrenten Wettbewerbsnachteile zu. Gleichwohl werden Steuerdelikte noch weithin als Kavaliersdelikte bewertet. Die Anzeige wegen Steuerhinterziehung (selbst von Konkurrenten) wird durchweg als *Denunziation* (= Anzeige aus *un*ehrenhaften Beweggründen) angesehen. Auch Bürger, die niemals Mitbürger betrügen oder bestehlen würden, hinterziehen nicht selten ungehemmt Steuern[1].

Die Regeln des Steuerrechts, auch soweit als sachgerecht akzeptiert, werden von vielen nicht befolgt, zumal das Steuerzahlen ihrem materiellen Interesse zuwiderläuft. Zuwiderhandlungen gegen Steuergesetze kommen in allen Bevölkerungsschichten und Berufsgruppen vor, nicht etwa nur bei Unternehmern, sondern auch bei Arbeitnehmern und Rentnern. Die Dunkelziffer ist sehr hoch. Arbeitnehmer, die auch „Schwarzarbeit" leisten, können die Steuer auf die „Schwarz"-Einkünfte fast unbehelligt hinterziehen. Arbeitnehmer und Rentner sind auch in großem Umfang an der Hinterziehung von Steuern auf Zinsen beteiligt. Das hängt u. a. damit zusammen, daß Arbeitnehmer es nicht gewöhnt sind, von sich aus Aufzeichnungen zu machen und Erklärungen abzugeben. Freiberufler wagen sich weniger an die Hinterziehung. Sie flüchten oft – legal – in die „Steuersparmodelle" der Verlustzuweisungsgesellschaf-

---
1 Dazu *U. Kreß,* Motive für die Begehung von Steuerhinterziehungen. Eine Aktenstudie, Diss. Köln 1983; s. auch *Küster,* in: Kohlmann, Strafverfolgung und Strafverteidigung im Steuerrecht, DStJG Bd. 6 (1983), 253; *Streck,* BB 84, 2205 ff.

ten, sind dabei aber nicht selten „vom Regen in die Traufe" gekommen. Die sog. Schatten- oder Untergrundwirtschaft erzielt durch Mißachtung der Steuergesetze so hohe Wettbewerbsvorteile, daß die legale Konkurrenzwirtschaft existenziell gefährdet werden kann, wenn sie nicht auch Steuern hinterzieht. Diese macht davon z. B. nicht selten Gebrauch bei Leistungen für Privathaushalte.

Der Gesetzgeber versucht, die in den Steuergesetzen statuierten Pflichten nicht nur mit Zwangsmitteln durchzusetzen (§§ 249 ff., 328 ff. AO); er stellt gravierende Pflichtverletzungen auch unter Strafe, weniger schwere erklärt er zu Ordnungswidrigkeiten. Zuwiderhandlungen gegen Steuergesetze können sein:
- *Steuerstraftaten,* die mit Geld- oder Freiheitsstrafe bedroht sind (Aufzählung in § 369 I AO; s. im übrigen §§ 370–376 AO);
- *Steuerordnungswidrigkeiten,* die mit Geldbuße geahndet werden können (Begriff: § 377 I AO; s. im übrigen §§ 378–384 AO).

Während durch die Einstufung als (kriminelle) Steuerstraftat ein ethisches Unwerturteil gefällt ist, sollen als Steuerordnungswidrigkeiten ethisch indifferente oder den Rechtsgüterschutz nicht wesentlich tangierende Verstöße gegen allgemeine Ordnungsbelange und sonstige Verwaltungsinteressen geahndet werden, und zwar nicht mit einer Kriminalstrafe, sondern mit einer Geldbuße. Die Unterscheidung in kriminelles und bloßes Ordnungsunrecht muß der Gesetzgeber nach seinem Ermessen treffen. Durch das 2. AOStrafÄndG v. 12. 8. 1968, BGBl. I 68, 953 ist das Steuerstrafrecht erheblich entkriminalisiert worden.

In den Fällen der §§ 378–383 AO hat der Gesetzgeber entweder wegen der geringen Bedeutung des zu schützenden Rechtsguts oder wegen der lediglich abstrakten Gefährlichkeit der Tat die Ahndung als Ordnungswidrigkeit als ausreichend angesehen. Ob damit die richtige Grenzziehung gefunden worden ist, ist zweifelhaft.

Im Gegensatz zur Straftat wird die Ordnungswidrigkeit nicht in ein Strafregister eingetragen. Die Unterscheidung der *Steuer*straftaten und -ordnungswidrigkeiten von den allgemeinen Straftaten und Ordnungswidrigkeiten ist deshalb bedeutsam, weil für *Steuer*zuwiderhandlungen besondere Verfahrensvorschriften gelten, insb. die Finanzbehörden für die Sachaufklärung zuständig sind (§§ 385 ff., 409 ff. AO).

Die Verschwendung oder mißbräuchliche Verwendung von Steuergeldern durch Abgeordnete, Regierungsmitglieder oder Beamte ist (bisher) kein Straftatbestand[2].

Es gibt Staaten, die das soziale Stigma der Tat dadurch zu erhöhen versuchen, daß sie Verurteilungen wegen Steuerhinterziehung veröffentlichen (statt sie dem Datenschutz zu unterwerfen), so Kanada, Frankreich, Irland, Israel, Italien, Neuseeland, Norwegen, Schweiz. Das bewirkt natürlich nichts in Ländern, in denen die *veröffentlichte* Meinung selbst Schwerstkriminalität nicht stigmatisiert, sondern als zu tolerierenden, unabwendbaren Vorgang (wie Hagel und Blitz) behandelt. Andere Länder greifen zu Nebenstrafen, die sie für wirksamer halten als Geldstrafen, etwa zum Führerscheinentzug (z. B. Griechenland).

Mitglieder von Konsumgesellschaften, in denen das Materielle weit vor dem Ideellen rangiert, sind offenbar besonders anfällig für Steuerhinterziehung. Die Ausbreitung der Steuerhinterziehung schreitet schnell fort, wenn der Eindruck besteht, daß „fast alle es tun", das Gros der Täter unbehelligt bleibe, die Wahrscheinlichkeit der Aufdeckung der Tat gering sei. Der folgenlos bleibende Übergriff verleitet zur Nachahmung. Der soziale Makel ist ohnehin gering. Wenn es dem Staat nicht gelingt,

---

[2] Dazu das von *Kohlmann* und *Brauns* für den Bund der Steuerzahler erstattete Gutachten „Zur strafrechtlichen Erfassung der Fehlleitung öffentlicher Mittel", Wiesbaden 1979.

§ 25 Allgemeines Steuerstraf- und Ordnungswidrigkeitenrecht

dafür zu sorgen, daß das Gros sich an die Gesetze hält, wird verständlicherweise auch die Minderheit mehr und mehr dazu übergehen, an sich selbst zu denken[3].

Dem Staat wird es im übrigen desto weniger gelingen, die Steuerpflichtigen zu voller Steuerehrlichkeit zu erziehen,

- je weniger für die Steuerpflichtigen einsichtig ist, daß die Steuerrechtsordnung nicht bloß ein Sammelsurium unsystematischer Interessenkompromisse ist, sondern eine planvolle Gerechtigkeitsordnung; je deutlicher erkennbar wird, daß das Bekenntnis von Politikern zur Steuergerechtigkeit nur ein Lippenbekenntnis ist, desto stärker wird die Steuermoral nachlassen;
- je häufiger die Steuerpflichtigen aus der Presse von Verschwendung und mißbräuchlicher Verwendung von Steuergeldern durch die öffentliche Gewalt erfahren (einschließlich der Verteilung von Steuermitteln an Unwürdige); mit der Steuermoral muß die Moral bei der Verwendung von Steuergeldern einhergehen;
- je mehr Steuerpflichtige den Eindruck haben, der Staat beute die Leistungsträger zugunsten von Leistungsunwilligen, Leistungsscheuen oder Scheinasylanten aus und pervertiere den Sozialstaat partiell in einen Staat der Asozialen und Faulenzer, dem Staat (vertreten durch seine Meinungsmacher) seien Empfänger von Sozialleistungen wertvoller als Steuerzahler;
- je häufiger Steuerpflichtige erfahren, daß Repräsentanten der Parteien und des Staates sich korrupt verhalten und ihr Amt zur persönlichen Bereicherung ausnutzen, oder daß Repräsentanten von Parteien sich selbst vom Steuerstrafrecht dispensiert glauben.

An Steuerstraftaten und Steuerordnungswidrigkeiten knüpft die Abgabenordnung auch steuer*schuld*rechtliche Folgen; s. §§ 70, 71, 169 II 2, 173 II, 235 AO.

2. Allgemeine Rechtsgrundlagen

Das materielle Steuerstrafrecht und das Steuerordnungswidrigkeitenrecht sind geregelt:

- das Steuerstrafrecht: in §§ 369–376 AO; soweit die materiellen Strafvorschriften der Steuergesetze nichts anderes bestimmen, gelten nach § 369 II AO auch die allgemeinen Gesetze über das Strafrecht, das sind §§ 1–79 b StGB in der Neufassung v. 10. 3. 1987, BGBl. I 87, 945, 1160;
- das Steuerordnungswidrigkeitenrecht: in §§ 377– 384 AO; soweit die Bußgeldvorschriften der Steuergesetze nichts anderes bestimmen, gelten nach § 377 II AO die allgemeinen Vorschriften (Erster Teil: §§ 1–34) des Gesetzes über Ordnungswidrigkeiten v. 24. 5. 1968, BGBl. I 68, 481 i. d. F. v. 19. 2. 1987, BGBl. I 87, 602 (OWiG).

Wegen der Verweisungen sind i. d. R. auch die Kommentare zum Strafgesetzbuch und zum Ordnungswidrigkeitengesetz heranzuziehen.

Die **Straftat** ist eine tatbestandsmäßige (§ 1 StGB), rechtswidrige (§ 12 I, II StGB), schuldhaft begangene Handlung. Da alle Steuerstraftaten Vergehen sind (s. dazu § 12 II StGB), kann der Versuch von Steuerstraftaten nur bestraft werden (s. § 23 I StGB), wenn das Gesetz es ausdrücklich bestimmt (s. etwa §§ 370 II, 372 II, 374 I AO).

Die *Ordnungswidrigkeit* ist eine tatbestandsmäßige, rechtswidrige, vorwerfbare Handlung (§§ 1, 3 OWiG). Der Versuch einer Ordnungswidrigkeit wird ebenfalls nur geahndet, wenn das Gesetz es ausdrücklich bestimmt (§ 13 II OWiG).

Tatbestandsmäßigkeit: Eine Tat (Handlung) kann nur bestraft oder als Ordnungswidrigkeit geahndet werden, wenn die Strafbarkeit oder die Möglichkeit der Ahn-

---

3 Dazu *K.-H. Mönch,* Steuerkriminalität und Sanktionswahrscheinlichkeit, Diss. Bremen, Frankfurt/M. u. a. 1978.

dung gesetzlich (durch gesetzlichen Tatbestand) bestimmt war, bevor die Tat begangen wurde (§ 1 StGB; § 3 OWiG; entspr. Art. 103 II GG). Nullum crimen, nulla poena sine lege!

Die Tatbestände des Steuerstrafrechts und des Steuerordnungswidrigkeitenrechts sind dadurch gekennzeichnet, daß sie ohne Rückgriff auf das Steuerrecht i. d. R. nicht angewendet werden können (sog. *Blankettvorschriften*). Zum eigentlichen Straftatbestand (z. B. § 370 AO) muß man also die Vorschriften hinzudenken, die die Pflichten des Steuerpflichtigen im Besteuerungsverfahren bestimmen und die Steueransprüche festlegen.

§ 370 AO kann z. B. im konkreten Fall so zu lesen sein: Es wird bestraft, wer die Einkommensteuererklärung für 01, die abzugeben er verpflichtet ist (§ 149 AO; § 25 III EStG), nicht abgibt und dadurch die von ihm nach dem Einkommensteuergesetz geschuldete Einkommensteuer für 01 verkürzt.

Ob ein Steueranspruch besteht, eine Steuer verkürzt, ein nicht gerechtfertigter Steuervorteil erlangt worden ist, ob unzutreffende Angaben gemacht oder pflichtwidrig Angaben unterlassen worden sind, ergibt sich aus den Steuergesetzen. Daher ist das Steuerstrafrecht Folgerecht des Steuerrechts.

Aus der Blankettnatur des Steuerstrafrechts folgt, daß *Steuerstrafrichter* und *Steuerstrafverteidiger Kenntnisse sowohl im Strafrecht als auch im Steuerrecht haben müssen*.

Dieser Idealzustand besteht indessen weithin nicht, auch in anderen Ländern nicht. „Criminal judges are generally not informed on tax matters ... it is a general opinion among lawyers that criminal courts know very little about complicated tax law questions"[4]. Das sollte die Strafrichter veranlassen, im Zweifel das Strafverfahren bis zum Abschluß des Besteuerungsverfahrens auszusetzen[5].

Ist das Steuerrecht nicht gerecht, so kann auch das an das Steuerrecht anknüpfende Steuer*straf*recht es nicht sein.

Der Grundsatz der Tatbestandsmäßigkeit schließt ein:
– das Gebot der *Tatbestandsbestimmtheit*. Da das Steuerstrafrecht Blankettstrafrecht ist, setzt es Tatbestandsbestimmtheit des Steuerrechts voraus[6];
– das Verbot der strafbegründenden oder strafschärfenden *Analogie* (garantiert auch durch Art. 103 II GG); da das Steuerstrafrecht Blankettrecht ist, wirkt sich das Analogieverbot *strafrechtlich* auch im Steuerrecht selbst aus;
– das *Rückwirkungsverbot* (garantiert auch durch Art. 103 II GG; konkretisiert in § 2 StGB; s. auch § 4 OWiG). Das Gesetz wirkt aber grundsätzlich zurück, wenn die Strafdrohung oder die angedrohte Geldbuße nach Begehung der Tat, aber vor der Entscheidung, *gemildert* wird (§ 2 III StGB; § 4 III OWiG), (dazu S. 773 f.);
– das *Verbot,* Steuerstraftaten oder Steuerordnungswidrigkeiten an *Verwaltungsvorschriften* zu knüpfen[7].

Man unterscheidet *Erfolgstaten* und *schlichte Tätigkeitstaten,* je nachdem, ob die vom Gesetz beschriebene Handlung einen bestimmten Erfolg auslösen muß oder nicht.

---

4 IFA-Bulletin 83, 463, 477.
5 Dazu Fn. 9 auf S. 790.
6 Dazu *Schulze-Osterloh,* Unbestimmtes Steuerrecht und strafrechtlicher Bestimmtheitsgrundsatz, DStJG Bd. 6 (1983), 43 ff.; *Rüping,* „Bestimmtes" Strafrecht und „unbestimmtes" Steuerrecht – Zum Bestimmtheitsgebot im Steuerrecht und im Steuerstrafrecht, in: Streck (Hrsg.), Steuerkontrolle 2, Köln 1984, 129 ff.
7 Dazu *Kohlmann,* in: Tipke (Hrsg.), Grenzen der Rechtsfortbildung im Steuerrecht, DStJG Bd. 5 (1982), 301 ff.

Bei Erfolgstaten muß die Handlung für den Erfolg *ursächlich* sein. Das ist sie, wenn sie nicht hinweggedacht werden kann, ohne daß der Erfolg entfiele, wenn sie conditio sine qua non ist. Bei Unterlassungstaten kommt es darauf an, daß bei pflichtgemäßem Tun der Erfolgseintritt mit an Sicherheit grenzender Wahrscheinlichkeit abgewendet worden wäre.

Rechtswidrigkeit: Straftaten und Ordnungswidrigkeiten sind *rechtswidrige* Handlungen (§ 12 I, II StGB; § 1 OWiG).

Da die wichtigsten Rechtfertigungsgründe (§ 32 StGB; § 15 OWiG; § 34 StGB; § 16 OWiG) im Steuerstraf- und Steuerordnungswidrigkeitenrecht in aller Regel nicht zutreffen, treffen Tatbestandsmäßigkeit und Rechtswidrigkeit grundsätzlich zusammen, sind tatbestandsmäßige Handlungen grundsätzlich auch rechtswidrig. Eine Besonderheit gilt für Unterlassungstaten (s. dazu § 13 I StGB; § 8 OWiG).

Schuldhaftigkeit: Schuld ist eine Grundvoraussetzung des Strafens. Erst mit der Schuldfeststellung wird ein *Unwerturteil* über den Täter gefällt, wird ihm *vorgeworfen*, daß er sich unrechtmäßig verhalten habe, obwohl er sich rechtmäßig hätte verhalten können.

Schuld setzt *Schuldfähigkeit* (auch als Zurechnungsfähigkeit bezeichnet) voraus. Sie fehlt bei Kindern (§ 19 StGB) und kann bei Jugendlichen fehlen (§§ 1 II; 3 JGG). Erwachsene (über 18 Jahre) sind grundsätzlich schuldfähig (s. aber betr. Heranwachsende §§ 1 II; 105 JGG), anders nur bei seelischen oder tiefgreifenden Bewußtseinsstörungen, bei Schwachsinn oder seelischer Abartigkeit (s. §§ 20, 21 StGB).

Schuldformen sind Vorsatz und Fahrlässigkeit.

Vorsatz ist wissentliches und willentliches Verwirklichen des Tatbestandes – in Kenntnis aller Tatumstände und unter Vorstellung des wesentlichen Kausalablaufs[8]. Im Steuerstrafrecht sind fahrlässige Handlungsweisen (dazu § 15 StGB; § 10 OWiG) nicht mit Strafe bedroht. § 378 AO betrifft eine Steuerordnungswidrigkeit.

Wer bei Begehung der Tat einen (tatsächlichen) Umstand nicht kennt, der zum gesetzlichen Tatbestand gehört – soll heißen: wer eine für die Subsumtion unter das Strafgesetz erhebliche Tatsache nicht kennt –, handelt nicht vorsätzlich; er hat nicht das für den Vorsatz erforderliche Wissen; er macht sich falsche Vorstellungen über Tatumstände. Die Strafbarkeit wegen fahrlässiger Begehung bleibt unberührt (§ 16 I StGB), sog. *Tatbestandsirrtum*.

Vom Tatbestandsirrtum ist der *Verbotsirrtum* zu unterscheiden. Der Verbotsirrtum ist ein Irrtum des Täters darüber, daß sein Tun strafrechtliche Folgen hat, strafrechtlich verboten ist. Verbotsirrtum ist fehlendes Unrechtsbewußtsein; der Täter hält die Tat für erlaubt (dazu § 17 StGB). War der Verbotsirrtum unvermeidbar, so handelt der Täter zwar vorsätzlich, aber *schuldlos*. Da die Normen des Steuerrechts zur Ausfüllung oder Ergänzung der Blankettnormen des Steuerstrafrechts dienen, sind sie u. E. wie die auszufüllenden Strafnormen selbst zu behandeln. Das heißt: Der Irrtum über eine zur Ausfüllung der Strafnorm (etwa § 370 AO) heranzuziehende *Steuer*norm ist Verbotsirrtum[9].

---

8 Dazu *v. d. Heide,* Tatbestands- und Vorsatzprobleme bei der Steuerhinterziehung, Diss. Bochum 1986.
9 Wie hier *Maiwald,* Unrechtskenntnis und Vorsatz im Steuerstrafrecht, Heidelberg 1984. Die Frage ist aber umstritten: s. *Backes,* Die Abgrenzung von Tatbestands- und Verbotsirrtum im Steuerstrafrecht, StuW 82, 253 ff.; *Samson,* Irrtumsprobleme im Steuerstrafrecht, DStJG Bd. 6 (1983), 99 ff.; *Rüping,* in: Felix (Hrsg.), Steuerkontrolle Folge 1, Köln 1982, 53 ff.; *Hanßen,* Steuerhinterziehung und leichtfertige Steuerverkürzung (§§ 370, 378 AO) durch

Allgemeine Rechtsgrundlagen

Der Täter braucht die strafrechtliche Norm nicht im einzelnen zu kennen. Der Verbotsirrtum war vermeidbar, wenn der Täter bei Einsatz „aller seiner Erkenntniskräfte und sittlichen Wertvorstellungen" (BGHSt 4,1), u. U. auch durch Erkundigung (BGHSt 4, 236[10]), zur Unrechtseinsicht (Einsicht des Verbotenseins seines Tuns) hätte kommen können. Im Bereich des Steuerstrafrechts wird die Vermeidbarkeit des Verbotsirrtums regelmäßig bejaht, zumal gegenüber Angehörigen der steuerberatenden Berufe und Unternehmern. Wer den *steuer*rechtlichen Irrtum als Verbotsirrtum ansieht und meint, das konzeptionslose Steuerrecht mit seinen vielen beliebigen Einzelregelungen sei mit „Erkenntniskräften" (intellektuellen Leistungen), „sittlichen Wertvorstellungen" oder „Gewissensanspannung" durchweg zu durchschauen, irrt indessen selbst, nämlich über den Zustand des Steuerrechts.

Irrt der Täter zu seinen Ungunsten, so spricht man von umgekehrtem Tatbestandsirrtum (= strafbarer untauglicher Versuch) und von umgekehrtem Verbotsirrtum (= strafloses Wahndelikt); dazu S. 772.

Andere Schuldausschließungsgründe – insb. *entschuldigender Notstand* i. S. des § 35 StGB – treffen im Steuerstrafrecht kaum je zu.

Fahrlässiges Handeln wird im Steuerstrafrecht nicht bestraft. § 378 AO betrifft eine Ordnungswidrigkeit.

Im *Ordnungswidrigkeitenrecht* spricht man statt von Schuld von *Vorwerfbarkeit* (weil man im Strafrecht mit dem Schuldbegriff eine sozialethische Mißbilligung verbindet), statt von Schuldfähigkeit von Verantwortlichkeit. Die Regeln entsprechen einander aber inhaltlich (s. § 12 OWiG).

Das Ordnungswidrigkeitenrecht kennt vorsätzliches und fahrlässiges Handeln (§ 10 OWiG). Der Tatbestandsirrtum ist in § 11 I OWiG, der Verbotsirrtum ist in § 11 II OWiG geregelt.

Fahrlässig handelt, wer entweder die Sorgfalt außer acht läßt, zu der er nach den Umständen und seinen persönlichen Verhältnissen verpflichtet und fähig ist, und deshalb die Tatbestandsverwirklichung nicht erkennt (unbewußte Fahrlässigkeit), oder wer die Tatbestandsverwirklichung für möglich hält, jedoch pflichtwidrig und vorwerfbar im Vertrauen darauf handelt, daß sie nicht eintreten werde (bewußte Fahrlässigkeit). *Leichtfertigkeit* ist ein erhöhter Grad von Fahrlässigkeit, ist grobe Fahrlässigkeit.

Von den Schuldausschließungsgründen sind die *Strafaufhebungsgründe* zu unterscheiden. Ein (persönlicher) Strafaufhebungsgrund ist an Umstände geknüpft, die erst *nach* Begehung der Straftat eintreten. In Betracht kommen: Rücktritt vom Versuch (s. § 24 StGB; spielt wegen der Selbstanzeigemöglichkeit keine wesentliche Rolle) und Selbstanzeige (§ 371 AO; s. S. 779 f.).

Den Strafaufhebungsgründen entsprechen im Ordnungswidrigkeitenrecht die Gründe, die den Anspruch auf Ahndung mit einem Bußgeld aufheben: Auch bei fahrlässiger Steuerverkürzung als Ordnungswidrigkeit kommt eine gegenüber § 371 AO modifizierte Selbstanzeige (§ 378 III AO; s. S. 784) in Betracht.

Stadien der Tat sind der Tatentschluß (nicht strafbar oder ahndbar), die *Vorbereitungshandlung* (nicht strafbar oder ahndbar, es sei denn, daß sie durch einen besonderen

---

Abweichen von der höchstrichterlichen Finanzrechtsprechung – insbesondere durch Steuerberater?, Frankfurt/Main u. a. 1984; *E. Schlüchter*, Zur Irrtumslehre im Steuerstrafrecht, wistra 85, 43 ff., 94 ff.; s. auch *Reiß*, wistra 87, 161 ff.; s. ferner Fn. 12.

10 Die Strafgerichte nehmen eine Erkundigungspflicht des Unkundigen an; § 80 I 1 AO sieht indessen nur ein Sich-vertreten-lassen-*können* vor. Wären alle Laien erkundigungspflichtig, so müßten die Finanzbehörden fast alle Steuererklärungen, bei denen nicht steuerberatende Berufe mitgewirkt haben, an die Strafsachenstellen weitergeben – und auch im Besteuerungsverfahren von der Unrichtigkeit der Laienerklärungen ausgehen.

– strafbaren oder ahndbaren – Tatbestand erfaßt ist; so in § 379 AO), der *Versuch*[11] als teilweise realisierter Tatentschluß (dazu § 22 StGB; § 13 I OWiG), die *Vollendung* und die *Beendigung.*

Die vollendete Tat ist stets strafbar. Der Versuch eines Vergehens (Steuerstraftaten sind sämtlich Vergehen!) ist nur strafbar, wenn das Gesetz es ausdrücklich bestimmt (§ 23 I StGB); s. §§ 370 II, 372 II (i. V. mit § 370 II), 374 (i. V. mit § 370 II) AO. Der Versuch kann milder bestraft werden als die vollendete Tat (§ 23 II StGB).

Auch der Versuch einer Ordnungswidrigkeit kann nur geahndet werden, wenn das Gesetz es ausdrücklich bestimmt (§ 13 II OWiG). Die Vorschriften über *Steuer*ordnungswidrigkeiten (§§ 377 ff. AO) sehen keine Ahndung von Versuchstaten vor.

Eine Straftat *versucht,* wer nach seiner Vorstellung von der Tat zur Verwirklichung des Tatbestands unmittelbar ansetzt (§ 22 StGB).

Versuchstat ist auch der *untaugliche Versuch.* Da der Grund für die Strafbarkeit die Betätigung eines kriminellen Willens ist, gilt folgendes: Nicht bestraft wird, wer irrtümlich (tatsächliche) Umstände annimmt, bei deren Vorliegen eine Straftat nicht gegeben wäre (Tatbestandsirrtum). Umgekehrt wird bestraft, wer irrtümlich – zu seinen Ungunsten – tatsächliche Umstände annimmt, bei deren Vorliegen eine Straftat gegeben wäre. Strafbarkeit ist also auch gegeben, wenn lediglich nach der – irrtümlichen – Vorstellung des Täters von der Tat eine Rechtsgutverletzung drohte, die Handlung aber tatsächlich nicht geeignet war, das Rechtsgut zu verletzen oder zu gefährden (umgekehrter Tatbestandsirrtum); s. dazu allerdings auch § 23 III StGB.

Vom strafbaren Versuch ist das straflose sog. *Wahndelikt* zu unterscheiden. Es liegt vor, wenn der Täter – zu seinen Ungunsten – nicht über Tatumstände irrte, sondern über die strafrechtlichen Folgen der Tat. Der Täter hält irrtümlich etwas für strafbar, was nicht strafbar ist (umgekehrter Verbotsirrtum). Er nimmt etwa an, die Nichtanzeige einer Steuerhinterziehung, von der er erfahren hat, sei strafbar.

Rechnet man die die Blankettnormen des Steuerstrafrechts ausfüllenden steuerrechtlichen Normen dem Straftatbestand hinzu, so liegt ein strafloses Wahndelikt vor, wenn der Täter irrig annimmt, es bestehe eine steuerverfahrensrechtliche Pflicht oder eine Steuerschuld[12].

Die Beendigung der Tat ist nur für die Verjährung relevant (§ 78a StGB; § 31 III OWiG).

Die Grundformen der Beteiligung an einer Tat sind **Täterschaft und Teilnahme.** Der *Täter* kann sein: *unmittelbarer* oder *mittelbarer* Täter (§ 25 I StGB) oder *Mittäter* (§ 25 II StGB). Die Teilnahme besteht in der vorsätzlichen Beteiligung an einer *fremden* Tat (an der von einem anderen begangenen Tat). Diese fremde Tat (Haupttat) muß rechtswidrig und vorsätzlich begangen worden sein (s. §§ 26, 27 StGB); Ausnahme, für das Steuerstrafrecht ohne Bedeutung: § 30 StGB. Daß der Täter schuldhaft gehandelt hat, ist nicht erforderlich (sog. limitierte Akzessorietät). Es gibt zwei Formen der *Teilnahme: Anstiftung* (§ 26 StGB) und *Beihilfe* (§ 27 StGB).

Ob Täterschaft vorliegt oder Teilnahme (an fremder Tat), hängt ab vom Grad des eigenen Interesses am Taterfolg, vom Umfang der Tatbeteiligung und der Tatherrschaft.

Abweichend vom Strafgesetzbuch differenziert das Ordnungswidrigkeitengesetz nicht zwischen verschiedenen Täterschafts- und Teilnahmeformen (s. § 14 OWiG). Es will durch seinen „einheitlichen Täterbegriff" die Rechtsanwendung erleichtern, die Schwierigkeiten der Prüfung der Art des Tatbeitrages vermeiden.

Rechtsfolgen der Tat: Das Steuerstrafrecht sieht zeitige *Freiheitsstrafen* und *Geldstrafen* vor (§§ 370, 372–374 AO), ferner die Einziehung des Tatwerkzeugs und der Tatprodukte (§ 375 II AO) und bestimmte Nebenfolgen (§ 375 I AO). Zur Freiheits-

---

11 Dazu *Höser,* Vorbereitungshandlung und Versuch im Steuerstrafrecht, Diss. Köln 1984.
12 Dazu *Burkhardt,* wistra 82, 178; *Reiß,* wistra 86, 193 ff.; s. ferner Fn. 9.

strafe s. §§ 38 II; 47; 56 StGB; zur Geldstrafe und zu Strafnebenfolgen s. §§ 40 ff. StGB. Zur Strafbemessung im allgemeinen s. § 46 StGB.

In den Vorschriften über Steuerordnungswidrigkeiten sind *Geldbußen* von regelmäßig bis zu 10 000 DM vorgesehen (§§ 379 IV; 380 II; 381 II; 382 III AO), für leichtfertige Steuerverkürzungen (§ 378 II AO) und unzulässigen Erwerb von Steuererstattungs- und Vergütungsansprüchen (§ 383 II AO) jedoch Geldbußen bis zu 100 000 DM (!). Zur Geldbußenbemessung im allgemeinen s. § 17 III, IV OWiG.

Strafbemessung bei Verletzung mehrerer Gesetzesvorschriften: Nicht selten verletzt der Täter durch sein Verhalten mehrere Straf- und/oder Bußgeldvorschriften. In solchen Fällen ist darüber zu befinden, nach welchen Regeln dem Täter die „Gesamtrechnung" aufzumachen ist.

Unterschieden wird der Fall mehrfacher Gesetzesverletzung durch *dieselbe* Handlung (Tateinheit oder Idealkonkurrenz, § 52 StGB; § 19 OWiG) und der Fall mehrfacher Gesetzesverletzung durch *mehrere* selbständige Handlungen (Tatmehrheit oder Realkonkurrenz, § 53 StGB; § 20 OWiG).

Als *eine* Handlung wird auch das *Dauerdelikt* angesehen. Darüber hinaus ist in ständiger Rechtsprechung die sog. *fortgesetzte Straftat* (oder fortgesetzte Handlung) als *eine* Handlung (juristische Handlungseinheit) behandelt worden.

Im Falle einer Handlung (Tateinheit) wird nur auf *eine* Strafe oder Geldbuße erkannt. Sind mehrere Gesetzesvorschriften verletzt (ist nicht nur dieselbe Vorschrift mehrfach verletzt), so wird die Strafe oder Geldbuße der Vorschrift entnommen, die die schwerste Strafe oder die höchste Geldbuße androht (s. § 52 II StGB; § 19 II OWiG).

Werden mehrere Gesetzesvorschriften durch eine *Mehrheit* von Handlungen oder Taten verletzt (die gleichzeitig abgeurteilt werden), so wird eine Gesamtstrafe gebildet (§ 53 StGB), und zwar durch Erhöhung der verwirkten höchsten Strafe (§ 54 StGB). Zum Ordnungswidrigkeitenrecht s. § 20 OWiG.

Von den Fällen der Verletzung mehrerer Gesetzesvorschriften sind die Fälle zu unterscheiden, in denen *nur scheinbar* mehrere Gesetzesvorschriften verletzt sind, weil diese Vorschriften zueinander im Verhältnis der Gesetzeskonkurrenz oder Gesetzeseinheit stehen. Zu unterscheiden sind: *Spezialität, Subsidiarität* und *Konsumtion.* Diese Fälle sind i. d. R. solche scheinbarer Handlungseinheit. Daneben spielen im Bereich der (scheinbaren) Handlungsmehrheit die *mitbestrafte Vortat* und die *mitbestrafte Nachtat* eine Rolle.

Die Subsidiarität ist mitunter ausdrücklich angeordnet (s. etwa §§ 379 IV; 380 II; 381 II; 382 III AO).

Ist eine Handlung gleichzeitig Straftat und Ordnungswidrigkeit, so wird nur das Strafgesetz angewendet (§ 21 I OWiG).

Berücksichtigung des milderen Gesetzes: § 2 III, IV 1 StGB bestimmt: „Wird das Gesetz, das bei Beendigung der Tat gilt, vor der Entscheidung geändert, so ist das *mildeste Gesetz* anzuwenden. Ein Gesetz, das nur für eine bestimmte Zeit gelten soll, ist auf Taten, die während seiner Geltung begangen sind, auch dann anzuwenden, wenn es außer Kraft getreten ist." Unproblematisch ist der Fall, daß etwa § 370 AO selbst eine mildere Fassung erhält, was Tatbestand oder Rechtsfolge betrifft. Da die Steuerstrafvorschriften, insb. auch § 370 AO, indessen Blankettvorschriften sind, die durch das *Steuer*recht ausgefüllt werden müssen, fragt es sich, ob § 2 III StGB auch anzuwenden ist, wenn das einschlägige Steuerrecht „gemildert" wird, oder ob die Steuergesetze Zeitgesetze i. S. des § 2 IV StGB sind. Diese Frage ist in den Parteispendenfällen akut geworden.

§ 25 Allgemeines Steuerstraf- und Ordnungswidrigkeitenrecht

Innerhalb der Steuergesetze ist zu unterscheiden zwischen Fiskalzwecknormen und Sozialzwecknormen (s. S. 19 ff.). *Fiskalzwecknormen* pflegen nicht terminiert zu werden, sie sind im strengen Sinne auch nicht zeitbedingt, sondern auf Dauer am Leistungsfähigkeitsprinzip zu orientieren. Jedoch hat der Gesetzgeber einen erheblichen Beurteilungsspielraum. Wird der Inhalt von Fiskalzwecknormen ab einem bestimmten Jahr in der Weise geändert, daß sich eine niedrigere Steuer ergibt, so soll das nicht ausdrücken, daß der Unrechtsgehalt eines Verstoßes gegen die alte Norm (vor ihrer Änderung) in einem milderen Licht zu sehen wäre; vielmehr braucht die verletzte alte Norm für die Zeit ihrer Geltung den vollen strafrechtlichen Schutz. Das ist anders als in Fällen, in denen der Gesetzgeber die Strafe für ein Sexualdelikt herabsetzt, weil sich in der Gesellschaft eine andere Bewertung durchgesetzt hat. § 2 III StGB trifft daher seinem *Zweck* nach auf die Fiskalzwecknormen nicht zu. Erst recht trifft die Vorschrift auf *Sozialzwecknormen,* wie etwa § 10 b EStG, nicht zu; denn diese Normen sind Zweckmäßigkeitsnormen, die jederzeit geändert oder aufgehoben werden können und mit deren Änderung oder Aufhebung jederzeit gerechnet werden muß[13].

---

13 Die Frage wird allerdings unterschiedlich beurteilt. Wie hier im Ergebnis *Kunert,* NStZ 82, 276 ff.; *Samson,* wistra 83, 235 ff.; *Bergmann,* NJW 86, 233; LG Hamb. DStZ 86, 407 = NJW 86, 1885. A. A. *Felix,* KÖSDI 84, 5637 ff.; *Tiedemann,* Die gesetzliche Milderung im Steuerstrafrecht, Köln 1985; *Flämig,* Steuerrecht als Dauerrecht, Baden-Baden 1985.

§ 26 Die einzelnen Steuerstraftaten

1. Steuerhinterziehung (§ 370 AO)[1]

1.1 Die Steuerhinterziehung (§ 370 AO) ist das **Zentraldelikt** des Steuerstrafrechts; die anderen Vorschriften ergänzen und vervollständigen den Rechtsgutschutz des § 370 AO.

Die Steuerhinterziehung ist ein Spezialfall des Betruges (§ 263 StGB).

Geschütztes Rechtsgut (= von der Norm geschützter Wert): Nach BGH-Rechtsprechung und h. M.: das öffentliche Interesse am vollständigen und rechtzeitigen Aufkommen der einzelnen Steuern. Eigene Meinung: Geschütztes Rechtsgut ist das öffentliche Interesse am vollständigen Aufkommen der einzelnen Steuern; dies jedoch nur insoweit, als der Steueranspruch beeinträchtigt wird durch Verletzung von Sachaufklärungspflichten (s. § 370 I Nrn. 1, 2 AO) oder durch die Verletzung der Pflicht zur Verwendung von Steuerzeichen oder Steuerstemplern (§ 370 I Nr. 3 AO). Was unter vollständigem Aufkommen zu verstehen ist, wird durch § 370 IV 3 AO mitbestimmt.

1.2 Verkürzen von Steuern

1. § 370 I AO setzt eine bestimmte **Tathandlung** voraus. Sie kann darin bestehen, daß jemand

a) den Finanzbehörden oder anderen Behörden über steuerlich erhebliche *Tatsachen* unrichtige oder unvollständige Angaben macht (aktives Handeln)[2];

andere Behörden sind einbezogen worden, weil für Entscheidungen von steuerlicher Erheblichkeit (für steuerliche Vorfragen-Entscheidungen) auch andere Behörden als Finanzbehörden zuständig sein können (Beispiel: Wohnungsbehörde nach § 83 I 2. WoBauG);

b) die Finanzbehörden pflichtwidrig (= unter Verletzung gesetzlicher Pflichten) über steuerlich erhebliche *Tatsachen* in Unkenntnis läßt (Unterlassen); dem In-Unkenntnis-Lassen ist das verspätete In-Kenntnis-Setzen gleichgestellt (so daß die Steuer „nicht rechtzeitig" festgesetzt wird);

zu a, b: Welche Angaben zu machen sind, ergibt sich aus den Vorschriften über das Besteuerungsverfahren. In der Praxis spielen als Verkürzungshandlungen eine wesentliche Rolle: Nichtanmeldung von Gewerbebetrieben, Nichtabgabe von Steuererklärungen oder Steueranmeldungen, Abgabe unrichtiger Steuererklärungen oder Steueranmeldungen, verspätete Abgabe von Steueranmeldungen, unrichtige Auskünfte, Vorlage unrichtiger Bücher oder Aufzeichnungen. *Rechtsauffassungen sind keine Tatsachen.* Da Steuererklärungen nicht nur Tatsachenangaben enthalten, sondern ihnen auch Rechtsauffassungen zugrunde liegen, ist jeweils zu ermitteln, ob die Angabe unrichtiger oder unvollständiger Tatsachen oder ein Rechtsirrtum ursächlich für eine unzutreffende Steuererklärung ist.

---

1 Dazu *Carola Seckel*, Die Steuerhinterziehung, Lübeck 1978; *A. Paufler*, Die Steuerhinterziehung, Diss. rer. pol. Duisburg, Stuttgart 1983; *V. Schneider*, Die historische Entwicklung des Straftatbestandes der Steuerhinterziehung, Diss. Köln 1987; *Chr. Suhr*, Rechtsgut der Steuerhinterziehung und Steuerverkürzung im Festsetzungsverfahren, Diss. Kiel, Frankfurt/Main u. a. 1989.
2 Dazu *B. Hilgers*, Täuschung und/oder Unkenntnis der Finanzbehörde – notwendige Voraussetzung der Strafbarkeit wegen Steuerhinterziehung?, Diss. Köln 1985.

Gibt der Lohnsteuerentrichtungspflichtige die Lohnsteuervoranmeldung rechtzeitig und richtig ab, führt er den angemeldeten Betrag aber nicht rechtzeitig ab, so sind die Tathandlungen des § 370 I Nrn. 1, 2 AO nicht gegeben (s. aber den Ordnungswidrigkeiten-Sondertatbestand des § 380 I AO); desgleichen nicht, wenn ein Umsatzsteuerpflichtiger die Umsatzsteuervoranmeldung rechtzeitig und richtig abgibt, den vorangemeldeten Betrag aber nicht abführt.

(Versuchte) *Steuerumgehung* (§ 42 AO) kann nur dann als Steuerverkürzung bestraft werden, wenn der Täter der Finanzbehörde pflichtwidrig Tatsachen verschweigt, die die Finanzbehörde in Stand gesetzt hätten, eine Steuerumgehung anzunehmen und die Steuer höher festzusetzen[3];

c) pflichtwidrig die Verwendung von Steuerzeichen oder Steuerstemplern unterläßt (betr. insb. Wechselsteuer- und Börsenumsatzsteuermarken).

Solche Tathandlungen (a–c) kann man als *steuerunehrliche* Handlungen bezeichnen.

2. Aus dem Passus „wer ... für sich oder einen anderen" ergibt sich, daß *Täter jedermann* sein kann; nicht etwa nur Steuerschuldner, sondern insb. auch gesetzliche Vertreter oder Angestellte des Steuerschuldners (etwa Prokuristen, Buchhalter) sowie Angehörige steuerberatender Berufe können Steuerhinterziehung begehen[4].

Der Steuerberater ist allerdings Vertrauensperson des Steuerpflichtigen, nicht des Finanzamtes. Er braucht seinem Mandanten nicht von vornherein mit Mißtrauen zu begegnen. Er ist nicht verpflichtet, ihm bekannt werdende frühere Verfehlungen seines Mandanten anzuzeigen. Zweifeln, die den Mandatszeitraum betreffen, muß er nachgehen. Gelingt es ihm nicht, seinen Mandanten vom Weg des Gesetzesverstoßes abzubringen, so muß er das Mandat niederlegen[5].

Für die Sachaufklärung zuständige Steuerbeamte können nicht (mehr) Täter sein, da sie die Tatbestände des § 370 I Nrn. 1–3 AO nicht erfüllen können; insoweit läuft § 370 III Nr. 2 AO leer[6].

3. Die Tathandlung muß **kausal** werden für einen bestimmten **Taterfolg,** nämlich dafür, daß Steuern verkürzt oder nicht gerechtfertigte Steuervorteile erlangt werden. Die Tathandlung ist für den Taterfolg nicht kausal, wenn die Finanzbehörde den wahren Sachverhalt kannte. Tritt der Taterfolg nicht ein, kann allenfalls eine *versuchte* Tat vorliegen (s. S. 778 f.).

Steuerverkürzung liegt vor, wenn geschuldete, fällige Steuern *nicht, nicht in voller Höhe* oder *nicht rechtzeitig*[7] (s. § 370 IV 1 AO) abgeführt werden, so daß das vollständige, rechtzeitige Steueraufkommen vereitelt wird. – Voraussetzung ist, daß ein konkreter Steueranspruch besteht und die Steuer fällig ist. Verkürzung von Steuern besteht in Verkürzung von Steuereinnahmen oder Steuerbeträgen. Da der Anspruch sich aus dem Gesetz ergibt, kann der Anspruch selbst nicht verkürzt werden.

Bei *Fälligkeitssteuern* – das sind Steuern, bei denen die Fälligkeit kraft Gesetzes eintritt (Beispiele: Lohnsteuer, Kapitalertragsteuer, Vorauszahlungen auf Veranlagungs-

---

3 Dazu *Tipke,* StbJb. 1972/73, 520 ff.
4 Dazu *Blumers,* Steuerberatung und Strafrecht, StbJb. 1983/84, 319 ff.; *Streck,* Der Steuerhinterzieher als Mandant, Deutscher Steuerberatertag 1984, Protokoll, 109 ff.; *Schlüchter,* Steuerberatung im strafrechtlichen Risiko?, Köln 1986.
5 Zur strafrechtlichen Verantwortlichkeit des steuerlichen Beraters *Danzer,* in: Kohlmann (Hrsg.), Strafverfolgung und Strafverteidigung im Steuerstrafrecht, DStJG Bd. 6 (1983), 67 ff.; *Streck,* Strafbedrohte Steuerberatung, StbKongrRep. 1981, 163 ff.; *ders.,* Der Steuerhinterzieher als Mandant, BB 84, 2205.
6 Dazu *Giemulla,* Die Strafbarkeit des Steuerbeamten wegen Steuerhinterziehung nach der AO 77, Diss. Köln 1979.
7 Dazu *Bilsdorfer,* Die Steuerverkürzung auf Zeit, DStJG Bd. 6 (1983), 155 ff.

steuern) – tritt die Verkürzung ein, wenn der Steuerschuldner die Steuer zum gesetzlichen Fälligkeitstermin nicht oder nicht voll entrichtet, vorausgesetzt, daß er den geschuldeten Steuerbetrag auch nicht angemeldet hat.

Für *Veranlagungssteuern* – das sind Steuern, die durch förmlichen Steuerbescheid festgesetzt werden – ergibt sich aus § 370 IV 1 AO eine Sonderregel („namentlich"). Die Verkürzung tritt dadurch ein, daß die Steuer nicht, nicht in voller Höhe oder nicht rechtzeitig *festgesetzt* wird; dies gilt auch dann, wenn die Steuer vorläufig oder unter Vorbehalt der Nachprüfung festgesetzt wird oder eine Steueranmeldung einer Steuerfestsetzung unter Vorbehalt der Nachprüfung gleichsteht. Unter Festsetzung versteht die h. M. die Bekanntgabe des Steuerbescheids.

Wird, etwa weil keine Steuererklärung abgegeben wird und das Finanzamt von dem Steueranspruch nichts erfährt, keine Steuer festgesetzt, so wird der Verkürzungszeitpunkt nach dem hypothetischen Verlauf des Veranlagungsverfahrens bestimmt und darauf abgestellt, wann das Finanzamt nach dem Gang der Veranlagungsarbeiten die Steuer festgesetzt hätte, wenn es von dem Steueranspruch gewußt hätte. Dabei wird zugunsten des Steuerpflichtigen davon ausgegangen, daß sein Fall zuletzt bearbeitet worden wäre. Die Verkürzung tritt danach erst mit Abschluß der Veranlagungsarbeiten für den Veranlagungszeitraum ein, in dem der Anspruch zu erfassen ist. Das gleiche ist bei verspäteter Abgabe der Steuererklärung für die Beurteilung der Frage anzunehmen, ob die Festsetzung verspätet ist.

Es kommt für die Beurteilung einer Verkürzung auf den einzelnen Veranlagungsabschnitt an.

Die Verkürzung der Steuer kann auch noch *nach* der Steuerfestsetzung eintreten, nämlich durch Handlungen, die bewirken, daß die Beitreibung der Steuer verzögert oder verhindert wird.

Beispiel: Der Steuerpflichtige täuscht Zahlungsunfähigkeit vor und erreicht Stundung oder einstweilige Einstellung der Vollstreckung.

Die Höhe der Verkürzung muß genau festgestellt werden, da sie die Strafzumessung beeinflußt (s. § 46 StGB). Schätzungen sind nicht unzulässig; jedoch darf abweichend von § 162 AO nur der Minderbetrag zugrunde gelegt werden, der mit an Sicherheit grenzender Wahrscheinlichkeit verkürzt worden ist (in dubio minus)[8]. Bei Verkürzung lediglich durch verspätete Steuerfestsetzung ist die Strafe angemessen zu ermäßigen[9].

Durch die Verkürzung braucht dem Fiskus kein Schaden zu entstehen. Nach § 370 IV 3 AO ist es ohne Bedeutung, wenn die Steuer, die sonst (ohne Verkürzungshandlung) festgesetzt worden wäre, aus anderen Gründen hätte ermäßigt werden müssen (*Kompensationsverbot*). Dadurch soll – im Interesse der Verwaltungsvereinfachung – vermieden werden, daß der gesamte Steuerfall aufgerollt werden müßte (rechtsstaatlich bedenklich, da falsche Güterabwägung, wenn Verfahrensbequemlichkeit über Gerechtigkeit gestellt wird; eine Gefährdungstat oder ein Versuchsfall wird zum vollendeten Delikt der Steuerhinterziehung gestempelt!)[10]. Die Rechtsprechung interpretiert § 370 IV 3 AO freilich einschränkend: Das Kompensationsverbot wird nicht angewendet, wenn die Steuer bereits aufgrund der ursprünglichen Angaben rechtlich zu ermäßigen gewesen wäre (Beispiele: Freibetrag ist nicht angesetzt worden; Ver-

---

[8] Dazu *Spiegel,* Schätzung im Steuerstrafverfahren, wistra 87, 48.
[9] S. Fn. 7.
[10] Dazu *Meine,* Das Vorteilsausgleichsverbot in § 370 IV 3 AO 1977, Köln 1984; *ders.,* wistra 82, 129 ff.; 85, 9; 88, 13; *Bilsdorfer,* DStZ 83, 447.

§ 26 Die einzelnen Steuerstraftaten

lustabzug ist unterlassen worden, Tabelle ist falsch angewendet worden). Es empfiehlt sich, dazu die Kommentare heranzuziehen[11].

1.3 Erlangen nicht gerechtfertigter Steuervorteile

Erlangen eines nicht gerechtfertigten *Steuervorteils*[12] – durch eine der oben (s. S. 775f.) genannten Tathandlungen – erfaßt, da besonders neben der Steuerverkürzung genannt, Sachverhalte, die sich nicht als Steuerverkürzung darstellen (obwohl begrifflich auch die Steuerverkürzung das Erschleichen eines Steuervorteils darstellt).

Beispiele: Erschleichen von Stundung, Zahlungsaufschub, Billigkeitserlaß, Aussetzung der Vollziehung, Erschleichen einer Steuervergütung (die dem Steuervorteil gleichgestellt ist, § 370 IV 2 AO), Eintragung eines Freibetrages auf der Lohnsteuerkarte.

Es muß sich um einen *ungerechtfertigten* Steuervorteil handeln. Das trifft zu, wenn das Finanzamt bei Kenntnis der wahren Tatsachen den Steuervorteil nach dem Gesetz nicht gewährt oder belassen haben würde. Die Steuervorteile muß der Täter für sich oder einen anderen erstreben. Ein ungerechtfertigter Steuervorteil ist auch erlangt, wenn der Steuervorteil aus anderen Gründen hätte beansprucht werden können (§ 370 IV 3 AO). Siehe auch *Patzelt,* Ungerechtfertigte Steuervorteile und Verlustabzug im Steuerstrafrecht, Vollendung und Verjährungsbeginn bei der Steuerhinterziehung, Diss. Köln 1990.

1.4 Verkürzung von EG- oder EFTA-Eingangsabgaben

Steuerhinterziehung liegt auch vor, wenn sich die Tat auf Eingangsabgaben (Zölle, Verbrauchsteuern, Einfuhrumsatzsteuer) bezieht, die von einem anderen *Mitgliedsstaat der Europäischen Gemeinschaften* verwaltet werden oder die einem *Mitgliedsstaat der Europäischen Freihandelsassoziation* oder einem mit dieser assoziierten Staat zustehen (s. § 370 VI AO).

1.5 Vorsatz

Der Tatbestand des § 370 AO muß schuldhaft-*vorsätzlich* (dazu S. 770) erfüllt werden (§ 369 II AO i. V. mit § 15 StGB). Fahrlässigkeit genügt nicht[13].
Über Schuldhaftigkeit, Vorsatz und Irrtum s. S. 770f.

1.6 Versuch

Der *Versuch* der Steuerhinterziehung ist strafbar (§ 370 II AO).

Dem strafbaren Versuch geht die nicht strafbare *Vorbereitungshandlung* voraus. Vorbereitungshandlungen sind z. B.: Ausstellen unrichtiger Belege (s. aber § 379 I Nr. 1 AO), Falschbuchungen, Aufstellen falscher Bilanzen oder falscher GuV-Rechnungen, unrichtiges Ausfüllen des Steuererklärungsvordrucks; in diesen Fällen liegt noch kein Versuch (= teilweise realisierte

---

11 S. auch *Rainer,* in: Streck (Hrsg.), Steuerkontrolle Folge 2, Köln 1984, 137ff.
12 Dazu *Fuhrhop,* Der Steuervorteilsbegriff i. S. des § 370 AO. Eine Abgrenzung zu dem Begriff des Vermögensvorteils i. S. des § 263 StGB und dem Begriff der Subvention i. S. des § 264 StGB, Diss. Kiel, München 1979.
13 Dazu *Frick,* DStJG Bd. 6 (1983), 27ff.

Tat, s. § 22 StGB) vor, weil noch nicht unmittelbar zu den Handlungen/Unterlassungen nach § 370 I Nrn. 1, 2 AO angesetzt worden ist.

1.7 Strafe; Strafbefreiung durch Selbstanzeige[14]

Strafe für Steuerhinterziehung: Freiheitsstrafe bis zu fünf Jahren oder Geldstrafe (§ 370 I AO). Für besonders schwere Fälle, aufgezählt in § 370 III AO, ist Freiheitsstrafe von sechs Monaten bis zu zehn Jahren vorgesehen. Zur Bemessung der Strafe s. §§ 39–40 StGB; s. ferner §§ 47, 56 StGB.

Aus § 40 StGB ergibt sich, daß die Geldstrafe zwischen 10 DM und 3,6 Millionen DM betragen kann.

Ein persönlicher Strafaufhebungsgrund ist die **Selbstanzeige,** die Steuerhinterzieher nach § 371 AO abgeben können.

§ 371 AO ist insofern singulär, als er Straffreiheit bei *vollendeter* Tat verschafft, während § 24 StGB nur den strafbefreienden Rücktritt vom Versuch kennt. Der schon entstandene Strafanspruch wird durch eine gesetzesgerechte Selbstanzeige rückwirkend beseitigt („wird straffrei").

Dem § 371 AO liegt folgende Erwägung zugrunde: Es sollen durch Anreiz zur Selbstanzeige durch die Tat verborgene, verheimlichte Steuerquellen möglichst erschlossen und so das Steueraufkommen vermehrt werden. Ein Stück strafrechtlicher Gerechtigkeit wird geopfert, weil man davon ausgeht, daß die verborgenen, verheimlichten Steuerquellen ohne die Selbstanzeige doch nicht aufgedeckt würden und es nicht zur Bestrafung gekommen wäre. § 371 AO ist nicht verfassungswidrig[15].

Freiwillige Selbstanzeigen sind allerdings selten. Meist kommt es zur Selbstanzeige, wenn der Täter konkret die Entdeckung der Tat befürchtet, etwa wegen bevorstehender Außenprüfung oder Gefahr der Fremdanzeige, wegen Differenzen mit Angestellten oder Geschäftsfreunden. Nicht selten legen Steuerberater dem Mandanten die Selbstanzeige nahe, oder sie machen die Mandatsübernahme davon abhängig, daß der Steuerpflichtige frühere Verfehlungen durch Selbstanzeige bereinigt.

Selbstanzeige*handlung:* Berichtigung unrichtiger, Ergänzung unvollständiger, Nachholung unterlassener Angaben bei der Finanzbehörde. Die Selbstanzeige darf keine neuen Unrichtigkeiten oder Lücken enthalten. Kann der Steuerpflichtige mangels Aufzeichnungen keine exakten Angaben machen, so muß er alles in seinen Kräften Stehende tun, eine Schätzung zu ermöglichen. Eine bestimmte Form ist nicht vorgeschrieben, der Gebrauch des Wortes „Selbstanzeige" nicht erforderlich. Auch konkludente Selbstanzeige ist möglich.

So kann Selbstanzeige liegen in Abgabe der Steuererklärung, wenn der Steuerfall dem Finanzamt bisher nicht bekannt war, in Abgabe richtiger USt-Jahreserklärung nach Abgabe falscher Voranmeldungen; sie kann nicht liegen in Antrag auf Außenprüfung oder in stillschweigender Steuernachzahlung.

---

14 Dazu *Pfaff,* Kommentar zur steuerlichen Selbstanzeige, Berlin 1977; *Kratzsch,* Die Schwierigkeiten im Umgang mit der Selbstanzeige, DStJG Bd. 6 (1983), 283 ff.; *Holper,* Die steuerrechtliche Selbstanzeige – Ein Sonderfall des Rücktritts vom vollendeten Delikt, Diss. Würzburg 1981; *Streck,* Die Selbstanzeige – Recht und Praxis, in: Felix (Hrsg.), Steuerkontrolle Folge 1, Köln 1982, 125 ff.; ders., DStR 85, 9 ff.; *Bilsdorfer,* Aktuelle Probleme der Selbstanzeige, wistra 84, 93, 131; *Stahl,* Praxis der Selbstanzeige, KÖSDI 86, 6485 ff.; *Schick,* Außenprüfung und strafrechtliche Selbstanzeige, in: FS für v. Wallis, Bonn 1985, 477 ff.; *Hoffschmidt,* Über die Rechtfertigung der strafbefreienden Selbstanzeige im Steuerstrafrecht (§ 371 AO), Diss. Bielefeld 1988.
15 *Zöbeley,* DStZ 84, 198 f.; s. auch BGH wistra 83, 197; BVerfG wistra 83, 251.

§ 26 Die einzelnen Steuerstraftaten

Selbstanzeiger kann jeder sein, der sich als Täter oder Teilnehmer der Steuerhinterziehung schuldig gemacht hat. Selbstanzeige durch Bevollmächtigten (insb. Steuerberater) ist zulässig.

Negative Voraussetzungen: Die Selbstanzeige braucht *nicht* freiwillig zu erfolgen. Straffreiheit tritt aber in folgenden Fällen nicht ein:

a) wenn vor Abgabe der Selbstanzeige ein *Amtsträger* der Finanzbehörde zur steuerlichen Prüfung oder zur Ermittlung einer Steuerstraftat oder einer Steuerordnungswidrigkeit *erschienen* ist (§ 371 II Nr. 1 a AO);

Der Täter soll nicht in der Lage sein, sich mit der Selbstanzeige an den Feststellungen des Prüfers zu orientieren (um danach vor Einleitung des Strafverfahrens sich selbst anzuzeigen); zum Amtsträgerbegriff s. § 7 AO (vor allem Außenprüfer, Steuerfahnder sind Amtsträger); Erscheinen zu einer echten Prüfung ist erforderlich; Prüfungsankündigung genügt nicht, Erscheinen zur Vornahme von Scheinhandlungen ebenfalls nicht; Sperrwirkung wird begrenzt durch Kompetenz der Behörde und des Prüfers im allgemeinen und durch Umfang der Prüfungsanordnung;

nach Abschluß der Prüfung (Absenden der Berichtigungsveranlagung) *lebt Selbstanzeigemöglichkeit wieder auf;* maßgeblich für den Umfang der Sperrwirkung ist der Inhalt des Bekanntgegebenen;

b) wenn vor Abgabe der Selbstanzeige dem Täter oder seinem Vertreter die *Einleitung eines Straf- oder Bußgeldverfahrens* wegen der Tat *bekanntgegeben* worden ist (§ 371 II Nr. 1 b AO);

zur Einleitung des Strafverfahrens s. § 397 AO (auch durch schlüssiges Handeln, wie Beschlagnahme, Durchsuchung); nach Einstellung des Verfahrens lebt Selbstanzeigemöglichkeit wieder auf;

c) wenn die *Tat* im Zeitpunkt der Selbstanzeige ganz oder zum Teil bereits *entdeckt*[16] war und der Täter dies *wußte* oder bei verständiger Würdigung der Sachlage damit rechnen mußte (§ 371 II Nr. 2 AO);

in Betracht kommt nicht nur Behördenentdeckung, sondern auch Entdeckung durch andere, die Anzeige erstatten könnten (gilt nicht für Angehörige und Personen des Vertrauens, die keine Anzeige zu erstatten pflegen). Der Täter muß bei verständiger Würdigung mit Tatentdeckung rechnen, wenn der Tatverdacht sich soweit konkretisiert hat, daß eine Verurteilung wahrscheinlich ist (BGH NStZ 83, 415).

Weitere Voraussetzung der Straffreiheit ist, daß der Täter die geschuldete verkürzte Steuer nach ihrer Festsetzung innerhalb der ihm (vom Finanzamt nach dessen Ermessen) bestimmten Frist entrichtet (§ 371 III AO). In der Praxis wird auch Entrichtung durch einen Dritten zugelassen. Bei Versäumung der Frist ist Wiedereinsetzung in den vorigen Stand nicht möglich. Über die Steuerzahlung hinaus sind Zinsen zu zahlen (§ 235 AO). Über § 371 III AO hinaus sind weitere Auflagen nicht zulässig.

Selbstanzeige kann Dritten zugute kommen (s. § 371 IV AO).

Exkurs: Zinssteuer-Amnestiegesetz

Literatur: *Krabbe,* Änderungen des Steuerverfahrensrechts durch das Steuerreformgesetz 1990, B 88, 1668 ff.; *Lang,* Das Zinssteueramnestiegesetz, FR 89, 349 ff.; *Unvericht,* Die Begünstigung steuerunehrlichen Verhaltens durch Art. 17 des StRefG 1990, B 88, 2327 ff.; *Gies/Wittmann,* Die Einbeziehung der steuerehrlichen Bürger in den Anwendungsbereich des Amnestiegesetzes – zugleich ein Beitrag zur Verfassungsmäßigkeit, Systematik und Reichweite dieses Gesetzes, BB 89, 330 ff.; *Neckels,* Strafbefreiende Erklärung und Bankgeheimnis, DStZ 89, 8 ff., 65 ff., 90 ff.; *Schünemann,* Die Zinssteueramnestie – Totgeburt oder Schlußstein der Steuerre-

---

16 BGH wistra 85, 74.

form?, StVj 89, 3; *Tipke,* Die rechtliche Misere der Zinsbesteuerung, BB 89, 157 ff.; *Keßler,* Zum Nutzen von Steueramnestien, FR 90, 273 ff.

Begünstigt durch den sog. Bankenerlaß (s. S. 692 f.) ist in den letzten Jahrzehnten ein wesentlicher Teil der Einkommensteuer auf Zinseinkünfte und der Vermögensteuer auf das zugrundeliegende Kapitalvermögen verkürzt worden. Um „den Weg in die Steuerehrlichkeit zu erleichtern" (BT-Drucks. 11/2157, 197 f.), hat der Gesetzgeber das Gesetz über die strafbefreiende Erklärung von Einkünften aus Kapitalvermögen und von Kapitalvermögen v. 25. 7. 1988, BGBl. I 88, 1093, 1128, – kurz: Zinssteuer-Amnestiegesetz (ZStAmnG) erlassen. Steuerehrlichkeit für 1986 und 1987, evtl. bis einschließlich 1989 vorausgesetzt, erklärt § 1 I, IV ZStAmnG vorsätzliche Steuerhinterzieher und leichtfertige Steuerverkürzer für die Zeit bis 1985 für straffrei/bußgeldfrei. Es handelt sich um eine an eine sog. strafbefreiende Erklärung geknüpfte Amnestie. Die Erklärung konnte bis zum 31. 12. 1990 abgegeben werden (§ 1 I 1 ZStAmnG). Bestehen für die Amnestie keine Hindernisse, so wird durch § 2 ZStAmnG gegenüber den Steuerverkürzern zugleich auf die verkürzte Steuer bis zum Jahre 1985 einschließlich verzichtet. Das gilt allerdings nicht gegenüber Erben (§ 2 I 3 ZStAmnG).

Sowohl in der Literatur als auch von der Rechtsprechung ist das Zinssteuer-Amnestiegesetz für verfassungswidrig gehalten worden. Das Bundesverfassungsgericht ist angerufen. Gegenüber § 1 ZStAmnG wird geltend gemacht: Eine Amnestie sei zulässig, wenn der Gesetzgeber einen Schlußstrich unter eine Vergangenheit ziehen wolle, in der das Rechtsbewußtsein erheblich gestört war. Ein solcher Schlußstrich sei aber gar nicht gezogen worden; vielmehr ermuntere § 30 a AO weiterhin zur Steuerverkürzung (s. S. 692 f.). Daher sei § 1 ZStAmnG verfassungswidrig. Als Annex zu § 1 ZStAmnG sei § 2 ZStAmnG es ebenfalls[17].

§ 2 ZStAmnG wird aber auch deshalb für verfassungswidrig gehalten, weil er ungerechtfertigt die Steuerunehrlichen durch Steuerverzicht begünstige und zugleich die Steuerehrlichen benachteilige[18].

2. Bannbruch (§ 372 AO)

Bannbruch begeht, wer vorsätzlich Gegenstände einem Verbot zuwider einführt, ausführt oder durchführt (zu diesen Begriffen s. § 4 II Nrn. 3–5 AWG), ohne sie der zuständigen Zollstelle ordnungsgemäß anzuzeigen (§ 372 I AO).

Die Aufnahme der Vorschrift in das Steuerstrafrecht erklärt sich daraus, daß die Einhaltung der erwähnten (aus Sicherheits- oder Gesundheitsgründen, zu wirtschafts- oder kulturpolitischen Zwecken erlassenen) Verbote i. d. R. von Zollbehörden überwacht wird (s. z. B. § 1 I, IV ZG; § 46 AWG).

Die Tat wird wie Steuerhinterziehung bestraft, wenn sie nicht in anderen Vorschriften als Zuwiderhandlung gegen ein Einfuhr-, Ausfuhr- oder Durchfuhrverbot besonders mit Strafe oder Geldbuße bedroht ist (§ 372 II AO): Fall der Subsidiarität. Erfaßt wird z. Zt. nur das Verbot aus § 3 BranntwMonG.

---

17 So insb. *Schünemann,* StVj 89, 3, 24 ff.
18 So insb. *Neckels,* DStZ 89, 90 ff.; *Tipke,* BB 89, 157 ff.; *Unvericht,* B 88, 2327 ff.; Literaturübersicht von *Klos,* wistra 89, 179; *Lang,* FR 89, 349; *Reiß,* wistra 89, 248; *Morsbach,* B 90, 69; s. auch *Tipke/*Kruse, AO [13], § 30 a AO Tz. 10; ZStAmnG Tz. 20–22.

§ 26 Die einzelnen Steuerstraftaten

3. Gewerbsmäßiger, gewaltsamer und bandenmäßiger Schmuggel (§ 373 AO)

§ 373 AO enthält keinen eigenständigen Tatbestand, sondern Strafverschärfungsgründe für den Fall, daß die Hinterziehung von Eingangsabgaben (§ 370 AO) oder Bannbruch (§ 372 I AO) unter erschwerenden Begleitumständen begangen wird. Erfaßt werden:

a) *Gewerbsmäßiger Schmuggel* = Gewerbsmäßige Hinterziehung von *Eingangs*abgaben oder gewerbsmäßiger *Bannbruch* (Abs. 1). § 373 AO schreibt *Strafschärfung* vor wegen der in der Wiederholungsabsicht sich ausdrückenden erhöhten Bereitschaft des Täters zu krimineller Betätigung und der damit verbundenen erhöhten Gefahr für das durch §§ 370, § 372 AO geschützte Rechtsgut.

Eingangsabgaben: Zölle, Abschöpfungen, Einfuhr-Umsatzsteuer; Verbrauchsteuern, soweit sie an die Einfuhr anknüpfen (Tabaksteuer, Kaffeesteuer, Teesteuer). Gewerbsmäßig handelt, wer sich durch wiederholte Begehung des Grunddelikts eine fortlaufende Einnahmequelle von (einiger) Dauer verschafft.

b) *Gewaltsamer Schmuggel* = Hinterziehung von Eingangsabgaben oder Bannbruch, bei denen der Täter oder ein anderer Tatbeteiligter eine Schußwaffe, eine Waffe oder sonst ein Werkzeug oder Mittel bei sich führt, um den Widerstand eines anderen durch Gewalt oder Drohung mit Gewalt zu verhindern oder zu überwinden (§ 373 II Nrn. 1, 2 AO). Das Gesetz ordnet eine Strafschärfung an wegen der erhöhten objektiven Gefährlichkeit des Mittels bzw. subjektiven Gefährlichkeit des Täters.

c) *Bandenmäßiger Schmuggel* = Ausführung der Tat als Mitglied einer Bande, die sich zur fortgesetzten Begehung der Hinterziehung von Eingangsabgaben oder des Bannbruchs verbunden hat, unter Mitwirkung eines anderen Bandenmitglieds (§ 373 II Nr. 3 AO). Die Strafe wird erhöht, da das bandenmäßige Vorgehen der Tatausführung eine erhöhte Gefährlichkeit verleiht und in der gegenseitigen Verpflichtung der Bandenmitglieder sowie der organisierten Kriminalität eine gesteigerte Gefahr für die Allgemeinheit zu sehen ist.

4. Steuerhehlerei (§ 374 AO)

Steuerhehlerei begeht, wer vorsätzlich Erzeugnisse oder Waren, hinsichtlich deren Verbrauchsteuern oder Zoll (nicht Abschöpfung) hinterzogen oder Bannbruch (§§ 372 II; 373 AO) begangen worden ist, ankauft oder sonst sich oder einem Dritten verschafft, sie absetzt oder absetzen hilft, um sich oder einen Dritten zu bereichern.

Der Unrechtsgehalt, der erfaßt werden soll, liegt in der Aufrechterhaltung des durch die Vortat geschaffenen rechtswidrigen Vermögenszustands durch i. d. R. einverständliches Zusammenwirken mit dem Vortäter.

§ 27 Die einzelnen Steuerordnungswidrigkeiten

Die Einteilung in Straftaten und Ordnungswidrigkeiten sagt nur etwas über den *Grad* des Unwerts einer Handlung aus. Die Einteilung ist nicht zwingend. Einem erzliberalen Strafrechtler hat man übertreibend nachgesagt, er strebe danach, auch den Mord als bloße Ordnungswidrigkeit einzurangieren. In jedem Fall ist auch die Ordnungswidrigkeit vorwerfbare Unwert-Handlung oder Rechtsgutverletzung und nicht bloß Verletzung technischer Regeln.

1. Leichtfertige Steuerverkürzung (§ 378 AO)

§ 378 AO dient, wie § 370 AO, dem Schutz des öffentlichen Interesses am vollständigen Aufkommen aus der einzelnen Steuerart, jedoch abweichend von § 370 AO dem Schutz vor *leichtfertiger* Beeinträchtigung oder Verletzung. Wegen der minderen Tätergefährlichkeit hat der Gesetzgeber 1968 die leichtfertige Steuerverkürzung als bloßes Ordnungsunrecht eingestuft. Tathandlung und Taterfolg stimmen mit dem objektiven Tatbestand des § 370 AO überein. Jedoch sind Amtsträger und Auskunftspersonen aus dem möglichen Täterkreis ausdrücklich ausgeschieden (statt „wer": „wer als Steuerpflichtiger oder bei Wahrnehmung der Angelegenheiten eines Steuerpflichtigen...").

Der Begriff „Wahrnehmung der Angelegenheiten eines Steuerpflichtigen" wird weit ausgelegt: nicht nur Angehörige steuerberatender Berufe, Angestellte, u. U. auch Angehörige des Steuerpflichtigen. Soweit Steuerberatungs- oder Wirtschaftsprüfungsgesellschaften tätig geworden sind, sind Täter die für die Gesellschaft eigenverantwortlich handelnden Personen[1].

Leichtfertig = grob fahrlässig.
Zum Begriff der Fahrlässigkeit s. S. 771.

„Da die grobe Fahrlässigkeit keinen fest umrissenen Inhalt hat, kommt es für ihre Abgrenzung gegenüber der einfachen Fahrlässigkeit vornehmlich auf die Umstände des einzelnen Falles an und auf den Blickwinkel, aus dem die Schuld des Täters beurteilt wird. Dabei besteht die Gefahr, daß der Fachmann des Steuerrechts zu strenge, der Laie zu milde Maßstäbe anlegt. Anhaltspunkte ergeben sich aus einem Vergleich des konkreten Verhaltens eines bestimmten Täters mit dem Verhalten, das unter gleichen Umständen andere Steuerpflichtige mit etwa gleicher Vorbildung, Ausbildung, betriebswirtschaftlicher und steuerrechtlicher Berufserfahrung an den Tag legen. Von besonderem Gewicht sind diejenigen Erfahrungen, die der Steuerpflichtige aus vorausgegangenen Hinweisen und Belehrungen durch steuerliche Berater oder aus früheren Beanstandungen seiner Buchführung, Gewinnermittlung und seiner Steuererklärungen durch die Veranlagungsstelle oder den Betriebsprüfer des Finanzamts gewonnen hat. Ist eine fehlerhafte Verfahrensweise - etwa in einem besonderen Schreiben oder Bp-Bericht - ausdrücklich beanstandet worden, ohne daß der Steuerpflichtige in der Folgezeit die gegebenen Lehren beachtet hat, wird i. d. R. mindestens Leichtfertigkeit, vielfach sogar bedingter oder unbedingter Vorsatz vorliegen[2]."

Nicht selten wird die Tat nach § 378 AO geahndet, wenn zwar ein erheblicher, aber kein hinreichend zu erhärtender Vorsatz-Verdacht besteht. In zahlreichen Fällen gelingt es nicht, den geltend gemachten Tatbestandsirrtum hinreichend auszuräumen.

Die Abgabenordnung schreibt nicht vor, daß steuerrechtliche Laien sich einen Steuerberater nehmen *müssen* (s. § 80 I 1 AO: „kann"). Jedoch nehmen die Strafgerichte bei Laien eine

---

1 Zur strafrechtlichen Verantwortlichkeit des steuerlichen Beraters *Danzer*, in: Kohlmann (Hrsg.), Strafverfolgung und Strafverteidigung im Steuerrecht, DStJG Bd. 6 (1983), 67 ff.; *Streck*, StbKongrRep. 1981, 163 ff.; *ders.*, BB 84, 2205.
2 So *Franzen/Gast/Samson*, Steuerstrafrecht[3], München 1985, § 378 AO Rn. 31; s. auch *Frick*, DStJG Bd. 6 (1983), 27 ff.

§ 27 Die einzelnen Steuerordnungswidrigkeiten

Informationspflicht an. Zur gewissenhaften Steuerberatung (s. § 57 I StBerG) gehört, daß Steuerberater sich in von ihnen behandelten Fällen nicht nur über den Gesetzeswortlaut, sondern auch über das durch BFH-Rechtsprechung und Richtlinien konkretisierte Recht informieren[3].

Ahndung: Geldbuße bis 100 000 DM, § 378 II AO; s. aber auch § 17 OWiG. § 378 AO geht §§ 379–382 AO vor.

Selbstanzeige (§ 378 III AO): Eine Geldbuße wegen leichtfertiger Steuerverkürzung wird nicht festgesetzt, soweit der Täter unrichtige oder unvollständige Angaben bei der Finanzbehörde berichtigt oder ergänzt oder unterlassene Angaben nachholt, bevor ihm oder seinem Vertreter die Einleitung eines Straf- oder Bußgeldverfahrens wegen der Tat bekanntgegeben worden ist. § 371 III, IV AO gilt entsprechend. Vgl. daher S. 779 f.

2. Steuergefährdungen (§§ 379–382 AO)

§§ 379–382 AO erfassen Verstöße, die das durch §§ 370, 378 AO geschützte Rechtsgut besonders gefährden, ohne daß eine Bestrafung oder Ahndung möglich wäre, weil es sich um Vorbereitungshandlungen handelt. Diese Vorbereitungshandlungen werden als Ordnungswidrigkeiten besonders geahndet.

2.1 Allgemeine Steuergefährdung (§ 379 AO)

§ 379 AO erfaßt in mehreren Tatbestandsalternativen *Vorbereitungshandlungen,* die es ermöglichen (d. h. abstrakt geeignet sind), eine Steuerverkürzung zu bewirken:

a) *Ausstellen unrichtiger Belege* (§ 379 I 1 Nr. 1 AO): Täter kann jeder sein, der für sich oder einen Dritten einen Beleg ausstellt, dessen Verwendung es ihm oder dem Dritten ermöglicht, eine Steuerverkürzung zu bewirken.

Beleg ist jedes (den Aussteller erkennen lassende) Schriftstück, das sich aufgrund seines Inhalts dazu eignet und dazu bestimmt ist, eine steuerlich erhebliche Tatsache zu beweisen. Es muß sich nicht um einen Buchführungsbeleg handeln. Unrichtig (in tatsächlicher Hinsicht) sind Belege, wenn die in ihnen enthaltene Aussage über Tatsachen falsch ist, sei es, daß der Sachverhalt sich anders, sei es, daß er sich überhaupt nicht zugetragen hat. Ausgestellt ist ein Beleg, wenn er in den Verfügungsbereich dessen gelangt, für den er bestimmt ist. Das geschieht mit dem Zugang. Eigenbelege sind ausgestellt, wenn sie in den Geschäftsgang gegeben werden.

b) *Verletzung von Buchführungs- oder Aufzeichnungspflichten* (§ 379 I 1 Nr. 2 AO): Es müssen nach Gesetz (i. S. von Rechtsnorm, also auch VO, s. § 4 AO) buchungs- und aufzeichnungspflichtige Geschäftsvorfälle oder Betriebsvorgänge nicht oder in tatsächlicher Hinsicht unrichtig verbucht werden. Täter ist auch, wer nicht oder unrichtig verbuchen *läßt*. Durch den Tatbestand des Nichtverbuchens werden vor allem die OR-Geschäfte erfaßt.

Geschäftsvorfälle betreffen den rechtsgeschäftlichen Leistungsverkehr mit Dritten. Betriebsvorgänge betreffen den innerbetrieblichen Werteflußsen.

---

3 Dazu näher *Tipke/Kruse,* AO[13], § 150 Tz. 6; *K. Hanßen,* Steuerhinterziehung und leichtfertige Steuerverkürzung (§§ 370, 378 AO) durch Abweichen von der höchstrichterlichen Finanzrechtsprechung, insb. durch Steuerberater?, Frankfurt/M. u. a. 1984; *Reitz,* DStR 84, 91 ff., nimmt an, ein Steuerberater, dem leichtfertig Fehler bei der Vorbereitung der Steuererklärung unterlaufen, könne nach § 378 I AO nicht belangt werden, wenn der Steuerpflichtige die Erklärung unterschreibe.

Steuergefährdungen

c) *Verletzung der Pflicht zur Mitteilung bestimmter Auslandstatbestände* (§ 379 II Nr. 1 AO). Vgl. dazu § 138 II AO.

d) *Kontenerrichtung auf falschem Namen* (§ 379 II Nr. 2 AO): Geahndet wird die Zuwiderhandlung gegen § 154 I AO, der die Nachprüfung der steuerlichen Verhältnisse erleichtern will.

Die Gefährdungstatbestände des § 379 AO können vorsätzlich oder leichtfertig erfüllt werden. § 379 AO ist subsidiär gegenüber §§ 370, 378 AO. Der Versuch ist nicht strafbar.

2.2 Gefährdung von Abzugsteuern (§ 380 AO)

Den Tatbestand verwirklicht, wer vorsätzlich oder leichtfertig seiner Verpflichtung, Steuerabzugsbeträge einzubehalten und abzuführen, nicht, nicht vollständig oder nicht rechtzeitig nachkommt (§ 380 I AO).

Abzugsteuern: Lohnsteuer, Kapitalertragsteuer, Aufsichtsratsteuer bei beschränkter Steuerpflicht.

§ 380 I AO trifft nur zu, wenn der Verpflichtete (insb. der Arbeitgeber) die nicht abgeführten Beträge rechtzeitig und vollständig angemeldet hat; andernfalls liegt Steuerverkürzung vor (§§ 370, 378 AO).

Das Einbehalten *und* Abführen ist eine Gesamtpflicht. Diese Pflicht verletzt auch, wer zwar einbehält, aber nicht abführt.

Der Versuch ist nicht strafbar.

Geldbuße bis zu 10 000 DM (§ 380 II AO; dazu § 17 OWiG). § 380 AO ist subsidiär gegenüber §§ 370, 378 AO (s. auch § 380 II AO).

2.3 Gefährdung von Verbrauchsteuern (§ 381 AO)

Den Tatbestand verwirklicht, wer vorsätzlich oder leichtfertig Vorschriften der Verbrauchsteuergesetze oder der dazu erlassenen Rechtsverordnungen

1. über die zur Vorbereitung, Sicherung oder Nachprüfung der Besteuerung auferlegten Pflichten,
2. über Verpackung und Kennzeichnung verbrauchsteuerpflichtiger Erzeugnisse oder Waren, die solche Erzeugnisse enthalten, oder über Verkehrs- oder Verwendungsbeschränkungen für solche Erzeugnisse oder Waren oder
3. über den Verbrauch unversteuerter Waren in den Freihäfen

zuwiderhandelt, soweit die Verbrauchsteuergesetze oder die dazu erlassenen Rechtsverordnungen für einen bestimmten Tatbestand auf diese Bußgeldvorschrift verweisen.

§ 381 AO ermöglicht es, Pflichtverletzungen zu ahnden, die noch keine Steuerverkürzung zur Folge haben (Vorbereitungshandlung) oder bei denen sich ein auf Steuerverkürzung gerichteter Schuldvorwurf nicht erweisen läßt.
Der Versuch ist nicht strafbar.

Geldbuße bis zu 10 000 DM (§ 381 II AO; dazu § 17 OWiG). – § 381 AO ist auf Verbrauchsteuereingangsabgaben nicht anzuwenden, soweit § 382 AO zutrifft; § 382 AO ist spezieller (s. § 382 II AO). § 381 AO ist subsidiär gegenüber §§ 370, 378 AO (s. auch § 381 II AO).

Vgl. im übrigen den Tatbestand des § 379 III AO.

2.4 Gefährdung von Eingangsabgaben (§ 382 AO)

Den Tatbestand verwirklicht, wer als Pflichtiger oder bei der Wahrnehmung der Angelegenheiten eines Pflichtigen vorsätzlich oder fahrlässig Vorschriften der Zollgesetze, der dazu erlassenen RechtsVOen oder der VOen des Rates oder der Kommission der Europäischen Gemeinschaften zuwiderhandelt, die

1. für die Erfassung des Warenverkehrs über die Grenze oder für die in §§ 9, 40a, 41 Zollgesetz genannten Arten der Zollbehandlung;
2. für die Zollfreigebiete, für den Zollgrenzbezirk oder für die der Grenzaufsicht unterworfenen Gebiete

gelten, soweit die Zollgesetze, dazu erlassene RechtsVOen oder RechtsVOen i. S. des § 382 IV AO für einen bestimmten Tatbestand auf diese Bußgeldvorschrift verweisen (§ 382 I AO).

Die Vorschrift ist auch anzuwenden, soweit die Zollgesetze und zugehörige RechtsVOen für Verbrauchsteuern sinngemäß gelten (§ 382 II AO).

§ 382 AO dient der Sicherung des zollamtlichen Warenverkehrs über die Grenze.

Der Versuch ist nicht strafbar.

Geldbuße bis zu 10 000 DM (§ 382 III AO; dazu § 17 OWiG). – § 382 AO ist Spezialvorschrift im Verhältnis zu § 381 AO; das ergibt sich aus § 382 AO, der alle Eingangsabgaben erfaßt, auch Verbrauchsteuereingangsabgaben. § 382 AO ist subsidiär gegenüber §§ 370, 378 AO (s. auch § 382 III AO).

Vgl. im übrigen den Tatbestand des § 379 III AO.

3. Unzulässiger Erwerb von Steuererstattungs- und Vergütungsansprüchen (§ 383 AO)

Den Tatbestand verwirklicht, wer entgegen § 46 IV 1 AO Erstattungs- oder Vergütungsansprüche erwirbt.

Der Versuch ist nicht strafbar.

Nur vorsätzliche Zuwiderhandlungen können geahndet werden (s. § 10 OWiG). – Geldbuße bis zu 100 000 DM (§ 383 II AO; § 17 OWiG).

§ 28 Steuerstraf- und Steuerordnungswidrigkeitsverfahren

1. Zum Steuerstrafverfahren

Nach § 385 I AO gelten für das Strafverfahren wegen Steuerstraftaten die allgemeinen Gesetze über das Strafverfahren, namentlich die Strafprozeßordnung (StPO, s. insb. §§ 158–171), das Gerichtsverfassungsgesetz (GVG) und das Jugendgerichtsgesetz (JGG); als Spezialvorschriften gehen aber die §§ 385 ff. AO vor.

1.1 Zuständigkeit zur Strafverfolgung

Grundsätzlich führt *die Finanzbehörde* selbständig die Ermittlungen (§ 386 I, II AO; s. auch §§ 1 Nrn. 2, 4; 2 I Nr. 3 FVG). Sie tritt aus Gründen der Verfahrensökonomie (BT-Drucks. IV/2476, 17 zu Art. 1) an die Stelle der Staatsanwaltschaft. Ausnahmsweise ist für die Ermittlungen die Staatsanwaltschaft zuständig (Umkehrschluß aus § 386 II AO; § 386 III, IV 1, 2 AO). Die Staatsanwaltschaft kann in den Fällen des § 386 IV 1, 2 AO im Einvernehmen mit der Finanzbehörde die Sache auch wieder an die Finanzbehörde abgeben (§ 386 IV 3 AO).

Welche von mehreren Finanzbehörden sachlich und örtlich zuständig ist, ergibt sich aus §§ 387–390 AO.

1.2 Einleitung des Strafverfahrens

Die Finanzbehörde (bzw. die Staatsanwaltschaft) ist zur Einleitung des Strafverfahrens *verpflichtet,* wenn sie – etwa durch Strafanzeige oder Strafantrag (dazu § 158 StPO), durch eigene (amtliche) Wahrnehmung, durch Mitteilung anderer Behörden oder auf andere Weise – Tatsachen erfährt, die den *Verdacht* einer Steuerstraftat rechtfertigen (§§ 386 I 1, 399 AO; §§ 152 II, 160 StPO).

Der Verdacht einer Straftat ist gegeben, wenn „zureichende tatsächliche Anhaltspunkte" für die Tat vorliegen (s. § 152 II StPO). Aus den tatsächlichen Anhaltspunkten muß mit einer gewissen (wenn auch zweifelhaften) Wahrscheinlichkeit auf eine Straftat geschlossen werden können. Sonst liegt eine bloße Vermutung vor; sie reicht zur Eröffnung eines Strafverfahrens nicht aus.

Das Strafverfahren ist eingeleitet, sobald die Finanzbehörde (evtl. Staatsanwaltschaft oder ihre Hilfsbeamten) eine Maßnahme (= jede Handlungsweise) getroffen hat, die erkennbar darauf abzielt, gegen jemanden wegen einer Steuerstraftat strafrechtlich vorzugehen (§ 397 I AO).

Der Übergang vom steuerrechtlichen zum strafrechtlichen Ermittlungsverfahren ist ein wichtiger Einschnitt[1]: Im Besteuerungsverfahren hat der Steuerpflichtige Mitwirkungspflichten, die mit Zwangsmitteln durchgesetzt werden können (§§ 328 ff. AO); im Strafverfahren braucht der Steuerpflichtige nicht bei seiner Überführung mitzuwirken (§§ 136 I 2; 163a III, IV StPO); Zwangsmittel dürfen nicht angewendet werden (§ 393 I AO)[2]. Der Betroffene wird quasi zum

---
1 Dazu *Streck,* Das Recht des Verhältnisses von Steuer- und Strafverfahren, in: Kohlmann (Hrsg.), Strafverfolgung und Strafverteidigung im Steuerstrafrecht, DStJG Bd. 6 (1983), 217 ff.; s. auch die Übersicht S. 793 f.
2 Dazu *Rogall,* Der Beschuldigte als Beweismittel gegen sich selbst, Berlin 1977; *Reiß,* Besteuerungsverfahren und Strafverfahren, Köln 1987, 145 ff.; *S. Rüster,* wistra 88, 49; *dies.,* Der Steuerpflichtige im Grenzbereich zwischen Besteuerungsverfahren und Strafverfahren, Göttingen 1989; *Teske,* wistra 88, 207.

§ 28 Steuerstraf- und Steuerordnungswidrigkeitsverfahren

Objekt des Verfahrens; die Behörde hat aber verschärfte Möglichkeiten, die Sachaufklärung auch ohne Mitwirkung des Betroffenen erfolgreich zu betreiben: etwa Durchsuchung, Beschlagnahme, vorläufige Festnahme, Verhaftung (s. unten).

Die Finanzbehörde darf den Steuerpflichtigen nicht über den Verdacht einer Steuerstraftat im unklaren, ihn nicht mit den Mitteln des steuerrechtlichen Verfahrens bei seiner Überführung mitwirken lassen (§ 397 III AO).

Mit der Einleitung des Strafverfahrens endet die Möglichkeit der Selbstanzeige (§ 371 II Nr. 1 b AO), die Verfolgungsverjährung (darüber unten) wird unterbrochen (§ 78 c I StGB). Aus dieser Bedeutung der Einleitung des Strafverfahrens erklärt sich § 397 II, III AO.

Ein Strafverfahren darf nicht eingeleitet werden, wenn die Straftat bereits verjährt ist, wenn die Verfolgungsverjährung eingetreten ist. Die Verjährung ist Verfolgungshindernis. Sie beginnt, sobald die Tat beendet ist (§ 78 a StGB). Sie beträgt in Steuerstrafsachen je nach Strafdrohung drei oder fünf Jahre (§ 78 III Nrn. 4, 5; IV StGB). Wegen Unterbrechungshandlungen s. § 78 c StGB und § 376 AO.

1.3 Aufgaben und Befugnisse der Strafverfolgungsbehörde

Soweit die Finanzbehörde an die Stelle der Staatsanwaltschaft tritt, hat sie als selbständiges Rechtspflegeorgan die Aufgabe, die Rechte und Pflichten der Staatsanwaltschaft wahrzunehmen (§ 399 I AO). Sie hat insb. die Aufgabe, den Sachverhalt zu erforschen, wenn sie von dem Verdacht einer Straftat Kenntnis erhält (§ 160 I StPO), und zwar auch zugunsten des Verdächtigen (§ 160 II StPO).

Zur Sachverhaltserforschung dürfen (geeignete) Ermittlungen jeder Art durchgeführt werden (§ 161 StPO), insb. Zeugen und Sachverständige gehört (§ 161 a StPO) und der Beschuldigte vernommen (§§ 133 ff. StPO) werden. Darüber hinaus bestehen aber folgende spezifisch strafprozessuale Möglichkeiten, von denen Finanzbehörde und Staatsanwaltschaft allerdings durchweg *nur bei Gefahr im Verzug* (s. §§ 98 I; 100 I; 105 I; 127 II StPO) Gebrauch machen dürfen:

a) *Sicherstellung von Gegenständen* (§§ 94 ff. StPO)
   – durch amtliche *Inverwahrnahme* von Gegenständen, die als Beweismittel von Bedeutung sein können (§ 94 I StPO);
   – bei Gefahr im Verzug (§§ 98 I, 100 I StPO): *Beschlagnahme* von Gegenständen im Gewahrsam von Personen, die als Beweismittel von Bedeutung sind und nicht freiwillig herausgegeben werden (§ 94 II StPO)[3]. Zu beachten ist, daß es beschlagnahmefreie Sachen gibt; dazu § 97 StPO[4]. Beschlagnahme = Wegnahme oder Verfügungsbeschränkung. Nimmt die Behörde den Gegenstand in Besitz, so entsteht ein öffentlichrechtliches Verwahrungsverhältnis mit der Pflicht zur sorgfältigen Verwahrung (RGZ 108, 249, 251). – Weitere Einzelheiten, auch zum Beschlagnahmeverfahren, in §§ 98 ff. StPO. Vorherige Anhörung ist grundsätzlich nicht erforderlich (§ 33 IV StPO);

b) bei Gefahr im Verzug (§ 105 I StPO): *Durchsuchung*[5] (die der Beschlagnahme häufig vorangeht) der Wohnung und anderer Räume sowie der Person des Verdächtigen und der ihm gehörenden Sachen (§§ 102 ff. StPO). Der Verdächtige darf der Durchsuchung beiwohnen, bei Abwesenheit ist möglichst eine Ersatzperson hinzuzuziehen (§ 106 StPO). Vgl. auch §§ 103 ff. StPO, insb. §§ 104, 107 StPO. Vorherige Anhörung ist grundsätzlich nicht erforderlich (§ 33 IV StPO);

c) bei Gefahr im Verzug (§ 127 II StPO): *vorläufige Festnahme* (§§ 127 ff. StPO), wenn die Voraussetzungen eines Haftbefehls (s. unten d) vorliegen (§ 127 II StPO);

---

3 Dazu *Rüping,* Durchsuchung, Zufallsfunde und Verwertungsverbote im Steuerstrafverfahren, DStJG Bd. 6 (1983), 267 ff.; *Streck,* in: Streck (Hrsg.), Steuerkontrolle 2, Köln 1984, 119 ff.: Überprüfung von Durchsuchungs- und Beschlagnahmeanordnungen.

4 Dazu *Schäfer,* Die Beschlagnahme von Handelsbüchern beim Steuerberater, wistra 85, 12; *Bauwens,* Beschlagnahme von Buchführungsunterlagen beim Steuerberater, wistra 85, 179 ff.

5 S. Fn. 3.

d) nur aufgrund *richterlichen* Haftbefehls (§§ 114 ff. StPO) kann *Untersuchungshaft* gegen den Beschuldigten angeordnet werden (§§ 112 ff. StPO), und zwar bei dringendem Tatverdacht und Bestehen eines Haftgrundes (§ 112 I 1 StPO). Haftgründe sind Flucht, Fluchtgefahr und Gefahr der Verdunkelung des Sachverhalts durch Einwirken auf Beweismittel (§ 112 II StPO). Die Haft darf zur Bedeutung der Sache und zu der zu erwartenden Strafe nicht außer Verhältnis stehen (§ 112 I 2 StPO). Inhaftierter kann Haftprüfungsantrag stellen (§ 117 I StPO) oder Beschwerde einlegen (§ 117 II StPO).

Leitet die Staatsanwaltschaft die Ermittlungen ausnahmsweise selbst, so übernimmt die Finanzbehörde die Funktion, die sonst die Polizei hat (s. § 402 I AO i. V. mit § 399 II 2 AO); sie hat dann den Weisungen der Staatsanwaltschaft zu folgen (§ 161 StPO; s. auch § 163 StPO). Die Amtsträger der Zoll- und Steuerfahndungsstelle sind durch § 404 AO ausdrücklich zu Hilfsbeamten der Staatsanwaltschaft erklärt und nehmen die Hilfsbeamtenrechte wahr[6]. Die Hilfsbeamten der Staatsanwaltschaft (s. § 152 GVG) haben mehr Rechte (s. §§ 81 a II; 81 c V; 98 I; 105 I StPO) als „gewöhnliche Polizeibeamte"; die Befugnisse letzterer sind auf erkennungsdienstliche Maßnahmen und vorläufige Festnahmen (§ 127 I, II StPO) beschränkt.

Die Befugnisse der Finanzbehörde korrespondieren mit den **Rechten des Beschuldigten**. Der Beschuldigte hat folgende Rechte:

a) *Der Beschuldigte darf untätig bleiben.* Er braucht nicht zu erscheinen, außer vor Gericht (s. §§ 133, 135 StPO) und vor der Staatsanwaltschaft (s. § 163 a III StPO); er darf die Aussage verweigern (§§ 136 I, 163 a III, IV StPO). Unzulässige Vernehmungsmethoden dürfen nicht angewendet werden (s. §§ 136 a, 163 a IV StPO). Schweigen darf nicht als Schuldindiz gewertet werden.

b) *Der Beschuldigte darf sich verteidigen*
- durch Einwände (§§ 136 II, 163 a III StPO);
- durch Beweisanträge (§ 163 a II StPO);
- durch Einschaltung eines Verteidigers oder Steuerberaters (§§ 137, 138 I StPO; § 392 AO).

Zum Verteidiger können *gewählt* werden[7]:

aa) im Ermittlungsverfahren der *Finanzbehörde*: Rechtsanwälte, Rechtslehrer an deutschen Hochschulen (§ 138 I StPO); Steuerberater, Steuerbevollmächtigte, Wirtschaftsprüfer, vereidigte Buchprüfer (§ 392 I AO);

bb) im Ermittlungsverfahren der *Staatsanwaltschaft* oder des *Gerichts*: wie zu aa, jedoch können Steuerberater, Steuerbevollmächtigte, Wirtschaftsprüfer und vereidigte Buchprüfer nur gemeinschaftlich mit einem Rechtsanwalt oder einem Rechtslehrer an einer deutschen Hochschule zur Verteidigung zugelassen werden (§ 392 I AO).

Im übrigen läßt § 138 II StPO mit *Genehmigung* auch die Wahl anderer Personen zu, also auch die Wahl eines Steuerberaters als Alleinverteidiger (s. auch § 392 II AO).

Besondere *Rechte des Verteidigers*: Beratung des Beschuldigten über seine prozessualen Rechte (auch Aussageverweigerungsrecht) und über die materielle Rechtslage (Verteidiger darf aber nicht zur Aussage raten, sonst § 258 StGB), schriftlich oder mündlich (§ 148 StPO); Akteneinsicht (§ 147 StPO; s. aber auch § 147 II, III StPO); Anwesenheit bei gewissen richterlichen Ermittlungshandlungen (§§ 168 c, 168 d StPO); in Hauptverhandlung Fragen stellen (§ 240 II StPO) und Erklärungen abgeben (§§ 257 II; 258 I StPO). Der Verteidiger darf aber nicht aktiv in die Ermittlungstätigkeit eingreifen, insb. nicht den Sachverhalt verdunkeln (s. § 258 StGB)[8].

---

6 Dazu *Wolter*, Die Befugnisse der Steuerfahndung im Steuerstrafverfahren, BB 81, 236; *Streck*, Die Steuerfahndung [4], Köln 1986, RNrn. 16 ff.; *Küster*, Das Steuerstrafrecht aus der Sicht der Steuerfahndung, DStJG Bd. 6 (1983), 253 ff.

7 Dazu *Kohlmann*, StKongrRep. 1976, 285 ff.; *Blumers*, Steuerberater und Strafverteidigung, DStJG Bd. 6 (1983), 307 ff.; *H. J. Maas*, Probleme bei der gemeinschaftlichen Verteidigung durch Rechtsanwälte und Angehörige der steuerberatenden Berufe, Diss. Köln 1983.

8 Dazu *Streck/Rainer*, Hinweise zur Verteidigungspraxis, in: Felix (Hrsg.), Steuerkontrolle Folge 1, Köln 1982, 147 ff.

§ 28 Steuerstraf- und Steuerordnungswidrigkeitsverfahren

c) Der Beschuldigte hat *ein Recht auf Gehör* (für das gerichtliche Strafverfahren garantiert durch Art. 103 I GG, im übrigen grundsätzlich rechtsstaatliches Gebot). Der Beschuldigte muß spätestens *vor* Abschluß der Ermittlungen vernommen werden, es sei denn, daß das Verfahren eingestellt werden soll (§ 163a I StPO; s. auch § 136 II StPO). Bei Anordnung der Untersuchungshaft, der Beschlagnahme oder anderer Maßnahmen kein vorheriges Recht auf Gehör, wenn die vorherige Anhörung den Zweck der Anordnung gefährden würde (§ 33 IV StPO).

d) Der Beschuldigte (oder sein Verteidiger) *hat die Möglichkeit, die Aussetzung des Verfahrens* bis zum Abschluß des Besteuerungsverfahrens (§ 396 AO) oder die *Einstellung des Verfahrens* oder die *Nichterhebung der öffentlichen Klage* (§ 170 II StPO; §§ 153a, 153b StPO; § 398 AO) anzuregen. Vgl. auch §§ 153c ff. StPO.

Aussetzung des Strafverfahrens ist angezeigt, wenn die steuerrechtlichen Vorfragen ungeklärt sind (insoweit haben Finanzbehörden und Finanzgerichte den Vorrang), ist nicht angezeigt, wenn die Steuerrechtslage eindeutig und unstrittig ist[9].

1.4 Mögliche Ergebnisse des Ermittlungsverfahrens

Das Ermittlungsverfahren kann wie folgt enden:

a) wenn die Finanzbehörde selbständig ermittelt (§ 386 II AO) hat:
- mit dem Antrag auf Strafbefehl in bestimmten Fällen (§ 400 AO i. V. mit § 407 StPO);
- mit der Vorlage der Akten bei der Staatsanwaltschaft (§ 400 AO letzter Halbsatz); dann geht das Verfahren weiter nach b);
- mit der Einstellung des Verfahrens (§ 399 I AO i. V. mit § 170 II StPO; § 398 AO);

b) wenn die Staatsanwaltschaft Ermittlungsbehörde ist:
- mit dem Antrag auf Strafbefehl in bestimmten Fällen (§ 407 StPO);
- mit der Erhebung der öffentlichen Klage (§ 170 I StPO); s. über das weitere Verfahren §§ 173 ff. StPO; über Hauptverhandlung s. §§ 199 ff.; 226 ff. StPO;
- mit der Einstellung des Verfahrens (§ 170 II StPO).

Verurteilt werden darf nur aufgrund eines Sachverhalts, der mit an Sicherheit grenzender Wahrscheinlichkeit erwiesen ist. Schätzungen der Finanzbehörden (s. S. 695) dürfen nicht ohne weiteres übernommen werden; insoweit gilt: in dubio minus.

1.5 Das Strafbefehlsverfahren im besonderen

Soweit Steuerstrafverfahren nicht eingestellt werden, werden sie überwiegend durch Strafbefehl – statt durch Urteil – erledigt.

Vorteile: schnelle Erledigung; diskretes Verfahren.

Nachteile: summarisches Verfahren ohne rechtliches Gehör (rechtliches Gehör erst im Einspruchsverfahren, gebilligt von BVerfGE 3, 248), also eine Art Selbstunterwerfung.

Nicht nur die Staatsanwaltschaft (§ 407 I StPO), auch die Finanzbehörde kann Strafbefehl *beantragen,* wenn die Ermittlungen genügenden Anlaß zur Erhebung der öffentlichen Klage bieten und die Sache zur Behandlung im Strafbefehlsverfahren geeignet erscheint (§ 400 AO). Wesentliche Voraussetzungen der Erledigung durch Strafbefehl sind, daß es sich um ein Vergehen handelt (trifft bei Steuerstrafsachen immer zu) und daß Geldstrafe und keine Freiheitsstrafe in Betracht kommt (weitere Einzelheiten s. §§ 407 II, 408 II, III StPO).

---

[9] Dazu *B. Gast-de Haan,* DStJG Bd. 6 (1983), 195 ff.; *dies.,* DStZ 83, 254; *Kohlmann,* in: FS für Klug II, Köln 1983, 507 ff.; *Isensee,* NJW 85, 1007 ff.

Abweichungen vom normalen Strafverfahren: Vorheriger Anhörung des Angeschuldigten nach § 33 III StPO bedarf es nicht (§ 407 III StPO); statt Anklageschrift Strafbefehlsantrag (§ 407 I StPO; § 400 AO); keine Verhandlung, kein Eröffnungsbeschluß, sogleich Strafbefehl.

Es genügt, daß allein der Steuerberater mitwirkt, wenn die Finanzbehörde den Strafbefehlsantrag stellt (s. § 392 I AO).

Über den Strafbefehlsantrag entscheidet das *Amtsgericht* (über die Zuständigkeit s. § 391 AO). Das Amtsgericht hat folgende Möglichkeiten:

a) Es kann den Antrag als unzulässig oder unbegründet zurückweisen;
b) es kann Hauptverhandlung anberaumen (§ 408 III StPO);
c) es kann das Verfahren einstellen (§ 153 II StPO u. a.);
d) es kann den Strafbefehl erlassen (§ 407 I StPO); über den Inhalt des Strafbefehls s. § 409 StPO.

Gegen den Strafbefehl ist innerhalb zweiwöchiger Frist (§§ 409 I Nr. 7, 410 I StPO) der *Einspruch* gegeben. Bei rechtzeitigem Einspruch wird Termin zur Hauptverhandlung anberaumt (s. §§ 411–412 StPO).

2. Zum Steuerordnungswidrigkeitsverfahren

Die Rechtsgrundlagen sind unübersichtlich:

Für das Bußgeldverfahren wegen Steuerordnungswidrigkeiten gelten Spezialvorschriften der AO nur, soweit es in §§ 410–412 AO angeordnet ist. Im übrigen gelten die Verfahrensvorschriften des Ordnungswidrigkeitengesetzes (§ 410 I AO; §§ 35 ff. OWiG). Diese sind aber nicht vollständig. § 46 I OWiG erklärt sinngemäß namentlich die Strafprozeßordnung, das Gerichtsverfassungsgesetz und das Jugendgerichtsgesetz für anwendbar.

2.1 Zuständigkeit zur Verfolgung

Für Ordnungswidrigkeiten sind nach §§ 35, 36 OWiG grundsätzlich nicht Staatsanwaltschaften und Gerichte, sondern Verwaltungsbehörden sachlich zuständig. Bei *Steuer*ordnungswidrigkeiten ist sachlich zuständige Verwaltungsbehörde die *Finanzbehörde* (§ 409 AO).

Wegen der sachlichen Zuständigkeit im einzelnen verweist § 409 AO auf § 387 AO. Wegen der örtlichen Zuständigkeit verweist § 410 I Nr. 1 AO auf §§ 388–390 AO. Über ausnahmsweise Zuständigkeit der Staatsanwaltschaft s. §§ 35 I; 40; 41; 42 OWiG.

2.2 Einleitung des Verfahrens

§ 410 I Nr. 6 AO verweist auf § 397 AO. Es gelten daher die gleichen Regeln wie für das Steuerstrafverfahren. Im übrigen gilt aufgrund der Verweisung des § 410 I Nr. 4 AO auf § 393 AO das über das Verhältnis Steuerstrafverfahren – Besteuerungsverfahren Ausgeführte sinngemäß (s. daher oben S. 787 f.).

Verfahren darf nicht mehr eingeleitet werden, wenn bereits Verfolgungsverjährung eingetreten ist (dazu §§ 31–33 OWiG). Die Verjährung beginnt, sobald die tatbestandsmäßige Handlung beendet ist (§ 31 III OWiG). Die Verjährungsfrist beträgt bei Steuerordnungswidrigkeiten fünf Jahre (§ 384 AO).

2.3 Aufgaben und Befugnisse der Verfolgungsbehörde

Die Verfolgung von Ordnungswidrigkeiten liegt im pflichtgemäßen Ermessen der Verfolgungsbehörde, § 47 I 1 OWiG (Opportunitätsprinzip statt Legalitätsprinzip). Die Verfolgungsbehörde (i. d. R. die Finanzbehörde) hat grundsätzlich dieselben Rechte und Pflichten wie die Staatsanwaltschaft bei der Verfolgung von Straftaten (§ 46 II OWiG). Zu Hilfsbeamten der Staatsanwaltschaft erklärte Beamte können eingesetzt werden (§ 410 I Nr. 7 i. V. mit § 399 II AO; § 53 II OWiG). Wegen geringfügiger Abweichungen s. insb. § 55 OWiG.

2.4 Mögliche Ergebnisse des Ermittlungsverfahrens

a) Einstellung des Verfahrens (§ 47 I 2 OWiG);
b) Bußgeldbescheid (§§ 65, 66 OWiG).

Zu beachten ist § 411 AO: Gegen Angehörige steuerberatender Berufe Bußgeldbescheid (wenn Tat mit Berufsausübung zusammenhängt) erst, wenn die Berufskammer gehört worden ist.

Gegen den Bußgeldbescheid kann *Einspruch* eingelegt werden (§ 67 OWiG). Hat der Einspruch keinen Erfolg, so kann Rechtsbeschwerde eingelegt werden (§§ 79, 80 OWiG).

Anhang
Wesentliche Rechte und Pflichten von Behörde und Betroffenen

im Besteuerungsverfahren	im Steuerstrafverfahren
Die Rechte und Pflichten der Finanzbehörde und der Steuerpflichtigen im Besteuerungsverfahren und im Strafverfahren richten sich grundsätzlich nach den für das jeweilige Verfahren geltenden Vorschriften (§ 393 I 1 AO).	
Das Besteuerungsverfahren dient der gleichmäßigen Festsetzung der gesetzlichen Steuer (§ 85 AO).	Das Steuerstrafverfahren dient der Aufklärung von Steuerstraftaten (§ 385 I AO i. V. mit §§ 152 II, 160 StPO).
Voraussetzung: Abstrakte Anhaltspunkte für Entstehung einer Steuerschuld.	Voraussetzung: Verdacht einer Steuerstraftat (§ 386 I AO). Das Strafverfahren ist eingeleitet, sobald die Finanzbehörde eine Maßnahme trifft, die erkennbar darauf abzielt, gegen jemanden wegen einer Steuerstraftat strafrechtlich vorzugehen (§ 397 I AO). Wegen Mitteilung der Einleitung s. § 397 III AO.
Der Steuerpflichtige kann sich durch einen Bevollmächtigten vertreten lassen (§ 80 AO).	Der Beschuldigte kann sich einen Verteidiger wählen (§ 392 AO und § 138 StPO).
Beweismittel: Die Finanzbehörde bedient sich der Beweismittel, die sie nach pflichtgemäßem Ermessen zur Ermittlung des Sachverhalts für erforderlich hält (Einzelheiten in § 92; §§ 93–100 AO).	Beweismittel: Die Finanzbehörde hat das Recht zu Ermittlungen aller Art (§§ 386, 399 I AO; § 385 I AO i. V. mit § 161 StPO).
Der Steuerpflichtige muß bei der Sachaufklärung mitwirken (§ 90 AO). Er hat kein Mitwirkungsverweigerungsrecht, auch nicht bei Gefahr der Strafverfolgung (§ 103 AO betrifft nur Nichtbeteiligte).	Der Beschuldigte braucht bei der Aufklärung der Straftat nicht mitzuwirken (§ 385 I AO i. V. mit §§ 136 I; 163a III, IV StPO).
Die Mitwirkung kann erzwungen werden (§§ 328ff. AO); jedoch sind Zwangsmittel gegen den Steuerpflichtigen unzulässig, wenn er dadurch gezwungen würde, sich selbst wegen einer Straftat zu belasten (§ 393 I 2 AO).	Bestimmte Personen haben ein Zeugnisverweigerungsrecht (§ 385 I AO i. V. mit §§ 52ff. StPO). Über das Zeugnisverweigerungsrecht von Rechtsanwälten, Steuerberatern, Wirtschaftsprüfern usw. s. § 53 I Nr. 3 StPO.
Dritte Personen haben unter bestimmten Voraussetzungen das Recht, die Mitwirkung bei der Sachaufklärung zu verweigern (§§ 101ff. AO). Das Mitwirkungsverweigerungsrecht der Bevollmächtigten ergibt sich aus § 102 I Nr. 3b AO.	Die Finanzbehörde hat bei Gefahr im Verzug das Recht zur Durchsuchung (§§ 386 II, 399 I AO; § 385 I AO i. V. mit §§ 102ff. StPO), zur Sicherstellung, insb. durch Beschlagnahme (§ 385 I AO i. V. mit §§ 94ff. StPO) und zur vorläufigen Festnahme (§ 385 I AO i. V. mit §§ 127ff. StPO). Aufgrund richterlichen Haftbefehls darf Untersuchungshaft gegen den Beschuldigten angeordnet werden (§ 385 I AO i. V. mit §§ 112ff. StPO).

im Besteuerungsverfahren

Es ist eine bestimmte Reihenfolge der Beweismittel vorgesehen (s. §§ 93 I 3; 95 I 2; 97 II AO). Im übrigen sind die Grundsätze der Erforderlichkeit und der Verhältnismäßigkeit zu beachten.

Der Steuerpflichtige hat (in Grenzen) ein Recht auf Gehör (§ 91 AO).

im Steuerstrafverfahren

Eine bestimmte Reihenfolge der Beweismittel ist nicht vorgeschrieben; jedoch sind die Grundsätze der Erforderlichkeit und der Verhältnismäßigkeit zu beachten.

Der Beschuldigte hat ein Recht auf Gehör (§ 385 I AO i. V. mit §§ 136 II; 163a I StPO). Dieses Recht besteht nicht bei Anordnung der Beschlagnahme, der Untersuchungshaft u. ä. Maßnahmen, wenn die Anhörung den Zweck der Anordnung gefährden würde (§ 385 I AO i. V. mit § 33 IV StPO).

Stichwortverzeichnis

A

Abbruchkosten als Anschaffungskosten 300
Abflußprinzip 205, 237 f., 321 f., 324
Abflußzeitpunkt 322
Abgaben
- Begriff, Einteilung 62 ff.

Abgabenordnung
- als allgemeiner Teil des Steuerrechts 15 f.
- Entstehungsgeschichte 15 f.
- Geltungsbereich 16
- Kommentare und Lehrbücher zur – 14

Abgabenrecht 5
Abgeordnetenbezüge im Einkommensteuerrecht 366 f.
Ablaufhemmung der Festsetzungs-, Feststellungsverjährung 711
Abnutzung
- Absetzung für –, s. *AfA*
- Absetzung wegen außergewöhnlicher – 306

Abschöpfungen 64, 75, 166 f.
- s. auch *Eingangsabgaben*

Abschreibung 304 ff.
s. auch *AfA*
Abschreibungsfreiheit 306, 647 f.
Abschreibungsgesellschaft, s. *Verlustzuweisungsgesellschaft*
Absetzung
- erhöhte 307, 647 f.
- für Abnutzung, s. *AfA*
- subjektive Berechtigung 307
- wegen Substanzverringerung 306, 327

Abstrakter Begriff
- Abgrenzung zum Typusbegriff 91 f.

Abtretung von Ansprüchen aus dem Steuerschuldverhältnis 125
Abzüge, private, s. *Private Abzüge*
Abzugsteuern 398 f., 785
- Abzugsverfahren 398 f.
- Gefährdung von – als Ordnungswidrigkeit 785

Abzugsverbote
- im Einkommensteuerrecht 207 f., 270 ff.
- im Körperschaftsteuerrecht 429

Änderung von Gesetzen
- Übergangsregelungen 36 f.

Änderung von Verwaltungsakten 712 ff.

Äquivalenzprinzip 48, 57, 60
- Gewerbesteuer 499, 520
- Grundsteuer 495

AfA 304 ff.
- Methoden 305
- Tabellen 87 f., 305
- als Werbungskosten 327

AG & Stille Gesellschaft 638 ff.
Agent, Umsatzsteuer 535
Aktiengesellschaft, s. *Kapitalgesellschaft*
Aktivierung
- Aktivierungsgebot 285
- Aktivierungsverbot 285, 292
- Wahlrecht 285 f.

Akzessorietät der Haftung 142
Alkoholsteuern 21, 56, 137, 609
Alleinstehende mit Kind im Einkommensteuerrecht 54, 388 f.
Alleinsteuer 169
Allgemeinverfügung 671
Allphasen-Brutto-Umsatzsteuer 530
Allphasen-Netto-Umsatzsteuer mit Vorsteuerabzug 530 f.
Altenteil, Einkommensteuer 362
Alterseinkünfte, unterschiedliche Besteuerung 370 ff.
Altersentlastungsbetrag 216, 372
Amtsblätter 10
Amtshilfe 703
Amtsträger 43
Analogie im Steuerrecht 39 ff.
Analogieverbot
- im Strafrecht 769
- kein – im Steuerrecht 39 f.

Anfechtung eines Verwaltungsakts, s. *Einspruch, Beschwerde*
Anfechtungsklage 740
Angemessenheit
- von Aufwendungen 261 ff.
- der Gewinnverteilung in Familiengesellschaften 343 f.
- Unangemessenheit der Gewinnbeteiligung und Schenkungsteuer 481

Anlagevermögen 301 f.
Annehmlichkeit
- im Einkommensteuerrecht 354
- im Umsatzsteuerrecht 543 f.

Anordnung, einstweilige 731, 735, 750 f., 752 f.

795

Anrechnung ausländischer Steuern, s. *Steueranrechnung*
Anrechnungsverfahren, körperschaftsteuerliches 438 ff.
Anschaffungskosten 299 f.
– Grundstück 300
– Nebenkosten 300
– Preisminderungen 300
– bei Tausch 300, 311
Anschaffungsnaher Aufwand 292
Anscheinsbeweis 694
Anspruchsentstehung
– Ansprüche aus dem Steuerschuldverhältnis 124 f.
– Steuerschuld 127 ff.
Anstiftung 772
Anteile an Kapitalgesellschaft
– in der Bilanz 302
– unentgeltliche Übertragung 627
– Veräußerung 367 f., 625 f.
– in der Vermögensaufstellung 461
Anteilsvereinigung und Grunderwerbsteuer 588, 590 f.
Antizipative Rechnungsabgrenzung 294
Anzahlungen
– Aktivierung 289
– Aktivierung der Umsatzsteuer auf – 295
Anzeigepflichten
– bei Auslandsbeziehungen 687
– bei der Erbschaft- und Schenkungsteuer 492
– bei der Grunderwerbsteuer 593
– Verletzung der – von Auslandstatbeständen als Ordnungswidrigkeit 785
Arbeit
– nichtselbständige, s. *Nichtselbständige –*
– selbständige, s. *Selbständige –*
Arbeitnehmer
– Begriff 353
– Freibeträge und sonstige Vergünstigungen 224 ff., 328 f.
– steuerfreie Bezüge 223 f.
Arbeitnehmerfreibetrag 224 f.
Arbeitnehmer-Pauschbetrag 224, 274
Arbeitnehmersparzulage 650
Arbeitsgemeinschaft
– und Gewerbesteuer 503
– und Umsatzsteuer 562
Arbeitslohn, Begriff 353
Arbeitslosengeld/-hilfe, Einkommensteuer 222
Arbeitsmittel 264, 327
Arbeitszeitaufwand 221, 329

Arbeitszimmer 264
Argumentum ad absurdum 99
Argumentum a minore ad maius 99
Argumentum a simile 104
Argumentum e contrario 106
Arzt
– und Einkommensteuer 336
– und Umsatzsteuer 558
Aufbewahrungspflicht von Unterlagen 688
Aufhebung von Steuerverwaltungsakten 712 ff.
Auflage als Nebenbestimmung 673
Aufmerksamkeit, s. *Annehmlichkeit*
Aufrechnung 126, 723
Aufsichtsratstätigkeit, Einkunftsart 337
Aufsichtsratsteuer
– Gefährdung der – als Ordnungswidrigkeit 785
– Quellenabzug für – 399
Aufsichtsratsvergütungen im Körperschaftsteuerrecht 429
Auftragsfertigung, langfristige 311
Aufwandsteuern 165 f., 178 ff., 606 ff.
– der Gemeinden (= kommunale/örtliche –) 608
– Steuerhoheit über örtliche – 72, 78, 79
– s. auch *Verbrauchsteuern*
Aufwendungen 243 ff., 251
– außergewöhnliche 379 ff.
– Erstattung privater – 390
– gemischte 257 ff.
– nachträgliche 255
– Pauschalierung 274 ff.
– persönliche Zurechnung 248 f.
– private 375 ff.
– unangemessene 261 ff.
– vergebliche 254, 300
– vorabentstandene 255
– willensunabhängige 255 f.
– Zuordnung zur Privat- oder Betriebs-/Berufssphäre 251 ff.
Aufzeichnungspflichten 323, 687 f.
– Verletzung von – als Ordnungswidrigkeit 784
Augenscheineinnahme 690, 755
Ausbeuten, Einkommensteuer 356
Ausbildungsfreibetrag für Kinder 381, 388
Ausbildungskosten, s. *Berufsausbildungskosten*
Ausbildungsplatz-Abzugsbetrag
– und Einkommensteuer 216
– und Gewerbesteuer 514

Stichwortverzeichnis

Ausfuhrumsätze
- Ort der Ausfuhrlieferung 550
- umsatzsteuerfrei 560 f.
- und Vorsteuerabzug 577

Ausgabensteuer 156, 175
Auskunftspflicht 690 ff.
Auskunftsverweigerungsrechte 691 ff.
Auslandseinkünfte
- Steuerbetragsermäßigung bei –n 394

Auslandsgesellschaften
- und Gewerbesteuer 504
- und Körperschaftsteuer 415

Auslandsinvestitionsgesetz 652
Ausland, Umsatzsteuer 549
Auslegung 89 ff.
- von Ausnahmevorschriften 100
- extensive/restriktive 104 f.
- grammatische 90, 94 f., 100
- historische 90, 94, 97 f.
- objektive Theorie 96 f.
- richtlinienkonforme 99, 525 f.
- subjektive Theorie 96 f.
- systematische 90, 94, 98 f.
- systemkonforme 99
- teleologische 90, 94 ff., 101 ff.
- verfassungskonforme 99
- wirtschaftliche 96, 101 ff.
- Ziel 93
- zivilrechtlicher Begriffe 102 f.

Ausnahmebestimmungen, Arten 130
Ausschließliche Gesetzgebung 72
Ausschüttungsbelastung
- Anrechnung 447 ff.
- Herstellung 439 ff.
- Höhe 437

Außenprüfung, 697 ff.
- Auswahl von Steuerpflichtigen 697
- Prüfungsanordnung 699 ff.
- Prüfungsbericht 701
- Prüfungsgegenstände 698 f.
- Schlußbesprechung 700 f.
- und Selbstanzeige 780
- Unzulässigkeit 698
- hemmt Verjährung 711
- Verwertungsverbot 701
- Zusage aufgrund – 682, 701

Außensteuergesetz 133
Außergerichtliche Rechtsbehelfe s. *Rechtsbehelfe*
Außergerichtliches Vorverfahren, s. *Rechtsbehelfsverfahren, außergerichtliches*
Außergewöhnliche AfA 306
Außergewöhnliche Belastungen 214, 379 ff.
- Behandlung der Erstattung 390

Außerordentliche Einkünfte 393 f.
Aussetzung der Steuerfestsetzung 709
Aussetzung der Vollziehung 722, 731, 735, 751 f.
Aussetzung des Steuerstrafverfahrens 790
Ausspruch, Verwaltungsakt 671
Autonome Satzungen 83

B

Bankenerlaß 692 f.
Bankkunden,
- „Schutz von" – 492 f., 692 f.

Bannbruch 781
Barausschüttung 407, 440
Bardividende, s. *Barausschüttung*
Basisgesellschaft 133, 194
Bauherrenmodell, Grunderwerbsteuer 586 f.
Bausparkassenbeiträge, Einkommensteuer 379
Beamtenpensionen, s. *Versorgungsbezüge aus früheren Dienstverhältnissen*
Becker, Enno 15, 93
Bedarfszuweisung 69
Bedingung
- im Bewertungsgesetz 453
- als Nebenbestimmung 673

Bedürfnisprinzip 52, 60, 643
Befangenheit 669 f.
Beförderung und Ort der Lieferung 550
Beförderungsleistung, Umsatzsteuer 539
Befreiung, s. *Steuerbefreiungen*
Befristung
- im Bewertungsgesetz 453
- als Nebenbestimmung 673

Begriff
- abstrakter 91 f.
- Typus – 91 f.

Begriffsjurisprudenz 92
Begründung des Verwaltungsakts 674
Begünstigender Verwaltungsakt 672
Beihilfe 772
Beiträge als Teil der Abgaben 66
Beitrittsgebiet
- Bewertungsbesonderheiten 466
- Erbschaft- und Schenkungsteuer 494
- Gewerbesteuer 523
- Grundsteuer 498
- Umsatzsteuer 582
- Vermögensteuer 474

797

Bekanntgabe des Verwaltungsakts 674 ff.
- Bekanntgabeadressat 674 f.
- Folgen der – 675 f.
- öffentliche 675

Belastender Verwaltungsakt 672

Belastungen, außergewöhnliche, s. *Außergewöhnliche Belastungen*

Belastungswirkung der Steuer 152

Belege
- falsche – als Ordnungswidrigkeit 784

Bemessungsgrundlage
- Begriff 132, 134
- der Einkommensteuer 196 ff., 208 ff.
- der Erbschaft- und Schenkungsteuer 487 ff.
- der Gesellschaftsteuer 598 f.
- der Gewerbesteuer 507 ff.
- der Grunderwerbsteuer 593 f.
- der Körperschaftsteuer 416 ff.
- der Umsatzsteuer 565 ff.
- der Vermögensteuer 470 f.

Bergmannsprämie 223, 650

Bergrechtliche Gewerkschaft
- Erträge aus der Beteiligung an einer – 356
- körperschaftsteuerliche Behandlung 410

Berichtigung von Verwaltungsakten 712 ff.

Berichtigungspflicht bei Steuererklärungen 689 f.

Berlinförderung 654

Berufe, freie, s. *Freie Berufe*

Berufsausbildungskosten
- Abgrenzung zu Weiter- oder Fortbildungskosten 267, 379
- Ausbildungsfreibetrag für Kinder 381, 388
- als Sonderausgaben 267

Berufsausübung, freie und Besteuerung 56 f.

Berufsbekleidung, Einkommensteuer 268

Berufsfreiheit und Besteuerung 56 f.

Berufsgeheimnis 692

Berufsverbände
- Abziehbarkeit der Beiträge an – als Betriebsausgaben/Werbungskosten 265, 326
- und Körperschaftsteuer 415

Berufswahl, freie und Besteuerung 56 f.

Bescheid
- unter Vorbehalt der Nachprüfung 708 f., 717

- vorläufiger 709, 717

Beschlagnahme im Steuerstrafverfahren 788

Beschränkte Steuerpflicht
- Begriff 133 f.
- bei der Einkommensteuer 195
- bei der Erbschaft- und Schenkungsteuer 484, 486
- bei der Körperschaftsteuer 415
- bei der Vermögensteuer 470

Beschwer durch Verwaltungsakt 733

Beschwerde 730, 732
- an den BFH, s. *Gerichtsbeschwerde*
- entscheidende Behörde, Verfahren 736
- Zulässigkeitsvoraussetzungen 733 f.

Besitzsteuern 149

Besorgungsleistung, Umsatzsteuer 539

Bestandskraft, 712 f., 720
- und Bilanzberichtigung 319 f.

Besteuerung
- gleichmäßige, s. *Gleichheitssatz*
- konfiskatorische 56 f.

Besteuerungsgrundlagen
- Begriff 132, 134, 704
- einheitliche Feststellung von – 703 ff.
- gesonderte Feststellung von – 704 ff.
- Schätzung der – 695

Besteuerungsgrundsätze 685 ff.

Besteuerungsverfahren
- allgemeine Verfahrensvorschriften, Besteuerungsgrundsätze 685 ff.
- Einkommensteuer 398 f.
- Erbschaft- und Schenkungsteuer 492 f.
- Körperschaftsteuer 449
- Kosten 712
- rechtsstaatliche Kriterien 684 f.
- und Steuerstrafverfahren 787 f., 793 f.
- Umsatzsteuer 580 f.
- Vermögensteuer 473

Bestimmtheit des Verwaltungsakts 673

Bestimmungslandprinzip 527, 556 f., 560 f., 577, 610

Beteiligung am wirtschaftlichen Verkehr 333

Beteiligung an Gesellschaft(en)
- in der Bilanz 302
- und Erbschaft- und Schenkungsteuer 478, 480 f., 627
- Kapitaleinkünfte aus – 356 f.
- unentgeltliche Übertragung 627
- Veräußerung 355, 625 f.
- in der Vermögensaufstellung 461
- wesentliche, s. *Wesentliche Beteiligung*

Stichwortverzeichnis

Betrachtungsweise
- typisierende 694
- wirtschaftliche 101 ff., 107 ff.

Betrieb
- Begriff 317
- Einbringung in Gesellschaft 316
- unentgeltliche Übertragung 304, 314

Betriebe gewerblicher Art von juristischen Personen des öffentlichen Rechts
- und Gewerbesteuer 504
- und Körperschaftsteuer 413 f., 417, 439
- und Umsatzsteuer 561

Betriebsaufgabe 317 f., 331, 335, 628
Betriebsaufnahme 687
Betriebsaufspaltung 359, 502, 634 ff.
Betriebsausgaben 243 ff., 251, 321 f.
- Abzugsverbote 270 ff.
- nichtabzugsfähige – und Umsatzsteuer 554 f., 567

Betriebseinnahmen 243 ff., 251, 321 f.
Betriebserwerb
- entgeltlicher/unentgeltlicher – und Bewertung der Wirtschaftsgüter 304
- und Haftung für Steuerschulden 141

Betriebsgrundstücke
- in der Bilanz 302
- in der Vermögensaufstellung 461

Betriebsprüfung, s. *Außenprüfung*
Betriebsteuer und Reform der Unternehmensbesteuerung 628 ff.
Betriebsübernahme und Haftung für Steuerschulden 141
Betriebsveräußerung
- einkommensteuerliche Behandlung 331, 335, 337
- einkommensteuerlicher Freibetrag 225
- ermäßigter Einkommensteuersatz 393 f.
- und Gewerbesteuer 507
- Haftung des Erwerbers für Steuerschulden 141
- und Umsatzsteuer 566

Betriebsvermögen
- Einheitsbewertung 459 ff., 465
- im Einkommensteuerrecht 295 ff.
- gewillkürtes 295
- der Mitunternehmerschaft 348 ff.
- notwendiges 295

Betriebsvermögensvergleich 205, 236 f., 276 ff.
Betriebsverpachtung, Wahlrecht 318
Betriebsvorrichtungen im Bewertungsrecht 457, 461
Betriebswirtschaftliche Steuerlehre 3 f.

Bevollmächtigung
- im außergerichtlichen Rechtsbehelfsverfahren 734
- im Besteuerungsverfahren 679 f.
- Zurechnung des Verschuldens 680, 718 f.
- im Steuerprozeß 746, 756

Beweisantrag im Besteuerungsverfahren 690
Beweisaufnahme
- durch Finanzgericht 754 ff.
- keine – durch BFH 761

Beweisbedürftigkeit 690
Beweislastregeln 696, 756
Beweismittel
- im Besteuerungsverfahren, Reihenfolge 691
- neue – und Korrektur von Steuerbescheiden 718 f.
- im Prozeß 755
- im Steuerstrafverfahren 788 f.

Beweisvermutungen in der AO 694
Beweisverwertungsverbot, s. *Verwertungsverbot*
Beweiswürdigung 693 ff., 754 ff.
Bewertung
- nach dem Bewertungsgesetz 450 ff.
- im Einkommensteuerrecht 299 ff., 301 ff.
- als Rechtsproblem 452, 454

Bewertungsdifferenztheorie 178, 584
Bewertungsfreiheiten 306, 647 f.
Bewertungsgesetz 17, 450 ff.
- Anwendungsbereich 451 f.
- Bewertungsmaßstäbe 454
- Bewertungsstichtag 455
- Zweck 451

Bewertungsgesetzabhängige Steuern 163
Bewertungsmaßstäbe
- des Bewertungsgesetzes 454
- des Einkommensteuergesetzes 299 ff.

Bewertungsrichtlinien 86, 87
Bewirtung 265 f., 272
Bezüge
- Begriff 244, 251
- subjektive Zurechnung 226 ff.
- wiederkehrende –, s. *Erwerbsbezüge* und *Wiederkehrende Bezüge*

BFH
- Bibliothek des – 14
- Bindungswirkung von – Entscheidungen 88
- Geschäftsverteilungsplan 761
- Großer Senat des – 762

799

– Sammlung von – Entscheidungen 10 f.
– Urteil/Beschluß 761
BFH-Entlastungsgesetz 729, 758 f.
Bibliographie, steuerrechtliche 10 ff.
Bibliotheken, steuerwissenschaftliche 14
Biersteuer 146, 165, 607, 608
Bilanz 277 f., 288 f.
– der Kapitalgesellschaft 417 ff.
– der Mitunternehmerschaft 348 ff.
Bilanzänderung 319 f.
Bilanzansatzwahlrecht
– handelsrechtliches – und Maßgeblichkeitsprinzip 285 f.
Bilanzberichtigung 319 f.
Bilanzbündeltheorie 345
Bilanzgewinn 420
Bilanzgliederung 278, 289, 417 ff.
Bilanzidentität 283
Bilanzierung, korrespondierende 637
Bilanzierungsgrundsätze 282 ff.
Bilanzierungshilfe 286
Bilanzkontinuität 283
Bilanzsteuerrecht 276 ff.
Bilanztheorien, statische/dynamische 291
Bilanzwahrheit 283
Billigkeitserlaß 126, 724 ff.
– im Lohnsteuerrecht 726
– bei Nichtüberwälzbarkeit der Umsatzsteuer 531, 725
– und Periodizitätsprinzip 198, 726
– von Substanzertragsteuern 173 f., 498, 725
Billigkeitsgründe 725 f.
– abweichende Festsetzung aus –n 709 f.
– Erlaß aus –n 724 ff.
– Erstattung/Anrechnung aus –n 724 ff.
Binnenmarkt
– und Umsatzsteuer 532
Blankettrecht
– Steuerstrafrecht/-ordnungswidrigkeitenrecht ist – 769
Bodenrichtwerte 457
Börsenumsatzsteuer 164, 178, 595, 599
Branntweinmonopol 72
Branntweinsteuer 21, 146, 607, 608
Bruttoprinzip 282
Bruttosozialprodukt und Steueraufkommen 146, Fn. 3
Bruttosteuersatz, Umsatzsteuer 570
Buchführung
– doppelte 280
– Grundsätze ordnungsmäßiger – 281 ff.
Buchführungspflicht 687 f.
– Verletzung als Ordnungswidrigkeit 784

Buchwertabfindungsklausel und Erbschaft- und Schenkungsteuer 478, 480 f.
Buchwertverknüpfung 309
Bürogemeinschaft 337
Bundesamt für Finanzen 79, 668 f.
Bundesfinanzbehörden 79, 668 f.
Bundesfinanzministerium 79, 668 f.
Bundesfinanzhof, s. *BFH*
Bundesrecht 80
Bundesverfassungsgericht
– und Steuerrecht 61
– Vorlage an – 81, 764
Bußgeldverfahren wegen Steuerordnungswidrigkeiten 791 f.

C

Capital assets 236
Capital gains 236
Code général des Impôts 17, Fn. 9
Computerkosten, Einkommensteuer 264, 268

D

Darlehen
– eigenkapitalersetzende –, s. *Eigenkapitalersetzende Darlehen*
– partiarische – 356
Datenbanken 13
Datenschutz 43 ff., 687
DATEV 13
Dauerdelikt 773
Dauernde Lasten
– Begriff 361
– Bezüge aufgrund – 361
– beim Gewerbeertrag 511, 512
– beim Gewerbekapital 515
– als Sonderausgaben 377
– als Werbungskosten 326
Dauerschulden/Dauerschuldzinsen 509 ff., 515
Dauer-Verwaltungsakt 672, 716
DDR
– Einkünfte aus der – und Einkommensteuer 195
– Finanzverwaltung 668
– Investitionsgesetz 648, 653
– Rechtsschutz 731
– und Umsatzsteuer 582
– Vereinheitlichung des Steuerrechts im vereinigten Deutschland 184
Degressive AfA 306

800

Stichwortverzeichnis

Demokratieprinzip
- und Analogie 41
- und Auslegung 96 f.

Denunziant 44, 766

Devisentermingeschäfte, Einkommensteuer 220 f., 367

Diebstahl von Geld
- Abzug, Einkommensteuerrecht 261

Dienstaufsichtsbeschwerde 730, 732 f.

Differenzgeschäfte, Einkommensteuer 220 f., 367

Differenzmargenbesteuerung
- bei der Umsatzsteuer 569

Disponibles Einkommen 197 f., 209 ff.

Divergenzrevision 758

Dividenden, einkommensteuerliche Behandlung 356

Doppelbelastung
- Begriff 137 f.
- Kapitalgesellschaft/Gesellschafter 404 ff., 445, 469

Doppelbesteuerung
- Begriff, Arten 137 f., 161
- internationale 68 ff., 134, 138

Doppelbesteuerungsabkommen, Rechtsnormqualität 84

Doppelgesellschaft, s. *Betriebsaufspaltung*

Doppelte Haushaltsführung 266, 327

Dritterfüllung 125 f.

Dualismus
- Betriebsausgaben/Werbungskosten 252 ff.
- der Bewertung Grundbesitz/andere Werte 458 f., 464 ff., 488 ff.
- Einkommensteuer/Körperschaftsteuer 160
- der Einkünfteermittlung 233 ff., 369 f.

Dummensteuereffekt 168

Durchführungsverordnungen 83

Durchgriff 123, 409

Durchlaufende Posten
- und vereinfachte Gewinnermittlung nach § 4 Abs. 3 EStG 322
- und Umsatzsteuer 565

Durchlaufspenden 664

Durchschnittssteuersatz bei der Einkommensteuer 392

Durchsuchung im Steuerstrafverfahren 788

E

Edinburgher Regel 50

EG-Harmonisierung 187 ff.

- und Umsatzsteuer 524 ff.
- und Verbrauchsteuern 606

EG-Richtlinien
- Anwendungsvorrang 526
- Bedeutung für nationales Umsatzsteuerrecht 525 ff.
- unmittelbare Wirkung 525

Ehe und Familie
- Schutz von – 53 ff.

Ehegatten
- Einkünftezurechnung 231 f.
- Unterhaltsleistungen an den geschiedenen – 362, 377, 383

Ehegattenbesteuerung 53 ff.
- Einkommensteuer 225, 231 f., 353, 395 ff.
- Erbschaft- und Schenkungsteuer 483 f., 490
- Vermögensteuer 471 f.

Ehegattensplitting 54, 396 ff.

Ehegattenverträge 54 f., 108

Eigenhändler, Umsatzsteuer 535

Eigenhaftung 139

Eigenkapital 417, 419, 441 ff.
- verwendbares, s. *Verwendbares Eigenkapital*

Eigenkapitalersetzende Darlehen
- und Gesellschaftsteuer 597
- und Körperschaftsteuer 448 f.

Eigenkapitalquote 173

Eigentum, wirtschaftliches, s. *Wirtschaftliches Eigentum*

Eigentumsgarantie 56 f.

Eigentumsvorbehalt
- und Umsatzsteuer 536
- und Zurechnung von Wirtschaftsgütern 116

Eigenverbrauch 551 ff., 567
- einkommensteuerliches Abzugsverbot für Umsatzsteuer auf – 378
- körperschaftsteuerliches Abzugsverbot für Umsatzsteuer auf – 429
- Ort des – 555

Einbringung von Wirtschaftsgütern, Betrieben, Teilbetrieben, Mitunternehmeranteilen in Personen-/Kapitalgesellschaften 315

Einbringungsgeborene Anteile 315

Einfuhr
- Ort der Einfuhrlieferung 550
- in das Zollgebiet 556 f.

Einfuhrumsatzsteuer 556 f.
- Schuldner 565
- Vorsteuerabzug 571, 574
- s. auch *Eingangsabgaben*

Stichwortverzeichnis

Eingangsabgaben 782
- Gefährdung von – als Ordnungswidrigkeit 786
- Hinterziehung von – 778, 782

Eingliederung
- finanzielle 436
- organisatorische 436
- wirtschaftliche 436

Einheit, wirtschaftliche 453
Einheit der Rechtsordnung 9 f.
Einheitliche Feststellung, s. *Feststellung*
Einheitsbewertung 455 ff., 488 f.
- im Beitrittsgebiet 466
- Kritik 464 ff.

Einheitswert
- Anwendungsbereich 451
- und Erbschaft- und Schenkungsteuer 488 ff.
- gesonderte Feststellung 704 f.

Einheitswertabhängige Erfolgsrechnungen 241
Einheitswertabhängige Steuern 451
Einkaufspreis, Umsatzsteuer 567
Einkommen, disponibles 197, 208 ff., 211, 375 ff.
- als Maßgröße steuerlicher Leistungsfähigkeit 152 ff.

Einkommensbegriff
- allgemein 152 ff., 199 ff.
- des Einkommensteuergesetzes 199, 202 f.
- des Körperschaftsteuergesetzes 416 ff.
- des US-Einkommensteuerrechts 236, 274

Einkommensermittlungszeitraum 205
Einkommensteuer 146, 150, 158 ff., 190 ff.
- Befreiungen 221 ff.
- Bemessungsgrundlage 196 ff.
- beschränkte/unbeschränkte Steuerpflicht 194 f.
- Charakterisierung 191 ff.
- Einkünfteermittlung 232 ff.
- Entstehungsgeschichte 169 f., 192 f.
- und Erbschaftsteuer 161 f., 218, 394 f., 476 f.
- Freibeträge, Freigrenzen 224 ff.
- Literatur zur – 190
- Quellenabzug 398 f.
- Steuerobjekt 196 ff.
- Steuersubjekt 193 f.
- Tarif 191, 390 ff.
- und Umsatzsteuer 176 f.
- Veranlagung 398
- und Vermögensteuer 468
- Vor- und Nachteile 176 f.

Einkommensverwendungssteuern 149, 174

Einkünfte
- außerordentliche 393 f.
- aus Gewerbebetrieb 333 ff.
- aus Kapitalvermögen 356 f.
- aus Land- und Forstwirtschaft 329 ff.
- aus nichtselbständiger Arbeit 352 ff.
- aus selbständiger Arbeit 335 ff.
- aus Vermietung und Verpachtung 357 ff.
- nachträgliche 373
- sonstige 360 ff.
- steuerbare 217 ff.
- Steuerermäßigung bei ausländischen –n 394
- steuerfreie 221 ff.
- subjektive Zurechnung 226 ff.
- von Mitunternehmern 338 ff.

Einkünfteermittlung 232 ff.
- Gewinneinkünfte 276 ff., 320 ff.
- Mitunternehmereinkünfte 345 ff.
- Typen der – 205, 236 ff., 242
- Überschußeinkünfte 324 ff.

Einkünfteerzielungsabsicht 218 ff.
Einkunftsarten 202, 328 ff.
- Abgrenzung 328 ff.
- gemeinsame Vorschriften (§ 24 EStG) 373 f.
- Konkurrenzen 374 f.
- ungleiche Behandlung der – 224 ff., 233 ff., 328 ff.

Einkunftserzielungsvermögen 264
Einkunftsquellen
- Begriff 226
- Übertragung von – 227 ff.

Einlagen 280, 298 ff.
- Bewertung 299 ff., 303 f.
- verdeckte, s. *Verdeckte Einlagen*

Einmanngesellschaft 413
Einmann-Gründung 413
Einnahmen, s. *Bezüge* und *Erwerbsbezüge*
Einnahmenerzielungsabsicht und Umsatzsteuer 561, 563
Einspruch 730, 732
- Verfahren 733 ff.
- Zulässigkeitsvoraussetzungen 706 f.

Einstweilige Anordnung 731, 735, 750 f., 752 f.

Einwohnersteuer 73
Einzelbewertungsprinzip
- im Rahmen des Bewertungsgesetzes 453
- im Rahmen der Bilanzierung 301

Einzelrechtsnachfolge und Steuerschuldverhältnis 125

Stichwortverzeichnis

Einzelveräußerungspreis 301
Enteignungsverbot 29, 56 f.
Entfaltungsfreiheit 28 f., 43, 56 f.
Entgelt, Umsatzsteuer 541 ff., 565 ff.
Entlassungsentschädigung und Einkommensteuer 373
Entlohnung für mehrjährige Tätigkeit 394
Entnahmen 280, 298 ff., 317
– Bewertung 299 ff., 303 f.
– Entstrickung 316 f.
– von Gegenständen und Umsatzsteuer 552 ff., 555 f., 567
– von Nutzungen und Leistungen und Umsatzsteuer 554, 555 f., 567
– zu Spendenzwecken 665
– verdeckte, s. *Verdeckte Entnahmen*
Entschädigungen
– und Einkommensteuer 312, 373, 393 f.
– und Umsatzsteuer 545 f.
Entscheidungen, s. *Gerichtsentscheidungen*
Entstrickungsprinzip 309 f., 316, 319
Erbanfallsteuer 475
Erbauseinandersetzung
– und Einkommensteuer 314 f., 344
– und Umsatzsteuer 545
Erbausschlagung 492
Erbbaurecht
– im Bewertungsrecht 457
– und Grundsteuer 496 f.
– und Umsatzsteuer 558
Erbengemeinschaft als Mitunternehmerschaft 314 f., 344
Erbenhaftung 125, 141
Erbersatzsteuer 482
Erbfall
– Beteiligung an Gesellschaft im – 627
– Einkünftezurechnung im – 232
– Haftung der Erben 125, 141
Erbfolge, vorweggenommene
– und Erbschaftsteuer 479
– und Umsatzsteuer 545
Erbnachlaßsteuer 475
Erbschaft und Umsatzsteuer 545
Erbschaftsteuer
– Steuerermäßigung bei der Einkommensteuer 394 f.
– s. auch *Erbschaft- und Schenkungsteuer*
Erbschaft- und Schenkungsteuer 146, 149, 161 ff., 474 ff.
– Anzeigepflichten 492
– Befreiungen 483 ff.
– im Beitrittsgebiet 494
– Bemessungsgrundlage 487 ff.
– Bewertungsstichtag 487

– Billigkeitsregelungen 493
– Charakterisierung 475 ff.
– Erlaß 493
– Freibeträge 483 f.
– Konkurrenz zur Grunderwerbsteuer 591
– Nacherklärung 494
– Rechtfertigung 475 f.
– Reformliteratur 475 ff.
– Steuerklassen 490 f.
– Steuerobjekt 477 ff.
– beschränkte/unbeschränkte Steuerpflicht 486
– Steuersubjekte 485 f.
– Steuervermeidung 492
– Stundung 492
– Tarif 490 ff.
– Verfahren 492 f.
Erfinder, Vergünstigungen für – 394, 646, 648
Ergänzungsabgabe 161
Ergänzungsbilanz 348
Ergänzungsschule
– Schulgelder, Sonderausgabenabzug 379
Erhaltungsaufwand 291, 300
Erhebungsverfahren 721 ff.
Erhöhte Absetzungen 647 f.
Erlaß, s. *Billigkeitserlaß*
Erlasse der Finanzverwaltung 86
Erledigung der Hauptsache 757
Erlöschen von Ansprüchen aus dem Steuerschuldverhältnis 126, 722 ff.
Ermächtigung zu Verordnungen 82 f.
– Mängel im Spendenabzugsrecht 663 f.
Ermächtigungsgesetz 82
Ermessen, Ermessensausübung 117 ff.
– Entstehung ermessensabhängiger Ansprüche 124 f.
– Fehlgebrauch 119
– Überschreitung 119
– Unterschreitung 119
– und Verwaltungsvorschriften 88
Ermessensakte 672
Ermittlungszeitraum 198
Erörterungstermin 753
Ersatzbeschaffungsrücklage 312
Ersatzerbschaftsteuer 482
Ersatzvornahme 728
Erstattung
– aus Billigkeitsgründen 724 ff.
– von Haftungsbeträgen 144 f., 711
– von Sonderausgaben/außergewöhnlichen Belastungen 390
– von steuerlichen Nebenleistungen 144 f., 712

Stichwortverzeichnis

– von Steuern 144 f., 712
– von Steuervergütungen 144 f., 711
Erstattungsanspruch 124, 144 f.
Erstattungsverfahren 712
Erträge 251
Ertragsanteil bei Leibrenten 364 ff., 371
Ertragshoheit 75 ff.
Ertragsteuern 147 f.
Ertragswert 454, 456 f.
Ertragswertverfahren 456 f., 458
Erweiterte beschränkte Steuerpflicht
– bei der Einkommensteuer 195
– bei der Erbschaft- und Schenkungsteuer 486
Erweiterte unbeschränkte Steuerpflicht
– bei der Einkommensteuer 195
Erwerb, unentgeltlicher, s. *Unentgeltlicher Erwerb*
Erwerb von Todes wegen 478 f.
Erwerbsaufwendungen 243 ff., 251, 260 f.
– Pauschalierung von – 274 ff.
– praktisch besonders bedeutsame – 263 ff.
– s. auch *Betriebsausgaben, Werbungskosten* und *Aufwendungen*
Erwerbsbezüge 243 ff., 251
Erwerbssphäre
– Abgrenzung von der Privatsphäre 244 ff.
Erwerbs- und Wirtschaftsgenossenschaften, s. *Genossenschaften*
Essigsäuresteuer 608
Europäisches Gemeinschaftsrecht
– und Umsatzsteuer 524 ff.
Europäischer Gerichtshof 765
Europäische wirtschaftliche Interessenvereinigung 503
Existenzminimum
– und Einkommensteuer 212 f., 223
– familiäres 55, 210, 212
– und Leistungsfähigkeitsprinzip 57 ff.
– Sozialbindung des Eigentums und Besteuerung des –s 55 f., 58
– und Sozialstaatsprinzip 55 f.
– und Umsatzsteuer 570
Exportumsätze, s. *Ausfuhrumsätze*
Extension, teleologische 104

F

Fachhochschule für Finanzen NW, Bibliothek 14
Fachzeitschriften 11 f.
Fälligkeit von Ansprüchen aus dem Steuerschuldverhältnis 721 f.
Fälligkeitssteuern 149, 707, 776 f.

Fahrlässigkeit 771, 783
Fahrten Wohnung – Erwerbsstätte 266 f., 326
Falschbewertung 465 f.
Familie, Schutz von Ehe und – 53 ff.
Familienangehörige
– Verträge, Einkommensteuerrecht 230 ff.
Familienbesteuerung 53 ff.
– Einkommensteuer 208 ff., 375 ff.
– Vermögensteuer 471 f.
Familienexistenzminimum 210, 212 ff., 384
Familiengesellschaft 343 f., 614
Familienrealsplitting 215
Familienstiftung, Erbschaftsteuer 482 f., 491 Fn. 71
Familienverein, Erbschaftsteuer 482 f.
Familienverträge 54 f., 108
Fehlerhafter Verwaltungsakt 672, 676 f.
Fehlmaßnahmen
– Vorsteuerabzug aus – 578
Feiertagszuschläge, Einkommensteuer 221, 224
Festnahme, vorläufige im Steuerstrafverfahren 788 f.
Festschriften 12
Festsetzung
– abweichende – aus Billigkeitsgründen 709 f.
– Steuerfestsetzung 707 ff.
– von Steuermeßbeträgen 706
– unter Vorbehalt der Nachprüfung 708 f.
– vorläufige 709
Festsetzungsverjährung 710 f.
Feststellung
– einheitliche 703 ff.
– gesonderte 704 ff.
Feststellungsbescheid 704 ff.
– Aufhebung/Änderung 717 ff.
– Klagebefugnis bei einheitlichem – 745
– negativer 706
– unter Vorbehalt der Nachprüfung 708 f.
– vorläufiger 709
Feststellungsklage 740, 742
Feststellungsverjährung 710 f.
Feudalstaat 47
Feuerschutzsteuer 149, 164, 600 f.
Fiktionstheorie, Umsatzsteuer 529
Finalität der Erwerbstätigkeit 217, 244 f.
Finanzamt 79, 668 f.
– Zuständigkeit 668
Finanzausgleich 70, 77 f.
Finanzausgleichsgesetz 77
Finanzbefehl 121

Stichwortverzeichnis

Finanzbehörden 79, 668 f.
- Hierarchie 668
- Zuständigkeit 668 f.

Finanzbericht 149

Finanzhilfen im Rahmen der Bund-Länder-Beziehungen 77

Finanzmonopole 72

Finanzrecht 5

Finanzrechtsweg 730, 738 f.
- Zulässigkeit 738 f.

Finanzsystem des Grundgesetzes, s. *Finanzverfassung*

Finanzverfassung 62 ff.

Finanzverwaltung 79, 668 f.

Finanzverwaltungsgesetz 79, 668 f.

Finanzwissenschaftliche Steuerlehre 3

Finanzzwecknormen 19 ff., 95, 113

Firmenwert
- in der Bilanz 284, 290, 302
- in der Einheitsbewertung 462 f.
- in der Umsatzsteuer 536

Fischereisteuer 608

Fiskalzwecknormen 20, 95, 113

Folgebescheid 703 f.
- Ablaufhemmung der Festsetzungsfrist für – 711
- Anfechtungsbefugnis bei – 733, 745

Forderungen
- in der Bilanz 289, 302
- in der Vermögensaufstellung 461

Form
- des außergerichtlichen Rechtsbehelfs 734
- Formenstrenge im Prozeß 731
- der Klage 748 f.
- von Steuererklärungen 788 f.
- von Steuerverwaltungsakten 773 f.

Formfehler bei Verwaltungsakten 677, 714

Forschung und Entwicklung, steuerliche Förderung 646

Forstwirtschaft, s. *Land- und Forstwirtschaft*

Fortbildungskosten 267, 379

Freibeträge
- bei der Einkommensteuer 224 ff.
- bei der Erbschaft- und Schenkungsteuer 483 f.
- bei der Gewerbesteuer 516
- bei der Vermögensteuer 470 f.

Freie Berufe 335 ff.
- Abgrenzung zum Gewerbebetrieb 335 f.
- Bewertung des freiberuflichen Vermögens 459 ff.
- Freibetrag bei der Einkommensermittlung 224

- und Mitunternehmerschaft 337

Freigebige Zuwendung 479 ff.

Freirechtsbewegung 93, 100

Freistellungsbescheid 707
- Aufhebung/Änderung 717 ff.
- unter Vorbehalt der Nachprüfung 708 f.
- vorläufiger 709

Fremdhaftung 139

Fristen 681

Fuisting, Bernhard 201

Fundamentalprinzipien 48
- des Steuerrechts 47 ff.

Fusion, s. *Verschmelzung*

G

Gebrauchtwagenhandel, Umsatzsteuer 535, 569

Gebühren als Teil der Abgaben 65

Gegenstandsentnahme, Umsatzsteuer 552 ff., 555 f., 567

Gegenvorstellung 730, 732 f.

Gehaltslieferung, Umsatzsteuer 540

Geldbußen
- Abzugsverbot 9, 259, 267, 273
- für Steuerordnungswidrigkeiten 773

Geldentwertung, s. *Inflation*

Geldstrafen
- Abzugsverbot 9, 267, 273
- für Steuerstraftaten 772 f.

Geldverkehrsumsätze, umsatzsteuerfrei 559

Gelegenheitsgeschenke, Einkommensteuer 354
- Schenkungsteuer und – 484

Gemeindefinanzreformgesetz 77, 500

Gemeinden
- und Steuererträge 77 f.
- und Steuergesetzgebung 74
- und Steuerverwaltung 669

Gemeiner Wert 454

Gemeinnützigkeitsrecht 643, 661 f.
- Freizeitgestaltung 662

Gemeinschaftliche Tierhaltung 330

Gemeinschaftsteuern 76, 127

Gemeinwohl 656 ff.

Gemischte Schenkung
- und Einkommensteuer 352
- und Schenkungsteuer 480

Genossenschaften
- und Gewerbesteuer 503, 505, 507
- und Körperschaftsteuer 411, 416, 422, 428

805

Geprägetheorie, Geprägerechtsprechung 340, 503, 505, 633, 634
Gerechtigkeit 25, 27, 47 ff.
– formale 25 ff.
– materiale 25 ff., 47 ff.
Gerechtigkeitsprinzipien
– grundgesetzliche 27 ff.
– steuerspezifische 57 ff.
Gerichtsbeschwerde 731, 762
Gerichtsentscheidung
– BFH 761
– Finanzgericht 757
Gerichtsentscheidungen
– Bindungswirkung von – 88 f.
– Sammlungen von – 10
Gerichtskosten 762 f.
Geringwertiges Wirtschaftsgut 306 f., 327
Gesamtbilanz 348
Gesamthandseigentum, Zurechnung 116, 453
Gesamtkostenverfahren 419
Gesamtrechtsnachfolge und Steuerrechtsverhältnis/Steuerschuldverhältnis 123, 125
Gesamtschuldner 138, 142, 485
– Bescheid an – 707
Gesamtverbundsystem 69
Gesamtvermögen 464, 470
Geschäfte, schwebende
– keine Bilanzierung von – 310
– Rückstellung für Verluste aus – 283, 293
Geschäftsbetrieb, wirtschaftlicher, s. *Wirtschaftlicher Geschäftsbetrieb*
Geschäftsleitung, Verlegung der –, s. *Verlegung der Geschäftsleitung*
Geschäftsveräußerung
– und Umsatzsteuer 566
– s. auch *Betriebsveräußerung*
Geschäftswert, s. *Firmenwert*
Geschenke 261, 267, 272
Gesellschaft, stille, s. *Stille Gesellschaft*
Gesellschaftereinlagen 421
Gesellschafter-Fremdfinanzierung und Körperschaftsteuer 448
Gesellschafterbeiträge, Umsatzsteuer 547 f.
Gesellschafterverbrauch 555 f., 567
Gesellschaftsanteil
– Bilanzierung 302
– und Erbschaft- und Schenkungsteuer 478 f., 480, 627
– unentgeltliche Übertragung 626
– Veräußerung 367, 625

– in der Vermögensaufstellung 461
Gesellschaftsform und Besteuerung 612 ff.
Gesellschaftsrechte, Ersterwerb von – n und Gesellschaftsteuer 596
Gesellschaftsteuer 164, 178, 595 ff.
Gesellschaftsverhältnis, erbschaft- und schenkungsteuerliche Besonderheiten 478, 480 f.
Gesetz
– Bundes- 80
– einfaches 80 f.
– förmliches 80 f.
– formelles 80 f.
– Landes- 80 f.
– Verfassungs- 80 f.
Gesetzblätter 10
Gesetzesanalogie 104
Gesetzesanwendung, gleichmäßige 53
Gesetzesauslegung, s. *Auslegung*
Gesetzesbestimmtheit 33 f.
Gesetzeskorrektur unzulässig 31
Gesetzeslücken 39 ff., 103 ff.
Gesetzesmaterialien 97 f.
Gesetzesnachweise 13
Gesetzessammlungen 10
Gesetzessprache 93 f., 102 f.
Gesetzesumgehung 111 ff.
Gesetzesvollzug 31 f.
Gesetzeszweck und Auslegung 93 ff.
Gesetzgebungshoheit 72 ff.
Gesetzliche Vertretung 677 f.
Gesetzmäßigkeit der Besteuerung 27 ff.
– Geschichte 28
– Grundlagen in der AO 29
– und Steuervergünstigungen 30
– verfassungsrechtliche Grundlagen 28 f.
Gesetzmäßigkeit der Verwaltung 31 f., 684
Gesetzwidriges Verhalten
– und Besteuerung 110 f.
– und Umsatzsteuer 532
Gesonderte Feststellung 704 ff.
Gestaltungsmißbrauch 111 ff.
Getränkesteuer 73, 137, 608
Getränkeverpackungssteuer 180
Getrennte Veranlagung 398
Gewaltenteilung 29
Gewerbebetrieb
– Abgrenzung zur Vermögensverwaltung 234, 333 f., 359
– Begriff 334, 501
– Einkünfte aus – 333 ff.

Stichwortverzeichnis

- Mehrheit von Gewerbebetrieben und Gewerbesteuer 504 f.
- als Steuerobjekt der Gewerbesteuer 501 ff.
- subjektive Zurechnung der Einkünfte 227 f.

Gewerbeertrag 507 ff.
Gewerbekapital 514 f.
Gewerbesteuer 161, 163, 499 ff.
- Befreiungen 507
- Beginn und Ende der Steuerpflicht 505 f., 624, 628
- im Beitrittsgebiet 523
- Bemessungsgrundlage 507 ff.
- Entwicklung im vereinigten Deutschland 520 ff.
- Hebesatz-Anwendung 518
- Reformvorschläge 518 ff.
- Steuerobjekt 500 ff.
- Steuersubjekt 506
- und Unternehmensform 615, 617
- Zerlegung 517
- s. auch *Realsteuern*

Gewerbesteuermeßbescheid, s. *Steuermeßbescheid*
Gewerbesteuermeßbetrag, s. *Steuermeßbetrag*
Gewerbetreibende, Gewinnermittlung 276 ff., 320 ff.
Gewerbeverlust 516, 626
Gewerbliche Tierzucht 330
Gewinn 202, 223, 239, 307 ff.
Gewinnabführungsvertrag 437
Gewinnabsicht, s. *Gewinnerzielungsabsicht*
Gewinnausschüttung 405, 421, 438
- verdeckte, s. *Verdeckte Gewinnausschüttung*

Gewinnbeteiligung
- Übermaß an - und Schenkungsteuer 481

Gewinnermittlung
- Arten 236 ff., 241
- durch Betriebsvermögensvergleich 236 f., 276 ff.
- der Land- und Forstwirte nach Durchschnittssätzen 241, 242
- bei Mitunternehmerschaften 347 ff.
- durch Überschußrechnung 320 ff.
- Wechsel der Gewinnermittlungsart 323

Gewinnermittlungszeitraum 205
Gewinnerzielungsabsicht 218, 333, 339 f.
- und Umsatzsteuer 561, 563

Gewinnfeststellung, einheitliche 705
Gewinnrealisierung 307 ff., 430 ff.

- bei Transaktionen Personengesellschaft/ Gesellschafter 350 ff.
- s. auch *Stille Reserven*

Gewinn- und Verlustrechnung 280
- Gesamtkostenverfahren 419

Gewinnverteilung
- Angemessenheitsprüfung bei Familien-Personengesellschaften 343 f.
- Übermaß an Gewinnbeteiligung und Schenkungsteuer 481

Gewohnheitsrecht 31, 84
Gläubigerwechsel im Steuerschuldverhältnis 125 f.
Gleichartigkeit von Steuern 72, 137, 148
Gleichheit 49 ff.
- keine - im Unrecht 88, 119, 743

Gleichheitssatz 49 ff.
- und Alterseinkünftebesteuerung 372 f.
- und Analogie 41 f., 104
- und BVerfG 49 f.
- und dualistische Einkünfteermittlung 235
- und Erbschaftsteuer 488 f.
- und Ermessen 88, 119
- und Freibeträge bei der Einkommensteuer 225
- gerechtfertigte Durchbrechungen 51
- und Gerechtigkeit 49 ff.
- und Gewinnermittlung durch Landwirte 331 f.
- und Grundstücksbewertung 458 f., 464 ff.
- und Rechtsprechung des Bundesverfassungsgerichts 764 f.
- und Steuervergünstigungen 658 ff.
- und tertium comparationis 50 ff., 58
- und unterschiedliche Behandlung der Einkunftsarten 329
- und unterschiedliche Behandlung Leibrente/Zeitrente 365
- und unterschiedliche Behandlung von privaten/betrieblichen Veräußerungen 233 ff.
- und besondere Verbrauchsteuern 609
- und Verwaltungsvorschriften 87, 88

Gleichmäßigkeit der Besteuerung, s. *Gleichheitssatz*
GmbH, s. *Kapitalgesellschaft*
GmbH & Co. KG 334, 632 ff.
- und Gesellschaftsteuer 596, 598

GmbH & Stille Gesellschaft 638 ff.
Gnadensplitting 397
GNOFÄ 708
Gratifikationen Einkommensteuer 353

807

Stichwortverzeichnis

Grenzsteuersatz bei der Einkommensteuer 392
Großer Senat des BFH 762
Gründung von Unternehmen
– und Beginn der Gewerbesteuerpflicht 505
– und Beginn der Körperschaftsteuerpflicht 412
– Besteuerung der – 623 f.
– und Gesellschaftsteuer 596
Gründungsgesellschaft, s. auch Vorgesellschaft
– gewerbesteuerliche Behandlung 624
– körperschaftsteuerliche Behandlung 412
Grundbesitz, Begriff 457
Grundbesitzabgaben 326
Grundbesitz-Einheitsbewertung 457 ff.
– und Erbschaft- und Schenkungsteuer 487, 488 ff.
– Kritik 464 ff.
Grunderwerbsteuer 149, 164, 583 ff., 623
– Bemessungsgrundlage 593 f.
– Charakterisierung 583 f.
– Geschichte 583
– Steuerbefreiungen 591 f.
– Steuerobjekt 584 ff.
– Steuersatz 594
– Steuersubjekte 592 f.
– und Umsatzsteuer 583 f.
Grundfreibetrag 212 ff., 391, 397 f.
Grundgeschäfte, Umsatzsteuer 548
Grundgesetz 80 f.
– Finanzverfassung des -es, s. *Finanzverfassung*
Grundkapital 419
Grundlagenbescheid 703 f.
– Verhältnis zwischen – und Folgebescheid 719, 733, 745
Grundrechte
– und Besteuerung 29
– und Besteuerungsverfahren 684 f.
Grundsätze ordnungsmäßiger Buchführung 205, 236, 281 ff.
Grundsatzrevision 758
Grundsteuer 146, 163, 494 ff.
– Befreiungen 496 f.
– im Beitrittsgebiet 498
– Bemessungsgrundlage 497 f.
– Charakterisierung 163, 495 f.
– Rechtfertigung 495 f.
– Steuerbegünstigung von Wohnneubauten 497
– Steuerobjekt 496 f.
– Verfahren 498

– s. auch *Realsteuern*
Grundsteuermeßbescheid, s. *Steuermeßbescheid*
Grundsteuermeßbetrag, s. *Steuermeßbetrag*
Grundstücke
– Abbruchkosten, Einkommensteuerrecht 300
– im Bewertungsrecht 457 ff.
– im Grunderwerbsteuerrecht 591
– Unterbewertung und Erbschaft- und Schenkungsteuer 488 ff.
– s. auch *Betriebsgrundstücke*
Grundstückshandel, gewerblicher 359
Grundvermögen
– Begriff 457
– Bewertung 457 ff.
Gütergemeinschaft
– und Einkommensteuer 396
– und Erbschaftsteuer 485
Güterstand und Einkommensteuer 396 f.
Gütertrennung und Einkommensteuer 397
Gutschrift als Rechnung i. S. des Umsatzsteuergesetzes 574

H

Habilitationskosten 267
Haft im Steuerstrafverfahren 789
Haftung 124, 139 ff.
– Akzessorietät 142
– Auswahlermessen 142 f.
– Entstehen des Haftungsanspruchs 139
– der Erben 125, 141
– Erhebungsverfahren 721
– Erlöschen des Haftungsanspruchs 142
– für Steuerschulden außerhalb der AO 142
– Subsidiarität 143
– Tatbestände 140 ff.
– Umfang 142
Haftungsbescheid 711
Haftungsschuldner 122, 139 f.
Haftungsverfahren 711
Handelsbilanz, Maßgeblichkeit für die Steuerbilanz 280 ff.
Handelsbrauch 84
Handlungsfähigkeit 677 f., 734, 745 f.
Handlungsfristen 681
Harmonisierung der Umsatzsteuer innerhalb der EG 524 ff.
Hauptleistung, Primat der – 540
Hauptzollamt 79, 668 f.

Haushaltsfreibetrag 216, 388
Haushaltsführung, doppelte 266, 327
Haushaltshilfe 379, 381
Hauswirtschaftliches Beschäftigungsverhältnis
– Aufwendungen für – als Sonderausgaben 379
Hebesatz 74
– Gewerbesteuer – 518
– Grundsteuer – 497 f.
Heimcomputer 264, 268
Heimliche Steuererhöhung 392
Herstellungsaufwand 291
Herstellungskosten 300 f.
Hilfsgeschäfte, Umsatzsteuer 548
Hilfsmethoden 99
Hinterbliebenen-Pauschbetrag 381
Hinzurechnungen, Gewerbesteuer 509 ff., 515
Historische Methode 97 f.
Hitlers Steuerfreiheit 191
Hoheitsbetriebe 413 f., 561
Hundesteuer 21, 166, 608

I

Idealkonkurrenz bei mehrfacher Gesetzesverletzung 773
Immaterielles Wirtschaftsgut
– im Bewertungsrecht 461, 462
– Bilanzierung 284, 292
Imparitätsprinzip 283 f., 308
Incentive – Reisen 355
Indexierung des Steuertarifs 392
Individualprinzip bei der Einkommensteuer 194
– Durchbrechungen 314 ff.
– Verletzung durch Korrespondenzprinzip 194
Indizienbeweis 694
In dubio minus 777, 790
In dubio pro fisco 100 f., 107
Inflation
– Eigentumsgarantie und Besteuerung bei – 356
– heimliche Steuererhöhung durch – 392 f.
– und Scheingewinnbesteuerung 61, 204, 284
Informationelle Selbstbestimmung 45
Inhaltsadressat 674
Inland, Umsatzsteuer 549
Innengesellschaft
– und Umsatzsteuer 562
Innenumsätze, Umsatzsteuer 564

Institut für Steuerrecht (Köln), Bibliothek 14
Interessenjurisprudenz 92 f.
Internal Revenue Code 17, Fn. 9
Interventionsnormen 20
Investitionen, Begriff 651
Investitionsförderung 646, 651 ff.
Investitionszulagen 650, 652
Irrtum im Steuerstrafrecht 770 f.
Ist-Besteuerung, Umsatzsteuer 565

J

Jagdsteuer 166, 608
Jahrbücher 12
Jahresabschluß 278
Jahresergebnis 278
Jahresfehlbetrag 278, 419
Jahresüberschuß 278, 419
Jubiläumszuwendung und Rückstellung 293 f.
JURIS 13
Juristische Personen des öffentlichen Rechts
– und Gewerbesteuer 504, 505
– und Körperschaftsteuer 413 ff., 417
– und Umsatzsteuer 561
– und Vermögensteuer 469, 471
Juristische Personen des privaten Rechts
– und Gewerbesteuer 504, 505
– und Körperschaftsteuer 410 ff.
– und Umsatzsteuer 561
– und Vermögensteuer 469, 471

K

Kaffeesteuer 165, 607, 608
Kalte Progression 392
Kapitaleinkünfte 356 f.
– subjektive Zurechnung 228
Kapitalerhöhung 421, 596
Kapitalerhöhung aus Gesellschaftsmitteln
– gesellschaftsteuerliche Behandlung 598
– steuerliche Behandlung beim Anteilseigner 356
Kapitalertragsteuer 356 f.
– Gefährdung der – als Ordnungswidrigkeit 785
– Kleine – 183 f., 357, 399
– Quellenabzugsverfahren 399
Kapitalgesellschaft
– Ausscheiden aus – und Erbschaft- und Schenkungsteuer 478, 481

809

- Eigenkapitalzufuhr an – und Gesellschaftsteuer 596
- und Gewerbesteuer 503 f., 506, 507
- und Körperschaftsteuer 410
- Steuerbelastungsvergleich mit Personengesellschaft 614 ff.
- Veräußerung der Anteile an einer – 225, 367 f., 625
- und Vermögensteuer 469, 471

Kapitalkonto, negatives 350
Kapitalverkehrsteuern 149, 164, 594 ff.
Kapitalwert 454, 461
Katalogberufe 336
Kausalität von Bezügen und Aufwendungen 244 ff.

Kinder
- Berücksichtigung bei der Einkommensteuer 386 ff.
- und Erbschaft- und Schenkungsteuer 482, 490
- Berücksichtigung bei der Vermögensteuer 471, 472

Kinderbetreuungskosten 381, 388 f.
Kinderfreibetrag 216, 386 ff.
Kindergeld
- versus Kinderfreibetrag 386 ff.

Kirchensteuer 400 ff.
- Erhebungsformen 401
- Mitwirkung des Arbeitgebers 402
- Rechtsweg in Streitfragen 403
- als Sonderausgaben 378
- als Unternehmenssteuer 402
- Verwaltung 402

Klage 731, 738 ff.
- Wirkungen der – 750
- Zulässigkeitsvoraussetzungen der – 738 ff.
- Zurücknahme der – 757

Klageadressat 749
Klagebefugnis 742 ff.
- bei einheitlichem Feststellungsbescheid 745

Klageerweiterung 747
Klageform 748 f.
Klagefrist 746 f.
Klagegegner 747
Klageschrift, Beispiel 748 f.
Klagetypen 739 ff.
Klageverfahren 753
Klageverzicht 746
Klassifikation der bestehenden Steuern 158 ff.
Kleidung, s. *Berufsbekleidung*
Kleinunternehmer, Umsatzsteuer 581

Know-how
- Bilanzierung 292
- Einkünfte aus -Verträgen 358
- und Gewerbesteuer 512

Körperbehinderte, Einkommensteuer 267, 381
Körperschaftsteuer 146, 160 f., 404 ff.
- Anrechnungsverfahren 438 ff.
- anzurechnende/zu vergütende – und Einkommensteuer 356
- Ausschüttungsbelastung 437, 439 f.
- Befreiungen 415 f.
- Charakterisierung 404 ff.
- in der ehemaligen DDR 409
- Einkommensermittlung 417 ff.
- Gewinnabführungsvertrag 435 f.
- besondere Fälle der Gewinnrealisierung (Liquidation, Ausscheiden aus der Steuerpflicht u. a.) 430 ff.
- Organschaft 434 ff., 445
- Steuerobjekt 416 ff.
- Steuersubjekte 410 ff.
- Tarif 437
- verdeckte Gewinnausschüttung 422 ff., 446 f.
- verwendbares Eigenkapital 440 ff.

Körperschaftsteuerreform 1977, Ziele 408
Kolonialgesellschaft, Körperschaftsteuer 410
Kommanditgesellschaft
- kapitalistische – 342, 412
- Publikums – 342, 411 f., 633
- s. auch *Personengesellschaft*

Kommanditgesellschaft auf Aktien 344 f., 410, 428
- und Gewerbesteuer 511

Kommanditist
- und Mitunternehmerbegriff 341, 343
- und negatives Kapitalkonto 350

Kommissionsgeschäft, Umsatzsteuer 535, 537
Kommunalabgabengesetz 16
Kommunalsteuern, Geltung der AO 16
Kompensationsverbot bei Steuerverkürzung 777
Konkurrentenklage 742 f.
Konkurrenz
- zwischen Einkunftsarten 374 f.
- Sonderausgaben/außergewöhnliche Belastungen 382
- im Steuerstraf- und -ordnungswidrigkeitenrecht 773
- der Steuertatbestände/-ansprüche 137 f.

Stichwortverzeichnis

Konkurrenzsystem 69
Konkurrierende Gesetzgebung 72 f.
Konkursverwalter, Einkunftsart 337
Konsum als Maßgröße steuerlicher Leistungsfähigkeit 152, 156 ff., 174 ff.
Kontenwahrheit
– Verletzung der – und Haftung 140
– Verletzung der – als Ordnungswidrigkeit 785
Kontrollmitteilungen 690, 699, 703
– im Rahmen der Erbschaft- und Schenkungsteuer 492 f.
Konzernunternehmen 415
– s. auch *Organschaft*
Kopfsteuerprinzip 58 f.
Korrektur von Steuerverwaltungsakten 712 ff.
– allgemeine Vorschriften 714 ff.
– Sonderregeln für Steuerbescheide 717 ff.
– Terminologie 713 f.
Korrespondenzprinzip 194, 363, 366
Korrespondierende Bilanzierung 638
Kosten 124
– außergerichtliches Rechtsbehelfsverfahren 736
– Besteuerungsverfahren 712
– Gerichtsverfahren 762 f.
– Internalisierung 180
Kostenkorrektureinlage 298
Kostenkorrekturentnahme 298
Kraftfahrzeug
– Erwerbsaufwendungen 268
– betriebliche/private Nutzung 298
– -steuer 146, 149, 164 f., 602 ff.
Krankenversicherung, Bezüge aus –, Einkommensteuer 223
Kürzungen, Gewerbesteuer 509, 513 f.
Kulturförderung 646
Kunstförderung 646
Kunstgegenstände
– Hingabe an Zahlungs Statt 722
Kurswert 454, 461
Kurzarbeitergeld, Einkommensteuer 222
Kuxe 356

L

Länderfinanzausgleich 77 f.
Landesfinanzbehörden 79, 668 f.
Landesfinanzministerium 79, 668
Landesrecht 80
Land- und Forstwirtschaft
– Abgrenzung zum Gewerbebetrieb 330 f.
– Einkünfte aus – 329 ff.

– Freibetrag 224
– Gewinnermittlung 241, 242 f., 274, 331 f.
– und Mitunternehmerschaft 331
– Nebenbetrieb 331 f.
– subjektive Zurechnung der Einkünfte 227 f.
– und Umsatzsteuer 582
Land- und forstwirtschaftliches Vermögen im Bewertungsrecht 456 f.
Larenz, Karl 90, 94
Last, dauernde, s. *Dauernde Lasten*
Leasing, Zurechnung von Wirtschaftsgütern 116
Legalitätsprinzip 31 f., 142 f., 685
Lehrbücher des Steuerrechts 13 f.
Leibrenten 326, 364 ff.
Leichtfertigkeit 771, 783
Leistungen (gelegentliche) und Einkommensteuer 225, 367
Leistungen im Umsatzsteuerrecht 533 ff.
– an Arbeitnehmer 543 f., 567
– gemischte 539 f.
– unentgeltliche – an Gesellschafter 555 f., 567 f.
– Ort der – 549
– sonstige, s. *Sonstige Leistungen*
Leistungs-AfA 306
Leistungsaustausch, Umsatzsteuer 541 ff.
Leistungsfähigkeitsprinzip 51, 57 ff.
– und private Abzüge 209 ff., 375 ff.
– zulässige Durchbrechungen 52, 60
– und Systematisierung der Steuerarten 152 ff.
Leistungsklage 741
Leistungsvergütungen an Gesellschafter
– einer Kapitalgesellschaft 616
– einer Personengesellschaft 616, 617
– s. auch *Sondervergütungen (Sondererträge)*
Lenkungsbefreiungen 647
Lenkungsnormen 20 f., 52, 643 ff.
Leuchtmittelsteuer 165, 607, 608
LEXinform 13
Liebhaberei
– und Einkommensteuer 220, 333 f.
– und Körperschaftsteuer 416
– Übergang zur – 318
– und Umsatzsteuer 563
Lieferungen, Umsatzsteuer 536
– Ort der – 550
Lifo-Methode 284, 303
Lineare AfA 305
Liquidation 430, 627
Liquidationsgesellschaft als Mitunternehmerschaft 344

811

Listenverfahren bei Spenden 664 f.
Literatur, steuerwissenschaftliche 10 ff.
Lizenzen
- Bilanzierung 292
- Einkünfte aus – 358
Lohnsteuer
- Abzugsverfahren 398 f.
- Anrufungsauskunft 399, 682
- Gefährdung der – als Ordnungswidrigkeit 785
Lohnsteuerjahresausgleichsbescheid
- Aufhebung/Änderung 717 ff.
Lohnsummensteuer 149, 500, 514 Fn. 110
Lotterieeinnehmer, Einkunftsart 337
Lotteriesteuer 164, 601 f.
Lückenausfüllung durch Analogie 39 ff.
Luxusbauten und Bewertung 458
Luxuspferdesteuer 608

M

Mantelkauf 422, 517
Marginalsteuersatz bei der Einkommensteuer 392
Markteinkommen 158 ff., 196, 309, 329
Markteinkommenstheorie 200 ff.
Maßgeblichkeitsprinzip 280 ff., 417
- Ausnahmen 285 f.
- umgekehrtes – 286 ff.
Maßgrößen steuerlicher Leistungsfähigkeit 152 ff.
Materialbeistellung 541
Materialgestellung 541
Matrikularbeiträge 69
Mehrfachbesteuerung 137 f., 143 ff.
Mehrjährige Tätigkeit, Entlohnung für – 394
Mehrwertsteuer 530 ff.
Methodenlehre 89 ff.
Mietzinsen und Gewerbesteuer 511, 512, 513
Milderung im Strafrecht 773 f.
Milderungsanordnung 83
Mindestbemessungsgrundlage, Umsatzsteuer 567 f., 575 f.
Mineralgewinnungsrechte
- im Bewertungsrecht 453, 455, 461
- in der Bilanz 292
Mineralölsteuer 146, 165, 606, 608
Mischaktivitäten und Einkunftsart 375
Mißbrauch rechtlicher Gestaltungsmöglichkeiten 111 ff.
Mitgliedsbeiträge
- körperschaftsteuerfrei 416

- an Parteien als Sonderausgaben 665 f.
- als Spenden 664 f.
- an Vereine und Umsatzsteuer 546
Mittelbare Grundstücksschenkung 489
Mitunternehmer, Begriff 338 ff.
Mitunternehmeranteil
- Einbringung in Gesellschaft 316
- entgeltlicher/unentgeltlicher Erwerb und Bewertung der Wirtschaftsgüter 304
- unentgeltliche Übertragung 314, 626
- Veräußerung 225, 331, 335, 625
Mitunternehmerinitiative 339
Mitunternehmerrisiko 339
Mitunternehmerschaft 337 ff.
- Arten 340 ff.
- Einheitsbewertung 459 f.
- im Einkommensteuerrecht 331, 334 f., 337 ff.
- im Gewerbesteuerrecht 502, 504 f., 508
- Gewinnermittlung 347 ff.
- Gewinnrealisierung bei Transaktionen innerhalb der – 350 ff.
- Steuerbelastungsvergleich mit Kapitalgesellschaft 614 ff.
Mitwirkungspflichten 687 ff.
Mitwirkungsverweigerungsrechte 691 ff.
Modus barbara 91
Motorbootsteuer 608
Mustersatzungen 74, 83
Mustersteuerordnungen 74, 83

N

Nacherbe 485
Nacherklärung von Kapitalvermögen 473 f., 494
- von Kapitaleinkünften 473 f., 494
Nachhaltigkeit
- als Merkmal von Erwerbstätigkeiten im Einkommensteuerrecht 333
- als Merkmal des Unternehmerbegriffs im Umsatzsteuerrecht 563
Nachlaßverbindlichkeiten 486
Nachprüfung, Vorbehalt der – 708 f., 717
Nachschau 703
Nachschlagewerke 12 f.
Nachtarbeitszuschläge, Einkommensteuer 221, 223
Nebenbestimmungen zu Verwaltungakten 672 f.
Nebenbetrieb, landwirtschaftlicher 330 f.
Nebengeschäft, Umsatzsteuer 548 f.

Stichwortverzeichnis

Nebenleistungen, steuerliche
- Begriff 124
- Erlöschen der Ansprüche auf – 126, 722 ff.
- Erstattungsverfahren 712
- und Festsetzungsverjährung 126, 712
- Zahlung von – ohne rechtlichen Grund, Erstattungsanspruch 144

Negatives Kapitalkonto 350
Nennkapital, verdecktes 449
Nennwert 454, 461
Nettoprinzip
- als Ausfluß des Leistungsfähigkeitsprinzips 59
- bei der Einkommensteuer 197, 203, 209, 258, 375 ff.
- bei der Vermögensteuer 464

Nichtabzugsfähige Betriebsausgaben
- im Einkommensteuerrecht 207 f., 270 ff.
- im Umsatzsteuerrecht 554 f., 567

Nichtanwendungsverfügung 88
Nichteheliche Lebensgemeinschaft und Erbschaftsteuer 484, 490

Nichtigkeit
- eines Rechtsgeschäfts 108 f.
- eines Verwaltungsakts 676

Nichtselbständige Arbeit
- Einkünfte aus – 352 ff.
- steuerfreie Bezüge 223 f.
- subjektive Zurechnung der Einkünfte 228

Nichtveranlagungs-Verfügung 671, 707
Nichtzulassungsbeschwerde 759
Niederstwertprinzip 284, 303
Nießbrauch
- Einkünftezurechnung 229 f.
- Grundstücksnießbrauch 229
- Unternehmensnießbrauch 230
- Wertpapiernießbrauch 229

Nominalwertprinzip 203 ff., 284, 356
Normenkontrollverfahren 81
Normgruppen 19 ff.
Nutzungsrecht
- AfA 305
- Bilanzierung 292

Nutzungswertbesteuerung 359
NV-Verfügung 671, 707

O

Oberfinanzdirektion 79, 668 f.
Obiter dictum 759
Objektsteuercharakter der Gewerbesteuer 500, 509

Objektsteuern, s. *Realsteuern*
Öko-Steuern 179
Örtliche Verbrauch- und Aufwandsteuern, s. *Verbrauchsteuern* oder *Aufwandsteuern*
Offenbare Unrichtigkeit 714 f.
Offene Handelsgesellschaft, s. *Personengesellschaft*
Opportunitätsprinzip
- bei Haftung 142 f.
- bei Verfolgung von Ordnungswidrigkeiten 792

Optionsrecht, Umsatzsteuer
- für Kleinunternehmer 581
- bei steuerfreien Umsätzen 560, 579 f.

Ordnungsgelder, Abzugsverbot 273
Ordnungsmäßige Buchführung 281 ff.
Ordnungswidrigkeit
- Definition 768
- Stadien der – 771 f.
- s. auch *Steuerordnungswidrigkeiten*

Organschaft
- Haftung für Steuerschulden bei – 141
- im Gewerbesteuerrecht 503 f., 506
- im Körperschaftsteuerrecht 434 ff., 445
- im Umsatzsteuerrecht 564

OR-Geschäfte 694, 784

P

Pachtzinsen und Gewerbesteuer 511, 512, 513
Parallelsystem 69
Parlamentsjournalisten 30
Parlamentsvorbehalt 30
Parteispenden 183, 273, 428 f., 484 f., 665 f.
Partenreederei 337
Passivierung
- Passivierungsgebot 286
- Passivierungsverbot 286, 292 f.
- Passivierungswahlrecht 285 f.

Passivlegitimation 747
Pauschalierung, Erwerbsaufwendungen 274 ff.
Pensionsrückstellung 294, 422, 615, 617
Pensionsverpflichtungen in der Vermögensaufstellung 462
Periodizitätsprinzip
- und Billigkeitserlaß 198, 726
- bei der Einkommensteuer 198 f.
- bei der Gewerbesteuer 516 f.

Personalrabatt-Freibetrag 225, 325
Personalsteuern, Begriff 147

813

Personen, juristische, s. *Juristische Personen*
Personengesellschaft
- Beteiligung an –, erbschaft- und schenkungsteuerliche Besonderheiten 478, 480 f.
- Einheitsbewertung 459
- Gesellschafterbeiträge und Umsatzsteuer 547 f.
- im Gewerbesteuerrecht 502 f., 504 f., 508
- gewerblich geprägte 340, 503, 505
- gewerbliche – im Einkommensteuerrecht 193, 334 f., 337 ff.
- Gewinnrealisierung bei Transaktionen Personengesellschaft/Gesellschafter 350 f.
- Steuerbelastungsvergleich mit Kapitalgesellschaft 614 ff.
- im Vermögensteuerrecht 469 f.
- vermögensverwaltende – im Einkommensteuerrecht 359

Personenstandsaufnahme 687
Pfändung von Ansprüchen aus dem Steuerschuldverhältnis 125 f.
Popularklage 742
Positivismus 26, 40 f.
Präjudizien 88
Praktikabilitätsprinzip 52 f., 168
Pressegeheimnis 692
Prima-facie-Beweis 694
Primat der Hauptleistung 540
Primat des Zivilrechts 103
Prinzipien
- formale – der Rechtsstaatlichkeit 27 ff.
- materiale – der Rechtsstaatlichkeit 46 ff.
- rechtsstaatliche – des Steuerrechts 25 ff.
- sachgerechte – als Gleichheitsmaßstab 48 f., 50 ff.
- systemtragende – und Gerechtigkeit 48 f.
- systemtragende – des Steuerrechts 25 ff.
- als Träger des inneren Systems 17 ff.

Privatausgaben 258 f.
Private Abzüge 208 ff., 375 ff.
- persönliche Abzugsberechtigung 389 f.
- Abzugszeitpunkt 389
- Arten 212 ff., 375 ff.
- Behandlung von Erstattungen 390
- und Leistungsfähigkeitsprinzip 209 ff., 375 ff.

Privateinlagen, s. *Einlagen*
Privatentnahmen, s. *Entnahmen*

Privatsphäre
- Abgrenzung von der Erwerbssphäre 244 ff.

Privatvermögen, notwendiges 296
- Veräußerung von – 367 ff., 369 f.

Produktionssteuern 75
Progression
- in der Einkommensteuer 55, 191, 391 ff.
- kalte 392 f.

Progressionsvorbehalt 223 f., 393
Progressions-„Vorteil" 197 f., 655
Promotionskosten 267
Proportionalzonen im Einkommensteuertarif 392
Prozeßbevollmächtigter 746, 756
Prozeßfähigkeit 745 f.
Prozeßfürsorgepflicht 738
Prüfungsanordnung 699 f.
Prüfungsbericht 701
Publikums-KG 342, 411 f., 633

Q

Quellenabzugsteuern, s. *Abzugsteuern*
Quellenabzugsverfahren, Einkommensteuer 398 f.
Quellensteuer, Begriff 149
Quellentheorie 200 ff., 233

R

Raum, rechtsfreier 103 ff., 105, 202
Realakttheorie 529
Realisationsprinzip 153 f., 283, 308 ff.
Realkonkurrenz bei mehrfacher Gesetzesverletzung 773
Realsplitting (§ 10 I Nr. 1 EStG) 383 f.
Realsteuern 494 ff.
- Begriff 147
- Ertragshoheit 77
- Geltung der AO 16
- Verwaltung von – 79, 706
- Zulässigkeit des Finanzrechtswegs/-verwaltungswegs 733 ff., 738

Realteilung 315, 316, 625
Realverkehrsteuern 164
Rechnung
- und Vorsteuerabzug 574 f.
- und Umsatzsteuerschuld 565, 575

Rechnungsabgrenzungsposten
- in der Bilanz 284, 289, 294 f.
- in der Vermögensaufstellung 460

Recht auf Gehör
- bei Außenprüfung 700 f.

- im Besteuerungsverfahren 697
- im Prozeß 756
- im Steuerstrafverfahren 790

Rechtfertigung der Steuern 46 f.
Recht, supranationales 84 f.
Rechtsanalogie 104
Rechtsanwendung 80 ff., 89 ff.
- analoge – 39 ff., 103 ff.
- und System 23 f.

Rechtsbegriff, unbestimmter, s. *Unbestimmter Rechtsbegriff*
Rechtsbehelfe
- Arten 730 f.
- außergerichtliche 730 ff.
- außerordentliche 730, 732 f.
- und Festsetzungs-/Feststellungsverjährung 711
- gerichtliche 731, 738 ff.
- ordentliche 730 f.

Rechtsbehelfsbelehrung 734, 747
Rechtsbehelfsfrist 734, 746 f.
Rechtsbehelfsverfahren, außergerichtliches 731 ff.
- Ausnahmen vom – 736 ff.
- als Klagevoraussetzung 738
- Kosten 736
- Zulässigkeitsvoraussetzungen 733 ff.

Rechtsbehelfsverfahren, gerichtliches 738 ff.
Rechtsbehelfsverzicht 734, 746
Rechtsbeugung und Zinssteueramnestiegesetz 182
Rechtsfähigkeit 122 f.
Rechtsfehlerkorrektur 720
Rechtsform und Besteuerung 612 ff.
Rechtsfortbildung 39 ff., 103 ff.
Rechtsfreier Raum 103 ff., 105, 202
Rechtsgefühl 90, 106 f.
Rechtsgeschäft
- nichtiges 108 f.
- unwirksames 108 f.

Rechtsgestaltung, unangemessene 111 ff.
Rechtshängigkeit 750
Rechtshilfe 703
Rechtskraft 712 f., 763 f.
- formelle 763
- materielle 763 f.

Rechtsmittel 731, 758 ff.
Rechtsnachfolger
- keine Verlustverwertung durch – 193, 207
- s. auch *Einzelrechtsnachfolge* und *Gesamtrechtsnachfolge*

Rechtsnormen 80 ff.

Rechtsprechung
- Bindungswirkung 88 f.
- Sammlungen von Gerichtsentscheidungen 10
- und Vertrauensschutz 38 f.

Rechtsquellen 80 ff.
Rechtssatzgefüge 92
Rechtsschutz 729 ff.
- außergerichtlicher 731 ff., s. auch *Rechtsbehelfsverfahren, außergerichtliches*
- in Europasachen 765
- gerichtlicher 738 ff., s. auch *Klage*
- in Verfassungssachen 764 f.
- vorläufiger 731, 735, 750 ff.

Rechtssicherheit 33 ff.
- und Analogieverbot 39 f.
- und Aufhebung/Änderung von Bescheiden 720
- und teleologische Auslegung 97
- und Aufhebung/Änderung von Gesetzen 36 f.
- und Verwaltungsvorschriften 87

Rechtsvereinheitlichung im vereinigten Deutschland 184
Rechtsverkehrsteuern 164
Rechtsverordnungen 81 ff.
Rechtswege 730
Rechtswidriger Verwaltungsakt 672, 676 f.
Rechtswidrigkeit der Straftat/Ordnungswidrigkeit 770
Redistribution
- durch Besteuerung 55
- durch Erbschaftsteuer 475

Reduktion, teleologische 104 f.
Reformliteratur
- zur Einkommensteuer 190
- zur Erbschaft- und Schenkungsteuer 475
- zur Gewerbesteuer 518 ff. Fn. 137 ff.
- zur Unternehmensbesteuerung 628 f.

Reichsabgabenordnung 15
Reihengeschäft 537 f.
Reinvermögenszugangstheorie 159 f., 161, 200 f.
Reinvestitionsrücklage 312 ff., 651 f.
Reisegewerbebetrieb 501, 504
Reisekosten, Einkommensteuer 268
Reiseleistungen, Umsatzsteuer 569
Rennwett- und Lotteriesteuer 164, 601 f.
Renten
- Begriff 361
- einkommensteuerliche Behandlung von -bezügen 360 ff.

Stichwortverzeichnis

- einkommensteuerliche Behandlung von -zahlungen 326, 360 ff., 370 ff., 377
- beim Gewerbeertrag 511, 512
- beim Gewerbekapital 515

Rentenstammrecht 361
Repräsentationsaufwendungen 259
Reserven, stille, s. *Stille Reserven*
Revision 731, 758 ff.
Revisionsgründe 759 f.
Revisionsverfahren 760
Richterrecht 84
Richtlinien 85 ff.
Richtlinien der EG 85
Richtsätze, Bindungswirkung von -n 87
Risiko der Erwerbstätigkeit 247
Rückdatierung von Verträgen 109 f., 129
Rückgabe, Umsatzsteuer 538
Rückgängigmachung von Geschäftsvorfällen 108, 129, 719 f.
- bei der Grunderwerbsteuer 587, 588

Rückkaufswert 454
Rücklagen
- für Ersatzbeschaffung 312
- nach § 6 b EStG 312 ff., 651 f.
- steuerfreie 648

Rücklieferung, Umsatzsteuer 538
Rücknahmepreis 454, 461
Rücknahme von Verwaltungsakten 712 ff.
Rückstellungen
- in der Bilanz 289, 292 ff.
- für Jubiläumszuwendungen 293 f.
- wegen Verletzung fremder Patent-, Urheber- oder ähnlicher Schutzrechte 293
- für drohende Verluste aus schwebenden Geschäften 283 f., 293
- in der Vermögensaufstellung 460, 461

Rückvergütung bei Genossenschaften 428
Rückwirkung, echte und unechte 35 f.
Rückwirkung von Verträgen, 109 f., 129
Rückwirkungsverbot 34 ff.
- für Gesetze 34 ff.
- für Rechtsanwendung durch Behörden und Gerichte 37 ff., 42
- im Strafrecht 769

S

Sachaufklärung
- durch Finanzbehörde 686 f., 697
- durch Finanzgericht 753 ff.
- im Steuerstrafverfahren 788 f.
- und Steuervereinbarungen 32

Sachbezüge 325, 353

Sacheinlage
- und Umsatzsteuer 547 f.
- und UmwStG 315

Sachforderungen im Bewertungsrecht 458 f., 462, 463
Sachhaftung 142
Sachinbegriff, Vermietung/Verpachtung 358
Sachschulden im Bewertungsrecht 458 f., 462, 463
Sachverständigengutachten
- im Besteuerungsverfahren 690
- im Steuerprozeß 755
- im Steuerstrafverfahren 788

Sachwert 454, 457
Sachwertverfahren 458
Säumniszuschlag 124, 727, s. auch *Nebenleistungen, steuerliche*
Salzsteuer 165, 606
Sammelverfügung 671
Sanierungsgewinn 224, 280
Satzungen, autonome 74
Schachtelprivileg
- bewertungsrechtliches 462, 469
- gewerbesteuerliches 514, 515

Schadensersatz und Umsatzsteuer 545 f.
Schätzung von Besteuerungsgrundlagen 243, 695
Schankerlaubnissteuer 166, 608
Schanz, Georg von 201
Schaumweinsteuer 165, 607, 608
Schedulensteuer 191
Scheingeschäft 109, 114
Scheingewinnbesteuerung 204, 284, 370
Scheinhandlung 109
Schenkung
- gemischte, s. *Gemischte Schenkung*
- eines Gesellschaftsanteils 626 f.
- eines Grundstücks oder Geldbetrages? 489
- unter Lebenden 479 ff.
- auf den Todesfall 478

Schenkungsteuer, s. *Erbschaft- und Schenkungsteuer*
Schlußbesprechung 700 f.
Schmiergeld
- Abzugsfähigkeit als Betriebsausgabe/Werbungskosten 274
- Schmiergeld-Paragraph (§ 160 AO) 694 f.

Schmuggel 782
Schreiben der Ministerien 86
Schriftform, s. *Form*
Schriftsatztausch 754

Schuld im Strafrecht 770 f.
Schuldnerwechsel im Steuerschuldverhältnis 125 f.
Schuldrecht, öffentliches 5
– und Einkommensbegriffe 199
Schuldübernahme im Steuerschuldrecht 126
Schuldzinsen, s. *Zinsen*
– Abzug, Einkommensteuerrecht 240, 269 f.
Schulgelder
– Sonderausgabenabzug 379
Schwebende Geschäfte
– keine Bilanzierung von – 310
– Rückstellung für drohende Verluste aus – 283 f., 293
Selbständige Arbeit
– Einkünfte aus – 335 ff.
– subjektive Zurechnung der Einkünfte 228
Selbständigkeit
– als Merkmal von Erwerbstätigkeiten im Einkommensteuerrecht 333
– als Merkmal des Unternehmerbegriffs im Umsatzsteuerrecht 564
Selbstanzeige 771, 779 f., 784
Selbstbindung der Verwaltung 88, 119, 743
Selbstkosten, Umsatzsteuer 567
Sicherheitsleistung
– Anforderung einer – als Nebenbestimmung 673
– und Aussetzung der Vollziehung 752
– und Stundung 722
Sicherstellung von Gegenständen im Steuerstrafverfahren 788
Sicherungseigentum und Zurechnung von Wirtschaftsgütern 116
Sittenwidriges Verhalten und Besteuerung 211 f.
Soll-Besteuerung, Umsatzsteuer 565
Soll-Ertragsteuern 163
Sonderabgaben 66 f.
Sonderabschreibung 307, 647 f.
Sonderaufwendungen von Mitunternehmern 349, 508
Sonderausgaben 376 ff., 648
– Behandlung der Erstattung von – 390
Sonderbetriebsvermögen 349 ff., 615, 616 f.
Sonderbilanz 348 ff.
Sondervergütungen (Sondererträge) für Gesellschafter einer Personengesellschaft

– und Einkommensteuer 349 f., 616
– und Gewerbesteuer 508, 617
Sonn- und Feiertagszuschläge, Einkommensteuer 223
Sonstige Einkünfte 360 ff.
Sonstige Leistungen, Umsatzsteuer
– Begriff 538 f.
– Ort der – 551
Sonstiges Vermögen, Bewertungsrecht 462
Sozialrecht und Steuerrecht 6
Sozialstaatsprinzip 55 f., 58
– und progressiver Steuertarif 55 f., 58
– und Steuervergünstigungen 657
Sozialversicherungsrenten
– Ansprüche aus – im Bewertungsrecht 463
– im Einkommensteuerrecht 355, 365 f., 372 f.
Sozialzwecknormen 20 f., 52, 643 ff.
– Gesetzgebungshoheit 21
– und § 42 AO 113
Sozialzwecksteuern 20, 609
Sozietät 337
Sparerfreibetrag 225
Speiseeissteuer 608
Spekulationsgeschäft 234, 240 f., 368 f.
– Freigrenze für Gewinne aus – 225
– Verhältnis zu § 17 EStG 375
Spenden
– zur Förderung des demokratischen Staatswesens 665
– für gemeinnützige Zwecke 379, 428, 662 ff.
– und Gewerbesteuer 512, 513 f.
– Großspendenrück-/-vortrag 664
– an politische Parteien 273, 379, 428, 665 f.
– und Vertrauensschutz 666 f.
Spendenabzugsrecht 643, 662 ff.
Spezialakzisen 47 f.
Sphärentrennung, Körperschaftsteuer 409
Spielbankabgabe 30, 165, 168, 604 f.
Spielgewinn, Einkommensteuer 220 f.
Spielkartensteuer 608
Spitzensteuersatz bei der Einkommensteuer 392
Splitting 54, 396 ff.
Sprungklage 737 f.
Staatspolitische Zwecke, Spenden zur Förderung – 665
Staatsverträge vom 18. 5. 1990 und vom 31. 8. 1990 184 f.
Stabilitätsgesetz und Steuerrecht 644

Stabilitätszuschlag 161
Stammkapital 419
Steuerabzug, Einkommensteuer 398 f.
Steueranmeldung
– Aufhebung/Änderung 717 ff.
– Begriff 689
Steueranpassungsgesetz 15
Steueranrechnung ausländischer Steuern
– bei der Einkommensteuer 394
– bei der Erbschaftsteuer 492
Steueranspruch = Kehrseite der Steuerschuld, s. daher *Steuerschuld*
Steuerarten
– Eigenschaften 168 f.
– rechtspolitische Bewertung und Rechtfertigung 168 f.
– und Steueraufkommen 146
– Systematisierung 150 ff.
Steueraufsicht 703
Steueraufteilung
– Möglichkeiten der – 69
Steuerbefreiungen
– bei der Einkommensteuer 221 ff.
– bei der Erbschaft- und Schenkungsteuer 483 ff.
– gesetzlose im Lohnsteuerrecht 225
– bei der Gewerbesteuer 516
– bei der Grundsteuer 497
– bei der Körperschaftsteuer 415 f.
– als Lenkungsmittel 647
– objektive 132 f.
– subjektive 131, 470
– bei der Umsatzsteuer 557 ff.
– bei der Vermögensteuer 470 f.
– Verzicht auf – im Rahmen der Umsatzsteuer 560, 579 f.
Steuerbegriff
– der Abgabenordnung 29, 62 f., 64 ff.
– des Grundgesetzes 62 ff.
– und Wirtschaftslenkung 644
Steuerbelastungsvergleich Personen-/Kapitalgesellschaft 614 ff.
Steuerbemessungsgrundlage, s. *Bemessungsgrundlage*
Steuerbenachteiligung 136, 643
Steuerberater
– als Bevollmächtigter im außergerichtlichen Rechtsbehelfsverfahren 734
– als Bevollmächtigter im Besteuerungsverfahren 679 f., Zurechnung des Verschuldens 680, 718 f.
– als Prozeßbevollmächtigter 746

– und Steuerhinterziehung/leichtfertige Steuerverkürzung 776, 783 f.
– als Verteidiger im Steuerstrafverfahren 789
Steuerberatungskosten, Einkommensteuer 379
Steuerberechtigter 121
Steuerbescheid
– Aufhebung/Änderung 717 ff.
– Begriff 707
– Form, Inhalt 710
– unter Vorbehalt der Nachprüfung 708 f., 717
– vorläufiger – 709, 717
– zusammengefaßter – bei Gesamtschuld 707
Steuerbetragsermäßigung 135, s. auch *Steuerermäßigung*
Steuerbilanz, s. *Bilanz*
Steuerdestinatar, s. *Steuerträger*
Steuerdiskriminierung 136
Steuerentrichtungspflichtiger
– Aufgaben 122, 127
– Haftung 140
Steuerentstrickung 309 f., 316, 319
Steuererfindungsrecht 30
– des Bundes 72 f.
– der Gemeinden 74
– der Länder 74
Steuererhöhung, heimliche durch Inflation 392 f.
Steuererklärung
– Abgabefrist 688 f.
– Abgabepflicht 688
– Berichtigungspflicht 689 f.
– Form 688 f.
– Verletzung der Abgabepflicht als Steuerverkürzung 775
– und Verspätungszuschlag 689
Steuerermäßigung
– Begriff 135
– bei der Einkommensteuer 393 ff.
– bei der Erbschaft- und Schenkungsteuer 491
– bei der Körperschaftsteuer 438
– bei der Umsatzsteuer 570
Steuererstattung 144 f.
– unzulässiger Erwerb von -sansprüchen als Ordnungswidrigkeit 786
– Verfahren 712
Steuerertragshoheit 75 ff.
Steuerfahndung
– Aufgaben 702 f.
– Befugnisse im Steuerstrafverfahren 788 f.

Stichwortverzeichnis

Steuerfestsetzung 707 ff.
- abweichende – aus Billigkeitsgründen 709 f.
- Aussetzung der – 709
- und Festsetzungsverjährung 710 f.
- unter Vorbehalt der Nachprüfung 708 f.
- vorläufige – 709
- widerstreitende – 719

Steuerflucht 130

Steuerföderalismus 70 f.
- und Gleichheitssatz 53

Steuergefährdung 784 ff.

Steuergefälle 70

Steuergegenstand, s. *Steuerobjekt*

Steuergeheimnis 43 ff.

Steuergerechtigkeit 47 ff.
- in der Geschichte 47 f.

Steuergeschenk 136, 643, 657

Steuergesetzbuch 15

Steuergesetzgebungshoheit 72 ff.

Steuergläubiger 126 f., 131

Steuergut 131 f., 137, 152

Steuergutschrift, Körperschaftsteuer 407
s. auch *Anrechnungsverfahren, Steuervergütung*

Steuerhehlerei 782

Steuerhinterziehung 775 ff.
- Haftung bei – 140

Steuerhoheit
- allgemeines 67 ff.
- nach der Finanzverfassung 70 ff.
- räumliche 68
- sachliche 68

Steuerklauseln 104, 129 f.

Steuerlehre
- Betriebswirtschaftliche – 3 f.
- Finanzwissenschaftliche – 3

Steuerlisten und Steuergeheimnis 45 f.

Steuermeßbescheid
- Aufhebung/Änderung 717 ff.
- Begriff, Inhalt 706
- unter Vorbehalt der Nachprüfung 708 f.
- vorläufiger – 709 f.

Steuermeßbetrag
- Festsetzung 704, 706
- einheitlicher – für Gewerbesteuer 515 f.
- für Grundsteuer 497 f.

Steuermeßzahlen
- der Gewerbesteuer 515
- der Grundsteuer 497 f.

Steuermoral 44

Steuern
- Aufkommen 146
- Begriff 62
- direkte/indirekte 147
- auf das Einkommen 149, 158 ff., 167, 169 ff.
- auf die Einkommensverwendung 149, 163 ff., 167, 174 ff.
- generelle/spezielle 148
- gleichartige 72, 137, 148
- Gliederung im Finanzbericht 149
- verwaltungstechnische Unterscheidungen 149
- periodische/nichtperiodische 148
- Personal-/Real- 147
- Schaubild 167

Steueroasen
- auf internationaler Ebene 133, 486
- auf nationaler Ebene 69, 499

Steuerobjekt 131 f.
- bei der Einkommensteuer 196 ff.
- bei der Erbschaft- und Schenkungsteuer 477 ff.
- bei der Gesellschaftsteuer 596 ff.
- bei der Gewerbesteuer 500 ff.
- bei der Grunderwerbsteuer 584 ff.
- bei der Grundsteuer 496 f.
- bei der Körperschaftsteuer 416 ff.
- bei der Umsatzsteuer 533 ff.
- bei der Vermögensteuer 470 f.

Steuerordnungswidrigkeiten 783 ff.
- Abgrenzung zu Steuerstraftaten 767
- Rechtsfolgen 773
- Tatbestandselemente 768 ff.
- Verfahren 791 f.

Steuerpflicht
- persönliche, s. *Steuersubjekt*
- sachliche, s. *Steuerobjekt*
- s. auch *Beschränkte Steuerpflicht, Unbeschränkte Steuerpflicht*

Steuerpflichtiger 121 f.

Steuerprivileg 136, 643, 657

Steuerprogression, s. *Progression*

Steuerquote 146, Fn. 3

Steuerrecht
- Bedeutung 1 f.
- Charakteristika 4 f.
- und Grundrechte 49 ff.
- Literatur zum – 10 ff.
- Mängel 60 f.
- innerhalb der Rechtsordnung 4 ff.
- und Rechtsstaat 25 ff.
- und Sozialrecht 6
- und supranationales Recht 84 f.
- System des -s 15 ff.
- und allgemeines Verwaltungsrecht 5
- und Wirtschaftsrecht 6

819

– als Zeit- oder Dauerrecht 774
– und Zivilrecht 6 ff., 102 f., 112 f.
Steuerrechtfertigungstheorie 46
Steuerrechtsdatenbanken 13
Steuerrechtsfähigkeit 122 f.
Steuerrechtsgeschichte 3 Fn. 18
Steuerrechtssubjekt 122
  s. auch *Steuersubjekt*
Steuerrechtsverhältnis 120 ff.
– Begriff 120
– Beteiligte 121 f.
Steuerrechtswissenschaft, Aufgaben 2
Steuerreformgesetz 1990 181 ff.
Steuerreformliteratur, s. *Reformliteratur*
Steuersatz 134 f.
– bei der Gesellschaftsteuer 599
– bei der Grunderwerbsteuer 594
– bei der Umsatzsteuer 570
– bei der Vermögensteuer 473
– s. auch *Steuertarif*
Steuersatzermäßigung 135
  s. auch *Steuerermäßigung*
Steuersatzungen der Gemeinden 74, 83
Steuerschuld
– Begriff 127
– Entstehung 127 ff.
– Erlöschen 126, 722 ff.
– Fälligkeit 721 f.
– Voraussetzungen 709
Steuerschuldermäßigungen als Steuervergünstigungen 648 f.
Steuerschuldner
– Begriff 121 f., 127
– s. auch *Steuersubjekt*
Steuerschuldverhältnis 120 f., 124 ff.
Steuerschuldverhältnis, Ansprüche aus dem –
– Begriff 124
– Entstehung 124
– Erhebungsverfahren 721 ff.
– Erlöschen 126, 722 ff.
– Fälligkeit 721 f.
– und Gläubigerwechsel 125
– und Schuldnerwechsel 125
– Verzinsung 727
Steuerstaat 1
Steuerstrafrecht 766 ff.
Steuerstraftaten 766 ff., 775
– Rechtsfolgen 772 ff.
– Tatbestandselemente 768 ff.
Steuerstrafverfahren 787 ff.
– Befugnisse der Strafverfolgungsbehörde 788 f.
– und Besteuerungsverfahren 787 f., 793 f.

– Rechte des Beschuldigten 789 f.
Steuersubjekt 122, 130
– der Einkommensteuer 193 ff.
– der Erbschaft- und Schenkungsteuer 485
– der Gesellschaftsteuer 598
– der Gewerbesteuer 506
– der Grunderwerbsteuer 592 f.
– der Grundsteuer 497
– der Körperschaftsteuer 410 ff.
– der Umsatzsteuer 561 ff.
– der Vermögensteuer 469 f.
Steuertarif
– Begriff, Tariftypen 134 f., 391 ff.
– der Einkommensteuer 191, 390 ff.
– der Erbschaft- und Schenkungsteuer 490 ff.
– der Körperschaftsteuer 437 f.
– der Körperschaftsteuer in der ehemaligen DDR 409 f.
– und Umverteilung 55
– s. auch *Steuersatz*
Steuertatbestand 130 ff.
Steuerträger 122, 143
Steuerumgehung 111 ff., 130
– Rechtsfolge 115
– und Steuerverkürzung 115, 776
– Tatbestand 113 ff.
Steuervereinbarung, Unzulässigkeit 32 f., 53
Steuervergünstigungen 52, 135 f., 643 ff.
– Arten 643
– Begriff 135 f.
– einkunftsabhängige – bei der Einkommensteuer 221 ff., 224 ff.
– Gemeinnützigkeits- und Spendenabzugsvorschriften 661 ff.
– und progressiver Steuertarif 197, 655
– Rechtfertigung von – 656 ff.
– wirtschaftslenkende –, s. *Wirtschaftslenkende Steuervergünstigungen*
Steuervergütung
– Begriff 143 f.
– unzulässiger Erwerb von –sansprüchen als Ordnungswidrigkeit 786
– Festsetzungsverjährung 710 f.
– der anrechenbaren Körperschaftsteuer 448 f., 449
– der Umsatzsteuer (Vorsteuerabzug) 143, 571 ff.
– Verfahren 711
Steuervergütungsbescheid
– Aufhebung/Änderung 717 ff.
– unter Vorbehalt der Nachprüfung 708 f.
– vorläufiger 709

Stichwortverzeichnis

Steuerverkürzung
- leichtfertige 783 f.
- vorsätzliche 775 ff.

Steuervermeidung 130

Steuervertrag, Unzulässigkeit 32 f.

Steuerverwaltungsakt 670 ff.
- Änderung 713 ff.
- Aufhebung 713 ff.
- Begriff 670 f.
- Begründung 674
- begünstigender/belastender 672
- Bekanntgabe 674 f.
- Berichtigung 714
- Bestimmtheit 673
- mit/ohne Dauerwirkung 672
- einseitiger 672
- Fehlerhaftigkeit 672, 676 f.
- Folgen bei Verstößen gegen örtliche/ sachliche Zuständigkeit 669
- Form 673 f.
- gebundener 672
- Inhaltsadressat 674
- Korrektur 712 ff.
- mitwirkungsbedürftiger 672
- Nebenbestimmungen 672 f.
- Nichtigkeit 676
- positiver/negativer 671
- Rechtmäßigkeit 672
- rechtsfeststellender/rechtsgestaltender 671 f.
- Rechtswidrigkeit 672, 676
- Rücknahme 713 ff.
- Widerruf 713 ff.
- Wirksamwerden 676
- Zustellung 675

Steuerverwaltungshoheit 78 f.

Steuervorteile
- Erlangung ungerechtfertigter – als Steuerhinterziehung 778
- s. auch *Steuervergünstigungen*

Steuerzeichen 707

Stichtagsprinzip
- im Bewertungsrecht 455
- bei der Erbschaft- und Schenkungsteuer 487
- als Grundsatz ordnungsmäßiger Buchführung und Bilanzierung 284 f.
- bei der Vermögensteuer 473

Stiftungen
- Familien- und Erbschaftsteuer 482 f., 490
- und Gewerbesteuer 504, 506
- und Körperschaftsteuer 411, 439

Stille Gesellschaft
- Abgrenzung typische/atypische – 341 f., 639
- atypische – und Einkommensteuer 335, 341 f., 640
- atypische – und Gewerbesteuer 502, 642
- und Gesellschaftsteuer 639
- typische – und Einkommensteuer 356, 640
- typische – und Gewerbesteuer 511, 515, 642
- und Vermögensteuer 639 f.

Stille Reserven
- Aufschub der Besteuerung 311 ff., 323, 651 f.
- Begriff 310 f.
- Übergang auf andere Rechtssubjekte 311, 314 ff.
- Übertragung auf andere Wirtschaftsgüter 311 ff.
- und Umwandlung/Verschmelzung 431 ff.

Stille Reserven, Zugriff auf – als ultima ratio 316 ff.
- bei Ausscheiden aus der Körperschaftsteuerpflicht 431
- bei Betriebsaufgabe 317, 318, 627 f.
- bei Liquidation einer Körperschaft 430, 627

Strafaufhebungsgründe 771

Strafbefehlsverfahren 790 f.

Strafrechtsweg 730

Straftat
- Definition 768
- Stadien der – 771
- s. auch *Steuerstraftaten*

Strafverfahren, s. *Steuerstrafverfahren*

Streitgegenstand 748

Streitwertrevision 759

Strukturwandel, Einkommensteuer 318

Studienführer 14

Stundung 627, 721 f.
- von Erbschaft- und Schenkungsteuer 493

Stundungszinsen 722, 727

Stuttgarter Verfahren 461

Subjektprinzip bei der Einkommensteuer, s. *Individualprinzip*

Subjektsteuern, Begriff 147

Subsidiarität der Haftung 143

Substance over form 101, 109

Substanzbetriebe, Land- und Forstwirtschaft 331

Substanzsteuern 147 f., 172 f., 450 ff.

821

Stichwortverzeichnis

Substanzverringerung
– Absetzung wegen – 304 ff.
Subsumtion 90
Subventionen
– indirekte (verdeckte) – mangels Offenlegung im Haushaltsplan 136, 647
– für die Landwirtschaft 224, 331
– allgemeine Rechtfertigung 656 f.
– verfassungsrechtliche Rechtfertigung 657 ff.
– durch Steuer- und Förderungsgesetze 643 ff.
Subventionsbericht 44, 656 f.
Supranationales Recht 84 f.
System des Steuerrechts 15 ff.
– Bedeutung 23 f.
Systematische Methode 98 f.
Systematisierung der Steuerarten, Schema 167

T

Tabaksteuer 20, 146, 165, 607, 608, 611
Täterschaft 772
Tätigkeit, Entlohnung für mehrjährige – 394
Tantiemen, Einkommensteuer 353
Tarif, s. *Steuertarif*
Tarifbelastung, Körperschaftsteuer 439 f., 441, 444
Tarifrevolution 170
Tariftypen 135
Tatbestandsirrtum 770, 772
– umgekehrter 771 f.
Tatbestandsmäßigkeit
– der Besteuerung 27, 30, 33
– im Strafrecht/Ordnungswidrigkeitenrecht 768 ff.
Tatsachen, neue
– und Korrektur des Steuerbescheids 718 f.
Tatsacheninstanz
– BFH keine – 759
Tausch
– Anschaffungskosten bei – 300, 311
– Gewinnrealisierung bei – 311 f.
– von Grundstücken und Grunderwerbsteuer 587
– im Umsatzsteuerrecht 543, 565 f.
Tauschähnlicher Umsatz, Umsatzsteuer 543, 565 f.
Tauschgutachten 312
Teesteuer 165, 607, 608
Teilbetrieb
– Einbringung in Gesellschaft 315
– entgeltlicher/unentgeltlicher Erwerb und Bewertung der Wirtschaftsgüter 304
– unentgeltliche Übertragung 314
Teilbetriebsaufgabe
– einkommensteuerliche Behandlung 225, 331, 393 f.
Teilbetriebsveräußerung
– einkommensteuerliche Behandlung 225, 335, 337, 393 f.
– und Gewerbesteuer 507
Teilleistungen
– und Gewinnrealisierung 311
– und Umsatzsteuer 534
Teilnahme am (allgemeinen) wirtschaftlichen Verkehr als Merkmal von Erwerbstätigkeiten im Einkommensteuerrecht 226, 333
Teilsteuerrechnung 618
Teilungsanordnung 487 f.
Teilwert
– im Bewertungsrecht 454, 460, 462
– im Einkommensteuerrecht 301
– im Umsatzsteuerrecht 567
Telefonkosten 269
Teleologische Methode/Auslegung 90, 94 ff., 101 ff.
Teleologische Extension 104
Teleologische Reduktion 104 f.
Territorialitätsprinzip 195
Testamentsvollstrecker, Einkunftsart 337
Tierhaltung, gemeinschaftliche, Einkommensteuer 331
Tierzucht, gewerbliche, Einkommensteuer 331
Titel 721
Totalitätsprinzip und Einkommensteuer 191
Tote-Hand-Steuer 482
Transfereinkünfte im Einkommensteuerrecht 383 f.
Transitorische Rechnungsabgrenzung 294
Trennsystem 70
Trennungsprinzip im Körperschaftsteuerrecht 409, 422
Treuhänder, Einkunftsart 337
Treuhandschaft, wirtschaftliche Zurechnung 116
Treu und Glauben
– und Spenden 666
– im Steuerrecht 681 ff.
– und Verwirkung 683
– und Zusagen 682 f.

Stichwortverzeichnis

Trinkgelder und Einkommensteuer 353
Typisierende Betrachtungsweise (Typisierung) 694
Typisierungsvorschriften 52 f., 86, 87
Typusbegriff und Rechtsanwendung 91 f.

U

Übergangsregelungen 36 ff.
Übermaßverbot 43
- und Außenprüfung 43, 698
- und Besteuerungsverfahren 684, 686, 690 f.
- und Einheitsbewertung 43
- und wirtschaftslenkende Steuervergünstigungen 657 f.
- und Umsatzsteuer 575
Übernahmegewinn bei Umwandlung 433, 434, 624
Überschußrechnungen 237 f., 320 ff., 324 ff.
Übertragung stiller Reserven 314 ff.
Übertragungsgewinn bei Umwandlung 433, 434, 624
Überwälzung 143 f.
- der Umsatzsteuer 528, 530 ff.
- der Verbrauchsteuern 143 f.
Überweisungssystem 69
Umgehung von Steuergesetzen, s. *Steuerumgehung*
Umlaufvermögen 302 f.
Umsätze im Umsatzsteuerrecht
- steuerbare 533 ff.
- steuerfreie 533 ff., 557 ff.
- steuerpflichtige 533
Umsatz, tauschähnlicher 543, 565 f.
Umsatzkostenverfahren, Gewinn- und Verlustrechnung 419
Umsatzsteuer 146, 149, 163 ff., 524 ff.
- Änderung der Bemessungsgrundlage 568
- Aktivierung der – auf Anzahlungen 295
- Bemessungsgrundlage 565 ff.
- Charakterisierung 527 ff.
- EG-Harmonisierung 524 ff.
- und Einkommensteuer 176 f., 528
- Entgelt 541 ff.
- Geschichte 524, 530 ff.
- Gesetzgebungshoheit 525
- Kleinunternehmer 581
- Konkurrenz zu den besonderen Verbrauchsteuern 165 f., 610 f.

- Konkurrenz zu den besonderen Verkehrsteuern 164 f., 559 f.
- Steuerbefreiungen 557 ff.
- Steuerobjekt 533 ff.
- Steuersatz 570
- Steuersubjekte (Steuerschuldner) 561 ff.
- Verbrauchsteuer/Verkehrsteuer 163 f., 527 ff., 551
- Verfahren 580 f.
- Vergünstigungen durch BerlinFG 654
- Verwaltungshoheit 525
- Verzicht auf Steuerbefreiungen (Option) 579 f.
- Vorsteuerabzug 571 ff.
Umsatzsteuer-Option 560, 579 f.
Umsatzsteuer-Voranmeldung 581
Umsatzsteuer-Zahllast 571, 580 f.
Umtausch 538
Umtauschmüllerei 540 f.
Umverteilung durch Besteuerung 55, 170 ff., 191, 475
Umverteilungsnormen 20
Umwandlung
- Begriff 432
- und Einkommen-/Körperschaftsteuer 431 ff., 624
- und Gesellschaftsteuer 598, 624
- und Gewerbesteuer 625
Umwandlungssteuergesetz 433 f., 624
Umwegfinanzierung der Parteien 665
Umweltschutz 63, 179, 499, 608, 609, 646
Umwidmung eines Wirtschaftsguts von der privaten zur betrieblichen Nutzung 264, 327
Umzugskosten, Einkommensteuer 269
Unbedenklichkeitsbescheinigung, Grunderwerbsteuer 585
Unbeschränkte Steuerpflicht
- Begriff 133 f.
- bei der Einkommensteuer 194 f.
- bei der Erbschaft- und Schenkungsteuer 486
- bei der Körperschaftsteuer 415
- bei der Vermögensteuer 470
Unbestimmter Rechtsbegriff 117
- und Rechtssicherheit 34
Unbilligkeit
- abweichende Festsetzung wegen – 709 f.
- Erlaß wegen – 724 ff.
- Erstattung/Anrechnung wegen – 724 ff.
- persönliche 725
- sachliche 725 f.

Stichwortverzeichnis

Unentgeltlicher Erwerb/Übergang
- eines Betriebs, Teilbetriebs, Mitunternehmeranteils 304, 314, 626 f.
- einzelner Wirtschaftsgüter 304

Unfallkosten, Einkommensteuer 247, 259 ff., 269

Unfallversicherung, Bezüge aus – 222

Unmittelbarer Zwang 728

Unrecht, gesetzliches 29

Unrichtigkeit, offenbare 714 f.

Unselbständigkeit 353

Untätigkeitsbeschwerde 732

Untätigkeitsklage 736 f., 740 f.

Unterbeteiligung
- im Einkommensteuerrecht 344
- gesonderte Feststellung bei – 705

Unterhalt
- Ehegatten 377, 383 f., 396 f.
- Einkommensteuer 214 ff., 382 ff.
- Kinder 214, 381 ff., 386 ff.
- Vermögensteuer 472

Unternehmensbesteuerung, Reform der – 628 ff.

Unternehmenseinheit
- im Gewerbesteuerrecht 504 f.
- im Umsatzsteuerrecht 564 f.

Unternehmensform und Besteuerung 612 ff.

Unternehmensgleichheit und Gewerbeverlust 516 f.

Unternehmensgründung, s. *Gründung von Unternehmen*

Unternehmenssteuern 60

Unternehmensveräußerung, s. *Betriebsveräußerung*

Unternehmer, Steuersubjekt der Umsatzsteuer 561 ff.

Unternehmereinheit bei der Umsatzsteuer 564 f.

Unternehmergleichheit und Gewerbeverlust 516 f.

Untersuchungsgrundsatz 686 f.

Untersuchungshaft im Steuerstrafverfahren 789

Unwirksamkeit eines Rechtsgeschäfts und Besteuerung 100 f.

Urkundenbeweis
- im Besteuerungsverfahren 690
- im Steuerprozeß 755

Urproduktion 330

Ursprungslandprinzip 527

Urteil
- des BFH 761 f.
- des Finanzgerichts 757

V

Veräußerung
- gleichmäßige Besteuerung betrieblicher und privater Veräußerungseinkünfte 369 f.
- Kosten, Werbungskostenabzug 326
- von Privatvermögen 367 ff.
- s. auch *Betriebsveräußerung, Teilbetriebsveräußerung*

Veräußerungsgeschäfte
- Kapitalgesellschaft/Gesellschafter 427
- Personengesellschaft/Gesellschafter 350 ff.

Veräußerungsgewinn 239 f.
- ermäßigter Steuersatz bei der Einkommensteuer 393 f., 625
- Freibeträge bei der Einkommensteuer 225
- und Gewerbesteuer 507, 626
- bei Spekulationsgeschäften 368 f.

Veranlagung 707 ff.
- Einkommensteuer 398 f.
- Umsatzsteuer 580 f.
- Vermögensteuer 473

Veranlagungssteuern 149, 777 f.

Veranlagungszeitraum bei der Einkommensteuer 198 f.

Veranlassung 252 ff., 256 f.

Verbandsklage 743

Verbindlichkeiten
- in der Bilanz 289, 292 ff., 303
- in der Vermögensaufstellung 459 ff.

Verböserung
- unzulässig bei Beschwerde 736
- unzulässig im Prozeß 757
- zulässig bei Einspruch 735

Verbotsirrtum 770 f.
- umgekehrter – 771 f.

Verbrauchsteuern 165 f., 178 f., 606 ff.
- Aktivierung 294
- Gefährdung von – als Ordnungswidrigkeit 785
- der Gemeinden (= kommunale/örtliche –) 608
- Konkurrenz der speziellen – mit der Umsatzsteuer 165 f., 610 f.
- Korrektur von Steuerbescheiden über – 717
- Systemwidrigkeit bei den speziellen – 178 f.
- Steuerhoheit über örtliche – 73, 78, 79

Verbundene Unternehmen 415, s. auch *Organschaft*

Stichwortverzeichnis

Verdacht einer Steuerstraftat als Voraussetzung für die Einleitung eines Strafverfahrens 702, 787
Verdeckte Einlagen
– im Einkommensteuerrecht 299
– im Gesellschaftsteuerrecht 596 f.
– im Körperschaftsteuerrecht 422
Verdeckte Entnahmen im Einkommensteuerrecht 299, 347
Verdeckte Gewinnausschüttung 422 ff.
– im Anrechnungsverfahren 446 f.
– Beispiele 427
– Definition 426
– einkommensteuerliche Behandlung 356
– und beherrschender Gesellschafter 424 f.
– Rechtsfolgen bei der Körperschaft 427 f.
– und Umsatzsteuer 555 f.
– Voraussetzungen 424 ff.
Verdienstprinzip 52, 60, 643
Verein
– Familien- und Erbschaftsteuer 482 f.
– und Gewerbesteuer 504, 506
– und Körperschaftsteuer 411
Vereinfachungsbefreiungen bei der Einkommensteuer 224 ff.
Vereinfachungsnormen 21, 52, 95
Vereinsförderungsgesetz 662
Verfahren
– besondere – der Sachaufklärung 697 ff.
– Erstattungsverfahren 712
– Festsetzungs- und Feststellungsverfahren 703 ff.
– Haftungsverfahren 711
– über Nebenleistungen 712
– Vergütungsverfahren 711
– s. auch *Besteuerungsverfahren*
Verfahrensfehler
– und Korrektur von Verwaltungsakten 714
– und Revisionsverfahren 760
Verfahrenspflichtverhältnis 121
Verfahrensrevision 759
Verfassungsbeschwerde 81, 764
Verfassungsmäßigkeit, Prüfung durch Gerichte 81
Verfolgungsverjährung von Steuerstraftaten/-ordnungswidrigkeiten 788, 791
Verfügungen der OFD 86
Verfügungsmacht, Verschaffung der – und Umsatzsteuer 536 f.
Vergleichsvertrag im Steuerrecht 32 f.
Vergleichsverwalter, Einkunftsart 337
Vergnügungsteuer 75, 137, 166, 608
Vergünstigungen, s. *Steuervergünstigungen*

Vergütung, s. *Steuervergütung*
Verhältnismäßigkeit, s. *Übermaßverbot*
Verjährung 126
– Festsetzungs- 710 f.
– Feststellungs- 710 f.
– der Verfolgung von Steuerstraftaten/ Ordnungswidrigkeiten 788, 791
– Zahlungs- 711, 726
Verkaufswert, s. *Verkehrswert*
Verkehrsakttheorie, Umsatzsteuer 529
Verkehrsauffassung als Auslegungshilfe 100
Verkehrssitte als Gewohnheitsrecht? 84
Verkehrsteuern 148, 164 f., 177 f., 583 ff.
– Konkurrenz der speziellen – mit der Umsatzsteuer 165, 559 f.
Verkehrswert 454, 489
Verkündungsblätter 10
Verlegung der Geschäftsleitung/des Sitzes
– einer ausländischen Kapitalgesellschaft ins Inland und Gesellschaftsteuer 597
– einer inländischen Körperschaft ins Ausland und Körperschaftsteuer 430 f.
Verlust
– Begriff 203, 205 ff.
– im Einkommensteuerrecht 203, 205 ff.
– im Gewerbesteuerrecht 516, 626
– im Körperschaftsteuerrecht 422, 445
– keine Verwertung durch Rechtsnachfolger 193, 207
– von Wirtschaftsgütern 269
Verlustabzug bei der Einkommensteuer 205 ff.
Verlustausgleich bei der Einkommensteuer 205 ff.
Verlustrücktrag
– bei der Einkommensteuer 205 ff.
– kein – bei der Gewerbesteuer 517
– bei der Körperschaftsteuer 422, 445
Verlustübernahme und Gesellschaftsteuer 596
Verlustvortrag
– bei der Einkommensteuer 205 ff.
– bei der Gewerbesteuer 516 f.
– bei der Körperschaftsteuer 445
Verlustzuweisungsgesellschaft 208, 342, 350
Vermietung und Verpachtung
– Abgrenzung zum Gewerbebetrieb 359
– beweglicher Gegenstände 367
– Einkünfte aus – 357 ff.
– Sachinbegriff 358
– und Umsatzsteuer 539, 558

825

- subjektive Zurechnung der Einkünfte 228
Vermittlung, gelegentliche und Einkommensteuer 367
Vermittlungsleistung, Umsatzsteuer 539
Vermögen als Maßgröße steuerlicher Leistungsfähigkeit 152 ff.
Vermögen im Bewertungsrecht
- freiberufliches – 459 ff.
- gewerbliches – 459 ff.
- land- und forstwirtschaftliches – 456 f.
- sonstiges – 463
Vermögensarten, Bewertungsgesetz 454 f.
Vermögensaufstellung 460 ff.
Vermögensbildung, Förderung der – 646
Vermögensgegenstand, Begriff 290
Vermögensstammaufwendungen 325
Vermögensteuer 172 ff., 467 ff.
- Befreiungen 470 f.
- im Beitrittsgebiet 474
- Bemessungsgrundlage 470 f.
- beschränkte/unbeschränkte Steuerpflicht 470
- Freibeträge/Freigrenzen 470 f.
- Nacherklärung 473 f.
- Rechtfertigung 467 ff.
- Steuerobjekt 470 f.
- Steuersätze 473
- Steuersubjekte 469 f.
- und Unternehmensform 634, 638, 639
- Veranlagungsverfahren 471 ff.
Vermögensverwalter
- Einkunftsart 337
- Pflichten im Besteuerungsverfahren 678
Vermögensverwaltung
- Abgrenzung zum Gewerbebetrieb 234, 333 f., 357, 359
- keine – bei Betriebsaufspaltung 359, 502, 636
- Kosten, Werbungskostenabzug 326
Verordnungen
- der EG 85
- Rechts- 81 ff.
Verpachtung
- eines Betriebes, Wahlrecht bei – 318
- s. auch *Vermietung und Verpachtung*
Verpfändung von Ansprüchen aus dem Steuerschuldverhältnis 125 f.
Verpflegungsmehraufwendungen 269, 272
Verpflichtungsklage 740 f.
Verschaffung der Verfügungsmacht und Umsatzsteuer 536 f.

Verschmelzung
- Begriff 432
- und Körperschaftsteuer 431 f.
Verschollenheit und Steuerrechtsfähigkeit 123
Verschulden im Steuerrecht 248, 260
Versendung und Ort der Lieferung 550
Versicherungsbeiträge als Sonderausgaben 377
Versicherungsbezüge aus Kranken-/Unfallversicherung im Einkommensteuerrecht 223
Versicherungsteuer 146, 164, 599 f.
Versicherungsvereine auf Gegenseitigkeit
- und Gewerbesteuer 503, 505, 507
- und Körperschaftsteuer 411
Versorgungsausgleich 372, 396
Versorgungsbetrieb 413
- und Gesellschaftsteuer 597
- und Körperschaftsteuer 413
Versorgungsbezüge aus früheren Dienstverhältnissen
- bei der Einkommensteuer 355, 371 f.
- bei der Erbschaft- und Schenkungsteuer 484
Versorgungs-Freibetrag
- bei der Einkommensteuer 372
- bei der Erbschaftsteuer 483 f.
Versorgungsrenten
- private – 355, 364
- aus gesetzlicher Rentenversicherung, s. *Sozialversicherungsrenten*
Versorgungs- und Entschädigungsbezüge (für Kriegsbeschädigte u. ä.), einkommensteuerfrei 223
Verspätungszuschlag 124, 689
- und Ermessensausübung, Beispiele 117 ff.
- s. auch *Nebenleistungen, steuerliche*
Versuch 772, 778 f.
- untauglicher 772
Verteidigung im Steuerstrafverfahren 789 f.
Vertragsstrafe und Umsatzsteuer 546
Vertrauensschutz 34 ff.
- und Behördenverhalten 42, 681 ff.
- und Spenden 666 f.
Vertretung
- gesetzliche – 677 f.
- gewillkürte – im außergerichtlichen Rechtsbehelfsverfahren 734
- gewillkürte – (Bevollmächtigung) im Besteuerungsverfahren 679 f.

- gewillkürte – (Bevollmächtigung) im Steuerprozeß 746, 756
- und Haftung 140 f.

Vertretungszwang im Revisionsverfahren 746, 760

Verwaltungsakt, s. *Steuerverwaltungsakt*

Verwaltungshoheit 78 f.

Verwaltungsrechtswege 730

Verwaltungsvorschriften 85 ff.
- Arten 86
- Bindungswirkung 85 f., 87 f.
- Sammlungen von – 10
- und Vertrauensschutz 38, 42

Verwarnungsgelder, Abzugsverbot 273

Verwendbares Eigenkapital 440 ff.
- Gliederung 441 ff., in der ehemaligen DDR 409, 443
- bei Organschaft 445
- Reihenfolge der Verwendung 443 f.
- Sondervorschriften 445

Verwertungsverbot 695 f.
- von Außenprüfungsfeststellungen 701

Verwirkung 126, 683

Verzehr an Ort und Stelle, Umsatzsteuer 570

Verzicht auf Steuerbefreiungen
- bei der Umsatzsteuer 560, 579 f.

Verzinsung von Ansprüchen aus dem Steuerschuldverhältnis 124, 727

Vielsteuersystem 147, 168

Vollmacht
- im außergerichtlichen Rechtsbehelfsverfahren 734
- im Besteuerungsverfahren 679 f.
- im Besteuerungsverfahren und Zurechnung des Verschuldens 680, 718 f.
- im Steuerprozeß 746, 756

Vollstreckung
- wegen Geldforderungen 727
- wegen anderer Leistungen 728

Vollverzinsung 727

Vollziehungsaussetzung 722, 731, 735, 751 f.

Vorbehalt der Nachprüfung 708 f., 717

Vorbereitungshandlungen im Steuerstraf-/Steuerordnungswidrigkeitenrecht 771 f., 778 f., 784

Vorbescheid des Gerichts 757

Vorerbe 485

Vorgesellschaft
- im Gewerbesteuerrecht 624
- im Körperschaftsteuerrecht 412

Vorgründungsgesellschaft 412

Vorläufige Festsetzung 709

Vorläufiger Rechtsschutz 731, 735, 750 ff.

Vorlageverfahren an EuGH 526

Vorsatz 770 f.

Vorsichtsprinzip 283, 308 f., 310

Vorsorgeaufwendungen 377 f., 389 f.

Vorsteuerabzug 571 ff.
- Aufteilung der Vorsteuern 572 ff., 578
- Ausschluß vom – 560, 576 f.
- Berichtigung 568, 578 f.
- der Einfuhrumsatzsteuer 571, 574
- und Kleinunternehmer 581
- Schätzung der Vorsteuer 574
- teilweise Ausschluß vom – 578
- Vereinfachungen 574
- und Verzicht auf Steuerbefreiung 560, 579 f.
- Voraussetzungen 571 ff.

Vorverfahren (außergerichtliches) 731 ff.
- Ausnahmen vom – 736 ff.
- als Klagevoraussetzung 738
- Zulässigkeitsvoraussetzungen 733 ff.

Vorweggenommene Erbfolge
- und Einkommensteuer 366
- und Erbschaftsteuer 479
- und Umsatzsteuer 545

Vorwerfbarkeit der Ordnungswidrigkeit 771

W

Wahlrechte
- und Gesetzmäßigkeit der Besteuerung 31
- und Leistungsfähigkeitsprinzip 286

Wahndelikt im Steuerstrafrecht 771 f.

Wechselsteuer 149, 164, 599

Weihnachtsfreibetrag 224

Weiterbildungskosten 267, 379

Welteinkommen 194

Werbungskosten 244 ff., 252 ff., 320 f.

Werkleistung 539

Werklieferung 539

Wert, gemeiner 454
- bei der Umsatzsteuer 567

Wertabgabetheorie 529

Wertaufholung 307

Wertbegriff und Rechtsanwendung 91
- Wertbegriffe des Bewertungsgesetzes 454

Wertpapiere
- in der Bilanz 302
- in der Vermögensaufstellung 461

Wertpapiererträge, Einkommensteuer 356 f.
Wertpapierumsätze im Umsatzsteuerrecht 559
Wertschöpfungssteuer 519
Wertungsjurisprudenz 93
Wertzuwachssteuer 154 f.
Wesentliche Beteiligung
– Haftung für Steuerschulden und – 141
– an Kapitalgesellschaft, Veräußerung 239 f., 367 f., 625
Wesentliche Ursachen 247, 255 ff.
Wettbewerbsneutralität des Steuerrechts 53, 61
– und Gewerbesteuer 499
– und Körperschaftsteuer 413 f.
– und Unternehmensbesteuerung 613
Widerruf von Verwaltungsakten 713 ff.
Widerrufsvorbehalt als Nebenbestimmung 673
Widerstreitende Steuerfestsetzung 719
Wiederbeschaffungswert 301
Wiedereinsetzung in den vorigen Stand 681, 747
Wiederkehrende Bezüge 360 ff., 375
– Zurechnung 228, 362
Willenserklärungen im Steuerrecht 677 f.
Willkürverbot 49 ff.
Wirksamwerden eines Verwaltungsakts 676
Wirtschaftliche Betrachtungsweise 101 ff., 107 ff.
Wirtschaftliche Einheit 453
Wirtschaftliche Untereinheit 453
Wirtschaftlicher Geschäftsbetrieb
– und Gemeinnützigkeitsrecht 662
– und Gewerbesteuer 504
– und Körperschaftsteuer 415
Wirtschaftliches Eigentum 116
– und AfA-Berechtigung 307
– und Umsatzsteuer 536
Wirtschaftsgut im Bewertungsrecht
– Begriff 453
– Bewertung 453 ff.
– immaterielles – 462
– subjektive Zurechnung 116, 453
Wirtschaftsgut im Bilanzsteuerrecht
– Begriff 290 ff.
– Bewertung 299 ff.
– geringwertiges – 306 f.
– immaterielles – 284, 292
– Zuordnung Betriebs-/Privatvermögen 295 ff.
– subjektive Zurechnung 116, 295

Wirtschaftsjahr 199
Wirtschaftslast 291
Wirtschaftslenkende Steuervergünstigungen 644 ff.
– Eignung, Wirkung 649 f.
– Vergünstigungstechniken 647 ff.
– Vergünstigungsziele 645 f.
Wirtschaftslenkung
– und Gesetzgebungshoheit 74
– durch Steuergesetze 20 f., 63, 644 ff.
Wirtschaftsrecht
– steuergesetzliches – 644 ff.
– und Steuerrecht 6
Wohnsitzprinzip 194
Wohnungsbauförderung 646, 654 ff.
Wohnungsbauprämie 378, 651
Wortlaut/Wortsinn und Auslegung 93 ff., 99 f.

Z

Zahllast, Umsatzsteuer 571, 580
Zahlung
– Erlöschen von Ansprüchen aus dem Steuerschuldverhältnis durch – 126, 722
– ohne rechtlichen Grund 144 f.
Zahlungsaufschub 722
Zahlungsverjährung 711, 726
Zahnarzt
– und Einkommensteuer 336
– und Umsatzsteuer 550
Zeitgesetze 773 f.
Zeitrenten
– Begriff 362
– einkommensteuerliche Behandlung von – beim Berechtigten 365
– einkommensteuerliche Behandlung von – beim Verpflichteten 377
Zeitschriften 10 f.
Zensit 121
Zerlegung
– bei der Gewerbesteuer 517
– bei der Grundsteuer 497
Zeugnisverweigerungsrecht im Steuerstrafverfahren 793
Zinsen
– auf Ansprüche aus dem Steuerschuldverhältnis 124, 727
– einkommensteuerliche Behandlung 356 f.
– als Sonderausgaben 378 f.
– Steuerabzug 240, 269 f., 273, 326, 378
– subjektive Zurechnung 228

Stichwortverzeichnis

Zinssteuer-Amnestiegesetz 473, 494, 780 f.
– und Rechtsbeugung 182
Zivilrecht
– Primat des –s 103
– und Steuerrecht 6 ff., 102 f., 112 f.
Zivilrechtswege 730
Zölle
– Aktivierung 294
– Begriff 72, 166 f.
– Korrektur von Steuerbescheiden über – 717
– s. auch *Eingangsabgaben*
Zollausschlüsse 549
Zollfahndungsamt 79, 668
Zollfreigebiet 549
Zolltarifauskunft 682
Zonenrandförderung 646
Zuckersteuer 165, 606
Zündwarenmonopol 72
Zündwarensteuer 608
Zuflußprinzip 205, 237 f., 321 f., 324
Zuflußzeitpunkt 322
Zugewinngemeinschaft
– und Einkommensteuer 396 f.
– und Erbschaft- und Schenkungsteuer 478 f., 481
Zulässigkeitsvoraussetzungen
– der Klage 738 ff.
– des außergerichtlichen Rechtsbehelfs 733 ff.
Zumutbare Belastung 380, 389
Zurechnung, persönliche
– von Aufwendungen 248 f.
– von Bezügen 248 f.
– des Steuerobjekts 133
– von Wirtschaftsgütern 116, 295, 453
Zurechnung von Einkünften (subjektive)
– allgemeine Regeln 226 ff.

– bei Ehegatten 231 f.
– im Erbfall 232
– bei Nießbrauch 229 f.
Zurechnungstheorie bei der Organschaft 435
Zurücknahme der Klage 757
Zusage 39 f., 42, 682 f.
– aufgrund Außenprüfung 701
– Zurücknahme/Widerruf 683, 716
Zusammenveranlagung
– bei der Einkommensteuer 195, 226, 231, 390, 395 ff.
– bei der Vermögensteuer 471 ff.
– Verfassungsmäßigkeit 54, 396 f.
Zuschlagsystem, Finanzausgleich 69
Zuschreibung 307
Zuschüsse im Umsatzsteuerrecht 548
Zuständigkeit
– sachliche/örtliche – der Finanzbehörde 668 f.
– sachliche/örtliche – des Gerichts 749
– zur Verfolgung von Steuerstraftaten/-ordnungswidrigkeiten 787, 791
Zustellung von Verwaltungsakten 675
Zwangsanleihe und Steuerbegriff 65
Zwangsgeld 124, 728, s. auch *Nebenleistungen, steuerliche*
Zwangsmittel 728
Zwangsversteigerungsverfahren und Grunderwerbsteuer 585, 588
Zweckbetrieb 662
Zweckvermögen des privaten Rechts 411
Zweckzuwendungen im Erbschaftsteuerrecht 481 f., 491
Zwei-Konten-Modell 270
Zweitwohnungsteuer 73

Knobbe-Keuk
Bilanz- und Unternehmenssteuerrecht

Von Prof. Dr. *Brigitte Knobbe-Keuk*.
7., völlig überarbeitete und erweiterte Auflage 1989,
935 Seiten, 14,5 x 22,5 cm, Leinen 134,- DM.
ISBN 3 504 20062 6

Studienausgabe (Paperback) 116,- DM.
ISBN 3 504 20063 4

Die 7. Auflage dieses Standardwerkes gewährleistet im schon gewohnten 2-Jahres-Rhythmus die Aktualisierung und Anpassung an den neuesten Stand von Gesetzgebung, Rechtsprechung und Verwaltung. Die Berücksichtigung der vielfältigen Veränderungen des Rechtszustandes bedeutete die völlige Überarbeitung der 6. Auflage, was allerdings auch eine erneute Umfangserweiterung notwendig machte.

Ein Schwerpunkt der Überarbeitung lag im Bereich der Rechtsprechung. Hervorzuheben sind: Der grundlegende Beschluß des großen Senats des BFH zur Frage der Einlagefähigkeit von Nutzungen; die Entscheidung des BFH zur Betriebsaufspaltung „in der Selbstauflösung"; die höchstrichterliche Klärung, daß das negative Sonderbetriebsvermögen des Kommanditisten nicht das Verlustausgleichsvolumen mindert.

Veränderungen im Bereich der Gesetzgebung ergaben sich durch die Verabschiedung des Steuerreformgesetzes 1990, das eine Vielzahl von punktuellen Einzeländerungen beschert hat wie z. B. die Nichtanwendungsgesetze betreffend die Rechtsprechung zu den Jubiläumsrückstellungen und zum Verlustabzug beim Mantelkauf. Für alle, die mit der Steuerrechtsanwendung befaßt sind – Steuerpflichtige und ihre Berater, Verwaltung, Gerichte –, führten die vielfältigen Änderungen des Reformgesetzes zu einer Fülle von Neuerungen.

Wie bisher gibt Knobbe-Keuk eine grundlegende systematische Darstellung des Bilanzrechts und der Besteuerung der Unternehmen, die in der ihr eigenen Gesamtschau einmalig ist. So kommt auch an der 7. Auflage niemand vorbei, der sich mit Unternehmenssteuerrecht beschäftigt: dem Studierenden erleichtert es die Einarbeitung in diese schwierigen Rechtsgebiete; dem Fachmann ist es willkommenes Nachschlagewerk, anregende Hilfe für viele Einzelprobleme und unentbehrlicher Ratgeber bei der Beurteilung schwieriger Grenzfälle.

Verlag Dr. Otto Schmidt KG · Köln

Die großen Steuerkommentare
im Verlag Dr. Otto Schmidt KG · Köln

Herrmann/Heuer/Raupach, Einkommensteuer- und Körperschaftsteuergesetz mit Nebengesetzen
Loseblattausgabe, 19. Auflage, z.Z. 16 414 Seiten Lexikonformat, in 17 Ordnern 430,– DM.

Tipke/Kruse, Abgabenordnung/Finanzgerichtsordnung
Kommentar zur Abgabenordnung (ohne Steuerstrafrecht) und Finanzgerichtsordnung. Loseblattausgabe, 13. Auflage, z.Z. 4910 Seiten DIN A 5, in 3 Ordnern 275,–DM.

Hübschmann/Hepp/Spitaler, Kommentar zur Abgabenordnung und Finanzgerichtsordnung
Loseblattausgabe, 9. Auflage, z.Z. 9768 Seiten Lexikonformat, in 10 Ordnern 430,– DM.

Kohlmann, Steuerstrafrecht
Steuerstraf- und Steuerordnungswidrigkeitenrecht einschl. Verfahrensrecht, Kommentar zu den §§ 369–412 AO 1977. Loseblattausgabe, 5. Auflage, z.Z. 1948 Seiten DIN A 5, in 2 Ordnern 145,– DM.

Lenski/Steinberg, Kommentar zum Gewerbesteuergesetz
Loseblattausgabe, 7. Auflage, z.Z. 2988 Seiten DIN A 5, in 2 Ordnern 168,– DM.

Gürsching/Stenger, Kommentar zum Bewertungsgesetz und Vermögensteuergesetz
Loseblattausgabe, 8. Auflage, z.Z. 4153 Seiten DIN A 5, in 3 Ordnern 195,– DM.

Kapp, Kommentar zum Erbschaftsteuer- und Schenkungsteuergesetz
Loseblattausgabe, 10. Auflage, z.Z. 1254 Seiten DIN A 5, in 1 Ordner 158,– DM.

Rau/Dürrwächter/Flick/Geist, Kommentar zum Umsatzsteuergesetz
Loseblattausgabe, 6. Auflage, z.Z. 5216 Seiten Lexikonformat, in 4 Ordnern 198,– DM. Subskriptionspreis bis 30.6.1991: 178,– DM.

Flick/Wassermeyer/Becker, Kommentar zum Außensteuerrecht
Loseblattausgabe, 5. Auflage, z.Z. 3484 Seiten Lexikonformat, in 3 Ordnern 265,– DM.

Flick/Wasssermeyer/Kempermann, Doppelbesteuerungsabkommmen Deutschland/Schweiz, Kommentar
Loseblattausgabe, z.Z. 1908 Seiten Lexikonformat, in 2 Ordnern 240,– DM.